Habersack/Drinhausen
SE-Recht

Beck'sche Kurz-Kommentare

Band 66

SE-Recht

mit grenzüberschreitender
Verschmelzung

herausgegeben von

Dr. Mathias Habersack

Universitätsprofessor der Universität München

und

Dr. Florian Drinhausen, LL.M.

Rechtsanwalt in Frankfurt am Main
Honorarprofessor der EBS Universität für Wirtschaft und Recht,
Wiesbaden

2. Auflage

Verlag C. H. Beck München 2016

Zitiervorschlag:
Habersack/Drinhausen/*Bearbeiter* SE-VO Art. … Rn. …

www.beck.de

ISBN 978 3 406 68709 9

© 2016 Verlag C. H. Beck oHG
Wilhelmstraße 9, 80801 München

Satz, Druck, Bindung: Druckerei C. H. Beck Nördlingen
(Adresse wie Verlag)
Umschlag: Druckerei C. H. Beck Nördlingen

Gedruckt auf säurefreiem, alterungsbeständigem Papier
(hergestellt aus chlorfrei gebleichtem Zellstoff)

Vorwort

Die erste Auflage des vorliegenden Kommentars, vor knapp vier Jahren erschienen, ist auf erfreuliche Resonanz in Wissenschaft und Praxis gestoßen, und auch die Rechtsform der SE erfreut sich hierzulande weiterhin und in zunehmendem Maße Beliebtheit. Verlag und Herausgebern erschien es deshalb veranlasst, eine Neuauflage des Werkes vorzulegen, zumal das deutsche Aktiengesetz durchaus weitreichende Reformen erfahren hat, die wiederum nach Maßgabe des Art. 9 der SE-Verordnung auch für die im Inland registrierte SE Geltung beanspruchen. Genannt seien nur das Gesetz für die gleichberechtigte Teilhabe von Frauen und Männern an Führungspositionen in der Privatwirtschaft und im öffentlichen Dienst, das Bilanzrichtlinie-Umsetzungsgesetz, die Aktienrechtsnovelle 2016, das Gesetz zur Umsetzung der Transparenzrichtlinie-Änderungsrichtlinie und das Abschlussprüfungs-Reformgesetz. Diese Reformen galt es ebenso zu berücksichtigen wie Rechtsprechung und Schrifttum zum Aktien-, Umwandlungs- und Mitbestimmungsrecht.

Das durchgängig überarbeitete Manuskript hat den Stand von Mai 2016.

München und Frankfurt, im Mai 2016   Mathias Habersack
Florian Drinhausen

Vorwort zur 1. Auflage

Mit der am 8. Oktober 2001 verabschiedeten Verordnung über das Statut der Europäischen Gesellschaft und der gleichfalls am 8. Oktober 2001 verabschiedeten Richtlinie zur Ergänzung des Statuts der Europäischen Gesellschaft ist Wirklichkeit geworden, was 1959 auf dem Kongress des französischen Notariats als Idee geboren worden war und im Dezember 1966 den Status eines ersten Vorentwurfs eines Statuts für die Europäische Aktiengesellschaft erlangt hatte: Die Schaffung der europarechtlichen Grundlagen der Societas Europaea, mithin einer Aktiengesellschaft europäischen Rechts und damit supranationalen Charakters. Das Gesetz zur Einführung der Europäischen Gesellschaft (SEEG) vom 22. Dezember 2004 hat mit dem SE-Ausführungsgesetz und dem SE-Beteiligungsgesetz die notwendigen nationalen Rechtsakte geschaffen und damit die gesellschafts- und mitbestimmungsrechtlichen Vorschriften über die SE komplettiert. Das begleitende Steuerrecht ist zwei Jahre später durch das Gesetz über steuerliche Begleitmaßnahmen zur Einführung der Europäischen Gesellschaft und zur Änderung weiterer steuerrechtlicher Vorschriften (SEStEG) vom 7. Dezember 2006 in Kraft gesetzt worden.

Die Praxis hat von der Rechtsform der SE in durchaus nennenswertem Umfang Gebrauch gemacht. Gut 150 Gesellschaften in der Rechtsform der SE haben ihren Sitz in Deutschland, darunter mit Allianz, BASF, MAN und Porsche auch große Publikumsgesellschaften. Sie und andere Gesellschaften machen sich zunutze, was die SE von der nationalen AG positiv abhebt, nämlich ein höheres Maß an Flexibilität im Zusammenhang mit der Corporate Governance im Allgemeinen und der Mitbestimmung im Besonderen.

Schon rasch hat sich freilich gezeigt, dass die Gründung einer SE aus Sicht der Praxis nur eines von zwei – mehr oder weniger miteinander austauschbaren – Instrumenten im Zusammenhang mit der grenzüberschreitenden Umstrukturierung von Unternehmen bildet. Das zweite Instrument bildet die grenzüberschreitende Verschmelzung, hinsichtlich derer auf europäischer Ebene mit der Richtlinie vom 26. Oktober 2005 über die Verschmelzung von Kapitalgesellschaften aus verschiedenen Mitgliedstaaten harmonisierende Vorgaben geschaffen worden sind, deren gesellschaftsrechtlicher Teil durch das Zweite Gesetz zur Änderung des UmwG vom 19. April 2007 – mit ihm sind §§ 122a ff. in das UmwG eingefügt worden – und deren mitbestimmungsrechtlicher Teil durch das Umsetzungsgesetz vom 21. Dezember 2006 – mit ihm ist das MgVG geschaffen worden – in nationales Recht überführt worden sind.

Der vorliegende Kommentar will den in Deutschland ansässigen Gesellschaften sich nunmehr bietenden Möglichkeiten der grenzüberschreitenden Umstrukturierung umfassend Rechnung tragen. Er erläutert nicht nur die Vorschriften der SE-VO nebst den jeweils zugehörigen Vorschriften des SEAG, die Vorschriften des SEBG und die steuerrechtlichen Rahmenbedingungen der SE; gleichfalls erläutert werden vielmehr der aus den §§ 122a ff. UmwG und dem MgVG bestehende Rechtsrahmen für grenzüberschreitende Verschmelzungen. Die Zusammensetzung des Autorenkreises spiegelt dabei den Anspruch des Kommentars wider: Er soll Wissenschaft und Praxis ein verlässlicher Ratgeber bei allen Fragen des SE-Rechts und des Rechts der grenzüberschreitenden Verschmelzung sein.

Die Herausgeber haben vielfach und herzlich zu danken, zunächst den Autoren, die sich ungeachtet ihrer vielfältigen Belastungen der Kommentierungslast mit Begeisterung angenommen haben, sodann aber auch Frau Rechtsanwältin Astrid Keinath für den unermüdlichen Einsatz im Zusammenhang mit den allfälligen konzeptionellen und redaktionellen Arbeiten.

München und Frankfurt, im April 2012

Mathias Habersack
Florian Drinhausen

Bearbeiterverzeichnis

Dr. Gregor Bachmann, LL. M.
Professor an der Freien Universität Berlin

Dr. Thomas Bücker
Rechtsanwalt in Frankfurt am Main

Dr. Hans Diekmann
Rechtsanwalt in Düsseldorf

Dr. Florian Drinhausen, LL. M.
Rechtsanwalt in Frankfurt am Main
Honorarprofessor der EBS Universität für Wirtschaft und Recht, Wiesbaden

Dr. Gerrit Forst, LL. M.
Rechtsanwalt in Düsseldorf

Dr. Mathias Habersack
Professor der Universität München

Dr. Klaus-Stefan Hohenstatt
Rechtsanwalt in Hamburg
Honorarprofessor der Bucerius Law School

Dr. Georg Jochum
Professor an der Universität Friedrichshafen, Rechtsanwalt in Friedrichshafen

Dr. Roger Kiem, LL. M.
Rechtsanwalt in Frankfurt am Main, Honorarprofessor der Universität Mainz

Dr. Reinhard Marsch-Barner
Rechtsanwalt in Frankfurt am Main, Honorarprofessor der Universität Göttingen

Dr. Thomas Müller-Bonanni, LL. M.
Rechtsanwalt in Düsseldorf

Dr. Kai-Steffen Scholz
Rechtsanwalt in Berlin

Dr. Jan Schürnbrand
Professor an der Universität Tübingen

Dr. Christoph H. Seibt, LL. M.
Rechtsanwalt in Hamburg, Honorarprofessor der Bucerius Law School

Dr. Gregor Thüsing, LL. M.
Professor an der Universität Bonn

Dr. Dirk Axel Verse, M. Jur.
Professor an der Universität Mainz

Im Einzelnen haben bearbeitet

Einl. .... Drinhausen
SE-VO Art. 1–3 .... Habersack
SE-VO Art. 4–8 .... Diekmann
        mit §§ 12–14 SEAG bei Art. 8 SE-VO
SE-VO Art. 9–14 .... Schürnbrand
        mit § 1 SEAG bei Art. 9 SE-VO
        mit §§ 3, 4 SEAG bei Art. 12 SE-VO
SE-VO Art. 15, 16 ..... Diekmann
SE-VO Art. 17–31 ..... Marsch-Barner
        mit § 5 SEAG bei Art. 21 SE-VO
        mit §§ 6–8 SEAG bei Art. 24 SE-VO
SE-VO Art. 32–36 ..... Scholz
        mit §§ 9–11 SEAG bei Art. 32 SE-VO
        mit § 10 SEAG bei Art. 33 SE-VO
        mit §§ 9, 11 SEAG bei Art. 34 SE-VO
SE-VO Art. 37 .... Bücker
SE-VO Art. 38 .... Scholz
SE-VO Art. 39–42 ..... Seibt
        mit §§ 15, 16 SEAG bei Art. 39 SE-VO
        mit § 17 SEAG bei Art. 40 SE-VO
        mit § 18 SEAG bei Art. 41 SE-VO
SE-VO Art. 43–45 ..... Verse
        mit §§ 20–49 SEAG im Anh. Art. 43 SE-VO
SE-VO Art. 46, 47 ..... Drinhausen
SE-VO Art. 48 .... Seibt
        mit § 19 SEAG bei Art. 48 SE-VO
        mit § 53 SEAG bei Art. 51 SE-VO
SE-VO Art. 49–51 ..... Drinhausen
SE-VO Art. 52–60 ..... Bücker
        mit § 50 SEAG bei Art. 55 SE-VO
        mit § 51 SEAG bei Art. 59 SE-VO
SE-VO Art. 61, 62 ..... Habersack
SE-VO Art. 63–65 ..... Bachmann
        mit § 52 SEAG bei Art. 64 SE-VO
SE-VO Art. 66 .... Drinhausen
SE-VO Art. 67, 68 ..... Habersack
SE-VO Art. 69 .... Drinhausen
SE-VO Art. 70 .... Habersack
SEBG §§ 1–47 .... Hohenstatt/Müller-Bonanni
UmwG §§ 122a–122l .. Kiem
MgVG §§ 1–35 .... Thüsing/Forst
SE im SteuerR .... Jochum

Inhaltsübersicht

Vorwort V
Vorwort zur 1. Auflage VII
Bearbeiterverzeichnis IX
Im Einzelnen haben bearbeitet XI
Abkürzungsverzeichnis XXI

A. Verordnung (EG) Nr. 2157/2001 des Rates über das Statut der
    Europäischen Gesellschaft (SE) 1

Einleitung 1

Titel I. Allgemeine Vorschriften

Titel II. Gründung

Abschnitt 1. Allgemeines 121
Abschnitt 2. Gründung einer SE durch Verschmelzung 138
Abschnitt 3. Gründung einer Holding-SE 252
Abschnitt 4. Gründung einer Tochter-SE 307
Abschnitt 5. Umwandlung einer bestehenden Aktiengesellschaft in eine SE 322

Titel III. Aufbau der SE

Abschnitt 1. Dualistisches System 369
Abschnitt 2. Monistisches System 443
Abschnitt 3. Gemeinsame Vorschriften für das monistische und das
            dualistische System 648
Abschnitt 4. Hauptversammlung 691

Titel IV. Jahresabschluss und konsolidierter Abschluss

Titel V. Auflösung, Liquidation, Zahlungsunfähigkeit und
Zahlungseinstellung

Titel VI. Ergänzungs- und Übergangsbestimmungen

Titel VII. Schlussbestimmungen

Anhang I. Aktiengesellschaften gemäß Art. 2 Abs. 1 841
Anhang II. Aktiengesellschaften und Gesellschaften mit Beschränkter
Haftung gemäß Art. 2 Abs. 2 843

B. Gesetz über die Beteiligung der Arbeitnehmer in einer
Europäischen Gesellschaft (SE-Beteiligungsgesetz – SEBG) 845

Teil 1. Allgemeine Vorschriften

Teil 2. Besonderes Verhandlungsgremium

Kapitel 1. Bildung und Zusammensetzung 898
Kapitel 2. Wahlgremium 910
Kapitel 3. Verhandlungsverfahren 916

Inhaltsübersicht

Teil 3. Beteiligung der Arbeitnehmer in der SE

Kapitel 1. Beteiligung der Arbeitnehmer kraft Vereinbarung 941
Kapitel 2. Beteiligung der Arbeitnehmer kraft Gesetzes 955
Abschnitt 1. SE-Betriebsrat kraft Gesetzes 955
Abschnitt 2. Mitbestimmung kraft Gesetzes 978
Abschnitt 3. Tendenzschutz 1002

Teil 4. Grundsätze der Zusammenarbeit und Schutzbestimmungen

Teil 5. Straf- und Bußgeldvorschriften; Schlussbestimmung

C. Grenzüberschreitende Verschmelzung von Kapitalgesellschaften (§§ 122a bis 122l UmwG) 1024

D. Gesetz über die Mitbestimmung der Arbeitnehmer bei einer grenzüberschreitenden Verschmelzung (MgVG) 1112

Einleitung 1112

Teil 1. Allgemeine Vorschriften

Teil 2. Besonderes Verhandlungsgremium

Kapitel 1. Bildung und Zusammensetzung 1141
Kapitel 2. Wahlgremium 1143
Kapitel 3. Verhandlungsverfahren 1145

Teil 3. Mitbestimmung der Arbeitnehmer

Kapitel 1. Mitbestimmung kraft Vereinbarung 1152
Kapitel 2. Mitbestimmung kraft Gesetzes 1167
Kapitel 3. Verhältnis zum nationalen Recht 1182

Teil 4. Schutzbestimmungen

Teil 5. Straf- und Bußgeldvorschriften

E. Steuerrecht der SE 1191

Sachverzeichnis 1241

Inhaltsverzeichnis

Vorwort V
Vorwort zur 1. Auflage VII
Bearbeiterverzeichnis IX
Im Einzelnen haben bearbeitet XI
Abkürzungsverzeichnis XXI

**A. Verordnung (EG) Nr. 2157/2001 des Rates über das Statut
der Europäischen Gesellschaft (SE)** 1

Einleitung 1

Titel I. Allgemeine Vorschriften

Art. 1 [Wesen der SE] 9
Art. 2 [Gründung einer SE] 11
Art. 3 [SE als Gründer] 24
Art. 4 [Gezeichnetes Kapital] 28
Art. 5 [Kapital und Aktien] 33
Art. 6 [Satzung] 39
Art. 7 [Sitz der SE] 45
Art. 8 [Sitzverlegung] (mit §§ 12–14 SEAG) 51
Art. 9 [Anwendbares Recht] (mit § 1 SEAG) 77
Art. 10 [Gleichbehandlung mit Aktiengesellschaft] 98
Art. 11 [Benennung der Firma] 102
Art. 12 [Eintragungspflicht; Voraussetzungen der Eintragung] (mit §§ 3, 4
         SEAG) 104
Art. 13 [Offenlegung von Urkunden und Angaben] 117
Art. 14 [Veröffentlichung im Amtsblatt] 119

Titel II. Gründung

Abschnitt 1. Allgemeines

Art. 15 [Gründung nach dem Recht des Sitzstaates] 121
Art. 16 [Rechtspersönlichkeit] 127

Abschnitt 2. Gründung einer SE durch Verschmelzung

Art. 17 [Gründung einer SE durch Verschmelzung] 138
Art. 18 [Anwendung geltender Rechtsvorschriften] 144
Art. 19 [Einspruch gegen eine Verschmelzung] 146
Art. 20 [Verschmelzungsplan] 148
Art. 21 [Angaben im Amtsblatt] (mit § 5 SEAG) 167
Art. 22 [Unabhängige Sachverständige] 171
Art. 23 [Zustimmung zum Verschmelzungsplan] 178
Art. 24 [Schutz der Rechteinhaber] (mit §§ 6–8 SEAG) 188
Art. 25 [Rechtmäßigkeitsprüfung] 204
Art. 26 [Kontrolle der Rechtmäßigkeitsprüfung] 218
Art. 27 [Eintragung gemäß Art. 12] 229
Art. 28 [Offenlegung der Verschmelzung] 231
Art. 29 [Folgen der Verschmelzung] 233

Inhaltsverzeichnis

Art. 30 [Fehlerhafte Verschmelzung] 240
Art. 31 [Konzernverschmelzung] 243

Abschnitt 3. Gründung einer Holding-SE

Art. 32 [Gründung einer Holding-SE] (mit §§ 9–11 SEAG) 252
Art. 33 [Formalitäten einer Gründung] (mit § 10 SEAG) 286
Art. 34 [Interessenschutz bei Gründung] (mit §§ 9, 11 SEAG) 303

Abschnitt 4. Gründung einer Tochter-SE

Art. 35 [Gründung einer Tochter-SE] 307
Art. 36 [Anwendung nationaler Vorschriften] 311

Abschnitt 5. Umwandlung einer bestehenden Aktiengesellschaft in eine SE

Art. 37 [Gründung durch Formwechsel] 322

Titel III. Aufbau der SE

Art. 38 [Aufbau der SE] 356

Abschnitt 1. Dualistisches System

Art. 39 [Dualistisches System] (mit §§ 15, 16 SEAG) 369
Art. 40 [Aufsichtsorgan] (mit § 17 SEAG) 391
Art. 41 [Unterrichtung über Geschäftsgang] (mit § 18 SEAG) 421
Art. 42 [Vorsitzender des Aufsichtsorgans] 437

Abschnitt 2. Monistisches System

Art. 43 [Verfassung des Verwaltungsorgans] 443
Anh. Art. 43: Das monistische System gemäß §§ 20–49 SEAG 457
§ 20 SEAG Anzuwendende Vorschriften 461
§ 21 SEAG Anmeldung und Eintragung 462
§ 22 SEAG Aufgaben und Rechte des Verwaltungsrats 466
§ 23 SEAG Zahl der Mitglieder des Verwaltungsrats 485
§ 24 SEAG Zusammensetzung des Verwaltungsrats 489
§ 25 SEAG Bekanntmachung über die Zusammensetzung des
  Verwaltungsrats 495
§ 26 SEAG Gerichtliche Entscheidung über die Zusammensetzung des
  Verwaltungsrats 500
§ 27 SEAG Persönliche Voraussetzungen der Mitglieder des Verwaltungsrats 503
§ 28 SEAG Bestellung der Mitglieder des Verwaltungsrats 513
§ 29 SEAG Abberufung der Mitglieder des Verwaltungsrats 519
§ 30 SEAG Bestellung durch das Gericht 525
§ 31 SEAG Nichtigkeit der Wahl von Verwaltungsratsmitgliedern 529
§ 32 SEAG Anfechtung der Wahl von Verwaltungsratsmitgliedern 532
§ 33 SEAG Wirkung des Urteils 534
§ 34 SEAG Innere Ordnung des Verwaltungsrats 534
§ 35 SEAG Beschlussfassung 548
§ 36 SEAG Teilnahme an Sitzungen des Verwaltungsrats und seiner
  Ausschüsse 555
§ 37 SEAG Einberufung des Verwaltungsrats 558
§ 38 SEAG Rechtsverhältnisse der Mitglieder des Verwaltungsrats 560
§ 39 SEAG Sorgfaltspflicht und Verantwortlichkeit der
  Verwaltungsratsmitglieder 569
§ 40 SEAG Geschäftsführende Direktoren 577
§ 41 SEAG Vertretung 600

Inhaltsverzeichnis

§ 42 SEAG [aufgehoben] 606
§ 43 SEAG Angaben auf Geschäftsbriefen 607
§ 44 SEAG Beschränkungen der Vertretungs- und
         Geschäftsführungsbefugnis 608
§ 45 SEAG Bestellung durch das Gericht 615
§ 46 SEAG Anmeldung von Änderungen 616
§ 47 SEAG Prüfung und Feststellung des Jahresabschlusses 620
§ 48 SEAG Ordentliche Hauptversammlung 627
§ 49 SEAG Leitungsmacht und Verantwortlichkeit bei Abhängigkeit von
         Unternehmen 630
Art. 44 [Sitzungstermine; Geschäftsgang] 640
Art. 45 [Vorsitzender des Verwaltungsorgans] 644

Abschnitt 3. Gemeinsame Vorschriften für das monistische und das dualistische System

Art. 46 [Zeitraum für Bestellung und Wiederbestellung der Organe] 648
Art. 47 [Mitglieder der Organe] 654
Art. 48 [Geschäftsarten] 664
Art. 49 [Verschwiegenheitspflicht] 672
Art. 50 [Beschlussfassung] 676
Art. 51 [Haftung] (mit § 53 SEAG) 685

Abschnitt 4. Hauptversammlung

Art. 52 [Angelegenheiten der Hauptversammlung] 691
Art. 53 [Organisation und Ablauf] 707
Art. 54 [Hauptversammlungstermin] 717
Art. 55 [Einberufung der Hauptversammlung] (mit § 50 SEAG) 727
Art. 56 [Ergänzung der Tagesordnung] (mit § 50 SEAG) 741
Art. 57 [Beschlüsse der Hauptversammlung] 749
Art. 58 [Ungültige Stimmen] 760
Art. 59 [Änderung der Satzung] (mit § 51 SEAG) 763
Art. 60 [Gesonderte Abstimmung] 772

Titel IV. Jahresabschluss und konsolidierter Abschluss

Art. 61 [Vorschriften des Sitzstaats] 781
Art. 62 [Kredit- und Finanzinstitute, Versicherungsunternehmen] 783

Titel V. Auflösung, Liquidation, Zahlungsunfähigkeit und Zahlungseinstellung

Art. 63 [Recht des Sitzstaats] 785
Art. 64 [Verfahren bei Trennung von Sitz und Hauptverwaltung] (mit § 52
         SEAG) 804
Art. 65 [Offenlegung bei Auflösung im weiteren Sinne] 814
Art. 66 [Umwandlung in AG] 818

Titel VI. Ergänzungs- und Übergangsbestimmungen

Art. 67 [Kapitalziffer und Jahresabschluss in Mitgliedstaaten, in denen die
         dritte Stufe der Wirtschafts- und Währungsunion nicht gilt] 834

Titel VII. Schlussbestimmungen

Art. 68 [Nationale Umsetzung] 836
Art. 69 [Überprüfung der Verordnung] 837

Inhaltsverzeichnis

Art. 70 [Inkrafttreten] 841
Anhang I. Aktiengesellschaften gemäß Art. 2 Abs. 1 841
Anhang II Aktiengesellschaften und Gesellschaften mit Beschränkter Haftung
    gemäß Art. 2 Abs. 2 843

B. Gesetz über die Beteiligung der Arbeitnehmer in einer Europäischen Gesellschaft (SE-Beteiligungsgesetz – SEBG) ..

845

Teil 1. Allgemeine Vorschriften

Vorbemerkung zu §§ 1–3 847
§ 1 Zielsetzung des Gesetzes 877
§ 2 Begriffsbestimmungen 881
§ 3 Geltungsbereich 892

Teil 2. Besonderes Verhandlungsgremium

Kapitel 1. Bildung und Zusammensetzung

§ 4 Information der Leitungen 898
§ 5 Zusammensetzung des besonderen Verhandlungsgremiums 902
§ 6 Persönliche Voraussetzungen der auf das Inland entfallenden Mitglieder
    des besonderen Verhandlungsgremiums 906
§ 7 Verteilung der auf das Inland entfallenden Sitze des besonderen
    Verhandlungsgremiums 908

Kapitel 2. Wahlgremium

§ 8 Zusammensetzung des Wahlgremiums; Urwahl 910
§ 9 Einberufung des Wahlgremiums 914
§ 10 Wahl der Mitglieder des besonderen Verhandlungsgremiums 914

Kapitel 3. Verhandlungsverfahren

§ 11 Information über die Mitglieder des besonderen
    Verhandlungsgremiums 916
§ 12 Sitzungen; Geschäftsordnung 917
§ 13 Zusammenarbeit zwischen besonderem Verhandlungsgremium und
    Leitungen 919
§ 14 Sachverständige und Vertreter von geeigneten außenstehenden
    Organisationen 921
§ 15 Beschlussfassung im besonderen Verhandlungsgremium 922
§ 16 Nichtaufnahme oder Abbruch der Verhandlungen 926
§ 17 Niederschrift 928
§ 18 Wiederaufnahme der Verhandlungen 929
§ 19 Kosten des besonderen Verhandlungsgremiums 937
§ 20 Dauer der Verhandlungen 938

Teil 3. Beteiligung der Arbeitnehmer in der SE

Kapitel 1. Beteiligung der Arbeitnehmer kraft Vereinbarung

§ 21 Inhalt der Vereinbarung 941

Kapitel 2. Beteiligung der Arbeitnehmer kraft Gesetzes
Abschnitt 1. SE-Betriebsrat kraft Gesetzes

§ 22 Voraussetzung 955
§ 23 Errichtung des SE-Betriebsrats 957

Inhaltsverzeichnis

§ 24 Sitzungen und Beschlüsse 961
§ 25 Prüfung der Zusammensetzung des SE-Betriebsrats 962
§ 26 Beschluss zur Aufnahme von Neuverhandlungen 964
§ 27 Zuständigkeiten des SE-Betriebsrats 966
§ 28 Jährliche Unterrichtung und Anhörung 967
§ 29 Unterrichtung und Anhörung über außergewöhnliche Umstände 969
§ 30 Information durch den SE-Betriebsrat 972
§ 31 Fortbildung 974
§ 32 Sachverständige 976
§ 33 Kosten und Sachaufwand 977

Abschnitt 2. Mitbestimmung kraft Gesetzes

Vorbemerkung zu §§ 34 ff. 978
§ 34 Besondere Voraussetzungen 980
§ 35 Umfang der Mitbestimmung 986
§ 36 Sitzverteilung und Bestellung 990
§ 37 Abberufung und Anfechtung 995
§ 38 Rechtsstellung; Innere Ordnung 999

Abschnitt 3. Tendenzschutz

§ 39 Tendenzunternehmen 1002

**Teil 4. Grundsätze der Zusammenarbeit und
Schutzbestimmungen**

§ 40 Vertrauensvolle Zusammenarbeit 1005
§ 41 Geheimhaltung; Vertraulichkeit 1006
§ 42 Schutz der Arbeitnehmervertreter 1009
§ 43 Missbrauchsverbot 1011
§ 44 Errichtungs- und Tätigkeitsschutz 1013

**Teil 5. Straf- und Bußgeldvorschriften;
Schlussbestimmung**

§ 45 Strafvorschriften 1016
§ 46 Bußgeldvorschriften 1018
§ 47 Geltung nationalen Rechts 1020

**C. Grenzüberschreitende Verschmelzung von Kapital-
gesellschaften (§§ 122a bis 122l UmwG)** 1024

Vorbemerkung zu §§ 122a ff. 1024
§ 122a Grenzüberschreitende Verschmelzung 1029
§ 122b Verschmelzungsfähige Gesellschaften 1035
§ 122c Verschmelzungsplan 1044
§ 122d Bekanntmachung des Verschmelzungsplans 1062
§ 122e Verschmelzungsbericht 1067
§ 122f Verschmelzungsprüfung 1075
§ 122g Zustimmung der Anteilsinhaber 1078
§ 122h Verbesserung des Umtauschverhältnisses 1085
§ 122i Abfindungsangebot im Verschmelzungsplan 1090
§ 122j Schutz der Gläubiger der übertragenden Gesellschaft 1094
§ 122k Verschmelzungsbescheinigung 1099
§ 122l Eintragung der grenzüberschreitenden Verschmelzung 1105

Inhaltsverzeichnis

D. Gesetz über die Mitbestimmung der Arbeitnehmer bei einer grenzüberschreitenden Verschmelzung (MgVG) 1112

Einleitung 1112

Teil 1. Allgemeine Vorschriften

§ 1 Zielsetzung des Gesetzes 1127
§ 2 Begriffsbestimmungen 1128
§ 3 Geltungsbereich 1130
§ 4 Anwendung des Rechts des Sitzstaats 1133
§ 5 Anwendung der Regelungen über die Mitbestimmung der Arbeitnehmer kraft Vereinbarung oder kraft Gesetzes 1134

Teil 2. Besonderes Verhandlungsgremium

Kapitel 1. Bildung und Zusammensetzung

§ 6 Information der Leitungen 1141
§ 7 Zusammensetzung des besonderen Verhandlungsgremiums 1141
§ 8 Persönliche Voraussetzungen der auf das Inland entfallenden Mitglieder des besonderen Verhandlungsgremiums 1142
§ 9 Verteilung der auf das Inland entfallenden Sitze des besonderen Verhandlungsgremiums 1142

Kapitel 2. Wahlgremium

§ 10 Zusammensetzung des Wahlgremiums; Urwahl 1143
§ 11 Einberufung des Wahlgremiums 1144
§ 12 Wahl der Mitglieder des besonderen Verhandlungsgremiums 1145

Kapitel 3. Verhandlungsverfahren

§ 13 Information über die Mitglieder des besonderen Verhandlungsgremiums 1145
§ 14 Sitzungen; Geschäftsordnung 1145
§ 15 Zusammenarbeit zwischen besonderem Verhandlungsgremium und Leitungen 1146
§ 16 Sachverständige und Vertreter von geeigneten außenstehenden Organisationen 1146
§ 17 Beschlussfassung im besonderen Verhandlungsgremium 1146
§ 18 Nichtaufnahme oder Abbruch der Verhandlungen 1147
§ 19 Niederschrift 1147
§ 20 Kosten des besonderen Verhandlungsgremiums 1147
§ 21 Dauer der Verhandlungen 1148

Teil 3. Mitbestimmung der Arbeitnehmer

Kapitel 1. Mitbestimmung kraft Vereinbarung

§ 22 Inhalt der Vereinbarung 1152

Kapitel 2. Mitbestimmung kraft Gesetzes

§ 23 Voraussetzung 1167
§ 24 Umfang der Mitbestimmung 1172
§ 25 Sitzverteilung 1174
§ 26 Abberufung und Anfechtung 1178
§ 27 Rechtsstellung; Innere Ordnung 1180
§ 28 Tendenzunternehmen 1181

Inhaltsverzeichnis

Kapitel 3. Verhältnis zum nationalen Recht

§ 29 Fortbestehen nationaler Arbeitnehmervertretungsstrukturen 1182
§ 30 Nachfolgende innerstaatliche Verschmelzungen 1183

Teil 4. Schutzbestimmungen

§ 31 Geheimhaltung; Vertraulichkeit 1187
§ 32 Schutz der Arbeitnehmervertreter 1187
§ 33 Errichtungs- und Tätigkeitsschutz 1188

Teil 5. Straf- und Bußgeldvorschriften

§ 34 Strafvorschriften 1189
§ 35 Bußgeldvorschriften 1189

E. Steuerrecht der SE 1191

Sachverzeichnis 1241

Abkürzungsverzeichnis

aA	andere Ansicht
ABl.	Amtsblatt
abl.	ablehnend
ABl.	Amtsblatt (der Europäischen Union)
Abs.	Absatz (Absätze)
abw.	abweichend
AcP	Archiv für die civilistische Praxis (Zeitschrift)
ADHGB	Allgemeines Deutsches Handelsgesetzbuch
ADV	Allgemeine Datenverarbeitung
aE	am Ende
AEUV	Vertrag über die Arbeitsweise der Europäischen Union
aF	alte Fassung
AfA	Absetzung für Abnutzung
AG	Aktiengesellschaft; Amtsgericht; Die Aktiengesellschaft (Zeitschrift)
AGB	Allgemeine Geschäftsbedingungen
AHGB	Allgemeines Handelsgesetzbuch
AktG	Aktiengesetz
allgM	allgemeine Meinung
Alt.	Alternative
amtl.	amtlich
Amtl. Begr.	Amtliche Begründung
AnfG	Anfechtungsgesetz
Anh.	Anhang
Anm.	Anmerkung(en)
AnwBl.	Anwaltsblatt (Zeitschrift)
AO	Abgabenordnung; Ausgleichsordnung
AR	Aufsichtsrat
ArbG	Arbeitsgericht
ArbGG	Arbeitsgerichtsgesetz
Art.	Artikel(n)
ARUG	Gesetz zur Umsetzung der Aktionärsrechterichtlinie
Assmann/Pötzsch/ Schneider/*Bearbeiter*	Assmann/Pötzsch/Schneider, Wertpapiererwerbs- und Übernahmegesetz, Kommentar, 2. Aufl. 2013
Assmann/Schlitt/von Kopp-Colomb/*Bearbeiter*	Assmann/Schlitt/von Kopp-Colomb, Wertpapierprospektgesetz, Verkaufsprospektgesetz, Kommentar, 2. Aufl. 2010
Assmann/Schneider/ *Bearbeiter*	Assmann/Schneider, Wertpapierhandelsgesetz, Kommentar, 6. Aufl. 2012
Aufl.	Auflage
AKRR/*Bearbeiter*	Annuß/Kühn/Rupp/Rudolph, Europäisches Betriebsrätegesetz (EBRG), Kommentar, 2014
AuR	Arbeit und Recht, Zeitschrift für die Arbeitsrechtspraxis
AWD	Außenwirtschaftsdienst des Betriebs-Beraters (Zeitschrift) seit 1975 RIW
AWG	Außenwirtschaftsgesetz
Az.	Aktenzeichen
Bearbeiter in BJMS SE	Binder/Jünemann/Merz/Sinewe, Die Europäische Aktiengesellschaft (SE), 2007
BaFin	Bundesanstalt für Finanzdienstleistungsaufsicht
BAG	Bundesarbeitsgericht
BAGE	Entscheidungen des Bundesarbeitsgerichts
BankA	Bank-Archiv, Zeitschrift für Bank- und Börsenwesen

Abkürzungsverzeichnis

BAnz.	Bundesanzeiger
BAO	Bundesabgabenordnung
Bartone/Klapdor Europäische Aktiengesellschaft	Bartone/Klapdor, Europäische Aktiengesellschaft, 2. Aufl. 2007
BAT	Bundesangestelltentarif
Baumbach/Hefermehl/ *Casper*	Baumbach/Hefermehl/Casper, Wechselgesetz, Scheckgesetz, Recht der kartengestützten Zahlungen, Kommentar, 23. Aufl. 2008
Baumbach/Hopt/ *Bearbeiter*	Baumbach/Hopt, Handelsgesetzbuch (ohne Seerecht), Kommentar, 36. Aufl. 2014
Baumbach/Hueck	Baumbach/Hueck, Aktiengesetz, Kommentar, 13. Aufl. 1968, ergänzt 1970
Baumbach/Hueck/ *Bearbeiter*	Baumbach/Hueck, GmbHG, Kommentar, 20. Aufl. 2013
Baumbach/Lauterbach/ Albers/*Hartmann*	Baumbach/Lauterbach/Albers/Hartmann, Zivilprozessordnung, Kommentar, 74. Aufl. 2016
Baums Bericht	Baums (Hrsg.), Bericht der Regierungskommission Corporate Governance, Unternehmensführung, Unternehmenskontrolle, Modernisierung des Aktienrechts, 2001
BausparkG	Gesetz über Bausparkassen
BayObLG	Bayerisches Oberstes Landesgericht
BayObLGSt	Entscheidungen des Bayerischen Obersten Landesgerichts in Strafsachen
BayObLGZ	Entscheidungen des Bayerischen Obersten Landesgerichts in Zivilsachen
BB	Betriebs-Berater (Zeitschrift)
BBankG	Gesetz über die Deutsche Bundesbank
BBG	Bundesbeamtengesetz
Bd. (Bde.)	Band (Bände)
BDSG	Bundesdatenschutzgesetz
Bechtold	Bechtold, Kartellgesetz, Gesetz gegen Wettbewerbsbeschränkungen, Kommentar, 8. Aufl. 2015
BeckRS	Entscheidungssammlung in Beck-Online (Jahr, Nummer)
Begr.	Begründung
Bek.	Bekanntmachung
Beschl.	Beschluss
betr.	betreffen(d)
BetrAVG	Gesetz zur Verbesserung der betrieblichen Altersversorgung
BetrVG	Betriebsverfassungsgesetz 1972
BeurkG	Beurkundungsgesetz
BewG	Bewertungsgesetz
BezG	Bezirksgericht
BFA	Bankenfachausschuss des Instituts der Wirtschaftsprüfer in Deutschland e. V.
BFH	Bundesfinanzhof
BFHE	Sammlung der Entscheidungen und Gutachten des Bundesfinanzhofs
BFuP	Betriebswirtschaftliche Forschung und Praxis (Zeitschrift)
BG	Bundesgesetz
BGB	Bürgerliches Gesetzbuch
BGBl.	Bundesgesetzblatt
BGH	Bundesgerichtshof
BGHR	BGH-Rechtsprechung (in Zivilsachen und in Strafsachen)
BGHSt	Entscheidungen des Bundesgerichtshofs in Strafsachen
BGHZ	Entscheidungen des Bundesgerichtshofs in Zivilsachen
BHO	Bundeshaushaltsordnung

Abkürzungsverzeichnis

BilMoG .... Gesetz zur Modernisierung des Bilanzrechts – Bilanzmoderni-
sierungsgesetz
BiRiLiG .... Bilanzrichtlinien-Gesetz
BKartA .... Bundeskartellamt
BlStSozArbR .... Blätter für Steuerrecht, Sozialversicherung und Arbeitsrecht
(Zeitschrift)
Blümich/*Bearbeiter* .... Blümich/Ebling, Einkommensteuergesetz, Körperschaftsteu-
ergesetz, Gewerbesteuergesetz, Kommentar, Loseblatt, Stand
2015
BMA .... Bundesminister für Arbeit
BMF .... Bundesminister der Finanzen; Bundesminister(ium) für Finan-
zen
BMJV .... Bundesminister(ium) der Justiz und für Verbraucherschutz
BMWi .... Bundesminister(ium) für Wirtschaft
BNotO .... Bundesnotarordnung
Bork/Schäfer/Bearbeiter ... Bork/Schäfer, GmbHG, Kommentar, 3. Aufl. 2015
BörsG .... Börsengesetz
BPG .... Betriebspensionsgesetz
BR .... Bundesrat
Brandt Hauptversammlung . Brandt, Die Hauptversammlung der Europäischen Aktien-
gesellschaft (SE), Diss. Würzburg 2004
BRD .... Bundesrepublik Deutschland
BR-Drs. .... Bundesrats-Drucksache
BReg. .... Bundesregierung
BR-Prot. .... Protokoll des Deutschen Bundesrates
Brüssel Ia-VO .... Verordnung (EU) Nr. 1215/2012 des Europäischen Parlaments
und des Rates vom 12.12.2012 über die gerichtliche Zustän-
digkeit und die Anerkennung und Vollstreckung von Entschei-
dungen in Zivil- und Handelssachen (ABl. L 351 S. 1)
BSG .... Bundessozialgericht
BSGE .... Entscheidungen des Bundessozialgerichts
BStBl. .... Bundessteuerblatt
BT .... Bundestag
BT-Drs. .... Bundestags-Drucksache
BT-Prot. .... Protokoll des Deutschen Bundestags
BuB .... Bankrecht und Bankpraxis, Loseblattsammlung 1979 ff.
Butzke Hauptversammlung . Butzke, Die Hauptversammlung der Aktiengesellschaft,
5. Aufl. 2011
BuW .... Betrieb und Wirtschaft (Zeitschrift)
BVerfG .... Bundesverfassungsgericht
BVerfGE .... Entscheidungen des Bundesverfassungsgerichts
BVerfGG .... Gesetz über das Bundesverfassungsgericht (Bundesverfassungs-
gerichtsgesetz)
BVerwG .... Bundesverwaltungsgericht
BVerwGE .... Entscheidungen des Bundesverwaltungsgerichts
bVG .... besonderes Verhandlungsgremium
bzgl. .... bezüglich
BZRG .... Gesetz über das Zentralregister und das Erziehungsregister
(Bundeszentralregistergesetz)
bzw. .... beziehungsweise
CCZ .... Corporate Compliance Zeitschrift
CFL .... Corporate Finance Law (Zeitschrift)
c. i. c. .... culpa in contrahendo
CR .... Computer und Recht (Zeitschrift)
D .... Deutschland
DB .... Der Betrieb (Zeitschrift)
DBW .... Die Betriebswirtschaft (Zeitschrift)
DCGK .... Deutscher Corporate Governance Kodex
dens. .... denselben
DepotG .... Depotgesetz
ders. .... derselbe

Abkürzungsverzeichnis

dgl. .... dergleichen
DGWR .... Deutsches Gemein- und Wirtschaftsrecht (Zeitschrift)
dh .... das heißt
dies. .... dieselbe(n)
Diss. .... Dissertation
DJ .... Deutsche Justiz (Zeitschrift)
DJT .... Deutscher Juristentag
DJZ .... Deutsche Juristenzeitung (Zeitschrift)
DMBilG .... Gesetz über die Eröffnungsbilanz in Deutscher Mark und die Kapitalneufestsetzung (D-Markbilanzgesetz)
DNotZ .... Deutsche Notarzeitschrift
DöD .... Der öffentliche Dienst (Zeitschrift)
DÖH .... Der öffentliche Haushalt (Zeitschrift)
Doralt/Nowotny/Kalss/
Bearbeiter .... Doralt/Nowotny/Kalss, Aktiengesetz, Kommentar, 2003
DÖV .... Die öffentliche Verwaltung (Zeitschrift)
DR .... Deutsches Recht (Zeitschrift)
DRiG .... Deutsches Richtergesetz
DrittelbG .... Drittelbeteiligungsgesetz
DRiZ .... Deutsche Richterzeitung (Zeitschrift)
DRS .... Deutscher Rechnungslegungsstandard
DRSC .... Deutsches Rechnungslegungs Standards Committee e. V.
DSR .... Deutscher Standardisierungsrat
DStBl. .... Deutsches Steuerblatt (Zeitschrift)
DStR .... Deutsches Steuerrecht (Zeitschrift)
DStZ .... Deutsche Steuer-Zeitung (Zeitschrift)
DuD .... Datenschutz und Datensicherheit (Zeitschrift)
DV .... Die Verwaltung (Zeitschrift)
DVBl. .... Deutsches Verwaltungsblatt (Zeitschrift)
DVO .... Durchführungsverordnung
DWiR .... Deutsche Zeitschrift für Wirtschaftsrecht
e. V. .... eingetragener Verein
EBJS/Bearbeiter .... Ebenroth/Boujong/Joost/Strohn, Handelsgesetzbuch, Kommentar, 3. Aufl. 2014/2015
EBR .... Europäischer Betriebsrat
EBR-RL .... Richtlinie 2009/38/EG des Europäischen Parlaments und des Rates vom 6.5.2009 über die Einsetzung eines Europäischen Betriebsrats oder die Schaffung eines Verfahrens zur Unterrichtung und Anhörung der Arbeitnehmer in gemeinschaftsweit operierenden Unternehmen und Unternehmensgruppen (ABl. L 122 S. 28), zuvor Richtlinie 94/45/EG vom 22.9.1994 über die Einsetzung eines Europäischen Betriebsrats in gemeinschaftsweit operierenden Unternehmen und Unternehmensgruppen (ABl. EG L 254 S. 64)
EBRG .... Gesetz über Europäische Betriebsräte (Europäische Betriebsräte-Gesetz)
ecolex .... Fachzeitschrift für Wirtschaftsrecht
EFG .... Entscheidungen der Finanzgerichte
EG .... Europäische Gemeinschaften; Einführungsgesetz
EGAktG .... Einführungsgesetz zum Aktiengesetz
EGBGB .... Einführungsgesetz zum Bürgerlichen Gesetzbuch
EGHGB .... Einführungsgesetz zum Handelsgesetzbuch
EGVG .... Einführungsgesetz zu den Verwaltungsverfahrensgesetzen
EGZPO .... Einführungsgesetz zur Zivilprozessordnung
Ehricke/Ekkenga/Oechsler/
Bearbeiter .... Ehricke/Ekkenga/Oechsler, Wertpapiererwerbs- und Übernahmegesetz, Kommentar, 2003
Einf. .... Einführung
Einl. .... Einleitung

Abkürzungsverzeichnis

Emmerich/Habersack/ *Bearbeiter*	Emmerich/Habersack, Aktien- und GmbH-Konzernrecht, Kommentar, 8. Aufl. 2016
entspr.	entsprechen(d); entspricht
ErbStG	Erbschaftsteuer- und Schenkungsteuergesetz
ErfK/*Bearbeiter*	Müller-Glöge/Preis/Schmidt (Hrsg.), Erfurter Kommentar zum Arbeitsrecht, 16. Aufl. 2016
Erg.	Ergänzung
ErgBd.	Ergänzungsband
Erl.	Erlass; Erläuterung(en)
Erman/*Bearbeiter*	Erman, Handkommentar zum Bürgerlichen Gesetzbuch, 14. Aufl. 2014
EStDVO	Einkommensteuer-Durchführungsverordnung
EStG	Einkommensteuergesetz
EStR	Einkommensteuer-Richtlinien
EU	Europäische Union
EuG	Europäisches Gericht erster Instanz
EuGH	Gerichtshof der Europäischen Gemeinschaften
EuGVVO	Verordnung (EG) Nr. 44/2001 des Rates vom 22.12.2000 über die gerichtliche Zuständigkeit und die Anerkennung und Vollstreckung von Entscheidungen in Zivil- und Handelssachen (ABl. EG L 12 S. 1); siehe die Neufassung unter Brüssel Ia-VO
EuR	Europarecht (Zeitschrift)
EuroEG	Euro-Einführungsgesetz
EuZW	Europäische Zeitschrift für Wirtschaftsrecht
EV	Vertrag zwischen der BRD und der DDR über die Herstellung der Einheit Deutschlands (Einigungsvertrag)
evtl.	eventuell
EWGV	Vertrag über die Europäische Wirtschaftsgemeinschaft
EWiR	Entscheidungen zum Wirtschaftsrecht
EWIV	Europäische wirtschaftliche Interessenvereinigung
EWIV-VO	Verordnung (EWG) Nr. 2137/85 des Rates vom 25.7.1985 über die Schaffung einer EWIV (ABl. L 199 S. 1)
EWR	Europäischer Wirtschaftsraum
EWS	Europäisches Wirtschafts- und Steuerrecht (Zeitschrift)
f., ff.	folgende; fortfolgende
FamFG	Gesetz über das Verfahren in Familiensachen und in Angelegenheiten der freiwilligen Gerichtsbarkeit
FA-Recht	Fachausschuss Recht des Instituts der Wirtschaftsprüfer in Deutschland e. V.
FG	Festgabe; Finanzgericht
FGG	Gesetz über die Angelegenheiten der freiwilligen Gerichtsbarkeit (aufgehoben)
FGO	Finanzgerichtsordnung
FinDAG	Gesetz über die Bundesanstalt für Finanzdienstleistungsaufsicht (Finanzdienstleistungsaufsichtsgesetz)
Fitting	Fitting/Engels/Schmidt/Trebinger/Linsenmaier, Betriebsverfassungsgesetz, Kommentar, 28. Aufl. 2016
FKVO	Verordnung (EG) Nr. 139/2004 des Rates vom 20.1.2004 über die Kontrolle von Unternehmenszusammenschlüssen (EG-Fusionskontrollverordnung) (ABl. L 24 S. 1)
FK-WpPG/*Bearbeiter*	Berrar/Meyer/Müller/Schnorbus/Singhof/Wolf, Frankfurter Kommentar zum WpPG und zur EU-ProspektVO, 2011
FN	Fachnachrichten des Instituts der Wirtschaftsprüfer in Deutschland e. V. (Mitteilungsblatt)
Fn.	Fußnote
FR	Finanz-Rundschau (Zeitschrift)
Fusions-RL	Richtlinie 2009/133/EG des Rates vom 19. Oktober 2009 über das gemeinsame Steuersystem für Fusionen, Spaltungen, Abspaltungen, die Einbringung von Unternehmensteilen und den Austausch von Anteilen, die Gesellschaften verschiedener

Abkürzungsverzeichnis

Mitgliedstaaten betreffen, sowie für die Verlegung des Sitzes einer Europäischen Gesellschaft oder einer Europäischen Genossenschaft von einem Mitgliedstaat in einen anderen Mitgliedstaat (ABl. L 310 S. 34)

FS .... Festschrift

Bearbeiter in Gaul/Ludwig/
Forst .... Gaul/Ludwig/Forst, Europäisches Mitbestimmungsrecht, 2015

GBl. .... Gesetzblatt

GbR .... Gesellschaft bürgerlichen Rechts

Geibel/Süßmann/*Bearbeiter* Geibel/Süßmann, Wertpapiererwerbs- und Übernahmegesetz (WpÜG), Kommentar, 2. Aufl. 2008

Geiger/Khan/Kotzur/
Bearbeiter .... Geiger/Khan/Kotzur, EUV/AEUV, Kommentar, 5. Aufl. 2010

GenG .... Gesetz betreffend die Erwerbs- und Wirtschaftsgenossenschaften (Genossenschaftsgesetz)

GesRZ .... Der Gesellschafter. Zeitschrift für Gesellschaftsrecht (Österreich)

Geßler .... Geßler/Hefermehl/Eckardt/Kropff, Aktiengesetz, Kommentar, 1973 ff. (zitiert 1. Aufl.)

J. Geßler .... J. Geßler, Aktiengesetz mit dem Dritten Buch des HGB (§§ 238–335 HGB), D-Mark Bilanzgesetz, Treuhandgesetz, Spaltungsgesetz ua, Loseblatt-Kommentar

GewA .... Gewerbe-Archiv (Zeitschrift)

GewO .... Gewerbeordnung

GewStG .... Gewerbesteuergesetz

GG .... Grundgesetz für die Bundesrepublik Deutschland

ggf. .... gegebenenfalls

GK-BetrVG/*Bearbeiter* ..... Gemeinschaftskommentar Betriebsverfassungsgesetz, herausgegeben von Wiese/Kreutz/Oetker/Raab/Weber/Franzen, 10. Aufl. 2014

GK-HGB/*Bearbeiter* .... Gemeinschaftskommentar zum Handelsgesetzbuch, herausgegeben von Ensthaler, 8. Aufl. 2015

GmbH .... Gesellschaft mit beschränkter Haftung

GmbHG .... Gesetz betreffend die Gesellschaften mit beschränkter Haftung

GmbHR .... GmbH-Rundschau (Zeitschrift)

GMBl. .... Gemeinsames Ministerialblatt der Bundesministerien

GNotKG .... Gesetz über Kosten der freiwilligen Gerichtsbarkeit für Gerichte und Notare (Gerichts- und Notarkostengesetz)

v. Godin/Wilhelmi .... v. Godin/Wilhelmi, Aktiengesetz, 4. Aufl. 1971

Goette Einf. .... Goette, Einführung in das neue GmbH-Recht, 2008

Goutier/Knopf/Tulloch/
Bearbeiter .... Goutier/Knopf/Tulloch, Kommentar zum Umwandlungsrecht, Umwandlungsgesetz, Umwandlungssteuergesetz, 2. Aufl. 2006

Grabitz/Hilf/Nettesheim/
Bearbeiter .... Grabitz/Hilf/Nettesheim, Das Recht der Europäischen Union, Kommentar, Loseblatt, Stand 2015

GRCh 2007 .... Charta der Grundrechte der Europäischen Union vom 12.12.2007 (ABl. C 303 S. 1)

Großkomm. .... Großkommentar

GroßkommAktG/
Bearbeiter .... Hopt/Wiedemann (Hrsg), Großkommentar zum Aktiengesetz, 4. Aufl. 1992 ff. (soweit noch nicht erschienen, 3. Aufl. 1970–1975)

GroßkommHGB/
Bearbeiter .... Canaris/Habersack/Schäfer (Hrsg.), Großkommentar zum Handelsgesetzbuch, begr. von Staub, 5. Aufl. 2008 ff. (soweit noch nicht erschienen, 4. Aufl. 1983 ff.)

GrS .... Großer Senat

Abkürzungsverzeichnis

GS .... Gedächtnisschrift; Gesammelte Schriften

GuV .... Gewinn- und Verlustrechnung

GVBl. .... Gesetz- und Verordnungsblatt

GVG .... Gerichtsverfassungsgesetz

GWB .... Gesetz gegen Wettbewerbsbeschränkungen

Habersack/Verse
EuropGesR .... Habersack/Verse, Europäisches Gesellschaftsrecht, 4. Aufl. 2011

Hachenburg/
Bearbeiter .... Hachenburg, Gesetz betreffend die Gesellschaften mit beschränkter Haftung (GmbHG), Großkommentar, 8. Aufl. 1992–1997

Hahn/Mugdan .... Hahn/Mugdan, Materialien zu den Reichsjustizgesetzen, Band 6: Materialien zum Handelsgesetzbuch, 1897

HansRGZ .... Hanseatische Rechts- und Gerichtszeitschrift (Zeitschrift)

Haritz/Menner/*Bearbeiter* .. Haritz/Menner, Umwandlungssteuergesetz, Kommentar, 4. Aufl. 2015

Hartmann .... Hartmann, Kostengesetze, Kommentar, 46. Aufl. 2016

HdB .... Handbuch

Heckschen/Heidinger
Die GmbH .... Heckschen/Heidinger, Die GmbH in der Gestaltungs- und Beratungspraxis, 3. Aufl. 2014

Heidel .... siehe unter NK-AktR

Henssler/Strohn/*Bearbeiter* .. Henssler/Strohn, Gesellschaftsrecht, Kommentar, 2. Aufl. 2014

Heymann/*Bearbeiter* .... Heymann, Handelsgesetzbuch, Kommentar (ohne Seerecht), 2. Aufl. 1995 ff.

HFA .... Hauptfachausschuss des Instituts der Wirtschaftsprüfer in Deutschland e. V.

HFA (Nr., Jahr) .... Stellungnahme des Hauptfachausschusses beim IdW

HFR .... Höchstrichterliche Finanzrechtsprechung (Zeitschrift)

HGB .... Handelsgesetzbuch

HK-AktG/*Bearbeiter* .... Bürgers/Körber, Heidelberger Kommentar zum Aktiengesetz, 3. Aufl. 2014

HK-HGB/*Bearbeiter* .... Heidelberger Kommentar zum HGB, herausgegeben von Glanegger/Kirnberger/Kusterer, 7. Aufl. 2007

HK-UmwG/*Bearbeiter* ..... Heidelberger Kommentar zum Umwandlungsgesetz, herausgegeben von Maulbetsch/Klumpp/Rose, Kommentar, 2008

hL .... herrschende Lehre

hM .... herrschende Meinung

Bearbeiter in Hohenstatt/
Seibt .... Hohenstatt/Seibt, Geschlechter- und Frauenquote in der Privatwirtschaft, 2015

Holding-HdB/*Bearbeiter* .... Lutter/Bayer, Holding-Handbuch, 5. Aufl. 2015

Hölters/*Bearbeiter* .... Hölters, Aktiengesetz, Kommentar, 2. Aufl. 2014

HRefG .... Gesetz zur Neuregelung des Kaufmanns- und Firmenrechts und zur Änderung anderer Handels- und gesellschaftsrechtlicher Vorschriften (Handelsrechtsreformgesetz)

HRR .... Höchstrichterliche Rechtsprechung (Zeitschrift)

Hrsg. .... Herausgeber

hrsg. .... herausgegeben

HRV .... Handelsregisterverfügung

Hs. .... Halbsatz

HS .... Handelsrechtliche Entscheidungen (Entscheidungssammlung)

Hüffer/*Koch* .... Hüffer, Aktiengesetz, Kommentar, bearbeitet von Koch, 12. Aufl. 2016

HWK/*Bearbeiter* .... Henssler/Willemsen/Kalb, Arbeitsrecht, Kommentar, 7. Aufl. 2016

IAS .... International Accounting Standard(s)

idF .... in der Fassung

Abkürzungsverzeichnis

idR	in der Regel
IdW	Institut der Wirtschaftsprüfer in Deutschland e. V.
IdW-Fachtag	Bericht über die Fachtagung (Jahr) des Instituts der Wirtschaftsprüfer in Deutschland e. V.
iE	im Einzelnen
ieS	im engeren Sinne
IFRS	International Financial Reporting Standards (seit 2001)
IFSB	International Financial Standards Board (seit 2001)
IHK	Industrie- und Handelskammer
Immenga/Mestmäcker/*Bearbeiter*	Immenga/Mestmäcker, GWB, Kommentar zum Kartellgesetz, 5. Aufl. 2012 ff.
INF	Die Information über Steuer und Wirtschaft (Zeitschrift)
InsO	Insolvenzordnung
IntVerschmRL	Richtlinie 2005/56/EG des Europäischen Parlaments und des Rates vom 26.10.2005 über die Verschmelzung von Kapitalgesellschaften aus verschiedenen Mitgliedstaaten (ABl. EU L 310 S. 1)
InvG	Investmentgesetz (aufgehoben)
IPR	Internationales Privatrecht
IPRax	Praxis des internationalen Privat- und Verfahrensrechts (Zeitschrift)
ISA	International Standards on Auditing
iSd	im Sinne des (der)
IStR	Internationales Steuerrecht (Zeitschrift)
iSv	im Sinne von
iÜ	im Übrigen
iVm	in Verbindung mit
IWP	Institut österreichischer Wirtschaftsprüfer
iwS	im weiteren Sinne
Bearbeiter in Jannott/Frodermann HdB SE	Jannott/Frodermann, Handbuch der Europäischen Aktiengesellschaft, 2. Aufl. 2014
JbFSt.	Jahrbuch der Fachanwälte für Steuerrecht (Schriftenreihe)
JBl.	Juristische Blätter (Zeitschrift)
JfB	Journal für Betriebswirtschaft
JMBl.	Justizministerialblatt
JR	Juristische Rundschau (Zeitschrift)
Jura	Juristische Ausbildung (Zeitschrift)
JurA	Juristische Analysen (Zeitschrift)
JurBüro	Das juristische Büro (Zeitschrift)
JuS	Juristische Schulung (Zeitschrift)
Just/Voß/Ritz/Zeising/*Bearbeiter*	Just/Voß/Ritz/Zeising, Wertpapierprospektgesetz (WpPG) und EU-Prospektverordnung: WpPG, Kommentar, 2009
JW	Juristische Wochenschrift (Zeitschrift)
JZ	Juristenzeitung (Zeitschrift)
KAGB	Kapitalanlagegesetzbuch
Kallmeyer/*Bearbeiter*	Kallmeyer, Umwandlungsgesetz, Kommentar, 5. Aufl. 2013
Kalss/Hügel/*Bearbeiter*	Kalss/Hügel, Europäische Aktiengesellschaft – SE, Kommentar, 2004
Kapital-RL	Richtlinie 2012/30/EU des Europäischen Parlaments und des Rates vom 25. Oktober 2012 zur Koordinierung der Schutzbestimmungen, die in den Mitgliedstaaten den Gesellschaften im Sinne des Artikels 54 Absatz 2 des Vertrages über die Arbeitsweise der Europäischen Union im Interesse der Gesellschafter sowie Dritter für die Gründung der Aktiengesellschaft sowie für die Erhaltung und Änderung ihres Kapitals vorgeschrieben sind, um diese Bestimmungen gleichwertig zu gestalten (ABl. 2012 L 315 S. 74)

Abkürzungsverzeichnis

Keidel/*Bearbeiter*	Keidel, FamFG, Gesetz über das Verfahren in Familiensachen und die Angelegenheiten der freiwilligen Gerichtsbarkeit, Kommentar, 18. Aufl. 2014
KfH	Kammer für Handelssachen
KG	Kammergericht; Kommanditgesellschaft
KGaA	Kommanditgesellschaft auf Aktien
KGJ	Jahrbuch für Entscheidungen des Kammergerichts in Sachen der freiwilligen Gerichtsbarkeit in Kosten-, Stempel- und Strafsachen (Schriftenreihe)
Bearbeiter in Kleindiek/Lutter/Maul SE	Kleindiek/Lutter/Maul, Die europäische Gesellschaft, 2005
KK-AktG/*Bearbeiter*	Kölner Kommentar zum Aktiengesetz, herausgegeben von Zöllner, 3. Aufl. 2004 ff. (soweit noch nicht erschienen, 2. Aufl. 1986 ff.)
KK-UmwG/*Bearbeiter*	Kölner Kommentar zum Umwandlungsgesetz, herausgegeben von Dauner-Lieb/Simon, 2009
Köhler/Bornkamm/*Bearbeiter*	Köhler/Bornkamm, Gesetz gegen den unlauteren Wettbewerb, UWG, Kommentar, 34. Aufl. 2016
Koke Finanzverfassung	Koke, Die Finanzverfassung der Europäischen Aktiengesellschaft (SE) mit Sitz in Deutschland, 2005
Koller/Kindler/Roth/Morck/*Bearbeiter*	Koller/Kindler/Roth/Morck, Handelsgesetzbuch, Kommentar, 8. Aufl. 2015
Komm.	Kommentar
KonsG	Konsulargesetz
KonTraG	Gesetz zur Kontrolle und Transparenz im Unternehmensbereich
KostRspr.	Kostenrechtsprechung (Nachschlagewerk)
Krafka/Kühn RegisterR	Krafka/Kühn, Registerrecht. Handbuch der Rechtspraxis, Band 7, 9. Aufl. 2013
krit.	kritisch
Kropff	Kropff, Aktiengesetz. Textausgabe des Aktiengesetzes vom 6.9.1965 mit Begründung des Regierungsentwurfs und Bericht des Rechtsausschusses des Deutschen Bundestags, 1965
Bearbeiter in Krieger/Schneider, HdB Managerhaftung	Krieger/Schneider, Handbuch Managerhaftung, 2. Aufl. 2010
KSchG	Kündigungsschutzgesetz
KStG	Körperschaftsteuergesetz
KSzW	Kölner Schrift zum Wirtschaftsrecht (Zeitschrift)
KTS	Zeitschrift für Konkurs-, Treuhand- und Schiedsgerichtswesen; ab 1989: Zeitschrift für Insolvenzrecht – Konkurs, Treuhand, Sanierung
Kübler/Prütting/Bork/*Bearbeiter*	Kübler/Prütting/Bork, Insolvenzordnung, Kommentar, Loseblatt, Stand 2015
LH/*Bearbeiter* GmbHG	Lutter/Hommelhoff, GmbHG, Kommentar, 18. Aufl. 2012
LHT/*Bearbeiter*	Lutter/Hommelhoff/Teichmann, SE-Kommentar (SE-VO, SEAG, SEBG, Steuerrecht), 2. Aufl. 2015
LAG	Landesarbeitsgericht
Lfg.	Lieferung
LG	Landgericht
li. Sp.	linke Spalte
lit.	litera
Lit.	Literatur
LM	Nachschlagewerk des Bundesgerichtshofs (Loseblatt-Ausgabe), herausgegeben von Lindenmaier/Möhring ua, 1951 ff.
LMK	Lindenmaier/Möhring, Kommentierte BGH-Rechtsprechung

Abkürzungsverzeichnis

Loewenheim/Meessen/
Riesenkampff/*Bearbeiter* .... Loewenheim/Meessen/Riesenkampff, Kartellrecht, Kommentar, 2. Aufl. 2009
Ls. .... Leitsatz
Lutter/*Bearbeiter* .... Lutter/Bayer/Vetter, Umwandlungsgesetz, Kommentar, 5. Aufl. 2014
Bearbeiter in Lutter/Hommelhoff Europäische Gesellschaft .... Lutter/Hommelhoff, Die Europäische Gesellschaft, 2005
Lutter/Krieger/Verse Rechte und Pflichten .... Lutter/Krieger/Verse, Rechte und Pflichten des Aufsichtsrats, 6. Aufl. 2014
LZ .... Leipziger Zeitschrift für deutsches Recht
m. abl. Anm. .... mit ablehnender Anmerkung
m. zust. Anm. .... mit zustimmender Anmerkung
MAH AktR/*Bearbeiter* ..... Münchener Anwaltshandbuch Aktienrecht, 2. Aufl. 2010
Manz/Mayer/Schröder .... siehe unter NK-SE
Bearbeiter in Marsch-Barner/
Schäfer HdB .... Marsch-Barner/Schäfer, Handbuch börsennotierte AG, 3. Aufl. 2014
MBl. .... Ministerialblatt
MDR .... Monatsschrift für deutsches Recht (Zeitschrift)
mE .... meines Erachtens
MgVG .... Gesetz über die Mitbestimmung der Arbeitnehmer bei einer grenzüberschreitenden Verschmelzung
MHdB AG/*Bearbeiter* ...... Münchener Handbuch des Gesellschaftsrechts, Band 4: Aktiengesellschaft, 4. Aufl. 2015
MHdB ArbR/*Bearbeiter* .... Münchener Handbuch zum Arbeitsrecht, 3. Aufl. 2009
MHdB KG/*Bearbeiter* ...... Münchener Handbuch des Gesellschaftsrechts, Band 2: Kommanditgesellschaft, GmbH & Co. KG, Publikums-KG, Stille Gesellschaft, 4. Aufl. 2014
Michalski/*Bearbeiter* .... Michalski, GmbHG, Kommentar, 2. Aufl. 2010
Mio. .... Million(en)
Mitbest. .... Die Mitbestimmung (Zeitschrift)
MitbestErgG .... Mitbestimmungsergänzungsgesetz
MitbestG .... Gesetz über die Mitbestimmung der Arbeitnehmer
MittBayNotK .... Mitteilungen der Bayerischen Notarkammer (Mitteilungsblatt)
MittRhNotK .... Mitteilungen der Rheinischen Notarkammer (Mitteilungsblatt)
mN .... mit Nachweisen
MoMiG .... Gesetz zur Modernisierung des GmbH-Rechts und zur Bekämpfung von Missbräuchen
MontanMitbestG .... Montan-Mitbestimmungsgesetz
MontanMitbestErgG .... Montan-Mitbestimmungsergänzungsgesetz
Mot. .... Motive
MR .... Medien und Recht (Zeitschrift)
Mrd. .... Milliarde(n)
MüKoAktG/*Bearbeiter* ...... Münchener Kommentar zum Aktiengesetz, 3. Aufl. 2007 ff., 4. Aufl. 2015 f.
MüKoBGB/*Bearbeiter* ...... Münchener Kommentar zum Bürgerlichen Gesetzbuch, 6. Aufl. 2010 ff., 7. Aufl. 2015 f.
MüKoGmbHG/*Bearbeiter* .. Münchener Kommentar zum GmbHG, 2. Aufl. 2015/2016
MüKoHGB/*Bearbeiter* ...... Münchener Kommentar zum Handelsgesetzbuch, 3. Aufl. 2010 ff., 4. Aufl. 2016 f.
MüKoInsO/*Bearbeiter* ...... Münchener Kommentar zur Insolvenzordnung, 3. Aufl. 2013 ff.
MüKoEuWettbR/*Bearbeiter* Münchener Kommentar zum Europäischen und Deutschen Wettbewerbsrecht (Kartellrecht), Band 1, 2. Aufl. 2015
MüKoZPO/*Bearbeiter* ...... Münchener Kommentar zur ZPO, 4. Aufl. 2012/2013
MVH/*Bearbeiter* .... Münchener Vertragshandbuch, Band 1: Gesellschaftsrecht, 7. Aufl. 2011

Abkürzungsverzeichnis

Musielak/Voit/*Bearbeiter*	Musielak/Voit, Zivilprozessordnung, Kommentar, 13. Aufl. 2016
Musielak/*Borth*	Musielak/Borth, Familiengerichtliches Verfahren, Kommentar, 5. Aufl. 2015
mwN	mit weiteren Nachweisen
mzN	mit zahlreichen Nachweisen
NFK/*Bearbeiter*	Nagel/Freis/Kleinsorge, Die Beteiligung der Arbeitnehmer im Unternehmen auf der Grundlage des europäischen Rechts, Kommentar zum SEBG, SCEBG, MgVG, 2. Aufl. 2010
NatVerschmRL	Richtlinie 2011/35/EU des Europäischen Parlaments und des Rates vom 5.4.2011 über die Verschmelzung von Aktiengesellschaften (ABl. L 110 S. 1)
NB	Neue Betriebswirtschaft (Zeitschrift)
NdsRPfl.	Niedersächsische Rechtspflege (Zeitschrift)
Neye SE	Neye, Die Europäische Aktiengesellschaft, 2005
nF	neue Fassung
NF	Neue Folge
Nirk HdB AG	Nirk/Ziemons/Binnewies, Handbuch der Aktiengesellschaft, Loseblatt, Stand 2015
NJW	Neue Juristische Wochenschrift (Zeitschrift)
NJW-RR	NJW-Rechtsprechungs-Report Zivilrecht (Zeitschrift)
NK-AktR/*Bearbeiter*........	Heidel, Aktienrecht und Kapitalmarktrecht, Nomos-Kommentar, 4. Aufl. 2014
NK-InvestmR/*Bearbeiter* ...	Patzner/Döser/Kempf, Investmentrecht, Nomos-Kommentar, 2. Aufl. 2015
NK-SE/*Bearbeiter*	Manz/Mayer/Schröder, Europäische Aktiengesellschaft (SE), Nomos-Kommentar, 2. Aufl. 2010
NordöR	Zeitschrift für öffentliches Recht in Norddeutschland
Nr.	Nummer(n)
NStZ	Neue Zeitschrift für Strafrecht
NStZ-RR	NStZ-Rechtsprechungs-Report Strafrecht (Zeitschrift)
nv	nicht veröffentlicht
NVwZ	Neue Zeitschrift für Verwaltungsrecht
NW	Nordrhein-Westfalen
NWB	Neue Wirtschaftsbriefe (Zeitschrift), Loseblattsammlung
NZ	Österreichische Notariatszeitung (Zeitschrift)
NZA	Neue Zeitschrift für Arbeitsrecht
NZG	Neue Zeitschrift für Gesellschaftsrecht
Ö	Österreich
ö	österreichisch(e, er, es)
ÖBA	Österreichisches Bankarchiv (Zeitschrift)
ÖBl.	Österreichische Blätter für gewerblichen Rechtsschutz und Urheberrecht (Zeitschrift)
Oetker/*Bearbeiter*	Oetker, Handelsgesetzbuch (HGB), Kommentar, 4. Aufl. 2015
OFD	Oberfinanzdirektion
OGAW IV-RL	Richtlinie 2009/65/EG des Europäischen Parlaments und des Rates vom 13.7.2009 zur Koordinierung der Rechts- und Verwaltungsvorschriften betreffend bestimmte Organismen für gemeinsame Anlagen in Wertpapieren (OGAW) (ABl. EU L 302 S. 32)
OGH	Oberster Gerichtshof
OGHZ	Entscheidungen des Obersten Gerichtshofs für die Britische Zone in Zivilsachen
OHG	Offene Handelsgesellschaft
ÖIAG	Österreichische Industrieholding Aktiengesellschaft
ÖJT	Österreichischer Juristentag
ÖJZ	Österreichische Juristenzeitung (Zeitschrift)
ÖJZ-LSK	Leitsatzkartei in Österreichischer Juristenzeitung
OLG	Oberlandesgericht

Abkürzungsverzeichnis

OLGR	Die Rechtsprechung der Oberlandesgerichte auf dem Gebiet des Zivilrechts (1900–1928) (Entscheidungssammlung)
OLGZ	Entscheidungen der Oberlandesgerichte in Zivilsachen einschließlich der freiwilligen Gerichtsbarkeit
OVG	Oberverwaltungsgericht
OWiG	Gesetz über Ordnungswidrigkeiten
ÖZW	Österreichische Zeitschrift für Wirtschaftsrecht
Palandt/*Bearbeiter*	Palandt, Bürgerliches Gesetzbuch, Kommentar, 75. Aufl. 2016
Patzner/Döser/Kempf	siehe unter NK-InvestmR
PatG	Patentgesetz
Prospekt-RL	Richtlinie 2003/71/EG des Europäischen Parlaments und des Rates vom 4.11.2003 betreffend den Prospekt, der beim öffentlichen Angebot von Wertpapieren oder bei deren Zulassung zum Handel zu veröffentlichen ist, und zur Änderung der Richtlinie 2001/34/EG (ABl. L 345 S. 64)
PublG	Gesetz über die Rechnungslegung von bestimmten Unternehmen und Konzernen (Publizitätsgesetz)
Publizitäts-RL	Richtlinie 2009/101/EG des Europäischen Parlaments und des Rates vom 16.9.2009 zur Koordinierung der Schutzbestimmungen, die in den Mitgliedstaaten den Gesellschaften im Sinne des Artikels 48 Absatz 2 des Vertrags im Interesse der Gesellschafter sowie Dritter vorgeschrieben sind, um diese Bestimmungen gleichwertig zu gestalten (ABl. L 258 S. 11) – früher RL 68/151/EWG
pVV	positive Vertragsverletzung
Raiser/Veil KapGesR	Raiser/Veil, Recht der Kapitalgesellschaften, 6. Aufl. 2015
Raiser/Veil/Jacobs/*Bearbeiter*	Raiser/Veil/Jacobs, Mitbestimmungsgesetz, Kommentar, 6. Aufl. 2014
RAnz.	Reichsanzeiger
RdA	Recht der Arbeit (Zeitschrift)
RdW	Recht der Wirtschaft (Zeitschrift)
re. Sp.	rechte Spalte
Recht	Das Recht (Zeitschrift)
RefE	Referentenentwurf
RegE	Regierungsentwurf
REIT	Real Estate Investment Trust
RFH	Reichsfinanzhof
RFHE	Sammlung der Entscheidungen und Gutachten des Reichsfinanzhofes
RG	Reichsgericht
RGBl.	Reichsgesetzblatt
RGSt	Entscheidungen des Reichsgerichts in Strafsachen
RGZ	Entscheidungen des Reichsgerichts in Zivilsachen
Richardi/*Bearbeiter*	Richardi, Betriebsverfassungsgesetz, Kommentar, 15. Aufl. 2016
RIW	Recht der internationalen Wirtschaft (Zeitschrift)
RJA	Entscheidungen in Angelegenheiten der freiwilligen Gerichtsbarkeit und des Grundbuchrechts, zusammengestellt im Reichsjustizamt
RL	Richtlinie
Rn.	Randnummer(n)
ROHG	Reichsoberhandelsgericht
ROHGE	Entscheidungen des Reichsoberhandelsgerichts
Roth/Altmeppen/*Bearbeiter*	Roth/Altmeppen, Gesetz betreffend die Gesellschaften mit beschränkter Haftung (GmbHG), Kommentar, 8. Aufl. 2015
Rowedder/Schmidt-Leithoff/*Bearbeiter*	Rowedder/Schmidt-Leithoff, Gesetz betreffend die Gesellschaften mit beschränkter Haftung (GmbHG), Kommentar, 5. Aufl. 2013

Abkürzungsverzeichnis

Rpfleger	Der deutsche Rechtspfleger (Zeitschrift)
Rspr.	Rechtsprechung
RStBl.	Reichssteuerblatt
RVG	Rechtsanwaltsvergütungsgesetz
RWZ	Österreichische Zeitschrift für Rechnungswesen
RZ	Österreichische Richterzeitung (Zeitschrift)
S.	Satz, Seite
s.	siehe
SAG	Die Schweizerische Aktiengesellschaft (Zeitschrift)
Bearbeiter in Schaub ArbR-HdB	Schaub, Arbeitsrechts-Handbuch, 16. Aufl. 2015
ScheckG	Scheckgesetz
Scheifele Gründung der SE	Scheifele, Die Gründung der Europäischen Aktiengesellschaft (SE), 2004
Schlegelberger/*Bearbeiter*	Schlegelberger, Handelsgesetzbuch, Kommentar, 4. Aufl. 1960 ff., 5. Aufl. 1973 ff.
SchlHA	Schleswig-Holsteinische Anzeigen (Zeitschrift)
K. Schmidt GesR	Karsten Schmidt, Gesellschaftsrecht, 4. Aufl. 2002
K. Schmidt HandelsR	Karsten Schmidt, Handelsrecht, 6. Aufl. 2014
Schmidt/*Bearbeiter*	L. Schmidt, Einkommensteuergesetz, Kommentar, 35. Aufl. 2016
Schmidt/Lutter/*Bearbeiter*	Karsten Schmidt/Lutter, Aktiengesetz, Kommentar, 3. Aufl. 2015
Schmidt-Kessel/Leutner/Müther/*Bearbeiter* HandelsregisterR	Schmidt-Kessel/Leutner/Müther, Handelsregisterrecht, Kommentar, 2010
Schmitt/Hörtnagl/Stratz/*Bearbeiter*	Schmitt/Hörtnagl/Stratz, Umwandlungsgesetz, Umwandlungssteuergesetz, Kommentar, 6. Aufl. 2013
Scholz/*Bearbeiter* GmbHG	Scholz, GmbHG, Kommentar, 11. Aufl. 2012–2015
Bearbeiter in Bürgers/Riotte KGaA	Schütz/Bürgers/Riotte, Die Kommanditgesellschaft auf Aktien, 2. Aufl. 2015
Schwark/Zimmer/*Bearbeiter*	Schwark/Zimmer, Kapitalmarktrechts-Kommentar, 4. Aufl. 2010
Schwarz	Schwarz, SE-VO, Kommentar, 2006
SE	Societas Europaea; Europäische Aktiengesellschaft
SE-RL	Richtlinie 2001/86/EG des Rates vom 8.10.2001 zur Ergänzung des Statuts der Europäischen Gesellschaft hinsichtlich der Beteiligung der Arbeitnehmer (ABl. EG L 294 S. 22)
SE-VO	Verordnung (EG) Nr. 2157/2001 des Rates vom 8.10.2001 über das Statut der Europäischen Gesellschaft (SE) (ABl. EG L 294 S. 1)
SE-VO-E	Entwurf zur SE-VO
SEAG	Gesetz zur Ausführung der Verordnung (EG) Nr. 2157/2001 des Rates vom 8.10.2001 über das Statut der Europäischen Gesellschaft (SE) (SE-Ausführungsgesetz)
SEBG	Gesetz über die Beteiligung der Arbeitnehmer in der Europäischen Gesellschaft (SE-Beteiligungsgesetz)
SEG	(österreichisches) Gesetz über das Statut der Europäischen Gesellschaft
Semler/Stengel/*Bearbeiter*	Semler/Stengel, Umwandlungsgesetz, Kommentar, 3. Aufl. 2012
SeuffA	Seufferts Archiv für Entscheidungen der obersten Gerichte in den deutschen Staaten (Zeitschrift)
SIC	Standing Interpretations Committee
SJZ	Süddeutsche Juristenzeitung (Zeitschrift)

Abkürzungsverzeichnis

Slg. .... Amtliche Sammlung der Entscheidungen des EuGH; Sammlung „Die Fachgutachten und Stellungnahmen des Instituts der Wirtschaftsprüfer auf dem Gebiete der Rechnungslegung und Prüfung", Loseblatt

sog. .... so genannt

Sp. .... Spalte

SpaltungsRL .... Sechste Richtlinie 82/891/EWG des Rates vom 17.12.1982 gemäß Artikel 54 Absatz 3 Buchstabe g) des Vertrages betreffend die Spaltung von Aktiengesellschaften (ABl. EG L 378 S. 47)

Spindler/Stilz/*Bearbeiter* .... Spindler/Stilz, Aktiengesetz, Kommentar, 3. Aufl. 2015

SpruchG .... Gesetz über das gesellschaftsrechtliche Spruchverfahren (Spruchverfahrensgesetz)

stRspr .... ständige Rechtsprechung

Stat. Jb. .... Statistisches Jahrbuch für die Bundesrepublik Deutschland

Staub .... siehe GroßkommHGB

Staudinger/*Bearbeiter* .... Staudinger, Bürgerliches Gesetzbuch, Kommentar, 13. Aufl. 1993 ff.

Staudinger/*Großfeld*
IntGesR .... Staudinger/Großfeld, Bürgerliches Gesetzbuch, Internationales Gesellschaftsrecht, Kommentar, 1998

StB .... Steuerberater; Der Steuerberater (Zeitschrift)

Stbg. .... Die Steuerberatung (Zeitschrift)

StbJb. .... Steuerberater-Jahrbuch

StBKongressRep. .... Steuerberaterkongress-Report

StBp. .... Die steuerliche Betriebsprüfung (Zeitschrift)

Stein/Jonas/*Bearbeiter* ...... Stein/Jonas, Zivilprozessordnung, Kommentar, 22. Aufl. 2003 ff.

Steinmeyer/Häger/
Bearbeiter .... Steinmeyer/Häger, WpÜG: Wertpapiererwerbs- und Übernahmegesetz, Kommentar, 2. Aufl. 2007

StGB .... Strafgesetzbuch

StPO .... Strafprozessordnung

SpRAuG .... Gesetz über Sprecherausschüsse der leitenden Angestellten (Sprecherausschußgesetz)

str. .... streitig

StuB .... Steuer- und Bilanzpraxis (Zeitschrift)

StuG .... Städte und Gemeinderat (Zeitschrift)

StuW .... Steuer und Wirtschaft (Zeitschrift)

StV .... Strafverteidiger (Zeitschrift)

StWStP .... Staatswissenschaften und Staatspraxis (Zeitschrift)

SWK .... Steuer und Wirtschaftskartei (Zeitschrift)

SZ .... Sammlung der Entscheidungen des OGH in Zivilsachen

Theisen/Wenz/*Bearbeiter* ... Theisen/Wenz, Die europäische Aktiengesellschaft, 2. Aufl. 2005

TransPuG .... Transparenz- und Publizitätsgesetz

TVG .... Tarifvertragsgesetz

Tz. .... Textziffer

u. .... unten, und, unter

ua .... und andere; unter anderem

uÄ .... und Ähnliche(s)

UAbs. .... Unterabsatz

UBGG .... Gesetz über Unternehmensbeteiligungsgesellschaften

UHH/*Bearbeiter* .... Ulmer/Habersack/Henssler, Mitbestimmungsrecht, Kommentar, 3. Aufl. 2013

UHL/*Bearbeiter* .... Ulmer/Habersack/Löbbe, GmbHG, Kommentar, 2. Aufl. 2013–2016

UHW/*Bearbeiter* .... Ulmer/Habersack/Winter, GmbHG, Kommentar, 2005–2010

UMAG .... Gesetz zur Unternehmensintegrität und zur Modernisierung des Anfechtungsrechts

UmwG .... Umwandlungsgesetz

Abkürzungsverzeichnis

unstr.	unstreitig
UrhG	Urheberrechtsgesetz
Urt.	Urteil
UStG	Umsatzsteuergesetz
UStR	Umsatzsteuer-Rundschau (Zeitschrift)
usw.	und so weiter
uU	unter Umständen
UWG	Gesetz gegen den unlauteren Wettbewerb
v.	von; vom
VAG	Gesetz über die Beaufsichtigung von Versicherungsunternehmen (Versicherungsaufsichtsgesetz)
Van Hulle/Maul/Drinhausen/*Bearbeiter*	Van Hulle/Maul/Drinhausen, Handbuch zur Europäischen Gesellschaft (SE), 2007
Verf.	Verfasser
VermG	Gesetz zur Regelung der offenen Vermögensfragen (Vermögensgesetz)
VermRÄndG	Vermögensrechtsänderungsgesetz
VersR	Versicherungsrecht (Zeitschrift)
VersW	Versicherungswirtschaft (Zeitschrift)
VerwArch.	Verwaltungsarchiv (Zeitschrift)
VFA	Versicherungsfachausschuss des IDW
VfGH	Verfassungsgerichtshof
vgl.	vergleiche
Vins Vorzugsaktien	Vins, Die Ausgabe konkurrierender Vorzugsaktien bei der SE, Diss. Mannheim 2013
VO	Verordnung
Vorb.	Vorbemerkung(en)
VorstAG	Gesetz zur Angemessenheit der Vorstandsvergütung
VVaG	Versicherungsverein auf Gegenseitigkeit
VVG	Gesetz über den Versicherungsvertrag
VwGH	Verwaltungsgerichtshof
VwGO	Verwaltungsgerichtsordnung
VwVfG	Verwaltungsverfahrensgesetz
VwVG	Verwaltungs-Vollstreckungsgesetz
VwZG	Verwaltungszustellungsgesetz
wbl.	Wirtschaftsrechtliche Blätter (Zeitschrift)
Weitnauer/Boxberger/Anders/*Bearbeiter*	Weitnauer/Boxberger/Anders, KAGB, Kommentar, 1. Aufl. 2014
Westermann/*Bearbeiter* HdB Personengesellschaften	Westermann/Wertenbach, Handbuch der Personengesellschaften, Loseblatt, Stand November 2015
WG	Wechselgesetz
WiB	Wirtschaftsrechtliche Beratung (Zeitschrift)
Wicke GmbHG	Wicke, GmbHG, Kommentar, 3. Aufl. 2016
Widmann/Mayer/*Bearbeiter*	Widmann/Mayer, Umwandlungsrecht, Kommentar, Loseblatt, Stand 2015
Wiedemann GesR I/II	Wiedemann, Gesellschaftsrecht, Band 1, 1980, Band 2, 2004
WiGBl.	Gesetzblatt der Verwaltung des Vereinigten Wirtschaftsgebietes
WiKG	Gesetz zur Bekämpfung der Wirtschaftskriminalität
Witten Minderheitenschutz	Witten, Minderheitenschutz bei Gründung und Sitzverlegung der Europäischen Aktiengesellschaft (SE), 2011
WHSS/*Bearbeiter*	Willemsen/Hohenstatt/Schweibert/Seibt, Umstrukturierung und Übertragung von Unternehmen, 5. Aufl. 2016
wistra	Zeitschrift für Wirtschaft, Steuer und Strafrecht
WWK/*Bearbeiter*	Wlotzke/Wißmann/Koberski, Mitbestimmungsrecht, Kommentar, 4. Aufl. 2011
WM	Wertpapier-Mitteilungen, Teil IV (Zeitschrift)
WP	Das Wertpapier (Zeitschrift)

Abkürzungsverzeichnis

WPg	Die Wirtschaftsprüfung (Zeitschrift)
WP-HdB/*Bearbeiter* Bd. I/ II	Wirtschaftsprüfer-Handbuch. Handbuch für Rechnungslegung, Prüfung und Beratung, Band 1: 14. Aufl. 2012, Band II: 14. Aufl. 2014
WpHG	Gesetz über den Wertpapierhandel
WPK	Wirtschaftsprüferkammer
WPO	Wirtschaftsprüferordnung
WPolBl.	Wirtschaftspolitische Blätter (Zeitschrift)
WpÜG	Wertpapiererwerbs- und Übernahmegesetz
WpÜG-AV	Verordnung über den Inhalt der Angebotsunterlage, der Gegenleistung bei Übernahmeangeboten und Pflichtangeboten und die Befreiung von der Verpflichtung zur Veröffentlichung und zur Abgabe eines Angebots
WRP	Wettbewerb in Recht und Praxis (Zeitschrift)
WuB	Entscheidungssammlung zum Wirtschafts- und Bankrecht
WuW	Wirtschaft und Wettbewerb (Zeitschrift)
ZAkDR	Zeitschrift der Akademie für deutsches Recht
ZAS	Zeitschrift für Arbeits- und Sozialrecht
zB	zum Beispiel
ZBB	Zeitschrift für Bankrecht und Bankwirtschaft
ZBl.	Zentralblatt für die juristische Praxis (Zeitschrift)
ZBlHR	Zentralblatt für Handelsrecht (Zeitschrift)
ZEuP	Zeitschrift für Europäisches Privatrecht
ZfA	Zeitschrift für Arbeitsrecht
ZfB	Zeitschrift für Betriebswirtschaft
ZfbF	Schmalenbachs Zeitschrift für betriebswirtschaftliche Forschung
ZfgG	Zeitschrift für das gesamte Genossenschaftswesen
ZfhF	Zeitschrift für handelswissenschaftliche Forschung (ab 1964 ZfbF)
ZfK	Zeitschrift für das gesamte Kreditwesen
ZfRV	Zeitschrift für Rechtsvergleichung
ZfV	Zeitschrift für Verwaltung
ZGR	Zeitschrift für Unternehmens- und Gesellschaftsrecht
ZGV	Zeitschrift für Gebühren und Verkehrssteuern
ZhF	Zeitschrift für handelswissenschaftliche Forschung
ZHR	Zeitschrift für das gesamte Handels- und Wirtschaftsrecht
Ziff.	Ziffer(n)
ZIK	Zeitschrift für Insolvenzrecht und Kreditschutz
ZIP	Zeitschrift für Wirtschaftsrecht und Insolvenzpraxis
ZIR	Zeitschrift für interne Revision
ZögU	Zeitschrift für öffentliche und gemeinwirtschaftliche Unternehmen
Zöller/*Bearbeiter*	Zöller, Zivilprozessordnung, Kommentar, 31. Aufl. 2016
ZPO	Zivilprozessordnung
ZRP	Zeitschrift für Rechtspolitik
ZStW	Zeitschrift für die gesamte Strafrechtswissenschaft
zT	zum Teil
zust.	zustimmend
zutr.	zutreffend
ZVG	Gesetz über die Zwangsversteigerung und die Zwangsverwaltung
ZZP	Zeitschrift für Zivilprozess

A. Verordnung (EG) Nr. 2157/2001 des Rates über das Statut der Europäischen Gesellschaft (SE)

vom 8. Oktober 2001 (ABl. L 294 S. 1),
zuletzt geändert durch VO (EU) 517/2013 vom 13. Mai 2013
(ABl. L 158 S. 1)

mit Gesetz zur Ausführung der Verordnung (EG) Nr. 2157/2001 des Rates vom 8. Oktober 2001 über das Statut der Europäischen Gesellschaft (SE) (SEAG)

vom 22. Dezember 2004 (BGBl. I S. 3675),
zuletzt geändert durch Gesetz vom 10. Mai 2016 (BGBl. I S. 1142)

Einleitung

Schrifttum: *Blanquet,* Das Statut der Europäischen Aktiengesellschaft, ZGR 2002, 20; *Duden,* Internationale Aktiengesellschaften, RabelsZ 27 (1962), 89; *Heinze,* Ein neuer Lösungsweg für die Europäische Aktiengesellschaft, AG 1997, 289; *Hellwig/Behme,* Die deutsche Unternehmensmitbestimmung im Visier von Brüssel? Zugleich Anmerkungen zu den mitbestimmungsrechtlichen Ausführungen des Reports of the Reflection Group on the Future of EU Company Law, AG 2011, 740; *Hommelhoff,* Einige Bemerkungen zur Organisationsverfassung der Europäischen Aktiengesellschaft, AG 2001, 279; *Merkt,* Europäische Aktiengesellschaft: Gesetzgebung als Selbstzweck?, BB 1992, 652; *Neye,* Kein neuer Stolperstein für die Europäische Aktiengesellschaft, ZGR 2002, 377; *Wahlers,* Art. 100a EWGV – Unzulässige Rechtsgrundlage für den geänderten Vorschlag einer Verordnung über das Statut der Europäischen Aktiengesellschaft, AG 1990, 448.

Übersicht

I. Begriff und Bedeutung der SE	1
II. Unionsrechtlicher Rahmen	4
1. Überblick	4
2. Ermächtigungsgrundlage	8
III. Historische Entwicklung	12
1. Vorgeschichte	13
2. Die frühen Kommissionsvorschläge von 1970 und 1975	16
3. Wiederbelebung des SE-Projekts: Die Kommissionsvorschläge von 1989 und 1991	21
4. Lösung der Mitbestimmungs-Problematik und Verabschiedung des SE-Statuts	25
5. Entwicklung nach Inkrafttreten des SE-Statuts und Ausblick	29

I. Begriff und Bedeutung der SE

1   Die Abkürzung „SE" steht für **„Societas Europaea"** und bezeichnet Handelsgesellschaften in der Form europäischer Aktiengesellschaften (Art. 1 Abs. 1). Dass es sich bei der SE um eine Gesellschaft handelt, deren Kapital in Aktien zerlegt ist (Art. 1 Abs. 2), hat in der lateinischen Bezeichnung somit keinen Niederschlag gefunden.

2   Die Bezeichnung der europäischen Aktiengesellschaft als SE ist damit **begrifflich nicht ganz präzise,** zumal das Unionsrecht den Begriff der „Gesellschaft" auf der Ebene des Primärrechts (Art. 54 AEUV) in einem weiten Sinne versteht und keineswegs auf Aktien- oder Kapitalgesellschaften beschränkt, während die SE-VO allein die europäische Aktiengesellschaft regelt. Der Rückgriff auf die **lateinische Sprache** als eines alle europäischen Völker verbindenden Elements hat gleichwohl einen entscheidenden Vorteil, da die Bezeichnung als SE die Gesellschaft in allen Mitgliedstaaten als solche europäischen Rechts identifizierbar macht. Hinzu kommt, dass das Projekt der europäischen Aktiengesellschaft von Beginn an unter der Bezeichnung „SE" lief und der Begriff daher bei Inkrafttreten der SE-VO bereits fest etabliert war (vgl. *Neye* ZGR 2002, 377 Fn. 2).

3   Insgesamt mehr als drei Jahrzehnte vergingen, bis eine **Einigung zwischen den Mitgliedstaaten über das Statut der SE** erzielt wurde. Umso euphorischer fielen die Reaktionen auf die Verabschiedung der SE-VO aus (vgl. *Lutter* BB 2002, 1). Der nach einer anfänglichen Stagnationsphase inzwischen eingetretene rechtspraktische Erfolg der SE lässt ihre frühe Bewertung als „Flaggschiff" des Europäischen Gesellschaftsrechts (*Hopt* ZIP 1998, 96 [99]) als zutreffend erscheinen.

II. Unionsrechtlicher Rahmen

4   **1. Überblick.** Auf der Ebene des Unionsrechts sind für die SE drei Rechtsakte von Bedeutung: Der **AEUV** (Vertrag über die Arbeitsweise der Europäischen Union vom 9.5.2008, ABl. C 115 S. 47), die **SE-Verordnung** (Verordnung [EG] Nr. 2157/2001 des Rates über das Statut der Europäischen Gesellschaft [SE] vom 8.10.2001, ABl. L 294 S. 1, geändert durch Verordnung [EG] Nr. 1791/2006 vom 20.11.2006, ABl. L 363 S. 1) und die **SE-Beteiligungsrichtlinie** (Richtlinie 2001/86/EG des Rates zur Ergänzung des Statuts der Europäischen Gesellschaft hinsichtlich der Beteiligung der Arbeitnehmer vom 8.10.2001, ABl. L 294 S. 22).

5   Die Bedeutung des **AEUV** für die SE resultiert im Wesentlichen daraus, dass sich eine SE nach der Wertung des Art. 10 auf die **Grundfreiheiten** des Primärrechts ebenso berufen kann wie eine nach dem nationalen Recht ihres Sitzstaates gegründete Aktiengesellschaft. Dies betrifft insbesondere die Niederlassungsfreiheit nach Art. 49, 54 AEUV (*Drinhausen/Nohlen* FS Spiegelberger, 2009, 645 [647]; *de Diego* EWS 2005, 446 [448 f.]; *Ringe* Die Sitzverlegung der Europäischen Aktiengesellschaft, 2006, 49 ff.; aA *Ulmer* NJW 2004, 1201 [1203, 1210]), die folglich bei der Auslegung derjenigen Vorschriften der SE-VO zu beachten ist, die eine Regelung der grenzüberschreitenden Mobilität der SE enthalten (insbesondere Art. 8 und Art. 66). Die SE kann sich aber auch ebenso wie eine nationale AG auf die übrigen Grundfreiheiten berufen (vgl. für die Warenverkehrsfreiheit Streinz/*Schroeder* AEUV Art. 34 Rn. 24; für die Dienstleistungsfreiheit Streinz/*Müller-Graff* AEUV Art. 56 Rn. 56). Schließlich ist die SE auch „Unternehmen" im Sinne der Normen des europäischen **Kartellrechts** (Art. 101 ff. AEUV).

Die **SE-VO** enthält einen wesentlichen Teil (nach LHT/*Lutter* Rn. 5 etwa   **6** 50%) des für die SE **maßgeblichen Gesellschaftsrechts;** der inhaltliche Schwerpunkt liegt dabei auf den verschiedenen Möglichkeiten der Gründung einer SE (Titel II) und Fragen der Organisationsverfassung (Titel III). Sofern die SE-VO eine bestimmte Frage regelt, ist diese Regelung gegenüber den Vorschriften des nationalen Rechts vorrangig. Dies ergibt sich bereits aus der unmittelbaren Anwendbarkeit von Verordnungen (Art. 288 Abs. 2 AEUV) und dem Anwendungsvorrang des Unionsrechts gegenüber nationalem Recht, wird aber in Art. 9 Abs. 1 lit. a nochmals deklaratorisch bekräftigt (LHT/*Hommelhoff/ Teichmann* Art. 9 Rn. 35). Daneben findet nach Maßgabe von Art. 9 Abs. 1 lit. c ergänzend das nationale Recht des Sitzstaates der SE Anwendung. Die Verweisung auf das nationale (Aktien-)Recht ist von erheblicher rechtspraktischer Bedeutung, da die SE-VO wesentliche Teilbereiche des Gesellschaftsrechts nicht regelt, insoweit also **lückenhaft** ist (vgl. LHT/*Lutter* Rn. 5).

Die **SE-Beteiligungsrichtlinie** regelt ausschließlich die **Beteiligung der**   **7** **Arbeitnehmer** (unternehmerische und betriebliche Mitbestimmung) in der SE. Die Arbeitnehmerbeteiligung ist primär Gegenstand einer zwischen der Unternehmensleitung und der Arbeitnehmerseite ausgehandelten Beteiligungsvereinbarung. Kommt eine solche Vereinbarung nicht zustande, greift eine Auffangregelung, die sich hinsichtlich der Mitbestimmung in Gesellschaftsorganen (Aufsichts- oder Verwaltungsorgan) am höchsten Mitbestimmungsniveau in einer der an der Gründung der SE beteiligten Gesellschaften orientiert. Aus ihrer Rechtsnatur als Richtlinie folgt, dass die SE-Beteiligungsrichtlinie zwingend der Umsetzung in das nationale Recht bedurfte (Art. 288 Abs. 2 AEUV). Der deutsche Gesetzgeber ist dieser Umsetzungsverpflichtung durch Erlass des SEBG nachgekommen; dessen Vorschriften sind daher richtlinienkonform auszulegen (EuGH C-106/89, Slg. 1990, I-4135 Rn. 8 – Marleasing; LHT/*Lutter* Rn. 3).

2. Ermächtigungsgrundlage. Sowohl die SE-VO als auch die SE-Betei-   **8** ligungsrichtlinie sind – ebenso wie die frühen Entwürfe der SE-VO aus den 70er Jahren – auf die „Generalermächtigung" des **Art. 308 EG** (ex-Art. 235 EWGV, jetzt Art. 352 AEUV) gestützt. Dagegen waren die Verordnungsentwürfe von 1989 und 1991 (zur historischen Entwicklung → Rn. 13 ff.; umfassend *Taschner* in Jannott/Frodermann HdB SE S. 9 ff.) auf die Binnenmarktkompetenz nach Art. 100a EWGV (später Art. 95 EG, jetzt Art. 114 AEUV) und die flankierenden Mitbestimmungsrichtlinien auf Art. 54 Abs. 3 lit. g EWGV (später Art. 44 Abs. 2 lit. g EG, jetzt Art. 50 Abs. 2 lit. g AEUV) gestützt.

Die Wahl des **Art. 100a EWGV** als Ermächtigungsgrundlage bot den Vorteil,   **9** dass nach dieser Vorschrift die Verordnung – anders als nach Art. 308 EG, der Einstimmigkeit verlangte – mit qualifizierter Mehrheit vom Rat hätte beschlossen werden können. Zugleich war aber nach Abs. 2 dieser Vorschrift die Harmonisierung von Bestimmungen über die Rechte und Interessen der Arbeitnehmer ausgeschlossen, was für die SE-Beteiligungsrichtlinie den Rückgriff auf Art. 54 Abs. 3 lit. g EWGV erforderlich machte. Die Aufspaltung der Ermächtigungsgrundlage für Verordnung und Richtlinie stieß jedoch auf erhebliche Bedenken (vgl. *Blanquet* ZGR 2002, 20 [62 f.]; *Wahlers* AG 1990, 448), so dass beide Rechtsakte schließlich wieder auf Art. 308 EG gestützt wurden.

Die Rückbesinnung auf **Art. 308 EG** war jedoch ebenfalls umstritten, weil   **10** dadurch das für Art. 95 EG und Art. 44 Abs. 2 lit. g EG vorgesehene Mitentscheidungsrecht des Europäischen Parlaments ausgehebelt wurde; ein solches Mitentscheidungsrecht ist in Art. 308 EG nicht vorgesehen, sondern es ist dort nur von einer obligatorischen Anhörung des Parlaments die Rede. Von der bereits vorbereiteten Nichtigkeitsklage nach Art. 230 Abs. 2 EG nahm das Europäische Parlament erst kurz vor Ablauf der Klagefrist auf Veranlassung seines neuen Präsidenten, *Pat Cox,* Abstand, um den Start der SE nicht zu erschweren (zu den Folgen einer solchen Klage *Hommelhoff* AG 2001, 279; *Neye* ZGR 2002, 377).

11   Zur Überprüfung der Frage, ob Art. 308 EG eine taugliche Rechtsgrundlage für die Schaffung supranationaler Rechtsformen ist oder ob diese nicht doch auf Art. 95 EG zu stützen sind, bot wenig später eine **Klage gegen die ebenfalls auf Art. 308 EG gestützte SCE-Verordnung** (Verordnung [EG] Nr. 1435/2003 des Rates vom 22.7.2003 über das Statut der Europäischen Genossenschaft, ABl. L 207 S. 1) Gelegenheit. Der EuGH stellt in seiner Entscheidung fest, dass Art. 95 EG nicht die richtige Rechtsgrundlage für den Erlass der angefochtenen Verordnung darstellen konnte, diese somit zu Recht auf der Grundlage von Art. 308 EG erlassen wurde (EuGH C-436/03, Slg. 2006, I-3733 Rn. 46 – Parlament/Rat). Dasselbe gilt für den Erlass der SE-VO.

III. Historische Entwicklung

12   Das heutige, aus SE-VO und SE-Beteiligungsrichtlinie bestehende Regelwerk der SE bildet den (vorläufigen) Schlusspunkt eines **mehr als drei Jahrzehnte andauernden Gesetzgebungsprozesses.** Dieser Gesetzgebungsprozess ist vor allem durch schrittweise Reduzierung des Regelungsumfangs des SE-Statuts gekennzeichnet: Die ersten Vorschläge der Kommission für eine europäische Aktiengesellschaft von 1970 und 1975 verfolgten noch das Ziel, durch eine umfassende Kodifizierung sämtlicher für die SE maßgeblichen Vorschriften (284, mit Anhängen mehr als 400 Artikel) den Rückgriff auf nationales Recht zu erübrigen. Nach deren Scheitern konzentrierte sich der europäische Gesetzgeber zunächst auf die rechtspolitisch weitaus weniger umstrittene und daher einfachere Einführung der EWIV. Weitere, kürzere Entwürfe für eine europäische Aktiengesellschaft folgten 1989 und 1991 (108 Artikel); die am 8.10.2001 verabschiedete SE-Verordnung ist noch knapper und enthält nur 70 Artikel. Diese Beschränkung macht allerdings umfangreiche Verweisungen auf das nationale Recht des Sitzstaates der SE erforderlich (Art. 9 Abs. 1 lit. c). Die SE-VO trat am 8.10.2004 in Kraft.

13   **1. Vorgeschichte.** Die Idee einer supranationalen Rechtsform reicht bis in die 20er Jahre des 20. Jahrhunderts zurück: Bereits der **34. Deutsche Juristentag von 1926** regte „die Bildung einer überstaatlichen kapitalistischen Gesellschaftsform an, die wahlweise neben den innerstaatlichen Gesellschaftsformen zur Verfügung stehen soll" (dazu *Duden* RabelsZ 27 [1962], 89). Nach dem Zweiten Weltkrieg befassten sich der **Europarat** sowie die *International Law Association* mit der Thematik (*Duden* RabelsZ 27 [1962], 91 ff.).

14   Nähere Gestalt nahm das Projekt der SE allerdings erst nach Gründung der Europäischen Wirtschaftsgemeinschaft (EWG) durch die Römischen Verträge vom 25.3.1957 an (*Schwarz* Rn. 2). Als geistiger Vater der SE kann der französische Notar **Thibièrge** gelten, der 1959 vor dem Kongress des französischen Notariats im Rahmen eines vielbeachteten Vortrags erste Überlegungen zu einer Aktiengesellschaft europäischen Typs *(societé par action de type européen)* vortrug (*Thibièrge* in Congrès des Notaires de France, Le statut de l'étranger et le maché commun, 1959, 270, 352, 360 ff.); ein Jahr später hielt *Sanders* an der Universität Rotterdam seine Antrittsvorlesung zum Thema „Auf dem Weg zu einer Europäischen Aktiengesellschaft?" (*Sanders* AWD 1960, 1).

15   *Sanders* war es auch, der mit einer ihn unterstützenden Sachverständigengruppe, deren deutsches Mitglied *Ernst von Caemmerer* war, im September 1966 im Auftrag der Europäischen Kommission den ersten Vorentwurf für ein SE-Statut und eine ergänzende Kommentierung vorlegte (sog. **Sanders-Vorentwurf**).

Auslöser für den Auftrag der Kommission war eine Note der französischen Regierung an den Ministerrat der EWG vom 15.3.1965, in der diese die Schaffung einer Europäischen Handelsgesellschaft durch Staatsvertrag unter den Mitgliedstaaten mit integriertem Einheitsgesetz vorschlug. Zuvor war – nicht zuletzt im Rahmen des Zusammenschlusses der deutschen Agfa AG mit der französischen Gevaert S. A. (dazu ausführlich *Taschner* in Jannott/Frodermann HdB SE S. 10) – das rechtspraktische Bedürfnis nach einer rechtlich abgesicherten Kooperationsmöglichkeit für Unternehmen aus verschiedenen Mitgliedstaaten deutlich zutage getreten.

2. Die frühen Kommissionsvorschläge von 1970 und 1975. Der Sanders– **16** Vorentwurf bildete die Grundlage des Verordnungsvorschlags, den die Kommission am **30.6.1970** dem Ministerrat vorlegte. Anders als noch der Sanders–Vorentwurf zielt der Kommissionsentwurf jedoch nicht mehr auf eine Einführung der SE auf völkerrechtlicher Grundlage durch Staatsvertrag, sondern auf unionsrechtlicher Grundlage im Wege der Verordnung; als Ermächtigungsgrundlage für eine solche Verordnung wählt die Kommission Art. 235 EWGV (→ Rn. 8).

Inhaltlich war der Kommissionsvorschlag in höchstem Maße ambitioniert: **17** Untergliedert in 15 Titel und insgesamt 284 Artikel umfassend, sollte er nicht nur das gesamte für die SE maßgebende Gesellschaftsrecht, sondern darüber hinaus auch steuerrechtliche und strafrechtliche Vorschriften enthalten. Anders als noch im Vorentwurf von *Sanders* war im SE-VO-E der Kommission die Möglichkeit des **Formwechsels** nationaler Aktiengesellschaften in eine SE nicht mehr vorgesehen. Die Organisationsverfassung der SE folgte dem **dualistischen System;** hinsichtlich der unternehmerischen **Mitbestimmung** der Arbeitnehmer enthielt der SE-VO-E eine einfache Lösung: Diese sollten grundsätzlich das Recht haben, ein Drittel der Aufsichtsratsmitglieder zu stellen.

Besondere Beachtung verdient die eigenständige Regelung des **Konzern-** **18** **rechts,** da den meisten Mitgliedstaaten das Konzernrecht als eigene Regelungsmaterie fremd ist und sie konzernrechtliche Fragen stattdessen über das allgemeine Zivilrecht lösen. Den späteren Entwürfen einer 9. Richtlinie zur Harmonisierung des Konzernrechts war daher kein Erfolg beschieden (dazu *Habersack/Verse* EuropGesR S. 70); die von der Kommission möglicherweise erhoffte Signalwirkung für die Konzernrechtsrichtlinie (so *Taschner* in Jannott/Frodermann HdB SE S. 17) entfaltete der Verordnungsentwurf nicht.

Nachdem der Wirtschafts- und Sozialausschuss sowie (nach umfassenden Bera- **19** tungen) das Europäische Parlament ihre Stellungnahmen abgegeben hatten, legte die Kommission **1975** einen **überarbeiteten SE-VO-E** vor. Ein wesentlicher Unterschied zum Kommissionsentwurf von 1970 betrifft die Regelung der unternehmerischen Mitbestimmung: Nunmehr sollten jeweils ein Drittel der Sitze im Aufsichtsrat durch Vertreter der Anteilseigner, der Arbeitnehmer und neutrale, von beiden Gruppen gewählte Personen besetzt werden ("Drittelparität"). Die Änderung ging zurück auf einen Vorschlag des Europäischen Parlaments (kritisch zu dieser Drittelparität *Taschner* in Jannott/Frodermann HdB SE S. 16).

Inzwischen hatten sich jedoch – insbesondere infolge der zum 1.1.1973 in **20** Kraft getretenen ersten Erweiterung der Gemeinschaft um Großbritannien, Irland und Dänemark – die politischen Rahmenbedingungen geändert. Der Widerstand der Mitgliedstaaten gegen die SE als eine mögliche Konkurrenz zu nationalen Rechtsformen und insbesondere gegen die Regelung der unternehmerischen Mitbestimmung war zum damaligen Zeitpunkt unüberwindbar. Das **Projekt der SE wurde zunächst nicht weiterverfolgt;** 1982 wurden die Arbeiten an der SE-VO im Rat förmlich ausgesetzt.

3. Wiederbelebung des SE-Projekts: Die Kommissionsvorschläge von **21** **1989 und 1991.** Erst die in den späten achtziger Jahren forcierte Vollendung des

Europäischen Binnenmarktes (s. Weißbuch der Kommission vom 14.6.1985, KOM 85[310] endg.) brachte eine neue Dynamik in die Entwicklung der SE. Am **25.8.1989** legte die Kommission ihren zweiten Vorschlag einer Verordnung des Rates über das Statut der Europäischen Aktiengesellschaft vor (ABl. 1989 C 263 S. 41); dieser wurde flankiert durch den Vorschlag einer Richtlinie zur Ergänzung des SE-Statuts hinsichtlich der Mitbestimmung der Arbeitnehmer (ABl. 1989 C 263 S. 69). Im Vergleich zu den Vorschlägen von 1970 und 1975 war der Vorschlag um mehr als die Hälfte gekürzt und enthielt nur mehr elf Titel mit **137 Artikeln.**

22 Die erhebliche Reduzierung des Regelungsgehalts hatte zwangsläufig weitreichende **Verweisungen** auf das nationale Recht zur Folge. In dem SE-VO-E von 1989 erscheint die SE daher nicht mehr als europaweit einheitlich ausgestaltete Rechtsform; insoweit ähnelte der Kommissionsvorschlag bereits der heutigen Konzeption der SE-VO (LHT/*Lutter* Rn. 13). Auch das heutige **Wahlrecht zwischen dualistischer und monistischer Organisationsverfassung** ist in dem SE-VO-E bereits angelegt, während sich der SE-VO-E von 1970 noch für das dualistische Modell ausgesprochen hatte. Ferner wurde das **Mindestkapital** auf 100.000 ECU abgesenkt; der Titel „**Konzernrecht**" wurde ersatzlos gestrichen, nachdem zwischenzeitlich die Harmonisierung des Konzernrechts gescheitert war.

23 Die Frage der **unternehmerischen Mitbestimmung** der Arbeitnehmer wurde erstmals in eine Richtlinie ausgegliedert; auch diese Regelungstechnik hat sich schließlich durchgesetzt. Inhaltlich sollte ein politischer Konsens dadurch ermöglicht werden, dass dem Leitungsorgan der SE und den Arbeitnehmern eine weitreichende Wahlmöglichkeit hinsichtlich der näheren Ausgestaltung der Mitbestimmung in der SE eingeräumt wurde, die jedoch durch mitgliedstaatliches Recht eingeschränkt werden konnte. Insgesamt enthielt die Richtlinie drei Modelle der Mitbestimmung, die jeweils an entsprechende Modelle im nationalen Recht der Mitgliedstaaten angelehnt waren (zu den verschiedenen mitgliedstaatlichen Mitbestimmungsmodellen s. *Baums/Ulmer* Unternehmens-Mitbestimmung der Arbeitnehmer im Recht der EU-Mitgliedstaaten, 2004): (1) Vertretung der Arbeitnehmer im Aufsichts- oder Verwaltungsrat mit einem Mindestanteil von einem Drittel und einem Höchstanteil von der Hälfte nach deutschem und niederländischem Vorbild, (2) Vertretung der Arbeitnehmer in einem besonderen Organ nach dem Vorbild des französischen und belgischen Modells des *Comitée d'Entreprise,* (3) ein eigenes Modell auf der Grundlage vertraglicher Vereinbarungen zwischen Leitungsorgan und Arbeitnehmern.

24 Nach Stellungnahme des Wirtschafts- und Sozialausschusses und des Europäischen Parlaments legte die Kommission am **16.5.1991** einen überarbeiteten SE-VO-E vor (ABl. 1991 C 176 S. 1; kritisch dazu *Merkt* BB 1992, 652), der erneut gestrafft war und nur mehr zehn Titel mit **108 Artikeln** umfasste. Auch dieser Entwurf scheiterte aber letztlich, da über die zentrale Frage der unternehmerischen Mitbestimmung keine Einigung erzielt werden konnte: Während einige Mitgliedstaaten eine Mitbestimmungs-Arbitrage fürchteten (so insbesondere Deutschland und die Niederlande), lehnten andere (so insbesondere Großbritannien und Spanien) jeden Export von Mitbestimmungssystemen anderer Mitgliedstaaten ab (LHT/*Lutter* Rn. 14).

25 **4. Lösung der Mitbestimmungs-Problematik und Verabschiedung des SE-Statuts.** In den neunziger Jahren des 20. Jahrhunderts wurde schließlich der Weg bereitet für eine Einigung über die unternehmerische Mitbestimmung. Zunächst konnte nach einer ebenfalls langwierigen Entwicklungsgeschichte (dazu *Riesenhuber* Europäisches ArbeitsR § 28 Rn. 2) die **Richtlinie über den Europäischen Betriebsrat** am 22.9.1994 in Kraft treten (RL 94/45/EG des Rates

vom 22.9.1994 über die Einsetzung eines Europäischen Betriebsrats oder die Schaffung eines Verfahrens zur Unterrichtung und Anhörung der Arbeitnehmer in gemeinschaftsweit operierenden Unternehmen und Unternehmensgruppen, ABl. L 254 S. 64). Die Richtlinie setzt primär auf ein **Verhandlungsverfahren** zwischen der zentralen Unternehmensleitung und einem besonderen Verhandlungsgremium der Arbeitnehmer. Ziel dieser Verhandlungen ist eine privatautonome Vereinbarung, durch die entweder ein europäischer Betriebsrat oder ein besonderes Unterrichtungs- und Anhörungsverfahren eingerichtet wird.

Als 1996 unter dem Vorsitz des ehemaligen Vizepräsidenten der Kommission **26** *Davignon* eine Sachverständigengruppe gebildet wurde, um eine Lösung für die Mitbestimmungsproblematik bei der SE zu finden, konnte diese auf das Verhandlungsmodell der Europäischen Betriebsratsrichtlinie als Vorbild zurückgreifen. In ihrem Abschlussbericht (BR-Drs. 572/97) schlug die Sachverständigengruppe auch für die unternehmerische Mitbestimmung ein Verhandlungsverfahren vor; im Falle eines Scheiterns der Verhandlungen sollte eine Auffangregelung Anwendung finden, wonach die Arbeitnehmer ein Fünftel der Sitze im Aufsichts- bzw. Verwaltungsrat stellen (ausführliche Würdigung des Abschlussberichts bei *Heinze* AG 1997, 289).

Dieser Vorschlag fand Anklang auch über das Projekt der SE hinaus: Die **27** **Kombination eines Verhandlungsverfahrens mit einer unionsrechtskonformen Auffangregelung** liegt etwa der Richtlinie über die grenzüberschreitende Verschmelzung (RL 2005/56/EG über die Verschmelzung von Kapitalgesellschaften aus verschiedenen Mitgliedstaaten vom 26.10.2005, ABl. L 28 S. 40) zugrunde und wird in der Literatur auch im Hinblick auf eine mögliche Erstreckung der unternehmerischen Mitbestimmung auf Scheinauslandsgesellschaften diskutiert (vgl. nur *Behme* ZIP 2008, 351; *Schanze/Jüttner* AG 2003, 30 [35 f.]).

Drei Jahre, nachdem die Davignon-Sachverständigengruppe ihren Abschluss- **28** bericht vorgelegt hatte, konnte auf dem **Gipfel von Nizza** vom 20.12.2000 eine Einigung über die Mitbestimmung erzielt werden. In Anlehnung an die Vorschläge der Sachverständigengruppe richtet sich die unternehmerische Mitbestimmung und die Unterrichtung und Anhörung über grenzübergreifende betriebliche Angelegenheiten in der SE primär nach einer zwischen der Unternehmensleitung und einem Besonderen Verhandlungsgremium der Arbeitnehmer getroffenen Beteiligungsvereinbarung; kommt eine solche Vereinbarung nicht zustande, greift eine Auffangregelung, die sich allerdings – insoweit weicht die SE-Beteiligungsrichtlinie von den Empfehlungen der Sachverständigengruppe ab – bei der unternehmerischen Mitbestimmung am höchsten Mitbestimmungsniveau in den der an der SE-Gründung beteiligten Gesellschaften orientiert. Am **8.10.2001** konnten die SE-VO und die SE-Beteiligungsrichtlinie schließlich verabschiedet werden.

5. Entwicklung nach Inkrafttreten des SE-Statuts und Ausblick. Die **29** SE-VO trat auf den Tag genau drei Jahre nach ihrer Verabschiedung durch den Rat am **8.10.2004** in Kraft (Art. 70). Das Datum fällt auf denselben Tag, an dem auch die Umsetzungsfrist für die SE-Beteiligungsrichtlinie abgelaufen ist. Der mit diesem Gleichlauf verfolgte Zweck eines parallelen Inkrafttretens von SE-VO, nationalen Ausführungsgesetzen und nationalen Maßnahmen zur Umsetzung der SE-Beteiligungsrichtlinie wurde gleichwohl verfehlt; die flankierende Gesetzgebung in den Mitgliedstaaten erfolgte teilweise deutlich später. Das deutsche Ausführungsgesetz zur SE-VO (**SEAG**) und das deutsche Gesetz über die Beteiligung der Arbeitnehmer in der SE (**SEBG**) traten als Teile des Gesetzes zur Einführung der Europäischen Gesellschaft (SEEG) nach dessen Verkündung im Bundesgesetzblatt am 28.12.2004 mit dem nachfolgenden Tag in Kraft (Art. 9 Gesetz zur Einführung der Europäischen Gesellschaft [SEEG] vom 22.12.2004,

BGBl. I S. 3675; zur Entwicklung in den übrigen Mitgliedstaaten LHT/*Lutter* Rn. 20 ff.).

30   Die legislativen Arbeiten am Regelwerk der SE sind nach wie vor nicht abgeschlossen. Am 17.11.2010 hat die Kommission den durch Art. 69 geforderten **Evaluierungsbericht** vorgelegt und zu den in dieser Vorschrift benannten denkbaren Gegenständen einer Reform Stellung genommen (Bericht der Kommission an das Europäische Parlament und den Rat über die Anwendung der Verordnung (EG) Nr. 2157/2001 des Rates vom 8.10.2001 über das Statut der Europäischen Gesellschaft (SE), KOM(2010) 676 endg.; ausführlich *Kiem* CFL 2011, 134; → Art. 69 Rn. 1 ff.). Aber auch jenseits der unmittelbar von Art. 69 angesprochen Themen wird eine Reformierung der SE-VO in Einzelfragen diskutiert. Kritisch gesehen wird insbesondere das in Art. 2 verankerte **Gebot der Mehrstaatlichkeit;** weitere Kritikpunkte betreffen unter anderem Einzelfragen des **Verfahrens der Arbeitnehmerbeteiligung,** die Verknüpfung dieses Verfahrens mit dem Gründungs- und Eintragungsverfahren durch Art. 12 Abs. 2 sowie die im Hinblick auf die Niederlassungsfreiheit bedenkliche **Begrenzung der Renationalisierungsmöglichkeiten** der SE nach dem Wortlaut des Art. 66 (s. zu diesen Fragen ausführlich die Vorschläge des Arbeitskreises Aktien- und Kapitalmarktrecht ZIP 2009, 698 sowie *Kiem* ZHR 173 [2009], 156; *Casper* ZHR 173 [2009], 181; *Henssler* ZHR 173 [2009], 222).

31   Seit Inkrafttreten der SE-VO ist insbesondere in Deutschland ein **stetiger Zuwachs** an Unternehmen zu verzeichnen, die in der Rechtsform der SE organisiert sind. Deutschland ist, insbesondere wegen der Gestaltungsmöglichkeiten, die die SE in der Mitbestimmung bietet, Sitz der meisten operativ tätigen SE. Mit Allianz, BASF, E.ON, MAN, SAP und Vonovia sind derzeit sechs der DAX 30-Gesellschaften in der Rechtsform der SE organisiert. Demgegenüber betrug die Zahl der SE im Jahr 2009 gemäß der Studie der Wirtschaftsprüfungsgesellschaft Ernst & Young noch 369 (Study on the operation and the impact of the Statute for a European Company (SE), Final report, vom 9.12.2009, 11; zur Entwicklung bis Juni 2008 s. auch *Eidenmüller/Engert/Hornuf* AG 2008, 721 ff.). Als **Hauptgründe** für die Wahl der Rechtsform der SE wurden in der vorgenannten Studie die Mobilität, das positive „Image" der SE als supranationaler Rechtsform und die Vereinfachung von Konzernstrukturen identifiziert (Study on the operation and the impact of the Statute for a European Company (SE), Final report, vom 9.12.2009, 12 f.).

Titel I. Allgemeine Vorschriften

[Wesen der SE]

1 (1) Handelsgesellschaften können im Gebiet der Gemeinschaft in der Form europäischer Aktiengesellschaften (Societas Europaea, nachfolgend „SE" genannt) unter den Voraussetzungen und in der Weise gegründet werden, die in dieser Verordnung vorgesehen sind.

(2) ¹Die SE ist eine Gesellschaft, deren Kapital in Aktien zerlegt ist. ²Jeder Aktionär haftet nur bis zur Höhe des von ihm gezeichneten Kapitals.

(3) Die SE besitzt Rechtspersönlichkeit.

(4) Die Beteiligung der Arbeitnehmer in der SE wird durch die Richtlinie 2001/86/EG geregelt.

Schrifttum: S. die Angaben in der Einleitung.

I. Überblick

Art. 1 stellt in seinen **Abs. 1–3** die **wesentlichen Strukturmerkmale** der SE **1** an den Beginn der Verordnung. Abs. 1 charakterisiert die SE als Handelsgesellschaft, stellt klar, dass sie – entsprechend ihrer in Abs. 1 vorausgesetzten Rechtsnatur als Gesellschaft europäischen Rechts – (nur) im Gebiet der Gemeinschaft (jetzt: Union) gegründet werden kann (näher LHT/*Lutter* Rn. 3 f.; KK-AktG/*Siems* Rn. 15 f.), und verweist hinsichtlich der Voraussetzungen und Modalitäten der Gründung, insbesondere hinsichtlich des numerus clausus der Gründungsformen und des Mehrstaatlichkeitserfordernisses, auf Art. 2 ff.; zugleich führt die Vorschrift den lateinischen Begriff der „Societas Europaea" und die auf diesen zurückgehende Abkürzung „SE" ein (näher zur Terminologie Spindler/Stilz/*Casper* Rn. 1; KK-AktG/*Siems* Rn. 4 ff.). Abs. 2 spricht das – in Art. 4 näher geregelte – Mindestkapital an und charakterisiert die SE damit als Kapitalgesellschaft; mit der AG nationalen Rechts teilt die SE die Zerlegung des Kapitals in Aktien und die fehlende persönliche Haftung der Aktionäre. Abs. 3 spricht der SE Rechtspersönlichkeit zu und stellt sie auch insoweit mit der AG nationalen Rechts gleich. **Abs. 4** schließlich stellt klar, dass die **Beteiligung der Arbeitnehmer** nicht in der SE-VO, sondern in der SE-Ergänzungsrichtlinie geregelt ist.

II. Handelsgesellschaft supranationalen Charakters (Abs. 1)

Die SE ist eine **Rechtsform europäischen Rechts** und verfügt mithin über **2** supranationalen Charakter; schon deshalb handelt es sich um ein aliud zur nationalen AG (LHT/*Lutter* Rn. 2; KK-AktG/*Siems* Rn. 13; aA wohl *Ihrig/ Wagner* BB 2003, 969 [971]). Der fragmentarische Charakter der SE-VO bringt es indes mit sich, dass auf die SE über weite Bereiche das nationale Aktienrecht des Sitzstaates Anwendung findet (zu den Rechtsquellen sowie zur Hierarchie der Rechtsquellen → Art. 9 Rn. 1 ff.). Nicht anders als Gesellschaften nationalen Rechts fällt die SE in den Schutzbereich der Art. 49, 54 AEUV.

Was die in Abs. 1 ausdrücklich hervorgehobene Charakterisierung als **Han- 3 delsgesellschaft** anbelangt, so soll durch sie nicht zum Ausdruck gebracht werden, dass die Rechtsform der SE den Betrieb eines Handelsgewerbes voraussetzt und deshalb nicht für freiberufliche, ideelle, vermögensverwaltende oder gemeinnützige Zwecke zur Verfügung steht (LHT/*Lutter* Rn. 5; KK-AktG/*Siems* Rn. 11; Spindler/Stilz/*Casper* Rn. 3; MüKoAktG/*Oechsler* Rn. 4; *Schwarz* Rn. 13 ff., 17). Nach zutreffender Ansicht, die sich auf die Entstehungsgeschichte der SE-VO berufen kann (näher *Schwarz* Rn. 13 ff.), kann die SE vielmehr vorbehaltlich spezieller Verbote des nationalen Rechts (die sich allerdings am Diskriminierungsverbot messen lassen müssen) zu **jedem beliebigen Zweck** gegründet werden (vgl. LHT/*Lutter* Rn. 5; KK-AktG/*Siems* Rn. 11; Spindler/Stilz/*Casper* Rn. 3; MüKoAktG/*Oechsler* Rn. 4; *Schwarz* Rn. 13 ff., 17; *Kuhn* in Jannott/Frodermann HdB SE Kap. 2 Rn. 48; zur Vorrats-SE → Art. 2 Rn. 29 f.). Andere Sprachfassungen des Abs. 1 sprechen denn auch nur von „Gesellschaften" (*Kuhn* in Jannott/Frodermann HdB SE Kap. 2 Rn. 48; LHT/*Lutter* Rn. 5; KK-AktG/*Siems* Rn. 11). Davon zu unterscheiden ist die Frage, ob die SE **Form-kaufmann** ist. Sie beurteilt sich nach Art. 9 Abs. 1 lit. c (ii), Art. 10 nach den für die nationale AG geltenden Grundsätzen, für die in Deutschland ansässige SE mithin nach § 3 Abs. 1 AktG, § 6 Abs. 2 HGB (LHT/*Lutter* Rn. 5; KK-AktG/*Siems* Rn. 11; Spindler/Stilz/*Casper* Rn. 2; *Hirte* DStR 2005, 653 [654]; aA – für Rückgriff auf Art. 1 Abs. 1 – MüKoAktG/*Oechsler* Rn. 4).

III. Kapitalgesellschaft

4   Die SE verfügt nach Art. 1 **Abs. 2 S. 1** über ein in Aktien zerlegtes **Grund-kapital** und teilt damit ein Strukturmerkmal der nach mitgliedstaatlichem Recht gegründeten nationalen AG (vgl. Art. 6 Abs. 1 Kapital-RL; dazu *Habersack/Verse* EuropGesR § 6 Rn. 17 ff.); weitere Anforderungen an das Grundkapital sind in Art. 4 geregelt. Was das Erfordernis der **Zerlegung in Aktien** anbelangt, so soll es die Ausgabe nur einer Aktie nicht ausschließen (LHT/*Lutter* Rn. 8); typisch ist indes die Ausgabe mehrerer Aktien. Nach Art. 9 Abs. 1 lit. c (ii) beurteilt sich die Art der Aktien nach nationalem Recht; in Betracht kommen Nennbetrags- und Stückaktien, Inhaber- und Namensaktien, Stammaktien, Vorzugsaktien und Aktien mit sonstigen besonderen Gattungsmerkmalen (→ Art. 9 Rn. 5; → Art. 60 Rn. 5). Die SE ist zwar, wie Erwägungsgrund 13 zum Ausdruck bringen will, börsenfähig; die Entscheidung über die Börsennotierung obliegt indes der jeweiligen Gesellschaft.

5   Soweit **Abs. 2 S. 2** ausdrücklich betont, dass jeder Aktionär nur bis zur Höhe des von ihm gezeichneten Kapitals haftet, sollen das **Trennungsprinzip** und der Grundsatz, dass den Gläubigern nur die Gesellschaft, nicht aber der Aktionär haftet, zum Ausdruck gebracht werden; hingegen soll nicht eine auf die Höhe der übernommenen Einlage beschränkte und damit kommanditistenähnliche Außenhaftung statuiert werden (einhM, s. LHT/*Lutter* Rn. 11; KK-AktG/*Siems* Rn. 21; Spindler/Stilz/*Casper* Rn. 5; MüKoAktG/*Oechsler* Rn. 6; *Schwarz* Rn. 27). Der Aktionär haftet deshalb nur gegenüber der SE, und zwar nach Art. 9 Abs. 1 lit. c (ii), § 54 Abs. 1 AktG in Höhe des Ausgabebetrags der von ihm übernommenen Aktien (vgl. LHT/*Lutter* Rn. 11; Spindler/Stilz/*Casper* Rn. 5; KK-AktG/*Siems* Rn. 21; MüKoAktG/*Oechsler* Rn. 6; *Schwarz* Rn. 27; näher zur Kapitalaufbringung → Art. 4 Rn. 1 ff.; → Art. 15 Rn. 1 ff.).

6   Abs. 2 S. 2 schließt zwar eine **Außenhaftung** der Aktionäre gegenüber den Gläubigern nicht von vornherein aus. Sieht man von der Übernahme einer Haftung für die Gesellschaftsschulden durch Rechtsgeschäft des Aktionärs mit dem Gläubiger ab, so verbietet sich allerdings nach Abs. 2 S. 2 die Heranziehung der für die nationale AG geltenden Grundsätze über die ausnahmsweise eingreifende Aktionärshaftung (so zu Recht LHT/*Lutter* Rn. 12; Spindler/Stilz/*Casper* Rn. 6; im Grundsatz auch MüKoAktG/*Oechsler* Rn. 7, der allerdings auch einen

Rückgriff auf Art. 9 Abs. 1 lit. c (ii) in Betracht zieht; für Maßgeblichkeit des nationalen Rechts KK-AktG/*Siems* Rn. 22. – Zur Frage einer Durchgriffshaftung des Aktionärs einer AG sowie zur Haftung nach den Grundsätzen des „Trihotel"-Urteils des BGH [BGHZ 173, 246] Hüffer/*Koch* AktG § 1 Rn. 15 ff. mzN). In Betracht zu ziehen ist vielmehr eine auf teleologischer Reduktion des Abs. 2 S. 2 gründende und sich an im Kern übereinstimmenden Grundsätzen der nationalen Aktienrechte orientierende Durchgriffshaftung in Fällen, in denen die Aktionäre die in Art. 5, 15 vorausgesetzten Funktionsmechanismen der Kapitalaufbringung und -erhaltung außer Kraft setzen (ähnlich Spindler/Stilz/*Casper* Rn. 6; s. ferner die vorigen Nachweise; allgemein zur teleologischen Reduktion von Verordnungen *Casper* FS Ulmer, 2003, 51 [59]).

IV. Rechtspersönlichkeit (Abs. 3)

Abs. 3 spricht der SE Rechtspersönlichkeit zu und greift damit das bereits dem **7** Abs. 2 S. 2 zugrunde liegende Trennungsprinzip auf, erschöpft sich indes nicht in einer Umschreibung desselben; mit der in Abs. 3 anerkannten Rechtspersönlichkeit gehen vielmehr – im Sinne eines unionsrechtlich geregelten Mindeststandards – die **Rechtsfähigkeit** der Gesellschaft und ihre Anerkennung als **juristische Person** einher (näher *Schwarz* Rn. 33 ff.; wie hier auch LHT/*Lutter* Rn. 13 ff.; Spindler/Stilz/*Casper* Rn. 4; MüKoAktG/*Oechsler* Rn. 5; KK-AktG/*Siems* Rn. 26). Die Ausgestaltung der Rechtsfähigkeit und den Grad der Verselbständigung der juristischen Person gegenüber ihren Mitgliedern überlassen Art. 1 Abs. 3, 9 Abs. 1 lit. c (ii) zwar dem nationalen Recht des Sitzstaats; nach Art. 10 muss die Rechtsfähigkeit allerdings derjenigen einer AG des jeweiligen nationalen Rechts entsprechen (*Schwarz* Rn. 37 ff.).

Ihre Rechtspersönlichkeit erlangt die SE nach Art. 16 Abs. 1 durch – kon- **8** stitutiv wirkende – **Eintragung;** Näheres zur Eintragung ist in Art. 12 bestimmt. Der Verlust der Rechtsfähigkeit ist hingegen in der SE-VO nicht ausdrücklich geregelt. Art. 63 verweist nur hinsichtlich Auflösung und Liquidation, nicht aber hinsichtlich des Erlöschens auf das nationale Recht, mithin auf §§ 262 ff. AktG. Art. 14 Abs. 1 setzt allerdings, indem er die Bekanntmachung regelt, die Eintragung des Erlöschens voraus; ihm kann entnommen werden, dass eine SE erst mit Eintragung des Erlöschens erlischt und damit ihre Rechtspersönlichkeit verliert (*Schwarz* Rn. 40; so auch Spindler/Stilz/*Casper* Rn. 4; unentschieden MüKoAktG/*Oechsler* Rn. 5; für Heranziehung des nationalen Rechts LHT/*Lutter* Rn. 16; KK-AktG/*Siems* Rn. 24). Wegen aller Einzelheiten ist auf die Erl. zu Art. 12, 14, 16, 63 zu verweisen.

V. Beteiligung der Arbeitnehmer (Abs. 4)

Die Bedeutung des Abs. 4 erschöpft sich darin, hinsichtlich der Beteiligung **9** der Arbeitnehmer auf die SE-Ergänzungsrichtlinie und das in Umsetzung dieser Richtlinie ergangene mitgliedstaatliche Recht zu verweisen. Wegen sämtlicher Einzelheiten ist auf die Kommentierung des SEBG zu verweisen.

[Gründung einer SE]

2 (1) **Aktiengesellschaften im Sinne des Anhangs I, die nach dem Recht eines Mitgliedstaats gegründet worden sind und ihren Sitz sowie ihre Hauptverwaltung in der Gemeinschaft haben, können eine SE durch Verschmelzung gründen, sofern mindestens zwei von ihnen dem Recht verschiedener Mitgliedstaaten unterliegen.**

(2) **Aktiengesellschaften und Gesellschaften mit beschränkter Haftung im Sinne des Anhangs II, die nach dem Recht eines Mitgliedstaats gegründet worden sind und ihren Sitz sowie ihre Hauptverwaltung in der Gemeinschaft haben, können die Gründung einer Holding-SE anstreben, sofern mindestens zwei von ihnen**

a) **dem Recht verschiedener Mitgliedstaaten unterliegen oder**
b) **seit mindestens zwei Jahren eine dem Recht eines anderen Mitgliedstaats unterliegende Tochtergesellschaft oder eine Zweigniederlassung in einem anderen Mitgliedstaat haben.**

(3) **Gesellschaften im Sinne des Artikels 48 Absatz 2 des Vertrags sowie juristische Personen des öffentlichen oder privaten Rechts, die nach dem Recht eines Mitgliedstaats gegründet worden sind und ihren Sitz sowie ihre Hauptverwaltung in der Gemeinschaft haben, können eine Tochter-SE durch Zeichnung ihrer Aktien gründen, sofern mindestens zwei von ihnen**

a) **dem Recht verschiedener Mitgliedstaaten unterliegen oder**
b) **seit mindestens zwei Jahren eine dem Recht eines anderen Mitgliedstaats unterliegende Tochtergesellschaft oder eine Zweigniederlassung in einem anderen Mitgliedstaat haben.**

(4) **Eine Aktiengesellschaft, die nach dem Recht eines Mitgliedstaats gegründet worden ist und ihren Sitz sowie ihre Hauptverwaltung in der Gemeinschaft hat, kann in eine SE umgewandelt werden, wenn sie seit mindestens zwei Jahren eine dem Recht eines anderen Mitgliedstaats unterliegende Tochtergesellschaft hat.**

(5) **Ein Mitgliedstaat kann vorsehen, dass sich eine Gesellschaft, die ihre Hauptverwaltung nicht in der Gemeinschaft hat, an der Gründung einer SE beteiligen kann, sofern sie nach dem Recht eines Mitgliedstaats gegründet wurde, ihren Sitz in diesem Mitgliedstaat hat und mit der Wirtschaft eines Mitgliedstaats in tatsächlicher und dauerhafter Verbindung steht.**

Schrifttum: *Blanke,* Europäische Aktiengesellschaft ohne Arbeitnehmerbeteiligung?, ZIP 2006, 789; *Blanquet,* Das Statut der Europäischen Aktiengesellschaft (Societas Europaea „SE"), ZGR 2002, 20; *Casper,* Der Lückenschluss im Statut der Europäischen Aktiengesellschaft, FS Ulmer, 2003, 51; *ders.,* Numerus Clausus und Mehrstaatlichkeitsprinzip bei der SE-Gründung, AG 2007, 97; *ders.,* Erfahrungen und Reformbedarf bei der SE – Gesellschaftsrechtliche Reformvorschläge, ZHR 173 (2009), 181; *ders./Schäfer,* Die Vorrats-SE – Zulässigkeit und wirtschaftliche Neugründung, ZIP 2007, 653; *Engert,* Der international-privatrechtliche Anwendungsbereich des Rechts der Europäischen Aktiengesellschaft, ZVglRWiss. 104 (2005), 444; *Forst,* Die Beteiligung der Arbeitnehmer in der Vorrats-SE, NZG 2009, 687; *Heckschen,* Die Europäische AG aus notarieller Sicht, DNotZ 2003, 251; *Henssler,* Bewegung in der deutschen Unternehmensmitbestimmung, RdA 2005, 330; *Hirte,* Die Europäische Aktiengesellschaft, NZG 2002, 1; *ders.,* Die Europäische Aktiengesellschaft – ein Überblick nach Inkrafttreten der deutschen Ausführungsgesetzgebung, DStR 2005, 653 [700]; *Hörtig,* Gründungs- und Umstrukturierungsmöglichkeiten bei der Europäischen Aktiengesellschaft (SE), 2011; *Hommelhoff,* Gesellschaftsrechtliche Fragen im Entwurf eines SE-Statuts, AG 1990, 422; *ders.,* Einige Bemerkungen zur Organisationsverfassung der Europäischen Aktiengesellschaft, AG 2001, 279; *Kallmeyer,* Europa-AG: Strategische Optionen für deutsche Unternehmen, AG 2003, 197; *Kalss,* Gründung und Sitzverlegung der SE, in Societas Europaea. Grundfragen des Aktienrechts am Beginn des 21. Jahrhunderts, GesRZ 2004, Sonderheft, 24; *dies./Zoller,* Die „Tochtergesellschaft" in der SE-VO, GesRZ 2004, 339; *dies.,* Der Weg aus der SE, RdW 2004, 587; *Kiem,* Erfahrungen und Reformbedarf bei der SE – Entwicklungsstand, ZHR 173 (2009), 156; *Kloster,* Societas Europaea und europäische Unternehmenszusammenschlüsse, EuZW 2003, 293; *Lange,* Überlegungen zur Umwandlung einer deutschen in eine Europäische Aktiengesellschaft, EuZW 2003, 301; *Lutter,*

Europäische Aktiengesellschaft – Rechtsfigur mit Zukunft?, BB 2002, 1; *Marsch-Barner,* Die Rechtsstellung der Europäischen Gesellschaft (SE) im Umwandlungsrecht, Liber Amicorum Happ, 2006, 165; *Neye/Teichmann,* Der Entwurf für das Ausführungsgesetz zur Europäischen Aktiengesellschaft, AG 2003, 169; *Oechsler,* Der praktische Weg zur Societas Europaea (SE) – Gestaltungsspielraum und Typenzwang, NZG 2005, 697; *Oplustil/Schneider,* Zur Stellung der Europäischen Aktiengesellschaft im Umwandlungsrecht, NZG 2003, 13; *J. Schmidt,* „Deutsche" und „britische" Societas Europaea (SE), 2006; *Schwarz,* Zum Statut der Europäischen Aktiengesellschaft, ZIP 2001, 1847; *Seibt,* Arbeitnehmerlose Societas Europaea, ZIP 2005, 2248; *ders./Reinhard,* Umwandlung der Aktiengesellschaft in die Europäische Gesellschaft (Societas Europaea), Der Konzern 2005, 407; *Teichmann,* Die Einführung der Europäischen Aktiengesellschaft, ZGR 2002, 383; *ders.,* Vorschläge für das deutsche Ausführungsgesetz zur Europäischen Aktiengesellschaft, ZIP 2002, 1109; *Thoma/Leuering,* Die Europäische Aktiengesellschaft – Societas Europaea, NJW 2002, 1449; *Vossius,* Gründung und Umwandlung der deutschen Europäischen Gesellschaft (SE), ZIP 2005, 741; *Wenz,* Einsatzmöglichkeiten einer Europäischen Aktiengesellschaft in der Unternehmenspraxis aus betriebswirtschaftlicher Sicht, AG 2003, 185.

Übersicht

	Rn.
I. Einführung	1
1. Inhalt, Zweck und Entstehungsgeschichte der Vorschrift	1
2. Zum telos von Numerus Clausus und Mehrstaatlichkeitserfordernis	4
II. Die einzelnen Gründungsformen	5
1. Verschmelzungsgründung (Abs. 1)	5
a) Taugliche Gründer	5
b) Sitz und Hauptverwaltung	8
c) Mehrstaatlichkeit	9
d) Maßgeblicher Zeitpunkt	10
e) Arten der Verschmelzung; Verschmelzungsverfahren	11
2. Gründung einer Holding-SE (Abs. 2)	12
a) Grundlagen	12
b) Rechtsform, Sitz und Hauptverwaltung der Gründer	13
c) Mehrstaatlichkeit	14
3. Gründung einer Tochter-SE (Abs. 3)	18
a) Grundlagen	18
b) Rechtsform, Sitz und Hauptverwaltung der Gründer	19
c) Mehrstaatlichkeit	20
4. Umwandlung in eine SE (Abs. 4)	21
a) Grundlagen	21
b) Rechtsform, Sitz und Hauptverwaltung des Gründers; Mehrstaatlichkeit	22
5. Optionale Zulassung ausländischer Partner (Abs. 5)	24
III. Umgehungsproblematik; Vorrats-SE	27
1. Kein Umgehungsschutz	27
2. Vorrats-SE	29

I. Einführung

1. Inhalt, Zweck und Entstehungsgeschichte der Vorschrift. Die Vor- **1** schrift regelt die allgemeinen Voraussetzungen für die Gründung einer SE und nennt mit der Gründung im Wege der Verschmelzung (Abs. 1), der Gründung einer Holding-SE (Abs. 2), der Gründung einer Tochter-SE (Abs. 3) und der Gründung im Wege der formwechselnden Umwandlung (Abs. 4) **vier Formen der Gründung.** Die Funktion der Vorschrift besteht darin, die Freiheit zur Gründung einer SE zu beschränken. Dem dient zunächst die Statuierung eines **Numerus Clausus** der Gründungsformen. Er ist so ausgestaltet, dass die SE nur im Rahmen einer Umstrukturierung bestehender Gesellschaften, nicht dagegen im Wege einer herkömmlichen Neugründung errichtet werden kann. Natürliche Personen sind von vornherein von der Gründung einer SE ausgeschlossen. Aber auch Gesellschaften nationalen Rechts (zur SE → Rn. 3) stehen nur die vier Gründungsformen des Art. 2 Abs. 1–4 zur Verfügung; namentlich kann die SE **nicht durch Spaltung** (Auf- und Abspaltung, Ausgliederung) einer Gesellschaft nationalen Rechts gegründet werden (MüKoAktG/*Oechsler* Rn. 1; LHT/*Bayer* Rn. 2; KK-AktG/*Veil* Rn. 2; *Hirte* NZG 2002, 1 [4]; zur Sekundärgründung aber → Art. 66 Rn. 34 ff.). Was den Kreis der als **Gründer** zugelassenen Gesellschaften nationalen Rechts anbelangt, so differenzieren Abs. 1–4 stark; nur die AG nationalen Rechts hat Zugang zu allen vier Gründungsformen. Vorausgesetzt ist durchweg, dass die an der Gründung beteiligte Gesellschaft nach dem Recht eines Mitgliedstaates gegründet worden ist und ihren Satzungssitz und ihre Hauptverwaltung in der Gemeinschaft hat; Art. 2 Abs. 5 gestattet es den Mitgliedstaaten allerdings, Gesellschaften, deren Verwaltungssitz außerhalb der Gemeinschaft liegt, zur Gründung zuzulassen, freilich unter Berücksichtigung der sich aus Art. 2 Abs. 1–4 ergebenden Beschränkungen. Beschränkenden Charakter und Funktion hat darüber hinaus das Erfordernis der **Mehrstaatlichkeit.** Es soll den grenzüberschreitenden Charakter der SE-Gründung gewährleisten und verlangt deshalb eine – je nach Art der Gründung unterschiedliche – Verankerung der SE-Gründer in mindestens zwei Mitgliedstaaten.

2   Numerus Clausus- und Mehrstaatlichkeitsprinzip finden sich **bereits im Entwurf von 1970** (allgemein zur Entstehungsgeschichte der SE-VO → Einl. Rn. 12 ff.; speziell zu Art. 2 s. ferner *Schwarz* Rn. 4 ff.; Spindler/Stilz/*Casper* Art. 2, 3 Rn. 2; *Hörtig* S. 35 ff.), sind indes im weiteren Verlauf gelockert worden. Der Entwurf von 1970 sah – neben der Ausgründung aus einer SE (→ Rn. 3) – nur die Verschmelzungsgründung und die Gründung einer Tochter- oder Holding-SE vor, ließ nur AG und SE zur Gründung zu und verlangte durchweg Mehrstaatlichkeit in dem Sinne, dass mindestens zwei der an der Gründung beteiligten Gesellschaften dem Recht verschiedener Mitgliedstaaten unterliegen mussten. Der Entwurf 1975 erweiterte den Kreis der zur Gründung einer Tochter-SE zugelassenen Rechtsträger im Sinne des heutigen Abs. 3. Der Entwurf von 1989 verschärfte das Mehrstaatlichkeitsprinzip um das Erfordernis der Belegenheit von Sitz und Hauptverwaltung in einem Mitgliedstaat. Wesentliche Lockerungen brachte sodann der **Entwurf von 1991.** Er hat nicht nur die Umwandlungsgründung vorgesehen (zuvor namentlich *Hommelhoff* AG 1990, 422 ff.), sondern auch Lockerungen des Mehrstaatlichkeitserfordernisses bei der Gründung einer Tochter- oder Holding-SE sowie bei der Umwandlungsgründung; auf ihn geht der heutige Art. 2 ganz wesentlich zurück.

3   Art. 2 findet seine **Ergänzung zum einen in Art. 15 ff.,** die auf das Aktienrecht des Sitzstaates verweisen, den Grundsatz der konstitutiven Wirkung der Eintragung statuieren und für die vier Gründungsformen das Gründungsverfahren jeweils im Einzelnen regeln, und **zum anderen in Art. 3,** der in Abs. 1 die SE für die Zwecke der Gründung einer weiteren SE nach Art. 2 Abs. 1–3 einer AG nationalen Rechts gleichstellt (→ Art. 3 Rn. 3 ff.) und in Abs. 2 die sekundäre SE-Gründung durch Ausgründung aus einer bestehenden SE regelt (→ Art. 3 Rn. 7 ff.).

2. Zum telos von Numerus Clausus und Mehrstaatlichkeitserfordernis.

4   Numerus Clausus und Mehrstaatlichkeitserfordernis sehen sich rechtspolitischer Kritik ausgesetzt (MüKoAktG/*Oechsler* Rn. 2 ff.; Spindler/Stilz/*Casper* Art. 2, 3 Rn. 3; *ders.* AG 2007, 97 [99]; *ders.* ZHR 173 (2009), 181 [189]; *Bachmann* ZEuP 2008, 32 [53]; s. ferner *Arbeitskreis Aktien- und Kapitalmarktrecht* ZIP 2009, 698; *Habersack/Verse* EuropGesR § 13 Rn. 14 f.; *Schäfer* NZG 2004, 785 [788 f.]; *Scheifele* Gründung der SE S. 73 ff.; relativierend *Hörtig* S. 35 ff., 96 mzN). Beide

Grundsätze waren zunächst jedenfalls auch dazu bestimmt, einer **Flucht aus der (deutschen) Mitbestimmung** durch Beschränkung des Zugangs zur SE zu begegnen (MüKoAktG/*Oechsler* Rn. 2, 6; eingehend *Hörtig* S. 68 ff. mwN). Zu Recht wird allerdings im Schrifttum darauf hingewiesen, dass sich diese historische Zielsetzung mit dem in die Auffangregelung des Anhangs zu Art. 7 SE-RL mündenden Kompromiss erledigt hat (MüKoAktG/*Oechsler* Rn. 3, 6; *Casper* FS Ulmer, 2003, 51 [64]). Auf der Grundlage des nunmehr geltenden Vorher-Nachher-Prinzips besteht in der Tat keine Gefahr einer substantiellen Beeinträchtigung von Beteiligungsrechten der Arbeitnehmer durch Wahl der Rechtsform der SE. Aus gutem Grund hat denn auch der − nunmehr allerdings aus anderen Gründen nicht mehr weiterverfolgte − Vorschlag einer SPE-VO (Kommissionsvorschlag vom 25.6.2009, KOM(2008), 396; Legislative Entschließung des Europäischen Parlaments vom 10.3.2009, EP-Dokument P6_TA-PROV (2009) 0094; dazu *Neye* FS Hüffer, 2010, 717 [721 f.]) auf das Numerus-Clausus-Prinzip verzichtet, nachdem sich auch für die SPE ein Mechanismus zur Mitbestimmungssicherung abgezeichnet hatte (*Hommelhoff* FS U. H. Schneider, 2011, 547 ff.; *ders.* ZEuP 2011, 7 [9 ff.]; *Bormann*/*Böttcher* NZG 2011, 411 [412 ff.]). Auch weitere Erklärungsversuche wie namentlich die These, es solle dem **Subsidiaritätsgrundsatz** Rechnung getragen (*Hommelhoff* AG 2001, 279 [281]; *Hirte* NZG 2002, 1 [4]; eingehend *Hörtig* S. 52 ff.), **Konkurrenz** zu den Rechtsformen des nationalen Rechts verhindert (so bereits *Geßler* BB 1967, 381 [382]; *v. Caemmerer* FS Kronstein, 1967, 171 [185]; aus dem neueren Schrifttum *Schwarz* Rn. 18; *Hörtig* S. 41 ff.) oder Gesellschaften ohne **europäischen Aktionsradius** der Zugang zu den Rechtsformen des europäischen Rechts verwehrt werden (*v. der Groeben* AG 1967, 95 [98]; *Schwarz* Rn. 19), erweisen sich jedenfalls unter Berücksichtigung der konkreten Ausgestaltung, die Numerus Clausus und Mehrstaatlichkeitserfordernis in Art. 2 erhalten haben, und mit Blick auf die Lockerungen bei der SCE (dazu *Habersack*/*Verse* EuropGesR § 14 Rn. 8 f.) als kaum tragfähig (Nachweise → Rn. 4). Erweist sich somit die teleologische Rechtfertigung der Zugangsbeschränkungen des Art. 2 als dürftig, so ändert dies zwar nichts daran, dass die Beschränkungen de lege lata zu respektieren sind, dies freilich nur im Sinne formaler Voraussetzungen. Anlass für die Etablierung eines **Umgehungsschutzes** im Wege erweiternder Auslegung oder gar analoger Anwendung des Art. 2 besteht nicht (*Casper* AG 2007, 97 ff.; Spindler/Stilz/*Casper* Rn. 4, 21 ff.; *Oechsler* NZG 2005, 697 [699 f.]; MüKoAktG/*ders.* Rn. 6; KK-AktG/*Veil* Rn. 3, 5); von Bedeutung ist dieser Befund vor allem für die Kombination mehrerer Gründungsformen (→ Rn. 27 f.) sowie für Vorratsgründungen (→ Rn. 29 f.).

II. Die einzelnen Gründungsformen

1. Verschmelzungsgründung (Abs. 1). a) Taugliche Gründer. Zur 5 Gründung einer SE durch Verschmelzung sind nach Abs. 1 nur Aktiengesellschaften im Sinne des Anhangs I zur SE-VO zugelassen, für Deutschland mithin nur die **AG, nicht dagegen** die **KGaA** (LHT/*Bayer* Rn. 8; MüKoAktG/*Schäfer* Art. 17 Rn. 8; KK-AktG/*Veil* Rn. 14; *Schwarz* Rn. 26; *Scheifele* Gründung der SE S. 82; *J. Schmidt* S. 135; *Seibt*/*Reinhard* Der Konzern 2005, 407 [409]; aA MüKoAktG/*Oechsler* Rn. 24; Spindler/Stilz/*Casper* Art. 2, 3 Rn. 7). Dem Umstand, dass in Anhang II zwar die GmbH, nicht dagegen die KGaA erwähnt wird, lässt sich nicht entnehmen, dass der Verordnungsgeber die KGaA als vom Anhang I erfasst sehen wollte. Dem europäischen Gesetzgeber ist, wie nicht zuletzt die Publizitäts-RL belegt (zum persönlichen Anwendungsbereich der RL s. *Habersack*/*Verse* EuropGesR § 5 Rn. 9), die Existenz der KGaA bekannt; hätte er ihr − ungeachtet der mit der Existenz eines Komplementärs verbundenen Schwierigkeiten – den Zugang zur SE eröffnen wollen, hätte er sie in einen der beiden Anhänge zur SE-VO aufgenommen. Die AG muss nach dem **Recht eines Mitgliedstaats** gegründet worden sein. Dies muss nicht der Mitgliedstaat sein, in dem die Gesellschaft ihren aktuellen Satzungs- oder Verwaltungssitz hat (→ Rn. 7); auch wird man es genügen lassen müssen, dass die Gesellschaft nach dem Recht eines Drittstaates gegründet und erst nachträglich in eine AG nach dem Recht eines Mitgliedstaates umgewandelt worden ist (überzeugend MüKo-AktG/*Oechsler* Rn. 25). Die **Vor-AG** (→ Art. 16 Rn. 29) kann sich nicht an der Gründung beteiligen, weil sie zwar „errichtet", nicht hingegen wirksam gegründet ist (MüKoAktG/*Oechsler* Rn. 24; LHT/*Bayer* Rn. 9; *Schwarz* Rn. 24; Spindler/Stilz/*Casper* Art. 2, 3 Rn. 7; aA *J. Schmidt* S. 135; KK-AktG/*Veil* Rn. 15; NK-SE/*Schröder* Art. 17 Rn. 6). Anderes gilt für die **AG in Liquidation;** sie kann sich unter den Voraussetzungen des Art. 18 iVm § 3 Abs. 3 UmwG, § 274 Abs. 1 AktG an der Gründung der SE beteiligen (MüKoAktG/*Oechsler* Rn. 24; LHT/*Bayer* Rn. 9; KK-AktG/*Veil* Rn. 15; *Schwarz* Rn. 25; Spindler/Stilz/*Casper* Art. 2, 3 Rn. 7; *Scheifele* Gründung der SE S. 80 f.). Die **SE** schließlich steht nach Art. 3 Abs. 1 der AG gleich.

6   Anders als Abs. 2 verlangt Abs. 1 nicht, dass die AG über einen längeren Zeitraum bestanden haben muss. Auch kommt es – insoweit in Übereinstimmung mit Abs. 2 – nicht auf das Vorliegen eines Gewerbebetriebs oder einer geschäftlichen Aktivität an. Gründungsfähig sind deshalb auch eine eigens zum Zwecke der SE-Gründung gegründete AG und eine **Vorrats-AG** (vgl. LG Hamburg ZIP 2005, 2018; AG Hamburg ZIP 2005, 2017; ferner MüKoAktG/*Oechsler* Rn. 14, 24; Spindler/Stilz/*Casper* Art. 2, 3 Rn. 8, 21; KK-AktG/*Veil* Rn. 15; *Schwarz* Rn. 30; *Seibt* ZIP 2005, 2248 [2249]; aA *Blanke* ZIP 2006, 789 [791 f.]; zur Zulässigkeit der konzerninternen Verschmelzung s. sogleich; zum Nichteingreifen der Zweijahresfrist des Art. 2 Abs. 4 → Rn. 28). Schließlich steht es der Gründung nach Art. 2 Abs. 1 nicht entgegen, dass zwischen den an der Gründung beteiligten Aktiengesellschaften ein Beherrschungs- oder **Abhängigkeitsverhältnis** besteht und in der Folge auch die SE Konzernunternehmen wird; Art. 31 regelt die Konzernverschmelzung sogar ausdrücklich (LHT/*Bayer* Rn. 13; MüKoAktG/*Oechsler* Rn. 24; KK-AktG/*Veil* Rn. 16; *Jannott* in Jannott/Frodermann HdB SE Kap. 3 Rn. 7; *Casper* FS Ulmer, 2003, 51 [64]; aA *Hirte* NZG 2002, 1 [3]).

7   Entgegen einer im Schrifttum vertretenen Ansicht (*Hommelhoff* AG 2001, 279 [280]; *ders.* FS Ulmer, 2003, 267 [273]; *Schlüter* EuZW 2002, 589 [590]; MüKoAktG/*Oechsler* Rn. 24; für die Gründung einer gemeinsamen Tochter-SE auch *Schwarz* Rn. 29; *Scheifele* Gründung der SE S. 77) schließt Abs. 1 die Teilnahme weiterer Personen, insbesondere natürlicher Personen, auch insoweit aus, als sich diese als **Mitgründer** neben nach Art. 2 Abs. 1 gründungsfähigen Gesellschaften an der Gründung beteiligen wollen (zust. LHT/*Bayer* Rn. 15). Eine Beteiligung natürlicher Personen als Mitgründer kommt ohnehin allenfalls im Rahmen des Art. 2 Abs. 3, mithin bei Gründung einer Tochter-SE, in Betracht; hingegen ist es ausgeschlossen, dass eine natürliche Person im Rahmen einer Verschmelzung erlischt, Tochter einer Holding-SE wird oder ihre Rechtsform wechselt (insoweit zutreffend *Schwarz* Rn. 29; *Scheifele* Gründung der SE S. 77). Aber auch soweit die Beteiligung natürlicher Personen an der Gründung einer Tochter-SE sowie die Beteiligung von Gesellschaften, die nicht über die vorgeschriebene Rechtsform oder nicht über Sitz und Hauptverwaltung in der Gemeinschaft verfügen, an einer SE-Gründung nach Art. 2 Abs. 1–4 in Frage stehen, muss das Gesetz, wie nicht zuletzt ein Vergleich mit Art. 5 SCE-VO zeigt, im Sinne eines Verbots der Gründungsbeteiligung verstanden werden (zust. LHT/*Bayer* Rn. 15). Hiervon unberührt bleiben die Möglichkeit des späteren Beitritts zu einer nach Art. 2 gegründeten SE und der Erwerb von Anteilen an der durch Verschmelzung oder

Formwechsel gegründeten SE durch die Anteilsinhaber des übertragenden oder formwechselnden Rechtsträgers (*Habersack/Verse* EuropGesR § 13 Rn. 15).

b) Sitz und Hauptverwaltung. Alle an der Gründung beteiligten Gesell- **8** schaften müssen nicht nur nach dem Recht eines Mitgliedstaats gegründet worden sein (→ Rn. 5). Sie müssen auch Sitz – gemeint ist der **Satzungssitz** (unstr., s. LHT/*Bayer* Rn. 11 mit zutreffendem Hinweis auf die englische und die französische Sprachfassung [„registered office", „siège statutaire"]) – und Hauptverwaltung – dh den **Verwaltungssitz** – in der „Gemeinschaft" – jetzt Union – haben. Zur „Gemeinschaft" iSd Art. 2 gehört auch der EWR-Raum (*Schwarz* Rn. 40; LHT/*Bayer* Rn. 11; KK-AktG/*Oechsler* Rn. 18; MüKoAktG/*Oechsler* Rn. 25). Vorbehaltlich des Art. 2 Abs. 5 (→ Rn. 24) ist die Gründung der SE schon dann ausgeschlossen, wenn eine der an der Gründung beteiligten Gesellschaften über einen außerhalb der Gemeinschaft belegenen Satzungs- oder Verwaltungssitz verfügt. Hingegen ist es unschädlich, dass der Satzungs- und der Verwaltungssitz einer oder aller Gründungsgesellschaften in verschiedenen Mitgliedstaaten belegen sind (KK-AktG/*Veil* Rn. 17; MüKoAktG/*Oechsler* Rn. 25; *Schwarz* Rn. 40; LHT/*Bayer* Rn. 11). Auch ist es unschädlich, dass sich der Verwaltungssitz der Gründungsgesellschaften in demselben Mitgliedstaat befindet, solange nur mindestens zwei Gründungsgesellschaften dem Recht verschiedener Mitgliedstaaten unterliegen (→ Rn. 9; Spindler/Stilz/*Casper* Art. 2, 3 Rn. 8; MüKoAktG/*Oechsler* Rn. 25).

c) Mehrstaatlichkeit. Das Mehrstaatlichkeitserfordernis des Art. 2 Abs. 1 ver- **9** langt, dass **mindestens zwei** der an der Verschmelzungsgründung beteiligten Gesellschaften dem **Recht verschiedener Mitgliedstaaten** unterliegen. Maßgebend ist nicht die Belegenheit des Verwaltungssitzes, sondern das auf die an der Gründung der SE beteiligten Gesellschaften anwendbare Recht und damit grundsätzlich die Belegenheit des Satzungssitzes (KK-AktG/*Veil* Rn. 19). Beim Auseinanderfallen von Satzungs- und Verwaltungssitz ist allerdings vorausgesetzt, dass die Gesellschaft nach dem auf sie anwendbaren Recht noch AG ist (Spindler/Stilz/*Casper* Art. 2, 3 Rn. 8; MüKoAktG/*Oechsler* Rn. 25). Auch für den Fall, dass an der Gründung mehr als zwei Gesellschaften beteiligt sind, genügt Zweistaatlichkeit (Spindler/Stilz/*Casper* Art. 2, 3 Rn. 8; MüKoAktG/*Oechsler* Rn. 25). Hingegen genügt es nicht, dass eine der an der Verschmelzungsgründung beteiligten Gesellschaften eine dem Recht eines anderen Mitgliedstaats unterliegende Tochtergesellschaft oder eine Zweigniederlassung in einem anderen Mitgliedstaat hat (LHT/*Bayer* Rn. 11; KK-AktG/*Veil* Rn. 19).

d) Maßgeblicher Zeitpunkt. Die Gründungsvoraussetzungen müssen im **10** Zeitpunkt der Anmeldung zur Eintragung der SE vorliegen (MüKoAktG/*Oechsler* Rn. 26; LHT/*Bayer* Rn. 14; KK-AktG/*Veil* Rn. 11; *Schwarz* Rn. 48). Ein späterer Wegfall der Gründungsberechtigung ist unschädlich.

e) Arten der Verschmelzung; Verschmelzungsverfahren. Das Verfahren **11** der Verschmelzungsgründung und der Kreis der auf die Verschmelzung anwendbaren Vorschriften des nationalen Rechts sind im Einzelnen in Art. 15–31 geregelt. Die Verschmelzung erfolgt nach Art. 17 Abs. 2 S. 1 entweder **durch Aufnahme oder durch Neugründung** einer SE; im ersten Fall geht nach Art. 17 Abs. 2 S. 2 mit der Verschmelzung ein Formwechsel der aufnehmenden Gesellschaft in eine SE einher (→ Art. 17 Rn. 3).

2. Gründung einer Holding-SE (Abs. 2). a) Grundlagen. Die Gründung **12** einer Holding-SE nach Art. 2 Abs. 2 ist ohne Vorbild im nationalen Umwandlungsrecht. Sie ist dadurch gekennzeichnet, dass die Gründungsgesellschaften nach Gründung der SE **in ihrer ursprünglichen Rechtsform** fortbestehen und dadurch zu **Tochtergesellschaften der SE** werden, dass die Gesellschafter ihre Anteile an den Gründungsgesellschaften in die SE einbringen und in der Folge Aktionäre der SE werden (wegen sämtlicher Einzelheiten s. die Erläuterungen zu Art. 32–34). Mit Blick auf dieses mehrstufige Verfahren und das Fehlen einer Verpflichtung der Gesellschafter zur Einbringung ihrer Anteile stellt Abs. 2 darauf ab, dass die Gründungsgesellschaften die Gründung der Holding-SE „anstreben". Die Gründung einer Holding-SE vollzieht sich im Übrigen nach Art. 15 f., 32 ff. Auch im Falle des Abs. 2 müssen die Gründungsvoraussetzungen im Zeitpunkt der Anmeldung vorliegen (→ Rn. 10).

13   **b) Rechtsform, Sitz und Hauptverwaltung der Gründer.** Zur Gründung einer Holding-SE sind nach Abs. 2 Aktiengesellschaften und Gesellschaften mit beschränkter Haftung im Sinne des Anhangs II zur SE-VO zugelassen. Der Kreis der zugelassenen Aktiengesellschaften deckt sich mit demjenigen in Art. 2 Abs. 1, so dass auf → Rn. 5–7 verwiesen werden kann; entgegen einer im Schrifttum vertretenen Ansicht (*Schwarz* Rn. 58; Spindler/Stilz/*Casper* Art. 2, 3 Rn. 10; *Scheifele* Gründung der SE S. 81 f.) kann sich die AG in Liquidation auch an der Gründung einer Holding-SE beteiligen (MüKoAktG/*Oechsler* Rn. 29; KK-AktG/*Veil* Rn. 23). Was die **GmbH** anbelangt, so werden auch die aufgelöste Gesellschaft und die **Unternehmergesellschaft** iSv § 5a GmbHG erfasst; die Vor-GmbH ist hingegen ausgeschlossen (→ Rn. 5). Die Gründungsgesellschaften müssen nach dem Recht eines Mitgliedstaats gegründet worden sein und ihren Sitz und ihre Hauptverwaltung in der Gemeinschaft haben; auch insoweit kann auf die Ausführungen zu den entsprechenden Voraussetzungen des Abs. 1 verwiesen werden (→ Rn. 5, 8).

14   **c) Mehrstaatlichkeit.** Dem Mehrstaatlichkeitserfordernis wird bei der Holding-Gründung nach Abs. 2 schon dadurch genügt, dass mindestens zwei Gründungsgesellschaften entweder dem **Recht verschiedener Mitgliedstaaten** unterliegen (lit. a; → Rn. 12) oder seit mindestens zwei Jahren eine dem Recht eines anderen Mitgliedstaates unterliegende **Tochtergesellschaft oder** eine **Zweigniederlassung** in einem anderen Mitgliedstaat haben (lit. b). Nach dem klaren Wortlaut des Abs. 2 setzt auch der in lit. b geregelte Tatbestand voraus, dass er in der Person von mindestens zwei Gründungsgesellschaften verwirklicht wird. Nicht ausreichend ist deshalb, dass nur eine der Gründungsgesellschaften über eine Tochtergesellschaft oder eine Zweigniederlassung verfügt; aus Abs. 4 lässt sich nichts Gegenteiliges herleiten (Spindler/Stilz/*Casper* Art. 2, 3 Rn. 11; LHT/*Bayer* Rn. 17; KK-AktG/*Veil* Rn. 25; *Schwarz* ZIP 2001, 1847 [1850]; aA *Hommelhoff* AG 2001, 279 [281]). Hingegen liegen die Voraussetzungen des Abs. 2 lit. a iVm Art. 3 Abs. 1 vor, wenn zwar nur eine Gründungsgesellschaft über eine ausländische Tochtergesellschaft verfügt, diese Gründungsgesellschaft indes nach Umwandlung in eine SE ihren Satzungssitz nach Art. 8 in einen Mitgliedstaat verlegt, der nicht identisch mit dem Sitzstaat der anderen Gründungsgesellschaft ist (MüKoAktG/*Oechsler* Rn. 11, 30; Spindler/Stilz/*Casper* Art. 2, 3 Rn. 11; dazu → Rn. 28).

15   Der **Begriff der Tochtergesellschaft** ist in der SE-VO nicht definiert. Es bietet sich an, auf **Art. 2 lit. c SE-RL** zurückzugreifen (so auch MüKoAktG/*Oechsler* Rn. 31; *Jannott* in Jannott/Frodermann HdB SE Kap. 3 Rn. 13; NK-SE/*Schröder* Art. 1 Rn. 62; *Seibt/Reinhard* Der Konzern 2005, 407 [410]; aA – für Maßgeblichkeit des Art. 1 RL 83/349/EWG vom 14.6.1983 [Konzernbilanz-richtlinie], ABl. L 193 S. 1 – LHT/*Bayer* Rn. 18; KK-AktG/*Veil* Rn. 30; *Scheifele* Gründung der SE S. 121; *J. Schmidt* S. 141; für Maßgeblichkeit des Art. 3 RL 90/43/EWG vom 23.7.1990 [„Mutter-Tochter-Richtlinie"], ABl. L 225 S. 6; *Wenz*, Die Societas Europaea (SE), 1993, S. 52; für Gesamtschau der sekundär-rechtlichen Regelungen Spindler/Stilz/*Casper* Art. 2, 3 Rn. 12). Obgleich Art. 2

SE-RL bestimmt, dass die dortigen Definitionen „für die Zwecke" der SE-RL gelten sollen, spricht die sachliche Nähe zwischen SE-RL und SE-VO für die Maßgeblichkeit des Art. 2 lit. c SE-RL auch im Rahmen des Art. 2 Abs. 2. Eine Tochtergesellschaft ist somit eine Gesellschaft, auf die eine andere Gesellschaft – im Rahmen des Art. 2 Abs. 2: die an der Gründung der SE beteiligte Gesellschaft – einen beherrschenden Einfluss iSv Art. 3 Abs. 2–7 RL 94/45/EG des Rates vom 22.9.1994 über die Einsetzung eines Europäischen Betriebsrats (ABl. L 254 S. 64) ausübt. Auf die Rechtsnatur der Tochtergesellschaft kommt es nicht an; entscheidend ist die Eigenschaft als Gesellschaft iSd Art. 54 AEUV (so auch Spindler/Stilz/*Casper* Art. 2, 3 Rn. 12, dort auch zur Einbeziehung der GbR), über die auch Gesellschaften europäischen Rechts verfügen (→ Art. 1 Rn. 2). Auch eine wirtschaftliche Betätigung der Tochtergesellschaft ist nicht vorausgesetzt (→ Rn. 6, ferner Spindler/Stilz/*Casper* Art. 2, 3 Rn. 21, 24). Die Gründungsgesellschaft und die jeweilige Tochtergesellschaft müssen dem **Recht verschiedener Mitgliedstaaten** unterliegen (→ Rn. 9). Nicht erforderlich ist, dass die beiden Tochtergesellschaften dem Recht verschiedener Mitgliedstaaten unterliegen. Auch genügt es, dass die Gründungsgesellschaften eine Tochtergesellschaft **gemeinsam beherrschen** (näher MüKoAktG/*Oechsler* Rn. 33; *ders.* NZG 2005, 697 [700 f.]; so auch Spindler/Stilz/*Casper* Art. 2, 3 Rn. 12; *Kalss/Hügel* SEG Vor § 17 Rn. 9; zur mehrfachen Abhängigkeit iSd § 17 Abs. 1 AktG s. BGHZ 62, 193 [196]; 99, 1 [3 ff.]; Hüffer/*Koch* AktG § 17 Rn. 13 mwN).

Mit dem Begriff der **Zweigniederlassung** rekurriert Abs. 2 lit. b auf die Elfte **16** RL 89/666/EWG vom 21.12.1989 (ABl. L 395 S. 36; für Maßgeblichkeit auch MüKoAktG/*Oechsler* Rn. 32; Spindler/Stilz/*Casper* Art. 2, 3 Rn. 13; KK-AktG/ *Veil* Rn. 32), die zwar ihrerseits keine Definition enthält, die indes entnommen werden kann, dass es einer räumlich und organisatorisch von der Hauptniederlassung getrennten und geschäftliche Aktivitäten entfaltenden Einrichtung mit gewisser organisatorischer Selbständigkeit bedarf (vgl. MüKoAktG/*Oechsler* Rn. 32; Spindler/Stilz/*Casper* Art. 2, 3 Rn. 13; KK-AktG/*Veil* Rn. 32; ferner *Schwarz* Rn. 71 f.; *Grundmann* Rn. 825; *Habersack/Verse* EuropGesR § 5 Rn. 56). Da die Zweigniederlassung nicht über rechtliche Selbständigkeit verfügt, stellt Art. 2 Abs. 2 lit. b nicht darauf ab, dass sie dem Recht eines anderen Mitgliedstaats unterliegt. Maßgebend ist vielmehr die tatsächliche Belegenheit in einem anderen Mitgliedstaat; die Eintragung ist insoweit hinreichend, aber nicht erforderlich (Spindler/Stilz/*Casper* Art. 2, 3 Rn. 13; für Maßgeblichkeit der Eintragung MüKoAktG/*Oechsler* Rn. 32a).

Die **Zweijahresfrist** des Art. 2 Abs. 2 lit. b soll die Umgehung des Mehr- **17** staatlichkeitserfordernisses durch Scheingründungen verhindern (*Schwarz* Rn. 75; zur Zulässigkeit der Verschmelzungsgründung innerhalb der Zweijahresfrist aber → Rn. 22 f., 28). Sie beginnt im Falle der Tochtergesellschaft nicht schon mit deren Errichtung oder Eintragung, sondern erst mit Erwerb der beherrschenden Stellung der Gründungsgesellschaft zu laufen (Spindler/Stilz/*Casper* Art. 2, 3 Rn. 14; MüKoAktG/*Oechsler* Rn. 34). Für den Ablauf der Frist ist – entsprechend allgemeinen Grundsätzen (→ Rn. 10) – auf den Zeitpunkt der Anmeldung abzustellen (LHT/ *Bayer* Rn. 20; MüKoAktG/*Oechsler* Rn. 34; KK-AktG/*Veil* Rn. 28; Spindler/ Stilz/*Casper* Art. 2, 3 Rn. 14; aA *Seibt/Reinhard* Der Konzern 2005, 407 [411]: Eintragung; Theisen/Wenz/*Neun* S. 57, 68: Vornahme des Gründungsgeschäfts). Unschädlich ist, dass die Tochtergesellschaft oder Zweigniederlassung während der Zweijahresfrist in einen anderen Mitgliedstaat umzieht, sofern auch dieser Mitgliedstaat nicht identisch ist mit dem Sitzstaat der Gründungsgesellschaft (van Hulle/Maul/Drinhausen/*Drinhausen* Abschnitt 4 § 3 Rn. 5).

3. Gründung einer Tochter-SE (Abs. 3). a) Grundlagen. Die Gründung **18** einer Tochter-SE erfolgt durch Satzungsfeststellung, Zeichnung der Aktien und

Leistung von Bar- oder Sacheinlagen und damit auf dem **herkömmlichen Weg einer Gesellschaftsgründung** (Spindler/Stilz/*Casper* Art. 2, 3 Rn. 16; *Kalss/ Hügel* SEG Vor § 17 Rn. 20; *Marsch-Barner* Liber Amicorum Happ, 2006, S. 165, 170; *Hirte* NZG 2002, 1 [4]; s. ferner MüKoAktG/*Oechsler* Rn. 39; *ders.* NZG 2005, 697 [701]). Art. 35 f. enthalten denn auch keine spezifischen Vorschriften über das Verfahren der Tochter-Gründung. Besonderheiten der Gründung einer Tochter-SE bestehen nach Art. 2 Abs. 3 vielmehr nur insoweit, als an der Gründung **mindestens zwei Gesellschaften oder juristische Personen** mitwirken (→ Rn. 19) und diese zudem das Mehrstaatlichkeitserfordernis erfüllen müssen (→ Rn. 20). Eine Gründung durch Spaltung gemäß § 123 UmwG wird von Art. 2 Abs. 3 schon deshalb nicht erfasst, weil bei ihr der Erwerb der Aktien kraft Gesetzes, nicht dagegen durch Zeichnung erfolgt; zudem ist an der Spaltung nur ein Rechtsträger beteiligt, während Art. 2 Abs. 3 die Gründung durch mindestens zwei Personen verlangt (*Marsch-Barner* Liber Amicorum Happ, 2006, 165, 170; → Rn. 1). Die Ausgründung einer Tochter-SE aus einer Gesellschaft ist deshalb nach Art. 3 Abs. 2 der SE vorbehalten (→ Art. 3 Rn. 7 ff.). Gleichfalls nicht von Art. 2 Abs. 3 erfasst ist der Erwerb von Anteilen an einer bereits bestehenden Gesellschaft durch über Gründungsberechtigung verfügende Mütter; insoweit fehlt es an der in Abs. 3 vorausgesetzten Gründung der Gesellschaft (Spindler/ Stilz/*Casper* Art. 2, 3 Rn. 16; KK-AktG/*Veil* Rn. 34; im Grundsatz auch MüKo-AktG/*Oechsler* Rn. 40, der – allerdings zu Unrecht – die wirtschaftliche Neugründung [vgl. noch → Rn. 31] einer bereits gegründeten Vorratsgesellschaft als von Art. 2 Abs. 3 erfasst ansieht). Maßgeblicher Zeitpunkt für das Vorliegen der Gründungsvoraussetzungen ist derjenige der Anmeldung (→ Rn. 10).

19 **b) Rechtsform, Sitz und Hauptverwaltung der Gründer.** Art. 2 Abs. 3 zieht den Kreis der zur Gründung zugelassenen Rechtsträger weiter als Art. 2 Abs. 1, 2 und 4. Gründungsberechtigung haben nicht nur sämtliche Gesellschaften iSd Art. 54 AEUV, sondern darüber hinaus juristische Personen des öffentlichen oder privaten Rechts. Der ausdrücklichen Hervorhebung der juristischen Personen des öffentlichen oder privaten Rechts wird man zu entnehmen haben, dass es insoweit auf den in Art. 54 AEUV für die dort genannten „sonstigen" juristischen Personen verlangten Erwerbszweck nicht ankommt (MüKoAktG/ *Oechsler* Rn. 36; Spindler/Stilz/*Casper* Art. 2, 3 Rn. 15; wohl auch LHT/*Bayer* Rn. 22; für Erfordernis der Ausübung einer wirtschaftlichen Tätigkeit *Schwarz* Rn. 88 f.; van Hulle/Maul/Drinhausen/*Maul* Abschnitt 4 § 4 Rn. 6 f.; offen KK-AktG/*Veil* Rn. 37; zur Entbehrlichkeit einer wirtschaftlichen Betätigung der an der Gründung beteiligten Gesellschaften → Rn. 6, 13, 15). Gründungsberechtigung haben deshalb nicht nur sämtliche Gesellschaften und Genossenschaften nationalen und europäischen Rechts, sondern darüber hinaus auch Idealvereine, Stiftungen und ohne Erwerbszweck agierende juristische Personen des öffentlichen Rechts. Der Sache nach sind damit allein natürliche Personen von der Gründung einer Tochter-SE ausgeschlossen. Im Einklang mit Art. 2 Abs. 1, 2 setzt Art. 2 Abs. 3 weiter voraus, dass die Gründer nach dem Recht eines Mitgliedstaats gegründet worden sind und ihren Sitz sowie ihre Hauptverwaltung in der Gemeinschaft haben; insoweit kann auf die Ausführungen in → Rn. 5, 8 verwiesen werden.

20 **c) Mehrstaatlichkeit.** Das Mehrstaatlichkeitserfordernis des Abs. 3 **entspricht demjenigen des Abs. 2,** so dass auf → Rn. 14 ff. verwiesen werden kann.

21 **4. Umwandlung in eine SE (Abs. 4). a) Grundlagen.** Die Gründung der SE im Wege der Umwandlung – in der Terminologie des UmwG: im Wege des Formwechsels – ist durch die Besonderheit gekennzeichnet, dass an ihr nur **ein**

Rechtsträger als Gründer beteiligt ist, der nach Art. 37 Abs. 2 nach erfolgter Umwandlung in der Rechtsform der SE fortbesteht, ohne dass es zu einer Vermögensübertragung kommt (→ Art. 37 Rn. 3); unter anderem hierdurch unterscheidet sich die Umwandlungsgründung von der – zur Entstehung einer neben die Mutter-SE tretenden Tochter-SE führenden – Ausgründung nach Art. 3 Abs. 2 (→ Art. 3 Rn. 7 ff.). Das weitere Verfahren der Umwandlung ist in Art. 37 Abs. 4–9 geregelt; Art. 37 Abs. 3 schließt zwar eine **Sitzverlegung** anlässlich der Umwandlung aus (→ Art. 37 Rn. 5), hindert jedoch nicht die Sitzverlegung nach erfolgter Umwandlung und die sich hieran anschließende Verschmelzung (→ Rn. 28). Maßgeblicher Zeitpunkt für das Vorliegen der Gründungsvoraussetzungen ist auch im Falle des Abs. 4 derjenige der Anmeldung (→ Rn. 10).

b) Rechtsform, Sitz und Hauptverwaltung des Gründers; Mehrstaatlichkeit. Die Umwandlungsgründung ist **Aktiengesellschaften** im Sinne des Anh. 1 zur SE-VO vorbehalten; auf die Ausführungen in → Rn. 5 f. kann mit der Maßgabe verwiesen werden, dass Art. 3 Abs. 1 bewusst nicht auf Art. 2 Abs. 4 verweist und die SE deshalb insoweit der AG nicht gleich steht (→ Art. 3 Rn. 3); allerdings kann es sich bei der Tochtergesellschaft der sich umwandelnden Gesellschaft um eine SE handeln. Die sich umwandelnde AG muss nach dem Recht eines Mitgliedstaats gegründet worden sein und ihren Sitz sowie ihre Hauptverwaltung in der Gemeinschaft haben; insoweit gelten die Ausführungen in → Rn. 5, 8 entsprechend. Wirtschaftliche Betätigung ist nicht vorausgesetzt (→ Rn. 6). Das Mehrstaatlichkeitserfordernis ist in Abs. 4 in Anlehnung an Abs. 2 lit. b, Abs. 3 lit. b geregelt worden, freilich mit der Besonderheit, dass die sich umwandelnde AG seit mindestens zwei Jahren eine dem Recht eines anderen Mitgliedstaats unterliegende **Tochtergesellschaft** haben muss (→ Rn. 14 f., 17), eine Zweigniederlassung (→ Rn. 16) also nicht genügt (KK-AktG/*Veil* Rn. 45; *Scheifele* Gründung der SE S. 401 f.). Abs. 4 lässt die Möglichkeit der Verschmelzungsgründung nach Abs. 1 unberührt, was in Fällen bedeutsam ist, in denen die Zweijahresfrist noch nicht abgelaufen ist; es kann dann auch vor Ablauf von zwei Jahren die Mutter auf die Tochter oder die Tochter auf die Mutter verschmolzen und hierdurch eine SE gegründet werden (→ Rn. 6; ferner Spindler/Stilz/*Casper* Art. 2, 3 Rn. 24; KK-AktG/*Veil* Rn. 44).

Art. 2 Abs. 4 hindert Mutter und Tochter nicht an der Durchführung einer **23 Verschmelzungsgründung** nach Art. 2 Abs. 1, was mit Blick auf die – in diesem Fall nicht eingreifende – Zweijahresfrist des Abs. 4 bedeutsam sein kann (MüKoAktG/*Oechsler* Rn. 45; *Teichmann* ZGR 2002, 383 [411 f.]; aA *Hirte* NZG 2002, 1 [3]). Die **Umwandlung der Tochtergesellschaft** kommt hingegen nach Abs. 4 nur in Betracht, wenn die Tochter ihrerseits die Umwandlungsvoraussetzungen des Abs. 4 erfüllt (Spindler/Stilz/*Casper* Art. 2, 3 Rn. 17; *Schwarz* Rn. 46); auch insoweit bleibt die Möglichkeit der Verschmelzungsgründung nach Abs. 1 (→ Rn. 22) unberührt (MüKoAktG/*Oechsler* Rn. 46).

5. Optionale Zulassung ausländischer Partner (Abs. 5). Art. 2 Abs. 5 **24** gestattet es den Mitgliedstaaten, von dem Erfordernis einer **in der Gemeinschaft belegenen Hauptverwaltung** der an der Gründung beteiligten Gesellschaft (→ Rn. 8) zu befreien, sofern die Gesellschaft nach dem Recht eines Mitgliedstaats gegründet wurde, ihren Satzungssitz (→ Rn. 8) in diesem Mitgliedstaat hat und mit der Wirtschaft eines Mitgliedstaats in tatsächlicher und dauerhafter Verbindung steht. Gedacht ist an den außerhalb der Gemeinschaft tätigen Konzern, der seiner europäischen Zentrale die Rechtsform der SE geben möchte (vgl. bereits *Sanders* ADW 1960, 1 [2]; ferner *Teichmann* ZGR 2002, 383 [413]). Das Mitgliedstaatenwahlrecht bezieht sich auf sämtliche Gründungstatbestände des Art. 2; für Art. 3 ist es hingegen mit Blick auf Art. 7 ohne Bedeutung. Von Art. 2 Abs. 5 **unberührt bleibt** das **Mehrstaatlichkeitserfordernis**; die Vor-

schrift betrifft allein die in Art. 2 Abs. 1–4 vorausgesetzte Gemeinschaftszugehörigkeit der Gründungsgesellschaften (noch → Rn. 26, ferner *Schwarz* Rn. 107;
aA wohl *Hommelhoff* AG 2001, 279 [281]).

25   **Deutschland** hat – ebenso wie Österreich (*Kalss/Hügel* SEG Vor § 17 Rn. 3),
aber anders als einige traditionell der Gründungstheorie folgende Mitgliedstaaten,
allen voran Großbritannien (Sec. 55 European Public Limited Liability Company
Regulations 2004; näher *J. Schmidt* S. 150 ff.; zu weiteren Mitgliedstaaten s.
Spindler/Stilz/*Casper* Art. 2, 3 Rn. 20) – von der Option unter Hinweis darauf
keinen Gebrauch gemacht, dass deutschen Gesellschaften nach damaligem Recht
eine Spaltung von Satzungs- und Verwaltungssitz nicht gestattet war und ihnen
deshalb eine weitere Diskriminierung nicht zugemutet werden sollte (vgl. *Neye/
Teichmann* AG 2003, 169 [170 f.]). Diese Entscheidung erscheint im Lichte des
§ 5 AktG nF (Art. 5 Nr. 1 MoMiG vom 23.10.2008, BGBl. I S. 2026; dazu
Begr. RegE, BT-Drs. 16/6140, 29) überprüfungsbedürftig (so auch LHT/*Bayer*
Rn. 30; MüKoAktG/*Oechsler* Rn. 47; KK-AktG/*Veil* Rn. 48), und zwar ungeachtet des Umstands, dass es im Verhältnis zu Drittstaaten bei der Sitztheorie
bewendet (dazu BGHZ 178, 192 Rn. 19 ff. = NZG 2009, 68; BGH ZIP 2009,
2385 Rn. 4).

26   Das Vorliegen einer **tatsächlichen und dauerhaften Verbindung** beurteilt
sich ausweislich Erwägungsgrund 23 S. 1 nach den Grundsätzen des allgemeinen
Programms zur Aufhebung der Beschränkungen der Niederlassungsfreiheit von
1962 (ABl. 1962, 2 S. 36). Nach Erwägungsgrund 23 S. 2 kann hiervon jedenfalls
dann ausgegangen werden, wenn die Gesellschaft in dem betreffenden Mitgliedstaat eine Niederlassung hat, von der aus sie ihre Geschäfte betreibt. Unerheblich
ist, ob die Verbindung zum Gründungsstaat oder zu einem **anderen Mitgliedstaat** besteht (LHT/*Bayer* Rn. 29; KK-AktG/*Veil* Rn. 47; MüKoAktG/*Oechsler*
Rn. 48; *Schwarz* Rn. 116; *Scheifele* Gründung der SE S. 103 ff.; aA *Hommelhoff*
AG 2001, 279 [281]; *Teichmann* ZGR 2002, 383 [414]).

III. Umgehungsproblematik; Vorrats-SE

27   **1. Kein Umgehungsschutz.** Die Gründungsvoraussetzungen des Art. 2
Abs. 1–4 sind zwar de lege lata zu respektieren, können indes schon in Ermangelung einer überzeugenden teleologischen Rechtfertigung namentlich des Nu-
merus-Clausus-Prinzips und des Mehrstaatlichkeitserfordernisses (→ Rn. 4) und
einer in sich stimmigen und geschlossenen Konzeption der vier Gründungstatbestände keinen über eine am Wortlaut orientierte und damit formale Handhabung hinausgehenden Anwendungsbereich – und damit einen Schutz vor „Umgehung" der Gründungsvoraussetzungen durch Kombination von Einzeltatbestän-
den – beanspruchen (überzeugend *Casper* AG 2007, 97 ff.; Spindler/Stilz/*ders.*
Rn. 4, 21 ff.; *Oechsler* NZG 2005, 697 [699 f.]; MüKoAktG/*ders.* Rn. 6; trotz
abweichenden Ausgangspunktes auch *Hörtig* S. 101 ff.; zu wN → Rn. 4).

28   So kann das Eingreifen der **Zweijahresfrist** des Art. 2 Abs. 4 unschwer durch
eine Verschmelzung von Mutter und Tochter nach Art. 2 Abs. 1 vermieden
werden (→ Rn. 6, 22 f.); die SE kann sodann nach Art. 3 Abs. 2 eine SE-Tochter
ausgründen (→ Art. 3 Rn. 7 ff.). Das **Mehrstaatlichkeitserfordernis des Art. 2
Abs. 1** (zu vergleichbaren Konstellationen im Rahmen des Art. 2 Abs. 2 lit. b,
Abs. 3 lit. b s. Spindler/Stilz/*Casper* Art. 2, 3 Rn. 23, 25; MüKoAktG/*Oechsler*
Rn. 11) wiederum kann dadurch erfüllt werden, dass eine Gründungsgesellschaft,
die über eine ausländische Tochtergesellschaft verfügt, nach Art. 2 Abs. 4 in eine
SE umgewandelt wird und nach Durchführung der Umwandlung ihren Sitz in einen
anderen Mitgliedstaat verlegt, um sodann von dort aus eine Verschmelzungs-
gründung mit einer nach wie vor im Inland ansässigen AG zu betreiben; Art. 37
Abs. 3 schließt allein die zeitgleiche Vornahme von Umwandlung und Sitzver-

legung aus (→ Art. 37 Rn. 5; MüKoAktG/*Oechsler* Rn. 9 f.; *ders.* NZG 2005, 697 [700]; Spindler/Stilz/*Casper* Art. 2, 3 Rn. 22 f.; KK-AktG/*Veil* Rn. 44; s. ferner *Hommelhoff* AG 1990, 422 [423]; aA *Teichmann* ZGR 2002, 383 [412]). Auch besteht die Möglichkeit, Mehrstaatlichkeit durch Gründung oder Erwerb einer im Ausland ansässigen Vorratsgesellschaft herzustellen (→ Rn. 6).

2. Vorrats-SE. Eine SE kann nach zu Recht ganz hM auch als Vorratsgesell-   **29** schaft gegründet werden (OLG Düsseldorf AG 2009, 629 [630]; LG Hamburg ZIP 2005, 2018; AG Hamburg ZIP 2005, 2017; AG Düsseldorf ZIP 2006, 287; AG München ZIP 2006, 1300; MüKoAktG/*Oechsler* Rn. 49; *Kienast* in Jannott/ Frodermann HdB SE Kap. 13 Rn. 212; MüKoAktG/*Schäfer* Art. 16 Rn. 9 ff.; LHT/*Bayer* Rn. 31, 30; KK-AktG/*Veil* Rn. 50; Spindler/Stilz/*Casper* Art. 2, 3 Rn. 27 f.; *Casper/Schäfer* ZIP 2006, 653 ff.; *Forst* NZG 2009, 687 [688]; *Henssler* RdA 2005, 330 [334]; *Kiem* ZHR 173 [2009], 156 [164]; *Seibt* ZIP 2005, 2248 [2259 f.]; eingehend *Hörtig* S. 124 ff.; aA *Blanke* ZIP 2006, 789 [791 f.]). Typischerweise erfolgt die **Gründung durch Vorratsgesellschaften** nationalen Rechts (→ Rn. 6; ferner OLG Düsseldorf AG 2009, 629; LG Hamburg ZIP 2005, 2018). Aus Sicht der SE-VO steht der Vorratsgründung der SE weder Art. 2 noch Art. 12 Abs. 2 entgegen. Was letztere Vorschrift anbelangt, so schließt ihr Wortlaut zwar die Eintragung der SE aus, solange nicht eine Mitbestimmungsvereinbarung geschlossen ist oder das BVG die Nichtaufnahme oder den Abbruch der Verhandlungen beschlossen hat (→ Art. 12 Rn. 16); nach § 5 SEBG, Art. 3 Abs. 3 SE-RL kann wiederum ein BVG nicht gebildet werden, wenn die Gründungsgesellschaften nicht zumindest zehn Arbeitnehmer haben (für Unzulässigkeit der Gründung arbeitnehmerloser SE denn auch *Blanke* ZIP 2006, 789 [791 f.]). Im Wege der **teleologischen Reduktion** des **Art. 12 Abs. 2** hat indes das Eintragungshindernis immer dann zurückzutreten, wenn die Durchführung eines Verhandlungsverfahrens in Ermangelung einer hinreichenden Zahl von Arbeitnehmern der Gründungsgesellschaften und der zu gründenden SE ausgeschlossen ist (MüKoAktG/*Oechsler* Rn. 49; MüKoAktG/*Schäfer* Art. 16 Rn. 9 ff.; LHT/ *Bayer* Rn. 31, 33 f.; KK-AktG/*Veil* Rn. 54; Spindler/Stilz/*Casper* Art. 2, 3 Rn. 27 f.; *Casper/Schäfer* ZIP 2006, 653 ff.; *Forst* NZG 2009, 687 [688]; *Henssler* RdA 2005, 330 [334]; *Kiem* ZHR 173 [2009], 156 [164]; *Seibt* ZIP 2005, 2248 [2259 f.]; der Sache nach auch OLG Düsseldorf AG 2009, 629 [630 f.]; für den Fall des gänzlichen Fehlens von Arbeitnehmern s. LG Hamburg ZIP 2005, 2018; AG Hamburg ZIP 2005, 2017; AG Düsseldorf ZIP 2006, 287; AG München ZIP 2006, 1300; *Kienast* in Jannott/Frodermann HdB SE Kap. 13 Rn. 255).

Der Gefahr einer Umgehung der Mitbestimmung ist nicht auf der Grundlage   **30** des Missbrauchsverbots des § 43 SEBG (so aber zumindest tendenziell *Henssler* RdA 2005, 330 [335]), sondern durch Anwendung des § 18 Abs. 3 SEBG und damit durch **Nachholung des Verhandlungsverfahrens** bei wirtschaftlicher Neugründung oder vergleichbarer Umstrukturierung (organisches Wachstum löst hingegen keine Verhandlungspflicht aus, → SEBG § 18 Rn. 10; ferner Spindler/ Stilz/*Casper* Art. 2, 3 Rn. 31; aA *Hörtig* S. 160 ff.; wohl auch *Casper/Schäfer* ZIP 2007, 653 [658 ff.]) der Vorrats-SE Rechnung zu tragen (OLG Düsseldorf AG 2009, 629 [630 f.]; MüKoAktG/*Oechsler* Rn. 49; MüKoAktG/*Schäfer* Art. 16 Rn. 13; KK-AktG/*Veil* Rn. 55; *Casper/Schäfer* ZIP 2006, 653 [658 ff.]; *Seibt* ZIP 2005, 2248 [2251]; im Ausgangspunkt auch *Forst* NZG 2009, 687 [691 f.]; zurückhaltend LHT/*Bayer* Rn. 35; eingehend und mit ausführlicher Darlegung des Streitstandes und der in den Details stark voneinander abweichenden Konzeptionen *Hörtig* S. 140 ff.). Das Verhandlungsverfahren ist mithin aufzunehmen, sobald beabsichtigt ist, dass die SE infolge der Umstrukturierung über mindestens zehn Arbeitnehmer verfügt (Spindler/Stilz/*Casper* Art. 2, 3 Rn. 31, der zusätzlich für eine Jahresfrist plädiert). Die Eintragung der mit der wirtschaftlichen

Neugründung einhergehenden Satzungsänderungen kann freilich nicht von der Durchführung des Verhandlungsverfahrens abhängig gemacht werden (so aber *Forst* NZG 2009, 687 [691]; im Ergebnis auch *Grambow* Der Konzern 2009, 97 [103]); ggf. ist ein Statusverfahren einzuleiten.

31   Über Art. 15 Abs. 1 gelangen im Falle einer in Deutschland erfolgenden Vorratsgründung die Grundsätze über die **wirtschaftliche Neugründung** (BGHZ 153, 158; 155, 318; BGH NZG 2007, 513; 2010, 427; 2012, 539; *Bayer* FS Goette, 2011, 15 ff.; *Hüffer* NJW 2011, 1772 ff.; einschränkend KG NZG 2010, 387; *Habersack* AG 2010, 845 ff.; gänzlich ablehnend *Altmeppen* DB 2003, 2050 ff.; *K. Schmidt* NJW 2004, 1345 [1350 ff.]; *ders.* ZIP 2010, 857 [861 ff.]; *Kleindiek* FS Priester, 2007, 369 [376 ff.]) zur Anwendung, wobei allerdings die Handelndenhaftung – wenn überhaupt (s. BGH NZG 2011, 1066) – auf Art. 16 Abs. 2 gründet (→ Art. 16 Rn. 7 ff.; wie hier auch MüKoAktG/*Schäfer* Art. 16 Rn. 10; Spindler/Stilz/*Casper* Art. 2, 3 Rn. 29; LHT/*Bayer* Rn. 32; KK-AktG/*Veil* Rn. 53; *Casper/Schäfer* ZIP 2007, 653 [655 ff.]; *Seibt* ZIP 2005, 2248 [2250 f.]).

[SE als Gründer]

3 (1) **Die SE gilt als Aktiengesellschaft, die zum Zwecke der Anwendung des Artikels 2 Absätze 1, 2 und 3 dem Recht des Sitzmitgliedstaats unterliegt.**

(2) [1]**Eine SE kann selbst eine oder mehrere Tochtergesellschaften in Form einer SE gründen.** [2]**Bestimmungen des Sitzmitgliedstaats der Tochter-SE, gemäß denen eine Aktiengesellschaft mehr als einen Aktionär haben muss, gelten nicht für die Tochter-SE.** [3]**Die einzelstaatlichen Bestimmungen, die aufgrund der Zwölften Richtlinie 89/667/EWG des Rates vom 21. Dezember 1989 auf dem Gebiet des Gesellschaftsrechts betreffend Gesellschaften mit beschränkter Haftung mit einem einzigen Gesellschafter [Amtl. Anm.: ABl. L 395 vom 30.12.1989, S. 40. Zuletzt geändert durch die Beitrittsakte von 1994] angenommen wurden, gelten sinngemäß für die SE.**

Schrifttum: S. die Angaben zu Art. 2.

Übersicht

	Rn.
I. Überblick	1
II. Beteiligung an primärer SE-Gründung (Abs. 1)	3
III. Ausgründung (Abs. 2)	7
1. Voraussetzungen	7
2. Verfahren	10
a) Überblick	10
b) Bar- oder Sachgründung	11
c) Ausgliederung nach § 123 Abs. 3 UmwG	12

I. Überblick

1   Die Vorschrift regelt die Beteiligung einer bestehenden SE an der Gründung einer neuen SE. **Abs. 1** stellt die SE im Wege der **Fiktion** einer AG nationalen Rechts gleich und ermöglicht ihr hierdurch die Teilnahme an einer SE-Gründung nach Art. 2 Abs. 1–3 (im Ausgangspunkt einhM, s. MüKoAktG/*Oechsler* Rn. 1; Spindler/Stilz/*Casper* Art. 2, 3 Rn. 5; LHT/*Bayer* Rn. 1; KK-AktG/*Maul* Rn. 1, 6; *Schwarz* Rn. 1); umstritten ist insoweit vor allem, ob in diesem Fall an dem Mehrstaatlichkeitserfordernis des Art. 2 festzuhalten ist (→ Rn. 4). **Abs. 2**

ermöglicht hingegen einer bestehenden SE die Gründung einer **Tochter-SE im Wege der Ausgründung** und regelt damit einen speziellen, in Art. 2 nicht vorgesehenen Gründungstatbestand.

Weder in Abs. 1 noch in Abs. 2 geregelt ist die **Rückumwandlung einer SE** 2 **in eine Gesellschaft nationalen Rechts.** Sie ist vielmehr, bezogen auf den Formwechsel in eine AG, Gegenstand des Art. 66, der freilich nach zutreffender Ansicht einem Formwechsel in eine andere Rechtsform des nationalen Rechts nicht entgegensteht (→ Art. 66 Rn. 7). Gleichfalls nicht in Art. 3, 66 geregelt ist die Beteiligung einer SE an **nicht zur Gründung einer SE führenden Verschmelzungs- und Spaltungsvorgängen.** Sie beurteilt sich gemäß Art. 9 Abs. 1 lit. c (ii) im Ausgangspunkt nach nationalem Umwandlungsrecht (→ Art. 9 Rn. 41), wirft indes durchaus einige Fragen der Abgrenzung zwischen UmwG und SE-VO sowie die Frage der analogen Anwendung der Sperrfrist des Art. 66 Abs. 1 S. 2 auf (→ Rn. 5, 9, 12; näher → Art. 66 Rn. 38 ff.).

II. Beteiligung an primärer SE-Gründung (Abs. 1)

Die Fiktion des Art. 3 Abs. 1 soll der SE die Teilnahme an der Gründung einer 3 weiteren SE nach Art. 2 Abs. 1–3 ermöglichen und sorgt hierdurch auch insoweit für die **Gleichbehandlung der SE mit einer AG** nationalen Rechts, als nicht mitgliedstaatliche Rechte, sondern Aspekte der SE-VO in Frage stehen; sie geht damit über das Gleichbehandlungsgebot des Art. 10 hinaus. Von der Verweisung sind nur die **Verschmelzungs-, die Holding- und die Tochtergründung** erfasst. Was hingegen den Formwechsel des Art. 2 Abs. 4 anbelangt, so ergibt er im Falle einer bereits bestehenden SE keinen Sinn; Art. 3 Abs. 1 verweist deshalb bewusst nicht auf Art. 2 Abs. 4 (MüKoAktG/*Oechsler* Rn. 3; Spindler/Stilz/*Casper* Art. 2, 3 Rn. 5). Davon unberührt bleibt die Eignung der SE als Tochtergesellschaft einer AG iSd Art. 2 Abs. 4 (MüKoAktG/*Oechsler* Rn. 3; ferner → Art. 2 Rn. 15, 22). Auch Art. 2 Abs. 5 hat im Hinblick auf Art. 7, 64 im Falle der SE keinen Anwendungsbereich und wird deshalb zu Recht von der Fiktion des Art. 3 Abs. 1 nicht erfasst.

Was die **allgemeinen Gründungsvoraussetzungen** des Art. 2 Abs. 1–3 4 anbelangt, so ist zu unterscheiden. Die **„Unionszugehörigkeit"** (→ Art. 2 Rn. 1) ist der SE von vornherein eigen. Sie ist zwar nicht nach dem Recht eines Mitgliedstaats, sondern nach Unionsrecht gegründet worden; dieses steht indes nach Art. 3 Abs. 1 nationalem Aktienrecht gleich. Sitz und Hauptverwaltung der SE liegen nach Art. 7 stets innerhalb der Union, so dass auch der Unionsbezug unzweifelhaft gegeben ist (*Schwarz* Rn. 9; LHT/*Bayer* Rn. 4; KK-AktG/*Maul* Rn. 10). Umstritten ist hingegen, ob das **Mehrstaatlichkeitserfordernis** des Art. 2 Abs. 1–3 (→ Art. 2 Rn. 1 f., 4) im Rahmen des Art. 3 Abs. 1 Geltung beansprucht. Mit der im Vordringen befindlichen Ansicht ist die Frage zu verneinen (*Schwarz* Rn. 10 f.; Spindler/Stilz/*Casper* Art. 2, 3 Rn. 5, 34; LHT/*Bayer* Rn. 4; KK-AktG/*Maul* Rn. 11; *Scheifele* Gründung der SE S. 435 f.; aA MüKo-AktG/*Oechsler* Rn. 1; *Widmann/Mayer/Heckschen* UmwG Anh. § 14 Rn. 522; *Jannott* in Jannott/Frodermann HdB SE Kap. 3 Rn. 7; NK-SE/*Schröder* Rn. 3 ff.; wohl auch *Hommelhoff* AG 2001, 270 [281]). Der – ohnehin zweifelhaften – ratio des Mehrstaatlichkeitserfordernisses (→ Art. 2 Rn. 4) wird durch die Beteiligung der nach Maßgabe des Art. 2 gegründeten SE entsprochen, so dass seine erneute Anwendung überflüssig ist. Zwar setzt Art. 2 nicht die Beibehaltung der Mehrstaatlichkeit voraus (→ Art. 2 Rn. 10). Auch Art. 3 Abs. 2 verzichtet indes auf den Fortbestand der Mehrstaatlichkeit in der Person der für die Ausgründung betreibenden SE (vgl. bereits Begr. Kommissionsentwurf 1970, BT-Drs. 6/1109, 6); Gründe, die im Rahmen des Art. 3 Abs. 1 eine abweichende Beurteilung nahelegen könnten, sind nicht ersichtlich (*Schwarz* Rn. 11; *Scheifele* Gründung der SE S. 435 f.).

5   Eine neue SE kann mithin nach Art. 3 Abs. 1, 2 Abs. 1 durch **Verschmelzung** einer SE mit einer im Inland (→ Rn. 4) oder in einem anderen Mitgliedstaat ansässigen AG gegründet werden (*Schwarz* Rn. 15 f., 35; LHT/*Bayer* Rn. 3; KK–AktG/*Maul* Rn. 12; NK–SE/*Schröder* Rn. 1; Spindler/Stilz/*Casper* Art. 2, 3 Rn. 5, 34, 36); nach zutreffender, freilich bestrittener Ansicht gilt Entsprechendes für die Gründung der SE durch Verschmelzung von zwei SE, wobei wiederum unerheblich ist, ob diese im selben oder in verschiedenen Mitgliedstaaten ansässig sind (→ Rn. 4; *Schwarz* Rn. 16; LHT/*Bayer* Rn. 4; *Scheifele* Gründung der SE S. 437; aA *Kallmeyer* AG 2003, 197 [199]). Das Gründungsverfahren richtet sich nach Art. 15, 17 ff. Von Art. 3 Abs. 1, 2 Abs. 1 wird freilich nur die Verschmelzung durch **Gründung einer neuen SE** gemäß Art. 17 Abs. 2 S. 1 lit. b erfasst (Spindler/Stilz/*Casper* Art. 2, 3 Rn. 34, 36; *Jannott* in Jannott/Frodermann HdB SE Kap. 3 Rn. 6; wohl auch LHT/*Bayer* Rn. 4; *Marsch-Barner* Liber Amicorum Happ, 2006, S. 165, 168 f.; *Oplustil/Schneider* NZG 2003, 13 [16]; *Schwarz* Rn. 15). Die Verschmelzung durch Aufnahme gemäß Art. 17 Abs. 2 S. 1 lit. a ist hingegen auch dann kein Fall des Art. 3 Abs. 1, 2 Abs. 1, wenn die SE die Rolle der aufnehmenden Gesellschaft übernimmt; auch in diesem Fall fehlt es an dem in Art. 17 Abs. 2 S. 1 lit. a vorausgesetzten Formwechsel der aufnehmenden Gesellschaft in eine SE und damit an der erstmaligen Entstehung einer SE (Spindler/Stilz/*Casper* Art. 2, 3 Rn. 34, 36; aA *Schwarz* Rn. 15). Erst recht sind Art. 3 Abs. 1, 2 Abs. 1 unanwendbar, wenn eine SE auf eine AG verschmolzen wird (*Schwarz* Rn. 17, 35). Beide Vorgänge unterliegen vielmehr dem Umwandlungsrecht des Sitzstaates (→ Rn. 2; → Art. 66 Rn. 41).

6   Keine Besonderheiten gelten für die in **Art. 2 Abs. 2, 3** geregelten Gründungsvorgänge (KK–AktG/*Maul* Rn. 14 f.). Das Gründungsverfahren beurteilt sich nach Art. 15, 32 ff., 35 f. Zur Gründung einer Tochter-SE gemäß Art. 3 Abs. 1, 2 Abs. 3 bedarf es grundsätzlich keines Beschlusses der Hauptversammlung der die Gründung betreibenden SE. Anderes gilt nur dann, wenn die Gründung der Tochter-SE zur Folge hätte, dass die gründende SE ihren satzungsmäßigen Unternehmensgegenstand unterschreitet, oder die „Holzmüller"- und „Gelatine"-Grundsätze über „ungeschriebene" Zuständigkeiten der Hauptversammlung eingreifen (BGHZ 83, 122 = NJW 1982, 1703; BGHZ 159, 30 = NJW 2004, 1860; BGH NZG 2004, 575; zur Zuständigkeit der SE-Hauptversammlung im Einzelnen → Art. 36 Rn. 1 ff.; → Art. 52 Rn. 1 ff.).

III. Ausgründung (Abs. 2)

7   **1. Voraussetzungen.** Art. 3 Abs. 2 sieht mit der Ausgründung einer Tochter-SE aus einer Mutter-SE einen besonderen, über den Katalog des Art. 2 hinausgehenden Gründungstatbestand vor und **privilegiert** damit die **SE gegenüber Gesellschaften nationalen Rechts,** denen die Möglichkeit der Gründung einer SE ohne Mitwirkung weiterer Gründer nicht eröffnet ist (→ Art. 2 Rn. 18; MüKoAktG/*Oechsler* Rn. 4; Spindler/Stilz/*Casper* Art. 2, 3 Rn. 18; LHT/*Bayer* Rn. 6; KK–AktG/*Maul* Rn. 19; *Schwarz* Rn. 20; s. ferner Begr. Kommissionsentwurf 1970, BT-Drs. 6/1109, 6). Die SE hat es also in der Hand, unabhängig von den Voraussetzungen der Art. 2, 3 Abs. 1 Tochtergesellschaften in der Rechtsform der SE zu gründen. Bei der die Gründung betreibenden SE kann es sich ihrerseits um eine Tochtergesellschaft handeln, so dass auf der Grundlage des Art. 3 Abs. 2 ein mehrstufiger SE-Konzern geschaffen werden kann; das noch in Art. 3 Abs. 3 S. 2 des Entwurfs von 1989 vorgesehene Verbot der Ausgründung von Tochter-SEs durch eine Tochter-SE ist nicht Gesetz geworden (*Schwarz*

Rn. 24). Der auf der Grundlage des Art. 3 Abs. 2 geschaffene Konzern ist zwar dadurch gekennzeichnet, dass die jeweils neu gegründete Tochter- oder Enkel-SE nicht über außenstehende Aktionäre verfügt (→ Rn. 8); nach Gründung können indes jeweils weitere Aktionäre aufgenommen werden (→ Rn. 8).

In Art. 3 Abs. 2 vorausgesetzt ist eine **Einpersonen-Gründung.** Art. 3 **8** Abs. 2 S. 2 bestimmt zwar nur, dass das Fehlen eines weiteren Gründers der Zulässigkeit der SE-Ausgründung nicht entgegensteht, die Einpersonen-Gründung durch die SE also zulässig ist. Damit soll aber zugleich zum Ausdruck gebracht werden, dass beim Hinzutreten weiterer Gründer der Anwendungsbereich des Art. 3 Abs. 2 verlassen und die Gründung des Gemeinschaftsunternehmens nur nach Maßgabe der Art. 2 Abs. 3, 3 Abs. 1 zulässig ist (MüKoAktG/ *Oechsler* Rn. 4; LHT/*Bayer* Rn. 8; Kalss/Hügel/*Hügel* SEG Vor § 17 Art. 15 Rn. 4; KK-AktG/*Maul* Rn. 23; Spindler/Stilz/*Casper* Art. 2, 3 Rn. 19; *Schwarz* Rn. 22; aA wohl *Hommelhoff* AG 2001, 279 [280]; *Schlüter* EuZW 2002, 589 [590]). Durch Art. 3 Abs. 2 wird die die Gründung betreibende SE allerdings nicht daran gehindert, nach erfolgter Gründung Anteile an der Tochter-SE auf Dritte zu übertragen oder Dritte zur Zeichnung neuer Aktien im Rahmen einer Kapitalerhöhung der Tochter-SE zuzulassen (*Scheifele* Gründung der SE S. 439; *Schwarz* Rn. 22; LHT/*Bayer* Rn. 8; KK-AktG/*Maul* Rn. 23). Art. 3 Abs. 2 S. 2 stellt sicher, dass die SE-Ausgründung nicht an Vorschriften des nationalen Rechts scheitert, denen zufolge eine AG mehr als einen Aktionär haben muss; derlei Vorschriften sind dem deutschen Aktienrecht freilich ohnehin nicht (mehr) bekannt (vgl. § 2 AktG; dazu Hüffer/*Koch* AktG § 2 Rn. 4; näher *Habersack/ Verse* EuropGesR § 10 Rn. 1 ff.). Hieran anknüpfend ordnet Art. 3 Abs. 2 S. 3 die sinngemäße Anwendung der in Umsetzung der Zwölften Richtlinie erlassenen Vorschriften des nationalen Rechts zur Einpersonen-Gründung der GmbH an, was vor dem Hintergrund zu sehen ist, dass die Zwölfte RL es den Mitgliedstaaten nicht vorschreibt, die Einpersonen-Gründung einer AG zuzulassen, und somit das Eingreifen der Ausführungsbestimmungen nicht schon durch Art. 15 Abs. 1 sichergestellt ist (näher zum Anwendungsbereich der 12. RL sowie zu deren Bindungswirkung in Fällen, in denen ein Mitgliedstaat die Einpersonen-AG zulässt, s. *Habersack/Verse* EuropGesR § 10 Rn. 4 f.).

Art. 3 Abs. 2 setzt die Gründung einer **SE** voraus. Die Ausgründung von **9** Tochtergesellschaften nationalen Rechts durch eine SE beurteilt sich nach nationalem Aktien- und Umwandlungsrecht (→ Rn. 2; → Art. 66 Rn. 41). Die Gründung nach Art. 3 Abs. 2 setzt **Mehrstaatlichkeit** nicht voraus (OLG Düsseldorf AG 2009, 629; *Schwarz* Rn. 21; KK-AktG/*Maul* Rn. 22); dem Mehrstaatlichkeitserfordernis des Art. 2 wird nach Ansicht des VO-Gebers dadurch Rechnung getragen, dass es bei Gründung der Mutter-SE zu beachten war (Begr. Kommissionsentwurf 1989, BT-Drs. 11/5427, 8).

2. Verfahren. a) Überblick. Das Verfahren der Ausgründung ist in der SE- **10** VO nicht näher geregelt. Eine Tochter-SE mit Sitz in Deutschland kann sowohl im Wege der **gewöhnlichen Bar- oder Sachgründung** als auch im Wege der **Ausgliederung nach § 123 Abs. 3 UmwG** gegründet werden (→ Rn. 11 f.). Für beide Gründungsvarianten ist zwischen den die Mutter-SE betreffenden und den die zu gründende Tochter-SE betreffenden Verfahrensschritten zu unterscheiden (zu Recht betont von LHT/*Bayer* Rn. 11 ff.). Was die Sphäre der **Mutter-SE** anbelangt, so ist nach verbreiteter Ansicht auch im Rahmen des Art. 3 Abs. 2 auf Art. 36 abzustellen und damit das die Gründung einer AG betreffende nationale Recht auf diesem Weg zur Anwendung zu bringen; zum gleichen Ergebnis gelangt die Gegenansicht, die Art. 9 Abs. 1 anwendet (für Art. 36 LHT/*Bayer* Rn. 12; Widmann/Mayer/*Heckschen* UmwG Anh. § 14 Rn. 399, 404; *Kloster* EuZW 2003, 295 [296]; für Art. 9 Abs. 1 lit. a, c MüKo-

AktG/*Oechsler* Rn. 6; KK-AktG/*Maul* Rn. 20; *Schwarz* Art. 35 Rn. 1, Art. 36 Rn. 1; *Scheifele* Gründung der SE S. 385). Das die **Tochter-SE** betreffende Gründungsverfahren unterliegt nach Art. 15 Abs. 1 dem Recht des Staates, in dem die Tochter-SE ihren Sitz nehmen soll (LHT/*Bayer* Rn. 13; KK-AktG/*Maul* Rn. 20; *Schwarz* Rn. 26).

11 **b) Bar- oder Sachgründung.** Soll die Tochter-SE ihren Sitz in Deutschland nehmen, so kann ihre Gründung nach Art. 15 Abs. 1 iVm **§§ 23 ff.** AktG erfolgen; besondere Gründungsvoraussetzungen der SE-VO, darunter namentlich Art. 4 Abs. 2 betreffend das Mindestkapital, Art. 7 betreffend die Identität von Satzungs- und Verwaltungssitz, Art. 11 betreffend den Rechtsformzusatz und Art. 12 betreffend die Mitbestimmungsvereinbarung, bleiben unberührt (MüKo-AktG/*Oechsler* Rn. 5; LHT/*Bayer* Rn. 15; Spindler/Stilz/*Casper* Art. 2, 3 Rn. 18; KK-AktG/*Maul* Rn. 24 f.; van Hulle/Maul/Drinhausen/*Maul* Abschnitt 4 § 6 Rn. 7 ff.). Was den **Sitz** der Tochter-SE anbelangt, so kann er auch in dem Mitgliedstaat liegen, in dem die Mutter-SE ihren Sitz hat (Spindler/Stilz/*Casper* Art. 2, 3 Rn. 18; MüKoAktG/*Oechsler* Rn. 5). Auf der Ebene der Mutter-SE kann die Mitwirkung der **Hauptversammlung** unter dem Gesichtspunkt der Unterschreitung des satzungsmäßigen Unternehmensgegenstands oder nach den Grundsätzen der „Holzmüller"- bzw. „Gelatine"-Rechtsprechung erforderlich sein (→ Rn. 6).

12 **c) Ausgliederung nach § 123 Abs. 3 UmwG.** Nach zu Recht hM kann die Tochter-SE auch durch Ausgliederung zur Neugründung nach Art. 15, § 123 Abs. 3 Nr. 2 UmwG gegründet werden (*Marsch-Barner* Liber Amicorum Happ, 2006, S. 165, 170 ff.; *Casper* AG 2007, 97 [104]; *Kossmann/Heinrich* ZIP 2007, 164 [168]; MüKoAktG/*Oechsler* Rn. 6; LHT/*Bayer* Rn. 16; KK-AktG/*Maul* Rn. 34; Spindler/Stilz/*Casper* Art. 2, 3 Rn. 18, 40; *Schwarz* Rn. 29; *Habersack/ Verse* EuropGesR § 13 Rn. 21; aA *Hirte* NZG 2002, 1 [4, 10]; *Jannott* in Jannott/ Frodermann HdB SE Kap. 3 Rn. 23; wohl auch *Thoma/Leuering* NJW 2002, 1449 [1451], Fn. 33). Die Hauptversammlung der Mutter-SE ist nach Maßgabe der §§ 125 S. 1, 13 UmwG zu beteiligen. Der Numerus Clausus des § 1 UmwG steht der Ausgliederung schon deshalb nicht entgegen, weil die SE nach Art. 10 auch für die Zwecke der Ausgliederung wie eine AG zu behandeln ist (LHT/ *Bayer* Rn. 16; *Schwarz* Rn. 30). Die sekundäre SE-Gründung im Wege der **Auf- oder Abspaltung** nach § 123 Abs. 1 Nr. 2, Abs. 2 Nr. 2 UmwG kommt hingegen nicht in Betracht; sie muss daran scheitern, dass die solchermaßen gegründete SE im Verhältnis zur die Spaltung betreibenden SE nicht Tochter-, sondern Schwestergesellschaft wäre (*Marsch-Barner* Liber Amicorum Happ, 2006, S. 165, 172; Spindler/Stilz/*Casper* Art. 2, 3 Rn. 40; aA – für Zulässigkeit der Aufspaltung – MüKoAktG/*Oechsler* Rn. 6; KK-AktG/*Maul* Rn. 36 f.; de lege ferenda *Casper* ZHR 173 [2009], 181 [192 f.]). Durch Art. 3 Abs. 2 nicht berührt wird das Recht der SE, nach Maßgabe **des allgemeinen Umwandlungsrechts** ihres Sitzstaates – mithin nach §§ 123 ff. UmwG – Spaltungen vorzunehmen, die nicht die Gründung einer SE zum Ziel haben (→ Rn. 2; → Art. 66 Rn. 41 f., dort auch zur analogen Anwendung der Sperrfrist des Art. 66 Abs. 1 S. 2).

[Gezeichnetes Kapital]

4 (1) **Das Kapital der SE lautet auf Euro.**

(2) **Das gezeichnete Kapital muss mindestens 120 000 EUR betragen.**

(3) **Die Rechtsvorschriften eines Mitgliedstaats, die ein höheres gezeichnetes Kapital für Gesellschaften vorsehen, die bestimmte Arten von**

Tätigkeiten ausüben, gelten auch für SE mit Sitz in dem betreffenden Mitgliedstaat.

Schrifttum: *Drygala,* Stammkapital heute – Zum veränderten Verständnis vom System des festen Kapitals und seinen Konsequenzen, ZGR 2006, 587; *Eidenmüller,* Die GmbH im Wettbewerb der Rechtsformen, ZGR 2007, 168; *Grunewald/Noack,* Zur Zukunft des Kapitalsystems der GmbH – Die Ein-Euro-GmbH in Deutschland, GmbHR 2005, 189; *Haas,* Reform des gesellschaftsrechtlichen Gläubigerschutzes, Gutachten E zum 66. DJT, Stuttgart 2006, 122; *ders.,* Mindestkapital und Gläubigerschutz in der GmbH, DStR 2006, 993; *Kleindiek,* Krisenvermeidung in der GmbH, Gesetzliches Mindestkapital, Kapitalschutz und Eigenkapitalersatz, ZGR 2006, 335; *Koke,* Die Finanzverfassung der Europäischen Aktiengesellschaft (SE) mit Sitz in Deutschland, Diss. 2005; *Lutter,* Das (feste Grund-)Kapital der Aktiengesellschaft in Europa – Zusammenfassung der Überlegungen des Arbeitskreises „Kapital in Europa", in Lutter, Das Kapital der Aktiengesellschaft in Europa, 2005, 1; *Mülbert,* Zukunft der Kapitalaufbringung/Kapitalerhaltung, Der Konzern 2004, 151; *Schall,* Kapitalgesellschaftsrechtlicher Gläubigerschutz: Grund und Grenzen der Haftungsbeschränkungen nach Kapitaldebatte, MoMiG und Trihotel, Habil. 2009; *Rickford,* Reforming Capital, Report of the Interdisciplinary Group of Capital Maintenance, EBLR 2004, 919; *ders.,* Legal Approaches to Restricting Distributions to Shareholders: Balance Sheet Tests and Solvency Tests, EBOR 2006, 153; *Triebel/Otte,* 20 Vorschläge für eine GmbH-Reform: Welche Lektion kann der deutsche Gesetzgeber vom englischen lernen?, ZIP 2006, 311; *dies.,* Reform des GmbH-Rechts: MoMiG – ein vernünftiger Schritt zur Stärkung der GmbH im Wettbewerb oder Kompromiss auf halber Strecke?, ZIP 2006, 1321; *Vetter,* Grundlinien der GmbH-Gesellschafterhaftung, ZGR 2005, 789.

Übersicht

Rn.

I. Regelungsgegenstand und -zweck 1
  1. Gläubigerschutz 1
  2. Mindestkapital – Solvency Test 2
II. Das Kapital der SE 8
  1. Angabe in Euro (Abs. 1) 8
    a) In Euro oder in vergleichbarer Währung? 8
    b) Rechtsfolge bei Verstoß 9
  2. Mindestkapital (Abs. 2) 11
    a) Begriff des Kapitals 11
    b) Höhe des Mindestkapitals 12
    c) Festsetzung in der Satzung 15
    d) Rechtsfolge bei Verstößen 16
  3. Höheres Kapital für Gesellschaft mit bestimmten Tätigkeiten (Abs. 3) 17

I. Regelungsgegenstand und -zweck

1. Gläubigerschutz. Art. 4 legt ein Mindestkapital für die SE fest. Damit folgt 1 die SE-VO dem **System des Garantiekapitals,** wonach eine Kapitalgesellschaft ein Mindestkapital aufweisen muss. Dieses System wird kontrovers diskutiert (LHT/*Fleischer* Rn. 2; MüKoAktG/*Oechsler* Rn. 2). Fraglich ist, ob der Gläubigerschutz durch ein festes Mindestkapital – wie bisher im deutschen Recht insbesondere für die Kapitalgesellschaft der GmbH und der AG vorgesehen – gewährleistet wird oder ob dies auf andere Weise besser sichergestellt werden kann, wie zB durch *Solvency Tests.*

2. Mindestkapital – Solvency Test. Das **Mindestkapital** wird insbesondere 2 in Deutschland verteidigt (vgl. die Nachweise bei *Schall* S. 39 ff.; *Priester* VGR 2006, 1 ff.; *Vetter* ZGR 2005, 788 ff.; *Kleindiek* ZGR 2006, 335 ff.). Es diene als **Seriositätsschwelle,** dh als ein Mindestbetriebskapital, bzw. als ein Haftungsfonds, der nach außen ein klares Signal über die Kapitalisierung der Gesellschaft setze (*Drygala* ZGR 2006, 587 ff.; vgl. auch *Lutter,* Das Kapital der Aktiengesellschaft in Europa, S. 1 ff.). *Solvency Tests* seien nicht die wirklich bessere Alternative. Das bilanzgestützte Kapitalschutzsystem sei bekannt und im Grundsatz bewährt, rechtssicher und daher vorzugswürdig (*Vetter* ZGR 2005, 788 [800 f.]; *Lutter,* Das Kapital der Aktiengesellschaft in Europa, S. 1, 3 f.). Es habe zwar Schwächen, diene aber immerhin als Seriositätsschwelle und schaffe einen Gleichlauf der Interessen zwischen Gesellschaft und Gesellschafter. Denn der Gesellschafter verliere auch Geld, wenn die Gesellschaft Geld verliere (*Lutter,* Das Kapital der Aktiengesellschaft in Europa, S. 1, 4 f.).

3   Auch könne man den **Gläubigerschutz** nicht allein der Privatautonomie überlassen. Vor allem Kleingläubiger könnten sich in der Regel nicht selbst schützen. Sie seien auch nicht über entsprechende Vereinbarungen der Großgläubiger im Rahmen von Kreditvereinbarungen geschützt. Denn diese werden versuchen, in der Krise zulasten der Kleingläubiger zunächst Befriedigung für ihre eigenen Forderungen zu erlangen (*Lutter* Das Kapital der Aktiengesellschaft in Europa S. 1, 5). Die Kapitalerhaltung sei historisch gewachsen. *Solvency Tests* würden dagegen zahlreiche neue Probleme aufweisen (dazu *Schall* S. 50 f.). Auch seien die entsprechenden Kriterien dafür noch nicht entwickelt. Dies sei im Übrigen auch kostenintensiv.

4   **Kritisiert** wird am **Mindestkapital,** dass es in der Regel nicht das benötigte Eigenkapital zeige. Auch seien die Regelungen über Gesellschafterdarlehen in der Vergangenheit oft umgangen worden, so dass ein Gläubigerschutz nicht gewährleistet sei (vgl. die Nachweise bei *Schall* S. 37; *Rickford* EBLR 2004, 919 ff.; *Rickford* EBOR 2006, 153 ff.; *Haas* Gutachten zum 66. DJT, E S. 120 ff.; *Mülbert* Der Konzern 2004, 151 ff.; *Grunewald/Noack* GmbHR 2005, 189 ff.; *Triebel/Otte* ZIP 2006, 311 [312]; *Triebel/Otte* ZIP 2006, 1321 [1322]; *Eidenmüller* ZGR 2007, 168 [182 ff.]). Erst in der Insolvenz werde der Gläubigerschutz durch den Insolvenzverwalter eingefordert, indem dieser zB Gesellschafterdarlehen zurückfordere. Nennbetragsaktien seien eher verwirrend, da der Nennbetrag der Aktien mit dessen Wert nichts zu tun habe (*Rickford* EBLR 2004, 919 [931 f.]). Im Übrigen stehe die Höhe des Mindestkapitals oft in keinem angemessenen Verhältnis zum tatsächlichen Kapitalbedarf (*Grunewald/Noack* GmbHR 2005, 189 [190]; *Drygala* ZGR 2006, 586 [590]). Auch könne das Mindestkapital frei verwirtschaftet werden und stehe daher in der Insolvenz nicht mehr zur Verfügung (*Kleindiek* ZGR 2006, 335 [337]; *Grunewald/Noack* GmbHR 2005, 189 f.). Das Ausschüttungsverbot könne durch Darlehen umgangen werden. Das Mindestkapital sei kein taugliches Insolvenzpolster (*Haas* DStR 2006, 993 [998]). Schließlich sei das Mindestkapital mit Kapitalaufbringung und Kapitalerhaltung reguliert. Dies führe zu Kosten, insbesondere bei Sacheinlagen (*Eidenmüller* ZGR 2007, 168 [183 f.]; *Triebel/Otte* ZIP 2006, 311 [313]). Auch dauere es oft zu lange, bis das Kapital erhöht sei. Im Übrigen seien Dienstleistungen nicht einlagefähig (*Rickford* EBLR 2004, 919 [935 f.]). Das Verbot der sog. Einlagenrückgewähr *(financial assistance)* entspreche nicht mehr den Erfordernissen des Wirtschaftslebens (*Rickford* EBLR 2004, 919 [945]). Ein sog. *Leverage Buy out* sei nicht möglich (*Rickford* EBLR 2004, 919 [945]). Die Gesellschafter sollten – vorbehaltlich eines Gläubigerschutzes – bestimmen, wie viel Liquidität in der Gesellschaft verbleiben soll. Die Kapitalerhaltungsregeln seien zu starr und verböten Geschäfte, die eigentlich wirtschaftlich sinnvoll seien.

5   Anders sei dies bei alternativen Verfahren wie zB einem sog. *Solvency Test.* Dieser stelle auf die **Leistungsfähigkeit der Gesellschaft** ab, während formale Bilanzkriterien oft nichts mit der Leistungsfähigkeit des Unternehmens zu tun hätten und überholt seien (*Eidenmüller* ZGR 2007, 168 [184 f., 190 f.]; *Rickford* EBLR 2004, 919 [967]). Deutlich werde dies auch durch die Praxis der Kreditvergabe, die nicht mehr auf entsprechendes Eigenkapital abstelle, sondern auf andere Kennzahlen (*Eidenmüller* ZGR 2007, 168 [184 f.]). Außerdem entspreche

das System des Mindestkapitals nicht der neueren Bilanzierung. Mit IFRS werde dem *Fair-Value*-Rechnung getragen. Das deutsche Bilanzierungssystem sei dagegen maßgeblich noch vom Vorsichtsprinzip geprägt, was den Anwendungsbereich der Kapitalerhaltung tendenziell erweitere (*Eidenmüller* ZGR 2007, 168 [186]).

Das bisherige System des Garantiekapitals sagt grundsätzlich etwas über die **6** Seriosität der Gesellschaft aus, da in der Regel – ohne dass dieses gesetzlich gefordert ist – größere Gesellschaften ein entsprechend hohes Garantiekapital aufweisen. Es schützt darüber hinaus insbesondere mit dem ergänzend zu betrachtenden Verbot der Einlagenrückgewähr vor einer Auszehrung der Gesellschaft durch die Gesellschafter. So sind Geschäfte nichtig, die eine Einlagenrückgewähr darstellen. Dies schützt die Gläubiger. Allerdings führt es oft erst in der Insolvenz zur Rückabwicklung mit dem Risiko der ggf. nicht mehr gegebenen Zahlungsfähigkeit des Gesellschafters.

Ob *Solvency Tests* oder andere alternative Maßnahmen einen entsprechenden **7** Schutz überhaupt bieten können, ist **fraglich.** Hier müsste insbesondere eine zeitnahe Kontrolle bzw. Feststellung erfolgen, ob die Anforderungen an eine *Solvency* noch eingehalten werden. Dies müsste zusätzlich unterjährig zur etwaigen Feststellung zB eines Wirtschaftsprüfers erfolgen. Darüber hinaus ist insbesondere beim *Fair Value*-Prinzip zu berücksichtigen, dass dies in erheblich kurzen Zeiträumen zu erheblichen Wertschwankungen führen kann, wie insbesondere die Ermittlung der *Fair Value*-Bewertung unter IFRS gezeigt hat. Das *Solvency System* ist daher aufwändig. Darüber hinaus ist es nicht genügend entwickelt, um den bilanzgestützten Kapitalschutz zu ersetzen.

II. Das Kapital der SE

1. Angabe in Euro (Abs. 1). a) In Euro oder in vergleichbarer Wäh- **8** **rung?** Das Kapital der SE lautet auf **Euro.** Dies ist **grundsätzlich zwingend.** Bezugnahmen auf andere Währungen sind in Mitgliedstaaten (wie Deutschland) unzulässig, für die die dritte Stufe der Wirtschafts- und Währungsunion umgesetzt ist (LHT/*Fleischer* Rn. 3; MüKoAktG/*Oechsler* Rn. 1; NK-SE/*Mayer* Rn. 7; *Schwarz* Rn. 8). Mitgliedstaaten, in denen die dritte Stufe der Wirtschafts- und Währungsunion dagegen noch nicht gilt, können nach Art. 67 Abs. 1 S. 1 eine in der Landeswährung ausgedrückte Kapitalziffer verlangen. Auch in diesem Fall ist die betreffende SE jedoch berechtigt, ihr Kapital in Euro auszudrücken (Art. 67 Abs. 1 S. 2). Für die Umrechnung zwischen Landeswährung und Euro wird dann der Kurs zugrunde gelegt, der am letzten Tag des Monats vor der Gründung der SE galt, Art. 67 Abs. 1 S. 3 (LHT/*Fleischer* Rn. 4; *Schwarz* Rn. 8; KK-AktG/*Wenz* Rn. 10).

b) Rechtsfolge bei Verstoß. Sofern gegen die Vorschrift verstoßen wird, ist **9** die SE grundsätzlich **nicht** in das Handelsregister **einzutragen** und entsteht damit nicht (vgl. zu den Verstößen auch allgemein Spindler/Stilz/*Casper* Rn. 2; LHT/*Fleischer* Rn. 5; KK-AktG/*Wenz* Rn. 13). Wenn die SE trotzdem eingetragen ist, kommt eine Amtslöschung in Betracht (*Schwarz* Rn. 9; LHT/*Fleischer* Rn. 5; KK-AktG/*Wenz* Rn. 13).

Diskutiert wird, ob darüber hinaus eine Nichtigkeitsklage erhoben werden **10** kann, vgl. § 275 AktG (LHT/*Fleischer* Rn. 9; NK-SE/*Mayer* Rn. 17). Voraussetzung einer Nichtigkeitsklage ist jedoch, dass die Satzung keine Bestimmung über das Grundkapital enthält (vgl. § 275 Abs. 1 S. 1 Var. 1 AktG). Sofern das Grundkapital – wie in der Regel insbesondere für eine SE mit Sitz in Deutschland vorgeschrieben – nicht auf Euro lautet, kann eine **Nichtigkeitsklage** daher **nicht** erhoben werden. Denn § 275 AktG lässt eine Nichtigkeitsklage nur zu, wenn Bestimmungen über das Grundkapital insgesamt fehlen (zur Rechtsfolge bei Nichtbeachtung der Mindesthöhe → Rn. 16).

11   **2. Mindestkapital (Abs. 2). a) Begriff des Kapitals.** Das gezeichnete Kapital ist gleichbedeutend mit dem Mindestnennbetrag des Grundkapitals und entspricht dem Wortlaut der Kapital-RL. Dies berücksichtigt, dass in manchen Ländern zwischen Nominalkapital und gezeichnetem Kapital unterschieden wird. Das gezeichnete Kapital entspricht dabei dem tatsächlich geleisteten Kapital; das Nominalkapital macht nur den Betrag aus, zu dem die Gesellschaft Aktien ausgeben kann, ohne die Satzung zu ändern (vgl. *Schwarz* Rn. 9; NK-SE/*Mayer* Rn. 1–3; *Koke* S. 27 f.; KK-AktG/*Wenz* Rn. 7 f.). Unter gezeichnetem Kapital ist das gesicherte Kapital zu verstehen, das aufgebracht ist bzw. zu dessen Aufbringung die Gesellschafter sich verpflichtet haben. Die Gesellschafter der SE müssen sich daher verpflichten, Kapitalanteile insgesamt in Höhe des Mindestkapitals zu zeichnen bzw. zu übernehmen und die Einlage zu leisten.

12   **b) Höhe des Mindestkapitals.** Das Kapital hat **mindestens 120.000 Euro** zu betragen. Gegenüber früheren Entwürfen zur SE-VO ist der Betrag deutlich reduziert worden. Der Betrag ist aber immer noch deutlich höher als der Mindestbetrag gemäß der Kapital-RL (vgl. Art. 6 Abs. 1 Kapital-RL). 120.000 Euro als Mindestkapital sollen eine sinnvolle Unternehmensgröße und eine ausreichende Vermögensgrundlage garantieren, ohne kleineren und mittleren Unternehmen die Gründung der SE so zu erschweren (vgl. Erwägungsgrund 13 der SE-VO). Das Mindestkapital ist mit 120.000 Euro jedoch deutlich höher als bei einer Aktiengesellschaft mit einem Grundkapital von mindestens 50.000 Euro (§ 7 AktG). Es führt dazu, dass insbesondere kleinere Unternehmen nicht die Rechtsform einer SE wählen (vgl. auch LHT/*Fleischer* Rn. 6 und 7; *ders.* in Lutter/Hommelhoff Europäische Gesellschaft S. 169, 170; NK-SE/*Mayer* Rn. 11; im Ergebnis wohl zustimmend KK-AktG/*Wenz* Rn. 6; vgl. außerdem die empirischen Zahlen bei *Bayer/Hoffmann/Schmidt* AG-Report 2009, R 480, R 481, wonach die prohibitive Wirkung des Mindestgrundkapitals allerdings wohl nicht bestätigt wird). Die Aufbringung und Erhaltung des Mindestkapitals richtet sich über Art. 5 nach den nationalen Vorschriften, dh in Deutschland nach den Vorschriften einer Aktiengesellschaft.

13   Das Mindestkapital in Höhe von 120.000 Euro darf weder bei Gründung noch bei einer späteren Kapitalherabsetzung unterschritten werden. Eine **Ausnahme** besteht nur bei einer Kapitalherabsetzung, sofern zugleich das Kapital wieder erhöht wird und damit das Mindestkapital in Höhe von 120.000 Euro sofort wieder erreicht wird (Art. 5 iVm § 228 AktG, Art. 34 Kapital-RL; vgl. auch LHT/*Fleischer* Rn. 7; NK-SE/*Mayer* Rn. 12; *Koke* S. 218; KK-AktG/*Wenz* Rn. 15).

14   In Ländern, in denen der Euro noch nicht eingeführt ist, ist der Gegenwert des Mindestkapitals in **lokaler Währung** aufzubringen. Relevanter **Stichtag zur Umrechnung** in Euro ist der letzte Tag des Monats vor Gründung der SE (Art. 62 Abs. 1 S. 3). Für die Gründung ist der Tag der Aufstellung des Verschmelzungsplans (Gründung der SE durch Verschmelzung), der Aufstellung des Gründungsplans bzw. des Umwandlungsplans (Gründung einer Holding SE bzw. die Gründung einer SE durch Umwandlung) bzw. der Tag der Aufstellung der Satzung (Gründung einer Tochter-SE) relevant. Sofern später die Umrechnung zu einem Eurobetrag unter 120.000 Euro führt, ist das Mindestkapital nach Art. 4 Abs. 2 trotzdem erbracht.

15   **c) Festsetzung in der Satzung.** Die Festsetzung des Mindestkapitals in der Satzung ist **zwingend** (vgl. Art. 9 Abs. 1 lit. c ii) bzw. Art. 15 Abs. 1 iVm § 23 Abs. 3 Nr. 3 AktG; LHT/*Fleischer* Rn. 8; *Schwarz* Rn. 10; *Koke* S. 29). **Spätere**

Änderungen sind daher Satzungsänderungen und dementsprechend zu beschließen sowie im Handelsregister einzutragen (LHT/*Fleischer* Rn. 8; NK-SE/*Mayer* Rn. 1; *Koke* S. 217; MüKoAktG/*Oechsler* Rn. 2a).

d) Rechtsfolge bei Verstößen. Sofern das Kapital nicht mindestens 120.000 **16** Euro beträgt, ist die Gesellschaft **nicht** im Handelsregister **einzutragen.** Sofern trotzdem eingetragen wird, ist die SE wirksam entstanden, kann aber in Deutschland **von Amts wegen gelöscht** werden, wenn der Mangel trotz Aufforderung nicht behoben wird, § 262 Abs. 1 Nr. 5 AktG, § 399 FamFG (LHT/*Fleischer* Rn. 9; *Schwarz* Rn. 9; MüKoAktG/*Oechsler* Rn. 4; KK-AktG/*Wenz* Rn. 19). Eine Klage auf Nichtigkeitserklärung kommt nicht in Betracht. Denn § 275 AktG gilt ausschließlich für das Fehlen einer Bestimmung über das Grundkapital, nicht jedoch bei einem zu niedrigen Grundkapital (→ Rn. 10).

3. Höheres Kapital für Gesellschaft mit bestimmten Tätigkeiten 17 (Abs. 3). Nach Abs. 3 gelten Rechtsvorschriften eines Mitgliedstaats, die ein höheres gezeichnetes Kapital für Gesellschaften mit bestimmten Arten von Tätigkeiten vorsehen, auch für die SE mit Sitz in dem betreffenden Mitgliedstaat. Dies gilt in Deutschland für bestimmte Gesellschaften (**Unternehmensbeteiligungsgesellschaften,** § 2 Abs. 4 UBGG: 1 Mio. Euro, und **REIT-Aktiengesellschaften,** § 4 REIT-Gesetz: 15 Mio. Euro). Etwaige Vorschriften hinsichtlich Eigenmittelanforderungen, wie sie zB das KWG aufstellt, haben keinen Einfluss auf das Mindestkapital.

Ein **Verstoß** gegen derartige Vorschriften führt regelmäßig dazu, dass die **18** Erlaubnis zum Betrieb dieser Geschäfte verweigert wird und zurückgenommen wird. Sie berührt hingegen nicht die Wirksamkeit der Gründung bzw. des Bestehens der SE (NK-SE/*Mayer* Rn. 19; LHT/*Fleischer* Rn. 10; *Schwarz* Rn. 11; MüKoAktG/*Oechsler* Rn. 3; KK-AktG/*Wenz* Rn. 23).

[Kapital und Aktien]

5 Vorbehaltlich des Artikels 4 Absätze 1 und 2 gelten für das Kapital der SE, dessen Erhaltung und dessen Änderungen sowie die Aktien, die Schuldverschreibungen und sonstige vergleichbare Wertpapiere der SE die Vorschriften, die für eine Aktiengesellschaft mit Sitz in dem Mitgliedstaat, in dem die SE eingetragen ist, gelten würden.

Schrifttum: *Arbeitskreis Aktien- und Kapitalmarktrecht,* Die 8 wichtigsten Änderungsvorschläge zur SE-VO, ZIP 2009, 698; *Baums,* Verschmelzung mit Hilfe von Tochtergesellschaften, FS Zöllner, 1998, 65; *Grote,* Das neue Statut der Europäischen Aktiengesellschaft zwischen europäischem und nationalem Recht, Diss. 1991; *Kallmeyer,* Europa-AG: Strategische Optionen für deutsche Unternehmen, AG 2003, 197; *Kleeberg,* Kapitalaufbringung bei Gründung der Societas Europaea, Diss. 2006; *Koke,* Die Finanzverfassung der Europäischen Aktiengesellschaft (SE) mit Sitz in Deutschland, Diss. 2005; *Lutter,* Die Aktien der S. E., in Lutter, Die Europäische Aktiengesellschaft, 1976, 145; *Martens,* Kapital und Kapitalschutz in der S. E., in Lutter, Die Europäische Gesellschaft, 1976, 165; *Oechsler,* Kapitalerhaltung in der Europäischen Gesellschaft (SE), NZG 2005, 449; *Thoma/Leuering,* Die Europäische Aktiengesellschaft, NJW 2002, 1449.

Übersicht

Rn.

I. Regelungsgegenstand, Entwicklungsgeschichte und Systematik 1
  1. Regelungsgegenstand 1
  2. Entwicklungsgeschichte 3
  3. Systematik 4

Rn.

II. Verweisungsgegenstände im Einzelnen 5
  1. Kapitalerhaltung 5
    a) §§ 57–62 AktG 5
    b) § 71 ff. AktG 6
    c) § 92 AktG 11
    d) Sonstiges 12
  2. Kapitalmaßnahmen 13
    a) Allgemeine Stimmenmehrheit 13
    b) Kapitalerhöhung 16
    c) Kapitalherabsetzung 21
  3. Aktien, Schuldverschreibungen und sonstige Wertpapiere .. 22
    a) Aktien 23
    b) Schuldverschreibungen 26
    c) Sonstige Wertpapiere 29

I. Regelungsgegenstand, Entwicklungsgeschichte und Systematik

1   **1. Regelungsgegenstand.** Art. 5 bestimmt, dass die Kapitalerhaltungs- und Änderungsvorschriften des nationalen Rechts grundsätzlich gelten. Es handelt sich um eine **Sachnormverweisung.** Verwiesen wird damit auf einzelne Normen des nationalen Rechts. Nicht verwiesen wird dagegen auf die IPR-Vorschriften des Sitzstaates der SE (Spindler/Stilz/*Casper* Rn. 2; LHT/*Fleischer* Rn. 2; MüKoAktG/*Oechsler* Rn. 5; NK-SE/*Mayer* Rn. 4; KK-AktG/*Wenz* Rn. 4; im Übrigen auch LHT/*Merkt* Anh. II Art. 5 Rn. 2, der im NK-SE als Vertreter der Gegenansicht genannt wird, was aber nicht zutrifft). Zu den Vorschriften des nationalen Rechts gehören grundsätzlich auch ungeschriebene Rechtsgrundsätze und richterliche Regeln, wie die Kapitalerhaltungsvorschriften. Art. 5 verweist darüber hinaus auf die Vorschriften zum Kapital und zu den Schuldverschreibungen und sonstigen vergleichbaren Wertpapieren der SE, nicht dagegen auf kapitalmarktrechtliche Vorschriften. Art. 5 verweist daher nicht auf die kapitalmarktrechtlichen Vorschriften des Sitzstaates der SE.

2   Durch die Verweisung in Art. 5 werden die nationalen Vorschriften nicht zu europarechtlichen Vorschriften. Die **nationalen Auslegungsregeln** gelten daher weiterhin. Denn verwiesen wird auf das nationale Recht, nicht hingegen auf die Richtlinien, auf denen dieses Recht beruht, insbesondere nicht die Kapital-RL. Art. 5 ist allerdings unter Berücksichtigung der europarechtlichen Regelungen auszulegen. Denn Art. 5 ist eine europarechtliche Verweisungsregelung (*Koke* S. 11 f.; MüKoAktG/*Oechsler* Rn. 3; *Kallmeyer* AG 2003, 197 [198]; aA *Schwarz* Rn. 6; LHT/*Fleischer* Rn. 2; NK-SE/*Mayer* Rn. 2). Sofern daher die SE Besonderheiten aufweist, die dem nationalen Recht fremd sind, ist dieser Umstand bei der Auslegung des nationalen Rechts zu berücksichtigen. Dies betrifft in Deutschland vor allem das **monistische System,** das es – abgesehen für die SE – ansonsten in Deutschland nicht gibt (Spindler/Stilz/*Casper* Rn. 2; im Grundsatz ebenso, aber wohl differenzierend *Koke* S. 19 mit Verweis auf die von *Grote* S. 54 vertretene aA).

3   **2. Entwicklungsgeschichte.** Dabei enthält Art. 5 in der verabschiedeten Fassung einen **Verweis** auf das Recht des jeweiligen Sitzstaates, ohne auf einzelne Bereiche detaillierter einzugehen. Ursprünglich war dies anders vorgesehen (ausführlich MüKoAktG/*Oechsler* Rn. 1; KK-AktG/*Wenz* Rn. 2; *Fleischer* in Lutter/Hommelhoff Europäische Gesellschaft S. 169, 170 f.; *Martens* in Lutter Europäische Aktiengesellschaft S. 165 ff.). Eine **Harmonisierung** der nationalen Regelungen hat jedoch bereits weitgehend durch die Kapital-RL stattgefunden. Deshalb konnte sich der Verordnungsgeber mit einem eher generellen Verweis auf das nationale Recht begnügen (vgl. Erwägungsgrund 9; *Schwarz* Rn. 1; NK-SE/

Mayer Rn. 1; KK-AktG/*Wenz* Rn. 3; wohl auch MüKoAktG/*Oechsler* Rn. 1; LHT/*Fleischer* Rn. 1, der aber darauf verweist, dass den Mitgliedstaaten beträchtliche Regelungsspielräume in diesem Bereich verbleiben und es deshalb keine einheitliche Finanzverfassung gibt).

3. Systematik. Art. 5 verweist vorbehaltlich Art. 4 Abs. 1 und 2 für die 4 Kapital*erhaltung* und Kapital*änderung* auf das nationale Recht. Nach Art. 15 findet für die Gründung einer SE das für Aktiengesellschaften geltende Recht des Sitzstaates Anwendung vorbehaltlich der Bestimmungen der SE-VO. Insofern ist Art. 15 für die Kapital*aufbringung* die speziellere Vorschrift, so dass Art. 5 die Kapital*aufbringung* nicht regelt (vgl. *Fleischer* in Lutter/Hommelhoff Europäische Gesellschaft S. 169, 172; LHT/*Fleischer* Rn. 5; vgl. auch die Nachweise zur Gegenansicht dort in Fn. 15; Spindler/Stilz/*Casper* Rn. 1; MüKoAktG/*Oechsler* Rn. 7; *Schwarz* Rn. 5; aA NK-SE/*Mayer* Rn. 10; KK-AktG/*Wenz* Rn. 3). Dabei sieht Art. 15 den Vorbehalt der SE-VO vor, während Art. 5 eine generelle Verweisung darstellt ohne einen entsprechenden Vorbehalt hinsichtlich anderweitiger Regelungen der SE-VO. Danach kommt in der Rangfolge Art. 9 Abs. 1 lit. c ii) als allgemeiner Verweis in das nationale Recht (Spindler/Stilz/*Casper* Rn. 1, Fn. 7). Art. 5 gilt daher nur für die Kapitalerhaltung, nicht für die Kapitalaufbringung. Für die Kapital*aufbringung* gilt die speziellere Vorschrift des Art. 15.

II. Verweisungsgegenstände im Einzelnen

1. Kapitalerhaltung. a) §§ 57–62 AktG. Aufgrund des Verweises in Art. 5 5 gelten §§ 57–62 AktG uneingeschränkt. Dabei soll problematisch zu beurteilen sein, ob ein Geschäft dem sog. **Drittvergleich** standhält, wenn sich die Parteien in unterschiedlichen Ländern befinden. Der Maßstab der Marktüblichkeit sei dann ggf. unter verschiedenen Gesichtspunkten zu sehen (vgl. hierzu MüKoAktG/*Oechsler* Rn. 10; *Oechsler* NZG 2005, 449 [451 f.]). Im Hinblick auf die internationale Ausrichtung des Wirtschaftsverkehrs erscheint diese Diskussion eher theoretischer Art.

b) §§ 71 ff. AktG. Weiter gelten die Vorschriften zum **Rückerwerb eigener** 6 **Aktien** (§§ 71–71e AktG). Dabei stellt sich insbesondere die Frage, ob im Falle der Bedienung von Abfindungsansprüchen zur Erfüllung von Erwerbsansprüchen der SE bei einer Sitzverlegung, Art. 8 Abs. 5, § 12 SEAG, der Verschmelzung, Art. 24 Abs. 2, § 7 SEAG, und der Holding-Gründung, Art. 34, § 9 SEAG, die SE eigene Aktien nach § 71 Abs. 1 Nr. 3 AktG (und damit ohne entsprechende Ermächtigung der Hauptversammlung) oder nach § 71 Abs. 1 Nr. 8 AktG (und damit mit entsprechendem Beschluss der Hauptversammlung) erwerben darf (*Oechsler* NZG 2005, 449 [451]; MüKoAktG/*Oechsler* Rn. 12–14; LHT/*Fleischer* Rn. 7; Spindler/Stilz/*Casper* Rn. 3, die sich alle für eine Ermächtigung nach § 71 Abs. 1 Nr. 3 AktG und damit ohne Hauptversammlungsbeschluss aussprechen). § 71 Abs. 1 Nr. 3 AktG nennt diese Abfindungsansprüche nicht. § 71 Abs. 1 Nr. 3 AktG ist jedoch für gesetzliche Abfindungsansprüche geschaffen worden. Der Erwerb richtet sich daher nach § 71 Abs. 1 Nr. 3 AktG. Dies folgt aus der Verweisung in Art. 5.

Da das deutsche Recht eine monistische Gesellschaft (mit Verwaltungsorgan 7 statt Vorstand und Aufsichtsrat) nicht kennt, ist – unabhängig vom Erwerb etwaiger Aktien im Rahmen von Abfindungsansprüchen – fraglich, wer **Adressat eines Ermächtigungsbeschlusses** der Hauptversammlung zum Erwerb eigener Aktien ist (§ 71 Abs. 1 Nr. 8 AktG). Da im monistischen System das Verwaltungsorgan die Geschäfte führt (Art. 43 Abs. 1 S. 1), ist Adressat eines Ermächtigungsbeschlusses nach § 71 Abs. 1 Nr. 8 AktG das Verwaltungsorgan, das in seiner Gesamtheit an die Stelle des Vorstandes tritt (LHT/*Fleischer* Rn. 7; Spind-

ler/Stilz/*Casper* Rn. 4; MüKoAktG/*Oechsler* Rn. 15). Die Anmeldung von Kapitalmaßnahmen zur Eintragung in das Handelsregister ist durch die **geschäftsführenden Direktoren** vorzunehmen (LHT/*Fleischer* Rn. 7; Spindler/Stilz/
Casper Rn. 4).

8   Im Hinblick auf die Kapitalerhaltung ist weiter streitig, ob bei der monistischen
SE als Bezugsberechtigte für Aktienoptionen nur die geschäftsführenden Direktoren in Betracht kommen. Denn nach dem Recht der Aktiengesellschaft können
Aufsichtsratsmitglieder solche Optionen nicht beziehen. Die aktienrechtlichen
Vorschriften sprechen von Geschäftsleitung, wozu Aufsichtsratsmitglieder nicht
zählen, vgl. §§ 192 Abs. 2 Nr. 3, 193 Abs. 2 Nr. 4, 71 Abs. 1 Nr. 8 AktG
(BGHZ 158, 122 = NJW 2004, 1109). Das Verwaltungsorgan führt die Geschäfte
der Gesellschaft (Art. 43 Abs. 1 S. 1). Insofern spricht vieles dafür, dass alle Mitglieder des Verwaltungsorgans Aktienoptionen beziehen dürfen. Jedoch differenziert das monistische System zwischen geschäftsführenden Direktoren, die auch
Mitglied des Verwaltungsorgans sein können, und Mitgliedern des Verwaltungsorgans, die nicht als geschäftsführende Direktoren auftreten. Diese **nicht-geschäftsführenden Direktoren** sind insofern mit Aufsichtsratsmitgliedern vergleichbar. Sie sind daher wie **Aufsichtsratsmitglieder** nach deutschem Recht
zu behandeln und daher **nicht bezugsberechtigt** (s. *Oechsler* NZG 2005, 449
[450 f.]; MüKoAktG/*Oechsler* Rn. 16, 32 mwN; Spindler/Stilz/*Casper* Rn. 4, die
sich alle gegen die Bezugsberechtigung von nicht-geschäftsführenden Direktoren
aussprechen; aA *Schwarz* Rn. 29).

9   Nach deutschem Recht ist ein Rechtsgeschäft zwischen der Gesellschaft und
einem anderen grundsätzlich nichtig, wenn dieser berechtigt oder verpflichtet
sein soll, Aktien der Gesellschaft auf Rechnung der Gesellschaft zu erwerben
(§ 71a Abs. 2 AktG). Da die SE-VO die Gründung einer Holdinggesellschaft
vorsieht und die Aktien der zu gründenden Gesellschaft von einem Dritten gehalten werden, könnte dies gegen § 71a Abs. 2 AktG verstoßen (vgl. hierzu
MüKoAktG/*Oechsler* Rn. 17; *Thoma/Leuering* NJW 2002, 1449 [1452 f.]; *Baums*
FS Zöllner, 1998, 65 ff.; *Oechsler* NZG 2005, 449 [450 f.]). Art. 15 ordnet jedoch
die Anwendung der Kapitalaufbringungsvorschriften vorbehaltlich der Bestimmungen der SE-VO an. Die SE-VO sieht die Gründung einer Holding-SE vor
(Art. 33). Deshalb ist **§ 71a Abs. 2 AktG** (über Art. 15) insofern **nicht anwendbar.**

10   Auch soll fraglich sein, ob **§ 71d S. 2 AktG,** der den Erwerb oder den Besitz
von Aktien der Gesellschaft durch ein abhängiges oder ein im Mehrheitsbesitz der
Gesellschaft stehendes Unternehmen verbietet, **anwendbar** sein soll (MüKo-
AktG/*Oechsler* Rn. 18; *Oechsler* NZG 2005, 449 [451]). Im Ergebnis ist diese
Vorschrift jedoch anwendbar, da es sich um eine Vorschrift der Kapitalerhaltung
handelt und Art. 5 uneingeschränkt auf das nationale Recht hinsichtlich der
Kapitalerhaltung verweist. Deshalb gilt dieses Verbot auch für eine SE.

11   **c) § 92 AktG.** § 92 AktG verpflichtet den Vorstand, bei Verlust in Höhe der
Hälfte des Grundkapitals unverzüglich eine Hauptversammlung einzuberufen
und dieser den entsprechenden Verlust des Grundkapitals anzuzeigen. Über
Art. 5 ist § 92 Abs. 2 AktG **anwendbar,** der den Vorstand bzw. den Verwaltungsrat (§ 22 Abs. 5 SEAG) anweist, bei Zahlungsunfähigkeit der Gesellschaft
keine Zahlung mehr zu leisten.

12   **d) Sonstiges.** Nicht über Art. 5 erfasst sind dagegen die Regelungen, die
mittelbar der Kapitalerhaltung dienen und neuerdings im Insolvenzrecht eingeordnet werden, wie die eigenkapitalersetzenden Gesellschafterdarlehen (vgl. NK-
SE/*Mayer* Rn. 58; Spindler/Stilz/*Casper* Rn. 5; aA MüKoAktG/*Oechsler*
Rn. 27). Dies gilt auch für die Existenzvernichtungshaftung, die der BGH neuerdings als deliktsrechtliche Haftung unter § 826 BGB fasst (NK-SE/*Mayer* Rn. 59;

Spindler/Stilz/*Casper* Rn. 5; aA MüKoAktG/*Oechsler* Rn. 25). Diesbezüglich
stellt sich daher nicht die Frage, ob diese Regelungen anwendbar sind.

2. Kapitalmaßnahmen. a) Allgemeine Stimmenmehrheit. Die Änderung   13
des Kapitals richtet sich aufgrund von Art. 5 nach den **nationalen Vorschriften.**
Dies sind Kapitalmaßnahmen, dh Kapitalerhöhungen und Kapitalherabsetzungen.
Da Art. 5 uneingeschränkt auf die nationalen Vorschriften verweist, werden alle
nach dem nationalen Recht vorgesehenen Kapitalmaßnahmen von dem Verweis
erfasst (→ Rn. 16 ff.; MüKoAktG/*Oechsler* Rn. 28; KK–AktG/*Wenz* Rn. 3).
Auch Art. 42 Abs. 2 SE-VO-E 1991 sah ausdrücklich vor, dass die Kapitalerhöhung der SE sich nach dem national für die Aktiengesellschaft vorgesehenen
Verfahren richten sollte (hierzu *Schwarz* Rn. 7; *Koke* S. 117).

Im Übrigen ergibt sich aus der Kapital-RL eine gewisse **Harmonisierung.**   14
Die Kapital-RL ist zur Auslegung der nationalen Vorschriften heranzuziehen. In
Deutschland gilt dies vor allem für die Regelungen zum Bezugsrecht (LHT/
Fleischer Rn. 8; *Koke* S. 137–152; *Schwarz* Rn. 20 ff.). In Deutschland ist bei
Kapitalmaßnahmen der Aktiengesellschaft grundsätzlich eine **Dreiviertelmehrheit** des bei der Beschlussfassung vertretenen Grundkapitals erforderlich (vgl.
§ 182 Abs. 1 AktG). Die Satzung kann eine andere Kapitalmehrheit bestimmen
(§ 182 Abs. 1 S. 2 AktG). Jedoch bedarf es insbesondere der Dreiviertelmehrheit
des vertretenen Grundkapitals für Kapitalerhöhungen unter Ausschluss des Bezugsrechts (§ 186 Abs. 3 S. 2 und 3 AktG), für die Beschlussfassung über genehmigtes Kapital (§ 202 Abs. 2 S. 2 und 3 AktG), sowie über bedingtes Kapital
(§ 193 Abs. 1 S. 1 und 2 AktG). Die SE-VO sieht keine Kapitalmehrheiten,
sondern nur **Mehrheiten nach Stimmrechten** vor. Aufgrund des Verweises in
Art. 5 gelten jedoch die nationalen Regeln. Deshalb bedürfen entsprechende
Kapitalmaßnahmen grundsätzlich der oben dargestellten Mehrheiten aber nicht
des vertretenen Grundkapitals, sondern der vertretenen Stimmen. Denn die SE-
VO – anders als das deutsche Recht – kennt nur Stimmenmehrheiten (und nicht
auch Kapitalmehrheiten). Deshalb ist bei größeren Mehrheiten auf die Stimmen
und nicht auf das vertretene Kapital abzustellen (auch → Rn. 18).

Im Rahmen der erforderlichen Mehrheiten für Kapitalmaßnahmen bedarf es   15
darüber hinaus einer **Satzungsänderung.** Diese bedarf nach Art. 59 S. 1 einer
Zweidrittelmehrheit der in der Hauptversammlung abgegebenen Stimmen,
sofern das nationale Recht keine größeren Mehrheiten vorsieht. Die Mitgliedstaaten können die **einfache Mehrheit der Stimmen** ausreichen lassen, sofern
mindestens die Hälfte des gezeichneten Kapitals vertreten ist (vgl. Art. 59 Abs. 2).
Hiervon hat Deutschland Gebrauch gemacht (§ 51 S. 1 SEAG). Dies gilt allerdings **nicht** für die Änderung des Unternehmensgegenstandes, einen Beschluss
über die Sitzverlegung, sowie für andere Fälle, für die eine höhere Kapitalmehrheit gesetzlich zwingend vorgesehen ist (§ 51 S. 2 SEAG). Deshalb sind für die
Kapitalmaßnahmen zunächst die nach nationalem Recht erforderlichen Mehrheiten des vertretenen Grundkapitals zu berücksichtigen. Darüber hinaus bedarf
es für die Satzungsänderung der entsprechenden zwei Drittel Stimmenmehrheit
bzw. der einfachen Stimmenmehrheit, sofern mindestens die Hälfte des gezeichneten Grundkapitals vertreten ist und von der Ermächtigung durch Herabsetzung
der Stimmenmehrheit in der Satzung Gebrauch gemacht worden ist (LHT/*Bayer*
Art. 59 Rn. 14; MüKoAktG/*Kubis* Art. 59 Rn. 6; *Schwarz* Art. 59 Rn. 15).

b) Kapitalerhöhung. Den Kapitalerhöhungsbeschluss (§§ 182 ff. AktG) hat   16
die **Hauptversammlung** zu fassen (zu den Mehrheitserfordernissen
→ Rn. 13 f.). Darüber hinaus bestehen etwaige weitere Wirksamkeitserfordernis-
se wie zB der Sonderbeschluss bei mehreren Aktiengattungen und bei Vorzügen.

Aufgrund des Generalverweises kann die SE auch ein **bedingtes Kapital**   17
(§§ 192 ff. AktG) schaffen. Hierzu bedarf es ebenfalls eines Beschlusses der

Hauptversammlung. Im Übrigen gelten die Vorschriften für bedingte Kapitalerhöhungen der §§ 192 ff. AktG.

18   Durch Beschlussfassung der Hauptversammlung kann die SE die Satzung
ändern und damit auch ein entsprechendes genehmigtes Kapital schaffen. Da das
genehmigte Kapital insofern auch eine Satzungsänderung darstellt, gelten hierfür
zunächst die Vorschriften zur Satzungsänderung, dh grundsätzlich eine Zweidrittelmehrheit der abgegebenen gültigen Stimmen; es sei denn, die Satzung
verlangt nur die einfache Mehrheit der abgegebenen gültigen Stimmen, wobei
mindestens die Hälfte des Grundkapitals vertreten sein muss (Art. 55, 57, § 51
SEAG). Darüber hinaus ist nach deutschem Recht eine Mehrheit von drei
Vierteln des vertretenen Grundkapitals erforderlich (§ 202 Abs. 2 S. 2 und 3
AktG; → Rn. 13 f.), so dass im Ergebnis eine **Dreiviertelmehrheit der vertretenen Stimmen** erforderlich ist.

19   Für die Kapitalerhöhung aus Gesellschaftsmitteln gelten die Vorschriften der
§§ 207 ff. AktG.

20   Im Rahmen der **monistischen SE** haben die geschäftsführenden Direktoren
die Aufgaben des Vorstands wahrzunehmen, der Verwaltungsrat die Aufgaben des
Aufsichtsrats. Über den Inhalt der Aktienrechte und die Bedingungen der Aktienausgabe am genehmigten Kapital entscheiden daher bei der monistischen SE
die geschäftsführenden Direktoren. Den Zustimmungsvorbehalt übt der Verwaltungsrat in seiner Gesamtheit aus. Dies entspricht in etwa der Aufteilung zwischen Vorstand und Aufsichtsrat beim genehmigten Kapital (vgl. hierzu im
Einzelnen LHT/*Fleischer* Rn. 8; Spindler/Stilz/*Casper* Rn. 4; *Oechsler* NZG
2005, 449 [453 f.]; MüKoAktG/*Oechsler* Rn. 31).

21   c) **Kapitalherabsetzung.** Hierfür gelten die §§ 222 ff., 229 ff. AktG. Für die
Kapitalherabsetzung durch Einziehung von Aktien sowohl im ordentlichen als
auch im vereinfachten Einziehungsverfahren sind §§ 237 ff. AktG anwendbar.

22   3. **Aktien, Schuldverschreibungen und sonstige Wertpapiere.** Art. 5 ver-
weist darüber hinaus auf die Anwendbarkeit der nationalen Regelungen zu
Aktien, Schuldverschreibungen und sonstigen vergleichbaren Wertpapieren der
SE für eine Aktiengesellschaft mit Sitz in einem Mitgliedstaat.

23   a) **Aktien.** Der Verweis auf die Aktien bezieht sich grundsätzlich nur auf die
wertpapierrechtlichen Aspekte. Die Aktie betrifft dies als Wertpapier bzw.
Urkunde (vgl. LHT/*Ziemons* Anh. I Art. 5 Rn. 9–20; MüKoAktG/*Oechsler*
Rn. 35 f.; KK-AktG/*Wenz* Rn. 26; *Lutter* Europäische Aktiengesellschaft S. 145,
146). Im Einzelnen sind dies Form (Namens- oder Inhaberaktie) und Mindest-
beträge der Aktien, § 8 AktG, Ausgabebetrag der Aktien, § 9 AktG, Aktien und
Zwischenscheine, § 10 AktG, Aktien besonderer Gattung, § 11 AktG, Unterzeichnung der Aktien, § 13 AktG, Eintragung im Aktienregister, § 67 AktG,
Übertragung von Namensaktien, Vinkulierung, § 68 AktG, Rechtsgemeinschaft
an einer Aktie, § 69 AktG, Berechnung der Aktienbesitzzeit, § 70 AktG, Kraftloserklärung von Aktien im Aufgebotsverfahren, §§ 72 ff. AktG, Gewinnanteils-
scheine, § 75 AktG, Umwandlung von Aktien, § 24 AktG. Auch erfasst der
Verweis die Vorschriften zur Gattung Vorzugsaktie, §§ 139 ff. AktG (*Schwarz*
Rn. 47, 49; LHT/*Ziemons* Anh. I Art. 5 Rn. 10; KK-AktG/*Wenz* Rn. 27–29;
MüKoAktG/*Oechsler* Rn. 35 ff.).

24   Grundsätzlich umfasst der Verweis **nicht** die **Mitgliedschaftsrechte,** wie zB
Gewinnanspruch, Auskunftsrechte, Treuepflichten, Verlust der Mitgliedschaft
(LHT/*Ziemons* Anh. I Art. 5 Rn. 1–4). Daneben besteht aber die Allgemeinver-
weisung in Art. 9, die allerdings nur vorbehaltlich anderweitiger Regelungen der
SE-VO gilt, während Art. 5 ohne Vorbehalt auf das nationale Recht verweist. Im
Ergebnis macht dies aber keinen Unterschied, weil es keine abweichende Regelung

zum Mitgliedschaftsrecht in der SE-VO gibt (NK-SE/*Mayer* Rn. 28; LHT/*Ziemons* Anh. I Art. 5 Rn. 13; Spindler/Stilz/*Casper* Rn. 1; MüKoAktG/*Oechsler* Rn. 35).

Darüber hinaus ist die **Verweisung dynamisch,** wie grundsätzlich die Ver- 25 weisung in Art. 5, dh es gilt das jeweilige Recht des Sitzstaats. Änderungen zB zu den Vorzugsrechten würden insoweit auch die Gestaltungsmöglichkeiten unter den Aktien nach der SE-VO zulassen. Unzulässig sind insofern Sonderrechte für Aktien, die nach dem deutschen AktG nicht zulässig sind (LHT/*Ziemons* Anh. I Art. 5 Rn. 6).

b) Schuldverschreibungen. Die SE-VO enthält **keine speziellen Regelun-** 26 **gen** zur Ausgabe von Schuldverschreibungen (LHT/*Merkt* Anh. II Art. 5 Rn. 1; MüKoAktG/*Oechsler* Rn. 37; *Schwarz* Rn. 67). Nur im Rahmen der Verschmelzung enthält die SE-VO eine Sonderverweisung über Rechte der Anleihegläubiger sich verschmelzender Gesellschaften (Art. 24 Abs. 1 lit. b). Diese Vorschrift geht als Spezialvorschrift dem Art. 5 vor (MüKoAktG/*Oechsler* Rn. 37).

Der Verweis auf die Schuldverschreibungen erfasst vor allem **§ 221 AktG** mit 27 der Möglichkeit, Wandelschuldverschreibungen, Optionsrechte, Gewinnschuldverschreibungen und Genussrechte auszugeben (LHT/*Merkt* Anh. II Art. 5 Rn. 2; MüKoAktG/*Oechsler* Rn. 37; *Schwarz* Rn. 69). Danach kann die SE entsprechende Schuldverschreibungen ausgeben. Allerdings kann die Ausgabe nur unter den in § 221 AktG genannten Bedingungen erfolgen (hierzu *Schwarz* Rn. 68; MüKoAktG/*Oechsler* Rn. 37; LHT/*Merkt* Anh. II Art. 5 Rn. 4). Dementsprechend bedarf es für die Ausgabe der Schuldverschreibungen eines entsprechenden **Hauptversammlungsbeschlusses** (Art. 52 S. 2). Der Verweis umfasst allerdings nicht den Anleihe- und Emissionsvertrag. Dies sind kapitalmarktrechtliche Vorschriften, auf die Art. 5 nicht verweist (→ Rn. 1).

Die Mehrheitserfordernisse richten sich aufgrund des Verweises in Art. 5 nach 28 dem Aktienrecht. Danach bedarf es einer **Dreiviertelmehrheit** der vertretenen Stimmen (§ 221 Abs. 1 S. 2 und 3 AktG; → Rn. 13 f.). Sofern hierzu bedingtes Kapital erforderlich ist, ist grundsätzlich auch hierfür eine Dreiviertelmehrheit der vertretenen Stimmen und für eine Satzungsänderung die entsprechende Stimmenmehrheit zur Satzungsänderung erforderlich (→ Rn. 14).

c) Sonstige Wertpapiere. Sonstige Wertpapiere sind alle verbrieften Betei- 29 ligungen von Nichtaktionären am Gesellschaftsvermögen und Gewinn der Gesellschaft, namentlich Genussscheine bzw. Genussrechte, Derivate auf Aktien und/oder Schuldverschreibungen, die dem Berechtigten einen Anspruch gewähren und die von der Gesellschaft ausgegeben werden. Hierzu gehören auch sog. *Phantom Stocks,* virtuelle Aktien und *Stock Appreciation Rights,* die oft als Incentivierung des Managements genutzt werden. Nicht erfasst sind dagegen *American Depositary Receipts* (MüKoAktG/*Oechsler* Rn. 38; NK-SE/*Mayer* Rn. 23). Der Verweis erfasst aber nur die gesellschaftsrechtlichen Aspekte und insbesondere nicht die kapitalmarktrechtlichen Fragen, wie den Anleihe- oder Emissionsvertrag. Hierfür gelten die allgemeinen Grundsätze.

[Satzung]

6 **Für die Zwecke dieser Verordnung bezeichnet der Ausdruck „Satzung der SE" zugleich die Gründungsurkunde und, falls sie Gegenstand einer getrennten Urkunde ist, die Satzung der SE im eigentlichen Sinne.**

Schrifttum: *Brandt,* Die Hauptversammlung der Europäischen Aktiengesellschaft, Diss. 2004; *Brandt/Scheifele,* Die Europäische Aktiengesellschaft und das anwendbare Recht, DStR 2002, 547; *Casper,* Der Lückenschluss im Statut der Europäischen Aktiengesellschaft, FS Ulmer, 2003, 51; *Hommelhoff,* Satzungsstrenge und Gestaltungsfreiheit in der Europäischen

Aktiengesellschaft, FS Ulmer, 2003, 267; *Kallmeyer,* Europa-AG: Strategische Optionen für deutsche Unternehmen, AG 2003, 197; *Wagner,* Die Bestimmung des auf die SE anwendbaren Rechts, NZG 2002, 985.

Übersicht

	Rn.
I. Regelungsgegenstand und Entstehungsgeschichte	1
II. Begriff der Satzung...	4
1. Satzung im eigentlichen Sinn	4
2. Gründungsurkunde	7
III. Inhalt der Satzung..	8
1. Vorgaben nach SE-VO	8
2. Vorgaben für die Satzung einer SE mit Sitz in Deutschland	
nach deutschem Recht	13
IV. Offenlegung, Form, Sprache	22
V. Mängel der Satzung	23
1. Gründungsmängel	23
2. Nachträgliche Mängel	24
VI. Auslegung der Satzung	28

I. Regelungsgegenstand und Entstehungsgeschichte

1   Art. 6 definiert die Satzung der SE als Gründungsurkunde bzw. – sofern in einer getrennten Urkunde – den Satzungstext an sich. Für eine in Deutschland ansässige SE hat die Norm **keine praktische Bedeutung.** Denn nach deutschem Recht muss die Gründungsurkunde auch die Satzung der Aktiengesellschaft und damit der SE enthalten, Art. 15 Abs. 1, §§ 2, 23 AktG (Spindler/Stilz/*Casper* Rn. 1; KK-AktG/*Maul* Rn. 1, 4). Art. 6 hat daher insofern nur Bedeutung für Rechtsordnungen, die zwischen einer Gründungsurkunde und einer das Innenverhältnis regelnden Satzung unterscheiden, wie zB in England das *Memorandum of Association* und die *Articles of Association* bis zum Inkrafttreten der Section 17 des Companies Act 2006 (so MüKoAktG/*Oechsler* Rn. 1).

2   Aus Art. 6 folgt aber nicht, dass in Deutschland bei der Gründung einer SE zwischen dem Gründungsvertrag und der Satzung unterschieden werden kann und diese in zwei Dokumente aufgeteilt werden können. Denn Art. 6 ist keine materielle Vorschrift, sondern nur eine Definition bzw. **Klarstellung** für die entsprechenden europäischen Rechtsordnungen, die die Aufteilung von Gründungsurkunde und Satzung in zwei Dokumente zulassen (so zutreffend Spindler/Stilz/*Casper* Rn. 1; *Schwarz* Rn. 3; KK-AktG/*Maul* Rn. 4; wohl auch MüKoAktG/*Oechsler* Rn. 2; aA wohl NK-SE/*Schröder* Rn. 1; LHT/*J. Schmidt* Rn. 3).

3   Ansonsten regelt Art. 6 den Erlass der Satzung bzw. die Kompetenz hierzu. Dies ergibt sich im Übrigen auch aus Art. 15, der auf das nationale Recht zur Gründung verweist. Art. 6 regelt nicht den Inhalt der Satzung oder die Frage der Satzungsautonomie. Denn dies folgt aus der in Art. 9 geregelten Normenhierarchie (Spindler/Stilz/*Casper* Rn. 2; *Schwarz* Rn. 2; LHT/*J. Schmidt* Rn. 1; KK-AktG/*Maul* Rn. 4 f.; MüKoAktG/*Oechsler* Rn. 3). Im Übrigen enthält die SE-VO nur vereinzelt zwingende Regelungen zur Satzung, aber zahlreiche Regelungsaufträge und Gestaltungsermächtigungen (NK-SE/*Schröder* Rn. 3; MüKoAktG/*Oechsler* Rn. 3).

II. Begriff der Satzung

4   **1. Satzung im eigentlichen Sinn.** Die Satzung im eigentlichen Sinn sind alle Bestimmungen, die die Grundfragen der Gesellschaft, ihre Organisation und ihre Beziehungen zu den jeweiligen Aktionären regeln (NK-SE/*Schröder* Rn. 2;

Schwarz Rn. 28). Dabei unterscheidet man zwischen materiellen (dh echten, körperschaftsrechtlichen, korporativen, normativen) sowie formellen (unechten) Satzungsbestimmungen. Die **formellen Satzungsbestimmungen** gehören nicht zur Satzung im eigentlichen Sinne, sondern sind nur Bestandteil des Satzungstexts (vgl. zur Unterscheidung *Schwarz* Rn. 30; KK-AktG/*Maul* Rn. 4 f.; s. auch *Hüffer*/*Koch* AktG § 23 Rn. 2 ff.; bedeutend ist dies wohl bei (vermeintlichen) „Satzungsänderungen", wobei fraglich ist, ob (neben dem nationalen Recht) auch Art. 59 zwischen echten und unechten Satzungsbestimmungen unterscheidet, bejahen *Schwarz* Art. 59 Rn. 6; KK-AktG/*Maul* Rn. 6; Bedeutung erlangt die Unterscheidung ferner bei der Auslegung (wie Gesetze oder wie Verträge); s. LHT/*J. Schmidt* Rn. 25).

Regelungen, die aufgrund von Regelungsaufträgen bzw. Ermächtigungen zur **5** Gestaltung in der SE-VO aufgenommen worden sind, sind stets **materielle Satzungsbestandteile**. Dies gilt auch dann, wenn sie nach nationalem Recht nur unechte Satzungsbestimmungen sind, wie zB die Bestellung der ersten Organmitglieder, die nach nationalem Recht nur unechte Satzungsbestimmungen sind (s. *Schwarz* Rn. 30 ff.; aA KK-AktG/*Maul* Rn. 7). Denn nach der SE-VO kann die Bestellung der ersten Mitglieder in der Satzung geregelt werden (Art. 40 Abs. 2 und Art. 43 Abs. 3 S. 2). Hieraus folgt im Übrigen, dass die Satzung im eigentlichen Sinn wohl europarechtlich und nicht national auszulegen ist (aA KK-AktG/*Maul* Rn. 17; MüKoAktG/*Oechsler* Rn. 4).

Bei allen Gründungsvarianten einer SE ist die Satzung im eigentlichen Sinn **6** notwendiger **Bestandteil der Gründungsurkunde,** dh des Verschmelzungsplans, Art. 20 Abs. 1 lit. h, des Gründungsplans bei Gründung einer Holding-SE, Art. 32 Abs. 2 iVm Art. 20 Abs. 1 lit. h, des Umwandlungsplans bei formwechselnder Umwandlung, Art. 37 Abs. 7, und bei der Gründung einer Tochter-SE, Art. 15 Abs. 1 iVm § 23 AktG (LHT/*J. Schmidt* Rn. 8 ff.; NK-SE/*Schröder* Rn. 2; KK-AktG/*Maul* Rn. 12). Eine Trennung von Gründungsurkunde und Satzung kann sich daher erst bei späteren Satzungsänderungen ergeben. Bei Satzungsänderungen ist jedoch nach § 181 Abs. 1 S. 2 AktG stets der **vollständige Wortlaut** der Satzung zum Handelsregister einzureichen, dh die Satzung im eigentlichen Sinne ist in Deutschland stets in einer einzigen Satzungsurkunde enthalten (LHT/*J. Schmidt* Rn. 6; *Schwarz* Rn. 45).

2. Gründungsurkunde. Die Gründungsurkunde, deren Bestandteil die Sat- **7** zung ist (→ Rn. 1), ist je nach Gründungsart der Verschmelzungsplan, Art. 20, der Gründungsplan, Art. 32 Abs. 2, der Umwandlungsplan, Art. 37 Abs. 4 oder bei der Gründung einer Tochter-SE die Gründungsurkunde, Art. 15 Abs. 1 iVm § 23 AktG (NK-SE/*Schröder* Rn. 4).

III. Inhalt der Satzung

1. Vorgaben nach SE-VO. Die SE-VO enthält **keine** Liste zum Mindest- **8** inhalt der Satzung. Art. 9 bestimmt jedoch, dass die SE den Bestimmungen der VO unterliegt und – sofern die VO dies ausdrücklich zulässt – den Bestimmungen der Satzung der SE. Im Übrigen unterliegt die SE in Bezug auf die in der VO nicht geregelten Bereiche bzw. sofern ein Bereich nur teilweise geregelt ist, den Bestimmungen ihrer Satzung unter den gleichen Vorschriften, wie im Falle einer nach dem Recht des Sitzstaates der SE gegründeten **Aktiengesellschaft.** Auf die Gründung einer SE findet – vorbehaltlich der SE-VO – das für Aktiengesellschaften geltende Recht des Staates Anwendung, in dem die SE ihren Sitz hat (Art. 15 Abs. 1).

Die Satzung hat daher zunächst den Bestimmungen der SE-VO Rechnung zu **9** tragen. Dabei gibt es Vorgaben in der SE-VO, die der Satzungsgeber gestalten, dh entscheiden muss (LHT/*J. Schmidt* Rn. 15 ff., mit Verweis auf *Hommelhoff* FS Ulmer, 2003, 267 [274]; *Brandt/Scheifele* DStR 2002, 547 [555]; *Wagner* NZG 2002, 985 [989]; noch weiter differenzierend *Schwarz* Rn. 62 ff., 102 ff.; *Seibt* in Lutter/Hommelhoff Europäische Gesellschaft S. 67, 68). So hat der Satzungsgeber zu entscheiden, ob die SE ein monistisches (mit Verwaltungsrat) oder ein dualistisches System (mit Aufsichtsrat und Vorstand) hat, Art. 38 lit. b. Diese Wahl ist in der Satzung der SE darzulegen, sofern in der entsprechenden Jurisdiktion beide Systeme möglich sind, wie für die SE mit Sitz in Deutschland (s. auch NK-SE/*Schröder* Rn. 16; MüKoAktG/*Oechsler* Rn. 3; KK-AktG/*Maul* Rn. 22).

10   Weiter muss die Satzung folgenden **Vorgaben** Rechnung tragen:
- Gleichlauf der Satzung mit der Mitbestimmungsvereinbarung, Art. 12 Abs. 4 UAbs. 1,
- Mitgliederzahl des Leitungsorgans, Art. 39 Abs. 4 S. 1,
- Mitgliederzahl des Aufsichtsorgans, Art. 40 Abs. 3 S. 1,
- Mitgliederzahl des Verwaltungsorgans, Art. 43 Abs. 2 UAbs. 1 S. 1,
- Sitzungsfrequenz des Verwaltungsorgans, Art. 44 Abs. 1
- Amtsdauer der Organmitglieder, Art. 46 Abs. 1,
- Festlegung zustimmungsbedürftiger Geschäfte, Art. 48 Abs. 1 UAbs. 1, Abs. 2,
- Festlegung von Verfahren und Fristen für Aktionärsantrag auf Ergänzung der Hauptversammlungs-Tagesordnung bei Fehlen einzelstaatlicher Regelung, Art. 56 S. 2 (vgl. die Übersicht bei LHT/*J. Schmidt* Rn. 17), was in Deutschland nicht der Fall ist.

11   Darüber hinaus gibt es Regelungen in der SE-VO, die der Satzungsgeber **näher ausgestalten** kann. Hier sind zu nennen:
- Bestellung des ersten Aufsichtsrats in der Satzung, Art. 40 Abs. 2 S. 2,
- Bestellung der Mitglieder des ersten Verwaltungsorgans in der Satzung, Art. 43 Abs. 3 S. 2,
- Einschränkungen für Wiederbestellung von Organmitgliedern, Art. 46 Abs. 2,
- Beschlussfähigkeit und Mehrheitserfordernis bei Organbeschlüssen, Art. 50 Abs. 1,
- Zweitstimmrecht des Organvorsitzenden bei nicht paritätisch besetzten Organen, Art. 50 Abs. 2 (s. auch Aufzählung bei LHT/*J. Schmidt* Rn. 22, mit dem Verweis auf *Schwarz,* der die Zahl der Mitglieder des Aufsichtsrats oder die Regeln für ihre Festlegung unzutreffend als statutarische Ausgestaltungsverpflichtung ansieht, *Schwarz* Rn. 68).

12   Hinsichtlich Ermächtigungen, von denen der Satzungsgeber grundsätzlich Gebrauch machen kann, aber es nicht möglich ist für eine SE mit Sitz in Deutschland, da das deutsche Recht Regelungsmöglichkeit für diese nicht zulässt, sind Folgende zu nennen:
- Bestellung der Mitglieder des Leitungsorgans durch die Hauptversammlung, Art. 39 Abs. 2 UAbs. 2,
- Gesellschaft/juristische Person als Mitglied eines Organs, Art. 47 Abs. 1 UAbs. 1,
- besondere Eignungsvoraussetzung für Organmitglieder der Anteilseignerseite, Art. 47 Abs. 3,
- Beschlusszuständigkeit für Angelegenheiten, die der Hauptversammlung durch die Satzung übertragen werden außerhalb der gesetzlichen Regelung, Art. 52 Abs. 2,
- erleichterte Hauptversammlungseinberufung durch Aktionärsminderheit, Art. 55 Abs. 1 Hs. 2,
- erleichterte Ergänzung der Hauptversammlungs-Tagesordnung durch Aktionärsminderheit, Art. 56 S. 3 (s. auch Übersicht bei LHT/*J. Schmidt* Rn. 22).

2. Vorgaben für die Satzung einer SE mit Sitz in Deutschland nach 13
deutschem Recht. Im Übrigen kommt über Art. 15 das nationale Recht und
damit insbesondere § 23 **AktG** zur Anwendung. Dabei sind die deutschen Vorschriften im Hinblick auf die Kapitalrichtlinien harmonisiert (LHT/*J. Schmidt*
Rn. 20; NK-SE/*Schröder* Rn. 3, 7–10). Für eine SE mit Sitz in Deutschland
bestimmt sich der Mindestinhalt also grundsätzlich auch nach deutschem Recht
(so NK-SE/*Schröder* Rn. 15; LHT/*J. Schmidt* Rn. 21; KK-AktG/*Maul* Rn. 14).

Streitig ist, ob der nationale Gesetzgeber die **SE attraktiver** ausgestalten kann 14
als die Aktiengesellschaft und insofern für die SE bezüglich der oben genannten
Punkte die Gestaltung durch die Satzung vorsehen kann. Hiergegen spricht
zunächst Art. 10, der ausdrücklich bestimmt, dass vorbehaltlich der Bestimmungen der SE-VO eine SE in jedem Mitgliedstaat wie eine Aktiengesellschaft
behandelt wird. Demnach könnte der nationale Gesetzgeber die SE nicht attraktiver gestalten als die nationale Aktiengesellschaft. Dem ist entgegenzuhalten, dass
Art. 10 auf dem Erwägungsgrund 5 beruht, wonach die SE gegenüber der
nationalen Aktiengesellschaft nicht diskriminiert werden soll. Eine Besserstellung
mit flexiblen Regelungen für eine SE gegenüber einer Aktiengesellschaft ist demnach möglich (*Kallmeyer* AG 2003, 197 [198]; aA *Schwarz* Rn. 83, 88, 96;
Hommelhoff FS Ulmer, 2003, 267 [275]; MüKoAktG/*Oechsler* Rn. 7).

Da es dem nationalen Gesetzgeber grundsätzlich frei steht, die oben genannten 15
Regelungen auch für die nationale Aktiengesellschaft zu übernehmen und darüber hinaus auch die entsprechende Gestaltung nach dem europäischen Gesetzgeber auch für die SE möglich sein sollte und schließlich lediglich eine Diskriminierung der SE gegenüber nationalen Aktiengesellschaften vermieden werden sollte, spricht nichts dagegen, dass der nationale Gesetzgeber entsprechende
Regelungen für die SE zulässt, obwohl er sie zugleich für die nationale Aktiengesellschaft nicht zulässt.

Der **deutsche Gesetzgeber** hat sich allerdings grundsätzlich für einen 16
Gleichlauf von SE und AG entschieden. Dies ergibt sich aus dem SEAG, das an
die Regelungen des Aktiengesetzes anknüpft und im Falle der durch den deutschen Gesetzgeber aufgrund Fehlen entsprechender Regelungen im deutschen
Recht auszugestaltenden monistischen Form insbesondere versucht hat, die entsprechenden Regelungen möglichst dem bisher schon für die dualistische Form
angewandten Verfahren anzupassen, vgl. zB § 26 SEAG im Rahmen der gerichtlichen Entscheidung über die Zusammensetzung des Verwaltungsrats, § 27 SEAG
über die persönliche Voraussetzung der Mitglieder des Verwaltungsrats, § 34
SEAG über die innere Ordnung des Verwaltungsrats, § 50 SEAG über die Einberufung und Ergänzung der Tagesordnung auf Verlangen einer Minderheit.

Der **Mindestinhalt der Satzung** ergibt sich zunächst aus den §§ 23 Abs. 2–4, 17
26 Abs. 1 und Abs. 2 AktG (Sondervorteile sowie Gründungsaufwand), § 27
AktG (Sacheinlagen oder Sachübernahmen). Darüber hinaus sind im Fall der
Verschmelzung und der formwechselnden Umwandlung etwaige Sondervorteile,
Gründungsaufwand, Sacheinlagen und Sachübernahmen festzusetzen, §§ 74, 243
Abs. 1 UmwG (LHT/*J. Schmidt* Rn. 21; NK-SE/*Schröder* Rn. 23–25; KK-
AktG/*Maul* Rn. 24).

Bei der Gründung einer **Holding-SE** steht bei der Beschlussfassung über die 18
Satzung noch nicht fest, wer sich von den Gesellschaftern an der Gründung der
Holding-SE beteiligt. Deshalb können in der Satzung die Sacheinlagen oder
Sachübernahmen nicht festgeschrieben werden (vgl. Art. 33). Die Sacheinlagen
sind daher abstrakt im Gründungsplan zu beschreiben und letztlich in die Zeich-
nungsscheine – analog zur Kapitalerhöhung – gegen Sacheinlage aufzunehmen.

Im Rahmen der Gründung einer SE im Wege der **Verschmelzung** ist streitig, 19
ob das Vermögen des übertragenden Rechtsträgers als Sacheinlage in der Satzung
festzusetzen ist. Dies ist nicht erforderlich, weil die entsprechenden Bestimmun-

gen im Verschmelzungsplan zu treffen sind. Die Satzung einer SE, die im Wege einer Verschmelzung durch Neugründung gegründet wird, muss daher entsprechende Regelungen nicht vorsehen (NK-SE/*Schröder* Art. 5 Rn. 49 mwN).

20   Auch bei der Gründung durch **Umwandlung** sind Sacheinlagen und Sachübernahmen nicht in der Satzung anzugeben, vgl. zu den Sacheinlagen und Sachübernahmen § 27 AktG. Dies folgt allein daraus, dass im Rahmen der Umwandlung der Rechtsträger zwar neu gegründet wird, Sacheinlagen und Sachübernahmen jedoch nicht übernommen werden. An den einzelnen Vermögensgegenständen, die die Gesellschaft hält, ändert sich durch die Umwandlung der Gesellschaft nichts.

21   Für die Aktiengesellschaft gilt zunächst die **Satzungsstrenge** (§ 23 Abs. 5 AktG). Die SE lässt darüber hinaus **Abweichungen** nur zu, sofern es die SE-VO ausdrücklich zulässt (Art. 9 Abs. 1 lit. b). Dies ist noch strenger als die Regelung unter dem deutschen Aktienrecht. Denn danach sind ergänzende Bestimmungen der Satzung zulässig, es sei denn, dass das Aktiengesetz eine abschließende Regelung enthält (§ 23 Abs. 5 S. 2 AktG). Sofern dagegen die SE-VO einen Sachverhalt regelt, kann hiervon nicht abgewichen werden (vgl. auch LHT/*J. Schmidt* Rn. 24; NK-SE/*Schröder* Rn. 17; Spindler/Stilz/*Casper* Art. 9 Rn. 5; KK-AktG/*Maul* Rn. 16).

IV. Offenlegung, Form, Sprache

22   Die Satzung ist im Rahmen einer Verschmelzung Bestandteil des Verschmelzungsplans; es gelten die Regeln zum Verschmelzungsplan (LHT/*J. Schmidt* Rn. 8). Im Rahmen einer Holding SE ist die Satzung Bestandteil des Gründungsplans; es gelten die Regeln zum Gründungsplan (LHT/*J. Schmidt* Rn. 9). Bei einer gemeinsamen Tochter-SE richten sich Erlass, Form und Sprache nach dem nationalen Aktienrecht (LHT/*J. Schmidt* Rn. 10). Im Falle der Umwandlung ist das nationale Recht anwendbar; die Satzung ist Bestandteil des Umwandlungsplans (LHT/*J. Schmidt* Rn. 12). Die Satzung kann auch grundsätzlich **fremdsprachig** sein; beim Handelsregister ist allerdings in diesem Fall eine beglaubigte Übersetzung erforderlich (NK-SE/*Schröder* Rn. 33; *Schwarz* Rn. 14–19). Insbesondere bei grenzüberschreitenden Verschmelzungen mag es sich jedoch anbieten, die Satzung sowohl in der deutschen Sprache als auch in der Sprache des Sitzes des anderen Rechtsträgers zu verfassen. Die Satzung wäre dann zweisprachig und müsste auch zukünftig immer entsprechend, dh zweisprachig geändert werden, es sei denn, der fremdsprachige Teil der Satzung wird später durch Beschluss der Hauptversammlung im Wege der Satzungsänderung für nicht mehr verbindlich erklärt.

V. Mängel der Satzung

23   **1. Gründungsmängel.** Aufgrund des Verweises in das nationale Recht, vgl. auch Art. 15 Abs. 1 und Art. 26 Abs. 1 für die Verschmelzung, hat das **Registergericht** die Satzung zu **prüfen.** Es darf die Eintragung der Gesellschaft bei mangelhaften, fehlenden oder nichtigen Bestimmungen der Satzung allerdings nur unter den in § 38 Abs. 4 AktG genannten Voraussetzungen ablehnen. Darüber hinaus darf die Satzung nicht im Widerspruch zur ausgehandelten Mitbestimmungsvereinbarung stehen (Art. 12 Abs. 4 S. 1). Die Prüfungsschranken des § 38 Abs. 4 AktG gelten dabei auch bei Verstößen der Satzung gegen das Europarecht (KK-AktG/*Maul* Rn. 31; LHT/*J. Schmidt* Rn. 27).

24   **2. Nachträgliche Mängel.** Aufgrund des Verweises in das deutsche Recht kommen die Regelungen zur Nichtigerklärung der Gesellschaft nach **§§ 275 ff. AktG** zur Anwendung. Danach führen nur gravierende Mängel (keine Bestim-

mung über die Höhe des Grundkapitals oder über den Gegenstand des Unternehmens bzw. Nichtigkeit der Bestimmungen der Satzung über den Gegenstand des Unternehmens) zur Nichtigkeit, sofern der Mangel nicht geheilt wird (vgl. im Einzelnen §§ 275 ff. AktG).

Für die Verschmelzung ordnet die SE-VO allerdings an, dass diese nach Eintragung der SE nicht mehr für nichtig erklärt werden kann (Art. 30 Abs. 1). Dies gilt auch für den Formwechsel (vgl. Art. 15 Abs. 1 iVm § 202 Abs. 1 Nr. 3 UmwG). **25**

Die **Heilung** nach §§ 275 ff. AktG steht allerdings nur für Verletzungen einer nationalen Regelung zur Verfügung. Im Rahmen des europäischen Rechts steht dem der sog. *effet utile* entgegen, die effektive Durchsetzung des Unionsrechts (vgl. LHT/*J. Schmidt* Rn. 28; NK-SE/*Schröder* Rn. 22). **26**

Nachträgliche Mängel, die durch **spätere Satzungsänderungen** entstehen, unterliegen der allgemeinen Registerkontrolle des Aktienrechts. **27**

VI. Auslegung der Satzung

Man könnte vertreten, dass die Regelungen, die auf einer europäischen Basis beruhen, nach europäischem Recht auszulegen sind. Dagegen wären die Regelungen, die auf einer nationalen Basis beruhen, nach nationalem Recht auszulegen. Die hL befürwortet eine **Auslegung nach nationalem Recht**, vornehmlich mit dem Argument, dass es keine europarechtlichen Auslegungsregeln gebe. Auch die nationale Auslegung soll dabei aber eine verordnungskonforme Auslegung gebieten (LHT/*J. Schmidt* Rn. 25; *Casper* FS Ulmer, 2003, 51 [70]; *Brandt* S. 159). **28**

Die Satzung ist ein einheitliches Regelungswerk und deshalb auch **einheitlich** auszulegen (*Schwarz* Rn. 109). Dementsprechend ist bei der Auslegung sowohl das nationale Recht als auch das europäische Recht zu berücksichtigen. Letztlich gilt das **Gebot der verordnungskonformen Auslegung** unter Berücksichtigung des anwendbaren nationalen Rechts. Es kommt auf eine objektive, auch verfassungskonforme Auslegung an. Die Satzung wendet sich nicht nur an die Satzungsgeber, sondern auch an Gläubiger und künftige Aktionäre der Gesellschaft. Deshalb ist eine verobjektivierte Auslegung unter Berücksichtigung der Ermächtigungen und der anderen nationalen Vorschriften vorzunehmen. **29**

[Sitz der SE]

7 ¹**Der Sitz der SE muss in der Gemeinschaft liegen, und zwar in dem Mitgliedstaat, in dem sich die Hauptverwaltung der SE befindet. ²Jeder Mitgliedstaat kann darüber hinaus den in seinem Hoheitsgebiet eingetragenen SE vorschreiben, dass sie ihren Sitz und ihre Hauptverwaltung am selben Ort haben müssen.**

Schrifttum: *Casper,* Erfahrungen und Reformbedarf bei der SE – Gesellschaftsrechtliche Reformvorschläge, ZHR 173 (2009), 181; *Casper/Weller,* Mobilität und grenzüberschreitende Umstrukturierung der SE, NZG 2009, 681; *de Diego,* Mobilität der Europäischen Aktiengesellschaft (SE) im EG-Binnenmarkt, EWS 2005, 446; *Drinhausen/Nohlen,* Die EG-Niederlassungsfreiheit und das Verbot des Auseinanderfallens von Satzungs- und Verwaltungssitz, FS Spiegelberger, 2009, 645; *Grote,* Das neue Statut der Europäischen Aktiengesellschaft zwischen europäischem und nationalem Recht, Diss 1990; *Kübler,* Leitungsstrukturen der Aktiengesellschaft und die Umsetzung des SE-Statuts, ZHR 167 (2003), 222; *Leupold,* Die Europäische Aktiengesellschaft unter besonderer Berücksichtigung des deutschen Rechts, Diss. 1993; *Ress,* Das Statut der Societas Europaea auf dem Prüfstand, Der Aufsichtsrat 2010, 98; *Ringe,* Die Sitzverlegung der Europäischen Aktiengesellschaft, Diss. 2006; *Schwarz,* Zum

Statut der Europäischen Aktiengesellschaft, ZIP 2001, 1847; *Teichmann,* Die Einführung der Europäischen Aktiengesellschaft, ZGR 2002, 383.

Übersicht

		Rn.
I.	Sitz der SE	1
	1. Sitz	1
	2. Bedeutung des Sitzes	2
II.	Sitz in der Gemeinschaft und in dem Mitgliedstaat, in dem die Hauptverwaltung sich befindet (Art. 7 S. 1)	5
	1. Nur ein Sitz	5
	2. Sitz innerhalb des EWR	7
	3. Sitz im Staat der Hauptverwaltung	9
	a) Begriff der Hauptverwaltung	13
	b) Auseinanderfallen von Sitz und Hauptverwaltung	19
	c) Primärrechtskonformität	22
	d) Zweckmäßigkeit des Einheitlichkeitsgebots	26
	4. Ermächtigung nach Art. 7 S. 2	28

I. Sitz der SE

1   **1. Sitz.** Unter Sitz ist der **Satzungssitz** zu verstehen, dh der in der Satzung angegebene Sitz des Unternehmens (wohl allgM, s. nur *Schwarz* Rn. 4 f.; LHT/ *Ringe* Rn. 6; Spindler/Stilz/*Casper* Rn. 3; *Teichmann* ZGR 2002, 383 [456]). Dies ergibt sich aus den unterschiedlichen Sprachfassungen der SE-VO. So heißt es in der englischen Fassung *„registered seat";* die französische Fassung spricht von *„siège statutaire".* Auch unterscheidet Art. 64 zwischen Sitz und Hauptverwaltung. Schließlich enthielten die Vorgängerentwürfe der SE-VO eine Definition des Sitzes, die von einem Satzungssitz sprach (*Schwarz* Rn. 2; NK-SE/*Schröder* Rn. 2).

2   **2. Bedeutung des Sitzes.** Für die SE gilt grundsätzlich – soweit die SE-VO nichts anderes vorschreibt – das nationale Recht, in dem die Gesellschaft ihren Sitz hat, vgl. Art. 9 Abs. 1 lit. c ii) sowie Art. 5 und Art. 15. Folglich ist der Sitz der Gesellschaft **Anknüpfungspunkt** für eine Vielzahl von materiellen Regelungen, die sich sodann nach dem nationalen Recht richten (vgl. LHT/*Ringe* Rn. 1; KK-AktG/*Veil* Rn. 1; NK-SE/*Schröder* Rn. 2 mit weiteren Beispielen; *Teichmann* ZGR 2002, 383 [395]).

3   Auch gelten für die Organisation und den Ablauf der Hauptversammlungen sowie für Abstimmungsverfahren grundsätzlich die Vorschriften für Aktiengesellschaften im Sitzstaat der SE, vgl. Art. 53 (vgl. auch LHT/*Ringe* Rn. 3).

4   Darüber hinaus ist die SE im Sitzstaat im Register einzutragen (Art. 12 Abs. 1). Zudem sind im Falle eines Auseinanderfallens von Sitz und Hauptverwaltung die Behörden des Sitzstaates zuständig, Art. 64 Abs. 1–3 (vgl. auch LHT/*Ringe* Rn. 1; NK-SE/*Schröder* Rn. 2). Schließlich hat der Sitz **prozessuale Bedeutung.** Denn er begründet den Gerichtsstand; die internationale Zuständigkeit ist grundsätzlich an den Sitz gebunden (Art. 2 Abs. 1 iVm Art. 63 Brüssel Ia-VO, früher Art. 60 Abs. 1 EuGVVO, Art. 22 Nr. 2 EuGVVO). Die insofern begründete hilfsweise Zuständigkeit am Sitz der Hauptversammlung macht für die SE insofern keinen Unterschied, da der Sitz der Hauptversammlung der SE zwingend in dem Mitgliedstaat ist, in dem der Sitz begründet worden ist. Die örtliche Zuständigkeit in der jeweiligen Jurisdiktion richtet sich nach nationalem Prozessrecht, welches wiederum für juristische Personen auf den Satzungssitz (und nicht den Sitz der Hauptverwaltung) abstellt, § 17 Abs. 1 ZPO (s. hierzu auch LHT/ *Ringe* Rn. 4; NK-SE/*Schröder* Rn. 4).

II. Sitz in der Gemeinschaft und in dem Mitgliedstaat, in dem die Hauptverwaltung sich befindet (Art. 7 S. 1)

1. Nur ein Sitz. Art. 7 S. 1 spricht von einem Satzungssitz. Danach ist die 5 Begründung eines **Doppelsitzes** über mehrere Mitgliedstaaten **unzulässig.** Ein Doppelsitz im Rahmen einer SE würde insbesondere die Bestimmung des anwendbaren Sachrechts, vgl. zB Art. 9 Abs. 2 lit. c ii) nicht möglich machen. Die in den Vorentwürfen teilweise enthaltenen Bestimmungen, wonach die SE mehrere Sitze begründen konnte, wurde daher nicht übernommen (NK-SE/*Schröder* Rn. 5; *Schwarz* Rn. 6).

Unabhängig davon, dass ein Doppelsitz in verschiedenen Mitgliedstaaten un- 6 zulässig ist, ist es jedoch vor dem Hintergrund insbesondere des Verweisungs- und Sachrechts zulässig, dass ein Doppelsitz in einem Mitgliedstaat begründet werden kann. Demnach darf eine SE einen Doppelsitz in einem Mitgliedstaat haben, sofern dies das **nationale Recht zulässt** (vgl. für Deutschland auch das Beispiel der Siemens Aktiengesellschaft mit Doppelsitz in München und Berlin). Dies widerspricht nicht Art. 7, denn Art. 7 S. 1 will nur sicherstellen, dass der Sitz grenzüberschreitend nicht begründet wird (aA MüKoAktG/*Oechsler* Rn. 6; wohl auch KK-AktG/*Veil* Rn. 11).

2. Sitz innerhalb des EWR. Der Sitz muss sich in einem Mitgliedstaat 7 befinden; möglich ist jedoch auch ein Sitz innerhalb des EWR, da die Länder des EWR die SE-VO in den Rechtsbestand des EWR-Abkommens aufgenommen haben (*Schwarz* Rn. 8; NK-SE/*Schröder* Rn. 6; ausführlich zum Gemeinschaftsgebiet NK-SE/*Schröder* Art. 1 Rn. 5 ff.). Die SE-VO ist daher für eine SE mit Sitz in einem Mitgliedstaat der EU oder des EWR anwendbar. Dies gilt auch dann, wenn die SE ihren Sitz in einen anderen Mitgliedstaat bzw. ein Land des EWR verlegt. Sofern die SE jedoch ihren Sitz außerhalb der EU bzw. des EWR und damit nicht in einem Mitgliedstaat der EU bzw. des EWR hat, ist der Mitgliedstaat verpflichtet, entsprechende Maßnahmen zu treffen, so dass der Sitz in einen Mitgliedstaat verlegt wird. Dies trifft den Mitgliedstaat, in dem die SE zunächst ihren Sitz gegründet hat und damit letztendlich auch im Register eingetragen worden ist (vgl. LHT/*Ringe* Rn. 7 mwN und → Art. 8 Rn. 101).

Wenn die SE jedoch schon bei Gründung einen Sitz **außerhalb der Mit-** 8 **gliedstaaten** der EU bzw. des EWR begründet, darf die SE als solche nicht in das Register eines Mitgliedstaats eingetragen werden. Wenn sie trotzdem eingetragen wird, soll die Eintragung entweder nichtig sein und die Gesellschaft keine Rechtsfähigkeit besitzen oder die Rechtsfolge richtet sich allein nach dem nationalen Recht (für letzteres NK-SE/*Schröder* Rn. 6; aA *Grote* S. 158). Da die SE in diesem Fall ihren Sitz nicht in einem Mitgliedstaat hat, ist die SE-VO nicht anwendbar. Die Rechtslage für diese SE richtet sich daher nach dem nationalen Recht.

3. Sitz im Staat der Hauptverwaltung. Weiter verlangt Art. 7 S. 1, dass die 9 Hauptverwaltung in dem Mitgliedstaat begründet wird, in dem die SE ihren Sitz hat. Aufgrund der **Einheitlichkeit von Satzungssitz und Hauptverwaltung** kommt damit der Streit zwischen Gründungs- und Sitztheorie in einem Mitgliedstaat nicht zur Anwendung (dazu auch MüKoAktG/*Oechsler* Rn. 1; LHT/*Ringe* Rn. 9; Spindler/Stilz/*Casper* Rn. 1; NK-SE/*Schröder* Rn. 13).

Nach der Gründungstheorie sind die Vorschriften des Gründungsstaates auch 10 dann anzuwenden, wenn die Gesellschaft ihre Hauptverwaltung in ein anderes Land verlegt und im Gründungsstaat nur der Satzungssitz verbleibt. Nach der Sitztheorie knüpft das Gesellschaftsstatut dagegen an den Sitz der Hauptverwaltung an, so dass letztendlich bei Verlegung des Sitzes der Hauptverwaltung in einen anderen Staat dessen nationale Vorschriften anwendbar sind und es insofern eine identitätswahrende Verlegung des Verwaltungssitzes über die Grenze nicht gibt (vgl. Spindler/Stilz/*Casper* Rn. 1; zu den Theorien im Einzelnen Spindler/Stilz/*Müller* IntGesR Rn. 4 ff.). Die SE-VO verlangt, dass Satzungssitz und Verwaltungssitz immer in einem Mitgliedstaat bzw. in einem Staat des EWR sind, so dass es unterschiedliche Anknüpfungspunkte für Satzungssitz und Verwaltungssitz nach der Gründungstheorie bzw. nach der Sitztheorie nicht geben kann (Spindler/Stilz/*Casper* Rn. 1; MüKoAktG/*Oechsler* Rn. 1; LHT/*Ringe* Rn. 25). Sofern zu einem **späteren Zeitpunkt** die SE ihren Sitz **in einen anderen Mitgliedstaat verlegt** (vgl. Art. 8), ist das Gesellschaftsstatut dieses Staates anwendbar (vgl. Spindler/Stilz/*Casper* Rn. 1; LHT/*Ringe* Rn. 24).

11   Da Sitz und Hauptverwaltung in einem Mitgliedstaat sein müssen, kann der Verwaltungssitz nicht verlegt werden, ohne dass zugleich der Sitz der Gesellschaft verlegt wird. Sofern dies trotzdem geschieht, haben die Behörden im Mitgliedstaat, in dem die SE ihren Sitz hat, geeignete Maßnahmen zu treffen, so dass entweder die Hauptverwaltung wieder in dem Sitzstaat errichtet wird oder die Gesellschaft ihren Sitz nach Art. 8 in den Mitgliedstaat verlegt, in dem sie ihre Hauptverwaltung begründet. Die Gesellschaft kann ihren Sitz und zugleich auch ihre Hauptverwaltung identitätswahrend in einen anderen Mitgliedstaat verlegen (vgl. Spindler/Stilz/*Casper* Rn. 1).

12   Unter Berücksichtigung der **Niederlassungsfreiheit** (→ Rn. 21 ff.) könnte diese Regelung fragwürdig sein. Insbesondere soll die SE-VO anderen Entscheidungen im Rahmen des Unionsrechts (s. Erwägungsgrund 27 zur SE-VO; Spindler/Stilz/*Casper* Rn. 1; NK-SE/*Schröder* Rn. 13) nicht vorgreifen. Dies erscheint jedoch fraglich hinsichtlich der Anordnung von Sitz und Hauptverwaltung in einem Mitgliedstaat.

13   **a) Begriff der Hauptverwaltung.** In Deutschland wird unter Hauptverwaltung der **effektive Verwaltungssitz** verstanden, an dem die grundlegenden Entscheidungen der Unternehmensleitung in laufende Geschäftsführungsakte umgesetzt werden (vgl. BGHZ 97, 269 [272] = NJW 1986, 2194; OLG Hamm RIW 1997, 236 [237]; LHT/*Ringe* Rn. 9).

14   Die SE-VO unterliegt jedoch europäischem Recht. Deshalb ist die Begriffsbestimmung **europarechtlich auszulegen**, so dass die deutschrechtlichen Auslegungen nicht anzuwenden sind (Spindler/Stilz/*Casper* Rn. 3; LHT/*Ringe* Rn. 10; KK-AktG/*Veil* Rn. 13). Nach Art. 54 AEUV (ex-Art. 48 EGV) ist die Hauptverwaltung der Ort, an dem die Willensbildung und die eigentliche unternehmerische Leitung der Gesellschaft erfolgt (vgl. hierzu *Schwarz* Rn. 9; kritisch in Bezug auf Art. 54 Abs. 1 AEUV LHT/*Ringe* Rn. 11). Außerdem bestimmt Art. 12 S. 2 lit. a EWIV-VO die Hauptverwaltung als den Ort, an dem die leitende Entscheidungen des laufenden Geschäfts- und Verwaltungsbetriebs getroffen werden und in Geschäftsführungsakte umgesetzt werden. Ferner bestimmt der Entwurf der Sitzverlegungsrichtlinie als Hauptverwaltung den effektiven Verwaltungssitz, also den Ort, an dem sich die tatsächliche Geschäftsleitung befindet (vgl. hierzu Spindler/Stilz/*Casper* Rn. 3; MüKoAktG/*Oechsler* Rn. 3; *Schwarz* ZIP 2001, 1847 [1849]).

15   Zur Bestimmung der Hauptverwaltung wird teilweise auch auf bestimmte **Indizien** abgestellt, so zB wo das ranghöchste Mitglied des Verwaltungsorgans sitzt bzw. wo die meisten Mitglieder des Leitungs- und Verwaltungsorgans tätig sind (*Schwarz* Rn. 11; MüKoAktG/*Oechsler* Rn. 3). Auch wird abgestellt auf den Gründungsort, den Ort der Hauptversammlung und den Ort, der den Betriebsmittelpunkt darstellt (*Leupold* S. 32; LHT/*Ringe* Rn. 16), wobei es allerdings auf den Einzelfall ankommt (LHT/*Ringe* Rn. 16). Weiter wird diskutiert, ob es im Hinblick auf die schwierige Bestimmung der Hauptverwaltung letztlich nicht eine Vermutung gibt, wonach die Hauptverwaltung am Sitz der Gesellschaft ist (so LHT/*Ringe* Rn. 17; Spindler/Stilz/*Casper* Rn. 3; KK-AktG/*Veil* Rn. 13; aA *Leupold* S. 32; MüKoAktG/*Oechsler* Rn. 3, der allerdings eine gewisse Indizienwirkung zulässt).

Dem ist insofern nicht zuzustimmen, da gerade **Art. 64** für den Fall des **16** Auseinanderfallens von Sitz und Hauptverwaltung, dh des Verstoßes gegen Art. 7 (Hauptverwaltung in dem Mitgliedstaat, in dem Gesellschaft ihren Sitz hat) entsprechende Regelungen und Anweisungen an die Behörden des Sitzstaates zum Tätigwerden gibt, vgl. Art. 64 (ähnlich auch NK-SE/*Schröder* Rn. 11). Darüber hinaus wird gefordert, dass die Verwaltung bei der Anmeldung im Rahmen der Gründung der SE darlegen muss, dass sich die Hauptverwaltung in dem Mitgliedstaat befindet, in dem die Gesellschaft ihren Sitz hat (so NK-SE/*Schröder* Rn. 11).

Sowohl für eine Vermutung als auch für die Anknüpfung an den Sitz von **17** Mitgliedern der Verwaltungsorgane gibt es keine Anhaltspunkte. Aufgrund moderner Kommunikationsmittel können heute Menschen zusammenarbeiten ohne an einem Ort zu sein. Auch nehmen globale Organisationsstrukturen keine Rücksicht mehr auf Ländergrenzen bzw. auf den Ort der Tätigkeit. Global agierende Gesellschaften bedürfen vielfach insbesondere auch einer globalen Aufstellung und nicht einer Konzentration der Verwaltung auf bestimmte Örtlichkeiten am Sitz der Gesellschaft. Eine ständige Präsenz sämtlicher Leitungsverantwortlicher am Sitz der Gesellschaft und auch die Umsetzung der Entscheidungen aus einem Ort als Hauptverwaltungssitz entsprechen daher nicht mehr der Praxis und dem Bedürfnis, wie Entscheidungen in global agierenden Unternehmen umgesetzt werden. Die Umsetzung der Entscheidungen muss zwangsläufig über verschiedene Leitungsebenen erfolgen, bei denen Ländergrenzen keine Rolle spielen. Im Übrigen kann eine Gesellschaft ggf. auch hinreichend qualifizierte Mitarbeiter nur dann gewinnen, wenn sie bereit ist zu akzeptieren, dass diese Mitarbeiter zur Wahrnehmung ihrer Aufgaben nicht mehr in ein anderes Land ziehen und damit ihren persönlichen Lebensmittelpunkt beibehalten. Entscheidungen werden umgesetzt, ohne – auch aufgrund moderner Kommunikationsmittel – nicht präsent sein zu müssen am Sitz der Gesellschaft bzw. in einer eigentlichen Hauptverwaltung. Die Arbeitsweise grenzüberschreitend und insbesondere global agierender Unternehmen hat sich insofern wesentlich verändert. Eine Hauptverwaltung bedarf daher nicht örtlich gebundener Mitarbeiter, die die Entscheidungen der Geschäftsführung an einem bestimmten Ort umsetzen.

Es reicht daher aus, wenn aus der Hauptverwaltung die Willensbildung und die **18** eigentliche unternehmerische Entscheidung erfolgt. Eine Umsetzung der Entscheidungen ist auch aus rechtlichen Gründen am Hauptverwaltungssitz nicht geboten. Dies folgt daraus, dass insbesondere eine SE in der Regel grenzüberschreitend tätig ist. Die Geschäftsbücher sind jedoch in der Hauptverwaltung zu führen. Auch muss gewährleistet sein, dass Behörden auf die Gesellschaft, ihre obersten Entscheidungsträger und die Dokumentation am Sitz der Hauptverwaltung zugreifen können.

b) Auseinanderfallen von Sitz und Hauptverwaltung. Sofern Hauptver- **19** waltung und Sitz sich nicht in einem Mitgliedstaat befinden, darf die SE **nicht eingetragen werden.** Wird sie dennoch eingetragen, ist sie wirksam entstanden, dh gegründet und rechtsfähig (NK-SE/*Schröder* Rn. 10; *Grote* S. 157). Hierfür spricht allein die Rechtssicherheit im Rechtsverkehr. Mit Eintragung wird die Wirksamkeit des Rechtsträgers dargelegt. Der Rechtsverkehr muss nicht prüfen, ob der Rechtsträger entstanden ist.

Ist die SE fälschlicherweise eingetragen oder fallen Sitz und Hauptversammlung **20** auseinander, haben die Behörden des Sitzstaates geeignete Maßnahmen zu treffen, um den vorschriftswidrigen Zustand zu beenden (vgl. Art. 64). Entweder wird die Hauptverwaltung zurückverlegt oder der Sitz wird nach Art. 8 in den Mitgliedstaat verlegt, in dem die Hauptverwaltung sich befindet. Kommt die SE dem nicht nach, muss der Sitzstaat dafür sorgen, dass die SE liquidiert wird (Art. 64 Abs. 2). In Deutschland fordert das **Registergericht** dazu zunächst die SE auf, innerhalb einer bestimmten Frist den vorschriftswidrigen Zustand zu beenden (vgl. § 52 Abs. 1 SEAG). Sofern der Aufforderung in der bestimmten Frist nicht gefolgt wird, hat das Gericht den Mangel der Satzung festzustellen (§ 52 Abs. 2 SEAG). Dem folgt das **Amtslöschungsverfahren,** § 399 FamFG (*Casper/Weller* NZG 2009, 681 [682]; *Drinhausen/Nohlen* FS Spiegelberger, 2009, 645 [646]).

21   Sofern in einem anderen Mitgliedstaat ein entsprechendes Geschäft betrieben werden soll, kann in diesem Mitgliedstaat eine **Zweigniederlassung** begründet werden. Insofern soll Art. 7 S. 1 relativ leicht unterlaufen werden können (MüKoAktG/*Oechsler* Rn. 4; Spindler/Stilz/*Casper* Rn. 2 aE; *Kübler* ZHR 167 [2003], 222 [228]). Dem ist jedoch nicht zu folgen. Denn im Ergebnis wird es darauf ankommen – wie oben zur Bestimmung der Hauptverwaltung dargelegt – wo die wesentlichen Entscheidungen der entsprechenden Organe vorbereitet werden, was regelmäßig nicht in Niederlassungen erfolgt.

22   **c) Primärrechtskonformität.** Da Art. 7 durch den Gleichlauf von Sitz und Hauptverwaltung in einem Mitgliedstaat letztendlich der Sitztheorie den Vorrang einräumt, wird diskutiert, ob Art. 7 im Einklang mit der **Niederlassungsfreiheit** (Art. 49, 54 AEUV bzw. ex-Art. 43, 48 EGV) steht. Der EuGH hat in mehreren Urteilen zunächst die Zuzugsfreiheit festgestellt (EuGH NJW 1999, 2027 – Centros; NJW 2002, 3614 – Überseering; NJW 2003, 3331 – Inspire Art). Wegzugsbeschränkungen hat er erlaubt (vgl. EuGH NJW 1989, 2168 – Daily Mail; GmbHR 2004, 504 – De Lasteyrie du Saillant; GmbHR 2006, 140 – Sevic und vor allem NZG 2009, 61 – Cartesio). Art. 7 stellt zunächst eine Wegzugsbeschränkung dar, indem die Hauptverwaltung nicht aus dem Mitgliedstaat verlegt werden darf, in dem die SE ihren Sitz hat. Insofern ist Art. 7 europarechtskonform. Wenn man darüber hinaus bedenkt, dass ein Zuzug erst nach einem Wegzug erfolgen kann, dh nachdem Sitz und Hauptverwaltung in einem Mitgliedstaat begründet worden sind, ist auch insofern Art. 7 europarechtskonform.

23   Sofern man allerdings der „Cartesio"-Entscheidung nicht zustimmt und auch eine Wegzugsfreiheit bejaht, verstößt Art. 7 gegen die Niederlassungsfreiheit. Im Übrigen könnte dies auch Art. 8 zeigen, der ausdrücklich eine Sitzverlegung (und damit auch eine Verlegung der Hauptverwaltung) zulässt und dafür ein Verfahren zur Verfügung stellt (dafür *Drinhausen/Nohlen* FS Spiegelberger, 2009, 645 [646 f.]).

24   Im Übrigen ist allerdings fraglich, ob die Niederlassungsfreiheit auf die SE überhaupt anwendbar ist, weil nach Art. 54 AEUV die Niederlassungsfreiheit für Gesellschaften gilt, die nach den Vorschriften eines Mitgliedstaats gegründet worden sind. Die SE wird jedoch nicht nach den Vorschriften eines Mitgliedstaats, sondern nach der SE-VO gegründet. Dem ist allerdings entgegen zu halten, dass die SE letztendlich durch Verweis auf die nationalen Vorschriften, Art. 15 Abs. 1, auch nach den Vorschriften eines Mitgliedstaats gegründet wird. Schließlich ist Art. 54 AEUV entstanden, als es die Möglichkeit zur Gründung von Gesellschaften nach EU-Recht noch nicht gab (dazu *Drinhausen/Nohlen* FS Spiegelberger, 2009, 645 [646 f.]; *Diego* EWS 2005, 446 [448 f.]; ausführlich *Ringe* S. 49 ff.).

25   Im Ergebnis kommt es daher darauf an, ob der „Cartesio"-Entscheidung des EuGH gefolgt wird. Sofern man dieser Entscheidung folgt, ist Art. 7 nicht europarechtswidrig. Sofern man dieser Entscheidung nicht folgen sollte und Wegzugsbeschränkungen nicht zulassen will, ist Art. 7 europarechtswidrig. Ein wesentlicher Unterschied zwischen Wegzug und Zuzug besteht darin, dass beim

Wegzug die Rechtsordnung entscheidet, unter der man die Gesellschaft geschaffen hat. Sofern man eine Gesellschaft unter eine Rechtsordnung stellt, unterwirft man sich diesem Regime und deshalb auch einem Wegzugsverbot. Insofern ist der „Cartesio"-Entscheidung zu folgen und Art. 7 nicht als europarechtswidrig einzustufen.

d) Zweckmäßigkeit des Einheitlichkeitsgebots. Die SE-VO sieht vor, dass **26** deren Vorschriften spätestens fünf Jahre nach Inkrafttreten auf Zweckmäßigkeit überprüft werden sollen (Art. 69 lit. a). Insofern wird vorgeschlagen, das Einheitlichkeitsgebot eines Sitzes und Hauptverwaltung in einem Mitgliedstaat zu streichen, allenfalls als Ermächtigung an die Mitgliedstaaten aufrecht zu erhalten (so Spindler/Stilz/*Casper* Rn. 5; *Casper* ZHR 173 [2009], 181 [208 ff.]; *Casper/Weller* NZG 2009, 681 [683]; *Ress* Der Aufsichtsrat 2010, 98 [100]; tendenziell wohl auch LHT/*Ringe* Rn. 33; ferner all diejenigen, die von einer Primärrechtswidrigkeit ausgehen, wie zB *Drinhausen/Nohlen* FS Spiegelberger, 2009, 645 [652]).

Bei einer Abschaffung des Einheitlichkeitsgebots könnte mehr Flexibilität **27** geschaffen werden, insbesondere indem bei geändertem Geschäft auch die Hauptverwaltung in einen anderen Mitgliedstaat verlegt werden könnte, ohne dass es zugleich zu einer Sitzverlegung kommen muss. So könnten Konzerne über eine einheitliche SE verfügen mit zB einem Satzungssitz in Deutschland und einer Hauptverwaltung in einem anderen Mitgliedstaat. Vorgesehen ist dies grundsätzlich für die SPE (Art. 7 Abs. 2 SPE-VO-E). Auch kann nach nationalem Recht vieler Mitgliedstaaten die Hauptverwaltung in einem anderen Staat als dem Satzungssitz begründet werden. Schließlich wird angeführt, dass zumindest teilweise Art. 7 S. 1 durch die Gründung von Zweigniederlassungen in andere Mitgliedstaaten unterlaufen werden könnte.

4. Ermächtigung nach Art. 7 S. 2. Nach Art. 7 S. 2 ist der nationale Gesetz- **28** geber ermächtigt vorzuschreiben, dass sich Satzungssitz und Hauptverwaltung an einem geografischen Ort befinden müssen. Davon hatte Deutschland zunächst mit § 2 SEAG aF Gebrauch gemacht. Diese Bestimmung ist zwischenzeitlich **ersatzlos gestrichen** worden. Deshalb besteht für deutsche SE nunmehr innerhalb Deutschlands freie Sitzwahl unabhängig vom Ort der Hauptverwaltung (Spindler/ Stilz/*Casper* Rn. 4 f.; NK-SE/*Schröder* Rn. 19; KK-AktG/*Veil* Rn. 15).

Diese Freiheit folgt grundsätzlich aus der SE-VO. Denn wenn Art. 7 S. 2 die **29** Mitgliedstaaten ermächtigt, eine Bindung des Satzungssitzes an den Ort der Hauptverwaltung vorzusehen, folgt hieraus im Umkehrschluss, dass eine entsprechende Bindung nicht besteht, wenn der Mitgliedstaat von dieser Ermächtigung keinen Gebrauch macht.

[Sitzverlegung]

8 (1) ¹**Der Sitz der SE kann gemäß den Absätzen 2 bis 13 in einen anderen Mitgliedstaat verlegt werden.** ²**Diese Verlegung führt weder zur Auflösung der SE noch zur Gründung einer neuen juristischen Person.**

(2) ¹**Ein Verlegungsplan ist von dem Leitungs- oder dem Verwaltungsorgan zu erstellen und unbeschadet etwaiger vom Sitzmitgliedstaat vorgesehener zusätzlicher Offenlegungsformen gemäß Artikel 13 offen zu legen.** ²**Dieser Plan enthält die bisherige Firma, den bisherigen Sitz und die bisherige Registriernummer der SE sowie folgende Angaben:**

a) den vorgesehenen neuen Sitz der SE,
b) die für die SE vorgesehene Satzung sowie gegebenenfalls die neue Firma,

c) die etwaigen Folgen der Verlegung für die Beteiligung der Arbeitnehmer,

d) den vorgesehenen Zeitplan für die Verlegung,

e) etwaige zum Schutz der Aktionäre und/oder Gläubiger vorgesehene Rechte.

(3) Das Leitungs- oder das Verwaltungsorgan erstellt einen Bericht, in dem die rechtlichen und wirtschaftlichen Aspekte der Verlegung erläutert und begründet und die Auswirkungen der Verlegung für die Aktionäre, die Gläubiger sowie die Arbeitnehmer im Einzelnen dargelegt werden.

(4) Die Aktionäre und die Gläubiger der SE haben vor der Hauptversammlung, die über die Verlegung befinden soll, mindestens einen Monat lang das Recht, am Sitz der SE den Verlegungsplan und den Bericht nach Absatz 3 einzusehen und die unentgeltliche Aushändigung von Abschriften dieser Unterlagen zu verlangen.

(5) Die Mitgliedstaaten können in Bezug auf die in ihrem Hoheitsgebiet eingetragenen SE Vorschriften erlassen, um einen angemessenen Schutz der Minderheitsaktionäre, die sich gegen die Verlegung ausgesprochen haben, zu gewährleisten.

(6) [1]Der Verlegungsbeschluss kann erst zwei Monate nach der Offenlegung des Verlegungsplans gefasst werden. [2]Er muss unter den in Artikel 59 vorgesehenen Bedingungen gefasst werden.

(7) Bevor die zuständige Behörde die Bescheinigung gemäß Absatz 8 ausstellt, hat die SE gegenüber der Behörde den Nachweis zu erbringen, dass die Interessen ihrer Gläubiger und sonstigen Forderungsberechtigten (einschließlich der öffentlich-rechtlichen Körperschaften) in Bezug auf alle vor der Offenlegung des Verlegungsplans entstandenen Verbindlichkeiten im Einklang mit den Anforderungen des Mitgliedstaats, in dem die SE vor der Verlegung ihren Sitz hat, angemessen geschützt sind.
Die einzelnen Mitgliedstaaten können die Anwendung von Unterabsatz 1 auf Verbindlichkeiten ausdehnen, die bis zum Zeitpunkt der Verlegung entstehen (oder entstehen können).
Die Anwendung der einzelstaatlichen Rechtsvorschriften über das Leisten oder Absichern von Zahlungen an öffentlich-rechtliche Körperschaften auf die SE wird von den Unterabsätzen 1 und 2 nicht berührt.

(8) Im Sitzstaat der SE stellt das zuständige Gericht, der Notar oder eine andere zuständige Behörde eine Bescheinigung aus, aus der zweifelsfrei hervorgeht, dass die der Verlegung vorangehenden Rechtshandlungen und Formalitäten durchgeführt wurden.

(9) Die neue Eintragung kann erst vorgenommen werden, wenn die Bescheinigung nach Absatz 8 vorgelegt und die Erfüllung der für die Eintragung in dem neuen Sitzstaat erforderlichen Formalitäten nachgewiesen wurde.

(10) Die Sitzverlegung der SE sowie die sich daraus ergebenden Satzungsänderungen werden zu dem Zeitpunkt wirksam, zu dem die SE gemäß Artikel 12 im Register des neuen Sitzes eingetragen wird.

(11) [1]Das Register des neuen Sitzes meldet dem Register des früheren Sitzes die neue Eintragung der SE, sobald diese vorgenommen worden ist. [2]Die Löschung der früheren Eintragung der SE erfolgt erst nach Eingang dieser Meldung.

(12) Die neue Eintragung und die Löschung der früheren Eintragung werden gemäß Artikel 13 in den betreffenden Mitgliedstaaten offen gelegt.

(13) [1]Mit der Offenlegung der neuen Eintragung der SE ist der neue Sitz Dritten gegenüber wirksam. [2]Jedoch können sich Dritte, solange die Löschung der Eintragung im Register des früheren Sitzes nicht offen gelegt worden ist, weiterhin auf den alten Sitz berufen, es sei denn, die SE beweist, dass den Dritten der neue Sitz bekannt war.

(14) [1]Die Rechtsvorschriften eines Mitgliedstaats können bestimmen, dass eine Sitzverlegung, die einen Wechsel des maßgeblichen Rechts zur Folge hätte, im Falle der in dem betreffenden Mitgliedstaat eingetragenen SE nicht wirksam wird, wenn eine zuständige Behörde dieses Staates innerhalb der in Absatz 6 genannten Frist von zwei Monaten dagegen Einspruch erhebt. [2]Dieser Einspruch ist nur aus Gründen des öffentlichen Interesses zulässig.

Untersteht eine SE nach Maßgabe von Gemeinschaftsrichtlinien der Aufsicht einer einzelstaatlichen Finanzaufsichtsbehörde, so gilt das Recht auf Erhebung von Einspruch gegen die Sitzverlegung auch für die genannte Behörde.

Gegen den Einspruch muss ein Rechtsmittel vor einem Gericht eingelegt werden können.

(15) Eine SE kann ihren Sitz nicht verlegen, wenn gegen sie ein Verfahren wegen Auflösung, Liquidation, Zahlungsunfähigkeit oder vorläufiger Zahlungseinstellung oder ein ähnliches Verfahren eröffnet worden ist.

(16) Eine SE, die ihren Sitz in einen anderen Mitgliedstaat verlegt hat, gilt in Bezug auf alle Forderungen, die vor dem Zeitpunkt der Verlegung gemäß Absatz 10 entstanden sind, als SE mit Sitz in dem Mitgliedstaat, in dem sie vor der Verlegung eingetragen war, auch wenn sie erst nach der Verlegung verklagt wird.

§ 12 SEAG Abfindungsangebot im Verlegungsplan

(1) [1]Verlegt eine SE nach Maßgabe von Artikel 8 der Verordnung ihren Sitz, hat sie jedem Aktionär, der gegen den Verlegungsbeschluss Widerspruch zur Niederschrift erklärt, den Erwerb seiner Aktien gegen eine angemessene Barabfindung anzubieten. [2]Die Vorschriften des Aktiengesetzes über den Erwerb eigener Aktien gelten entsprechend, jedoch ist § 71 Abs. 4 Satz 2 des Aktiengesetzes insoweit nicht anzuwenden. [3]Die Bekanntmachung des Verlegungsplans als Gegenstand der Beschlussfassung muss den Wortlaut dieses Angebots enthalten. [4]Die Gesellschaft hat die Kosten für eine Übertragung zu tragen. [5]§ 29 Abs. 2 des Umwandlungsgesetzes findet entsprechende Anwendung.

(2) § 7 Abs. 2 bis 7 findet entsprechende Anwendung, wobei an die Stelle der Eintragung und Bekanntmachung der Verschmelzung die Eintragung und Bekanntmachung der SE im neuen Sitzstaat tritt.

§ 13 SEAG Gläubigerschutz

(1) [1]Verlegt eine SE nach Maßgabe von Artikel 8 der Verordnung ihren Sitz, ist den Gläubigern der Gesellschaft, wenn sie binnen zwei Monaten nach dem Tag, an dem der Verlegungsplan offen gelegt worden ist, ihren Anspruch nach Grund und Höhe schriftlich anmelden, Sicherheit zu leisten, soweit sie nicht Befriedigung verlangen können. [2]Dieses Recht steht den Gläubigern jedoch nur zu, wenn sie glaubhaft machen, dass durch die Sitzverlegung die Erfüllung ihrer Forderungen gefährdet wird. [3]Die Gläubiger sind im Verlegungsplan auf dieses Recht hinzuweisen.

(2) Das Recht auf Sicherheitsleistung nach Absatz 1 steht Gläubigern nur im Hinblick auf solche Forderungen zu, die vor oder bis zu 15 Tage nach Offenlegung des Verlegungsplans entstanden sind.

(3) Das zuständige Gericht stellt die Bescheinigung nach Artikel 8 Abs. 8 der Verordnung nur aus, wenn bei einer SE mit dualistischem System die Mitglieder des Leitungsorgans und bei einer SE mit monistischem System die geschäftsführenden Direktoren die Versicherung abgeben, dass allen Gläubigern, die nach den Absätzen 1 und 2 einen Anspruch auf Sicherheitsleistung haben, eine angemessene Sicherheit geleistet wurde.

§ 14 SEAG Negativerklärung

Das zuständige Gericht stellt die Bescheinigung nach Artikel 8 Abs. 8 der Verordnung nur aus, wenn die Vertretungsorgane einer SE, die nach Maßgabe des Artikels 8 der Verordnung ihren Sitz verlegt, erklären, dass eine Klage gegen die Wirksamkeit des Verlegungsbeschlusses nicht oder nicht fristgemäß erhoben oder eine solche Klage rechtskräftig abgewiesen oder zurückgenommen worden ist.

Schrifttum: *Casper,* Erfahrungen und Reformbedarf bei der SE – Gesellschaftsrechtliche Reformvorschläge, ZHR 173 (2009), 181; *Förster/Lange,* Grenzüberschreitende Sitzverlegung der Europäischen Aktiengesellschaft aus ertragsteuerlicher Sicht, RIW 2002, 585; *Grundmann,* in v. Rosen, DAI Studie 21, Die Europa AG – Eine Perspektive für deutsche Unternehmen, 2003, 47; *Heckschen,* Die Europäische Aktiengesellschaft aus notarieller Sicht, DNotZ 2003, 251; *Herzig/Griemla,* Steuerliche Aspekte der Europäischen Gesellschaft/Societas Europaea (SE), StuW 2002, 55; *Heuschmid/Schmidt,* Die europäische Aktiengesellschaft – auf dem Weg in die Karibik?, NZG 2007, 54; *Kalss,* Der Minderheitenschutz bei Gründung und Sitzverlegung der SE nach dem Diskussionsentwurf, ZGR 2003, 593; *Kessler/Huck,* Steuerliche Aspekte der Gründung und Sitzverlegung der Europäischen Aktiengesellschaft – Geltende und zukünftige Rechtslage, Der Konzern 2006, 352; *Kübler,* Leitungsstrukturen der Aktiengesellschaft und die Umsetzung des SE-Statuts, ZHR 167 (2003), 627; *Neye/Teichmann,* Der Entwurf für das Ausführungsgesetz zur Europäischen Aktiengesellschaft, AG 2003, 169; *Oechsler,* Die Sitzverlegung der Europäischen Aktiengesellschaft nach Art. 8 SE-VO, AG 2005, 373; *Priester,* ECLR, EU-Sitzverlegung – Verfahrensablauf, ZGR 1999, 36; *Ress,* Grenzüberschreitende Sitzverlegung im Europäischen Gesellschaftsrecht, FS Ress, 2005, 734; *Ringe,* Die Sitzverlegung der Europäischen Aktiengesellschaft, Diss. 2006; *ders.,* Mitbestimmungsrechtliche Folgen einer SE-Sitzverlegung, NZG 2006, 931; *Schulz/Petersen,* Die Europa-AG: Steuerlicher Handlungsbedarf bei Gründung und Sitzverlegung, DStR 2002, 1508; *Teichmann,* Die Einführung der Europäischen Aktiengesellschaft, ZGR 2002, 383; *ders.,* Minderheitenschutz bei Gründung und Sitzverlegung der SE, ZGR 2003, 367; *Waclawik,* Der Referentenentwurf des Gesetzes zur Einführung der Europäischen (Aktien-) Gesellschaft, DB 2004, 1191; *Witten,* Minderheitenschutz bei Gründung und Sitzverlegung der Europäischen Aktiengesellschaft (SE), Diss. 2010; *Zang,* Sitz und Verlegung des Sitzes einer Europäischen Aktiengesellschaft mit Sitz in Deutschland, Diss. 2004; *Zimmer,* Ein Internationales Gesellschaftsrecht für Europa, RabelsZ 67 (2003), 298.

Übersicht

	Rn.
A. Überblick, Allgemeines	1
I. Grundsatz: Verlegbarkeit des Sitzes (Abs. 1)	1
II. Normzweck	6
III. Entstehungsgeschichte	8
B. Verfahren der Sitzverlegung	11
I. Überblick über Verfahren und Rechtsfolgen	11
II. Das Verfahren im Einzelnen	14
1. Verlegungsplan (Abs. 2)	14
a) Erstellung	15
b) Inhalt	18
c) Rechtsfolgen fehlerhafter Verlegungspläne	28
d) Offenlegung	30
2. Verlegungsbericht (Abs. 3)	31
a) Regelungsgehalt, Sinn und Zweck	31
b) Erstellung, Form, Verzicht	32

Rn.

c) Inhalt und Adressaten 33
d) Rechtsfolgen bei Verstößen 35
3. Einsichtsrecht (Abs. 4) 37
4. Abfindung der Minderheitsaktionäre (Abs. 5 iVm § 12
SEAG) 39
5. Verlegungsbeschluss (Abs. 6) 46
a) Formelle Voraussetzungen 46
b) Materielle Voraussetzungen 53
c) Beschlussmängel 56
6. Nachweis des Gläubigerschutzes (Abs. 7, § 13 SEAG) . 60
a) Überblick 60
b) Anspruchberechtigte Gläubiger, erfasste Verbindlichkeiten 63
c) Voraussetzung des Anspruchs 65
d) Sicherungsinteresse 67
e) Inhalt des Anspruchs 74
f) Zahlung an öffentlich-rechtliche Körperschaften .. 75
7. Bescheinigung des Wegzugstaats (Abs. 8, § 14 SEAG) . 76
a) Zweck, Zuständigkeit, Art und Form der Bescheinigung 76
b) Prüfungsgegenstand 81
c) Prüfungsumfang 87
8. Prüfung im Zuzugstaat (Abs. 9) 88
a) Vorlage der Bescheinigung 89
b) Erfüllung der für die Eintragung erforderlichen Formalitäten 90
9. Registereintragung im Zuzugstaat (Abs. 10) 101
10. Löschung im Register des Wegzugstaats (Abs. 11) 104
11. Offenlegung, Wirkung der Sitzverlegung (Abs. 12, 13) 107
12. Einspruch gegen die Sitzverlegung (Abs. 14) 114
13. Ausschluss der Sitzverlegung bei drohender Auflösung
der Gesellschaft (Abs. 15) 115
14. Fiktion des Sitzes im Wegzugstaat (Abs. 16) 119
a) Sinn und Zweck, Bedeutung der Vorschrift 120
b) Voraussetzungen 122
c) Rechtsfolgen 124
d) Reformerwägungen 127
III. Sitzverlegung innerhalb eines Mitgliedstaats oder in einen
Nicht-EU-Staat 128
IV. Beteiligung an grenzüberschreitenden Umwandlungsvorgängen 129

A. Überblick, Allgemeines

I. Grundsatz: Verlegbarkeit des Sitzes (Abs. 1)

Nach Art. 8 Abs. 1 kann die SE ihren Sitz in einen anderen Mitgliedstaat **1** verlegen, ohne dass es zur Auflösung oder Gründung einer neuen juristischen Person kommt. Art. 8 Abs. 1 betrifft dabei nur die Verlegung des Sitzes in einen anderen Mitgliedstaat und nicht die Verlegung des Sitzes innerhalb eines Mitgliedstaats. Für die Verlegung des Sitzes innerhalb eines Mitgliedstaats gelten die Grundsätze des **nationalen Rechts.** Dabei besteht nach Aufhebung des § 2 SEAG unabhängig vom Ort der Hauptverwaltung eine **freie Sitzwahl** innerhalb der Bundesrepublik Deutschland, Art. 9 Abs. 1 lit. c ii) iVm § 5 AktG (vgl. LHT/*Ringe* Rn. 6, 100; NK-SE/*Schröder* Rn. 24; *Schwarz* Rn. 4; → Rn. 128).

Art. 8 betrifft auch nicht die Verlegung der Hauptverwaltung. Auch hier gilt **2** das nationale Recht, Art. 9 Abs. 1 lit. c i) und ii) (NK-SE/*Schröder* Rn. 11;

Teichmann ZGR 2002, 383 [457 f.]; *Zang* S. 104), wobei mit der Verlegung des Sitzes in einen anderen Mitgliedstaat zugleich die Hauptverwaltung zu verlegen ist, da Hauptverwaltung und Sitz in *einem* Mitgliedstaat sein müssen, Art. 7, 64 (Spindler/Stilz/*Casper* Rn. 1; NK-SE/*Schröder* Rn. 10; LHT/*Ringe* Rn. 4 ff.; MüKoAktG/*Oechsler* Rn. 7). Da Hauptverwaltung und Sitz sich in einem Mitgliedstaat befinden müssen, kann aber nicht der Sitz beibehalten werden und nur die Hauptverwaltung verlegt werden.

3   Neben der SE kann die **Europäische Wirtschaftliche Interessenvereinigung** (EWIV) den Sitz grenzüberschreitend verlegen (Art. 13, 14 EWIV-VO). Die EWIV kann aber keine Unternehmensträgerin sein und eignet sich daher nicht bzw. nur sehr begrenzt für die Sitzverlegung von Unternehmen (vgl. dazu LHT/*Ringe* Rn. 3; NK-SE/*Schröder* Rn. 1, Fn. 1). Weiter ist die Sitzverlegung möglich für die **europäische Genossenschaft** (SCE); auch diese kann ihren Sitz grenzüberschreitend verlegen nach Art. 7 SCE-VO, der im Wesentlichen Art. 8 SE-VO entspricht (NK-SE/*Schröder* Rn. 1; *Schwarz* Rn. 1).

4   Eine SE kann damit **identitätswahrend** und **grenzüberschreitend** ihren Sitz verlegen. Nationalen Gesellschaften ist dies nach wie vor nicht möglich. Nach der Sitztheorie wäre schon der Verlegungsbeschluss nichtig (bzw. das Liquidationsverfahren einzuleiten). Nach der Gründungstheorie ist nur eine Verlegung der Hauptverwaltung (und nicht des Sitzes) möglich (Spindler/Stilz/*Casper* Rn. 1; NK-SE/*Schröder* Rn. 1; *Ress* FS Ress, 2005, 743 f.; *Zimmer* RabelsZ 67 [2003], 298 [299 f.]; LHT/*Ringe* Rn. 1; ähnlich, aber noch vor der „Cartesio"-Entscheidung, EuGH NZG 2009, 61 und daher zweifelnd MüKoAktG/*Oechsler* Rn. 6). Art. 8 ist demgegenüber eine vorgehende materiellrechtliche Regelung. Ob Sitz- oder Gründungstheorie anwendbar ist, wird letztlich von Art. 8 überlagert (s. Erwägungsgrund 27 zur SE-VO; LHT/*Ringe* Rn. 6, 8 f.; NK-SE/*Schröder* Rn. 18).

5   Im Übrigen war die sog. **SitzverlegungsRL,** die auch nationalen Gesellschaften (und damit nicht nur SE, EWIV sowie SCE) eine grenzüberschreitende Sitzverlegung erlauben würde, zum Zeitpunkt der Verabschiedung der SE-VO nicht über einen Vorentwurf hinausgekommen (Spindler/Stilz/*Casper* Rn. 1; NK-SE/*Schröder* Rn. 1; MüKoAktG/*Oechsler* Rn. 6). Aufgrund der **VerschmRL** können jedoch nationale Gesellschaften sich praktisch in ein anderes Land hineinverschmelzen, was allerdings mit rechtlichen Unsicherheiten behaftet ist. Eine Sitzverlegung ist daher – abgesehen von der SE – nur durch Verschmelzung möglich (NK-SE/*Schröder* Rn. 1).

II. Normzweck

6   Mit der Sitzverlegung kann die SE ihre Tätigkeit von einem Mitgliedstaat in einen anderen Mitgliedstaat verlegen (s. auch Erwägungsgrund 24 der SE-VO, wonach die SE ihren Sitz in einen anderen Mitgliedstaat verlegen können sollte unter Berücksichtigung der Interessen der Minderheitsgesellschafter). Hierzu stellt Art. 8 ein geordnetes, transparentes (und vor allem rechtssicheres) Verfahren bereit (MüKoAktG/*Oechsler* Rn. 2; NK-SE/*Schröder* Rn. 2; Spindler/Stilz/*Casper* Rn. 6; *Schwarz* Rn. 1).

7   Mit der Verlegung des Sitzes in einen anderen Mitgliedstaat können die Interessen von Minderheitsgesellschaftern und Gläubigern berührt sein. Denn auf die SE ist sekundär das Recht des Sitzstaats der SE (Spindler/Stilz/*Casper* Rn. 1, 6; LHT/*Ringe* Rn. 7 f.; zum Statutenwechsel auch NK-SE/*Schröder* Rn. 18) anwendbar. Mit der Verlegung des Satzungssitzes wird daher ein **Wechsel des nationalen Rechts** begründet. Zum Teil wird die Sitzverlegung auch als Kompensation dafür gesehen, dass Art. 7 vorschreibt, Sitz und Hauptverwaltung

müssen in einem Mitgliedstaat sein (Spindler/Stilz/*Casper* Rn. 1, 6; MüKoAktG/ *Oechsler* Rn. 5; KK–AktG/*Veil* Rn. 6).

III. Entstehungsgeschichte

Die Sitzverlegung geht zurück auf eine Forderung des Europäischen Par- **8** laments und findet sich erstmals im Entwurf von 1991 (Art. 5a VO-Entwurf 1991; BT-Drs. 12/2004, 18; Spindler/Stilz/*Casper* Rn. 5; LHT/*Ringe* Rn. 2). In den Vorentwürfen war man wohl davon ausgegangen, dass eine grenzüberschreitende Sitzverlegung möglich sei, ohne dies besonders regeln zu müssen (so LHT/, *Ringe* Rn. 2; KK–AktG/*Veil* Rn. 1; anders aber MüKoAktG/*Oechsler* Rn. 1, wonach ursprünglich großes Misstrauen bezüglich einer solchen Sitzverlegung bestanden habe).

Eine entsprechende Regelung ist aber erforderlich, insbesondere weil die SE- **9** VO kein Vollstatut ist, also die SE nicht umfassend regelt. Da die SE-VO auf einzelne nationale Regelungen zurückgreift, ist zu regeln, unter welchen Voraussetzungen eine Sitzverlegung – insbesondere unter Berücksichtigung der Interessen von Minderheitsgesellschaftern und von Gläubigern – durchgeführt werden kann (ausführlich MüKoAktG/*Oechsler* Rn. 2 ff.; im Ergebnis genauso Spindler/ Stilz/*Casper* Rn. 5; ferner KK–AktG/*Veil* Rn. 1).

Vorbild für die Regelung waren wohl die **Regelungen zum EWIV.** Der **10** Sitzverlegungsplan lehnt sich an die Fusions-RL bzw. dem Spaltungsplan an. Zudem lassen sich Parallelen zum Entwurf der SitzverlegungsRL ausmachen (LHT/*Ringe* Rn. 3; bezüglich der Parallelen zur SitzverlegungsRL auch MüKo-AktG/*Oechsler* Rn. 1 und KK–AktG/*Veil* Rn. 2; zur EWIV-Regelung als Vorbild *Schwarz* Rn. 2).

B. Verfahren der Sitzverlegung

I. Überblick über Verfahren und Rechtsfolgen

Zunächst ist ein **Verlegungsplan** durch das Verwaltungs- bzw. Leitungsorgan **11** aufzustellen und offenzulegen (Art. 8 Abs. 2). Weiter ist ein **Verlegungsbericht** zu erstellen (Art. 8 Abs. 3). Schließlich bedarf es eines **Beschlusses der Hauptversammlung** über die Verlegung (Art. 8 Abs. 6). Gläubiger haben ggf. Anspruch auf Sicherheitsleistung (Art. 8 Abs. 7). Die Sitzverlegung wird wirksam mit Eintragung am neuen Sitz der Gesellschaft (Art. 8 Abs. 13). Vorab hat jedoch das zuständige Gericht, der Notar bzw. die im abgebenden Mitgliedstaat zuständige Behörde darzulegen, dass die Rechtshandlungen und Formalitäten erfüllt sind (Art. 8 Abs. 8). Nur wenn dies erfolgt ist, kann die Eintragung im übernehmenden Sitzstaat erfolgen (Art. 8 Abs. 9). Abschließend hat das Register des neuen Sitzes dem Register des früheren Sitzes die Eintragung zu melden, so dass im Register des früheren Sitzes eine entsprechende Eintragung erfolgen kann (Art. 8 Abs. 11 und 12). Mit der Eintragung der SE im Sitz des neuen Mitgliedstaats ist die SE wirksam entstanden (Art. 8 Abs. 13 S. 1). Allerdings können Dritte sich auf den alten Sitz berufen, solange die Gesellschaft im Register am alten Sitz nicht gelöscht worden ist (Art. 8 Abs. 13 S. 2).

Der Verlegungsplan einer SE mit Sitz in Deutschland hat eine angemessene **12** **Barabfindung** für die Aktionäre anzubieten, die Widerspruch zum Beschluss über die Verlegung erklären (§ 12 SEAG). Die deutschen Vorschriften sehen darüber hinaus ein Recht der Gläubiger auf **Sicherheitsleistung** binnen zwei Monaten nach Offenlegung des Verlegungsplans vor, sofern die Gläubiger glaubhaft machen können, dass durch die Sitzverlegung die Erfüllung ihrer Forderungen gefährdet wird (§ 13 Abs. 1 SEAG). Schließlich darf die Negativerklärung des bisherigen Registers in der Bundesrepublik Deutschland nur erstellt werden, sofern eine Klage gegen die Wirksamkeit des Verlegungsbeschlusses nicht oder nicht fristgemäß erhoben worden ist oder eine solche Klage rechtskräftig abgewiesen oder zurückgenommen worden ist (§ 14 SEAG).

13   Die **steuerlichen Folgen** einer Sitzverlegung waren ursprünglich nicht geregelt. Mit Erlass des **SEStEG** bleiben die stillen Reserven auf Ebene der Anteilseigner zunächst unbesteuert. Erst bei einer späteren Veräußerung der Anteile wird der dann realisierte Veräußerungsgewinn in Deutschland versteuert, als ob die Sitzverlegung nicht stattgefunden hätte, § 15 Abs. 1a EStG (vgl. hierzu Spindler/ Stilz/*Casper* Rn. 3 mwN; noch vor dem SEStEG MüKoAktG/*Oechsler* Rn. 9; *Förster/Lange* RIW 2002, 585 ff.; *Herzig/Griemla* StuW 2002, 55 [75 ff.]; *Kessler/ Huck* Der Konzern 2006, 352 [362]; Verweis auf das steuerrechtliche Kapitel bei NK-SE/*Schröder* Rn. 3, Fn. 10).

II. Das Verfahren im Einzelnen

14   **1. Verlegungsplan (Abs. 2).** Die Sitzverlegung wird eingeleitet mit der Aufstellung eines Verlegungsplans. Dieser Plan ist der Hauptversammlung zur Beschlussfassung vorzulegen (vgl. Spindler/Stilz/*Casper* Rn. 7; MüKoAktG/*Oechsler* Rn. 10; LHT/*Ringe* Rn. 17; *Grundmann* in v. Rosen, DAI Studie 21, S. 47, 53 f.). Der Verlegungsplan enthält bzw. erläutert die maßgeblichen Grundlagen und Folgen des gesamten Vorgangs und dient der Information der Aktionäre, Gläubiger und Arbeitnehmer (Spindler/Stilz/*Casper* Rn. 7; NK-SE/*Schröder* Rn. 30; KK-AktG/*Veil* Rn. 20).

15   **a) Erstellung. Zuständig** für die Erstellung ist bei einer dualistisch verfassten SE das Leitungsorgan, Art. 39 Abs. 1, in der dualistisch verfassten SE also der Vorstand, in der monistisch verfassten SE das Verwaltungsorgan, Art. 43 Abs. 1, § 22 Abs. 6 SEBG (MüKoAktG/*Oechsler* Rn. 10; Spindler/Stilz/*Casper* Rn. 7; LHT/*Ringe* Rn. 17; NK-SE/*Schröder* Rn. 31). Die entsprechenden Organmitglieder müssen in vertretungsberechtigter Zahl handeln; der Verlegungsplan muss grundsätzlich daher nicht von allen Mitgliedern des Vorstands bzw. des Verwaltungsrats erstellt werden (LHT/*Ringe* Rn. 17 f.; NK-SE/*Schröder* Rn. 31).

16   Die **Form** des Verlegungsplans ist nicht geregelt. Da er jedoch zur Einsichtnahme auszulegen ist, Art. 8 Abs. 4, ist er zumindest schriftlich abzufassen. Eine notarielle Beurkundung ist nicht erforderlich (MüKoAktG/*Oechsler* Rn. 10; KK-AktG/*Veil* Rn. 38; für notarielle Urkunde vgl. *Heckschen* DNotZ 2003, 251 [265]; *ders.* in Widmann/Mayer, Europäische Gesellschaft (SE), Rn. 416). Denn Art. 8 regelt das Verfahren im Einzelnen und damit abschließend und verlangt keine notarielle Beurkundung (Spindler/Stilz/*Casper* Rn. 7; LHT/*Ringe* Rn. 18 f.; vgl. auch NK-SE/*Schröder* Rn. 36, der aber insoweit Art. 8 nicht als abschließend ansieht und daher über Art. 9 Abs. 1 lit. c i) und ii) ergänzend nationale Formvorschriften heranziehen will).

17   Der Verlegungsplan muss zunächst in der **Amtssprache** des Wegzugstaats verfasst sein, was sich aus Sinn und Zweck ergibt. Er soll insbesondere Gläubiger und Arbeitnehmer im Wegzugstaat informieren (Spindler/Stilz/*Casper* Rn. 7; LHT/ *Ringe* Rn. 17, 20; *Schwarz* Rn. 16). Er ist darüber hinaus auch in der Sprache des Zuzugstaats, in der der neue Sitz begründet wird, abzufassen. Denn dort ist er in der Regel beim zuständigen Register zur Eintragung der Sitzverlegung einzureichen, so dass die Abfassung sowohl in der Amtssprache des Wegzugstaats als auch des Zuzugstaats geboten ist.

18   **b) Inhalt.** Art. 8 Abs. 2 S. 2 bestimmt die **Mindestangaben,** die der Verlegungsplan enthalten muss. Dieser Katalog ist **abschließend.** Die Mitgliedstaa-

ten können weitere Angaben nach nationalem Recht nicht verlangen. Hingegen steht es der Gesellschaft frei, weitere Angaben darzulegen. Die SE-VO sieht zwar anders als für den Verschmelzungsplan in Art. 20 Abs. 2 für den Verlegungsplan eine entsprechende Regelung nicht vor (NK-SE/*Schröder* Rn. 32; LHT/*Ringe* Rn. 22; Spindler/Stilz/*Casper* Rn. 9 aE; ebenso *Schwarz* Rn. 14 mwN, auch zur Gegenansicht, die diesen Umkehrschluss zieht). Hieraus folgt aber nicht, dass im Verlegungsplan weitere Angaben nicht zulässig sind. Im Einzelnen ist im Verlegungsplan **Folgendes** darzulegen:

Die SE muss **identifiziert** werden mit Firma, Sitz und Registrierungsnummer **19** (Art. 8 Abs. 2 S. 2 lit. a). Darzulegen ist der vorgesehene neue Sitz der SE, dh der künftige Satzungssitz der SE im Sinne der politischen Gemeinde. Nicht ausreichend ist es, nur den Sitzstaat zu nennen (NK-SE/*Schröder* Rn. 33; LHT/*Ringe* Rn. 23; MüKoAktG/*Oechsler* Rn. 11; *Schwarz* Rn. 7; KK-AktG/*Veil* Rn. 23).

Weiter ist die für die SE vorgesehene **neue Satzung** aufzuführen (Art. 8 **20** Abs. 2 S. 2 lit. b). Dabei muss die gesamte Satzung aufgenommen werden und nicht nur die geänderten Bestimmungen. In der Satzung ändert sich auf jeden Fall der satzungsmäßige Sitz des Unternehmens. Ob darüber hinaus weitere Satzungsänderungen erforderlich bzw. angebracht sind, hat sich insbesondere nach dem aufgrund der Sitzverlegung im Zuzugstaat anwendbaren Aktienrecht zu richten. Die **neue Firma** ist anzugeben. Jedoch muss die Firma nicht geändert werden. Dann ist aber eine Negativverklärung erforderlich (Spindler/Stilz/*Casper* Rn. 7; NK-SE/*Schröder* Rn. 33; LHT/*Ringe* Rn. 23; MüKoAktG/*Oechsler* Rn. 11).

Weiter sind in den Verlegungsplan die **Folgen für die Arbeitnehmer** dar- **21** zulegen, vgl. Art. 8 Abs. 2 S. 2 lit. c. Hierzu wird vertreten, dass eine Sitzverlegung zum Wegfall der Geschäftsgrundlage für die Arbeitnehmerbeteiligung führe (*Oechsler* AG 2005, 373 [377]; MüKoAktG/*Oechsler* Rn. 13). Dem ist grundsätzlich nicht zu folgen. Zwar stellt die Sitzverlegung grundsätzlich eine strukturelle Maßnahme dar, § 18 Abs. 3 SEBG (so LHT/*Ringe* Rn. 14 f.; *Ringe* S. 154 ff.; *ders.* NZG 2006, 931 [932 f.]; Spindler/Stilz/*Casper* Rn. 8, vgl. auch *Oechsler* AG 2005, 373 [376]; MüKoAktG/*Oechsler* Rn. 12). In die Rechte der Arbeitnehmer iSd § 18 Abs. 3 SEBG wird aber in der Regel nicht eingegriffen, sofern eine Arbeitnehmerbeteiligungsvereinbarung besteht, gilt diese grundsätzlich weiter. Denn durch die Sitzverlegung ändert sich nicht die Rechtsformidentität der SE (vgl. Spindler/Stilz/*Casper* Rn. 8; LHT/*Ringe* Rn. 12 ff.; KK-AktG/ *Veil* Rn. 30). Bei der gesetzlichen Auffanglösung gilt nichts anderes. Denn diese beruht auf identischen europarechtlichen Grundlagen. Die Beteiligungsgesetze der einzelnen Staaten beruhen auf der Arbeitnehmerbeteiligungsrichtlinie und damit letztlich auf europäischem Recht. Gilt daher für die Mitbestimmung der SE die gesetzliche Auffangregelung (also im Ergebnis das nationale Recht), gilt auch nach der Sitzverlegung die Auffangregelung und damit das nationale Recht des Mitgliedstaats, wohin die SE ihren Sitz verlegt hat. Der entsprechende Wechsel und die damit verbundenen Änderungen sind im Verlegungsplan darzulegen (NK-SE/*Schröder* Rn. 33; KK-AktG/*Veil* Rn. 29; LHT/*Ringe* Rn. 12 f. mwN).

Darüber hinaus wird verlangt, **alle Folgen** für die Arbeitnehmer darzulegen, **22** insbesondere auch Folgen auf arbeitsvertraglicher Ebene, die sich daraus ergeben, dass der Sitz der Hauptverwaltung verlegt wird (MüKoAktG/*Oechsler* Rn. 14). Die SE-VO fordert allerdings nur, dass die Folgen für die **Beteiligung** der Arbeitnehmer darzulegen sind. Nicht darzulegen sind dagegen die Folgen für die Arbeitnehmer im Übrigen. Dementsprechend sind grundsätzlich die Folgen für die Arbeitsverhältnisse nicht auszuführen.

Sofern sich Folgen aus betriebsverfassungsrechtlichen Gründen ergeben, sind **23** diese ebenfalls nicht darzulegen. Denn die betriebsverfassungsrechtlichen Regeln (zB die Mitbestimmung nach dem Betriebsverfassungsgesetz) sind keine Form der

unternehmerischen Mitbestimmung. So umfasst die Legaldefinition in Art. 2 lit.
h SE-ErgRL bzw. § 2 Abs. 8 und 9 SEBG ausschließlich die unternehmerische
Mitbestimmung (und nicht die Mitbestimmung nach dem BetrVG).

24   Weiter ist im Verlegungsplan der vorgesehene **Zeitplan** auszuführen (Art. 8
Abs. 2 S. 2 lit. d), dh eine Prognose des zeitlichen Ablaufs, deren Verletzung
grundsätzlich jedoch nicht sanktioniert ist. Die Prognose muss allerdings auf einer
vernünftigen Annahme beruhen und auch mögliche Verzögerungen einbeziehen
bzw. darauf hinweisen. Sofern die Prognose offensichtlich falsch ist oder missverstanden werden kann, kommt eine Anfechtung des Verlegungsbeschlusses in
Betracht, weil dieser dann auf einer falschen Basis zum Zeitplan gefasst wurde
(vgl. auch MüKoAktG/*Oechsler* Rn. 16; NK-SE/*Schröder* Rn. 33; wohl auch
KK-AktG/*Veil* Rn. 32).

25   Darüber hinaus sind etwaige zum Schutz der Aktionäre und der Gläubiger
vorgesehenen Rechte (Art. 8 Abs. 2 S. 2 lit. h) darzulegen. Hiermit sind die
mitgliedstaatlichen Vorschriften gemeint, die auf Grundlage von Art. 8 Abs. 5
erlassen werden können. Der deutsche Gesetzgeber hat hierzu vorgesehen, dass
widersprechenden Aktionären eine **Abfindung** anzubieten ist (vgl. § 12 SEAG;
im Einzelnen → Rn. 39 ff. zu Abs. 5). Der Verlegungsplan hat daher die Abfindung darzulegen und wie ein Aktionär diese erhalten kann, dh, dass der Aktionär
zum Beschluss der Hauptversammlung Widerspruch zu Protokoll einlegen muss.
Der Verlegungsplan muss insoweit beschreiben, wie diesen Vorschriften im Einzelfall Rechnung getragen werden soll (*Schwarz* Rn. 12; NK-SE/*Schröder* Rn. 33;
KK-AktG/*Veil* Rn. 33 ff.; MüKoAktG/*Oechsler* Rn. 17, 20).

26   Sofern die Angaben unterbleiben, ist der Beschluss über die Sitzverlegung
anfechtbar. Eine Anfechtung ist nicht möglich im Hinblick auf die Höhe der
Abfindung, vgl. §§ 12 Abs. 2 S. 1, 7 Abs. 5 SEAG (Spindler/Stilz/*Casper* Rn. 9;
MüKoAktG/*Oechsler* Rn. 17; zum völligen Fehlen eines Abfindungsangebots
→ Rn. 43). Dies folgt allein aus dem eindeutigen Wortlaut der Vorschrift.

27   Hinsichtlich der im Verlegungsplan darzulegenden Rechte der Gläubiger sind
entsprechende Ansprüche **verständlich** auszuführen, wobei eine **Sicherheitsleistung** nur im Falle der Glaubhaftmachung einer Gefährdung der Ansprüche
der Gläubiger zu gewähren ist (vgl. insofern auch Spindler/Stilz/*Casper* Rn. 9;
NK-SE/*Schröder* Rn. 33; ausführlicher MüKoAktG/*Oechsler* Rn. 18). Anders als
im deutschen Umwandlungsrecht sind Angaben zu den zukünftigen Rechten der
Aktionäre nicht erforderlich (LHT/*Ringe* Rn. 24).

28   **c) Rechtsfolgen fehlerhafter Verlegungspläne.** Im Falle fehlerhafter Verlegungspläne kann zunächst das **Registergericht** am Sitz des bisherigen Sitzes
der SE die entsprechenden Bescheinigungen nach Art. 8 Abs. 8 versagen, so dass
die Sitzverlegung nicht vollzogen werden kann (*Schwarz* Rn. 15; NK-SE/*Schröder*
Rn. 39; *Zang* S. 128; MüKoAktG/*Oechsler* Rn. 45 ff.). Darüber hinaus können
fehlerhafte Verlegungspläne grundsätzlich zur Anfechtbarkeit des entsprechenden
Beschlusses der Hauptversammlung führen (NK-SE/*Schröder* Rn. 39; MüKo-
AktG/*Oechsler* Rn. 25; Spindler/Stilz/*Casper* Rn. 10 f.; *Zang* S. 129; KK-AktG/
Veil Rn. 62). Etwas anderes gilt nur dann, wenn aufgrund der klaren gesetzlichen
Regelung eine Anfechtung ausgeschlossen ist, so wie zB im Falle eines etwaigen
unzureichenden Abfindungsangebots (→ Rn. 25).

29   Fehlerhafte Verlegungspläne können **nicht** dadurch **geheilt** werden, indem die
Informationen in der Hauptversammlung nachgereicht werden. Denn die Vor-
abveröffentlichung und Offenlegung dient der Information der Gläubiger und
der Aktionäre. Dies hat mit entsprechenden Fristen zu erfolgen. Bei Nichteinhaltung der Fristen ist der Beschluss daher **anfechtbar** (vgl. hierzu auch *Schwarz*
Rn. 15; LHT/*Ringe* Rn. 42, 44; MüKoAktG/*Oechsler* Rn. 25; KK-AktG/*Veil*
Rn. 55 f.). Etwas anderes gilt nur dann, wenn die Information nicht dem Schutz

der Gläubiger und der Aktionäre dient oder es sich um unwesentliche Informationen handelt, wie zB bei redaktionellen Unrichtigkeiten oder auch bei sonstigen offensichtlichen, aber aus dem Sachzusammenhang erkennbaren Fehlern im Rahmen des Verlegungsplans.

d) Offenlegung. Der Verlegungsplan ist mindestens **zwei Monate** vor Beginn **30** der Hauptversammlung, die über ihn beschließen soll, offenzulegen (Art. 8 Abs. 2 S. 1 und Abs. 6 S. 1). Die Offenlegung hat nach Maßgabe von Art. 13 zu erfolgen, der wiederum auf die Publizitäts-RL verweist. Für eine SE mit Sitz in Deutschland ist der Verlegungsplan daher im elektronischen Bundesanzeiger zu veröffentlichen (Spindler/Stilz/*Casper* Rn. 10; *Zang* S. 131; KK-AktG/*Veil* Rn. 55; MüKoAktG/*Oechsler* Rn. 24). Zum Einsichtsrecht der Aktionäre und Gläubiger → Rn. 37 f. zu Abs. 4.

2. Verlegungsbericht (Abs. 3). a) Regelungsgehalt, Sinn und Zweck. Der Verlegungsbericht dient zur Erläuterung der rechtlichen und wirtschaftlichen **31** Aspekte der Verlegung sowie ihrer Auswirkungen auf die Aktionäre, Gläubiger und Arbeitnehmer. Er **informiert vorab** die Betroffenen über die Auswirkungen der Sitzverlegung (*Schwarz* Rn. 19; LHT/*Ringe* Rn. 26; MüKoAktG/*Oechsler* Rn. 19; KK-AktG/*Veil* Rn. 42). Angelehnt ist der Bericht an den sog. Verschmelzungsbericht nach den Verschmelzungsrichtlinien bzw. dem Spaltungsbericht nach der Spaltungsrichtlinie sowie dem Umwandlungsbericht nach § 192 UmwG (LHT/*Ringe* Rn. 26; Spindler/Stilz/*Casper* Rn. 11; MüKoAktG/*Oechsler* Rn. 19; KK-AktG/*Veil* Rn. 43).

b) Erstellung, Form, Verzicht. Aufzustellen ist der Verlegungsbericht vom **32** **Leitungsorgan,** dh vom Vorstand bzw. vom Verwaltungsrat. Er ist schriftlich in der Sprache des Wegzugstaats abzufassen (Spindler/Stilz/*Casper* Rn. 11; NK-SE/ *Schröder* Rn. 41; *Schwarz* Rn. 24; MüKoAktG/*Oechsler* Rn. 19; KK-AktG/*Veil* Rn. 45 f.). Auf die Erstellung kann **nicht verzichtet** werden. Denn der Verlegungsbericht dient nicht nur der Information der Aktionäre (die insgesamt darauf verzichten könnten), sondern auch dem Schutz und der Information der Gläubiger. Darüber hinaus sieht die SE-VO keinerlei Ausnahme vor (Spindler/ Stilz/*Casper* Rn. 11; NK-SE/*Schröder* Rn. 42; *Schwarz* Rn. 25; KK-AktG/*Veil* Rn. 45; aA jetzt MüKoAktG/*Oechsler* Rn. 19).

c) Inhalt und Adressaten. Aufgrund des Regelungsgehalts (Darlegung der **33** Auswirkungen für die Aktionäre sowie die Auswirkungen auf die Arbeitnehmerbeteiligung) richtet sich der Verlegungsbericht zunächst an die Aktionäre und die Arbeitnehmer. Der Bericht soll **detailliert** sein (LHT/*Ringe* Rn. 27). Aufgrund des Schutzzweckes ist darzulegen, wie sich das subsidiär anwendbare Recht, dh das Recht des Mitgliedstaats für Aktiengesellschaften aufgrund der Sitzverlegung ändert. Dies hat in Form einer zusammenfassenden Darstellung zu erfolgen, wobei die wesentlichen Vor- und Nachteile für die Aktionäre, Gläubiger und Arbeitnehmer auszuführen sind (Spindler/Stilz/*Casper* Rn. 11; NK-SE/*Schröder* Rn. 43; *Schwarz* Rn. 22; MüKoAktG/*Oechsler* Rn. 20). Im Ergebnis sind die Grundsätze heranzuziehen, die auch für Verschmelzungen und Spaltungsberichte gelten (so Spindler/Stilz/*Casper* Rn. 11; MüKoAktG/*Oechsler* Rn. 23).

Den Mitgliedstaaten ist es nicht erlaubt, die erforderlichen Angaben durch eine **34** nationale Regelung zu konkretisieren (*Schwarz* Rn. 26; *Zang* S. 149; KK-AktG/ *Veil* Rn. 44). Denn der Verlegungsbericht ist in Art. 8 aufgeführt und insofern vor dem Hintergrund des Regelungsgehalts des Art. 8 zu lesen.

d) Rechtsfolgen bei Verstößen. Bei unterlassener oder fehlerhafter Bericht- **35** erstattung hat die SE nicht ordnungsgemäß informiert. Ein ordnungsgemäßer Verlegungsbeschluss kann bei unzureichender Information grundsätzlich nicht gefasst werden. Wird er trotzdem gefasst, ist der Verlegungsbeschluss **anfechtbar** (*Schwarz* Rn. 23; NK-SE/*Schröder* Rn. 49; KK-AktG/*Veil* Rn. 47).

36 Eine unzureichende Berichterstattung ist nicht gegeben, sofern nur unwesentliche Informationen fehlen bzw. bei redaktionellen Unrichtigkeiten. Der Verlegungsbeschluss ist in diesem Fall **nicht anfechtbar.** Auch wenn sich aus anderen Umständen für den Aktionär deutlich ergibt, dass der Verlegungsbericht einen Fehler hat, begründet dieses noch nicht die Anfechtbarkeit. Nur wenn ein durchschnittlicher Aktionär ggf. bei einer vollständigen oder korrekten Information eine andere Entscheidung beim Beschluss des Verlegungsplans gefasst hätte, ist die Anfechtbarkeit zu bejahen.

37 **3. Einsichtsrecht (Abs. 4).** Aktionäre und Gläubiger haben das Recht, mindestens **einen Monat** vor der Hauptversammlung den Verlegungsplan und den Verlegungsbericht am Sitz der Gesellschaft einzusehen und unentgeltlich Abschriften zu verlangen (Art. 8 Abs. 4). Sitz ist der Satzungssitz und nicht die Hauptverwaltung, die innerhalb eines Mitgliedstaats grundsätzlich an einem anderen Ort sein kann (NK-SE/*Schröder* Rn. 52; *Zang* S. 169 f.; aA *Witten* S. 68). Einsichtnahme kann nur begründet werden, sofern die Berichte in den Geschäftsräumen zu den gewöhnlichen Geschäftszeiten ausgelegt werden (MüKoAktG/*Oechsler* Rn. 25; NK-SE/*Schröder* Rn. 53). Die Einsichtnahme wird **nicht** durch die Einstellung in das **Internet** ersetzt (NK-SE/*Schröder* Rn. 54; Spindler/Stilz/*Casper* Rn. 10; KK-AktG/*Veil* Rn. 47). Zudem kann die Aushändigung (oder Zusendung) **kostenloser Abschriften** verlangt werden. Eine Anpassung an die mit der AktionärsrechteRL verbundenen Erleichterungen (im Falle der Zurverfügungstellung der Berichte über das Internet keine Einsichtnahme und keine Aushändigung) ist bisher nicht erfolgt, aber wünschenswert (vgl. dazu auch Spindler/Stilz/*Casper* Rn. 10; NK-SE/*Schröder* Rn. 54).

38 Zum Teil wird hinterfragt, ob das Einsichtsrecht auch **Dritten** überlassen werden kann (*Schwarz* Rn. 27; *Zang* S. 168 f.). Das Einsichtsrecht steht den Aktionären bzw. den Gläubigern zu (NK-SE/*Schröder* Rn. 51; *Schwarz* Rn. 27; *Zang* S. 167 f.). Aktionäre bzw. Gläubiger können jedoch einen Dritten bevollmächtigen, das Einsichtsrecht wahrzunehmen. Arbeitnehmern steht das Einsichtsrecht grundsätzlich nicht zu. Diese sind in Abs. 4 nicht ausdrücklich genannt. Ein Einsichtsrecht kann diesen jedoch aufgrund ihrer Gläubigereigenschaft zustehen (s. NK-SE/*Schröder* Rn. 51; aA *Schwarz* Rn. 28). Auf das Einsichtsrecht kann **nicht verzichtet** werden (NK-SE/*Schröder* Rn. 50; unentschieden LHT/*Ringe* Rn. 31: „erscheint zweifelhaft"). Verstöße gegen das Einsichtsrecht führen zur Anfechtbarkeit bzw. Verweigerung der Bescheinigung durch das Registergericht (Spindler/Stilz/*Casper* Rn. 10; NK-SE/*Schröder* Rn. 56; im Grundsatz auch MüKoAktG/*Oechsler* Rn. 25, wonach ein Verstoß gegen die Pflicht zur Aushändigung einer Abschrift aber nur dann anfechtbar sein soll, wenn es dem Betroffenen nicht zumutbar war, vor Ort Einsicht zu nehmen).

39 **4. Abfindung der Minderheitsaktionäre (Abs. 5 iVm § 12 SEAG).** Die Mitgliedstaaten können in ihrem Hoheitsgebiet Vorschriften erlassen, um einen angemessenen Schutz der Minderheitsaktionäre, die sich gegen die Verlegung ausgesprochen haben, zu gewährleisten (Art. 8 Abs. 5). Der deutsche Gesetzgeber hat hiervon Gebrauch gemacht. Aktionären, die gegen den Verlegungsbeschluss Widerspruch zur Niederschrift erklären, ist der Erwerb ihrer Aktien gegen eine angemessene Barabfindung anzubieten (§ 12 SEAG). Dieses Austrittsrecht soll dem Prinzip der Identitätswahrung (Art. 8 Abs. 1 S. 2) zuwider laufen (so *Kübler* ZHR 167 [2003], 627 [629]). Der Gesetzgeber und die hL sehen die Vorschrift jedoch grundsätzlich als zulässig an, da sie den Aktionär vor Anwendung des nach Sitzverlegung subsidiär anwendbaren und ggf. sehr unterschiedlichen Aktienrechts des Zuzugstaats schützt (BT-Drs. 15/3656, 9; *Schwarz* Rn. 29; NK-SE/

Schröder Rn. 148; LHT/*Ringe* Rn. 33; KK–AktG/*Veil* Rn. 107; *Casper* ZHR 173 [2009], 181 [210 ff.]; *Kals* ZGR 2003, 593 [609]; *Neye/Teichmann* AG 2003, 169 [174]; *Witten* S. 161 f.). Das Austrittsrecht ist neben der Information, Art. 8 Abs. 2 und 3, und der Mitwirkung am Verlegungsbeschluss, Art. 8 Abs. 6, der dritte Baustein des Minderheitenschutzes (LHT/*Ringe* Rn. 33). Nach aA soll das Austrittsrecht der Unzufriedenheit übergangener Aktionäre begegnen. Die Anfechtung des Verlegungsbeschlusses soll stattdessen auf das Spruchverfahren kanalisiert werden, vgl. § 12 Abs. 2 iVm § 7 Abs. 2–7 SEAG (MüKoAktG/*Oechsler* Rn. 56 f., der dies allerdings nur als zusätzlichen Zweck erachtet).

§ 12 SEAG ist konsequenterweise an **§ 207 UmwG** angelehnt (LHT/*Ringe*   **40** Rn. 32; NK–SE/*Schröder* Rn. 147; *Schwarz* Rn. 30; *Casper* ZHR 173 [2009], 181 [210]; *Teichmann* ZGR 2003, 367 [398]; *Waclawik* DB 2004, 1191 [1194]). Vergleichbare Regelungen zu einer Barabfindung sind bei Gründung einer SE durch Verschmelzung, Art. 24 Abs. 2, und bei Gründung einer Holding-SE geschaffen worden, Art. 34 (NK–SE/*Schröder* Rn. 148; KK–AktG/*Veil* Rn. 108).

Anspruch auf die Barabfindung hat jeder Aktionär, der gegen den Verlegungs-   **41** beschluss Widerspruch zur Niederschrift erklärt hat (§ 12 Abs. 1 S. 1 SEAG). Das setzt nach verbreiteter Meinung voraus, dass der betreffende Aktionär **auch gegen den Verlegungsbeschluss gestimmt** hat (vgl. MüKoAktG/*Oechsler* Rn. 56a; aA KK–AktG/*Veil* Rn. 109). Erforderlich ist der Widerspruch ausnahmsweise nicht, wenn der Aktionär ohne eigenes Verschulden nicht zum Widerspruch in der Lage war, zB weil die Hauptversammlung nicht ordnungsgemäß einberufen wurde oder dem Aktionär unberechtigterweise der Zutritt verweigert wurde, § 12 Abs. 1 S. 5 SEAG iVm § 29 Abs. 2 UmwG (LHT/*Ringe* Rn. 34 f.; MüKoAktG/*Oechsler* Rn. 56a).

Der Widerspruch muss – wie bei der Erklärung des Widerspruchs nach § 29   **42** UmwG – **während der Hauptversammlung** abgegeben werden. Weder ein vorheriges Einreichen noch ein Nachreichen reichen aus, um später eine Barabfindung geltend machen zu können (LHT/*Ringe* Rn. 36 mwN).

Die mit der Höhe der Abfindung nicht einverstandenen Aktionäre können dies   **43** im Rahmen eines **Spruchverfahrens** überprüfen lassen, jedoch nicht im Anfechtungsverfahren (§§ 12 Abs. 2, 7 Abs. 5, 7 SEAG). Dies entspricht im Übrigen auch der Systematik bei vergleichbaren Fällen des UmwG, §§ 14 Abs. 2, 32, 195 Abs. 2 UmwG (vgl. auch LHT/*Ringe* Rn. 38). Der Verlegungsbeschluss ist aber anfechtbar, wenn er kein Abfindungsangebot enthält (MüKoAktG/*Oechsler* Rn. 32, 58; aA KK–AktG/*Veil* Rn. 62, 110). Denn dann ist der Verlegungsplan unvollständig und entspricht insofern nicht den Vorgaben des Gesetzes (vgl. Art. 8 Abs. 2 S. 2 lit. e).

Der Anspruch ist ein **reines Barabfindungsangebot.** Ein Anteilstausch in   **44** Aktien der SE nach Sitzverlegung wäre auch sinnwidrig, da die Rechtsformidentität der SE erhalten bleibt (Art. 8 Abs. 1 S. 2). Für den Erwerb der Aktien greift nach deutschem Recht grundsätzlich ein Verbot ein. Im Rahmen eines Abfindungsangebots ist der Erwerb jedoch möglich, vgl. § 71 Abs. 1 Nr. 3 AktG (Spindler/Stilz/*Casper* Rn. 24). Außerdem hat der Gesetzgeber bestimmt, dass das schuldrechtliche Geschäft nicht nichtig ist (§ 12 Abs. 1 S. 2 SEAG).

Das Abfindungsangebot kann nur **innerhalb von zwei Monaten** nach der   **45** Eintragung der Sitzverlegung im Zuzugstaat (Art. 8 Abs. 10) und deren Offenlegung (Art. 8 Abs. 13 S. 1) angenommen werden (§§ 12 Abs. 2, 7 Abs. 4 SEAG). Auf die Fiktion des Weiterbestands des Sitzes im Wegzugstaat bis zur Löschung im Register des Wegzugstaats kann sich der abfindungsbegehrende Aktionär allerdings nicht berufen (MüKoAktG/*Oechsler* Rn. 57, 65). Denn Art. 8 Abs. 13 S. 2 gilt nur für Dritte und nicht für Aktionäre. Die Abfindung kann vor dem deutschen Gericht geltend gemacht werden (vgl. Art. 8 Abs. 16). Denn sie ist bereits mit der Fassung des Verlegungsbeschlusses entstanden, wenn auch bedingt auf die Wirksamkeit der Sitzverlegung (NK-SE/*Schröder* Rn. 148; *Schwarz* Rn. 30; LHT/*Ringe* Rn. 38; ausführlich MüKoAktG/*Oechsler* Rn. 58).

46   **5. Verlegungsbeschluss (Abs. 6). a) Formelle Voraussetzungen.** Der Beschluss über die Verlegung bedarf zunächst einer **Mehrheit von mindestens zwei Dritteln** der abgegebenen Stimmen (Art. 59 Abs. 1, Art. 8 Abs. 6 S. 2). Darüber hinaus wird die Satzung geändert, was bei einer in Deutschland ansässigen SE einer Dreiviertelmehrheit bedarf (Art. 59 Abs. 1 aE); → Art. 5 Rn. 13 f.; § 179 Abs. 2 S. 1 AktG (Spindler/Stilz/*Casper* Rn. 12 mwN; LHT/*Ringe* Rn. 39; MüKoAktG/*Oechsler* Rn. 26; *Schwarz* Rn. 31 f.). Eine geringere Mehrheit kann nicht vorgesehen werden, § 51 S. 2 SEAG (Spindler/Stilz/*Casper* Rn. 12; KK-AktG/*Veil* Rn. 57; MüKoAktG/*Oechsler* Rn. 26 mit der Darstellung des Meinungsstreits).

47   Fraglich ist darüber hinaus, ob ein **Sonderbeschluss** vorzusehen ist, sofern die SE mehrere Gattungen von Aktien ausgegeben hat. Nach Art. 60 erfordert jeder Beschluss der Hauptversammlung eine gesonderte Abstimmung durch jede Gruppe von Aktionären, deren spezifische Rechte durch den Beschluss berührt werden. Die Sitzverlegung berührt grundsätzlich nicht die Rechte der einzelnen Gattungen. Da jedoch durch die Sitzverlegung subsidiär das Aktienrecht des Zuzugstaats anwendbar ist, können die spezifischen Rechte der Gattungen berührt werden. Insofern bedarf es dann eines Sonderbeschlusses (MüKoAktG/*Oechsler* Rn. 26a; KK-AktG/*Veil* Rn. 57; aA LHT/*Ringe* Rn. 40; NK-SE/*Schröder* Rn. 68; vermittelnd *Schwarz* Rn. 32, der einen Sonderbeschluss nur bei drohendem Rechtsverlust für erforderlich hält).

48   Fraglich ist auch, ob die **Satzung** von vornherein einzelnen Aktionären bestimmte Zustimmungsrechte für die Sitzverlegung einräumen darf (dafür noch MüKoAktG/*Oechsler*, 2. Aufl. 2006, SE-VO Art. 8 Rn. 26) bzw. den Inhabern vinkulierter Rechte nach dem Vorbild des § 193 Abs. 2 UmwG ein Vetorecht einräumen kann (LHT/*Ringe* Rn. 41, der sich aber gegen ein solches Vetorecht ausspricht). Entsprechende Veto- bzw. Zustimmungsrechte sieht weder die SE-VO noch das Aktienrecht vor. Deshalb können entsprechende Rechte nicht in der Satzung eingeräumt werden (insofern auch zur Satzungsstrenge → Art. 6 Rn. 21). Aktionäre können sich jedoch untereinander in Aktionärsvereinbarungen verpflichten, einer Sitzverlegung nur unter bestimmten Voraussetzungen zuzustimmen.

49   Der Beschluss muss **zwei Monate** nach Offenlegung des Verlegungsplans gefasst werden. Die **Frist** beginnt am Tag nach der Veröffentlichung im elektronischen Bundesanzeiger (Spindler/Stilz/*Casper* Rn. 12; MüKoAktG/*Oechsler* Rn. 26; KK-AktG/*Veil* Rn. 55). Die Frist kann nicht verkürzt werden; es kann auch nicht auf sie verzichtet werden. Denn die Veröffentlichung wendet sich an die Gläubiger und hat gläubigerschützende Funktion. Auch kann der Beschluss nicht aufschiebend bedingt auf den Fristablauf gefasst werden (LHT/*Ringe* Rn. 42; NK-SE/*Schröder* Rn. 65 f.; MüKoAktG/*Oechsler* Rn. 26; KK-AktG/*Veil* Rn. 55).

50   Außerdem müssen die Aktionäre und Gläubiger die Gelegenheit erhalten, einen Monat vor der Beschlussfassung **Einsicht** zu nehmen (Art. 8 Abs. 4). Die Hauptversammlung muss im Übrigen ordnungsgemäß einberufen worden sein, was sich im Wesentlichen nach dem nationalen Recht richtet (LHT/*Ringe* Rn. 42; *Schwarz* Rn. 32; Spindler/Stilz/*Casper* Rn. 12; NK-SE/*Schröder* Rn. 69 f.).

51   Bei **Verletzung der Fristen** ist die Rechtsfolge streitig. Ein Verstoß gegen die Wartefrist bzw. das Einsichtsrecht soll zur Nichtigkeit der Beschlussfassung führen (NK-SE/*Schröder* Rn. 67; nach aA soll der Beschluss nur anfechtbar sein, KK-AktG/*Veil* Rn. 56; MüKoAktG/*Oechsler* Rn. 26; vgl. aber auch derselbe mit aA in → Rn. 33; Spindler/Stilz/*Casper* Rn. 12; mit lediglichem Verweis auf das nationale Recht; LHT/*Ringe* Rn. 44; *Schwarz* Rn. 33). Da die Fristen Einsichtsrechte begründen, die auch gläubigerschützende Funktion haben und damit im Sinne der Allgemeinheit sind, spricht zunächst vieles für Nichtigkeit. Nichtig ist jedoch nach den sonstigen Regelungen (vgl. insbesondere § 241 Nr. 3 AktG), nur ein Verstoß gegen Vorschriften, die überwiegend dem Gläubigerschutz dienen. Dies ist bei der Nichteinhaltung der obigen Fristen nicht der Fall. Denn diese dienen zwar auch dem Gläubigerschutz, aber auf keinem Fall überwiegend dem Gläubigerschutz. Deshalb führt ein Verstoß gegen die Fristen nur zur **Anfechtbarkeit** und nicht zur Nichtigkeit des Beschlusses.

Der Sitzverlegungsbeschluss bedarf der **notariellen Beurkundung** (Art. 9 **52** Abs. 1 lit. c ii) iVm § 130 AktG). Auslandsbeurkundungen sind wie bei Auslandsbeurkundungen von Hauptversammlungsbeschlüssen nicht zulässig (vgl. insofern auch MüKoAktG/*Oechsler* Rn. 27; Spindler/Stilz/*Casper* Rn. 12; *Schwarz* Rn. 32).

b) Materielle Voraussetzungen. Der Beschluss bedarf grundsätzlich keiner **53** sachlichen Rechtfertigung und hat damit **keine** materiellen Voraussetzungen (MüKoAktG/*Oechsler* Rn. 28). Ein Beschluss darf jedoch nicht gefasst werden, wenn gegen die SE ein Verfahren wegen Auflösung, Liquidation, Zahlungsunfähigkeit oder vorläufiger Zahlungseinstellung oder ein ähnliches Verfahren eröffnet worden ist (Art. 8 Abs. 15). Unter ähnlichen Verfahren sind dabei Verfahren zu verstehen, die auf eine Liquidation oder etwas Ähnliches zielen (MüKoAktG/*Oechsler* Rn. 29; Spindler/Stilz/*Casper* Rn. 13).

Darüber hinaus darf der Beschluss **nicht** anlässlich einer **Umwandlung** gefasst **54** werden (Art. 37 Abs. 3). Dieses Verbot soll eng ausgelegt werden. Danach darf eine Sitzverlegung nicht im Zusammenhang mit einer Umwandlung, dh in einem einheitlichen Lebenssachverhalt mit einer Umwandlung gefasst werden (MüKoAktG/*Oechsler* Rn. 30; Spindler/Stilz/*Casper* Rn. 13; KK-AktG/*Veil* Rn. 60). Folglich ist eine Sitzverlegung nicht zulässig, sofern sie nicht nur gleichzeitig, sondern in einem Zusammenhang mit einer Umwandlung beschlossen wird. So darf eine Umwandlung nicht dazu dienen, die Sitzverlegung in einen anderen Mitgliedstaat zu ermöglichen. Es müssen darüber hinaus Gründe für eine Umwandlung vorliegen, die unabhängig sind von einer danach ggf. folgenden Sitzverlegung.

Außerdem können Rechtsvorschriften eines Mitgliedstaats bestehen, so dass **55** eine Sitzverlegung, die einen Wechsel des maßgeblichen Rechts zur Folge hätte, für die SE nicht wirksam wird, wenn die zuständige Behörde dieses Staats innerhalb der Zweimonatsfrist vor Fassung des Verlegungsbeschlusses dagegen Einspruch erhebt. Ein Einspruch ist nur aus Gründen des öffentlichen Interesses zulässig (Art. 8 Abs. 14). Deutschland hat von dieser Möglichkeit keinen Gebrauch gemacht. Die Norm sollte wohl unter anderem den britischen Finanzbehörden ihr Einspruchsrecht sichern, was vom EuGH als zulässige Wegzugsbeschränkung eingestuft wurde (MüKoAktG/*Oechsler* Rn. 31; Spindler/Stilz/*Casper* Rn. 13; dazu auch LHT/*Ringe* Rn. 61 ff.).

c) Beschlussmängel. Es gilt das nationale Recht (Art. 9 Abs. 1 lit. c, **56** §§ 241 ff. AktG), so dass der Beschluss entweder **anfechtbar** oder **nichtig** sein kann (LHT/*Ringe* Rn. 44; *Schwarz* Rn. 33; MüKoAktG/*Oechsler* Rn. 32; *Zang* S. 186; KK-AktG/*Veil* Rn. 62). Der Beschluss kann nicht mit dem Argument angefochten werden, das Abfindungsangebot sei zu niedrig (§ 12 Abs. 2 iVm § 7 Abs. 5 SEAG). Etwas anderes gilt nur dann, wenn ein Abfindungsangebot im Verlegungsplan vollständig fehlt. Dann ist der Beschluss anfechtbar; denn das Fehlen einer Abfindung verstößt gegen das Gesetz, § 243 AktG (MüKoAktG/*Oechsler* Rn. 32; aA KK-AktG/*Veil* Rn. 62, 110).

57   Sofern darüber hinaus ein Sitzverlegungsbeschluss gefasst wird, obwohl gegen die SE ein Verfahren wegen Auflösung, Liquidation, Zahlungsunfähigkeit oder vorläufiger Zahlungseinstellung oder ein ähnliches Verfahren eröffnet worden ist (vgl. Art. 8 Abs. 15), ist der Beschluss nichtig, denn er verstößt insofern gegen überwiegend gläubigerschützende Vorschriften (→ Rn. 115 f.; vgl. auch MüKo-AktG/*Oechsler* Rn. 33; LHT/*Ringe* Rn. 44; KK-AktG/*Veil* Rn. 59). Ein Verstoß gegen das Verbot der Sitzverlegung im Rahmen eines Umwandlungsbeschlusses führt dagegen nicht zur Nichtigkeit, sondern nur zur Anfechtbarkeit. Denn ein solcher Beschluss verletzt zwar die Vorschriften des Gesetzes (Art. 37 Abs. 3), verstößt jedoch nicht gegen Vorschriften, die überwiegend dem öffentlichen Interesse dienen (MüKoAktG/*Oechsler* Rn. 33; KK-AktG/*Veil* Rn. 60).

58   Mit Eintragung der Sitzverlegung soll **Heilung** eintreten, analog Art. 30 Abs. 1 SE-VO (vgl. auch § 20 UmwG für Verschmelzungen). Hierfür spricht, dass eine Sitzverlegung vergleichbar einer Umwandlung in Form einer Verschmelzung nicht rückgängig gemacht werden kann (vgl. MüKoAktG/*Oechsler* Rn. 33).

59   Sofern Beschlussmängel geltend gemacht werden, steht der Gesellschaft das sog. **Freigabeverfahren** gemäß § 16 Abs. 3 UmwG analog zur Verfügung (*Schwarz* Rn. 33; MüKoAktG/*Oechsler* Rn. 48; *Zang* S. 188; Theisen/Wenz/ *Wenz* S. 171, 221; aA KK-AktG/*Veil* Rn. 63). Auch im Rahmen der Sitzverlegung muss ein entsprechendes Verfahren zur Verfügung stehen, damit die Maßnahme nicht jahrelang verzögert werden kann (→ Rn. 84).

6. Nachweis des Gläubigerschutzes (Abs. 7, § 13 SEAG). a) Überblick.

60   Zum Schutz der Gläubiger darf die **Bescheinigung** der zuständigen Behörde über die Rechtskonformität der der Verlegung vorangehenden Rechtshandlungen und Formalitäten erst ausgestellt werden, wenn die Interessen der Gläubiger und sonstigen Forderungsberechtigten im Einklang mit den Vorschriften des entsprechenden Mitgliedstaats erfüllt sind. Damit verweist die SE-VO materiell bezüglich der Anforderung des Gläubigerschutzes auf die einzelnen Mitgliedstaaten, stellt aber prozessual sicher, dass eine Verlegung erst erfolgen kann, wenn die Anforderungen des Gläubigerschutzes der einzelnen Mitgliedstaaten erfüllt sind.

61   Der deutsche Gesetzgeber gewährt Gläubigern das Recht auf **Sicherheitsleistung,** sofern die Gläubiger glaubhaft machen können, dass durch die Sitzverlegung die Erfüllung ihrer Forderungen gefährdet wird (§ 13 Abs. 1 SEAG).

62   Die SE-VO hat es darüber hinaus den Mitgliedstaaten freigestellt, den Gläubigerschutz auf **Verbindlichkeiten auszudehnen,** die bis zum Zeitpunkt der Verlegung entstehen oder entstehen können (Art. 8 Abs. 7 UAbs. 2). Der deutsche Gesetzgeber hat hiervon Gebrauch gemacht, indem den Gläubigern das Recht auf Sicherheitsleistungen auch für solche Forderungen zusteht, die vor oder bis zu 15 Tagen nach Offenlegung des Verlegungsplans entstanden sind (§ 13 Abs. 2 SEAG). Im Zusammenhang mit dem Gläubigerschutz ist es dem Gläubigern aber auch nach Sitzverlegung gestattet, die SE an ihrem alten Sitz zu verklagen (Art. 8 Abs. 16; → Rn. 119 f.; vgl. auch LHT/*Ringe* Rn. 45; NK-SE/ *Schröder* Rn. 76; *Schwarz* Rn. 34, 36; Spindler/Stilz/*Casper* Rn. 14; *Neye/Teichmann* AG 2003, 169 [174]; *Waclawik* DB 2004, 1191 [1194]).

63   **b) Anspruchberechtigte Gläubiger, erfasste Verbindlichkeiten.** Anspruchsberechtigt sind Gläubiger schuldrechtlicher Ansprüche, dh alle Arten von Forderungen, insbesondere auch öffentlich-rechtliche Ansprüche (Steuern und Sozialbeiträge) (LHT/*Ringe* Rn. 47; NK-SE/*Schröder* Rn. 72; KK-AktG/*Veil* Rn. 71; MüKoAktG/*Oechsler* Rn. 35). Dies betrifft auch die Arbeitnehmer mit ihren Lohn- und Gehaltsansprüchen, nicht aber Beteiligungsrechte (NK-SE/ *Schröder* Rn. 72).

Nach der SE-VO sind Verbindlichkeiten erfasst, die vor Offenlegung des Ver- **64** legungsplans entstanden sind (NK-SE/*Schröder* Rn. 74; LHT/*Ringe* Rn. 51). Danach besteht kein schutzwürdiges Vertrauen der Gläubiger mehr (LHT/*Ringe* Rn. 51). Abs. 7 UAbs. 2 ermächtigt die Mitgliedstaaten, den Schutz auszudehnen, wovon der deutsche Gesetzgeber teilweise Gebrauch gemacht hat, indem er auch Forderungen erfasst hat, die bis 15 Tage nach Offenlegung des Verlegungsplans entstanden sind (§ 13 Abs. 2 SEAG). Zur Berechnung der 15 Tage sind die zivilrechtlichen Fristenregeln der §§ 186 ff. BGB heranzuziehen. Als erster Tag gilt der Kalendertag, der der Veröffentlichung des Verlegungsplans im Bundesanzeiger folgt.

c) Voraussetzung des Anspruchs. Der Anspruch ist **schriftlich** anzumelden **65** unter Angabe der Höhe und des Entstehungsgrundes, § 13 Abs. 1 S. 1 SEAG (Spindler/Stilz/*Casper* Rn. 15; LHT/*Ringe* Rn. 49; KK-AktG/*Veil* Rn. 76). Die Schriftform hat für eine SE mit Sitz in Deutschland den Vorgaben des BGB zu folgen (§ 126 BGB).

Die Anmeldung muss innerhalb von **zwei Monaten** nach Offenlegung des **66** Verlegungsplans erfolgen (§ 13 Abs. 1 S. 1 SEAG; → Rn. 30 zu Art. 8 Abs. 2). Die Frist ist an die Frist zur Offenlegung des Verlegungsplans angelehnt, § 8 Abs. 6, wonach der Verlegungsbeschluss erst zwei Monate nach der Offenlegung des Verlegungsplans gefasst werden kann. Es handelt sich um eine echte materielle Ausschlussfrist (Spindler/Stilz/*Casper* Rn. 15; MüKoAktG/*Oechsler* Rn. 36; KK-AktG/*Veil* Rn. 76). Die Frist beginnt aber erst, wenn sie im Verlegungsplan ordnungsgemäß dargelegt worden ist (vgl. Art. 8 Abs. 2 S. 2 lit. e; MüKoAktG/*Oechsler* Rn. 36). Die Frist kann verlängert, aber nicht verkürzt werden, da sie dem Gläubigerschutz dient (MüKoAktG/*Oechsler* Rn. 36; KK-AktG/*Veil* Rn. 76).

d) Sicherungsinteresse. Der Anspruch auf Sicherheitsleistung steht den **67** Gläubigern nur zu, wenn sie Befriedigung nicht verlangen können (§ 13 Abs. 1 S. 1 SEAG) und wenn sie glaubhaft machen, dass durch die Sitzverlegung die Erfüllung ihrer Forderungen gefährdet wird (§ 13 Abs. 1 S. 1 SEAG). Der Gesetzgeber hat bewusst die Anforderungen an die **Glaubhaftmachung** der Gefährdung der Forderungen nicht näher ausgestaltet; einen Katalog von Regelbeispielen gibt es nicht (Spindler/Stilz/*Casper* Rn. 15; MüKoAktG/*Oechsler* Rn. 39; KK-AktG/*Veil* Rn. 79).

Streitig ist, was für eine entsprechende Glaubhaftmachung und damit für den **68** Anspruch auf Sicherheitsleistung erforderlich ist. So soll bei einer Sitzverlegung ein Sicherungsinteresse, dh eine Gefährdung des Anspruchs grundsätzlich immer bestehen. Nach anderer Ansicht sind über die Sitzverlegung hinaus Tatsachen glaubhaft zu machen, die zu einem Sicherungsinteresse führen (Überblick über Streitstand und Vertreter bei Spindler/Stilz/*Casper* Rn. 15; MüKoAktG/*Oechsler* Rn. 39 ff.).

Durch die Sitzverlegung wird die Rechtsformidentität der Gesellschaft nicht **69** berührt. Die SE bleibt bestehen. Sie bleibt weiterhin Träger der begründeten Forderungen und Verbindlichkeiten. Ihre Vermögensgegenstände behält sie. Insofern ändert sich die SE nicht; eine Gefährdung der Vermögensrechte ist daher zunächst nicht zu sehen. Aufgrund des Wegzugs in einen anderen Mitgliedstaat können jedoch die Gläubiger nicht wie bisher ihre Vermögensinteressen, dh ihre Forderungen, geltend machen bzw. durchsetzen. Das rechtliche Umfeld mag sich verändern, indem der Sitz (und damit zugleich die Hauptverwaltung) der Gesellschaft in einen anderen Mitgliedstaat verlegt werden. Die SE kann jedoch nach wie vor an ihrem bisherigen Sitz verklagt werden (Art. 8 Abs. 16). Die Geltendmachung der Forderungen ist insofern durch die Sitzverlegung nicht berührt. Berührt sein könnte allerdings die Durchsetzung der Forderungen, dh die Möglichkeit zur Vollstreckung. Nach **Art. 39 ff. Brüssel Ia-VO** (früher Art. 38 ff.

EuGVVO) ist jedoch ein erwirkter Titel in einem anderen Mitgliedstaat grundsätzlich auch vollstreckbar (Spindler/Stilz/*Casper* Rn. 15), so dass auch insofern eine Vermögensgefährdung grundsätzlich nicht anzunehmen ist. Allerdings ist eine Vollstreckung im Ausland regelmäßig aufwändiger, längerfristiger und kostenintensiver. Auch ist das Vollstreckungsrecht in der EU nicht vollständig harmonisiert, so dass im Ausnahmefall eine Gefährdung des Vermögensinteresses gegeben sein kann. Ein Sicherungsinteresse soll daher ausnahmsweise zu bejahen sein, wenn mit der Verlegung des Sitzes auch die Vermögensgegenstände zum großen Teil aus dem Wegzugstaat in den Zuzugstaat transferiert worden sind (Spindler/Stilz/*Casper* Rn. 15; unter Bezugnahme auf die Gesetzesbegründung auch LHT/*Ringe* Rn. 46, die auf bedeutende Vermögensverschiebungen abstellen; ähnlich wohl NK-SE/*Schröder* Rn. 78 und *Schwarz* Rn. 34, 36, die jeweils auf die Möglichkeit der Vollstreckung im Wegzugstaat abstellen).

70   Dem wird entgegengehalten, dass die Verlegung der Hauptverwaltung immer eine spezifische Gefahr von Vermögensverlagerungen darstelle. Zwar biete Art. 8 Abs. 16 mit der auch nach Sitzverlegung gegebenen Klagemöglichkeit im Wegzugstaat einen entsprechenden Schutz. Dieser solle aber auf den Prüfstand gestellt werden (Art. 69 S. 2 lit. c). Deshalb könnten alle Gläubiger allein wegen der Sitzverlegung Sicherheit verlangen (MüKoAktG/*Oechsler* Rn. 39 ff.; *Teichmann* ZGR 2002, 383 [461 f.]).

71   Maßgeblich ist jedoch die Rechtsformidentität der Gesellschaft sowie die – wenn auch nicht vollständig harmonisierte – Möglichkeit der Vollstreckung in anderen Mitgliedstaaten. Auch geht mit einer Verlegung des Sitzes und damit auch der Hauptverwaltung nicht zugleich eine Übertragung wesentlicher Vermögensgegenstände in einen anderen Mitgliedstaat einher. Hierzu bedarf es weiterer Anhaltspunkte. So kann zB die Hauptverwaltung verlegt werden, ohne dass die wesentlichen Vermögensgegenstände der Gesellschaft auch verlegt werden. Schließlich verlangt Art. 8 Abs. 7 nur, dass die Interessen aller Gläubiger in Bezug auf alle Forderungen, die vor Offenlegung des Verlegungsplans entstanden sind, *angemessen* geschützt sind. Dies bedeutet sowohl die Berücksichtigung der Interessen der SE als auch der Forderungsberechtigten (so NK-SE/*Schröder* Rn. 79).

72   Der Gläubigerschutz ist übertrieben, sofern man bei Sitzverlegung eine Gläubigergefährdung grundsätzlich bejaht und damit ein Sicherungsinteresse vorliegen soll, so dass Sicherheiten zu stellen wären. Nur bei drohender **aufwändigerer Zwangsvollstreckung** und **gleichzeitiger Verlegung wesentlicher Vermögensgegenstände** aus dem Wegzugstaat in den Zuzugstaat ist ein Sicherungsinteresse anzunehmen.

73   Darüber hinaus soll ein Sicherungsinteresse dann bestehen, wenn im Zuzugstaat das **Kapitalschutzniveau niedriger** ist als im Wegzugstaat. Dem kann jedoch entgegengehalten werden, dass die Mitgliedstaaten die Kapitalerhaltung weitgehend harmonisiert haben (Spindler/Stilz/*Casper* Rn. 15; aA MüKoAktG/*Oechsler* Rn. 34a, 40 f., fehlende vollständige Harmonisierung des Kapitalschutzes in der Union begründe weitere Gefahren; wohl auch KK-AktG/*Veil* Rn. 80), wenn auch im Einzelfall die Kapitalerhaltung in anderen Mitgliedstaaten weniger strikt ausgestaltet sein kann als in dem Wegzugstaat. Ein Sicherungsinteresse folgt daher auch nicht aus den Grundsätzen der Kapitalerhaltung.

74   **e) Inhalt des Anspruchs.** § 13 SEAG spricht von der Sicherheitsleistung. Für eine SE mit Sitz in Deutschland ist dies im allgemeinen Zivilrecht, das für die Ausgestaltung des Anspruchs anwendbar ist (Spindler/Stilz/*Casper* Rn. 16; MüKoAktG/*Oechsler* Rn. 43; KK-AktG/*Veil* Rn. 81), näher konkretisiert (§§ 232 ff. BGB).

75   **f) Zahlung an öffentlich-rechtliche Körperschaften.** Die Anwendung der einzelstaatlichen Rechtsvorschriften zu Sicherheitsleistungen für Zahlungen an

öffentlich-rechtliche Körperschaften wird von den Gläubigerschutzvorschriften in Art. 8 Abs. 7 nicht berührt (vgl. Art. 8 Abs. 7 UAbs. 3). Gemeint sind hiermit die allgemeinen Vorschriften des Wegzugstaats, insbesondere solche, die Steuern und Abgaben betreffen. Diese bleiben unberührt und damit anwendbar, vorbehaltlich des Verbots der Diskriminierung der SE gegenüber nationalen Gesellschaften, vgl. Art. 10 (Beispiele für entsprechende Vorschriften finden sich bei *Schwarz* Rn. 39).

7. Bescheinigung des Wegzugstaats (Abs. 8, § 14 SEAG). a) Zweck, 76 Zuständigkeit, Art und Form der Bescheinigung. Das zuständige Gericht im Wegzugstaat, der Notar oder eine andere dort zuständige Behörde haben zu bescheinigen, dass die der Verlegung vorangegangenen Rechtshandlungen und Formalitäten durchgeführt wurden (Art. 8 Abs. 8). Das zuständige Gericht stellt die Bescheinigung nur aus, wenn die Organe der SE erklären, dass eine Klage gegen die Wirksamkeit des Verlegungsbeschlusses nicht oder nicht fristgemäß erhoben oder eine solche Klage rechtskräftig abgewiesen oder zurückgenommen worden ist (§ 14 SEAG). Das Verfahren dient der Überprüfung der Rechtmäßigkeit der Sitzverlegung. Es soll für die Behörde im Zuzugstaat die Ordnungsgemäßheit des bisherigen Verfahrens dokumentieren (LHT/*Ringe* Rn. 55; im Ergebnis auch *Schwarz* Rn. 39; NK-SE/*Schröder* Rn. 82).

In Deutschland ist das Verfahren **Handelsregistersache,** § 4 SEAG (s. auch 77 MüKoAktG/*Oechsler*Rn. 45; KK-AktG/*Veil*Rn. 84; *Heckschen*DNotZ 2003, 251 [266]; *Teichmann* ZGR 2002, 383 [460]). Zuständig ist das Handelsregister am Sitz der bisherigen SE, § 4 S. 1 SEAG, §§ 376, 377 FamFG, § 23a GVG (s. hierzu auch Spindler/Stilz/*Casper*Rn. 17; LHT/*Ringe*Rn. 56; KK-AktG/*Veil*Rn. 84).

Die Bescheinigung muss **beantragt** und von der SE beim Handelsregister bzw. 78 zum Handelsregister **angemeldet** werden (dazu LHT/*Ringe* Rn. 57; NK-SE/*Schröder* Rn. 81 ff.; *Schwarz* Rn. 46). Sie wird vom Handelsregister nicht unmittelbar an die Behörde des Zuzugstaats übermittelt. Vielmehr ist dies der SE überlassen, die den Handelsregistereintrag ggf. zuvor in die Amtssprache des Zuzugstaats übersetzen lassen muss (MüKoAktG/*Oechsler* Rn. 45; NK-SE/*Schröder* Rn. 89; KK-AktG/*Veil* Rn. 86). Im Innenverhältnis ist der Vorstand bzw. Verwaltungsrat der SE verpflichtet, einen entsprechenden Hauptversammlungsbeschluss umzusetzen (Art. 9 Abs. 1 lit. c ii), § 83 Abs. 2 AktG).

Bei Nichterteilung kann die SE **Beschwerde** erheben (§ 58 FamFG). Be- 79 schwerdeberechtigt ist nicht nur die Gesellschaft, sondern jeder Dritte, der durch den Beschluss in seinen Rechten beeinträchtigt ist (§ 59 Abs. 1 FamFG; vgl. zum Ganzen auch Spindler/Stilz/*Casper* Rn. 17; MüKoAktG/*Oechsler* Rn. 49).

Aus der dem Handelsregister vorzunehmenden Eintragung der Erteilung der 80 entsprechenden Bescheinigung folgt keine Eintragungssperre für sonstige Strukturmaßnahmen der SE (Spindler/Stilz/*Casper* Rn. 17; MüKoAktG/*Oechsler* Rn. 49; KK-AktG/*Veil* Rn. 85). Folglich können sonstige eintragungspflichtige Maßnahmen vorgenommen werden, wie zB ein Wechsel im Vorstand/Verwaltungsrat der Gesellschaft.

b) Prüfungsgegenstand. Der Prüfungsgegenstand richtet sich nach Art. 8 81 Abs. 2–7 und §§ 13 Abs. 3, 14 SEAG. Das Registergericht hat zunächst die **formelle Ordnungsmäßigkeit** des Antrags, dh die Vertretungsberechtigung und die Vorlage des Antrags in öffentlich beglaubigter Form, § 12 HGB, zu prüfen (LHT/*Ringe* Rn. 59; NK-SE/*Schröder* Rn. 85). Es hat darüber hinaus die rechtmäßige Aufstellung und Offenlegung des Verlegungsplans einschließlich seiner Vollständigkeit sowie die Aufstellung eines Verlegungsberichts zu prüfen, wobei der Inhalt des Verlegungsberichts nicht zu prüfen ist. Das Registergericht hat nachzuvollziehen, ob die Einsichtsrechte nach Art. 8 Abs. 4 gewährt worden sind sowie die Rechtmäßigkeit des Verlegungsbeschlusses zu prüfen. Hinsichtlich

der Gewährung von Sicherheiten an Gläubiger kann sich das Gericht grundsätzlich auf die Versicherung des Vorstands bzw. der geschäftsführenden Direktoren verlassen (vgl. Art. 8 Abs. 7, § 13 Abs. 3 SEAG), dass allen anspruchsberechtigten Gläubigern (vgl. § 13 Abs. 1 S. 2 SEAG) eine angemessene Sicherheitsleistung gewährt wurde.

82   Die **Gläubigersicherung** ist damit zur Eintragungsvoraussetzung erhoben worden, anders als bei vergleichbaren Fällen im Umwandlungsgesetz und im Aktiengesetz (§ 22 UmwG, § 225 AktG; Spindler/Stilz/*Casper* Rn. 18; MüKoAktG/
Oechsler Rn. 47). Dies kann dazu führen, dass allen Gläubigern, die Sicherheitsleistungen verlangen, Sicherheiten zu gewähren sind (zum Meinungsstreit, wann
Sicherheiten zu leisten sind, → Rn. 68). Eine einzige nicht erfüllte Forderung bzw.
ein Rechtsstreit über das Bestehen eines Besicherungsanspruchs kann damit die
Eintragung verhindern (Spindler/Stilz/*Casper* Rn. 18; MüKoAktG/*Oechsler*
Rn. 47 aE; KK-AktG/*Veil* Rn. 90). Bei erpresserischen Motiven kommen jedoch
Schadensersatzansprüche nach § 826 BGB gegen den eine entsprechende Sicher-
heitsleistung verlangenden Gläubiger in Betracht. Die Gläubiger können ihre
Sicherheitsleistung jedoch auch im Wege der Leistungsklage verfolgen (Spindler/
Stilz/*Casper* Rn. 19). Deshalb ist dem Registergericht nur eine eingeschränkte
materielle Prüfungspflicht zuzubilligen (vgl. Spindler/Stilz/*Casper* Rn. 18; für aus-
schließlich formelle Prüfungskompetenz KK-AktG/*Veil* Rn. 90; wohl auch Mü-
KoAktG/*Oechsler* Rn. 46). Nur bei der offensichtlichen Verweigerung der Sicherheitsleistung ist die Eintragung durch das Registergericht abzulehnen.

83   Die Abgabe einer falschen Versicherung ist weder strafbewehrt noch stellt sie
eine Ordnungswidrigkeit dar (vgl. auch MüKoAktG/*Oechsler* Rn. 47; LHT/
Ringe Rn. 58). Allerdings soll sich das Mitglied des Vertretungsorgans nach § 823
Abs. 2 BGB iVm § 13 Abs. 3 SEAG schadensersatzpflichtig machen können
(LHT/*Ringe* Rn. 58).

84   **Prüfungsgegenstand** des Registergerichts ist weiter die Bestätigung des Ver-
tretungsorgans, dass Klagen gegen die Wirksamkeit des Verlegungsbeschlusses
nicht erhoben bzw. rechtskräftig abgewiesen wurden (vgl. § 14 SEAG). Hierbei
handelt es sich grundsätzlich um Anfechtungsklagen, Nichtigkeitsklagen und
Unwirksamkeitsfeststellungsklagen, analog § 249 AktG (Spindler/Stilz/*Casper*
Rn. 18; MüKoAktG/*Oechsler* Rn. 48; KK-AktG/*Veil* Rn. 88). Nicht erfasst sind
Rechtsmittel der Minderheitsaktionäre zur Höhe einer etwaigen Abfindung, vgl.
Art. 8 Abs. 5 iVm §§ 12, 7 Abs. 5 SEAG (MüKoAktG/*Oechsler* Rn. 48). Frag-
lich ist, ob wie bei entsprechenden Strukturierungsmaßnahmen insofern auch ein
Freigabeverfahren, analog § 16 Abs. 3 UmwG, durchgeführt werden kann, dh,
ob die Gesellschaft den entsprechenden Eintragungsstopp aufgrund einer Anfech-
tungs- bzw. Nichtigkeitsklage dadurch beseitigen kann, indem sie erfolgreich ein
Freigabeverfahren durchführt (dagegen Spindler/Stilz/*Casper* Rn. 18). Die Klage
gegen den Verlegungsbeschluss ist vergleichbar mit den Klagen gegen andere
Strukturierungsmaßnahmen, wie zB Verschmelzung oder Umwandlung. Deshalb
muss auch hierfür ein Freigabeverfahren zur effektiven zeitnahen Durchführung
zur Verfügung stehen (MüKoAktG/*Oechsler* Rn. 48).

85   Weiter sind etwaige **Sitzverlegungsverbote** wie der Widerspruch einer Behörde, von der der deutsche Gesetzgeber allerdings keinen Gebrauch gemacht
hat, Art. 8 Abs. 14, oder ein eröffnetes Verfahren wegen Auflösung, Liquidation,
Zahlungsunfähigkeit oder vorläufiger Zahlungseinstellung, vgl. Art. 8 Abs. 15
(NK-SE/*Schröder* Rn. 86; LHT/*Ringe* Rn. 59) sowie das Verbot der Sitzverlegung im Zusammenhang mit einer Umwandlung, vgl. Art. 37 Abs. 3 (LHT/
Ringe Rn. 59) zu prüfen.

86   **Nicht zu prüfen** ist von der Behörde des Wegzugstaats, ob die Satzung den
Anforderungen des Rechts des Zuzugstaats entspricht. Dies bleibt der sachnähe-
ren Behörde des Zuzugstaats vorbehalten (NK-SE/*Schröder* Rn. 87).

c) Prüfungsumfang. Das Registergericht des Wegzugstaats hat grundsätzlich 87
sowohl ein **formelles** als auch ein **materielles Prüfungsrecht** (LHT/*Ringe*
Rn. 59; Spindler/Stilz/*Casper* Rn. 19). Ausnahmen bestehen jedoch im Hinblick
auf die Bestätigung nach § 14 SEAG zum Gläubigerschutz (→ Rn. 81; so auch
Spindler/Stilz/*Casper* Rn. 19). Sind alle Voraussetzungen erfüllt, wird die Eintragung mit Vorläufigkeitsvermerk vorgenommen. Nach der dann zu erfolgenden
Eintragung im Zuzugstaat ist die Eintragung der SE im Register des Wegzugstaats
zu löschen (Art. 8 Abs. 11 S. 2). Maßgeblich für die Wirksamkeit der Sitzverlegung ist jedoch (nur) die Eintragung im Zuzugstaat (Art. 8 Abs. 10). Solange
die Löschung nicht erfolgt ist, muss die SE den alten Sitz grundsätzlich weiter
gegen sich gelten lassen (Art. 8 Abs. 13 S. 2).

8. Prüfung im Zuzugstaat (Abs. 9). Im Recht des Zuzugstaats kann eine 88
Eintragung erst dann vorgenommen werden, wenn die **Bescheinigung** der
Behörde des Wegzugstaats (Art. 8 Abs. 8) vorgelegt worden ist und die Erfüllung
der für die Eintragung im neuen Sitzstaat erforderlichen Formalitäten nachgewiesen wurde.

a) Vorlage der Bescheinigung. Es ist Aufgabe der SE in Deutschland die 89
Bescheinigung der Behörde des Wegzugstaats in Deutschland (dh die Bescheinigung des Handelsregisters) der zuständigen Behörde im Zuzugstaat vorzulegen.
Eine Übermittlung erfolgt **nicht von Amts wegen.** Erforderlich ist eine Vorlage
durch das vertretungsberechtigte Organ in vertretungsberechtigter Zahl (LHT/
Ringe Rn. 68; NK-SE/*Schröder* Rn. 91, 102). Nach der SE-VO gibt es keine
weiteren Anforderungen zur Vorlage der Bescheinigung, insbesondere wird eine
entsprechende Übersetzung in die Amtssprache des Zuzugstaats nicht gefordert.
Dies ist den Regeln des Zuzugstaats überlassen. In Deutschland wird aufgrund
der Amtssprache Deutsch ggf. eine **deutsche Übersetzung** eines beglaubigten
Übersetzers erforderlich sein (NK-SE/*Schröder* Rn. 91, 102; Spindler/Stilz/*Casper* Rn. 20; die Pflicht zur Beibringung einer Übersetzung bei einer Sitzverlegung
nach Deutschland bejahend auch MüKoAktG/*Oechsler* Rn. 50).

b) Erfüllung der für die Eintragung erforderlichen Formalitäten. Die 90
SE-VO spricht vom Nachweis der „in dem neuen Sitzstaat erforderlichen Formalitäten" (Art. 8 Abs. 9). Sie lässt offen, was darunter zu verstehen ist.

aa) Verfahrensrechtliche Formalitäten. Unstreitig gehört zu den Formali- 91
täten das notwendige Verfahren zur Eintragung der SE im Register des Zuzugstaats, dh insbesondere eine Anmeldung der SE durch das Vertretungsorgan in
vertretungsberechtigter Zahl im Zuzugstaat. Die Vorlage der Unterlagen hat in
Deutschland in **beglaubigter Form** zu erfolgen (§ 12 HGB). Im Ergebnis
richtet sich dies nach den nationalen Vorschriften des Zuzugstaats (NK-SE/
Schröder Rn. 92 f.; für Deutschland MüKoAktG/*Oechsler* Rn. 50).

bb) Materiellrechtliche Formalitäten? Hinsichtlich der materiellen Prüfung 92
hat die Behörde des Wegzugstaats zur Ausstellung ihrer Bescheinigung die entsprechenden Prüfungen vorzunehmen (→ Rn. 81 zu Art. 8 Abs. 8). Eine darüber
hinausgehende Prüfung der Behörde des Zuzugstaats kommt grundsätzlich **nicht**
in Betracht (MüKoAktG/*Oechsler* Rn. 50; Spindler/Stilz/*Casper* Rn. 20; NK-
SE/*Schröder* Rn. 95; LHT/*Ringe* Rn. 69; KK-AktG/*Veil* Rn. 94). Etwas anderes
gilt nur dann, wenn offensichtliche Rechtsverletzungen vorliegen (NK-SE/*Schröder* Rn. 95 aE). Die Behörde des Zuzugstaats ist daher grundsätzlich an die
Prüfung der Behörde des Wegzugstaats gebunden. Dies ist sachgerecht, weil die
Behörde des Wegzugstaats sachnäher mit entsprechender Fachkompetenz die
Einhaltung der Anforderungen im Wegzugstaat prüfen kann (NK-SE/*Schröder*
Rn. 95). Es ist effizient und systemgerecht, die Prüfung durch die Behörde des

Wegzugstaats wäre andernfalls praktisch überflüssig (MüKoAktG/*Oechsler* Rn. 50; Spindler/Stilz/*Casper* Rn. 20).

93   Eine Prüfungspflicht der Behörde des Zuzugstaats ist allerdings und insoweit auch dann zu bejahen, wenn die Rechtsvorschriften des Zuzugstaats von den Rechtsvorschriften des Wegzugstaats abweichen und sich dieses auf die zukünftige SE auswirken könnte.

94   Durch die Behörde im Zuzugstaat ist die **Satzung** zu prüfen. Denn die Satzung der SE nach Sitzverlegung muss mit den Rechtsvorschriften im Zuzugstaat übereinstimmen, so dass die Behörde des Zuzugstaats insofern sachnäher und fachkompetenter ist als die Behörde des Wegzugstaats. Deshalb steht der Behörde des Zuzugstaats eine Prüfung insofern zu, ob die entsprechenden Satzungsvorschriften mit den Vorschriften des Zuzugstaats übereinstimmen (Spindler/Stilz/ *Casper* Rn. 20; KK-AktG/*Veil* Rn. 95; *Schwarz* Rn. 53; NK-SE/*Schröder* Rn. 98; MüKoAktG/*Oechsler* Rn. 50; LHT/*Ringe* Rn. 74 sowie Rn. 76 zur Unterscheidbarkeit der Firma, in Deutschland § 30 HGB). Dabei ist hinsichtlich des Prüfungsumfangs das nationale Recht zu berücksichtigen. In Deutschland besteht hier ein eingeschränkter Prüfungsauftrag (vgl. § 38 Abs. 4 AktG; *Schwarz* Rn. 53).

95   Im Rahmen der Satzungsänderungen sind neben der Änderung des Sitzes und ggf. der Änderung der Sprache im Wesentlichen Satzungsänderungen zB im Hinblick auf Aktienarten/-gattungen zu berücksichtigen (vgl. *Schwarz* Rn. 53), zB ob etwaige in der Satzung vorgesehene Aktiengattungen auch mit dem Recht des Zuzugstaats vereinbar sind. Sofern dies nicht der Fall ist, ist die Satzung nicht mit dem Recht des Zuzugstaats vereinbar. Die entsprechende Aktiengattung müsste dann (mit Sonderbeschluss) abgeschafft werden (*Schwarz* Rn. 54 f.; vgl. auch → Rn. 47).

96   **Keine Prüfungskompetenz** besteht hinsichtlich der **Neubestellung von Organen.** Aufgrund der Identitätswahrung (Art. 8 Abs. 1 S. 2) sind die Organe grundsätzlich nicht neu zu bestellen (*Schwarz* Rn. 57; Spindler/Stilz/*Casper* Rn. 20, 23; MüKoAktG/*Oechsler* Rn. 55).

97   Nicht zu prüfen ist die Vereinbarkeit der Satzung mit etwaigen Gründungsbestimmungen. Denn die SE wird nicht neu gegründet (*Schwarz* Rn. 53). Sie besteht auch nach Sitzverlegung weiter fort. Ansonsten würde das Prinzip der Identitätswahrung, Art. 8 Abs. 1 S. 2, umgangen (Spindler/Stilz/*Casper* Rn. 20; MüKoAktG/*Oechsler* Rn. 51; KK-AktG/*Veil* Rn. 96; aA zur Durchführung einer Gründungsprüfung *Priester* ZGR 1999, 36 [44] zur Sitzverlegungsrichtlinie; Theisen/Wenz/*Wenz* S. 254). Eine Prüfungskompetenz im Hinblick auf die Gründungsprüfung soll allenfalls dort in Betracht kommen, wo das Recht des Zuzugstaats von dem des Wegzugstaats abweicht und höhere Anforderungen an die Kapitalerhaltungsvorschriften stellt (vgl. *Schwarz* Rn. 51; LHT/*Ringe* Rn. 70). Insofern ist allerdings zu berücksichtigen, dass die SE im Wegzugstaat wirksam gegründet worden ist. Auch bei höheren Anforderungen an die Kapitalerhaltung im Zuzugstaat kommt daher aufgrund der Identitätswahrung eine erneute Gründungsprüfung auch insofern nicht in Betracht (in diesem Sinne auch NK-SE/*Schröder* Rn. 97; *Schwarz* Rn. 51; LHT/*Ringe* Rn. 70).

98   Weiter wird eine **Kapitalprüfung** diskutiert. Auch insofern kommt eine Prüfung nur dann in Betracht, wenn sich im Zuzugstaat zB eine Unterbilanz ergeben kann oder die Kapital*erhaltungs*vorschriften nicht weiter erfüllt sind. Eine Prüfung der Kapital*aufbringungs*vorschriften erfolgt hingegen im Hinblick auf die Identitätswahrung, Art. 8 Abs. 1 S. 2, nicht (LHT/*Ringe* Rn. 77; NK-SE/*Schröder* Rn. 97; *Schwarz* Rn. 56; Spindler/Stilz/*Casper* Rn. 30; KK-AktG/*Veil* Rn. 96).

99   Sitz und Hauptverwaltung der Gesellschaft müssen sich in *einem* Mitgliedstaat befinden (Art. 7 S. 1). Fraglich ist daher, ob die Behörde des Zuzugstaats prüfen

muss, ob mit dem Sitz auch die Hauptverwaltung verlegt wird (so im Ergebnis *Schwarz* Rn. 52; auch LHT/*Ringe* Rn. 75). Die Verlegung der Hauptverwaltung erfolgt in der Regel jedoch allein aus praktischen Gründen oft nicht gleichzeitig, sondern im Nachgang zur Sitzverlegung (in diesem Sinne Spindler/Stilz/*Casper* Rn. 20, 23; MüKoAktG/*Oechsler* Rn. 50, 54). Auch darf die SE vor Wirksamwerden der Sitzverlegung ihre Hauptverwaltung nicht verlegen, denn sonst würde sie gegen das Gebot verstoßen, dass Sitz und Hauptverwaltung sich in einem Mitgliedstaat befinden müssen (vgl. auch KK-AktG/*Veil* Rn. 96, 104). Darüber hinaus sieht die SE-VO Eingriffsrechte bei Nicht-Einhaltung von Sitz und Hauptverwaltung in einem Mitgliedstaat vor (vgl. Art. 64). Der Behörde des Zuzugstaats steht daher im Rahmen der Prüfung nach Art. 8 Abs. 9 eine Prüfungskompetenz hinsichtlich der Verlegung der Hauptverwaltung nicht zu. Sie kann insofern – wenn die Hauptverwaltung noch nicht verlegt worden ist – die Eintragung der Sitzverlegung nicht ablehnen. Ablehnen kann sie die Eintragung der Sitzverlegung nur dann, wenn offensichtliche Gründe vorliegen, dass die SE dem Gebot der Verlegung der Hauptverwaltung an den neuen Sitz im Zuzugstaat nicht nachkommt.

Die Behörde im Zuzugstaat hat etwaige **Auflösungsgründe** (Art. 8 Abs. 15) **100** nicht zu prüfen; dies steht der Behörde des Wegzugstaats zu (→ Rn. 85, 92). Nur für die Zwischenzeit, dh nach Erteilung der Bescheinigung durch die Behörde des Wegzugstaats steht der Behörde des Zuzugstaats diesbezüglich eine entsprechende Prüfungskompetenz zu (Spindler/Stilz/*Casper* Rn. 20; LHT/*Ringe* Rn. 77; KK-AktG/*Veil* Rn. 96; im Ergebnis weitgehend identisch NK-SE/ *Schröder* Rn. 99). Denn die Prüfung der Behörde des Wegzugstaats endet mit Ausstellung ihrer Bescheinigung.

9. Registereintragung im Zuzugstaat (Abs. 10). Die Sitzverlegung wird **101** **wirksam** mit Eintragung im Register des neuen Sitzes (vgl. auch Art. 12). Hierzu bedarf es einer Anmeldung der Sitzverlegung mit Vorlage der Wegzugsbescheinigung (Art. 8 Abs. 8) sowie der geänderten Satzung (LHT/*Ringe* Rn. 78; NK-SE/*Schröder* Rn. 104). Die Anmeldung sowie die Eintragung richtet sich nach den Vorschriften des nationalen Rechts des Zuzugstaats (NK-SE/ *Schröder* Rn. 102; LHT/*Ringe* Rn. 79).

Mit **Eintragung** der SE ist die Sitzverlegung **im Innenverhältnis** wirksam. **102** Die Eintragung ist die letzte konstitutive Voraussetzung für die Durchführung des Sitzwechsels. Die Löschung im Register des Wegzugstaats (Art. 8 Abs. 11 S. 2) hat nur deklaratorische Wirkung (NK-SE/*Schröder* Rn. 103; LHT/*Ringe* Rn. 60; MüKoAktG/*Oechsler* Rn. 55, 61). Für die Wirksamkeit der Sitzverlegung ist es unerheblich, ob die Hauptverwaltung in den Zuzugstaat bereits verlegt worden ist (LHT/*Ringe* Rn. 80; s. auch zur materiellen Prüfungskompetenz der Behörde des Zuzugstaats → Rn. 92, 99).

Die Wirksamkeit gilt allerdings nur im Innenverhältnis, dh im Verhältnis der **103** SE zu ihren Organen und ihren Aktionären (NK-SE/*Schröder* Rn. 103; *Schwarz* Rn. 60; MüKoAktG/*Oechsler* Rn. 61; KK-AktG/*Veil* Rn. 101 f.). Im Außenverhältnis ist die Offenlegung der Eintragung zur Wirksamkeit erforderlich (Art. 8 Abs. 13; → Rn. 107).

10. Löschung im Register des Wegzugstaats (Abs. 11). Das Register im **104** Zuzugstaat hat dem Register im Wegzugstaat die Eintragung der SE mitzuteilen. Nach Eingang der Mitteilung ist die Eintragung der SE im Register des Wegzugstaats zu löschen. Die Mitteilung des Registers des Zuzugstaats erfolgt **von Amts wegen**; es bedarf daher keines Antrags der SE zur Löschung beim Register des Wegzugstaats (LHT/*Ringe* Rn. 81; NK-SE/*Schröder* Rn. 105).

Die Mitteilung wird in der Regel in der Amtssprache des Zuzugstaats erstellt. **105** Sofern dies nicht die Amtssprache des Wegzugstaats ist, stellt sich die Frage, wie dieses **Sprachenproblem** gelöst wird. Sofern die Behörde des Zuzugstaats eine Bescheinigung in der Amtssprache des Zuzugstaats nicht akzeptiert, wird die SE von sich aus für eine amtlich beglaubigte Übersetzung sorgen müssen (MüKo-AktG/*Oechsler* Rn. 52; NK-SE/*Schröder* Rn. 105; wohl auch KK-AktG/*Veil* Rn. 98).

106　　Nach Eintragung im Zuzugstaat ist die Eintragung der SE im Register im Wegzugstaat zu löschen (Art. 8 Abs. 11 S. 2), was von Amts wegen zu erfolgen hat (Spindler/Stilz/*Casper* Rn. 21; NK-SE/*Schröder* Rn. 105; KK-AktG/*Veil* Rn. 98). Der Behörde im Wegzugstaat steht insofern **kein Prüfungsrecht** zu. Sie hat ihr Prüfungsrecht im Rahmen der von ihr zu erstellenden Wegzugsbescheinigung ausgeübt, Art. 8 Abs. 8 (MüKoAktG/*Oechsler* Rn. 52; Spindler/Stilz/*Casper* Rn. 21; KK-AktG/*Veil* Rn. 98). Die Löschung hat nur **deklaratorische Wirkung;** maßgeblich für die Wirksamkeit der Sitzverlegung ist die Eintragung im Register des Zuzugstaats (Art. 8 Abs. 10). Solange die Löschung aber nicht erfolgt ist, muss die SE den alten Sitz grundsätzlich (weiter) gegen sich gelten lassen, Art. 8 Abs. 13 S. 2 (vgl. auch LHT/*Ringe* Rn. 60; NK-SE/*Schröder* Rn. 106; KK-AktG/*Veil* Rn. 101 f.).

107　**11. Offenlegung, Wirkung der Sitzverlegung (Abs. 12, 13).** Die Eintragung und die Löschung sind in den betreffenden Mitgliedstaaten offenzulegen. Erst mit der Offenlegung erlangt die Sitzverlegung Geltung gegenüber Dritten (Art. 8 Abs. 13).

108　　Nach Löschung im Wegzugstaat ist die Eintragung der SE im Register des Zuzugstaats offenzulegen. Ferner sind Eintragung und Löschung im Wegzugstaat zu veröffentlichen. Außerdem ist eine Mitteilung im Amtsblatt der EU vorzunehmen. Weitere Offenlegungspflichten (zB mit Bekanntmachung in Ländern, in denen die SE ein Tochterunternehmen unterhält) verlangt die SE-VO nicht (s. hierzu Spindler/Stilz/*Casper* Rn. 21).

109　　Zum Teil wird vertreten, dass die Offenlegung im Zuzugstaat **bereits vor Löschung** im Register im Wegzugstaat erfolgen kann. Die Löschung sollte insbesondere mit Hinblick auf die deklaratorische Bedeutung der Löschung im Register des Wegzugstaats, Art. 8 Abs. 13 S. 2, getrennt erfolgen (so im Ergebnis wohl auch *Schwarz* Rn. 61; LHT/*Ringe* Rn. 92 ff.). Dem ist aber entgegenzuhalten, dass – auch wenn die Löschung der SE im Register des Wegzugstaats nur deklaratorische Bedeutung hat – die SE nach außen durch entsprechende Veröffentlichungen erst dargelegt werden kann, wenn die Register den neuen Stand wiedergeben. Hierzu gehört eine Löschung der SE im Wegzugstaat. Zur Rechtsklarheit hat die Löschung im Wegzugstaat (nur) deklaratorische Bedeutung, auch wenn aufgrund der dargelegten Reihenfolge (Offenlegung im Zuzugstaat erst nach Löschung im Wegzugstaat) die Löschung im Wegzugstaat eine Voraussetzung für die Offenlegung der Eintragung im Zuzugstaat und damit für die Geltung gegenüber Dritten im Sinne des Abs. 13 darstellt.

110　　Art. 8 Abs. 13 S. 2 gibt Dritten das Recht, sich auf den alten Sitz der SE berufen zu können, solange dieser im Register des Wegzugstaats eingetragen ist. Dies entspricht einer **negativen Publizität,** vergleichbar § 15 Abs. 1 HGB (MüKoAktG/*Oechsler* Rn. 61; Spindler/Stilz/*Casper* Rn. 23; KK-AktG/*Veil* Rn. 102, 113). Solange die Löschung im Register des Wegzugstaats nicht erfolgt ist, wird der öffentliche Glaube geschützt (MüKoAktG/*Oechsler* Rn. 61; LHT/*Ringe* Rn. 93; KK-AktG/*Veil* Rn. 102, 113).

111　　Fraglich ist, ob dieser Schutz erforderlich ist, da die Wegzugsbescheinigung in der Regel schon erstellt ist und diese im Handelsregister des Wegzugstaats eingetragen ist. Mit der Erteilung der Wegzugsbescheinigung ist die SE aber noch nicht im Register des Zuzugstaats eingetragen. Insofern ist ein öffentlicher Schutz über eine negative Publizität vergleichbar § 15 Abs. 1 HGB angebracht. Dritte können sich dementsprechend wahlweise bis zur Offenlegung der Löschung auf den alten Sitz berufen, es sei denn, die SE kann nachweisen, dass Dritten im maßgeblichen Zeitpunkt der neue Sitz positiv bekannt war.

Die Fiktion des Art. 8 Abs. 13 S. 2 gilt jedoch nicht, wenn die SE im Weg- **112** zugstaat gelöscht ist, obwohl sie im Zuzugstaat noch nicht eingetragen ist (NK-SE/*Schröder* Rn. 14; LHT/*Ringe* Rn. 94).

Folge der Sitzverlegung ist der **identitätswahrende Fortbestand** der Gesell- **113** schaft (Art. 8 Abs. 1 S. 2), dh es handelt sich nicht um eine Neugründung. Es findet daher keine Vermögensübertragung statt (LHT/*Ringe* Rn. 89; KK-AktG/ *Veil* Rn. 11). Ferner gelten alle Verträge fort, es besteht grundsätzlich Amtskontinuität der Organe (speziell dazu MüKoAktG/*Oechsler* Rn. 55 mN zur vereinzelt vertretenen Gegenansicht). Die Arbeitnehmerbeteiligungsvereinbarung gilt – sofern nicht ausdrücklich anders vereinbart – fort (Spindler/Stilz/*Casper* Rn. 23).

12. Einspruch gegen die Sitzverlegung (Abs. 14). Nationale Vorschriften **114** können vorsehen, dass nationale Behörden innerhalb einer Frist von zwei Monaten nach Offenlegung des Verlegungsplans (vgl. Art. 8 Abs. 6) der Sitzverlegung widersprechen können. Voraussetzung ist ein **öffentliches Interesse.** Deutschland hat entsprechende nationale Vorschriften nicht erlassen. Das Widerspruchsrecht sollte wohl begründet werden, um eine zulässige Wegzugsbeschränkung darzulegen (vgl. im Einzelnen MüKoAktG/*Oechsler* Rn. 31; Spindler/Stilz/*Casper* Rn. 13; dazu auch LHT/*Ringe* Rn. 61 ff.).

13. Ausschluss der Sitzverlegung bei drohender Auflösung der Gesell- **115** **schaft (Abs. 15).** Die SE kann ihren Sitz nicht verlegen, wenn gegen sie ein Verfahren wegen Auflösung, Liquidation, Zahlungsunfähigkeit oder vorläufiger Zahlungseinstellung oder ein ähnliches Verfahren eröffnet worden ist. Hinsichtlich solcher Verfahren unterliegt die SE den Rechtsvorschriften, die für eine Aktiengesellschaft im Sitzstaat der SE maßgeblich sind, in dem die SE gegründet worden ist (Art. 63).

Im Ergebnis handelt es sich um ein **Sitzverlegungsverbot** im Interesse des **116** Gläubigerschutzes (Spindler/Stilz/*Casper* Rn. 13; MüKoAktG/*Oechsler* Rn. 29; ähnlich NK-SE/*Schröder* Rn. 125). Ein dennoch gefasster Verlegungsbeschluss ist nichtig (Spindler/Stilz/*Casper* Rn. 13; MüKoAktG/*Oechsler* Rn. 33; ähnlich NK-SE/*Schröder* Rn. 127); die Behörde des Wegzugstaats darf die Bescheinigung nach Abs. 8 nicht erteilen (→ Rn. 76, 85; LHT/*Ringe* Rn. 83; NK-SE/*Schröder* Rn. 127). Sofern das entsprechende Verfahren erst nach Erteilung der Bescheinigung der Behörde des Wegzugstaats vorliegt, darf die Behörde des Zuzugstaats die Eintragung der SE im Register des Zuzugstaats verweigern (→ Rn. 88). Das Verbot dauert nur solange, wie der Verbotsgrund besteht. Wenn das behördliche bzw. gerichtliche Verfahren eingestellt wird bzw. der Auflösungsbeschluss aufgehoben wird, ist der Verbotsgrund nicht mehr gegeben (LHT/*Ringe* Rn. 88; NK-SE/*Schröder* Rn. 128). Ob ein solcher Grund vorliegt, richtet sich bis zur Eintragung der Sitzverlegung im Zuzugstaat nach dem Recht des Wegzugstaats, Art. 63 (*Schwarz* Rn. 66; *Zang* S. 247).

Zu den einzelnen Verfahren kann in Deutschland insofern auf § 262 AktG **117** (Ablauf der in der Satzung bestimmten Zeit, Beschluss der Hauptversammlung über die Auflösung, Eröffnung des Insolvenzverfahrens, Ablehnung der Eröffnung des Insolvenzverfahrens mangels Masse, Feststellung von Mängeln in der Satzung, Löschung der Gesellschaft wegen Vermögenslosigkeit) verwiesen werden. Eröffnet sind die Verfahren iSd Art. 8 Abs. 15 bei behördlichen Entscheidungen mit der Einleitung, bei Auflösungsbeschlüssen bzw. Zeitablauf kommt es auf die Kenntniserlangung des Registergerichts an (NK-SE/*Schröder* Rn. 168 ff.; *Schwarz* Rn. 65).

118 Das Sitzverlegungsverbot des Art. 8 Abs. 15 soll auch für **Sitzverlegungen im Inland** gelten (so NK-SE/*Schröder* Rn. 129). Dies ist abzulehnen, da Art. 8 nur die Sitzverlegung in einen anderen Mitgliedstaat betrifft. Für Sitzverlegungen im Inland gilt das nationale Recht. Hier bedarf es nicht eines besonderen Schutzes der Gläubiger, wie es Art. 8 Abs. 15 bezweckt. Ein weiteres Sitzverlegungsverbot enthält Art. 37 Abs. 3 (s. dort).

119 **14. Fiktion des Sitzes im Wegzugstaat (Abs. 16).** Eine SE kann in dem Wegzugstaat verklagt werden in Bezug auf Forderungen, die vor dem Zeitpunkt der Verlegung entstanden sind.

120 **a) Sinn und Zweck, Bedeutung der Vorschrift.** Aufgrund der Sitzverlegung müssen Klagen zukünftig am neuen Sitz der Gesellschaft erhoben werden, vgl. Art. 24 Nr. 2 Brüssel Ia-VO (früher Art. 22 Nr. 2 EuGVVO) für gesellschaftsrechtliche Streitigkeiten. Die Sitzverlegung führt danach zu einem **Gerichtsstandswechsel** (LHT/*Ringe* Rn. 97 f.; NK-SE/*Schröder* Rn. 130; ausführlich zu den Gerichtsständen *Schwarz* Rn. 68 ff.). Altforderungen können am bisherigen Sitz des Wegzugstaats geltend gemacht werden. Dadurch sollen Altgläubiger nicht benachteiligt werden, indem die SE ihren Sitz verlegt (NK-SE/*Schröder* Rn. 131; MüKoAktG/*Oechsler* Rn. 65; Spindler/Stilz/*Casper* Rn. 25; *ders.* ZHR 173 [2009], 181 [211]; LHT/*Ringe* Rn. 95). Insofern begründet Art. 8 Abs. 16 zunächst eine Gerichtsstandsklausel.

121 Darüber hinaus hat Art. 8 Abs. 16 klarstellende Funktion. Anknüpfungspunkt bei internationalen verwaltungsrechtlichen Vereinbarungen ist nach wie vor der bisherige Sitz der Gesellschaft, obwohl auch bisher weitgehend Einigkeit besteht, dass es im Rahmen des anwendbaren Sachrechts auf den Sitz der juristischen Person im Zeitpunkt des Vertragsschlusses ankommt und damit spätere Sitzverlegungen unbeachtlich sind (s. zum Ganzen Spindler/Stilz/*Casper* Rn. 25; im Einzelnen auch NK-SE/*Schröder* Rn. 138 und MüKoAktG/*Oechsler* Rn. 63).

122 **b) Voraussetzungen.** Art. 8 Abs. 16 ist anwendbar auf grenzüberschreitende Sitzverlegungen (NK-SE/*Schröder* Rn. 132). Die Fiktion gilt für alle Forderungen, die vor dem Zeitpunkt der Sitzverlegung nach Art. 8 Abs. 10 entstanden sind. Entstanden ist eine Forderung, deren Rechtsgrund gelegt worden ist. Auf Kenntnis, Fälligkeit, Durchsetzbarkeit, gerichtliche Geltendmachung oder Ähnliches kommt es nicht an (NK-SE/*Schröder* Rn. 133; LHT/*Ringe* Rn. 96; MüKoAktG/*Oechsler* Rn. 67; Spindler/Stilz/*Casper* Rn. 25; *Schwarz* Rn. 71). Maßgeblich ist allein die Eintragung im Register des Zuzugstaats nach Art. 8 Abs. 10, nicht hingegen deren Offenlegung. Dies stellt einen systematischen Bruch dar, da für die Wirksamkeit nach außen grundsätzlich die Offenlegung der Eintragung (und nicht die Eintragung) entscheidend ist (Art. 8 Abs. 13). Aufgrund des eindeutigen Wortlauts ist jedoch auf die Eintragung im Register des Zuzugstaats abzustellen (MüKoAktG/*Oechsler* Rn. 64; NK-SE/*Schröder* Rn. 133). Auch auf Kenntnis oder Ähnliches kommt es nicht an.

123 Art. 8 Abs. 16 gilt nicht nur für gesellschaftsfremde Dritte, sondern auch für die Gesellschafter, so dass Abfindungsansprüche ausgeschiedener Minderheitsaktionäre am bisherigen Sitz der Gesellschaft geltend gemacht werden können (so MüKoAktG/*Oechsler* Rn. 67; Spindler/Stilz/*Casper* Rn. 25).

124 **c) Rechtsfolgen.** Bezüglich der Altforderungen gilt die SE weiter als SE mit Sitz im Wegzugstaat und kann daher dort **verklagt** werden. Auch aus der Sitztheorie ergibt sich nichts anderes. Denn eine zeitliche Beschränkung für dieses Recht gibt es nicht (NK-SE/*Schröder* Rn. 134). Art. 8 Abs. 16 ist die vorrangige Vorschrift (LHT/*Ringe* Rn. 98; *Ringe* S. 187 ff.).

125 Sofern im Zuzugstaat jedoch vollstreckt wird, richtet sich dies nach dem Recht des Zuzugstaats. Sofern die SE keine Vermögensgegenstände mehr im Wegzug-

staat hat, ist daher ggf. nur im Zuzugstaat zu **vollstrecken** (MüKoAktG/*Oechsler*
Rn. 65; NK-SE/*Schröder* Rn. 135). Im Ergebnis dürfte dies jedoch nur gering-
fügige Bedeutung haben. Auch mit Verlegung der Hauptverwaltung werden
nicht zwangsläufig sämtliche Vermögensgegenstände aus dem Wegzugstaat in den
Zuzugstaat übertragen (NK-SE/*Schröder* Rn. 136 f.).

Art. 8 Abs. 16 dient ausschließlich dem Schutz der Altgläubiger und ist daher **126**
durch diese auch **verzichtbar,** dh wahlweise kann auch eine Klage im Zuzugstaat
geltend gemacht werden (MüKoAktG/*Oechsler* Rn. 68; ebenso Spindler/Stilz/
Casper Rn. 25; KK-AktG/*Veil* Rn. 115; LHT/*Ringe* Rn. 97). Auch mit einer
Gerichtsstandsvereinbarung kann die Geltendmachung von Altforderungen
am Sitz im Wegzugstaat vereinbart werden, analog Art. 25 f. Brüssel Ia-VO,
früher Art. 23, 24 EuGVVO (MüKoAktG/*Oechsler* Rn. 69).

d) **Reformerwägungen.** Im Rahmen der Evaluation der SE-VO soll Art. 8 **127**
Abs. 16 überprüft werden (vgl. Art. 69). Bereits jetzt gibt es einige Stimmen, die
eine Abschaffung von Art. 8 Abs. 16 fordern, da dies zu einem doppelten Gläu-
bigerschutz führe (MüKoAktG/*Oechsler* Rn. 39 ff., 65; zur Sicherheitsleistung
→ Rn. 61 ff.). Andererseits soll eine Klageerhebung im Ausland tendenziell
schwieriger sein als im Inland und deshalb soll Art. 8 Abs. 16 beibehalten werden
(Spindler/Stilz/*Casper* Rn. 27). In ihrem Bericht vom 17.11.2010 an das EU-
Parlament und den Rat sah die Kommission keinen Grund für die Änderung der
Vorschrift (Bericht KOM(2010) 676 vom 17.11.2010, S. 10). Eine Reform ist
daher zurzeit unwahrscheinlich (vgl. auch KK-AktG/*Veil* Rn. 116).

III. Sitzverlegung innerhalb eines Mitgliedstaats oder in einen Nicht-EU-Staat

Art. 8 regelt ausschließlich die Sitzverlegung von einem Mitgliedstaat in **128**
einen anderen (LHT/*Ringe* Rn. 101). Sitzverlegungen innerhalb Deutschlands
richten sich nach dem AktG. Die Sitzverlegung in einen Nicht-EU-Staat oder
einen Nicht-EWR-Staat ist untersagt, vgl. auch Art. 7 (LHT/*Ringe* Rn. 102;
Spindler/Stilz/*Casper* Rn. 28; *Heuschmid/Schmidt* NZG 2007, 54 [55]; KK-
AktG/*Veil* Rn. 117). Sofern dies doch passiert, richtet sich der Fortbestand der
SE nach dem Recht des Zuzugstaats. Nicht anwendbar ist Art. 64, denn dieser
gilt nur innerhalb der Mitgliedstaaten (aA LHT/*Ringe* Rn. 102; *Heuschmid/
Schmidt* NZG 2007, 54 [56]; KK-AktG/*Veil* Rn. 117; MüKoAktG/*Oechsler*
Rn. 70).

IV. Beteiligung an grenzüberschreitenden Umwandlungsvorgängen

Eine SE kann wie jede andere Aktiengesellschaft sich an grenzüberschreitenden **129**
Umwandlungsvorgängen beteiligen. Fraglich ist, sofern eine SE dadurch untergeht, ob dies einer Sitzverlegung gleichkommt und dementsprechend Art. 8
anwendbar sein könnte. In solchen Fällen gelten jedoch vorrangig die Vorschriften der grenzüberschreitenden Umwandlung (§§ 122a ff. UmwG nach deutschem Recht, bei Aufgabe einer SE mit Sitz in Deutschland).

[Anwendbares Recht]

9 (1) **Die SE unterliegt**
a) **den Bestimmungen dieser Verordnung,**
b) **sofern die vorliegende Verordnung dies ausdrücklich zulässt, den Bestimmungen der Satzung der SE,**

c) in Bezug auf die nicht durch diese Verordnung geregelten Bereiche oder, sofern ein Bereich nur teilweise geregelt ist, in Bezug auf die nicht von dieser Verordnung erfassten Aspekte

  i) den Rechtsvorschriften, die die Mitgliedstaaten in Anwendung der speziell die SE betreffenden Gemeinschaftsmaßnahmen erlassen,

  ii) den Rechtsvorschriften der Mitgliedstaaten, die auf eine nach dem Recht des Sitzstaats der SE gegründete Aktiengesellschaft Anwendung finden würden,

  iii) den Bestimmungen ihrer Satzung unter den gleichen Voraussetzungen wie im Falle einer nach dem Recht des Sitzstaats der SE gegründeten Aktiengesellschaft.

(2) Von den Mitgliedstaaten eigens für die SE erlassene Rechtsvorschriften müssen mit den für Aktiengesellschaften im Sinne des Anhangs I maßgeblichen Richtlinien im Einklang stehen.

(3) Gelten für die von der SE ausgeübte Geschäftätigkeit besondere Vorschriften des einzelstaatlichen Rechts, so finden diese Vorschriften auf die SE uneingeschränkt Anwendung.

§ 1 SEAG Anzuwendende Vorschriften

Soweit nicht die Verordnung (EG) Nr. 2157/2001 des Rates vom 8. Oktober 2001 über das Statut der Europäischen Gesellschaft (SE) (ABl. EG L 294 S. 1) (Verordnung) gilt, sind auf eine Europäische Gesellschaft (SE) mit Sitz im Inland und auf die an der Gründung einer Europäischen Gesellschaft beteiligten Gesellschaften mit Sitz im Inland die folgenden Vorschriften anzuwenden.

Schrifttum: *Anweiler,* Die Auslegungsmethoden des Gerichtshofs der Europäischen Gemeinschaften, 1997; *Bachmann,* Die Societas Europaea und das europäische Privatrecht, ZEuP 2008, 32; *Brandi,* Die Europäische Aktiengesellschaft im deutschen und internationalen Konzernrecht, NZG 2003, 889; *Brandt/Scheifele,* Die Europäische Aktiengesellschaft und das anwendbare Recht, DStR 2002, 547; *Casper,* Der Lückenschluss im Statut der Europäischen Aktiengesellschaft, FS Ulmer, 2003, 51; *ders.,* Erfahrungen und Reformbedarf bei der SE – Gesellschaftsrechtliche Reformvorschläge, ZHR 173 (2009), 181; *Engert,* Der internationalprivatrechtliche und sachrechtliche Anwendungsbereich des Rechts der Europäischen Aktiengesellschaft, ZVglRWiss. 104 (2005), 444; *Fleischer,* Der Einfluss der Societas Europaea auf die Dogmatik des deutschen Gesellschaftsrechts, AcP 204 (2004), 502; *ders.,* Supranationale Gesellschaftsformen in der Europäischen Union, ZHR 174 (2010), 385; *Forst,* Die Beteiligungsvereinbarung nach § 21 SEBG, 2010; *Gössl,* Die Satzung der Europäischen Aktiengesellschaft (SE) mit Sitz in Deutschland, 2010; *Grosche,* Rechtsfortbildung im Unionsrecht, 2011; *Habersack,* Das Konzernrecht der „deutschen" SE, ZGR 2003, 724; *Henninger,* Europäisches Privatrecht und Methode, 2009; *Hommelhoff,* Satzungsstrenge und Gestaltungsfreiheit in der Europäischen Aktiengesellschaft, FS Ulmer, 2003, 267; *ders.,* Mehr Europa für die Europäische Aktiengesellschaft?, FS Müller-Graff, 2015, 252; *Hommelhoff/Lächler,* Förder- und Schutzrecht für den SE-Konzern, AG 2014, 257; *Höpfner/Rüthers,* Grundlagen einer europäischen Methodenlehre, AcP 209 (2009), 1; *Lächler/Oplustil,* Funktion und Umfang des Regelungsbereichs der SE-Verordnung, NZG 2005, 381; *Lind* Die Europäische Aktiengesellschaft – Eine Analyse der Rechtsanwendungsvorschriften, 2004; *Mayer/Schürnbrand,* Einheitlich oder gespalten? – Zur Auslegung nationalen Rechts bei überschießender Umsetzung von Richtlinien, JZ 2004, 545; *S. Martens,* Methodenlehre des Unionsrechts, 2013; *Riesenhuber* (Hrsg.), Europäische Methodenlehre, 3. Aufl. 2015; *W.-H. Roth,* Europäische Verfassung und Europäische Methodenlehre, RabelsZ 75 (2011), 787; *J. Schmidt,* „Deutsche" vs. „britische" Societas Europaea (SE), 2006; *Schön,* Allgemeine Rechtsgrundsätze im Europäischen Gesellschaftsrecht, FS Hopt, 2010, Band I, 1343; *Schürnbrand,* Vollharmonisierung im Gesellschaftsrecht, in Gsell/Herresthal (Hrsg.), Vollharmonisierung im Privatrecht, 2009, 273; *Teichmann,* Die Einführung der Europäischen Aktiengesellschaft, ZGR 2002, 383; *ders.,* Binnenmarktkonformes Gesellschaftsrecht, 2006; *Wagner,* Die Bestimmung des auf die SE anwendbaren Rechts, NZG 2002, 985; *Wirtz,* Die Lückenfüllung im Recht der SE und der SPE, 2012; *Wulfers,* Allgemeine Rechtsgrundsätze als ungeschriebenes Recht der supranationalen Gesellschaftsrechtsformen, GPR 2006, 106.

Übersicht

	Rn.
I. Einführung	1
1. Inhalt und Zweck der Norm	1
2. Entstehungsgeschichte	3
3. Rechtspolitische Würdigung	5
4. Verhältnis zu anderen Rechtsanwendungsvorschriften	7
a) Deklaratorischer Charakter von § 1 SEAG	7
b) Spezialverweisungen	8
II. SE-VO als primäre Rechtsquelle (Abs. 1 lit. a)	10
1. Vorrang des Unionsrechts	10
2. Auslegung der Verordnung	11
a) Grundlagen	11
b) Auslegungskriterien	14
3. Rechtsfortbildung	17
a) Grundlagen	17
b) Grenzen innerhalb der SE-VO	19
III. Generalverweisung auf das nationale Recht (Abs. 1 lit. c)	23
1. Überblick	23
2. Reichweite	24
a) Regelungsbereich der SE-VO	24
b) Keine abschließende Regelung in der SE-VO	32
c) Keine vorrangige Spezialverweisung	33
3. Verweisungsziel	34
a) Rechtsnatur der Verweisung	34
b) Spezielles Umsetzungsrecht (Abs. 1 lit. c i und Abs. 2)	39
c) Allgemeines Aktienrecht (Abs. 1 lit. c ii)	41
IV. Satzung (Abs. 1 lit. b und lit. c iii)	47
1. Stellung innerhalb der Rechtsquellen	47
2. Gestaltungsfreiheit	50
a) Satzungsstrenge im Unionsrecht	51
b) Satzungsstrenge im nationalen Aktienrecht	54
V. Allgemeines Verkehrsrecht (Abs. 3)	55

I. Einführung

1. Inhalt und Zweck der Norm. Aufgabe des Art. 9 ist es, das auf die SE **1** anwendbare Recht zu bestimmen. Abweichend von früheren Entwürfen zeichnet sich die endgültig verabschiedete SE-VO nämlich durch den **Verzicht auf ein Vollstatut** aus. Lediglich bestimmte Bereiche, wie vor allem das Gründungsverfahren und das Organisationsrecht, sind dort detailliert geregelt. Diese Regelungen finden nach Abs. 1 lit. a vorrangig Anwendung; der Satzungsgeber darf von ihnen gemäß Abs. 1 lit. b nur abweichen, wenn die Verordnung es ausdrücklich zulässt. Soweit ein Bereich hingegen nicht oder nur teilweise geregelt ist, findet subsidiär das nationale Recht des Sitzstaats Anwendung. Aus der Prägung durch die jeweilige mitgliedstaatliche Rechtsordnung folgen substantielle Unterschiede im Erscheinungsbild, die es rechtfertigen, von einer „deutschen", „italienischen" oder „polnischen" SE zu sprechen. Im Einzelnen unterliegt die SE nach Abs. 1 lit. c i) zunächst denjenigen Rechtsvorschriften, die der Mitgliedstaat speziell für diese Rechtsform erlassen hat. Sie müssen allerdings nach Abs. 2 in Einklang mit den gesellschaftsrechtlichen Richtlinien der EU stehen. Die theoretisch wie praktisch größte Bedeutung kommt sodann dem **Generalverweis auf das** (seinerseits partiell harmonisierte) **allgemeine Aktienrecht** in Abs. 1 lit. c ii) zu. Hiervon abweichende oder ergänzende Bestimmungen in der Satzung sind gemäß Abs. 1 lit. c iii) nur in dem Umfang zulässig, wie das nationale Aktienrecht Gestaltungsfreiheit einräumt. Schließlich stellt Abs. 3 klar, dass die Vorschriften mitgliedstaatlichen Rechts, die eine bestimmte Geschäftstätigkeit regeln, auch auf die SE uneingeschränkt Anwendung finden.

2   Die Vorschrift stellt damit eine **Hierarchie der Rechtsquellen** auf, die sich zwar verschieden auffächern, aber rechtssystematisch auf eine **vierstufige Pyramide** zurückführen lässt (Spindler/Stilz/*Casper* Rn. 5; MüKoAktG/*Schäfer* Rn. 21; KK-AktG/*Veil* Rn. 2). Im Rang folgen nacheinander zunächst die SE-VO, gefolgt von den Vorschriften des speziellen Ausführungsgesetzes, also des SEAG, sodann das allgemeine Aktienrecht und schließlich die Satzung der Gesellschaft, die trotz ihrer doppelten Erwähnung im Normtext insgesamt an letzter Stelle einzuordnen ist (näher → Rn. 47 f.). Keinen eigenständigen Rang nimmt demgegenüber die **Mitbestimmungsvereinbarung** ein; korporationsrechtliche Bedeutung kommt ihr vielmehr nur zu, wenn und insoweit ihre Regelungen in die Satzung übernommen wurden (→ Art. 12 Rn. 29). Außerhalb des Regelungsbereichs der VO und damit auch außerhalb dieser Hierarchie steht schließlich das allgemeine Verkehrsrecht. Diesem ist die SE wie jede andere natürliche oder juristische Person unterworfen, die in dem Sitzstaat agiert; das bringt die Regelung des Abs. 3 betreffend die Anforderungen an eine bestimmte Geschäftstätigkeit lediglich beispielhaft zum Ausdruck (→ Rn. 24, 55).

3   **2. Entstehungsgeschichte.** In der Entstehungsgeschichte des Art. 9 spiegelt sich der Übergang von dem ursprünglich anvisierten **Vollstatut zu dem Regelungstorso** wider, als der sich die endgültig verabschiedete SE-VO präsentiert (eingehend dazu LHT/*Hommelhoff/Teichmann* Rn. 12 ff.; KK-AktG/*Veil* Rn. 5 ff.). So hatte der erste offizielle **Entwurf** einer SE-VO aus dem Jahr **1970** noch einen Umfang von über 400 Artikeln und nahm für sich in Anspruch, das Gesellschaftsrecht dieser Rechtsform umfassend zu regeln (vgl. Beilage 8 zum Bulletin der Europäischen Gemeinschaft vom 24.6.1970 S. 14). Ausweislich der Erwägungsgründe sollten sämtliche Vorschriften über die Gründung, die Struktur, die Arbeitsweise und die Abwicklung der SE von der Anwendung der einzelstaatlichen Rechte ausgenommen werden, um sämtliche Vorteile der Einheitlichkeit zu verwirklichen. Dementsprechend ließ Art. 7 dieses Entwurfs einen Rückgriff auf das Recht der Mitgliedstaaten ausschließlich für Materien jenseits des Regelungsbereichs der Verordnung zu, welcher das gesamte Gesellschaftsrecht umfasste. Innerhalb ihres Regelungsbereichs hingegen sollten Lücken im Statut zunächst nach den allgemeinen Grundsätzen, auf denen das Statut beruhte, und falls dies nicht weiterführte, nach den gemeinsamen Regeln oder den gemeinsamen allgemeinen Grundsätzen der Rechte der Mitgliedstaaten geschlossen werden.

4   Das Konzept einer ausschließlich supranational geprägten Rechtsform wurde bereits mit dem **Entwurf von 1989** im Kern aufgegeben (ABl. 1989 C 263 S. 41 = BT-Drs. 11/5427, 13 ff. = AG 1990, 111). Nach dessen Art. 7 sollte die Lückenfüllung zwar nach wie vor zuvörderst mittels der allgemeinen Grundsätze erfolgen, auf denen die Verordnung beruhte. Falls diese keine Lösung aufzeigten, sollten nicht ausdrücklich geregelte Fragen aber nach dem im Sitzstaat der Gesellschaft für Aktiengesellschaften geltenden Recht entschieden werden. Der **Entwurf von 1991** schließlich kam mit nur noch ca. 140 Artikeln aus. Innerhalb des Rechtsanwendungsbefehls des Art. 7 war auch der Verweis auf die allgemeinen Grundsätze der Verordnung entfallen, vielmehr war subsidiär sogleich das Recht des Sitzstaats heranzuziehen (ABl. 1991 C 176 S. 1 = BT-Drs. 12/1004, 2 ff.). Die Vorschrift ähnelte damit bereits stark der endgültig verabschiedeten Fassung, wenngleich sich ein Pendant zu Art. 9 Abs. 1 lit. c i) sowie Abs. 2 und 3 in dem Entwurf noch nicht findet.

5   **3. Rechtspolitische Würdigung.** Der Verordnungsgeber rechtfertigt den großräumigen Verzicht auf eigenständige Regelungen im Statut selbst und die an deren Stelle tretenden Verweisungen auf das nationale Recht in Erwägungsgrund

9 damit, dass seit den ersten Entwürfen bei der Angleichung des nationalen Gesellschaftsrechts beachtliche Fortschritte erzielt worden seien, die eine eigenständige Unionsregelung entbehrlich machten. Indessen betrifft die Harmonisierung bislang vor allem die Bereiche der Publizität, der Kapitalaufbringung und -erhaltung sowie der Verschmelzung, der Spaltung und der Bilanzierung (MüKo-AktG/*Schäfer* Rn. 1; KK-AktG/*Veil* Rn. 9). Namentlich Fragen der Organisationsverfassung sind dagegen weithin unkoordiniert. Die Harmonisierung der Gesellschaftsrechte in Europa vermag die Enthaltsamkeit des Unionsgesetzgebers daher nur teilweise zu erklären und vor allem nichts daran zu ändern, dass die Technik des umfassenden Generalverweises dem angestrebten Charakter einer **supranationalen Rechtsform zuwiderläuft** (pointiert *Taschner* FS Blaurock, 2013, 459 ff.). Auch führt die von Art. 9 kunstvoll aufgeschichtete Normenpyramide zu einer komplexen Verschränkung von Unionsrecht und nationalen Recht, die den Rechtsanwender in der Alltagsarbeit vor ungewohnte Herausforderungen stellt (Europäische Kommission KOM 2010 [676] endg. S. 11; Spindler/Stilz/*Casper* Rn. 4; *ders.* FS Ulmer, 2003, 51 [72]; *Fleischer* ZHR 174 [2010], 385 [424]).

Freilich fällt die Würdigung **keinesfalls einseitig negativ** aus (näher zum   **6** Folgenden *Fleischer* AcP 204 [2004], 502 [508 ff.]; *ders.* ZHR 174 [2010], 385 [414 f., 424 f.]; Spindler/Stilz/*Casper* Rn. 3 f.; *Schürnbrand* in Gsell/Herresthal, Vollharmonisierung im Privatrecht, S. 284 f.; *Hommelhoff* FS Müller-Graff, 2015, 252 ff.). Zu begrüßen ist nämlich jedenfalls, dass entgegen den ursprünglichen Plänen zur Lückenfüllung nicht die allgemeinen Grundsätze heranzuziehen sind, auf denen das Statut beruht oder die dem Recht der Mitgliedstaaten gemeinsam sind. Selbst wenn man unterstellt, dass sich solche überhaupt mit der erforderlichen Präzision herausarbeiten lassen (kritisch insofern → Rn. 22), so wäre damit doch für die beteiligten Verkehrskreise auf unabsehbare Zeit eine abschreckende Rechtsunsicherheit verbunden gewesen. Aus rechtsökonomischer Perspektive werden zudem auch positive Aspekte des subsidiären Generalverweises auf das nationale Recht ins Felde geführt. Zum einen werde der Regulierungswettbewerb zwischen den Mitgliedstaaten um das beste Rechtskleid für die SE beflügelt (zurückhaltend KK-AktG/*Veil* Rn. 11). Zum anderen erhofft man sich positive Netzwerkexternalitäten und meint damit die Vorteile, die sich daraus ergeben, dass Rechtsberater und Gerichte auf ihnen wohl bekannte Rechtsregeln zurückgreifen können. Insgesamt wäre ein Mehr an originär europäischen Regelungen gleichwohl wünschenswert (*Casper* ZHR 173 [2009], 181 [184 ff., 219]; *Hopt* ZGR 2013, 165 [197]).

4. Verhältnis zu anderen Rechtsanwendungsvorschriften. a) Deklarato-   **7** **rischer Charakter von § 1 SEAG.** Von dem auf die SE anwendbaren Recht handelt auch § 1 SEAG, dem zufolge auf eine SE mit Sitz in Deutschland und die an der Gründung einer SE beteiligten Gesellschaften die Vorschriften des SEAG anzuwenden sind, soweit nicht die SE-VO gilt. Dem kommt indessen nur deklaratorische Wirkung zu, da der Vorrang der SE-VO gegenüber dem SEAG mit zwingender Wirkung schon in Art. 9 Abs. 1 lit. a und c i) verankert ist (allgM, s. LHT/*Hommelhoff*/*Teichmann* Rn. 1, 35; KK-AktG/*Veil* Rn. 4; MüKo-AktG/*Schäfer* Rn. 23). Davon ging auch der deutsche Gesetzgeber aus (Begr. RegE, BT-Drs. 15/3405, 31). Nicht thematisiert ist in § 1 SEAG hingegen das Verhältnis von AktG und SEAG. Dass letzteres dem ersteren vorgeht, ergibt sich aber ohne Weiteres aus Art. 9 Abs. 1 lit. c i) und ii) und entspricht im Übrigen dem Grundsatz des Vorrangs des spezielleren Gesetzes vor dem allgemeinen.

b) Spezialverweisungen. Neben dem Generalverweis des Abs. 1 lit. c sieht   **8** die SE-VO an verschiedener Stelle spezielle Verweise auf das Recht des Sitzstaats vor. Beispielhaft dafür stehen Art. 5 betreffend das Kapital, Art. 15 Abs. 1 betreffend die Gründung, Art. 51 betreffend die Haftung der Organmitglieder sowie Art. 53 betreffend die Durchführung der Hauptversammlung, Art. 62 f. betreffend die Rechnungslegung und Art. 63 betreffend die Liquidation. Sofern eine Mehrzahl von Vorschriften in Bezug genommen ist, mag man, ohne dass sich damit weitere Folgen verbänden, von einer partiellen Gesamtverweisung sprechen (*Fleischer* in Lutter/Hommelhoff Europäische Gesellschaft S. 169, 171; *Hirte* NZG 2002, 1 [9]). In der Sache jedenfalls handelt es sich anerkanntermaßen um **Sachnormverweisungen,** die unter Aussparung des Kollisionsrechts das jeweilige Sachrecht zur Geltung bringen (KK-AktG/*Veil* Rn. 63; NK-SE/*Schröder* Rn. 23; *Wagner* NZG 2002, 985 [987]). Das folgt in aller Regel schon aus dem Wortlaut der Vorschriften und findet seine Bestätigung in Erwägungsgrund 9, der hervorhebt, dass für bestimmte Bereiche auf „das Aktienrecht des Sitzmitgliedstaats" verwiesen werden konnte. Da aber die Generalverweisung im Ergebnis ebenfalls als Sachnormverweisung zu qualifizieren ist (→ Rn. 34 f.), sind die Spezialverweisungen vielfach redundant und fungieren nur als Platzhalter an Stellen, an denen bei früheren Entwürfen noch eigenständige materielle Regelungen vorgesehen waren (LHT/*Hommelhoff/Teichmann* Rn. 7). Andernorts erfüllen sie dagegen zumindest eine klarstellende Funktion. So folgt etwa aus Art. 4 Abs. 3, der höhere Mindestkapitalanforderungen im Aktienrecht des Sitzstaats für beachtlich erklärt, dass die Vorschrift des Art. 4 Abs. 2, welche ein gezeichnetes Kapital von zumindest 120.000 Euro verlangt, keine abschließende Regelung beinhaltet. Ungeachtet ihrer Tragweite im Einzelfall kommt den Spezialverweisungen aber aus rechtssystematischer Sicht stets ein **Anwendungsvorrang gegenüber der Generalverweisung** zu (MüKoAktG/*Schäfer* Rn. 9; MüKoBGB/*Kindler* IntGesR Rn. 79; Spindler/Stilz/*Casper* Rn. 6; *Schwarz* Rn. 35).

9   Neben die Spezialverweisungen treten **Ermächtigungs- und Verpflichtungsnormen,** die sich zunächst an die Mitgliedstaaten richten. Sofern sie es für sachdienlich halten, können diese zum Beispiel gemäß Art. 7 S. 2 vorschreiben, dass die SE ihren Satzungssitz und ihre Hauptverwaltung am selben Ort haben muss. Art. 59 Abs. 2 wiederum erlaubt eine abweichende Regelung der für Satzungsänderungen erforderlichen Hauptversammlungsmehrheit. Verpflichtungsnormen hingegen enthalten zwingende Regelungsaufträge für die Mitgliedstaaten. So müssen diese nach Art. 12 Abs. 1 ein Register bestimmen, in das die SE eingetragen wird, und nach Art. 64 ein Verfahren vorsehen, um einer verbotenen Trennung von Sitz und Hauptverwaltung entgegenzuwirken. Soweit solche Normen ausgefüllt sind, wirken sie nach überwiegender Auffassung wie eine Spezialverweisung und gehen daher wie diese der Generalverweisung vor (Spindler/Stilz/*Casper* Rn. 8; MüKoAktG/*Schäfer* Rn. 12; *Brandt/Scheifele* DStR 2002, 547 [553]; *Wagner* NZG 2002, 985 [986]). Der rechtskonstruktiv durchaus möglichen Annahme einer impliziten Verweisung bedarf es indessen nicht. Vielmehr erscheint es als vorzugswürdig, die Geltung der in ihrer Umsetzung erlassenen mitgliedstaatlichen Vorschriften mit dem seinem Wortlaut und Zweck nach zwanglos einschlägigen **Art. 9 Abs. 1 lit. c i)** zu begründen (MüKoBGB/*Kindler* IntGesR Rn. 80; vgl. auch LHT/*Hommelhoff/Teichmann* Rn. 10). Selbstverständlich ist nämlich auch die SE-VO selbst (und nicht nur die parallel dazu ergangene SE-RL) eine speziell die SE betreffende Gemeinschaftsmaßnahme (→ Rn. 39), in deren Anwendung die hier in Rede stehenden mitgliedstaatlichen Rechtsvorschriften erlassen worden sind. Praktische Unterschiede ergeben sich aus der unterschiedlichen systematischen Verortung indessen nicht.

II. SE-VO als primäre Rechtsquelle (Abs. 1 lit. a)

10   **1. Vorrang des Unionsrechts.** Gemäß Art. 9 Abs. 1 lit. a unterliegt die SE zuvörderst den Bestimmungen der SE-VO. Dieser Hinweis ist **deklaratorischer**

Natur (LHT/*Hommelhoff*/*Teichmann* Rn. 35; NK-SE/*Schröder* Rn. 15; *J. Schmidt* „Deutsche" vs. „britische" SE S. 66). Es ist nämlich eine Selbstverständlichkeit, dass sich das Rechtsregime, dem eine Gesellschaftsform unterliegt, primär nach dem sie konstituierenden Rechtsakt bestimmt. Nur soweit dieser Satzungsautonomie gewährt, können abweichende oder ergänzende Abreden im Gesellschaftsvertrag Platz greifen. Im Fall der SE-VO ist dies nur in dem sehr eingeschränkten Umfang des Abs. 1 lit. b der Fall (näher → Rn. 51). Dass die Vorschriften der SE-VO den Regelungen in nationalen Ausführungsgesetzen ebenso wie dem allgemeinen nationalen Aktienrecht vorgehen, ergibt sich im Übrigen auch aus dem Anwendungsvorrang des Unionsrechts vor dem mitgliedstaatlichen Recht (stRspr seit EuGH Slg. 1964, 1251 = NJW 1964, 2371 – Costa/ENEL). Zu § 1 SEAG, der diesen Regelungsgehalt aufnimmt und daher erst recht nur deklaratorischen Charakter aufweist, → Rn. 7.

2. Auslegung der Verordnung. a) Grundlagen. Die SE-VO bildet einen **11** Teil des sekundären Unionsrechts auf dem Gebiet des Privatrechts und ist nach der dafür maßgeblichen Methode auszulegen. Der Bedeutungsgehalt ihrer Vorschriften ist dabei **autonom,** dh nach rein europäischen Maßstäben zu ermitteln (allgM, s. MüKoAktG/*Schäfer* Rn. 13; LHT/*Hommelhoff*/*Teichmann* Rn. 36; Spindler/Stilz/*Casper* Rn. 16). Selbstverständlich ist das zwar nicht. Denn soweit das europäische Privatrecht auf der Rechtstradition der Mitgliedstaaten beruht, können seine Regelungen auch als Verweis auf die mitgliedstaatlichen Rechte oder das Recht eines Mitgliedstaats zu verstehen sein (*Riesenhuber* Europäische Methodenlehre § 10 Rn. 5). Jedoch geht der EuGH schon ganz allgemein von einer Vermutung zugunsten einer autonomen Auslegung des Unionsrechts aus (vgl. nur EuGH ECLI:EU:C:2005:59 Rn. 27 ff. = NJW 2005, 1099 – Junk; ECLI:EU:C:2015:146 Rn. 27 = NZG 2015, 436 – Modelo Continente Hipermercados; *Anweiler* Auslegungsmethoden S. 165 ff.). Diese findet im vorliegenden Zusammenhang ihre Bestätigung darin, dass die SE-VO gezielt zwischen originär europarechtlichen Regeln und der subsidiären Generalverweisung auf das mitgliedstaatliche Recht unterscheidet.

Das Monopol zur verbindlichen Auslegung der SE-VO hat der EuGH, ihm **12** obliegt nach Art. 19 Abs. 1 S. 2 EUV die Wahrung des Rechts bei der Auslegung und Anwendung der Verträge. Mit Auslegungsfragen ist er im Wege des **Vorabentscheidungsverfahrens** nach Art. 267 AEUV zu befassen. Zur Vorlage berechtigt ist jedes Gericht eines Mitgliedstaats, sofern die Klärung der Rechtsfrage für den konkreten Rechtsstreit entscheidungserheblich ist; zur Vorlage sogar verpflichtet ist gemäß Art. 267 Abs. 3 AEUV aber allein das letztinstanzliche Gericht. Die Vorlagepflicht entfällt nur, wenn keinerlei vernünftige Zweifel über das zutreffende Auslegungsergebnis bestehen oder bereits eine gesicherte Rechtsprechung des EuGH vorliegt (grundlegend EuGH Slg. 1982, 3415 = NJW 1983, 1257 – CILFIT; s. daneben BVerfGE 129, 78 Rn. 95 ff. = NJW 2011, 3428; BGHZ 198, 354 Rn. 37 = NJW 2014, 541; BGHZ 195, 375 Rn. 27 ff. = NZG 2013, 424).

Was das **Auslegungsziel** angeht, so kommt entweder der subjektiv-historische **13** Gesetzgeberwille oder der objektiv-geltungszeitliche Normzweck in Betracht. Für das europäische Privatrecht ist von der vermittelnden **Vereinigungstheorie** auszugehen (*Riesenhuber* Europäische Methodenlehre § 10 Rn. 12; *Henninger* Europäisches Privatrecht S. 278; *Herresthal* ZEuP 2009, 600 [606 f.]). Nach einer häufig verwendeten Formel des EuGH sind die Vorschriften des Unionsrechts zwar „nach dem wirklichen Willen ihres Urhebers und dem von diesem verfolgten Zweck" auszulegen (EuGH ECLI:EU:C:2005:59 Rn. 33 = NJW 2005, 1099 – Junk), das schließt aber weder die Berücksichtigung objektiver Umstände noch erst recht eines veränderten rechtlichen oder tatsächlichen Umfeldes der

Normen aus. Als Hilfsmittel sind die im Folgenden behandelten Auslegungskriterien heranzuziehen. Eine feste **Rangfolge** ist bei ihrer Gewichtung nicht zu
beachten (*Henninger* Europäisches Privatrecht S. 295; *Anweiler* Auslegungsmethoden S. 385 ff.; *Riesenhuber* Europäische Methodenlehre § 10 Rn. 50 ff.), das zutreffende Auslegungsergebnis ist vielmehr im Wege einer interpretatorischen
Gesamtabwägung zu ermitteln (vgl. zu diesem Begriff *Canaris* FS Bydlinski, 2002,
47 [74]; *Mayer/Schürnbrand* JZ 2004, 545 [551]).

14   **b) Auslegungskriterien.** Auszugehen hat jede Auslegung vom **Wortlaut** der
Norm. Dieser erfüllt im Kontext sowohl des sekundären Unionsrechts im Allgemeinen wie der SE-VO im Besonderen allerdings nicht im selben Maße eine
Begrenzungsfunktion wie im rein nationalen Zusammenhang. Das ist darauf
zurückzuführen, dass die unterschiedlichen Sprachfassungen eines Rechtsakts
oftmals voneinander abweichen, ihnen aber im Grundsatz allen dasselbe Gewicht
zukommt (vgl. auch Art. 55 EUV und Art. 358 AEUV sowie EuGH ECLI:EU:
C:2013:341 Rn. 26 = NJW 2013, 2579 – Asbeek Brusse; BGHZ 198, 354
Rn. 23 = NJW 2014, 541). Weder einer einzelnen Sprachfassung, mag es sich
auch um die bei den Verhandlungen verwendete „Arbeitssprache" handeln, noch
einer Mehrheit der Sprachfassungen kann ein Vorrang eingeräumt werden (vgl.
Martens Methodenlehre S. 339 ff.; *Stotz* in Riesenhuber, Europäische Methoden-
lehre § 22 Rn. 12). Der EuGH greift daher in Fällen divergierender Sprach-
fassungen auf die anderen Auslegungskriterien zurück (vgl. etwa EuGH ECLI:
EU:C:2006:735 Rn. 18 = BeckRS 2006, 70911 – ZVK; ECLI:EU:C:2009:648
Rn. 54 f. = BeckEuRS 2009, 502694 – Zurita García). Zu ihnen gehört auch die
Entstehungsgeschichte. Entsprechende Dokumente können indessen aus
Gründen der Rechtssicherheit wie der Rechtsstaatlichkeit nur dann Berücksichti-
gung finden, wenn sie veröffentlicht worden sind (allg. zu den Anforderungen
Riesenhuber Europäische Methodenlehre § 10 Rn. 33 ff.; *Gruber,* Methoden des
internationalen Einheitsrechts, 2004, S. 173 ff.). Bei den zahlreichen Vorentwür-
fen zur SE-VO und den hierzu ergangenen Stellungnahmen ist das oftmals der
Fall; gegen ihre Berücksichtigung sprechen dann keine Bedenken (LHT/*Hommel-
hoff/Teichmann* Rn. 36; kritisch mit Blick auf den möglichen Ertrag MüKoAktG/
Schäfer Rn. 13; Spindler/Stilz/*Casper* Rn. 17; optimistischer KK-AktG/*Siems*
Vor Art. 1 Rn. 124).

15   Die Ausleuchtung des **systematischen Zusammenhangs** bezieht sich zunächst auf die SE-VO selbst. In den Blick zu nehmen ist mithin die Stellung der
jeweiligen Norm im Gefüge des gesamten Normtextes. Zu berücksichtigen ist
daneben auch das gesamte Primärrecht. Im Rahmen der **primärrechtskonfor-
men Auslegung** sind unter mehreren möglichen Auslegungsvarianten diejenigen auszuscheiden, die zum vorrangigen Primärrecht – namentlich zu den
Grundrechten oder Grundfreiheiten – in Widerspruch stehen (vgl. nur EuGH
ECLI:EU:C:2006:168 Rn. 32 = EuZW 2006, 276 – Werhof; ECLI:EU:
C:2009:716 Rn. 47 f. = NJW 2010, 43 – Sturgeon; näher *Leible/Domröse* in
Riesenhuber, Europäische Methodenlehre § 8 Rn. 7 ff.). Das sonstige Sekundärrecht in Form der Statuten weiterer supranationaler Rechtsformen oder der
gesellschaftsrechtlichen Richtlinien hat hingegen grundsätzlich unberücksichtigt
zu bleiben (näher *Casper* FS Ulmer, 2003, 51 [55]; MüKoAktG/*Schäfer* Rn. 13;
aA LHT/*Hommelhoff/Teichmann* Rn. 36; *Lind* Europäische Aktiengesellschaft
S. 39 f.). Letztere wirken ausschließlich auf das in der Generalverweisung Bezug
genommene nationale Recht ein. Zulässig kann es aber sein, bestimmte in der
SE-VO verwandte Ausdrücke durch Heranziehung des Begriffsverständnisses
anderer europäischer Rechtsakte zu klären (KK-AktG/*Veil* Rn. 85).

16   Ins Zentrum der Auslegung rückt der EuGH regelmäßig die **teleologische**
Auslegung, wobei er sich von dem Anliegen leiten lässt, für die praktische Wirk-

samkeit („effet utile") der Norm zu sorgen. Für die SE-VO im Speziellen ist diese Vorgabe dahingehend zu konkretisieren, dass die Auslegung für die Verwirklichung einer funktionsfähigen supranationalen Rechtsform zu sorgen hat (Spindler/Stilz/*Casper* Rn. 17). Ein besonders wichtiges Hilfsmittel im Grenzbereich zwischen historischer und teleologischer Auslegung stellen die der VO in Einklang mit Art. 296 Abs. 2 AEUV vorangestellten **Erwägungsgründe** dar. Weil sie unmittelbar über die Regelungsabsicht des Verordnungsgebers Auskunft geben, kommt ihnen durchweg ausschlaggebendes Gewicht zu. Jedoch sind sie nicht Teil der verfügenden Bestimmungen und rechtfertigen daher keine Auslegung, die von dem normativen Regelungsgehalt abweicht oder dem Wortlaut offensichtlich widerspricht (*Stotz* in Riesenhuber, Europäische Methodenlehre, § 22 Rn. 17; *Köndgen* in Riesenhuber, Europäische Methodenlehre, § 6 Rn. 48 ff.; Spindler/Stilz/*Casper* Rn. 17). Überdies bleibt im Einzelfall zu prüfen, ob der konkrete Erwägungsgrund für die verabschiedete Fassung der Verordnung überhaupt von Bedeutung ist oder als überkommenes Relikt ein Regelungsanliegen zum Ausdruck bringt, das sich auf ein ursprünglich geplantes Vollstatut bezieht (LHT/*Hommelhoff/Teichmann* Rn. 37).

3. Rechtsfortbildung. a) Grundlagen. Nach traditioneller deutscher Me- **17** thodik ist zu unterscheiden zwischen der Auslegung im engeren Sinne und der Rechtsfortbildung, die jenseits des möglichen Wortsinns beginnt. Dass der EuGH grundsätzlich auch zur Fortbildung des Rechts berufen ist, unterliegt keinem Zweifel und folgt aus seiner in Art. 19 Abs. 1 EUV verankerten Pflicht zur Wahrung des Rechts (aus deutscher Sicht BVerfGE 126, 286 Rn. 62 = NJW 2010, 3422; *Höpfner/Rüthers* AcP 209 [2009], 1 [18]; krit. *Grosche* Rechtsfortbildung im Unionsrecht S. 262 ff.). Die **begriffliche Unterscheidung** zwischen Auslegung und Rechtsfortbildung spiegelt sich in der Rechtsprechung des EuGH allerdings **nicht** wider; französischer Rechtstradition folgend versteht der EuGH den Begriff der Auslegung vielmehr in einem weiten, jede Form der zulässigen Rechtsfindung einschließenden Sinn (*Neuner* in Riesenhuber, Europäische Methodenlehre, § 12 Rn. 2; *Anweiler* Auslegungsmethoden S. 35 ff.; *Martens* Methodenlehre S. 503 f.). Dies ist vor dem Hintergrund nachvollziehbar, dass aus der Vielsprachigkeit der Unionstexte eine Relativierung der Wortlautgrenze folgt (→ Rn. 14). Im Übrigen werden zunehmend die fließenden Übergänge zwischen Auslegung und Rechtsfortbildung betont. Schließlich soll das institutionelle Gefüge in der Union für ein gegenüber deutschen Rechtsvorstellungen weiteres Korsett des Richters bei der Rechtsfortbildung sprechen (so *Grundmann* RabelsZ 75 [2011], 882 [921 ff.]). Solchen Erwägungen ist mit Zurückhaltung zu begegnen. Ungeachtet der terminologischen Erfassung sollte aber jedenfalls Einvernehmen darüber bestehen, dass der vom Gerichtshof in der Sache einzufordernde Begründungsaufwand umso größer ist, je weiter sich der Urteilsspruch vom Wortlaut einer Vorschrift entfernt (mit Blick auf das Primärrecht *W.-H. Roth* RabelsZ 75 [2011], 787 [838 ff.]). Hierzu leisten die in der deutschen Methodenlehre entwickelten Argumentationsfiguren das nach wie vor überzeugendste Gerüst. Deshalb wird im Folgenden bei der Behandlung der sich im Zusammenhang mit der SE-VO stellenden Sachfragen auf sie zurückgegriffen (krit. *Grosche* Rechtsfortbildung im Unionsrecht S. 109 ff.).

Die **Grenzen** möglicher Rechtsfortbildung ergeben sich aus der beschränkten **18** Kompetenz des EuGH (*W.-H. Roth* RabelsZ 75 [2011], 787 [834 ff.]; *Martens* Methodenlehre S. 511 ff.). Er hat einerseits als Rechtsprechungsorgan auf horizontaler Ebene das institutionelle Gleichgewicht zwischen den Unionsorganen und damit den Primat des Unionsgesetzgebers zu wahren. Als Organ der Europäischen Union hat er andererseits deren beschränkte Regelungszuständigkeit im Verhältnis zu den Mitgliedstaaten zu beachten. Zentrales Wertungskriterium der

Rechtsfortbildung, welches auch im Unionsrecht erlaubt, den geschriebenen Normtext zu korrigieren, ist der **allgemeine Gleichheitsgrundsatz,** der es gebietet, Gleiches gleich und Ungleiches verschieden zu behandeln (*Neuner* in Riesenhuber Europäische Methodenlehre § 12 Rn. 32 f.; *Teichmann* ZGR 2002, 383 [408]; wegweisend EuGH ECLI:EU:C:2009:716 Rn. 48 = NJW 2010, 43 – Sturgeon; ECLI:EU:C:2012:657 Rn. 33 = NJW 2013, 671 Rn. 33 – Nelson). Dem entsprechen die Argumentationsfiguren der Analogie und der teleologischen Reduktion, die jeweils an eine „planwidrige Regelungslücke" im Normtext anknüpfen (vgl. dazu *Ahmling* Analogiebildung durch den EuGH im Europäischen Privatrecht, 2012, S. 147 ff.).

19 **b) Grenzen innerhalb der SE-VO. aa) Kein umfassendes Analogieverbot.** Ungeachtet der grundsätzlichen Zulässigkeit der Rechtsfortbildung im Unionsrecht könnte dem Lückenschluss innerhalb der SE-VO der in Art. 9 Abs. 1 lit. c verankerte **Mechanismus der Generalverweisung** in das nationale Recht entgegenstehen. Denn danach findet nationales Recht nicht nur in den von der SE-VO gänzlich ungeregelten Bereichen, sondern auch in Bezug auf die dort nicht erfassten Aspekte Anwendung, sofern ein Bereich teilweise in der Verordnung geregelt ist. Daraus lässt sich indessen kein umfassendes Analogieverbot ableiten (*Casper* FS Ulmer, 2003, 51 [57]; *Schön* FS Hopt, Bd. I, 2010, 1343 [1360 f.]; *Schwarz* Einl. Rn. 86 ff.; KK-AktG/*Veil* Rn. 68). Das Instrument der Generalverweisung ist konzeptionell unmittelbar mit dem gesetzgeberischen Verzicht auf ein Vollstatut verknüpft. Der Verordnungsgeber hat zwar von einer erschöpfenden Regelung in der SE-VO dort abgesehen, wo sich eine politische Einigung nicht erzielen ließ, originär europarechtliche Vorschriften nicht opportun erschienen oder solche im Hinblick auf die zwischenzeitlich erfolgte partielle Harmonisierung der nationalen Aktienrechte als nicht erforderlich angesehen wurden. Es ist aber davon auszugehen, dass diejenigen Bereiche, zu denen sich auf Unionsebene nähere Regelungen finden, mit dem Anspruch einer sinnhaften Ordnung ausgeformt wurden und daher **Anschauungslücken** des Verordnungsgebers im Wege der Rechtsfortbildung geschlossen werden können (LHT/*Hommelhoff/Teichmann* Rn. 51). Der Verweis auf das nationale Recht sollte lediglich den ursprünglich geplanten Mechanismus einer Lückenschließung durch Rückgriff auf ungeschriebene allgemeine Rechtsgrundsätze ersetzen (zur Entstehungsgeschichte → Rn. 3 f.).

20 **bb) Voraussetzungen.** Daher ist wie folgt zu differenzieren. Findet sich zu einem bestimmten Sachbereich ein hinreichend detaillierter Korpus an Vorschriften, der systematische Ableitungen erlaubt, und lässt sich eine – am Regelungsplan des Verordnungsgebers gemessen – offenkundig gewordene planwidrige Unvollständigkeit durch eine **Einzelanalogie** zu einer bestimmten Vorschrift der SE-VO schließen, weil der geregelte und der ungeregelte Sachverhalt wertungsmäßig vergleichbar sind, so ist das zulässig und geboten (grundlegend *Casper* FS Ulmer, 2003, 51 [57 f.]; daneben KK-AktG/*Veil* Rn. 68; MüKoAktG/*Schäfer* Rn. 15; *Bachmann* ZEuP 2008, 32 [54 f.]). Ob als subsidiäre Auffangregelung eine Spezialverweisung auf das nationale Recht oder die Generalverweisung des Art. 9 Abs. 1 lit. c ii) eingreift, spielt dabei keine Rolle (offenbar aA NK-SE/*Schröder* Rn. 10). Entsprechendes gilt für die Rechtsfigur der **teleologischen Reduktion** (KK-AktG/*Siems* Vor Art. 1 Rn. 140; vgl. etwa zur Reduktion des Art. 12 Abs. 2 im Falle der Arbeitnehmerlosigkeit → Art. 12 Rn. 25). Die Voraussetzungen für derartige Rechtsfortbildungen werden in der praktischen Rechtsanwendung allerdings eher selten, und wenn ja, dann vor allem im ausdifferenzierten Gründungsrecht erfüllt sein. So wird ganz überwiegend und zu Recht eine analoge Anwendung des Art. 25 Abs. 3 auf die Holdinggründung befürwortet (→ Art. 34 Rn. 3; KK-AktG/*Paefgen* Art. 34 Rn. 9; LHT/*Bayer* Art. 34

Rn. 12). Für die Gründung durch Verschmelzung lässt Art. 25 Abs. 3 ein Verfahren zur Kontrolle des Umtauschverhältnisses nur zu, wenn auch den Minderheitsaktionären der anderen an der Gründung beteiligten Gesellschaften ein solches Verfahren zur Verfügung steht. Für die Holdinggründung kann dann aber nichts anderes gelten, weil sich keinerlei Sachgründe für eine unterschiedliche Behandlung der beiden Gründungsformen anführen lassen.

Erkennt man derartige Rechtsfortbildungen an, bedarf es daneben der eigen- 21
ständigen Argumentationsfigur des **Umgehungsverbots** nicht (näher aus deutscher Sicht *A. Teichmann* JZ 2003, 761 ff.; MüKoBGB/*Schürnbrand* § 511 Rn. 7 ff.; für die SE *Casper* FS Ulmer, 2003, 51 [62 ff.]; MüKoAktG/*Schäfer* Rn. 16). So ist auf eine dem Gesetzeszweck widersprechende Normvermeidung mit einer analogen Anwendung der fraglichen Vorschrift, auf den Versuch einer Tatbestandserschleichung mit einer telelogischen Reduktion zu reagieren. Eine Umgehungsabsicht muss hierzu nicht festgestellt werden. Hervorzuheben sind aber zwei **besondere Konstellationen zulässiger Rechtsfortbildung.** In Betracht kommt zum einen eine Rechtsfortbildung mit Blick auf im Primärrecht verankerte rechtsstaatliche Prinzipien wie den Vertrauensschutz oder den Schutz des Eigentums (*Wulfers* GPR 2006, 106 f.; *Bachmann* ZEuP 2008, 32 [54]). Zum anderen gibt es Regelungslücken, die der Natur der Sache nur auf der Ebene des Unionsrechts geschlossen werden können, weil sie Folge des spezifisch supranationalen Charakters der SE sind. Das betrifft etwa alle Rechtsfragen um das Erfordernis der Mehrstaatlichkeit (*Lind* Europäische Aktiengesellschaft S. 80, 82; *Wagner* NZG 2002, 985 [989]; *Brandt/Scheifele* DStR 2002, 547 [552 f.]; Beispiel: Verlust der Mehrstaatlichkeit als Auflösungsgrund?).

Dagegen scheidet ein **prinzipienorientierter Lückenschluss** aus, der im 22
Wege der Gesamtanalogie auf ungeschriebene Rechtsgrundsätze der Verordnung oder des sonstigen Sekundärrechts zurückgreift (*Bachmann* ZEuP 2008, 32 [54 f.]; dafür aber *Wulfers* GPR 2006, 106 [108]; *Wirtz* Lückenfüllung S. 95 ff.; LHT/ *Hommelhoff/Teichmann* Rn. 51). Wie die Entstehungsgeschichte zeigt, hat sich der Verordnungsgeber aus nachvollziehbaren Gründen der Rechtssicherheit und Rechtsklarheit bewusst gegen ihn und stattdessen für die Generalverweisung ins nationale Recht entschieden. Daher sähe sich etwa der Versuch erheblichen Bedenken ausgesetzt, nach dem Vorbild der „Holzmüller/Gelatine"-Rechtsprechung (→ Rn. 38) auf der Ebene des Unionsrechts jenseits des Art. 52 **ungeschriebene Hauptversammlungskompetenzen** in Geschäftsführungsangelegenheiten zu entwickeln (differenzierend → Art. 52 Rn. 15 ff.; *Spindler* in Lutter/Hommelhoff Europäische Gesellschaft S. 223, 228 ff.). Jedenfalls aus dem verbliebenen Regelungstorso der SE-VO dürften sich regelmäßig ohnehin keine Prinzipien ableiten lassen, die hinreichend konkrete Schlüsse zulassen. Auch für das sonstige Sekundärrecht gilt, dass sich aus ihm zwar gewisse leitende Gedanken herauskristallisieren lassen (wie den des informierten Aktionärs), ihm aber kaum verbindliche Antworten auf nicht geregelte Aspekte des Rechts zu entnehmen sind (*Habersack/Verse* EuropGesR § 4 Rn. 8 Fn. 35; *Bachmann* ZGR 2001, 351 [373 ff.]; sehr zurückhaltend gegenüber der Anerkennung allgemeiner Rechtsprinzipien im Gesellschaftsrecht auch EuGH ECLI:EU:C:2010:622 Rn. 40 ff. = NZG 2011, 183 – Idryma Typou; Slg. 2009, I-9823 Rn. 32 ff. = NZG 2009, 1350 – Audiolux; abweichend namentlich *Schön* RabelsZ 64 [2000], 1; *ders.* FS Hopt, Bd. I, 2010, 1343; *Veil* FS Priester, 2007, 799).

III. Generalverweisung auf das nationale Recht (Abs. 1 lit. c)

1. Überblick. Die Generalverweisung auf das mitgliedstaatliche Recht in 23
Art. 9 Abs. 1 lit. c dient der Füllung von Regelungslücken, welche der Verordnungstext offen lässt. Sie greift nur insofern ein, als es erstens um Fragen des

Gesellschaftsrechts geht und daher der Anwendungsbereich der SE-VO eröffnet ist (→ Rn. 24 ff.); dem allgemeinen Verkehrsrecht der Mitgliedstaaten hingegen ist die SE nicht gemäß Art. 9 Abs. 1 lit. c, sondern nach allgemeinen Grundsätzen wie jeder andere Rechtsteilnehmer auch unterworfen. Zweitens ist der Rückgriff auf das nationale Recht nur in den Bereichen zulässig, zu denen die SE-VO keine (abschließende) Regelung enthält (→ Rn. 32). Schließlich gehen drittens Spezialverweisungen der Generalverweisung vor (→ Rn. 33). In der Folge unterliegt die SE mit Sitz in Deutschland dann zunächst dem SEAG und dem SEBG als den auf diese Rechtsform zugeschnittenen Spezialgesetzen (→ Rn. 39 f.). Im Rang danach folgt das allgemeine Aktienrecht des Sitzstaats, das durch diese Inbezugnahme zwar seinen nationalen Charakter nicht verliert, jedoch im Einzelfall an die besonderen Verhältnisse der SE anzupassen sein kann (→ Rn. 41 ff.).

24   **2. Reichweite. a) Regelungsbereich der SE-VO. aa) Begriff.** Die Generalverweisung bezieht sich nur auf den Regelungsbereich der SE-VO (MüKoBGB/*Kindler* IntGesR Rn. 82; MüKoAktG/*Schäfer* Rn. 7; Spindler/Stilz/*Casper* Rn. 11; *Lächler/Oplustil* NZG 2005, 381 ff.; *Forst* Beteiligungsvereinbarung S. 18 ff.). Dessen Bestimmung ist für die praktische Rechtsanwendung insofern von **zentraler Bedeutung,** als nach zutreffender hM Art. 9 lit. c ii) als Sachnormverweisung zu verstehen ist, das Aktienrecht des Sitzstaats anders als das allgemeine Verkehrsrecht mit anderen Worten ohne kollisionsrechtliche Vorprüfung zur Anwendung gelangt (→ Rn. 34 f.). Deutet man hingegen Art. 9 Abs. 1 lit. c ii) als Gesamtnormverweisung, die das Kollisionsrecht einschließt, so ist die Frage nach dem Regelungsbereich der Verordnung müßig, weil in allen Rechtsbereichen das mitgliedstaatliche Kollisionsrecht über das anwendbare Sachrecht entscheidet (vgl. *Teichmann* Binnenmarktkonformes Gesellschaftsrecht S. 308; LHT/*Hommelhoff/Teichmann* Rn. 26; NK-SE/*Schröder* Rn. 8).

25   Der Regelungsbereich taucht als Rechtsbegriff zwar **im Normtext** selbst **nicht** ausdrücklich auf. Dass aber der SE-VO in der Sache eine Unterscheidung zwischen ihrem auf das **gesamte Gesellschaftsrecht** beschränkten Geltungsbereich und dem sonstigen allgemeinen Verkehrsrecht zugrunde liegt, kommt insbesondere in den Erwägungsgründen 6 und 20 eindeutig zum Ausdruck. Nach ersterem sollen „Struktur und Funktionsweise" der SE als supranationaler Rechtsform durch die Verordnung geregelt werden. Letzterem zufolge werden hingegen „andere Rechtsbereiche wie das Steuerrecht, das Wettbewerbsrecht, der gewerbliche Rechtsschutz und das Konkursrecht nicht von dieser Verordnung erfasst". Diese Einschätzung findet ihre Bestätigung in der Entstehungsgeschichte der Verordnung. Selbst die auf die Schaffung eines Vollstatuts gerichteten Vorentwürfe sahen nämlich allein eine nähere Ausformung des Gesellschaftsrechts vor und verwiesen für die „nicht behandelten Gegenstände" auf das Recht der Mitgliedstaaten. Demgegenüber kann ein vereinzelt vertretener kompetenzrechtlicher Ansatz nicht weiterführen, der aus der gewählten Kompetenzgrundlage des Art. 308 EG (heute Art. 352 AEUV) ableitet, dass der Regelungsbereich der Verordnung denkbar weit zu verstehen sei und den gesamten Tätigkeitsbereich der SE umfasse (so eingehend *Schwarz* Einl. Rn. 51 ff., Art. 9 Rn. 37; daneben *Wirtz* Lückenfüllung S. 84 ff.).

26   Die Bestimmung ihres Regelungsbereichs betrifft eine **Frage der Auslegung der SE-VO,** die nach den in den → Rn. 11 ff. beschriebenen Grundsätzen zu erfolgen hat. In Zweifelsfällen zur letztverbindlichen Entscheidung berufen ist daher allein der EuGH (*Brandt/Scheifele* DStR 2002, 547 [550]; Spindler/Stilz/*Casper* Rn. 11; MüKoAktG/*Schäfer* Rn. 7).

27   **bb) Abgrenzung vom allgemeinen Verkehrsrecht.** Mangels näherer Vorgaben kann sich die trennscharfe Abgrenzung zwischen dem dem Anwendungsbereich der VO unterfallenden Gesellschaftsrecht und dem allgemeinen Verkehrsrecht als im Einzelfall schwierig erweisen. In einem ersten Zugriff gehören zum Regelungsbereich all diejenigen Bereiche, die ursprünglich zum **Gegenstand eines Vollstatuts** gemacht werden sollten (vgl. zu diesem Argument mit Unterschieden im Detail *Brandt/Scheifele* DStR 2002, 547 [551]; *Casper* FS Ulmer, 2003, 51 [65 f.]; MüKoAktG/*Schäfer* Rn. 7; anders *Forst* Beteiligungsvereinbarung S. 28 ff.: Orientierung an Art. 9 Abs. 2). Hierzu gehören die Rechtspersönlichkeit, die Gründung, einschließlich der Firmenbildung (→ Art. 11 Rn. 2, 5) und der Ausgestaltung der Aktien, der Sitz und die Sitzverlegung. Hierher gehören ferner die Kapital- und die Organisationsverfassung einschließlich des Beschlussmängelrechts (vgl. zu Letzterem BGHZ 194, 14 Rn. 8 = NJW 2012, 3235; BGHZ 203, 68 Rn. 7 = NJW 2015, 336), der Jahresabschluss sowie die Auflösung und Liquidation der Gesellschaft. Eine Sonderstellung nimmt insofern das Insolvenzrecht ein (näher → Art. 63 Rn. 62 ff.). Vom Regelungsbereich erfasst sind aber auch die Zulässigkeit und die Wirkung schuldrechtlicher Gesellschaftervereinbarungen (näher *Hirte* DStR 2005, 700 [703]; *Groß-Bölting* Gesellschaftervereinbarungen in der AG, 2011, 63, 210) sowie Maßnahmen der Umwandlung.

28 Was das allgemeine Verkehrsrecht angeht, so ist die Aufzählung der umfassten Gegenstände in Erwägungsgrund 20 (→ Rn. 25) schon seinem Wortlaut nach nicht abschließend (allgM, s. nur Spindler/Stilz/*Casper* Rn. 11). **Außerhalb des Regelungsbereichs** der SE-VO liegen daneben etwa das Vertrags-, Delikts- und allgemeine Handelsrecht. Nach Art. 9 Abs. 3 bleiben von der SE-VO auch besondere Anforderungen an die „ausgeübte Geschäftstätigkeit" unberührt. Das gilt ausweislich des Erwägungsgrundes 26 insbesondere für die Tätigkeit von Finanzinstituten. Jenseits des Regelungsbereichs ist daher das öffentliche Gewerbe- und Aufsichtsrecht angesiedelt (MüKoBGB/*Kindler* IntGesR Rn. 83; KK-AktG/*Veil* Rn. 46). Hervorzuheben ist noch das **Kapitalmarktrecht.** Es gehört jedenfalls insofern nicht zum Regelungsbereich, als es Marktorganisations- oder Marktverhaltensrecht statuiert (Spindler/Stilz/*Casper* Rn. 14; MüKoAktG/*Schäfer* Rn. 7; KK-AktG/*Veil* Rn. 41). Insbesondere das Übernahmerecht weist aber auch gesellschaftsrechtliche Bezüge auf, soweit es besondere Verhaltensanforderungen für die Organe aufstellt. Dabei handelt es sich jedoch um Annexregeln zum Marktverhaltensrecht, die eine Aufspaltung der einheitlichen Materie nicht rechtfertigen (so aber *Lächler/Oplustil* NZG 2005, 381 [386 f.]; erwägend LHT/ *Hommelhoff/Teichmann* Rn. 24). Auch das Übernahmerecht gehört damit nicht zum Regelungsbereich der SE-VO (KK-AktG/*Veil* Rn. 45; *Forst* Beteiligungsvereinbarung S. 33).

29 **cc) Unternehmerische Mitbestimmung.** Dem Regelungsbereich der SE-VO zuzurechnen ist die unternehmerische Mitbestimmung. Diese ist vorrangig Gegenstand der speziellen SE-RL, so dass das SEBG als darauf bezogenes Umsetzungsgesetz vermittels Abs. 1 lit. c i) zur Anwendung gelangt (→ Rn. 39). Zum anderen regelt die SE-VO selbst in Ansätzen Fragen der Mitbestimmung (vgl. Art. 42 S. 2, 43 Abs. 2 S. 3, 45 S. 2). Raum für die **subsidiäre Anwendung des MitbestG oder das DrittelbG** verbleibt daneben allerdings **nicht** (→ SEBG § 47 Rn. 3; *Habersack/Verse* EuropGesR § 13 Rn. 11; MüKoAktG/*Schäfer* Rn. 8; KK-AktG/*Veil* Rn. 28; Spindler/Stilz/*Casper* Rn. 13). Wie § 47 Abs. 1 Nr. 1 SEBG eindeutig zum Ausdruck bringt, ist vielmehr das entsprechende Organisationsrecht in §§ 34 ff. SEBG abschließend geregelt. Zwar sieht Art. 50 Abs. 3 eine davon abweichende Regelungsermächtigung vor, von dieser hat der deutsche Gesetzgeber jedoch keinen Gebrauch gemacht.

30 **dd) Konzernrecht.** Während die ersten Entwürfe noch umfassende, dem Modell der organischen Konzernverfassung verpflichtete Schutzvorschriften vorsahen, ist der endgültig verabschiedete Verordnungstext weithin durch konzernrechtliche Enthaltsamkeit geprägt. Der weitere Einigungsprozess sollte nicht mit der Bewältigung des rechtspolitisch sehr umstrittenen Konzernphänomens belastet werden (vgl. die in BT-Drs. 11/5427, 16 f. wiedergegebene Begründung). Daran anknüpfend wird im Schrifttum von prominenter Seite die **Exklusivitätsthese** verfochten. Trotz seiner engen Verwobenheit mit dem allgemeinen Aktienrecht soll das Konzernrecht demnach nicht zum Regelungsbereich der SE-VO zählen, was zur Folge hätte, dass es erst über den Umweg des Kollisionsrechts zur Anwendung käme (*Habersack* ZGR 2003, 724 [726 ff., 737 ff.]; *ders./Verse* Europ-GesR § 13 Rn. 11, 49; Spindler/Stilz/*Casper* Rn. 12; KK-AktG/*Veil* Rn. 21 f.; *Brandi* NZG 2003, 889 [893]; MHdB AG/*Austmann* § 83 Rn. 17; im Ergebnis auch *Forst* Beteiligungsvereinbarung S. 29 f.). Ausschlaggebende Bedeutung wird insofern **Erwägungsgrund 15** zugemessen, dem zufolge sich die Rechte und Pflichten hinsichtlich des Schutzes von Minderheitsaktionären und von Dritten gemäß den Vorschriften und allgemeinen Grundsätzen des internationalen Privatrechts nach dem für das kontrollierte Unternehmen geltenden Recht richten.

31   Dem ist nicht zu folgen. Funktional nimmt sich das Konzernrecht bestimmter Interessengegensätze zwischen den Gesellschaftern und des Schutzes der Gläubiger vor den Gefahren der Beherrschung durch einen Unternehmensaktionär an. Unabhängig davon, ob die Konfliktbewältigung im nationalen Recht mittels einer gesonderten Kodifikation oder der Instrumentarien des allgemeinen Gesellschaftsrechts erfolgt, lässt es sich daher dem autonom unionsrechtlich zu bestimmenden **Begriff des Gesellschaftsrechts zuordnen** (KK-AktG/*Paefgen* Schlussanh. II Rn. 16). Dem entspricht es, dass sich in der SE-VO durchaus Vorschriften finden, die spezifisch konzernrechtliche Fragestellungen zum Gegenstand haben. Zu nennen sind etwa Art. 61 f. betreffend die Rechnungslegung und Art. 31 Abs. 1 und 2 betreffend die Verschmelzung. Nicht zu bestreiten ist zwar, dass der Verordnungsgeber in der Sache weithin regulatorischen Verzicht geübt hat. Das impliziert aber nicht, dass die Materie nunmehr jenseits des Regelungsbereichs angesiedelt ist. Auf eine noch in Art. 114 des Entwurfs aus dem Jahre 1989 vorgesehene Auffangregelung wurde vielmehr beginnend mit dem Entwurf des Jahres 1991 nur deswegen verzichtet, weil man eine solche mit Blick auf das Eingreifen der damals in Art. 7 verankerten Generalverweisung auf das mitgliedstaatliche Recht für überflüssig hielt (vgl. die in BT-Drs. 12/1004, 11 wiedergegebene Begründung der Kommission). Dem Hinweis auf das Kollisionsrecht in Erwägungsgrund 15 schließlich lässt sich auch bei der Auslegung der Generalverweisung Rechnung tragen (→ Rn. 37). Jedenfalls aber vermag er das ansonsten eindeutige Auslegungsergebnis nicht mit konstitutiver Wirkung zu korrigieren (→ Rn. 16). Im Ergebnis unterfällt das Konzernrecht damit dem Regelungsbereich der SE-VO (KK-AktG/*Paefgen* Schlussanh. II Rn. 15 ff.; *Schwarz* Einl. Rn. 174 ff.; NK-SE/*Schröder* Rn. 26; MüKoBGB/*Kindler* IntGesR Rn. 82; *Engert* ZVglRWiss. 104 [2005], 444 [448 f.]; *Hommelhoff/Lächler* AG 2014, 257 [264 f.]; *Lächler/Oplustil* NZG 2005, 381 [385 f.]; *Wagner* NZG 2002, 985 [988]; ohne exakte Positionierung LG München I ZIP 2011, 1511 [1512]).

32   **b) Keine abschließende Regelung in der SE-VO.** Der Rückgriff auf das mitgliedstaatliche Recht ist subsidiär. Lässt sich dem Unionsrecht durch Auslegung oder im Wege der Rechtsfortbildung (→ Rn. 17 ff.) eine bestimmte Regelung entnehmen, kann diese nicht durch die Anwendung nationalen Rechts korrigiert werden. Lückenfüllend kann das nationale Recht hingegen nach dem Einleitungssatz von Abs. 1 lit. c nicht nur in den durch die SE-VO gänzlich ungeregelten Bereichen, sondern auch dort eingreifen, wo ein Bereich nur teilweise geregelt ist. Ob ein bestimmter Bereich abschließend geregelt ist, muss in jedem einzelnen Fall gesondert **durch Auslegung der Verordnung** ermittelt werden. Da diese bewusst als bloßer Regelungstorso angelegt ist, bleibt indes im

Zweifel der Rückgriff auf das mitgliedstaatliche Recht zulässig (LHT/*Hommel-hoff*/*Teichmann* Rn. 47; NK-SE/*Schröder* Rn. 10 ff.; *Schwarz* Rn. 34; *Weller*/*Harms*/*Rentsch*/*Thomale* ZGR 2015, 361 [367]). Etwas anderes ergibt sich auch nicht aus der in der Verordnung teilweise zu findenden Öffnungsklauseln, die ausdrücklich ergänzende mitgliedstaatliche Regelungen zulassen. Da ihre Verankerung im Normtext nicht mit systematischem Anspruch erfolgte, lässt ihr Fehlen nämlich den Umkehrschluss auf eine gezielt abschließende Regelung nicht zu (näher LHT/*Hommelhoff*/*Teichmann* Rn. 48 und *Merkt* BB 1992, 652 [657], jeweils mit Blick auf Art. 48 Abs. 1 S. 2).

c) Keine vorrangige Spezialverweisung. Die Generalverweisung des Abs. 1 **33** lit. c findet keine Anwendung, soweit eine der über die SE-VO vielfältig verstreuten Spezialverweisungen eingreift (→ Rn. 8).

3. Verweisungsziel. a) Rechtsnatur der Verweisung. aa) Sachnormver- 34 weisung. Die hM ordnet Art. 9 Abs. 1 lit. c als Sachnormverweisung ein, durch die unmittelbar das materielle Gesellschaftsrecht des Sitzstaats zur Anwendung gelangt (Spindler/Stilz/*Casper* Rn. 6; MüKoAktG/*Schäfer* Rn. 3; *Habersack*/*Verse* EuropGesR § 13 Rn. 11; *Lutter*/*Bayer*/*Schmidt* Europäisches Unternehmens- und Kapitalmarktrecht, 5. Aufl. 2012, § 41 Rn. 26; MüKoBGB/*Kindler* IntGesR Rn. 81; KK-AktG/*Paefgen* Schlussanh. II Rn. 20 ff.; KK-AktG/*Veil* Rn. 15). Dem steht die Deutung des Abs. 1 lit. c ii) als eine **Gesamtnormverweisung** gegenüber (*Teichmann* Binnenmarktkonformes Gesellschaftsrecht S. 295 ff.; LHT/*Hommelhoff*/*Teichmann* Rn. 28 ff.; NK-SE/*Schröder* Rn. 23). Eine solche ist dadurch gekennzeichnet, dass das Kollisionsrecht von der Verweisung umfasst ist und darüber eine Weiterverweisung in eine andere Rechtsordnung erfolgen kann. Zentrales Anliegen dieser Auffassung ist es, für eine Gleichbehandlung von SE und nationaler AG zu sorgen. Es sei nämlich keine tragfähige Begründung erkennbar, warum gerade bei der SE die bei allen sonstigen Sachverhalten mit Auslandsberührung selbstverständliche kollisionsrechtliche Vorprüfung entfallen soll. Der Vereinheitlichungseffekt der Vorschrift läge darin, eine „Kollision der Kollisionsrechte" zu vermeiden. Eine vollständige Gleichbehandlung von SE und AG lässt sich so freilich nicht erreichen. Durch Abs. 1 lit. c ii) würde nämlich nur im Hinblick auf die SE das Kollisionsrecht des Sitzstaats zugleich für alle anderen Mitgliedstaaten verbindlich erklärt, wohingegen die Gerichte anderer Mitgliedstaaten auf eine deutsche AG nach wie vor ihr je eigenes Kollisionsrecht anwenden würden (KK-AktG/*Paefgen* Schlussanh. II Rn. 20).

Ungeachtet dessen gebührt der **Qualifikation als Sachnormverweisung** auch **35** aus einer Reihe weiterer Gründe der **Vorzug.** Zunächst ist in der SE-VO eine klare Trennung zwischen dem von ihr geregelten Gesellschaftsrecht und dem allgemeinen Verkehrsrecht angelegt (→ Rn. 25). Während das Verkehrsrecht nur nach Maßgabe allgemeiner kollisionsrechtlicher Grundsätze zur Anwendung gelangt, sind jedenfalls die Mehrzahl der innerhalb des Regelungsbereichs angesiedelten Spezialverweisungen – wie etwa Art. 4 Abs. 3 oder Art. 53 – schon ihrem Wortlaut nach eindeutig Sachnormverweisungen. Für die Generalverweisung kann dann aber nicht anderes gelten (*Wagner* NZG 2002, 985 [989]). Vielmehr hebt Erwägungsgrund 9 verallgemeinernd hervor, dass in Bereichen, in denen es für das Funktionieren der SE keiner einheitlichen Unionsregelung bedarf, auf das Aktienrecht des Sitzmitgliedstaats verwiesen werden konnte. Die Zwischenschaltung des Kollisionsrechts führte demgegenüber zu einer sachwidrigen Verkomplizierung der Rechtsanwendung, für die schon deswegen kein Bedürfnis besteht, weil sie nur bei einem Art. 7 widersprechenden Auseinanderfallen von Satzungs- und Verwaltungssitz Bedeutung erlangte und diese Trennung nach Maßgabe des Art. 64 zu unterbinden ist. Das dort vorgesehene Verfahren darf nicht durch einen aufgezwungenen Statutenwechsel ausgehöhlt werden (*Engert* ZVglRWiss. 104 [2005],

444 [447]). Schließlich deutet der EuGH auch die **Parallelvorschrift des Art. 2 Abs. 1 EWIV-VO** als Sachnormverweisung (EuGH ECLI:EU:C:1997:634 = NJW 1998, 972 – EITO; vgl. MüKoBGB/*Kindler* IntGesR Rn. 81).

36   **bb) Anwendbares Konzernrecht.** Im Hinblick auf das Konzernrecht scheint der SE-VO auf den ersten Blick ein kollisionsrechtlicher Ansatz zugrunde zu liegen, bestimmt sich doch ausweislich des Erwägungsgrundes 15 der Schutz der Minderheitsaktionäre und Gläubiger „gemäß den Vorschriften und allgemeinen Grundsätzen des internationalen Privatrechts". Daraus ist zwar nicht abzuleiten, dass das Konzernrecht außerhalb des Regelungsbereichs der Verordnung liegt (→ Rn. 30 f.). Nach im Schrifttum verbreiteter Ansicht ist aber vor diesem Hintergrund Abs. 1 lit. c ii) mit Blick auf das Konzernrecht ausnahmsweise als **Gesamtnormverweisung** zu verstehen (*Lächler*/*Oplustil* NZG 2005, 381 [386]; vgl. auch NK-SE/*Schröder* Rn. 39; *Brandi* NZG 2003, 889 [890]; *Jaecks*/*Schönborn* RIW 2003, 254 [257]). Damit wird jedoch dem Erwägungsgrund eine konstitutive Funktion zugemessen, die ihm nach der unionsrechtlichen Rechtsquellenlehre nicht zukommt (→ Rn. 16). Überdies handelt es sich um eine aus methodischer Sicht **unzulässige ad-hoc-Modifikation** (dazu *Larenz*/*Canaris* Methodenlehre der Rechtswissenschaft, 3. Aufl. 1995, S. 280), die zu einer systematisch wenig einleuchtenden Spaltung der Verweisungsnorm führt (MüKoAktG/*Schäfer* Rn. 4; Spindler/Stilz/*Casper* Rn. 7; KK-AktG/*Paefgen* Schlussanh. II Rn. 23).

37   Stattdessen hat es auch für das Konzernrecht dabei sein Bewenden, dass Art. 9 Abs. 1 lit. c ii) eine Sachnormverweisung begründet. Der ambivalent formulierte **Erwägungsgrund 15** steht dem nicht entgegen, er beinhaltet vielmehr lediglich eine **Auslegungshilfe für die Bestimmung des anwendbaren Sachrechts** (eingehend und überzeugend KK-AktG/*Paefgen* Schlussanh. II Rn. 25 ff.; zur Ambivalenz des Erwägungsgrundes auch MüKoAktG/*Schäfer* Rn. 4). Er soll lediglich zum Ausdruck bringen, dass das Ergebnis der Generalverweisung des Art. 9 Abs. 1 lit. c ii) kein anderes sein soll, als sich bei Anwendung kollisionsrechtlicher Grundsätze ergäbe. Der Passus „gemäß" in Erwägungsgrund 15 bedeutet also „in Anlehnung an" oder „in Übereinstimmung mit" den dort genannten allgemeinen Grundsätzen des internationalen Privatrechts. Ihnen zufolge ist nach dem Gefahrenschwerpunkt abzugrenzen und im Ergebnis auf das Statut der hauptbetroffenen Gesellschaft abzustellen (LG München I ZIP 2011, 1511 [1512]; MüKoBGB/*Kindler* IntGesR Rn. 681; Henssler/Strohn/*Servatius* IntGesR Rn. 406). Der Schutz der außenstehenden Gesellschafter und Gläubiger der beherrschten Gesellschaft richtet sich daher nach dem Sachrecht dieser Gesellschaftsform (OLG Stuttgart AG 2013, 724 [725]). Auf eine in Deutschland ansässige, faktisch abhängige SE finden daher die §§ 311 ff. AktG Anwendung. Soweit es hingegen um den Schutz der außenstehenden Gesellschafter in der herrschenden Gesellschaft geht, ist deren Recht maßgeblich. Für die in Deutschland ansässige SE beansprucht deshalb etwa das Zustimmungserfordernis des § 293 Abs. 2 AktG Geltung.

38   Eine spezifisch konzernrechtliche Stoßrichtung haben auch die „**Holzmüller/Gelatine**"-**Grundsätze**, denen zufolge für bestimmte Geschäftsführungsmaßnahmen, die tief in die Mitgliedschaftsrechte der Aktionäre und deren Vermögensinteressen eingreifen, eine ungeschriebene Zuständigkeit der Hauptversammlung besteht (BGHZ 82, 122 = NJW 1982, 1703; BGHZ 159, 30 = NJW 2004, 1860; Hüffer/*Koch* AktG § 119 Rn. 16 ff.). Da sich die Problematik nicht durch eine Rechtsfortbildung auf der Ebene des Unionsrechts bewältigen lässt (→ Rn. 22) und sich die Verweisungsvorschriften der Verordnung auch auf das nationale Richterrecht erstrecken (→ Rn. 42), finden diese vermittels Art. 52 S. 2 auf eine SE mit Sitz in Deutschland Anwendung (→ Art. 52 Rn. 42; KK-AktG/*Kiem* Art. 52 Rn. 36; *Habersack* ZGR 2003, 724 [741 f.]; aA aber LHT/*Spindler* Art. 52 Rn. 47; MüKoAktG/*Kubis* Art. 52 Rn. 22).

Art. 9 SE-VO

b) Spezielles Umsetzungsrecht (Abs. 1 lit. c i) und Abs. 2). Innerhalb **39** des nationalen Rechts gebührt nach Abs. 1 lit. c i) denjenigen Rechtsvorschriften der Vorrang, die die Mitgliedstaaten in Anwendung der speziell die SE betreffenden Gemeinschaftsmaßnahmen erlassen haben. Diese Gemeinschaftsmaßnahmen sind die SE-VO sowie die SE-RL; die speziell zu deren Umsetzung dienenden Vorschriften finden sich im **SEAG** sowie im **SEBG** (LHT/*Hommelhoff*/*Teichmann* Rn. 52; KK-AktG/*Veil* Rn. 49, 58). Über Abs. 1 lit. c i) gelangen namentlich solche Regelungen zur Anwendung, die zur Ausfüllung von Ermächtigungs- und Verpflichtungsnormen in der SE-VO erlassen wurden (→ Rn. 9). Jenseits solcher spezieller Ermächtigungen darf der nationale Gesetzgeber hingegen **nicht** unter Berufung auf Abs. 1 lit. c i) ein vom allgemeinen Aktienrecht abweichendes **SE-spezifisches Sondergesellschaftsrecht** schaffen (*Teichmann* ZGR 2002, 383 [399 f.]; *Ihrig*/*Wagner* BB 2003, 969 [970]; KK-AktG/*Veil* Art. 10 Rn. 3; *Schwarz* Art. 10 Rn. 16; aA *Kallmeyer* AG 2003, 197 [198]). Dieses Verbot ist zum einen aus dem Gleichbehandlungsgrundsatz des Art. 10 und zum anderen aus der Systematik der SE-VO abzuleiten. Der insofern restriktive Charakter der Verordnung kommt insbesondere in Art. 39 Abs. 5 und Art. 43 Abs. 4 zum Ausdruck, welche den Erlass von Vorschriften über das dualistische bzw. monistische System nur insofern zulassen, als es in dem betreffenden Mitgliedstaat in Bezug auf Aktiengesellschaften keine solchen gibt.

Die von den Mitgliedstaaten eigens für die SE erlassenen Vorschriften müssen **40** nach Art. 9 Abs. 2 im **Einklang mit den für die Aktiengesellschaften maßgeblichen Richtlinien** stehen. Das bedurfte insofern der Klarstellung, als die einschlägigen Richtlinien (Zusammenstellung bei MüKoAktG/*Habersack* Einl. Rn. 86 ff.: Richtlinien zur Publizität, Kapital, Verschmelzung, Spaltung, Zweigniederlassung ua) sich nicht auf die SE beziehen (NK-SE/*Schröder* Rn. 20; *Schwarz* Rn. 51). Soweit die Richtlinien Wahlrechte vorsehen, dürfen diese vom Mitgliedstaat im Hinblick auf die SE nicht ohne sachlichen Grund anders ausgeübt werden als bei der AG (aA *Schwarz* Rn. 52; dagegen jedenfalls im Ergebnis wie hier Spindler/Stilz/*Casper* Rn. 20). Das folgt zwar nicht aus Art. 9 Abs. 2, wohl aber aus dem umfassenden Gleichbehandlungsgebot des Art. 10 (→ Art. 10 Rn. 4). Die speziellen Umsetzungsvorschriften sind – soweit dies möglich ist – so auszulegen und fortzubilden, dass sie den einschlägigen Richtlinienvorgaben Rechnung tragen (zur richtlinienkonformen Auslegung und Rechtsfortbildung BGHZ 179, 27 = NJW 2009, 427; BGHZ 192, 148 Rn. 30 ff. = NJW 2012, 1073; BGHZ 201, 101 Rn. 20 ff. = NJW 2014, 2646; krit. *Gsell* AcP 214 [2014], 99 [136 ff.]; *Schürnbrand* JZ 2007, 910). Dagegen können richtlinienwidrige nationale Vorschriften nicht einfach unangewendet bleiben (aA NK-SE/*Schröder* Rn. 22). Eine solche Rechtswirkung vermögen jedenfalls die Richtlinien für sich genommen nicht zu entfalten; Art. 9 Abs. 2 wiederum hat zwar als unmittelbar geltendes Verordnungsrecht im Grundsatz am Anwendungsvorrang des Unionsrechts teil, soll aber nur klarstellen, dass die für die AG maßgeblichen Richtlinien von den Mitgliedstaaten auch bei der Ausgestaltung der SE zu beachten sind.

c) Allgemeines Aktienrecht (Abs. 1 lit. c ii). aa) Bedeutung der Ver- **41** **weisung.** Soweit der nationale Gesetzgeber für die SE keine speziellen Ausführungsbestimmungen erlassen hat, beanspruchen im Rahmen der Generalverweisung auf das nationale Recht gemäß Art. 9 Abs. 1 lit. c ii) die allgemeinen Rechtsvorschriften Geltung, die auf eine nach dem Recht des Sitzstaats gegründete AG Anwendung finden würden. Verwiesen ist unmittelbar auf das Sachrecht des Sitzstaats, nicht auch auf dessen Kollisionsrecht (→ Rn. 34 f.). Angesichts des Rumpfcharakters der SE-VO, der in weiten Teilen durch Enthaltsamkeit geprägt ist, handelt es sich um den aus praktischer Sicht **wichtigsten Rechtsanwendungsbefehl** (LHT/*Hommelhoff*/*Teichmann* Rn. 54). Er ist zugleich Ausdruck des an zahlreichen Stellen innerhalb der SE-VO verankerten Grundsatzes der Gleichbehandlung der SE mit der AG (→ Art. 10 Rn. 1). Die hierzulande ansässige SE unterliegt vor allem den Vorschriften des **AktG.** Auf ein bestimmtes Regelwerk ist die Generalverweisung aber nicht beschränkt (KK-AktG/*Veil* Rn. 73). Von ihr erfasst wird namentlich auch das **UmwG** (vgl. zum Problem einer möglichen Sperrwirkung des Art. 66 neben den einschlägigen Kommentierungen OLG Frankfurt NZG 2012, 351 [352]; *Kossmann/Heinrich* ZIP 2007, 164 ff.). Die Rechnungslegungsvorschriften des HGB gelangen über die Spezialverweisungen der Art. 61 f. zur Anwendung. Auch sofern sie das Organisationsrecht der Leitungsorgane betreffen, verbietet sich hingegen ein Rückgriff auf das MitbestG und das DrittelbG (→ Rn. 29).

42   Die Verweisung auf das Aktienrecht ist insofern eine **dynamische,** als dieses in seiner jeweils geltenden Fassung zur Anwendung gelangt (*Lutter/Bayer/Schmidt,* Europäisches Unternehmens- und Kapitalmarktrecht, 5. Aufl. 2012, § 41 Rn. 26: LHT/*Hommelhoff/Teichmann* Rn. 55; Spindler/Stilz/*Casper* Rn. 14; vertiefend KK-AktG/*Veil* Rn. 53 f., 75; *Forst* Beteiligungsvereinbarung S. 35 f.). Andernfalls drohte eine vom Verordnungsgeber keinesfalls beabsichtigte Versteinerung des Rechts, die überdies im diametralen Widerspruch zu seinem Regelungsverzicht in der Sache stünde. Weiterhin bezieht sich die Verweisung nicht nur auf den geschriebenen Normtext, sondern schließt das **Richterrecht** und ungeschriebene Rechtsgrundsätze ein (MüKoAktG/*Schäfer* Rn. 18; *Casper* FS Ulmer, 2003, 51 [68 f.]; *Teichmann* ZGR 2002, 383 [398 f.]; *Lind* Europäische Aktiengesellschaft S. 84 ff.; KK-AktG/*Veil* Rn. 72; zweifelnd *Schulze/Geismar* DStR 2001, 1078 [1079]). Das folgt schon daraus, dass die in der Norm genannten „Rechtsvorschriften des Mitgliedstaats" gerade die von der Verordnung gelassenen Lücken füllen und ein vollständiges Aktienrecht zur Verfügung stellen sollen, ihrerseits aber theoretisch wie praktisch nie lückenlos sein können. Das fällt in Mitgliedstaaten mit einer Tradition des „case law" besonders ins Auge. Die Sorge um eine vermeintliche Einbuße an Rechtssicherheit erweist sich vor diesem Hintergrund als schon im Ansatz verfehlt. Ihre Bestätigung findet die hier vertretene Sichtweise schließlich in der Spezialverweisung des Art. 15 Abs. 1, die offener das „für Aktiengesellschaften geltende Recht" in Bezug nimmt, in der Sache aber nicht anders als die Generalverweisung zu verstehen sein kann.

43   **bb) Auslegung.** Soweit das nationale Aktienrecht zur Anwendung gelangt, **behält** es **seinen Charakter als mitgliedstaatliches Recht** (inzwischen wohl allgM, vgl. nur *Lächler/Oplustil* NZG 2005, 381 [384]; *Wulfers* GPR 2006, 106 [110]; NK-SE/*Schröder* Rn. 33 f.; LHT/*Hommelhoff/Teichmann* Rn. 55). Demgegenüber ist die These vereinzelt geblieben, das Verweisungsobjekt teile den Rechtscharakter der Verweisungsnorm und werde zum sog. „unechten Gemeinschaftsrecht" (*Grote* Das Statut der europäischen Aktiengesellschaft zwischen europäischem und nationalem Recht, 1990, S. 52 ff.). Sie kann auch in der Sache nicht überzeugen, weil der Verzicht auf ein unionsrechtlich geprägtes Vollstatut Ausdruck eines politischen Kompromisses ist, welcher die Verabschiedung der SE-VO überhaupt erst ermöglicht hat (→ Rn. 4). Weiterhin wäre es wenig sachgerecht, wenn der EuGH (mittelbar) über die Auslegung der nationalen Aktienrechte zu befinden hätte. Es hat daher dabei zu bewenden, dass die Auslegung des durch Art. 9 Abs. 1 lit. c ii) in Bezug genommenen Aktiengesetzes durch die deutschen Gerichte und mit Hilfe der hierzulande üblichen Auslegungsmethoden zu erfolgen hat.

44   Sehr wohl jedoch kann es sich im Einzelfall als erforderlich erweisen, das nationale Aktienrecht **SE-spezifisch auszulegen** (*Bachmann* ZEuP 2008, 32 [44]; *Schwarz* Einl. Rn. 155 ff.; KK-AktG/*Siems* Vor Art. 1 Rn. 114, 155; *Brandt/Scheifele* DStR 2002, 547 [554]; *J. Schmidt* „Deutsche" vs. „britische" SE,

S. 82 f.; strikt ablehnend dagegen *Casper* FS Ulmer, 2003, 51 [69 f.]; Spindler/ Stilz/*Casper* Rn. 15; MüKoAktG/*Schäfer* Rn. 19; KK-AktG/*Veil* Rn. 74). Schon nach allgemeinen Grundsätzen der Methodenlehre kann nämlich jede Verweisung stets nur zu einer entsprechenden Anwendung der in Bezug genommenen Vorschrift führen, welche die Eigenarten des jeweiligen Normbereichs berücksichtigt (*Larenz/Canaris* Methodenlehre der Rechtswissenschaft, 3. Aufl. 1995, S. 81 f.; *Wulfers* GPR 2006, 106 [110]). Dieser Gedanke kommt beispielhaft in Art. 24 Abs. 1 zum Ausdruck, wonach die Schutzvorschriften des nationalen Verschmelzungsrechts auf die SE nur unter Berücksichtigung des grenzüberschreitenden Charakters der Verschmelzung Anwendung finden (für einen Umkehrschluss dagegen *Lind* Europäische Aktiengesellschaft S. 44 f.). Daher gebührt in den praktisch wohl seltenen Konfliktfällen derjenigen Auslegungsvariante der Vorzug, die sich ohne Brüche in den von der SE-VO aufgespannten Regelungsrahmen einfügt und dem besonderen supranationalen Charakter der Rechtsform Rechnung trägt. Die Folge einer **gespaltenen Auslegung** der Normen des Aktiengesetzes, je nach dem ob eine AG oder eine SE in Rede steht, mag zwar zu einer Verkomplizierung der Rechtsanwendung führen; das Phänomen der Normspaltung ist jedoch auch aus anderem Zusammenhang geläufig und wird dort zu Recht hingenommen (vgl. *Mayer/Schürnbrand* JZ 2004, 545 [549 ff.] mit Beispielen unter anderem aus dem Internationalen Privatrecht und dem Kartellrecht sowie *Schürnbrand* NZG 2011, 1213 zum Kapitalmarktrecht; vgl. zur Normspaltung im Rahmen der richtlinienkonformen Auslegung BGHZ 201, 101 Rn. 28 ff. = NJW 2014, 2646).

Für ein **Beispiel** einer solchen SE-spezifischen Auslegung des deutschen Aktienrechts ist auf die Diskussion zu verweisen, ob auch Hauptversammlungsbeschlüsse einer SE dem Erfordernis einer qualifizierten Kapitalmehrheit unterliegen, wie es namentlich § 179 Abs. 2 S. 1 AktG für Satzungsänderungen vorschreibt. Nach Art. 57 genügt im Ausgangspunkt eine einfache Stimmenmehrheit, soweit nicht das nationale Aktienrecht eine größere Mehrheit (= Stimmenmehrheit; aA NK-SE/*Mayer* Art. 57 Rn. 10) vorschreibt. Wenn diese Regelung abschließend ist und das Erfordernis einer bestimmten Kapitalmehrheit ausschließt (dagegen freilich mit guten Gründen → Art. 57 Rn. 27 f.; KK-AktG/ *Kiem* Art. 57 Rn. 37), bestehen aus methodischer Sicht keine Bedenken, dem Grundanliegen der nationalen Vorschrift dadurch Rechnung zu tragen, dass bei Strukturänderungsmaßnahmen an die Stelle der im Aktiengesetz vorgesehenen Kapitalmehrheit eine entsprechend qualifizierte Stimmenmehrheit tritt (LHT/ *Spindler* Art. 57 Rn. 13; MüKoAktG/*Kubis* Art. 57, 58 Rn. 7; Spindler/Stilz/ *Eberspächer* Art. 57, 58 Rn. 5).

Zurückhaltung ist hingegen gegenüber dem Vorschlag geboten, eine Korrektur des nationalen Aktienrechts auch insofern vorzunehmen, als dieses mit allgemeinen Rechtsgrundsätzen des Unionsrechts oder ungeschriebenen **Prinzipien der SE-VO in Konflikt** gerät (dafür *Schön* FS Hopt, Bd. I, 2010, 1343 [1361]; *Wulfers* GPR 2006, 106 [111]). Beispielhaft wird der Topos des effektiven Rechtsschutzes angeführt. Gewiss ist dem gedanklichen Ausgangspunkt zuzustimmen, dass das nationale Aktienrecht nicht von der Verordnung getroffene Wertungen außer Kraft setzen darf. Jedoch hat der Verordnungsgeber entgegen den ursprünglichen Entwürfen bewusst darauf verzichtet, derartige allgemeine Grundsätze als Rechtsquelle für die SE vorzusehen (→ Rn. 3 f.). Dieser Umstand und die damit eng verknüpfte Einsicht, dass die Entwicklung und Konkretisierung solcher Grundsätze auf erhebliche Schwierigkeiten stoßen, stehen nicht nur einer prinzipienorientierten Rechtsfortbildung der SE-VO selbst entgegen (→ Rn. 22). Vielmehr lassen sie auch zweifeln, ob allgemeine unionsrechtliche Grundsätze als Instrument zur Korrektur des auf die SE anwendbaren nationalen Aktienrechts taugen.

IV. Satzung (Abs. 1 lit. b und lit. c iii)

47 **1. Stellung innerhalb der Rechtsquellen.** Die Satzung wird **in Art. 9 an zwei Stellen erwähnt.** Soweit die SE-VO es ausdrücklich zulässt, unterliegt die Gesellschaft einerseits nach Abs. 1 lit. b den Regeln ihrer Satzung. Demgegenüber ist die Anwendung sämtlichen Gesellschaftsrechts des Sitzstaats gemäß Abs. 1 lit. c subsidiär, so dass sich eine zulässige Satzungsbestimmung auch gegenüber zwingenden Vorschriften des Aktiengesetzes durchsetzt (eingehende Begründung bei *Gössl* Satzung der SE S. 52 ff.). Praktisch wird die Bedeutung dieses Rechtssatzes allerdings wesentlich relativiert. Die Ermächtigungsnormen der SE-VO setzen nämlich verbreitet voraus, dass das nationale Aktienrecht dieselbe Regelung zulässt (LHT/*Hommelhoff*/*Teichmann* Rn. 39; → Rn. 53). Andererseits besteht für die Satzung der SE gemäß Abs. 1 lit. c iii) im gleichen Umfang wie bei einer AG Gestaltungsfreiheit.

48 Die doppelte Erwähnung vermag indessen den **einheitlichen Charakter** der Satzung als rechtsgeschäftlicher Ausgangspunkt des Gründungsvorgangs und die für den Verband maßgebliche Grundlage nicht in Frage zu stellen. Insbesondere nötigt sie nicht dazu, der Satzung eine gespaltene Stellung innerhalb der Rangordnung der Rechtsquellen zuzuweisen (so aber etwa MHdB AG/*Austmann* § 83 Rn. 14; *Forst* Beteiligungsvereinbarung S. 39 f.; *Göz* ZGR 2008, 593 [594]; *Kübler* ZHR 167 [2003], 222 [224 f.]; dagegen zu Recht MüKoAktG/*Schäfer* Rn. 21; Spindler/Stilz/*Casper* Rn. 5). Dass sich die Satzung ggf. auch gegenüber zwingenden Vorschriften des nationalen Aktienrechts durchsetzt, beruht rechtstechnisch vielmehr jeweils auf einer ausdrücklichen Regelungsermächtigung in der SE-VO; bei Lichte besehen partizipiert die Satzung also schlicht an dem Vorrang des Unionsrechts gegenüber dem mitgliedschaftlichen Recht. Konstitutive Bedeutung kommt Abs. 1 lit. b daher nur insofern zu, als er die Grenzen der Gestaltungsfreiheit regelt.

49 Aufgrund ihres einheitlichen Charakters ist die Satzung auch nach einem einheitlichen Maßstab auszulegen. Da europäische Grundsätze insofern nicht existieren und erst recht nicht in der SE-VO verankert sind, greift der Grundgedanke des Abs. 1 lit. c ii) ein. Die **Auslegung** hat demnach einheitlich **nach nationalen Grundsätzen** zu erfolgen (→ Art. 6 Rn. 28; *Casper* FS Ulmer, 2003, 51 [70]; MüKoAktG/*Schäfer* Rn. 20; LHT/*J. Schmidt* Art. 6 Rn. 25; KK-AktG/*Maul* Art. 6 Rn. 18 f.; aA *Gössl* Satzung der SE S. 63; *Schwarz* Art. 6 Rn. 107 ff.: einheitliche Auslegung nach europäischen Grundsätzen). Maßgeblich ist also eine objektive Auslegung, die sich an Wortlaut, Zweck sowie systematischer Stellung der Regelung orientiert, für Dritte nicht erkennbare Absichten und Erwägungen der Gründer hingegen außen vor lässt (Hüffer/*Koch* AktG § 23 Rn. 39 f.; MüKoAktG/*Pentz* § 23 Rn. 47 ff.).

50 **2. Gestaltungsfreiheit.** Für die Ausgestaltung der Satzung bleibt den Gesellschaftern nur ein eng begrenzter Spielraum. Dieser erfährt auch durch die Möglichkeit des Abschlusses einer **Mitbestimmungsvereinbarung** keine Erweiterung. Vielmehr darf sich umgekehrt die Mitbestimmungsvereinbarung nicht in Widerspruch zum zwingenden Gesellschaftsrecht setzen; Satzungsautonomie ist mit anderen Worten eine notwendige Voraussetzung für die Vereinbarungsautonomie (→ Art. 12 Rn. 32). Im Einzelnen ist sodann zwischen Modifikationen zu den Regelungen der SE-VO selbst und zum subsidiär anwendbaren nationalen Aktienrecht zu unterscheiden.

51 **a) Satzungsstrenge im Unionsrecht.** Soweit die SE-VO selbst Regelungen enthält, sind Bestimmungen der Satzung gemäß Abs. 1 lit. b nur im Falle einer **ausdrücklichen Ermächtigung** zulässig. Im Wege ergänzender Auslegung oder

Rechtsfortbildung lässt sich daher eine Regelungsbefugnis des Satzungsgebers nicht begründen (vgl. *Schwarz* Rn. 41; NK–SE/*Schröder* Rn. 47). Die Beschneidung der Gestaltungsfreiheit der Aktionäre geht in ihrer Rigidität über die in § 23 Abs. 5 AktG angeordnete Satzungsstrenge noch hinaus, obwohl diese sich im rechtsvergleichenden Rundblick schon als sehr restriktiv erweist (*Hopt* in Gestaltungsfreiheit im Gesellschaftsrecht, 1998, S. 123 ff.) und rechtspolitisch kritisiert wird (vgl. etwa *Spindler* AG 2008, 598 ff.). Unzulässig sind hier demnach nicht nur wie dort Satzungsbestimmungen, die vom gesetzlichen Regelungsregime abweichen, sondern auch die Verordnung lediglich **ergänzende Satzungsbestimmungen** (s. nur *Habersack* AG 2006, 345 [348]; MüKoAktG/*Schäfer* Rn. 26; *Gössl* Satzung der SE S. 96; eine insofern restriktive Interpretation erwägend aber *Hommelhoff* FS Ulmer, 2003, 267 [272]).

Zur **Rechtfertigung** dieser Beschränkung sind im Unionsrecht im Ausgangs- **52** punkt dieselben Erwägungen anzuführen, die auch für das deutsche Recht maßgeblich sind (*Hommelhoff* FS Ulmer, 2003, 267 [273 f.]; krit. *Casper* ZHR 173 [2009], 181 [188 f.]). Die aus der Satzungsstrenge folgende Standardisierung der Gesellschaftsstruktur soll vor allem die Verkehrsfähigkeit der Aktie erhöhen; daneben dient sie dem Schutz gegenwärtiger und künftiger Aktionäre sowie der Gläubiger der Gesellschaft (vgl. stellvertretend Schmidt/Lutter/*Seibt* AktG § 23 Rn. 53; *Habersack* AG 2009, 1 [6 ff.]). Was die Frage ergänzender Satzungsbestimmungen angeht, so ist zu berücksichtigen, dass nach Abs. 1 lit. c subsidiär nationales Aktienrecht zur Anwendung gelangt, wenn die Regelungen der SE-VO in einem bestimmten Bereich nicht abschließend sind. Es war daher aus unionsrechtlicher Perspektive durchaus folgerichtig, in Abs. 1 lit. c iii) auch hinsichtlich des Umfangs der insofern verbleibenden Satzungsautonomie die nationale AG zum Bezugspunkt zu nehmen (Spindler/Stilz/*Casper* Rn. 5; LHT/*Hommelhoff*/*Teichmann* Rn. 41). Auf diesem Umweg kann dem Satzungsgeber der SE ein durchaus hohes Maß an Gestaltungsfreiheit eröffnet sein. Schließlich dient die Satzungsstrenge in ihrer rigiden Ausprägung auch der Rechtssicherheit, indem sie die ohnehin schon vielschichtige Verzahnung von Unionsrecht und mitgliedstaatlichem Recht nicht durch eine zusätzliche Ebene konkurrierender Regelungen weiter verkompliziert (*Schwarz* Rn. 42; *Gössl* Satzung der SE S. 95).

In systematischer Hinsicht ist zu unterscheiden zwischen Ermächtigungsnor- **53** men mit und solchen ohne **Regelungsauftrag** (*Hommelhoff* FS Ulmer, 2003, 267 [275]; → Art. 6 Rn. 9 ff.). Vielfach ermächtigt die SE-VO den Satzungsgeber nicht nur, sondern verpflichtet ihn zugleich, eine bestimmte Rechtsfrage zu regeln. So hat die Satzung sich zu erklären hinsichtlich der Wahl zwischen dem dualistischen und dem monistischen Leitungssystem (Art. 38 lit. b), der Zahl (Art. 39 Abs. 4 S. 1, 40 Abs. 3 S. 1, 43 Abs. 2) und der Amtsdauer (Art. 46) der Organmitglieder sowie des Katalogs zustimmungspflichtiger Geschäfte (Art. 48; str., → Art. 48 Rn. 4). Innerhalb der Ermächtigungen ohne Regelungsauftrag lässt sich weiter unterscheiden zwischen solchen, die ohne Einschränkung eröffnet sind, und solchen, die nur genutzt werden dürfen, wenn das einschlägige nationale Recht für die AG dieselbe Regelung zulässt (LH/*Seibt* [1. Aufl.] Art. 6 Rn. 15: „**Gleichlaufprinzip**"). Zur ersteren Gruppe gehören Art. 40 Abs. 2 S. 2 (Bestellung des ersten Aufsichtsrats), Art. 43 Abs. 3 S. 2 (Bestellung des ersten Verwaltungsrats), Art. 44 Abs. 1 (Sitzungsfrequenz des Verwaltungsorgans; str., s. *Gössl* Satzung der SE S. 117 f.), Art. 46 Abs. 2 (Einschränkung der Wiederbestellung) und Art. 50 Abs. 1 und 2 (Beschlussfähigkeit und –fassung). Hingegen verlangen einen Gleichlauf mit dem nationalen Recht Art. 47 Abs. 1 (Organbestellung juristischer Personen), Art. 47 Abs. 3 (Bestellungsvoraussetzungen für Anteilseignervertreter) sowie Art. 55 Abs. 1 und Art. 56 S. 3 (erleichterte Einberufung der Hauptversammlung und Ergänzung der Tagesordnung).

54   **b) Satzungsstrenge im nationalen Aktienrecht.** Soweit auf die SE nationales Aktienrecht Anwendung findet, unterliegt sie gemäß Abs. 1 lit. c iii) den Bestimmungen ihrer Satzung unter den gleichen Voraussetzungen wie im Falle einer nach dem Recht des Sitzstaats der SE gegründeten AG. Das Maß der Gestaltungsfreiheit schwankt daher je nach Sitzstaat beträchtlich. Für die in Deutschland ansässige SE gilt, dass eine Abweichung von den Vorschriften des AktG nach dessen § 23 Abs. 5 S. 1 nur zulässig ist, wenn es ausdrücklich zugelassen ist. Ergänzende Bestimmungen der Satzung sind hingegen gemäß S. 2 zulässig, es sei denn, dass das AktG eine abschließende Regelung enthält (vgl. zum Ganzen MüKoAktG/*Pentz* § 23 Rn. 156 ff.; Hüffer/*Koch* AktG § 23 Rn. 34 ff.).

V. Allgemeines Verkehrsrecht (Abs. 3)

55   Der Regelungsbereich der SE-VO ist auf das Gesellschaftsrecht beschränkt (→ Rn. 24 ff.). Er erstreckt sich daher nicht auf das allgemeine Verkehrsrecht, also namentlich das Steuer-, Vertrags-, Delikts- und Kapitalmarktrecht, aber auch das öffentliche Gewerbe- und Aufsichtsrecht, einschließlich der in Abs. 3 hervorgehobenen besonderen Anforderungen an die ausgeübte Geschäftstätigkeit (→ Rn. 27 ff.). Das allgemeine Verkehrsrecht gilt für die SE vielmehr wie für jede andere natürliche oder juristische Person. Inwieweit es Anwendung findet, bestimmt sich folglich nach den Regeln des Internationalen Privatrechts. Bildlich gesprochen steht das allgemeine Verkehrsrecht damit **neben der Normenhierarchie des Art. 9** (→ Rn. 2).

[Gleichbehandlung mit Aktiengesellschaft]

10 **Vorbehaltlich der Bestimmungen dieser Verordnung wird eine SE in jedem Mitgliedstaat wie eine Aktiengesellschaft behandelt, die nach dem Recht des Sitzstaats der SE gegründet wurde.**

Schrifttum: Vgl. die Angaben bei Art. 9.

I. Normzweck

1   Es ist ein Kernanliegen der SE-VO, für eine **umfassende Gleichbehandlung** dieser Rechtsform und der nationalen AG zu sorgen. Dieses kommt in einer **Mehrzahl von Vorschriften** zum Ausdruck (LHT/*Hommelhoff/Teichmann* Rn. 2). So stellt schon für die Zwecke der Gründung Art. 3 Abs. 1 die SE einer AG des Sitzmitgliedstaats gleich. Vor allem aber sorgen die vielen Spezialverweisungen (s. etwa Art. 5, 15, 51, 62 f.) sowie die Generalverweisung des Art. 9 Abs. 1 lit. c ii) und iii), welche auf die im Sitzstaat der SE für die AG maßgeblichen Rechtsvorschriften Bezug nimmt, für einen weitgehenden Gleichlauf (→ Art. 9 Rn. 8, 41). Schließlich finden sich nicht wenige Ermächtigungen an den nationalen Gesetzgeber (etwa Art. 39 Abs. 1 S. 2, 43 Abs. 1 S. 2, 50 Abs. 3, 56 S. 3) ebenso wie an den Satzungsgeber (etwa Art. 47 Abs. 1 und 3, 55 Abs. 1), die eine bestimmte Regelung für die SE nur zulassen, sofern sie mit dem nationalen Aktienrecht in Einklang steht. Im Verhältnis dazu kommt Art. 10 zunächst einmal die **Funktion eines übergreifenden Programmsatzes** zu, der die gewollte Gleichbehandlung zur Klarstellung noch einmal unmissverständlich unterstreicht. Originäre Bedeutung hat die Vorschrift hingegen als **Auffangregelung,** die für eine umfassende Gleichstellung der SE mit der AG auch jenseits der Spezialregeln sorgt (LHT/*Hommelhoff/Teichmann* Rn. 3; Spindler/Stilz/*Casper* Rn. 2; aA MHdB AG/*Austmann* § 83 Rn. 19: nur klarstellende Funktion).

II. Ausgestaltung des Gleichbehandlungsgrundsatzes

1. Adressaten. Die SE ist „**in jedem Mitgliedstaat**" wie eine AG zu be- **2** handeln, die nach dem Recht des Sitzstaats der SE gegründet wurde. Adressat des Gleichbehandlungsgebots ist also gerade nicht nur der Sitzstaat, vielmehr richtet es sich auch an alle anderen Mitgliedstaaten. Diese haben eine aus ihrer Sicht fremde SE so zu behandeln, wie sie unter sonst gleichen Voraussetzungen eine im Sitzstaat der SE ansässige nationale AG behandeln würden (*Teichmann* Binnenmarktkonformes Gesellschaftsrecht, 2006, S. 297; LHT/*Hommelhoff/Teichmann* Rn. 6; Spindler/Stilz/*Casper* Rn. 2; abweichend – Behandlung wie eine inländische AG – NK-SE/*Schröder* Rn. 3; MüKoAktG/*Schäfer* Rn. 4). Innerhalb des Mitgliedstaats wiederum sind **alle Staatsgewalten auf allen Ebenen** gebunden; für die Gleichbehandlung haben also nicht nur der Gesetzgeber, sondern im Rahmen ihrer Zuständigkeiten auch die Gerichte und die Verwaltungsbehörden von Bund, Ländern und Kommunen zu sorgen (*Schwarz* Rn. 15). Nach allgemeinen europarechtlichen Grundsätzen kommt es nicht auf die Rechts- und Organisationsform, sondern allein auf die funktionale Zurechenbarkeit zum Mitgliedstaat an (vgl. zum allgemeinen Diskriminierungsverbot *Streinz* AEUV Art. 18 Rn. 41; zur unmittelbaren Anwendung von Richtlinien Calliess/Ruffert/*Ruffert* AEUV Art. 288 Rn. 59). Zur Gleichbehandlung verpflichtet sind daher auch mit hoheitlicher Gewalt ausgestattete Selbstverwaltungsorganisationen sowie von der öffentlichen Hand kontrollierte Einrichtungen und Unternehmen.

Dagegen kann Art. 10 als sekundäres Unionsrecht **nicht** den **Unionsgesetz-** **3** **geber** binden; dieser kann daher durchaus Sonderrecht für die SE schaffen (LHT/*Hommelhoff/Teichmann* Rn. 4; Spindler/Stilz/*Casper* Rn. 2, 18; *Reiner* Konzern 2011, 135 [141]). Offen lässt der Wortlaut („in jedem Mitgliedstaat"), ob die Norm eine unmittelbare Direktwirkung entfaltet und auch **Privatpersonen** in die Pflicht nimmt. Für das primärrechtliche Diskriminierungsverbot des Art. 18 AEUV sowie die Grundfreiheiten ist diese Frage ungeklärt (zum Diskussionsstand *Streinz* AEUV Art. 18 Rn. 43; *Habersack/Verse* EuropGesR § 3 Rn. 9 f.). Anerkannt ist in der Rechtsprechung des EuGH eine Grundfreiheiten aber eine Bindung von Institutionen mit faktischer, quasi-monopolistischer Machtstellung (etwa Sportverbände, s. EuGH Slg. 2000, I-2681 Rn. 35 = EuZW 2000, 375 – Lehtonen; Zertifizierungsstellen, s. EuGH ECLI:EU:C:2012:453 = EuZW 2012, 797 – Fra.bo). Jenseits dessen ist im Hinblick auf die sekundärrechtliche Norm des Art. 10 mehr noch als sonst Zurückhaltung geboten. Dessen Zweck ist vollauf genüge getan, wenn die Organe der Mitgliedstaaten ihrer Garantenpflicht nachkommen, gegen Beeinträchtigungen durch Private vorzugehen (grundlegend zu solchen Schutzpflichten im Hinblick auf die Warenverkehrsfreiheit EuGH Slg. 1997, I-6959 = NJW 1998, 1931).

2. Anwendungsfelder. Innerhalb des Regelungsbereichs der SE-VO, also **4** grob gesprochen für den Bereich des gesamten Gesellschafts(organisations)rechts (→ Art. 9 Rn. 24 ff.), sorgen bereits die Spezialverweisungen und subsidiär die Generalverweisung des Art. 9 Abs. 1 lit. c ii) für eine weitgehende Gleichbehandlung von SE und nationaler AG. Art. 10 kommt daneben keine eigenständige Bedeutung zu (vgl. nur MüKoAktG/*Schäfer* Rn. 1). Etwas anderes gilt jedoch für den Erlass von **Ausführungsbestimmungen**, die speziell auf die SE bezogen sind und nach **Art. 9 Abs. 1 lit. c i)** zur Anwendung gelangen (NK-SE/*Schröder* Rn. 3). Nach der Systematik der SE-VO und im Einklang mit der Wertung des Art. 10 dürfen die Mitgliedstaaten zunächst nur dort besondere Rechtsvorschriften erlassen, wo sie die SE-VO hierzu ausdrücklich ermächtigt oder verpflichtet (→ Art. 9 Rn. 39). Die Ermächtigungsnormen wiederum lassen schon nach ihrem ausdrücklichen Wortlaut verbreitet mitgliedstaatliche Regelungen nur insoweit zu, als ein Gleichklang mit dem allgemeinen Aktienrecht des Sitzstaats gewährleistet ist (→ Rn. 1). Weiterhin folgt aus Art. 10, dass die Mitgliedstaaten bei der Ausübung von Wahlrechten, die gesellschaftsrechtliche Richtlinien vorsehen, nicht ohne sachlichen Grund von der im Hinblick auf die nationale AG gewählten Umsetzung abweichen dürfen (→ Art. 9 Rn. 40). Soweit eine Ermächtigungsnorm jedoch in gezielter Abweichung zu dem verbreiteten Anordnungsmuster keinen Gleichlauf mit dem mitgliedstaatlichen Recht fordert, wird man daraus wohl im Umkehrschluss folgern müssen, dass eine Ungleichbehandlung von SE und AG von der SE-VO entgegen dem Grundgedanken des Art. 10 insofern hingenommen wird (*Schwarz* Rn. 16; *Gössl* Satzung der SE S. 141; → Rn. 8). Demnach dürfte eine Regelung, der zufolge eine SE im Einklang mit dem Wortlaut des Art. 7 S. 2 ihren Sitz und ihre Hauptverwaltung am selben Ort haben muss, auch dann nicht zu beanstanden sein, wenn für die nationale AG eine solche Vorgabe fehlt (*Teichmann* ZGR 2002, 383 [456 f.]; Spindler/Stilz/ *Casper* Rn. 3).

5   Wesentliche Bedeutung kommt dem Gleichbehandlungsbot des Art. 10 nach hier vertretener Auffassung **jenseits des Regelungsbereichs** der SE-VO und damit für das allgemeine Verkehrsrecht zu (→ Art. 9 Rn. 55). Namentlich im Steuer-, Vertrags-, Delikts- und Kapitalmarktrecht ist die SE vom Sitzstaat in allen tatsächlichen und rechtlichen Fragen wie eine AG zu behandeln (MüKoAktG/ *Schäfer* Rn. 3; Spindler/Stilz/*Casper* Rn. 2; s. auch *Forst* Beteiligungsvereinbarung S. 27 f.). Sieht man hingegen in Art. 9 Abs. 1 lit. c ii) eine Gesamtnormverweisung, die das IPR einschließt (→ Art. 9 Rn. 34 f.), entfällt diese Funktion. Weil sich die Generalverweisung dann nicht nur auf das Gesellschaftsrecht, sondern auf das gesamte mitgliedstaatliche Recht erstreckt, sorgt demnach bereits Art. 9 Abs. 1 lit. c ii) für die umfassende Gleichbehandlung von SE und AG im Recht des Sitzstaats (*Teichmann* Binnenmarktkonformes Gesellschaftsrecht, 2006, S. 297; LHT/*Hommelhoff/Teichmann* Rn. 5; NK-SE/*Schröder* Rn. 3). Ungeachtet dessen gebietet es Art. 10 schließlich auch allen anderen Mitgliedstaaten, die SE gegenüber einer AG mit demselben Sitzstaat nicht zu diskriminieren (→ Rn. 2).

6   3. Ungleichbehandlung. Wie Erwägungsgrund 5 unterstreicht, ist den Mitgliedstaaten jedenfalls eine **Diskriminierung** der SE gegenüber der AG verboten. Demnach sind die Mitgliedstaaten dazu verpflichtet, dafür zu sorgen, dass die Bestimmungen, die auf die SE aufgrund dieser Verordnung anwendbar sind, weder zu einer Diskriminierung dadurch führen, dass die Europäischen Gesellschaften ungerechtfertigterweise anders behandelt werden als die Aktiengesellschaften, noch unverhältnismäßig strenge Auflagen für ihre Errichtung oder die Verlegung ihres Sitzes mit sich bringen. Rechtfertigungsbedürftig sind zunächst gesetzliche Vorschriften oder deren Auslegung sowie alle Verwaltungspraktiken, die schon ihrem Tatbestand nach an die Rechtsform anknüpfen und die SE gegenüber der AG schlechter behandeln. Terminologisch lässt sich insofern von einer formellen, unmittelbaren oder **offenen** Diskriminierung sprechen (vgl. nur Calliess/Ruffert/*Epiney* AEUV Art. 18 Rn. 12; Streinz/*Müller-Graff* AEUV Art. 49 Rn. 43 ff.). Im theoretischen Ansatz untersagt sind aber auch materielle, mittelbare bzw. **versteckte** Diskriminierungen. Das sind Maßnahmen, die zwar äußerlich neutral formuliert sind, aber im Ergebnis doch eine Diskriminierung bewirken, weil sie die SE rein tatsächlich typischerweise schlechter stellen als die AG. Außer Betracht bleiben können allenfalls als gänzlich untergeordnet zu qualifizierende Erschwernisse (de minimis-Regel).

7   Unter Berufung auf Erwägungsgrund 5 wird argumentiert, die Funktion des Art. 10 erschöpfe sich in der Statuierung eines Diskriminierungsverbots, die Vorschrift beinhalte mit anderen Worten kein **Privilegierungsverbot** (→ Art. 6

Rn. 14; Spindler/Stilz/*Casper* Rn. 3; KK–AktG/*Veil* Rn. 4; *Kallmeyer* AG 2003, 197 [198]; vgl. auch *Kübler* ZHR 167 [2003], 222 [232]). Indessen ist schon der Erwägungsgrund ambivalent formuliert, weil er zwar den Begriff der Diskriminierung anführt, diesen aber offener als „Andersbehandlung" erläutert. Vor allem jedoch verlangt Art. 10 selbst ganz allgemein eine Gleichbehandlung. Daher ist davon auszugehen, dass die Vorschrift auch ungerechtfertigte Privilegierungen der SE gegenüber der AG verbietet (NK-SE/*Schröder* Rn. 1; *Schwarz* Rn. 3, 15; *Habersack/Verse* EuropGesR § 13 Rn. 12; MüKoAktG/*Oechsler* Art. 6 Rn. 7; *Wirtz* Lückenfüllung S. 149). Im Wettbewerb der Rechtsformen soll ein einzelner Mitgliedstaat die Attraktivität der SE nicht isoliert erhöhen können (näher *Hommelhoff* FS Ulmer, 2003, 267 [277]).

4. Erlaubte Differenzierungen. Die Pflicht zur Gleichbehandlung besteht **8** nur „**vorbehaltlich der Bestimmungen dieser Verordnung**". Sofern also die SE-VO oder die sie ergänzende SE-RL eine bestimmte Sachregelung vorsehen, nehmen sie damit zugleich eine Ungleichbehandlung von SE und AG in Kauf. Der nationale Gesetzgeber ist mit anderen Worten keinesfalls gehalten, sein nationales Aktien- oder Mitbestimmungsrecht dem Organisationsrecht der SE anzupassen; hierfür bietet Art. 352 AEUV (= Art. 308 EG aF), auf den sich die SE-VO stützt, schon im Ansatz keine Kompetenzgrundlage. Zu den „Bestimmungen" dieser Verordnung, die dem allgemeinen Gleichbehandlungsgebot vorgehen, gehören auch diejenigen Regelungsermächtigungen, die den Mitgliedstaaten für die Ausgestaltung des spezifischen SE-Rechts keinen Gleichlauf mit dem nationalen Aktienrecht vorschreiben und ein unterschiedliches Rechtsregime daher inzident hinnehmen (→ Rn. 4; wie hier *Schwarz* Rn. 21).

Im Übrigen begründet Art. 10 kein absolutes, sondern lediglich ein **relatives 9 Gleichbehandlungsgebot.** Sowohl formelle als auch materielle Ungleichbehandlungen sind mithin einer **Rechtfertigung** zugänglich (Spindler/Stilz/*Casper* Rn. 3; KK–AktG/*Veil* Rn. 7; LHT/*Hommelhoff/Teichmann* Rn. 7; *Schwarz* Rn. 22). Verboten sind nur willkürliche Ungleichbehandlungen; nicht zu beanstanden sind hingegen Differenzierungen, für die sich jenseits des verpönten Merkmals der Rechtsform sachliche Gründe anführen lassen. Als Anknüpfungspunkt kommt insofern vor allem der supranationale Charakter der SE in Betracht. Maßgeblich sind bei alldem allein die objektiven Umstände, bloß subjektive Vorstellungen der mitgliedstaatlichen Verwaltungs- oder Rechtssetzungsorgane hingegen haben unberücksichtigt zu bleiben.

5. Rechtsfolgen. Die Mitgliedstaaten und damit auch alle ihre Gerichte und **10** Verwaltungsbehörden sind nach Art. 4 Abs. 3 UAbs. 2 EUV gehalten, die in Art. 10 vorgeschriebene Gleichbehandlung von AG und SE zu gewährleisten. Daher sind alle mitgliedstaatlichen Rechtsvorschriften verordnungskonform, dh möglichst so auszulegen, dass die geforderte Gleichbehandlung gewährleistet wird. Lässt dies der mögliche Wortsinn nicht zu, bleibt die Möglichkeit einer entsprechenden Rechtsfortbildung zu prüfen. Scheidet auch eine solche aus, hat dem Gleichbehandlungsgebot **entgegenstehendes nationales Recht unangewendet** zu bleiben (Spindler/Stilz/*Casper* Rn. 4; *Bayer/Scholz* ZIP 2016, 193 [198]; erwägend KK–AktG/*Veil* Rn. 14). Das folgt aus dem Anwendungsvorrang auch des sekundären Unionsrechts gegenüber jeglichem nationalen Recht (allgemein Calliess/Ruffert/*Ruffert* AEUV Art. 288 Rn. 20; Streinz/*Schroeder* AEUV Art. 288 Rn. 44). Soweit ein hinreichend qualifizierter Rechtsverstoß gegeben ist, sind gleichwohl eingetretene Schäden im Rahmen des unionsrechtlichen Staatshaftungsanspruchs zu kompensieren (zusammenfassend Palandt/*Sprau* BGB § 839 Rn. 5 ff.; Staudinger/*Wöstmann* BGB § 839 Rn. 520 ff.). Schließlich kann ein Verstoß gegen das Unionsrecht zum Gegenstand eines **Vertragsverletzungsverfahrens** nach Art. 258 AEUV gemacht werden (KK–AktG/*Veil* Rn. 14).

[Benennung der Firma]

11 (1) **Die SE muss ihrer Firma den Zusatz „SE" voran- oder nach-
stellen.**

(2) **Nur eine SE darf ihrer Firma den Zusatz „SE" hinzufügen.**

(3) **Die in einem Mitgliedstaat vor dem Zeitpunkt des Inkrafttretens
dieser Verordnung eingetragenen Gesellschaften oder sonstigen juristischen Personen, deren Firma den Zusatz „SE" enthält, brauchen ihre
Namen jedoch nicht zu ändern.**

I. Allgemeines

1   Die Vorschrift regelt mit dem Rechtsformzusatz lediglich einen **Ausschnitt
aus dem Firmenrecht.** Im Übrigen richtet sich dieses gemäß Art. 9 Abs. 1 lit.
c ii) für in Deutschland ansässige Gesellschaften nach den allgemeinen Vorschriften der §§ 17 ff. HGB (→ Rn. 5 f.). Die Norm will für **Rechtsformklarheit**
sorgen und damit gewährleisten, dass der Rechtsverkehr über die Gesellschafts-
und Haftungsverhältnisse informiert wird (KK-AktG/*Kiem* Rn. 1; LHT/*Langhein* Rn. 1). Hierzu verpflichtet Abs. 1 jede SE, ihrer Firma den Zusatz „SE"
voran- oder nachzustellen. Im Gegenzug bleibt die Nutzung dieses Zusatzes nach
Abs. 2 exklusiv Gesellschaften in der Rechtsform der SE vorbehalten. Soweit mit
dieser Monopolisierung des Rechtsformzusatzes für die SE der Marketingvorteil
verbunden sein sollte, als europaweit tätige Aktiengesellschaft auftreten zu können, liegt darin ein bloßer Rechtsreflex und kein eigenständiger Regelungszweck
(in der Tendenz ebenso KK-AktG/*Kiem* Rn. 1; abweichend *Schwarz* Rn. 1).
Abs. 3 schließlich gewährt Gesellschaften, die vor dem Inkrafttreten der SE-VO
in einem Register eingetragen waren, einen umfassenden Bestandsschutz.

II. Rechtsformzusatz

2   **1. Zwingende Verpflichtung (Abs. 1).** Der Firma ist zwingend die Kurz-
bezeichnung „SE" voran- oder nachzustellen. Das gilt auch dann, wenn nach
einer Umwandlung die bisherige Firma fortgeführt werden soll. Unzulässig ist
damit zum einen eine Positionierung des Zusatzes im Mittelteil („Fischfutter SE
Internationales Kontor"; s. Spindler/Stilz/*Casper* Rn. 2; *Schwarz* Rn. 14). Zum
anderen genügt die ausschließliche Verwendung der Langform „Societas Europaea" den Anforderungen des Gesetzes nicht (NK-SE/*Schröder* Rn. 4; MüKo-
AktG/*Schäfer* Rn. 1). Nicht zu beanstanden ist es hingegen, wenn die **Langform
zusätzlich** in die Firma aufgenommen wird. Dabei kann nicht nur der lateinische Ausdruck, sondern auch eine nicht irreführende deutsche Bezeichnung wie
„Europäische Aktiengesellschaft" Verwendung finden (Spindler/Stilz/*Casper*
Rn. 2; KK-AktG/*Kiem* Rn. 12).

3   **2. Exklusivität (Abs. 2).** Der Rechtsformzusatz „SE" ist ausschließlich Gesellschaften in dieser Rechtsform vorbehalten. Gesellschaften anderer Rechtsform
oder Einzelkaufleute dürfen ihn auch dann nicht verwenden, wenn sich damit im
Einzelfall ein abweichender Bedeutungsgehalt verbinden soll. So darf etwa ein
Softwareentwickler zur Abkürzung seiner Berufsbezeichnung nicht das Kürzel
„SE" verwenden (NK-SE/*Schröder* Rn. 7). Die Sperrwirkung erstreckt sich auch
auf die Langform „Societas Europaea" und ihre landessprachlichen Entsprechun-
gen (vgl. LHT/*Langhein* Rn. 8; KK-AktG/*Kiem* Rn. 15; Spindler/Stilz/*Casper*
Rn. 3).

4   **3. Bestandsschutz (Abs. 3).** Umfassenden Bestandsschutz genießen Gesellschaften und andere juristische Personen, die im Zeitpunkt des Inkrafttretens der

SE-VO, also am 8.10.2004 (vgl. Art. 70), in einem öffentlichen Register einge-
tragen waren. Das betrifft sämtliche Handelsgesellschaften (AG, KGaA, GmbH,
OHG, KG, EWIV, VVaG), die Personenhandelsgesellschaften freilich nur, sofern
sie tatsächlich eingetragen waren. Geschützt sind daneben eingetragene Vereine,
Partnerschaftsgesellschaften, eingetragene Genossenschaften sowie Stiftungen.
Nicht erfasst sind im Umkehrschluss der Einzelkaufmann, die Gesellschaft bürgerlichen Rechts sowie der nicht eingetragene Verein (NK-SE/*Schröder*
Rn. 28 f.). Die privilegierten Gesellschaften müssen ihren Namen nicht ändern,
dürfen vielmehr sowohl das Kürzel „SE" als auch einschlägige Langformen weiter
benutzen. Der Bestandsschutz ist **zeitlich unbefristet** (MüKoAktG/*Schäfer*
Rn. 1; LHT/*Langhein* Rn. 10; aA Spindler/Stilz/*Casper* Rn. 4: § 11 Abs. 1 S. 3
PartGG analog). In seinen Genuss kommen jedoch nur solche Gesellschaften,
deren Firmierungen zum Stichtag mit dem nationalen Firmenrecht in Einklang
standen. Durfte eine Gesellschaft hingegen entweder den Zusatz „SE" oder sonstige Firmenbestandteile nicht führen, greift Abs. 3 seinem Regelungszweck nach
mangels **schutzwürdigen Vertrauens** nicht ein (aA im Hinblick auf den
Rechtsformzusatz KK-AktG/*Kiem* Rn. 16).

III. Sonstiges Firmenrecht

Art. 11 behandelt nur den Rechtsformzusatz; ansonsten finden sich in der **5**
SE-VO keine firmenrechtlichen Bestimmungen. Da das Firmenrecht gleichwohl zum Geltungsbereich der Verordnung gehört (*Schwarz* Rn. 5; *Casper* FS
Ulmer, 2003, 51 [66]; → Art. 9 Rn. 27), gelangt im Stadium der Gründung
gemäß Art. 15 Abs. 1, danach gemäß Art. 9 Abs. 1 lit. c ii) **nationales Recht**
zur Anwendung. Die SE ist nach § 3 Abs. 1 AktG iVm § 6 Abs. 2 HGB
Formkaufmann, weshalb im Ergebnis die Vorschriften der **§§ 17 ff. HGB** zu
beachten sind. Ohne dass sie gegenüber einer AG Privilegierungen genießen
würde oder Erschwernisse zu dulden hätte (vgl. Art. 10), gelten daher für die
SE die Grundsätze der Firmeneinheit, der Kennzeichnungseignung und der
Unterscheidungskraft (§ 18 Abs. 1 HGB) sowie das Gebot der Firmenwahrheit
(§ 18 Abs. 2 HGB). Hinsichtlich des Rechtsformzusatzes ist dagegen ein Rückgriff auf das nationale Recht nicht möglich. Unanwendbar ist daher nicht nur
§ 4 AktG, vielmehr finden auch die allgemeinen Firmengrundsätze keine Anwendung. Es ist daher nicht anhand des Irreführungsverbots zu überprüfen, ob
der Rechtsverkehr mit der Rechtsform der SE die Erwartung eines europaweit
agierenden Unternehmens verbindet und die Gesellschaft diesen Erwartungen
gerecht wird (KK-AktG/*Kiem* Rn. 5; LHT/*Langhein* Rn. 13; Spindler/Stilz/
Casper Rn. 3).

In Art. 11 nicht geregelt ist auch die **Rechtsdurchsetzung.** Da die Firma **6**
nach Art. 9 Abs. 1 lit. c ii) iVm § 23 Abs. 3 Nr. 1 AktG in die Satzung aufzunehmen ist, kann die Gesellschaft ohne den nach Abs. 1 vorgeschriebenen
Rechtsformzusatz nicht in das Handelsregister eingetragen werden und folglich
auch nicht zur Entstehung gelangen (KK-AktG/*Kiem* Rn. 10; LHT/*Langhein*
Rn. 5). Gegen einen unzulässigen Firmengebrauch im Allgemeinen und Verstöße
gegen Art. 11 Abs. 1 und 2 im Besonderen kann weiterhin das Registergericht
durch Festsetzung eines Ordnungsgeldes gemäß § 37 Abs. 1 HGB vorgehen.
Schließlich droht den Mitgliedern des Vorstands oder des Verwaltungsorgans eine
persönliche Haftung nach allgemeinen Rechtsscheingrundsätzen, wenn die Gesellschaft ohne den vorgeschriebenen Rechtsformzusatz auftritt und dadurch der
Eindruck erweckt wird, eine natürliche Person oder Personengesellschaft habe
agiert (Spindler/Stilz/*Casper* Rn. 6; NK-SE/*Schröder* Rn. 24; zur GmbH BGH
NJW 1991, 2627).

[Eintragungspflicht; Voraussetzungen der Eintragung]

12 (1) Jede SE wird gemäß Artikel 3 der Ersten Richtlinie 68/151/ EWG des Rates vom 9. März 1968 zur Koordinierung der Schutzbestimmungen, die in den Mitgliedstaaten den Gesellschaften im Sinne des Artikels 58 Absatz 2 des Vertrages im Interesse der Gesellschafter sowie Dritter vorgeschrieben sind, um diese Bestimmungen gleichwertig zu gestalten (ABl. L 65 vom 14.3.1968, S. 8. Zuletzt geändert durch die Beitrittsakte von 1994), im Sitzstaat in ein nach dem Recht dieses Staates bestimmtes Register eingetragen.

(2) Eine SE kann erst eingetragen werden, wenn eine Vereinbarung über die Beteiligung der Arbeitnehmer gemäß Artikel 4 der Richtlinie 2001/86/EG geschlossen worden ist, ein Beschluss nach Artikel 3 Absatz 6 der genannten Richtlinie gefasst worden ist oder die Verhandlungsfrist nach Artikel 5 der genannten Richtlinie abgelaufen ist, ohne dass eine Vereinbarung zustande gekommen ist.

(3) Voraussetzung dafür, dass eine SE in einem Mitgliedstaat, der von der in Artikel 7 Absatz 3 der Richtlinie 2001/86/EG vorgesehenen Möglichkeit Gebrauch gemacht hat, registriert werden kann, ist, dass eine Vereinbarung im Sinne von Artikel 4 der genannten Richtlinie über die Modalitäten der Beteiligung der Arbeitnehmer – einschließlich der Mitbestimmung – geschlossen wurde oder dass für keine der teilnehmenden Gesellschaften vor der Registrierung der SE Mitbestimmungsvorschriften galten.

(4) [1]Die Satzung der SE darf zu keinem Zeitpunkt im Widerspruch zu der ausgehandelten Vereinbarung stehen. [2]Steht eine neue gemäß der Richtlinie 2001/86/EG geschlossene Vereinbarung im Widerspruch zur geltenden Satzung, ist diese – soweit erforderlich – zu ändern.

In diesem Fall kann ein Mitgliedstaat vorsehen, dass das Leitungs- oder das Verwaltungsorgan der SE befugt ist, die Satzungsänderung ohne weiteren Beschluss der Hauptversammlung vorzunehmen.

§ 3 SEAG Eintragung

Die SE wird gemäß den für Aktiengesellschaften geltenden Vorschriften im Handelsregister eingetragen.

§ 4 SEAG Zuständigkeiten

Für die Eintragung der SE und für die in Artikel 8 Abs. 8, Artikel 25 Abs. 2 sowie den Artikeln 26 und 64 Abs. 4 der Verordnung bezeichneten Aufgaben ist das nach den §§ 376 und 377 des Gesetzes über das Verfahren in Familiensachen und in den Angelegenheiten der freiwilligen Gerichtsbarkeit bestimmte Gericht zuständig. Das zuständige Gericht im Sinne des Artikels 55 Abs. 3 Satz 1 der Verordnung bestimmt sich nach § 375 Nr. 4, §§ 376 und 377 des Gesetzes über das Verfahren in Familiensachen und in den Angelegenheiten der freiwilligen Gerichtsbarkeit.

Schrifttum: *Arbeitskreis Aktien- und Kapitalmarktrecht,* Die 8 wichtigsten Änderungsvorschläge zur SE-VO, ZIP 2009, 698; *Blanke,* Europäische Aktiengesellschaft ohne Arbeitnehmerbeteiligung?, ZIP 2006, 789; *Casper/Schäfer,* Die Vorrats-SE – Zulässigkeit und wirtschaftliche Neugründung, ZIP 2007, 653; *Forst,* Die Beteiligung der Arbeitnehmer in der Vorrats-SE, NZG 2009, 687; *ders.,* Zur Größe des mitbestimmten Organs einer kraft Beteiligungsvereinbarung mitbestimmten SE, AG 2010, 350; *ders.,* Die Beteiligungsvereinbarung nach § 21 SEBG, 2010; *Gössl,* Die Satzung der Europäischen Aktiengesellschaft (SE) mit Sitz in Deutschland, 2010; *Habersack,* Grundsatzfragen der Mitbestimmung in SE und SCE sowie bei grenzüberschreitender Verschmelzung, ZHR 171 (2007), 613; *Henssler,* Erfahrungen und

Reformbedarf bei der SE – Mitbestimmungsrechtliche Reformvorschläge, ZHR 173 (2009), 222; *Kiem*, Erfahrungen und Reformbedarf bei der SE – Entwicklungsstand, ZHR 173 (2009), 156; *ders.*, SE-Aufsichtsrat und Dreiteilbarkeitsgrundsatz, Der Konzern 2010, 275; *Linden*, Die Mitbestimmungsvereinbarung der dualistisch verfassten Societas Europaea (SE), 2012; *Luke*, Vorrats-SE ohne Arbeitnehmerbeteiligung?, NZA 2013, 941; *Noack*, Aktionärsmitwirkung bei der SE-Beteiligungsvereinbarung, in Bergmann ua (Hrsg.), 10 Jahre SE, ZHR Beiheft 77, 2015, 96; Rieble/Junker (Hrsg.), Vereinbarte Mitbestimmung, 5. ZAAR-Kongress, 2008; *Seibt*, Größe und Zusammensetzung des Aufsichtsrats in der SE, ZIP 2010, 1057; *Teichmann*, Gestaltungsfreiheit in Mitbestimmungsvereinbarungen, AG 2008, 797.

Übersicht

	Rn.
I. Allgemeines	1
II. Eintragung (Abs. 1)	2
1. Grundlagen	2
2. Anmeldung	4
a) Rechtsnatur	4
b) Zuständigkeiten	5
c) Form und Inhalt	8
d) Vorratsgründung und Altmantelverwendung	11
3. Prüfung	13
4. Eintragung	15
III. Beteiligung der Arbeitnehmer (Abs. 2 und 3)	16
1. Grundlagen	16
2. Prüfung durch das Registergericht	18
a) Förmliche Nachweise	19
b) Prüfungsmaßstab im Übrigen	21
3. Arbeitnehmerlose Vorratsgesellschaft	25
IV. Gleichlaufgebot (Abs. 4)	27
1. Inhalt	27
2. Verhältnis von Satzung und Beteiligungsvereinbarung	28
a) Erfordernis des Nachvollzugs auf Satzungsebene	28
b) Folgerungen	30
3. Widerspruch zum Satzungsentwurf	34
4. Nachträgliches Auseinanderfallen	36
a) Neue Beteiligungsvereinbarung	36
b) Änderung der Satzung	37
5. Verhältnis von Satzung und Auffangregelung	38

I. Allgemeines

Die Vorschrift regelt Einzelheiten zur Eintragung der SE in ein öffentliches **1** Register. An diese Eintragung knüpft Art. 16 Abs. 1 den Erwerb der Rechtspersönlichkeit. Da sich das Gründungsverfahren gemäß Art. 15 im Kern nach nationalem Recht richtet, ist es systematisch durchaus folgerichtig, dass Abs. 1 die Ausgestaltung des Registers im Wesentlichen den Mitgliedstaaten überlässt. Auf das noch in Art. 8 Abs. 1 der Entwürfe aus den Jahren 1989 und 1991 (→ Art. 9 Rn. 4) vorgesehene **europaweite Register** hat der Verordnungsgeber mithin **verzichtet** (*Schwarz* Rn. 2; KK-AktG/*Kiem* Rn. 2). Stattdessen sieht Art. 14 lediglich vor, dass die Eintragung nur zu Informationszwecken im Amtsblatt der Europäischen Union bekannt gemacht wird. Die Abs. 2 und 3 dienen sodann der Absicherung des in der SE-RL vorgesehenen Verhandlungsverfahrens über die Beteiligung der Arbeitnehmer auf betrieblicher und unternehmerischer Ebene. Die Eintragung der SE darf demnach erst erfolgen, wenn der Nachweis über den Abschluss dieses Verfahrens geführt ist. Abs. 4 schließlich ordnet einen **Gleichlauf von Satzung und Beteiligungsvereinbarung** an; entgegen dem ersten Anschein lässt sich aus dieser Vorgabe aber kein Vorrang der Beteiligungsvereinbarung ableiten.

II. Eintragung (Abs. 1)

2   **1. Grundlagen.** Abs. 1 enthält den Regelungsauftrag an die Mitgliedstaaten, das für die Eintragung der SE maßgebliche Register zu bestimmen. Damit verbindet sich die Annexkompetenz, auch das Eintragungsverfahren auszugestalten (MüKoAktG/*Schäfer* Rn. 2; KK-AktG/*Kiem* Rn. 4; LHT/*Kleindiek* Rn. 2). Mangels einer ausdrücklichen Vorgabe in der SE-VO sind die Mitgliedstaaten nicht verpflichtet, hierbei einen Gleichlauf mit den für die AG geltenden Vorschriften zu gewährleisten (→ Art. 10 Rn. 4). Dass **§ 3 SEAG** einen solchen gleichwohl anordnet, indem es das Handelsregister als Eintragungsort bestimmt und auf das für die AG maßgebliche Verfahren Bezug nimmt, ist aber selbstverständlich zulässig. Der Vorschrift kommt insofern konstitutive Bedeutung zu (aA *Handelsrechtsausschuss des DAV* NZG 2004, 75 [76]). Im Ergebnis sind für die Eintragung neben den speziellen Regelungen des UmwG die allgemeinen Vorschriften der **§§ 36 ff. AktG** sowie der zugehörigen Handelsregisterverordnung maßgeblich; für die SE mit **monistischem System** ist **ergänzend § 21 SEAG** zu beachten (eingehend → Anh. Art. 43).

3   Aus Sicht der SE-VO muss das Register lediglich den Anforderungen von **Art. 3 Publizitäts-RL** genügen. Maßgeblich ist insofern nicht mehr die im Normtext genannte RL 68/151/EWG, sondern die an deren Stelle getretene RL 2009/101/EG vom 16.9.2009 (ABl. L 258 S. 11). Ungeachtet des unklaren Wortlauts des Abs. 1 ist die RL allerdings nicht direkt anwendbar; das Eintragungsverfahren richtet sich vielmehr primär nach nationalem Recht, welches wiederum den Vorgaben der RL Genüge zu tun hat (KK-AktG/*Kiem* Rn. 3; Spindler/Stilz/*Casper* Rn. 2; NK-SE/*Schröder* Rn. 5 ff.).

4   **2. Anmeldung. a) Rechtsnatur.** Die Anmeldung ist Verfahrenshandlung und Organisationsakt, nicht aber rechtsgeschäftliche Willenserklärung (Staub/*Koch* HGB § 12 Rn. 5 ff.; MüKoHGB/*Krafka* § 12 Rn. 4 ff.). Anders als eine zugegangene Willenserklärung ist sie daher bis zum Vollzug der Eintragung frei widerruflich. Es ist aber im Einzelfall zu prüfen, inwieweit die Vorschriften für Rechtsgeschäfte entsprechende Anwendung finden können (Hüffer/*Koch* AktG § 36 Rn. 2). Die Handelsregisteranmeldung ist bedingungsfeindlich, lediglich Rechtsbedingungen und innerverfahrensmäßige Abhängigkeiten sind zulässig (*Krafka*/*Kühn* RegisterR Rn. 78). Die Vorschrift des § 36 Abs. 1 AktG begründet **keine öffentlich-rechtliche Pflicht** zur Eintragung und kann daher auch nicht durch Zwangsgelder durchgesetzt werden (§ 407 Abs. 2). Ungeachtet dessen sind vorsätzlich falsche Angaben nach näherer Maßgabe des § 399 Abs. 1 AktG und des § 53 Abs. 1 SEAG strafbar.

5   **b) Zuständigkeiten.** Die SE ist beim **Registergericht** anzumelden. Die Zuständigkeit bestimmt sich nach § 4 SEAG iVm §§ 376, 377 FamFG. Die Anmeldung hat daher bei demjenigen Amtsgericht zu erfolgen, in dessen Bezirk dasjenige Landgericht seinen Sitz hat, in dessen Bezirk sich der satzungsmäßige Sitz der SE befinden soll (NK-SE/*Schröder* Rn. 38; LHT/*Kleindiek* Rn. 7).

6   Zur Anmeldung berufen sind bei der Holding- und Tochtergründung gemäß § 36 AktG zunächst **alle Gründer;** diese handeln durch ihre Vertretungsorgane. Daneben treten im dualistischen System die **Mitglieder des Vorstands und des Aufsichtsrats,** im monistischen System gemäß § 21 Abs. 1 SEAG die Mitglieder des Verwaltungsrats und die geschäftsführenden Direktoren. Eine rechtsgeschäftliche Bevollmächtigung ist nicht zulässig, da sichergestellt sein muss, dass die Anmeldenden der Strafdrohung des § 399 Abs. 1 AktG bzw. § 53 Abs. 1 SEAG unterliegen (KK-AktG/*Kiem* Rn. 9). Die zur Anmeldung berufenen Personen können ihre Erklärungen gemeinsam oder aber durch jeweils getrennte Erklärungen gegenüber dem Registergericht abgeben. Die Anmeldung erfolgt in diesen Fällen nicht im eigenen Namen, sondern im Namen der Vorgesellschaft (zur AG: BGHZ 117, 323 [327] = NJW 1992, 1824; Hüffer/*Koch* AktG § 36 Rn. 3). Wird die SE hingegen durch Umwandlung gegründet, ist die Anmeldung gemäß §§ 198, 246 Abs. 1 UmwG durch das Vertretungsorgan der formwechselnden Gesellschaft vorzunehmen.

Bei der **Verschmelzungsgründung** soll der Kreis der Anmeldeverpflichteten **7** nach verbreiteter Auffassung abschließend in Art. 26 Abs. 2 bestimmt sein. Weil demnach die an der Verschmelzung beteiligten Gründungsgesellschaften eine Rechtmäßigkeitsbescheinigung sowie eine Ausfertigung des Verschmelzungsplans vorzulegen hätten, seien diese auch anmeldeverpflichtet (KK–AktG/*Kiem* Rn. 10; MüKoAktG/*Schäfer* Rn. 4; Spindler/Stilz/*Casper* Art. 26 Rn. 3). Indessen ist es aus systematischer Sicht wenig überzeugend, dass die SE-VO isoliert nur für eine Gründungsform inzident die Anmeldepflicht geregelt haben soll. Näher liegt es, dass sich der Bedeutungsgehalt dieser Vorschrift ihrem Wortlaut entsprechend in der Statuierung einer bloßen Vorlagepflicht hinsichtlich der dort benannten Urkunden erschöpft. Die eigentliche Anmeldung hingegen richtet sich infolge der Verweisungen in Art. 12, 15 Abs. 1 auch bei der Verschmelzung nach nationalem Verfahrensrecht. In Deutschland ist die SE also bei der Verschmelzung durch Aufnahme nach § 16 UmwG von der aufnehmenden Gesellschaft und bei der Verschmelzung durch Neugründung nach § 38 UmwG von den Vertretungsorganen der übertragenden Rechtsträger anzumelden (KK–AktG/*Maul* Art. 26 Rn. 7 f.; LHT/*Kleindiek* Rn. 9).

c) **Form und Inhalt.** Die Anmeldung zur Eintragung in das Handelsregister **8** ist gemäß § 3 SEAG iVm § 12 Abs. 1 HGB **elektronisch in öffentlich beglaubigter Form** einzureichen. Hierzu ist die Anmeldung unter elektronischer Beglaubigung der Unterschriften elektronisch zu übermitteln (vgl. § 129 BGB, §§ 39a, 40 BeurkG; LHT/*Kleindiek* Rn. 17). Alle beizufügenden Dokumente sind nach näherer Maßgabe der § 37 Abs. 5 AktG, § 12 Abs. 2 HGB ebenfalls elektronisch einzureichen.

Der Inhalt der Anmeldung bestimmt sich durch ein Zusammenspiel von **9** Anforderungen aus dem nationalen Recht und der SE-VO. Dabei ist nach dem gewählten Leitungssystem und der Gründungsform zu unterscheiden. Ausgangspunkt sind bei der SE mit dualistischem System die Erklärungen, Angaben, Versicherungen und Nachweise, die § 37 AktG und § 24 HRV vorschreiben. Für die SE mit monistischem System werden diese Vorgaben durch § 21 SEAG teilweise ergänzt, teilweise ersetzt (Begr. RegE, BT-Drs. 15/3405, 36). Stets ist nach näherer Maßgabe von Art. 12 Abs. 2 der Nachweis zu führen, dass das Verhandlungsverfahren über die **Arbeitnehmerbeteiligung** ordnungsgemäß durchgeführt wurde (→ Rn. 16 ff.). Im Hinblick auf die **einzelnen Gründungsarten** sind schließlich die im Folgenden aufgeführten Modifikationen zu beachten; wegen aller Einzelheiten ist dabei auf die Erläuterungen der jeweiligen Vorschriften zu verweisen (im Überblick KK–AktG/*Kiem* Rn. 14 ff.; LHT/*Kleindiek* Rn. 15).

Bei der **Verschmelzung** sind eine Ausfertigung des Verschmelzungsplans, die **10** Rechtmäßigkeitsbescheinigung gemäß Art. 25 Abs. 2 sowie Nachweise über die Zustimmungen der beteiligten Hauptversammlungen vorzulegen, vgl. Art. 26 Abs. 2 und 3. Erklärungen und Unterlagen, die zur Erlangung der Rechtmäßigkeitsbescheinigung erforderlich waren, müssen nicht noch einmal vorgelegt werden (KK–AktG/*Kiem* Rn. 15). Bei der **Holding-SE** bedarf es folgender Dokumente: Gründungsplan mit zugehörigem Gründungsbericht (Art. 32 Abs. 2), Nachweis der Auslegung des Gründungsplans (Art. 32 Abs. 3) sowie Prüfungsbericht (Art. 32 Abs. 4). Hinzu kommen Nachweise über die Zustimmungsbeschlüsse der Gesellschafterversammlungen (Art. 32 Abs. 6) und die Mindest-einbringungsquoten (Art. 33 Abs. 2) sowie die Negativerklärung nach § 10 Abs. 2 SEAG. Bei der Gründung einer **Tochter-SE** entfällt im Verhältnis zur Gründung einer Holding-SE lediglich die Negativerklärung nach § 10 Abs. 2 SEAG (KK-AktG/*Kiem* Rn. 16). Im Rahmen einer Gründung durch **Umwandlung** sind schließlich beizubringen: Umwandlungsplan samt Umwandlungs-bericht, Nachweis über die Offenlegung des Umwandlungsplans, Sachverständi-genbericht über die Kapitalprüfung sowie Zustimmungsbeschluss der Hauptver-sammlung (Art. 37 Abs. 4–7).

11   **d) Vorratsgründung und Altmantelverwendung.** Das komplizierte Grün-dungsverfahren veranlasst zur Verwendung von Vorratsgesellschaften. Dagegen bestehen keine Bedenken, sofern dieser Umstand im Rahmen einer sog. offenen Vorratsgründung dem Rechtsverkehr und dem Registergericht gegenüber offen-gelegt wird (OLG Düsseldorf ZIP 2009, 918 [920]; AG München ZIP 2006, 1300). Dafür reicht es aus, den Unternehmensgegenstand „Verwaltung eigenen Vermögens" zu verwenden (zur AG BGHZ 117, 323 [335 f.] = NJW 1992, 1824). Unzulässig ist hingegen die verdeckte Vorratsgründung. Wird eine Vor-rats-SE erstmals für einen unternehmerischen Zweck aktiviert, finden die Grün-dungsvorschriften auf diese **wirtschaftliche Neugründung** entsprechende An-wendung. Der Vorgang ist also durch eine Anmeldung entsprechend §§ 36 Abs. 1, 37 AktG gegenüber dem Registergericht offenzulegen (zur AG BGHZ 117, 323 [331] = NJW 1992, 1824; BGHZ 171, 293 Rn. 19 = NZG 2007, 513; zur GmbH BGHZ 153, 158 [162] = NJW 2003, 892; BGH NJW 2012, 1875 Rn. 13; *Ulmer* ZIP 2012, 1265 [1271 f.]; zur SE *Casper/Schäfer* ZIP 2007, 653 [656 ff.]). Zur **Beteiligung der Arbeitnehmer** → Rn. 25 f.

12   Von der Vorratsgründung streng zu unterscheiden ist die Verwendung einer sog. **„Mantelgesellschaft"**, die früher operativ tätig war, ihren Geschäftsbetrieb aber zwischenzeitlich eingestellt hat. Eine wirtschaftliche Neugründung, die eine Anmeldepflicht der Organmitglieder auslöst, liegt immer dann vor, wenn die Gesellschaft kein aktives Unternehmen mehr betreibt, an das die Fortführung des Geschäftsbetriebs – sei es auch unter wesentlicher Umgestaltung, Einschränkung oder Erweiterung seines Tätigkeitsgebiets – in irgendeiner wirtschaftlich noch gewichtbaren Weise anknüpfen kann (zur GmbH BGHZ 155, 318 = NJW 2003, 3198; BGH NJW 2012, 1875 Rn. 11).

13   **3. Prüfung.** Nach Maßgabe des § 38 Abs. 1 AktG hat das Registergericht sowohl **in formeller als auch in materieller Hinsicht** zu prüfen, ob die SE ordnungsgemäß angemeldet und errichtet wurde (KK-AktG/*Kiem* Rn. 19; LHT/*Kleindiek* Rn. 20). Zwar ist das Registerverfahren gemäß § 26 FamFG vom Amtsermittlungsgrundsatz geprägt. Sofern die formalen Mindestanforderungen für eine Eintragung erfüllt sind und keine begründeten Zweifel an der Wirk-samkeit der zur Eintragung angemeldeten Erklärungen oder an der Richtigkeit der mitgeteilten Tatsachen bestehen, ist eine nähere Überprüfung aber nicht geboten (BGH NZG 2011, 907 Rn. 10; Hüffer/*Koch* AktG § 38 Rn. 2; KK-AktG/*Kiem* Rn. 20). Maßgeblicher Zeitpunkt ist im Grundsatz derjenige der Anmeldung; das Registergericht muss aber auf Hinweise auf einen zwischenzeit-lichen Wegfall einer Eintragungsvoraussetzung nachgehen (MüKoAktG/*Pentz* § 38 Rn. 20). Gegenstand der Prüfung sind zunächst die besonderen **Anforde-rungen, welche die SE-VO selbst** aufstellt. Das heben Art. 12 Abs. 2 hinsicht-lich der Verhandlungen über die Arbeitnehmerbeteiligung sowie Art. 27 Abs. 2 und Art. 33 Abs. 5 hinsichtlich der Formalitäten bei der Gründung durch Ver-schmelzung bzw. der Gründung einer Holding-SE lediglich noch einmal beson-ders hervor (LHT/*Kleindiek* Rn. 20). Zu prüfen ist aber auch, ob die Voraus-

setzung der Mehrstaatlichkeit gemäß Art. 2 erfüllt (KK-AktG/*Kiem* Rn. 22) und das Gleichlaufgebot des Abs. 4 gewahrt ist (→ Rn. 27 ff., 34).

Zu beachten sind gemäß Art. 15 Abs. 1 weiterhin die Vorgaben des **nationa-** **14** **len Rechts.** So kann nach § 38 Abs. 2 AktG bzw. § 21 Abs. 3 SEAG die Eintragung abgelehnt werden, wenn die Gründungsprüfer erklären oder sonst offensichtlich ist, dass der Gründungsbericht der Leitungsorgane unrichtig oder unvollständig ist oder den gesetzlichen Vorschriften nicht entspricht. Was eine Unvollständigkeit der Satzung oder die Rechtswidrigkeit einzelner Satzungsbestimmungen angeht, so ist anhand des in § 37 Abs. 4 AktG niedergelegten Maßstabs festzustellen, ob die Eintragung zu versagen ist; die Regelung ist abschließend, weitere Beanstandungen sind unzulässig (*Gössl* Satzung der SE S. 85; zum deutschen Recht Hüffer/*Koch* AktG § 38 Rn. 11; MüKoAktG/*Pentz* § 38 Rn. 67).

4. Eintragung. Ist die SE nicht ordnungsgemäß angemeldet oder errichtet, **15** lehnt das Registergericht die Eintragung mit begründetem Beschluss ab (§ 38 Abs. 1 S. 2 AktG, § 26 HRV; vgl. zu den dagegen statthaften Rechtsbehelfen KK-AktG/*Kiem* Rn. 30 f.). Ist der Mangel behebbar, sind die Anmeldenden mittels einer Zwischenverfügung zu einer entsprechenden Nachbesserung aufzufordern. Sind die gesetzlichen Voraussetzungen gewahrt, besteht hingegen ein Rechtsanspruch auf Eintragung; dem Registergericht verbleibt mit anderen Worten kein Ermessens- oder Beurteilungsspielraum. Die Eintragung erfolgt gemäß § 3 Abs. 3 HRV in der Abteilung B des Handelsregisters. Der **Inhalt** der Eintragung ergibt sich aus § 39 AktG iVm § 43 HRV; für die SE mit monistischem System ist § 21 Abs. 4 SEAG zu beachten. Erst mit der Eintragung gelangt die SE gemäß Art. 16 Abs. 1 zur Entstehung. Die Eintragung ist sodann nach Art. 13 iVm §§ 10 f. HGB elektronisch bekanntzumachen und gemäß Art. 14 im Amtsblatt der Europäischen Union zu veröffentlichen.

III. Beteiligung der Arbeitnehmer (Abs. 2 und 3)

1. Grundlagen. Das Regime der Arbeitnehmerbeteiligung ist nach der Kon- **16** zeption der SE-RL und des SEBG vorrangig durch Vereinbarung zwischen den Leitungen der Gründungsgesellschaften (§ 2 Abs. 6 SEBG) und dem besonderen Verhandlungsgremium als Arbeitnehmervertretung (§§ 4 ff. SEBG) zu regeln (§ 21 SEBG); nur hilfsweise greift eine gesetzliche Auffangregelung ein (§§ 22 ff. SEBG). Dieses Verhandlungsverfahren hat der Unionsgesetzgeber registerrechtlich abgesichert und damit die besondere Bedeutung der Beteiligung der Arbeitnehmer auf betrieblicher und unternehmerischer Ebene unterstrichen. Gemäß Art. 12 Abs. 2 darf die SE nämlich erst dann in das Register eingetragen werden, wenn eine Beteiligungsvereinbarung geschlossen worden ist, die Verhandlungen durch förmlichen Beschluss abgebrochen wurden oder die gesetzliche Verhandlungsfrist abgelaufen ist, ohne dass eine Vereinbarung zustande gekommen ist. **Rechtspolitisch** sieht sich **Abs. 2** erheblicher **Kritik** ausgesetzt (vgl. etwa *Arbeitskreis Aktien- und Kapitalmarktrecht* ZIP 2009, 698; KK-AktG/*Kiem* Rn. 6). Man sieht darin eine Überfrachtung des Registerverfahrens, die zum einen eine ungebührliche Verzögerung der Eintragung zur Folge habe und zum anderen den Registerrichter mit komplizierten mitbestimmungsrechtlichen Fragen belaste. Diesem Umstand sollte freilich schon bei der Auslegung der lex lata Rechnung getragen werden.

Eine weitere besondere Eintragungsvoraussetzung statuiert **Abs. 3.** Diese be- **17** trifft allerdings nur Mitgliedstaaten, die von der Option des Art. 7 Abs. 3 SE-RL Gebrauch gemacht haben, für die Fälle der Verschmelzung das subsidiäre Eingreifen der Auffangregelung auszuschließen (sog. Spanienklausel). Da der deutsche Gesetzgeber eine entsprechende Regelung nicht getroffen hat, ist Abs. 3 für SE-Gründungen hierzulande **derzeit ohne praktische Bedeutung** (vgl. nur LHT/*Kleindiek* Rn. 30; MüKoAktG/*Schäfer* Rn. 8).

18   **2. Prüfung durch das Registergericht.** Die Zuständigkeit des Registergerichts ist nur im Rahmen der **Gründung** eröffnet. Werden demgegenüber wegen geplanter struktureller Änderungen gemäß § 18 Abs. 3 SEBG erneut Verhandlungen über die Beteiligungsrechte der Arbeitnehmer erforderlich, so erfolgt keine Prüfung durch das Registergericht (KK-AktG/*Kiem* Rn. 54; → Rn. 26; abweichend *Seibt* ZIP 2005, 2248 [2250]). Das Registergericht hat das Vorliegen der Voraussetzungen des Abs. 2 nach allgemeinen Grundsätzen selbständig und abschließend zu prüfen (ArbG Stuttgart BeckRS 2007, 48644 unter B II 2d; *Rieble* in Rieble/Junker Vereinbarte Mitbestimmung S. 73, 94; KK-AktG/*Kiem* Rn. 33). Zu vergewissern hat es sich daher jedenfalls darüber, ob das Verfahren zur Erzielung einer Vereinbarung über die Beteiligung der Arbeitnehmer äußerlich korrekt abgeschlossen wurde. Noch ungeklärt ist hingegen, inwiefern sonstige formelle und materielle Mängel des Verhandlungsverfahrens die Eintragung der SE hindern.

19   **a) Förmliche Nachweise.** Sowohl die SE-VO als auch das SEAG schweigen zu der Frage, wie der Nachweis der ordnungsgemäßen Durchführung des Verhandlungsverfahrens zu führen ist; auch ohne eine solche Anordnung sind dem Registergericht aber die erforderlichen Nachweise beizubringen (*Krafka/Kühn* RegisterR Rn. 1756). Da die **Beteiligungsvereinbarung** gemäß § 21 Abs. 1 SEBG schriftlich abzuschließen ist, kann im Registerverfahren ohne Weiteres eine Abschrift derselben vorgelegt werden (NK-SE/*Schröder* Rn. 15; LHT/*Kleindiek* Rn. 26). Gleiches gilt, wenn das Verhandlungsverfahren in Übereinstimmung mit Art. 3 Abs. 6 SE-RL und § 16 Abs. 1 SEBG durch den **Beschluss** beendet wird, **keine Verhandlungen** aufzunehmen oder bereits aufgenommene Verhandlungen abzubrechen. Dann ist nämlich die nach § 17 S. 1 Nr. 2 SEBG zu fertigende Niederschrift einzureichen (KK-AktG/*Kiem* Rn. 43; LHT/*Kleindiek* Rn. 26).

20   Endet das Verhandlungsverfahren durch schlichten **Ablauf der Verhandlungsfrist,** weil sich eine einvernehmliche Regelung zwischen den Parteien nicht erzielen ließ, gestaltet sich der Nachweis schwieriger. Zur Glaubhaftmachung erforderlich ist dann regelmäßig eine Erklärung der Mitglieder des Leitungs- bzw. Verwaltungsorgans der an der Gründung beteiligten Gesellschaften über den fruchtlosen Fristablauf (*Krafka/Kühn* RegisterR Rn. 1756; LHT/*Kleindiek* Rn. 26). Dabei ist zu berücksichtigen, dass die Frist zwar gemäß § 20 Abs. 1 SEBG grundsätzlich sechs Monate nach der konstituierenden Sitzung des besonderen Verhandlungsgremiums endet, dass aber die Parteien gemäß § 20 Abs. 2 SEBG die Frist auf bis zu ein Jahr ab der Einsetzung des besonderen Verhandlungsgremiums verlängern können. Erfolgt die Anmeldung vor Ablauf der Jahresfrist, ist daher die zusätzliche Negativerklärung erforderlich, dass eine einvernehmliche Fortsetzung der Verhandlungen nicht beschlossen wurde (Spindler/Stilz/*Casper* Rn. 8). Der fruchtlose Ablauf der Jahresfrist lässt sich auch durch Vorlage der Ladung zur konstituierenden Sitzung des besonderen Verhandlungsgremiums nachweisen (Spindler/Stilz/*Casper* Rn. 8; generell für diese Möglichkeit KK-AktG/*Kiem* Rn. 43).

21   **b) Prüfungsmaßstab im Übrigen.** Im Allgemeinen prüft das Registergericht das Vorliegen der Eintragungsvoraussetzungen in formeller wie materieller Hinsicht (→ Rn. 13). Das erweist sich im vorliegenden Zusammenhang aber zum einen deswegen als **problematisch,** weil das Verhandlungsverfahren überaus komplex und fehlerträchtig ist; auch ist noch nicht geklärt, inwieweit formelle

Fehler durch den weiteren Fortgang des Verfahrens geheilt werden (im Überblick *Rieble* in Rieble/Junker Vereinbarte Mitbestimmung S. 73, 82 ff.). So kann etwa schon die das Verfahren einleitende Information der Arbeitnehmer fehlerhaft sein, weil die Leitungen in unzutreffender Subsumtion des Arbeitnehmerbegriffs bestimmte Beschäftigte oder in unrichtiger Anwendung des Konzernbegriffs gar ganze Tochtergesellschaften zu Unrecht nicht berücksichtigt haben. Zum anderen ist aus Sicht des deutschen Rechts zu beachten, dass für Streitigkeiten über Angelegenheiten aus dem SEBG gemäß § 2a Abs. 1 Nr. 3d ArbGG ausschließlich die Gerichte für Arbeitssachen zuständig sind.

Eine erste Beschränkung des Prüfungsumfangs folgt schon aus dem Wortlaut **22** des Abs. 2, der allein auf den Nachweis des förmlichen Abschlusses des Verhandlungsverfahrens abzielt. Daher hat das Registergericht die **materielle Wirksamkeit** einer geschlossenen Beteiligungsvereinbarung nicht zu hinterfragen (vgl. ArbG Stuttgart BeckRS 2007, 48644 unter B II 2d; *Rieble* in Rieble/Junker Vereinbarte Mitbestimmung S. 73, 95; Spindler/Stilz/*Casper* Rn. 10; KK-AktG/ *Kiem* Rn. 38 f.; aA *Oetker* in Lutter/Hommelhoff Europäische Gesellschaft S. 277, 288; *Linden* Mitbestimmungsvereinbarung S. 215; diff. *Forst* Beteiligungsvereinbarung S. 323 f.; zum Ganzen auch → SEBG § 21 Rn. 36; → UmwG § 122 l Rn. 12, 14). Hierzu sind allein die Gerichte für Arbeitssachen berufen, deren Entscheidung gegenüber dem Registergericht ausnahmsweise Bindungswirkung entfaltet (→ Rn. 24). Jedenfalls aber sind Zweifel an der Wirksamkeit einer Mitbestimmungsvereinbarung oder des Beschlusses über den Abbruch der Verhandlungen für das Registerverfahren dann irrelevant, wenn die sechsmonatige Verhandlungsfrist abgelaufen ist und die Parteien sich nicht auf eine Verlängerung geeinigt haben. Dann ist die SE nämlich schon aus diesem Grunde einzutragen. Der Verordnungsgeber wollte zwar die Beteiligung der Arbeitnehmer gewährleisten, zugleich aber auch die Errichtung der Gesellschaft sowie die Erlangung ihrer Rechtsfähigkeit gegenüber etwaigen Verzögerungstaktiken absichern.

Vorgeschlagen wird weiterhin, dass auch der gesamte Prozess der Errichtung **23** des besonderen Verhandlungsgremiums, die Ordnungsmäßigkeit seiner Besetzung, die interne Willensbildung sowie etwaige Verfahrensfehler der Kontrolle durch das Registergericht entzogen sein sollen (KK-AktG/*Kiem* Rn. 34; *ders.* ZHR 173 [2009], 156 [172 ff.]; *Henssler* ZHR 173 [2009], 222 [237]). Demnach sollen Verfahrensfehler, die allein **im Verantwortungsbereich der Arbeitnehmerseite** liegen, die Eintragung der SE nicht hindern; in formeller Hinsicht nachprüfbar wäre nur die Verfahrenseinleitung als derjenige Teil des Verfahrens, der von den Leitungen der Gründungsgesellschaften gesteuert werden kann. Eine Gegenausnahme müsste folgerichtig bei einer unredlichen Einflussnahme der Arbeitgeberseite gelten (*Henssler* ZHR 173 [2009], 222 [237]). Diese Beschränkung des Prüfungsumfangs erscheint zwar als durchaus sachgerecht und harmoniert auch mit der Rechtsweganordnung im ArbGG, sie lässt sich allerdings mit dem Wortlaut des vorrangigen Art. 12 Abs. 2 nicht ohne Weiteres vereinbaren. Ob es sich um eine zulässige Präzisierung des Prüfungsauftrags handelt (so *Kiem* ZHR 173 [2009], 156 [174]), ist daher einstweilen mit einem Fragezeichen zu versehen (ablehnend MüKoAktG/*Schäfer* Rn. 6a; LHT/*Kleindiek* Rn. 25).

Ist die Prüfungskompetenz des Registergerichts auf (womöglich sogar: be- **24** stimmte) formelle Gesichtspunkte beschränkt, muss aber ausnahmsweise eine rechtskräftige **Entscheidung des Arbeitsgerichts,** welche die Unwirksamkeit der Beteiligungsvereinbarung oder des Beschlusses über den Verhandlungsabbruch feststellt, Bindungswirkung für das Registergericht entfalten (Spindler/ Stilz/*Casper* Rn. 11; aA KK-AktG/*Kiem* Rn. 36, 40 f.; MüKoAktG/*Schäfer* Rn. 6a; *Forst* Beteiligungsvereinbarung S. 397 f.). Andernfalls würde der Regelungszweck des Art. 12 Abs. 2 unterlaufen. Eine solche rechtskräftige Entscheidung wird in der Praxis freilich kaum vor Ablauf der Sechsmonatsfrist des § 20 Abs. 1 SEBG vorliegen. Danach ist die SE auch ohne Rücksicht auf die Wirksamkeit der abgeschlossenen Beteiligungsvereinbarung oder etwaiger Verfahrensfehler einzutragen (→ Rn. 22). Bis dahin gilt es jedoch, den zwar ungeschriebenen, aber sowohl Art. 12 Abs. 2 als auch der SE-RL erkennbar zugrunde liegenden Anspruch der Arbeitnehmerseite auf effektive Durchsetzung ernsthafter Verhandlungen über ihre Beteiligung zu sichern. Steht im Raum, dass auf der Grundlage einer bereits abgeschlossenen Beteiligungsvereinbarung die Eintragung betrieben werden soll, kommt daher eine **einstweilige Verfügung** mit dem Inhalt in Betracht, dass eine Eintragung vor Ablauf der Sechsmonatsfrist für unzulässig erklärt wird (abweichend, aber mit ähnlicher Stoßrichtung KK-AktG/ *Kiem* Rn. 50: Untersagung gegenüber den Leitungen, die Eintragung zu betreiben). Diese hat das Registergericht nach Maßgabe des § 16 Abs. 2 HGB zu berücksichtigen (aA KK-AktG/*Kiem* Rn. 49; Spindler/Stilz/*Casper* Rn. 9). Mit Blick auf die Eintragungsmöglichkeit nach Ablauf der Sechsmonatsfrist besteht hingegen kein Verfügungsanspruch, die Eintragung bis zum rechtskräftigen Abschluss des arbeitsgerichtlichen Verfahrens zu unterbinden (ArbG Stuttgart BeckRS 2007, 48644 unter B II 2).

25 **3. Arbeitnehmerlose Vorratsgesellschaft.** Eine Vorratsgesellschaft beschäftigt typischerweise keine Arbeitnehmer. Gleichwohl ist ein Verhandlungsverfahren durchzuführen und dessen Abschluss nach Maßgabe des Art. 12 Abs. 2 nachzuweisen, wenn nur die Gründungsgesellschaften insgesamt mindestens zehn Arbeitnehmer haben (LG Hamburg ZIP 2005, 2019; AG Hamburg ZIP 2005, 2018; KK-AktG/*Kiem* Rn. 42; MHdB AG/*Austmann* § 86 Rn. 32). Eine Ausnahme ist auch dann nicht veranlasst, wenn in den Gründungsgesellschaften keine Mitbestimmungsrechte bestehen. Beschäftigen dagegen die SE sowie die Gründungsgesellschaften einschließlich ihrer Tochtergesellschaften zusammen weniger als zehn Arbeitnehmer, ist die Durchführung des Verhandlungsverfahrens unmöglich, weil das besondere Verhandlungsgremium dann nicht gebildet werden kann. Im Wege einer **teleologischen Reduktion** hat Art. 12 Abs. 2 dann unangewendet zu bleiben, eine Eintragung im Handelsregister ist mit anderen Worten auch ohne Durchführung eines Verhandlungsverfahrens möglich (→ Art. 2 Rn. 29; *Casper/Schäfer* ZIP 2007, 653 [654]; *Forst* NZG 2009, 687 [689]; LHT/*Kleindiek* Rn. 28; aA namentlich *Blanke* ZIP 2006, 789 [791 f.]; vgl. auch *Lutter/Bayer/ Schmidt* Europäisches Unternehmens- und Kapitalmarktrecht, 5. Aufl. 2012, § 41 Rn. 195: Bei weniger als zehn Arbeitnehmern teleologische Reduktion der Größe des Verhandlungsgremiums). Der Nachweis der Arbeitnehmerlosigkeit ist gegenüber dem Registergericht durch eine einfache schriftliche **Negativerklärung** der Anmeldenden zu erbringen (AG Düsseldorf ZIP 2006, 287; AG München ZIP 2006, 1300 [1301]; KK-AktG/*Kiem* Rn. 44); einer Absichtserklärung, auch künftig keine Arbeitnehmer beschäftigen zu wollen, bedarf es hingegen nicht (Spindler/Stilz/*Casper* Rn. 7 in Abgrenzung zu OLG Düsseldorf ZIP 2009, 918 [919]).

26 Der Verzicht auf ein Verhandlungsverfahren im Gründungsstadium der arbeitnehmerlosen Vorratsgesellschaft darf nicht zu einer Verkürzung der Mitbestimmungsmöglichkeiten der Arbeitnehmer führen. Es sprechen daher gute Gründe dafür, in der wirtschaftlichen Neugründung eine **strukturelle Änderung** iSv § 18 Abs. 3 SEBG zu erblicken, die zur Durchführung des Verhandlungsverfahrens verpflichtet (OLG Düsseldorf ZIP 2009, 918 [920]; → Art. 2 Rn. 30; *Luke* NZA 2013, 941 [943]; einschränkend → SEBG § 3 Rn. 11; *Reichert/Ott,* 10 Jahre SE, ZHR Beiheft 77, 2015, 154 [180]). Allerdings regelt diese Vorschrift das nachträgliche Verhandlungsverfahren abschließend, so dass kein Raum für eine entsprechende Anwendung des Art. 12 Abs. 2 im Registerverfahren bleibt (*Cas-*

per/Schäfer ZIP 2007, 653 [661 f.]; KK-AktG/*Kiem* Rn. 52; aA *Forst* NZG 2009, 687 [691]; *ders.* Beteiligungsvereinbarung S. 181; NK-SE/*Schröder* Rn. 44). Vielmehr müssen die Arbeitnehmer ihren Verhandlungsanspruch notfalls vor den Gerichten für Arbeitssachen durchsetzen (vgl. zum Rechtsweg § 2a Abs. 1 Nr. 3d ArbGG).

IV. Gleichlaufgebot (Abs. 4)

1. Inhalt. Nach Abs. 4 UAbs. 1 S. 1 darf die Satzung der SE zu keinem Zeit- **27** punkt im Widerspruch zu der Vereinbarung über die Beteiligung der Arbeitnehmer stehen. Ist dieser Gleichlauf im Stadium der Gründung nicht gewährleistet, darf die SE nicht in das Handelsregister eingetragen werden. Entsteht ein solcher Widerspruch nachträglich, weil eine neue Beteiligungsvereinbarung geschlossen wird, ist die Satzung gemäß Abs. 4 UAbs. 1 S. 2 − soweit erforderlich − zu ändern. Zu dieser Satzungsänderung ist allein die Hauptversammlung berufen; von der **Option des UAbs. 2,** die Kompetenz zur Satzungsänderung auf das Leitungs- oder Verwaltungsorgan zu übertragen, hat der deutsche Gesetzgeber im SEAG nämlich **keinen Gebrauch** gemacht (MüKoAktG/*Schäfer* Rn. 9; Spindler/Stilz/*Casper* Rn. 15). Nicht näher geregelt sind andere Konfliktlagen, die sich namentlich aus einer nachträglichen Änderung der Satzung oder dem Eingreifen der Auffanglösung im Anschluss an den Wegfall einer zuvor maßgeblichen Beteiligungsvereinbarung ergeben können. Diese sind unter Zugrundelegung des in Abs. 4 verankerten Widerspruchsverbots zu bewältigen (→ Rn. 36 ff.).

2. Verhältnis von Satzung und Beteiligungsvereinbarung. a) Erforder- **28** **nis des Nachvollzugs auf Satzungsebene. Mögliche Kollisionen** zwischen Satzung und Beteiligungsvereinbarung sind von vornherein begrenzt. Zum einen enthält nämlich die Beteiligungsvereinbarung Regelungen über die betriebliche Mitbestimmung (vgl. § 21 Abs. 1 und 2 SEBG), die von vornherein nicht Gegenstand der Satzung sein können (*Seibt* ZIP 2010, 1057 [1060]; *Forst* AG 2010, 350 [351]). Zum anderen gibt es Materien, die wie der Unternehmensgegenstand oder die Höhe des Grundkapitals mangels Mitbestimmungsrelevanz nicht Inhalt einer Beteiligungsvereinbarung sein können (vgl. zu dieser im Einzelnen sehr umstr. Beschränkung *Habersack* ZHR 171 [2007], 613 [630 ff.] einerseits und *Teichmann* AG 2008, 797 [804] andererseits). Für den verbleibenden Bereich jedoch wird **im Schrifttum** − wenngleich mit erheblichen Nuancierungen − teilweise ein **Vorrang der Beteiligungsvereinbarung** postuliert. So wird etwa behauptet, die Satzungsanpassung nach UAbs. 1 S. 2 sei lediglich deklaratorischer Natur (*Schwarz* Rn. 36). Andere gehen davon aus, dass die Vereinbarung auf dem SEBG beruhe; sie habe daher an dessen Rang teil und sei in der Rechtsquellenpyramide der SE auf der Ebene des Art. 9 Abs. 1 lit. c i) einzuordnen (so namentlich *Teichmann* Der Konzern 2007, 89 [93 f.]; *ders.* AG 2008, 797 [802]; LHT/*Hommelhoff*/*Teichmann* Art. 9 Rn. 53; KK-AktG/*Veil* Art. 9 Rn. 31). Schließlich wird Art. 12 Abs. 4 als Kollisionsnorm bezeichnet, die den Vorrang der Beteiligungsvereinbarung anordne (*Forst* AG 2010, 350 [351]; *Oetker* ZIP 2006, 1113 [1117]; vgl. auch LG Nürnberg-Fürth NZG 2010, 547; dagegen *Windbichler* FS Canaris, Band II, 2007, 1423 [1430]).

Demgegenüber ist zu betonen, dass die Beteiligungsvereinbarung als solche **29** nicht die gesellschaftsrechtliche Organisationsstruktur zu modifizieren oder gar entgegenstehende Satzungsregeln zu verdrängen vermag. Die Beteiligungsvereinbarung gehört **nicht** zu den in Art. 9 aufgeführten **Rechtsquellen** der SE, sie entfaltet keine unmittelbare Wirkung im Verbandsinnenbereich. Nach der Konzeption des Abs. 4 bedürfen die dort getroffenen Regelungen vielmehr der konstitutiven Überführung in die Satzung (*Habersack* AG 2006, 345 [348]; *ders.*

ZHR 171 [2007], 613 [628]; *Schäfer* in Rieble/Junker Vereinbarte Mitbestimmung S. 13, 28; KK-AktG/*Kiem* Rn. 61, 81; *ders.* ZHR 173 [2009], 156 [177]). Soll ein Widerspruch zur Beteiligungsvereinbarung beseitigt werden, handelt es sich um eine echte Satzungsänderung und nicht um eine bloße Fassungsanpassung iSv § 179 Abs. 1 S. 2 AktG. Bei Lichte besehen statuiert Abs. 4 also nicht einen Vorrang der Beteiligungsvereinbarung, sondern unterstreicht im Gegenteil das **Letztentscheidungsrecht des Satzungsgebers.**

30   **b) Folgerungen. aa) Keine Bindung der Gründer oder der Hauptversammlung.** Weil Art. 12 Abs. 4 das Letztentscheidungsrecht des Satzungsgebers über die Verfassung der SE nicht antastet, gibt es keinen Anhaltspunkt für die Annahme, SE-VO oder SE-RL wollten den gesellschaftsrechtlichen Grundsatz in Frage stellen, dass der Satzungsgeber den Inhalt der Satzung als rechtsgeschäftliches Fundament des Verbandes innerhalb der gesetzlichen Grenzen frei bestimmen kann. Daher sind die Gründer und ihre Gesellschafterversammlungen weder durch die Beteiligungsvereinbarung noch durch ihre vormalige Zustimmung zur Gründung der SE gebunden, den ursprünglichen Satzungsentwurf an die Beteiligungsvereinbarung anzupassen, um eine Eintragung der SE zu ermöglichen (KK-AktG/*Kiem* Rn. 78; LHT/*Kleindiek* Rn. 34; Spindler/Stilz/*Casper* Rn. 24; *Noack,* 10 Jahre SE, ZHR Beiheft 77, 2015, 96 [110]; → UmwG § 122g Rn. 4, 16). Trotz des **missverständlichen Wortlauts** („ist anzupassen") besteht weiterhin auch beim nachträglichen Abschluss einer Beteiligungsvereinbarung keine Pflicht der Hauptversammlung der SE, eine Satzungsänderung nach UAbs. 1 S. 2 zu beschließen (NK-SE/*Schröder* Rn. 34; KK-AktG/*Kiem* Rn. 81; LHT/*Kleindiek* Rn. 36; Spindler/Stilz/*Casper* Rn. 26; aA *Kiefner/Friebel* NZG 2010, 537 [539]). Andernfalls käme der Beteiligungsvereinbarung die Wirkung eines Vertrags zu Lasten Dritter zu.

31   Bei der Gründung durch Verschmelzung und der Holding-Gründung können die Hauptversammlungen der an der Gründung beteiligten Gesellschaften die Eintragung der SE gemäß Art. 23 Abs. 2 S. 2 bzw. Art. 32 Abs. 6 S. 2 von ihrer ausdrücklichen Zustimmung abhängig machen. Auch ohne einen solchen **Zustimmungsvorbehalt** bedarf es jedoch der nochmaligen Befassung der Hauptversammlungen der Gründungsgesellschaften, wenn infolge der Beteiligungsvereinbarung eine Änderung der bereits beschlossenen Satzung erforderlich ist.

bb) Satzungsautonomie als Begrenzung für Beteiligungsvereinbarung.
32   Enthält die Beteiligungsvereinbarung Festlegungen zur Organisationsverfassung, bedürfen diese der konstitutiven Umsetzung in der Satzung. Zum Gegenstand der Beteiligungsvereinbarung können daher nur solche Regelungen gemacht werden, die auch in die Satzung aufgenommen werden dürfen. Für Regelungen zur Organisationsverfassung ist die Satzungsautonomie mit anderen Worten die **notwendige Voraussetzung der Mitbestimmungsautonomie** (*Habersack* AG 2006, 345 [348]; *ders.* ZHR 171 [2007], 613 [629]; *ders./Verse* EuropGesR § 13 Rn. 39; *Henssler/Sittard* KSzW 2011, 359 [362]; *Schäfer* in Rieble/Junker Vereinbarte Mitbestimmung S. 13, 28 ff.; *Jacobs* FS K. Schmidt, 2009, 795 [802]; KK-AktG/*Kiem* Rn. 61; KK-AktG/*Feuerborn* SEBG § 21 Rn. 47; Spindler/Stilz/*Casper* Rn. 20). Die Gegenauffassung (vgl. *Teichmann* AG 2008, 795 [800 ff.]; *Nagel* AuR 2007, 329 ff.; *Gössl* Satzung der SE S. 188 ff.; *Linden* Mitbestimmungsvereinbarung S. 105 ff.; KK-AktG/*Veil* Art. 9 Rn. 32; im Ergebnis auch LG Nürnberg-Fürth NZG 2010, 547 = BB 2010, 1113 mit zust. Anm. *Teichmann; Kiefner/Friebel* NZG 2010, 537 [538]; *Austmann* FS Hellwig, 2011, 105 [110 ff.]) kann auch in der Sache nicht überzeugen, weil sich sowohl der europäische wie der deutsche Gesetzgeber eindeutig zum Grundsatz der Satzungsstrenge bekennen (vgl. Art. 9 Abs. 1 lit. b sowie Art. 9 Abs. 1 lit. c iii) iVm § 23 Abs. 5 AktG). Es bliebe unverständlich, wenn die Unternehmensleitungen

und das besondere Verhandlungsgremium eine umfassendere Gestaltungsfreiheit für sich in Anspruch nehmen könnten als der Satzungsgeber. Der differenzierenden Ansicht schließlich, der zufolge im Einzelfall nach den Grundsätzen praktischer Konkordanz zwischen der Satzungsautonomie und der Vereinbarungsautonomie abzuwägen ist (→ SEBG § 21 Rn. 21; *Forst* AG 2010, 350 [353 f.]; *ders.* Beteiligungsvereinbarung S. 91 ff.; *Seibt* ZIP 2010, 1057 [1060 f.]) ist noch entgegenzuhalten, dass sie den berechtigten Erwartungen der Praxis an eine klare und rechtssichere Abgrenzung nicht gerecht wird (*Kiem* Der Konzern 2010, 275 [279]; Spindler/Stilz/*Casper* Rn. 20).

cc) Unzulässigkeit des Statusverfahrens. Soll sich einer neu abgeschlosse- **33** nen Mitbestimmungsvereinbarung zufolge die Größe oder die Zusammensetzung des Aufsichtsrats ändern, so kann hierüber ohne vorherige Änderung der Satzung nicht entsprechend § 98 AktG eine gerichtliche Entscheidung herbeigeführt werden, die für und gegen alle wirkt (*Kiem* Der Konzern 2010, 275 [281 ff.]; aA LG Nürnberg-Fürth NZG 2010, 547; *Seibt* ZIP 2010, 1057 [1064]). Das Statusverfahren dient dazu, die korrekte Umsetzung zwingender gesetzlicher Regeln über die Mitbestimmung zu gewährleisten; mit seiner Hilfe darf jedoch nicht die alleinige **Zuständigkeit der Hauptversammlung** zur Umsetzung der Beteiligungsvereinbarung **umgangen** und damit der zwischen dem Vorstand und der Arbeitnehmervertretung getroffenen Abrede mittelbar satzungsändernder Charakter verliehen werden.

3. Widerspruch zum Satzungsentwurf. Der mit dem Auseinanderfallen **34** von Beteiligungsvereinbarung und Satzungsentwurf einhergehende Verstoß gegen Abs. 4 UAbs. 1 S. 1 begründet ein **Eintragungshindernis** (allgM, s. KK-AktG/*Kiem* Rn. 74; LHT/*Kleindiek* Rn. 34; MüKoAktG/*Schäfer* Rn. 9; vgl. bereits → Rn. 13). Dieses lässt sich nur durch eine Anpassung der Satzung beseitigen, die vorzunehmen die Hauptversammlungen der Gründungsgesellschaften nicht verpflichtet sind (→ Rn. 30). Da die Vorstände der Gründungsgesellschaften gemäß § 83 Abs. 2 AktG gehalten sind, den ursprünglich gefassten Gründungsbeschluss ins Werk zu setzen, haben sie aber jedenfalls eine Beschlussfassung der Hauptversammlung in dieser Angelegenheit herbeizuführen (KK-AktG/*Kiem* Rn. 76; *Noack,* 10 Jahre SE, ZHR Beiheft 77, 2015, 96 [110]; im Ergebnis auch LHT/*Kleindiek* Rn. 34). Das Registergericht hat die Anmelder auf das Eintragungshindernis aufmerksam zu machen. Unterbleibt die Anpassung der Satzung auch nach Ablauf einer angemessenen Frist, hat es die Eintragung der SE abzulehnen.

Aus rechtsdogmatischer Sicht liegt in der erforderlichen Anpassung der ur- **35** sprünglich beschlossenen Satzung an die Beteiligungsvereinbarung keine Neuvornahme, sondern lediglich eine **Modifikation des ursprünglichen Gründungsbeschlusses;** beide Beschlüsse bilden eine Einheit. Weil der ursprüngliche Gründungsbeschluss der maßgebliche Bezugspunkt bleibt, bedarf es keiner erneuten Gründungsprüfung, keiner Neubestimmung einer etwaigen Verschmelzungswertrelation und keiner (erneuten) Vorlage (aktualisierter) Berichte (KK-AktG/*Kiem* Rn. 77; Spindler/Stilz/*Casper* Rn. 24; s. auch *Noack,* 10 Jahre SE, ZHR Beiheft 77, 2015, 96 [110]). Dafür spricht auch der Umstand, dass die wirtschaftlichen und rechtlichen Rahmenbedingungen der Gründung im Kern unverändert bleiben und die punktuelle Anpassung der Organisationsverfassung ein nochmaliges Durchlaufen des gesamten Gründungsvorgangs nicht rechtfertigt. Die Rechtslage stimmt damit im Ansatz mit derjenigen bei Fassung eines Bestätigungsbeschlusses nach § 244 AktG überein (vgl. BGHZ 157, 206 [209 ff.] = NJW 2004, 1165; *Habersack*/*Schürnbrand* FS Hadding, 2004, 391 [402 ff.]; Hüffer/*Koch* AktG § 244 Rn. 2).

36   **4. Nachträgliches Auseinanderfallen. a) Neue Beteiligungsvereinbarung.** Satzung und Beteiligungsvereinbarung können im Nachhinein in Widerspruch geraten, wenn infolge des Auslaufens einer zeitlich befristeten Beteiligungsvereinbarung oder nach Maßgabe des § 18 Abs. 3 SEBG wegen einer geplanten strukturellen Änderung eine (neue) Beteiligungsvereinbarung geschlossen wird. Im Rahmen des Abs. 4 UAbs. 1 S. 2 hat die Hauptversammlung dann über eine erforderliche Satzungsänderung, nicht hingegen über die Beteiligungsvereinbarung als solche zu befinden (abweichend *Schwarz* Rn. 37 ff.; *Gössl* Satzung der SE S. 197 f.). Eine Rechtspflicht, die Satzung zu ändern, besteht nicht (→ Rn. 30). Verweigert sich die Hauptversammlung einer erforderlichen Satzungsänderung, kann die Beteiligungsvereinbarung, sofern sie in Widerspruch zur Satzung steht, **nicht wirksam** werden (Spindler/Stilz/*Casper* Rn. 25; KK-AktG/*Kiem* Rn. 81; LHT/*Kleindiek* Rn. 36). Kommt es zu keiner neuen Vereinbarung, greift vielmehr insoweit die gesetzliche Auffanglösung ein (zu den Folgen → Rn. 38 f.). Eine Gesamtunwirksamkeit der Beteiligungsvereinbarung tritt nur ein, wenn der verbliebene wirksame Vereinbarungsteil keine sinnvolle und in sich geschlossene Regelung mehr darstellt (KK-AktG/*Feuerborn* SEBG § 21 Rn. 80; LHT/*Oetker* SEBG § 21 Rn. 93).

37   **b) Änderung der Satzung.** Das Regime der unternehmerischen Mitbestimmung ist als Ganzes Ausdruck eines gesellschaftspolitischen Kompromisses, seine Vorschriften dienen daher dem öffentlichen Interesse (zu §§ 25 ff. MitbestG BGHZ 83, 106 [109 ff.] = NJW 1982, 1525; BGHZ 83, 151 [153 ff.] = NJW 1982, 1530; BGHZ 89, 48 [50] = NJW 1984, 733). Nichts anderes gilt für das Gleichlaufgebot des Abs. 4 im Besonderen, welches zusätzlich die Widerspruchsfreiheit der Unternehmensverfassung sichern soll. Eine nachträgliche Satzungsänderung, die sich in Widerspruch zur Beteiligungsvereinbarung setzt, ist daher nach Art. 9 Abs. 1 lit. c iVm § 241 Nr. 3 AktG **nichtig** und darf nicht in das Handelsregister eingetragen werden (vgl. nur LHT/*Kleindiek* Rn. 38). Erfolgt die Eintragung gleichwohl, so wird die Nichtigkeit gemäß Art. 9 Abs. 1 lit. c ii) iVm § 242 Abs. 2 S. 1 AktG nach Ablauf von drei Jahren geheilt (KK-AktG/*Kiem* Rn. 82; Spindler/Stilz/*Casper* Rn. 26; aA *Schwarz* Rn. 40; NK-SE/*Schröder* Rn. 47; *Gössl* Satzung der SE S. 198). Es gibt keinen Grund, diese Heilungsvorschrift hier nicht zur Anwendung kommen zu lassen. Die SE-VO selbst sieht nämlich für Verstöße gegen Art. 12 Abs. 4 keine Sanktion vor, überlässt deren Auswahl vielmehr dem nationalen Recht. Zwar müssen die vorgesehenen Sanktionen nach allgemeinen Grundsätzen des Unionsrechts dem Effektivitätsgebot Genüge tun. Dieses wird aber durch eine Heilung der Nichtigkeit nach Ablauf von drei Jahren nicht in Frage gestellt, da die Nichtigkeit bis dahin von jedermann geltend gemacht werden kann.

38   **5. Verhältnis von Satzung und Auffangregelung.** Abs. 4 nimmt sich nur des Auseinanderfallens von Satzung und Beteiligungsvereinbarung an; indessen kann die Satzung auch im Widerspruch zur mitbestimmungsrechtlichen Auffanglösung nach §§ 35 ff. SEBG stehen. Auch insofern beansprucht der in der Vorschrift statuierte Gedanke der **Widerspruchsfreiheit der Unternehmensverfassung** Geltung. Dass das zwingende Rechtsregime der Auffanglösung entgegenstehenden Bestimmungen der Satzung vorgeht, folgt indessen nicht aus einer analogen Anwendung des Art. 12 Abs. 4, sondern aus der in Art. 9 lit. c verankerten Rechtsquellenhierarchie der SE (KK-AktG/*Kiem* Rn. 57; LHT/*Kleindiek* Rn. 37).

39   Sehr wohl ist aber der Vorstand bzw. der Verwaltungsrat entsprechend Abs. 4 UAbs. 1 S. 2 verpflichtet, der Hauptversammlung die notwendigen Änderungen der Satzung vorzuschlagen, wenn nachträglich die Auffanglösung eingreift, weil erforderlich gewordene Neuverhandlungen nicht zum Abschluss einer Beteiligungsvereinbarung geführt haben oder die Hauptversammlung ihre Zustimmung zu einer solchen verweigert hat (Spindler/Stilz/*Casper* Rn. 16, 26; KK-AktG/*Kiem* Rn. 83; s. auch NK-SE/*Schröder* Rn. 32). Die Notwendigkeit zu Neuverhandlungen wiederum kann sich im Falle einer strukturellen Änderung iSv § 18 Abs. 3 SEBG oder der Beendigung der bisherigen Beteiligungsvereinbarung ergeben (näher zu Letzterem *Forst* EuZW 2011, 333). Stimmt die Hauptversammlung der gebotenen Satzungsänderung nicht zu, verbleibt ihr in der Sache aber kein Gestaltungsspielraum, ist das Leitungsorgan gehalten, durch eine Anfechtungs- sowie positive Beschlussfeststellungsklage gesetzeskonforme Verhältnisse herzustellen (KK-AktG/*Kiem* Rn. 83; LHT/*Kleindiek* Rn. 37). In diesen Fällen dürfte überdies eine bloße Fassungsänderung vorliegen, deren Durchführung nach Art. 9 Abs. 1 lit. c ii) iVm § 179 Abs. 1 S. 2 AktG auf den Aufsichtsrat bzw. den Verwaltungsrat übertragen werden kann (vgl. zur Anpassung bei Gesetzesänderungen MüKoAktG/*Stein* § 179 Rn. 162).

[Offenlegung von Urkunden und Angaben]

13 Die die SE betreffenden Urkunden und Angaben, die nach dieser Verordnung der Offenlegungspflicht unterliegen, werden gemäß der Richtlinie 68/151/EWG nach Maßgabe der Rechtsvorschriften des Sitzstaats der SE offen gelegt.

I. Allgemeines

Soweit es um die Offenlegung von Informationen geht, welche die SE betreffen, verweist die VO verschiedentlich, aber keineswegs ohne Ausnahme auf Art. 13. Die Bekanntmachung hat dann nach den einschlägigen Rechtsvorschriften des Sitzstaats zu erfolgen, die ihrerseits in Übereinstimmung mit den Vorgaben der Publizitätsrichtlinie zu stehen haben. Die Vorschrift begründet also nicht selbst eine Pflicht zur Offenlegung, sondern regelt nur die Durchführung einer anderweitig angeordneten Bekanntmachungspflicht. Rechtstechnisch handelt es sich um eine **Spezialverweisung** in das nationale Recht, die Art. 9 Abs. 1 lit. c vorgeht (Spindler/Stilz/*Casper* Rn. 1). Mit ihr verbindet sich das (in seiner Bedeutung überschaubare) gesetzgeberische Ziel, mittels einer **allgemeinen Vorschrift** das Recht der Offenlegung partiell zusammenzufassen und zu vereinheitlichen (KK-AktG/*Kiem* Rn. 4; *Schwarz* Rn. 1). Die Eintragung und das Erlöschen der Gesellschaft sind gemäß Art. 14 ergänzend im Amtsblatt der Europäischen Union zu veröffentlichen. 1

II. Gegenstände der Offenlegung

Eine Offenlegung nach Art. 13 ordnet die SE-VO im Zusammenhang mit der Sitzverlegung (Art. 8 Abs. 2 und 12), mit der Eintragung der neu gegründeten Gesellschaft (Art. 15 Abs. 2), jeder Satzungsänderung (Art. 59 Abs. 3) und der Eröffnung eines Auflösungs-, Liquidations-, und Zahlungseinstellungsverfahrens, seines Abschlusses sowie der Entscheidung über die Weiterführung der Geschäftstätigkeit an (Art. 65). Wenn Art. 13 in diesem Zusammenhang **Urkunden und Angaben** als Gegenstand der Offenlegung benennt, so kommt dem kein eigenständiger oder gar einschränkender Regelungsgehalt zu; vielmehr fungieren die Begriffe lediglich als Platzhalter für die andernorts umschriebene Publizitätspflicht. Demnach ist im Rahmen des Art. 8 Abs. 2 der Verlegungsplan und im Rahmen des Art. 59 Abs. 3 die neue Satzungsbestimmung zu veröffentlichen. Eine übergreifende Definition der Begriffe wäre daher funktionslos (KK-AktG/*Kiem* Rn. 6). 2

3   **Nicht alle Publizitätsvorschriften** der SE-VO verweisen auf Art. 13. Eine
eigenständige Verweisung auf das mitgliedstaatliche Recht enthält zunächst
Art. 66 Abs. 4 für den Umwandlungsplan (LHT/*Kleindiek* Rn. 2; KK-AktG/
Kiem Rn. 2). Nicht hierher gehören weiterhin die Offenlegungsvorschriften, die
nicht die SE, sondern die am Gründungsverfahren beteiligten Gesellschaften
betreffen. Es sind dies Art. 21 und 28 betreffend die Gründung durch Verschmel-
zung, Art. 32 Abs. 3 und 33 Abs. 3 betreffend die Holding-Gründung sowie
Art. 37 Abs. 5 betreffend den Formwechsel. Weder nehmen diese Art. 13 in
Bezug noch handelt es sich um die SE betreffende Informationen, wie es der
Tatbestand des Art. 13 verlangt (LHT/*Kleindiek* Rn. 3; MüKoAktG/*Schäfer*
Rn. 2). Nicht von Art. 13 erfasst werden schließlich Offenlegungspflichten, die
sich aus dem Generalverweis des Art. 9 Abs. 1 lit. c ergeben, etwa betreffend die
Besetzung und Vertretungsbefugnis des Vorstands (§ 81 AktG), die Zusammen-
setzung des Aufsichtsrats (§ 106 AktG) oder den Jahresabschluss (§ 325 HGB; vgl.
dazu NK-SE/*Schröder* Rn. 3).

III. Verfahren der Offenlegung

4   **1. Eintragung.** Die Offenlegung erfolgt „gemäß der Richtlinie 68/151/EWG
nach Maßgabe der Rechtsvorschriften des Sitzstaats". Rechtsgrundlage für die
Eintragung sind demnach die nationalen Vorschriften, welche wiederum den
Vorgaben der Publizitätsrichtlinie Rechnung zu tragen haben. Maßgeblich ist
insofern nicht mehr die im Normtext genannte RL 68/101/EWG, sondern die
an deren Stelle getretene RL 2009/101/EG vom 16.9.2009, ABl. L 258 S. 11
(LHT/*Kleindiek* Rn. 1). Da die Richtlinie die Unternehmenspublizität nicht
abschließend regelt, sind jedoch sämtliche und damit auch diejenigen Offenlegungsvorschriften des Sitzstaats (Art. 7) heranzuziehen, die nicht der Umsetzung
der Publizitätsrichtlinie dienen (KK-AktG/*Kiem* Rn. 11; *Schwarz* Rn. 14). Für
in Deutschland ansässige Gesellschaften sind daher in gleicher Weise wie für die
AG die **§§ 8 ff. HGB** einschlägig. Die offenlegungspflichtigen Urkunden und
Tatsachen sind demnach in das elektronisch geführte **Handelsregister** einzutragen bzw. zu den Registerakten zu nehmen. Zuständig hierfür ist nach § 23a
Abs. 1 Nr. 2, Abs. 2 Nr. 3 GVG iVm §§ 376 Abs. 1, 374 Nr. 1 FamFG das
Amtsgericht, in dessen Bezirk das Landgericht seinen Sitz hat, in dessen Bezirk
sich der satzungsmäßige Sitz der SE befindet (NK-SE/*Schröder* Rn. 10).

5   **2. Bekanntmachung; Einsichtnahme.** Die Eintragungen im Handelsregister
werden nach Maßgabe des § 10 HGB in dem von den Bundesländern gemeinsam
betriebenen **elektronischen Informations- und Kommunikationssystem**
(Gemeinsames Registerportal der Länder, www.handelsregisterbekanntmachun-
gen.de) bekanntgemacht. Daran anknüpfend greifen die Regeln des § 15 HGB
über die negative und positive Publizität der registergerichtlichen Bekanntmachungen ein. Lediglich für die Offenlegung der Sitzverlegung findet sich in
Art. 8 Abs. 13 eine abschließende, mitgliedstaatlichen Vorschriften vorgehende
Sonderregelung in der SE-VO (→ Art. 8 Rn. 107 ff.). Eine weitere Bekanntmachung in den Gesellschaftsblättern ordnen weder Art. 13 noch §§ 8 ff. HGB
an, so dass § 25 AktG nicht eingreift und eine Einstellung der Informationen in
den elektronischen Bundesanzeiger nicht vorgeschrieben ist (KK-AktG/*Kiem*
Rn. 13; aA Spindler/Stilz/*Casper* Rn. 2; MüKoAktG/*Schäfer* Rn. 2). Über das
elektronische Informations- und Kommunikationssystem ist nach § 9 HGB
sodann jedermann die Einsichtnahme in das Handelsregister und die elektronisch
geführten Registerakten möglich. Zugriff auf diese Informationen besteht gemäß
§§ 8b Abs. 2 Nr. 1, 9a HGB schließlich auch über die Internetseite des elektronisch geführten Unternehmensregisters (www.unternehmensregister.de).

[Veröffentlichung im Amtsblatt]

14 (1) ¹Die Eintragung und die Löschung der Eintragung einer SE werden mittels einer Bekanntmachung zu Informationszwecken im *Amtsblatt der Europäischen Gemeinschaften* veröffentlicht, nachdem die Offenlegung gemäß Artikel 13 erfolgt ist. ²Diese Bekanntmachung enthält die Firma der SE, Nummer, Datum und Ort der Eintragung der SE, Datum, Ort und Titel der Veröffentlichung sowie den Sitz und den Geschäftszweig der SE.

(2) Bei der Verlegung des Sitzes der SE gemäß Artikel 8 erfolgt eine Bekanntmachung mit den Angaben gemäß Absatz 1 sowie mit denjenigen im Falle einer Neueintragung.

(3) Die Angaben gemäß Absatz 1 werden dem Amt für amtliche Veröffentlichungen der Europäischen Gemeinschaften innerhalb eines Monats nach der Offenlegung gemäß Artikel 13 übermittelt.

I. Allgemeines

Publizitätspflichtige Angaben über die SE werden gemäß Art. 13 nach den 1
Vorschriften und mittels der Informationsmedien des jeweiligen Sitzstaats offengelegt. Für drei herausgehobene Gegenstände, nämlich die Eintragung, die Löschung sowie die grenzüberschreitende Sitzverlegung sieht Art. 14 eine **zusätzliche Publikation auf europäischer Ebene** vor. Diese „Bekanntmachung" im Amtsblatt der Europäischen Union erfolgt zeitlich im Anschluss an die davon schon begrifflich zu unterscheidende „Offenlegung" durch den Mitgliedstaat und dient anders als diese **nur zu Informationszwecken.** Unmittelbare Rechtsfolgen sind an sie mit anderen Worten nicht geknüpft. Vielmehr sollen unionsweit nur bestimmte Basisangaben zur Verfügung gestellt werden, die dem Rechtsverkehr den Zugriff auf die umfassenderen Informationsquellen der Mitgliedstaaten erleichtern sollen.

II. Bekanntmachung (Abs. 1 und 2)

1. Eintragung und Löschung der SE. Zu veröffentlichen sind die Eintra- 2
gung und die Löschung der Eintragung. Eintragung meint dabei allein die konstitutive Aufnahme in das Register, durch die die SE gemäß Art. 16 Abs. 2 zur Entstehung gelangt; nicht erfasst werden hingegen spätere Satzungsänderungen (MüKoAktG/*Schäfer* Rn. 3; Spindler/Stilz/*Casper* Rn. 3). Unter Löschung hingegen ist die Entfernung der Eintragung aus dem Register zu verstehen (LHT/ *Kleindiek* Rn. 4). Die Veröffentlichung hat neben der Bezeichnung des Vorgangs zur näheren Identifizierung der Gesellschaft zunächst die Firma der SE, ihren Sitz (Art. 7) und Geschäftszweig anzuführen. Sodann sind Nummer, Datum und Ort der Eintragung zu nennen. Das erfordert für in Deutschland ansässige Gesellschaften die Angabe des Registergerichts sowie der mit „HRB" beginnenden Registernummer (KK-AktG/*Kiem* Rn. 6). Allgemeiner gewendet müssen die Angaben so präzise sein, dass sich der Nutzer **ohne weitere Nachforschungen** an die zuständige Stelle wenden kann, um weitere Informationen zu erlangen (LHT/*Kleindiek* Rn. 5; NK-SE/*Schröder* Rn. 3). Gleiches gilt für die ebenfalls aufzunehmenden Angaben zu Datum, Ort und Titel der Veröffentlichung. Gemeint ist die Offenlegung des Vorgangs nach Art. 13. Hierzu bedarf es für in Deutschland ansässige Gesellschaften eines Hinweises auf die Zugriffsadresse des elektronischen Kommunikations- und Informationssystems, mittels dessen die Offenlegung gemäß § 10 HGB erfolgt (LHT/*Kleindiek* Rn. 6; → Art. 13 Rn. 5).

3   **2. Sitzverlegung.** Die Sitzverlegung wird gemäß Art. 8 Abs. 10 bereits mit der Eintragung der SE im Register des neuen Sitzes wirksam; im Anschluss daran ist aber die Eintragung am früheren Sitz gemäß Art. 8 Abs. 11 zu löschen. Beide Vorgänge sind nach Art. 8 Abs. 12 im Verfahren des Art. 13 offenzulegen. Vor diesem Hintergrund sowie mit Blick auf zahlreiche andere Sprachfassungen wird deutlich, was der in der deutschen Fassung missglückte Wortlaut des Abs. 2 meint. Bekanntzumachen ist die „Sitzverlegung". Dies geschieht dadurch, dass gleichzeitig die neue Eintragung und die Löschung der alten Eintragung im Amtsblatt veröffentlicht werden, wobei zu jedem Teilvorgang jeweils die in Abs. 1 geforderten Angaben aufzunehmen sind (NK-SE/*Schröder* Rn. 5; KK-AktG/*Kiem* Rn. 8 f.; LHT/*Kleindiek* Rn. 8).

4   **3. Einstellung in das Amtsblatt.** Die Bekanntmachung erfolgt im Amtsblatt der Europäischen Union, welches das im Wortlaut des Abs. 1 genannte Amtsblatt der Europäischen Gemeinschaften ersetzt hat. Dort werden die Vorgänge in die Reihe S (Supplement) eingestellt (KK-AktG/*Kiem* Rn. 13), nachdem die Offenlegung des Vorgangs gemäß Art. 13 erfolgt ist. Zuständig ist das Amt für amtliche Veröffentlichungen in Luxemburg als Herausgeber des Amtsblatts. Dieses kann die ihm übermittelten Daten aber lediglich auf Vollständigkeit prüfen. Eine Kompetenz zur **materiellen Prüfung** der Richtigkeit der Angaben steht ihm dagegen nicht zu; die Gewährleistung der Rechtmäßigkeit obliegt vielmehr allein den nationalen Stellen, die mit der Offenlegung nach Art. 13 betraut sind (Mü-KoAktG/*Schäfer* Rn. 3; Spindler/Stilz/*Casper* Rn. 3; KK-AktG/*Kiem* Rn. 15). Das Amt für Veröffentlichungen wäre zu einer solchen Prüfung weder in der Lage noch ist eine solche in der Sache geboten. Konstitutive Wirkung kommt ohnehin allein der Eintragung des Vorgangs im nationalen Register zu. Die Bekanntmachung im europäischen Amtsblatt hat hingegen rein informativen Charakter und soll dem Rechtsverkehr vor allem die weitere Recherche in den mitgliedstaatlichen Publikationsmedien erleichtern (→ Rn. 1). Von ihr geht daher auch **kein öffentlicher Glaube** oder eine sonstige Publizitätswirkung aus (*Vossius* ZIP 2005, 741 [742]). Gleichwohl ist zu beklagen, dass die Veröffentlichungen im Amtsblatt sowohl hinsichtlich ihrer Vollständigkeit als auch ihrer Richtigkeit nicht durchweg verlässlich sind (näher KK-AktG/*Kiem* Rn. 18; *Eidenmüller/Engert/Hornuf* AG 2008, 721 [723 f.]).

III. Übermittlung der Angaben (Abs. 3)

5   Damit das Amt für amtliche Veröffentlichungen tätig werden kann, sind ihm die Daten binnen eines Monats nach der Offenlegung zu übermitteln. Wer dafür zuständig ist, regelt weder die SE-VO noch das SEAG. Mangels einer speziellen anderweitigen Zuweisung ist das **Registergericht** (→ Art. 13 Rn. 4) kraft Sachzusammenhangs zu seiner Bekanntmachungspflicht gemäß § 10 HGB zur Übermittlung der Daten verpflichtet (zutr. LHT/*Kleindiek* Rn. 9: Annex-Kompetenz zur Bekanntmachungspflicht; jedenfalls im Ergebnis ebenso KK-AktG/*Kiem* Rn. 11; MüKoAktG/*Schäfer* Rn. 3; Spindler/Stilz/*Casper* Rn. 3). Es hat von Amts wegen tätig zu werden; eigenständige Rechtsfolgen zieht aber es weder eine unterlassene noch eine verspätete Übermittlung nach sich.

Titel II. Gründung

Abschnitt 1. Allgemeines

[Gründung nach dem Recht des Sitzstaates]

15 (1) **Vorbehaltlich der Bestimmungen dieser Verordnung findet auf die Gründung einer SE das für Aktiengesellschaften geltende Recht des Staates Anwendung, in dem die SE ihren Sitz begründet.**

(2) **Die Eintragung einer SE wird gemäß Artikel 13 offen gelegt.**

Schrifttum: *Brandt/Scheifele,* Die Europäische Aktiengesellschaft und das anwendbare Recht, DStR 2002, 547; *Drees,* Die Gründung der Europäischen Aktiengesellschaft (SE) in Deutschland und ihre rechtliche Behandlung vor Eintragung (Vor-SE), Diss. 2006; *Fuchs,* Die Gründung einer Europäischen Aktiengesellschaft durch Verschmelzung und das nationale Recht, Diss. 2004; *Habersack,* Konstituierung des ersten Aufsichts- oder Verwaltungsorgans der durch Formwechsel entstandenen SE und Amtszeit seiner Mitglieder, Der Konzern 2008, 67; *Kersting,* Societas Europaea: Gründung und Vorgesellschaft, DB 2001, 2079; *Schindler,* Europäische Aktiengesellschaft, 2007; *Seibt/Reinhard,* Umwandlung der Aktiengesellschaft in die Europäische Gesellschaft, Der Konzern 2005, 407; *Teichmann,* Die Einführung der Europäischen Aktiengesellschaft, ZGR 2002, 383; *Vossius,* Gründung und Umwandlung der deutschen Europäischen Gesellschaft (SE), ZIP 2005, 741; *Wagner,* Die Bestimmung des auf die SE anwendbaren Rechts, NZG 2002, 985; *Walden/Meyer-Landrut,* Die grenzüberschreitende Verschmelzung zu einer Europäischen Gesellschaft: Planung und Vorbereitung, DB 2005, 2119.

Übersicht

Rn.

I. Regelungsgegenstand und -zweck 1
II. Abgrenzung zu anderen Verweisungsnormen 3
   1. Abgrenzung zu Art. 9 3
   2. Abgrenzung zu Art. 18 und Art. 36 6
III. Auf die Gründung anwendbares Recht (Abs. 1) 10
   1. Anwendungsbereich 10
   2. Rechtsnatur der Verweisung 11
   3. Umfang der Verweisung 13
      a) Allgemeines 13
      b) Insbesondere erster Aufsichtsrat 17
IV. Offenlegung der Eintragung (Abs. 2) 24

I. Regelungsgegenstand und -zweck

Art. 15 Abs. 1 verweist für die Gründung der SE auf die nationalen Vorschriften, sofern die SE-VO keine Regelung trifft. Es handelt sich damit um eine **partielle Generalverweisung,** indem auf Sachrecht, nicht aber auf das internationalen Privatrecht verwiesen wird (NK-SE/*Schröder* Rn. 1; Spindler/Stilz/*Casper* Rn. 1; LHT/*Bayer* Rn. 1; *Brandt/Scheifele* DStR 2002, 547 [555]; *Schwarz* Rn. 1, 7; MüKoAktG/*Schäfer* Rn. 4). Eine SE soll grundsätzlich den Anforderungen entsprechen, die nationale Aktiengesellschaften im Rahmen der Gründung erfüllen müssen (Spindler/Stilz/*Casper* Rn. 1; LHT/*Bayer* Rn. 1; NK-SE/*Schröder* Rn. 1). Außerdem stellt Art. 15 eine Auffangnorm für nicht speziell geregelte Fragen des Gründungsrechts dar (LHT/*Bayer* Rn. 1; *Teichmann* ZGR

2002, 383 [414]; *Schwarz* Rn. 1; NK-SE/*Schröder* Rn. 2; *Scheifele* Gründung der SE S. 51; KK-AktG/*Maul* Rn. 5).

2   Art. 15 Abs. 2 bestimmt, dass die Eintragung einer SE gemäß Art. 13 offenzulegen ist. Dies hat lediglich klarstellende Funktion. Die **Offenlegung** ist bereits in Art. 13 geregelt (Spindler/Stilz/*Casper* Rn. 1; *Schwarz* Rn. 2).

II. Abgrenzung zu anderen Verweisungsnormen

3   **1. Abgrenzung zu Art. 9.** Art. 15 gilt für die **Gründung.** Mit **Eintragung** in das Handelsregister erhält die SE ihre Rechtspersönlichkeit (Art. 16 Abs. 1), so dass dann Art. 9 und nicht Art. 15 anzuwenden ist. Vor der Eintragung findet daher vorbehaltlich entsprechender Regelungen in der SE-VO das nationale Gründungsrecht Anwendung (Spindler/Stilz/*Casper* Rn. 4; LHT/*Bayer* Rn. 6; *Schwarz* Rn. 1; MüKoAktG/*Schäfer* Rn. 6; NK-SE/*Schröder* Rn. 3; *Walden/Meyer-Landrut* DB 2005, 2119 [2120]; vgl. auch KK-AktG/*Maul* Rn. 1, 6; zur Abgrenzung zu Art. 5 → Art. 5 Rn. 4). Soweit dem entgegengehalten wird, dass Art. 15 Abs. 1 nur klarstellende Funktion habe (*Kalss/Hügel* SEG Vor § 17 Art. 15 Rn. 8; *Schindler* S. 22), widerspricht dem der Wortlaut des Art. 9. Dieser gilt für die SE, die jedoch erst mit Eintragung im Register entsteht (vgl. Art. 16 Abs. 1). Außerdem hätte Art. 15 Abs. 1 ansonsten keinen eigenständigen Anwendungsbereich und wäre überflüssig (Spindler/Stilz/*Casper* Rn. 4; MüKo-AktG/*Schäfer* Rn. 1; *Teichmann* ZGR 2002, 383 [415]; *Kersting* DB 2001, 2079 [2080]; *Fuchs* S. 38). In der Praxis wirken sich diese unterschiedlichen Ansichten nicht aus. Denn auf jeden Fall wird vorbehaltlich entsprechender Regelungen in der SE-VO auf das nationale Recht verwiesen (s. auch MüKoAktG/*Schäfer* Rn. 6; KK-AktG/*Maul* Rn. 5).

4   Die Anwendung des **nationalen Rechts** vorbehaltlich entsprechender Regelungen in der SE-VO sowohl für die Gründung als auch nach Gründung der SE unterscheidet sich erheblich von der Gründung der EWIV. Für die EWIV fehlt eine entsprechende Norm, die das nationale Recht auch schon für die Gründung für anwendbar erklärt. Die Gründung der EWIV richtet sich nach dem jeweiligen Vertragsstatut, welches sich nach dem internationalen Privatrecht bestimmt (*Schwarz* Rn. 4; LHT/*Bayer* Rn. 4; MüKoAktG/*Schäfer* Rn. 1). Für die EWIV gilt daher das nationale Recht (vgl. Spindler/Stilz/*Casper* Rn. 4; LHT/*Bayer* Rn. 4; *Schwarz* Rn. 4).

5   Etwaige Fragen zur **Gründungshaftung** sowie zur **Vor-SE** bestimmen sich nach nationalem Recht des künftigen Sitzstaats der SE (Spindler/Stilz/*Casper* Rn. 4).

6   **2. Abgrenzung zu Art. 18 und Art. 36.** Art. 15 Abs. 1 verweist für die Gründung einer SE auf das **nationale Recht** des künftigen Sitzstaates der SE. Art. 18 bestimmt, dass bei einer **Verschmelzung** auf jede Gründungsgesellschaft die für die Verschmelzung von Aktiengesellschaften geltenden Rechtsvorschriften des Mitgliedstaats anzuwenden sind, dessen Recht diese Gesellschaft jeweils unterliegt. Nach Art. 36 sind bei der Gründung einer **Tochter-SE** die Vorschriften über die Beteiligung an der Gründung einer Tochtergesellschaft in Form einer Aktiengesellschaft nationalen Rechts anzuwenden. Dies kann dazu führen, dass eine Gründungsgesellschaft insbesondere im Rahmen einer Verschmelzung einem anderen nationalen Recht unterliegt als das nationale Recht am Sitz der zukünftigen, nach Durchführung der Verschmelzung entstehenden SE. Folglich stellt sich die Frage, wie Art. 15 (grundsätzliche Anwendbarkeit des Gründungsrechts am zukünftigen Sitz der SE) zu Art. 18 und 36 (Anwendbarkeit des nationalen Rechts auf die Gründungsgesellschaften im Rahmen der Ver-

schmelzung bzw. der Gründung von Tochtergesellschaften, unabhängig davon, wo diese ihren Sitz haben) steht.

Teilweise wird von einem **Vorrang des Art. 18** ausgegangen, so dass im 7 Rahmen der Verschmelzung letztlich Art. 18 als lex specialis anzuwenden wäre (s. MüKoAktG/*Schäfer* Rn. 7). Tatsächlich besteht aber kein entsprechender Konflikt, der durch Vorrang des Art. 18 zu lösen wäre. Vielmehr regeln Art. 15 und Art. 18 **unterschiedliche Sachverhalte** (Spindler/Stilz/*Casper* Rn. 3; *Schwarz* Rn. 10; im Ergebnis auch MüKoAktG/*Schäfer* Rn. 7 ff.; KK-AktG/*Maul* Rn. 7; tendenziell aA NK-SE/*Schröder* Rn. 4 ff.; der dies zwar im Grundsatz genauso sieht, aber davon ausgeht, dass sich Art. 15 Abs. 1 und 18 Abs. 1 teilweise überschneiden). Art. 18 erklärt das nationale Recht für anwendbar, wenn es um Maßnahmen der **Gründungsgesellschaften** geht. Art. 15 bezieht sich dagegen auf Maßnahmen der **zu gründenden SE** (Spindler/Stilz/*Casper* Rn. 3; Theisen/Wenz/*Neuner* S. 72 f.; *Schwarz* Rn. 10). Maßnahmen der Gründungsgesellschaften im Rahmen der Verschmelzung richten sich für jede einzelne Gründungsgesellschaft nach dem nationalen Recht am Sitz der Gründungsgesellschaften. Für die zu gründende SE, die durch Verschmelzung entstehen kann, richtet sich dagegen das Gründungsrecht nach dem nationalen Recht im zukünftigen Sitzstaat der SE (Spindler/Stilz/*Casper* Rn. 3; *Schwarz* Rn. 10 ff.; LHT/ *Bayer* Rn. 7; KK-AktG/*Maul* Rn. 3, 7; im Ergebnis auch MüKoAktG/*Schäfer* Rn. 7 ff.).

Dies ist sachgerecht. Für die zukünftige SE soll sich ihr Gründungsrecht nicht 8 nach einem ausländischen Recht richten (Beispiele bei Spindler/Stilz/*Casper* Rn. 3; *Schwarz* Rn. 13). Es entspricht außerdem der Systematik der SE-VO. Danach wird die **Verschmelzung** nach dem nationalen Recht der jeweiligen sich verschmelzenden Gesellschaft kontrolliert (Art. 25 Abs. 1). Dies gilt auch für die Überprüfung der Verfahrensabschnitte der Verschmelzung (Art. 26 Abs. 1; s. dazu *Schwarz* Rn. 10; MüKoAktG/*Schäfer* Rn. 7). Zudem entspricht dies der Sichtweise im Internationalen Privatrecht. Bei internationalen Verschmelzungen ist zwischen Voraussetzung, Verfahren und Wirkung zu unterscheiden. Für die Voraussetzung des Verfahrens ist das jeweilige Personalstatut der Gesellschaft, dh das nationale Recht des Sitzstaats anwendbar. Für die Wirkung wird abgestellt auf das Recht der übertragenden oder übernehmenden Gesellschaft (*Schwarz* Rn. 12; *Scheifele* Gründung der SE S. 34).

Die Gründung einer SE lässt sich unterscheiden in die **Vorbereitungsphase,** 9 die **Beschlussphase** sowie die **Vollzugsphase**. In der Vorbereitungsphase ist der Verschmelzungs-, Gründungs- oder Umwandlungsplan sowie der Verschmelzungsbericht zu erstellen und ggf. ist eine Prüfung durch unabhängige Sachverständige durchzuführen. Die Beschlussphase besteht aus den erforderlichen Beschlüssen auf Ebene der Gesellschafter und ggf. deren gerichtlicher Kontrolle. Dieses richtet sich nach dem nationalen Recht am Sitz der Gesellschaft. Die Vollzugsphase beinhaltet die Feststellung der Satzung, die Kapitalaufbringung und das Registerverfahren mit Anmeldung, Eintragung und Bekanntmachung der SE-VO. Dies richtet sich nach dem Recht des künftigen Sitzstaates der SE (vgl. *Schwarz* Rn. 14 ff.; LHT/*Bayer* Rn. 8; im Ergebnis ebenso MüKoAktG/*Schäfer* Rn. 8; Spindler/Stilz/*Casper* Rn. 3; KK-AktG/*Maul* Rn. 7). Auch die Wirkungen der Verschmelzungen richten sich grundsätzlich nach nationalen Regelungen, vorbehaltlich der Regeln in der SE-VO, vgl. hierzu insbesondere Art. 29 (MüKoAktG/*Schäfer* Rn. 9). Sofern Maßnahmen nicht genau der Vorbereitungsphase und der Beschlussphase, die sich nach dem Recht der Gründungsgesellschaft richten, bzw. der Vollzugsphase, die sich nach dem nationalen Recht am künftigen Sitz der SE richtet, zugeordnet werden können, sind letztlich beide nationalen Rechtsordnungen zu berücksichtigen (NK-SE/*Schröder* Rn. 8; wohl auch MüKoAktG/*Schäfer* Rn. 9).

III. Auf die Gründung anwendbares Recht (Abs. 1)

10   **1. Anwendungsbereich.** Art. 15 Abs. 1 gilt für die **vier primären Grün-dungsformen** einer SE. Die Vorschrift gilt hingegen **nicht** für die **Mutter-SE** bei der Gründung einer Tochter-SE (Spindler/Stilz/*Casper* Rn. 2; MüKoAktG/ *Schäfer* Rn. 1; LHT/*Bayer* Rn. 1 f.; aA KK-AktG/*Maul* Rn. 2 mit dem Hinweis, dass die hM Art. 15 auch hier anwendet und nur vereinzelt noch Art. 9 ange-wandt wird; *Schwarz* Art. 3 Rn. 26; Spindler/Stilz/*Casper* Art. 3 Rn. 18; offen-bar auch NK-SE/*Schröder* Rn. 1). Für die Mutter-SE gilt hierbei jedoch über Art. 9 ebenfalls das nationale Recht (Spindler/Stilz/*Casper* Rn. 2; MüKoAktG/ *Schäfer* Rn. 1; LHT/*Bayer* Rn. 1 f.; für die Anwendbarkeit von Art. 18 auch auf die Holdinggründung LHT/*Bayer* Rn. 7 sowie für die Gründung einer Tochter-SE; dagegen MüKoAktG/*Schäfer* Rn. 7).

11   **2. Rechtsnatur der Verweisung.** Die Verweisung in Abs. 1 ist eine Sach-norm- und keine Generalverweisung. Verwiesen wird also nur auf das **Sachrecht** des jeweiligen Mitgliedstaates, nicht auch auf das jeweilige internationale Pri-vatrecht (*Schwarz* Rn. 7; LHT/*Bayer* Rn. 5; MüKoAktG/*Schäfer* Rn. 4; NK-SE/ *Schröder* Rn. 1). Verwiesen wird auf nationales Recht aber nur, soweit die SE-VO keine speziellen und damit vorrangigen Rechtsregelungen bezüglich der Grün-dung enthält (Spindler/Stilz/*Casper* Rn. 6; MüKoAktG/*Schäfer* Rn. 2; NK-SE/ *Schröder* Rn. 2; *Wagner* NZG 2002, 985 [990]).

12   Maßgeblich ist das Recht, in dem die SE ihren Sitz begründet. Das ist der **künftige Satzungssitz** und dementsprechend der im Gründungsplan (vgl. für die Verschmelzung Art. 20 Abs. 1 S. 2 lit. a) festgelegte Sitz (Spindler/Stilz/ *Casper* Rn. 5; LHT/*Bayer* Rn. 4; *Schwarz* Rn. 19; MüKoAktG/*Schäfer* Rn. 10; NK-SE/*Schröder* Rn. 10). Innerhalb des nationalen Rechts ist das für die SE spezifische Recht vorrangig, auch wenn dieses anders als bei Art. 9 Abs. 1 lit. i in Art. 15 nicht ausdrücklich erwähnt ist (Spindler/Stilz/*Casper* Rn. 5; MüKo-AktG/*Schäfer* Rn. 3; KK-AktG/*Maul* Rn. 5). Schließlich ist die Verweisung in Abs. 1 **dynamisch**, dh es gilt das jeweils geltende nationale Recht einschließlich etwaiger zukünftiger Änderungen (Spindler/Stilz/*Casper* Rn. 5; MüKoAktG/ *Schäfer* Rn. 10).

13   **3. Umfang der Verweisung. a) Allgemeines.** Abs. 1 verweist nicht allein auf das Aktienrecht, sondern ganz allgemein auf das für Aktiengesellschaften „geltende Recht". Verwiesen wird damit auf **alle Vorschriften,** die auch auf Aktiengesellschaften anwendbar sind, neben dem AktG also insbesondere das UmwG, aber auch die allgemeinen zivilrechtlichen Vorschriften, zB bezüglich der Wirksamkeit von Willenserklärungen (LHT/*Bayer* Rn. 8; *Schwarz* Rn. 20; MüKoAktG/*Schäfer* Rn. 10; NK-SE/*Schröder* Rn. 10). Der Verweis umfasst nicht nur das kodifizierte, sondern auch das **ungeschriebene Recht,** namentlich also auch Rechtsfortbildungen durch Rechtsprechung und Lehre. Dies ergibt sich schon allein aus dem Verweis in Abs. 1 auf das „geltende Recht" (Spindler/Stilz/ *Casper* Rn. 5; MüKoAktG/*Schäfer* Rn. 10; LHT/*Bayer* Rn. 8; KK-AktG/*Maul* Rn. 9).

14   Je nach Gründungsart sind damit bei der Anwendbarkeit deutschen Rechts insbesondere folgende Vorschriften zu nennen: Bei der **Gründung durch Ver-schmelzung** (Art. 2 Abs. 1, 17 ff.) gelten die Vorschriften des UmwG, §§ 2 ff. UmwG, und ergänzend die allgemeinen Vorschriften des AktG, insbesondere mit den Vorschriften über die Gründung der Aktiengesellschaft, §§ 1–53 AktG (*Schwarz* Rn. 21 ff.; LHT/*Bayer* Rn. 9; NK-SE/*Schröder* Rn. 11). Bei der Grün-dung einer Holding (Art. 2 Abs. 2, 32 ff.) gelten ebenfalls die §§ 2 ff. UmwG (LHT/*Bayer* Rn. 9). Bei der Gründung einer gemeinsamen Tochter-SE (Art. 2

Abs. 3, 35 f.) sind über Art. 9 insbesondere die allgemeinen Vorschriften über die Gründung der Aktiengesellschaft (§§ 1–53 AktG) anwendbar. Nicht anwendbar sind dagegen die Vorschriften über die Spaltung (§§ 123 ff. UmwG; LHT/*Bayer* Rn. 9). Die Gründung einer Holding-SE kommt zunächst einer Verschmelzung nahe, deshalb sind die Vorschriften über die Verschmelzung grundsätzlich anwendbar, sofern sich aus der Holding-Gründung nicht etwas anderes ergibt (s. auch Art. 32).

Die **Umwandlung einer AG** in eine SE kommt insbesondere der Gründung **15** mit Umwandlung in eine andere Rechtsform gleich. Bei Umwandlung einer AG in eine SE (Art. 2 Abs. 4, 37) gelten daher insbesondere die §§ 190 ff. UmwG, einschließlich der §§ 238 ff. UmwG (LHT/*Bayer* Rn. 9; *Schwarz* Rn. 21 ff.; NK-SE/*Schröder* Rn. 35; KK-AktG/*Maul* Rn. 10). Im Rahmen einer Umwandlung wird nach Art. 37 Abs. 6 eine Bescheinigung eines auf Antrag gerichtlich zu bestellenden Sachverständigen verlangt, dass die Gesellschaft über Nettovermögenswerte mindestens in Höhe ihres Kapitals zuzüglich der kraft Gesetzes oder Statut nicht ausschüttungsfähigen Rücklagen verfügt. Durch diese Bescheinigung wird die Kapitalaufbringung bei der Umwandlung sichergestellt. Dabei kommt es nicht zu einer Neugründung (vgl. Art. 37 Abs. 2), da der umzuwandelnde Rechtsträger und die umgewandelte Zielrechtsform rechtlich und wirtschaftlich identisch sind. Das Grundkapital wird nicht neu geschaffen; es wird vielmehr fortgeführt (vgl. *Schwarz* Art. 37 Rn. 39; MüKoAktG/*Schäfer* Art. 37 Rn. 8, 21 f.; NK-SE/*Schröder* Art. 37 Rn. 38 ff.).

Diesen Grundsätzen folgend ist daher durch die Bescheinigung nach Art. 37 **16** Abs. 6 dem **Kapitalaufbringungsgrundsatz** Genüge getan. Da darüber hinaus keine neue Gesellschaft entsteht und sich die alte Gesellschaft nicht auflöst (vgl. Art. 37 Abs. 2), würde man die Privilegierung des Formwechsels zunichte machen, indem man die Vorschriften über die Sachgründung uneingeschränkt anwenden würde. Folglich ist im Rahmen der Umwandlung in eine SE nach Art. 37 ein Sachgründungsbericht und eine externe Gründungsprüfung **nicht** erforderlich (so in der Regel unter Verweis auf den Rechtsgedanken des § 75 Abs. 2 UmwG die hM, vgl. *Seibt/Reinhard* Der Konzern 2005, 407 [422]; MüKoAktG/*Schäfer* Art. 37 Rn. 21; *Schwarz* Art. 37 Rn. 74; *Jannott* in Jannott/Frodermann HdB SE Kap. 3 Rn. 263; *Scheifele* Gründung der SE S. 427; Theisen/Wenz/*Neun* S. 182 ff.; *Drees* S. 121; aA soweit ersichtlich nur *Bayer* in Lutter/Hommelhoff Europäische Gesellschaft S. 25, 64. Im Ergebnis halten auch *Scheifele* (S. 427) und *Neun* (in Theisen/Wenz S. 182 ff.) die Durchführung einer externen Gründungsprüfung und einen Sachgründungsbericht aus den genannten Gründen für entbehrlich). Art. 37 Abs. 6 ist insofern eine **abschließende Regelung** der SE-VO, so dass das nationale Gründungsrecht insoweit nicht anwendbar ist (vgl. Theisen/Wenz/*Neun* S. 183; *Drees* S. 121).

b) Insbesondere erster Aufsichtsrat. Art. 40 Abs. 2 S. 2 sieht vor, dass die **17** Mitglieder des ersten Aufsichtsrats durch die **Satzung** bestellt werden können (und nicht wie ansonsten im Rahmen der üblichen Bestellung durch die Hauptversammlung). Dagegen ist im Rahmen der Gründung einer Aktiengesellschaft der erste Aufsichtsrat durch die Gründer zu bestellen (§ 30 AktG). Art. 40 enthält jedoch eine vorrangige Spezialregelung, die eine Bestellung in der Satzung zulässt (NK-SE/*Schröder* Rn. 35). Darüber hinaus ist der Aufsichtsrat in der SE grundsätzlich durch die **Hauptversammlung** zu bestellen.

Das Aktienrecht sieht vor, dass die Vorschriften für Bestellung von Aufsichts- **18** ratsmitgliedern der Arbeitnehmer auf die Zusammensetzung und auf die Bestellung des ersten Aufsichtsrats nicht anwendbar sind (§ 30 Abs. 2 AktG). Ist in der Satzung als Gegenstand einer Sacheinlage oder Sachübernahme die Einbringung oder Übernahme eines Unternehmens(teils) vorgesehen, so haben die Gründer nur so viele Aufsichtsratsmitglieder zu bestellen, wie nach den gesetzlichen Vorschriften, die nach ihrer Ansicht nach der Erbringung oder Übernahme für die Zusammensetzung des Aufsichtsrats maßgebend sind (§ 31 Abs. 1 AktG). Es fragt sich, wie weit diese Vorschriften für die Zusammensetzung des ersten Aufsichtsrates auch auf die SE anwendbar sind.

19   Im Rahmen der Gründung einer SE ist – anders als bei der Gründung einer Aktiengesellschaft – ein **Arbeitnehmerbeteiligungsverfahren** durchzuführen. Im Rahmen dieses Arbeitnehmerbeteiligungsverfahrens gibt es entweder eine Verhandlungslösung oder eine sog. gesetzliche Auffanglösung. Die Aufsichtsratsmitglieder können nur insofern bestellt werden, wie es die gesetzliche Auffanglösung bzw. die Arbeitnehmerbeteiligungsvereinbarung vorsieht. Nach Abschluss der Arbeitnehmerbeteiligungsvereinbarung sind die Arbeitnehmervertreter im Aufsichtsrat sodann durch die Hauptversammlung zu wählen bzw. gerichtlich zu bestellen. Aufgrund der für die SE gesondert geregelten Arbeitnehmerbeteiligung ist daher **§ 30 Abs. 2 AktG nicht anwendbar.**

20   Darüber hinaus sieht das AktG vor, dass die Mitglieder des ersten Aufsichtsrats nicht für längere Zeit als bis zur Beendigung der Hauptversammlung bestellt werden, die über die Entlastung für das erste Voll- oder Rumpfgeschäftsjahr beschließt (vgl. § 30 Abs. 3 AktG). Dies gilt auch für die SE.

21   Bei einer Sachgründung ist ein **Statusverfahren** durchzuführen (vgl. § 31 Abs. 3 AktG). Da die Zusammensetzung des Aufsichtsrats sich gemäß Art. 40 Abs. 2 aus der Satzung in Verbindung mit der Arbeitnehmerbeteiligung ergibt, bedarf es konsequenterweise bei Gründung einer SE **nicht** des Verfahrens nach §§ 97 ff. AktG zur Bestimmung des Mitbestimmungsmodells (vgl. Spindler/Stilz/ *Eberspächer* Art. 40 Rn. 8, mit dem Hinweis, dass dies streitig ist; *Habersack* Der Konzern 2008, 67 [69]). Es gibt vorrangige Regeln in der SE-VO zur Bestimmung der **Zusammensetzung des ersten Aufsichtsrats,** so dass insbesondere auch bei Umwandlung § 197 S. 3 UmwG aufgrund vorrangigen Rechts nicht anwendbar ist und deshalb eine entsprechende Bekanntmachung durch den Vorstand zur Zusammensetzung des Aufsichtsrats nicht zu veröffentlichen ist. Im Übrigen könnte in einem etwaigen Statusverfahren im Rahmen der Umwandlung in eine SE – anders als bei Gründung einer Aktiengesellschaft, wo das Mitbestimmungsmodell mit der Anzahl der inländischen Arbeitnehmer festzustellen ist – auch nichts anderes festgestellt werden, als dass sich die Zusammensetzung des Aufsichtsrats aus der Satzung ergibt und die Bestellung der Mitglieder des ersten Aufsichtsrats durch die Satzung und die Arbeitnehmerbeteiligungsvereinbarung erfolgt.

22   Der Unanwendbarkeit des in §§ 97 ff. AktG geregelten Statusverfahrens auf die Gründung einer SE steht auch nicht der Verweis in § 17 Abs. 3 S. 1 SEAG entgegen, wonach der SE-Betriebsrat in einem Statusverfahren antragsberechtigt ist. Denn § 17 Abs. 3 S. 1 SEAG findet Anwendung auf eine bereits wirksam gegründete SE. Ist eine SE wirksam gegründet und ist die richtige Zusammensetzung zweifelhaft, kann über Art. 9 Abs. 1 lit. c (ii) auf das Statusverfahren zurückgegriffen werden (in diesem Sinne auch Spindler/Stilz/*Eberspächer* Art. 40 Rn. 10; *Schwarz* Art. 40 Rn. 40; MüKoAktG/*Reichert/Brandes* Art. 40 Rn. 6). Dies könnte zum Beispiel erforderlich sein, wenn nach Durchführung einer strukturellen Änderung aber ohne Wiederaufnahme der Verhandlungen über die Beteiligung der Arbeitnehmer in der SE iSd § 18 Abs. 3 SEBG streitig ist, ob diese Auswirkungen auf die Zusammensetzung des Aufsichtsrats hat (zB, wenn eine mitbestimmte Gesellschaft auf eine bisher nicht-mitbestimmte SE verschmolzen wird, ohne dass ein Verfahren nach § 18 Abs. 3 SEBG durchgeführt und die Zusammensetzung des Aufsichtsrats neu verhandelt wird. Vgl. zum **Wechsel des ursprünglichen Mitbestimmungsstandards** bei strukturellen Änderungen auch Spindler/Stilz/*Eberspächer* Art. 40 Rn. 11). Die Anwendung

des Statusverfahrens auf eine bereits existierende SE (und damit nicht im Rahmen der Umwandlung) wird auch daraus ersichtlich, dass einziger Inhalt des § 17 Abs. 1 S. 3 SEAG die Erweiterung der Antragsberechtigung auf den SE-Betriebsrat ist. Ein SE-Betriebsrat wird jedoch erst nach Wirksamwerden der Gründung einer SE errichtet.

Darüber hinaus wird diskutiert, **wann** der Aufsichtsrat bestellt sein muss (NK- **23** SE/*Schröder* Rn. 72; KK-AktG/*Paefgen* Art. 40 Rn. 67). Im Rahmen der Anmeldung müssen die Vorstandsmitglieder der SE benannt werden. Diese muss der Aufsichtsrat daher **vor Eintragung der SE** im Handelsregister am Sitz der SE bestellen. Daraus folgt, dass zumindest die Anteilseignervertreter im Aufsichtsrat bereits vor Eintragung der SE entsprechend gewählt, durch die Satzung entsprechend festgesetzt bzw. ggf. gerichtlich bestellt sein müssen, so dass der Aufsichtsrat handlungsfähig ist und die Vorstandsmitglieder bestellen kann.

IV. Offenlegung der Eintragung (Abs. 2)

Die Eintragung der SE ist gemäß Art. 13 offenzulegen. Gegenstand der Offen- **24** legung ist die Eintragung (LHT/*Bayer* Rn. 10; *Schwarz* Rn. 26). Da die SE mit dieser Eintragung bereits entstanden ist (Art. 16 Abs. 1), ist diese Offenlegung allerdings rein **deklaratorisch** (Spindler/Stilz/*Casper* Rn. 1; LHT/*Bayer* Rn. 10; NK-SE/*Schröder* Rn. 34; *Kersting* DB 2001, 2079 [2080]).

Das Verfahren der Offenlegung richtet sich nach den **nationalen Durch- 25 führungsbestimmungen im Sitzstaat** der SE zur Publizitäts-RL, Art. 15 Abs. 2 iVm Art. 13 (s. auch *Schwarz* Rn. 26; *Kleindiek* in Lutter/Hommelhoff Europäische Gesellschaft S. 95 f.). Demzufolge muss die Eintragung in dem vom Sitzstaat bestimmten Amtsblatt veröffentlicht werden (Art. 3 Abs. 4 Erste Publizitäts-RL 68/151/EG). Die Offenlegungspflicht trifft dabei die Registergerichte und nicht die SE. Diese haben die Handelsregistereintragung bekannt zu machen. Die SE ist wiederum verpflichtet, die Anmeldung zum Handelsregister vorzunehmen, was sich aus Art. 15 Abs. 1 iVm dem jeweiligen nationalen Recht ergibt (*Kleindiek* in Lutter/Hommelhoff Europäische Gesellschaft S. 95 ff.; *Schwarz* Rn. 26). Eine SE mit Sitz in Deutschland ist daher durch das zuständige Registergericht (Art. 12 Abs. 1 iVm § 3 SEAG), in dem von der Landesjustizverwaltung bestimmten elektronischen Informations- und Kommunikationssystem bekannt zu machen (vgl. § 10 HGB). Dabei sind die Gläubiger der Gründungsgesellschaften auf ihren Anspruch, Sicherheitsleistung verlangen zu können, hinzuweisen, Art. 24 Abs. 1 lit. a iVm § 22 Abs. 1 S. 3 UmwG (*Schwarz* Rn. 26; *Seibt/Reinhard* Der Konzern 2005, 407 [424]; aA *Jannott* in Jannott/Frodermann HdB SE Kap. 3 Rn. 274).

Die Offenlegung nach Abs. 2 ist von der Offenlegung nach **Art. 28** und der **26** Bekanntmachung nach **Art. 14 zu unterscheiden.** Die Offenlegung nach Abs. 2 erfolgt nur im Sitzstaat der SE. Bei der Gründung durch Verschmelzung verlangt Art. 28 zusätzlich die Bekanntmachung in den Mitgliedstaaten der Gründungsgesellschaften und über Art. 14 wird die Gründung der SE im gesamten EWR publik gemacht (*Schwarz* Rn. 27; LHT/*Bayer* Rn. 11). Diese Publizitätsvorschriften sind aber nicht konstitutiv; sie dienen der Information des Rechtsverkehrs und sind somit deklaratorisch (*Schwarz* Rn. 27; *Vossius* ZIP 2005, 741 [742]).

[Rechtspersönlichkeit]

16 (1) **Die SE erwirbt die Rechtspersönlichkeit am Tag ihrer Eintragung in das in Artikel 12 genannte Register.**

(2) **Wurden im Namen der SE vor ihrer Eintragung gemäß Artikel 12 Rechtshandlungen vorgenommen und übernimmt die SE nach der Eintragung die sich aus diesen Rechtshandlungen ergebenden Verpflichtungen nicht, so haften die natürlichen Personen, die Gesellschaften oder anderen juristischen Personen, die diese Rechtshandlungen vorgenommen haben, vorbehaltlich anders lautender Vereinbarungen unbegrenzt und gesamtschuldnerisch.**

Schrifttum: *Casper,* Die Vor-SE – nationale oder europäische Vorgesellschaft?, Der Konzern 2007, 244; *Casper/Schäfer,* Die Vorrats-SE – Zulässigkeit und wirtschaftliche Neugründung, ZIP 2007, 653; *Drees,* Die Gründung der Europäischen Aktiengesellschaft (SE) in Deutschland und ihre rechtliche Behandlung vor Eintragung (Vor-SE), Diss. 2006; *Forst,* Die Beteiligung der Arbeitnehmer in der Vorrats-SE, NZG 2009, 687; *Fuchs,* Die Gründung einer Europäischen Aktiengesellschaft durch Verschmelzung und das nationale Recht, Diss. 2004; *Hirte,* Die Europäische Aktiengesellschaft, NZG 2002, 1; *Hirte,* Die Europäische Aktiengesellschaft – ein Überblick nach In-Kraft-Treten der deutschen Ausführungsgesetzgebung (Teil 1), DStR 2005, 653; *Hörtig,* Gründungs- und Umstrukturierungsmöglichkeiten bei der Europäischen Aktiengesellschaft (SE), Diss. 2011; *Kersting,* Societas Europaea: Gründung und Vorgesellschaft, DB 2001, 2079; *Koke,* Die Finanzverfassung der Europäischen Aktiengesellschaft (SE) mit Sitz in Deutschland, Diss. 2005; *Paefgen,* Handelndenhaftung bei europäischen Auslandsgesellschaften, GmbHR 2005, 957; *Schäfer,* Das Gesellschaftsrecht (weiter) auf dem Weg nach Europa – am Beispiel der SE-Gründung, NZG 2004, 785; *Schindler,* Europäische Aktiengesellschaft – Gesellschafts- und steuerrechtliche Aspekte, Diss. 2002; *J. Schmidt,* „Deutsche“ vs. „britische“ Societas Europaea (SE), Diss. 2006; *Teichmann,* Minderheitenschutz bei Gründung und Sitzverlegung der SE, ZGR 2003, 367; *Vossius,* Gründung und Umwandlung der deutschen Europäischen Gesellschaft (SE), ZIP 2005, 741; *Zöllter-Petzoldt,* Die Verknüpfung von europäischem und nationalem Recht bei der Gründung einer Societas Europaea (SE), Diss. 2005.

Übersicht

	Rn.
I. Regelungsgegenstand und -zweck	1
II. Erwerb der Rechtspersönlichkeit (Abs. 1)	5
III. Handelndenhaftung (Abs. 2)	7
1. Allgemeines	7
2. Voraussetzungen	9
a) Zeitlicher Anwendungsbereich	9
b) Rechtshandlungen	11
c) Handeln im Namen der SE	12
d) Handelnder	14
e) Haftungsausschluss durch Übernahme der SE	17
3. Rechtsfolgen	19
IV. Vor-SE	21
1. Verweis auf nationales Aktienrecht	21
a) Vor-SE trotz Art. 16?	21
b) Vor-SE europäischer Prägung?	24
2. Rechtsnatur, Rechtsfähigkeit, Entstehung und Dauer	29
3. Anwendbare Regeln/Organisationsverfassung	34
4. Gründerhaftung	36
5. Gründung einer Vorrats-SE	39

I. Regelungsgegenstand und -zweck

1   Art. 16 stellt klar, dass die SE mit Eintragung im Register ihre Rechtspersönlichkeit erwirbt. Insofern werden Rechtsunsicherheiten auch im Hinblick auf etwaige anderweitige Regelungen in anderen Mitgliedstaaten vermieden. Die Gesellschaft entsteht nicht schon mit Unterzeichnung des Gesellschaftsvertrags (*Schwarz* Rn. 1; ähnlich LHT/*Bayer* Rn. 1, 3; NK-SE/*Schröder* Rn. 1).

Darüber hinaus regelt Abs. 2 die Handelndenhaftung vor Eintragung der SE. **2**
Danach haften die Handelnden (natürliche und juristische Personen) grundsätzlich für Rechtshandlungen, die sie vor Eintragung der SE durchgeführt haben.
Nach Eintragung der SE übernimmt die SE die Verpflichtungen. Die Regelung
entspricht im Wesentlichen der aktienrechtlichen Vorschrift, § 41 Abs. 1 S. 2
AktG, sowie den europarechtlichen Vorgaben, Art. 8 Publizitätsrichtlinie (RL
2009/101/EG vom 16.9.2009 bzw. die Vorgängerregelung in Art. 7 der RL 68/
151/EWG). Diese geht wiederum auf die entsprechenden deutschen und italienischen Regelungen zurück (Spindler/Stilz/*Casper* Rn. 2; *Schwarz* Rn. 2; Mü-
KoAktG/*Schäfer* Rn. 1; LHT/*Bayer* Rn. 2). Gläubigern soll ein Anspruch gegen
die Handelnden gewährt werden, wenn vor Eintragung im Namen der SE
Rechtsgeschäfte vorgenommen worden sind und eine Haftung der späteren SE
ausscheidet (LHT/*Bayer* Rn. 3; *Schwarz* Rn. 2; MüKoAktG/*Schäfer* Rn. 2; *J.
Schmidt* S. 384 f.). Aus deutscher Sicht ist eine entsprechende Regelung nicht
erforderlich, denn der Handelnde haftet bereits als *falsus procurator* (Spindler/Stilz/
Casper Rn. 6 mwN; nach *Schwarz* Rn. 16 handelt es sich um einen Sonderfall
des § 179 BGB. Im Übrigen hat das Handeln als *falsus procurator* in anderen
Ländern zum Teil auch die Nichtigkeit der Rechtshandlung zur Folge, so dass
ohne Abs. 2 kein Haftender zur Verfügung stünde). Darüber hinaus soll Abs. 2
die Gründer zwingen, die SE im Register eintragen zu lassen, da ihnen ansonsten
eine persönliche Haftung droht (Spindler/Stilz/*Casper* Rn. 2; wonach dies die
alleinige Funktion des Abs. 2 sei. Die Druckfunktion neben der Sicherungsfunktion bejaht auch LHT/*Bayer* Rn. 3). Die Gründer haben auf die Eintragung der
SE durch ihre Anmeldung aber nur indirekt Einfluss. Die Eintragung selbst
nimmt das Register vor (Spindler/Stilz/*Casper* Rn. 2; ähnlich *Schwarz* Rn. 2,
Fn. 6).

Die Norm soll auch den Übergang der Verbindlichkeiten auf die SE bezwe- **3**
cken. Dies folge daraus, dass die Handelndenhaftung nur zum Tragen komme,
wenn der Übergang der Verbindlichkeiten auf die SE misslingt (MüKoAktG/
Schäfer Rn. 2; so auch LHT/*Bayer* Rn. 3). Dem ist jedoch entgegenzuhalten, dass
die Handelnden für die SE handeln und insofern die Haftung direkt (und ohne
Überleitung) die SE nach Eintragung trifft.

Art. 16 schafft dagegen keinen rechtsfähigen Verband vor Eintragung in Form **4**
einer sog. Vorgesellschaft (LHT/*Bayer* Rn. 4; Spindler/Stilz/*Casper* Rn. 1, 4;
MüKoAktG/*Schäfer* Rn. 2; aA wohl *Schwarz* Rn. 8 ff.). Ob es darüber hinaus
eine Art Vorgesellschaft gibt, ist vielmehr dem nationalen Recht vorbehalten (im
Einzelnen → Rn. 21 ff.).

II. Erwerb der Rechtspersönlichkeit (Abs. 1)

Mit der Eintragung im Register erwirbt die SE ihre Rechtspersönlichkeit. In **5**
Deutschland ist dies die Eintragung im Handelsregister, § 3 SEAG. Eine darüber
hinaus vorgesehene Offenlegung (Art. 13) sowie Bekanntmachung der Eintragung (Art. 14) sind lediglich deklaratorisch (Spindler/Stilz/*Casper* Rn. 3; LHT/
Bayer Rn. 1; NK-SE/*Schröder* Rn. 1). Die Eintragung ist mithin konstitutiv; mit
ihr ist die SE als juristische Person entstanden (Spindler/Stilz/*Casper* Rn. 1, 3;
Schwarz Rn. 1). Vor Eintragung im Register ist die SE daher nicht entstanden
und keine Rechtspersönlichkeit. Ob die SE allerdings vor Eintragung eine sog.
rechtsfähige Vorgesellschaft darstellt, ist damit noch nicht beantwortet (LHT/
Bayer Rn. 4; Spindler/Stilz/*Casper* Rn. 1, 4; MüKoAktG/*Schäfer* Rn. 2; *Schwarz*
Rn. 8 ff.; dazu → Rn. 21 ff.). Art. 16 Abs. 1 gilt für alle Gründungsformen; erst
mit der Eintragung ist die Gründung der SE abgeschlossen (auch → Rn. 21 ff.;
Schwarz Rn. 1; LHT/*Bayer* Rn. 1).

6   Art. 16 Abs. 1 regelt weder die Voraussetzungen der Eintragung noch das Verfahren. Beides ergibt sich aus den entsprechenden Gründungsformen bzw. über Art. 15 aus dem nationalen Gründungsrecht des jeweiligen Mitgliedstaats (*Schwarz* Rn. 6 f.; LHT/*Bayer* Rn. 5). Kommt es nicht zu einer Eintragung der SE, erlangt die SE keine Rechtspersönlichkeit. Dies hat insbesondere Auswirkungen auf das Handeln der Gründer (vgl. Abs. 2).

III. Handelndenhaftung (Abs. 2)

7   **1. Allgemeines.** Nach Abs. 2 haftet der Handelnde für Rechtshandlungen, die vor Eintragung der SE im Namen der SE vorgenommen worden sind. Die Regelung entspricht im Wesentlichen Art. 8 RL 2009/101/EG (Publizitätsrichtlinie vom 16.9.2009 bzw. die Vorgängerregelung in Art. 7 RL 68/151/EWG). Art. 16 Abs. 2 ist ein Mindestschutz, der unmittelbar und damit auf jeden Fall anzuwenden ist (LHT/*Bayer* Rn. 18; NK-SE/*Schröder* Rn. 15). Die Vorschrift gilt unabhängig davon, ob das über Art. 15 anwendbare Gründungsrecht des jeweiligen zukünftigen Sitzstaates der SE weitere Haftungsregelungen schafft. Im deutschen Recht gibt es neben der Handelndenhaftung noch die Vorgesellschaft, die neben Art. 16 Abs. 2 haftet (MüKoAktG/*Schäfer* Rn. 4, 15; NK-SE/*Schröder* Rn. 48 ff.).

8   Darüber hinaus fragt sich, ob Art. 16 Abs. 2 für alle Gründungsformen der SE anwendbar ist. Denn im Falle der Gründung einer SE durch Verschmelzung zur Aufnahme steht ein Rechtsträger bereits vor Wirksamwerden der Verschmelzung zur Verfügung. Insofern soll eine Handelndenhaftung nicht notwendig sein (vgl. auch MüKoAktG/*Schäfer* Rn. 16, 6). Dagegen wird eingewandt, dass Art. 16 auch eine zeitnahe Eintragung der SE erreichen soll (Spindler/Stilz/*Casper* Rn. 17; dies zugestehend auch MüKoAktG/*Schäfer* Rn. 16). Zudem soll der Handelnde mit der SE nicht identisch sein müssen, so dass insofern eine Sicherungsfunktion nicht entfalle (Spindler/Stilz/*Casper* Rn. 17). Weiter wird vorgebracht, dass eine teleologische Reduktion des Abs. 2 dem Charakter der Regelung als autonom europäische Norm zuwider laufe (zB LHT/*Bayer* Rn. 18; ähnlich Spindler/Stilz/*Casper* Rn. 17). In der Regel wird es nicht zu einer Haftung einer SE bei einem schon bestehenden Rechtsträger kommen. Denn im Falle der Verschmelzung auf einen schon bestehenden Rechtsträger werden die Rechtshandlungen für den bestehenden Rechtsträger und nicht für die zukünftige SE vorgenommen. Insofern stellt sich nicht die Frage der Handelndenhaftung. Im Übrigen kann aber auch bei Verschmelzung durch Aufnahme der aufnehmende Rechtsträger nicht verpflichtet werden, sondern die zukünftige SE. Dann stellt sich die Frage der Handelndenhaftung. Aufgrund des klaren Wortlauts ist dabei die Handelndenhaftung des Abs. 2 einschlägig. Eine teleologische Reduktion ist nicht erforderlich.

9   **2. Voraussetzungen. a) Zeitlicher Anwendungsbereich.** Die Haftung trifft Rechtshandlungen vor Eintragung der SE. Denn nach Eintragung der SE sind die Gläubiger nicht mehr schutzbedürftig (*Schwarz* Rn. 17; MüKoAktG/*Schäfer* Rn. 17). Für Rechtshandlungen nach Eintragung haftet entweder die SE oder (über nationales Recht) der Handelnde als *falsus procurator.*

10   Der Zeitraum beginnt mit Rechtshandlungen, die im Namen der zukünftigen SE vorgenommen werden. Diese können weit vor Beschlussfassung über die Satzung oder sonstigen Gründungshandlungen vorgenommen worden sein. Die Gründung muss jedoch im Zeitpunkt der Rechtshandlung schon beabsichtigt sein (LHT/*Bayer* Rn. 19; ähnlich NK-SE/*Schröder* Rn 18 f.; *J. Schmidt* S. 401; *Zöllter-Petzoldt* S. 185). Aus deutscher Sicht ist dies gegeben, wenn die Vorgründungsgesellschaft gegründet worden ist.

b) Rechtshandlungen. Die Haftung nach Abs. 2 verlangt eine Rechtshand- **11**
lung im Namen der SE. Als Rechtshandlungen kommen nur rechtsgeschäftliche
und rechtsgeschäftsähnliche Handlungen in Betracht. Nicht ausreichend ist ein
tatsächliches Handeln (Realakt), welches lediglich rechtliche Haftungsfolgen nach
sich zieht, wie zum Beispiel deliktisches Verhalten. Die Verantwortlichkeit für
tatsächliches Verhalten, wie zB deliktische Handlungen, richtet sich nach nationalem Recht (*Schwarz* Rn. 28; LHT/*Bayer* Rn. 24; Spindler/Stilz/*Casper* Rn. 14;
NK-SE/*Schröder* Rn. 20; *Fuchs* S. 197). Auch gesetzliche Schuldverhältnisse sind
nicht erfasst, es sei denn, sie sind auf ein entsprechendes Handeln zurückzuführen,
wie zB Ansprüche aus culpa in contrahendo, Geschäftsführung ohne Auftrag oder
Ansprüche aus Leistungskondiktion (Spindler/Stilz/*Casper* Rn. 14; MüKoAktG/
Schäfer Rn. 18). Die Handlung muss gegenüber einem Dritten, dh Gesellschaftsfremden, vorgenommen worden sein. Hierzu zählen nicht die Gründer. Diese
sollen nicht die Gründungsrisiken auf andere Mitgründer abwälzen können
(MüKoAktG/*Schäfer* Rn. 18).

c) Handeln im Namen der SE. Das Handeln muss im Namen der SE **12**
erfolgen. Dazu muss der Handelnde nach außen kenntlich machen, nicht im
eigenen Namen, sondern im Namen der zukünftigen SE zu handeln. Ausreichend ist im Namen der zu gründenden SE aufzutreten und nicht nur im Namen
der SE nach Eintragung (vgl. Spindler/Stilz/*Casper* Rn. 14; MüKoAktG/*Schäfer*
Rn. 17; *Schwarz* Rn. 29; LHT/*Bayer* Rn. 25; NK-SE/*Schröder* Rn. 21 f.; *Kersting*
DB 2001, 278 [284]; *J. Schmidt* S. 398).

Sofern der Handelnde im Namen der SE auftritt, die Haftung allerdings **13**
ausdrücklich und für den Dritten erkennbar auf die zukünftige SE beschränkt und
darüber hinaus seine persönliche Haftung ausschließt, nimmt er zwar eine
Rechtshandlung im Namen der SE vor, will aber deutlich erkennbar nicht
persönlich haften. In diesen Fällen besteht aus Sinn und Zweck der Norm kein
Bedürfnis für den Schutz des Gläubigers, der von vornherein darauf hingewiesen
worden ist, dass die Haftung auf das zukünftige Vermögen der SE beschränkt ist
und damit auch davon abhängt, ob die SE Rechtspersönlichkeit erlangt. Der
Gläubiger ist in diesem Fall nicht schutzwürdig. Die Haftung des Handelns im
Namen der SE kann daher beschränkt werden, indem der Handelnde deutlich
macht, dass nur die SE und nicht ihn die Rechtsfolgen treffen sollen.

d) Handelnder. Handelnder ist jede natürliche oder juristische Person, die **14**
tatsächlich im Namen der künftigen SE auftritt. Es kommt nicht darauf an, ob der
Handelnde dazu befugt ist, dh ob er entsprechende Vertretungsmacht hat. Grundsätzlich treten daher die bisherigen Rechtsträger auf. Die Handelnden sind daher
diese Gesellschaften und nicht die Vertreter dieser Gründungsgesellschaften, die
damit persönlich nicht haften. Denn die Vertreter der Gründungsgesellschaften
handeln in der Regel für die Gründungsgesellschaft und haften daher nur im
Rahmen ihrer Tätigkeit als Organ für diese Gesellschaft (str.; aA NK-SE/*Schröder*
Rn. 31, wonach sowohl die juristische Person als auch deren Organe haften; vgl.
auch *Schwarz* Rn. 27). Eine direkte Haftung der Organmitglieder der Gründungsgesellschaften aus Art. 16 Abs. 2 kommt daher nicht in Betracht (Spindler/
Stilz/*Casper* Rn. 15 aE; aA *Schwarz* Rn. 20; NK-SE/*Schröder* Rn. 24). Etwas
anderes gilt nur dann, wenn das Organmitglied nicht für die Gründungsgesellschaft, sondern ausdrücklich im Namen der zukünftigen SE auftritt (so *Schwarz*
Rn. 21, 27; *Fuchs* S. 197).

Die Anteilsinhaber der Gründungsgesellschaften sind grundsätzlich nicht Han- **15**
delnde iSd Art. 16 Abs. 2, sofern sich ihr Handeln auf die Mitwirkung am
Gründungsbeschluss oder auf sonstige gesellschaftsinterne Akte der Gründungsgesellschaften beschränkt (LHT/*Bayer* Rn. 23 mwN; *Schwarz* Rn. 24–26; aA
aber *Hirte* DStR 2005, 653 [656] Fn. 4; *ders.* NZG 2002, 1 [4] Fn. 37; *Kersting*

DB 2001, 2079 [2082 ff.]; *Schindler* Europäische Aktiengesellschaft S. 19; *Paefgen* GmbHR 2005, 957 [964]). Denn die Anteilsinhaber der Gründungsgesellschaften handeln nicht gegenüber Dritten im Außenverhältnis. Sie nehmen vielmehr gründungsinterne gesellschaftsrechtliche Akte zur Gründung der SE vor.

16   Aus deutscher Sicht stellt sich die Frage, ob bei Bestehen einer Vor-SE nur die Organe der Vor-SE und damit die künftigen Organe der SE als Handelnde im Sinne des Abs. 2 in Betracht kommen (zu den Organmitgliedern der Gründungsgesellschaften → Rn. 14). Dies wird in Anlehnung an die Parallelvorschrift im § 41 Abs. 1 S. 2 AktG teilweise vertreten (vgl. die Nachweise bei *Schwarz* Rn. 19, Fn. 45). Denn nur die Organe der künftigen SE können Handlungen im Namen der SE vornehmen (so MüKoAktG/*Schäfer* Rn. 19; *Schäfer* NZG 2004, 785 [791]; *Schwarz* Rn. 27; tendenziell auch Spindler/Stilz/*Casper* Rn. 15; aA LHT/*Bayer* Rn. 21). Art. 16 Abs. 2 bestimmt jedoch eine umfassende Handelndenhaftung. Diese Handelndenhaftung ist vorrangig, vgl. auch Art. 15 Abs. 1, wonach das Gründungsrecht nur vorbehaltlich der Bestimmungen der SE-VO gilt. Auch stellt Art. 16 Abs. 2 einen Mindeststandard auf europäischer Ebene zur Haftung im Vorfeld der SE dar (LHT/*Bayer* Rn. 21; NK-SE/*Schröder* Rn. 23). Insofern ist eine Reduzierung der Haftung der Handelnden auf die Organe der Vor-SE bzw. der künftigen SE abzulehnen (so auch LHT/*Bayer* Rn. 21 mwN; NK-SE/*Schröder* Rn. 23).

17   **e) Haftungsausschluss durch Übernahme der SE.** Mit Eintragung der SE im Register geht die Haftung vom Handelnden auf die SE über. Dies ist keine rechtsgeschäftliche Schuldübernahme. Vielmehr gehen die Verpflichtungen des Ausgangsrechtsträgers (bei der Umwandlung oder Verschmelzung zur Aufnahme der bisherigen Rechtsträger) kraft Gesetzes auf die SE über. Es besteht kein Bedarf mehr für eine Handelndenhaftung, da der neue Rechtsträger erstanden ist. Die Handelndenhaftung erlischt (LHT/*Bayer* Rn. 26 f.; Spindler/Stilz/*Casper* Rn. 17; MüKoAktG/*Schäfer* Rn. 21; *J. Schmidt* S. 404). Insofern ist die Übernahme der Haftung durch die SE keine auflösende Bedingung (so aber zB Spindler/Stilz/*Casper* Rn. 16; MüKoAktG/*Schäfer* Rn. 21). Es handelt sich vielmehr um einen gesetzlichen Haftungsausschluss (*Schwarz* Rn. 18, 34; in diesem Sinne auch NK-SE/*Schröder* Rn. 33). Der Haftungsausschluss betrifft allerdings nur das Handeln des Haftenden im Außenverhältnis. Von Ansprüchen im Innenverhältnis wird der Handelnde nicht befreit, wie zB Rückgewähransprüchen aufgrund einer verbotenen Einlage (NK-SE/*Schröder* Rn. 34 f.).

18   Der Haftungsausschluss besteht nur, wenn der Handelnde der SE wirksam verpflichtet hat. Sofern der Handelnde nicht für die SE gehandelt hat, kommt eine Haftungsübernahme durch die SE nicht in Betracht. In solchen Fällen kann die SE die Verbindlichkeit jedoch rechtsgeschäftlich übernehmen, zB durch befreiende Schuldübernahme. Auch kann die SE das Handeln des vollmachtlosen Vertreters nach § 177 BGB genehmigen, was ebenfalls dann zur Handelndenhaftung und mit Eintragung der SE zum Ausschluss der Haftung des Handelnden führt (MüKoAktG/*Schäfer* Rn. 21; LHT/*Bayer* Rn. 28; NK-SE/*Schröder* Rn. 62). Die Schuldübernahme bzw. Genehmigung erfolgt durch das Vertretungsorgan, wobei der Handelnde im Sinne des Abs. 2 jeweils von der Vertretung der Gesellschaft ausgeschlossen ist (*Schwarz* Rn. 35).

19   **3. Rechtsfolgen.** Die Haftung des Handelnden ist verschuldensunabhängig und unbegrenzt. Mehrere Handelnde haften gesamtschuldnerisch (LHT/*Bayer* Rn. 29; Spindler/Stilz/*Casper* Rn. 18; MüKoAktG/*Schäfer* Rn. 22; NK-SE/ *Schröder* Rn. 43 ff.; *Schwarz* Rn. 37 ff.; *J. Schmidt* S. 406; *Fuchs* S. 203). Die Haftung ist grundsätzlich auf Erfüllung gerichtet (LHT/*Bayer* Rn. 29; NK-SE/ *Schröder* Rn. 44; *Schwarz* Rn. 38; *J. Schmidt* S. 406; *Kersting* DB 2001, 2078 [2084]), vorbehaltlich anderweitiger Vereinbarungen (LHT/*Bayer* Rn. 29; NK-

SE/*Schröder* Rn. 42; *Schwarz* Rn. 36; *Fuchs* S. 203). Das Schuldverhältnis ist ein gesetzliches. Neben der Haftung des Handelnden besteht auch ein Gesamtschuldverhältnis zur Vor-SE, sofern das nationale Recht diese Rechtsfigur kennt. Die Handelnden können alle Einreden und Einwendungen geltend machen, die auch die Vor-SE geltend machen kann (Spindler/Stilz/*Casper* Rn. 18; NK-SE/*Schröder* Rn. 46, 50; MüKoAktG/*Schäfer* Rn. 22). Dies folgt aus Art. 15 bzw. Art. 9 iVm nationalem Recht, da die SE-VO keine Aussage zu Einreden oder Einwendungen trifft.

Die Einzelheiten des Gesamtschuldverhältnisses richten sich nach nationalem **20** Recht (vgl. §§ 421 ff. BGB). Dies gilt insbesondere für den Innenausgleich unter mehreren Gesamtschuldnern (LHT/*Bayer* Rn. 30; NK-SE/*Schröder* Rn. 46, 50). Sofern der Handelnde jedoch ein vertretungsbefugtes Organmitglied der Vor-SE ist, steht ihm bezüglich einer Haftung für pflichtgemäße Handlungen ein Freistellungs- bzw. Erstattungsanspruch gegen die Vor-SE zu (§§ 675, 611, 670 BGB). Anderenfalls kommen Freistellungs- bzw. Erstattungsansprüche nur unter dem Gesichtspunkt einer Geschäftsführung ohne Auftrag in Betracht (LHT/*Bayer* Rn. 31; NK-SE/*Schröder* Rn. 69).

IV. Vor-SE

1. Verweis auf nationales Aktienrecht. a) Vor-SE trotz Art. 16? Nach **21** Art. 16 Abs. 1 entsteht die SE erst mit Eintragung im Register. Art. 16 Abs. 2 bestimmt eine Handelndenhaftung. Dies schließt nicht aus, dass vor Eintragung ein rechtsfähiges Gebilde in Gestalt einer Vor-SE existiert (LHT/*Bayer* Rn. 6; MüKoAktG/*Schäfer* Rn. 4; *Schwarz* Rn. 8; *J. Schmidt* S. 406; *Fuchs* S. 205). Zwar verweist Art. 15 vorbehaltlich der Bestimmungen in der SE-VO auf das nationale Recht. Art. 16 Abs. 2 könnte daher als abschließende Regelung zu verstehen sein, die der Anerkennung einer europäischen oder national geprägten Vor-SE entgegensteht (so *Hirte* NZG 2002, 1 [4]; *Vossius* ZIP 2005, 741 [742]). In Deutschland gibt es jedoch schon bisher eine vergleichbare Handelndenhaftung (§ 41 Abs. 1 S. 2 AktG). Diese steht einer Vorgesellschaft nicht entgegen. Auch ist die bisher schon bestehende Handelndenhaftung unter deutschem Recht auf Art. 8 Publizitätsrichtlinie zurückzuführen. Abs. 2 – wie auch § 41 Abs. 1 S. 2 AktG – sind daher nicht als abschließende Regelung zu verstehen (MüKoAktG/*Schäfer* Rn. 4; *ders.* NZG 2004, 785 [790 f.]; *Schwarz* Rn. 8; Spindler/Stilz/*Casper* Rn. 5).

Etwas anderes würde nur dann gelten, wenn der Verordnungsgeber bewusst **22** von der Vor-SE abgesehen hätte. Hierfür gibt es jedoch keine Anhaltspunkte (vgl. Spindler/Stilz/*Casper* Rn. 5). Darüber hinaus sprechen für die Vor-SE neben Abs. 2, dass es für Länder, die die Aufbringung des Kapitals vor Eintragung der Gesellschaft im Register verlangen, ein Bedürfnis gibt, die Vor-SE als handelndes Substrat anzuerkennen. Dies lässt auch die Kapitalrichtlinie ausdrücklich zu, wonach die Eintragung der Gesellschaft von der vorherigen Aufbringung des Kapitals abhängig gemacht werden kann. Denkbar wären auch Treuhandkonstruktionen (NK-SE/*Schröder* Rn. 10). Auch insofern sperrt Art. 16 Abs. 2 daher nicht die Anwendbarkeit der Regeln zur Vor-SE (NK-SE/*Schröder* Rn. 6 f.).

Etwas anderes folgt auch nicht daraus, dass die Verbindlichkeiten der Vor-SE **23** automatisch auf die SE übergehen, während Abs. 2 nur regelt, dass die SE die Verbindlichkeiten übernehmen kann (in diesem Sinne aber *Hirte* NZG 2002, 1 [4]). Denn Abs. 2 regelt lediglich den Übergang, setzt aber nicht voraus, dass die Verbindlichkeiten nur bei Übernahme auf die SE übergehen dürfen. Bei Übernahme auf die SE erlischt lediglich die Handelndenhaftung. Ob, wie und warum es zur Übernahme der Verbindlichkeiten kommt oder diese unterbleibt, regelt

Abs. 2 nicht. Auch insofern steht die Regelung der Anerkennung einer Vor-SE nicht entgegen (NK-SE/*Schröder* Rn. 9; MüKoAktG/*Schäfer* Rn. 4).

24 **b) Vor-SE europäischer Prägung?** Diskutiert wird eine sogenannte Vor-SE europäischer Prägung (*Kersting* DB 2001, 2079 [2081 ff.]). Abs. 2 spricht jedoch nur von der Haftung derjenigen, die vor Eintragung der SE in ihrem Namen handeln. Eine Vor-SE europäischer Prägung wird nicht aufgeführt. Es erscheint auch zu komplex die Vor-SE davon abhängig zu machen, ob der jeweilige Mitgliedstaat bereits vor der Eintragung die teilweise Aufbringung des Kapitals verlangt. Danach wäre eine Vor-SE europäischer Prägung anzuerkennen, sofern es entsprechende Kapitalschutzregeln im jeweiligen Mitgliedstaat gibt. Insofern erscheint es überzeugender, die Frage der Existenz und Ausgestaltung einer Vor-SE generell nach dem jeweiligen Recht des Mitgliedstaates zu beurteilen (ausführliche Darstellung der Gegenargumente bei Spindler/Stilz/*Casper* Rn. 6, 7; im Ergebnis auch MüKo/*Schäfer* Rn. 4; *Schwarz* Rn. 8; LHT/*Bayer* Rn. 4, 6; NK-SE/*Schröder* Rn. 6, 8; *J. Schmidt* S. 385).

25 Darüber hinaus wird die europäische Vor-SE für die Holdinggründung verlangt (vgl. *Drees* S. 89 ff., 99 f., 144 f.; im Hinblick auf die Anerkennung der Rechtsfähigkeit der Vor-SE auch *Schwarz* Rn. 13). Weil die Aktionäre im Rahmen der Holdinggründung ihre Aktien bereits vor Eintragung der SE in die Holding einbringen müssen, wäre die Anerkennung einer Vor-SE erforderlich. Auch hier ist es jedoch Sache des jeweiligen nationalen Rechts, eine Vor-SE anzuerkennen. Auch können Treuhandlösungen oder Sonstiges möglich sein (Spindler/Stilz/*Casper* Rn. 8, aA in Bezug auf die Anerkennung der Rechtsfähigkeit aber *Schwarz* Rn. 13, der daraus zudem den Schluss zieht, dass die Anerkennung der Rechtsfähigkeit einer Vor-SE generell europarechtlich vorgegeben sei).

26 Folglich richtet sich die Anerkennung einer SE nach den nationalen Regeln. Dies folgt aus Art. 15 Abs. 1 (so auch LHT/*Bayer* Rn. 6; MüKoAktG/*Schäfer* Rn. 4; Spindler/Stilz/*Casper* Rn. 9; NK-SE/*Schröder* Rn. 10 ff.; *J. Schmidt* S. 385; *Fuchs* S. 204). Das deutsche Recht kennt die Vorgesellschaft. Für Deutschland ist daher die Vor-SE anzuerkennen. Im Übrigen besteht auch ein besonderes Bedürfnis für die Anerkennung einer Vorgesellschaft aufgrund des relativ langen Gründungsvorgangs einer SE unter Berücksichtigung des Arbeitnehmerbeteiligungsverfahrens (*Schwarz* Rn. 8; *Schäfer* NZG 2004, 785 [789 f.]).

27 Die Vor-SE ist allerdings nicht bei allen Gründungsformen erforderlich. Bei der Verschmelzung zur Aufnahme sowie auch beim Formwechsel besteht bis zur Durchführung der Maßnahme eine rechtsfähige Gesellschaft. In diesen Fällen besteht daher kein Bedürfnis, eine Vor-SE anzuerkennen. Alle vor Eintragung der SE begründeten Verbindlichkeiten treffen die Ausgangsgesellschaften und gehen ipso iure auf die SE über bzw. verbleiben bei Scheitern der Gründung beim Ausgangsrechtsträger (Spindler/Stilz/*Casper* Rn. 10; MüKoAktG/*Schäfer* Rn. 6; LHT/*Bayer* Rn. 12; *Schwarz* Rn. 9; NK-SE/*Schröder* Rn. 3, 53). Bei Anerkennung einer Vor-SE in diesen Fällen würde sich vielmehr die Frage des Verhältnisses der Vor-SE zu den Ausgangsrechtsträgern stellen (Spindler/Stilz/*Casper* Rn. 10; MüKoAktG/*Schäfer* Rn. 6). Hinsichtlich anderer Gründungsformen besteht hingegen ein Bedürfnis für eine Vor-SE, weil eine Kontinuität des Rechtsträgers anders als bei Verschmelzung zur Aufnahme und bei Formwechsel nicht vorhanden ist.

28 Bei einer Einpersonengründung bestehen keine Unterschiede. Auch diesbezüglich sind die Grundsätze der Vor-SE anzuwenden. Hierfür spricht zudem Art. 2 Abs. 1 der Zwölften Richtlinie (Zwölfte RL 89/667/EWG des Rates vom 21.12.1989 auf dem Gebiet des Gesellschaftsrechts betreffend Gesellschaften mit beschränkter Haftung mit einem einzigen Gesellschafter, ABl. L 395 S. 40) gegen eine solche Unterscheidung (LHT/*Bayer* Rn. 8 mwN; NK-SE/*Schröder* Rn. 72 ff.; *J. Schmidt* S. 389).

2. Rechtsnatur, Rechtsfähigkeit, Entstehung und Dauer. Die Vor-SE 29
nach deutschem Recht ist – wie die Vor-AG – als Rechtsträger *sui generis* und
Gesamthandsgesellschaft zu qualifizieren (Spindler/Stilz/*Casper* Rn. 9; LHT/*Bay-er* Rn. 7; MüKoAktG/*Schäfer* Rn. 4 f.; NK-SE/*Schröder* Rn. 52; nach *Schwarz*
Rn. 11 ff. soll sich die Rechtsfähigkeit hingegen aus der SE-VO ergeben). Im
Hinblick auf den Zeitpunkt ist wie folgt zu unterscheiden:

Für die Gründung der Tochtergesellschaft verbleibt es dabei, dass die Vor-SE 30
mit der Errichtung der Gesellschaft durch Feststellung der Satzung und zusätzlich
die Übernahme sämtlicher Aktien durch die Gründer, § 29 AktG (so LHT/*Bayer*
Rn. 15; *Schwarz* Rn. 10; NK-SE/*Schröder* Rn. 54; *J. Schmidt* S. 388; *Casper* Der
Konzern 2007, 244 [249]) entsteht. Dies folgt aus Art. 36, der bezüglich der
Gründung der Vor-SE auf das nationale Recht verweist (so Spindler/Stilz/*Casper*
Rn. 11; MüKoAktG/*Schäfer* Rn. 7). Dies gilt auch für sekundäre SE-Gründun-
gen, vgl. Art. 3 Abs. 2 (LHT/*Bayer* Rn. 15).

Bei der Verschmelzung durch Neugründung ist auf den letzten Beschluss der 31
Hauptversammlung abzustellen, der zur Wirksamkeit des Verschmelzungsvertrages führt, Art. 23 (Spindler/Stilz/*Casper* Rn. 11; MüKoAktG/*Schäfer* Rn. 7;
LHT/*Bayer* Rn. 14; *Schwarz* Rn. 10; *Kersting* DB 2001, 2079 [2081]; *J. Schmidt*
S. 387 f.). Sofern der Hauptversammlung nur der Entwurf des Verschmelzungsplans vorgelegt worden ist, ist auf die notarielle Beurkundung des Verschmelzungsplans abzustellen (LHT/*Bayer* Rn. 14; NK-SE/*Schröder* Rn. 54).

Bei der Holding-Gründung kommt es grundsätzlich ebenfalls auf den letzten 32
zustimmenden Hauptversammlungsbeschluss an, wobei umstritten ist, ob darüber
hinaus die Einbringung der Mindestanteilsquote erforderlich ist bzw. welche
Folgen das Nichterreichen nach sich zieht (NK-SE/*Schröder* Rn. 54; MüKo-
AktG/*Schäfer* Rn. 7; *J. Schmidt* S. 388 f.; offenbar auch *Schwarz* Rn. 10 und
Spindler/Stilz/*Casper* Rn. 11, nach dem die Vor-SE jedoch endet, wenn sich im
Nachhinein herausstellt, dass die Mindestquote nicht erreicht wurde, dh die Vor-
SE erlischt wegen Scheiterns der Gründung). Aufgrund des Gläubigerschutzes ist
die Mindestanteilsquote jedoch nicht zu erbringen.

Die Vor-SE endet üblicherweise mit der Eintragung der SE in das Handels- 33
register (Art. 12 Abs. 1). Mit Eintragung in das Handelsregister wandelt sich die
Vor-SE in die SE um. Alle Aktiva und Passiva gehen *ipso iure* auf die SE über
(Spindler/Stilz/*Casper* Rn. 11; LHT/*Bayer* Rn. 7, 16; *Schwarz* Rn. 10; NK-SE/
Schröder Rn. 13, 61; *J. Schmidt* S. 398; *Zöllter-Petzoldt* S. 48 f.). Ansonsten endet
die SE mit Aufgabe bzw. Scheitern der Gründung (Spindler/Stilz/*Casper* Rn. 11;
Schwarz Rn. 10 aE; NK-SE/*Schröder* Rn. 13; *Kersting* DB 2001, 2079). Wann
von einem Scheitern auszugehen ist, bestimmt sich nach nationalem Recht
(Spindler/Stilz/*Casper* Rn. 11). Dabei ist die SE-Holdinggründung gescheitert,
wenn die Mindestanteilsquote nach Art. 33 Abs. 2 nicht erreicht wird (s. dazu
Spindler/Stilz/*Casper* Rn. 11; *Jannott* in Jannott/Frodermann HdB SE Kap. 3
Rn. 314). Dies ist dann der Fall, wenn nach vernünftiger Ansicht davon aus-
zugehen sein wird, dass die Mindestanteilsquote nicht mehr erfüllt wird. Grundsätzlich ist von einem Scheitern auszugehen, wenn aufgrund wirtschaftlicher
Betrachtung von einer Fortführung der Gründung nicht mehr auszugehen ist.
Für die SE mit geplantem Sitz in Deutschland führt das Scheitern der Eintragung
bzw. Aufgabe der Gründungsabsicht dazu, dass diese rückwirkend wie eine Personengesellschaft mit gesamtschuldnerischer Außenhaftung zu behandeln ist (Mü-
KoAktG/*Schäfer* Rn. 3).

3. Anwendbare Regeln/Organisationsverfassung. Grundsätzlich sind für 34
die Vor-SE alle Regeln für die SE anwendbar, sofern diese nicht die Eintragung
bzw. Rechtspersönlichkeit im Gegensatz zur Rechtsfähigkeit voraussetzen (LHT/
Bayer Rn. 9; *Schwarz* Rn. 14; *J. Schmidt* S. 390). Im Innenverhältnis gilt somit das

Organisationsrecht der SE. Die Geschäftsführung obliegt daher entweder dem Vorstand oder dem Verwaltungsrat (*Schwarz* Rn. 14). Die Gesellschafter sind verpflichtet, an allen Maßnahmen mitzuwirken, die für die Eintragung der SE erforderlich sind; dies betrifft insbesondere die Mindesteinzahlung (LHT/*Bayer* Rn. 9). Im Außenverhältnis obliegt dem geschäftsführungsbefugten Organ (Vorstand bzw. Verwaltungsrat) die Vertretung der Vor-SE.

35   Streitig ist, ob – wie für die Vor-AG – die Vertretungsmacht beschränkt ist auf den Zweck der Vorgesellschaft und damit auf die gründungsnotwendigen Geschäfte (so LHT/*Bayer* Rn. 10 mwN, wobei die Gründer allerdings berechtigt sind, die Vertretungsmacht zu erweitern; in diesem Sinne auch NK-SE/*Schröder* Rn. 57 f.) oder aber ob die Vertretungsmacht unbeschränkt ist, § 44 Abs. 1 SEAG (so *Schwarz* Rn. 15 mwN). Für eine Beschränkung spricht der Schutz derjenigen Gesellschafter, die an den Geschäften nicht selbst beteiligt sind (LHT/*Bayer* Rn. 10; NK-SE/*Schröder* Rn. 58). Unabhängig davon soll aber in Fällen der Sachgründung auf jeden Fall eine weitgehend unbeschränkte Vertretungsmacht bestehen (*Schwarz* Rn. 15; LHT/*Bayer* Rn. 11).

36   **4. Gründerhaftung.** Ob neben der Handelndenhaftung des Abs. 2 ergänzend eine Haftung der Gründer (wie zB in Deutschland in Form der Unterbilanz- und Verlustdeckungshaftung) besteht, richtet sich über Art. 15 Abs. 1 nach nationalem Recht (Spindler/Stilz/*Casper* Rn. 12, 15; NK-SE/*Schröder* Rn. 49; *Schwarz* Rn. 40). Eine Gründerhaftung kann Abs. 2 auch im Ansatz nicht verwirklichen, weil es sich nicht um eine Haftung gegenüber der späteren SE, sondern eine Außenhaftung handelt. Deshalb kann die Kapitalaufbringung so nicht gesichert werden. Im Übrigen erlischt die Haftung des Handelnden in der Regel mit der Gründung der SE, weil die Verbindlichkeiten übergehen. Die Handelndenhaftung ist daher in der Regel auf die Gründungsphase oder das Scheitern der Gründung beschränkt. Abs. 2 stellt keine Gründerhaftung dar; die Vorschrift sperrt aber auch keine anders geartete Gründerhaftung (MüKoAktG/*Schäfer* Rn. 20; *Schwarz* Rn. 22).

37   Für die Gründung einer SE mit Sitz in Deutschland kommt daher eine Verlustdeckungshaftung (bei Scheitern der Gründung) bzw. eine Unterbilanzhaftung (bei Eintragung) in Betracht (LHT/*Bayer* Rn. 11, 16; *J. Schmidt* S. 392; *Casper* Der Konzern 2007, 244 [250]). Dies gilt allerdings nur, wenn eine Vor-SE existiert, was nicht der Fall ist bei Verschmelzung zur Aufnahme sowie bei Umwandlung (vgl. Spindler/Stilz/*Casper* Rn. 12 mit Verweis auf die Begründung bei *Jannott* in Jannott/Frodermann HdB SE Kap. 3 Rn. 325 ff.; aA wohl MüKo-AktG/*Schäfer* Rn. 8). Streitig ist, ob es sich um eine proratarische Innenhaftung (so in NK-SE/*Schröder* Rn. 67; differenzierend Spindler/Stilz/*Casper* Rn. 12, grundsätzlich Binnenhaftung, Außenhaftung nur bei der Gründung einer Tochter-SE nach Art. 3 Abs. 2, weil es sich dabei immer um eine Ein-Personen-Gründung handelt) oder eine unbeschränkte Außenhaftung (dafür LHT/*Bayer* Rn. 11) handelt. Im Ergebnis kann es sich nur um eine Innenhaftung handeln, denn die Außenstehenden sind ausreichend durch die Vor-SE bzw. die Haftung der Handelnden nach Abs. 2 geschützt.

38   Gründer und damit Haftende sind in allen Gründungsformen nur die Gründergesellschaften und nicht hingegen auch die Gesellschafter dieser Gründungsgesellschaften (LHT/*Bayer* Rn. 17; MüKoAktG/*Schäfer* Rn. 8; Spindler/Stilz/*Casper* Rn. 12; *J. Schmidt* S. 392; *Koke* S. 40; *Teichmann* ZGR 2003, 367 [392]). Denn die Gesellschafter der Gründungsgesellschaften haben in der Regel bis auf die Zustimmung zu den entsprechenden Beschlüssen der Gesellschafter keinen Einfluss auf den Gründungsvorgang. Sie treten nicht nach außen auf. Sie steuern auch nicht den Gründungsvorgang mit entsprechenden Anmeldungen zum Handelsregister, die die Wirksamkeit der SE als Voraussetzung für die Eintragung im

Handelsregister und damit der Wirksamkeit der SE und damit den Übergang der Haftung auf die SE (vgl. MüKoAktG/*Schäfer* Rn. 8; LHT/*Bayer* Rn. 17; Spindler/Stilz/*Casper* Rn. 12). Zudem geht das Vermögen der Gründungsgesellschaften mit Eintragung der SE *ipso iure* auf diese über, so dass das Vermögen der Gründungsgesellschaften als Haftungsfonds zur Verfügung steht (Spindler/Stilz/ *Casper* Rn. 12). Etwas anderes gilt allerdings im Falle der Holding-Gründung. Die gründende Gesellschaft bleibt bestehen. Allerdings wird sie auch nicht zu Gesellschaftern der SE (in diesem Sinne wohl in *Jannott* in Jannott/Frodermann HdB SE Kap. 3 Rn. 329; bzw. wird die Haftung der Gründungsgesellschaften wegen ihrer Eigenschaft als Tochtergesellschaft der SE abgelehnt). Aber auch hier haben die Gesellschafter der Gründungsgesellschaft keinen maßgeblichen bzw. mitbestimmenden Einfluss auf den Gründungsvorgang. Dieser folgt insbesondere auch nicht daraus, dass sie Anteilseigner der SE werden (MüKoAktG/*Schäfer* Rn. 8; LHT/*Bayer* Rn. 17; Spindler/Stilz/*Casper* Rn. 12).

5. Gründung einer Vorrats-SE. Fraglich war, ob eine SE auch als Vorrats-SE **39** gegründet werden kann (MüKoAktG/*Schäfer* Rn. 9). Dies könnte eine eigenständige, nicht vom *Numerus Clausus* der Gründung der SE dargestellte Variante umfassen (vgl. *Forst* NZG 2009, 687 [690]). Auch wurde dies als Flucht aus der Mitbestimmung gesehen (vgl. *Casper/Schäfer* ZIP 2007, 653 [654 f.]). Die Praxis hat sich inzwischen längst auf die Gründung von Vorrats-SE eingestellt. Der *Numerus Clausus* der Gründungsformen sowie auch eine etwaige Flucht aus der Mitbestimmung sprechen nicht gegen eine Vorrats-SE. Denn die Gründung einer Vorrats-SE im Rahmen der vorgegebenen Voraussetzung unter Begründung einer SE ist nicht rechtsmissbräuchlich. Der Flucht aus der Mitbestimmung kann anderweitig, zB im Rahmen des § 18 Abs. 3 SEBG, begegnet werden (vgl. *Hörtig* S. 128 f.; s. im Übrigen auch MüKoAktG/*Schäfer* Rn. 12 ff.).

Ebenfalls war fraglich, ob der Gründung einer Vorrats-SE die Regelungen zur **40** Mitbestimmung der Arbeitnehmer entgegenstehen. Art. 12 Abs. 2 geht insoweit offenbar davon aus, dass die zu gründende SE über Arbeitnehmer verfügt, mit denen über eine Mitbestimmungslösung verhandelt werden kann, zumal solche Verhandlungen grundsätzlich bei jeder SE-Gründung unabhängig von der Anzahl der Arbeitnehmer durchzuführen sind, Art. 1 Abs. 2, 3 Abs. 1 SE-RL, vgl. auch § 4 Abs. 4 SEBG. Eine Vorrats-SE hat indes keine Arbeitnehmer. Bei einem späteren Anstieg der Arbeitnehmerzahlen mit Aufnahme der werbenden Tätigkeit der SE sieht die SE-VO und SEBG Neu- oder Nachverhandlungen nicht vor.

Allerdings besteht eine Pflicht zur Nachverhandlung über eine Analogie zu **41** §§ 1 Abs. 4, 18 Abs. 3 SEBG, wonach die für die Gründung geltenden Grundsätze auch für Strukturänderungen gelten. Die Aufnahme der operativen Tätigkeit, dh die wirtschaftliche Neugründung ist gründungsähnlicher Vorgang, der als Strukturmaßnahme einzuordnen ist. Die Arbeitnehmer der ehemaligen Vorrats-SE sind daher über die Neuverhandlungspflicht geschützt wie bei der Gründung einer werbenden SE.

Darüber hinaus darf eine SE erst nach Abschluss der Verhandlungen über die **42** Arbeitnehmerbeteiligung in das Handelsregister eingetragen werden (Art. 12 Abs. 2). Da mit Aufnahme der werbenden Tätigkeit durch eine Vorrats-SE Satzungsänderungen (Kapitalerhöhung, Sitzverlegung, Änderung des Unternehmensgegenstands), analog Art. 12 Abs. 2, vorgenommen werden, dürfen diese erst mit Abschluss der Arbeitnehmerbeteiligung im Handelsregister eingetragen werden. Vor diesem Hintergrund wirkt ein Verbot der Vorratsgründung jedenfalls überzogen bzw. unverhältnismäßig (s. zum Ganzen MüKoAktG/*Schäfer* Rn. 13).

Abschnitt 2. Gründung einer SE durch Verschmelzung

[Gründung einer SE durch Verschmelzung]

17 (1) **Eine SE kann gemäß Artikel 2 Absatz 1 durch Verschmelzung gegründet werden.**

(2) **Die Verschmelzung erfolgt**

a) **entweder nach dem Verfahren der Verschmelzung durch Aufnahme gemäß Artikel 3 Absatz 1 der Richtlinie 78/855/EWG (Dritte Richtlinie 78/855/EWG des Rates vom 9. Oktober 1978 gemäß Artikel 54 Absatz 3 Buchstabe g des Vertrages betreffend die Verschmelzung von Aktiengesellschaften (ABl. L 295 vom 20.10.1978, S. 36). Zuletzt geändert durch die Beitrittsakte von 1994)**

b) **oder nach dem Verfahren der Verschmelzung durch Gründung einer neuen Gesellschaft gemäß Artikel 4 Absatz 1 der genannten Richtlinie.**

[1] Im Falle einer Verschmelzung durch Aufnahme nimmt die aufnehmende Gesellschaft bei der Verschmelzung die Form einer SE an. [2] Im Falle einer Verschmelzung durch Gründung einer neuen Gesellschaft ist die neue Gesellschaft eine SE.

Schrifttum: Bergmann/Kiem/Mülbert/Verse/Wittig (Hrsg.), 10 Jahre SE, 2015; *Fuchs,* Die Gründung einer Europäischen Aktiengesellschaft durch Verschmelzung und das nationale Recht, 2004; *Ihrig/Wagner,* Das Gesetz zur Einführung der Europäischen Gesellschaft (SEEG) auf der Zielgeraden, BB 2004, 1749; *Kiem,* Der Evaluierungsbericht der EU-Kommission zur SE-Verordnung, CFL 2011, 134; *Kraft/Bron,* Defizite bei der grenzüberschreitenden Verschmelzung – eine sekundärrechtliche Bestandsaufnahme, RIW 2005, 641; *Marsch-Barner,* Zur grenzüberschreitenden Mobilität deutscher Kapitalgesellschaften, FS Haarmann, 2015, 115; *Spitzbart,* Die Europäische Aktiengesellschaft (Societas Europaea – SE) – Aufbau und Gründung, RNotZ 2006, 369; *Walden/Meyer-Landrut,* Die grenzüberschreitende Verschmelzung zu einer Europäischen Gesellschaft: Planung und Vorbereitung, DB 2005, 2119.

Übersicht

	Rn.
I. Allgemeines	1
II. Verschmelzungsarten	5
1. Unterscheidung der Verschmelzungsarten	5
2. Verschmelzung durch Aufnahme	6
3. Verschmelzung durch Neugründung	8
III. Überblick über den Ablauf der Gründung einer SE durch Verschmelzung	9
1. Vorbereitungsphase	10
2. Beschlussphase	11
3. Vollzugsphase	12

I. Allgemeines

1   Art. 17 **konkretisiert die SE-Gründung durch Verschmelzung,** für die Art. 2 Abs. 1 bereits die beteiligungsfähigen Rechtsträger (→ Art. 2 Rn. 5). Wie nach der NatVerschmRL (Art. 2–4) und wie im deutschen innerstaatlichen Verschmelzungsrecht (§ 2 UmwG) kann die Verschmelzung zur Gründung einer SE im Wege der **Verschmelzung durch Aufnahme** (Art. 17

Abs. 2 lit. a) oder der **Verschmelzung durch Neugründung** (Art. 17 Abs. 2 lit. b) erfolgen. Zur begrifflichen Konkretisierung der beiden Verschmelzungsarten wird dabei auf Art. 3 Abs. 1 und Art. 4 Abs. 1 NatVerschmRL Bezug genommen. Darin liegt keine Verweisung auf die weiteren Bestimmungen der NatVerschmRL. Welche Sachnormen im Einzelfall anzuwenden sind, ergibt sich vielmehr aus Art. 15 und Art. 18 (*Schwarz* Rn. 4; MüKoAktG/*Schäfer* Rn. 2). Aufgrund des Auftrags in Art. 69 S. 2 lit. b hat die EU-Kommission geprüft, ob der Begriff der Verschmelzung in Art. 17 Abs. 2 ausgeweitet werden soll. Nach dem **Evaluierungsbericht von 2010** ist eine solche Ausweitung nicht geplant (vgl. Bericht der Kommission an das Europäische Parlament und den Rat über die Anwendung der SE-VO vom 17.11.2010, KOM(2010) 676, S. 1 ff. und dazu *Kiem* CFL 2011, 134 ff.).

Hinsichtlich der einzelnen Voraussetzungen der SE-Gründung durch Ver- **2** schmelzung bestehen **Gemeinsamkeiten** mit dem Verschmelzungsrecht nach dem **UmwG,** wie beispielsweise die Notwendigkeit der Erstellung eines Verschmelzungsplans als Gegenstück zum Verschmelzungsvertrag (Art. 20), die Offenlegung des Verschmelzungsvorhabens (Art. 21), die Prüfung des Umtauschverhältnisses (Art. 22), die Zustimmung der Hauptversammlung (Art. 23) und die Eintragung der Verschmelzung zum zuständigen Register (Art. 27; van Hulle/ Maul/Drinhausen/*Teichmann* Abschnitt 4 § 2 Rn. 3). Unterschiede zum deutschen innerstaatlichen Verschmelzungsrecht ergeben sich insbesondere aus der Beschränkung der Gesellschaftsformen, die an der Verschmelzung zur Gründung einer SE teilnehmen können: Während für die innerstaatliche Verschmelzung nahezu alle Gesellschaftsformen des deutschen Rechts zur Verfügung stehen (s. § 3 Abs. 1 UmwG), können sich gemäß Art. 2 Abs. 1 an der Verschmelzung zur Gründung einer SE lediglich die in **Anhang I** der SE-VO aufgelisteten mitgliedstaatlichen **Aktiengesellschaften** beteiligen. Die KGaA und GmbH gehören nicht dazu. Aufgrund der Gleichstellung in Art. 3 Abs. 1 kann sich dagegen eine **SE** an der Gründung beteiligen (näher → Art. 2 Rn. 5).

Die SE-Gründung im Wege der Verschmelzung durch Aufnahme führt zu **3** einem **Formwechsel der aufnehmenden Aktiengesellschaft** in die Rechtsform der SE (Art. 17 Abs. 2 S. 2 iVm Art. 29 Abs. 1 lit. d). Diese Kombination aus Verschmelzung und formwechselnder Umwandlung (LHT/*Bayer* Rn. 3; *Scheifele* Gründung der SE S. 134) ist dem deutschen innerstaatlichen Umwandlungsrecht unbekannt. Die Rechtsfolgen dieser Umwandlung entsprechen aber dem Formwechsel nach dem UmwG. Die rechtliche und wirtschaftliche Identität der aufnehmenden Gesellschaft bleibt erhalten; sie ändert nur ihre gesellschaftsrechtliche Verfassung (näher Lutter/*Decher*/*Hoger* UmwG § 190 Rn. 1, § 202 Rn. 7 ff.).

Umstritten ist, ob der **Sitz der SE** bei der Verschmelzung zur Aufnahme frei **4** gewählt werden kann oder ob er in demselben Mitgliedstaat liegen muss wie der Sitz der aufnehmenden Gründungsgesellschaft. Letzteres – also die zwingende Identität der Sitze von SE und aufnehmender Gründungsgesellschaft – wird teilweise und Hinweis auf Art. 37 Abs. 3 vertreten. Danach darf der Gesellschaftssitz anlässlich einer SE-Gründung durch Formwechsel nicht verlegt werden. Auch beim Formwechsel der aufnehmenden Gesellschaft im Rahmen der Verschmelzungsgründung (Art. 17 Abs. 2 S. 2; → Rn. 3) dürfe der Gesellschaftssitz daher nicht verlegt werden (Spindler/Stilz/*Casper* Rn. 7; *Ihrig*/*Wagner* BB 2004, 1749 [1752]; *Jannott* in Jannott/Frodermann HdB SE Kap. 3 Rn. 5; KK-AktG/ *Maul* Rn. 27; MüKoAktG/*Schäfer* Rn. 10; *Spitzbart* RNotZ 2006, 369 [376]; *Kraft*/*Bron* RIW 2005, 641 [642]). Dagegen spricht allerdings, dass Art. 17 gerade kein derartiges Verbot enthält (für einen Umkehrschluss deshalb LHT/*Bayer* Rn. 3; *Scheifele* Gründung der SE S. 153 f.; *Schwarz* Art. 20 Rn. 21). Auch mit Blick auf die Interessenlage erscheint es weder sachgerecht noch notwendig, das

Verbot aus Art. 37 Abs. 3 oder die Vorschriften des Art. 8 im Rahmen der Verschmelzungsgründung. Denn anders als bei der Gründung durch Formwechsel stehen bei der Verschmelzungsgründung alle Mittel bereit, um den Gefahren zu begegnen, die sich aus dem grenzüberschreitenden Element der Gründung für Gläubiger und Minderheitsaktionäre ergeben (vgl. van Hulle/Maul/Drinhausen/*Teichmann* Abschnitt 4 § 2 Rn. 34). Nimmt an der Gründung einer ausländischen SE etwa eine deutsche Gründungsgesellschaft als aufnehmender Rechtsträger teil, so gelten zum Schutz der Gläubiger der deutschen Gründungsgesellschaft § 8 iVm § 13 Abs. 1 und 2 SEAG analog (→ Art. 24 Rn. 9) und zum Schutz ihrer Minderheitsaktionäre Art. 24 Abs. 2 iVm § 7 iVm § 12 SEAG (→ Art. 24 Rn. 48). Umgehungsmöglichkeiten, die durch ein Verbot analog Art. 37 Abs. 3 verhindert werden sollten, sind nicht ersichtlich. Auch bei der Verschmelzung zur Aufnahme kann der Sitz der SE daher frei gewählt werden (so auch *Schwarz* Art. 20 Rn. 21; LHT/*Bayer* Rn. 4; Bergmann/Kiem/Mülbert/Verse/Wittig/*Drinhausen* 10 Jahre SE S. 46; Widmann/Mayer/*Heckschen* UmwG Anh. 14 Rn. 127, 155; Kallmeyer/*Marsch-Barner* UmwG Anh. Rn. 14, 22 aE; van Hulle/Maul/Drinhausen/*Teichmann* Abschnitt 4 § 2 Rn. 34; *Scheifele* Gründung der SE S. 153 f.; *Fuchs* S. 117 f.; *Walden/Meyer-Landrut* DB 2005, 2119 [2125]; wohl auch *Habersack/Verse* EuropGesR § 13 Rn. 20).

II. Verschmelzungsarten

5 **1. Unterscheidung der Verschmelzungsarten.** Die meisten Vorschriften der SE-VO zur SE-Gründung durch Verschmelzung finden sowohl auf die Verschmelzung durch Aufnahme als auch auf die Verschmelzung durch Neugründung Anwendung (*Scheifele* Gründung der SE S. 135). Eine Ausnahme hiervon bildet die Differenzierung der Rechtsfolgen beider Verschmelzungsarten in **Art. 29 Abs. 1 und Abs. 2.** Zudem trifft **Art. 31** besondere Regelungen für die Verschmelzung nach Art. 17 Abs. 2 lit. a. Die dabei vorgesehenen Erleichterungen für Mutter-Tochter-Verschmelzungen finden nur Anwendung auf die Verschmelzung durch Aufnahme. Ferner können sich aus den gemäß Art. 18 oder Art. 15 Abs. 1 ergänzend anwendbaren Vorschriften des nationalen Verschmelzungsrechts der Gründungsgesellschaften Unterschiede ergeben (*Scheifele* Gründung der SE S. 135). So regeln in Deutschland die §§ 4–35 und §§ 60–72 UmwG die Verschmelzung von Aktiengesellschaften durch Aufnahme, während für die Verschmelzung durch Neugründung einer AG die Besonderheiten der §§ 36–38 und §§ 73–77 UmwG zu beachten sind (NK-SE/*Schröder* Rn. 25; *Schwarz* Rn. 10). Besonders zu beachten sind die Zweijahresfrist in §§ 67, 76 Abs. 1 UmwG und die Vorschriften über die Kapitalerhöhung bei einer aufnehmenden AG (§§ 66 ff. UmwG, §§ 182 ff. AktG; LHT/*Bayer* Rn. 8)

6 **2. Verschmelzung durch Aufnahme.** Eine Verschmelzung durch Aufnahme bezeichnet gemäß Art. 3 Abs. 1 NatVerschmRL den Vorgang, „durch den eine oder mehrere Gesellschaften ihr gesamtes Aktiv- und Passivvermögen im Wege der Auflösung ohne Abwicklung auf eine andere Gesellschaft übertragen, und zwar gegen Gewährung von Aktien der übernehmenden Gesellschaft an die Aktionäre der übertragenden Gesellschaft oder Gesellschaften und ggf. einer baren Zuzahlung, die den zehnten Teil des Nennbetrags oder, wenn ein Nennbetrag nicht vorhanden ist, des rechnerischen Wertes der gewährten Aktien nicht übersteigt". **Rechtsfolgen** der (wirksamen) Verschmelzung durch Aufnahme zur Gründung einer SE sind gemäß Art. 29 Abs. 1 der Übergang des Vermögens der übertragenden auf die übernehmende Gesellschaft im Wege der Gesamtrechtsnachfolge, die Erlangung der Rechtsstellung als Aktionär der übernehmenden Gesellschaft durch die Aktionäre der übertragenden Gesellschaft(en), das Er-

löschen der übertragenden Gesellschaft(en) und schließlich die Annahme der Rechtsform der SE durch die übernehmende Gesellschaft (im Einzelnen → Art. 29 Rn. 2 ff.). Unterliegt die übertragende Gesellschaft dem Recht eines anderen Mitgliedstaates als die übernehmende Gesellschaft, so führt die Verschmelzung zu einer Gesamtrechtsnachfolge, Anteilsgewährung und Auflösung **über die Grenze** (MüKoAktG/*Schäfer* Rn. 1 bezeichnet dies unscharf als „Sitzverlegung"; s. dazu auch *Marsch-Barner* FS Haarmann, 2015, S. 115, 131). Zulässig ist auch die **Konzernverschmelzung** in der Form, dass eine Tochter-AG auf die Mutter-AG verschmolzen wird. Für diesen upstream-merger enthält Art. 31 bestimmte Erleichterungen (→ Art. 31 Rn. 7 ff.). Der umgekehrte Fall (downstream-merger) ist dagegen nicht vorgesehen (*Scheifele* Gründung der SE S. 281, 287; *Schwarz* Art. 31 Rn. 5, 22).

Die **Anteilsübertragung** an die Aktionäre der übertragenden Gesellschaft **7** kann dergestalt erfolgen, dass (1) bereits existierende **eigene Aktien** der übernehmenden Aktiengesellschaft übertragen werden, (2) **Aktien** übertragen werden, die **die übertragende Gesellschaft** an der übernehmenden Gesellschaft hält oder (3) **neue Aktien** ausgegeben werden (NK-SE/*Schröder* Art. 17 Rn. 18). Sofern neue Aktien ausgegeben werden, ist hierfür regelmäßig eine **Kapitalerhöhung** notwendig, für die gemäß Art. 18 die allgemeinen Vorschriften des Rechts gelten, dem die übernehmende Gesellschaft unterliegt (*Scheifele* Gründung der SE S. 134 f.; *Schwarz* Rn. 7; aA offenbar NK-SE/*Schröder* Rn. 18, der das gemäß Art. 5 für die SE maßgebende Recht anwenden möchte; dies kann aber erst nach Gründung der SE gelten; ähnlich Theisen/Wenz/*Neun* S. 129, der über die Verweisung des Art. 15 Abs. 1 zum Recht des Sitzstaates der SE gelangt). Im Falle einer deutschen Aktiengesellschaft sind dies vor allem die Vorschriften der §§ 68, 69 UmwG (Kallmeyer/*Marsch-Barner* UmwG Anh. Rn. 62). Dabei sind insbesondere die in § 68 Abs. 1 S. 1 UmwG normierten Kapitalerhöhungsverbote zu beachten (zu Einzelheiten s. Kallmeyer/*Marsch-Barner* UmwG § 68 Rn. 2 ff.; *Scheifele* Gründung der SE S. 135). Eine Kapitalerhöhung bei einer übernehmenden deutschen Aktiengesellschaft ist gemäß Art. 18 iVm § 68 Abs. 1 S. 3 nicht erforderlich, soweit die Aktionäre der übertragenden Gesellschaft(en) auf die Anteilsgewährung verzichten (Schmitt/Hörtnagl/Stratz/*Hörtnagl* Rn. 7). § 69 UmwG enthält Erleichterungen für die Durchführung einer etwaigen Kapitalerhöhung (*Scheifele* Gründung der SE S. 135; zu weiteren Einzelheiten s. Kallmeyer/*Marsch-Barner* UmwG § 69 Rn. 4 ff.). So ist beispielsweise das Bezugsrecht der Aktionäre der übernehmenden deutschen Gesellschaft gemäß § 186 AktG ausgeschlossen.

3. Verschmelzung durch Neugründung. Die Verschmelzung durch Neu- **8** gründung bezeichnet gemäß Art. 4 Abs. 1 NatVerschmRL den Vorgang, „durch den mehrere Gesellschaften ihr gesamtes Aktiv- und Passivvermögen im Wege der Auflösung ohne Abwicklung auf eine Gesellschaft, die sie gründen, übertragen, und zwar gegen Gewährung von Aktien der neuen Gesellschaft an ihre Aktionäre und ggf. einer baren Zuzahlung, die den zehnten Teil des Nennbetrags oder, wenn der Nennbetrag nicht vorhanden ist, des rechnerischen Wertes der gewährten Aktien nicht übersteigt". **Rechtsfolgen** der Verschmelzung durch Neugründung sind gemäß Art. 29 Abs. 2, dass das Vermögen aller übertragenden Gesellschaften im Wege der Gesamtrechtsnachfolge auf die neu gegründete SE übergeht, die Aktionäre der übertragenden Gesellschaften Aktionäre der neuen SE werden und die Gründungsgesellschaften erlöschen. Insofern gleicht die Verschmelzung durch Neugründung in ihrem Ablauf weitgehend der Verschmelzung durch Aufnahme mit dem Unterschied, dass die Vermögensübertragung und die Aktiengewährung nicht an bzw. durch eine der Gründungsgesellschaften erfolgt, sondern an bzw. durch eine neu zu gründende Gesellschaft (*Scheifele* Gründung der SE S. 135; *Schwarz* Rn. 9), und alle übertragenden Gesellschaften erlöschen. Der **Sitz der neuen SE** kann innerhalb des Geltungsbereichs der SE-VO frei gewählt werden. Er muss nicht zwingend im Sitzstaat einer der Gründungsgesellschaften liegen (MüKoAktG/*Schäfer* Rn. 11; Kallmeyer/*Marsch-Barner* UmwG Anh. Rn. 22; auch → Rn. 3).

III. Überblick über den Ablauf der Gründung einer SE durch Verschmelzung

9   Im Rahmen der Gründung einer SE im Wege der Verschmelzung lassen sich **drei Phasen** unterscheiden: Die **Vorbereitungsphase,** der die Entscheidung der Leitungsorgane der Gründungsgesellschaften zur Vornahme der Verschmelzung vorausgeht, die **Beschlussphase,** in der die Hauptversammlungen der Gründungsgesellschaften über die Verschmelzung beschließen, und die **Vollzugsphase,** in der von den zuständigen nationalen Stellen die Rechtmäßigkeit von Vorbereitung und Durchführung der Verschmelzung und der SE-Gründung geprüft wird, und die mit der Eintragung der SE in das zuständige Register ihres Sitzstaates endet (vgl. Widmann/Mayer/*Heckschen* UmwG Anh. 14 Rn. 145).

10   **1. Vorbereitungsphase.** In die Vorbereitungsphase fallen folgende Maßnahmen:

– Strukturierung: Entscheidung der beteiligten Vorstände, ob die Gründung einer SE die gewünschten Ziele verwirklichen kann und auf welchem durch Art. 2 vorgegebenen Wege die SE gegründet werden soll; bei Gründung durch Verschmelzung Entscheidung für Verschmelzung durch Aufnahme oder durch Neugründung;

– Aufstellung von gleichlautenden Verschmelzungsplänen (Art. 20) unter Beachtung von Formerfordernissen gemäß Art. 18 iVm dem nationalen Verschmelzungsrecht der jeweiligen Gründungsgesellschaft (der Verschmelzungsplan für eine deutsche AG ist gemäß Art. 18 iVm § 6 UmwG notariell zu beurkunden; dies kann vor oder nach der Beschlussfassung der Hauptversammlung über die Verschmelzung geschehen, → Art. 20 Rn. 5 ff.);

– Entwurf der Satzung der SE, die Bestandteil des Verschmelzungsplans wird;

– Erstellung des Verschmelzungsberichts für jede Gründungsgesellschaft oder eines gemeinsamen Verschmelzungsberichts, wenn erforderlich (Art. 18 iVm dem nationalen Verschmelzungsrecht der jeweiligen Gründungsgesellschaft; für eine Gründungsgesellschaft deutschen Rechts ist der Verschmelzungsbericht unter den Voraussetzungen des § 8 Abs. 3 UmwG entbehrlich, → Art. 20 Rn. 44 f.);

– Bestellung eines Verschmelzungsprüfers für jede Gründungsgesellschaft oder eines gemeinsamen Verschmelzungsprüfers sowie Vornahme der Verschmelzungsprüfung(en) und Erstellung des Verschmelzungsprüfungsberichts für jede Gründungsgesellschaft oder des gemeinsamen Verschmelzungsprüfungsberichts; wenn eine Verschmelzungsprüfung erforderlich ist (für eine Gründungsgesellschaft deutschen Rechts sind Verschmelzungsprüfung und Erstellung eines Prüfungsberichts unter den Voraussetzungen der § 12 Abs. 3 bzw. § 9 Abs. 3 iVm § 8 Abs. 3 UmwG entbehrlich, → Art. 22 Rn. 23);

– Herbeiführung erforderlicher Organbeschlüsse (bei deutscher AG zB Beschluss des Aufsichtsrats, sofern gemäß § 111 Abs. 4 S. 2 AktG vorgesehen, oder bei freiwilliger Einbindung);

– Aufstellung von Schluss- und/oder Zwischenbilanzen der Gründungsgesellschaften, sofern erforderlich. Für eine übertragende AG deutschen Rechts ist im Rahmen der Rechtmäßigkeitsprüfung gemäß Art. 25 Abs. 1 eine den Anforderungen des § 17 Abs. 2 UmwG genügende Schlussbilanz vorzulegen

(→ Art. 25 Rn. 10). Zwischenbilanzen sind gemäß Art. 18 iVm § 63 Abs. 1 Nr. 3 UmwG zur Information der Aktionäre im Vorfeld der Hauptversammlung zu erstellen, wenn der jeweils vorliegende Jahresabschluss sich auf ein Geschäftsjahr bezieht, das länger als sechs Monate zurückliegt;

– Offenlegung des Verschmelzungsplans (bei deutscher Aktiengesellschaft gemäß Art. 18 iVm § 61 UmwG) und Bekanntmachung der Angaben gemäß Art. 21;

– Zugänglichmachen des Verschmelzungsplans gegenüber sonstigen Parteien gemäß Art. 18 iVm dem nationalen Verschmelzungsrecht der jeweiligen Gründungsgesellschaft (bei deutscher Aktiengesellschaft Zuleitung des Verschmelzungsplans an den zuständigen Betriebsrat gemäß Art. 18 iVm § 5 Abs. 3 UmwG);

– Einleitung und Durchführung des Verhandlungsverfahrens zur Regelung der Arbeitnehmerbeteiligung in der SE; bei SE mit Sitz in Deutschland erfolgt die Einleitung durch Information und Aufforderung zur Bildung des besonderen Verhandlungsgremiums gemäß § 4 SEBG (→ SEBG § 4 Rn. 4 ff.);

– Einberufung der Hauptversammlung und Zugänglichmachen aller erforderlichen Unterlagen zur Information der Aktionäre (bei deutscher Aktiengesellschaft gemäß Art. 18 iVm § 63 UmwG sowie §§ 121 ff. AktG).

2. Beschlussphase. In die Beschlussphase fallen folgende Maßnahmen: **11**

– Durchführung der Hauptversammlung der Gründungsgesellschaften mit Beschlussfassung über:

– Zustimmung zum Verschmelzungsplan (Art. 23 Abs. 1; bei deutscher Aktiengesellschaft gilt das Mehrheitserfordernis gemäß Art. 18 iVm § 65 UmwG);

– ggf. Aufnahme des Vorbehalts der ausdrücklichen Genehmigung einer etwaigen Vereinbarung über die Beteiligung der Arbeitnehmer (Art. 23 Abs. 2);

– bei übernehmender Gesellschaft ggf. Kapitalerhöhung zur Gewährung von Aktien an die Aktionäre der übertragenden Gesellschaft(en); unter den Voraussetzungen von Art. 18 iVm § 68 UmwG ist eine Kapitalerhöhung entbehrlich, wenn die übernehmende Gesellschaft eine deutsche AG ist;

– bei übernehmender Gesellschaft Bestellung der Mitglieder des Aufsichts- oder Verwaltungsorgans der SE, soweit diese nicht in der Satzung bestellt werden (Art. 40 Abs. 2 bzw. Art. 43 Abs. 3);

– bei übernehmender Gesellschaft deutschen Rechts Bestellung des Abschlussprüfers (Art. 15 Abs. 1 iVm § 30 Abs. 1 AktG);

– ggf. weitere Beschlusspunkte;

– ggf. Abgabe von Verzichtserklärungen durch die Aktionäre (bei deutscher Aktiengesellschaft kommen in Betracht: Verzicht auf die Erhebung von Klagen gegen die Wirksamkeit des Verschmelzungsbeschlusses, Verzicht auf die Gewährung von Aktien, Verzicht auf die Unterbreitung eines Abfindungsangebots im Verschmelzungsplan, Verzicht auf Verschmelzungsbericht, Verschmelzungsprüfung und Verschmelzungsprüfungsbericht);

– Beendigung des Verfahrens zur Regelung der Arbeitnehmerbeteiligung in der SE durch (i) Abschluss einer Vereinbarung (bei SE mit Sitz in Deutschland gemäß § 21 SEBG) oder (ii) Nichtaufnahme oder Abbruch der Verhandlungen durch das besondere Verhandlungsgremium (bei SE mit Sitz in Deutschland gemäß § 16 Abs. 1 und Abs. 2 SEBG) oder (iii) Ablauf der Verhandlungsfrist und Eingreifen der gesetzlichen Auffangregelungen (bei SE mit Sitz in Deutschland gemäß §§ 22 Abs. 1 Nr. 2, 34 SEBG);

– Überprüfung der Vereinbarkeit der Satzung der SE mit der Vereinbarung über die Arbeitnehmerbeteiligung und, sofern notwendig, Anpassung der Satzung;

– ggf. Zustimmung der Hauptversammlung zur Vereinbarung über die Arbeitnehmerbeteiligung, wenn der Zustimmungsbeschluss zum Verschmelzungsplan gemäß Art. 23 Abs. 2 unter einen entsprechenden Vorbehalt gestellt wurde.

12   **3. Vollzugsphase.** In die Vollzugsphase fallen folgende Schritte:

- Sicherheitsleistung an berechtigte Gläubiger, soweit erforderlich (bei deutscher übertragender Aktiengesellschaft und Sitz der SE im Ausland gemäß Art. 24 iVm §§ 8, 13 Abs. 1 SEAG);
- Rechtmäßigkeitsprüfungen bei allen Gründungsgesellschaften gemäß Art. 25 Abs. 1 und Ausstellung von Rechtmäßigkeitsbescheinigungen gemäß Art. 25 Abs. 2; zur Entbehrlichkeit einer gesonderten Rechtmäßigkeitsbescheinigung für eine übernehmende Gesellschaft, wenn dieselbe nationale Stelle für die Prüfung gemäß Art. 25 und die Prüfung gemäß Art. 26 zuständig ist, → Art. 25 Rn. 27;
- Prüfungsverfahren gemäß Art. 26 durch zuständige nationale Stelle am Sitz der SE unter Vorlage der Rechtmäßigkeitsbescheinigungen der Gründungsgesellschaften;
- Eintragung der Verschmelzung und der SE in das zuständige Register ihres Sitzstaates (Art. 27, 12);
- Offenlegung der Verschmelzung auf der Ebene der Gründungsgesellschaften gemäß Art. 28 und der SE-Gründung gemäß Art. 15 Abs. 2, 13 und 14.

[Anwendung geltender Rechtsvorschriften]

18 In den von diesem Abschnitt nicht erfassten Bereichen sowie in den nicht erfassten Teilbereichen eines von diesem Abschnitt nur teilweise abgedeckten Bereichs sind bei der Gründung einer SE durch Verschmelzung auf jede Gründungsgesellschaft die mit der Richtlinie 78/855/EWG in Einklang stehenden, für die Verschmelzung von Aktiengesellschaften geltenden Rechtsvorschriften des Mitgliedstaats anzuwenden, dessen Recht sie unterliegt.

I. Normzweck

1   Art. 18 ist eine Spezialverweisung für die Errichtung einer SE durch Verschmelzung und erklärt in Ergänzung der SE-VO für jede beteiligte **Gründungsgesellschaft** das jeweils für sie geltende **nationale Verschmelzungsrecht,** welches auf der Grundlage der NatVerschmRL harmonisiert ist, für anwendbar. Die Regelung trägt dem Umstand Rechnung, dass die Gründung einer SE durch Verschmelzung in der SE-VO nicht umfassend geregelt ist (van Hulle/Maul/Drinhausen/*Teichmann* Abschnitt 4 § 2 Rn. 13). Art. 18 ist dabei lex specialis zu Art. 15, aber nachrangig zu den Regelungen der Art. 19 ff. (LHT/*Bayer* Rn. 1; *Jünemann* in BJMS SE § 2 Rn. 46; Spindler/Stilz/*Casper* Rn. 1; KK-AktG/*Maul* Rn. 1; MüKoAktG/*Schäfer* Rn. 1; *Schwarz* Rn. 1). Vor Anwendung der nationalen Verschmelzungsvorschriften ist daher immer zu prüfen, inwieweit die SE-VO selbst Regelungen bereithält.

II. Anwendungsbereich

2   **1. Verschmelzungsgründung.** Ausweislich seines Wortlauts ist Art. 18 unmittelbar nur anwendbar, wenn die SE im Wege der **Verschmelzung** gegründet wird. Die Norm differenziert dabei nicht zwischen den verschiedenen Verschmelzungsvarianten, so dass sie gleichermaßen für die Verschmelzung durch Aufnahme als auch die Verschmelzung durch Neugründung gilt (zu den einzelnen Verschmelzungsvarianten im Wege der Verschmelzung durch Aufnahme bzw. Neugründung → Art. 17 Rn. 5 ff.). Eine **entsprechende Anwendung** kommt bei Gründung einer **Holding-SE** gemäß Art. 32 in Betracht (→ Art. 32 Rn. 10; ferner LHT/*Bayer* Rn. 2; KK-AktG/*Maul* Rn. 2; *Schwarz* Rn. 9).

2. Keine oder nur teilweise Regelung in den Art. 19 ff. Die Verweisung des Art. 18 ins nationale Verschmelzungsrecht greift ferner nur ein, wenn sich aus dem zweiten Abschnitt, genauer gesagt aus den Art. 19 ff., oder aus den dortigen Spezialverweisungen (insbesondere Art. 24 Abs. 1, 25 Abs. 1, 30 Abs. 1) und Ermächtigungsnormen in Verbindung mit nationalen Ausführungsgesetzen (etwa Art. 21 iVm § 5 SEAG) keine oder nur eine unvollständige Regelung einer Rechtsfrage ergibt (LHT/*Bayer* Rn. 1; Spindler/Stilz/*Casper* Rn. 3; KK-AktG/ *Maul* Rn. 4; MüKoAktG/*Schäfer* Rn. 4; *Schwarz* Rn. 10). Es muss also eine **Regelungslücke** auf der Ebene der SE-VO vorliegen. Dabei ist, anders als für eine Analogie, nicht erforderlich, dass die Regelungslücke planwidrig ist; im Gegenteil ist eine planwidrige Regelungslücke zunächst durch Analogiebildung auf der Ebene der SE-VO zu schließen und ein Rückgriff auf Art. 18 iVm dem nationalen Recht nur zulässig, wenn dies nicht möglich ist (MüKoAktG/*Schäfer* Rn. 4; *Schwarz* Rn. 10; vgl. auch KK-AktG/*Maul* Rn. 4). 3

3. Verfahren bei den Gründungsgesellschaften. Schließlich erfasst die Verweisung nur Rechtsfragen im Bereich des von den **Gründungsgesellschaften** zu durchlaufenden Verfahrens (KK-AktG/*Maul* Rn. 3; *Schwarz* Rn. 8); das Verfahren auf der Ebene der zu gründenden SE unterliegt hingegen gemäß der Verweisung des Art. 15 Abs. 1 dem Recht des Sitzstaates der SE. Art. 18 findet daher in der **Vorbereitungs- und Beschlussphase** der SE-Gründung Anwendung, während Art. 15 in der Vollzugsphase einschlägig ist (LHT/*Bayer* Rn. 3; KK-AktG/*Maul* Rn. 3; *Schwarz* Rn. 16; van Hulle/Maul/Drinhausen/*Teichmann* Abschnitt 4 § 2 Rn. 15 f.; zu den einzelnen Phasen → Art. 17 Rn. 9 ff.). Art. 9 kommt hingegen in der Gründungsphase keine Bedeutung zu, da die Vorschrift nur das auf die bestehende SE anwendbare Recht regelt (Kalss/Hügel/*Hügel* SEG Vor § 17 Rn. 2; MüKoAktG/*Schäfer* Rn. 1; van Hulle/Maul/Drinhausen/*Teichmann* Abschnitt 4 § 2 Rn. 15 ff.). 4

III. Verweisungsumfang

1. Verweisungsobjekt. Art. 18 verweist auf die Verschmelzungsvorschriften des Mitgliedstaates, „dessen Recht" die betreffende Gründungsgesellschaft unterliegt. Im Gegensatz zu Art. 15 Abs. 1 (→ Art. 15 Rn. 1) und Art. 9 (→ Art. 9 Rn. 34 ff.) ist dies als **Gesamtnormverweisung** zu verstehen, die das Internationale Privatrecht der Gründungsgesellschaften einschließt (LHT/*Bayer* Rn. 4; Spindler/Stilz/*Casper* Rn. 1; KK-AktG/*Maul* Rn. 5; MüKoAktG/*Schäfer* Rn. 2; *Schwarz* Rn. 18 ff.). Welches nationale Verschmelzungsrecht maßgeblich ist, folgt daher aus dem **Gesellschaftsstatut der jeweiligen Gründungsgesellschaft.** Dies richtet sich grundsätzlich danach, ob die Rechtsordnung der betroffenen Gründungsgesellschaft der **Sitz- oder Gründungstheorie** folgt. Jedoch sind für Rechtsordnungen, welche grundsätzlich der Sitztheorie folgen, die Modifikationen aufgrund der Rechtsprechung des EuGH zur Niederlassungsfreiheit (EuGH Slg. 1999, I-1459 = NJW 1999, 2027 – Centros; Slg. 2002, I-9919 = NZG 2002, 1164 – Überseering; Slg. 2003, I-10155 = NZG 2003, 1064 – Inspire Art) zu berücksichtigen. Da danach ein EU- bzw. EWR-Mitgliedstaat eine in einem anderen Mitgliedstaat gegründete Gesellschaft anerkennen muss, ist im Ergebnis bei reinen EU- bzw. EWR-Sachverhalten grundsätzlich die Gründungstheorie anzuwenden (LHT/*Bayer* Rn. 4; MüKoAktG/*Schäfer* Rn. 2). So findet auf eine Aktiengesellschaft, die nach dem Recht eines anderen EU-/EWR-Mitgliedstaats gegründet wurde und ihren Verwaltungssitz in Deutschland hat, das Recht ihres Gründungsstaates Anwendung (LHT/*Bayer* Rn. 7; *Bayer*/*J. Schmidt* ZHR 173 5

(2009), 735 [739]; teilweise abweichend MüKoAktG/*Schäfer* Rn. 2, wonach zusätzlich das deutsche Verschmelzungsrecht Anwendung finden könne), zumindest, soweit dieses keine Rückverweisung auf das deutsche Recht ausspricht (zur Zulässigkeit von Rückverweisungen auf das Recht des Verwaltungssitzstaates innerhalb von EU/EWR MüKoBGB/*Kindler* IntGesR Rn. 428 mwN). Für eine nach deutschem Recht gegründete AG mit Verwaltungssitz im Ausland ist hingegen das deutsche Verschmelzungsrecht maßgeblich.

6   **2. Anwendbare Vorschriften des Sachrechts.** Wenn das Gesellschaftsstatut bestimmt worden ist, stellt sich die Frage, welche sachrechtlichen Vorschriften Anwendung finden. Zunächst bestimmt Art. 18 selbst, dass diejenigen Rechtsvorschriften anwendbar sind, welche mit der **NatVerschmRL in Einklang stehen.** Dies bedeutet nicht, dass lediglich solche nationalen Normen Anwendung finden, die auf der NatVerschmRL basieren. Vielmehr sind beispielsweise bei Anwendung des deutschen Sachrechts alle Normen des UmwG und AktG betreffend die Verschmelzung anwendbar, sofern sie **nicht im Widerspruch zur NatVerschmRL** stehen (LHT/*Bayer* Rn. 6; Spindler/Stilz/*Casper* Rn. 2; KK-AktG/*Maul* Rn. 6; MüKoAktG/*Schäfer* Rn. 3; *Scheifele* Gründung der SE S. 45; *Schwarz* Rn. 29). Ggf. muss das nationale Recht richtlinienkonform ausgelegt werden (KK-AktG/*Maul* Rn. 6). Ferner dürfte es geboten sein, auch das **Richterrecht** des jeweiligen Mitgliedstaats zu berücksichtigen (Spindler/Stilz/*Casper* Rn. 2; KK-AktG/*Maul* Rn. 7; *Scheifele* Gründung der SE S. 56; *Schwarz* Rn. 27). Nur so ist gewährleistet, dass die Verweisung auch geänderte Rechtsansichten erfassen kann (*Scheifele* Gründung der SE S. 56; *Schwarz* Rn. 27).

7   **3. Maßgebliches deutsches Sachrecht.** Sofern deutsches Sachrecht Anwendung findet, sind insbesondere folgende Normen zu beachten (vgl. LHT/*Bayer* Rn. 8; KK-AktG/*Maul* Rn. 8; NK-SE/*Schröder* Rn. 22 ff.):

- § 5 Abs. 3 UmwG (Zuleitung des Verschmelzungsplans an den Betriebsrat),
- § 6 UmwG (Form des Verschmelzungsplans),
- § 8 UmwG (Verschmelzungsbericht),
- § 13 Abs. 3 UmwG (Form des Verschmelzungsbeschlusses),
- §§ 60, 73, 9–12 UmwG (Verschmelzungsprüfung),
- § 61 UmwG (Bekanntmachung des Verschmelzungsplans),
- §§ 63, 64 UmwG und §§ 121 ff. AktG (Einberufung und Durchführung der Hauptversammlung; Information der Aktionäre),
- § 65 Abs. 1 UmwG und § 133 AktG (Mehrheitserfordernisse für den Zustimmungsbeschluss der Hauptversammlung),
- §§ 66 ff. UmwG, §§ 182 ff. AktG (Kapitalerhöhungsvorschriften),
- § 71 UmwG (Übertragung der Aktien).

[Einspruch gegen eine Verschmelzung]

19 **Die Rechtsvorschriften eines Mitgliedstaates können vorsehen, dass die Beteiligung einer Gesellschaft, die dem Recht dieses Mitgliedstaates unterliegt, an der Gründung einer SE durch Verschmelzung nur möglich ist, wenn keine zuständige Behörde dieses Mitgliedstaats vor der Erteilung der Bescheinigung gemäß Artikel 25 Absatz 2 dagegen Einspruch erhebt.**

[1] Dieser Einspruch ist nur aus Gründen des öffentlichen Interesses zulässig. [2] Gegen ihn muss ein Rechtsmittel eingelegt werden können.

Schrifttum: *Teichmann,* Die Einführung der europäischen Aktiengesellschaft, ZGR 2002, 383.

I. Allgemeines

Art. 19 enthält eine **Ermächtigungsnorm** zugunsten der Mitgliedstaaten **1** (LHT/*Bayer* Rn. 1; MüKoAktG/*Schäfer* Rn. 1). Danach kann der nationale Gesetzgeber den Behörden seines Staates ein **Einspruchsrecht** gegen die Beteiligung einer dem Recht dieses Mitgliedstaats unterliegenden AG an einer SE-Gründung durch Verschmelzung gewähren (Satz 1). Das Einspruchsrecht darf nur für den Fall der Beeinträchtigung **öffentlicher Interessen** vorgesehen werden (Satz 2); gegen den Einspruch muss ein **Rechtsmittel** zugelassen werden (Satz 3). Als Adressaten des Einspruchsrechts werden insbesondere Steuer- oder Wettbewerbsbehörden in Betracht kommen (Spindler/Stilz/*Casper* Rn. 1; MüKoAktG/*Schäfer* Rn. 1). Art. 19 ist mit Art. 8 Abs. 14 (Sitzverlegung) vergleichbar und entspricht im Wesentlichen den Regelungen des Art. 14 Abs. 4 EWIV-VO (KK-AktG/*Maul* Rn. 3; MüKoAktG/*Schäfer* Rn. 1; *Schwarz* Rn. 3; *Teichmann* ZGR 2002, 383 [432]). Alle drei Normen sind durch Regelungen des englischen Rechts geprägt, die bis 1988 ein Einspruchsrecht der Steuerbehörden bei einer Sitzverlegung vorsahen, wenn nicht sämtliche Steuerschulden und Sozialversicherungsabgaben getilgt sind (LHT/*Bayer* Rn. 1; KK-AktG/*Maul* Rn. 2; MüKoAktG/*Schäfer* Rn. 2; *Schwarz* Rn. 3).

Die Vereinbarkeit des Rechts zum Erlass derartiger Wegzugsbeschränkungen **2** mit der **Niederlassungsfreiheit** hat der EuGH in seiner „Daily-Mail"-Entscheidung (Slg. 1988, 5483 = NJW 1989, 2186) festgestellt und in der „Cartesio"-Entscheidung (NJW 2009, 569 = BB 2009, 11 f. mAnm *Behme/Nohlen*) bestätigt (MüKoAktG/*Schäfer* Rn. 2; Spindler/Stilz/*Casper* Rn. 2).

II. Voraussetzungen

1. Nationale Gesellschaft. Das Einspruchsrecht darf sich nur auf solche **3** Gesellschaften beziehen, die dem Recht des Mitgliedstaates der einspruchsberechtigten Behörde unterliegen (LHT/*Bayer* Rn. 3; NK-SE/*Schröder* Rn. 4; zur Bestimmung des anwendbaren Rechts → Art. 18 Rn. 5). Eine Versagung der Beteiligung einer **Gesellschaft ausländischen Rechts** ist dagegen nicht möglich (LHT/*Bayer* Rn. 3; *Schwarz* Rn. 4).

2. Öffentliches Interesse. Die Erhebung eines Einspruchs darf gemäß Art. 19 **4** S. 2 nur aus **Gründen des öffentlichen Interesses** zugelassen werden. Aufgrund seines Charakters als Ausnahmeregelung und des Gebots, die Gründung einer SE nicht unangemessen zu erschweren (s. Erwägungsgrund 5 der SE-VO), ist Art. 19 S. 2 **restriktiv auszulegen** (LHT/*Bayer* Rn. 4; *Scheifele* Gründung der SE S. 139; NK-SE/*Schröder* Rn. 5; *Schwarz* Rn. 5), wobei als Auslegungshilfe für den Begriff des öffentlichen Interesses die Rechtsprechung des EuGH zu Art. 46 EGV (heute Art. 52 AEUV) herangezogen werden kann (LHT/*Bayer* Rn. 4; KK-AktG/*Maul* Rn. 7; NK-SE/*Schröder* Rn. 5; Spindler/Stilz/*Casper* Rn. 1). Voraussetzung für die Zulässigkeit eines Einspruchs ist danach eine tatsächliche und hinreichend schwere Gefährdung, die ein gesellschaftliches Grundinteresse berührt (EuGH Slg. 2000, 1335; Slg. 2002, 4781; Slg. 2002, 4809; LHT/*Bayer* Rn. 4). Es kommen nur schwerwiegende Gründe wie die nationale Sicherheit oder Strafverfolgungsinteressen in Betracht (LHT/*Bayer* Rn. 4; *Schwarz* Rn. 5); rein fiskalische oder wettbewerbsrechtliche Gründe reichen hingegen in der Regel nicht aus (LHT/*Bayer* Rn. 4; KK-AktG/*Maul* Rn. 7). Bei der Entscheidung über die Erhebung des Einspruchs ist stets der **Grundsatz der Verhältnismäßigkeit** zu beachten (NK-SE/*Schröder* Rn. 5; *Schwarz* Rn. 5).

III. Rechtsfolgen

5   Die Erhebung eines Einspruchs durch die zuständige Behörde führt zu einer **Bescheinigungssperre,** so dass eine Bescheinigung nach Art. 25 Abs. 2 durch den Wegzugsstaat nicht erteilt werden darf (LHT/*Bayer* Rn. 6; NK-SE/*Schröder* Rn. 6). Dies macht die Vorlage einer Bescheinigung im Sitzstaat der SE gemäß Art. 26 Abs. 2 unmöglich, so dass im Fall eines Einspruchs zugleich eine **Sperre der Registereintragung der SE** besteht (LHT/*Bayer* Rn. 6; KK-AktG/*Maul* Rn. 9; NK-SE/*Schröder* Rn. 6; *Schwarz* Rn. 7). Eine trotz Einspruchs eingetragene Verschmelzung ist unwirksam (NK-SE/*Schröder* Rn. 6).

IV. Rechtsmittel

6   Gegen den Einspruch muss nach Art. 19 S. 3 die Einlegung eines Rechtsmittels möglich sein. Damit ist die Möglichkeit einer **gerichtlichen Überprüfung** gemeint (LHT/*Bayer* Rn. 7; KK-AktG/*Maul* Rn. 10).

V. Keine Regelung in Deutschland

7   Der deutsche Gesetzgeber hat von der Ermächtigung des Art. 19 – ebenso wie von den entsprechenden Ermächtigungen in Art. 8 Abs. 14 und Art. 14 Abs. 4 EWIV-VO – **keinen Gebrauch** gemacht. Die meisten anderen Mitgliedstaaten haben sich dagegen für eine Wahrnehmung der Regelungsbefugnis entschieden (vgl. Europäische Kommission, Study on the operation and the impacts of the Statute for a European Company (SE) – 2008/S 144–192482, Final report 9.12.2009, S. 35).

[Verschmelzungsplan]

20 (1) [1]Die Leitungs- oder die Verwaltungsorgane der sich verschmelzenden Gesellschaften stellen einen Verschmelzungsplan auf. [2]Dieser Verschmelzungsplan enthält

a) die Firma und den Sitz der sich verschmelzenden Gesellschaften sowie die für die SE vorgesehene Firma und ihren geplanten Sitz,

b) das Umtauschverhältnis der Aktien und gegebenenfalls die Höhe der Ausgleichsleistung,

c) die Einzelheiten hinsichtlich der Übertragung der Aktien der SE,

d) den Zeitpunkt, von dem an diese Aktien das Recht auf Beteiligung am Gewinn gewähren, sowie alle Besonderheiten in Bezug auf dieses Recht,

e) den Zeitpunkt, von dem an die Handlungen der sich verschmelzenden Gesellschaften unter dem Gesichtspunkt der Rechnungslegung als für Rechnung der SE vorgenommen gelten,

f) die Rechte, welche die SE den mit Sonderrechten ausgestatteten Aktionären der Gründungsgesellschaften und den Inhabern anderer Wertpapiere als Aktien gewährt, oder die für diese Personen vorgeschlagenen Maßnahmen,

g) jeder besondere Vorteil, der den Sachverständigen, die den Verschmelzungsplan prüfen, oder den Mitgliedern der Verwaltungs-, Leitungs-, Aufsichts- oder Kontrollorgane der sich verschmelzenden Gesellschaften gewährt wird,

h) die Satzung der SE,

i) **Angaben zu dem Verfahren, nach dem die Vereinbarung über die Beteiligung der Arbeitnehmer gemäß der Richtlinie 2001/86/EG geschlossen wird.**

(2) **Die sich verschmelzenden Gesellschaften können dem Verschmelzungsplan weitere Punkte hinzufügen.**

Schrifttum: *Brandes,* Cross Border Merger mittels der SE, AG 2005, 177; *Drees,* Die Gründung der Europäischen Aktiengesellschaft (SE) in Deutschland und ihre rechtliche Behandlung vor Eintragung (Vor-SE), 2006; *Drinhausen,* Ausgewählte Rechtsfragen der SE-Gründung durch Formwechsel und Verschmelzung, in Bergmann/Kiem/Mülbert/Verse/Wittig (Hrsg.), 10 Jahre SE, 2015, S. 30; *Drinhausen/Keinath,* Kapitaländerungen der übernehmenden Gesellschaft nach Beschlussfassung über die Verschmelzung durch Aufnahme zur Gründung einer Europäischen Gesellschaft (SE), FS Maier-Reimer, 2010, 89; *Heckschen,* Die Europäische AG aus notarieller Sicht, DNotZ 2003, 251; *Hirte,* Die Europäische Aktiengesellschaft, NZG 2002, 1; *Kiem,* Die Ermittlung der Verschmelzungswertrelation bei der grenzüberschreitenden Verschmelzung, ZGR 2007, 542; *ders.,* Der Evaluierungsbericht der EU-Kommission zur SE-Verordnung, CF law 2011, 134; *Sagasser/Swienty,* Die Gründung einer europäischen Aktiengesellschaft im Wege der Verschmelzung – Zur Praktikabilität des SE-Statuts in der Entwurfsfassung vom 6./16.5.1991 (Teil I), DStR 1991, 1188; *Mahi,* Die Europäische Akteingesellschaft. Societas Europaea – SE, 2004; *J. Schmidt,* „Deutsche" vs. „britische" Societas Europea (SE), 2006; *Teichmann,* SE und deutscher Gesetzgeber, ZGR 2002, 383; *Walden/Meyer-Landrut,* Die grenzüberschreitende Verschmelzung zu einer Europäischen Gesellschaft: Planung und Vorbereitung, DB 2005, 2119.

Übersicht

	Rn.
I. Normzweck, Regelungsinhalt	1
II. Voraussetzungen.................................	2
1. Gründungsdokument	2
2. Form des Verschmelzungsplans	5
3. Auslandsbeurkundung	7
4. Sprache	8
5. Mindestinhalt	9
a) Firma/Sitz	11
b) Umtauschverhältnis/Ausgleichsleistung	13
c) Einzelheiten der Übertragung der Aktien	17
d) Zeitpunkt der Gewinnberechtigung	19
e) Verschmelzungsstichtag	21
f) Sonderrechte	22
g) Besondere Vorteile	24
h) Satzung	25
i) Arbeitnehmerbeteiligung	34
j) Abfindungsangebot (§ 7 SEAG)	37
6. Fakultativer Inhalt	38
7. Verschmelzungsbericht..................................	39
a) Erstellung des Berichts	42
b) Erläuterung des Umtauschverhältnisses und des Barabfindungsangebots	43
c) Erläuterung der Verschmelzung	44
d) Angelegenheiten verbundener Unternehmen	45
e) Grenzen der Berichtspflicht	46
f) Entbehrlichkeit des Berichts	47

I. Normzweck, Regelungsinhalt

Die Norm regelt die Aufstellung des Verschmelzungsplans bei der Gründung **1** einer SE durch Verschmelzung. Der Verschmelzungsplan ist das Gründungsdokument der durch Verschmelzung gegründeten SE und vergleichbar mit dem Ver-

schmelzungsvertrag bei der innerstaatlichen (§ 5 UmwG) und dem Verschmelzungsplan bei der grenzüberschreitenden Verschmelzung (§ 122c UmwG). Ebenso wie der Verschmelzungsvertrag soll der Verschmelzungsplan die wichtigsten
organisationsrechtlichen Aspekte der Verschmelzung regeln und muss daher bestimmte Mindestangaben enthalten. Der Verschmelzungsplan dient zugleich der
Information der Gläubiger und Aktionäre der Gründungsgesellschaften (vgl.
Spindler/Stilz/*Casper* Rn. 1; KK-AktG/*Maul* Rn. 1). Seine Aufstellung obliegt
den Leitungs- oder Verwaltungsorganen der Gründungsgesellschaften. Art. 20
Abs. 1 S. 2 schreibt den Mindestinhalt des Verschmelzungsplans vor, allerdings
dürfen die Gründungsgesellschaften gemäß Abs. 2 freiwillig weitere Regelungen
in den Verschmelzungsplan aufnehmen. Der Verschmelzungsplan muss grundsätzlich der Hauptversammlung jeder Gründungsgesellschaft zur Beschlussfassung
vorgelegt werden (näher die Erl. zu Art. 22, 23 und 31, dort auch zur Entbehrlichkeit der Verschmelzungsprüfung und des Zustimmungsbeschlusses der Hauptversammlung).

II. Voraussetzungen

2   **1. Gründungsdokument.** Für die Gründung einer SE durch Verschmelzung
schließen die beteiligten Gesellschaften, anders als bei einer innerstaatlichen Verschmelzung (s. § 4 UmwG), keinen Verschmelzungsvertrag ab, sondern erstellen
einen sog. „Verschmelzungsplan" (*Brandes* AG 2005, 177 [181]; Widmann/May-
er/*Heckschen* Anh. 14 Rn. 146; *Schwarz* Rn. 13). Der Verschmelzungsplan entspricht inhaltlich zwar weitgehend dem Verschmelzungsvertrag bei der innerstaatlichen Verschmelzung, er reicht in seiner Wirkung aber weniger weit als der
Verschmelzungsvertrag: Während der Verschmelzungsvertrag sowohl organisati-
onsrechtlich wirkt als auch wechselseitige schuldrechtliche Rechte und Pflichten
begründet, handelt es sich beim Verschmelzungsplan ausschließlich um einen
gesellschaftsrechtlichen Organisationsakt ohne schuldrechtliche Bindungswirkung (*Brandes* AG 2005, 177 [181]; Widmann/Mayer/*Heckschen* Anh. 14
Rn. 146; Schmitt/Hörtnagl/Stratz/*Hörtnagl* Rn. 2; LHT/*Bayer* Rn. 5; KK-
AktG/*Maul* Rn. 10; *Scheifele* Gründung der SE S. 151 f.; *Schwarz* Rn. 13; *Teichmann* ZGR 2002, 383 [420]; zum Verschmelzungsplan bei der grenzüberschreitenden Verschmelzung → UmwG § 122c Rn. 20 ff.

3   Die nationalen Vorschriften können nicht vorschreiben, dass die Gründung
einer SE durch Verschmelzung den Abschluss eines Verschmelzungsvertrags erfordert. Art. 20 ist als abschließende Regelung anzusehen (LHT/*Bayer* Rn. 3;
Spindler/Stilz/*Casper* Rn. 3; KK-AktG/*Maul* Rn. 10; MüKoAktG/*Schäfer*
Rn. 3, 8). Wollen die Parteien einen höheren Bindungsgrad erreichen als er
durch den Verschmelzungsplan gegeben ist, kann dies nur durch einen gesondert
abgeschlossenen Vertrag, zB ein **Business Combination Agreement,** erfolgen.
Darin können mit schuldrechtlicher Bindungswirkung versehene weitere Aspek-
te, wie Ablauf und Rahmendaten der Verschmelzung, verbindlich festgelegt
werden (Kallmeyer/*Marsch-Barner* Anh. Rn. 17; *Scheifele* Gründung der SE
S. 152; *Teichmann* ZGR 2002, 383 [419]; *Walden/Meyer-Landrut* DB 2005, 2119
[2121]). Auch in den Verschmelzungsplan können **freiwillige schuldrechtliche
Vereinbarungen** aufgenommen werden, da die beteiligten Gesellschaften den
Verschmelzungsplan gemäß Abs. 2 um zusätzliche Punkte ergänzen dürfen (vgl.
LHT/*Bayer* Rn. 4; Schmitt/Hörtnagl/Stratz/*Hörtnagl* Rn. 2; Kallmeyer/*Marsch-
Barner* Anh. Rn. 17), allerdings ist dies wegen der andersartigen Rechtsnatur des
Verschmelzungsplans (→ Rn. 2) nicht empfehlenswert.

4   Umstritten ist, ob die beteiligten Gesellschaften den Verschmelzungsplan in
einem **einheitlichen Dokument** aufstellen müssen (so *Jünemann* in BJMS SE
§ 2 Rn. 78; KK-AktG/*Maul* Rn. 13; *Scheifele* Gründung der SE S. 141 f.; NK-

SE/*Schröder* Rn. 1; *Schwarz* Rn. 10) oder ob es ausreicht, wenn jede der Gründungsgesellschaften ein inhaltlich identisches, aber **eigenständiges Dokument** (ggf. auch in der für die jeweilige Gründungsgesellschaft maßgeblichen Sprache) erstellt (so LHT/*Bayer* Rn. 2; *Brandes* AG 2005, 177 [180]; Spindler/Stilz/*Casper* Rn. 2; *Drinhausen* 10 Jahre SE S. 43 f.; Schmitt/Hörtnagl/Stratz/*Hörtnagl* Rn. 3; Kallmeyer/*Marsch-Barner* Anh. Rn. 16; wohl auch Widmann/Mayer/*Heckschen* Anh. 14 Rn. 151 f.). Nach der erstgenannten Auffassung geht der Wortlaut des Art. 20 von einem einzigen Dokument aus; ferner dokumentiere der Verschmelzungsplan die gemeinsamen Leitlinien der Gründungsgesellschaften, so dass es geboten sei, seinen Inhalt in einem Dokument festzuhalten. Die SE-VO schreibt die Erstellung des Verschmelzungsplans in einem einheitlichen Dokument indes nicht vor (*Heckschen* DNotZ 2003, 251 [257]; *Mahi* S. 37; Kallmeyer/*Marsch-Barner* Anh. Rn. 16; *Teichmann* ZGR 2002, 383 [417]). In Art. 26 Abs. 3 wird lediglich vorausgesetzt, dass die sich verschmelzenden Gesellschaften einem „gleich lautenden" Verschmelzungsplan zugestimmt haben. „Gleich lautend" bedeutet aber gerade nicht, dass der Verschmelzungsplan in einem Dokument erstellt wurde. Vielmehr reicht es aus, wenn den beteiligten Gesellschaften Dokumente desselben Inhalts und Wortlauts – ggf. in die unterschiedlichen Landessprachen übersetzt – vorgelegen haben. Auch der Zweck der Art. 20 und 26 Abs. 3 gebietet nicht die Erstellung eines einheitlichen Dokuments. Erforderlich ist lediglich, dass sich die verschmelzenden Gesellschaften über den Inhalt des Verschmelzungsplans, insbesondere die in Art. 20 Abs. 1 S. 2 aufgelisteten Punkte, einig sind und nicht etwa ein (versteckter) Dissens besteht. Dies dürfte sich zwar tatsächlich am sichersten dadurch ausschließen lassen, dass der Verschmelzungsplan in einem einheitlichen Dokument erstellt wird, rechtlich erforderlich ist dies aber nicht. Wenn der **Verschmelzungsplan für jede Gesellschaft in ihrer jeweiligen Landessprache** erstellt wird, ist dies ausreichend, sofern jede Sprachfassung eine wörtliche Übersetzung der jeweils anderen darstellt. Das Leitungs- bzw. Verwaltungsorgan jeder Gründungsgesellschaft kann daher einen eigenen Verschmelzungsplan in der jeweiligen Landessprache und unter Wahrung der durch das Landesrecht zur Umsetzung der NatVerschmRL vorgeschriebenen Form erstellen (zur Anwendbarkeit der Formvorschriften für innerstaatliche Verschmelzungen auf den Verschmelzungsplan → Rn. 5) und der jeweiligen Hauptversammlung zur Beschlussfassung vorlegen, vorausgesetzt, die Dokumente sind inhaltlich gleich lautend.

2. Form des Verschmelzungsplans. Die Verordnung sieht für den Verschmelzungsplan keine besondere Form vor. Dies wird teilweise dahingehend interpretiert, dass Art. 20 als abschließende Regelung allenfalls die Schriftform verlange (*Schulz/Geismar* DStR 2001, 1078 [1080]). Eine solche Sichtweise vermag indessen nicht zu überzeugen. Über Art. 18 unterliegt die SE-Gründung durch Verschmelzung subsidiär zu den Vorschriften der Art. 17 ff. den Vorschriften des nationalen Verschmelzungsrechts, die mit der Umsetzung der NatVerschmRL in Einklang stehen. Der Wortlaut des Art. 18 verweist zwar noch auf die ursprüngliche Fassung der NatVerschmRL vom 9.10.1978 (ABl. L 295 S. 36); diese ist inzwischen jedoch durch die neue Fassung vom 5.4.2011 ersetzt worden (NatVerschmRL). Nach herrschender und zutreffender Ansicht gilt daher das **Beurkundungserfordernis des § 6 UmwG** für den Verschmelzungsplan zur SE-Gründung durch Verschmelzung unter Beteiligung einer deutschen Gesellschaft entsprechend (LHT/*Bayer* Rn. 6; Spindler/Stilz/*Casper* Rn. 6; *Drees* Gründung der SE S. 47 f.; *Drinhausen* 10 Jahres SE S. 43; Widmann/Mayer/*Heckschen* Anh. 14 Rn. 200; Schmitt/Hörtnagl/Stratz/*Hörtnagl* Rn. 4; Kallmeyer/ *Marsch-Barner* Anh. Rn. 19; KK-AktG/*Maul* Rn. 16; MüKoAktG/*Schäfer* Rn. 6; *Teichmann* ZGR 2002, 383 [420]; van Hulle/Maul/Drinhausen/*Teichmann* Abschnitt 4 § 2 Rn. 47; Kallmeyer/*Zimmermann* UmwG § 6 Rn. 1; von der Anwendbarkeit des § 6 UmwG geht auch die Begr. RegE zu § 7 SEAG aus, BT-Drs. 15/3405, 33; zweifelnd hingegen *Brandes* AG 2005, 177 [182]). Sofern man entgegen der hier vertretenen Auffassung annimmt, der Verschmelzungsplan sei zwingend für alle beteiligten Gesellschaften in einem einheitlichen Dokument zu erstellen (→ Rn. 4), hat dies zur Folge, dass die Formerfordernisse der nationalen Verschmelzungsrechte aller beteiligten Gesellschaften beachtet werden müssen, wobei sich das strengste Formerfordernis durchsetzt (*Jünemann* in BJMS SE § 2 Rn. 78; KK-AktG/*Maul* Rn. 17; NK-SE/*Schröder* Rn. 8 f.; *Schwarz* Rn. 50). Nach der hier vertretenen Auffassung, wonach jede der sich verschmelzenden Gesellschaften einen separaten Verschmelzungsplan aufstellen kann, ist jedoch gemäß Art. 18 bezüglich der **Form** des Verschmelzungsplans allein das **Recht der jeweiligen Gründungsgesellschaft** maßgeblich (LHT/*Bayer* Rn. 6; Widmann/Mayer/*Heckschen* Anh. 14 Rn. 200). Im Falle einer deutschen Gründungsgesellschaft muss daher nur der von ihrem Leitungs- oder Verwaltungsorgan aufgestellte Verschmelzungsplan gemäß § 6 UmwG notariell beurkundet werden, während die Form des Verschmelzungsplans oder der Verschmelzungspläne der übrigen sich verschmelzenden Gesellschaft(en) deren jeweiligem nationalen Verschmelzungsrecht unterliegt (so auch von Hulle/Maul/Drinhausen/*Teichmann* Abschnitt 4 § 2 Rn. 47; aA NK-SE/*Schröder* Rn. 9: Geltung für alle Gründungsgesellschaften, allerdings wohl auf Grund der Annahme, dass der Verschmelzungsplan für alle Gründungsgesellschaften in einer einzigen Urkunde erstellt werden muss, → Rn. 4).

6   Die notarielle Beurkundung des Verschmelzungsvertrags bei der innerstaatlichen Verschmelzung kann, wie sich aus § 4 Abs. 2 UmwG ergibt, sowohl vor als auch nach der Beschlussfassung durch die Anteilsinhaber der sich verschmelzenden Gesellschaften erfolgen; im zuletzt genannten Fall beschließen die Anteilsinhaberversammlungen in zulässiger Weise über den Entwurf des Verschmelzungsvertrags (Lutter/*Drygala* UmwG § 6 Rn. 5; Semler/Stengel/*Schröer* UmwG § 6 Rn. 13; Kallmeyer/*Zimmermann* UmwG § 6 Rn. 2). Dementsprechend kann auch der Verschmelzungsplan gemäß Art. 20 **vor oder nach der Beschlussfassung der Hauptversammlungen** über die Verschmelzung beurkundet werden (LHT/*Bayer* Rn. 9; KK-AktG/*Maul* Rn. 18; *Scheifele* Gründung der SE S. 175; *Schwarz* Rn. 52; *Teichmann* ZGR 2003, 367 [374]).

7   3. Auslandsbeurkundung. Im Rahmen des gemäß Art. 18 entsprechend anwendbaren § 6 UmwG ist eine Auslandsbeurkundung grundsätzlich nur ausreichend, wenn sie hinsichtlich Urkundsperson und -verfahren gleichwertig ist (Semler/Stengel/*Schröer* UmwG § 6 Rn. 17; *Schwarz* Rn. 53). Diese Ansicht lässt sich allerdings auf die SE-Gründung wegen deren Supranationalität nicht übertragen. Die von der deutschen Rechtsprechung und Literatur entwickelte Anforderung der Gleichwertigkeit beruht auf dem Gedanken, dass die Beurkundung die Einhaltung des materiellen Rechts gewährleisten soll (materielle Richtigkeitsgewähr; vgl. Semler/Stengel/*Schröer* UmwG § 6 Rn. 17; Kallmeyer/*Zimmermann* UmwG § 6 Rn. 11). Die SE-Gründung durch Verschmelzung richtet sich jedoch primär nach den Vorgaben der SE-VO, die insbesondere den gesetzlich geforderten Mindestinhalt des Verschmelzungsplans für alle Gründungsgesellschaften verbindlich vorgibt. Die Gewährleistung der materiellen Richtigkeit des Urkundsinhalts erfordert daher keine speziellen Kenntnisse des deutschen Rechts. Vielmehr kann die materielle Richtigkeit auch durch einen Notar eines anderen EU- bzw. EWR-Mitgliedstaats gewährleistet werden, in dem die SE-VO gilt. Um die SE-Gründung nicht unnötig zu erschweren, muss es daher ohne gesonderte Gleichwertigkeitsprüfung als zulässig angesehen werden, wenn die **Beurkundung** des Verschmelzungsplans **im Mitgliedstaat einer der beteiligten Gesell-**

schaften oder im Sitzstaat der künftigen SE erfolgt (so auch LHT/*Bayer* Rn. 8; NK-SE/*Schröder* Rn. 10; *Schwarz* Rn. 53; van Hulle/Maul/Drinhausen/ *Teichmann* Abschnitt 4 § 2 Rn. 47; aA Spindler/Stilz/*Casper* Rn. 6; Widmann/ Mayer/*Heckschen* Anh. 14 Rn. 205; KK-AktG/*Maul* Rn. 19; MüKoAktG/*Schäfer* Rn. 7; noch differenzierend danach, ob die SE ihren Sitz in Deutschland oder im Ausland haben wird Kallmeyer/*Marsch-Barner* Anh. Rn. 20). In der Praxis dürfte es gleichwohl ratsam sein, eine vorgesehene Auslandsbeurkundung mit den beteiligten Registergerichten im Vorfeld abzustimmen (*Jünemann* in BJMS § 2 Rn. 79; Theisen/Wenz/*Neun* S. 98).

4. Sprache. Art. 20 trifft keine Bestimmungen hinsichtlich der Sprache des **8** Verschmelzungsplans. Ähnlich wie für die Frage des Umfangs der Beurkundungspflicht ist auch hierfür entscheidend, ob davon auszugehen ist, dass sich der Verschmelzungsplan aller Gründungsgesellschaften in einem einheitlichen Dokument befinden muss, oder ob man es für zulässig hält, dass jede der Gründungsgesellschaften ein eigenes Dokument erstellt (→ Rn. 4). Wenn man wie hier der Ansicht ist, dass für jede der sich verschmelzenden Gesellschaften ein eigenes Dokument aufgestellt werden kann, bestimmt sich die Sprache gemäß Art. 18 nach dem **Recht der jeweiligen Gründungsgesellschaft** (ebenso LHT/*Bayer* Rn. 10; KK-AktG/*Maul* Rn. 20; MüKoAktG/*Schäfer* Rn. 5; aA NK-SE/*Schröder* Rn. 11). Für eine Gründungsgesellschaft deutschen Rechts muss der Verschmelzungsplan daher bereits aufgrund der Verpflichtung zur Einreichung zum Handelsregister grundsätzlich in deutscher Sprache abgefasst sein oder es muss eine (beglaubigte) Übersetzung in die deutsche Sprache zusammen mit dem in fremder Sprache aufgestellten Verschmelzungsplan eingereicht werden (s. § 488 Abs. 3 FamFG, § 184 GVG). Im Falle der Erstellung eines gemeinsamen Verschmelzungsplans für alle sich verschmelzenden Gesellschaften muss das Dokument allen Anforderungen der Rechtsordnungen der Gründungsgesellschaften genügen, so dass – abhängig von den Anforderungen der beteiligten ausländischen Rechtsordnungen – eine mehrsprachige Urkunde zu erstellen oder mit der in fremder Sprache ausgestellten Urkunde eine, ggf. beglaubigte, Übersetzung in die jeweilige Landessprache zur zuständigen nationalen Stelle einzureichen ist (vgl. Spindler/Stilz/*Casper* Rn. 2; NK-SE/*Schröder* Rn. 11; *Schwarz* Rn. 54; ähnlich LHT/*Bayer* Rn. 10).

5. Mindestinhalt. Der Mindestinhalt des Verschmelzungsplans ergibt sich aus **9** Art. 20 Abs. 1 S. 2 und orientiert sich weitgehend an Art. 5 Abs. 2 Nat-VerschmRL, geht jedoch teilweise darüber hinaus, so zB im Hinblick auf die Aufnahme der Satzung der SE und die Angaben über das Verfahren zur Regelung der Arbeitnehmerbeteiligung. Die SE-VO legt den Mindestinhalt des Verschmelzungsplans selbst abschließend fest (LHT/*Bayer* Rn. 10; KK-AktG/*Maul* Rn. 22; MüKoAktG/*Schäfer* Rn. 12; NK-SE/*Schröder* Rn. 11). Den nationalen Gesetzgebern ist es daher grundsätzlich nicht gestattet, weitere Punkte als zwingenden Inhalt des Verschmelzungsplans für eine SE-Gründung vorzuschreiben. Zulässige Ausnahme ist die Verpflichtung nach § 7 Abs. 1 SEAG, im Verschmelzungsplan einer übertragenden deutschen Gründungsgesellschaft den widersprechenden Aktionären ein **Barabfindungsangebot** zu unterbreiten, falls die künftige SE ihren Sitz im Ausland hat (str.; → Art. 24 Rn. 43 ff.; zur entsprechenden Streitfrage der Zulässigkeit der Parallelregelung für die grenzüberschreitende Verschmelzung in § 122i UmwG s. Semler/Stengel/*Drinhausen* UmwG § 122i Rn. 6 mwN). Denn der nationale Gesetzgeber darf nach **Art. 24 Abs. 2** Regelungen zum Schutz der Minderheitsaktionäre erlassen, die sich gegen die Verschmelzung ausgesprochen haben. Die Verpflichtung, widersprechenden Aktionären ein Barabfindungsangebot zu unterbreiten, stellt eine derartige Regelung dar, die, da auf der SE-VO beruhend, als weitere Pflichtangabe des Verschmelzungsplans vorgesehen werden kann (ebenso LHT/*Bayer* Rn. 13).

10   Von einer Erweiterung des Mindestinhalts des Verschmelzungsplans durch nationales Recht zu unterscheiden ist die Möglichkeit der sich verschmelzenden Gesellschaften, **freiwillig weitere Regelungen** in den Verschmelzungsplan aufzunehmen. Art. 20 Abs. 2 stellt insoweit ausdrücklich klar, dass die sich verschmelzenden Gesellschaften freiwillig weitere Punkte in den Verschmelzungsplan aufnehmen dürfen (LHT/*Bayer* Rn. 14).

11   **a) Firma/Sitz.** Gemäß Art. 20 Abs. 1 S. 2 lit. a sind zunächst die Firma und der Sitz jeder der sich **verschmelzenden Gesellschaften** anzugeben. Erforderlich ist die Angabe der vollständigen Firma. Mit „Sitz" ist, ebenso wie in Art. 5 Abs. 2 lit. a NatVerschmRL und dem diesen umsetzenden § 5 Abs. 1 Nr. 1 UmwG, der Satzungssitz der jeweiligen Gründungsgesellschaft gemeint (LHT/*Bayer* Rn. 15). Die Angaben dienen der eindeutigen Identifizierung der jeweiligen Gründungsgesellschaft (MüKoAktG/*Schäfer* Rn. 13).

12   Ferner sind die für die **SE** vorgesehene Firma und deren geplanter Sitz in den Verschmelzungsplan aufzunehmen. Art. 11 schreibt diesbezüglich vor, dass die SE den Firmenzusatz „SE" führt (*Hirte* NZG 2002, 1 [5]; Theisen/Wenz/*Neun* S. 87; van Hulle/Maul/Drinhausen/*Teichmann* Abschnitt 4 § 2 Rn. 33). Ergänzend kommt über Art. 15 Abs. 1 das für Aktiengesellschaften geltende Firmenrecht des Staates zur Anwendung, in dem die SE ihren Sitz begründet. Der **Satzungssitz** der SE muss sich gemäß Art. 7 S. 1 in dem **Mitgliedstaat** befinden, in dem die SE ihre **Hauptverwaltung** hat (Kallmeyer/*Marsch-Barner* Anh. Rn. 22; MüKo-AktG/*Schäfer* Rn. 13). Nicht erforderlich ist, dass der Sitz der SE im Mitgliedstaat einer der Gründungsgesellschaften liegt. Nach überzeugender Auffassung gilt das sowohl für die Verschmelzung durch Aufnahme als auch für die Verschmelzung durch Neugründung (LHT/*Bayer* Art. 17 Rn. 4; *Jünemann* in BJMS SE § 2 Rn. 62; *Habersack/Verse* EuropGesR § 12 Rn. 16; Widmann/Mayer/*Heckschen* Anh. 14 Rn. 127, 155; Kallmeyer/*Marsch-Barner* Anh. Rn. 22; *Scheifele* Gründung der SE S. 153 f.; *Schwarz* Rn. 21; van Hulle/Maul/Drinhausen/*Teichmann* Abschnitt 4 § 2 Rn. 34; *Walden/Meyer-Landrut* DB 2005, 2119 [2125]; aA Spindler/Stilz/*Casper* Art. 17 Rn. 7; *Ihrig/Wagner* BB 2004, 1749 [1752]; *Jannott* in Jannott/Frodermann HdB SE Kap. 3 Rn. 5; KK-AktG/*Maul* Art. 17 Rn. 27; MüKoAktG/*Schäfer* Art. 17 Rn. 10; *Spitzbart* RNotZ 2006, 369 [376], die der Ansicht sind, dass bei der Verschmelzung durch Aufnahme der Sitz der SE mit dem der aufnehmenden Gesellschaft übereinstimmen muss). Dies ergibt sich aus einem Umkehrschluss aus Art. 37 Abs. 3, welcher für die Gründung durch Umwandlung ein ausdrückliches Sitzverlegungsverbot vorsieht (*Scheifele* Gründung der SE S. 153 f.; *Schwarz* Rn. 21; van Hulle/Maul/Drinhausen/*Teichmann* Abschnitt 4 § 2 Rn. 34; dazu → Rn. 4 zu Art. 17). Die Vorgabe des **Gleichlaufs** von Satzungssitz und Hauptverwaltung ist von der EU-Kommission im Rahmen der Revision der SE-VO gemäß Art. 69 S. 2 lit. a untersucht worden. In ihrem Evaluierungsbericht von 2010 wird auf die Rechtsprechung des EuGH verwiesen, die die Zulässigkeit eines Auseinanderfallens von Satzungs- und Verwaltungssitz aus dem EU-Primärrecht herleitet. Danach scheint die Kommission für eine Abschaffung dieses Gleichlaufs offen zu sein (vgl. Bericht der Kommission an das Europäische Parlament und den Rat über die Anwendung der SE-VO vom 17.11.2010, KOM(2010) 676, S. 8; s. dazu auch *Kiem* CFL 2011, 134 [138]). Der ehemalige § 2 SEAG, der bei einer deutschen SE vorsah, dass sich der Satzungssitz am selben Ort wie die Hauptverwaltung befinden muss, ist im Rahmen des Gesetzes zur Modernisierung des GmbH-Rechts und zur Bekämpfung von Missbräuchen (MoMiG) vom 23.10.2008 (BGBl. I S. 2026) aufgehoben worden. Diese Aufhebung war aufgrund des Wahlrechts in Art. 7 S. 2 zulässig.

b) Umtauschverhältnis/Ausgleichsleistung. Gemäß Art. 20 Abs. 1 lit. b **13** muss der Verschmelzungsplan das Umtauschverhältnis der Aktien und für den Fall, dass eine Ausgleichsleistung zu zahlen ist, die Höhe dieser Ausgleichszahlung festlegen. Bei einer Verschmelzung auf die Alleingesellschafterin (Upstream-Merger) sind diese Angaben nach der ausdrücklichen Regelung in Art. 31 Abs. 1 S. 1 entbehrlich.

aa) Umtauschverhältnis. Das Umtauschverhältnis bestimmt die Höhe der **14** Beteiligung an der SE, die die Aktionäre der Gründungsgesellschaften im Austausch für ihre Beteiligung an der jeweiligen Gründungsgesellschaft erhalten. Die Bestimmung des Umtauschverhältnisses hängt von der **Wertrelation** ab, welche auf der Grundlage einer Bewertung der an der Verschmelzung beteiligten Gesellschaften ermittelt wird (Kallmeyer/*Marsch-Barner* Anh. Rn. 23; Theisen/Wenz/ *Neun* S. 88). Art. 20 selbst gibt keinen Aufschluss darüber, wie das Umtauschverhältnis zu ermitteln ist, weshalb insoweit wiederum gemäß Art. 18 das Recht der jeweiligen Gründungsgesellschaft maßgeblich ist (KK-AktG/*Maul* Rn. 30; MüKoAktG/*Schäfer* Rn. 15; *Schwarz* Rn. 25). In Deutschland werden von den Gerichten verschiedene Bewertungsmethoden, insbesondere das **Ertragswertverfahren** und die **DCF-Methode,** anerkannt (hierzu näher die Beiträge von *Böcking/Nowak* (§ 4) und *Jonas/Wieland-Blöse* (§ 9)in Fleischer/Hüttemann (Hrsg.), Rechtshandbuch Unternehmensbewertung, 2015, sowie Semler/Stengel/*Gehling* UmwG § 8 Rn. 22 ff.; Kallmeyer/*Marsch-Barner* UmwG § 8 Rn. 13 ff.). Bei der Gründung einer SE sind jedoch auch Vorgaben aus Recht oder Praxis der beteiligten ausländischen Gesellschaft(en) zu berücksichtigen. Mangels einheitlicher Vorgaben auf EU-Ebene können für diese andere Bewertungsmethoden maßgeblich sein. In der Praxis sollten sich die Gründungsgesellschaften daher nach Möglichkeit **auf ein Bewertungsverfahren einigen,** welches in allen beteiligten Rechtsordnungen anerkannt wird (LHT/*Bayer* Rn. 18; Kallmeyer/*Marsch-Barner* Anh. Rn. 23; MüKoAktG/*Schäfer* Rn. 15; *Walden/ Meyer-Landrut* DB 2005, 2119 [2122]; *Kiem* ZGR 2007, 542 [561 ff.]). Bei Bestellung eines gemeinsamen sachverständigen Prüfers nach Art. 22 ist dies sogar notwendig (MüKoAktG/*Schäfer* Rn. 15; zum Ganzen auch *Großfeld* NZG 2002, 353 [356 ff.]).

bb) Verzicht auf Anteilsgewährung. Die Möglichkeit eines Verzichts auf **15** die Gewährung von Anteilen durch die Aktionäre einer übertragenden AG sieht, vom Sonderfall der Upstream-Verschmelzung (Art. 31 Abs. 1) abgesehen, weder die SE-RL noch die SE-VO vor. Ist an der SE-Gründung eine deutschem Recht unterliegende übertragende AG beteiligt, so könnte über die Verweisung in Art. 18 auf das deutsche Umwandlungsrecht ein **Verzicht nach § 68 Abs. 1 S. 3 UmwG** in Betracht kommen. Diese Regelung entbindet jedoch die übernehmende Gesellschaft von der Anteilsgewährung. Unterliegt diese ausländischem Recht, so ist für die Frage der Anteilsgewährung durch diese (auch) das ausländische Recht zuständig. Ein Verzicht auf Anteilsgewährung im Rahmen der SE-Gründung durch Verschmelzung setzt daher – neben formgerechten Verzichtserklärungen aller Anteilsinhaber der übertragenden AG – voraus, dass beide beteiligten Rechtsordnungen eine übereinstimmende Ausnahme von der Pflicht zur Anteilsgewährung vorsehen (vgl. dazu Widmann/Mayer/*Heckschen* Anh. 14 Rn. 159).

cc) Ausgleichsleistung. Ausgleichsleistungen können zum Ausgleich von **16** Spitzenbeträgen erforderlich werden (*Scheifele* Gründung der SE S. 157). Umstritten ist, welche Rechtsvorschriften für Art und Umfang etwaiger Ausgleichsleistungen bei der Gründung einer SE durch Verschmelzung maßgebend sind. Da die zu gründende SE Schuldnerin der Ausgleichsleistung sein wird, wird die

Ausgleichsleistung teilweise dem Anwendungsbereich des Art. 15 Abs. 1 zugeordnet, so dass das Gründungsrecht des künftigen Sitzstaats der SE zur Anwendung käme (LHT/*Bayer* Rn. 19). Nach anderer Ansicht sind gemäß Art. 18 die
nationalen **Verschmelzungsvorschriften der Gründungsgesellschaften** anzuwenden, da durch sie gewährleistet wird, dass die Schutzmechanismen zugunsten der Aktionäre des übertragenden Rechtsträgers nicht außer Kraft gesetzt
werden (Kallmeyer/*Marsch-Barner* Anh. Rn. 24; MüKoAktG/*Schäfer* Rn. 14;
Walden/*Meyer-Landrut* DB 2005, 2119 [2122]). Überzeugend erscheint die Anwendung des Art. 18, da die Ausgleichsleistung eine verschmelzungsspezifische
Besonderheit zum Schutz der Aktionäre der sich verschmelzenden Gesellschaften
ist, die durch die Gründungsgesellschaften bereits vor Gründung der SE im
Verschmelzungsplan festgelegt werden muss. Sie ist daher eher dem Verschmelzungsverfahren als der SE-Gründung im engeren Sinne zuzuordnen. Die Gewährung der Ausgleichsleistung durch die SE stellt demgegenüber nur noch eine
Ausführungshandlung dar. Art und Umfang etwaiger Ausgleichsleistungen bestimmen sich daher für die Aktionäre der sich verschmelzenden Gesellschaften
nach dem jeweils anwendbaren Verschmelzungsrecht. Bei einer **deutschen
Gründungsgesellschaft** können Ausgleichsleistungen durch bare Zuzahlung zu
gewähren sein, wenn bei der Berechnung des Umtauschverhältnisses Spitzen-
beträge verbleiben, auf die keine Anteile entfallen (*Jünemann* in BJMS SE § 2
Rn. 63; *Scheifele* Gründung der SE S. 157; *Schwarz* Art. 23 Rn. 29). Die Höhe
der Ausgleichsleistungen durch eine Gründungsgesellschaft deutschen Rechts ist
gemäß § 68 Abs. 3 UmwG auf **maximal 10 %** des Gesamtnennbetrags der
gewährten Aktien beschränkt (Kallmeyer/*Marsch-Barner* Anh. Rn. 24; KK-
AktG/*Maul* Rn. 36; MüKoAktG/*Schäfer* Rn. 14; im Erg. ebenso LHT/*Bayer*
Rn. 19 über die Verweisung des Art. 15 Abs. 1 sowie *Scheifele* Gründung der SE
S. 157 f. und *Schwarz* Rn. 29 über Art. 17 Abs. 2; zur Berechnung der 10 %
Grenze Kallmeyer/*Marsch-Barner* UmwG § 68 Rn. 20). Bei einer **ausländischen
Gründungsgesellschaft** können auch andere Ausgleichsleistungen als bare Zuzahlungen in Betracht kommen (vgl. MüKoAktG/*Schäfer* Rn. 14 unter Hinweis
auf die Gewährung von Schuldverschreibungen oder Leistungen Dritter). Auch
die Obergrenze von 10 % im Falle barer Zuzahlungen muss für diese nicht gelten.
Zwar sieht Art. 3 Abs. 1 NatVerschmRL, auf den Art. 17 Abs. 2 lit. a verweist,
nur bare Zuzahlungen in Höhe von 10 % vor. Art. 30 NatVerschmRL erlaubt
aber auch darüber hinaus gehende Zahlungen (LHT/*Bayer* Rn. 19).

17   **c) Einzelheiten der Übertragung der Aktien.** Gemäß Art. 20 Abs. 1 lit. c
müssen die Einzelheiten der Übertragung der Aktien der SE an die Aktionäre der
Gründungsgesellschaften in den Verschmelzungsplan aufgenommen werden. Dieses Erfordernis entfällt gemäß Art. 31 Abs. 1 S. 1 im Falle der Gründung durch
Verschmelzung auf den Alleingesellschafter.

18   Zu den Einzelheiten der Übertragung zählen die **Herkunft der Aktien** und
die **Kosten** der Übertragung. Anzugeben ist also, ob es sich um neue Aktien aus
einer Kapitalerhöhung oder eigene Aktien der übernehmenden Gesellschaft handelt (*Jünemann* in BJMS SE § 2 Rn. 63; KK-AktG/*Maul* Rn. 37; MüKoAktG/
Schäfer Rn. 16). Ferner ist zu berücksichtigen, dass es sich um einen Vorgang in
der Gründungsphase der SE handelt, der sich auf der Ebene der Gründungsgesellschaften abspielt, weshalb eine übertragende Gesellschaft deutschen Rechts gemäß Art. 18 iVm § 71 UmwG einen **Treuhänder** zur Entgegennahme und
Weitergabe der Aktien der SE bestellen muss (LHT/*Bayer* Rn. 20; Widmann/
Mayer/*Heckschen* Anh. 14 Rn. 160; Schmitt/Hörtnagl/Stratz/*Hörtnagl* Rn. 10;
Kallmeyer/*Marsch-Barner* Anh. Rn. 25; KK-AktG/*Maul* Rn. 37; MüKoAktG/
Schäfer Rn. 20; *Scheifele* Gründung der SE S. 158; *Schwarz* Rn. 30; einschränkend
Sagasser/*Swienty* DStR 1991, 1188 [1193], die auf der Grundlage von Art. 11a

Abs. 1 SE-VO-E vom 6./16.5.1991, der dem endgültigen 15 Abs. 1 SE-VO entspricht, zur Anwendbarkeit des § 346 Abs. 2 AktG aF, dem heutigen § 71 UmwG, nur gelangen, wenn die SE ihren Sitz in Deutschland hat). Die Bestellung des Treuhänders ist in den Verschmelzungsplan aufzunehmen.

d) Zeitpunkt der Gewinnberechtigung. Gemäß Art. 20 Abs. 1 lit. d sind **19** der Zeitpunkt, von dem an die Aktien der SE das Recht auf Beteiligung am Gewinn gewähren, sowie alle Besonderheiten in Bezug auf dieses Recht im Verschmelzungsplan anzugeben. Dieses Erfordernis entfällt gemäß Art. 31 Abs. 1 S. 1 im Fall der Gründung durch Verschmelzung auf den Alleingesellschafter.

Die Aktionäre der Gründungsgesellschaften werden mit **Eintragung** der SE **20** deren Aktionäre und sind, falls der Verschmelzungsplan nichts anderes vorsieht, grundsätzlich von diesem Zeitpunkt an gewinnberechtigt (Theisen/Wenz/*Neun* S. 89; *Schwarz* Rn. 31). Da dieser Zeitpunkt regelmäßig nicht genau vorhersehbar ist, steht es den Gründungsgesellschaften frei, einen **anderen Termin** festzulegen (Widmann/Mayer/*Heckschen* Anh. 14 Rn. 162 f.; Kallmeyer/*Marsch-Barner* Anh. Rn. 26). Ggf. sind jedoch Vorgaben des nationalen Verschmelzungsrechts, insbesondere der beteiligten ausländischen Gesellschaften zu beachten. Da es vor allem wegen des Verhandlungsverfahrens zur Regelung der Arbeitnehmerbeteiligung zu Verzögerungen der Eintragung kommen kann, ist eine **variable Stichtagsregelung** ratsam (LHT/*Bayer* Rn. 21; Kallmeyer/*Marsch-Barner* Anh. Rn. 26; KK-AktG/*Maul* Rn. 38; Theisen/Wenz/*Neun* S. 89; MüKoAktG/*Schäfer* Rn. 17; *Scheifele* Gründung der SE S. 159).

e) Verschmelzungsstichtag. Gemäß Art. 20 Abs. 1 lit. e ist im Verschmel- **21** zungsplan der Zeitpunkt anzugeben, von dem an die Handlungen der sich verschmelzenden Gesellschaften unter dem Gesichtspunkt der Rechnungslegung als für die SE vorgenommen gelten. Dieser sog. Verschmelzungsstichtag kann von den Gründungsgesellschaften grundsätzlich **frei bestimmt** werden (LHT/*Bayer* Rn. 22; Widmann/Mayer/*Heckschen* Anh. 14 Rn. 167; Kallmeyer/*Marsch-Barner* Anh. Rn. 27; *Scheifele* Gründung der SE S. 159; *Schwarz* Rn. 32). Auch hier können jedoch abweichende Vorgaben der nationalen Rechtsordnungen zu beachten sein, denen die an der Verschmelzung beteiligten Gesellschaften unterliegen. Ist eine deutsche AG als übertragende Gesellschaft an der SE-Gründung durch Verschmelzung beteiligt, muss der Verschmelzungsstichtag unmittelbar dem Stichtag der Schlussbilanz der übertragenden deutschen AG folgen (Kallmeyer/*Marsch-Barner* Anh. Rn. 27; *Scheifele* Gründung der SE S. 159; *Schwarz* Rn. 32; van Hulle/Maul/Drinhausen/*Teichmann* Abschnitt 4 § 2 Rn. 38; aA KK-AktG/*Maul* Rn. 39 mwN zum Meinungsstand im nationalen Verschmelzungsrecht). Die Schlussbilanz darf wiederum gemäß Art. 18 iVm § 17 Abs. 2 S. 4 UmwG nicht auf einen Bilanzstichtag bezogen sein, der länger als acht Monate vor dem Zeitpunkt der Anmeldung der Verschmelzung zur Eintragung in das Handelsregister liegt, wobei gemäß Art. 25 der Antrag auf Ausstellung der Rechtmäßigkeitsbescheinigung an die Stelle der in § 17 Abs. 2 S. 4 UmwG vorgesehenen Anmeldung tritt. Für eine deutsche übernehmende Gesellschaft gilt das Erfordernis der Beifügung einer Schlussbilanz und somit auch die Achtmonatsfrist dagegen nicht, da § 17 Abs. 2 S. 4 UmwG ausdrücklich nur für übertragende Rechtsträger gilt. Regelmäßig wird aus Gründen der Praktikabilität als Verschmelzungsstichtag und Beginn des Dividendenbezugsrechts der **Beginn des Geschäftsjahres** gewählt (vgl. *Walden*/*Meyer-Landrut* DB 2005, 2119 [2123]). Aufgrund der Unwägbarkeiten des Verschmelzungsverfahrens empfiehlt sich auch insoweit eine **variable Stichtagsregelung** (LHT/*Bayer* Rn. 22; *Jünemann* in BJMS SE § 2 Rn. 71; Kallmeyer/*Marsch-Barner* Anh. Rn. 27; Theisen/Wenz/*Neun* S. 90 f.; MüKoAktG/*Schäfer* Rn. 17; *Scheifele* Gründung der SE S. 160; *Schwarz* Rn. 32). Der Verschmelzungsstichtag kann für jede Gründungsgesellschaft **unterschiedlich** festgelegt werden (LHT/*Bayer* Rn. 22; *Drinhausen,* 10 Jahre SE, S. 45; Kallmeyer/*Marsch-Barner* Anh. Rn. 27; KK-AktG/*Maul* Rn. 41; *Scheifele* Gründung der SE S. 160; *Schwarz* Rn. 33; s. dazu auch Lutter/ *Lutter/Drygala* UmwG § 5 Rn. 46), was insbesondere bei abweichenden Geschäftsjahren der Gründungsgesellschaften sinnvoll sein kann. Dies setzt allerdings voraus, dass die Rechtsordnungen aller beteiligten Gründungsgesellschaften unterschiedliche Verschmelzungsstichtage zulassen.

22   **f) Sonderrechte.** Gemäß Art. 20 Abs. 1 lit. f muss der Verschmelzungsplan die Rechte angeben, welche die SE den mit Sonderrechten ausgestatteten Aktionären der Gründungsgesellschaften und den Inhabern anderer Wertpapiere als Aktien gewährt, oder die für diese Personen vorgeschlagenen Maßnahmen. Mit dieser Angabe sollen zum einen die betroffenen Aktionäre unterrichtet und zum anderen die übrigen Aktionäre darüber informiert werden, ob und inwieweit der **Gleichbehandlungsgrundsatz** in der künftigen SE durchbrochen wird (Theisen/Wenz/*Neun* S. 92; MüKoAktG/*Schäfer* Rn. 18; van Hulle/Maul/Drinhausen/*Teichmann* Abschnitt 4 § 2 Rn. 39). Ebenso wie nach Art. 5 lit. g Int-VerschmRL, in Deutschland umgesetzt durch § 122c Abs. 2 Nr. 7 UmwG, sind jedoch nur solche Sonderrechte und Wertpapiere anzugeben, die im Austausch für entsprechende Rechte in einer übertragenden Gesellschaft gewährt werden oder die Aktionären oder sonstigen Rechtsinhabern in der aufnehmenden Gesellschaft bereits vor der Verschmelzung zugestanden haben (vgl. LHT/*Bayer* Rn. 23; Schmitt/Hörtnagl/Stratz/*Hörtnagl* Rn. 13; *Scheifele* Gründung der SE S. 161 f.; *Schwarz* Rn. 35). Was unter **Sonderrechten** und **Wertpapieren** im Sinne der Vorschrift zu verstehen ist, ergibt sich nicht aus der Verordnung, da Sonderrechte und Wertpapiere der Gründungsgesellschaften gemeint sind. Das Verständnis dieser bewusst weit gefassten Begriffe sich daher am jeweiligen nationalen Recht der Gründungsgesellschaften orientieren (*Scheifele* Gründung der SE S. 160 f.; *Schwarz* Rn. 34). Unter lit. f fallende Sonderrechte und Wertpapiere können aber nur solche sein, die Rechte gewähren, welche nicht durch gewöhnliche Aktien der jeweiligen Gründungsgesellschaft vermittelt werden (*Scheifele* Gründung der SE S. 161; *J. Schmidt* S. 177; *Schwarz* Rn. 34). Erfasst sind daher insbesondere stimmrechtslose Vorzugsaktien, Aktien mit Mehrfachstimmrechten oder Höchststimmrechten sowie Schuldverschreibungen und Genussrechte (KK-AktG/*Maul* Rn. 42; MüKoAktG/*Schäfer* Rn. 18; *J. Schmidt* S. 177; *Walden/Meyer-Landrut* DB 2005, 2119 [2123]). Nicht erfasst sind hingegen zwischen einzelnen Anteilsinhabern vereinbarte schuldrechtliche Sonderstellungen wie bspw. Stimmrechtsvereinbarungen (Theisen/Wenz/*Neun* S. 92).

23   In Anlehnung an die Regelung in § 5 Abs. 1 Nr. 7 UmwG wird teilweise angenommen, die Angaben über Sonderrechte seien entbehrlich, wenn diese **allen Aktionären** gewährt werden (Theisen/Wenz/*Neun* S. 57, 92; MüKo-AktG/*Schäfer* Rn. 18). Nach § 5 Abs. 1 Nr. 7 UmwG sind „einzelnen", nicht aber „allen" Anteilsinhabern eingeräumte Rechte anzugeben. Diese Unterscheidung ist jedoch nicht übertragbar, da Art. 20 lit. f gerade keine Differenzierung nach „einzelnen" im Gegensatz zu „allen" Anteilsinhabern gewährten Sonderrechten vornimmt. Der Vorschrift lässt sich daher keine Einschränkung auf Rechte entnehmen, die einzelnen Aktionären eingeräumt werden, so dass nach Art. 20 Abs. 1 lit. f im Verschmelzungsplan auch solche Rechte oder Maßnahmen aufzuführen sind, die allen mit Sonderrechten ausgestatteten Aktionären im gleichen Umfang gewährt oder vorgeschlagen werden (LHT/*Bayer* Rn. 23; KK-AktG/*Maul* Rn. 42; *Scheifele* Gründung der SE S. 162; *Schwarz* Rn. 35; einschr. MüKoAktG/*Schäfer* Rn. 18).

24   **g) Besondere Vorteile.** Gemäß Art. 20 Abs. 1 lit. g muss der Verschmelzungsplan jeden besonderen Vorteil angeben, der den Sachverständigen, die den

Verschmelzungsplan prüfen, oder Mitgliedern der Verwaltungs-, Leitungs-, Aufsichts- oder Kontrollorgane der sich verschmelzenden Gesellschaften gewährt wird. Diese Angabe dient dem Schutz der Aktionäre, damit diese beurteilen können, ob den an der Verschmelzung maßgeblich beteiligten Personen Vorteile gewährt werden, die Zweifel an deren Objektivität begründen können (Widmann/Mayer/*Heckschen* Anh. 14 Rn. 169; KK-AktG/*Maul* Rn. 45; MüKo-AktG/*Schäfer* Rn. 19; *Schwarz* Rn. 38). Die Norm erfasst sowohl Leistungen an obligatorische als auch an fakultative Organe, sofern letztere eine überwachende und nicht nur beratende Funktion wahrnehmen (LHT/*Bayer* Rn. 24; KK-AktG/*Maul* Rn. 46; *Scheifele* Gründung der SE S. 162; *J Schmidt* S. 178; *Schwarz* Rn. 38). Dabei ist unter „besonderem Vorteil" **jede Vergünstigung** zu verstehen, der **keine konkrete Gegenleistung** gegenübersteht, sofern sie im Zusammenhang mit der Verschmelzung gewährt wird (LHT/*Bayer* Rn. 24). Nicht als besonderer Vorteil im Verschmelzungsplan anzugeben ist die (marktübliche) Vergütung des Sachverständigen für die Durchführung der Verschmelzungsprüfung (LHT/*Bayer* Rn. 24; KK-AktG/*Maul* Rn. 46; *Scheifele* Gründung der SE S. 163; *Schwarz* Rn. 38). Ist vorgesehen, dass ein Organmitglied einer der Gründungsgesellschaften zum Mitglied eines Organs der SE bestellt werden soll, stellt dies zwar noch keinen Sondervorteil dar, da kein rechtlich durchsetzbarer Anspruch der betreffenden Person auf tatsächliche Einräumung der Organstellung begründet wird (Lutter/*Drygala* UmwG § 5 Rn. 81; Kallmeyer/*Marsch-Barner* UmwG § 5 Rn. 44). Im Rahmen der Parallelvorschrift des § 5 Abs. 1 Nr. 8 UmwG wird jedoch verbreitet angenommen, dass dies dennoch im Sinne einer umfassenden Information der Anteilseigner im Verschmelzungsvertrag anzugeben sei. Begründet wird dies damit, dass auch die bloße Absicht der Einräumung einer Organstellung geeignet sei, die Interessenlage des betroffenen Organmitglieds zu beeinflussen (Lutter/*Drygala* UmwG § 5 Rn. 81; Kallmeyer/*Marsch-Barner* UmwG § 5 Rn. 44 und Anh. Rn. 29; Widmann/Mayer/*Mayer* UmwG § 5 Rn. 172; Semler/Stengel/*Schröer* UmwG § 5 Rn. 73; KK-UmwG/*Simon* § 5 Rn. 130). In der Praxis empfiehlt es sich daher, eine entsprechende Bestellungsabsicht aus Vorsichtsgründen im Verschmelzungsplan anzugeben (ebenso *Drinhausen,* 10 Jahre SE, S. 45f; für Angabepflicht LHT/*Bayer* Rn. 24).

h) Satzung. aa) Begriff der Satzung. Gemäß Art. 20 Abs. 1 lit. h muss der **25** Verschmelzungsplan die Satzung der SE enthalten. Gemeint ist sowohl die Gründungsurkunde wie auch die Satzung im eigentlichen Sinne (LHT/*J. Schmidt* § 6 Rn. 4; auch → Art. 6 Rn. 2; aA NK-SE/*Schröder* Art. 6 Rn. 2). Gründungsurkunde iSd Art. 6 ist bei der SE-Gründung durch Verschmelzung der Verschmelzungsplan (→ Art. 6 Rn. 7; NK-SE/*Schröder* Art. 6 Rn. 4).

bb) Satzungsfeststellung. Die Feststellung der Satzung richtet sich gemäß **26** Art. 15 nach dem **Recht des Sitzstaates** der SE (Widmann/Mayer/*Heckschen* Anh. 14 Rn. 170.1; *Scheifele* Gründung der SE S. 163; *Schwarz* Rn. 40). Wenn die SE ihren Sitz in Deutschland haben soll, muss die Satzung entsprechend § 23 Abs. 1 AktG von den Gründungsgesellschaften, vertreten durch ihre Leitungsorgane, als Teil des Verschmelzungsplans festgestellt werden (*Scheifele* Gründung der SE S. 163 f.; aA MüKoAktG/*Schäfer* Rn. 20, wonach die Feststellung der Satzung erst durch die Zustimmungsbeschlüsse der Hauptversammlungen gemäß Art. 23 Abs. 1 erfolgt). Dies gilt sowohl für die Verschmelzung durch Neugründung als auch für die Verschmelzung durch Aufnahme. Im Ergebnis entspricht das Erfordernis der Satzungsfeststellung im Verschmelzungsplan bei der Verschmelzung durch Neugründung einer SE den §§ 37, 74 UmwG bei der nationalen Verschmelzung durch Neugründung einer AG, bei der die Satzung im Verschmelzungsvertrag festgestellt wird (Kallmeyer/*Marsch-Barner* Anh. Rn. 30; *Scheifele* Gründung der SE S. 164). Bei der Verschmelzung durch Aufnahme, die zum Rechtsformwechsel der aufnehmenden Gesellschaft in die SE führt, erfolgt die Satzungsfeststellung beim nationalen Formwechsel in eine AG im Rahmen des Umwandlungsbeschlusses (§§ 240 Abs. 1 S. 1, 218 Abs. 1 S. 1 UmwG; Kallmeyer/*Marsch-Barner* Anh. Rn. 30)

27   Hinsichtlich der **Form** der Satzungsfeststellung sind zum einen die Formerfordernisse des Verschmelzungsplans zu beachten, die die Satzung als dessen Bestandteil notwendigerweise mit erfassen. Ferner sind gemäß Art. 15 Abs. 1 etwaige Formvorgaben des Sitzstaates der SE für die Feststellung der Satzung im Rahmen der Gründung einer Aktiengesellschaft zu beachten (*Jünemann* in BJMS SE § 2 Rn. 75; *Schwarz* Rn. 43). Bei einer SE mit Sitz in Deutschland gilt sowohl für den Verschmelzungsplan (Art. 18 iVm § 6 UmwG) als auch für die Satzungsfeststellung (Art. 15 iVm Art. 23 Abs. 1 AktG) das Erfordernis der **notariellen Beurkundung** (*Scheifele* Gründung der SE S. 163; *Schwarz* Rn. 43), wobei in der Praxis beide Beurkundungserfordernisse durch die Beurkundung des Verschmelzungsplans einschließlich der Satzung, die zur besseren Übersichtlichkeit in der Regel als Anlage beigefügt wird, erfüllt werden.

28   **cc) Inhalt der Satzung.** Die inhaltlichen Anforderungen an die Satzung ergeben sich zum einen aus der SE-VO selbst, zum anderen aus dem gemäß Art. 15 Abs. 1 maßgeblichen Recht des Sitzstaates der SE (s. zu den Einzelheiten Kallmeyer/*Marsch-Barner* Anh. Rn. 31 ff. und *Scheifele* Gründung der SE S. 165 ff.; für Verweisung gemäß Art. 9 Abs. 1 lit. b und lit. c iii SE-VO LHT/ *J. Schmidt* Art. 6 Rn. 16).

29   **Zwingend** durch die SE-VO vorgeschrieben ist insbesondere folgender Inhalt:

– die Wahl des monistischen oder dualistischen Verwaltungssystems (Art. 38 lit. b);
– beim dualistischen Verwaltungssystem: Bestimmung der Zahl der Mitglieder des Leitungsorgans oder der Regeln für ihre Festlegung (Art. 39 Abs. 4) sowie der Zahl der Mitglieder des Aufsichtsorgans oder der Regeln für ihre Festlegung (Art. 40 Abs. 3; auch → Rn. 32);
– beim monistischen Verwaltungssystem: die Zahl der Mitglieder des Verwaltungsorgans oder die Regeln für ihre Festlegung (Art. 43 Abs. 2; → Art. 43 Rn. 18 ff.; → SEBG § 21 Rn. 21) sowie die Abstände, in denen das Verwaltungsorgan sich zur Beratung trifft (mindestens alle drei Monate, Art. 44);
– die Amtsdauer der Organe der Gesellschaft (maximal sechs Jahre, Art. 46 Abs. 1); nach überwiegender Ansicht genügt es dabei, die maximale Amtsdauer festzulegen; eine Bestimmung der konkreten Amtsdauer ist nicht erforderlich (näher → Art. 46 Rn. 10 sowie *Drinhausen/Nohlen* ZIP 2009, 1890 ff.; Kallmeyer/*Marsch-Barner* Anh. Rn. 36, jeweils mwN);
– die Geschäfte, für welche im dualistischen Verwaltungssystem das Aufsichtsorgan dem Leitungsorgan seine Zustimmung erteilen muss bzw. im monistischen System ein ausdrücklicher Beschluss des Verwaltungsorgans erforderlich ist (Art. 48 Abs. 1);
– Verfahren und Fristen für die Ergänzung der Tagesordnung durch eine Aktionärsminderheit, falls vom Recht des Sitzstaates nicht geregelt (Art. 56 S. 2).

30   **Fakultativ** sieht die SE-VO folgende Regelungsmöglichkeiten in der Satzung vor:

– die Bestellung der Mitglieder des ersten Aufsichtsorgans (Art. 40 Abs. 2 S. 2) oder des ersten Verwaltungsorgans (Art. 43 Abs. 3 S. 2);
– etwaige Einschränkungen für die Wiederbestellung von Organmitgliedern (Art. 46 Abs. 2);
– Modalitäten der Beschlussfähigkeit und der Beschlussfassung der Organe der SE (Art. 50 Abs. 1 und Abs. 2);

– Zweitstimmrecht des Organvorsitzenden (Art. 50 Abs. 2);
– erforderlicher Anteilsbesitz für Antrag auf Einberufung der Hauptversammlung (Art. 55 Abs. 1) sowie auf Ergänzung der Tagesordnung (Art. 56 S. 3) durch eine Aktionärsminderheit. Bei einer SE mit Sitz in Deutschland bleibt diesbezüglich allerdings kein Regelungsspielraum, da § 50 Abs. 1 SEAG aufgrund der Ermächtigung in Art. 55 Abs. 1 die Einberufung durch Aktionäre erlaubt, die mindestens 5 % des Grundkapitals halten, und Abweichungen durch die Satzung nicht zulässt; entsprechendes gilt für die Ergänzung der Tagesordnung, die gemäß § 50 Abs. 2 SEAG iVm der Ermächtigung des Art. 56 S. 3 ab einem Anteilsbesitz von 5 % des Grundkapitals oder einem anteiligen Betrag von 500.000 Euro beantragt werden kann.

Darüber hinaus muss eine SE mit Sitz in Deutschland gemäß Art. 15 iVm § 23 **31** Abs. 3 AktG Angaben über die **Firma** und den **Sitz** der Gesellschaft, den **Gegenstand des Unternehmens,** die Höhe des **Grundkapitals** (gemäß Art. 4 mindestens 120.000 Euro), die Zerlegung des Grundkapitals in Nennbetragsaktien oder in Stückaktien und die Festlegung auf Inhaber- oder Namensaktien enthalten. Ferner müssen gemäß §§ 26, 27 AktG etwaige Sondervorteile, Gründungsaufwand sowie etwaige Sacheinlagen aufgeführt werden (*Brandes* AG 2005, 177 [182]; Kallmeyer/*Marsch-Barner* Anh. Rn. 35).

Bei der Verschmelzung durch Neugründung kann die **Grundkapitalziffer 32** unter Beachtung der Vorgaben zum Mindestkapital gemäß Art. 4 in der Satzung frei festgelegt werden. Die Verschmelzung durch Aufnahme führt dagegen zu einem Rechtsformwechsel der aufnehmenden AG in die Rechtsform der SE. Unterliegt die aufnehmende AG deutschem Recht und soll die SE ihren Sitz in Deutschland haben, sind daher über die Verweisung des Art. 15 Abs. 1 auch die Vorgaben der §§ 190 ff. UmwG für die „Gründung" einer AG durch Formwechsel zu beachten. Gemäß § 247 Abs. 1 UmwG entspricht das Grundkapital der SE grundsätzlich dem Grundkapital der formwechselnden, aufnehmenden AG im Zeitpunkt des Wirksamwerdens der Verschmelzung zur Gründung der SE, es sei denn, es wurde eine Kapitalerhöhung oder -herabsetzung unter Beachtung der aktienrechtlichen Vorgaben durchgeführt (§ 243 Abs. 2 UmwG). Die freie Festlegung einer Kapitalziffer in der Satzung der SE, die von der Kapitalziffer in der aufnehmenden AG abweicht, ist daher nicht möglich; allerdings kommt der Angabe der Grundkapitalziffer der SE in der „Gründungssatzung" in diesem Fall aufgrund der gesetzlichen Vorgaben der §§ 243 Abs. 2, 247 Abs. 1 UmwG lediglich deklaratorische Bedeutung zu (s. dazu *Drinhausen/Keinath* S. 97 f. sowie bezüglich der Aufnahme der Satzung in den Verschmelzungsplan bei der grenzüberschreitenden Verschmelzung Semler/Stengel/*Drinhausen* UmwG § 122c Rn. 30). Vor diesem Hintergrund erfordern **Änderungen der Grundkapitalziffer** der aufnehmenden AG **nach Aufstellung des Verschmelzungsplans,** die insbesondere durch Kapitalerhöhungen aus bedingtem Kapital erfolgen können, keine nachträgliche Änderung des Verschmelzungsplans mit der Folge einer Verpflichtung zu erneuter Offenlegung gemäß Art. 18 iVm § 61 UmwG, erneuter Zuleitung an den Betriebsrat (Art. 18 iVm § 5 Abs. 3 UmwG) oder erneuter Vorlage zur Beschlussfassung an die Hauptversammlungen der sich verschmelzenden Gesellschaften gemäß Art. 23 Abs. 1 (*Drinhausen/Keinath* S. 98). Unterliegt die aufnehmende AG ausländischem Recht oder soll die SE ihren Sitz im Ausland haben, sind etwaige Vorgaben des ausländischen Rechts zu den Auswirkungen zwischenzeitlicher Änderungen der Grundkapitalziffer der aufnehmenden AG zu beachten.

Schließlich ist zu beachten, dass die Satzung der SE gemäß Art. 12 Abs. 4 zu **33** keinem Zeitpunkt im Widerspruch zu einer etwaigen **Vereinbarung über die Arbeitnehmerbeteiligung** in der SE stehen darf. Dabei geht es vor allem um

Satzungsbestimmungen zur Anzahl der Mitglieder des Aufsichts- oder Verwaltungsorgans. Gemäß § 21 Abs. 3 Nr. 1 SEBG soll eine Vereinbarung, die die Mitbestimmung der Arbeitnehmer in der SE regelt, auch die Zahl der Mitglieder des Aufsichts- oder Verwaltungsorgans festlegen, die von der Arbeitnehmerseite gewählt werden. Nach zutreffender, aber umstrittener Auffassung bleibt damit zwar die Bestimmung der Gesamtzahl der Mitglieder des Aufsichts- oder Verwaltungsorgans ausschließlich dem Satzungsgeber vorbehalten, so dass für eine SE mit Sitz in Deutschland insbesondere die diesbezüglichen zwingenden Vorgaben aus Art. 40 Abs. 3 iVm § 17 Abs. 1 SEAG (Mindest- und Höchstzahlen sowie Dreiteilbarkeit der Anzahl der Mitglieder des Aufsichtsorgans) bzw. Art. 43 Abs. 2 iVm § 23 SEAG (Mindest- und Höchstzahlen der Mitglieder des Verwaltungsrats) beachtet werden müssen. Jedoch darf innerhalb dieser Vorgaben die in der Satzung festgesetzte Zahl nicht dazu führen, dass die Regelung einer Beteiligungsvereinbarung zur Anzahl der Arbeitnehmervertreter nicht umsetzbar ist, weil etwa die in der Satzung vorgesehene Gesamtzahl der Organmitglieder unter der in der Beteiligungsvereinbarung vorgesehenen Anzahl von Arbeitnehmervertretern liegt oder bei einer in der Beteiligungsvereinbarung vorgesehenen paritätischen Besetzung in der Satzung eine nicht durch zwei teilbare Gesamtzahl festgesetzt wird (zum Streitstand → Art. 43 Rn. 23; → SEBG § 21 Rn. 21 ff.). Gleiches gilt im Fall des Nichtabschlusses einer Vereinbarung für die Arbeitnehmerbeteiligung hinsichtlich der gesetzlichen Auffangregelungen, dh in Deutschland die §§ 22 ff. SEBG und insbesondere die §§ 34 ff. zur Mitbestimmung der Arbeitnehmer im Aufsichts- oder Verwaltungsorgan (Kallmeyer/*Marsch-Barner* Anh. Rn. 37; *Scheifele* Gründung der SE S. 168; *Schwarz* Rn. 42).

34   **i) Arbeitnehmerbeteiligung.** Gemäß Art. 20 Abs. 1 lit. i) muss der Verschmelzungsplan **Angaben über das Verfahren zur Regelung der Arbeitnehmerbeteiligung** in der SE enthalten, welches nach den Vorgaben der Umsetzungsvorschriften zur SE-RL durchgeführt werden muss, bevor die SE-Gründung abgeschlossen werden kann (s. Art. 12 Abs. 2). Soll die SE ihren Sitz in Deutschland haben, richtet sich das Verfahren nach den Vorschriften des SEBG; bei einem Sitz im Ausland gelten die entsprechenden Regelungen des ausländischen Rechts zur Umsetzung der SE-RL (s. hierzu auch die Erl. zum Anwendungsbereich des SEBG, insbesondere → SEBG § 3 Rn. 4 f.). Beteiligung der Arbeitnehmer meint in diesem Zusammenhang sowohl die Beteiligung durch Unterrichtung und Anhörung – mangels abweichender Vereinbarung über einen SE-Betriebsrat – als auch im Wege der Mitbestimmung im Aufsichts- oder Verwaltungsorgan der SE (vgl. Art. 2 lit. h SE-RL iVm § 2 Abs. 9 SEBG). Die Beteiligung der Arbeitnehmer in der SE soll nach dem gesetzlichen Leitbild vorrangig durch eine **Vereinbarung** geregelt werden, die die Leitungen der Gründungsgesellschaften und die Arbeitnehmerseite, vertreten durch das so genannte besondere Verhandlungsgremium, in einem gesetzlich näher geregelten Verfahren abschließen. Kommt eine solche Vereinbarung nicht innerhalb der vorgesehenen Verhandlungsfrist von sechs Monaten (vgl. Art. 5 Abs. 1 SE-RL iVm § 20 Abs. 1 SEBG) – durch die Parteien einvernehmlich verlängerbar auf bis zu ein Jahr (Art. 5 Abs. 2 SE-RL iVm § 20 Abs. 2 SEBG) – zustande, finden die **gesetzlichen Auffangregelungen** Anwendung (Art. 7 SE-RL iVm §§ 22 ff. SEBG). Das Verfahren unterliegt dabei stets den nationalen Umsetzungsvorschriften des Mitgliedstaates, in dem die SE ihren Sitz haben soll (Art. 6 SE-RL iVm § 3 Abs. 1 S. 1 SEBG), während für das Verfahren zur Wahl oder Bestellung der Mitglieder des besonderen Verhandlungsgremiums, die auf einen bestimmten Mitgliedstaat entfallen, die entsprechenden Umsetzungsvorschriften dieses Mitgliedstaates gelten (vgl. Art. 3 Abs. 2 lit. b SE-RL und §§ 3 Abs. 1 S. 2, 8 Abs. 1 SEBG).

Gemäß Art. 3 Abs. 1 SE-RL (in Deutschland umgesetzt in § 4 SEBG) sollen **35** die Leitungs- oder Verwaltungsorgane der sich verschmelzenden Gesellschaften nach Offenlegung des Verschmelzungsplans so rasch wie möglich die erforderlichen Schritte für die Aufnahme von Verhandlungen über die Beteiligung der Arbeitnehmer in der SE einleiten. Da somit zum Zeitpunkt der Aufstellung des Verschmelzungsplans in der Regel noch keine konkreten Festlegungen zur Beteiligung der Arbeitnehmer in der SE getroffen worden sind, ist es grundsätzlich ausreichend, das Verfahren gemäß den im betreffenden Fall anwendbaren nationalen Vorschriften zur SE-RL (vgl. für eine SE mit Sitz in Deutschland Art. 6 SE-RL iVm § 3 Abs. 1 S. 1 SEBG) kurz darzustellen (Kallmeyer/ *Marsch-Barner* Anh. Rn. 39; Theisen/Wenz/*Neun* S. 95; NK-SE/*Schröder* Rn. 32). Die **Umstände des konkreten Falles** sind bei der Darstellung zu berücksichtigen. Soweit zB anhand der Arbeitnehmerzahlen die Verteilung der Sitze im besonderen Verhandlungsgremium auf verschiedene Mitgliedstaaten bereits bei der Aufstellung des Verschmelzungsplans ermittelt werden kann, ist die voraussichtliche Sitzverteilung auch im Verschmelzungsplan anzugeben. Ferner sollte eine Erläuterung der Voraussetzungen und Folgen des möglichen Eingreifens der gesetzlichen Auffangregelung im konkreten Fall erfolgen (LHT/*Bayer* Rn. 26). Führt die gesetzliche Auffangregelung beispielsweise dazu, dass das Aufsichtsorgan der SE zur Hälfte aus Arbeitnehmervertretern besteht, ist dies ebenso anzugeben wie die voraussichtliche Verteilung der auf die Arbeitnehmerseite entfallenden Sitze auf verschiedene Länder, soweit dem SE-Betriebsrat diesbezüglich kein Ermessen zusteht (näher → SEBG § 36 Rn. 2 ff.). Nicht ausreichend wäre dagegen die bloße Wiedergabe der abstrakten Regelungen der §§ 34 ff. SEBG. Soweit zum Zeitpunkt der Aufstellung des Verschmelzungsplans das Verhandlungsverfahren bereits eingeleitet worden ist, sind die schon durchgeführten Verfahrensschritte zu beschreiben; ebenso sind die Verfahrensergebnisse darzustellen, wenn das Verhandlungsverfahren bei Aufstellung des Verschmelzungsplans bereits abgeschlossen sein sollte.

Obwohl das gesetzliche Leitbild davon ausgeht, dass das Verhandlungsverfahren **36** nach Offenlegung des Verschmelzungsplans eingeleitet wird, sieht die überwiegende Ansicht in der deutschen Literatur auch die **Einleitung vor Offenlegung** als zulässig an. Die Regelung in § 4 Abs. 2 S. 3 SEBG, wonach die zur Bildung des besonderen Verhandlungsgremiums erforderlichen Informationen „unverzüglich nach Offenlegung" erteilt werden müssen, wird dahin verstanden, dass sie den Zeitpunkt angibt, zu dem die Einleitung spätestens erfolgen soll (s. etwa KK-AktG/*Feuerborn* SEBG § 4 Rn. 20; NFK/*Kleinsorge* SEBG § 4 Rn. 9; van Hulle/ Maul/Drinhausen/*Köklü* Abschnitt 6 Rn. 22; LHT/*Oetker* SEBG § 4 Rn. 24 ff.; *Seibt/Reinhard* Der Konzern 2005, 407 [417]; *Vossius* ZIP 2005, 741 [747] Fn. 73; *Walden/Mayer-Landrut* DB 2005, 2119; → SEBG § 4 Rn. 5).

j) Abfindungsangebot (§ 7 SEAG). Soll die durch Verschmelzung gegrün- **37** dete SE ihren Sitz außerhalb Deutschlands haben, muss jede **übertragende Gesellschaft deutschen Rechts** gemäß § 7 SEAG den Aktionären, die gegen den Verschmelzungsbeschluss Widerspruch zur Niederschrift erklären, im Verschmelzungsplan eine angemessene Barabfindung für die Übernahme ihrer Aktien anbieten. Grundlage dafür ist Art. 24 Abs. 2, weshalb in diesem Fall ausnahmsweise nationales Recht den Mindestinhalt des Verschmelzungsplans erweitern darf (→ Rn. 9; für weitere Details → Art. 24 Rn. 43 ff.).

6. Fakultativer Inhalt. Gemäß Art. 20 Abs. 2 können die sich verschmelzen- **38** den Gesellschaften dem Verschmelzungsplan weitere Punkte hinzufügen. Insofern können auch schuldrechtliche Abreden zwischen den Gründungsgesellschaften in den Verschmelzungsplan aufgenommen werden (→ Rn. 3; *Scheifele* Gründung der SE S. 171; *Schwarz* Rn. 48).

39　　**7. Verschmelzungsbericht.** Die SE-VO sieht eine **Verpflichtung** zur Erstattung eines Verschmelzungsberichts nicht ausdrücklich vor, erwähnt die Berichte der Leitungs- oder Verwaltungsorgane der sich verschmelzenden Gesellschaften aber in Art. 31 Abs. 2. Jedenfalls die Leitungsorgane der an einer Verschmelzung beteiligten **deutschen Gesellschaften** haben gemäß Art. 18 iVm §§ 8, 36 Abs. 1 UmwG grundsätzlich einen Verschmelzungsbericht zu erstellen (LHT/*Bayer* Rn. 29; Widmann/Mayer/*Heckschen* Anh. 14 Rn. 210; Kallmeyer/*Marsch-Barner* Anh. Rn. 48; KK-AktG/*Maul* Art. 22 Rn. 29; Mü-KoAktG/*Schäfer* Art. 22 Rn. 13; *Scheifele* Gründung der SE S. 178; NK-SE/*Schröder* Rn. 40; *Schwarz* Rn. 57; van Hulle/Maul/Drinhausen/*Teichmann* Abschnitt 4 § 2 Rn. 49). Da § 8 UmwG auf Art. 9 Abs. 1 (für die Verschmelzung durch Neugründung iVm Art. 23) NatVerschmRL beruht, werden sich entsprechende Verpflichtungen auch für an der Verschmelzung beteiligte ausländische Aktiengesellschaften aus Art. 18 iVm den jeweiligen nationalen Umsetzungsvorschriften ergeben (vgl. Theisen/Wenz/*Neun* S. 98 f.; NK-SE/*Schröder* Rn. 40).

40　　Wie bei der innerstaatlichen Verschmelzung dient der Verschmelzungsbericht (nur) der näheren **Information der Aktionäre** der sich verschmelzenden Gesellschaften, damit diese auf hinreichender Tatsachengrundlage über die Verschmelzung entscheiden können (MüKoAktG/*Schäfer* Art. 22 Rn. 13; *Scheifele* Gründung der SE S. 178; *Schwarz* Rn. 56). Im Gegensatz zum Verschmelzungsbericht bei der grenzüberschreitenden Verschmelzung (§ 122e UmwG) dient der Bericht hingegen nicht (auch) der Information der Arbeitnehmer (*Schwarz* Rn. 56). Daher ist er lediglich den Aktionären zugänglich zu machen (für eine deutsche Aktiengesellschaft gilt insoweit Art. 18 iVm § 63 Abs. 1 Nr. 4 UmwG), nicht aber den Arbeitnehmern oder ihren Vertretungen. Der Verschmelzungsbericht muss auch nicht beim Handelsregister hinterlegt werden, da er nicht der Offenlegungspflicht gemäß Art. 18 iVm § 61 UmwG unterliegt.

41　　Mangels Vorgaben in der SE-VO gilt für den **Inhalt des Verschmelzungsberichts** § 8 UmwG. Danach sind die Verschmelzung, die Regelungen des Verschmelzungsplans, insbesondere das Umtauschverhältnis, und, bei Beteiligung einer übertragenden deutschen Gesellschaft, deren Barabfindungsangebot, rechtlich und wirtschaftlich zu erläutern und zu begründen (LHT/*Bayer* Rn. 31; Kallmeyer/*Marsch-Barner* Anh. Rn. 49; KK-AktG/*Maul* Art. 22 Rn. 31; van Hulle/Maul/Drinhausen/*Teichmann* Abschnitt 4 § 2 Rn. 49). Die Erläuterung des Verschmelzungsplans kann sich dabei nicht in der einfachen inhaltlichen Wiedergabe erschöpfen; vielmehr müssen Inhalt und Tragweite jeder Bestimmung, sofern es sich nicht um eine Standardklausel handelt, erläutert werden (Semler/Stengel/*Gehling* UmwG § 8 Rn. 21; Kallmeyer/*Marsch-Barner* UmwG § 8 Rn. 9; Theisen/Wenz/*Neun* S. 103). Falls zusätzlich zum Verschmelzungsplan noch weitergehende vertragliche Abreden zwischen den Parteien bestehen, sind diese ebenfalls von der Berichtspflicht erfasst (*Scheifele* Gründung der SE S. 183). Ob für alle sich verschmelzenden Gesellschaften ein **gemeinsamer Verschmelzungsbericht** erstellt werden kann, richtet sich nach den Vorgaben der beteiligten Rechtsordnungen; die NatVerschmRL enthält diesbezüglich keine Vorgaben (LHT/*Bayer* Rn. 30; Widmann/Mayer/*Heckschen* Anh. 14 Rn. 213; Kallmeyer/*Marsch-Barner* Anh. Rn. 48; KK-AktG/*Maul* Art. 22 Rn. 32; MüKoAktG/*Schäfer* Art. 22 Rn. 14; *Scheifele* Gründung der SE S. 179 f.; *Schwarz* Rn. 59 f.). Das deutsche Recht lässt eine gemeinsame Berichterstattung zu (§ 8 Abs. 1 S. 2 Hs. 2 UmwG). Angesichts der möglicherweise in Einzelheiten unterschiedlichen Anforderungen an Inhalt, Form und Sprache des Berichts wird sich in der Praxis aber eher die Erstellung eines **gesonderten Berichts** für jede an der Verschmelzung beteiligte Gesellschaft empfehlen (LHT/*Bayer* Rn. 31; in diese Richtung auch MüKoAktG/*Schäfer* Art. 22 Rn. 14).

a) Erstellung des Berichts. Der Verschmelzungsbericht für eine AG deut- **42**
schen Rechts ist gemäß Art. 18 iVm § 8 Abs. 1 UmwG von deren Vorstand
schriftlich zu erstatten. Der Verschmelzungsbericht muss dabei nicht von allen
Vorstandsmitgliedern unterzeichnet werden (so noch *Jünemann* in BJMS SE § 2
Rn. 85); es ist vielmehr ausreichend, wenn die Unterzeichnung durch eine vertretungsberechtigte Anzahl von Vorstandsmitgliedern erfolgt (BGH AG 2007,
625; LHT/*Bayer* Rn. 31; Lutter/*Drygala* UmwG § 8 Rn. 6; Kallmeyer/*Marsch-
Barner* UmwG § 8 Rn. 3; KK-UmwG/*Simon* § 8 Rn. 8; Schmitt/Hörtnagl/
Stratz/*Stratz* UmwG § 8 Rn. 6; inzwischen auch Semler/Stengel/*Gehling*
UmwG § 8 Rn. 5). Da es sich bei dem Verschmelzungsbericht um eine Wissens-
erklärung und nicht um eine Willenserklärung handelt, ist Stellvertretung nicht
zulässig (Semler/Stengel/*Gehling* UmwG § 8 Rn. 5; Lutter/*Drygala* UmwG § 8
Rn. 7; Schmitt/Hörtnagl/Stratz/*Stratz* UmwG § 8 Rn. 7).

**b) Erläuterung des Umtauschverhältnisses und des Barabfindungsange- 43
bots.** Der Verschmelzungsbericht einer beteiligten deutschen Gesellschaft muss
gemäß Art. 18 iVm § 8 Abs. 1 S. 1 Hs. 1 UmwG „insbesondere" das Umtauschverhältnis der Anteile sowie die Höhe der etwa angebotenen Barabfindung (zur
Notwendigkeit eines Barabfindungsangebots → Rn. 37; LHT/*Bayer* Rn. 31;
Schwarz Rn. 70; s. zu § 7 SEAG auch → Art. 24 Rn. 43 ff.) rechtlich und wirtschaftlich erläutern und begründen. Hauptsächlicher Gegenstand der Erläuterung
ist dabei die **Bewertungsmethode,** nach welcher das festgelegte Umtauschverhältnis und die angebotene Barabfindung ermittelt worden sind (s. für Details
Kallmeyer/*Marsch-Barner* UmwG § 8 Rn. 10 ff.). Ausdrücklich erwähnt werden
müssen gemäß § 8 Abs. 1 S. 2 UmwG besondere Schwierigkeiten bei der Bewertung der sich verschmelzenden Gesellschaften. Hierzu zählen insbesondere
solche Probleme, die sich aufgrund der Internationalität der Verschmelzung ergeben wie zB – im Rahmen der vergleichenden Unternehmensbewertung – die
Bestimmung des Kapitalisierungszinssatzes, der auf der Grundlage des „landes-
üblichen" Zinssatzes ermittelt wird (s. hierzu *Scheifele* Gründung der SE S. 155 f.
und *Kiem* ZGR 2007, 542 [562 f.])

c) Erläuterung der Verschmelzung. Neben dem Umtauschverhältnis muss **44**
der Verschmelzungsbericht gemäß Art. 18 iVm § 8 Abs. 1 UmwG die Verschmelzung als solche rechtlich und wirtschaftlich erläutern und begründen. Bei
der Berichterstattung hierzu sind die wirtschaftlichen und rechtlichen Gründe
anzugeben, welche die Verschmelzung tragen (Semler/Stengel/*Gehling* UmwG
§ 8 Rn. 15 ff.; Lutter/*Drygala* UmwG § 8 Rn. 13; Kallmeyer/*Marsch-Barner*
UmwG § 8 Rn. 7). Hierzu bietet sich eine dreistufige Darstellung an (vgl.
Lutter/*Drygala* UmwG § 8 Rn. 14 ff.; Theisen/Wenz/*Neun* S. 102): Erläuterung
der **wirtschaftlichen Ausgangslage** der beteiligten Gesellschaften, wozu neben
einer kurzen Darstellung der Gesellschaften insbesondere Angaben über deren
Umsatz, Tätigkeitsfeld, Marktanteil, wesentliche Beteiligungen, Mitarbeiter sowie
Kapital und Gesellschafterstruktur gehören (Semler/Stengel/*Gehling* UmwG § 8
Rn. 16; Lutter/*Drygala* UmwG § 8 Rn. 13; Kallmeyer/*Marsch-Barner* UmwG
§ 8 Rn. 7). Sodann Erläuterung der **wirtschaftlichen Auswirkungen** der Ver-
schmelzung. Hierzu zählen Synergieeffekte und potentielle Einsparungseffekte.
Auch „negative" Auswirkungen wie beispielsweise Betriebsstilllegungen und
Kosten für Sozialpläne sind offen zu legen (Semler/Stengel/*Gehling* UmwG § 8
Rn. 17 ff.; Lutter/*Drygala* UmwG § 8 Rn. 15). Darüber hinaus sind den Aktio-
nären die **rechtlichen Besonderheiten** der SE-Verschmelzung aufzuzeigen, ins-
besondere die Konsequenzen die sich daraus ergeben, dass sie zu Aktionären einer
SE werden, die einem anderen Regelungsregime unterliegt als die nationale
Rechtsform, deren Anteilseigner sie bislang waren (*Scheifele* Gründung der SE
S. 182 f.; *Schwarz* Rn. 66). Schließlich sind die **Vor- und Nachteile abzuwä-**

gen. In diesem Zusammenhang sind auch die in Betracht gezogenen **Alternativen** kurz zu erläutern (KK-UmwG/*Simon* § 8 Rn. 23). Insbesondere ist darzustellen, weshalb aus Sicht der Verwaltung die Verschmelzung der unternehmerischen Zielsetzung dient und warum die Aktionäre der Verschmelzung zustimmen sollen (Lutter/*Drygala* UmwG § 8 Rn. 16; Theisen/Wenz/*Neun* S. 102). Eine sachliche Rechtfertigung der Verschmelzung, insbesondere unter dem Gesichtspunkt der Verhältnismäßigkeit, ist damit aber nicht gefordert (Kallmeyer/ *Marsch-Barner* UmwG § 8 Rn. 8 mwN).

45   **d) Angelegenheiten verbundener Unternehmen.** Sofern eine deutsche Gründungsgesellschaft ein verbundenes Unternehmen iSd § 15 AktG ist, muss der Verschmelzungsbericht gemäß Art. 18 iVm § 8 Abs. 1 S. 3 UmwG auch Angaben über für die Verschmelzung wesentliche Angelegenheiten der anderen verbundenen Unternehmen enthalten. Welche Informationen unter den Begriff der „wesentlichen Angelegenheiten" fallen, kann nicht einheitlich beantwortet werden, vielmehr richtet sich der Umfang der jeweiligen Informationen danach, ob es sich bei der deutschen Gründungsgesellschaft um ein Unternehmen der **übergeordneten** oder der **nachgeordneten** Ebene handelt (näher Semler/Stengel/*Gehling* UmwG § 8 Rn. 58 ff.; Lutter/*Drygala* UmwG § 8 Rn. 45; KK-UmwG/*Simon* § 8 Rn. 52 ff.).

46   **e) Grenzen der Berichtspflicht.** Die Grenzen der Berichtspflicht einer deutschen Gründungsgesellschaft ergeben sich aus Art. 18 iVm § 8 Abs. 2 UmwG. Tatsachen, deren Bekanntwerden geeignet ist, einem der beteiligten Rechtsträger oder einem verbundenen Unternehmen einen **nicht unerheblichen Nachteil** zuzufügen, müssen danach nicht in dem Bericht aufgenommen werden. Eine Angabe ist nicht unerheblich nachteilig, wenn sie nach vernünftiger kaufmännischer Beurteilung geeignet ist, die Gesellschaftsinteressen gewichtig zu beeinträchtigen (Lutter/*Drygala* UmwG § 8 Rn. 50). Sollte eine grundsätzlich veröffentlichungspflichtige Tatsache auf Grund ihrer nicht unerheblichen Nachteiligkeit für die Gesellschaftsinteressen nicht veröffentlicht werden, dann müssen jedoch gemäß § 8 Abs. 2 S. 2 UmwG die Gründe dargelegt werden, warum es nicht zur Veröffentlichung kommen durfte. Hierbei reicht ein pauschaler Verweis auf die Geheimhaltungsbedürftigkeit nicht aus; die Begründung muss einerseits so detailliert sein, dass sie einer Plausibilitätskontrolle standhält, andererseits aber auch keine Rückschlüsse auf die geheimhaltungsbedürftigen Tatsachen zulässt (Lutter/*Drygala* UmwG § 8 Rn. 52; Kallmeyer/*Marsch-Barner* UmwG § 8 Rn. 32).

47   **f) Entbehrlichkeit des Berichts.** Während der Verschmelzungsplan immer zu erstellen ist, ist der Verschmelzungsbericht gemäß Art. 31 Abs. 1 S. 2 iVm § 8 Abs. 3 S. 1 Alt. 2 UmwG im Falle der Verschmelzung auf den **Alleingesellschafter** entbehrlich.

48   Gemäß Art. 18 iVm § 8 Abs. 3 S. 1 Alt. 1 UmwG können die Aktionäre einer deutschem Recht unterliegenden Gründungsgesellschaft ferner auf die Berichterstattung **verzichten.** Voraussetzung des Verzichts ist die notarielle Beurkundung der Verzichtserklärungen. Die Vorschrift verlangt grundsätzlich Verzichtserklärungen aller Anteilsinhaber aller sich verschmelzenden Rechtsträger. Da die Vorschrift im Rahmen der SE-Gründung durch Verschmelzung aber über die Verweisung des Art. 18 nur für die Aktionäre einer beteiligten deutschen AG gilt und auch die Berichtspflicht gemäß Art. 18 iVm § 8 UmwG nur zu deren Gunsten besteht, muss es bei der SE-Gründung ausreichen, wenn allein die Aktionäre der betreffenden deutschen AG auf die Berichterstattung verzichten. Von einem (deutschen) Notar beurkundete Verzichtserklärungen aller Aktionäre der beteiligten ausländischen Gesellschaften können nicht verlangt werden (Kall-

meyer/*Marsch-Barner* Anh. Rn. 48; MüKoAktG/*Schäfer* Art. 22 Rn. 15; *Scheifele* Gründung der SE S. 180 f.; *Schwarz* Rn. 61). Ob und unter welchen Voraussetzungen die Aktionäre der beteiligten ausländischen Gesellschaften auf nach ihrem Verschmelzungsrecht zu erstattende Verschmelzungsberichte verzichten können, richtet sich dagegen allein nach Art. 18 iVm dem entsprechenden ausländischen Verschmelzungsrecht (van Hulle/Maul/Drinhausen/*Teichmann* Abschnitt 4 § 2 Rn. 51; vgl. auch *Schwarz* Rn. 61). Für den Fall eines gemeinsamen Verschmelzungsberichts ist der Verzicht allerdings nur zulässig, wenn ein solcher in allen Rechtsordnungen vorgesehen ist und alle jeweiligen Voraussetzungen erfüllt sind (LHT/*Bayer* Rn. 34; van Hulle/Maul/Drinhausen/*Teichmann* Abschnitt 4 § 2 Rn. 51).

[Angaben im Amtsblatt]

21 Für jede der sich verschmelzenden Gesellschaften und vorbehaltlich weiterer Auflagen seitens des Mitgliedstaates, dessen Recht die betreffende Gesellschaft unterliegt, sind im Amtsblatt dieses Mitgliedstaats nachstehende Angaben bekannt zu machen:

a) Rechtsform, Firma und Sitz der sich verschmelzenden Gesellschaften,

b) das Register, bei dem die in Artikel 3 Absatz 2 der Richtlinie 68/151/EWG genannten Urkunden für jede der sich verschmelzenden Gesellschaften hinterlegt worden sind, sowie die Nummer der Eintragung in das Register,

c) einen Hinweis auf die Modalitäten für die Ausübung der Rechte der Gläubiger der betreffenden Gesellschaft gemäß Artikel 24 sowie die Anschrift, unter der erschöpfende Auskünfte über diese Modalitäten kostenlos eingeholt werden können,

d) einen Hinweis auf die Modalitäten für die Ausübung der Rechte der Minderheitsaktionäre der betreffenden Gesellschaft gemäß Artikel 24 sowie die Anschrift, unter der erschöpfende Auskünfte über diese Modalitäten kostenlos eingeholt werden können,

e) die für die SE vorgesehene Firma und ihr künftiger Sitz.

§ 5 SEAG Bekanntmachung

[1] Die nach Artikel 21 der Verordnung bekannt zu machenden Angaben sind dem Register bei Einreichung des Verschmelzungsplans mitzuteilen. [2] Das Gericht hat diese Angaben zusammen mit dem nach § 61 S. 2 des Umwandlungsgesetzes vorgeschriebenen Hinweis bekannt zu machen.

Übersicht

	Rn.
I. Allgemeines	1
II. Regelungsinhalt im Einzelnen	2
1. Inhalt der Bekanntmachung	2
a) Rechtsform, Firma und Sitz der sich verschmelzenden Gesellschaften/Firma und Sitz der SE	2
b) Register der sich verschmelzenden Gesellschaften	3
c) Gläubigerrechte	4
d) Rechte der Minderheitsaktionäre	5
2. Bekanntmachung der Angaben	6
3. Offenlegung des Verschmelzungsplans	8
4. Zeitpunkt der Bekanntmachung	11
5. Einzureichende Unterlagen	13

I. Allgemeines

1   Art. 21 regelt die Publizitätspflichten im Vorfeld der Gründung einer SE durch
Verschmelzung. Danach sind die in Art. 21 lit. a–e aufgeführten Informationen
im jeweiligen Amtsblatt des Mitgliedstaats jeder Gründungsgesellschaft zu veröffentlichen. Hierdurch sollen die Gläubiger und die Minderheitsaktionäre der
sich verschmelzenden Gesellschaften über die geplante Verschmelzung und die
ihnen in diesem Zusammenhang zustehenden Rechte unterrichtet werden (s.
insbesondere Art. 21 lit. c und d; LHT/*Bayer* Rn. 1, 6 f.; *Mahi* S. 43). Art. 21
regelt damit die der Durchführung der Verschmelzung vorgelagerten Publizitätspflichten, während Art. 15 Abs. 2, 13 und Art. 28 die Publizität nach Durchführung der Verschmelzung betreffen (NK-SE/*Schröder* Rn. 2).

II. Regelungsinhalt im Einzelnen

2   **1. Inhalt der Bekanntmachung. a) Rechtsform, Firma und Sitz der
sich verschmelzenden Gesellschaften/Firma und Sitz der SE.** Gemäß
Art. 21 lit. a sind Rechtsform, Firma und Sitz der sich verschmelzenden Gesellschaften bekannt zu machen; ebenfalls bekannt zu machen sind gemäß **Art. 21
lit. e** Firma und Sitz der SE. Die Angabe von Firma und Sitz der Gründungsgesellschaften und der künftigen SE gehört zwar bereits zum vorgeschriebenen
Mindestinhalt des **Verschmelzungsplans** (s. Art. 20 Abs. 1 lit. a). Die Offenlegung des Verschmelzungsplans ist in der SE-VO jedoch nicht geregelt und
unterliegt daher gemäß Art. 18 den nationalen Verschmelzungsvorschriften des
Staates, dessen Recht die jeweilige Gründungsgesellschaft unterliegt. Dabei bleibt
es den nationalen Rechten in Umsetzung von Art. 6 Abs. 1 IntVerschmRL und
Art. 3 Abs. 5 Publizitäts-RL überlassen, statt der Bekanntmachung des Verschmelzungsplans in einem nationalen Amtsblatt lediglich die Bekanntmachung
eines Hinweises auf dessen Einreichung vorzuschreiben. Dementsprechend sieht
§ 61 UmwG für die innerstaatliche Verschmelzung deutscher AG nur die Bekanntmachung eines Hinweises auf die Einreichung zum Registergericht vor.
Die in Art. 21 lit. a vorgesehene Verpflichtung zur gesonderten Bekanntmachung
von bereits im Verschmelzungsplan enthaltenen Informationen schafft daher zusätzliche Publizität, indem sie deren Kenntnisnahme ohne Einsicht in die (elektronische) Registerakte ermöglicht (vgl. MüKoAktG/*Schäfer* Rn. 4). Die **inhaltlichen Anforderungen** an die Angabe von Firma und Sitz der sich verschmelzenden Gesellschaften sowie der SE entsprechen denen im Rahmen von Art. 20
Abs. 1 lit. a (→ Art. 20 Rn. 11 f.).

3   **b) Register der sich verschmelzenden Gesellschaften.** Gemäß **Art. 21 lit.
b** ist das Register anzugeben, bei dem die in Art. 3 Abs. 3 Publizitäts-RL (zuvor
Art. 3 Abs. 2 RL 68/151/EWG) genannten Urkunden für jede der sich verschmelzenden Gesellschaften hinterlegt worden sind. Dabei ist auch die Nummer
der Eintragung in das Register zu nennen. Hierdurch soll es dem Rechtsverkehr
erleichtert werden, Informationen über die sich verschmelzenden Gesellschaften
zu erlangen (LHT/*Bayer* Rn. 5; KK-AktG/*Maul* Rn. 7; MüKoAktG/*Schäfer*
Rn. 5; *Scheifele* Gründung der SE S. 188; *Schwarz* Rn. 10).

4   **c) Gläubigerrechte.** Gemäß **Art. 21 lit. c** ist auf die Modalitäten für die
Ausübung der Rechte der Gläubiger der betreffenden Gesellschaft gemäß
Art. 24 hinzuweisen sowie die Anschrift anzugeben, unter der erschöpfende
Auskünfte über diese Modalitäten kostenlos eingeholt werden können. Die Ver-
pflichtung beschränkt sich bereits nach dem Wortlaut der Regelung („Rechte der
Gläubiger der betreffenden Gesellschaft") für jede sich verschmelzende Gesell-

schaft auf Angaben zu entsprechenden Rechten ihrer **eigenen Gläubiger;** auf Rechte von Gläubigern der anderen an der Verschmelzung beteiligten Gesellschaften muss dagegen in der Veröffentlichung nicht hingewiesen werden(LHT/ *Bayer* Rn. 6; Spindler/Stilz/*Casper* Rn. 3; KK-AktG/*Maul* Rn. 8; MüKoAktG/ *Schäfer* Rn. 6; *Scheifele* Gründung der SE S. 188; *Schwarz* Rn. 11). Unter den Gläubigerbegriff im Sinne der Vorschrift fallen nach allgemeiner Auffassung auch Sonderrechtsinhaber (LHT/*Bayer* Rn. 6; Spindler/Stilz/*Casper* Rn. 3; KK- AktG/*Maul* Rn. 8; MüKoAktG/*Schäfer* Rn. 6; *Scheifele* Gründung der SE S. 188; *Schwarz* Rn. 12). Eine Gründungsgesellschaft deutschen Rechts muss dementsprechend auf die Rechte nach §§ 22, 23 **UmwG** und § 8 **SEAG** hinweisen (im Einzelnen → Art. 24 Rn. 5 ff.). Die bloße Wiedergabe des Gesetzestextes ist dabei als Hinweis nicht ausreichend. Stattdessen müssen die entsprechenden Regelungen kurz erläutert und es muss angegeben werden, wie die Gläubiger ihre Rechte geltend machen können (LHT/*Bayer* Rn. 6; KK-AktG/*Maul* Rn. 8; MüKoAktG/*Schäfer* Rn. 6; *Scheifele* Gründung der SE S. 189; *Schwarz* Rn. 13). Erschöpfend müssen die Angaben jedoch nicht sein, wie sich aus der Pflicht ergibt, die Anschrift anzugeben, „unter der erschöpfende Auskünfte über diese Modalitäten eingeholt werden können".

d) Rechte der Minderheitsaktionäre. Gemäß **Art. 21 lit. d** gelten die **5** gleichen Bekanntmachungsmodalitäten wie in lit. c auch in Bezug auf die **Ausübung der Rechte der Minderheitsaktionäre.** Eine deutsche Gründungsgesellschaft hat daher insbesondere auf die in §§ **6, 7 SEAG** geregelten Rechte hinzuweisen (LHT/*Bayer* Rn. 7; KK-AktG/*Maul* Rn. 9; *Scheifele* Gründung der SE S. 189).

2. Bekanntmachung der Angaben. Art. 21 bestimmt lediglich die bekannt- **6** zumachenden Mindestangaben sowie die nationalen Amtsblätter als Bekanntmachungsmedium, trifft aber keine näheren Regelungen zu Art und Weise der Bekanntmachung und zum Adressaten der Bekanntmachungspflicht. Nach dem Wortlaut von Art. 21 können die Mitgliedstaaten jedoch **„weitere Auflagen"** vorsehen. Daraus folgt zunächst eine Ermächtigung an die nationalen Gesetzgeber zum Erlass weitergehender Regelungen sowohl in Bezug auf den Inhalt der Bekanntmachung als auch deren Form (LHT/*Bayer* Rn. 3; MüKoAktG/*Schäfer* Rn. 3; *J. Schmidt* S. 192). Ferner weist die Formulierung darauf hin, dass über die Verweisung des Art. 18 auch Bekanntmachungsvorschriften des nationalen Rechts der jeweiligen Gründungsgesellschaft zu beachten sind (LHT/*Bayer* Rn. 3; NK-SE/*Schröder* Rn. 11; *Schwarz* Rn. 26).

Der **deutsche Gesetzgeber** hat in diesem Kontext die Verfahrensregelung des **7** § 5 **SEAG** erlassen. Danach sind die gemäß Art. 21 bekannt zu machenden Angaben einer deutschem Recht unterliegenden Gründungsgesellschaft **dem Handelsregister** bei Einreichung des Verschmelzungsplans **mitzuteilen** (zur Einreichung des Verschmelzungsplans und der Bekanntmachung eines Hinweises hierauf → Rn. 9). Diese Mitteilungspflicht obliegt dem Leitungsorgan der Gründungsgesellschaft (NK-SE/*Schröder* Rn. 15). In einem zweiten Schritt **veröffentlicht** das zuständige Registergericht die Angaben gemäß § 5 S. 2 SEAG iVm § 61 S. 2 UmwG in einem elektronischen Informations- und Kommunikationssystem zusammen mit dem Hinweis auf die Einreichung des Verschmelzungsplans. Gemäß § 10 S. 1 HGB ist dies das gemeinsame Registerportal der Länder „www.handelsregisterbekanntmachungen.de". Weitere auf die Ermächtigung des Art. 21 zurückzuführende Regelungen hat der deutsche Gesetzgeber nicht erlassen.

3. Offenlegung des Verschmelzungsplans. Teilweise wird angenommen, **8** die Bekanntmachungspflicht des Art. 21 erstrecke sich auch auf den **Verschmel-**

zungsplan, wodurch dieser selbst im Amtsblatt des Mitgliedstaates der jeweiligen Gründungsgesellschaft bekannt zu machen wäre (so Widmann/Mayer/*Heckschen* Anh. 14 Rn. 229; *J. Schmidt* S. 191; aA LHT/*Bayer* Rn. 2; *Schwarz* Rn. 1 und 24). Dies überzeugt jedoch nicht. Für eine Begrenzung auf die in der Vorschrift ausdrücklich bestimmten Angaben spricht bereits der Wortlaut der Norm, der allein die Bekanntmachung der unter lit. a–e aufgeführten Angaben zwingend anordnet. Ferner sieht die SE-VO bei anderen Gründungsarten ausdrücklich die Offenlegung des jeweiligen Gründungsplans in der durch die Publizitäts-RL vorgegebenen Weise vor (s. Art. 32 Abs. 3 für die Holding-Gründung und Art. 37 Abs. 5 für die Gründung durch Umwandlung). In Bezug auf den Verschmelzungsplan konnte der Verordnungsgeber dagegen davon ausgehen, dass die nationalen Rechte der Mitgliedstaaten auf Basis von Art. 6 Abs. 1 Nat-VerschmRL und Art. 3 Abs. 5 Publizitäts-RL entsprechende Bekanntmachungsregelungen für den Verschmelzungsplan bzw. in Deutschland den Verschmelzungsvertrag enthalten, die über Art. 18 auch bei der SE-Gründung durch Verschmelzung anwendbar sind. Es kann daher nicht davon ausgegangen werden, dass die SE-VO eine planwidrige Regelungslücke bezüglich der Bekanntmachung des Verschmelzungsplans enthält, die durch entsprechende Anwendung von Art. 21 zu füllen wäre.

9   Für die Offenlegung des Verschmelzungsplans gilt nicht Art. 21, sondern gemäß Art. 18 das **nationale Verschmelzungsrecht** des Mitgliedstaates der jeweiligen Gründungsgesellschaft, welches die Vorgaben der NatVerschmRL umsetzt. Art. 6 Abs. 1 NatVerschmRL sieht vor, dass der Verschmelzungsplan mindestens einen Monat vor dem Tage der Hauptversammlung, die über den Verschmelzungsplan zu beschließen hat, für jede der sich verschmelzenden Gesellschaften nach dem in den Rechtsvorschriften der einzelnen Mitgliedstaaten gemäß Art. 3 Publizitäts-RL vorgesehenen Verfahren offenzulegen ist. Im deutschen Recht wurden diese Vorgaben in **§ 61 UmwG** umgesetzt (Semler/Stengel/*Diekmann* UmwG § 61 Rn. 1). Dementsprechend muss eine Gründungsgesellschaft deutschen Rechts vor der Einberufung ihrer Hauptversammlung, welche gemäß Art. 23 über den Verschmelzungsplan beschließt, den Verschmelzungsplan oder seinen Entwurf zum Handelsregister ihres Sitzes einreichen. Das Registergericht veröffentlicht anschließend gemäß § 61 S. 2 UmwG in einem elektronischen Informations- und Kommunikationssystem den Hinweis, dass der Verschmelzungsplan eingereicht worden ist. Auf die Frist können die Aktionäre der betreffenden Gesellschaft, ebenso wie bei der nationalen Verschmelzung, **verzichten** (Semler/Stengel/*Diekmann* UmwG § 61 Rn. 17; Kallmeyer/*Marsch-Barner* UmwG § 61 Rn. 1; KK-UmwG/*Simon* UmwG § 61 Rn. 19). Der Verzicht kann formfrei erfolgen (Lutter/*Grunewald* § 61 Rn. 7; aA Semler/Stengel/*Diekmann* § 61 Rn. 17). Anders als bei der nationalen Verschmelzung ist ein Verzicht auf die Einreichung und Bekanntmachung des Verschmelzungsplans als solche jedoch – ebenso wie bei der grenzüberschreitenden Verschmelzung (→ UmwG § 122d Rn. 8) – jedenfalls bei einer übertragenden deutschen Gesellschaft bei Verschmelzung zur Gründung einer SE mit Sitz im Ausland nicht möglich, da die Frist für die Geltendmachung von Gläubigeransprüchen auf Sicherheitsleistung gemäß § 8 iVm § 13 Abs. 1 SEAG an die Offenlegung des Verschmelzungsplans anknüpft. Für Gründungsgesellschaften anderer Mitgliedstaaten sind die entsprechenden Umsetzungsnormen zu Art. 6 NatVerschmRL maßgeblich.

10   Der Verschmelzungsplan einer deutschem Recht unterliegenden Gründungsgesellschaft oder sein Entwurf ist ferner gemäß Art. 18 iVm § 5 Abs. 3 UmwG dem **zuständigen Betriebsrat** mindestens einen Monat vor der Hauptversammlung, die über die Verschmelzung beschließt, zuzuleiten (LHT/*Bayer* Rn. 11; Widmann/Mayer/*Heckschen* Anh. 14 Rn. 226; KK-AktG/*Maul* Art. 20 Rn. 21;

MüKoAktG/*Schäfer* Art. 20 Rn. 10; *Schwarz* Rn. 21; aA *Brandes* AG 2005, 177 [182]; zu Einzelheiten s. die Erl. zu § 5 UmwG, etwa Kallmeyer/*Willemsen* UmwG § 5 Rn. 74 ff.; Semler/Stengel/*Simon* UmwG § 5 Rn. 140 ff.). Ferner können je nach Einzelfall **kapitalmarktrechtliche Publizitätspflichten** wie die §§ 15 Abs. 1, 21 WpHG zu beachten sein (LHT/*Bayer* Rn. 12; s. dazu auch *Scheifele* Gründung der SE S. 191 und *Schwarz* Rn. 22).

4. Zeitpunkt der Bekanntmachung. Der Zeitpunkt der Bekanntmachung **11** wird von Art. 21 nicht vorgegeben. Damit die Gläubiger und Minderheitsaktionäre rechtzeitig informiert werden, um von ihren Rechten Gebrauch machen zu können, ist davon auszugehen, dass die Bekanntmachung der Angaben des Art. 21 gemeinsam mit derjenigen des Verschmelzungsplans erfolgen soll, welche gemäß Art. 6 NatVerschmRL **einen Monat vor der Hauptversammlung** erfolgen muss, die über den Verschmelzungsplan beschließt (*Scheifele* Gründung der SE S. 190; *Schwarz* Rn. 18 f.; *Teichmann* ZGR 2002, 383 [422]).

Eine deutschem Recht unterliegende Gründungsgesellschaft genügt gemäß § 5 **12** SEAG den Anforderungen an die Bekanntmachung der Angaben, wenn sie diese dem zuständigen Handelsregister **„bei Einreichung des Verschmelzungsplans"** mitteilt. Die Einreichung des Verschmelzungsplans wiederum hat gemäß Art. 18 iVm § 61 S. 1 UmwG „vor der Einberufung der Hauptversammlung" zu erfolgen, die über die Verschmelzung beschließt. Eine konkrete Frist ist im Gesetz jedoch nicht vorgesehen, stattdessen gelten mittelbar die Vorgaben des AktG für die fristgemäße Einberufung einer Hauptversammlung (dazu → Art. 23 Rn. 5). Die Angaben nach Art. 21 sind demgemäß mindestens einen Tag vor der Bekanntmachung der Einberufung in den Gesellschaftsblättern einzureichen (LHT/*Bayer* Rn. 9; KK-AktG/*Maul* Rn. 11; MüKoAktG/*Schäfer* Rn. 10). Entfällt wie im Falle einer Universalversammlung die Einberufung (§ 121 Abs. 6 AktG), sind die Angaben nach Art. 21 vor der Durchführung der Hauptversammlung einzureichen.

5. Einzureichende Unterlagen. Von einer deutschen Gründungsgesellschaft **13** sind gemäß Art. 18 iVm § 61 S. 1 der Verschmelzungsplan oder sein Entwurf sowie gemäß Art. 21 iVm § 5 S. 1 SEAG die in Art. 21 bezeichneten Angaben einzureichen. Die Vorschriften lassen jedoch offen, in welcher Form die Angaben gemäß Art. 21 eingereicht werden müssen. Gemäß Art. 20 Abs. 2 können die Parteien dem Verschmelzungsplan weitere Angaben hinzufügen. Insofern besteht die Möglichkeit, die von Art. 21 geforderten Angaben auch in den Verschmelzungsplan aufzunehmen. Wenn dieser ohnehin zum zuständigen Register eingereicht wird, wären in diesem Fall die Anforderungen von Art. 21 iVm § 5 S. 1 SEAG bereits dadurch erfüllt, dass die in lit. a–e geforderten Angaben im eingereichten Verschmelzungsplan enthalten sind. Sicherheitshalber und zur Erleichterung der Registerpraxis empfiehlt es sich jedoch, die Angaben gemäß Art. 21 in einem **gesonderten schriftlichen Dokument** einzureichen, auch wenn sie bereits im Verschmelzungsplan enthalten sind (LHT/*Bayer* Rn. 9; MüKoAktG/*Schäfer* Rn. 9).

[Unabhängige Sachverständige]

22 Als Alternative zur Heranziehung von Sachverständigen, die für Rechnung jeder der sich verschmelzenden Gesellschaften tätig sind, können ein oder mehrere unabhängige Sachverständige im Sinne des Artikels 10 der Richtlinie 78/855/EWG, die auf gemeinsamen Antrag dieser Gesellschaften von einem Gericht oder einer Verwaltungsbehörde des Mitgliedstaats, dessen Recht eine der sich verschmelzenden Gesell-

schaften oder die künftige SE unterliegt, dazu bestellt wurden, den Verschmelzungsplan prüfen und einen für alle Aktionäre bestimmten einheitlichen Bericht erstellen.
Die Sachverständigen haben das Recht, von jeder der sich verschmelzenden Gesellschaften alle Auskünfte zu verlangen, die sie zur Erfüllung
ihrer Aufgabe für erforderlich halten.

Schrifttum: *J. Schmidt,* „Deutsche" vs. „britische" Societas Europaea, 2006; *Schwarz,*
Zum Statut der Europäischen Aktiengesellschaft, ZIP 2001, 1847; *Teichmann,* SE und deutscher Gesetzgeber, ZGR 2002, 383.

Übersicht

	Rn.
I. Allgemeines	1
II. Voraussetzungen	2
1. Allgemeines..	2
2. Unabhängigkeit der Prüfer	4
3. Gemeinsame Prüfung.....................................	6
a) Prüferbestellung...	6
b) Für die Prüfung maßgebliches Recht....................	8
4. Getrennte Prüfung..	10
5. Anforderungen an den Prüfer.............................	12
6. Auskunftsrecht der Prüfer................................	14
7. Prüfungsgegenstand......................................	16
8. Prüfungsbericht..	18
9. Haftung der Prüfer.......................................	21
III. Entbehrlichkeit der Prüfung	22
1. Konzernverschmelzung...................................	22
2. Verzicht...	23

I. Allgemeines

1 Art. 22 eröffnet die Möglichkeit zur Bestellung eines **gemeinsamen Verschmelzungsprüfers** und regelt damit einen Teilbereich der Verschmelzungsprüfung. Die Voraussetzungen für das Erfordernis einer Verschmelzungsprüfung
sowie die inhaltlichen Anforderungen ergeben sich demgegenüber aus den gemäß
Art. 18 anwendbaren, auf der Grundlage von Art. 10 NatVerschmRL harmonisierten nationalen Verschmelzungsvorschriften.

II. Voraussetzungen

2 **1. Allgemeines.** Art. 22 trifft nur rudimentäre Bestimmungen in Bezug auf
das Verfahren der Prüfung des Verschmelzungsplans. Einzelheiten zu Voraussetzungen und Inhalt der Verschmelzungsprüfung ergeben sich aus dem über Art. 18
anwendbaren nationalen Recht der Gründungsgesellschaften (MHdB AG/*Austmann* § 83 Rn. 17; van Hulle/Maul/Drinhausen/*Teichmann* Abschnitt 4 § 2
Rn. 54). Ob sich die **Prüfungspflicht** direkt aus Art. 22 ergibt (so *Scheifele*
Gründung der SE S. 191 f.; *Schwarz* Rn. 7) oder aus Art. 18 iVm mit den
jeweiligen Umsetzungsvorschriften des Art. 10 NatVerschmRL (Spindler/Stilz/
Casper Rn. 1; *Fuchs* Gründung S. 137 f.; *Teichmann* ZGR 2002, 383 [423]; wohl
auch Widmann/Mayer/*Heckschen* Anh. 14 Rn. 216), kann daher im Ergebnis
dahinstehen (so auch LHT/*Bayer* Rn. 4; MüKoAktG/*Schäfer* Rn. 1). Für eine
Gründungsgesellschaft deutschen Rechts sind diesbezüglich die **§§ 60, 73 und
9–12 UmwG** maßgeblich.

3 Art. 22 UAbs. 1 stellt den Gründungsgesellschaften zwei Prüfungsalternativen
zur Verfügung. Zum einen können Sachverständige, die für Rechnung jeder der

sich verschmelzenden Gesellschaften tätig sind, herangezogen werden **(getrennte Prüfung)**, zum anderen können ein oder mehrere unabhängige Sachverständige auf gemeinsamen Antrag der Gründungsgesellschaften von einem Gericht oder einer Verwaltungsbehörde des Mitgliedstaats, dessen Recht eine der verschmelzenden Gesellschaften oder die SE unterliegt, zur Prüfung des Verschmelzungsplans bestellt werden **(gemeinsame Prüfung)**. Sind mehr als zwei Gesellschaften an der Verschmelzung beteiligt, dürfte es auch zulässig sein, nur für einen Teil der beteiligten Gesellschaften eine gemeinsame Verschmelzungsprüfung und für die übrigen jeweils eine getrennte Prüfung durchzuführen (LHT/*Bayer* Rn. 5; KK-AktG/*Maul* Rn. 7; Schmitt/Hörtnagl/Stratz/*Hörtnagl* Rn. 4).

2. Unabhängigkeit der Prüfer. Das Erfordernis der Unabhängigkeit der Ver- **4** schmelzungsprüfer gilt sowohl für die **getrennte** als auch für die **gemeinsame Prüfung**, obgleich der Wortlaut des Art. 22 insoweit missverstanden werden kann. Denn die Vorschrift spricht lediglich im Rahmen der gemeinsamen Prüfung von unabhängigen Sachverständigen, so dass der Eindruck entstehen könnte, bei der getrennten Prüfung sei die Unabhängigkeit der Prüfer nicht erforderlich. Da Art. 22 aber dem Aktionärsschutz dient (Theisen/Wenz/*Neun* S. 108; Mü-KoAktG/*Schäfer* Rn. 3; NK-SE/*Schröder* Rn. 4) und auch bei anderen Gründungsformen die Unabhängigkeit der Prüfer verlangt wird (vgl. Art. 32 Abs. 4; Art. 37 Abs. 6), ist nicht davon auszugehen, dass die Vorschrift die Prüfung durch einen abhängigen Sachverständigen erlauben will (so auch LHT/*Bayer* Rn. 9; *Scheifele* Gründung der SE S. 193; NK-SE/*Schröder* Rn. 12; aA noch *Schwarz* ZIP 2001, 1847 [1851], wie hier aber *Schwarz* Rn. 12). Der inhaltliche Kern der Norm besteht vielmehr darin, den Gründungsgesellschaften ein Wahlrecht zu eröffnen, die Verschmelzungsprüfung für jede Gründungsgesellschaft gesondert oder für alle Gründungsgesellschaften gemeinsam durchführen zu lassen (so wohl auch Theisen/Wenz/*Neun* S. 108; *Scheifele* Gründung der SE S. 194). Die Festschreibung des Unabhängigkeitserfordernisses in Art. 22 ist daher als Klarstellung zu verstehen, dass das Erfordernis auch für die gemeinsame Prüfung gelten soll, nicht aber als Gestattung der Bestellung abhängiger Prüfer für den Fall der getrennten Verschmelzungsprüfung.

Der SE-VO lässt sich keine nähere Definition des Begriffs der Unabhängigkeit **5** entnehmen. Daher ist insoweit über Art. 18 das **nationale Recht** anwendbar, welches der Umsetzung des Art. 10 Abs. 1 NatVerschmRL dient (Art. 10 Abs. 1 NatVerschmRL geht ebenfalls von einer Prüfung „unabhängiger" Sachverständiger aus; *Scheifele* Gründung der SE S. 199; *Schwarz* Rn. 22). Bei Maßgeblichkeit des deutschen Rechts sind **gemäß § 11 UmwG die §§ 319 ff. HGB** zu beachten, insbesondere die Ausschlussgründe des § 319 Abs. 2 und Abs. 3 HGB (NK-SE/*Schröder* Rn. 26; *Schwarz* Rn. 22).

3. Gemeinsame Prüfung. a) Prüferbestellung. Während die Wahl zwi- **6** schen gemeinsamer und getrennter Prüfung vollständig bei den Gründungsgesellschaften liegt, ist bei der Bestellung des Prüfers je nach Wahl des Prüfungsverfahrens die mögliche Einflussnahme der Gründungsgesellschaften beschränkt. Nach dem Wortlaut des Art. 22 muss im Falle der gemeinsamen Prüfung des Verschmelzungsplans **ein Gericht oder eine Verwaltungsbehörde** eines Mitgliedstaates, dessen Recht mindestens eine der verschmelzenden Gesellschaften oder die künftige SE unterliegt, den Prüfer bestellen. Diese Anordnung ist zwingend, eine Bestellung etwa durch die Gründungsgesellschaften selbst ist daher bei der gemeinsamen Prüfung auch dann nicht möglich, wenn die auf einzelne oder alle beteiligten Gesellschaften anwendbaren nationalen Verschmelzungsvorschriften dies erlauben (Spindler/Stilz/*Casper* Rn. 3; Theisen/Wenz/*Neun* S. 109; MüKoAktG/*Schäfer* Rn. 7; NK-SE/*Schröder* Rn. 9). Welches Gericht oder welche Verwaltungsbehörde zuständig ist, bestimmt sich nach dem nationalen Recht des gewählten Mitgliedstaates (Schmitt/Hörtnagl/Stratz/*Hört-nagl* Rn. 4).

7   Art. 22 bestimmt, dass bei gemeinsamer Prüfung ein gemeinsamer Antrag der Gründungsgesellschaften bei der zuständigen Stelle des gewählten Mitgliedstaates gestellt werden muss. Bezüglich der weiteren Einzelheiten (zB Formerfordernisse für die Antragstellung) ist das Recht des gewählten Mitgliedstaats maßgeblich (*Jünemann* in BJMS SE § 2 Rn. 96; MüKoAktG/*Schäfer* Rn. 8; *Schwarz* Rn. 16). Entscheiden sich die Gründungsgesellschaften für eine **gemeinsame Prüfung in Deutschland**, erfolgt die Bestellung des Prüfers gemäß Art. 22 iVm §§ 60, 73, 10 Abs. 1, Abs. 2 UmwG auf gemeinsamen Antrag der Leitungsorgane der Gründungsgesellschaften durch das Landgericht, in dessen Bezirk eine deutsche Gründungsgesellschaft oder die künftige „deutsche" SE ihren Sitz hat (für Details s. Kallmeyer/*Müller* UmwG § 10 Rn. 5 ff.; Semler/Stengel/*Zeidler* UmwG § 10 Rn. 4 ff.).

8   **b) Für die Prüfung maßgebliches Recht.** Umstritten ist, ob sich die **materiellen Anforderungen an die Prüfung** ausschließlich nach dem Recht des Mitgliedstaats beurteilen, bei dessen Gericht oder Behörde der Antrag auf Durchführung einer gemeinsamen Prüfung gestellt worden ist, oder ob auch die Rechte der übrigen beteiligten Mitgliedstaaten zu berücksichtigen sind. Eine verbreitete Ansicht spricht sich für die **kumulative Anwendung** der Prüfungsvorgaben aller Rechtsordnungen von Gründungsgesellschaften aus, für die die gemeinsame Prüfung durchgeführt wird (so Spindler/Stilz/*Casper* Rn. 3; KK-AktG/*Maul* Rn. 16; MüKoAktG/*Schäfer* Rn. 8; *Scheifele* Gründung der SE S. 198 f.; *Schwarz* Rn. 19; ebenso für die grenzüberschreitende Verschmelzung HeidelKo/*Becker* UmwG § 122f Rn. 7; Semler/Stengel/*Drinhausen* UmwG § 122f Rn. 5; Schmitt/Hörtnagl/Stratz/*Hörtnagl* UmwG § 122f Rn. 3; Widmann/Mayer/*Mayer* UmwG § 122f Rn. 10). Dies wird mit der anderenfalls bestehenden Gefahr begründet, durch die Wahl eines bestimmten Mitgliedstaates für die gemeinsame Prüfung die Anwendung von besonders strengen Prüfungsvorgaben eines anderen Mitgliedstaats zu vermeiden. Widersprechen sich die danach anwendbaren Vorschriften im Einzelnen, müssten getrennte Prüfungen durchgeführt werden (*Fuchs* Gründung S. 138).

9   Diese Ansicht ist **abzulehnen.** Nach überzeugender Auffassung ist allein das Recht des Staates maßgeblich, bei dessen Gericht oder Behörde der Antrag auf Durchführung einer gemeinsamen Prüfung gestellt worden ist (so auch LHT/*Bayer* Rn. 6; *J. Schmidt* S. 196 f.; ebenso für die grenzüberschreitende Verschmelzung gemäß §§ 122a ff. Lutter/*Bayer* UmwG § 122f Rn. 3; UmwG Kallmeyer/*Müller* UmwG § 122f Rn. 10). Die kumulative Anwendung der verschiedenen Rechtsordnungen führt zu erheblichen praktischen Problemen, welche die Vorteile einer gemeinsamen Prüfung (Zeit- und Kostenersparnis, einheitliche Bewertung) zunichte machen (*J. Schmidt* S. 196 f.). Ferner ist die Befürchtung einer Umgehung unbegründet, weil Gegenstand und Inhalt der Prüfung durch Art. 10, 23 NatVerschmRL europaweit harmonisiert sind und somit ein Mindeststandard durch Auswahl eines bestimmten mitgliedstaatlichen Rechts nicht umgangen werden kann (LHT/*Bayer* Rn. 6).

10   **4. Getrennte Prüfung.** Bei der getrennten Prüfung schreibt Art. 22 nicht vor, dass die Bestellung durch ein Gericht oder eine Verwaltungsbehörde erfolgen muss. Insofern sind die nationalen Umsetzungsvorschriften zu Art. 10 Abs. 1, 23 NatVerschmRL maßgeblich, wonach der Sachverständige durch ein Gericht bestellt oder zugelassen sein muss (MüKoAktG/*Schäfer* Rn. 6; *J. Schmidt* S. 196; NK-SE/*Schröder* Rn. 7). Das nationale Recht kann danach auch die Bestellung des Prüfers oder der Prüfer **direkt durch das Verwaltungs- bzw. Leitungsorgan** der jeweiligen Gründungsgesellschaft erlauben, sofern der gewählte Sach-

verständige für die betreffende Prüfungstätigkeit staatlich zugelassen ist. Für den Fall einer **Gründungsgesellschaft deutschen Rechts besteht diese Möglichkeit jedoch nicht,** da die maßgeblichen Umsetzungsvorschriften der §§ 60, 10 Abs. 1 UmwG für die Bestellung und die Auswahl der Verschmelzungsprüfer eine zwingende Zuständigkeit des Gerichts vorsehen (Kallmeyer/*Müller* UmwG § 10 Rn. 4; Schmitt/Hörtnagl/Stratz/*Stratz* UmwG § 10 Rn. 2; Semler/Stengel/*Zeidler* UmwG § 10 Rn. 4).

Für die Verschmelzungsprüfung einer deutschem Recht unterliegenden Grün- **11** dungsgesellschaft sind – ebenso wie bei der gemeinsamen Prüfung in Deutschland – über die Verweisung des Art. 18 die **§§ 60, 73, 10 Abs. 1, Abs. 2 UmwG** maßgeblich (→ Rn. 7). Die Anwendbarkeit dieser Regelungen bei der getrennten Prüfung ergibt sich aus Art. 18. Der Antrag auf Prüferbestellung ist vom Vertretungsorgan der deutschen Gründungsgesellschaft zu stellen, eine Mitwirkung der übrigen Gründungsgesellschaften ist nicht erforderlich (Widmann/Mayer/*Heckschen* Anh. 14 Rn. 220; *Scheifele* Gründung der SE S. 196; NK-SE/*Schröder* Rn. 7).

5. Anforderungen an den Prüfer. Da die Verordnung hierzu keine näheren **12** Regelungen enthält, richten sich die Kriterien für die Auswahl des Verschmelzungsprüfers nach dem Recht des Mitgliedstaats, in dem der/die Prüfer bestellt werden (bei der gemeinsamen Prüfung ergibt sich dies aus Art. 22, bei der getrennten Prüfung aus Art. 18). Neben der bereits von Art. 22 vorgeschriebenen **Unabhängigkeit** (→ Rn. 4f.) muss ein nach deutschem Recht bestellter Prüfer den Anforderungen der §§ 60, 73, 11 Abs. 1 S. 1 UmwG iVm §§ 319 Abs. 1–4, 319a HGB genügen. Zum Verschmelzungsprüfer bestellt werden können dementsprechend **Wirtschaftsprüfer und Wirtschaftsprüfungsgesellschaften** (zu Einzelheiten s. Lutter/*Drygala* UmwG § 11 Rn. 2ff.; Kallmeyer/*Müllerr* UmwG § 11 Rn. 2ff.; Semler/Stengel/*Zeidler* UmwG § 11 Rn. 2ff.).

Fraglich erscheint, ob auch Verschmelzungsprüfer bestellt werden können, die **13** die Anforderungen des Mitgliedstaates, in dem die Bestellung erfolgt, an die Qualifikation zum Verschmelzungsprüfer nicht erfüllen, **nach dem Recht eines anderen Mitgliedstaates aber prüfungsbefugt** wären. Diese Möglichkeit war in Art. 21 Abs. 4 SE-VO-E von 1991 vorgesehen, der nur verlangte, dass der Sachverständige „von einem Gericht oder einer Verwaltungsbehörde, dessen Recht eine der Gründungsgesellschaften oder die künftige SE unterliegt, bestellt oder zugelassen" ist. Richtigerweise ist diesbezüglich aber nach geltendem Recht **zwischen getrennter und gemeinsamer Prüfung zu unterscheiden.** Bei der gemeinsamen Prüfung kann es praktisch vorteilhaft und sogar geboten sein, dass auch Sachverständige aus anderen Rechtsordnungen den Verschmelzungsplan prüfen, um sicherzustellen, dass die Prüfung mit der erforderlichen Sachkenntnis erfolgt (*Scheifele* Gründung der SE S. 200f.). Bei der getrennten Prüfung gelten für die Verschmelzungsprüfung jeder Gründungsgesellschaft über die Verweisung des Art. 18 die Anforderungen des auf sie anwendbaren nationalen Rechts. Dies betrifft auch die Anforderungen an die Qualifikation des Verschmelzungsprüfers. Für die Anwendung anderer Rechtsordnungen auf die Bestellung dieses Verschmelzungsprüfers ist in diesem Fall weder eine Rechtsgrundlage noch ein praktisches Bedürfnis ersichtlich (vgl. *Scheifele* Gründung der SE S. 200; *Schwarz* Rn. 25).

6. Auskunftsrecht der Prüfer. Um die Prüfung erfolgreich durchführen zu **14** können, haben die Prüfer gemäß Art. 22 UAbs. 2 das Recht, **von jeder der sich verschmelzenden Gesellschaften alle Auskünfte** zu verlangen, die sie zur Erfüllung ihrer Aufgaben **für erforderlich halten.** Da die Prüfung des Verschmelzungsplans einen effektiven Schutz der Anteilsinhaber gewährleisten soll, steht den Verschmelzungsprüfern damit grundsätzlich ein umfassendes Informationsrecht zu (LHT/*Bayer* Rn. 11; MüKoAktG/*Schäfer* Rn. 11; *Schwarz* Rn. 32). Das Auskunftsrecht erfasst daher nicht nur mündliche Auskünfte, die Verschmelzungsprüfer sind vielmehr auch berechtigt, Unterlagen anzufordern und Nachprüfungen anzustellen (Widmann/Mayer/*Heckschen* Anh. 14 Rn. 218; KK-AktG/*Maul* Rn. 20; *J. Schmidt* S. 199; *Schwarz* Rn. 32). Richtigerweise ist jedoch davon auszugehen, dass das Auskunftsrecht sich nicht ohne weiteres auf alle Informationen erstreckt, die die Prüfer subjektiv für erforderlich halten, sondern auf solche beschränkt ist, die sie objektiv für erforderlich halten durften (LHT/*Bayer* Rn. 12; KK-AktG/*Maul* Rn. 21; enger MüKoAktG/*Schäfer* Rn. 11: Schikaneverbot als Grenze).

15 Als „Schuldner" der Informationspflicht bestimmt Art. 22 UAbs. 2 jede der sich verschmelzenden Gesellschaften. Die Verschmelzungsprüfer kann daher stets von **allen an der Verschmelzung beteiligten Gesellschaften** Auskünfte verlangen, gleichgültig, ob es sich um eine gemeinsame oder eine getrennte Prüfung handelt (KK-AktG/*Maul* Rn. 22; *Scheifele* Gründung der SE S. 204; *Schwarz* Rn. 33). Insbesondere die Überprüfung der Angemessenheit des Umtauschverhältnisses erfordert regelmäßig umfassende Informationen über alle an der Verschmelzung beteiligten Gesellschaften.

16 **7. Prüfungsgegenstand.** Als Prüfungsgegenstand normiert Art. 22 bei der gemeinsamen Prüfung **den Verschmelzungsplan.** Gleiches gilt gemäß Art. 18 iVm den mitgliedstaatlichen Umsetzungsvorschriften zu Art. 10 NatVerschmRL auch für die getrennte Prüfung (LHT/*Bayer* Rn. 13; *Schwarz* Rn. 26). Für eine Gründungsgesellschaft deutschen Rechts ergibt sich dies aus § 9 Abs. 1 UmwG. Die Sachverständigen müssen danach die Vollständigkeit und Richtigkeit der Angaben im Verschmelzungsplan prüfen (LHT/*Bayer* Rn. 13; KK-AktG/*Maul* Rn. 15; Theisen/Wenz/*Neun* S. 110). Der Schwerpunkt der Prüfung liegt dabei auf der **Angemessenheit des Umtauschverhältnisses** (→ Rn. 19). Zur Vollständigkeit gehört aber auch die Prüfung, ob alle von Art. 20 geforderten Angaben im Verschmelzungsplan enthalten sind. Weitere Prüfungsgegenstände könne sich aus dem nationalen Recht der Gründungsgesellschaften ergeben (s. für weitere potentielle Prüfungsgegenstände einer Gründungsgesellschaft deutschen Rechts Kallmeyer/*Müller* UmwG § 9 Rn. 11 ff., insbesondere Rn. 16). Sofern bei Beteiligung einer deutschen Gründungsgesellschaft gemäß § 7 Abs. 1 SEAG ein **Barabfindungsangebot** in den Verschmelzungsplan aufgenommen werden musste (→ Art. 20 Rn. 9), ist gemäß § 7 Abs. 3 SEAG auch dessen Angemessenheit zu überprüfen.

17 Obwohl teilweise wegen des Minderheitenschutzes gefordert (LHT/*Bayer* Rn. 14), geht die überwiegende Meinung zu Recht davon aus, dass der **Verschmelzungsbericht nicht** in die Prüfung einzubeziehen ist (s. unter anderem *Fuchs* Gründung S. 140; Kallmeyer/*Marsch-Barner* Anh. Rn. 46; MüKoAktG/*Schäfer* Rn. 9; *Scheifele* Gründung der SE S. 201; *Schwarz* Rn. 28). Ein solches Erfordernis ist weder in Art. 22 noch in Art. 10 NatVerschmRL angelegt.

18 **8. Prüfungsbericht.** Die Ergebnisse der Verschmelzungsprüfung sind in einem schriftlichen **Prüfungsbericht** niederzulegen (LHT/*Bayer* Rn. 16; KK-AktG/*Maul* Rn. 23). Dies folgt für die gemeinsame Verschmelzungsprüfung unmittelbar aus Art. 22 UAbs. 1 und für die getrennte Prüfung aus den nationalen Umsetzungsvorschriften zu Art. 10 Abs. 1 NatVerschmRL. Der **Mindestinhalt** des Prüfungsberichts lässt sich aus Art. 10 Abs. 2 NatVerschmRL und den jeweiligen nationalen Umsetzungsvorschriften entnehmen. Bei einer Gründungsgesellschaft deutschen Rechts haben die Sachverständigen gemäß §§ 60, 73, 12 Abs. 2 UmwG eine Erklärung darüber abzugeben, ob das Umtauschverhältnis ihrer Ansicht nach angemessen ist (MHdB AG/*Austmann* § 84 Rn. 19; LHT/*Bayer* Rn. 16; Widmann/Mayer/*Heckschen* Anh. 14 Rn. 225). Hierzu zählen

auch Ausführungen zur Berechnungsmethode, die für die Bestimmung des vorgeschlagenen Umtauschverhältnisses angewandt wurde sowie Aussagen dazu, ob
die Methode angemessen war und welche Werte der Berechnung zugrunde
lagen. Zugleich müssen die Sachverständigen Stellung dazu nehmen, welche
relative Bedeutung der Berechnungsmethode bei der Bestimmung des zugrunde
gelegten Wertes beigemessen wurde (s. Art. 10 Abs. 2 NatVerschmRL). Sofern
besondere Schwierigkeiten bei der Bewertung aufgetreten sind, müssen die Sachverständigen auch auf diese hinweisen. Nicht gefordert sind hingegen Ausführungen zur wirtschaftlichen Zweckmäßigkeit der Verschmelzung (LHT/*Bayer*
Rn. 14; Theisen/Wenz/*Neun* S. 110; näher zum Ganzen auch Kallmeyer/*Müller*
UmwG § 12 Rn. 3 ff.; Semler/Stengel/*Zeidler* UmwG § 12 Rn. 6 ff.).

Nach deutschem Verständnis handelt es sich bei dem Prüfungsbericht um einen **19**
Ergebnisbericht, weshalb sich detaillierte Ausführungen grundsätzlich auf den
Mindestinhalt des § 12 UmwG beschränken können (Kallmeyer/*Müller* UmwG
§ 12 Rn. 3; Semler/Stengel/*Zeidler* UmwG § 12 Rn. 7). Musste ein Barabfindungsangebot nach § 7 Abs. 1 SEAG in den Verschmelzungsplan aufgenommen
werden, ist gemäß § 7 Abs. 3 S. 2 SEAG iVm § 12 UmwG auch über die
Prüfung dieses Angebots zu berichten. Ferner muss der Prüfungsbericht zumindest kurze Angaben darüber enthalten, ob die Angaben im Verschmelzungsplan
vollständig und richtig sind (Kallmeyer/*Müller* UmwG § 12 Rn. 4; Semler/
Stengel/*Zeidler* UmwG § 12 Rn. 7).

In welcher **Sprache** der Prüfungsbericht zu verfassen ist, wird aus Art. 22 **20**
nicht ersichtlich. Um den Schutz der Aktionäre zu gewährleisten, ist bei der
gemeinsamen Prüfung zu fordern, dass der Prüfungsbericht in den mitgliedstaatlichen Sprachen der Gründungsgesellschaften, sowie in der Sprache des künftigen
Sitzstaates der SE abzufassen ist (*Fuchs* Gründung S. 141; *Schwarz* Rn. 29). Bei
der getrennten Prüfung gelten die Anforderungen des mitgliedstaatlichen Rechts
der Gründungsgesellschaft, für deren Aktionäre der Bericht erstellt wird.

9. Haftung der Prüfer. Die zivil- und strafrechtliche Haftung der Sachver- **21**
ständigen richtet sich gemäß Art. 18 nach **nationalem Recht** (LHT/*Bayer*
Rn. 17; KK-AktG/*Maul* Rn. 25; NK-SE/*Schröder* Rn. 31; *Schwarz* Rn. 34). Bei
Anwendung deutschen Rechts sind für die zivilrechtliche Haftung die Vorschriften der §§ 60, 73, 11 Abs. 2 UmwG iVm § 323 HGB maßgeblich. Die strafrechtliche Verantwortlichkeit richtet sich nach §§ 314, 315 UmwG.

III. Entbehrlichkeit der Prüfung

1. Konzernverschmelzung. Die Notwendigkeit einer Verschmelzungsprü- **22**
fung entfällt gemäß Art. 31 Abs. 1 im Falle der Verschmelzung einer **hundertprozentigen Tochter- auf ihre Muttergesellschaft.** Der Wortlaut von Art. 31
Abs. 1 bestimmt zwar lediglich, dass in diesem Fall Art. 22 unanwendbar ist.
Nach zutreffender hM folgt daraus jedoch nicht, dass eine gemeinsame Verschmelzungsprüfung nicht möglich ist, sondern dass die Verschmelzungsprüfung
insgesamt entfällt (näher → Art. 31 Rn. 10).

2. Verzicht. Die Anteilsinhaber einer Gründungsgesellschaft deutschen Rechts **23**
können gemäß Art. 18 iVm §§ 9 Abs. 3, 8 Abs. 3 UmwG auf die Verschmelzungsprüfung verzichten. Die Entbehrlichkeit der Verschmelzungsprüfung erstreckt sich dann aber **nur auf die Gründungsgesellschaft deutschen Rechts**
(LHT/*Bayer* Rn. 20; Widmann/Mayer/*Heckschen* Anh. 14 Rn. 223; *Scheifele*
Gründung der SE S. 202; *Schwarz* Rn. 30; vgl. auch Art. 10 Abs. 4 Nat-
VerschmRL nF). Ob und unter welchen Voraussetzungen eine nach ausländischem
Recht für eine andere Gründungsgesellschaft angeordnete Verschmelzungsprüfung
entbehrlich ist, bestimmt sich hingegen nach dieser Rechtsordnung.

[Zustimmung zum Verschmelzungsplan]

23 (1) **Die Hauptversammlung jeder der sich verschmelzenden Gesellschaften stimmt dem Verschmelzungsplan zu.**

(2) [1]**Die Beteiligung der Arbeitnehmer in der SE wird gemäß der Richtlinie 2001/86/EG festgelegt.** [2]**Die Hauptversammlung jeder der sich verschmelzenden Gesellschaften kann sich das Recht vorbehalten, die Eintragung der SE davon abhängig zu machen, dass die geschlossene Vereinbarung von ihr ausdrücklich genehmigt wird.**

Schrifttum: *Brandes,* Cross Border Merger mittels SE, AG 2005, 177; *Heckschen,* Das Dritte Gesetz zur Änderung des Umwandlungsgesetzes in der Fassung des Regierungsentwurfs, NZG 2010, 1041; *Handelsrechtsauschuss des DAV,* Stellungnahme zum Referentenentwurf für ein Drittes Gesetz zur Änderung des Umwandlungsgesetzes, NZG 2010, 614; *Kersting,* Societas Europaea: Gründung und Vorgesellschaft, DB 2001, 2079; *Mahi,* Die Europäische Aktiengesellschaft, 2004; *J. Schmidt,* „Deutsche" vs. „britische" Societas Europaea (SE), 2006; *Teichmann,* Die Einführung der Europäischen Aktiengesellschaft, ZGR 2002, 383; *Wagner,* Der Regierungsentwurf für ein Drittes Gesetz zur Änderung des Umwandlungsgesetzes, DStR 2010, 1629.

Übersicht

	Rn.
I. Normzweck	1
II. Voraussetzungen	3
1. Erfordernis der Hauptversammlungszustimmung (Abs. 1)	3
a) Vorbereitung der Hauptversammlung bei deutscher Gründungsgesellschaft	5
b) Nachgründungsbericht und -prüfung	7
c) Durchführung der Hauptversammlung	9
d) Beschlussfassung	13
e) Beschlusssperre gemäß § 76 Abs. 1 UmwG	15
f) Kapitalerhöhung	16
g) Wirkungen des Beschlusses	17
2. Zustimmung zum Modell der Arbeitnehmerbeteiligung (Abs. 2)	18
a) Genehmigungsvorbehalt	19
b) Genehmigung der Beteiligungsvereinbarung/des Beteiligungsmodells	22
c) Delegationsrecht	24
d) Rechtsfolge der Verweigerung der Genehmigung	25
III. Rechtsfolgen eines fehlerhaften Verschmelzungsbeschlusses	26

I. Normzweck

1   Art. 23 schreibt das Erfordernis der Zustimmung der Hauptversammlungen der verschmelzenden Gesellschaften zum **Verschmelzungsplan** vor (Abs. 1) und gewährt den Hauptversammlungen ein Mitentscheidungsrecht in Bezug auf die **Arbeitnehmerbeteiligung** (also die Mitbestimmung in Gesellschaftsorganen sowie Unterrichtung und Anhörung; näher zum Begriff → SEBG § 2 Rn. 40; → Art. 20 Rn. 34) in Form eines Zustimmungsvorbehalts (Abs. 2). Die Hauptversammlung kann damit das Wirksamwerden der SE-Gründung von der ausdrücklichen Genehmigung einer etwaigen Vereinbarung oder der sonstigen auf Basis der nationalen Umsetzungsgesetze zur SE-RL anzuwendenden Regelungen über die Beteiligung der Arbeitnehmer abhängig machen (im Einzelnen → Rn. 18 ff.). Eine Parallelvorgabe zu Abs. 2 Satz 2 enthält Art. 9 Abs. 2 IntVerschmRL (in Deutschland umgesetzt in § 122g Abs. 1 UmwG). Art. 23 regelt sowohl den Zustimmungsbeschluss als auch den Genehmigungsvorbehalt nur dem Gegenstand nach; die erforderlichen **Beschlussmehrheiten** und das zu beachtende **Verfahren** sind hingegen über die Verweisung des Art. 18 dem **nationalen Verschmelzungsrecht** der jeweiligen Gründungsgesellschaft zu entnehmen (LHT/*Bayer* Rn. 2; KK-AktG/*Maul* Rn. 3 f., 6 ff.; MüKoAktG/ *Schäfer* Rn. 3).

Das Erfordernis der Hauptversammlungszustimmung zum Verschmelzungsplan **2** hätte sich auch ohne eigene Regelung in der SE-VO aus den nationalen Umsetzungsvorschriften zur NatVerschmRL ergeben, die gemäß Art. 18 auf die SE-Gründung durch Verschmelzung Anwendung finden (vgl. Art. 7 Abs. 1 NatVerschmRL). Ein Recht zur Aufnahme eines Zustimmungsvorbehalts in Bezug auf die Regelung der Arbeitnehmerbeteiligung ist in der NatVerschmRL hingegen nicht vorgesehen. Zurückzuführen ist das darauf, dass die Arbeitnehmerbeteiligung nach nationalem Gesellschaften grundsätzlich den Vorgaben des nationalen Rechts unterliegt, wobei die nationalen Rechte in der Regel selbst zwingende Vorschriften in Bezug auf die Arbeitnehmerbeteiligung enthalten (vgl. KK-AktG/*Maul* Rn. 2). Aus Sicht der über eine **innerstaatliche Verschmelzung** beschließenden Hauptversammlungen besteht daher zum Zeitpunkt der Beschlussfassung **keine Ungewissheit** über die nach der Verschmelzung geltende Arbeitnehmerbeteiligung und damit auch kein Bedürfnis für eine erneute Überprüfung der Entscheidung über die Verschmelzung zu einem späteren Zeitpunkt. Die Arbeitnehmerbeteiligung in der SE soll **nach den Vorgaben der SE-RL** hingegen grundsätzlich einer im Zuge der SE-Gründung von Unternehmensleitungen und Verhandlungsgremium der Arbeitnehmer **ausgehandelten Vereinbarung** unterliegen; diese gesetzlichen Auffangregelungen sollen nur subsidiär gelten (s. Erwägungsgrund 8 der SE-RL; → SEBG § 1 Rn. 8). Nach seiner Konzeption ist das Verhandlungsverfahren häufig erst abgeschlossen, nachdem die Beschlussfassung der beteiligten Hauptversammlungen über den Verschmelzungsplan bereits erfolgt ist (MüKoAktG/*Schäfer* Rn. 2; *Schwarz* Rn. 1; zum zeitlichen Ablauf → Art. 20 Rn. 35 f.). Beschließen daher die Hauptversammlungen vor Abschluss des Verhandlungsverfahrens zur Regelung der Arbeitnehmerbeteiligung über die Verschmelzung, ist die genaue Ausgestaltung der Arbeitnehmerbeteiligung in der SE ggf. noch nicht absehbar. Daher kann ein Bedürfnis bestehen, die **SE-Gründung zu „stoppen"**, wenn sich das schließlich ausgehandelte oder aufgrund der Auffangregelungen anzuwendende Arbeitnehmerbeteiligungsmodell aus Sicht der – an den Verhandlungen nicht beteiligten – Aktionäre als nicht wünschenswert erweist (vgl. LHT/*Bayer* Rn. 3; Spindler/ Stilz/*Casper* Rn. 2; Kallmeyer/*Marsch-Barner* UmwG Anh. Rn. 54; KK-AktG/ *Maul* Rn. 14; NK-SE/*Schröder* Rn. 20; *Schwarz* Rn. 1).

II. Voraussetzungen

1. Erfordernis der Hauptversammlungszustimmung (Abs. 1). Art. 23 **3** Abs. 1 bestimmt, dass die Hauptversammlung jeder der sich verschmelzenden Gesellschaften dem Verschmelzungsplan zustimmen muss. Dieses Erfordernis ist **zwingend** und kann nicht durch nationale Bestimmungen geändert werden (LHT/*Bayer* Rn. 1; KK-AktG/*Maul* Rn. 5; MüKoAktG/*Schäfer* Rn. 1; NK-SE/ *Schröder* Rn. 2; *Schwarz* Rn. 5). So kann bei einer Gründungsgesellschaft deutschen Rechts § 62 Abs. 1 UmwG keine Anwendung finden, wonach das Erfordernis eines zustimmenden Hauptversammlungsbeschlusses einer übernehmenden Aktiengesellschaft entfällt, wenn diese mit mindestens 90 % am Grundkapital der übertragenden Gesellschaft beteiligt ist und nicht eine Aktionärsminderheit mit mindestens 5 % Beteiligung am Grundkapital die Beschlussfassung verlangt. Eine solche **Erleichterung für Konzernverschmelzungen** könnte sich für die SE-Gründung durch Verschmelzung nur aus **Art. 31**

ergeben, der aber vom Erfordernis der Hauptversammlungszustimmung gerade
nicht befreit (LHT/*Bayer* Rn. 1; KK-AktG/*Maul* Rn. 5; MüKoAktG/*Schäfer*
Rn. 4). Aufgrund des zwingenden Charakters der Vorschrift kann das Zustimmungserfordernis der Hauptversammlung auch **nicht auf andere Organe** übertragen werden (LHT/*Bayer* Rn. 4; KK-AktG/*Maul* Rn. 5; *Scheifele* Gründung
der SE S. 207; *Schwarz* Rn. 5).

4   Art. 23 enthält keine Regelungen zu **Vorbereitung und Durchführung der
Hauptversammlung.** Das konkrete Verfahren richtet sich dementsprechend
gemäß **Art. 18** nach den nationalen Vorschriften des Mitgliedstaats, dessen Recht
die jeweilige Gesellschaft unterliegt (LHT/*Bayer* Rn. 2; Widmann/Mayer/*Heckschen* UmwG Anh. 14 Rn. 231; NK-SE/*Schröder* Rn. 3). Eine mitgliedstaatliche
Harmonisierung der nationalen Vorschriften betreffend Einberufung und Durchführung der Hauptversammlung ergibt sich in diesem Kontext aufgrund der
Art. 7, 8, 11 und 23 NatVerschmRL. Sofern das nationale Verschmelzungsrecht
keine speziellen Regelungen aufweist, sind bei deutschen Gründungsgesellschaften ergänzend die nationalen Vorschriften des Aktienrechts anzuwenden
(→ Rn. 1). Für eine an der Verschmelzungsgründung beteiligte **AG deutschen
Rechts** gelten danach die §§ 63 ff. UmwG sowie §§ 121 ff. AktG (LHT/*Bayer*
Rn. 2; KK-AktG/*Maul* Rn. 6 ff.; MüKoAktG/*Schäfer* Rn. 3 ff.).

5   **a) Vorbereitung der Hauptversammlung bei deutscher Gründungsgesellschaft. aa) Anwendbare Vorschriften.** Hinsichtlich der **Einberufung**
der Hauptversammlung gelten für eine Gründungsgesellschaft deutschen Rechts
gemäß Art. 18 die Vorschriften der §§ 121 ff. AktG und des § 63 UmwG (*Bayer* in
Lutter/Hommelhoff Europäische Gesellschaft S. 41; KK-AktG/*Maul* Rn. 6;
J. Schmidt S. 207). Gemäß §§ 121 Abs. 2 S. 1, 123 Abs. 1 AktG hat der Vorstand die
Hauptversammlung mindestens dreißig Tage vor dem Versammlungstag einzuberufen. § 63 UmwG verpflichtet die Gesellschaft, die dort genannten Unterlagen
(→ Rn. 6) „von der Einberufung der Hauptversammlung an" den Aktionären
zugänglich zu machen; iVm den aktienrechtlichen Einberufungsvorschriften würden die Unterlagen daher nur während der dort vorgeschriebenen 30-Tage-Frist
zur Verfügung stehen. Art. 11 Abs. 1 NatVerschmRL, auf den § 63 UmwG zurückzuführen ist, sieht jedoch vor, dass die Unterlagen den Aktionären mindestens einen
Monat vor dem Tag der Hauptversammlung, die über den Verschmelzungsplan zu
entscheiden hat, zur Verfügung gestellt werden. Um den Aktionären die durch die
NatVerschmRL vorgegebene Monatsfrist zu gewähren, ist daher die **30-Tage-Frist
des § 123 Abs. 1 S. 1 AktG richtlinienkonform auf einen Monat zu erweitern** (so auch LHT/*Bayer* Rn. 5; KK-AktG/*Maul* Rn. 5; *J. Schmidt* S. 206).

6   **bb) Notwendige Unterlagen.** Gleichfalls nicht durch die SE-VO geregelt ist
die Frage, welche Unterlagen den Aktionären im Vorfeld der Hauptversammlung
zur Verfügung gestellt werden müssen. Die Bekanntmachungen nach Art. 21, zu
denen bei einer Gründungsgesellschaft deutschen Rechts auch der Verschmelzungsplan gehört, sind keine hinreichende Grundlage für die Entscheidungsfindung der
Aktionäre (so auch *Schwarz* Rn. 10). Welche Informationen den Aktionären im
Vorfeld der Hauptversammlung zur Verfügung gestellt werden müssen, richtet sich
dementsprechend gemäß Art. 18 nach den nationalen Vorschriften, und für eine
Gründungsgesellschaft deutschen Rechts insbesondere nach § 63 UmwG
(→ Rn. 4). Folglich sind gemäß § 63 Abs. 1 UmwG ab Einberufung der Hauptversammlung, die über die Zustimmung zum Verschmelzungsplan beschließen soll,
den Aktionären folgende Unterlagen zugänglich zu machen:

– der Verschmelzungsplan,
– die Jahresabschlüsse und Lageberichte der an der Verschmelzung beteiligten
  Gesellschaften für die letzten drei Geschäftsjahre,

– ggf. Zwischenbilanzen (s. Kallmeyer/*Marsch-Barner* UmwG § 63 Rn. 7 ff.),
– Verschmelzungsberichte (soweit nicht entbehrlich, → Art. 20 Rn. 47 f.), und
– Verschmelzungsprüfungsberichte (soweit nicht entbehrlich, → Art. 22 Rn. 23).

Die Unterlagen können zur Einsicht der Aktionäre **in dem Geschäftsraum** der Gründungsgesellschaft ausgelegt (§ 63 Abs. 1 UmwG) und auf Verlangen an die Aktionäre übersandt (§ 63 Abs. 3 UmwG) oder **über die Internetseite** der Gesellschaft zugänglich gemacht werden (§ 63 Abs. 4 UmwG; zu Einzelheiten Semler/Stengel/*Diekmann* UmwG § 63 Rn. 9, 19 ff. und 24 a f.; Kallmeyer/*Marsch-Barner* UmwG § 63 Rn. 2, 4). Verstöße gegen die Informationspflichten gemäß Art. 18, § 63 UmwG können zur Anfechtbarkeit des Hauptversammlungsbeschlusses führen (näher dazu Semler/Stengel/*Diekmann* UmwG § 63 Rn. 26; Kallmeyer/*Marsch-Barner* UmwG § 63 Rn. 13).

b) Nachgründungsbericht und -prüfung. Gemäß § 67 UmwG kommt es **7** für eine deutsche AG zur **Anwendung der Nachgründungsvorschriften** des § 52 Abs. 3, 4, 6–9 AktG, wenn sie sich als übernehmender Rechtsträger an einer Verschmelzung beteiligt und der Verschmelzungsvertrag vor Ablauf von zwei Jahren nach Eintragung der Gesellschaft in das Handelsregister abgeschlossen wird. Über die Verweisung des Art. 18 gilt § 67 UmwG auch für die SE-Gründung im Wege der **Verschmelzung durch Aufnahme** (LHT/*Bayer* Rn. 8; Spindler/Stilz/*Casper* Rn. 4; Kallmeyer/*Marsch-Barner* UmwG Anhang Rn. 59; KK-AktG/*Maul* Rn. 8; MüKoAktG/*Schäfer* Rn. 8; *Schwarz* Art. 20 Rn. 55). Maßgeblicher Zeitpunkt für den Ablauf der Zweijahresfrist ist gemäß § 67 UmwG der Zeitpunkt des Abschlusses des Verschmelzungsvertrags; die hM versteht darunter den Zeitpunkt der Beurkundung gemäß § 6 UmwG (s. Semler/Stengel/*Diekmann* UmwG § 67 Rn. 7; Kallmeyer/*Marsch-Barner* UmwG § 67 Rn. 3, jeweils mwN). Da auch der Verschmelzungsplan einer AG deutschen Rechts gemäß Art. 18 iVm § 6 UmwG notariell zu beurkunden ist, kann auch im Rahmen der SE-Gründung für den Ablauf der Zweijahresfrist auf den Zeitpunkt der Beurkundung abgestellt werden (so auch *Scheifele* Gründung der SE S. 178; *Schwarz* Art. 20 Rn. 55; aA LHT/*Bayer* Rn. 8 und MüKoAktG/*Schäfer* Rn. 8: danach ist der Zeitpunkt der Fassung des Verschmelzungsbeschlusses maßgeblich).

Sofern die Zweijahresfrist noch nicht abgelaufen ist, hat der Aufsichtsrat der **8** übernehmenden deutschen AG gemäß § 52 Abs. 3 AktG einen **Nachgründungsbericht** zu erstatten (für Details s. Hüffer/*Koch* AktG § 52 Rn. 14; Kallmeyer/*Marsch-Barner* UmwG § 67 Rn. 7). Des Weiteren ist eine **externe Gründungsprüfung** unter Berücksichtigung der Vorgaben der §§ 33 Abs. 3–5, 34, 35 AktG durchzuführen (§ 52 Abs. 4 AktG; für Details s. Hüffer/*Koch* AktG § 52 Rn. 14; Kallmeyer/*Marsch-Barner* UmwG § 67 Rn. 7). Sollte die Gründungsprüfung unterblieben sein, ist der Verschmelzungsbeschluss gemäß § 241 Nr. 3 AktG nichtig (Semler/Stengel/*Diekmann* UmwG § 67 Rn. 28; Lutter/*Grunewald* UmwG § 67 Rn. 18; Kallmeyer/*Marsch-Barner* UmwG § 67 Rn. 10; aA – nur Anfechtbarkeit – Widmann/Mayer/*Rieger* UmwG § 67 Rn. 34). Bei anderen Verstößen gegen die Nachgründungsvorschriften ist der Verschmelzungsbeschluss anfechtbar, sofern die Verschmelzung nicht bereits eingetragen wurde und dadurch gemäß Art. 27 Abs. 1 wirksam geworden ist (zur innerstaatlichen Verschmelzung vgl. Semler/Stengel/*Diekmann* UmwG § 67 Rn. 28; Kallmeyer/*Marsch-Barner* UmwG § 67 Rn. 10).

c) Durchführung der Hauptversammlung. aa) Auslegen von Unterla- **9** **gen.** Die Durchführung der Hauptversammlung richtet sich für eine Gründungsgesellschaft deutschen Rechts gemäß Art. 18 nach **§ 64 UmwG und §§ 129 ff. AktG** (Theisen/Wenz/*Neun* S. 131; *J. Schmidt* S. 207; NK-SE/*Schröder* Rn. 26).

Danach sind die im Vorfeld der Hauptversammlung gemäß § 63 UmwG zugänglich gemachten Dokumente den Aktionären auch während der Hauptversammlung zugänglich zu machen. Dies kann dadurch erfolgen, dass zumindest jeweils
ein Exemplar während der gesamten Dauer der Hauptversammlung ausgelegt
wird (Semler/Stengel/*Diekmann* UmwG § 64 Rn. 4; Kallmeyer/*Marsch-Barner*
UmwG § 64 Rn. 1). Alternativ oder zusätzlich besteht die Möglichkeit, die
Unterlagen den Aktionären auf der Internetseite der Gesellschaft zu präsentieren,
sofern vor Ort via Monitor die Möglichkeit der Einsichtnahme der Internetseite
besteht (Kallmeyer/*Marsch-Barner* UmwG § 64 Rn. 1).

10   **bb) Mündliche Erläuterung des Verschmelzungsplans.** Gemäß Art. 18
iVm § 64 Abs. 1 S. 2 Alt. 1 UmwG muss der Vorstand den Verschmelzungsplan
auf der Hauptversammlung zu Beginn der Verhandlung über den Tagesordnungspunkt „Zustimmung zum Verschmelzungsplan" mündlich erläutern (Semler/
Stengel/*Diekmann* UmwG § 64 Rn. 9; Lutter/*Grunewald* UmwG § 64 Rn. 3;
Kallmeyer/*Marsch-Barner* UmwG § 64 Rn. 3). Erforderlich ist dabei eine **Wiedergabe der wesentlichen Inhalte** des Verschmelzungsplans sowie der Beweggründe für die Verschmelzung und der wirtschaftlichen und rechtlichen Folgen
für die Gesellschaft (zu Einzelheiten s. Lutter/*Grunewald* UmwG § 64 Rn. 3;
Kallmeyer/*Marsch-Barner* UmwG § 64 Rn. 3). Unrichtige oder unzureichende
Erläuterungen können zur Anfechtbarkeit des Verschmelzungsbeschlusses gemäß
§ 243 Abs. 4 AktG führen (s. dazu Semler/Stengel/*Diekmann* UmwG § 64
Rn. 13; Kallmeyer/*Marsch-Barner* UmwG § 64 Rn. 8).

11   **cc) Unterrichtung über Vermögensänderungen.** Aufgrund von Art. 2
Nr. 4 RL 2009/109/EG wurde Art. 9 NatVerschmRL ein neuer Abs. 2 und
Abs. 3 hinzugefügt. Die hieraus resultierenden Änderungen wurden richtlini-
enkonform in § 64 UmwG umgesetzt (s. Drittes Gesetz zur Änderung des
UmwG vom 11.7.2011, BGBl. I S. 1338) und gelten über Art. 18 auch bei der
Verschmelzung zur Gründung einer SE. Danach haben die Vertretungsorgane
jedes der an der Verschmelzung beteiligten Rechtsträger ihre Anteilsinhaber vor
der Beschlussfassung über **jede wesentliche Veränderung des Vermögens des
Rechtsträgers** zu unterrichten, die **zwischen der Aufstellung des Verschmelzungsplans und dem Tag der Hauptversammlung,** die über den
Verschmelzungsplan zu beschließen hat, eingetreten ist (§ 64 Abs. 1 S. 2 Alt. 2
UmwG). Die Unterrichtung der jeweiligen Anteilsinhaber kann dabei auch noch
mündlich in der über den Verschmelzungsplan abstimmenden Hauptversammlung erfolgen; ein schriftlicher Nachtragsbericht ist nicht zu fordern (*Wagner*
DStR 2010, 1629 [1632]; *Heckschen* NZG 2010, 1041 [1042]; aA DAV NZG
2010, 614 [615] zum RefE). Ferner verpflichtet § 64 Abs. 1 S. 3 UmwG den
Vorstand, die **Vertretungsorgane der anderen an der Verschmelzung beteiligten Rechtsträger** über solche Änderungen bei seiner Gesellschaft zu unterrichten, damit das jeweilige Organ wiederum seiner Pflicht nachkommen kann,
vor der Beschlussfassung über den Verschmelzungsplan deren Anteilsinhaber hiervon zu unterrichten. Diese Verpflichtung gilt für den Vorstand einer deutschen
AG, die an einer SE-Gründung durch Verschmelzung beteiligt ist, auch gegenüber den Vertretungsorganen der beteiligten ausländischen Gesellschaft(en). § 64
Abs. 1 UmwG gilt nur für beteiligte Gesellschaften deutschen Rechts; die Unterrichtungspflichten der jeweiligen **ausländischen Gesellschaft** gegenüber ihren
Aktionären sowie gegenüber der beteiligten deutschen Gründungsgesellschaft
richten sich nach dem für die ausländische Gesellschaft gemäß Art. 18 anzuwen-
denden Verschmelzungsrecht, das jedoch in Umsetzung von Art. 9 Abs. 2 und
Abs. 3 NatVerschmRL ähnliche Vorgaben enthalten wird wie § 64 Abs. 1
UmwG.

Gemäß § 64 Abs. 1 S. 4 UmwG iVm § 8 Abs. 3 S. 1 Alt. 1 UmwG können **12** die Anteilseigner der deutschen Gründungsgesellschaft auf die **Berichterstattung verzichten.** Erforderlich sind dazu notariell beurkundete Verzichtserklärungen, die grundsätzlich von allen Anteilsinhabern aller an der Verschmelzung beteiligten Gesellschaften abzugeben sind (s. hierzu Semler/Stengel/*Gehling* UmwG § 8 Rn. 68 ff.; Kallmeyer/*Marsch-Barner* UmwG § 8 Rn. 38). Ebenso wie beim Verzicht auf den Verschmelzungsbericht genügen aber auch in Bezug auf die ergänzende Berichtspflicht gemäß § 64 Abs. 1 UmwG im Rahmen der SE-Gründung durch Verschmelzung entsprechende Verzichtserklärungen der Aktionäre allein der beteiligten deutschen Gründungsgesellschaft, um deren Berichtspflicht entbehrlich zu machen (→ Art. 20 Rn. 48). Bestehen bleibt dann aber die Verpflichtung des Vorstands der deutschen Gründungsgesellschaft, die Vertretungsorgane der übrigen Gründungsgesellschaften entsprechend § 64 Abs. 1 S. 3 UmwG zu unterrichten, damit diese den Informationspflichten gegenüber ihren Aktionären nachkommen können (soweit diese nicht ebenfalls aufgrund Verzichts der betroffenen Aktionäre entfallen).

d) Beschlussfassung. Mit welcher **Mehrheit** die Hauptversammlung dem **13** Verschmelzungsplan zustimmen muss, bestimmt sich aufgrund fehlender Regelungen in der SE-VO gemäß Art. 18 für eine Gründungsgesellschaft deutschen Rechts nach **§ 65 UmwG.** Diese Bestimmung ist gemäß § 73 UmwG auch auf die Verschmelzung durch Neugründung anzuwenden. Europäische Mindeststandards ergeben sich durch Art. 7, 8 NatVerschmRL (zu den Vorgaben der NatVerschmRL s. auch NK-SE/*Schröder* Art. 23 Rn. 13). Der Zustimmungsbeschluss ist gemäß Art. 18 iVm § 13 Abs. 3 UmwG **notariell zu beurkunden** (LHT/*Bayer* Rn. 13; Spindler/Stilz/*Casper* Rn. 3; KK-AktG/*Maul* Rn. 12; MüKoAktG/*Schäfer* Rn. 6; *Schwarz* Rn. 21).

Die Hauptversammlung einer Gründungsgesellschaft deutschen Rechts muss **14** dem Verschmelzungsplan gemäß § 65 Abs. 1 S. 1 UmwG mit einer Mehrheit zustimmen, die mindestens **drei Viertel des bei der Beschlussfassung vertretenen Grundkapitals** umfasst, wenn nicht die Satzung strengere Erfordernisse aufstellt (LHT/*Bayer* Rn. 10; Spindler/Stilz/*Casper* Rn. 3; KK-AktG/*Maul* Rn. 10; MüKoAktG/*Schäfer* Rn. 6; *Schwarz* Rn. 17). Für die Berechnung des bei der Beschlussfassung vertretenen Grundkapitals sind alle Aktien maßgeblich, für die bei der Abstimmung gültige Stimmen abgegeben wurden. Stimmenthaltungen werden nicht mitgezählt (Hüffer/*Koch* AktG § 179 Rn. 14; Kallmeyer/*Zimmermann* UmwG § 65 Rn. 5). Ebenfalls unberücksichtigt bleibt das sich enthaltende Kapital und solches, das aus gesetzlichen Gründen nicht an der Beschlussfassung mitwirkt, wie beispielsweise Vorzugsaktien ohne Stimmrechte (Hüffer/*Koch* AktG § 179 Rn. 14). Falls die betroffene Gründungsgesellschaft mehrere Gattungen von Aktien ausgegeben hat, ist gemäß § 65 Abs. 2 UmwG ein **Sonderbeschluss** der Aktionäre jeder Gattung ebenfalls mit qualifizierter Mehrheit erforderlich (LHT/*Bayer* Rn. 11; KK-AktG/*Maul* Rn. 10; MüKoAktG/*Schäfer* Rn. 4).

e) Beschlusssperre gemäß § 76 Abs. 1 UmwG. Umstritten ist, ob bei einer **15** Verschmelzung durch Neugründung § 76 Abs. 1 UmwG gemäß der Verweisung des Art. 18 Anwendung findet. Nach § 76 Abs. 1 UmwG darf eine übertragende deutsche AG einen Verschmelzungsbeschluss zur **Verschmelzung durch Neugründung** nur fassen, wenn sie selbst und alle anderen an der Verschmelzung beteiligten Rechtsträger zum Zeitpunkt der Beschlussfassung mindestens zwei Jahre im Register eingetragen sind. Ein Teil der Literatur verneint die Anwendbarkeit der Regelung auf die SE-Gründung im Wege der Verschmelzung durch Neugründung, da Art. 2 Abs. 1 eine abschließende Regelung der Anforderungen an die Gründungsberechtigung enthalte und keine zusätzlichen Einschränkungen durch das nationale Recht zulasse (Widmann/Mayer/*Heckschen* UmwG Anh. 14 Rn. 384 f.;

KK-AktG/*Maul* Rn. 11; NK-SE/*Schröder* Rn. 33). Die **hM** geht hingegen zu
Recht von der **Anwendbarkeit des § 76 UmwG** auf an der Verschmelzung
beteiligte deutsche AG aus (LHT/*Bayer* Rn. 12; Spindler/Stilz/*Casper* Rn. 4; *Jan-
nott* in Jannott/Frodermann HdB SE Kap. 3 Rn. 84; Kallmeyer/*Marsch-Barner*
UmwG Anh. Rn. 59; MüKoAktG/*Schäfer* Rn. 7; *Scheifele* Gründung der SE
S. 212; *J. Schmidt* S. 203; *Schwarz* Rn. 19 f.). Dies wird auf den Schutzzweck des
§ 76 Abs. 1 UmwG gestützt, der darin besteht, eine Umgehung der in Art. 11
Kapital-RL verankerten Nachgründungsvorschriften zu verhindern. Folgerichtig
darf die Hauptversammlung einer deutschen AG, die sich an einer SE-Gründung im
Wege der Verschmelzung durch Neugründung beteiligen will, einen Verschmel-
zungsbeschluss nur fassen, wenn die AG zum Zeitpunkt der Beschlussfassung
(LHT/*Bayer* Rn. 12; Lutter/*Grunewald* UmwG § 76 Rn. 3; Kallmeyer/*Zimmermann* UmwG § 76 Rn. 2) mindestens zwei Jahre im Handelsregister eingetragen ist.
Auch die in § 76 Abs. 1 UmwG vorgesehene Beschlusssperre für den Fall, dass die
übrigen an der Verschmelzung durch Neugründung beteiligten AG weniger als zwei
Jahre eingetragen sind, gilt für die SE-Gründung durch Verschmelzung entsprechend: Adressat der Beschlusssperre ist nämlich auch in diesem Fall nur die beteiligte
deutsche AG, nicht die beteiligten ausländischen Gesellschaften, für deren Beschlussfassung das deutsche Recht keine Vorgaben machen kann. Danach darf die
Hauptversammlung einer beteiligten deutschen AG den Verschmelzungsbeschluss
nur fassen, wenn die beteiligten ausländischen Gesellschaften zum Zeitpunkt der
Beschlussfassung seit mindestens zwei Jahren bestehen (vgl. Spindler/Stilz/*Casper*
Rn. 4; MüKoAktG/*Schäfer* Rn. 7; *Scheifele* Gründung der SE S. 212; *Schwarz*
Rn. 20). Sind diese Voraussetzungen nicht erfüllt, kommt als Alternative die Grün-
dung der SE im Wege der **Verschmelzung durch Aufnahme** in Betracht, für die
§ 76 UmwG keine Anwendung findet und stattdessen nur die Berichts- und
Prüfungspflichten des § 67 UmwG anzuwenden sind (Spindler/Stilz/*Casper* Rn. 4;
zur Anwendung von § 67 UmwG auch → Rn. 7 f.). Ein entgegen § 76 Abs. 1
UmwG gefasster Verschmelzungsbeschluss ist **anfechtbar** (str.; für Anfechtbarkeit
Lutter/*Grunewald* UmwG § 76 Rn. 5; Kallmeyer/*Zimmermann* UmwG § 76
Rn. 4, jeweils mwN, auch zu den Gegenauffassungen).

16　**f) Kapitalerhöhung.** Bei einer **Verschmelzung durch Aufnahme** wird –
wenn es sich nicht um eine Verschmelzung innerhalb eines Konzerns handelt –
regelmäßig bei der aufnehmenden Gesellschaft ein Kapitalerhöhungsbeschluss
erfolgen, um die Aktien zu schaffen, die den Aktionären der übertragenden Gesellschaft zu gewähren sind. Die Kapitalerhöhung betrifft in diesem Kontext noch das
Gründungsstadium, weshalb Art. 18 die maßgebliche Verweisungsnorm ist (*Bayer*
in Lutter/Hommelhoff Europäische Gesellschaft S. 42; *J. Schmidt* S. 210; *Schwarz*
Art. 17 Rn. 7, Fn. 12; aA – für Anwendbarkeit von Art. 15 Abs. 1 – Theisen/
Wenz/*Neun* S. 129). Bei einer aufnehmenden Gründungsgesellschaft deutschen
Rechts sind dementsprechend die **§§ 66 ff. UmwG, §§ 182 ff. AktG** maßgeblich
(*Bayer* in Lutter/Hommelhoff Europäische Gesellschaft S. 42; *Brandes* AG 2005,
177 [185]; Kallmeyer/*Marsch-Barner* UmwG Anh. Rn. 62; *J. Schmidt* S. 210;
Schwarz Art. 17 Rn. 7). Der Erhöhungsbeschluss bedarf gemäß § 182 Abs. 1
AktG, ebenso wie der Verschmelzungsbeschluss, einer Mehrheit von mindestens
drei Vierteln des bei der Beschlussfassung vertretenen Grundkapitals. Die Reihenfolge der Eintragung von Kapitalerhöhung und Verschmelzung im Register einer
übernehmenden Gründungsgesellschaft deutschen Rechts bestimmt sich nach
§ 66 UmwG. Danach darf die Verschmelzung erst eingetragen werden, nachdem
die Durchführung der Erhöhung des Grundkapitals eingetragen worden ist (zu
Einzelheiten s. Kallmeyer/*Zimmermann* UmwG § 66 Rn. 20).

17　**g) Wirkungen des Beschlusses.** Mit der Beschlussfassung geht eine **Bindungswirkung der Leitungs- und Verwaltungsorgane und der Aktionäre**

der jeweils beschließenden Gesellschaft einer, die Verschmelzung nach Maßgabe des Verschmelzungsplans durchzuführen; eine Bindungswirkung gegenüber den anderen Gründungsgesellschaften entsteht jedoch nicht (KK-AktG/*Maul* Rn. 13; *Scheifele* Gründung der SE S. 213; *Schwarz* Rn. 22). Die Aktionäre der jeweiligen Gründungsgesellschaft verpflichten sich durch den Beschluss zum Umtausch ihrer Aktien in Aktien der SE (KK-AktG/*Maul* Rn. 13; *Scheifele* Gründung der SE S. 213; *Schwarz* Rn. 22).

2. Zustimmung zum Modell der Arbeitnehmerbeteiligung (Abs. 2).
Abs. 2 bezieht sich auf die – begrenzte – Mitentscheidung der Aktionäre an der **18** Ausgestaltung der Arbeitnehmerbeteiligung in der SE. Abs. 2 **Satz 1** enthält lediglich die **Klarstellung,** dass die Aktionäre der Gründungsgesellschaften grundsätzlich keinen Einfluss auf die Beteiligung der Arbeitnehmer in der künftigen SE haben, da diese sich nach der SE-RL bzw. deren nationalen Umsetzungsvorschriften richtet (*Scheifele* Gründung der SE S. 213). Eine eigene **Regelungsfunktion** kommt daher lediglich Abs. 2 **Satz 2** zu. Danach kann die Hauptversammlung einer Gründungsgesellschaft beschließen, dass die Eintragung der SE davon abhängig gemacht wird, dass die geschlossene Vereinbarung über die Beteiligung der Arbeitnehmer von ihr ausdrücklich genehmigt wird. Die Genehmigung der Arbeitnehmerbeteiligung gemäß Abs. 2 Satz 2 ist als **zweistufiges Verfahren** ausgestaltet (*Schwarz* Rn. 26). Auf erster Stufe muss die Hauptversammlung – in der Regel vor Abschluss des Verfahrens zur Regelung der Arbeitnehmerbeteiligung – den **Genehmigungsvorbehalt** beschließen, anderenfalls wird die Verschmelzung ohne Genehmigung der Arbeitnehmerbeteiligung wirksam. Hat die Hauptversammlung einen entsprechenden Vorbehalt beschlossen, muss sie in einem nächsten Schritt – in der Regel nach Abschluss des Arbeitnehmerbeteiligungsverfahrens – über die **Genehmigung** des konkreten, für die SE geltenden Arbeitnehmerbeteiligungsmodells beschließen.

a) Genehmigungsvorbehalt. Das Bedürfnis für einen Genehmigungsvor- **19** behalt ergibt sich daraus, dass die Verhandlungen zwischen dem Verhandlungsgremium der Arbeitnehmer und den Leitungs- und Verwaltungsorganen der Gründungsgesellschaften regelmäßig bei der Beschlussfassung über den Verschmelzungsplan noch nicht beendet sein werden, so dass zu diesem Zeitpunkt in der Regel die genaue Ausgestaltung der Arbeitnehmerbeteiligung – und damit insbesondere der Mitbestimmung in Gesellschaftsorganen – **noch nicht bekannt** sein wird. Die Aktionäre sollen deshalb die Möglichkeit erhalten, nach Kenntnisnahme von der konkreten Ausgestaltung der Arbeitnehmerbeteiligung in der künftigen SE **von der Verschmelzung abzusehen,** wenn diese für sie inakzeptabel ist (→ Rn. 2). Die Hauptversammlung einer Gründungsgesellschaft kann den Genehmigungsvorbehalt nicht mit Wirkung für die anderen an der Gründung beteiligten Gesellschaften beschließen.

Abs. 2 Satz 2 enthält keine Regelung zur **erforderlichen Mehrheit** für den **20** Beschluss über den Genehmigungsvorbehalt, so dass diesbezüglich gemäß Art. 18 das nationale Recht der jeweiligen Gründungsgesellschaft zur Anwendung kommt. Nach zutreffender Ansicht reicht für eine Gründungsgesellschaft deutschen Rechts gemäß Art. 18 iVm § 133 Abs. 1 AktG die **einfache Stimmenmehrheit** aus, da es sich nicht um die Entscheidung über die Verschmelzung als solche, mithin also nicht um eine Grundlagenentscheidung handelt, und es dem beabsichtigten Schutz der Aktionäre zuwiderliefe, für die Aufnahme des Genehmigungsvorbehalts eine qualifizierte Mehrheit zu verlangen (so auch LHT/*Bayer* Rn. 17; Spindler/Stilz/*Casper* Rn. 6; MüKoAktG/*Schäfer* Rn. 11; *Scheifele* Gründung der SE S. 215; *Schwarz* Rn. 27; aA – für qualifizierte Mehrheit entsprechend § 65 UmwG – Schmitt/Hörtnagl/Stratz/*Hörtnagl* Rn. 13; KK-AktG/ *Maul* Rn. 17; van Hulle/Maul/Drinhausen/*Teichmann* Abschnitt 4 § 2 Rn. 64;

zum Meinungsstand bzgl. der Parallelregelung bei der grenzüberschreitenden Verschmelzung nationaler Kapitalgesellschaften → § 122g Rn. 10).

21   Nach dem Wortlaut von Abs. 2 Satz 2 kann sich der Vorbehalt nur auf die **Genehmigung einer geschlossenen Vereinbarung** beziehen. Neben dem Zustandekommen einer einvernehmlichen individuellen Vereinbarung zwischen dem Verhandlungsgremium der Arbeitnehmer und den Leitungs- und Verwaltungsorganen der Gründungsgesellschaften kommen aber auch andere Beendigungsmöglichkeiten für das Verhandlungsverfahren in Betracht: So kann das Verhandlungsgremium nach der anwendbaren nationalen Umsetzungsregelung zu Art. 3 Abs. 6 SE-RL (bei SE mit Sitz in Deutschland § 16 Abs. 1 SEBG) einen **Nichtverhandlungsbeschluss** fassen, in dessen Folge die SE keiner Mitbestimmung in den Gesellschaftsorganen unterliegt und kein SE-Betriebsrat zu bilden ist (→ SEBG § 16 Rn. 2 f.). Ferner kann es zur Anwendung der **gesetzlichen Auffangregelungen** in Umsetzung von Art. 7 der SE-RL kommen (bei einer SE mit Sitz in Deutschland der §§ 22 ff. und der §§ 34 ff. SEBG). Dies ist zum einen der Fall, wenn die Verhandlungsparteien es vereinbaren (Art. 7 Abs. 1 lit. a SE-RL, in Deutschland § 22 Abs. 1 Nr. 1 SEBG), zum anderen, wenn der Verhandlungszeitraum des Art. 5 SE-RL (bei SE mit Sitz in Deutschland § 20 SEBG) abgelaufen ist, ohne dass eine Vereinbarung über die Arbeitnehmerbeteiligung zustande gekommen ist, und die weiteren Voraussetzungen nach Art. 7 Abs. 1 lit. b, Abs. 2 lit. b SE-RL erfüllt sind (s. für die SE mit Sitz in Deutschland §§ 22 Abs. 1 Nr. 2, 34 Abs. 1 Nr. 2 SEBG). Da die SE jedoch auch dann gemäß Art. 12 Abs. 2 in das zuständige Register ihres Sitzstaates eingetragen wird, wenn keine Vereinbarung über die Arbeitnehmerbeteiligung zustande gekommen ist, sondern das Verfahren auf andere Weise ordnungsgemäß beendet wird (→ Art. 12 Rn. 19 f.), gebietet der Schutzzweck des Abs. 2 Satz 2, dass auch die **anderen Beendigungsalternativen unter den Genehmigungsvorbehalt** gestellt werden können (wohl unstr., s. LHT/*Bayer* Rn. 15; Kallmeyer/*Marsch-Barner* UmwG Anh. Rn. 55; KK-AktG/ *Maul* Rn. 15; MüKoAktG/*Schäfer* Rn. 9; *Scheifele* Gründung der SE S. 216; *Schwarz* Rn. 29 f.). Ansonsten könnte der Zustimmungsvorbehalt unterlaufen werden (ausführlich zur Umgehungsproblematik *Scheifele* Gründung der SE S. 216).

22   **b) Genehmigung der Beteiligungsvereinbarung/des Beteiligungsmodells.** Sofern ein Genehmigungsvorbehalt beschlossen wurde, muss die Hauptversammlung die Beteiligungsvereinbarung bzw. das Beteiligungsmodell gemäß Abs. 2 Satz 2 **„ausdrücklich"** genehmigen. Daher kann eine Genehmigung nicht durch bloße Untätigkeit der Hauptversammlung nach Beendigung des Arbeitnehmerbeteiligungsverfahrens fingiert werden (LHT/*Bayer* Rn. 19; KK-AktG/*Maul* Rn. 18; *Scheifele* Gründung der SE S. 216; *Schwarz* Rn. 31); erforderlich ist vielmehr eine **erneute Hauptversammlung**, die einen **Zustimmungsbeschluss** zum anwendbaren Beteiligungsmodell fasst. Im Falle einer Gründungsgesellschaft deutschen Rechts ist gemäß Art. 18 iVm § 133 Abs. 1 AktG nach zutreffender Auffassung auch für den Genehmigungsbeschluss die **einfache Mehrheit** ausreichend (so auch LHT/*Bayer* Rn. 20; Spindler/Stilz/ *Casper* Rn. 7; Kallmeyer/*Marsch-Barner* UmwG Anh. Rn. 56; MüKoAktG/*Schäfer* Rn. 12; *Scheifele* Gründung der SE S. 217; *Schwarz* Rn. 32; aA – für qualifizierte Mehrheit entsprechend § 65 UmwG – Schmitt/Hörtnagl/Stratz/*Hörtnagl* Rn. 13; KK-AktG/*Maul* Rn. 20; van Hulle/Maul/Drinhausen/*Teichmann* Abschnitt 4 § 2 Rn. 64; zum Meinungsstand bezüglich der Parallelregelung bei der grenzüberschreitenden Verschmelzung nationaler Kapitalgesellschaft → § 122g Rn. 11). Denn auch wenn die Versagung der Genehmigung den Vollzug der Verschmelzung hindert (→ Rn. 25), ist der Grundsatzbeschluss über die Verschmelzung, für den die qualifizierte Mehrheit des § 65 UmwG erforderlich ist, bereits gefasst worden. Die Entscheidung über die Billigung der Arbeitnehmerbe-

teilung ist ein von der Zustimmung zum Verschmelzungsplan losgelöstes Erfordernis, was sich auch darin zeigt, dass Art. 23 selbst zwischen dem Beschluss über die Zustimmung zum Verschmelzungsplan (Abs. 1) und der Genehmigung (Abs. 2) trennt. Es handelt sich dabei nicht um einen (erneuten) Strukturbeschluss, der das Erfordernis einer qualifizierten Mehrheit rechtfertigt.

Die Hauptversammlung hat nur die Möglichkeit, das nach Beendigung des **23** Verhandlungsverfahrens anwendbare Arbeitnehmerbeteiligungsmodell als Ganzes zu genehmigen oder die Genehmigung zu versagen (mit der Folge des Scheiterns der SE-Gründung, → Rn. 25), sie kann jedoch **keine Änderungen** beschließen (LHT/*Bayer* Rn. 20; kritisch dazu Spindler/Stilz/*Casper* Rn. 9; vgl. auch Semler/Stengel/*Drinhausen* UmwG § 122g Rn. 9 zur Parallelregelung bei der grenzüberschreitenden Verschmelzung nationaler Kapitalgesellschaften).

c) Delegationsrecht. Sofern ein Genehmigungsvorbehalt beschlossen worden **24** ist, bedarf es regelmäßig einer zweiten Hauptversammlung, an welcher es zur Abstimmung über das Arbeitnehmerbeteiligungsmodell kommt. Richtigerweise ist davon auszugehen, dass die Hauptversammlung einer deutschen Gründungsgesellschaft auch berechtigt ist, den Abschluss der Beteiligungsvereinbarung durch eine Satzungsregelung gemäß **§ 111 Abs. 4 S. 2 AktG** der **Zustimmung des Aufsichtsrats** zu unterstellen (so auch *Brandes* AG 2005, 177 [185]; Kallmeyer/*Marsch-Barner* UmwG Anh. Rn. 57; MüKoAktG/*Schäfer* Rn. 2; *Scheifele* Gründung der SE S. 218; *Teichmann* ZGR 2002, 383 [430]; aA MHdB AG/*Austmann* § 84 Rn. 24; LHT/*Bayer* Rn. 21; Spindler/Stilz/*Casper* Rn. 8; Widmann/Mayer/*Heckschen* UmwG Anh. 14 Rn. 242; KK-AktG/*Maul* Rn. 21). Dadurch kann das Erfordernis einer zweiten Hauptversammlung vermieden werden. § 111 Abs. 4 S. 2 AktG schließt die Aufnahme eines Zustimmungsvorbehalts für den Abschluss einer Vereinbarung über die Regelung der Arbeitnehmerbeteiligung bei Beteiligung der Gesellschaft an einer SE-Gründung (oder grenzüberschreitenden Verschmelzung) nicht aus. Auch Abs. 2 Satz 2 steht dem nicht entgegen. Denn es handelt sich um eine Regelung zum Schutz der Aktionäre. Als „Minus" zur Aufnahme eines Genehmigungsvorbehalts zugunsten der Hauptversammlung – also einer erneuten eigenen Entscheidung – kann es diesen nicht verwehrt sein, die Entscheidung auf ein anderes, von ihnen (mit)gewähltes Organ zu delegieren, wenn das nationale Aktienrecht dazu eine Möglichkeit zur Verfügung stellt.

d) Rechtsfolge der Verweigerung der Genehmigung. Die Rechtsfolgen **25** der Verweigerung der Genehmigung ergeben sich aus Abs. 2 Satz 2 selbst. Danach unterbleibt bei fehlender Genehmigung die Eintragung der SE. Das Fehlen der Genehmigung trotz beschlossenen Genehmigungsvorbehalts stellt daher ein **gesetzliches Eintragungshindernis** dar (LHT/*Bayer* Rn. 18; Widmann/Mayer/*Heckschen* UmwG Anh. 14 Rn. 241; Kallmeyer/*Marsch-Barner* UmwG Anh. Rn. 56; MüKoAktG/*Schäfer* Rn. 13; *Scheifele* Gründung der SE S. 217; NK-SE/*Schröder* Rn. 23; *Schwarz* Rn. 33). Die fehlende Genehmigung lässt zwar die Wirksamkeit des gemäß Art. 23 Abs. 1 gefassten Verschmelzungsbeschlusses als solche unberührt, verpflichtet die zuständigen Leitungsorgane intern aber, die Anmeldungen zur Eintragung der Verschmelzung und der SE bzw. bei einer übertragenden Gesellschaft den Antrag auf Ausstellung der Rechtmäßigkeitsbescheinigung gemäß Art. 25 zu unterlassen (vgl. *Scheifele* Gründung der SE S. 217; *Schwarz* Rn. 33).

III. Rechtsfolgen eines fehlerhaften Verschmelzungsbeschlusses

Art. 23 regelt nicht, welche Folgen aus materiellen oder formellen Gründen **26** rechtsfehlerhafte Verschmelzungsbeschlüsse haben. Die SE-VO regelt in **Art. 30 UAbs. 1** lediglich, dass Mängel des Verschmelzungsbeschlusses nach Eintragung der SE nicht mehr zur Nichtigkeit der Verschmelzung führen können (*Scheifele*

Gründung der SE S. 220; *Schwarz* Rn. 34.). Weitere Bestimmungen enthält die SE-VO hierzu nicht. Folglich richten sich die Rechtsfolgen nach den **jeweiligen nationalen Vorschriften** (*Scheifele* Gründung der SE S. 220; *Schwarz* Rn. 34). Für den Verschmelzungsbeschluss der Hauptversammlung einer Gründungsgesellschaft deutschen Rechts sowie deren Beschlüsse über Genehmigungsvorbehalt und Genehmigung der Arbeitnehmerbeteiligung gelten dementsprechend die **§§ 241 ff.** AktG zu Nichtigkeit und Anfechtbarkeit von Hauptversammlungsbeschlüssen. Für Gründungsgesellschaften deutschen Rechts gelten grundsätzlich auch die verschmelzungsspezifischen Beschränkungen des Klagerechts nach **§§ 14 Abs. 2 und § 32 UmwG**, wobei in diesem Kontext der Vorrang der Beschränkungen des Klagerechts nach § 6 Abs. 1 SEAG und § 7 Abs. 5 SEAG zu beachten ist (*Schwarz* Rn. 35 f.; → Art. 24 Rn. 18; zur Anwendbarkeit des Spruchverfahrens → Art. 25 Rn. 28 ff.).

[Schutz der Rechteinhaber]

24 (1) **Das Recht des Mitgliedstaats, das jeweils für die sich verschmelzenden Gesellschaften gilt, findet wie bei einer Verschmelzung von Aktiengesellschaften unter Berücksichtigung des grenzüberschreitenden Charakters der Verschmelzung Anwendung zum Schutz der Interessen**

a) der Gläubiger der sich verschmelzenden Gesellschaften,
b) der Anleihegläubiger der sich verschmelzenden Gesellschaften,
c) der Inhaber von mit Sonderrechten gegenüber den sich verschmelzenden Gesellschaften ausgestatteten Wertpapieren mit Ausnahme von Aktien.

(2) **Jeder Mitgliedstaat kann in Bezug auf die sich verschmelzenden Gesellschaften, die seinem Recht unterliegen, Vorschriften erlassen, um einen angemessenen Schutz der Minderheitsaktionäre, die sich gegen die Verschmelzung ausgesprochen haben, zu gewährleisten.**

§ 6 SEAG Verbesserung des Umtauschverhältnisses

(1) Unter den Voraussetzungen des Artikels 25 Abs. 3 Satz 1 der Verordnung kann eine Klage gegen den Verschmelzungsbeschluss einer übertragenden Gesellschaft nicht darauf gestützt werden, dass das Umtauschverhältnis der Anteile nicht angemessen ist.

(2) Ist bei der Gründung einer SE durch Verschmelzung nach dem Verfahren der Verordnung das Umtauschverhältnis der Anteile nicht angemessen, so kann jeder Aktionär einer übertragenden Gesellschaft, dessen Recht, gegen die Wirksamkeit des Verschmelzungsbeschlusses Klage zu erheben, nach Absatz 1 ausgeschlossen ist, von der SE einen Ausgleich durch bare Zuzahlung verlangen.

(3) [1] Die bare Zuzahlung ist nach Ablauf des Tages, an dem die Verschmelzung im Sitzstaat der SE nach den dort geltenden Vorschriften eingetragen und bekannt gemacht worden ist, mit jährlich 5 Prozentpunkten über dem jeweiligen Basiszinssatz nach § 247 des Bürgerlichen Gesetzbuchs zu verzinsen. [2] Die Geltendmachung eines weiteren Schadens ist nicht ausgeschlossen.

(4) [1] Macht ein Aktionär einer übertragenden Gesellschaft unter den Voraussetzungen des Artikels 25 Abs. 3 Satz 1 der Verordnung geltend, dass das Umtauschverhältnis der Anteile nicht angemessen sei, so hat auf seinen Antrag das Gericht nach dem Spruchverfahrensgesetz vom 12. Juni 2003 (BGBl. I S. 838) eine angemessene bare Zuzahlung zu bestimmen. [2] Satz 1 findet auch auf Aktionäre einer übertragenden Gesellschaft mit Sitz in einem anderen Mitgliedstaat der Europäischen Union oder in einem anderen Vertragsstaat des Abkommens über den Europäischen Wirtschaftsraum Anwendung, sofern nach dem Recht dieses Staates ein Verfahren zur Kontrolle und Änderung des Umtauschverhältnisses der Aktien vorgesehen ist und deutsche Gerichte für die Durchführung eines solchen Verfahrens international zuständig sind.

§ 7 SEAG Abfindungsangebot im Verschmelzungsplan

(1) [1] Bei der Gründung einer SE, die ihren Sitz im Ausland haben soll, durch Verschmelzung nach dem Verfahren der Verordnung hat eine übertragende Gesellschaft im Verschmelzungsplan oder in seinem Entwurf jedem Aktionär, der gegen den Verschmelzungsbeschluss der Gesellschaft Widerspruch zur Niederschrift erklärt, den Erwerb seiner Aktien gegen eine angemessene Barabfindung anzubieten. [2] Die Vorschriften des Aktiengesetzes über den Erwerb eigener Aktien gelten entsprechend, jedoch ist § 71 Abs. 4 Satz 2 des Aktiengesetzes insoweit nicht anzuwenden. [3] Die Bekanntmachung des Verschmelzungsplans als Gegenstand der Beschlussfassung muss den Wortlaut dieses Angebots enthalten. [4] Die Gesellschaft hat die Kosten für eine Übertragung zu tragen. [5] § 29 Abs. 2 des Umwandlungsgesetzes findet entsprechende Anwendung.

(2) [1] Die Barabfindung muss die Verhältnisse der Gesellschaft im Zeitpunkt der Beschlussfassung über die Verschmelzung berücksichtigen. [2] Die Barabfindung ist nach Ablauf des Tages, an dem die Verschmelzung im Sitzstaat der SE nach den dort geltenden Vorschriften eingetragen und bekannt gemacht worden ist, mit jährlich 5 Prozentpunkten über dem jeweiligen Basiszinssatz nach § 247 des Bürgerlichen Gesetzbuchs zu verzinsen. [3] Die Geltendmachung eines weiteren Schadens ist nicht ausgeschlossen.

(3) [1] Die Angemessenheit einer anzubietenden Barabfindung ist stets durch Verschmelzungsprüfer zu prüfen. [2] Die §§ 10 bis 12 des Umwandlungsgesetzes sind entsprechend anzuwenden. [3] Die Berechtigten können auf die Prüfung oder den Prüfungsbericht verzichten; die Verzichtserklärungen sind notariell zu beurkunden.

(4) [1] Das Angebot nach Absatz 1 kann nur binnen zwei Monaten nach dem Tage angenommen werden, an dem die Verschmelzung im Sitzstaat der SE nach den dort geltenden Vorschriften eingetragen und bekannt gemacht worden ist. [2] Ist nach Absatz 7 dieser Vorschrift ein Antrag auf Bestimmung der Barabfindung durch das Gericht gestellt worden, so kann das Angebot binnen zwei Monaten nach dem Tage angenommen werden, an dem die Entscheidung im Bundesanzeiger bekannt gemacht worden ist.

(5) Unter den Voraussetzungen des Artikels 25 Abs. 3 Satz 1 der Verordnung kann eine Klage gegen die Wirksamkeit des Verschmelzungsbeschlusses einer übertragenden Gesellschaft nicht darauf gestützt werden, dass das Angebot nach Absatz 1 zu niedrig bemessen oder dass die Barabfindung im Verschmelzungsplan nicht oder nicht ordnungsgemäß angeboten worden ist.

(6) Einer anderweitigen Veräußerung des Anteils durch den Aktionär stehen nach Fassung des Verschmelzungsbeschlusses bis zum Ablauf der in Absatz 4 bestimmten Frist Verfügungsbeschränkungen bei den beteiligten Rechtsträgern nicht entgegen.

(7) [1] Macht ein Aktionär einer übertragenden Gesellschaft unter den Voraussetzungen des Artikels 25 Abs. 3 Satz 1 der Verordnung geltend, dass eine im Verschmelzungsplan bestimmte Barabfindung, die ihm nach Absatz 1 anzubieten war, zu niedrig bemessen sei, so hat auf seinen Antrag das Gericht nach dem Spruchverfahrensgesetz vom 12. Juni 2003 (BGBl. I S. 838) die angemessene Barabfindung zu bestimmen. [2] Das Gleiche gilt, wenn die Barabfindung nicht oder nicht ordnungsgemäß angeboten worden ist. [3] Die Sätze 1 und 2 finden auch auf Aktionäre einer übertragenden Gesellschaft mit Sitz in einem anderen Mitgliedstaat der Europäischen Union oder in einem anderen Vertragsstaat des Abkommens über den Europäischen Wirtschaftsraum Anwendung, sofern nach dem Recht dieses Staates ein Verfahren zur Abfindung von Minderheitsaktionären vorgesehen ist und deutsche Gerichte für die Durchführung eines solchen Verfahrens international zuständig sind.

§ 8 SEAG Gläubigerschutz

[1] Liegt der künftige Sitz der SE im Ausland, ist § 13 Abs. 1 und 2 entsprechend anzuwenden. [2] Das zuständige Gericht stellt die Bescheinigung nach Artikel 25 Abs. 2 der Verordnung nur aus, wenn die Vorstandsmitglieder einer übertragenden Gesellschaft die Versicherung abgeben, dass allen Gläubigern, die nach Satz 1 einen Anspruch auf Sicherheitsleistung haben, eine angemessene Sicherheit geleistet wurde.

Schrifttum: *Brandes,* Cross Border Merger mittels der SE, AG 2005, 177; *Brandt,* Der Diskussionsentwurf zu einem SE-Ausführungsgesetz, DStR 2003, 1208; *Frantsuzova,* Die grenzüberschreitende Verschmelzung bei der Gründung einer Europäischen Gesellschaft, 2010; *Fuchs,* Die Gründung einer Europäischen Aktiengesellschaft durch Verschmelzung und das nationale Recht, 2004; *Göz,* Beschlussmängelklagen bei der Societas Europaea (SE), ZGR 2008, 593; *Handelsrechtsausschuss des DAV,* Stellungnahme zum Diskussionsentwurf eines Gesetzes zur Ausführung der Verordnung (EG) Nr. 2157/2001 des Rates vom 8.10.2001 über das Statut der Europäischen Gesellschaft (SE), NZG 2004, 75; *Ihrig/Wagner,* Das Gesetz zur Einführung der Europäischen Gesellschaft (SEEG) auf der Zielgeraden – Die gesellschafts- und mitbestimmungsrechtlichen Regelungen des Regierungsentwurfs, BB 2004, 1749; *dies.,* Diskussionsentwurf für ein SE-Ausführungsgesetz, BB 2003, 969; *Kalss,* Der Minderheitenschutz bei Gründung und Sitzverlegung der SE nach dem Diskussionsentwurf, ZGR 2003, 593; *Koke,* Die Finanzverfassung der Europäischen Aktiengesellschaft (SE) mit Sitz in Deutschland, 2005; *Kübler,* Barabfindung bei Gründung einer Europa-AG?, ZHR 167 (2003), 627; *Nagel,* Die Europäische Aktiengesellschaft (SE) in Deutschland – der Regierungsentwurf zum SE-Einführungsgesetz, NZG 2004, 833; *Neye/Teichmann,* Der Entwurf für das Ausführungsgesetz zur Europäischen Aktiengesellschaft, AG 2003, 169; *J. Schmidt,* „Deutsche" vs. „britische" Societas Europaea (SE), 2006; *Teichmann,* Austrittsrecht und Pflichtangebot bei Gründung einer Europäischen Aktiengesellschaft, AG 2004, 67; *ders.,* Minderheitenschutz bei Gründung und Sitzverlegung der SE, ZGR 2003, 367; *ders.,* Vorschläge für das deutsche Ausführungsgesetz zur Europäischen Aktiengesellschaft, ZIP 2002, 1109; *ders.,* Die Einführung der Europäischen Aktiengesellschaft – Grundlagen der Ergänzung des europäischen Statuts durch den deutschen Gesetzgeber, ZGR 2002, 383; *Walden/Meyer-Landrut,* Die grenzüberschreitende Verschmelzung zu einer Europäischen Gesellschaft: Beschlussfassung und Eintragung, DB 2005, 2619; *Wedemann,* Kein „Supertorpedo" für Gesellschaften und ihre Mitglieder – Neues vom EuGH zu Art. 22 Nr. 2 EuGVVO, NZG 2011, 733; *Weppner,* Der gesellschaftsrechtliche Minderheitenschutz bei grenzüberschreitender Verschmelzung von Kapitalgesellschaften, 2010; *ders.,* Internationale Zuständigkeit für die spruchverfahrensrechtliche Durchsetzung von Zuzahlungs- und Barabfindungsansprüchen bei grenzüberschreitender Verschmelzung von Kapitalgesellschaften, RIW 2011, 144; *Witten,* Minderheitenschutz bei Gründung und Sitzverlegung der Europäischen Aktiengesellschaft (SE), 2011.

Übersicht

	Rn.
I. Allgemeines	1
II. Gläubigerschutz nach Maßgabe des nationalen Rechts (Abs. 1)	2
1. Regelungsgehalt	2
2. Vorschriften zum Schutz der Gläubiger (Abs. 1 lit. a)	5
a) Anspruch auf Sicherheitsleistung bei Sitz der SE in Deutschland (Abs. 1 lit. a iVm § 22 UmwG)	5
b) Anspruch auf Sicherheitsleistung bei Sitz der SE in einem anderen Mitgliedstaat (§ 8 S. 1, § 13 Abs. 1 und 2 SEAG)	6
3. Vorschriften zum Schutz der Anleihegläubiger (Abs. 1 lit. b)	11
4. Vorschriften zum Schutz von Sonderrechtsinhabern (Abs. 1 lit. c)	12
III. Schutz der Minderheitsaktionäre (Abs. 2)	14
1. Rahmen der Ermächtigung	15
a) Minderheitsaktionär	15
b) Ablehnende Haltung gegenüber der Verschmelzung	16
c) Gesellschaften, die dem Recht des jeweiligen Mitgliedstaats unterliegen	19
d) Angemessener Schutz	22
2. Deutsche Schutzvorschriften	24
a) Anspruch auf Ausgleich durch bare Zuzahlung (§ 6 SE-AG)	25
b) Ausscheiden eines Aktionärs gegen Barabfindung (§ 7 SEAG)...	43

I. Allgemeines

Art. 24 dient dem Schutz der Interessen von **Gläubigern** und **Sonderrechts-** 1
inhabern (Art. 24 Abs. 1) sowie **Minderheitsaktionären** (Art. 24 Abs. 2) der
an einer SE-Verschmelzungsgründung beteiligten Gesellschaften. Gefahren für
die Rechtspositionen der Gläubiger und Minderheitsaktionäre können sich zum
einen aus der Verschmelzung selbst ergeben – also der Änderung des Schuldners
ihrer Ansprüche bzw. der Übernahme zusätzlicher Verbindlichkeiten durch den
Rechtsträger, dessen Aktionär oder Gläubiger sie sind –, zum anderen aufgrund
einer mit der Verschmelzung einhergehenden Sitzverlagerung in einen anderen
Mitgliedstaat (eingehend *Scheifele* Gründung der SE S. 222; *Schwarz* Rn. 4; vgl.
auch KK-AktG/*Maul* Rn. 1; MüKoAktG/*Schäfer* Rn. 2 f.). Der in Art. 24 vermittelte Schutz wird ergänzt durch die Pflicht zur Offenlegung und Bekanntmachung verschmelzungsbezogener Informationen im Verschmelzungsplan, im
Verschmelzungsbericht und im Bericht des Verschmelzungsprüfers (BMJS/*Jünemann* § 2 Rn. 158; *Schwarz* Rn. 1; *Weppner* S. 23 ff.). Auf die Modalitäten für die
Ausübung der Rechte der Gläubiger und Minderheitsaktionäre haben die Gründungsgesellschaften dabei gemäß Art. 21 lit. c und d ausdrücklich hinzuweisen.
Ein gewisser Minderheitenschutz wird schließlich dadurch gewährleistet, dass der
Verschmelzungsbeschluss einer qualifizierten Mehrheit bedarf (vgl. *Vetter* in Lut-
ter/Hommelhoff Europäische Gesellschaft S. 118; ferner → Art. 25 Rn. 19).

II. Gläubigerschutz nach Maßgabe des nationalen Rechts (Abs. 1)

1. Regelungsgehalt. Art. 24 Abs. 1 verweist auf **„das Recht des Mitglied-** 2
staats, das jeweils für die sich verschmelzenden Gesellschaften gilt". Für
die einzelnen Gründungsgesellschaften findet also jeweils das Recht ihres Gesellschaftsstatuts Anwendung; zu einer Überschneidung oder gar kumulativen Anwendung der verschiedenen nationalen Rechtsordnungen kommt es nicht (*Scheifele* Gründung der SE S. 223; *Schwarz* Rn. 5; KK-AktG/*Maul* Rn. 6; *Bayer* in
Lutter/Hommelhoff Europäische Gesellschaft S. 42 Fn. 104). Den Gläubigern
bleibt damit der Schutz erhalten, der ihnen das nationale Recht ihres Schuldners
bietet, und es wird einer gewillkürten Beeinträchtigung oder gar Aushebelung
des Gläubigerschutzes durch Sondergestaltungen entgegengewirkt (*Scheifele*
Gründung der SE S. 223; *Schwarz* Rn. 5).

Das mitgliedstaatliche Recht findet **„wie bei einer Verschmelzung von** 3
Aktiengesellschaften" Anwendung. In Bezug genommen sind damit die auf-
grund der **Art. 13 ff. NatVerschmRL** ergangenen Rechtsvorschriften (LHT/
Bayer Rn. 1, 5; *Fuchs* S. 183 f.; *Scheifele* Gründung der SE S. 224). Der durch
Art. 24 Abs. 1 vermittelte Schutz erstreckt sich damit sowohl auf die Gläubiger
der übertragenden Gesellschaft als auch auf die Gläubiger der aufnehmenden
Gesellschaft (MüKoAktG/*Schäfer* Rn. 1 f.; NK-SE/*Schröder* Rn. 4; *Scheifele*
Gründung der SE S. 224).

Das Recht des jeweiligen Mitgliedstaats findet **„unter Berücksichtigung des** 4
grenzüberschreitenden Charakters der Verschmelzung" Anwendung. Angeordnet wird damit eine materielle Anpassung der einschlägigen nationalen
Verschmelzungsvorschriften (KK-AktG/*Maul* Rn. 7; *Schwarz* Rn. 8; *Scheifele*
Gründung der SE S. 224 ff.). Die Gläubigerschutzsysteme der Gründungsgesellschaften werden zwar nicht wechselseitig aufeinander, wohl aber mit dem Gesellschaftsstatut der SE und dem grenzüberschreitenden Charakter der Verschmelzungsgründung abgestimmt (*Schwarz* Rn. 8 f.; *Scheifele* Gründung der SE
S. 224 ff.; jeweils mit anschaulichen Beispielsfällen). Dabei sind die von den
verschiedenen mitgliedstaatlichen Rechtsordnungen vorgesehenen Instrumente

des Gläubigerschutzes von den jeweils anderen Mitgliedstaaten grundsätzlich hinzunehmen (KK-AktG/*Maul* Rn. 7).

5 **2. Vorschriften zum Schutz der Gläubiger (Abs. 1 lit. a). a) Anspruch
auf Sicherheitsleistung bei Sitz der SE in Deutschland (Abs. 1 lit. a iVm
§ 22 UmwG).** Wird eine **SE mit Sitz in Deutschland** gegründet, so gelten in
Bezug auf **deutsche Gründungsgesellschaften** die gläubigerschützenden Vorschriften des UmwG ähnlich wie bei rein nationalen Verschmelzungen (LHT/
Bayer Rn. 7; MüKoAktG/*Schäfer* Rn. 9; BMJS/*Jünemann* § 2 Rn. 160). Das
Schutzbedürfnis der Gläubiger resultiert daraus, dass diese einen neuen Schuldner
erhalten, ohne dass es ihrer Zustimmung nach § 415 Abs. 1 S. 1 BGB bedarf
(MüKoAktG/*Schäfer* Rn. 9; KK-AktG/*Maul* Rn. 1; van Hulle/Maul/Drinhau-
sen/*Teichmann* Abschnitt 4 § 2 Rn. 86). Soweit die Gläubiger einer deutschen
Gründungsgesellschaft nicht Befriedigung verlangen können, ist ihnen **nach
Art. 24 Abs. 1 lit. a iVm § 22 Abs. 1 S. 1 UmwG Sicherheit zu leisten,**
wenn sie ihren **Anspruch binnen sechs Monaten nach dem Tag der Be-
kanntmachung der Durchführung der Verschmelzung** (Art. 28, § 10
HGB) schriftlich **anmelden** (→ Art. 28 Rn. 6; LHT/*Bayer* Rn. 9; KK-AktG/
Maul Rn. 9; *Schwarz* Art. 28 Rn. 9; Schmitt/Hörtnagl/Stratz/*Hörtnagl* Rn. 6;
Frantsuzova S. 243; *Scheifele* Gründung der SE S. 279). Nicht abzustellen ist für
den Fristbeginn dagegen auf die Bekanntmachung der SE-Eintragung nach
Art. 15 Abs. 2 (so aber *Schwarz* Rn. 10; Schmitt/Hörtnagl/Stratz/*Hörtnagl*
Rn. 6 aE; *Scheifele* Gründung der SE S. 226) oder auf die frühere Bekannt-
machung nach Art. 21 (so MüKoAktG/*Schäfer* Rn. 9, Spindler/Stilz/*Casper*
Rn. 6). Denn nur die Bekanntmachung nach Art. 28 entspricht dem für die
innerstaatliche Verschmelzung entscheidenden Bekanntmachungszeitpunkt nach
§ 19 Abs. 3 UmwG (zutreffend LHT/*Bayer* Rn. 9). Letzterer wird bei der Verschmelzungsgründung von Art. 28 verdrängt (im Ergebnis ähnlich KK-AktG/
Maul Art. 28 Rn. 5 aE: Anwendung „in modifizierter Weise"). An eine Bekanntmachung „nach § 19 Abs. 3 UmwG" kann die Sechsmonatsfrist daher von
vornherein nicht anknüpfen (aA NK-SE/*Schröder* Rn. 29; van Hulle/Maul/Drin-
hausen/*Teichmann* Abschnitt 4 § 2 Rn. 86). Es handelt sich um eine Ereignisfrist;
ihre Berechnung richtet sich nach §§ 187 ff. BGB (van Hulle/Maul/Drinhausen/
Teichmann Abschnitt 4 § 2 Rn. 86 Fn. 152). Anspruch auf Sicherheitsleistung
haben sowohl die Gläubiger einer übertragenden Gründungsgesellschaft, als auch
die Gläubiger der übernehmenden Gründungsgesellschaft (LHT/*Bayer* Rn. 8;
KK-AktG/*Maul* Rn. 9). Die Gläubiger müssen **glaubhaft machen, dass durch
die Verschmelzung die Erfüllung ihrer Forderung gefährdet wird** (§ 22
Abs. 1 S. 2 UmwG). Eine konkrete Gefährdungslage kann sich beispielsweise bei
der Verschmelzung der Schuldnerin mit einer Gesellschaft von geringerer Bonität
ergeben (vgl. Kallmeyer/*Marsch-Barner* UmwG § 22 Rn. 7). Die Art und Weise
der Sicherheitsleistung bestimmt sich nach §§ 232 ff. BGB (KK-AktG/*Maul*
Rn. 9; NK-SE/*Schröder* Rn. 30). Kein Anspruch auf Sicherheitsleistung steht
Gläubigern zu, deren Forderung bereits nach Art des § 232 BGB oder wirtschaftlich gleichwertig besichert ist (allgM), sowie Gläubigern, die im Insolvenzfall ein Recht auf vorzugsweise Befriedigung aus einer Deckungsmasse haben, die
zu ihrem Schutz staatlich überwacht ist (§ 22 Abs. 1 S. 2 UmwG). Für eine
Anwendung des § 22 Abs. 1 S. 3 UmwG, wonach die Gläubiger in der Bekanntmachung der jeweiligen Eintragung auf ihr Recht auf Sicherheitsleistung hinzuweisen sind, bleibt kein Raum. Denn denselben Hinweis haben die Gründungsgesellschaften bereits gemäß Art. 21 lit. c bekannt zu machen, der insofern
eine abschließende Regelung enthält (aA Schmitt/Hörtnagl/Stratz/*Hörtnagl*
Rn. 7; NK-SE/*Schröder* Rn. 27). Der Anspruch auf Sicherheitsleistung richtet
sich gegen die SE, da die Gründungsgesellschaften beim Fälligwerden des An-

spruchs (also der Eintragung der SE) bereits nach Art. 29 Abs. 1 lit. c oder Abs. 2 lit. c erloschen sind (LHT/*Bayer* Rn. 8; NK-SE/*Schröder* Rn. 29).

b) Anspruch auf Sicherheitsleistung bei Sitz der SE in einem anderen **6** **Mitgliedstaat (§ 8 S. 1, § 13 Abs. 1 und 2 SEAG).** Ein erhöhtes Schutzbedürfnis für die Gläubiger einer **deutschen Gründungsgesellschaft** ergibt sich, wenn der **Sitz der künftigen SE** im **Ausland** liegt. §§ 8 S. 1, 13 Abs. 1 und 2 SEAG gewähren ihnen daher einen **vorgelagerten Schutz durch Sicherheitsleistung** (BT-Drs. 15/3405, 34; MüKoAktG/*Schäfer* Rn. 10; van Hulle/Maul/Drinhausen/*Teichmann* Abschnitt 4 § 2 Rn. 87). Die Sicherheit ist also – anders als bei § 22 UmwG – bereits vor dem Vollzug der Verschmelzung zu erbringen (vgl. BT-Drs. 15/3405, 33 f.; NK-SE/*Schröder* Rn. 35). Mit § 122j UmwG existiert eine ähnliche Vorschrift im Recht der grenzüberschreitenden Verschmelzung. Zur Vereinbarkeit mit dem Unionsrecht → Rn. 10.

§ 8 S. 2 SEAG stellt klar, dass die Sicherheitsleistung zu den „der Verschmel **7** zung vorangehenden Rechtshandlungen und Formalitäten" iSd Art. 25 Abs. 2 gehört (BT-Drs. 15/3405, 34). Die Bescheinigung nach Art. 25 Abs. 2 ist demnach erst zu erteilen, wenn die Vorstandsmitglieder einer übertragenden Gesellschaft die Versicherung abgegeben haben, dass allen Gläubigern, die nach § 8 S. 1 SEAG einen Anspruch auf Sicherheitsleistung haben, eine angemessene Sicherheit geleistet wurde (→ Art. 25 Rn. 6). Die Abgabe einer falschen Versicherung ist nach § 53 Abs. 3 Nr. 1 SEAG strafbar (ebenso § 314a UmwG iVm § 122k Abs. 1 S. 2 UmwG zur grenzüberschreitenden Verschmelzung).

Der Anspruch setzt nach § 8 S. 1 iVm § 13 Abs. 1 S. 1 SEAG voraus, dass die **8** Gläubiger der Gesellschaft ihren **Anspruch binnen zwei Monaten nach dem Tag, an dem der Verschmelzungsplan offen gelegt worden ist,** nach Grund und Höhe **schriftlich anmelden,** soweit sie nicht Befriedigung verlangen können. Sie müssen dabei **glaubhaft machen, dass die Verschmelzung die Erfüllung ihrer Forderung gefährdet** (§ 13 Abs. 1 S. 2 SEAG). Eine solche Gefährdung kann sich sowohl aus der Verschmelzung selbst, als auch aus ihrem grenzüberschreitenden Charakter und einer dadurch erschwerten Rechtsverfolgung ergeben (van Hulle/Maul/Drinhausen/*Teichmann* Abschnitt 4 § 2 Rn. 87). Die Gläubiger sind im Verschmelzungsplan auf dieses Recht **hinzuweisen** (§§ 13 Abs. 1 S. 3, 8 S. 1 SEAG). In die Bekanntmachung nach Art. 21 ist ein Hinweis auf die Modalitäten für die Ausübung des Rechts auf Sicherheitsleistung aufzunehmen (LHT/*Bayer* Rn. 17). Eine Sicherheit muss nur bezüglich solcher Forderungen geleistet werden, die vor Offenlegung des Verschmelzungsplans oder bis zu 15 Tage danach entstanden sind (§ 13 Abs. 2 SEAG). Nach Ablauf dieser Frist obliegt es potenziellen Gläubigern selbst zu entscheiden, ob sie sich auf möglicherweise bestehende Risiken einlassen oder von einem Vertragsschluss absehen wollen (Schmitt/Hörtnagl/Stratz/*Hörtnagl* Rn. 9; vgl. auch LHT/*Bayer* Rn. 13).

Der Wortlaut des § 8 SEAG legt nahe, dass nur Gläubiger einer übertragenden **9** Gesellschaft berechtigt sind, Sicherheitsleistung zu fordern, nicht dagegen die **Gläubiger der aufnehmenden Gesellschaft.** Auch letztere kann jedoch im Zuge der Verschmelzungsgründung ihren Sitz in einen anderen Mitgliedstaat verlegen (→ Art. 17 Rn. 4; → Art. 20 Rn. 12), was im SEAG-Gesetzgebungsverfahren übersehen wurde (vgl. BT-Drs. 15/3405, 33 f.). Da die Gläubiger der aufnehmenden Gesellschaft in diesem Fall ebenso schutzbedürftig sind wie die der weiteren Gründungsbeteiligten, steht ihnen analog § 8 iVm § 13 Abs. 1 und 2 SEAG ebenfalls ein Recht auf Sicherheitsleistung zu (*Jünemann* in BJMS SE § 2 Rn. 163; → Rn. 48 zur analogen Anwendung der § 7 iVm § 12 SEAG).

Die **Berechtigung des deutschen Gesetzgebers zum Erlass des § 8 SE-** **10** **AG** wird teilweise bezweifelt (LHT/*Bayer* Rn. 15 f.; NK-SE/*Schröder* Rn. 35;

Frantsuzova S. 247 f.; *Scheifele* Gründung der SE S. 227 f.; *J. Schmidt* S. 213; *Handelsrechtsausschuss des DAV* NZG 2004, 75 [78]). Weder Art. 24 Abs. 1 noch Art. 25 ermächtigen nämlich ausdrücklich zum Erlass einer solchen Norm. Rechtfertigen lässt sich die in § 8 SEAG angeordnete entsprechende Anwendung der Sitzverlegungsvorschriften jedoch mit dem Gebot der „Berücksichtigung des grenzüberschreitenden Charakters der Verschmelzung" bei der Anwendung nationalen Rechts. Adressat des Gebots ist zwar grundsätzlich der Rechtsanwender; soweit die „Berücksichtigung" aber durch entsprechende Anwendung der SE-Sitzverlegungsvorschriften erfolgt, ist allein der Gesetzgeber in der Lage, das Gebot zu erfüllen (vgl. BT-Drs. 15/3405, 34; KK-AktG/*Maul* Rn. 11; MüKo-AktG/*Schäfer* Rn. 4; Spindler/Stilz/*Casper* Rn. 8). In der Rechtssache KA Finanz hat der EuGH inzwischen allerdings festgestellt, dass für den Schutz der Gläubiger einer an einer grenzüberschreitenden Verschmelzung beteiligten übertragenden Gesellschaft die Vorschriften des innerstaatlichen Rechts gelten, dem diese Gesellschaft vor der Verschmelzung unterlag (EuGH NZG 2016, 513 Rn. 60 = ZIP 2016, 715). Art. 4 Abs. 2 S. 1 RL 2005/56/EG (Zehnte gesellschaftsrechtliche Richtlinie) ist somit keine Ermächtigung zum Erlass spezieller Gläubigerschutz-vorschriften für grenzüberschreitende Verschmelzungen, sondern nur eine Verweisung auf das nationale Recht mit der Folge, dass § 122j UmwG europarechtswidrig ist. Diese Beurteilung gilt auch für die parallele Regelung in Art. 24 Abs. 1 und § 8 iVm § 13 SEAG. Auch Art. 24 Abs. 1 ist nach den Feststellungen des EuGH nicht als Ermächtigungsnorm, sondern nur als Verweisung auf das nationale Recht zu verstehen (*Bayer/J. Schmidt* ZIP 2016, 841 [847 f.]). Für die Gläubiger einer deutschen Gesellschaft, die an einer Verschmelzung zur Gründung einer SE im Ausland beteiligt ist, bleibt es deshalb bei dem nachgelagerten Gläubigerschutz gemäß § 22 UmwG. Die davon abweichende Regelung in § 8 SEAG iVm § 13 SEAG entspricht nicht dem Unionsrecht und sollte deshalb aufgehoben werden (*Bayer/J. Schmid* ZIP 2016, 841 [847 f.]).

11   **3. Vorschriften zum Schutz der Anleihegläubiger (Abs. 1 lit. b).** Gemäß Art. 14 NatVerschmRL gelten die gläubigerschützenden Vorgaben aus Art. 13 NatVerschmRL grundsätzlich auch für die Rechte von Anleihegläubigern. Entsprechend haben auch sie Anspruch auf **Sicherheitsleistung** nach Art. 24 Abs. 1 lit. b iVm § 22 UmwG (LHT/*Bayer* Rn. 10; KK-AktG/*Maul* Rn. 1, 12; *Scheifele* Gründung der SE S. 228) und nach §§ 8 S. 1, 13 Abs. 1 und 2 SEAG, welche nicht zwischen Anleihe- und sonstigen Gläubigern differenzieren. § 23 UmwG hingegen ist – entsprechend der Systematik der Art. 13–15 NatVerschmRL – nicht auf Anleihegläubiger iSd Art. 24 Abs. 1 lit. b anwendbar, sondern nur auf Sonderrechtsinhaber iSd Art. 24 Abs. 1 lit. c (missverständlich NK-SE/*Schröder* Rn. 31).

12   **4. Vorschriften zum Schutz von Sonderrechtsinhabern (Abs. 1 lit. c).** Sonderrechtsinhaber können die **Einräumung gleichwertiger Rechte** verlangen (Art. 24 Abs. 1 lit. c iVm § 23 UmwG). Dies gilt auch dann, wenn die SE ihren Sitz in einem anderen Mitgliedstaat nimmt, wobei **ggf.** eine **Anpassung** an die Rechtsordnung des Sitzstaates der SE erforderlich ist (*Schwarz* Rn. 13; *Jünemann* in BJMS SE § 2 Rn. 165; *J. Schmidt* S. 217). Der Schutz wird allerdings erst **im Nachhinein** gewährt und hindert die Ausstellung der Rechtmäßigkeitsbescheinigung (Art. 25 Abs. 2) oder die Eintragung der SE nicht (*Schwarz* Rn. 13; *Scheifele* Gründung der SE S. 228).

13   Bereits der Tatbestand des Art. 24 Abs. 1 lit. c nimmt Aktieninhaber ausdrücklich vom Kreis der geschützten Sonderrechtsinhaber aus. Auf die **Inhaber stimmrechtsloser Vorzugsaktien** (§§ 139 ff. AktG) findet § 23 UmwG iVm Art. 24 Abs. 1 lit. c daher keinesfalls Anwendung (*Schwarz* Rn. 14; KK-AktG/*Maul* Rn. 3, 13; *Jünemann* in BJMS SE § 2 Rn. 165; *Scheifele* Gründung der SE

S. 228 f.; im Ergebnis ebenso LHT/*Bayer* Rn. 5, 18; NK-SE/*Schröder* Rn. 31), und zwar unabhängig von der Frage, ob § 23 UmwG als solcher auch für Vorzugsaktionäre gilt (hierzu Kallmeyer/*Marsch-Barner* UmwG § 23 Rn. 4). Stimmrechtslose Vorzugsaktien werden stattdessen wie Aktien anderer Gattung nach den im Verschmelzungsplan festgelegten Kriterien umgetauscht (KK-AktG/*Maul* Rn. 13; NK-SE/*Schröder* Rn. 31).

III. Schutz der Minderheitsaktionäre (Abs. 2)

Ob und auf welche Weise die Minderheitsaktionäre der Gründungsgesellschaf- **14** ten im Rahmen der Verschmelzungsgründung geschützt werden, bleibt nach Maßgabe der Art. 24 Abs. 2, 25 Abs. 3 den Mitgliedstaaten überlassen. Art. 24 Abs. 2 ermächtigt die Mitgliedstaaten zur Aufnahme SE-spezifischer Schutzvorschriften in ihre Ausführungsgesetzgebung.

1. Rahmen der Ermächtigung. a) Minderheitsaktionär. Minderheits- **15** aktionäre iSd Art. 24 Abs. 2 sind zunächst alle Aktionäre, deren ablehnende Haltung gegenüber der gesamten Verschmelzung oder Teilen davon nicht dazu führt, dass die mehrheitlich beschlossene Verschmelzungsgründung verhindert wird (ähnlich *Scheifele* Gründung der SE S. 230; aA NK-SE/*Schröder* Rn. 21: Aktionäre, die nicht über eine Sperrminorität verfügen; *Schwarz* Rn. 18: Aktionär mit weniger als 50 % Beteiligung); *Weppner* S. 18 ff.: grundsätzlich alle Aktionäre). Mit dem **Begriff der „Minderheit"** spielt der Verordnungsgeber auf den (aus seiner Sicht Regel-)Fall an, in dem die Grenze zwischen der Gruppe der ablehnenden Aktionäre und der der letztlich erfolgreichen sonstigen Aktionäre durch die Ja- und Nein-Stimmen zum Verschmelzungsbeschluss markiert wird. Entsprechend unberücksichtigt bleibt die **besondere Situation** von Aktionären in Mitgliedstaaten, die ein **Verfahren nach Art. 25 Abs. 3** zur isolierten Kontrolle der finanziellen Verschmelzungsparameter vorsehen. So schlägt sich insbesondere eine ablehnende Haltung des Aktionärs deutscher Gründungsgesellschaften wegen der Möglichkeit des Spruchverfahrens nicht zwingend in einer Nein-Stimme nieder (→ Rn. 15). Steht im Rahmen einer SE-Gründung daher ein Verfahren nach Art. 25 Abs. 3 zur Verfügung, so verliert der einschränkende Zusatz der „Minderheit" seine Bedeutung (ähnlich *Scheifele* Gründung der SE S. 230).

b) Ablehnende Haltung gegenüber der Verschmelzung. Nach dem **16** Wortlaut des Art. 24 Abs. 2 können nur solche Aktionäre geschützt werden, „die sich **gegen die Verschmelzung ausgesprochen** haben". Erfasst sind damit zunächst sowohl Aktionäre, die gegen den Verschmelzungsbeschluss klagen, als auch solche, die **nur mit dem Umtauschverhältnis nicht einverstanden** sind und sich deshalb nur gegen diesen Teil aussprechen (BT-Drs. 15/3405, 32; *Scheifele* Gründung der SE S. 231; *Schwarz* Rn. 17; MüKoAktG/*Schäfer* Rn. 5; LHT/*Bayer* Rn. 26; Spindler/Stilz/*Casper* Rn. 3; MHdB AG/*Austmann* § 84 Rn. 40; *Kalss* ZGR 2003, 593 [603]; *J. Schmidt* S. 224 f.; *Witten* S. 132–134).

Schon in Hinblick auf den Normtext zu eng und daher abzulehnen ist die **17** Gegenansicht, nach der die Regelungsermächtigung nur im Hinblick auf solche Aktionäre gilt, die dem Verschmelzungsplan in Gänze widersprochen haben (*Handelsrechtsausschuss des DAV* NZG 2004, 75 [76]; *Ihrig/Wagner* BB 2003, 969 [972]; *Walden/Meyer-Landrut* DB 2005, 2619 [2620 f.]; *Vetter* in Lutter/Hommelhoff Europäische Gesellschaft S. 126; wohl auch *Brandt* DStR 2003, 1208 [1210] Fn. 32). Das zwingende Erfordernis einer solchen Totalablehnung würde die Gründung auch unnötig erschweren. Denn Minderheitsaktionäre, die nur mit dem Umtauschverhältnis nicht einverstanden sind, wären genötigt, den gesamten Verschmelzungsbeschluss abzulehnen oder gar durch Beschlussmängelklage zu

blockieren, um nicht ihre Rechte aus Art. 24 Abs. 2 iVm dem jeweiligen Ausführungsgesetz zu verlieren. Dass der Verordnungsgeber dies nicht im Sinn hatte,
folgt schon aus der ausdrücklichen Anerkennung mitgliedstaatlicher Spruchverfahren in Art. 25 Abs. 3 (zutreffend BT-Drs. 15/3405, 32; *Schwarz* Rn. 17;
J. Schmidt S. 224 f.; *Teichmann* ZGR 2003, 367 [384]; *Witten* S. 132–134). Einer
teleologischen Reduktion des Art. 24 Abs. 2 bedarf es für die hier vertretene
Auffassung nicht (zutreffend mit Verweis auf den englischen und französischen
Verordnungstext KK-AktG/*Maul* Rn. 18; aA LHT/*Bayer* Rn. 26).

18   Schließlich folgt aus der Wendung „ausgesprochen haben" nicht, dass die mitgliedstaatlichen Schutzvorschriften nur solche Aktionäre begünstigen dürfen, die
sich bereits im Zeitpunkt des Verschmelzungsbeschlusses ausdrücklich gegen die
Verschmelzung bzw. Teile von ihr aussprechen. Denn auch insoweit ist der
Normtext zu einseitig von der Vorstellung des Verordnungsgebers geprägt, nach
der die Aktionäre der Gründungsgesellschaften entweder einer dominierenden
Mehrheit angehören, die die Verschmelzung mit ihrer „Ja"-Stimme vorbehaltlos
befürwortet hat, oder einer schutzbedürftigen Minderheit, die sich mit ihrer
„Nein"-Stimme erfolglos gegen die Verschmelzung gewehrt hat (→ Rn. 15).
Jedenfalls denjenigen Mitgliedstaaten, die ein Verfahren zur isolierten Kontrolle
des Umtauschverhältnisses gemäß Art. 25 Abs. 3 vorsehen, bleibt es daher unbenommen, in den Kreis der Antragsberechtigten bzw. der durch eine Entscheidung
Begünstigten **auch solche Aktionäre mit einzubeziehen, die am Haupt-
versammlungstag vorbehaltlos mit „Ja" gestimmt haben** (im Ergebnis
ebenso RegE SEEG, BT-Drs. 15/3405, 32; Widmann/Mayer/*Heckschen* UmwG
Anh. 14 Rn. 182; wohl auch *J. Schmidt* S. 224 f.; aA *Schwarz* Rn. 27). Auch
**nachträglich muss sich ein Aktionär nicht gegen die Verschmelzung aus-
sprechen,** um an den Vorteilen einer Entscheidung in einem Verfahren iSd
Art. 25 Abs. 3 S. 1 zu partizipieren. Nicht erforderlich ist es daher, in die Antragstellung im Spruchverfahren ein Sich-Aussprechen gegen die Verschmelzung iSd
Art. 24 Abs. 2 hineinzudeuten (so aber Spindler/Stilz/*Casper* Rn. 3 aE; *Scheifele*
Gründung der SE S. 231, 247; die dann freilich § 13 S. 2 SpruchG nicht anwenden dürften) oder gar aus der inter-omnes-Wirkung iSd § 13 S. 2 SpruchG ein
nachträgliches Sich-Zueigenmachen des Spruchverfahrensergebnisses zu konstru-
ieren (so der Vorschlag von LHT/*Bayer* Rn. 26). Hätte der Verordnungsgeber
den Kreis der Personen, die aus einem mitgliedstaatlichen Verfahren nach Art. 25
Abs. 3 Vorteile ziehen dürfen, derart einengen wollen, so hätte er dies schon aus
systematischen Gründen unmittelbar im Rahmen des Art. 25 Abs. 3 und nicht in
Art. 24 Abs. 2 getan.

19   **c) Gesellschaften, die dem Recht des jeweiligen Mitgliedstaats unterliegen.** Art. 24 Abs. 2 räumt den Mitgliedstaaten eine Regelungskompetenz „in
Bezug auf die sich verschmelzenden Gesellschaften, die seinem Recht unterliegen", ein. Die Mitgliedstaaten dürfen also nur für die **dem eigenen Gesellschaftsstatut unterliegenden Gründungsgesellschaften** den Minderheitenschutz regeln. Aktionären ausländischer Gesellschaften dürfen sie auch insoweit
keine Schutzrechte einräumen, als sich solche Rechte gegen eine inländische
Gründungsgesellschaft richten würden (LHT/*Bayer* Rn. 22; *Schwarz* Rn. 19;
Scheifele Gründung der SE S. 232, 245 f.; *J. Schmidt* S. 220; *Witten* S. 150 f.). So
könnte der deutsche Gesetzgeber insbesondere nicht den Aktionären einer ausländischen Gründungsgesellschaft Ansprüche auf Abfindungs- und Ausgleichszahlungen gegen die deutsche Gründungsgesellschaft einräumen (aA *Teichmann* ZGR
2002, 383 [429]; *Brandt* DStR 2003, 1208 [1214]). Nicht ausgeschlossen ist es
jedoch, die Möglichkeit vorzusehen, dass ein Verfahren nach Art. 25 Abs. 3 zu
einer Verschlechterung des Umtauschverhältnisses für die deutschen Aktionäre –
und im Reflex zu einer Besserstellung der Aktionäre der ausländischen Grün-

dungsgesellschaft – führt (*Brandt* DStR 2003, 1208 [1214]; *Scheifele* Gründung der SE S. 246; kritisch *Witten* S. 151 f.), und ebenso kann ein Mitgliedstaat den Aktionären einer ausländischen Gründungsgesellschaft die Möglichkeit geben, die Bestellung eines gemeinsamen Vertreters zu beantragen, der ihre Interessen in einem inländischen Verfahren nach Art. 25 Abs. 3 vertritt (*Teichmann* ZGR 2002, 383 [429] aE; *ders.* ZIP 2002, 1109 [1112]; *Neye/Teichmann* AG 2003, 169 [172]; *Brandt* DStR 2003, 1208 [1213 f.]; in dieselbe Richtung *Kalss* ZGR 2003, 593 [623]; dagegen *Ihrig/Wagner* BB 2003, 969 [971]). Die dahingehenden Vorschläge aus der Literatur hat der deutsche Gesetzgeber bislang nur teilweise aufgegriffen (→ Rn. 37 ff.).

Art. 24 Abs. 2 erlaubt den Mitgliedstaaten Schutzvorschriften **sowohl im** **20** **Hinblick auf die übertragende als auch auf die übernehmende Gesell-** **schaft** (LHT/*Bayer* Rn. 22; *Scheifele* Gründung der SE S. 232; NK-SE/*Schröder* Rn. 20; *Schwarz* Rn. 20). In Anlehnung an §§ 14 Abs. 2, 15 SEAG UmwG hat der deutsche Gesetzgeber die Schutzrechte aus §§ 6, 7 SEAG jedoch ausdrücklich auf die Aktionäre der übertragenden Gesellschaften beschränkt (anders noch der SEEG-Diskussionsentwurf AG 2003, 204; dennoch gilt § 7 SEAG ausnahmsweise auch für eine übernehmende deutsche Gründungsgesellschaft, → Rn. 48).

Die Schutzrechte, die ein Mitgliedstaat auf Basis von Art. 24 Abs. 2 gewährt, **21** richten sich zunächst gegen die nationale Gründungsgesellschaft, können sich jedoch später gegen die – ggf. ausländische – SE richten, sobald jene gemäß Art. 29 Abs. 1 lit. a, Abs. 2 lit. a, in die Rechte und Pflichten der Gründungsgesellschaft eingetreten ist (*Schwarz* Rn. 19 aE).

d) Angemessener Schutz. Die Mitgliedstaaten sind ermächtigt, den Minder- **22** heitsaktionären einen „angemessenen Schutz" zu gewähren. Dem **Schutz der** **Minderheitsaktionäre** dienen alle Maßnahmen, die die Aktionärsrechte und -interessen gegen verschmelzungsspezifische Gefahren abschirmen. Möglich sind dabei insbesondere Informationsrechte, Ausgleichs- und Abfindungsansprüche sowie eine SE-spezifische Verschärfung der gemäß Art. 18 iVm nationalem Verschmelzungsrecht anwendbaren Mehrheitserfordernisse (LHT/*Bayer* Rn. 24; *Scheifele* Gründung der SE S. 232 f.; *Schwarz* Rn. 21).

Der gewährte Schutz ist **angemessen**, wenn er die sonstigen Aktionäre und **23** die Gesellschaft nicht unverhältnismäßig belastet (vgl. LHT/*Bayer* Rn. 24; *Jünemann* in BJMS SE § 2 Rn. 166; *Scheifele* Gründung der SE S. 233; *Schwarz* Rn. 17, 22). Abzustellen ist dabei nicht auf jede einzelne Schutzvorschrift, sondern auf die Gesamtbelastung, wie sie sich aus allen jeweils einschlägigen Ausführungsvorschriften zu Art. 24 Abs. 2 ergibt. Die Angemessenheitskontrolle greift nur, soweit die nationalen Gesetzgeber überhaupt aktiv geworden sind. Nicht unverhältnismäßig ist es daher, wenn der nationale Gesetzgeber von der Regelung spezifischer Minderheitenrechte gänzlich absieht.

2. Deutsche Schutzvorschriften. Von der in Art. 24 Abs. 2 eingeräumten **24** Ermächtigung hat der deutsche Gesetzgeber in §§ 6 und 7 SEAG Gebrauch gemacht. § 6 SEAG räumt den Aktionären einer übertragenden Gründungsgesellschaft einen Barausgleichsanspruch bei unangemessenem Umtauschverhältnis ein; § 7 SEAG gewährt ihnen ein Austritts- und Abfindungsrecht. In prozessualer Hinsicht stehen das aktiengesetzliche Beschlussmängelrecht und das Spruchverfahren zur Verfügung (vgl. §§ 6 Abs. 1, Abs. 4, 7 Abs. 5, Abs. 7 SEAG).

a) Anspruch auf Ausgleich durch bare Zuzahlung (§ 6 SEAG). § 6 **25** SEAG füllt nicht nur die in Art. 24 Abs. 2 enthaltene Ermächtigung aus, sondern integriert gleichzeitig die Voraussetzungen, die Art. 25 Abs. 3 S. 1 an die Anwendbarkeit des nationalen Spruchverfahrensrechts stellt. Die Regelung orientiert sich an den für eine innerdeutsche Verschmelzung geltenden §§ 14 Abs. 2, 15 UmwG (vgl. RegE SEEG, BT-Drs. 15/3405, 32).

26   **aa) Anspruchsinhalt und -voraussetzungen. Aktionäre einer deutschen, übertragenden Gründungsgesellschaft** haben gemäß § 6 Abs. 2 SEAG einen Anspruch gegen die SE auf Barausgleich, wenn im Verschmelzungsplan ein aus ihrer Sicht unangemessen nachteiliges Umtauschverhältnis festgesetzt wurde und ihr Anfechtungsrecht gemäß § 6 Abs. 1 SEAG (→ Rn. 34 ff.) ausgeschlossen ist.

27   Obwohl Art. 24 Abs. 2 die Mitgliedstaaten nur ermächtigt, Schutzvorschriften „in Bezug auf die sich verschmelzenden Gesellschaften, die seinem Recht unterliegen", zu erlassen, ist die in § 6 Abs. 2 SEAG vorgesehene **Passivlegitimation der – ggf. ausländischen – SE** von der Ermächtigungsgrundlage abgedeckt. Denn das Wirksamwerden der Verschmelzung würde sich der deutsche Ausgleichsanspruch gemäß Art. 29 Abs. 1 lit. a, Abs. 2 lit. a auch dann gegen die SE richten, wenn zunächst nur die deutsche Gründungsgesellschaft verpflichtet wäre (MüKoAktG/*Schäfer* Rn. 14). Der Entscheidung des deutschen Gesetzgebers, eine unmittelbare Passivlegitimation der SE vorzusehen, liegt die zutreffende Erwägung zugrunde, dass die Gründungsgesellschaft als Anspruchsgegnerin von vornherein nicht zur Verfügung steht; denn ohne Verschmelzung ist bei Abschluss des Spruchverfahrens bereits vollzogen (vgl. § 4 Abs. 1 S. 1 Nr. 6 SpruchG; ähnlich *Teichmann* ZGR 2003, 367 [379]). Eine derart frühe SE-Gründung zu ermöglichen, ist gerade Sinn und Zweck des Spruchverfahrens.

28   § 6 Abs. 2 SEAG macht den Ausgleichsanspruch **nicht davon abhängig, dass sich der jeweilige Aktionär gegen die Verschmelzung wendet.** Insbesondere ein Widerspruch oder eine Anfechtungsklage gegen den Verschmelzungsbeschluss der Hauptversammlung ist daher nicht erforderlich. Da Art. 24 Abs. 2 jedenfalls denjenigen Mitgliedstaaten, die ein Verfahren nach Art. 25 Abs. 3 vorsehen, auch den Schutz solcher „Minderheitsaktionäre" erlaubt, die dem Verschmelzungsbeschluss vorbehaltlos zustimmen, hat der deutsche Gesetzgeber insoweit nicht die Grenzen seiner Ermächtigung überschritten (→ Rn. 15, 18 mwN).

29   Ist die neugegründete SE in Deutschland ansässig, so sind bei der Leistung des Barausgleichs die deutschen Kapitalerhaltungsregeln zu beachten (§ 57 AktG). Der Ausgleichsanspruch darf daher **nur aus ungebundenem Vermögen bedient** werden (LHT/*Bayer* Rn. 44; NK-SE/*Schröder* Rn. 50; *Vetter* in Lutter/Hommelhoff Europäische Gesellschaft S. 127 f.; *Jannott* in Jannott/Frodermann HdB SE Kap. 3 Rn. 115 aE). Soweit dieses nicht ausreicht, erlischt der Ausgleichsanspruch nicht, sondern kann lediglich zeitweise nicht durchgesetzt werden (LHT/*Bayer* Rn. 44; NK-SE/*Schröder* Rn. 50; *Vetter* in Lutter/Hommelhoff Europäische Gesellschaft S. 127 f.). Der Vorrang der Kapitalerhaltung (und damit des Gläubigerschutzes) gegenüber dem Ausgleichsanspruch der Aktionäre gilt auch dann, wenn die neue SE dem Recht eines anderen Mitgliedstaats unterliegt. Zeitpunkt und Höhe der nach § 6 Abs. 2 SEAG geschuldeten Barzahlung hängen dann von den Kapitalerhaltungsregeln des SE-Sitzstaats ab (LHT/*Bayer* Rn. 44; *Vetter* in Lutter/Hommelhoff Europäische Gesellschaft S. 128; entsprechendes gilt für das Verhältnis zwischen dem Abfindungsanspruch gemäß § 7 Abs. 1 S. 1 SEAG und Beschränkungen in Bezug auf den Erwerb eigener Aktien, → Rn. 49).

30   Zusätzliche SE-Aktien kommen als Ausgleichsleistung jedenfalls nach gegenwärtiger Gesetzeslage nicht in Betracht (s. nur LHT/*Bayer* Rn. 36). Dem von verschiedenen Seiten eingebrachten Vorschlag, der Gesellschaft ein Wahlrecht zwischen Barausgleich und Aktienlieferung einzuräumen (Stellungnahme des Bundesrates zum RegE SEEG, BT-Drs. 15/3656, 3; *Spitzenverbände der deutschen Wirtschaft* Stellungnahme zum RefE S. 4; *Handelsrechtsausschuss des DAV* NZG 2004, 75 [76]; *J. Schmidt* S. 225), ist der Gesetzgeber bislang nicht gefolgt.

Nicht geregelt hat der Gesetzgeber zudem, auf welchen Zeitpunkt oder -raum   **31** für die Bewertung der Angemessenheit des Umtauschverhältnisses abzustellen ist. Die insofern bestehende planwidrige Regelungslücke kann durch **analoge Anwendung des § 7 Abs. 2 S. 1 SEAG** geschlossen werden (NK-SE/*Schröder* Rn. 54). Auch im Rahmen des § 6 Abs. 2 SEAG sind daher „die Verhältnisse der Gesellschaft im Zeitpunkt der Beschlussfassung über die Verschmelzung [zu] berücksichtigen."

bb) Verzinsung des Anspruchs, Schadensersatz. Nach § 6 Abs. 3 S. 1   **32** SEAG ist die bare Zuzahlung nach Ablauf des Tages, an dem die Verschmelzung im Sitzstaat der SE eingetragen und bekannt gemacht worden ist, mit jährlich fünf Prozentpunkten über dem Basiszinssatz zu verzinsen. Die missverständliche Anknüpfung an die Eintragung und Bekanntmachung der „Verschmelzung" ist Ausdruck der engen Anlehnung an § 15 Abs. 2 UmwG. Tatsächlich gemeint sind die **Eintragung der SE im Register ihres Sitzstaats nach Art. 12 Abs. 1 und die Offenlegung dieser Eintragung nach Art. 13, 15 Abs. 2** (*Scheifele* Gründung der SE S. 248; *Schwarz* Rn. 29; LHT/*Bayer* Rn. 37; vgl. auch RegE SEEG, BT-Drs. 15/3405, 32). Zu einer gesonderten Eintragung der „Verschmelzung", wie sie § 15 Abs. 2 UmwG im Blick hat, kommt es im Rahmen der SE-Gründung nicht.

Die gesetzliche Verzinsung des Ausgleichsanspruchs hindert den Aktionär   **33** gemäß § 6 Abs. 3 S. 2 SEAG nicht daran, von der Gesellschaft den Ersatz eines höheren Verzögerungsschadens zu verlangen, zB wegen entgangener Anlagezinsen (für weitere Einzelheiten vgl. die Kommentarliteratur zu § 288 Abs. 4 BGB).

cc) Anfechtungsklage und Anfechtungsausschluss. Stimmt die Hauptver-   **34** sammlung einer übertragenden deutschen Gründungsgesellschaft dem Verschmelzungsplan zu, obwohl darin ein **unangemessenes Umtauschverhältnis** festgesetzt wurde, so können die überstimmten Minderheitsaktionäre den Mangel **grundsätzlich im Wege der Anfechtungsklage geltend machen.** Eine isolierte Rüge des Umtauschverhältnisses im Wege des **Spruchverfahrens ist nur unter den Voraussetzungen des Art. 25 Abs. 3 S. 1 iVm § 6 Abs. 4 SEAG** statthaft. Diese sind erfüllt, wenn der ausländische Verschmelzungspartner die Durchführung eines deutschen Spruchverfahrens ausdrücklich akzeptiert (→ Rn. 38) oder wenn das Sitzstaatsrecht des ausländischen Verschmelzungspartners ebenfalls ein Verfahren nach Art. 25 Abs. 3 S. 1 vorsieht und deutsche Gerichte international zuständig sind (→ Rn. 39 f.).

Soweit die Voraussetzungen des § 6 Abs. 1, 4 SEAG iVm Art. 25 Abs. 3 S. 1   **35** vorliegen und den Aktionären einer deutschen Gründungsgesellschaft daher das Spruchverfahren offen steht, können überstimmte Minderheitsaktionäre den Verschmelzungsbeschluss nicht mit der Begründung anfechten, das festgesetzte Umtauschverhältnis sei unangemessen. Die im älteren Schrifttum diskutierte Frage, ob § 6 Abs. 1 SEAG auch solche Anfechtungsklagen ausschließt, die sich nur auf **Informationsmängel im Zusammenhang mit dem Umtauschverhältnis** beziehen (zum damaligen Streitstand vgl. die Nachweise bei LHT/*Bayer* Rn. 35 Fn. 106), hat sich mit Inkrafttreten des § 243 Abs. 4 S. 2 AktG (Gesetz zur Unternehmensintegrität und Modernisierung des Anfechtungsrechts – UMAG – vom 22.9.2005, BGBl. I S. 2802) erledigt (s. nur Stellungnahme des Bundesrates und Gegenäußerung der Bundesregierung zum RegE SEEG, BT-Drs. 15/3656, 3, 9 unter Nr. 11; LHT/*Bayer* Rn. 35). Danach kann ein Aktionär seine Anfechtungsklage nicht auf die Behauptung stützen, er sei über die Ermittlung, Höhe oder Angemessenheit einer Ausgleichszahlung fehlerhaft informiert worden, wenn für die Kontrolle derselben Ausgleichszahlung das Spruchverfahren eröffnet ist. Ob sich dasselbe unmittelbar aus § 6 Abs. 1 SEAG ergibt, ist jedenfalls im Ergebnis ohne Bedeutung.

36   **Nicht ausgeschlossen** ist das Argument eines unangemessenen Umtauschverhältnisses bzw. eines diesbezüglichen Informationsmangels bei Anfechtungsklagen gegen den **Verschmelzungsbeschluss der aufnehmenden Gesellschaft** (MHdB AG/*Austmann* § 84 Rn. 37; BMJS/*Jünemann* § 2 Rn. 169; anders
noch der SEEG-Diskussionsentwurf AG 2003, 204; zum rechtspolitischen Hintergrund *Scheifele* Gründung der SE S. 246 f.; *DAV* Handelsrechtsausschuss
NZG 2004, 75 [76]; *Ihrig/Wagner* BB 2003, 969 [972]). Für den Fall, dass
Anfechtungsklagen mit dieser Begründung zu erwarten sind, wird daher zurecht
empfohlen, die betreffende Gründungsgesellschaft nicht als aufnehmende Gesellschaft auszuwählen (MHdB AG/*Austmann* § 84 Rn. 37) oder eine Verschmelzung zur Neugründung vorzunehmen (BMJS/*Jünemann* § 2 Rn. 169).

37   **dd) Spruchverfahren.** Aktionäre einer Gründungsgesellschaft können entweder auf Basis des § 6 Abs. 4 S. 1 SEAG iVm Art. 25 Abs. 3 S. 1 oder nach § 6
Abs. 4 S. 2 SEAG ein Spruchverfahren vor einem deutschen Gericht einleiten,
um die gerichtliche Festsetzung einer angemessenen baren Zuzahlung zu erreichen. Als Regelungsvorbild hatte der Gesetzgeber offenbar § 34 UmwG im Blick
(RegE SEEG, BT-Drs. 15/3405, 32), obwohl sich dieser nicht auf das Umtauschverhältnis, sondern auf die Abfindungshöhe bezieht; eine systematische Parallele
zu § 15 Abs. 1 S. 2 UmwG liegt wohl näher (vgl. LHT/*Bayer* Rn. 38; *Witten*
S. 125 Fn. 507).

38   Sieht das Recht des ausländischen Verschmelzungspartners einer deutschen
übertragenden Gründungsgesellschaft kein Kontrollverfahren iSd Art. 25 Abs. 3
S. 1 vor, so kommt ein Spruchverfahren allein nach Maßgabe des **§ 6 Abs. 4 S. 1
SEAG iVm Art. 25 Abs. 3 S. 1** Frage. Voraussetzung dafür ist, dass die ausländische Gründungsgesellschaft bei der Zustimmung zum Verschmelzungsplan ausdrücklich die Durchführung des deutschen Spruchverfahrens akzeptiert. **Antragsberechtigt** im Spruchverfahren sind die **Aktionäre der deutschen übertragenden Gründungsgesellschaft;** die Aktionäre der ausländischen
Gründungsgesellschaft sind darauf beschränkt, die gerichtliche Bestellung eines
gemeinsamen Vertreters zu beantragen (§ 6a SpruchG). **Antragsgegnerin** ist die
bei Antragstellung bereits **eingetragene SE** (§§ 5 Nr. 5, 4 Abs. 1 S. 1 Nr. 6
SpruchG). Gemäß Art. 25 Abs. 3 S. 4 sind die übernehmende Gesellschaft und
ihre Aktionäre auch dann an die Entscheidung im deutschen Spruchverfahren
gebunden, wenn die übernehmende Gesellschaft in einem anderen Mitgliedstaat
ansässig ist. Gleichzeitig folgt aus Art. 25 Abs. 3 S. 4 die **internationale Zuständigkeit des deutschen Gerichts** (LHT/*Bayer* Rn. 35; KK-AktG/*Maul*
Rn. 22; *Teichmann* ZGR 2003, 367 [377] Fn. 46); eine gesonderte oder konkludente Unterwerfungserklärung im Rahmen der Zustimmung nach Art. 25 Abs. 3
S. 1 ist nicht erforderlich (aA MüKoAktG/*Schäfer* Rn. 15 aE; Spindler/Stilz/
Casper Rn. 12; *Witten* S. 143).

39   Die **Aktionäre einer ausländischen übertragenden Gründungsgesellschaft** sind nur dann selbst berechtigt, ein deutsches Spruchverfahren einzuleiten,
wenn die Voraussetzungen des **§ 6 Abs. 4 S. 2 SEAG** erfüllt sind (LHT/*Bayer*
Rn. 40). Erforderlich ist danach zum einen die internationale Zuständigkeit des
deutschen Gerichts und zum anderen die Existenz eines Kontrollverfahrens iSd
Art. 25 Abs. 3 S. 1 in der Rechtsordnung, der die ausländische Gründungsgesellschaft unterliegt.

40   Die internationale Zuständigkeit des deutschen Gerichts für ein Spruchverfahren nach § 6 Abs. 4 S. 2 SEAG kann sich aus einer **Gerichtsstandsvereinbarung** oder der Brüssel Ia-VO ergeben (BT-Drs. 15/3405, 32; vgl. auch *Scheifele*
Gründung der SE S. 249). Liegt keine Gerichtsstandsvereinbarung vor, so wird
die internationale Zuständigkeit der deutschen Gerichte nach **Art. 24 Nr. 2
Brüssel Ia-VO** (früher Art. 22 Nr. 2 EuGVVO) begründet (LHT/*Bayer* Rn. 40;

Schutz der Rechteinhaber **Art. 24 SE-VO**

KK-AktG/*Maul* Rn. 23; in dieselbe Richtung *Wedemann* NZG 2011, 733 [735]; aA – Gerichtsstand sowohl nach Art. 4 Abs. 1 Brüssel Ia-VO (früher Art. 2 Abs. 1 EuGVVO) als auch nach Art. 7 Nr. 1 lit. a Brüssel Ia-VO (früher Art. 5 Abs. 1 lit. a EuGVVO) begründet – *Weppner* S. 111 ff.; *ders.* RIW 2011, 144 [149 f.]). Denn die Tatsache, dass der Normtext sich nur auf Klagen bezieht, die die „Gültigkeit der Beschlüsse" von Gesellschaftsorganen zum Gegenstand haben, nicht dagegen auf Spruchverfahren oder ähnliche Verfahren iSd Art. 25 Abs. 3 S. 1 SE-VO, ist Ausdruck eines unbewussten Versäumnisses des Verordnungsgebers und nicht einer bewussten Differenzierung (vgl. KK-AktG/*Maul* Rn. 23 aE).

Im Spruchverfahren nach § 6 Abs. 4 S. 1 SEAG gilt aus Sicht der antrag- **41** stellenden Aktionäre einer deutschen Gründungsgesellschaft das **Verbot der reformatio in peius** (*Witten* S. 144 f.), und zwar auch dann, wenn gemäß § 6a SpruchG ein gemeinsamer Vertreter die Interessen der Aktionäre einer ausländischen Gründungsgesellschaft vertritt. Dieser ist darauf beschränkt, das im Verschmelzungsplan festgesetzte Umtauschverhältnis zu verteidigen (Spindler/Stilz/*Casper* Rn. 12; MüKoAktG/*Schäfer* Rn. 22; *Witten* S. 146). Zu einer Verbesserung aus Sicht der Aktionäre der ausländischen Gründungsgesellschaft – und im Reflex zu einer Verschlechterung aus Sicht der deutschen Aktionäre – kann es nur beim Spruchverfahren nach § 6 Abs. 4 S. 2 SEAG kommen, in dem die Aktionäre des ausländischen Verschmelzungspartners selbst Verfahrensbeteiligte sind (Spindler/Stilz/*Casper* Rn. 13; *Witten* S. 145).

Nach § 13 S. 2 SpruchG wirkt die Entscheidung im Spruchverfahren für und **42** gegen alle Anteilsinhaber, also auch gegenüber denjenigen, die bereits aus dem betroffenen Rechtsträger ausgeschieden sind. Dieser **Inter-omnes-Wirkung der Entscheidung** steht der Wortlaut des Art. 24 Abs. 2 – der vom Schutz solcher Aktionäre spricht, die sich „gegen die Verschmelzung ausgesprochen haben" – nur scheinbar entgegen (→ Rn. 18).

b) Ausscheiden eines Aktionärs gegen Barabfindung (§ 7 SEAG). Auch **43** § 7 SEAG, der das Ausscheiden eines Aktionärs gegen Barabfindung regelt, beruht auf Art. 24 Abs. 2. Als Vorbild dienten die Regelungen zur Ausscheidensvergütung bei der innerdeutschen Verschmelzung in §§ 29 ff. UmwG (RegE SEEG, BT-Drs. 15/3405, 32 f.), wonach denjenigen Anteilinhabern ein Abfindungsangebot zu unterbreiten ist, deren Gesellschaft auf einen Rechtsträger anderer Rechtsform oder (bei Börsennotierung der übertragenden Gesellschaft) auf einen nicht börsennotierten Rechtsträger verschmolzen wird.

aa) Abfindungsangebot im Verschmelzungsplan. Gemäß § 7 Abs. 1 S. 1 **44** SEAG hat der Verschmelzungsplan (nur) dann ein Abfindungsangebot für austrittswillige, widersprechende Aktionäre einer deutschen Gründungsgesellschaft zu enthalten, wenn die **künftige SE** ihren **Sitz in einem anderen Mitgliedstaat** haben soll (anders noch der SEEG-Diskussionsentwurf, AG 2003, 204, der ein Abfindungsangebot auch bei Gründung einer deutschen SE vorsah; zur berechtigten Kritik hieran s. nur LHT/*Bayer* Rn. 48).

Die **Verpflichtung** zum Angebot trifft – anders als nach § 29 Abs. 1 S. 1 **45** UmwG – zunächst nur die übertragende deutsche Gründungsgesellschaft. Die Abfindungspflicht geht jedoch letztlich im Rahmen der Gesamtrechtsnachfolge nach Art. 29 Abs. 1 lit. a bzw. Abs. 2 lit. a auf die **ausländische SE** über, was der deutsche Gesetzgeber als selbstverständlich vorausgesetzt und daher nicht gesondert geregelt hat (vgl. RegE SEEG, BT-Drs. 15/3405, 33).

Angeboten werden muss die Barabfindung **„im Verschmelzungsplan oder** **46** **in seinem Entwurf".** Die Formulierung entspricht § 29 Abs. 1 S. 1 UmwG und ist der Tatsache geschuldet, dass über Art. 18 auch § 6 UmwG zur Anwendung gelangt und daher der Verschmelzungsplan bei der Beschlussfassung unter

Umständen noch nicht beurkundet ist, sondern nur im Entwurf vorliegt (RegE SEEG, BT-Drs. 15/3405, 33; vgl. auch Kallmeyer/*Marsch-Barner* UmwG Anh. Rn. 42). Die **Bekanntmachung** des Verschmelzungsplans muss nach § 7 Abs. 1 S. 3 SEAG den Wortlaut dieses Angebots enthalten. Gemeint ist damit die Bekanntmachung zur Vorbereitung der Hauptversammlung nach § 124 Abs. 2 S. 2 AktG (BT-Drs. 15/3405, 33; vgl. auch LHT/*Bayer* Rn. 50; MüKoAktG/ *Schäfer* Art. 20 Rn. 25; *J. Schmidt* S. 230; NK-SE/*Schröder* Rn. 63). Diese tritt neben die Bekanntmachung nach Art. 21 lit. d, zu deren Ausgestaltung der nationale Gesetzgeber nicht befugt ist und die nicht zwingend eine Wiederholung des Wortlauts verlangt (BT-Drs. 15/3405, 33; *Schwarz* Rn. 34; MüKo-AktG/*Schäfer* Art. 20 Rn. 25; NK-SE/*Schröder* Rn. 63). Beide Bekanntmachungen können jedoch miteinander verbunden werden (BT-Drs. 15/3405, 33; *Schwarz* Rn. 34; MüKoAktG/*Schäfer* Art. 20 Rn. 25; NK-SE/*Schröder* Rn. 63).

47   Im Gegensatz zu § 6 Abs. 2 SEAG ist es für den Abfindungsanspruch nach § 7 Abs. 1 S. 1 SEAG Voraussetzung, dass der **Aktionär dem Verschmelzungsbeschluss widersprochen hat** (vgl. LHT/*Bayer* Rn. 49; Spindler/Stilz/*Casper* Rn. 10, 14; KK-AktG/*Maul* Rn. 29). Dies beruht nicht etwa auf entsprechend enge Vorgaben des Art. 24 Abs. 2 (→ Rn. 16 ff.), sondern auf der zutreffenden Erwägung, dass mit der Geltendmachung des Anspruchs auf Barabfindung zwingend das Ausscheiden aus der Gesellschaft verbunden ist (BT-Drs. 15/3405, 33; LHT/*Bayer* Rn. 27; KK-AktG/*Maul* Rn. 29; MüKoAktG/*Schäfer* Art. 20 Rn. 23; NK-SE/*Schröder* Rn. 61); das Abfindungsverlangen eines zustimmenden Aktionärs wäre widersprüchlich (MüKoAktG/*Schäfer* Rn. 5 aE). **Entbehrlich** ist ein Widerspruch gemäß § 7 Abs. 1 S. 5 SEAG iVm § 29 Abs. 2 UmwG nur dann, wenn ein nicht erschienener Aktionär zur Verschmelzungshauptversammlung unberechtigerweise nicht zugelassen, die Hauptversammlung nicht ordnungsgemäß einberufen oder der Gegenstand der Beschlussfassung nicht ordnungsgemäß bekannt gemacht wurde (LHT/*Bayer* Rn. 49).

48   Entgegen dem Wortlaut des § 7 Abs. 1 S. 1 SEAG ist auch für **Aktionäre einer aufnehmenden deutschen Gründungsgesellschaft** ein Abfindungsrecht vorzusehen, wenn die neue SE in einem anderen Mitgliedstaat ansässig sein soll. Die Möglichkeit dieser Konstellation hat der Gesetzgeber nämlich übersehen (→ Rn. 9; *Jünemann* in BJMS SE § 2 Rn. 173) und ein Abfindungsrecht daher nur für Aktionäre einer übertragenden Gründungsgesellschaft und einer sitzverlegenden SE (§ 12 SEAG) geregelt. Die planwidrige Regelungslücke ist durch eine analoge Anwendung von § 7 iVm § 12 SEAG zu schließen (vgl. *Jünemann* in BJMS SE § 2 Rn. 173; van Hulle/Maul/Drinhausen/*Teichmann* Abschnitt 4 § 2 Rn. 34).

49   Da sich das Ausscheiden gegen Barabfindung aus Sicht der verpflichteten Gesellschaft als Erwerb eigener Aktien darstellt, erklärt **§ 7 Abs. 1 S. 2 SEAG** die **§§ 71 ff. AktG** (mit Ausnahme des § 71 Abs. 4 S. 2 AktG, Nichtigkeit des schuldrechtlichen Grundgeschäfts) für entsprechend anwendbar. Die dort enthaltenen Beschränkungen könnten freilich **allenfalls für eine Abfindungsverpflichtung der übertragenden deutschen Gesellschaft** gelten, die aber wegen § 7 Abs. 4 SEAG iVm Art. 29 Abs. 1 lit. c, Abs. 2 lit. c ausgeschlossen ist. **Keine Anwendung** finden die §§ 71 ff. AktG iVm § 7 Abs. 1 S. 1 SEAG, **soweit die Aktien von der neu gegründeten ausländischen SE erworben werden** (KK-AktG/*Maul* Rn. 33; *Vetter* in Lutter/Hommelhoff Europäische Gesellschaft S. 146 f.; *Frantsuzova* S. 275; *Koke* S. 108; *Brandes* AG 2005, 177 [180]; aA RegE SEEG, BT-Drs. 15/3405, 33; *Schwarz* Rn. 34; MüKoAktG/ *Schäfer* Art. 20 Rn. 24; LHT/*Bayer* Rn. 56; *Scheifele* Gründung der SE S. 250; *J. Schmidt* S. 231; *Neye/Teichmann* AG 2003, 169 [172]). Andernfalls wäre die ausländische SE entgegen Art. 5 teilweise deutschen Kapitalerhaltungsvorschriften unterworfen. Auch aus Art. 25 Abs. 3 S. 4, der den Entscheidungen in

Kontrollverfahren iSd Art. 25 Abs. 3 S. 1 grenzüberschreitende Verbindlichkeit verleiht, ergibt sich kein Ausgreifen der §§ 71 ff. AktG, § 7 Abs. 1 S. 2 SEAG auf die ausländische SE (so aber RegE SEEG, BT-Drs. 15/3405, 33; LHT/*Bayer* Rn. 56; *Scheifele* Gründung der SE S. 250; *J. Schmidt* S. 231; *Neye/Teichmann* AG 2003, 169 [172]). Denn die Höhe des Abfindungsanspruchs wird gemäß § 7 Abs. 1 S. 1 SEAG grundsätzlich außerhalb des Spruchverfahrens bestimmt. Und selbst wenn es zu einer gerichtlichen Entscheidung über die Abfindungshöhe kommt, erstreckt sich die Bindungswirkung des Beschlusses schon nach deutschem Recht nicht auf die gesetzlichen Regelungen in §§ 71 ff. AktG. Wäre dies im Rahmen des Art. 25 Abs. 3 S. 4 anders, so hätte eine auf die gerichtliche Entscheidung folgende Änderung der §§ 71 ff. AktG die kuriose Folge, dass eine ausländische SE an die aufgehobenen deutschen Vorschriften gebunden bliebe. Auch aus Art. 24 Abs. 2 lässt sich eine Anwendbarkeit der §§ 71 ff. AktG, § 7 Abs. 1 S. 2 SEAG auf die ausländische SE nicht ableiten (so aber MüKoAktG/*Schäfer* Art. 20 Rn. 24; sowohl auf Art. 24 Abs. 2 als auch auf Art. 25 Abs. 3 S. 4 abstellend *Teichmann* ZGR 2003, 367 [377 f.]). Denn die Ermächtigungsgrundlage berechtigt die Mitgliedstaaten nicht, die jeweils ausländischen Kapitalerhaltungsgrundsätze zu verdrängen (zutreffend *Vetter* in Lutter/Hommelhoff Europäische Gesellschaft S. 146 f.; *Frantsuzova* S. 275). Für die ausländische SE gelten folglich allein die Kapitalerhaltungsregeln und Erwerbsbeschränkungen des Sitzstaats (→ Rn. 29 zur entsprechenden Beschränkung des Ausgleichsanspruchs aus § 6 Abs. 2 SEAG durch ausländisches Kapitalerhaltungsrecht). Bei **Neugründung einer ausländischen SE mit Sitz in Deutschland** ist die SE zwar selbstverständlich an §§ 71 ff. AktG gebunden; ein Konflikt mit dem Abfindungs- und Austrittsrecht nach § 7 Abs. 1 S. 1 SEAG ergibt sich jedoch schon deshalb nicht, weil letzteres nur bei Gründung einer ausländischen SE gilt (dies übersehen *Schwarz* Rn. 34; LHT/*Bayer* Rn. 56; *Scheifele* Gründung der SE S. 250; *J. Schmidt* S. 231; und wohl auch *Neye/Teichmann* AG 2003, 169 [172]). Mangels Anwendungsbereich bleibt **§ 7 Abs. 1 S. 2 SEAG daher** nach gegenwärtiger Rechtslage **ohne Funktion.**

Die Barabfindung muss die **Verhältnisse der Gesellschaft im Zeitpunkt** **50** **der Beschlussfassung** über die Verschmelzung berücksichtigen (§ 7 Abs. 2 S. 1 SEAG), wofür eine **Unternehmensbewertung** erforderlich ist (ausführlich dazu KK-AktG/*Paefgen* Anh. Art. 24 Rn. 1 ff.).

Die **Verzinsung** des Abfindungsanspruchs und die Möglichkeit, einen darüber **51** hinausgehenden Verzögerungsschaden geltend zu machen, richtet sich nach § 7 Abs. 2 SEAG (im Einzelnen → § 6 Rn. 24 f. Abs. 3 SEAG).

Die **Annahmefrist** endet zwei Monate nach dem Tage, an dem die Ver- **52** schmelzung im Sitzstaat der SE nach den dort geltenden Vorschriften eingetragen und bekannt gemacht worden ist (§ 7 Abs. 4 S. 1 SEAG). Eine gerichtlich festgesetzte Abfindung (§ 7 Abs. 7 SEAG) kann nach § 7 Abs. 4 S. 2 SEAG binnen zwei Monaten nach dem Tage angenommen werden, an dem die Entscheidung im Bundesanzeiger bekannt gemacht worden ist. Findet ein Spruchverfahren statt, verlängert sich also die Annahmefrist. Es handelt sich jeweils um **Ausschlussfristen** (LHT/*Bayer* Rn. 55; *Jannott* in Jannott/Frodermann HdB SE Kap. 3 Rn. 123). Eine bestimmte Form ist für die **Annahmeerklärung** nicht vorgeschrieben (KK-AktG/*Maul* Rn. 32; MüKoAktG/*Schäfer* Art. 20 Rn. 28; *Jannott* in Jannott/Frodermann HdB SE Kap. 3 Rn. 123).

Die in § 7 Abs. 1 S. 1 SEAG vorgenommene Differenzierung danach, ob die **53** neue SE ihren Sitz im Ausland oder im Inland nimmt, verstößt schließlich nicht gegen die **Niederlassungsfreiheit** aus Art. 49, 54 AEUV (MüKoAktG/*Schäfer* Art. 20 Rn. 22; LHT/*Bayer* Rn. 48; KK-AktG/*Maul* Rn. 28; van Hulle/Maul/Drinhausen/*Teichmann* Abschnitt 4 § 2 Rn. 84; aA Kalss/Hügel/*Hügel* SEG § 17 Rn. 26). Denn die Differenzierung beruht allein auf der zutreffenden Erwägung,

dass sich das rechtliche Umfeld aus Sicht der deutschen Gründungsgesellschaften
und ihrer Aktionäre nur bei Gründung einer ausländischen SE in einer Weise
ändert, die mit einem Rechtsformwechsel iSd § 29 Abs. 1 UmwG vergleichbar
ist. Dagegen wäre auf eine neu gegründete deutsche SE wegen Art. 9 Abs. 1 lit.
c ii) weiterhin deutsches Aktienrecht anwendbar; trotz nominell neuer Rechtsform ergäbe sich kein unzumutbares Hineindrängen in einen fremden Rechtsrahmen, das durch ein Austritts- und Abfindungsrecht kompensiert werden
müsste (ähnlich van Hulle/Maul/Drinhausen/*Teichmann* Abschnitt 4 § 2
Rn. 84). Die Differenzierung hat daher keinen diskriminierenden Charakter,
sondern dient allein der Vermeidung von Wertungswidersprüchen zwischen SE-
Gründungsrecht und deutschem Verschmelzungsrecht.

54   **bb) Prüfung der Abfindungshöhe.** Die Angemessenheit einer angebotenen
Barabfindung ist entsprechend den §§ 10–12 UmwG durch Verschmelzungsprüfer zu prüfen (§ 7 Abs. 3 S. 1 und 2 SEAG). Die Berechtigten können jedoch
gemäß § 7 Abs. 3 S. 3 SEAG durch notariell beurkundete Verzichtserklärungen
auf die Prüfung oder auch nur auf den Prüfungsbericht verzichten. Die Regelung
entspricht § 30 Abs. 2 UmwG.

55   **cc) Spruchverfahren, Anfechtungsausschluss.** Der Anfechtungsausschluss
nach § 7 Abs. 5 SEAG gilt nur unter den Voraussetzungen des Art. 25 Abs. 3
S. 1. Eine Anfechtungsklage gegen den Verschmelzungsbeschluss einer übertragenden Gesellschaft kann dann nicht darauf gestützt werden, dass das Angebot
nach § 7 Abs. 1 SEAG zu niedrig bemessen oder dass die Barabfindung im
Verschmelzungsplan nicht oder nicht ordnungsgemäß angeboten worden ist.
Dasselbe gilt gemäß § 243 Abs. 4 S. 2 AktG für die Geltendmachung von Verletzungen abfindungsbezogener Berichts- und Auskunftspflichten. Einschlägig ist
insoweit allein das Spruchverfahren nach § 7 Abs. 7 SEAG (im Einzelnen
→ Rn. 34 ff., 37 ff. zu § 6 SEAG).

[Rechtmäßigkeitsprüfung]

25 (1) **Die Rechtmäßigkeit der Verschmelzung wird, was die die einzelnen sich verschmelzenden Gesellschaften betreffenden Verfahrensabschnitte anbelangt, nach den für die Verschmelzung von Aktiengesellschaften geltenden Rechtsvorschriften des Mitgliedstaats kontrolliert, dessen Recht die jeweilige verschmelzende Gesellschaft unterliegt.**

(2) **In jedem der betreffenden Mitgliedstaaten stellt das zuständige Gericht, der Notar oder eine andere zuständige Behörde eine Bescheinigung aus, aus der zweifelsfrei hervorgeht, dass die der Verschmelzung
vorangehenden Rechtshandlungen und Formalitäten durchgeführt wurden.**

(3) [1] **Ist nach dem Recht eines Mitgliedstaats, dem eine sich verschmelzende Gesellschaft unterliegt, ein Verfahren zur Kontrolle und Änderung
des Umtauschverhältnisses der Aktien oder zur Abfindung von Minderheitsaktionären vorgesehen, das jedoch der Eintragung der Verschmelzung nicht entgegensteht, so findet ein solches Verfahren nur dann Anwendung, wenn die anderen sich verschmelzenden Gesellschaften in Mitgliedstaaten, in denen ein derartiges Verfahren nicht besteht, bei der
Zustimmung zu dem Verschmelzungsplan gemäß Artikel 23 Absatz 1
ausdrücklich akzeptieren, dass die Aktionäre der betreffenden sich verschmelzenden Gesellschaft auf ein solches Verfahren zurückgreifen können. [2] In diesem Fall kann das zuständige Gericht, der Notar oder eine
andere zuständige Behörde die Bescheinigung gemäß Absatz 2 ausstel-**

len, **auch wenn ein derartiges Verfahren eingeleitet wurde.** [3] **Die Beschei-**
nigung muss allerdings einen Hinweis auf das anhängige Verfahren ent-
halten. [4] **Die Entscheidung in dem Verfahren ist für die übernehmende**
Gesellschaft und ihre Aktionäre bindend.

Schrifttum: *Brandes,* Cross Border Merger mittels der SE, AG 2005, 177; *Brandt,* Ein
Überblick über die Europäische Aktiengesellschaft (SE) in Deutschland, BB-Special 3/2005,
1; *Brocker,* Die grenzüberschreitende Verschmelzung von Kapitalgesellschaften, BB 2010, 971;
Empt, Zur Anwendbarkeit des § 17 II UmwG bei einer SE-Gründung durch Verschmelzung
auf eine deutsche AG, NZG 2010, 1013; *Fuchs,* Die Gründung einer Europäischen Aktiengesellschaft durch Verschmelzung und das nationale Recht, 2004; *Göz,* Beschlussmängelklagen bei der Societas Europaea (SE), ZGR 2008, 593; *Heckschen,* Die Europäische AG aus
notarieller Sicht, DNotZ 2003, 251; *Henckel,* Rechnungslegung und Prüfung anlässlich einer
grenzüberschreitenden Verschmelzung zur Societas Europaea (SE), DStR 2005, 1785; *Ihrig/
Wagner,* Das Gesetz zur Einführung der Europäischen Gesellschaft (SEEG) auf der Zielgeraden, BB 2004, 1749; *Kalss,* Der Minderheitenschutz bei Gründung und Sitzverlegung
der SE nach dem Diskussionsentwurf, ZGR 2003, 593; *Mahi,* Die Europäische Aktiengesellschaft, 2004; *J. Schmidt,* „Deutsche" vs. „britische" Societas Europaea (SE), 2006; *Schwarz,*
Zum Statut der Europäischen Aktiengesellschaft, ZIP 2001, 1847; *Spitzbart,* Die Europäische
Aktiengesellschaft (Societas Europaea, SE) – Aufbau der SE und Gründung, RNotZ 2006,
369; *Teichmann,* Die Einführung der Europäischen Aktiengesellschaft, ZGR 2002, 383;
Trojan-Limmer, Die geänderten Vorschläge für ein Statut der Europäischen Aktiengesellschaft
(SE), RIW 1991, 1010; *Vossius,* Gründung und Umwandlung der deutschen Europäischen
Gesellschaft (SE), ZIP 2005, 741; *Walden/Meyer-Landrut,* Die grenzüberschreitende Ver-
schmelzung zu einer Europäischen Gesellschaft: Planung und Vorbereitung, DB 2005, 2119;
Walden/Meyer-Landrut, Die grenzüberschreitende Verschmelzung zu einer Europäischen Ge-
sellschaft: Beschlussfassung und Eintragung, DB 2005, 2619.

Übersicht

                                                        Rn.

I. Allgemeines 1
II. Rechtmäßigkeitskontrolle nach Abs. 1 für deutschem Recht
     unterliegende Gründungsgesellschaften 4
     1. Zuständigkeit 4
     2. Prüfungsumfang 5
         a) Übersicht über die Prüfungspunkte 6
         b) Formelle Rechtmäßigkeitsvoraussetzungen im Einzel-
            nen 8
         c) Materielle Rechtmäßigkeitsvoraussetzungen im Einzel-
            nen 16
III. Rechtmäßigkeitsbescheinigung nach Abs. 2 24
IV. Verfahren zur Kontrolle und Änderung des Umtauschverhält-
     nisses oder zur Abfindung von Minderheitsaktionären (Abs. 3) 28

I. Allgemeines

Der Eintragung einer durch Verschmelzung gegründeten SE in das zuständige **1**
Register ihres Sitzstaates – und damit der Entstehung der SE gemäß Art. 16
Abs. 1 und dem Wirksamwerden der Verschmelzung gemäß Art. 27 Abs. 1 – ist
die Prüfung vorgeschaltet, ob die von der SE-VO und den subsidiär anwendbaren
nationalen Rechten vorgegebenen Anforderungen eingehalten wurden (vgl.
Art. 27 Abs. 2). Diese Prüfung vollzieht sich in einem **zweistufigen Kontroll-**
verfahren nach Maßgabe von Art. 25 und Art. 26 (Vgl. LHT/*Bayer* Rn. 1;
Widmann/Mayer/*Heckschen* Anh. 14 Rn. 249; *Kleindiek* in Lutter/Hommelhoff
Europäische Gesellschaft S. 107; Kallmeyer/*Marsch-Barner* Anh. Rn. 82; MüKo-
AktG/*Schäfer* Rn. 1; *Scheifele* Gründung der SE S. 257; *Schwarz* Vor Art. 25–28
Rn. 1; *Teichmann* ZGR 2002, 383 [416 f.]; für einen Überblick über das Grün-

dungsverfahren s. van Hulle/Maul/Drinhausen/*Teichmann* Abschnitt 4 § 2 Rn. 15 ff.). Art. 25 regelt dabei die Prüfung auf der Ebene der einzelnen sich verschmelzenden Gründungsgesellschaften, Art. 26 die Prüfung auf der Ebene der künftigen SE. Die Prüfung gemäß Art. 25 ist dabei der zuständigen nationalen Stelle des Staates zugewiesen, dessen Recht die betreffende Gründungsgesellschaft unterliegt (Art. 25 Abs. 2), während die Prüfung gemäß Art. 26 der vom Recht des Sitzstaates der SE bestimmten nationalen Stelle obliegt (Art. 26 Abs. 1). Dadurch wird erreicht, dass jeder Verfahrensschritt von einer nationalen Stelle geprüft wird, die mit dem für diesen Schritt anwendbaren Recht vertraut ist (vgl. *Scheifele* Gründung der SE S. 258). Parallele Regelungen finden sich in Art. 10 und 11 IntVerschmRL, die vom deutschen Gesetzgeber in §§ 122k und 122l UmwG umgesetzt wurden. Die Ausstellung einer Rechtmäßigkeitsbescheinigung (sog. Verschmelzungsbescheinigung) gemäß § 122k UmwG ist dabei im Unterschied zu Art. 25 Abs. 2 ausdrücklich nur für übertragende Gesellschaften vorgeschrieben.

2   Art. 25 regelt die **erste Prüfungsstufe**. Art. 25 **Abs. 1** verweist für die Anforderungen an die Rechtmäßigkeit der Verschmelzung auf der Ebene der Gründungsgesellschaften – als lex specialis zu Art. 18 – auf das nationale Verschmelzungsrecht der jeweiligen Gründungsgesellschaft, womit die Vorschrift insoweit eine Kompetenzzuweisung an die Mitgliedstaaten enthält (Spindler/Stilz/*Casper* Rn. 1). Nach Art. 25 **Abs. 2** hat die zur Kontrolle berufene nationale Stelle eine Bescheinigung auszustellen, aus der zweifelsfrei hervorgeht, dass die der Verschmelzung vorangehenden Rechtshandlungen und Formalitäten durchgeführt wurden (sog. **Rechtmäßigkeitsbescheinigung**). Grundsätzlich ist für jede der sich verschmelzenden Gesellschaften das Verfahren gemäß Art. 25 durchzuführen und eine eigene Rechtmäßigkeitsbescheinigung auszustellen; dies betrifft nicht nur die übertragenden Gesellschaften, sondern auch die übernehmende Gesellschaft (Schmitt/Hörtnagl/Stratz/*Hörtnagl* Rn. 6; *Schwarz* Rn. 5). Bei der SE-Gründung mittels Verschmelzung durch Aufnahme wird eine gesonderte Rechtmäßigkeitsbescheinigung nach Art. 25 Abs. 2 für die aufnehmende Gesellschaft in der Regel jedoch nicht separat erteilt, wenn für das Verfahren gemäß Art. 25 und das Verfahren gemäß Art. 26 dieselbe nationale Stelle zuständig ist. Die Rechtmäßigkeitsprüfung gemäß Art. 25 Abs. 1 ist zwar auch in diesem Fall durchzuführen, kann aber mit der Prüfung gemäß Art. 26 verbunden werden (→ Rn. 28). Nach Art. 26 Abs. 2 ist die Rechtmäßigkeitsbescheinigung für jede der sich verschmelzenden Gesellschaften **binnen sechs Monaten** nach ihrer Ausstellung der für die Prüfung auf der zweiten Stufe zuständigen nationalen Stelle im Sitzstaat der SE **vorzulegen**. Aus Art. 25 Abs. 1 und 2 ergibt sich eine Prüfungspflicht der zuständigen Stelle, die einen Anspruch der jeweiligen Gründungsgesellschaft auf Erteilung der Rechtmäßigkeitsbescheinigung begründet (LHT/*Bayer* Rn. 14; Spindler/Stilz/*Casper* Rn. 1, 3; *Jünemann* in BJMS SE § 2 Rn. 146; KK-AktG/*Maul* Rn. 16; MüKoAktG/*Schäfer* Rn. 3).

3   Art. 25 **Abs. 3** regelt die besonderen Voraussetzungen, unter denen bei nationalen Verschmelzungen ein in dem Recht eines Mitgliedstaates vorgesehenes Verfahren zur Kontrolle und Änderung des Umtauschverhältnisses oder zur Abfindung von Minderheitsaktionären auch im Rahmen einer SE-Gründung durch Verschmelzung stattfinden kann. In Deutschland ist dies das **Spruchverfahren** (§ 6 Abs. 4 SEAG iVm SpruchG). Die Regelung soll verhindern, dass Aktionäre von Gründungsgesellschaften, denen kein solches Verfahren zur Verfügung steht, gegenüber Aktionären einer anderen Gründungsgesellschaft, deren Rechtsordnung ein entsprechendes Verfahren zulässt, benachteiligt werden (Spindler/Stilz/*Casper* Rn. 2; *Schwarz* Rn. 26).

II. Rechtmäßigkeitskontrolle nach Abs. 1 für deutschem Recht unterliegende Gründungsgesellschaften

1. Zuständigkeit. Die Bestimmung der für die Prüfung und Erteilung der 4 Rechtmäßigkeitsbescheinigung nach Art. 25 zuständigen nationalen Stelle obliegt gemäß Art. 68 Abs. 2 den Mitgliedstaaten. Für eine deutschem Recht unterliegende Gründungsgesellschaft gelten gemäß Art. 68 Abs. 2 iVm § 4 S. 1 SEAG die Regelungen der §§ 376, 377 FamFG, § 23a Abs. 1 S. 1 Nr. 2, Abs. 2 Nr. 3 GVG (so auch LHT/*Bayer* Rn. 10; *Jannot* in Jannott/Frodermann HdB SE Kap. 3 Rn. 99; *Kleindiek* in Lutter/Hommelhoff Europäische Gesellschaft S. 97, 100; Kallmeyer/*Marsch-Barner* Anh. Rn. 82; *J. Schmidt* S. 247; NK-SE/*Schröder* Rn. 33; *Schwarz* Vor Art. 25–28 Rn. 14). **Sachlich zuständig** ist demnach jedes Amtsgericht am Sitz eines Landgerichts (§ 376 Abs. 1 FamFG), soweit nicht nach Abs. 2 eine davon abweichende Regelung getroffen wurde. Vereinzelt wurden von den Bundesländern bereits abweichende Regelungen geschaffen (vgl. dazu die Nachweise bei *Krafka/Kühn* RegisterR Rn. 13). **Örtlich** ausschließlich **zuständig** ist das Gericht am Satzungssitz der Gesellschaft (§ 377 Abs. 1 FamFG; ebenso, jedoch unter Bezug auf § 14 AktG, LHT/*Bayer* Rn. 10; *Ihrig/Wagner* BB 2004, 1749 [1750]; *Kleindiek* in Lutter/Hommelhoff Europäische Gesellschaft S. 97; *J. Schmidt* S. 248; *Schwarz* Art. 68 Rn. 12). Ein Rückgriff auf § 14 AktG ist nach Änderung des § 4 S. 1 SEAG – wie noch unter Geltung des FGG – nicht mehr möglich, da nunmehr die örtliche Zuständigkeit durch den Verweis auf § 377 FamFG ausdrücklich geregelt wurde. Statthaftes **Rechtsmittel gegen die Nichterteilung** der Bescheinigung – eine Entscheidung, die nach § 382 Abs. 3 FamFG durch Beschluss ergeht – ist die Beschwerde nach § 58 FamFG und nachfolgend die Rechtsbeschwerde gemäß § 70 FamFG (NK-SE/*Schröder* Rn. 46; LHT/*Bayer* Rn. 19; Spindler/Stilz/*Casper* Rn. 5 und MüKoAktG/*Schäfer* Rn. 6, der die Beschwerde auf § 38 AktG stützt).

2. Prüfungsumfang. Hinsichtlich des **(formellen) Prüfungsverfahrens** 5 verweist Art. 25 Abs. 1 auf das für die Verschmelzung von Aktiengesellschaften geltende Recht des Staates, dessen Recht die betreffende Gründungsgesellschaft unterliegt. Für eine deutschem Recht unterliegende Gründungsgesellschaft gelten daher die Vorschriften der §§ 16, 17 und 36 ff. UmwG entsprechend (LHT/*Bayer* Rn. 8, 11; Spindler/Stilz/*Casper* Rn. 3; *Fuchs* Gründung S. 157; MüKoAktG/*Schäfer* Rn. 4; *Scheifele* Gründung der SE S. 261 f.; *J. Schmidt* S. 247 f.; NK-SE/*Schröder* Rn. 14 f., 34; *Schwarz* Rn. 9; im Ergebnis auch *Jannott* in Jannott/Frodermann HdB SE Kap. 3 Rn. 96; Kallmeyer/*Marsch-Barner* Anh. Rn. 80; *Vossius* ZIP 2005, 741 [743 f.]; teilweise abweichend Widmann/Mayer/*Heckschen* Anh. 14 Rn. 251 und van Hulle/Maul/Drinhausen/*Teichmann* Abschnitt 4 § 2 Rn. 65, die eine Anwendbarkeit von Art. 18 annehmen). Die **materiellen Anforderungen** an die Rechtmäßigkeit ergeben sich hingegen primär aus der SE-VO und aus nationalem Recht nur, soweit dieses aufgrund ausdrücklicher Verweisung (etwa Art. 24) oder zur Lückenfüllung (gemäß Art. 18) anwendbar ist (LHT/*Bayer* Rn. 9; *Kleindiek* in Lutter/Hommelhoff Europäische Gesellschaft S. 107; *Scheifele* Gründung der SE S. 263; *J. Schmidt* S. 250 f.; NK-SE/*Schröder* Rn. 5; *Schwarz* Rn. 12; Widmann/Mayer/*Heckschen* Anh. 14 Rn. 253; missverständlich *Jannott* in Jannott/Frodermann HdB SE Kap. 3 Rn. 98; MüKoAktG/*Schäfer* Rn. 4; *Walden/Meyer-Landrut* DB 2005, 2619 [2621]).

a) Übersicht über die Prüfungspunkte. Formell ist zunächst die Einhal- 6 tung der Verfahrensvorschriften und die Vollständigkeit der einzureichenden Unterlagen zu prüfen, für eine deutschem Recht unterliegende Gründungsgesellschaft also (zum Prüfungsumfang allgemein MHdB AG/*Austmann* § 84 Rn. 30;

Jünemann in BJMS SE § 2 Rn. 143 ff.; *Scheifele* Gründung der SE S. 261 ff.;
Schwarz Rn. 9 ff.):

– Sachliche und örtliche Zuständigkeit des Registergerichts (Art. 68 Abs. 2 iVm
  § 4 S. 1 SEAG, §§ 376, 377 FamFG, § 23a Abs. 1 S. 1 Nr. 2, Abs. 2 Nr. 3
  GVG);
– Anmeldeberechtigung (Art. 25 Abs. 1 iVm §§ 16 Abs. 1, 38 Abs. 1 UmwG);
– Form der Anmeldung (Art. 25 Abs. 1 iVm § 12 HGB);
– Einreichung des Verschmelzungsplans;
– Einreichung der Niederschrift über den Verschmelzungsbeschluss (Art. 23 und
  Art. 18 iVm § 13 UmwG);
– Einreichung ggf. notwendiger Zustimmungserklärungen von Anteilsinhabern
  (Art. 18 iVm § 13 Abs. 2 UmwG);
– Einreichung eines Verschmelzungsberichts oder diesbezüglicher Verzichtserklä-
  rungen, soweit erforderlich (Art. 18 iVm § 8 UmwG);
– Einreichung eines Verschmelzungsprüfungsberichts oder diesbezüglicher Ver-
  zichtserklärungen, soweit erforderlich (Art. 22 und Art. 18 iVm §§ 9 ff.
  UmwG);
– Erbringung eines Nachweises über die rechtzeitige Zuleitung (des Entwurfs)
  des Verschmelzungsplans an den zuständigen Betriebsrat (Art. 18 iVm § 5
  Abs. 3 UmwG);
– Einreichung einer Schlussbilanz, wenn die zu prüfende Gesellschaft übertragende Gesellschaft ist (Art. 18 iVm § 17 Abs. 2 UmwG);
– Einreichung einer Negativerklärung des Vorstands bzw. entsprechender Verzichtserklärungen der klageberechtigten Aktionäre der zu prüfenden Gesellschaft (Art. 18 iVm § 16 Abs. 2 UmwG) oder Vorliegen eines rechtskräftigen
  gerichtlichen Freigabebeschlusses (Art. 18 iVm § 16 Abs. 3 UmwG);
– Einreichung einer Versicherung der Vorstandsmitglieder der übertragenden
  deutschen Gesellschaft, dass allen berechtigten Gläubigern angemessene Sicherheit geleistet wurde (Art. 24 iVm § 8 Abs. 2 SEAG).

7   **Materiell** wird für eine deutschem Recht unterliegende Gründungsgesellschaft
     folgendes geprüft:

– Gründungsberechtigung der Gründungsgesellschaft (Art. 2 Abs. 1);
– Vollständigkeit und formgerechte Aufstellung des Verschmelzungsplans (Art. 20
  und Art. 18 iVm § 6 UmwG);
– ordnungsgemäße Bekanntmachung des Verschmelzungsplans und der in
  Art. 21 genannten Angaben (§ 5 SEAG);
– ordnungsgemäße Erstellung des Verschmelzungsberichts (Art. 18 iVm § 8
  UmwG), soweit nicht gemäß Art. 18 iVm § 8 Abs. 3 UmwG entbehrlich;
– ordnungsgemäße Erstellung eines Verschmelzungsprüfungsberichts (Art. 22
  oder Art. 18 iVm §§ 9 ff. UmwG), soweit nicht gemäß Art. 31 Abs. 1 oder
  Art. 18 iVm §§ 9 Abs. 3, 8 Abs. 3 UmwG entbehrlich;
– ordnungsgemäßer Verschmelzungsbeschluss und unter Umständen Zustimmungsbeschluss zur Vereinbarung über die Beteiligung der Arbeitnehmer
  (Art. 23 und Art. 18 iVm § 13 Abs. 3 UmwG);
– Beachtung der Rechte von Gläubigern, Minderheitsaktionären und Sonderrechtsinhabern (Art. 24 iVm §§ 6–8 SEAG und § 22 UmwG);
– soweit anwendbar, Anzeige des Treuhänders, dass er im Besitz der Aktien und
  der im Verschmelzungsplan festgesetzten baren Zuzahlungen ist (Art. 18 iVm
  § 71 Abs. 1 S. 2 UmwG, ggf. iVm § 73 UmwG).

8   **b) Formelle Rechtmäßigkeitsvoraussetzungen im Einzelnen. aa) An-
     trag auf Erteilung der Rechtmäßigkeitsbescheinigung.** Die Vorstandsmit-
     glieder jeder deutschem Recht unterliegenden Gründungsgesellschaft haben die

Ausstellung der Rechtmäßigkeitsbescheinigung gemäß Art. 25 Abs. 1 iVm § 16 Abs. 1 S. 1 bzw. § 38 Abs. 1 UmwG in vertretungsberechtigter Zahl beim zuständigen Registergericht zu beantragen (LHT/*Bayer* Rn. 11; *Jannott* in Jannott/ Frodermann HdB SE Kap. 3 Rn. 96; *Kleindiek* in Lutter/Hommelhoff Europäische Gesellschaft S. 97 f.; *Krafka/Kühn* RegisterR Rn. 1757; *J. Schmidt* S. 248; NK-SE/*Schröder* Rn. 35; *Schwarz* Rn. 11). Da Ziel des Verfahrens gemäß Art. 25 nicht die Eintragung der Verschmelzung ist, ist der **Antrag** richtigerweise nicht, wie in § 16 Abs. 1 UmwG für die innerstaatliche Verschmelzung vorgesehen, auf Eintragung der Verschmelzung zu richten, sondern nur **auf Erteilung der Rechtmäßigkeitsbescheinigung.** Der (zusätzliche) Antrag auf Eintragung der Verschmelzung wäre allenfalls bei einer deutschen übertragenden Gesellschaft und auch in diesem Fall nur dann erforderlich, wenn man – entgegen der hier vertretenen Auffassung – annehmen würde, dass das Verfahren nach Art. 25 mit der Eintragung der Verschmelzung mit Vorläufigkeitsvermerk entsprechend § 19 Abs. 1 UmwG abzuschließen ist (näher → Rn. 8; anders offenbar LHT/*Bayer* Rn. 11 und Schmitt/Hörtnagl/Stratz/*Hörtnagl* Rn. 4, 15, die annehmen, dass die Eintragung der Verschmelzung zu beantragen sei, im Folgenden jedoch die Anwendbarkeit von § 19 Abs. 1 UmwG verneinen). In der Praxis empfiehlt es sich jedoch, den Umfang des Antrags vorab mit dem zuständigen Registergericht zu klären und im Zweifel bei einer übertragenden Gründungsgesellschaft zusätzlich die Eintragung der Verschmelzung (mit Vorläufigkeitsvermerk) zu beantragen. Bei einer übernehmenden Gesellschaft kann und sollte der Antrag auf Erteilung der Rechtmäßigkeitsbescheinigung – der bei Zuständigkeit desselben Registergerichts, dem auch die Prüfung gemäß Art. 26 obliegt, in der Regel ins Leere gehen wird, → Rn. 2 – mit dem Antrag auf Eintragung der SE gemäß Art. 26 verbunden werden (zu der aus Art. 26 folgenden Anmeldepflicht → Art. 26 Rn. 6). Der Antrag ist nach § 12 Abs. 1 S. 1 HGB, § 129 BGB elektronisch in öffentlich beglaubigter Form einzureichen (*Jünemann* in BJMS SE § 2 Rn. 143). Rechtsgeschäftliche Vertretung ist zulässig (vgl. nur Semler/Stengel/*Schwanna* UmwG § 16 Rn. 7), jedoch ist auch die entsprechende Vollmacht elektronisch in öffentlich beglaubigter Form einzureichen (§ 12 Abs. 1 S. 2 HGB).

bb) Einzureichende Unterlagen. Dem Antrag müssen die in § 17 Abs. 1 **9** UmwG genannten Unterlagen beigefügt werden (LHT/*Bayer* Rn. 12; Spindler/ Stilz/*Casper* Rn. 3; Widmann/Mayer/*Heckschen* Anh. 14 Rn. 251; *Jannott* in Jannott/Frodermann HdB SE Kap. 3 Rn. 95; Kallmeyer/*Marsch-Barner* Anh. Rn. 80; *J. Schmidt* S. 249; NK-SE/*Schröder* Rn. 34, 40; *Schwarz* Rn. 11). Einzureichen sind demnach, jeweils nur für die zu prüfende **deutsche Gründungsgesellschaft,** der Verschmelzungsplan, der Verschmelzungsbeschluss sowie der Verschmelzungsbericht und der Verschmelzungsprüfungsbericht, soweit letztere nicht entbehrlich sind (vgl. §§ 8 Abs. 3 S. 1 Alt. 1, 9 Abs. 3, 12 Abs. 3 UmwG (→ Art. 22 Rn. 23), und ein Nachweis über die rechtzeitige Zuleitung des Verschmelzungsplans oder seines Entwurfs an den zuständigen Betriebsrat (Art. 18 iVm §§ 5 Abs. 3, 17 Abs. 1 UmwG) oder eine Erklärung, dass ein Betriebsrat nicht existiert (LHT/*Bayer* Rn. 12; Widmann/Mayer/*Heckschen* Anh. 14 Rn. 226 ff.; *Krafka/Kühn* RegisterR Rn. 1753; *Walden/Meyer-Landrut* DB 2005, 2619; offengelassen von Kallmeyer/*Marsch-Barner* Anh. Rn. 50). Die Zuleitung an den zuständigen Betriebsrat muss spätestens einen Monat vor der Durchführung der Hauptversammlung geschehen (Art. 18 iVm § 5 Abs. 3 UmwG (vgl. dazu MHdB AG/*Austmann* § 84 Rn. 6, 22 und van Hulle/Maul/Drinhausen/ *Teichmann* Abschnitt 4 § 2 Rn. 48). Die Unterlagen müssen, sofern notarielle Beurkundung erforderlich ist – zu beurkunden sind bei einer deutschen Gründungsgesellschaft der Verschmelzungsplan (Art. 18 iVm § 6 UmwG) und der Verschmelzungsbeschluss der Hauptversammlung (Art. 18 iVm § 13 Abs. 3

UmwG) –, als Ausfertigung oder öffentlich beglaubigte Abschrift eingereicht werden; andernfalls genügt eine Urschrift oder Abschrift (§ 17 Abs. 1 UmwG; LHT/*Bayer* Rn. 12). Die Beurkundung des Verschmelzungsplans nach § 6 UmwG ist vor und nach dem Zustimmungsbeschluss der Hauptversammlung einer deutschen Gründungsgesellschaft möglich, da dieser, wie sich aus § 7 Abs. 1 S. 1 SEAG ergibt, auch ein endgültiger Entwurf zur Abstimmung vorgelegt werden darf (→ Art. 20 Rn. 6; ferner MHdB AG/*Austmann* § 84 Rn. 9; Widmann/Mayer/*Heckschen* Anh. 14 Rn. 233; *Jannott* in Jannott/Frodermann HdB SE Kap. 3 Rn. 37; Theisen/Wenz/*Neun* S. 96 f.). Ggf. ist zur Wirksamkeit des Verschmelzungsbeschlusses nach § 13 Abs. 2 UmwG die Zustimmung bestimmter Anteilsinhaber eines übertragenden Rechtsträgers erforderlich; in diesem Fall sind die entsprechenden Zustimmungserklärungen ebenfalls einzureichen. Alle Unterlagen sind in deutscher Sprache oder, sofern sie in einer anderen Sprache erstellt wurden, mit einer deutschen Übersetzung, einzureichen. Nicht einzureichen sind die entsprechenden Dokumente, die in Bezug auf die anderen an der Verschmelzung beteiligten Gesellschaften erstellt wurden.

10 Weiterhin ist nach § 17 Abs. 2 S. 1 UmwG die Einreichung einer **Schlussbilanz** erforderlich (LHT/*Bayer* Rn. 12; *Brandes* AG 2005, 177 [181]; *Henckel* DStR 2005, 1785 [1788]; Kallmeyer/*Marsch-Barner* Anh. Rn. 80; *J. Schmidt* S. 249; *Schwarz* Rn. 11; *Walden/Meyer-Landrut* DB 2005, 2119 [2123]). Bereits der Wortlaut der Vorschrift stellt jedoch klar, dass diese Pflicht **nur für deutsche übertragende Gesellschaften** gilt. Die Vorlage von Schlussbilanzen übertragender ausländischer Gesellschaften ist im Rahmen der Prüfung gemäß Art. 25 auch dann nicht erforderlich, wenn die aufnehmende Gesellschaft eine deutsche AG ist. Die Vorlage einer Schlussbilanz der aufnehmenden Gesellschaft kommt ebenfalls nicht in Betracht, da diese fortbesteht und folglich keine Schlussbilanz zu erstellen hat; § 17 Abs. 2 UmwG richtet sich nur an deutsche übertragende Gesellschaften (*Empt* NZG 2010, 1013 [1014]; Widmann/Mayer/*Heckschen* Anh. 14 Rn. 136; KK-UmwG/*Simon* § 24 Rn. 96 f.; vgl. auch Kallmeyer/*Müller* UmwG § 17 Rn. 40; *Brandes* AG 2005, 177 [181]; Kallmeyer/*Marsch-Barner* Anh. Rn. 80; *Walden/Meyer-Landrut* DB 2005, 2619 [2621 f.]). Von besonderer Bedeutung ist § 17 Abs. 2 S. 4 UmwG, wonach das Registergericht die Verschmelzung nur eintragen darf – bei der SE-Gründung durch Verschmelzung also nur die Rechtmäßigkeitsbescheinigung nur ausstellen darf (vgl. *Scheifele* Gründung der SE S. 263 Fn. 621) – wenn die Bilanz auf einen höchstens acht Monate vor der Anmeldung liegenden Stichtag aufgestellt worden ist. Für die Berechnung der **Achtmonatsfrist** ist auf das Datum der Einreichung des Antrags auf Erteilung der Rechtmäßigkeitsbescheinigung abzustellen (vgl. LHT/*Bayer* Rn. 12; Schmitt/Hörtnagl/Stratz/*Hörtnagl* Rn. 5; Kallmeyer/*Marsch-Barner* Anh. Rn. 80 und *Brandes* AG 2005, 177 [181]), nicht auf den Zeitpunkt der Eintragung der SE oder des Abschlusses der zweiten Prüfungsstufe gemäß Art. 26. Geprüft wird die Schlussbilanz nur im Prüfungsverfahren gemäß Art. 25, nicht hingegen auf der zweiten Prüfungsstufe gemäß Art. 26.

11 Art. 25 und Art. 18 zeigen, dass sich die Anforderungen für die Gründungsgesellschaften nach dem jeweils für sie geltenden **nationalen Recht** richten. Ob eine ausländische übertragende Gesellschaft überhaupt eine Schlussbilanz zu erstellen hat und auf welchen Stichtag diese zu beziehen ist, richtet sich daher nicht nach § 17 Abs. 2 UmwG, sondern nach dem auf sie anwendbaren nationalen Recht (*Empt* NZG 2010, 1013 [1014]; Lutter/*Priester* UmwG § 24 Rn. 96; KK-UmwG/*Simon* § 24 Rn. 96 f.). Auch § 122l Abs. 1 S. 3 Hs. 2 UmwG stützt dieses Ergebnis, da der Gesetzgeber für die in § 122l UmwG geregelte Prüfung bezüglich einer deutschen übernehmenden Gesellschaft im Rahmen einer grenzüberschreitenden Verschmelzung die Anwendbarkeit des § 17 UmwG ausdrücklich ausgeschlossen hat (ausführlich *Empt* NZG 2010, 1013 [1014 f.]).

Ebenfalls nicht erforderlich ist die Vorlage der **Verschmelzungsbeschlüsse** 12
der anderen an der Verschmelzung beteiligten Gesellschaften. Eine solche
Vorlagepflicht mag zwar der Wortlaut des § 17 Abs. 1 UmwG („Niederschriften
der Verschmelzungsbeschlüsse") nahelegen, jedoch wurde das UmwG für nationale Umwandlungen entwickelt und geht daher davon aus, dass sämtliche Verschmelzungsbeschlüsse nach deutschem Recht gefasst werden. Die Prüfung des
Registergerichts bei der Verschmelzung nach den Vorschriften des UmwG erstreckt sich daher unter anderem auf die Wirksamkeit der – stets nach deutschem
Recht gefassten – Verschmelzungsbeschlüsse; sind verschiedene Registergerichte
für die sich verschmelzenden Rechtsträger zuständig, prüft jedes gesondert die
Voraussetzungen der Verschmelzung (zum nationalen Recht Semler/Stengel/
Schwanna UmwG § 19 Rn. 7 und Kallmeyer/*Zimmermann* UmwG § 19 Rn. 6).
Die SE-VO geht jedoch von einer zweistufigen Rechtmäßigkeitskontrolle aus,
bei der die auf den verschiedenen Stufen tätigen Kontrollstellen von einander
abgegrenzte Prüfungsumfänge haben. Damit soll vermieden werden, dass die
zuständige Stelle eines Mitgliedstaates Verfahrensschritte überprüft, die dem
Recht eines anderen Mitgliedstaates unterliegen (LHT/*Bayer* Art. 26 Rn. 16;
Widmann/Mayer/*Heckschen* Anh. 14 Rn. 253; *Jünemann* in BJMS SE § 2
Rn. 140; Theisen/Wenz *Neun* S. 138 f.; *Schwarz* Art. 26 Rn. 6). Der Prüfungsumfang eines deutschen Registergerichts nach Art. 25 beschränkt sich folglich
darauf, die den deutschen beteiligten Gesellschaften zuzurechnenden Verfahrensschritte auf die Vereinbarkeit mit – durch die SE-VO modifiziertem – deutschem
Recht zu prüfen (vgl. nur MHdB AG/*Austmann* § 84 Rn. 29; *Schwarz* in BJMS
SE § 2 Rn. 143 ff.; Kallmeyer/*Marsch-Barner* Anh. Rn. 83; *Schwarz* Rn. 13). Die
Prüfung der Verschmelzungsbeschlüsse der ausländischen beteiligten Gesellschaften – deren Wirksamkeit ausländischem Recht unterliegt – obliegt hingegen der
für die jeweilige Gesellschaft zuständigen Stelle, die gemäß Art. 25 ihre Rechtmäßigkeitsbescheinigung ausstellt. Auch wenn mehrere deutschem Recht unterliegende Gesellschaften an der Verschmelzung beteiligt und für diese unterschiedliche Registergerichte zuständig sind, ist jedem Registergericht im Verfahren
gemäß Art. 25 nur der Verschmelzungsbeschluss der Gesellschaft vorzulegen, für
die dort die Rechtmäßigkeitsbescheinigung beantragt wurde. Lediglich auf der
zweiten Prüfungsstufe gemäß Art. 26 sind die Verschmelzungsbeschlüsse aller
beteiligten Gesellschaften vorzulegen. Dies dient jedoch nur dazu, der zuständigen Stelle die gemäß Art. 26 Abs. 3 vorgeschriebene Prüfung zu ermöglichen,
ob alle verschmelzenden Gesellschaften „einem gleich lautenden Verschmelzungsplan" zugestimmt haben, nicht hingegen der – bereits für jede Gesellschaft
im Rahmen von Art. 25 – vorgenommenen Prüfung der Rechtmäßigkeit des
Verschmelzungsbeschlusses (→ Art. 26 Rn. 17).

Nicht erforderlich ist ferner die Einreichung einer etwaigen **Vereinbarung** 13
über die Beteiligung der Arbeitnehmer in der SE oder sonstiger Nachweise
über die ordnungsgemäße Durchführung und den Abschluss des Verfahrens zur
Regelung der Arbeitnehmerbeteiligung. Denn die Prüfung, ob das Arbeitnehmerbeteiligungsverfahren ordnungsgemäß durchgeführt und abgeschlossen wurde, ist gemäß Art. 26 Abs. 3 ausdrücklich der zweiten Prüfungsstufe zugewiesen.
Die Konzentration der Prüfung im Rahmen von Art. 26 ist zweckmäßig, da das
zweistufige Prüfungsverfahren auch dazu dient, jeder nationalen Stelle nur die
Prüfung von Verfahrensschritten aufzuerlegen, die ihrem nationalen Recht – ggf.
modifiziert durch SE-spezifische Vorschriften – unterliegen (→ Rn. 1). Das Verfahren zur Regelung der Arbeitnehmerbeteiligung unterliegt aber stets den Umsetzungsvorschriften zur SE-RL, die in dem Mitgliedstaat gelten, in dem die SE
ihren Sitz haben soll (vgl. Art. 6 SE-RL, in Deutschland umgesetzt in § 3 Abs. 1
S. 1 SEBG) und dessen nationalen Stellen auch die Prüfung gemäß Art. 26
zugewiesen ist.

14   Nach Art. 25 Abs. 1 iVm § 16 Abs. 2 S. 1 UmwG ist schließlich eine Erklä-
rung abzugeben, dass keine Klagen gegen die Wirksamkeit des Verschmelzungsbeschlusses der zu prüfenden Gesellschaft anhängig sind (sog. **Negativerklärung**;
LHT/*Bayer* Rn. 11; *Brandes* AG 2005, 177 [187]; Widmann/Mayer/*Heckschen*
Anh. 14 Rn. 251.1, 254; *Jannott* in Jannott/Frodermann HdB SE Kap. 3 Rn. 95;
Kallmeyer/*Marsch-Barner* Anh. Rn. 81; NK–SE/*Schröder* Rn. 37; *Schwarz* Rn. 11;
Walden/Meyer-Landrut DB 2005, 2619 [2621]). Alternativ kann auch eine nota-
riell beurkundete Verzichtserklärung der klageberechtigten Aktionäre vorgelegt
werden (§ 16 Abs. 2 S. 2 UmwG). Liegen diese Voraussetzungen nicht vor, darf
die Rechtsmäßigkeitsbescheinigung nur unter den Voraussetzungen des § 16
Abs. 3 UmwG erteilt werden (LHT/*Bayer* Rn. 11; *Brandes* AG 2005, 177 [187];
Widmann/Mayer/*Heckschen* Anh. 14 Rn. 188, 254; *Jannott* in Jannott/Froder-
mann HdB SE Kap. 3 Rn. 95; *Jünemann* in BJMS SE § 2 Rn. 145; Kallmeyer/
Marsch-Barner Anh. Rn. 81; *J. Schmidt* S. 248 f.; *Schwarz* Rn. 31; *Vetter* in Lutter/
Hommelhoff Europäische Gesellschaft S. 118; *Walden/Meyer-Landrut* DB 2005,
2619 [2621]; für eine analoge Anwendung des § 16 Abs. 3 UmwG; *Brandt* BB-
Special 3/2005, 1 [2]). In diesem Fall muss also ein gerichtlicher Freigabe-
beschluss erwirkt werden, der mit Eintritt seiner Rechtskraft die Negativverklärung ersetzt (*Göz* ZGR 2008, 593 [603 f.]; NK–SE/*Schröder* Rn. 38). § 16 Abs. 2
S. 2 UmwG bewirkt damit für die SE eine **„Bescheinigungssperre"** bei anhän-
giger Anfechtungsklage (LHT/*Bayer* Rn. 11; Spindler/Stilz/*Casper* Rn. 6: „faktische Registersperre"; *Mahi* S. 47; MüKoAktG/*Schäfer* Rn. 8; vgl. auch Thei-
sen/Wenz/*Neun* S. 139 f.; *J. Schmidt* S. 249; *Vetter* in Lutter/Hommelhoff Europäische Gesellschaft S. 118; *Walden/Meyer-Landrut* DB 2005, 2619 [2621]). Ist die
Rechtsmäßigkeitsbescheinigung dennoch erteilt worden, kann die SE trotzdem
eingetragen werden; die Verschmelzung ist dann gemäß Art. 30 S. 1 auch bei
späterem Erfolg der Unwirksamkeitsklage bestandskräftig (Spindler/Stilz/*Casper*
Rn. 6 f., Art. 30 Rn. 5; vgl. auch MüKoAktG/*Schäfer* Rn. 8).

15   Werden die formellen Voraussetzungen nicht erfüllt bzw. sind die eingereichten
Unterlagen nicht vollständig mit dem Antrag auf Erteilung der Rechtsmäßigkeitsbescheinigung eingereicht worden, so erlässt das Registergericht eine **Zwischenverfügung** und fordert unter Fristsetzung zur Nachbesserung der Anmeldung
auf (§ 382 Abs. 4 S. 1 FamFG; vgl. Widmann/Mayer/*Heckschen* Anh. 14
Rn. 253; KK–AktG/*Maul* Rn. 20; Theisen/Wenz/*Neun* S. 139).

16   **c) Materielle Rechtmäßigkeitsvoraussetzungen im Einzelnen.** Die
Rechtmäßigkeit der Verschmelzung wird nach Art. 25 Abs. 1 im Hinblick auf
alle die jeweilige beteiligte Gesellschaft betreffenden Verfahrensschritte überprüft
(LHT/*Bayer* Rn. 6; Kallmeyer/*Marsch-Barner* Anh. Rn. 82; *Scheifele* Gründung
der SE S. 263; *J. Schmidt* S. 247; NK–SE/*Schröder* Rn. 5; *Schwarz* Rn. 13). Umfasst ist auch die **Gründungsberechtigung** (Art. 2 Abs. 1) der Gesellschaft, für
die die Rechtsmäßigkeitsbescheinigung beantragt wird (LHT/*Bayer* Rn. 6; *Jannott* in Jannott/Frodermann HdB SE Kap. 3 Rn. 100; *Jünemann* in BJMS SE § 2
Rn. 144; *Spitzbart* RNotZ 2006, 369 [395]). Nicht zu prüfen ist jedoch die
Gründungsberechtigung der jeweils anderen an der Verschmelzung beteiligten
Gesellschaft(en). Diese wird allein von der zuständigen nationalen Kontrollstelle
geprüft, die für die Erteilung der Rechtsmäßigkeitsbescheinigung nach Art. 25 für
diese Gesellschaft zuständig ist. Da von der Ermächtigung des Art. 19 in Deutschland kein Gebrauch gemacht wurde, ist die Prüfung eines etwaigen behördlichen
Einspruchs gegen die SE-Gründung nicht erforderlich (→ Art. 19 Rn. 7; Kall-
meyer/*Marsch-Barner* Anh. Rn. 12, 83). Ob in einem anderen Staat ein Einspruch
gegen die Verschmelzung erhoben wurde, ist vom deutschen Registergericht
weder im Verfahren nach Art. 25 noch in dem nach Art. 26 zu prüfen (Kall-
meyer/*Marsch-Barner* Anh. Rn. 83; zumindest missverständlich *Vossius* ZIP 2005,

741 [743]); diese Prüfung obliegt vielmehr den nationalen Stellen, die für die Prüfung und Erteilung der Rechtmäßigkeitsbescheinigung der jeweiligen ausländischen Gründungsgesellschaft(en) zuständig sind.

Zu prüfen ist ferner die Ordnungsmäßigkeit des vorgelegten **Verschmel-** 17 **zungsplans,** der gemäß Art. 20 von den Leitungs- oder Verwaltungsorganen der sich verschmelzenden Gesellschaften aufzustellen und bei Beteiligung einer deutschem Recht unterliegenden Gesellschaft notariell zu beurkunden ist (→ Art. 20 Rn. 5 ff.). Die Einreichung des Verschmelzungsplans muss mit den in Art. 21 vorgeschriebenen Angaben ordnungsgemäß **bekannt gemacht** worden sein (§ 5 S. 2 SEAG; auch → Art. 21 Rn. 7 sowie ausführlich MHdB AG/*Austmann* § 84 Rn. 21).

Ebenfalls zu prüfen ist, ob ein ordnungsgemäßer **Verschmelzungsbericht** 18 erstellt wurde oder ob ein solcher gemäß Art. 18 iVm § 8 Abs. 3 UmwG entbehrlich ist (→ Art. 20 Rn. 36 ff.). Entsprechendes gilt für die ordnungsgemäße Durchführung einer **Verschmelzungsprüfung** und die Erstellung eines **Verschmelzungsprüfungsberichts** (→ Art. 22 Rn. 23).

Geprüft wird auch das Vorliegen eines rechtmäßigen **Verschmelzungs-** 19 **beschlusses** der Hauptversammlung der betreffenden Gründungsgesellschaft, also die Zustimmung zum Verschmelzungsplan (Art. 23 Abs. 1). Der Beschluss wird nach Art. 18 iVm § 65 Abs. 1 UmwG mit einer Mehrheit von mindestens drei Vierteln des bei der Beschlussfassung vertretenen Grundkapitals gefasst, sofern die Satzung keine größere Kapitalmehrheit oder andere Erfordernisse bestimmt. Wurde der Verschmelzungsbeschluss der zu prüfenden Gründungsgesellschaft gemäß Art. 23 Abs. 2 unter den Vorbehalt der Genehmigung einer etwaigen Vereinbarung über die Regelung der Arbeitnehmerbeteiligung in der SE gestellt, ist zu prüfen, ob die Genehmigung ordnungsgemäß erteilt wurde, da der Verschmelzungsbeschluss nur dann vorbehaltlos wirksam ist (vgl. LHT/*Bayer* Rn. 6; s. zur vergleichbaren Situation bei der grenzüberschreitenden Verschmelzung → UmwG § 122k Rn. 12 und dazu Semler/Stengel/*Drinhausen* UmwG § 122k Rn. 11). In diesem Fall ist ein Nachweis für die Genehmigungserteilung vorzulegen, in der Regel also eine Niederschrift des entsprechenden Hauptversammlungsbeschlusses.

Nach überwiegender Ansicht ist auch bei der Gründung einer SE mittels 20 **Verschmelzung durch Neugründung** die **Sperrfrist** gemäß Art. 18 iVm § 76 Abs. 1 UmwG zu beachten. Danach darf die Verschmelzung einer übertragenden deutschen AG erst beschlossen werden, wenn sie (und jede andere übertragende deutsche AG) bereits zwei Jahre im Register eingetragen ist (*Bayer* in Lutter/ Hommelhoff Europäische Gesellschaft S. 39; Kallmeyer/*Marsch-Barner* Anh. Rn. 59). Umstritten ist im Rahmen der SE-Gründung durch Verschmelzung, ob die Zweijahresfrist an den Zeitpunkt der Beschlussfassung (so *Bayer* in Lutter/ Hommelhoff Europäische Gesellschaft S. 39) oder an den der Beurkundung des Verschmelzungsplans anknüpft (so Theisen/Wenz/*Neun* S. 119; *Scheifele* Gründung der SE S. 178). Ob die Sperrfrist des § 76 Abs. 1 UmwG auch im Rahmen der SE-Gründung durch Verschmelzung gilt, erscheint jedoch sehr zweifelhaft. Denn Art. 18 erklärt die mitgliedstaatlichen Verschmelzungsvorschriften, die die NatVerschmRL umsetzen, nur insoweit für anwendbar, wie die SE-VO selbst keine Regelungen trifft. Die Sperrfrist begründet jedoch ein Verschmelzungshindernis für AG, die bei Beschlussfassung seit weniger als zwei Jahren im Register eingetragen sind. Genau genommen spricht § 76 Abs. 1 UmwG daher solchen AG die Berechtigung zur Gründung einer SE im Wege der Verschmelzung durch Neugründung ab und stellt somit eine zusätzliche Anforderung an die Gründungsberechtigung auf. Die Anforderungen an die Berechtigung zur Gründung einer SE sind aber in der SE-VO und zwar für die einzelnen Gründungsarten in Art. 2 geregelt, der keine weiteren Einschränkungen durch mitgliedstaatliche Rechte vorsieht.

21   Soll der Sitz der SE im Ausland liegen, kann gemäß Art. 24 iVm §§ 8, 13 Abs. 3 SEAG die Rechtmäßigkeitsbescheinigung für eine deutsche übertragende Gesellschaft nur erteilt werden, wenn eine **Versicherung** der Vorstandsmitglieder der Gesellschaft vorliegt, dass allen Gläubigern, die einen Anspruch auf Sicherheitsleistung haben, eine **angemessene Sicherheit** geleistet wurde (MHdB AG/ *Austmann* § 84 Rn. 30; LHT/*Bayer* Rn. 9; *Jünemann* in BJMS SE § 2 Rn. 144; *Mahi* S. 47; Kallmeyer/*Marsch-Barner* Anh. Rn. 83; *Scheifele* Gründung der SE S. 264 f.; NK-SE/*Schröder* Rn. 32, 39, Art. 24 Rn. 38; *Schwarz* Rn. 13).

22   Für eine deutsche übertragende Gesellschaft ist Art. 18 iVm § 71 Abs. 1 S. 2 UmwG (ggf. iVm § 73 UmwG) zu beachten, wonach die Verschmelzung erst eingetragen werden darf, wenn ein bestellter **Treuhänder** dem Gericht angezeigt hat, dass er im Besitz der Aktien und der im Verschmelzungsplan festgesetzten baren Zuzahlungen ist (LHT/*Bayer* Rn. 9; Kallmeyer/*Marsch-Barner* UmwG § 71 Rn. 3, Anh. Rn. 83; *Scheifele* Gründung der SE S. 264; NK-SE/*Schröder* Rn. 32; aA Semler/Stengel/*Diekmann* UmwG § 71 Rn. 4). Der Wortlaut des § 71 Abs. 1 S. 2 UmwG besagt zwar, dass die Verschmelzung erst „eingetragen werden darf", wenn ein Treuhänder dem Gericht das Vorliegen der Voraussetzungen angezeigt hat, jedoch ist dies im Fall der SE-Gründung durch Verschmelzung so zu verstehen, dass vorher die Bescheinigung nach Art. 25 Abs. 2 nicht erteilt werden darf.

23   **Nicht zu prüfen** sind hingegen – ebenso wie im deutschen Umwandlungsrecht – die Wirtschaftlichkeit und Zweckmäßigkeit der Verschmelzung, die Angemessenheit des Umtauschverhältnisses sowie das Angebot einer angemessenen Barabfindung (MHdB AG/*Austmann* § 84 Rn. 30; LHT/*Bayer* Rn. 7; *Jünemann* in BJMS SE § 2 Rn. 145; *Scheifele* Gründung der SE S. 264; NK-SE/*Schröder* Rn. 5; *Schwarz* Rn. 15; vgl. auch *Walden/Meyer-Landrut* DB 2005, 2619 [2621]). Ebenfalls nicht Gegenstand der Prüfung sind auch Verfahrensschritte, die anderen beteiligten Gründungsgesellschaften zuzurechnen sind, wie etwa deren Gründungsberechtigung, die Wirksamkeit der von ihren Anteilseignern gefassten Verschmelzungsbeschlüsse (Kallmeyer/*Marsch-Barner* Anh. Rn. 83) oder die ordnungsgemäße Erstellung von Verschmelzungsberichten oder Verschmelzungsprüfungsberichten für diese Gesellschaften.

III. Rechtmäßigkeitsbescheinigung nach Abs. 2

24   Art. 25 Abs. 2 sieht zum Abschluss des Prüfungsverfahrens die Erteilung einer Bescheinigung vor, aus der „zweifelsfrei hervorgeht, dass die der Verschmelzung vorangehenden Rechtshandlungen und Formalitäten durchgeführt wurden". Diese Bescheinigung muss auf der zweiten Stufe der Rechtmäßigkeitskontrolle gemäß Art. 26 Abs. 2 der zuständigen Stelle im künftigen Sitzstaat der SE vorgelegt werden. Ihr kommt im Rahmen der Prüfung nach Art. 26 **Bindungswirkung** zu (LHT/*Bayer* Rn. 14, Art. 26 Rn. 16; Spindler/Stilz/*Casper* Rn. 7; KK-AktG/*Maul* Rn. 22; MüKoAktG/*Schäfer* Rn. 6; *Scheifele* Gründung der SE S. 272, 276; *J. Schmidt* S. 257; NK-SE/*Schröder* Rn. 21 f.; *Schwarz* Art. 26 Rn. 6; einschränkend Widmann/Mayer/*Heckschen* Rn. 14 Rn. 266: Prüfungspflicht über den ersten Verfahrensschritt, wenn Unregelmäßigkeiten bei den Gründungsgesellschaften „geradezu ins Auge stechen"; *Kleindiek* in Lutter/Hommelhoff Europäische Gesellschaft S. 108: bei „Zweifeln" an der Rechtmäßigkeit; Theisen/Wenz/*Neun* S. 140, der die Prüfung „de facto" als auf die Kenntnisnahme beschränkt ansieht); die für die Prüfung gemäß Art. 26 zuständige Stelle darf also keine eigene Prüfung der Rechtmäßigkeit des Verfahrens in den Gründungsgesellschaften mehr vornehmen (→ Art. 26 Rn. 16).

25   Die SE-VO enthält keine näheren Vorgaben zur **Form der Rechtmäßigkeitsbescheinigung.** Aus der Verpflichtung zur Vorlage auf der zweiten Prü-

fungsstufe gemäß Art. 26 folgt jedoch, dass sie **schriftlich** erteilt werden muss (LHT/*Bayer* Rn. 15; Spindler/Stilz/*Casper* Rn. 5; NK-SE/*Schröder* Rn. 19; *Schwarz* Rn. 17). Teilweise wird auch eine beglaubigte Abschrift in der Amtssprache des jeweiligen Mitgliedstaats verlangt (Spindler/Stilz/*Casper* Rn. 5). Überwiegend wird eine tenorartige, schlichte Feststellung der Rechtmäßigkeit für ausreichend erachtet (Spindler/Stilz/*Casper* Rn. 5; Kallmeyer/*Marsch-Barner* Anh. Rn. 82; MüKoAktG/*Schäfer* Rn. 6; *Scheifele* Gründung der SE S. 265 f.; NK-SE/*Schröder* Rn. 16 ff.; *Schwarz* Rn. 20). Andere fordern aufgrund der Bindungswirkung für die Prüfung auf zweiter Stufe und die Beurteilung des „Fehlens der Kontrolle" iSd Art. 30 S. 2, die einen Grund für die Auflösung der SE darstellen kann, die Form eines Beschlusses mit Tatbestand und Entscheidungsgründen (so DNotV Stellungnahme zum DiskE eines Gesetzes zur Einführung der Europäischen Gesellschaft (SEEG) vom 24.6.2003, S. 6, abrufbar unter www.dnotv.de; *J. Schmidt* S. 251 f.; Kalss/Hügel/*Hügel* SEG § 24 Rn. 10 fordert eine „umfassende Erklärung über die Rechtmäßigkeit"; tendenziell auch LHT/*Bayer* Rn. 15). Für die erstgenannte Ansicht spricht jedenfalls die umfassende Bindungswirkung der Bescheinigung für die Kontrolle auf der zweiten Prüfungsstufe (*Schwarz* Rn. 20): Da die gemäß Art. 26 zuständige Stelle ohnehin keine eigene Prüfung der Rechtmäßigkeit iSv Art. 25 vornehmen darf, ist es auch nicht erforderlich, ihr die Gründe darzulegen, aufgrund derer die zuständige Stelle die Bescheinigung gemäß Art. 25 erteilt hat. Dem lässt sich – in Bezug auf eine deutsche Gründungsgesellschaft – auch nicht entgegenhalten, dass gegen die Entscheidung des Registergerichts die Beschwerde nach § 58 FamFG statthaft und daher die Darstellung von Gründen nötig sei. Mit der Einlegung einer Beschwerde ist nämlich in aller Regel nur im Fall einer ablehnenden Entscheidung zu rechnen (deshalb für eine Begründungspflicht bei einer ablehnenden Entscheidung KK-AktG/*Maul* Rn. 19). Die freiwillige Aufnahme von Gründen in die Bescheinigung bleibt dem Registergericht unbenommen (aA wohl Spindler/Stilz/*Casper* Rn. 5), birgt jedoch die praktische Gefahr, dass sich die Kontrollstelle auf zweiter Stufe zu einer – rechtlich weder erforderlichen noch statthaften – Überprüfung der dargelegten Gründe veranlasst sieht. **Formulierungsbeispiele** für die Rechtmäßigkeitsbescheinigung finden sich bei *Krafka/Kühn* RegisterR Rn. 1753 und NK-SE/*Schröder* Rn. 41.

Da Art. 25 nicht selbst regelt, mit welchem Inhalt und in welcher Form die **26** Bescheinigung zu erteilen ist, erscheint auch insoweit ein Rückgriff auf das nationale Recht möglich. Dort ist die Ausstellung einer Rechtmäßigkeitsbescheinigung bei grenzüberschreitenden Verschmelzungen iSd IntVerschmRL vorgesehen, die in Deutschland in den §§ 122a–122l UmwG umgesetzt wurde. Art. 10 Abs. 2 IntVerschmRL sieht ebenso wie Art. 25 SE-VO die Ausstellung einer Bescheinigung vor, aus der „zweifelsfrei hervorgeht", dass die geprüften Verschmelzungsschritte rechtmäßig sind. Gemäß **§ 122k Abs. 2 S. 2 UmwG** gilt für eine deutsche übertragende Gesellschaft die Eintragungsnachricht als sog. **Verschmelzungsbescheinigung.** Aufgrund der Ähnlichkeit der Richtlinienvorgaben und der Vorgaben in Art. 25 könnte man daher eine analoge Anwendung des § 122k Abs. 2 S. 2 UmwG auf den Fall der SE-Gründung durch Verschmelzung erwägen (ausführlich NK-SE/*Schröder* Rn. 42 ff.; erwogen auch von MHdB AG/*Austmann* § 83 Rn. 30; Kallmeyer/*Marsch-Barner* Anh. Rn. 82; Widmann/Mayer/*Heckschen* Anh. 14 Rn. 249; vgl. auch *Heckschen* DNotZ 2003, 251 [259]; *Schwarz* Rn. 24 f.; ablehnend LHT/*Bayer* Rn. 15). Dies wäre allerdings nur denkbar, wenn bei der SE-Gründung durch Verschmelzung überhaupt eine vorläufige Eintragung in das Register einer deutschen Gründungsgesellschaft erfolgen würde. Teilweise wird angenommen, dass nach Art. 18 iVm § 19 Abs. 1 S. 2 UmwG, der auch bei der SE-Verschmelzungsgründung Anwendung finden solle, die Verschmelzung in das Register der übertragenden Gesellschaft einzutragen sei, versehen mit einem Vorläufigkeitsvermerk, wonach die Verschmelzung erst mit Eintragung im Register des übernehmenden Rechtsträgers wirksam wird (vgl. MHdB AG/*Austmann* § 83 Rn. 30; *Brandes* AG 2005, 177 [187]; Kallmeyer/*Marsch-Barner* Anh. Rn. 84 f.; NK-SE/*Schröder* Rn. 45; *Schwarz* Rn. 9; *Walden*/*Meyer-Landrut* DB 2005, 2619 [2622]). Bei einer aufnehmenden Gesellschaft ist ein solcher Vermerk, wie bereits der Wortlaut der Vorschrift zeigt, nicht vorgesehen. Für die deutsche Praxis kommt die Eintragung mit Vorläufigkeitsvermerk daher von vorneherein nur in Betracht, wenn eine deutsche übertragende Gesellschaft beteiligt ist. Die wohl überwiegende Ansicht verneint zu Recht die Erforderlichkeit einer Eintragung mit Vorläufigkeitsvermerk im Register der übertragenden Gesellschaft, da aufgrund der abschließenden Regelung zur Offenlegung der Verschmelzung in Art. 28 kein Raum für die Anwendung nationalen Rechts bleibt und der Zweck der Eintragung mit Vorläufigkeitsvermerk bereits durch die Rechtmäßigkeitsbescheinigung nach Art. 25 Abs. 2 erreicht wird (LHT/*Bayer* Rn. 18, Art. 26 Rn. 7; *Jannott* in Jannott/Frodermann HdB SE Kap. 3 Rn. 100 Fn. 217; Schmitt/Hörtnagl/Stratz/*Hörtnagl* Rn. 15; KK-AktG/*Maul* Rn. 24; Theisen/Wenz/*Neun* S. 138; MüKoAktG/*Schäfer* Rn. 10; *J. Schmidt* S. 258 f.; *Schwarz* Rn. 25; offengelassen von *Scheifele* Gründung der SE S. 271; ausführlich → Art. 27 Rn. 2). Nach der hier vertretenen Ansicht kommt daher eine analoge Anwendung des § 122k Abs. 2 S. 2 UmwG schon mangels Eintragung mit Vorläufigkeitsvermerk nicht in Betracht. Unabhängig davon ist auch zweifelhaft, ob die Eintragungsnachricht die Anforderungen des Art. 25 Abs. 2 erfüllen könnte (zweifelnd *Scheifele* Gründung der SE S. 267; s. auch NK-SE/*Schröder* Rn. 44). Denn Art. 25 Abs. 2 verlangt eine Bescheinigung, „aus der zweifelsfrei hervorgeht, dass die der Verschmelzung vorangehenden Rechtshandlungen und Formalitäten erfüllt wurden". Ob dies der Fall ist, lässt sich einer bloßen Nachricht über die Eintragung aber gerade nicht „zweifelsfrei" entnehmen (s. zur vergleichbaren Problematik im Rahmen von § 122k Abs. 2 S. 2 UmwG, der den mit Art. 25 Abs. 2 in Bezug auf den Inhalt der Bescheinigung nahezu wortgleichen Art. 10 Abs. 2 NatVerschmRL umsetzt, Semler/Stengel/*Drinhausen* UmwG § 122k Rn. 6). Es ist daher äußerst fraglich, ob die für das Verfahren gemäß Art. 26 zuständige ausländische Stelle eine Eintragungsnachricht als Bescheinigung iSd Art. 25 Abs. 2 akzeptieren würde, weshalb in der Praxis – in Abstimmung mit dem zuständigen Registergericht – in jedem Fall ein Antrag auf Erteilung einer separaten Bescheinigung angezeigt ist (NK-SE/*Schröder* Rn. 42, 44; vgl. auch *Brocker* BB 2010, 971 [975]).

27   Die Prüfung gemäß Art. 25 Abs. 1 ist auch dann nicht entbehrlich, wenn die nach Art. 25 Abs. 2 und Art. 26 Abs. 1 zuständigen **Kontrollstellen identisch** sind. Dies kann bei der Verschmelzung durch Aufnahme in Bezug auf die aufnehmende Gesellschaft der Fall sein. Zwingend ist dies jedoch nicht, da im Zuge der Verschmelzung der Sitz der aufnehmenden Gesellschaft verlegt werden kann (→ Art. 20 Rn. 12). In diesem Fall fällt jedoch die Prüfung der Rechtmäßigkeit auf der Ebene der betreffenden Gründungsgesellschaft mit der Prüfung gemäß Art. 26 zusammen. Die Erteilung einer gesonderten Rechtmäßigkeitsbescheinigung durch die Kontrollstelle, die sodann ihr selbst wieder im Rahmen der Prüfung gemäß Art. 26 vorgelegt wird, erscheint dabei als unnötige Förmelei, so dass die Erteilung einer Rechtmäßigkeitsbescheinigung an die Gesellschaft in diesem Fall ausnahmsweise nicht erforderlich ist (vgl. Schmitt/Hörtnagl/Stratz/*Hörtnagl* Rn. 14; *Spitzbart* RNotZ 2006, 369 [396]; wohl auch MüKoAktG/*Schäfer* Art. 26 Rn. 4). In der Praxis empfiehlt es sich aber für die Gründungsgesellschaft, die Bescheinigung im Zweifel dennoch zu beantragen, um alle Formalitäten ordnungsgemäß zu erfüllen. Der Antrag auf Erteilung der Bescheinigung kann insbesondere auch sinnvoll sein, um eine frühzeitige Befassung der zuständigen Kontrollstelle mit dem SE-Gründungsvorgang zu erreichen und so das Verfahren zu beschleunigen.

IV. Verfahren zur Kontrolle und Änderung des Umtauschverhältnisses oder zur Abfindung von Minderheitsaktionären (Abs. 3)

Die Vorschrift des Art. 25 Abs. 3 steht in unmittelbarem sachlichen Zusam- **28** menhang mit Art. 24 Abs. 2, der es den Mitgliedstaaten erlaubt, Vorschriften für einen angemessenen Schutz der Minderheitsaktionäre zu erlassen (Spindler/Stilz/ *Casper* Rn. 8). Auf dieser Grundlage hat der deutsche Gesetzgeber in **§§ 6 und 7 SEAG,** angelehnt an das nationale Verschmelzungsrecht, Regelungen zur Verbesserung des im Verschmelzungsplan festzulegenden Umtauschverhältnisses und des Abfindungsangebots vorgesehen (→ Art. 24 Rn. 25 ff., 43 ff.). Wie im nationalen Verschmelzungsrecht ist dort vorgesehen, dass Klagen gegen die Wirksamkeit des Verschmelzungsbeschlusses nicht auf die Unangemessenheit von Umtauschverhältnis oder Abfindungsangebot gestützt werden können, wenn diese im Wege des vom deutschen Recht zur Verfügung gestellten **Spruchverfahrens** geltend gemacht werden kann. Entsprechend der nationalen Verschmelzung eröffnet das deutsche Recht das Spruchverfahren jedoch nur für Aktionäre einer **übertragenden deutschen Gesellschaft;** Aktionären einer übernehmenden deutschen Gesellschaft und Aktionären ausländischer übertragender oder übernehmender Gesellschaften steht das Spruchverfahren hingegen − mit der in § 6 Abs. 4 S. 2, 7 Abs. 2 S. 3 SEAG vorgesehenen Ausnahme − nicht offen.

Nach Art. 25 Abs. 3 S. 1 (sog. **Reziprozitätsklausel**) kann ein Verfahren zur **29** Kontrolle oder Änderung des Umtauschverhältnisses der Aktien oder zur Abfindung von Minderheitsaktionären bei der SE-Gründung durch Verschmelzung jedoch nur stattfinden, wenn entweder das nationale Recht jeder Gründungsgesellschaft ein solches Verfahren kennt − neben dem deutschen Recht sieht ein solches Verfahren gegenwärtig noch das österreichische Recht vor −, oder die Aktionäre der jeweils anderen Gründungsgesellschaft(en) der Durchführung eines solchen Verfahrens zugestimmt haben. Dadurch soll vermieden werden, dass die Aktionäre einer Gründungsgesellschaft, deren nationales Recht ihnen ein Spruchverfahren zur Verfügung stellt, gegenüber Aktionären einer anderen Gründungsgesellschaft, deren Recht kein Verfahren zur Verbesserung des Umtauschverhältnisses oder einer etwaigen Abfindung vorsieht, ohne deren Zustimmung bevorzugt werden (vgl. *Schwarz* Rn. 27). Eine Parallelregelung findet sich im Recht der grenzüberschreitenden Verschmelzung in Art. 10 Abs. 3 NatVerschmRL, in Deutschland umgesetzt in §§ 122h und 122i Abs. 2 UmwG.

Die **Zustimmung** der Aktionäre von Gründungsgesellschaften, deren natio- **30** nales Recht kein Verfahren zur Kontrolle oder Änderung des Umtauschverhältnisses kennt, erfolgt zweckmäßigerweise − wie dies bereits der Wortlaut des Art. 25 Abs. 3 S. 1 nahelegt − zusammen mit dem Beschluss über den Verschmelzungsplan nach Art. 23 Abs. 1 (van Hulle/Maul/Drinhausen/*Teichmann* Abschnitt 4 § 2 Rn. 82; aA Widmann/Mayer/*Heckschen* Anh. 14 Rn. 187). Nach überwiegender Ansicht kann sie jedoch auch isoliert erfolgen (LHT/*Bayer* Rn. 22; Spindler/Stilz/*Casper* Rn. 8; Kalss/Hügel/*Hügel* SEG §§ 21, 22 Rn. 8; *Kalss* ZGR 2003, 593 [623]; vgl. auch *Fuchs* Gründung S. 146 f.; Widmann/ Mayer/*Heckschen* Anh. 14 Rn. 187, 240; MüKoAktG/*Schäfer* Rn. 12; NK-SE/ *Schröder* Rn. 28; teilweise wird sogar gefordert, dass die Beschlussfassung stets isoliert erfolgt, so *Scheifele* Gründung der SE S. 220 und *Schwarz* Rn. 29). Der Zustimmungsbeschluss bedarf stets derselben qualifizierten Mehrheit wie bei Art. 23 Abs. 1 (LHT/*Bayer* Rn. 22; Spindler/Stilz/*Casper* Rn. 8; KK-AktG/ *Maul* Rn. 28; MüKoAktG/*Schäfer* Rn. 12; NK-SE/*Schröder* Rn. 28; aA *Scheifele* Gründung der SE S. 220 und *Schwarz* Rn. 29, die eine einfache Stimmenmehrheit ausreichen lassen; auch → Art. 23 Rn. 13 f.). Die Fassung eines solchen

Beschlusses durch die Aktionäre einer ausländische Gesellschaft ist – sofern deren Rechtsordnung kein Spruchverfahren zur Verfügung stellt – ratsam, um eine Verzögerung des Gründungsverfahrens durch eine Beschlussanfechtung zu vermeiden (*Brandes* AG 2005, 177 [184 f.]; *Vossius* ZIP 2005, 741 [743]; vgl. auch van Hulle/Maul/Drinhausen/*Teichmann* Abschnitt 4 § 2 Rn. 63).

31   Art. 25 Abs. 3 enthält keine Regelung für den Fall, dass die Rechtsordnungen aller beteiligten Gesellschaften ein Verfahren zur Kontrolle des Umtauschverhältnisses oder einer angebotenen Abfindung vorsehen. Überwiegend wird aus einem Umkehrschluss zu getroffenen Regelung gefolgert, dass in diesem Fall die Aktionäre jeder Gründungsgesellschaft das Verfahren nach ihrem jeweiligen Recht durchführen können (LHT/*Bayer* Rn. 20; KK-AktG/*Maul* Rn. 31; Mü-KoAktG/*Schäfer* Rn. 12; NK-SE/*Schröder* Rn. 26). Dadurch ergibt sich jedoch die Gefahr von divergierenden Entscheidungen (LHT/*Bayer* Rn. 21; NK-SE/*Schröder* Rn. 26; Nomos- Erläuterungen zum Bundesrecht/*Timm* SEAG § 6). Der deutsche Gesetzgeber hat, um dieser Gefahr entgegenzuwirken, in §§ 6 Abs. 4 S. 2, 7 Abs. 7 S. 3 SEAG bestimmt, dass auch Aktionäre einer übertragenden Gesellschaft mit Sitz in einem anderen Mitgliedstaat sich an einem Spruchverfahren in Deutschland beteiligen können, wenn ihr jeweiliges nationales Recht ein solches Verfahren vorsieht und die deutschen Gerichte international zuständig sind. Die internationale Zuständigkeit kann sich dabei entweder aus der Brüssel Ia-VO (früher EuGVVO) oder aus einer Gerichtsstandsvereinbarung ergeben (KK-AktG/*Manl* Art. 24 Rn. 23 f.; NK-SE/*Schröder* Rn. 26, 47; Nomos-Erläuterungen zum Bundesrecht/*Timm* § 6 SEAG).

32   Für den Fall, dass ein Spruchverfahren möglich ist, stellen Art. 25 Abs. 3 S. 2 und 3 klar, dass die **Rechtmäßigkeitsbescheinigung** nach Art. 25 Abs. 2 dennoch erteilt werden kann, jedoch ein Hinweis auf anhängige Verfahren erforderlich ist, wobei auch das damit betraute Gericht zu benennen ist (LHT/*Bayer* Rn. 23; Spindler/Stilz/*Casper* Rn. 2, 6; *Jünemann* in BJMS SE § 2 Rn. 146; KK-AktG/*Maul* Rn. 30; ein Formulierungsbeispiel für einen solchen Hinweis findet sich bei NK-SE/*Schröder* Rn. 18).

33   Art. 25 Abs. 3 S. 4 ordnet schließlich eine **Rechtskrafterstreckung** auf die übernehmende Gesellschaft und deren Aktionäre an, und zwar unabhängig davon, ob diese am Verfahren beteiligt waren (LHT/*Bayer* Rn. 23; *Scheifele* Gründung der SE S. 243; *Schwarz* Rn. 26; vgl. dazu auch *Brandes* AG 2005, 177 [180]; NK-SE/*Schröder* Rn. 29).

[Kontrolle der Rechtmäßigkeitsprüfung]

26 (1) **Die Rechtmäßigkeit der Verschmelzung wird, was den Verfahrensabschnitt der Durchführung der Verschmelzung und der Gründung der SE anbelangt, von dem/der im künftigen Sitzstaat der SE für die Kontrolle dieses Aspekts der Rechtmäßigkeit der Verschmelzung von Aktiengesellschaften zuständigen Gericht, Notar oder sonstigen Behörde kontrolliert.**

(2) **Hierzu legt jede der sich verschmelzenden Gesellschaften dieser zuständigen Behörde die in Artikel 25 Absatz 2 genannte Bescheinigung binnen sechs Monaten nach ihrer Ausstellung sowie eine Ausfertigung des Verschmelzungsplans, dem sie zugestimmt hat, vor.**

(3) **Die gemäß Absatz 1 zuständige Behörde kontrolliert insbesondere, ob die sich verschmelzenden Gesellschaften einem gleich lautenden Verschmelzungsplan zugestimmt haben und ob eine Vereinbarung über die Beteiligung der Arbeitnehmer gemäß der Richtlinie 2001/86/EG geschlossen wurde.**

**(4) Diese Behörde kontrolliert ferner, ob gemäß Artikel 15 die Grün-
dung der SE den gesetzlichen Anforderungen des Sitzstaates genügt.**

Schrifttum: *Bartone/Klapdor,* Die Europäische Aktiengesellschaft, 2. Aufl. 2007; *Brandes,*
Cross Border Merger mittels der SE, AG 2005, 177; *Brocker,* Die grenzüberschreitende
Verschmelzung von Kapitalgesellschaften, BB 2010, 971; *Fuchs,* Die Gründung einer Euro-
päischen Aktiengesellschaft durch Verschmelzung und das nationale Recht, 2005; *Kiem,*
Erfahrungen und Reformbedarf bei der SE – Entwicklungsstand, ZHR 173 (2009), 156;
Koke, Die Finanzverfassung der Europäischen Aktiengesellschaft (SE) mit Sitz in Deutschland,
2004; *J. Schmidt,* „Deutsche" vs. „britische" Societas Europaea (SE), 2006; *Trojan-Limmer,*
Die geänderten Vorschläge für ein Statut der Europäischen Aktiengesellschaft (SE), RIW
1991, 1010.

Übersicht

		Rn.
I.	Allgemeines	1
II.	Rechtmäßigkeitskontrolle nach Abs. 1 bei Gründung einer SE mit Sitz in Deutschland	2
	1. Übersicht über die Prüfungspunkte	2
	2. Formelle Voraussetzungen	4
	a) Zuständigkeit	5
	b) Anmeldung	6
	c) Beizufügende Unterlagen	9
	3. Materielle Voraussetzungen	16
	a) Zustimmung zu gleichlautenden Verschmelzungsplänen	17
	b) Abschluss des Arbeitnehmerbeteiligungsverfahrens	18
	c) Mehrstaatlichkeit	19
	d) Nationales Aktiengründungs- und Verschmelzungsrecht	20
	e) Keine Prüfung der Reinvermögensdeckung	22
	f) Keine Sachgründungsprüfung	23

I. Allgemeines

Art. 26 regelt nach der Prüfung gemäß Art. 25 die **zweite Stufe** der Recht- 1
mäßigkeitskontrolle. Diese obliegt einer vom nationalen Recht des **Sitzstaats
der SE** bestimmten Stelle. Die Prüfung nach Art. 26 umfasst die Rechtmäßigkeit der Durchführung der Verschmelzung sowie der Gründung auf der **Ebene
der entstehenden SE.** Nicht mehr geprüft wird die Rechtmäßigkeit der Verschmelzung auf der Ebene der Gründungsgesellschaften, da diese Gegenstand der
Prüfung gemäß Art. 25 durch nationale Stellen des Mitgliedsstaats ist, deren
Recht die jeweilige Gründungsgesellschaft unterliegt. Die zuständige Stelle für
die Durchführung der Prüfung nach Art. 26 muss durch den jeweiligen Mitgliedstaat benannt werden (Art. 26 Abs. 1 iVm Art. 68 Abs. 2 S. 1). Soll die SE
ihren Sitz in Deutschland haben, ist das Registergericht am Sitz der SE zuständig
(→ Rn. 5). Neben den in Art. 26 Abs. 3 geregelten Anforderungen, namentlich
der Zustimmung zu einem gleich lautenden Verschmelzungsplan und der ordnungsgemäßen Beendigung des Verfahrens zur Regelung der Arbeitnehmerbeteiligung in der SE, wird nach Art. 26 Abs. 4, 15 Abs. 1 auch die Einhaltung
nationalen Aktiengründungs- und Verschmelzungsrechts geprüft (LHT/*Bayer*
Rn. 4; Theisen/Wenz/*Neun* S. 141; *Scheifele* Gründung der SE S. 275; *Schwarz*
Rn. 5). Nach erfolgter Prüfung wird die SE in das zuständige Register ihres
Sitzstaates eingetragen, womit zugleich auch die Verschmelzung wirksam wird
(Art. 27 Abs. 1). Wurde die Prüfung gemäß Art. 26 unterlassen, kann dies nach
Art. 30 S. 2 einen Grund für die Auflösung der SE darstellen (→ Art. 30
Rn. 4 ff.).

II. Rechtmäßigkeitskontrolle nach Abs. 1 bei Gründung einer SE mit Sitz in Deutschland

2   **1. Übersicht über die Prüfungspunkte.** In **formeller Hinsicht** prüft das Registergericht die Vollständigkeit der eingereichten Unterlagen sowie die Einhaltung der Verfahrensvorschriften (*Jünemann* in BJMS SE § 2 Rn. 148). Bei Gründung einer SE mit Sitz in Deutschland ist demnach folgendes zu prüfen:

- Sachliche und örtliche Zuständigkeit des Registergerichts
- Anmeldung durch Vertretungsorgane aller Gründungsgesellschaften (Art. 26 Abs. 2 bzw. § 38 Abs. 2 UmwG; so auch LHT/*Bayer* Rn. 8; Spindler/Stilz/ *Casper* Rn. 3; MüKoAktG/*Schäfer* Rn. 6 f.; für Anmeldung durch Vertretungsorgane aller Gründungsgesellschaften und aller Mitglieder des Vertretungs- und Aufsichtsorgans einer dualistischen SE gemäß Art. 15 Abs. 1 iVm § 36 Abs. 1 AktG bzw. durch Vertretungsorgane aller Gründungsgesellschaften sowie aller Mitglieder des Verwaltungsrats und aller geschäftsführenden Direktoren einer monistischen SE gemäß § 21 Abs. 1 SEAG dagegen Schmitt/Hörtnagl/Stratz/ *Hörtnagl* Rn. 3; *Scheifele* Gründung der SE S. 272; *Schwarz* Rn. 5; für Anwendbarkeit von § 16 Abs. 1 S. 2 UmwG bei Verschmelzung durch Aufnahme, wonach auch allein das Vertretungsorgan der aufnehmenden Gesellschaft anmelden kann KK-AktG/*Maul* Rn. 8);
- Rechtmäßigkeitsbescheinigungen (Art. 25 Abs. 2) aller Gründungsgesellschaften;
- Ausfertigung der Verschmelzungspläne aller Gründungsgesellschaften (ggf. in beglaubigter Übersetzung), Art. 26 Abs. 3 Hs. 1;
- Niederschriften der Verschmelzungbeschlüsse aller Gründungsgesellschaften, Art. 23 (ggf. in beglaubigter Übersetzung), um die Prüfung nach Art. 26 Abs. 3 Hs. 1 zu ermöglichen (Spindler/Stilz/*Casper* Rn. 5);
- Vereinbarung über die Beteiligung der Arbeitnehmer (soweit vorhanden) bzw. Erklärung oder Nachweise über den Verlauf und die Beendigung des Verfahrens zur Regelung der Arbeitnehmerbeteiligung, insbesondere zum Nachweis des Ablaufs der Frist gemäß § 20 SEBG, Art. 26 Abs. 3 Hs. 2; die Vorlage ist notwendige Vorstufe der Prüfung (vgl. LHT/*Bayer* Rn. 3; *Jünemann* in BJMS SE § 2 Rn. 148 Fn. 323; KK-AktG/*Maul* Rn. 9);
- Bei dualistischer SE: Beschluss des Aufsichtsorgans über die Bestellung der Leitungsorgans nebst Erklärung der Mitglieder des Leitungsorgans, dass keine Bestellungshindernisse vorliegen (Art. 15 iVm § 36 Abs. 2 S. 1 UmwG, § 37 AktG);
- Bei monistischer SE: Beschluss des Verwaltungsrats über die Bestellung der geschäftsführenden Direktoren nebst Erklärung der geschäftsführenden Direktoren, dass keine Bestellungshindernisse vorliegen (§ 21 Abs. 2 SEAG).

3   Die **materiellen Anforderungen** für die Prüfung ergeben sich aus Art. 26 Abs. 3 und 4. Danach sind folgende Punkte zu prüfen (*Jünemann* in BJMS SE § 2 Rn. 149):

- Zustimmung der Hauptversammlungen aller Gründungsgesellschaften zu einem gleich lautenden Verschmelzungsplan (Art. 26 Abs. 3 Hs. 1);
- Ordnungsgemäßer Abschluss des Verfahrens zur Regelung der Arbeitnehmerbeteiligung durch (i) Abschluss einer Vereinbarung über die Beteiligung der Arbeitnehmer in der SE oder (ii) Nachweis der Nichtaufnahme oder des Abbruchs der Verhandlungen durch das besondere Verhandlungsgremium gemäß § 16 SEBG oder (iii) Nachweis des fruchtlosen Verstreichens der Verhandlungsfrist gemäß § 20 SEBG (Art. 26 Abs. 3 Hs. 2);
- Erfüllung des Mehrstaatlichkeitserfordernisses durch die Gründungsgesellschaften (Art. 2 Abs. 1);

– Erfüllung aktienrechtlicher Anforderungen des Sitzstaats (Art. 26 Abs. 4, 15 Abs. 1), insbesondere Inhalt der Satzung der SE;
– Bei Verschmelzung durch Aufnahme zusätzlich: Eintragung der Kapitalerhöhung bei der aufnehmenden Gesellschaft, soweit eine solche vorgenommen wurde (Art. 26 Abs. 4, 15 Abs. 1 iVm § 66 UmwG), unter Umständen die Beachtung der Nachgründungsvorschriften (Art. 26 Abs. 4, 15 Abs. 1 iVm § 67 UmwG).

2. Formelle Voraussetzungen. Für die in Art. 26 geregelte zweite Stufe der **4** Rechtmäßigkeitskontrolle enthält die SE-VO – im Gegensatz zu der in Art. 25 Abs. 1 geregelten ersten Prüfungsstufe – keine Spezialverweisung hinsichtlich des anwendbaren Verfahrensrechts, weshalb über Art. 15 Abs. 1 das für die Gründung von AG geltende Recht des Sitzstaates der künftigen SE anzuwenden ist (LHT/ *Bayer* Rn. 4; *Fuchs* Gründung S. 161; Theisen/Wenz/*Neun* S. 141; *Scheifele* Gründung der SE S. 272; *Schwarz* Rn. 3; nach aA wird Art. 26 als konkludenter Verweis eingeordnet: so Kalss/Hügel/*Hügel* SEG § 24 Rn. 19; *J. Schmidt* S. 253; NK-SE/*Schröder* Rn. 8). Für eine SE mit Sitz in Deutschland gelten daher im Grundsatz die Vorschriften des UmwG und AktG für die Gründung einer AG durch Verschmelzung entsprechend.

a) Zuständigkeit. Die Zuständigkeit für die Durchführung der Kontrolle **5** nach Art. 26 Abs. 1 ergibt sich für eine SE mit Sitz in Deutschland aus Art. 68 Abs. 2 S. 1, § 4 S. 1 SEAG, §§ 376, 377 FamFG, § 23a Abs. 1 S. 1 Nr. 2, Abs. 2 Nr. 3 GVG (vgl. LHT/*Bayer* Rn. 5; Spindler/Stilz/*Casper* Rn. 2; *Jannott* in Jannott/Frodermann HdB SE Kap. 3 Rn. 102; *Jünemann* in BJMS SE § 2 Rn. 148; Theisen/Wenz/*Neun* S. 141; MüKoAktG/*Schäfer* Art. 26 Rn. 1, 4; NK-SE/*Schröder* Rn. 7, 16; *Schwarz* Rn. 4). Sachlich zuständig ist demnach jedes Amtsgericht am Sitz eines Landgerichts, für den Bezirk dieses Landgerichts (§ 376 Abs. 1 FamFG). Die Länder können jedoch durch Rechtsverordnung abweichende Regelungen treffen (§ 376 Abs. 2 FamFG). Dies ist vereinzelt auch schon geschehen (vgl. dazu die Nachweise bei *Krafka/Kühn* RegisterR Rn. 13). Örtlich ausschließlich zuständig ist das Gericht am Sitz der Gesellschaft (§ 377 Abs. 1 FamFG). Ein Rückgriff auf § 14 AktG ist nach Änderung des § 4 S. 1 SEAG – wie noch unter Geltung des FGG – nicht mehr möglich, da nunmehr die örtliche Zuständigkeit durch den Verweis auf § 377 FamFG ausdrücklich geregelt wurde.

b) Anmeldung. Aus Art. 26 Abs. 2 ergibt sich unmittelbar, dass die SE im **6** Falle einer Verschmelzungsgründung **von allen Gründungsgesellschaften** am Sitz der künftigen SE anzumelden ist (LHT/*Bayer* Rn. 7; Spindler/Stilz/*Casper* Rn. 3; MüKoAktG/*Schäfer* Rn. 6). Obwohl der Wortlaut des Art. 26 Abs. 2 lediglich eine Verpflichtung der sich verschmelzenden Gesellschaften zur Vorlage der für sie erteilten Rechtmäßigkeitsbescheinigungen statuiert, bildet die Anmeldepflicht jedoch deren logische Vorstufe (Spindler/Stilz/*Casper* Rn. 3; MüKoAktG/*Schäfer* Rn. 5). Ein Rückgriff auf Art. 15 bzw. Art. 18 iVm **§ 36 AktG** (so Widmann/Mayer/*Heckschen* UmwG Anh. 14 Rn. 259; *Jünemann* in BJMS SE § 2 Rn. 148; *Kleindiek* in Lutter/Hommelhoff Europäische Gesellschaft S. 98; *Scheifele* Gründung der SE S. 272; *Schwarz* Rn. 5) ist durch Art. 26 Abs. 2 ausgeschlossen, so dass eine Anmeldung durch die Organe der entstehenden SE nicht erforderlich ist (LHT/*Bayer* Rn. 8; Spindler/Stilz/*Casper* Rn. 3; MüKoAktG/ *Schäfer* Rn. 6 f.; aA Schmitt/Hörtnagl/Stratz/*Hörtnagl* Rn. 3; *Scheifele* Gründung der SE S. 272; *Schwarz* Rn. 5). Aufgrund von Art. 26 Abs. 2 ist auch **§ 21 Abs. 1 SEAG**, der die Anmeldepflicht bei Gründung einer **monistischen SE** regelt und eine Anmeldepflicht aller Gründungsgesellschaften sowie der Mitglieder des Verwaltungsrats und der geschäftsführenden Direktoren vorsieht, bei der SE-Gründung durch Verschmelzung nicht anwendbar (LHT/*Bayer* Rn. 8; Spindler/Stilz/*Casper* Rn. 3; MüKoAktG/*Schäfer* Rn. 7). Bei einer Verschmelzung durch Neugründung sind daher alle übertragenden und bei einer Verschmelzung durch Aufnahme sowohl die übertragenden als auch die übernehmende Gesellschaft (jeweils vertreten durch ihre Vertretungsorgane in vertretungsberechtigter Anzahl oder in unechter Gesamtvertretung oder rechtsgeschäftlich Bevollmächtigte; LHT/*Bayer* Rn. 8) zur Anmeldung verpflichtet (aA für die Verschmelzung durch Aufnahme KK-AktG/*Maul* Rn. 8, wonach gemäß § 16 Abs. 1 S. 2 UmwG auch allein der Vorstand der aufnehmenden AG anmelden kann). Die Anmeldung muss elektronisch und in öffentlich beglaubigter Form eingereicht werden (§ 12 Abs. 1 S. 1 HGB; § 129 BGB; LHT/*Bayer* Rn. 8; *Jünemann* in BJMS SE § 2 Rn. 148; KK-AktG/*Maul* Rn. 8; vgl. auch *Kleindiek* in Lutter/Hommelhoff Europäische Gesellschaft S. 101). Wird die Anmeldung durch Bevollmächtigte vorgenommen, ist auch die Vollmacht elektronisch in öffentlich beglaubigter Form einzureichen (§ 12 Abs. 1 S. 2 HGB; § 129 BGB; vgl. LHT/*Bayer* Rn. 8; zum nationalen Recht Semler/Stengel/*Schwanna* UmwG § 38 Rn. 3; Kallmeyer/*Zimmermann* UmwG § 38 Rn. 4).

7　§ 19 Abs. 1 UmwG gilt nach überzeugender Auffassung auch im Falle einer Verschmelzung durch Aufnahme nicht (LHT/*Bayer* Art. 25 Rn. 13, 18, Art. 26 Rn. 7; Spindler/Stilz/*Casper* Art. 25 Rn. 7; *Jannott* in Jannott/Frodermann HdB SE Kap. 3 Rn. 100 Fn. 217; Kallmeyer/*Marsch-Barner* UmwG Anh. Rn. 84; Theisen/Wenz/*Neun* S. 138; MüKoAktG/*Schäfer* Art. 25 Rn. 10; *J. Schmidt* S. 258 f.; *Schwarz* Art. 25 Rn. 25; offengelassen bei *Scheifele* Gründung der SE S. 271; aA MHdB AG/*Austmann* § 84 Rn. 31; *Brandes* AG 2005, 177 [187]; KK-AktG/*Maul* Rn. 6 ff.; NK-SE/*Schröder* Art. 25 Rn. 45). Nach dieser Vorschrift darf eine Verschmelzung nach nationalem Recht in das Register des Sitzes des übernehmenden Rechtsträgers erst eingetragen werden, nachdem sie im Register des Sitzes jeder der übertragenden Gesellschaften eingetragen worden ist; die Eintragung im Register des Sitzes jedes der übertragenden Rechtsträger ist dabei mit einem Vorläufigkeitsvermerk zu versehen (§ 19 Abs. 1 S. 2 UmwG). Aufgrund der insoweit abschließenden Regelung des Eintragungsverfahrens für die SE-Gründung durch Verschmelzung in Art. 25–28 kann diesbezüglich jedoch nicht auf nationales Verschmelzungsrecht zurückgegriffen werden (→ Art. 25 Rn. 26; → Art. 27 Rn. 2).

8　Inhaltliche Anforderungen an die Anmeldung ergeben sich aus § 37 AktG, wobei im Fall einer monistischen Leitungsstruktur ergänzend § 21 Abs. 2–4 SEAG zu beachten sind (*Jünemann* in BJMS SE § 2 Rn. 148; *Schwarz* Rn. 5).

9　**c) Beizufügende Unterlagen.** Gemäß Art. 26 Abs. 2 sind die nach Art. 25 Abs. 2 erteilten **Rechtmäßigkeitsbescheinigungen** aller Gründungsgesellschaften vorzulegen. Das Ausstellungsdatum der jeweiligen Bescheinigung darf nach der ausdrücklichen Regelung des Art. 26 Abs. 2 zum Zeitpunkt der Vorlage nicht länger als **sechs Monate** zurückliegen. Die Frist berechnet sich bei einer SE mit Sitz in Deutschland nach Art. 15 Abs. 1 iVm §§ 186 ff. BGB, wobei die Ausstellung der Bescheinigung das fristauslösende Ereignis (§ 187 Abs. 1 BGB) darstellt (*Jünemann* in BJMS SE § 2 Rn. 148; *Scheifele* Gründung der SE S. 273; *Schwarz* Rn. 7). Die Folge des Ablaufs dieser Frist wird unterschiedlich beurteilt. Teilweise wird davon ausgegangen, die Bescheinigung sei nach Fristablauf unbrauchbar und es müsse eine neue Rechtmäßigkeitsbescheinigung eingeholt werden (NK-SE/*Schröder* Rn. 11). Andere sehen die Frist als Ausschlussfrist an, so dass nach deren Ablauf eine Bescheinigung zurückgewiesen werden könne (Spindler/Stilz/*Casper* Rn. 4; KK-AktG/*Maul* Rn. 11; Kalss/Hügel/*Hügel* SEG § 24 Rn. 13 betont, dass die Behörde berechtigt ist, die Bescheinigung trotz Fristablaufs dennoch zu akzeptieren). Einigkeit besteht jedenfalls darin, dass nach

Fristablauf eine neue Bescheinigung beantragt und im Verfahren nachgereicht werden kann (Spindler/Stilz/*Casper* Rn. 4; Kalss/Hügel/*Hügel* SEG § 24 Rn. 13; KK–AktG/*Maul* Rn. 11; NK–SE/*Schröder* Art. 26 Rn. 11; MüKoAktG/*Schäfer* Rn. 5). Für die nach Art. 25 Abs. 2 zuständige nationale Stelle ergibt sich in diesem Fall ein erneutes Prüfungsrecht bezüglich des Vorliegens der Voraussetzungen für die Erteilung der Bescheinigung (Spindler/Stilz/*Casper* Rn. 4; vgl. auch Kalss/Hügel/*Hügel* SEG § 24 Rn. 13). Die zuerst genannte Ansicht überzeugt, da es nicht im Belieben der für die Prüfung gemäß Art. 26 zuständigen nationalen Stelle stehen kann, die von der SE–VO ausdrücklich vorgesehene Frist im Einzelfall nicht zur Geltung gelangen zu lassen.

Die nach Art. 25 Abs. 2 erteilte Rechtmäßigkeitsbescheinigung entfaltet für **10** die Prüfung im Rahmen von Art. 26 **Bindungswirkung** hinsichtlich aller bereits in der ersten Stufe gemäß Art. 25 Abs. 1 zu überprüfenden Verfahrensschritte (→ Art. 25 Rn. 24; ferner LHT/*Bayer* Rn. 16; Spindler/Stilz/*Casper* Art. 25 Rn. 7, Art. 26 Rn. 1; Widmann/Mayer/*Heckschen* UmwG Anh. 14 Rn. 262 ff.; Kallmeyer/*Marsch-Barner* UmwG Anh. Rn. 85; MüKoAktG/*Schäfer* Art. 25 Rn. 6, Art. 26 Rn. 1, 10; *J. Schmidt* S. 257; NK–SE/*Schröder* Art. 25 Rn. 21, Art. 26 Rn. 4, 6; *Schwarz* Rn. 6). Die für die Prüfung gemäß Art. 26 Abs. 2 zuständige Stelle darf daher nur formal prüfen, ob eine Rechtmäßigkeitsbescheinigung von der dafür zuständigen nationalen Stelle erteilt wurde (*Jannott* in Jannott/Frodermann HdB SE Kap. 3 Rn. 103; Theisen/Wenz/*Neun* S. 141; MüKoAktG/*Schäfer* Art. 26 Rn. 1; aA Kalss/Hügel/*Hügel* SEG § 24 Rn. 24, der von einem Prüfungsrecht bei „Bedenken gegen die Richtigkeit" ausgeht) und deren Ausstellungszeitpunkt bei Vorlage nicht länger als sechs Monate zurückliegt. Eine erneute inhaltliche Prüfung der Rechtmäßigkeit würde dem Ziel des Verordnungsgebers zuwiderlaufen, Doppelprüfungen zu vermeiden und die jeweilige Prüfung durch die sachnähere nationale Stelle durchführen zu lassen (vgl. LHT/*Bayer* Rn. 16; Spindler/Stilz/*Casper* Rn. 1; Widmann/Mayer/*Heckschen* UmwG Anh. 14 Rn. 263, 266; MüKoAktG/*Schäfer* Rn. 1; *Scheifele* Gründung der SE S. 272, 276; *J. Schmidt* S. 256 f.; *Schwarz* Rn. 6, 16). Der dagegen teilweise vorgebrachte Einwand, es sei zweifelhaft, ob sich die zwei Stufen der Rechtmäßigkeitskontrolle immer voneinander trennen ließen (so NK–SE/*Schröder* Art. 25 Rn. 21, Art. 26 Rn. 4 f.; *Trojan-Limmer* RIW 1991, 1010 [1014]), trägt nicht. Es ist eine vom Verordnungsgeber gewollte, klare Trennung der beiden Prüfungsstufen vorzunehmen, weshalb im Rahmen der Prüfung gemäß Art. 26 nur noch solche Verfahrensschritte zur Überprüfung stehen, die die Durchführung der Verschmelzung und die Gründung der SE betreffen; dies sind in der Regel die Schritte, die zeitlich nach den zustimmenden Beschlüssen der Hauptversammlungen der Gründungsgesellschaften gemäß Art. 23 Abs. 1 stattfinden (Spindler/Stilz/*Casper* Rn. 2; vgl. auch MüKoAktG/*Schäfer* Rn. 3). Teilweise wird erwogen, dass bei **evidenten Mängeln** in einem Verfahrensabschnitt der ersten Stufe das Registergericht die Eintragung der SE verweigern könne oder unter Umständen sogar müsse – so beispielsweise bei Verletzung von Vorschriften der SE–VO (MHdB AG/*Austmann* § 84 Rn. 32; van Hulle/Maul/Drinhausen/*Teichmann* Abschnitt 4 § 2 Rn. 66; Widmann/Mayer/*Heckschen* UmwG Anh. 14 Rn. 266: „wenn Unregelmäßigkeiten … geradezu ins Auge stechen"; ähnlich auch *Kleindiek* in Lutter/Hommelhoff Europäische Gesellschaft S. 108, der sich am Wortlaut des Art. 25 Abs. 2 („zweifelsfrei") orientiert; in Bezug auf den Verschmelzungsplan auch *Schwarz* Rn. 11 („offensichtliche Mängel"); Kalss/Hügel/*Hügel* SEG § 24 Rn. 28 geht von einem erneuten Prüfungsrecht bei „Bedenken gegen die Richtigkeit" aus). Der künftige Sitzstaat der SE solle sich gezwungen werden, Mängel im Gründungsverfahren hinzunehmen, da hierdurch auch seine Rechtsordnung betroffen sei (vgl. *Schwarz* Rn. 11). Dem kann jedoch nicht gefolgt werden, da anderenfalls die von der SE–VO vorgesehene strikte

Trennung der Prüfungskompetenzen aufgeweicht und der Prüfungsumfang letztlich durch die Bestimmung der Reichweite einer „Evidenzkontrolle" ins Ermessen der gemäß Art. 26 Abs. 2 zuständigen Stelle gestellt würde. Dies würde das Gründungsverfahren mit erheblichen Unsicherheiten belasten und birgt die Gefahr, letztlich doch zu Doppelprüfungen zu führen.

11   Für die gemäß Art. 26 Abs. 3 Hs. 1 vorgeschriebene Prüfung, ob die sich verschmelzenden Gesellschaften einem gleich lautenden **Verschmelzungsplan** zugestimmt haben, sind nach Art. 26 Abs. 2 jeweils Ausfertigungen der Verschmelzungspläne aller Gründungsgesellschaften vorzulegen. Einen „gemeinsamen Verschmelzungsplan" verlangt die Vorschrift dagegen – im Gegensatz zu § 122c Abs. 2 UmwG, der Parallelregelung für die grenzüberschreitende Verschmelzung, die in Art. 11 Abs. 2 IntVerschmRL vorgegeben ist – nicht (→ Art. 20 Rn. 4). Art. 26 Abs. 2 verlangt die Vorlage einer „Ausfertigung" des Verschmelzungsplans. Dies ist jedoch, wie der Vergleich mit anderen Sprachfassungen (englisch „a copy"; französisch „une copie") zeigt, nicht im rechtstechnischen Sinne zu verstehen (Spindler/Stilz/*Casper* Rn. 5 Fn. 15; NK-SE/*Schröder* Rn. 12). Ausreichend ist auch eine Kopie, wobei sich die notwendige Form dieser Kopie über den Verweis des Art. 15 Abs. 1 aus dem jeweiligen nationalen Recht ergibt. Folglich findet § 17 Abs. 1 UmwG Anwendung, wonach die Anlagen zur Anmeldung einer Verschmelzung in Ausfertigung oder öffentlich beglaubigter Abschrift oder, soweit sie nicht notariell zu beurkunden sind, in Urschrift oder (einfacher) Abschrift einzureichen sind. Zu demselben Zweck sind auch die Niederschriften der von den Gründungsgesellschaften nach Art. 23 gefassten **Verschmelzungsbeschlüsse** vorzulegen (MüKoAktG/*Schäfer* Rn. 8).

12   Soweit eine **Vereinbarung über die Beteiligung der Arbeitnehmer** geschlossen wurde, ist diese für die Prüfung gemäß Art. 26 Abs. 3 Hs. 2 vorzulegen. Ist keine Vereinbarung zustande gekommen, muss eine Erklärung darüber abgegeben werden, wie das Beteiligungsverfahren stattdessen abgeschlossen wurde, ob es also zu einem Abbruch der Verhandlungen (Art. 3 Abs. 6 SE-RL, in Deutschland umgesetzt in § 16 SEBG) kam oder die Verhandlungsfrist verstrichen ist (Art. 5 SE-RL, in Deutschland umgesetzt in § 20 SEBG). Teilweise wird verlangt, dass die Umstände, die einen ordnungsgemäßen Abschluss des Arbeitnehmerbeteiligungsverfahrens begründen, glaubhaft gemacht werden (Spindler/Stilz/ *Casper* Rn. 5; vgl. auch MüKoAktG/*Schäfer* Rn. 8: „nachzuweisen"). Richtigerweise ist jedoch die Mitteilung der Tatsachen bezüglich des Ablaufs des Arbeitnehmerbeteiligungsverfahrens ausreichend. Bei begründeten Zweifeln an der Richtigkeit der mitgeteilten Tatsachen hat ein zuständiges deutsches Registergericht nach § 26 FamFG geeignete Mittel zur Aufklärung des Sachverhalts zu ergreifen, wobei der Umfang der Überprüfung im Ermessen des Registerrichters steht (vgl. zu den Anforderungen an die Amtsermittlungspflicht BGH NZG 2011, 907 [908]). So können etwa Nachweise für den Ablauf der Verhandlungsfrist verlangt werden. Hat die zu gründende SE ihren Sitz in Deutschland, unterliegt das Verhandlungsverfahren den Vorschriften des SEBG (vgl. § 3 Abs. 1 SEBG sowie Art. 6 SE-RL). Die Verhandlungsfrist beginnt in diesem Fall gemäß § 20 Abs. 1 SEBG mit dem Tag, an dem die Leitungen der an der Gründung beteiligten Gesellschaften die Mitglieder des besonderen Verhandlungsgremiums der Arbeitnehmer zur konstituierenden Sitzung des besonderen Verhandlungsgremiums geladen haben. Denkbar wäre daher die Vorlage des Einladungsschreibens als Nachweis für den Zeitpunkt des Beginns der Verhandlungsfrist. Nicht erforderlich ist der Nachweis über einen etwaigen Vorbehalt der Hauptversammlung nach Art. 23 Abs. 2 S. 2, da dies bereits auf der ersten Stufe überprüft wurde und insoweit eine Bindungswirkung besteht (s. zur Prüfung der Genehmigung im Rahmen von Art. 25 auch → Art. 25 Rn. 19; ferner *Schwarz* Rn. 9; aA Theisen/Wenz/*Neun* S. 141).

Neben den (wenigen) in Art. 26 ausdrücklich aufgeführten Unterlagen sind **13** ferner Unterlagen einzureichen, die **nach dem nationalem Recht** des Sitz-staates der SE für eine Gründung einer AG durch Verschmelzung vorgesehen sind (Theisen/Wenz/*Neun* S. 141). Gemäß Art. 15 iVm § 36 Abs. 2 S. 1 UmwG und § 37 AktG anwendbar, wobei den Besonderheiten der Gründung einer SE bei dessen Anwendung Rechnung zu tragen ist (LHT/*Bayer* Rn. 10; *J. Schmidt* S. 254 f.; im Ergebnis auch MüKoAktG/*Schäfer* Rn. 9; NK-SE/*Schröder* Rn. 19, 22); im Falle einer monistischen SE gilt ergänzend § 21 Abs. 2 SEAG (LHT/*Bayer* Rn. 10; NK-SE/*Schröder* Rn. 20). Erforderlich ist danach insbesondere die Vorlage der Satzung der SE (§ 37 Abs. 4 Nr. 1 AktG) sowie, bei der dualistischen SE, eines Beschlusses des Aufsichtsorgans über die Bestellung der Mitglieder des Leitungsorgans und bei der monistischen SE des Verwaltungsrats über die Bestel-lung der geschäftsführenden Direktoren (§ 37 Abs. 4 Nr. 3 AktG). Die Mit-glieder des Leitungsorgans (Art. 37 Abs. 2 AktG) bzw. die geschäftsführenden Direktoren (§ 21 Abs. 2 SEAG) müssen ferner erklären, dass keine Bestellungs-hindernisse vorliegen.

Teilweise wird vertreten, dass **analog § 17 UmwG** (oder iVm Art. 26 Abs. 4) **14** noch **weitere Unterlagen** vorzulegen seien (Spindler/Stilz/*Casper* Rn. 5; Mü-KoAktG/*Schäfer* Rn. 8 f.). Namentlich sollen dies Verschmelzungsberichte und Verschmelzungsprüfungsberichte (sofern diese nicht entbehrlich sind), Nachweise über die ordnungsgemäße Zuleitung des Verschmelzungsplans an die zuständigen Betriebsräte sowie Schlussbilanzen der übertragenden deutschen Rechtsträger sein (LHT/*Bayer* Rn. 9). Richtigerweise ist die Vorlage dieser Unterlagen nicht erforderlich, denn diese sind dem Verschmelzungsverfahren auf der Ebene der Gründungsgesellschaften zuzuordnen und wurden, soweit nach dem jeweiligen nationalen Recht der betreffenden Gründungsgesellschaft erforderlich, bereits auf der ersten Prüfungsstufe gemäß Art. 25 von der zuständigen nationalen Stelle geprüft (vgl. KK-AktG/*Maul* Rn. 10). Selbst wenn diese Unterlagen nicht vor-gelegt und nicht geprüft wurden, ist die Kontrollstelle nach Art. 26 an das positive Prüfungsergebnis der ersten Stufe gebunden und darf keine eigene Rechtmäßig-keitsprüfung bezüglich der Ordnungsmäßigkeit des Verfahrens auf der Ebene der Gründungsgesellschaften vornehmen (→ Rn. 10; → Art. 25 Rn. 24); die Vorlage diesbezüglicher Unterlagen wäre daher nutzlos. Wenn für die Prüfungen nach Art. 25 Abs. 2 und Art. 26 Abs. 1 dieselbe Stelle zuständig ist, ist eine (erneute) Vorlage der Unterlagen, die bereits für die Prüfung nach Art. 25 eingereicht wurden, nach allgemeiner Ansicht entbehrlich (LHT/*Bayer* Rn. 9; KK-AktG/*Maul* Rn. 10; MüKoAktG/*Schäfer* Rn. 8; *J. Schmidt* S. 254 Fn. 1005; im Ergebnis auch Spindler/Stilz/*Casper* Rn. 5).

Die **Form** der einzureichenden Unterlagen richtet sich nach Art. 15 iVm § 17 **15** Abs. 1 UmwG. Bei Dokumenten in **ausländischer Sprache** kann analog § 142 Abs. 3 ZPO die Vorlage einer beglaubigten Übersetzung ins Deutsche verlangt werden (LHT/*Bayer* Rn. 9 Fn. 19; Spindler/Stilz/*Casper* Rn. 4; *Kleindiek* in Lutter/Hommelhoff Europäische Gesellschaft S. 108; MüKoAktG/*Schäfer* Rn. 8; vgl. auch NK-SE/*Schröder* Rn. 13).

3. Materielle Voraussetzungen. Geprüft wird im Verfahren nach Art. 26 **16** lediglich die **Rechtmäßigkeit der Durchführung der Verschmelzung und der Gründung der SE** (bei einer Verschmelzung durch Neugründung) bzw. des Umwandlungsvorgangs (bei der Verschmelzung durch Aufnahme) (Spindler/ Stilz/*Casper* Rn. 6). Es erfolgt also eine Trennung zwischen den Prüfungsstufen (so LHT/*Bayer* Rn. 16). Gegenstand der Prüfung auf zweiter Stufe sind nur diejenigen Verfahrensschritte, die nicht bereits auf der ersten überprüft wurden (Spindler/Stilz/*Casper* Rn. 2; *Schwarz* Rn. 16; aA offenbar Kalss/Hügel/*Hügel* SEG § 24 Rn. 28).

17 a) **Zustimmung zu gleichlautenden Verschmelzungsplänen.** Nach Art. 26 Abs. 3 Hs. 1 kontrolliert die zuständige Stelle insbesondere, ob die Hauptversammlungen der sich verschmelzenden Gesellschaften einem gleich lautenden Verschmelzungsplan zugestimmt haben. Dabei handelt es sich, wie bereits der Wortlaut zeigt, nur um eine **formale Kontrolle** (LHT/*Bayer* Rn. 11; Spindler/Stilz/*Casper* Rn. 6; *Jünemann* in BJMS SE § 2 Rn. 150; MüKoAktG/*Schäfer* Rn. 10; *Scheifele* Gründung der SE S. 274; grundsätzlich auch *Schwarz* Rn. 11); nicht zu prüfen ist in diesem Zusammenhang hingegen etwa die formelle oder inhaltliche Ordnungsmäßigkeit von Verschmelzungsplänen und Verschmelzungsbeschlüssen. Denn diese wird bereits im Verfahren nach Art. 25 geprüft (→ Art. 25 Rn. 17 ff.). Den Verschmelzungsbeschlüssen müssen keine Verschmelzungspläne in derselben Sprache zugrunde gelegen haben, da lediglich eine inhaltliche, nicht aber eine sprachliche Identität der Verschmelzungspläne erforderlich ist (Widmann/Mayer/*Heckschen* UmwG Anh. 14 Rn. 152; *Scheifele* Gründung der SE S. 274; NK-SE/Schröder Rn. 13; vgl. auch *Brocker* BB 2010, 971 [972]; → Art. 20 Rn. 4, 8). Zur Überprüfung dieser Übereinstimmung kann sich das Registergericht analog § 142 Abs. 3 ZPO eine beglaubigte Übersetzung von in ausländischer Sprache erstellten Verschmelzungsplänen und Beschlussniederschriften vorlegen lassen (→ Rn. 15).

18 b) **Abschluss des Arbeitnehmerbeteiligungsverfahrens.** Nach Art. 26 Abs. 3 Hs. 2 ist zu prüfen, ob eine **Vereinbarung über die Beteiligung der Arbeitnehme**r nach der SE-RL geschlossen wurde. Dies ist jedoch nicht wörtlich zu verstehen. Das Verfahren zur Regelung der Arbeitnehmerbeteiligung in der SE muss vielmehr in einer in Art. 12 Abs. 2 genannten Art und Weise **ordnungsgemäß abgeschlossen** worden sein (*Scheifele* Gründung der SE S. 274 f.; *Schwarz* Rn. 12; vgl. auch Kallmeyer/*Marsch-Barner* UmwG Anh. Rn. 85; NK-SE/*Schröder* Art. 26 Rn. 14). Ausreichend ist also nicht nur der Abschluss einer Vereinbarung nach den anwendbaren nationalen Umsetzungsvorschriften zu Art. 4 SE-RL (in Deutschland umgesetzt in § 21 SEBG), sondern auch ein Beschluss des besonderen Verhandlungsgremiums zum Abbruch der Verhandlungen iSv Art. 3 Abs. 6 SE-RL (in Deutschland umgesetzt in § 16 SEBG) oder das Ablaufen der Verhandlungsfrist iSv Art. 5 SE-RL (in Deutschland umgesetzt in § 20 SEBG), ohne dass es zum Abschluss einer Vereinbarung gekommen ist. Wurde eine Vereinbarung geschlossen, so erstreckt sich die Prüfung auch darauf, ob die Satzung im Einklang mit der Beteiligungsvereinbarung steht (KK-AktG/*Maul* Rn. 14); ist dies nicht der Fall, ist die Satzung entsprechend zu ändern (Art. 12 Abs. 4; Spindler/Stilz/*Casper* Rn. 6; *Kleindiek* in Lutter/Hommelhoff Europäische Gesellschaft S. 102 f.; Theisen/Wenz/*Neun* S. 137; MüKoAktG/*Schäfer* Rn. 10 f.; *Scheifele* Gründung der SE S. 274 f.; NK-SE/*Schröder* Rn. 14; *Schwarz* Rn. 12, 18).

19 c) **Mehrstaatlichkeit.** Auch die Wahrung des in **Art. 2 Abs. 1 vorgesehenen Mehrstaatlichkeitsgebots,** nach dem mindestens zwei der sich verschmelzenden Gesellschaften den Rechten verschiedener EU- bzw. EWR-Mitgliedstaaten unterliegen müssen, gehört – wenn auch in Art. 26 nicht ausdrücklich erwähnt – zum Prüfungsumfang (LHT/*Bayer* Rn. 14; Spindler/Stilz/*Casper* Rn. 8; MüKoAktG/*Schäfer* Rn. 12; *Scheifele* Gründung der SE S. 277; *Schwarz* Rn. 19). Dies ergibt sich daraus, dass nur bei dessen Einhaltung die Anforderungen an die „Rechtmäßigkeit der Verschmelzung" gewahrt sind. Zu beachten ist jedoch, dass es sich bei der Mehrstaatlichkeit nur um ein formales Kriterium handelt, das erfüllt ist, wenn die Gesellschaften formal verschiedenen Rechtsordnungen unterliegen. Der Mehrstaatlichkeit steht es daher nicht entgegen, wenn eine der beteiligten Gesellschaften nicht als werbende Gesellschaft am

Markt tätig ist (Spindler/Stilz/*Casper* Rn. 8), so dass das Erfordernis beispielsweise auch durch eine ausländische **Vorratsgesellschaft** erfüllt werden kann.

d) Nationales Aktiengründungs- und Verschmelzungsrecht. Nach **20** Art. 26 Abs. 4 kontrolliert die zuständige Stelle ferner, ob gemäß Art. 15 die Gründung der SE den gesetzlichen Anforderungen des Sitzstaates genügt. Obwohl der Wortlaut dies nicht ausdrücklich vorsieht, kann der Verweis nur auf Art. 15 Abs. 1 bezogen sein, da die in Art. 15 Abs. 2 geregelte Offenlegung der Eintragung keine Voraussetzung derselben sein kann (LHT/*Bayer* Rn. 15 Fn. 40; Spindler/Stilz/*Casper* Rn. 7; *Scheifele* Gründung der SE S. 275; *Schwarz* Rn. 13). Es findet demnach ergänzend nationales **Aktiengründungs- und Verschmelzungsrecht des Sitzstaates** der SE Anwendung; der Prüfungsumfang richtet sich dabei nach § 38 AktG, bei monistischer Leitungsstruktur durch § 21 Abs. 3 SEAG modifiziert (LHT/*Bayer* Rn. 18; *Koke* Finanzverfassung S. 39; KK-AktG/*Maul* Rn. 14; *Scheifele* Gründung der SE S. 275; *Schwarz* Rn. 13, 18; vgl. auch *Bartone/ Klapdor* S. 22). Zu prüfen sind damit alle formellen und materiellen Eintragungsvoraussetzungen, so insbesondere die Rechtmäßigkeit der Satzung, wobei Satzungsmängel nur im Rahmen des Art. 15 Abs. 1 iVm § 38 Abs. 4 AktG beachtlich sind (LHT/*Bayer* Rn. 17 f.; *Scheifele* Gründung der SE S. 275; *Schwarz* Rn. 13, 18; vgl. auch MüKoAktG/*Schäfer* Rn. 12; NK-SE/*Schröder* Rn. 5). Den Besonderheiten, die sich bei der Verschmelzungsgründung einer SE ergeben, ist dabei Rechnung zu tragen (*Scheifele* Gründung der SE S. 275; *Schwarz* Rn. 13). In der Satzung kann zugleich nach Art. 40 Abs. 2 der erste Aufsichtsrat bestellt werden.

Bei einer **Verschmelzung durch Aufnahme** kommen weitere Prüfungs- **21** gegenstände hinzu. Nach Art. 26 Abs. 4, 15 Abs. 1 iVm § 66 UmwG darf die Verschmelzung, sofern die aufnehmende Gesellschaft dabei ihr Grundkapital erhöht, erst eingetragen werden, nachdem die Durchführung der **Erhöhung des Grundkapitals** im Register eingetragen worden ist (vgl. Kallmeyer/*Marsch-Barner* UmwG Anh. Rn. 62). Die Vorschrift betrifft erst die Ebene der Gründung der SE selbst, weil mit der Vorschrift die Kapitalaufbringung bei der aufnehmenden Gesellschaft sichergestellt werden soll, und ist daher der zweiten Prüfungsstufe zuzuordnen. Außerdem ist zu prüfen, ob ggf. die **Nachgründungsvorschriften** beachtet wurden (Art. 26 Abs. 4, 15 Abs. 1 iVm § 67 UmwG). Auch § 67 UmwG dient der Kapitalaufbringung in der aufnehmenden Gesellschaft (vgl. nur Lutter/*Grunewald* UmwG § 67 Rn. 1a und Semler/Stengel/*Diekmann* UmwG § 67 Rn. 1, jeweils mwN) und ist mithin erst auf zweiter Stufe zu prüfen (aA *Scheifele* Gründung der SE S. 177 f.). Nach § 67 S. 1 UmwG sind die Nachgründungsvorschriften entsprechend anzuwenden, wenn „der Verschmelzungsvertrag in den ersten zwei Jahren seit Eintragung der übernehmenden Gesellschaft in das Register geschlossen wird". Die Vorschrift ist insofern in SE-spezifischer Weise auszulegen: Da bei der SE-Verschmelzungsgründung kein Verschmelzungsvertrag vorgesehen ist, ist auf die Aufstellung des Verschmelzungsplans nach Art. 20 Abs. 1 S. 1 abzustellen (so auch *Bayer* in Lutter/Hommelhoff Europäische Gesellschaft S. 39; Kallmeyer/*Marsch-Barner* UmwG Anh. Rn. 59; abweichend *Scheifele* Gründung der SE S. 177 f., der auf den Zeitpunkt der notariellen Beurkundung des Verschmelzungsplans abstellt). Zu beachten ist, dass §§ 66, 67 UmwG nur dann zur Anwendung gelangen, wenn die zu gründende SE ihren Sitz in Deutschland haben soll und daher gemäß Art. 26 Abs. 4 deutsches Recht zur Anwendung gelangt (vgl. auch Kallmeyer/*Marsch-Barner* UmwG Anh. Rn. 59). Nicht zu prüfen ist auf zweiter Stufe, ob gemäß Art. 18 iVm § 71 Abs. 1 S. 2 UmwG ein Treuhänder bestellt worden ist, da dies bereits Gegenstand der ersten Stufe war (→ Art. 25 Rn. 22).

e) Keine Prüfung der Reinvermögensdeckung. Teilweise wird bei der **22** **Verschmelzung durch Aufnahme** eine Prüfung der Reinvermögensdeckung analog Art. 37 Abs. 6 für notwendig erachtet (Kalss/Hügel/*Hügel* SEG § 17 Rn. 28, § 24 Rn. 28; MüKoAktG/*Schäfer* Art. 26 Rn. 9; zum Teil auch analog §§ 245 Abs. 1 S. 2, 220 Abs. 1 UmwG: *Koke,* Finanzverfassung S. 33; *Scheifele* Gründung der SE S. 255; Schwarz Vor Art. 17–31 Rn. 16). Eine Analogie zu Art. 37 Abs. 6 mit der Begründung, in jeder SE-Verschmelzung durch Aufnahme sei auch ein Formwechsel der aufnehmenden Gesellschaft enthalten, scheidet jedoch aus, da aufgrund der Regelung der Verschmelzungsprüfung in Art. 22 und der Normierung einer Werthaltigkeitsprüfung nur im Rahmen der SE-Gründung durch Umwandlung keine planwidrige Regelungslücke besteht (LHT/*Bayer* Rn. 23; Spindler/Stilz/*Casper* Rn. 7; *J. Schmidt* S. 245 f.; im Ergebnis auch *Kiem* ZHR 173 [2009], 156 [162]). Im Übrigen wird im Rahmen der Prüfung nach Art. 22 unter anderem die Angemessenheit des Umtauschverhältnisses und damit ein zentraler Aspekt der Vermögensdeckung überprüft, so dass es einer Analogie zu Art. 37 Abs. 6 nicht bedarf (LHT/*Bayer* Rn. 23; Spindler/Stilz/*Casper* Rn. 7; *J. Schmidt* S. 245).

23   **f) Keine Sachgründungsprüfung.** Bei einer **Verschmelzung durch Neu-gründung** sind Gründungsbericht (§ 32 AktG) und Gründungsprüfung (§ 33 Abs. 2 AktG) nach Art. 15 Abs. 1 iVm § 75 Abs. 2 UmwG entbehrlich (LHT/*Bayer* Rn. 20; *Brandes* AG 2005, 177 [186]; Spindler/Stilz/*Casper* Rn. 7; *Jannott* in Jannott/Frodermann HdB SE Kap. 3 Rn. 90; *Koke* Finanzverfassung S. 38; Kallmeyer/*Marsch-Barner* UmwG Anh. Rn. 58; Theisen/Wenz/*Neun* S. 136 f.; MüKoAktG/*Schäfer* Art. 20 Rn. 40, Art. 26 Rn. 9; *Scheifele* Gründung der SE S. 254 f.; *J. Schmidt* S. 244; *Schwarz* Vor Art. 17–31 Rn. 14, 21). Die Gründungsprüfung dient der Kapitalsicherung. Nicht erforderlich ist sie daher, wenn ihr Ziel bereits auf andere Weise erreicht wird. Dies ist bei der SE-Gründung durch Verschmelzung der Fall, da durch das europaweit harmonisierte System von Kapitalaufbringung und -erhaltung in der AG bereits das Rechtsregime der beteiligten Gründungsgesellschaften (Kapital-RL), die nach Art. 2 Abs. 1 zwingend AG sein müssen, die nötige Gewähr für eine ausreichende Kapitalsicherung bietet (LHT/*Bayer* Rn. 20; *Scheifele* Gründung der SE S. 255; vgl. auch *J. Schmidt* S. 244; *Schwarz* Vor Art. 17–31 Rn. 21). Erforderlich ist jedoch die Erstellung eines (internen) Gründungsberichts durch Leitungs- und Aufsichtsorgan der dualistischen SE oder Verwaltungsrat der monistischen SE (§ 22 Abs. 6 SEAG) nach Art. 15 Abs. 1 iVm § 36 Abs. 2 S. 1 UmwG, § 33 Abs. 1 AktG (LHT/*Bayer* Rn. 21; *Jannott* in Jannott/Frodermann HdB SE Kap. 3 Rn. 91; *Koke* Finanzverfassung S. 38; Kallmeyer/*Marsch-Barner* UmwG Anh. Rn. 58; Theisen/Wenz/*Neun* S. 137; *J. Schmidt* S. 244; *Schwarz* Vor Art. 17–31 Rn. 22). Diesen hat das Registergericht nach Art. 15 Abs. 1 iVm § 38 Abs. 2 AktG, und bei monistischer Leitungsstruktur iVm § 21 Abs. 3 SEAG, zu prüfen (LHT/*Bayer* Rn. 21).

24   Da Art. 15 Abs. 1 auf das nationale Aktiengründungs- und Verschmelzungsrecht verweist und in jeder **SE-Verschmelzung durch Aufnahme** auch ein **Formwechsel** der aufnehmenden Gesellschaft enthalten ist, könnte analog § 197 UmwG iVm §§ 32 ff. AktG oder analog § 245 Abs. 2 S. 2 UmwG iVm § 220 Abs. 3 S. 1 UmwG, § 33 Abs. 2 AktG eine Sachgründungsprüfung erforderlich sein (Kalss/Hügel/*Hügel* SEG § 17 Rn. 28; MüKoAktG/*Schäfer* 2. Aufl. 2006, Art. 20 Rn. 39, 3. Aufl. 2011, Art. 26 Rn. 9; NK-SE/*Schröder* Art. 15 Rn. 54). Dies ist jedoch nach zutreffender herrschender Auffassung abzulehnen (LHT/*Bayer* Rn. 24 f.; *Brandes* AG 2005, 177 [187]; Spindler/Stilz/*Casper* Rn. 7; *Kiem* ZHR 173 [2009], 156 [162]; Kallmeyer/*Marsch-Barner* UmwG Anh. Rn. 58; Theisen/Wenz/*Neun* S. 136 f.; MüKoAktG/*Schäfer* Art. 20 Rn. 39; *Scheifele* Gründung der SE S. 254 f.; *J. Schmidt* S. 245 f.; *Schwarz* Vor Art. 17–31 Rn. 14). Das nationale Verschmelzungsrecht sieht für den Fall der Verschmelzung durch

Aufnahme keine Sachgründungsprüfung vor. Auch die dem § 75 Abs. 2 UmwG zugrunde liegende Wertung kann herangezogen werden, denn wenn schon bei einer Verschmelzung durch Neugründung einer AG unter ausschließlicher Beteiligung von Kapitalgesellschaften **keine Sachgründungsprüfung** erforderlich ist, so muss dies im Falle einer Verschmelzung durch Aufnahme unter ausschließlicher Beteiligung von Kapitalgesellschaften erst recht gelten (LHT/*Bayer* Rn. 24; *Scheifele* Gründung der SE S. 255 wendet § 75 Abs. 2 UmwG analog an; vgl. auch *J. Schmidt* S. 245 f.; MüKoAktG/*Schäfer* Rn. 9). An der Verschmelzung zur Gründung einer SE können sich nämlich gemäß Art. 2 Abs. 1 ebenfalls nur AG beteiligen. Das Recht der Kapitalaufbringung und -erhaltung ist aber für AG durch die Kapital-RL europaweit harmonisiert worden. Die Kapitalaufbringung der durch Verschmelzung gegründeten SE ist daher bereits durch das Organisationsrecht der jeweiligen übertragenden Gesellschaften gewährleistet (vgl. Kallmeyer/*Marsch-Barner* UmwG Anh. Rn. 58). Einzig in dem Fall, dass mit der Verschmelzung gleichzeitig eine Kapitalerhöhung durchgeführt wird, kann nach **Art. 15 Abs. 1 iVm § 69 Abs. 1 UmwG** ausnahmsweise eine Sachgründungsprüfung erforderlich sein (LHT/*Bayer* Rn. 25; *J. Schmidt* S. 246; NK-SE/*Schröder* Rn. 15; vgl. auch *Kiem* ZHR 173 [2009], 156 [162]).

[Eintragung gemäß Art. 12]

27 (1) **Die Verschmelzung und die gleichzeitige Gründung der SE werden mit der Eintragung der SE gemäß Artikel 12 wirksam.**

(2) **Die SE kann erst nach Erfüllung sämtlicher in den Artikeln 25 und 26 vorgesehener Formalitäten eingetragen werden.**

Schrifttum: *Bartone/Klapdor,* Die Europäische Aktiengesellschaft, 2. Aufl. 2007; *Brandes,* Cross Border Merger mittels der SE, AG 2005, 177; *Fuchs,* Die Gründung einer Europäischen Aktiengesellschaft durch Verschmelzung und das nationale Recht, 2004; *Lennerz,* Die internationale Verschmelzung und Spaltung unter Beteiligung deutscher Gesellschaften, 2001; *J. Schmidt,* „Deutsche" vs. „britische" Societas Europaea (SE), 2006; *Walden/Meyer-Landrut,* Die grenzüberschreitende Verschmelzung zu einer Europäischen Gesellschaft: Beschlussfassung und Eintragung, DB 2005, 2619.

I. Allgemeines

Art. 27 **Abs. 1** ordnet an, dass die Verschmelzung und die durch die Verschmelzung erreichte Gründung der SE mit Eintragung der SE in das zuständige Register ihres Sitzstaates gemäß Art. 12 wirksam werden. Die Regelung bewirkt, dass der **Zeitpunkt,** zu dem die SE **Rechtspersönlichkeit erlangt,** also der Eintragung im zuständigen Register (Art. 16 Abs. 1), und der Zeitpunkt, zu dem die **Wirkungen der Verschmelzung** nach Art. 29 eintreten, **zusammenfallen** (LHT/*Bayer* Rn. 1; Spindler/Stilz/*Casper* Rn. 2; KK-AktG/*Maul* Rn. 1; *Scheifele* Gründung der SE S. 277; *Schwarz* Rn. 1 und 4). Da der Zeitpunkt des Wirksamwerdens einer Verschmelzung durch die NatVerschmRL (vgl. deren Art. 17) nicht vorgegeben und auch nicht in allen nationalen Rechten der Mitgliedstaaten einheitlich geregelt ist, war für die SE-Gründung durch Verschmelzung eine einheitliche Regelung in der SE-VO erforderlich (vgl. LHT/*Bayer* Rn. 1; *Lennerz* S. 260 ff.; KK-AktG/*Maul* Rn. 1; MüKoAktG/*Schäfer* Rn. 1; *Scheifele* Gründung der SE S. 277 f.; *Schwarz* Rn. 4; Spindler/Stilz/*Casper* Rn. 2). Ergänzend zur Regelung in Abs. 1 bestimmt Art. 27 **Abs. 2** weitere **Voraussetzungen für die Eintragung** der SE. **1**

Der Zeitpunkt der **Offenlegung der Verschmelzung** nach Art. 13, 14, 15 Abs. 2 und 28 ist für die Wirksamkeit der Verschmelzung und die Entstehung der **2**

SE unerheblich; selbst wenn die Offenlegung unterblieben ist, ändert dies nichts am Wirksamwerden der Verschmelzung durch die Eintragung (LHT/*Bayer* Rn. 1; Spindler/Stilz/*Casper* Rn. 2; KK-AktG/*Maul* Rn. 3; MüKoAktG/*Schäfer* Rn. 1; NK-SE/*Schröder* Rn. 2; Kalss/Hügel/*Hügel* SEG § 24 Rn. 29; vgl. auch Schmitt/Hörtnagl/Stratz/*Hörtnagl* Rn. 1). Auch ein im Verschmelzungsplan festgelegter **Verschmelzungsstichtag** (Art. 20 Abs. 1 lit. e) entfaltet lediglich schuldrechtliche Wirkung zwischen den sich verschmelzenden Gesellschaften, für die rechtliche Wirksamkeit der Verschmelzung ist er dagegen unerheblich (LHT/*Bayer* Rn. 1; Spindler/Stilz/*Casper* Rn. 3; KK-AktG/*Maul* Rn. 3; MüKoAktG/*Schäfer* Rn. 1; NK-SE/*Schröder* Rn. 2).

II. Wirksamwerden von Verschmelzung und SE-Gründung (Abs. 1)

3   Die Eintragung der SE in das Register des Sitzstaates (Art. 12 Abs. 1) wirkt konstitutiv zur Erlangung der Rechtspersönlichkeit nach Art. 16 Abs. 1 sowie der in Art. 29 beschriebenen Folgen (LHT/*Bayer* Rn. 3; Schmitt/Hörtnagl/Stratz/*Hörtnagl* Rn. 1; NK-SE/*Schröder* Rn. 2; *Schwarz* Rn. 1; vgl. auch *Bartone/Klapdor* S. 37 ff.; *Fuchs* Gründung S. 165; *Jannott* in Jannott/Frodermann HdB SE Kap. 3 Rn. 108 f.; Kallmeyer/*Marsch-Barner* Anh. Rn. 91 f.; MüKoAktG/*Schäfer* Rn. 3; *Scheifele* Gründung der SE S. 277, 291; *J. Schmidt* S. 258). Es kommt also mit dem Wirksamwerden der Verschmelzung durch Neugründung zum Erlöschen der übertragenden Gesellschaft(en) und zur Entstehung der neuen SE bzw. bei der Verschmelzung durch Aufnahme zum Formwechsel der aufnehmenden AG (Spindler/Stilz/*Casper* Rn. 3). Die **Eintragungsreihenfolge** richtet sich auch bei Beteiligung einem deutschen Recht unterliegenden aufnehmenden Gesellschaft nicht nach § 19 Abs. 1 UmwG, wonach die Verschmelzung in das Register des Sitzes des übernehmenden Rechtsträgers erst eingetragen werden darf, nachdem sie im Register des Sitzes jedes der übertragenden Rechtsträger eingetragen wurde. Die Vorschrift findet aufgrund der insoweit abschließenden Regelungen der Art. 25–28 auf die Verschmelzung zur Gründung einer SE keine Anwendung (→ Art. 25 Rn. 26; ferner LHT/*Bayer* Rn. 3; Spindler/Stilz/*Casper* Rn. 4; *Jannott* in Jannott/Frodermann HdB SE Kap. 3 Rn. 100 Fn. 217; MüKoAktG/*Schäfer* Art. 25 Rn. 10, Art. 27 Rn. 3; *Scheifele* Gründung der SE S. 268 ff.; *J. Schmidt* S. 258 f.; *Schwarz* Art. 25 Rn. 25; im Ergebnis auch NK-SE/*Schröder* Rn. 2; aA MHdB AG/*Austmann* § 84 Rn. 31; *Brandes* AG 2005, 177 [187]; NK-SE/*Schröder* Art. 25 Rn. 45; *Walden/Meyer-Landrut* DB 2005, 2619 [2622]). Denn die von § 19 Abs. 1 S. 1 UmwG vorgesehene Eintragungsreihenfolge soll sicherstellen, dass die Eintragung der Verschmelzung in das Register des übernehmenden Rechtsträgers, mit der die Verschmelzung wirksam wird, nicht erfolgen kann, bevor auf der Ebene der übertragenden Gesellschaft(en) gewährleistet ist, dass die Verschmelzung ordnungsgemäß vorbereitet und beschlossen wurde (Lutter/*Decher* UmwG § 19 Rn. 7). Dieses Ziel wird bei der SE-Gründung durch Verschmelzung bereits durch die Erteilung der Rechtmäßigkeitsbescheinigung nach Art. 25 Abs. 2 erreicht, die Voraussetzung für die Prüfung gemäß Art. 26 und der auf diese folgenden Eintragung der SE ist (Art. 27 Abs. 2; vgl. *Scheifele* Gründung der SE S. 269). Auch der Eintragung eines **Vorläufigkeitsvermerks** nach § 19 Abs. 1 S. 2 UmwG bedarf es nicht, da bei der SE-Gründung durch Verschmelzung die Rechtmäßigkeitsbescheinigung für übertragende Gesellschaften an die Stelle der Eintragung der Verschmelzung mit Vorläufigkeitsvermerk tritt (vgl. *Scheifele* Gründung der SE S. 272; auch → Art. 25 Rn. 26).

4   Eingetragen wird eine SE mit Sitz in Deutschland in das **Handelsregister des Amtsgerichts an ihrem Sitz;** die Eintragung erfolgt in Abteilung B (§§ 3, 4 S. 1 SEAG; §§ 376, 377 FamFG; § 3 Abs. 3 HRV; LHT/*Bayer* Rn. 4; *Jannott* in

Jannott/Frodermann HdB SE Kap. 3 Rn. 104; *Kleindiek* in Lutter/Hommelhoff Europäische Gesellschaft S. 108; NK-SE/*Schröder* Rn. 6; vgl. auch Kallmeyer/ *Marsch-Barner* Anh. Rn. 90; *J. Schmidt* S. 258). Der Inhalt der Eintragung richtet sich, wie bei einer deutschen AG, nach § 39 AktG, § 43 HRV, wobei im Falle einer monistischen Leitungsstruktur die Besonderheiten der §§ 21 Abs. 4, 22 Abs. 6 SEAG zu beachten sind (LHT/*Bayer* Rn. 4; *Kleindiek* in Lutter/Hommelhoff Europäische Gesellschaft S. 108; *J. Schmidt* S. 259; vgl. auch NK-SE/*Schröder* Rn. 6; *Schwarz* Art. 12 Rn. 15).

III. Voraussetzungen der Eintragung (Abs. 2)

Gemäß Art. 27 Abs. 2 kann eine durch Verschmelzung gegründete SE erst **5** eingetragen werden, **nachdem das zweistufige Verfahren** zur Prüfung der Rechtmäßigkeit **nach Art. 25 und 26 durchgeführt** wurde. Dadurch sollen fehlerhafte und unseriöse SE-Gründungen vermieden werden (LHT/*Bayer* Rn. 2; Spindler/Stilz/*Casper* Rn. 4; KK-AktG/*Maul* Rn. 2; MüKoAktG/*Schäfer* Rn. 2; *Schwarz* Rn. 6). Bei fehlender Prüfung liegt ein **zwingendes Eintragungshindernis** vor (LHT/*Bayer* Rn. 5; KK-AktG/*Maul* Rn. 2; *Schwarz* Rn. 6; vgl. auch NK-SE/*Schröder* Rn. 6). Eine Eintragung trotz etwaiger Mängel im Verschmelzungsverfahren oder fehlender Prüfung ist nach Art. 30 S. 1 zwar wirksam, kann jedoch unter Umständen gemäß Art. 30 S. 2 einen Grund für die **Auflösung** der SE darstellen (LHT/*Bayer* Rn. 5; *Fuchs* Gründung S. 164; NK-SE/*Schröder* Art. 27 Rn. 5; aA KK-AktG/*Maul* Rn. 5; → Art. 30 Rn. 4 ff.). Bei Gründung einer SE mit Sitz in Deutschland entscheidet nach § 25 Abs. 1 HRV der Richter über die Eintragung. Liegen alle Voraussetzungen für die Eintragung vor, erlässt der Richter eine Eintragungsverfügung (LHT/*Bayer* Rn. 5). Die Eintragung ist den Beteiligten nach § 383 Abs. 1 Hs. 1 FamFG bekannt zu geben (LHT/*Bayer* Rn. 5; *Kleindiek* in Lutter/Hommelhoff Europäische Gesellschaft S. 108, jeweils zur Vorgängervorschrift § 130 Abs. 2 FGG). Bei noch behebbaren Mängeln ergeht eine Zwischenverfügung mit Fristsetzung zur Beseitigung des Eintragungshindernisses (§ 382 Abs. 4 S. 1 FamFG).

[Offenlegung der Verschmelzung]

28 Für jede sich verschmelzende Gesellschaft wird die Durchführung der Verschmelzung nach den in den Rechtsvorschriften des jeweiligen Mitgliedstaats vorgesehenen Verfahren in Übereinstimmung mit Artikel 3 der Richtlinie 68/151/EWG offen gelegt.

I. Allgemeines

Art. 28 regelt die **Offenlegung der Durchführung** der Verschmelzung **bei** **1** **den Gründungsgesellschaften.** Die Offenlegung und Bekanntmachung der Eintragung der SE selbst richtet sich hingegen nach Art. 13, 15 Abs. 2 und Art. 14 (LHT/*Bayer* Rn. 1). Nach diesen Vorschriften erfolgt die Bekanntmachung der Eintragung der SE, außer im Amtsblatt der EU (Art. 14 Abs. 1), jedoch nur im Sitzstaat der SE (Art. 13, 15 Abs. 2; s. Spindler/Stilz/*Casper* Rn. 2; vgl. auch MüKoAktG/*Schäfer* Rn. 2 und *Scheifele* Gründung der SE S. 279). Art. 28 soll in Ergänzung dazu sicherstellen, dass auch der Rechtsverkehr in den Mitgliedstaaten, dessen Recht die Gründungsgesellschaften unterliegen, über das Wirksamwerden der Verschmelzung und der SE-Gründung informiert wird (LHT/*Bayer* Rn. 1; KK-AktG/*Maul* Rn. 1; Theisen/Wenz/*Neun* S. 138; MüKoAktG/*Schäfer* Rn. 2; *Scheifele* Gründung der SE S. 279; *Schwarz* Rn. 8).

2   Die Offenlegung wirkt nur **deklaratorisch,** da weder die Eintragung der Verschmelzung in das Register der übertragenden Gesellschaften noch die Eintragung der SE selbst sie voraussetzen (Spindler/Stilz/*Casper* Rn. 2; Schmitt/Hörtnagl/Stratz/*Hörtnagl* Rn. 1; MüKoAktG/*Schäfer* Rn. 2); zu den an die Offenlegung anknüpfenden Fristen → Rn. 8.

II. Verfahren der Offenlegung

3   Art. 28 bestimt, dass die Offenlegung nach nationalem Recht in Übereinstimmung mit Art. 3 der Richtlinie 68/151/EWG (nunmehr Art. 3 der Richtlinie 2009/101/EG, sog. **Publizitäts-RL;** vgl. NK-SE/*Schröder* Rn. 1) erfolgt. Die Offenlegung gemäß Art. 28 findet erst **nach Eintragung der SE** statt (Spindler/Stilz/*Casper* Rn. 1; KK-AktG/*Maul* Rn. 2; NK-SE/*Schröder* Rn. 3; *Schwarz* Rn. 4; vgl. auch *Scheifele* Gründung der SE S. 279). Dies ist zwar nicht ausdrücklich bestimmt, kann aber aus der systematischen Stellung der Vorschrift und ihrem Zweck, nämlich der Information über den Vollzug der Verschmelzung, geschlossen werden (Spindler/Stilz/*Casper* Rn. 1; NK-SE/*Schröder* Rn. 3). Schließlich verlangt auch der Wortlaut des Art. 28 die Offenlegung der „Durchführung der Verschmelzung", also des Abschlusses des Verschmelzungsverfahrens (vgl. *Schwarz* Rn. 4).

4   Die **Veranlassung der Offenlegung obliegt** nach zutreffender Ansicht grundsätzlich der im Wege der Verschmelzung neu gegründeten **SE** oder der in die Rechtsform der SE umgewandelten aufnehmenden Gesellschaft, da die übertragenden Gründungsgesellschaften mit Eintragung der SE erlöschen und keine Offenlegung mehr vornehmen können (Art. 29 Abs. 1 lit. c, Abs. 2 lit. c; s. LHT/*Bayer* Rn. 2; Spindler/Stilz/*Casper* Rn. 3; Schmitt/Hörtnagl/Stratz/*Hörtnagl* Rn. 2; KK-AktG/*Maul* Rn. 4; MüKoAktG/*Schäfer* Rn. 3; *Scheifele* Gründung der SE S. 279 f.; NK-SE/*Schröder* Rn. 5; *Schwarz* Rn. 5). Fraglich ist, ob bei einer **SE mit Sitz in Deutschland** eine Verpflichtung des zuständigen Registergerichts besteht, von Amts wegen der zuständigen nationalen Stelle am Sitz jeder Gründungsgesellschaft gemäß **§ 19 Abs. 2 S. 1 UmwG** den Tag der Eintragung der SE mitzuteilen (so MünchHdbAG/*Austmann* § 84 Rn. 33; NK-SE/*Schröder* Rn. 7; ferner Schmitt/Hörtnagl/Stratz/*Hörtnagl* Rn. 2, der aber weiterhin zusätzlich die SE als Adressat der Offenlegungspflicht sieht). Festzuhalten ist zunächst, dass § 19 Abs. 2 UmwG allenfalls einem deutschen Registergericht eine Mitteilungspflicht auferlegen könnte (so auch NK-SE/*Schröder* Rn. 8). Hat die SE ihren Sitz im Ausland, könnte eine Mitteilungspflicht der dort zuständigen nationalen Stelle nur aus dem maßgeblichen ausländischen Recht folgen. Bleibt eine solche Mitteilung seitens des ausländischen Registers aus, könnte eine Verpflichtung des Registergerichts einer deutschen übertragenden Gesellschaft bestehen, sich die Informationen von Amts wegen zu beschaffen (s. Schmitt/Hörtnagl/Stratz/*Hörtnagl* Rn. 2; NK-SE/*Schröder* Rn. 8). Ferner führen die Spezialregelungen für das Eintragungsverfahren der durch Verschmelzung entstehenden SE in Art. 25–28 bereits zur Unanwendbarkeit des § 19 Abs. 1 UmwG, der für die innerstaatliche Verschmelzung die Eintragung im Register einer übertragenden Gesellschaft versehen mit einem Vorläufigkeitsvermerk vorsieht (→ Art. 25 Rn. 26; → Art. 27 Rn. 3). Die Mitteilung über das Wirksamwerden der Verschmelzung gemäß § 19 Abs. 2 UmwG dient dazu, dem Registergericht der übertragenden Gesellschaft die (deklaratorische) Eintragung des Wirksamkeitsdatums der Verschmelzung und die Löschung der Gesellschaft zu ermöglichen (vgl. Kallmeyer/*Zimmermann* UmwG § 19 Rn. 11 f.). Die Vorschrift ist darauf gerichtet, die Ungewissheit, die durch die Eintragung des Vorläufigkeitsvermerks entstanden ist, rasch zu beheben. Wird aber bereits kein solcher Vermerk in das Register der Gründungsgesellschaft eingetragen, so ist auch eine Mitteilung des

Registergerichts über die Eintragung der SE nicht erforderlich. Nimmt man ferner mit der hM an, dass Art. 28 bereits eine Verpflichtung der SE begründet, die Durchführung der Verschmelzung im Mitgliedstaat der jeweiligen Gründungsgesellschaft offenzulegen, besteht kein Bedürfnis mehr für eine (zusätzliche) Mitteilung seitens des für die SE zuständigen Registers zur Mitteilung der Eintragung der SE. Denn die Eintragung der SE führt gemäß Art. 27 Abs. 1 zum Wirksamwerden der Verschmelzung und geht daher der Offenlegung gemäß Art. 28 notwendigerweise voran (→ Rn. 3). Es ist daher davon auszugehen, dass auch § 19 Abs. 2 UmwG im Rahmen einer SE-Gründung durch die Spezialvorschriften der Art. 25–28 verdrängt wird (so auch KK-AktG/*Maul* Rn. 5).

In Bezug auf **Gründungsgesellschaften, die deutschem Recht** unterliegen, **5** gelten daher die **§§ 8 ff. HGB** (LHT/*Bayer* Rn. 3; Spindler/Stilz/*Casper* Rn. 3; Schmitt/Hörtnagl/Stratz/*Hörtnagl* Rn. 1; *Scheifele* Gründung der SE S. 280; *Schwarz* Rn. 7). In diesem Fall hat die SE – unabhängig davon, ob sie ihren Sitz im In- oder Ausland hat – die Durchführung der Verschmelzung beim Handelsregister am Sitz der deutschen Gründungsgesellschaft gemäß § 12 HGB zur Eintragung anzumelden (KK-AktG/*Maul* Rn. 5; *Scheifele* Gründung der SE S. 280; *Schwarz* Rn. 7). Der Anmeldung ist ein Nachweis über die Eintragung der SE beizufügen; in der Regel wird hierfür ein – ggf. in die deutsche Sprache übersetzter und amtlich beglaubigter – Registerauszug der SE genügen (vgl. KK-AktG/*Maul* Rn. 5; MüKoAktG/*Schäfer* Rn. 3; *Scheifele* Gründung der SE S. 280; *Schwarz* Rn. 7). Das Registergericht trägt die Durchführung der Verschmelzung ein (dazu näher KK-AktG/*Maul* Rn. 5) und macht sie anschließend gemäß § 10 S. 1 HGB, §§ 32 ff. HRV von Amts wegen in elektronischer Form bekannt (LHT/*Bayer* Rn. 3; KK-AktG/*Maul* Rn. 5; MüKoAktG/*Schäfer* Rn. 3; *Scheifele* Gründung der SE S. 280; NK-SE/*Schröder* Rn. 9; *Schwarz* Rn. 7; s. auch Schmitt/Hörtnagl/Stratz/*Hörtnagl* Rn. 1, der zusätzlich eine Bekanntmachung im Amtsblatt der EU nach Art. 14 Abs. 1 SE-VO verlangt). Eine bestimmte Reihenfolge unter den Gründungsgesellschaften ist für die Offenlegung nicht einzuhalten (LHT/*Bayer* Rn. 2; *Scheifele* Gründung der SE S. 280; *Schwarz* Rn. 5).

III. Rechtsfolgen der Offenlegung nach Art. 28

Mit der Offenlegung beginnen die **Fristen für den nachgelagerten Gläubi- 6 gerschutz** (Art. 24 Abs. 1 lit. a iVm § 22 UmwG) und für die **Verjährung der Schadensersatzansprüche** gegen die Verwaltungsträger der Gründungsgesellschaften (Art. 18 iVm § 25 Abs. 3 UmwG) zu laufen, da die Bekanntmachung nach Art. 28 funktionell der gemäß § 19 Abs. 3 UmwG entspricht (LHT/*Bayer* Rn. 4; Schmitt/Hörtnagl/Stratz/*Hörtnagl* Rn. 3; KK-AktG/*Maul* Rn. 7; *Scheifele* Gründung der SE S. 279; *Schwarz* Rn. 9; im Ergebnis auch NK-SE/*Schröder* Art. 18 Rn. 28, Art. 24 Rn. 29; *Jannott* in Jannott/Frodermann HdB SE Kap. 3 Rn. 105). Für die Frist nach § 31 UmwG gilt dies nicht, da die Vorschrift bei einer SE-Gründung durch Verschmelzung durch § 7 Abs. 1, Abs. 4 SEAG als lex specialis verdrängt wird (LHT/*Bayer* Rn. 4 Fn. 13, Art. 24 Rn. 55; *Scheifele* Gründung der SE S. 279; aA Schmitt/Hörtnagl/Stratz/*Hörtnagl* Rn. 3 und *Schwarz* Rn. 9).

[Folgen der Verschmelzung]

29 (1) **Die nach Artikel 17 Absatz 2 Buchstabe a vollzogene Verschmelzung bewirkt ipso jure gleichzeitig Folgendes:**

a) Das gesamte Aktiv- und Passivvermögen jeder übertragenden Gesellschaft geht auf die übernehmende Gesellschaft über;
b) die Aktionäre der übertragenden Gesellschaft werden Aktionäre der übernehmenden Gesellschaft;
c) die übertragende Gesellschaft erlischt;
d) die übernehmende Gesellschaft nimmt die Rechtsform einer SE an.

(2) Die nach Artikel 17 Absatz 2 Buchstabe b vollzogene Verschmelzung bewirkt ipso jure gleichzeitig Folgendes:
a) Das gesamte Aktiv- und Passivvermögen der sich verschmelzenden Gesellschaften geht auf die SE über;
b) die Aktionäre der sich verschmelzenden Gesellschaften werden Aktionäre der SE;
c) die sich verschmelzenden Gesellschaften erlöschen.

(3) Schreibt ein Mitgliedstaat im Falle einer Verschmelzung von Aktiengesellschaften besondere Formalitäten für die Rechtswirksamkeit der Übertragung bestimmter von den sich verschmelzenden Gesellschaften eingebrachter Vermögensgegenstände, Rechte und Verbindlichkeiten gegenüber Dritten vor, so gelten diese fort und sind entweder von den sich verschmelzenden Gesellschaften oder von der SE nach deren Eintragung zu erfüllen.

(4) Die zum Zeitpunkt der Eintragung aufgrund der einzelstaatlichen Rechtsvorschriften und Gepflogenheiten sowie aufgrund individueller Arbeitsverträge oder Arbeitsverhältnisse bestehenden Rechte und Pflichten der beteiligten Gesellschaften hinsichtlich der Beschäftigungsbedingungen gehen mit der Eintragung der SE auf diese über.

Schrifttum: *Fuchs,* Die Gründung einer Europäischen Aktiengesellschaft durch Verschmelzung und das nationale Recht, 2004; *J. Schmidt,* „Deutsche" vs. „britische" Societas Europaea (SE), 2006; *Schwarz,* Zum Statut der Europäischen Aktiengesellschaft – Die wichtigsten Neuerungen und Änderungen der Verordnung, ZIP 2001, 1847; *Vossius,* Gründung und Umwandlung der deutschen Europäischen Gesellschaft (SE), ZIP 2005, 741.

Übersicht

	Rn.
I. Allgemeines	1
II. Rechtsfolgen der Verschmelzung (Abs. 1 und 2)	2
1. Gesamtrechtsnachfolge (Abs. 1 lit. a, Abs. 2 lit. a)	3
2. Aktienerwerb (Abs. 1 lit. b, Abs. 2 lit. b)	4
3. Erlöschen/Formwechsel der Gründungsgesellschaften	
(Abs. 1 lit. c und d, Abs. 2 lit. c)	7
III. Mitgliedstaatliche Besonderheiten (Abs. 3)	9
IV. Betriebsübergang (Abs. 4)	11

I. Allgemeines

1   Art. 29 regelt die **Rechtsfolgen einer SE-Gründung mittels Verschmelzung** durch Aufnahme (Abs. 1, Art. 17 Abs. 2 lit. a) und durch Neugründung (Abs. 2, Art. 17 Abs. 2 lit. b). Er ergänzt damit Art. 27 Abs. 1, wonach die Verschmelzung erst mit Eintragung nach Art. 12 wirksam wird, und Art. 30, der die Rechtsfolgen einer fehlerhaften Verschmelzungsgründung statuiert (LHT/*Bayer* Rn. 1; Spindler/Stilz/*Casper* Rn. 1; MüKoAktG/*Schäfer* Rn. 1; NK-SE/*Schröder* Rn. 1; *Schwarz* Rn. 4). Die **Abs. 1–3** stehen in engem Zusammenhang mit **Art. 19 und 23 NatVerschmRL,** so dass die Regelung von

der Konzeption her der für innerstaatliche Verschmelzungen geltenden Rechtslage entspricht (für Deutschland § 20 UmwG; s. LHT/*Bayer* Rn. 1; Spindler/
Stilz/*Casper* Rn. 1; vgl. auch KK–AktG/*Maul* Rn. 1; MüKoAktG/*Schäfer* Rn. 1,
3). Die Besonderheit der Verschmelzung durch Aufnahme zur Gründung einer
SE gegenüber der Verschmelzung durch Aufnahme nach nationalem Recht
besteht darin, dass die aufnehmende Aktiengesellschaft mit Wirksamwerden der
Verschmelzung die Rechtsform der SE annimmt, also einen **Rechtsformwechsel** vollzieht (Art. 29 Abs. 1 lit. d). **Abs. 4** betrifft die arbeitsrechtlichen Rechtsverhältnisse und orientiert sich weitgehend an der **Betriebsübergangsrichtlinie**
(RL 2001/23/EG des Rates vom 12.3.2001 zur Angleichung der Rechtsvorschriften der Mitgliedstaaten über die Wahrung von Ansprüchen beim Übergang
von Unternehmen, Betrieben oder Unternehmens- und Betriebsteilen, ABl. L
82 S. 16). Die Regelungen des Art. 29 finden sich in nahezu identischer Fassung
auch in Art. 14 IntVerschmRL.

II. Rechtsfolgen der Verschmelzung (Abs. 1 und 2)

Die Rechtsfolgen der Verschmelzung treten **mit Eintragung der SE** gemäß 2
Art. 27 Abs. 1, 12 Abs. 1 ein, da in diesem Zeitpunkt die Verschmelzung iSd
Art. 29 Abs. 1 und 2 „vollzogen" ist (LHT/*Bayer* Rn. 3; KK–AktG/*Maul* Rn. 5;
MüKoAktG/*Schäfer* Rn. 1; *Scheifele* Gründung der SE S. 291; NK–SE/*Schröder*
Rn. 1; *Schwarz* Rn. 4). Die Regelungen des Art. 30 zeigen, dass dies unabhängig
davon gilt, ob alle Voraussetzungen für die Eintragung vorlagen.

1. Gesamtrechtsnachfolge (Abs. 1 lit. a, Abs. 2 lit. a). Mit der Verschmel- 3
zung geht das gesamte Aktiv- und Passivvermögen jeder übertragenden Gesellschaft
kraft Gesetzes und ohne Übertragungsakt auf die übernehmende Gesellschaft bzw.
auf die neu gegründete SE über. Es kommt damit zu einer **Gesamtrechtsnachfolge mit materiell-rechtlicher Wirkung für und gegen jedermann**, wobei
alle Vermögensgegenstände, Rechte und Pflichten, sowie alle Vertragsverhältnisse
erfasst werden, soweit sich nicht nach Art. 29 Abs. 3 aus dem Recht der jeweiligen
Mitgliedstaaten Besonderheiten ergeben (ausführlich NK–SE/*Schröder* Rn. 2 ff.; s.
auch LHT/*Bayer* Rn. 4; Spindler/Stilz/*Casper* Rn. 2; *Fuchs* S. 78 f.; Schmitt/Hört-
nagl/Stratz/*Hörtnagl* Rn. 2; MüKoAktG/*Schäfer* Rn. 2; *Schwarz* Rn. 6; *ders.* ZIP
2001, 1847 [1851]). Die Gesamtrechtsnachfolge vollzieht sich in derselben logi-
schen Sekunde, in der die aufnehmende Gesellschaft die **Rechtsform der SE
annimmt** (Art. 29 Abs. 1 lit. d) bzw. bei der Verschmelzung durch Neugründung
die neue SE entsteht (Spindler/Stilz/*Casper* Rn. 2). Bei Vertragsverhältnissen, die
auf die SE übergehen, richtet sich das anwendbare Recht nach dem Internationalen
Privatrecht (Spindler/Stilz/*Casper* Rn. 2; vgl. auch KK–AktG/*Maul* Rn. 8; *Schwarz*
Rn. 17). Entstehen durch die Gesamtrechtsnachfolge miteinander **unvereinbare
Verpflichtungen,** bestimmen sich die Folgen nach dem nationalen Recht, das auf
das Vertragsverhältnis Anwendung findet (Spindler/Stilz/*Casper* Rn. 2; KK–AktG/
Maul Rn. 8; MüKoAktG/*Schäfer* Rn. 2; *Schwarz* Rn. 17). Eine **§ 21 UmwG** entsprechende Norm fehlt in der SE–VO; die Vorschrift findet auch über Art. 9 Abs. 1
lit. c ii) keine Anwendung (LHT/*Bayer* Rn. 1; Spindler/Stilz/*Casper* Rn. 2, Fn. 4;
MüKoAktG/*Schäfer* Rn. 2; *Scheifele* Gründung der SE S. 295; aA *Schwarz* Rn. 17;
vgl. auch NK–SE/*Schröder* Rn. 36 f.). Kommt es zur Anwendung deutschen Rechts,
sind insbesondere Ansprüche auf Vertragsanpassung oder Kündigung wegen Wegfalls der Geschäftsgrundlage nach § 313 BGB relevant (LHT/*Bayer* Rn. 1; Spind-
ler/Stilz/*Casper* Rn. 2; KK–AktG/*Maul* Rn. 8; MüKoAktG/*Schäfer* Rn. 2; *Scheifele* Gründung der SE S. 295 f.; *Schwarz* Rn. 16 f.). Bei **höchstpersönlichen Ansprüchen** scheidet eine Übertragung im Wege der Gesamtrechtsnachfolge aus
(Spindler/Stilz/*Casper* Rn. 2; MüKoAktG/*Schäfer* Rn. 2; NK–SE/*Schröder* Rn. 8).

4   **2. Aktienerwerb (Abs. 1 lit. b, Abs. 2 lit. b).** Der Erwerb der Aktien an der übernehmenden Gesellschaft bzw. an der neu gegründeten SE vollzieht sich kraft Gesetzes, ohne dass es eines besonderen Übertragungsaktes bedarf (LHT/*Bayer* Rn. 5; Spindler/Stilz/*Casper* Rn. 3; MüKoAktG/*Schäfer* Rn. 3; *Scheifele* Gründung der SE S. 296; NK-SE/*Schröder* Rn. 9, 18; *Schwarz* Rn. 19). Es handelt sich um einen **gesetzlichen Aktientausch,** der sowohl die Rechtsnatur der Mitgliedschaft als auch die Aktienbeteiligung, die sich nach dem im Verschmelzungsplan festgelegten Umtauschverhältnis richtet, ipso iure verändert (LHT/*Bayer* Rn. 5; Spindler/Stilz/*Casper* Rn. 3; *Scheifele* Gründung der SE S. 296; NK-SE/ *Schröder* Rn. 9; vgl. auch *Schwarz* Rn. 19). Dabei werden **auch stimmrechtslose Vorzugsaktien erfasst** (LHT/*Bayer* Rn. 5; Spindler/Stilz/*Casper* Rn. 3; KK-AktG/*Maul* Rn. 9; MüKoAktG/*Schäfer* Rn. 3). Ob im Austausch für die stimmrechtslosen Vorzugsaktien nach der Verschmelzung ebenfalls stimmrechtslose Vorzugsaktien ausgegeben werden oder ob sie in Stammaktien umgewandelt werden, bestimmt der Verschmelzungsplan (Art. 20 Abs. 1 lit. f; vgl. MüKo-AktG/*Schäfer* Art. 24 Rn. 8). Welche Anzahl an Aktien jedem Aktionär zusteht, ergibt sich ebenfalls aus dem Verschmelzungsplan (Art. 20 Abs. 1 lit. b). Bei einer Verschmelzung durch Aufnahme wird in der Regel eine verschmelzungsbegleitende **Kapitalerhöhung** durchgeführt, aus der die zu übertragenden Aktien gewonnen werden, soweit nicht die Anteilsinhaber einer deutschen Gründungsgesellschaft mittels notariell beurkundeter Erklärung nach Art. 18 iVm § 68 Abs. 1 S. 3 UmwG auf die Gewährung von Aktien an der SE verzichten oder eine Ausnahme nach § 68 Abs. 1, 2 UmwG greift (vgl. dazu auch NK-SE/ *Schröder* Rn. 41; aA Widmann/Mayer/*Heckschen* UmwG Anh. 14 Rn. 159.1, der einen Verzicht für ausgeschlossen hält, da dies der SE-VO fremd sei).

5   Die **Einzelheiten hinsichtlich der Übertragung der Aktien** der SE richten sich nach dem Verschmelzungsplan (Art. 20 Abs. 1 lit. c). Bei deutschen Gründungsgesellschaften ist bei einer Verschmelzung durch Aufnahme zur Übertragung der Aktien nach Art. 18 iVm § 71 UmwG ein Treuhänder für jede übertragende Gesellschaft zu bestellen (LHT/*Bayer* Rn. 6; Widmann/Mayer/*Heckschen* UmwG Anh. 14 Rn. 160; *Jannott* in Jannott/Frodermann HdB SE Kap. 3 Rn. 41; Kallmeyer/*Marsch-Barner* UmwG Anh. Rn. 25, 83; Theisen/Wenz/ *Neun* S. 88 f.; MüKoAktG/*Schäfer* Art. 20 Rn. 16, Art. 29 Rn. 3; NK-SE/*Schröder* Rn. 41; *Schwarz* Art. 20 Rn. 30; *Vossius* ZIP 2005, 741 [744]). **Keine Anwendung** findet Art. 29 Abs. 1 lit. b bei einem **upstream-merger** einer 100% igen Tochter auf ihre Mutter (Art. 31 Abs. 1 S. 1), da es ansonsten zu einem grundsätzlich unerwünschten Erwerb eigener Aktien käme (vgl. Art. 18 Abs. 1 Kapital-RL; LHT/*Bayer* Rn. 7; *Fuchs* S. 172; MüKoAktG/*Schäfer* Rn. 4; NK-SE/*Schröder* Rn. 12; Widmann/Mayer/*Vossius* UmwG § 20 Rn. 415; vgl. auch *Scheifele* Gründung der SE S. 297; *Schwarz* Rn. 21 ff.). Da für **eigene Aktien** der übertragenden Gesellschaften – abgesehen von der eben genannten Ausnahme – keine Regelung in der SE-VO geschaffen wurde, könnten diese zwar grundsätzlich als eigene Aktien der SE fortbestehen, jedoch enthält Art. 31 Abs. 1 S. 1 keine abschließende Regelung bezüglich anderer Fälle, so dass ein Rückgriff auf das nationale Recht geboten ist (MHdB AG/*Austmann* § 84 Rn. 35; Spindler/ Stilz/*Casper* Rn. 4; MüKoAktG/*Schäfer* Rn. 4; *Scheifele* Gründung der SE S. 297 f.; *Schwarz* Rn. 22 f.); eine Regelung in der SE-VO war auch entbehrlich, weil über Art. 19 Abs. 2 bzw. 23 NatVerschmRL das Recht der Mitgliedstaaten bereits harmonisiert ist. Daher gelangen gemäß Art. 18 die Regelungen des § 20 Abs. 1 Nr. 3 S. 1 Hs. 2 UmwG zur Anwendung, so dass die eigenen Aktien der übertragenden Rechtsträger ersatzlos erlöschen (MHdB AG/*Austmann* § 83 Rn. 34; LHT/*Bayer* Rn. 8; Spindler/Stilz/*Casper* Rn. 3 f.; Schmitt/Hörtnagl/ Stratz/*Hörtnagl* Rn. 3; MüKoAktG/*Schäfer* Rn. 4; *Scheifele* Gründung der SE S. 297 f.; NK-SE/*Schröder* Rn. 11 f.; *Schwarz* Rn. 20 ff.; aA *Fuchs* S. 84 f.). Das

Gleiche gilt für Aktien, die die aufnehmende Gesellschaft an den übertragenden Gesellschaften hält (Art. 18 iVm § 20 Abs. 1 Nr. 3 S. 1 Hs. 2 UmwG; s. auch LHT/*Bayer* Rn. 8; Spindler/Stilz/*Casper* Rn. 4; KK-AktG/*Maul* Rn. 10; Mü-KoAktG/*Schäfer* Rn. 3 f.; NK-SE/*Schröder* Rn. 11; *Schwarz* Rn. 22). Nicht entbehrlich ist ein Aktientausch hingegen bei einem **downstream-merger** (aA wohl Widmann/Mayer/*Vossius* UmwG § 20 Rn. 415; vgl. zum downstream-merger allgemein Semler/Stengel/*Schröer* UmwG § 5 Rn. 134 ff.). Wird eine Muttergesellschaft auf ihre Tochter verschmolzen, so ist weder auf europäischer Ebene in Art. 31 Abs. 1 S. 1, noch auf nationaler in § 20 Abs. 1 Nr. 3 S. 1 Hs. 2 UmwG eine solche Entbehrlichkeit angeordnet. Allerdings ist eine Kapitalerhöhung dabei im allgemeinen nicht erforderlich, da den Aktionären der Muttergesellschaft die Aktien gewährt werden können, die diese an der aufnehmenden Tochtergesellschaft hält (§ 68 Abs. 1 S. 2 Nr. 2 UmwG). Auf **wertpapierrechtliche** Fragen findet das Recht des Sitzstaates der SE Anwendung (Spindler/Stilz/*Casper* Rn. 3; NK-SE/*Schröder* Rn. 13).

Fraglich ist, ob sich **Rechte Dritter** an Aktien, die vom Anteilstausch erfasst **6** sind, fortsetzen. **Überwiegend** wird angenommen, dass bei einem Sitz der SE in Deutschland § 20 Abs. 1 Nr. 3 S. 2 UmwG über Art. 15 Abs. 1 zur Anwendung gelangt und sich demnach Drittrechte – jedenfalls soweit es sich um dingliche Rechte wie den Nießbrauch oder ein Pfandrecht handelt – im Wege **dinglicher Surrogation** an den Aktien der SE fortsetzen (MHdB AG/*Austmann* § 84 Rn. 35; LHT/*Bayer* Rn. 9; Spindler/Stilz/*Casper* Rn. 4; MüKoAktG/*Schäfer* Rn. 5; *Scheifele* Gründung der SE S. 298; NK-SE/*Schröder* Rn. 14, 39; tendenziell auch *Schwarz* Rn. 24 f. und Widmann/Mayer/*Vossius* UmwG § 20 Rn. 417 ff.; zum nationalen Recht Semler/Stengel/*Kübler* UmwG § 20 Rn. 80). Aufgrund einer europarechtskonformen Auslegung muss dies grundsätzlich auch für solche Rechte Dritter gelten, die nach einer anderen Rechtsordung als der des Sitzstaates der SE begründet wurden (so NK-SE/*Schröder* Rn. 17 und 40). Dies jedoch im nationalen Recht umzusetzen und in Einklang mit dem im deutschen Sachenrecht geltenden Numerus Clausus zu bringen, erscheint schwierig. Geht man von einem Fortbestehen dieser Rechte aus, wird überwiegend angenommen, dass diese in der „Prägung" fortbestehen, die ihnen die Rechtsordnung, in der sie entstanden sind, verliehen hat, soweit sie mit der neuen Rechtsordnung verträglich sind (NK-SE/*Schröder* Rn. 16). Problematisch ist auch, dass sich die dingliche Surrogation nur dann realisiert, wenn das Recht des Sitzstaates der SE eine solche vorsieht (LHT/*Bayer* Rn. 9; *Scheifele* Gründung der SE S. 298; *Schwarz* Rn. 25); hat die SE also ihren Sitz im Ausland und enthält das anwendbare nationale Recht keine § 20 Abs. 1 Nr. 3 S. 2 UmwG vergleichbare Regelung vor, käme es nicht zu einem Fortbestand der Drittrechte. Nach **anderer Auffassung** ergibt sich der Fortbestand der Drittrechte an den Aktien der SE bereits unmittelbar aus Art. 29 Abs. 1 lit. b bzw. Abs. 2 lit. b SE-VO und dem Prinzip der Gesamtrechtsnachfolge selbst (KK-AktG/*Maul* Rn. 11). Bei schuldrechtlichen Vereinbarungen ist im Einzelfall durch Auslegung zu ermitteln, ob auch die neuen Anteile erfasst sein sollen oder ob ggf. ein Anspruch auf den Abschluss einer entsprechenden Vereinbarung bezüglich der neuen Anteile besteht (so zum nationalen Recht Semler/Stengel/*Kübler* UmwG § 20 Rn. 81).

3. Erlöschen/Formwechsel der Gründungsgesellschaften (Abs. 1 lit. c 7 und d, Abs. 2 lit. c). Wie im nationalen Verschmelzungsrecht kommt es bei beiden Arten der Verschmelzungsgründung gemäß Art. 29 Abs. 1 lit. c zum **liquidationslosen Erlöschen der übertragenden Gründungsgesellschaften** (vgl. auch § 20 Abs. 1 Nr. 2 S. 2 UmwG; LHT/*Bayer* Rn. 10; Spindler/Stilz/*Casper* Rn. 1 und 5; *Fuchs* S. 86; MüKoAktG/*Schäfer* Rn. 6; *Scheifele* Gründung der SE S. 299; NK-SE/*Schröder* Rn. 19; *Schwarz* Rn. 26; vgl. auch Schmitt/

Hörtnagl/Stratz/*Hörtnagl* Rn. 4). Damit einher geht auch das **Ende der Organ-stellung** ihrer Verwaltungs- und Leitungsorgane (LHT/*Bayer* Rn. 10; KK-AktG/*Maul* Rn. 12; NK-SE/*Schröder* Rn. 20, 47). Die Behandlung etwaiger bestehender Vollmachten richtet sich gemäß Art. 18 nach nationalem Recht, da insoweit keine Verpflichtung der Gesellschaft vorliegt (ausführlich NK-SE/*Schröder* Rn. 20 und 47 ff.; zum nationalen Recht Lutter/*Grunewald* UmwG § 20 Rn. 25 f.; Semler/Stengel/*Kübler* UmwG § 20 Rn. 16 ff.; Kallmeyer/*Marsch-Barner* UmwG § 20 Rn. 24). Die Vorschrift des **§ 25 Abs. 2 UmwG,** die bestimmt, dass bei nationalen Verschmelzungen die übertragenden Rechtsträger als fort-bestehend gelten, sofern Schadensersatzansprüche gegen die Verwaltungsträger dieser Gesellschaften oder die Gesellschaft selbst auf Grund der Verschmelzung bestehen, ist bei einer SE-Gründung durch Verschmelzung nicht anwendbar (so auch NK-SE/*Schröder* Rn. 44 ff.). Dies ergibt sich bereits aus der abschließenden Natur des Art. 29, der insoweit keine solche Ausnahme vorsieht. Zweifelhaft ist, ob die Geltendmachung solcher Ansprüche nach § 26 UmwG auch bei einer SE-Gründung nur durch einen besonderen Vertreter möglich ist. Dagegen spricht jedoch, dass es aufgrund der Unanwendbarkeit von § 25 Abs. 2 UmwG nicht dazu kommt, dass der an sich handlungsunfähige übertragende Rechtsträger als fortbestehend gilt, so dass auch kein Bedürfnis für einen besonderen Vertreter besteht. Stattdessen können die Ansprüche gegen die SE selbst als Rechtsnach-folgerin der Gründungsgesellschaften geltend gemacht werden (aA NK-SE/*Schröder* Rn. 45 f.).

8   Bei der SE-Gründung im Wege der Verschmelzung durch Aufnahme behält die **aufnehmende Gesellschaft** ihre Identität bei, ändert jedoch gemäß Art. 29 Abs. 1 lit. d) die Rechtsform der SE an (Spindler/Stilz/*Casper* Rn. 5; MüKo-AktG/*Schäfer* Rn. 7; NK-SE/*Schröder* Rn. 22; *Schwarz* Rn. 27). Aufgrund dieses **identitätswahrenden Rechtsformwechsels** findet eine Übertragung der Ak-tiva und Passiva der aufnehmenden Gesellschaft auf die SE im Wege der Uni-versalsukzession nicht statt (Spindler/Stilz/*Casper* Rn. 5; KK-AktG/*Maul* Rn. 12; MüKoAktG/*Schäfer* Rn. 7; *Schwarz* Rn. 27). Die aufnehmende Gesell-schaft wandelt sich zeitgleich mit der Verschmelzung, also ohne eine dazwischen-liegende „juristische Sekunde", in eine SE um (LHT/*Bayer* Rn. 11; s. auch *Scheifele* Gründung der SE S. 296; *Schwarz* Rn. 18).

III. Mitgliedstaatliche Besonderheiten (Abs. 3)

9   Die Regelung wurde nach dem Vorbild des Art. 19 Abs. 3 S. 1 Nat-VerschmRL geschaffen (LHT/*Bayer* Rn. 12; Spindler/Stilz/*Casper* Rn. 7; Mü-KoAktG/*Schäfer* Rn. 1, 9; *Scheifele* Gründung der SE S. 291 f.; NK-SE/*Schröder* Rn. 27; *Schwarz* Rn. 3). Sie bestimmt, dass Förmlichkeiten, die das nationale Recht für die **Übertragung bestimmter Vermögensgegenstände, Rechte oder Verbindlichkeiten** voraussetzt, weiterhin einzuhalten sind, und schränkt damit die Wirkungen der Gesamtrechtsnachfolge im Außenverhältnis gegenüber Dritten ein (LHT/*Bayer* Rn. 12 und KK-AktG/*Maul* Rn. 13, jeweils unter Hin-weis auf die missverständliche deutsche Fassung; ferner Spindler/Stilz/*Casper* Rn. 7; *Scheifele* Gründung der SE S. 292; *J. Schmidt* S. 263; NK-SE/*Schröder* Rn. 27; *Schwarz* Rn. 8; vgl. ferner *Jannott* in Jannott/Frodermann HdB SE Kap. 3 Rn. 110). Erst wenn diese Förmlichkeiten beachtet wurden, entfaltet die Universalsukzession auch Dritten gegenüber vollumfängliche Wirkung (Spind-ler/Stilz/*Casper* Rn. 7; KK-AktG/*Maul* Rn. 13; Widmann/Mayer/*Vossius* UmwG § 20 Rn. 407). Die Wirksamkeit der Verschmelzung und auch die der Gesamtrechtsnachfolge im Übrigen wird durch Art. 29 Abs. 3 jedoch nicht eingeschränkt (Spindler/Stilz/*Casper* Rn. 7; MüKoAktG/*Schäfer* Rn. 1; *Scheifele* Gründung der SE S. 292 f.; *J. Schmidt* S. 263; *Schwarz* Rn. 8 f.; vgl. auch LHT/

Bayer Rn. 12; missverständlich *Jannott* in Jannott/Frodermann HdB SE Kap. 3 Rn. 110 und NK-SE/*Schröder* Rn. 27). Es handelt sich bei dieser Regelung um eine spezielle Verweisung auf das nationale Recht (*Scheifele* Gründung der SE S. 292; NK-SE/*Schröder* Rn. 27; *Schwarz* Rn. 7) bzw. um einen Vorbehalt zugunsten des allgemeinen Zivilrechts (*Habersack/Verse* EuropGesR § 8 Rn. 13 zu Art. 19 Abs. 3 NatVerschmRL); vgl. auch MüKoAktG/*Schäfer* Rn. 9. Teilweise wird die Norm lediglich als deklaratorisch angesehen, da dem Verordnungsgeber die Regelungskompetenz fehle (Spindler/Stilz/*Casper* Rn. 7; Schmitt/Hörtnagl/Stratz/*Hörtnagl* Rn. 6; MüKoAktG/*Schäfer* Rn. 9); aus dieser Sichtweise ergeben sich aber keine praktischen Konsequenzen. Als Formalitäten iSv Abs. 3 werden im deutschen Recht ua die Vorlage einer **steuerlichen Unbedenklichkeitsbescheinigung** nach § 22 GrEStG und teilweise auch der Nachweis der Berechtigung für die **Grundbuchberichtigung** nach § 894 BGB, § 22 GBO angesehen, da zuvor ein gutgläubiger Erwerb nach § 892 BGB möglich ist (LHT/*Bayer* Rn. 12; KK-AktG/*Maul* Rn. 13; *J. Schmidt* S. 263; *Schwarz* Rn. 9; dagegen mangels konstitutiver Wirkung Spindler/Stilz/*Casper* Rn. 7, der jedoch § 892 BGB als Beispiel nennt; dem folgend NK-SE/*Schröder* Rn. 55; dazu auch Schmitt/Hörtnagl/Stratz/*Hörtnagl* Rn. 6; *Scheifele* Gründung der SE S. 292 f.).

Art. 29 Abs. 3 – der insoweit teilweise von Art. 19 Abs. 3 S. 2 und 3 Nat- **10** VerschmRL abweicht – sieht vor, dass die jeweils einschlägigen besonderen Formalitäten entweder **von den Gründungsgesellschaften** oder nach der Eintragung auch **von der SE** selbst erfüllt werden können (LHT/*Bayer* Rn. 12; *Fuchs* S. 87; KK-AktG/*Maul* Rn. 13; *Schwarz* Rn. 10; vgl. auch NK-SE/*Schröder* Rn. 29; MüKoAktG/*Schäfer* Rn. 9).

IV. Betriebsübergang (Abs. 4)

Art. 29 Abs. 4 kommt weitgehend – jedenfalls was die **individualarbeits-** **11** **rechtlichen Verpflichtungen** („aufgrund individueller Arbeitsverträge oder Arbeitsverhältnisse bestehende[n] Rechte und Pflichten der beteiligten Gesellschaften") angeht – nur ein **deklaratorischer Regelungsgehalt** zu, da sich dieselben Rechtsfolgen bereits aus der Universalsukzession ergeben (LHT/*Bayer* Rn. 13; Spindler/Stilz/*Casper* Rn. 8; Schmitt/Hörtnagl/Stratz/*Hörtnagl* Rn. 7; Kalss/Hügel/*Hügel* SEG § 24 Rn. 30; *Jannott* in Jannott/Frodermann HdB SE Kap. 3 Rn. 111; MüKoAktG/*Schäfer* Rn. 10; *Scheifele* Gründung der SE S. 293; *J. Schmidt* S. 263; NK-SE/*Schröder* Rn. 30; *Schwarz* Rn. 12; Widmann/Mayer/*Vossius* UmwG § 20 Rn. 410). Im nationalen Verschmelzungsrecht existiert mit § 324 UmwG, § 613 Abs. 1, 4–6 BGB eine vergleichbare Regelung. **Konstitutiv** wirkt die Vorschrift jedoch **in internationalprivatrechtlicher Hinsicht,** da sie bestimmt, dass für die einzelnen Arbeitsverhältnisse weiterhin das Recht der jeweiligen Gründungsgesellschaft maßgeblich ist, welches nach nationalem Internationalen Privatrecht zu bestimmen ist (LHT/*Bayer* Rn. 13; Spindler/Stilz/*Casper* Rn. 8; KK-AktG/*Maul* Rn. 14, 16; MüKoAktG/*Schäfer* Rn. 11; *Schwarz* Rn. 14f).

Ebenfalls **konstitutive Wirkung** kommt der Regelung bezüglich des Über- **12** gangs **kollektivrechtlicher Verpflichtungen,** wie sie sich insbesondere aus Tarifverträgen ergeben, zu, da solche nicht von der Gesamtrechtsnachfolge erfasst werden (LHT/*Bayer* Rn. 13; Spindler/Stilz/*Casper* Rn. 8; *Fuchs* S. 89 f.; MüKo-AktG/*Schäfer* Rn. 10; *Scheifele* Gründung der SE S. 293; *J. Schmidt* S. 263; NK-SE/*Schröder* Rn. 32; *Schwarz* Rn. 12; Widmann/Mayer/*Vossius* UmwG § 20 Rn. 411). Unter den Begriff der **einzelstaatlichen Rechtsvorschriften** fallen alle arbeitsrechtlichen Regelungen der jeweiligen nationalen Rechtsordnung. Dazu zählen in Deutschland unter anderem GG, BGB, KSchG, MuSchG, TzBfG, sowie die normativen Teile von Tarifverträgen (§ 4 Abs. 1 TVG) und Betriebs-

vereinbarungen (§ 77 Abs. 4 BetrVG) (KK-AktG/*Maul* Rn. 15; MüKoAktG/
Schäfer Rn. 10; *Schwarz* Rn. 14). Die **einzelstaatlichen Gepflogenheiten** erfassen insbesondere die betriebliche Übung (KK-AktG/*Maul* Rn. 15; MüKoAktG/
Schäfer Rn. 10; *Schwarz* Rn. 14) sowie den arbeitsrechtlichen Gleichbehandlungsgrundsatz, soweit man diesen nicht aus dem AGG oder direkt aus Art. 3
Abs. 1 GG ableitet. Aber auch die nicht normativen Teile von Tarifverträgen und
Betriebsvereinbarungen fallen darunter (ausführlich *Fuchs* S. 89 ff.). Da die Regelungswirkung des Art. 29 Abs. 4 zeitlich nicht begrenzt ist, gelten die Regelungen grundsätzlich so, also ob es nie zu einer Verschmelzung gekommen wäre
(NK-SE/*Schröder* Rn. 33; vgl. auch *Fuchs* S. 91 f.). Ob ergänzend dazu, zB
bezüglich der Möglichkeit des Art. 3 Abs. 3 UAbs. 2 Betriebsübergangsrichtlinie,
der es den Mitgliedstaaten ermöglichen würde, auch eine abweichende Regelung
über die Geltungsdauer der Wirkungen des Art. 29 Abs. 4 zu treffen, das nationale Recht Anwendung findet, ist aufgrund des eindeutigen Wortlauts der SE-
VO jedenfalls zweifelhaft (dafür aber *Fuchs* S. 91 f.).

[Fehlerhafte Verschmelzung]

30 Eine Verschmelzung im Sinne des Artikels 2 Absatz 1 kann nach
der Eintragung der SE nicht mehr für nichtig erklärt werden.

Das Fehlen einer Kontrolle der Rechtmäßigkeit der Verschmelzung
gemäß Artikel 25 und 26 kann einen Grund für die Auflösung der SE
darstellen.

Schrifttum: *Beuthien,* Genossenschaftsgesetz, 15. Aufl. 2011; *Blanquet,* Das Statut der
Europäischen Aktiengesellschaft (Societas Europaea „SE"), ZGR 2002, 20; *Bungert/Beier,* Die
Europäische Aktiengesellschaft – Das Statut und seine Umsetzung in der Praxis, EWS 2002,
1; *Cerioni,* The approved version of European Company Statute in comparison with the 1991
draft: some critical issues on the formation and the working of the SE and the key challenge:
Part II, Company Lawyer (Co Law) 2004, 259; *Fuchs,* Die Gründung einer Europäischen
Aktiengesellschaft durch Verschmelzung und das nationale Recht, 2004; *Mahi,* Die Europäische Aktiengesellschaft, 2004; *J. Schmidt,* „Deutsche" vs. „britische" Societas Europaea (SE),
2006; *Schwarz,* Zum Statut der Europäischen Aktiengesellschaft – Die wichtigsten Neuerungen und Änderungen der Verordnung, ZIP 2001, 1847.

I. Allgemeines

1   **Art. 30 S. 1 schließt** – ebenso wie § 20 Abs. 2 UmwG im deutschen Verschmelzungsrecht (im Einzelnen strittig, vgl. Semler/Stengel/*Kübler* UmwG § 20
Rn. 85 f.; Kallmeyerlutterhommelhoff/*Marsch-Barner* § 20 Rn. 47) – die Möglichkeit einer **Rückabwicklung der Verschmelzung mit ex-tunc-Wirkung
grundsätzlich aus,** um die rechtlichen und wirtschaftlichen Probleme einer
solchen Rückabwicklung zu vermeiden, und räumt damit einen sehr weitgehenden
Bestandsschutz ein (LHT/*Bayer* Rn. 1, 3; Spindler/Stilz/*Casper* Rn. 1 f.; vgl. auch
MüKoAktG/*Schäfer* Rn. 1; NK-SE/*Schröder* Rn. 1; *Schwarz* Rn. 1). Auch eine
ex-nunc wirkende „Entschmelzung" macht Art. 30 S. 1 aus diesen Gründen
unmöglich, zumal Art. 30 S. 2 klarstellt, dass lediglich eine Auflösung der SE bei
bestimmten Fehlern der Verschmelzung in Betracht kommt (LHT/*Bayer* Rn. 4;
MüKoAktG/*Schäfer* Rn. 2; *Scheifele* Gründung der SE S. 300; *J. Schmidt* S. 264 f.;
NK-SE/*Schröder* Rn. 5; *Schwarz* Rn. 5, 7). Die Regelung ist insoweit strenger als
Art. 22 der NatVerschmRL, der den Mitgliedstaaten bezüglich der Anordnung der
Nichtigkeitsfolge ein Wahlrecht einräumt (LHT/*Bayer* Rn. 1; Spindler/Stilz/*Casper* Rn. 1; KK-AktG/*Maul* Rn. 1; MüKoAktG/*Schäfer* Rn. 1; *J. Schmidt* S. 264;
vgl. auch *Schwarz* Rn. 1). Obwohl Art. 30 vom Wortlaut her lediglich die Rechtswirksamkeit der Verschmelzung anspricht, müssen die Wirkungen der Vorschrift

auch für die Gründung der SE gelten. Dies ergibt sich bereits aus einem Blick auf die Überschrift vor Abschnitt 2 der SE-VO, wo von der „Gründung einer SE durch Verschmelzung" gesprochen wird. Dies zeigt, dass Verschmelzung und Gründung der SE nicht getrennt voneinander betrachtet werden können, sondern als einheitlicher Vorgang zu sehen sind (NK-SE/*Schröder* Rn. 3).

Art. 30 S. 2 stellt zwei Dinge klar. Zum einen führt auch das **Fehlen der** 2 **Rechtmäßigkeitskontrolle** nicht zur Nichtigkeit der SE-Gründung, und zum anderen bleibt eine **Auflösung der SE** mit ex-nunc-Wirkung weiterhin möglich (LHT/*Bayer* Rn. 2; *Blanquet* ZGR 2002, 20 [44]; Kalss/Hügel/*Hügel* SEG § 24 Rn. 34; MüKoAktG/*Schäfer* Rn. 6; *Scheifele* Gründung der SE S. 300 f.; *Schwarz* Rn. 7). Dies hat zur Folge, dass Mängel im Verschmelzungs- und Gründungsverfahren grundsätzlich **vor der Eintragung** der Verschmelzung und der SE bzw. bei übertragenden Gründungsgesellschaften vor Erteilung der jeweiligen Rechtmäßigkeitsbescheinigung geltend gemacht werden müssen, da sie anderenfalls die Bestandskraft von Verschmelzung und SE-Gründung nicht mehr verhindern können (anschließend können allenfalls Schadensersatzansprüche geltend gemacht werden, → Rn. 3). Der Rechtmäßigkeitskontrolle gemäß Art. 25 und 26 sowie für deutsche Gründungsgesellschaften der Registersperre gemäß Art. 18 iVm § 16 Abs. 2 S. 2 UmwG kommt daher besondere Bedeutung zu (LHT/*Bayer* Rn. 3; MüKoAktG/*Schäfer* Rn. 2 und 8; vgl. auch *Bungert/Beier* EWS 2002, 1 [7]; Kalss/Hügel/*Hügel* SEG § 24 Rn. 33). Bei deutschen Gründungsgesellschaften können Mängel grundsätzlich durch die Erhebung einer **Wirksamkeitsklage** geltend gemacht werden (Art. 18 iVm § 14 Abs. 1 UmwG), soweit diese nicht ausgeschlossen ist, weil ein Spruchverfahren möglich ist (Art. 18 iVm § 14 Abs. 2 UmwG, zu den Voraussetzungen für die Zulässigkeit eines Spruchverfahrens bei der SE-Gründung durch Verschmelzung Art. 25 Abs. 3, dazu → Art. 25 Rn. 28 ff.). Die Anhängigkeit einer solchen Klage verhindert wegen § 16 Abs. 2 S. 2 UmwG die Erteilung der Rechtmäßigkeitsbescheinigung nach Art. 25 Abs. 2 bzw. im Fall einer deutschen aufnehmenden Gesellschaft die Eintragung der Verschmelzung durch das zuständige deutsche Registergericht; die Bescheinigung bzw. die Eintragung kann dann vor Beilegung der Klage nur nach erfolgreicher Durchführung eines **Freigabeverfahrens** gemäß Art. 18 iVm § 16 Abs. 3 UmwG erlangt werden (vgl. KK-AktG/*Maul* Rn. 12).

II. Ausschluss der Nichtigkeit (Satz 1)

Art. 30 S. 1 bewirkt, dass eine Nichtigkeitsklage nicht zur Rückabwicklung 3 der SE-Gründung nach deren Wirksamwerden führen kann. Dies gilt **auch für gravierende Fehler,** da die SE-VO keine Art. 22 Abs. 1 lit. b der Nat-VerschmRL oder § 275 Abs. 1 AktG entsprechende Regelung vorsieht (Spindler/Stilz/*Casper* Rn. 2; vgl. auch NK-SE/*Schröder* Rn. 2). Auch Fehler, die erst nach Eintragung der Verschmelzungsgründung entstehen, begründen keine Nichtigkeit (LHT/*Bayer* Rn. 4; vgl. auch *Scheifele* Gründung der SE S. 299). Eine **Heilung** etwaiger Mängel, wie sie beispielsweise in § 242 AktG vorgesehen ist, **bewirkt die Eintragung** dennoch **nicht,** denn der Wortlaut des Art. 30 S. 1 schließt nur die Nichtigerklärung aus, ordnet aber nicht die Heilung von Mängeln an (LHT/*Bayer* Rn. 5; Spindler/Stilz/*Casper* Rn. 1 f.; *Fuchs* S. 192; Schmitt/Hörtnagl/Stratz/*Hörtnagl* Rn. 4; KK-AktG/*Maul* Rn. 3, 6; MüKo-AktG/*Schäfer* Rn. 4; *Scheifele* Gründung der SE S. 300; NK-SE/*Schröder* Rn. 6; *Schwarz* Rn. 4). Die **Heilung eines Mangels** kann sich allerdings **aus dem nationalen Recht** ergeben, wenn eine solche dort durch die Eintragung der Verschmelzung oder mit Ablauf einer bestimmten Frist nach der Eintragung vorgesehen ist; wird die SE in Deutschland eingetragen, kommt etwa die Heilung von Formmängeln gemäß Art. 15 Abs. 1 iVm § 20 Abs. 1 Nr. 4 UmwG in

Betracht (KK-AktG/*Maul* Rn. 7; MüKoAktG/*Schäfer* Rn. 5; *Scheifele* Gründung der SE S. 301; NK-SE/*Schröder* Rn. 10; *Schwarz* Rn. 6; ebenso Spindler/Stilz/ *Casper* Rn. 2, der zu Recht darauf hinweist, dass eine analoge Anwendung des § 242 Abs. 2 AktG auf die Verschmelzung mangels Regelungslücke ausscheidet). Ansprüche auf **Schadensersatz in Geld,** wie sie zum Beispiel gegen die handelnden Organmitglieder in Betracht kommen, sind daher **nicht ausgeschlossen** (Spindler/Stilz/*Casper* Rn. 2; Schmitt/Hörtnagl/Stratz/*Hörtnagl* Rn. 4; KK-AktG/*Maul* Rn. 6; MüKoAktG/*Schäfer* Rn. 4; *Scheifele* Gründung der SE S. 300; NK-SE/*Schröder* Rn. 6; im Hinblick auf eine etwaige Heilung nach nationalem Recht offenlassend LHT/*Bayer* Rn. 5). Zu beachten ist jedoch, dass diese nur auf eine Geldzahlung gerichtet sein können und nicht im Wege der Naturalrestitution (in Deutschland § 249 BGB) eine Rückgängigmachung der Verschmelzung mit Wirkung für die Zukunft verlangt werden kann (Spindler/Stilz/*Casper* Rn. 2; MüKoAktG/*Schäfer* Rn. 4; vgl. auch *Schwarz* Rn. 5). Gleiches gilt gemäß § 16 Abs. 3 S. 10 Hs. 2 UmwG für einen Schadensersatzanspruch nach Durchführung eines Freigabeverfahrens (LHT/*Bayer* Rn. 5 mwN; NK-SE/*Schröder* Rn. 11).

III. Fehlende Rechtmäßigkeitskontrolle (Satz 2)

4   Nach Art. 30 S. 2 kann das **Fehlen der Kontrolle der Rechtmäßigkeit** der Verschmelzung gemäß Art. 25 und 26 einen Grund für die (ex-nunc wirkende) Auflösung der SE darstellen. Die rechtliche Einordnung dieser Vorschrift bereitet aufgrund des mehrdeutigen Wortlauts mit der Formulierung „kann" Probleme. Eindeutig ergibt sich zunächst, dass eine lediglich fehlerhafte Prüfung eine Auflösung nicht rechtfertigt (ebenso Spindler/Stilz/*Casper* Rn. 4). In Art. 30 S. 2 wird nämlich vom „Fehlen einer Kontrolle" und nicht von einer „fehlerhaften" Kontrolle gesprochen. Überdies fallen Fehler bei der Prüfung nicht in den Risikobereich der beteiligten Gesellschaften. Zum Teil wird allerdings angenommen, dass bei **gravierenden Mängeln,** ähnlich wie im Verwaltungsrecht (analog § 44 Abs. 1 VwVfG), die Prüfung nichtig und damit wirkungslos ist (so Spindler/Stilz/*Casper* Rn. 4).

5   Ob bereits das Fehlen der Rechtmäßigkeitskontrolle **nur auf einer der beiden Stufen** die Auflösung rechtfertigt, lässt sich dem Wortlaut nicht eindeutig entnehmen. Teilweise wird dies aufgrund des durch Art. 30 weitgehend eingeräumten Bestandsschutzes bejaht (Spindler/Stilz/*Casper* Rn. 4; MüKoAktG/*Schäfer* Rn. 6; vgl. auch LHT/*Bayer* Rn. 6; *Fuchs* S. 190 f.). Dem ist zuzustimmen, da andernfalls nur eine SE-Verschmelzungsgründung, die gänzlich ohne Prüfung stattgefunden hat, zur Auflösung führen könnte. Die Vorschrift würde damit weitgehend leerlaufen, da solche Fälle praktisch kaum denkbar sind. Zu berücksichtigen ist jedoch weiter, dass, selbst wenn auf einer Stufe keine Prüfung durchgeführt wurde, die materiell-rechtlichen Voraussetzungen dennoch eingehalten worden sein können. Daher kann allein das Fehlen der Kontrolle auf einer Stufe die Auflösung noch nicht rechtfertigen, wenn **materiell-rechtlich kein Mangel vorliegt** (vgl. LHT/*Bayer* Rn. 7; MüKoAktG/*Schäfer* Rn. 7, der fordert, dass mindestens auch ein Verschmelzungsbeschluss mangelhaft ist). Dass die Rechtmäßigkeitskontrolle keinen formalen Selbstzweck darstellt, sondern der Einhaltung der materiell-rechtlichen Voraussetzungen dient, verkennen daher die Anhänger der Gegenauffassung (*Beuthien* SCE-VO Art. 34 Rn. 2; *Mahi* S. 118; *Schwarz* Rn. 10; vgl. auch *Bungert/Beier* EWS 2002, 1 [7]), die Art. 30 S. 2 als „zwingend, europäisch vorgegebenen Auflösungsgrund" ansehen.

6   Aufgrund der „kann"-Formulierung in Art. 30 S. 2 wird die Vorschrift zum Teil auch als bloße **Ermächtigungsnorm** zugunsten der nationalen Gesetzgeber angesehen, für den Fall der fehlenden Rechtmäßigkeitskontrolle eine SE-spezifische Regelung zu treffen (*Fuchs* S. 189; Schmitt/Hörtnagl/Stratz/*Hörtnagl*

Rn. 6; Kalss/Hügel/*Hügel* SEG § 24 Rn. 34; *Scheifele* Gründung der SE S. 302;
mit Einschränkung NK-SE/*Schröder* Rn. 8; wohl auch *Cerioni* 2004, 259 [265]).
Dagegen spricht jedoch der Wortlaut des Art. 30 S. 2, der nicht die typische
Formulierung der SE-VO für eine Ermächtigung an die Mitgliedstaaten ver-
wendet (LHT/*Bayer* Rn. 7; *J. Schmidt* S. 265). Überzeugend ist es daher, Art. 30
S. 2 als einen **Verweis auf das über Art. 63 Hs. 1 anwendbare nationale
Recht des Sitzstaates** anzusehen (LHT/*Bayer* Rn. 7; KK-AktG/*Maul* Rn. 10;
Scheifele Gründung der SE S. 302 f.; *J. Schmidt* S. 265; *Schwarz* Rn. 10; vgl. auch
NK-SE/*Schröder* Rn. 8). Demnach besteht ein Auflösungsgrund nur dann, wenn
das nationale Recht einen solchen vorsieht. Dafür spricht besonders ein Umkehr-
schluss aus Art. 34 Abs. 2 SCE-VO, welcher bestimmt, dass das Fehlen der
Kontrolle der Rechtmäßigkeit der Verschmelzung ein Auflösungsgrund „ist"
(dazu *Beuthien* SCE-VO Art. 34 Rn. 2; *J. Schmidt* S. 265; *Schwarz* Rn. 10). Auch
ein Vergleich mit Art. 29 SE-VOE 1989 und 1991, die jeweils einen Verweis auf
das nationale Recht enthielten, sowie die inhaltliche Verknüpfung mit Art. 63
Hs. 1 bezüglich der Frage der Auflösung einer SE streiten dafür (LHT/*Bayer*
Rn. 7; *J. Schmidt* S. 265; vgl. auch NK-SE/*Schröder* Rn. 8).

Auf Basis der hier vertretenen Auffassung ist die Auflösung einer durch Ver-   **7**
schmelzung gegründeten SE mit Sitz in Deutschland wegen fehlender Rechtmäßigkeitskontrolle nach derzeitiger Rechtslage nicht möglich, da das nationale
Aktienrecht keinen entsprechenden Auflösungsgrund vorsieht; insbesondere ist
dieser Fall nicht von § 262 Abs. 1 AktG erfasst (im Ergebnis ebenso, aber mit
unterschiedlichen Begründungen LHT/*Bayer* Rn. 8; Schmitt/Hörtnagl/Stratz/
Hörtnagl Rn. 6; KK-AktG/*Maul* Rn. 10 f.; *Scheifele* Gründung der SE S. 303;
J. Schmidt S. 265 f.; NK-SE/*Schröder* Rn. 13; *Schwarz* Rn. 11; aA MüKoAktG/
Schäfer Rn. 7 und ihm folgend Spindler/Stilz/*Casper* Rn. 3, die eine Auflösung
bei einer in Deutschland gegründeten SE für möglich halten, wenn zum Fehlen
der Rechtmäßigkeitskontrolle noch ein mangelhafter Verschmelzungsbeschluss
hinzukommt). Diesbezüglich besteht auch **kein Ermessen des Registergerichts**, wie man aus der „kann"-Formulierung in Art. 30 S. 2 schließen
könnte (NK-SE/*Schröder* Rn. 8; *Schwarz* Rn. 6; vgl. auch *Fuchs* S. 189). Mangels
Ermächtigung an den nationalen Gesetzgeber zum Erlass einer SE-spezifischen
Regelung könnte die unterbliebene Rechtmäßigkeitskontrolle daher nur dann
zur Auflösung einer in Deutschland gegründeten SE führen, wenn ein entsprechender allgemeiner Auflösungsgrund ins Aktiengesetz aufgenommen würde,
was jedoch nur sinnvoll wäre, wenn zusätzlich auch die Nichterfüllung materiell-
rechtlicher Anforderungen zur Voraussetzung der Auflösung gemacht würde
(LHT/*Bayer* Rn. 8; vgl. auch MüKoAktG/*Schäfer* Rn. 7).

Uneinheitlich beantwortet wird auch die Frage, ob Art. 30 S. 2 hinsichtlich   **8**
der Auflösungsgründe bei Gründungsmängeln der SE **abschließenden Charakter** besitzt. Aus Art. 63 Hs. 1 und Art. 64 Abs. 2 könnte man schließen, dass sich
aus dem nationalen Recht weitere Auflösungsgründe ergeben können (vgl. Kalss/
Hügel/*Hügel* SEG § 24 Rn. 34, der auch auf den Wortlaut der englischen
Fassung abstellt). Die überwiegende Auffassung (LHT/*Bayer* Rn. 2; Spindler/
Stilz/*Casper* Rn. 4; Schmitt/Hörtnagl/Stratz/*Hörtnagl* Rn. 4; MüKoAktG/*Schä-
fer* Rn. 1; *Scheifele* Gründung der SE S. 299 f.; NK-SE/*Schröder* Rn. 5; *Schwarz*
ZIP 2001, 1847 [1852]) sieht in Art. 30 S. 2 aber zu Recht eine abschließende
Regelung für die Auflösung aufgrund von Gründungsmängeln.

[Konzernverschmelzung]

31 (1) [1]Wird eine Verschmelzung nach Artikel 17 Absatz 2 Buchstabe a durch eine Gesellschaft vollzogen, die Inhaberin sämtlicher

Aktien und sonstiger Wertpapiere ist, die Stimmrechte in der Hauptversammlung einer anderen Gesellschaft gewähren, so finden Artikel 20 Absatz 1 Buchstaben b, c und d, Artikel 22 und Artikel 29 Absatz 1 Buchstabe b keine Anwendung. ²Die jeweiligen einzelstaatlichen Vorschriften, denen die einzelnen sich verschmelzenden Gesellschaften unterliegen und die für die Verschmelzungen von Aktiengesellschaften nach Artikel 24 der Richtlinie 78/855/EWG maßgeblich sind, sind jedoch anzuwenden.

(2) Vollzieht eine Gesellschaft, die Inhaberin von mindestens 90%, nicht aber aller der in der Hauptversammlung einer anderen Gesellschaft Stimmrecht verleihenden Aktien und sonstigen Wertpapiere ist, eine Verschmelzung durch Aufnahme, so sind die Berichte des Leitungs- oder des Verwaltungsorgans, die Berichte eines oder mehrerer unabhängiger Sachverständiger sowie die zur Kontrolle notwendigen Unterlagen nur insoweit erforderlich, als dies entweder in den einzelstaatlichen Rechtsvorschriften, denen die übernehmende Gesellschaft unterliegt, oder in den für die übertragende Gesellschaft maßgeblichen einzelstaatlichen Rechtsvorschriften vorgesehen ist.

Die Mitgliedstaaten können jedoch vorsehen, dass dieser Absatz Anwendung auf eine Gesellschaft findet, die Inhaberin von Aktien ist, welche mindestens 90% der Stimmrechte, nicht aber alle verleihen.

Schrifttum: *Bayer,* 1000 Tage neues Umwandlungsrecht – eine Zwischenbilanz, ZIP 1997, 1613; *Bungert/Beier,* Die Europäische Aktiengesellschaft – Das Statut und seine Umsetzung in der Praxis, EWS 2002, 1; *Fuchs,* Die Gründung einer Europäischen Aktiengesellschaft durch Verschmelzung und das nationale Recht, 2004; *Heckschen,* Das Dritte Gestz zur Änderung des Umwandlungsgesetzes in der Fassung des Regierungsentwurfs, NZG 2010, 1041; *ders.,* Die Novelle des Umwandlungsgesetzes – Erleichterungen für Verschmelzungen und Squeeze-out, NJW 2011, 2390; *Henckel,* Rechnungslegung und Prüfung anlässlich einer grenzüberschreitenden Verschmelzung zur Societas Europaea (SE), DStR 2005, 1785; *Kallmeyer,* Europa-AG: Strategische Optionen für deutsche Unternehmen, AG 2003, 197; *Kalss,* Der Minderheitenschutz bei Gründung und Sitzverlegung der SE nach dem Diskussionsentwurf, ZGR 2003, 593; *Leupold,* Die Europäische Aktiengesellschaft unter besonderer Berücksichtigung des deutschen Rechts, 1993; *Oechsler,* Der praktische Weg zur Societas Europaea (SE) – Gestaltungsspielraum und Typenzwang, NZG 2005, 697; *J. Schmidt,* „Deutsche" vs. „britische" Societas Europaea (SE), 2006; *Seibt/Saame,* Die Societas Europaea (SE) deutschen Rechts: Anwendungsfelder und Beratungshinweise, AnwBl. 2005, 225; *Teichmann,* Die Einführung der Europäischen Aktiengesellschaft, ZGR 2002, 383; *ders.,* Vorschläge für das deutsche Ausführungsgesetz zur Europäischen Aktiengesellschaft, ZIP 2002, 1109; *Wagner,* Der Regierungsentwurf für ein Drittes Gesetz zur Änderung des Umwandlungsgesetzes, DStR 2010, 1629; *Walden/Meyer-Landrut,* Die grenzüberschreitende Verschmelzung zu einer Europäischen Gesellschaft: Planung und Vorbereitung, DB 2005, 2119; *dies.,* Die grenzüberschreitende Verschmelzung zu einer Europäischen Gesellschaft: Beschlussfassung und Eintragung, DB 2005, 2619.

Übersicht

	Rn.
I. Allgemeines	1
II. Aufnahme einer 100%igen Tochtergesellschaft (Abs. 1)	3
1. Voraussetzungen	3
2. Rechtsfolgen	7
a) Abs. 1 Satz 1	7
b) Abs. 1 Satz 2	10
III. Aufnahme einer Tochtergesellschaft in anderen Fällen (Abs. 2)	14
1. 90% der Stimmrechte verleihenden Aktien und Wertpapiere (Abs. 2 Satz 1)	15
2. 90% der Stimmrechte (Abs. 2 Satz 2)	18

I. Allgemeines

Art. 31 ist an die Art. 24 ff. NatVerschmRL angelehnt, wobei sein Anwen- **1**
dungsbereich deutlich enger gezogen wurde (NK-SE/*Schröder* Rn. 1). Er soll
Verschmelzungen innerhalb bestehender Konzerne erleichtern. Inwieweit Erleichterungen des Verschmelzungsverfahrens gewährt werden, wird vom Umfang
der Beteiligung bzw. den gehaltenen Stimmrechten abhängig gemacht. Die in
Art. 31 Abs. 1 vorgesehene Suspendierung bestimmter in der SE-VO enthalte-
ner Verfahrensvorschriften und der Wegfall des in Art. 29 Abs. 1 lit. b angeordneten Aktientauschs greifen nur bei einer Mutter-Tochter-Verschmelzung ein,
bei der die Muttergesellschaft 100 % der stimmberechtigten Aktien und sonstigen
Wertpapiere an der Tochtergesellschaft hält, so dass keine außenstehenden stimmberechtigten Aktionäre vorhanden sind, die des Schutzes bedürfen (LHT/*Bayer*
Rn. 1; Spindler/Stilz/*Casper* Rn. 1; MüKoAktG/*Schäfer* Rn. 1). Gemäß **Art. 31
Abs. 2 S. 1** sind Verschmelzungsberichte und Verschmelzungsprüfungsberichte
sowie „die zur Kontrolle notwendigen Unterlagen" (näher → Rn. 16) bei einer
Mutter-Tochter-Verschmelzung, bei der die Mutter mindestens 90 % (aber weniger als 100 %) der stimmberechtigten Anteile an der Tochtergesellschaft hält, nicht
erforderlich, wenn das nationale Recht der verschmelzenden Gesellschaften diese
ebenfalls für entbehrlich erklärt. Die Mitgliedstaaten können diese Erleichterungen gemäß Art. 31 Abs. 2 S. 2 auch auf Sachverhalte erstrecken, in denen die
Muttergesellschaft nur 90 % der Stimmrechte an der Tochtergesellschaft hält.
Diese Regelung hat für Gründungsgesellschaften deutschen Rechts keine Bedeutung, da das deutsche Verschmelzungsrecht bei nur 90%iger Beteiligung keine
Ausnahmen von den Berichts- und Prüfungspflichten vorsieht (→ Rn. 17).

Aus dem in Art. 31 Abs. 1 enthaltenen Verweis auf Art. 17 Abs. 1 lit. a folgt, **2**
dass **nur** die **Verschmelzung durch Aufnahme** vom Anwendungsbereich
erfasst ist; ferner gelten die von Art. 31 gewährten Erleichterungen nur bei Verschmelzung einer Tochtergesellschaft auf die Muttergesellschaft, sog. **upstream
merger** (LHT/*Bayer* Rn. 1, 3; Spindler/Stilz/*Casper* Rn. 1; *Fuchs* S. 169, 175;
Jünemann in BJMS SE § 2 Rn. 176; KKAktG/*Maul* Rn. 4; *Oechsler* NZG 2005,
697 [700]; MüKoAktG/*Schäfer* Rn. 1 f.; *Scheifele* Gründung der SE S. 281, 287;
NK-SE/*Schröder* Rn. 2; *Schwarz* Rn. 5, 22; im Einzelnen auch Kalss/Hügel/
Hügel SEG § 20 Rn. 13). Nicht erfasst ist hingegen der umgekehrte Fall der
Verschmelzung der Mutter- auf die Tochtergesellschaft, sog. **downstream
merger** (LHT/*Bayer* Rn. 3; Spindler/Stilz/*Casper* Rn. 2; Kalss/Hügel/*Hügel*
SEG § 20 Rn. 13; KK-AktG/*Maul* Rn. 4; MüKoAktG/*Schäfer* Rn. 2; *Scheifele*
Gründung der SE S. 281; NK-SE/*Schröder* Rn. 2; *Schwarz* Rn. 5). Weiterhin
findet Art. 31 – wie dessen Wortlaut zeigt – auch bei einem sog. **sidestream
merger** keine Anwendung, der dadurch gekennzeichnet ist, dass zwei Tochtergesellschaften, deren Anteile zu 100 % von einer Muttergesellschaft gehalten werden, aufeinander verschmolzen werden (Spindler/Stilz/*Casper* Rn. 2; Kalss/Hü-
gel/*Hügel* SEG § 20 Rn. 23 f.; KK-AktG/*Maul* Rn. 4; *Schwarz* Rn. 2).

II. Aufnahme einer 100%igen Tochtergesellschaft (Abs. 1)

1. Voraussetzungen. Um in den Genuss der Erleichterungen des Art. 31 **3**
Abs. 1 S. 1 zu kommen, muss die aufnehmende Muttergesellschaft **Inhaberin
sämtlicher Aktien und sonstiger Wertpapiere** sein, die Stimmrechte in der
Hauptversammlung der anderen Gesellschaft gewähren. Den „sonstigen Wertpapieren" kommt bei Tochtergesellschaften deutschen Rechts keine Bedeutung
zu, da das Stimmrecht stets mit einer Aktie korrespondiert, vgl. § 12 Abs. 1 AktG
(LHT/*Bayer* Rn. 4; Spindler/Stilz/*Casper* Rn. 3; KK-AktG/*Maul* Rn. 7; MüKo-

AktG/*Schäfer* Rn. 3; *Scheifele* Gründung der SE S. 282 Fn. 698; *Schwarz* Rn. 6 Fn. 9). Fraglich ist, ob sich der Halbsatz „die Stimmrechte in der Hauptversammlung einer anderen Gesellschaft gewähren" nur auf die „sonstigen Wertpapiere" oder auch auf „sämtliche Aktien" bezieht. Von entscheidender Bedeutung ist dies in Bezug auf **stimmrechtslose Vorzugsaktien** (vgl. §§ 12 Abs. 1 S. 2, 139 ff. AktG). Nach überwiegender Auffassung ist die Frage im zweitgenannten Sinne zu beantworten, sodass die Erleichterungen des Abs. 1 auch Anwendung finden, wenn die Muttergesellschaft 100 % der Stammaktien hält, die Tochtergesellschaft daneben aber auch stimmrechtslose Vorzugsaktionäre hat (LHT/*Bayer* Rn. 4; Spindler/Stilz/*Casper* Rn. 3; MüKoAktG/*Schäfer* Rn. 3; *Scheifele* Gründung der SE S. 282; *Schwarz* Rn. 6; einschränkend NK-SE/*Schröder* Rn. 3, 28; aA KK-AktG/*Maul* Rn. 2, 6; zu den Rechtsfolgen in diesem Fall → Rn. 7). Dass die Tochtergesellschaft **eigene Aktien** hält, steht der Anwendung des Art. 31 Abs. 1 S. 1 nicht entgegen, da diese nach § 71b AktG kein Stimmrecht vermitteln (vgl. LHT/*Bayer* Rn. 4; NK-SE/*Schröder* Rn. 3). Welches Stimmgewicht der einzelnen Aktie beigemessen wird, spielt nach dem Wortlaut des Art. 31 Abs. 1 S. 1 keine Rolle (LHT/*Bayer* Rn. 4; Spindler/Stilz/*Casper* Rn. 3; Kalss/Hügel/*Hügel* SEG § 20 Rn. 5; MüKoAktG/*Schäfer* Rn. 3; *Scheifele* Gründung der SE S. 282; *Schwarz* Rn. 6). Stimmrechtsbeschränkungen durch ein Höchststimmrecht (§ 134 Abs. 1 S. 2 AktG) sind daher unbeachtlich. In Deutschland bestimmt § 12 Abs. 2 AktG außerdem, dass Mehrstimmrechte unzulässig sind.

4   Die Muttergesellschaft muss **Eigentümerin sämtlicher (stimmberechtigter) Aktien** sein. Mittelbarer Besitz, wie ihn Art. 26 NatVerschmRL ausreichen lässt, genügt nicht, was bereits der Wortlaut mit der Formulierung „Inhaberin" nahe legt (LHT/*Bayer* Rn. 5; Spindler/Stilz/*Casper* Rn. 3; *Fuchs* S. 170; KK-AktG/*Maul* Rn. 7; *Scheifele* Gründung der SE S. 282; NK-SE/*Schröder* Rn. 4; *Schwarz* Rn. 7). Dies wird auch gestützt durch Art. 31 Abs. 1 S. 2, der zwar auf Art. 24, nicht aber auf Art. 26 NatVerschmRL verweist, welcher den Mitgliedstaaten für die innerstaatliche Verschmelzung die Möglichkeit eröffnet, den mittelbaren Besitz dem Eigentum insofern gleichzustellen (NK-SE/*Schröder* Rn. 4). Nicht von Bedeutung ist die Frage, wie die Muttergesellschaft an die Anteile gelangt ist und ob der Erwerb gezielt im Hinblick auf die durch Art. 31 Abs. 1 S. 1 gewährten Erleichterungen erfolgte (*Leupold* S. 58; NK-SE/*Schröder* Rn. 5). Denn der Vorschrift liegt der Gedanke zu Grunde, dass schützenswerte Drittinteressen nicht betroffen sind. Weshalb dies der Fall ist, spielt keine Rolle. Irrelevant ist daher auch, wie lange die Tochtergesellschaft bereits existiert (Kallmeyer/*Marsch-Barner* UmwG Anhang Rn. 65).

5   Umstritten ist, zu welchem **Zeitpunkt** im Verschmelzungsverfahren die Muttergesellschaft (spätestens) die Beteiligungsquote des Abs. 1 innehaben muss. Dieselbe Frage stellt sich auch bei der deutschen innerstaatlichen Verschmelzung im Rahmen von **§ 5 Abs. 2 UmwG** (LHT/*Bayer* Rn. 6 mwN; vgl. auch *Schwarz* Rn. 8). In Betracht kommt der Zeitpunkt der Aufstellung des Verschmelzungsplans, der Beschlussfassung in der übertragenden Gesellschaft (*Leupold* S. 58; KK-AktG/*Maul* Rn. 8; wohl auch LHT/*Bayer* Rn. 6; vgl. zum deutschen Recht LG Mannheim ZIP 1990, 992 [995]; *Bayer* ZIP 1997, 1613 [1615]; Lutter/*Drygala* UmwG § 5 Rn. 103). Denkbar ist auch, auf den Zeitpunkt der Rechtmäßigkeitskontrolle nach Art. 25 (Spindler/Stilz/*Casper* Rn. 3; MüKoAktG/*Schäfer* Rn. 4; *Schwarz* Rn. 8) bzw. der Beantragung der Rechtmäßigkeitsbescheinigung (*Scheifele* Gründung der SE S. 282) oder der Eintragung der Verschmelzung bzw. der SE (*Fuchs* S. 170; NK-SE/*Schröder* Rn. 7; wohl auch *Schwarz* Rn. 8; zum deutschen Verschmelzungsrecht ebenso Kallmeyer/*Marsch-Barner* UmwG § 5 Rn. 70; Widmann/Mayer/*Mayer* UmwG § 5 Rn. 213; Semler/Stengel/*Schröer* UmwG § 5 Rn. 129) abzustellen. Überzeugend erscheint es, bei der SE-Verschmelzung das Vorliegen der 100 %-Beteiligungsquote zum Zeit-

punkt der **Ausstellung der Rechtmäßigkeitsbescheinigung** gemäß Art. 25 zu verlangen. Denn ein Bedürfnis für das Vorliegen der tatsächlichen Voraussetzungen bereits bei Aufstellung des Verschmelzungsplans oder der Beschlussfassung über die Verschmelzung ist nicht ersichtlich. Zu diesem Zeitpunkt etwa noch beteiligte Minderheitsaktionäre sind vielmehr dadurch geschützt, dass das Vorliegen der Voraussetzungen für die Verfahrenserleichterungen im Rahmen des zweistufigen Prüfungsverfahrens gemäß Art. 25 und 26 zu prüfen ist und die Verschmelzung nicht wirksam werden kann, wenn die Voraussetzungen nicht spätestens bei Eintragung der SE vorliegen. Auf den Zeitpunkt der Eintragung der SE abzustellen, wäre hingegen zu spät, da die nationalen Kontrollstellen, die für die Ausstellung der Rechtmäßigkeitsbescheinigungen der übertragenden Gesellschaften gemäß Art. 25 zuständig sind, die Rechtmäßigkeit unter Einbeziehung der Erleichterungen gemäß Art. 31 Abs. 1 nicht bescheinigen können, wenn zum Zeitpunkt ihrer Prüfung die tatsächlichen Voraussetzungen für das vereinfachte Verfahren noch nicht erfüllt sind. Aus **Beratersicht** ist aufgrund des uneinheitlichen Meinungsbildes allerdings zu empfehlen, die Frage des Zeitpunktes, zu dem die Voraussetzungen des Art. 31 Abs. 1 vorliegen müssen, mit den für die Ausstellung der Rechtmäßigkeitsbescheinigung und die Eintragung der SE zuständigen Stellen abzustimmen. Im Zweifel sollte das Vorliegen der Voraussetzungen von dem Zeitpunkt der Aufstellung des Verschmelzungsplans an bis zur Eintragung der SE sichergestellt werden (LHT/*Bayer* Rn. 6; *Jünemann* in BJMS SE § 2 Rn. 180; NK-SE/*Schröder* Rn. 8 Fn. 14).

Werden bei einer SE-Gründung **mehrere Tochtergesellschaften** auf die **6** Mutter verschmolzen, so gelten die Erleichterungen des Art. 31 Abs. 1 S. 1 nur in Bezug auf die Gesellschaften, an denen die Muttergesellschaft die erforderliche Beteiligungsquote hält (LHT/*Bayer* Rn. 6; Spindler/Stilz/*Casper* Rn. 3; Schmitt/ Hörtnagl/Stratz/*Hörtnagl* Rn. 1; NK-SE/*Schröder* Rn. 9; zum maßgeblichen Zeitpunkt für das Vorliegen der jeweiligen Voraussetzungen → Rn. 5).

2. Rechtsfolgen. a) Abs. 1 Satz 1. Art. 31 Abs. 1 S. 1 schließt die Anwen- **7** dung der Art. 20 Abs. 1 lit. b, c und d, 22 und 29 Abs. 1 lit. b aus. Danach **entfällt** zunächst **der Aktientausch,** welcher in Art. 29 Abs. 1 lit. b vorgesehen ist. Die Aktien der Tochtergesellschaft erlöschen also, ohne dass dafür Aktien der aufnehmenden Muttergesellschaft ausgegeben werden (Spindler/Stilz/*Casper* Rn. 3). Damit wird verhindert, dass die Muttergesellschaft durch die Verschmelzung eigene Aktien erwirbt (LHT/*Bayer* Rn. 8; Spindler/Stilz/*Casper* Rn. 3; KK-AktG/*Maul* Rn. 9; *Scheifele* Gründung der SE S. 297; NK-SE/*Schröder* Rn. 15; *Schwarz* Art. 29 Rn. 22). Weitgehend ungeklärt ist das Schicksal **stimmrechtsloser Vorzugsaktien.** Im Normalfall einer Verschmelzung durch Aufnahme werden auch die Inhaber stimmrechtsloser Vorzugsaktien nach Art. 29 Abs. 1 lit. b) Aktionäre der SE (→ Art. 29 Rn. 4). Diese Vorschrift ist aber gemäß Art. 31 Abs. 1 S. 1 gerade nicht anwendbar (aA dazu KK-AktG/*Maul* Rn. 2, 6, wonach im Fall außenstehender Vorzugsaktionäre Art. 31 Abs. 1 S. 1 überhaupt nicht anwendbar ist, → Rn. 3). Denkbar sind insoweit zwei Lösungen: Die Inhaber stimmrechtsloser Vorzugsaktien könnten gegen Barabfindung aus der Gesellschaft ausscheiden (so MHdB AG/*Austmann* § 84 Rn. 26). Dieser Lösung steht zwar nicht die Anwendung des § 23 UmwG über Art. 18 entgegen, da Art. 31 Abs. 1 eine abschließende Regelung darstellt. Dagegen spricht aber entscheidend, dass sich für eine solche Lösung keinerlei Anhaltspunkte im Gesetz finden lassen. Es käme zu einem Eingriff in das Eigentumsrecht der Aktionäre, der sich ohne gesetzliche Grundlage nicht rechtfertigen lässt. Andererseits könnte man daran denken, Art. 31 Abs. 1 S. 1 teleologisch zu reduzieren und damit die Unanwendbarkeit des Art. 29 Abs. 1 lit. b nur auf „insoweit" annehmen, als es sich um Aktien mit Stimmrecht handelt, deren Inhaberschaft Voraussetzung für die

Anwendbarkeit des Art. 31 Abs. 1 S. 1 ist. Die Inhaber stimmrechtsloser Vorzugsaktien würden dann Aktionäre der SE. Für diesen Lösungsansatz spricht die Ratio der Unanwendbarkeit des Art. 29 Abs. 1 lit. b: Es soll der Erwerb eigener Aktien verhindert werden. Wenn aber stimmrechtslose Vorzugsaktien von außenstehenden Dritten gehalten werden, widerspricht es dem Zweck des Art. 31 Abs. 1 S. 1 nicht, dass es insoweit doch zu einem Aktientausch kommt. Einzelheiten zu diesem Aktientausch, insbesondere zu der Frage, ob die Aktien gegen stimmrechtslose Vorzugsaktien der SE oder gegen Stammaktien getauscht werden, sind dann in den Verschmelzungsplan aufzunehmen.

8   Da kein Aktientausch stattfindet, entfallen auch die **Angaben zum Aktientausch im Verschmelzungsplan**, namentlich zum Umtauschverhältnis (Art. 20 Abs. 1 lit. b), den Einzelheiten hinsichtlich der Aktienübertragung (Art. 20 Abs. 1 lit. c) und dem Zeitpunkt, von dem an die Aktien ein Recht auf Gewinnbeteiligung gewähren (Art. 20 Abs. 1 lit. d). Da kein Umtauschverhältnis anzugeben ist, erübrigt sich auch eine Unternehmensbewertung (LHT/*Bayer* Rn. 9). Zu Ausnahmen bei von Dritten gehaltenen stimmrechtslosen Vorzugsaktien → Rn. 7.

9   Uneinheitlich beantwortet wird die Frage, wie sich die **Unanwendbarkeit des Art. 22** auswirkt. Teilweise wird daraus geschlossen, dass damit die Möglichkeit der *gemeinsamen* Verschmelzungsprüfung verloren geht, während sich die Frage, ob eine Verschmelzungsprüfung überhaupt erforderlich ist, nach den über Art. 18 anzuwendenden nationalen Verschmelzungsrechten richtet (KK-AktG/ *Maul* Rn. 12; *Teichmann* ZGR 2002, 383 [431]). Gegen diese Auslegung sprechen jedoch Sinn und Zweck des Art. 31. Dieser will Verschmelzungen innerhalb bestehender Konzerne gerade erleichtern. Würde die Verordnung nur die Möglichkeit einer gemeinsamen Verschmelzungsprüfung versagen, die Frage der Entbehrlichkeit der Prüfung als solcher aber den nationalen Verschmelzungsrechten überlassen, könnten die Anforderungen für eine Konzernverschmelzung strenger sein als für eine sonstige SE-Verschmelzung, wodurch das Ziel des Art. 31 letztlich ins Gegenteil verkehrt würde (vgl. LHT/*Bayer* Rn. 10; Spindler/Stilz/*Casper* Rn. 4; MüKoAktG/*Schäfer* Rn. 5). Die ganz hM leitet daher aus Art. 31 Abs. 1 S. 1 eine direkte Anordnung der **Entbehrlichkeit der Verschmelzungsprüfung** insgesamt ab (LHT/*Bayer* Rn. 10; Spindler/Stilz/*Casper* Rn. 4; Widmann/ Mayer/*Heckschen* UmwG Anh. 14 Rn. 216; *Henckel* DStR 2005, 1785 [1790 f.]; Kalss/Hügel/*Hügel* SEG § 20 Rn. 9; Kallmeyer/*Marsch-Barner* UmwG Anh. Rn. 66; Theisen/Wenz/*Neun* S. 108; MüKoAktG/*Schäfer* Rn. 5; *Scheifele* Gründung der SE S. 283 f.; NK-SE/*Schröder* Rn. 15; *Schwarz* Rn. 13; *Seibt/Saame* AnwBl 2005, 225 [231]). Da die über Art. 18 anwendbaren nationalen Verschmelzungsrechte für den Fall des upstream mergers bei 100%-Beteiligung der Mutter- an der Tochtergesellschaft nach den Vorgaben von Art. 24 Nat-VerschmRL ohnehin keine Verschmelzungsprüfung vorschreiben dürfen, sollte der Frage, ob sich die Entbehrlichkeit der Verschmelzungsprüfung unmittelbar aus Art. 31 Abs. 1 oder aus den nationalen Verschmelzungsrechten der beteiligten Gesellschaften ergibt, allerdings kaum praktische Bedeutung zukommen. Der Durchführung einer **freiwilligen Prüfung** steht die Entbehrlichkeit der Verschmelzungsprüfung nicht entgegen (NK-SE/*Schröder* Rn. 14). Da bereits die Verschmelzungsprüfung entbehrlich ist, ist auch kein **Verschmelzungsprüfungsbericht** erforderlich.

10   **b) Abs. 1 Satz 2.** Art. 31 Abs. 1 S. 2 bestimmt, dass die auf Grundlage von **Art. 24 NatVerschmRL ergangenen nationalen Vorschriften** zur Verschmelzung von Aktiengesellschaften „jedoch anzuwenden sind". Gestützt auf den Wortlaut wird teilweise vertreten, dass die Privilegierungen des Art. 31 Abs. 1 S. 1 nur unter dem Vorbehalt abweichender Bestimmungen nach S. 2

stünden (NK-SE/*Schröder* Rn. 12). Die überwiegende Ansicht will demgegenüber die auf Art. 24 NatVerschmRL beruhenden Erleichterungen im nationalen Verschmelzungsrecht der Gründungsgesellschaften **zusätzlich zu den in Satz 1 bestimmten Erleichterungen anwenden** (LHT/*Bayer* Rn. 7, 11; Spindler/ Stilz/*Casper* Rn. 1, 5; *Fuchs* S. 174 f.; Kalss/Hügel/*Hügel* SEG § 20 Rn. 6; MüKoAktG/*Schäfer* Rn. 6; *Scheifele* Gründung der SE S. 284; *Schwarz* Rn. 14f). Die Anwendung strengerer nationaler Regelungen ist danach ausgeschlossen (Spindler/Stilz/*Casper* Rn. 5). Für diese Ansicht sprechen Sinn und Zweck des Art. 31. Er soll Konzernverschmelzungen erleichtern. Würde man den Mitgliedstaaten gestatten, strengere Anforderungen zu stellen, würde dieses Ziel verfehlt. Es sollen vielmehr die bereits nach nationalem Recht gewährten Erleichterungen grundsätzlich auch bei Konzernverschmelzungen zur Gründung einer SE gewährt werden, soweit sie auf Art. 24 NatVerschmRL beruhen und über Art. 31 Abs. 1 S. 1 hinausgehen. Die Formulierung „jedoch" in Art. 31 Abs. 1 S. 2 soll also nicht ausdrücken, dass die Mitgliedstaaten über die von Satz 1 gewährten Erleichterungen disponieren können, sondern macht nur deutlich, dass Satz 1 insoweit **keine abschließende Regelung** in Bezug auf Verfahrenserleichterungen darstellt.

Ob die nach Art. 31 Abs. 1 S. 2 gewährten Erleichterungen den jeweiligen **11** Gründungsgesellschaften zugute kommen, richtet sich nach dem auf sie **anwendbaren Recht** (LHT/*Bayer* Rn. 12; *Scheifele* Gründung der SE S. 284; NK-SE/ *Schröder* Rn. 10 f.; *Schwarz* Rn. 14). Betrifft eine Verfahrenshandlung beide Gründungsgesellschaften, so ist diese also nur dann entbehrlich, wenn die Rechtsordnungen beider dies vorsehen (*Scheifele* Gründung der SE S. 284; NK-SE/ *Schröder* Rn. 13). Da sich die durch Art. 31 Abs. 1 S. 1 und Art. 24 NatVerschmRL gewährten Erleichterungen überwiegend decken, kommt Art. 31 Abs. 1 S. 2 im Ergebnis nur bezüglich der Erforderlichkeit eines **Verschmelzungsberichts** und der **zivilrechtlichen Haftung der Organwalter** gemäß Art. 9 und Art. 20 NatVerschmRL Bedeutung zu (LHT/*Bayer* Rn. 11; KK-AktG/*Maul* Rn. 13).

Für eine deutsche Gründungsgesellschaft ist ein **Verschmelzungsbericht 12** nach Art. 31 Abs. 1 S. 2 iVm § 8 Abs. 3 S. 1 Alt. 2 UmwG **entbehrlich** (LHT/ *Bayer* Rn. 13; Spindler/Stilz/*Casper* Rn. 5; Schmitt/Hörtnagl/Stratz/*Hörtnagl* Rn. 2; *Kallmeyer* AG 2003, 197 [203]; *J. Schmidt* S. 187; MüKoAktG/*Schäfer* Art. 22 Rn. 15; NK-SE/*Schröder* Rn. 29; *Schwarz* Rn. 16; *Teichmann* ZGR 2002, 383 [431]; *Walden*/*Meyer-Landrut* DB 2005, 2119 [2126]; im Ergebnis auch Widmann/Mayer/*Heckschen* UmwG Anh. 14 Rn. 211). § 8 Abs. 3 S. 1 Alt. 2 UmwG, der bestimmt, dass sich „alle Anteile des übertragenden Rechtsträgers in der Hand des übernehmenden Rechtsträgers befinden" müssen, ist insofern **verordnungskonform** auszulegen, da Art. 31 Abs. 1 S. 1 bereits das Innehaben aller Stimmrechte genügen lässt (*Schwarz* Rn. 16; vgl. auch van Hulle/Maul/ Drinhausen/*Teichmann* Abschnitt 4 § 2 Rn. 52; wohl auch Spindler/Stilz/*Casper* Rn. 5; die Inhaberschaft auch der stimmrechtslosen Vorzugsaktien fordern MHdB AG/*Austmann* § 83 Rn. 25; KK-AktG/*Maul* Rn. 13 und *Scheifele* Gründung der SE S. 284 f.).

In jedem Fall erforderlich ist hingegen ein **zustimmender Hauptversamm 13 lungsbeschluss der aufnehmenden Gesellschaft.** Entbehrlich ist ein solcher insbesondere nicht nach Art. 18 iVm § 62 Abs. 1 S. 1 UmwG (MHdB AG/ *Austmann* § 84 Rn. 14; LHT/*Bayer* Rn. 14; Spindler/Stilz/*Casper* Rn. 5; *Heckschen* NZG 2010, 1041 [1045]; *ders.* NJW 2011, 2390 [2395]; Schmitt/Hörtnagl/ Stratz/*Hörtnagl* Rn. 2; Kalss/Hügel/*Hügel* SEG § 20 Rn. 12; *Jannott* in Jannott/ Frodermann HdB SE Kap. 3 Rn. 83; *Kallmeyer* AG 2003, 197 [203]; *Kalss* ZGR 2003, 593 [619]; Kallmeyer/*Marsch-Barner* UmwG Anh. Rn. 66; *Scheifele* Gründung der SE S. 285 f.; MüKoAktG/*Schäfer* Rn. 7; *J. Schmidt* S. 204; NK-SE/

Schröder Rn. 30; *Schwarz* Rn. 19; *Walden/Meyer-Landrut* DB 2005, 2619 [2623]; aA *Teichmann* ZGR 2002, 383 [431]). Art. 31 Abs. 1 S. 2 verweist nämlich nur auf Art. 24 NatVerschmRL und nicht auch auf deren Art. 25 bzw. 27, die vorsehen, dass ein Hauptversammlungsbeschluss unter bestimmten Bedingungen entbehrlich ist (LHT/*Bayer* Rn. 14; *Fuchs* S. 174; *Scheifele* Gründung der SE S. 285; NK-SE/*Schröder* Rn. 15; *Schwarz* Rn. 17). Die Zustimmung der Hauptversammlung dient dem Minderheitenschutz auf der Ebene der Muttergesellschaft, der auch bei Konzernverschmelzungen unverzichtbar ist (LHT/*Bayer* Rn. 14; *Fuchs* S. 174; vgl. auch *J. Schmidt* S. 204; *Schwarz* Rn ff.). Ferner ist nicht davon auszugehen, dass Art. 31 Abs. 1 S. 2 Abweichungen von Verfahrensvorschriften zulassen wollte, die die Verordnung selbst vorschreibt; die Zustimmungsbeschlüsse der Hauptversammlungen werden aber durch Art. 23 Abs. 1 ausdrücklich verlangt, ohne dass die Verordnung hiervon eine Ausnahme anordnet oder zulässt (NK-SE/*Schröder* Rn. 30; vgl. auch MüKoAktG/*Schäfer* Art. 23 Rn. 1). Schließlich spricht gegen die Entbehrlichkeit des Verschmelzungsbeschlusses die Tatsache, dass sich bei der aufnehmenden Gesellschaft ein Rechtsformwechsel vollzieht, welcher angesichts seiner Rechtsfolgen, insbesondere der Änderung des anwendbaren Gesellschaftsrechts, bereits isoliert betrachtet weder nach der Verordnung (s. Art. 37 Abs. 7) noch nach dem nationalen Recht (s. § 193 UmwG) ohne Zustimmung der Anteilseigner der formwechselnden Gesellschaft vollzogen werden könnte (MHdB AG/*Austmann* § 84 Rn. 27; Kalss/ Hügel/*Hügel* SEG § 20 Rn. 12; *Kalss* ZGR 2003, 593 [619]; Kallmeyer/*Marsch-Barner* UmwG Anh. Rn. 66; KK-AktG/*Maul* Rn. 14; MüKoAktG/*Schäfer* Rn. 7; *Schwarz* Rn. 19; vgl. auch *Walden/Meyer-Landrut* DB 2005, 2619 [2623]). **Auch bei der übertragenden Tochtergesellschaft** ist ein **Hauptversammlungsbeschluss erforderlich.** Dieser ist auch nicht nach § 62 Abs. 4 S. 1 UmwG entbehrlich, da auch dieser auf Art. 25 NatVerschmRL beruht, auf den Art. 31 Abs. 1 S. 2 nicht verweist (vgl. bereits NK-SE/*Schröder* Rn. 30 Fn. 30; so auch *Heckschen* NJW 2011, 2390 [2395]).

III. Aufnahme einer Tochtergesellschaft in anderen Fällen (Abs. 2)

14   Art. 31 Abs. 2 soll Verschmelzungen erleichtern, bei denen zwar keine 100 %-Beteiligung der aufnehmenden Muttergesellschaft gegeben ist, aber eine ähnliche Interessenlage besteht, da schutzbedürftige außenstehende Aktionäre auf Ebene der Tochtergesellschaft nur in sehr geringem Umfang vorhanden sind (NK-SE/ *Schröder* Rn. 17). Auch hier werden nur Verschmelzungen **durch Aufnahme im Wege eines upstream merger** erfasst (LHT/*Bayer* Rn. 15; *Schwarz* Rn. 22). Die Vorschrift steht – wie bereits der Wortlaut („nicht aber aller") zeigt – zu Abs. 1 in einem **Alternativverhältnis** (LHT/*Bayer* Rn. 15 Fn. 36; *Scheifele* Gründung der SE S. 287 f.; NK-SE/*Schröder* Rn. 17; *Schwarz* Rn. 20). Da die Anwendung der Erleichterungen unter dem Vorbehalt steht, dass das nationale Verschmelzungsrecht entsprechende Erleichterungen ebenfalls bei 90%iger Beteiligung vorsieht, geht die Vorschrift **für deutsche Gründungsgesellschaften ins Leere** (LHT/*Bayer* Rn. 19; KK-AktG/*Maul* Rn. 16; MüKoAktG/*Schäfer* Rn. 8).

15   **1. 90 % der Stimmrechte verleihenden Aktien und Wertpapiere (Abs. 2 Satz 1).** Als Voraussetzung für Art. 31 Abs. 2 S. 1 muss die Muttergesellschaft Inhaberin von mindestens 90 %, nicht aber aller der in der Hauptversammlung der Tochtergesellschaft Stimmrechte verleihenden Aktien und sonstigen Wertpapiere sein. Weitestgehend **gilt hier das zu Art. 31 Abs. 1 Ausgeführte entsprechend** (im Einzelnen → Rn. 3 ff.). Bezüglich der Inhaberschaft und des dafür maßgeblichen Zeitpunkts gelten dieselben Grundsätze. Auch bei Art. 31

Abs. 2 bleiben eigene Aktien der übertragenden Gesellschaft außer Betracht, da sie kein Stimmrecht verleihen. Eine gezielte Herbeiführung der Voraussetzungen für die Erleichterungen ist unschädlich. Werden mehrere Tochtergesellschaften auf die Mutter verschmolzen, kommen die Erleichterungen des Art. 31 Abs. 2 S. 1 nur insoweit zur Anwendung, als sie bei der jeweiligen Tochtergesellschaft vorliegen (NK-SE/*Schröder* Rn. 22).

Liegen die Voraussetzungen von Art. 31 Abs. 2 S. 1 vor, sind **Verschmel-** **16** **zungsbericht und Verschmelzungsprüfungsbericht entbehrlich** (LHT/ *Bayer* Rn. 17; KK-AktG/*Maul* Rn. 15; *Scheifele* Gründung der SE S. 288 f.; *Schwarz* Rn. 26 f.). Gleiches gilt für **„die zur Kontrolle notwendigen Unter-** **lagen"**, wobei umstritten ist, was dies bedeutet. Zum Teil werden darunter die Unterlagen verstanden, die den Sachverständigen nach Art. 22 Satz 2 zur Durch-führung der Verschmelzungsprüfung vorzulegen sind (NK-SE/*Schröder* Rn. 26). Andere halten die Vorlage der sonst zur Prüfung von Verschmelzungsbericht und Verschmelzungsprüfungsbericht im Rahmen der Rechtmäßigkeitskontrolle nach Art. 25 und 26 erforderlichen Unterlagen für entbehrlich (*Scheifele* Gründung der SE S. 289; *Schwarz* Rn. 28). Überzeugend ist die dritte Auffassung, wonach es sich um eine **Einschränkung des Einsichtsrechts** der Aktionäre im Vorfeld der Hauptversammlung nach dem Vorbild von Art. 11, 24 und 28 NatVerschmRL handelt, so dass die ansonsten bestehenden Verpflichtungen zum Zugänglichma-chen der Berichte im Vorfeld der Hauptversammlung entfallen (LHT/*Bayer* Rn. 17; *Fuchs* S. 177; KK-AktG/*Maul* Rn. 15).

Die Erleichterungen des Art. 31 Abs. 2 S. 1 werden nur insoweit gewährt, als **17** weder die Rechtsordnung der aufnehmenden noch die der übertragenden Gesell-schaft die Erstellung von Verschmelzungsbericht und Verschmelzungsprüfungs-bericht im Fall der Verschmelzung einer Tochtergesellschaft auf ihre 90 % der stimmberechtigten Anteile haltende Muttergesellschaft verlangt (LHT/*Bayer* Rn. 18; *Bungert*/*Beier* EWS 2002, 1 [7]; NK-SE/*Schröder* Rn. 24; *Schwarz* Rn. 23; teilweise wird die Vorschrift auch als Spezialverweisung ins nationale Umwandlungsrecht (lex specialis zu Art. 18) angesehen (so Spindler/Stilz/*Casper* Rn. 6) oder als Aufhebung des Vorrangs des Unionsrechts (so MüKoAktG/*Schäfer* Rn. 8 und *Scheifele* Gründung der SE S. 287). Der Verordnungsgeber hat die **Entbehrlichkeit** der genannten Verfahrensvorgaben **unter den Vorbehalt des** **nationalen Rechts gestellt** (LHT/*Bayer* Rn. 18; Spindler/Stilz/*Casper* Rn. 1; KK-AktG/*Maul* Rn. 15 f.; Widmann/Mayer/*Heckschen* UmwG Anh. 14 Rn. 211; *Schwarz* Rn. 21). Abzustellen ist dabei für die Entbehrlichkeit auf das für die jeweilige Gründungsgesellschaft anwendbare Recht (*Scheifele* Gründung der SE S. 288; *Schwarz* Rn. 23). Deutschen Gründungsgesellschaften kamen diese Erleichterungen nach bisher ganz herrschender Ansicht nicht zugute, da der Gesetzgeber von der Umsetzung der entsprechenden in Art. 28 NatVerschmRL gewährten Option abgesehen hatte (LHT/*Bayer* Rn. 19; Spindler/Stilz/*Casper* Rn. 1, 6; Widmann/Mayer/*Heckschen* UmwG Anh. 14 Rn. 216.1; Kallmeyer/ *Marsch-Barner* UmwG Anh. Rn. 65; MüKoAktG/*Schäfer* Rn. 8; *Scheifele* Grün-dung der SE S. 288; *Schwarz* Rn. 24). Teilweise wird angenommen, dass sich dies durch das Dritte Gesetz zur Änderung des Umwandlungsgesetzes vom 11.7.2011 (BGBl. I S. 1338) geändert hat. Die Regelung des **§ 62 Abs. 5 UmwG zum** **verschmelzungsrechtlichen Squeeze-out** stelle als Umsetzung des Art. 28 NatVerschmRL eine von Art. 31 Abs. 2 S. 1 in Bezug genommene Erleichterung dar (*Heckschen* NZG 2010, 1041 [1045]; Widmann/Mayer/*Heckschen* UmwG Anh. 14 Rn. 211.1, 216.2, 224). § 62 Abs. 5 UmwG soll danach auf die Ver-schmelzungsgründung einer SE jedenfalls dann anwendbar sein, wenn auch die auf die übrigen an der Verschmelzung beteiligten Gesellschaften anwendbaren Verschmelzungsrechte ein solches Verfahren vorsehen (*Heckschen* NJW 2011, 2390 [2395] unter Verweis auf *Wagner* DStR 2010, 1629 [1635], der sich aber wohl nur auf die Beteiligung einer bereits bestehenden SE mit Sitz in Deutschland an einer innerstaatlichen Verschmelzung bezieht). Ob sich diese Ansicht durchsetzen wird, bleibt abzuwarten (zweifelnd LHT/*Bayer* Rn. 19).

18   **2. 90 % der Stimmrechte (Abs. 2 Satz 2).** Die Vorschrift enthält einen Vorbehalt zugunsten der Mitgliedstaaten, die Erleichterungen des Art. 31 Abs. 1 S. 1 auch bezüglich solcher Tochtergesellschaften gewähren, an denen die Muttergesellschaft nur **90 % der Stimmrechte** hält. Anders als bei Art. 31 Abs. 1 und Abs. 2 S. 1 bleiben dabei die durch sonstige Wertpapiere gewährten Stimmrechte außer Betracht, womit nur Aktien beachtlich sind (LHT/*Bayer* Rn. 20; *Scheifele* Gründung der SE S. 289; *Schwarz* Rn. 29). Relevant ist die Ermächtigung nur in Rechtsordnungen, die die Ausstattung von **Aktien mit Mehrfachstimmrechten** erlauben (Spindler/Stilz/*Casper* Rn. 7; vgl. auch *Schwarz* Rn. 20). Da dies in Deutschland wegen § 12 Abs. 2 AktG nicht der Fall ist, ist eine Umsetzung der Ermächtigung ins deutsche Recht nicht erfolgt (LHT/*Bayer* Rn. 20; Spindler/Stilz/*Casper* Rn. 7; KK-AktG/*Maul* Rn. 17; MüKoAktG/*Schäfer* Rn. 1; *Scheifele* Gründung der SE S. 289; *J. Schmidt* S. 187 f.; NK-SE/*Schröder* Rn. 32; *Schwarz* Rn. 30). In der Literatur wird empfohlen, die Vorschrift aufgrund rechtspolitischer Bedenken zu streichen (Spindler/Stilz/*Casper* Rn. 7; KK-AktG/*Maul* Rn. 17; NK-SE/*Schröder* Rn. 25; *Schwarz* Rn. 31).

Abschnitt 3. Gründung einer Holding-SE

[Gründung einer Holding-SE]

32 (1) Eine SE kann gemäß Artikel 2 Absatz 2 gegründet werden. Die die Gründung einer SE im Sinne des Artikels 2 Absatz 2 anstrebenden Gesellschaften bestehen fort.

(2) [1]Die Leitungs- oder die Verwaltungsorgane der die Gründung anstrebenden Gesellschaften erstellen einen gleich lautenden Gründungsplan für die SE. [2]Dieser Plan enthält einen Bericht, der die Gründung aus rechtlicher und wirtschaftlicher Sicht erläutert und begründet sowie darlegt, welche Auswirkungen der Übergang zur Rechtsform einer SE für die Aktionäre und für die Arbeitnehmer hat. [3]Er enthält ferner die in Artikel 20 Absatz 1 Buchstaben a, b, c, f, g, h und i vorgesehenen Angaben und setzt von jeder die Gründung anstrebenden Gesellschaft den Mindestprozentsatz der Aktien oder sonstigen Anteile fest, der von den Aktionären eingebracht werden muss, damit die SE gegründet werden kann.[4] Dieser Prozentsatz muss mehr als 50 % der durch Aktien verliehenen ständigen Stimmrechte betragen.

(3) Der Gründungsplan ist mindestens einen Monat vor der Hauptversammlung, die über die Gründung zu beschließen hat, für jede der die Gründung anstrebenden Gesellschaften nach den in den Rechtsvorschriften der einzelnen Mitgliedstaaten gemäß Artikel 3 der Richtlinie 68/151/EWG vorgesehenen Verfahren offen zu legen.

(4) [1]Ein oder mehrere von den die Gründung anstrebenden Gesellschaften unabhängige Sachverständige, die von einem Gericht oder einer Verwaltungsbehörde des Mitgliedstaats, dessen Recht die einzelnen Gesellschaften gemäß den nach Maßgabe der Richtlinie 78/855/EWG erlassenen einzelstaatlichen Vorschriften unterliegen, bestellt oder zugelassen

sind, prüfen den gemäß Absatz 2 erstellten Gründungsplan und erstellen einen schriftlichen Bericht für die Aktionäre der einzelnen Gesellschaften. [2] Im Einvernehmen zwischen den die Gründung anstrebenden Gesellschaften kann durch einen oder mehrere unabhängige Sachverständige, der/die von einem Gericht oder einer Verwaltungsbehörde des Mitgliedstaats, dessen Recht eine der die Gründung anstrebenden Gesellschaften oder die künftige SE gemäß den nach Maßgabe der Richtlinie 78/855/EWG erlassenen einzelstaatlichen Rechtsvorschriften unterliegt, bestellt oder zugelassen ist/sind, ein schriftlicher Bericht für die Aktionäre aller Gesellschaften erstellt werden.

(5) Der Bericht muss auf besondere Bewertungsschwierigkeiten hinweisen und erklären, ob das Umtauschverhältnis der Aktien oder Anteile angemessen ist, sowie angeben, nach welchen Methoden es bestimmt worden ist und ob diese Methoden im vorliegenden Fall angemessen sind.

(6) Die Hauptversammlung jeder der die Gründung anstrebenden Gesellschaften stimmt dem Gründungsplan für die SE zu. [1] Die Beteiligung der Arbeitnehmer in der SE wird gemäß der Richtlinie 2001/86/EG festgelegt. [2] Die Hauptversammlung jeder der die Gründung anstrebenden Gesellschaften kann sich das Recht vorbehalten, die Eintragung der SE davon abhängig zu machen, dass die geschlossene Vereinbarung von ihr ausdrücklich genehmigt wird.

(7) Dieser Artikel gilt sinngemäß auch für Gesellschaften mit beschränkter Haftung.

§ 9 SEAG Abfindungsangebot im Gründungsplan

(1) [1] Bei der Gründung einer Holding-SE nach dem Verfahren der Verordnung, die ihren Sitz im Ausland haben soll oder die ihrerseits abhängig im Sinne des § 17 des Aktiengesetzes ist, hat eine die Gründung anstrebende Aktiengesellschaft im Gründungsplan jedem Anteilsinhaber, der gegen den Zustimmungsbeschluss dieser Gesellschaft zum Gründungsplan Widerspruch zur Niederschrift erklärt, den Erwerb seiner Anteile gegen eine angemessene Barabfindung anzubieten. [2] Die Vorschriften des Aktiengesetzes über den Erwerb eigener Aktien gelten entsprechend, jedoch ist § 71 Abs. 4 Satz 2 des Aktiengesetzes insoweit nicht anzuwenden. [3] Die Bekanntmachung des Gründungsplans als Gegenstand der Beschlussfassung muss den Wortlaut dieses Angebots enthalten. [4] Die Gesellschaft hat die Kosten für eine Übertragung zu tragen. [5] § 29 Abs. 2 des Umwandlungsgesetzes findet entsprechende Anwendung.

(2) § 7 Abs. 2 bis 7 findet entsprechende Anwendung, wobei an die Stelle der Eintragung und Bekanntmachung der Verschmelzung die Eintragung und Bekanntmachung der neu gegründeten Holding-SE tritt.

§ 10 SEAG Zustimmungsbeschluss; Negativerklärung

(1) Der Zustimmungsbeschluss gemäß Artikel 32 Abs. 6 der Verordnung bedarf einer Mehrheit, die bei einer Aktiengesellschaft mindestens drei Viertel des bei der Beschlussfassung vertretenen Grundkapitals und bei einer Gesellschaft mit beschränkter Haftung mindestens drei Viertel der abgegebenen Stimmen umfasst.

(2) Bei der Anmeldung der Holding-SE haben ihre Vertretungsorgane zu erklären, dass eine Klage gegen die Wirksamkeit der Zustimmungsbeschlüsse gemäß Artikel 32 Abs. 6 der Verordnung nicht oder nicht fristgemäß erhoben oder eine solche Klage rechtskräftig abgewiesen oder zurückgenommen worden ist.

§ 11 SEAG Verbesserung des Umtauschverhältnisses

(1) Ist bei der Gründung einer Holding-SE nach dem Verfahren der Verordnung das Umtauschverhältnis der Anteile nicht angemessen, so kann jeder Anteilsinhaber der die

Gründung anstrebenden Gesellschaft von der Holding-SE einen Ausgleich durch bare Zuzahlung verlangen.

(2) § 6 Abs. 1, 3 und 4 findet entsprechende Anwendung, wobei an die Stelle der Eintragung und Bekanntmachung der Verschmelzung die Eintragung und Bekanntmachung der Gründung der Holding-SE tritt.

Schrifttum: *Austmann/Frost,* Vorwirkungen von Verschmelzungen, ZHR 169 (2005), 431; *Berrar/Wiegel,* Auswirkungen des vereinfachten Prospektregimes auf Bezugsrechtskapitalerhöhungen, CFL 2012, 97; *Brandes,* Cross Border Merger mittels der SE, AG 2005, 177; *Brandt,* Überlegungen zu einem SE-Ausführungsgesetz, NZG 2002, 991; *ders.,* Ein Überblick über die Europäische Aktiengesellschaft (SE) in Deutschland, Beilage zu BB-Heft 8/2005, 1; *Bungert/Beier,* Die Europäische Aktiengesellschaft, EWS 2002, 1; *Bungert/Wettich,* Vorgaben zum Referenzzeitraum des Börsenwerts für die Abfindung bei Strukturmaßnahmen, BB 2010, 2227; *Casper,* Der Lückenschluss im Statut der Europäischen Aktiengesellschaft, FS Ulmer, 2003, 51; *ders.,* Die Vor-SE – nationale oder europäische Vorgesellschaft?, Der Konzern 2007, 244; *DAV-Handelsrechtsausschuss,* Stellungnahme zum Diskussionsentwurf eines Gesetzes zur Ausführung der Verordnung (EG) Nr. 2157/2001 des Rates vom 8.10.2001 über das Statut der Europäischen Gesellschaft (SE) (SE-Ausführungsgesetz – SEAG), NZG 2004, 75; *ders.,* Stellungnahme zu dem Regierungsentwurf eines Gesetzes zur Einführung der Europäischen Gesellschaft (SEEG), NZG 2004, 957; *Decher,* Die Ermittlung des Börsenkurses für Zwecke der Barabfindung beim Squeeze out, ZIP 2010, 1673; *Eidenmüller/Engert/Hornuf,* Die Societas Europaea: Empirische Bestandsaufnahme und Entwicklungslinien einer neuen Rechtsform, AG 2008, 721; *European Trade Union Institute (ETUI),* Overview of current state of SE founding in Europe, Stand: 1.6.2011; *Ernst & Young,* Study on the operation and the impacts of the Statute for a European Company (SE), Final Report, 9.12.2009; *Göz,* Beschlussmängelklagen bei der Societas Europaea (SE), ZGR 2008, 593; *Hasselbach/Ebbinghaus,* Auswirkungen der Stollwerck-Entscheidung des BGH auf die Transaktions- und Bewertungspraxis bei börsennotierten Gesellschaften, Der Konzern 2010, 467; *Heckschen,* Die europäische AG aus notarieller Sicht, DNotZ 2003, 251; *ders.,* Die SE aus Sicht des Notars – Praktische Fragen zur Europäischen Gesellschaft, in Aktuelle Tendenzen und Entwicklungen im Gesellschaftsrecht, Symposium des Instituts für Notarrecht, 2004, 168; *Hirte,* Die Europäische Aktiengesellschaft, NZG 2002, 1; *Horn,* Die Europa-AG im Kontext des deutschen und europäischen Gesellschaftsrechts, DB 2005, 147; *Ihrig/Wagner,* Diskussionsentwurf für ein SE-Ausführungsgesetz, BB 2003, 969; *dies.,* Das Gesetz zur Einführung der Europäischen Gesellschaft (SEEG) auf der Zielgeraden – Die gesellschafts- und mitbestimmungsrechtlichen Regelungen des Regierungsentwurfs, BB 2004, 1749; *Kalss,* Der Minderheitenschutz bei Gründung und Sitzverlegung der SE nach dem Diskussionsentwurf, ZGR 2003, 593; *Kersting,* Societas Europaea: Gründung und Vorgesellschaft, DB 2001, 2079; *Kleindiek,* Funktion und Geltungsanspruch des Pflichtangebots nach dem WpÜG, ZIP 2002, 546; *Koke,* Die Finanzverfassung der Europäischen Aktiengesellschaft (SE) mit Sitz in Deutschland, 2005; *Noack,* Aktionärsmitwirkung bei der SE-Beteiligungsvereinbarung, in 10 Jahre SE, ZHR-Beiheft, 2015, 96; *Oechsler,* Kapitalerhaltung in der Europäischen Gesellschaft (SE), NZG 2005, 449; *Oplustil,* Selected problems concerning formation of a holding SE, GLJ 4 [2003], 107; *Schäfer,* Das Gesellschaftsrecht (weiter) auf dem Weg nach Europa – am Beispiel der SE-Gründung, NZG 2004, 785; *J. Schmidt,* „Deutsche" vs. „britische" Societas Europaea (SE) – Gründung, Verfassung, Kapitalstruktur, 2006; *Spitzbart,* Die Europäische Aktiengesellschaft (Societas Europaea – SE) – Aufbau der SE und Gründung, RNotZ 2006, 369; *Stöber,* Die Gründung einer Holding-SE, AG 2013, 110; *Teichmann,* Die Einführung der europäischen Aktiengesellschaft – Grundlagen der Ergänzung des europäischen Status durch den deutschen Gesetzgeber, ZGR 2002, 383; *ders.,* Minderheitenschutz bei Gründung und Sitzverlegung der SE, ZGR 2003, 367; *ders.,* Austrittsrecht und Pflichtangebot bei Gründung einer Europäischen Aktiengesellschaft, AG 2004, 67; *J. Vetter,* Pflichtangebot nach Kontrollerwerb im Wege der Verschmelzung oder Spaltung?, WM 2002, 1999; *Vossius,* Gründung und Umwandlung der deutschen Europäischen Gesellschaft (SE), ZIP 2005, 741; *Wicke,* Die Europäische Aktiengesellschaft – Grundstruktur, Gründungsformen und Funktionsweise, MittBayNot 2006, 196; *Witten,* Minderheitenschutz bei Gründung und Sitzverlegung der Europäischen Aktiengesellschaft (SE), 2011.

Übersicht

	Rn.
I. Allgemeines	1
1. Regelungszweck	1
2. Grundstruktur und wesentliche Merkmale einer Holding-Gründung	4
3. Anwendbares Recht	9
4. Vor-SE	11
5. Konzernrecht	12
6. Kapitalstruktur und Finanzierung	13
7. Ad-hoc-Pflichten	16
8. Delisting; Prospektpflicht	17
a) Kein Delisting	17
b) Zulassungsprospekt	18
c) Angebotsprospekt	20
9. Verhältnis zum WpÜG	22
a) Übernahme- oder Pflichtangebot der SE an die Aktionäre der Gründungsgesellschaften	22
b) Öffentliches Angebot bei mittelbarem Kontrollerwerb	26
c) Kein Pflichtangebot an die Aktionäre der SE wegen Kontrollerwerbs im Rahmen der Holding-Gründung	29
10. Freigabepflichtiger Zusammenschluss	31
11. Steuerliche Behandlung der Holding-Gründung	32
12. Rechtstatsächliche Verbreitung	33
II. Einzelerläuterungen	34
1. Allgemeine Gründungsvoraussetzungen (Abs. 1 UAbs. 1, Abs. 7)	34
2. Aufstellung eines Gründungsplans (Abs. 2 S. 1)	35
a) Rechtsnatur	35
b) Form des Gründungsplans (Abs. 2)	38
c) Gleichlaut des Gründungsplans	40
d) Aufstellung	42
3. Inhalt des Gründungsplans (Abs. 2, § 9 Abs. 1 SEAG)	44
a) Gründungsbericht (Abs. 2 S. 2)	45
b) Angaben gemäß Art. 20 Abs. 1 S. 2 lit. a, b, c, f, g, h und i (Abs. 2 S. 3)	51
c) Mindestprozentsatz	57
d) Abfindungsangebot (§ 9 SEAG)	61
e) Zusätzliche Regelungen	65
4. Das Grundkapital der SE	66
5. Offenlegung des Gründungsplans (Abs. 3)	73
6. Externe Prüfung des Gründungsplans (Abs. 4 und Abs. 5)	76
a) Gegenstand der Prüfung und Inhalt des Prüfberichts	77
b) Getrennte und gemeinsame Prüfung	80
c) Durchführung der Prüfung und Berichterstattung	82
d) Entbehrlichkeit der Prüfung	84
7. Zustimmung der Anteilseignerversammlungen (Abs. 6 UAbs. 1, § 10 Abs. 1 SEAG)	86
a) Einberufung und Durchführung der Hauptversammlung	86
b) Zustimmungsbeschluss	93
c) Beschlussmängelrecht	98
d) Spruchverfahren	102
8. Mitbestimmungsverfahren und Genehmigungsvorbehalt (Abs. 6 UAbs. 2)	104
a) Genehmigungsvorbehalt	104
b) Delegation der Entscheidung über die Genehmigung	106
c) Weitere Anteilseignerversammlung	107
d) Vorschalten des Mitbestimmungsverfahrens und Bewertung	109

I. Allgemeines

1   **1. Regelungszweck.** Die allgemeinen Gründungsvoraussetzungen der Holding-Gründung sind in Art. 2 Abs. 2 festgelegt (→ Art. 2 Rn. 12 ff.). Hieran knüpft Art. 32 (s. Art. 32 Abs. 1 UAbs. 1) an und regelt die **erste Stufe der Holding-Gründung.** Dazu zählen die Aufstellung und Offenlegung eines Gründungsplans durch die Gründungsgesellschaften (Art. 32 Abs. 2 und Abs. 3), seine Prüfung durch einen oder mehrere externe Prüfer (Art. 32 Abs. 4 und Abs. 5), die Zustimmung durch die Gesellschafterversammlungen der Gründungsgesellschaften (Art. 32 Abs. 6 UAbs. 1 und UAbs. 2 S. 2) sowie die Klarstellung, dass die Holding-Gründung die Durchführung eines Beteiligungsverfahrens der Arbeitnehmer nach Maßgabe des SEBG voraussetzt (Art. 32 Abs. 6 UAbs. 2 S. 1). Die Bestimmung behandelt damit das Gründungsverfahren auf der Ebene der Gründungsgesellschaften. Zu diesen kann nicht nur die AG gehören, sondern auch die GmbH (Art. 2 Abs. 2). Daher erklärt Art. 32 Abs. 7 die Bestimmungen in Art. 32 Abs. 1–6 für entsprechend anwendbar auf Gründungsgesellschaften in der Rechtsform der GmbH. Das hat der Gesetzgeber für erforderlich gehalten, da die Regelungen des Art. 32 auf die AG ausgerichtet sind. So sprechen sie zB von den „Aktionären" (Art. 32 Abs. 2 S. 2) oder der „Hauptversammlung" (Art. 32 Abs. 3 und Abs. 6 UAbs. 1) der Gründungsgesellschaft. Beides gibt es in der GmbH nicht, die „Gesellschafter" hat, deren Entscheidungsgremium die „Gesellschafterversammlung" ist.

2   Haben die Anteilsinhaber der Gründungsgesellschaften der Holding-Gründung zugestimmt, müssen die einzelnen Gesellschafter sodann entscheiden, ob sie ihre Anteile an ihrer Gründungsgesellschaft in Anteile an der neuen SE eintauschen wollen. Das Verfahren hierfür ist in **Art. 33** geregelt, der somit die **zweite Stufe der Holding-Gründung** behandelt. Ergänzt werden die Art. 32 und 33 durch Art. 34, der die nationalen Gesetzgeber ermächtigt, zugunsten der Aktionäre, der Arbeitnehmer und der Gläubiger Schutzvorschriften zu erlassen. Hiervon hat der deutsche Gesetzgeber in den **§§ 9–11 SEAG** Gebrauch gemacht.

3   Nicht unmittelbar geregelt ist in der SE-VO die letzte Phase des Gründungsverfahrens der SE (Gründungsberichte und -prüfung, Anmeldung und Eintragung). Diese **dritte Gründungsphase** richtet sich gemäß Art. 15 nach den nationalen Regelungen, die für die Gründung einer AG des Staates gelten, in dem die SE ihren Sitz haben wird.

2. Grundstruktur und wesentliche Merkmale einer Holding-Gründung.

4   Die Holding-Gründung ist dadurch gekennzeichnet, dass die neu geschaffene SE beherrschendes Unternehmen der Gründungsgesellschaften wird, indem die Anteilseigner der Gründungsgesellschaften ihre Anteile an diese in Aktien der SE eintauschen. Dem deutschen Recht ist dieses Verfahren fremd. Anders als die anderen Gründungsformen handelt sich in diesem Sinn um eine **„genuin europarechtliche Gründungsform"** (*Scheifele* Gründung der SE 305; *Schwarz* Vor Art. 32–34 Rn. 1).

5   Wie dargestellt (→ Rn. 1–3) erfolgt die Gründung im Wege eines dreistufigen Verfahrens (ebenso MüKoAktG/*Schäfer* Rn. 4; *Brandt* Beilage zu BB-Heft 8/2005, 1 [2], spricht demgegenüber zwar von einem zweistufigen Prozess; da er das nur auf die unmittelbaren Regelungen in der SE-VO bezieht, liegt darin jedoch kein Widerspruch). Material von entscheidender Bedeutung sind dabei die beiden ersten Stufen. Diese verknüpfen eine **kollektive Entscheidung** aller Anteilseigner über das Ob der Gründung (Art. 32 Abs. 6) mit einer anschließenden **individuellen Entscheidung** der einzelnen Anteilseigner über ihre Teilnahme an der Gründung (Art. 33 Abs. 1). Die Zustimmung der Anteilseignerversammlung präjudiziert die Teilnahme der einzelnen Anteilseigner nicht. Diese bleiben frei zu wählen, ob sie in ihrer Gründungsgesellschaft verbleiben oder ihre Anteile an dieser als Einlage in die Holding-SE einbringen. Die Holding-Gründung setzt dabei das Erreichen der im Gründungsplan festgesetzten **Mindestprozentsätze** voraus (Art. 32 Abs. 2 S. 3 und 4). Nur wenn die Aktionäre so viele Aktien an ihren Gründungsgesellschaften in die SE einbringen, dass diese Stimmrechte von mehr als 50 % (oder einem höheren im Gründungsplan festgelegten Prozentsatz) der Stimmrechte jeder Gründungsgesellschaften hält, wird die Holding-Gründung durchgeführt (Art. 33 Abs. 2). Entscheiden sich die Aktionäre nicht im erforderlichen Umfang für ihre Teilnahme an der Gründung, scheitert sie trotz der vorherigen Zustimmung der Anteilseignerversammlung. Kollektive und individuelle Entscheidung für die Gründung sind damit beide konstitutiv; jeder Aktionär hat ein **zweimaliges Entscheidungsrecht**.

Aufgrund der Mindestprozentsätze führt die Schaffung einer Holding-SE not- **6** wendig zur **Konzernierung der Gründungsgesellschaften** (zum anwendbaren Konzernrecht → Rn. 12). Dieser Konzern ist (jedenfalls zunächst) ein faktischer Konzern iSd §§ 311 ff. AktG. Das deutsche Aktienrecht kennt hierfür keinen besonderen Konzerneingangsschutz. Eine Hauptversammlungszustimmung ist nicht erforderlich. Auch ein individuelles Entscheidungsrecht der Aktionäre ist nicht vorgesehen. Eine Ausnahme besteht nur, wenn die AG börsennotiert ist. Dann muss das beherrschende Unternehmen ein Pflichtangebot unterbreiten (§ 35 WpÜG). Die Vorschriften über die Holding-Gründung gehen darüber hinaus und betreten aus deutschrechtlicher Sicht Neuland. Neben das Erfordernis der Zustimmung der Anteilseignerversammlung und die individuelle Teilnahmeentscheidung der einzelnen Anteilseigner treten weitere Schutzmechanismen. Obwohl die Anteilseigner frei über die Einbringung ihrer Anteile in die SE entscheiden, können sie grundsätzlich ein Spruchverfahren zur Überprüfung der Angemessenheit des der Gründung zugrunde gelegten Umtauschverhältnisses einleiten (§ 11 SEAG; → Art. 34 Rn. 5 ff.). Nach Maßgabe von § 9 SEAG kann ihnen ferner ein Recht zum Austritt gegen Barabfindung zustehen (→ Rn. 61 ff.). Hinzu kommt ferner, dass Klagen der Anteilseigner gegen den Zustimmungsbeschluss dem Vollzug der Holding-Gründung entgegen stehen, solange sie nicht erfolgreich überwunden sind (§ 10 Abs. 2 SEAG; → Rn. 100 f.). Die Holding-Gründung gewährt den Aktionären damit einen **weitgehenden Konzerneingangsschutz**.

Die Regeln über die Holding-Gründung sind zwar weniger ausführlich als bei **7** der **Verschmelzungs-Gründung** nach den Art. 17 ff., lehnen sich aber deutlich an diese an. Der Gesetzgeber hat ihnen strukturelle Ähnlichkeit beigemessen. Dennoch bestehen grundlegende Unterschiede. Bei der Verschmelzungs-Gründung erlöschen die Gründungsgesellschaften, ihre Aktiva und Passiva gehen im Wege der Gesamtrechtsnachfolge auf die SE über, und ihre Anteilseigner werden grundsätzlich alle Aktionäre der SE. Bei der Holding-Gründung ist das anders. Hier ordnet Art. 32 Abs. 1 UAbs. 2 den **Fortbestand der Gründungsgesellschaften** an; die SE tritt zu ihnen hinzu. Es kommt weder zu einer Gesamtrechtsnachfolge noch zu einer partiellen Rechtsnachfolge durch die SE. Die Holding-Gründung lässt sich daher nicht als verschmelzende Ausgliederung einordnen (so aber *Heckschen* DNotZ 2003, 251 [260]; *ders.,* Die SE aus Sicht des Notars – Praktische Fragen zur Europäischen Gesellschaft, 2004, S. 168, 200; dagegen zB auch *Scheifele* Gründung der SE 47 Fn. 116; KK-AktG/*Paefgen* Rn. 3). Vielmehr erhält die SE von den Aktionären der Gründungsgesellschaften deren Anteile an den Gründungsgesellschaften im Tausch gegen SE-Aktien. Die SE wird beherrschende Gesellschafterin der Gründungsgesellschaften. Ihre Aktionäre sind diejenigen Anteilseigner der Gründungsgesellschaften, die sich individuell dafür entschieden haben – und nur diese. Die Zusammenführung der Gründungsgesellschaften wird damit – anders als bei der Verschmelzungs-Gründung – nur durch die Position als beherrschendes Unternehmen vermittelt. Zudem ist die Zusammenführung nicht notwendig umfassend, sondern greift nur, soweit die einzelnen Anteilseigner sich an der Gründung durch Tausch ihrer Anteile beteiligen. Die Bezeichnung der Holding-Gründung als „Fusion im wirtschaftlichen, nicht aber im rechtlichen Sinne" (*Scheifele* Gründung der SE 305; ebenso *Schwarz* Vor Art. 32–34 Rn. 2; KK-AktG/*Paefgen* Rn. 4) trifft daher nur eingeschränkt zu.

8   Die Holding-Gründung ist **Sachgründung** (*Teichmann* ZGR 2003, 367 [390]). Die SE gibt ihre Aktien gegen Einbringung der Anteile an den Gründungsgesellschaften aus. Die Sacheinlagen werden folglich von den Anteilseignern der Gründungsgesellschaften erbracht. Betrieben wird die Gründung hingegen von den Gründungsgesellschaften. Das belegt Art. 32, der durchgängig von den „die Gründung anstrebenden Gesellschaften" spricht (*DAV-Handelsrechtsauschuss* NZG 2004, 75 [78]). **„Gründer"** einerseits und **„Einbringende"** und damit Aktionäre andererseits fallen auseinander. Bei der Anwendung der Gründungsvorschriften ist das zu beachten (→ Art. 33 Rn. 39 ff.). Der Charakter als Sachgründung führt ferner dazu, dass das Vermögen der SE zunächst ausschließlich aus Anteilen an den Gründungsgesellschaften besteht. Fraglich ist daher, wie ihre **Liquiditätsausstattung** sichergestellt werden kann (→ Rn. 13 ff.).

9   **3. Anwendbares Recht.** Das Gründungsverfahren einer Holding-SE richtet sich im Wesentlichen nach den **Art. 32 und 33.** Ergänzend sehen die **§§ 9–11 SEAG,** die auf der Grundlage von Art. 34 erlassen worden sind, Schutzbestimmungen zugunsten der Aktionäre vor. Für die Gründung der Holding-SE – dh auf ihrer Ebene – gelten über **Art. 15** ferner die nationalen aktienrechtlichen Vorschriften, für eine SE mit Sitz in Deutschland somit die **§§ 23 ff. AktG.** Da die Holding-Gründung Sachgründung ist (→ Rn. 8), sind vor allem die §§ 27, 30 ff. AktG zu beachten (→ Art. 33 Rn. 38 ff.).

10   **Lücken** verbleiben insofern, als das deutsche Recht keine Holding-Gründung kennt und das auf Ebene der Gründungsgesellschaften anwendbare Recht nur unvollständig geregelt ist. Das gilt insbesondere für die Vorbereitung und Durchführung der Gesellschafterversammlungen der Gründungsgesellschaften. Zur Lückenschließung wird vereinzelt auf die Bestimmungen des UmwG zur Ausgliederung abgestellt (*Heckschen* DNotZ 2003, 251 [261]), was über § 125 UmwG in weitem Umfang zu den verschmelzungsrechtlichen Regelungen des UmwG führt, oder eine Einzelfallprüfung vorgeschlagen (Widmann/Mayer/*Heckschen* UmwG Anh. 14 Rn. 275). Daneben wird auf allgemeine Rechtsgrundsätze des europäischen Gesellschaftsrechts rekurriert, was im Wesentlichen die Anwendung von Bestimmungen der Verschmelzungs- und der Spaltungsrichtlinie beinhaltet (*Teichmann* ZGR 2002, 383 [433]; *Heckschen* Die SE aus Sicht des Notars – Praktische Fragen zur Europäischen Gesellschaft, 2004, 168 [206]; ferner *Oplustil* GLJ 4 [2003], 107 [108]). Schließlich wird eine Analogie zu Art. 18 befürwortet, so dass die verschmelzungsrechtlichen Bestimmungen des UmwG und im Übrigen das AktG bzw. das GmbHG zur Anwendung kommen (*Scheifele* Gründung der SE 47; *Bayer* in Lutter/Hommelhoff Europäische Gesellschaft 25 [46]; MüKo-AktG/*Schäfer* Rn. 3; Spindler/Stilz/*Casper* Rn. 4). Im Ergebnis wirken sich diese unterschiedlichen Ansätze nicht aus. Aufgrund der mit ihr verbundenen Klarheit und Rechtssicherheit ist eine **Analogie zu Art. 18** vorzugswürdig.

11   **4. Vor-SE.** Im Rahmen der Holding-Gründung entsteht vor der Eintragung der SE eine Vor-SE. Hat die SE ihren Sitz in Deutschland, gelten für die Vor-SE dieselben Grundsätze wie für die Vor-AG; insbesondere ist die Vor-SE eine **rechtsfähige Gesamthandsgesellschaft sui generis** (Spindler/Stilz/*Casper* Art. 16 Rn. 9; LHT/*Bayer* Art. 16 Rn. 6 f.; aA *Hirte* NZG 2002, 1 [4]; *Vossius*

ZIP 2005, 741 [742]; → Art. 16 Rn. 29 ff.). Der **Entstehungszeitpunkt** der Vor-SE ist der letzte Zustimmungsbeschluss der Anteilseignerversammlungen der Gründungsgesellschaften (*Casper* Der Konzern 2007, 244 [249]; *Kersting* DB 2001, 2079 [2081]; KK-AktG/*Paefgen* Art. 33 Rn. 11; NK-SE/*Schröder* Art. 16 Rn. 54). Das Erreichen der Mindestprozentsätze ist nicht erforderlich (aA *Brandes* AG 2005, 177 [186]; Kalss/Hügel/*Hügel* Vor SEG § 17 SE-VO Art. 16 Rn. 2; nach *Stöber* AG 2013, 110 [115 f.] setzt die Vor-SE den Abschluss der erforderlichen Anzahl schuldrechtlicher Einbringungsverträge voraus).

5. Konzernrecht. Die Holding-Gründung führt notwendig zur Bildung eines **12** faktischen Konzerns zwischen der SE als herrschendem Unternehmen und den Gründungsgesellschaften als beherrschten Unternehmen (→ Rn. 6). Das maßgebliche Konzernrecht richtet sich nach dem **Sitz der jeweiligen Gründungsgesellschaft** als abhängiger Gesellschaft. Liegt dieser in Deutschland, ist deutsches Konzernrecht anwendbar (§§ 291 ff., 311 ff. AktG; Emmerich/Habersack/*Habersack* Einl. Rn. 46). Das gilt auch dann, wenn die SE ihren Sitz im Ausland hat (zur SE KK-AktG/*Paefgen* Rn. 26; → Art. 35 Rn. 13). Der Abschluss eines Unternehmensvertrages der SE mit einer deutschen Gründungsgesellschaft ist daher unabhängig davon möglich, ob es sich um eine deutsche oder ausländische SE handelt. Ebenso kann die SE einen Squeeze out gemäß §§ 327a ff. AktG durchführen. Ob eine Eingliederung nach §§ 319 ff. AktG auch in eine SE erfolgen kann, die ihren Sitz nicht in Deutschland hat, ist hingegen noch nicht abschließend geklärt. § 319 Abs. 1 S. 1 AktG verlangt, dass die Hauptgesellschaft ihren Sitz in Deutschland hat. Daraus wird zum Teil gefolgert, dass eine **Eingliederung** in eine ausländische SE nach deutschem Recht ausscheidet (KK-AktG/*Paefgen* Rn. 27). Europarechtlich wird das jedoch zu Recht bezweifelt (s. Spindler/Stilz/*Singhof* AktG § 319 Rn. 3; Schmidt/Lutter/*Ziemons* AktG § 319 Rn. 8; Emmerich/Habersack/*Habersack* AktG § 319 Rn. 7). Vielmehr ist auch von der Zulässigkeit einer Eingliederung gemäß §§ 319 ff. AktG in eine ausländische SE auszugehen.

6. Kapitalstruktur und Finanzierung. Die Holding-Gründung ist reine **13** Sachgründung. Die Eröffnungsbilanz weist auf der Aktivseite die eingetauschten Anteile an den Gründungsgesellschaften aus. Barbestände erlangt die SE im Rahmen der Gründung nicht. Gleichzeitig hat sie Ausgaben (Gründungskosten; Gehälter; ggf. Ausgleichszahlungen, s. Art. 32 Abs. 2 S. 3 iVm Art. 20 Abs. 1 lit. b; → Rn. 52), erhält Barzuflüsse aus ihren Beteiligungen an den Gründungsgesellschaften aber erstmals, sobald diese Gewinne ausschütten. Die SE benötigt folglich eine **Zwischenfinanzierung.** Zu denken ist an **Bankdarlehen** oder **Gesellschafterdarlehen.** Im zweiten Fall liegt die Forderung nahe, dass der Darlehensvertrag einem Drittvergleich genügen muss und, wenn die SE ihren Sitz in Deutschland hat, anderenfalls gegen § 57 AktG verstößt (zur Geltung von § 57 AktG für die SE LHT/*Fleischer* Art. 5 Rn. 6). § 57 AktG betrifft jedoch die Kapitalerhaltung, während es vorliegend um eine Finanzierungsleistung im Rahmen der Gründung geht. Richtigerweise handelt es sich daher um einen Vorgang der **Kapitalaufbringung.** Gesellschafterdarlehen sind dementsprechend im Rahmen des Gründungsverfahrens (Gründungsbericht, -prüfung, Anmeldung; → Art. 33 Rn. 44) offenzulegen.

In Betracht kommt ferner eine Finanzierung durch **up-stream-Darlehen.** **14** Handelt es sich bei den Gründungsgesellschaften um AGs, dürften dem auch nicht die **§§ 57, 71a AktG** entgegenstehen. Durch die Gründung entsteht zwischen der Holding-SE und den Gründungsgesellschaften ein faktischer Konzern (→ Anh. Art. 43 SEAG § 49 Rn. 15; → Rn. 12). § 57 AktG tritt im faktischen Konzern hinter den **§§ 311 ff. AktG** zurück (BGHZ 179, 71 Rn. 11 – MPS; BGHZ 190, 7 Rn. 48; BGH NZG 2012, 1030 Rn. 16; Hüffer/*Koch* AktG

§ 311 Rn. 49). Dasselbe gilt nach zutreffender Ansicht auch für § 71a AktG (str.; wie hier zB Schmidt/Lutter/*J. Vetter* AktG § 311 Rn. 119; MHdB AG/*Krieger* § 70 Rn. 54; Spindler/Stilz/*H.-F. Müller* AktG § 311 Rn. 63; Emmerich/Habersack/*Habersack* AktG § 311 Rn. 82; aA zB Hüffer/*Koch* AktG § 71a Rn. 6a; KK-AktG/*Lutter/Drygala* § 71a Rn. 48; Schmidt/Lutter/*Bezzenberger* AktG § 71a Rn. 18; Spindler/Stilz/*Cahn* AktG § 71a Rn. 22). An die Stelle der §§ 57, 71a AktG tritt daher die Verpflichtung der Holding-SE, der Gründungs-AG bis zum Ende des Geschäftsjahres einen Nachteil, der sich aus dem up-stream-Darlehen ergibt, auszugleichen oder einen Anspruch auf Nachteilsausgleich einzuräumen, der nicht notwendig besichert werden muss (BGHZ 179, 71 Rn. 11 = NJW 2009, 850 – MPS; ferner BGHZ 190, 7 Rn. 48 = NJW 2011, 2719). Gehört zu den Gründungsgesellschaften eine GmbH, finden **§§ 30 f. GmbHG** Anwendung. Ein up-stream-Darlehen ist danach zulässig, wenn die Voraussetzungen von § 30 Abs. 1 S. 2 GmbHG erfüllt sind.

15   Die (Zwischen-)Finanzierung gehört zu den wirtschaftlichen Bedingungen der Holding-Gründung und sollte daher im Rahmen des **Gründungsberichts** nach Art. 32 Abs. 2 S. 2 erläutert werden.

16   **7. Ad-hoc-Pflichten.** Sind eine oder mehrere Gründungsgesellschaften börsennotiert, stellt die Holding-Gründung regelmäßig eine **Insiderinformation** (Art. 7 Marktmissbrauchs-VO) dar und löst eine ad-hoc-Pflicht (Art. 17 Marktmissbrauchs-VO) aus. Wann genau das der Fall ist, hängt vom Einzelfall ab. Wichtig ist dabei, dass nach der Geltl-Entscheidung der EuGH (NJW 2012, 2787 = ZIP 2012, 1282; im Ausschluss auch BGH NJW 2013, 2114 = ZIP 2013, 1165) und gemäß Art. 7 Abs. 2 Marktmissbrauchs-VO die einzelnen Zwischenschritte der Gründung einer Holding-SE bereits die ad-hoc-Pflicht auslösen können, so dass im Rahmen des Prozesses regelmäßig eine fortlaufende Beobachtung geboten ist und die Bedeutung einer Selbstbefreiung (Art. 17 Abs. 4 und 5 Marktmissbrauchs-VO) zunehmen dürfte. Wird von der Möglichkeit der Selbstbefreiung Gebrauch gemacht, ist zu beachten, dass diese entfällt, sobald die Vertraulichkeit der Holding-Gründung nicht mehr sichergestellt ist. Das kann zB eintreten, wenn und sobald vorab das Arbeitnehmerverfahren eingeleitet wird (→ Rn. 109) oder die Holding-Gründung kartellrechtlich angemeldet wird (→ Rn. 31).

17   **8. Delisting; Prospektpflicht. a) Kein Delisting.** Die Aktien der SE müssen nicht notwendig zum Handel an einem organisierten Markt zugelassen werden. Ist eine Zulassung nicht geplant, liegt auch bei Beteiligung einer börsennotierten deutschen Gründungsgesellschaft weder ein reguläres Delisting nach Maßgabe der früheren Macroton-Rechtsprechung des BGH (BGHZ 153, 47 = NZG 2003, 280; diese Rspr. ist durch die Frosta-Entscheidung des BGH NZG 2013, 1342 = ZIP 2013, 2254, die im Anschluss an BVerfG NZG 2012, 826 = ZIP 2012, 1402 ergangen ist, überholt) oder nach § 39 BörsG (der in Raktion auf die Frosta-Entscheidung des BGH durch das Gesetz zur Umsetzung der Transparenzrichtlinie-Änderungsrichtlinie vom 20.11.2015 eingeführt worden ist) noch ein „kaltes" Delisting vor. Die Gründungsgesellschaften und ihre etwaige Börsennotierung bleiben bestehen. Die Anteilseigner entscheiden frei, ob sie ihre fungible Beteiligung an der Gründungsgesellschaft in unter Umständen nicht fungible SE-Aktien umtauschen wollen. Ein **Barabfindungsangebot** (s. BGHZ 153, 47 [56 f.] = NZG 2003, 280 bzw. § 39 Abs. 2 S. 3 Nr. 1 BörsG einerseits und OLG Düsseldorf ZIP 2005, 300 [301]; NZG 2016, 509 Rn. 27 andererseits) ist aus diesem Gesichtspunkt nicht erforderlich.

18   **b) Zulassungsprospekt.** Ist, was für die Akzeptanz der Holding-Gründung und damit für ihre Durchsetzbarkeit erforderlich sein kann, eine **Börsenzulassung der SE-Aktien** beabsichtigt oder etwa nach § 31 Abs. 2 S. 1 WpÜG erforderlich (zur Erforderlichkeit eines Pflicht- oder Übernahmeangebots → Rn. 22 ff.), so besteht für diese gemäß § 3 Abs. 4 WpPG bzw. den anwendbaren mitgliedstaatlichen Regelungen (s. Art. 3 Abs. 3 Prospekt-RL) grundsätzlich **Prospektpflicht.** Als Ausnahme kommen insbesondere § 4 Abs. 2 Nr. 3 und 4 WpPG (Art. 4 Abs. 2 lit. c und d Prospekt-RL) in Betracht. Voraussetzung ist danach, dass zuvor ein öffentliches Tauschangebot unterbreitet worden ist oder die Aktien aus einer Verschmelzung oder Spaltung stammen und im Rahmen dieser Maßnahmen in einem Prospekt gleichwertiges Dokument erstellt worden ist. Die Holding-Gründung ist keine Verschmelzung (→ Rn. 7) und erst recht keine Spaltung. Richtigerweise ist **§ 4 Abs. 2 Nr. 4** WpPG jedoch auf solche Strukturmaßnahmen analog anwendbar, bei denen vergleichbare Informationen veröffentlicht werden (FK-WpPG/*Schnorbus* WpPG § 4 Rn. 76; s. auch Schwark/Zimmer/*Heidelbach* WpPG § 4 Rn. 12). Ein Grund, die Holding-Gründung anders zu behandeln, ist nicht ersichtlich; ihr Regelungs- und Informationsregime entspricht im Wesentlichen dem der Verschmelzungs-Gründung. Die Verschmelzungs- und demzufolge auch die Dokumentation der Holding-Gründung erfüllen jedoch ohne Aufnahme zusätzlicher Informationen nach hM nicht das Gleichwertigkeitskriterium (FK-WpPG/*Schnorbus* WpPG § 4 Rn. 79; Assmann/Schlitt/von Kopp-Colomb/*Schlitt/Schäfer* WpPG § 4 Rn. 17; aA *Groß* WpPG § 4 Rn. 14; Schwark/Zimmer/*Heidelbach* WpPG § 4 Rn. 14). Zudem muss ein Prospekt aktuell sein; an der Aktualität können sich bei der Holding-Gründung wegen des Zeitablaufs zwischen Erstellung der Gründungsdokumentation und Zulassung Zweifel ergeben (s. zur Verschmelzung *Groß* WpPG § 4 Rn. 15; FK-WpPG/*Schnorbus* § 4 Rn. 80).

Ob die Ausnahme des **§ 4 Abs. 2 Nr. 3 WpPG** (Art. 4 Abs. 2 lit. c Prospekt- **19** RL) greift, hängt zunächst davon ab, ob bei der Holding-Gründung ein Angebot nach Maßgabe des WpÜG unterbreitet werden muss (→ Rn. 22 ff.). Wird das bejaht, greift § 4 Abs. 2 Nr. 3 WpPG grundsätzlich ein. Auch wenn kein Angebot nach Maßgabe des WpÜG erfolgt, kann die Anwendbarkeit von § 4 Abs. 2 Nr. 3 WpÜG dennoch in Betracht kommen. Die Regelung gilt auch für Angebote außerhalb des WpÜG; in diesem Fall ist die Gleichwertigkeit der Gründungsdokumentation mit einem Prospekt im Einzelnen zu prüfen (vgl. *Groß* WpPG § 4 Rn. 3, 12; FK-WpPG/*Schnorbus* WpPG § 4 Rn. 14 ff., 72).

c) Angebotsprospekt. Darüber hinaus setzt § 4 Abs. 2 Nr. 3 WpPG ein **20** Angebot voraus und führt damit zu der Frage, ob in der Möglichkeit der Anteilseigner, die Beteiligungen in SE-Aktien zu tauschen, ein **öffentliches Angebot** iSv § 2 Nr. 4 WpPG (Art. 2 Abs. 1 lit. d Prospekt-RL) liegt, das einen **Angebotsprospekt** erforderlich macht (§ 3 Abs. 1 WpPG, Art. 3 Abs. 1 Prospekt-RL). Anders als bei der Verschmelzung, für die daher ein öffentliches Angebot verneint wird (FK-WpPG/*Schnorbus* § 2 Rn. 39; Schwark/Zimmer/*Heidelbach* WpPG § 2 Rn. 20; aA Just/Voß/Ritz/Zeising/*Ritz/Zeising* WpPG § 2 Rn. 138 ff.), genügt für die Holding-Gründung nicht die Zustimmung der Anteilseignerversammlungen, und der Aktienerwerb erfolgt nicht ohne weiteres Zutun der Anteilseigner kraft Gesetzes. Vielmehr entscheidet jeder Anteilseigner über seine Teilnahme an der Gründung. Auch die Umstände, dass der SE-Aktien mangels SE-Gründung noch nicht bestehen und der Erwerb der SE-Aktien bedingt ist (→ Art. 33 Rn. 15), stehen der Annahme eines öffentlichen Angebotes nicht entgegen (FK-WpPG/*Schnorbus* § 4 Rn. 36). Nicht entscheidend ist ferner, ob der Umtausch in Aktien dadurch erfolgt, dass der Anteilseigner ein entsprechendes Angebot der Gründungsgesellschaften annimmt oder nur aufgefordert wird, ein Angebot zu unterbreiten, das die Vor-SE sodann annimmt (→ Art. 33 Rn. 14). Auch im zweiten Fall liegt ein Angebot iSv § 2 Nr. 4 WpPG vor (vgl. Just/Voß/Ritz/Zeising/*Ritz/Zeising* WpPG § 2 Rn. 129).

21   Fraglich ist jedoch, ob das Angebot **öffentlich** ist. Die Umtauschmöglichkeit besteht nur für die Anteilseigner der Gründungsgesellschaften. Daher liegt die Situation ähnlich wie bei **Bezugsrechtsemissionen.** Dort wurde vor dem Inkrafttreten der Änderungsrichtlinie zur Prospektrichtlinie (RL 2010/73/EU) am 1.7.2012 die Öffentlichkeit verneint, wenn zudem auch kein Bezugsrechtshandel über den Kreis der Anteilseigner hinaus organisiert wurde. Nunmehr verlangt **Art. 7 Abs. 2 lit. g Prospekt-RL** (idF der RL 2010/73/EU), dass bei Bezugsrechtsemissionen eine „angemessene Offenlegungsregelung", dh eine „vereinfachter Prospekt", vorgesehen werden muss (vgl. *Berrar/Wiegel* CFL 2012, 97 [108]; *Groß* WpPG § 2 Rn. 18a; MHdB AG/*Scholz* § 57 Rn. 202). Diese nur reduzierte Information greift zudem nur für die Zeichnung von Aktien gleicher Gattung (s. Art. 7 Abs. 2 lit. g Prospekt-RL). Daran fehlt es bei der Holding-Gründung. Die Anteilseigner übernehmen hier nicht Aktien ihrer Gründungsgesellschaft, sondern der SE, die ihrerseits Mehrheitsbeteiligungen an allen Gründungsgesellschaften hält. Die Holding-Gründung kann folglich ein öffentliches Angebot beinhalten, das zur Prospektpflicht führt. Ein Angebotsprospekt entfällt dann nur, wenn eine der Ausnahmen zB gemäß **§ 4 Abs. 1 Nr. 2 oder 3 WpPG** (Art. 4 Abs. 1 lit. b oder c Prospekt-RL), die § 4 Abs. 2 Nr. 3 und 4 WpPG entsprechen (→ Rn. 18 f.), oder gemäß **§ 3 Abs. 1 Nr. 2 WpPG** eingreift.

22   **9. Verhältnis zum WpÜG. a) Übernahme- oder Pflichtangebot der SE an die Aktionäre der Gründungsgesellschaften.** Die Holding-Gründung ist darauf gerichtet, dass die SE mehr als 50 % der Stimmrechte an den Gründungsgesellschaften und damit **Kontrolle** im Sinne des Übernahmerechts über diese erwirbt. Sind eine oder mehrere Gründungsgesellschaften börsennotiert, stellt sich daher die Frage, ob die SE den Aktionären der betreffenden Gründungsgesellschaften ein Übernahme- oder Pflichtangebot unterbreiten muss. Soweit das deutsche Übernahmerecht maßgeblich ist (s. § 1 WpÜG sowie KK-AktG/*Paefgen* Rn. 131 ff.), wird die Frage **kontrovers** diskutiert.

23   Nach einem Teil der Lit. findet das **WpÜG** neben den gesellschaftsrechtlichen Regelungen zur Holding-Gründung **keine Anwendung** (*Brandes* AG 2005, 177 [179, 186]; *Ihrig/Wagner* BB 2003, 969 [973]; *dies.* BB 2004, 1749 [1753]; *Brandt* NZG 2002, 991 [995]; *J. Vetter* in Lutter/Hommelhoff Europäische Gesellschaft 111 [161 f.]; Holding-HdB/*Marsch-Barner* § 18 Rn. 82; van Hulle/Maul/Drinhausen/*Drinhausen* Abschnitt 4 § 3 Rn. 64 f.). Im Wesentlichen wird das damit begründet, dass die im Rahmen der Holding-Gründung vorgesehenen gesellschaftsrechtlichen Schutzmechanismen (zB Art. 33 Abs. 3 UAbs. 2, § 9 SEAG) die Aktionäre hinreichend schützen bzw. eine abschließende Regelung enthalten und eine parallele Anwendung zu Verwerfungen führt.

24   Die wohl hM hält das WpÜG hingegen für anwendbar. Dabei wird zum einen vertreten, dass den Aktionären durch die Gründungsgesellschaften oder die Vor-SE ein **Übernahmeangebot zu unterbreiten** sei (*Scheifele* Gründung der SE 366; *Kalss* ZGR 2003, 593 [642]; KK-AktG/*Paefgen* Rn. 137 ff., 156 ff.; *Stöber* AG 2013, 110 [119]; wohl auch Widmann/Mayer/*Heckschen* UmwG Anh. 14 Rn. 277). Die Entscheidung hierzu iSv § 35 iVm § 10 WpÜG liege in der Vereinbarung des Gründungsplans durch die Leitungsorgane der Gründungsgesellschaften. Das im Gründungsplan vorgesehene Angebot an die Anteilseigner der Gründungsgesellschaften, ihre Anteile in SE-Aktien zu tauschen, ist danach gleichzeitig Übernahmeangebot und muss sowohl den Anforderungen der SE-VO als auch des WpÜG genügen. Ein nachfolgendes Pflichtangebot durch die SE nach ihrer Eintragung und dem damit verbundenen Kontrollerwerb sei hingegen gemäß § 35 Abs. 3 WpÜG nicht erforderlich (*Scheifele* Gründung der SE 367; *Kalss* ZGR 2003, 593 [642]; KK-AktG/*Paefgen* Rn. 137 ff., 156 ff.; insofern zustimmend *J. Vetter* in Lutter/Hommelhoff Europäische Gesellschaft 111 [161]).

Zum anderen wird ein Übernahmeangebot abgelehnt, jedoch die **Erforderlichkeit eines Pflichtangebots** durch die SE nach ihrer Eintragung bejaht (*Oplustil* GLJ 4 [2003], 107 [125]; *Vossius* ZIP 2005, 741 [746] Fn. 59; *Teichmann* AG 2004, 67 [82]; *DAV-Handelsrechtsausschuss* NZG 2004, 957 [958]; *Koke* Finanzverfassung S. 63 ff.; *J. Schmidt* „Deutsche" vs. „britische" SE, 2006, 328 ff.; MHdB AG/*Austmann* § 84 Rn. 55; MüKoAktG/*Schäfer* Rn. 6; Spindler/Stilz/ *Casper Casper* Rn. 6; LHT/*Bayer* Rn. 20; *Schwarz* Vor Art. 32–34 Rn. 16 f.).

Eine Anwendung des WpÜG neben den Holding-Regelungen von SE-VO **25** und SEAG überzeugt nicht. Entscheidend dafür ist zwar nicht § 9 SEAG (aA *Brandes* AG 2005, 177 [186]). Dieser erlaubt das Ausscheiden gegen Barabfindung nur in bestimmten Fällen und macht ein öffentliches Angebot nicht überflüssig. Maßgeblich ist demgegenüber, dass sowohl das WpÜG (zur strittigen Einordnung des Pflichtangebots als konzern- oder kapitalmarktrechtliches Instrument s. MüKoAktG/*Schlitt/Ries* WpÜG § 35 Rn. 8) als auch die Regeln über die Holding-Gründung (→ Rn. 6; *Witten* Minderheitenschutz 88) die Wirkung einer **Konzerneingangskontrolle** haben. SE-VO und SEAG enthalten dafür ein weitreichendes Schutzinstrumentarium zugunsten der Aktionäre. Ferner regeln sie im Einzelnen die **Festlegung des Umtauschverhältnisses.** Diese obliegt zunächst den Organen der Gründungsgesellschaften, ist ferner – was in Konzernkonstellationen bedeutsam sein kann – extern zu prüfen und bedarf der Zustimmung aller Anteilseignerversammlungen (in Deutschland mit Dreiviertelmehrheit). Schließlich kann jeder Anteilseigner das Umtauschverhältnis im Wege des Spruchverfahrens oder der Anfechtungsklage auf seine Angemessenheit überprüfen lassen (§ 11 SEAG). Die Geltung des WpÜG würde dieses austarierte System aushebeln (*J. Vetter* in Lutter/Hommelhoff Europäische Gesellschaft 111 [162]). Beim Pflichtangebot ist das besonders deutlich. Der maßgebliche Zeitpunkt für die Bemessung der Gegenleistung läge später (s. §§ 4 ff. WpÜG–AV); der gesamte Vorgang der Holding-Gründung würde eingepreist. Es bestünde die naheliegende Aussicht, dass die Gegenleistung unter dem Pflichtangebot vorteilhaft gegenüber dem im Gründungsplan festgelegten Umtauschverhältnis sein könnte. Für Anteilseigner gäbe es zwei Tauschmöglichkeiten zu unterschiedlichen Bedingungen. Das System der Art. 32 ff. wäre weitgehend überflüssig, und die Durchführbarkeit von Holding-Gründungen wäre durch die notwendigen Spekulationserwägungen der Anteilseigner ernsthaft gefährdet (*Ihrig/Wagner* BB 2004, 1749 [1752 und 1753]). Bei einem Übernahmeangebot gemäß §§ 29 ff. WpÜG könnte es wegen der Vor- und Nacherwerbsregeln (§ 31 Abs. 1, Abs. 4 und Abs. 5 WpÜG, § 4 WpÜG–AV) ebenfalls dazu kommen, dass sich das Umtauschverhältnis nicht nach dem in der SE-VO angelegten System, sondern nach Maßgabe des WpÜG ermittelt (ebenso *J. Vetter* in Lutter/Hommelhoff Europäische Gesellschaft 111 [162]). Im Fall des § 31 Abs. 3 WpÜG wäre zudem zwingend eine Barleistung vorgeschrieben, was im Rahmen der Holding-Gründung jedoch unzulässig ist (→ Rn. 52). Dieser Konflikt ließe sich nur auflösen, wenn § 31 Abs. 3 WpÜG trotz Geltung des WpÜG im Übrigen nicht angewendet würde oder ein Verbot von Barkäufen iSv § 31 Abs. 3 WpÜG als Voraussetzung für die Holding-Gründung angenommen würde. Ersteres ist aus Sicht derjenigen, die eine Geltung des WpÜG wegen des mit ihm verbundenen zusätzlichen Schutzniveaus bejahen, unstimmig. Für Letzteres fehlt jede Grundlage.

b) Öffentliches Angebot bei mittelbarem Kontrollerwerb. Die Holding- **26** Gründung führt dazu, dass die SE Kontrolle im übernahmerechtlichen Sinn auch über solche Gesellschaften erlangen kann, an denen die Gründungsgesellschaften direkt oder indirekt beteiligt sind. Soweit diese Beteiligungsgesellschaften börsennotiert sind, führt die Holding-Gründung dann zur Verpflichtung der SE, den Aktionären der betreffenden Beteiligungsgesellschaften ein **Pflichtangebot** un-

terbreiten zu müssen. Findet das deutsche WpÜG Anwendung, ist das zu bejahen, wenn eine oder mehrere Gründungsgesellschaften insgesamt direkt oder
indirekt mindestens 30 % der Stimmrechte an einer börsennotierten Beteiligungsgesellschaft halten (§ 35 Abs. 1 S. 1 iVm §§ 29 Abs. 2, 30 WpÜG). Das Pflichtangebot kann vermieden werden, wenn eine **Befreiung** nach § 37 WpÜG in
Betracht kommt; zu denken ist dabei insbesondere an § 9 S. 2 Nr. 3 WpÜG-AV.

27   Ist eine Befreiung nicht erhältlich, ist ein Pflichtangebot nach **§ 35 Abs. 3
WpÜG** ferner nicht erforderlich, wenn die Kontrolle „auf Grund" eines **Übernahmeangebots** erworben worden ist. Entgegen des Wortlauts muss der Kontrollerwerb nicht kausal auf dem Übernahmeangebot beruhen. Es genügt vielmehr ein zeitlicher und sachlicher Zusammenhang (s. BaFin Merkblatt – Auslegung des § 35 Abs. 3 WpÜG durch die BaFin vom 12.7.2007; MüKoAktG/
Schlitt/Ries WpÜG § 35 Rn. 254 ff.). Die Durchführung eines Übernahmeangebots kann gegenüber einem Pflichtangebot vorteilhaft sein. Das beruht darauf,
dass die Erforderlichkeit eines Pflichtangebots mit Bekanntwerden der geplanten
Holding-Gründung für den Markt erkennbar wird und damit zu einem Anstieg
des Börsenkurses der potenziellen Zielgesellschaft führen kann. Aufgrund der
Regelungen zur Bestimmung der im Rahmen eines Pflichtangebots anzubietenden Gegenleistung droht die Gefahr einer Verteuerung des öffentlichen Angebots
(§ 5 WpÜG-AV). Fraglich ist jedoch, ob ein befreiendes Übernahmeangebot
überhaupt zur Verfügung steht. Neben der erforderlichen zeitlichen Taktung von
Übernahmeangebot und Eintragung der SE muss ein **Bieter** zur Verfügung
stehen. Das könnte die Vor-SE sein. Diese entsteht allerdings erst mit dem letzten
Zustimmungsbeschluss der Anteilseignerversammlungen der Gründungsgesellschaften (→ Rn. 11) und damit deutlich nach Bekanntwerden der Holding-
Gründung. Zudem ist erst mit Erreichen der Mindestprozentsätze sicher, ob die
Holding-Gründung überhaupt zustande kommt. Damit zusammenhängend ist
schließlich zweifelhaft, ob die Vor-SE, die im Rahmen der Gründung keinerlei
Barmittel erhält (→ Rn. 13), ein Übernahmeangebot finanzieren könnte. Zu
denken ist daran, dass eine oder mehrere Gründungsgesellschaften gemeinsam ein Übernahmeangebot abgeben. Das ist jedoch nur sinnvoll, wenn das
Angebot gemäß § 35 Abs. 3 WpÜG auch die SE von der Verpflichtung zur
Abgabe eines Pflichtangebotes befreit. Nach Ansicht der BaFin soll das nur der
Fall sein, wenn die SE nach ihrer Eintragung von derselben Person kontrolliert
wird wie die Gründungsgesellschaft, die als Bieter das Übernahmeangebot abgegeben hat (BaFin Merkblatt – Auslegung des § 35 Abs. 3 WpÜG durch die BaFin
vom 12.7.2007). Liegt diese Voraussetzung nicht vor, ändert sich folglich aufgrund der Holding-Gründung die Konzernspitze, kommt die SE nicht in den
Genuss der Befreiung des Art. 35 Abs. 3 WpÜG (s. KK-WpÜG/*Hasselbach*
WpÜG § 35 Rn. 253; MüKoAktG/*Schlitt/Ries* WpÜG § 35 Rn. 257). Stellt
sich die Erforderlichkeit eines Pflicht- oder Übernahmeangebots als Hindernis für
die Holding-Gründung dar, kann überlegt werden, dass die Gründungsgesellschaften ihre Beteiligung an der oder den börsennotierten Beteiligungsgesellschaften reduzieren. Die Reduzierung müsste vor Eintragung der SE erfolgt sein.

28   Die Aufstellung des Gründungsplans oder der Abschluss einer Zusammenschlussvereinbarung (→ Rn. 36) durch die Gründungsgesellschaften stellen kein
acting in concert iSv § 30 Abs. 2 WpÜG dar und lösen demzufolge keine
Angebotspflicht in Bezug auf börsennotierte Beteiligungsgesellschaften aus.

29   **c) Kein Pflichtangebot an die Aktionäre der SE wegen Kontrollerwerbs
im Rahmen der Holding-Gründung.** Infolge der Holding-Gründung kann es
dazu kommen, dass Aktionäre der SE über diese Kontrolle iSd § 29 Abs. 2
WpÜG erlangen. Das ist insbesondere denkbar, wenn eine der Gründungsgesellschaften einen wesentlichen Aktionär hat, der sich an der Holding-Gründung

beteiligt, oder ein Aktionär an mehreren Gründungsgesellschaften beteiligt ist und seine Beteiligungen an diesen in Aktien der SE umtauscht. Ein solcher Aktionär muss dennoch **kein Pflichtangebot** abgeben (*Oplustil* GLJ 4 [2003], 107 [126]; *J. Vetter* in Lutter/Hommelhoff Europäische Gesellschaft 111 [163]). Das WpÜG setzt voraus, dass die Kontrolle über eine Zielgesellschaft erworben wird, deren Aktien börsennotiert sind (vgl. § 1 Abs. 1 WpÜG). Die Kontrollerlangung tritt bei der Holding-Gründung mit Eintragung der SE ein. Zu diesem Zeitpunkt ist die SE nicht börsennotiert; ein Pflichtangebot kommt nicht in Betracht. Soweit die Börsennotierung betrieben wird (→ Rn. 18), tritt sie frühestens kurzzeitig nach der Eintragung ein, da die Börsennotierung die Ausgabe der Aktien voraussetzt. Die nachlaufende Börsennotierung begründet ihrerseits ebenfalls keine Verpflichtung zur Abgabe eines Pflichtangebots für Aktionäre, die bereits vorher Kontrolle iSd § 29 Abs. 2 WpÜG erlangt haben. Die Situation entspricht insofern der Verschmelzung auf eine neu gegründete Gesellschaft; dort lehnt die hM aus denselben Gründen eine Anwendbarkeit von § 35 WpÜG ab (*J. Vetter* WM 2002, 1999; MüKoAktG/*Schlitt/Ries* WpÜG § 35 Rn. 145 f.; Assmann/Pötzsch/Schneider/*Krause/Pötzsch/Seiler* WpÜG § 35 Rn. 153; Geibel/Süßmann/*A. Meyer* WpÜG § 35 Rn. 47; aA *Kleindiek* ZGR 2002, 546 [574]).

Dasselbe gilt für den Spezialfall, dass ein **Treuhänder** die Aktien der SE über- **30** nimmt. Der Treuhänder wird jedenfalls für einen kurzen Zeitraum Alleinaktionär der SE und erwirbt damit die Kontrolle über sie iSd § 29 Abs. 2 WpÜG. Ein Pflichtangebot muss er nicht abgeben. Selbst wenn man das anders sähe, wäre ihm jedenfalls nach § 37 WpÜG Befreiung zu erteilen, da er die Kontrolle für die letztendlichen Aktionäre zum Zwecke der Abwicklung der Holding-Gründung erwirbt und sie nur für einen sehr kurzen Zeitraum innehat, währenddessen er keine Kontrolle ausübt. Der Fall ist mit einem Kontrollerwerb durch eine Emissionsbank im Rahmen einer mittelbaren Bezugsrechtsemission vergleichbar, für den die Befreiung anerkannt ist (KK-AktG/*Hasselbach* WpÜG § 37 Rn. 53; Assmann/Pötzsch/Schneider/*Krause/Pötzsch/Seiler* WpÜG § 37 Rn. 48).

10. Freigabepflichtiger Zusammenschluss. Bei der Planung ist zu berück- **31** sichtigen, dass die Holding-Gründung einen **Zusammenschluss** darstellt, der nach Maßgabe der FKVO oder nationalstaatlichen Regelungen anmeldepflichtig sein kann. Kartellrechtlich relevant ist dabei der Zusammenschluss zwischen den Gründungsgesellschaften und den mit ihnen verbundenen Unternehmen. Solange keine Freigabe vorliegt, besteht ein Vollzugsverbot (vgl. § 41 Abs. 1 S. 2 GWB, Art. 7 Abs. 4 FKVO). Bei der Holding-Gründung ist davon auszugehen, dass der Vollzug des Zusammenschlusses jedenfalls dann einsetzt, wenn die Anteilseigner der Gründungsgesellschaften beginnen, ihre Beteiligungen in die SE einzubringen. Dieser Zeitpunkt liegt unmittelbar nach dem letzten Zustimmungsbeschluss der Anteilseignerversammlung der Gründungsgesellschaften. Für die Praxis bedeutet das, dass ein fusionskontrollrechtliches Freigabeverfahren bei Beschlussfassung durch die Anteilseignerversammlungen abgeschlossen sein muss. Anders dürfte das richtigerweise liegen, wenn die Verträge über die Einbringung der Anteile an den Gründungsgesellschaften in die SE unter der **aufschiebenden Bedingung** des Vorliegens der erforderlichen Freigaben abgeschlossen werden. Die Dauer eines Freigabeverfahrens hängt vom Einzelfall ab. Möglicherweise ist das Verfahren frühzeitig einzuleiten. Dabei ist zu beachten, dass ab der Anmeldung des Zusammenschlusses eine Vertraulichkeit nicht mehr gewahrt ist.

11. Steuerliche Behandlung der Holding-Gründung. Zur steuerlichen **32** Behandlung der Holding-Gründung → SteuerR der SE Rn. 114 ff. Auf der Ebene deutscher Gründungsgesellschaften dürften infolge des Mehrheitserwerbs durch die SE sämtliche **Verlustvorträge** verloren gehen (§ 8c Abs. 1 S. 2 KStG). In den wirtschaftlichen Erläuterungen im Gründungsbericht (Art. 32 Abs. 2 S. 2) wäre das darzustellen. Zum Umgang mit Verlustvorträgen im Rahmen der Unternehmensbewertung s. zB OLG Düsseldorf NZG 2000, 1079 [1081]; NJW-RR 1988, 1499 f.; OLG München AG 2008, 28 [31]; RechtsHdB Unternehmensbewertung/*Jonas/Wieland-Blöse* § 15 Rn. 35 f.

33   **12. Rechtstatsächliche Verbreitung.** Die Holding-Gründung ist bislang wenig verbreitet. Anwendungsfälle sind **selten** (s. *Eidenmüller/Engert/Hornuf* AG 2008, 721 [729]; European Trade Union Institute S. 6: 3 % aller SE-Gründungen; *Ernst & Young* S. 189 f.: 4 % aller SE-Gründungen und 2 % aller SE-Gründungen in Deutschland). Die genauen Gründe dafür sind naturgemäß nur schwer festzustellen. Eine Rolle dürften jedoch die Unbekanntheit dieser neuen Gründungsform, ihre Komplexität und – jedenfalls in Deutschland – der Umstand spielen, dass wesentliche Fragen bislang nicht rechtssicher geklärt sind.

II. Einzelerläuterungen

34   **1. Allgemeine Gründungsvoraussetzungen (Abs. 1 UAbs. 1, Abs. 7).** Art. 32 Abs. 1 UAbs. 1 ist das **Bindeglied** zwischen den in Art. 2 Abs. 2 geregelten Eingangsvoraussetzungen für die Holding-Gründung und ihrer näheren Ausgestaltung in den Art. 32 ff. Parallelnormen finden sich in den Art. 17 Abs. 1, 35 und 37 Abs. 1. Ebenso wie diese hat die Bestimmung nur **deklaratorische Bedeutung.** Zu den Gründungsvoraussetzungen gemäß Art. 2 Abs. 2 → Art. 2 Rn. 12 ff.

35   **2. Aufstellung eines Gründungsplans (Abs. 2 S. 1). a) Rechtsnatur.** Der Gründungsplan ist die Grundlage für die Holding-Gründung und regelt die kooperativen Rechtsverhältnisse in der SE. Aufgrund dieser Funktion ist er **organisationsrechtlicher Natur** und entfaltet keine schuldrechtlichen Wirkungen zwischen den Gründungsgesellschaften oder für ihre Anteilseigner (*Scheifele* Gründung der SE S. 312; MüKoAktG/*Schäfer* Rn. 10; KK-AktG/*Paefgen* Rn. 33 f.). Zu der Frage, ob der Gründungsplan ein Angebot an die Gründungsgesellschafter auf Einbringung ihrer Anteile darstellt, → Art. 33 Rn. 14.

36   Wollen die Gründungsgesellschaften gegenseitige Verpflichtungen begründen, müssen sie eine schuldrechtliche **Zusammenschlussvereinbarung** (business combination agreement) abschließen (→ Art. 33 Rn. 9). Das wird vielfach sinnvoll sein und ist rechtlich zulässig (MüKoAktG/*Schäfer* Rn. 10; *Scheifele* Gründung der SE S. 312). Die Vereinbarung darf jedoch die Freiheit weder der Anteilseignerversammlung bei der Zustimmung zu der Gründung noch der Anteilseigner bei der Entscheidung über die Teilnahme an ihr einschränken (KK-AktG/*Paefgen* Rn. 35). Unberührt bleiben muss auch das Recht der Anteilseignerversammlung, eine erteilte Zustimmung wieder zurückzunehmen (→ Rn. 96). Unzulässig sind daher Regelungen, welche die Gründungsgesellschaft zur Herbeiführung der Zustimmung der Anteilseignerversammlung oder zum Erreichen des Mindestprozentsatzes verpflichten. Gleichzustellen sind dem Absprachen, welche an das Scheitern der Gründung nennenswerte, wirtschaftlich nachteilige Konsequenzen knüpfen (zB break-up-fee; KK-AktG/*Paefgen* Rn. 35; zur Verschmelzung *Austmann/Frost* ZHR 169 [2005], 431 [450 f.]). Kostenübernahmen sind jedoch zulässig, soweit sie sich in angemessenem Rahmen halten; eine Präjudizierung der Entscheidungen der Anteilseignerversammlung oder der einzelnen Anteilseigner ist dann nicht zu befürchten. Zwischen Zustimmung der Anteilseignerversammlung und Wirksamwerden der SE kann etwa wegen der Durchführung des Mitbestimmungsverfahrens oder aufgrund Aktionärsklagen ein **erheblicher Zeitraum** liegen, während dessen sich die Bewertung der Gründungsgesellschaften verändern mag. Richtigerweise muss es den Leitungsorganen möglich sein, hierfür Vorkehrungen zu treffen. Rücktritts- oder Kündigungs-

rechte stehen dafür weder zur Verfügung noch sind sie erforderlich; die Entscheidung, ob eine einmal erteilte Zustimmung rückgängig gemacht wird, obliegt allein der Anteilseignerversammlung. Zu denken ist jedoch an Informations- und Konsultationspflichten bei relevanten Vorgängen. Dadurch wird das Leitungsorgan in die Lage versetzt zu entscheiden, ob eine erneute Anteilseignerversammlung einzuberufen ist. Gleichzeitig können sich die Gründungspartner im kartellrechtlich zulässigen Umfang abstimmen.

Eine schuldrechtliche Vereinbarung sollte, wenn sie Regelungen enthält, die **37** über den Gründungsplan im engeren Sinne hinausgehen und im Falle der Ablehnung der Zustimmung ausgelöst werden oder bei Zustimmung nachwirken, im **Gründungsbericht erläutert** werden. Ein Anspruch der Anteilseigner, dass die Vereinbarung ab Einberufung oder in der Anteilseignerversammlung ausgelegt wird, besteht hingegen nicht. Zugestimmt wird dem Gründungsplan, nicht der Vereinbarung.

b) Form des Gründungsplans (Abs. 2). Die SE-VO schreibt zwar keine **38** bestimmte Form für den Gründungsplan vor und setzt lediglich voraus, dass der Gründungsplan schriftlich festgehalten wird. Dennoch ist der Gründungsplan notariell zu beurkunden. Bestandteil des Plans ist die Satzung. Deren Feststellung bedarf gemäß Art. 15 iVm § 23 Abs. 1 AktG der **notariellen Beurkundung** (allgM). Für den Gründungsplan im Übrigen (zum Gründungsbericht sogleich) gilt analog Art. 18 iVm § 6 UmwG dasselbe (*Oplustil* GLJ 4 [2003], 107 [113]; *J. Schmidt* „Deutsche" vs. „britische" SE, 2006, 284 f.; *Bayer* in Lutter/Hommelhoff Europäische Gesellschaft 25 [48]; MüKoAktG/*Schäfer* Rn. 23; *Schwarz* Rn. 37; KK-AktG/*Paefgen* Rn. 80; für Analogie zu §§ 125, 6 UmwG Widmann/Mayer/*Heckschen* UmwG Anh. 14 Rn. 295; *ders.* DNotZ 2003, 251 [261]; *ders.* Die SE aus Sicht des Notars – Praktische Fragen zur Europäischen Gesellschaft, 2004, 168 [206 f.]; gegen eine Analogie zu § 6 UmwG *Brandes* AG 2005, 177 [182]). Begründen lässt sich das Beurkundungserfordernis zudem aus dem Umstand, dass Satzung und Gründungplan eine Urkunde bilden (Spindler/Stilz/*Casper* Rn. 16; Schmidt/Hörtnagl/Stratz/*Hörtnagl* UmwG Rn. 3; van Hulle/Maul/Drinhausen/*Drinhausen* Abschnitt 4 § 3 Rn. 11; *Jannott* in Jannott/Frodermann HdB SE Kap. 3 Rn. 133). Zur Auslandsbeurkundung → Art. 20 Rn. 7.

Ob auch der **Gründungsbericht** zu beurkunden ist, wird unterschiedlich **39** beantwortet. Gemäß Art. 32 Abs. 2 S. 2 ist der Bericht Bestandteil des Gründungsplans und als solcher mitzubeurkunden. Richtigerweise kann der Gründungsbericht jedoch auch in einem separaten Dokument erstattet werden (*Kalss* ZGR 2003, 593 [630]; LHT/*Bayer* Rn. 41; MüKoAktG/*Schäfer* Rn. 17; Spindler/Stilz/*Casper* Rn. 14). Dafür sprechen die Parallele zur Verschmelzungs-Gründung (Art. 18 iVm § 8 UmwG) sowie die unterschiedliche Funktion der beiden Dokumente. Während der Gründungsplan die rechtliche Grundlage der Holding-Gründung bildet, soll der Gründungsbericht den Anteilseignern als Informationsgrundlage für ihre Entscheidung über die Zustimmung der Gründung und ihre Teilnahme an ihr dienen. Wird der Bericht dementsprechend gesondert erstellt, genügt für ihn die Schriftform (KK-AktG/*Paefgen* Rn. 81; Holding-HdB/*Marsch-Barner* § 18 Rn. 33). Es ist kein Grund ersichtlich, warum insofern im Rahmen der Holding-Gründung strengere Anforderungen als bei sämtlichen anderen Strukturmaßnahmen gelten sollten (vgl. nur Art. 18 iVm § 8 Abs. 1 UmwG, § 122e UmwG iVm § 8 Abs. 1 UmwG). Die Frage ist jedoch strittig. Nicht nur wird zum Teil vertreten, dass eine separate Erstattung des Gründungsberichts ausscheidet (*Jannott* in Jannott/Frodermann HdB SE Kap. 3 Rn. 135; *Scheifele* Gründung der SE 321; *Schwarz* Rn. 26; in diese Richtung auch MHdB AG/*Austmann* § 84 Rn. 46). Vielmehr gehen auch Stimmen, die eine getrennte Dokumentation für zulässig halten, von einem Beurkundungserfordernis des

Berichts aus (s. etwa Spindler/Stilz/*Casper* Rn. 14 und LHT/*Bayer* Rn. 41, die davon sprechen, der Bericht könne in einer gesonderten „Urkunde" enthalten sein). Vor diesem Hintergrund ist zur Vermeidung von Anfechtungsrisiken für die Praxis zu überlegen, dass der Bericht als Bestandteil des Gründungsplans erstattet und dementsprechend beurkundet wird.

40   c) **Gleichlaut des Gründungsplans.** Der Gründungsplan muss gleichlautend (englisch: „in the same terms"; französisch: „dans les mêmes termes") und somit **inhaltsgleich, aber nicht gemeinsam** sein (*J. Schmidt* „Deutsche" vs. „britische" SE, 2006, 274; *Spitzbart* RNotZ 2006, 369 [403]; *Bayer* in Lutter/Hommelhoff Europäische Gesellschaft 25 [48]; KK-AktG/*Paefgen* Rn. 31; aA *Schwarz* Rn. 9; MHdB AG/*Austmann* § 84 Rn. 46; *Scheifele* Gründung der SE 312). Es kann, muss aber nicht zwingend nur ein einziges Dokument geben. Inhaltliche Abweichungen, die sich nicht auswirken, sind unschädlich (*J. Schmidt* „Deutsche" vs. „britische" SE, 2006, S. 274; *Oplustil* GLJ 4 [2003], 107 [111]; KK-AktG/*Paefgen* Rn. 31); entscheidend ist die inhaltliche Identität. Dasselbe gilt auch für den **Gründungsbericht** (MüKoAktG/*Schäfer* Rn. 17; Spindler/Stilz/*Casper* Rn. 14; LHT/*Bayer* Rn. 41). Soweit daraus gefolgert wird, es könne auf Besonderheiten Rücksicht genommen werden, die sich aus der Rechtsform der Gründungsgesellschaft oder dem jeweiligen nationalen Recht ergeben, und hierüber sei nur den Anteilseignern der betreffenden Gründungsgesellschaft zu berichten (so insbesondere Spindler/Stilz/*Casper* Rn. 14; ebenso wohl MüKoAktG/*Schäfer* Rn. 17), ist das abzulehnen. Mit dem Erfordernis eines „gleichlautenden" Gründungsplans, wozu der Bericht zählt, wäre das unvereinbar. Zudem soll der Bericht die Gründung erläutern, wozu notwendig die Vorgänge und Auswirkungen in allen Gründungsgesellschaften gehören.

41   Eine unterschiedliche Gestaltung wäre auch aus praktischen Erwägungen nicht ratsam. Beim **Eintragungsverfahren** muss sich die zuständige Behörde überzeugen können, dass alle Anteilseignerversammlungen einem inhaltlich identischen Plan zugestimmt haben (*Spitzbart* RNotZ 2006, 369 [404] iVm 389; KK-AktG/*Paefgen* Rn. 32; *Schwarz* Rn. 9). Inhaltliche Abweichungen begründen daher die Gefahr von Verzögerungen oder gar der Ablehnung der Eintragung. Empfehlenswert erscheint es, mit einem zweisprachen Gründungsplan und -bericht zu operieren oder den Plan in einer Sprache aufzustellen und hiervon eine beglaubigte Übersetzung zu erstellen. Maßgeblich sind dabei alle Sprachfassungen (*Schwarz* Rn. 9; *Scheifele* Gründung der SE 312). Eine Version für maßgeblich zu erklären (so KK-AktG/*Paefgen* Rn. 32), könnte unnötige Anfechtungsrisiken begründen (vgl. LG München ZIP 2001, 1148 [1150]; Hüffer/*Koch* AktG § 119 Rn. 28) und erscheint nicht ratsam.

42   d) **Aufstellung.** Der Plan ist durch die Leitungs- oder Verwaltungsorgane aufzustellen. Wer das ist, richtet sich nach dem für die jeweilige Gründungsgesellschaft maßgeblichen Recht. Bei der AG ist der **Vorstand,** bei der GmbH die **Geschäftsführung** zuständig. Die Entscheidung über die Aufstellung obliegt dem Gesamtorgan; die erforderliche Mehrheit richtet sich dabei nach den maßgeblichen Regeln für Geschäftsführungsmaßnahmen. Bei der Aufstellung selbst handelt das Organ in **vertretungsberechtigter Anzahl** (Schmitt/Hörtnagl/Stratz/*Hörtnagl* Rn. 3). Eine rechtsgeschäftliche Vertretung ist möglich.

43   Da der Gründungsplan nur gleichlautend, nicht aber gemeinsam ist, kann **jede Gründungsgesellschaft separat** handeln. Ein gemeinsamer „Abschluss" des Plans in einem Dokument durch die Organe aller Gründungsgesellschaften ist nicht erforderlich (*Teichmann* ZGR 2002, 383 [417]; Spindler/Stilz/*Casper* Rn. 8). In der Anteilseignerversammlung kann folglich auch nicht der Nachweis verlangt werden, dass die anderen Gründungsgesellschaften einen inhaltsgleichen Gründungsplan aufgestellt haben. Das Vorliegen eines von allen Gründungsgesellschaften aufgestellten Plans ist Eintragungs-, nicht Zustimmungsvoraussetzung. Ebenso wie bei der Verschmelzungs-Gründung (LHT/*Bayer* Art. 20 Rn. 9; *Jannott* in Jannott/Frodermann HdB SE Kap. 3 Rn. 37) sollte es vor diesem Hintergrund auch möglich sein, der Anteilseignerversammlung den aufgestellten Plan als **Entwurf** vorzulegen und ihn im Anschluss an die Zustimmung **nachzubeurkunden.**

3. Inhalt des Gründungsplans (Abs. 2, § 9 Abs. 1 SEAG). Der Grün- **44** dungsplan setzt sich zwingend aus drei Elementen zusammen, (1) dem **Gründungsbericht** gemäß Art. 32 Abs. 2 S. 2, (2) den Angaben iSv **Art. 20 Abs. 1 lit. a–c und f–i,** darunter die Satzung der SE (Art. 32 Abs. 2 S. 3) und (3) den **Mindestprozentsätzen** (Art. 32 Abs. 2 S. 3 und 4). Hinzutritt ein **Abfindungsangebot** gemäß § 9, wenn die Voraussetzungen hierfür vorliegen. Darüber hinaus sind freiwillig **zusätzliche Angaben** zulässig.

a) Gründungsbericht (Abs. 2 S. 2). Der Gründungsbericht dient der Infor- **45** mation der Anteilseigner. Aufgrund dieser Funktion ist er bei deutschen Gründungsgesellschaften entbehrlich, wenn alle Anteilseigner auf ihn **verzichten** (*Vossius* ZIP 2005, 741 [745] Fn. 47; Henssler/Strohn/*Servatius* IntGesR Rn. 265; KK-AktG/*Paefgen* Rn. 75). Analog Art. 18 iVm § 8 Abs. 3 UmwG bedarf der Verzicht der notariellen Beurkundung (KK-AktG/*Paefgen* Rn. 75).

Anders als bei der Verschmelzungs-Gründung (Art. 18 iVm § 8 Abs. 1 S. 1 **46** UmwG) ist nicht vorgeschrieben, dass der Bericht **ausführlich** sein muss. Ein Grund, die beiden Berichte unterschiedlich zu behandeln, besteht aufgrund ihrer funktionalen Ähnlichkeit jedoch nicht. Die Ausführlichkeitsanforderung gilt daher auch für den Gründungsbericht (KK-AktG/*Paefgen* Rn. 74; MüKoAktG/ *Schäfer* Rn. 18; *Schwarz* Rn. 34; LHT/*Bayer* Rn. 42). Maßstab ist dabei der Zweck des Berichts, den Anteilseignern eine angemessene Informationsgrundlage zu geben, um eine **Plausibilitätskontrolle** der Rechts- und Zweckmäßigkeit der Holding-Gründung durchführen und auf dieser Grundlage über sie entscheiden zu können (*Jannott* in Jannott/Frodermann HdB SE Kap. 3 Rn. 136; KK-AktG/*Paefgen* Rn. 67). Erforderlich ist daher eine Darstellung in allgemein verständlicher Form (Theisen/Wenz/*Neun* 57, 147; KK-AktG/*Paefgen* Rn. 69). Diese Anforderung darf aber nicht überspannt werden. Bei einem komplexen Vorgang wie der Holding-Gründung droht eine Vereinfachung zu Lasten der Präzision zu gehen, und die Anteilseigner haben ihrerseits angemessene Anstrengungen bei der Durchsicht zu unternehmen.

Inhaltlich muss der Bericht zum einen eine **rechtliche Erläuterung der** **47** **Gründung** enthalten. Das umfasst den Ablauf der Gründung, insbesondere das Einbringungsverfahren gemäß Art. 33. Darzustellen sind ferner, obwohl sich das aus dem Wortlaut nicht unmittelbar ergibt, die Regelungen des Gründungsplans (*Scheifele* Gründung der SE 323; Theisen/Wenz/*Neun* S. 57, 147; LHT/*Bayer* Rn. 43). Zum anderen hat der Bericht die Gründung **wirtschaftlich** zu erläutern. Kernstück ist dabei die Ermittlung des **Umtauschverhältnisses** und damit die **Bewertung** der Gründungsgesellschaften (Holding-HdB/*Marsch-Barner* § 18 Rn. 15; LHT/*Bayer* Rn. 43; Spindler/Stilz/*Casper* Rn. 15): Auf besondere Bewertungsschwierigkeiten ist analog Art. 18 iVm § 8 Abs. 1 S. 2 UmwG hinzuweisen (KK-AktG/*Paefgen* Rn. 71; Widmann/Mayer/*Heckschen* UmwG Anh. 14 Rn. 301). Unternehmensbewertung (→ Rn. 53; → Art. 20 Rn. 14, 43) und Erläuterung des Umtauschverhältnisses können durch einen Gutachter vorgenommen werden, dessen Gutachten sich die Leitungsorgane zu Eigen machen und in den Gründungsbericht ein- oder als wesentlichen Bestandteil in einer Anlage beifügen. Anzugeben sind zudem die wesentlichen wirtschaftlichen Verhältnisse der Gründungsgesellschaften (*Oplustil* GLJ 4 [2003], 107 [111 f.]; Holding-HdB/*Marsch-Barner* § 18 Rn. 17). Darauf aufbauend sind die ökonomischen

Auswirkungen der Holding-Gründung auf die Gründungsgesellschaften zu erläutern. Ist eine Gründungsgesellschaft Konzernmutter und wirkt sich die Gründung wesentlich auf Ebene von Beteiligungsgesellschaften aus, empfiehlt sich auch eine diesbezügliche Darstellung. Ferner hat der Bericht die Ziele zu erläutern, die mit der Holding-Gründung angestrebt werden, und anhand der maßgeblichen Vor- und Nachteile die **Zweckmäßigkeit** zu begründen (Spindler/Stilz/*Casper* Rn. 15; MüKoAktG/*Schäfer* Rn. 18; *Jannott* in Jannott/Frodermann HdB SE Kap. 3 Rn. 136; *Scheifele* Gründung der SE 322). Ob die Holding-Gründung notwendig mit denkbaren Gestaltungsalternativen zu vergleichen ist (so hM, s. Holding-HdB/*Marsch-Barner* § 18 Rn. 16; *Scheifele* Gründung der SE 322; KK-AktG/*Paefgen* Rn. 70), erscheint in dieser Grundsätzlichkeit fragwürdig. Diese Anforderung lässt sich kaum sinnvoll begrenzen, führt regelmäßig zu erheblichen Ausführungen, die dem Informationszweck kaum dienen, und widerspricht dem Umstand, dass die Holding-Gründung anhand der verfolgten Zwecke zu begründen ist. Nur wenn danach eine bestimmte alternative Struktur nahe liegt, sollte auf sie eingegangen werden.

48   Art. 32 Abs. 2 S. 2 verlangt ferner Ausführungen zu den **Auswirkungen der Gründung auf die Anteilseigner.** Das gilt sowohl für die Anteilseigner, die ihre Beteiligung in SE-Aktien umtauschen, als auch diejenigen, die in der Gründungsgesellschaft verbleiben. Anzusprechen sind insbesondere: die konzernrechtlichen Folgen; die Ausgestaltung der mitgliedschaftlichen Stellung in der SE; rechtlich und steuerlich relevante Änderungen, die sich ergeben können, wenn die SE ihren Sitz in einem anderen Mitgliedstaat hat; ein Abfindungsangebot iSv § 9 SEAG, wobei die Bewertungsfragen gemeinsam mit der Erläuterung des Umtauschverhältnisses (→ Rn. 52 f.) behandelt werden können; die Übertragbarkeit der Aktien in der SE (Holding-HdB/*Marsch-Barner* § 18 Rn. 20); Strukturmaßnahmen, die in Bezug auf die Gründungsgesellschaften nach der Gründung beabsichtigt (und nicht nur theoretisch denkbar) sind; sowie bei Börsennotierung von Gründungsgesellschaften mögliche Konsequenzen der Gründung für die Fungibilität der Beteiligung bei Verbleib in der Gründungsgesellschaft.

49   Weitere **Einzelheiten,** die danach je nach den konkreten Umständen zu berücksichtigen sein können, umfassen: (1) Wegfall von Verlustvorträgen bei Gründungsgesellschaften infolge der Gründung (→ Rn. 32); (2) (Zwischen-)Finanzierung und Liquidität der SE (→ Rn. 13 f.); (3) Konsequenzen der Gründung für die Börsennotierung der Gründungsgesellschaften; (4) Inhalt einer etwaigen Zusammenschlussvereinbarung (→ Rn. 36); (5) Auslösung öffentlicher Angebote im Zusammenhang mit der Gründung (→ Rn. 22 ff.); (6) Möglichkeit einer Verzögerung der Eintragung der SE und Folgen für die Gründungsgesellschaften und ihre Anteilseigner.

50   Der Bericht muss schließlich die **Auswirkungen der Gründung für die Arbeitnehmer** erläutern. Unmittelbare Auswirkungen ergeben sich jedoch keine, da die Gründungsgesellschaften und die arbeitsrechtlichen Verhältnisse bei ihnen unverändert fortbestehen. Anzugeben sind daher alle mittelbaren Folgen für die Arbeitnehmer und ihre Vertretungen (betriebliche Umstrukturierungen, Entlassungen), vorausgesetzt, sie sind tatsächlich geplant (Holding-HdB/*Marsch-Barner* § 15 Rn. 31; MüKoAktG/*Schäfer* Rn. 18). Ist das Mitbestimmungsverfahren noch nicht abgeschlossen, genügt eine Darstellung der maßgeblichen gesetzlichen Regelungen (Spindler/Stilz/*Casper* Rn. 15). Anderenfalls ist die Verhandlungs- oder Auffanglösung zu erläutern.

51   **b) Angaben gemäß Art. 20 Abs. 1 S. 2 lit. a, b, c, f, g, h und i (Abs. 2 S. 3).** Art. 32 Abs. 2 S. 3 verlangt ferner dieselben Angaben wie für den **Verschmelzungsplan** (Art. 20 Abs. 1 S. 2). Ausgenommen sind allein Art. 20 Abs. 1 S. 2 lit. d (Beginn der Gewinnberechtigung der SE-Aktien) und lit. e

(Verschmelzungsstichtag), da die Gründungsgesellschaften bei der Holding-Gründung nicht liquidationslos enden, sondern fortbestehen. Zu den erforderlichen
Angaben → Art. 20 Rn. 9 ff. Ergänzend sind eine Reihe von **Besonderheiten**
zu beachten.

aa) Umtauschverhältnis und ggf. Höhe der Ausgleichsleistung (Abs. 2   **52**
S. 3 iVm Art. 20 Abs. 1 S. 2 lit. b). Die **Gegenleistung** für die Einbringung
der Beteiligungen an den Gründungsgesellschaften besteht nach der gesetzlichen
Konzeption in **Aktien der SE**. **Bare Zuzahlungen** sind zulässig, wie sich aus
Art. 32 Abs. 2 S. 3 iVm Art. 20 Abs. 1 S. 2 lit. b ergibt, jedoch bei einer
deutschen SE **analog § 68 Abs.** 3 UmwG auf 10 % des Grundkapitals der SE
bei Gründung beschränkt (hM; die Herleitung der analogen Anwendung von
§ 68 Abs. 3 UmwG ist strittig, für Art. 15 *J. Schmidt* „Deutsche" vs. „britische"
SE, 2006, 276; KK-AktG/*Paefgen* Rn. 46; LHT/*Bayer* Rn. 26; für Analogie zu
Art. 18 *Scheifele* Gründung der SE 314; MüKoAktG/*Schäfer* Rn. 12; für Analogie
unionsrechtlicher Grundsätze *Jannott* in Jannott/Frodermann HdB SE Kap. 3
Rn. 136; für Analogie ohne nähere Herleitung Holding-HdB/*Marsch-Barner* § 18
Rn. 27; aA Theisen/Wenz/*Neun* 145).

Zur Ermittlung des Umtauschverhältnisses → Art. 20 Rn. 14; KK-AktG/*Paef-*   **53**
gen Rn. 41 ff. Der **Börsenkurs** bildet im Rahmen der Holding-Gründung nicht
die einseitige Untergrenze für die Bewertung deutscher Gründungsgesellschaften
und für die Bemessung eines Barabfindungsangebots iSv § 9 SEAG. Die DAT-
Altana-Rechtsprechung von BVerfG (NZG 1999, 931) und BGH (NJW 2001,
2080) ist nicht einschlägig. Bei der **Ermittlung des Umtauschverhältnisses**
sind alle Gesellschaften nach derselben Methode zu bewerten (BGHZ 147, 108
[121] = NJW 2001, 2080; OLG München AG 2007, 701 [704 f.]; 2012, 749
[752]; OLG Stuttgart AG 2006, 420 [427]; KK-UmwG/*Simon* § 5 Rn. 39). Sind
nicht alle Gründungsgesellschaften börsennotiert, scheidet der Börsenkurs als
Bewertungsmethode aus. Die Meistbegünstigung der Anteilseigner einer Gründungsgesellschaft führt zudem zur Benachteiligung der Gesellschafter der anderen
Gründungsgesellschaften. Sind die Gründungsgesellschaften voneinander unabhängig und die Wertermittlungen folglich das Ergebnis von Verhandlungen,
spricht für das festgelegte Umtauschverhältnis eine erhöhte Angemessenheits-
gewähr (OLG Stuttgart AG 2006, 420 [423 ff.]; OLG Jena ZIP 2006, 1989
[1995]; LG Frankfurt a. M. AG 2009, 749 [751]; einschr. BVerfG NZG 2012,
1035 = ZIP 2012, 1656 [1657]). In Bezug auf ein Abfindungsangebot nach **§ 9
SEAG** gilt nichts anderes (aA KK-AktG/*Paefgen* Art. 34 Rn. 30). Die Anteilseigner treffen eine freiwillige Investitionsentscheidung; unabhängig vom Votum
der Anteilseignerversammlung können sie zwischen dem Verbleib in der Gründungsgesellschaft oder dem Tausch in SE-Aktien wählen. Die Anteilseigner
erleiden keine durch die Gesellschaftermehrheit herbeigeführte „erhebliche Beeinträchtigung" ihrer mitgliedschaftlichen Rechtsstellung, „die einem Verlust
jedenfalls wirtschaftlich gleichsteht" (BVerfG NZG 1999, 931). Die Anerkennung des Börsenkurses ist daher weder verfassungsrechtlich noch sachlich zwingend vorgegeben.

bb) Einzelheiten der Übertragung der SE-Aktien (Abs. 2 S. 3 iVm   **54**
Art. 20 Abs. 1 S. 2 lit. c). Die Einzelheiten der Übertragung der SE-Aktien
betreffen die Schaffung der Aktien, die für ihren Erwerb erforderlichen Handlungen sowie Art, Zeitpunkt und Kosten des Erwerbs (*Jannott* in Jannott/Froder-
mann HdB SE Kap. 3 Rn. 139; KK-AktG/*Paefgen* Rn. 48). Wird ein **Treuhänder** eingeschaltet, sind Ausführungen zur Abwicklung des Beteiligungstauschs zu
machen (*Spitzbart* RNotZ 2006, 369 [403]). Die Einschaltung eines Treuhänders
ist jedoch weder analog § 71 UmwG iVm Art. 15 Abs. 1 (*Schwarz* Rn. 16; *Koke*
Finanzverfassung 47) noch analog § 71 UmwG iVm Art. 18 analog (*Scheifele*

Gründung der SE 315) erforderlich (hM; *J. Schmidt* „Deutsche" vs. „britische" SE, 2006, S. 277; *Brandes* AG 2005, 177 [186]; LHT/*Bayer* Rn. 27; KK-AktG/ *Paefgen* Rn. 49; MüKoAktG/*Schäfer* Rn. 13). Bei einem großen Gesellschafter- kreis wird auf einen Treuhänder in der Praxis aber kaum verzichtet werden können.

55   **cc) Satzung der SE (Abs. 2 S. 3 iVm Art. 20 Abs. 1 S. 2 lit. h).** Bei der Gestaltung der Satzung sind die maßgeblichen Vorgaben der SE-VO, des SEAG und des AktG zu beachten. Eine Besonderheit besteht in Bezug auf **§ 27 AktG,** der über Art. 15 Anwendung findet. Danach müssten in die Satzung der Gegen- stand der Sacheinlage, die Einbringenden und der Nennbetrag bzw. die Anzahl der für die Sacheinlagen zu gewährenden Aktien aufgenommen werden (§ 27 Abs. 1 S. 1 AktG). Diese Angaben stehen im Zeitpunkt der Satzungsfeststellung noch nicht fest. Haben eine oder mehrere Gründungsgesellschaften einen großen Gesellschafterkreis, ist die Angabe der Einbringenden, selbst wenn sie bekannt wären, praktisch nicht darstellbar. Aus diesem Grund wird zum Teil die Auf- fassung vertreten, die Angaben könnten vollständig entfallen (Theisen/Wenz/ *Neun* 170). Das ist zu weitgehend und auch nicht erforderlich. Vielmehr ist § 27 AktG an die Besonderheiten der Holding-Gründung anzupassen und verord- nungskonform auszulegen. Die einzelnen Sacheinleger sind, was § 27 AktG nach hM verlangt (MüKoAktG/*Pentz* § 27 Rn. 71; KK-AktG/*A. Arnold* § 27 Rn. 37), nicht namentlich anzugeben. Die (notwendige) Einschaltung eines Treuhänders und dessen Aufnahme in den Satzungstext (so *Spitzbart* RNotZ 2006, 369 [406]; *Koke* Finanzverfassung 51), ist abzulehnen. Es genügt vielmehr, die Sacheinleger bestimmbar darzustellen (*Brandes* AG 2005, 177 [182]; MHdB AG/*Austmann* § 84 Rn. 50; KK-AktG/*Paefgen* Rn. 60; Spindler/Stilz/*Casper* Rn. 10; *Stöber* AG 2013, 110 [117]). Das ist durch die Festsetzung sichergestellt, dass im Rahmen der Holding-Gründung nach Maßgabe der Art. 32 ff. als Sach- einlage Aktien bzw. Geschäftsanteile der Gründungsgesellschaften eingebracht worden und Sacheinleger diejenigen Anteilseigner der Gründungsgesellschaften sind, die sich im Rahmen der Holding-Gründung für eine Einbringung ent- schieden haben. Dabei sollte auch das festgelegte Umtauschverhältnis angegeben werden, dh der Nennbetrag bzw. die Stückzahl der Aktien bzw. Geschäftsanteile der jeweiligen Gründungsgesellschaft, die als Einlage auf jeweils eine Aktie der SE übertragen worden sind (KK-AktG/*Paefgen* Rn. 60; *Koke* Finanzverfassung 51; wohl ebenso MüKoAktG/*Schäfer* Rn. 15; LHT/*Bayer* Rn. 35).

56   Zu den Besonderheiten in Bezug auf das **Grundkapital** → Rn. 66 ff.; zur Bestellung des **ersten Aufsichts- bzw. Verwaltungsrats** in der Satzung → Rn. 65.

57   **c) Mindestprozentsatz.** Der Gründungsplan legt für jede Gründungsgesell- schaft den Prozentsatz der Anteile fest, der von den Anteilseignern in die SE mindestens einzubringen ist. Der Mindestprozentsatz muss nicht für alle Grün- dungsgesellschaften gleich sein, sondern kann **variieren** (*Spitzbart* RNotZ 2006, 369 [404]; Spindler/Stilz/*Casper* Rn. 11). Auf die Bemessung des Umtauschver- hältnisses wirken sich unterschiedliche Mindestprozentsätze nicht aus. Das Errei- chen bestimmter Schwellenwerte beeinflusst aus Sicht der SE zwar den Wert der Beteiligung. Das Umtauschverhältnis leitet sich jedoch aus den Gesamtunter- nehmenswerten ab und wird zu einem Zeitpunkt ermittelt, zu dem nicht fest- steht, in welchem Umfang die Anteilseigner letztendlich von ihrem Einbrin- gungsrecht Gebrauch machen. Nicht zulässig ist die Regelung einer **Höchst- grenze,** bis zu der ein Umtausch erfolgen darf (*Bayer* in Lutter/Hommelhoff Europäische Gesellschaft 25 [48]; Spindler/Stilz/*Casper* Rn. 11).

58   Der Mindestprozentsatz beläuft sich auf **50 % der Stimmrechte plus eine Stimme.** Der Gründungsplan kann die Schwelle höher festlegen. Eine Grenze, die der Mindestprozentsatz nicht überschreiten darf, sieht das Gesetz nicht vor. Die Leitungsorgane können den Wert im Rahmen der von ihnen mit der Holding-Gründung verfolgten Zwecke – auch bis 100 % – festsetzen (ebenso Spindler/Stilz/*Casper* Rn. 11). Ist der Prozentsatz so hoch, dass sein Erreichen praktisch ausgeschlossen ist, müssen sich die Leitungsorgane jedoch überlegen, ob die Verfolgung der Holding-Gründung noch im Interesse ihrer Gründungsgesellschaft liegt.

Maßstab für die Ermittlung der Mindestprozentsätze sind die **„ständigen** **59** **Stimmrechte"** (Art. 32 Abs. 2 S. 4). Stimmrechte, die nur vorübergehend ruhen, sind folglich zu berücksichtigen. Lediglich zeitweise bestehende oder sachlich beschränkte Stimmen bleiben hingegen außer Betracht. Maßgeblich ist das Stimmrecht in der Hand der SE, da durch den Mindestprozentsatz die Konzernleitungsfunktion der SE abgesichert wird (*Scheifele* Gründung der SE 321; KK-AktG/*Paefgen* Rn. 63). Stimmrechte aus **eigenen Anteilen** sind daher trotz des Ruhens des Stimmrechts (s. § 71b AktG; zur GmbH vgl. BGH ZIP 1995, 374 [375]) im Grundsatz einzubeziehen (*Oplustil* GLJ 4 [2003], 107 [112]; *Bayer* in Lutter/Hommelhoff Europäische Gesellschaft 25 [48]; *Witten* Minderheitenschutz 45; *Scheifele* Gründung der SE 320; KK-AktG/*Paefgen* Rn. 65). In der Hand der SE lebt das Stimmrecht wieder auf; eine Ausnahme muss daher gelten, wenn § 328 AktG zu einer Beschränkung des Stimmrechts führt. Bei einer deutschen SE scheidet eine Einbringung eigener Anteile allerdings aus grundsätzlichen Erwägungen aus (→ Art. 33 Rn. 11). **Mehrstimmrechte** fließen in die Berechnung ein, wenn sie sachlich unbeschränkt sind, nicht aber, wenn sie nur für bestimmte Beschlussgegenstände gelten (Spindler/Stilz/*Casper* Rn. 11; *Scheifele* Gründung der SE 319; LHT/*Bayer* Rn. 38). **Stimmrechtslose (Vorzugs-)Aktien** bleiben außer Betracht. Das gilt auch, wenn das Stimmrecht vorübergehend aufleben kann oder aufgelebt ist (s. zB § 140 Abs. 2 AktG; *Oplustil* GLJ 4 [2003], 107 [112]; *J. Schmidt* „Deutsche" vs. „britische" SE, 2006, 282; KK-AktG/*Paefgen* Rn. 65). **Umtausch-, Wandlungs- und Optionsrechte** auf Anteile an den Gründungsgesellschaften sind ebenfalls nicht zu berücksichtigen. Werden sie jedoch nach der Einbringungsphase ausgeübt und dafür Anteile ausgegeben, bevor die SE eingetragen ist, und wird infolgedessen der Mindestprozentumsatz unterschritten, entfällt eine Gründungsvoraussetzung. Solche Rechte sind daher bei der Strukturierung einer Holding-Gründung zu beachten.

Werden Anteile für die Bemessung der Mindestprozentsätze nicht berücksich- **60** tigt, fragt sich, ob im Gründungsplan **zusätzliche Anforderungen** aufgestellt werden können. Zu denken ist zB (aus Finanzierungs-/Liquiditätsgründen) an die Einbringung einer bestimmten Anzahl stimmrechtsloser Vorzugsaktien oder (aus Kontrollgründen) eines bestimmten Anteils, der Sonderrechte begründet (zB Entsenderechte). Die Frage ist zu bejahen. Art. 32 Abs. 2 ist nicht abschließend (→ Rn. 65). Zusätzliche Anforderungen laufen dem Zweck der Mindestprozentsätze nicht zuwider, sondern können dem Erreichen einer beherrschenden Stellung und – darüber hinausgehend – den mit der Gründung verfolgten Zielen sogar dienen.

d) Abfindungsangebot (§ 9 SEAG). Nach § 9 Abs. 1 S. 1 SEAG muss der **61** Gründungsplan ein Barabfindungsangebot für diejenigen Aktionäre vorsehen, die gegen den Zustimmungsbeschluss der Hauptversammlung **Widerspruch** erklären (kritisch zur Aufnahme des Angebots in den Plan *Brandes* AG 2005, 177 [181]). Die Regelung gilt folglich nicht für die GmbH (Begr. RegE zum SEEG, BT-Drs. 15/3405, 34). Da dies eine bewusste Entscheidung des Gesetzgebers ist, scheidet mangels Regelungslücke eine Analogie zu § 29 UmwG aus (*Brandt* Beilage zu BB Heft 8/2005, 1 [2]). Weitere Voraussetzung ist, dass die SE ihren Sitz nicht in Deutschland haben wird oder ihrerseits abhängig iSv § 17 AktG ist.

Entbehrlich ist das Angebot, wenn alle Aktionäre einen notariell zu beurkundenden **Verzicht** erklären (*Heckschen* Die SE aus Sicht des Notars – Praktische Fragen
zur Europäischen Gesellschaft, 2004, 168 [203]; Widmann/Mayer/*ders.* UmwG
Anh. 14 Rn. 293). **Schuldner** ist die AG.

62   § 9 SEAG wird zu Recht vielfach kritisiert (s. nur *DAV-Handelsrechtsausschuss*
NZG 2004, 957 [958]: Streichung). Das gilt in besonderem Maße für die zweite
Alternative, die **Abhängigkeit der SE.** Diese richtet sich nach § 17 AktG; eine
faktische Konzernierung genügt folglich (*Casper* ZHR 173 [2009], 181 [207 f.]).
Das Abfindungsangebot in Form der Konzernierung der SE rechtfertigt der
Gesetzgeber damit, dass das Recht zum Umtausch der AG-Beteiligung in SE-
Aktien in diesem Fall keinen hinreichenden Minderheitenschutz biete (Begr.
RegE zum SEEG, BT-Drs. 15/3405, 34). Der Aktionär soll davor geschützt
werden, dass er sich (auch) in der SE einem beherrschenden Gesellschafter gegen-
übersieht. Das ist schon im Grundsatz fragwürdig, greift aber jedenfalls dann
nicht, wenn der die SE beherrschende Gesellschafter bereits die Kontrolle über
die AG innehatte. In einem solchen Fall fehlenden Kontrollwechsels ist § 9 Abs. 1
SEAG teleologisch zu reduzieren; ein Abfindungsangebot ist nicht erforderlich
(*Witten* Minderheitenschutz 166 f.; *Ihrig/Wagner* BB 2004, 1749 [1752]; Spindler/
Stilz/*Casper* Rn. 12; KK-AktG/*Paefgen* Art. 34 Rn. 22).

63   Unglücklich ist die Anknüpfung in § 9 Abs. 1 SEAG an die Abhängigkeit der
SE auch deshalb, weil sie bei Aufstellung des Gründungsplans zumeist nicht
feststeht. Im **Regelfall** muss der Gründungsplan daher vorsorglich ein **Abfindungsangebot** vorsehen (*Ihrig/Wagner* BB 2004, 1749 [1752]; KK-AktG/*Paefgen*
Art. 34 Rn. 23; *J. Vetter* in Lutter/Hommelhoff Europäische Gesellschaft 111
[160]; *Witten* Minderheitenschutz S. 166). Nur dann, wenn die Abhängigkeit
tatsächlich eintritt, kann es aber auch angenommen werden. Anderenfalls wird es
hinfällig. Maßgeblicher **Zeitpunkt** für die Bestimmung der Abhängigkeit ist die
Eintragung und damit das Entstehen der SE. Die Frage, ob es hierauf oder das
Ende der Nachfrist gemäß Art. 33 Abs. 3 UAbs. 2 ankommt (vgl. *Ihrig/Wagner*
BB 2004, 1749 [1752]; *Witten* Minderheitenschutz 166; van Hulle/Maul/Drin-
hausen/*Drinhausen* Abschnitt 4 § 3 Rn. 55), stellt sich nicht. Die SE kann erst im
Anschluss an den Ablauf der Nachfrist angemeldet und eingetragen werden
(→ Art. 33 Rn. 4 ff.).

64   Zum Abfindungsangebot → Rn. 53, 74, 102 f.; → Art. 24 Rn. 43 ff.

65   **e) Zusätzliche Regelungen.** Der Gründungsplan kann zusätzliche Regelungen enthalten. Zwar gibt es keine dem Art. 20 Abs. 2 vergleichbare Bestimmung.
Ein sachlicher Grund, die Holding-Gründung insofern anders zu behandeln als
die Verschmelzungs-Gründung, besteht jedoch nicht. Art. 32 Abs. 2 bestimmt
nur den **Mindestinhalt** des Gründungsplans (*Spitzbart* RNotZ 2006, 469 [404];
Spindler/Stilz/*Casper* Rn. 13; KK-AktG/*Paefgen* Rn. 76). Zusätzliche Regelungen sind zB die Bestellung des ersten Aufsichts- bzw. Verwaltungsrats (*Spitzbart*
RNotZ 2006, 469 [404]; *Wicke* MittBayNot 2006, 196 [200]; *Jannott* in Jannott/
Frodermann HdB SE Kap. 3 Rn. 134), die auch in der Satzung, die wiederum
Bestandteil des Plans ist, erfolgen kann (Art. 40 Abs. 2 S. 2, 43 Abs. 3 S. 2), und
des Abschlussprüfers für das erste Geschäftsjahr (KK-AktG/*Paefgen* Rn. 78; *Spitzbart* RNotZ 2006, 369 [404]). **Schuldrechtliche Regelungen** zwischen den
Gründungsgesellschaften können jedoch aufgrund der Rechtsnatur des Gründungsplans (→ Rn. 35) nicht beigeladen werden. Hierfür ist eine separate Vereinbarung erforderlich, die der Anteilseignerversammlung über die Darstellung
im Gründungsbericht auch vorgelegt werden kann und unter Umständen sollte
(→ Rn. 37).

66   **4. Das Grundkapital der SE.** Das Grundkapital der SE hängt davon ab, in
welchem Umfang die Anteilseigner der Gründungsgesellschaften von der Mög-

lichkeit Gebrauch machen, ihre an den Gründungsgesellschaften gehaltenen Anteile in Aktien der SE einzutauschen. Dieser Tausch schließt sich an die Zustimmung der Anteilseignerversammlungen zu dem Gründungsplan an. Mit der Zustimmung wird auch die Satzung der SE festgestellt. Zu diesem Zeitpunkt kann das Grundkapital der SE somit noch nicht feststehen. Sicher ist nur, dass das Grundkapital mindestens die Höhe haben wird, die sich bei Erreichen der Mindestprozentsätze (→ Rn. 57 ff.) ergibt. Anderenfalls kommt es gar nicht zur Gründung der SE. Die Frage, wie mit dieser **Problematik** umzugehen ist, wenn die zu gründende SE ihren Sitz in Deutschland hat, ist bislang nicht geklärt. Sie zählt zu den umstrittensten der Holding-Gründung.

Zum Teil wird vertreten, ein **Treuhänder** solle die im Rahmen der Gründung **67** maximal erforderliche Anzahl an SE-Aktien übernehmen und diese sodann an die Anteilseigner der Gründungsgesellschaften weiterreichen (*Koke* Finanzverfassung S. 47 ff.; auch *Scheifele* Gründung der SE 317 f.; *Schwarz* Vor Art. 32–34 Rn. 23). Das in der Satzung anzugebende Grundkapital entspricht dem bei Umtausch aller Anteile an den Gründungsgesellschaften erforderlichen Betrag. Das ist jedoch nur eine Scheinlösung. Ungeklärt bleibt, was geschieht, wenn – was in der Praxis der Regelfall sein dürfte – nicht alle Anteilseigner von ihrem Recht zum Umtausch Gebrauch machen. Die Satzung sieht dann ein zu hohes Grundkapital und zu viele Aktien vor; eine Anpassung ist erforderlich.

Nach aA soll in der festgestellten Satzung ein fester Betrag angegeben werden, **68** der dem Betrag entspricht, der sich bei Erreichen der Mindestprozentsätze ergibt. Ergänzend soll ein **bedingtes Kapital** (*J. Schmidt* „Deutsche" vs. „britische" SE, 2006, 280; *Brandes* AG 2005, 177 [182]; MüKoAktG/*Schäfer* Rn. 14, Art. 33 Rn. 22 f.; LHT/*Bayer* Rn. 34; s. auch *DAV-Handelsrechtsausschuss* NZG 2004, 75 [79]) und bzw. oder ein **genehmigtes Kapital** (*J. Schmidt* „Deutsche" vs. „britische" SE, 2006, 280; *Spitzbart* RNotZ 2006, 369 [405]; *Brandes* AG 2005, 177 [183]; LHT/*Bayer* Rn. 34) vorgesehen werden, aus denen die Aktien stammen sollen, die insoweit ausgegeben werden müssen, als die Mindestprozentsätze überschritten werden. Die Verwendung bedingten Kapitals unterliegt in mehrfacher Hinsicht aus deutsch-rechtlicher Sicht Bedenken. Nach vorwiegender Ansicht kann ein bedingtes Kapital nicht in der Gründungssatzung vorgesehen werden (s. MüKoAktG/*Fuchs* § 192 Rn. 22; aA etwa MHdB AG/*Scholz* § 58 Rn. 25). Zudem ist nicht zweifelsfrei, ob sich die Verwendung im Rahmen der Holding-Gründung unter einen der in § 192 Abs. 2 AktG vorgesehenen Zwecke des bedingten Kapitals subsumieren lässt (bejahend LHT/*Bayer* Art. 32 Rn. 34: § 192 Abs. 2 Nr. 2 AktG; MHdB AG/*Scholz* § 58 Rn. 16). Selbst wenn man sich darüber hinwegsetzt, bleibt der Umstand, dass das bedingte Kapital auf 50 % des im Zeitpunkt der Beschlussfassung eingetragenen Grundkapitals beschränkt ist (§ 192 Abs. 3 AktG). Für die Verwendung bei der Holding-Gründung muss sich das bedingte Kapital jedoch auf bis zu 100 % abzüglich einer Aktie belaufen. Nur dann, wenn die Mindestprozentsätze höher festgelegt werden (dh nicht auf 50 % plus eine Stimme, sondern auf zwei Drittel plus eine Stimme, wobei allerdings stimmrechtslose Anteile noch nicht berücksichtigt sind), kann die aktienrechtliche Volumenbegrenzung eingehalten werden. Dasselbe gilt für die Verwendung eines genehmigten Kapitals; auch hier besteht eine Beschränkung auf 50 % des Grundkapitals (§ 202 Abs. 3 S. 1 AktG). Erforderlich wäre daher eine Kombination von bedingtem und genehmigtem Kapital.

Über diese aus dem AktG herrührenden Bedenken hinaus überzeugt die Ver- **69** wendung eines bedingten und/oder genehmigten Kapitals jedoch auch mit Blick auf die SE-VO nicht. Sie widerspricht dem Umstand, dass die Zustimmungen der Anteilseignerversammlungen und die individuellen Entscheidungen der einzelnen Anteilseigner, ihre Beteiligung umzutauschen, integrale Bestandteile der Holding-Gründung sind. Danach übernehmen alle Aktionäre, die ihre Anteile einbringen, im Rahmen der Gründung Aktien der SE. Bei Verwendung eines bedingten oder genehmigten Kapitals würden sie hingegen Aktien aus einer Kapitalerhöhung zeichnen. Bei der Gründung erfolgt jedoch überhaupt **keine Kapitalerhöhung** (ebenso KK-AktG/*Paefgen* Rn. 59). Zudem würde die **Einheitlichkeit der Gründung** auch insofern zerstört, als die Aktionäre zum Teil ihre SE-Aktien aus dem in der Satzung anfänglich festgesetzten Grundkapital und zum Teil aus einer Kapitalerhöhung erhalten würden. Nicht erklärbar ist dabei, wie sichergestellt sein soll, dass die Anteilseigner ihre SE-Aktien alle zum selben Zeitpunkt (mit Eintragung der SE) erhalten. Beim bedingten Kapital ist die Ausgabe der Aktien durch den Vorstand erforderlich, die jedoch vor Eintragung des bedingten Kapitals unzulässig wäre (§ 197 AktG). Die Ausnutzung des genehmigten Kapitals würde seine Eintragung ins Handelsregister voraussetzen (s. § 203 Abs. 1 S. 2 AktG; Hüffer/*Koch* AktG § 203 Rn. 2; aA van Hulle/Maul/Drinhausen/*Drinhausen* Abschnitt 4 § 3 Rn. 37). Will man sich nicht über diese aktienrechtlichen Vorgaben hinwegsetzen, kann die Ausgabe der Aktien nur nach Eintragung der SE erfolgen. Die Mitgliedschaft der Aktionäre beginnt zu einem unterschiedlichen Zeitpunkt je nachdem, aus welcher Quelle (Gründungssatzung oder Kapitalerhöhung) die Aktien stammen. Mit der Systematik der Holding-Gründung ist das nicht vereinbar.

70   Naheliegender ist demgegenüber der Vorschlag, ein in der Satzung vorgesehenes Grundkapital mit einer „**bis-zu-Kapitalerhöhung**" zu kombinieren (MHdB AG/*Austmann* § 84 Rn. 53; Spindler/Stilz/*Casper* Rn. 10; *Jannott* in Jannott/Frodermann HdB SE Kap. 3 Rn. 142; KK-AktG/*Paefgen* Rn. 59; Holding-HdB/*Marsch-Barner* § 18 Rn. 29; s. auch *Spitzbart* RNotZ 2006, 369 [405]). Volumenbegrenzungen bestehen insofern nicht. Ferner lässt sich eine gleichzeitige Mitgliedschaft der Aktionäre, unabhängig davon, ob ihre Aktien aus der Gründungssatzung oder aus der Kapitalerhöhung stammen, sicherstellen. Auch diese Lösung steht jedoch mit der in der SE-VO angelegten Struktur der Holding-Gründung in Widerspruch. Im Rahmen der Gründung erfolgt keine Kapitalerhöhung.

71   Richtig erscheint daher die Lösung, dass in der festgestellten Satzung ein **vorläufiges Grundkapital** vorgesehen wird und sich der letztendliche Betrag (ebenso wie die Anzahl der Aktien) erst ergibt, wenn die Anteilseigner der Gründungsgesellschaften darüber entschieden haben, ob und in welcher Höhe sie ihre Beteiligung in SE-Aktien umtauschen. In der festgestellten Satzung kann daher als Grundkapital der Betrag angegeben werden, der sich bei einem Umtausch in Höhe der Mindestprozentsätze ergibt. Im Gründungsplan ist zusätzlich festzuhalten, dass dieser Betrag nur vorläufig ist und sich das für die Eintragung der SE maßgebliche Grundkapital daraus ergibt, in welchem Umfang die Anteilseigner der Gründungsgesellschaften ihre Beteiligung nach Maßgabe des festgesetzten Umtauschverhältnisses tatsächlich in die SE einbringen. Zur erforderlichen Anpassung des Satzungstexts (Höhe des Grundkapitals; Anzahl der Aktien, aus denen sich das Grundkapital zusammensetzt) ist gemäß § 179 Abs. 1 S. 2 AktG der Aufsichts- oder Verwaltungsrat der SE zu ermächtigen (wohl ebenso bzw. ähnlich Widmann/Mayer/*Heckschen* UmwG Anh. 14 Rn. 288; NK-SE/*Schröder* Rn. 104 ff.; *Scheifele* Gründung der SE 317; *Bayer* in Lutter/Hommelhoff Europäische Gesellschaft S. 25, 49; van Hulle/Maul/Drinhausen/*Drinhausen* Abschnitt 4 § 3 Rn. 11; *Stöber* AG 2013, 110 [117]).

72   Bedenken, dieses Vorgehen sei aktienrechtlich unzulässig (s. etwa LHT/*Bayer* Rn. 32; *Spitzbart* RNotZ 2006, 369 [404]; *Koke* Finanzverfassung, 2005, 45), überzeugen nicht. Sie beruhen maßgeblich darauf, dass das Grundkapital gemäß § 23 Abs. 3 Nr. 3 AktG auf einen bestimmten Betrag lauten muss und eine variable Höhe aus Gläubigerschutzgesichtspunkten nicht zulässig ist (MüKo-AktG/*Pentz* § 23 Rn. 108; KK-AktG/*A. Arnold* § 27 Rn. 113). Ein variables

Grundkapital liegt jedoch gar nicht vor. Bei Anmeldung und Eintragung der SE enthält die Satzung ein festes auf Euro lautendes Grundkapital. Gefahren für Gläubiger bestehen nicht. Die aktienrechtliche Regelung, dass mit der Satzungsfeststellung ein bestimmtes Grundkapital beschlossen wird, resultiert ihrerseits daraus, dass die Übernahme aller Aktien nach dem AktG notwendigerweise gleichzeitig mit der Satzungsfeststellung erfolgt (Einheitsgründung; Hölters/*Solveen* AktG § 23 Rn. 15; Spindler/Stilz/*Limmer* AktG § 23 Rn. 24). Die Holding-Gründung ist jedoch aufgrund der Vorgaben der SE-VO keine Einheits-, sondern **Stufengründung.** Die Aktienübernahme folgt der Satzungsfeststellung zwingend nach; die SE-VO modifiziert insofern § 23 Abs. 2 AktG bzw. geht diesem vor. Nichts anderes gilt notwendigerweise für das Erfordernis der Angabe eines festen Grundkapitals bei Satzungsfeststellung in § 23 Abs. 3 Nr. 3 AktG. § 23 Abs. 2 und § 23 Abs. 3 Nr. 3 AktG korrespondieren unmittelbar miteinander und sind einheitlich auszulegen. Das hier präferierte Vorgehen ist folglich nicht unzulässig, weil es eine aktienrechtlich unzulässige Stufengründung darstellt. Vielmehr ist es aktienrechtlich zulässig, weil es durch die SE-VO vorgegeben ist. Folglich ist eine klarstellende Regelung im SEAG oder im AktG zwar wünschenswert (s. etwa für Österreich § 25 SEG und dazu Kalss/Hügel/*Hügel* SEG §§ 25, 26 Rn. 10, 35 ff.), aber nicht erforderlich. Einwände ergeben sich auch nicht daraus, dass der Aufsichts- oder Verwaltungsrat der SE die Satzung an das letztendliche Grundkapital anpasst. Im Zeitpunkt der Anpassung besteht zwar eine Vor-SE (→ Rn. 11), bei der Satzungsänderungen grundsätzlich eines einstimmigen Beschlusses bedürfen (zur AG s. Hölters/*Solveen* AktG § 41 Rn. 8; MüKoAktG/*Pentz* § 41 Rn. 39). Vorliegend geht es aber nicht um eine materielle Änderung der Satzung, sondern um eine Anpassung des Satzungstexts an die im Gründungsplan enthaltenen inhaltlichen Vorgaben. Die durch das Einstimmigkeitsprinzip verfolgten Zwecke (dazu MüKoAktG/*Pentz* § 41 Rn. 39), sind nicht berührt. Schließlich lässt sich auch nicht einwenden, mit einem vorläufigen Grundkapital sei nicht geklärt, wie Anteilseigner, die ihre Beteiligung an der Gründungsgesellschaft erst im Rahmen der Nachfrist des Art. 33 Abs. 3 UAbs. 2 einbringen, ihre Aktien erhalten. Diese Frage stellt sich nur, wenn eine Anmeldung und Eintragung vor der Einbringung im Rahmen der Nachfrist zulässig wäre. Das ist aber nicht der Fall (→ Art. 33 Rn. 4).

5. Offenlegung des Gründungsplans (Abs. 3). Der Gründungsplan ist **73** gemäß Art. 32 Abs. 3 offen zu legen. Das erfolgt **analog Art. 18 iVm § 61 UmwG** durch Einreichung beim Handelsregister, das sodann die Einreichung – nicht: den Plan selbst – gemäß § 10 HGB bekannt macht (*Brandes* AG 2005, 177 [183]; LHT/*Bayer* Rn. 47; *Jannott* in Jannott/Frodermann HdB SE Kap. 3 Rn. 152; KK-AktG/*Paefgen* Rn. 83 f.). Dabei genügt es, einen Entwurf einzureichen (*Vossius* ZIP 2005, 741 [745] Rn. 51). Ob auch der **Gründungsbericht** dem Handelsregister vorgelegt werden muss, ist strittig (bejahend *Jannott* in Jannott/Frodermann HdB SE Kap. 3 Rn. 152; Theisen/Wenz/*Neun* 155; Holding-HdB/*Marsch-Barner* § 18 Rn. 40; *J. Schmidt* „Deutsche" vs. „britische" SE, 2006, 286 f.; verneinend KK-AktG/*Paefgen* Rn. 82; *Scheifele* Gründung der SE 328; MüKoAktG/*Schäfer* Rn. 24). Systematisch ist das fragwürdig. Der Wortlaut spricht jedoch für die Einbeziehung; den Bericht nicht offenzulegen, würde zudem die gesetzliche Entscheidung, dass der Bericht Bestandteil des Plans ist, vollends negieren. Der Bericht sollte daher offen gelegt werden. Die Einreichung zum Handelsregister muss gemäß Art. 32 Abs. 3 einen Monat von der Anteilseignerversammlung, darüber hinaus aber analog § 61 S. 1 UmwG spätestens unmittelbar **vor der Einberufung der Anteilseignerversammlung** vorgenommen werden (LHT/*Bayer* Rn. 49; KK-AktG/ *Paefgen* Rn. 85).

74   Der Inhalt der **Bekanntmachung** durch das Handelsregister ergibt sich aus § 61 S. 2 UmwG. § 122d UmwG ist nicht anwendbar; die dort in Nr. 1, 2 und 3 vorgesehenen Angaben sollte die Bekanntmachung jedoch (ohnehin) enthalten. Aus **§ 9 Abs. 1 S. 3 SEAG** wird verbreitet abgeleitet, dass ein Abfindungsangebot im vollen Wortlaut bekannt zu machen ist (MüKoAktG/*Schäfer* Rn. 25; Spindler/Stilz/*Casper* Rn. 17; LHT/*Bayer* Rn. 50; KK-AktG/*Paefgen* Rn. 84). Das ist abzulehnen. Die Regelung bezieht sich auf die „Bekanntmachung des Gründungsplans als Gegenstand der Beschlussfassung"; das geschieht durch die Einberufung der Anteilseignerversammlung. Art. 3 Publizitäts-RL betrifft die Handelsregisterpublizität. § 9 Abs. 1 S. 3 SEAG macht Sinn, wenn man berücksichtigt, dass sich gesetzlich kein Erfordernis ergibt, den Gründungsplan in der Einberufung im Wortlaut bekanntzumachen (→ Rn. 91). Für ein Barabfindungsangebot ordnet § 9 Abs. 1 S. 3 SEAG daher an, dass es in der Einberufung vollständig wiedergegeben sein muss. Allein das entspricht dem gesetzgeberischen Willen, wie die Gesetzesbegründung zum identischen § 7 Abs. 1 S. 3 zeigt (Begr. RegE zum SEEG, BT-Drs. 15/3405, 33; insofern ebenso Theisen/Wenz/*Neun* 157).

75   Eine zusätzliche Zuleitung an den **Betriebsrat** der Gründungsgesellschaft ist nicht erforderlich (*Spitzbart* RNotZ 2006, 369 [407]; *Scheifele* Gründung der SE 328; MHdB AG/*Austmann* § 84 Rn. 47; MüKoAktG/*Schäfer* Rn. 18; Spindler/Stilz/*Casper* Rn. 15). Für eine Analogie zu § 5 Abs. 3 UmwG ist aufgrund des durchzuführenden Mitbestimmungsverfahrens (s. auch § 4 Abs. 3 SEBG) und des Umstands, dass der Gesetzgeber gemäß Art. 34 eine Zuleitung vorsehen könnte, das aber nicht getan hat, kein Raum.

76   **6. Externe Prüfung des Gründungsplans (Abs. 4 und Abs. 5).** Der Gründungsplan ist gemäß Art. 32 Abs. 4 extern zu prüfen.

77   **a) Gegenstand der Prüfung und Inhalt des Prüfberichts.** Die Prüfung umfasst den gesamten Gründungsplan, insbesondere auch den **Gründungsbericht** und ein etwaiges **Abfindungsangebot** gemäß § 9 SEAG (allgM). Bezüglich des Gründungsberichts erstreckt sich die Prüfung jedoch allein auf die Richtigkeit und Vollständigkeit des Plans, nicht hingegen auf die **Zweckmäßigkeit** der Gründung (*Scheifele* Gründung der SE 333; Spindler/Stilz/*Casper* Rn. 18; LHT/*Bayer* Rn. 54). Dementsprechend ist auch nicht die hinreichende Berichtstiefe zu prüfen (aA wohl MüKoAktG/*Schäfer* Rn. 28). Nur bei offenkundigen Unzulänglichkeiten, die dazu führen, dass eine Plausibilitätskontrolle durch die Anteilseigner evident nicht möglich ist, kann es an der Richtigkeit und Vollständigkeit fehlen (*Scheifele* Gründung der SE 383; KK-AktG/*Paefgen* Rn. 95).

78   Der Schwerpunkt von Prüfung und Bericht liegt auf der Angemessenheit des **Umtauschverhältnisses** und damit auf der Bewertung der Gründungsgesellschaften. Art. 32 Abs. 5 verlangt dabei, dass auf besondere Bewertungsschwierigkeiten sowie Wahl und Angemessenheit der Bewertungsmethode eingegangen wird. Gibt es keine besonderen Schwierigkeiten, sollte auch das festgestellt werden. Augenmerk ist aufgrund der Internationalität der beteiligten Gesellschaften auf die Methodenwahl und etwaige Schwierigkeiten gelegt werden, die sich daraus ergeben, dass in den beteiligten Jurisdiktionen unterschiedliche Bewertungsmethoden Anwendung finden.

79   Im Fall der **gemeinsamen Prüfung** gelten die materiellen Anforderungen an Prüfungsgegenstand und Berichtsinhalt aller beteiligten Rechtsordnungen kumulativ (KK-AktG/*Paefgen* Rn. 93; MüKoAktG/*Schäfer* Rn. 28; Spindler/Stilz/*Casper* Rn. 18; Holding-HdB/*Marsch-Barner* § 18 Rn. 37; aA *J. Schmidt* „Deutsche" vs. „britische" SE, 2006, 288; LHT/*Bayer* Rn. 52).

b) Getrennte und gemeinsame Prüfung. Art. 32 Abs. 4 erlaubt sowohl **80** eine eigene Prüfung durch jede Gründungsgesellschaft als auch eine gemeinsame Prüfung aller oder mehrerer (KK-AktG/*Paefgen* Rn. 89) Gründungsgesellschaften. Die Entscheidung hierüber liegt bei den Leitungs- bzw. Verwaltungsorganen. Bei separater Prüfung erfolgt die **Bestellung** durch die Gründungsgesellschaft (Art. 32 Abs. 4 S. 1, Art. 10 Abs. 1 S. 1 NatVerschmRL; MüKoAktG/*Schäfer* Rn. 27; *Scheifele* Gründung der SE 330 f.; LHT/*Bayer* Rn. 53). Unbestritten ist das jedoch nicht (aA *Jannott* in Jannott/Frodermann HdB SE Kap. 3 Rn. 148; KK-AktG/*Paefgen* Rn. 90; *Witten* Minderheitenschutz 72 f.). Bei gemeinsamer Prüfung ist die Frage völlig offen. Zum Teil wird angenommen, das Einverständnis der betreffenden Gründungsgesellschaften genüge (Holding-HdB/*Marsch-Barner* § 18 Rn. 35; Widmann/Mayer/*Heckschen* UmwG Anh. 14 Rn. 302; Theisen/Wenz/*Neun* 151; NK-SE/*Schröder* Rn. 68). Nach aA muss die Bestellung entsprechend Art. 22 Abs. 1 iVm Art. 10 Abs. 1 S. 2 NatVerschmRL durch eine Behörde oder ein Gericht, in Deutschland dem LG am Satzungssitz der Gründungsgesellschaft, vorgenommen werden (LHT/*Bayer* Rn. 53; *Jannott* in Jannott/Frodermann HdB SE Kap. 3 Rn. 148; KK-AktG/*Paefgen* Rn. 92; *Scheifele* Gründung der SE S. 330 f.; *Witten* Minderheitenschutz S. 72 f.; MüKoAktG/*Schäfer* Rn. 27; *J. Schmidt* „Deutsche" vs. „britische" SE, 2006, 288; Schmitt/Hörtnagl/Stratz/*Hörtnagl* UmwG Rn. 9). Dafür spricht zwar die Systematik. Der Wortlaut ist jedoch eindeutig; es genügt die Zulassung des Prüfers und damit die Bestellung durch die Gründungsgesellschaften. Aufgrund der unsicheren Rechtslage empfiehlt sich für die Praxis dennoch die gerichtliche Bestellung. In diesem Fall entscheiden die Leitungs- bzw. Verwaltungsorgane darüber, in welcher Jurisdiktion der Gründungsgesellschaften sie die Bestellung betreiben wollen, und legen damit das maßgebliche Verfahrensrecht (Bestellungsverfahren, Zulassung des Prüfers) fest (KK-AktG/*Paefgen* Rn. 93).

In Deutschland gelten für die **Zulassung,** dh die „Bestellbarkeit" einer Person **81** zum Prüfer über Art. 32 Abs. 4, Art. 10 Abs. 1 S. 3 NatVerschmRL, §§ 11 Abs. 1 S. 1, 48 S. 1, 60 UmwG die §§ 319 Abs. 1–4, 319a Abs. 1, 319b Abs. 1 HGB (KK-AktG/*Paefgen* Rn. 103; *J. Schmidt* „Deutsche" vs. „britische" SE, 2006, 289).

c) Durchführung der Prüfung und Berichterstattung. Dem Prüfer steht **82** trotz fehlender ausdrücklicher Regelung ein **Auskunftsrecht** gegen die Gründungsgesellschaften zu (allgM). **Geheimhaltungsbedürftige Informationen** sind im Bericht nicht offenzulegen. Der Prüfbericht bedarf der **Schriftform** und ist somit von dem Prüfer zu unterschreiben (KK-AktG/*Paefgen* Rn. 99; *Jannott* in Jannott/Frodermann HdB SE Kap. 3 Rn. 151). Er muss in der **Sprache** der Mitgliedstaaten errichtet werden, in denen die Gründungsgesellschaft oder -gesellschaften, an deren Anteilseigner er jeweils erstattet wird, ihren Sitz hat bzw. haben. Ferner ist eine Erstellung in der Sprache der SE erforderlich (*Schwarz* Rn. 55; KK-AktG/*Paefgen* Rn. 100). Diese Sprachfassung ist aber nur für das Eintragungsverfahren relevant; vorliegen muss sie erst bei Anmeldung. Eine beglaubigte Übersetzung genügt.

Der Bericht muss dem Gründungsplan denknotwendig nachgehen. Das gilt **83** jedoch nur für die Fertigstellung. Der Erstellungsvorgang kann **parallel** erfolgen.

d) Entbehrlichkeit der Prüfung. Prüfung und Prüfbericht dienen der Ab- **84** sicherung und Information der Anteilseigner. Bei **Verzicht** durch alle Anteilseigner sind daher einverständlich entbehrlich (Widmann/Mayer/*Heckschen* Anh. 14 Rn. 305 f.; KK-AktG/*Paefgen* Rn. 101; aA *Jannott* in Jannott/Frodermann HdB SE Kap. 3 Rn. 151). Die Verzichtserklärungen sind auf die Prüfung und die Berichterstattung zu beziehen und bedürfen der notariellen Beurkundung.

85   Bei Beteiligung einer **GmbH** findet § **48 S. 1 UmwG** nicht (analog) Anwendung (ebenso KK-AktG/*Paefgen* Rn. 90). Durch die Verweisung in Art. 32
Abs. 7 auf Art. 32 Abs. 4 und Abs. 5 ist die Prüfung auch für die GmbH
zwingend vorgeschrieben. Dafür spricht auch § 122f S. 1 UmwG, der § 48
UmwG für die grenzüberschreitende Verschmelzung abbedingt. Eines Prüfungs-
verlangens durch einen Gesellschafter bedarf es nicht.

86   **7. Zustimmung der Anteilseignerversammlungen (Abs. 6 UAbs. 1,
§ 10 Abs. 1 SEAG). a) Einberufung und Durchführung der Hauptversammlung.** Einberufung und Durchführung der Anteilseignerversammlung sind
in den Art. 32 ff. nicht geregelt. Maßgeblich sind folglich die nationalen Bestimmungen. Für eine Gründungsgesellschaft in der Rechtsform der AG gelten die
§§ 121 ff. AktG und für eine GmbH die **§§ 48 ff. GmbHG** (*Spitzbart* RNotZ
2006, 369 [408]; *Bayer* in Lutter/Hommelhoff Europäische Gesellschaft S. 25, 51;
Spindler/Stilz/*Casper* Rn. 20). In der AG müssen insbesondere Vorstand und
Aufsichtsrat einen Beschlussvorschlag zur Holding-Gründung unterbreiten, der
mit der Einberufung veröffentlicht wird (§ 124 Abs. 3 S. 1 AktG).

87   Die §§ 121 ff. AktG, §§ 48 ff. GmbHG regeln bestimmte Bereiche nicht bzw.
mit Blick auf eine Holding-Gründung nur unvollständig. Das gilt insbesondere
für die Auslegung von Unterlagen und die spezifischen Aspekte der Holding-
Gründung im Rahmen der Durchführung der Anteilseignerversammlung. Diese
Lücken werden bei der AG **analog Art. 18 iVm §§ 63 f. UmwG** geschlossen
(*Scheifele* Gründung der SE 339 ff.; *Casper* FS Ulmer, 2003, 51 [61 f.]; *J. Schmidt*
„Deutsche" vs. „britische" SE, 2006, 292 f.; MüKoAktG/*Schäfer* Rn. 33; im
Ergebnis ebenso, aber mit abw. Begründung *Oplustil* GLJ 4 [2003], 107 [116];
Teichmann ZGR 2002, 383 [434]: Analogie zu gemeinschaftsrechtlichen Grund-
sätzen in Art. 11 Abs. 1 NatVerschmRL und 9 Abs. 1 SpaltungsRL). Bei der
GmbH finden die **§§ 47, 49 UmwG** über Art. 18 analog Anwendung (ebenso
KK-AktG/*Paefgen* Rn. 112; *Jannott* in Jannott/Frodermann HdB SE Kap. 3
Rn. 159 f.; Holding-HdB/*Marsch-Barner* § 18 Rn. 49; NK-SE/*Schröder*
Rn. 122). Der Verweis in Art. 32 Abs. 7 auf Art. 32 Abs. 1–6 lässt nicht den
Schluss zu, dass für die GmbH derselbe Schutzstandard wie für die AG gelten
muss; eine analoge Anwendung der §§ 63 f. UmwG auf die GmbH ist daher
abzulehnen (aA LHT/*Bayer* Rn. 61; Theisen/Wenz/*Neun* 157; *J. Schmidt* „Deut-
sche" vs. „britische" SE, 2006, 293; wohl auch *Scheifele* Gründung der SE 340).
Im Einzelnen bedeutet das:

88   Der Gründungsplan oder sein Entwurf, bei Erstellung in einem gesonderten
Dokument (→ Rn. 39) auch der Gründungsbericht, der Prüfbericht (bei separater
Prüfung aber nicht der Prüfbericht der anderen Gründungsgesellschaften) und die
Jahresabschlüsse und Lageberichte aller Gründungsgesellschaften für die letzten
drei Geschäftsjahre sind ab Einberufung in den Geschäftsräumen der Gründungsgesellschaft **auszulegen.** Hinzu kommt im Falle des § 63 Abs. 1 Nr. 3 UmwG
bei der AG, nicht aber bei der GmbH, eine Zwischenbilanz (KK-AktG/*Paefgen*
Rn. 111 f.) bzw. ein Halbjahresfinanzbericht gemäß § 37w WpHG (s. § 63
Abs. 2 S. 6 und 7 UmwG). Jedem Aktionär ist auf Verlangen unverzüglich und
kostenlos eine **Abschrift** der Unterlagen zu **erteilen** (§ 63 Abs. 3 UmwG). Bei
der GmbH sind die Jahresabschlüsse auszulegen (§ 49 Abs. 3 UmwG); Abschriften kann der Gesellschafter auf eigene Kosten erstellen (*Jannott* in Jannott/Froder-
mann HdB SE Kap. 3 Rn. 159; zu § 49 UmwG Semler/Stengel/*Reichert* UmwG
§ 49 Rn. 8; Lutter/*Winter*/*J. Vetter* UmwG § 49 Rn. 42). Die übrigen Unterlagen sind ihm mit der Einberufung zu übersenden (§ 47 UmwG).

89   Konzernabschlüsse und -lageberichte sind nicht auszulegen. Für das letzte
Geschäftsjahr ist die Auslegung des **Jahresabschlusses** nur notwendig, wenn er
tatsächlich aufgestellt ist oder nach den maßgeblichen Bestimmungen im Zeit-

punkt der Einberufung aufgestellt sein müsste. Liegt dieser Zeitpunkt zwischen Einberufung und Anteilseignerversammlung, sollte der Jahresabschluss ab seiner Aufstellung ausliegen; hierauf sollte in der Einberufung hingewiesen werden. Die Jahresabschlüsse ausländischer Gründungsgesellschaften müssen **in deutscher Sprache** vorliegen; ggf. ist also eine beglaubigte Übersetzung zu erstellen (vgl. zur Verschmelzungs-Gründung → Art. 20 Rn. 8 und zu § 122g UmwG Semler/Stengel/*Drinhausen* UmwG § 122g Rn. 4). Auslegung und Übersendung der Unterlagen entfallen bei der AG (nicht aber bei der GmbH) im Fall des **§ 63 Abs. 4 AktG** (s. auch § 124a AktG; KK-AktG/*Paefgen* Rn. 111).

In der Anteilseignerversammlung sind die Unterlagen zugänglich zu machen **90** und – bei einer AG – zu **erläutern**. Das **Auskunftsrecht** der Anteilseigner erstreckt sich auch auf die wesentlichen Angelegenheiten der anderen Gründungsgesellschaften (§§ 49 Abs. 3, 64 Abs. 2 UmwG). Bei der AG besteht es nur in der Hauptversammlung, bei der GmbH aber bereits vorher. Dafür ist eine mündliche Erläuterung der Unterlagen in der GmbH richtigerweise nicht erforderlich (KK-AktG/*Paefgen* Rn. 112; *Jannott* in Jannott/Frodermann HdB SE Kap. 3 Rn. 160; zu § 49 UmwG ebenso Lutter/*Winter/J. Vetter* UmwG § 49 Rn. 46; Semler/Stengel/*Reichert* UmwG § 49 Rn. 11). Für § 49 UmwG ist das jedoch strittig (aA Widmann/Mayer/*Mayer* UmwG § 49 Rn. 21 ff.). Eine Erläuterung ist – auch deshalb – für die Praxis empfehlenswert. Eine Pflicht zur Aktualisierung der Unterlagen, um wesentlichen **Veränderungen** zwischen Einberufung und Anteilseignerversammlung Rechnung zu tragen, besteht nicht. Sie sind jedoch in die Erläuterung der Unterlagen in der Hauptversammlung aufzunehmen (vgl. § 64 Abs. 1 S. 2 UmwG); bei der GmbH ist für sie ausnahmsweise eine Erläuterungspflicht in der Gesellschafterversammlung anzunehmen.

Die analoge Anwendung der §§ 63 f. UmwG begründet keine Pflicht, den **91** **Gründungsplan** bzw. seinen wesentlichen Inhalt in die **Einberufung** aufzunehmen. Auch § 124 Abs. 2 S. 2 AktG verlangt das nicht, da der Gründungsplan kein Vertrag ist (→ Rn. 35). Unionsrechtlich ist eine entsprechende Pflicht nicht vorgegeben. Insbesondere bei der GmbH ist sie aufgrund der analogen Anwendung von § 47 UmwG überflüssig. Zudem gehört zum Plan auch der Gründungsbericht, dessen Wiedergabe die Einberufung überfrachten würde und nicht gewollt sein kann. Eine Aufnahme des Gründungsplans bzw. seines wesentlichen Inhalts in die Einberufung ist folglich nicht notwendig, woraus sich auch die Regelung in § 9 Abs. 1 S. 3 SEAG erklärt (das Barabfindungsangebot ist in der Einberufung im Wortlaut wiederzugeben; → Rn. 74). Eine analoge Anwendung von § 124 Abs. 2 S. 2 AktG scheidet dementsprechend aus. Da dies strittig ist (für eine analoge Anwendung von § 124 Abs. 2 S. 2 AktG Holding-HdB/*Marsch-Barner* § 18 Rn. 50; Theisen/Wenz/*Neun* 157; *Jannott* in Jannott/Frodermann HdB SE Kap. 3 Rn. 156), dürfte sich für die Praxis dennoch eine Aufnahme – allerdings ohne Gründungsbericht – empfehlen.

Die **Einberufungsfrist** ergibt sich für die AG aus § 123 Abs. 1, Abs. 2 S. 5 **92** AktG. Für die GmbH gilt § 51 Abs. 1 S. 2 GmbH; soweit der Gesellschaftsvertrag nichts Abweichendes regelt, beträgt die Einberufungsfrist eine Woche (*Jannott* in Jannott/Frodermann HdB SE Kap. 3 Rn. 158; LHT/*Bayer* Rn. 60; *Jünemann* in BJMS SE § 2 Rn. 364). Die Offenlegung nach Art. 32 Abs. 3 erfolgt jedoch deutlich früher. Die Geschäftsführung ist daher gut beraten, die Einberufung jedenfalls kurzfristig nach diesem Zeitpunkt vorzunehmen.

b) Zustimmungsbeschluss. Beschlussgegenstand ist der Gründungsplan. **93** Das sind die Angaben nach Art. 32 Abs. 2 S. 3 und ein Barabfindungsangebot gemäß § 9 Abs. 1 SEAG (allgM). Ob auch der Gründungsbericht dazu zählt, wird zum Teil bejaht (LHT/*Bayer* Rn. 63; Holding-HdB/*Marsch-Barner* § 18 Rn. 52), von der hM jedoch zu Recht verneint (*Witten* Minderheitenschutz 86;

KK-AktG/*Paefgen* Rn. 114; MüKoAktG/*Schäfer* Rn. 34; *Scheifele* Gründung der SE 343 mit Fn. 69; Theisen/Wenz/*Neun* 158). Der Bericht regelt die Gründung nicht, sondern erläutert sie. Dementsprechend „lebt" er und ist besonders für Änderungen zwischen seiner Aufstellung und der Beschlussfassung anfällig. Solche Veränderungen sind mündlich zu erläutern (→ Rn. 90); ein diesbezügliches Zustimmungserfordernis scheidet aber aus.

94 Der Zustimmungsbeschluss bedarf einer **Mehrheit** von mindestens 75 % des vertretenen Grundkapitals (AG) bzw. der abgegebenen Stimmen (GmbH; § 10 Abs. 1 SEAG; s. LHT/*Bayer* Rn. 65 auch zur Gegenansicht, die aus unionsrechtlichen Gründen eine einfache Mehrheit für ausreichend hält). Bei der AG kommt daneben § 133 Abs. 1 AktG (einfache Mehrheit der abgegebenen Stimmen) zur Anwendung. In der Sache spielt das mangels Mehrstimmrechten keine Rolle, sollte aber bei der Beschlussfeststellung berücksichtigt werden. **Stimmrechtsverbote** richten sich nach § 136 AktG, § 47 Abs. 4 GmbHG, deren Voraussetzung bei der Holding-Gründung nicht vorliegen. Stimmberechtigt ist auch eine Gründungsgesellschaft, die zugleich Anteilseignerin einer anderen Gründungsgesellschaft ist. Das Ruhen von Stimmrechten nach §§ 20 f. AktG, 28 WpHG oder § 59 WpÜG ist zu beachten. Hat eine Gründungs-AG **mehrere Aktiengattungen** ausgegeben, bedarf es keines Sonderschlusses einzelner Aktiengattungen iSv § 138 AktG (*Jannott* in Jannott/Frodermann HdB SE Kap. 3 Rn. 161).

95 Der Zustimmungsbeschluss bedarf der **notariellen Beurkundung.** Für die AG folgt das bereits aus § 130 Abs. 1 S. 1 bzw. § 130 Abs. 1 S. 3 AktG iVm § 10 Abs. 1 SEAG (allgM). Bei der GmbH wird das Beurkundungserfordernis zum Teil auf die „Supermarkt"-Rechtsprechung des BGH (BGHZ 105, 324 = NJW 1989, 295) gestützt (*Vossius* ZIP 2005, 741 [745] Rn. 51; *Heckschen* DNotZ 2003, 251 [263]; *Spitzbart* RNotZ 2006, 369 [407]; NK-SE/*Schröder* Rn. 123) und zum Teil aus einer Analogie zu Art. 18 iVm § 13 Abs. 3 UmwG abgeleitet (*Scheifele* Gründung der SE 343; LHT/*Bayer* Rn. 70; KK-AktG/*Paefgen* Rn. 113; Spindler/Stilz/*Casper* Rn. 20; MüKoAktG/*Schäfer* Rn. 34). Die vereinzelt vertretene Ansicht, einer Beurkundung bedürfe es nicht (für die GmbH *Jannott* in Jannott/Frodermann HdB SE Kap. 3 Rn. 160; Theisen/Wenz/*Neun* 158), ist abzulehnen.

96 Der Zustimmungsbeschluss löst eine **Umsetzungspflicht** des Vorstands (§ 83 Abs. 2 AktG) bzw. der Geschäftsführer aus. Diese endet, wenn die Anteilseignerversammlung den Beschluss aufhebt. Dazu ist sie jederzeit berechtigt. § 10 Abs. 1 SEAG findet keine Anwendung. Für den **Aufhebungsbeschluss** genügt folglich die einfache Mehrheit (§ 133 Abs. 1 AktG, § 47 Abs. 1 GmbHG).

97 Der Beschluss über die Zustimmung erfüllt bereits tatbestandlich nicht **§ 71a Abs. 2 AktG;** für dessen Überwindung bedarf es daher nicht der Annahme, Art. 33 Abs. 2 sei lex specialis (MüKoAktG/*Schäfer* Art. 33 Rn. 13; LHT/*Bayer* Art. 33 Rn. 22; KK-AktG/*Paefgen* Art. 33 Rn. 65; Spindler/Stilz/*Casper* Art. 33 Rn. 10; aA *Oechsler* NZG 2005, 449).

98 **c) Beschlussmängelrecht.** Für das Beschlussmängelrecht gelten die nationalen Regeln, für AG und GmbH somit **deutsches Recht** (*Göz* ZGR 2008, 593 [600]). Es sind jedoch verschiedene Besonderheiten zu berücksichtigen.

99 Der Zustimmungsbeschluss bedarf keiner **sachlichen Rechtfertigung;** eine Beschlussmängelklage kann nicht auf diesen Gesichtspunkt gestützt werden (*Göz* ZGR 2008, 593 [605]; *Horn* DB 2005, 147 [149]; *J. Schmidt* „Deutsche" vs. „britische" SE, 2006, 298; *Scheifele* Gründung der SE 336; *Jannott* in Jannott/Frodermann HdB SE Kap. 3 Rn. 161; Holding-HdB/*Marsch-Barner* § 18 Rn. 54; im Ergebnis wohl auch *Teichmann* AG 2004, 67 [72]; aA KK-AktG/*Paefgen* Rn. 123 ff.). Ein Rechtfertigungserfordernis ergibt sich weder aus dem

Umstand, dass die Gründung gemäß Art. 32 Abs. 2 S. 2 zu erläutern ist, noch aus unionsrechtlichen Erwägungen oder aus der mit der Holding-Gründung einhergehenden Konzernbildung. SE-VO und SEAG enthalten einen dichten Konzerneingangsschutz; dass die Holding-Gründung und die damit verbundene Schaffung eines faktischen Konzerns eines Zustimmungsbeschlusses bedarf, ist für die GmbH und AG „Neuland". Mit dem qualifizierten Mehrheitserfordernis in § 10 Abs. 1 SEAG und den weiteren Regelungen zum Minderheitenschutz hat der Gesetzgeber eine abschließende Abwägung der beteiligten Interessen getroffen. Raum für eine Rechtfertigungskontrolle – soweit man diese, wofür gute Gründe sprechen, nicht bereits im Grundsatz ablehnt – besteht nicht. Das gilt auch, wenn die Gründungsgesellschaften miteinander verbunden sind. Gerade in diesem Fall greifen die gesetzlichen Schutzmechanismen und, soweit danach noch Raum für ihn besteht, § 243 Abs. 2 AktG ein.

Dem Minderheitenschutz dient auch **§ 10 Abs. 2 SEAG.** Die Eintragung **100** einer SE mit Sitz in Deutschland erfolgt nur, wenn das Vertretungsorgan der SE (Vorstand oder geschäftsführende Direktoren) erklärt, dass keine Beschlussmängelklagen (fristgemäß) erhoben sind bzw. solche Klagen abgewiesen oder zurückgenommen sind. Möglich ist die Eintragung auch, wenn die Anteilseigner analog Art. 18 iVm § 16 Abs. 2 S. 2 UmwG auf die Erhebung von Beschlussmängelklagen verzichtet haben (MüKoAktG/*Schäfer* Art. 33 Rn. 29; aA *Jannott* in Jannott/Frodermann HdB SE Kap. 3 Rn. 186). Das **Negativattest** muss sich auf die Zustimmungsbeschlüsse aller – nicht nur der deutschen – Gründungsgesellschaften erstrecken (LHT/*Bayer* Art. 33 Rn. 53; KK-AktG/*Paefgen* Art. 33 Rn. 107; MüKoAktG/*Schäfer* Art. 33 Rn. 27, der allerdings entgegen § 10 Abs. 2 SEAG davon ausgeht, dass die Gründungsgesellschaft die Erklärung abgibt). Da § 10 Abs. 2 SEAG keine dem § 16 Abs. 2 S. 2 UmwG entsprechende Bestimmung enthält, ist fraglich, ob – was dem Gesetzgeber wohl vorschwebte (Begr. RegE zum SEEG, BT-Drs. 15/3405, 34; s. auch *DAV-Handelsrechtsausschuss* NZG 2004, 957 [958]) – eine **Registersperre** besteht, solange kein Negativattest vorliegt (verneinend KK-AktG/*Paefgen* Art. 33 Rn. 109; *J. Vetter* in Lutter/Hommelhoff Europäische Gesellschaft 111 [154]; bejahend *Heckschen* Die SE aus Sicht des Notars – Praktische Fragen zur Europäischen Gesellschaft, 2004, S. 168, 205; *Witten* Minderheitenschutz S. 117). Jedenfalls de facto ist aber von einem **Eintragungshindernis** auszugehen.

Umso wichtiger ist für die Praxis daher, ob Beschlussmängelklagen durch ein **101** **Freigabeverfahren** überwunden werden können. Gesetzlich ist ein Freigabeverfahren nicht vorgesehen. Eine § 16 Abs. 3 UmwG entsprechende Bestimmung fehlt im SEAG, obwohl sie im Gesetzgebungsverfahren angemahnt wurde (*DAV-Handelsrechtsausschuss* NZG 2004, 957 [958 f.]). Daraus wird vielfach gefolgert, dass eine Analogie zu § 16 Abs. 3 UmwG ausscheidet und ein Freigabeverfahren nicht zur Verfügung steht (*Spitzbart* RNotZ 2006, 369 [410]; *J. Vetter* in Lutter/Hommelhoff Europäische Gesellschaft 111 [154]; *J. Schmidt* „Deutsche" vs. „britische" SE, 2006, 335 f.; *Jannott* in Jannott/Frodermann HdB SE Kap. 3 Rn. 186; LHT/*Bayer* Art. 33 Rn. 54; *Schwarz* Art. 33 Rn. 47; Widmann/Mayer/*Heckschen* UmwG Anh. 14 Rn. 328 ff.; van Hulle/Maul/Drinhausen/*Drinhausen* Abschnitt 4 § 3 Rn. 33). Dem ist nicht zu folgen. Mit der Gegenansicht ist anzunehmen, dass analog Art. 18 iVm § 16 Abs. 3 UmwG ein Freigabeverfahren durchgeführt werden kann (s. mit Unterschieden in der dogmatischen Herleitung *Göz* ZGR 2008, 593 [606 f.]; *Witten* Minderheitenschutz, 2011, 116 ff.; NK-SE/*Schröder* Art. 33 Rn. 45; Spindler/Stilz/*Casper* Art. 33 Rn. 18; Holding-HdB/*Marsch-Barner* § 18 Rn. 75; MüKoAktG/*Schäfer* Art. 33 Rn. 30; KK-AktG/*Paefgen* Art. 33 Rn. 109 f.; wohl ebenso *Brandt* Beilage zu BB 8/2005, 1 [2]). Es ist kein sachlicher Grund ersichtlich, die Holding-Gründung anders zu behandeln als die Verschmelzungs-Gründung, bei der es ein Freigabeverfahren gibt (Art. 18 iVm § 16 Abs. 3 UmwG). Den Gesetzmaterialien zum SEEG lässt sich kein Hinweis entnehmen, dass ein Freigabeverfahren ausgeschlossen werden sollte (richtig KK-AktG/*Paefgen* Art. 33 Rn. 110). Eine unbewusste Regelungslücke liegt daher durchaus nah und könnte sich aus der gesetzgeberischen (Fehl-) Vorstellung erklären, die Anordnung eines Freigabeverfahrens sei bei der Holding-Gründung ebenso entbehrlich wie bei der Verschmelzungs-Gründung (so *Witten* Minderheitenschutz, 2011, 118; MüKoAktG/*Schäfer* Art. 33 Rn. 30; ferner KK-AktG/*Paefgen* Art. 33 Rn. 110). Schwerer noch wiegt, dass die Bestimmung des § 10 Abs. 2 SEAG ohne Freigabeverfahren insbesondere bei größerem Anteilseignerkreis zur Folge hat, dass die Holding-Gründung als Gestaltungsalternative in der Praxis ausscheidet (s. zB Widmann/Mayer/*Heckschen* UmwG Anh. 14 Rn. 331; *Göz* ZGR 2008, 593 [606 f.]; *J. Vetter* in Lutter/Hommelhoff Europäische Gesellschaft 111 [154]). Mit dem effet utile-Grundsatz und Art. 68 Abs. 1 ist das nicht vereinbar. In gemeinschaftskonformer Auslegung ist daher § 10 Abs. 2 SEAG durch eine Analogie zu Art. 18 iVm § 16 Abs. 3 UmwG zu ergänzen (ebenso *Göz* ZGR 2008, 593 [606 f.]).

102   **d) Spruchverfahren.** Über die Angemessenheit der Barabfindung (§ 9 Abs. 1 SEAG) und des Umtauschverhältnisses (§ 11 Abs. 1 SEAG) kann ein Spruchverfahren eingeleitet werden. Für die weiteren Einzelheiten verweist das SEAG in den §§ 9 Abs. 2 und 11 Abs. 2 SEAG auf § 6 Abs. 1, Abs. 3 und Abs. 4 bzw. § 7 Abs. 2–7 SEAG. § 6 Abs. 4 und § 7 Abs. 7 SEAG verlangen, dass die Voraussetzungen des **Art. 25 Abs. 3 S. 1** erfüllt sind. Danach müssen die Anteilseignerversammlungen der Gründungsgesellschaften, deren Mitgliedstaaten kein Spruch- oder ähnliches Verfahren kennen, der Durchführung eines Spruchverfahrens durch Anteilseigner der deutschen Gründungsgesellschaft zustimmen. Anderenfalls scheidet ein Spruchverfahren aus. Auch wenn die SE-VO in den Art. 32 ff. keine dem Art. 25 Abs. 3 entsprechende Bestimmung enthält, findet die Regelung auf die Holding-Gründung daher **analog Anwendung** (s. Begr. RegE zum SEEG, BT-Drs. 15/3405, 34 zu § 11 SEAG; *Casper* ZHR 173 [2009], 181 [205]; *Kalss* ZGR 2003, 593 [633]; *Teichmann* ZGR 2002, 383 [437]; MüKoAktG/*Schäfer* Art. 34 Rn. 4).

103   Infolgedessen ist bei ausländischen Gesellschaften **Gegenstand der Beschlussfassung** ggf. nicht nur der Gründungsplan, sondern auch das Recht der Anteilseigner der deutschen Gründungsgesellschaft, ein Spruchverfahren einzuleiten. Spruchverfahren gemäß § 9 Abs. 2 iVm § 7 Abs. 7 und § 11 Abs. 2 iVm § 6 Abs. 4 SEAG sind dabei zu unterscheiden; die Zustimmung kann auch nur zu einem der beiden Verfahren erteilt werden. Soweit ein Spruchverfahren möglich ist, scheiden **Bewertungsrügen** gegen den Zustimmungsbeschluss zum Gründungsplan aus (§ 9 Abs. 2 iVm § 7 Abs. 5 SEAG, § 11 Abs. 2 iVm § 6 Abs. 1 SEAG).

104   **8. Mitbestimmungsverfahren und Genehmigungsvorbehalt (Abs. 6 UAbs. 2). a) Genehmigungsvorbehalt.** Die SE kann erst eingetragen werden, sobald das Verfahren über die Beteiligung der Arbeitnehmer nach Maßgabe des SEBG abgeschlossen ist (Art. 12 Abs. 2). Ausgelöst wird das Verfahren grundsätzlich mit der Offenlegung des Gründungsplans (§ 4 Abs. 2 SEBG). Aufgrund der typischen Dauer des Verfahrens steht die unternehmerische Mitbestimmung im Zeitpunkt der Anteilseignerversammlung der Gründungsgesellschaften regelmäßig nicht fest. Für diesen Fall können sich die Anteilseignerversammlungen aller oder einzelner Gründungsgesellschaften die Genehmigung der Anteilseignerbestimmung vorbehalten (Art. 32 Abs. 6 UAbs. 2 S. 2). Das macht eine **zweite Anteilseignerversammlung** erforderlich, die über die Genehmigung und eine ggf. notwendige Satzungsänderung (s. Art. 12 Abs. 4) entscheidet.

Der Beschluss über die Schaffung eines **Genehmigungsvorbehalts** bedarf der **105**
einfachen Mehrheit (*Scheifele* Gründung der SE 345 iVm 215; LHT/*Bayer* Rn. 71
iVm LHT/*Bayer* Art. 23 Rn. 17; Spindler/Stilz/*Casper* Rn. 22 iVm Spindler/
Stilz/*Casper* Art. 23 Rn. 6; *Noack* Aktionärsmitwirkung, 96 [106 f.]; aA van Hul-
le/Maul/Drinhausen/*Teichmann* Abschnitt 4 § 2 Rn. 64: Dreiviertelmehrheit).
Die **Beschlussmehrheit** für den Genehmigungsbeschluss selbst ist umstritten
(→ Art. 23 Rn. 22). Zum Teil wird hierfür eine Dreiviertelmehrheit wie für den
Zustimmungsbeschluss nach Art. 32 Abs. 6 UAbs. 1 verlangt (van Hulle/Maul/
Drinhausen/*Teichmann* Abschnitt 4 § 2 Rn. 64; *Oplustil* GLJ 4 [2003], 107 [118];
KK–AktG/*Maul* Art. 23 Rn. 20). Nach hM genügt gemäß § 133 Abs. 1 AktG
(bzw. § 47 Abs. 1 GmbHG) die einfache Mehrheit (LHT/*Bayer* Rn. 71 iVm
LHT/*Bayer* Art. 23 Rn. 20; Spindler/Stilz/*Casper* Rn. 22 iVm Spindler/Stilz/
Casper Art. 23 Rn. 7; *Scheifele* Gründung der SE S. 345 iVm 221; Kallmeyer/
Marsch-Barner Anh. SE Rn. 56; *Noack* Aktionärsmitwirkung 96 [107]; *Witten* Min-
derheitenschutz 102). Dem ist im Grundsatz zuzustimmen. Der Genehmigungs-
vorbehalt besteht überhaupt nur, wenn die Anteilseignerversammlung ihn be-
schließt. Die Arbeitnehmerbeteiligung ist damit nach der gesetzlichen Grundregel
Geschäftsleitungsmaßnahme. Anders muss es aber liegen, wenn die sich nach
Durchführung des Beteiligungsverfahrens ergebende Mitbestimmung dazu führt,
dass die Satzung anzupassen ist (s. Art. 12 Abs. 4 UAbs. 1; NK–SE/*Schröder*
Rn. 89 f.). Die Anpassung beinhaltet eine Änderung des Gründungsplans; damit
kommt § 10 Abs. 1 SEAG (→ Rn. 94) zur Anwendung (insofern zutreffend KK–
AktG/*Maul* Art. 23 Rn. 20; ferner auch *Noack* Aktionärsmitwirkung 96 [107]).

b) Delegation der Entscheidung über die Genehmigung. Str. ist ferner, **106**
ob die Anteilseignerversammlung die Entscheidung über die Erteilung der Genehmigung auf einen Aufsichts- oder Beirat **delegieren** kann. Entgegen ge-
äußerter Bedenken (ablehnend Spindler/Stilz/*Casper* Rn. 22 iVm Spindler/Stilz/
Casper Art. 23 Rn. 8; LHT/*Bayer* Rn. 71 iVm LHT/*Bayer* Art. 23 Rn. 21;
Widmann/Mayer/*Heckschen* UmwG Anh. 14 Rn. 242; KK–AktG/*Maul* Art. 23
Rn. 21) ist das in der Weise möglich, dass die Hauptversammlung einen Zustim-
mungsvorbehalt zugunsten des Aufsichtsrats in der Satzung vorsieht (§ 111 Abs. 4
S. 2 AktG; *Teichmann* ZGR 2002, 383 [430]; *Brandes* AG 2005, 177 [185];
Scheifele Gründung der SE 345 iVm 218; MüKoAktG/*Schäfer* Rn. 35 iVm Mü-
KoAktG/*Schäfer* Art. 23 Rn. 2; Kallmeyer/*Marsch-Barner* UmwG Anhang SE
Rn. 57; NK–SE/*Schröder* Rn. 88 iVm NK–SE/*Schröder* Art. 23 Rn. 21; *Noack*
Aktionärsmitwirkung 96 [113 f.]). Darin liegt kein unzulässiges aliud gegenüber
einem vollständigen Verzicht auf einen Genehmigungsvorbehalt (so LHT/*Bayer*
Art. 23 Rn. 21), sondern ein zulässiges minus.

c) Weitere Anteilseignerversammlung. Eine weitere Anteilseignerver- **107**
sammlung ist auch bei Fehlen eines Genehmigungsvorbehalts wegen Art. 12
Abs. 4 UAbs. 1 nötig, wenn die letztendlich maßgebliche Mitbestimmung im
Widerspruch zum Gründungsplan steht. Die erforderliche Beschlussmehrheit
richtet sich dann nach § 10 Abs. 1 SEAG (→ Rn. 105).

Ist eine zweite Anteilseignerversammlung notwendig, sind die **Gründungs-** **108**
voraussetzungen (Bericht, Prüfung etc) nicht erneut einzuhalten (KK–AktG/
Kiem Art. 12 Rn. 77; Spindler/Stilz/*Casper* Art. 12 Rn. 24). Das gilt auch, wenn
eine Satzungsänderung erforderlich ist. In die Einberufung sind die Mitbestimmungsvereinbarung oder, falls es keine gibt, eine Erläuterung der gesetzlichen
Auffangregelung sowie, wenn eine Satzungsänderung erforderlich ist, deren
Wortlaut aufzunehmen.

d) Vorschalten des Mitbestimmungsverfahrens und Bewertung. Eine **109**
zweite Anteilseignerversammlung erhöht die Komplexität der Gründung und

kann ihre Durchführung gefährden (Art. 12 Abs. 2 und Abs. 4 UAbs. 1; → Art. 12 Rn. 30). Daher wird es für zulässig gehalten, das **Mitbestimmungsverfahren vor der Zustimmung** der Anteilseignerversammlung abzuschließen (*Noack* Aktionärsmitwirkung 96 [103 f.] mwN; *Vossius* ZIP 2005, 741 [745] Rn. 47). Dem ist zuzustimmen. Sind eine oder mehrere Gründungsgesellschaften börsennotierte deutsche AGs, fragt sich jedoch, ob dieses Vorgehen bewertungstechnisch relevant sein könnte. Wird entgegen der hier vertretenen Auffassung (→ Rn. 53) der **Börsenkurs** für Zwecke des Umtauschverhältnisses (→ Art. 34 Rn. 5 ff.) und eines etwaigen Abfindungsangebotes (→ Rn. 61 ff.) als Untergrenze angesehen, errechnet sich der maßgebliche Börsenkurs als Durchschnittskurs während eines **Referenzzeitraums** von drei Monaten nach Bekanntgabe der geplanten Holding-Gründung (BGH NJW 2010, 2657). Die Bekanntgabe des Vorhabens wird in der Regel durch eine ad-hoc-Mitteilung (§ 15 WpHG) erfolgen, die spätestens dann erforderlich wird, wenn die Arbeitnehmer informiert werden. Soll das Beteiligungsverfahren vor der Hauptversammlung der AG abgeschlossen sein, kann zwischen ad-hoc-Mitteilung und Hauptversammlung ein Zeitraum von unter Umständen deutlich mehr als sechs Monaten liegen. Das könnte nach der BGH-Rechtsprechung zum Börsenkurs zu einem Anpassungserfordernis führen. Liegt zwischen der Bekanntgabe der Maßnahme und der Hauptversammlung „ein längerer Zeitraum", sollen die Aktionäre an zwischenzeitlichen Börsenkursveränderungen – nach oben, aber auch nach unten (OLG Karlsruhe ZIP 2015, 1874 [1876 f.]) – partizipieren; der nach dem Referenzzeitraum ermittelte Kurs ist anzupassen (BGH NJW 2010, 2657 Rn. 29).

110   Eine solche **Anpassung** ist jedoch abzulehnen, wenn der zeitliche Abstand auf der vorherigen Durchführung des Mitbestimmungsverfahrens beruht. Für das Vorliegen eines längeren Zeitraums im Sinne der BGH-Rechtsprechung ist richtigerweise entscheidend, ob der Zeitablauf deutlich länger ist als das, was in der Praxis üblich und erforderlich ist (*Bungert/Wettich* BB 2010, 2227 [2229]; *Decher* ZIP 2010, 1673 [1675 f.]; aA *Hasselbach/Ebbinghaus* Der Konzern 2010, 467 [473]: für feste Obergrenze). Durch die Anpassungsregel soll – so der BGH – den Fällen begegnet werden, in denen eine Strukturmaßnahme angekündigt, aber nicht umgesetzt wird und die Aktionäre daher „von einer positiven Börsenentwicklung ausgeschlossen werden" (BGH NJW 2010, 2657 Rn. 29; deutlich OLG Stuttgart ZIP 2012, 133 = BeckRS 2011, 24586: Anpassung nur bei „Verzögerungen"). Das geschieht bei einer Vorschaltung des Mitbestimmungsverfahrens, das vielmehr der rechtssicheren Umsetzung der Holding-Gründung dient, gerade nicht.

[Formalitäten einer Gründung]

33   (1) [1]**Die Gesellschafter der die Gründung anstrebenden Gesellschaften verfügen über eine Frist von drei Monaten, um diesen Gesellschaften mitzuteilen, ob sie beabsichtigen, ihre Gesellschaftsanteile bei der Gründung der SE einzubringen. [2]Diese Frist beginnt mit dem Zeitpunkt, zu dem der Gründungsplan für die SE gemäß Artikel 32 endgültig festgelegt worden ist.**

(2) **Die SE ist nur dann gegründet, wenn die Gesellschafter der die Gründung anstrebenden Gesellschaften innerhalb der in Absatz 1 genannten Frist den nach dem Gründungsplan für jede Gesellschaft festgelegten Mindestprozentsatz der Gesellschaftsanteile eingebracht haben und alle übrigen Bedingungen erfüllt sind.**

(3) **Sind alle Bedingungen für die Gründung der SE gemäß Absatz 2 erfüllt, so hat jede der die Gründung anstrebenden Gesellschaften diese**

Tatsache gemäß den nach Artikel 3 der Richtlinie 68/151/EWG erlassenen Vorschriften des einzelstaatlichen Rechts, dem sie unterliegt, offen zu legen.

Die Gesellschafter der die Gründung anstrebenden Gesellschaften, die nicht innerhalb der Frist nach Absatz 1 mitgeteilt haben, ob sie die Absicht haben, ihre Gesellschaftsanteile diesen Gesellschaften im Hinblick auf die Gründung der künftigen SE zur Verfügung zu stellen, verfügen über eine weitere Frist von einem Monat, um dies zu tun.

(4) Die Gesellschafter, die ihre Wertpapiere im Hinblick auf die Gründung der SE einbringen, erhalten Aktien der SE.

(5) Die SE kann erst dann eingetragen werden, wenn die Formalitäten gemäß Artikel 32 und die in Absatz 2 genannten Voraussetzungen nachweislich erfüllt sind.

§ 10 SEAG Zustimmungsbeschluss; Negativerklärung

(1) Der Zustimmungsbeschluss gemäß Artikel 32 Abs. 6 der Verordnung bedarf einer Mehrheit, die bei einer Aktiengesellschaft mindestens drei Viertel des bei der Beschlussfassung vertretenen Grundkapitals und bei einer Gesellschaft mit beschränkter Haftung mindestens drei Viertel der abgegebenen Stimmen umfasst.

(2) Bei der Anmeldung der Holding-SE haben ihre Vertretungsorgane zu erklären, dass eine Klage gegen die Wirksamkeit der Zustimmungsbeschlüsse gemäß Artikel 32 Abs. 6 der Verordnung nicht oder nicht fristgemäß erhoben oder eine solche Klage rechtskräftig abgewiesen oder zurückgenommen worden ist.

Schrifttum: S. bei Art. 32.

Übersicht

	Rn.
I. Allgemeines	1
1. Regelungszweck	1
2. Systematik von Art. 33; Abfolge von Einbringungsphase und Eintragungsverfahren	3
3. Einbringungsfreiheit	7
4. Einbringungsgegenstand	10
II. Einzelerläuterungen	12
1. Einbringung von Anteilen an Gründungsgesellschaften in die Holding-SE (Abs. 1)	12
a) Schuldrechtliche Verpflichtung und dingliche Verfügung	12
b) Parteien und Abschluss der Einbringungsvereinbarung	13
c) Inhalt und Ausgestaltung der Einbringungsvereinbarung	15
d) Frist für die Einbringung	19
e) Form der Einbringung	22
2. Erfüllung der Gründungsvoraussetzungen (Abs. 2)	23
a) Einbringung der Mindestprozentsätze	24
b) Vorliegen der übrigen Bedingungen	27
3. Offenlegung der Erfüllung der Gründungsvoraussetzungen (Abs. 3 UAbs. 1)	30
4. Weitere Einbringungsfrist (Abs. 3 UAbs. 2)	34
5. Sachgründungsvorschriften	38
a) Gründer	39
b) Keine Entbehrlichkeit von Gründungsbericht und -prüfung	40
c) Gründungsbericht (Art. 15 Abs. 1 iVm § 32 AktG)	42
d) Gründungsprüfung (Art. 15 Abs. 1 iVm §§ 33 ff. AktG)	47

                                                                    Rn.
6. Eintragungsverfahren   51
   a) Anmeldung   52
   b) Prüfung durch das Handelsregister   55
   c) Eintragung   57
   d) Bekanntmachung...   59
7. Haftung...   60
   a) Gründer- und Organhaftung   60
   b) Differenzhaftung   61

I. Allgemeines

1   **1. Regelungszweck.** Art. 33 behandelt im Wesentlichen die zweite Stufe der
Holding-Gründung (→ Art. 32 Rn. 2), dh den Umtausch ihrer Beteiligungen
durch die Anteilseigner der Gründungsgesellschaften in SE-Aktien. Neben dieser
Einbringungsphase ist in Art. 33 Abs. 5 die **Eintragung der SE** angespro-
chen, das allerdings nur sehr partiell. Die letzte Phase der Holding-Gründung
(Gründungsberichte, -prüfung etc) richtet sich daher im Wesentlichen nach
Art. 15 Abs. 1 iVm den nationalen aktienrechtlichen Bestimmungen.

2   Die Einbringungsphase besteht aus **zwei Schritten.** Zunächst haben die
Anteilseigner nach Vorliegen der Zustimmungsbeschlüsse **drei Monate** Zeit für
die Entscheidung, ob sie ihre Beteiligung in SE-Aktien eintauschen wollen
(Art. 33 Abs. 1). Ist das in einem Umfang der Fall, dass die Mindesteinbringungsprozentsätze erreicht sind, ist das bekanntzumachen (Art. 33 Abs. 3 UAbs. 1).
Die Bekanntmachung setzt eine **Nachfrist** von einem Monat in Gang für die
Einbringung weiterer Anteile (Art. 33 Abs. 3 UAbs. 2). Durch diese der „Zaunkönigregelung" des § 16 Abs. 2 WpÜG ähnelnde Bestimmung werde die
Anteilseigner der Gründungsgesellschaften geschützt. In Kenntnis des Umstands,
dass die Holding-Gründung stattfinden und ihre Gründungsgesellschaft konzer-
niert wird, können sie erneut über eine Einbringung entscheiden.

3   **2. Systematik von Art. 33; Abfolge von Einbringungsphase und Eintragungsverfahren.** Die zeitliche Sequenz von Einbringungsphase und Einbringungsverfahren bereitet Schwierigkeiten. Art. 33 Abs. 5 verlangt für die Eintragung der SE die Erfüllung der in Art. 33 Abs. 2 genannten Voraussetzungen.
Danach müssen vor allem innerhalb der Dreimonatsfrist die Mindestprozentsätze
erreicht sein. Auf Art. 33 Abs. 3 und damit auf die Nachfrist nimmt Art. 33
Abs. 5 nicht Bezug. Daher liegt es nahe, dass **Anmeldung und Eintragung** der
SE erfolgen können, bevor die Einbringung von Beteiligungen an den Gründungsgesellschaften im Rahmen der Nachfrist abgeschlossen ist. Das entspricht
weit verbreiteter Auffassung. Die SE soll angemeldet und eingetragen werden
können **nach Ablauf** der **Dreimonatsfrist** des Art. 33 Abs. 1 (*Oplustil* GLJ 4
[2003], 107 [120]; *Teichmann* ZGR 2002, 383 [437]; *Bungert/Beier* EWS 2002, 1
[8]; *Koke* Finanzverfassung, 2005, 44 f.; Theisen/Wenz/*Neun* 163 f.; Widmann/
Mayer/*Heckschen* UmwG Anh. 14 Rn. 290; Holding-HdB/*Marsch-Barner* § 18
Rn. 59; Spindler/Stilz/*Casper* Rn. 15; wohl auch *Jannott* in Jannott/Frodermann
HdB SE Kap. 3 Rn. 188) oder sogar bereits während ihres Laufs, sobald die
Mindestprozentsätze erreicht sind (*Spitzbart* RNotZ 2006, 369 [409]; *Scheifele*
Gründung der SE 378 ff.; *Schwarz* Rn. 50; MüKoAktG/*Schäfer* Rn. 5, 23, 26;
MHdB AG/*Austmann* § 84 Rn. 49).

4   Das ist abzulehnen. Anmeldung und Eintragung setzen den **Ablauf der Nachfrist** und die Übertragung aller Anteile, für die innerhalb der Nachfrist der
Umtausch erklärt worden ist, voraus (ebenso *J. Schmidt* „Deutsche" vs. „britische" SE, 2006, 340 ff.; LHT/*Bayer* Rn. 37; KK-AktG/*Paefgen* Rn. 76). Die
Gegenansichten verkennen, dass die Art. 32 f. von der Einheitlichkeit der Grün-

dung ausgehen (→ Art. 32 Rn. 69). Die Anteilseigner der Gründungsgesellschaften haben zwei Chancen, sich an der Gründung zu beteiligen: zunächst im Rahmen der Dreimonatsfrist des Art. 33 Abs. 1 und sodann im Rahmen der Nachfrist. Dementsprechend spricht Art. 33 Abs. 3 UAbs. 2 von einem Umtausch während der Nachfrist „im Hinblick auf die Gründung der künftigen SE". Die **Systematik** von Art. 33 bestätigt das. Der auf die Regelung der Nachfrist folgende Art. 33 Abs. 4 stellt fest, dass alle Anteilseigner der Gründungsgesellschaften, die ihre Beteiligung „im Hinblick auf die Gründung der SE einbringen", SE-Aktien erhalten. Art. 33 Abs. 5, der die Eintragungsvoraussetzungen behandelt, schließt den Art. 33 ab und folgt somit ebenfalls der Einbringung im Rahmen der Nachfrist. Die Abfolge der Absätze des Art. 33 gibt die **Sequenz** der einzelnen Schritte vor und wieder, nämlich: (1) Erste Einbringungsfrist von drei Monaten; (2) Feststellung, ob nach ihrem Ablauf die bis zu diesem Zeitpunkt zu erfüllenden Gründungsvoraussetzungen, insbesondere die Mindestprozentsätze, vorliegen; (3) Bekanntmachung dieses Umstands und Ingangsetzen der zweiten Einbringungsfrist von einem Monat (Nachfrist); (4) Anmeldung und Eintragung.

Für dieses Verständnis sprechen darüber hinaus weitere systematische Gesichts-   5
punkte. Das **Grundkapital** der SE steht bei Anmeldung und Eintragung fest, ohne dass es zweifelhafter Konstruktionen und einer Ungleichbehandlung der Aktionäre bedarf (→ Art. 32 Rn. 66 ff.). Die Frist für die **Annahme** eines etwaigen **Barabfindungsangebots** (§ 9 Abs. 1 SEAG), die mit Bekanntmachung der Eintragung der SE zu laufen beginnt, folgt der Einbringungsphase nach. Nach den Gegenansichten könnte sie früher oder parallel liegen. Wird für die Feststellung der Abhängigkeit der SE, die einer der Anwendungsfälle des Abfindungsangebots ist, auf die Eintragung der SE abgestellt, gäbe es kein Abfindungsangebot, wenn die Abhängigkeit erst durch Anteilseinbringungen im Rahmen der Nachfrist entsteht. Wird daher auf den Ablauf der Nachfrist rekurriert, kann die Frist für die Annahme des Abfindungsangebots, die zwei Monate nach Bekanntmachung der SE-Eintragung endet (§ 9 Abs. 2 iVm § 7 Abs. 4 S. 1 SEAG), bereits abgelaufen sein. Nach den Gegenansichten erfolgt die Einbringung von Anteilen nach Anmeldung der SE zudem nicht im Rahmen der Gründung, sondern im Wege der Sachkapitalerhöhung. Zeichnet ein Aktionär dabei hinreichend viele SE-Aktien, ist die **Kapitalerhöhung** im Falle einer deutschen SE nachgründend iSv **§ 52 AktG** (*Spitzbart* RNotZ 2006, 369 [405]; zur Anwendbarkeit des § 52 AktG auf die SE LHT/*Spindler* Art. 52 Rn. 44), der auch bei genehmigtem Kapital greift (Spindler/Stilz/*Heidinger* § 52 Rn. 48a). Erforderlich würde damit ein Beschluss der Hauptversammlung der SE (§ 52 Abs. 5 AktG). Findet er nicht die erforderliche Mehrheit, scheitert die Einbringung.

Anmeldung und Eintragung folgen der Nachfrist somit nach. Auf dieser   6
Grundlage erklärt sich auch, was **Art. 33 Abs. 2** besagt, wenn er davon spricht, die SE sei „nur dann **gegründet**", wenn die Mindestprozentsätze während der ersten Einbringungsfrist erreicht werden und auch alle übrigen Bedingungen erfüllt sind. Gemeint ist nicht, dass die SE mit Erfüllung dieser Voraussetzungen als solche entsteht; dafür ist ihre Eintragung notwendig (Art. 16 Abs. 1; MüKo-AktG/*Schäfer* Rn. 7; Spindler/Stilz/*Casper* Rn. 5). Umgekehrt lässt sich Art. 33 Abs. 2 nicht entnehmen, dass erst mit den dort genannten Voraussetzungen eine Vor-SE entsteht; diese existiert vielmehr ab der Fassung der Zustimmungsbeschlüsse aller Gründungsgesellschaften (→ Art. 32 Rn. 11; LHT/*Bayer* Rn. 8; MüKoAktG/*Schäfer* Rn. 7). Schließlich besagt Art. 32 Abs. 2 aber auch nicht, dass die SE mit Vorliegen der dort in Bezug genommenen Bedingungen zur Eintragung angemeldet werden kann. Die Bestimmung beschreibt vielmehr ein **notwendiges Durchgangsstadium** auf dem Weg zur Eintragung der SE. Nur wenn die in Art. 32 Abs. 2 angesprochenen Voraussetzungen vorliegen, wird das

Gründungsverfahren fortgesetzt. Richtig müsste es in Art. 33 Abs. 2 nicht heißen „Die SE ist nur gegründet", sondern „Die SE wird nur gegründet". Dementsprechend lautet die englische Fassung „The holding SE shall be formed only if". In diesem Sinn ist Art. 32 Abs. 2 eine **Eintragungsvoraussetzung** (Spindler/ Stilz/*Casper* Rn. 5; LHT/*Bayer* Rn. 8; MüKoAktG/*Schäfer* Rn. 7). Die Mindestprozentsätze müssen bei Ende der Frist des Art. 33 Abs. 1 erreicht sein und können nicht erst im Rahmen der Nachfrist erfüllt werden (KK-AktG/*Paefgen* Rn. 55; LHT/*Bayer* Rn. 8). Diese gibt es vielmehr nur, wenn die Bedingungen des Art. 33 Abs. 2 vorliegen. Gleichzeitig regelt Art. 33 Abs. 2 damit zwar **notwendige, nicht aber ausreichende Voraussetzungen** für Anmeldung und Eintragung der SE. Dafür ist vielmehr insbesondere noch die Nachfrist zu durchlaufen.

7   **3. Einbringungsfreiheit.** Die Anteilseigner sind frei in ihrer individuellen Entscheidung, ob sie ihre Beteiligung in SE-Aktien eintauschen. Der Zustimmungsbeschluss ihrer Gründungsgesellschaft begründet keine Verpflichtung für sie. Ihre Einbringungswahlfreiheit ist **unabhängig von der Stimmrechtsausübung** bei Fassung des Beschlusses. Sie können ihre Beteiligung **ganz, gar nicht oder teilweise** in die SE einbringen. Eine Einbringung kann im Rahmen der Dreimonatsfrist des Art. 33 Abs. 1 und bzw. oder im Rahmen der Nachfrist des Art. 33 Abs. 3 UAbs. 2 erfolgen. Sind Anteilseigner an mehreren Gründungsgesellschaften beteiligt, können sie ihr Wahlrecht für ihre Beteiligungen **gleichmäßig oder unterschiedlich** ausüben. Eine Zwangseinbringung gibt es nicht (allgM).

8   Die **Bedingungen** der Einbringung (vor allem das Umtauschverhältnis) sind für alle Anteilseigner **gleich**. Eine Ausnahme kann gelten, wenn eine Gründungsgesellschaft unterschiedlich ausgestaltete Anteile ausgegeben hat. Führt die **Anteilsausstattung** zu einer abweichenden Bewertung, kann und ist das bei der Festlegung des Umtauschverhältnisses zu berücksichtigen.

9   Das Einbringungswahlrecht unterliegt jedoch **Grenzen.** Es erlischt, wenn sich ein Anteilseigner gegenüber der Vor-SE zur Einbringung verpflichtet hat (→ Rn. 14). Eine **Einbringungsverpflichtung** kann auch durch **schuldrechtliche Vereinbarungen** im Zusammenhang mit der Holding-Gründung, zB eine Zusammenschlussvereinbarung (→ Art. 32 Rn. 36), begründet sein. Die Verpflichtung kann dabei richtigerweise gegenüber anderen Anteilseignern, aber auch gegenüber einzelnen oder allen Gründungsgesellschaften eingegangen werden. Bei einer AG sind dabei jedoch insbesondere die §§ 136 Abs. 2, 405 Abs. 3 Nr. 6 und 7 AktG zu beachten.

10   **4. Einbringungsgegenstand.** Die Mindestprozentsätze stellen nur auf Anteile mit ständigem Stimmrecht ab (Art. 32 Abs. 2 S. 4; → Art. 32 Rn. 59). Eingebracht werden können dennoch **alle Anteile** an den Gründungsgesellschaften, auch wenn sie kein oder kein ständiges Stimmrecht gewähren. Die Anteile müssen jedoch die **Mitgliedschaft** in der Gründungsgesellschaft vermitteln. Bei der AG sind folglich – unabhängig von ihrer konkreten Ausstattung (aber → Rn. 8) – nur **Aktien** und bei der GmbH nur **GmbH-Geschäftsanteile** einbringungsfähig (allgM). Andere Wertpapiere oder Rechte sind trotz der uneinheitlichen Diktion in Art. 32 f. (Art. 32 Abs. 2 S. 3: „Aktien oder sonstigen Anteilen"; Art. 32 Abs. 5: „Aktien oder Anteile"; Art. 33 Abs. 1, Abs. 2, Abs. 3 UAbs. 2: „Gesellschaftsanteile"; Art. 33 Abs. 4: „Wertpapiere") nicht erfasst. Das gilt insbesondere für Wandel-, Options- oder Gewinnschuldverschreibungen, Genussrechte, Aktienoptionen und Bezugsrechte (KK-AktG/*Paefgen* Rn. 14; MüKoAktG/*Schäfer* Rn. 11).

11   Tauglicher Einbringungsgegenstand können an sich auch **eigene Aktien** oder Geschäftsanteile der Gründungsgesellschaft sein, die aufgrund des Wiederauf-

lebens des Stimmrechts in der Hand der SE sogar für die Mindestprozentsätze zu berücksichtigen sind (→ Art. 32 Rn. 59). Bei einer deutschen SE scheidet ihre Einbringung jedoch aus (im Ergebnis ebenso, aber mit anderer Begründung KK-AktG/*Paefgen* Rn. 17). Maßstab der Prüfung ist entgegen der die Zulässigkeit bejahenden wohl hM (vgl. *Scheifele* Gründung der SE 382 f.; *Schwarz* Rn. 32; MüKoAktG/*Schäfer* Rn. 15; Spindler/Stilz/*Casper* Rn. 10) nicht § 71d AktG, sondern § 56 **Abs. 2 AktG.** Die Norm verbietet die Übernahme durch ein Unternehmen von Aktien der an ihm mit Mehrheit beteiligten AG bzw. SE. Das Verbot gilt auch dann, wenn – wie bei der Gründung üblich – die gegründete Gesellschaft noch nicht mehrheitlich an dem die Aktien übernehmenden Unternehmen beteiligt ist, jedoch feststeht, dass dies mit Abschluss der Gründung der Fall sein wird (vgl. Spindler/Stilz/*Cahn/v. Spannenberg* § 56 Rn. 29 mwN). Bei einer Holding-Gründung ist genau das wegen Art. 32 Abs. 2 S. 4 der Fall.

II. Einzelerläuterungen

1. Einbringung von Anteilen an Gründungsgesellschaften in die Holding-SE (Abs. 1). a) Schuldrechtliche Verpflichtung und dingliche Verfügung. Die SE-VO regelt den Einbringungsvorgang nur rudimentär. Art. 33 Abs. 1 spricht davon, die Anteilseigner müssten den Gründungsgesellschaften mitteilen, ob sie eine Einbringung beabsichtigen. Das ist in mehrfacher Hinsicht irreführend und ergänzungsbedürftig. Die Einbringung umfasst zwei Rechtsgeschäfte. Zum einen müssen die Anteilseigner die SE-Aktien übernehmen. Durch die **Übernahme** oder Zeichnung entsteht die schuldrechtliche Verpflichtung zur Einbringung der Beteiligung an der Gründungsgesellschaft. Zum anderen ist diese Verpflichtung durch den **dinglichen Vollzug** der Übernahme, dh die **Abtretung** ihrer Beteiligungen durch die Anteilseigner der Gründungsgesellschaften, zu erfüllen. Art. 33 verwendet mehrfach den Begriff der **„Einbringung"**, wobei umstritten ist, ob damit das schuldrechtliche Verpflichtungs- oder das dingliche Verfügungsgeschäft gemeint ist (→ Rn. 24). 12

b) Parteien und Abschluss der Einbringungsvereinbarung. Schuldrechtliches und dingliches Rechtsgeschäft kommen, wenn die SE ihren Sitz in Deutschland haben wird, zwischen **Anteilseigner** und **Vor-SE** zustande (hM; LHT/*Bayer* Rn. 10; KK-AktG/*Paefgen* Rn. 23; Spindler/Stilz/*Casper* Rn. 4; Widmann/Mayer/*Heckschen* UmwG Anh. 14 Rn. 323; NK-SE/*Schröder* Rn. 30). Dass nach Art. 33 Abs. 1 die Einbringungsmitteilung an die Gründungsgesellschaft gerichtet ist, ändert daran nichts. Daraus einen Vertragsschluss mit der Gründungsgesellschaft abzuleiten, der schuldrechtlich zugunsten der SE wirkt (so *Brandes* AG 2005, 177 [186]; *Vossius* ZIP 2005, 741 [746]), ist unnötig konstruiert, funktioniert auf Ebene des Verfügungsgeschäfts nicht, da es einen dinglichen Vertrag zugunsten Dritter nicht gibt, und ist durch Art. 33 Abs. 1 nicht vorgeschrieben. Mit diesem ist es vielmehr auch vereinbar, dass der Anteilseigner seine Einbringungsmitteilung der Gründungsgesellschaft übermittelt, die sie dann an die Vor-SE weiterleitet (*Bayer* in Lutter/Hommelhoff Europäische Gesellschaft 25 [52 f.]; Spindler/Stilz/*Casper* Rn. 4; KK-AktG/*Paefgen* Rn. 31). Beim Vertragsabschluss wird die Vor-SE durch ihre Organe, dh den Vorstand oder die geschäftsführenden Direktoren, **vertreten** (*Bayer* in Lutter/Hommelhoff Europäische Gesellschaft 25 [53]; NK-SE/*Schröder* Rn. 30; *Jannott* in Jannott/Frodermann HdB SE Kap. 3 Rn. 170; Widmann/Mayer/*Heckschen* UmwG Anh. 14 Rn. 323; Spindler/Stilz/*Casper* Rn. 4). 13

Obwohl Art. 33 Abs. 1 von einer bloßen **Mitteilung** der Einbringungsabsicht spricht, liegt darin eine **rechtsverbindliche Erklärung** (*Teichmann* ZGR 2002, 383 [436]; *Heckschen* DNotZ 2003, 251 [262]; MüKoAktG/*Schäfer* Rn. 6; KK- 14

AktG/*Paefgen* Rn. 27). Umstritten ist jedoch, ob die Mitteilung die **Annahme** des in der Zustimmung der Anteilseignerversammlung zum Gründungsplan oder im offen gelegten Gründungsplan selbst liegenden Angebots (*Scheifele* Gründung der SE 361; *Schwarz* Rn. 18; KK-AktG/*Paefgen* Rn. 28 ff.; *Stöber* AG 2013, 110 [118]) oder ein **Angebot** ist, das von der Vor-SE angenommen wird, wobei der Zugang der Annahme beim einbringenden Anteilseigner nach § 151 BGB nicht erforderlich ist (*Bayer* in Lutter/Hommelhoff Europäische Gesellschaft 25 [53]; *J. Schmidt* „Deutsche“ vs. „britische“ SE, 2006, 307; MüKoAktG/*Schäfer* Rn. 6; LHT/*Bayer* Rn. 10; Spindler/Stilz/*Casper* Rn. 4). Im Ergebnis dürften sich diese unterschiedlichen Aussichten nicht auswirken. Die zweite Ansicht erklärt jedoch einfacher den Vertragsschluss zwischen Einbringendem und Vor-SE; im Gründungsplan oder der Zustimmung zu ihm eine rechtsgeschäftliche Erklärung der Vor-SE zu sehen, leuchtet nicht ein. Vielmehr verpflichtet die Zustimmung zum Gründungsplan nicht nur die Organe der Gründungsgesellschaften, sondern auch der Vor-SE zur Umsetzung des Beschlusses (→ Art. 32 Rn. 96). Ordnungsgemäße Angebote gemäß Art. 33 Abs. 1 sind anzunehmen; der Anteilseigner hat einen **Anspruch auf Annahme** (MüKoAktG/*Schäfer* Rn. 6; Spindler/Stilz/*Casper* Rn. 4; ablehnend KK-AktG/*Paefgen* Rn. 29, der die bloße Bindung der Organe der Vor-SE für unzureichend hält).

15   **c) Inhalt und Ausgestaltung der Einbringungsvereinbarung.** Schuldrechtliches und dingliches Rechtsgeschäft können und sollten regelmäßig gemeinsam in **einer Vereinbarung** enthalten sein (dazu, wann Verpflichtungs- und Verfügungsgeschäft vorliegen müssen, → Rn. 24). Zum Zeitpunkt des Vertragsabschlusses steht jedoch regelmäßig nicht fest, ob und wann es zur Holding-Gründung kommt. Werden die Mindesteinbringungsprozentsätze nicht erreicht, scheitert sie. Behindern Anteilseignerklagen die Eintragung (s. § 10 Abs. 2 SEAG; → Art. 32 Rn. 100), kann sie sich erheblich verzögern und unter Umständen überhaupt nicht zustande kommen. Sind die Einbringungen bereits vollzogen, sind sie im Fall des Scheiterns rückabzuwickeln und fließen Gewinnausschüttungen durch die Gründungsgesellschaften in der Zwischenzeit der Vor-SE zu. Das erste ist aufwendig und führt zB bei GmbH-Anteilen zu ggf. erheblichen Mehrkosten. Das zweite erscheint wirtschaftlich bedenklich. Deshalb wird vielfach vertreten, die **dingliche Einbringung** stehe – auch wenn es nicht ausdrücklich vereinbart ist – unter der **aufschiebenden Bedingung** des Erreichens der Mindestprozentsätze (*Scheifele* Gründung der SE 361; *Heckschen* Die SE aus Sicht des Notars – Praktische Fragen zur Europäischen Gesellschaft, 2004 168 [209]; *Bayer* in Lutter/Hommelhoff Europäische Gesellschaft 25 [53]; *J. Schmidt* „Deutsche“ vs. „britische“ SE, 2006, 307; *Koke* Finanzverfassung 54; *Jannott* in Jannott/Frodermann HdB SE Kap. 3 Rn. 170; KK-AktG/*Paefgen* Rn. 33; *Schwarz* Rn. 18). Das ist jedoch unzureichend. Die Holding-Gründung kann sich – wie gezeigt – auch aus anderen Gründen verzögern oder gar scheitern. Daher könnte vereinbart werden, dass die dingliche Einbringung unter der aufschiebenden Bedingung der Anmeldung oder der **auflösenden Bedingung** des **Scheiterns der Holding-Gründung** steht (KK-AktG/*Paefgen* Rn. 67). Darüber hinaus ist zu erwägen, die Übertragung der Beteiligungen durch die Eintragung der SE zu bedingen (so van Hulle/Maul/Drinhausen/*Drinhausen* Abschnitt 4 § 3 Rn. 21; KK-AktG/*Paefgen* Rn. 67; NK-SE/*Schröder* Rn. 7; s. auch Widmann/Mayer/*Heckschen* UmwG Anh. 14 Rn. 322). Voraussetzung für dieses Vorgehen ist aber, dass sichergestellt ist, dass zwischenzeitliche wirksame Verfügungen über die eingebrachten Beteiligungen nicht möglich sind (→ Rn. 16 f. sowie für GmbH-Geschäftsanteile BGH NZG 2011, 1268 Rn. 14 ff.). Bedarf die Holding-Gründung der **kartellrechtlichen Freigabe**, können die Verfügungsgeschäfte ferner unter die **aufschiebende Bedingung** des Vorliegens dieser Freigabe gestellt werden (→ Art. 32 Rn. 31).

Um bei einem breiten Anteilseignerkreis die Einbringung sicherzustellen, wird **16** es sich regelmäßig anbieten, einen **Treuhänder** einzusetzen. Eine Pflicht dazu besteht jedoch nicht (→ Art. 32 Rn. 54). Der Treuhänder sammelt die Beteiligungen bei den Anteilseignern ein, schließt im eigenen Namen einen Übernahme- und Einbringungsvertrag mit der Vor-SE ab, erhält mit Eintragung der SE die neuen Aktien und überträgt diese auf die Anteilseigner (s. *Brandes* AG 2005, 177 [186]).

Ist eine Gründungsgesellschaft **börsennotiert,** stellt sich zudem die Frage, ob **17** während des Gründungsverfahrens ein **Handel** mit bereits „eingebrachten" Anteilen ermöglicht werden kann, ohne das Erreichen der Mindestprozentsätze zu gefährden. Dafür bietet sich ein Verfahren wie bei öffentlichen Erwerbsangeboten an. Anteile, für welche die Einbringung vereinbart, aber nicht vollzogen ist, werden in eine **gesonderte WKN** bzw. ISIN gebucht und bleiben als solche, dh mit der Verpflichtung zur Einbringung, handelbar. Einbringender ist dann der Inhaber der Beteiligung zum festgelegten Stichtag, der kurz vor der Anmeldung der SE liegen dürfte.

Der konkrete **Inhalt der Einbringungsvereinbarung** hängt in dinglicher **18** Hinsicht davon ab, wie die jeweilige Beteiligung übertragen wird. Zusätzlich können zB etwaige Bedingungen (→ Rn. 15), die Einschaltung eines Treuhänders (→ Rn. 16) sowie ein Verfahren zur Herstellung der Handelbarkeit (→ Rn. 17) geregelt werden. Ferner soll nach wohl hM **§ 185 AktG** entsprechend Anwendung finden (*Spitzbart* RNotZ 2006, 369 [409]; *Jannott* in Jannott/ Frodermann HdB SE Kap. 3 Rn. 172; KK-AktG/*Paefgen* Rn. 32). Soweit damit gemeint sein sollte, dass die inhaltlichen Anforderungen des § 185 Abs. 1 und Abs. 2 AktG einzuhalten oder separate Zeichnungsscheine neben der Einbringungsvereinbarung ausgestellt werden müssen, ist dem nicht zu folgen. Die Einbringung der Beteiligungen ist Bestandteil der Gründung und nicht einer Kapitalerhöhung (→ Art. 32 Rn. 69). Einbringungsverpflichtung und dingliches Geschäft können in einer Vereinbarung geregelt sein. Gesonderte Zeichnungsscheine gibt es nicht. Ein Erfordernis einer Zeichnungsfrist iSv § 185 Abs. 1 S. 2 Nr. 4 AktG besteht nicht. Das Beschränkungsverbot gemäß § 185 Abs. 2 AktG passt für die Holding-Gründung nicht und findet keine Anwendung. Vielmehr erklärt der Anteilseigner die Übernahme einer bestimmten Zahl von SE-Aktien gegen Einbringung seiner Beteiligung nach Maßgabe des Gründungsplans.

d) Frist für die Einbringung. Die Einbringungsfrist des Art. 33 Abs. 1 (zur **19** Bedeutung der Einbringung in diesem Zusammenhang → Rn. 24 f.) beträgt **drei Monate.** Die Frist ist für alle Gründungsgesellschaften **einheitlich. Fristbeginn** tritt ein, sobald die Anteilseignerversammlungen aller Gründungsgesellschaften ihre Zustimmungsbeschlüsse gemäß Art. 32 Abs. 6 UAbs. 1 gefasst haben (*Brandes* AG 2005, 177 [186]; MüKoAktG/*Schäfer* Rn. 4; Spindler/Stilz/*Casper* Rn. 3; KK-AktG/*Paefgen* Rn. 38; NK-SE/*Schröder* Rn. 9). Die Beschlüsse müssen nicht unanfechtbar sein; bei einer AG ist es trotz der dann vorliegenden „schwebenden Nichtigkeit" (vgl. BGHZ 180, 9 Rn. 9 ff. = NZG 2009, 342) nicht erforderlich, dass die notarielle Niederschrift über den Beschluss abgeschlossen ist. Erst mit dem letzten Zustimmungsbeschluss steht der Gründungsplan „endgültig" fest und ist geklärt, ob die Einbringungsphase überhaupt stattfindet. Die Gegenansicht, die für jede Gründungsgesellschaft einen gesonderten Fristbeginn annimmt, der mit dem Zustimmungsbeschluss der Anteileignerversammlung der jeweiligen Gesellschaft eintritt (*Spitzbart* RNotZ 2006, 369 [408]; *J. Schmidt* „Deutsche" vs. „britische" SE, 2006, 308; LHT/*Bayer* Rn. 13; wohl auch *Jannott* in Jannott/Frodermann HdB SE Kap. 3 Rn. 173; Theisen/Wenz/*Neun* 162), ist daher abzulehnen.

Haben eine oder mehrere Gründungsgesellschaften einen **Mitbestimmungs- 20 vorbehalt** (Art. 33 Abs. 6 UAbs. 2) beschlossen, beginnt die Frist erst, wenn der letzte Genehmigungsbeschluss gefasst ist (*Brandes* AG 2005, 177 [186]; *Oplustil* GLJ 4 [2003], 107 [118]; Spindler/Stilz/*Casper* Rn. 3; NK-SE/*Schröder* Rn. 9). Auch die Gegenansicht stellt auf den Genehmigungsbeschluss ab, allerdings bezogen auf die jeweilige Gründungsgesellschaft (*J. Schmidt* „Deutsche" vs. „britische" SE, 2006, 308; LHT/*Bayer* Rn. 13). Haben nicht alle Gründungsgesellschaften einen Mitbestimmungsvorbehalt beschlossen, kann die Einbringungsfrist danach bei der einen Gesellschaft geraume Zeit abgelaufen sein, bevor die Frist bei der anderen Gesellschaft überhaupt beginnt. Die Anteilseigner treffen ihre Entscheidung dann in einem anderen wirtschaftlichen Umfeld und mit jüngeren Informationen über die Gründungsgesellschaften. Das überzeugt nicht.

21   Die Dauer der Frist ist **zwingend;** sie kann weder verkürzt noch verlängert werden (allgM). Die **Fristberechnung** soll sich über Art. 18 jeweils nach dem nationalen Recht der jeweiligen Gründungsgesellschaft richten, also nach AG oder GmbH somit nach §§ 187, 188 BGB (Spindler/Stilz/*Casper* Rn. 3; KK-AktG/*Paefgen* Rn. 38). Es geht aber um die Übernahme der SE-Aktien gegen Einbringung der Beteiligungen, somit um die Kapitalaufbringung im Rahmen der Gründung. Näher liegt es daher, über Art. 15 Abs. 1 auf das nationale Recht im Sitzstaat der SE abzustellen. Liegt dieser in Deutschland, gelten die §§ 187 f. BGB für die Fristberechnung gegenüber den Anteilseignern aller Gründungsgesellschaften.

22   **e) Form der Einbringung.** Die notwendige Form der schuldrechtlichen Einbringungsverpflichtung und des dinglichen Verfügungsgeschäfts richtet sich (soweit die jeweilige Rechtsordnung überhaupt diese Unterscheidung kennt) nach dem nationalen Recht, das für die Gründungsgesellschaft gilt. Für **GmbH-Geschäftsanteile** ist nach **§ 15 Abs. 3 und 4 GmbHG** notarielle Beurkundung erforderlich (allgM). Verfügungen über **Aktien** sind formfrei möglich. Die Einbringungsverträge sind jedoch bei der Anmeldung einzureichen (Art. 15 Abs. 1 iVm § 37 Abs. 4 Nr. 2 AktG). Zudem ist fraglich, ob auf die Übernahme der SE-Aktien § 185 AktG Anwendung findet (→ Rn. 18). Die Vereinbarung sollte daher **schriftlich** getroffen werden (KK-AktG/*Paefgen* Rn. 35; *Jannott* in Jannott/Frodermann HdB SE Kap. 3 Rn. 171).

23   **2. Erfüllung der Gründungsvoraussetzungen (Abs. 2).** Art. 33 Abs. 2 behandelt, wie bereits dargestellt (→ Rn. 6), ein notwendiges Durchgangsstadium auf dem Weg zur Entstehung der SE und stellt in diesem Sinn eine Eintragungsvoraussetzung dar. Bei Vorliegen der dort genannten Voraussetzungen wird die Offenlegungsverpflichtung gemäß Art. 33 Abs. 3 UAbs. 1 ausgelöst. Die Bestimmung leitet zur Nachfrist über und ist das **Bindeglied zwischen erster und zweiter Einbringungsfrist.**

24   **a) Einbringung der Mindestprozentsätze.** Erforderlich ist nach Art. 33 Abs. 2 zunächst, dass die Anteilseigner innerhalb der ersten Einbringungsfrist so viele Anteile „eingebracht haben", dass die **Mindestprozentsätze** erreicht sind. Es ist strittig, was das Gesetz hier mit der **Einbringung** meint. Klar ist, dass mit Eintragung der SE die Anteile im Eigentum der SE stehen müssen. Sonst beherrscht die SE die Gründungsgesellschaften nicht, was jedoch Kern der Holding-Gründung ist (→ Art. 32 Rn. 6). Bei einer deutschen SE findet **§ 36a Abs. 2 S. 2 AktG** daher keine Anwendung (MüKoAktG/*Schäfer* Rn. 9; KK-AktG/*Paefgen* Rn. 64; Spindler/Stilz/*Casper* Rn. 7). Die Begründung eines Anspruchs auf Übertragung der Beteiligungen genügt für die SE-Eintragung nicht. Darüber hinausgehend verlangt ein Teil des Schrifttums, dass die Beteiligungen an den Gründungsgesellschaften mit Ablauf der Dreimonatsfrist des Art. 33 Abs. 1 ins Eigentum der Vor-SE übergegangen sind; Einbringung iSd Art. 33 Abs. 2 ist danach der **Vollzug des dinglichen Verfügungsgeschäfts** (*Koke*

Finanzverfassung 53 f.; *Bayer* in Lutter/Hommelhoff Europäische Gesellschaft 25
[52]; NK-SE/*Schröder* Rn. 6; *Jannott* in Jannott/Frodermann HdB SE Kap. 3
Rn. 170; Schmitt/Hörtnagl/Stratz/*Hörtnagl* UmwG Rn. 3; Holding-HdB/
Marsch-Barner § 18 Rn. 57). Für diese Ansicht spricht die englische Fassung von
Art. 33 Abs. 2 („have assigned").

Dennoch ist mit der Gegenansicht davon auszugehen, dass mit der Einbrin- 25
gung iSv Art. 33 Abs. 2 die wirksame und bindende **schuldrechtliche Verpflichtung** zur Einbringung der Beteiligungen gemeint ist (*Brandes* AG 2005,
177 [186]; *Scheifele* Gründung der SE 360 f.; *J. Schmidt* „Deutsche" vs. „britische"
SE, 2006, 300 f.; MüKoAktG/*Schäfer* Rn. 8 f.; *Schwarz* Rn. 16 f.; Spindler/Stilz/
Casper Rn. 7; LHT/*Bayer* Rn. 16, 19; im Grundsatz auch KK-AktG/*Paefgen*
Rn. 67). Neben praktischen Erwägungen (→ Rn. 15) ergibt sich das daraus, dass
andere Rechtsordnungen keine rechtsfähige Vor-SE kennen, auf die die Beteiligungen übertragen werden könnten (*J. Schmidt* „Deutsche" vs. „britische" SE,
2006, 303; LHT/*Bayer* Rn. 16; Spindler/Stilz/*Casper* Rn. 7). Ferner spricht auch
Art. 33 Abs. 3 UAbs. 2 zur Nachfrist von der Erklärung, der SE die Beteiligungen „zur Verfügung zu stellen" (MüKoAktG/*Schäfer* Rn. 8). Schließlich ist eine
dingliche Verfügung bei Ablauf der Dreimonatsfrist auch nicht notwendig. Maßgeblich ist die Eintragung (de facto damit die Anmeldung). Sollten dann nicht
genügend Beteiligungen übertragen sein, scheitert die Holding-Gründung.

Um die Holding-Gründung möglichst weitgehend **abzusichern,** ist jedoch zu 26
überlegen, in die Einbringungsvereinbarung neben der schuldrechtlichen Verpflichtung auch die dingliche Verfügung aufzunehmen. Das Verfügungsgeschäft
kann bedingt sein (→ Rn. 15). Maßnahmen, die für die (aufschiebend bedingte)
Verfügung erforderlich sind, müssen aber nicht innerhalb der Dreimonatsfrist
umgesetzt sein.

b) Vorliegen der übrigen Bedingungen. Offenlegung und Nachfrist gemäß 27
Art. 33 Abs. 3 setzen ferner voraus, dass alle „übrigen Bedingungen erfüllt sind".
Das sind die die Gründungsvoraussetzungen nach **Art. 2 Abs. 2,** 32 Abs. 1
UAbs. 1 sowie die Verfahrensschritte nach **Art. 32 Abs. 2–6,** dh die Aufstellung
des Gründungsplans, seine Offenlegung und Prüfung sowie die Zustimmung der
Anteilseignerversammlungen der Gründungsgesellschaften (*Spitzbart* RNotZ
2006, 369 [409]; *Scheifele* Gründung der SE 372 f.; KK-AktG/*Paefgen* Rn. 47;
NK-SE/*Schröder* Rn. 14). Dazu zählen ferner die ergänzenden Anforderungen,
die aufgrund der analogen Anwendung von **Art. 18** zu beachten sind (→ Art. 32
Rn. 10, 38, 45 ff., 73 f., 87 ff.; *J. Schmidt* „Deutsche" vs. „britische" SE, 2006,
301; KK-AktG/*Paefgen* Rn. 49; LHT/*Bayer* Rn. 28).

Vielfach wird ferner verlangt, dass die über **Art. 15** zu beachtenden nationalen 28
Gründungsvoraussetzungen erfüllt sein müssen (MüKoAktG/*Schäfer* Rn. 17;
Scheifele Gründung der SE 373; *Schwarz* Rn. 29). Das ist in dieser Weite unzutref-
fend. Die nationalen (Sach-)Gründungsvorschriften (→ Rn. 38 ff.) müssen erst
bei Anmeldung der SE eingehalten sein, nicht bei Offenlegung iSv Art. 33 Abs. 3
UAbs. 1 (ebenso KK-AktG/*Paefgen* Rn. 50).

Keine Bedingungen iSv Art. 33 Abs. 2 sind ferner: der Abschluss des Mit- 29
bestimmungsverfahrens, der vielmehr Eintragungsvoraussetzung ist (KK-AktG/
Paefgen Rn. 47; aA *Spitzbart* RNotZ 2006, 369 [409]; *Jannott* in Jannott/Froder-
mann HdB SE Kap. 3 Rn. 176); naturgemäß auch nicht die Offenlegung nach
Art. 33 Abs. 3 UAbs. 1 sowie der Ablauf der Nachfrist gemäß Art. 33 Abs. 3
UAbs. 2 und die Eintragung der SE; die Voraussetzungen für die Abgabe des
Negativtestats iSv § 10 Abs. 2 SEAG, insbesondere das Fehlen oder die Beilegung
von Beschlussmängelklagen, es sei denn, die Klagen haben zur Unwirksamkeit
eines Zustimmungsbeschlusses geführt (KK-AktG/*Paefgen* Rn. 47); sowie das
Vorliegen aller erforderlichen kartellrechtlichen Freigaben, da es sich dabei um

ein Vollzugshindernis handelt, das die dingliche Einbringung der Beteiligungen und nicht das Durchgangsstadium des Art. 33 Abs. 2 betrifft (→ Art. 32 Rn. 31; → Rn. 15; aA *Bayer* in Lutter/Hommelhoff Europäische Gesellschaft 25 [53 f.]; Holding-HdB/*Marsch-Barner* § 18 Rn. 57; Spindler/Stilz/*Casper* Rn. 8).

30   **3. Offenlegung der Erfüllung der Gründungsvoraussetzungen (Abs. 3 UAbs. 1).** Die Umstände des Art. 33 Abs. 2 (Erreichen der Mindestprozentsätze und übrige Bedingungen; → Rn. 24 ff.) sind offen zu legen, wenn und sobald sie vorliegen. Sie sind **Voraussetzungen und Gegenstand** der Offenlegung. In der Regel wird die Offenlegung kurzfristig nach Ablauf der ersten Einbringungsfrist erfolgen.

31   Der **Inhalt der Mitteilung** und Bekanntmachung folgt aus seinem Gegenstand. Bezüglich der Mindestprozentsätze sind – für alle Gründungsgesellschaften – ihr Vorliegen und die tatsächlich erreichten Prozentsätze aufzunehmen (ebenso KK-AktG/*Paefgen* Rn. 44; MüKoAktG/*Schäfer* Rn. 17; Spindler/Stilz/*Casper* Rn. 11). Das entspricht der Funktion, den Anteilseignern im Rahmen der Nachfrist eine informierte Entscheidung zu ermöglichen. Bezüglich der „übrigen Bedingungen" genügt eine stichwortartige Bezeichnung. Detaillierte Ausführungen sind nicht notwendig.

32   **Schuldner** sind die Gründungsgesellschaften. Die Offenlegung erfolgt durch jede Gesellschaft **separat** (allgM). Das Verfahren der Offenlegung richtet sich nach Art. 3 Publizitäts-RL iVm den nationalen Umsetzungsbestimmungen. Bei einer deutschen Gründungsgesellschaft sind die §§ 8 ff. HGB einschlägig. Die Einreichung erfolgt in der Form des **§ 12 Abs. 2 HGB** zum für die Gesellschaft zuständigen Handelsregister. Dieses veröffentlicht die eingereichte Mitteilung unter www.handelsregisterbekanntmachungen.de und im Unternehmensregister (§§ 10, 8b Abs. 2 Nr. 5 HGB). Die Bekanntmachung in einem weiteren „Blatt" ist infolge der Neufassung von § 10 HGB durch das (Gesetz über elektronische Handelsregister und Genossenschaftsregister sowie das Unternehmensregister vom 10.11.2006, BGBl. I S. 2553) entfallen (das übersieht MüKoAktG/*Schäfer* Rn. 18). Eine Eintragung der Mitteilung erfolgt nicht (wie hier MüKoAktG/ *Schäfer* Rn. 18; KK-AktG/*Paefgen* Rn. 52; *Jannott* in Jannott/Frodermann HdB SE Kap. 3 Rn. 176; Schmitt/Hörtnagl/Stratz/*Hörtnagl* UmwG Rn. 4; wohl aA *Scheifele* Gründung der SE 373; *Schwarz* Rn. 30).

33   Eine Bekanntmachungspflicht für den Fall, dass die Voraussetzungen des Art. 33 Abs. 2 ausgefallen sind, sieht die SE-VO nicht vor. War die geplante Holding-Gründung ad-hoc-pflichtig (§ 15 WpHG), gilt für ihr **Scheitern** regelmäßig nichts anderes. Besteht keine ad-hoc-Pflicht, dürfte es sich anbieten, die Anteilseigner dennoch hierüber in Kenntnis zu setzen; Vorgaben enthält die SE-VO hierfür aber keine.

34   **4. Weitere Einbringungsfrist (Abs. 3 UAbs. 2).** Die Offenlegung gemäß Art. 33 Abs. 3 UAbs. 1 setzt die zweite Einbringungsfrist **(Nachfrist)** in Gang (allgM). Die Frist beträgt einen Monat und beginnt mit der Bekanntmachung der Mitteilung nach Art. 33 Abs. 3 UAbs. 1, bei einer deutschen Gründungsgesellschaft folglich mit der Bekanntmachung nach § 10 HGB (→ Rn. 32). Die Nachfrist läuft dementsprechend für jede Gründungsgesellschaft separat. Maßgeblich ist nicht die letzte Bekanntmachung aller Gründungsgesellschaften (KK-AktG/*Paefgen* Rn. 56; Spindler/Stilz/*Casper* Rn. 13).

35   Für die **Einbringung** im Rahmen der Nachfrist gelten die Ausführungen in → Rn. 12 ff. entsprechend. Die Anforderungen an den **Zeitpunkt** des dinglichen Vollzugs der Einbringung in → Rn. 24 ff. gelten ebenfalls entsprechend. Die Eigentumsübertragung muss nicht innerhalb der Monatsfrist erfolgen (MüKo-AktG/*Schäfer* Rn. 21). Bis zur Eintragung der SE ist sie jedoch zu vollziehen (ebenso Nachweise → Rn. 4). Nach aA sind der Ablauf der Nachfrist und die

Übertragung der im Rahmen der Nachfrist eingebrachten Beteiligungen keine Eintragungsvoraussetzungen, sondern können der Eintragung nachfolgen (Nachweise → Rn. 3).

Erfolgt die **Offenlegung** nach Art. 33 Abs. 3 UAbs. 1 **zu Unrecht,** ist strittig, **36** ob die Monatsfrist dennoch in Gang gesetzt wird. Zum Teil wird das aus Gründen der Rechtssicherheit bejaht (MüKoAktG/*Schäfer* Rn. 19). Richtigerweise ist das jedoch zu verneinen (ebenso KK-AktG/*Paefgen* Rn. 57; Spindler/Stilz/*Casper* Rn. 14). Das Vorliegen der Voraussetzungen des Art. 33 Abs. 2 ist Eintragungsvoraussetzung (→ Rn. 6). Ist das bei Offenlegung noch nicht der Fall, muss diese erneut vorgenommen werden. Sind einzelne Voraussetzungen nicht erfüllt und können nicht mehr eintreten bzw. fallen endgültig aus, scheitert die Gründung. Insbesondere ist ein Erreichen der Mindestprozentsätze erst durch die Addition der im Rahmen der Nachfrist eingebrachten Anteile ausgeschlossen. Eine Einbuße an Rechtssicherheit folgt daraus nicht.

Anders liegt es, wenn die Offenlegung zu Recht erfolgt, aber inhaltlich **fehler-** **37** **behaftet oder unvollständig** ist (zustimmend zum Folgenden Spindler/Stilz/ *Casper* Rn. 14). Eine solche Offenlegung setzt die Nachfrist in Gang. Anders mag es ausnahmsweise nur dann liegen, wenn die Fehlerhaftigkeit so weitgehend ist, dass die Bekanntmachung ihre Funktion als Offenlegung iSv Art. 33 Abs. 3 UAbs. 1 nicht mehr erfüllt. Das ist nicht der Fall, wenn „übrige Bedingungen", die zu nennen wären, nicht aufgeführt oder Umstände als erfüllt bezeichnet werden, obgleich sie nicht zu den „übrigen Bedingungen" zählen. Werden die tatsächlich erreichten Prozentsätze (→ Rn. 31) unrichtig bezeichnet, kann dieser Fehler nur relevant sein, wenn er wesentlich ist, dh insbesondere das Vorliegen wichtiger Schwellenwerte falsch dargestellt ist.

5. Sachgründungsvorschriften. Gemäß **Art. 15 Abs. 1** finden auf das **38** Gründungsverfahren über die Art. 32 ff. hinaus die nationalen **Sachgründungsvorschriften** Anwendung. Hat die SE ihren Sitz in Deutschland, sind die **§§ 30 ff.** AktG maßgeblich (Verweise auf das AktG verstehen sich nachfolgend jeweils iVm Art. 15 Abs. 1).

a) Gründer. Gründer im Sinne der aktienrechtlichen Vorschriften sind die **39** **Gründungsgesellschaften,** nicht ihre Anteilseigner (*DAV-Handelsrechtsausschuss* NZG 2004, 75 [78]; *ders.* NZG 2004, 957 [958]; *Teichmann* ZGR 2003, 367 [393]; *Spitzbart* RNotZ 2006, 369 [407]; *Vossius* ZIP 2005, 741 [746] Rn. 62; *Bayer* in Lutter/Hommelhoff Europäische Gesellschaft 25 [54]; KK-AktG/*Paefgen* Rn. 79 f.; Schmitt/Hörtnagl/Stratz/*Hörtnagl* UmwG Rn. 5; LHT/*Bayer* Art. 32 Rn. 11; *Jannott* in Jannott/Frodermann HdB SE Kap. 3 Rn. 130; NK-SE/*Schröder* Art. 32 Rn. 98 ff.). Adressaten der Pflichten aus den Sachgründungsvorschriften sind somit die Gründungsgesellschaften. Einbringende und zukünftige SE-Aktionäre einerseits sowie Gründer andererseits fallen auseinander. Das führt vereinzelt zu Anwendungsschwierigkeiten (→ Rn. 46, 61).

b) Keine Entbehrlichkeit von Gründungsbericht und -prüfung. Grün- **40** dungsbericht und -prüfung nach Art. 15 Abs. 1 iVm §§ 32 f. AktG dienen dem Zweck, die Ordnungsmäßigkeit der Gründung zu gewährleisten und dem Registergericht seine Prüfung zu vereinfachen (s. Hüffer/*Koch* AktG § 32 Rn. 1, § 33 Rn. 1). Sie unterscheiden sich daher von Gründungsbericht und -prüfung gemäß **Art. 32 Abs. 2 S. 2, Abs. 4 und Abs. 5,** die der Aktionärsinformation dienen. Eine Gleichsetzung scheidet aus. Die §§ 32 f. AktG finden zusätzlich zu Art. 32 Abs. 2, Abs. 4 und Abs. 5 Anwendung (*Brandes* AG 2005, 177 [187]; *Oplustil* GLJ 4 [2003], 107 [115]; *J. Schmidt* „Deutsche" vs. „britische" SE, 2006, 310; NK-SE/*Schröder* Art. 15 Rn. 45, 59; KK-AktG/*Paefgen* Rn. 81 f.; Theisen/ Wenz/*Neun* 166).

41   Gründungsbericht und -prüfung sind auch nicht **analog § 75 Abs. 2 UmwG** entbehrlich (*Koke* Finanzverfassung, 2005, 56; *Scheifele* Gründung der SE, 2004, 368 f.; *Spitzbart* RNotZ 2006, 369 [406]; *Bayer* in Lutter/Hommelhoff Europäische Gesellschaft 25 [55]; MüKoAktG/*Schäfer* Art. 32 Rn. 37; ebenso nunmehr auch *Jannott* in Jannott/Frodermann HdB SE Kap. 3 Rn. 180). § 75 Abs. 2 UmwG ist bereits in seinem originären Anwendungsbereich umstritten (s. KK-UmwG/*Simon* § 75 Rn. 14; Lutter/*Grunewald* UmwG § 75 Rn. 4). Bei einer analogen Anwendung ist daher Zurückhaltung geboten. Eine Erstreckung auf die Holding-Gründung scheidet jedenfalls aus. § 75 Abs. 2 UmwG liegt die Vorstellung zugrunde, dass bei den Kapitalgesellschaften, deren Vermögen im Rahmen der Verschmelzung übergeht, durch die gesetzlichen Kapitalaufbringungs- und -erhaltungsvorschriften hinreichende Schutzmechanismen bestehen, so dass eine (erneute) Gründungsberichterstattung und -prüfung überflüssig sind (HK-UmwG/*Maulbetsch* § 75 Rn. 5; KK-UmwG/*Simon* § 75 Rn. 13). Bei der Holding-Gründung greift diese Annahme nicht. Eingebracht werden die Beteiligungen an Kapitalgesellschaften, nicht deren Vermögen. Bestehende Schutzmechanismen sind für die Werthaltigkeit der eingebrachten Beteiligungen nicht aussagekräftig.

42   **c) Gründungsbericht (Art. 15 Abs. 1 iVm § 32 AktG).** Der Gründungsbericht ist von den Gründungsgesellschaften zu erstatten. Er bedarf der **Schriftform** (§ 126 Abs. 1 BGB) und ist somit von den Vertretungsorganen aller Gründungsorgane in vertretungsberechtigter Anzahl zu unterschreiben. Rechtsgeschäftliche Stellvertretung ist nicht möglich (KK-AktG/*A. Arnold* § 32 Rn. 3; Hölters/*Solveen* AktG § 32 Rn. 3).

43   Der **Inhalt** richtet sich nach § 32 AktG. Kern ist die Darstellung des **Hergangs der Holding-Gründung (§ 32 Abs. 1 AktG).** Anzugeben sind die für die Gründung wesentlichen Umstände. Aus § 46 Abs. 1 AktG lassen sich im Wege des Rückschlusses (weitere) Vorgaben für den Berichtsinhalt ableiten. Darzustellen sind: (1) Vorliegen der allgemeinen Gründungsvoraussetzungen (Art. 2 Abs. 2, 32 Abs. 1 UAbs. 1); (2) Aufstellung des Gründungsplans (Art. 32 Abs. 2); (3) Offenlegung des Gründungsplans (Art. 32 Abs. 3); (4) Bestellung des oder der externen Prüfer und Prüfberichterstattung durch diese (Art. 32 Abs. 4, Abs. 5); (5) Zustimmungen durch die Anteilseignerversammlungen (Art. 32 Abs. 6 UAbs. 1); (6) im Fall von Mitbestimmungsvorbehalten Erteilung der Genehmigung durch die Anteilseignerversammlung(en); (7) Erreichen der Mindestprozentsätze innerhalb der Frist des Art. 33 Abs. 1; (8) Offenlegung gemäß Art. 33 Abs. 3 UAbs. 1; (9) Einbringungen im Rahmen der Nachfrist; (10) Grundkapital der SE, seine Zerlegung und die Erbringung der Sacheinlagen; (11) Bestellung des ersten Aufsichts- bzw. Verwaltungsrats sowie des Vorstands bzw. der geschäftsführenden Direktoren. Darüber hinaus sind gemäß **§ 32 Abs. 3 AktG** (s. auch § 46 Abs. 1 AktG) Angaben zu **Sondervorteilen** oder Entschädigungen für Organmitglieder der SE sowie zur **Aktienübernahme** auf Rechnung von Organmitgliedern der SE erforderlich.

44   Nach **§ 32 Abs. 2 S. 1 AktG** sind die wesentlichen Umstände darzulegen, von denen die **Angemessenheit der Leistungen für die Sacheinlagen** abhängt. Gemeint ist damit, ob der Wert der Sacheinlage dem Ausgabebetrag der für sie ausgegebenen Aktien entspricht (Hüffer/*Koch* AktG § 32 Rn. 4; KK-AktG/*A. Arnold* § 32 Rn. 9). Bei der Holding-Gründung ist folglich darzustellen, dass der Wert der eingebrachten Beteiligungen an den Gründungsgesellschaften den Ausgabebetrag der für sie gewählten SE-Aktien erreicht (*Koke* Finanzverfassung 57; *J. Schmidt* „Deutsche" vs. „britische" SE, 2006, 312; LHT/*Bayer* Rn. 40). Etwaige Gesellschafterdarlehen (→ Art. 32 Rn. 13) wären dabei ebenfalls offen zu legen.

Schließlich sind grundsätzlich die Angaben gemäß § 32 Abs. 2 S. 2 AktG **45** erforderlich (grundsätzlich für Unanwendbarkeit von § 32 Abs. 2 S. 2 AktG KK-AktG/*Paefgen* Rn. 85). **§ 32 Abs. 2 S. 2 Nr. 1 und 3 AktG** werden bei der Holding-Gründung jedoch in der Regel leerlaufen, die Nr. 1, weil es an vorangehenden Rechtsgeschäften, die auf den Erwerb der Beteiligungen an den Gründungsgesellschaften gerichtet sind, fehlen dürfte (Holding-HdB/*Marsch-Barner* § 18 Rn. 66; LHT/*Bayer* Rn. 40), und die Nr. 3, weil sie den Übergang eines Unternehmens als Sacheinlage voraussetzt. Darunter ist eine betriebsfähige Wirtschaftseinheit und nicht ein Rechtsträger (bzw. die Beteiligung an einem Rechtsträger) zu verstehen (KK-AktG/*A. Arnold* § 32 Rn. 15 iVm § 31 Rn. 4; Hölters/*Solveen* AktG § 32 Rn. 8 iVm § 31 Rn. 3). Bei der Holding-Gründung werden hingegen Beteiligungen und kein Unternehmen iSv § 32 Abs. 2 S. 2 Nr. 3 AktG eingebracht (*Scheifele* Gründung der SE 370; Holding-HdB/*Marsch-Barner* § 18 Rn. 66).

§ 32 Abs. 2 S. 2 Nr. 2 AktG verlangt ferner die Angabe der Anschaffungs- **46** kosten für den Sacheinlagegegenstand aus den letzten zwei Jahren. Darzulegen wäre damit, wie viel die einzelnen Anteilseigner der Gründungsgesellschaften, die ihre Beteiligungen in die SE einbringen, für diese in den letzten zwei Jahren gezahlt haben. Das ist aus praktischen Gründen regelmäßig kaum möglich, bietet bei einem großen Anteilseignerkreis wenig Erkenntniswert und entzieht sich regelmäßig der Kenntnis der Gründungsgesellschaften. Daher wird das Erfordernis zum Teil auf personalistisch strukturierte Gesellschaften beschränkt (Theisen/Wenz/*Neun* 168), kontextspezifisch reduziert (LHT/*Bayer* Rn. 40; Holding-HdB/*Marsch-Barner* § 18 Rn. 66: „generalisierende Angaben") oder auf den Gründungsgesellschaften bekannte Anschaffungskosten eingegrenzt (*Spitzbart* RNotZ 2006, 369 [407]). Überzeugender ist es jedoch, § 32 Abs. 2 S. 2 Nr. 2 AktG bei der Holding-Gründung gar **nicht anzuwenden** (ebenso KK-AktG/*Paefgen* Rn. 85; *Scheifele* Gründung der SE 370; MüKoAktG/*Schäfer* Art. 32 Rn. 37; wohl auch *Schwarz* Vor Art. 32–34 Rn. 32). Die anderen Ansichten führen zu unnötiger Rechtsunsicherheit bzw. dazu, dass die Angaben praktisch keinen Mehrwert haben. Auch vor dem Hintergrund der übrigen Sicherungsmaßnahmen sind die Anschaffungskosten daher nicht in den Bericht aufzunehmen.

d) Gründungsprüfung (Art. 15 Abs. 1 iVm §§ 33 ff. AktG). Nach **47** Art. 15 Abs. 1 iVm § 33 AktG ist die Gründung intern und extern zu prüfen. Die **interne Prüfung** ist im dualistischen System durch Vorstand und Aufsichtsrat durchzuführen (§ 33 Abs. 1 AktG). Im monistischen System erfolgt sie, wie sich aus §§ 21 Abs. 2 S. 3, Abs. 3, 22 Abs. 6 SEAG ergibt, allein durch den Verwaltungsrat der SE (Theisen/Wenz/*Neun* 168; *Scheifele* Gründung der SE 370; KK-AktG/*Paefgen* Rn. 86). Der über die Prüfung zu erstattende Bericht bedarf der **Schriftform** (§ 34 Abs. 2 S. 1 AktG) und ist daher von allen Organmitgliedern zu unterschreiben (§ 126 Abs. 1 BGB; Holding-HdB/*Marsch-Barner* § 18 Rn. 69; zu § 34 Abs. 2 AktG allgemein Hüffer/*Koch* AktG § 34 Rn. 4). Stellvertretung ist ausgeschlossen (*Jannott* in Jannott/Frodermann HdB SE Kap. 3 Rn. 183; allgemein zu § 34 Abs. 2 AktG s. KK-AktG/*A. Arnold* § 34 Rn. 11). Im dualistischen System können Vorstand und Aufsichtsrat gemeinsam einen Bericht erstatten (heute allgM).

Ferner muss eine **externe Prüfung** erfolgen (§ 33 Abs. 2 Nr. 4 AktG), es sein **48** denn, es greift die Ausnahme des § 33a AktG ein (dazu KK-AktG/*Paefgen* Rn. 88). Wer zum Prüfer bestellt werden kann, regelt § 33 Abs. 4 AktG, Bestellhindernisse § 33 Abs. 5 iVm § 143 Abs. 2 AktG. Die **Bestellung** des Prüfers erfolgt durch das Amtsgericht des Gesellschaftssitzes auf Antrag; antragsberechtigt sind die Gründer (strittig, ob nur gemeinsam, so Hüffer/*Koch* AktG § 33 Rn. 7;

Hölters/*Solveen* AktG § 33 Rn. 13, oder einzeln, so MüKoAktG/*Pentz* § 33
Rn. 30), bei der Holding-Gründung folglich die Gründungsgesellschaften
(→ Rn. 39), sowie der Vorstand bzw. die geschäftsführenden Direktoren in ver-
tretungsberechtigter Anzahl. Auch der externe Prüfer muss einen schriftlichen
Prüfbericht erstatten (§ 34 Abs. 2 S. 1 AktG). Interner und externer Prüfbericht
können nicht in einem gemeinsamen Dokument erstattet werden (LHT/*Bayer*
Rn. 41; allgemein zu § 34 Abs. 2 AktG KK-AktG/*A. Arnold* § 34 Rn. 10).

49   Prüfungsgegenstand und Inhalt der Prüfberichte sind für interne und externe
Prüfung grundsätzlich identisch. Eine Ausnahme ergibt sich aus § 38 Abs. 2 S. 1
AktG, § 21 Abs. 3 SEAG aus denen folgt, dass die externe Prüfung auch den
internen Prüfbericht umfasst. **Gegenstand der Prüfung** und **Inhalt der Prüfberichte** erschließen sich aus §§ 33 Abs. 1, 34 Abs. 1 und Abs. 2 sowie 38
Abs. 2 AktG; im Einzelnen sind das (1) der Hergang der Gründung (→ Rn. 43);
(2) die Sacheinlagegegenstände; (3) die bei Ermittlung des Werts der Sacheinlagen angewendeten Bewertungsmethoden; (4) der Gründungsbericht der Gründer, insbesondere die Richtigkeit und Vollständigkeit der Angaben im Gründungsbericht über die Übernahme der SE-Aktien, über die Sacheinlagen und
über die Festsetzungen nach §§ 26, 27 AktG (zu § 27 AktG → Art. 32 Rn. 55);
und (5) die Deckung des geringsten Ausgabebetrages der SE-Aktien (§ 9 Abs. 1
AktG) sowie eines festgesetzten korporativen Aufgelds (Agio; s. BGHZ 191, 364
Rn. 19 = NZG 2012, 69; MHdB AG/*Hoffmann-Becking* § 4 Rn. 38 mwN auch
zur Gegenansicht) durch den Wert der Sacheinlagen.

50   Aus den gestuften Prüfungsgegenständen ergibt sich die **zeitliche Abfolge**
von Gründungs- sowie internem und externem Prüfbericht. Zunächst kommt
der Gründungsbericht, sodann der interne Prüf- und schließlich der externe
Prüfbericht (s. Hüffer/*Koch* AktG § 32 Rn. 2, § 34 Rn. 4). Das gilt jedoch nur
für die Fertigstellung. Eine zeitlich parallele Erstellung ist zulässig und in der
Regel empfehlenswert.

51   **6. Eintragungsverfahren.** An den Abschluss der Einbringungsphase und die
Erstellung der Gründungs- und Prüfberichte schließt sich das Eintragungsverfah-
ren an. Das Verfahren richtet sich über Art. 15 Abs. 1 im Wesentlichen nach den
aktienrechtlichen Bestimmungen, erfährt aber eine Reihe **SE-spezifischer
Modifikationen.** Für eine Holding-SE mit Sitz in Deutschland gilt danach das
Folgende (Verweise auf Regelungen des AktG verstehen sich dabei jeweils iVm
Art. 15 Abs. 1).

52   **a) Anmeldung.** Die SE ist zur Eintragung anzumelden. Die **Anmeldepflicht**
obliegt allen Gründern, dh den Gründungsgesellschaften, sowie allen Vorstands-
und Aufsichtsratsmitgliedern bzw. sämtlichen geschäftsführenden Direktoren und
Verwaltungsratsmitgliedern (*Kleindiek* in Lutter/Hommelhoff Europäische Gesellschaft 95 [97 ff.]; LHT/*Bayer* Rn. 51). Die Anmeldung erfolgt gemäß Art. 15
Abs. 1 iVm §§ 375, 376 FamFG, § 14 AktG bei dem für den geplanten Sitz der
SE örtlich zuständigen Registergericht (KK-AktG/*Paefgen* Rn. 93); dasselbe ergibt sich aus § 4 S. 1 SEAG, der wegen der Verweisung in § 15 Abs. 1 insofern
jedoch rein deklaratorisch ist (LHT/*Bayer* Rn. 44; KK-AktG/*Paefgen* Rn. 93:
§ 4 S. 1 SEAG finde neben Art. 15 Abs. 1 keine Anwendung).

53   Anzumelden sind die gemäß § 39 AktG, § 21 Abs. 4 SEAG **eintragungs-
pflichtigen Tatsachen** (→ Rn. 57). Anzumelden, aber nicht zur Eintragung, ist
darüber hinaus der Vorsitzende des Aufsichts- bzw. Verwaltungsrats (§ 107 Abs. 1
S. 2 AktG, § 46 Abs. 1 S. 3 SEAG, wonach auch der Stellvertreter anzumelden
ist). Die Anmeldung muss ferner die **Versicherungen und Erklärungen** gemäß
§ 37 Abs. 1, Abs. 2 AktG, § 21 Abs. 2 S. 1 SEAG enthalten. § 36a Abs. 2 S. 2
AktG findet dabei keine Anwendung (→ Rn. 24). Die Vertretungsorgane der SE

haben das **Negativattest** gemäß § 10 Abs. 2 SEAG abzugeben (→ Rn. 56; → Art. 32 Rn. 100 f.).

Als **Anlagen** sind der Anmeldung die Unterlagen gemäß § 37 Abs. 4 AktG **54** und § 21 Abs. 2 S. 3 SEAG beizufügen sowie ferner die Unterlagen, die dem Registergericht die Prüfung der Ordnungsmäßigkeit der Gründung iSv Art. 33 Abs. 5 ermöglichen. Im Einzelnen: (1) Gründungsplan bzw. -pläne einschließlich Satzung, bei Anpassung durch den Aufsichts- bzw. Verwaltungsrat (→ Art. 32 Rn. 71) auch der Änderungsbeschluss und die angepasste Satzung; (2) bei separater Erstellung der oder die Gründungsberichte iSv Art. 32 Abs. 2 S. 2; (3) die Einbringungsverträge mit den Übernahmeerklärungen und der Übertragung der Beteiligungen an den Gründungsgesellschaften auf die SE, nicht jedoch gesonderte Zeichnungsscheine (wie hier KK-AktG/*Paefgen* Rn. 97 f.; aA aber *Spitzbart* RNotZ 2006, 369 [410]; *Jannott* in Jannott/Frodermann HdB SE Kap. 3 Rn. 186; → Rn. 18); (4) der oder die Prüfberichte gemäß Art. 32 Abs. 4 und Abs. 5 nebst Belegen zur Prüferbestellung; (5) Niederschriften über die Zustimmungsbeschlüsse gemäß Art. 32 Abs. 6 UAbs. 1 sowie, soweit relevant, über die Genehmigungsbeschlüsse iSv Art. 32 Abs. 6 UAbs. 2; (6) Nachweis über die Einbringung der Mindestprozentsätze während der ersten Einbringungsfrist; (7) Nachweis über die Offenlegung gemäß Art. 33 Abs. 3 UAbs. 1; (8) Erfüllung der Gründungsvoraussetzungen gemäß Art. 2 Abs. 2, 32 Abs. 1 UAbs. 1 (*J. Schmidt* „Deutsche" vs. „britische" SE, 2006, 337; LHT/*Bayer* Rn. 52); (9) Urkunden über die Bestellung des Vorstands bzw. der geschäftsführenden Direktoren (die Bestellung der Aufsichts- bzw. Verwaltungsratsmitglieder ist im Gründungsplan bzw. in der Satzung enthalten; → Art. 32 Rn. 65); (10) Nachweis über den Abschluss des Mitbestimmungsverfahrens (Art. 12 Abs. 2), aus dem sich auch ergibt, dass die Satzung nicht im Widerspruch zu der Mitbestimmungslösung steht (Art. 12 Abs. 4 UAbs. 1); (11) im dualistischen System eine Liste der Aufsichtsratsmitglieder (im monistischen System genügt die Angabe des Vorsitzenden des Verwaltungsrats und seines Stellvertreters in der Anmeldung; s. § 46 Abs. 1 S. 3 SEAG; → Rn. 53); (12) die Gründungs- und Prüfberichte gemäß §§ 32 ff. AktG; (13) eine Berechnung des Gründungsaufwands und etwaige Verträge über Sondervorteile (*Spitzbart* RNotZ 2006, 369 [410]); sowie (14) etwaige für die Gründung erforderliche Genehmigungen (zB kartellrechtliche Freigabe).

b) Prüfung durch das Handelsregister. Das Registergericht hat die Anmel- **55** dung nach Maßgabe der § 38 **AktG**, § 21 Abs. 3 **SEAG** zu prüfen (*Brandes* AG 2005, 177 [187]; *Kleindiek* in Lutter/Hommelhoff Europäische Gesellschaft 25 [102]; KK-AktG/*Paefgen* Rn. 100). Die Ordnungsmäßigkeit der Gründung richtet sich nach Art. 33 Abs. 5 und den aktienrechtlichen Sachgründungsvorschriften. Die Eintragungsvoraussetzungen entsprechen den in → Rn. 53 f. dargestellten Anforderungen an die Anmeldung.

Schwierigkeiten ergeben sich daraus, dass die SE-VO anders als bei der Ver- **56** schmelzungs-Gründung **keine zweistufige Gründungskontrolle** (s. Art. 25 f.) vorsieht. Vielmehr hat die für die Eintragung der SE zuständige Behörde die Rechtmäßigkeit der Gründung umfassend zu prüfen. Die Behörde muss die Gründungsvoraussetzungen daher auch insoweit kontrollieren, als sie ausländischem Recht unterliegen. Das ist praktisch kaum möglich. Zu Recht wird daher angenommen, dass die Behörde in Bezug auf die Einhaltung der ausländischem Recht unterliegenden Voraussetzungen lediglich eine **Evidenzkontrolle** durchführen muss und kann (s. KK-AktG/*Paefgen* Rn. 104; ebenso Spindler/Stilz/*Casper* Rn. 17; LHT/*Bayer* Rn. 48; kritisch zur Prüfung ausländischen Rechts auch *Schwarz* Rn. 46; MüKoAktG/*Schäfer* Rn. 25; aA Widmann/Mayer/*Heckschen* UmwG Anh. 14 Rn. 334). Ausdruck der beschränkten Prüfungskompetenz ist auch § 10 Abs. 2 SEAG. Dieser verlangt ein Negativattest in Bezug auf die Zustimmungsbeschlüsse aller Gründungsgesellschaften (→ Art. 32 Rn. 100). Wird ein solches Attest eingereicht, ist die Rechtmäßigkeit des Zustimmungsbeschlusses der Kontrolle der Registerbehörde richtigerweise entzogen (MüKoAktG/*Schäfer* Rn. 26; KK-AktG/*Paefgen* Rn. 111; s. auch LHT/*Bayer* Rn. 48). Darüber hinaus erscheint es naheliegend, für Beschlüsse ausländischer Gesellschaften die Abgabe des Negativattests nicht nur in den in § 10 Abs. 2 SEAG genannten Fällen zu erlauben, sondern allgemein den Nachweis zuzulassen, dass etwaige Klagen nach der ausländischen Rechtsordnung der Holding-Gründung nicht entgegenstehen (zB durch eine legal opinion oder eine Entscheidung im einstweiligen Rechtsschutz).

57   c) **Eintragung.** Eine deutsche SE wird in Abteilung B des Handelsregisters eingetragen (Art. 12 Abs. 1, § 3 SEAG, § 33 Abs. 3 HRV). Der **Eintragungsinhalt** ergibt sich über Art. 12 Abs. 1, Art. 3 Publizitäts-RL bzw. § 3 SEAG aus § 39 AktG, der für die monistische SE durch § 21 Abs. 4 SEAG ergänzt wird. Einzutragen sind (1) Firma, (2) Sitz, (3) inländische Geschäftsanschrift, (4) Unternehmensgegenstand, (5) Grundkapital, (6) Tag der Satzungsfeststellung, (7) Vorstandsmitglieder bzw. geschäftsführende Direktoren, (8) abstrakte und konkrete Vertretungsmacht der Vorstandsmitglieder bzw. geschäftsführenden Direktoren und, falls relevant, (9) Dauer der Gesellschaft sowie (10) genehmigte Kapitalia (→ Art. 12 Rn. 9 f.).

58   Die wesentlichen **Rechtswirkungen der Eintragung** regeln die Art. 16 Abs. 1, 32 Abs. 1 UAbs. 2 und 33 Abs. 4. Die SE erwirbt **Rechtspersönlichkeit,** entsteht also als rechtsfähige juristische Person (→ Art. 16 Rn. 5), während die Gründungsgesellschaften fortbestehen. Die Anteilseigner der Gründungsgesellschaften, die ihre Beteiligungen in die (Vor-)SE eingebracht haben, werden nach Maßgabe des Umtauschverhältnisses **Aktionäre der SE.** Ist eine Zuzahlung vorgesehen, wird sie fällig. Die Holding-SE genießt **keinen besonderen Bestandsschutz.** Art. 30 UAbs. 1 findet mangels vergleichbarer Interessenlage nicht analog Anwendung (hM; KK-AktG/*Paefgen* Rn. 117; Spindler/Stilz/*Casper* Rn. 19; MüKoAktG/*Schäfer* Rn. 33; LHT/*Bayer* Rn. 58; aA *Brandes* AG 2005, 177 [187]). Über Art. 15 Abs. 1 bzw. Art. 9 Abs. 1 lit. c ii) gelten vielmehr die nationalen Bestimmungen, in Deutschland die §§ 275 ff., 262 Abs. 1 Nr. 5 AktG (*Scheifele* Gründung der SE § 383; MüKoAktG/*Schäfer* Rn. 33; KK-AktG/*Paefgen* Rn. 118).

59   d) **Bekanntmachung.** Die Eintragung wird gemäß **Art. 15 Abs. 2, 13,** Art. 3 Publizitäts-RL bekanntgemacht, bei einer deutschen SE somit nach **§ 10 HGB** sowie nach **§ 8b Abs. 2 Nr. 1 HGB.** Im Anschluss ist die Eintragung im **Amtsblatt der Europäischen Gemeinschaft** zu veröffentlichen **(Art. 14 Abs. 1 S. 1);** der Inhalt der Veröffentlichung ergibt sich aus Art. 14 Abs. 1 S. 2 (→ Art. 14 Rn. 2 f.).

60   **7. Haftung. a) Gründer- und Organhaftung.** Die Gründungsgesellschaften haften aufgrund ihrer Eigenschaft als Gründer nach Maßgabe von **§ 46 AktG** und die SE-Organe nach **§ 48 AktG** (LHT/*Bayer* Rn. 42; KK-AktG/*Paefgen* Rn. 90, 92). Ferner kann unter den Voraussetzungen der **§§ 399 Abs. 1 Nr. 1 und Nr. 2 AktG** (bei der monistischen SE in Bezug auf die Organe iVm § 53 SEAG) eine Strafbarkeit der Vertretungsorgane der Gründungsgesellschaften bzw. der SE-Organe in Betracht kommen. Da § 339 Abs. 1 AktG ein Schutzgesetz iSv § 823 Abs. 2 BGB darstellt (Spindler/Stilz/*Hefendehl* AktG § 399 Rn. 5 mwN), kann die Verletzung von § 399 Abs. 1 AktG zudem eine zivilrechtliche Haftung auslösen.

61   **b) Differenzhaftung.** Liegt der Wert der Sacheinlage im Rahmen der Gründung einer AG unter dem Ausgabebetrag der ausgegebenen Aktien, trifft den

Sacheinleger eine Haftung für die Wertdifferenz (vgl. MHdB AG/*Hoffmann-Becking* § 4 Rn. 47 f. mwN). Die Anwendung dieser Differenzhaftung kommt über Art. 5 oder Art. 15 Abs. 1 grundsätzlich auch bei der SE in Betracht. Es fehlt jedoch an einem tauglichen Schuldner. Eine **Differenzhaftung besteht nicht** (*Koke* Finanzverfassung 59 f.; *Schwarz* Vor Art. 32–34 Rn. 35; *Jannott* in Jannott/ Frodermann HdB SE Kap. 3 Rn. 329; *Jünemann* in BJMS SE § 2 Rn. 352; wohl aA und für eine Differenzhaftung der ihre Beteiligungen an den Gründungsgesellschaften einlegenden Anteilseigner NK-SE/*Mayer* Art. 5 Rn. 31). Die **Anteilseigner** üben zwar ihr Stimmrecht bei der Zustimmung zur Holding-Gründung aus und entscheiden frei über die Einbringung ihrer Beteiligungen in die SE. Darüber hinaus steuern sie die Holding-Gründung jedoch nicht und sind dementsprechend nicht Gründer im Sinne der aktienrechtlichen Bestimmungen. Insbesondere wirken sie nicht an der Bewertung ihrer Gründungsgesellschaft sowie an der Erstellung der Berichte gemäß §§ 32 f. AktG mit. Ob ihre Sacheinlage werthaltig ist, hängt von dem Wert ihrer Gründungsgesellschaft ab. Deren zutreffende Bewertung entzieht sich aber regelmäßig der Kenntnis der Anteilseigner. Mangels hinreichender Mitwirkungs- und Mitspracherechte (zu diesem Gesichtspunkt auch *Schäfer* NZG 2004, 785 [791]) kommt eine Differenzhaftung der Anteilseigner daher nicht in Betracht. Die **Gründungsgesellschaften** ihrerseits betreiben und kontrollieren zwar die Gründung. Dementsprechend sind sie Gründer iSd AktG. Sie erbringen jedoch keine Sacheinlage und werden nicht SE-Aktionäre (→ Rn. 11). Zudem würde ihre Haftung wirtschaftlich zu Lasten ihrer Anteilseigner gehen. Das sind zum einen diejenigen, die sich nicht an der Holding-Gründung beteiligt haben. Ihre Belastung mit einer Differenzhaftung der Gründungsgesellschaft lässt sich nicht rechtfertigen. Zum anderen ist Anteilseigner die SE selbst. Die Kompensation durch die Differenzhaftung würde sie sogleich mit einer Werteinbuße ihrer Tochtergesellschaft „bezahlen". Auch wenn das nur anteilig der Fall wäre (die verbliebenen Gesellschafter würden den Rest tragen), lässt sich daraus eine Differenzhaftung der Gründungsgesellschaft nicht begründen.

[Interessenschutz bei Gründung]

34 Ein Mitgliedstaat kann für die die eine Gründung anstrebenden Gesellschaften Vorschriften zum Schutz der die Gründung ablehnenden Minderheitsgesellschafter, der Gläubiger und der Arbeitnehmer erlassen.

§ 9 SEAG Abfindungsangebot im Gründungsplan

(1) [1] Bei der Gründung einer Holding-SE nach dem Verfahren der Verordnung, die ihren Sitz im Ausland haben soll oder die ihrerseits abhängig im Sinne des § 17 des Aktiengesetzes ist, hat eine die Gründung anstrebende Aktiengesellschaft im Gründungsplan jedem Anteilsinhaber, der gegen den Zustimmungsbeschluss dieser Gesellschaft zum Gründungsplan Widerspruch zur Niederschrift erklärt, den Erwerb seiner Anteile gegen eine angemessene Barabfindung anzubieten. [2] Die Vorschriften des Aktiengesetzes über den Erwerb eigener Aktien gelten entsprechend, jedoch ist § 71 Abs. 4 Satz 2 des Aktiengesetzes insoweit nicht anzuwenden. [3] Die Bekanntmachung des Gründungsplans als Gegenstand der Beschlussfassung muss den Wortlaut dieses Angebots enthalten. [4] Die Gesellschaft hat die Kosten für eine Übertragung zu tragen. [5] § 29 Abs. 2 des Umwandlungsgesetzes findet entsprechende Anwendung.

(2) § 7 Abs. 2 bis 7 findet entsprechende Anwendung, wobei an die Stelle der Eintragung und Bekanntmachung der Verschmelzung die Eintragung und Bekanntmachung der neu gegründeten Holding-SE tritt.

§ 11 SEAG Verbesserung des Umtauschverhältnisses

(1) Ist bei der Gründung einer Holding-SE nach dem Verfahren der Verordnung das Umtauschverhältnis der Anteile nicht angemessen, so kann jeder Anteilsinhaber der die Gründung anstrebenden Gesellschaft von der Holding-SE einen Ausgleich durch bare Zuzahlung verlangen.

(2) § 6 Abs. 1, 3 und 4 findet entsprechende Anwendung, wobei an die Stelle der Eintragung und Bekanntmachung der Verschmelzung die Eintragung und Bekanntmachung der Gründung der Holding-SE tritt.

Schrifttum: S. Schrifttum zu Art. 32.

I. Allgemeines

1   **1. Regelungszweck.** Gemäß Art. 34 kann der nationale Gesetzgeber ergänzende Vorschriften zum Schutz der die Gründung ablehnenden Minderheitsgesellschafter, der Gläubiger und der Arbeitnehmer erlassen. Mit Blick auf die **Aktionäre** hat der deutsche Gesetzgeber hiervon in den **§§ 9 und 11 SEAG** Gebrauch gemacht. § 10 SEAG fällt nicht darunter. § 10 Abs. 1 SEAG (Mehrheitserfordernis für Zustimmungsbeschluss) schließt die Lücke der SE-VO, die sich daraus ergibt, dass Art. 32 Abs. 6 UAbs. 1 die notwendige Mehrheit nicht regelt; § 10 Abs. 2 SEAG dient der Ausfüllung von Art. 33 Abs. 5 (Begr. RegE zum SEEG, BT-Drs. 15/3405, 34). Zu § 10 SEAG → Art. 32 Rn. 94, 100 f.

2   Zugunsten der **Gläubiger** und **Arbeitnehmer** hat der deutsche Gesetzgeber keine Schutzvorschriften erlassen. Das erschien zu Recht nicht erforderlich, da die Gründungsgesellschaften unverändert fortbestehen und sich die Wirkungen der Gründung im Grundsatz auf ihre faktische Konzernierung beschränken (→ Art. 32 Rn. 6). Schutz zugunsten der Gläubiger und Arbeitnehmer (als Gläubiger) bietet insofern das maßgebliche nationale Konzernrecht (MüKoAktG/*Schäfer* Rn. 2; KK-AktG/*Paefgen* Rn. 7), das auch im Fall des Übergangs zum Vertragskonzern anwendbar ist (→ Art. 32 Rn. 12). Bezüglich der Arbeitnehmer ist im Übrigen das Mitbestimmungsverfahren nach Maßgabe der SE-Beteiligungsrichtlinie bzw. des nationalen Umsetzungsgesetzes (in Deutschland das SEBG) durchzuführen.

3   **2. Analoge Geltung von Art. 25 Abs. 3.** Nach § 9 Abs. 2 iVm § 7 Abs. 7 SEAG und § 11 Abs. 1 SEAG können sowohl eine Barabfindung als auch das Umtauschverhältnis grundsätzlich im Wege des **Spruchverfahrens** einer Angemessenheitskontrolle unterzogen werden. Dabei findet jedoch **Art. 25 Abs. 3 analog** Anwendung; ein Spruchverfahren ist nur eröffnet, soweit die Rechtsordnungen der anderen Gründungsgesellschaften ein vergleichbares Verfahren vorsehen oder die Anteilseignerversammlungen der anderen Gründungsgesellschaften der möglichen Durchführung eines Spruchverfahrens zustimmen (→ Art. 32 Rn. 102).

II. Einzelerläuterungen

4   **1. Austrittsrecht gegen Barabfindung (§ 9 SEAG).** Bezüglich § 9 SEAG s. zur Unternehmensbewertung → Art. 32 Rn. 53 und → Art. 20 Rn. 14, zum Anwendungsbereich → Art. 32 Rn. 61 f. sowie zur näheren Ausgestaltung des Austrittsrechts gegen Barabfindung → Art. 24 Rn. 44 ff.

5   Die Annahme des Abfindungsangebots führt zum **Erwerb eigener Aktien** durch die Gründungs-AG. § 9 Abs. 1 S. 2 SEAG erklärt daher die §§ 71 ff. AktG mit Ausnahme des § 71 Abs. 4 S. 2 AktG für anwendbar. Das bedeutet: Der Austritt gegen Barabfindung im Rahmen der Holding-Gründung ist ein gesetzlich zulässiger Fall des Erwerbs eigener Aktien. Das ergibt sich unmittelbar aus

§ 9 SEAG. Einer Analogie zu § 71 Abs. 1 Nr. 3 AktG (so aber *Jannott* in Jannott/
Frodermann HdB SE Kap. 3 Rn. 199; Spindler/Stilz/*Casper* Rn. 3 iVm Spind-
ler/Stilz/*Casper* Art. 20 Rn. 11) bedarf es dafür nicht. Fraglich ist, ob **§ 71
Abs. 2 S. 1 AktG** Anwendung findet. Danach dürfen die zurückerworbenen
Aktien (zusammen mit sonstigen eigenen Aktien) maximal 10 % des Grundkapi-
tals betragen. Nach verbreiteter Auffassung findet die Regelung mit der Maßgabe
Anwendung, dass der Hauptversammlungsbeschluss rechtswidrig ist, wenn sich
vor oder im Rahmen der Fassung des Beschlusses (zB aufgrund der erhobenen
Widersprüche) abzeichnet, dass die 10 %-Grenze nicht eingehalten werden wird.
Ist das der Fall, soll der Beschluss anfechtbar (*Jannott* in Jannott/Frodermann HdB
SE Kap. 3 Rn. 199; zu §§ 29, 207 UmwG Lutter/*Grunewald* UmwG § 29
Rn. 25; Semler/Stengel/*Kalss* UmwG § 29 Rn. 33, § 207 Rn. 11; HK-
UmwG/*Stockburger* § 29 Rn. 39; Henssler/Strohn/*Müller* UmwG § 29 Rn. 22;
Lutter/*Decher/Hoger* UmwG § 207 Rn. 17; Kallmeyer/*Meister/Klöcker* UmwG
§ 207 Rn. 35; KK-UmwG/*Petersen* § 207 Rn. 14) oder sogar nichtig sein
(Schmidt/Lutter/*Bezzenberger* AktG § 71 Rn. 41; MüKoAktG/*Oechsler* § 71
Rn. 154). Das ist mit der Gegenansicht abzulehnen (Grigoleit/*Grigoleit/Rachlitz*
AktG § 71 Rn. 42; KK-AktG/*Lutter/Drygala* § 71 Rn. 209; Spindler/Stilz/*Cahn*
§ 71 Rn. 70; Hölters/*Laubert* AktG § 71 Rn. 10; zu §§ 29, 207 UmwG KK-
UmwG/*Simon* § 29 Rn. 44; *Schmitt/Hörtnagl/Stratz* UmwG § 29 Rn. 12, § 207
Rn. 7). § 9 Abs. 1 S. 2 SEAG knüpft an die entsprechende Regelung in § 29
Abs. 1 S. 2 Hs. 2 UmwG an (BT-Drs. 15/3405, 33 und 34), der ebenfalls § 71
Abs. 4 S. 2 AktG für unanwendbar erklärt. Damit wollte der Gesetzgeber einen
Aktienerwerb jenseits der 10 %-Grenze ermöglichen und dadurch dem Schutz
widersprechender Aktionäre Vorrang einräumen (BT-Drs. 12/6699, 94). Daher
ist der Erwerb eigener Aktien, wenn er die 10 %-Grenze überschreitet, nicht nur
dinglich (§ 71 Abs. 4 S. 1 AktG), sondern – aufgrund des Ausschlusses von § 71
Abs. 4 S. 2 AktG durch § 9 Abs. 1 S. 2 SEAG – auch schuldrechtlich wirksam.
Die Anfechtbarkeit oder gar Nichtigkeit des Hauptversammlungsbeschlusses bei
absehbarer Überschreitung der 10 %-Grenze steht in Widerspruch zu dieser
gesetzgeberischen Intention. Darüber hinaus überzeugt die Anknüpfung an die
Absehbarkeit der Überschreitung der 10 %-Grenze nicht. Ob und in welchem
Umfang Aktionäre, die Widerspruch erhoben haben, auch das Abfindungsangebot annehmen, entscheidet sich erst später, so dass die vermeintliche Absehbarkeit
zur Rechtswidrigkeit des Beschlusses führen kann, obwohl die 10 %-Grenze
tatsächlich nicht überschritten worden wäre. § 71 Abs. 2 S. 1 AktG findet iRv.
§ 9 SEAG daher keine Anwendung. Vielmehr muss die Gründungs-AG die
eigenen Aktien, soweit diese die 10 %-Grenze überschreiten, binnen drei Jahren
nach ihrem Erwerb veräußern (**§ 71c Abs. 2 AktG**) und, wenn das nicht
geschieht, gemäß **§ 71c Abs. 3 AktG** einziehen. Aus den erworbenen eigenen
Aktien stehen der Gründungs-AG keine Rechte zu (**§ 71b AktG**).

2. Verbesserung des Umtauschverhältnisses (§ 11 SEAG). Art. 11 Abs. 1 **6**
erlaubt es den Anteilseignern einer deutschen Gründungsgesellschaft (AG oder
GmbH), das **Umtauschverhältnis** (Art. 32 Abs. 2 S. 3 iVm Art. 20 Abs. 1 lit.
b) im Rahmen eines Spruchverfahrens auf seine **Angemessenheit** zu überprüfen. § 11 Abs. 2 erklärt § 6 Abs. 1, Abs. 3 und Abs. 4 SEAG, welche das Spruchverfahren zur Kontrolle des Umtauschverhältnisses bei der Verschmelzungs-Gründung behandeln, für entsprechend anwendbar. Auf die Kommentierung dieser
Regelungen (→ Art. 24 Rn. 25 ff.) kann verwiesen werden. Zur Unternehmensbewertung vgl. ferner → Art. 32 Rn. 53; zur analogen Geltung von Art. 25
Abs. 3 → Rn. 3; → Art. 32 Rn. 102.

§ 11 SEAG ist durch **Art. 34** gedeckt. Danach können auf nationaler Ebene **7**
zwar nur Schutzvorschriften zugunsten von **Minderheitsgesellschaftern, wel-**

che die Holding-Gründung ablehnen, erlassen werden. Das setzt aber nicht voraus, dass nur Anteilseigner geschützt werden dürfen, die gegen den Zustimmungsbeschluss stimmen oder ihm widersprechen bzw. ihre Beteiligung nicht in SE-Aktien umtauschen. Erfasst sind auch Anteilseigner, die die Gründung unterstützen und sich an ihr beteiligen, jedoch das Umtauschverhältnis nicht für angemessen halten (ebenso MüKoAktG/*Schäfer* Rn. 3; LHT/*Bayer* Rn. 10; *Scheifele* Gründung der SE 348; KK-AktG/*Paefgen* Rn. 38; Spindler/Stilz/*Casper* Rn. 1). Anstatt gegen die Gründung insgesamt vorzugehen, können diese Aktionäre allein das Umtauschverhältnis zur Überprüfung stellen (so auch die gesetzliche Zielrichtung, s. Begr. RegE zum SEEG, BT-Drs. 15/43405, 34). Entgegen aA (*J. Vetter* in Lutter/Hommelhoff Europäische Gesellschaft 111 [155]; NK-SE/*Schröder* Rn. 9 f., 21; *DAV-Handelsrechtsausschuss* NZG 2004, 957 [959]; Holding-HdB/*Marsch-Barner* § 18 Rn. 78) ist § 11 Abs. 1 SEAG daher nicht in der Weise einzuschränken, dass die **Antragsberechtigung** nur Anteilseignern zusteht, die gegen die Zustimmung gestimmt haben.

8   Antragsberechtigt sind jedoch allein Anteilseigner, die ihre **Beteiligung** ganz oder teilweise in die SE **eingebracht** haben (*Scheifele* Gründung der SE 348 f.; *Witten* Minderheitenschutz 135 f.; *J. Vetter* in Lutter/Hommelhoff Europäische Gesellschaft 111 [155]; KK-AktG/*Paefgen* Rn. 39; Spindler/Stilz/*Casper* Rn. 4; MüKoAktG/*Schäfer* Rn. 6; MHdB AG/*Austmann* § 84 Rn. 56; *Jannott* in Jannott/Frodermann HdB SE Kap. 3 Rn. 193). Das SEAG geht zwar vom Gegenteil aus; auch Aktionäre, die in der Gründungsgesellschaft verblieben sind, sollen antragsberechtigt sein (ebenso *Schwarz* Rn. 13), wenn sie sich durch das Umtauschverhältnis benachteiligt fühlen (Begr. RegE zum SEEG, BT-Drs. 15/3405, 34). Diese Sichtweise geht anscheinend davon aus, dass anderenfalls der Ausschluss der Bewertungsrüge gemäß § 11 Abs. 2 iVm § 6 Abs. 1 SEAG nicht (umfassend) greifen würde. Das ist jedoch unzutreffend. Ist ein Spruchverfahren nach § 11 Abs. 1 SEAG eröffnet, kann die Bewertungsrüge im Anfechtungsverfahren auch dann nicht erhoben werden, wenn nicht alle Anteilseigner antragsberechtigt sind. Eine Benachteiligung der in ihrer Gründungsgesellschaft verbleibenden Anteilseigner durch ein unangemessenes Umtauschverhältnis ist nicht ersichtlich. § 11 Abs. 1 SEAG soll einen etwaigen Vermögensnachteil ausgleichen, der sich aus einer zu niedrigen Bewertung der eingebrachten Beteiligung ergibt; eine Kompensation für die Konzernierung der Gründungsgesellschaft aufgrund eines unzutreffenden Umtauschverhältnisses ist nicht beabsichtigt (*DAV-Handelsrechtsausschuss* NZG 2004, 957 [959]; *Witten* Minderheitenschutz 136). Ein Anspruch auf Zuzahlung kann diesen Anteilseignern nicht zustehen. Will man § 11 Abs. 1 SEAG entgegen der hier vertretenen Ansicht nicht **teleologisch reduzieren** und die Antragsberechtigung von vornherein ausschließen, fehlt Anteilseignern, die ihre Beteiligung nicht in SE-Aktien umgetauscht haben, jedenfalls das **Rechtsschutzbedürfnis** (*Scheifele* Gründung der SE 349; *Witten* Minderheitenschutz 135 f.; *J. Vetter* in Lutter/Hommelhoff Europäische Gesellschaft 111 [155]).

9   Rechtsfolge eines Spruchverfahrens kann nur eine **bloße Zuzahlung** sein. Ein Ausgleich durch Ausgabe von Aktien ist in § 11 Abs. 1 SEAG – entgegen anderslautender Forderungen im Gesetzgebungsverfahren (*DAV-Handelsrechtsausschuss* NZG 2004, 957 [959]) – ausdrücklich nicht vorgesehen. **Schuldner** einer Zuzahlung ist die SE (s. § 11 Abs. 1 SEAG; *J. Schmidt* „Deutsche" vs. „britische" SE, 2006, 323; *J. Vetter* in Lutter/Hommelhoff, Europäische Gesellschaft 111, [155]; LHT/*Bayer* Rn. 37; aA KK-AktG/*Paefgen* Rn. 40).

Abschnitt 4. Gründung einer Tochter-SE

[Gründung einer Tochter-SE]

35 Eine SE kann gemäß Artikel 2 Absatz 3 gegründet werden.

Schrifttum: *Bungert/Beier,* Die Europäische Aktiengesellschaft, EWS 2002, 1; *Casper,* Numerus Clausus und Mehrstaatlichkeit bei der SE-Gründung, AG 2007, 97; *ders.,* Der Lückenschluss im Statut der Europäischen Aktiengesellschaft, FS Ulmer, 2003, 51; *Heckschen,* Die SE als Option für den Mittelstand, FS Westermann, 2008, 999; *Hirte,* Die Europäische Aktiengesellschaft, NZG 2002, 1; *Hörtig,* Gründungs- und Umstrukturierungsmöglichkeiten bei der Europäischen Aktiengesellschaft (SE), Baden-Baden 2011; *Marsch-Barner,* Die Rechtsstellung der Europäischen Gesellschaft (SE) im Umwandlungsrecht, FS Happ, 2006, 165; *Spitzbart,* Die Europäische Aktiengesellschaft (Societas Europaea – SE) – Aufbau der SE und Gründung, RNotZ 2006, 369; *Teichmann,* ECLR Die Einführung der europäischen Aktiengesellschaft – Grundlagen der Ergänzung des europäischen Statuts durch den deutschen Gesetzgeber, ZGR 2002, 383; *Waclawik,* Die Europäische Aktiengesellschaft (SE) als Konzerntochter- und Joint Venture-Gesellschaft, DB 2006, 1827; *Wenz,* Einsatzmöglichkeiten einer Europäischen Aktiengesellschaft in der Unternehmenspraxis aus betriebswirtschaftlicher Sicht, AG 2003, 185.

Übersicht

	Rn.
I. Allgemeines	1
1. Regelungszweck	1
2. Flexibilität hinsichtlich der Gründer	3
II. Einzelerläuterungen	7
1. Rechtliche Struktur der Gründung einer Tochter-SE	7
a) Tochter-SE als neuer Rechtsträger	7
b) Gründung im Wege von Bar- oder Sachgründung	8
c) „Gemeinsame" Tochter-SE; Konzernrecht	12
2. Praktische Verwendungsmöglichkeiten	14
3. Steuerliche Behandlung	16
4. Kartellrecht	17

I. Allgemeines

1. Regelungszweck. Art. 35 ist rein **deklaratorischer Natur** und der Re- **1** gelungsstruktur der SE-VO geschuldet. Die SE-VO regelt in Art. 2 die verschiedenen (primären) Gründungsformen, die sodann in den Art. 15 ff. im Einzelnen ausgestaltet sind. Dabei findet sich zu Beginn der Bestimmungen über die jeweilige Gründungsform ein Verweis auf die korrespondierende Regelung in Art. 2. Dieses **Bindeglied** (LHT/*Bayer* Rn. 1; MüKoAktG/*Schäfer* Art. 35, 36 Rn. 3) wird für die (primäre) Gründung einer Tochter-SE durch Art. 35 hergestellt (vgl. zu den Parallelregelungen für die anderen Gründungsformen Art. 17 Abs. 1, 32 Abs. 1 und 37 Abs. 1).

Aufgrund der Bezugnahme auf Art. 2 Abs. 3 betrifft Art. 35 nur die **primäre** **2** **Gründung** einer Tochter-SE und nicht die **sekundäre Gründung** einer Tochter-SE durch eine SE (Art. 3 Abs. 2). Da Art. 36 an Art. 35 anknüpft, ist vor allem in der Zeit kurz nach Inkrafttreten der SE-VO die Auffassung vertreten worden, Art. 36 finde auf die sekundäre Gründung einer Tochter-SE keine Anwendung (*Schwarz* Rn. 1; *Scheifele* Gründung der SE 385). Das ist mit der heute wohl hM abzulehnen (Spindler/Stilz/*Casper* Art. 35, 36 Rn. 1; KK-AktG/

Paefgen Art. 36 Rn. 33; Widmann/Mayer/*Heckschen* UmwG Anh. 14 Rn. 337, 399; LHT/*Bayer* Art. 3 Rn. 12, Art. 36 Rn. 2). Anderenfalls wäre unsicher, welches Recht auf Ebene der Mutter-SE im Rahmen der Gründung Anwendung findet, wenn die Tochter-SE ihren Sitz in einem anderen Mitgliedstaat hat. Durch die Anwendung von Art. 36 wird klargestellt, dass für die Mutter-SE das nationale Recht an ihrem Sitz und nicht, wie es sonst aus Art. 9 Abs. 1 lit. c folgen könnte, das Recht am Sitz der Tochter-SE maßgeblich ist (Spindler/Stilz/*Casper* Art. 35, 36 Rn. 1; KK-AktG/*Paefgen* Art. 36 Rn. 33).

3 **2. Flexibilität hinsichtlich der Gründer.** Der **Kreis möglicher Gründer** einer Tochter-SE ist weiter gezogen als für die anderen Gründungsformen (im Einzelnen → Art. 2 Rn. 19). Gründer können insbesondere auch Personengesellschaften sein. Die Gründer müssen ferner nicht notwendig aus verschiedenen Mitgliedstaaten kommen; es genügt vielmehr, wenn zwei von ihnen seit mindestens zwei Jahren eine Tochtergesellschaft, die dem Recht eines anderen Mitgliedstaates unterliegt, oder eine Zweigniederlassung in einem anderen Mitgliedstaat haben (Art. 2 Abs. 3 lit. b; → Art. 2 Rn. 20, 14 ff.). Die Gründung einer Tochter-SE steht daher auch rein deutschen Gründern offen, wenn sie diese Voraussetzungen erfüllen. Die **Anzahl der notwendigen Gründer** beträgt zwei. Es können sich aber auch mehr Gründer beteiligen. Dabei genügt es, wenn zwei der Gründer das für die Gründung einer Tochter-SE ohnehin eingeschränkte Mehrstaatlichkeitserfordernis erfüllen. In der Sache handelt es sich also um ein **Zweistaatlichkeitserfordernis** (näher → Art. 2 Rn. 14; ferner Spindler/Stilz/*Casper* Art. 2, 3 Rn. 15 iVm Rn. 8; Kalss/Hügel/*Kalss* SEG Vor § 17 Gründung der SE Rn. 14). Die weiteren Gründer können demselben nationalen Recht unterliegen, ohne dass sie über eine Tochtergesellschaft oder Zweigniederlassung in einem anderen Mitgliedstaat verfügen. Möglich ist daher etwa auch die Gründung durch zB drei oder mehr deutsche Gesellschaften, wenn zwei von ihnen das eingeschränkte Mehrstaatlichkeitserfordernis gemäß Art. 2 Abs. 3 lit. b erfüllen.

4 Schließlich müssen die zwei Gründer, die das Mehrstaatlichkeitserfordernis erfüllen, nicht voneinander unabhängig sein, sondern können demselben **Konzern** (zB als Mutter und Tochter) angehören (*Waclawik* DB 2006, 1827 [1829]; KK-AktG/*Paefgen* Rn. 12; Kalss/Hügel/*Kalss* SEG Vor § 17 – Gründung der SE Rn. 22). Dafür spricht auch die Parallele zur Verschmelzungsgründung; dort ist, wie Art. 31 Abs. 1 belegt, die SE-Gründung im Wege einer Konzernverschmelzung anerkannt (*Teichmann* ZGR 2002, 383 [412]; *Casper* FS Ulmer, 2003, 51 [64]; *Hörtig* Gründungs- und Umstrukturierungsmöglichkeiten bei der SE, 2011, 99 f.; LHT/*Bayer* Art. 2 Rn. 12; aA *Hirte* NZG 2002, 1 [3]). Die Gründer müssen jedoch auch im Falle der konzerninternen Gründung einer Tochter-SE die Voraussetzungen von Art. 2 Abs. 3 erfüllen. Sind Gründer eine deutsche Mutter und ihre deutsche Tochter, müssen beide eine Tochtergesellschaft oder eine Zweigniederlassung in einem anderen Mitgliedstaat haben. Dass die deutsche Tochter eine ausländische Tochtergesellschaft hat, die zugleich Enkelin der Mutter ist, genügt nicht.

5 Das Recht zur Gründung verbraucht sich nicht. Dieselben Gründer können daher **mehrere Tochter-SEs** errichten. Das leuchtet insbesondere ein, wenn die Gründer mehrere Geschäftsbereiche haben, die sie jeweils in gesonderten SEs zusammenführen wollen, ist aber auch sonst zulässig, ohne dass besondere Voraussetzungen bestehen. Ein andere Beurteilung wäre systematisch unschlüssig. Die Tochter-SE könnte ihrerseits wieder eine Tochter-SE gründen (Art. 3 Abs. 2) und im Anschluss die Beteiligung an dieser an ihre Gründer abtreten. Im Ergebnis wären die Gründer über diesen Umweg Gesellschafter mehrerer SEs. Ein Grund, ihnen Mehrfachgründungen zu verwehren, besteht folglich nicht.

Eine **Haltefrist** gibt es nicht. Die Gründer sind nicht gehindert, ihre Betei- **6** ligung kurzfristig nach Eintragung der SE im Handelsregister (Art. 12 Abs. 1, § 3 SEAG) zu veräußern. Das kann auch zur Anteilsvereinigung in einer Hand führen (*Waclawik* DB 2006, 1827 [1829]).

II. Einzelerläuterungen

1. Rechtliche Struktur der Gründung einer Tochter-SE. a) Tochter-SE 7 als neuer Rechtsträger. Infolge der Gründung gemäß Art. 2 Abs. 3, 35 entsteht mit der Tochter-SE ein **neuer Rechtsträger,** der zu den Gründern hinzutritt. Die Gründer bleiben bestehen (*Scheifele* Gründung der SE 385; LHT/*Bayer* Rn. 4). Allein die Zusammensetzung ihres Vermögens ändert sich; es kommt zu einem **Aktivtausch,** bei dem die im Rahmen der Gründung an die Tochter-SE geleistete Einlage durch die Beteiligung an der Tochter-SE ersetzt wird (KK-AktG/*Paefgen* Rn. 6).

b) Gründung im Wege von Bar- oder Sachgründung. Die Tochter-SE **8** kann ausschließlich in der Weise gegründet werden, dass die Gründer die Aktien der SE übernehmen und hierfür Einlagen erbringen. Eine Gründung im Wege einer **Ausgliederung** iSv § 123 Abs. 3 UmwG wird durch Art. 2 Abs. 3, 35 f. nicht gedeckt (→ Art. 2 Rn. 18; Schmitt/Hörtnagl/Stratz/*Hörtnagl* UmwG Art. 2 Rn. 35, 36 Rn. 3; KK-AktG/*Paefgen* Art. 36 Rn. 17; *Scheifele* Gründung der SE 391; *Bayer* in Lutter/Hommelhoff Europäische Gesellschaft 25 [59]). Art. 2 Abs. 3 verlangt zum einen zwei Gründer und zum anderen die „Zeichnung" der Aktien der SE durch die Gründer. Bei einer umwandlungsrechtlichen Spaltung (§ 123 UmwG) kann es jedoch nur einen übertragenden Rechtsträger und somit nur einen Gründer geben (Semler/Stengel/*Stengel* UmwG § 123 Rn. 19; Lutter/*Teichmann* UmwG § 123 Rn. 31 f.). Der Anteilserwerb erfolgt zudem kraft Gesetzes (§ 131 Abs. 1 Nr. 3 UmwG; statt aller Kallmeyer/*Kallmeyer/Sickinger* UmwG § 131 Rn. 23). Darin liegt keine durch Art. 2 Abs. 3 verlangte „Zeichnung". Der Begriff ist zwar nicht technisch iSv § 185 AktG zu verstehen. Er meint vielmehr die Übernahme der Aktien gemäß § 29 AktG bei Gründung. Erforderlich ist aber ein rechtsgeschäftlicher Erwerb; daran fehlt es bei einer Spaltung iSv § 123 UmwG.

Anders liegt es bei der **sekundären Gründung** einer Tochter-SE (→ Rn. 2). **9** Art. 3 Abs. 2 verlangt hier keine „Zeichnung", und es gibt nur einen Gründer. Richtigerweise kann die sekundäre Gründung daher nicht nur im Wege einer Bar- und/oder Sachgründung, sondern auch einer Ausgliederung zur Neugründung iSv § 123 Abs. 3 Nr. 2 UmwG durchgeführt werden (*Marsch-Barner* FS Happ, 2006, 165 [170 f.]; *Casper* AG 2007, 97 [104]; *Scheifele* Gründung der SE 442 f.; NK-SE/*Schröder* Art. 36 Rn. 17; *Schwarz* Art. 3 Rn. 29; Spindler/Stilz/ *Casper* Art. 2, 3 Rn. 18, 40). In diesem Fall richtet sich die Gründung aber nicht nach Art. 35 f., sondern nach den umwandlungsrechtlichen Regeln; im Einzelnen → Art. 3 Rn. 12.

Weder eine Gründung noch eine Zeichnung liegen vor, wenn sich zwei **10** Gesellschaften, die das Mehrstaatlichkeitserfordernis iSv Art. 2 Abs. 3 erfüllen, an einer bereits bestehenden nationalen Gesellschaft beteiligen (Spindler/Stilz/*Casper* Art. 2 Rn. 16; MüKoAktG/*Oechsler* Art. 2 Rn. 40). Das gilt auch dann, wenn die nationale Gesellschaft ein leerer Mantel ist und der Erwerb nach der Rechtsprechung des BGH (BGHZ 155, 318 = NJW 2003, 3198; BGHZ 153, 158 = NJW 2003, 892; BGHZ 117, 323 = DStR 1992, 876) eine wirtschaftliche Neugründung darstellt (aA insofern MüKoAktG/*Oechsler* Art. 2 Rn. 40). Der **derivative Anteilserwerb** eröffnet nicht den Weg in die SE gemäß Art. 2 Abs. 3, 35 f.

11   Die Übernahme der SE-Aktien kann gegen **Bar- und/oder Sacheinlagen** erfolgen (*Spitzbart* RNotZ 2006, 369 [413]; *Scheifele* Gründung der SE 391; MüKoAktG/*Schäfer* Art. 35, 36 Rn. 4). Die Tochter-SE kann folglich mit einem operativen Geschäft ausgestattet werden, indem die Gründer ihre entsprechenden betrieblichen Einheiten als Sacheinlage im Wege eines *asset deals* einbringen; dadurch lässt sich dasselbe Ergebnis wie bei einer Ausgliederung nach § 123 Abs. 3 UmwG erzielen. Zulässig ist aber auch die ausschließliche Erbringung von Bareinlagen. Besteht die Einlage unmittelbar oder mittelbar aus Anteilen an einer börsennotierten Gesellschaft, ist zu beachten, ob die Gründung ein **übernahmerechtliches Pflichtangebot** auslösen würde. Das entscheidet sich nach dem für das börsennotierte Unternehmen maßgeblichen nationalen Übernahmerecht.

12   **c) „Gemeinsame" Tochter-SE; Konzernrecht.** Die neu gegründete SE ist nach der Diktion der SE-VO eine Tochter-SE (s. Art. 2 Abs. 3, 36). Ergänzt wird häufig, dass es sich um eine **gemeinsame Tochter-SE** handelt (*Scheifele* Gründung der SE 385; KK-AktG/*Paefgen* Rn. 5; LHT/*Bayer* Rn. 1). Damit ist jedoch lediglich gemeint, dass es mindestens zwei Gründer geben muss, die an der SE beteiligt sind. Ein Mutter-Tochter-Verhältnis im konzern- oder handelsrechtlichen Sinn muss hingegen nicht entstehen. Mindestbeteiligungsquoten der einzelnen Gründer gibt es nicht; möglich sind auch Minder- und sogar bloße Kleinstbeteiligungen (*Waclawik* DB 2006, 1827 [1829]; KK-AktG/*Paefgen* Rn. 5). Bei mehr als zwei Gründern ist es dementsprechend auch nicht erforderlich, dass im Rahmen der Gründung ein Mutter-Tochter-Verhältnis der SE gerade zu den Gründern oder zu einzelnen der Gründer hergestellt wird, welche die Erfüllung des Mehrstaatlichkeitserfordernisses sicherstellen.

13   **Konzernrechtlich** kann infolge der Gründung ein Abhängigkeitsverhältnis (§ 17 AktG) der Tochter-SE zu einem Gründer entstehen oder die Tochter-SE ein Gemeinschaftsunternehmen mit Abhängigkeit von mehreren Gründern darstellen (*Scheifele* Die Gründung der SE 385; KK-AktG/*Paefgen* Rn. 7). Denkbar ist aber auch, dass keinerlei Abhängigkeitsverhältnis begründet wird (zB wenn es drei oder mehr Gründer gibt). Kommt es zu einem Abhängigkeitsverhältnis und hat die Tochter-SE ihren Sitz in Deutschland, gilt das **deutsche Konzernrecht** (§§ 291 ff., 311 ff. AktG; s. *Hulle/Maul/Drinhausen/Maul* Abschnitt 8 Rn. 2; *Veil* in Jannott/Frodermann HdB SE Kap. 11 Rn. 4; LHT/*Teichmann* Anh. Art. 43 (§ 49 SEAG) Rn. 1 f.; Widmann/Mayer/*Heckschen* UmwG Anh. 14 Rn. 542 ff.; Emmerich/Habersack/*Habersack* Einl. Rn. 46). Auch gegenüber Gründern, die einem ausländischen Gesellschaftsstatut unterliegen, finden daher bei einer Tochter-SE mit Sitz in Deutschland die §§ 291 ff., 311 ff. AktG Anwendung (zur SE KK-AktG/*Paefgen* Rn. 7; allgemein OLG Düsseldorf AG 2007, 170 [171]; Hüffer/*Koch* AktG § 291 Rn. 8, § 311 Rn. 9).

14   **2. Praktische Verwendungsmöglichkeiten.** Die Gründung einer Tochter-SE kann insbesondere zur Errichtung von **Vorrats-SEs** verwendet werden (zur Vorrats-SE im Einzelnen → Art. 2 Rn. 29 ff.). Aufgrund der Flexibilität hinsichtlich der Gründer, der Möglichkeit der reinen Bargründung und des vergleichsweise einfachen und vertrauten Gründungsverfahrens (→ Art. 36 Rn. 19 ff.) ist sie hierfür gut geeignet. Aus denselben Gründen bietet sie sich auch für die Einrichtung von **Landesgesellschaften** in international tätigen Konzernen an, deren Organisation aufgrund der in der SE bestehenden Freiheit, zwischen zwei Leitungssystemen zu wählen (Art. 38), aneinander angeglichen und vereinheitlicht werden kann (s. auch KK-AktG/*Paefgen* Rn. 12 f.; *Heckschen* FS Westermann, 2008, 999 [1016]; *Waclawik* DB 2006, 1827 [1829]). Ferner ist sie auf die Begründung (grenzüberschreitender) **Joint Ventures** ausgelegt. Die Partner können die SE in einem beliebigen „neutralen" Mitgliedstaat ansiedeln oder den Sitz zwar im Mitgliedstaat eines der Partner vorsehen, dafür aber das Leitungssystem vereinbaren, das dem anderen Partner vertraut ist. Ob die Rechtsform der SE für die Partner tatsächlich die passende Rechtsform ist, hängt jedoch vom Einzelfall ab. So ist zu bedenken, dass die SE ein vergleichbar hohes Grundkapital (120.000 Euro) voraussetzt und dem Grundsatz der doppelten Satzungsstrenge unterliegt (→ Art. 9 Rn. 51 ff.; kritisch deshalb *Bungert/Beier* EWS 2002, 1 [11]; ferner *Wenz* AG 2003, 185 [195]). Zudem wird ihre Gründung durch die Registerpublizität öffentlich bekannt, so dass eine unter Umständen von den Partnern gewünschte „Verborgenheit" des Joint Venture nicht gewährleistet ist.

Gegen die Gründung einer Tochter-SE kann sprechen, dass sie das mitbestimmungsrechtliche Verhandlungsverfahren nach §§ 4 ff. SEBG auslöst, soweit nur ein Gründer Arbeitnehmer hat. Kommt es nicht zu einer Verhandlungslösung, finden die §§ **34 ff.** SEBG Anwendung. Unter den Voraussetzungen des § 34 Abs. 1 Nr. 3 SEBG richtet sich die gesetzliche Auffanglösung nach den Verhältnissen bei den Gründern. Denkbar ist danach sogar eine paritätische Mitbestimmung, selbst wenn die Tochter-SE keine Arbeitnehmer hat. **15**

3. Steuerliche Behandlung. Zur steuerlichen Behandlung der Gründung einer Tochter-SE → Steuerrecht Rn. 120 ff. **16**

4. Kartellrecht. Erfolgt die Gründung nicht konzernintern, kann sie in zweifacher Hinsicht kartellrechtlich relevant werden. **Fusionskontrollrechtlich** stellt sie unter Umständen einen anmeldepflichtigen Zusammenschluss (s. zB §§ 35, 37 GWB, Art. 1, 3 FKVO) mit der Tochter-SE und zwischen den Gründern dar. Das ist bei der zeitlichen Planung der Gründung zu berücksichtigen (→ Art. 36 Rn. 19). Besteht eine Anmeldepflicht, wird das Vorhaben zudem in der Regel publik. Ferner kann die Tochter-SE als Gemeinschaftsunternehmen am **Kartellverbot** (§ 1 GWB, Art. 101 AEUV, ex-Art. 81 EGV; s. ab *Bechtold* GWB § 1 Rn. 76 ff.; Loewenheim/Meessen/Riesenkampff/*Lindemann* GU Rn. 3 ff.) zu messen sein. Insbesondere bei begleitenden Wettbewerbsverboten oder ähnlichen wettbewerbsbeschränkenden Vereinbarungen ist Vorsicht geboten (vgl. Loewenheim/Meessen/Riesenkampff/*Lindemann* GWB Anh. § 1 Rn. 16 ff.; MüKoEu-WettbR/*Pohlmann* AEUV Art. 101 Rn. 335 ff.). **17**

[Anwendung nationaler Vorschriften]

36 Auf die an der Gründung beteiligten Gesellschaften oder sonstigen juristischen Personen finden die Vorschriften über deren Beteiligung an der Gründung einer Tochtergesellschaft in Form einer Aktiengesellschaft nationalen Rechts Anwendung.

Schrifttum: *Bredol/Natterer,* Von Irrungen und Wirrungen bei der Veräußerung des „ganzen" Vermögens einer Kommanditgesellschaft: Keine analoge Anwendung von § 179a AktG!, ZIP 2015, 1419; *Bungert/Beier,* Die Europäische Aktiengesellschaft, EWS 2002, 1; *Casper,* Der Lückenschluss im Statut der Europäischen Aktiengesellschaft, FS Ulmer, 2003, 51; *Feldhaus,* Der Verkauf von Unternehmensteilen einer Aktiengesellschaft und die Notwendigkeit einer außerordentlichen Hauptversammlung, BB 2009, 562; *Groß,* Zuständigkeit der Hauptversammlung bei Erwerb und Veräußerung von Unternehmensbeteiligungen, AG 1994, 266; *Hecksehen,* Die europäische AG aus notarieller Sicht, DNotZ 2003, 251; *Hörtig,* Gründungs- und Umstrukturierungsmöglichkeiten bei der Europäischen Aktiengesellschaft (SE), 2011; *Liebscher,* Ungeschriebene Hauptversammlungszuständigkeiten im Lichte von Holzmüller, Macroton und Gelatine, ZGR 2005, 1; *Paefgen,* „Holzmüller" und der Rechtsschutz des Aktionärs gegen das Verwaltungshandeln im Rechtsvergleich, ZHR 172 (2008), 42; *Spitzbart,* Die Europäische Aktiengesellschaft (Societas Europaea – SE) – Aufbau der SE und Gründung, RNotZ 2006, 369; *Teichmann,* ECLR Die Einführung der europäischen Aktiengesellschaft – Grundlagen der Ergänzung des europäischen Statuts durch den deutschen Gesetzgeber, ZGR 2002, 383; *Vossius,* Gründung und Umwandlung der deutschen

Europäischen Gesellschaft (SE), ZIP 2005, 741; *Wicke,* Die Europäische Aktiengesellschaft – Grundstruktur, Gründungsformen und Funktionsweise, MittBayNot 2006, 196.

Übersicht

	Rn.
I. Allgemeines	1
1. Regelungszweck	1
2. Rechtsnatur	3
II. Einzelerläuterungen	4
1. Interne Zuständigkeit auf Ebene der Gründer	4
a) AG	5
b) SE	11
c) KGaA	12
d) GmbH	13
e) OHG und KG	16
f) BGB-Gesellschaft	18
2. Gründungsverfahren einer SE mit Sitz in Deutschland	19
a) Überblick	19
b) Einzelne Schritte	20
3. Keine Analogie zu Vorschriften über Verschmelzungs- oder Holding-Gründung	37

I. Allgemeines

1 **1. Regelungszweck.** Im Gegensatz zu früheren Entwürfen (vgl. insbesondere Art. 35 ff. SE-VO-V 1975; BT-Drs. 7/3713, 30 ff.) enthält die SE-VO keine ausdrücklichen Vorgaben zum Gründungsverfahren einer Tochter-SE. Art. 36 schließt diese „Lücke" nur teilweise. Nach seinem Wortlaut befasst er sich allein mit der Frage, welches Recht im Rahmen der Gründung für die **Gründer** maßgeblich ist. Das eigentliche Gründungsverfahren, dh das Gründungsrecht auf Ebene der Tochter-SE, regelt er nicht. Zur Anwendung gelangt insofern **Art. 15 Abs. 1.** Das maßgebliche Recht ergibt sich daher aus zwei unterschiedlichen Quellen. Soweit die Gründer betroffen sind, gilt Art. 36; in Bezug auf die Tochter-SE ist Art. 15 Abs. 1 einschlägig (allgM; s. zB *Wicke* MittBayNot 2006, 196 [200]; MüKoAktG/*Schäfer* Art. 35, 36 Rn. 3; aA noch *Bungert/Beier* EWS 2002, 1 [8]).

2 Art. 15 Abs. 1 erklärt das für die Gründung einer Aktiengesellschaft geltende Recht des Staates für anwendbar, in dem die SE ihren Sitz hat. Da die Tochter-SE nur im Wege der Bar- und/oder Sachgründung errichtet werden kann (→ Art. 35 Rn. 8 ff.), folgt die Gründung einer Tochter-SE mit Sitz in Deutschland in weitem Umfang den **§§ 23 ff. AktG**. Art. 36 hat demgegenüber nur einen eng begrenzten Anwendungsbereich. Die Gründerfähigkeit ist in Art. 2 geregelt. Damit bleibt auf Ebene der Gründer allein die Frage nach der **internen Zuständigkeit,** insbesondere danach, ob die Haupt- oder Gesellschafterversammlung mit dem Vorgang zu befassen ist (MüKoAktG/*Schäfer* Art. 35, 36 Rn. 3).

3 **2. Rechtsnatur.** Art. 36 regelt die Frage der internen Zuständigkeit, indem er anordnet, dass auf die Gründer die Vorschriften über ihre Beteiligung an der Gründung einer Aktiengesellschaft nationalen Rechts Anwendung finden. Die Bestimmung enthält damit einen **Rechtsanwendungsbefehl.** Das maßgebliche Recht wird dabei nicht ausdrücklich benannt. Vielmehr bedient sich Art. 36 einer Verweisung. Anknüpfungspunkt der Verweisung ist – im Gegensatz zu Art. 15 Abs. 1 – nicht der Sitz der Tochter-SE, sondern das **Gesellschafts- bzw. Personalstatut des Gründers** (KK-AktG/*Paefgen* Rn. 3; MüKoAktG/*Schäfer* Art. 35, 36 Rn. 3). Art. 36 ist als **Gesamtnormverweisung** zu qualifizieren; das

Gesellschafts- bzw. Personalstatut beantwortet sich nach dem nationalen IPR (*Scheifele* Gründung der SE 47; *Schwarz* Rn. 1, 6; KK-AktG/*Paefgen* Rn. 3; aA LHT/*Bayer* Rn. 5: Sachnormverweisung); zur kollisionsrechtlichen Ermittlung des Gesellschafts- bzw. Personalstatuts s. Palandt/*Thorn* EGBGB Anh. Art. 12 Rn. 1 ff.; MüKoBGB/*Kindler* IntGesR Rn. 351 ff.; speziell zu KK-AktG/*Paefgen* Art. 36 Rn. 4 f. Das danach maßgebliche Recht umfasst in dynamischer Weise sämtliche einschlägigen nationalen Regelungen, auch soweit sie auf Richterrecht beruhen (LHT/*Bayer* Rn. 5; *Schwarz* Rn. 8; NK-SE/*Schröder* Rn. 4).

II. Einzelerläuterungen

1. Interne Zuständigkeit auf Ebene der Gründer. Die interne Zuständig- **4** keitsverteilung hängt von der **Rechtsform** des Gründers ab. Soweit danach deutsches Recht anwendbar ist, ergibt sich folgendes Bild.

a) AG. In der AG ist die Gründung einer (Tochter-)Gesellschaft Geschäfts- **5** leitungsmaßnahme. Zuständig ist der Vorstand (§ 76 Abs. 1 AktG). Voraussetzung ist jedoch eine **Konzern(öffnungs)klausel,** die den Vorstand zum Beteiligungserwerb ermächtigt (MHdB AG/*Krieger* § 70 Rn. 5; HK-AktG/*Körber* AktG § 179 Rn. 16 f.; MüKoAktG/*Stein* § 179 Rn. 113; Widmann/Mayer/*Heckschen* UmwG Anh. 14 Rn. 343 ff.; *Scheifele* Gründung der SE 392; aA *Paefgen* ZHR 172 [2008], 42 [71]). Fehlt eine solche Klausel (ausnahmsweise), umfasst der statutarische Unternehmensgegenstand also keine Beteiligungen bzw. erlaubt er nicht die Verfolgung der Geschäftstätigkeit durch Beteiligungsgesellschaften, erfordert die Gründung einer Tochter-SE eine von der Hauptversammlung zu beschließende **Satzungsänderung.** Das gilt unabhängig von der Beteiligungsquote sowie davon, ob es sich um eine unternehmerische oder rein kapitalistische Beteiligung handelt (MüKoAktG/*Stein* § 179 Rn. 113; MHdB AG/*Krieger* § 70 Rn. 5; Spindler/Stilz/*Holzborn* AktG § 179 Rn. 69; aA GroßkommAktG/*Wiedemann* § 179 Rn. 63). Eine Ausnahme besteht nur dann, wenn der Beteiligungserwerb ein bloßes Hilfsgeschäft zur Verfolgung der Geschäftstätigkeit darstellt; hierfür steht dem Vorstand eine Annexkompetenz zu, und eine Satzungsänderung ist nicht erforderlich (dazu zB *Groß* AG 1994, 266 [268]). Gibt es eine Konzern (öffnungs)klausel, muss sie den konkret geplanten Beteiligungserwerb im Rahmen der Gründung abdecken. Hierfür ist die Satzung – objektiv und nicht gemäß §§ 133, 157 BGB – auszulegen; zur Reichweite von Konzern(öffnungs)klauseln s. zB *Groß* AG 1994, 266 [268 ff.]; MüKoAktG/*Stein* § 179 Rn. 110 ff.

Auch wenn die Beteiligung an der Gründung einer Tochter-SE durch eine **6** Konzern(öffnungs)klausel erlaubt ist, kann die Hauptversammlung gemäß **§ 179a AktG** zu befassen sein (Widmann/Mayer/*Heckschen* UmwG Anh. 14 Rn. 346; KK-AktG/*Paefgen* Rn. 9). Dafür ist erforderlich, dass sich die AG im Rahmen der Gründung zur Übertragung ihres ganzen Vermögens auf die Tochter-SE verpflichtet. Nach hM ist das der Fall, wenn die Gründer-AG infolge der Übertragung nicht länger in der Lage ist, ihren statutarischen Unternehmensgegenstand zu verfolgen (BGHZ 83, 122 [128] = NJW 1982, 1703; Hüffer/*Koch* AktG § 179a Rn. 4). Daran fehlt es, wenn der Unternehmensgegenstand noch – wenn auch in geringfügigem Umfang – ausgefüllt werden kann oder aus mehreren Bereichen besteht und von diesen einer veräußert, wenigstens ein anderer aber weiterhin betrieben wird (BGHZ 83, 122 [128 f.] = NJW 1982, 1703; Schmidt/ Lutter/*Seibt* AktG § 179a Rn. 8). Maßstab ist der bisherige und nicht ein im Zusammenhang mit der Übertragung geänderter Unternehmensgegenstand (MüKoAktG/*Stein* § 179a Rn. 19; Schmidt/Lutter/*Seibt* AktG § 179a Rn. 8; Widmann/Mayer/*Heckschen* UmwG Anh. 14 Rn. 347; aA OLG Düsseldorf AG 1994, 228 [231 f.]). Nicht entscheidend ist somit nach hM eine quantitative Betrach-

tung, die auf einen Wertvergleich des zurückbleibenden Vermögens zum Gesamt-
vermögen (vor Veräußerung) abstellt (so aber zB MüKoAktG/*Stein* § 179a
Rn. 18). Hierauf kann aber richtigerweise ergänzend zurückgegriffen werden. Ist
das verbleibende Vermögen geringfügig, so ist § 179a AktG auch dann anwendbar, wenn der Unternehmensgegenstand noch rudimentär ausgefüllt wird (so zu
Recht Schmidt/Lutter/*Seibt* AktG § 179a Rn. 8 unter Verweis auf § 179a Abs. 1
S. 1 letzter Teilsatz AktG). An die Geringfügigkeit des verbliebenen Vermögens
sind strenge Anforderungen zu stellen. Im Ergebnis gilt damit ein primär qualitativer und ergänzend quantitativer Test. Bei der Gründung einer Tochter-SE wird
§ 179a AktG nur ausnahmsweise in Betracht kommen, wenn die Gründer-AG
praktisch ihr gesamtes Aktivvermögen (ob auch die Passiva übertragen werden, ist
nicht entscheidend; s. Widmann/Mayer/*Heckschen* UmwG Anh. 14 Rn. 347;
Spindler/Stilz/*Holzborn* AktG § 179a Rn. 19) im Wege der Sacheinlage auf die
SE überträgt. Ein entsprechender Einbringungsvertrag bedarf zu seiner Wirksamkeit der Zustimmung der Hauptversammlung der Gründer-AG mit einer Mehrheit von mindestens 75 % des vertretenen Grundkapitals. Schließt die AG mit
dem oder den anderen Gründern eine **(Grundlagen-)Vereinbarung** über die
Gründung der Tochter-SE ab, in der sich die AG zur Einbringung ihres Ge-
schäftsbetriebes verpflichtet, dürfte für sie Entsprechendes gelten. In der (Grund-
lagen-)Vereinbarung ist dem Rechnung zu tragen; anderenfalls droht ihre Gesamtunwirksamkeit.

7   Ein Zustimmungserfordernis zugunsten der Hauptversammlung kann schließ-
lich aus den **„Holzmüller"- und „Gelatine"-Entscheidungen** des BGH
(BGHZ 83, 122 = NJW 1982, 1703; BGHZ 159, 30 = NZG 2004, 571; BGH
NZG 2004, 575) folgen (*Wicke* MittBayNot 2006, 196 [201]; KK-AktG/*Paefgen*
Rn. 7 f.; Spindler/Stilz/*Casper* Art. 35, 36 Rn. 4; *Bayer* in Lutter/Hommelhoff
Europäische Gesellschaft 25 [58]). In diesen Entscheidungen hat der BGH der
Hauptversammlung im Wege der offenen Rechtsfortbildung ungeschriebene Zuständigkeiten zuerkannt. Zwei Voraussetzungen müssen dafür erfüllt sein. **Quali-
tativ** muss es um Maßnahmen gehen, die „so tief in Mitgliedschaftsrechte der
Aktionäre und deren im Anteilseigentum verkörpertes Vermögensinteresse eingreifen", dass „diese Auswirkungen an die Notwendigkeit einer Satzungsänderung heranreichen" (BGHZ 159, 30 [40] = NZG 2004, 571; BGHZ 83, 122
[131] = NJW 1982, 1703). In Einzelnen ist umstritten, bei welchen Maßnahmen
ein so schwerwiegender Eingriff anzunehmen sein kann. Die Verlagerung von
Aktiva der AG auf eine Beteiligungsgesellschaft gehört jedoch zweifellos dazu, da
sie die Aktiva den Einwirkungsmöglichkeiten der Aktionäre entrückt. Der darin
liegende **Mediatisierungseffekt** rechtfertigt nach der Rechtsprechung qualitativ
die Annahme einer ungeschriebenen Hauptversammlungszuständigkeit (BGHZ
159, 30 [41] = NZG 2004, 571; BGH ZIP 2007, 24; Emmerich/Habersack/
Habersack AktG Vor § 311 Rn. 34). Bei der **Sachgründung** einer Tochter-SE
kommt damit eine Hauptversammlungszuständigkeit in Betracht. Ob dasselbe für
eine **Bargründung** zu gelten hat, ist umstritten (bejahend zB HK-AktG/*Reger*
AktG § 119 Rn. 20; Emmerich/Habersack/*Habersack* AktG Vor § 311 Rn. 42;
verneinend zB OLG Frankfurt AG 2011, 173 f. Rn. 64 ff. (für Beteiligungserwerb); MHdB AG/*Krieger* § 70 Rn. 10; MüKoAktG/*Kubis* § 119 Rn. 71) und
richtigerweise abzulehnen. Nach dem „Holzmüller"-Urteil ist die Gründung
einer Tochtergesellschaft grundsätzlich Geschäftsleitungsmaßnahme; eine Hauptversammlungszuständigkeit hat der BGH mit dem besonderen Charakter als
„Ausgliederung", dh dem Umstand gerechtfertigt, dass ein Betrieb – eine Sacheinlage – übertragen wurde (BGHZ 83, 122 [132] = NJW 1982, 1703). Bei einer
Bargründung werden zudem nur Barmittel mediatisiert. Das ist aber im Kern
eine Entscheidung der Mittelverwendung, die dem Vorstand obliegt (OLG
Frankfurt AG 2011, 173 Rn. 67; MüKoAktG/*Kubis* § 119 Rn. 71; *Groß* AG

1994, 266 [273]). Würde man das anders sehen, müsste auch die Darlehens-gewährung eine Zustimmungspflicht der Hauptversammlung auslösen, was jedoch nicht der Fall ist.

Quantitativ muss die Gründung der Tochter-SE wesentlich sein, um der **8** Zustimmung der Hauptversammlung zu bedürfen. Dabei gilt ein strenger Maßstab. Sie muss rund 75 % bis 80 % des Vermögens bzw. des Werts der AG betreffen (BGHZ 159, 30 [45] = NJW 2004, 1860; OLG Hamm ZIP 2008, 832 [833]; OLG Frankfurt AG 2011, 173 [174] Rn. 73 = NZG 2011, 62; KK-AktG/*Paefgen* Rn. 7). Die bilanziellen Kennziffern, anhand derer das Erreichen dieser Schwelle zu messen ist, sind nicht geklärt (s. zB *Feldhaus* BB 2009, 562 [568 f.]; HK-AktG/ *Reger* AktG § 119 Rn. 22). Ist die AG Obergesellschaft eines (Teil-)Konzerns, ist dieser und nicht die AG Bezugspunkt für die Berechnung (LG München ZIP 2006, 2036 [2040]; *Feldhaus* BB 2009, 562 [568]; *Liebscher* ZGR 2005, 1 [16]; MHdB AG/*Krieger* § 70 Rn. 11; HK-AktG/*Reger* AktG § 119 Rn. 22; aA Emmerich/Habersack/*Habersack* AktG Vor § 311 Rn. 46; Schmidt/Lutter/*Spindler* AktG § 119 Rn. 31). Nach Holzmüller-/Gelatine-Grundsätzen ist die Hauptversammlung an der Gründung einer Tochter-SE somit im Ergebnis nur zu beteiligen, wenn die AG im Wege der Sacheinlage rund 75–80 % des Vermögens der AG oder – bei Vorliegen eines Konzerns – des AG-Konzerns in die SE einbringt. Diese Wesentlichkeitsschwelle gilt auch im Rahmen von Art. 36 und zwar auch dann, wenn die SE ihren Sitz im Ausland hat (*Scheifele* Gründung der SE 394; MüKoAktG/*Schäfer* Art. 35, 36 Rn. 5). Die Auslandsberührung rechtfertigt keine Herabsetzung der Schwelle. Ist ein Hauptversammlungsbeschluss erforderlich, bedarf er einer Mehrheit von **75 %** des vertretenen Grundkapitals (BGHZ 159, 30 [45] = NZG 2004, 571). Zu den Informationspflichten gegenüber der Hauptversammlung vgl. Hüffer/*Koch* AktG § 119 Rn. 27 f.

Die Holzmüller-/Gelatine-Rechtsprechung soll auch im **mehrstufigen Kon-** **9** **zern** Anwendung finden, wenn die Mediatisierung nicht unmittelbar auf der Ebene der AG, sondern auf der Stufe einer Beteiligungsgesellschaft ausgelöst wird (BGHZ 159, 30 [41] = NZG 2004, 571). Ist Gründer nicht die AG, sondern ein von ihr abhängiges Unternehmen, kann folglich dennoch die Mitwirkung der Hauptversammlung der AG notwendig sein.

Erforderlich ist ggf. die Beteiligung weiterer Organe. In Abhängigkeit von den **10** internen Regelungen (Satzung, Geschäftsordnungen) kann insbesondere die Zustimmung des **Aufsichtsrats** oder – in der KGaA – eines **Gesellschafterausschusses** notwendig sein.

b) SE. Für die **SE** als Gründer einer Tochter-SE gelten die vorstehenden **11** Grundsätze zur AG entsprechend. Insbesondere findet auch die Holzmüller-/ Gelatine-Rechtsprechung auf die SE Anwendung (→ Art. 38 Rn. 8).

c) KGaA. Auch bei der KGaA kann sich ein Zustimmungserfordernis der **12** Kommanditaktionäre aufgrund des Fehlens einer **Konzern(öffnungs)klausel** (s. HK-AktG/*Förl/Fett* AktG § 278 Rn. 48) oder gemäß **§ 179a AktG** ergeben (zur Geltung von § 179a AktG für die KGaA OLG Stuttgart NZG 2003, 778 [784]; Spindler/Stilz/*Bachmann* AktG § 278 Rn. 67). Ob die **Holzmüller-/Gelatine-Rechtsprechung** auf die KGaA übertragbar ist, wird unterschiedlich beurteilt (s. einerseits bejahend Schmidt/Lutter/*Schmidt* AktG § 278 Rn. 39; Spindler/Stilz/ *Bachmann* AktG § 278 Rn. 71 und andererseits verneinend MüKoAktG/*Perlitt* § 278 Rn. 181; *Fett* in Schütz/Bürgers/Riotte KGaA § 3 Rn. 17; Grigoleit/ *Servatius* AktG § 278 Rn. 10). Auch soweit sie abgelehnt wird, folgt aus personengesellschaftlichen Gründen jedoch ein entsprechendes Zustimmungserfordernis, da es sich bei Maßnahmen, denen Holzmüller-/Gelatine-Qualität zukommt, regelmäßig um **Grundlagengeschäfte** handelt, die der Zustimmung der Kommanditaktionäre bedürfen (s. OLG Stuttgart NZG 2003, 778 [783 f.]; Spindler/Stilz/*Bachmann* AktG § 278 Rn. 72; Grigoleit/*Servatius* AktG § 278 Rn. 9, 10; Hölters/*Müller-Michaels* AktG § 278 Rn. 21; aA HK-AktG/*Förl/Fett* AktG § 278 Rn. 47: Zustimmungserfordernis nur in Extremfällen aufgrund Treupflicht).

13   **d) GmbH.** Für die GmbH als Gründer gelten die vorstehenden Grundsätze zur AG im Ausgangspunkt entsprechend. Die Beteiligung an der Tochter-SE muss durch eine **Konzern(öffnungs)klausel** gedeckt sein; anderenfalls ist eine Satzungsänderung erforderlich (MüKoGmbHG/*Liebscher* § 13 Anh. Rn. 965 ff.; MHdB GmbH/*Decher/Kiefner* § 68 Rn. 14). **§ 179a AktG** findet entsprechend Anwendung (GroßkommGmbHG/*Ulmer* § 53 Rn. 167; Michalski/*Hoffmann* GmbHG § 53 Rn. 160), ebenso die **Holzmüller-/Gelatine-Rechtsprechung** (GroßkommGmbHG/*Hüffer* § 46 Rn. 118; MüKoGmbHG/*Liebscher* § 13 Anh. Rn. 985; LHT/*Teichmann* Rn. 12; KK-AktG/*Paefgen* Rn. 12). Es gibt jedoch zwei Unterschiede.

14   Eine Zuständigkeit der Gesellschafterversammlung besteht in der GmbH bereits unterhalb der Aufgreifschwelle der Holzmüller-/Gelatine-Rechtsprechung (→ Rn. 8). Zum Teil wird das damit begründet, dass die Wesentlichkeitsschwelle im Vergleich zur AG deutlich niedriger liege. Anstelle von 80 % soll die Gesellschafterversammlung bereits bei einer Größenordnung von 5–10 % zuständig sein (MHdB GmbH/*Decher/Kiefner* § 68 Rn. 14; s. auch MüKoGmbHG/*Liebscher* § 13 Anh. Rn. 981). Das überzeugt systematisch nicht. Vielmehr ist die Gesellschafterversammlung an der Entscheidung über die Begründung einer Beteiligung gemäß § 49 Abs. 2 GmbHG zu beteiligen, weil und wenn es sich um eine **außergewöhnliche Maßnahme** handelt (*Schwarz* Rn. 18; LHT/*Bayer* Rn. 12; Emmerich/Habersack/*Habersack* AktG Anh. § 318 Rn. 51; GroßkommGmbHG/*Casper* Anh. § 77 Rn. 69; MüKoAktG/*Schäfer* Art. 35, 36 Rn. 36; *Scheifele* Gründung der SE 396). Ein außergewöhnlicher Charakter ist jedoch nicht bei jeder Gründung einer Tochter-SE anzunehmen. Vielmehr ist eine Einzelfallprüfung erforderlich. Nahe liegt er, wenn ein Abhängigkeitsverhältnis begründet wird, die Beteiligung nicht unwesentlich in die Unternehmensstrategie der GmbH eingreift oder für sie mit neuen oder signifikanten Risiken verbunden ist. Ist danach ein Zustimmungsbeschluss erforderlich, bedarf er nicht wie bei Holzmüller-/Gelatine-Maßnahmen einer Dreiviertelmehrheit; vielmehr genügt die **einfache Mehrheit** der abgegebenen Stimmen (LHT/*Bayer* Rn. 12; MüKoGmbHG/*Liebscher* § 13 Anh. Rn. 1033; aA GroßkommGmbHG/*Casper* Anh. § 77 Rn. 70; Emmerich/Habersack/*Habersack* AktG Anh. § 318 Rn. 51).

15   Ferner sind die Zuständigkeiten der Gesellschafterversammlung nach Holzmüller-/Gelatine-Grundsätzen und gemäß § 49 Abs. 2 GmbHG **dispositiv** (ebenso KK-AktG/*Paefgen* Rn. 12; GroßkommGmbHG/*Paefgen* § 37 Rn. 23; GroßkommGmbHG/*Hüffer* § 46 Rn. 118). Das ist zwar für Holzmüller-/Gelatine-Fälle umstritten (aA *Heckschen/Heidinger* Die GmbH § 8 Rn. 126; MHdB GmbH/*Decher/Kiefner* § 68 Rn. 14), entspricht jedoch der grundsätzlichen „Allzuständigkeit" der Gesellschafterversammlung. Kann diese mit Dreiviertelmehrheit einer Holzmüller-/Gelatine-Maßnahme zustimmen (zu diesem Mehrheitserfordernis Emmerich/Habersack/*Habersack* AktG Anh. § 318 Rn. 51; MHdB GmbH/*Decher/Kiefner* § 68 Rn. 15 mwN auch zur Gegenansicht), muss sie auch mit derselben Mehrheit die Zuständigkeit auf die Geschäftsführer verlagern können.

16   **e) OHG und KG.** Bei der **OHG und KG** ist die Zustimmung aller Gesellschafter erforderlich, wenn ein **außergewöhnliches Geschäft** (§§ 116 Abs. 2, 164 S. 1 Hs. 2 HGB) oder ein **Grundlagengeschäft** vorliegt. Für konzernbildende Maßnahmen und die Beteiligung an einer Tochter-SE wird das allgemein bejaht (*Schwarz* Rn. 19; KK-AktG/*Paefgen* Rn. 14; LHT/*Bayer* Rn. 13;

GroßkommHGB/*Schäfer* § 105 Anh. Rn. 83). Für den Regelfall ist dem zuzustimmen. Zwingend ist ein Gesellschafterbeschluss aber nicht. Die Gründung einer Tochter-SE führt nicht notwendig zur Konzernbildung (→ Art. 35 Rn. 12 f.). Ist die Beteiligung bloße Finanzlage, ist sie nur gering oder dient sie der Ausfüllung des Unternehmensgegenstands, ohne wirtschaftlich signifikant zu sein und ohne nennenswerte Risiken zu beinhalten, kann ihre Begründung durchaus ein gewöhnliches Geschäft sein, für das es nicht der Zustimmung aller Gesellschafter bedarf (differenzierend auch MüKoHGB/*Mülbert* KonzernR Rn. 76 ff.). Ferner können die Gesellschafter festlegen, dass und in welchem Umfang Gründungen allein den Geschäftsführern obliegen.

Überträgt die OHG oder KG im Rahmen der Gründung ihr gesamtes Vermögen auf die Tochter-SE, findet der § 179a AktG zugrundeliegende Rechtsgedanke Anwendung. Die Beteiligung an der Gründung bedarf eines Gesellschafterbeschlusses, ohne den die getroffenen Verpflichtungsgeschäfte unwirksam sein sollen (BGH NJW 1995, 596; GroßkommHGB/*Schäfer* § 126 Rn. 16; MüKoHGB/*K. Schmidt* § 126 Rn. 13; *Bredol/Natterer* ZIP 2015, 1419 [1425]; aA – Wirksamkeit im Außenverhältnis – zB MüKoHGB/*Mülbert* KonzernR Rn. 75). **17**

f) BGB-Gesellschaft. In der **BGB-Gesellschaft** gibt es die Unterscheidung in gewöhnliche und außergewöhnliche Geschäfte nicht; auch für letztere ist die Geschäftsführung zuständig (MüKoBGB/*Ulmer/Schäfer* § 709 Rn. 24; Staudinger/*Habermeier* BGB § 709 Rn. 3). Dennoch gelten weitgehend die Grundsätze zu OHG und KG. Ist die Beteiligung an der Tochter-SE nicht nennenswert, dient sie der Verfolgung des Gesellschaftszwecks und hält sie sich im Rahmen der Vorgaben des Gesellschaftsvertrages, ist sie Geschäftsführungsmaßnahme. Anderenfalls bedarf sie als Grundlagengeschäft der Zustimmung der Gesellschafter (s. Westermann/*Tröger* HdB Personengesellschaften Rn. I 4012 ff.). **18**

2. Gründungsverfahren einer SE mit Sitz in Deutschland. a) Überblick. Die Gründung im Wege der Bar- und/oder Sachgründung (→ Art. 35 Rn. 8 ff.) richtet sich auf der Ebene der deutschen Tochter-SE gemäß Art. 15 Abs. 1 nach den §§ 23 ff. AktG. Sie entspricht daher, soweit nicht im Einzelfall Besonderheiten eingreifen, dem **Gründungsverfahren einer deutschen AG.** Verwirklicht sie fusionskontrollrechtlich einen anmeldepflichtigen Tatbestand (→ Art. 35 Rn. 17), muss die **kartellrechtliche Freigabe vor Vollzug,** dh bereits vor Errichtung der SE und Erbringung der Einlagen, vorliegen. In die zeitliche Planung ist daher die vorherige Durchführung eines unter Umständen erforderlichen fusionskontrollrechtlichen Verfahrens einzubeziehen. **19**

b) Einzelne Schritte. Die einzelnen Gründungsschritte lassen sich wie folgt zusammenfassen (Verweise auf Bestimmungen des nationalen deutschen Rechts, insbesondere auf das AktG, verstehen sich dabei grundsätzlich iVm Art. 15 Abs. 1): **20**

aa) Mitbestimmungsrechtliches Verhandlungsverfahren. Die Gründung erfordert die Durchführung eines mitbestimmungsrechtlichen **Verhandlungsverfahrens** gemäß §§ 11 ff. SEBG, wenn auch nur ein Gründer Arbeitnehmer hat. Gibt es hingegen auch bei den Gründern keine Arbeitnehmer, ist die Einleitung eines Verhandlungsverfahrens entbehrlich (OLG Düsseldorf ZIP 2009, 918 [919 f.]; AG Düsseldorf ZIP 2006, 287; AG München ZIP 2006, 1300 [1301]; im Einzelnen → SEBG § 3 Rn. 10 ff.). Liegt dieser Ausnahmefall nicht vor, kann die Tochter-SE erst eingetragen werden, wenn das Verhandlungsverfahren abgeschlossen ist (Art. 12 Abs. 2). Das kann unter Umständen mehrere Monate dauern (→ SEBG § 20 Rn. 2). Das Mitbestimmungsverfahren sollte daher frühzeitig initiiert werden. Dafür spricht auch Art. 12 Abs. 4. Dieser ver- **21**

langt, dass die Satzung der SE nicht im Widerspruch zur Mitbestimmungsvereinbarung stehen darf. Wird die SE-Satzung verabschiedet und ergeben sich aus einer nachfolgenden Mitbestimmungsvereinbarung Abweichungen, ist die Satzung anzupassen. Dafür ist das Einverständnis der Gründer notwendig. Erfolgt keine Anpassung, muss das Register die Eintragung der SE ablehnen (→ Art. 12 Rn. 34). Vielfach empfiehlt es sich daher, die Satzung erst nach Abschluss des Verhandlungsverfahrens festzustellen.

22   Ausgelöst wird das Verhandlungsverfahren mit der Information der Arbeitgeber gemäß § 4 Abs. 2 und 3 SEBG (§ 11 Abs. 1 S. 1 SEBG). Die Information muss unverzüglich nach „Abschluss der Vereinbarung eines Plans zur Gründung einer Tochtergesellschaft" erfolgen (§ 4 Abs. 2 S. 3 SEBG). Dadurch wird keine Verpflichtung zur Erstellung eines besonderen **Gründungsplans** begründet; gemeint ist vielmehr eine Vereinbarung der Gründer, die Gründung zu betreiben (zB eine Grundsatzvereinbarung, ein Letter of Intent usw; *Spitzbart* RNotZ 2006, 369 [414]; MHdB AG/*Austmann* § 84 Rn. 60).

23   **bb) Feststellung der Satzung mit Übernahme der Aktien durch die Gründer.** Die Gründer (§ 28 AktG) haben die Satzung festzustellen und die Aktien zu übernehmen (§ 23 Abs. 1, 2 AktG). Dieses **Gründungsprotokoll** ist notariell zu beurkunden (§ 23 Abs. 1 S. 1 AktG). Rechtsgeschäftliche Vertretung ist zulässig; die Vollmacht bedarf der notariellen Beglaubigung (§ 23 Abs. 1 S. 2 AktG). Der notwendige Inhalt ergibt sich aus § 23 Abs. 2 AktG. Hinsichtlich der Satzung sind die für die SE im Verhältnis zur AG bestehenden Besonderheiten zu berücksichtigen. Sacheinlagen sind in die Satzung aufzunehmen (§ 27 AktG). Das Gründungsprotokoll ist als Anlage der Anmeldung der SE zum Handelsregister einzureichen (§ 37 Abs. 4 Nr. 1 AktG). Die dort vorgelegte Fassung muss in deutscher Sprache sein; dafür genügt es richtigerweise, wenn das Gründungsprotokoll in einer Fremdsprache verfasst ist und hiervon eine beglaubigte Übersetzung erstellt und eingereicht wird (vgl. *Spitzbart* RNotZ 2006, 369 [414]). Mit der Übernahme der Aktien im Gründungsprotokoll ist die SE errichtet (§ 29 AktG); es entsteht eine Vor-SE (LHT/*Bayer* Rn. 19; → Art. 16 Rn. 15).

24   **cc) Bestellung des Aufsichts- bzw. Verwaltungsrats.** Ferner müssen die Gründer die Mitglieder des Aufsichts- bzw. Verwaltungsrats bestellen (Art. 40 Abs. 2, 43 Abs. 3). Die Bestellung kann in der Satzung enthalten sein, kann aber auch separat beschlossen werden. Regelmäßig bietet es sich an, sie gleichzeitig mit der Satzungsfeststellung zu beschließen, zumal sie notariell zu beurkunden ist (§ 30 Abs. 1 S. 2 AktG). Für den Verwaltungsrat ist das zwar nicht ausdrücklich geregelt, ergibt sich jedoch indirekt aus § 21 Abs. 2 S. 3 SEAG. Die Urkunde über die Bestellung ist als Anlage zur Anmeldung der SE zum Handelsregister einzureichen (§ 21 Abs. 2 S. 3 SEAG, § 37 Abs. 4 Nr. 3 AktG).

25   **dd) Bestellung des Abschlussprüfers für das erste Geschäftsjahr.** Ferner bestellen die Gründer den Abschlussprüfer für das erste Geschäftsjahr (§ 30 Abs. 1 S. 1 AktG). Auch hierfür ist notarielle Beurkundung erforderlich (§ 30 Abs. 1 S. 2 AktG).

26   **ee) Bestellung des Vorstands bzw. der geschäftsführenden Direktoren.** Das Gesetz setzt voraus, dass der Aufsichts- bzw. Verwaltungsrat nach seiner Konstituierung die Mitglieder des Vorstands bzw. die geschäftsführenden Direktoren (Art. 40 Abs. 1 S. 1 SEAG) bestellt und im Rahmen der gesetzlichen und statutarischen Vorgaben ihre Vertretungsmacht festlegt. Für den Vorstand ergibt sich das aus § 30 Abs. 4 AktG, da Art. 39 Abs. 2 erst ab Eintragung der SE zur Anwendung gelangt (→ Art. 39 Rn. 21; LHT/*Drygala* Art. 39 Rn. 33; KK-AktG/*Paefgen* Art. 39 Rn. 66). Vorstand bzw. geschäftsführende Direktoren müssen im weiteren Verlauf an der Gründung mitwirken. Ohne sie wäre die Vor-SE

nicht handlungsfähig. Die Bestellung muss nicht im Gründungsprotokoll (→ Rn. 23) erfolgen (*Spitzbart* RNotZ 2006, 369 [413]) und wird regelmäßig außerhalb davon vorgenommen. Der Anmeldung der SE zum Handelsregister ist der Beschluss über die Bestellung als Anlage beizufügen (§ 21 Abs. 2 S. 3 SEAG, § 37 Abs. 4 Nr. 3 AktG).

ff) Erbringung der Einlagen. Auf die Erbringung der Einlagen durch die **27** Gründer finden dieselben Grundsätze wie bei der AG Anwendung. Für Bareinlagen gelten §§ 36 Abs. 2, 36a Abs. 1 AktG, für Sacheinlagen § 36a Abs. 2 AktG. Sacheinlagen sind in der Satzung offenzulegen (§ 27 AktG). Die Verträge über ihre Einbringung sind bei der Anmeldung einzureichen (§ 37 Abs. 4 Nr. 2 AktG). Je nach Einlagegegenstand kann der Einbringungsvertrag beurkundungspflichtig sein (zB § 15 GmbHG, § 311b BGB). Bei Abschluss der Verträge wird die Vor-SE durch ihre Vorstände bzw. geschäftsführenden Direktoren in vertretungsberechtigter Anzahl vertreten. Die für die AG geltenden Kapitalaufbringungsgrundsätze finden auf die SE Anwendung.

gg) Gründungsbericht der Gründer. Die Gründer haben einen Bericht **28** über die Gründung der Tochter-SE zu erstatten (§ 32 Abs. 1 AktG). Er bedarf der Schriftform, ist also durch die Vertretungsorgane aller Gründer in vertretungsberechtigter Anzahl eigenhändig zu unterschreiben (§ 126 Abs. 1 BGB; *Hüffer/ Koch* AktG § 32 Rn. 2; *Jannott* in Jannott/Frodermann HdB SE Kap. 3 Rn. 224). Stellvertretung ist nicht möglich (Schmidt/Lutter/*Bayer* AktG § 32 Rn. 2). Der Inhalt ergibt sich aus § 32 Abs. 2, 3 AktG. Der Anmeldung der SE zum Handelsregister ist er als Anlage beizufügen (§ 37 Abs. 4 Nr. 4 AktG).

hh) Ggf. Antrag auf gerichtliche Bestellung eines Gründungsprüfers. **29** Eine externe Gründungsprüfung ist in den Fällen des § 33 Abs. 2 AktG notwendig. Erfolgt sie nicht durch den Notar, was nur in den Fällen des § 33 Abs. 2 Nr. 1 und 2 AktG in Betracht kommt (§ 33 Abs. 3 S. 1 AktG), ist der externe Prüfer gerichtlich zu bestellen (§ 33 Abs. 3 S. 2 AktG); zuständig ist das Amtsgericht des Gesellschaftssitzes. Erforderlich ist das vor allem bei Sachgründungen, es sei denn, es liegt ein Fall des § 33a AktG vor. Antragsberechtigt sind die Gründer (str., ob nur gemeinsam, so Hüffer/*Koch* AktG § 33 Rn. 7; Hölters/ *Solveen* AktG § 33 Rn. 13, oder einzeln, so MüKoAktG/*Pentz* § 33 Rn. 30) und der Vorstand bzw. im monistischen System die geschäftsführenden Direktoren in vertretungsberechtigter Anzahl. Im Antrag kann und sollte ein Vorschlag für den zu bestellenden Prüfer aufgenommen werden; zu dem möglichen Personenkreis, der als Prüfer bestellt werden kann, s. § 33 Abs. 4 AktG.

ii) Interne Gründungsprüfung und Prüfbericht. Im dualistischen System **30** haben Vorstand und Aufsichtsrat (§ 33 Abs. 1 AktG) den Hergang der Gründung zu prüfen und hierüber einen Bericht zu erstatten. Im monistischen System ist hierfür, wie sich aus § 21 Abs. 3 SEAG ergibt, allein der Verwaltungsrat zuständig (*Jannott* in Jannott/Frodermann HdB SE Kap. 3 Rn. 227; KK-AktG/*Paefgen* Rn. 23; aA *Vossius* ZIP 2005, 741 [747]: Verwaltungsrat und geschäftsführende Direktoren). Im dualistischen System können die beiden Organe in einem gemeinsamen Dokument berichten (heute allgM; vgl. Hüffer/*Koch* AktG § 34 Rn. 4). Der Bericht bedarf der Schriftform und ist daher von allen Mitgliedern des bzw. der zuständigen Organe eigenhändig zu unterschreiben (§ 34 Abs. 2 S. 1 AktG); Stellvertretung ist ausgeschlossen (s. KK-AktG/*A. Arnold* § 34 Rn. 11). Der Bericht ist der Anmeldung der SE als Anlage beizufügen (§ 37 Abs. 4 Nr. 4 AktG). Gegenstand der Prüfung und Inhalt des Berichts ergeben sich aus § 34 AktG; danach zählt zum Gegenstand auch der Gründungsbericht der Gründer. Dieser muss dem Prüfbericht folglich vorausgehen. Eine parallele Erstellung ist aber zulässig und sinnvoll.

31   **jj) Externe Gründungsprüfung und Prüfbericht.** Zur Erforderlichkeit
→ Rn. 29. Der externe Prüfbericht und der Prüfbericht der Organe (→ Rn. 30)
können nicht in einem Dokument zusammengefasst werden. Gegenstand der
Prüfung und Inhalt des Berichts entsprechen den Vorgaben zu Gründungsprüfung
und -bericht der Organe. Allerdings muss der externe Prüfer auch den Prüfbericht der Organe in seinen Bericht einbeziehen (vgl. § 21 Abs. 3 SEAG, § 38
Abs. 2 S. 1 AktG). Der externe Prüfbericht kann somit erst nach Vorliegen des
Gründungsberichts der Gründer und des Prüfberichts der Organe abgeschlossen
werden (Hüffe Hüffer/*Koch* AktG § 34 Rn. 4). Eine zeitlich parallele Erstellung
ist aber zulässig.

32   **kk) Anmeldung der SE.** Die Anmeldung erfolgt durch die Gründer sowie
alle Vorstands- und Aufsichtsratsmitglieder (§ 36 Abs. 1 AktG) bzw. im monistischen System alle Verwaltungsratsmitglieder und geschäftsführenden Direktoren
(§ 21 Abs. 1 SEAG). Einzureichen ist die Anmeldung gemäß § 4 SEAG iVm
§§ 376, 377 FamFG, § 14 AktG bei dem Registergericht am Sitz der SE.
Anzumelden sind die SE sowie die in § 39 AktG, § 21 Abs. 2 S. 2 und Abs. 4
SEAG genannten Punkte, ferner – aber nicht zur Eintragung – der Aufsichtsrats-
bzw. Verwaltungsratsvorsitzende und sein Stellvertreter (§ 107 Abs. 1 S. 2 AktG,
§ 46 Abs. 1 S. 3 SEAG). Zu den erforderlichen Erklärungen des Vorstands bzw.
der geschäftsführenden Direktoren s. § 37 Abs. 1 und 2 AktG, § 21 Abs. 2 S. 1
SEAG sowie Art. 12 Abs. 2 (→ Art. 12 Rn. 20). Die notwendig beizufügenden
Anlagen ergeben sich aus § 37 Abs. 4 AktG, § 21 Abs. 2 S. 3 SEAG.

33   **ll) Eintragung.** Das zuständige Registergericht (→ Rn. 32) hat die Anmeldung zu prüfen; Prüfungsmaßstab ist § 38 AktG und bei Wahl des monistischen
Systems § 21 Abs. 3 SEAG. Der Inhalt der Eintragung ergibt sich aus § 39 AktG.
Im monistischen System sind die geschäftsführenden Direktoren unter Angabe
von Vor- und Nachname, Beruf und Wohnort sowie ihre konkrete Vertretungsberechtigung einzutragen (→ § 21 Rn. 15). Eine Eintragung der Verwaltungsratsmitglieder erfolgt nicht. Das gilt auch für den Vorsitzenden und seinen Stellvertreter, die lediglich anzumelden sind (→ Rn. 32). Mit der Eintragung entsteht
die SE als solche, dh als rechtsfähige juristische Person (OLG Düsseldorf ZIP
2009, 918 [919]; LHT/*Bayer* Rn. 25; Art. 16 Abs. 1, dazu → Art. 16 Rn. 5).

34   **mm) Bekanntmachung der Eintragung.** Das Registergericht muss die Ein-
tragung gemäß § 10 HGB bekanntmachen und sodann gemäß Art. 14 Abs. 1 im
Amtsblatt der EU veröffentlichen. Gemäß § 8b Abs. 2 Nr. 1 HGB wird die
Bekanntmachung nach § 10 HGB auch in das Unternehmensregister eingestellt
(KK-AktG/*Paefgen* Rn. 32).

35   **nn) Ausgabe von Aktien.** Erst nach ihrer Eintragung kann die SE Aktien
ausgeben, dh Aktienurkunden begeben (§ 41 Abs. 4 AktG; unzutreffend daher
Vossius ZIP 2005, 741 [747]). Hat die SE Namensaktien (das soll nach der
Aktienrechtsnovelle für nicht börsennotierte Gesellschaften die Regel werden; s.
BT-Drs. 18/4349, 5, 13 ff.) und will sie ein Aktienregister iSd § 67 AktG iVm
Art. 5 einrichten, sollte sie die Aktien zunächst in Urkunden verbriefen; ob über
Aktien, die nicht verbrieft sind, ein Aktienregister errichtet werden kann, ist nach
derzeitiger Rechtslage (durch die Aktienrechtsnovelle 2014 soll klargestellt wer-
den, dass die Einrichtung eines Aktienregisters auch bei unverbrieften Aktien
möglich und notwendig ist; s. BT-Drs. 18/4349, 5, 18) umstritten (verneinend
OLG München NZG 2005, 756 [757]; LHT/*Ziemons* Anh. I Art. 5 Rn. 16;
KK-AktG/*Lutter/Drygala* § 67 Rn. 40 f.; Hölters/*Solveen* AktG § 67 Rn. 4;
MHdB AG/*Sailer-Coceani* § 14 Rn. 40; bejahend Hüffer/*Koch* AktG § 67 Rn. 6;
Spindler/Stilz/*Cahn* AktG § 67 Rn. 10; Schmidt/Lutter/*Bezzenberger* AktG § 67
Rn. 7; Grigoleit/*Grigoleit/Rachlitz* AktG § 67 Rn. 3).

oo) Mitteilungen über Beteiligungen. Erlangt ein Aktionär an der SE eine **36** Beteiligung iSv § 20 Abs. 1, 3 oder 4 AktG (mehr als 25 % oder mehr als 50 %), muss er dies unverzüglich der SE mitteilen (zur Geltung von § 20 AktG für die SE NK-SE/*Schröder* Art. 9 Rn. 100 f.; *Schwarz* Einleitung Rn. 201; Schmidt/Lutter/*Veil* AktG § 20 Rn. 17). Das gilt nach ganz hM auch, wenn die Beteiligung im Rahmen der Gründung erworben wird (zur Vor-AG s. Hüffer/*Koch* AktG § 20 Rn. 2; Hölters/*Hirschmann* AktG § 20 Rn. 4). Das überzeugt nicht und ist richtigerweise abzulehnen. Die Praxis ist jedoch gut beraten, diese hM zu beachten. Dann stellt sich die Frage, ob die Mitteilungspflicht erst nach Eintragung der SE entsteht (Emmerich/Habersack/*Emmerich* AktG § 20 Rn. 20; HK-AktG/*Becker* AktG § 20 Rn. 5) oder bereits unverzüglich nach Übernahme der Aktien gemäß §§ 23, 29 AktG (Hölters/*Hirschmann* AktG § 20 Rn. 4; KK-AktG/*Koppensteiner* § 20 Rn. 29; Hüffer/*Koch* AktG § 20 Rn. 2; Schmidt/Lutter/*Veil* AktG § 20 Rn. 11). Richtig erscheint allein ersteres; vor der Eintragung gibt es noch keine Aktien, die ein Gesellschafter halten kann, und ggf. auch noch keinen Vorstand bzw. keine geschäftsführenden Direktoren, denen gegenüber die Mitteilung erfolgen könnte.

3. Keine Analogie zu Vorschriften über Verschmelzungs- oder Hol- **37** **ding-Gründung.** Die Gründung einer Tochter-SE sieht im Gegensatz zu den anderen Gründungsformen keinen Verschmelzungs- oder Gründungsplan (Art. 20, 32 Abs. 2) und keine zwingende Befassung der Gesellschafter (Art. 23 Abs. 1, 32 Abs. 6) vor. Gleichzeitig kann eine Tochter-SE auch in der Weise gegründet werden, dass die Gründer im Wege der Einzelrechtsnachfolge ihre Betriebe auf die Tochter-SE übertragen und damit ein der Verschmelzungsgründung ähnliches Ergebnis erzielen. Zum Teil wird für diese Fälle angenommen, dass die Schutzregelungen der Verschmelzungs- bzw. Holdinggründung aus **Umgehungsschutzgründen** analog anzuwenden sind (*Teichmann* ZGR 2002, 383 [438]; MüKoAktG/*Schäfer* Art. 35, 36 Rn. 4; grundsätzlich auch *Casper* FS Ulmer, 2003, 51 [63]; *Heckschen* DNotZ 2003, 251 [263]; offenlassend *Hörtig* Gründungs- und Umstrukturierungsmöglichkeiten bei der SE, 2011, 117). Die **Zustimmung der Gesellschafter** soll danach stets erforderlich sein, und im Zusammenhang damit sollen die **Informationspflichten,** die Verschmelzungs- bzw. Holdinggründung gegenüber den Gesellschaftern regeln, einzuhalten sein.

Eine solche Analogie ist **abzulehnen** (*Scheifele* Gründung der SE 395; *Bayer* in **38** Lutter/Hommelhoff Europäische Gesellschaft 25 [59]; NK-SE/*Schröder* AktG 35 Rn. 7; *Schwarz* Rn. 15; KK-AktG/*Paefgen* Rn. 34; LHT/*Bayer* Rn. 7; Widmann/Mayer/*Heckschen* UmwG Anh. 14 Rn. 370.1). Eine **Regelungslücke** gibt es nicht. Im SE-VO-E 1975 war noch ein Gründungsverfahren mit Gründungsakt und notwendiger Gesellschafterentscheidung vorgesehen, das dem Verfahren bei Verschmelzungs- und Holdinggründung strukturell glich (BT-Drs. 7/3713, 30 ff.). Das wurde damit begründet, durch die Gründung einer Tochter-SE könnten „den anderen Gründungsarten wirtschaftlich weitgehend gleichwertige Umstrukturierungsmaßnahmen durchgeführt werden" (BT-Drs. 7/3713, 201). Im Rahmen des SE-VO-E 1991 ist dieser Ansatz zugunsten der Gesetz gewordenen Lösung aufgegeben worden, weil er als „zu schwerfällig empfunden" wurde (BT-Drs. 12/1004, 6). Ein Analogieschluss ist damit unvereinbar. Darüber hinaus fehlt es an der **Vergleichbarkeit** (LHT/*Bayer* Rn. 7; *Scheifele* Gründung der SE 395). Maßgeblicher Bezugspunkt für die Vergleichbarkeit kann nur die Bedeutung der Gründung für die Gesellschafterrechte sein und nicht, ob es denkbar ist, dass durch eine Tochter-SE ebenso wie durch eine Verschmelzungsgründung die Vermögensmassen der Gründer zusammengeführt werden. Aus Gesellschaftersicht ist die Gründung einer Tochter-SE qualitativ aber etwas anderes als die Gründungsarten, vor deren Umgehung geschützt werden soll. Bei der Verschmelzungsgründung wird die Mitgliedschaft durch eine neue ersetzt, und der Gesellschafterkreis ändert sich strukturell. Bei der Holdinggründung muss jeder Gesellschafter über die Konzernierung seiner Gesellschaft entscheiden und wählen, ob er Mitglied seiner zukünftig abhängigen Gesellschaft bleiben oder Mitglied in der neuen SE werden möchte, deren Gesellschafterkreis sich auch aus bisherigen Anteilseignern der anderen konzernierten Gründer zusammensetzt. Bei der Tochter-SE ändert sich der Gesellschafterkreis nicht, die Mitgliedschaft bleibt bestehen, und eine Konzernierung des Gründers tritt nicht ein. Schließlich ist – jedenfalls für Deutschland – zudem **kein Schutzdefizit** zu erkennen, da die Gesellschafter der Gründer an der Tochter-SE-Gründung zu beteiligen sind, wenn die Gründung ein verschmelzungsähnliches Ausmaß hat (→ Rn. 5 ff.; ebenso Spindler/Stilz/*Casper* Art. 35, 36 Rn. 4).

Abschnitt 5. Umwandlung einer bestehenden Aktiengesellschaft in eine SE

[Gründung durch Formwechsel]

37 (1) Eine SE kann gemäß Artikel 2 Absatz 4 gegründet werden.

(2) Unbeschadet des Artikels 12 hat die Umwandlung einer Aktiengesellschaft in eine SE weder die Auflösung der Gesellschaft noch die Gründung einer neuen juristischen Person zur Folge.

(3) Der Sitz der Gesellschaft darf anlässlich der Umwandlung nicht gemäß Artikel 8 in einen anderen Mitgliedstaat verlegt werden.

(4) Das Leitungs- oder das Verwaltungsorgan der betreffenden Gesellschaft erstellt einen Umwandlungsplan und einen Bericht, in dem die rechtlichen und wirtschaftlichen Aspekte der Umwandlung erläutert und begründet sowie die Auswirkungen, die der Übergang zur Rechtsform einer SE für die Aktionäre und für die Arbeitnehmer hat, dargelegt werden.

(5) Der Umwandlungsplan ist mindestens einen Monat vor dem Tag der Hauptversammlung, die über die Umwandlung zu beschließen hat, nach den in den Rechtsvorschriften der einzelnen Mitgliedstaaten gemäß Artikel 3 der Richtlinie 68/151/EWG vorgesehenen Verfahren offen zu legen.

(6) Vor der Hauptversammlung nach Absatz 7 ist von einem oder mehreren unabhängigen Sachverständigen, die nach den einzelstaatlichen Durchführungsbestimmungen zu Artikel 10 der Richtlinie 78/855/EWG durch ein Gericht oder eine Verwaltungsbehörde des Mitgliedstaates, dessen Recht die sich in eine SE umwandelnde Aktiengesellschaft unterliegt, bestellt oder zugelassen sind, gemäß der Richtlinie 77/91/EWG sinngemäß zu bescheinigen, dass die Gesellschaft über Nettovermögenswerte mindestens in Höhe ihres Kapitals zuzüglich der kraft Gesetzes oder Statut nicht ausschüttungsfähigen Rücklagen verfügt.

(7) [1]Die Hauptversammlung der betreffenden Gesellschaft stimmt dem Umwandlungsplan zu und genehmigt die Satzung der SE. [2]Die Beschlussfassung der Hauptversammlung erfolgt nach Maßgabe der einzelstaatlichen Durchführungsbestimmungen zu Artikel 7 der Richtlinie 78/855/EWG.

(8) **Ein Mitgliedstaat kann die Umwandlung davon abhängig machen, dass das Organ der umzuwandelnden Gesellschaft, in dem die Mitbestimmung der Arbeitnehmer vorgesehen ist, der Umwandlung mit qualifizierter Mehrheit oder einstimmig zustimmt.**

(9) **Die zum Zeitpunkt der Eintragung aufgrund der einzelstaatlichen Rechtsvorschriften und Gepflogenheiten sowie aufgrund individueller Arbeitsverträge oder Arbeitsverhältnisse bestehenden Rechte und Pflichten der umzuwandelnden Gesellschaft hinsichtlich der Beschäftigungsbedingungen gehen mit der Eintragung der SE auf diese über.**

Schrifttum: *Blanquet,* Das Statut der Europäischen Aktiengesellschaft (Societas Europaea „SE"). Ein Gemeinschaftsinstrument für die grenzübergreifende Zusammenarbeit im Dienste der Unternehmen, ZGR 2002, 20; *Bücker,* Bedeutung der monistischen SE in Deutschland und Verantwortlichkeit der Verwaltungsratsmitglieder, ZHR Sonderheft Nr. 77 (2015), 203; *Bungert/Gotsche,* Die deutsche Rechtsprechung zur SE, ZIP 2013, 649; *Casper/Weller,* Mobilität und grenzüberschreitende Umstrukturierung der SE, NZG 2009, 681; *Drinhausen/Nohlen,* Die EG-Niederlassungsfreiheit und das Verbot des Auseinanderfallens von Satzungs- und Verwaltungssitz der SE nach Art. 7 SE-VO, FS Spiegelberger, 2009, 645; *El Mahi,* Die Europäische Aktiengesellschaft − Societas Europaea − SE, 2004 (zitiert: El Mahi Europäische Aktiengesellschaft); *Habersack,* Konstituierung des ersten Aufsichts- oder Verwaltungsorgans der durch Formwechsel entstandenen SE und Amtszeit seiner Mitglieder, Der Konzern 2008, 67; *Haider-Giangreco/Polte,* Die SE als Rechtsform für den Mittelstand, BB 2014, 2947; *Heckschen,* Die Europäische AG aus notarieller Sicht, DNotZ 2003, 251; *Hommelhoff,* Gesellschaftsrechtliche Fragen im Entwurf eines SE-Statuts, AG 1990, 422; *ders.,* Einige Bemerkungen zur Organisationsverfassung der Europäischen Aktiengesellschaft, AG 2001, 279; *Kalss,* Der Minderheitenschutz bei Gründung und Sitzverlegung der SE nach dem Diskussionsentwurf, ZGR 2003, 593; *Kiem,* Erfahrungen und Reformbedarf bei der SE − Entwicklungsstand, ZHR 173 (2009), 156; *Kowalski,* Praxisfragen bei der Umwandlung einer Aktiengesellschaft in eine Europäische Gesellschaft, DB 2007, 2243; *Kübler,* Leitungsstrukturen der Aktiengesellschaft und die Umsetzung des SE-Statuts, ZHR 167 (2003), 222; *Lange,* Überlegungen zur Umwandlung einer deutschen in eine Europäische Aktiengesellschaft, EuZW 2003, 301; *Louve/Ernst,* Praxisrelevante Rechtsfragen im Zusammenhang mit der Umwandlung einer Aktiengesellschaft in eine Europäische Aktiengesellschaft (SE), BB 2014, 323; *Schubert/von der Höh,* Zehn Jahre „deutsche" SE − Eine Bestandsaufnahme, AG 2014, 439; *Schulz/Geismar,* Die Europäische Aktiengesellschaft − Eine kritische Bestandsaufnahme, DStR 2001, 1078; *Schwartzkopf/Hoppe,* Ermächtigungen an den Vorstand beim Formwechsel einer AG in eine SE, NZG 2013, 733; *Seibt,* Arbeitnehmerlose Societas Europaea, ZIP 2005, 2248; *Seibt/Reinhard,* Umwandlung der Aktiengesellschaft in die Europäische Gesellschaft, Der Konzern 2005, 407; *Teichmann,* ECLR, Minderheitenschutz bei Gründung und Sitzverlegung der SE, ZGR 2003, 367; *Vossius,* Gründung und Umwandlung der deutschen Europäischen Gesellschaft (SE), ZIP 2005, 741; *Ziemons,* Freie Bahn für den Umzug von Gesellschaften nach Inspire Art?!, ZIP 2003, 1913.

Übersicht

	Rn.
I. Allgemeines	1
1. Die formwechselnde Umwandlung als Gründungsvariante	1
2. Rechtsnatur der Umwandlung	3
3. Anwendbare Rechtsnormen	4
4. Sitzverlegungsverbot des Abs. 3	5
5. Praktische Bedeutung der SE-Umwandlung	6
II. Voraussetzungen der Umwandlung in eine SE	9
1. Aktiengesellschaft als Ausgangsrechtsform	9
2. Tochtergesellschaft in einem anderen Mitgliedstaat	14
3. Beteiligung seit mindestens zwei Jahren	15
4. Hinreichende Kapitalausstattung	17
III. Der Verfahrensablauf im Überblick	19

                                                                              Rn.
    IV. Der Verfahrensablauf im Einzelnen   22
        1. Umwandlungsplan (Abs. 4)   22
           a) Inhalt des Umwandlungsplans   23
           b) Form des Umwandlungsplans   30
           c) Zuständigkeit für die Aufstellung   31
           d) Offenlegung (Abs. 5)   32
           e) Zuleitung an zuständigen Betriebsrat nicht erforderlich .   34
        2. Umwandlungsbericht (Abs. 4)   35
           a) Allgemeines   35
           b) Inhalt des Umwandlungsberichts   38
           c) Zeitpunkt der Erstellung   40
           d) Zuständigkeit für die Erstellung   41
           e) Möglichkeit zum Verzicht   42
           f) Keine Offenlegung   43
           g) Zuleitung an zuständigen Betriebsrat nicht erforderlich .   44
        3. Durchführung des Arbeitnehmerbeteiligungsverfahrens   45
        4. Kapitaldeckungsprüfung (Abs. 6)   47
           a) Gegenstand der Prüfung   49
           b) Ermittlung des Nettoreinvermögens   50
           c) Bestellung des sachverständigen Prüfers   51
           d) Kein Verzicht auf Kapitaldeckungsprüfung   52
           e) Prüfungsbericht   53
        5. Zustimmung der Hauptversammlung (Abs. 7)   54
           a) Vorbereitung der Hauptversammlung   55
           b) Durchführung der Hauptversammlung, Beschlussfas-
              sung   59
           c) Bestellung des Aufsichtsrats bzw. Verwaltungsrats, ...   63
           d) Bestellung des Abschlussprüfers   66
        6. Minderheitenschutz   67
           a) Kein Anspruch auf Barabfindung   67
           b) Kein Anspruch auf bare Zuzahlung   68
        7. Beschlussmängel   69
        8. Beachtung der aktienrechtlichen Gründungsanforderungen .   70
        9. Eintragungsverfahren   76
           a) Zuständigkeit, Form der Anmeldung   77
           b) Inhalt der Anmeldung und Anlagen   79
           c) Prüfung durch das Gericht und Eintragung der SE   85
           d) Rechtswirkungen der Eintragung   89
       10. Offenlegung der Eintragung, kein Hinweis auf Gläubiger-
           schutz   95
           a) Bekanntmachung im elektronischen Unternehmens-
              register   95
           b) Kein Hinweis auf Gläubigerschutz   96
           c) Bekanntmachung im Amtsblatt der EU   97
     V. Arbeitnehmerschutz (Abs. 8 und 9)   98
    VI. Nachgründung und Spaltungsverbot   100

I. Allgemeines

1 **1. Die formwechselnde Umwandlung als Gründungsvariante.** Als wei-
tere Variante neben der Verschmelzungsgründung (Art. 17–31), der Holding-
Gründung (Art. 32–34) und der Tochter-Gründung (Art. 35, 36) sieht die SE-
VO die Gründung einer SE durch formwechselnde Umwandlung vor. Diese
Gründungsvariante ist **nur für Aktiengesellschaften** mit Sitz und Verwaltung in
einem Mitgliedstaat eröffnet, die seit mindestens zwei Jahren eine dem Recht
eines anderen Mitgliedstaats unterliegende **Tochtergesellschaft** haben (Art. 2
Abs. 4 iVm Art. 37). Die Gründung durch Formwechsel hat sich in der Praxis –
sieht man einmal von SE-Vorratsgründungen ab – zur **wichtigsten Gründungs-**

variante entwickelt (zur Empire s. die ETUI-Studie 2014, abrufbar unter http://www.worker-participation.eu/European-Company-SE/Facts-Figures; ebenso *Schubert/von der Höh* AG 2014, 439 [442]; *Bücker* ZHR Sonderheft Nr. 77 [2015], 203 [206 ff.]). Auch maßgeblich börsennotierte Gesellschaften haben den Weg in die SE über einen Formwechsel gewählt (so unter anderem BASF SE, Fresenius SE – mittlerweile umgewandelt in eine SE & Co. KGaA, Porsche Automobil Holding SE, MAN SE, Puma SE, E.ON SE und Axel Springer SE).

Dabei war der Formwechsel in der langen Entstehungsgeschichte der SE-VO 2 zunächst gar nicht vorgesehen (vgl. Art. 2 SE-VO-E von 1970, BT-Drs. 6/1109, 5 f., von 1975 BT-Drs. 7/3713, 9 und von 1989 BT-Drs. 12/1004, 17) – unter anderem wegen einer befürchteten **„Flucht aus der Mitbestimmung"** (vgl. KK-AktG/*Paefgen* Rn. 17). Erst im SE-VO-E 1991 wurde er auf Vorschlag des Europäischen Parlaments berücksichtigt (Art. 2 Abs. 3 und 37a SE-VO-E 1991, BT-Drs. 12/1004, 17 und 32). Den Bedenken in Bezug auf eine mögliche Unterminierung der Mitbestimmung wurde hierbei durch eine Reihe von flankierenden Regelungen Rechnung getragen, zB (i) dem Sitzverlegungsverbot nach Art. 37 Abs. 3, (ii) der Ermächtigungsklausel des Art. 37 Abs. 8, wonach die Mitgliedstaaten mitbestimmten Verwaltungsorganen, zB dem Aufsichtsrat, ein Vetorecht gegen den Formwechsel einräumen können, (iii) der klarstellenden Regelung des Art. 37 Abs. 9 zum Übergang der Arbeits- und Beschäftigungsbedingungen und (iv) dem in Art. 4 Abs. 4 SE-RL enthaltenen **„Verschlechterungsverbot"** für die vor dem Formwechsel bestehenden Komponenten der Mitbestimmung.

2. Rechtsnatur der Umwandlung. Nach Art. 37 Abs. 2 hat die Umwand- 3 lung einer Aktiengesellschaft in eine SE weder die Auflösung der Gesellschaft noch die Gründung einer neuen juristischen Person zur Folge. Obwohl die SE im zuständigen Handelsregister wie bei einer Neugründung unter einer neuen Registernummer eingetragen wird, besteht zwischen Aktiengesellschaft und SE **rechtliche und wirtschaftliche Kontinuität** (KK-AktG/*Paefgen* Rn. 1; *Schwarz* Rn. 5) bzw. Identität (Spindler/Stilz/*Casper* Rn. 3; MüKoAktG/*Schäfer* Rn. 2; LHT/*J. Schmidt* Rn. 5; van Hulle/Maul/Drinhausen/*Drinhausen* Abschnitt 4 § 5 Rn. 2; *Kleinhenz/Leyendecker-Langner* AG 2013, 507 [509]). Die Umwandlung bedingt lediglich einen Wechsel der rechtlichen Form und eine Modifikation des anwendbaren gesellschaftsrechtlichen Regimes. Sie entspricht daher einem Formwechsel deutschrechtlicher Prägung (§§ 190 ff. UmwG), der ebenfalls weder die Identität des Rechtsträgers berührt noch zu einem Übergang von dessen Aktiv- und Passivvermögen führt. Aus diesem Grund löst die Umwandlung in eine SE auch **keine Ertrags- oder Verkehrssteuern** aus (näher *Schulz/Geismar* DStR 2001, 1078 [1084]; LHT/*Schön* Anh. D. Die SE im Steuerrecht Rn. 47; Formularbuch Recht und Steuern/*Friedl*, 8. Aufl. 2014, Formular A. 4.02, Anm. 21). Sofern Art. 37 Abs. 9 demgegenüber ausdrücklich den Übergang arbeitsrechtlicher Verhältnisse auf die SE anordnet, ist dies ohne konzeptionelle Bedeutung. Es handelt sich um einen deklaratorischen Programmsatz, der sich aus der Entstehungsgeschichte des Formwechsels im Rahmen der SE-VO begründet und verdeutlichen soll, dass die Umwandlung in die SE nicht dazu führen kann, die bestehenden Beschäftigungsbedingungen zu verändern.

3. Anwendbare Rechtsnormen. Zulässigkeit und Voraussetzungen des 4 Formwechsels in die SE ergeben sich aus Art. 2 Abs. 4. Das Verfahren des Formwechsels ist in Art. 37 geregelt. Im Vergleich zu anderen vorgesehenen SE-Gründungsformen ist der Formwechsel in der SE-VO sehr knapp und eher **lückenhaft ausgestaltet.** Dies erklärt sich zum einen aus der untergeordneten Bedeutung, die der Formwechsel in der Entstehungsgeschichte der SE-VO hatte, zum anderen aus der vorwiegend nationalen, dh nicht grenzüberschreitenden,

Ausrichtung dieser Gründungsform, die einen unkomplizierten **Rückgriff auf das nationale Recht** am Sitz der formwechselnden Aktiengesellschaft erlaubt. Auch das SEAG enthält daher keinerlei konkretisierende Vorschriften zum Formwechsel. Die Regelungslücken des Art. 37 sind vor diesem Hintergrund zunächst durch Auslegung der SE-VO bzw. durch sinngemäße Anwendung anderweitiger, sachverwandter Bestimmungen der SE-VO zu schließen (zB durch Art. 20 Abs. 1 über den Inhalt des Verschmelzungsplans). Subsidiär kann dann auf das Umwandlungsgesetz und das Aktiengesetz zurückgegriffen werden. „Scharniernorm" ist insoweit Art. 15 Abs. 1, der auf das für die Gründung von Aktiengesellschaften geltende Recht des Staates verweist, in dem die SE ihren Sitz begründet. Bei sachgerechter Auslegung gehören zum Gründungsrecht sowohl die Bestimmungen des UmwG, die für die Umwandlungsgründung einer nationalen Aktiengesellschaft gelten, als auch – in dem nach § 197 UmwG anwendbaren Umfang – die **(Sach-)Gründungsvorschriften des AktG** (so auch MüKoAktG/*Schäfer* Rn. 4; LHT/*J. Schmidt* Rn. 6–8; aA KK-AktG/*Paefgen* Rn. 15; *Schwarz* Rn. 10, nach denen sich die Anwendung des deutschen Rechts aus der analogen Anwendung von Art. 18 ergibt). Für letztere bleibt allerdings – angesichts der vorrangigen Regelungen der SE-VO und des UmwG – ein nur noch geringer Anwendungsbereich (→ Rn. 70).

5   **4. Sitzverlegungsverbot des Abs. 3.** Nach Art. 37 Abs. 3 darf der Sitz der formwechselnden Gesellschaft „anlässlich der Umwandlung" nicht in einen anderen Mitgliedstaat verlegt werden. Eine deutsche AG kann also nur in eine „deutsche" SE umgewandelt werden. Diese Beschränkung erklärt sich aus der Entstehungsgeschichte des Art. 37 und soll in erster Linie einer Flucht aus der Mitbestimmung sowie dem nationalen Steuerrecht entgegenwirken (*Blanquet* ZGR 2002, 20 [46]; *Kübler* ZHR 167 [2003], 222 [226]; MüKoAktG/*Schäfer* Rn. 3; *Schwarz* Rn. 9; LHT/*J. Schmidt* Rn. 2 f. und 9 f.). Unproblematisch möglich ist hiernach eine mit der Umwandlung **kombinierte Sitzverlegung** innerhalb Deutschlands. Ebenfalls zulässig ist ferner die grenzüberschreitende Sitzverlegung gemäß Art. 8 nach Abschluss des Formwechsels, dh nach Eintragung der SE in das zuständige Handelsregister. Umstritten ist, welche Spielräume Art. 37 Abs. 3 belässt, um einen Formwechsel in die SE und eine grenzüberschreitende Sitzverlegung parallel zu betreiben, ohne dass die Sitzverlegung als „anlässlich" des Formwechsels vorgenommen gilt. Im Hinblick auf den Schutzzweck der Norm zu großzügig erscheint hierbei die Auffassung, nach der die Beschlussfassung von Formwechsel und grenzüberschreitender Sitzverlegung in einer einzigen Hauptversammlung mit Art. 37 Abs. 3 vereinbar sei, solange die Sitzverlegung unter die aufschiebende Bedingung der Eintragung der SE gestellt wird (LHT/*J. Schmidt* Rn. 10). Hierdurch würde die Intention des Verordnungsgebers nach einer **effektiven Erschwerung eines Wegzugs** im Rahmen des Formwechsels praktisch unterlaufen. Umgekehrt ist es nicht erforderlich, dass die SE erst eingetragen sein muss, bevor das Sitzverlegungsverfahren vorbereitet werden kann (so allerdings die hM, vgl. Spindler/Stilz/*Casper* Rn. 6; van Hulle/Maul/Drinhausen/*Drinhausen* Abschnitt 4 § 5 Rn. 1 und 51; KK-AktG/*Paefgen* Rn. 10; MüKoAktG/*Schäfer* Rn. 3; *Schwarz* Rn. 9). Sachgerecht erscheint eine Abgrenzung in der Weise, dass rein interne **Vorbereitungshandlungen** für die Sitzverlegung schon während des laufenden Umwandlungsverfahrens begonnen werden können (zB rechtliche Prüfungen, Erstellung von Entwürfen, Beginn der Arbeiten zur Unternehmensbewertung für die Festlegung einer angemessenen Barabfindung nach § 12 SEAG), während etwaige das Außenverhältnis betreffende Verfahrensschritte, wie zB der Antrag auf Bestellung eines sachverständigen Prüfers (§ 12 Abs. 2 iVm § 7 Abs. 3 SEAG) oder die Einleitung eines Arbeitnehmerbeteiligungsverfahrens (Art. 3 ff. SE-RL iVm §§ 4 ff. SEBG) erst nach Ein-

tragung der SE im Handelsregister vorgenommen werden dürfen (so auch NK-SE/*Schröder* Rn. 11, dem zufolge Vorarbeiten für eine Sitzverlegung der SE bereits vor ihrer Eintragung beginnen dürfen; aA Spindler/Stilz/*Casper* Rn. 6).

5. Praktische Bedeutung der SE-Umwandlung. Sieht man einmal von der **6** Errichtung von Vorrats-SEs ab, die überwiegend als Tochter-Gründungen vonstattengehen, hat sich die Umwandlung nach Art. 37 zur **praktisch bedeutsamsten Gründungsform** der SE entwickelt (dies wird auch durch die Ergebnisse der rechtstatsächlichen Erhebungen von *Eidenmüller/Engert/Hornuf* AG 2008, 721 [729] bestätigt; vgl. auch die ETUI-Studie 2014, abrufbar unter http://www.worker-participation.eu/European-Company-SE/Facts-Figures; *Schubert/von der Höh* AG 2014, 439 [442]; *Schwartzkopf/Hoppe* NZG 2013, 773; *Blasche* Jura 2013, 268 [272]; *Kiem* ZHR 173 [2009], 156 [160]; LHT/*J. Schmidt* Rn. 4). Der Erfolg der formwechselnden Umwandlung liegt insbesondere darin begründet, dass sie (i) ohne wesentliche Veränderung der Mitgliedschaftsrechte der Aktionäre, (ii) ohne Beteiligung eines anderen Rechtsträgers als „Umwandlungspartner", (iii) ohne Übergang des Gesellschaftsvermögens und (iv) ohne Veränderung der Konzernstruktur den Weg in die SE ermöglicht. Gerade bei börsennotierten Gesellschaften ist die Umwandlung nach Art. 37 der „Weg der Wahl", weil sie **kaum Angriffsflächen für Anfechtungskläger** bietet und deshalb eine vergleichsweise hohe Transaktionssicherheit aufweist. Auch in steuerlicher Hinsicht ist die SE-Umwandlung neutral und insoweit der Verschmelzungs- oder Holding-Gründung, bei denen es in der Regel zu einer grenzüberschreitenden Vermögensübertragung kommt, überlegen.

Die **Motive für die SE-Umwandlung** sind vielfältiger Natur. Aus Sicht des **7** europäischen Verordnungsgebers dient die Möglichkeit der Gründung einer SE durch Umwandlung der Erreichung des mit der SE-VO verfolgten Ziels, europäischen Unternehmen eine europaweite wirtschaftliche Betätigung zu ermöglichen (Erwägungsgrund 11 iVm Erwägungsgründen 1 und 4 SE-VO). Darüber hinaus haben sich in der Praxis vor allem folgende Aspekte als relevant erwiesen:
– die Möglichkeit zum „Einfrieren" der Aufsichtsratsgröße trotz wachsender Mitarbeiterzahlen (zB Fresenius SE, 2007),
– die Möglichkeit zur Verkleinerung des Aufsichtsrats (zB BASF SE, 2008),
– die Möglichkeit zur flexiblen Ausgestaltung der „Binnenstruktur" der Unternehmensmitbestimmung (zB Porsche Automobil Holding SE, 2007),
– die Möglichkeit zur Implementierung eines monistischen Board-Systems (zB Puma SE, 2011)
– die Möglichkeit zur Absicherung der Mitbestimmungsfreiheit nach einem etwaigen Wegfall des Tendenzprivilegs (Axel Springer SE, 2014) und
– die Möglichkeit zur späteren identitätswahrenden Sitzverlegung in einen anderen EU-Mitgliedstaat (Art. 8 SE-VO), zB vor dem Hintergrund günstigerer steuerlicher oder regulatorischer Rahmenbedingungen.

Mittlerweile hat sich die SE auch im Sektor der **Internet- und E-Commerce Unternehmen** als Rechtsformalternative etabliert, wie die prominenten Beispiele Zalando SE, Rocket Internet SE [und Home24 SE] belegen. Wegen der oft durch Gründer und Inkubatoren geprägten Aktionärsstruktur und der hohen Wachstumsdynamik besitzt die flexible Corporate Governance einer SE und die Möglichkeit zum „Einfrieren" der Aufsichtsratsgröße und -zusammensetzung in diesem Bereich eine hohe Attraktivität. Auch als **Rechtsform für den Mittelstand** bietet die SE – insbesondere wegen der Möglichkeit zur Etablierung eines monistischen Systems mit starkem Verwaltungsratsvorsitzendem – interessante Gestaltungsoptionen (vgl. hierzu zB *Haider-Giangreco/Polte* BB 2014, 2947; *Bücker* ZHR Sonderheft Nr. 77 (2015), 203 [207 ff.]).

8   Auch **alternative Gründungstrukturen zur SE** haben sich inzwischen etabliert, die dem wirtschaftlichen Ergebnis einer Umwandlungsgründung nach Art. 37 gleichkommen und ebenfalls ohne großen Aufwand umgesetzt werden können. Hierzu zählen insbesondere die grenzüberschreitende Verschmelzung einer 100-prozentigen Tochter-AG auf ihre Mutter-AG nach Art. 2 Abs. 2 (zB DVB Bank SE, 2009, Mast-Jägermeister SE), die **Verschmelzung einer GmbH oder AG auf eine Vorrats-SE** nach nationalen Umwandlungsvorschriften (zB Escada SE, 2010) oder der Erwerb sämtlicher Aktiva und Passiva einer Gesellschaft durch eine Vorrats-SE (LHT/*J. Schmidt* Rn. 5).

II. Voraussetzungen der Umwandlung in eine SE

9   **1. Aktiengesellschaft als Ausgangsrechtsform.** Nach Art. 37 Abs. 1 iVm Art. 2 Abs. 4 steht die formwechselnde Umwandlung in die SE nur einer Aktiengesellschaft zur Verfügung, die nach dem Recht eines Mitgliedstaates gegründet worden ist und ihren Sitz und ihre Hauptverwaltung in der EU hat. **GmbHs und Personengesellschaften** scheiden daher als Ausgangsrechtsform für eine (unmittelbare) Umwandlung in die SE aus. Auch eine KGaA kann – ungeachtet ihrer Strukturverwandtschaft mit der AG (vgl. zB § 278 Abs. 3 AktG) – nicht direkt in eine SE umgewandelt werden. Aus der länderspezifischen Definition in Anhang I zur SE-VO ergibt sich, dass in Deutschland allein die AG als „Aktiengesellschaft" im Sinne der SE-VO anerkannt wird.

10   Die Beschränkung der SE-Umwandlung auf die Rechtsform AG ermöglichte eine vergleichsweise **schlanke Ausgestaltung des Umwandlungsregimes.** Wegen der weitgehenden Vergleichbarkeit von Ausgangs- und Zielrechtsform, insbesondere hinsichtlich der Ausgestaltung der Mitgliedschaftsrechte und der Finanzverfassung (vgl. auch Art. 10), sind **flankierende Bestimmungen zum Minderheiten- und Gläubigerschutz** (zB Sicherheitsleistung für Gläubiger, Abfindungsangebot für widersprechende Aktionäre, Verbesserung des Beteiligungsverhältnisses in einem Spruchverfahren) **nicht erforderlich.** Auch für eine subsidiäre Anwendung der nationalen Vorschriften für Umwandlungen aus Rechtsformen mit „niedrigerem Schutzniveau" für Anteilseigner oder Gläubiger besteht kein Raum (→ Rn. 67 ff.).

11   Die formwechselnde AG muss nicht operativ tätig sein, auch eine Holding-AG ohne Arbeitnehmer kann sich in eine SE umwandeln (*Seibt/Reinhard* Der Konzern 2005, 407 [410]; *Kallmeyer* AG 2003, 197 [198 f.]; *Scheifele* Gründung der SE S. 78; *Seibt* ZIP 2005, 2248 [2249 f.]). Selbst im **Liquidationsstadium** kann eine AG noch in eine SE umgewandelt werden, solange die Verteilung des Vermögens unter die Aktionäre nicht begonnen hat und eine Fortsetzung der Gesellschaft noch beschlossen werden kann (Art. 15 Abs. 1 iVm § 191 Abs. 3 UmwG, § 274 AktG; *Scheifele* Gründung der SE S. 80 ff.; *Schwarz* Art. 2 Rn. 100). Angesichts der unternehmerischen Motive für die SE (→ Rn. 7) dürfte die praktische Relevanz einer Umwandlung im Liquidationsstadium allerdings gering sein.

12   Nach Art. 2 Abs. 4 muss die umzuwandelnde Aktiengesellschaft ihren Sitz und ihre Hauptverwaltung in der EU/im EWR haben. Der durch das MoMiG vom 23.10.2008 (BGBl. I S. 2026) neugefasste § 5 AktG schreibt nicht mehr vor, dass der Satzungssitz und der Verwaltungssitz einer AG übereinstimmen müssen. Zwar muss der in der Satzung bestimmte Sitz auch weiterhin im Inland liegen. Die Verwaltung kann ihren Sitz aber an einem abweichenden Ort, insbesondere auch im Ausland, haben (ganz hM, vgl. statt aller Hüffer/*Koch* AktG § 5 Rn. 3). Auch wenn **Satzungssitz und Verwaltungssitz in verschiedenen Mitgliedstaaten** liegen – zB im Falle einer plc mit Sitz in England und Hauptverwaltung in Deutschland (zB die Air Berlin plc & Co. KG oder die Müller plc & Co. KG) –, ist ein Formwechsel in die SE möglich. Die Bestimmungen der SE-VO werden

in diesem Fall durch das Recht des (Satzungs-)Sitzstaates der formwechselnden Gesellschaft (nicht hingegen durch das Recht des Staates, in dem sich der tatsächliche Verwaltungssitz befindet) ergänzt (Spindler/Stilz/ *Casper* Rn. 4; KK-AktG/ *Paefgen* Rn. 13; *Schwarz* Rn. 10). Dies hat zur Folge, dass auf eine deutsche AG, ungeachtet der Frage, wo sie ihren tatsächlichen Verwaltungssitz hat, stets deutsches Recht Anwendung findet. Allerdings muss ein – nach deutschem Aktienrecht zulässiges – grenzüberschreitendes Auseinanderfallen von Satzungssitz und Verwaltungssitz im Rahmen des Formwechsels in die SE beseitigt werden, denn nach Art. 7 müssen **Sitz und Hauptverwaltung einer SE** in demselben Mitgliedstaat liegen (zum Meinungsstand, ob die Regelung in Art. 7 gegen die in Art. 49, 54 AEUV verbürgte Niederlassungsfreiheit verstößt, weil das Einheitlichkeitsgebot den Wegzug erschwere: bejahend *Drinhausen/Nohlen* FS Spiegelberger, 2009, 645 (649 ff.); *Wymeersch* Working Paper 2003-3, Financial Law Institute, Universiteit Gent, 2003, Tz. 39; *Ziemons* ZIP 2003, 1913 [1918]; ablehnend die hM, Spindler/Stilz/ *Casper* Art. 7 Rn. 2; *Casper/Weller* NZG 2009, 681 [682 f.]; MüKoAktG/ *Oechsler* Art. 7 Rn. 2; *Schwarz* Art. 7 Rn. 16; *Teichmann* ZGR 2003, 367 [399 f.]; KK-AktG/ *Veil* Art. 7 Rn. 7; LHT/ *Ringe* Art. 7 Rn. 21 ff.). Der ursprünglich noch deutlich enger gefasste § 2 SEAG, wonach eine „deutsche" SE Sitz und Hauptverwaltung am selben Ort haben musste, ist durch das MoMiG mittlerweile allerdings gestrichen worden.

Sofern eine nicht in Anhang I zur SE-VO genannte Rechtsform – etwa eine **13** GmbH oder eine KGaA – in eine SE umgewandelt werden soll, muss im Hinblick auf Art. 2 Abs. 4 zunächst ein Formwechsel in eine AG stattfinden. Hierfür sind die nationalen Umwandlungsvorschriften maßgeblich (§§ 190 ff. UmwG). Das Erfordernis nach einer zweijährigen Mindestfrist der Beteiligung an einer Tochtergesellschaft mit Sitz in einem anderen Mitgliedstaat steht einer unmittelbar hintereinander geschalteten „Kettenumwandlung" – zB GmbH in AG und AG in SE – nicht entgegen. Diese Frist muss nämlich, anders als der Wortlaut in Art. 2 Abs. 4 suggerieren könnte, nicht in der Rechtsform der Aktiengesellschaft absolviert werden. Eine andere Frage ist, ob im Falle der Kettenumwandlung der Formwechsel in die AG und der weitere Formwechsel in die SE simultan vorbereitet und in einer einzigen Versammlung der Anteilseigner beschlossen werden können. Konzeptionell bestehen hiergegen an sich keine Einwände, sofern sowohl die nationalen Voraussetzungen für die Umwandlung in die Rechtsform der AG als auch die Voraussetzungen der SE-VO für die Umwandlung in die SE gewahrt werden. Der Umwandlungsplan (einschließlich Satzung) und der Umwandlungsbericht nach Art. 37 Abs. 4 können den vorgelagerten Formwechsel in die AG ohne Weiteres „antizipieren" und auch das Arbeitnehmerbeteiligungsverfahren nach Art. 3 ff. SE-RL könnte aus der Ausgangsrechtsform heraus im Hinblick auf die bevorstehende SE-Gründung ohne Weiteres angestoßen und durchgeführt werden. Schließlich kann auch die Kapitaldeckungsbescheinigung ohne Beeinträchtigung ihres Aussagegehalts vorbereitet und abgegeben werden – auch wenn hier zur Bestimmung des zu unterlegenden Eigenkapitals und der gebundenen Rücklagen ggf. auf ein Proforma Bilanzbild der künftigen SE abgestellt werden müsste. Dem Erfordernis der Ausgangsrechtsform „Aktiengesellschaft" iSv Art. 2 Abs. 4, 37 Abs. 1 ist vor dem Hintergrund von Sinn und Zweck der Beschränkung – der Sicherstellung der Gleichwertigkeit der Ausgangsrechtsform mit der Zielrechtsform AG – Rechnung getragen, wenn die AG in Übereinstimmung mit den nationalen (Schutz-) Vorschriften durch Eintragung im Handelsregister entstanden ist. Trotz ihrer konzeptionellen Machbarkeit muss diese **Kombinationslösung** sorgfältig erwogen werden, da sie von den Verfahrensbeteiligten (zB Arbeitnehmer, sachverständiger Prüfer nach Art. 37 Abs. 6, Handelsregister) eine hohe Abstraktions- und Kooperationsbereitschaft verlangt. Wenn es der Zeitplan der Umwandlung erlaubt, empfiehlt es sich daher zunächst den **Abschluss des Formwechsels in die AG durch Eintragung** derselben im Handelsregister abzuschließen, bevor die SE-Umwandlung durch Maßnahmen im Außenverhältnis, zB durch die Einleitung des Arbeitnehmerbeteiligungsverfahrens nach Art. 3 ff. SE-RL oder durch die Beantragung eines sachverständigen Prüfers nach Art. 37 Abs. 6, umgesetzt wird. Auch in der Praxis wird in aller Regel „sequentiell" verfahren, dh dass die nach außen gerichteten Umsetzungsschritte zur SE-Umwandlung (insbesondere die Einleitung des Arbeitnehmerbeteiligungsverfahrens) erst nach Vollzug des Formwechsels in die AG eingeleitet werden.

14   **2. Tochtergesellschaft in einem anderen Mitgliedstaat.** Zur Gewährleistung des Gemeinschaftsbezugs bei der SE-Gründung durch Umwandlung verlangt Art. 2 Abs. 4, dass die formwechselnde Aktiengesellschaft **seit mindestens zwei Jahren** eine dem Recht eines anderen Mitgliedstaats unterliegende Tochtergesellschaft hat. Der Begriff der Tochtergesellschaft wird in der SE-VO nicht näher definiert. Wegen des engen Regelungszusammenhangs liegt es nahe, auf die Definition des Begriffs der Tochtergesellschaft in Art. 2 lit. c SE-RL zurückzugreifen (MüKoAktG/*Oechsler* Art. 2 Rn. 31; NK-SE/*Schröder* Art. 2 Rn. 61; aA LHT/*Bayer* Art. 2 Rn. 18, der auf die Definition in Art. 2 Bilanz-RL 2013/34/EU zurückgreifen will). Hiernach ist eine Tochtergesellschaft ein Unternehmen, auf das die AG einen beherrschenden Einfluss iSd Art. 2 EBR-RL ausübt. Ein beherrschender Einfluss wiederum ist zu vermuten, wenn die AG direkt oder indirekt die Mehrheit des gezeichneten Kapitals dieses Unternehmens besitzt, über die Mehrheit der mit den Anteilen verbundenen Stimmrechte verfügt oder mehr als die Hälfte der Mitglieder des Verwaltungs-, Leitungs- oder Aufsichtsorgans des Unternehmens bestellen kann (in Deutschland umgesetzt durch § 6 Abs. 2 Nr. 1–3 EBRG). Die Definition erfasst auch Gesellschaften auf nachgeordneten Beteiligungsebenen. Der Begriffskern der Tochtergesellschaft nach Art. 2 Abs. 4 deckt sich damit weitgehend mit dem des **Tochterunternehmens nach § 290 HGB.** Die EBR-RL legt für die Definition der Tochtergesellschaft einen weiten, rechtsformneutralen Unternehmensbegriff zugrunde. In Betracht kommen also sowohl Kapital- als auch Personengesellschaften, reine Innengesellschaften scheiden aus. Auch eine reine Zweigniederlassung in einem anderen Mitgliedstaat genügt nicht (MüKoAktG/*Oechsler* Art. 2 Rn. 43 iVm MüKoAktG/*Oechsler* Art. 2 Rn. 31, 44; NK-SE/*Schröder* Rn. 2; *Blanquet* ZGR 2002, 20 [46]; *Schwarz* ZIP 2001, 1847 [1850]; van Hulle/Maul/Drinhausen/*Drinhausen* Abschnitt 4 § 5 Rn. 9; kritisch hinsichtlich der unterschiedlichen Behandlung von Zweigniederlassungen bei den verschiedenen Gründungsformen *Hommelhoff* AG 2001, 279 [281]). Besondere Anforderungen an die Ausstattung oder den Geschäftsumfang der Tochtergesellschaft sind nicht zu stellen. Auch eine Gewinnerzielungsabsicht ist nicht erforderlich (ebenso LHT/*Bayer* Art. 2 Rn. 22; MüKoAktG/*Oechsler* Art. 2 Rn. 36; Spindler/Stilz/*Casper* Art. 3 Rn. 15; Kallmeyer/*Marsch-Barner* UmwG Anh. Rn. 94; wohl auch KK-AktG/*Veil* Art. 2 Rn. 37 mwN; differenzierend van Hulle/Maul/Drinhausen/*Maul* Abschnitt 4 § 4 Rn. 6 f.; *Schwarz* Art. 2 Rn. 88 f., die eine wirtschaftliche Tätigkeit der Tochter-SE fordern). Derartige Zusatzmerkmale finden in der Systematik der Verordnung keine Stütze (vgl. Spindler/Stilz/*Casper* Art. 3 Rn. 15; LHT/*Bayer* Art. 2 Rn. 22; MüKoAktG/*Oechsler* Art. 2 Rn. 36). Zudem würde der Formwechsel gegenüber anderen Gründungsarten ohne sachlichen Grund erschwert. Auch eine Vorratsgesellschaft kann daher taugliche Tochtergesellschaft iSv Art. 2 Abs. 3 sein. Nachdem eine SE als solche mittlerweile unproblematisch als Vorratsgesellschaft erworben werden kann (KK-AktG/*Veil* Art. 2 Rn. 49 ff.; Spindler/Stilz/*Casper* Art. 3 Rn. 26; MüKoAktG/*Oechsler* Art. 2 Rn. 49 jeweils mwN), erscheint es unter praktischen Gesichtspunkten nicht angezeigt, den

Formwechsel in die SE durch weitergehende Anforderungen an die Tochtergesellschaft unnötig zu erschweren.

3. Beteiligung seit mindestens zwei Jahren. Das Erfordernis nach Wahrung 15 einer zweijährigen Beteiligungsfrist an der Tochtergesellschaft im anderen Mitgliedstaat soll verhindern, dass der Gemeinschaftsbezug *ad hoc* und nur mit dem Ziel einer Umwandlung in die SE hergestellt wird (*Hommelhoff* AG 2001, 279 [281]; NK-SE/*Schröder* Art. 2 Rn. 64). Entgegen dem insoweit etwas offenen Wortlaut von Art. 2 Abs. 4 ist allerdings **nicht erforderlich,** dass die formwechselnde Gesellschaft bereits während dieser Mindest-Haltedauer **in der Rechtsform der Aktiengesellschaft** bestand (van Hulle/Maul/Drinhausen/ *Drinhausen* Abschnitt 4 § 5 Rn. 9; NK-SE/*Schröder* Art. 2 Rn. 24; *Schwarz* Rn. 105). Abzustellen ist auf den jeweiligen Rechtsträger an sich.

Die Rückrechnung der zweijährigen Mindest-Haltedauer beginnt – mangels 16 abweichender Regelung in Art. 2 Abs. 4 – ab dem Tag der Eintragung der Entstehung der SE, dh ab dem **Tag der Eintragung in das Handelsregister.** Daher kann das Umwandlungsverfahren bereits vor Ablauf der Zweijahresfrist (auch im Außenverhältnis) angestoßen werden. Denkbar wäre sogar die Anmeldung der SE-Umwandlung mit der Maßgabe die Eintragung erst zu dem (dann allerdings konkret zu benennenden) Datum des Ablaufs der Zweijahresfrist einzutragen. Die Mindest-Haltedauer muss nicht zwingend durch die Beteiligung an einer einzigen Tochtergesellschaft erfüllt sein. Nach Sinn und Zweck von Art. 2 Abs. 4, Vermeidung einer Umgehung des Gemeinschaftsbezugs, reicht es aus, wenn die Zweijahresfrist durch die – ggf. zeitlich gestaffelte – **Beteiligung an mehreren Tochtergesellschaften** in einem anderen EU-Mitgliedstaat erfüllt wird.

4. Hinreichende Kapitalausstattung. Der Formwechsel in die SE setzt 17 ferner eine hinreichende Kapitalausstattung voraus. Nach Art. 4 Abs. 2 muss das gezeichnete Kapital der SE mindestens 120.000 Euro betragen. Sofern das Kapital der formwechselnden AG diesen Wert nicht erreicht, ist eine Kapitalerhöhung vorzuschalten, die allerdings in derselben Hauptversammlung wie die Umwandlung beschlossen und zusammen mit dem Formwechsel – allerdings als vorrangig einzutragende Maßnahme – zum Handelsregister angemeldet werden kann. Die Durchführung der Kapitalerhöhung muss in diesem Fall vor der Entstehung der SE in das Handelsregister eingetragen und damit wirksam werden.

Darüber hinaus muss gemäß Art. 37 Abs. 6 gewährleistet sein, dass das **Netto-** 18 **reinvermögen** der formwechselnden AG den Betrag des Grundkapitals und der nach Gesetz oder Satzung nicht ausschüttungsfähigen Rücklagen deckt. Dies ist durch einen oder mehrere gerichtlich bestellte **unabhängige Sachverständige** zu prüfen und zu bescheinigen (→ Rn. 47 f.).

III. Der Verfahrensablauf im Überblick

Die wesentlichen Eckpunkte des Umwandlungsverfahrens sind in Art. 37 19 Abs. 4–8 geregelt. Die Verfahrensschritte entsprechen dem etablierten Standardschema einer gesellschaftsrechtlichen Umstrukturierung nach dem unionsrechtlich vorgegebenen Rechtsrahmen (KK-AktG/*Paefgen* Rn. 5), wodurch sowohl die Rechtsanwendung als auch das Systemverständnis – gerade auch im grenzüberschreitenden Kontext – deutlich vereinfacht werden. Hiernach sind zum Formwechsel in eine SE folgende Maßnahmen erforderlich:

– Antrag an das zuständige Landgericht zur **Bestellung eines sachverständigen Prüfers** für die Kapitaldeckungsprüfung;
– Vorbereitung des **Umwandlungsplans** durch den Vorstand der formwechselnden AG;

- Vorbereitung des **Umwandlungsberichts,** der die wesentlichen rechtlichen und wirtschaftlichen Aspekte der Umwandlung erläutert und begründet und die Auswirkungen auf die Aktionäre und Arbeitnehmer darstellt, ebenfalls durch den Vorstand;
- Durchführung der **Kapitaldeckungsprüfung** und Ausstellung der **Kapitaldeckungsbescheinigung** durch den sachverständigen Prüfer;
- Ausfertigung des Umwandlungsplans und des Umwandlungsberichts;
- **Offenlegung** des Umwandlungsplans;
- Ggf. Zuleitung des Umwandlungsplans und des Umwandlungsberichts an den zuständigen Betriebsrat (obwohl eine entsprechende Rechtspflicht nicht besteht, kann sich die Zuleitung gleichwohl unter praktischen Gesichtspunkten empfehlen, → Rn. 34);
- **Einberufung einer Hauptversammlung** zur Einholung der Zustimmung zum Umwandlungsplan, Zugänglichmachung der relevanten Unterlagen;
- Durchführung der Hauptversammlung mit **Beschlussfassung über den Umwandlungsplan** und (ggf. auch nur vorsorglich) Bestellung der Mitglieder des Aufsichts- oder Verwaltungsrats, Abgabe etwaiger Verzichtserklärungen (zB auf die Berichterstattung gemäß Art. 18, 36 analog iVm § 192 Abs. 2 S. 1 Alt. 2, S. 2 UmwG);
- **Überwindung etwaiger Anfechtungsklagen** im Freigabeverfahren;
- Bestellung der **Vorstandsmitglieder** der SE durch den ersten Aufsichtsrat (bei dualistischer SE);
- **Anmeldung des Formwechsels** zum Handelsregister der Gesellschaft;
- **Eintragung des Formwechsels** im Handelsregister, damit **Entstehung der SE;**
- **Offenlegung** der Eintragung und SE-Gründung.

20   In dieses Ablaufschema sind die Beschlüsse von Vorstand und Aufsichtsrat über die Durchführung der Transaktion und den Beschlussvorschlag an die Hauptversammlung einzupassen. Ferner muss das **Verfahren zur Beteiligung der Arbeitnehmer** nach Art. 3 SE-RL und § 4 Abs. 1 SEBG eingeleitet und vor Anmeldung des Formwechsels zum Handelsregister abgeschlossen werden. Nach § 4 Abs. 1 SEBG beginnt dieses Verfahren mit der **Aufforderung des Vorstands an die Arbeitnehmer** bzw. deren Vertretungen zur Bildung eines besonderen Verhandlungsgremiums. Die Verzahnung des Arbeitnehmerbeteiligungsverfahrens mit den übrigen Schritten der Umwandlung wird unterschiedlich gehandhabt: Eine mögliche Variante ist die Einleitung des Verfahrens erst nach der Offenlegung des Umwandlungsplans. Denkbar ist auch die Einleitung des Verfahrens gleich nach einem Grundsatzbeschluss von Vorstand und – sofern erforderlich oder opportun – Aufsichtsrat über die Umwandlung, also ggf. deutlich vor Offenlegung des Umwandlungsplans. Die frühzeitige Einleitung des Beteiligungsverfahrens bietet die Chance, das Verfahren **parallel zur Vorbereitung der übrigen Umwandlungsschritte** zu betreiben und ggf. durch den Abschluss einer Mitbestimmungsvereinbarung vor Durchführung – oder gar Einberufung – der relevanten Hauptversammlung abschließen zu können. Hierdurch wird das Verfahren insgesamt deutlich beschleunigt. Angesichts der geringen Anfechtungsneigung des Formwechsels in die SE erscheint eine Umsetzung des gesamten Prozesses – auch bei einer börsennotierten Gesellschaft – in einem Zeitraum von weniger als sechs Monaten ohne weiteres realistisch.

21   Einer Zustimmung des Aufsichtsrats der mitbestimmten AG bedarf es nicht. Von der Ermächtigung des Art. 37 Abs. 8, einen derartigen Zustimmungsvorbehalt einzuführen, hat der deutsche Gesetzgeber keinen Gebrauch gemacht (näher → Rn. 98).

IV. Der Verfahrensablauf im Einzelnen

1. Umwandlungsplan (Abs. 4). Maßgebliche Grundlage der Umwandlung 22
in die SE ist ein vom Vorstand der AG aufzustellender Umwandlungsplan (Art. 37
Abs. 4).

a) Inhalt des Umwandlungsplans. Zum Inhalt des Umwandlungsplans ent- 23
hält Art. 37 – anders als Art. 20 Abs. 1 für den Verschmelzungsplan und Art. 32
Abs. 2 S. 3 für den Gründungsplan einer Holding-SE – **keine expliziten Vorgaben.** Daraus kann jedoch nicht abgeleitet werden, dass sich der Inhalt des
Umwandlungsplans nach nationalem Umwandlungsrecht – bei einer deutschen
AG also nach §§ 194 Abs. 1, 243, 218 UmwG – richten soll (so aber *Vossius* ZIP
2005, 741 [747]; Spindler/Stilz/*Casper* Rn. 8 f.; van Hulle/Maul/Drinhausen/
Drinhausen Abschnitt 4 § 5 Rn. 12, der allerdings empfiehlt aus Vorsichtsgründen
in den Umwandlungsplan sowohl die Angaben nach Art. 20 Abs. 1 S. 2 lit. a, b,
c, f, g und i als auch nach § 194 Abs. 1 Nr. 1–5 und Nr. 7 UmwG aufzunehmen;
ähnliche Empfehlung bei LHT/*J. Schmidt* Rn. 14 ff.; *Jannott* in Jannott/Froder-
mann HdB SE Kap. 3 Rn. 237; Theisen/Wenz/*Neun* S. 175). Zum einen ist das
Recht des Formwechsels in der EU nicht harmonisiert und nicht alle Mitgliedstaaten sehen hierzu Regelungen vor. Die unionsrechtlichen Vorgaben beschränken sich vielmehr darauf, dass nach Art. 13 Kapital-RL beim Formwechsel in
eine Aktiengesellschaft die für die Gründung einer Aktiengesellschaft geltenden
Schutzvorschriften der Richtlinie zu beachten sind (vgl. Lutter/*Decher*/*Hoger*
UmwG Vor § 190 Rn. 29). Zum anderen handelt es sich beim Umwandlungsplan um ein genuin unionsrechtliches Instrument zur Festlegung der Bedingungen des Formwechsels und zur Information der Aktionäre (KK-AktG/*Paefgen*
Rn. 27). Die detaillierten Regelungen des Verordnungsgebers zu den verschiedenen Plan-Dokumenten in der SE-VO – zB Art. 20 (Verschmelzungsplan) und
Art. 32 SE-VO (Gründungsplan) – zeigen, dass der Verordnungsgeber die Inhalte
des jeweiligen Gründungsdokuments nicht in das Belieben der Mitgliedstaaten
stellen wollte (*Seibt*/*Reinhard* Der Konzern 2005, 407 [413 f.]). Der Inhalt des
Umwandlungsplans ist daher **autonom aus der SE-VO** abzuleiten, insbesondere
aus seiner Funktion im Kontext des Art. 37 und aus einer analogen Anwendung
der Vorgaben zum Verschmelzungsplan nach Art. 20 Abs. 1 (so auch *Scheifele*
Gründung der SE S. 405 f.; *Seibt*/*Reinhard* Der Konzern 2005, 407 [413 f.]; KK-
AktG/*Paefgen* Rn. 28; MüKoAktG/*Schäfer* Rn. 10; NK-SE/*Schröder* Rn. 20 ff.,
der allerdings die nationalen Vorschriften ergänzend zur Anwendung bringen
will; *Schwarz* Rn. 17 f.; LHT/*J. Schmidt* Rn. 14 ff.).

Aus der Funktion des Umwandlungsplans als rechtlichem Kerndokument der 24
Umwandlung und Substrat der Beschlussfassung durch die Hauptversammlung
(Art. 37 Abs. 7) lässt sich ableiten, dass der Plan alle für die rechtstechnische
Durchführung des Formwechsels und die Verfassung der neuen Rechtsform
wesentlichen Festsetzungen enthalten muss, **einschließlich der Satzung** der
neu entstehenden SE. Zieht man zur Konkretisierung den Katalog des Art. 20
Abs. 1 heran und adaptiert diesen auf die Situation des Formwechsels, so lässt sich
der Mindestinhalt des Umwandlungsplans nach Art. 37 Abs. 4 wie folgt ableiten:

aa) Zwingende Bestandteile. Der Umwandlungsplan hat zunächst die fol- 25
genden Angaben zwingend zu enthalten:
– die für die SE vorgesehene **Firma** und ihren geplanten **Sitz** (vgl. Art. 20
  Abs. 1 lit. a), wobei die Firma mit dem Rechtsformzusatz „SE" zu versehen ist;
– die Beteiligung der Aktionäre an der zu gründenden SE mit Anzahl, ggf.
  Nennbetrag und Gattung der gewährten Aktien (vgl. Art. 20 Abs. 1 lit. b); da
  ein Umtauschverhältnis beim Formwechsel nicht ermittelt wird, ist Art. 20

Abs. 1 lit. b sinngemäß so auszulegen, dass detaillierte **Angaben über die Aktienbeteiligung in der SE** aufzunehmen sind; die im Rahmen von § 194 Abs. 1 Nr. 4 UmwG entwickelten Grundsätze können bei der Konkretisierung der Anforderungen als Auslegungshilfe herangezogen werden (*Scheifele* Gründung der SE S. 406; KK-AktG/*Paefgen* Rn. 30; MüKoAktG/*Schäfer* Rn. 11; *Schwarz* Rn. 30; vgl. zu den Anforderungen nach § 194 Abs. 1 Nr. 4 UmwG Lutter/*Decher*/*Hoger* UmwG § 194 Rn. 8 f.):

– die Einzelheiten über die **Umwandlung der Mitgliedschaftsrechte** in der formwechselnden AG in Mitgliedschaftsrechte der SE (vgl. Art. 20 Abs. 1 lit. c); da es beim Formwechsel nicht zu einer Übertragung von Aktien kommt, ist Art. 20 Abs. 1 lit. c dahingehend auszulegen, dass der Umwandlungsplan auf die ipso iure eintretende Umwandlung der AG-Mitgliedschaft in die SE-Mitgliedschaft hinzuweisen hat (KK-AktG/*Paefgen* Rn. 31; MüKoAktG/*Schäfer* Rn. 11; *Schwarz* Rn. 31);

– eine Beschreibung der Rechte, welche die SE den **mit Sonderrechten ausgestatteten Aktionären** der formwechselnden Gesellschaft und den Inhabern anderer Wertpapiere als Aktien gewährt, oder die für diese Personen vorgeschlagenen Maßnahmen (vgl. Art. 20 Abs. 1 lit. f); wegen des Kontinuitätsprinzips bleiben diese Rechte (zB Wandlungs-, Options- oder Genussrechte) in aller Regel unangetastet und der Umwandlungsplan kann sich insoweit auf den Hinweis beschränken, dass (i) sich die Sonderrechte in der SE inhaltsgleich fortsetzen und (ii) für die Inhaber dieser Rechte keine besonderen Maßnahmen vorgesehen sind; in diesem Zusammenhang sollten die Sonderrechte sinnvollerweise schlagwortartig bezeichnet werden, eine detaillierte Wiedergabe der Bedingungen dieser Sonderrechte ist hingegen nicht erforderlich;

– eine Beschreibung jedes **besonderen Vorteils,** der den Sachverständigen, die gemäß Art. 37 Abs. 6 die Kapitaldeckung der AG prüfen, oder den Mitgliedern des Aufsichtsrats oder des Vorstands der AG gewährt wird (vgl. Art. 20 Abs. 1 lit. g).

26   Nicht erforderlich sind hingegen die in Art. 20 Abs. 1 lit. d vorgesehenen Angaben zum Zeitpunkt der Gewinnberechtigung der neuen Aktien und zum Umwandlungsstichtag, da diese – anders als bei der Verschmelzung – wegen des Kontinuitätsprinzips nicht zu bestimmen sind. Der Formwechsel hat keine Auswirkungen auf die **Dividendenansprüche** der Aktionäre. Aus dem gleichen Grund ist auch die Angabe eines **Bilanzstichtages** (Art. 20 Abs. 1 lit. e), von dem an die Geschäfte der formwechselnden AG für Rechnung der SE geführt werden, entbehrlich. Es gilt der Grundsatz der Bilanzkontinuität. Die SE führt die **bilanziellen Buchwerte** der formwechselnden AG unverändert fort (KK-AktG/*Paefgen* Rn. 35; MüKoAktG/*Schäfer* Rn. 11).

27   **bb) Insbesondere: die Satzung der SE, Regelung zu Kapitalveränderungen.** Zwingender Bestandteil des Umwandlungsplans ist die Satzung der SE (vgl. Art. 20 Abs. 1 lit. h; *Scheifele* Gründung der SE S. 407; LHT/*J. Schmidt* Rn. 14 ff.; MüKoAktG/*Schäfer* Rn. 13; *Schwarz* Rn. 25; aA van Hulle/Maul/Drinhausen/*Drinhausen* Abschnitt 4 § 5 Rn. 15; *Jannott* in Jannott/Frodermann HdB SE Kap. 3 Rn. 238). Wegen des **notwendigen Inhalts** der Satzung ist gemäß Art. 15 Abs. 1 auf das **nationale Recht** abzustellen. Neben den allgemeinen aktienrechtlichen Bestimmungen zum (Mindest-)Inhalt der Satzung ist auch § 243 Abs. 1 S. 2 UmwG zu beachten, wonach etwaige Angaben der AG-Satzung über Sondervorteile, Gründungsaufwand, Sacheinlagen bzw. Sachübernahmen in die SE-Satzung zu übernehmen sind. Ob § 27 AktG in der Weise Anwendung findet, dass in der Satzung der SE offengelegt werden muss, dass das **Grundkapital der SE durch Formwechsel aufgebracht** ist, ist umstritten (bejahend *Scheifele* Gründung der SE S. 407 f.; MüKoAktG/*Schäfer* Rn. 13;

Schwarz Rn. 26; aA KK-AktG/*Paefgen* Rn. 40; LHT/*J. Schmidt* Rn. 14 ff.). Bis zur gerichtlichen Klärung dieser Frage sollte vorsorglich ein entsprechender Hinweis aufgenommen werden (zB „Das Grundkapital der Gesellschaft wird durch Formwechsel der A-AG mit Sitz in B-Stadt aufgebracht"; vgl. den Formulierungsvorschlag von LHT/*J. Schmidt* Rn. 14 ff.).

Die dem Umwandlungsplan beigefügte Satzung muss die gesamten Kapital- **27a** verhältnisse der künftigen SE reflektieren, dh neben dem Grundkapital auch etwaige genehmigte oder bedingte Kapitalia (zB für Aktienoptionsprogramme). Dabei gilt im Grundsatz, dass die betreffenden Kapitalia in ihrer Höhe und Ausgestaltung den Kapitalia der Aktiengesellschaft bei Wirksamwerden der Umwandlung entsprechen. Regelungsbedarf ergibt sich hierbei in den Fällen, in denen sich zwischen der Aufstellung des Umwandlungsplans und dem Wirksamwerden des Formwechsels Kapitalveränderungen ergeben können, etwa durch Ausnutzung des genehmigten Kapitals oder Ausgabe von Aktien aus dem bedingten Kapital. Für diesen Fall kann – und sollte – der Aufsichtsrat der SE zur Anpassung der Satzung der SE ermächtigt werden. Diese Ermächtigung kann dann unmittelbar vor Anmeldung der SE zur Eintragung in das Handelsregister ausgenutzt werden. Auf dieses Weise kann sichergestellt werden, dass die Satzung der SE dem letzten Stand der AG-Satzung entspricht. Ob es sich hierbei um eine bloße „Fassungsänderung" oder eine (gebundene) Änderung des Satzungsinhalts handelt, kann dahin stehen. Da es lediglich um die formale Anpassung des Satzungsinhalts der SE an den Satzungsstand der AG im Moment der Umwandlung geht, kommt dem Aufsichtsrat insoweit keinerlei eigener Gestaltungsspielraum zu. Vor diesem Hintergrund ist auch zu befürworten, dass sonstige Anpassungen der SE-Satzung an die im „Schwebezeitraum" vor Eintragung des Formwechsels vorgenommenen Änderungen der AG-Satzung durch den Aufsichtsrat – bei entsprechender Ermächtigung im Umwandlungsplan – beschlossen werden können. Ansonsten käme es zu einer faktischen „Veränderungssperre" in Bezug auf die AG-Satzung, die dysfunktional wäre und für die es keine sachliche Rechtfertigung gäbe.

cc) **Insbesondere: Angaben zum Arbeitnehmerbeteiligungsverfahren.** **28** Der Umwandlungsplan hat ferner Angaben zu dem Verfahren der Arbeitnehmerbeteiligung gemäß Art. 3 Abs. 1 SE-RL (vgl. Art. 20 Abs. 1 lit. i) zu machen. Hierbei ist zu berücksichtigen, dass das Verfahren der Arbeitnehmerbeteiligung nach der gesetzlichen Konzeption erst nach der Offenlegung des Umwandlungsplans initiiert wird. Der Verlauf oder gar die Ergebnisse des Verfahrens können daher noch nicht im Umwandlungsplan beschrieben werden; die Angaben können daher auf relativ knappe Ausführungen zur Auffanglösung nach §§ 24 Abs. 1 Nr. 1, 35 Abs. 1 SEBG und eine grobe Übersicht über den Ablauf des Beteiligungsverfahrens beschränkt werden; sollte das Arbeitnehmerbeteiligungsverfahren **bereits vor Offenlegung des Umwandlungsplans eingeleitet** worden sein, erscheint es aus Gründen der Vorsicht geboten, auch Angaben zum aktuellen Status des Beteiligungsverfahrens zu machen. Dies schließt konsequenterweise auch den Hinweis auf den Abschluss einer Mitbestimmungsvereinbarung ein, sofern dieser Abschluss vor Offenlegung erfolgt ist. Eine Beschreibung des **Inhalts der Mitbestimmungsvereinbarung** im Umwandlungsplan ist nicht erforderlich. Allerdings sollte in diesem Fall der parallel zum Umwandlungsplan zu erstellende Umwandlungsbericht deren wesentliche Inhalte erläutern.

dd) **Fakultative Bestandteile.** Über seinen zwingenden Inhalt hinaus kann **29** der Umwandlungsplan weitere (fakultative) Regelungen enthalten, wie zB die (ggf. nur vorsorgliche) (→ Rn. 63) **Bestellung der Anteilseignervertreter im Aufsichts- oder im Verwaltungsorgan** der SE und die Bestellung des Abschlussprüfers (KK-AktG/*Paefgen* Rn. 42 f.; teilw. abweichend LHT/*J. Schmidt*

Rn. 19: hinsichtlich des Abschlussprüfers bestehe Ämterkontinuität und bei Organmitgliedern nur insoweit, als dass keine Ämterkontinuität bestehe). Zudem soll es möglich sein, im Umwandlungsplan ein Abfindungsangebot an die der Umwandlung widersprechenden Minderheitsaktionäre vorzusehen (so zB Mü-KoAktG/*Schäfer* Rn. 12; *Schwarz* Rn. 28; LHT/*J. Schmidt* Rn. 19). Dies wird aber kaum je relevant, wenn man wie hier der Ansicht ist, dass ein solches Abfindungsangebot nicht erforderlich ist (so auch KK-AktG/*Paefgen* Rn. 44). Zur Frage der Erforderlichkeit eines Barabfindungsangebots → Rn. 67. In der Praxis werden im Umwandlungsplan in der Regel auch die für die Zwecke des Art. 2 Abs. 4 relevante Tochtergesellschaft der AG näher bezeichnet und die **zweijährige Mindestbeteiligungsdauer** dargelegt. Ferner finden sich nicht selten Ausführungen zu Hintergrund und intendierter Fortgeltung von genehmigten und bedingten Kapitalia.

30 **b) Form des Umwandlungsplans.** Art. 37 enthält keine Angaben zur Form des Umwandlungsplans. Damit ist nach Art. 15 Abs. 1 der Rückgriff auf die Formvorschriften des deutschen Gründungs- bzw. Umwandlungsrechts eröffnet und die Frage aufgeworfen, ob der Umwandlungsplan der notariellen Beurkundung bedarf. Dies ist zu verneinen (Spindler/Stilz/*Casper* Rn. 10; van Hulle/Maul/Drinhausen/*Drinhausen* Abschnitt 4 § 5 Rn. 19; KK-AktG/*Paefgen* Rn. 45; MüKoAktG/*Schäfer* Rn. 14; *Louven*/*Ernst* BB 2014, 323 [328]; aA LHT/*J. Schmidt* Rn. 21; *Heckschen* DNotZ 2003, 251 [264]; *Scheifele* Gründung der SE S. 408; *Vossius* ZIP 2005, 741 [747] Fn. 74; *Bayer* in Lutter/Hommelhoff Europäische Gesellschaft S. 25, 61; *Schwarz* Rn. 29). Bei funktionaler Betrachtungsweise entspricht der Umwandlungsplan dem *Entwurf* des Umwandlungsbeschlusses iSv § 194 Abs. 2 UmwG, der nicht beurkundungspflichtig ist. Eine notarielle Beurkundung ist nach § 193 Abs. 3 UmwG nur für den Umwandlungs*beschluss* vorgesehen, dh für den Zustimmungsakt der Anteilseigner (§ 193 Abs. 3 UmwG). Die SE-VO folgt demselben Regelungsmuster, indem sie den Zustimmungsakt der Anteilseigner über die Verweisung in Art. 37 Abs. 7 auf Art. 7 RL 78/855/EWG (heute NatVerschmRL 2011/35/EU) und damit auf § 13 Abs. 3 S. 1 UmwG der notariellen Beurkundung unterwirft (KK-AktG/*Paefgen* Rn. 45). Da der Umwandlungsplan (einschließlich der Satzung) aufgrund der Verweisung auf § 13 Abs. 3 S. 2 UmwG dem Zustimmungsbeschluss als Anlage beizufügen ist, wird er letztlich ebenfalls Gegenstand einer notariellen Beurkundung. Die **Aufstellung des Umwandlungsplans** als solche bleibt hingegen **beurkundungsfrei.** Die Gegenmeinung, die eine notarielle Beurkundung unter Verweis auf das mit der SE-Verschmelzung vergleichbare Bedürfnis nach materieller Richtigkeitsgewähr und der Belehrung der Beteiligten befürwortet, findet weder in der SE-VO noch im UmwG eine Stütze. Auch der SEAG-Gesetzgeber hat offenkundig keine Veranlassung gesehen, den Umwandlungsplan der Beurkundungspflicht zu unterwerfen. Demnach genügt es, wenn der **Umwandlungsplan in schriftlicher Form** (§ 126 BGB) aufgestellt wird (KK-AktG/*Paefgen* Rn. 45; aA LHT/*J. Schmidt* Rn. 21). In der Praxis wird der Umwandlungsplan dennoch häufig in notarieller Form aufgestellt (zB BASF SE, Porsche SE, Fresenius SE & Co. KG, SCA Hygiene Products SE). Hauptgrund hierfür ist die als noch nicht hinreichend abgesichert empfundene Rechtslage und die im nationalen Gesellschaftsrecht wurzelnde Neigung, strukturändernde Maßnahmen von einem Notar beurkunden zu lassen. Bis zur Klärung der Formfrage durch die Gerichte ist eine vorherige **Abstimmung mit dem Registergericht** zur Frage der Beurkundung in jedem Fall ratsam (so auch van Hulle/Maul/Drinhausen/*Drinhausen* Abschnitt 4 § 5 Rn. 20; LHT/*J. Schmidt* Rn. 21 aE; KK-AktG/*Paefgen* Rn. 45 empfiehlt, den Umwandlungsplan aus Vorsichtsgründen notariell beurkunden zu lassen, ebenso *Louven*/*Ernst* BB 2014, 323 [328]).

c) Zuständigkeit für die Aufstellung. Für die Erstellung des Umwandlungs- **31** plans ist nach Art. 37 Abs. 4 der Vorstand der AG als deren Leitungsorgan zuständig. Art. 37 trifft keine Aussage dazu, ob alle Vorstandsmitglieder an der Erstellung mitwirken müssen oder ein Handeln in vertretungsberechtigter Zahl ausreicht. Allerdings lässt sich aus Art. 5 NatVerschmRL, der durch § 4 UmwG umgesetzt wurde, ableiten, dass für die Aufstellung ein **Handeln in vertretungsberechtigter Zahl** ausreicht (LHT/*J. Schmidt* Rn. 13; KK-AktG/*Paefgen* Rn. 47; MüKoAktG/*Schäfer* Rn. 9). Dieses Ergebnis wird ferner durch die kongruente Rechtslage beim Abschluss eines Verschmelzungsvertrags bzw. bei der Aufstellung von dessen Entwurf gestützt (vgl. zur Rechtslage beim Abschluss eines Verschmelzungsvertrages nach § 4 UmwG zB Kallmeyer/*Marsch-Barner* UmwG § 4 Rn. 4 f.; Semler/Stengel/*Schröer* UmwG § 4 Rn. 8; KK-UmwG/ *Simon* § 4 Rn. 12). − Ordnet die Satzung der formwechselnden AG an, dass die Gesellschaft durch ein Vorstandsmitglied zusammen mit einem Prokuristen vertreten wird (**unechte Gesamtvertretung** nach § 78 Abs. 3 AktG), gilt dies auch für die Erstellung des Umwandlungsplans. Die Prokura selbst berechtigt hingegen nicht zur Erstellung des Umwandlungsplans, da es sich erstens bei der Prokura nicht um eine organschaftliche Vertretungsmacht handelt und zweitens die Erstellung eines Umwandlungsplans kein Geschäft ist, das zum gewöhnlichen Betrieb eines Handelsgewerbes (§ 49 Abs. 1 HGB) zu rechnen ist (so zur Rechtslage beim Abschluss eines Verschmelzungsvertrages nach § 4 UmwG zB Kallmeyer/*Marsch-Barner* UmwG § 4 Rn. 4 f.; Semler/Stengel/*Schröer* UmwG § 4 Rn. 8; KK-UmwG/*Simon* § 4 Rn. 12).

d) Offenlegung (Abs. 5). Nach Art. 37 Abs. 5 ist der Umwandlungsplan **32** mindestens einen Monat vor dem Tag der Hauptversammlung, die über die Umwandlung zu beschließen hat, in einem Art. 3 RL 68/151/EWG (heute Art. 3 Publizitäts-RL 2009/101/EG) entsprechenden Verfahren offen zu legen. In Deutschland ist der Umwandlungsplan bei dem für die formwechselnde AG zuständigen **Handelsregister einzureichen**. Die Einreichung ist keine Anmeldung iSv § 12 HGB und bedarf somit keiner notariellen Beglaubigung. Die Übermittlung per Elektronisches Gerichts- und Verwaltungspostfach (EGVP) mit einem einfachen Begleitschreiben von Vorstandsmitgliedern der Gesellschaft in vertretungsberechtigter Zahl reicht aus. Sieht die Satzung der formwechselnden AG unechte Gesamtvertretung vor, hat das betreffende Vorstandsmitglied den Umwandlungsplan zusammen mit dem Prokuristen zu übermitteln (so zur Rechtslage bei der Anmeldung des Formwechsels nach § 198 UmwG Semler/ Stengel/*Schwanna* UmwG § 198 Rn. 12; Kallmeyer/*Zimmermann* UmwG § 198 Rn. 8). Da weder mit der Einreichung an sich noch mit den damit verbundenen Angaben Erklärungen verbunden sind, die nur das Vertretungsorgan der formwechselnden AG selbst abgeben kann, spricht überdies nichts dagegen, wenn ein Prokurist oder eine mit einer entsprechenden Vollmacht ausgestattete Person, den Umwandlungsplan an das Handelsregister übermittelt (so zur Rechtslage bei der Bekanntmachung des Verschmelzungsplans im Rahmen einer grenzüberschreitenden Verschmelzung nach § 122d UmwG KK-UmwG/*Simon*/*Rubner* § 122d Rn. 4 f.).

Das Registergericht veröffentlicht sodann entsprechend § 5 SEAG, § 61 S. 2 **33** UmwG einen Hinweis auf die Hinterlegung des Umwandlungsplans im elektronischen Bundesanzeiger (*Seibt*/*Reinhard* Der Konzern 2005, 407 [415]; MüKo-AktG/*Schäfer* Rn. 19; *Louven*/*Ernst* BB 2014, 323 [328], aA *Schwarz* Rn. 36, der die Eintragung des Umwandlungsplans ins Handelsregister sowie eine entsprechende Bekanntmachung für erforderlich hält). Sofern die Wahrung der Monatsfrist nicht durch rechtzeitige Einreichung beim Handelsregister gesichert erscheint, empfiehlt sich eine **enge Koordination mit dem zuständigen Regis-**

terrichter bzw. Rechtspfleger. Auf Grund interner Verwaltungsabläufe bei den Handelsregistern, kann zwischen Einreichung und Offenlegung ein gewisser Zeitbedarf entstehen.

34   **e) Zuleitung an zuständigen Betriebsrat nicht erforderlich.** Beim nationalen Formwechsel ist der Entwurf des Umwandlungsbeschlusses nach § 194 Abs. 2 UmwG spätestens einen Monat vor dem Tag der Gesellschafterversammlung dem zuständigen Betriebsrat zuzuleiten. Wegen der funktionalen Vergleichbarkeit mit dem Entwurf eines Umwandlungsbeschlusses nimmt ein Teil des Schrifttums über Art. 15, § 194 Abs. 2 UmwG eine entsprechende Zuleitungspflicht auch für den Umwandlungsplan an (*Scheifele* Gründung der SE S. 411; Spindler/Stilz/*Casper* Rn. 12; van Hulle/Maul/Drinhausen/*Drinhausen* Abschnitt 4 § 5 Rn. 21; *Jannott* in Jannott/Frodermann HdB SE Kap. 3 Rn. 239; MüKoAktG/*Schäfer* Rn. 20). Hierfür gibt es indes keine Grundlage. Art. 37 sieht eine Zuleitungspflicht nicht vor. Anders als der Entwurf des Umwandlungsbeschlusses enthält der Umwandlungsplan auch keine Angaben zu den Folgen der Umwandlung für die Arbeitnehmer. In entsprechender Anwendung von Art. 20 Abs. 1 lit. i wird lediglich das Verfahren der Arbeitnehmerbeteiligung nach der SE-RL beschrieben (→ Rn. 28). Dem Informationsinteresse der Arbeitnehmer in Bezug auf die Folgen des Formwechsels wird durch das Beteiligungsregime gemäß der SE-RL und dem SEBG, insbesondere durch die Mitteilungsregelung in § 4 Abs. 2 und 3 SEBG und den weitergehenden Auskunftsanspruch nach § 13 Abs. 2 SEBG Rechnung getragen. Ein durch Rückgriff auf das nationale Umwandlungsrecht zwingend zu schließendes **Regelungsdefizit lässt sich daher nicht erkennen** (*Kowalski* DB 2007, 2243 [2249]; *Seibt/Reinhard* Der Konzern 2005, 407 [415]; KK-AktG/*Paefgen* Rn. 48; *Schwarz* Rn. 37). Unter praktischen Gesichtspunkten spricht allerdings viel dafür, den Umwandlungsplan, der zum relevanten Zeitpunkt ohnehin für die Zwecke der Offenlegung nach Art. 37 Abs. 5 verbindlich aufgestellt sein muss, zusammen mit dem Umwandlungsbericht (sofern auf diesen nicht verzichtet wird, → Rn. 42) dem zuständigen Betriebsrat zuzuleiten (so auch LHT/*J. Schmidt* Rn. 22*).* Im Sinne einer vertrauensvollen und kooperativen Zusammenarbeit zwischen Unternehmensleitung und Arbeitnehmervertretungen während der Gründungsphase der SE dürfte sich eine freiwillige Zuleitung der ohnehin fertiggestellten Dokumente regelmäßig positiv auswirken. Aus der Zuleitung des Umwandlungsplans erwachsen keine zusätzlichen Mitspracherechte des Betriebsrats.

35   **2. Umwandlungsbericht (Abs. 4). a) Allgemeines.** Nach Art. 37 Abs. 4 hat der Vorstand der formwechselnden AG zusätzlich zum Umwandlungsplan einen Bericht zu erstellen, in dem die rechtlichen und wirtschaftlichen Aspekte der Umwandlung erläutert und begründet sowie die Auswirkungen, die der Übergang zur Rechtsform einer SE für die Aktionäre und für die Arbeitnehmer hat, dargelegt werden.

36   Der Umwandlungsbericht dient ausschließlich der **Information der Aktionäre** in Vorbereitung der Beschlussfassung über den Umwandlungsplan gemäß Art. 37 Abs. 7. Eine weitergehende Funktion – etwa im Sinne der gezielten Arbeitnehmer- oder Gläubigerinformation – kommt ihm nicht zu (KK-AktG/*Paefgen* Rn. 51; aA *Seibt/Reinhard* Der Konzern 2005, 407 [416]; Spindler/Stilz/*Casper* Rn. 11; LHT/*J. Schmidt* Rn. 27). Wenn Art. 37 Abs. 4 Angaben zu den Auswirkungen der Umwandlung für die Arbeitnehmer verlangt, dient dies ebenfalls der Information der Aktionäre, die diese Auswirkungen – in der Regel handelt es sich wegen des Kontinuitätsprinzips allenfalls um Änderungen im Mitbestimmungsregime – bei ihrer Entscheidung über den Formwechsel berücksichtigen können.

Nicht überzeugend ist die in Teilen des Schrifttums unter Verweis auf den **37** Holding-Bericht nach Art. 32 Abs. 2 S. 2 vertretene Auffassung, dass es sich beim Umwandlungsbericht um einen Bestandteil des Umwandlungsplans handele (KK-AktG/*Paefgen* Rn. 49; Spindler/Stilz/*Casper* Rn. 11; MüKoAktG/*Schäfer* Rn. 15). Hierfür findet sich im Wortlaut von Art. 37 Abs. 4, der im entscheidenden Punkt von Art. 32 Abs. 2 S. 2 abweicht, gerade keine Stütze. Für ein Redaktionsversehen gibt es keinen Anhaltspunkt. Auch in praktischer Hinsicht würde eine Verquickung von Umwandlungsplan und Umwandlungsbericht zu unnötigen Fragen führen, angefangen von der Pflicht zur Offenlegung des Berichts nach Art. 37 Abs. 5 über die Frage der Beurkundungspflicht des Berichts im Rahmen von Art. 37 Abs. 7 iVm § 13 Abs. 3 S. 1 UmwG bis hin zur Frage des möglichen Verzichts auf den Bericht entsprechend § 192 Abs. 3 UmwG. Die besseren Gründe sprechen daher dafür, den Umwandlungsbericht – ebenso wie etwa im Falle einer SE-Verschmelzung (vgl. Art. 18, Art. 9 NatVerschmRL, § 8 UmwG) – als **eigenständiges, vom Umwandlungsplan losgelöstes Dokument** zu behandeln (so auch van Hulle/Maul/Drinhausen/*Drinhausen* Abschnitt 4 § 5 Rn. 16 und 25 sowie *Schwarz* Rn. 11).

b) Inhalt des Umwandlungsberichts. Nach Art. 37 Abs. 4 hat der Bericht **38** zunächst die rechtlichen und wirtschaftlichen Aspekte der Umwandlung zu erläutern und zu begründen. Ferner ist darzulegen, welche Auswirkungen der Übergang zur Rechtsform einer SE für die Aktionäre und Arbeitnehmer hat. Aus diesen Vorgaben hat sich ein gewisses **Standardschema für die Berichterstattung** entwickelt, das je nach Bedeutung der Transaktion insgesamt und dem Gewicht der unterschiedlichen Aspekte in Umfang und Schwerpunktsetzung adaptiert werden kann. Kernpunkte des Umwandlungsberichts sind:

– **Angaben zur formwechselnden AG** (zB Firma, Sitz, Grundkapital, Organe, Geschäftätigkeit, wesentliche Tochterunternehmen, wesentliche Kennzahlen, aktuelles Mitbestimmungsregime);
– die unternehmerischen **Gründe für den Formwechsel** (zB Wechsel in ein monistisches Board-System, Europäisierung des Marktauftritts, effiziente Aufsichtsratsgröße);
– die **Alternativen** zum Formwechsel (zB SE-Gründung durch Verschmelzung);
– die **Kosten** der Umwandlung;
– die Erläuterung des Umwandlungsplans;
– die **Auswirkungen der Umwandlung** in gesellschaftsrechtlicher, bilanzieller und steuerlicher Hinsicht sowie die Auswirkungen auf eine etwaige Börsennotierung der Aktien.

Darüber hinaus hat sich in der Berichtspraxis die vergleichende Gegenüber- **39** stellung von Strukturmerkmalen von AG und SE etabliert, um Aktionäre angemessen über **Gemeinsamkeiten und Unterschiede** der beiden Rechtsformen zu informieren. Mit wachsender Verbreitung der SE dürfte die Bedeutung dieser oftmals recht „lehrbuchhaft" gestalteten Passagen abnehmen.

c) Zeitpunkt der Erstellung. Zum Zeitpunkt der Erstellung enthält Art. 37 **40** keine Vorgaben. Aus den über Art. 15 Abs. 1 anwendbaren nationalen Vorschriften über die Vorbereitung der beschlussfassenden Hauptversammlung ergibt sich, dass der Umwandlungsbericht den Aktionären **von der Einberufung der Versammlung an** in den Geschäftsräumen der Gesellschaft zur Einsicht ausgelegt werden muss und jedem Aktionär auf Verlangen unverzüglich und kostenlos eine Abschrift des Umwandlungsberichts zu erteilen ist, es sei denn, dass die Dokumente für denselben Zeitraum auf der Internetseite der Gesellschaft zugänglich sind (Art. 15 Abs. 1 iVm §§ 238 S. 1, 230 Abs. 2 UmwG). Darüber hinaus ist zu beachten, dass der Umwandlungsbericht auch für die Verabschiedung des **Be-**

schlussvorschlags des Aufsichtsrats der AG an die Hauptversammlung zur
Umwandlung in die SE eine wichtige Informationsgrundlage darstellt, und der
Aufsichtsrat auch verpflichtet ist, die ordnungsgemäße Berichterstattung an die
Hauptversammlung im Rahmen seiner Überwachungspflicht zu prüfen. Aus
diesem Grund empfiehlt es sich, den Umwandlungsbericht – zumindest aber
einen finalen Entwurf desselben – auf den Zeitpunkt hin vorzubereiten, zu dem
die Unterlagen über den Formwechsel an den Aufsichtsrat übermittelt werden.
Die tatsächliche Unterzeichnung des Umwandlungsberichts kann dann noch –
parallel zur Aufstellung des Umwandlungsplans – im Zeitraum zwischen der
Aufsichtsratszustimmung und der Einberufung der Hauptversammlung erfolgen.

41   **d) Zuständigkeit für die Erstellung.** Art. 37 Abs. 4 regelt die Erstellung des
Umwandlungsplans und des Umwandlungsberichts durch den Vorstand der formwechselnden AG in unmittelbarem Sachzusammenhang. Deshalb liegt es nahe,
dass – ebenso wie beim Umwandlungsplan – eine Unterzeichnung des Berichts
durch **Vorstandsmitglieder in vertretungsberechtigter Zahl** ausreicht (KK-
AktG/*Paefgen* Rn. 47 und 64; LHT/*J. Schmidt* Rn. 13 und 24). Unabhängig von
der Unterzeichnung des Berichts erscheint es nach allgemeinen Geschäftsfüh-
rungsgrundsätzen geboten, dass der Vorstand den Inhalt des Umwandlungsberichts – wegen der Bedeutung des Berichts für das Umwandlungsverfahren und
die Information der Aktionäre – zuvor förmlich billigt. In der Praxis unterschreiben **oftmals sämtliche Vorstandsmitglieder,** um damit die breite Unterstützung für die Maßnahme und die **ungeteilte Verantwortung** für den Umwandlungsbericht zum Ausdruck zu bringen.

42   **e) Möglichkeit zum Verzicht.** Bei einem nationalen Formwechsel ist der
Umwandlungsbericht gemäß § 192 Abs. 3 UmwG nicht erforderlich, wenn an
dem formwechselnden Rechtsträger nur ein Anteilsinhaber beteiligt ist oder
wenn alle Anteilsinhaber auf seine Erstattung verzichten. Zwar enthält Art. 37
keine entsprechende Verzichtsnorm, dennoch bestehen gegen eine auf Art. 15
Abs. 1 gestützte entsprechende Anwendung von § 192 Abs. 3 UmwG keine
Bedenken (*Scheifele* Gründung der SE S. 409 f.; *Vossius* ZIP 2005, 741 [745]
Fn. 47; van Hulle/Maul/Drinhausen/*Drinhausen* Abschnitt 4 § 5 Rn. 27; KK-
AktG/*Paefgen* Rn. 63; LHT/*J. Schmidt* Rn. 28; MüKoAktG/*Schäfer* Rn. 17;
NK-SE/*Schröder* Rn. 85; *Schwarz* Rn. 35; aA Spindler/Stilz/*Casper* Rn. 11; *Jannott* in Jannott/Frodermann HdB SE Kap. 3 Rn. 243). Der Umwandlungsbericht
dient nämlich **ausschließlich der Information der Aktionäre** (→ Rn. 36).
Dem Informationsbedürfnis der Arbeitnehmer und der Öffentlichkeit wird jeweils auf andere Weise Rechnung getragen. Wenn die Aktionäre aber – jeweils
individuell und in notariell beurkundeter Form – auf ihr Informationsrecht verzichten, wäre die mitunter aufwendige Erstellung eines Umwandlungsberichts
eine sinnlose „Trockenübung". Entsprechendes gilt bei einer **100%-igen Mut-
ter-Tochter-Konstellation,** da in diesem Fall davon ausgegangen werden kann,
dass der Alleinaktionär ohnehin eng in das Verfahren eingebunden ist.

43   **f) Keine Offenlegung.** Der Umwandlungsbericht muss – anders als der Umwandlungsplan – nicht nach Art. 37 Abs. 5 offengelegt werden. Der Wortlaut der
Norm ist insoweit eindeutig. Für eine erweiternde Auslegung gibt es **keinen
Anlass,** denn die Information der Zielgruppe des Umwandlungsberichts – dh
der Aktionäre der Gesellschaft – ist über die gemäß Art. 15 anwendbaren Vorschriften zur Vorbereitung der relevanten Hauptversammlung sichergestellt
(ebenso LHT/*J. Schmidt* Rn. 30). Die Behandlung des Umwandlungsberichts als
materieller Bestandteil des Umwandlungsplans ist ebenfalls abzulehnen
(→ Rn. 37), so dass eine Offenlegung auch unter diesem Aspekt nicht erforderlich ist.

g) Zuleitung an zuständigen Betriebsrat nicht erforderlich. Es besteht **44** keine Pflicht, den Umwandlungsbericht dem zuständigen Betriebsrat zuzuleiten. Der Bericht wird ausschließlich im Interesse der Aktionäre der Gesellschaft erstellt und dient ausschließlich deren Information. Dem Informationsinteresse der Arbeitnehmer in Bezug auf die Folgen des Formwechsels wird durch das Beteiligungsregime gemäß der SE-RL und dem SEBG, insbesondere durch die Mitteilungsregelung in § 4 Abs. 2 und 3 SEBG und den weitergehenden Auskunftsanspruch nach § 13 Abs. 2 SEBG Rechnung getragen. Insoweit gelten die gleichen Erwägungen wie für die Ablehnung einer Zuleitungspflicht in Bezug auf den Umwandlungsplan (*Kowalski* DB 2007, 2243 [2249]; *Seibt/Reinhard* Der Konzern 2005, 407 [415]; KK-AktG/*Paefgen* Rn. 48; *Schwarz* Rn. 37; LHT/ *J. Schmidt* Rn. 22). Unter praktischen Gesichtspunkten spricht dennoch einiges dafür, den Umwandlungsbericht, der in der Regel ja zeitlich parallel zum Umwandlungsplan entsteht und zum relevanten Zeitpunkt ohnehin für die Zwecke der Offenlegung nach Art. 37 Abs. 5 verbindlich erstellt sein muss (zur Zulässigkeit des Verzichts auf den Umwandlungsbericht → Rn. 42), dem zuständigen Betriebsrat als transparenzfördernde und vertrauensbildende Maßnahme zuzuleiten.

3. Durchführung des Arbeitnehmerbeteiligungsverfahrens. Unverzüg- **45** lich nach der Offenlegung des Umwandlungsplans hat der Vorstand die Arbeitnehmervertretungen und Sprecherausschüsse in der formwechselnden AG und in allen betroffenen Tochtergesellschaften und Betrieben nach den Bestimmungen des SEBG über das Gründungsvorhaben zu informieren und zur **Bildung des sog. „besonderen Verhandlungsgremiums"** („bVG") aufzufordern (§ 4 Abs. 2 SEBG; → SEBG § 4 Rn. 4 ff., 8 ff.). Aufgabe des bVG ist es, mit dem Vorstand der AG eine Vereinbarung iSv §§ 2 Abs. 8, 4 Abs. 1 S. 2, 13 Abs. 1, 21 SEBG zu verhandeln und ggf. abzuschließen (→ SEBG § 4 Rn. 3; LHT/*J. Schmidt* Rn. 34).

Aus der in § 4 Abs. 2 S. 3 SEBG vorgesehenen Sequenz von Offenlegung des **46** Umwandlungsplans und nachfolgender Arbeitnehmerbeteiligung kann **keine Sperrwirkung** für die Einleitung und sogar Durchführung des Arbeitnehmerbeteiligungsverfahrens **vor der Offenlegung** abgeleitet werden (LHT/*J. Schmidt* Rn. 34). In der Praxis wird dieser Weg häufig beschritten, um den Zeitplan der Umwandlung insgesamt zu beschleunigen und etwaige Auswirkungen der Arbeitnehmerbeteiligung auf Umwandlungsplan und -bericht in die Dokumentation einfließen zu lassen. Eine frühzeitige Initiierung des Arbeitnehmerverfahrens setzt allerdings die Bereitschaft der Unternehmensleitung voraus, die Absicht der formwechselnden Umwandlung bereits zu diesem Zeitpunkt auch öffentlich bekannt zu machen. Sofern innerhalb der in § 20 Abs. 1 SEBG vorgesehenen Sechsmonatsfrist keine Mitbestimmungsvereinbarung abgeschlossen wird, tritt mit der Umwandlung eine sog. **gesetzliche Auffanglösung** in Kraft, die sowohl die Rahmenbedingungen für die Errichtung eines SE-Betriebsrats festschreibt (§§ 22 ff. SEBG) als auch den Fortbestand der Mitbestimmungsregelungen anordnet, die vor der Umwandlung galten (§ 35 Abs. 1 SEBG). Die Anwendung der gesetzlichen Auffangregelung führt damit zB zur Fortführung einer etwaigen nach dem MitbestG vorhandenen paritätischen Besetzung im Aufsichtsrat. Sie schreibt jedoch nicht die Fortführung der absoluten Aufsichtsratsgröße vor. Die **Festlegung der Aufsichtsratsgröße** fällt in die alleinige Kompetenz des Satzungsgebers (vgl. zum Vorrang der Satzung gegenüber der Mitbestimmungsvereinbarung Spindler/Stilz/*Casper* Art. 12 Rn. 21; Sagasser/Bula/Brünger/*Gutkès* Umwandlungen, 4. Aufl. 2011, § 13 Rn. 330; KK-AktG/*Kiem* Art. 12 Rn. 61 f.; *Habersack* ZHR 171 [2007], 613 [628 f.]; *ders.* AG 2006, 345 [348]; aA LHT/*Hommelhoff/Teichmann* Art. 9 Rn. 58).

4. Kapitaldeckungsprüfung (Abs. 6). Anders als zB bei der Gründung **47** durch Verschmelzung (Art. 18 iVm §§ 9–12 UmwG) findet bei der Gründung durch Umwandlung **keine umfassende sachverständige Prüfung** des Umwandlungsplans statt. Der Verordnungsgeber sah hierfür keinen Anlass, da sich die Mitgliedschaftsrechte der Aktionäre durch die Umwandlung nicht wesentlich verändern und auch kein Umtauschverhältnis festgelegt wird, auf dessen Angemessenheit die sachverständige Prüfung bei anderen SE-Gründungsformen und auch im nationalen Umwandlungsrecht (vgl. §§ 8–12 UmwG) vorrangig abzielt (*Hommelhoff* AG 1990, 422 [425]; Spindler/Stilz/*Casper* Rn. 13; MüKoAktG/ *Schäfer* Rn. 21; LHT/*J. Schmidt* Rn. 35 ff.).

48   Nach Art. 37 Abs. 6 ist vor der Hauptversammlung von einem oder mehreren Sachverständigen sinngemäß zu bescheinigen, dass die Gesellschaft über **Nettovermögenswerte** mindestens in Höhe ihres Kapitals zuzüglich der kraft Gesetzes oder Statut nicht ausschüttungsfähigen Rücklagen verfügt. Zweck der Prüfung ist damit die Sicherung der realen Kapitalaufbringung im Rahmen der SE-Gründung. Angesichts des hohen Kapitalschutzes der AG nach nationalem Recht und der Geltung des Kontinuitätsprinzips, erscheint das Erfordernis einer Kapitaldeckungsprüfung zwar keinesfalls zwingend. Durch den Verweis auf die Kapital-RL hat der Verordnungsgeber aber klar zum Ausdruck gebracht, dass das Bestehen der Gründungsgesellschaft als Aktiengesellschaft noch keine ausreichende Garantie für das Vorhandensein des Kapitals ist. Mit Blick auf den Charakter der Umwandlung als Gründungsakt und wegen der hohen Bedeutung der Kapitalaufbringung auch im europäischen Kontext (vgl. zB Art. 13 Kapital-RL; MüKo-AktG/*Schäfer* Rn. 22) erscheint die Kapitaldeckungsprüfung in der Ausformung des Art. 37 Abs. 6 als **sachgerechte Kompromisslösung,** die in der Praxis zudem kaum Probleme bereitet.

49   **a) Gegenstand der Prüfung.** Die sachverständige Prüfung bezieht sich auf die Frage, ob die Summe aus (i) dem Grundkapital der SE und (ii) den nicht ausschüttungsfähigen Rücklagen durch das Nettoeinvermögen der Gesellschaft gedeckt ist. Zu den nach deutschem Aktienrecht **nicht ausschüttungsfähigen Rücklagen** zählen die gesetzliche Rücklage nach § 150 Abs. 1 und 2 AktG sowie die Kapitalrücklagen nach § 272 Abs. 2 Nr. 1–3 HGB (vgl. auch § 150 Abs. 3 und 4 AktG). Damit setzt Art. 37 Abs. 6 einen höheren Standard als das nationale Umwandlungsrecht beim Formwechsel in die AG, da dort gemäß §§ 245 Abs. 3 S. 2, 220 Abs. 1 UmwG lediglich sicherzustellen ist, dass der Nennbetrag des Grundkapitals der AG – ohne Berücksichtigung der Rücklagen – durch das Nettoeinvermögen unterlegt ist.

50   **b) Ermittlung des Nettoeinvermögens.** Zur Ermittlung des Nettoeinvermögens der Gesellschaft, dh der Differenz aus den Vermögenswerten der Gesellschaft abzüglich der Verbindlichkeiten, sind die Aktiva und Passiva nicht mit Buchwerten, sondern mit ihren **Verkehrswerten** zu bewerten. Dies ergibt sich ohne weiteres aus dem Zweck der Kapitaldeckungsprüfung, die darauf abzielt, die reale Kapitalaufbringung sicherzustellen, sowie dem Verweis auf die Kapital-RL, die eine Wertaufbringungskontrolle bei Sacheinlagen ebenfalls auf der Grundlage von Verkehrswerten vorsieht. Die Ermittlung des Nettoeinvermögens kann hierbei auf der Grundlage einer Einzelbewertung von Gegenständen des Aktiv- und Passivvermögens durchgeführt werden, sofern diese Gegenstände (unabhängig von ihrer Bilanzierbarkeit) einen feststellbaren wirtschaftlichen Wert haben. Alternativ hierzu kann – dies wird sich insbesondere bei größeren Unternehmen mit komplexerer Vermögensstruktur anbieten – auch eine Bewertung des Unternehmenswerts insgesamt, etwa in Anlehnung an den Standard IdW S. 1 des Instituts der Wirtschaftsprüfer (derzeit gilt der Standard IdW S. 1 in der vom Hauptfachausschuss (HFA) des Instituts der Deutschen Wirtschaftsprüfer am 29./ 30.5.2008 verabschiedeten Fassung (IdW S. 1 2008)) erfolgen. Eine detaillierte – in der Regel mit erheblichem Aufwand verbundene – auf mehrjährigen Detail-

planungen beruhende **Unternehmensbewertung** ist hierbei allerdings **nicht erforderlich.** Bei eindeutigen Wertverhältnissen reicht eine überschlägige Ertragswertermittlung aus. In der Praxis werden unterschiedliche Wertermittlungsmethoden angewandt (Buchwertmethode, bei börsennotierten Gesellschaften auch: Marktkapitalisierung), die dann wechselseitig zur **Plausibilisierung des Prüfungsergebnisses** herangezogen werden. Bewertungsstichtag ist − in Übereinstimmung mit der generellen Bewertungspraxis bei Strukturmaßnahmen − der Tag der beschlussfassenden Hauptversammlung.

c) Bestellung des sachverständigen Prüfers. Die Bestellung des sachver- 51 ständigen Prüfers erfolgt gemäß Art. 37 Abs. 6 in Übereinstimmung mit den nationalen Durchführungsbestimmungen zu Art. 10 NatVerschmRL. Der Prüfer wird daher auf **Antrag des Vorstands** − handelnd in vertretungsberechtigter Zahl − durch das Landgericht am Sitz der Gesellschaft bestellt (§§ 60, 10 Abs. 1 S. 1, Abs. 2 UmwG). Als Prüfer kommen lediglich Wirtschaftsprüfer bzw. Wirtschaftsprüfungsgesellschaften in Betracht (§§ 60, 11 Abs. 1 S. 1 UmwG, §§ 319, 319a HGB). Die Ausschlussgründe für die Tätigkeit als Prüfer sind in §§ 319 Abs. 2–5, 319a HGB aufgeführt. Danach steht die Tätigkeit als Abschlussprüfer der formwechselnden AG der Bestellung nicht entgegen. Möglicherweise bestehen auf Seiten des Abschlussprüfers im Hinblick auf die Wahrung seiner Neutralität Vorbehalte gegen die Übernahme einer „bewertenden Tätigkeit". In der Praxis beantragen die betroffenen Gesellschaften daher oftmals die Bestellung eines **neutralen Prüfers.** Im Rahmen der Vorgaben des gerichtlichen Bestellungsbeschlusses spricht nichts gegen den Abschluss einer konkretisierenden Mandatsvereinbarung zwischen Gesellschaft und Prüfer, an der beide Seiten ein Interesse haben werden. Die Vergütung des Prüfers wird durch das bestellende Gericht festgesetzt (§ 318 Abs. 5 HGB).

d) Kein Verzicht auf Kapitaldeckungsprüfung. Die Kapitaldeckungsprü- 52 fung dient der Sicherstellung der realen Kapitalaufbringung anlässlich der Gründung der SE. Während die Verschmelzungsprüfung nach §§ 9 ff. UmwG in erster Linie der Sicherstellung eines angemessenen Umtauschverhältnisses bezieht und daher die Aktionärsinteressen schützt, zielt die Kapitaldeckungsprüfung auf das Vertrauen des Rechtsverkehrs in die **Integrität der Kapitalausstattung** − und damit letztlich auf Gläubigerschutz − ab. Dieser Schutzbereich ist der Disposition der Aktionäre entzogen. Vor diesem Hintergrund kommt − anders als nach § 9 Abs. 3 iVm § 8 Abs. 3 UmwG − ein Verzicht der Aktionäre der Gesellschaft auf die Durchführung der Kapitaldeckungsprüfung nicht in Betracht (Spindler/Stilz/*Casper* Rn. 13; KK-AktG/*Paefgen* Rn. 81; MüKoAktG/*Schäfer* Rn. 23; LHT/*J. Schmidt* Rn. 35; aA *Vossius* ZIP 2005, 741 [748] Fn. 80).

e) Prüfungsbericht. Für die Bescheinigung des sachverständigen Prüfers gel- 53 ten die Bestimmungen zur Verschmelzungsprüfung nach Art. 10 Kapital-RL sinngemäß (ebenso LHT/*J. Schmidt* Rn. 44). Daraus folgt, dass die vom Prüfer angewandten Bewertungsverfahren darzulegen sind und anzugeben ist, ob die von ihm bestimmten Werte für das Nettoreinvermögen der formwechselnden AG den Betrag des Grundkapitals und der nach Gesetz oder Satzung nicht ausschüttungsfähigen Rücklagen erreichen oder übersteigen. Wie bereits ausgeführt, ist gerade bei großen Unternehmen mit komplexer Vermögensstruktur eine Einzeldarstellung der bewerteten Aktiva und Passiva weder praktikabel noch zielführend. Im Regelfall wird die Ermittlung des Nettoreinvermögens daher in Anlehnung an den Standard IDW S. 1 durchgeführt. Zur weiteren Plausibilisierung werden die bilanziellen Verhältnisse der Gesellschaft und − sofern vorhanden − die Börsenkapitalisierung herangezogen und zusammenfassend dargestellt (LHT/*J. Schmidt* Rn. 37 ff.). Entgegen einer im Schrifttum vertretenen Auffassung (KK–AktG/*Paefgen* Rn. 80) ist die Kapitaldeckungsbescheinigung **nicht nach Art. 37 Abs. 5 offenzulegen** (so auch Spindler/Stilz/*Casper* Rn. 13; MüKoAktG/*Schäfer* Rn. 25; LHT/*J. Schmidt* Rn. 45). Sie gehört richtigerweise zu den Unterlagen, die der beschlussfassenden Hauptversammlung ab Einberufung der Hauptversammlung zugänglich zu machen sind und die in der Hauptversammlung ausgelegt werden müssen. Aus Art. 10 Abs. 3 Kapital-RL folgt außerdem, dass die Bescheinigung des sachverständigen Prüfers zum Handelsregister einzureichen ist. Dies folgt überdies aus dem Umstand, dass das zuständige Registergericht sämtliche Rechtmäßigkeitsvoraussetzungen für den Formwechsel nach Art. 37 zu prüfen hat.

54　　**5. Zustimmung der Hauptversammlung (Abs. 7).** Art. 37 Abs. 7 bestimmt, dass der Umwandlungsplan einschließlich der Satzung der Zustimmung bzw. Genehmigung durch die Hauptversammlung der formwechselnden AG bedarf. Hinsichtlich der **Modalitäten der Beschlussfassung** verweist die Norm auf Art. 7 NatVerschmRL. Im Übrigen fehlen jegliche Angaben über die Vorbereitung und Durchführung der Hauptversammlung. Diese Lücke ist über Art. 15 Abs. 1 durch Anwendung der nationalen aktien- und umwandlungsrechtlichen Bestimmungen – insbesondere der §§ 121 ff. AktG – zu schließen, was insofern sachgerecht ist, als sich der Formwechsel zwanglos in die rechtlichen Abläufe der Hauptversammlung einer deutschen AG einfügen lässt. (für Art. 15 Abs. 1 als Verweisungsnorm auch Spindler/Stilz/*Casper* Rn. 14; aA LHT/*J. Schmidt* Rn. 50: Durchführung der Hauptversammlung richtet sich über Art. 18, 36 analog nach nationalem Recht, ebenso KK–AktG/*Paefgen* Rn. 86) SE-Umwandlungen werden mittlerweile häufig im Rahmen einer ohnehin stattfindenden ordentlichen Hauptversammlung beschlossen.

55　　**a) Vorbereitung der Hauptversammlung.** Nach Art. 37 Abs. 7 beschließt die Hauptversammlung über Umwandlungsplan und Satzung. Mit der Einberufung der Hauptversammlung sind daher der Tagesordnungspunkt „Umwandlung der Gesellschaft in eine Europäische Aktiengesellschaft" und die entsprechenden Beschlussvorschläge von Vorstand und Aufsichtsrat (§§ 121 Abs. 3 S. 2, 124 Abs. 3 S. 1 AktG) bekannt zu machen.

56　　Nach § 124 Abs. 2 S. 2 AktG muss sowohl der wesentliche Inhalt des Umwandlungsplans als auch der **Wortlaut der Satzung** der SE bekannt gemacht werden. Zur Vermeidung von rechtlichen Risiken empfiehlt es sich, sowohl den Umwandlungsplan als auch den Verschmelzungsvertrag mit seinem vollen Wortlaut wiederzugeben – unter anderem auch deshalb, weil der Inhalt von Umwandlungsplan und Satzung für die Zwecke der Beurkundung nach Art. 37 Abs. 7 iVm Art. 7 NatVerschmRL eindeutig fixiert sein muss.

57　　Ab Einberufung müssen Umwandlungsplan, Umwandlungsbericht und Kapitaldeckungsbescheinigung in den Geschäftsräumen der Gesellschaft zur Einsicht der Aktionäre ausgelegt werden. Auf Verlangen ist jedem Aktionär unverzüglich und kostenlos eine **Abschrift des Umwandlungsberichts** zu erteilen, es sei denn, dass die Dokumente – was bei börsennotierten Gesellschaften gemäß § 124a Abs. 1 Nr. 3 AktG verpflichtend ist – für denselben Zeitraum auf der **Internetseite der Gesellschaft** zugänglich sind.

58　　Eine zu diesem Zeitpunkt möglicherweise bereits abgeschlossene Mitbestimmungsvereinbarung ist nicht auszulegen – hierfür gibt es keine gesetzliche Grundlage. Sofern die Gesellschaft erwägt, die Mitbestimmungsvereinbarung ohnehin als Teil ihres Corporate Governance Regimes zu veröffentlichen, spricht indes nichts dagegen, auch die Mitbestimmungsvereinbarung das vorbereitende Informationsregime einzubeziehen. In der Hauptversammlung wird der Vorstand ohnehin die wesentlichen Inhalte der **Mitbestimmungsvereinbarung** erläutern müssen.

b) Durchführung der Hauptversammlung, Beschlussfassung. In der 59
Hauptversammlung sind der Umwandlungsplan, der Umwandlungsbericht und
die Kapitaldeckungsbescheinigung entsprechend § 239 Abs. 1 UmwG auszulegen. Der Umwandlungsplan ist zu Beginn der Verhandlung vom Vorstand mündlich zu erläutern (§ 239 Abs. 3 UmwG). Dafür reicht eine **Zusammenfassung
der wesentlichen Inhalte** des Umwandlungsberichts aus. Ist eine Mitbestimmungsvereinbarung bereits abgeschlossen, so ist auch deren wesentlicher Inhalt,
insbesondere die **Eckpunkte des Mitbestimmungsregimes,** zu erläutern. Hinzuweisen ist auch auf etwaige Diskrepanzen zwischen der Mitbestimmungsvereinbarung und der Satzung der SE und den daraus resultierenden
Implikationen (zB Anpassung der Satzung der SE).

Gegenstand der Beschlussfassung ist gemäß Art. 37 Abs. 7 die Zustimmung 60
zum Umwandlungsplan und die Genehmigung der Satzung. Hinsichtlich der
Beschlussmodalitäten verweist Art. 37 Abs. 7 S. 2 auf die mitgliedstaatlichen
Durchführungsbestimmungen zu Art. 7 NatVerschmRL, dh auf § 65 UmwG.
Nach § 65 Abs. 1 S. 1 UmwG bedarf der Zustimmungsbeschluss einer Mehrheit
von mindestens **drei Vierteln des bei der Beschlussfassung vertretenen
Grundkapitals.** Da die Satzung integraler Bestandteil des Umwandlungsplans ist,
werden die Zustimmung zum Umwandlungsplan und die Genehmigung der
Satzung der SE in einem Beschluss zusammengefasst. Der Zustimmungsbeschluss
ist notariell zu beurkunden (§ 13 Abs. 3 UmwG) und der Umwandlungsplan
nebst Satzung der **notariellen Beschlussniederschrift** als Anlage beizufügen.
Sind mehrere stimmberechtigte Aktiengattungen vorhanden, bedarf der Zustimmungsbeschluss zusätzlich der – durch Sonderbeschluss zu erteilenden – Zustimmung der Aktionäre einer jeden Gattung. Diese Sonderbeschlüsse sind ebenfalls
mit der qualifizierten Mehrheit des § 65 Abs. 1 S. 1 UmwG zu fassen.

Eine Beschlussfassung unter dem Vorbehalt der ausdrücklichen Genehmigung 61
der Mitbestimmungsvereinbarung, wie dies nach Art. 23 Abs. 2 für die Verschmelzungsgründung und in Art. 32 Abs. 6 S. 3 für die Holding-Gründung
möglich ist, ist in Art. 37 Abs. 7 nicht vorgesehen. Nach den allgemeinen aktienrechtlichen Beschlussgrundsätzen ist es jedoch nicht ausgeschlossen, dass die
Hauptversammlung – etwa nach Stellung eines entsprechenden Gegenantrags
durch einen Aktionär – einen Beschluss unter dem weiteren Vorbehalt der
Genehmigung der Mitbestimmungsvereinbarung (durch eine weitere Hauptversammlung) fasst. Sehr praxisnah ist dies freilich nicht. Sofern es mit dem Trans-
aktionsfahrplan vereinbar ist, sollte der Vorstand darauf hinwirken, dass die Mitbestimmungsvereinbarung zum Zeitpunkt der relevanten Hauptversammlung
bereits abgeschlossen ist. Gelingt dies nicht, so muss es das Ziel sein, auf der
Grundlage der mündlichen Erläuterungen des Vorstands zu Stand und Inhalt des
Arbeitnehmerbeteiligungsverfahrens eine vorbehaltlose Beschlussfassung der
Hauptversammlung herbeizuführen.

Eine gesonderte Beschlussfassung über die Genehmigung der Satzung der SE 62
ist, anders als der Wortlaut des Art. 37 Abs. 7 nahelegt, nicht erforderlich. Da die
Satzung Kernbestandteil des Umwandlungsplans ist (→ Rn. 27), ist die Genehmigung der Satzung von der einheitlichen Zustimmung zum Umwandlungsplan
erfasst. Dies schließt nicht aus, dass sich der einheitlich gefasste Beschluss sowohl
auf die Zustimmung zum Umwandlungsplan als auch auf die Genehmigung der
Satzung bezieht.

c) Bestellung des Aufsichtsrats bzw. Verwaltungsrats,. Sofern sich der 63
Aufsichtsrat der SE **nach den gleichen Regeln bildet und zusammensetzt,**
wie derjenige der formwechselnden Aktiengesellschaft, bleiben die Aufsichtsratsmitglieder für die verbleibende Dauer ihrer Bestellung im Amt (anders noch die
Vorauflage). Dies entspricht dem Regelungsansatz des § 203 UmwG, der über

Art. 15 Abs. 1 SE-VO zur Anwendung gelangt (sehr ausführlich *Kleinhenz/ Leyendecker-Langner* AG 2013, 507 [510 f.]; LHT/*J. Schmidt* Rn. 58 ff.; ebenso MüKoAktG/*Schäfer* Rn. 31; KK-AktG/*Paefgen* Rn. 42; *Jannott* in Jannott/Frodermann HdB SE Kap. 3 Rn. 259; aA − „Ämterdiskontinuität" − *Schwarz* Rn. 72; NK-SE/*Manz* Art. 40 Rn. 10 und Vorauflage). Die Neubestellung des Aufsichtsrats wäre in diesem Fall angesichts des identitätswahrenden Charakters des Formwechsels ein reiner Formalakt (KK-AktG/*Paefgen* Rn. 42; LHT/ *J. Schmidt* Rn. 61). − Etwas anderes gilt, wenn sich (i) das **Leitungssystem (dualistisch in monistisch)** oder (ii) die **Größe oder Zusammensetzung des Aufsichtsrats** im Zuge der Umwandlung ändern. In diesem Fall sind die Anteilseignervertreter des betreffenden Organs − dh des Aufsichtsrats oder des Verwaltungsrats − neu zu bestellen (ausführlich *Kleinhenz/Leyendecker-Langner* AG 2013, 507 [510 ff.]; LHT/*J. Schmidt* Rn. 58 ff.; so auch MüKoAktG/*Schäfer* Rn. 31; KK-AktG/*Paefgen* Rn. 42; *Jannott* in Jannott/Frodermann HdB SE Kap. 3 Rn. 260; Spindler/Stilz/*Eberspächer* Art. 40 Rn. 8). Die Kompetenz hierfür liegt bei der Hauptversammlung. Nach Art. 40 Abs. 2 S. 2 können die Mitglieder des ersten Aufsichtsorgans auch **durch die Satzung der SE bestellt werden.** Hiervon wird in der Praxis durchaus Gebrauch gemacht, unter anderem um im Falle von Anfechtungsklagen einen Gleichlauf zwischen der Eintragung der SE im Handelsregister und der Wirksamkeit der Aufsichtsratsbestellung zu erreichen. Für die Anfechtung von Wahlbeschlüssen ist das Freigabeverfahren nämlich nicht eröffnet. Alternativ hierzu können die Mitglieder des ersten Aufsichts- oder Verwaltungsrats durch **gesonderten Hauptversammlungsbeschluss** bestellt werden, für den die einfache Stimmenmehrheit gilt. − Auch im Falle der Ämterkontinuität werden die Aufsichtsratsmitglieder der SE in der Praxis oftmals **vorsorglich bestellt,** um der insoweit noch nicht abschließend geklärten Rechtslage Rechnung zu tragen. Entsprechendes gilt in diesen Fällen für die Bestellung der Vorstandsmitglieder in der SE.

64   Die Arbeitnehmervertreter für den Aufsichtsrat oder den Verwaltungsrat werden entweder nach Maßgabe einer bereits abgeschlossenen Mitbestimmungsvereinbarung bestimmt oder durch das im SEBG im Rahmen der sog. Auffanglösung vorgesehene Verfahren (§§ 34–38 SEBG). Stehen die Mitglieder bereits fest, so können sie ebenfalls durch die Hauptversammlung der formwechselnden AG gewählt werden (§ 36 Abs. 4 SEBG). Die Praxis geht jedoch zunehmend zu Lösungen über, nach denen die Arbeitnehmervertreter − nach ihrer Bestimmung − unmittelbar, dh **ohne Wahlakt** der Hauptversammlung, in den Aufsichtsrat der SE einrücken. − Die Durchführung eines Statusverfahrens ist in der Gründungsphase der SE entbehrlich (ebenso MüKoAktG/*Reichert/Brandes* Art. 40 Rn. 54 f.; Spindler/Stilz/*Eberspächer* Art. 40 Rn. 8; *Habersack* Der Konzern 2008, 67 [72]; unklar *Bungert/Gotsche* ZIP 2013, 649 [651], die darauf hinweisen, dass das Statusverfahren auch im Fall einer SE zur Verfügung stünde; aA *Jannott* in Jannott/ Frodermann HdB SE Kap. 3 Rn. 260; KK-AktG/*Paefgen* Art. 40 Rn. 74; *Kleinhenz/Leyendecker-Langner* AG 2013, 507 [514]; ebenso LG Nürnberg-Fürth NZG 2010, 547). Bei Gründung einer SE richtet sich die Zusammensetzung des Aufsichtsorgans nach der Eintragung der SE in das Handelsregister nach den entsprechenden Bestimmungen der Satzung und einer eventuellen Mitbestimmungsvereinbarung, Art. 40 Abs. 3 S. 1 und Art. 12 Abs. 4 (MüKoAktG/*Reichert/Brandes* Art. 40 Rn. 54). Eine Überlagerung dieser Vorgaben durch die Regelungen der §§ 96 ff. AktG widerspräche den in Art. 40 und 12 getroffenen Regelungen (so auch MüKoAktG/*Reichert/Brandes* Art. 40 Rn. 54; vgl. hierzu auch *Kleinhenz/Leyendecker-Langner* AG 2013, 507 [513]). Darüber hinaus besteht auch kein praktischen Bedürfnis für die Durchführung eines Statusverfahrens, da die Größe des Aufsichtsorgans durch die Satzung verbindlich vorgegeben wird und daher keine rechtlichen Unsicherheiten, die sich im nationalen Mitbestim-

mungsrecht aus dem Über- oder Unterschreiten von Schwellenwerten sowie aus Veränderungen des mitbestimmungsrechtlichen Status der AG ergeben können, bestehen (MüKoAktG/*Reichert/Brandes* Art. 40 Rn. 55; *Kleinhenz/Leyendecker-Langner* AG 2013, 507 [513]; *Habersack* Der Konzern 2008, 67 [72, 74]).

Die Besetzung der Arbeitnehmerseite im Aufsichts- oder Verwaltungsrat ist **65** **keine Eintragungsvoraussetzung** für die SE. Um die Zeit bis zum Einrücken der Arbeitnehmervertreter zu überbrücken, behilft sich die Praxis teilweise mit Kooptations- oder Gast-Lösungen.

d) Bestellung des Abschlussprüfers. Nach § 197 S. 1 UmwG, § 30 Abs. 1 **66** S. 1 AktG (analog) hat die Hauptversammlung der formwechselnden AG zudem den Abschlussprüfer für das erste (Rumpf-)Geschäftsjahr der SE zu bestellen.

6. Minderheitenschutz. a) Kein Anspruch auf Barabfindung. Bei der **67** Umwandlung einer AG in eine SE besteht – anders als nach § 207 UmwG – nach einhelliger Meinung keine Verpflichtung, denjenigen Aktionären, die gegen den Umwandlungsbeschluss Widerspruch zu Protokoll eingelegt haben, eine angemessene Barabfindung anzubieten (zB *Kalss* ZGR 2003, 593 [614 f.]; *Scheifele* Gründung der SE S. 422 f.; *Seibt/Reinhard* Der Konzern 2005, 407 [420]; *Teichmann* ZGR 2003, 367 [395]; Spindler/Stilz/*Casper* Rn. 15 und 20; van Hulle/ Maul/Drinhausen/*Drinhausen* Abschnitt 4 § 5 Rn. 47 ff.; KK-AktG/*Paefgen* Rn. 94; MüKoAktG/*Schäfer* Rn. 37; *Schwarz* Rn. 64; NK-SE/*Schröder* Rn. 100). Eine solche Barabfindung erscheint schon deshalb fraglich, weil die SE-VO beim Formwechsel, anders als zB bei der Verschmelzung (Art. 24 Abs. 2) oder bei der Holding-Gründung (Art. 34) **keine Ermächtigung an den nationalen Gesetzgeber** zum Erlass weitergehender minderheitsschützender Normen vorgesehen hat (so zB *Kalss* ZGR 2003, 593 [614]; *Teichmann* ZGR 2003, 367 [395]). Entscheidender Grund für das Fehlen eines Austrittsrechts gegen angemessene Barabfindung sind allerdings die weitgehenden Gemeinsamkeiten zwischen AG einerseits und SE mit Sitz in Deutschland andererseits (vgl. Art. 10), insbesondere im Hinblick auf ihre gesellschaftsrechtliche Struktur und die Finanzverfassung (so zB *Kalss* ZGR 2003, 593 [614]; Spindler/Stilz/*Casper* Rn. 15; KK-AktG/*Paefgen* Rn. 94; MüKoAktG/*Schäfer* Rn. 37; *Schwarz* Rn. 64). Diese **weitgehende Strukturgleichheit** lässt die Rechtfertigung für ein Barabfindungsangebot entfallen. Die Richtigkeit dieser Erwägung wird durch § 250 UmwG gestützt, der einen Barabfindungsanspruch beim Formwechsel zwischen der KGaA und der AG – die sich in ihrer Struktur erheblich stärker unterscheiden als AG und SE – ebenfalls ausschließt (*Kalss* ZGR 2003, 593 [614 f.]; KK-AktG/ *Paefgen* Rn. 94; MüKoAktG/*Schäfer* Rn. 37; *Schwarz* Rn. 64).

b) Kein Anspruch auf bare Zuzahlung. Aus den gleichen Gründen steht **68** den Aktionären der formwechselnden AG kein Anspruch auf Verbesserung des Beteiligungsverhältnisses nach § 196 UmwG zu (Spindler/Stilz/*Casper* Rn. 21; aA KK-AktG/*Paefgen* Rn. 95; MüKoAktG/*Schäfer* Rn. 38; NK-SE/*Schröder* Rn. 98). Für die Anwendung von § 196 UmwG besteht schon wegen der fehlenden Ermächtigung der SE-VO für ergänzende nationale Schutzvorschriften kein Raum. Darüber hinaus besteht aufgrund der Kontinuität der Mitgliedschaft in einem Rechtsträger mit **weitgehend vergleichbarer Struktur** für die Notwendigkeit einer gerichtlichen Überprüfung – in einem auf Geldausgleich gerichteten Spruchverfahren – kein sachlicher Anhaltspunkt. Der von Befürwortern einer Nachbesserung nach § 196 UmwG ins Feld geführte Hinweis auf entsprechende Verfahren bei der Verschmelzung oder der Holding-Gründung zur Adjustierung fehlerhafter Beteiligungsverhältnisse (MüKoAktG/*Schäfer* Rn. 38) lässt sich auf den Formwechsel nicht übertragen, da es hier an einem Umtauschverhältnis fehlt. Die Umwandlung in die SE lässt die Beteiligung der Aktionäre untereinander denknotwendig unberührt, so dass **für eine Adjustierung kein Raum** ist. Für einen monetären Ausgleich im Hinblick auf qualitative Veränderungen in der Mitgliedschaft gibt es – wegen der Strukturgleichheit von AG und deutscher SE – ebenfalls keinen Bedarf. Etwaige qualitative Veränderungen hätten insoweit allenfalls den Charakter von Satzungsänderungen für die weder das deutsche noch das europäische Recht einen monetären Ausgleich kennen. Selbst der Übergang vom dualistischen ins monistische System kann einen finanziellen Ausgleich nicht begründen. Beide Formen stehen gleichwertig nebeneinander und bringen aus Eigentümersicht keine fundamentalen Veränderungen. Abgesehen davon sind die strukturellen Änderungen auch praktisch kaum in Geld bewertbar oder monetär kompensierbar. Hätte der Gesetzgeber hierin einen Eingriff in Mitgliedschaftsrechte gesehen, hätte er im SEAG die Möglichkeit zu einem Ausgleich schaffen können. Die Unterschiede über § 196 UmwG in einem Spruchverfahren abzuarbeiten, wäre ein systemwidriges und auch praktisch nicht handhabbares Verfahren.

69   **7. Beschlussmängel.** Mangels spezifischer Regelung in der SE-VO oder im SEAG gelten für etwaige Mängel des Umwandlungsbeschlusses die §§ 241 ff. AktG. Damit unterliegt der Umwandlungsbeschluss nach Art. 37 Abs. 7 demselben „Mangelregime" (Einberufungsmängel, Berichtsmängel, Auskunftsmängel, Mängel im Beschlussverfahren und bei der Beschlussfeststellung), wie Beschlüsse zu nationalen Strukturmaßnahmen. Da den Aktionären weder ein Austrittsrecht entsprechend § 207 UmwG noch ein Nachbesserungsrecht entsprechend § 196 UmwG zusteht, gelten die spezifischen Beschränkungen des Klagerechts nach § 210 bzw. § 195 UmwG nicht. Anwendbar ist über Art. 15 Abs. 1 aber die Fristenregelung des § 14 Abs. 1 UmwG, wonach Anfechtungsklagen – aber auch Nichtigkeitsklagen – **innerhalb von einem Monat nach der Beschlussfassung** über den Umwandlungsplan erhoben werden müssen. Anwendbar sind auch die §§ 198 Abs. 3, 16 Abs. 2 S. 2 UmwG zur Registersperre. Die Registersperre kann – wie im Falle nationaler Umwandlungen – durch ein **Freigabeverfahren** nach § 16 Abs. 3 UmwG überwunden werden. Rein empirisch lässt sich feststellen, dass SE-Umwandlungen durch kritische Aktionäre (mit Recht) als vergleichsweise wenig aggressive Strukturmaßnahme angesehen und daher selten angefochten werden.

70   **8. Beachtung der aktienrechtlichen Gründungsanforderungen.** Art. 15 Abs. 1 verweist in Ergänzung zu den Verfahrensvorgaben in Art. 37 auf das Gründungsrecht der AG. Dieses kommt bei sachgerechter Auslegung allerdings nur nach Maßgabe des § 197 UmwG zur Anwendung, dh soweit sich aus den §§ 190 ff. UmwG für den Formwechsel nichts anderes ergibt (KK-AktG/*Paefgen* Rn. 96; MüKoAktG/*Schäfer* Rn. 30; *Schwarz* Rn. 67 f.). Da es sich (i) beim Wechsel der Rechtsform nicht um eine Neugründung handelt, (ii) AG und SE eine hohe strukturelle Vergleichbarkeit aufweisen und (iii) Art. 37 Abs. 6 ein eigene und abschließende Prüfung der Kapitalaufbringung vorsieht, ist die Bedeutung der aktienrechtlichen Gründungsvorschriften gering (KK-AktG/*Paefgen* Rn. 96).

71   Nicht erforderlich ist beispielsweise die Erstellung eines **(Sach-)Gründungsberichts** iSv § 32 AktG (*Seibt/Reinhard* Der Konzern 2005, 407 [422]; KK-AktG/*Paefgen* Rn. 98; LHT/*J. Schmidt* Rn. 46; *Schwarz* Rn. 74; aA *Vossius* ZIP 2005, 741 [748]; *Bayer* in Lutter/Hommelhoff Europäische Gesellschaft S. 25, 64). Dies ergibt sich aus einer entsprechenden Anwendung von § 245 Abs. 4 UmwG, der für den Formwechsel einer AG in die Rechtsform der GmbH auf einen solchen verzichtet. Die Wertung des § 245 Abs. 4 UmwG, dass die Anteilseigner einer AG wegen ihres typischerweise geringeren Einflusses auf die Gesell-

schaft nicht mit Berichtspflichten „belastet" werden sollen, trifft auf die SE-Umwandlung gleichermaßen zu.

Einigkeit besteht darüber, dass eine **externe Gründungsprüfung** entsprechend § 33 Abs. 2 Nr. 4 AktG entbehrlich ist. Hinsichtlich der Kontrolle der Kapitaldeckung durch externe Prüfer hat der Verordnungsgeber in Art. 37 Abs. 6 eine abschließende Regelung getroffen (van Hulle/Maul/Drinhausen/*Drinhausen* Abschnitt 4 § 5 Rn. 46; LHT/*J. Schmidt* Rn. 46; KK-AktG/*Paefgen* Rn. 101 f.). **72**

Nach richtiger aber nicht unumstrittener Ansicht ist die Durchführung einer **internen Gründungsprüfung** durch Vorstand und Aufsichtsrat der Gesellschaft entsprechend § 33 Abs. 1 AktG ebenfalls nicht erforderlich (*Kowalski* DB 2007, 2243 [2248 f.]; *Seibt/Reinhard* Der Konzern 2005, 407 [422]; van Hulle/Maul/Drinhausen/*Drinhausen* Abschnitt 4 § 5 Rn. 46; LHT/*J. Schmidt* Rn. 46; aA KK-AktG/*Paefgen* Rn. 100; *Jannott* in Jannott/Frodermann HdB SE Kap. 3 Rn. 296; *Theisen/Wenz/Neun* S. 184; *Schwarz* Rn. 75). Aus § 34 AktG ergibt sich, dass eine solche Prüfung sich namentlich darauf zu erstrecken hat, ob die Angaben der Gründer über die Einlagen auf das Grundkapital und über die Festsetzungen von Sondervorteilen, Gründungsaufwand und Sacheinlagen (§§ 26, 27 AktG) richtig und vollständig sind (§ 34 Abs. 1 Nr. 1 AktG). Diese Angaben sind – mangels Gründungsbericht – aber gar nicht vorhanden, es fehlt damit am prüfungsfähigen Substrat. Ferner hat sich die Gründungsprüfung von Vorstand und Aufsichtsrat darauf zu erstrecken, ob der Wert der Sacheinlagen oder Sachübernahmen den geringsten Ausgabebetrag, der dafür zu gewährenden Aktien oder den Wert der dafür zu gewährenden Leistungen erreicht (§ 34 Abs. 1 Nr. 2 AktG). Die hiermit bezweckte Sicherstellung der Kapitalaufbringung im Falle von Sacheinlagen wird bei der SE-Umwandlung durch die Kapitaldeckungsbescheinigung nach Art. 37 Abs. 6 gewährleistet. Eine Prüfung der Gründung und die entsprechende Berichterstattung durch Vorstand und Aufsichtsrat wären überflüssige Formalien, zumal sich Prüfungsberichte nach § 34 Abs. 2 AktG tatsächlich oftmals in formalen Floskeln erschöpfen. **73**

Vorstand und Aufsichtsrat der formwechselnden AG sind aufgrund ihrer allgemeinen Vorbereitungs- und Überwachungskompetenz ohnehin gehalten, die Rechtmäßigkeit des Umwandlungsvorgangs sicherzustellen. Der gesamte Umwandlungsprozess wird im Übrigen durch den Umwandlungsbericht nach Art. 37 Abs. 4 hinsichtlich seiner Rechtsgrundlagen und seines Verfahrensablaufs hinreichend transparent abgebildet. **74**

Angesichts der umstrittenen Literaturlage empfiehlt sich in Bezug auf das Erfordernis einer internen Gründungsprüfung bis auf weiteres allerdings eine **Abstimmung mit dem zuständigen Handelsregister.** **75**

9. Eintragungsverfahren. Aus Art. 12 Abs. 1 folgt die Notwendigkeit, den Formwechsel in die SE zur Eintragung in das Handelsregister anzumelden. Inhalt, Form und Verfahren der Anmeldung richten sich gemäß Art. 15 Abs. 1 nach nationalem Recht unter Berücksichtigung der Besonderheiten des Art. 37. Zuständig ist das Handelsregister des Amtsgerichts des Sitzes der formwechselnden AG. Die SE entsteht erst mit ihrer **Eintragung in das Handelsregister.** **76**

a) Zuständigkeit, Form der Anmeldung. Die Anmeldung des Formwechsels hat entsprechend § 246 Abs. 1 UmwG durch den Vorstand der formwechselnden AG zu erfolgen. Dies gilt auch für den Formwechsel in eine monistisch strukturierte SE. § 21 Abs. 1 SEAG, der für die Anmeldung einer monistischen SE die Mitwirkung aller Gründer, Verwaltungsratsmitglieder und geschäftsführenden Direktoren vorsieht, ist auf die Umwandlungsgründung im Wege der teleologischen Reduktion nicht anzuwenden. Ausweislich der Regierungsbegründung zu § 21 SEAG soll diese Vorschrift an die Stelle von § 36 AktG treten, um der besonderen Organstruktur der monistischen SE gerecht zu wer- **77**

den. Da § 36 AktG – als gründungsbezogene Regelung – beim Formwechsel durch § 246 UmwG verdrängt wird, gibt es keinen Grund, dessen Äquivalent – § 21 SEAG – zu befolgen. Bei der Anmeldung ist die Unterzeichnung **von Vorstandsmitgliedern in vertretungsberechtigter Zahl** ausreichend. Unechte Gesamtvertretung (§ 78 Abs. 3 AktG) ist, soweit die Satzung der formwechselnden Gesellschaft dies vorsieht, zulässig (vgl. zB Oetker/*Preuß*, 4. Aufl. 2005, HGB § 12 Rn. 15; Koller/Kindler/Roth/Morck/*Roth* HGB § 12 Rn. 6; Mü-KoHGB/*Krafka* § 12 Rn. 44). Die Prokura allein berechtigt hingegen nicht zur Anmeldung des Formwechsels. Geschäfte die, wie der Formwechsel, die Grundlagen des „eigenen" Handelsgeschäfts und damit auch das „eigene" Handelsregister betreffen, werden von § 49 Abs. 1 HGB nicht umfasst (vgl. zB Mü-KoHGB/*Krebs* § 49 Rn. 23; Baumbach/Hopt/*Hopt* HGB § 49 Rn. 2; Koller/Kindler/Roth/Morck/*Roth* HGB § 49 Rn. 2 ff.).

78   Nach § 12 Abs. 1 S. 1 HGB ist die Anmeldung elektronisch in öffentlich beglaubigter Form einzureichen. Der amtierende Notar hat die Unterschriften der relevanten Vorstandsmitglieder zu beglaubigen und die Anmeldung zusammen mit den Anlagen nach § 39a BeurkG per EGVP an das Handelsregister zu übermitteln. Zuständig ist das Handelsregister beim **Amtsgericht des Sitzes der formwechselnden AG** (Art. 12 Abs. 1, § 4 S. 1 SEAG, § 377 Abs. 1 FamFG).

79   **b) Inhalt der Anmeldung und Anlagen.** Gegenstand der Anmeldung des Formwechsels ist die neue Rechtsform der SE (§§ 246, 198 UmwG). Zugleich mit der neuen Rechtsform sind nach § 246 Abs. 2 UmwG die Vertretungsorgane der SE anzumelden, dh die **Mitglieder des Leitungsorgans** (Art. 39) im dualistischen System bzw. die **geschäftsführenden Direktoren** (§ 41 Abs. 1 SEAG) im monistischen System. Anzumelden ist auch die Vertretungsbefugnis der gesetzlichen Vertreter, sowohl in abstrakter Form als auch konkret in Bezug auf die bestellten Mitglieder. Die künftigen Vertreter haben zu versichern, dass **keine Umstände** vorliegen, die ihrer **Bestellung** nach § 76 Abs. 3 S. 2 Nr. 2 und 3 sowie S. 3 AktG **entgegenstehen** (keine Verurteilung wegen einer Straftat nach den §§ 283–283d StGB; keine relevante gerichtliche oder behördliche Beschränkung der Berufsausübung; Belehrung über die unbeschränkte Auskunftspflicht gegenüber dem Gericht). Die Zeichnung der Unterschrift der neuen Vorstandsmitglieder zur Aufbewahrung beim Gericht ist seit der Änderung des § 37 Abs. 2 AktG durch das EHUG (Gesetz über elektronische Handelsregister und Genossenschaftsregister sowie das Unternehmensregister vom 10.11.2006, BGBl. I S. 2553) nicht mehr erforderlich. Allerdings ist der Anmeldung gemäß § 37 Abs. 3 Nr. 3a eine **Liste der Mitglieder des Aufsichtsrats** beizufügen, aus welcher Name, Vorname, ausgeübter Beruf und Wohnort der Mitglieder ersichtlich sind. Sofern dem Aufsichtsrat zum Zeitpunkt der Anmeldung des Formwechsels noch keine Arbeitnehmervertreter angehören, sind die Angaben unverzüglich nach Bestellung nachzureichen.

80   **Prokuren und Handlungsvollmachten** bleiben durch den Formwechsel unberührt und sind durch das Handelsregister von Amts wegen in das Registerblatt der SE zu übernehmen. Ein klarstellender Hinweis in der Handelsregisteranmeldung hinsichtlich des Fortbestands von Prokuren und Handlungsvollmachten ist jedoch sinnvoll. Das Bestehen eines **Beherrschungs- und Gewinnabführungsvertrags** muss ebenfalls von Amts wegen in das Registerblatt der neuen SE übernommen werden. Allerdings empfiehlt sich auch hier zur Vermeidung von Unklarheiten ein Hinweis in der Anmeldung auf das Fortbestehen des Vertrags.

81   Nach Art. 15 Abs. 1 iVm §§ 198 Abs. 3, 16 Abs. 2 und 3 UmwG haben die Vorstandsmitglieder in der Anmeldung ferner entweder zu erklären, dass keine Klage gegen die Wirksamkeit des Umwandlungsbeschlusses anhängig ist, oder aber einen rechtskräftigen Beschluss des Prozessgerichts im Freigabeverfahren nach § 16 Abs. 3 UmwG vorzulegen, demzufolge eine Klage der Eintragung der Umwand-

lung nicht entgegensteht (LHT/*J. Schmidt* Rn. 68; Spindler/Stilz/*Casper* Rn. 16; NK-SE/*Schröder* Rn. 104; *Schwarz* Rn. 81). Zur Beschleunigung des Eintragungsverfahrens wird die Anmeldung des Formwechsels gelegentlich schon vor Ablauf der einmonatigen Klagefrist des § 14 Abs. 1 UmwG an das Handelsregister zur Prüfung übermittelt. Das **Negativattest** nach § 16 Abs. 2 S. 1 wird nach Ablauf der Frist eingereicht und der Formwechsel dann umgehend eingetragen.

Zusammen mit der Anmeldung des Formwechsel sind eine Reihe von Anlagen **82** zu übermitteln, die das Registergericht in die Lage versetzen sollen, das in Art. 37 geregelte Gründungsverfahren, das in §§ 4 ff. SEBG geregelte Arbeitnehmerbeteiligungsverfahren und die weiteren Gründungsvoraussetzungen zu überprüfen. Im Einzelnen sind folgende Anlagen einzureichen (vgl. KK-AktG/*Paefgen* Rn. 109; LHT/*J. Schmidt* Rn. 68):

– die **Niederschrift** des Umwandlungsbeschlusses nach Art. 37 Abs. 7 einschließlich der Feststellung der Satzung (§ 199 UmwG);
– die **Negativerklärung** nach §§ 198 Abs. 3, 16 Abs. 2 S. 1 UmwG, ggf. mit notariellen Klageverzichtserklärungen nach § 16 Abs. 2 S. 2 UmwG;
– der **Umwandlungsbericht** nach Art. 37 Abs. 4 oder die Erklärungen der Aktionäre, auf seine Erstellung zu verzichten;
– die **Bescheinigung der sachverständigen Prüfer** über die Kapitaldeckung nach Art. 37 Abs. 6;
– Urkunden über die Bestellung des Vorstands bzw. der geschäftsführenden Direktoren;
– Nachweise über Art und Umfang der **Vertretungsbefugnis** des Vorstands bzw. der geschäftsführenden Direktoren;
– die Versicherungen der Vorstandsmitglieder bzw. der geschäftsführenden Direktoren, dass **keine Bestellungshindernisse** vorliegen;
– ein Nachweis über die Einhaltung des **Mehrstaatlichkeitserfordernisses** nach Art. 2 Abs. 4, zB durch Vorlage eines Registerauszugs der ausländischen Tochtergesellschaft;
– ein Nachweis des Vorliegens der Voraussetzungen des Art. 12 Abs. 2 (Arbeitnehmerbeteiligung, → Rn. 88);
– eine Aufstellung der **Kosten des Formwechsels** (§ 197 S. 1 UmwG, § 37 Abs. 4 Nr. 2 AktG).

Der der Anmeldung als Anlage beizufügende Nachweis einer den §§ 4 ff. **83** SEBG entsprechenden Regelung der Mitbestimmung kann auf unterschiedliche Weise erfolgen (vgl. KK-AktG/*Paefgen* Rn. 110). Möglich ist:

– die Vorlage der Mitbestimmungsvereinbarung gemäß § 21 SEBG;
– die Vorlage des Beschlusses des besonderen Verhandlungsgremiums der Arbeitnehmer gemäß § 16 Abs. 1 S. 1 Alt. 1 SEBG, Verhandlungen über die Mitbestimmung nicht aufzunehmen;
– die Vorlage des Beschlusses des besonderen Verhandlungsgremiums der Arbeitnehmer gemäß § 16 Abs. 1 S. 1 Alt. 2 SEBG, die Verhandlungen über die Mitbestimmung abzubrechen;
– der Nachweis des Ablaufs der sechs- bzw. zwölfmonatigen Verhandlungsfrist nach § 20 SEBG durch Vorlage des Einladungsschreibens des Leitungsorgans zur konstituierenden Sitzung des besonderen Verhandlungsgremiums der Arbeitnehmer.

Der Umwandlungsplan ist nicht zwingend als Anlage zur Anmeldung beizufügen, da er dem Gericht bereits vorliegt (aA *Schwarz* Rn. 80; LHT/*J. Schmidt* Rn. 68).

Die Anlagen sind gemäß § 37 Abs. 5 AktG iVm § 12 Abs. 2 HGB in elektro- **84** nischer Form per EGVP an das Handelsregister zu übermitteln (so auch NK-SE/*Schröder* Rn. 106). An die Stelle der in § 199 UmwG angeordneten notariellen

Form, tritt ein mit einem einfachen elektronischen Zeugnis (§ 39a BeurkG) versehenes Dokument. Das betrifft namentlich den Umwandlungsbeschluss und die als Teil dessen zu beurkundende Satzung sowie ggf. die Erklärungen, auf den Umwandlungsbericht zu verzichten (KK-AktG/*Paefgen* Rn. 111).

85 **c) Prüfung durch das Gericht und Eintragung der SE.** Nach Eingang der Anmeldung prüft das Registergericht die Rechtmäßigkeit des Formwechsels **in formeller und materieller Hinsicht.** Zwar sieht Art. 37, anders als die Art. 25, 26 und 33 Abs. 5 für die Verschmelzungs- und Holdinggründung, eine Rechtmäßigkeitskontrolle beim Formwechsel nicht ausdrücklich vor. Deren Durchführung ist aber selbstverständliche Folge des Eintragungserfordernisses (Spindler/Stilz/*Casper* Rn. 16; KK-AktG/*Paefgen* Rn. 113; *Schwarz* Rn. 82; MüKoAktG/*Schäfer* Rn. 32).

86 In formeller Hinsicht müssen alle Eintragungsvoraussetzungen erfüllt sein. Das Registergericht hat zu prüfen, ob die Anmeldung sowie die beizufügenden Anlagen vollständig sind und den Vorgaben der SE-VO sowie denen des UmwG und des AktG entsprechen (KK-AktG/*Paefgen* Rn. 114). Bei Unvollständigkeit oder Fehlerhaftigkeit der Anmeldung hat das Registergericht eine **Zwischenverfügung** nach § 25 Abs. 2 S. 3 HRV zu erlassen und der anmeldenden Gesellschaft eine Frist zur Behebung der Mängel zu setzen.

87 Darüber hinaus nimmt das Registergericht auch eine materielle Prüfung der Ordnungsmäßigkeit des Formwechsels vor (vgl. dazu KK-AktG/*Paefgen* Rn. 115). Dabei hat das Gericht sich auf eine Rechtmäßigkeitskontrolle zu beschränken. Eine Prüfung der unternehmerischen Richtigkeit des Formwechsels ist ihm verwehrt (Lutter/*Decher*/*Hoger* UmwG § 198 Rn. 25). Insbesondere der Umwandlungsbeschluss ist auf das Bestehen eines Nichtigkeitsgrundes nach § 241 Nr. 1–4 AktG zu überprüfen. Die Überprüfung der im Zuge des Formwechsels zu erstattenden Berichte ist entsprechend § 38 Abs. 2 S. 1 AktG **auf offensichtliche Unrichtigkeit und Unvollständigkeit zu beschränken.** Im Rahmen der Überprüfung der Kapitaldeckung ist das Registergericht nicht an die Bescheinigung nach Art. 37 Abs. 6 gebunden. Das Gericht hat sich sein eigenes Urteil zu bilden, wofür allerdings regelmäßig der Bericht ausschlaggebend sein wird.

88 Die **ordnungsgemäße Durchführung des Verhandlungsverfahrens** über die Arbeitnehmerbeteiligung in der SE ist gemäß Art. 12 Abs. 2 Voraussetzung für die Eintragung der SE. Damit wird der formwechselnden Aktiengesellschaft die Verantwortung für den sich im Verantwortungsbereich der Arbeitnehmer vollziehenden Willensbildungsprozess innerhalb des besonderen Verhandlungsgremiums aufgebürdet, auf dessen ordnungsgemäßen Ablauf sie keinen Einfluss nehmen kann (*Kiem* ZHR 173 [2009], 156 [173]). Um eine planungssichere Durchführung der SE-Gründung zu gewährleisten, ist es daher geboten, den **Prüfungsumfang des Registergerichts sachlich zu begrenzen.** Das Registergericht hat keine detaillierte, inhaltliche Prüfung des Verhandlungsverfahren vorzunehmen, sondern sich auf eine Kontrolle des Vorliegens einer ordnungsgemäßen Verfahrenseinleitung und die Einhaltung der formalen Voraussetzungen des Art. 12 Abs. 2 zu beschränken (ArbG Stuttgart BeckRS 2007, 48644 Rn. 62– Porsche SE; *Kiem* ZHR 173 [2009], 156 [172 ff.]; *Henssler* ZHR 173 [2009], 222 [236 f.]; KK-AktG/*Paefgen* Rn. 116; MüKoAktG/*Jacobs* SEBG § 21 Rn. 8c, 26; Spindler/Stilz/*Casper* Art. 12 Rn. 9 ff.; KK-AktG/*Kiem* Art. 12 Rn. 38 f.; LHT/*J. Schmidt* Rn. 70; *Wißmann* FS Richardi, 2007, 841 [845]). Etwaige Fehler der Beteiligungsvereinbarung sind von den Arbeitnehmern bzw. den Arbeitnehmervertretern in dem dafür vorgesehenen Verfahren gerichtlich geltend zu machen. Die Fragen der Errichtung des besonderen Verhandlungsgremiums, die Ordnungsmäßigkeit seiner Besetzung, die interne Willensbildung sowie Verfahrensfehler sind einzig vor dem Arbeitsgericht – unter Umständen im Wege des einstweiligen Rechtsschutzes – geltend zu machen, das Registergericht hat diesbezüglich keine Prüfungskompetenz (KK-AktG/*Kiem* Art. 12 Rn. 34 ff.; im Ansatz auch LHT/*J. Schmidt* Rn. 70; aA MüKoAktG/*Schäfer* Art. 12 Rn. 6a; ArbG Stuttgart BeckRS 2008, 55726).

d) Rechtswirkungen der Eintragung. Nach positiver Prüfung durch das **89** Registergericht und Beseitigung etwaiger Beanstandungen wird die SE in das Handelsregister unter einem neuen Blatt **mit neuer Registernummer** eingetragen. In Bezug auf die neue Rechtsform – aber nur insoweit – hat die Eintragung konstitutive Wirkung. Die Eintragung umfasst neben der Firma der SE, deren Unternehmensgegenstand, den Tag der Satzungsfeststellung sowie die Mitglieder des Leitungsorgans und deren Vertretungsbefugnis.

Die Gesellschaft unterliegt in Bezug auf ihre gesellschaftsrechtliche Verfassung **90** fortan dem kombinierten Regime aus SE-VO, SEAG und nationalem Aktienrecht (vgl. Art. 9). Sofern die in der AG bestehenden Mandate von Aufsichtsrat (und Vorstand) nicht ausnahmsweise fortbestehen (→ Rn. 63), erlöschen die **Ämter der bisherigen Organmitglieder** (ausführlich *Kleinhenz/Leyendecker-Langner* AG 2013, 507 [508 ff.]). Die Durchführung eines Statusverfahrens ist nicht erforderlich (→ Rn. 64).

Unverändert bleiben die Anteilsverhältnisse und die Dividendenberechtigung **91** der Aktionäre. Etwaige dem Vorstand durch die Hauptversammlung der AG erteilte Ermächtigungen – etwa zum Erwerb eigener Aktien oder zur Ausgabe von Wandelschuldverschreibungen – bleiben bestehen (hierzu näher *Schwartzkopf/Hoppe* NZG 2013, 733 ff.). Auch auf eine etwaige Börsennotierung oder die Einbeziehung in Börsen-Indizes hat der Formwechsel in die SE keine Auswirkung (*Louven/Ernst* BB 2014, 323 [325]). Der Vollzug der Umwandlung und die neue Firma werden der **Börsenzulassungsstelle** lediglich mitgeteilt, die dann eine Umstellung der Notierung auf die neue Firma vornimmt. Aktienurkunden werden hinsichtlich der Firma unrichtig, verbriefen aber weiterhin die Mitgliedschaftsrechte in der SE. Sind die Aktien in wenigen **Urkunden global verbrieft,** empfiehlt sich ein unmittelbarer Austausch bei der Clearstream Banking AG. Handelt es sich um eine Vielzahl effektiver Stücke, die bei Aktionären in Einzeldepots verwahrt werden, kommt ein **Verfahren auf Kraftloserklärung** nach § 73 Abs. 1 AktG in Betracht, dessen Durchführung unter Kosten/Nutzen-Aspekten abzuwägen ist. Da zwischen der bisherigen AG und der neuen SE Rechtsträgeridentität besteht, entstehend durch das Wirksamwerden des Formwechsels auch keine Mitteilungspflichten nach §§ 21 ff. WpHG oder §§ 20 ff. AktG (OLG Düsseldorf BeckRS 2010, 01348; OLG Frankfurt NZG 2010, 389; OLG Köln NZG 2009, 830 [831]; BaFin Emittentenleitfaden, 2013, S. 108; Spindler/Stilz/*Petersen* WpHG § 30 Rn. 29; MüKoAktG/*Bayer* WpHG § 21 Rn. 26; aA LG Köln BeckRS 2007, 17373).

Unverändert durch die Eintragung des Formwechsels bleiben auch die Tarif- **92** bindung und die Mitgliedschaft in einem Arbeitgeberverband. Auch Betriebsvereinbarungen bleiben unangetastet, sofern es anlässlich des Formwechsels nicht zu betrieblichen Änderungen kommt (NK-SE/*Schröder* Rn. 112).

Mit der Eintragung der SE genießt die neue Rechtsform gemäß Art. 15 **93** Abs. 1, § 202 Abs. 1 Nr. 3 und Abs. 3 UmwG **Bestandsschutz.** Mängel des Umwandlungsverfahrens und des Umwandlungsbeschlusses lassen die Wirkungen der Eintragung unberührt. Klagen gegen die Wirksamkeit der Umwandlung können nicht zur Rückgängigmachung der Umwandlung führen. Dies gilt auch dann, wenn das Registergericht die Eintragung unter Missachtung der durch eine Klage gegen den Umwandlungsbeschluss ausgelösten Registersperre vorgenommen hat (KK-AktG/*Paefgen* Rn. 122). Als Rechtsbehelfe kommen lediglich

Schadensersatzansprüche gegen die Organmitglieder der formwechselnden AG nach § 205 UmwG oder Amtshaftungsansprüche in Betracht, wobei schwer erkennbar ist, welchen Schaden Aktionäre durch die Umwandlung einer AG in die Rechtsform der SE erleiden sollen.

94 Auch **Fehler bei der Durchführung des Arbeitnehmerbeteiligungsverfahrens** lassen die Wirkung der Eintragung unberührt. Zur Korrektur dieser Fehler stehen eigene Rechtsbehelfe zur Verfügung, wie etwa die erneute Durchführung des Verhandlungsverfahrens nach §§ 4 ff. SEBG oder die Wahlanfechtung nach § 37 Abs. 2 SEBG.

95 **10. Offenlegung der Eintragung, kein Hinweis auf Gläubigerschutz. a) Bekanntmachung im elektronischen Unternehmensregister.** Nach Art. 15 Abs. 2, 13 iVm § 10 HGB hat das Handelsregister die Eintragung der SE auf der gemeinsamen Internetseite der Justizverwaltung der Länder www.handelsregisterbekanntmachungen.de zu veröffentlichen. Die Informationen werden gemäß § 8b Abs. 2 Nr. 1, Abs. 3 S. 2 HGB auch in das elektronische Unternehmensregister (www.unternehmensregister.de) übernommen. Die Bekanntmachung der Eintragung der SE ist allerdings keine Wirksamkeitsvoraussetzung für den Formwechsel (vgl. hierzu KK-AktG/*Paefgen* Rn. 118).

96 **b) Kein Hinweis auf Gläubigerschutz.** Der für einen nationalen Formwechsel in §§ 204, 22 Abs. 1 S. 3 UmwG vorgesehene Hinweis auf das Recht der Gläubiger der formwandelnden AG auf Sicherheitsleistung ist nicht erforderlich, da schutzwürdige Gläubigerinteressen durch den Formwechsel einer AG in eine (deutsche) SE nicht berührt werden (so auch LHT/*J. Schmidt* Rn. 81, 86). Aufgrund des Identitätsprinzips haftet die SE für sämtliche Verbindlichkeiten der AG. Die Finanzverfassung der SE mit Sitz in Deutschland bietet für Gläubiger ein **identisches Schutzniveau.** Darüber hinaus wird durch die Kapitaldeckungsprüfung nach Art. 37 Abs. 6 eine ausreichende Unterlegung des ausgewiesenen Eigenkapitals der SE gewährleistet. Vor diesem Hintergrund besteht **kein Bedarf nach etwaiger Sicherheitsleistung** zu Gunsten von Gläubigern der formwechselnden AG, ein entsprechender Hinweis an die Gläubiger wäre konzeptionell geradezu sinnwidrig und auch für die Gläubiger eher verwirrend (MüKoAktG/*Schäfer* Rn. 39; *Jannott* in Jannott/Frodermann HdB SE Kap. 3 Rn. 274; *Scheifele* Gründung der SE S. 423; im Ergebnis ebenso *Schwarz* Rn. 66; Spindler/Stilz/*Caspar* Rn. 20; aA KK-AktG/*Paefgen* Rn. 120).

97 **c) Bekanntmachung im Amtsblatt der EU.** Neben der Veröffentlichung im elektronischen Bundesanzeiger ist die Eintragung der SE nach Art. 14 Abs. 1 im Amtsblatt der EU bekannt zu machen. Nach Art. 14 Abs. 2 enthält diese Bekanntmachung die Firma der SE, die HRB-Nummer, das Datum und den Ort der Eintragung der SE im Handelsregister, das Datum und den Ort der Veröffentlichung im elektronischen Bundesanzeiger und den Sitz sowie den Geschäftszweig der SE. Diese Angaben werden dem Amt für amtliche Veröffentlichungen der EU innerhalb eines Monats nach der nationalen Offenlegung übermittelt. Zuständig hierfür ist das Handelsregister. Die formgewechselte SE muss insoweit nichts veranlassen.

V. Arbeitnehmerschutz (Abs. 8 und 9)

98 Art. 37 Abs. 8 ermächtigt die Mitgliedstaaten, die Umwandlung von der Zustimmung des (mitbestimmten) Aufsichtsrats der formwechselnden AG mit qualifizierter Mehrheit abhängig zu machen. Hiervon hat der deutsche Gesetzgeber indes **keinen Gebrauch gemacht.** Für den Formwechsel einer deutschen AG in die SE ist die qualifizierte Zustimmung des Aufsichtsrats daher nicht erforderlich.

Art. 37 Abs. 9 bestimmt, dass die Rechte und Pflichten aus den Arbeitsverhält- **99** nissen der Arbeitnehmer der formwechselnden AG mit der Eintragung der SE auf diese übergehen. Die Regelung ist in der Sache überflüssig und **konzeptionell zudem unstimmig**, da es wegen des Identitätsprinzips ja gerade nicht zu einem Rechtsübergang kommt. Art. 37 Abs. 9 lässt sich daher nur aus der Entstehungsgeschichte des Art. 37 und den Befürchtungen verstehen, dass die Rechtsform der SE zur Beeinträchtigung von Arbeitnehmerrechten eingesetzt wird (*Schwarz* Rn. 87; LHT/*J. Schmidt* Rn. 77 ff.).

VI. Nachgründung und Spaltungsverbot

Nach Art. 37 Abs. 2 hat die Umwandlung einer AG in eine SE nicht die **100** Gründung einer neuen juristischen Person zur Folge. Ungeachtet dessen – auch dies kommt in Art. 37 Abs. 2 durch den Verweis auf Art. 12 zum Ausdruck – wird die SE als Rechtsträger neuer Rechtsform in das Handelsregister eingetragen, und zwar auf einem neuen Registerblatt unter neuer Registernummer. Vor diesem Hintergrund stellt sich die Frage nach der Anwendung jener „gründungsbezogenen" Regelungen, die explizit an die Eintragung der AG in das Handelsregister anknüpfen und die grundsätzlich – über Art. 10 bzw. 15 – auch für die neu eingetragene SE gelten würden. In der Sache geht es vor allem um die Anwendung der Nachgründungsvorschriften nach § 52 AktG und um die Geltung des Spaltungsverbots nach § 141 UmwG.

– Gemäß § 52 AktG bedürfen unter anderem Verträge der Gesellschaft, nach denen diese von Gründern oder mit mehr als 10 % des Grundkapitals an der Gesellschaft beteiligten Aktionären Gegenstände für eine den zehnten Teil des Grundkapitals übersteigende Vergütung erwerben soll, der Zustimmung der Hauptversammlung, der Prüfung und der Eintragung ins Handelsregister, sofern diese Verträge in den ersten zwei Jahren *seit Eintragung der Gesellschaft in das Handelsregister* geschlossen werden.

– Nach § 141 UmwG kann eine AG, *die noch nicht zwei Jahre im Register eingetragen ist,* (außer durch Ausgliederung zur Neugründung) nicht gespalten werden.

Die Unsicherheit resultiert im vorliegenden Fall daraus, dass einerseits beide **101** Vorschriften an die **Eintragung der Gesellschaft** – hier der SE – im Handelsregister anknüpfen. Andererseits ist mit dieser Handelsregisteranmeldung – anders als bei einer genuinen AG-Gründung oder einer Umwandlungsgründung in die Rechtsform der AG – kein „materieller Gründungsakt" verbunden. Dies kommt in Art. 37 Abs. 2 klar zum Ausdruck, der bestimmt, dass die Umwandlung **nicht die Gründung einer neuen juristischen Person** zur Folge hat. Das in Art. 37 Abs. 2 niedergelegte Kontinuitätsprinzip – als prägendes Strukturprinzip des Formwechsels in die SE – verlangt eine **teleologische Reduktion** sowohl des § 52 AktG als auch des § 141 UmwG im Sinne einer Nichtanwendung auf die durch Formwechsel neu entstandene SE. Dies wird von Schutzzweckerwägungen gestützt. Die Normen zielen auf einen Schutz vor Umgehung der Sachgründungsvorschriften bzw. auf eine Kapitalerhaltung in der ersten „Lebensphase" einer Aktiengesellschaft (Spindler/Stilz/*Heidinger* § 52 Rn. 4; Semler/Stengel/*Diekmann* UmwG § 141 Rn. 2). Beide Schutzzwecke bedürfen wegen der Umwandlung einer AG in die – rechtlich gleichwertige – SE keiner Erneuerung. Eine Anwendung von § 52 AktG und § 141 UmwG innerhalb der ersten zwei Jahre nach Eintragung einer durch Umwandlung entstandenen SE kommt daher nicht in Betracht (aA *Jannott* in Jannott/Frodermann HdB SE Kap. 3 Rn. 335 f.). Etwas anderes gilt nur, wenn die aus einer AG-Gründung resultierende Zweijahresfrist bei Eintragung der SE-Umwandlung noch nicht abgelaufen war. In diesem Fall sind sowohl § 52 AktG als auch § 141 UmwG für die „Restlaufzeit" zu beachten.

Titel III. Aufbau der SE

[Aufbau der SE]

38 Die SE verfügt nach Maßgabe dieser Verordnung über
a) eine Hauptversammlung der Aktionäre und
b) entweder ein Aufsichtsorgan und ein Leitungsorgan (dualistisches System) oder ein Verwaltungsorgan (monistisches System), entsprechend der in der Satzung gewählten Form.

Schrifttum: *Bachmann,* Der Verwaltungsrat der monistischen SE, ZGR 2008, 779; *Brandt,* Die Hauptversammlung der SE, 2004; *Bücker,* Bedeutung der monistischen SE in Deutschland und Verantwortung der Verwaltungsratsmitglieder, in 10 Jahre SE, ZHR-Beiheft, 2015, 203; *Bungert/Beier,* Die Europäische Aktiengesellschaft – Das Statut und seine Umsetzung in der Praxis, EWS 2001, 1; *DAV-Handelsrechtsausschuss,* Stellungnahme zu dem Regierungsentwurf eines Gesetzes zur Einführung der Europäischen Gesellschaft (SEEG), NZG 2004, 957; *Eder,* Die monistisch verfasste Societas Europaea – Überlegungen zur Umsetzung eines CEO-Modells, NZG 2004, 544; *Feldhaus/Vanscheidt,* Strukturelle Änderungen der Europäischen Aktiengesellschaft im Lichte von Unternehmenstransaktionen, BB 2008, 2246; *Fleischer,* Der Einfluss der SE auf die Dogmatik des deutschen Gesellschaftsrechts, AcP 204 (2004), 503; *Forst,* Die Beteiligungsvereinbarung nach § 21 SEBG, 2010; *ders.,* Offene Fragen rund um die SE-Beteiligungsvereinbarung, in 10 Jahre SE, ZHR-Beiheft, 2015, 50; *Gruber/Weller,* Societas Europaea – Mitbestimmung ohne Aufsichtsrat? – Ideen für die Leitungsverfassung der monistischen Europäischen Aktiengesellschaft in Deutschland, NZG 2003, 297; *Habersack,* Schranken der Mitbestimmungsautonomie in der SE, AG 2006, 345; *Haider-Giangreco/Polte,* Die SE als Rechtsform für den Mittelstand, BB 2014, 2947; *Heckschen,* Die SE als Option für den Mittelstand, FS Westermann, 2008, 999; *Hirte,* Die Europäische Aktiengesellschaft, NZG 200 2, 1; *Hoffmann-Becking,* Organe: Strukturen und Verantwortlichkeiten, insbesondere im monistischen System, ZGR 2004, 355; *Ihrig,* Die geschäftsführenden Direktoren in der monistischen SE: Stellung, Aufgaben und Haftung, ZGR 2008, 809; *Kallmeyer,* Das monistische System in der SE mit Sitz in Deutschland, ZIP 2003, 1531; *Köklü,* Die Beteiligung der Arbeitnehmer und die Corporate Governance in der SE mit Sitz in Deutschland, 2006; *Köstler,* Die Mitbestimmung in der SE, ZGR 2003, 800; *Lange,* Überlegungen zur Umwandlung einer deutschen in eine europäische Aktiengesellschaft, EuZW 2003, 301; *Marsch-Barner,* Die Rechtsstellung der Europäischen Gesellschaft (SE) im Umwandlungsrecht, FS Happ, 2006, 165; *Merkt,* Die monistische Unternehmensverfassung für die Europäische Aktiengesellschaft aus deutscher Sicht, ZGR 2003, 650; *Müller-Bonanni/Melot de Beauregard,* Mitbestimmung in der Societas Europaea, GmbHR 2005, 195; *Niklas,* Beteiligung der Arbeitnehmer in der Europäischen Gesellschaft (SE) – Umsetzung in Deutschland, NZA 2004, 1200; *Noack,* Aktionärsmitwirkung bei der SE-Beteiligungsvereinbarung, in 10 Jahre SE, ZHR-Beiheft, 2015, 96; *Ortolf,* Die monistische SE-Konzerngesellschaft mit Sitz in Deutschland, 2012 (zitiert: Ortolf Monistische SE-Konzerngesellschaft, 2012); *Schiessl,* Leitungs- und Kontrollstrukturen im internationalen Wettbewerb – Dualistisches System und Mitbestimmung auf dem Prüfstand, ZHR 167 (2003), 235; *Schönborn,* Die monistische Societas Europaea in Deutschland im Vergleich zum englischen Recht, Baden-Baden 2007; *Teichmann,* Gestaltungsfreiheit im monistischen Leitungssystem der Europäischen Aktiengesellschaft, BB 2004, 53; *ders.,* Neuverhandlung einer SE-Beteiligungsvereinbarung bei „strukturellen Änderungen", FS Hellwig, 2011, 347; *Wadawik,* Die Europäische Aktiengesellschaft (SE) als Konzerntochter- und Joint Venture-Gesellschaft, DB 2006, 1827; *Wicke,* Die Europäische Aktiengesellschaft – Grundstruktur, Gründungsformen und Funktionsweise, MittBayNot 2006, 196.

Übersicht

	Rn.
I. Allgemeines	1
1. Regelungszweck	1
2. Rechtsnatur	2
3. Zwingender Charakter und Gestaltungsspielräume	3
a) Wahlmöglichkeit des Satzungsgebers	3
b) Schranken der Gestaltungsfreiheit des Satzungsgebers	5
II. Einzelerläuterungen	8
1. Notwendige Organe	8
a) Hauptversammlung	8
b) Leitungs- und Aufsichtsorgan bzw. Verwaltungsorgan	10
2. Fakultative Organe	11
a) Gesellschaftsrechtlich verankerte Organe	11
b) Mitbestimmungsrechtlich verankerte Organe	15
3. Leitungsstruktur	17
a) Dualistisches System	17
b) Monistisches System	20
c) Wahl des Leitungssystems	27
d) Änderung des Leitungssystems	29

I. Allgemeines

1. Regelungszweck. Art. 38 ist die Ausgangsnorm für den organisatorischen **1** Aufbau der SE. Er enthält zwei wesentliche Vorgaben, auf deren Grundlage die Art. 39–60 (ergänzt durch die nationalen Umsetzungsgesetze) die Einzelheiten der SE-Verfassung regeln. Er legt die **notwendigen Organe** der SE fest und gibt dem Satzungsgeber ein **Wahlrecht** zwischen zwei Leitungssystemen: Jede SE muss eine Hauptversammlung sowie entweder ein Aufsichts- und ein Leitungsorgan **(dualistisches oder Two-Tier-System)** oder ein Verwaltungsorgan **(monistisches oder One-Tier-System)** haben.

2. Rechtsnatur. Die Norm beinhaltet eine **Gestaltungsermächtigung mit** **2** **Regelungsauftrag** an den Satzungsgeber (allgM). Bei Gründung kann er zwischen monistischem und dualistischem System wählen, muss das aber auch. Das Leitungssystem ist notwendiger Inhalt der Gründungssatzung. Sein Fehlen stellt ein Eintragungshindernis dar (Spindler/Stilz/*Eberspächer* Rn. 7).

3. Zwingender Charakter und Gestaltungsspielräume. a) Wahlmög- **3** **lichkeit des Satzungsgebers.** Die Wahl zwischen monistischem und dualistischem System obliegt dem **Satzungsgeber,** dh den Gründungsgesellschaftern. Der nationale **Gesetzgeber** kann sie nicht ausschließen oder beschränken. Ob sich daraus auch eine Regelungspflicht des nationalen Gesetzgebers ergibt, soweit die SE-VO Regelungslücken enthält und eines der zwei möglichen Systeme national nicht geregelt war, ist str. (bejahend KK-AktG/*Paefgen* Rn. 2; verneinend NK-SE/*Manz* Rn. 10). Richtigerweise besteht eine solche Pflicht. Art. 43 Abs. 4 steht dem nicht entgegen (LHT/*Teichmann* Art. 43 Rn. 58; → Art. 43 Rn. 37). Für Deutschland ist die Frage jedenfalls nicht ergiebig, da der deutsche Gesetzgeber in §§ 20–49 SEAG ergänzende Regelungen zum monistischen System erlassen hat.

Da es sich um eine Entscheidung des Satzungsgebers handelt, ist sie anderen **4** Organen und Beteiligten entzogen. In einer **Mitbestimmungsvereinbarung** gemäß § 21 Abs. 3 SEBG kann daher weder ein bestimmtes Leitungssystem zwingend festgeschrieben noch eine Verpflichtung der SE begründet werden, ein bestimmtes System einzuführen oder beizubehalten (*Habersack* AG 2006, 345 [351]; *Forst,* Die Beteiligungsvereinbarung nach § 21 SEBG, 2010, 285 f.; Spindler/Stilz/*Eberspächer* Rn. 7; KK-AktG/*Feuerborn* SEBG § 21 Rn. 65; *Noack* Aktionärsmitwirkung 96 [99]). Dort kann lediglich das vom Satzungsgeber gewählte System ausgestaltet werden (→ Rn. 7).

5   **b) Schranken der Gestaltungsfreiheit des Satzungsgebers.** Die Freiheit des Satzungsgebers unterliegt auf der Ebene der Wahl des Systems und seiner Ausgestaltung Schranken. Bei seiner **Systementscheidung** kann und muss der Satzungsgeber zwischen den zwei in Art. 38 vorgesehenen Systemen wählen. Die Wahl eines anderen Systems ist nicht möglich. Dazu gehört insbesondere, dass die SE die je nach Wahl des Systems gemäß Art. 38 lit. a und b notwendigen Organe haben und diese entsprechend der Vorgaben der SE-VO und des SEAG bezeichnen (Vorstand/Aufsichtsrat bzw. Leitungs-/Aufsichtsorgan; geschäftsführende Direktoren/Verwaltungsorgan/-rat) muss. Eine Kombination von dualistischem und monistischem System zu einer **Mischform** ist ausgeschlossen (NK-SE/*Manz* Rn. 9). Bei der **Ausgestaltung** des gewählten Systems ist zudem Art. 9, insbesondere der Grundsatz der **doppelten Satzungsstrenge** zu beachten (→ Art. 9 Rn. 51 ff.). Soweit die SE-VO eine Organisationsfrage regelt, kann die Satzung ergänzende oder abweichende Bestimmungen nur vorsehen, sofern die SE-VO das ausdrücklich zulässt (Art. 9 Abs. 1 lit. b) oder sogar verlangt. Wenn und soweit die SE-VO einen Bereich nicht regelt, sind Satzungsregelungen einer deutschen SE nur nach Maßgabe von Art. 9 Abs. 1 lit. c iii) iVm § 23 Abs. 5 AktG zulässig. § 23 Abs. 5 AktG ist dabei weniger streng als Art. 9 Abs. 1 lit. b. Ergänzende Regelungen sind zulässig, wenn SEAG oder AktG keine abschließende Regelung enthalten. Art. 9 Abs. 1 lit. b verlangt demgegenüber auch für ergänzende Regelungen eine ausdrückliche Erlaubnis in der SE-VO (MüKoAktG/*Reichert/Brandes* Rn. 1; Spindler/Stilz/*Casper* Art. 9 Rn. 5).

6   Auf dieser Grundlage lassen sich die ausdrücklich geregelten statutarischen Gestaltungsspielräume – gegliedert nach den Organen – wie folgt zusammenfassen:

Thema	Normen	Gestaltungsmöglichkeiten
I. Hauptversammlung; monistisches und dualistisches System		
Quorum für Einberufungs- und Ergänzungsverlangen	Art. 55 Abs. 1, 56 S. 3 § 50 Abs. 1 und 2 SEAG	SE-VO erlaubt Herabsetzung des Quorums durch Satzung oder einzelstaatliche Regelung nach Maßgabe der Regelungen für AG. Durch § 50 Abs. 1, 2 SEAG auf 5 % herabgesetzt. Satzung kann niedrigeren Prozentsatz vorsehen.
Mehrheitserfordernis für Satzungsänderung	Art. 59 Abs. 2, § 51 S. 1 SEAG (der § 179 Abs. 1 S. 2 AktG verdrängt)	Satzung kann regeln, dass für Satzungsänderungen einfache Mehrheit genügt bei Vertretung von mindestens 50 % des Grundkapitals. Gilt nicht, soweit nach AktG zwingend qualifizierte Mehrheit erforderlich, sowie für Änderungen des Unternehmensgegenstands und die Sitzverlegung (§ 51 S. 2 SEAG).
Mehrheitserfordernis für Abwahl von Mitgliedern des Verwaltungsorgans im monistischen System	§ 29 Abs. 1 S. 3 SEAG	Herauf- oder Herabsetzung des Erfordernisses einer Dreiviertelmehrheit für die Abwahl von Mitgliedern des Verwaltungsorgans sowie Aufstellen weiterer Erfordernisse (entspricht § 103 Abs. 1 S. 3 AktG).
Verschiedene	AktG	Im Übrigen gelten die Gestaltungsmöglichkeiten des AktG, soweit weder die SE-VO noch das SEAG eine Regelung enthalten.

Thema	Normen	Gestaltungsmöglichkeiten
II. Leitungsorgan (Vorstand); dualistisches System		
Anzahl der Mitglieder	Art. 39 Abs. 4, § 16 SEAG	Satzungsregelung der Größe des Leitungsorgans, insbesondere Bestimmung, dass ein Mitglied auch dann genügt, wenn das Grundkapital der SE mehr als 3 Mio. Euro beträgt.
Verschiedene	AktG	Gestaltungsmöglichkeiten nach AktG (§§ 76–94 AktG), soweit nicht SE-VO oder SEAG eine Regelung enthalten (s. auch unter VI.).
III. Aufsichtsorgan (Aufsichtsrat); dualistisches System		
Anzahl der Mitglieder	Art. 40 Abs. 3, § 17 SEAG	Statutarische Festlegung der Größe des Aufsichtsorgans in den Grenzen des § 17 SEAG.
Verschiedene	AktG	Gestaltungsmöglichkeiten nach AktG (§§ 95–116 AktG), soweit nicht SE-VO oder SEAG eine Regelung enthalten (s. auch unter VI.).
IV. Verwaltungsorgan (Verwaltungsrat); monistisches System		
Anzahl der Mitglieder	Art. 43 Abs. 2, § 23 Abs. 1 SE-AG	Statutarische Festlegung der Größe des Verwaltungsorgans in den Grenzen des § 23 SE-AG.
Sitzungsturnus	Art. 44 Abs. 1	Festlegung des Sitzungsturnus, der jedoch maximal drei Monate betragen darf.
Entsenderecht von Mitgliedern	§ 28 Abs. 2 SEAG iVm § 101 Abs. 2 AktG	Regelung von Entsenderechten nach Maßgabe von § 101 Abs. 2 AktG.
Stellvertreter des Vorsitzenden	§ 34 Abs. 1 S. 1 SEAG	Regelungen zur Wahl eines oder mehrerer Stellvertreter des Vorsitzenden (ähnlich § 107 Abs. 1 S. 1 AktG).
Geschäftsordnung	§ 34 Abs. 2 S. 2 SEAG	Satzung kann Einzelheiten der Geschäftsordnung regeln.
Beschlussfassung außerhalb von Sitzung	§ 35 Abs. 2 SEAG	Satzung kann Beschlussfassungen außerhalb von Sitzungen regeln und insbesondere das Widerspruchsrecht der Organmitglieder einschränken oder ausschließen (entspricht § 108 Abs. 4 AktG).
Teilnahmerecht	§ 36 Abs. 3 SEAG	Teilnahmerecht Dritter anstelle verhinderter Organmitglieder kann ermöglicht werden.
V. Geschäftsführende Direktoren; monistisches System		
Bestellung	§ 40 Abs. 1 S. 5 SEAG	Satzung kann Vorgaben für die Bestellung geschäftsführender Direktoren regeln.
Geschäftsführungsbefugnis und Vertretungsmacht	§§ 40 Abs. 2 S. 2 Hs. 2, 41 Abs. 2 S. 1, 41 Abs. 3 S. 1 SEAG	Regelung von Einzel- und Gesamtgeschäftsführungsbefugnis und -vertretungsmacht.

Thema	Normen	Gestaltungsmöglichkeiten
Geschäftsordnung	§ 40 Abs. 4 S. 1 und 2 SEAG	Satzung kann die Zuständigkeit für den Erlass der Geschäftsordnung auf das Verwaltungsorgan übertragen und Einzelheiten der Geschäftsordnung regeln.
Abberufung geschäftsführender Direktoren	§ 40 Abs. 5 S. 1 SEAG	Satzung kann die jederzeitige Abberufung geschäftsführender Direktoren durch das Verwaltungsorgan einschränken.
Berichterstattung	§ 40 Abs. 6 SEAG	Von § 90 AktG abweichende statutarische Regelungen der Berichtspflicht der geschäftsführenden Direktoren gegenüber dem Verwaltungsorgan.

VI. Leitungs- und Aufsichtsorgan (dualistisches System) und Verwaltungsorgan (monistisches System)

Thema	Normen	Gestaltungsmöglichkeiten
Amtszeit	Art. 46 Abs. 1	Statutarische Regelung der Amtszeit der Organmitglieder; Höchstdauer sechs Jahre. Für geschäftsführende Direktoren gilt Art. 46 Abs. 1 nicht, sondern § 40 Abs. 1 S. 5 SEAG (s. unter V.; → Anh. Art. 43 SEAG § 40 Rn. 16).
Wiederwahl	Art. 46 Abs. 2	Satzung kann die Wiederwahl von Organmitgliedern einschränken. Für geschäftsführende Direktoren gilt auch insofern § 40 Abs. 1 S. 5 SEAG (s. unter V.).
Gesellschaft oder juristische Person als Organmitglied	Art. 47 Abs. 1, § 27 Abs. 3 SE-AG, §§ 76 Abs. 3 S. 1, 100 Abs. 1 S. 1 AktG	Satzung kann Organmitgliedschaft von Gesellschaften oder juristischen Personen erlauben, wenn für die AGs nichts anderes bestimmt ist. Da dies in Deutschland für die AG nicht möglich ist, besteht kein entsprechender Gestaltungsspielraum für die deutsche SE.
Voraussetzungen an Mitgliedschaft	Art. 47 Abs. 3	Satzung kann für Organmitglieder (soweit nicht Arbeitnehmervertreter) Voraussetzungen für die Organmitgliedschaft in Anlehnung an das AktG regeln.
Zustimmungspflichtige Geschäfte	Art. 48 Abs. 1	Satzung kann und muss Geschäfte festlegen, für die die Zustimmung des Aufsichtsorgans bzw. ein ausdrücklicher Beschluss des Verwaltungsorgans notwendig ist.
Beschlussfähigkeit und -fassung	Art. 50 Abs. 1	Satzung kann von Art. 50 Abs. 1 lit. a und b abweichende Bestimmungen zu Beschlussfähigkeit und Mehrheitserfordernissen treffen. Für geschäftsführende Direktoren gilt nicht Art. 50 Abs. 1, sondern § 40 SEAG (s. unter V.).
Stichentscheid des Vorsitzenden	Art. 50 Abs. 2	Satzung kann das Recht des Vorsitzenden zum Stichentscheid ausschließen (Ausnahme: bei paritätischer Mitbestimmung im Organ). Art. 50 Abs. 2 gilt nicht für geschäftsführende Direktoren; vielmehr ist § 40 SEAG maßgeblich (s. unter V.).

7   Einschränkungen der Gestaltungsfreiheit des Satzungsgebers können sich ferner aus einer abgeschlossenen **Mitbestimmungsvereinbarung** ergeben (s. Art. 12

Abs. 4; → Art. 12 Rn. 27 ff.). Das gilt jedoch nur, soweit die Ausgestaltung des Leitungssystems möglicher Inhalt einer Mitbestimmungsvereinbarung sein kann (→ SEBG § 21 Rn. 27; *Forst* 50 [56 ff.]).

II. Einzelerläuterungen

1. Notwendige Organe. a) Hauptversammlung. Gemäß Art. 38 lit. a **8** muss die SE unabhängig vom gewählten Leitungssystem eine Hauptversammlung haben. Für diese gelten die Art. 52–60, §§ 50 und 51 SEAG sowie im Übrigen die Bestimmungen des AktG. Zuständigkeit, Einberufung, Durchführung und Ablauf der Hauptversammlung sind im Ergebnis trotz Abweichungen im Einzelnen (etwa betreffend den Zeitpunkt der ordentlichen Hauptversammlung, Art. 54 Abs. 1 S. 1, oder die maßgeblichen Mehrheitserfordernisse, Art. 59, § 51 SEAG) stark der Hauptversammlung einer AG angenähert. Ebenso wie in der AG ist die Hauptversammlung **kein oberstes Gesellschaftsorgan.** Sie hat keine Allzuständigkeit; vielmehr ergeben sich ihre Kompetenzen aus Art. 52 iVm den aktienrechtlichen Grundsätzen, zu denen auch die ungeschriebenen Zuständigkeiten nach Maßgabe der „Holzmüller"-, „Gelatine"- und „Macroton"-Entscheidungen der BGH gehören (→ Art. 52 Rn. 42; MüKoAktG/*Reichert/Brandes* Rn. 15; KK-AktG/*Paefgen* Rn. 7; aA *Brandt* Die Hauptversammlung der SE, 2004, 115 ff.; *Marsch-Barner* FS Happ, 2006, 165 [171]).

Zu einer strukturellen **Aufwertung** der Hauptversammlung kommt es im **9** **monistischen System.** Die Zuständigkeiten sind in monistischem und dualistischem System zwar grundsätzlich gleich. Im monistischen System bestellt die Hauptversammlung mit dem Verwaltungsorgan aber unmittelbar ein mit Geschäftsleitungsaufgaben betrautes Gremium (→ Rn. 21 ff.). Im dualistischen System wird ihr Einfluss demgegenüber durch das weisungsunabhängige Aufsichtsorgan vermittelt.

b) Leitungs- und Aufsichtsorgan bzw. Verwaltungsorgan. Über die **10** Hauptversammlung hinaus hat die SE gemäß Art. 38 lit. b ein Leitungs- und Aufsichtsorgan (Vorstand und Aufsichtsrat) oder ein Verwaltungsorgan (Verwaltungsrat) zu haben. Damit wird die notwendige Entscheidung der Satzungsgebers zwischen dualistischem und monistischem System verankert. Der deutsche Gesetzgeber hat in den §§ 40 ff. SEAG für das monistische System darüber hinaus die **geschäftsführenden Direktoren** eingeführt, die zum Verwaltungsrat hinzutreten und deren Rechtsstellung trotz der verbleibenden strukturellen Unterschiede der des Vorstands in der dualistischen SE angenähert ist. Dennoch verstoßen die Einführung der geschäftsführenden Direktoren und die Ausgestaltung ihrer Rechtsposition nicht gegen die SE-VO, sondern sind durch Art. 43 Abs. 4 gedeckt (→ Anh. Art. 43 SEAG Vor § 20 Rn. 4; *Bachmann* ZGR 2008, 779 [785]; *Ihrig* ZGR 2008, 809 [810 f.]; KK-AktG/*Paefgen* Rn. 19; aA *Hoffmann-Becking* ZGR 2004, 355 [370 ff.]).

2. Fakultative Organe. a) Gesellschaftsrechtlich verankerte Organe. **11** Aufgrund der Wahlpflicht des Satzungsgebers gemäß Art. 38 zwischen dualistischem und monistischem System sowie des Grundsatzes der doppelten Satzungsstrenge gemäß Art. 9 stehen die Zuständigkeiten der in Art. 38 vorgeschriebenen Organe nicht zur Disposition. Die Schaffung weiterer Organe mit Entscheidungskompetenzen oder Beratungs- und Überwachungsaufgaben, welche die Zuständigkeiten der gesetzlich vorgesehenen Gremien verdrängen oder einschränken, sind daher **unzulässig** (allgM). Dem zuwiderlaufende Satzungsregelungen sind nichtig (Art. 9 Abs. 1 lit. c ii) iVm § 241 Nr. 1 AktG). Das Handelsregister muss ihre Eintragung und, sind sie in der Gründungssatzung enthalten, die Eintragung der SE zurückweisen. Kommt es dennoch zur Eintragung, ist fraglich, ob die **Nichtigkeit** gemäß Art. 9 Abs. 1 lit. c ii) iVm § 242 AktG heilt. Die Frage ist offen. Richtigerweise ist sie zu verneinen. Die Heilung würde zur Perpetuierung eines SE-VO-widrigen Zustands führen, was mit Art. 288 AEUV iVm Art. 4 Abs. 3 EUV unvereinbar wäre.

12   **Zulässig** sind demgegenüber fakultative Gremien, welche die Organe beraten oder anderweitig in ihrer Aufgabenerfüllung unterstützen (MüKoAktG/*Reichert*/ *Brandes* Rn. 28; Spindler/Stilz/*Eberspächer* Rn. 8; aA jedenfalls für die monistische SE *Schönborn* Die monistische SE in Deutschland im Vergleich zum englischen Recht, 2006, 193). Das belegt auch Art. 54 Abs. 2, der die Existenz weiterer Organe voraussetzt (NK-SE/*Manz* Rn. 17; *Schwarz* Rn. 5). Erforderlich ist jedoch stets, dass das Gremium die Kompetenzen der gemäß Art. 38 notwendigen Organe nicht einschränkt. Ausgeschlossen ist daher nicht nur die Zuweisung von Entscheidungsbefugnissen. Abzulehnen sind vielmehr auch Verfahrensregelungen, welche die Zustimmung eines fakultativen Gremiums oder darüber hinaus seine anderweitige Beteiligung (zB seine Anhörung) zur notwendigen Voraussetzung für die Erfüllung ihrer Aufgaben durch die Organe machen.

13   Die Einrichtung eines fakultativen Gremiums kann durch die **Satzung** erlaubt oder vorgeschrieben oder durch das **Leitungsorgan** beschlossen werden. Im dualistischen System ist das der Vorstand, wegen § 111 Abs. 5 AktG aber nicht der Aufsichtsrat, im monistischen System der Verwaltungsrat (MüKoAktG/ *Reichert*/*Brandes* Rn. 30). Darüber hinaus können richtigerweise aber auch die **geschäftsführenden Direktoren** ein Gremium schaffen, von dem sie sich beraten lassen. Das gilt nicht nur, wenn der Verwaltungsrat den geschäftsführenden Direktoren dies erlaubt oder sie dazu anweist. Fehlt es an einer solchen Entscheidung des Verwaltungsrats, sind jedoch zwei Schranken zu beachten: Die geschäftsführenden Direktoren dürfen nicht im Widerspruch zu Weisungen des Verwaltungsrats handeln (§ 44 Abs. 2 SEAG). Ferner müssen sie die Kompetenzabgrenzung zum Verwaltungsrat beachten. Die Tätigkeit des fakultativen Gremiums muss sich auf den Aufgabenkreis der geschäftsführenden Direktoren beschränken. Insbesondere eine Erstreckung auf Leitungsaufgaben iSv Art. 43 Abs. 1, § 22 Abs. 1 SEAG hat zu unterbleiben, und das zusätzliche Gremium muss so gestaltet sein, dass es die Zusammenarbeit mit dem Verwaltungsrat nicht verändert. In der Praxis sind die geschäftsführenden Direktoren, soweit nicht ohnehin teilweise Personenidentität besteht (§ 40 Abs. 1 S. 2 SEAG), daher gut beraten, sich mit dem Verwaltungsrat abzustimmen.

14   Das Rechtsverhältnis der SE zu den Mitgliedern des fakultativen Gremiums ist **schuldrechtlicher Natur.** Eine korporationsrechtliche Beziehung entsteht nicht. Das gilt auch dann, wenn das fakultative Gremium durch die Satzung erlaubt oder vorgeschrieben ist (MüKoAktG/*Reichert*/*Brandes* Rn. 30; zur AG MHdB AG/*Hoffmann-Becking* § 29 Rn. 24).

15   **b) Mitbestimmungsrechtlich verankerte Organe. Umstritten** ist, ob in einer Mitbestimmungsvereinbarung geregelt werden kann, dass die Arbeitnehmerinteressen nicht durch ihre Vertretung im Aufsichts- bzw. Verwaltungsorgan, sondern in einem zusätzlichen Gremium gewahrt werden. Zum Teil wird das abgelehnt (*Forst* Die Beteiligungsvereinbarung nach § 21 SEBG, 2010, 293 ff.; LHT/*Oetker* SEBG § 21 Rn. 82; Theisen/Wenz/*Köstler* 349), wohl vorwiegend jedoch bejaht, soweit die Kompetenzen der in Art. 38 vorgesehenen Organe gewahrt bleiben (*Müller-Bonanni*/*Melot de Beauregard* GmbHR 2005, 195 [199]; *Schiessl* ZHR 167 [2003], 235 [254 f.]; MüKoAktG/*Reichert*/*Brandes* Rn. 32 f.; ebenso KK-AktG/*Paefgen* Rn. 39, aber Ausnahme, soweit im Fall des Formwechsels das Verschlechterungsverbot des § 21 Abs. 6 SEBG greift). Der Frage kann insbesondere im monistischen System erhebliche **praktische Bedeutung** zukommen. Für die Anteilseignerseite kann die Arbeitnehmervertretung im Verwaltungsrat problematisch sein, weil die Anteilseigner regelmäßig zum Teil auch

geschäftsführende Direktoren sein werden, deren Interessen von denen der übrigen Anteilseigner abweichen können. Die Arbeitnehmerseite kann umgekehrt die erhöhten Haftungsrisiken der Verwaltungsratsmitglieder scheuen, die mit der Leitungsaufgabe des Verwaltungsrats verbunden sind. Als Lösung kann sich die Verlagerung der Mitbestimmung in ein anderes zusätzliches Gremium anbieten.

Bei der Frage vermischen sich in rechtlicher Hinsicht zwei Gesichtspunkte. **16** Zum einen geht es darum, ob ein weiteres Organ geschaffen werden kann, in dem die Mitbestimmung angesiedelt ist, zum anderen darum, was unter Mitbestimmung zu verstehen ist? Setzt die Mitbestimmung notwendig Mitentscheidung voraus, während Beratungs-, Informations- und Anhörungsrechte nicht genügen (so etwa *Forst* Die Beteiligungsvereinbarung nach § 21 SEBG, 2010, 294), kann es in der Tat keine Verlagerung der Mitbestimmung auf ein fakultatives Organ geben. Dem stehen die in → Rn. 12 f. dargestellten Grenzen entgegen. Werden diese Grenzen hingegen eingehalten, ist das Organ also insbesondere nur beratend tätig, bestehen **gesellschaftsrechtlich** keine Bedenken. Dasselbe gilt aus **mitbestimmungsrechtlicher** Sicht. Inhalt und Umfang der unternehmerischen Mitbestimmung sind nach § 21 Abs. 3 SEBG der Privatautonomie der Parteien der Mitbestimmungsvereinbarung überlassen. Kann danach auf die Mitbestimmung ganz verzichtet werden (KK-AktG/*Feuerborn* SEBG § 21 Rn. 43; UHH/*Henssler* MitbestR Einl. SEBG Rn. 157; *Ortolf* Monistische SE-Konzerngesellschaft 252 f.), muss auch eine Lösung, welche die Wahrung der Arbeitnehmerinteressen in einem fakultativen Gremium vorsieht, zulässig sein. Ein solches zulässigerweise vereinbartes Gremium wäre gemäß Art. 12 Abs. 4 satzungsfest.

3. Leitungsstruktur. a) Dualistisches System. aa) Regelungstechnik. **17** Das dualistische System ist in den **Art. 39–42, 46–51** und **§§ 15–19 SEAG** sowie im Übrigen durch die **§§ 76–116 AktG** geregelt. Die europarechtlichen Vorgaben sind eher sparsam. Infolgedessen finden in weitem Umfang aktienrechtliche Vorschriften Anwendung, und das dualistische System ähnelt in seiner Struktur stark dem der AG. **Unterschiede** betreffen Einzelheiten, die jedoch nicht alle zwingend sind und daher zum Teil kautelarjuristisch überwunden werden können; dazu zählen namentlich:

Dualistische SE	AG
Art. 50 Abs. 1 lit. b: Entscheidungen des Vorstands durch **Mehrheitsbeschluss;** dispositiv (→ Art. 50 Rn. 16 ff.).	§ 77 AktG: Gesamtgeschäftsführungsbefugnis des Vorstands, so dass grundsätzlich **einstimmige Entscheidungen** erforderlich sind; dispositiv (KK-AktG/*Mertens/Cahn* AktG § 77 Rn. 8, 10).
Art. 50 Abs. 2: **Stichentscheid** des Vorsitzenden des Vorstands bzw. des Aufsichtsrats; dispositiv, soweit nicht paritätische Mitbestimmung des Organs. Stichentscheid ist auch bei zweigliedrigem Vorstand möglich (KK-AktG/*Siems* Art. 50 Rn. 26; LHT/*Teichmann* Art. 50 Rn. 24).	**Kein Stichentscheid** des Vorstands- bzw. Aufsichtsratsvorsitzenden; zwingende Ausnahme: paritätische Mitbestimmung im Aufsichtsrat (§ 29 Abs. 2 MitbestG). Auch im Übrigen kann ein Stichentscheid eingeführt werden, es sei denn, der Vorstand besteht nur aus zwei Mitgliedern (OLG Karlsruhe AG 2001, 93 [94]; *Hüffer/ Koch* AktG § 77 Rn. 11).
Art. 46 Abs. 1: **Amtszeit** von Vorstand und Aufsichtsrat ist in der Satzung zu regeln; **maximale Amtszeit** beträgt sechs Jahre (→ Art. 46 Rn. 9 ff.).	§ 84 Abs. 1 S. 1 AktG: **Amtszeit** des Vorstands wird zwingend vom Aufsichtsrat bestimmt; **maximale Amtszeit** des Vorstands von fünf Jahren; § 102 Abs. 1 AktG: Satzung kann, muss aber nicht die Amtszeit des Aufsichtsrats festlegen; maximale Amtszeit des Aufsichtsrats bis zur Hauptversammlung, die über das vierte Geschäftsjahr nach Wahl beschließt (häufig ~ sechs Jahre).

Dualistische SE	AG
Art. 46 Abs. 2: **Wiederwahl** von Organmitgliedern kann statutarisch eingeschränkt oder ausgeschlossen werden (Spindler/Stilz/*Eberspächer* Art. 46 Rn. 6; → Art. 46 Rn. 19 f.).	Einschränkungen/Ausschluss der **Wiederwahl** von Vorständen durch die Satzung sind nicht möglich, wohl aber für die Wiederwahl von Aufsichtsratsmitgliedern (MüKoAktG/*Spindler* AktG § 84 Rn. 46 und MüKoAktG/*Habersack* AktG § 100 Rn. 54).
Mitbestimmung richtet sich nach Mitbestimmungsvereinbarung gemäß § 21 SEBG (→ SEBG § 21 Rn. 20 ff.) und anderenfalls nach Auffanglösung gemäß §§ 34 ff. SEBG.	**Mitbestimmung** richtet sich nach MitbestG, DrittelbG, MontanMitbestG und MontanMitbestErgG; Ausnahme: Mitbestimmung nach MgVG bei grenzüberschreitender Verschmelzung, die in ihrer Struktur (Verhandlungslösung, bei Scheitern Auffanglösung) der des SEBG ähnelt

18   **bb) Charakteristika.** Aufgrund der weitgehenden Angleichung an die AG-Struktur entsprechen die **Wesensmerkmale** des dualistischen Systems denen der AG. Zwischen Leitungsorgan (Vorstand) und Aufsichtsorgan (Aufsichtsrat) besteht eine klare **funktionale und personale Trennung.** Der Vorstand allein ist für die Geschäftsleitung und Vertretung der SE zuständig. Der Aufsichtsrat ist auf die Überwachung und Beratung des Vorstands beschränkt (Art. 40 Abs. 1). Dabei üben Vorstand (Art. 39 Abs. 1 S. 1) und Aufsichtsrat ihre Aufgaben weisungsfrei gegenüber den anderen Organen aus. Eine (auch nur teilweise) Personenidentität von Vorstand und Aufsichtsrat ist ausgeschlossen (Art. 39 Abs. 3 S. 1).

19   **cc) Mitbestimmung.** Ebenso wie bei der AG ist eine unternehmerische Mitbestimmung der Arbeitnehmer auf der Ebene des **Aufsichtsrats** angesiedelt (§§ 21 Abs. 3 Nr. 1, 35 SEBG). Eine Erweiterung auf den Vorstand ist nicht möglich. Darüber hinaus gibt es in der dualistischen SE keinen Arbeitsdirektor iSv § 33 MitbestG, § 13 MontanMitbestG (unzutreffend BT-Drs. 15/3405, 39 li. Sp.). § 38 Abs. 2 S. 2 SEBG verlangt lediglich, dass ein Vorstand für den Bereich Arbeit und Soziales verantwortlich ist. Dabei handelt es sich um eine bloße Ressortzuständigkeit (LHT/*Oetker* SEBG § 38 Rn. 10 f.; KK-AktG/*Feuerborn* SEBG § 38 Rn. 10; ähnlich MüKoAktG/*Jacobs* SEBG § 38 Rn. 3); → SEBG § 38 Rn. 4 ff.

20   **b) Monistisches System. aa) Regelungstechnik.** Das monistische System ist in den **Art. 43–45, 46–51** und **§§ 20–49 SEAG** geregelt. Die Bestimmungen der §§ 76–116 AktG finden keine Anwendung (§ 20 SEAG). Das SEAG lehnt sich jedoch an sie an (s. BT-Drs. 15/3405, 36 ff.). So ähneln verschiedene Vorschriften über das Verwaltungsorgan (§§ 22–39 SEAG) denen des AktG zum Aufsichtsrat oder entsprechen ihnen sogar. Die Regelungen über die geschäftsführenden Direktoren (§§ 40–45 SEAG) orientieren sich zum Teil an den aktienrechtlichen Bestimmungen zum Vorstand. Der Ausschluss der §§ 76 ff. AktG wird ferner dadurch durchbrochen, dass das SEAG verschiedentlich Normen des AktG für (entsprechend) anwendbar erklärt (s. §§ 22 Abs. 2 S. 2, 22 Abs. 5 S. 2, 26 Abs. 2 Nr. 6, 26 Abs. 4, 27 Abs. 1 S. 4, 28 Abs. 2, 30 Abs. 1 S. 3 Nr. 1, 31 Abs. 1–31 Abs. 3, 32 S. 1, 33, 34 Abs. 4 S. 4 und 6, 35 Abs. 1 S. 3, 38 Abs. 1, 38 Abs. 2, 39, 40 Abs. 1 S. 4, 40 Abs. 6–40 Abs. 8, 41 Abs. 2 S. 3, 43 Abs. 1 S. 2 und 43 Abs. 2, 45 S. 2, 46 Abs. 2 S. 2 und 46 Abs. 3, 47 Abs. 1 S. 2, 47 Abs. 3, 47 Abs. 6 S. 3, 48 Abs. 2 S. 1 und 2 SEAG).

21   **bb) Charakteristika.** Die monistische SE hat mit dem Verwaltungsorgan – in der Diktion des SEAG der Verwaltungsrat (§ 20 SEAG) – ein zentrales Organ. Diesem stellt das SEAG in zulässiger Weise (→ Rn. 10) die geschäftsführenden

Direktoren zur Seite. Dadurch sollen die „allgemeine Unternehmensleitung" (Verwaltungsrat) und die „Geschäftsführung" (geschäftsführende Direktoren) klar getrennt werden (BT-Drs. 15/3405, 39 li. Sp.). In der Sache geht es damit um die in der Regelungstechnik angelegte **Annäherung** des monistischen Systems an die in Deutschland vertraute dualistische Struktur. Der Verwaltungsrat überwacht daher die Geschäftsführung durch die geschäftsführenden Direktoren (§ 22 Abs. 1 SEAG). Den geschäftsführenden Direktoren obliegt die Führung der Geschäfte (§ 40 Abs. 2 S. 1 SEAG), und sie allein können die SE gerichtlich und außergerichtlich vertreten.

Dennoch verbleiben wesentliche **Eigenheiten.** Die für das dualistische System **22** prägende funktionale und personale Trennung ist in wichtigen Punkten aufgehoben. Die Trennlinie der **Zuständigkeiten** verläuft nicht zwischen Geschäftsleitung und Überwachung, sondern zwischen Geschäftsführung und Geschäftsleitung (zur Abgrenzung → Anh. Art. 43 SEAG § 22 Rn. 5 ff.). Anders als der Vorstand sind die geschäftsführenden Direktoren allein für das „laufende Geschäft", nicht aber für die Geschäftsleitung verantwortlich. Diese Funktion liegt vielmehr beim Verwaltungsrat (§ 22 Abs. 1 SEAG), der daher nicht nur Aufsichts-, sondern vor allem auch Geschäftsleitungsorgan ist. Als solchem steht dem Verwaltungsrat gegenüber den geschäftsführenden Direktoren ein **Weisungsrecht** zu (§ 44 Abs. 2 SEAG), das nicht nur im Bereich der Geschäftsleitung greift, sondern sich auch auf die Geschäftsführung erstreckt. Die Kompetenzen des Verwaltungsrats sind folglich gegenüber denen des Aufsichtsrats strukturell erweitert und führen zur Auflösung der für das dualistische System prägenden funktionalen Trennung. Damit verbunden ist, dass der Verwaltungsrat den geschäftsführenden Direktoren übergeordnet ist. Anders als Vorstand und Aufsichtsrat stehen sie nicht gleichberechtigt nebeneinander (vgl. *Ortolf* Monistische SE-Konzerngesellschaft 46 ff.). Auch die personale Trennung ist aufgehoben. **Teilweise Personenidentität** ist möglich; eine Minderheit der Verwaltungsratsmitglieder kann gleichzeitig geschäftsführender Direktor sein (§ 40 Abs. 1 S. 2 SEAG).

Infolgedessen ist der **Informationsfluss** zwischen den Organen im monisti- **23** schen System direkter und umfassender. Aufgrund seiner weitgehenden Kompetenzen kann sich der Verwaltungsrat über alle Angelegenheiten informieren; die Erfüllung seiner Aufgaben verlangt jedenfalls, dass er sich umfassender als ein Aufsichtsrat mit den Vorgängen in der SE und ihrer Entwicklung befasst. Hinzu kommt das strukturelle Gefälle zwischen Verwaltungsrat und geschäftsführenden Direktoren, das eine gesteigerte Berichterstattung nahelegt, die zudem durch Weisungen oder durch zB in der Geschäftsordnung verankerte Informationspflichten institutionalisiert werden kann. Der größte Grad an Informationssymmetrie ist naturgemäß gegeben im Fall teilweiser Personenidentität der Organe. Gleichzeitig kann es dann jedoch zu einer Informationsasymmetrie innerhalb des Verwaltungsrats kommen. Klare Informationspflichten können dann besonders wichtig werden.

Die rechtlichen Vorgaben erlauben im monistischen System, soweit keine Mit- **24** bestimmung greift, eine schlanke **Organgröße.** Verzichtet die SE auf eine teilweise Personenidentität und ist das Grundkapital nicht höher als 3 Mio. Euro, genügen zwei Personen, je ein Verwaltungsratsmitglied und ein geschäftsführender Direktor (Art. 43 Abs. 2, §§ 23 Abs. 1, 40 Abs. 1 S. 1 SEAG). Ist eine teilweise Personenidentität gewünscht oder übersteigt das Grundkapital 3 Mio. Euro, sind drei Personen notwendig, ein geschäftsführender Direktor, der zugleich dem Verwaltungsrat angehört, sowie zwei weitere Verwaltungsratsmitglieder (Art. 43 Abs. 2, §§ 23 Abs. 1, 40 Abs. 1 S. 1 und 2 SEAG).

cc) Mitbestimmung. In der monistischen SE ist die Mitbestimmung beim **25** Verwaltungsrat angesiedelt (§§ 21 Abs. 3 Nr. 1, 35 Abs. 2 S. 1 SEBG). Arbeitnehmer sind damit unmittelbar an der Geschäftsleitung und nicht nur an ihrer Überwachung beteiligt. Ihr Einfluss ist damit größer. Gehören dem Verwaltungsrat geschäftsführende Direktoren an und unterliegen diese einem Stimmverbot (→ Anh. Art. 43 SEAG § 35 Rn. 11 ff.), haben die Arbeitnehmervertreter bei paritätischer Mitbestimmung sogar das **Übergewicht.** Jedenfalls die Vereinbarkeit der paritätischen Mitbestimmung nach § 35 SEBG (gesetzliche Auffanglösung) mit **Art. 14 GG** unterliegt auf der Grundlage von BVerfGE 50, 290 erheblichen verfassungsrechtlichen Bedenken (*Gruber/Weller* NZG 2003, 297 [299]; *DAV-Handelsrechtsausschuss* NZG 2004, 957 [960]; KK-AktG/*Paefgen* Rn. 20; UHH/ *Habersack* MitbestR SEBG § 35 Rn. 4; Spindler/Stilz/*Eberspächer* Art. 43 Rn. 29; aA *Köstler* ZGR 2003, 800 [804]; *Kallmeyer* ZIP 2003, 1531 [1535]; *Niklas* NZA 2004, 1200 [1204]; *Ortolf* Monistische SE-Konzerngesellschaft 244 ff.). Der Vorschlag, dass sich die Parität nur auf die nicht geschäftsführenden Verwaltungsratsmitglieder bezieht (→ SEBG § 35 Rn. 12; *DAV-Handelsrechtsausschuss* NZG 2004, 957 [960]; *Teichmann* BB 2004, 53 [56 f.]; MüKoAktG/*Jacobs* SEBG § 35 Rn. 23), ist abzulehnen (ebenso KK-AktG/*Paefgen* Rn. 20; Spindler/Stilz/*Eberspächer* Art. 43 Rn. 29). Eine entsprechende Regelung ist im Gesetzgebungsverfahren vorgeschlagen und abgelehnt worden (BT-Drs. 15/3656, 8; BT-Drs. 15/ 4053, 57 f.). Umgekehrt ist mit den weitergehenden Zuständigkeiten des Verwaltungsrats ein höheres **Haftungsrisiko** für seine Mitglieder verbunden (→ Art. 51 Rn. 8 ff.). Gerade für Arbeitnehmervertreter kann das nachteilig erscheinen (Spindler/Stilz/*Eberspächer* Art. 43 Rn. 29).

26   Diese Nachteile können zwar kautelarjuristisch abgefedert, nicht aber vermieden werden. Das gilt etwa bzgl. des Haftungsrisikos für den Abschluss einer D&O-Versicherung. Hinsichtlich der Möglichkeit einer überschießenden Mitbestimmung stößt aber auch der im Grundsatz richtige Vorschlag an Grenzen, Zuständigkeiten auf **Ausschüsse** zu verlagern und diese mehrheitlich oder ausschließlich mit Anteilseignervertretern zu besetzen (MüKoAktG/*Reichert/Brandes* Rn. 25; *Kallmeyer* ZIP 2003, 1531 [1535]). Die Gesamtverantwortung des Verwaltungsrats und die damit verbundene erforderliche Kontrolle der Ausschussarbeit bleiben unberührt (s. *Ortolf* Monistische SE-Konzerngesellschaft 260 f.). Bestimmte Aufgaben sind ausdrücklich nicht delegierbar (§ 34 Abs. 4 S. 2 SE-AG). Im monistischen System ist ferner zwar davon auszugehen, dass eine ausschließliche Besetzung von Verwaltungsratsausschüssen mit Anteilseignervertretern zulässig ist, wenn der Ausschuss allein mit Aufgaben befasst ist, für die ein Aufsichtsrat nicht zuständig ist und die daher im dualistischen System nicht der Mitbestimmung unterliegen können (*Kallmeyer* ZIP 2003, 1531 [1535]); im Übrigen dürfen die Arbeitnehmervertreter aber – jedenfalls nicht missbräuchlich – übergangen werden (→ SEBG § 40 Rn. 3). Schließlich ist die Herstellung eines Übergewichts der Arbeitgeberseite unsicher bei teilweiser Personenidentität der Organe, da sie durch mögliche Stimmverbote der geschäftsführenden Verwaltungsratsmitglieder oder eine divergierende Interessenlage innerhalb der Anteilseigner gefährdet ist.

27   **c) Wahl des Leitungssystems.** Das richtige oder das grundsätzlich bessere System gibt es nicht. Vielmehr hängt die Entscheidung für das Leitungssystems von den konkreten Umständen im Einzelfall ab. Dabei spielen vor allem die **Aktionärsstruktur** und die **Mitbestimmung** eine erhebliche Rolle. Das monistische System erlaubt eine schlanke Führungsstruktur und die Bündelung erheblicher Kompetenzen in wenigen oder gar nur einer Hand. So kann der Verwaltungsratsvorsitzende zugleich zum – auch alleinigen – geschäftsführenden Direktor bestellt werden (CEO-Modell). Eine solche Struktur ist zulässig und kann durch eine zusätzliche Stärkung der Position des geschäftsführenden Verwaltungsratsvorsitzenden untermauert werden (dazu *Eder* NZG 2004, 544

[545 f.]). Gleichzeitig kann sie bedenklich sein, weil die durch den Verwaltungsrat zu gewährleistende Überwachung der geschäftsführenden Direktoren gefährdet wird und eine erhebliche Informationsasymmetrie innerhalb des Verwaltungsrats droht (vgl. *Fleischer* AcP 204 [2004], 503 [527]; *Merkt* ZGR 2003, 650 [666]; Spindler/Stilz/*Eberspächer* Art. 45 Rn. 6).

Attraktiv kann das monistische System daher insbesondere bei **inhabergeführ-** **28** **ten oder Familiengesellschaften** (*Hecksen* FS Westermann, 2008, 999 [1018]; *Teichmann* BB 2004, 53 [55]; *Haider-Giangreco/Polte* BB 2014, 2947 [2950]) sowie bei **Konzerngesellschaften** (*Bungert/Beier* EWS 2002, 1 [9]; *Waclawik* DB 2006, 1827 [1830]) sein (zurückhaltend *Bücker* Bedeutung der monistischen SE 203 [207 ff.]). Für die **mitbestimmte SE** oder die SE mit einem **großen Aktionärs-kreis,** vor allem börsennotierten Gesellschaften, wird sich demgegenüber häufig das dualistische System anbieten. Im ersten Fall beruht das auf den in → Rn. 25 dargestellten Gründen, im zweiten darauf, dass die klare funktionale und persona-le Trennung der Organe der Herausbildung starker Machtkonzentrationen ent-gegenwirkt und eine unabhängige Aufgabenwahrnehmung durch beide Organe fördert.

d) Änderung des Leitungssystems. Das anfänglich gewählte Leitungssystem **29** kann später geändert werden. Die Entscheidung über das System obliegt nach Art. 38 lit. b dem Satzungsgeber. Dieser kann das System im Wege der **Sat-zungsänderung** daher auch jederzeit neu festlegen (*Wicke* MittBayNot 2006, 196 [202]; *Hirte* NZG 2002, 1 [5]; Spindler/Stilz/*Eberspächer* Rn. 7; KK-AktG/ *Paefgen* Rn. 15). Der Systemwechsel löst keinen Anspruch der Aktionäre, die gegen den Satzungsänderungsbeschluss Widerspruch eingelegt haben, auf Austritt aus der SE gegen Zahlung einer angemessenen Abfindung aus und setzt kein entsprechendes Angebot voraus (zustimmend Spindler/Stilz/*Eberspächer* Rn. 7; *Hagemann/Tobies* in Jannott/Frodermann HdB SE Kap. 4 Rn. 77). Das Gesetz sieht einen solchen Anspruch nicht vor. Eine Analogie zu **Art. 8 Abs. 5, § 12 SEAG oder § 207 Abs. 1 UmwG** kommt nicht in Betracht. § 207 Abs. 1 UmwG betrifft den Formwechsel. § 12 SEAG ist daran angelehnt und beruht auf der Überlegung, dass die Verlegung des Sitzes einer SE in ein anderes Land „angesichts der starken Prägung der SE durch das jeweils im Sitzstaat geltende Recht durchaus einem Rechtsformwechsel vergleichbar ist" (BT-Drs. 15/3405, 35). Beim Systemwechsel kommt es weder zu einer Änderung der Rechtsform noch des maßgeblichen nationalen Rechts. Die Zuständigkeiten der Hauptver-sammlung und die Rechte der Aktionäre sind im Wesentlichen identisch. Zwar führt das monistische System zu einer strukturellen Aufwertung der Hauptver-sammlung (→ Rn. 9). Eine nachhaltige Veränderung der Aktionärsrechte, die eine Fortsetzung der Mitgliedschaft unzumutbar macht, ergibt sich dadurch aus einem Systemwechsel aber nicht. Darin liegt jedoch der tragende Grund für die Bestimmungen der § 12 SEAG und § 207 Abs. 1 UmwG (zu § 12 SEAG vgl. LHT/*Ringe* Art. 8 Rn. 33, und zu § 207 UmwG Semler/Stengel/*Kalss* UmwG § 207 Rn. 1).

Nach weit verbreiteter Ansicht soll der Systemwechsel jedoch eine Struktur- **30** änderung iSv **§ 18 Abs. 3 SEBG** sein und ein erneutes Verhandlungsverfahren über die Mitbestimmung auslösen (Spindler/Stilz/*Eberspächer* Rn. 7; MüKo-AktG/*Jacobs* SEBG § 18 Rn. 16; LHT/*Oetker* SEBG § 18 Rn. 20 f.; → SEBG § 18 Rn. 10; einschränkend KK-AktG/*Paefgen* Rn. 15; s. auch § 228 Abs. 2 öArbVG). Das ist abzulehnen (ebenso *Teichmann* FS Hellwig, 2011, 347 [360]; *Feldhaus/Vanscheidt* BB 2008, 2246 [2251]; *Köklü* Die Beteiligung der Arbeitneh-mer und die Corporate Governance in der SE mit Sitz in Deutschland, 2006, S. 153; KK-AktG/*Feuerborn* SEBG § 18 Rn. 22; *Hagemann/Tobies* in Jannott/ Frodermann HdB SE Kap. 4 Rn. 78 f.; → SEBG § 18 Rn. 10). Eine strukturelle

Änderung iSd § 18 Abs. 3 SEBG liegt nicht vor. Der Begriff ist nicht näher definiert. Die Gesetzesbegründung ist nicht besonders ergiebig, gibt aber zwei Hinweise. Die Änderung muss ihrer Art nach geeignet sein, die Beteiligungsrechte der Arbeitnehmer zu beeinträchtigen. Zum anderen nennt die Gesetzesbegründung als Beispiel den Fall, dass eine nicht mitbestimmte SE ein mitbestimmtes Unternehmen aufnimmt (BT-Drs. 15/3405, 50). Was sich in diesem Beispiel ändert, ist allein die Struktur der Belegschaft (darauf stellt auch KK-AktG/*Feuerborn* SEBG § 18 Rn. 21 f. ab). Diese wird durch den Wechsel des Leitungssystems jedoch in keiner Weise berührt. Die Gestaltungsfreiheit der Parteien einer Mitbestimmungsvereinbarung betrifft dementsprechend nicht die Wahl des Leitungssystems. Diese obliegt allein dem Satzungsgeber. Die spätere Entscheidung des Satzungsgebers, das Leitungssystem zu wechseln, kann daher nicht Anlass sein, den Umfang(!) der Mitbestimmung neu zu verhandeln. Das ist nur gerechtfertigt, wenn die Strukturänderung (auch) die Belegschaft berührt. In Übereinstimmung damit behandelt die gesetzliche Auffangregelung beide Systeme gleich (vgl. § 35 Abs. 2 SEBG; *Teichmann* FS Hellwig, 2011, 347 [360]).

31   Die Änderung des Leitungssystems führt zur **Beendigung der Bestellung** der bisherigen Organmitglieder (*Schwarz* Rn. 10; *Lange* EuZW 2003, 301 [302 f.]). Gemeinsam mit der Satzungsänderung, mit welcher das System gewechselt wird, sind daher auch die Mitglieder des Aufsichts- bzw. Verwaltungsrats, der durch den Systemwechsel geschaffen wird, zu wählen. Der neue Aufsichts- bzw. Verwaltungsrat muss sodann die Vorstände bzw. geschäftsführenden Direktoren für das geänderte System bestellen. Erst wenn das geschehen ist, können die Satzungsänderung, die neuen Organmitglieder sowie die Vertretungsverhältnisse zum Handelsregister angemeldet werden. Vorstand und geschäftsführende Direktoren sind in diesem Sinn **notwendige Organe.** Insofern ist der Systemwechsel der Gründung vergleichbar. Dort setzt die Anmeldung die Bestellung der Organmitglieder voraus (vgl. Art. 12, 15 sowie § 21 Abs. 1 SEAG und § 3 SEAG iVm § 36 Abs. 1 AktG; s. Spindler/Stilz/*Casper* Art. 12 Rn. 5; KK-AktG/*Kiem* Art. 12 Rn. 8; zur Notwendigkeit des Vorstands bei der AG Hüffer/*Koch* AktG § 76 Rn. 6 und zur Notwendigkeit der geschäftsführenden Direktoren bei der monistischen SE LHT/*Teichmann* Anh. Art. 43 (§ 40 SEAG) Rn. 2; *Schwarz* Anh. Art. 43 Rn. 263). Die **Anmeldung** ist jedoch noch durch das „alte" Vertretungsorgan vorzunehmen (ebenso *Hagemann/Tobies* in Jannott/Frodermann HdB SE Kap. 4 Rn. 80); es allein ist zu diesem Zeitpunkt vertretungsberechtigt. Neuer Vorstand bzw. neue geschäftsführende Direktoren müssen an der Anmeldung durch Abgabe der Erklärungen gemäß Art. 9 Abs. 1 lit. c ii) iVm § 81 Abs. 3 AktG bzw. gemäß § 46 Abs. 2 SEAG mitwirken.

32   Fraglich ist, ob der Systemwechsel, wenn die Satzung **Entsenderechte** für den Aufsichtsrat (Art. 9 Abs. 1 lit. c ii) iVm § 101 Abs. 2 AktG) bzw. den Verwaltungsrat (§ 28 Abs. 2 SEAG iVm § 101 Abs. 2 AktG) begründet, die Zustimmung des Entsendeberechtigten erfordert. Das Entsenderecht ist ein Sonderrecht iSd § 35 BGB, so dass es dem Entsendeberechtigten ohne seine Zustimmung nicht entzogen werden kann (Hüffer/*Koch* AktG § 101 Rn. 10; MüKoAktG/*Habersack* § 101 Rn. 31). Der Wechsel des Leitungssystems allein beinhaltet aber keine solche Entziehung. Zu ihr kommt es nur, wenn das Entsenderecht im Rahmen der Änderung des Leitungssystems abgeschafft oder reduziert würde. Wird es hingegen im geänderten System fortgesetzt, ist die Zustimmung des Entsendeberechtigten nicht erforderlich (zustimmend *Hagemann/Tobies* in Jannott/Frodermann HdB SE Kap. 4 Rn. 82). Das Entsenderecht gewährt kein Sonderrecht auf Beibehaltung eines bestimmten Systems, sondern auf Entsendung einer bestimmten Anzahl von Organmitgliedern im jeweiligen System. Um dies klarzustellen, kann es sich empfehlen, eine entsprechende Regelung in die Satzungsbestimmung zum Entsenderecht aufzunehmen.

Abschnitt 1. Dualistisches System

[Dualistisches System]

39 (1) ¹Das Leitungsorgan führt die Geschäfte der SE in eigener Verantwortung. ²Ein Mitgliedstaat kann vorsehen, dass ein oder mehrere Geschäftsführer die laufenden Geschäfte in eigener Verantwortung unter denselben Voraussetzungen, wie sie für Aktiengesellschaften mit Sitz im Hoheitsgebiet des betreffenden Mitgliedstaates gelten, führt bzw. führen.

(2) Das Mitglied/die Mitglieder des Leitungsorgans wird/werden vom Aufsichtsorgan bestellt und abberufen.
Die Mitgliedstaaten können jedoch vorschreiben oder vorsehen, dass in der Satzung festgelegt werden kann, dass das Mitglied/die Mitglieder des Leitungsorgans von der Hauptversammlung unter den Bedingungen, die für Aktiengesellschaften mit Sitz in ihrem Hoheitsgebiet gelten, bestellt und abberufen wird/werden.

(3) ¹Niemand darf zugleich Mitglied des Leitungsorgans und Mitglied des Aufsichtsorgans der SE sein. ²Das Aufsichtsorgan kann jedoch eines seiner Mitglieder zur Wahrnehmung der Aufgaben eines Mitglieds des Leitungsorgans abstellen, wenn der betreffende Posten nicht besetzt ist. ³Während dieser Zeit ruht das Amt der betreffenden Person als Mitglied des Aufsichtsorgans. ⁴Die Mitgliedstaaten können eine zeitliche Begrenzung hierfür vorsehen.

(4) ¹Die Zahl der Mitglieder des Leitungsorgans oder die Regeln für ihre Festlegung werden durch die Satzung der SE bestimmt. ²Die Mitgliedstaaten können jedoch eine Mindest- und/oder Höchstzahl festsetzen.

(5) Enthält das Recht eines Mitgliedstaats in Bezug auf Aktiengesellschaften mit Sitz in seinem Hoheitsgebiet keine Vorschriften über ein dualistisches System, kann dieser Mitgliedstaat entsprechende Vorschriften in Bezug auf SE erlassen.

§ 15 SEAG Wahrnehmung der Geschäftsleitung durch Mitglieder des Aufsichtsorgans

¹Die Abstellung eines Mitglieds des Aufsichtsorgans zur Wahrnehmung der Aufgaben eines Mitglieds des Leitungsorgans nach Artikel 39 Abs. 3 Satz 2 der Verordnung ist nur für einen im Voraus begrenzten Zeitraum, höchstens für ein Jahr, zulässig. ²Eine wiederholte Bestellung oder Verlängerung der Amtszeit ist zulässig, wenn dadurch die Amtszeit insgesamt ein Jahr nicht übersteigt.

§ 16 SEAG Zahl der Mitglieder des Leitungsorgans

¹Bei Gesellschaften mit einem Grundkapital von mehr als 3 Millionen Euro hat das Leitungsorgan aus mindestens zwei Personen zu bestehen, es sei denn, die Satzung bestimmt, dass es aus einer Person bestehen soll. ²§ 38 Abs. 2 des SE-Beteiligungsgesetzes bleibt unberührt.

Schrifttum: *Brandt,* Die Hauptversammlung der Europäischen Aktiengesellschaft (SE), Diss. Würzburg 2004; *ders.,* Überlegungen zu einem SE-Ausführungsgesetz, NZG 2002, 991; *Brandt/Scheifele,* Die Europäische Aktiengesellschaft und das anwendbare Recht, DStR 2002,

547; *Buchheim,* Europäische Aktiengesellschaft und grenzüberschreitende Konzernverschmel-
zung, Diss. Berlin 2001; *Casper,* Erfahrungen und Reformbedarf bei der SE – Gesellschafts-
rechtliche Reformvorschläge, ZHR 173 (2009), 181; *ders.,* Der Lückenschluß im Statut der
Europäischen Aktiengesellschaft, FS Ulmer 2003, 51; *Forst,* Zu den Auswirkungen des
Gesetzes zur Angemessenheit der Vorstandsvergütung auf die SE, ZIP 2010, 1786; *ders.,* Die
Beteiligungsvereinbarung nach § 21 SEBG, Diss. Bonn 2010; *Gutsche,* Die Eignung der
Europäischen Aktiengesellschaft für kleine und mittlere Unternehmen in Deutschland, Diss.
Heidelberg 1994; *Habersack,* Das Konzernrecht der deutschen SE, ZGR 2003, 724; *Henssler,*
Erfahrungen und Reformbedarf bei der SE – Mitbestimmungsrechtliche Reformvorschläge,
ZHR 173 (2009), 222; *Hirte,* Die Europäische Aktiengesellschaft, NZG 2002, 1; *Hoffmann-*
Becking, Organe, Strukturen und Verantwortlichkeiten, insbesondere im monistischen Sys-
tem, ZGR 2004, 355; *Hohenstatt/Seibt,* Geschlechter- und Frauenquoten in der Privatwirtschaft, 2015; *Hommelhoff,* Einige Bemerkungen zur Organisationsverfassung der Europäischen
Aktiengesellschaft, AG 2001, 279; *ders.,* Zum Konzernrecht der Europäischen Aktiengesellschaft, AG 2003, 179; *Kiem,* Erfahrungen und Reformbedarf bei der SE – Entwicklungsstand, ZHR 173 (2009), 156; *Kowalski,* Praxisfragen bei der Umwandlung einer Aktiengesellschaft in eine Europäische Gesellschaft (SE), DB 2007, 2243; *Kübler,* Leitungsstrukturen
der Aktiengesellschaft und die Umsetzung des SE-Statuts, ZHR 167 (2003), 222; *Leupold,*
Die Europäische Aktiengesellschaft unter besonderer Berücksichtigung des deutschen
Rechts, Diss. Konstanz 1993; *Maul,* Die faktisch abhängige SE (Societas Europaea) im
Schnittpunkt zwischen deutschem und europäischem Recht, Diss. Heidelberg 1997; *Nagel,*
Die europäische Aktiengesellschaft (SE) und die Beteiligung der Arbeitnehmer, AuR 2004,
281; *Neye/Teichmann,* Der Entwurf für das Ausführungsgesetz zur Europäischen Aktiengesell-
schaft, AG 2003, 169; *Oetker,* Die Beteiligung der Arbeitnehmer in der Europäischen Aktien-
gesellschaft (SE) unter besonderer Berücksichtigung der leitenden Angestellten, BB-Spezial
1/2005, 2; *Pfeuffer,* Der Regelungsbedarf des deutschen Gesetzgebers zur Anpassung des
Aktienrechts an die SE-Verordnung im Hinblick auf den Vorstand, Diss. Würzburg 2005;
Schindler, Die Europäische Aktiengesellschaft, Diss. Wien 2002; *Seibt,* Größe und Zusammensetzung des Aufsichtsrats in der SE, ZIP 2010, 1057; *Teichmann,* Die Einführung der
Europäischen Aktiengesellschaft, ZGR 2002, 383; *ders.,* Vorschläge für das deutsche Ausführungsgesetz zur Europäischen Aktiengesellschaft, ZIP 2002, 1109; *Veil,* Das Konzernrecht
der Europäischen Aktiengesellschaft, WM 2003, 2169; *v. Werder,* Formen der Führungsorganisation einer Europäischen Aktiengesellschaft, RIW 1997, 304.

Übersicht

	Rn.
I. Normzweck, Normgeschichte und anwendbare Vorschriften ..	1
1. Regelungsgegenstand und Normzweck	1
2. Normgeschichte	2
3. Anwendbare Vorschriften	3
II. Leitungsorgan (Abs. 1) ....,...............................	4
1. Geschäftsführung	4
a) Grundsätze	4
b) Sonderpflicht: Frauenzielquoten in nachgeordneten Führungsebenen	5a
2. Selbständigkeit und Weisungsfreiheit	6
3. Kollegialitätsprinzip	7
a) Prinzip der Gesamtgeschäftsführungsbefugnis	7
b) Willensbildung, Geschäftsverteilung und Binnenorgani- sation	9
4. Vertretung	10
5. Stellvertretende Mitglieder des Leitungsorgans	11
6. Ermächtigung der Mitgliedstaaten zur Geschäftsführerrege- lung (Abs. 1 Satz 2)	12
III. Bestellung und Abberufung der Mitglieder des Leitungsorgans (Abs. 2)	14
1. Bestellung	14
a) Zuständigkeit des Aufsichtsorgans und Verfahren	14
b) Ermächtigung der Mitgliedstaaten zur Zuständigkeits- verlagerung auf die Hauptversammlung	16

                                                                Rn.

    c) Gerichtliche Notbestellung 17
    d) Persönliche Voraussetzungen 18
    e) Amtszeit 19
    f) Rechte und Pflichten, Entlastung 20
    g) Erstes Leitungsorgan 21
  2. Abberufung 23
    a) Zuständigkeit des Aufsichtsorgans und Verfahren 23
    b) Ermächtigung der Mitgliedstaaten zur Zuständigkeits-
        verlagerung auf die Hauptversammlung 24
    c) Voraussetzungen 25
  3. Sonstige Beendigungstatbestände; Suspendierung; Dienst-
    befreiung 26
  4. Anmeldung zum Handelsregister 27
  5. Anstellungsvertrag 28
    a) Rechtsnatur, Zuständigkeit zum Abschluss und Inhalt .. 28
    b) Kündigung und sonstige Beendigungstatbestände 31
  6. Weitere Aspekte der Personalkompetenz des Aufsichts-
    organs 32
IV. Inkompatibilität (Abs. 3) 33
  1. Inkompatibilität 33
  2. Ausnahme: Abstellung eines Mitglieds des Aufsichtsorgans 35
    a) Rechtsnatur und Verfahren 35
    b) Sachliche Voraussetzungen 37
    c) Zeitliche Befristung 38
V. Anzahl der Mitglieder des Leitungsorgans (Abs. 4) 39
  1. Mindest- und Höchstzahl 39
  2. Arbeitsdirektor 41
  3. Über- und Unterbesetzung 42
VI. Ergänzungsermächtigung (Abs. 5) 44

I. Normzweck, Normgeschichte und anwendbare Vorschriften

1. Regelungsgegenstand und Normzweck. Art. 39 ist (neben Art. 40 **1**
Abs. 1) die **Zentralvorschrift des dualistischen Verwaltungssystems** der SE
und regelt unionseinheitlich die Unternehmensleitung und Geschäftsführung
durch das Leitungsorgan (Abs. 1), die Bestellung und Abberufung seiner Mitglieder im Regelstatut durch das Aufsichtsorgan (Abs. 2), die Inkompatibilität
zwischen einer Mitgliedschaft im Leitungs- und im Aufsichtsorgan (Abs. 3) sowie
die Größe des Leitungsorgans (Abs. 4). Das Regelstatut des dualistischen Leitungssystems der Societas Europaea entspricht demjenigen der Aktiengesellschaft
deutschen Rechts und ist von drei Leitaussagen geprägt (von denen zwei in
Art. 39 verankert sind): (1) Das Leitungsorgan (und damit negativ auch kein
anderes Unternehmensorgan) führt selbständig und weisungsunabhängig die Geschäfte der Societas Europaea (einschließlich der Leitung des Unternehmens),
und zwar als Kollegialorgan (Art. 39 Abs. 1 S. 1). (2) Das Aufsichtsorgan übt die
Personalkompetenz über das Leitungsorgan aus und ist insbesondere für die
Bestellung und Abberufung der Mitglieder des Leitungsorgans zuständig (Art. 39
Abs. 2 S. 1). (3) Des Weiteren berät und überwacht das Aufsichtsorgan das
Leitungsorgan bei dessen Aufgabenerfüllung (Art. 40 Abs. 1). Allerdings eröffnet
die SE-VO den Mitgliedstaaten die Möglichkeit zur Modifikation in zwei wesentlichen Punkten, dies jedoch nur insofern und soweit dies auch für die
nationale Aktiengesellschaft gilt: (1) Einem oder mehreren Geschäftsführern, die
nicht zwingend auch Mitglieder des Leitungsorgans sein müssen, können die
laufenden Geschäfte des Societas Europaea zugewiesen werden **(Art. 39 Abs. 1
S. 2).** (2) Die Zuständigkeit zur Bestellung und Abberufung der Mitglieder des
Leitungsorgans kann der Hauptversammlung zugewiesen werden **(Art. 39**

Abs. 2 S. 2). Da der deutsche Gesetzgeber davon abgesehen hat, diese Gestaltungsvarianten bei der Aktiengesellschaft zu eröffnen (zu rechtspolitischen Forderungen nach der Zulässigkeit einer statutarischen Verlagerung der Personalkompetenz auf die Hauptversammlung bei nicht-börsennotierten AG in Schmidt/ Lutter/*Seibt* AktG § 84 Rn. 2; bei konzerneingebundenen SE *Hommelhoff* AG 2001, 279 [283]; *Hirte* NZG 2002, 1 [6]), waren ihm diese **Regelungsvarianten** auch für die Societas Europaea deutscher Prägung **nicht eröffnet.**

2   **2. Normgeschichte.** Das dualistische Verwaltungssystem war seit dem Sanders-Vorentwurf 1967 für die SE vorgesehen, bis zur SE-VO 1989 als alleine für die SE zulässiges Verwaltungssystem. Die Regelungsgegenstände des Art. 39 Abs. 1–4 waren seit dem Sanders-Vorentwurf 1967 bestimmt, allerdings mit ursprünglich größerer Detailtiefe und mit wechselnden, vom heutigen Regelungsgehalt teilweise abweichenden, die Stellung des Leitungsorgans ursprünglich stärker gewichtenden Einzelvorschriften (ausführlich *Schwarz* Rn. 2–9): So gewährten Art. IV-1-3 Abs. 1 Sanders-Vorentwurf 1967, Art. 64 Abs. 1 SE-VO 1970 und 1975 dem Vorstand eine All-Auffangzuständigkeit in dem Sinne, dass diesem „die weitestgehenden Befugnisse [zukommen], alle diejenigen Rechtsgeschäfte für die Gesellschaft vorzunehmen, die von diesem Statut nicht ausdrücklich anderen Gesellschaftsorganen zugewiesen sind"; mit Art. 62 Abs. 1 SE-VO 1989 und 1991 sind dem Leitungsorgan dagegen nur noch die Geschäftsführungsbefugnisse zugewiesen. Nach deutschem Regelungsvorbild (§ 84 Abs. 3 AktG) sah Art. IV-1-2 Abs. 7 S. 1 Sanders-Vorentwurf 1967 die die Rechtsstellung des Vorstands ebenfalls stärkende Bestimmung vor, dass der Aufsichtsrats den Vorstand abberufen sowie die Bestellung des Vorstandsmitglieds zum Vorsitzenden nur widerrufen kann, wenn ein wichtiger Grund vorliegt; mit Art. 62 Abs. 2 SE-VO 1989 wurde dann zunächst umgekehrt die Kompetenz des Aufsichtsorgans geregelt, die Mitglieder des Leitungsorgans jederzeit abberufen zu können (Wegfall der Jederzeitigkeit mit SE-VO 1991; → Rn. 25).

3   **3. Anwendbare Vorschriften.** Auf die SE mit dualistischem Verwaltungssystem finden neben den Primärnormen in Art. 39 und 40 die **Vorschriften des Aktiengesetzes** Anwendung, und zwar (i) über die in der SE-VO enthaltenen Spezialverweisungen (zB Art. 51 und Art. 52 S. 2), (ii) über die partiellen Generalverweisungen in der SE-VO (zB Art. 15 und Art. 18) sowie (iii) über die Generalverweisung in Art. 9 Abs. 1 lit. c ii (vgl. MüKoAktG/*Reichert/Brandes* Rn. 3; *Schwarz* Rn. 11; KK-AktG/*Paefgen* Rn. 12; *Teichmann* ZGR 2002, 383, 442 f.; LHT/*Drygala* Rn. 9). Sofern dem deutschen Gesetzgeber wegen der Lückenhaftigkeit der SE-VO im Hinblick auf das dualistische Verwaltungssystem eine Regelungskompetenz zukam, hat er sich – in Befolgung von Art. 10 – für einen **weitgehenden Gleichlauf mit den entsprechenden Vorschriften des Aktiengesetzes** für Vorstand und Aufsichtsrat entschieden (vgl. *Neye/Teichmann* AG 2003, 169 [176]; *Hoffmann-Becking* ZGR 2004, 355 [363]; MüKoAktG/ *Reichert/Brandes* Rn. 3; KK-AktG/*Paefgen* Rn. 11); allerdings gibt es einzelne Abweichungen zum deutschen Aktienrecht. Auf die SE mit Sitz in Deutschland (zweifellos auf die SE mit dualistischem Leitungssystem) findet der DCGK – im Bereich des Vorstandsrechts Ziff. 3 und 4 DCGK – Anwendung (zur klarstellenden Ergänzung der Präambel im DCGK Regierungskommission DCGK, Pressemitteilung vom 14.6.2007; ausführlich und differenzierend GroßkommAktG/ *Leyens* AktG § 161 Rn. 128 ff.). Auch § 161 AktG, der die Verpflichtung zur Abgabe einer Entsprechenserklärung durch die Organe börsennotierter Gesellschaften normiert, ist über Art. 9 Abs. 1 lit. c ii auf eine deutsche SE anwendbar (KK-AktG/*Paefgen* Rn. 14). Zur Übersicht über die rechtliche Verortung des Rechts des Vorstands (bei der AG) bzw. des Leitungsorgans (bei der SE) kann schematisch wie folgt festgehalten werden:

Art. 39 SE-VO

AG	Sachgegenstand	SE mit Sitz in Deutschland	Kongruenz (K)/ Abweichung (A)
§ 76 Abs. 1 S. 1 AktG	Autonome Leitungs-befugnis	Art. 39 Abs. 1 S. 1 SE-VO (Wertung aus Art. 40 Abs. 1 S. 2 SE-VO und Funk-tionsprinzip des dua-listischen Leitungs-prinzips)	K (→ Rn. 4–6)
§ 76 Abs. 2 Sätze 1 und 2 AktG	Zahl der Vorstandsmit-glieder	Art. 39 Abs. 4 S. 2 SE-VO, § 16 S. 1 SEAG	K (→ Rn. 39–40)
§ 76 Abs. 2 S. 3 AktG	Arbeitsdirektor	§ 16 S. 2 SEAG, § 38 Abs. 2 SEBG	A (→ Rn. 41) [da ansonsten euro-parechtlicher Verstoß]
§ 76 Abs. 3, § 105 AktG	Bestellungshindernisse	Art. 47 Abs. 2 SE-VO; Art. 39 Abs. 3 SE-VO; § 105 Abs. 1 AktG iVm Art. 9 Abs. 1 lit. c ii SE-VO	A (→ Rn. 18, 33, 35 ff.)
§ 76 Abs. 4 AktG	Frauenzielquote in zwei Leitungsebenen unter-halb Vorstand	§ 76 Abs. 4 AktG iVm Art. 9 Abs. 1 lit. c ii SE-VO	K (→ Rn. 5a–5c)
§ 77 Abs. 1 S. 1 AktG	Prinzip der Gesamt-geschäftsführung	Wertung aus Art. 39 Abs. 1 SE-VO; Art. 50 Abs. 1 SE-VO	K (→ Rn. 7)
§ 77 Abs. 1 S. 2 AktG	Dispositivität der Bin-nenorganisation	§ 77 Abs. 1 S. 2 AktG iVm Art. 9 Abs. 1 lit. c ii, iii SE-VO; Art. 50 Abs. 2 S. 1 SE-VO	A (→ Rn. 8 und 9) [Leitungsorganvor-sitzender hat aus-schlaggebendes Stimmrecht]
§ 77 Abs. 2 AktG	Geschäftsordnung	§ 77 Abs. 2 AktG iVm Art. 9 Abs. 1 lit. c ii SE-VO; Art. 50 Abs. 1 SE-VO	A (→ Rn. 9) [Gel-tung Mehrheitsprin-zip]
§ 78 Abs. 1 AktG	Vorstand als Vertre-tungsorgan	§ 78 Abs. 1 AktG iVm Art. 9 Abs. 1 lit. c ii SE-VO	K (→ Rn. 10)
§ 78 Abs. 2 S. 1 AktG	Aktivvertretung: Prinzip der Gesamtvertretungs-befugnis	§ 78 Abs. 2 S. 1 AktG iVm Art. 9 Abs. 1 lit. c ii SE-VO	K (→ Rn. 10)
§ 78 Abs. 2 S. 2 AktG	Passivvertretung: Prin-zip der Einzelvertre-tungsbefugnis	§ 78 Abs. 2 S. 2 AktG iVm Art. 9 Abs. 1 lit. c ii SE-VO	K (→ Rn. 10)

§ 78 Abs. 3, Abs. 4 AktG	Abweichende Bestimmungen zur Gesamtvertretungsbefugnis	§ 78 Abs. 3, Abs. 4 AktG iVm Art. 9 Abs. 1 lit. c ii SE-VO	K (→ Rn. 10)
§ 82 Abs. 1 AktG	Unbeschränkbarkeit der Vertretungsmacht	§ 82 Abs. 1 AktG iVm Art. 9 Abs. 1 lit. c ii SE-VO	K (→ Rn. 10)
§ 82 Abs. 2 AktG	Beschränkbarkeit der Geschäftsführungsbefugnis	§ 82 Abs. 2 AktG iVm Art. 9 Abs. 1 lit. c ii SE-VO	K (→ Rn. 5)
§ 84 Abs. 1 S. 1 AktG	Bestellungsorgan Aufsichtsrat	§ 39 Abs. 2 UAbs. 1 SE-VO; § 84 Abs. 1 S. 1 AktG iVm Art. 9 Abs. 1 lit. c ii SE-VO; Art. 50 Abs. 1 lit. b SE-VO	A (→ Rn. 14) [Satzungsdispositivität für Mehrheit der Beschlussfassung, keine Geltung von § 31 MitbestG]
§ 84 Abs. 1 S. 1 AktG	Amtshöchstzeit	Art. 46 Abs. 1 SE-VO	A (→ Rn. 19) [bis zu sechs Jahre]
§ 84 Abs. 1 Sätze 2–4 AktG	Wiederbestellung als Vorstand	Art. 46 Abs. 2 SE-VO	A (→ Rn. 19) [Satzungsvorbehalt]
§ 84 Abs. 1 S. 5 AktG	Anstellungsverhältnis: Beschlussorgan Aufsichtsrat; Laufzeit	§ 84 Abs. 1 S. 5 AktG iVm Art. 9 Abs. 1 lit. c ii SE-VO sowie Prinzip der Sachnähe zur Organbestellung	K (→ Rn. 28–30)
§ 84 Abs. 2 AktG	Vorsitzender des Vorstands	§ 84 Abs. 2 AktG iVm Art. 9 Abs. 1 lit. c ii SE-VO; Art. 50 Abs. 2 S. 1 SE-VO	A (→ Rn. 9) [Leitungsorganvorsitzender hat ausschlaggebendes Stimmrecht]
§ 84 Abs. 3 AktG	Widerruf der Bestellung	Art. 39 Abs. 2 SE-VO, Art. 50 Abs. 1 lit. b SE-VO; § 84 Abs. 3 AktG iVm Art. 9 Abs. 1 lit. c ii SE-VO: Vorliegen eines wichtigen Grundes	A (→ Rn. 23) [Satzungsdispositivität für Mehrheit der Beschlussfassung, keine Geltung von § 31 MitbestG]
§ 85 AktG	Gerichtliche Bestellung	§ 85 AktG iVm Art. 9 Abs. 1 lit. c ii SE-VO	K (→ Rn. 17)
§ 87 Abs. 1 AktG	Angemessenheit der Vorstandsbezüge	§ 87 Abs. 1 AktG iVm Art. 9 Abs. 1 lit. c ii SE-VO	K (→ Rn. 30)
§ 87 Abs. 2 AktG	Herabsetzung der Vorstandsbezüge	§ 87 Abs. 2 AktG iVm Art. 9 Abs. 1 lit. c ii SE-VO	K (→ Rn. 30)
§ 87 Abs. 3 AktG	Vorstandsbezüge bei Insolvenz der Gesellschaft	§ 87 Abs. 3 AktG iVm Art. 9 Abs. 1 lit. c ii SE-VO	K (→ Rn. 30)

§ 88 AktG	Wettbewerbsverbot von Vorstandsmitgliedern	§ 88 AktG iVm Art. 9 Abs. 1 lit. c ii SE-VO	K (→ Rn. 32)
§ 89 AktG	Kreditgewährung an Vorstandsmitglieder	§ 89 AktG iVm Art. 9 Abs. 1 lit. c ii SE-VO	K (→ Rn. 32)
§ 94 AktG	stellvertretende Vor- standsmitglieder	§ 94 AktG iVm Art. 9 Abs. 1 lit. c ii SE-VO	K (→ Rn. 11)

II. Leitungsorgan (Abs. 1)

1. Geschäftsführung. a) Grundsätze. Durch Art. 39 Abs. 1 S. 1 wird die **4** Geschäftsführung, verstanden als Vornahme aller tatsächlichen und rechtsgeschäft- lichen Tätigkeiten für die SE (vgl. *Schwarz* Rn. 12; s. auch Schmidt/Lutter/*Seibt* AktG § 76 Rn. 9; MüKoAktG/*Spindler* AktG § 76 Rn. 16; LHT/*Drygala* Rn. 8, 14), dem Leitungsorgan (zur Terminologie vgl. KK-AktG/*Paefgen* Rn. 15) zuge- wiesen. Der Begriff der Geschäftsführung ist europaeinheitlich in der Weise aus- zulegen, dass er die **Unternehmensleitung** als herausgehobenen Teil der Ge- schäftsführung (so auch *Schwarz* Rn. 13; MüKoAktG/*Reichert/Brandes* Rn. 2; *Hirte* NZG 2002, 1, 6; LHT/*Drygala* Rn. 8, 14) und ferner unter funktioneller Betrachtung alle Tätigkeitsfelder umfasst, die zur Unternehmensführung gehören (Strategieentwicklung, Unternehmensplanung, Unternehmenskoordination und Finanzierung, Unternehmenskontrolle, Besetzung der nachgeordneten Füh- rungsstellen; jeweils auch unter Berücksichtigung der Förderung der Unterneh- mensreputation) und nicht ausdrücklich einem anderen Gesellschaftsorgan zuge- wiesen sind **(interne Geschäftsführung).** Der Verortung der Unternehmens- leitung unmittelbar in Art. 39 Abs. 1 S. 1 (und nicht über Art. 9 Abs. 1 lit. c ii in § 76 Abs. 1 AktG) steht nicht entgegen, dass die Regelungsentwürfe in Art. 62 S. 1 SE-VO 1970 und 1975 in der deutschen Sprachfassung noch zwischen Verwaltung und Leitung unterschieden (zutreffend *Schwarz* Rn. 13; KK-AktG/ *Paefgen* Rn. 17; vertiefend zur Normgeschichte vgl. KK-AktG/*Paefgen* Rn. 3 ff.). Denn sowohl diese Vorentwürfe also auch Art. 39 sind für das Feld der internen Geschäftsführung vom Prinzip der umfassenden Kompetenzzuweisung an das Leitungsorgan geprägt, so dass insoweit keine Regelungsoffenheit der SE-VO besteht, die über nationales Recht zu schließen wäre. Für dieses weite Begriffs- verständnis der „Geschäftsführung" spricht auch der Wechselblick zur Funktions- und Kompetenzbeschreibung des Verwaltungsrats in Art. 43 Abs. 1 S. 1, in dem in der deutschen Sprachfassung identisch wie bei Art. 39 Abs. 1 S. 1 formuliert wird; die englische Sprachfassung von Art. 39 Abs. 1 S. 1 („shall be responsible for managing the SE") sowie die französische Sprachfassung („est responsable de la gestion de la SE") enthalten gegenüber Art. 43 Abs. 1 S. 1 („shall manage the SE", „gère la SE") ein Verantwortlichkeitskriterium, das – wenn ihm überhaupt Bedeutung zukommt – die Leitungsfunktion des Leitungsorgans betont (zur Funktionskonvergenz von Leitungsorgan und Verwaltungsrat durch die SE-VO *Le Cannu,* La Direction de la Société Européenne, S. 99, 106 [No. 11]).

Zum europarechtlich vorgegebenen (und damit einheitlichen) Kernbereich der **5** Geschäftsführung gehören neben der Unternehmensleitung im engeren Sinne (→ Rn. 4) als deren herausgehobene Bestandteile die **Unternehmensplanung** (arg. e Berichtspflichten des Art. 41; vgl. *Schwarz* Rn. 15; KK-AktG/*Paefgen* Rn. 17; LHT/*Drygala* Rn. 14), die **Einrichtung eines Risikofrüherken- nungs- und Überwachungssystems** (abweichend *Schwarz* Rn. 15: Aufgaben- zuweisung folgt aus Art. 9 Abs. 1 lit. c ii iVm § 91 Abs. 2 AktG; so auch KK-

AktG/*Paefgen* Rn. 19; LHT/*Drygala* Rn. 14) das Risiko- sowie Corporate Re-
putation Management (hierzu *Seibt* DB 2015, 171; Schmidt/Lutter/*Seibt* AktG §
76 Rn. 9 und 23) und die Sicherstellung von Legalität im Unternehmen (**Com-
pliance-Pflicht** und **Compliance-Organisationspflicht;** hierzu Schmidt/Lut-
ter/*Seibt* AktG § 76 Rn. 10 ff.). Die Aufgaben des Leitungsorgans können aber
deswegen nicht vollständig europaeinheitlich konturiert werden, da Art. 52 für
die Kompetenzzuweisung zur Hauptversammlung auf das nationale Aktienrecht
bzw. auf die mit nationalem Recht konformen Satzungen verweist (*Schwarz*
Rn. 12; *Hirte* NZG 2002, 1 [8]; kritisch zum „Mehrstaatlichkeitsdogma" *Casper*
ZHR 173 [2009], 181 [187 ff.] mwN). Für die SE deutscher Prägung bedeutet
dies, dass § 119 Abs. 2 AktG (über die Verweisung in Art. 52 S. 2) auf solche
Fragen der Geschäftsführung Anwendung findet, die der Hauptversammlung
vom Leitungsorgan der SE zur Beschlussfassung vorgelegt werden; § 119 Abs. 2
AktG ist eine Rechtsvorschrift, die der Hauptversammlung eine subsidiäre und
durch das entsprechende Verlangen des primär zuständigen Leitungsorgans akti-
vierte Zuständigkeit in Geschäftsführungsangelegenheiten „überträgt" (MüKo-
AktG/*Reichert/Brandes* Rn. 9; aA *Brandt* S. 114; *Schwarz* Rn. 28, Art. 52
Rn. 24). In gleicher Weise gelten über Art. 52 S. 2 die aus einer Gesamtanalogie
zu Strukturmaßnahmen entwickelten **Leitsätze der „Holzmüller/Gelatine"-
Rechtsprechung** des BGH (BGHZ 83, 122 = NJW 1982, 1703 – Holzmüller;
BGH NJW 2004, 1860 = ZIP 2004, 993 – Gelatine I; NZG 2004, 575 = ZIP
2004, 1001 – Gelatine II; hierzu Schmidt/Lutter/*Spindler* AktG § 119 Rn. 26 ff.;
Hüffer/Koch AktG § 119 Rn. 16 ff.) auch für die SE deutscher Prägung (ebenso
MüKoAktG/*Reichert/Brandes* Rn. 10; *Habersack* ZGR 2003, 724 [741]; *Casper* FS
Ulmer, 2003, 51 [69]; *Maul* S. 40 ff.; *Gutsche* S. 105; LHT/*Drygala* Rn. 10; aA
Brandt S. 129). Die Geschäftsführungsbefugnis der Mitglieder des Leitungsorgans
kann beschränkt werden (§ 82 Abs. 2 AktG iVm Art. 9 Abs. 1 lit. c ii).

5a   **b) Sonderpflicht: Frauenzielquoten in nachgeordneten Führungsebe-
nen.** Zur Unternehmensleitung (→ Rn. 4) gehört auch die **Personalplanung
und strategieausgerichtete Leitung der Führungskräfte im Unternehmen.**
Über die Generalverweisung in Art. 9 Abs. 1 lit. c ii SE-VO gilt nach § 76
Abs. 4 AktG für den Vorstand der deutschrechtlichen SE, die börsennotiert ist
oder der Mitbestimmung unterliegt, dass dieser Frauenanteile in den beiden
Führungsebenen unterhalb des Vorstandes nach bestimmten Kauteln festlegt (zur
Anwendbarkeit auf die dualistische SE s. BT-Drs. 18/4227, 22; *Grobe* AG 2015,
289 [299]; *Hohenstatt/Wendler* in Hohenstatt/Seibt Geschlechter- und Frauenquo-
ten Kap. D Rn. 363; zweifelnd *Teichmann/Rüb* DB 2015, 898 [905 f.]). Norm-
voraussetzung ist, dass die SE entweder börsennotiert (vgl. § 3 Abs. 2 AktG; nicht
Freiverkehr iSv § 48 BörsG) *oder* mitbestimmt ist, dh wenn Arbeitnehmerver-
treter als solche (und nicht qua Wahl durch die Anteilseignervertreter) dem
Aufsichtsrat angehören; ein Mitbestimmungsstatut entsprechend DrittelbG oder
MitbestG ist nicht erforderlich (ebenso LHT/*Drygala* Art. 40 Rn. 17). Die
Pflicht zur Zielgrößenfestlegung beinhaltet die Einzelpflichten (i) zur Bestimmung der beiden Führungsebenen, (ii) zur Festlegung des Status Quo des Frauenanteils in den beiden definierten Führungsebenen (als Aufsatzpunkt für die
Zielquotenfestlegung), (iii) zur Zielgrößenfestlegung selbst und (iv) zur Festlegung der Fristen zur Zielerreichung (*Seibt* in Hohenstatt/Seibt Geschlechter-
und Frauenquoten Kap. C Rn. 297). Bezugspunkt für die Ermittlung der Führungsebenen ist die konkrete Gesellschaft, nicht der Gesamtkonzern (*Seibt* in
Hohenstatt/Seibt Geschlechter- und Frauenquoten Kap. C Rn. 298, 285). Bei
der **Festlegung der Führungsebenen** kommt dem Vorstand ein breiter Ermessensspielraum zu; ermessensleitende Kriterien können Berichtslinien, Vollmacht-
und Prokuraerteilung, Mitarbeiterverantwortung, Budgetverantwortung, Einord-

nung nach dem sog. Hay-Job-Grading-System, Vergütungshöhe, Teilnahme an Führungskreissitzungen oder Führungskräftebeteiligungsprogrammen sein. In jedem Fall müssen die Personen in einem Anstellungsverhältnis zur sachlich erfassten Gesellschaft stehen und eine Führungsaufgabe haben, also entweder zur Verhaltenssteuerung anderer Personen qua Weisung berechtigt oder eine hierarchisch herausgehobene Stabstelle oder Expertenfunktion innehaben (*Seibt* in Hohenstatt/Seibt Geschlechter- und Frauenquoten Kap. C Rn. 299 ff.; *Fromholzer/Simons* AG 2015, 457 [463]; *Wasmann/Rothenburg* DB 2015, 291 [294]). Bei der **Feststellung des Frauenanteils** kann eine Durchschnittsbetrachtung über den Berichtszeitraum oder das Stichtagsprinzip angewandt werden; für das Stichtagsprinzip streitet die Einfachheit der Feststellung und deren Gewöhnlichkeit im Rahmen sonstiger Geschäftsberichte. Es ist das Kopfprinzip (nicht FTE) anzuwenden (*Seibt* in Hohenstatt/Seibt Geschlechter- und Frauenquoten Kap. C Rn. 297; *Müller-Bonanni/Forst* GmbHR 2015, 621 [624]). Für jede der beiden Führungsebene ist in der Regel eine Zielgröße festzulegen (ausführlich *Seibt* in Hohenstatt/Seibt Geschlechter- und Frauenquoten Kap. C Rn. 304). Liegt der Frauenanteil bei Zielgrößenfestlegung unter 30 %, so gilt ein Verschlechterungsverbot (§ 76 Abs. 4 S. 2 AktG); es gilt aber kein Steigerungsgebot, sodass auch eine inhaltlich unveränderte Festlegung einer zukünftigen Zielgröße zulässig ist. Liegt der Frauenanteil bei Zielgrößenfestlegung bei mindestens 30 %, darf die festzulegende Zielgröße für die entsprechende Führungsebene den zuvor bereits erreichten Wert wieder unterschreiten; fällt der tatsächliche Frauenanteil dann auf unter 30 % ab, gilt das Verschlechterungsverbot. Mit diesen Kauteln ist eine Mindestzielgröße nicht gesetzlich vorgegeben; auch eine Zielgröße von Null ist zulässig, wenn der Nullanteil den erreichten Stand darstellt (*Seibt* in Hohenstatt/Seibt Geschlechter- und Frauenquoten Kap. C Rn. 308; *Wasmann/Rothenburg* DB 2015, 291 [295]; *Schulz/Ruf* DB 2015, 1155 [1161]; aA *Teichmann/Rüb* DB 2015, 898 [903]). Die Zielquoten waren erstmals bis zum 30.9.2015 festzulegen. Die erstmals festzulegenden Erreichensfrist darf nicht länger als bis zum 30.6.2017 dauern (§ 25 Abs. 1 EGAktG); danach dürfen die Fristen nicht länger als fünf Jahre betragen (§ 76 Abs. 4 S. 4 AktG).

Die erforderlichen Entscheidungen trifft der Vorstand durch Beschluss, für den **5b** die allgemeinen Regelungen gelten. Innerhalb des zwingenden gesetzlichen Rahmens kommt dem Vorstand unternehmerisches, am Unternehmensinteresse auszurichtendes Ermessen zu. Eine generelle Bevorzugung von Frauen bei Einstellungs- und Beförderungsentscheidungen ist mit dem Benachteiligungsverbot des § 7 Abs. 1 AGG unvereinbar (hierzu *Seibt* in Hohenstatt/Seibt Geschlechter- und Frauenquoten Kap. C Rn. 309; *Müller-Bonanni/Forst* GmbHR 2015, 621 [626]). Die Mitbestimmungsvereinbarung kann wegen der Organisationsautonomie des Vorstandes keine Regelung hierzu treffen (ebenso LHT/*Drygala* Rn. 13). Die Festlegung der Zielgrößen ist ein Bestandteil der Personalplanung, so dass der Betriebsrat vor deren endgültiger Festlegung durch den Vorstand zu informieren ist (vgl. § 92 Abs. 3 BetrVG). Bei den Zielgrößen handelt es sich allerdings nicht um Auswahlrichtlinien iSv § 95 BetrVG (*Seibt* in Hohenstatt/Seibt Geschlechter- und Frauenquoten Kap. C Rn. 312).

Über die Zielgrößen- und Fristbestimmung und „die Angabe, ob diese [Ziel- **5c** größen] im Bezugszeitraum eingehalten worden sind, und wenn nicht, Angaben zu den Gründen", ist von börsennotierten SE (nachgelagert) in der Erklärung zur Unternehmensführung zu berichten (Art. 61 SE-VO); nicht-börsennotierte SE haben dies in einem gesonderten Abschnitt des Lageberichts zu tun. Anstelle der Veröffentlichung im Lagebericht ist eine Veröffentlichung auf der Internetseite der berichtsverpflichteten Gesellschaft in bestimmten Fällen zulässig (vgl. § 289a Abs. 2 HGB). Pflichtverletzungen (→ Rn. 5a) werden in erster Linie durch die Berichts- und Veröffentlichungspflichten sanktioniert, daneben kommen ggf.

Bußgeld- und Ordnungsgeldsanktionen in Betracht (vgl. § 334 Abs. 1 Nr. 3 HGB, § 30 Abs. 1 OWiG; § 335 Abs. 1 HGB). Für eine Schadensersatzhaftung wird es regelmäßig an einem ersatzfähigen Schaden fehlen (*Seibt* in Hohenstatt/ Seibt Geschlechter- und Frauenquoten Kap. C Rn. 320; *Fromholzer/Simons* AG 2015, 457 [466]; *Schulz/Ruf* DB 2015, 1155 [1162]).

6   **2. Selbständigkeit und Weisungsfreiheit.** Art. 39 Abs. 1 S. 1 in der deutschen Sprachfassung überträgt die Geschäftsführung dem Leitungsorgan „in eigener Verantwortung". Dies wird von der überwiegenden Meinung als funktionelle Entsprechung mit dem in § 76 Abs. 1 AktG verankerten Merkmal „unter eigener Verantwortung" und damit als Prinzip der Weisungsunabhängigkeit des Leitungsorgans gegenüber der Hauptversammlung und dem Aufsichtsorgan verstanden (vgl. HK-SE/*Manz* Rn. 5; KK-AktG/*Paefgen* Rn. 23 f.; MüKoAktG/*Reichert/ Brandes* Rn. 9; *Hirte* NZG 2002, 1 [6]; *Veil* WM 2003, 2169 [2170]; vgl. auch *Buchheim* S. 250; *Hommelhoff* AG 2003, 179 [182]). Wenngleich die sprachlichen Nähe zu § 76 Abs. 1 AktG sowie die Verordnungsgenese mit der Einfügung der Worte „in eigener Verantwortung" in Art. 39 Abs. 1 S. 1 (die in Art. 62 Abs. 1 SE-VO 1989 und 1991 noch nicht enthalten waren) für dieses Verständnis sprechen, so fehlt diese Ergänzung in den anderen **maßgeblichen Sprachfassungen** (die englische Sprachfassung lautet: „The management organ shall be responsible for managing the SE" und die französische: „L'organe de direction est responsable de la gestion de la SE"; wie die deutsche Sprachfassung allerdings die italienische: „L'organo di direzione gestice *sotto la propria responsabilità* la SE"). Gegen eine Auslegung des Begriffmerkmals „in eigener Verantwortung" als Weisungsunabhängigkeit iSv § 76 Abs. 1 AktG spricht auch der Vergleich mit Art. 39 Abs. 1 S. 2 und Art. 43 Abs. 1 S. 2, die ebenfalls dieses Begriffsmerkmal verwenden. Ein weiteres weisungsunabhängiges Gremium als Geschäftsführer im monistischen oder dualistischen Leitungssystem liefe dem Leitgedanken zuwider, mit dem Leitungsorgan bzw. Verwaltungsorgan ein einheitliches Organ der Unternehmensleitung zu schaffen (ähnlich *Schwarz* Rn. 24). Allerdings folgt die Verpflichtung des Leitungsorgans, die Geschäftsführung im Rahmen der gesetzlichen Kompetenzzuordnung selbständig und weisungsunabhängig auszuführen, zum einen aus Art. 40 Abs. 1 S. 2 (Geschäftsführungsverbot des Aufsichtsorgans) und dem Funktionsprinzip des dualistischem Leitungsprinzips sowie zum anderen – allerdings hier abhängig vom Regelungsgehalt des nationalen Rechts – aus Art. 52 S. 1 im Verhältnis zur Hauptversammlung (zutreffend *Schwarz* Rn. 27). Bei der SE mit Sitz in Deutschland sind Weisungsbeschlüsse der Hauptversammlung bei Geschäftsführungsmaßnahmen über Art. 52 S. 2 nur nach § 119 Abs. 2 AktG oder nach den Holzmüller/Gelatine-Grundsätzen zulässig (→ Rn. 5). Das Begriffsmerkmal „in eigener Verantwortung" in Art. 39 Abs. 1 S. 1 ist **vielmehr** als **selbstverständlicher Verweis auf die haftungsrechtliche Verantwortung** der Mitglieder des Leitungsorgans für Fehler der Geschäftsführung zu verstehen (zutreffend *Schwarz* Rn. 25; aA, aber mit gleichem Ergebnis, KK-AktG/*Paefgen* Rn. 24, der die Anknüpfung an Art. 40 Abs. 1 S. 2 und Art. 52 S. 1 ablehnt); dies entspricht auch einer wortlautorientierten Auslegung der englischen und französischen Sprachfassung von Art. 39 Abs. 1 (vgl. oben).

7   **3. Kollegialitätsprinzip. a) Prinzip der Gesamtgeschäftsführungsbefugnis.** Zwar fehlt es an einer ausdrücklichen Anordnung des Gesamtgeschäftsführung wie in § 77 Abs. 1 S. 1 AktG, aber hieraus folgt nicht, dass die SE-VO hinsichtlich der Grundsatzfrage von Einzel- oder Gesamtgeschäftsführung regelungsoffen ist (so aber *Buchheim* S. 251). Denn Art. 39 Abs. 1 S. 1 überträgt die **Geschäftsführung dem Leitungsorgan als Kollegium** und nicht den einzelnen Organmitgliedern, so dass die Geschäftsführung in einem mehrgliedrigen Leitungsorgan eben als Gesamtgeschäftsführung aller Leitungsorganmitglieder wahrzunehmen ist (*Schwarz* Rn. 16; im Ergebnis auch *Frodermann* in Jannott/ Frodermann HdB SE Kap. 5 Rn. 77: § 77 AktG iVm Art. 9 Abs. 1 lit. c ii; KK-AktG/*Paefgen* Rn. 26; LHT/*Drygala* Rn. 18; jetzt auch MüKoAktG/*Reichert*/ *Brandes* Rn. 9). Art. 50 Abs. 1 spricht nicht gegen das Prinzip der Gesamtgeschäftsführung, sondern unterstützt es. Denn bestünde im Grundsatz Einzelgeschäftsführung, dann wäre eine Regelung zur Beschlussfähigkeit der Organe überflüssig. Aus Art. 50 Abs. 1 ergibt sich vielmehr (nur), dass grundsätzlich die **Gesamtgeschäftsführung mit dem Mehrheitsprinzip kombiniert** ist, mit der Folge, dass nach Beschluss einer Geschäftsführungsmaßnahme durch Mehrheitsentscheid auch die Mitglieder, die gegen die Maßnahme gestimmt haben, wegen des Prinzips der Gesamtgeschäftsführung verpflichtet sind, zusammen mit den übrigen Mitgliedern die Maßnahme durchzuführen (*Schwarz* Rn. 16; HK-SE/*Manz* Rn. 7; LHT/*Drygala* Rn. 18). Allerdings ist das in Art. 50 Abs. 1 geregelte Mehrheitsprinzip dispositiver Natur (→ Art. 50 Rn. 4, 17 ff.).

Art. 39 Abs. 1 S. 1 mit dem dort (implizit) kodifizierten Prinzip der **Gesamt-** **8** **geschäftsführung sperrt allerdings nicht** die Anwendung nationalen Rechts, die eine **Einzelgeschäftsführung bzw. eine Geschäftsverteilung** zulässt. Eine so verstandene Regelungsoffenheit ergibt sich zum einen aus Art. 50 Abs. 1, der eine Beschlussfassung auch durch eine Person für zulässig erklärt, zum anderen aber aus einem Umkehrschluss zu dem im monistischen Leitungssystem geltenden Art. 48 Abs. 1 UAbs. 1, der für die dort genannten Geschäfte eine Einzelgeschäftsführung vereitelt (ebenso *Schwarz* Rn. 20; KK-AktG/*Paefgen* Rn. 27). Dementsprechend kommt für die SE deutscher Prägung § 77 AktG über Art. 9 Abs. 1 lit. c ii und iii mit der Folge zur Anwendung (*Schwarz* Rn. 21), dass das Leitungsorgan bzw. das Aufsichtsorgan über eine **Geschäftsordnung oder die Satzung** unmittelbar die Einzelgeschäftsführung oder andere Varianten der Geschäftsverteilung regeln können (zu Gestaltungsvarianten im Einzelnen Schmidt/ Lutter/*Seibt* AktG § 77 Rn. 7 ff.; *Hüffer*/*Koch* AktG § 77 Rn. 9 ff.). Allerdings ist bei der Unternehmensleitung eine Modifizierung der Gesamtgeschäftsführung nicht möglich, da diese zwingend dem Gesamtorgan obliegt (ebenso KK-AktG/ *Paefgen* Rn. 29; *Schwarz* Rn. 22; vgl. auch Schmidt/Lutter/*Seibt* AktG § 77 Rn. 19; MüKoAktG/*Spindler* AktG § 77 Rn. 63).

b) Willensbildung, Geschäftsverteilung und Binnenorganisation. Für **9** die Willensbildung im Leitungsorgan ist **Art. 50 Abs. 1** anzuwenden, demzufolge bei Beschlussfassungen das **(einfache) Mehrheitsprinzip** gilt (zu Einzelheiten → Art. 50 Rn. 16 ff.). Das Leitungsorgan kann sich im Rahmen von Art. 39 Abs. 1 S. 1 frei organisieren, beispielsweise eine funktionale Organisation, eine Spartenorganisation, eine virtuelle Holding oder eine Mischstruktur wählen (vgl. Schmidt/Lutter/*Seibt* AktG § 77 Rn. 20; MüKoAktG/*Spindler* AktG § 77 Rn. 68). Die SE-VO sperrt auch weder die Wahl eines **Leitungsorganvorsitzenden,** der dann entsprechend § 84 Abs. 2 AktG vom Aufsichtsorgan zu ernennen ist, noch die Wahl eines **Leitungsorgansprechers** aus der Mitte des Leitungsorgans (*Schwarz* Rn. 92, 94; KK-AktG/*Paefgen* Rn. 30, 33; LHT/*Drygala* Rn. 20, 22; zu Problemen in der Praxis bei der erstmaligen Wahl vgl. *Kiem* ZHR 173 [2009], 156 [167 f.]). Dem Vorsitzenden des Leitungsorgans kann eine dem **Chief Executive Officer** US-amerikanischer Prägung (CEO) angenäherte, herausgehobene Rolle unter Beachtung des Prinzips der kollektiven Organverantwortung (→ Rn. 7 f.: zB kein Weisungsrecht eines Organmitglieds gegenüber einem anderen Mitglied) eingeräumt werden (KK-AktG/*Paefgen* Rn. 31 f.; LHT/*Drygala* Rn. 20). Im Unterschied zum deutschen Aktienrecht kommt dem Leitungsorganvorsitzenden bei der SE bereits aus Art. 50 Abs. 2 S. 1 **ein ausschlaggebendes Stimmrecht** zu (ebenso Spindler/Stilz/*Eberspächer* Rn. 5; *Schwarz* Rn. 93; Theisen/Wenz/*Theisen*/*Hölzl* S. 269, 286, 288; MüKoAktG/

Reichert/Brandes Rn. 5; KK-AktG/*Paefgen* Rn. 31; *Kiem* ZHR 173 [2009], 156 [166 f.]; LHT/*Drygala* Rn. 20), das allerdings statutarisch ausgeschlossen (zB § 7 Abs. 4 Satzung Porsche Automobil Holding SE) oder eingeschränkt werden kann; in der Praxis wird dieses Stichentscheidsrecht häufig rechtsklarstellend in der Satzung geregelt (vgl. § 7.2 Satzung SAP SE; § 8.5 Satzung Axel Springer SE; § 6 Abs. 4 Satzung E.ON SE; § 8.2 Satzung BASF SE; § 5 Abs. 3 Satzung MAN SE; § 9 Abs. 2 Satzung Bilfinger Berger SE, § 6 Abs. 3 Satzung SGL Carbon SE, § 8 Abs. 1 Satzung Nordex SE). Die Satzung kann – anders als nach deutschem Recht bei der paritätisch mitbestimmten AG (vgl. BGHZ 89, 48 [59] = NJW 1984, 733) – zugunsten des Leitungsorgansvorsitzenden auch ein **Vetorecht** vorsehen (LHT/*Drygala* Rn. 21; LHT/*Teichmann* Art. 50 Rn. 8; MüKo/*Reichert/ Brandes* Art. 50 Rn. 31; *Kiem* ZHR 173 [2009], 156 [167]; aus der Praxis: § 5.6 Satzung Allianz SE). Das Leitungsorgan kann sich ferner eine **Geschäftsordnung** zur Regelung der internen Aufgabenverteilung und Organorganisation geben, *soweit* nicht die Satzung die Kompetenz auf das Aufsichtsorgan übertragen oder das Aufsichtsorgan bereits eine Geschäftsordnung erlassen hat (§ 77 Abs. 2 AktG iVm Art. 9 Abs. 1 lit. c ii); für die Beschlussfassung über die Geschäftsordnung gilt das in Art. 50 Abs. 1 geregelte Mehrheitsprinzip, das insoweit § 77 Abs. 2 S. 3 AktG als höherrangiges Recht verdrängt (*Schwarz* Rn. 95; KK-AktG/*Paefgen* Rn. 28). Der Vorsitzende des Leitungsorgans ist auf den **Geschäftsbriefen der SE** als solcher zu bezeichnen (§ 80 Abs. 1 S. 2 AktG, Art. 9 Abs. 1 lit. c ii).

10 **4. Vertretung.** Der Wortlaut von Art. 39 Abs. 1 S. 1 ist – auch in der englischen oder französischen Sprachfassung – im Hinblick auf die Frage nicht eindeutig, ob unter dem Begriff der „Geschäftsführung" nur die Geschäftsführung im engeren (interne Geschäftsführung) oder weiteren Sinne (interne Geschäftsführung und Vertretung im Außenverhältnis) zu verstehen ist. Die historische Genese von Art. 39 Abs. 1 S. 1 und sachnahe Vorschriften legt ein Verständnis nahe, dass eine europaeinheitliche Regelung nur für die interne Geschäftsführung vorgesehen werden sollte. Die früheren Regelungen zur Vertretung (Art. 62 Abs. 1 S. 2, Art. 63 Abs. 1 S. 3, Art. 66 Abs. 1 S. 2 SE-VO von 1991) sind nämlich gestrichen worden. Zudem wird bei Europäischen Genossenschaften durch Art. 37 Abs. 1 S. 1 SCE-VO dem Leitungsorgan nicht nur die Geschäftsführung, sondern ausdrücklich auch die Vertretung zugewiesen. Hieraus folgt, dass Art. 39 Abs. 1 S. 1 die Vertretung der SE nicht regelt, sondern **eine bewusste Regelungslücke** besteht, die über Art. 9 Abs. 1 lit. c durch Anwendung des nationalen Rechts zu schließen ist (Spindler/Stilz/*Eberspächer* Rn. 5; KK-AktG/*Paefgen* Rn. 36; *Schwarz* Rn. 14; HK-SE/*Manz* Rn. 17; *Hirte* NZG 2002, 1, 7; *Buchheim* S. 251; MüKoAktG/*Reichert/Brandes* Rn. 8; LHT/*Drygala* Rn. 23). Die nationalstaatlichen Vertretungsvorschriften sind durch die Publizitäts-RL insoweit angeglichen, als die **Vertretungsmacht des Leitungsorgans zwingend nach außen unbeschränkt und unbeschränkbar ist** (§ 82 Abs. 1 AktG). Eine SE mit Sitz in Deutschland wird durch ihr Leitungsorgan vertreten, wobei der Grundsatz der Gesamtvertretung gilt; die Satzung kann allerdings von der Gesamtvertretung abweichende Bestimmungen enthalten (zur Rechtslage bei der AG Schmidt/Lutter/*Seibt* AktG § 78 Rn. 22 ff.; MüKoAktG/*Spindler* AktG § 77 Rn. 33 ff.; Hüffer/*Koch* AktG § 78 Rn. 14 ff.). Art. 50 Abs. 1 verdrängt § 78 Abs. 2 S. 1 AktG (Prinzip der Gesamtvertretung) nicht, da die Vertretung der SE kein Beschluss ist, sondern die Ausführung eines Beschlusses (ebenso *Schwarz* Rn. 89; KK-AktG/*Paefgen* Rn. 37). Gegenüber dem Leitungsorgan wird die SE durch das Aufsichtsorgan vertreten (§ 112 AktG iVm Art. 9 Abs. 1 lit. c ii; vgl. *Schwarz* Rn. 87; HK-SE/*Manz* Rn. 67; Spindler/Stilz/*Eberspächer* Rn. 5; *Hirte* NZG 2002, 1 [7]).

5. Stellvertretende Mitglieder des Leitungsorgans. Art. 39 Abs. **11**
1 sperrt
nicht die Bestellung der stellvertretenden Mitglieder des Leitungsorgans, sofern
diese **in ihrer Rechtstellung den ordentlichen Mitgliedern gleichgestellt**
sind (wie dies § 94 AktG festlegt; ebenso MüKoAktG/*Reichert/Brandes* Rn. 32;
KK-AktG/*Paefgen* Rn. 34; HK-SE/*Manz* Rn. 108; LHT/*Drygala* Rn. 23). Bei
der SE mit Sitz in Deutschland erfolgt die Zulässigkeit und die inhaltliche Ausgestaltung aus § 94 AktG iVm Art. 9 Abs. 1 lit. c ii. Die stellvertretenden Mitglieder des Leitungsorgans sind bei der Bestimmung der Anzahl der Mitglieder
des Leitungsorgans (Art. 39 Abs. 3, § 16 SEAG) mitzuzählen und – nach § 81
AktG iVm Art. 9 Abs. 1 lit. c ii – zum Handelsregister (ohne Stellvertreterzusatz;
hierzu Schmidt/Lutter/*Seibt* AktG § 81 Rn. 3; MüKoAktG/*Spindler* AktG § 81
Rn. 6; LHT/*Drygala* Rn. 23) anzumelden. Das **Ressort „Arbeit und Soziales"** (§ 38 Abs. 2 S. 2 SEBG) kann auch einem stellvertretenden Mitglied des
Leitungsorgans zugewiesen werden, wenn sachliche Gründe für eine solche hierarchische Abstufung sprechen (ebenso MüKoAktG/*Reichert/Brandes* Rn. 32; aA
KK-AktG/*Paefgen* Rn. 35 aE; LHT/*Drygala* Rn. 23).

6. Ermächtigung der Mitgliedstaaten zur Geschäftsführerregelung **12**
(Abs. 1 Satz 2). Nach Art. 39 **Abs. 1 S.** 2 (i) kann ein Mitgliedstaat unter
denselben Voraussetzungen wie bei einer nationalen Aktiengesellschaft vorsehen
(→ Rn. 13), (ii) dass eine oder mehrere Personen als Geschäftsführer (die nicht
notwendigerweise Mitglieder des Leitungsorgan sein müssen; ebenso *Schwarz*
Rn. 33; HK-SE/*Manz* Rn. 11; LHT/*Drygala* Rn. 25; aA Theisen/Wenz/*Thei-
sen/Hölzl* S. 269, 302 f.) (iii) die laufenden Geschäfte (zur europarechtlich auto-
nomen Auslegung *Schwarz* Rn. 43; KK-AktG/*Paefgen* Rn. 90; HK-SE/*Manz*
Rn. 12; aA *Hommelhoff* AG 2001, 279 [284]) (iv) in eigener Verantwortung (im
Sinne einer Haftungsverantwortung; vgl. *Schwarz* Rn. 39) führt bzw. führen.
Diese Ermächtigungsvorschrift ist auf Wunsch Schwedens in den endgültigen
Verordnungsentwurf eingefügt worden und sollte das dortige System der Unter-
nehmensleitung (Bestellung eines **geschäftsführenden Direktors** zur Ge-
schäftsführung und Vertretung hinsichtlich der laufenden Geschäfte, der dem
Verwaltungsrat nicht angehören muss; hierzu *Foerster* in Hohloch EU-HdB
GesR Kap. Schweden Rn. 237 ff.) für eine dort ansässige SE mit dualistischem
Leitungssystem ermöglichen. Es geht also um eine **besondere Ausgestaltung
des dualistischen Leitungssystems** in der Weise, dass neben dem Leitungsorgan und dem Aufsichtsorgan Geschäftsführer (oder nach anderem Sprach-
gebrauch: geschäftsführende Direktoren) für die laufenden Geschäfte der Ge-
schäftsführung als Quasi-Organ bestehen (zur Organqualität der Geschäftsfüh-
rung im dualistischen Leitungssystem *Forstmoser* ZGR 2003, 688 [713] mit
Hinweisen zur Rechtslage in der Schweiz; *Schwarz* Rn. 53; KK-AktG/*Paefgen*
Rn. 90; LHT/*Drygala* Rn. 25). Es handelt sich nicht um eine § 77 Abs. 1 S. 2
AktG entsprechende Ermächtigung der Mitgliedstaaten zur Einzelgeschäftsführung (zutreffend *Schwarz* Rn. 31; LHT/*Drygala* Rn. 25; aA HK-SE/*Manz*
Rn. 14; *Buchheim* S. 253). Für die Überwachung der Geschäftsführer ist das
Leitungsorgan zuständig (arg. e Art. 39 Abs. 1 S. 1), für die sich seine originäre
Geschäftsführungspflicht hinsichtlich der laufenden Geschäfte in eine **Über-
wachungs- und Kontrollpflicht** umwandelt. Obwohl dem Aufsichtsorgan
nach dem Wortlaut des Art. 40 Abs. 1 S. 1 keine Überwachungskompetenz über
die Geschäftsführer zukommt, ist dies unter teleologischen Gesichtspunkten in
eine sekundäre Überwachungspflicht weiterzuentwickeln. Denn führte das Leitungsorgan selbst die laufenden Geschäfte, so obläge ihre Überwachung dem
Aufsichtsorgan; im dualistischen Verwaltungssystem sind Leitungsorgan und Geschäftsführung funktional als Einheit zu betrachten (ähnlich *Schwarz* Rn. 50;
KK-AktG/*Paefgen* Rn. 90).

13   Das Mitgliedstaatenwahlrecht kann nur ausgeübt werden, wenn der Mitgliedstaat die Einrichtung der Geschäftsführer für die Führung der laufenden Geschäfte unter **denselben Bedingungen wie bei einer nationalstaatlichen AG** vorsieht. Damit soll (wie mit Art. 39 Abs. 2 S. 2 oder Art. 47 Abs. 1) vermieden werden, dass die SE in diesen Hinsichten attraktiver ausgestaltet werden kann als eine Aktiengesellschaft mit Sitz in demselben Mitgliedstaat; damit gehen diese Einzelregelungen über das allgemeine Diskriminierungsverbot des Art. 10 hinaus (zum Verständnis von Art. 10 als allgemeinem Diskriminierungsverbot *Seibt* in Lutter/Hommelhoff Europäische Gesellschaft S. 67, 69 f.; *Kübler* ZHR 167 [2003], 222 [232]). Zwar verweist Art. 39 Abs. 1 S. 2 nur allgemein auf „Voraussetzungen, wie sie für Aktiengesellschaften mit Sitz im Hoheitsgebiet des betreffenden Mitgliedstaates gelten", ohne zu differenzieren, ob das nationale Aktienrecht eine dualistische oder monistische Organisation vorsieht. Aus einer teleologischen Auslegung, die das Ziel eines Gleichlaufes zwischen nationaler Aktiengesellschaft und SE hat, ergibt sich aber die Einschränkung der Ermächtigung, dass ein Mitgliedstaat das Wahlrecht nur dann ausüben kann, wenn diese im nationalen Aktienrecht auch Geschäftsführer neben dem Leitungsorgan im dualistischen Verwaltungssystem vorsehen bzw. erlauben (KK-AktG/*Paefgen* Rn. 92; LHT/*Drygala* Rn. 24; im Ergebnis auch *Schwarz* Rn. 37; aA HK-SE/*Manz* Rn. 10). Da dies im deutschen Aktienrecht nicht der Fall ist, **konnte Deutschland die Ermächtigung des Art. 39 Abs. 1 S. 2 nicht wahrnehmen.** Eine von dieser zu unterscheidende Regelungsermächtigung ist in **Art. 43 Abs. 4** niedergelegt, auf deren Grundlage der deutsche Gesetzgeber die Bestellung geschäftsführender Direktoren in der monistischen SE angeordnet hat (§ 40 SEAG). Der Zweck der Ermächtigungsgrundlage zielt nämlich gerade auf die **Etablierung von monistischen Corporate Governance Strukturen** in Rechtsordnungen von Mitgliedstaaten, in denen das monistische System bisher unzulässig war (KK-AktG/*Paefgen* Rn. 93; MüKoAktG/*Reichert/Brandes* Art. 43 Rn. 3).

III. Bestellung und Abberufung der Mitglieder des Leitungsorgans (Abs. 2)

14   **1. Bestellung. a) Zuständigkeit des Aufsichtsorgans und Verfahren.** Für die Bestellung der Mitglieder des Leitungsorgans ist im Grundsatz das **Aufsichtsorgan zuständig (Art. 39 Abs. 2 UAbs. 1).** Die Bestellung erfordert (i) den Beschluss des Aufsichtsorgans, (ii) dessen Kundgabe an das gewählte Mitglied des Leitungsorgans, (iii) die Annahme der Wahl durch jenen und (iv) die Entgegennahme der Wahlannahme durch das Aufsichtsorgan (hierzu für die AG Schmidt/Lutter/*Seibt* AktG § 84 Rn. 10; Hüffer/*Koch* AktG § 84 Rn. 3; MüKoAktG/*Spindler* AktG § 84 Rn. 21 f.). Die Entscheidung über die Bestellung (Beschluss) muss das Aufsichtsorgan als Gesamtgremium fassen (§ 84 Abs. 1 S. 1 AktG iVm Art. 9 Abs. 1 lit. c ii; vgl. MüKoAktG/*Reichert/Brandes* Rn. 16; KK-AktG/*Paefgen* Rn. 39; Spindler/Stilz/*Eberspächer* Rn. 6; LHT/*Drygala* Rn. 26). Der Bestellungsbeschluss kann mit **einfacher Mehrheit der anwesenden/vertretenen Mitglieder** gefasst werden (Art. 50 Abs. 1 lit. b; vgl. MüKoAktG/*Reichert/Brandes* Rn. 24; KK-AktG/*Paefgen* Rn. 42; HK-SE/*Manz* Rn. 20; LHT/*Drygala* Rn. 26), wobei Beschlussfähigkeit gemäß des ebenfalls satzungsdispositiven (vgl. KK-AktG/*Paefgen* Rn. 45) Art. 50 Abs. 1 lit. a bei Anwesenheit der Hälfte der Organmitglieder besteht. Allerdings kann die **Satzung** – im Unterschied zum deutschen Aktienrecht (zur Rechtslage bei der AG Hüffer/*Koch* AktG § 108 Rn. 8; KK-AktG/*Mertens* § 108 Rn. 46; Schmidt/Lutter/*Drygala* AktG § 108 Rn. 29 ff.) – **abweichende Mehrheitserfordernisse** regeln, da Art. 50 Abs. 1 dies auch bei Beschlussgegenständen zulässt, die das Aufsichtsorgan kraft Gesetzes zu treffen hat (MüKoAktG/*Reichert/Brandes* Rn. 24; KK-AktG/*Paefgen* Rn. 42;

LHT/*Drygala* Rn. 26). Das spezifische Wahlverfahren mit qualifizierten Mehrheitserfordernissen nach § 31 MitbestG findet im Grundsatz auf die SE keine Anwendung; das SEBG enthält keine entsprechende Vorschrift (MüKoAktG/ *Reichert/Brandes* Rn. 24; KK-AktG/*Paefgen* Rn. 46; LHT/*Drygala* Rn. 27). Allerdings könnte ein § 31 MitbestG entsprechendes Wahlverfahren als Folge der Verhandlung zwischen den Leitungsorganen der Gründungsgesellschaften und dem besonderen Verhandlungsgremium in der Satzung der SE (MüKoAktG/ *Reichert/Brandes* Rn. 24a; im Ergebnis auch LHT/*Drygala* Rn. 27; aA KK-AktG/ *Paefgen* Rn. 47) oder in der **Mitbestimmungsvereinbarung** nach § **21 SEBG** (aA KK-AktG/*Paefgen* Rn. 48; *Henssler* ZHR 173 [2009], 222 [243 f.]; LHT/ *Drygala* Rn. 27) festgelegt werden. Dann steht dem Vorsitzenden des Aufsichtsorgans indes zwingend nach Art. 50 Abs. 2 S. 2 das Zweitstimmrecht – **anders als in § 31 MitbestG** geregelt – nicht erst im dritten, sondern bereits im zweiten Wahlgang zu. Eine § **31 MitbestG entsprechende Regelung** in einer Mitbestimmungsvereinbarung wird von Art. 4 Abs. 2 lit. g SE-RL (umgesetzt in § 21 Abs. 3 lit. c SEBG) abgedeckt, da solche qualifizierten Mehrheitserfordernisse bei der Abstimmung im mitbestimmten Aufsichtsorgan noch als „Rechte der Arbeitnehmervertreter" qualifiziert werden können (aA MüKoAktG/*Reichert/Brandes* Rn. 24a; KK-AktG/*Paefgen* Rn. 48; *Henssler* ZHR 173 [2009], 222 [243 f.]; LHT/*Drygala* Rn. 27).

14a Das Aufsichtsorgan von SE, die *entweder* börsennotiert sind *oder* der Mitbestimmung unterliegen (→ Art. 40 Rn. 44f), ist verpflichtet, eine **Zielquote für den Frauenanteil im Leitungsorgan** (nach Feststellung des Status quo) **sowie Fristen für deren Erreichen festzulegen** (Art. 9 Abs. 1 lit. c ii) iVm § 111 Abs. 5 S. 1 Var. 2 und S. 3 AktG). Für die Pflichtenkonturierung sowie die Berichts- und Veröffentlichungspflichten → Art. 40 Rn. 44f–44h. Die Mitbestimmungsvereinbarung (§ 21 SEBG) kann keine verbindliche verdrängende Regelung für Geschlechterzielquoten im Leitungsorgan vorsehen, da es insoweit an einem Mitbestimmungsbezug fehlt (ebenso LHT/*Drygala* Art. 40 Rn. 18).

15 Bei fehlerhafter Bestellung eines Mitglieds des Leitungsorgans kommt die von der Wissenschaft und Rechtsprechung entwickelte **Lehre von der fehlerhaften Organbestellung** bei der SE mit Sitz in Deutschland zur Anwendung (Art. 9 Abs. 1 lit. c ii; vgl. MüKoAktG/*Reichert/Brandes* Rn. 25; LHT/*Drygala* Rn. 29; KK-AktG/*Paefgen* Rn. 74 – zur Einbeziehung ungeschriebener Rechtsgrundsätze in die Verweisungsnorm des Art. 9 Abs. 1 lit. c ii s. *Brandt/Scheifele* DStR 2002, 547 [553]; *Casper* FS Ulmer, 2003, 51 [68]; *Hirte* NZG 2002, 1 [2]; *Teichmann* ZGR 2002, 383 [397]. – Zur Lehre von der fehlerhaften Organbestellung bei der AG Schmidt/Lutter/*Seibt* AktG § 84 Rn. 21 f.; MüKoAktG/*Spindler* AktG § 84 Rn. 225 ff.; Hüffer/*Koch* AktG § 84 Rn. 12).

16 b) **Ermächtigung der Mitgliedstaaten zur Zuständigkeitsverlagerung auf die Hauptversammlung.** Art. 39 **Abs. 2 UAbs.** 2 ermächtigt die Mitgliedstaaten entweder im Wege einer zwingenden Sachregelung („vorschreiben") oder durch Gewährung von Satzungsautonomie („vorsehen"), die Kompetenz zur Bestellung der Mitglieder des Leitungsorgans (sowie zu ihrer Abberufung, → Rn. 23) auf die Hauptversammlung zu übertragen. Die Ermächtigung steht allerdings unter dem Vorbehalt, dass sie nur unter den Bedingungen, die für Aktiengesellschaften mit Sitz in ihrem Hoheitsgebiet gelten, in nationales Recht umgesetzt wird (keine SE-spezifische Umsetzung der Zuständigkeitsverlagerung). Da das deutsche Aktienrecht eine Bestellungskompetenz der Hauptversammlung nicht regelt, **konnte Deutschland diese Ermächtigung nicht ausüben** (*Brandt* NZG 2002, 991 [994]; *Schwarz* Rn. 56; KK-AktG/*Paefgen* Rn. 40; LHT/*Drygala* Rn. 40; Theisen/Wenz/*Teichmann* S. 691, 727; aA *Frodermann* in Jannott/Frodermann HdB SE Kap. 5 Rn. 19).

17   **c) Gerichtliche Notbestellung.** Die Bestellung nach Art. 39 Abs. 2 UAbs. 1 und die Funktionsübernahme durch ein Mitglied des Aufsichtsorgans nach Art. 39 Abs. 3 S. 2 stellen keine abschließende Regelung zur Besetzung des Leitungsorgans bei dringender Erforderlichkeit dar. In dringenden Fällen kommt auch bei der SE mit Sitz in Deutschland die gerichtliche Notbestellung auf Antrag eines Beteiligten in Frage (§ 85 AktG iVm Art. 9 Abs. 1 lit. c ii; vgl. MüKo-AktG/*Reichert/Brandes* Rn. 17; *Schwarz* Rn. 57; KK-AktG/*Paefgen* Rn. 83; *Frodermann* in Jannott/Frodermann HdB SE Kap. 5 Rn. 22; LHT/*Drygala* Rn. 28).

18   **d) Persönliche Voraussetzungen.** Als Mitglied des Leitungsorgans können nur solche Personen bestellt werden, welche die persönlichen Voraussetzungen des **Art. 47 Abs.** 2 erfüllen, der zum einen auf die **Bestellungsverbote des Sitzstaats** (und somit für die SE mit Sitz in Deutschland auf die Bestellungshindernisse des § 76 Abs. 3 AktG; hierzu Schmidt/Lutter/*Seibt* AktG § 76 Rn. 27; MüKoAktG/*Spindler* AktG § 84 Rn. 103 ff.) verweist (lit. a) und zum anderen – über die Rechtslage der nationalstaatlichen AG hinaus – ein **Bestellungshindernis bei Gerichts- oder Verwaltungsentscheidungen eines** *anderen* **EG-Mitgliedstaates** annimmt (lit. b). Im Unterschied zB zur SE mit Sitz in den Niederlanden können bei einer SE mit Sitz in Deutschland juristische Personen nicht Mitglied des Leitungsorgans werden (Art. 47 Abs. 1 UAbs. 1 iVm § 76 Abs. 3 S. 1 AktG).

19   **e) Amtszeit.** Die Mitglieder des Leitungsorgans werden für einen in der Satzung festgelegten Zeitraum bestellt, der **sechs Jahre** nicht überschreiten darf; Wiederbestellungen sind – vorbehaltlich abweichender Satzungsbestimmungen – zulässig (Art. 46; zu den Gestaltungsmöglichkeiten → Art. 46 Rn. 9 ff.). Satzungsklauseln, die anstatt einer exakt nach Zeit bestimmten Amtszeit dem Aufsichtsorgan – wie im deutschen Recht – eine bloße Zeitspanne möglicher Amtsperioden vorschreiben, sind mit Blick auf die Wortlaute in Art. 46 Abs. 1 und Abs. 2 sowie auf den Regelungsinhalt in Art. 40 Abs. 3 S. 2 (arg. e contrario) als unzulässig zu qualifizieren (ebenso LHT/*Teichmann* Art. 46 Rn. 4; LHT/*Drygala* Rn. 32; KK-AktG/*Paefgen* Rn. 51; aA MüKoAktG/*Reichert/Brandes* Art. 46 Rn. 3; *Schwarz* Art. 46 Rn. 13 ff.; *Kowalski* DB 2007, 2243 [2245]).

20   **f) Rechte und Pflichten, Entlastung.** Aus der Zuweisung der Leitungskompetenz zum Leitungsorgan als Kollegium sowie dem Art. 39 Abs. 1 S. 1 zu entnehmenden Prinzip der Gesamtgeschäftsführungsbefugnis (→ Rn. 7) folgt, dass die Mitglieder des Leitungsorgans gleichberechtigt sind und die **gleichen Rechte** innehaben sowie **Pflichten** unterliegen (zur Rechtslage bei der AG in Schmidt/Lutter/*Seibt* AktG § 76 Rn. 6 f.). Nach Art. 52 S. 2 iVm § 120 AktG hat die Hauptversammlung alljährlich über die **Entlastung** der Mitglieder des Leitungsorgans zu entscheiden.

21   **g) Erstes Leitungsorgan.** Für die Bestellung der Mitglieder des ersten Leitungsorgans bei Gründung der SE gilt Art. 39 Abs. 2 nicht, da dieser erst **ab Eintragung der SE in das Handelsregister** Anwendung findet (MüKoAktG/*Reichert/Brandes* Rn. 26; LHT/*Drygala* Rn. 33). Da Art. 15 Abs. 1 für das Gründungsstadium auf die aktienrechtlichen Gründungsvorschriften verweist, wird das erste Leitungsorgan durch das erste Aufsichtsorgan bestellt, das sich ausschließlich aus Anteilseignervertretern zusammensetzt (§ 30 Abs. 4 AktG). In den Fällen der Verschmelzung zur Neugründung (Art. 2 Abs. 1, Art. 17 Abs. 2 lit. b), Holding- (Art. 2 Abs. 2) und Tochtergründung (Art. 2 Abs. 3) kommt es daher vor Eintragung zur Entstehung einer **„Vor-SE"**, deren Leitungsorgan Gründungsprüfung (Art. 15 Abs. 1, § 33 Abs. 1, § 34 AktG), Einforderung von Einlagen (Art. 15 Abs. 1, § 36 Abs. 2, § 36a AktG) und Anmeldung der Gesellschaft (Art. 15 Abs. 1, § 36 Abs. 1 AktG) (mit) zu vollziehen hat (KK-AktG/*Paefgen* Rn. 66).

Zur Bestellung des ersten Aufsichtsorgans → Art. 40 Rn. 47 ff. Ein **Arbeits-direktor** (§ 38 Abs. 2 SEBG) ist als Mitglied des ersten Leitungsorgans nicht zu bestellen (MüKoAktG/*Reichert*/*Brandes* Rn. 27; Spindler/Stilz/*Eberspächer* Rn. 7; LHT/*Drygala* Rn. 33).

In allen Fällen der SE-Gründung ist ein erstes Leitungsorgan zu bestellen. Dies **22** gilt auch in den Fällen der Verschmelzung zur Aufnahme (Art. 2 Abs. 1, Art. 17 Abs. 1a) und der Umwandlung (= Formwechsel; Art. 2 Abs. 4, Art. 37), selbst wenn die Identität des (übernehmenden bzw. formwechselnden) Rechtsträgers unverändert bleibt und sich im Übrigen an der Zusammensetzung und Größe des Leitungsorgans nichts ändert. Der **Grundsatz der Amtskontinuität** (vgl. zB § 203 UmwG) gilt hier **nicht,** sondern die Ämter der Vorstandsmitglieder des formwechselnden bzw. aufnehmenden Rechtsträgers enden automatisch mit Eintragung der SE in das Handelsregister (MüKoAktG/*Reichert*/*Brandes* Rn. 28; HK-SE/*Manz* Rn. 24; KK-AktG/*Paefgen* Rn. 65; LHT/*Drygala* Rn. 34).

2. Abberufung. a) Zuständigkeit des Aufsichtsorgans und Verfahren. 23
Im Grundsatz steht die Kompetenz zum Widerruf der Bestellung zum Mitglied des Leitungsorgans („Abberufung") dem **Aufsichtsorgan zu (Art. 39 Abs. 2 UAbs. 1)**. Die Abberufung als *actus contrarius* zur Bestellung erfordert (i) den Beschluss des Aufsichtsorgans als Gesamtgremium und (ii) dessen Kundgabe an das Organmitglied (hierzu Schmidt/Lutter/*Seibt* AktG § 84 Rn. 47; MüKo-AktG/*Spindler* AktG § 84 Rn. 111). Wie beim Beschluss über die Bestellung bedarf auch der Beschluss über den Widerruf der Bestellung im Grundsatz einer einfachen Stimmenmehrheit nach Art. 50 Abs. 1b (HK-SE/*Manz* Rn. 28; Mü-KoAktG/*Reichert*/*Brandes* Rn. 34; LHT/*Drygala* Rn. 37). Ein dem § 31 Mit-bestG entsprechendes Wahlverfahren mit besonderen Mehrheitserfordernissen ist weder in der SE-VO noch in den deutschen Umsetzungsgesetzen enthalten. Zur zulässigen Abweichung in der Satzung oder in der Mitbestimmungsvereinbarung → Art. 50 Rn. 17 ff.; → SEBG § 21 Rn. 24 f.

b) Ermächtigung der Mitgliedstaaten zur Zuständigkeitsverlagerung 24 auf die Hauptversammlung. Das Mitgliedstaatenwahlrecht zur Kompetenz-zuordnung in Art. 39 Abs. 2 und 1 betrifft sowohl die Bestellung (→ Rn. 16) als auch die Abberufung von Mitgliedern des Leitungsorgans. Das mitgliedstaatliche Wahlrecht kann allerdings **nur einheitlich für Bestellung und Abberufung** ausgeübt werden (*Schwarz* Rn. 61; LHT/*Drygala* Rn. 40). Dies entspricht dem funktionellen Verständnis der Personalkompetenz über das Leitungsorgan (Bestellung und Widerruf der Bestellung bedingen einander in vielfältiger Weise) und kommt überdies im Wortlaut von Art. 39 Abs. 2 UAbs. 2 darin zum Ausdruck, dass die beiden kooperationsrechtlichen Akte mit „und" sprachlich verbunden sind (ebenso *Schwarz* Rn. 61; LHT/*Drygala* Rn. 40).

c) Voraussetzungen. Art. 39 **Abs. 2** regelt **keine materiellen Vorausset-** **25** **zungen** für die vorzeitige Abberufung eines Mitglieds des Leitungsorgans. Hieraus kann allerdings nicht der Schluss gezogen werden, dass Art. 39 Abs. 2 europaeinheitlich die jederzeitige Abberufung von Organmitgliedern aus wichtigem Grund vorsieht (so aber Theisen/Wenz/*Theisen*/*Hölzl* S. 269, 288; *Schindler* S. 68 f.). Vielmehr ergibt sich bereits aus der historischen Genese von Art. 39 (die Regelung in Art. 62 Abs. 2 SE-VO 1989, derzufolge die Mitglieder des Leitungsorgans *jederzeit* abberufen werden können, wurde aufgrund vielfacher Kritik geändert; *Schwarz* Rn. 63; LHT/*Drygala* Rn. 37) sowie aus Art. 46 Abs. 1, der die Bestellung für einen festgelegten Zeitraum vorsieht, dass eine jederzeitige Abberufung ohne weitere materielle Voraussetzungen nicht europarechtlich vor-gegeben ist. Vielmehr ist Art. 39 Abs. 2 im Hinblick auf die Abberufungsmoda-litäten regelungsoffen und verweist über Art. 9 Abs. 1 lit. c ii hierzu in das

nationale Aktienrecht (*Schwarz* Rn. 63; HK-SE/*Manz* Rn. 33; LHT/*Drygala*
Rn. 37; *Buchheim* S. 253 f.; *Hommelhoff* AG 2001, 279 [283]; *Leupold* S. 85; *Maul*
S. 43 ff.; *Pfeuffer* S. 127; *Rasner* ZGR 1992, 314 [322]; *Trojan-Limmer* RIW 1991,
1010 [1016]; KK-AktG/*Paefgen* Rn. 69; aA *Gutsche* S. 80 f.; *v. Werder*
RIW 1997, 304 [308]). Daher ist die **Abberufung der Mitglieder des Lei-
tungsorgans einer SE** mit Sitz in Deutschland **nur bei Vorliegen eines
wichtigen Grundes möglich** (§ 84 Abs. 3 AktG; vgl. HK-SE/*Manz* Rn. 74;
KK-AktG/*Paefgen* Rn. 69 f.; *Frodermann* in Jannott/Frodermann HdB SE Kap. 5
Rn. 23; LHT/*Drygala* Rn. 37; implizit auch *Schwarz* Rn. 63; zu den Anforderungen im Einzelnen Schmidt/Lutter/*Seibt* AktG § 84 Rn. 48 f.; MüKoAktG/
Spindler AktG § 84 Rn. 113 ff.; Hüffer/*Koch* AktG § 84 Rn. 31 ff.). Dabei ist
ein wichtiger Grund für die Abberufung auch gegeben, wenn die Hauptver-
sammlung dem Mitglied des Leitungsorgans das Vertrauen entzieht (§ 84 Abs. 3
S. 2 Var. 3 AktG); auch in diesem Fall liegt die Abberufungskompetenz ent-
sprechend Art. 39 Abs. 2 beim Aufsichtsorgan (MüKoAktG/*Reichert/Brandes*
Rn. 33; KK-AktG/*Paefgen* Rn. 70; LHT/*Drygala* Rn. 8; zur Rechtslage bei der
AG Schmidt/Lutter/*Seibt* AktG § 84 Rn. 50; MüKoAktG/*Spindler* AktG § 84
Rn. 126 ff.).

26   **3. Sonstige Beendigungstatbestände; Suspendierung; Dienstbefreiung.**
Art. 39 Abs. 2 UAbs. 1 **sperrt andere Beendigungsgründe** für die Organstellung als Mitglied des Leitungsorgans **nicht.** Die Organstellung als Mitglied des
Leitungsorgans kann – über Art. 9 Abs. 1 lit. c ii – weiter enden durch (i) die
Amtsniederlegung als einseitige, auch ohne wichtigen Grund wirksame Erklärung
des Organmitglieds gegenüber dem Aufsichtsorgan, aus dem Organverhältnis
ausscheiden zu wollen, (ii) die einvernehmliche Aufhebung der Bestellung, (iii)
den Eintritt der statutarischen Befristung der Organbestellung bzw. einer das
Organverhältnis auflösenden Bedingung, (iv) den Tod oder den Verlust der unbeschränkten Geschäftsfähigkeit des Organmitglieds sowie (v) das Erlöschen bzw.
die Umwandlung der Gesellschaft. Zudem kann das Aufsichtsorgan nach Art. 39
Abs. 2 UAbs. 1 (argumentum a maiore ad minus) auch die Organstellung als
Mitglied des Leitungsorgans als vorläufige und zeitlich (kurz) befristete Siche-
rungsmaßnahme **suspendieren** (hierzu Schmidt/Lutter/*Seibt* AktG § 84 Rn. 59;
KK-AktG/*Mertens/Cahn* AktG § 84 Rn. 189 ff.) oder sich mit dem Organmitglied auf eine **einvernehmliche Dienstbefreiung** (zB wegen Sabbatical, Krankheit, Strafverfahren) einigen (hierzu Schmidt/Lutter/*Seibt* AktG § 84 Rn. 59a).

27   **4. Anmeldung zum Handelsregister.** Alle Änderungen der Personen der
Mitglieder des Leitungsorgans und ihre Befugnisse (zu den anmeldepflichtigen
Umständen Schmidt/Lutter/*Seibt* AktG § 81 Rn. 3 ff.; MüKoAktG/*Spindler*
AktG § 81 Rn. 4 ff.; Hüffer/*Koch* AktG § 81 Rn. 2 ff.) sind nach Art. 39 Abs. 1
S. 1, § 81 AktG im Handelsregister einzutragen. Anmeldepflichtig ist das Lei-
tungsorgan in vertretungsberechtigter Zahl.

28   **5. Anstellungsvertrag. a) Rechtsnatur, Zuständigkeit zum Abschluss
und Inhalt.** Von der Organstellung der Mitglieder des Leitungsorgans ist deren
schuldrechtliches Rechtsverhältnis zur SE zu unterscheiden **(Trennungsprinzip),** über das die SE-VO keine ausdrückliche Regelung trifft. Diese Regelungsoffenheit ist durch entsprechende Anwendung des nationalen Aktienrechts zu
schließen (Art. 9 Abs. 1 lit. c ii), allerdings unter Berücksichtigung der europarechtlichen Wertungen in den Vorschriften zur Bestellung der Organmitglieder
(Prinzip der Sachnähe).

29   Beim **Abschluss** des Anstellungsvertrages (Vertrag über die Leistung unabhängiger, durch aktienrechtliche Vorgaben geprägter Dienste iSv §§ 611, 675 BGB)
wird die SE **ausschließlich und zwingend durch das Aufsichtsorgan** ver-

treten (§ 112 AktG; so auch MüKoAktG/*Reichert/Brandes* Rn. 15; HK–SE/*Manz*
Rn. 78; KK–AktG/*Paefgen* Rn. 84; LHT/*Drygala* Rn. 35). Das gilt auch für den
Abschluss von Nebenvereinbarungen mit dem Mitglied des Leitungsorgans sowie
bei Änderungen des Anstellungsvertrages oder von Nebenverträgen und ist auch
bei der Gewährung von Vergütungsaktien oder Aktienoptionen zu beachten. Mit
Inkrafttreten des VorstAG (zu den Auswirkungen der Reform auf die SE vgl.
Forst ZIP 2010, 1786 [1787 ff.]) gilt für alle Fragen der Vorstandsvergütung ein
Delegationsverbot (§ 107 Abs. 3 S. 3 AktG iVm § 87 Abs. 1, 2 AktG). Die
Aushandlung nichtvergütungsrelevanter Vertragsbestandteile kann zwar weiterhin
auf einen **Ausschuss** übertragen werden (arg. e § 107 Abs. 3 S. 3 AktG; vgl.
MüKoAktG/*Reichert/Brandes* Rn. 16; KK–AktG/*Paefgen* Rn. 84; LHT/*Drygala*
Rn. 35). Wegen der vielfältigen Verknüpfungen von vertraglicher Ausgestaltung
der Vorstandspflichten und Vergütung ist eine Delegation von Fragen des Anstellungsverhältnisses von Leitungsorganmitgliedern an einen Ausschuss des Aufsichtsorgans aber wenig sinnvoll (vgl. Schmidt/Lutter/*Seibt* AktG § 84 Rn. 25).
Ein von einem unzuständigen Ausschuss abgeschlossener Vertrag ist nichtig
(§ 134 BGB; vgl. HK–SE/*Manz* Rn. 82).

Bei der AG besteht ein Gleichlauf zwischen der Höchstdauer der organschaft- **30**
lichen Amtszeit und des schuldrechtlichen Anstellungsvertrages, die jeweils auf
fünf Jahre begrenzt ist (§ 84 Abs. 1 S. 1, Abs. 1 S. 5 AktG). Dieses vernünftige
Gleichlaufprinzip ist auch beim Leitungsorgan der SE anzuwenden, wobei die
hier anwendbaren **Höchstdauern von Art. 46** vorgegeben sind, mit der Folge,
dass auch bei den schuldrechtlichen Anstellungsverträgen die in der Satzung
geregelte Höchstamtszeit gilt, die hier maximal **sechs Jahre** beträgt (MüKo-
AktG/*Reichert/Brandes* Rn. 40; HK–SE/*Manz* Rn. 79; KK–AktG/*Paefgen*
Rn. 86; LHT/*Drygala* Rn. 36). Im Übrigen gelten die aktienrechtlichen Regelungen zum Anstellungsvertrag für die Mitglieder des Leitungsorgans der SE
entsprechend (zu den aktienrechtlichen Regelungen Schmidt/Lutter/*Seibt* AktG
§ 84 Rn. 23 ff.; MüKoAktG/*Spindler* AktG § 84 Rn. 50 ff.; Hüffer/*Koch* AktG
§ 84 Rn. 14 ff.). Die Ausgestaltung des Anstellungsvertrages obliegt dem pflichtgemäßen Ermessen des Aufsichtsorgans, das hier eine unternehmerische Entscheidung unter Berücksichtigung der gesetzlichen Wertungen (insbesondere des
Angemessenheitsgebots nach § 87 AktG) zu treffen hat (zu der Ermessensentscheidung des Aufsichtsrats bei der AG vgl. Schmidt/Lutter/*Seibt* AktG § 84
Rn. 24 f., AktG § 87 Rn. 2; zu den Rechten und Pflichten des Mitglieds des
Leitungsorgans aus dem Anstellungsvertrag s. Schmidt/Lutter/*Seibt* AktG § 84
Rn. 29 ff.; MüKoAktG/*Spindler* AktG § 84 Rn. 76 ff.). Auf die dienstrechtliche
Vergütung der Mitglieder des Leitungsorgans finden über Art. 9 Abs. 1 lit. c ii
die Bestimmungen des § 87 AktG Anwendung. Das auf den Anstellungsvertrag
anwendbare Recht kann gemäß Art. 3 Abs. 1 S. 1 Rom I-VO von den Parteien
mittels **Rechtswahl** bestimmt werden; sehen die Parteien von einer Rechtswahl
ab, so ist entweder gemäß Art. 6 Abs. 1 Rom I-VO (zur Verbrauchereigenschaft
von Vorständen vgl. *Bauer/Baeck/von Medem* NZG 2010, 721 [723]) oder gemäß
Art. 4 Abs. 1 lit. b Rom I-VO das Recht des Staats auf den Anstellungsvertrag
anwendbar, in dem das Mitglied des Leitungsorgans seinen gewöhnlichen Aufenthalt hat (aA KK–AktG/*Paefgen* Rn. 87: Recht des Sitzstaats).

b) Kündigung und sonstige Beendigungstatbestände. Für die Beendi- **31**
gung des Anstellungsvertrages gelten nach § 84 Abs. 3 S. 5 AktG iVm dem Art. 9
Abs. 1 lit. c ii die **allgemeinen dienstrechtlichen Vorschriften.** Auch bei der
Kündigung des Anstellungsvertrages wird die SE durch das Aufsichtsorgan vertreten (§ 112 AktG). Der Kündigungserklärung muss ein Beschluss zugrunde
liegen, der allerdings auch durch einen Ausschuss des Aufsichtsorgans gefasst
werden kann (arg. e § 107 Abs. 3 S. 3 AktG; so auch MüKoAktG/*Reichert/*

Brandes Rn. 18; LHT/*Drygala* Rn. 39; zur Rechtslage bei der AG Schmidt/Lutter/*Seibt* AktG § 84 Rn. 61; MüKoAktG/*Spindler* AktG § 84 Rn. 151; Hüffer/*Koch* AktG § 84 Rn. 48). **Daneben** kommen als weitere Beendigungstatbestände zB ein Aufhebungsvertrag, der Ablauf der Vertragslaufzeit sowie der Eintritt vertraglich vereinbarter Beendigungsgründe oder der Tod in Betracht (hierzu für Vorstandsverträge Schmidt/Lutter/*Seibt* AktG § 84 Rn. 75).

32   **6. Weitere Aspekte der Personalkompetenz des Aufsichtsorgans.** Die SE-VO regelt zur Personalkompetenz des Aufsichtsorgans über die Mitglieder des Leitungsorgans (lediglich) das Grundelement der Bestellung und Abberufung (Art. 39 Abs. 2 S. 1). Aus dem dualistischen Leitungssystem und der in diesem Rahmen getroffenen Grundentscheidung der Zuweisung der Personalkompetenz über die Mitglieder des Leitungsorgans zum Aufsichtsorgan folgt, dass auch die sonstigen Beziehungen der SE zu den Leitungsorganmitgliedern für die Gesellschaft durch das Aufsichtsorgan gestaltet werden, sofern in den regelungsoffenen Bereichen nicht das nationale Aktienrecht eine abweichende Zuständigkeit vorsieht (Rechtsgedanke des Art. 39 Abs. 2 S. 2). Für die SE mit Sitz in Deutschland bedeutet dies, dass das Aufsichtsorgan über die Fragen des schuldrechtlichen Anstellungsvertrages mit den Mitgliedern des Leitungsorgans hinaus (→ Rn. 28 ff.) auch für die **Beschlussfassung zur Kreditgewährung** der SE an die Leitungsorganmitglieder (§ 89 AktG iVm Art. 9 Abs. 1 lit. c ii), die Einwilligung zu **Wettbewerbshandlungen** (§ 88 AktG iVm Art. 9 Abs. 1 lit. c ii) und den **Abschluss von Dienst- und Werkverträgen** mit Aufsichtsratsmitgliedern (§ 114 AktG iVm Art. 9 Abs. 1 lit. c ii) **zuständig** ist sowie die SE bei **Rechtsstreitigkeiten** gegen die Leitungsorganmitglieder vertritt (§ 112 AktG iVm Art. 9 Abs. 1 lit. c ii).

IV. Inkompatibilität (Abs. 3)

33   **1. Inkompatibilität.** Art. 39 Abs. 3 S. 1 ordnet die Inkompatibilität einer Mitgliedschaft im Aufsichtsorgan mit einer Mitgliedschaft im Leitungsorgan an und ist damit notwendiger **Bestandteil der Funktionstrennung zwischen Leitungs- und Aufsichtsorgan im dualistischen Leitungssystem.** Die Regelung des Art. 39 Abs. 1 S. 1 ist in ihrem Anwendungsbereich zwingend und verdrängt das insoweit bestehende nationale Aktienrecht (§ 105 AktG). Allerdings ist § 105 Abs. 1 AktG (über Art. 9 Abs. 1 lit. c ii) über Art. 39 Abs. 3 hinaus anwendbar, soweit er die Inkompatibilität auch auf **Prokuristen, Handlungs- und Generalbevollmächtigte** ausdehnt (MüKoAktG/*Reichert*/*Brandes* Rn. 44; LHT/*Drygala* Rn. 45; im Ergebnis auch *Schwarz* Rn. 65). Die Inkompatibilität gilt auch für **stellvertretende Mitglieder des Leitungsorgans** (vgl. § 94 AktG; so auch MüKoAktG/*Reichert*/*Brandes* Rn. 45; KK-AktG/*Paefgen* Rn. 54; LHT/ *Drygala* Rn. 45) und für Abwickler der SE (Art. 63 iVm § 268 Abs. 2 AktG; so auch MüKoAktG/*Reichert*/*Brandes* Rn. 45; KK-AktG/*Paefgen* Rn. 54; LHT/ *Drygala* Rn. 45).

34   Ein Verstoß gegen den Grundsatz der Inkompatibilität führt dann zur **Nichtigkeit des Bestellungsaktes nach § 134 BGB,** wenn die Verknüpfung beider Organämter gewollt ist (*Schwarz* Rn. 65; MüKoAktG/*Reichert*/*Brandes* Rn. 46; KK-AktG/*Paefgen* Rn. 55; LHT/*Drygala* Rn. 44). Im Zweifel wird allerdings bei Übernahme der Organstellung im Leitungsorgan die Aufgabe des Amtes im Aufsichtsorgan beabsichtigt sein. Dann ist die Bestellung zum Mitglied des Leitungsorgans bis zur Niederlegung des Aufsichtsmandates **schwebend unwirksam.** Dasselbe gilt bei Bestellung eines amtierenden Mitglieds des Leitungsorgans zum Mitglied im Aufsichtsorgan (KK-AktG/*Paefgen* Rn. 55; MüKoAktG/*Reichert*/*Brandes* Rn. 46; LHT/*Drygala* Rn. 44).

**2. Ausnahme: Abstellung eines Mitglieds des Aufsichtsorgans. 35
a) Rechtsnatur und Verfahren.** Im Falle einer **Funktionsgefährdung** beim
Leitungsorgan (→ Rn. 42) kann der **Grundsatz der Inkompatibilität** in der
Weise **durchbrochen** werden, dass das Aufsichtsorgan „eines seiner Mitglieder
zur Wahrnehmung der Aufgaben eines Mitglieds des Leitungsorgans abstell[t]"
(Art. 39 Abs. 3 S. 2). Diese Vorschrift verdrängt inhaltlich die Regelung des
§ 105 Abs. 2 S. 1–3 AktG. Trotz des – auch von § 105 Abs. 2 S. 1 abweichenden
– Wortlauts („Abstellung zur Wahrnehmung der Aufgaben eines Mitglieds des
Leitungsorgans") ist die „Abstellung" nicht nur eine bloße Funktionswahrneh-
mung ähnlich eines Generalbevollmächtigten (mit rechtsgeschäftlicher Vollmacht), sondern eine organschaftliche Bestellung. Sie erfolgt durch (i) Beschluss
des Aufsichtsorgans (Mehrheitsentscheidung, Art. 50 Abs. 1), (ii) dessen Bekanntgabe an den Bestellten, (iii) die Wahlannahme sowie (iv) die Kundgabe der
Wahlannahme gegenüber dem Aufsichtsorgan. Der Bestellungsbeschluss kann
auch durch einen Ausschuss des Aufsichtsorgans gefasst werden (arg. e § 107
Abs. 3 S. 3 AktG; so auch KK-AktG/*Paefgen* Rn. 57; MüKoAktG/*Reichert/Bran-
des* Rn. 52; aA LHT/*Drygala* Rn. 48). Die Bestellung ist gemäß § 81 AktG zum
Handelsregister anzumelden (MüKoAktG/*Reichert/Brandes* Rn. 54; KK-AktG/
Paefgen Rn. 57; LHT/*Drygala* Rn. 48).

Mit der Bestellung („Abstellung") wird das Mitglied des Aufsichtsorgans zu- **36**
gleich Mitglied des Leitungsorgans, ohne sein Ursprungsmandat zu verlieren
(*Schwarz* Rn. 70; MüKoAktG/*Reichert/Brandes* Rn. 53; HK-SE/*Manz* Rn. 47).
Allerdings kann das Mitglied des Aufsichtsorgans für die Dauer der Abstellung
dort seine Organfunktion nicht ausüben (Art. 39 Abs. 3 S. 3); stimmt es dennoch
bei Beschlüssen des Aufsichtsorgans mit ab, so ist die Stimme (nicht aber der
Beschluss) ungültig (*Schwarz* Rn. 70; LHT/*Drygala* Rn. 49). Während der Dauer
seiner Bestellung kommen ihm **sämtliche Rechte und Pflichten** eines Mitglieds des Leitungsorgans zu, allerdings mit der **Ausnahme**, dass das **Wettbewerbsverbot des § 88 AktG** (iVm Art. 9 Abs. 1 lit. c ii) für das abgestellte
Mitglied nicht gilt; § 105 Abs. 2 S. 4 AktG (iVm Art. 9 Abs. 1 lit. c ii) wird
durch Art. 39 nicht verdrängt (MüKoAktG/*Reichert/Brandes* Rn. 53; KK-AktG/
Paefgen Rn. 59).

b) Sachliche Voraussetzungen. Die Möglichkeit zur Abstellung eines Mit- **37**
glieds des Aufsichtsorgans setzt voraus, dass „der betreffende Posten [eines Mitglieds des Leitungsorgans] **nicht besetzt** ist" (Art. 39 Abs. 3 S. 1). Eine solche
Unterbesetzung des Leitungsorgans liegt vor, wenn die gesetzlich (§ 16 SEAG,
§ 38 Abs. 2 SEBG), durch Satzung oder Geschäftsordnung vorgeschriebene Fest-
oder Mindestzahl unterschritten ist. Eine Abstellung ist aber auch dann zulässig,
wenn eine in der Satzung festgelegte Mitgliederhöchstzahl noch nicht ausgeschöpft ist (HK-SE/*Manz* Rn. 46; MüKoAktG/*Reichert/Brandes* Rn. 49; KK-
AktG/*Paefgen* Rn. 58; LHT/*Drygala* Rn. 47). Im Unterschied zum abweichenden Verständnis von § 105 Abs. 2 AktG reicht bei Art. 39 Abs. 3 S. 1 eine nur
vorübergehende Verhinderung in der Amtsausübung (zB Krankheit, Urlaub/
Sabbatical) wegen des ausdrücklichen Wortlauts („Posten nicht besetzt ist" bzw.
„in the event of a vacancy" bzw. „en cas de vacance") nicht aus (ebenso HK-SE/
Manz Rn. 46; MüKoAktG/*Reichert/Brandes* Rn. 50; KK-AktG/*Paefgen* Rn. 58;
LHT/*Drygala* Rn. 47; enger *Schwarz* Rn. 67: nur wenige Tage dauernde/nur
eine Organsitzung berührende Verhinderung kein sachlicher Anlass).

c) Zeitliche Befristung. Art. 39 Abs. 3 S. 4 ermächtigt die Mitgliedstaaten, **38**
eine zeitliche Begrenzung der Abstellung vorzusehen. Nach § 15 S. 1 SEAG
muss die Bestellung in jedem Fall für einen im Voraus begrenzten Zeitraum
erfolgen und die zulässige Höchstdauer beträgt wie bei § 105 Abs. 2 S. 1 AktG
ein Jahr. Nach diesem Zeitraum endet das Mandat (KK-AktG/*Paefgen* Rn. 61).

Eine wiederholte Bestellung ist möglich, solange die Dauer der Abstellung insgesamt ein Jahr nicht überschreitet (§ 15 S. 2 SEAG).

V. Anzahl der Mitglieder des Leitungsorgans (Abs. 4)

39 **1. Mindest- und Höchstzahl.** Die SE-VO schreibt mit Art. 39 Abs. 4 S. 1 keine Mindest- oder Höchstzahl der Leitungsorganmitglieder vor, so dass das Leitungsorgan auch nur mit einer Person besetzt sein kann (vgl. auch Art. 39 Abs. 2 UAbs. 1; so auch *Schwarz* Rn. 71; LHT/*Drygala* Rn. 50). Art. 39 Abs. 4 S. 1 bestimmt – wie § 23 Abs. 3 Nr. 6 AktG – nur, dass die Zahl der Mitglieder oder die Regeln für ihre Festlegung durch die Satzung bestimmt werden müssen, wobei die Mitgliedstaaten eine Mindest- und/oder Höchstzahl vorschreiben können (Art. 39 Abs. 4 S. 2). Die Satzung kann auch bestimmen, dass das Aufsichtsorgan die Anzahl festlegen kann (KK-AktG/*Paefgen* Rn. 76; *Schwarz* Rn. 71; LHT/*Drygala* Rn. 50). Die Ermächtigungsgrundlage in Art. 39 Abs. 4 S. 2 hat der deutsche Gesetzgeber mit **§ 16 S. 1 SEAG** ausgeübt, demzufolge bei Gesellschaften mit einem **Grundkapital von mehr als 3 Mio. Euro** das Leitungsorgan aus **mindestens zwei Personen** zu bestehen hat, es sei denn, die Satzung bestimmt, dass es aus einer Person bestehen soll. Zusätzlich gilt für börsennotierte SE Ziff. 4.2.1 S. 1 DCGK, der einen mehrköpfigen Vorstand empfiehlt (→ Rn. 3). Enthält die Satzung keine Regelung zur Personenzahl des Leitungsorgans, besteht ein Eintragungshindernis. Allerdings genügt eine Satzungsklausel den gesetzlichen Anforderungen, derzufolge das Leitungsorgan aus einer oder mehreren Personen besteht (HK-SE/*Manz* Rn. 50; KK-AktG/*Paefgen* Rn. 76; MüKoAktG/*Reichert/Brandes* Rn. 20; LHT/*Drygala* Rn. 50; zur Rechtslage bei der AG Schmidt/Lutter/*Seibt* AktG § 76 Rn. 19; MüKoAktG/ *Spindler* AktG § 76 Rn. 95; Hüffer/*Koch* AktG § 76 Rn. 55).

40 Größe und Zusammensetzung des Leitungsorgans können (nur) im Hinblick auf die Frage der Bestellung eines Arbeitsdirektors nach dem Regelungsvorbild des § 33 MitbestG oder die Konturierung des Ressortzuschnitts eines Leitungsorgans betreffend Arbeits- und Sozialbedingungen zulässiger Gegenstand einer Mitbestimmungsvereinbarung sein (*Seibt* ZIP 2010, 1057 [1061]; *ders.* AG 2005, 413, [425, 427]; *Scheibe*, Mitbestimmung der Arbeitnehmer, 2007, S. 147 f.; aA LHT/*Drygala* Rn. 52; LHT/*Oetker* SEBG § 21 Rn. 83; *Hoops* Mitbestimmungsvereinbarung, 2009, S. 169 f.; *Forst,* Beteiligungsvereinbarung nach § 21 SEBG, 2010, S. 302).

41 **2. Arbeitsdirektor.** Nach § 16 S. 2 SEAG bleibt für die Frage der Anzahl der Leitungsorganmitglieder **§ 38 Abs. 2 SEBG** unberührt, derzufolge eine mitbestimmte SE einen Arbeitsdirektor zu bestellen hat. Nach dieser ausdrücklichen gesetzgeberischen Anweisung muss das Leitungsorgan satzungsfest aus mindestens zwei Mitgliedern bestehen, soweit ein Arbeitsdirektor zu bestellen ist (so ausdrücklich HK-SE/*Manz* Rn. 103). Allerdings verstößt § 16 S. 2 SEAG gegen Art. 13 Abs. 2 SE-RL, da es sich bei der Frage nach der Bestellung eines Arbeitsdirektors in das Leitungsorgan um eine Modalität der Unternehmensmitbestimmung handelt (für die Unzulässigkeit von § 16 S. 2 SEAG KK-AktG/*Paefgen* Rn. 77; ebenso *Grobys* NZA 2004, 779 [780]; *v. Werder* RIW 1997, 304 [308]; kritisch auch *Schwarz* Rn. 73: „äußerst bedenklich"; aA *Oetker* BB-Spezial 1/ 2005, 2 [12]; wohl auch HK-SE/*Manz* Rn. 104; *Nagel* AuR 2004, 281 [285]; *Niklas* NZA 2004, 1200 [1204]).

42 **3. Über- und Unterbesetzung.** Hat das Leitungsorgan weniger Mitglieder als nach Gesetz oder Satzung bestimmt, ist das Aufsichtsorgan im Rahmen der pflichtgemäßen Erfüllung seiner Personalkompetenz verpflichtet, die **fehlenden Mitglieder unverzüglich neu zu bestellen** (MüKoAktG/*Reichert/Brandes*

Rn. 22; LHT/*Drygala* Rn. 54; zur Rechtslage bei der AG Schmidt/Lutter/*Seibt* AktG § 76 Rn. 21; MüKoAktG/*Spindler* AktG § 76 Rn. 97). Bei unterbleibenden Handeln und/oder in dringenden Fällen kommt eine **Notbestellung** nach § 85 AktG (iVm Art. 9 Abs. 1 lit. c ii) in Betracht.

Die **Überbesetzung des Leitungsorgans** berührt nicht die Rechtswirksam- **43** keit einer Maßnahme (zur Rechtslage bei der AG Schmidt/Lutter/*Seibt* AktG § 76 Rn. 21; MüKoAktG/*Spindler* AktG § 76 Rn. 99; Hüffer/*Koch* AktG § 76 Rn. 56). Eine **Unterbesetzung des Leitungsorgans** führt ausnahmsweise dann zur Handlungsunfähigkeit, wenn (i) ein Beschluss durch das Gesamtorgan zu fassen ist oder (ii) ein Handeln in vertretungsberechtigter Zahl erforderlich und diese Zahl nicht vorhanden ist (zur Rechtslage bei der AG Schmidt/Lutter/*Seibt* AktG § 76 Rn. 21; Hüffer/*Koch* AktG § 76 Rn. 56). Soweit sich hingegen die Maßnahme in der Vornahme eines bloßen Realaktes, in innergesellschaftlichen Verfahrenshandlungen ohne rechtsgeschäftlichen Charakter erschöpft oder bei im öffentlichen Interesse liegenden Anträgen, bleibt die Handlungsfähigkeit des Leitungsorgans erhalten, soweit der Organbeschluss ordnungsgemäß zustande gekommen ist (zur Rechtslage bei der AG Schmidt/Lutter/*Seibt* AktG § 76 Rn. 21). Ein von einem unterbesetzten Leitungsorgan festgestellter Jahresabschluss ist wegen Handlungsunfähigkeit nach Art. 61, § 256 Abs. 2 AktG nichtig (zur Rechtslage bei der AG Schmidt/Lutter/*Seibt* AktG § 76 Rn. 21).

VI. Ergänzungsermächtigung (Abs. 5)

Enthält das Recht eines Mitgliedstaats in Bezug auf Aktiengesellschaften mit **44** Sitz in seinem Hoheitsgebiet *keine* Vorschriften über ein dualistisches System, kann dieser Mitgliedstaat entsprechende Vorschriften in Bezug auf die SE erlassen (Art. 39 Abs. 5). Diese Norm bezieht sich nur auf die Rechtsordnungen solcher Mitgliedstaaten, die bislang keine aktienrechtlichen Vorschriften über das dualistische Verwaltungssystem haben, und ermächtigt diese ergänzende Bestimmungen zu Art. 39 ff. zu erlassen. Für Rechtsordnungen, die bereits für nationale Aktiengesellschaften ein dualistisches Verwaltungssystem vorsehen (zB Deutschland) gilt diese Ermächtigung nicht und diese dürfen insbesondere auch keine privilegierenden Sondervorschriften für eine dualistisch strukturierte SE treffen, es sei denn, die SE-VO enthält hierzu eine ausdrückliche Ermächtigung (zB Art. 39 Abs. 4 S. 2, Art. 41 Abs. 3 S. 2; ebenso KK-AktG/*Paefgen* Rn. 94; *Schwarz* Rn. 77; LHT/*Drygala* Rn. 57; *Teichmann* ZIP 2002, 1109 [1114]; *ders.* ZGR 2002, 383 [443]; vgl. auch *Seibt* in Lutter/Hommelhoff Europäische Gesellschaft S. 67, 69 ff.).

Wenngleich Art. 39 Abs. 5 ausweislich seines Wortlauts und seiner historischen **45** Genese eine Regelungs*ermächtigung* (und keine Regelungs*verpflichtung*) ist, sind **die Mitgliedstaaten verpflichtet, das Wahlrecht zum Leitungssystem nach Art. 38 lit. b effektiv umzusetzen,** sei es durch Eröffnung einer Satzungsfreiheit oder sei es durch Einführung ergänzender gesetzlicher Vorschriften (ähnlich KK-AktG/*Paefgen* Rn. 96: „Regelungsauftrag" für den Gesetzgeber; ebenso *Schwarz* Rn. 81 f.; LHT/*Drygala* Rn. 57; im Ergebnis auch HK-SE/*Manz* Rn. 54; *Hommelhoff* AG 2001, 279 [282]; abweichend *Nagel* DB 2004, 1299 [1304]).

[Aufsichtsorgan]

40 (1) ¹**Das Aufsichtsorgan überwacht die Führung der Geschäfte durch das Leitungsorgan. ²Es ist nicht berechtigt, die Geschäfte der SE selbst zu führen.**

(2) [1]Die Mitglieder des Aufsichtsorgans werden von der Hauptversammlung bestellt. [2]Die Mitglieder des ersten Aufsichtsorgans können
jedoch durch die Satzung bestellt werden. [3]Artikel 47 Absatz 4 oder eine
etwaige nach Maßgabe der Richtlinie 2001/86/EG geschlossene Vereinbarung über die Mitbestimmung der Arbeitnehmer bleibt hiervon unberührt.

(3) [1]Die Zahl der Mitglieder des Aufsichtsorgans oder die Regeln für
ihre Festlegung werden durch die Satzung bestimmt. [2]Die Mitgliedstaaten können jedoch für die in ihrem Hoheitsgebiet eingetragenen SE die
Zahl der Mitglieder des Aufsichtsorgans oder deren Höchst- und/oder
Mindestzahl festlegen.

§ 17 SEAG Zahl der Mitglieder und Zusammensetzung des Aufsichtsorgans

(1) [1]Das Aufsichtsorgan besteht aus drei Mitgliedern. [2]Die Satzung kann eine bestimmte
höhere Zahl festsetzen. [3]Die Zahl muss durch drei teilbar sein, wenn dies für die Beteiligung der Arbeitnehmer auf Grund des SE-Beteiligungsgesetzes erforderlich ist. [4]Die
Höchstzahl beträgt bei Gesellschaften mit einem Grundkapital

bis zu 1 500 000 Euro neun,

von mehr als 1 500 000 Euro fünfzehn,

von mehr als 10 000 000 Euro einundzwanzig.

(2) [1]Besteht bei einer börsennotierten SE das Aufsichtsorgan aus derselben Zahl von
Anteilseigner- und Arbeitnehmervertretern, müssen in dem Aufsichtsorgan Frauen und
Männer jeweils mit einem Anteil von mindestens 30 Prozent vertreten sein. [2]Der Mindestanteil von jeweils 30 Prozent an Frauen und Männern im Aufsichtsorgan ist bei erforderlich werdenden Neubesetzungen einzelner oder mehrerer Sitze im Aufsichtsorgan zu
beachten. [3]Reicht die Zahl der neu zu besetzenden Sitze nicht aus, um den Mindestanteil
zu erreichen, sind die Sitze mit Personen des unterrepräsentierten Geschlechts zu besetzen, um dessen Anteil sukzessive zu steigern. [4]Bestehende Mandate können bis zu
ihrem regulären Ende wahrgenommen werden.

(3) Die Beteiligung der Arbeitnehmer nach dem SE-Beteiligungsgesetz bleibt unberührt.

(4) [1]Für Verfahren entsprechend den §§ 98, 99 oder 104 des Aktiengesetzes ist auch der
SE-Betriebsrat antragsberechtigt. [2]Für Klagen entsprechend § 250 des Aktiengesetzes
ist auch der SE-Betriebsrat parteifähig; § 252 des Aktiengesetzes gilt entsprechend.

(5) [1]§ 251 des Aktiengesetzes findet mit der Maßgabe Anwendung, dass das gesetzes-
widrige Zustandekommen von Wahlvorschlägen für die Arbeitnehmervertreter im Aufsichtsorgan nur nach den Vorschriften der Mitgliedstaaten über die Besetzung der ihnen
zugewiesenen Sitze geltend gemacht werden kann. [2]Für die Arbeitnehmervertreter aus
dem Inland gilt § 37 Abs. 2 des SE-Beteiligungsgesetzes.

Schrifttum: *Brandt,* Die Hauptversammlung der Europäischen Aktiengesellschaft (SE),
Diss. Würzburg 2004; *Casper,* Der Lückenschluss im Statut der Europäischen Aktiengesellschaft, FS Ulmer, 2003, 51; *Forst,* Zur Größe des mitbestimmten Organs einer kraft Beteiligungsvereinbarung mitbestimmten SE, AG 2010, 350; *Habersack,* Grundsatzfragen der Mitbestimmung in SE und SCE sowie bei grenzüberschreitender Verschmelzung, ZHR 171
(2007), 613; *ders.,* Schranken der Mitbestimmungsautonomie in der SE – Dargestellt am
Beispiel der Größe und inneren Ordnung des Aufsichtsorgans, AG 2006, 345; *ders.,* Schranken der Mitbestimmungsautonomie in der SE, AG 2006, 345; *Henssler/Sittard,* Die Gesellschaftsform der SE als Gestaltungsinstrument zur Verkleinerung des Aufsichtsrats, KSzW
04.2011 I, 359; *Hoffmann-Becking,* Organe, Strukturen und Verantwortlichkeiten, insbesondere im monistischen System, ZGR 2004, 355; *Hohenstatt/Seibt,* Geschlechter- und Frauenquoten in der Privatwirtschaft, 2015; *Ihrig/Wandt,* Die Aktienrechtsnovelle 2016, BB 2016,
6; *Jacobs,* Privatautonome Unternehmensmitbestimmung in der SE, FS K. Schmidt, 2009,
795; *Kiefner/Friebel,* Zulässigkeit eines Aufsichtsrates mit einer nicht durch drei teilbaren
Mitgliederanzahl bei einer SE mit Sitz in Deutschland, NZG 2010, 537; *Kiem,* Erfahrungen
und Reformbedarf bei der SE – Entwicklungsstand, ZHR 173 (2009), 156; *ders.,* SE-

Aufsichtsrat und Dreiteilbarkeitsgrundsatz, Der Konzern 2010, 275; *Lange*, Überlegungen zur Umwandlung einer deutschen in eine Europäische Aktiengesellschaft, EuZW 2003, 301; *Maier*, Die Übertragbarkeit der Mitbestimmungsvereinbarung gemäß § 21 SEBG auf Konzernsachverhalte, 2016; *Oetker*, Unternehmensmitbestimmung in der SE kraft Vereinbarung, ZIP 2006, 1113; *ders.*, Mitbestimmungssicherung bei Errichtung einer Europäischen Gesellschaft (SE) durch formwechselnde Umwandlung einer Aktiengesellschaft mit Sitz in Deutschland, FS Birk, 2008, 557; *Reichert/Brandes*, Mitbestimmung der Arbeitnehmer in der SE: Gestaltungsfreiheit und Bestandsschutz, ZGR 2003, 767; *Seibt*, Größe und Zusammensetzung des Aufsichtsrats in der SE, ZIP 2010, 1057; *ders.*, Privatautonome Mitbestimmungsvereinbarungen – Rechtliche Grundlagen und Praxishinweise, AG 2005, 413; *Teichmann*, Die Einführung der Europäischen Aktiengesellschaft – Grundlagen der Ergänzung des europäischen Status durch den deutschen Gesetzgeber, ZGR 2002, 383; *ders.*, Vorschläge für das deutsche Ausführungsgesetz zur Europäischen Aktiengesellschaft, ZIP 2002, 1109; *ders.*, Gestaltungsfreiheit in Mitbestimmungsvereinbarungen, AG 2008, 797; *ders.*, Mitbestimmung und grenzüberschreitende Verschmelzung, Der Konzern 2007, 89; *Windbichler*, Überlegungen zur Umwandlung einer deutschen in eine Europäische Aktiengesellschaft, FS Canaris, Bd. II, 2007, 1423.

Übersicht

Rn.

I. Normzweck, Normgeschichte und anwendbare Vorschriften . 1
  1. Regelungsgegenstand und Normzweck 1
  2. Normgeschichte 2
  3. Anwendbare Vorschriften 3
II. Aufgaben und Rechtsstellung des Aufsichtsorgans 5
  1. Stellung und Bezeichnung des Aufsichtsorgans in dem dualistischen Leitungssystem 5
  2. Überwachung der Geschäftsführung 6
    a) Gegenstand und Maßstab der Überwachung 6
    b) Kollektivaufgabe 11
    c) Überwachungs- und Sanktionsinstrumente 12
  3. Personalkompetenz 13
    a) Bestellung und Abberufung von Mitgliedern des Leitungsorgans sowie Anstellungsverträge 13
    b) Vertretung der Gesellschaft gegenüber dem Leitungsorgan 14
  4. Mitentscheidungsrechte 15
    a) Zustimmungsvorbehalte 15
    b) Prüfung und Billigung des Jahresabschlusses; Bericht in der Hauptversammlung; Gewinnverwendung 16
    c) Mitwirkung an der Hauptversammlung 17
    d) Weitere Aufgaben und Rechte 18
  5. Informations-, Einsichts- und Prüfungsrechte 19
    a) Informations- und Berichtsrechte 19
    b) Einsichts- und Prüfungsrechte 20
III. Binnenorganisation 21
  1. Beschlussfassung 21
    a) Beschlussfassung und Beschlussarten 21
    b) Beschlussfähigkeit 22
    c) Beschlussmehrheiten 23
    d) Protokollierung 24
  2. Sitzungen und Teilnahmerechte 25
  3. Vorsitzender und Stellvertreter 26
  4. Ausschüsse 27
  5. Geschäftsordnung 28
  6. Evaluation der Tätigkeit des Aufsichtsorgans 29
IV. Persönliche Amtsstellung 30
  1. Höchstpersönlichkeit der Amtsstellung und -ausübung 30
  2. Sorgfaltspflicht und Haftung 31
  3. Vergütung; Fortbildungskosten 32

                                                                    Rn.
    4. Verträge der Mitglieder des Aufsichtsorgans mit der Gesell-
       schaft 33
    5. Entlastung 34
  V. Bestellung der Mitglieder des Aufsichtsorgans 35
    1. Aktionärsvertreter 36
      a) Bestellung durch die Hauptversammlung 36
      b) Besondere Bestellungsrechte 37
    2. Arbeitnehmervertreter 38
      a) Regelung in einer Mitbestimmungsvereinbarung 38
      b) Auffangregelung 39
      c) Ausnahme von der Bestellungspflicht nach Wahlvor-
        schlag.. 40
    3. Ersatzmitglieder... 41
    4. Gerichtliche Bestellung 42
    5. Amtszeit 43
    6. Bestellungsvoraussetzungen 44
      a) Allgemeine Bestellungshindernisse 44
      b) 30 %-Geschlechterquote für das Aufsichtsorgan 44a
      c) Frauenzielquote für das Aufsichtsorgan 44f
      d) Eignungsvoraussetzungen für Mitglieder des Aufsichts-
        organs 45
 VI. Bestellung des ersten Aufsichtsorgans 47
    1. Regelungskonzept 47
    2. Notwendigkeit der Neubestellung 48
      a) Verschmelzung durch Neugründung; Holding-Grün-
        dung: Tochter-SE-Gründung 48
      b) Umwandlung; Verschmelzung durch Aufnahme 49
    3. Zusammensetzung und Amtszeit 51
      a) Verschmelzungs-Gründung, Holding-Gründung, Toch-
        ter-SE-Gründung (Sachgründung durch
        Unternehmenseinbringung)............................. 51
      b) Umwandlung 52
      c) Tochter-SE-Gründung (Bargründung) 53
    4. Mitbestimmungsvereinbarung 54
 VII. Beendigung der Organstellung der Mitglieder des Aufsichts-
    organs 55
    1. Zulässigkeit der Abberufung 55
    2. Aktionärsvertreter 56
      a) Abberufung durch die Hauptversammlung 56
      b) Abberufung durch Entsendungsberechtigte 57
      c) Abberufung durch das Gericht 58
      d) Sonstige Beendigungsgründe 59
    3. Arbeitnehmervertreter 60
      a) Abberufung durch die Hauptversammlung 60
      b) Abberufung durch das Gericht 62
      c) Sonstige Beendigungsgründe 63
 VIII. Größe und Zusammensetzung des Aufsichtsorgans 65
    1. Größe.. 65
      a) Allgemeine Vorschriften................................. 65
      b) Mitbestimmte SE 66
    2. Zusammensetzung 70
      a) Mitbestimmungsvereinbarung 70
      b) Auffangregelung 72
    3. Statusverfahren.. 74

I. Normzweck, Normgeschichte und anwendbare Vorschriften

1   **1. Regelungsgegenstand und Normzweck.** Der **Regelungsgegenstand** von Art. 40 ist das für die dualistisch verfasste SE zwingende Aufsichtsorgan. Die

Norm verpflichtet das Aufsichtsorgan dazu, die Führung der Geschäfte durch das Leitungsorgan (Art. 39 Abs. 1 S. 1) zu überwachen (Art. 40 Abs. 1 S. 1), ohne dabei im Grundsatz berechtigt zu sein, die Geschäfte der SE selbst zu führen (Art. 40 Abs. 1 S. 2). Damit ist das **zentrale organisationsverfassungsrechtliche Strukturmerkmal** des dualistischen Verwaltungssystems, nämlich die **Überantwortung von Leitung und Überwachung auf unterschiedliche Gesellschaftsorgane**, ausdrücklich und nach dem Vorbild des deutschen und österreichischen Aktienrechts statuiert. Neben dieser Überwachungskompetenz kommt dem Aufsichtsorgan die **Personalkompetenz über das Leitungsorgan** (Art. 39 Abs. 2 S. 1) sowie – in Abschwächung des Geschäftsführungsverbots in Art. 40 Abs. 1 S. 2 – bestimmte **mitunternehmerische Entscheidungsbefugnisse** zu (→ Rn. 15 ff.). Des Weiteren regelt die Norm die Wahl der Mitglieder des Aufsichtsorgans (Art. 40 Abs. 2) und die Größe des Organs (Art. 40 Abs. 3 und nähere Bestimmung in § 17 SEAG).

2. Normgeschichte. Art. IV-2-1 Abs. 1 S. 1 Sanders-Vorentwurf 1967 (so- **2** wie Art. 73 Abs. 1 S. 1 SE-VO 1970 und 1975) enthielten bereits die Überwachungspflicht des Aufsichtsorgans; das Geschäftsführungsverbot war in Art. 73 Abs. 3 S. 1 SE-VO 1970 und 1975 sinngemäß enthalten, allerdings in dem einschränkenden Sinne, dass „unmittelbare Eingriffe in die Verwaltung der Gesellschaft" unzulässig gestellt waren. Die Regelung der Bestellung der Mitglieder des Aufsichtsorgans hat seit der Ursprungsregelung im Sanders-Vorentwurf 1967, derzufolge das Bestellungsrecht der Hauptversammlung durch die statutarische Zulassung von Kooptationsrechten des Aufsichtsrates ergänzt wurde (Art. IV-2-2 Abs. 2 und Abs. 3) und in dem die Möglichkeit der jederzeitigen Abberufung der Mitglieder des Aufsichtsorgans vorgesehen war (Art. IV-2-3), vielfältige Änderungen erfahren (ausführlich KK-AktG/*Paefgen* Rn. 6 f.; *Schwarz* Rn. 4 f.). Zur Zahl der Mitglieder des Aufsichtsorgans enthielten die früheren Entwürfe konkrete Vorgaben, bis im SE-VO 1991 erstmals die Gestaltungsfreiheit des Satzungsgebers bestimmt wurde (ausführlich KK-AktG/*Paefgen* Rn. 8; *Schwarz* Rn. 6).

3. Anwendbare Vorschriften. Auf die deutsche SE mit dualistischem Ver- **3** waltungssystem finden neben den **detaillierungsschwachen Primärnormen in Art. 40** (sowie Art. 39, 41, 42 und 48) die **Vorschriften des Aktiengesetzes** Anwendung, und zwar (i) über die in der SE-VO enthaltenen Spezialverweisungen (zB Art. 51 und Art. 52 S. 2), (ii) über die partiellen Generalverweisungen in der SE-VO (zB Art. 15 und Art. 18) sowie (iii) über die Generalverweisung in Art. 9 Abs. 1 lit. c ii (→ Art. 39 Rn. 3). Sofern dem deutschen Gesetzgeber wegen der Lückenhaftigkeit der SE-VO im Hinblick auf das dualistische Verwaltungssystem eine Regelungskompetenz zukam, hat er sich – in Befolgung von Art. 10 – für einen weitgehenden Gleichlauf mit den entsprechenden Vorschriften des Aktiengesetzes für Vorstand und Aufsichtsrat entschieden (→ Art. 39 Rn. 3); allerdings gibt es **einzelne Abweichungen zum deutschen Aktienrecht**. So kommen den Anteilseignervertreter im Aufsichtsorgan ein tendenziell größeres Gewicht als im Aufsichtsrat der AG zu (→ Rn. 23, 36 ff., 70), und die Berichtsrechte des Gesamtgremiums des Aufsichtsorgans gegenüber dem Leitungsorgan und seine Einbindung in den Informationsfluss vom Leitungsorgan sind stärker ausgeprägt als bei der AG mit der dort gesetzlich verankerten Intermediärstellung des Vorsitzenden des Aufsichtsrats (→ Art. 41 Rn. 16).

Zur Übersicht über die rechtliche Verortung des Rechts des Aufsichtsrats (bei **4** der AG) bzw. des Aufsichtsorgans (bei der SE) kann schematisch was folgt festgehalten werden:

Art. 40 SE-VO

AG	Sachgegenstand	SE mit Sitz in Deutschland	Kongruenz (K)/ Abweichung (A)
§ 95 AktG	Zahl der Aufsichtsrats-mitglieder	Art. 40 Abs. 3 SE-VO, § 17 Abs. 1 SE-AG	K (→ Rn. 65) [Ausnahme: Beteiligung der Arbeitnehmer nach SEBG]
§ 96 Abs. 1, Abs. 4 AktG	Zusammensetzung des Aufsichtsrats	Art. 40 Abs. 2 SE-VO [ggf. iVm § 21, §§ 22 ff. SEBG]	A (→ Rn. 70, 71) [Grundsatz der Verhandlungsautonomie]
§ 96 Abs. 2 AktG	30%-Geschlechterquote im Aufsichtsrat	§ 17 Abs. 2 SEAG	A (→ Rn. 44a–44e)
§§ 97–99 AktG	Statusverfahren über die Zusammensetzung des Aufsichtsrats	§ 17 Abs. 3 S. 1 SE-AG	K (→ Rn. 74) [aber Ergänzung des SE-Betriebsrats als Antragsberechtigten]
§ 100 Abs. 1, Abs. 3, Abs. 4 AktG	persönliche Voraussetzungen für Aufsichtsratsmitglieder	Art. 47 Abs. 2 lit. a, Abs. 3 SE-VO iVm § 100 Abs. 1, Abs. 3, Abs. 4 AktG; § 36 Abs. 3 SE-VO, § 6 Abs. 2–4 SEBG	K (→ Rn. 44, 45 ff.)
§ 100 Abs. 2 AktG	Hinderungsgründe für Aufsichtsratsamt	Art. 47 Abs. 2 lit. a SE-VO iVm § 100 Abs. 2 AktG	A (→ Rn. 44–46)
§ 100 Abs. 5 AktG	Voraussetzungen für unabhängigen Finanzexperten	[Art. 47 Abs. 2 lit. a SE-VO iVm] § 100 Abs. 5 AktG	K (→ Rn. 46)
§ 101 Abs. 1 AktG	Bestellung von Aufsichtsratsmitgliedern durch die Hauptversammlung	Art. 40 Abs. 2 S. 1 SE-VO	K (→ Rn. 36)
§ 101 Abs. 2 AktG	Bestellung von Aufsichtsratsmitgliedern durch Entsendung	Art. 40 Abs. 2 S. 3 Var. 1, Art. 47 Abs. 4 Var. 2 SE-VO iVm § 101 Abs. 2 AktG	K (→ Rn. 37)
§ 101 Abs. 3 S. 1 AktG	Verbot von Stellvertretern von Aufsichtsratsmitgliedern	§ 101 Abs. 3 S. 1 AktG iVm Art. 9 Abs. 1 lit. c ii SE-VO	K (→ Rn. 30)
§ 101 Abs. 3 S. 2–4 AktG	Ersatzmitglieder	§ 101 Abs. 3 S. 2–4 AktG iVm Art. 9 Abs. 1 lit. c ii SE-VO	K (→ Rn. 41)
§ 102 Abs. 1 AktG	Amtszeit von Aufsichtsratsmitgliedern	Art. 46 SE-VO	A (→ Rn. 43) [bis zu sechs Jahre]
§ 102 Abs. 2 AktG	Amtszeit von Ersatzmitgliedern	§ 102 Abs. 2 AktG iVm Art. 9 Abs. 1 lit. c ii SE-VO, Art. 46 SE-VO	K (→ Rn. 41) [aber längere Amtszeit möglich]

AG	Sachgegenstand	SE mit Sitz in Deutschland	Kongruenz (K)/ Abweichung (A)
§ 103 Abs. 1 AktG	Abberufung von der Hauptversammlung bestellter Aufsichtsratsmitglieder	Art. 52 S. 2 SE-VO iVm § 103 Abs. 1 AktG	A (→ Rn. 56) [einfache Mehrheit genügt]
§ 103 Abs. 2 AktG	Abberufung entsandter Aufsichtsratsmitglieder	§ 103 Abs. 2 S. 1 AktG iVm Art. 9 Abs. 1 lit. c ii SE-VO	K (→ Rn. 57)
§ 103 Abs. 3 AktG	Abberufung aus wichtigem Grund durch das Gericht	§ 103 Abs. 3 AktG iVm Art. 9 Abs. 1 lit. c ii SE-VO, Art. 50 Abs. 1 SE-VO	A (→ Rn. 58) [Satzungsoffenheit für Mehrheitserfordernis für Antragstellungsbeschluss]
§ 103 Abs. 4 AktG	Abberufung von Arbeitnehmervertretern im Aufsichtsrat	§ 37 Abs. 1 SEBG	A (→ Rn. 60–62)
§ 103 Abs. 5 AktG	Abberufung von Ersatzmitgliedern	§ 103 Abs. 5 AktG iVm Art. 9 Abs. 1 lit. c ii	K (→ Rn. 41)
§ 104 AktG	Bestellung von Aufsichtsratsmitgliedern durch das Gericht	§ 104 AktG iVm Art. 9 Abs. 1 lit. c ii SE-VO, § 17 Abs. 3 S. 1 SEAG	K (→ Rn. 42) [aber Ergänzung des SE-Betriebsrats als Antragsberechtigten]
§ 105 Abs. 1 AktG	Unvereinbarkeit des Aufsichtsratsamts mit bestimmten Leitungsfunktionen	Art. 39 Abs. 3 S. 1 SE-VO, Art. 47 Abs. 2 lit. a SE-VO iVm § 105 Abs. 1 Var. 3 AktG	K (→ Art. 39 Rn. 33 ff.)
§ 105 Abs. 2 S. 1–3 AktG	zeitweise Bestellung von Aufsichtsratsmitgliedern als Vertreter fehlender/ verhinderter Vorstandsmitglieder	Art. 39 Abs. 3 Sätze 2–4 SE-VO, § 15 SEAG	A (→ Art. 39 Rn. 35) [keine Begrenzung auf ein Jahr]
§ 105 Abs. 2 S. 4 AktG	kein Wettbewerbsverbot für zeitweise Delegierte	§ 105 Abs. 2 S. 4 AktG iVm Art. 9 Abs. 1 lit. c ii SE-VO	K (→ Art. 39 Rn. 36)
§ 106 AktG	Bekanntmachung von Änderungen im Aufsichtsrat	§ 106 AktG iVm Art. 9 Abs. 1 lit. c ii SE-VO	K (→ Rn. 35)
§ 107 Abs. 1 AktG	Vorsitzender und Stellvertreter	Art. 42 SE-VO (Wahl Vorsitzender); § 107 Abs. 1 S. 1 Var. 2 und S. 3 AktG iVm Art. 9 Abs. 1 lit. c ii SE-VO, ggf. Art. 42 S. 2 SE-VO (Wahl und Rechte Stellvertreter); § 107 Abs. 1 S. 2 AktG iVm Art. 9 Abs. 1 lit. c ii SE-VO	A (→ Rn. 26 sowie Art. 42)

AG	Sachgegenstand	SE mit Sitz in Deutschland	Kongruenz (K)/ Abweichung (A)
§ 107 Abs. 2 AktG	Sitzungsniederschriften	§ 107 Abs. 2 iVm Art. 9 Abs. 1 lit. c ii SE-VO	K (→ Rn. 24)
Organisationsauto-nomie	Geschäftsordnung des Aufsichtsrats	deutschrechtliches Rechtsinstitut der Organisationsautono-mie iVm Art. 9 Abs. 1 lit. c ii SE-VO	K (→ Rn. 28)
§ 107 Abs. 3 S. 1 und 4 AktG	Organisationsautonomie zur Einrichtung von Ausschüssen; Rechen-schaftspflicht	§ 107 Abs. 3 Sätze 1 und 4 AktG iVm Art. 9 Abs. 1 lit. c ii SE-VO	A (→ Rn. 27) [kein zwingender Ver-mittlungsausschuss iSv § 27 Abs. 3 Mit-bestG]
§ 107 Abs. 3 S. 2, § 107 Abs. 4 AktG	Prüfungsausschuss	§ 107 Abs. 3 S. 2, § 107 Abs. 4 AktG iVm Art. 9 Abs. 1 lit. c ii SE-VO	K (→ Rn. 27)
§ 107 Abs. 3 S. 3 AktG	Delegationsverbot be-stimmter Aufsichtsrats-aufgaben	§ 107 Abs. 3 S. 3 AktG iVm Art. 9 Abs. 1 lit. c ii SE-VO	K (→ Rn. 11, 27)
§ 108 Abs. 1 AktG	Entscheidungen des Aufsichtsrats durch Be-schluss	Art. 50 Abs. 1 lit. b SE-VO	A (→ Rn. 23) [ab-weichende Satzungs-regelung möglich]
§ 108 Abs. 2 AktG	Beschlussfähigkeit des Aufsichtsrats	Art. 50 Abs. 1 lit. a) und Abs. 3 SE-VO	A (→ Rn. 22) [ab-weichende Sat-zungsregelung mög-lich]
§ 108 Abs. 3 AktG	Schriftliche Stimmabga-be von Aufsichtsratsmit-gliedern	§ 108 Abs. 3 AktG iVm Art. 9 Abs. 1 lit. c ii SE-VO	K (→ Rn. 21)
§ 108 Abs. 4 AktG	Beschlussfassung ohne Sitzung	§ 108 Abs. 4 AktG iVm Art. 9 Abs. 1 lit. c ii SE-VO	K (→ Rn. 21)
Mehrheitsprinzip bei Beschlussfassun-gen (vgl. auch § 29 MitbestG); §§ 27, 31, 32, 37 Mit-bestG aber: § 124 Abs. 3 S. 5 AktG	Mehrheitserfordernis bei Beschlussfassungen	Art. 50 Abs. 1 lit. b, Abs. 2 und Abs. 3 SE-VO	A (→ Rn. 23; → Art. 50 Rn. 16 ff., 25 ff., 30 ff.)
§ 109 Abs. 1 AktG	Teilnahme an Sitzungen des Aufsichtsrats; Hin-zuziehung von Sachver-ständigen und Aus-kunftspersonen	§ 109 Abs. 1 AktG iVm Art. 9 Abs. 1 lit. c ii SE-VO	K (→ Rn. 25)
§ 109 Abs. 2 AktG	Teilnahme an Aus-schusssitzungen	§ 109 Abs. 2 iVm Art. 9 Abs. 1 lit. c ii SE-VO	K (→ Rn. 25)
§ 109 Abs. 3 AktG	Teilnahme für verhin-derte Aufsichtsratsmit-glieder	§ 109 Abs. 3 iVm Art. 9 Abs. 1 lit. c ii SE-VO	K (→ Rn. 25)

AG	Sachgegenstand	SE mit Sitz in Deutschland	Kongruenz (K)/ Abweichung (A)
§ 110 Abs. 1 AktG	Einberufung des Aufsichtsrats durch den Vorsitzenden	§ 110 Abs. 1 iVm Art. 9 Abs. 1 lit. c ii SE-VO	K (→ Rn. 25, 28)
§ 110 Abs. 2 AktG	Selbsteinberufung des Aufsichtsrats	§ 110 Abs. 2 iVm Art. 9 Abs. 1 lit. c ii SE-VO	K (→ Rn. 25)
§ 110 Abs. 3 AktG	Mindestturnus	§ 110 Abs. 3 AktG iVm Art. 9 Abs. 1 lit. c ii SE-VO	K (→ Rn. 25)
§ 111 Abs. 1, Abs. 4 S. 1 AktG	Überwachung der Geschäftsleitung durch den Aufsichtsrat	Art. 40 Abs. 1 SE-VO	K (→ Rn. 6 ff.)
§ 111 Abs. 2 S. 1 AktG	Einsichts- und Prüfungsrechte des Aufsichtsrats	Art. 41 Abs. 4 Var. 1 SE-VO	K (→ Art. 41 Rn. 34 ff.)
§ 111 Abs. 2 S. 2 AktG	Erteilung von Einsichts- und Prüfungsaufträgen an einzelne Aufsichtsratsmitglieder oder Sachverständige	Art. 41 Abs. 4 2. Var. 2 SE-VO	K (→ Art. 41 Rn. 39)
§ 111 Abs. 2 S. 3 AktG	Erteilung des Prüfungsauftrags an den Abschlussprüfer	Art. 61 SE-VO iVm § 111 Abs. 2 S. 3 AktG (Annexzuständigkeit)	K (→ Rn. 16)
§ 111 Abs. 3 AktG	Einberufung der Hauptversammlung durch den Aufsichtsrat	Art. 54 Abs. 2 SE-VO iVm § 111 Abs. 3 AktG	K (→ Rn. 17)
§ 111 Abs. 4 AktG	Zustimmungsvorbehalte zugunsten des Aufsichtsrats	Art. 48 Abs. 1 UAbs. 2 SE-VO, § 19 SEAG	A (→ Rn. 15 sowie Art. 48)
§ 111 Abs. 4 Sätze 3–5 AktG	Ersetzung der Zustimmungsverweigerung des Aufsichtsrats durch Hauptversammlungsbeschluss	Art. 52 UAbs. 2 SE-VO iVm § 111 Abs. 4 Sätze 3–4 AktG	K (→ Art. 48 Rn. 19, 20)
§ 111 Abs. 5 AktG	Frauenzielquote für den Aufsichtsrat	§ 111 Abs. 5 S. 1 Var. 1 AktG iVm Art. 9 Abs. 1 lit. c ii SE-VO	K (→ Rn. 44f –44h)
§ 111 Abs. 5 AktG	Frauenzielquote für Vorstand	§ 111 Abs. 5 S. 1 Var. 2 AktG iVm Art. 9 Abs. 1 lit. c ii SE-VO	K (→ Art. 39 Rn. 14a)
§ 111 Abs. 6 AktG	Höchstpersönliche Amtswahrnehmung	§ 111 Abs. 6 AktG iVm Art. 9 Abs. 1 lit. c ii SE-VO [zugleich unionsrechtlicher Grundsatz]	K (→ Rn. 30)

AG	Sachgegenstand	SE mit Sitz in Deutschland	Kongruenz (K)/ Abweichung (A)
§ 112 AktG	Vertretung der Gesellschaft gegenüber Vorstandsmitgliedern	§ 112 AktG iVm Art. 9 Abs. 1 lit. c ii SE-VO	K (→ Rn. 14)
§ 113 Abs. 1 und Abs. 3 AktG	Vergütung der Aufsichtsratsmitglieder	§ 113 Abs. 1 und Abs. 3 AktG iVm Art. 9 Abs. 1 lit. c ii SE-VO	K (→ Rn. 32)
§ 113 Abs. 2 AktG	Vergütung des ersten Aufsichtsrats	§ 113 Abs. 2 AktG iVm Art. 9 Abs. 1 lit. c ii SE-VO, Art. 40 Abs. 2 S. 2 SE-VO	K (→ Rn. 32)
§ 114 AktG	Verträge mit Aufsichtsratsmitgliedern	§ 114 AktG iVm Art. 9 Abs. 1 lit. c ii SE-VO	K (→ Rn. 33)
§ 115 AktG	Kreditgewährung an Aufsichtsratsmitglieder	§ 115 AktG iVm Art. 9 Abs. 1 lit. c ii SE-VO	K (→ Rn. 33)
§ 116 AktG	Sorgfaltspflicht und Verantwortung der Aufsichtsratsmitglieder; Verschwiegenheitspflicht	Art. 51 SE-VO iVm § 116 AktG Art. 49 [Verschwiegenheitspflicht]	K (→ Rn. 31)

II. Aufgaben und Rechtsstellung des Aufsichtsorgans

5   **1. Stellung und Bezeichnung des Aufsichtsorgans in dem dualistischen Leitungssystem.** Entsprechend der **Organbezeichnung** als Aufsichtsorgan („supervisory organ"; „organe de surveillance") ist diesem die Überwachung der Geschäftsführung zugewiesen (Art. 40 Abs. 1 S. 1). Allerdings lässt sich aus der Organbezeichnung weder ein Bedeutungsvorsprung der Überwachungsaufgabe gegenüber der Personalkompetenz oder den unternehmerischen Mitentscheidungsrechten herleiten (abweichend KK-AktG/*Paefgen* Rn. 9: Pflicht zur Überwachung der Geschäftsführung als Hauptaufgabe) noch eine Antwort auf die Frage gewinnen, ob die Befugnisse des Aufsichtsorgans ausschließlich oder primär retrospektiv angelegt sind oder auch – richtigerweise – eine gegenwarts- und zukunftsbezogene Beratung mit einschließen (→ Rn. 7). Die Verwendung des Begriffs „Aufsichtsorgan" ist weder für die statutarische Organbezeichnung noch gar für die Unternehmenspraxis europarechtlich zwingend vorgeschrieben, sondern andere Bezeichnungen wie „Aufsichtsrat" oder „Supervisory Board" können geregelt und genutzt werden (vgl. KK-AktG/*Paefgen* Rn. 9).

6   **2. Überwachung der Geschäftsführung. a) Gegenstand und Maßstab der Überwachung.** Art. 40 Abs. 1 S. 1 regelt als **Pflichtrecht** zugunsten und zulasten des Aufsichtsorgans, dass jenes „die Führung der Geschäfte durch das Leitungsorgan [überwacht]" (deutlich die englische Sprachfassung: „the supervisory organ *shall* supervise the work of the management organ"). Eine nähere Konturierung des Gegenstandes und des Umfangs der Überwachungspflicht ist nicht bestimmt, sie sind nach Art. 9 Abs. 1 lit. a vorrangig autonom-unionsrechtlich unter Berücksichtigung der sonstigen Regelungen der SE-VO zu bestimmen (zutreffend KK-AktG/*Paefgen* Rn. 10; *Schwarz* Rn. 8; abweichend LHT/*Drygala* Rn. 2).

Überwachungsgegenstand ist im Ausgangspunkt und entsprechend dem 7
Normwortlaut die Führung der Geschäfte der SE durch das Leitungsorgan, also
die **umfassende Geschäftstätigkeit und nicht nur die Unternehmensleitung** (deutlich auch die englische Sprachfassung: „the supervisory organ shall
supervise the *work* of the management organ"; enger dagegen die französische
Sprachfassung: „L'organe de surveillance contrôle la *gestion* assuré par l'organe de
direction"). Dabei ist „Überwachung" nicht nur retrospektiv als **Vergangen-
heitskontrolle**, sondern auch als **Pflicht zur gegenwarts- und zukunftsbezogenen Beratung** zu verstehen (LHT/*Drygala* Rn. 2; *Schwarz* Rn. 10; *Frodermann* in Jannott/Frodermann HdB SE Kap. 5 Rn. 109; aA *Lange* EuZW 2003,
301 [304]: Beratung als unzulässige Teilhabe an der Geschäftsführung). Dieses
Verständnis korrespondiert mit den Vorschriften zu den auch zukunftsausgerich-
teten Berichtsrechten des Aufsichtsorgans (Art. 41 Abs. 1 und Abs. 2) sowie der
zwingenden Regelung von (gegenwartsbezogenen) Zustimmungsvorbehalten zugunsten des Aufsichtsorgans (Art. 48).

Nach dem Wortlaut von Art. 40 Abs. 1 S. 1 bezieht sich die Überwachungs- 8
aufgabe auf „*die Führung der Geschäfte durch das Leitungsorgan*" („the work of the
management organ"; „la gestion assuré par l'organe de direction"). Damit ist nur
festgestellt, dass sich die Überwachungspflicht des Aufsichtsorgans darauf bezieht,
ob die **Mitglieder des Leitungsorgans selbst** ihre Pflichten in Bezug auf die
Geschäftsführung erfüllt haben; die unmittelbare Überwachung der dem Leitungsorgan nachgeordneten Arbeitnehmer, für die Ausübung des arbeitsvertrag-
lichen Direktionsrechts und die Durchsetzung arbeitsrechtlicher Pflichten ist
alleine das Leitungsorgan verantwortlich (zutreffend KK-AktG/*Paefgen* Rn. 14;
vgl. auch MüKoAktG/*Reichert/Brandes* Rn. 14; HK-SE/*Manz* Rn. 2; aA LHT/
Drygala Rn. 4). Allerdings ist die Überwachungspflicht inhaltlich nicht auf Geschäftsführungsmaßnahmen und Vorgänge beschränkt, die von den Mitgliedern
des Leitungsorgans unmittelbar selbst vorgenommen werden oder diese betreffen,
sondern die Überwachungspflicht ist unternehmensbezogen. Insofern können
sich die Berichts- und Informationsrechte auch auf vom Leitungsorgan an nachgeordnete Führungsebenen oder externe Dritte delegierte Geschäftsführungsmaßnahmen oder dort eingetretene Vorgänge beziehen, nötigenfalls kann das
Aufsichtsorgan bezogen auf die Personenkreise auch selbst Überprüfungen
(Art. 41 Abs. 3) vornehmen (KK-AktG/*Paefgen* Rn. 14). So kann das Aufsichtsorgan zu bestimmten Themen – im Normalfall unter Vermittlung des Leitungsorgans – auch **dem Leitungsorgan nachgeordnete Führungskräfte** anhören;
dies gilt insbesondere im Rahmen seiner Tätigkeit bei der Rechnungslegung, der
Prüfung des Risikofrüherkennungssystems und der Compliance des Unterneh-
mens (zum deutschen Aktienrecht Hüffer/*Koch* AktG § 111 Rn. 4; Schmidt/
Lutter/*Drygala* AktG § 111 Rn. 13, 41). Der Normwortlaut („Führung der
Geschäfte durch das Leitungsorgan") schließt eine Konzernbezogenheit der
Überwachung in dem Sinne nicht aus, als sich die Überwachungspflicht auch auf
die konzernleitende Tätigkeit des Leitungsorgans sowie allgemein auf die Aus-
übung von Beteiligungs- und Angriffsrechten bei Tochtergesellschaften bezieht
(KK-AktG/*Paefgen* Rn. 15; MüKoAktG/*Reichert/Brandes* Rn. 15; LHT/*Drygala*
Rn. 4; abweichend *Schwarz* Rn. 13: keine Kompetenz zur Überwachung von
Konzerngesellschaften).

Inhaltlicher Maßstab der Überwachungspflicht ist nicht nur die **Rechtmäßig-** 9
keit der Geschäftsführung, sondern auch deren **Zweckmäßigkeit im Sinne**
wirtschaftlicher Vernünftigkeit (KK-AktG/*Paefgen* Rn. 11; MüKoAktG/*Rei-*
chert/Brandes Rn. 16; *Schwarz* Rn. 12; HK-SE/*Manz* Rn. 2; LHT/*Drygala*
Rn. 1). Dies ergibt sich auch aus einem Wechselblick zu den gegenwarts- und
zukunftsgerichteten Berichtspflichten (Art. 41 Abs. 1 und 2) sowie den zwingend
niederzulegenden Zustimmungsvorbehalten (Art. 48).

10 Das Geschäftsführungsverbot (Art. 40 Abs. 1 S. 2) dient klarstellend einer **negativen Kompetenzabgrenzung zum Leitungsorgan** und korrespondiert materiell mit § 111 Abs. 4 S. 1 AktG. Es sichert die eigenverantwortliche Unternehmensführung durch das Leitungsorgan (Art. 39 Abs. 1 S. 1) und verbietet sowohl Weisungen des Aufsichtsorgans gegenüber dem Leitungsorgan als auch ein verbindliches Initiativrecht in unternehmerischen Angelegenheiten (LHT/ *Drygala* Rn. 5; HK-SE/*Manz* Rn. 1). Ausnahmen zu dem Geschäftsführungsverbot sind die Kompetenzzuordnungen im Bereich der Rechnungslegung (→ Rn. 16) und die unternehmerischen Mitentscheidungsrechte mittels Zustimmungsvorbehalten bei bestimmten Geschäftsführungsmaßnahmen (Vetorechte) (Art. 48). Die Praxis, derzufolge das Aufsichtsorgan initiativ über **Empfehlungen zur Prüfung und Verfolgung bestimmter Geschäftsführungsmaßnahmen unter Hinweis auf die Personalkompetenz des Aufsichtsorgans** diesen faktische Wirkung verleihen, ist im Grundsatz zulässig (zum deutschen Aktienrecht GroßkommAktG/*Hopt/Roth* AktG § 111 Rn. 84 ff.).

11 **b) Kollektivaufgabe.** Die Überwachungspflicht kommt dem Aufsichtsorgan als Gesamtorgan zu (KK-AktG/*Paefgen* Rn. 12; *Schwarz* Rn. 14). Dieser **Grundsatz der Plenarzuständigkeit** stellt aber keine abschließende und unionsrechtlich zwingende Regelung dar, vielmehr können einzelne Überwachungsaufgaben auf Ausschüsse delegiert werden (§ 107 Abs. 3 AktG, Art. 9 Abs. 1 lit. c ii). Einzelheiten zur Ausschussbildung → Rn. 27.

12 **c) Überwachungs- und Sanktionsinstrumente.** Zu den dem Aufsichtsorgan zur Wahrnehmung seiner Überwachungspflicht zur Verfügung stehenden Instrumente und Sanktionsmöglichkeiten gegenüber dem Leitungsorgan gehören (i) die Informations- und Berichtsrechte (Art. 41, § 18 SEAG), (ii) die Regelung und Ausübung von Zustimmungsvorbehalten (Art. 48, § 19 SEAG), (iii) die Mitwirkung bei der Feststellung des Jahresabschlusses und der Gewinnverwendung (→ Rn. 16), (iv) die initiative Empfehlung der Prüfung und Verfolgung bestimmter Geschäftsführungsmaßnahmen (→ Rn. 10), (v) die Ausübung der Personalkompetenz über das Leitungsorgan, zB durch Änderung der Ressortverteilung im Leitungsorgan, der Bestellung weiterer Mitglieder des Leitungsorgans und die Abberufung von Mitgliedern des Leitungsorgans und (vi) die Geltendmachung von Haftungsansprüchen gegen Mitglieder des Leitungsorgans (→ Art. 39 Rn. 32; vgl. auch KK-AktG/*Paefgen* Rn. 32; MüKoAktG/*Reichert/Brandes* Rn. 17 ff.; *Schwarz* Rn. 15).

13 **3. Personalkompetenz. a) Bestellung und Abberufung von Mitgliedern des Leitungsorgans sowie Anstellungsverträge.** Dem Aufsichtsorgan kommt die Personalkompetenz für die Mitglieder des Leitungsorgans zu, und diese umfasst die Bestellung und Abberufung (→ Art. 39 Rn. 14 ff.), die Regelung von deren Anstellungsverträgen (→ Art. 39 Rn. 28 ff.) sowie die sonstigen Rechtsbeziehungen von diesen Organmitgliedern zur Gesellschaft (→ Art. 39 Rn. 32).

14 **b) Vertretung der Gesellschaft gegenüber dem Leitungsorgan.** Das Aufsichtsorgan ist befugt, die Gesellschaft gegenüber den – aktuellen und ehemaligen – Mitgliedern des Leitungsorgans gerichtlich und außergerichtlich zu vertreten (§ 112 AktG, Art. 9 Abs. 1 lit. c ii; KK-AktG/*Paefgen* Rn. 33; LHT/*Drygala* Rn. 2).

15 **4. Mitentscheidungsrechte. a) Zustimmungsvorbehalte.** Wesentliches Instrument der Überwachung der Geschäftsführung und initiativen Beratung durch Kontrolle der Zweck- und Rechtmäßigkeit von Entscheidungen des Leitungsorgans zu Geschäftsführungsmaßnahmen ist die Regelung und Nutzung von Zustimmungsvorbehalten; deren Bedeutung wird durch die Pflicht zu ihrer

Regelung in der Satzung (Art. 48 Abs. 1) unterstrichen (zu Einzelheiten s. Art. 48).

b) Prüfung und Billigung des Jahresabschlusses; Bericht in der Haupt- 16 versammlung; Gewinnverwendung. Dem Aufsichtsorgan kommt über Art. 61 iVm §§ 171 f. AktG die Kompetenz zu, den **Jahresabschluss** und ggf. **Konzernabschluss zu prüfen und zu billigen;** mit der Billigung des Jahresabschlusses ist dieser festgestellt (§ 172 S. 1 Var. 1 AktG; KK-AktG/*Paefgen* Rn. 34). Zwar verweist Art. 61 nach seinem Wortlaut nur auf die nationalstaatlichen Vorschriften zur „*Aufstellung,* Prüfung und Offenlegung von Jahresabschluss und konsolidierten Abschluss einschließlich des dazugehörigen Lageberichts" (weiter die französische Sprachfassung: „*l'établissement* de ses comptes annuels et, le cas échéant, de ses comptes consolidé, y compris le rapport de gestion les accompagnant, leur contrôle et leur publicité„; wie die deutsche Sprachfassung die englische Fassung: „*the preparation* of its annual and, were appropriate, consolidated accounts including the accompanying annual report and the auditing and publication of those accounts") ist der Begriff der „Aufstellung" nicht nach deutschrechtlicher Begriffsbildung (vgl. § 265 HGB) eng zu verstehen, sondern auch einschließlich der konstitutiven Feststellung (§ 172 S. 1 AktG). Das Aufsichtsorgan ist – wie der Aufsichtsrat bei der AG – aufgerufen, den **Prüfungsauftrag an den Abschlussprüfer zu erteilen** (Art. 61 [Annexkompetenz] iVm § 111 Abs. 2 S. 3 AktG; KK-AktG/*Paefgen* Rn. 34). Das Aufsichtsorgan hat ferner über das Ergebnis der Prüfung des Jahresabschlusses, des Lageberichts und des Vorschlags für die Verwendung des Bilanzgewinns sowie ggf. den Konzernabschluss und den Konzernlagebericht schriftlich **an die Hauptversammlung zu berichten,** und in diesem Bericht auch über die weitere Überwachungstätigkeit der Geschäftsführung zu berichten (Art. 61 [Annexkompetenz] iVm § 171 Abs. 2 und Abs. 3 AktG). Ein Mitentscheidungsrecht kommt dem Aufsichtsorgan auch bei der Verwendung des Jahresüberschusses zu, nämlich insoweit, dass Leitungsorgan und Aufsichtsorgan durch korrespondierende Beschlüsse **höchstens die Hälfte des Jahresüberschusses** (vorbehaltlich einer abweichenden Satzungsregelung) **thesaurieren** können (§ 58 Abs. 2 AktG, Art. 9 Abs. 1 lit. c ii). Zu den ab 17.6.2016 geltenden Änderungen durch das AReG → Rn. 27.

c) Mitwirkung an der Hauptversammlung. Im Zusammenhang mit der 17 Einberufung und Durchführung der Hauptversammlung kommen dem Aufsichtsorgan folgende Kompetenzen und Pflichten zu: Das Aufsichtsorgan hat die Hauptversammlung einzuberufen, wenn das Interesse der Gesellschaft dies erfordert (Art. 54 Abs. 2 iVm § 111 Abs. 3 AktG; KK-AktG/*Paefgen* Rn. 35). Zu jedem Gegenstand der Tagesordnung, über den die Hauptversammlung beschließen soll, hat auch das Aufsichtsorgan eine Beschlussempfehlung abzugeben, bei der Wahl von Aufsichtsratsmitgliedern und des Abschlussprüfers nur das Aufsichtsorgan (§ 124 Abs. 3 S. 1 AktG, Art. 9 Abs. 1 lit. c ii).

d) Weitere Aufgaben und Rechte. Durch Satzungsregelung oder Hauptver- 18 sammlungsbeschluss kann dem Aufsichtsorgan die Befugnis erteilt werden, **Satzungsänderungen, die nur die Fassung betreffen und keine inhaltlichen Auswirkungen zeitigen, vorzunehmen** (§ 179 Abs. 1 S. 2 AktG, Art. 9 Abs. 1 lit. c ii; KK-AktG/*Paefgen* Rn. 35). Hinzu kommen als Kompetenzen des Aufsichtsorgans (i) die Mitwirkung bei der Vertretung der Gesellschaft im Rahmen von **Anfechtungs- und Nichtigkeitsklagen** (§ 246 Abs. 2 S. 2, § 249 Abs. 1 S. 1 AktG), (ii) die Antrags- und Anhörungsrechte im **Statusverfahren** (§§ 97–99 AktG), (iii) die Mitwirkungs- und Anhörungsrechte bei der **gerichtlichen Bestellung von Aufsichtsratsmitgliedern** (§ 104 AktG) und (iv) die Unterzeichnung von **Anmeldungen zum Handelsregister** durch den Vorsitzenden des Aufsichtsorgans, zB zur Durchführung einer Kapitalerhöhung (vgl. § 188 Abs. 1 AktG).

19   **5. Informations-, Einsichts- und Prüfungsrechte. a) Informations- und Berichtsrechte.** Zu den Informations- und Berichtsrechten des Aufsichtsorgans und seiner einzelnen Mitglieder → Art. 41 Rn. 6–33.

20   **b) Einsichts- und Prüfungsrechte.** Zu den Einsichts- und Prüfungsrechten des Aufsichtsorgans und seiner einzelnen Mitglieder → Art. 41 Rn. 34–39.

III. Binnenorganisation

21   **1. Beschlussfassung. a) Beschlussfassung und Beschlussarten.** Das Aufsichtsorgan trifft seine Entscheidung in Beschlussform (§ 108 Abs. 1 AktG, Art. 9 Abs. 1 lit. c ii). Zulässige **Arten der Beschlussfassung** sind ua (i) die persönliche Stimmabgabe auf einer Sitzung, (ii) die Übergabe einer schriftlichen Stimmabgabe des abwesenden Organmitglieds (auch in Form der Stimmbotschaft) sowie (iii) die schriftliche, textförmliche, fernmündliche oder in vergleichbarer Form erfolgende Beschlussfassung (§ 108 Abs. 3 und 4 AktG, Art. 9 Abs. 1 lit. c ii).

22   **b) Beschlussfähigkeit.** Für die Beschlussfähigkeit des Aufsichtsorgans ist im Grundsatz die Anwesenheit von mindestens der Hälfte der Organmitglieder erforderlich (Art. 50 Abs. 1 lit. a), allerdings kann die Satzung – anders als nach deutschem Recht – abweichende Regelungen treffen (KK-AktG/*Paefgen* Rn. 115 f.; *Windbichler* FS Canaris, Bd. II, 2007, 1423 [1431]).

23   **c) Beschlussmehrheiten.** Für die Beschlussfassung des Aufsichtsorgans reicht im **Grundsatz** die **Mehrheit der anwesenden oder vertretenen Mitglieder** (Art. 50 Abs. 1 lit. b), allerdings kann auch hier die **Satzung** eine abweichende Regelung treffen (KK-AktG/*Paefgen* Rn. 115 f.; *Windbichler* FS Canaris, Bd. II, 2007, 1423 [1431]). Dabei gilt die weitere Besonderheit, dass bei Stimmengleichheit die Stimme des Vorsitzenden des Aufsichtsorgans den Ausschlag gibt (Art. 50 Abs. 2 S. 1). Die Vorschriften der §§ 27, 31, 32 und 37 MitbestG finden keine Anwendung (vgl. *Nikoleyczik/Führ* DStR 2010, 1743 [1744]).

24   **d) Protokollierung.** Über die Sitzung des Aufsichtsorgans ist eine Niederschrift anzufertigen, die der Vorsitzende zu unterzeichnen hat (§ 107 Abs. 2 S. 1 AktG, Art. 9 Abs. 1 lit. c ii).

25   **2. Sitzungen und Teilnahmerechte.** Für die Regelungsgegenstände der Sitzungen des Aufsichtsorgans und die jeweiligen Teilnahmerechte gelten die Regelungen der §§ 109, 110 AktG, Art. 9 Abs. 1 lit. c ii. Für den Mindestturnus von Sitzungen des Aufsichtsorgans gilt § 110 Abs. 3 AktG, Art. 9 Abs. 1 lit. c ii; eine Satzungsregelung kann eine höhere Sitzungsfrequenz festlegen (KK-AktG/*Paefgen* Rn. 118; *Schwarz* Art. 41 Rn. 16).

26   **3. Vorsitzender und Stellvertreter.** Art. 42 S. 1 zwingt zur Wahl eines Vorsitzenden des Aufsichtsorgans aus dem Kreis seiner Mitglieder (zu Einzelheiten s. Art. 42); darüber hinaus ist die Wahl mindestens eines Stellvertreters zwingend (§ 107 Abs. 1 AktG, Art. 9 Abs. 1 lit. c ii), und die Satzung kann die Wahl weiterer Stellvertreter und deren Reihenfolge vorschreiben (→ Art. 42 Rn. 21).

27   **4. Ausschüsse.** Die SE-VO enthält keine Regelungen zur Bildung, zu Aufgaben und zur Zusammensetzung von Ausschüssen des Aufsichtsorgans. Daher steht es dem Aufsichtsorgan als Ausfluss seiner **Organisationsautonomie** zu, **über die Bildung, die Aufgaben und die Zusammensetzung von Ausschüssen nach pflichtgemäßen Ermessen und diskriminierungsfrei zu entscheiden** (vgl. § 107 Abs. 3 AktG, Art. 9 Abs. 1 lit. c ii; KK-AktG/*Paefgen*

Rn. 117; *Schwarz* Rn. 85; *Jacobs* FS K. Schmidt, 2009, 795 [811]; *Habersack* AG 2006, 345 [347 ff.]). Es gilt kein Paritätsgebot in dem Sinne, dass die Ausschusszusammensetzung die Zusammensetzung des Gesamtgremiums (zB Anteilseignervertreter/Arbeitnehmervertreter) widerspiegeln muss. Richtet eine kapitalmarktorientierte (§ 264d HGB), dualistische SE einen **Prüfungsausschuss** ein (eine solche Empfehlung enthält Ziff. 5.3.2 Satz 1 DCGK; gesetzlich nicht zwingend, dazu aus unionsrechtlicher Sicht krit. *Hoffmann* NZG 2016, 441), so muss gemäß § 107 Abs. 4 AktG, Art. 9 Abs. 1 lit. c. ii mindestens ein Mitglied die Voraussetzungen des § 100 Abs. 5 AktG (sog. **unabhängiger Finanzexperte**) erfüllen (vgl. zur parallelen Rechtslage bei der monistischen SE §§ 27 Abs. 1 S. 4, 34 Abs. 4 S. 4–6 SEAG; *Habersack* AG 2008, 98 [100 f.]). Mit dem Abschlussprüfungsreformgesetz (AReG, BGBl. 2016 I S. 1142; s. auch RegE, BT-Drs. 18/7219 v. 11.1.2016; Beschlussempfehlung und Bericht AusschussRecht/Verbraucherschutz: BT-Ds. 18/7902 v. 16.3.2016) wird das Unabhängigkeitserfordernis wegfallen; gleichzeitig wird zukünftig verlangt werden, dass die Mitglieder des Aufsichtsrats und des Prüfungsausschusses „in ihrer Gesamtheit" (also für Anteilseigner- und Arbeitnehmervertreter gleichermaßen) mit dem Sektor des Unternehmens (dh Geschäftsfeld im weiten Sinne) praktisch oder ggf. auch nur theoretisch vertraut sind (hierzu *Meyer/Mattheus* DB 2016, 695; *Behme/Zickgraf* AG 2016, R 132). Mit dem AReG wird zudem das Aufgabenprofil des Prüfungsausschusses deutlich erweitert werden, insbesondere im Hinblick auf die Auswahl des Abschlussprüfers und zur Gewährleistung der Integrität des Rechnungslegungsprozesses; ist kein Prüfungsausschuss eingerichtet, treffen die neuen Anforderungen den Gesamtaufsichtsrat (hierzu und auch zu den Sanktionen *Meyer/Mattheus* DB 2016, 695 [696 ff.]). Ziff. 5.3 DCGK enthält zur Steigerung der Effizienz der Organarbeit und der Behandlung komplexer Sachverhalte entsprechende Empfehlungen zur Bildung fachlicher qualifizierter Ausschüsse (insbesondere Prüfungsausschuss, Nominierungsausschuss). Der Zwang zur Einrichtung eines **Vermittlungsausschusses nach § 27 Abs. 3 MitbestG** gilt für die SE nicht; ein vergleichbarer Ausschuss kann auch nicht im Rahmen einer Mitbestimmungsvereinbarung iSv § 21 SEBG mit zwingender Umsetzung in der Satzung vorgesehen werden (*Seibt* ZIP 2010, 1057 [1061]; KK-AktG/*Paefgen* Rn. 117; *Kiem* ZHR 173 [2009], 156 [170]). Tauglicher Regelungsgegenstand einer Mitbestimmungsvereinbarung ist wegen der Organisationsautonomie allgemein zwar nicht die Ausschussbildung selbst (*Habersack* AG 2006, 345 [354 f.]; KK-AktG/*Kiem* Art. 12 Rn. 65), kann allerdings die Besetzung eines tatsächlich bestehenden Ausschusses mit Arbeitnehmervertretern sein (*Seibt* ZIP 2010, 1057 [1061]; aA *Habersack* AG 2006, 345 [354 f.]; *Maier* S. 72).

5. Geschäftsordnung. Dem Aufsichtsorgan steht es im Rahmen seiner **Orga- 28 nisationsautonomie** frei, für seine Binnenorganisation eine Geschäftsordnung zu erlassen (KK-AktG/*Paefgen* Rn. 118). Ziff. 5.1.3 DCGK enthält eine entsprechende Empfehlung hierzu. Hierin können zB geregelt werden (i) die Wahl und die Aufgaben des Vorsitzenden sowie seiner Stellvertreter, (ii) die Bildung, Aufgaben und Zusammensetzung von Ausschüssen sowie deren Rechenschaftspflichten, (iii) die Informationsordnung (→ Art. 41 Rn. 30), (iv) die Einberufungs- und Sitzungsmodalitäten, (v) Einzelheiten zu den Beschlussverfahren, (vi) die Amtssprache des Aufsichtsorgans bzw. die Rechte der Mitglieder auf Übersetzung von Unterlagen und Sitzungsbeiträgen, (vii) die Durchführung von Fortbildungsveranstaltungen sowie (viii) die Evaluation der Organtätigkeit (→ Rn. 29).

6. Evaluation der Tätigkeit des Aufsichtsorgans. Es ist eine Best Practice 29 der Corporate Governance (nicht nur für börsennotierte Unternehmen), die Tätigkeit des Aufsichtsorgans und seiner einzelnen Mitglieder einer Evaluation zu unterwerfen (vgl. Ziff. 5.6 DCGK; hierzu *Seibt* DB 2003, 2107; s. auch zum Vorschlag der Europäischen Kommission [Grünbuch – Europäischer Corporate Governance-Rahmen, KOM(2011) 164] für eine externe Prüfung kritisch *Fleischer* ZGR 2011, 155 [157 ff.]). Über die Einhaltung der Empfehlung in Ziff. 5.6 DCGK hat sich das Aufsichtsorgan zwar nach § 161 AktG, Art. 9 Abs. 1 lit. c ii zu erklären, Einzelheiten über die Art und den Inhalt der Evaluation sind nicht zu veröffentlichen.

IV. Persönliche Amtsstellung

30   **1. Höchstpersönlichkeit der Amtsstellung und -ausübung.** Die Amtsstellung der Mitglieder des Aufsichtsorgans ist **höchstpersönlicher Natur;** die Organmitglieder können ihre Aufgaben nicht durch andere wahrnehmen lassen (§ 111 Abs. 5 AktG, Art. 9 Abs. 1 lit. c ii). Das Organmitglied muss die Kenntnisse und Erfahrungen besitzen, die für die Amtsausübung erforderlich sind. Die Höchstpersönlichkeit der Amtsstellung und Amtsausübung schließt allerdings nicht aus, dass sich das Organmitglied – unter Beachtung seiner Vertraulichkeitsverpflichtung (→ Rn. 31) – von externen Dritten zu Einzelfragen beraten lässt.

31   **2. Sorgfaltspflicht und Haftung.** Für den Maßstab der Sorgfaltspflicht und Haftungsverantwortung der Mitglieder des Aufsichtsorgans gelten über Art. 51 die Vorschriften der §§ 116, 93 AktG. Die Mitglieder des Aufsichtsorgans unterliegen der strengen Vertraulichkeitsverpflichtung nach Art. 49 (→ Art. 49 Rn. 1 ff.).

32   **3. Vergütung; Fortbildungskosten.** Die SE-VO enthält zur Vergütung der Mitglieder des Aufsichtsorgans keine Regelung. Aufgrund der Üblichkeit einer Organvergütung liegt eine Regelungsoffenheit vor, die über § 113 AktG, Art. 9 Abs. 1 lit. c ii zu schließen ist (*Schwarz* Rn. 88). Die **Vergütung** kann **durch Satzungsregelung oder Hauptversammlungsbeschluss** bestimmt werden (§ 113 Abs. 1 S. 2 AktG). Für die Mitglieder des ersten Aufsichtsorgans kann eine Vergütung nur durch die Hauptversammlung und nur nachträglich bewilligt werden (§ 113 Abs. 2 AktG; *Schwarz* Rn. 88). Neben Festvergütung, Sitzungsgeldern und funktionsabhängigen Vergütungen (zB für die Funktionen des Vorsitzenden oder eines Stellvertreters, dem Ausschussvorsitz oder eine Ausschussmitgliedschaft; hierzu Empfehlung in Ziff. 5.4.6 S. 2 DCGK) sind **gewinn- bzw. erfolgsbezogene Vergütungen** gesetzlich zulässig. Ziff. 5.4.6 S. 4 und 5 DCGK sah bis 2012 die Gewährung einer erfolgsorientierten Vergütung vor (Empfehlung), die auch auf den langfristigen Unternehmenserfolg bezogene Bestandteile enthalten sollte (Anregung); mit dem Inhalt angekündigt, dass erfolgsorientierte und feste Vergütung zwei gleichgeordnete Varianten darstellen und im Falle der Gewährung einer erfolgsorientierten Vergütung diese (statt bisher „auch") auf den langfristigen Unternehmenserfolg bezogen sein soll (jetzt Ziff. 5.4.6 S. 5 DCGK 2012; vgl. auch RegKom PM 1.2.2012). – Die Gesellschaft soll die Fortbildung der Mitglieder des Aufsichtsorgans unterstützen (Ziff. 5.4.5. S. 3 DCGK); dem Organmitglied steht daher ein **Erstattungsanspruch in Bezug auf angemessene Kosten solcher Fortbildungsveranstaltungen** zu (zum deutschen Recht zutreffend *Keiluweit* DStR 2010, 2251 [2252]; kritisch hingegen zur Neufassung von Ziff. 5.4.1 DCGK *Bosse/Malchow* NZG 2010, 972 mwN zur bisherigen hM).

33   **4. Verträge der Mitglieder des Aufsichtsorgans mit der Gesellschaft.** Das Leitungsorgan vertritt die SE gegenüber den Mitgliedern des Aufsichtsorgans. Die Zustimmungserfordernisse nach §§ 114 f. AktG gelten über Art. 9 Abs. 1 lit. c ii auch für die dualistisch organisierte SE (*Schwarz* Rn. 89).

5. Entlastung. Über die Entlastung sämtlicher Mitglieder des Aufsichtsorgans 34
(also auch über die Arbeitnehmervertreter) ist alljährlich in den ersten acht
Monaten des nachfolgenden Geschäftsjahres durch die Hauptversammlung zu
beschließen (Art. 52 S. 2 iVm § 120 AktG; KK-AktG/*Paefgen* Rn. 61; abweichend HK-SE/*Manz* Rn. 29: Art. 9 Abs. 1 lit. c ii als Verweisungsnorm).

V. Bestellung der Mitglieder des Aufsichtsorgans

Bei der Bestellung der Mitglieder des Aufsichtsorgans ist zwischen den Aktio- 35
närsvertretern und den Arbeitnehmervertretern zu differenzieren: Die Bestellung
der Aktionärsvertreter erfolgt in der Regel durch die Hauptversammlung (Art. 40
Abs. 2 S. 1; → Rn. 36), während sich die Bestellung der Arbeitnehmervertreter
in erster Linie nach der Regelung in der Mitbestimmungsvereinbarung richtet
(Art. 40 Abs. 2 S. 3; → Rn. 38), andernfalls erfolgt auch die Bestellung der
Arbeitnehmervertreter bei Bindung an die von der Arbeitnehmerseite unterbrei-
teten Wahlvorschläge durch die Hauptversammlung (Art. 40 Abs. 2 S. 1, § 36
Abs. 4 S. 2 SEBG; → Rn. 39).

1. Aktionärsvertreter. a) Bestellung durch die Hauptversammlung. Die 36
Aktionärsvertreter im Aufsichtsorgan sind unionsrechtlich **zwingend durch die
Hauptversammlung zu bestellen** (Art. 40 Abs. 2 S. 1; Ausnahmen in Art. 40
Abs. 2 S. 2 und 3, Art. 47 Abs. 4). Daher sind mitgliedstaatliche Regelungen,
denen zufolge die Bestellung zB (i) im Wege der Kooptation durch die dem
Aufsichtsorgan bereits angehörenden Mitglieder kraft Gesetzes oder Satzungs-
regelung vorsehen bzw. gestatten oder (ii) einem anderen Gesellschaftsorgan
übertragen wird, auf die SE nicht anwendbar (KK-AktG/*Paefgen* Rn. 37; zur
Unzulässigkeit von Kooptationsregelungen auch *Schwarz* Rn. 41; *Brandt* Hauptversammlung S. 139; *Kallmeyer* ZIP 2004, 1442 [1445]; zur Unzulässigkeit der
Übertragung der Bestimmungskompetenz auf das Leitungsorgan HK-SE/*Manz*
Rn. 6). Der Bestellungsbeschluss der Hauptversammlung bedarf im Grundsatz
der Mehrheit der abgegebenen Stimmen (Art. 57), es sei denn, das Recht des
Sitzstaates der SE schreibt dies qua Gesetzesrecht (und nicht nur qua Satzungs-
ermächtigung) vor (ebenso KK-AktG/*Paefgen* Rn. 38). Daher gilt für die Bestel-
lung der Mitglieder des Aufsichtsorgans einer deutschen SE **zwingend das
Erfordernis der einfachen Mehrheit der abgegebenen Stimmen;** § 133
Abs. 2 AktG findet keine Anwendung (ebenso KK-AktG/*Paefgen* Rn. 38; HK-
SE/*Manz* Art. 57 Rn. 18; aA LHT/*Drygala* Rn. 6; MüKoAktG/*Reichert/Brandes*
Rn. 29; *Frodermann* in Jannott/Frodermann HdB SE Kap. 5 Rn. 90). Für die
Beschlussfähigkeit der Hauptversammlung gilt § 133 Abs. 1 AktG, Art. 9 Abs. 1
lit. c ii, wobei die damit in Bezug genommene Satzungsdispositivität durch
Art. 57 eingeschränkt ist, dh das erforderliche Quorum darf nicht höher als die
einfache Mehrheit aller Stimmen sein (KK-AktG/*Paefgen* Rn. 39).

b) Besondere Bestellungsrechte. Nach Art. 40 Abs. 2 S. 3 Var. 1 iVm 37
Art. 47 Abs. 4 sind die mitgliedstaatlichen Bestimmungen anwendbar, denen
zufolge die Bestellung eines Teils der Organmitglieder durch einzelne Aktionäre
oder sonstige Personen oder Stellen erfolgen kann. Daher ist bei der deutschen
SE die Einräumung statutarischer Entsendungsrechte nach § 101 Abs. 2 AktG
möglich (KK-AktG/*Paefgen* Rn. 40; *Schwarz* Rn. 43; MüKoAktG/*Reichert/Bran-
des* Rn. 35; LHT/*Drygala* Rn. 6; HK-SE/*Manz* Art. 47 Rn. 20).

**2. Arbeitnehmervertreter. a) Regelung in einer Mitbestimmungsver- 38
einbarung.** In der Unternehmensmitbestimmung unterliegenden Gesellschaften
ist nach Art. 40 Abs. 2 S. 3 Var. 2 die mit dem besonderen Verhandlungsgremium geschlossene **Mitbestimmungsvereinbarung vorrangig.** Ist in dieser Ver-

einbarung eine Beteiligung der Arbeitnehmer im Aufsichtsorgan vorgesehen, so soll dort auch „das Verfahren, nach dem die Arbeitnehmer diese Mitglieder wählen oder bestellen oder deren Bestellung empfehlen oder ablehnen können [vereinbart werden]" (§ 21 Abs. 3 S. 2 Nr. 2 SEBG, mit der Art. 4 Abs. 2 lit. g SE-MitbestRL umgesetzt wird). Demnach ist es zulässig, dass die Mitbestimmungsvereinbarung unter anderem (i) eine unmittelbare **Bestellungskompetenz (Entsendungsrechte) der Arbeitnehmerseite** (hierzu LHT/*Drygala* Rn. 7; MüKoAktG/*Reichert/Brandes* Rn. 26; *Seibt* AG 2005, 413 [423]; *Habersack* AG 2006, 345 [350]; *Heinze/Seifert/Teichmann* BB 2005, 2524 [2525 f.]; *Spitzbarth* RNotZ 2006, 369 [377]; aA KK-AktG/*Paefgen* Rn. 44 ff.; LHT/*Oetker* SEBG § 21 Rn. 70; *Oetker* FS Konzen, 2006, 635 [652 f.]; *Jacobs* FS K. Schmidt, 2009, 795 [807]) und (ii) **Wahlvorschlagsrechte zur Hauptversammlung** (a) mit Bindungswirkung und (b) ohne Bindungswirkung bestimmt. Fehlt es in der Mitbestimmungsvereinbarung an einer ausdrücklichen Inhaltsfestlegung oder greift die Auffangregelung nach § 34 SEBG ein, sind die Arbeitnehmervertreter zwingend durch die Hauptversammlung zu wählen, wobei diese dabei an die von der Arbeitnehmerseite gemachten Wahlvorschläge gebunden ist (→ Rn. 39).

39   **b) Auffangregelung.** Nach der Begriffsbestimmung in § 2 Abs. 12 SEBG (Umsetzung von Art. 2 lit. k SE-MitbestRL) bedeutet Mitbestimmung im dualistischen Verwaltungssystem die Einflussnahme der Arbeitnehmer auf die Angelegenheiten einer Gesellschaft durch die Berechtigung, einen Teil der Mitglieder des Aufsichtsorgans zu wählen oder zu bestellen (Repräsentationssystem) oder bestimmte Personen als Mitglieder des Aufsichtsorgans zu empfehlen oder abzulehnen (Kooptationssystem). Greift wegen mangelnder Bestimmung in der Mitbestimmungsvereinbarung die Auffangregelung ein, findet bei Beteiligung einer deutschen mitbestimmten Gesellschaft nach § 34 Abs. 2 S. 2 SEBG das **Repräsentationsmodell** Anwendung, ansonsten findet die Form der Mitbestimmung Anwendung, die für die höchste Zahl der Arbeitnehmer der beteiligten Gesellschaften gilt (§ 34 Abs. 2 S. 3 SEBG). Bei Geltung des Repräsentationssystems hat die Bestellung der Arbeitnehmervertreter durch Wahl der **Hauptversammlung** zu erfolgen, die dabei nach dem Regelungsvorbild des § 6 Abs. 6 MontanMitbestG **an die von der Arbeitnehmerseite gemachten Wahlvorschläge gebunden** ist (§ 36 Abs. 4 S. 2 SEBG; vgl. Begr. SEEG, BT-Drs. 15/3405, 55; LHT/*Drygala* Rn. 20; *Ihrig/Wagner* BB 2004, 1749 [1755]; *Kienast* in Jannott/Frodermann HdB SE Kap. 13 Rn. 284). Diese vom deutschen Gesetzgeber vorgesehene Regelung verstößt nicht gegen die SE-VO, insbesondere nicht gegen Art. 42 S. 2 (dualistisches System) bzw. Art. 45 S. 2 (monistisches System), in denen zur Frage der Wahl des Vorsitzenden des Aufsichts- bzw. Verwaltungsorgans aus dem Kreis der Aktionärsvertreter zur Kennzeichnung der Unternehmensmitbestimmung das Merkmal der „Mitgliederbestellung" durch Arbeitnehmer formuliert ist; denn die hier erfolgte Bezugnahme auf eine „Bestellung" ist als bloße Abbreviation des Bestimmungsrechts der Arbeitnehmer nach dem Repräsentationsmodell zu werten (ebenso KK-AktG/*Paefgen* Rn. 45). Da auch die Regelungsverweisung auf mitgliedstaatliche Entsendungsrechte in Art. 47 Abs. 4 („Rechtsvorschriften, die […] anderen Personen oder Stellen die Bestellung eines Teils der Organmitglieder erlauben") sich nicht auf Entsendungsrechte von Arbeitnehmern bezieht (arg. e Art. 40 Abs. 2 S. 3: Dichotomie von Entsendungsrechten nach Art. 47 Abs. 4 und Mitbestimmungsvereinbarung), ist von einer Regelungsoffenheit für den mitgliedstaatlichen Gesetzgeber auszugehen (LHT/*Drygala* Rn. 21).

40   **c) Ausnahme von der Bestellungspflicht nach Wahlvorschlag.** Die Hauptversammlung ist (genauer: die auf der Hauptversammlung Stimmberechtigten sind) nur ausnahmsweise von der Befolgungspflicht des arbeitnehmerseitigen Wahlvorschlags nach § 36 Abs. 4 S. 2 SEBG (bzw. einer entsprechenden Regelung in der Mitbestimmungsvereinbarung) **befreit, wenn die im Wahlvorschlag bezeichnete Person die Voraussetzung für eine sofortige gerichtliche Abberufung** nach § 103 Abs. 3 AktG, Art. 9 Abs. 1 lit. c ii erfüllt (LHT/*Oetker* SEBG § 36 Rn. 16; KK-AktG/*Paefgen* Rn. 48; zum Regelungsvorbild des § 6 Abs. 6 MontanMitbestG HWK/*Seibt* Arbeitsrecht, 2. Aufl. 2006, MontanMitbestG § 6 Rn. 6).

3. Ersatzmitglieder. Während Art. 75 Abs. 1 S. 2 SE-VO 1975 noch vorsah, **41** dass die Hauptversammlung auch Ersatzmitglieder bestellen konnte, die bei Wegfall oder dauernder Verhinderung eines Mitglieds des Aufsichtsorgans dieses ersetzt, fehlt es nun an einer entsprechenden ausdrücklichen Regelung in der SE-VO. Die Nichtregelung ist als **Regelungsoffenheit** und nicht als Regelungssperre zu werten, so dass die Hauptversammlung auch Ersatzmitglieder bestellen kann, und zwar auch ein Mitglied für mehrere Ersatzmitglieder, solange dann die Reihenfolge der nachrückenden Mitglieder festgelegt ist (§ 101 Abs. 3 S. 2 AktG, Art. 9 Abs. 1 lit. c ii; *Schwarz* Rn. 55). Für die Arbeitnehmervertreter im Aufsichtsorgan ist die Bestellung eines Ersatzmitglieds sogar nach § 36 Abs. 3 iVm § 6 Abs. 2 S. 3 SEBG zwingend vorgeschrieben. Aus der Funktion des Ersatzmitglieds ergibt sich, dass dieser dieselben persönlichen Wählbarkeitsvoraussetzungen nach § 6 Abs. 3 und Abs. 4 SEBG zu erfüllen hat wie der zugeordnete Hauptkandidat (Regelungsgedanke in § 28 Abs. 3 S. 4 SEAG, § 17 Abs. 1 S. 2 MitbestG; *Schwarz* Rn. 56).

4. Gerichtliche Bestellung. In Fällen der Unterbesetzung besteht auch bei **42** der SE die Möglichkeit der gerichtlichen Ersatzbestellung (§ 104 AktG, Art. 9 Abs. 1 lit. c ii; KK-AktG/*Paefgen* Rn. 49; *Schwarz* Rn. 57 ff.; LHT/*Drygala* Rn. 22; MüKoAktG/*Reichert*/*Brandes* Rn. 39; *Frodermann* in Jannott/Frodermann HdB SE Kap. 5 Rn. 90). Die gerichtliche Ersatzbestellung kommt für Aktionärsvertreter und Arbeitnehmervertreter in Betracht (KK-AktG/*Paefgen* Rn. 49). Ein Bestellungseilfall iSv § 104 Abs. 2 S. 1 und 2, § 104 Abs. 3 Nr. 2 AktG liegt bei der SE vor, wenn das Aufsichtsorgan nach der Mitbestimmungsvereinbarung bzw. der Auffangregelung paritätisch zu besetzen ist und eine Unterbesetzung gleich welcher Art vorliegt (KK-AktG/*Paefgen* Rn. 49; ungenau LHT/*Drygala* Rn. 22). Nach § 17 Abs. 3 SEBG ist auch der SE-Betriebsrat antragsberechtigt. Die Antragsberechtigung nach § 104 Abs. 1 S. 3 Nr. 5 AktG ist bei der mitbestimmten SE sinngemäß auf 1/10 oder 100 der Arbeitnehmer aus den Mitgliedstaaten, die nach § 36 Abs. 1 SEBG bei der Verteilung der Arbeitnehmersitze im Aufsichtsorgan zum Zuge gekommen sind, zu erweitern (KK-AktG/*Paefgen* Rn. 50).

5. Amtszeit. Die **Höchstdauer der Amtszeit** der Mitglieder des Aufsichts- **43** organs beträgt nach Art. 46 Abs. 1 (und in Abweichung von § 102 Abs. 1 AktG) **sechs Jahre.** Eine Wiederbestellung von Aufsichtsorganmitgliedern kann nur für die statutarisch festgelegte Amtsperiode erfolgen und dies auch nur, soweit die Satzung keine weiteren Beschränkungen enthält (Art. 46 Abs. 2).

6. Bestellungsvoraussetzungen. a) Allgemeine Bestellungshindernisse. **44** Zu den Inkompatibilitäts- und Inhabilitätsgründen → Art. 39 Rn. 18, 33 ff.

b) 30 %-Geschlechterquote für das Aufsichtsorgan. In Aufsichtsorganen **44a** der SE, die börsennotiert sind (§ 3 Abs. 2 AktG; kein Freiverkehr) *und* deren Aufsichtsorgan aus derselben Zahl von Anteilseigner- und Arbeitnehmervertretern besteht, **müssen Frauen und Männer jeweils mit einem Anteil von mindestens 30 % vertreten sein** (§ 17 Abs. 2 SEAG). Im Unterschied zur AG (§ 96 Abs. 2 AktG) ist die Anwendbarkeit deutscher Mitbestimmungsgesetze

(MitbestG, MontanMitbestG, MitbestErgG) konsequenterweise keine Tatbestandsvoraussetzung der Quotenregelung, da die SE gerade nicht in den Geltungsbereich dieser Gesetze fällt (*Hohenstatt/Wendler* in Hohenstatt/Seibt Geschlechter- und Frauenquoten Rn. 329). Die **paritätische Mitbestimmung** kann gemäß §§ 34 ff. SEBG auf der Grundlage der gesetzlichen Auffanglösung oder gemäß § 21 SEBG auf einer Mitbestimmungsvereinbarung beruhen (*Seibt* ZIP 2015, 1193 [1202]; aA zu MgVG-Gesellschaften Schmidt/Lutter/*Drygala* AktG § 96 Rn. 59: keine Anwendbarkeit der festen Geschlechterquote bei Regelung der paritätischen Mitbestimmung in der Mitbestimmungsvereinbarung). Sieht die Mitbestimmungsvereinbarung trotz erheblicher Arbeitnehmerzahlen in deutschen Betrieben eine unterparitätische Beteiligung der Arbeitnehmer im Aufsichtsorgan vor (zB zehn Anteilseigner- und neun Arbeitnehmervertreter, ein neutrales Mitglied), finden die gesetzlichen Vorgaben der festen Geschlechterquote keine Anwendung (*Seibt* ZIP 2015, 1193 [1202]; *Teichmann/Rüb* BB 2015, 259 [266]; *Stüber* DStR 2015, 947 [951]). – § 17 Abs. 2 SEAG findet keine Anwendung, wenn eine bereits existierende SE sich grenzüberschreitend verschmilzt; dann gilt § 96 Abs. 3 AktG.

44b   Die **Geschlechterquote von 30 % ist – vorbehaltlich einer Regelung in der Mitbestimmungsvereinbarung (§ 21 SEBG)** (zum Vorrang und zur Zulässigkeit einer ausgeschlossenen oder modifizierten Quote durch Mitbestimmungsvereinbarung LHT/*Drygala* Rn. 16; *Teichmann/Rüb* BB 2015, 259 [266]) – **starr,** und es sind **de lege lata keine Regeln für Ausnahme- oder Härtefälle und kein Eignungsvorbehalt vorgesehen** (was unionsrechtlich bedenklich ist). Anders als in § 96 Abs. 2 AktG fehlen in § 17 Abs. 2 SEAG Detailregelungen über die Quotenberechnung (einschließlich Rundungsregelung) oder die Rechtsfolgen bei Regelungsverstoß. Der Gesetzgeber hatte hierzu oberflächlich ausgeführt, dass angesichts der Besonderheiten der SE als originäre europäische Rechtsform eine eigenständige Regelung im SEAG notwendig sei und eine bloße Übernahme der AG-Regelungen in § 96 Abs. 2 AktG nicht genüge (BT–Drs. 18/4227, 22). Insbesondere ist der Gesetzgeber davon ausgegangen, dass für die SE nur die Gesamterfüllung der Geschlechterquote (also vom Gesamtgremium insgesamt und nicht jeweils von den beiden Seiten der Anteilseigner- und Arbeitnehmervertreter) in Betracht kommt, weil die Mitbestimmung regelmäßig im Vereinbarungsweg zwischen der Arbeitnehmerseite und der Leitung der Gesellschaft ausgehandelt werde (BT–Drs. 18/4227, 22; ebenso *Grobe* AG 2015, 289 [298]; *Stüber* DStR 2015, 947 [951]); ein einseitiger Widerspruch einer Aufsichtsratsseite gegen die Gesamterfüllung (so § 96 Abs. 2 S. 3 AktG) „passe in diesem Rahmen nicht" (BT–Drs. 18/4227, 22). Richtigerweise besteht auch bei der SE ein **Widerspruchsrecht jeder Aufsichtsratsseite gegen die Gesamterfüllung;** dies folgt aus dem Gleichbehandlungsgebot mit der AG nach Art. 10 (aA LHT/*Drygala* Rn. 14) und damit aus der Generalverweisung in Art. 9 Abs. 1 lit. c ii unmittelbar aus § 96 Abs. 2 S. 3 AktG (ebenso *Hohenstatt/Wendler* in Hohenstatt/Seibt Geschlechter- und Frauenquoten Rn. 346; *Teichmann/Rüb* BB 2015, 898 [905]). Für die **Praxis** ist allerdings zu empfehlen, in der **Mitbestimmungsvereinbarung** ausdrücklich das Widerspruchsrecht zu regeln, um auf diese Weise die Getrennterfüllung rechtssicher zu ermöglichen; bei bestehenden Mitbestimmungsvereinbarungen sollte eine entsprechende Änderung geregelt werden (für ein Muster s. *Hohenstatt/Wendler* in Hohenstatt/Seibt Geschlechter- und Frauenquoten Rn. 349).

44c   Für die Frage der Quotenberechnung (einschließlich Rundungsregelung) gilt über die Generalverweisung des Art. 9 Abs. 1 lit. c ii § 96 Abs. 2 S. 4 AktG sowie der **Rechtsfolgen bei Nichterfüllung der Geschlechterquote** über die Generalverweisung des Art. 9 Abs. 1 lit. c ii die in § 96 Abs. 2 S. 6 AktG angeordnete Nichtigkeitsfolge (**Sanktion des „leeren Stuhls";** so auch BT-Drs.

18/4227, 22; vgl. auch *Hohenstatt/Wendler* in Hohenstatt/Seibt Geschlechter-
und Frauenquoten Rn. 354 ff.; LHT/*Drygala* Rn. 13). Im Fall der Einzelwahl gilt
die Nichtigkeitsfolge für denjenigen Wahlbeschluss, der als erster die Geschlechterquote verletzt. Bei einer sog. Blockwahl ist hingegen die gesamte Wahl
hinsichtlich des überrepräsentierten Geschlechts nichtig, während für die gewählten bzw. entsandten Vertreter des unterrepräsentierten Geschlechts die Wahl
gültig bleibt (BT-Drs. 18/3784, 128). Das entgegen der Quotenregelung (unwirksam) gewählte Mitglied ist als Nichtmitglied des Aufsichtsorgans zu behandeln (vgl. BGH NJW 2013, 1535 Rn. 20 = ZIP 2013, 720 [722]; ausführlich zu
den Konsequenzen *Seibt/Kraack* in Hohenstatt/Seibt Geschlechter- und Frauenquoten Rn. 229 f.). Die Vakanz kann durch gerichtliche Bestellung nach § 104
AktG gefüllt werden; bei der gerichtlichen Bestellung ist die Geschlechterquote
ebenso zu beachten.

Börsennotierte und mitbestimmte SE haben **im Rahmen der Erklärung zur** **44d**
Unternehmensführung offenzulegen, ob die Gesellschaft bei der Besetzung
des Aufsichtsorgans im Bezugszeitraum die Mindestquoten eingehalten hat; an-
dernfalls sind Angaben zu den Gründen der Nichteinhaltung zu machen (§ 289a
Abs. 2 Nr. 5 HGB, Art. 61). Adressat der Pflicht zur Abgabe der Erklärung zur
Unternehmensführung ist das Leitungsorgan, nicht das von der Quote betroffene
Aufsichtsorgan. Die Verletzung dieser Erklärungspflicht ist eine bußgeldbewährte
Ordnungswidrigkeit (§ 334 Abs. 1 Nr. 3, Abs. 3 HGB); bei vorsätzlicher unrichtiger Wiedergabe oder Verschleierung der Verhältnisse der Kapitalgesellschaft
kann sogar eine Straftat vorliegen (§ 331 Nr. 1 HGB). Daneben stehen die
Berichtspflichten zu den Empfehlungen in Ziff. 5.4.1 und 3.10 DCGK im Ver-
hältnis inhaltlicher Komplementarität.

Verstöße gegen die Pflicht zur quotengerechten Besetzung des Aufsichtsorgans **44e**
taugen zwar grundsätzlich als Anknüpfungspunkt für eine **Schadensersatzhaf-**
tung von Aufsichtsorganen (primär) und Leitungsorganen (sekundär), aber es
wird regelmäßig an einem ersatzfähigen Schaden der Gesellschaft fehlen. Etwaige
Pflichtenverstöße können relevant für die **Entlastung** der Organmitglieder
(§ 120 Abs. 1 AktG) sein.

c) Frauenzielquote für das Aufsichtsorgan. Das Aufsichtsorgan einer SE, **44f**
die *entweder* börsennotiert ist *oder* der Mitbestimmung unterliegt (dh dem Aufsichtsorgan gehört mind. 1 Arbeitnehmervertreter in dieser Eigenschaft an, nicht
ausreichend sind Anteilseignervertreter, die beim Unternehmen zufällig angestellt
sind) ist verpflichtet, für sich selbst **eine Zielgröße weiblicher Mitglieder**
festzusetzen (Art. 9 Abs. 1 lit. c ii iVm § 111 Abs. 5 S. 1 Var. 1 AktG). Die
Zielvorgabenpflicht ist gesellschaftsbezogen und nicht konzernbezogen. Das Aufsichtsorgan ist im Einzelnen verpflichtet, (i) den Status quo des Frauenanteils im
Aufsichtsorgan im sachlichen und zeitlichen Zusammenhang zu den zukunftsgerichteten Festlegungen festzustellen, (ii) eine sich an den Unternehmensstruk-
turen und den Einzelfallumständen ausgerichtete Zielgröße sowie (iii) eine Erreichensfrist festzulegen. Zwar gibt es **keine Mindestzielgröße,** allerdings gilt ein
sog. Verschlechterungsverbot: Liegt der tatsächliche Frauenanteil im Aufsichtsorgan bei Zielgrößenfestlegung unter 30%, so darf die festzusetzende Zielgröße nicht hinter diesem Wert zurückbleiben. Liegt der tatsächliche Frauenanteil
bei 30% oder mehr, darf die festzulegende Zielgröße den erreichten Wert auch
wieder unterschreiten, bei Unterschreiten der 30%-Schwelle gilt dann allerdings
wieder das Verschlechterungsverbot (hierzu detailliert *Seibt* in Hohenstatt/Seibt
Geschlechter- und Frauenquoten Rn. 288 ff.). Bei Einhaltung des Verschlechte-
rungsverbots ist eine Quotenfestlegung von 0% theoretisch möglich, allerdings
wird der Ausschluss bei mitgliederstarken Aufsichtsräten selten ein sachgerechtes
und damit einer sorgfaltspflichtgemäßen Ermessensausübung entsprechendes Ziel

sein (*Seibt* ZIP 2015, 1193 [1206]); bei mitgliederschwachen Aufsichtsräten gilt kein Gebot, dass die Zielgröße in einer Weise festzulegen ist, dass mind. ein männliches und ein weibliches Organmitglied vorhanden sein muss. Die Zielgröße war erstmals bis spätestens zum 30.9.2015 festzulegen. Die Erstfrist darf nicht länger als bis zum 30.6.2017 dauern (in der Praxis häufig: 31.12.2016); die folgenden Fristen dürfen nicht länger als jeweils fünf Jahre sein.

44g   Die Festlegungen erfolgen durch Beschluss des Aufsichtsorgans, können dabei auch durch einen Ausschuss erfolgen (*Seibt* in Hohenstatt/Seibt Geschlechter- und Frauenquoten Rn. 293; *Fromholzer/Simons* AG 2015, 457 [459]). Dem Aufsichtsorgan kommt ein Wahlrecht darüber zu, ob das Gesamtgremium eine einheitliche Zielgröße für das Aufsichtsorgan und die Erreichensfrist festlegt oder ob das Gesamtgremium (oder jede Aufsichtsratsseite selbst) für jede Aufsichtsratsseite getrennte Zielgrößen mit Erreichensfristen festlegt (*Seibt* ZIP 2015, 1193 [1205]; *Fromholzer/Simons* AG 2015, 457 [462]). Die Mitbestimmungsvereinbarung (§ 21 SEBG) kann aufgrund des Prinzips der Selbstorganisation des Aufsichtsorgans keine Geschlechterzielgrößen verbindlich festschreiben (LHT/*Drygala* Art. 40 Rn. 18).

44h   Über die Zielgrößen- und Fristbestimmung und die Angabe, ob diese Zielgrößen im Bezugszeitraum eingehalten worden sind, und wenn nicht, Angaben zu den Gründen, ist von börsennotierten SE (nachgelagert) **in der Erklärung zur Unternehmensführung zu berichten** (§ 289a Abs. 2 Nr. 4 HGB, Art. 61); alle anderen SE-Unternehmen haben dies in einem gesonderten Abschnitt des Lageberichts zu tun (§ 289a Abs. 4 HGB, Art. 61) (für Mustererklärungen s. *Seibt* in Hohenstatt/Seibt Geschlechter- und Frauenquoten Rn. 459 ff.). Die Erklärung zur Unternehmensführung ist als Teil des Lageberichts im Bundesanzeiger zu veröffentlichen. Die Berichtspflichten sind erstmals anzuwenden auf Lageberichte, die sich auf Geschäftsjahre mit einem nach dem 30.9.2015 liegenden Abschlussstichtag beziehen, dh Unternehmen mit kalenderjahrgleichem Geschäftsjahr mussten die Veröffentlichung erstmals im Lagebericht zum 31.12.2015 vornehmen. Allerdings muss erst nach Ablauf des selbstgesetzten Zeitraums zur Erreichung der Zielgrößen darüber berichtet werden, ob die Zielgrößen eingehalten worden sind, und wenn dies nicht der Fall sein sollte, warum nicht; die Darstellung der Festlegung selbst muss allerdings jährlich, gleichsam als Zwischenberichterstattung, erfolgen. Zu den Rechtsfolgen von Verletzungen der Berichts- und Veröffentlichungspflichten *Seibt* in Hohenstatt/Seibt Geschlechter- und Frauenquoten Rn. 318 ff.

45   **d) Eignungsvoraussetzungen für Mitglieder des Aufsichtsorgans.** Durch **Satzungsregelung** können persönliche Eignungsvoraussetzungen für solche Mitglieder des Aufsichtsorgans bestimmt werden, die ohne Bindung an Wahlvorschläge von der Hauptversammlung zu bestellten sind oder nach § 101 Abs. 2 AktG in das Aufsichtsorgan entsandt werden (Art. 47 Abs. 3 iVm § 100 Abs. 4 AktG; KK-AktG/*Paefgen* Rn. 57; *Schwarz* Rn. 48). **Tauglicher Regelungsgegenstand einer Mitbestimmungsvereinbarung** kann auch die Regelung bestimmter Eignungsvoraussetzungen für die Arbeitnehmervertreter sein, die über die Anforderungen nach § 100 Abs. 1 und Abs. 2 AktG sowie § 36 Abs. 3 S. 2 iVm § 6 Abs. 2–4 SEBG hinausgehen (arg. e § 27 Abs. 2 SEAG; vgl. MüKoAktG/*Jacobs* SEBG § 21 Rn. 19a; KK-AktG/*Paefgen* Rn. 58). Ansonsten sind statutarische Eignungsvoraussetzungen für Arbeitnehmervertreter unzulässig (KK-AktG/*Paefgen* Rn. 58).

46   **Gesetzliche Eignungsvoraussetzungen** sind – für Arbeitnehmer – die persönlichen Wählbarkeitsvoraussetzungen nach § 36 Abs. 3 iVm § 6 Abs. 2–4 SEBG (Bestellungsvoraussetzung iSv Art. 47 Abs. 2 lit. a) und die Anforderungen an Finanzexperten iSv § 100 Abs. 5 AktG (Bestellungsvoraussetzung iSv Art. 47 Abs. 1 lit. a).

VI. Bestellung des ersten Aufsichtsorgans

1. Regelungskonzept. Für die Bestellung der Mitglieder des ersten Aufsichts- **47** organs bestimmt Art. 40 Abs. 2 S. 2, dass diese Organmitglieder „jedoch [dh nicht nur durch Wahl der Hauptversammlung, Art. 40 Abs. 2 S. 1] durch die Satzung bestellt werden [können]". Allerdings sind nach Art. 40 Abs. 2 S. 3 Var. 2 die hierzu etwa in einer Mitbestimmungsvereinbarung getroffenen Regelungen zu beachten (→ Rn. 38). Die Fragen nach (i) der Erforderlichkeit der Neubestellung eines Aufsichtsorgans (→ Rn. 48–50), (ii) seiner personellen Zusammensetzung und (iii) der Amtszeit seiner Mitglieder (→ Rn. 43, 51) sind nach Art. 15 Abs. 1 nach dem Recht des Sitzstaates der zu gründenden SE zu beantworten.

2. Notwendigkeit der Neubestellung. a) Verschmelzung durch Neu- 48 gründung; Holding-Gründung: Tochter-SE-Gründung. In den Fällen der Verschmelzung durch Neugründung, der Holding-Gründung und der Tochter-SE-Gründung entsteht die SE als Folge der Gründung neu. Da zur Durchführung des Gründungsverfahrens bei der deutschen SE bereits vor deren Entstehung durch Eintragung im Handelsregister die Errichtung eines handlungsfähigen Aufsichtsorgans erforderlich ist (nämlich zur Bestellung eines handlungsfähigen Leitungsorgans, das bestimmte Gründungsmaßnahmen durchführt), sieht Art. 40 Abs. 2 S. 2 konsequenterweise die **Bestellung des ersten Aufsichtsorgans als Organ der Vor-SE in der Gründungssatzung** vor (KK-AktG/*Paefgen* Rn. 67; LHT/*Drygala* Rn. 26).

b) Umwandlung; Verschmelzung durch Aufnahme. Im Fall der Grün- **49** dung durch Umwandlung entsteht keine neue juristische Person (Identitätsprinzip; Art. 37 Abs. 2), so dass der **Grundsatz der Amtskontinuität** nach Art. 15 Abs. 1 iVm § 203 UmwG Anwendung findet, wenn für die Zusammensetzung und Größe des Aufsichtsorgans der SE die gleichen Regeln gelten wie für die Zusammensetzung des vor der Umwandlung bestehenden Aufsichtsrats der AG. In diesem Fall werden die Aufsichtsratsmitglieder mit der Eintragung der SE qua Gesetzes ohne Änderung der Amtszeit zu Mitgliedern des Aufsichtsorgans der SE; einer Neubestellung bedarf es nicht (KK-AktG/*Paefgen* Rn. 68; LHT/*Drygala* Rn. 27; MüKoAktG/*Reichert/Brandes* Rn. 47). Die weitere Amtszeit der Organmitglieder kann in der Satzung der SE unter Beachtung der Sechsjahresfrist des Art. 46 Abs. 1 festgelegt werden. In der **Praxis** wird allerdings häufig dennoch eine **Neubestellung der Mitglieder des Aufsichtsorgans erforderlich** sein, da sich dieses SE-Organ zB bei Eingreifen der Auffangregelung nach §§ 34 ff. SEBG oder bei statutarischer Herabsetzung der Organmitgliederzahl nach anderen Regeln zusammensetzt als der Aufsichtsrat der formgewechselten AG (vgl. KK-AktG/*Paefgen* Rn. 69; LHT/*Drygala* Rn. 27; MüKoAktG/*Reichert/Brandes* Rn. 47).

Im Gründungsfall der Verschmelzung durch Aufnahme ist gesetzliche Folge **50** der Verschmelzung der Wechsel der Rechtsform, und diese Nähe zur Gründungsart der Umwandlung rechtfertigt die Anwendung des **Effizienzgrundsatzes der Amtskontinuität** nach Art. 15 Abs. 1 iVm § 203 UmwG analog (ebenso KK-AktG/*Paefgen* Rn. 70; MüKoAktG/*Reichert/Brandes* Rn. 46; aA LHT/*Drygala* Rn. 27). Allerdings gilt die Amtskontinuität nur in den praktisch seltenen Fällen, dass sich die Größe und Zusammensetzung des Aufsichtsorgans der SE den Parametern für die übernehmende AG (Hauptfall: Verschmelzung mitbestimmungsfreier Gesellschaften) entsprechen.

3. Zusammensetzung und Amtszeit. a) Verschmelzungs-Gründung, 51 Holding-Gründung, Tochter-SE-Gründung (Sachgründung durch Un-

ternehmenseinbringung). Bei den SE-Gründungsformen, bei denen Unternehmen bzw. Unternehmensteile in die dadurch zu gründende SE eingebracht werden (Verschmelzungs-Gründung, Holding-Gründung, Tochter-SE-Gründung), finden für die Zusammensetzung und Amtszeit der ersten Aufsichtsorgans über Art. 15 Abs. 1 die §§ 30, 31 AktG Anwendung (KK-AktG/*Paefgen* Rn. 72). Daher bedarf es zunächst nur der **Bestellung eines aus Anteilseignervertretern bestehenden mitbestimmungsfreien Aufsichtsorgans durch die Gründer der SE,** dessen Amtszeit allerdings nicht länger laufen darf als bis zur Beendigung der Hauptversammlung, die über die Entlastung für das erste Voll- oder Rumpfgeschäftsjahr beschließt (§ 30 Abs. 1, Abs. 3 S. 1, § 31 Abs. 1 AktG). Die Bestellung kann in der Gründungssatzung erfolgen (Art. 40 Abs. 2 S. 2). Gründer sind bei einer Verschmelzungs-Gründung sowie bei einer Holding-Gründung die an einer Gründung beteiligten Gesellschaften (§ 36 Abs. 2 S. 2 UmwG analog; KK-AktG/*Paefgen* Rn. 72); Gleiches gilt für die Tochter-SE-Gründung (Art. 2 Abs. 3; KK-AktG/*Paefgen* Rn. 72; MüKoAktG/*Reichert*/*Brandes* Rn. 51). Das Leitungsorgan der SE ist verpflichtet, unverzüglich nach der Einbringung der unternehmerischen Sacheinlagen ein Statusverfahren zur Festlegung der Zusammensetzung des Aufsichtsorgans einzuleiten (§ 31 Abs. 3 S. 1 und 2, §§ 97 ff. AktG; KK-AktG/*Paefgen* Rn. 73). Sind nach dem Ergebnis des Statusverfahrens Arbeitnehmervertreter zu bestellen, sind diese nach Maßgabe von § 36 SEBG bzw. dem Inhalt der Mitbestimmungsvereinbarung zuzuwählen. Dabei gilt für die Bemessung der Höchstamtszeit in sinngemäßer Anwendung von § 31 Abs. 5 AktG die Sechsjahresfrist aus Art. 46 Abs. 1 (und nicht die Kurzfrist des § 31 Abs. 5 AktG) (KK-AktG/*Paefgen* Rn. 73). Zur Überbrückung der Zeit bis zum Abschluss des Wahlverfahrens der Arbeitnehmervertreter können Arbeitnehmervertreter nach § 104 Abs. 1 und Abs. 2 AktG gerichtlich bestellt werden (KK-AktG/*Paefgen* Rn. 73; WHSS/*Seibt* Rn. F 47). Ist nach dem Ergebnis des Statusverfahrens die Neubestellung des gesamten Aufsichtsorgans erforderlich, erlischt das Amt der ersten Anteilseignervertreter nach §§ 31 Abs. 3 S. 3, 97 Abs. 2 S. 3, 98 Abs. 4 AktG (KK-AktG/*Paefgen* Rn. 73).

52   **b) Umwandlung.** Obwohl bei der Umwandlung keine Sachgründung mit Unternehmenseinbringung erfolgt, ist nach der ausdrücklichen Bestimmung von § 197 S. 3 UmwG (Verweisungsnorm: Art. 15 Abs. 1) § 31 AktG sinngemäß anzuwenden, dh die SE-Eintragung kann ohne vorherige Durchführung der Wahl der Arbeitnehmervertreter und einem **Aufsichtsorgan ausschließlich mit Aktionärsvertretern** erfolgen (KK-AktG/*Paefgen* Rn. 74; LHT/*Drygala* Rn. 29). Ansonsten gelten die Ausführungen bei Rn. 51 entsprechend.

53   **c) Tochter-SE-Gründung (Bargründung).** Bei der Tochter-SE-Gründung in Form einer Bargründung richtet sich die Bestellung des ersten Aufsichtsorgans über Art. 15 Abs. 1 nach § 30 AktG; das **erste Aufsichtsorgan besteht** demnach **ausschließlich aus Aktionärsvertretern.** Die Amtszeit der Erstmitglieder darf höchstens bis zum Ende der Hauptversammlung reichen, die über die Entlastung für das erste Voll- oder Rumpfgeschäftsjahr beschließt (§ 30 Abs. 1 S. 1, Abs. 3 S. 1 AktG). Das Leitungsorgan der SE hat rechtzeitig vor Ende dieser Amtszeit ein Statusverfahren nach § 30 Abs. 3 S. 2, §§ 97 ff. AktG einzuleiten, und das Aufsichtsorgan ist hiernach entsprechend zu besetzen.

54   **4. Mitbestimmungsvereinbarung.** Aus Art. 40 Abs. 2 S. 3 Var. 2 ergibt sich, dass **tauglicher Regelungsgegenstand einer Mitbestimmungsvereinbarung** Fragen der Bestellung des ersten Aufsichtsorgans ist. So kann – in Abweichung von §§ 30, 31 AktG – dort vereinbart werden, dass und nach welchem Verfahren das erste Aufsichtsorgan bereits mit Arbeitnehmervertretern

zu besetzen ist (vgl. Begr. RegE SEBG, BR-Drs. 438/04, 129; KK-AktG/*Paefgen* Rn. 77; MüKoAktG/*Jacobs* SEBG § 21 Rn. 19a; NFK*Freis* SEBG § 21 Rn. 23).

VII. Beendigung der Organstellung der Mitglieder des Aufsichtsorgans

1. Zulässigkeit der Abberufung. Die SE-VO enthält (anders als SE-VO 55 1970, 1975 [1989] und 1991) keine ausdrückliche Regelung zur Abberufung der Mitglieder des Aufsichtsorgans, woraus sich allerdings keine Einschränkung der umfassenden Personalkompetenz der Hauptversammlung über die Mitglieder des Aufsichtsorgans ergibt (KK-AktG/*Paefgen* Rn. 79; HK-SE/*Manz* Rn. 14). Vielmehr ergibt sich aus der Verweisungsnorm des Art. 52 S. 2 die Kompetenz der Hauptversammlung zur und die Voraussetzungen der Abberufung nach § 103 Abs. 1 S. 1 AktG (KK-AktG/*Paefgen* Rn. 79; MüKoAktG/*Reichert/Brandes* Rn. 58; abweichend [Verweisnorm Art. 9 Abs. 1 lit. c ii] *Schwarz* Rn. 62, 64; HK-SE/*Manz* Rn. 14; aus der italienischen Literatur Corapi/Pernazza/*Pernazza* S. 195). Demnach ist die **Abberufung ohne Vorliegen besonderer Gründe zulässig;** aus Art. 46 Abs. 1 (Pflicht zur statutarischen Festlegung der Amtszeit) ergibt sich nichts anderes (zutreffend KK-AktG/*Paefgen* Rn. 80; LHT/*Drygala* Rn. 23; MüKoAktG/*Reichert/Brandes* Rn. 57; *Schwarz* Rn. 63 f.; HK-SE/*Manz* Rn. 27; aA *Hirte* NZG 2002, 1 [5]; *Hommelhoff* AG 2001, 279 [283]; *Schwarz* ZIP 2001, 1847 [1855]). Aus der Regelung des Mehrheitsprinzips in Art. 57 folgt, dass die einfache Mehrheit der abgegebenen Stimmen für den Abberufungsbeschluss ausreicht; die Regelung der Satzungsdispositivität in § 103 Abs. 1 S. 2 AktG unterfällt dem Ausnahmetatbestand des Art. 57 Hs. 2 („das […] maßgebliche Recht […] vorschreibt") nicht, da diese Aktienrechtsnorm die Mehrheit von drei Vierteln der abgegebenen Stimmen nicht qua Gesetzes zwingend anordnet, sondern Satzungsdispositivität erlaubt (zutreffend KK-AktG/*Paefgen* Rn. 81; *Schwarz* Rn. 65; *Brandt* Hauptversammlung S. 148, 243; *Frodermann* in Jannott/Frodermann HdB SE Kap. 5 Rn. 103; aA LHT/*Drygala* Rn. 23; MüKo-AktG/*Reichert/Brandes* Rn. 58; HK-SE/*Manz* Rn. 27).

2. Aktionärsvertreter. a) Abberufung durch die Hauptversammlung. 56 Aktionärsvertreter können durch die Hauptversammlung nach Art. 52 S. 2 iVm § 103 Abs. 1 S. 1 AktG ohne Vorliegen besonderer Gründe durch mit einfacher Mehrheit gefasstem Beschluss abberufen werden (→ Rn. 55).

b) Abberufung durch Entsendungsberechtigte. In das Aufsichtsorgan ent- 57 sandte Mitglieder können durch den jeweiligen Entsendungsberechtigten jederzeit und ohne Vorliegen besonderer Gründe abberufen und durch eine andere Person ersetzt werden (§ 103 Abs. 2 S. 1 AktG, Art. 9 Abs. 1 lit. c ii; KK-AktG/*Paefgen* Rn. 82; MüKoAktG/*Reichert/Brandes* Rn. 60). Mit Wegfall der statutarisch festgelegten Entsendungsvoraussetzung wird das Amt des entsendeten Mitglieds nicht automatisch beendet, sondern die Hauptversammlung ist dann nur befugt, das entsandte Mitglied mit einfacher Mehrheit der abgegebenen Stimmen jederzeit abzuberufen (Art. 57 UAbs. 2 iVm § 103 Abs. 2 S. 2 AktG; KK-AktG/*Paefgen* Rn. 83; MüKoAktG/*Reichert/Brandes* Rn. 58; vgl. auch § 29 Abs. 2 S. 2 SEAG für das monistische Leitungssystem).

c) Abberufung durch das Gericht. Trotz fehlender ausdrücklicher Rege- 58 lung einer gerichtlichen Abberufung von Mitgliedern des Aufsichtsorgans in der SE-VO ist insofern von einer **Regelungsoffenheit** auszugehen. Demzufolge können **Aktionärsvertreter bei Vorliegen eines wichtigen Grundes** (vgl. § 103 AktG) **auf mehrheitlichen Beschluss des Aufsichtsorgans** (Art. 50 Abs. 1 lit. b) **durch das Amtsgericht des Gesellschaftssitzes abberufen**

werden (§ 103 Abs. 3 S. 1 AktG, Art. 9 Abs. 1 lit. c ii; KK-AktG/*Paefgen*
Rn. 85; LHT/*Drygala* Rn. 25; MüKoAktG/*Reichert/Brandes* Rn. 61; *Schwarz*
Rn. 68). Bei einem entsandten Organmitglied gilt hierbei die Besonderheit, dass
die Abberufung auch auf Antrag einer Aktionärsminderheit erfolgen kann
(Art. 47 Abs. 4 iVm § 101 Abs. 2 AktG).

59   **d) Sonstige Beendigungsgründe.** Das Amt als Mitglied des Aufsichtsorgans
endet durch (i) **Amtsniederlegung,** (ii) Tod des Organmitglieds, (iii) Ablauf der
Amtszeit, (iv) Vollbeendigung der Gesellschaft oder Erlöschen der Gesellschaft
durch Verschmelzung und (v) erfolgreiche Anfechtung des Bestellungsbeschlusses
(vgl. § 251 AktG). Der **nachträgliche Eintritt eines Bestellungshindernisses**
nach § 100 Abs. 1 AktG, das **nachträgliche Auftreten von Inhabilitäts- und
Inkompabilitätsgründen** sowie das **Ergehen einer in- oder ausländischen
Gerichts- oder Behördenentscheidung** iSv Art. 47 Abs. 2 lit. b führen zur
Amtsbeendigung kraft Gesetztes (KK-AktG/*Paefgen* Rn. 91; MüKoAktG/*Rei-
chert/Brandes* Rn. 62).

60   **3. Arbeitnehmervertreter. a) Abberufung durch die Hauptversammlung.** Bei Geltung der **Auffangregelung** (§§ 34 ff. SEBG) können nach § 37
Abs. 1 S. 4 SEBG die dem Inland zugeordneten Arbeitnehmervertreter im Aufsichtsorgan durch die Hauptversammlung abberufen werden, wobei diese dann
an den Abberufungsvorschlag (KK-AktG/*Paefgen* Rn. 87) des nach § 36 Abs. 1
S. 3, §§ 8–10 SEBG zusammengesetztem Wahlgremium der Arbeitnehmer gebunden ist. Zu den Einzelheiten des Vorschlagverfahrens s. § 37 SEBG. Für die
Abberufung von Vertretern dem Ausland zugeordneter Arbeitnehmer gelten die
Vorschriften des Mitgliedstaates, dem die ausländischen Sitze entsprechend der
geographischen Proporzregel des § 36 Abs. 1 SEBG zukommen (§ 36 Abs. 2
SEBG; kritisch hierzu KK-AktG/*Paefgen* Rn. 89).

61   Bei Geltung einer **Mitbestimmungsvereinbarung** für die Bestellung von
Organmitgliedern gilt im Grundsatz, dass die in der Vereinbarung zur Abberufung bestimmten Regelungen mit der Folge gelten, dass ein Abberufungsbeschluss der Hauptversammlung nicht zwingend, dh unabhängig von der Mit-
gliedervereinbarung erforderlich ist, zB Abberufung durch Erklärung eines Be-
stellungs-/Abberufungsgremiums der Arbeitnehmerseite mit konstitutiver
Wirkung gegenüber der Gesellschaft (ebenso LHT/*Drygala* Rn. 24; MüKo-
AktG/*Reichert/Brandes* Rn. 60; aA KK-AktG/*Paefgen* Rn. 88: zwingende Abberufungskompetenz der Hauptversammlung). Aus Art. 40 Abs. 2 S. 3 Var. 2 folgt
auch für die Abberufung als *actus contrarius* zur Bestellung ein Vorrang der
Regelung der Mitbestimmungsvereinbarung vor dem Grundsatz der Hauptversammlungskompetenz nach Art. 40 Abs. 2 S. 1. Zudem gibt es keinen zwingenden Rechtsgrundsatz, dem zufolge eine unterschiedliche Zuordnung der Entscheidungskompetenz bei actus (Bestellung) und actus contrarius (Abberufung)
ausgeschlossen wäre (so aber wohl KK-AktG/*Paefgen* Rn. 88).

62   **b) Abberufung durch das Gericht.** Alle Arbeitnehmervertreter im Auf-
sichtsorgan können unter den gleichen Voraussetzungen wie Aktionärsvertreter
aus wichtigem Grund gerichtlich abberufen werden (§ 103 Abs. 3 S. 1 und 2
AktG, Art. 9 Abs. 1 lit. c ii; KK-AktG/*Paefgen* Rn. 90; LHT/*Drygala* Rn. 25;
LHT/*Oetker* § 37 SEBG Rn. 8; MüKoAktG/*Reichert/Brandes* Rn. 61; MüKo-
AktG/*Jacobs* SEBG § 37 Rn. 2; *Schwarz* Rn. 68).

63   **c) Sonstige Beendigungsgründe.** Ein wichtiger Grund für die Abberufung
ist insbesondere der Wegfall einer gesetzlichen oder statutarischen Eignungsvor-
raussetzung (→ Rn. 45 f.). Für die Arbeitnehmervertreter gelten die allgemeinen
sonstigen Beendigungsgründe wie (i) **Amtsniederlegung,** (ii) Tod des Organmitglieds, (iii) Ablauf der Amtszeit, (iv) Vollbeendigung der Gesellschaft oder

Erlöschen der Gesellschaft durch Verschmelzung, (v) erfolgreiche Anfechtung des Bestellungsbeschlusses (vgl. § 251 AktG).

Darüber hinaus führt der **nachträgliche Verlust der** in § 36 Abs. 3, § 6 **64** Abs. 2–4 SEBG für Arbeitnehmervertreter vorgeschriebenen **Wählbarkeitseigenschaften** kraft Gesetzes zur Amtsbeendigung (gleicher Regelungsgedanke im § 24 Abs. 2 MitbestG; KK-AktG/*Paefgen* Rn. 92).

VIII. Größe und Zusammensetzung des Aufsichtsorgans

1. Größe. a) Allgemeine Vorschriften. Von der Regelungsermächtigung in **65** Art. 40 Abs. 3 S. 2 (gesetzliche Festlegung der Mitgliederzahl oder von Höchst- und/oder Mindestzahl), hat der deutsche Gesetzgeber mit § 17 Abs. 1 SEAG Gebrauch gemacht, und zwar (i) durch Bestimmung einer Mindestmitgliederzahl von drei Personen (S. 1) (die auch unionsrechtlich geboten ist; Rn. 64) (ii) durch die Anordnung, dass eine ggf. durch Satzungsbestimmung festgesetzte höhere Zahl durch drei teilbar sein muss (S. 3 iVm S. 2; sog. Dreiteilungsgebot), und (iii) die nach dem Vorbild des § 95 AktG an die Höhe des Grundkapitals der Gesellschaft anknüpfenden Mitgliederhöchstzahlen einhalten muss (S. 4). Allerdings gelten diese Vorgaben nicht uneingeschränkt, sondern die Regelung der „Beteiligung der Arbeitnehmer nach den [SEBG]" bleiben hiervon unberührt (§ 17 Abs. 2 SEAG; → Rn. 66–69). – Durch die **Aktienrechtsnovelle 2016** vom 22.12.2015 (BGBl. I S. 2565) wurde das Dreiteilungsgebot in § 95 S. 3 AktG beschränkt auf die Fälle, in denen dies zur Erfüllung mitbestimmungsrechtlicher Vorgaben (dh § 4 Abs. 1 DrittelbG) erforderlich ist (zum Deregulierungszweck s. Beschlussempfehlung des 6. BT-Ausschusses, BT-Drs. 18/6681, 11). Obwohl mit § 17 Abs. 1 SEAG nach dem Willen des Gesetzgebers nur ein Gleichlauf mit dem allgemeinen Aktienrecht (§ 95 S. 1–5 AktG) hergestellt werden sollte (Begr. RegE, BT-Drs. 15/3405, 36), ist eine Änderung von § 17 Abs. 1 S. 3 SEAG mit der Aktienrechtsnovelle 2016 (ungewollt) unterblieben („Redaktionsversehen"; *Ihrig/Wandt* BB 2016, 6 [12]; vgl. auch *Harbarth/von Plettenberg* AG 2016, 145 [150]); unionsrechtlich ist das Dreiteilungsgebot nicht vorgeschrieben (so auch *Habersack* BB 2015, Heft 49, Die Erste Seite; *Ihrig/Wandt* BB 2016, 6 [12]; aA KK-AktG/*Paefgen* Art. 40 Rn. 97). § 17 Abs. 1 S. 3 SEAG wird durch Art. 7 Nr. 2 ARuG (BGBl. 2016 I S. 1142 → Rn. 27) entsprechend ab 17.6.2016 geändert werden; bis dahin ist die Norm **einschränkend dahin auszulegen**, dass das **Dreiteilungsgebot auch im Falle der SE nur beachtlich ist, wenn die mitbestimmungsrechtlichen Vorgaben** infolge des Eingreifens der Auffangregelung nach §§ 35 ff. SEBG oder wegen einer Regelung in der Mitbestimmungsvereinbarung **maßgeblich sind** (ebenso *Ihrig/Wandt* BB 2016, 6 [12]; → Rn. 67).

b) Mitbestimmte SE. aa) Mitbestimmungsvereinbarung. Die Frage, ob **66** der Regelungstopos der **Aufsichtsratsgröße zulässiger Gegenstand einer Mitbestimmungsvereinbarung** iSv § 21 SEBG ist, wurde vom LG Nürnberg-Fürth (ZIP 2010, 372 – GfK = BB 2010, 1113 mit zust. Anm. *Teichmann* = EWiR 2010, 337 [Linnertz]) in Übereinstimmung mit einer starken Literaturauffassung bejaht (LHT/*Oetker* § 21 SEBG Rn. 63; *ders.* ZIP 2006, 1113 [1114 ff.]; *ders.* FS Konzen, 2006, 635 [650]; LHT/*Drygala* Rn. 32 f.]; *Schwarz* Rn. 82; *Seibt* AG 2005, 413 [422 f.]; *ders.* ZIP 2010, 1057 [1060]; *Teichmann* Der Konzern 2007, 89 [94 f.]; *ders.* AG 2008, 797 [802 ff.]; *Kort* AG 2008, 137 [139]; HK-SE/*Hennings* SE-RL Art. 4 Rn. 28; *Kienast* in Jannott/Frodermann HdB SE Kap. 13 Rn. 386; aA KK-AktG/*Paefgen* Rn. 102; KK-AktG/*Feuerborn* SEBG § 21 Rn. 52; MüKoAktG/*Reichert/Brandes* Rn. 68; KK-AktG/*Kiem* Art. 12 Rn. 64; *ders.* ZHR 171 [2007], 213 [217]; *ders.* ZHR 173 [2009], 156 [175];

UHH/*Habersack* SEBG § 35 Rn. 6; *ders.* AG 2006, 345 [350 f.]; *ders.* ZHR 171 [2007], 613 [632]; *ders.* Der Konzern 2006, 105 [107]; *Jacobs* FS K. Schmidt, 2009, 795 [803 f.]; *Windbichler* FS Canaris, Bd. II, 2007, 1423 [1428 ff.]; *Rieble* DB 2006, 2018, [2021]; *Müller-Bonanni/Melot de Beauregard* GmbHR 2005, 195 [197]; *Feldhaus/Vanscheidt* DB 2008, 2246 [2247]). Für die Annahme eines tauglichen Regelungsgegenstandes der Mitbestimmungsvereinbarung spricht die Mitbestimmungsrelevanz nicht nur der anteilsmäßigen Repräsentanz von Arbeitnehmern im Aufsichtsrat, sondern auch von deren absoluter Zahl, da dieser Einfluss auf die Überlegung zur Vertretung von Gewerkschaften und ggf. leitenden Angestellten hat (ausführlich *Seibt* ZIP 2010, 1057 [1060 f.]). Ferner streiten hierfür auch Art. 9 Abs. 1, demzufolge die Mitbestimmungsvereinbarung im Rang über der Satzung sowie den Ausführungsgesetzen steht, sowie Art. 12 Abs. 4, der einen Vorrang der Mitbestimmungsvereinbarung vor der Satzung postuliert. Aus § 2 Abs. 12, § 21 Abs. 3 Nr. 1 SEBG (der Art. 2 lit. k, Art. 4 Abs. 2 lit. g SE-MRL umsetzt) ergibt sich, dass die Parteien der Mitbestimmungsvereinbarung Zahl *und* Anteil der Arbeitnehmer regeln könnten, womit eben auch die Größe des Aufsichtsrats statuiert werden kann (Zahl/Anteil = Größe) (*Seibt* ZIP 2010, 1057 [1059]; LHT/*Oetker* SEBG § 21 Rn. 63; *ders.* ZIP 2006, 1113 [1115 ff.]; *ders.* FS Konzen, 2006, 634 [650]).

67   Das **Dreiteilungsgebot** des § 17 Abs. 1 S. 3 SEAG tritt im Falle einer Größenregelung des Aufsichtsorgans in der Mitbestimmungsvereinbarung zurück; insoweit ist **§ 17 Abs. 1 S. 3 SEAG teleologisch zu reduzieren** (LG Nürnberg-Fürth ZIP 2010, 372 [373]; *Seibt* ZIP 2010, 1057 [1061]; MHdB AG/ *Austmann* § 85 Rn. 41; Spindler/Stilz/*Casper* Art. 12 Rn. 21; *Ihrig/Wandt* BB 2016, 6 [12 f.]).

68   **bb) Auffangregelung.** Die Frage, ob das SE-Mitbestimmungsregime kraft Auffangregelung die Satzungsautonomie zur Festsetzung der Mitgliederzahl des Aufsichtsrates (Art. 40 Abs. 3 S. 1) einschränkt, ist im Ausgangspunkt nach Art der SE-Gründungsform differenziert zu beantworten: Bei der **Verschmelzungs-, Holding- oder Tochter-SE-Gründung** bemisst sich die Zahl der Arbeitnehmervertreter im Aufsichtsrat nach § 35 Abs. 2 S. 2 SEBG (der Teil 3 lit. b Anh. Art. 7 SE-MitbestRL zutreffend umsetzt) nach dem höchsten Anteil von Arbeitnehmervertretern, der in den beteiligten Gesellschaften vor der Eintragung der SE bestanden hat. Bereits aus dem Wortlaut der Norm ergibt sich, dass das mitbestimmungsrechtliche Vorher-Nachher-Prinzip ausschließlich den höchsten **Anteil** von Arbeitnehmervertretern im Aufsichtsorgan der an der SE-Gründung beteiligten Gesellschaften schützt und gerade nicht deren absolute Zahl (ebenso *Seibt* ZIP 2010, 1057 [1061]; MüKoAktG/*Reichert/Brandes* Rn. 69; KK-AktG/*Paefgen* Rn. 99; LHT/*Oetker* SEBG § 35 Rn. 8, 18; Spindler/Stilz/ *Eberspächer* Rn. 10; NFK/*Nagel* SEBG § 35 Rn. 4; *Kienast* in Jannott/Frodermann HdB SE Kap. 13 Rn. 279; UHH/*Habersack* SEBG § 35 Rn. 6, 11; *ders.* AG 2006, 345 [347]; *Ihrig/Wagner* BB 2004, 1749 [1754 ff.]; *Müller-Bonanni/Melot de Beauregard* GmbHR 2005, 195 [197]; vgl. auch Begr. RegE SEBG, BR-Drs. 438/04, 137). Bei der **SE-Gründung durch Umwandlung** schreibt § 35 Abs. 1 SEBG (der Teil 3 lit. a Anh. Art. 7 SE-MitbestRL zutreffend umsetzt) vor, dass die Mitbestimmung (in allen Komponenten) so erhalten bleibt, wie sie in der Gesellschaft vor der Umwandlung bestand. Trotz des umfassenderen Wortlauts ist auch bei dieser Gründungsform nur der Schutz des *Anteils* der Arbeitnehmervertreter im Aufsichtsorgan gewährt (*Seibt* ZIP 2010, 1057 [1062]; KK-AktG/ *Paefgen* Rn. 100; LHT/*Oetker* SEBG § 35 Rn. 8; MüKoAktG/*Jacobs* SEBG § 35 Rn. 9; UHH/*Habersack* SEBG § 35 Rn. 6; *ders.* AG 2006, 345 [347]; *Müller-Bonanni/Melot de Beauregard* GmbHR 2005, 195 [197]; aA HK-SE/*Hennings* Anh. Auffangregelung Teil 3 SE-RL Rn. 88; *Nagel* AuR 2007, 329 [335 f.]; *Krause* BB

2005, 1221 [1227]; *Kowalski* DB 2007, 2243 [2247]; tendenziell auch *Reichert/ Brandes* ZGR 2003, 767 [775]); daher besteht auch hier Satzungsautonomie für die Festlegung der Größe des Aufsichtsrats.

Bei **allen Gründungsformen gilt das Dreiteilungsgebot wegen des Mit-** 69 **bestimmungsvorbehalts in § 17 Abs. 2 SEAG nicht,** denn auch die Auffangregelung nach §§ 34 ff. SEBG ist eine „Beteiligung der Arbeitnehmer nach SE-Beteiligungsgesetz" (*Seibt* ZIP 2010, 1057 [1062]). Das bedeutet für die Praxis, dass der Satzungsgeber im Rahmen der verbindlichen *Anteils*kontinuität frei ist, die Mitgliederzahl im Aufsichtsrat festzulegen, also zB die Organgröße bei paritätischer Besetzung mit 16 oder 20 Personen ggf. beizubehalten oder dann auch eine Mitgliederzahl von acht bzw. zehn zu regeln.

2. Zusammensetzung. a) Mitbestimmungsvereinbarung. Für die Rege- 70 lung der Zusammensetzung des Aufsichtsorgans mit Arbeitnehmervertretern in der Mitbestimmungsvereinbarung gilt für die Fälle der **Verschmelzungs-, Holding- und Tochter-SE-Gründung** der **Grundsatz der Verhandlungsautonomie** (*Seibt* AG 2005, 413 [422 ff.]; *ders.* ZIP 2010, 1057 [1062]; KK-AktG/ *Paefgen* Rn. 107; MüKoAktG/*Reichert/Brandes* Rn. 71; MüKoAktG/*Jacobs* SEBG § 21 Rn. 13; LHT/*Drygala* Rn. 33; LHT/*Oetker* SEBG § 21 Rn. 67; *Habersack* ZHR 171 [2007], 613 [634 f.]), der lediglich durch höherrangiges Recht und **verfassungsrechtliche Grundwertungen** beschränkt ist. So können in der Mitbestimmungsvereinbarung unabhängig von den Bestimmungen, die das deutsche Unternehmensmitbestimmungsrecht oder die Auffangregelung für diesen Sachverhalt an sich vorsähen, eine paritätische Organbesetzung (allerdings zwingend wegen Art. 14 GG mit einem Letzt-übergewicht der Anteilseigner), eine Fünf-Zwölftel-, eine Zwei-Fünftel-, eine Drittel-, eine Viertel-, eine Fünftel- (ggf. mit zwei Mindestsitzen; so der Vorschlag der Sachverständigengruppe „European Systems of Work Case Involvement" [Davignon-Bericht] abgedruckt in BR-Drucks. 572/97 S. 18) oder eine Sechstel-Beteiligung der Arbeitnehmer, Mitbestimmungsmodelle ausländischer Rechtsordnungen oder auch gar keine Arbeitnehmervertreter im Aufsichtsorgan (sondern zB in einem gesonderten Konsulationsausschuss) vorgesehen werden (ausführlich *Seibt* AG 2005, 413 [420 f.]; vgl. auch *Seibt* ZIP 2010, 1057 [1062]). Inhaltliche Grenzen für die Zusammensetzung des Aufsichtsrats ergeben sich zunächst aus europarechtlichen Eigentumsgarantien und dem hieraus folgenden Verbot der Überparität zugunsten der Arbeitnehmervertreter (*Seibt* AG 2005, 413 [416]; *ders.* ZIP 2010, 1057 [1062]) sowie – jedenfalls in regulären Unternehmensfeldern – einer Parität ohne Pattauflösungsmechanismus zugunsten der Anteilseignerseite. Aus dem Art. 4, Art. 140, Art. 5 Abs. 1 S. 2, Abs. 3, Art. 21 und Art. 9 Abs. 3 GG vergleichbaren europäischen Grundrechtsschutz ergibt sich das Verbot eines maßgeblichen Einflusses der Arbeitnehmervertreter auf die tendenzbezogene Unternehmensführung (hierzu *Seibt* AG 2005, 413 [416]; aA *Hoops* Mitbestimmungsvereinbarung S. 125 f.; MüKoAktG/*Jacobs* SEBG § 39 Rn. 9), so dass jedenfalls Arbeitnehmerbeteiligungen im Aufsichtsrat von mehr als einem Mitglied unzulässig sind. Die verfassungsrechtlichen Wertungen stehen auch nicht zur Disposition der Anteilseigner, selbst nicht bei Zustimmung sämtlicher, nämlich nur jetziger Anteilseigner) (*Seibt* ZIP 2010, 157 [162]; aA *Henssler* ZfA 2000, 241 [261 f.]; *Jacobs* FS K. Schmidt, 2009, 795 [801]; unklar *Kiem* ZHR 171 [2007], 713 [716]. Die Mitbestimmungsvereinbarung muss eine (proportionale) geographische Repräsentanz (zB entsprechend § 36 Abs. 1 SEBG) nicht vorsehen (wenngleich die Praxis eine solche Proportionalität regelt [zB Allianz, BASF, Fresenius]), sie kann aber umgekehrt geographische Verteilungsverfahren vorgeben, nach denen auch Arbeitnehmer aus Nicht-EU-Mitgliedstaaten einbezogen werden (*Seibt* ZIP 2010, 1057 [1062]; vgl. auch BR-Drs. 438/04, 129). Zulässig ist auch die Verteilung der Sitze nach bestimmten Unternehmenssparten, funktionalen Einheiten, Betrieben oder bestimmten Arbeitnehmergruppen, zB Arbeiter und leitende Angestellte (*Seibt* ZIP 2010, 1057 [1062]). Die **Grenze für die Sitzverteilung bildet nur das enge Willkürverbot** (*Seibt* ZIP 2010, 1057 [1062]; *Jacobs* FS K. Schmidt, 2009, 795 [806]; aA – weites Diskriminierungsverbot – *Forst,* Beteiligungsvereinbarung nach § 21 SEBG, S. 274 ff.). Bei Mitbestimmungsvereinbarungen, die eine Minderung von Mitbestimmungsrechten der Arbeitnehmer zur Folge haben (dh in Fällen, in denen der vereinbarte Anteil der Arbeitnehmervertreter im Aufsichtsorgan geringer ist, als in denen an der Gründung der SE beteiligten Gesellschaften), beschließt das besondere Verhandlungsgremium über die Mitbestimmungsvereinbarung mit qualifizierter Mehrheit (vgl. § 15 Abs. 3 SEBG).

71   Bei der **SE-Gründung** durch Umwandlung gilt demgegenüber ein striktes mitbestimmungsrechtliches **Vorher-Nachher-Prinzip,** demzufolge Regelungen in einer Mitbestimmungsvereinbarung, die zu einer Minderung der Mitbestimmung führen, verboten sind und durch das besondere Verhandlungsgremium auch nicht mit qualifizierter Mehrheit gebilligt werden können. Die Anforderung, dass die Mitbestimmungsvereinbarung „in Bezug auf alle Komponenten der Arbeitnehmerbeteiligung zumindestens das gleiche Ausmaß gewährleistet (…), das in der Gesellschaft besteht, in eine SE umgewandelt werden soll" (§ 21 Abs. 6 S. 1 SEBG; Art. 4 Abs. 4 SE-MitbestRL), dient (nur) als **Arbeitnehmervertretungsschutz** und schließt nicht aus, dass die Mitbestimmungsvereinbarung eine Zusammensetzung des Aufsichtsorgans vorsieht, die abweichend von den als Vergleichsmaßstab heranzuziehenden nationalen Mitbestimmungsregeln ausgestaltet wird (*Seibt* ZIP 2010, 1057 [1063]; LHT/*Oetker* SEBG § 21 Rn. 58; *ders.* FS Birk, 2008, 557 [569 f.]; KK-AktG/*Paefgen* Rn. 110; MüKoAktG/*Jacobs* § 21 SEBG Rn. 21; *ders.* FS K. Schmidt, 2009, 795 [800]; *Ihrig/Wagner* BB 2004, 1749 [1755]; aA *Schwarz* Einl. Rn. 287; Theisen/Wenz/*Köstler* S. 131, 349; *Nagel* AuR 2007, 329 [332]). Die Mitbestimmungsvereinbarung kann zB einen Vergleich zur nationalen Mitbestimmungsregelung (zB DrittelbG) höheren Anteil von Arbeitnehmervertretern regeln (Praxisfall: GfK [vier von zehn]; vgl. LG Nürnberg-Fürth ZIP 2010, 372 [373]). Bei Umwandlung einer dem MitbestG unterfallenen AG kann in der Mitbestimmungsvereinbarung vom Gruppenproporzsystem des § 7 Abs. 2 MitbestG abgewichen werden (*Seibt* ZIP 2010, 1057 [1063]; KK-AktG/*Paefgen* Rn. 110); bei einer dem DrittelbG unterfallenen AG kann zB die Vertretung durch einen nichtunternehmensangehörigen Gewerkschaftsvertreter vorgesehen werden (*Seibt* ZIP 2010, 1057 [1063]).

72   **b) Auffangregelung.** Bei der **Verschmelzungs-, Holding- und Tochter-SE-Gründung** ist zwingend der höchste Anteil von Arbeitnehmervertretern, der in den an der SE-Gründung beteiligten Gesellschaften galt, auch für die Zusammensetzung des Aufsichtsorgans maßgeblich (Bestandschutz der Mitbestimmungsproportion; vgl. § 35 Abs. 2 S. 2 SEBG, der Teil 3 lit. b Anh. Art. 7 SE-MitbestRL umsetzt) (*Seibt* ZIP 2010, 1057 [1063]; KK-AktG/*Paefgen* Rn. 101; LHT/*Oetker* SEBG § 35 Rn. 15 f.; MüKoAktG/*Jacobs* SEBG § 35 Rn. 11; UHH/*Habersack* SEBG § 35 Rn. 11). Für die personelle Zusammensetzung des Aufsichtsorgans, gelten nicht die Vorschriften des für den Bestandschutzvergleich heranzuziehenden nationalen Rechts, sondern es gilt das geographische Repräsentationsprinzip des § 36 Abs. 1 SEBG.

73   Bei der **SE-Gründung durch Umwandlung** gilt – trotz des etwa weitreichenden Wortlauts – ebenfalls nur ein Bestandschutz der Mitbestimmungsproportion. In gleicher Weise wie bei den anderen Gründungsfällen gilt für die Sitzverteilung der Arbeitnehmervertreter nicht das vor Umwandlung geltende nationale MitbestR, sondern das geographische Repräsentationsprinzip des § 36

Abs. 1 SEBG (*Seibt* ZIP 2010, 1057 [1063]; KK-AktG/*Paefgen* Rn. 112; MüKo-AktG/*Jacobs* SEBG § 35 Rn. 9; *Ihrig*/*Wagner* BB 2004, 1749 [1755 ff.]; *Müller-Bonanni*/*Melot de Beauregard* GmbHR 2005, 195 [197]; aA Theisen/Wenz/*Köstler* S. 331, 360 f.; *Nagel* AuR 2007, 329 [335]).

3. Statusverfahren. Das sog. **Status-quo- oder Kontinuitätsprinzip** (§ 96   **74** Abs. 2 AktG) sowie die notwendige Durchführung des Statusverfahrens zur Änderung des Mitbestimmungsregimes gelten auch bei der SE mit doppelter Konsequenz: (1) Bei der Frage der als Vergleichsmaßstab heranzuziehenden nationalen Mitbestimmungsregeln, kommt es in Deutschland auf den Ist-Zustand des Mitbestimmungsregimes und nicht auf eine hypothetischen und gerade nicht einem Statusverfahren geklärten Soll-Zustand an (*Seibt* ZIP 2010, 1057 [1064]). Dies ergibt sich zum einen aus dem Wortlaut von § 34 Abs. 1 und Abs. 2, § 35 SEBG, vor allem streiten hierfür Gründe der Rechtssicherheit und des Schutzes der Funktionsfähigkeit des Unternehmens. Die Einleitung eines Statusverfahrens während des SE-Gründungsverfahrens führt nicht per se zu einer Unterbrechung des SE-Gründungsverfahrens, zumal eine Unterbrechung der gesetzlichen Fristenvorgaben für die Verhandlung und den Abschluss der Mitbestimmungsvereinbarung und damit der Mobilität der Unternehmen und der Inkooperationsfreiheit in der EU entgegenstehen. Dieses Fristen- und Beschleunigungsprinzip ist auch bei der gerichtlichen Entscheidung über die Aussetzung eines Eintragungsverfahrens zu berücksichtigen (Ausnahme: evidente und ohne vertiefte Prüfung feststellbare Gesetzesverletzungen) (*Seibt* ZIP 2010, 1057 [1064]. (2) Die SE selbst unterliegt dem Kontinuitätsprinzip, und für eine Änderung der mitbestimmungsrechtlichen Zusammensetzung des Aufsichtsorgans ist die Durchführung eines Statusverfahrens erforderlich. Für SE mit monistischem Verwaltungssystem gelten §§ 25 und 26 SEAG (die den §§ 97 ff. AktG nachgebildet sind), bei SE mit dualistischem Verwaltungssystem sind die §§ 97 und 98 AktG über die Generalverweisung in Art. 9 Abs. 1 lit. c ii anwendbar (*Seibt* ZIP 2010, 1057 [1064]; *Forst,* Beteiligungsvereinbarung nach § 21 SEBG, S. 359; für direkte Anwendung der §§ 97 f. AktG LG Nürnberg-Fürth ZIP 2010, 372 f.; *Hoops* Mitbestimmungsvereinbarung S. 198; für analoge Anwendung der §§ 97 f. AktG *Oetker* in Lutter/Hommelhoff Europäische Gesellschaft S. 277, 290). Mit dem Statusverfahren kann nicht nur überprüft werden, ob die Zusammensetzung des Organs mit den Regelungen der Mitbestimmungsvereinbarung bzw. der Auffangregelung übereinstimmt, sondern auch, ob die dortigen Regelungen zur Größe und Zusammensetzung überhaupt wirksam sind (*Seibt* ZIP 2010, 1057 [1064]; LHT/*Teichmann* Anh. Art. 43 (§ 25 SEAG) Rn. 13 f.; aA *Forst,* Beteiligungsvereinbarung nach § 21 SEBG, S. 336, 339, 366, 407 f.).

[Unterrichtung über Geschäftsgang]

41 (1) **Das Leitungsorgan unterrichtet das Aufsichtsorgan mindestens alle drei Monate über den Gang der Geschäfte der SE und deren voraussichtliche Entwicklung.**

(2) **Neben der regelmäßigen Unterrichtung gemäß Absatz 1 teilt das Leitungsorgan dem Aufsichtsorgan rechtzeitig alle Informationen über Ereignisse mit, die sich auf die Lage der SE spürbar auswirken können.**

(3) [1]**Das Aufsichtsorgan kann vom Leitungsorgan jegliche Information verlangen, die für die Ausübung der Kontrolle gemäß Artikel 40 Absatz 1 erforderlich ist.** [2]**Die Mitgliedstaaten können vorsehen, dass jedes Mitglied des Aufsichtsorgans von dieser Möglichkeit Gebrauch machen kann.**

(4) **Das Aufsichtsorgan kann alle zur Erfüllung seiner Aufgaben erforderlichen Überprüfungen vornehmen oder vornehmen lassen.**

(5) **Jedes Mitglied des Aufsichtsorgans kann von allen Informationen, die diesem Organ übermittelt werden, Kenntnis nehmen.**

§ 18 SEAG Informationsverlangen einzelner Mitglieder des Aufsichtsorgans

Jedes einzelne Mitglied des Aufsichtsorgans kann vom Leitungsorgan jegliche Information nach Artikel 41 Abs. 3 Satz 1 der Verordnung, jedoch nur an das Aufsichtsorgan, verlangen.

Schrifttum: *Hirte,* Die Europäische Aktiengesellschaft, NZG 2002, 1; *Lutter,* Information und Vertraulichkeit im Aufsichtsrat, 2. Aufl. 1984; *Lutter,* Information und Vertraulichkeit im Aufsichtsrat, 3. Aufl. 2006; *K. Schmidt,* „Insichprozesse" durch Leistungsklagen in der Aktiengesellschaft, ZZP 92 (1979), 212; *Seibt,* Informationsfluss zwischen Vorstand und Aufsichtsrat (dualistisches Leitungssystem) bzw. innerhalb des Verwaltungsrats (monistisches Leitungssystem), in HdB Corporate Governance, 2. Aufl. 2009, S. 391; *ders.,* Interessenkonflikte im Aufsichtsrat, FS Hopt, 2010, 1363; *Teichmann,* Vorschläge für das deutsche Ausführungsgesetz zur Europäischen Aktiengesellschaft, ZIP 2002, 1109; *Thümmel,* Die Europäische Aktiengesellschaft, Leitfaden für die Unternehmenspraxis, 2005.

Übersicht

		Rn.
I.	Normzweck, Normgeschichte und anwendbare Vorschriften ..	1
	1. Regelungsgegenstand und Normzweck	1
	2. Normgeschichte	3
	3. Anwendbare Vorschriften	4
II.	Regelbericht über den Gang der Geschäfte und die voraussichtliche Entwicklung (Abs. 1)	6
	1. Berichtsgegenstand	6
	2. Berichtsfrequenz	10
III.	Ad-hoc-Berichterstattung (Abs. 2)	12
	1. Berichtsgegenstand	12
	2. Rechtzeitigkeit	15
	3. Berichterteilung gegenüber dem Vorsitzenden des Aufsichtsorgans	16
IV.	Ad-hoc-Berichtsverlangen des Aufsichtsorgans (Abs. 3)	18
	1. Berichtsverlangen des Gesamtorgans (Abs. 3 Satz 1)	18
	a) Einbringung in das Informationssystem des Aufsichtsorgans	18
	b) Berichtsgegenstand	19
	c) Zuständigkeit und Berichtswege	22
	2. Berichtsverlangen von Einzelorganmitgliedern (Abs. 3 Satz 2, § 18 SEAG)	25
V.	Art, Form und Durchsetzung der Berichterstattung	27
	1. Grundsätze gewissenhafter und getreuer Berichterstattung .	27
	2. Form der Berichte	28
	3. Berichtsverpflichteter und Berichtsempfänger	29
	4. Informationsordnung	30
	5. Durchsetzung von Informationsrechten und Rechtsfolgen der Verletzung	31
VI.	Überprüfungsrecht des Aufsichtsorgans (Abs. 4)	34
	1. Inhalt und Umfang	34
	2. Ausübung	37
	3. Delegation des Überprüfungsrechts	39
VII.	Informationelle Gleichbehandlung der Organmitglieder und Informationsfluss innerhalb des Aufsichtsorgans (Abs. 5)	40

I. Normzweck, Normgeschichte und anwendbare Vorschriften

1. Regelungsgegenstand und Normzweck. Art. 41 regelt die Informati- **1**
onspflichten des Leitungsorgans gegenüber dem Aufsichtsorgan und zwar in
Form der periodischen Regelberichterstattung (Abs. 1) sowie der Ad-hoc-Be-
richterstattung (Abs. 2) und in Ergänzung hierzu das Recht des Aufsichtsorgans,
durch Ad-hoc-Berichtsverlangen Informationen vom Leitungsorgan zu erhalten
(Abs. 3 S. 1); von diesem Berichtsrecht kann jedes Einzelmitglied des Aufsichtsorgans Gebrauch machen (Abs. 3 S. 2 iVm § 18 SEAG). Die Berichtspflichten
des Leitungsorgans und Berichtsrechte des Aufsichtsorgans werden komplettiert
durch das Recht des Aufsichtsorgans, eine zur Erfüllung seiner Aufgaben erforderliche Überprüfung bei der Gesellschaft selbst vorzunehmen oder durch Dritte
vornehmen zu lassen (Abs. 4). Innerhalb des Aufsichtsorgans gilt das Prinzip zur
Offenheit und der informationellen Gleichbehandlung, dh jedes Organmitglied
kann von allen an das Aufsichtsorgan übermittelten Informationen Kenntnis
nehmen (Abs. 5). In der Wertung eines Gesamtblickes ist Art. 41 die **Zentral-
norm für die Informationsversorgung des Aufsichtsorgans** (dualistisches
System).

Empirische Studien kommen zu dem Ergebnis, dass eine der Hauptursachen **2**
für Schadensfälle und Unternehmenskrisen unternehmerische Entscheidungen
(von Leitungs- und Aufsichtsorganen) sind, die auf unzureichender oder fehlerhafter Informationsgrundlage beruhen (vgl. *Seibt* in HdB Corporate Governance,
S. 391, 392). Beim dualistischen System gibt es bei der **Informationsversorgung von Leitungsorgan zu Aufsichtsorgan** ein „**doppeltes Dilemma**"
(hierzu *Seibt* in HdB Corporate Governance S. 391, 392; *Theisen,* Information
und Berichterstattung des Aufsichtsrats, S. 74 f.): Einerseits besteht eine Wissensasymmetrie zulasten des im Grundsatz nicht an der Geschäftsführung teilhabenden
Aufsichtsorgans gegenüber dem von ihm zu kontrollierenden Leitungsorgan.
Damit sind die Informationsanfragen des Aufsichtsorgans tendenziell zu ungenau
(prägnant *Fleischer* AcP 204 [2004], 502 [526]: „Niemand kann überwachen, ohne
selbst dabei zu sein"). Andererseits führt die Wissensasymmetrie zu einem inhä-
renten Interessenkonflikt beim Leitungsorgan, das in erster Line aufgerufen ist,
die angemessene Informationsversorgung des Aufsichtsorgans und damit die ihn
selbst betreffende Überwachung, aber auch die Evaluation der Geschäftsführung
durch das Gesamtorgan und ihre Einzelmitglieder sicherzustellen. Daher besteht
eine Tendenz zur selektiven oder differenzierten Informationsweitergabe in der
Weise, das positiv eingeschätzte Informationen in breitem Umfang an den Aufsichtsrat weitergegeben, während negativ eingeschätzte Informationen verzögert
und nur rudimentär an den Vorsitzenden oder bestimmte Ausschüsse (und nicht
an das Gesamtgremium) übermittelt werden. Aus diesen konzeptionellen Gründen ist der Informationsfluss zwischen Leitungsorgan und Aufsichtsorgan eines
der wesentlichen Problemfelder der Corporate Governance, und diesem Stellenwert entspricht die ausdrückliche Regelung des Informationsregimes im dualistischen System durch Art. 41. Der übergreifende **Normzweck** des in Art. 41
niedergelegten Informationsregimes ist es, dem Aufsichtsorgan die Erfüllung
seiner Aufgaben, vor allem seine **Überwachungsaufgabe** (daneben aber auch
seine **Personalkompetenz** über das Leitungsorgan und seine **Funktion als
Mit-Leitungsorgan** bei bestimmten Einzelaspekten) **zu gewährleisten** (KK-
AktG/*Paefgen* Rn. 2; LHT/*Sailer-Coceani* Rn. 1; *Schwarz* Rn. 1; MüKoAktG/
Reichert/*Brandes* Rn. 1; HK-SE/*Manz* Rn. 1). Zur Minimierung der Risiken aus
differenzierter Informationsübermittlung regelt Art. 41 zum einen das **Gebot
direkter Informationsübermittlung an das Gesamtgremium des Aufsichtsorgans** und zum anderen das **Gebot der informationellen Gleichbe-**

handlung. Wegen der Relation von Kompetenzzuordnung zu Verantwortung und Haftung ist das die Kompetenzausübung erst ermöglichende Informationsregime ebenso **notwendige Voraussetzung für die Haftungsverantwortung** der Mitglieder des Aufsichtsorgans nach Art. 51 iVm §§ 116 S. 1, 93 AktG (diesen abgeleiteten Normzweck stärker als Doppelzweck charakterisierend: KK-AktG/*Paefgen* Rn. 2; LHT/*Sailer-Coceani* Rn. 1).

3   **2. Normgeschichte.** Akt. IV-2–6 Sanders-Vorentwurf 1967 sowie die SE-VO 1970, 1975 und 1989 enthielten sehr detaillierte Bestimmungen zu einzelnen Informationspflichten und -rechten sowie zu Einsichtsrechten des Aufsichtsorgans, wobei der Informationsfluss vom Leitungsorgan zum Aufsichtsorgan über dessen Vorsitzenden (nach deutscher Unternehmenspraxis) strukturiert war. Mit Art. 64 SE-VO 1991 wurde das Informationsregime vereinfacht und ein direkter Informationsfluss zwischen den beiden Organen geregelt (*Schwarz* Rn. 2; KK-AktG/*Paefgen* Rn. 4).

4   **3. Anwendbare Vorschriften.** Auf die deutsche SE mit dualistischem Verwaltungssystem finden neben Art. 48 die sachgegenständlich entsprechenden Vorschriften des Aktiengesetzes (insbesondere die §§ 90, 111 AktG) über die Generalverweisung in Art. 9 Abs. 1 lit. c ii Anwendung. Der lückenfüllende Verweis auf das AktG ist Folge der Erkenntnis, dass Art. 41 keine abschließende Regelung des Informationsregimes des Aufsichtsorgans bildet (vgl. LHT/*Sailer-Coceani* Rn. 2 f.; MüKoAktG/*Reichert/Brandes* Rn. 3). Denn das **rechtsgewährende Prinzip der Funktionserforderlichkeit der Informationsrechte** besagt, dass die Informationsrechte des Aufsichtsorgans gegenüber dem Leitungsorgan soweit reichen, wie dies für eine angemessene Kompetenzausübung und Funktionserfüllung des Aufsichtsorgans in der konkreten Situation (zB Steigerung der Detailtiefe der Berichte in Zeiten von Unternehmenskrisen oder Übernahmen) erforderlich ist (*Seibt* in HdB Corporate Governance S. 391, 395; *Leyens,* Information des Aufsichtsrats, S. 159; vgl. auch art. L 225-35, al. 3 franz. Code de Commerce). Die Informationsrechte des Aufsichtsorgans sind im Gesellschaftsinteresse gegründet und werden gleichzeitig durch dieses in ihrem Umfang konturiert (*Seibt* in HdB Corporate Governance S. 391, 395 f.; *Leyens,* Information des Aufsichtsrats, S. 152). Dies gilt rechtsformübergreifend, also sowohl für die AG als auch für die deutsche SE.

5   Zur Übersicht über die rechtliche Verordnung des Informationsregimes des Aufsichtsrats (bei der AG) bzw. des Aufsichtsorgans (bei der SE) kann schematisch was folgt festgehalten werden:

Art. 41 SE-VO

AG	Sachgegenstand	SE mit Sitz in Deutschland	Kongruenz (K)/ Abweichung (A)
§ 90 Abs. 1 S. 1 Nr. 1 und S. 2, Abs. 2 Nr. 1 AktG	Jahres-Regelbericht Geschäftspolitik und Fragen der Unternehmensplanung	§ 90 Abs. 1 S. 1 Nr. 1, Abs. 2 Nr. 1 AktG, Art. 9 Abs. 1 lit. c ii	A (→ Rn. 6, 9) [keine Konzerndimensionalität]
§ 90 Abs. 1 S. 1 Nr. 2 und S. 2, Abs. 2 Nr. 2 AktG	Jahres-Regelbericht Rentabilität der Gesellschaft	Art. 41 Abs. 1 SE-VO	A (→ Rn. 7) [keine Konzerndimensionalität]
§ 90 Abs. 1 S. 1 Nr. 3 und S. 2, Abs. 2 Nr. 4 AktG	Quartals-Regelbericht Gang der Geschäfte und Lage der Gesellschaft	Art. 41 Abs. 1 SE-VO	A (→ Rn. 7) [geringere Informationsdichte; keine Konzerndimensionalität]

AG	Sachgegenstand	SE mit Sitz in Deutschland	Kongruenz (K)/ Abweichung (A)
§ 90 Abs. 1 S. 1 Nr. 4 und S. 2, Abs. 2 Nr. 4 AktG	Ad-hoc-Bericht wesentliche Geschäfte	Art. 41 Abs. 2 SE-VO	A (→ Rn. 12) [niedrigere Berichtsschwelle; keine Konzerndimensionalität]
§ 90 Abs. 1 S. 3, Abs. 5 S. 3 AktG	Ad-hoc-Bericht an Aufsichtsratsvorsitzenden aus wichtigem Anlass	Art. 41 Abs. 2 SE-VO	A (→ Rn. 16) [Bericht an das Gesamtgremium; keine Konzerndimensionalität]
§ 90 Abs. 3 S. 1 AktG	Ad-hoc-Berichtsverlangen des Aufsichtsrats	Art. 41 Abs. 3 S. 1 SE-VO; § 90 Abs. 3 S. 1 AktG iVm Art. 9 Abs. 1 lit. c ii	K (→ Rn. 18 ff.)
§ 90 Abs. 3 S. 2 AktG	Ad-hoc-Berichtsverlangen eines Aufsichtsratsmitglieds	Art. 41 Abs. 3 S. 1 SE-VO, § 18 SEAG	A (→ Rn. 25 f.) [keine Konzerndimensionalität]
§ 90 Abs. 5 S. 1 und 2 AktG	Informationsrecht jedes Aufsichtsratsmitglieds	Art. 41 Abs. 5 SE-VO	K (→ Rn. 40)

II. Regelbericht über den Gang der Geschäfte und die voraussichtliche Entwicklung (Abs. 1)

1. Berichtsgegenstand. Nach Art. 41 Abs. 1 unterrichtet das Leitungsorgan **6** (Berichtsverpflichteter) das Aufsichtsorgan (Berichtsempfänger) mindestens alle drei Monate „über den Gang der Geschäfte der SE und deren voraussichtliche Entwicklung" (in der englischen Sprachfassung: „shall report (…) on the progress and foreseeable development of the SE´s business"; in der französischen Sprachfassung: „informe (…) de la marche des affaires de la SE et de leur évolution prévisible"). Mit dieser Bestimmung ist der **unionsrechtlich einzig verbindliche Regelbericht in Form eines Quartalsberichts** (Mindestanforderung) bezeichnet. Art. 41 Abs. 1 enthält aber **keine abschließende Regelung für die periodische Regelberichterstattung des Leitungsorgans** (KK-AktG/*Paefgen* Rn. 6). So sind vom Leitungsorgan dem Aufsichtsorgan einer deutschen SE der Einzel- und Konzernabschluss einschließlich der dazu gehörenden Lageberichte (Art. 61 iVm § 170 Abs. 1 AktG) und ggf. der Abhängigkeitsbericht (§ 312 AktG) vorzulegen. Darüber hinaus kommen für die deutsche SE die Regelberichtsanforderungen nach § 90 Abs. 1 S. 1 Nr. 1 und 2, Abs. 2 Nr. 1 und 2 AktG, Art. 9 Abs. 1 lit. c ii zur Anwendung (→ Rn. 4) sowie solche weiteren mit den gesetzlichen Anforderungen in der Satzung einer deutschen SE nicht kollidierenden Regelberichtsanforderungen (vgl. Art. 9 Abs. 1 lit. c i; zur Zulässigkeit ebenso KK-AktG/*Paefgen* Rn. 7; Spindler/Stilz/*Eberspächer* Rn. 2; zur Satzungsfreiheit nach deutschem Aktienrecht MüKoAktG/*Spindler* § 90 AktG Rn. 8) oder in einer vom Aufsichtsrat beschlossenen Informationsordnung (ausführlich *Seibt* in HdB Corporate Governance S. 391, 407 ff.; → Rn. 30).

Erster Gegenstand des zwingenden Regelberichts ist der **„Gang der Geschäfte 7 der SE"**, ein gemeinschaftsrechtlich autonom und nicht durch Rückgriff auf § 90 Abs. 1 S. 1 Nr. 3 AktG auszulegender Begriff (zutreffend KK-AktG/*Paefgen* Rn. 10; abweichend LHT/*Sailer-Coceani* Rn. 5). Dieser Bestandteil des Regelberichts ist **vergangenheits- und gegenwartsbezogen.** Der Bericht ist nicht auf den Status und die Entwicklung der operativen Geschäftstätigkeit beschränkt, sondern er hat alle Aspekte der Geschäftstätigkeit einschließlich der strategischen und wettbewerblichen Marktsituation, der Wirtschafts-, Finanz- und Liquiditätslage sowie wesentliche Investitionen und Einzelgeschäfte zu erstrecken (ähnl. KK-AktG/*Paefgen* Rn. 10, 13; LHT/*Sailer-Coceani* Rn. 5; MüKoAktG/*Reichert/Brandes* Rn. 5; HK-SE/*Manz* Rn. 9). Aus der Begriffverwendung „*Gang* der Geschäfte" („progress of the SE´s business", „marche des affaires") ergibt sich zunächst, dass kein bloßer Statusbericht, sondern ein Bericht über die Geschäftsentwicklung im Zeitverlauf und im Vergleich mit früheren Berichtsperioden und den vom Leitungsorgan ermittelten Plan- und Prognosedaten **(Soll/Ist-Vergleich)** verlangt ist (ebenso KK-AktG/*Paefgen* Rn. 12; LHT/*Sailer-Coceani* Rn. 5 f.; MüKo-AktG/*Reichert/Brandes* Rn. 5). Darüber hinaus ist auch zur **Rentabilität des Unternehmens** – ggf. auch aufgegliedert nach einzelnen Segmenten oder Sparten – zu berichten; hierzu wird in der Regel der Cashflow, die Gesamtkapitalrendite, der Return on Investment (RoI) und/oder ggf. auch bestimmte Wertschöpfungsrechnungen (zB Economic Value Added [EVA]) anzugeben sein (vgl. KK-AktG/*Paefgen* Rn. 11; LHT/*Sailer-Coceani* Rn. 5 f.; MüKoAktG/*Reichert/Brandes* Rn. 3a). Dabei liegt der **unionsrechtliche Mindestgehalt von der Detailtiefe her und wegen der gesellschaftsbezogenen Ausrichtung unterhalb des Informationsniveaus des § 90 Abs. 1 S. 1 Nr. 2 und 3 AktG** (vgl. zB aus der italienischen Literatur Corapi/Pernazza/*Pernazza* S. 177 [„La genericità dell' espressione utilizzata dal regolamento faritenere che l'informativa si possa limitare ad una rappresentazione generale e non dettagliata dell' andamento economico-finanziario, investendo invece singole operazioni solamente qualora siano tali da incidere sull'esito complessivo della gestione. Per operazione o eventi di tale rilevanza, peraltro, l'obbligo di informativa prescinde dalla cadenza di legge"]).

8   Zweiter Gegenstand des zwingenden Regelberichts ist die **„voraussichtliche Entwicklung der SE"** („foreseeable development of the SE´s business", „évolution prévisible de la SE"); er ist ebenfalls gemeinschaftsrechtlich autonom auszulegen. Dieser Bestandteil der Regelberichtspflicht ist **zukunftsorientiert** (und zwar nicht nur mit einer kurz-, sondern **auch vorhersehbar mittelfristigen Perspektive**) und verlangt die Information von Planzahlen, die sich aus der Unternehmensplanung ergeben, die ihrerseits aus der Unternehmensstrategie entwickelt ist (KK-AktG/*Paefgen* Rn. 15; Spindler/Stilz/*Eberspächer* Rn. 3). Hierzu gehört auch der Bericht über die Umsetzung der Unternehmensplanung in der Vergangenheit mit einer Soll/Ist-Analyse (sog. **Follow up-Berichterstattung;** KK-AktG/*Paefgen* Rn. 15; LHT/*Sailer-Coceani* Rn. 6; MüKoAktG/*Reichert/Brandes* Rn. 6). Der quantitative Teil der zukunftsgerichteten Berichterstattung ist um qualitative Prognoseaussagen zur zukünftigen Markt- und Wettbewerbsentwicklung, zur Wirtschafts-, Finanz- und Liquiditätslage sowie wesentlichen Geschäftsentwicklung, Chancen und Risiken zu ergänzen (KK-AktG/*Paefgen* Rn. 17; LHT/*Sailer-Coceani* Rn. 5).

9   Über die **Geschäftsentwicklung bei Konzern- und Beteiligungsgesellschaften** ist zwingend nur insoweit zu berichten, wie diese Auswirkung auf die geschäftliche Lage der SE selbst hat. Der Rückgriff auf die konzerndimensionale Berichtspflicht nach § 90 Abs. 1 S. 2 AktG, Art. 9 Abs. 1 lit. c ii ist ausgeschlossen, da die SE-VO insoweit eine abschließende Regelung enthält (KK-AktG/*Paefgen* Rn. 14; LHT/*Sailer-Coceani* Rn. 9); dies ergibt sich auch aus der Normengenese (Wegfall der Bezugnahme auf Konzerngesellschaften in Art. 64 Abs. 1 SE-VO 1991) (*Schwarz* Rn. 9). Allerdings können konzerndimensionale Berichtspflichten über eine Satzungsregelung oder Informationsordnung des Aufsichtsorgans (Praxislösung) eingeführt werden (→ Rn. 4, 6).

10   **2. Berichtsfrequenz.** Der Regelbericht ist nach Art. 41 Abs. 1 **„mindestens alle drei Monate",** dh nach Sinn und Zweck der Berichterstattung: bezogen auf

das Geschäftsjahr der SE (KK-AktG/*Paefgen* Rn. 18; LHT/*Sailer-Coceani* Rn. 10; *Schwarz* Rn. 6) zu erstatten. Die Erstattung hat ohne Anforderung des Aufsichtsorgans zu erfolgen (LHT/*Sailer-Coceani* Rn. 10; HK-SE/*Manz* Rn. 5). Diese dreimonatige, am Quartalsablauf orientierte Mindestfrist korrespondiert mit dem Telos des Pflichtberichts, das Aufsichtsorgan zum Zwecke der Wahrnehmung seiner Überwachungsaufgabe laufend und rollierend über den vergangenheits- und gegenwartsbezogenen Status und Entwicklung sowie über die zukunftgerichteten Aussichten mit deren Chancen und Risiken zu informieren (KK-AktG/ *Paefgen* Rn. 18). Je nach Branche und Geschäftsfeld, betriebswirtschaftlicher Organisationsstruktur und strategisch-wettbewerblicher oder wirtschaftlich-finanzieller Lage des Unternehmens (zB Unternehmenskrise) kann eine häufigere Berichterstattung erforderlich sein. Hierauf hätten sowohl das Leitungsorgan im Sinne einer Bringschuld als auch das Aufsichtsorgan im Sinne einer Holschuld hinzuwirken, um den jeweiligen Vorwurf einer Pflichtverletzung zu vermeiden (aA – alleinige Bringschuld des Leitungsorgans – KK-AktG/*Paefgen* Rn. 18; LHT/*Sailer-Coceani* Rn. 10).

Die abstrakten Berichtsinhalte, ihre Berichts- und Planungszeiträume sowie **11** Detaillierungsgrade können von Bericht zu Bericht unterschiedlich sein. So wäre es plausibel, wenn jeder vierte Quartalsbericht die erweiterte Form eines Jahresberichtes hätte, aber es können auch weitere Differenzierungen (zB detaillierte Halbjahresberichte zur Markt- und Wettbewerbslage bei bestimmter Saisonalität) sinnhaft sein. Es besteht überdies kein zwingender Zusammenhang zwischen der Berichtsfrequenz des Regelberichts und der Sitzungsfrequenz des Aufsichtsorgans (vgl. § 110 Abs. 3 AktG, Art. 9 Abs. 1 lit. c ii). Diese Pflichtberichte sind dem Aufsichtsorgan auch dann mindestens im Drei-Monats-Rhythmus zu erstatten, wenn dieses seltener oder wegen bestimmter Umstände unregelmäßig tagt.

III. Ad-hoc-Berichterstattung (Abs. 2)

1. Berichtsgegenstand. Neben der Regelberichterstattung nach Art. 41 **12** Abs. 1 begründet Art. 41 Abs. 2 die Pflicht des Leitungsorgans, dem Aufsichtsorgan rechtzeitig „alle Informationen über Ereignisse [mitzuteilen], die sich auf die Lage der SE spürbar auswirken können" („any information on events likely to have an appreciable effect on the SE", „tout informations sur des événements susceptibles d'avoir des répercutions sensibles sur la situation de la SE"). Diese **Anlassberichterstattung** wird ausgelöst durch **Ereignisse mit spürbarer Auswirkung auf die Lage der SE,** wobei der Begriff der Ereignisse sowohl gesellschaftsinterne Entwicklungen als auch exogene Ereignisse und negative sowie positive Entwicklungen erfasst (KK-AktG/*Paefgen* Rn. 21; LHT/*Sailer-Coceani* Rn. 12; *Schwarz* Rn. 20; MüKoAktG/*Reichert/Brandes* Rn. 7; HK-SE/*Manz* Rn. 12). **Entwicklungen bei Konzern- und Beteiligungsgesellschaften** sind wie bei der Regelberichterstattung (Art. 41 Abs. 1) unionsrechtlich zwingend nur insoweit zu berücksichtigen, als sie Auswirkungen auf die Geschäftslage der SE selbst haben (KK-AktG/*Paefgen* Rn. 21; LHT/*Sailer-Coceani* Rn. 14; *Schwarz* Rn. 19; → Rn. 9).

Die Anlassberichterstattung wird durch solche Ereignisse ausgelöst, die „sich **13** auf die Lage der SE *spürbar* auswirken *können*". Die **Berichtsschwelle liegt damit zwar niedriger als in § 90 Abs. 1 S. 1 Nr. 4 AktG** („Geschäfte, die für die Rentabilität oder Liquidität der Gesellschaft von erheblicher Bedeutung sein können"; ebenso KK-AktG/*Paefgen* Rn. 23; LHT/*Sailer-Coceani* Rn. 12; *Schwarz* Rn. 20), aber **entspricht in etwa der Anlassberichterstattung gegenüber dem Aufsichtsratsvorsitzenden einer AG nach § 90 Abs. 1 S. 3 AktG** („aus sonstigen wichtigen Anlässen"; anders wohl KK-AktG/*Paefgen* Rn. 23; unklar LHT/*Sailer-Coceani* Rn. 12). Diese – im Vergleich zum deutschen Aktienrecht –

inhaltliche Kontraktion beider Anlassberichterstattungen in Art. 41 Abs. 2 ist auch **Folge des Gebots des direkten Informationsflusses an das Aufsichtsorgan in seiner Gesamtheit** (→ Rn. 2). Das Kriterium der Spürbarkeit wird nicht durch weitere Parameter konkretisiert, zB Wertbestimmung, gesetzliche Pflichten (Corapi/Pernazza/*Pernazza* S. 178 f.), kann aber insoweit konturiert werden, als im Regelfall ad hoc-publizitätspflichtige Insiderinformationen (§ 15 Abs. 1 WpHG) auch die ad hoc-Berichtspflicht gegenüber dem Aufsichtsrat auslöst, wenngleich die formalen Bezugspunkte mit Kursbeeinflussungspotential einerseits und Lageauswirkungspotential andererseits unterschiedlich sind. Die Granularität der zwingenden Anlassberichterstattung ist nicht zu gering anzunehmen, zumal Berichtsempfänger dieser ad hoc-Berichte nicht wie im deutschen Aktienrecht der Aufsichtsratsvorsitzende (vgl. § 90 Abs. 1 S. 3 AktG), sondern das Gesamtgremium des Aufsichtsorgans ist.

14   Zwar lässt sich nur unter Berücksichtigung der konkreten Umstände des Einzelfalls entscheiden, welche Ereignisse wegen quantitativer oder qualitativer Merkmale berichtspflichtig sind, bei **typisierender Betrachtung** fallen indes folgende Ereignisse unter die Berichtspflicht des Art. 41 Abs. 2 (zu ähnlichen Aufstellungen vgl. KK-AktG/*Paefgen* Rn. 22; LHT/*Sailer-Coceani* Rn. 13; MüKoAktG/*Reichert/Brandes* Rn. 7; HK-SE/*Manz* Rn. 13): Erwerb oder Veräußerung eines wesentlichen Betriebs, wesentlichen Betriebsteils oder einer wesentlichen Unternehmensbeteiligung, Gründung oder Schließung eines wesentlichen Betriebs oder wesentlichen Betriebsteils; Umwandlung, Umstrukturierung und M&A-Transaktionen; erhebliche Investitionen in Produkte, Dienstleistungen oder Erschließung neuer Märkte oder Verlassen bisheriger Märkte; Abschluss, Änderung oder Beendigung wesentlicher Vertragsverhältnisse, Annahme oder Verlust großvolumiger Aufträge oder Aufträge mit erheblichem Risikopotential; Feststellung wesentlicher Compliance-Verletzungen und deren Behandlung; Feststellung sonstiger erheblicher Risikopositionen, zB aus Rechtsstreitigkeiten, Gewährleistungsfällen, Gesetzesänderungen im In- und Ausland, Unternehmenskrisen bei Geschäftspartnern, Prüfung von Steuerbehörden und sonstigen öffentlichen Stellen; Abschluss wesentlicher Finanzierungsverträge oder Durchführung von Eigenkapitalmaßnahmen; unvorhergesehene Änderungen in der Wettbewerbs-, Wirtschafts-, Finanz- und Liquiditätssituationen der Gesellschaft; personelle Veränderungen in Schlüsselpositionen; Streit unter den Mitgliedern des Leitungsorgans; Abschluss von Investorenvereinbarungen mit Aktionären. Diese exemplarische Aufzählung ist weder abschließend noch löst jedes der vorgenannten Ereignisse unabhängig von den Umständen des Einzelfalls zwingend eine Berichtspflicht aus. Bei der Beurteilung der Berichtserheblichkeit kommt dem Leitungsorgan einer deutschen SE unternehmerisches Ermessen im Sinne der Business Judgment Rule (Art. 51 iVm § 93 Abs. 1 S. 2 AktG) zu; es ist also eine plausible kaufmännische Prognose auf der Basis angemessener Informationen erforderlich, aber auch hinreichend (vgl. KK-AktG/*Paefgen* Rn. 22; LHT/*Sailer-Coceani* Rn. 13).

15   **2. Rechtzeitigkeit.** Der Anlassbericht nach Art. 41 Abs. 2 ist „rechtzeitig" zu erstatten. Bei teleologischer Betrachtung aus Sicht des Aufsichtsorgans bedeutet Rechtzeitigkeit, dass das Aufsichtsorgan nach Berichtserhalt noch ausreichend Zeit haben muss, Stellung zu dem Berichtsgegenstand zB in Form eines Beschlusses zu nehmen. Bei solchen Anlassberichten, die eine Beschlussfassung des Aufsichtsorgans zB in einer Sitzung vorbereiten, sind die Berichte so zeitig zu übermitteln, dass die Mitglieder des Aufsichtsorgans angemessene Gelegenheit haben, die Berichte zu verstehen und einer Plausibilitätsprüfung zu unterziehen. Umgekehrt folgt daraus auch, dass das Leitungsorgan nach Eintritt eines Ereignisses den Sachverhalt erst einmal sorgfältig klären, die Handlungsvarianten analysieren und

deren Erfolgsaussichten ggf. durch Ansprache Dritter eruieren kann, bevor der Bericht gegenüber dem Aufsichtsorgan erstattet wird. Dabei wird das Leitungsorgan auch berücksichtigen dürfen, ob die Information des Aufsichtsorgans nicht im nächsten turnusmäßigen Regelbericht (Art. 41 Abs. 1) inkorporiert werden könnte (zutreffend KK-AktG/*Paefgen* Rn. 25); dies führte nämlich zu einer Effizienzsteigerung der Arbeit beider Organe. **Rechtzeitigkeit ist daher keine Unverzüglichkeit** (vgl. Ziff. 5.2 S. 5 DCGK in Auslegung von § 90 Abs. 1 S. 3 AktG). Die Einschätzung der Rechtzeitigkeit durch das Leitungsorgan ist ebenfalls eine unternehmerische Ermessensentscheidung, die im Sinne der Business Judgment Rule den Maßstab der kaufmännischen Plausibilität auf der Basis angemessener Informationen einhalten muss. Ist ein Ergebnis irreversibel in dem Sinne eingetreten, dass keine Handlungsmöglichkeiten bestehen, ist dennoch darüber zu berichten, damit das Aufsichtsorgan seine zukünftige Überwachung hierauf einstellen kann (LHT/*Sailer-Coceani* Rn. 15).

3. Berichtserteilung gegenüber dem Vorsitzenden des Aufsichtsorgans. Art. 41 sieht für den **Vorsitzenden des Aufsichtsorgans** – anders als § 90 **16** Abs. 1 S. 3, Abs. 5 S. 3 AktG – **keine besondere Rolle im System der Informationsversorgung** des Aufsichtsorgans durch das Leistungsorgan vor. Vielmehr hat die SE-VO absichtsvoll und in Abwendung zu früheren Entwurfsfassungen mit der Informationskanalisierung über den Vorsitzenden des Aufsichtsorgans (→ Rn. 3) nun ein **Direkt-Informationsfluss zwischen den Organen** geregelt. Daher und wegen der gegenüber § 90 Abs. 1 S. 1 Nr. 4 AktG weiter gefassten Bestimmung des § 41 Abs. 2 kommt ein Rückgriff auf § 90 Abs. 1 S. 3 AktG, Art. 9 Abs. 1 lit. c ii nicht in Betracht (ebenso KK-AktG/*Paefgen* Rn. 26; so aber LHT/*Sailer-Coceani* Rn. 16; MüKoAktG/*Reichert/Brandes* Rn. 8).

Allerdings ist eine Ausnahme vom Grundsatz der Plenumsinformation für **17** **Eilsituationen** zuzulassen, in denen eine kurzfristige Entscheidung des Leitungsorgans zwar geboten ist, eine vorherige Information und Stellungnahme des Aufsichtsorgans zeitlich aber unmöglich ist. In solchen Fällen kann nur der Vorsitzende des Aufsichtsorgans (im Fall dessen Verhinderung: sein Stellvertreter, bei mehreren Stellvertretern: der erste Stellvertreter) informiert und um dessen Einschätzung gebeten werden (ebenso KK-AktG/*Paefgen* Rn. 26; LHT/*Sailer-Coceani* Rn. 16; *Schwarz* Rn. 23; MüKoAktG/*Reichert/Brandes* Rn. 8). Dem Gesamt-Aufsichtsorgan ist sodann unverzüglich nachträglich über den Vorgang zu berichten, allerdings kommt diese Berichtspflicht dann wiederum dem Leitungsorgan und nicht dem Vorsitzenden des Aufsichtsorgans zu (abweichend – Verweis auf § 90 Abs. 5 S. 3 AktG – LHT/*Sailer-Coceani* Rn. 16; MüKoAktG/*Reichert/Brandes* Rn. 8; unklar HK-SE/*Manz* Rn. 15).

IV. Ad-hoc-Berichtsverlangen des Aufsichtsorgans (Abs. 3)

1. Berichtsverlangen des Gesamtorgans (Abs. 3 Satz 1). a) Einbrin- 18 gung in das Informationssystem des Aufsichtsorgans. Neben den aufforderungslosen Berichtspflichten des Leitungsorgans gegenüber dem Aufsichtsorgan (Art. 41 Abs. 1 und Abs. 2) kann das Aufsichtsorgan nach Art. 41 Abs. 3 S. 1 „jegliche Information verlangen, die für die Ausübung der Kontrolle gemäß Artikel 40 Absatz 1 erforderlich ist" („to provide information of any kind which it needs to exercise supervision in accordance with article 40 (1)", „les informations de toute nature nécessaires au contrôl qu'il exerce conformément à l'article 40, paragraphe 1"). Funktional entspricht Art. 41 Abs. 3 S. 1 zwar der Bestimmung in § 90 Abs. 3 S. 1 AktG, allerdings mit dem gewichtigen Unterschied, dass sich Art. 41 Abs. 3 nach dem ausdrücklichen Wortlaut **ausschließlich** auf solche Informationen bezieht, die mit der **Überwachungstätigkeit** nach Art. 40

Abs. 1 in Verbindung stehen (abweichend LHT/*Sailer-Coceani* Rn. 18). Für die Wahrnehmung seiner weiteren Kompetenzen (insbesondere **Personalkompetenz** gegenüber den Mitgliedern des Leitungsorgans, **Mit-Entscheidungsrechte bei der Rechnungslegung;** → Art. 40 Rn. 13–18) kann sich der Aufsichtsrat zwar nicht auf Art. 41 Abs. 3 stützen, aber auf § 90 Abs. 3 S. 1 AktG, Art. 9 Abs. 1 lit. c ii; dem Rückgriff auf nationales Recht steht Art. 41 Abs. 3 nicht entgegen. Die Befugnis des Aufsichtsorgans nach Art. 41 Abs. 3, Berichte vom Leitungsorgan abzufordern, ist gleichzeitig eine Pflicht, in ausreichendem Umfang die zur Erfüllung der Überwachungsaufgabe notwendigen Informationen vom Leitungsorgan anzufordern (Holschuld). Unterlässt er solchermaßen gebotene Berichtsverlangen, so kann er sich der Gesellschaft gegenüber schadensersatzpflichtig machen (LHT/*Sailer-Coceani* Rn. 18; HK-SE/*Manz* Rn. 19).

19 **b) Berichtsgegenstand.** Berichtgegenstand bei Art. 41 Abs. 3 S. 1 sind „jegliche Informationen", die zur Wahrnehmung der Überwachungsaufgabe des Aufsichtsorgans nach Art. 40 Abs. 1 erforderlich ist. Damit ist im Gegensatz zu Art. 41 Abs. 2 (Kriterium der spürbaren Auswirkung) oder § 90 Abs. 3 S. 1 AktG (Kriterium des erheblichen Einflusses) **keine besonderen Qualifikationen qualitativer oder quantitativer Natur an den Informationsgehalt** gestellt; allerdings muss es eine Verbindung zur Überwachungsaufgabe des Aufsichtsorgans geben (→ Rn. 18). Der Berichtsbezugspunkt der „jeglichen Information" ist **unionsrechtlich zwingend weit auszulegen** (ebenso KK-AktG/ *Paefgen* Rn. 31; LHT/*Sailer-Coceani* Rn. 19; MüKoAktG/*Reichert/Brandes* Rn. 9). Eine sachliche Eingrenzung durch die Satzung der SE ist daher nach Art. 9 Abs. 1 lit. b ausgeschlossen (KK-AktG/*Paefgen* Rn. 31; HK-SE/*Manz* Rn. 18; LHT/*Sailer-Coceani* Rn. 19). Zwar enthält Art. 41 Abs. 3 S. 1 anders als Art. 41 Abs. 1 („Geschäfte der SE") und Abs. 2 („Lage der SE") keine ausdrückliche Bezugnahme auf die SE, so dass sich der Informationsanspruch grundsätzlich auch auf Vorgänge bei Konzern- und Beteiligungsgesellschaften erstrecken könnte, allerdings führt die Bezugnahme in Art. 41 Abs. 3 auf die Überwachungsaufgabe nach Art. 40 Abs. 1 zu einer Einschränkung: Vorgänge bei diesen Untergesellschaften sind vom Informationsanspruch ausgeschlossen, die auf die Lage der SE ohne erkennbare Auswirkung bleiben (KK-AktG/*Paefgen* Rn. 32).

20 Das Aufsichtsorgan kann den Gegenstand seines Berichtsverlangens im Sinne einer Autointerpretation nach pflichtgemäßem Ermessen selbst festlegen. Das Leitungsorgan ist zur Erfüllung des Berichtsverlangens bei einer bestehenden Pflicht zur Offenheit gezwungen, es sei denn, es fehlt offensichtlich an dem Funktionsbezug zur Aufsichtsratstätigkeit oder es liegt ein Missbrauchsfall (→ Rn. 21) vor. Bereits aus der Verpflichtung zum kooperativen Verhalten gegenüber anderen Unternehmensorganen folgt die Pflicht des Aufsichtsorgans, den Gegenstand der von ihm angeforderten Berichte in ausreichendem Maße zu präzisieren (KK-AktG/*Paefgen* Rn. 35; LHT/*Sailer-Coceani* Rn. 19; MüKo-AktG/*Reichert/Brandes* Rn. 11; zum deutschen Recht OLG Köln AG 1987, 24 f.) und auch für Nachfragen des Leitungsorgans offen zu sein.

21 Eine Ausnahme von der Pflicht zur Offenheit des Leitungsorgans gegenüber sämtlichen Mitgliedern des Aufsichtsorgans (einschließlich sämtlicher dortiger Arbeitnehmervertreter) besteht nur ausnahmsweise bei einer **konkreten Missbrauchsgefahr** gegenüber der diese Gefahr auslösenden Person. Eine solche konkrete Missbrauchsgefahr liegt dann vor, wenn durch Tatsachen gestützte Anhaltspunkte dafür bestehen, dass ein Mitglied des Aufsichtsorgans die Informationen unter Verstoß gegen seine Vertraulichkeitspflichten zu Lasten von Gesellschaftsinteressen nutzen würde, zB um Eigen- oder Wettbewerbsinteressen zu verfolgen (KK-AktG/*Paefgen* Rn. 38; LHT/*Sailer-Coceani* Rn. 26; ausführlich zum deutschen Recht *Wilde* ZGR 1998, 423 [430 ff.] und zur Bewältigung von

Interessenkonfliktlagen *Seibt* FS Hopt, 2010, 1363 ff.). Im Grundsatz kann sich das Leitungsorgan auch nicht auf ein Beratungsgeheimnis für die interne Willensbildung berufen (zum deutschen Recht *Wilde* ZGR 1998, 423 [430]; *Lutter* Information und Vertraulichkeit Rn. 229). Eine weitere Grenze für die Berichtsverlangen des Aufsichtsorgans ist das allgemeine **Schikaneverbot,** das unzeitigen Informationsverlangen und solchen mit überzogenem Detailinhalt entgegengehalten werden kann (KK-AktG/*Paefgen* Rn. 39; LHT/*Sailer-Coceani* Rn. 27).

c) Zuständigkeit und Berichtswege. Für die Geltendmachung von Berichts- **22** ansprüchen nach Art. 41 Abs. 3 S. 1 ist grundsätzlich das **Aufsichtsorgan als Plenum** zuständig. Die Entscheidung hierüber erfolgt durch **Beschluss** mit einfacher Mehrheit der anwesenden oder vertretenen Mitglieder (Art. 50 Abs. 1 lit. a; KK-AktG/*Paefgen* Rn. 28; LHT/*Sailer-Coceani* Rn. 20; *Schwarz* Rn. 24; MüKoAktG/*Reichert/Brandes* Rn. 13; HK-SE/*Manz* Rn. 20). Inhaberin der Informationsansprüche ist die SE, die gegenüber dem Leitungsorgan durch das Aufsichtsorgan handelt (§ 112 AktG, Art. 9 Abs. 1 lit. c ii; KK-AktG/*Paefgen* Rn. 28; MüKoAktG/*Reichert/Brandes* Rn. 13). Bei Ermangelung spezieller Regelungen in einer Informationsordnung des Aufsichtsorgans (→ Rn. 30) ist für die Anforderung der Berichte beim Leitungsorgan der Vorsitzende kraft seiner Funktion zuständig. Die **Informationsordnung** des Aufsichtsorgans könnte auch regeln, dass Berichtsverlangen direkt von einem Ausschuss des Aufsichtsorgans gegenüber dem Leitungsorgan gestellt werden und dass die in Erfüllung abgegebenen Informationen an den gleichen Ausschuss übermittelt werden; trotz des Grundsatzes der Direktkommunikation zwischen den Organen in Art. 21 besteht **kein absolutes Delegationsverbot** (§ 107 Abs. 3 S. 3 AktG, Art. 9 Abs. 1 lit. c ii ist zu beachten) (zutreffend KK-AktG/*Paefgen* Rn. 29).

Adressat und Berichtsverpflichteter des Informationsverlangens ist im **23** Grundsatz nur das Leitungsorgan. Für die Begründung einer Berichtspflicht reicht es allerdings aus, wenn die Anforderung nur einem Mitglied des Leitungsorgans zugeht (LHT/*Sailer-Coceani* Rn. 21; MüKoAktG/*Reichert/Brandes* Rn. 13). Eine direkte Anforderung von Informationen bei den Leitungsorgan nachgeordneten Führungskräften ist im Grundsatz unzulässig; vielmehr ist das Aufsichtsorgan gehalten, sich mit Berichtsverlangen zunächst an das Leitungsorgan zu wenden und in Erfüllung seiner Pflicht zum kooperativen Verhalten gegenüber anderen Gesellschaftsorganen alles zu unterlassen, was die Autorität des Leitungsorgans beeinträchtigen könnte. Von diesem Grundsatz kommt ausnahmsweise dann eine **Ausnahme** in Betracht, wenn ein dringender Verdacht besteht, dass das Leitungsorgan erhebliche Pflichtverletzungen begeht (zB dann Ansprache des Compliance Officer oder Leiter interner Revisionen) oder trotz Aufforderung evidenterweise nicht zutreffend oder vollständig berichtet (ebenso KK-AktG/*Paefgen* Rn. 30; LHT/*Sailer-Coceani* Rn. 22; *Schwarz* Rn. 26).

Eine **zeitliche Einschränkung für Berichtsverlangen des Aufsichts-** **24** **organs** nach Art. 41 Abs. 3 ist **nicht vorgesehen;** vielmehr kann das Aufsichtsorgan jederzeit sein Verlangen stellen (LHT/*Sailer-Coceani* Rn. 20; MüKoAktG/*Reichert/Brandes* Rn. 11). Eine feste **Antwortfrist für das Leitungsorgan** gibt es ebenfalls nicht, sondern diese hängt von den konkreten Umständen des Einzelfalls, insbesondere den Anfragegegenstand, der Wichtigkeit und Dringlichkeit der dem Berichtsverlangen zugrunde liegenden Sachumstand, den weiteren Aufgaben des Leitungsorgans sowie der personellen und sachlichen Ausstattung des Unternehmens ab (vgl. LHT/*Sailer-Coceani* Rn. 20). Ist der Aufsichtsrat nach eigener Einschätzung im Sinne einer vernünftigen Autointerpretation der Auffassung, dass die Berichterstattung eine unzureichende Antwort auf die Anfrage ist, kann er ergänzende Berichterstattungen verlangen (LHT/*Sailer-Coceani* Rn. 20).

25   **2. Berichtsverlangen von Einzelorganmitgliedern (Abs. 3 Satz 2, § 18
SEAG).** Nach Art. 41 Abs. 3 S. 2 iVm § 18 SEAG hat das Leitungsorgan auf
Verlangen einzelner Mitglieder des Aufsichtsorgans im gleichen Umfang Infor-
mationen zur Lage der SE zu erteilen wie im Falle von Berichtsverlangen des
Gesamtorgans. Mit diesem **Individualrecht** kann das einzelne Organmitglied –
auch zur Vermeidung einer Organhaftung nach Art. 51 iVm §§ 116 S. 1, 93
Abs. 2 AktG – Informationsbegehren gegen den Willen der Mehrheit der Auf-
sichtsorganmitglieder durchsetzen; umgekehrt ist damit Einzelmitgliedern der
Einwand abgeschnitten, er sei nicht in der Lage gewesen, sich zur Erfüllung seiner
Organtätigkeit ausreichend über die Angelegenheiten der Gesellschaft zu infor-
mieren (KK–AktG/*Paefgen* Rn. 37; LHT/*Sailer-Coceani* Rn. 23).

26   **Adressat der Berichterstattung** ist allerdings nicht das einzelne, informati-
onsbegehrende Organmitglied, sondern das **Aufsichtsorgan in seiner Gesamtheit** (KK–AktG/*Paefgen* Rn. 36; LHT/*Sailer-Coceani* Rn. 24; Spindler/Stilz/
Eberspächer Rn. 5). Daher erlischt der Berichtsanspruch des einzelnen Organmitglieds, sobald und soweit das Leitungsorgan über die dem Berichtsverlangen
zugrunde liegende Angelegenheit an das Aufsichtsorgan berichtet hat (LHT/
Sailer-Coceani Rn. 24; KK–AktG/*Paefgen* Rn. 37). Das Organmitglied muss sich
dann nach Art. 41 Abs. 5 an das Aufsichtsorgan mit einem weiteren Informationsbegehren richten.

V. Art, Form und Durchsetzung der Berichterstattung

27   **1. Grundsätze gewissenhafter und getreuer Berichterstattung.** Die SE-
VO enthält keine Vorgaben für die Art und Form der Berichterstattung an das
Aufsichtsorgan (KK–AktG/*Paefgen* Rn. 40; LHT/*Sailer-Coceani* Rn. 33; aA –
Schriftform – *Schwarz* Rn. 12). Die insoweit bestehende Regelungslücke kann
für die deutsche SE unter Rückgriff auf § 90 Abs. 4 AktG, Art. 9 Abs. 1 lit. c ii
geschlossen werden (KK–AktG/*Paefgen* Rn. 40; LHT/*Sailer-Coceani* Rn. 33; Mü-
KoAktG/*Reichert/Brandes* Rn. 6; Spindler/Stilz/*Eberspächer* Rn. 4). Allerdings
sperrt Art. 41 Abs. 2 das Zeiterfordernis in § 90 Abs. 4 S. 2 AktG („möglichst
rechtzeitig"). Die Berichte des Leitungsorgans haben den Grundsätzen einer
gewissenhaften und getreuen Rechenschaft zu entsprechen (§ 90 Abs. 4 S. 1
AktG). Sie müssen demnach **inhaltlich zutreffend und vollständig, über-
sichtlich und klar gegliedert sein und den erforderlichen Detaillierungsgrad** aufweisen; die Angabe von **(Finanz-)Zahlen ist durch verbale Erläuterung zu ergänzen; Tatsachen und Wertungen sind klar zu trennen** (KK–
AktG/*Paefgen* Rn. 41; LHT/*Sailer-Coceani* Rn. 35).

28   **2. Form der Berichte.** Nach § 90 Abs. 4 S. 2 AktG, Art. 9 Abs. 1 lit. c ii
sind die Berichte **in der Regel in Textform** (§ 126b BGB) zu erstatten; es
reicht also Übermittlung per E-Mail aus. Zur Wahrung der Vertraulichkeit der
Information werden E-Mails allerdings in der Regel in verschlüsselter Form zu
versenden sein. Berichte nach Art. 41 Abs. 2, die funktional einem Sonderbe-
richt an den Aufsichtsratsvorsitzenden nach § 90 Abs. 1 S. 3 AktG entsprechen,
müssen nicht der Textform entsprechen (ebenso wohl LHT/*Sailer-Coceani*
Rn. 37; aA KK–AktG/*Paefgen* Rn. 43). Allerdings wird das Leitungsorgan zu
berücksichtigen haben, dass bei Berichten nach Art. 41 Abs. 2 Berichtsempfänger
nicht der Organvorsitzende, sondern das Gesamtgremium ist. Deshalb ist
häufig auch bei diesen Berichten die Textform empfehlenswert oder es sollte nach
zunächst mündlicher oder telefonischer Information Textformberichte nachgereicht werden (ebenso LHT/*Sailer-Coceani* Rn. 37). Bei besonderer **Eilbedürftigkeit** oder bei gesteigertem Geheimhaltungsbedürfnis (das im Blick auf das

Unternehmensinteresse zu konturieren ist) sind Ausnahmen vom Textformer-fordernis möglich (KK–AktG/*Paefgen* Rn. 44; LHT/*Sailer-Coceani* Rn. 38).

3. Berichtsverpflichteter und Berichtsempfänger. Berichtsverpflichte- 29
ter ist das Leitungsorgan als Kollegialorgan (LHT/*Sailer-Coceani* Rn. 36; *Schwarz* Rn. 5; MüKoAktG/*Reichert/Brandes* Rn. 1). Besteht zwischen den Mitgliedern des Leitungsorgans wie in aller Regel eine **interne Kompetenzverteilung,** und betrifft die Berichtspflicht sachlich ein Kompetenzbereich nur eines Vorstands-mitglieds, so bleibt die Berichtspflicht des Gesamtvorstandes bestehen, selbst wenn das Berichtsverlangen des Aufsichtsorgans nur an ein bestimmtes Vorstands-mitglied gerichtet ist (Prinzip der Gesamtverantwortung) (zum deutschen Recht *Seibt* in HdB Corporate Governance S. 391, 398). Allerdings ist damit nicht ausgeschlossen, dass die Berichtspflicht nur von dem nach der internen Kom-petenzverteilung zuständigen Vorstandsmitglied erfüllt wird; allerdings haften nach allgemeinen Grundsätzen auch die anderen Vorstandsmitglieder für die sorgfältige Pflichterfüllung (zum deutschen Recht *Seibt* in HdB Corporate Go-vernance S. 391, 398). Bei Meinungsverschiedenheiten über die Erfüllung der Berichtspflicht in Leitungsorganen entscheidet nach Art. 50 Abs. 1 lit. b die einfache Mehrheit. Bei für die Unternehmensentwicklung signifikanten Mei-nungsverschiedenheiten im Leitungsorgan sind die dort vertretenen Auffassungen im Bericht offen zu legen (wohl ebenso LHT/*Sailer-Coceani* Rn. 36; *Schwarz* Rn. 5; offen KK–AktG/*Paefgen* Rn. 42). Die ein Minderheitenvotum vertreten-den Organmitglieder sind zudem befugt, das Aufsichtsorgan über ihre abwei-chende Ansicht zu informieren (KK–AktG/*Paefgen* Rn. 42; LHT/*Sailer-Coceani* Rn. 36; *Schwarz* Rn. 5). **Berichtsempfänger** ist das Aufsichtsorgan in seiner Gesamtheit, allerdings kann die Satzung oder die Informationsordnung des Auf-sichtsorgans (→ Rn. 30) eine Person oder einen Ausschuss als Empfangsboten des Gesamtorgans bestimmen (→ Rn. 40).

4. Informationsordnung. Da ein strukturierter und den Aufgaben und 30
Kompetenzen des Aufsichtsorgans angemessener Informationsfluss für eine gute Unternehmensführung von herausragender Bedeutung ist und die ausreichende Informationsversorgung des Aufsichtsorgans gemeinsame Aufgabe beider Verwal-tungsorgane ist, sollte das Aufsichtsorgan im Sinne einer guten Corporate Gover-nance eine Informationsordnung regeln (hierzu ausführlich *Seibt* in HdB Corpo-rate Governance S. 391, 407 ff.). In der Praxis ist Hauptteil einer Informations-ordnung (die häufig wesentlicher Bestandteil der Geschäftsordnung des Aufsichtsorgans ist) die konkrete Beschreibung des auf die Bedürfnisse des Unter-nehmens bzw. des Konzerns zugeschnittenen Informationsflusses vom Leitungs-organ zum Aufsichtsorgan, also die Festlegung, wer welche Berichte in welcher Darstellungsform zu welchen Zeiten an wen abzugeben hat und wie die Weiter-verbreitung innerhalb des Aufsichtsorgans dann erfolgt. In periodischen Abstän-den ist die Informationsordnung einer Effizienzprüfung zu unterziehen.

5. Durchsetzung von Informationsrechten und Rechtsfolgen der Ver- 31
letzung. Das Aufsichtsorgan unterliegt einer eigenständigen Pflicht zu prüfen, ob das Leitungsorgan seiner Pflicht zur sorgfaltsgemäßen Berichterstattung ord-nungsgemäß und gewissenhaft nachkommt (LHT/*Sailer-Coceani* Rn. 39). Aller-dings gibt es **keine Pflicht zum Misstrauen gegenüber dem Leitungsorgan.**

Die **Verletzung der Berichtspflicht** durch das Leitungsorgan kann ein 32
schwerer Pflichtverstoß sein, der das Aufsichtsorgan berechtigt, die betreffenden Mitglieder des Leitungsorgans – jedenfalls nach Abmahnung, in schweren Fällen erheblicher und kontinuierlicher Verletzung auch ohne Abmahnung – **aus wich-tigem Grund abzuberufen** (KK–AktG/*Paefgen* Rn. 58; LHT/*Sailer-Coceani* Rn. 39, 42; *Schwarz* Rn. 34; HK–SE/*Manz* Rn. 9 f.). Zudem kommt eine **Scha-**

denersatzhaftung den Mitglieder des Leitungsorgans nach Art. 51 iVm § 116
S. 1, 93 Abs. 2 AktG in Betracht (KK-AktG/*Paefgen* Rn. 58; LHT/*Sailer-Coceani*
Rn. 39).

33   Die SE-VO regelt die Durchsetzung der Berichtspflichten nicht, so dass für die
deutsche SE über Art. 9 Abs. 1 lit. c ii auf die entsprechenden **aktienrechtlichen
Grundsätze** zurückzugreifen ist (KK-AktG/*Paefgen* Rn. 59; LHT/*Sailer-Coceani*
Rn. 41; *Schwarz* Rn. 33 f.; MüKoAktG/*Reichert/Brandes* Rn. 28 ff.; HK-SE/
Manz Rn. 9): (1) Nach § 407 Abs. 1 AktG, Art. 9 Abs. 1 lit. c ii kann das
Registergericht Mitglieder des Leitungsorgans einer deutschen SE, die ihre Berichtspflichten nach Art. 41 Abs. 1–3 verletzt haben, unter **Androhung eines
Zwangsgeldes** von bis zu 5.000 Euro auffordern, ihrer Pflicht innerhalb einer
bestimmten Frist nachzukommen (§ 388 Abs. 1 FamFG; KK-AktG/*Paefgen*
Rn. 61; LHT/*Sailer-Coceani* Rn. 41; *Schwarz* Rn. 34). (2) Die vom Aufsichtsorgan als Kollegialorgan **im Zivilprozess geltend zu machenden Informationsansprüche** nach Art. 41 Abs. 1, Abs. 2 und Abs. 3 S. 1 können durch Klage
der SE gegen die Mitglieder des Leitungsorgans als notwendige Streitgenossen
durchgesetzt werden; die SE wird dabei durch das Aufsichtsorgan vertreten (§ 112
AktG; KK-AktG/*Paefgen* Rn. 59; LHT/*Sailer-Coceani* Rn. 43; *Schwarz* Rn. 34;
MüKoAktG/*Reichert/Brandes* Rn. 29). (3) Individualansprüche einzelner Organmitglieder wegen Verletzung von Art. 41 Abs. 3 S. 2 iVm § 18 SEAG sind von
dem betreffenden Organmitglied aus eigenem Recht gegen die durch das Leitungsorgan vertretene SE als Beklagte geltend zu machen (KK-AktG/*Paefgen*
Rn. 60; LHT/*Sailer-Coceani* Rn. 44; MüKoAktG/*Reichert/Brandes* Rn. 14; zum
deutschen Recht BGHZ 106, 54 [62] = NJW 1989, 979 – Opel). (4) Das Gleiche
gilt für die Durchsetzung des Individualanspruchs nach Art. 41 Abs. 5 (KK-
AktG/*Paefgen* Rn. 60; LHT/*Sailer-Coceani* Rn. 44; MüKoAktG/*Reichert/Brandes*
Rn. 30; zum deutschen Recht BGHZ 106, 54 [62] = NJW 1989, 979 – Opel).
(5) Ein Verfahren nach § 407 Abs. 1 AktG steht dem Einzelorganmitglied nicht
zur Verfügung.

VI. Überprüfungsrecht des Aufsichtsorgans (Abs. 4)

34   **1. Inhalt und Umfang.** Nach Art. 41 Abs. 4 kann das Aufsichtsorgan „alle
zur Erfüllung seiner Aufgaben erforderlichen Überprüfungen vornehmen oder
vornehmen lassen" („may undertake or arrange for any investigations necessary
for the performance of its duties", „peut procéder ou faire procéder au vérificati-
ons nécessaires à l'accomplissement de sa mission"). Diese – inhaltlich § 111
Abs. 2 AktG entsprechende – Vorschrift ist ein wesentlicher Teil des Informationssystems des Aufsichtsorgans und eine Ergänzung des in Art. 41 Abs. 1–3
geregelten Berichtswesens. Mit dem Überprüfungsrecht kann sich das Aufsichtsorgan, die für seine Aufgaben erforderlichen Informationen beschaffen, ohne auf
die Erfüllung der Berichtspflicht des Leitungsorgans angewiesen zu sein.

35   Das Überprüfungsrecht ist – anders als Art. 73a Abs. 5 UAbs. 1 SE-VO 1975 –
nicht auf bestimmte Vermögensgegenstände der Gesellschaft beschränkt; es hat
daher einen **weiten sachlichen Umfang,** der insbesondere die Einsichtnahme,
die Überprüfung und den Kopieempfang sämtlicher Geschäftsunterlagen und
Vermögensgegenstände der Gesellschaft umfasst (vgl. KK-AktG/*Paefgen* Rn. 51;
LHT/*Sailer-Coceani* Rn. 28; MüKoAktG/*Reichert/Brandes* Rn. 17; *Schwarz*
Rn. 28). Annex des Überprüfungsrecht ist die Befugnis des Aufsichtsorgans, für
die Aufbewahrung der betreffenden Unterlagen oder die Verwahrung der bestimmten Vermögensgegenstände verantwortlichen Mitarbeiter der Gesellschaft
befragen zu können (ähnlich – ohne Einschränkung der Mitarbeiterverantwort-
lichkeit – KK-AktG/*Paefgen* Rn. 51; HK-SE/*Manz* Rn. 23). Soweit die Aufgaben des Aufsichtsorgans bei **Konzern- und Beteiligungsgesellschaften** rei-

chen, erstreckt sich das Überprüfungsrecht auch auf diesem Bereich der Geschäftsführung des Leitungsorgans; allerdings erlaubt dies keinen Zugriff auf solche Unterlagen und Vermögensgegenstände, die sich nicht bei der SE selbst befinden (KK-AktG/*Paefgen* Rn. 52; LHT/*Sailer-Coceani* Rn. 28; MüKoAktG/ *Reichert/Brandes* Rn. 19; Spindler/Stilz/*Eberspächer* Rn. 5; abweichend *Schwarz* Rn. 29).

Das Überprüfungsrecht erlaubt nicht nur eine Rechtsausübung zur Unterstüt- 36 zung der Überwachungsaufgabe nach Art. 40 Abs. 1; insofern unterscheidet sich dieses Überprüfungsrecht nach Art. 41 Abs. 4 von dem Recht auf Berichtsverlangen nach Art. 41 Abs. 3 S. 1 (jedenfalls missverständlich KK-AktG/*Paefgen* Rn. 50). Es kann also insbesondere auch zur Wahrnehmung der Personalkompetenz über das Leitungsorgan oder im Zusammenhang mit Feststellung des Jahresabschlusses bzw. Billigung des Konzernabschlusses genutzt werden.

2. Ausübung. Die Ausübung des Überprüfungsrechts setzt einen **Beschluss** 37 **des Aufsichtsorgans in seiner Gesamtheit** voraus; der Beschluss ist nach Art. 50 Abs. 1 lit. b mit einfacher Mehrheit der anwesenden und vertretenen Mitglieder zu fassen (KK-AktG/*Paefgen* Rn. 53; MüKoAktG/*Reichert/Brandes* Rn. 20; *Schwarz* Rn. 31; HK-SE/*Manz* Rn. 26). Einzelne Organmitglieder sind nicht zur Geltendmachung des Überprüfungsrechts befugt (arg. e contrario Art. 41 Abs. 3 S. 2 iVm § 18 SEAG; KK-AktG/*Paefgen* Rn. 53; Spindler/Stilz/ *Eberspächer* Rn. 5).

Die Entscheidung des Aufsichtsorgans über die Ausübung des Überprüfungs- 38 rechts steht grundsätzlich in dessen **Ermessen; es gilt für diese** unternehmerische Entscheidung die Business Judgment Rule (Art. 51 iVm §§ 116 S. 1, 93 Abs. 1 S. 2 AktG; KK-AktG/*Paefgen* Rn. 55; MüKoAktG/*Reichert/Brandes* Rn. 20; *Schwarz* Rn. 31; HK-SE/*Manz* Rn. 26). Dabei hat das Aufsichtsorgan zu berücksichtigen, dass das Überprüfungsrecht eine wesentlich eingriffsintensivere Beschaffungsmöglichkeit von Informationen darstellt, als die Rechtewahrnehmung aus dem Berichtswesen nach Art. 41 Abs. 1–3, und die Ausübung des Überprüfungsrechts das Risiko in sich trägt, das Vertrauensverhältnis zwischen Aufsichts- und Leitungsorgan zu stören und die notwendige Autorität des Leitungsorgans gegenüber nachgeordneten Führungskräften zu konterkarieren (zutreffend KK-AktG/*Paefgen* Rn. 54; MüKoAktG/*Reichert/Brandes* Rn. 21). Daher gilt ein **Subsidiaritätsprinzip des Überprüfungsrechts gegenüber einem Berichts- verlangen.** Allerdings verengt sich die Ermessensentscheidung des Aufsichtsorgans auf Null in solchen Fällen, in denen Gesetzes- und Satzungsverletzungen ernsthaft in Frage stehen und das Leitungsorgan die zur Aufklärung des Sachverhalts erforderlichen Informationen auf entsprechende Anfragen nicht offenlegt; dann besteht eine Rechtspflicht zur Ausübung des Überprüfungsrechts (KK-AktG/*Paefgen* Rn. 55).

3. Delegation des Überprüfungsrechts. Nach Art. 41 Abs. 4 (Var. 2) kann 39 das Aufsichtsorgan die Überprüfung auch vornehmen lassen, und zwar durch **interne oder externe Delegation.** Demnach kann das Aufsichtsorgan in seiner Gesamtheit Prüfungsaufgaben auf ein einzelnes Mitglied, mehrere Mitglieder oder einen Ausschuss delegieren (KK-AktG/*Paefgen* Rn. 56; LHT/*Sailer-Coceani* Rn. 29; *Schwarz* Rn. 30; MüKoAktG/*Reichert/Brandes* Rn. 22), und er kann diese auch auf außenstehende Dritte wie Rechtsanwälte, Wirtschaftsprüfer, Forensic Services Consultants delegieren (KK-AktG/*Paefgen* Rn. 56; LHT/*Sailer-Coceani* Rn. 29; *Schwarz* Rn. 30; MüKoAktG/*Reichert/Brandes* Rn. 23). Dabei sind die **allgemeinen Sorgfaltspflichten bei der Delegation** von Kompetenzen zu berücksichtigen (hierzu zum deutschen Recht – §§ 831, 823 bzw. § 31 BGB – BGH NJW 1998, 48; DB 1996, 1969; vgl. auch *Seibt* FS K. Schmidt, 2009, 1463, 1481 ff.), dh (i) der Delegat ist sorgfältig auszuwählen (cura in delegendo) und einzuweisen (cura in instruendo), (ii) dessen Tätigkeit ist sorg-fältig zu überwachen (cura in costudiendo) und (iii) es muss ein Letztentscheidungsrecht zugunsten des Aufsichtsorgans in seiner Gesamtheit bestehen. Bei der Delegation auf externe Personen ist die Vertraulichkeit der gegenüber diesen Personen offengelegten Informationen zB durch Abschluss einer Vertraulichkeitsvereinbarung sicherzustellen (KK-AktG/*Paefgen* Rn. 57; MüKoAktG/*Reichert*/*Brandes* Rn. 24). Die Delegation der Prüfungshandlung erfolgt durch Beschluss des Aufsichtsorgans, der nach Art. 50 Abs. 1 lit. b mit einfacher Mehrheit der anwesenden und vertretenen Mitglieder gefasst wird (KK-AktG/*Paefgen* Rn. 56; LHT/*Sailer-Coceani* Rn. 29; MüKoAktG/*Reichert*/*Brandes* Rn. 23).

VII. Informationelle Gleichbehandlung der Organmitglieder und Informationsfluss innerhalb des Aufsichtsorgans (Abs. 5)

40   Zur Gewährleistung eines gleichwertigen Informationsstandes aller Organmit-glieder bestimmt Art. 41 Abs. 5, dass jedes Mitglied des Aufsichtsorgans das Recht hat, von allen dem Organ übermittelten Informationen Kenntnis zu nehmen. **Die informationelle Gleichbehandlung der Organmitglieder korrespondiert mit der Gesamtverantwortung aller Aufsichtsratsmitglie-der mit entsprechender Haftung.** Die Ausgestaltung dieses Grundsatzes der informationellen Gleichbehandlung geht bei der SE soweit, dass die – nach dem Regelungsvorbild von § 90 Abs. 1 S. 3 AktG – in Art. 64 Abs. 2 SE-VO 1989 vorgesehene ad hoc-Berichterstattung an den Vorsitzenden in wichtigen Angele-genheiten abgeschafft wurde. Alle Berichte nach Art. 41 Abs. 1 bis Abs. 3 sind an sämtliche Mitglieder des Aufsichtsorgans zu adressieren; es findet keine Informati-onskanalisierung über den Vorsitzenden statt (zur Ausnahme in Eilfällen s. Rn. 17). Allerdings wäre es eine Überspannung von Art. 41 Abs. 5 anzuneh-men, dass mündliche Berichte des Leitungsorgans sämtlichen Mitgliedern des Aufsichtsorgans in einer Sitzung zu erstatten wären (so aber KK-AktG/*Paefgen* Rn. 46; LHT/*Sailer-Coceani* Rn. 31); vielmehr sind auch solche Kommunikati-onswege zulässig, die sicherstellen, dass sämtliche Mitglieder des Aufsichtsorgans den gleichen Inhalt zu etwa gleicher Zeit übermittelt bekommen. So steht auch eine Berichterstattung an Ausschüsse oder vom Gesamtgremium hierfür be-stimmte Einzelpersonen (zB Vorsitzenden) nicht entgegen; jedes Mitglied hat dann Anspruch auf Kenntnisnahme dieser Information, und der Informations-empfänger unterliegt einer Rechenschaftspflicht. Erst recht ist die Bestimmung eines Mitglieds des Aufsichtsorgans (in der Regel des Vorsitzenden) als **Emp-fangsboten des Gesamtorgans** für Berichte des Leitungsorgans zulässig (KK-AktG/*Paefgen* Rn. 48; LHT/*Sailer-Coceani* Rn. 30). Dies kann auch in der Sat-zung oder in der **Informationsordnung** des Aufsichtsorgans (→ Rn. 30) ge-regelt sein. Erhält ein Mitglied des Aufsichtsorgans außerhalb dieser Regeln in privilegierter Weise Einzelinformationen, die der Berichtspflicht nach Art. 41 unterliegen, so ist dies ein Pflichtverstoß des Leitungsorgans und das betreffende Mitglied des Aufsichtsorgans hat nach Erlangung entsprechender Kenntnis von der Privilegierung der Informationen an das Gesamtorgan weiterzuleiten (KK-AktG/*Paefgen* Rn. 46; LHT/*Sailer-Coceani* Rn. 32; MüKoAktG/*Reichert*/*Brandes* Rn. 26). In engen Grenzen und aus sachlichen Gründen (zB konkrete Miss-brauchsgefahr; Interessenkonfliktlage) ist eine Differenzierung von Aufsichtsrats-mitgliedern zulässig.

41   Das durch Art. 41 Abs. 5 vermittelte Recht jedes Organmitglieds, von dem Aufsichtsorgan übermittelten Information „ Kenntnis [zu] nehmen" schließt nicht das Recht ein, diese Informationen auch in bestimmter, insbesondere schriftlicher oder textlicher Form, zu erhalten. Diese Rechtsfrage richtet sich alleine nach § 90 Abs. 5 S. 2 AktG, Art. 9 Abs. 1 lit. c ii.

[Vorsitzender des Aufsichtsorgans]

42 [1]Das Aufsichtsorgan wählt aus seiner Mitte einen Vorsitzenden. [2]Wird die Hälfte der Mitglieder des Aufsichtsorgans von den Arbeitnehmern bestellt, so darf nur ein von der Hauptversammlung der Aktionäre bestelltes Mitglied zum Vorsitzenden gewählt werden.

Schrifttum: *Casper,* Erfahrungen und Reformbedarf bei der SE – Gesellschaftsrechtliche Reformvorschläge, ZHR 173 (2009), 181; *Drinhausen/Marsch-Barner,* Die Rolle des Aufsichtsratvorsitzenden in der börsennotierten Aktiengesellschaft, AG 2014, 337; *Habersack,* Schranken der Mitbestimmungsautonomie in der SE, AG 2006, 345; *ders.,* Grundsatzfragen der Mitbestimmung in SE und SCE sowie bei grenzüberschreitender Verschmelzung, ZHR 171 (2007), 613, *Heinze/Seifert/Teichmann,* Verhandlungssache: Arbeitnehmerbeteiligung in der SE, BB 2005, 2524; *Henssler,* Erfahrungen und Reformbedarf bei der SE – Mitbestimmungsrechtliche Reformvorschläge, ZHR 173 (2009), 222; *Jacobs,* Privatautonome Unternehmensmitbestimmung in der SE, FS K. Schmidt, 2009, S. 795; *Kämmerer/Veil,* Paritätische Arbeitnehmermitbestimmung in der monistischen Societas Europaea – ein verfassungsrechtlicher Irrweg?, ZIP 2005, 369; *Kiem,* Erfahrungen und Reformbedarf bei der SE – Entwicklungsstand, ZHR 173 (2009), 156; *Schneider,* Der stellvertretende Vorsitzende des Aufsichtsorgans der dualistischen SE, AG 2008, 887; *Teichmann,* Gestaltungsfreiheit in Mitbestimmungsvereinbarungen, AG 2008, 797; *ders.,* Mitbestimmung und grenzüberschreitende Verschmelzung, Der Konzern 2007, 89; *ders.,* Die Einführung der Europäischen Aktiengesellschaft, ZGR 2002, 383; *Windbichler,* Überlegungen zur Umwandlung einer deutschen in eine Europäische Aktiengesellschaft, FS Canaris, Bd. II, 2007, 1423.

Übersicht

	Rn.
I. Normzweck, Normgeschichte und anwendbare Vorschriften .	1
1. Regelungsgegenstand und Normzweck	1
2. Normgeschichte	3
3. Anwendbare Vorschriften	4
II. Vorsitzender des Aufsichtsorgans	5
1. Wahl des Vorsitzenden	5
a) Wahlzuständigkeit, aktives und passives Wahlrecht	5
b) Wahlverfahren	9
c) Auswirkungen einer fehlerhaften Wahl	12
2. Amtszeit	13
3. Bestellung durch das Gericht	15
4. Beendigung der Amtsstellung	16
a) Abwahl	16
b) Amtsniederlegung	19
5. Rechtsstellung und Befugnisse	20
III. Stellvertreter des Vorsitzenden	21
1. Wahl des/der Stellvertreter(s)	21
2. Rechtsstellung und Befugnisse	22

I. Normzweck, Normgeschichte und anwendbare Vorschriften

1. Regelungsgegenstand und Normzweck. Die Norm des Art. 42 hat zum **1** Gegenstand den Vorsitzenden des Aufsichtsorgans und damit eine zwingende Vorgabe für die Binnenorganisation des Aufsichtsorgans mit zwei Ausprägungen: (1) Art. 42 S. 1 zwingt zur Wahl eines Vorsitzenden des Aufsichtsorgans aus dem Kreis seiner Mitglieder. Diese Pflichtvorgabe für die Binnenorganisation entspricht der Erkenntnis, dass bei auf Beständigkeit und professionelle Tätigkeit ausgerichtete Institutionen mit einer Mitgliederzahl von mindestens drei Personen es einer Person bedarf, die die Arbeit des Gremiums vorbereitet, strukturiert und koordiniert, das Gremium leitet und nach außen vertritt. (2) Art. 42 S. 2 enthält für den Fall der paritätischen Besetzung des Aufsichtsorgans mit

Vertretern der Aktionäre und der Arbeitnehmer die Beschränkung der Wählbarkeit zum Organvorsitzenden auf Vertreter der Aktionäre. Die parallele Entstehungsgeschichte von Art. 42 S. 2 und von Art. 50 Abs. 2 S. 2 (Stichentscheid-
Stimme des Vorsitzenden) (→ Rn. 3) unterstreicht den Zweck der Wählbarkeits-
beschränkung, nämlich eine Pattsituation im Aufsichtsorgan zwischen Aktionär-
oder Arbeitnehmervertreter oder gar eine überparitätische Mitbestimmung der
Arbeitnehmervertreter zu verhindern (vgl. auch KK-AktG/*Paefgen* Rn. 3). Mit
dieser Regelung werden die zwingenden, aus Art. 14 GG sowie – vorrangig –
der **europarechtlichen Eigentumsgarantie** (hierzu *Kämmerer/Veil* ZIP 2005,
369 [370]; *Schwarz* Art. 40 Rn. 37) fließenden Beschränkungen der Unternehmensmitbestimmung eingehalten, da durch die Gesamtregelung das Letztentscheidungsrecht der Aktionärsvertreter in allen unternehmerischen Angelegenheiten verbleibt (vgl. KK-AktG/*Paefgen* Rn. 3; LHT/*Drygala* Rn. 2; MüKo-
AktG/*Reichert/Brandes* Rn. 10; *Schwarz* Rn. 6; zu dieser Anforderung nach
Art. 14 GG: BVerfGE 50, 290 [350 ff.] = NJW 1979, 699).

2   Zu **weiteren Fragen der personellen Binnenstrukturierung des Aufsichtsorgans**, zB durch die Regelung zur Wahl und den Aufgaben eines oder
mehrerer Stellvertreter oder zur Ressortorganisation der Organmitglieder im
Spiegelbild zur Ressortorganisation des Leitungsorgans, finden sich in der SE-VO
keine ausdrücklichen Bestimmungen. Für diese Fragen ist – trotz der Entstehungsgeschichte (→ Rn. 4) – von einer **Regelungsoffenheit** auszugehen, so dass
ergänzende Regelungen für die SE über Art. 9 Abs. 1 lit. c ii aus dem deutschen
Aktienrecht zu gewinnen sind.

3   **2. Normgeschichte.** In Art. IV-2–4 Abs. 1 Sanders-Vorentwurf 1967 sowie
Art. 76 Abs. 1 SE-VO 1970 war die Pflicht zur Wahl eines Vorsitzenden und
eines stellvertretenden Vorsitzenden aus der Mitte des Aufsichtsorgans geregelt;
Art. 76 Abs. 2 S. 1 SE-VO 1975 eröffnete ausdrücklich die Möglichkeit zur Wahl
mehrerer Stellvertreter; die Regelungen zur Wahl von Stellvertretern wurden ab
SE-VO 1991 gestrichen (hierzu *Schwarz* Rn. 2). Die Pflicht zur Wahl eines
Aktionärsvertreters zum Vorsitzenden wurde erstmals (und zeitgleich mit der
Regelung der Stichentscheidsstimme des Vorsitzenden) mit Art. 65 Abs. 1 S. 2
SE-VO 1991 geregelt (hierzu *Schwarz* Rn. 2).

4   **3. Anwendbare Vorschriften.** Zu den auf das Aufsichtsorgan einer deutschen
SE anwendbaren Vorschrift → Art. 40 Rn. 3.

II. Vorsitzender des Aufsichtsorgans

5   **1. Wahl des Vorsitzenden. a) Wahlzuständigkeit, aktives und passives
Wahlrecht.** Das **Aufsichtsorgan in der Zusammensetzung des Plenums** hat
den Vorsitzenden zu wählen (KK-AktG/*Paefgen* Rn. 5; LHT/*Drygala* Rn. 3;
Schwarz Rn. 3, 10); es gilt ein **unionsrechtlich zwingendes Delegationsver-
bot.** Eine Übertragung der Bestellungskompetenz auf ein anderes Gesellschafts-
organ (Hauptversammlung; Gesellschafterausschuss) oder auf einzelne Aktionäre,
Aktionärsgruppen oder Aktiengattungen ist unzulässig, und zwar sowohl durch
Satzungsregelung als auch durch Beschluss des Aufsichtsorgans (vgl. KK-AktG/
Paefgen Rn. 5; *Schwarz* Rn. 3, 10; *Frodermann* in Jannott/Frodermann HdB SE
Kap. 5 Rn. 117).

6   Das **aktive und passive Wahlrecht** kommt nur Mitgliedern des Aufsichtsorgans zu ("aus seiner Mitte"). Die Wahl von Nichtorganmitgliedern (und das
schließt auch prospektive Mitglieder ein, wie zur Wahl der Hauptversammlung
oder zur gerichtlichen Bestellung vorgeschlagene Vertreter des Mehrheitsaktionärs) ist somit ausgeschlossen.

Die verbindliche **Festlegung einer bestimmten Person** als Vorsitzenden des 7
Aufsichtsorgans (oder eines seiner Stellvertreter) in einer **Mitbestimmungsvereinbarung** ist **kein zulässiger Regelungsgegenstand** (KK-AktG/*Paefgen*
Rn. 6; LHT/*Drygala* Rn. 3; aA MüKoAktG/*Reichert/Brandes* Rn. 13). Diese
Frage unterfällt der Organisations-/Wahlautonomie des Aufsichtsorgans; zudem
kollidierte eine solche Personenvorbestimmung mit dem Prinzip der Trennung
von Leitung und Aufsicht (Art. 39 Abs. 3 S. 1; vgl. KK-AktG/*Paefgen* Rn. 7;
Habersack ZHR 171 [2007], 613 [631]; *Jacobs* FS K. Schmidt, 2009, 795 [811])
sowie der Gegnerfreiheit im Aufsichtsorgan.

Eignungsvoraussetzungen für die Wählbarkeit des Vorsitzenden oder eines 8
seiner Stellvertreter können in der Satzung nicht bestimmt werden (KK-AktG/
Paefgen Rn. 10); eine Ausnahme gilt nur nach dem satzungsfesten Art. 42 S. 2 für
die Wahl des Vorsitzenden bei der paritätisch mitbestimmten SE. Da der deutsche
Gesetzgeber von der Regelungsbefugnis nach Art. 47 Abs. 1 keinen Gebrauch
gemacht hat, können juristische Personen keine Organmitglieder und dementsprechend auch nicht Vorsitzender oder Stellvertreter einer deutschen SE sein
(KK-AktG/*Paefgen* Rn. 10; *Schwarz* Rn. 15). In einer **Mitbestimmungsvereinbarung** kann geregelt sein, dass einer der Stellvertreter ein Arbeitnehmervertreter
sein muss (aA wohl *Habersack* AG 2006, 345 [349]; *Kiem* ZHR 173 [2009], 156
[169]; abweichend *Nagel* AuR 2007, 329 [332 f.]: bei SE-Gründung durch
Umwandlung Folge aus Vorher-Nachher-Prinzip zwingende Gruppenzugehörigkeit des ersten Stellvertreters zur Arbeitnehmerseite).

b) Wahlverfahren. Die Wahl des Vorsitzenden erfolgt nach Art. 50 Abs. 1 lit. 9
b durch **Beschluss des Aufsichtsorgans mit einfacher Mehrheit der anwesenden oder vertretenen Mitglieder,** sofern die Satzung nichts anderes bestimmt. Während für eine mitbestimmungsfreie SE die **Satzung** eine größere
Mehrheit oder gar Einstimmigkeit regeln kann (KK-AktG/*Paefgen* Rn. 8;
Schwarz Art. 50 Rn. 16 f.; MüKoAktG/*Reichert/Brandes* Rn. 8; HK-SE/*Manz*
Rn. 1; *Seibt* in Lutter/Hommelhoff Europäische Gesellschaft S. 66, 77; *Frodermann* in Jannott/Frodermann HdB SE Kap. 5 Rn. 118), sind bei einer mitbestimmten SE solche Satzungsregelungen zum Mehrheitserfordernis unzulässig,
die eine Blockademöglichkeit der Arbeitnehmervertreter für das Zustandekommen von Wahlbeschlüssen zur Folge haben können. Die gleichen Grundsätze
gelten für Satzungsregelungen zur Beschlussfähigkeit, die in Abweichung vom
Grundsatz in Art. 50 Abs. 1 lit. a (mindestens die Hälfte der Mitglieder muss
anwesend oder vertreten sein) eine größere Mehrheit vorschreiben. Nach § 107
Abs. 1 S. 1 AktG, Art. 9 Abs. 1 lit. c ii gilt für die Wahl des Vorsitzenden und der
Stellvertreter kein Stimmrechtsverbot für die betroffene Person (vgl. KK-AktG/
Paefgen Rn. 9; LHT/*Drygala* Rn. 3; MüKoAktG/*Reichert/Brandes* Rn. 3; *Frodermann* in Jannott/Frodermann HdB SE Kap. 5 Rn. 118).

Die SE-VO sieht keinen zwingenden Mechanismus dagegen vor, dass die 10
Arbeitnehmervertreter in einer paritätisch mitbestimmten SE durch einheitliches
Stimmverhalten die **Bestellung einer zum Kreis der Aktionärsvertreter
gehörenden Person zum Vorsitzenden** verhindern können (zutreffend KK-
AktG/*Paefgen* Rn. 12; LHT/*Drygala* Rn. 5; *Schwarz* Rn. 11; *Teichmann* ZGR
2002, 383 [443]). § 27 Abs. 2 MitbestG gilt weder direkt noch analog (ebenso
KK-AktG/*Paefgen* Rn. 13; aA *Schwarz* Rn. 11; *Teichmann* ZGR 2002, 383 [443];
Henssler ZHR 173 [2009], 222 [243]). Der Anwendung von § 27 Abs. 2 Mit-
bestG stehen Art. 42 S. 1, Art. 50 Abs. 1 lit. b entgegen. Allerdings kann das in
§ 27 MitbestG geregelte Verfahren (auch mit Abweichungen) durch **Satzungsregelung** verbindlich vorgegeben werden (LHT/*Drygala* Rn. 7; MüKoAktG/
Reichert/Brandes Rn. 8; Van Hulle/Maul/Drinhausen/*Drinhausen* S. 128; aA KK-
AktG/*Paefgen* Rn. 14), denn beide Vorschriften sind satzungsdispositiv. Durch

Satzung lässt sich aber auch zB regeln, dass bei der Wahl des Vorsitzenden des Aufsichtsorgans ein Stichentscheidsrecht dem Vorsitzenden bzw., wenn noch kein Vorsitzender bestellt ist: dem an Lebensjahren ältesten Anteilseignervertreter im Aufsichtsorgan zukommt (vgl. *Kiem* ZHR 173 [2009], 156, 168; KK-AktG/ *Paefgen* Rn. 16; LHT/*Drygala* Rn. 7; aus der Praxis: § 11 Abs. 4 Satzung Pro-SiebenSat.1 Media SE, § 13.1 Satzung SAP SE, § 9 Abs. 1 Satzung EON SE, § 8.1 Satzung Allianz SE, § 11.1 Satzung BASF SE, § 10 Abs. 2 Satzung Porsche Automobil Holding SE, § 13 Abs. 1 Satzung Bilfinger Berger SE, § 11.1 Satzung Q-Cells SE).

11   Regelungen zum Wahlverfahren, die zulässigerweise durch Satzungsregelung vorgegeben werden können, sind auch taugliche Regelungsgegenstände für eine **Mitbestimmungsvereinbarung.** So kann insbesondere für die Wahl des Vorsitzenden und der Stellvertreter ein Wahlverfahren entsprechend § 27 MitbestG in der Mitbestimmungsvereinbarung geregelt werden (ebenso *Henssler* ZHR 173 [2009], 222 [242 f.]; aA KK-AktG/*Paefgen* Rn. 17).

12   **c) Auswirkungen einer fehlerhaften Wahl.** Die entgegen Art. 42 S. 2 erfolgte Wahl eines Arbeitnehmervertreters als Vorsitzenden des Aufsichtsorgans ist ungültig, und die Mitglieder des Aufsichtsorgans sind verpflichtet, eine neue Wahl durchzuführen. Da die nichtige Wahl eines Vorsitzenden seiner „Verhinderung" iSv § 107 Abs. 1 S. 3 AktG gleichsteht, hat ein fehlerfrei gewählter Stellvertreter aus dem Kreis der Aktionärsvertreter die Befugnisse des Vorsitzenden (*Schwarz* Rn. 17). Folge der fehlerhaften Wahl des Vorsitzenden ist es, dass diesem Schein-Vorsitzenden keine Stichentscheidstimme nach Art. 50 S. 2 zukommt; die Stimmabgabe des Schein-Vorsitzenden hat immer nur einen einfachen Stimmwert (*Schwarz* Rn. 18). Rechtshandlungen des Schein-Vorsitzenden gegenüber anderen Organen oder Dritten sind wirksam und verpflichten die Gesellschaft (Ausnahme: Geltung der Rechtsregeln zum Missbrauch der Vertretungsmacht in entsprechender Anwendung) (abweichend *Schwarz* Rn. 19).

13   **2. Amtszeit.** Zur Amtszeit des Vorsitzenden enthält die SE-VO keine ausdrückliche Regelung. Allerdings endet die Amtszeit in jedem Fall mit der Amtsbeendigung als Organmitglied („aus der Mitte des Aufsichtsorgans"; vgl. KK-AktG/*Paefgen* Rn. 18; *Schwarz* Rn. 13; HK-SE/*Manz* Rn. 3). Die Amtszeit kann in der **Satzung,** der **Geschäftsordnung des Aufsichtsorgans** oder im **Bestellungsbeschluss** (Praxislösung) festgelegt werden (KK-AktG/*Paefgen* Rn. 19; MüKoAktG/*Reichert*/*Brandes* Rn. 16; *Frodermann* in Jannott/Frodermann HdB SE Kap. 5 Rn. 119). Enthält der Bestellungsbeschluss keine Regelung zur Amtszeit, so wird dieser im Zweifel in der Weise auszulegen sein, dass die Wahl für die vollständige Zeit der Organzugehörigkeit erfolgt (KK-AktG/*Paefgen* Rn. 19; MüKoAktG/*Reichert*/*Brandes* Rn. 16; HK-SE/*Manz* Rn. 3; *Frodermann* in Jannott/Frodermann HdB SE Kap. 5 Rn. 119).

14   Die **Wiederwahl** des Vorsitzenden ist zulässig; sie bedarf aber eines besonderen Beschlusses des Aufsichtsorgans (KK-AktG/*Paefgen* Rn. 20; MüKoAktG/*Reichert*/*Brandes* Rn. 16). Aus Art. 42 S. 1 (ausschließliche Beschlusskompetenz des Aufsichtsorgans) folgt, dass – anders als bei der deutschen AG – eine Satzungsregelung unzulässig ist, derzufolge die Verlängerung des Amtes als Vorsitzender mit der Wahl eines Aufsichtsorgans verknüpft ist (zutreffend KK-AktG/*Paefgen* Rn. 20; MüKoAktG/*Reichert*/*Brandes* Rn. 16; zum abweichenden deutschen Aktienrecht Hüffer/*Koch* AktG § 107 Rn. 7).

15   **3. Bestellung durch das Gericht.** Aus den die Funktionsfähigkeit des Aufsichtsorgans und das Übergewicht der Anteilseignerseite regelnden Art. 42 S. 2, Art. 50 Abs. 2 S. 2 folgt eine **Regelungsoffenheit** für solche mitgliedstaatliche Regelungen, die diesen Zielen dienen. Daher ist – wie im deutschen Aktienrecht

– die **gerichtliche Bestellung zulässig** und § 104 Abs. 2 AktG analog, Art. 9 Abs. 1 lit. c ii auf die Bestellung des Vorsitzenden eines paritätisch mitbestimmten Aufsichtsorgans anzuwenden (KK-AktG/*Paefgen* Rn. 21; LHT/*Drygala* Rn. 6; *Schwarz* Rn. 22; MüKoAktG/*Reichert/Brandes* Rn. 15; zum deutschen Recht Hüffer/*Koch* AktG § 107 Rn. 6). In diesem Fall ist entsprechend § 104 Abs. 3 Nr. 2 AktG stets ein Eilfall für ein sofortiges Tätigwerden des Registergerichts anzunehmen; die Regel-Dreimonatsfrist nach § 104 Abs. 2 S. 3 AktG ist nicht einschlägig (zutreffend KK-AktG/*Paefgen* Rn. 21; aA LHT/*Drygala* Rn. 6). Bei drittelparitätisch mitbestimmten oder mitbestimmungsfreien Aufsichtsorganen gilt ebenfalls § 104 Abs. 2 AktG analog, Art. 9 Abs. 1 lit. c ii für die Bestellung des Vorsitzenden, allerdings findet hier die Regel-Dreimonatsfrist nach § 104 Abs. 2 S. 1 AktG Anwendung (KK-AktG/*Paefgen* Rn. 22).

4. Beendigung der Amtsstellung. a) Abwahl. Wenngleich die SE-VO **16** keine ausdrückliche Regelung zur Abwahl des Vorsitzenden des Aufsichtsorgans enthält, gilt Folgendes: Die Abberufung erfolgt als actus contrarius zur Bestellung **spiegelbildlich durch Beschluss des Aufsichtsorgans mit einfacher Mehrheit der anwesenden oder vertretenen Mitglieder** (Art. 50 Abs. 1 lit. b; KK-AktG/*Paefgen* Rn. 23; *Schwarz* Rn. 14; MüKoAktG/*Reichert/Brandes* Rn. 16; *Frodermann* in Jannott/Frodermann HdB SE Kap. 5 Rn. 120). Die **Satzung** kann eine größere Mehrheit für den Abberufungsbeschluss festlegen, allerdings darf dies bei der mitbestimmten SE nicht zu einer Blockademöglichkeit der Arbeitnehmervertreter für das Zustandekommen von Abwahlbeschlüssen führen. Das Gleiche gilt für eine Satzungsregelung zur Beschlussfähigkeit.

Der zur Abberufung stehende Vorsitzende hat bei der Beschlussfassung **kein** **17** **Stimmrecht** (Rechtsgedanke aus § 34 BGB, § 47 Abs. 4 GmbHG iVm Art. 9 Abs. 1 lit. c ii; KK-AktG/*Paefgen* Rn. 23; MüKoAktG/*Reichert/Brandes* Rn. 16; HK-SE/*Manz* Rn. 5; zum deutschen Recht Hüffer/*Koch* AktG § 107 Rn. 7; *Seibt* FS Hopt, Bd. I, 2010, 1363 [1378] mwN). Zur Vermeidung einer Blockadeposition des amtierenden Vorsitzenden und der Arbeitnehmervertreter ist in der paritätisch mitbestimmten SE dem aus dem Kreis der Anteilseignervertreter stammenden stellvertretenden Vorsitzenden ein **Dreifachstimmrecht analog Art. 42 S. 2** zuzubilligen (zutreffend KK-AktG/*Paefgen* Rn. 24).

Die Beschränkung der Abberufungskompetenz des Aufsichtsorgans durch das **18** **Erfordernis eines wichtigen Grundes** kann **durch Satzungsregelung** erfolgen, wobei dann für den Abberufungsbeschluss in jedem Fall und ungeachtet von Satzungsbestimmung die einfache Mehrheit der anwesenden oder vertretenen Stimmen ausreicht (KK-AktG/*Paefgen* Rn. 26; *Schwarz* Rn. 40; MüKoAktG/*Reichert/Brandes* Rn. 16; HK-SE/*Manz* Rn. 5; zum deutschen Recht Hüffer/*Koch* AktG § 107 Rn. 7; BGHZ 102, 172 [179] = NJW 1988, 969). Die Satzung kann die Abwahl des Vorsitzenden zB auch in Anlehnung an das Verfahren des § 27 MitbestG regeln (aA KK-AktG/*Paefgen* Rn. 27). Dieses Verfahren (oder ein abweichendes Wahlverfahren mit Aktionärsschutztendenz) ist auch tauglicher Regelungsgegenstand für eine Mitbestimmungsvereinbarung (aA KK-AktG/*Paefgen* Rn. 28).

b) Amtsniederlegung. Bei der deutschen SE ist wie im deutschen Aktien- **19** recht (über die Verweisung in Art. 9 Abs. 1 lit. c ii) die Niederlegung des Vorsitzamtes unter gleichzeitiger Beibehaltung der Mitgliedschaft im Aufsichtsorgan zulässig (KK-AktG/*Paefgen* Rn. 29; MüKoAktG/*Reichert/Brandes* Rn. 16; *Frodermann* in Jannott/Frodermann Kap. 5 Rn. 120).

5. Rechtsstellung und Befugnisse. Die in der Praxis herausragende Stellung **20** des Vorsitzenden des Aufsichtsorgans im dualistischen Verwaltungssystem ist in der SE-VO (ebenso wie im AktG) nur unvollkommen niedergelegt; Lücken der

SE-VO sind über die Generalverweisung in Art. 9 Abs. 1 lit. c ii durch nationales Aktienrecht zu schließen (aus der italienischen Literatur: Corapi/Pernazza/*Pernazza* S. 181). Ihm stehen in jedem Fall implizit **alle Befugnisse** zu, **die dem Leiter eines Kollegialgremiums zur verantwortungsvollen Funktionsausübung (nach innen und außen) zukommen müssen:** So ist er für die Koordination der Arbeit des Aufsichtsorgans und seiner Ausschüsse zuständig (§ 9 Abs. 2 AktG), er vertritt das Aufsichtsorgan gegenüber dem Leitungsorgan sowie gegenüber gesellschaftsexternen Dritten und ist deren primärer Ansprechpartner (vgl. auch Ziff. 5.2 S. 2 DCGK). Der Vorsitzende hat mit dem Leitungsorgan im ständigen Kontakt, insbesondere im Hinblick auf die Strategie, die Geschäftsentwicklung und das Risikomanagement der Gesellschaft zu stehen (vgl. Ziff. 5.2 S. 4 DCGK); er ist in die zentralen Strategieprozesse eingebunden und „wichtigster Sparringspartner" des Vorstands bei den Schlüsselthemen des Unternehmens. Er sollte eine Scharnier- und Clearing-Funktion im Informationsfluss von Leitungsorganen zu Aufsichtsorganen und Berichtsverlangen des Aufsichtsorgans gegenüber dem Leitungsorgan ein (*Seibt* in HdB Corporate Governance S. 391, 405 ff.; s. allerdings Art. 41 Abs. 5; → Art. 41 Rn. 40). Der Vorsitzende ist regelmäßig mit der Leitung der Hauptversammlung betraut; er wirkt bei bestimmten Anmeldungen zum Handelsregister mit (vgl. §§ 184 Abs. 1, 188 Abs. 1, 195 Abs. 1, 207 Abs. 2, 223, 229 Abs. 3, 237 Abs. 2 AktG). Im Rahmen der Binnenorganisation ist er für die Einberufung (§ 110 Abs. 1 AktG), die Leitung der Sitzung des Aufsichtsorgans und die Sitzungsniederschrift (§ 107 Abs. 2) verantwortlich. Ein **Informationsaustausch des Aufsichtsratsvorsitzenden einer kapitalmarkt-orientierten SE mit interessierten Investoren und bestehenden Großaktionären** über die strategischen und sonstigen wesentlichen unternehmerischen Ziele des Unternehmens ist zulässig, solange er dabei keine Insiderinformationen preisgibt und die Erläuterung der Strategie nicht im Vordergrund steht, sondern dass der Informationsaustausch vor allem dazu dient, die Interessen der Aktionäre zu erfahren (*Seibt* in HdB Corporate Governance S. 391, 402; *Roth* ZGR 2012, 343 [369]; *Drinhausen/Marsch-Barner* AG 2014, 337 [350]; aA *Leyendecker/Langner* NZG 2012, 721); der Aufsichtsratsvorsitzende darf diese Außenkommunikation indes nicht überstrapazieren und nicht den Eindruck erwecken, er sei „Chairman of the (full) Board" angelsächsischer Prägung. Kontaktaufnahmen des Aufsichtsratsvorsitzenden mit Kunden oder Lieferanten sollten nur auf Aufforderung durch den Vorstand oder jedenfalls in Absprache mit diesem erfolgen. In der Praxis größerer Unternehmen wird dem Aufsichtsratsvorsitzenden ein spezielles **Aufsichtsratsbüro** (häufig mit Assistenzkraft) eingerichtet, das sowohl logistische Unterstützung leistet als auch für dessen Aufgaben in Ausübung der Schnittstellenfunktion zum Gesamtaufsichtsrat bzw. zum Vorstand Zuarbeit leistet (hierzu *Drinhausen/Marsch-Barner* AG 2014, 337 [350]). – Zur **Stichentscheidsstimme** s. Art. 50.

III. Stellvertreter des Vorsitzenden

21 **1. Wahl des/der Stellvertreter(s).** Wenngleich die SE-VO – anders als die Vorentwürfe (→ Rn. 3) – keine ausdrückliche Regelung zur Wahl von Stellvertretern des Vorsitzenden enthält, ist eine solche nach mitgliedstaatlichen Vorschriften zulässig; die Steigerung der Funktionsfähigkeit des Aufsichtsorgans durch Bestellung von Stellvertretern spricht für die Regelungsoffenheit in dieser Frage. Nach § 107 Abs. 1 AktG, Art. 9 Abs. 1 lit. c ii ist daher die **Wahl mindestens eines Stellvertreters zwingend** vorgeschrieben (KK-AktG/*Paefgen* Rn. 33; LHT/*Drygala* Rn. 8; *Schwarz* Rn. 20; MüKoAktG/*Reichert/Brandes* Rn. 18; *Windbichler* FS Canaris, Bd. II, 2010, 1423 [1432]; *Kiem* ZHR 173 [2009], 156 [169]; aA *Henssler* ZHR 173 [2009], 222 [243]). Die Satzung (ersatz-

weise: Geschäftsordnung für das Aufsichtsorgan) kann auch die **Bestellung weiterer Stellvertreter** vorschreiben oder zulassen und die Reihenfolge festlegen, in der diese an die Stelle des Vorsitzenden treten (KK-AktG/*Paefgen* Rn. 33; Mü-KoAktG/*Reichert/Brandes* Rn. 18; *Lutter/Kollmorgen/Feldhaus* BB 2005, 2473 [2478]). Die Regelung der Reihenfolge ist für die Zuordnung der Stichentscheidsstimme nach Art. 50 Abs. 2 im Falle des Wegfalls, der Abwesenheit oder Verhinderung des Vorsitzenden zweckmäßig (→ Rn. 22). Die Festlegung der Zahl der Stellvertreter und deren Zuordnung zur Aktionärs- und Arbeitnehmerseite ist tauglicher Gegenstand einer Mitbestimmungsvereinbarung (aus der Praxis: Vereinbarung über die Arbeitnehmerbeteiligung in der Allianz SE; hierzu auch *Hemeling* in HdB Corporate Governance S. 769, 776). Für die Wahl, Amtszeit und Beendigung der Amtsniederlegung von Stellvertretern gelten die auf den Vorsitzenden anwendbaren Regelungen entsprechend (*Henssler* ZHR 173 [2009], 222 [243]).

2. Rechtsstellung und Befugnisse. Der Stellvertreter hat die Rechte und   **22** Pflichten des Vorsitzenden, wenn dieser „verhindert" ist (§ 107 Abs. 1 S. 3 AktG, Art. 9 Abs. 1 lit. c ii), dh wenn nicht nur ein vorübergehender Grund für die Nichtausübung der Amtsgeschäfte durch den Vorsitzenden besteht. Dies gilt auch für die Stichentscheidungsstimme nach Art. 50 Abs. 2 (KK-AktG/*Paefgen* Rn. 35; *Schwarz* Rn. 21 und Art. 50 Rn. 38 f.; MüKoAktG/*Reichert/Brandes* Rn. 13, 19; *Kiem* ZHR 173 [2009], 156 [168]; *Henssler* ZHR 173 [2009], 222 [243]; aA *Windbichler* FS Canaris, Bd. II, 2007, 1423 [1431 ff.]), bei der paritätisch mitbestimmten SE gilt dies nur bei telelogischer Reduktion für den eindeutig bezeichneten Stellvertreter (Reihenfolgebestimmung!), der aus dem Kreis der Anteilseigner stammt (Wertungsgedanke des Art. 42 S. 2) (KK-AktG/*Paefgen* Rn. 36; *Schwarz* Rn. 21 und Art. 50 Rn. 40; MüKoAktG/*Reichert/Brandes* Rn. 19; *Henssler* ZHR 173 [2009], 222 [243]; *Casper* ZHR 173 [2009], 181 [216 f.] zu Art. 45 S. 2; aA LHT/*Drygala* Rn. 8; *Habersack* AG 2006, 345, [349 Fn. 37]; *Nagel* AuR 2007, 329 [332]). Diese Zuordnung des Stichtentscheidsrechts kann (und sollte) rechtsklarstellend in der Satzung geregelt werden (vgl. § 14.6 Satzung SAP SE, § 14 Abs. 7 Satzung Zalando SE, § 12 Abs. 4 Satzung E.ON SE, § 8.3 Satzung Allianz SE, § 11.5 Satzung Porsche Automobil Holding SE, § 12.2 Satzung BASF SE, § 10 Abs. 4 Satzung MAN SE, § 14 Abs. 2 Satzung Bilfinger Berger SE).

Abschnitt 2. Monistisches System

[Verfassung des Verwaltungsorgans]

43 (1) [1]**Das Verwaltungsorgan führt die Geschäfte der SE.** [2]**Ein Mitgliedstaat kann vorsehen, dass ein oder mehrere Geschäftsführer die laufenden Geschäfte in eigener Verantwortung unter denselben Voraussetzungen, wie sie für Aktiengesellschaften mit Sitz im Hoheitsgebiet des betreffenden Mitgliedstaates gelten, führt bzw. führen.**

(2) [1]**Die Zahl der Mitglieder des Verwaltungsorgans oder die Regeln für ihre Festlegung sind in der Satzung der SE festgelegt.** [2]**Die Mitgliedstaaten können jedoch eine Mindestzahl und erforderlichenfalls eine Höchstzahl festsetzen.**

Ist jedoch die Mitbestimmung der Arbeitnehmer in der SE gemäß der Richtlinie geregelt, so muss das Verwaltungsorgan aus mindestens drei Mitgliedern bestehen.

(3) [1]Das Mitglied/die Mitglieder des Verwaltungsorgans wird/werden von der Hauptversammlung bestellt. [2]Die Mitglieder des ersten Verwaltungsorgans können jedoch durch die Satzung bestellt werden. [3]Artikel 47 Absatz 4 oder eine etwaige nach Maßgabe der Richtlinie 2001/86/EG geschlossene Vereinbarung über die Mitbestimmung der Arbeitnehmer bleibt hiervon unberührt.

(4) Enthält das Recht eines Mitgliedstaats in Bezug auf Aktiengesellschaften mit Sitz in seinem Hoheitsgebiet keine Vorschriften über ein monistisches System, kann dieser Mitgliedstaat entsprechende Vorschriften in Bezug auf SE erlassen.

Schrifttum (zu Art. 43–45 und Anh. Art. 43; monistisches System): *Austmann,* Größe und Zusammensetzung des Aufsichtsrats einer deutschen SE, FS Hellwig, 2010, 105; *Bachmann,* Der Verwaltungsrat der monistischen SE, ZGR 2008, 779; *Bauer,* Organstellung und Organvergütung in der monistisch verfassten Europäischen Aktiengesellschaft (SE), 2008; *Baums,* Zur monistischen Verfassung der deutschen Aktiengesellschaft, GS Gruson, 2009, 1; *Böttcher,* Die Kompetenzen von Verwaltungsrat und geschäftsführenden Direktoren in der monistischen SE in Deutschland, 2008; *Brandt,* Die Hauptversammlung der Europäischen Aktiengesellschaft (SE), 2004; *Casper,* Erfahrungen und Reformbedarf bei der SE – Gesellschaftsrechtliche Reformvorschläge, ZHR 173 (2009), 181; *Bücker,* Bedeutung der monistischen SE in Deutschland und Verantwortlichkeit der Verwaltungsratsmitglieder, in Bergmann/Kiem/Mülbert/Verse/Wittig, 10 Jahre SE, 2015, 203; *DAV-Handelsrechtsausschuss,* Stellungnahme zu dem Regierungsentwurf eines Gesetzes zur Einführung der Europäischen Gesellschaft (SEEG), NZG 2004, 957; *Eder,* Die monistisch verfasste Societas Europaea – Überlegungen zur Umsetzung eines CEO-Modells, NZG 2004, 544; *Engert,* Der international-privatrechtliche und sachrechtliche Anwendungsbereich des Rechts der Europäischen Aktiengesellschaft, ZVglRWiss. 104 (2005), 444; *Enke,* Beteiligungsvereinbarungen nach § 21 SEBG, 2015; *Fischer,* Monistische Unternehmensverfassung, 2010; *Forst,* Die Beteiligungsvereinbarung nach § 21 SEBG, 2010; *ders.,* Zur Größe des mitbestimmten Organs einer kraft Beteiligungsvereinbarung mitbestimmten SE, AG 2010, 350; *ders.,* Zu den Auswirkungen des Gesetzes zur Angemessenheit der Vorstandsvergütung auf die SE, ZIP 2010, 1786; *ders.,* Mitbestimmung à la Bruxelles – SE, SPE und grenzüberschreitende Verschmelzung, ZESAR 2014, 383; *Forstmoser,* Monistische oder dualistische Unternehmensverfassung? Das Schweizer Konzept, ZGR 2003, 688; *Göz,* Beschlussmängelklagen bei der Societas Europaea (SE), ZGR 2008, 593; *Gruber/Weller,* Societas Europaea – Mitbestimmung ohne Aufsichtsrat? – Ideen für die Leitungsverfassung der monistischen Europäischen Aktiengesellschaft in Deutschland, NZG 2003, 297; *Habersack,* Schranken der Mitbestimmungsautonomie in der SE, AG 2006, 345; *ders.,* Grundsatzfragen der Mitbestimmung in SE und SCE sowie bei grenzüberschreitender Verschmelzung, ZHR 171 (2007), 613; *ders.,* Konstituierung des ersten Aufsichts- oder Verwaltungsorgans der durch Formwechsel entstandenen SE und Amtszeit seiner Mitglieder, Konzern 2008, 67; *Heckschen,* Die SE als Option für den Mittelstand, FS Westermann, 2008, 999; *Henssler,* Mitbestimmungsrechtliche Konsequenzen einer Sitzverlegung innerhalb der Europäischen Union, GS Heinze, 2004, 333; *ders.,* Erfahrungen und Reformbedarf bei der SE – Mitbestimmungsrechtliche Reformvorschläge, ZHR 173 (2009), 222; *Hirte,* Die Europäische Aktiengesellschaft, NZG 2002, 1; *Hoffmann-Becking,* Organe: Strukturen und Verantwortlichkeiten, insbesondere im monistischen System, ZGR 2004, 355; *ders.,* Das Recht des Aufsichtsrats zur Prüfung durch Sachverständige nach § 111 Abs. 2 S. 2 AktG, ZGR 2011, 136; *Holland,* Das amerikanische „board of directors" und die Führungsorganisation einer monistischen SE in Deutschland, 2006; *Hommelhoff,* Einige Bemerkungen zur Organisationsverfassung der Europäischen Aktiengesellschaft, AG 2001, 279; *Huizinga,* Die Machtbalance zwischen Verwaltung und Hauptversammlung in der Europäischen Gesellschaft (SE), 2012; *Ihrig,* Organschaftliche Haftung und Haftungsdurchsetzung unter Berücksichtigung der monistisch verfassten SE, in Bachmann/Casper/Schäfer/Veil, Steuerungsfunktionen des Haftungsrechts im Gesellschafts- und Kapitalmarktrecht, 2007, 17; *ders.,* Die geschäftsführenden Direktoren in der monistischen SE: Stellung, Aufgaben und Haftung, ZGR 2008, 809; *Ihrig/Wagner,* Diskussionsentwurf für ein SE-Ausführungsgesetz, BB 2003, 969; *Jacobs,* Privatautonome Mitbestimmung in der SE, FS K. Schmidt, 2009, 793; *Kämmerer/Veil,* Paritätische Arbeitnehmermitbestimmung in der monistischen Societas Europaea, ZIP 2005, 369; *Kallmeyer,* Das monistische System in der SE mit Sitz in Deutschland, ZIP 2003, 1531; *Kepper,* Die mitbestimmte monistische SE deutschen Rechts, 2010; *Kiefner/Friebel,* Zulässigkeit eines Aufsichtsrats mit einer nicht durch drei teilbaren Mitgliederzahl bei einer SE mit Sitz in Deutschland, NZG 2010, 537; *Kiem,* Erfahrungen und Reformbedarf bei der SE – Entwicklungsstand, ZHR 173 (2009), 156; *Koke,* Die Finanzverfassung der Europäischen Aktiengesellschaft (SE) mit Sitz in Deutschland, 2005; *Köstler,* Die Mitbestimmung in der SE, ZGR 2003, 800; *Leyens,* Information des Aufsichtsrats, 2006; *Lutter,* Information und Vertraulichkeit im Aufsichtsrat, 3. Aufl. 2006; *Lutter/Bayer/J. Schmidt,* Europäisches Gesellschafts- und Kapitalmarktrecht, 5. Aufl. 2012; *Lutter/Kollmorgen/Feldhaus,* Die Europäische Aktiengesellschaft – Satzungsgestaltung bei der „mittelständischen SE", BB 2005, 2473; *Lutter/Kollmorgen/Feldhaus,* Muster-Geschäftsordnung für den Verwaltungsrat einer SE, BB 2007, 509; *Lutter/Krieger/Verse,* Rechte und Pflichten des Aufsichtsrats, 6. Aufl. 2014; *Marsch-Barner,* Zur monistischen Führungsstruktur einer deutschen Europäischen Gesellschaft (SE), GS Bosch, 2006, 99; *Mauch,* Das monistische Leitungssystem in der Europäischen Aktiengesellschaft, 2008; *Menjucq,* Das „monistische" System der Unternehmensleitung in der SE, ZGR 2003, 679; *Merkt,* Die monistische Unternehmensverfassung für die Europäische Aktiengesellschaft aus deutscher Sicht, ZGR 2003, 650; *Messow,* Die Anwendbarkeit des Deutschen Corporate Governance Kodex auf die Societas Europaea (SE), 2007; *Metz,* Die Organhaftung bei der monistisch strukturierten Europäischen Aktiengesellschaft mit Sitz in Deutschland, 2009; *Müller-Bonanni/Melot de Beauregard,* Mitbestimmung in der Societas Europaea, GmbHR 2005, 195; *Nagel,* Die Mitbestimmung bei der formwechselnden Umwandlung einer deutschen AG in eine Europäische Gesellschaft (SE), AuR 2007, 329; *Neye/Teichmann,* Der Entwurf für das Ausführungsgesetz zur Europäischen Aktiengesellschaft, AG 2003, 169; *Oechsler,* Kapitalerhaltung in der Europäischen Gesellschaft (SE), NZG 2005, 449; *Oetker,* Unternehmerische Mitbestimmung kraft Vereinbarung in der Europäischen Gesellschaft (SE), FS Konzen, 2006, 635; *ders.,* Unternehmensmitbestimmung in der SE kraft Vereinbarung, ZIP 2006, 1113; *Ortolf,* Die monistische SE-Konzerngesellschaft mit Sitz in Deutschland, 2012; *Rockstroh,* Verwaltungsrat und geschäftsführende Direktoren in der monistisch strukturierten Societas Europaea, BB 2012, 1620; *Roitsch,* Auflösung, Liquidation und Insolvenz der Europäischen Aktiengesellschaft (SE) mit Sitz in Deutschland, 2006; *Rose/Köstler,* Mitbestimmung in der Europäischen Aktiengesellschaft (SE), 2. Aufl. 2014; *Roth,* Die unternehmerische Mitbestimmung in der monistischen SE, ZfA 2004, 445; *Scheibe,* Die Mitbestimmung der Arbeitnehmer in der SE unter besonderer Berücksichtigung des monistischen Systems, 2007; *Schiessl,* Leitungs- und Kontrollstrukturen im internationalen Wettbewerb – Dualistisches System und Mitbestimmung auf dem Prüfstand, ZHR 167 (2003), 235; *J. Schmidt,* „Deutsche" vs. „britische" Societas Europaea (SE), 2006; *dies.,* Insolvenzantragspflicht, Insolvenzverschleppungshaftung und Zahlungsverbot bei der „deutschen" SE, NZI 2006, 627; *Schönborn,* Die monistische Societas Europaea in Deutschland im Vergleich zum englischen Recht, 2007; *Schuberth/von der Höh,* Zehn Jahre „deutsche" SE – Eine Bestandsaufnahme, AG 2014, 439; *Seitz,* Die Geschäftsführer einer monistischen Societas Europaea (SE) mit Sitz in der Bundesrepublik Deutschland, 2008; *Teichmann,* Gestaltungsfreiheit im monistischen Leitungssystem der Europäischen Aktiengesellschaft, BB 2004, 53; *ders.,* Gestaltungsfreiheit in Mitbestimmungsvereinbarungen, AG 2008, 797; *Teichmann/Rüb,* Der Regierungsentwurf zur Geschlechterquote in Aufsichtsrat und Vorstand, BB 2015, 259; *Thamm,* Die Organisationsautonomie der monistischen Societas Europaea bezüglich ihrer geschäftsführenden Direktoren, NZG 2008, 132; *Thümmel,* Die Europäische Aktiengesellschaft, 2004; *Thüsing/Forst,* Kündigung und Kündigungsschutz von Arbeitnehmervertretern in der SE, FS Reuter, 2010, 851; *Velte,* Corporate Governance in der monistischen Societas Europaea, WM 2010, 1635; *Verse,* Der Gleichbehandlungsgrundsatz im Recht der Kapitalgesellschaften, 2006; *ders.,* Das Weisungsrecht des Verwaltungsrats der monistischen SE, FS Hoffmann-Becking, 2013, 1277; *Verse/Wiersch,* Die Entwicklung des europäischen Gesellschaftsrechts 2014/2015, EuZW 2016, 330; *Waclawik,* Die Europäische Aktiengesellschaft (SE) als Konzerntochter- und Joint Venture-Gesellschaft, DB 2006, 1827; *Walla,* Corporate Governance in einer monistisch verfassten Societas Europaea deutscher Provinienz, ZJS 2008, 566; *Weller/Harms/Rentsch/Thomale,* Der internationale Anwendungsbereich der Geschlechterquote für Großunternehmen, ZGR 2015, 361; *Wicke,* Die Europäische Aktiengesellschaft – Grundstruktur, Gründungsformen und Funktionsweise, MittBayNot 2006, 196; *Windbichler,* Methodenfragen in der gestuften Rechtsordnung – Mitbestimmung und körperschaftliche Organisationsautonomie in der Europäischen Gesellschaft, FS Canaris, 2007, 1423.

Übersicht

                                                                    Rn.
I. Allgemeines   1
II. Aufgaben des Verwaltungsorgans (Abs. 1)   5
    1. Geschäftsführung   5
       a) Begriff, Abgrenzung zur Zuständigkeit der Hauptver-
          sammlung   5
       b) Delegation der laufenden Geschäfte an Geschäftsführer .   7
    2. Vertretung   17
III. Zahl der Mitglieder des Verwaltungsorgans (Abs. 2)   18
    1. Nicht mitbestimmte SE   18
    2. Mitbestimmte SE   22
IV. Bestellung der Mitglieder des Verwaltungsorgans (Abs. 3)   25
    1. Bestellung...   25
       a) Bestellung durch die Hauptversammlung (Abs. 3 S. 1) ..   25
       b) Bestellung des ersten Verwaltungsorgans (Abs. 3 S. 2)...   27
       c) Bestellung der Arbeitnehmervertreter (Abs. 3 S. 3)   29
       d) Annahme der Bestellung   34
       e) Abgrenzung zum Anstellungsverhältnis   35
       f) Flankierende Regelungen zur Bestellung (Amtszeit, Eig-
          nungsvoraussetzungen, Geschlechterquote) 35a
    2. Widerruf der Bestellung (Abberufung)   36
V. Regelungsermächtigung (Abs. 4)   37

I. Allgemeines

1   Die Art. 43 ff. knüpfen an das Wahlrecht des Art. 38 lit. b an. Dieses eröffnet
dem Satzungsgeber (auch nachträglich durch Satzungsänderung, → Art. 38
Rn. 29) die Möglichkeit, die Organisationsverfassung der SE im Unterschied zur
deutschen AG nicht nur an dem durch die Trennung von Leitungs- und Aufsichtsorgan gekennzeichneten dualistischen System auszurichten, sondern stattdessen das **monistische System** zu wählen. Dieses zeichnet sich dadurch aus,
dass an die Stelle personell und funktional getrennter Leitungs- und Über-
wachungsorgane ein Verwaltungsorgan tritt, das Leitungs- und Überwachungsfunktion in sich vereint. Solche monistischen Organisationsverfassungen sind –
wenn auch mit erheblichen Unterschieden im Einzelnen – aus den nationalen
Aktienrechten zahlreicher ausländischer Rechtsordnungen innerhalb und außerhalb der EU bekannt (rechtsvergleichender Überblick bei KK-AktG/*Siems* Vor
Art. 43 Rn. 5 ff. mit Hinweisen zum Vereinigten Königreich, zu Frankreich,
Italien, den USA und der Schweiz; ausführlich auch LHT/*Teichmann* Art. 38
Rn. 15 ff.).

2   An der Spitze des Abschnitts über das monistische System stehend enthält
Art. 43 einige **zentrale Grundaussagen zur monistischen Organisationsverfassung** der SE (zu wesentlichen Unterschieden zum dualistischen System
→ Art. 38 Rn. 20 ff.; → Anh. Art. 43 Vor § 20 SEAG Rn. 5). Abs. 1 S. 1 weist
dem Verwaltungsorgan, das in Deutschland als Verwaltungsrat bezeichnet wird
(§ 20 SEAG), die **Kompetenz zur Geschäftsführung** zu (→ Rn. 5 ff.). Abs. 1
S. 2 fügt hinzu, dass die laufenden Geschäfte auf einen oder mehrere Geschäftsführer übertragen werden können, sofern dies unter denselben Voraussetzungen
geschieht, die nach mitgliedstaatlichem Recht für nationale Aktiengesellschaften
gelten. Aus dieser Bezugnahme auf das mitgliedstaatliche Recht folgt, dass Abs. 1
S. 2 nur diejenigen Mitgliedstaaten anspricht, die – anders als Deutschland – für
ihre nationalen Aktiengesellschaften bereits ein monistisches Modell vorsehen
(heute allgM, van Hulle/Maul/Drinhausen/*Drinhausen* Abschnitt 5 § 3 Rn. 18;
Spindler/Stilz/*Eberspächer* Rn. 2; *Habersack/Verse* EuropGesR § 13 Rn. 35;
LHT/*Teichmann* Rn. 28; *Hoffmann-Becking* ZGR 2004, 355 [372 f.] mN auf die

früher verbreitete Gegenansicht). Dies bedeutet indes nicht, dass eine Aufteilung der Geschäftsführungsfunktion zwischen Verwaltungsrat und Geschäftsführern in den übrigen Mitgliedstaaten unzulässig ist (→ Rn. 14 ff.). Abs. 2 enthält eine Regelung zur **Größe des Verwaltungsorgans** (→ Rn. 18 ff.), während Abs. 3 die Modalitäten der **Bestellung der Mitglieder** des Verwaltungsorgans regelt (→ Rn. 25 ff.).

Von zentraler Bedeutung für das deutsche Recht ist die **Regelungsermächti- 3 gung** des Abs. 4. Sie ermöglicht es Mitgliedstaaten wie Deutschland, die in ihrem nationalen Aktienrecht bisher keine Bestimmungen zum monistischen System kennen, entsprechende Vorschriften für die SE zu erlassen. Der deutsche Gesetzgeber hat von dieser Ermächtigung mit Erlass der **§§ 20–49 SEAG** Gebrauch gemacht. Für Mitgliedstaaten, die anders als Deutschland für ihre nationalen Aktiengesellschaften bereits ein monistisches System vorhalten, gilt die Regelungsermächtigung des Art. 43 Abs. 4 nicht. Hierfür besteht auch kein Bedürfnis, da in diesem Fall die nationalen Rechtsvorschriften über das monistische System schon nach Art. 9 Abs. 1 lit. c ii und Art. 43 Abs. 1 S. 2 zur Anwendung kommen.

Der **Aufbau der Kommentierung** entspricht dem äußeren System von Ver- 4 ordnung und SEAG. Im Rahmen der Erl. zu Art. 43 ff. stehen die unionsweit zu beachtenden Vorgaben der Verordnung im Vordergrund. Die Besonderheiten der Rechtslage in Deutschland werden in den Erl. zu §§ 20–49 SEAG im Anh. Art. 43 dargestellt.

II. Aufgaben des Verwaltungsorgans (Abs. 1)

1. Geschäftsführung. a) Begriff, Abgrenzung zur Zuständigkeit der 5 Hauptversammlung. Abs. 1 S. 1 überträgt die Zuständigkeit für die Geschäftsführung dem Verwaltungsorgan (Verwaltungsrat). Die Parallelvorschrift im dualistischen System ist Art. 39 Abs. 1 S. 1, der die Geschäftsführung dem Leitungsorgan (Vorstand) zuweist. Der Unterschied besteht darin, dass es im Unterschied zum dualistischen System (Art. 40) kein zusätzliches Aufsichtsorgan (Aufsichtsrat) gibt. Daraus folgt für den **Begriff der Geschäftsführung** iSd Abs. 1 S. 1, dass er nicht von den Kompetenzen des Aufsichtsorgans, sondern nur von den Kompetenzen der Hauptversammlung abzugrenzen ist. Unter Geschäftsführung iSd Vorschrift ist daher jedes tatsächliche oder rechtliche Handeln für die Gesellschaft zu fassen, das nicht der alleinigen Zuständigkeit der Hauptversammlung vorbehalten ist (LHT/*Teichmann* Rn. 12). Die Kompetenzen der Hauptversammlung (→ Art. 52 Rn. 11 ff.) sind im monistischen Modell dieselben wie im dualistischen, wenn man einmal davon absieht, dass die Hauptversammlung nach Abs. 3 anstelle der Mitglieder des Aufsichtsorgans diejenigen des Verwaltungsorgans bestellt.

Ob die **Hauptversammlung** gegenüber dem Verwaltungsorgan ein **Wei-** 6 **sungsrecht** in Geschäftsführungsfragen hat, gibt die SE-VO nach zutreffender Ansicht nicht vor und ist daher eine **Frage des mitgliedstaatlichen Rechts** (KK-AktG/*Siems* Rn. 37 ff.; NK-SE/*Manz* Rn. 3; MüKoAktG/*Reichert/Brandes* Rn. 9 iVm Art. 38 Rn. 15; Kalss/Hügel/*Kalss/Greda* SEG § 39 Rn. 40 ff.; *Huizinga* S. 171). Letztlich ohne Belang ist, ob man dieses Ergebnis auf Art. 52 UAbs. 2 oder auf Art. 43 Abs. 4 bzw. Art. 9 Abs. 1 lit. c stützt (für Letzteres KK-AktG/*Siems* Rn. 38 ff.). Entscheidend ist, dass man daraus, dass Abs. 1 S. 1 im Unterschied zu Art. 39 Abs. 1 S. 1 nicht von einer Geschäftsführung „in eigener Verantwortung" spricht, nicht im Wege des Umkehrschlusses ableiten kann, die SE-VO gehe von einer Weisungsabhängigkeit des Verwaltungsorgans aus. Ein derartiger Umkehrschluss verbietet sich schon deshalb, weil besagte Formulierung im Rahmen des Art. 39 Abs. 1 S. 1 (anders als in § 76 Abs. 1 AktG) gar nicht die

Weisungsunabhängigkeit des Leitungsorgans zum Ausdruck bringen soll (→ Art. 39 Rn. 6; *Schwarz* Rn. 15 iVm Art. 39 Rn. 25, 39; KK-AktG/*Siems* Rn. 39 f. mit Hinweis auf andere Sprachfassungen; *Huizinga* S. 162 ff.). Dass die Verordnung kein Über-/Unterordnungsverhältnis zwischen Hauptversammlung und Verwaltungsorgan erkennen lässt, darf umgekehrt aber auch nicht zu dem Schluss verleiten, ein Weisungsrecht der Hauptversammlung sei unionsrechtlich verboten (so aber MüKoAktG/*Kubis* Art. 52 Rn. 7; *Lutter/Bayer/J. Schmidt* § 41 Rn. 131; *Brandt* S. 105 ff.). Für eine solchermaßen abschließende Regelung der Verordnung fehlen hinreichende Anhaltspunkte. Handelt es sich mithin um eine Frage des mitgliedstaatlichen Rechts, so ist für das deutsche Recht zu konstatieren, dass dieses **kein Weisungsrecht der Hauptversammlung** in Fragen der Geschäftsführung vorsieht (→ Anh. Art. 43 § 22 SEAG Rn. 11).

7   **b) Delegation der laufenden Geschäfte an Geschäftsführer. aa) Mitgliedstaaten mit monistischem System im nationalen Aktienrecht (Abs. 1 S. 2).** Abs. 1 S. 2 ermöglicht es Mitgliedstaaten, die – anders als Deutschland – in ihrem nationalen Aktienrecht bereits ein monistisches System kennen, die Zuständigkeit für die **laufenden Geschäfte** auf einen oder mehrere **Geschäftsführer** zu übertragen, und zwar unter denselben Voraussetzungen, die auch im nationalen Recht gelten. Für Mitgliedstaaten, die wie Deutschland für ihre nationalen Aktiengesellschaften kein monistisches System vorsehen, gilt die Vorschrift nicht unmittelbar (→ Rn. 2). Mittelbar lassen sich aber auch für diese Mitgliedstaaten Schlussfolgerungen aus Abs. 1 S. 2 ableiten (→ Rn. 15 f.).

8   **Historischer Anlass** für die Regelung des Abs. 1 S. 2 war eine Initiative der schwedischen Verhandlungsdelegation (s. *Neye/Teichmann* AG 2003, 169 [176] mit Fn. 38). Das schwedische Aktienrecht sieht neben dem Verwaltungsrat (bei Publikumsgesellschaften zwingend und ansonsten fakultativ) einen oder mehrere geschäftsführende Direktoren vor, die für die laufende Geschäftsführung zuständig sind und dem Verwaltungsrat angehören können, aber nicht müssen (dazu *Hoffmann-Becking* ZGR 2004, 355 [374]; *Foerster/Strempel* RIW 1999, 33 34]; *Krage* AG 1998, 226 [229]). Weil Unsicherheit darüber herrschte, ob die schwedische Regelung dem monistischen oder dem dualistischen Modell unterfiel, Schweden diese Organisationsform aber auch auf die SE rechtssicher anwenden wollte, hat der europäische Gesetzgeber die Zulässigkeit dieser Organisationsform sowohl in Art. 39 Abs. 1 S. 2 als auch in Art. 43 Abs. 1 S. 2 klargestellt (*Neye/Teichmann* AG 2003, 169 [176]; LHT/*Teichmann* Rn. 29).

9   Aus dieser Entstehungsgeschichte ergibt sich bereits, dass der SE-VO keine Vorgabe zu entnehmen ist, dass die Geschäftsführer iSd Abs. 1 S. 2 dem Verwaltungsorgan angehören müssen (sonst wäre die schwedische Regelung unzulässig). Art. 66 Abs. 2 S. 1 des Verordnungsentwurfs von 1989 hatte demgegenüber die Delegation noch auf Mitglieder des Verwaltungsorgans beschränkt, während Art. 66 Abs. 2 S. 2 des Entwurfs von 1991 die Delegation auf Dritte ausdrücklich zuließ. Dass keiner dieser Entwürfe in die Endfassung der SE-VO übernommen wurde, lässt nur den Schluss zu, dass die Frage, ob **Externe als Geschäftsführer** zugelassen sind, dem nach Abs. 1 S. 2 berufenen mitgliedstaatlichen Recht überlassen bleibt (NK-SE/*Manz* Rn. 13 f.; KK-AktG/*Siems* Rn. 11, 24; zu der Streitfrage, ob Entsprechendes auch für Mitgliedstaaten gilt, die nicht unter Abs. 1 S. 2 fallen, → Rn. 15).

10   Dass Abs. 1 S. 2 vom Handeln der Geschäftsführer „**in eigener Verantwortung**" spricht, bedeutet ebenso wenig wie im Rahmen des Art. 39 Abs. 1 S. 2, dass die Geschäftsführer weisungsunabhängig sein müssen (→ Rn. 6). Der Verordnung lässt sich daher auch keine Vorgabe des Inhalts entnehmen, dass im Fall einer Delegation der laufenden Geschäfte auf die Geschäftsführer diesen ein Kernbereich von eigenen Kompetenzen zustehen muss, der gegenüber Weisun-

gen des Verwaltungsorgans immun ist (zum deutschen Recht → Anh. Art. 43
§ 44 SEAG Rn. 10 ff.).

Nicht abschließend geklärt ist, wie der Begriff der **„laufenden Geschäfte"** 11
auszulegen ist. Zu eng ist es, darunter nur die „alltäglich anfallenden, häufig
wiederkehrenden, routinemäßig zu erledigenden Geschäfte" zu verstehen (so
aber NK-SE/*Manz* Rn. 16 iVm Art. 39 Rn. 12; ähnlich *Seitz* S. 227). Wollte
man den Begriff so eng begrenzen, bliebe der Verwaltungsrat für einen Großteil
der Geschäftsführung zuständig; die Delegationsmöglichkeit bliebe erheblich
hinter dem zurück, was in den Mitgliedstaaten mit monistischer Tradition seit
langem zulässig ist (vgl. auch KK-AktG/*Siems* Rn. 19: „lebensfremd"). So ist
etwa im Vereinigten Königreich anerkannt, dass durch Satzungsbestimmung mit
Ausnahme der grundlegenden Entscheidungen über die Unternehmenspolitik
und -strategie die gesamte Geschäftsführung auf die „executive directors" übertragen werden kann (vgl. sec. 5 der Model Articles for Public Companies, früher
sec. 72 Table A; dazu *Seitz* S. 96 f.). Daher dürfte mehr dafür sprechen, den
Begriff der laufenden Geschäfte negativ abzugrenzen und als **Komplementärbegriff zu grundlegenden Führungsentscheidungen** aufzufassen (so offenbar
auch das Verständnis des österreichischen Gesetzgebers, der [Ober-] Leitung und
laufende Geschäftsführung ersichtlich als komplementäre Begriffe versteht, vgl.
§§ 39 Abs. 1, 56 SEG; für das deutsche Recht auch *Bauer* S. 87 f.; → Anh.
Art. 43 § 40 SEAG Rn. 33).

Die Delegation der laufenden Geschäfte auf die Geschäftsführer markiert nur 12
die Höchstgrenze der zulässigen Aufgabenübertragung. Mit Abs. 1 S. 2 ohne
weiteres vereinbar sind daher Regelungen, welche die Delegation stärker einschränken. Die Mitgliedstaaten, aber auch die Satzung (Art. 48 Abs. 1) und das
Verwaltungsorgan selbst können festlegen, dass auch solche Geschäfte, die dem
Bereich der laufenden Geschäfte zuzuordnen sind, der Beschlussfassung im Verwaltungsorgan vorbehalten sind (*Merkt* ZGR 2003, 650 [662 f.]). Auf diese Weise
können Unsicherheiten in der Zuständigkeitsabgrenzung zwischen Geschäftsführern und Verwaltungsorgan minimiert werden.

Wird die laufende Geschäftsführung nach Maßgabe des Abs. 1 S. 2 an die 13
Geschäftsführer delegiert, reduziert sich der Aufgaben- und **Pflichtenkreis der
nicht mit der laufenden Geschäftsführung betrauten Mitglieder** des Verwaltungsorgans auf die Mitwirkung an den nicht delegierten Geschäftsführungsentscheidungen und die Überwachung der Geschäftsführer. Eine derartige Aufteilung der Geschäftsführungsaufgaben zwischen „executive" und „non-executive
directors" ist vom europäischen Gesetzgeber als Ausdruck guter Corporate Governance ausdrücklich erwünscht, wie sich aus S. 3 des 14. Erwägungsgrunds ergibt.

bb) Mitgliedstaaten ohne monistisches System im nationalen Aktien- 14
recht. Mitgliedstaaten, die wie Deutschland in ihrem nationalen Aktienrecht
über kein monistisches System verfügen, werden in Abs. 1 S. 2 nicht unmittelbar
angesprochen (→ Rn. 2, aber → Rn. 15 f.). Stattdessen bemisst sich für diese Mitgliedstaaten die Zulässigkeit der Aufgabendelegation auf Geschäftsführer – in
Deutschland als geschäftsführende Direktoren bezeichnet (§ 40 SEAG) – nach
der **Regelungsermächtigung des Abs. 4** (heute allgM, vgl. auch Begr. RegE
SEEG, BT-Drs. 15/3405, 36). Unterschiedlich beurteilt wird aber, wie weit diese
Regelungsermächtigung in hier interessierenden Zusammenhang reicht. Unstreitig und mit Blick auf S. 3 des 14. Erwägungsgrunds unbestreitbar ist nur, dass
eine Übertragung der laufenden Geschäftsführung an einzelne Mitglieder des
Verwaltungsorgans zulässig ist (organinterne Delegation). Ob die Regelungsermächtigung weiter reicht, ist dagegen vor allem in zweierlei Hinsicht streitig:

(1) „Externe" als Geschäftsführer. Fraglich ist zunächst, ob die unter Abs. 4 15
fallenden Mitgliedstaaten auch anordnen oder gestatten können, dass die laufende

Geschäftsführung durch externe, dh nicht zugleich dem Verwaltungsorgan angehörende Personen wahrgenommen wird. Diese Frage ist gelegentlich mit dem
Argument verneint worden, dass es wegen der Unanwendbarkeit des Abs. 1 S. 2
bei der in Art. 38 lit. b und Art. 43 Abs. 1 S. 1 vorausgesetzten Einheitlichkeit
des Verwaltungsorgans bleiben müsse (*Hoffmann-Becking* ZGR 2004, 355 [369 ff.];
Schönborn S. 212 ff.; zweifelnd auch noch *Habersack/Verse* EuropGesR § 6 Rn. 35
aE). Wäre das zutreffend, wäre die vom deutschen Gesetzgeber in § 40 Abs. 1
S. 2 SEAG getroffene Regelung, nach der geschäftsführende Direktoren zu
bestellen sind, die dem Verwaltungsrat angehören können, aber nicht müssen, mit
dem Makel der Unionsrechtswidrigkeit behaftet (zu den möglichen Folgen *Bachmann* ZGR 2008, 779 [785 f.]). Indes ist dieser Ansicht mit der heute hL nicht zu
folgen. Vielmehr können auch die nicht unter Abs. 1 S. 2 fallenden Mitgliedstaaten eine Übertragung der laufenden Geschäfte auf externe Geschäftsführer
vorsehen (*Bachmann* ZGR 2008, 779 [784 f.]; KK-AktG/*Siems* Rn. 12, 24;
LHT/*Teichmann* Rn. 30 ff.; *Bauer* S. 58 ff.; *Seitz* S. 134 ff., 142). Hierfür sprechen
dieselben Gründe, die auch im Rahmen des Abs. 1 S. 2 für die Zulässigkeit
externer Geschäftsführer sprechen (→ Rn. 9). Es wäre auch ungereimt, wenn den
unter Abs. 4 fallenden Mitgliedstaaten eine Gestaltungsoption verwehrt würde,
die den unter Abs. 1 S. 2 fallenden Mitgliedstaaten zweifellos offensteht (*Bauer*
S. 60 f.; *Seitz* S. 136).

16   **(2) Grenzen der Aufgabenübertragung.** Streitig ist des Weiteren, ob die
unter Abs. 4 fallenden Mitgliedstaaten eine Delegation auf die Geschäftsführer
nur für die laufenden Geschäfte (→ Rn. 11) oder auch darüber hinaus vorschreiben oder gestatten können. Gegen eine Beschränkung der Delegationsmöglichkeit auf laufende Geschäfte wird angeführt, dass nur Abs. 1 S. 2 eine
solche Beschränkung vorsieht, nicht aber Abs. 4 (van Hulle/Maul/Drinhausen/
Drinhausen Abschnitt 5 § 3 Rn. 18; *Teichmann* BB 2004, 53 [54, 59 f.]; LHT/
Teichmann Rn. 30 ff.; im Ergebnis auch KK-AktG/*Siems* Rn. 19). Eine systematische, auf Vermeidung von Wertungswidersprüchen angelegte Auslegung gebietet
jedoch, dass auch im Rahmen des Abs. 4 die Delegation nicht weiter gehen kann
als im Rahmen des Abs. 1 S. 2 (NK-SE/*Manz* Rn. 36; *Schwarz* Rn. 39; *Seitz*
S. 226 ff.). Es ist kein Grund ersichtlich, warum es Mitgliedstaaten, deren nationales Aktienrecht kein monistisches System vorsieht, erlaubt sein sollte, eine
Delegation auch jenseits laufender Geschäfte vorzusehen, während den übrigen
Mitgliedstaaten diese Möglichkeit durch Abs. 1 S. 2 verwehrt ist. Insbesondere
lässt sich nicht argumentieren, dass es Abs. 1 S. 2 nur um die Gleichbehandlung
von nationaler Aktiengesellschaft und SE gehe und die Vorschrift schon deshalb
ohne jede Relevanz für Mitgliedstaaten sei, die in ihrem nationalen Aktienrecht
kein monistisches System kennen (so LHT/*Teichmann* Rn. 31). Abs. 1 S. 2 beschränkt sich nämlich gerade nicht darauf, eine Delegation unter denselben
Voraussetzungen wie nach nationalem Aktienrecht zuzulassen, sondern begrenzt
die Delegationsmöglichkeit in der SE auch dann auf laufende Geschäfte, wenn
nach nationalem Aktienrecht eine weitergehende Delegation zulässig sein sollte.
Letzteres lässt sich mit dem Gedanken der Gleichbehandlung zwischen nationaler
Aktiengesellschaft und SE ersichtlich nicht erklären. Die praktische Bedeutung
dieser Streitfrage ist allerdings begrenzt. Da der Begriff der laufenden Geschäfte
nach zutreffender Auffassung weit auszulegen ist und alle Geschäftsführungsmaßnahmen mit Ausnahme der grundlegenden Führungsentscheidungen einschließt
(→ Rn. 11), bleibt auch nach der hier vertretenen Ansicht ein weiter Spielraum
für die Aufgabendelegation an die Geschäftsführer (zum deutschen Recht → Anh.
Art. 43 § 40 SEAG Rn. 33).

17   **2. Vertretung.** Art. 43 enthält keine Regelung zur Vertretung der SE. Insbesondere kann von der Regelung der „Geschäftsführung" in Abs. 1 nicht

gleichzeitig auf die Vertretungsmacht geschlossen werden (LHT/*Teichmann* Rn. 17 ff.; NK-SE/*Manz* Rn. 24; MüKoAktG/*Reichert*/*Brandes* Rn. 18; *Schwarz* Rn. 13, 135; aA *Hoffmann-Becking* ZGR 2004, 354 [370]). In den Entwürfen von 1989 (Art. 66 Abs. 1 S. 1) und 1991 (Art. 66 Abs. 1 S. 2) war neben der Geschäftsführung explizit auch die Vertretung geregelt (vgl. auch Art. 20 EWIV-VO, Art. 42 SCE-VO). Dass man daran in der Endfassung der Verordnung nicht angeknüpft hat, lässt darauf schließen, dass die Frage der Vertretung dem **mitgliedstaatlichen Recht** überlassen bleiben soll (Nachweise wie vor). Die Verweisung auf das mitgliedstaatliche Recht ergibt sich je nachdem, ob das nationale Aktienrecht bereits ein monistisches Modell kennt oder nicht, aus Art. 9 Abs. 1 lit. c ii bzw. Art. 9 Abs. 1 lit. c i, 43 Abs. 4. Da die Verordnung keine abweichenden Vorgaben enthält, ist auch eine mitgliedstaatliche Regelung wie die des § 41 SEAG zulässig, welche die Vertretungsmacht nicht den Mitgliedern des Verwaltungsrats, sondern den geschäftsführenden Direktoren zuweist und ihre Vertretungsmacht nicht auf die laufenden Geschäfte beschränkt.

III. Zahl der Mitglieder des Verwaltungsorgans (Abs. 2)

1. Nicht mitbestimmte SE. Sofern die SE nicht der unternehmerischen Arbeitnehmermitbestimmung nach der SE-RL unterliegt (→ Rn. 22 ff.), gewährt Art. 43 Abs. 2 UAbs. 1 S. 1 hinsichtlich der **Mitgliederzahl** des Verwaltungsorgans **grundsätzlich Satzungsautonomie.** Daher kann das Verwaltungsorgan bei entsprechender Satzungsgestaltung auch aus nur einem einzigen Mitglied bestehen (KK-AktG/*Siems* Rn. 44; vgl. auch Abs. 3 S. 1: „das Mitglied/die Mitglieder"). 18

Allerdings ermächtigt Abs. 2 UAbs. 1 S. 2 die **Mitgliedstaaten,** die Satzungsautonomie einzuschränken und eine Mindest- und „erforderlichenfalls" eine Höchstzahl festzusetzen. Mit dieser mehrdeutigen Formulierung ist offenbar gemeint, dass die Mitgliedstaaten bei Festsetzung einer Mindest- nicht zugleich auch eine Höchstzahl bestimmen müssen (NK-SE/*Manz* Rn. 26; LHT/*Teichmann* Art. 43 Anh. [§ 23 SEAG] Rn. 3; vgl. auch Art. 39 Abs. 4 S. 2: „und/oder"). Teilweise wird darüber hinaus verlangt, dass die Einführung einer Höchstzahl zur Erreichung eines legitimen Ziels notwendig sein müsse (*Schwarz* Rn. 74). Die Frage hat indes kaum praktische Bedeutung, da die Gewährleistung effektiven Arbeitens durch Beschränkung der Organgröße jedenfalls ein legitimes Ziel ist und die Mitgliedstaaten hinsichtlich der Art und Weise, wie dieses Ziel am besten zu erreichen ist, ein weites Regelungsermessen haben (KK-AktG/*Siems* Rn. 47). 19

Da Abs. 2 UAbs. 1 S. 2 keine näheren Vorgaben enthält, steht es den Mitgliedstaaten frei, ob sie feste Mindest- und/oder Höchstzahlen oder eine **Staffelung nach bestimmten Schwellenwerten** (Unternehmensgröße, Grundkapitalziffer etc) vorsehen (*Schwarz* Art. 43 Anh. Rn. 81 f.; LHT/*Teichmann* Art. 43 Anh. [§ 23 SEAG] Rn. 2). Von der letztgenannten Möglichkeit hat der deutsche Gesetzgeber in § 23 SEAG Gebrauch gemacht (s. Anh. Art. 43). 20

Die Rechtsfolgen einer **Über- oder Unterbesetzung** richten sich mangels Regelung in der Verordnung gemäß Art. 9 Abs. 1 lit. c nach nationalem Recht (*Schwarz* Rn. 77; LHT/*Teichmann* Rn. 34). Zu den Rechtsfolgen im deutschen Recht → Anh. Art. 43 § 23 SEAG Rn. 11. 21

2. Mitbestimmte SE. Nach Abs. 2 UAbs. 2 muss das Verwaltungsorgan aus **mindestens drei Mitgliedern** bestehen, wenn die unternehmerische Mitbestimmung der Arbeitnehmer in der SE gemäß der SE-RL „geregelt" ist. Diese Formulierung ist insoweit missverständlich, als eine „Regelung" der Mitbestimmung gemäß der Richtlinie theoretisch auch in einer Beteiligungsvereinbarung 22

(Art. 4 SE-RL, § 21 SEBG) bestehen kann, die auf Mitbestimmung im Verwaltungsorgan ganz verzichtet, dh für die Arbeitnehmerseite kein Bestellungs-, Empfehlungs- oder Ablehnungsrecht (Art. 2 lit. k SE-RL, § 2 Abs. 12 SEBG) für Mitglieder des Verwaltungsorgans vorsieht. In diesem Fall kann Abs. 2 UAbs. 2 aber nach seinem Sinn und Zweck nicht zur Anwendung kommen (LHT/*Teichmann* Rn. 35; MüKoAktG/*Reichert/Brandes* Rn. 61; NK-SE/*Manz* Rn. 27 aE).

23   Nach zutreffender und heute wohl allgemeiner Ansicht kann die Mindestzahl von drei Mitgliedern nach Abs. 2 auch **nicht in einer Beteiligungsvereinbarung** nach Art. 4 SE-RL (in Deutschland § 21 SEBG) **abbedungen** werden (NK-SE/*Manz* Rn. 27; *Schwarz* Rn. 76; Spindler/Stilz/*Eberspächer* Rn. 26; *Oetker* ZIP 2006, 1113 [1118]; nunmehr auch LHT/*Teichmann* Rn. 37). Nach der hier vertretenen Ansicht ergibt sich dies schon daraus, dass die Sozialpartner in der Beteiligungsvereinbarung nur den relativen Anteil der Arbeitnehmervertreter im Verwaltungsorgan regeln können, während die Festlegung der absoluten Zahl aller Mitglieder dem Satzungsgeber vorbehalten ist (str., näher → Anh. Art. 43 § 23 SEAG Rn. 9 f. mwN). Aber selbst wenn man dem nicht folgen und Vereinbarungen zur Organgröße in der Mitbestimmungsvereinbarung grundsätzlich zulassen wollte, wären die Sozialpartner immer noch an die Mindestzahl des Abs. 2 UAbs. 2 gebunden; denn die Verordnung bietet für einen Vorrang der Beteiligungsvereinbarung keinen Anhaltspunkt, sondern legt im Umkehrschluss zu Abs. 3 S. 3 die gegenteilige Annahme nahe.

24   Von der in Abs. 2 geregelten Größe des Verwaltungsorgans zu unterscheiden ist die Frage nach dem relativen **Anteil der Arbeitnehmervertreter.** Dieser richtet sich nach der Beteiligungsvereinbarung (Art. 4 Abs. 1 lit. g SE-RL, § 21 Abs. 3 Nr. 1 SEBG) und hilfsweise nach der gesetzlichen Auffangregelung (Art. 7 SE-RL, §§ 34 ff. SEBG); s. dazu die Erl. zu § 21 und § 35 SEBG.

IV. Bestellung der Mitglieder des Verwaltungsorgans (Abs. 3)

25   **1. Bestellung. a) Bestellung durch die Hauptversammlung (Abs. 3 S. 1).** Abs. 3 regelt die Bestellung der Mitglieder des Verwaltungsorgans in Parallele zu der Bestellung der Mitglieder des Aufsichtsorgans im dualistischen System (Art. 40 Abs. 2). Vorbehaltlich der Sonderregeln für die erstmalige Konstituierung des Verwaltungsorgans (Abs. 3 S. 2; → Rn. 27 f.) und die Mitbestimmung der Arbeitnehmer (Abs. 3 S. 3; → Rn. 29 ff.) stellt Abs. 3 S. 1 den Grundsatz auf, dass die Mitglieder des Verwaltungsorgans von der **Hauptversammlung** bestellt werden. Anders als in der dualistischen SE oder AG haben die Aktionäre mithin unmittelbaren Einfluss auf die Besetzung des für die Leitung verantwortlichen Organs. Nach Art. 57 genügt ein Beschluss mit **einfacher Stimmenmehrheit,** soweit nicht das nationale Recht eine größere Mehrheit vorschreibt (LHT/*Teichmann* Art. 43 Rn. 43), was aber in Deutschland nicht der Fall ist (§ 28 Abs. 1 SEAG; zu den weiteren Formalia der Beschlussfassung s. Erl. zu § 28 SEAG im Anh. Art. 43, dort auch zur Bestellung von Ersatzmitgliedern). Für die Einberufung und den Ablauf der Hauptversammlung gelten gemäß Art. 53 die mitgliedstaatlichen Vorschriften (LHT/*Teichmann* Anh. Art. 43 § 28 SEAG Rn. 3), in Deutschland mithin die §§ 121 ff. AktG iVm § 22 Abs. 6 SEAG.

26   Eine **Ausnahme** von der Kompetenz der Hauptversammlung greift ein, soweit einzelnen Personen **Entsendungsrechte** zustehen. Abs. 3 S. 3 bestimmt iVm **Art. 47 Abs. 4,** dass mitgliedstaatliche Vorschriften, die einzelnen Aktionären oder anderen Personen oder Stellen die Bestellung eines Teils der Organmitglieder erlauben, von der Verordnung unberührt bleiben. Mitgliedstaaten, die wie Deutschland keine monistische Aktiengesellschaft kennen, können solche Vorschriften nach Art. 43 Abs. 4 auch eigens für die monistische SE einführen. Auf

dieser Grundlage hat der deutsche Gesetzgeber in § 28 Abs. 2 SEAG iVm § 101 Abs. 2 AktG die Möglichkeit eröffnet, auch in der monistischen SE Entsendungsrechte in der Satzung zu verankern. Gleichfalls auf Art. 43 Abs. 3 S. 3, Art. 47 Abs. 4 iVm Art. 43 Abs. 4 lassen sich mitgliedstaatliche Vorschriften stützen, die wie § 30 SEAG die **gerichtliche Bestellung** von Verwaltungsorganmitgliedern zur Besetzung vakanter Stellen vorsehen (vgl. Spindler/Stilz/*Eberspächer* Art. 47 Rn. 9; LHT/*Teichmann* Anh. Art. 43 § 30 SEAG Rn. 1).

b) Bestellung des ersten Verwaltungsorgans (Abs. 3 S. 2). Besonderhei- **27** ten gelten für die Bestellung der Mitglieder des **ersten Verwaltungsorgans.** Diese können nach Abs. 3 S. 2 durch die **Satzung** bestellt werden. Dadurch soll ebenso wie durch die Parallelvorschrift des Art. 40 Abs. 2 S. 2 die Handlungsfähigkeit der Gesellschaft bereits im Gründungsstadium sichergestellt werden (Spindler/Stilz/*Eberspächer* Rn. 33; LHT/*Teichmann* Rn. 48; vgl. auch Schmidt/Lutter/*Bayer* AktG § 30 Rn. 1 zu § 30 AktG). Der Satzung gleichgestellt ist nach Art. 6 die **Gründungsurkunde** der SE, also je nach Gründungsform der Verschmelzungsplan (Art. 20), der Gründungsplan (Art. 32 Abs. 2), der Umwandlungsplan (Art. 37 Abs. 4) oder bei Gründung einer Tochter-SE die Gründungsurkunde (Art. 15 Abs. 1 iVm § 23 AktG). Den Gründern steht es daher frei, die Bestellung der ersten Verwaltungsorganmitglieder nicht in dem als dauerhafter Satzungstext der SE bestimmten Teil der Gründungsurkunde, sondern an anderer geeigneter Stelle der Gründungsurkunde vorzunehmen (LH/*Seibt* 1. Aufl. Art. 6 Rn. 5). Für einen Rückgriff auf Art. 15 iVm den Bestellungsvorschriften des nationalen Rechts (in Deutschland §§ 30 f. AktG analog) ist neben der Spezialvorschrift des Abs. 3 S. 2 kein Raum (*Schwarz* Vor Art. 17–31 Rn. 12, Vor Art. 32–34 Rn. 26, Art. 37 Rn. 72; KK-AktG/*Siems* Rn. 51; *J. Schmidt* S. 594 iVm S. 562 mwN; aA MüKoAktG/*Reichert/Brandes* Rn. 45).

Neben der Bestellung nach Abs. 3 S. 2 soll nach verbreiteter Ansicht **wahl- 28 weise** die Bestellung der ersten Verwaltungsorganmitglieder außerhalb der Satzung bzw. Gründungsurkunde durch die **Hauptversammlung** nach Abs. 3 S. 1 zulässig bleiben (NK-SE/*Manz* Rn. 29; zu Art. 40 Abs. 2 S. 2 LHT/*Drygala* Art. 40 [§ 17 SEAG] Rn. 26). Wie dies im Einzelnen funktionieren soll, bleibt allerdings **unklar.** Da vor Registereintragung noch keine SE besteht (Art. 16 Abs. 1), könnte in diesem Stadium allenfalls die Hauptversammlung der Vor-SE (sofern nach nationalem Recht eine solche überhaupt besteht und über eine „Hauptversammlung" verfügt) oder ggf. die Hauptversammlung der aufnehmenden oder sich umwandelnden nationalen AG gemeint sein. Ob dies der Intention des europäischen Gesetzgebers entspricht, erscheint zumindest zweifelhaft (*J. Schmidt* S. 594 iVm S. 563). Praktisch wird sich daher schon zur Vermeidung von Zweifelsfragen die Bestellung durch die Satzung bzw. Gründungsurkunde empfehlen. – Zur (umstrittenen) Amtsdauer der Mitglieder des ersten Verwaltungsrats → Art. 46 Rn. 8; zur Bestellung der Arbeitnehmervertreter im ersten Verwaltungsorgan → Rn. 31 ff.

c) Bestellung der Arbeitnehmervertreter (Abs. 3 S. 3). aa) Allgemei- 29 nes. In mitbestimmten Gesellschaften ergibt sich aus Abs. 3 S. 3, dass die Zuständigkeit der Hauptversammlung für die Bestellung der Verwaltungsratsmitglieder durch eine abweichende **Beteiligungsvereinbarung** (Art. 4 SE-RL, § 21 SEBG) durchbrochen werden kann. Die Beteiligungsvereinbarung muss sich also nicht mit einer Regelung bescheiden, die der Arbeitnehmerseite einen verbindlichen Wahlvorschlag zugesteht, der dann von der Hauptversammlung umgesetzt wird (so aber MüKoAktG/*Jacobs* SEBG § 21 Rn. 19a; dem. FS K. Schmidt, 2009, 795 (807); *Oetker* FS Konzen, 2006, 635 (652 f.)). Sie kann vielmehr auch ein Verfahren vorsehen, in dem die Arbeitnehmervertreter ohne Einschaltung der Hauptversammlung bestellt werden (→ Art. 40 Rn. 38; *Forst* S. 273 f.; *Thü-*

sing/Forst FS Reuter, 2010, 851 (859); KK–AktG/*Kiem* Art. 12 Rn. 68; MüKo-AktG/*Reichert/Brandes* Art. 43 Rn. 26, 29; *Enke* S. 129 f.; aus der Praxis zur Parallelnorm des Art. 40 Abs. 3 S. 3 zB die Beteiligungsvereinbarung der BASF SE Punkt II.4.2). Das Gegenargument, Abs. 3 S. 3 beziehe sich nach seiner systematischen Stellung nur auf die Bestellung der Mitglieder des ersten Verwaltungsorgans (MüKoAktG/*Jacobs* SEBG § 21 Rn. 19a), überzeugt nicht, da diese Einschränkung dann auch für die in Abs. 3 S. 3 ebenfalls genannten Entsendungsrechte nach Art. 47 Abs. 4 gelten müsste, was aber ersichtlich keinen Sinn ergibt.

30   Nicht ausdrücklich geregelt ist in Abs. 3 S. 3 der Fall, dass mangels Beteiligungsvereinbarung die **gesetzliche Auffangregelung** eingreift (Art. 7 SE-RL, §§ 34 ff. SEBG). Der deutsche Gesetzgeber hat daraus den Schluss gezogen, dass die Arbeitnehmervertreter dann nach Abs. 3 S. 1 zwingend durch die Hauptversammlung zu bestellen seien (Begr. RegE SEEG, BT-Drs. 15/3405, 55; zustimmend LHT/*Oetker* SEBG § 36 Rn. 14). Demgemäß hat er in § 36 Abs. 4 SEBG bestimmt, dass bei Eingreifen der Auffangregelung die Hauptversammlung die Arbeitnehmervertreter bestellt, hierbei allerdings an die Vorschläge des Wahlgremiums der Arbeitnehmerseite gebunden ist. Richtigerweise ist indes davon auszugehen, dass nicht nur eine Beteiligungsvereinbarung, sondern auch die gesetzliche Auffangregelung gegenüber Abs. 3 S. 1 Vorrang beansprucht (*Schwarz* Art. 47 Rn. 55; KK–AktG/*Siems* Rn. 52; LHT/*Teichmann* Rn. 54). Ob man dies auf Abs. 3 S. 3 iVm Art. 47 Abs. 4 (*Schwarz* Art. 47 Rn. 55), die Spezialität des Art. 7 SE-RL (KK–AktG/*Siems* Rn. 52) oder eine teleologische Reduktion des Art. 43 Abs. 3 S. 1 (LHT/*Teichmann* Rn. 54) stützt, macht im Ergebnis keinen Unterschied. Entscheidend ist, dass es keinen vernünftigen Sinn ergibt, erst für eine Anwendung des Abs. 3 S. 1 einzutreten und auch bei Eingreifen der gesetzlichen Auffangregelung die Kompetenz der Hauptversammlung für zwingend zu erklären, dann aber im nächsten Schritt zu konzedieren, dass die Hauptversammlung an den Wahlvorschlag der Arbeitnehmerseite gebunden ist. Nach zutreffender Ansicht hätte der deutsche Gesetzgeber daher bei Eingreifen der Auffangregelung keine Hauptversammlungszuständigkeit für die Bestellung der Arbeitnehmervertreter vorsehen müssen. Da Verordnung und Richtlinie nichts Gegenteiliges zu entnehmen ist, verbietet das Unionsrecht aber umgekehrt auch nicht, eine derartige Regelung zu treffen. Gegen § 36 Abs. 4 SEBG bestehen daher allenfalls rechtspolitische, aber keine unionsrechtlichen Bedenken (KK–AktG/*Siems* Rn. 52; LHT/*Teichmann* Rn. 56; Spindler/Stilz/*Eberspächer* Rn. 32 mit Fn. 117; aA *Schwarz* Rn. 108 iVm Art. 40 Rn. 44).

31   **bb) Mitbestimmung im ersten Verwaltungsorgan.** Auch für die Bestellung der Arbeitnehmervertreter im ersten Verwaltungsorgan kommt es darauf an, ob eine Beteiligungsvereinbarung geschlossen wurde oder die Auffanglösung eingreift.

32   **(1) Beteiligungsvereinbarung.** Ist eine Beteiligungsvereinbarung abgeschlossen worden, hat diese nach Abs. 3 S. 3 unstreitig Vorrang. Die Bestellung richtet sich mithin nach dem in der Vereinbarung festgelegten Verfahren und nicht nach Abs. 3 S. 2. In der Satzung bzw. Gründungsurkunde sind folglich nur die Anteilseignervertreter zu bestimmen. Häufig wird es sich so verhalten, dass das in der Beteiligungsvereinbarung vorgesehene Verfahren für die Wahl der Arbeitnehmervertreter einige Monate in Anspruch nehmen wird. Will man verhindern, dass der erste Verwaltungsrat bis zur Durchführung der Arbeitnehmerwahlen mitbestimmungsfrei bleibt, wird es sich daher empfehlen, in der Beteiligungsvereinbarung Sonderregeln für die Bestellung der Arbeitnehmervertreter im ersten Verwaltungsrat vorzusehen. Dies kann zB in der Weise geschehen, dass in der Beteiligungsvereinbarung verabredet wird, bestimmte Personen zur **Bestellung**

durch das Gericht (§ 30 Abs. 2 S. 2 SEAG) vorzuschlagen (MüKoAktG/*Reichert/Brandes* Rn. 45 iVm Art. 40 Rn. 53 aE; so etwa die Beteiligungsvereinbarungen von Allianz und Fresenius, jeweils zum Parallelproblem bei der dualistischen SE). Die für eine gerichtliche Bestellung nach § 30 Abs. 2 S. 2 SEAG erforderliche Dringlichkeit ergibt sich daraus, dass die Arbeitnehmerseite ansonsten gehindert wäre, auf die im Verwaltungsrat in der Gründungsphase anstehenden Entscheidungen, namentlich die Bestellung der geschäftsführenden Direktoren, Einfluss zu nehmen (→ Anh. Art. 43 § 30 SEAG Rn. 10). Anstelle des Umwegs über die gerichtliche Bestellung ist es aber nach zutreffender Ansicht auch zulässig, dass die **Beteiligungsvereinbarung selbst die Bestellung** der ersten Anteilseignervertreter vornimmt (*Forst* S. 269; so zB die Beteiligungsvereinbarung der BASF SE Punkt II.4.1). Von dieser Möglichkeit gehen ersichtlich auch die Gesetzesmaterialien aus (Begr. RegE SEEG, BT-Drs. 15/3405, 51 re. Sp.). Der Durchführung eines Statusverfahrens bedarf es in diesem Zusammenhang nicht (→ Anh. Art. 43 § 25 SEAG Rn. 4).

(2) Gesetzliche Auffangregelung. Bei Eingreifen der gesetzlichen Auffang- **33** regelung erfolgt die Wahl der ersten Arbeitnehmervertreter nach § 36 Abs. 4 SEBG in der ersten Hauptversammlung der SE (aA auf der Grundlage der angeblichen Unionsrechtswidrigkeit des § 36 Abs. 4 SEBG *Schwarz* Art. 40 Rn. 52; gegen diese Prämisse aber zu Recht die ganz hL, → Rn. 30). Will man die Mitbestimmungsfreiheit in der Zwischenzeit vermeiden, kommt auch hier eine gerichtliche Bestellung nach § 30 Abs. 2 S. 2 SEAG in Betracht.

d) Annahme der Bestellung. Mangels Verordnungsvorgaben richtet sich die **34** Annahme der Bestellung durch das gewählte Organmitglied nach mitgliedstaatlichem Recht. Hierzulande gelten die für die Annahme der Wahl in den Aufsichtsrat anerkannten Grundsätze entsprechend (→ Anh. Art. 43 § 28 SEAG Rn. 2). Ohne die Annahme ist die Bestellung unwirksam.

e) Abgrenzung zum Anstellungsverhältnis. Ob und unter welchen Vo- **35** raussetzungen neben das korporationsrechtliche Rechtsgeschäft der Bestellung auch ein schuldrechtliches Anstellungsverhältnis zwischen dem Verwaltungsratsmitglied und der SE tritt, lässt die Verordnung offen. Auch diese Frage ist daher dem nationalen Recht überlassen. In der SE mit Sitz in Deutschland ist für einen Anstellungsvertrag bezogen auf die Tätigkeit im Verwaltungsrat kein Raum (→ Anh. Art. 43 § 28 SEAG Rn. 3).

f) Flankierende Regelungen zur Bestellung (Amtszeit, Eignungs- 35a voraussetzungen, Geschlechterquote). Amtszeit und Eignungsvoraussetzungen der Mitglieder des Verwaltungsorgans bemessen sich nach Art. 46 f., in Deutschland iVm § 27 SEAG und § 76 Abs. 3 AktG (→ SEAG § 27 Rn. 1 ff. in Art. 43 Anh.). Eine **Geschlechterquote** für den Verwaltungsrat wird in SE-VO und SE-RL nicht vorgegeben, aber auch nicht ausgeschlossen (*Teichmann/Rüb* BB 2015, 259 [264 f.]; *Weller/Harms/Rentsch/Thomale* ZGR 2015, 361 [367 f.]). Die Europäische Kommission strebt stattdessen eine gesonderte Richtlinie zur Einführung einer Geschlechterquote in börsennotierten Gesellschaften an. Ein entsprechender Vorschlag aus dem Jahr 2012 (COM [2012], 614) konnte jedoch bisher nicht verabschiedet werden (zum Verfahrensstand *Verse/Wiersch* EuZW 2016, 330 [337]). Die Quote richtet sich daher bis auf weiteres nach nationalem Recht. In Deutschland sieht § 24 Abs. 3 SEAG nunmehr eine feste Quote von mindestens 30 % Frauen und Männern im Verwaltungsrat vor, wenn die Gesellschaft börsennotiert und zugleich paritätisch mitbestimmt ist (→ Anh. Art. 43 § 24 SEAG Rn. 3 ff.). Ferner muss der Verwaltungsrat einer monistischen SE, die börsennotiert oder mitbestimmt ist, Zielgrößen für den Frauenanteil im Verwaltungsrat (sofern nicht schon die feste Quote eingreift) und für die beiden Führungsebenen unterhalb des Verwaltungsrats festlegen (§ 22 Abs. 6 SEAG iVm §§ 76 Abs. 4, 111 Abs. 5 AktG; → Anh. Art. 43 § 24 SEAG Rn. 10 ff.).

36   **2. Widerruf der Bestellung (Abberufung).** Der Widerruf der Bestellung (Abberufung) ist in der Verordnung, anders als noch in den Entwürfen von 1989 (Art. 75) und 1991 (Art. 66 Abs. 3), nicht geregelt. Das bedeutet nicht, dass die Verordnung eine Abberufung vor Ablauf der Amtszeit (Art. 46) ausschließen will (so aber *Hirte* NZG 2002, 1 [5]; *Hommelhoff* AG 2001, 279 [283]). Vielmehr kommt zur Lückenfüllung nach Art. 9 Abs. 1 lit. c, 52 UAbs. 2 das mitglied-staatliche Recht zur Anwendung (ganz hM, LHT/*Teichmann* Rn. 49 f., Art. 43 Anh. [§ 29 SEAG] Rn. 2; MüKoAktG/*Reichert/Brandes* Rn. 47 mwN). In Deutschland ergeben sich die einschlägigen Bestimmungen aus § 29 SEAG und in Bezug auf die Arbeitnehmervertreter aus § 37 SEBG.

V. Regelungsermächtigung (Abs. 4)

37   Abs. 4 richtet sich nur an Mitgliedstaaten, die – wie Deutschland – bisher keine monistische AG in ihrem nationalen Aktienrecht kennen (zum Hinter-grund → Rn. 3). Diese Mitgliedstaaten werden durch Abs. 4 ermächtigt, **SE-spezifische Vorschriften für das monistische System** zu erlassen. Die Vor-schrift bildet das Pendant zu Art. 39 Abs. 5, der für Mitgliedstaaten mit aus-schließlich monistischen Aktiengesellschaften umgekehrt eine Ermächtigung zum Erlass SE-spezifischer Vorschriften für das dualistische System vorsieht. Der Wortlaut des Abs. 4 („kann") spricht auf den ersten Blick dafür, dass die Mit-gliedstaaten zum Erlass entsprechender Vorschriften nur berechtigt, aber nicht verpflichtet sind. Allerdings dürfen die Mitgliedstaaten das in Art. 38 lit. b vorgegebene Wahlrecht zwischen monistischem und dualistischem System nicht dadurch vereiteln, dass sie keinen verlässlichen Rechtsrahmen bereitstellen und dadurch zulassen, dass eines der Systeme durch Rechtsunsicherheit unattraktiv wird. Letztlich besteht in den Mitgliedstaaten, die unter Abs. 4 fallen, somit doch eine Verpflichtung, zumindest einen Kernbestand von Vorschriften über das monistische Modell einzuführen (heute hM, LHT/*Teichmann* Rn. 58; *J. Schmidt* S. 472 ff.; jeweils mwN; aA *Hirte* NZG 2002, 1 [5] Fn. 51). Wie detailliert dieser Normenbestand ausfallen muss, hängt vor allem davon ab, in welchem Umfang das nationale Recht Satzungsfreiheit gewährt. Wo weitrei-chende Satzungsfreiheit besteht, kann sich der nationale Gesetzgeber im Wesent-lichen darauf beschränken, diese auch für die SE zu gewähren (vgl. zum eng-lischen Recht *J. Schmidt* S. 477 ff.; zum Kriterium der Satzungsfreiheit auch *Schwarz* Rn. 123 ff.). Wo dagegen wie in Deutschland (§ 23 Abs. 5 AktG) Sat-zungsstrenge herrscht, muss der nationale Gesetzgeber selbst detaillierte Vor-gaben machen. Dieser Verpflichtung ist der deutsche Gesetzgeber mit Einfüh-rung der **§§ 20–49 SEAG** nachgekommen (zu diesen Vorschriften s. die Erl. im Anh. Art. 43).

38   Die Ermächtigung der Mitgliedstaaten stößt freilich dort an ihre **Grenzen,** wo die Organisationsverfassung durch die SE-VO zwingend vorgegeben ist. Da Art. 43 ff. die Organisationsverfassung nur fragmentarisch regeln, bleibt aber ein weiter Gestaltungsspielraum für die Mitgliedstaaten. Aus dem Diskriminierungs-verbot des Art. 10 ist allerdings abzuleiten, dass das auf der Grundlage von Abs. 4 erlassene nationale Recht die SE nicht ohne sachlichen Grund besser oder schlechter behandeln darf als die nationale AG (*Forst* ZIP 2010, 1786 [1787]; im Ergebnis auch *Schwarz* Rn. 127).

Anh. Art. 43: Das monistische System gemäß §§ 20–49 SEAG

Vorbemerkung zu § 20 SEAG: Grundzüge des monistischen Systems in Deutschland

Schrifttum: S. die Angaben zu Art. 43.

Übersicht

	Rn.
I. Ausgangslage und Regelungskonzeption	1
II. Vereinbarkeit mit der Verordnung; verdeckter Dualismus?	4
III. Mitbestimmung	6
IV. Rechtstatsachen	11

I. Ausgangslage und Regelungskonzeption

Da das deutsche AktG nur eine dualistische, aber keine monistische Organisationsverfassung kennt, bedurfte es neben den fragmentarischen Bestimmungen der Verordnung der Einführung von **Sonderregeln für die monistische SE** mit Sitz in Deutschland, um das in Art. 38 eröffnete Wahlrecht zwischen dualistischem und monistischem System nicht leer laufen zu lassen. Die hierzu erlassenen Sonderregeln, die auf der **Ermächtigung des Art. 43 Abs. 4** beruhen (Begr. RegE SEEG, BT-Drs. 15/3405, 36), finden sich in **§§ 20–49 SEAG.** Diese beziehen sich nur auf Fragen der Organisationsverfassung. Für alle anderen Regelungsbereiche der monistischen SE mit Sitz in Deutschland gilt nach Art. 9 Abs. 1 lit. c ii, iii sowie verschiedenen Spezialverweisungen der Verordnung das allgemeine deutsche Aktienrecht. **1**

Die **Regelungskonzeption** der §§ 20–49 SEAG ist dadurch gekennzeichnet, dass zwar zunächst die Vorschriften über die dualistische Verfassung der AG (§§ 76–116 AktG) für unanwendbar erklärt werden (§ 20 SEAG), dann aber in den §§ 21 ff. SEAG Regelungen getroffen werden, die sich mit den nötigen Modifikationen doch eng an §§ 76 ff. AktG anlehnen (*Bachmann* ZGR 2008, 779 [780]: „in weiten Teilen eine Kopie des AktG"; näher → Anh. Art. 43 § 20 SEAG Rn. 1 f.). Die Aufgaben, die im dualistischen System dem Aufsichtsrat obliegen, werden dabei dem Verwaltungsorgan zugewiesen, welches nach § 20 SEAG hierzulande als **Verwaltungsrat** bezeichnet wird. Dagegen werden die Aufgaben, die im dualistischen System dem Vorstand obliegen, zwischen dem Verwaltungsrat und den **geschäftsführenden Direktoren** aufgeteilt. Während der Verwaltungsrat als oberstes Leitungsorgan die Grundlinien der Geschäftstätigkeit bestimmt und deren Umsetzung überwacht (§ 22 Abs. 1 SEAG) sowie weitere zentrale Aufgaben wahrnimmt (§ 22 Abs. 2–6 SEAG), wird das Tagesgeschäft nach Maßgabe der Richtlinien und Weisungen des Verwaltungsrats von den geschäftsführenden Direktoren geführt (§§ 40 Abs. 2, 44 Abs. 2 SEAG). Diesen steht zugleich die Befugnis zu, die Gesellschaft nach außen zu vertreten (§ 41 Abs. 1 S. 1 SEAG). Die geschäftsführenden Direktoren können, müssen aber nicht in **Personalunion** dem Verwaltungsrat angehören. Sie müssen dort aber in der Minderheit bleiben (§ 40 Abs. 1 S. 2 SEAG). **2**

Die Bestellung eines oder mehrerer geschäftsführender Direktoren durch den Verwaltungsrat ist im deutschen Recht bei Wahl des monistischen Systems nicht nur fakultativ, sondern zwingend (§ 40 Abs. 1 S. 1 SEAG). Mit dieser **zwingenden Aufteilung** in Verwaltungsrat und geschäftsführende Direktoren will der Gesetzgeber erreichen, dass das aus der Aufgabenteilung zwischen Vorstand und **3**

Aufsichtsrat bekannte „**Vier-Augen-Prinzip**" dort, wo es angebracht erscheint, auch im monistischen Modell abgebildet werden kann (Begr. RegE SEEG, BT-Drs. 15/3405, 37). Der Gesetzgeber hat dabei namentlich die Rechnungslegung (§ 47 SEAG) sowie den konzernrechtlichen Abhängigkeitsbericht (§ 49 SEAG) im Blick (Begr. RegE SEEG, BT-Drs. 15/3405, 37). Das Zusammenwirken zweier verantwortlicher Instanzen bei der Auf- und Feststellung des Jahresabschlusses sowie der Erstellung und Prüfung des Abhängigkeitsberichts soll für ein erhöhtes Kontrollniveau sorgen. Die zwingende Aufteilung begründet nach Auffassung des Gesetzgebers (Begr. RegE SEEG, BT-Drs. 15/3405, 39) auch für kleine und mittlere Unternehmen keine übermäßige Belastung, da dem Verwaltungsrat in Gesellschaften mit Grundkapital von nicht mehr als 3 Mio. Euro bei entsprechender Satzungsbestimmung nur ein einziges Mitglied angehören muss (§ 23 Abs. 1 S. 2 SEAG). Freilich wird in diesem Fall mindestens eine weitere Person als geschäftsführender Direktor benötigt, die wegen § 40 Abs. 1 S. 2 letzter Hs. SEAG nicht zugleich dem Verwaltungsrat angehören darf.

II. Vereinbarkeit mit der Verordnung; verdeckter Dualismus?

4   Die zwingende Aufteilung in Verwaltungsrat und geschäftsführende Direktoren sowie der Umstand, dass letztere nicht zugleich dem Verwaltungsrat angehören müssen, haben dem Gesetzgeber die **Kritik** eingetragen, er habe im Grunde nur ein „**verdeckt dualistisches Modell**" eingeführt, das der in Art. 38 lit. b, 43 Abs. 1 S. 1 vorausgesetzten Einheitlichkeit des Verwaltungsorgans nicht genüge (*Handelsrechtsausschuss DAV* NZG 2004, 75 [82]; *Hoffmann-Becking* ZGR 2004, 355 [369 ff.]; *Schönborn* S. 194 ff.; moderater *Forstmoser* ZGR 2003, 689 [713]: „etwas halbherzige Umsetzung"). Dieser Grundsatzkritik ist jedoch mit der heute hM **nicht beizutreten** (*Bachmann* ZGR 2008, 779 [780 f., 784 f.]; Spindler/Stilz/*Eberspächer* Art. 43 Rn. 5; *Ihrig* ZGR 2008, 809 [810 f.]; *Seitz* S. 152 ff.; *Teichmann* BB 2004, 53 [58]; LHT/*Teichmann* Anh. Art. 43 § 22 SEAG Rn. 2 f.; *Walla* ZJS 2008, 566 [569 f.]). Die Übertragung der laufenden Geschäfte auf Externe, die nicht dem Verwaltungsrat angehörende Personen, muss im Rahmen des Art. 43 Abs. 4 ebenso zulässig sein wie im Rahmen des Art. 43 Abs. 1 S. 2 (→ Art. 43 Rn. 15). Auch ist der Verordnung kein Verbot des Inhalts zu entnehmen, die Trennung zwischen geschäftsführenden Direktoren und Verwaltungsrat als zwingend auszugestalten. Im Gegenteil ist nach S. 3 des 14. Erwägungsgrunds der Verordnung eine „klare Abgrenzung der Verantwortungsbereiche jener Personen, denen die Geschäftsführung obliegt, und der Personen, die mit der Aufsicht betraut sind", auch im monistischen System ausdrücklich erwünscht. Der Umstand, dass das SEAG den geschäftsführenden Direktoren die alleinige Vertretungsmacht zuweist, ist ebenfalls kein Grund für unionsrechtliche Bedenken, da die Verordnung die Vertretungsbefugnis gar nicht regelt (→ Art. 43 Rn. 17).

5   Entscheidend ist letztlich, dass auch in der Fassung des SEAG **zentrale Unterschiede** zwischen dem monistischen und dem dualistischen System erhalten bleiben (→ Art. 38 Rn. 22 ff.). Ungeachtet der Führung des Tagesgeschäfts durch die geschäftsführenden Direktoren bleibt der Verwaltungsrat das **oberste Leitungsorgan**. Als solches bestimmt er anders als der Aufsichtsrat, der zumindest dem gesetzlichen Modell nach kein eigenes Initiativrecht in Geschäftsführungsfragen hat, sondern auf Zustimmungsvorbehalte beschränkt ist (Art. 40 Abs. 1 S. 2, 48 Abs. 1; § 111 Abs. 4 AktG), aus eigener Initiative die strategische Ausrichtung des Unternehmens und die Grundlinien der Geschäftstätigkeit (§ 22 Abs. 1 SEAG). Darüber hinaus steht dem Verwaltungsrat gegenüber den geschäftsführenden Direktoren ein **Weisungsrecht** zu (§ 44 Abs. 2 SEAG), während der Vorstand im dualistischen System die Gesellschaft weisungsunabhängig leitet (→ Art. 39 Rn. 6). Das Weisungsrecht beschränkt sich nicht auf Grundsatz-

fragen, sondern ist umfassend und reicht bis in die Einzelheiten des Tagesgeschäfts
(→ Anh. Art. 43 § 44 SEAG Rn. 10 ff.). Die geschäftsführenden Direktoren
haben mithin eine wesentlich schwächere Stellung als der Vorstand, sie agieren
gewissermaßen nur als „Gehilfen des Verwaltungsrats" (*Bachmann* ZGR 2008,
779 [780]). Diesem **Über-/Unterordnungsverhältnis** entspricht es, dass sie
vom Verwaltungsrat nicht nur aus wichtigem Grund (§ 84 Abs. 3 AktG), sondern
jederzeit abberufen werden können (§ 40 Abs. 5 SEAG). Auch die strikte **personelle Trennung**, die im dualistischen Modell zwischen Vorstand und Aufsichtsrat herrscht (§ 105 AktG), ist im monistischen Modell **aufgeweicht**, da
§ 40 Abs. 1 S. 2 SEAG in den genannten Grenzen eine Personalunion zulässt
(→ Rn. 2). In der Gesamtschau ist es mit Rücksicht auf diese und weitere
Unterschiede zwischen beiden Organisationsverfassungen treffender, die deutsche
Umsetzung nicht als verdeckt dualistisches, sondern als schwach monistisches
System zu charakterisieren (*Bachmann* ZGR 2008, 779 [780]; gegen den Vorwurf
des versteckten Dualismus auch *Teichmann* BB 2004, 53 [58]; LHT/*Teichmann*
Anh. Art. 43 § 22 SEAG Rn. 2 und Art. 38 Rn. 32: „arbeitsteilig organisierter
Monismus"; Spindler/Stilz/*Eberspächer* Art. 43 Rn. 5; *Ihrig* ZGR 2008, 809
[810 f.]).

III. Mitbestimmung

Eine besondere Herausforderung für die monistische SE mit Sitz in Deutsch- **6**
land stellt die unternehmerische **Mitbestimmung der Arbeitnehmer** dar.
Diese richtet sich auf Grundlage der SE-RL und des SEBG nach der Beteiligungsvereinbarung zwischen den Unternehmensleitungen und dem Verhandlungsgremium der Arbeitnehmer (Art. 4 SE-RL, § 21 SEBG) und, sofern eine
solche nicht zustande kommt, nach der gesetzlichen Auffangregelung (Art. 7 SE-
RL mit Anh. Teil 3, §§ 34 f. SEBG). Wenn die an der Gründung beteiligten
Gesellschaften mitbestimmt waren, führt die Auffanglösung dazu, dass Arbeitnehmervertreter in den **Verwaltungsrat** der SE aufzunehmen sind, und zwar nach
dem „Vorher-Nachher-Prinzip" mit einem Anteil, der sich nach dem höchsten
Anteil an Arbeitnehmervertretern in den Organen der Gründungsgesellschaften
bemisst (näher → SEBG § 35 Rn. 1 ff.). Bei der Berechnung der Arbeitnehmer-
anteils ist der Anteil auf die Gruppe aller Verwaltungsratsmitglieder zu beziehen,
nicht nur auf diejenigen Verwaltungsratsmitglieder, die nicht zugleich zum geschäftsführenden Direktor bestellt sind (*Bachmann* ZGR 2008, 779 [800 f.];
Spindler/Stilz/*Eberspächer* Art. 43 Rn. 29; Gaul/Ludwig/Forst/*Forst* § 2 Rn. 480
mwN; LHT/*Teichmann* Art. 43 Rn. 68; aA bei paritätischer Mitbestimmung
unter Berufung auf eine verfassungskonforme Auslegung MüKoAktG/*Jacobs*
SEBG § 35 Rn. 23; → Rn. 10 mwN). Den Vorschlag nur auf die nicht-geschäftsführenden Mitglieder abzustellen (CDU/CSU-Fraktion, BT-Drs. 15/
4053, 57 f.), hat der Gesetzgeber bewusst nicht aufgegriffen, offenbar deshalb,
weil die SE-RL ihrem Wortlaut nach keine derartige Beschränkung vorsieht und
daher zumindest zweifelhaft ist, ob sie mit der Richtlinie vereinbar wäre (Letzteres verneinend Gaul/Ludwig/Forst/*Forst* § 2 Rn. 480; wohl auch *Hoffmann-Becking* ZGR 2004, 355 [382]; bejahend aber *Teichmann* BB 2004, 53 [56 f.];
Kämmerer/Veil ZIP 2005, 369 [376]). War also zB der Aufsichtsrat einer AG vor
dem Formwechsel in eine monistische SE zu einem Drittel oder zur Hälfte mit
Arbeitnehmervertretern besetzt, so muss nach der Auffanglösung auch ein Drittel
bzw. die Hälfte aller Verwaltungsratsmandate und aller Arbeitnehmervertreter entfallen. Vor diesem Hintergrund wird sich die Arbeitnehmerseite auch in einer
Beteiligungsvereinbarung in der Regel nicht auf einen niedrigeren Arbeitnehmeranteil einlassen.

7   Im Vergleich zum dualistischen Modell führt die Mitbestimmung des Verwaltungsrats unweigerlich zu einer **Ausdehnung der Mitbestimmung**, da sich diese nicht mehr nur auf das Überwachungsorgan beschränkt, sondern im Leitungsorgan ansetzt. In dem Maße, in dem die Kompetenzen des Verwaltungsrats über diejenigen des Aufsichtsrats hinausgehen (→ Rn. 5), nimmt somit auch die Intensität der Mitbestimmung zu. Aus der Mitbestimmung der Unternehmenskontrolle wird eine solche der Unternehmensleitung. Damit ist freilich nicht nur ein erhöhtes Einflusspotenzial der Arbeitnehmervertreter verbunden, sondern auch eine erhöhte Verantwortung mit entsprechenden Haftungsrisiken (eindringlich MHdB AG/*Austmann* § 86 Rn. 23; *Gruber/Weller* NZG 2003, 297 [299 f.]).

8   Das höhere Mitbestimmungsniveau im monistischen System lässt sich auch durch kautelarjuristische Gestaltung nicht so absenken, dass sich die Mitbestimmung auf die Überwachungsfunktion beschränkt und damit doch wieder dem dualistischen System entspricht. Im Schrifttum ist zwar vorgeschlagen worden, in der Satzung oder der Geschäftsordnung des Verwaltungsrats (§ 34 Abs. 2 SEAG) ein Stimmverbot vorzusehen, das die Arbeitnehmervertreter bei allen Leitungsentscheidungen einschließlich Weisungsbeschlüssen an die geschäftsführenden Direktoren vom Stimmrecht ausschließt (*Kallmeyer* ZIP 2003, 1531 [1535]). Eine derartige Regelung verstößt aber grundsätzlich gegen § 38 Abs. 1 SEBG, der auf Teil 3 lit. b UAbs. 4 des Anhangs zur SE-RL beruht und die **Gleichberechtigung der Arbeitnehmervertreter** verbürgt (MHdB AG/*Austmann* § 86 Rn. 24; MüKoAktG/*Reichert/Brandes* Art. 50 Rn. 48 ff.; *Teichmann* BB 2004, 53 [57]). Etwas anderes kommt allenfalls in Betracht, wenn sich die Arbeitnehmerseite in der Beteiligungsvereinbarung zu einer solchen Stimmverbotsregelung bereitfände (was kaum zu erwarten ist). Selbst in diesem Fall ist ungesichert, ob eine solche Vereinbarung überhaupt zulässig wäre (ablehnend *Teichmann* BB 2004, 53 [57]; befürwortend aber *Scheibe* S. 131 ff. mwN). Aus ähnlichen Gründen ist auch Zurückhaltung gegenüber dem Versuch angebracht, die Mitbestimmung durch Einrichtung von Ausschüssen des Verwaltungsrats zurückzudrängen, die nur mit Anteilseignervertretern besetzt sind (→ Anh. Art. 43 § 34 SEAG Rn. 32 f.).

9   Um das **Letztentscheidungsrecht der Anteilseignerseite** zu gewährleisten, sieht Art. 50 Abs. 2 einen bei paritätischer Mitbestimmung unabdingbaren (→ Art. 50 Rn. 29) **Stichentscheid des Verwaltungsratsvorsitzenden** vor. Der Vorsitzende ist in paritätisch mitbestimmten Gesellschaften stets ein Vertreter der Anteilseigner (Art. 45 S. 2). Ferner gewährt § 35 Abs. 3 SEAG dem Verwaltungsratsvorsitzenden eine weitere Stimme, wenn ein geschäftsführendes Verwaltungsratsmitglied – das praktisch immer der Anteilseignerseite angehören wird – einem Stimmverbot unterliegt (näher → Anh. Art. 43 § 35 SEAG Rn. 7 ff.).

10   Im Schrifttum wird verschiedentlich in Zweifel gezogen, ob die vorstehend skizzierte weitreichende Mitbestimmung im monistischen System **mit höherrangigem Recht vereinbar** ist. So wird in **unionsrechtlicher Hinsicht** moniert, dass die monistische SE bei paritätischer Mitbestimmung im gesamten Verwaltungsrat (anstelle von Parität nur bei den nicht geschäftsführenden Verwaltungsratsmitgliedern) so unattraktiv sei, dass damit im Ergebnis das Wahlrecht des Art. 38 in unzulässiger Weise unterlaufen werde (*Roth* ZfA 2004, 431 [444 f.]: Verstoß gegen den effet utile). Für die Vereinbarkeit mit dem Unionsrecht spricht jedoch, dass Art. 45 S. 2 von der Möglichkeit paritätischer Mitbestimmung im Verwaltungsrat ausgeht und der Wortlaut der SE-RL (Anh. Teil 3 lit. b) den Anteil der Arbeitnehmervertreter auf den gesamten Verwaltungsrat bezieht, nicht nur auf die nicht geschäftsführenden Verwaltungsratsmitglieder. Selbst wenn man annehmen wollte, dass die Richtlinie einschränkend so ausgelegt werden kann, dass die Verhältniswahrung auf die nicht geschäftsführenden Verwaltungsratsmitglieder beschränkt werden darf (was zweifelhaft und umstritten ist, → Rn. 6), wird man jedenfalls nicht so weit gehen können, dass die Richtlinie eine derartige

Beschränkung der Mitbestimmung auch gebieten würde (wie hier *Bachmann* ZGR 2008, 779 [800 f.]; ferner LHT/*Oetker* SEBG § 35 Rn. 12; KK-AktG/ *Feuerborn* SEBG § 35 Rn. 22 mwN). Kontrovers diskutiert wird ferner, ob die paritätische Mitbestimmung in der monistischen SE den **verfassungsrecht-lichen Vorgaben** standzuhalten vermag, die sich namentlich aus dem Schutz des Aktieneigentums der Anteilseigner (Art. 14 Abs. 1 GG) ergeben. Wegen der erheblichen Ausdehnung der Mitbestimmung im Vergleich zum herkömmlichen dualistischen System wird dies verbreitet in Zweifel gezogen (für Verfassungs-widrigkeit etwa *Kämmerer/Veil* ZIP 2005, 372; *Roth* ZfA 2004, 431 [452 ff.]; *Henssler* ZHR 173 [2009], 222 [246 f.]; MüKoAktG/*Jacobs* SEBG § 35 Rn. 17 ff.; ferner → SEBG § 35 Rn. 12). Zwingend erscheinen diese Bedenken indes nicht, da das Letztentscheidungsrecht der Anteilseignerseite, auf das das BVerfG in seinem Urteil zum MitbestG maßgeblich abgehoben hat (BVerfGE 50, 190 = NJW 1979, 699), auch in der monistischen SE gewahrt bleibt (→ Rn. 9) und im Übrigen kein Zwang zur Wahl des monistischen Systems besteht (für Verfassungs-konformität daher etwa LHT/*Oetker* SEBG § 35 Rn. 13 f.; KK-AktG/*Feuerborn* SEBG § 35 Rn. 23 ff.; *Bachmann* ZGR 2008, 779 [801 f.]; *Kepper* S. 292 ff.).

Auch wenn man die unions- und verfassungsrechtlichen Bedenken nicht alle- **10a** dem nicht teilt, führt jedoch kein Weg an dem Befund vorbei, dass jedenfalls die paritätisch mitbestimmte monistische SE für die Kapitalseite in aller Regel **keine attraktive Gestaltungsoption** darstellen wird (de lege ferenda für Beschränkung der Auffangregelung auf Drittelbeteiligung daher *Henssler* ZHR 173 [2009], 222 [247]). Die bisherigen SE-Gründungen von paritätisch mitbestimmten Gesell-schaften in Deutschland sind denn auch ausnahmslos nach dem dualistischen System erfolgt. Dagegen gibt es seit 2011 mit der PUMA SE ein prominentes Beispiel einer monistischen SE, die der Drittelbeteiligung unterliegt.

IV. Rechtstatsachen

Nach einer Erhebung der Hans Böckler Stiftung (abrufbar auf www.boeck- **11** ler.de) gab es in Deutschland zum Stichtag 31.12.2015 insgesamt 185 operativ tätige SE (EU-weit 385) mit mindestens fünf Arbeitnehmern. Von diesen haben 124 eine dualistische und 61 eine monistische Struktur. Zu dem genannten Stichtag gab es in Deutschland nur eine einzige mitbestimmte monistische SE (davon keine paritätisch, → Rn. 10a), aber 29 mitbestimmte dualistische SE (davon 14 paritätisch). Weitere Rechtstatsachen bei *Bayer*, Aktienrecht in Zahlen, 2010, 10 ff.; *Bücker*, in Bergmann/Kiem/Mülbert/Verse/Wittig, 10 Jahre SE, 2015, 202, 206 ff.; *Eidenmüller/Engert/Hornuf* AG 2008, 721 ff.; *Rose/Köstler*, Mit-bestimmung in der SE, 17 f.; *Schuberth/von der Höh* AG 2014, 439 ff.

SEAG Anzuwendende Vorschriften

20 Wählt eine SE gemäß Artikel 38 Buchstabe b der Verordnung in ihrer Satzung das monistische System mit einem Verwaltungs-organ (Verwaltungsrat), so gelten anstelle der §§ 76 bis 116 des Aktien-gesetzes die nachfolgenden Vorschriften.

I. Unanwendbarkeit der §§ 76–116 AktG

Entscheidet sich der Satzungsgeber einer SE mit Sitz in Deutschland für die **1** monistische Organisationsverfassung, so gelten nach § 20 SEAG anstelle der aktienrechtlichen **Vorschriften über Vorstand und Aufsichtsrat** (§§ 76–116 AktG) die §§ 21–49 SEAG. Diese verweisen allerdings an vielen Stellen doch wieder auf die §§ 76 ff. AktG zurück (zB in §§ 22 Abs. 2, Abs 5, 26 Abs. 2, 28

Abs. 2, 38 f., 40 Abs. 1, Abs. 7, 45 SEAG). Auch dort, wo dies nicht der Fall ist, lehnen sich die §§ 21–49 SEAG zumeist eng an das Regelungsvorbild der §§ 76 ff. AktG an. In der Mehrzahl der Vorschriften wird sogar wörtlich die betreffende Regelung des dualistischen Systems wiederholt und nur die Terminologie auf den Verwaltungsrat bzw. die geschäftsführenden Direktoren abgestimmt.

2   Vor diesem Hintergrund hätte es an sich nahe gelegen, in noch weitergehendem Umfang Verweisungen auf die §§ 76 ff. AktG in das SEAG aufzunehmen, um den Gesetzestext zu entlasten (so denn auch *Handelsrechtsausschuss* DAV NZG 2004, 75 [82]). Wenn der Gesetzgeber dem nicht gefolgt ist und stattdessen viele Vorschriften im SEAG trotz enger Anlehnung an das AktG selbst ausformuliert hat, so soll durch diese Regelungstechnik die **Autonomie des monistischen Systems** gegenüber dem dualistischen betont werden (LHT/*Teichmann* Rn. 2). Eine an das Regelungsvorbild des AktG angelehnte Parallelvorschrift des SEAG soll mit anderen Worten nicht unbesehen genauso ausgelegt werden wie im AktG. Vielmehr soll durch die eigenständige Regelung im SEAG unterstrichen werden, dass es stets einer Prüfung bedarf, ob die Strukturunterschiede zwischen monistischem und dualistischem System einem Gleichlauf entgegenstehen. Freilich sollte diese Prüfung auch dann selbstverständlich sein, wenn das SEAG die Vorschriften des AktG nicht wörtlich wiedergibt, sondern auf sie verweist (KK-AktG/*Siems* Anh. Art. 51 Rn. 6 ff.). Insgesamt ist die Mischung aus wörtlicher Wiedergabe und Verweisungen im SEAG daher wenig konsistent (zutreffend KK-AktG/*Siems* Anh. Art. 51 Rn. 5).

3   Einzuschränken ist der in § 20 SEAG angeordnete Ausschluss der §§ 76–116 AktG in Bezug auf die nachträglich eingeführten Bestimmungen zur **Geschlechterquote** (§§ 76 Abs. 4, 111 Abs. 5 AktG nF und § 96 Abs. 2 AktG nF), da der Gesetzgeber bei Einführung des Quotengesetzes (Gesetz zur gleichberechtigten Teilhabe von Frauen und Männern an Führungspositionen in der Privatwirtschaft und im öffentlichen Dienst vom 24.4.2015, BGBl. I S. 642) die Vorschrift des § 20 SEAG übersehen hat (näher → Anh. Art. 43 § 24 SEAG Rn. 6 f., 10).

II. Bezeichnung des Verwaltungsorgans als „Verwaltungsrat"

4   § 20 SEAG legt ferner fest, dass das Verwaltungsorgan iSd Verordnung im deutschen Recht (ebenso wie in Österreich und der Schweiz) als **„Verwaltungsrat"** bezeichnet wird. Die sehr theoretische Frage, ob gegen diese Bezeichnung unionsrechtliche Bedenken bestehen, ist zu verneinen (NK-SE/*Manz* Art. 38 Rn. 21; KK-AktG/*Siems* Anh. Art. 51 § 20 SEAG Rn. 2; LHT/*Teichmann* Rn. 6; aA *Schwarz* Rn. 11: „Verwaltungsorgan" zwingend).

SEAG Anmeldung und Eintragung

21 (1) **Die SE ist bei Gericht von allen Gründern, Mitgliedern des Verwaltungsrats und geschäftsführenden Direktoren zur Eintragung in das Handelsregister anzumelden.**

(2) ¹**In der Anmeldung haben die geschäftsführenden Direktoren zu versichern, dass keine Umstände vorliegen, die ihrer Bestellung nach § 40 Abs. 1 Satz 4 entgegenstehen und dass sie über ihre unbeschränkte Auskunftspflicht gegenüber dem Gericht belehrt worden sind.** ²**In der Anmeldung sind Art und Umfang der Vertretungsbefugnis der geschäftsführenden Direktoren anzugeben.** ³**Der Anmeldung sind die Urkunden über die Bestellung des Verwaltungsrats und der geschäftsführenden Direktoren sowie die Prüfungsberichte der Mitglieder des Verwaltungsrats beizufügen.**

(3) **Das Gericht kann die Anmeldung ablehnen, wenn für den Prüfungsbericht der Mitglieder des Verwaltungsrats die Voraussetzungen des § 38 Abs. 2 des Aktiengesetzes gegeben sind.**

(4) **Bei der Eintragung sind die geschäftsführenden Direktoren sowie deren Vertretungsbefugnis anzugeben.**

Übersicht

		Rn.
I.	Allgemeines	1
II.	Anmeldepflichtige Personen (Abs. 1)	4
	1. Allgemeines	4
	2. Besonderheiten bei Verschmelzung und Formwechsel	6
	a) Verschmelzung	7
	b) Formwechsel	9
III.	Inhalt der Anmeldung (Abs. 2)	10
	1. Allgemeines	10
	2. Erklärungen von/zu geschäftsführenden Direktoren	11
	3. Beizufügende Unterlagen	13
IV.	Eintragung (Abs. 3 und 4)	14

I. Allgemeines

Für die Anmeldung und Eintragung der neu gegründeten SE im Handels- **1** register gelten vorbehaltlich der Sonderregeln des UmwG (→ Rn. 7 ff.) die §§ 36 ff. AktG entsprechend. Dies ergibt sich aus Art. 12 Abs. 1 und Art. 15 Abs. 1 und wird in § 3 SEAG wiederholt. Da die §§ 36 ff. AktG auf das dualistische System zugeschnitten sind, können sie aber auf die monistische SE nur mit Modifikationen angewendet werden. Diese **Anpassungen der §§ 36 ff. AktG** an das monistische System bilden den Regelungsgegenstand des § 21 SEAG (Begr. RegE SEEG, BT-Drs. 15/3405, 36).

Bei Einführung des § 21 SEAG hat der Gesetzgeber allerdings offenbar über- **2** sehen, dass die §§ 36 ff. AktG **nicht bei allen Gründungsarten** der SE uneingeschränkt zur Anwendung kommen. Vielmehr werden sie bei der Gründung durch Verschmelzung sowie beim Formwechsel durch die Sondervorschriften des UmwG überlagert. Das führt dazu, dass § 21 SEAG bei diesen Gründungsformen einer Einschränkung bedarf (→ Rn. 7 ff.).

Soweit § 21 SEAG keine Sonderregelung trifft, bleibt es bei der Anwendung **3** der §§ 36 ff. AktG, wenn diese auf die betreffende Gründungsart anwendbar sind. Als einzige Modifikation ist dann die Generalverweisung des **§ 22 Abs. 6 SEAG** zu beachten, nach der an die Stelle von Vorstand und Aufsichtsrat im monistischen System der Verwaltungsrat tritt. So ist zB der Anmeldung nach § 37 Abs. 4 Nr. 3a AktG iVm § 22 Abs. 6 SEAG eine Liste der Verwaltungsratsmitglieder (statt Aufsichtsratsmitglieder) beizufügen, aus der Name, Vorname, ausgeübter Beruf und Wohnort der Mitglieder ersichtlich sein muss. Konsequent wäre die Annahme, dass sich auch der Nachweis der ordnungsgemäßen Einlageleistung (§§ 36 Abs. 2, 37 Abs. 1 S. 2 AktG) auf die Leistung zur freien Verfügung des Verwaltungsrats (anstelle des Vorstands) beziehen muss. Da der Verwaltungsrat keine Vertretungsbefugnis hat und deshalb nicht selbst über den Einlagegegenstand verfügen kann, wird im Schrifttum allerdings gefordert, das Merkmal der freien Verfügung auf die geschäftsführenden Direktoren oder auf Verwaltungsrat und geschäftsführende Direktoren gemeinsam zu beziehen (für Ersteres NK-SE/*Manz* Art. 43 Rn. 59; für Letzteres LHT/*Teichmann* Rn. 6).

II. Anmeldepflichtige Personen (Abs. 1)

4   **1. Allgemeines.** Vorbehaltlich der Besonderheiten der Verschmelzungs- und Formwechselgründung (→ Rn. 7 ff.) ist die Anmeldung der monistischen SE zur Eintragung im Handelsregister nach § 21 Abs. 1 SEAG von **allen Gründern** (Gründungsgesellschaften iSd Art. 2) sowie **allen Verwaltungsratsmitgliedern und geschäftsführenden Direktoren** vorzunehmen. Einzubeziehen sind wegen § 40 Abs. 9 SEAG auch die Stellvertreter der geschäftsführenden Direktoren (*Schwarz* Rn. 18; LHT/*Teichmann* Rn. 4; zur Parallelfrage im Rahmen der §§ 36 Abs. 1, 94 AktG MüKoAktG/*Pentz* AktG § 36 Rn. 9). Personen, die zwar als Ersatzmitglieder für den Verwaltungsrat bestellt, aber noch nicht nachgerückt sind, sind dagegen noch keine Organmitglieder und deshalb nicht zur Anmeldung der Gesellschaft berufen (MüKoAktG/*Pentz* AktG § 36 Rn. 9). Die nach § 21 Abs. 1 SEAG anmeldepflichtigen Personen dürfen sich **nicht von Bevollmächtigten vertreten** lassen (KK-AktG/*Kiem* Art. 12 Rn. 9; zu § 36 AktG heute wohl allgM, Schmidt/Lutter/*Kleindiek* AktG § 36 Rn. 10; aA, aber ohne Begründung der Abweichung von § 36 AktG, *Schwarz* Rn. 20). Unberührt bleibt die gesetzliche bzw. organschaftliche Vertretung der Gründer; hierfür gelten die allgemeinen Regeln.

5   § 21 Abs. 1 SEAG gilt nur für die Anmeldung der SE-Gründung. Für die Anmeldung sonstiger eintragungspflichtiger Tatsachen, die sich auf eine bereits eingetragene SE beziehen, sind nach §§ 40 Abs. 2 S. 4, 46 Abs. 1 S. 2 SEAG die geschäftsführenden Direktoren zuständig.

6   **2. Besonderheiten bei Verschmelzung und Formwechsel.** § 21 Abs. 1 SEAG ist darauf zugeschnitten, § 36 Abs. 1 AktG an die monistische SE anzupassen (Begr. RegE SEEG, BT-Drs. 15/3405, 36). Dabei hat der Gesetzgeber aber nicht bedacht, dass schon bei der dualistischen SE **§ 36 Abs. 1 AktG** nach zutreffender Ansicht **keine Anwendung** findet, wenn die SE durch Verschmelzung (→ Rn. 7 f.) oder Formwechsel (→ Rn. 9) gegründet wird.

7   **a) Verschmelzung.** Für die Verschmelzung ist umstritten, ob sich der Kreis der Anmeldepflichtigen unmittelbar aus Art. 26 Abs. 2 ableiten lässt (so → Art. 26 Rn. 6 mwN) oder die SE-VO insoweit eine Lücke lässt, die nach Art. 12, 15 Abs. 1, 18 durch Rückgriff auf das nationale Verfahrensrecht und damit durch Anwendung der §§ 16 Abs. 1, 38 Abs. 2 UmwG zu schließen ist (so → Art. 12 Rn. 7 mwN). Auf beiden Wegen gelangt man bei der Verschmelzung durch Neugründung zu einer Anmeldung durch sämtliche Gründungsgesellschaften (Art. 26 Abs. 2 bzw. § 38 Abs. 2 UmwG; MüKoAktG/*Schäfer* Art. 26 Rn. 6). Bei der Verschmelzung durch Aufnahme ergibt sich dagegen nach der zweiten Ansicht, dass die SE nach § 16 Abs. 1 UmwG nur von der aufnehmenden Gesellschaft angemeldet werden muss (→ Art. 12 Rn. 7), während bei Anwendung des Art. 26 Abs. 2 wiederum alle Gründungsgesellschaften anmeldepflichtig wären (→ Art. 26 Rn. 6). Eine Anmeldepflicht der weiteren in § 36 Abs. 1 AktG genannten Personen muss dagegen nach beiden Ansichten sowohl bei der Verschmelzung durch Aufnahme als auch bei der Verschmelzung durch Neugründung ausscheiden, da entweder Art. 26 Abs. 2 oder die Vorschriften des UmwG als Spezialvorschriften vorgehen (LHT/*Bayer* Art. 26 Rn. 8; MüKo-AktG/*Schäfer* Art. 26 Rn. 6 f.; *J. Schmidt* S. 253 f.; abweichend MHdB AG/*Austmann* § 84 Rn. 32; Widmann/Mayer/*Heckschen* Anh. 14 Rn. 259; *Scheifele* Gründung der SE S. 272). Daraus folgt, dass im Wege teleologischer Reduktion auch **§ 21 Abs. 1 SEAG nicht zur Anwendung** kommen kann. Denn die Vorschrift kann nach ihrem Sinn und Zweck, § 36 Abs. 1 AktG an das monistische System anzupassen, nur Fälle erfassen, in denen im dualistischen System § 36

Abs. 1 AktG gelten würde (wie hier → Art. 26 Rn. 6; LHT/*Bayer* Art. 26 Rn. 8; MüKoAktG/*Schäfer* Art. 26 Rn. 7; *J. Schmidt* S. 253 f.).

Die anmeldepflichtigen Gründungsgesellschaften werden durch ihr **Vertre-** **8** **tungsorgan** (in vertretungsberechtigter Zahl oder unechter Gesamtvertretung) vertreten. Zulässig ist bei Wahrung der Form des § 12 Abs. 1 S. 2 HGB auch eine Vertretung durch Bevollmächtigte (LHT/*Bayer* Art. 26 Rn. 8 unter Hinweis auf die Rechtslage bei der nationalen Verschmelzung). Dass die geschäftsführenden Direktoren nach dem Gesagten nicht zum Kreis der anmeldepflichtigen Personen gehören, ändert freilich nichts daran, dass sie die Versicherung nach § 21 Abs. 2 S. 1 SEAG abzugeben haben (→ Rn. 11). Diese kann allerdings nach zutreffender Ansicht auch separat erklärt und der Anmeldung als Anlage beigefügt werden (KK-UmwG/*Simon/Nießen* UmwG § 36 Rn. 64).

b) Formwechsel. Beim Formwechsel ist die SE nach Art. 15 Abs. 1 iVm **9** §§ 246 Abs. 1, 198 Abs. 1 UmwG vom **Vorstand der formwechselnden AG** zur Eintragung anzumelden (→ Art. 37 Rn. 77; MüKoAktG/*Schäfer* Art. 37 Rn. 33; LHT/*J. Schmidt* Art. 37 Rn. 66). § 36 Abs. 1 AktG wird beim Formwechsel in die dualistische SE durch die genannten Sonderregeln des UmwG verdrängt. Folglich ist aus denselben Gründen wie bei der Verschmelzung (→ Rn. 7) auch hier **kein Raum für § 21 Abs. 1 SEAG** (→ Art. 37 Rn. 77; LHT/*J. Schmidt* Art. 37 Rn. 66). Wie auch sonst im Rahmen des § 246 Abs. 1 UmwG genügt eine Anmeldung in vertretungsberechtigter Zahl (einschließlich unechter Gesamtvertretung). Auch Bevollmächtigung ist bei Einhaltung der Form des § 12 Abs. 1 S. 2 HGB zulässig (KK-UmwG/*Petersen* UmwG § 246 Rn. 3).

III. Inhalt der Anmeldung (Abs. 2)

1. Allgemeines. § 21 Abs. 2 SEAG passt die Vorgaben des **§ 37 Abs. 2–4** **10** **AktG** zum Inhalt der Anmeldung an die monistische SE an. Da § 37 Abs. 2–4 AktG auch auf die Verschmelzungs- und Formwechselgründung einer dualistischen SE Anwendung finden (Art. 12 Abs. 1, 15 Abs. 1 iVm § 36 Abs. 2 UmwG bzw. § 197 S. 1 UmwG), gilt § 21 Abs. 2 SEAG anders als Abs. 1 auch für diese Gründungsarten. Soweit § 21 Abs. 2 SEAG keine Spezialregelung trifft, bleibt § 37 Abs. 2–4 AktG mit der Maßgabe anwendbar, dass nach § 22 Abs. 6 SEAG anstatt Vorstand und Aufsichtsrat Verwaltungsrat zu lesen ist (→ Rn. 3).

2. Erklärungen von/zu geschäftsführenden Direktoren. § 21 Abs. 2 S. 1 **11** SEAG ersetzt § 37 Abs. 2 S. 1 AktG. An die Stelle der entsprechenden Versicherung der Vorstandsmitglieder tritt die **Versicherung der geschäftsführenden Direktoren,** dass **keine Bestellungshindernisse** nach § 40 Abs. 1 S. 4 SEAG, § 76 Abs. 3 AktG vorliegen und sie über ihre unbeschränkte Auskunftspflicht gegenüber dem Gericht belehrt worden sind. Mit Letzterem wird auf § 53 Abs. 2 BZRG Bezug genommen. Die Belehrung kann nach § 37 Abs. 2 S. 2 AktG auch durch einen Notar erfolgen. Hinsichtlich der Bestellungshindernisse der geschäftsführenden Direktoren kommt es für die Versicherung nur auf § 40 Abs. 1 S. 4 SEAG, § 76 Abs. 3 AktG an, dagegen auch bei gleichzeitiger Mitgliedschaft im Verwaltungsrat nicht auf § 27 Abs. 1 SEAG (LHT/*Teichmann* Rn. 8; abweichend *Schwarz* Rn. 28). Nach § 40 Abs. 9 SEAG ist die Versicherung auch von den Stellvertretern der geschäftsführenden Direktoren abzugeben (*Schwarz* Rn. 25). Eine entsprechende Verpflichtung für die Verwaltungsratsmitglieder wurde in Abkehr vom Regierungsentwurf bewusst nicht aufgenommen (Rechtsausschuss, BT-Drs. 15/4053, 59). Bei Abgabe einer vorsätzlich falschen Versicherung machen sich die geschäftsführenden Direktoren nach § 53 Abs. 3 Nr. 3 SEAG strafbar.

12   § 21 Abs. 2 S. 2 SEAG verlangt **Angaben zur Vertretungsbefugnis** der geschäftsführenden Direktoren und tritt damit an die Stelle von § 37 Abs. 3 Nr. 2 AktG.

13   **3. Beizufügende Unterlagen.** Die nach § 37 Abs. 4 AktG beizufügenden Unterlagen werden in zweifacher Hinsicht an das monistische Modell angepasst. § 21 Abs. 2 S. 3 Hs. 1 SEAG verlangt die Beifügung der **Bestellungsurkunden** von Verwaltungsrat und geschäftsführenden Direktoren und ersetzt damit § 37 Abs. 4 Nr. 3 AktG. Ferner modifiziert § 21 Abs. 2 S. 3 Hs. 2 SEAG den § 37 Abs. 4 Nr. 4 AktG, indem er anordnet, dass anstelle des Prüfungsberichts von Vorstand und Aufsichtsrat der **Prüfungsbericht des Verwaltungsrats** (§§ 33 Abs. 1, 34 AktG, § 22 Abs. 6 SEAG, ggf. iVm §§ 36 Abs. 2, 197 S. 1 UmwG) beizufügen ist. Der Plural „Prüfungsberichte" ist missverständlich. So wie im dualistischen System ein gemeinsamer Bericht von Vorstand und Aufsichtsrat ausreicht (Schmidt/Lutter/*Bayer* AktG § 34 Rn. 10), genügt auch ein gemeinsamer Bericht des Verwaltungsrats (LHT/*Teichmann* Rn. 11). Keine Prüfungspflicht trifft die geschäftsführenden Direktoren (LHT/*Teichmann* Rn. 11).

IV. Eintragung (Abs. 3 und 4)

14   Die vom Registergericht vor der Eintragung durchzuführende Prüfung richtet sich nach § 3 SEAG iVm § 38 AktG. Nach § 38 Abs. 2 AktG bildet bei Gründung einer AG oder einer dualistischen SE unter anderem die Unrichtigkeit oder Unvollständigkeit des Prüfungsberichts der Vorstands- und Aufsichtsratsmitglieder ein **Eintragungshindernis.** Nach § 21 Abs. 3 SEAG kommt es bei der Gründung einer monistischen SE stattdessen auf den Prüfungsbericht der Mitglieder des Verwaltungsrats an.

15   Der **Inhalt der Eintragung** ergibt sich aus § 39 AktG. Anstelle der in § 39 S. 1 und S. 3 AktG genannten Vorstandsmitglieder sind nach § 21 Abs. 4 SEAG die geschäftsführenden Direktoren und ihre Vertretungsbefugnis einzutragen. Die Mitglieder des Verwaltungsrats werden dagegen nicht eingetragen (LHT/*Teichmann* Rn. 13).

SEAG Aufgaben und Rechte des Verwaltungsrats

22 (1) **Der Verwaltungsrat leitet die Gesellschaft, bestimmt die Grundlinien ihrer Tätigkeit und überwacht deren Umsetzung.**

(2) **¹Der Verwaltungsrat hat eine Hauptversammlung einzuberufen, wenn das Wohl der Gesellschaft es fordert. ²Für den Beschluss genügt die einfache Mehrheit. ³Für die Vorbereitung und Ausführung von Hauptversammlungsbeschlüssen gilt § 83 des Aktiengesetzes entsprechend; der Verwaltungsrat kann einzelne damit verbundene Aufgaben auf die geschäftsführenden Direktoren übertragen.**

(3) **¹Der Verwaltungsrat hat dafür zu sorgen, dass die erforderlichen Handelsbücher geführt werden. ²Der Verwaltungsrat hat geeignete Maßnahmen zu treffen, insbesondere ein Überwachungssystem einzurichten, damit den Fortbestand der Gesellschaft gefährdende Entwicklungen früh erkannt werden.**

(4) **¹Der Verwaltungsrat kann die Bücher und Schriften der Gesellschaft sowie die Vermögensgegenstände, namentlich die Gesellschaftskasse und die Bestände an Wertpapieren und Waren, einsehen und prüfen. ²Er kann damit auch einzelne Mitglieder oder für bestimmte Aufgaben besondere Sachverständige beauftragen. ³Er erteilt dem Ab-**

schlussprüfer den Prüfungsauftrag für den Jahres- und Konzernabschluss gemäß § 290 des Handelsgesetzbuchs.

(5) [1]Ergibt sich bei Aufstellung der Jahresbilanz oder einer Zwischenbilanz oder ist bei pflichtmäßigem Ermessen anzunehmen, dass ein Verlust in der Hälfte des Grundkapitals besteht, so hat der Verwaltungsrat unverzüglich die Hauptversammlung einzuberufen und ihr dies anzuzeigen. [2]Bei Zahlungsunfähigkeit oder Überschuldung der Gesellschaft hat der Verwaltungsrat den Insolvenzantrag nach § 15a Abs. 1 der Insolvenzordnung zu stellen; § 92 Abs. 2 des Aktiengesetzes gilt entsprechend.

(6) Rechtsvorschriften, die außerhalb dieses Gesetzes dem Vorstand oder dem Aufsichtsrat einer Aktiengesellschaft Rechte oder Pflichten zuweisen, gelten sinngemäß für den Verwaltungsrat, soweit nicht in diesem Gesetz für den Verwaltungsrat und für geschäftsführende Direktoren besondere Regelungen enthalten sind.

Schrifttum: S. die Angaben zu Art. 43.

Übersicht

	Rn.
I. Allgemeines	1
II. Leitung und Überwachung der Gesellschaft (Abs. 1)	4
1. Leitung	5
a) Begriffsbestimmung	5
b) Delegationsverbote	8
c) Abgrenzung zu Geschäftsführung und Vertretung	9
d) Weisungsunabhängigkeit	11
e) Bindung an das Gesellschaftsinteresse	12
2. Überwachung	13
a) Grundlagen	13
b) Reichweite	16
III. Spezielle Rechte und Pflichten des Verwaltungsrats (Abs. 2–5)	18
1. Verhältnis zur Hauptversammlung (Abs. 2, Abs. 5 S. 1)	19
a) Einberufung der Hauptversammlung	19
b) Vorbereitung und Ausführung von Hauptversammlungsbeschlüssen	26
2. Handelsbücher und Früherkennungssystem (Abs. 3)	28
3. Einsichts- und Prüfungsrecht (Abs. 4 S. 1–2)	30
a) Allgemeines	30
b) Gegenstand des Einsichts- und Prüfungsrechts	33
c) Delegation des Einsichts- und Prüfungsrechts	35
4. Erteilung des Prüfungsauftrags an den Abschlussprüfer (Abs. 4 S. 3)	36
5. Insolvenzbezogene Pflichten (Abs. 5 S. 2)	37
a) Insolvenzantragspflicht	37
b) Zahlungsverbot in der Insolvenz, Insolvenzverursachungsverbot	41
IV. Generalverweisung auf Rechte und Pflichten von Vorstand und Aufsichtsrat (Abs. 6)	42
1. Normzweck	42
2. Anwendungsbereich	43
3. Vorrang spezieller Kompetenznormen	43a
a) Allgemeines	43a
b) Verhältnis zu § 41 Abs. 1 S. 1 SEAG	44
4. Einzelne Vorschriften	51
a) Aktienrechtliche Vorschriften	52
b) Kapitalmarktrechtliche Vorschriften	53
c) Deutscher Corporate Governance Kodex	56

I. Allgemeines

1   Auf der Rechtsgrundlage des Art. 43 Abs. 4 (→ Anh. Art. 43 Vor § 20 SEAG Rn. 1) präzisiert § 22 SEAG wesentliche **Aufgaben und Rechte des Verwaltungsrats.** § 22 Abs. 1 SEAG beschreibt zunächst als Grundnorm allgemein die Funktion des Verwaltungsrats als **Leitungsorgan,** dem zugleich die **Überwachung** der Geschäftsführung aufgegeben ist. Von zentraler Bedeutung ist zudem die Generalverweisung in Abs. 6, nach der alle Bestimmungen außerhalb des SEAG, die dem Vorstand oder Aufsichtsrat Rechte und Pflichten zuweisen, sinngemäß für den Verwaltungsrat gelten, sofern das SEAG keine abdrängende Sonderzuweisung enthält (wie zB in §§ 40 Abs. 2 S. 4, 47 Abs. 1 S. 1, 49 SEAG zugunsten der geschäftsführenden Direktoren). Diese Generalverweisung bezieht sich allerdings wegen § 20 SEAG grundsätzlich nicht auf die Bestimmungen der §§ 76–116 AktG (mit Ausnahme der nachträglich eingeführten Vorschriften über die Geschlechterquote; dazu → Anh. Art. 43 § 20 SEAG Rn. 3, § 24 SEAG Rn. 6 f., 10). Deshalb treffen Abs. 2–5 weitere Bestimmungen, mit denen ausgewählte Vorschriften aus dem Bereich der §§ 76–116 AktG auf den Verwaltungsrat übertragen werden (Abs. 2 S. 1–2: § 111 Abs. 3 AktG; Abs. 2 S. 3: § 83 AktG; Abs. 3: § 91 AktG; Abs. 4: § 111 Abs. 2 AktG; Abs. 5: § 92 AktG).

2   § 22 SEAG ist **nicht abschließend.** Flankierend findet sich im SEAG eine Reihe von Vorschriften, die dem Verwaltungsrat weitere Rechte und Pflichten zuweisen (vgl. §§ 21 Abs. 1, 29 Abs. 3 S. 1, 34 Abs. 1 S. 1, Abs. 2 S. 1, 40 Abs. 1 S. 1, Abs. 5, 44 Abs. 2, 47 Abs. 3, Abs. 5, 48 Abs. 1 SEAG). Hervorzuheben ist insbesondere das Recht, den geschäftsführenden Direktoren in allen Fragen der Geschäftsführung Weisungen zu erteilen (§ 44 Abs. 2 SEAG).

3   Trotz dieses weit gespannten Aufgabenbereichs ist die Tätigkeit als Verwaltungsratsmitglied, soweit es nicht zusätzlich zum geschäftsführenden Direktor bestellt wird (§ 40 Abs. 1 S. 2 SEAG), in Verordnung und SEAG als **Nebenamt** konzipiert (LHT/*Teichmann* Anh. Art. 43 § 27 SEAG Rn. 1; kritisch *Bücker* in Bergmann/Kiem/Mülbert/Verse/Wittig, 10 Jahre SE, 2015, 202, 218 f.). Insoweit besteht eine Parallele zum Aufsichtsratsmandat im dualistischen System. Der Nebenamtcharakter zeigt sich besonders deutlich an Art. 44, der lediglich vier Sitzungen im Jahr zwingend vorschreibt, sowie an § 27 Abs. 1 S. 1 Nr. 1 SEAG, wonach ein- und dieselbe Person bis zu zehn Verwaltungsratsmandate wahrnehmen kann.

II. Leitung und Überwachung der Gesellschaft (Abs. 1)

4   Die Formulierung des § 22 Abs. 1 SEAG ist von Art. L 225-35 franz. code de commerce inspiriert (Begr. RegE SEEG, BT-Drs. 15/3405, 36). Sie soll deutlich machen, dass ungeachtet der im deutschen Recht zwingenden Bestellung geschäftsführender Direktoren (§ 40 Abs. 1 SEAG) die **Letztverantwortung für die Unternehmenspolitik** beim Verwaltungsrat liegt und seine Aufgaben erheblich weiter reichen als diejenigen des Aufsichtsrats im dualistischen System (Begr. RegE SEEG, BT-Drs. 15/3405, 36).

5   **1. Leitung. a) Begriffsbestimmung.** Mit dem Begriff der **Leitung der Gesellschaft** (genauer: des Unternehmens) übernimmt § 22 Abs. 1 SEAG die Terminologie des § 76 Abs. 1 AktG, der die Leitungsaufgabe dem Vorstand zuweist. Zur Begriffsbestimmung lässt sich daher an die zu § 76 AktG anerkannten Grundsätze anknüpfen (hM, Spindler/Stilz/*Eberspächer* Art. 43 Rn. 10; LHT/*Teichmann* Rn. 6; *Thamm* NZG 2008, 132; *Seitz* S. 210, 222; aA *Böttcher* S. 81 ff.). Dort bezeichnet Leitung einen herausgehobenen Teilbereich der Geschäftsführung, der die **grundlegenden Führungsentscheidungen** umfasst, die dem Vorstand als Gesamtorgan als unentziehbare und nicht delegierbare Aufgaben zugewiesen sind.

Gemeint sind Grundsatzentscheidungen wie die Festlegung der Geschäftspolitik (Definition der mittel- und langfristigen Ziele, strategische Ausrichtung) und die wesentlichen Maßnahmen zu deren Umsetzung wie Unternehmensplanung, -steuerung, -organisation, -finanzierung und -kontrolle sowie die Besetzung von Führungspositionen im Unternehmen (KK–AktG/*Mertens/Cahn* AktG § 76 Rn. 4 f.; Spindler/Stilz/*Fleischer* AktG § 76 Rn. 14, 18). Ist die Gesellschaft Obergesellschaft eines Konzerns, gehören auch die grundlegenden Führungsentscheidungen hinsichtlich der Konzerngesellschaften dazu (näher Spindler/Stilz/*Fleischer* AktG § 76 Rn. 83 ff.). Überträgt man diese Definition des Leitungsbegriffs auf § 22 Abs. 1 SEAG, wird deutlich, dass die Formulierung des Gesetzes, wonach der Verwaltungsrat neben der Leitung auch die **Grundlinien der Unternehmenstätigkeit** zu bestimmen hat, nur klarstellenden Charakter hat, da diese Aufgabe bereits im Begriff der Leitung enthalten ist (*Schwarz* Rn. 43).

Wo die Grenze zwischen Leitungsaufgaben und sonstigen Geschäftsführungs- 6 aufgaben genau verläuft, kann stets nur anhand der Gegebenheiten des Einzelfalls, insbesondere der Größe des Unternehmens und der konkreten Entscheidungssituation, ermittelt werden (KK–AktG/*Mertens/Cahn* AktG § 76 Rn. 5). In **typologischer Annäherung** pflegt man die Leitungsaufgabe in vier wesentliche Verantwortungsbereiche aufzuteilen: Planungs- und Steuerungsverantwortung, Organisationsverantwortung, Finanzverantwortung und Informationsverantwortung (zur AG *Fleischer* ZIP 2003, 1 [5]; Spindler/Stilz/*Fleischer* AktG § 76 Rn. 18, AktG § 93 Rn. 51 ff.; zur SE MüKoAktG/*Reichert/Brandes* Art. 43 Rn. 76 ff.; KK–AktG/*Siems* Anh. Art. 51 § 22 SEAG Rn. 11 ff.).

Die **Planungs- und Steuerungsverantwortung** verlangt vom Verwaltungsrat 7 die Festlegung eines strategischen Rahmens. Er hat die langfristigen Unternehmensziele vorzugeben, die wesentlichen Geschäftsfelder zu umreißen und über die wichtigsten Investitionsentscheidungen zu befinden (MüKoAktG/*Reichert/Brandes* Art. 43 Rn. 76; zur AG *Fleischer* ZIP 2003, 1 [5]). Die **Organisationsverantwortung** des Verwaltungsrats beinhaltet die Gliederung des Unternehmens in funktionsfähige Organisationseinheiten, ferner die Bestimmung der Anzahl und die Auswahl der geschäftsführenden Direktoren sowie ggf. weiterer Führungskräfte auf nachgeordneten Führungsebenen (MüKoAktG/*Reichert/Brandes* Art. 43 Rn. 77 f.). Letztere müssen allerdings von besonders hervorgehobener Bedeutung sein, damit sich der Verwaltungsrat zwingend mit ihnen befassen muss. Allein der Umstand, dass einer Führungskraft Prokura erteilt wird, genügt hierfür nicht (MüKoAktG/*Reichert/Brandes* Art. 43 Rn. 78). Die **Finanzverantwortung** verpflichtet den Verwaltungsrat, für eine vorausschauende Finanzplanung und eine nachgelagerte Finanzkontrolle zu sorgen (MüKoAktG/*Reichert/Brandes* Art. 43 Rn. 80 im Anschluss an *Fleischer* ZIP 2003, 1 [5]; einschränkend *Kallmeyer* ZIP 2003, 1531 [1532]). Zudem hat der Verwaltungsrat im Rahmen seiner **Informationsverantwortung** für ein funktionierendes Informationssystem und Berichtswesen Sorge zu tragen, um den unternehmensinternen Informationsfluss zu gewährleisten.

b) Delegationsverbote. Wie dem Vorstand ist die Leitungsaufgabe auch dem 8 Verwaltungsrat als **Gesamtorgan** als **unentziehbare und nicht-delegierbare Aufgabe** zugewiesen (Spindler/Stilz/*Eberspächer* Art. 43 Rn. 11 f.). Die Delegationsverbote des § 34 Abs. 4 S. 2 und des § 40 Abs. 2 S. 3 SEAG untersagen es ausdrücklich, die Beschlussfassung über Leitungsentscheidungen iSd § 22 Abs. 1 SEAG auf einen Ausschuss des Verwaltungsrats oder die geschäftsführenden Direktoren zu übertragen. Nicht ausgeschlossen ist freilich, dass sich der Verwaltungsrat bei der Vorbereitung und Umsetzung der Leitungsentscheidungen zuarbeiten lässt, solange nur die letztverantwortliche Entscheidung bei ihm bleibt (Spindler/Stilz/*Eberspächer* Art. 43 Rn. 1; MüKoAktG/*Reichert/Brandes* Art. 43 Rn. 76; vgl. zum Vorstand der AG Spindler/Stilz/*Fleischer* AktG § 76 Rn. 20, 65).

9 **c) Abgrenzung zu Geschäftsführung und Vertretung.** Abzugrenzen vom Begriff der Leitung ist derjenige der **Geschäftsführung.** Diese umfasst nach hergebrachtem aktienrechtlichem Verständnis jede Tätigkeit für die Gesellschaft einschließlich der Leitung, sofern sie nicht als Grundlagengeschäft der Hauptversammlung zugewiesen ist (Spindler/Stilz/*Fleischer* AktG § 77 Rn. 3, 6 f.). Soweit § 40 Abs. 2 S. 1 SEAG die Geschäftsführung den geschäftsführenden Direktoren überträgt, kann hiermit allerdings nur die Geschäftsführung mit Ausnahme der dem Verwaltungsrat vorbehaltenen Leitung gemeint sein (arg. § 40 Abs. 2 S. 3 SEAG; Spindler/Stilz/*Eberspächer* Art. 43 Rn. 12). Die geschäftsführenden Direktoren dürfen mithin nicht in den Leitungsbereich übergreifen (→ Anh. Art. 43 § 40 SEAG Rn. 32). Umgekehrt gilt dies jedoch nicht: Der Verwaltungsrat kann mithilfe seines **Weisungsrechts** (§ 44 Abs. 2 SEAG) **auch einfache Geschäftsführungsangelegenheiten,** die nicht die Bedeutung einer Leitungsentscheidung erreichen, selbst entscheiden und muss dies ggf. sogar, sofern er im Rahmen seiner Überwachungstätigkeit auf Fehlentwicklungen aufmerksam wird, die sein Einschreiten erfordern. Es gibt mit anderen Worten keinen Bereich der Geschäftsführung, der exklusiv den geschäftsführenden Direktoren zusteht, in den der Verwaltungsrat also nicht „hineinregieren" kann (näher → Anh. Art. 43 § 44 SEAG Rn. 10 ff.).

10 Wie in den Rechtsformen des nationalen Rechts ist von der Geschäftsführungsbefugnis im Innenverhältnis der Gesellschaft die organschaftliche **Vertretungsbefugnis** im Außenverhältnis zu unterscheiden. Diese ist grundsätzlich den **geschäftsführenden Direktoren** vorbehalten (§ 41 Abs. 1 S. 1 SEAG). Soweit es um die Vertretung der Gesellschaft gegenüber den geschäftsführenden Direktoren geht, ist allerdings in Anlehnung an § 112 AktG der Verwaltungsrat vertretungsbefugt (§ 41 Abs. 5 SEAG).

11 **d) Weisungsunabhängigkeit.** Im Unterschied zu § 76 Abs. 1 AktG erwähnt § 22 Abs. 1 SEAG nicht, dass die Leitungsaufgabe „in eigener Verantwortung" und damit weisungsunabhängig wahrgenommen wird. Ungeachtet dessen ist der Verwaltungsrat ebenso wenig wie der Vorstand oder der Aufsichtsrat an Weisungen der Hauptversammlung gebunden. Dies ergibt sich zwar nach zutreffender Ansicht nicht schon aus der Verordnung (→ Art. 43 Rn. 6), wohl aber daraus, dass das deutsche Aktienrecht **kein Weisungsrecht der Hauptversammlung** in Fragen der Geschäftsführung vorsieht (MüKoAktG/*Reichert/Brandes* Art. 43 Rn. 9 iVm Art. 38 Rn. 15; KK-AktG/*Siems* Anh. Art. 51 § 22 SEAG Rn. 16 f.; MHdB AG/*Austmann* § 86 Rn. 15). Auch eine entsprechende Satzungsregelung wäre unzulässig und unwirksam (Art. 9 Abs. 1 lit. c ii iVm § 23 Abs. 5 AktG). Der Verwaltungsrat kann der Hauptversammlung allerdings nach Art. 52 UAbs. 2 iVm § 119 Abs. 2 AktG von sich aus Fragen der Geschäftsführung zur Entscheidung vorlegen (→ Art. 52 Rn. 33; MüKoAktG/*Reichert/Brandes* Art. 43 Rn. 10; KK-AktG/*Siems* Anh. Art. 51 § 22 SEAG Rn. 18; LHT/*Spindler* Art. 52 Rn. 27; aA *Brandt* S. 114 f.). In diesem Fall ist er an das Votum der Hauptversammlung gebunden (§ 22 Abs. 2 SEAG, § 83 Abs. 2 AktG). Zum Weisungsrecht des anderen Vertragsteils beim Abschluss eines Beherrschungsvertrags s. die Erl. zu § 49 SEAG.

12 **e) Bindung an das Gesellschaftsinteresse.** Ebenso wie Vorstand und Aufsichtsrat der AG oder dualistischen SE ist auch der Verwaltungsrat der monistischen SE an den Verbandszweck gebunden, der sich aus dem in der Satzung festgelegten Unternehmensgegenstand und dem sog. Formalziel, das typischerweise auf Gewinnerzielung angelegt ist, zusammensetzt. Die aus dem Recht der AG altbekannte Streitfrage, ob und in welchem Umfang neben den Gewinnerzielungsinteressen der Anteilseigner auch die Belange anderer stakeholder des Unternehmens (Arbeitnehmer, Gläubiger, Öffentlichkeit) als Zielvorgabe für das

Organhandeln zu beachten sind (Gesellschaftsinteresse vs. „Unternehmensinteresse"), ist ebenso zu beantworten wie in der AG, da die Verordnung insoweit keine Vorgaben enthält (KK-AktG/*Siems* Art. 43 Rn. 67, Anh. Art. 51 § 22 SEAG Rn. 15; anders noch Art. 74 Abs. 2 SE-VO-E 1989: „im Interesse der SE unter besonderer Berücksichtigung der Interessen der Aktionäre und der Arbeitnehmer"). In Übereinstimmung mit der vordringenden Ansicht zur AG sollte man auch in der SE von einem **moderaten shareholder-value-Konzept** ausgehen, das den Aktionärsinteressen einen Gewichtungsvorsprung zubilligt, zugleich aber anerkennt, dass auch die Förderung von Nichtaktionärsinteressen in gewissem Umfang im wohlverstandenen Aktionärsinteresse liegen kann (ausführlich Spindler/Stilz/*Fleischer* AktG § 76 Rn. 21 ff.; Schmidt/Lutter/*Seibt* AktG § 76 Rn. 23 f.; *Verse* S. 253 ff., 264 ff.; alle mwN; zum britischen „enlightened shareholder value" *Keay/Zhang* ECFR 2011, 445 ff.). Auch die sog. CSR (Corporate Social Responsibility)-Richtlinie (RL 2014/95/EU), die bis zum 6.12.2016 umzusetzen sein wird und Großunternehmen Berichtspflichten über Maßnahmen zur Förderung bestimmter Gemeinwohlbelange (ua Umweltschutz, Arbeitnehmerschutz, Korruptionsbekämpfung) auferlegt, nötigt nach zutreffender Ansicht nicht dazu, von dem moderaten shareholder-value-Konzept abzugehen (*Lübke* FS Müller-Graff, 2015, 266; *Verse/Wiersch* EuZW 2016, 330 [334]; aA *Hommelhoff* NZG 2015, 1329 [1330 f.]).

2. Überwachung. a) Grundlagen. Als weitere Aufgabe bestimmt § 22 **13** Abs. 1 SEAG, dass der Verwaltungsrat die Umsetzung der Grundlinien der Geschäftstätigkeit zu überwachen hat. Mit dieser Formulierung wird einerseits klargestellt, dass die Überwachungsfunktion nicht wie im dualistischen System einem eigenen Aufsichtsorgan zugewiesen ist. Anderseits lässt der Gesetzeswortlaut mit der Beschränkung auf die Umsetzung der **„Grundlinien"** erkennen, dass der Verwaltungsrat nicht jede einzelne Geschäftsführungsmaßnahme des Tagesgeschäfts kontrollieren muss (was ohnehin unrealistisch wäre), sondern nur die Umsetzung der Leitungsentscheidungen (abweichend *Bauer* S. 96 f.; zur ebenfalls auf die Leitung begrenzten Überwachungsaufgabe des Aufsichtsrats im dualistischen System vgl. MüKoAktG/*Habersack* AktG § 111 Rn. 20). Die so begrenzte Überwachungsaufgabe präzisiert im monistischen System bei Licht besehen **nur einen Teilbereich** dessen, was bereits zur recht verstandenen **Leitungsaufgabe** gehört (KK-AktG/*Siems* Anh. Art. 51 § 22 SEAG Rn. 8: Leitung als Oberbegriff). Auch zu § 76 Abs. 1 AktG ist mit Recht anerkannt, dass sich Leitung nicht in der Beschlussfassung über grundlegende Führungsentscheidungen erschöpft, sondern die fortlaufende Kontrolle von deren Umsetzung einschließt (Spindler/Stilz/*Fleischer* AktG § 76 Rn. 18). Aus diesem Grund verzichtet die österreichische Parallelvorschrift zu § 22 Abs. 1 SEAG (§ 39 Abs. 1 SEG) darauf, die Überwachung neben der Leitung gesondert zu erwähnen (Kalss/Hügel/ *Kalss/Greda* SEG § 39 Rn. 13).

Die Überwachung bezieht sich auf die Umsetzung der Leitungsentscheidungen **14** durch die geschäftsführenden Direktoren (→ Rn. 17). Damit diese Kontrolle nicht durch weitgehende Personenidentität beeinträchtigt wird, bestimmt § 40 Abs. 1 S. 2 SEAG, dass die Mehrheit der Mitglieder des Verwaltungsrats nicht zugleich als geschäftsführender Direktor amtieren darf. Um dem Verwaltungsrat eine effektive Überwachung zu ermöglichen, stehen ihm zunächst diejenigen **Kontrollinstrumente** zur Verfügung, die in ähnlicher Form auch dem Aufsichtsrat im dualistischen System zustehen. Hierzu zählen neben der Personalkompetenz (§ 40 Abs. 1, Abs. 5 S. 1 SEAG) die Berichtspflichten der geschäftsführenden Direktoren (§ 40 Abs. 6 SEAG iVm § 90 AktG, ferner § 40 Abs. 3 SEAG), das Einsichts- und Prüfungsrecht (§ 22 Abs. 4 SEAG), die Geschäftsordnungskompetenz (§§ 34 Abs. 2, 40 Abs. 4 S. 1 SEAG) sowie die in der Satzung festgelegten Zustimmungsvorbehalte (Art. 48). Im Unterschied zum Aufsichtsrat kann der Verwaltungsrat darüber hinaus auch von seinem Weisungsrecht (§ 44 Abs. 2 SEAG) Gebrauch machen, um kontrollbedürftige Sachverhalte aufklären zu lassen und Fehlentwicklungen in der Geschäftsführung ggf. selbst abzustellen.

15   Eine pflichtenbefreiende Delegation der Überwachungsaufgabe, die § 22 Abs. 1 SEAG dem Verwaltungsrat zuweist, ist ebenso wenig möglich wie bei anderen Leitungsaufgaben. Die **Delegationsverbote** der §§ 34 Abs. 4 S. 2, 40 Abs. 2 S. 3 SEAG sind auch hier zu beachten.

16   b) **Reichweite.** Versucht man zu präzisieren, wie weit die auf die „Grundlinien" beschränkte Überwachungsaufgabe des Verwaltungsrats im Einzelnen reicht, so ergibt sich ein erster Anhaltspunkt aus § 22 Abs. 3 SEAG. Danach hat der Verwaltungsrat nicht nur für die Führung der Handelsbücher zu sorgen, sondern in Anlehnung an § 91 Abs. 2 AktG auch ein Überwachungssystem zur Erkennung bestandsgefährdender Risiken einzurichten (→ Rn. 28). Für die weitere Konkretisierung kommt den **Berichtspflichten** nach § 40 Abs. 6 SEAG iVm § 90 AktG besondere Bedeutung zu. Da diese Berichtspflichten gerade die Funktion haben, eine effektive Überwachung zu ermöglichen, bieten ihr Inhalt und Umfang auch eine Richtschnur für das Ausmaß der Überwachungsaufgabe des Verwaltungsrats (MüKoAktG/*Reichert/Brandes* Art. 43 Rn. 91, Art. 51 Rn. 23; *Metz* S. 157; zum Aufsichtsrat MüKoAktG/*Habersack* AktG § 111 Rn. 22 mwN; strenger *Böttcher* S. 129). Den von den geschäftsführenden Direktoren mitgeteilten Tatsachen dürfen die Verwaltungsratsmitglieder grundsätzlich Glauben schenken (**Vertrauensgrundsatz;** MüKoAktG/*Reichert/Brandes* Rn. 95; *Böttcher* S. 130). Deuten allerdings Anhaltspunkte auf eine unzureichende oder fehlerhafte Berichterstattung hin, muss der Verwaltungsrat von seinen umfassenden Befugnissen (→ Rn. 14) auch Gebrauch machen, um sich die erforderlichen Informationen unverzüglich zu beschaffen.

17   In Bezug auf den **zu überwachenden Personenkreis** wird man sich trotz der im Vergleich zum Aufsichtsrat weitergehenden Befugnisse des Verwaltungsrats an den im dualistischen System anerkannten Grundsätzen orientieren können (allgemein zur Orientierung an der Überwachungsaufgabe des Aufsichtsrats *Metz* S. 155 ff.). Dort beschränkt sich die hM vom Aufsichtsrat zu überwachenden Personenkreis grundsätzlich auf den Vorstand und zieht eine Ausdehnung auf die zweite Führungsebene nur in Betracht, wenn der Vorstand dieser das operative Geschäft weitestgehend überlassen hat (näher MüKoAktG/*Habersack* AktG § 111 Rn. 21, 25). Diese Beschränkung ist deshalb hinnehmbar, weil die vom Aufsichtsrat geschuldete Überwachung des Vorstands auch dessen Aufgabe einschließt, seinerseits Kontroll- und Compliance-Systeme zur Überwachung nachgeordneter Unternehmensangehöriger einzurichten und durchzusetzen. Aus demselben Grund kann sich auch die Überwachung des Verwaltungsrats grundsätzlich auf die **geschäftsführenden Direktoren** konzentrieren (MüKoAktG/*Reichert/Brandes* Art. 43 Rn. 92). Inhaltlich beschränkt sich die Kontrolle nicht nur auf die **Rechtmäßigkeit** der Geschäftsführung (Compliance), sondern auch auf ihre **Zweckmäßigkeit**, dh ihre Vereinbarkeit mit dem Gesellschaftsinteresse (MüKoAktG/*Reichert/Brandes* Art. 43 Rn. 94; *Metz* S. 160 f.).

III. Spezielle Rechte und Pflichten des Verwaltungsrats (Abs. 2–5)

18   § 22 Abs. 2–5 SEAG regeln einzelne besondere Rechte und Pflichten des Verwaltungsrats, die ausgewählten Bestimmungen der §§ 76 –116 AktG nachgebildet sind. Abs. 2 und Abs. 5 S. 1 enthalten in Anlehnung an §§ 111 Abs. 3, 121 Abs. 1 Var. 3, Abs. 2 S. 1 AktG bzw. § 92 Abs. 1 AktG Regelungen zum Verhältnis des Verwaltungsrats zur Hauptversammlung (→ Rn. 19 ff.; zum man-

gelnden Weisungsrecht der Hauptversammlung → Rn. 11). Abs. 3 und 4 konkretisieren entsprechend § 91 und § 111 Abs. 2 AktG die Überwachungstätigkeit des Verwaltungsrats (→ Rn. 28 ff.), und Abs. 5 S. 2 regelt in Anlehnung an § 92 Abs. 2 AktG und unter Modifikation des § 15a InsO die insolvenzbezogenen Pflichten des Verwaltungsrats (→ Rn. 37 ff.).

1. Verhältnis zur Hauptversammlung (Abs. 2, Abs. 5 S. 1). a) Einberu- 19 fung der Hauptversammlung. aa) Allgemeines. Das SEAG enthält in § 22 Abs. 2, Abs. 5 S. 1 sowie in § 48 (Vorlage des Jahresabschlusses) nur einzelne verstreute Sonderregeln dazu, wann der Verwaltungsrat eine Hauptversammlung einzuberufen hat. Aus Art. 53, 54 Abs. 2, § 121 Abs. 2 S. 1 AktG iVm § 22 Abs. 6 SEAG ergibt sich aber, dass der Verwaltungsrat auch im Übrigen in den durch SE-VO, nationales Recht und Satzung bestimmten Fällen anstelle des nach dem AktG zuständigen Vorstands für die Einberufung der Hauptversammlung zuständig ist (MüKoAktG/*Reichert/Brandes* Art. 43 Rn. 97; LHT/*Teichmann* Rn. 17; zur Auflistung der Hauptversammlungskompetenzen im Einzelnen → Art. 52 Rn. 11 ff.). Über Art. 53, 54 Abs. 2 bleibt auch § 121 Abs. 2 S. 3 AktG anwendbar, so dass nach Gesetz oder Satzung ausnahmsweise auch **anderen Personen** ein Einberufungsrecht zustehen kann (MüKoAktG/*Reichert/Brandes* Art. 43 Rn. 97; KK-AktG/*Siems* Anh. Art. 51 § 22 SEAG Rn. 20; im Ergebnis auch NK-SE/*Manz* Art. 43 Rn. 62: Art. 9 Abs. 1 lit. c ii iVm § 121 Abs. 2 S. 3 AktG). Denkbar ist daher auch eine Satzungsregelung, die zusätzlich zum Verwaltungsrat den geschäftsführenden Direktoren ein Einberufungsrecht gewährt (KK-AktG/*Siems* Anh. Art. 51 § 22 SEAG Rn. 20; LHT/*Teichmann* Rn. 17). Ohne eine derartige Grundlage in der Satzung steht den geschäftsführenden Direktoren dagegen kein Einberufungsrecht zu (str., wie hier LHT/*Teichmann* Rn. 17 f.; abweichend wohl diejenigen, die aus Art. 54 Abs. 2 ein Einberufungsrecht sämtlicher Organe der SE herleiten wollen; zu dieser Streitfrage → Art. 54 Rn. 14).

bb) Einberufung zum Wohl der Gesellschaft (Abs. 2 S. 1–2). Neben den 20 durch Gesetz und Satzung bestimmten Einberufungstatbeständen (→ Rn. 19, → Art. 52 Rn. 11 ff.) ist der Verwaltungsrat nach § 22 Abs. 2 S. 1 SEAG auch immer dann zur Einberufung der Hauptversammlung verpflichtet, wenn das Wohl der Gesellschaft dies fordert. Diese Vorschrift ist § 111 Abs. 3 S. 1 AktG und § 121 Abs. 1 Var. 3 AktG nachgebildet, die für den Aufsichtsrat und den Vorstand der AG jeweils eine entsprechende Regelung treffen.

Ebenso wie §§ 111 Abs. 3 S. 1, 121 Abs. 1 Var. 3 AktG hat auch die Ein- 21 berufungspflicht nach § 22 Abs. 2 S. 1 SEAG neben den übrigen Einberufungstatbeständen vergleichsweise geringe praktische Bedeutung. Eine eigenständige Beschlusskompetenz der Hauptversammlung wird durch die Vorschrift nicht begründet (Hüffer/*Koch* AktG § 121 Rn. 5; Spindler/Stilz/*Rieckers* AktG § 121 Rn. 10), und die Einberufung einer – nach heute hM grundsätzlich zulässigen – lediglich beratenden („beschlusslosen") Hauptversammlung dürfte nur in Ausnahmefällen tatsächlich zur Wahrung des Gesellschaftsinteresses geboten sein (ähnlich Spindler/Stilz/*Rieckers* AktG § 121 Rn. 10; weitergehend Schmidt/Lutter/*Ziemons* AktG § 121 Rn. 14). Jedenfalls ist dem Verwaltungsrat in der Frage, ob das Wohl der Gesellschaft die Einberufung erfordert, eine weite Einschätzungsprärogative zuzugestehen (vgl. Hüffer/*Koch* AktG § 121 Rn. 5: breiter Entscheidungsspielraum).

Für den Einberufungsbeschluss des Verwaltungsrats genügt gemäß § 22 Abs. 2 22 S. 2 SEAG die **einfache Mehrheit** (vgl. §§ 111 Abs. 3 S. 2, 121 Abs. 2 S. 1 AktG). Gemeint ist die Mehrheit der abgegebenen gültigen Stimmen, wobei Enthaltungen nicht mitgezählt werden (*Schwarz* Rn. 54; zur AG Hüffer/*Koch* AktG § 111 Rn. 32, AktG § 108 Rn. 6). Dass Art. 50 Abs. 1 lit. b nach hM strenger auszulegen ist (Enthaltungen und ungültige Stimmen wie Nein-Stimmen, → Art. 50 Rn. 16), steht nicht entgegen, da Art. 53, 54 Abs. 2 die Entscheidung im vorliegenden Kontext dem mitgliedstaatlichen Recht überlassen (*Schwarz* Rn. 54; LHT/*Teichmann* Rn. 20; aA KK-AktG/*Siems* Anh. Art. 51 § 22 SEAG Rn. 21, Art. 50 Rn. 12).

23   **cc) Einberufung bei Verlust des halben Grundkapitals (Abs. 5 S. 1).** Die Einberufungspflicht bei Verlust des halben Grundkapitals nach § 22 Abs. 5 S. 1 SEAG entspricht § 92 Abs. 1 AktG, der seinerseits die Vorgabe aus Art. 19 Kapital-RL (RL 2012/30/EU) umsetzt. Um zu gewährleisten, dass der Verwaltungsrat möglichst schnell Kenntnis vom Verlust des halben Grundkapitals erlangt, verpflichtet § 40 Abs. 3 S. 1 SEAG die geschäftsführenden Direktoren, den Verwaltungsratsvorsitzenden unverzüglich zu informieren, sobald sich ein solcher Verlust zeigt (→ Anh. Art. 43 § 40 SEAG Rn. 44, 46).

24   Wegen der Einzelheiten kann auf die zu § 92 Abs. 1 AktG anerkannten Grundsätze Bezug genommen werden. Nach hM kommt es für den Verlust des halben Grundkapitals nicht darauf an, ob ein einzelner Jahresfehlbetrag die Hälfte des Grundkapitals erreicht oder übersteigt (so GroßkommAktG/*Habersack/Foerster* AktG § 92 Rn. 15 ff.), sondern darauf, ob das gesamte offen ausgewiesene **Eigenkapital** so weit aufgezehrt ist, dass es nicht mehr die Hälfte des Grundkapitals übersteigt (Spindler/Stilz/*Fleischer* AktG § 92 Rn. 7; Hüffer/*Koch* AktG § 92 Rn. 2; LHT/*Teichmann* Rn. 22; alle mwN). Maßgeblich für die Verlustermittlung sind dabei jedenfalls im Grundsatz die handelsrechtlichen Ansatz- und Bewertungsregeln (näher Spindler/Stilz/*Fleischer* AktG § 92 Rn. 8).

25   Liegt ein entsprechender Verlust vor, hat die Einberufung **unverzüglich,** dh ohne schuldhaftes Zögern (§ 121 Abs. 1 BGB), zu erfolgen. Über sie beschließt der Verwaltungsrat analog § 22 Abs. 2 S. 2 SEAG mit einfacher Mehrheit (LHT/*Teichmann* Rn. 21; *Schwarz* Rn. 69; zum Verhältnis zu Art. 50 Abs. 1 lit. b → Rn. 22). Bei schuldhaften Verstößen gegen § 22 Abs. 5 S. 1 SEAG droht den Verwaltungsratsmitgliedern die Haftung gegenüber der Gesellschaft, falls diese geschädigt wurde (§ 39 SEAG, § 93 AktG). Daneben soll nach vordringender Ansicht auch eine Außenhaftung gegenüber den Aktionären nach § 823 Abs. 2 BGB in Betracht kommen (Spindler/Stilz/*Fleischer* AktG § 92 Rn. 17; GroßkommAktG/*Habersack/Foerster* AktG § 92 Rn. 31; aA Hüffer/*Koch* AktG § 92 Rn. 7; Schmidt/Lutter/*Krieger/Sailer-Coeani* AktG § 92 Rn. 12). Eine Außenhaftung aus § 823 Abs. 2 BGB iVm § 22 Abs. 5 S. 1 SEAG gegenüber den Gläubigern ist dagegen abzulehnen, da diese nicht in den Schutzbereich der Vorschrift fallen (allgM zu § 92 Abs. 1 AktG; BGH NJW 1979, 1829 [1831]; Spindler/Stilz/*Fleischer* AktG § 92 Rn. 17; GroßkommAktG/*Habersack/Foerster* AktG § 92 Rn. 33). Nach § 53 Abs. 4 Nr. 1, Abs. 5 SEAG drohen den Verwaltungsratsmitgliedern bei vorsätzlichen oder fahrlässigen Verstößen zudem strafrechtliche Sanktionen (vgl. § 401 AktG).

26   **b) Vorbereitung und Ausführung von Hauptversammlungsbeschlüssen.** Für die Vorbereitung und Ausführung von Hauptversammlungsbeschlüssen nimmt § 22 Abs. 2 S. 3 SEAG auf § 83 AktG Bezug, wobei an die Stelle des Vorstands wiederum der Verwaltungsrat tritt, der sich aber zur Unterstützung der geschäftsführenden Direktoren bedienen darf. Sofern der Verwaltungsrat von dieser Möglichkeit Gebrauch macht, trifft ihn wie bei jeder Delegation eine Überwachungspflicht (MüKoAktG/*Reichert/Brandes* Art. 43 Rn. 101a). Die Verweisung auf § 83 AktG bezieht sich trotz der systematischen Stellung nicht nur auf den seltenen Ausnahmefall, dass eine Hauptversammlung nach § 22 Abs. 2 S. 1 SEAG einberufen wird und dort Beschlüsse gefasst werden, sondern auf **alle Hauptversammlungsbeschlüsse** (*Schwarz* Rn. 55).

Nach § 22 Abs. 2 S. 3 SEAG iVm § 83 Abs. 1 AktG kann die Hauptversamm- **27** lung den Verwaltungsrat zur Vorbereitung eines Hauptversammlungsbeschlusses anweisen, sofern der beabsichtigte Beschluss in ihre Kompetenz fällt und die Weisung mit der für den beabsichtigten Beschluss erforderlichen Mehrheit beschlossen wird. Ferner ist der Verwaltungsrat nach § 22 Abs. 2 S. 3 SEAG iVm § 83 Abs. 2 AktG verpflichtet, die gefassten Hauptversammlungsbeschlüsse auszuführen. Letzteres gilt allerdings nach zutreffender hM nur für *gesetzmäßige* Hauptversammlungsbeschlüsse (näher Spindler/Stilz/*Fleischer* AktG § 83 Rn. 9 ff., dort auch zu den Pflichten bei unsicherer Rechtslage). Kommt der Verwaltungsrat seinen Verpflichtungen aus § 83 AktG schuldhaft nicht nach, führt dies zur Haftung nach § 39 SEAG, § 93 AktG. Zudem kann nach richtiger Ansicht jeder einzelne **Aktionär** die Gesellschaft auf Erfüllung in Anspruch nehmen, da ihm ein mitgliedschaftsrechtlicher **Individualanspruch** auf Wahrung der Kompetenzen der Hauptversammlung und damit auch auf Beachtung des § 83 AktG zusteht (GroßkommAktG/*Habersack*/*Foerster* AktG § 83 Rn. 16; Schmidt/Lutter/*Seibt* AktG § 83 Rn. 14 mwN; wohl auch LHT/*Teichmann* Rn. 23; allgemein zur Aktionärsklage bei Verletzung von Hauptversammlungskompetenzen BGHZ 83, 122 [133 ff.]; 136, 133 [140 f.]; 164, 249 [254]; *Baums* Gutachten 63. DJT, 2000, F 209 f.; Spindler/Stilz/*Casper* AktG Vor § 241 Rn. 23 f. mwN). Nach der Gegenansicht soll die SE, vertreten durch die Hauptversammlung, den Verwaltungsrat auf Erfüllung in Anspruch nehmen können (*Schwarz* Rn. 58). Wegen weiterer Einzelheiten kann auf die hergebrachten Grundsätze zu § 83 AktG Bezug genommen werden.

2. Handelsbücher und Früherkennungssystem (Abs. 3). § 22 Abs. 3 SE- **28** AG entspricht § 91 AktG. Danach hat der Verwaltungsrat dafür zu sorgen, dass die erforderlichen **Handelsbücher** geführt werden, die eine ordnungsgemäße Rechnungslegung stattfindet (Art. 61 iVm §§ 238 ff. HGB), und ein **Überwachungssystem** zur Früherkennung bestandsgefährdender Risiken eingerichtet wird. Die Letztverantwortung für diese Bereiche ist als Teil der Leitungsaufgabe dem Verwaltungsrat als Gesamtorgan zugewiesen und nicht delegierbar (§§ 34 Abs. 4 S. 2, 40 Abs. 2 S. 3 SEAG). Die Umsetzung im Einzelnen kann der Verwaltungsrat dagegen delegieren, wobei ihm wie bei jeder Aufgabenübertragung eine Überwachungspflicht verbleibt (*Schwarz* Rn. 62; LHT/*Teichmann* Rn. 25; MüKoAktG/*Reichert*/*Brandes* Art. 43 Rn. 82). Die Grenzen einer zulässigen Delegation sind im Einzelnen nicht anders zu ziehen als im Rahmen des § 91 AktG (dazu ausführlich Spindler/Stilz/*Fleischer* AktG § 91 Rn. 10 ff.). Auch wegen der weiteren Einzelheiten kann auf die zu § 91 AktG entwickelten Grundsätze zurückgegriffen werden (*Metz* S. 114 ff.).

§ 22 Abs. 3 SEAG wird ergänzt durch **§ 47 SEAG,** der die Aufgabenvertei- **29** lung zwischen dem Verwaltungsrat und den geschäftsführenden Direktoren im Bereich der Rechnungslegung konkretisiert. § 47 Abs. 1 und Abs. 4 SEAG gehen erkennbar davon voraus, dass die **Aufstellung** des Jahres- und ggf. Konzernabschlusses in die Zuständigkeit der geschäftsführenden Direktoren fällt. Die zugrunde liegende Kompetenzzuweisung ergibt sich aus §§ 264 Abs. 1, 290 Abs. 1 HGB iVm § 41 Abs. 1 S. 1 SEAG, da die geschäftsführenden Direktoren die „gesetzlichen Vertreter" der SE sind. Die **Feststellung** bzw. Billigung des Jahres- und Konzernabschlusses obliegt sodann nach § 47 Abs. 3, Abs. 5 SEAG dem Verwaltungsrat („Vier-Augen-Prinzip", näher → Anh. Art. 43 § 47 SEAG Rn. 1 ff.).

3. Einsichts- und Prüfungsrecht (Abs. 4 S. 1–2). a) Allgemeines. § 22 **30** Abs. 4 S. 1 und S. 2 SEAG entsprechen § 111 Abs. 2 S. 1 und S. 2 AktG. Sie gewähren dem Verwaltungsrat das Recht, die Bücher und Schriften der Gesellschaft sowie die Vermögensgegenstände, namentlich die Gesellschaftskasse und die Bestände an Wertpapieren und Waren, **einzusehen und zu prüfen.** Zwar kann der Verwaltungsrat nach § 40 Abs. 6 SEAG iVm § 90 Abs. 3 AktG ohnehin jederzeit von den geschäftsführenden Direktoren Berichte über bedeutsame Geschäftsvorgänge verlangen, wenn er sich durch die Berichte nach § 90 Abs. 1–2 AktG nicht hinreichend informiert fühlt. Zudem kann er die geschäftsführenden Direktoren auch mithilfe seines Weisungsrechts (§ 44 Abs. 2 SEAG) dazu anhalten, ihm die gewünschten Informationen zur Verfügung zu stellen (LHT/*Teichmann* Rn. 31). § 22 Abs. 4 S. 1 SEAG geht aber noch darüber hinaus, indem er dem Verwaltungsrat die Möglichkeit eröffnet, sich **ohne Einschaltung der geschäftsführenden Direktoren** selbst zu informieren (LHT/*Teichmann* Rn. 31).

31   **Zuständig** für die Entscheidung über die Ausübung des Einsichts- und Prüfungsrechts und ggf. die Beauftragung einzelner Mitglieder oder externer Sachverständiger nach S. 2 ist das Verwaltungsratsplenum. Dieses kann die Kompetenz jedoch auch einem Ausschuss übertragen (§ 34 Abs. 3 S. 1 SEAG). Werden einem Ausschuss bestimmte Aufgaben zugewiesen, kann dieser Beschluss so auszulegen sein, dass der Ausschuss in seinem Zuständigkeitsbereich auch von dem Einsichts- und Prüfungsrecht Gebrauch machen kann (näher MüKoAktG/*Habersack* AktG § 111 Rn. 71; *Hoffmann-Becking* ZGR 2011, 136 [143]). Einzelne Mitglieder des Verwaltungsrats können das Einsichts- und Prüfungsrecht dagegen ohne Beauftragung nicht für sich in Anspruch nehmen. Abgesehen von der Möglichkeit, einen Bericht nach § 40 Abs. 6 SEAG, § 90 Abs. 3 S. 2 AktG anzufordern, bleibt ihnen nur die Möglichkeit, im Verwaltungsrat einen Beschlussantrag zu stellen und dessen mögliche Ablehnung mit dem Argument gerichtlich überprüfen zu lassen, dass die Wahrnehmung des Einsichts- und Prüfungsrechts zur Erfüllung der Überwachungsaufgabe des Verwaltungsrats zwingend geboten sei (zur AG MüKoAktG/*Habersack* AktG § 111 Rn. 62 iVm § 108 Rn. 73 ff., 80).

32   Dass das Einsichts- und Prüfungsrecht nur subsidiär, nämlich nur bei konkreten Anhaltspunkten für eine unzureichende Berichterstattung der geschäftsführenden Direktoren, ausgeübt werden dürfte, ist dem Gesetz nicht zu entnehmen. Es kann daher auch **ohne konkreten Anlass** ausgeübt werden, etwa zu dem Zweck, sich durch Stichproben von der Ordnungsgemäßheit der Geschäftsführung zu überzeugen. Dies wird für den Aufsichtsrat im dualistischen System mit Recht zunehmend anerkannt (MüKoAktG/*Habersack* AktG § 111 Rn. 66a mwN; strenger *Hoffmann-Becking* ZGR 2011, 136 [144 ff.]) und muss für das monistische System angesichts der stärkeren Stellung des Verwaltungsrats erst recht gelten. Ob auch eine Pflicht zu derartigen Stichproben ohne konkreten Anlass besteht, ist dagegen umstritten und zweifelhaft (ablehnend GroßkommAktG/*Hopt/Roth* AktG § 111 Rn. 402 f., 418; bejahend aber MüKoAktG/*Habersack* AktG § 111 Rn. 66a [namentlich in Krisensituationen]; KK-AktG/*Mertens/Cahn* AktG § 111 Rn. 52).

33   **b) Gegenstand des Einsichts- und Prüfungsrechts.** Der Gegenstand des Einsichts- und Prüfungsrechts erstreckt sich trotz des veralteten Gesetzeswortlauts nicht nur auf Bücher, Schriften und Gegenstände, sondern auf den **gesamten Datenbestand** der Gesellschaft einschließlich elektronischer Dateien und E-Mail-Accounts (*Hoffmann-Becking* ZGR 2011, 136 [149] zu § 111 Abs. 2 AktG; zur Frage datenschutzrechtlicher Beschränkungen *U. H. Schneider* NZG 2010, 1201 [1204 ff.] mwN). Einschränkungen gelten nach hM zu § 111 Abs. 2 AktG für Vorstandsprotokolle; diese sollen mit Rücksicht auf Recht und Pflicht des Vorstands zu autonomer, eigenverantwortlicher Leitung der Gesellschaft nur dann dem Zugriff des Aufsichtsrats unterliegen, wenn dafür eine konkrete Notwendigkeit besteht, insbesondere im Zusammenhang mit der Klärung von etwaigen

Pflichtwidrigkeiten des Vorstands (MüKoAktG/*Habersack* AktG § 111 Rn. 63; *Hoffmann-Becking* ZGR 2011, 136 [149]; *Lutter,* Information und Vertraulichkeit, Rn. 297). Auf das monistische System lässt sich diese Erwägung indes nicht übertragen, so dass für die **Sitzungsprotokolle der geschäftsführenden Direktoren** keine entsprechende Einschränkung angezeigt ist. Zu § 111 Abs. 2 AktG ist ferner anerkannt, dass das Einsichts- und Prüfungsrecht auch die Möglichkeit einschließt, Mitarbeiter der Gesellschaft zu befragen, soweit dies zur Prüfung der Daten und Gegenstände erforderlich ist. Der Vorstand wird daher als verpflichtet angesehen, derartige Befragungen zu ermöglichen (KK-AktG/*Mertens/Cahn* AktG § 111 Rn. 55; *Hoffmann-Becking* ZGR 2011, 136 [154]). Streitig ist allerdings, ob der Aufsichtsrat die Mitarbeiter auch ohne Vermittlung des Vorstands befragen darf oder diese Befugnis nur ausnahmsweise bei Anhaltspunkten für eine unzureichende Information durch den Vorstand besteht (für Ersteres MüKoAktG/*Habersack* AktG § 111 Rn. 68; GroßkommAktG/*Hopt/Roth* AktG § 111 Rn. 502 ff., 511 ff.; *Leyens* S. 188 ff.; für Letzteres KK-AktG/*Mertens/Cahn* AktG § 111 Rn. 55; Hüffer/*Koch* AktG § 111 Rn. 21 mwN). Im Interesse effektiver Überwachung ist die Frage richtigerweise schon für das dualistische System im erstgenannten Sinn zu beantworten. Für das monistische System, das dem Verwaltungsrat eine den geschäftsführenden Direktoren übergeordnete Stellung zuweist, muss diese unmittelbare Zugriffsmöglichkeit erst recht anerkannt werden.

Das Einsichts- und Prüfungsrecht bezieht sich dagegen anerkanntermaßen **34** **nicht** auf Daten und Gegenstände, die sich nicht im Besitz der Gesellschaft, sondern bei **verbundenen Unternehmen** befinden, und folglich ebenso wenig auf Befragungen von Mitarbeitern dieser Unternehmen (zu § 111 Abs. 2 AktG MüKoAktG/*Habersack* AktG § 111 Rn. 64; *Hoffmann-Becking* ZGR 2011, 150 ff.).

c) Delegation des Einsichts- und Prüfungsrechts. Nach § 22 Abs. 4 S. 2 **35** SEAG kann der Verwaltungsrat (oder der zuständige Ausschuss, → Rn. 31) **einzelne Mitglieder** oder **externe Sachverständige** mit der Wahrnehmung des Einsichts- und Prüfungsrechts beauftragen. In Bezug auf externe Sachverständige muss sich der Auftrag jedoch nach dem Gesetzeswortlaut auf „bestimmte Aufgaben" beschränken. Im Rahmen der Parallelvorschrift des § 111 Abs. 2 S. 2 AktG wird dies so verstanden, dass die Beauftragung eine „konkrete Einzelangelegenheit" betreffen muss (BGHZ 85, 293 [296] = NJW 1983, 991), dh in sachlicher und zeitlicher Hinsicht einzuschränken ist (MüKoAktG/*Habersack* AktG § 111 Rn. 75; *Hoffmann-Becking* ZGR 2011, 136 [148]). Diese Beschränkung soll bewirken, dass die Aufsichtsratsmitglieder ihre Aufgaben nicht generell auf andere abwälzen; sie steht im Zusammenhang mit dem Grundsatz der höchstpersönlichen Amtsführung der Aufsichtsratsmitglieder nach § 111 Abs. 6 AktG (vgl. BGHZ 85, 293 [296] = NJW 1983, 991). In den Vorschriften des SEAG zum monistischen System findet sich allerdings kein Pendant zu § 111 Abs. 6 AktG. Daraus wird im Schrifttum abgeleitet, dass die Auslegung des § 22 Abs. 4 S. 2 SEAG wesentlich großzügiger ausfallen müsse als die des § 111 Abs. 2 S. 2 AktG (LHT/*Teichmann* Rn. 32). Zwingend erscheint diese Argumentation indes nicht. Der Grundgedanke, dass sich das (auch) für die Überwachung der Geschäftsführung zuständige Organ der Überwachungsaufgabe nicht durch pauschale Delegation des Prüfungsauftrags an Dritte entledigen soll, erscheint vielmehr auch auf das monistische System übertragbar.

Hinsichtlich der Entscheidung, ob ein Sachverständiger hinzugezogen wird, **35a** verfügt der Verwaltungsrat nicht anders als der Aufsichtsrat über ein **weites Ermessen** (zur AG MüKoAktG/*Habersack* AktG § 111 Rn. 76). Bei seiner Entscheidung hat er zwar in die Abwägung einzustellen, dass die Beauftragung externer Ermittler als Misstrauensbekundung gegenüber den geschäftsführenden Direktoren gewertet werden kann. Zu weit geht es aber, daraus ableiten zu wollen, der Verwaltungsrat könne von dieser Möglichkeit nur als ultima ratio Gebrauch machen (so zur AG *Lutter,* Information und Vertraulichkeit, Rn. 308; einschränkend auch *Hoffmann-Becking* ZGR 2011, 136 [144 ff.]; wie hier dagegen MüKoAktG/*Habersack* AktG § 111 Rn. 76; GroßkommAktG/*Hopt/Roth* AktG § 111 Rn. 425).

35b   Aus § 22 Abs. 4 S. 2 SEAG folgt zugleich die **Vertretungsbefugnis** des Verwaltungsrats, den Geschäftsbesorgungsvertrag (§ 675 BGB) mit dem Sachverständigen abzuschließen (zur AG MüKoAktG/*Habersack* AktG § 111 Rn. 74). Durch den Beschluss des Verwaltungsrats zur Bestellung des Sachverständigen wird in der Regel der Verwaltungsratsvorsitzende explizit oder implizit ermächtigt, den Vertrag abzuschließen.

4. Erteilung des Prüfungsauftrags an den Abschlussprüfer (Abs. 4 S. 3).

36   In Anlehnung an § 111 Abs. 2 S. 3 AktG bestimmt § 22 Abs. 4 S. 3 SEAG, dass der Verwaltungsrat den **Prüfungsauftrag** für den Jahres- und Konzernabschluss erteilt. Sinn dieser Vorschrift ist es, die **Unabhängigkeit des Prüfers von den geschäftsführenden Direktoren** als dem für die Aufstellung des Abschlusses zuständigen Organ (§ 264 Abs. 1 HGB, §§ 41 Abs. 1 S. 1, 47 Abs. 1 SEAG) zu gewährleisten (vgl. zur AG Begr. RegE KonTraG, BT-Drs. 13/9712, 16; zur SE LHT/*Teichmann* Rn. 34). Zugleich soll unterstrichen werden, dass der Prüfer den Verwaltungsrat bei seiner Überwachungsaufgabe zu unterstützen hat (vgl. Begr. RegE KonTraG, BT-Drs. 13/9712, 16). Der Verwaltungsrat ist im Rahmen des § 22 Abs. 4 S. 3 SEAG auch im Außenverhältnis vertretungsberechtigt (zur AG MüKoAktG/*Habersack* AktG § 111 Rn. 83).

37   **5. Insolvenzbezogene Pflichten (Abs. 5 S. 2). a) Insolvenzantragspflicht. aa) Allgemeines.** Der im Zuge des MoMiG vom 23.10.2008 (BGBl. I S. 2026) neu gefasste § 22 Abs. 5 S. 2 Hs. 1 SEAG knüpft an die **Insolvenzantragspflicht** nach Art. 63 iVm § 15a InsO bei Zahlungsunfähigkeit (§ 17 InsO) oder Überschuldung (§ 19 InsO) an und erlegt diese Pflicht dem Verwaltungsrat auf. Abweichend von der allgemeinen Regel des § 15a Abs. 1 S. 1 InsO ist der Antrag somit nicht von den Mitgliedern des Vertretungsorgans (den geschäftsführenden Direktoren) zu stellen; diese sind zur Antragstellung weder berechtigt noch verpflichtet (Spindler/Stilz/*Casper* Art. 63 Rn. 6; KK-AktG/*Kiem* Art. 63 Rn. 52; *Seitz* S. 310 f.). Die früher vertretene Gegenansicht, die den Verwaltungsrat nur im Innenverhältnis als verpflichtet ansah, die geschäftsführenden Direktoren zur Antragstellung anzuweisen, und die Antragstellung im Außenverhältnis Letzteren überantwortete (*J. Schmidt* NZI 2006, 627 [628 f.]), ist durch die seit dem MoMiG geltende Gesetzesfassung des Abs. 5 S. 2 überholt (→ Art. 63 Rn. 72; *Teichmann* in Krieger/U. H. Schneider, HdB Managerhaftung, 2. Aufl. 2010, § 5 Rn. 39 Fn. 4). Die geschäftsführenden Direktoren müssen aber den Verwaltungsratsvorsitzenden nach § 40 Abs. 3 S. 2 SEAG unverzüglich über den Insolvenzeintritt informieren, damit die Verwaltungsratsmitglieder in die Lage versetzt werden, ihrer Antragspflicht nachzukommen. Diese Pflicht der geschäftsführenden Direktoren entbindet die Verwaltungsratsmitglieder indes nicht davon, auch selbst im Rahmen ihrer Überwachungstätigkeit in regelmäßigen Abständen die (fehlende) Insolvenzreife zu prüfen (näher *Metz* S. 105 f., 108 ff.) und etwaigen Krisenanzeichen konsequent nachzugehen (LHT/*Teichmann* Rn. 38).

38   Auch wenn der Gesetzeswortlaut unpräzise auf den „Verwaltungsrat" abhebt, ist **jedes einzelne Verwaltungsratsmitglied** antragsberechtigt und verpflichtet (Spindler/Stilz/*Casper* Art. 63 Rn. 6; KK-AktG/*Kiem* Art. 63 Rn. 52; LHT/*Teichmann* Rn. 36). Das entspricht dem allgemeinen Grundsatz der §§ 15 Abs. 1 S. 1, 15a Abs. 1 S. 1 InsO, die ebenfalls auf das einzelne Mitglied und nicht das

Gesamtorgan abstellen. Entsprechend ist man früher auch zu § 92 Abs. 2 AktG aF verfahren, der den „Vorstand" als Antragsverpflichteten bezeichnete (Spindler/ Stilz/ *Fleischer* AktG § 92 Rn. 60). Die Antragspflicht erstreckt sich auch auf fehlerhaft, aber wirksam bestellte Verwaltungsratsmitglieder (→ Anh. Art. 43 § 28 SEAG Rn. 11 ff.).

bb) Abgrenzung zum fakultativen Insolvenzantrag. Die Sonderregelung **39** des § 22 Abs. 5 S. 2 Hs. 1 SEAG betrifft nur den obligatorischen Insolvenzantrag nach § 15a InsO. Für den fakultativen Insolvenzantrag wegen **drohender Zahlungsunfähigkeit** bleibt es daher bei der allgemeinen Regelung des § 18 Abs. 3 InsO und damit im Außenverhältnis bei der Antragstellung durch die Mitglieder des Vertretungsorgans (die geschäftsführenden Direktoren) in vertretungsberechtigter Zahl. Da es sich wegen der grundlegenden Bedeutung um eine Leitungsentscheidung handelt, die nach § 22 Abs. 1 SEAG dem Verwaltungsrat vorbehalten ist, sind die geschäftsführenden Direktoren im Innenverhältnis allerdings verpflichtet, erst die Zustimmung des Verwaltungsrats einzuholen (ebenso LHT/ *Teichmann* Rn. 36).

cc) Rechtsfolgen von Verstößen. Verletzen die Verwaltungsratsmitglieder **40** schuldhaft ihre Insolvenzantragspflicht, führt dies zur Innenhaftung gegenüber der Gesellschaft, soweit diese ausnahmsweise selbst geschädigt ist (§ 39 SEAG, § 93 Abs. 2 AktG), und zur Außenhaftung gegenüber den Gläubigern (§ 823 Abs. 2 BGB iVm § 22 Abs. 5 S. 2 SEAG, § 15a InsO). Hierfür gelten die hergebrachten Grundsätze (dazu Spindler/Stilz/ *Fleischer* AktG § 92 Rn. 72 ff.). Daneben droht den Verwaltungsratsmitgliedern auch die Strafbarkeit nach § 53 Abs. 4 Nr. 2, Abs. 5 SEAG (vgl. § 15a Abs. 4, Abs. 5 InsO). Zur Haftung der geschäftsführenden Direktoren → Anh. Art. 43 § 40 SEAG Rn. 45.

b) Zahlungsverbot in der Insolvenz, Insolvenzverursachungsverbot. **41** § 22 Abs. 5 S. 2 Hs. 2 SEAG verweist auf § 92 Abs. 2 AktG und nimmt damit das Zahlungsverbot nach Insolvenzeintritt (§ 92 Abs. 2 S. 1–2 AktG) sowie das durch das MoMiG neu eingeführte Insolvenzverursachungsverbot (§ 92 Abs. 2 S. 3 AktG) in Bezug. Auch diese Verbote sind in der monistischen SE an die **Verwaltungsratsmitglieder** adressiert, wie sich jedenfalls aus der systematischen Stellung und der amtlichen Überschrift des § 22 SEAG („Aufgaben und Rechte des Verwaltungsrats") ergibt (wie hier Spindler/Stilz/ *Casper* Art. 63 Rn. 6; LHT/ *Ehricke* Art. 63 Rn. 51; LHT/ *Teichmann* Rn. 39; *J. Schmidt* NZI 2006, 627 [630]; *Schwarz* Rn. 71; aA KK-AktG/ *Kiem* Art. 63 Rn. 53: Verbotsadressaten ausschließlich die geschäftsführenden Direktoren). Da die Zahlungen der Gesellschaft tatsächlich nicht vom Verwaltungsrat, sondern von den vertretungsberechtigten geschäftsführenden Direktoren durchgeführt werden, sind die genannten Verbote für den Verwaltungsrat so zu verstehen, dass er einerseits die verbotenen Zahlungen nicht autorisieren darf und andererseits die geschäftsführenden Direktoren dazu anhalten muss, ihrerseits die Zahlungsverbote zu respektieren (*J. Schmidt* NZI 2006, 627 [630]). Zu der Frage, ob daneben auch die geschäftsführenden Direktoren selbst Adressaten der genannten Verbote sind, → Anh. Art. 43 § 40 SEAG Rn. 78. Bei schuldhaftem **Verstoß** haften die Verwaltungsratsmitglieder der Gesellschaft nach § 39 SEAG, § 93 Abs. 3 Nr. 6 AktG. Bei Vorsatz droht ferner eine Verantwortlichkeit wegen Untreue gemäß § 266 StGB (*Bittmann* NStZ 2009, 113 [118]).

IV. Generalverweisung auf Rechte und Pflichten von Vorstand und Aufsichtsrat (Abs. 6)

1. Normzweck. Zu den zentralen Vorschriften der monistischen SE mit Sitz **42** in Deutschland gehört § 22 Abs. 6 SEAG. Danach gelten alle Rechtsvorschriften außerhalb des SEAG, die dem Vorstand oder Aufsichtsrat einer AG Rechte oder Pflichten zuweisen, sinngemäß für den Verwaltungsrat, soweit das SEAG keine spezielleren Regelungen enthält. Das Regelungsanliegen dieser **Generalverweisung** besteht darin, die monistische SE in das vom Dualismus geprägte Regelungsumfeld des deutschen Rechts einzubetten und sicherzustellen, dass durch die abweichende Organisationsstruktur der monistischen SE **keine Regelungslücken** entstehen (LHT / *Teichmann* Rn. 41).

43   **2. Anwendungsbereich.** Dem Normzweck, Regelungslücken zu vermeiden, ist durch eine **weite Auslegung** Rechnung zu tragen (LHT / *Teichmann* Rn. 42; zur österreichischen Parallelnorm auch Kalss/Hügel/*Kalss*/*Greda* SEG § 38 Rn. 5). Das Begriffspaar **„Rechte und Pflichten"** ist daher nicht auf Rechte und Pflichten im engeren Sinne zu beschränken. Vielmehr genügt es, wenn eine Vorschrift außerhalb des SEAG in irgendeiner Form auf Vorstand oder Aufsichtsrat Bezug nimmt (LHT / *Teichmann* Rn. 42). Ebenso wenig beschränkt sich die Generalverweisung auf Vorschriften, die den Vorstand oder den Aufsichtsrat als Gesamtorgan ansprechen. Sie erstreckt sich auch auf Bestimmungen, welche die **einzelnen Mitglieder des Vorstands oder Aufsichtsrats** in Bezug nehmen wie zB §§ 117 Abs. 2, 118 Abs. 2, 120, 245 Nr. 5 AktG (im Ergebnis ebenso KK-AktG/*Siems* Anh. Art. 51 § 22 SEAG Rn. 30, 35, der aber nur eine analoge Anwendung für möglich hält) oder § 11 Abs. 2 S. 3 Nr. 3 WpÜG (LHT / *Teichmann* Rn. 43). Außerhalb des AktG finden sich verschiedentlich auch Bestimmungen, in denen das Gesetz die Verwaltungsratsmitglieder eigens anspricht (zB Art. 19 Abs. 1 iVm Art. 3 Abs. 1 Nr. 25 Marktmissbrauchs-VO [bisher § 15a Abs. 2 WpHG] zur Meldepflicht von sog. directors' dealings, § 25d KWG zu den Anforderungen an den Verwaltungsrat von Kreditinstituten); in solchen Fällen erübrigt sich der Rückgriff auf § 22 Abs. 6 SEAG.

43a   **3. Vorrang spezieller Kompetenznormen. a) Allgemeines.** Nach § 22 Abs. 6 letzter Hs. SEAG steht die Generalverweisung unter dem Vorbehalt **spezieller Kompetenznormen.** So weist das SEAG an verschiedenen Stellen Aufgaben, die im dualistischen System an den Vorstand gerichtet sind, den geschäftsführenden Direktoren zu. Dazu gehören etwa die Anmeldungen zum Handelsregister (§§ 40 Abs. 2 S. 4, 46 SEAG, aber s. auch § 21 Abs. 1 SEAG) sowie die Erstellung des konzernrechtlichen Abhängigkeitsberichts (§ 49 Abs. 1 SEAG, § 312 AktG). Auch die Aufstellung des Jahres- und ggf. Konzernabschlusses wird meist hier angeführt, wenngleich diese Zuständigkeit der geschäftsführenden Direktoren strenggenommen nicht erst aus § 47 Abs. 1 SEAG folgt, sondern schon daraus, dass es sich um eine Aufgabe des Vertretungsorgans handelt (→ Rn. 45). Als weitere Sonderregelung iSd § 22 Abs. 6 letzter Hs. SEAG ist aus dem Bereich der Strafvorschriften § 53 Abs. 1 S. 2 Nr. 1, S. 3 SEAG zu nennen.

44   **b) Verhältnis zu § 41 Abs. 1 S. 1 SEAG.** Schwierige und bisher nicht hinreichend durchdrungene Fragen wirft das Verhältnis zwischen der Generalverweisung des § 22 Abs. 6 SEAG und der Kompetenz der geschäftsführenden Direktoren für die Stellvertretung nach § 41 Abs. 1 S. 1 SEAG auf. Insoweit sind mehrere Fragen auseinanderzuhalten.

45   **aa) Vorschriften, die auf das Vertretungsorgan Bezug nehmen.** Zunächst fragt sich, wie mit Vorschriften zu verfahren ist, die an die „gesetzlichen Vertreter" oder die „Mitglieder des vertretungsberechtigten Organs" einer Gesellschaft gerichtet sind oder sich einer ähnlichen Formulierung bedienen. Vorbehaltlich vorrangiger Sonderbestimmungen (wie § 22 Abs. 5 S. 2 SEAG im Fall des § 15a InsO) sind solche Vorschriften mit Blick auf § 41 Abs. 1 S. 1 SEAG in der monistischen SE anerkanntermaßen auf die **geschäftsführenden Direktoren** zu beziehen (LHT / *Teichmann* Rn. 45; *Ihrig* ZGR 2008, 809 [815 f.]). Daher

obliegt etwa die Aufstellung des Jahresabschlusses, die Art. 61 iVm § 264 Abs. 1 S. 1 HGB den gesetzlichen Vertretern der Kapitalgesellschaft zuweist, in der monistischen SE den geschäftsführenden Direktoren (*Schwarz* Art. 61 Rn. 12; *Seitz* S. 301). Hiervon geht ersichtlich auch § 47 Abs. 1 S. 1 SEAG aus. Konsequenterweise trifft auch die an die gesetzliche Vertretung anknüpfende strafrechtliche Verantwortlichkeit nach § 14 Abs. 1 Nr. 1 StGB und § 9 Abs. 1 Nr. 1 OWiG die geschäftsführenden Direktoren (Spindler/Stilz/*Eberspächer* Art. 43 Rn. 19; *Ihrig* ZGR 2008, 809 [815 f.]).

bb) Vorschriften, die auf die Gesellschaft Bezug nehmen. Ebenso wenig **46** findet § 22 Abs. 6 SEAG Anwendung, wenn sich Bestimmungen – gleich mit welcher Bezeichnung (juristische Person, Körperschaft, Gesellschaft, Unternehmen, Rechtsträger, Emittent etc) – an die **Gesellschaft** richten (KK-AktG/*Siems* Anh. Art. 51 § 22 SEAG Rn. 31; LHT/*Teichmann* Rn. 45 Fn. 97; aA offenbar MüKoAktG/*Reichert/Brandes* Art. 43 Rn. 84 ff.). Das ergibt sich nicht nur aus dem Wortlaut, sondern auch aus dem Normzweck des § 22 Abs. 6 SEAG, da insoweit keine Regelungslücken drohen und der Verwaltungsrat sonst mit einer Vielzahl von Aufgaben überlastet würde. Stattdessen bewendet es in Bezug auf die an den Rechtsträger gerichteten Rechtsnormen vorbehaltlich abweichender Sonderregeln bei der **allgemeinen Kompetenzverteilung** nach §§ 22 Abs. 1, 40 Abs. 2, 41 Abs. 1 S. 1 SEAG (KK-AktG/*Siems* Anh. Art. 51 § 22 SEAG Rn. 31); dazu ein Beispiel zur Emittentenpublizität → Rn. 53 f.

cc) Vorschriften, die auf Vorstand oder Aufsichtsrat Bezug nehmen. 47 Davon zu trennen ist die bisher wenig behandelte Frage, wie zu verfahren ist, wenn eine Vorschrift nicht allgemein das Vertretungsorgan, sondern speziell den **Vorstand** der AG anspricht, aber eine Maßnahme zum Gegenstand hat, die einen **Akt der Stellvertretung** iSd §§ 164 ff. BGB beinhaltet. Als Beispiel möge die Erteilung der Zustimmung zur Übertragung vinkulierter Namensaktien dienen, die im dualistischen System dem Vorstand obliegt (§ 68 Abs. 2 S. 2 AktG). Hier stellt sich die Frage, ob die Zustimmung in der monistischen SE nach § 22 Abs. 6 SEAG in die Zuständigkeit des Verwaltungsrats fällt, weil es um ein Recht des Vorstands im Sinne dieser Vorschrift geht, oder nach § 41 Abs. 1 S. 1 SEAG die geschäftsführenden Direktoren berufen sind, weil die Abgabe der Willenserklärung über die Zustimmung ein Akt der Stellvertretung ist. Nach der hier vertretenen Ansicht erschließt sich die richtige Antwort, wenn man zwischen dem Innen- und dem Außenverhältnis unterscheidet. Für die gesellschaftsinterne Willensbildung hins. der Zustimmung ist nach § 22 Abs. 6 SEAG der Verwaltungsrat zuständig, da § 41 Abs. 1 S. 1 SEAG diese Frage nicht regelt. Diese Auslegung wird im Fall der Vinkulierung durch § 34 Abs. 4 S. 2 SEAG bestätigt, der ersichtlich von einer Kompetenz des Verwaltungsrats in dieser Frage ausgeht und sogar eine Entscheidung des Gesamtverwaltungsrats verlangt (*Baums* GS Gruson, 2009, 1 [20 f.]). Für die Abgabe der Willenserklärung im Außenverhältnis gegenüber dem Erwerber oder Veräußerer sind dagegen nach hier vertretener Ansicht gemäß § 41 Abs. 1 S. 1 SEAG die geschäftsführenden Direktoren zuständig, weil es sich um einen Akt der Stellvertretung handelt und kein sachlicher Grund ersichtlich ist, warum von der allgemeinen Vertretungsordnung ausgerechnet im Fall der Zustimmungserklärungen nach § 68 Abs. 2 S. 2 AktG abgewichen werden sollte (zustimmend LHT/*Teichmann* Rn. 45 mit Fn. 98).

Wollte man § 22 Abs. 6 SEAG dagegen so verstehen, dass nach dieser Vor- **48** schrift auch die Vertretungsmacht vom Vorstand auf den Verwaltungsrat übergeleitet werden soll, würde die Grundregel des § 41 Abs. 1 S. 1 SEAG durch zahlreiche Ausnahmen durchbrochen. Mit der im Interesse des Rechtsverkehrs gebotenen Klarheit der Vertretungsverhältnisse wäre dies schwerlich vereinbar. Daher ist festzuhalten, dass Rechte und Pflichten des Vorstands im Innenverhältnis nach § 22 Abs. 6 SEAG auf den Verwaltungsrat übergeleitet werden, die Vertretungsbefugnis der geschäftsführenden Direktoren im Außenverhältnis (§ 41 Abs. 1 S. 1 SEAG) hierdurch aber nicht berührt wird.

49   Das bedeutet jedoch nicht, dass § 22 Abs. 6 SEAG gänzlich ohne Auswirkungen auf die Vertretungsbefugnis bliebe. Dort, wo ausnahmsweise der **Aufsichtsrat** zur Stellvertretung der Gesellschaft berufen wird, ist dies nach § 22 Abs. 6 SEAG im monistischen System zweifelsfrei auf den Verwaltungsrat zu beziehen. Bedeutung hat dies namentlich für die Vertretung im Anfechtungs- und Nichtigkeitsklageverfahren nach §§ 246 Abs. 2 S. 2, 249 Abs. 1 S. 1 AktG. Nach diesen Vorschriften muss die Gesellschaft sowohl durch den Vorstand als auch durch den Aufsichtsrat vertreten werden. Auf das monistische System ist diese **Doppelvertretung** so zu übertragen, dass die geschäftsführenden Direktoren an die Stelle des Vorstands treten, da insoweit § 41 Abs. 1 S. 1 SEAG Vorrang hat (→ Rn. 47), und der Aufsichtsrat durch den Verwaltungsrat ersetzt wird, da es insoweit bei § 22 Abs. 6 SEAG bewendet (so im Ergebnis auch – wenngleich ohne nähere Begründung – die ganz hM, MüKoAktG/*Reichert/Brandes* Art. 43 Rn. 187, 189; *Schwarz* Rn. 178; KK-AktG/*Siems* Anh. Art. 51 §§ 31–33 SEAG Rn. 7; LHT/ *Teichmann* Anh. Art. 43 § 41 SEAG Rn. 8; *Göz* ZGR 2008, 593 [596]; aA *Seitz* S. 251).

50   **dd) Rechtspolitische Kritik.** Auch mit der hier vorgenommenen Präzisierung bleibt die Regelung des § 22 Abs. 6 SEAG aus rechtspolitischer Sicht problematisch (kritisch auch *Ihrig* ZGR 2008, 809 [816]). Ob eine Rechtsnorm rechtsformspezifisch den Vorstand oder rechtsformneutral das Vertretungsorgan anspricht, beruht oftmals auf regelungstechnischen Zufällen. Nach der gesetzlichen Regelung ergeben sich dennoch unterschiedliche Auswirkungen. Im ersten Fall kommt es zu einer Kompetenzüberleitung auf den Verwaltungsrat nach § 22 Abs. 6 SEAG (wenn auch nur im Innenverhältnis), im zweiten Fall dagegen zu einer Kompetenzüberleitung auf die geschäftsführenden Direktoren.

51   **4. Einzelne Vorschriften.** Die Reichweite der Generalverweisung des § 22 Abs. 6 SEAG kann im Folgenden nicht erschöpfend dargestellt, sondern nur anhand einzelner Beispiele veranschaulicht werden.

52   **a) Aktienrechtliche Vorschriften.** Über § 22 Abs. 6 SEAG fallen in die Zuständigkeit des Verwaltungsrats u. a. folgende Rechtshandlungen (vgl. zum Folgenden auch den Katalog bei KK-AktG/*Siems* Anh. Art. 51 § 22 SEAG Rn. 34): die gesellschaftsinterne Entscheidung über die Zustimmung zur Übertragung vinkulierter Aktien (§ 68 Abs. 2 S. 2 AktG, → Rn. 47), die Ausübung einer Ermächtigung zum Rückerwerb eigener Aktien (§ 71 Abs. 1 Nr. 8 AktG; dazu *Oechsler* NZG 2005, 449 [450]), die Einberufung der Hauptversammlung (§§ 119, 121 Abs. 1 AktG; → Rn. 19), die Beschlussvorschläge für die Hauptversammlung (§ 124 Abs. 3 AktG), die Auskunfterteilung gegenüber den Aktionären (§ 131 AktG), die Abgabe der Entsprechenserklärung zum Corporate Governance Kodex (§ 161 AktG; → Rn. 56 ff.), Fassungsänderungen der Satzung (§ 179 Abs. 1 S. 2 AktG), die Ausübung des genehmigten Kapitals (§§ 202 ff. AktG; näher dazu LHT/*Teichmann* Rn. 47; *Koke* S. 190 ff.), die Ausübung einer Ermächtigung zur Ausgabe von Wandelschuldverschreibungen und Genussrechten (§ 221 Abs. 2–3 AktG), die in der Satzung vorgesehene Zwangseinziehung von Aktien (§ 237 Abs. 6 AktG), die Anfechtungsbefugnis nach § 245 Nr. 4 AktG (→ Anh. Art. 43 § 32 SEAG Rn. 5; zu § 245 Nr. 5 AktG → Rn. 43). Zur Anwendung des § 20 AktG s. die Ausführungen zu § 21 WpHG in Rn. 53 f.; zu §§ 76–116 AktG → Rn. 1 (grundsätzlich keine Anwendung wegen § 20 SEAG); zu §§ 147 f. AktG → Anh. Art. 43 § 39 SEAG Rn. 27; zu § 192 Abs. 2 Nr. 3 AktG (Aktienoptionen auch für nicht-geschäftsführende Verwaltungsratsmitglieder) → Anh. Art. 43 § 38 SEAG Rn. 14 f.; zu §§ 262 ff. AktG → Art. 63 Rn. 9 ff.

b) Kapitalmarktrechtliche Vorschriften. aa) WpHG. Für die verschiede- 53 nen Tatbestände der kapitalmarktrechtlichen **Publizitätspflichten** wird im Schrifttum vereinzelt unter Berufung auf § 22 Abs. 6 SEAG die Zuständigkeit des Verwaltungsrats angenommen (so MüKoAktG/*Reichert/Brandes* Art. 43 Rn. 84 ff. für ad-hoc-Publizität, Beteiligungspublizität nach § 21 WpHG und Regelpublizität nach §§ 37v ff. WpHG). Da sich die betreffenden Tatbestände nicht an den Vorstand oder den Aufsichtsrat, sondern an den Rechtsträger richten, ist für eine Anwendung des § 22 Abs. 6 SEAG jedoch nach richtiger Ansicht kein Raum (→ Rn. 46; KK-AktG/*Siems* Anh. Art. 51 § 22 SEAG Rn. 31, 40; vgl. zur Parallelfrage im österreichischen Recht auch Kalss/Hügel/ *Kalss/Greda* SEG § 38 Rn. 21). Stattdessen kommt die **allgemeine Aufgaben- verteilung** zwischen Verwaltungsrat und geschäftsführenden Direktoren (§§ 22 Abs. 1, 40 Abs. 2 SEAG) zur Anwendung (KK-AktG/*Siems* Anh. Art. 51 § 22 SEAG Rn. 31, 40). Soweit nicht nach Satzung oder Geschäftsordnung Zustim- mungsvorbehalte eingreifen oder entsprechende Weisungen vorliegen, muss der Verwaltungsrat somit nur eingeschaltet werden, wenn der nicht delegierbare Bereich der Leitungsentscheidungen betroffen ist (§ 22 Abs. 1 SEAG).

Letzteres wird insbesondere bei Mitteilungen, die nach §§ 21, 25–26a WpHG 54 (Beteiligungspublizität) oder Art. 19 Abs. 3 Marktmissbrauchs-VO (directors' dealings, früher § 15a Abs. 4 WpHG) mehr oder weniger routinemäßig erfolgen müssen, regelmäßig zu verneinen sein. Umgekehrt wird sich der Verwaltungsrat mit den Finanzberichten nach §§ 37v ff. WpHG stets befassen müssen. Strittig ist, ob die Entscheidung, eine **ad-hoc-Mitteilung** abzugeben oder von der Mög- lichkeit der Selbstbefreiung (Art. 17 Abs. 4 Marktmissbrauchs-VO; früher § 15 Abs. 3 WpHG) Gebrauch zu machen, dem Leitungsbereich zuzuordnen ist (bejahend *Krämer/Heinrich* ZIP 2009, 1737 [1741]; verneinend *Schäfer* in Marsch- Barner HdB börsennotierte AG § 15 Rn. 35e mwN). Bejaht man dies, ist im monistischen System allein der Verwaltungsrat zuständig (abweichend zum öster- reichischen Recht Kalss/Hügel/*Kalss/Greda* SEG § 38 Rn. 22: Zuständigkeit der geschäftsführenden Direktoren, wenn das die ad-hoc-Publizität auslösende Ereig- nis das Tagesgeschäft betrifft, ansonsten Zuständigkeit des Verwaltungsrats). Von der Zuständigkeitsverteilung im Innenverhältnis ist zu unterscheiden, wer die Mitteilungspflicht für den Emittenten im Außenverhältnis erfüllt. Diese Aufgabe kann auch dann, wenn im Innenverhältnis ein Beschluss des Verwaltungsrats notwendig ist, an die geschäftsführenden Direktoren delegiert werden, welche die Gesellschaft schließlich auch sonst nach außen repräsentieren.

bb) WpÜG. Im Bereich des Übernahmerechts trifft die Pflicht zur Abgabe der 55 **Stellungnahme nach § 27 WpÜG,** die im dualistischen Modell von Vorstand und Aufsichtsrat abzugeben ist, nach § 22 Abs. 6 SEAG allein den Verwaltungsrat (abweichend – Verwaltungsrat und geschäftsführende Direktoren – KK-WpÜG/ *Hirte* § 27 Rn. 20; Schwark/Zimmer/*Noack/Holzborn* WpÜG § 27 Rn. 2a). Die geschäftsführenden Direktoren sind nicht zuständig, da es sich bei der Stellung- nahme um eine Wissenserklärung handelt, nicht um eine Willenserklärung und damit nicht um einen Akt der Stellvertretung nach § 41 Abs. 1 S. 1 SEAG.

Schwierigkeiten bereitet die Anwendung der in § 33 WpÜG geregelten **Neu-** 55a **tralitätspflicht.** Diese bindet im dualistischen System den Vorstand, erleidet aber nach § 33 Abs. 1 S. 2 Var. 3 WpÜG eine Ausnahme, wenn der Aufsichtsrat (als Überwachungsorgan) zustimmt. Da nach § 22 Abs. 6 SEAG der Verwaltungsrat an die Stelle sowohl des Vorstands als auch des Aufsichtsrats tritt, stellt sich die Frage, wie sich im monistischen System Neutralitätspflicht und Befreiungsmög- lichkeit zueinander verhalten. Nach einer im Schrifttum vertretenen Ansicht soll der Verwaltungsrat ohne Befreiungsmöglichkeit an die Neutralitätspflicht gebunden sein; eine Befreiung nach § 33 Abs. 1 S. 2 Var. 3 WpÜG soll ausscheiden, da eine Zustimmung des Überwachungsorgans im monistischen System nicht denkbar sei (KK-AktG/*Siems* Anh. Art. 51 § 22 SEAG Rn. 39). Wollte man dem folgen, wären damit im Ergebnis Abwehrmaßnahmen der Verwaltung im monistischen System erheblich engere Grenzen gezogen als in einer dualistischen AG oder SE. Es ist aber nicht erkennbar, dass der Gesetzgeber eine solche Ungleichbehandlung gewollt hat; sie wäre mit Blick auf Art. 10 auch bedenklich. Vorzugswürdig erscheint es daher, § 33 Abs. 1 S. 2 Var. 3 WpÜG im monistischen System nicht leerlaufen zu lassen, sondern nach § 22 Abs. 6 SEAG „sinngemäß" so anzuwenden, dass der Verwaltungsrat sich nur dann von der Bindung an die Neutralitätspflicht befreien kann, wenn dem die nicht geschäftsführenden Verwaltungsratsmitglieder durch gesonderten Beschluss zustimmen (im Ergebnis ebenso Schwark/Zimmer/*Noack*/*Zetzsche* WpÜG Vor §§ 33–34 Rn. 11). Die nicht geschäftsführenden Verwaltungsratsmitglieder sind am ehesten mit den Aufsichtsratsmitgliedern im dualistischen System vergleichbar und ebenso wie diese nach dem gesetzlichen Leitbild nur nebenamtlich für die Gesellschaft tätig (→ Rn. 3); der Interessenkonflikt, in dem sich die Organwalter bei Übernahmeangeboten aus Sorge um den Fortbestand ihres Amtes befinden und dem die Neutralitätspflicht entgegenwirken soll, ist daher bei ihnen bei typisierender Betrachtung weniger stark ausgeprägt als bei den hauptamtlich tätigen geschäftsführenden Verwaltungsratsmitgliedern.

55b Von der Bindung der Verwaltungsratsmitglieder an die Neutralitätspflicht zu trennen ist die weitere Frage, ob auch die geschäftsführenden Direktoren, die nicht zugleich dem Verwaltungsrat angehören, analog § 33 WpÜG an die Neutralitätspflicht gebunden sind (bejahend zur Parallelfrage im österreichischen Recht Kalss/Hügel/*Kalss*/*Greda* SEG § 38 Rn. 27; ablehnend KK-AktG/*Siems* Anh. Art. 51 § 22 SEAG Rn. 39). Dieser Frage dürfte indes nur begrenzte praktische Bedeutung zukommen. Wenn man eine analoge Anwendung des § 33 WpÜG auf die geschäftsführenden Direktoren ablehnt, wird man wohl den Verwaltungsrat (vorbehaltlich der vorstehend diskutierten Befreiungsmöglichkeit nach § 33 Abs. 1 S. 2 Var. 3 WpÜG) als verpflichtet ansehen müssen, die geschäftsführenden Direktoren durch Weisung dazu anzuhalten, keine Maßnahmen zu treffen, die § 33 Abs. 1 WpÜG widersprechen (vgl. KK-AktG/*Siems* Anh. Art. 51 § 22 SEAG Rn. 39).

56 **c) Deutscher Corporate Governance Kodex.** Nach § 22 Abs. 6 SEAG ist der Verwaltungsrat einer börsennotierten monistischen SE auch verpflichtet, die **Entsprechenserklärung** nach § 161 AktG über die Einhaltung der Empfehlungen des Deutschen Corporate Governance Kodex (DCGK) abzugeben (KK-AktG/*Lutter* AktG § 161 Rn. 32; MüKoAktG/*Reichert*/*Brandes* Art. 43 Rn. 89; LHT/*Teichmann* Rn. 43; *Messow* S. 213 f.; aA *Bauer* S. 29 f.; zweifelnd GroßkommAktG/*Leyens* AktG § 161 Rn. 128). Seit dem BilMoG vom 25.5.2009 (BGBl. I S. 1102) besteht diese Verpflichtung auch für Gesellschaften, deren Aktien lediglich im Freiverkehr notiert sind, die aber an einem organisierten Markt andere Wertpapiere (zB Schuldverschreibungen, Genussscheine) emittiert haben (§ 161 Abs. 1 S. 2 AktG). Die geschäftsführenden Direktoren trifft die Erklärungspflicht nicht, da es sich um eine Wissens- und Absichtserklärung handelt (Hüffer/*Koch* AktG § 161 Rn. 14, 20), nicht um eine Willenserklärung und damit nicht um einen Akt der Stellvertretung (§ 41 Abs. 1 S. 1 SEAG).

57 Bei der Formulierung der Entsprechenserklärung steht der Verwaltungsrat allerdings vor der Schwierigkeit, dass der Kodex bisher ausschließlich auf die **dualistische Organisationsstruktur zugeschnitten** ist. Das monistische System wird lediglich in der Präambel (Abs. 7) kurz erwähnt. Der Anspruch des

Kodex, das Corporate Governance-System transparent darzustellen (Präambel Abs. 1 S. 2), wird daher in Bezug auf die monistische SE nicht ansatzweise eingelöst (was freilich auch für die KGaA gilt). Forderungen des Schrifttums, Kodexbestimmungen für die monistische SE zu erarbeiten (*Binz/Beyer* Der Aufsichtsrat 2011, 153; *Casper* ZHR 173 [2009], 181 [215 f.]; *Habersack* 69. Deutscher Juristentag, 2012, E 59 f.; *Schönborn* S. 293; ausführlich *Messow* S. 293 ff. mit eigenem Regelungsvorschlag), ist die zuständige Regierungskommission bisher nicht nachgekommen. Unionsrechtlich ist diese Untätigkeit mit Blick auf das Diskriminierungsverbot des Art. 10 nicht unbedenklich (*Schönborn* S. 290 ff., der indes zu Unrecht auch einen Verstoß gegen Art. 68 annimmt; dagegen *Casper* ZHR 173 [2009], 181 [216 Fn. 131]). Anpassungen des Kodex an die monistische SE will die Regierungskommission gleichwohl erst vornehmen, sobald sich diese als Rechtsform für börsennotierte Gesellschaften in Deutschland etabliert habe (Pressemitteilung vom 14.6.2007, abrufbar auf www.dcgk.de).

Vor diesem Hintergrund bleibt die korrekte Anwendung des Kodex auf die **58** monistische SE bis auf weiteres mit **erheblichen Unsicherheiten** behaftet. Nicht alle Kodexbestimmungen (Empfehlungen, Anregungen, Wiedergabe der Rechtslage) lassen sich auf das monistische System übertragen (zB nicht Ziff. 5.4.4 zum Wechsel vom Vorstand in den Aufsichtsrat, Anh. Art. 43 § 27 SEAG Rn. 14; Ziff. 5.1.2 Abs. 2 zur maximalen Bestelldauer der Vorstandsmitglieder, Anh. Art. 43 § 40 SEAG Rn. 16 f.). Bei der Anwendung der Kodexbestimmungen und der Formulierung der Entsprechenserklärung ist ferner dem Umstand Rechnung zu tragen, dass das SEAG diejenigen Aufgaben, die im dualistischen System dem Aufsichtsrat obliegen, dem Verwaltungsrat zuweist, und diejenigen Aufgaben, die im dualistischen System dem Vorstand obliegen, zwischen dem Verwaltungsrat und den geschäftsführenden Direktoren aufteilt. Daraus ergibt sich der Grundsatz, dass die **Kodexbestimmungen für den Aufsichtsrat** – soweit übertragbar – auf den **Verwaltungsrat** zu beziehen sind, während bei den Kodexbestimmungen für den Vorstand jeweils im Einzelfall zu prüfen ist, ob sie sich auf die Leitungsaufgabe (und damit den Verwaltungsrat) oder auf die laufende Geschäftsführung (und damit die geschäftsführenden Direktoren) oder auf beides beziehen (s. dazu eingehend *Messow* S. 219 ff.).

Die Erklärungspflicht nach § 161 AktG bezieht sich aber stets nur auf die **59** Einhaltung der **Empfehlungen** und die Begründung etwaiger Abweichungen von diesen. Soweit der Kodex lediglich die Rechtslage zu beschreiben sucht, diese Beschreibung aber auf das monistische System nicht zutrifft, ist der Verwaltungsrat der monistischen SE nicht verpflichtet, die Darstellung im Kodex zu korrigieren. Selbstverständlich bleibt es dem Verwaltungsrat aber unbenommen, im Interesse einer verbesserten Transparenz der Corporate Governance freiwillig auf die von der Darstellung im Kodex abweichende Rechtslage hinzuweisen.

SEAG Zahl der Mitglieder des Verwaltungsrats

23 (1) [1]Der Verwaltungsrat besteht aus drei Mitgliedern. [2]Die Satzung kann etwas anderes bestimmen; bei Gesellschaften mit einem Grundkapital von mehr als 3 Millionen Euro hat der Verwaltungsrat jedoch aus mindestens drei Personen zu bestehen. [3]Die Höchstzahl der Mitglieder des Verwaltungsrats beträgt bei Gesellschaften mit einem Grundkapital
bis zu 1 500 000 Euro neun,
von mehr als 1 500 000 Euro fünfzehn,
von mehr als 10 000 000 Euro einundzwanzig.

(2) **Die Beteiligung der Arbeitnehmer nach dem SE-Beteiligungs-gesetz bleibt unberührt.**

Schrifttum: S. die Angaben zu Art. 43.

Übersicht

                                                                      Rn.
I. Allgemeines 1
II. Regel-, Mindest- und Höchstzahl (Abs. 1) 2
   1. Regelzahl, Satzungsfreiheit 2
   2. Mindestzahl... 4
   3. Höchstzahl... 5
III. Mitbestimmte Gesellschaften (Abs. 2).......................... 6
   1. Gesetzliche Auffangregelung 7
   2. Beteiligungsvereinbarung.................................. 9
IV. Rechtsfolgen bei Verstoß 11

I. Allgemeines

1   § 23 SEAG, der mit einzelnen Abweichungen den Bestimmungen zum Auf-sichtsrat (§ 95 AktG, § 17 SEAG) nachgebildet ist, regelt die **Zahl der Mit-glieder des Verwaltungsrats.** Abs. 1 S. 1 sieht eine gesetzliche Regelzahl von drei Mitgliedern vor, von der die Satzung allerdings abweichen kann (Abs. 1 S. 2 Hs. 1). Abs. 1 S. 2 Hs. 2 und S. 3 beschränken den Spielraum für abweichende Satzungsbestimmungen durch zwingende Mindest- und Höchstzahlen und ma-chen damit in zulässiger Weise von der Ermächtigung des Art. 43 Abs. 2 UAbs. 1 S. 2 Gebrauch (→ Art. 43 Rn. 20). In mitbestimmten Gesellschaften bleiben nach Abs. 2 die Regelungen des SEBG unberührt, die ggf. zu einer anderen zahlenmäßigen Zusammensetzung führen können (→ Rn. 6 ff.). Bei diesen Ge-sellschaften ist zudem die Vorgabe des Art. 43 Abs. 2 UAbs. 2 zu beachten, wonach der Verwaltungsrat mindestens drei Mitglieder haben muss.

II. Regel-, Mindest- und Höchstzahl (Abs. 1)

2   **1. Regelzahl, Satzungsfreiheit.** Nach § 23 Abs. 1 S. 1 SEAG besteht der Verwaltungsrat im gesetzlichen Regelfall aus **drei Mitgliedern** (Regelzahl). Diese Bestimmung soll zum einen zum Ausdruck bringen, dass der Gesetzgeber diese Organgröße schon bei mittlerer Größe der Gesellschaft für angemessen hält, und zum anderen den Regelungsaufwand in der Satzung reduzieren (Begr. RegE, BT-Drs. 15/3405, 37). Da die gesetzliche Regelzahl nicht zwingend ist (→ Rn. 3), ist sie mit der Verordnung, die nur zwingende Mindest- und Höchst-zahlen gestattet (Art. 43 Abs. 1 UAbs. 1 S. 2), ohne weiteres vereinbar (*Schwarz* Rn. 78).

3   Von der Regelzahl kann die **Satzung** gemäß § 23 Abs. 1 S. 2 Hs. 1 SEAG **nach unten oder oben abweichen.** Dies gilt allerdings nur in den Grenzen, die durch die Mindest- und Höchstzahlen nach § 23 Abs. 1 S. 2 Hs. 2 und S. 3 SEAG (→ Rn. 4 f.) gezogen sind.

4   **2. Mindestzahl.** Während im dualistischen System der Aufsichtsrat niemals weniger als drei Mitglieder haben darf (§ 95 S. 1–2 AktG, § 17 Abs. 1 S. 1–2 SEAG), kann nach § 23 Abs. 1 S. 2 Hs. 1 SEAG die Anzahl der Verwaltungsrats-mitglieder in der Satzung auf ein oder zwei Mitglieder abgesenkt werden. In diesem Fall ist freilich zu beachten, dass das alleinige Mitglied bzw. die beiden alleinigen Mitglieder nicht auch zum geschäftsführenden Direktor bestellt werden können (§ 40 Abs. 1 S. 2 SEAG). Die Möglichkeit, die Mitgliederzahl auf unter

drei abzusenken, besteht allerdings nach Art. 43 Abs. 2 UAbs. 2 nicht in mitbestimmten Gesellschaften (→ Rn. 6) und nach § 23 Abs. 1 S. 2 Hs. 2 SEAG
auch dann nicht, wenn das **Grundkapital** der Gesellschaft **mehr als 3 Mio.
Euro** beträgt. Diese Regelung soll für eine der Bedeutung der Gesellschaft
angemessene Größe des Verwaltungsrats sorgen. Die 3-Mio.-Euro-Grenze orientiert sich an § 76 Abs. 2 S. 2 AktG. Während dort mindestens zwei Vorstandsmitglieder vorgeschrieben sind, hat der Gesetzgeber für den Verwaltungsrat eine
höhere Mindestzahl festgelegt, da es an der zusätzlichen Kontrollinstanz des
Aufsichtsrats fehlt (vgl. Begr. RegE SEEG, BT-Drs. 15/3405, 37).

3. Höchstzahl. Nach oben wird der Spielraum des Satzungsgebers durch § 23   5
Abs. 1 S. 3 SEAG begrenzt. Gestaffelt nach den aus § 95 S. 4 AktG und § 17
Abs. 1 S. 4 SEAG bekannten Schwellenwerten beträgt die Höchstzahl je nach
Höhe des Grundkapitals 9, 15 oder 21 Mitglieder. Zweck dieser Begrenzung ist
die Sicherung der Handlungsfähigkeit des Verwaltungsrats, die bei einer zu
großen Mitgliederzahl gefährdet wäre.

III. Mitbestimmte Gesellschaften (Abs. 2)

Für mitbestimmte Gesellschaften schreibt die Verordnung in Art. 43 Abs. 2   6
UAbs. 2 eine zwingende **Mindestzahl von drei Mitgliedern** vor (→ Art. 43
Rn. 22 ff.). Ergänzend bestimmt § 23 Abs. 2 SEAG, dass die Arbeitnehmerbeteiligung nach dem SEBG im Verwaltungsrat unberührt bleibt. Das SEBG enthält
allerdings anders als § 7 MitbestG keine Vorschrift, welche die Mitgliederzahl des
mitbestimmten Organs ausdrücklich festlegt. Dennoch ergeben sich aus dem
SEBG gewisse Einschränkungen für die Freiheit des Satzungsgebers, die Organgröße innerhalb der Mindest- und Höchstzahlen festzulegen. Im Einzelnen ist
danach zu unterscheiden, ob die gesetzliche Auffangregelung eingreift (→ Rn. 7 f.)
oder eine Beteiligungsvereinbarung abgeschlossen wurde (→ Rn. 9 f.).

1. Gesetzliche Auffangregelung. Kommt es nicht zum Abschluss einer Be-   7
teiligungsvereinbarung (§ 21 SEBG), sondern zum Eingreifen der gesetzlichen
Auffangregelung, stellt sich die Frage, ob der in § 35 SEBG vorgesehene Bestandsschutz der Mitbestimmung **nur den relativen Anteil** der Arbeitnehmervertreter oder auch deren absolute Zahl umfasst. Die Frage ist im Anwendungsbereich des § 35 Abs. 2 SEBG, dh bei allen Gründungsarten mit Ausnahme der
Formwechselgründung, unstreitig in ersterem Sinne zu beantworten (→ SEBG
§ 35 Rn. 7; → Art. 40 Rn. 68 mzN). Denn § 35 Abs. 2 S. 2 SEBG stellt eindeutig auf den „Anteil" an Arbeitnehmervertretern ab, formuliert mithin lediglich einen Bestandsschutz für den Proporz und nicht für die absolute Zahl
(explizit in diesem Sinne auch Begr. RegE SEEG, BT-Drs. 15/3405, 54). Für
den Fall der Formwechselgründung gilt nach hM trotz des weniger präzisen
Wortlauts des § 35 Abs. 1 SEBG nichts anderes (→ SEBG § 35 Rn. 3; → Art. 40
Rn. 68 mN auch zur Gegenansicht). Dem ist schon deshalb zu folgen, weil
Art. 43 Abs. 2 (ebenso wie Art. 40 Abs. 3) eine gesetzliche Festlegung der
genauen Zahl gar nicht zulässt, sondern den Mitgliedstaaten nur die Festlegung
von Mindest- und Höchstzahlen gestattet. Bei der Wahrung des Proporzes ist im
Übrigen zu beachten, dass sich dieser nach dem Anteil an allen Verwaltungsrats-
mitgliedern, nicht nur den nicht geschäftsführenden Mitgliedern bemisst (→ Anh.
Art. 43 Vor § 20 SEAG Rn. 6).

Da sich der Bestandsschutz **nicht auf die absolute Zahl** erstreckt, steht nichts   8
im Wege, bei einer SE-Gründung unter Beteiligung einer paritätisch mitbestimmten AG mit einem 12-, 16- oder 20-köpfigen Aufsichtsrat (§ 7 Abs. 1
MitbestG) in der SE-Satzung eine wesentlich kleinere Mitgliederzahl für den
Verwaltungsrat vorzusehen. Voraussetzung ist nur, dass die Mindest- und Höchst-

zahlen aus Art. 43 Abs. 2 UAbs. 2 und § 23 Abs. 1 S. 3 SEAG beachtet werden und eine **gerade Mitgliederzahl** gewählt wird, damit die durch § 23 Abs. 2 SEAG iVm § 35 SEBG vorgegebene Parität abgebildet werden kann (zu dem zuletzt genannten Erfordernis UHH/*Habersack* SEBG § 35 Rn. 6 aE; KK–AktG/ *Siems* Anh. Art. 51 § 23 SEAG Rn. 7; Spindler/Stilz/*Eberspächer* Art. 43 Rn. 26; nunmehr auch LHT/*Teichmann* Rn. 8; abweichend noch *Teichmann* in Lutter/ Hommelhoff Europäische Gesellschaft S. 195, 202 f.: auch ungerade Zahl mit Folge leichter Unterparität zulässig). Zulässig ist in dem genannten Beispiel mithin jede gerade Mitgliederzahl von vier bis – je nach Höhe des Grundkapitals – 8, 14 oder 20 Mitgliedern. Bei Drittelbeteiligung als Auffangregel gilt Entsprechendes. Die Satzung kann in diesem Fall jede durch drei teilbare Mitgliederzahl innerhalb der durch Mindest- und Höchstzahl definierten Bandbreite festlegen, dh jede **durch drei teilbare Zahl** von drei bis – je nach Höhe des Grundkapitals – 9, 15 oder 21.

9   **2. Beteiligungsvereinbarung.** Streitig ist die Rechtslage bei Abschluss einer Beteiligungsvereinbarung nach § 21 SEBG. Hier stellt sich zuerst die Frage, ob neben dem relativen Anteil auch die absolute Zahl der Arbeitnehmervertreter und damit im Ergebnis die Gesamtgröße des Verwaltungsrats zum Gegenstand der Beteiligungsvereinbarung gemacht werden kann. Nur wenn man dies bejaht, schließt sich zweitens die Frage an, ob die Sozialpartner bei Festlegung der Zahl der Verwaltungsratsmitglieder auch von den Mindest- und Höchstzahlen nach Art. 43 Abs. 2 UAbs. 2 und § 23 Abs. 1 S. 3 SEAG abweichen können. Zu der ersten Frage sind die Meinungen geteilt (die Regelungsbefugnis der Sozialpartner bejahend LG Nürnberg-Fürth NZG 2010, 547; → Art. 40 Rn. 66; *Austmann* FS Hellwig, 2010, 105 [110 ff.]; *Oetker* ZIP 2006, 1113 ff.; LHT/*Teichmann* Art. 43 Rn. 39 f.; verneinend namentlich *Habersack* AG 2006, 345 [351 ff.]; *ders.* ZHR 171 [2007], 613 [632 ff.]; *Kiem* ZHR 173 [2009], 156 [175 ff.]; *Forst* AG 2010, 350 [355 f.]; *ders.* ZESAR 2014, 383 [386 f.]; MüKoAktG/*Jacobs* SEBG § 21 Rn. 19; → SEBG § 21 Rn. 21 ff. mwN). Dagegen wird die zweite Frage (Abdingbarkeit der Mindest- und Höchstzahlen in der Beteiligungsvereinbarung) selbst von denjenigen, die die erste Frage bejahen, überwiegend verneint (*Austmann* FS Hellwig, 2010, 105 [115 f.]; *Oetker* ZIP 2006, 1113 [1118, 1120]; aA hinsichtlich der mitgliedstaatlichen Vorgaben *Schwarz* Einl. Rn. 288; → Art. 43 Rn. 23).

10   Richtigerweise ist schon die erste der genannten Fragen zu verneinen. Dass nach Art. 4 Abs. 2 lit. g SE-RL und § 21 Abs. 3 S. 2 Nr. 1 SEBG auch die „Zahl" der Arbeitnehmervertreter zum Inhalt der Beteiligungsvereinbarung gehört, kann für die hier interessierende Frage nicht den Ausschlag geben, da diese Regelung auch dann ihren Sinn behält, wenn man davon ausgeht, dass der Satzungsgeber die Organgröße bestimmt und die Sozialpartner die Zahl der Arbeitnehmervertreter in Relation zu der satzungsmäßigen Größe vereinbaren. Umgekehrt spricht für die hier vertretene Ansicht insbesondere, dass Art. 43 Abs. 2 die **Entscheidung über die Organgröße** innerhalb der Mindest- und Höchstzahlen dem **Satzungsgeber** zuweist und der Verordnungsgeber diese Regelung anders als in Art. 43 Abs. 3 S. 3 gerade nicht unter den Vorbehalt einer abweichenden Beteiligungsvereinbarung gestellt hat (dazu und zu weiteren Argumenten eingehend *Habersack* ZHR 171 [2007], 613 [632 ff.]; *ders.* AG 2006, 345 [351 ff.]; *Kiem* ZHR 173 [2009], 156 [175 ff.]; *Forst* AG 2010, 350 [355 f.]; *ders.* ZESAR 2014, 383 [386 f.]). Folgt man der hier vertretenen Ansicht, ergibt sich aus § 23 Abs. 2 SEAG iVm der Beteiligungsvereinbarung nur insoweit eine Einschränkung für den Satzungsgeber, als dieser bei der Festlegung der Organgröße neben der Mindest- und Höchstzahl (Art. 43 Abs. 2 UAbs. 2, § 23 Abs. 1 S. 3 SEAG) auch den in der Beteiligungsvereinbarung festgelegten relativen Anteil der Arbeitnehmervertreter respektieren muss. Konkret bedeutet dies, dass der Sat-

zungsgeber innerhalb des durch Mindest- und Höchstzahl gesteckten Rahmens bei paritätischer Mitbestimmung eine durch zwei teilbare und bei Drittelbeteiligung eine durch drei teilbare Zahl auswählen muss, um die Umsetzung des in der Beteiligungsvereinbarung festgelegten Proporzes zu ermöglichen (*Habersack* AG 2006, 345 [353]). Erforderlichenfalls ist die Satzung nach Art. 12 Abs. 4 anzupassen.

IV. Rechtsfolgen bei Verstoß

Verstöße gegen § 23 SEAG führen zur Nichtigkeit der betreffenden Satzungs- **11** bestimmung. Für die Ursprungssatzung folgt dies aus § 134 BGB, für spätere Satzungsänderungen aus § 241 Nr. 3 AktG (zur AG MüKoAktG/*Habersack* AktG § 95 Rn. 22). Wahlbeschlüsse sind nach § 31 Abs. 1 Nr. 2 SEAG nur nichtig, soweit die gesetzliche Höchstzahl überschritten wird. Im Übrigen kommt nur Anfechtung nach § 32 SEAG, § 251 AktG in Betracht.

SEAG Zusammensetzung des Verwaltungsrats

24 (1) **Der Verwaltungsrat setzt sich zusammen aus Verwaltungsratsmitgliedern der Aktionäre und, soweit eine Vereinbarung nach § 21 oder die §§ 34 bis 38 des SE-Beteiligungsgesetzes dies vorsehen, auch aus Verwaltungsratsmitgliedern der Arbeitnehmer.**

(2) **Nach anderen als den zuletzt angewandten vertraglichen oder gesetzlichen Vorschriften kann der Verwaltungsrat nur zusammengesetzt werden, wenn nach § 25 oder nach § 26 die in der Bekanntmachung des Vorsitzenden des Verwaltungsrats oder in der gerichtlichen Entscheidung angegebenen vertraglichen oder gesetzlichen Vorschriften anzuwenden sind.**

(3) **[1]Besteht bei einer börsennotierten SE der Verwaltungsrat aus derselben Zahl von Anteilseigner- und Arbeitnehmervertretern, müssen in dem Verwaltungsrat Frauen und Männer jeweils mit einem Anteil von mindestens 30 Prozent vertreten sein. [2]Der Mindestanteil von jeweils 30 Prozent an Frauen und Männern im Verwaltungsrat ist bei erforderlich werdenden Neubesetzungen einzelner oder mehrerer Sitze im Verwaltungsrat zu beachten. [3]Reicht die Zahl der neu zu besetzenden Sitze nicht aus, um den Mindestanteil zu erreichen, sind die Sitze mit Personen des unterrepräsentierten Geschlechts zu besetzen, um dessen Anteil sukzessive zu steigern. [4]Bestehende Mandate können bis zu ihrem regulären Ende wahrgenommen werden.**

Schrifttum: *Fromholzer/Simons,* Die Festlegung von Zielgrößen für den Frauenanteil in Aufsichtsrat, Geschäftsleitung und Führungspositionen, AG 2015, 457; *Grobe,* Die Geschlechterquote für Aufsichtsrat und Vorstand, AG 2015, 289; *Habersack/Kersten,* Chancengleiche Teilhabe an Führungspositionen in der Privatwirtschaft – Gesellschaftsrechtliche Dimensionen und verfassungsrechtliche Anforderungen, BB 2014, 2819; *Hohenstatt/Seibt,* Geschlechter- und Frauenquoten in der Privatwirtschaft, 2015; *Oetker,* Die zwingende Geschlechterquote für den Ausichtsrat – vom historischen Schritt zur Kultivierung einer juristischen terra incognita, ZHR 179 (2015), 707; *Papier/Heidebach,* Die Einführung einer gesetzlichen Frauenquote für die Aufsichtsräte deutscher Unternehmen unter verfassungsrechtlichen Aspekten, ZGR 2011, 305; *Rotsch,* Geschlechterquote – Umsetzungsfragen für die Praxis, Der Konzern 2015, 298; *Seibt,* Geschlechterquote im Aufsichtsrat und Zielgrößen für die Frauenbeteiligung in Organen und Führungsgremien in der Privatwirtschaft, ZIP 2015, 1193; *Stüber,* Die Frauenquote ist da – Das Gesetz zur gleichberechtigten Teilhabe und die Folgen für die Praxis, DStR 2015, 947; *Teichmann/Rüb,* Der Regierungsentwurf zur Geschlechterquote in Aufsichtsrat und Vorstand, BB 2015, 259; *dies.,* Die gesetzliche Geschlechterquote in der Privatwirtschaft, BB 2015, 898; *Weller/Harms/Rentsch/Thomale,* Der internationale Anwendungsbereich der Geschlechterquote für Großunternehmen, ZGR 2015, 361.

Übersicht

                                                                          Rn.
I. Grundlagen der Zusammensetzung des Verwaltungsrats
   (Abs. 1, Abs. 2)   1
II. Feste Geschlechterquote in börsennotierten und paritätisch
    mitbestimmten Gesellschaften (Abs. 3)   3
    1. Allgemeines   3
    2. Einbeziehung der geschäftsführenden Verwaltungsratsmit-
       glieder in die Quote?   5
    3. Ausgestaltung der Quote im Einzelnen   6
    4. Zeitlicher Anwendungsbereich; erstmalige Anwendung   8
    5. Rechtsfolgen bei Verstößen   9
III. Exkurs: Zielgrößen zur Geschlechterquote (§§ 76 Abs. 4, 111
     Abs. 5 AktG iVm § 22 Abs. 6 SEAG) 10

I. Grundlagen der Zusammensetzung des Verwaltungsrats (Abs. 1, Abs. 2)

1   § 24 Abs. 1 und Abs. 2 SEAG orientieren sich an § 96 Abs. 1 und Abs. 4 (früher Abs. 2) AktG (Begr. RegE SEEG, BT-Drs. 15/3405, 37). Abs. 1 sieht vor, dass sich der Verwaltungsrat aus Anteilseigner- und im Fall der Mitbestimmung zusätzlich aus Arbeitnehmervertretern zusammensetzt. Da sich diese **Zusammensetzung** bereits aus Art. 43 Abs. 3, § 28 SEAG (Anteilseignervertreter) und §§ 21, 34 ff. SEBG (Arbeitnehmervertreter) ergibt, hat Abs. 1 nur klarstellende Funktion (*Schwarz* Rn. 85; LHT/*Teichmann* Rn. 1).

2   Nach der **Kontinuitätsregel** des Abs. 2 bleibt der Verwaltungsrat auch dann, wenn Zweifel bestehen oder gar unstreitig ist, dass er nicht nach den maßgeblichen Vorschriften zusammengesetzt ist, so lange nach den bisher angewendeten vertraglichen und gesetzlichen Vorschriften zusammengesetzt, bis über die neue Zusammensetzung im Statusverfahren nach §§ 25 f. SEAG entschieden ist (zu Einschränkungen des Anwendungsbereichs des Statusverfahrens aber → Anh. Art. 43 § 25 SEAG Rn. 4 f.). Die Vorschrift gewährt somit der bisherigen Zusammensetzung bis zum Abschluss des Statusverfahrens Bestandsschutz und erklärt sie von Rechts wegen als richtig (zu § 96 AktG statt vieler MüKoAktG/*Habersack* AktG § 96 Rn. 32). Dadurch soll im Interesse der Rechtssicherheit gewährleistet werden, dass die Gültigkeit der Beschlüsse der bisherigen Verwaltungsratsmitglieder nicht unter Hinweis auf eine nicht oder nicht mehr korrekte Zusammensetzung in Zweifel gezogen werden kann (Begr. RegE SEEG, BT-Drs. 15/3405, 37). Dass Abs. 2 in Abweichung von § 96 Abs. 4 AktG nicht nur an die bisher angewendeten gesetzlichen, sondern auch an die vertraglichen Vorschriften anknüpft, ist dem Umstand geschuldet, dass die Mitbestimmung in der SE anders als in der AG zum Gegenstand einer Beteiligungsvereinbarung (§ 21 SEBG) gemacht werden kann.

II. Feste Geschlechterquote in börsennotierten und paritätisch mitbestimmten Gesellschaften (Abs. 3)

3   **1. Allgemeines.** § 24 Abs. 3 SEAG ist durch das Gesetz zur gleichberechtigten Teilhabe von Frauen und Männern an Führungspositionen in der Privatwirtschaft und im öffentlichen Dienst vom 24.4.2015 (BGBl. I S. 642) eingefügt worden. Die Vorschrift sieht – entsprechend der Parallelvorschrift für den Aufsichtsrat der dualistischen SE (§ 17 Abs. 2 SEAG) – eine **feste Geschlechterquote von 30 %** für den Verwaltungsrat der monistischen SE vor, falls die Gesellschaft **börsennotiert** ist *und* einen Verwaltungsrat hat, dem genauso viele Anteilseigner- wie Arbeitnehmervertreter angehören **(paritätische Mitbestimmung).** Der Begriff der Börsennotierung bestimmt sich nach Art. 9 Abs. 1 lit. c ii iVm § 3 Abs. 2 AktG; die Einbeziehung in den Freiverkehr iSd § 48 BörsG genügt somit nicht (Hüffer/*Koch* AktG § 3 Rn. 6). Die paritätische Mitbestimmung kann entweder auf einer Beteiligungsvereinbarung (§ 21 SEBG) oder auf der gesetzlichen Auffanglösung (§§ 34 ff. SEBG) beruhen; in beiden Fällen findet die Quote zwingend Anwendung (*Hohenstatt/ Wendler* in Hohenstatt/Seibt, Geschlechter- und Frauenquoten, Rn. 329; ferner → Art. 40 Rn. 44a [jeweils zu § 17 Abs. 2 SEAG]). Die Quote nach Abs. 3 ist also nicht etwa in der Beteiligungsvereinbarung abdingbar (aA LHT/*Drygala* Art. 40 SEAG [§ 17 SEAG] Rn. 16 unter Hinweis auf Art. 4 Abs. 2 lit. b SE-RL, der zwingende Geschlechterquoten jedoch keineswegs ausschließt; zutreffend *Weller/ Harms/Rentsch/Thomale* ZGR 2015, 361 [367 f.]). Sofern allerdings die Beteiligungsvereinbarung von der paritätischen Mitbestimmung abweicht und eine auch nur leichte „Unterparität" vorsieht (zB 10 Anteilseignervertreter, 9 Arbeitnehmervertreter, 1 neutrales Mitglied), findet Abs. 3 zweifelsfrei keine Anwendung (*Teichmann/Rüb* BB 2015, 259 [266]; *Hohenstatt/Wendler* in Hohenstatt/Seibt, Geschlechter- und Frauenquoten, Rn. 330). Bisher existiert in Deutschland keine einzige paritätisch mitbestimmte monistische SE (→ Anh. Art. 43 Vor § 20 SEAG Rn. 10a f.); Abs. 3 ist daher bislang ohne praktischen Anwendungsfall.

Die Vereinbarkeit der Vorschrift mit **höherrangigem Recht** ist in mehrfacher 4 Hinsicht fraglich. Das **Unionsrecht** lässt zwar grundsätzlich weiten Spielraum für nationale Bestimmungen zur Geschlechterquote, da die SE-VO und die SE-RL hierzu schweigen und die von der Kommission geplante Richtlinie zur Geschlechterquote bisher nicht verabschiedet werden konnte (→ Art. 43 Rn. 35a). Allerdings muss sich die Ausgestaltung der vom nationalen Recht bestimmten Quote an den Vorgaben der SE-VO messen lassen, namentlich am Gebot der Gleichbehandlung von SE und nationaler AG (Art. 10). Diese Maßgabe ist bei Einführung des § 24 Abs. 3 SEAG nicht hinreichend beachtet worden, weshalb die Vorschrift im Wege der verordnungskonformen Rechtsfortbildung teils eingeschränkt, teils ergänzt werden muss (→ Rn. 5, 7). Bis auf weiteres ungesichert ist ferner – ebenso wie bei den Parallelvorschriften für die AG (§ 96 Abs. 2, Abs. 3 AktG) und die dualistische SE (§ 17 Abs. 2 SEAG) –, ob sich die feste Quote des Abs. 3, die anders als der Richtlinienvorschlag der Kommission (COM [2012], 614; → Art. 43 Rn. 35a) weder unter dem Vorbehalt gleicher Eignung steht noch durch Ausnahme- oder Härtefallklauseln aufgelockert ist, in dieser Rigidität mit den Vorgaben der Gleichbehandlungsrichtlinie (RL 2006/54/EG) vereinbar ist (näher dazu *Papier/Heidebach* ZGR 2011, 305 [330 ff.]; ferner Schmidt/Lutter/ *Drygala* AktG § 96 Rn. 37 mwN). Ebenso ungesichert ist die **verfassungsrechtliche Beurteilung** des Abs. 3. Das Förderungsgebot des Art. 3 Abs. 2 S. 2 GG vermag Einschränkungen der Freiheits- und Gleichheitsgrundrechte nur in den Grenzen der Verhältnismäßigkeit zu rechtfertigen; diese Grenze könnte bei einer starren, ausnahmslosen Quote überschritten sein (so namentlich *Habersack/Kersten* BB 2014, 2819 ff.; kritisch auch *Hohenstatt/Krawinkel* in Hohenstatt/Seibt, Geschlechter- und Frauenquoten, Rn. 41 ff.; Schmidt/Lutter/*Drygala* AktG § 96 Rn. 36 ff.; ferner *Papier/Heidebach* ZGR 2011, 305 [318 ff.], die eine starre Quote für unzulässig halten, wenn Frauen in dem konkreten Unternehmen generell – nicht nur in Führungspositionen – unterrepräsentiert sind; für Verfassungskonformität dagegen *Grobe* AG 2015, 289 [300 f.] mwN).

2. Einbeziehung der geschäftsführenden Verwaltungsratsmitglieder in 5 die Quote? Während sich in der dualistischen SE (§ 17 Abs. 2 SEAG) und der

AG (§ 96 Abs. 2–3 AktG) die feste Quote auf den Aufsichtsrat und damit auf das
Überwachungsorgan beschränkt, erstreckt sie Abs. 3 im monistischen System auf
den Verwaltungsrat und damit auf das Leitungsorgan. Die monistische SE wird
daher von der Quote stärker betroffen als die dualistische SE und die AG. Diese
ungleiche Wirkung der Quote lässt sich zwar nicht ganz vermeiden; sie hätte sich
aber wenigstens begrenzen lassen, wenn man die feste Quote auf die nicht
geschäftsführenden Verwaltungsratsmitglieder beschränkt hätte. Den nahe liegenden Vorschlag, eine entsprechende Einschränkung vorzusehen (*Teichmann/Rüb*
BB 2015, 259 [266]; ebenso der Richtlinienvorschlag der Kommission COM
[2012], 614), hat der deutsche Gesetzgeber ohne nachvollziehbaren Grund nicht
aufgegriffen. Da darin eine **sachwidrige Benachteiligung der monistischen
SE** gegenüber der AG und der dualistischen SE liegt, dürfte § 24 Abs. 3 SEAG
bei wortlautgetreuer Anwendung sowohl gegen das Gebot der Gleichbehandlung
mit der AG (Art. 10) als auch gegen das aus Art. 38 abzuleitende Gebot verstoßen, die Wahlmöglichkeit zwischen dualistischer und monistischer Organisationsverfassung der SE nicht dadurch auszuhöhlen, dass die eine Variante ohne
sachlichen Grund gegenüber der anderen benachteiligt wird (*Teichmann/Rüb* BB
2015, 259 [265 f.]; *Seibt* ZIP 2015, 1193 [1202]; kritisch auch *Hohenstatt/Wendler*
in Hohenstatt/Seibt, Geschlechter- und Frauenquoten, Rn. 351; LHT/*Teichmann*
Rn. 4 [„äußerst bedenklich"]; *Stüber* DStR 2015, 947 [951]). Folglich wird man
Abs. 3 im Wege **verordnungskonformer Rechtsfortbildung** (allgemein dazu
BGH NZG 2009, 954 Rn. 18) teleologisch so reduzieren müssen, dass sich die
feste 30%-Quote **allein auf die nicht geschäftsführenden Verwaltungsratsmitglieder** bezieht (aA – Quote für das Gesamtorgan – *Hohenstatt/Wendler* in
Hohenstatt/Seibt, Geschlechter- und Frauenquoten, Rn. 362, die aber selbst von
der Europarechtswidrigkeit dieses Ergebnisses ausgehen, Rn. 351).

6   **3. Ausgestaltung der Quote im Einzelnen.** In Abs. 3 fehlen ebenso wie in
§ 17 Abs. 2 SEAG diverse Regelungen zur näheren Ausgestaltung der festen
Quote, die in der Parallelvorschrift für die AG (§ 96 Abs. 2 AktG) vorgesehen
sind. Ausweislich der Materialien ist der Gesetzgeber aber davon ausgegangen,
dass die **Rundungsregel** des § 96 Abs. 2 S. 4 AktG und die Vorschriften über
die **Rechtsfolgen von Verstößen** gegen die Quote (§§ 96 Abs. 2 S. 6–7, 250
Abs. 1 Nr. 5 AktG) auch in der SE zur Anwendung kommen; dies soll sich aus
Art. 9 Abs. 1 lit. c ii ergeben (Beschlussempfehlung, BT-Drs. 18/4227, 18).
Dabei hat der Gesetzgeber indes abermals die Besonderheiten der monistischen
SE nicht hinreichend gewürdigt (zutreffend LHT/*Teichmann* Rn. 5). Das AktG
kennt keine monistische Organisationsverfassung, so dass sich die Vorschriften zur
Organisationsverfassung der AG nicht ohne weiteres nach Art. 9 Abs. 1 lit. c ii
auf die monistische SE anwenden lassen. Eben deshalb sieht Art. 43 Abs. 4 vor,
dass Mitgliedstaaten wie Deutschland, die in ihrem nationalen Aktienrecht kein
monistisches System kennen, eigene Vorschriften über die monistische SE erlassen, wie dies der deutsche Gesetzgeber in den §§ 20 ff. SEAG getan hat. § 20
SEAG schließt aber die Anwendung der §§ 76–116 AktG ausdrücklich aus,
sofern nicht in den §§ 21 ff. SEAG anderes bestimmt ist. Nimmt man § 20 SEAG
beim Wort, wären somit die Regelungen des § 96 Abs. 2 S. 4, S. 6–7 AktG
unanwendbar. Da dieses Ergebnis aber dem Willen des Gesetzgebers widerspricht
und dieser bei Einführung des Quotengesetzes § 20 SEAG offenbar übersehen
hat, ist von einer planwidrigen Regelungslücke des SEAG (konkret: der §§ 24
Abs. 3, 31 SEAG) auszugehen, die durch eine entsprechende Anwendung der
§§ 96 Abs. 2 S. 4, S. 6–7, 250 Abs. 1 Nr. 5 AktG (iVm § 22 Abs. 6 SEAG) zu
füllen ist (ebenso *Hohenstatt/Wendler* in Hohenstatt/Seibt, Geschlechter- und
Frauenquoten, Rn. 352 f.; LHT/*Teichmann* Rn. 6; zur Anwendung des § 96
Abs. 2 S. 6–7 AktG → Rn. 9).

Hingegen soll die Regelung des § 96 Abs. 2 S. 3 AktG, nach der die Anteils- 7
eigner- und die Arbeitnehmerseite jeweils einer Gesamterfüllung der Quote
widersprechen können mit der Folge, dass die Quote von beiden Bänken
getrennt zu erfüllen ist, nach der amtlichen Begründung nicht entsprechend auf
die SE anwendbar sein. Die Möglichkeit des **Widerspruchs gegen die Gesamterfüllung** sei für die SE unpassend, da die Mitbestimmung hier regelmäßig auf
einer Beteiligungsvereinbarung beruhe und diese nur einvernehmlich ausgehandelt und umgesetzt werden könne (Beschlussempfehlung, BT-Drs. 18/4227, 22;
dem folgend *Grobe* AG 2015, 289 [298]; *Stüber* DStR 2015, 947 [951]; ferner
Oetker ZHR 179 (2015), 707 [739 ff.]). Diese Begründung überzeugt jedoch nur
für den Fall, dass die Beteiligungsvereinbarung eine Regelung dazu enthält, wie
sich die Quote in der konkreten SE auf die Anteilseigner- und Arbeitnehmerseite
verteilen soll. Für diesen Fall leuchtet ein, dass die Vereinbarung nicht durch den
Widerspruch einer Seite nach § 96 Abs. 2 S. 3 AktG unterlaufen werden soll.
Sofern dagegen keine solche Vereinbarung getroffen wurde, ist kein triftiger
Grund ersichtlich, warum die SE in der Frage der Gesamt- oder Getrenntterfül-
lung anders behandelt werden sollte als eine AG. Eine derartige Ungleichbehandlung verstieße daher gegen Art. 10 (LHT/*Teichmann* Rn. 6 mit Fn. 10; *Teich-
mann/Rüb* BB 2015, 898 [904]; → Art. 40 Rn. 44b; aA LHT/*Drygala* Art. 40
[§ 17 SEAG] Rn. 14 f). Entgegen der Gesetzesbegründung ist daher in verordnungskonformer Rechtsfortbildung auch eine entsprechende Anwendung des
§ 96 Abs. 2 S. 3 AktG geboten, sofern die Beteiligungsvereinbarung keine abschließende Regelung trifft (im Ergebnis ebenso LHT/*Teichmann* Rn. 6 mit
Fn. 10; zur dualistischen SE *Teichmann/Rüb* BB 2015, 898 [904 f.]; *Hohenstatt/
Wendler* in Hohenstatt/Seibt, Geschlechter- und Frauenquoten, Rn. 339 ff.;
→ Art. 40 Rn. 44b; aA LHT/*Drygala* Art. 40 [§ 17 SEAG] Rn. 15). Konsequent
ist auch die mit der Widerspruchsmöglichkeit in Zusammenhang stehende Vorschrift des § 96 Abs. 2 S. 5 AktG (Bestandsschutz bei Übergang zur Getrennterfüllung) entsprechend anzuwenden. Praktisch wird sich zur Vermeidung von
Zweifeln empfehlen, die Frage in der Beteiligungsvereinbarung zu regeln (*Hohen-
statt/Wendler* in Hohenstatt/Seibt, Geschlechter- und Frauenquoten, Rn. 346 ff.
mit Gestaltungsvorschlag).

4. Zeitlicher Anwendungsbereich; erstmalige Anwendung. Abs. 3 ist 8
mit Wirkung zum 1.1.2016 in Kraft getreten (Art. 24 Abs. 1 iVm Art. 14 Gesetz
zur gleichberechtigten Teilhabe [→ Rn. 3]). Die Vorschrift ist bei allen Neubesetzungen ab diesem Zeitpunkt zu beachten (Abs. 3 S. 2; Parallelvorschrift zu § 25
Abs. 2 S. 1 EGAktG und § 17 Abs. 2 S. 2 SEAG). Genügt die Zahl der neu zu
besetzenden Sitze nicht, um die Quote zu erreichen, sind diese mit Personen des
unterrepräsentierten Geschlechts zu besetzen, um dessen Anteil sukzessive zu
erhöhen (Abs. 3 S. 3, Parallelvorschrift zu § 25 Abs. 2 S. 2 EGAktG und § 17
Abs. 2 S. 3 SEAG). Bestehende Mandate – dh solche, deren Amtszeit bereits
begonnen hat, bevor die Gesellschaft in den Anwendungsbereich der festen
Quote gelangt ist – genießen Bestandsschutz. Sie können bis zu ihrem regulären
Ende wahrgenommen werden (Abs. 3 S. 4, Parallelvorschrift zu § 25 Abs. 2 S. 3
EGAktG, § 17 Abs. 2 S. 4 SEAG), auch wenn dadurch die Erreichung der Quote
zeitlich aufgeschoben wird.

5. Rechtsfolgen bei Verstößen. Für die Rechtsfolgen von Verstößen gegen 9
die Quote gelten wie dargelegt §§ 96 Abs. 2 S. 6 und S. 7, 250 Abs. 1 Nr. 5
AktG entsprechend (→ Rn. 6). Eine quotenwidrige Wahl durch die Hauptversammlung ist somit ebenso nichtig wie eine quotenwidrige Entsendung in den
Verwaltungsrat (§ 96 Abs. 2 S. 6 AktG analog, **Prinzip des leeren Stuhls**).
Wird die Wahl eines Verwaltungsratsmitglieds des unterrepräsentierten Geschlechts nachträglich auf Anfechtungsklage für nichtig erklärt, führt dies nicht

dazu, dass aus diesem Grund andere zwischenzeitlich erfolgte Wahlen als quoten-widrig anzusehen sind (§ 96 Abs. 2 S. 7 AktG analog). Gleiches gilt, wenn nach-träglich die Nichtigkeit der Wahl aufgrund einer Nichtigkeitsklage festgestellt wird (vgl. Beschlussempfehlung, BT-Drs. 18/4227, 25) oder – so wird man ergänzen müssen – die Nichtigkeit auf andere Weise entdeckt wird. Bei der Anwendung dieser Vorschriften ergeben sich im monistischen System keine Besonderheiten; wegen der Einzelheiten s. Erl. zu § 17 SEAG (→ Art. 40 Rn. 44c) und § 96 AktG (etwa Schmidt/Lutter/*Drygala* AktG § 96 Rn. 53 ff.).

III. Exkurs: Zielgrößen zur Geschlechterquote (§§ 76 Abs. 4, 111 Abs. 5 AktG iVm § 22 Abs. 6 SEAG)

10   Während die feste Geschlechterquote für den Verwaltungsrat der SE in Abs. 3 eigens geregelt ist, fehlt es im SEAG an einer Bestimmung, die dem Verwaltungsrat nach dem Vorbild der §§ 76 Abs. 4, 111 Abs. 5 AktG nF auferlegt, **Zielgrößen für die Frauenförderung** festzulegen, über deren Erreichung sodann nach § 289a Abs. 2 Nr. 4–5, Abs. 4 HGB im Lagebericht zu berichten ist („weiche" Quote). Der Gesetzgeber ist bei Einführung des Gesetzes zur gleichberechtigten Teilhabe (→ Rn. 3) jedoch davon ausgegangen, dass §§ 76 Abs. 4, 111 Abs. 5 AktG nF über § 22 Abs. 6 SEAG auch in der monistischen SE zur Anwendung kommen (Begr. RegE, BT-Drs. 18/3784, 49; Beschlussempfehlung, BT-Drs. 18/ 4227, 22). Auch in diesem Zusammenhang (s. schon → Rn. 6) hat der Gesetz-geber die Vorschrift des § 20 SEAG übersehen, welche die Anwendung der §§ 76 ff. AktG vorbehaltlich eines gesonderten Anwendungsbefehls ausschließt. Es hätte daher eigentlich einer gesonderten Verweisung aus den §§ 21 ff. SEAG auf die §§ 76 Abs. 4, 111 Abs. 5 AktG bedurft (*Hohenstatt/Wendler* in Hohenstatt/ Seibt, Geschlechter- und Frauenquoten, Rn. 364; *Teichmann/Rüb* BB 2015, 898 [905]). Da es sich dabei aber um eine planwidrige Regelungslücke des SEAG handelt, steht im Ergebnis nichts im Wege, diese kraft analoger **entsprechende Anwen-dung der §§ 76 Abs. 4, 111 Abs. 5 AktG** zu schließen (*Hohenstatt/Wendler* in Hohenstatt/Seibt, Geschlechter- und Frauenquoten, Rn. 364; im Ergebnis auch Spindler/Stilz/*Eberspächer* Art. 43 Rn. 32; *Fromholzer/Simons* AG 2015, 457 [459]; offenlassend *Teichmann/Rüb* BB 2015, 898 [905 f.]; LHT/*Teichmann* Anh. Art. 43 § 24 SEAG Rn. 7). Folgerichtig ist auch die zugehörige Vorschrift des § 25 Abs. 1 EGAktG zur erstmaligen Anwendung der Zielgrößenbestimmungen ent-sprechend anzuwenden. Danach waren die Zielgrößen spätestens am 30.9.2015 erstmals festzulegen (mit Zielerreichungsfrist bis spätestens 30.6.2017).

11   Die Verpflichtung zur Festlegung von Zielgrößen analog §§ 76 Abs. 4, 111 Abs. 5 AktG trifft alle in Deutschland ansässigen SE, die entweder **börsennotiert** (iSd § 3 Abs. 2 AktG, → Rn. 3) *oder* **mitbestimmt** sind, was selbstredend auch Gesellschaften einschließt, die beide Kriterien erfüllen. Mitbestimmt ist die Ge-sellschaft in diesem Sinne schon dann, wenn ein oder mehrere Arbeitnehmer-vertreter dem Verwaltungsrat angehören; paritätische Mitbestimmung wie im Rahmen des Abs. 3 oder Drittelbeteiligung ist nicht erforderlich (→ Art. 40 Rn. 44f; LHT/*Drygala* Art. 40 [§ 17 SEAG] Rn. 17 zur dualistischen SE). Die Verpflichtung zur Festlegung von Zielgrößen ist auch in der SE **zwingend,** kann somit auch in einer Beteiligungsvereinbarung (§ 21 SEBG) nicht abbedungen werden (ebenso für den Aufsichtsrat der dualistischen SE Schmidt/Lutter/*Drygala* Art. 40 [§ 17 SEAG] Rn. 18).

12   Als **Besonderheit der monistischen SE** ist zu beachten, dass gemäß § 22 Abs. 6 SEAG sowohl die an den Vorstand gerichtete Vorgabe des § 76 Abs. 4 AktG als auch die an den Aufsichtsrat gerichtete Vorgabe des § 111 Abs. 5 AktG auf den Verwaltungsrat zu beziehen sind (Begr. RegE, BT-Drs. 18/3784, 49; *Fromholzer/Simons* AG 2015, 457 [459]). Der Verwaltungsrat muss folglich sowohl für sich selbst als auch für die beiden nachgeordneten Führungsebenen Zielgrößen festlegen, ersteres freilich nur, soweit nicht schon die feste Quote des § 24 Abs. 3 SEAG eingreift (§ 111 Abs. 5 S. 5 AktG analog). Mit den „beiden Führungsebenen unterhalb des Vorstands" iSd § 76 Abs. 4 S. 1 AktG sind im monistischen System wegen § 22 Abs. 6 SEAG die **beiden Führungsebenen unterhalb des Verwaltungsrats** gemeint, nicht die beiden Ebenen unterhalb der geschäftsführenden Direktoren (*Fromholzer/Simons* AG 2015, 457 [459]; aA *Teichmann/Rüb* BB 2015, 898 [906]). Dabei bilden die geschäftsführenden Direktoren die erste Führungsebene unterhalb des Verwaltungsrats (*Fromholzer/Simons* AG 2015, 457 [459]; einschränkend *Seibt* in Hohenstatt/Seibt, Geschlechter- und Frauenquoten, Rn. 295: nur wenn es geschäftsführende Direktoren gibt, die nicht zugleich dem Verwaltungsrat angehören). Für den Begriff der Führungsebene kommt es in der SE ebenso wie in den anderen Rechtsformen auf eine gesellschaftsbezogene, nicht auf eine konzernbezogene Betrachtung an (Beschlussempfehlung, BT-Drs. 18/4227, 22; *Seibt* in Hohenstatt/Seibt, Geschlechter- und Frauenquoten, Rn. 285 mwN; abweichend *Rotsch* Der Konzern 2015, 298 [304]: konzernweite Betrachtung nicht verpflichtend, aber nach Wahl der Gesellschaft möglich).

Von den vorstehenden Modifikationen abgesehen ergeben sich bei der Anwendung der Zielgrößenbestimmungen im monistischen System keine Besonderheiten. Auf die Erl. zur dualistischen SE (→ Art. 40 Rn. 44 ff.) und zu §§ 76 Abs. 4, 111 Abs. 5 AktG kann daher verwiesen werden (s. neben den AktG-Kommentaren etwa *Fromholzer/Simons* AG 2015, 457 ff.; *Seibt* in Hohenstatt/Seibt, Geschlechter- und Frauenquoten, Rn. 279 ff.). **13**

SEAG Bekanntmachung über die Zusammensetzung des Verwaltungsrats

25 (1) ¹Ist der Vorsitzende des Verwaltungsrats der Ansicht, dass der Verwaltungsrat nicht nach den maßgeblichen vertraglichen oder gesetzlichen Vorschriften zusammengesetzt ist, so hat er dies unverzüglich in den Gesellschaftsblättern und gleichzeitig durch Aushang in sämtlichen Betrieben der Gesellschaft und ihrer Konzernunternehmen bekannt zu machen. ²Der Aushang kann auch in elektronischer Form erfolgen. ³In der Bekanntmachung sind die nach Ansicht des Vorsitzenden des Verwaltungsrats maßgeblichen vertraglichen oder gesetzlichen Vorschriften anzugeben. ⁴Es ist darauf hinzuweisen, dass der Verwaltungsrat nach diesen Vorschriften zusammengesetzt wird, wenn nicht Antragsberechtigte nach § 26 Abs. 2 innerhalb eines Monats nach der Bekanntmachung im Bundesanzeiger das nach § 26 Abs. 1 zuständige Gericht anrufen.**

(2) ¹Wird das nach § 26 Abs. 1 zuständige Gericht nicht innerhalb eines Monats nach der Bekanntmachung im Bundesanzeiger angerufen, so ist der neue Verwaltungsrat nach den in der Bekanntmachung angegebenen Vorschriften zusammenzusetzen. ²Die Bestimmungen der Satzung über die Zusammensetzung des Verwaltungsrats, über die Zahl der Mitglieder des Verwaltungsrats sowie über die Wahl, Abberufung und Entsendung von Mitgliedern des Verwaltungsrats treten mit der Beendigung der ersten Hauptversammlung, die nach Ablauf der Anrufungsfrist einberufen wird, spätestens sechs Monate nach Ablauf dieser Frist insoweit außer Kraft, als sie den nunmehr anzuwendenden Vorschriften widersprechen. ³Mit demselben Zeitpunkt erlischt das Amt der bisherigen Mitglieder des Verwaltungsrats. ⁴Eine Hauptversammlung, die in-

nerhalb der Frist von sechs Monaten stattfindet, kann an Stelle der außer Kraft tretenden Satzungsbestimmungen mit einfacher Stimmenmehrheit neue Satzungsbestimmungen beschließen.

(3) **Solange ein gerichtliches Verfahren nach § 26 anhängig ist, kann eine Bekanntmachung über die Zusammensetzung des Verwaltungsrats nicht erfolgen.**

Schrifttum: *Habersack,* Konstituierung des ersten Aufsichts- oder Verwaltungsorgans der durch Formwechsel entstandenen SE und Amtszeit seiner Mitglieder, Der Konzern 2008, 67; *Kiem,* SE-Aufsichtsrat und Dreiteilbarkeitsgrundsatz – zugleich Besprechung von LG Nürnberg-Fürth, Beschl. v. 8.2.2010 („GfK"), Der Konzern 2010, 275; *Kleinhenz/Leyendecker-Langner,* Ämterkontinuität bei der Umwandlung in eine dualistisch verfasste SE, AG 2013, 507. S. ferner die Angaben zu Art. 43.

Übersicht

	Rn.
I. Allgemeines	1
II. Anwendungsbereich des Statusverfahrens	3
III. Bekanntmachungspflicht des Vorsitzenden (Abs. 1)	6
IV. Wirkungen der Bekanntmachung (Abs. 2)	9
1. Nichtanrufung des Gerichts innerhalb der Monatsfrist	9
a) Wirksamkeit der Bekanntmachung	9
b) Umsetzung der Bekanntmachung	10
2. Anrufung des Gerichts innerhalb der Monatsfrist	12
V. Bekanntmachungssperre bei anhängigem Gerichtsverfahren (Abs. 3)	13

I. Allgemeines

1   § 25 SEAG ist § 97 AktG nachgebildet. Zusammen mit § 26 SEAG, der sich an §§ 98 f. AktG anlehnt, regelt er das sog. **Statusverfahren,** das der Feststellung oder Herstellung einer ordnungsgemäßen Zusammensetzung des Verwaltungsrats dient. Ziel ist es, im Interesse der **Rechtssicherheit** (→ Anh. Art. 43 § 24 SEAG Rn. 2) innerhalb eines geregelten Verfahrens Klarheit über die anzuwendenden Normen hinsichtlich der Zusammensetzung des Verwaltungsrats zu schaffen (Begr. RegE SEEG, BT-Drs. 15/3405, 37).

2   Das Statusverfahren begegnet in zwei Varianten: Das **außergerichtliche Verfahren** nach § 25 SEAG, das nur vom Vorsitzenden des Verwaltungsrats eingeleitet werden kann (§ 25 Abs. 1 SEAG), ermöglicht eine Änderung der Zusammensetzung des Verwaltungsrats ohne Anrufung des Gerichts, wenn die Ankündigung des Vorsitzenden nicht binnen eines Monats gerichtlich angegriffen wird (§ 25 Abs. 2 SEAG). Dem stellt § 26 SEAG das **gerichtliche Verfahren** gegenüber, das durchzuführen ist, wenn streitig oder ungewiss ist, nach welchen Vorschriften der Verwaltungsrat zu besetzen ist. In beiden Varianten verläuft das Statusverfahren in **zwei Stufen** (zur AG MüKoAktG/*Habersack* AktG § 97 Rn. 2; Hüffer/*Koch* AktG § 97 Rn. 1): Die erste Stufe liegt in der Bekanntmachung des Verwaltungsratsvorsitzenden (§ 25 Abs. 1 SEAG) oder in der gerichtlichen Entscheidung (§ 26 Abs. 1 SEAG) und bezweckt die Herstellung von Klarheit über die anwendbaren Vorschriften. In der zweiten Stufe erfolgt die Anpassung der Satzung und der Verwaltungsratsbesetzung an die für maßgeblich erkannten Vorschriften (§§ 25 Abs. 2, 26 Abs. 2 SEAG). Solange diese beiden Stufen nicht durchlaufen sind, hat nach der Kontinuitätsregel des § 24 Abs. 2 SEAG die bisherige Zusammensetzung Bestand.

II. Anwendungsbereich des Statusverfahrens

Das Statusverfahren nach §§ 25 f. SEAG dient insbesondere dazu, auf eine 3 **Veränderung der** maßgeblichen **vertraglichen oder gesetzlichen Rechtsgrundlagen** der Zusammensetzung des Verwaltungsrats zu reagieren. Eine Veränderung der vertraglichen Rechtsgrundlagen kann namentlich dadurch eintreten, dass nach § 18 SEBG die Verhandlungen über die Mitbestimmung neu aufgenommen werden und eine neue Beteiligungsvereinbarung (§ 21 SEBG) abgeschlossen wird, die zu Veränderungen führt (vgl. den Fall LG Nürnberg-Fürth NZG 2010, 547 mit abl. Anm. *Kiem* Der Konzern 2010, 275 ff. [die dort behandelte Frage des Dreiteilbarkeitsgebots nach § 17 Abs. 1 S. 3 SEAG aF stellt sich im monistischen System freilich nicht, da § 23 SEAG von Anfang an kein solches Gebot vorsah]; speziell zu dem Fall, dass der Neuabschluss auf der Unwirksamkeit der ursprünglichen Beteiligungsvereinbarung beruht, *Forst* S. 343; *Oetker* FS Konzen, 2006, 635 [659]; → Rn. 6). Denkbar ist ferner, dass die Beteiligungsvereinbarung von vornherein eine dynamische Regelung vorsieht, nach der sich das Mitbestimmungsniveau verändert, sobald die Arbeitnehmerzahlen bestimmte Schwellenwerte über- oder unterschreiten. Die gesetzliche Auffanglösung ist dagegen vorbehaltlich struktureller Änderungen iSd § 18 Abs. 3 SEBG statisch, dh sie verändert sich auch dann nicht, wenn nachträglich Schwellenwerte über- oder unterschritten werden, die nach MitbestG oder DrittelbG zu einer Veränderung des Mitbestimmungsniveaus führen würden (→ SEBG § 35 Rn. 10).

Im Rahmen der Bestellung des **ersten Verwaltungsorgans** der SE bedarf es 4 nach zutreffender Ansicht keines Statusverfahrens (speziell zur Formwechselgründung *Habersack* Der Konzern 2008, 67 [68 ff.]; Spindler/Stilz/*Eberspächer* Art. 43 Rn. 33; *Kiem* Der Konzern 2010, 275 [282]; generell zur SE-Gründung MüKo-AktG/*Reichert/Brandes* Art. 43 Rn. 45 iVm Art. 40 Rn. 54 f.; aA → Art. 40 Rn. 51 ff.; KK-AktG/*Paefgen* Art. 40 Rn. 73 f.; *Kleinhenz/Leyendecker-Langner* AG 2013, 507 [513 f.]; jeweils unter Hinweis auf § 31 Abs. 3 AktG). Dafür lässt sich anführen, dass die SE-VO die Bestellung der Mitglieder des ersten Verwaltungsorgans in Art. 43 Abs. 3 selbst regelt. Dort ist nicht vorgesehen, dass der Bestellung ein Statusverfahren vorausgehen müsste. Für ein solches Verfahren besteht nach der Konzeption der SE-VO auch kein Bedürfnis, da namentlich dem Anliegen der Mitbestimmungssicherung bereits anderweitig Rechnung getragen ist. Die SE kann nämlich erst im Handelsregister eingetragen werden, nachdem sich das Registergericht davon überzeugt hat, dass das Verhandlungsverfahren über die Mitbestimmung abgeschlossen ist (Art. 12 Abs. 2) und die Satzung, soweit erforderlich, an das Verhandlungsergebnis angepasst wurde (Art. 12 Abs. 4; ausführlich *Habersack* Der Konzern 2008, 67 [70 ff.]).

Nach hL zu §§ 97 ff. AktG ist auch dann kein Statusverfahren durchzuführen, 5 wenn die Zahl der Aufsichtsratsmitglieder durch **Satzungsänderung** erhöht oder vermindert wird (näher MüKoAktG/*Habersack* AktG § 95 Rn. 17, AktG § 97 Rn. 14; Hüffer/*Koch* AktG § 95 Rn. 5, AktG § 97 Rn. 3 mwN; aA aber BAG AG 1990, 361 [362]). Folgt man dem, ist für die monistische SE ebenso zu entscheiden (so denn auch LHT/*Teichmann* Rn. 3; *Schwarz* Rn. 94: Satzung zählt weder zu den gesetzlichen noch den vertraglichen Vorschriften).

III. Bekanntmachungspflicht des Vorsitzenden (Abs. 1)

Das **außergerichtliche Statusverfahren** nach § 25 SEAG kann im Unter- 6 schied zum gerichtlichen Verfahren (§ 26 SEAG) nur durch eine Bekanntmachung des **Vorsitzenden des Verwaltungsrats** eingeleitet werden. Die übrigen Mitglieder des Verwaltungsrats sind dagegen auf das gerichtliche Verfahren verwiesen (§ 26 Abs. 2 Nr. 1 SEAG). Gelangt der Vorsitzende zu der Ansicht, dass der Verwaltungsrat nicht nach den maßgeblichen vertraglichen oder gesetzlichen Bestimmungen zusammengesetzt ist, muss er dies nach Maßgabe des § 25 Abs. 1 S. 1 SEAG **unverzüglich** (§ 121 Abs. 1 S. 1 BGB) bekannt machen. Der Verwaltungsratsvorsitzende tritt insoweit an die Stelle des Vorstands, dem diese Aufgabe im dualistischen Modell zugewiesen ist (§ 97 Abs. 1 S. 1 AktG). Er ist zu der Bekanntmachung auch verpflichtet, wenn er selbst von der Zusammensetzungsrüge betroffen ist (de lege ferenda kritisch KK-AktG/*Siems* Anh. Art. 51 §§ 24–26 SEAG Rn. 5). Eine Ausnahme von der Bekanntmachungspflicht des Vorsitzenden besteht aber, wenn er stattdessen ein gerichtliches Verfahren einleitet (→ Rn. 8) oder ein solches bereits anhängig ist (§ 25 Abs. 3 SEAG, Rn. 13). Ist der Verwaltungsratsvorsitzende der Ansicht, dass die **Beteiligungsvereinbarung unwirksam** ist, kann er zunächst die Verhandlungen über den Abschluss einer neuen Vereinbarung abwarten, bevor er ein Statusverfahren einleitet (*Forst* S. 343). Die vorgelagerte Frage, ob die ursprüngliche Beteiligungsvereinbarung wirklich unwirksam ist, ist im Streitfall nach § 2a Abs. 1 Nr. 3 lit. e ArbGG vom Arbeitsgericht zu klären (str., näher *Forst* S. 339 f. mwN; → SEBG § 21 Rn. 37).

7   Die **Bekanntmachung** hat in den Gesellschaftsblättern (Art. 9 Abs. 1 lit. c ii, § 25 AktG) und durch Aushang in sämtlichen Betrieben des Konzerns zu erfolgen (§ 25 Abs. 1 S. 1 SEAG). Der Aushang kann nach § 25 Abs. 1 S. 2 SEAG auch in elektronischer Form erfolgen. Damit wird auf § 126a BGB Bezug genommen (KK-AktG/*Siems* Anh. Art. 51 §§ 24–26 SEAG Rn. 6; großzügiger NK-SE/*Manz* Rn. 78). Der Inhalt der Bekanntmachung umfasst wie bei § 97 Abs. 1 AktG drei Punkte: die Unrechtmäßigkeit der aktuellen Zusammensetzung (S. 1), die nach Ansicht des Vorsitzenden richtigerweise maßgeblichen Vorschriften (S. 3) sowie den Hinweis, dass der Verwaltungsrat nach diesen Vorschriften zusammengesetzt wird, wenn nicht innerhalb eines Monats seit der Bekanntmachung im Bundesanzeiger das nach § 26 Abs. 1 SEAG zuständige Gericht angerufen wird.

8   Anstelle der Bekanntmachung nach § 25 Abs. 1 SEAG kann sich der Verwaltungsratsvorsitzende aber auch dafür entscheiden, nach § 26 Abs. 2 Nr. 1 SEAG **sofort das gerichtliche Statusverfahren** einzuleiten (LHT/*Teichmann* Rn. 7; zu § 97 AktG Begr. RegE *Kropff* S. 127). Welchen Weg er wählt, liegt in seinem pflichtgemäßen Ermessen (LHT/*Teichmann* Rn. 7; GroßkommAktG/ *Hopt/Roth/Peddinghaus* AktG § 97 Rn. 30). Die direkte Anrufung des Gerichts wird in der Regel nahe liegen, wenn sich der Vorsitzende nicht sicher ist, wie die richtige Zusammensetzung auszusehen hat, oder er bereits weiß, dass seine Ansicht über das anwendbare Recht bestritten wird (MüKoAktG/*Habersack* AktG § 97 Rn. 16).

IV. Wirkungen der Bekanntmachung (Abs. 2)

9   **1. Nichtanrufung des Gerichts innerhalb der Monatsfrist. a) Wirksamkeit der Bekanntmachung.** Die Bekanntmachung des Vorsitzenden entfaltet nur Wirkungen, wenn nicht innerhalb eines Monats nach der Bekanntmachung im Bundesanzeiger das gerichtliche Verfahren nach § 26 SEAG eingeleitet wird. Unterbleibt eine fristgerechte Anrufung des Gerichts, wird die Bekanntmachung **mit Fristablauf wirksam** mit der Folge, dass der neue Verwaltungsrat nach den in der Bekanntmachung angegebenen Vorschriften zusammenzusetzen ist (§ 25 Abs. 2 S. 1 SEAG). Mit Ablauf der Monatsfrist tritt aber **keine Präklusion** für das gerichtliche Verfahren ein. Dieses kann auch nach Fristablauf eingeleitet werden, ohne dass es darauf ankäme, dass erst nachträglich neue Tatsachen einge-

treten sind (ganz hM, MüKoAktG/*Habersack* AktG § 97 Rn. 30 mzN). Kommt es nach Fristablauf zur Einleitung des gerichtlichen Verfahrens und ergeht in diesem Verfahren eine abweichende rechtskräftige Entscheidung, entfaltet die Bekanntmachung keine Rechtswirkungen mehr (MüKoAktG/*Habersack* AktG § 97 Rn. 30).

b) Umsetzung der Bekanntmachung. Die in § 25 Abs. 2 S. 1 SEAG ver- **10** langte Umsetzung der wirksamen Bekanntmachung wird in Abs. 2 S. 2–4 näher ausgestaltet. Nach Abs. 2 S. 3 erlischt das Amt „der" (dh aller) bisherigen Verwaltungsratsmitglieder mit Ende der ersten Hauptversammlung, die nach Ablauf der Anrufungsfrist des Abs. 2 S. 1 einberufen wird, **spätestens** jedoch **sechs Monate** nach Fristablauf. Für die Umsetzung steht mithin maximal ein Zeitraum von sechs Monaten zur Verfügung. In der besagten Hauptversammlung sind die Verwaltungsratsmitglieder gemäß den nunmehr geltenden Vorschriften neu zu wählen. Soweit die Hauptversammlung nicht zuständig ist – etwa bei entsandten Mitgliedern (§ 28 Abs. 2 AktG) oder bei Arbeitnehmervertretern, sofern die Beteiligungsvereinbarung ein von § 36 Abs. 4 SEBG abweichendes Wahlverfahren vorsieht –, muss parallel das jeweils anwendbare Bestellungsverfahren betrieben werden. Notfalls bleibt die Möglichkeit der gerichtlichen Bestellung nach § 30 SEAG (näher GroßkommAktG/*Hopt/Roth/ Peddinghaus* AktG § 97 Rn. 62).

In demselben Zeitpunkt, in dem das Amt der bisherigen Verwaltungsratsmit- **11** glieder erlischt (erste Hauptversammlung nach Fristablauf, spätestens nach sechs Monaten), treten nach Abs. 2 S. 2 auch die bisherigen **Bestimmungen der Satzung** über die Zusammensetzung des Verwaltungsrats **außer Kraft,** soweit sie den nunmehr anzuwendenden Vorschriften widersprechen. Eine Hauptversammlung, die innerhalb der Sechsmonatsfrist stattfindet, kann nach Abs. 2 S. 4 an Stelle der außer Kraft tretenden Satzungsbestimmungen mit einfacher Stimmenmehrheit **neue Satzungsbestimmungen** beschließen, die den nunmehr maßgeblichen Vorschriften Rechnung tragen. Diese Regelung wirft die Frage nach der **Vereinbarkeit mit der Verordnung** auf, da Art. 59 Abs. 2 eine Absenkung auf die einfache Stimmenmehrheit bei Satzungsänderungen grundsätzlich nur mit der Einschränkung zulässt, dass mindestens die Hälfte des Grundkapitals in der Hauptversammlung vertreten sein muss. Diese Einschränkung fehlt in § 25 Abs. 2 S. 4 SEAG. Soweit es um die Anpassung der Satzung an den Inhalt der Beteiligungsvereinbarung geht, ist allerdings Art. 12 Abs. 4 UAbs. 2 zu beachten. Danach können die Mitgliedstaaten sogar eine Satzungsänderung ohne Hauptversammlungsbeschluss ermöglichen. Daraus ist abzuleiten, dass die Mitgliedstaaten erst recht eine Anpassung durch Hauptversammlungsbeschluss mit einfacher Mehrheit vorsehen können. Die Regelung des § 25 Abs. 2 S. 4 SEAG ist daher im Ergebnis jedenfalls insoweit unbedenklich, als es um die Anpassung der Satzung an die Beteiligungsvereinbarung geht (*Schwarz* Rn. 103; MHdB AG/*Austmann* § 86 Rn. 11; aA LHT/*Teichmann* Rn. 12, der das Präsenzerfordernis des Art. 59 Abs. 2 in verordnungskonformer Auslegung in Abs. 2 S. 4 hineinlesen will; ferner KK-AktG/*Siems* Anh. Art. 51 §§ 24–26 SEAG Rn. 7, der eine Zweidrittelmehrheit nach Art. 59 Abs. 1 verlangt). Da der Rechtsgedanke des Art. 12 Abs. 4 UAbs. 2 auch auf die Anpassung der Satzung an die gesetzliche Auffangregelung zutrifft, sollte § 25 Abs. 2 S. 4 SEAG aber auch insoweit als unbedenklich angesehen werden (*Schwarz* Rn. 103; MHdB AG/*Austmann* § 86 Rn. 11; aA LHT/*Teichmann* Rn. 12; KK-AktG/*Siems* Anh. Art. 51 §§ 24–26 SEAG Rn. 7).

2. Anrufung des Gerichts innerhalb der Monatsfrist. Wird innerhalb der **12** Frist des Abs. 2 S. 1 ein Antrag auf gerichtliche Entscheidung nach § 26 SEAG gestellt, entfaltet die Bekanntmachung **keine Rechtswirkungen** (MüKoAktG/

Habersack AktG § 97 Rn. 36). Nach dem Rechtsgedanken des § 2 Abs. 3 FamFG iVm § 26 Abs. 4 SEAG, § 99 Abs. 1 AktG genügt zur Fristwahrung auch die Anrufung eines örtlich unzuständigen Gerichts (MüKoAktG/*Habersack* AktG § 97 Rn. 36; LHT/*Teichmann* Rn. 9). Gemäß § 24 Abs. 2 SEAG bleibt es bei Anrufung des Gerichts so lange bei der alten Zusammensetzung, bis eine rechtskräftige Entscheidung vorliegt und auf deren Grundlage ggf. eine neue Besetzung erfolgt (→ Anh. Art. 43 § 26 SEAG Rn. 8).

V. Bekanntmachungssperre bei anhängigem Gerichtsverfahren (Abs. 3)

13   Die Bekanntmachungspflicht des Vorsitzenden entfällt nach § 25 Abs. 3 SEAG, wenn ein **gerichtliches Verfahren** nach § 26 SEAG **anhängig** ist. In diesem Zeitraum kann keine rechtswirksame Bekanntmachung nach § 25 Abs. 1 SEAG erfolgen. Dadurch soll ein Nebeneinander von gerichtlichem und außergerichtlichem Verfahren vermieden und Ersterem der Vorrang eingeräumt werden (Begr. RegE *Kropff* S. 128 zu § 97 Abs. 3 AktG).

14   **Nach rechtskräftiger Gerichtsentscheidung** steht es dem Vorsitzenden dagegen frei, eine von der Entscheidung abweichende Bekanntmachung nach § 25 Abs. 1 SEAG zu erlassen, und zwar nach hM unabhängig davon, ob die Bekanntmachung auf neuen Tatsachen beruht (MüKoAktG/*Habersack* AktG § 97 Rn. 39; Hüffer/*Koch* AktG § 97 Rn. 7; aA Spindler/Stilz/*Spindler* AktG § 97 Rn. 36). Kommt es zu einem erneuten Gerichtsverfahren nach § 26 SEAG, sind aber diejenigen Tatsachen präkludiert, die im früheren Verfahren vorgebracht wurden oder hätten vorgebracht werden können (MüKoAktG/*Habersack* AktG § 97 Rn. 39 mwN).

SEAG Gerichtliche Entscheidung über die Zusammensetzung des Verwaltungsrats

26 (1) Ist streitig oder ungewiss, nach welchen Vorschriften der Verwaltungsrat zusammenzusetzen ist, so entscheidet darüber auf Antrag ausschließlich das Landgericht, in dessen Bezirk die Gesellschaft ihren Sitz hat.

(2) **Antragsberechtigt sind**

1. **jedes Mitglied des Verwaltungsrats,**
2. **jeder Aktionär,**
3. **die nach § 98 Abs. 2 Satz 1 Nr. 4 bis 10 des Aktiengesetzes Antragsberechtigten,**
4. **der SE-Betriebsrat.**

(3) [1]**Entspricht die Zusammensetzung des Verwaltungsrats nicht der gerichtlichen Entscheidung, so ist der neue Verwaltungsrat nach den in der Entscheidung angegebenen Vorschriften zusammenzusetzen.** [2]**§ 25 Abs. 2 gilt entsprechend mit der Maßgabe, dass die Frist von sechs Monaten mit dem Eintritt der Rechtskraft beginnt.**

(4) **Für das Verfahren gilt § 99 des Aktiengesetzes entsprechend mit der Maßgabe, dass die nach Absatz 5 der Vorschrift vorgesehene Einreichung der rechtskräftigen Entscheidung durch den Vorsitzenden des Verwaltungsrats erfolgt.**

I. Allgemeines

In Ergänzung zum außergerichtlichen Verfahren nach § 25 regelt § 26 SEAG **1** das **gerichtliche Statusverfahren.** Der Normzweck ist wie bei § 25 SEAG darauf gerichtet, die ordnungsgemäße Zusammensetzung des Verwaltungsrats in einem auf **Rechtssicherheit** bedachten Verfahren zu gewährleisten (→ Anh. Art. 43 § 25 SEAG Rn. 1). Die Vorschrift lehnt sich eng an das aktienrechtliche Regelungsvorbild der §§ 98 f. AktG an und nimmt nur einige wenige Anpassungen an das monistische System vor. Auf die zu §§ 98 f. AktG entwickelten Grundsätze kann daher weitestgehend zurückgegriffen werden.

II. Einleitung des gerichtlichen Verfahrens (Abs. 1)

Das Gericht wird nach § 26 Abs. 1 SEAG nur **auf Antrag** tätig. Dieser ist **2** formlos möglich und unterliegt keinem Anwaltszwang (MüKoAktG/*Habersack* AktG § 98 Rn. 3). Er setzt nicht voraus, dass vorher ein Bekanntmachungsverfahren nach § 25 SEAG stattgefunden hat (LHT/*Teichmann* Rn. 4; Hüffer/*Koch* AktG § 98 Rn. 3). Ist eine Bekanntmachung nach § 25 Abs. 1 SEAG erfolgt, kann der Antrag auch noch nach Ablauf der Monatsfrist des § 25 Abs. 2 S. 1 SEAG gestellt werden; die Bekanntmachung entfaltet dann aber bis auf weiteres ihre Wirkung (→ Anh. Art. 43 § 25 SEAG Rn. 9). Der Antrag braucht nicht begründet zu werden (Spindler/Stilz/*Spindler* AktG § 98 Rn. 6), muss aber den Antragsteller und das Antragsziel erkennen lassen (MüKoAktG/*Habersack* AktG § 98 Rn. 4). Das Antragsziel muss auf eine **Änderung der Zusammensetzung** des Verwaltungsrats gerichtet sein. Eine Bestätigung der bestehenden Zusammensetzung kann dagegen nicht begehrt werden (MüKoAktG/*Habersack* AktG § 98 Rn. 4; GroßkommAktG/*Hopt/Roth/Peddinghaus* AktG § 98 Rn. 5).

Der Antrag ist nach § 26 Abs. 1 SEAG nur zulässig, wenn über die richtige **3** Zusammensetzung des Verwaltungsrats **Ungewissheit oder Streit** besteht. Ungewissheit setzt die konkrete Möglichkeit künftiger Streitigkeiten voraus (MüKo-AktG/*Habersack* AktG § 98 Rn. 5; Spindler/Stilz/*Spindler* AktG § 98 Rn. 7; großzügiger GroßkommAktG/*Hopt/Roth/Peddinghaus* AktG § 98 Rn. 7). Streit besteht, wenn sich mehrere Beteiligte über die Zusammensetzung des Verwaltungsrats ernsthaft auseinandersetzen (MüKoAktG/*Habersack* AktG § 98 Rn. 5).

Der Antrag ist an das **zuständige Gericht** zu richten. Nach § 26 Abs. 1 **4** SEAG ist örtlich und sachlich ausschließlich das Landgericht zuständig, in dessen Bezirk die SE ihren Sitz hat. Gemeint ist damit der satzungsmäßige Sitz und nicht der Sitz der Hauptverwaltung (vgl. § 5 AktG, LHT/*Teichmann* Rn. 2). Innerhalb des Landgerichts ist die Kammer für Handelssachen zuständig (§§ 71 Abs. 2 Nr. 4 lit. c, 94, 95 Abs. 2 Nr. 2 GVG). Nach § 71 Abs. 4 GVG können die Länder durch Rechtsverordnung eine **Zuständigkeitskonzentration** vornehmen. Sonderzuständigkeiten bestehen etwa in Baden-Württemberg mit den Landgerichten Mannheim und Stuttgart (ZuVoJu vom 20.11.1998, § 13 Abs. 1, 2 Nr. 11), in Hessen mit dem Landgericht Frankfurt a. M. (JuZuV vom 3.6.2013, § 38 Nr. 3) und in Nordrhein-Westfalen mit den Landgerichten Dortmund, Düsseldorf und Köln (KonzVOGesR vom 8.6.2010, § 1 Nr. 5 lit. b).

III. Antragsberechtigte (Abs. 2)

Der Kreis der Antragsberechtigten wird durch § 26 Abs. 2 SEAG definiert, der **5** sich an § 98 Abs. 2 AktG anlehnt. Antragsbefugt sind danach jedes Verwaltungsratsmitglied (Nr. 1), jeder Aktionär (Nr. 2), der SE-Betriebsrat (Nr. 4) sowie die in § 98 Abs. 2 Nr. 4–10 AktG genannten Vertretungen der Arbeitnehmer. Nicht antragsbefugt sind die geschäftsführenden Direktoren.

IV. Verfahren und gerichtliche Entscheidung (Abs. 3–4)

6   **1. Verfahren.** Nach § 26 Abs. 4 SEAG gilt für das **gerichtliche Verfahren**
§ 99 AktG entsprechend. Abs. 4 nimmt lediglich insoweit eine Anpassung an das
monistische System vor, als anstelle des Vorstands der Verwaltungsratsvorsitzende
verpflichtet ist, die rechtskräftige Entscheidung entsprechend § 99 Abs. 5 S. 3
AktG zum Handelsregister einzureichen. Infolge der Verweisung auf § 99 AktG
gilt auch für das Verfahren nach § 26 SEAG das Verfahrensrecht des **FamFG,**
soweit § 99 Abs. 2–5 AktG hiervon nicht abweicht. Das Landgericht hat den
Antrag entsprechend § 99 Abs. 2 S. 1 AktG in den Gesellschaftsblättern (§ 25
AktG) bekannt zu machen und die Beteiligten nach Maßgabe des § 99 Abs. 2
S. 2 AktG anzuhören.

7   **2. Entscheidung und Rechtsmittel.** Die **gerichtliche Entscheidung** er-
geht nach § 26 Abs. 4 SEAG iVm § 99 Abs. 3 AktG durch Beschluss. Gegen
diesen kann innerhalb einer Frist von einem Monat (§ 63 Abs. 1 FamFG, § 99
Abs. 4 S. 4 AktG) **Beschwerde zum OLG** erhoben werden (§ 119 Abs. 1 Nr. 2
GVG). Zur Beschwerde berechtigt sind alle Antragsberechtigten (§ 99 Abs. 4 S. 3
AktG iVm § 26 Abs. 2, Abs. 4 SEAG). Die Beschwerde ist nach § 64 Abs. 1
FamFG beim Ausgangsgericht (Landgericht) einzulegen, unterliegt dem Anwaltszwang (§ 99 Abs. 3 S. 4 AktG) und kann nur auf Rechtsverletzungen gestützt
werden (Rechtsbeschwerde, § 99 Abs. 3 S. 3 AktG iVm §§ 72 Abs. 1 S. 2, 74
Abs. 2–3 FamFG, § 547 ZPO). Auch auf der Ebene des Beschwerdegerichts
kann nach § 99 Abs. 3 S. 5–6 AktG eine **Zuständigkeitskonzentration** zu
beachten sein, so etwa in Nordrhein-Westfalen mit dem OLG Düsseldorf (Konz-
VOGesR vom 8.6.2010, § 2 iVm § 1 Nr. 5 lit. b) und in Rheinland-Pfalz mit
dem OLG Zweibrücken (ZFGGZuVO vom 22.11.1985, § 10 Abs. 2, Nr. 3).
Das OLG kann die **Rechtsbeschwerde zum BGH** zulassen (§§ 70 ff. FamFG,
§ 133 GVG), die innerhalb eines Monats erhoben werden kann (§ 71 Abs. 1
FamFG). Hat das OLG die Rechtsbeschwerde nicht zugelassen, ist keine Nicht-
zulassungsbeschwerde statthaft (Haußleiter/*Haußleiter*, 2011, FamFG § 70 Rn. 5).
Die **Kosten** des Verfahrens im ersten Rechtszug und im Rechtsmittelverfahren
richten sich nach § 99 Abs. 6 AktG iVm§ 75 GNotKG.

8   **3. Wirkungen der rechtskräftigen Entscheidung.** Die gerichtliche Entscheidung wird erst mit **Eintritt der Rechtskraft** wirksam (§ 99 Abs. 5 S. 1
AktG), dh mit fruchtlosem Ablauf der Rechtsmittelfristen bzw. letztinstanzlicher
Entscheidung (→ Rn. 7). Sie wirkt für und gegen jedermann (§ 99 Abs. 5 S. 2
AktG). Der Vorsitzende des Verwaltungsrats hat die Entscheidung zum Handelsregister einzureichen (§ 26 Abs. 4 SEAG). Gibt die rechtskräftige Entscheidung
dem Antrag statt, so ist der Verwaltungsrat nunmehr nach den als maßgeblich
erkannten Vorschriften zusammenzusetzen (§ 26 Abs. 3 S. 1 SEAG). Für die
Umsetzung verweist § 26 Abs. 3 S. 2 SEAG auf § 25 Abs. 2 SEAG, so dass die
dort genannten Regeln über das Erlöschen der Ämter der bisherigen Verwaltungsratsmitglieder, die neue Bestellung und die Anpassung der Satzung entsprechend gelten (→ Anh. Art. 43 § 25 SEAG Rn. 10 f.). Der einzige Unterschied besteht darin, dass die sechsmonatige Höchstfrist für die Umsetzung (§ 25
Abs. 2 S. 2 SEAG) erst mit der Rechtskraft der Entscheidung zu laufen beginnt
(§ 26 Abs. 3 S. 2 SEAG).

9   Das Vorliegen einer rechtskräftigen Entscheidung hindert den Verwaltungsratsvorsitzenden nicht daran, auch ohne neue Tatsachen eine **neue Bekanntmachung** nach § 25 Abs. 1 SEAG zu erlassen (→ Anh. Art. 43 § 25 SEAG
Rn. 14). Zudem können er und die weiteren Antragsberechtigten iSd § 26
Abs. 2 SEAG einen **neuen Antrag** nach Abs. 1 stellen. In diesem Verfahren sind

allerdings Tatsachen präkludiert, die schon in dem früheren Gerichtsverfahren geltend gemacht wurden oder geltend gemacht werden konnten (→ Anh. Art. 43 § 25 SEAG Rn. 14).

SEAG Persönliche Voraussetzungen der Mitglieder des Verwaltungsrats

27 (1) [1]**Mitglied des Verwaltungsrats kann nicht sein, wer**

1. **bereits in zehn Handelsgesellschaften, die gesetzlich einen Aufsichtsrat oder einen Verwaltungsrat zu bilden haben, Mitglied des Aufsichtsrats oder des Verwaltungsrats ist,**
2. **gesetzlicher Vertreter eines von der Gesellschaft abhängigen Unternehmens ist oder**
3. **gesetzlicher Vertreter einer anderen Kapitalgesellschaft ist, deren Aufsichtsrat oder Verwaltungsrat ein Vorstandsmitglied oder ein geschäftsführender Direktor der Gesellschaft angehört.**

[2]**Auf die Höchstzahl nach Satz 1 Nr. 1 sind bis zu fünf Sitze in Aufsichts- oder Verwaltungsräten nicht anzurechnen, die ein gesetzlicher Vertreter (beim Einzelkaufmann der Inhaber) des herrschenden Unternehmens eines Konzerns in zum Konzern gehörenden Handelsgesellschaften, die gesetzlich einen Aufsichtsrat oder einen Verwaltungsrat zu bilden haben, inne hat. [3]Auf die Höchstzahl nach Satz 1 Nr. 1 sind Aufsichtsrats- oder Verwaltungsratsämter im Sinne der Nummer 1 doppelt anzurechnen, für die das Mitglied zum Vorsitzenden gewählt worden ist. [4]Bei einer SE, die kapitalmarktorientiert im Sinne des § 264d des Handelsgesetzbuchs, die CRR-Kreditinstitut im Sinne des § 1 Absatz 3d Satz 1 des Kreditwesengesetzes, mit Ausnahme der in § 2 Absatz 1 Nummer 1 und 2 des Kreditwesengesetzes genannten Institute, oder die Versicherungsunternehmen ist im Sinne des Artikels 2 Absatz 1 der Richtlinie 91/674/EWG des Rates vom 19. Dezember 1991 über den Jahresabschluß und den konsolidierten Abschluß von Versicherungsunternehmen (ABl. L 374 vom 31.12.1991, S. 7), die zuletzt durch die Richtlinie 2006/46/EG (ABl. L 224 vom 16.8.2006, S. 1) geändert worden ist, müssen die Voraussetzungen des § 100 Absatz 5 des Aktiengesetzes erfüllt sein.**

Fassung des Abs. 1 S. 4 bis zum 16.6.2016 (zum Übergangsrecht s. § 56 SEAG):
[4]*Bei einer SE im Sinn des § 264d des Handelsgesetzbuchs muss mindestens ein Mitglied des Verwaltungsrats die Voraussetzungen des § 100 Abs. 5 des Aktiengesetzes erfüllen.*

(2) § 36 Abs. 3 Satz 2 in Verbindung mit § 6 Abs. 2 bis 4 des SE-Beteiligungsgesetzes oder eine Vereinbarung nach § 21 des SE-Beteiligungsgesetzes über weitere persönliche Voraussetzungen der Mitglieder der Arbeitnehmer bleibt unberührt.

(3) Eine juristische Person kann nicht Mitglied des Verwaltungsrats sein.

Schrifttum: *Bayer/Selentin,* Related Party Transactions: Der neueste EU-Vorschlag im Kontext des deutschen Aktien- und Konzernrechts, NZG 2015, 7; *Dreher,* Die Gesamtqualifikation des Aufsichtsrats, FS Hoffmann-Becking, 2013, 313; *v. Falkenhausen/Kocher,* Wie wird der unabhängige Finanzexperte in den Aufsichtsrat gewählt?, ZIP 2009, 1601; *Forst,* Zu den Auswirkungen des Gesetzes zur Angemessenheit der Vorstandsvergütung auf die SE, ZIP 2010, 1786; *Gesell,* Prüfungsausschuss und Aufsichtsrat nach dem BilMoG, ZGR 2011, 361; *Gruber,* Der unabhängige Finanzexperte im Aufsichtsrat nach dem Referentenentwurf des Bilanzrechtsmodernisierungsgesetzes, NZG 2008, 12; *Habersack,* „Kirch/Deutsche Bank" und die Folgen – Überlegungen zu § 100 Abs. 5 AktG und Ziff. 5.4, 5.5 DCGK, FS Goette, 2011, 121; *ders.,* Aufsichtsrat und Prüfungsausschuss nach dem BilMoG, AG 2008, 98; *Ihrig/Wagner,* Diskussionsentwurf für ein SE-Ausführungsgesetz, BB 2003, 969; *Jaspers,* Voraussetzungen und Rechtsfolgen der Unabhängigkeit eines Aufsichtsratsmitglieds nach dem BilMoG, AG 2009, 607; *ders.,* Höchstgrenzen für Aufsichtsratsmandate nach Aktienrecht und DCGK, AG 2011, 154; *Mader,* Die internationale Besetzung des Aufsichtsrats einer deutschen Aktiengesellschaft, ZGR 2014, 430; *Staake,* Der unabhängige Finanzexperte im Aufsichtsrat, ZIP 2010, 1013; *Sünner,* Die Bestellung des Finanzexperten im Aufsichtsrat, FS U. H. Schneider, 2011, 1301; *Velte,* Der Referentenentwurf für ein Abschlussprüfungsreformgesetz, WPg 2015, 482; *Verse/Baum,* Mehrfachmandate in der monistischen SE, AG 2016, 235; *E. Vetter,* Der Prüfungsausschuss in der AG nach dem BilMoG, ZGR 2010, 751; *Weller,* Höchstmandatszahl für Aufsichtsräte, Board 2011, 148; *Wind/Klie,* Der unabhängige Finanzexperte nach dem BilMoG – Rechtsfolgen eines abweichend von § 100 Abs. 5 AktG besetzten Aufsichtsrats, DStR 2010, 1339.

Übersicht

	Rn.
I. Allgemeines	1
II. Verhältnis zur Art. 47 Abs. 2; weitere Bestellungsvoraussetzungen	3
1. Anwendung des § 76 Abs. 3 AktG	3
2. Keine Anwendung des § 105 Abs. 1 AktG	6
III. Allgemeine persönliche Voraussetzungen	7
1. Anlehnung an § 100 Abs. 2 AktG (Abs. 1 S. 1–3)	7
a) Höchstzahl von Aufsichtsrats- und Verwaltungsratsmandaten (Abs. 1 S. 1 Nr. 1, S. 2–3, DCGK)	8
b) Gesetzliche Vertreter eines abhängigen Unternehmens (Abs. 1 S. 1 Nr. 2)	12
c) Überkreuzverflechtung (Abs. 1 S. 1 Nr. 3)	13
d) Kein „cooling off" entsprechend § 100 Abs. 2 S. 1 Nr. 4 AktG	14
2. Nur natürliche Personen (Abs. 3)	15
IV. Besondere Voraussetzungen	17
1. Finanzexperte (Abs. 1 S. 4)	17
a) Bisherige Fassung: Unabhängiger Finanzexperte in kapitalmarktorientierten Gesellschaften	18
b) Neue Fassung (AReG): Finanzexperte in Unternehmen von öffentlichem Interesse; Branchenkenntnis des Gesamtorgans	18c
2. Arbeitnehmervertreter (Abs. 2)	19
V. Rechtsfolgen von Verstößen	20
1. Fehlen der persönlichen Voraussetzungen bei der Bestellung	20
2. Wegfall der persönlichen Voraussetzungen nach Amtsantritt	23

I. Allgemeines

1   § 27 SEAG formuliert zwingende **persönliche Voraussetzungen** für die Bestellung zum **Verwaltungsratsmitglied.** Regelungsvorbild sind die Voraussetzungen für Aufsichtsratsmitglieder nach § 100 AktG. Diese werden auf den Verwaltungsrat übertragen, da diese gegenüber den geschäftsführenden Direktoren eine vergleichbare Aufsichtsfunktion ausübt (Begr. RegE SEEG, BT-Drs. 15/3405, 37 f.). Normzweck ist ebenso wie im Rahmen des § 100 AktG die Sicherstellung einer effektiven Überwachungstätigkeit (NK-SE/*Manz* Rn. 83; zur AG MüKoAktG/*Habersack* AktG § 100 Rn. 1). Allerdings hat der Gesetzgeber bei

der Anlehnung an § 100 AktG übersehen, dass sich einzelne seiner Regelungen nach ihrem Sinn und Zweck nicht uneingeschränkt auf das monistische System übertragen lassen (→ Rn. 12 ff. zu Abs. 1 S. 1 Nr. 2 und Nr. 3).

Nach hier vertretener Ansicht stellt § 27 SEAG nicht nur klar, was sich **2** ohnehin schon aus Art. 47 Abs. 2 iVm § 100 AktG ergibt (so aber KK-AktG/ *Siems* Anh. Art. 51 § 27 SEAG Rn. 1 auf Grundlage einer abweichenden Auslegung des Art. 47 Abs. 2; → Rn. 3 f.). Vielmehr schließt die Vorschrift auf der Grundlage des Art. 43 Abs. 4 zumindest partiell die Lücke, die sich daraus ergibt, dass das allgemeine deutsche Aktienrecht keine Vorschriften für das monistische System und damit auch keine hierauf zugeschnittenen Bestellungsverbote kennt. § 27 SEAG regelt die persönlichen Voraussetzungen für die Bestellung zum Verwaltungsratsmitglied allerdings **nicht abschließend.** Entsprechende Anwendung finden daneben auch die Bestellungshindernisse des § 76 Abs. 3 AktG (→ Rn. 3 ff.). Sektorspezifisch sind für Banken und Versicherungen ferner die Sonderregeln in § 25d KWG und § 24 VAG nF zu beachten. Schließlich kann in Bezug auf die Anteilseignervertreter auch die Satzung weitere Anforderungen formulieren (Art. 47 Abs. 3). Ein ungeschriebenes Bestellungsverbot für Wettbewerber der Gesellschaft ist dagegen ebenso wenig anzuerkennen wie in der AG (zur AG hM, MüKoAktG/*Habersack* AktG § 100 Rn. 82; *Verse* in Krieger/ U. H. Schneider, HdB Managerhaftung, 2. Aufl. 2010, § 22 Rn. 64 mwN; aA *Lutter* in Lutter/Krieger/Verse Rn. 22 f.; MüKoAktG/*Reichert/Brandes* Art. 47 Rn. 19, 33; beachte aber auch Ziff. 5.4.2 S. 4 DCGK).

II. Verhältnis zu Art. 47 Abs. 2; weitere Bestellungsvoraussetzungen

1. Anwendung des § 76 Abs. 3 AktG. Der Gesetzgeber des SEAG ist offen- **3** bar davon ausgegangen, dass die Bestellungsvoraussetzungen für die Vorstandsmitglieder nach **§ 76 Abs. 3 AktG** bereits gemäß **Art. 47 Abs. 2** auf den Verwaltungsrat anwendbar sind, ohne dass es hierfür einer gesonderten Regelung im SEAG bedürfte. Dies zeigt sich zum einen an § 31 Abs. 1 Nr. 3 SEAG, der die Wahl von Verwaltungsratsmitgliedern bei Verstoß gegen ein Bestellungsverbot nach Art. 47 Abs. 2 für nichtig erklärt. Zum anderen bestimmt § 40 Abs. 1 S. 4 SEAG, dass § 76 Abs. 3 AktG entsprechend anzuwenden ist, wenn Dritte zu geschäftsführenden Direktoren bestellt werden. Dabei wird offensichtlich vorausgesetzt, dass für geschäftsführende Direktoren, die zugleich Verwaltungsratsmitglieder sind, § 76 Abs. 3 AktG ebenfalls gilt.

Ob die Anwendung des § 76 Abs. 3 AktG auf die Verwaltungsratsmitglieder **4** tatsächlich schon aus Art. 47 Abs. 2 folgt, ist allerdings zweifelhaft. Zwar ordnet Art. 47 Abs. 2 an, dass die Bestellungsverbote für Leitungs-, Aufsichts- und Verwaltungsorganmitglieder einer nationalen Aktiengesellschaft auch für die Organmitglieder der SE gelten. Diese Vorgabe ist aber einschränkend so auszulegen, dass die Bestellungsverbote nur auf das jeweils **entsprechende Organ** anzuwenden sind (→ Art. 47 Rn. 12 mzN), was in den anderen Sprachfassungen der Verordnung auch deutlich zum Ausdruck kommt („corresponding organ", „l'organe correspondante"). Daher gilt § 76 Abs. 3 AktG in der dualistischen SE nur für Vorstands-, nicht die Aufsichtsratsmitglieder. In der monistischen SE gibt es aber kein Organ, das dem Vorstand oder dem Aufsichtsrat unmittelbar entspricht. Daher ist unsicher und im Schrifttum umstritten, ob Art. 47 Abs. 2 tatsächlich auch in diesem Fall die Bestellungsverbote für Vorstand und Aufsichtsrat für anwendbar erklärt (bejahend MüKoAktG/*Reichert/Brandes* Art. 47 Rn. 27 f.; KK-AktG/*Siems* Art. 47 Rn. 19, 23 ff., da sonst Schutzlücken drohen würden; verneinend namentlich LHT/*Teichmann* Rn. 3, Art. 47 Rn. 12, 15; *Schwarz* Art. 47 Rn. 22). Dagegen spricht, dass es dem nationalen Gesetzgeber möglich bleiben muss, die Bestellungsverbote auf die Besonderheiten des monistischen

Systems zuzuschneiden (dies konzediert auch KK–AktG/*Siems* Art. 47 Rn. 19).
Näher liegt daher die Auslegung, dass die Verweisung des Art. 47 Abs. 2 für die
monistische SE in Deutschland mangels entsprechender Bestimmungen im nationalen Recht leer läuft (LHT/*Teichmann* Rn. 3, Art. 47 Rn. 12, 15) und daher
eine Lücke besteht, welche der deutsche Gesetzgeber auf Grundlage des Art. 43
Abs. 4 durch die Schaffung SE-spezifischen Sonderrechts ausfüllen kann und zur
Verwirklichung des Schutzanliegens des Art. 47 Abs. 2 wohl auch ausfüllen muss.

5   Speziell in Bezug auf § 76 Abs. 3 AktG (aber → Rn. 6 zu § 105 Abs. 1 AktG)
wirkt sich die geschilderte Streitfrage allerdings im Ergebnis nicht aus. Unabhängig davon, ob man § 76 Abs. 3 AktG schon über Art. 47 Abs. 2 anwendet oder
stattdessen von einer Regelungslücke ausgeht, besteht zu Recht weithin Einigkeit, dass **§ 76 Abs. 3 AktG zumindest analog** anzuwenden ist (Spindler/Stilz/
Eberspächer Art. 47 Rn. 6; MüKoAktG/*Reichert*/*Brandes* Art. 47 Rn. 27 ff.;
Schwarz Rn. 129 ff., Art. 47 Rn. 33; KK–AktG/*Siems* Art. 47 Rn. 23; LHT/
Teichmann Rn. 4; aA *Seitz* S. 162). Nur diese Lösung trägt der Vergleichbarkeit
der Interessenlage und dem Willen des Gesetzgebers (→ Rn. 3) Rechnung. Sie
beansprucht nach zutreffender Ansicht auch für die nicht-geschäftsführenden
Verwaltungsratsmitglieder Geltung, da auch diese an der Leitung der Gesellschaft
teilhaben (Nachweise wie vor; abweichend insoweit aber → Art. 47 Rn. 18).

6   **2. Keine Anwendung des § 105 Abs. 1 AktG.** Auswirkungen hat die erörterte Frage jedoch auf die gleichfalls umstrittene Frage, ob auch die Bestellungsverbote des **§ 105 Abs. 1 Var. 2 und Var. 3 AktG,** die eine Bestellung von Prokuristen und Handlungsbevollmächtigten verbieten, Anwendung finden (bejahend
unter Hinweis auf Art. 47 Abs. 2 KK–AktG/*Siems* Art. 47 Rn. 23, 25; MüKo-
AktG/*Reichert*/*Brandes* Art. 47 Rn. 34; verneinend Spindler/Stilz/*Eberspächer*
Art. 47 Rn. 6; *Schwarz* Art. 47 Rn. 22). Nach der hier vertretenen Ansicht ergibt
sich die Anwendbarkeit des § 105 Abs. 1 Var. 2–3 AktG nicht aus Art. 47 Abs. 2
(→ Rn. 4). Stattdessen ist § 105 Abs. 1 AktG **nach § 20 SEAG unanwendbar.**
Nur dieses Ergebnis erscheint auch sinnvoll. Denn wenn ein Verwaltungsratsmitglied gleichzeitig geschäftsführender Direktor sein kann (§ 40 Abs. 1 S. 2 SEAG),
ist nicht einzusehen, warum es nicht auch Prokurist oder Handlungsbevollmächtigter sein kann (ebenso → Art. 47 Rn. 19; Spindler/Stilz/*Eberspächer* Art. 47 Rn. 6;
LHT/*Teichmann* Rn. 14a). Der Einwand, auf diese Weise könne die Mehrheitsregel
des § 40 Abs. 1 S. 2 SEAG umgangen werden (KK–AktG/*Siems* Art. 47 Rn. 25;
MüKoAktG/*Reichert*/*Brandes* Art. 47 Rn. 34), lässt sich dadurch entkräften, dass
man Verwaltungsratsmitglieder, die zugleich Prokuristen oder Handlungsbevollmächtigte sind, für Zwecke des § 40 Abs. 1 S. 2 SEAG den geschäftsführenden
Verwaltungsratsmitgliedern zurechnet (Spindler/Stilz/*Eberspächer* Art. 47 Rn. 6;
LHT/*Teichmann* Rn. 14a). Unstreitig nicht entsprechend anwendbar ist im Übrigen
der speziell auf das dualistische Modell zugeschnittene § 105 Abs. 1 Var. 1 AktG
(Inkompatibilität der Mitgliedschaft in Vorstand und Aufsichtsrat).

III. Allgemeine persönliche Voraussetzungen

7   **1. Anlehnung an § 100 Abs. 2 AktG (Abs. 1 S. 1–3).** Die in § 27 Abs. 1
S. 1–3 SEAG vorgesehenen Bestellungshindernisse lehnen sich an **§ 100 Abs. 2
AktG** an. Eine Ausnahme gilt nur für das auf die monistische SE nicht übertrag-
bare „cooling off" beim Wechsel vom Vorstand in den Aufsichtsrat nach § 100
Abs. 2 S. 1 Nr. 4 AktG (→ Rn. 14).

8   **a) Höchstzahl von Aufsichtsrats- und Verwaltungsratsmandaten
(Abs. 1 S. 1 Nr. 1, S. 2–3, DCGK).** Abs. 1 S. 1 Nr. 1 erstreckt die aus § 100
Abs. 2 S. 1 Nr. 1 AktG bekannte Höchstzahl von zehn Aufsichtsratsmandaten in
Handelsgesellschaften mit obligatorischem Aufsichtsrat auch auf Verwaltungsrats-

mandate, stellt diese mithin Aufsichtsratsmandaten gleich (anders § 45 Abs. 3 S. 2 Hs. 2 österr. SEG, wonach Verwaltungsratsmandate doppelt gewichtet werden; de lege ferenda in diese Richtung auch KK-AktG/*Siems* Anh. Art. 51 § 27 SEAG Rn. 6). Vorstandsmandate oder Mandate als geschäftsführender Direktor werden dagegen nach dem klaren Wortlaut von Abs. 1 S. 1 Nr. 1 ebenso wenig erfasst wie von § 100 Abs. 2 S. 1 Nr. 1 AktG. Dahinter dürfte die Überlegung des Gesetzgebers stehen, dass einer Häufung dieser Mandate bereits durch § 88 Abs. 1 S. 2 AktG, § 40 Abs. 7 SEAG begegnet wird.

Abs. 1 S. 1 Nr. 1 erfasst dem Wortlaut nach alle Verwaltungsratsmandate, **8a** gleich ob es sich um eine Tätigkeit als geschäftsführendes oder nicht geschäftsführendes Verwaltungsratsmitglied handelt. Zu § 100 Abs. 2 Nr. 1 AktG, dessen Wortlaut enger gefasst ist und nur Aufsichtsratsmandate anspricht, wird demgegenüber überwiegend vertreten, dass nur die Tätigkeit als **nicht geschäftsführendes Verwaltungsratsmitglied** einem Aufsichtsratsmandat gleichsteht (Grigoleit/*Grigoleit/Tomasic* AktG § 100 Rn. 4; MüKoAktG/*Habersack* AktG § 100 Rn. 19; Spindler/Stilz/*Spindler* AktG § 100 Rn. 16; aA GroßkommAktG/ *Hopt/Roth* AktG § 100 Rn. 34 Fn. 116, Rn. 37). Folgt man dem, ist es aus Gründen der Gleichbehandlung (Art. 10) trotz des unterschiedlichen Wortlauts geboten, auch im Rahmen des § 27 Abs. 1 S. 1 Nr. 1 SEAG eine entsprechende (einschränkende) Auslegung zu befürworten und nur nicht geschäftsführende Verwaltungsratsmandate mitzuzählen (im Ergebnis ebenso Spindler/Stilz/*Spindler* AktG § 100 Rn. 16; aufgeschlossen auch LHT/*Teichmann* Rn. 5 Fn. 7). Das Amt eines geschäftsführenden Verwaltungsratsmitglieds ist dagegen wie ein Vorstandsmandat zu behandeln (→ Rn. 8).

Streitig ist, ob auch Mandate in **ausländischen Gesellschaften** mitzuzählen **9** sind. Sofern es sich um Mandate handelt, die dem Amt eines Aufsichtsrats- oder nicht geschäftsführenden Verwaltungsratsmitglieds funktional vergleichbar sind, ist diese Frage nach vordringender und mit Blick auf den Normzweck (→ Rn. 1) überzeugender Ansicht zu bejahen (MüKoAktG/*Habersack* AktG § 100 Rn. 19; GroßkommAktG/*Hopt/Roth* AktG § 100 Rn. 36 ff.; *Weller* Board 2011, 148 ff.; aA MüKoAktG/*Reichert/Brandes* Art. 47 Rn. 12, 31; LHT/*Teichmann* Rn. 8 ff.; *Mader* ZGR 2014, 430 [435 ff.]).

Auf die Höchstzahl nach Abs. 1 S. 1 Nr. 1 werden nach dem **Konzernprivi-** **10** **leg** des **Abs. 1 S. 2** bis zu fünf Sitze in Aufsichts- oder Verwaltungsräten nicht angerechnet, die ein gesetzlicher Vertreter der Konzernobergesellschaft in einem zum Konzern gehörenden Handelsgesellschaften innehat. Dagegen werden **Vorsitzmandate** nach **Abs. 1 S. 3** doppelt angerechnet. Diese beiden Regelungen entsprechen § 100 Abs. 2 S. 2 und S. 3 AktG (dazu MüKoAktG/*Habersack* AktG § 100 Rn. 21 ff.).

Bei **börsennotierten Gesellschaften** iSd § 161 AktG ist darüber hinaus die **11** Empfehlung der **Ziff. 5.4.5 Abs. 1 S. 2 DCGK** zu beachten (eingehend zu dieser Empfehlung *Jaspers* AG 2011, 154 [156 ff.]; allgemein zur Anwendung des DCGK auf die monistische SE → Anh. Art. 43 § 22 SEAG Rn. 56 ff.). Danach sollen Aufsichtsratsmitglieder, die dem Vorstand einer börsennotierten Gesellschaft angehören, insgesamt nicht mehr als drei Aufsichtsratsmandate in konzernexternen börsennotierten Gesellschaften oder Aufsichtsgremien mit vergleichbaren Anforderungen wahrnehmen, wobei als vergleichbares Mandat auch das Amt eines nicht geschäftsführenden Verwaltungsratsmitglieds einer konzernexternen börsennotierten SE anzusehen ist (*Jaspers* AG 2011, 154 [159]). Diese Empfehlung ist in der monistischen SE anstelle der Aufsichtsratsmitglieder auf die Verwaltungsratsmitglieder zu beziehen.

b) Gesetzliche Vertreter eines abhängigen Unternehmens (Abs. 1 S. 1 **12** **Nr. 2).** Nach § 27 Abs. 1 S. 1 Nr. 2 SEAG können gesetzliche Vertreter eines von der Gesellschaft abhängigen Unternehmens (§ 17 AktG) nicht zum Verwaltungsratsmitglied bestellt werden. Die Vorschrift ist § 100 Abs. 2 S. 1 Nr. 2 AktG nachgebildet. Bei der Anlehnung an diese Vorschrift hat der Gesetzgeber indes übersehen, dass sie sich nach ihrem Sinn und Zweck nicht uneingeschränkt auf das monistische System übertragen lässt (zum Folgenden eingehend *Verse/Baum* AG 2016, 235; ferner *Schönborn* S. 239 f.; *Fischer* S. 183; *Hochstein* S. 153 f.). Im dualistischen System ist § 100 Abs. 2 S. 1 Nr. 2 AktG als Ausdehnung des Gebots der strikten Funktionstrennung zwischen Aufsichtsrat und Vorstand (§ 105 Abs. 1 AktG) zu verstehen; es geht darum, die Unabhängigkeit der Aufsichtsratsmitglieder von den zu kontrollierenden Vorstandsmitgliedern zu sichern (MüKoAktG/*Habersack* AktG § 100 Rn. 27). Diese Unabhängigkeit fehlt bei einem gesetzlichen Vertreter (Geschäftsleiter) einer Tochtergesellschaft, da der Vorstand der Mutter typischerweise Einfluss auf dessen Bestellung und Geschäftsführung hat. Im monistischen System ist die Unabhängigkeit der Verwaltungsratsmitglieder von den geschäftsführenden Direktoren jedoch von vornherein nur in den Grenzen des § 40 Abs. 1 S. 2 SEAG gewährleistet. Wenn nach dieser Vorschrift Verwaltungsratsmitglieder in Personalunion auch geschäftsführende Direktoren sein können, solange nur die Mehrheit des Verwaltungsrats aus nicht geschäftsführenden Mitgliedern besteht, nimmt das Gesetz damit bewusst in Kauf, dass von einem Teil der Verwaltungsratsmitglieder gerade keine unabhängige Kontrolle der geschäftsführenden Direktoren erwartet werden kann. Der Schutz der Unabhängigkeit der Verwaltungsratsmitglieder von den zu überwachenden geschäftsführenden Direktoren ist mit anderen Worten im monistischen System nur in Bezug auf die **nicht geschäftsführenden Verwaltungsratsmitglieder** ein plausibler Regelungszweck. Nach zutreffender Ansicht ist daher Abs. 1 S. 1 Nr. 2 im Wege **teleologischer Reduktion** so einzuschränken, dass die Tätigkeit als gesetzlicher Vertreter eines von der SE abhängigen Unternehmens nicht generell der Mitgliedschaft im Verwaltungsrat, sondern nur der Einordnung als nicht geschäftsführendes Verwaltungsratsmitglied iSd § 40 Abs. 1 S. 2 Hs. 2 SEAG entgegensteht (ausführlich *Verse/Baum* AG 2016, 235 [236 ff.] mit weiteren Argumenten).

12a   Folglich begegnet es nach hier vertretener Ansicht keinen Bedenken, wenn ein geschäftsführendes Verwaltungsratsmitglied einer herrschenden SE mit Zustimmung des Verwaltungsrats (§ 88 Abs. 1 S. 2 AktG iVm §§ 40 Abs. 7, 22 Abs. 6 SEAG) auch noch ein Mandat als gesetzlicher Vertreter einer Tochtergesellschaft ausübt (ebenso wenig, wie dies bei einem Vorstandsmitglied einer herrschenden AG auf Bedenken stieße). Ferner kann nach hier vertretener Ansicht auch ein gesetzlicher Vertreter der Tochter, der nicht zugleich geschäftsführender Direktor der herrschenden SE ist, dem Verwaltungsrat der SE angehören, sofern er für Zwecke des § 40 Abs. 1 S. 2 Hs. 2 SEAG den geschäftsführenden Verwaltungsratsmitgliedern zugerechnet wird. Dieses Ergebnis entspricht demjenigen in dem vergleichbaren Fall, dass ein Prokurist oder Generalhandlungsbevollmächtigter dem Verwaltungsrat angehört (→ Rn. 6; zu dieser Wertungsparallele auch *Verse/Baum* AG 2016, 235 [237 f.]).

12b   Abs. 1 S. 1 Nr. 2 gilt mit der vorstehenden Maßgabe auch für gesetzliche Vertreter eines abhängigen Unternehmens mit Sitz im Ausland (ganz hM; LHT/*Teichmann* Rn. 11; MüKoAktG/*Habersack* AktG § 100 Rn. 28). Verwaltungsratsmitglieder einer abhängigen monistischen SE, die nicht zugleich als geschäftsführender Direktor amtieren, gehören nicht zu den gesetzlichen Vertretern (§ 41 Abs. 1 SEAG). Sie werden daher von der Inkompatibilität gemäß Abs. 1 S. 1 Nr. 2 nicht erfasst (LHT/*Teichmann* Rn. 12).

13   **c) Überkreuzverflechtung (Abs. 1 S. 1 Nr. 3).** Von der Mitgliedschaft im Verwaltungsrat ausgeschlossen ist nach § 27 Abs. 1 S. 1 Nr. 3 SEAG auch, wer gesetzlicher Vertreter einer Kapitalgesellschaft ist, deren Aufsichts- oder Verwaltungsrat ein geschäftsführender Direktor der Gesellschaft angehört. Dieses Verbot der Überkreuzverflechtung ist § 100 Abs. 2 S. 1 Nr. 3 AktG nachgebildet und soll im dualistischen System in Ausdehnung des Gebots der Funktionstrennung zwischen Vorstand und Aufsichtsrat (§ 105 Abs. 1 AktG) die Unabhängigkeit der Aufsichtsratsmitglieder von den zu überwachenden Vorstandsmitgliedern sicherstellen (Schmidt/Lutter/*Drygala* AktG § 100 Rn. 10). Genau wie im Fall des Abs. 1 S. 1 Nr. 2 (→ Rn. 12 f.) lässt sich dieses Regelungsanliegen im monistischen System aber nur auf die **nicht geschäftsführenden Verwaltungsratsmitglieder** übertragen, da § 40 Abs. 1 S. 2 SEAG die fehlende Unabhängigkeit der geschäftsführenden Verwaltungsratsmitglieder bewusst akzeptiert. Nach hier vertretener Ansicht ist daher Abs. 1 S. 1 Nr. 3 ebenso wie Nr. 2 teleologisch so zu reduzieren, dass eine Überkreuzverflechtung die Mitgliedschaft im Verwaltungsrat nicht generell ausschließt, sondern nur der Einordnung als nicht geschäftsführendes Verwaltungsmitglied iSd § 40 Abs. 1 S. 2 Hs. 2 SEAG entgegensteht (*Verse/Baum* AG 2016, 235 [238]).

Dass der Wortlaut des Abs. 1 S. 1 Nr. 3 die Überkreuzverflechtung nicht nur **13a**
auf einen geschäftsführenden Direktor, sondern auch auf ein Vorstandsmitglied der Gesellschaft bezieht, beruht offensichtlich auf einem Redaktionsversehen; die monistische SE hat keine Vorstandsmitglieder. Der Normzweck erfordert es im Übrigen auch hier, Überkreuzverflechtungen mit ausländischen Gesellschaften mit zu erfassen (*Schwarz* Rn. 126; LHT/*Teichmann* Rn. 14; zur AG MüKoAktG/*Habersack* AktG § 100 Rn. 31; GroßkommAktG/*Hopt/Roth* AktG § 100 Rn. 62; aA KK-AktG/*Mertens/Cahn* AktG § 100 Rn. 37; *Mader* ZGR 2014, 430 [450 f.]).

d) Kein „cooling off" entsprechend § 100 Abs. 2 S. 1 Nr. 4 AktG.
Anders als die übrigen Tatbestände des § 100 Abs. 2 AktG ist die durch das **14**
VorstAG vom 31.7.2009 (BGBl. I S. 2509) eingeführte Karenzzeitregelung („cooling-off"-Periode) des § 100 Abs. 2 S. 1 Nr. 4 AktG für den Wechsel vom Vorstand in den Aufsichtsrat nicht in § 27 SEAG übernommen worden. Sie ist wegen § 20 SEAG auch nicht entsprechend anwendbar (*Forst* ZIP 2010, 1786 [1788 f.]; LHT/*Teichmann* Rn. 6 Fn. 9; im Ergebnis auch MüKoAktG/*Reichert/Brandes* Art. 47 Rn. 31a). Da das monistische Modell von vornherein auf eine strikte Trennung von Geschäftsführungs- und Aufsichtsfunktion verzichtet, ist diese Lösung nur konsequent.

2. Nur natürliche Personen (Abs. 3). Gemäß Art. 47 Abs. 1 können nach **15**
Maßgabe der Satzung auch juristische Personen Organmitglieder sein, sofern das mitgliedstaatliche Recht nichts Abweichendes bestimmt. Eine solche abweichende Regelung enthält § 27 Abs. 3 SEAG, der juristische Personen von der Mitgliedschaft im Verwaltungsrat ausschließt. Trotz der ungenauen Formulierung sind auch rechtsfähige Personengesellschaften von der Mitgliedschaft im Verwaltungsrat ausgeschlossen (MHdB AG/*Austmann* § 86 Rn. 11), da ausweislich der Materialien **nur natürliche Personen** zugelassen werden sollten (Begr. RegE SEEG, BT-Drs. 15/3405, 38).

Im Diskussionsentwurf zum SEEG fehlte noch eine dem § 27 Abs. 3 SEAG **16**
entsprechende Regelung, was offenbar auf der Annahme beruhte, dass über Art. 47 Abs. 2 ohnehin **§§ 76 Abs. 3, 100 Abs. 1 AktG** anwendbar seien (LHT/*Teichmann* Rn. 16). Davon ist anscheinend auch der Gesetzgeber ausgegangen, der die auf eine Anregung im Schrifttum (*Ihrig/Wagner* BB 2003, 969 [974]) zurückgehende Vorschrift des § 27 Abs. 3 SEAG nur als Klarstellung aufgefasst hat (Begr. RegE SEEG, BT-Drs. 15/3405, 38). Wenngleich die auf Art. 47 Abs. 2 beruhende Prämisse nicht zutrifft, besteht im Ergebnis in der Tat kein Zweifel, dass der gesamte § 76 Abs. 3 AktG entsprechende Anwendung

findet (→ Rn. 3 ff.). Daher sind nicht nur das Erfordernis einer natürlichen Person, sondern **auch die weiteren Voraussetzungen des § 76 Abs. 3 AktG** (unbeschränkte Geschäftsfähigkeit, kein Einwilligungsvorbehalt, keine Disqualifikation wegen Berufsverbots oder Straftat) auf die Verwaltungsratsmitglieder anzuwenden.

IV. Besondere Voraussetzungen

17 **1. Finanzexperte (Abs. 1 S. 4).** § 27 Abs. 1 S. 4 SEAG nimmt auf **§ 100 Abs. 5 AktG** Bezug und ist wie diese Vorschrift ursprünglich durch das BilMoG vom 25.5.2009 (BGBl. I S. 1102) eingeführt worden (zum Übergangsrecht s. § 54 SEAG und Voraufl.). § 100 Abs. 5 AktG geht seinerseits auf den früheren Art. 41 RL 2006/43/EG (Abschlussprüferrichtlinie) zurück (näher *Habersack* AG 2008, 98 ff.; *Habersack/Verse* EuropGesR § 9 Rn. 72). Nach Änderung der Abschlussprüferrichtlinie durch die RL 2014/56/EU finden sich die betreffenden Vorgaben nunmehr in modifizierter Form in Art. 39 RL 2014/56/EU. Zur Umsetzung dieser Vorschrift sind Abs. 1 S. 4 und § 100 Abs. 5 AktG durch das **Abschlussprüfungsreformgesetz** (AReG) vom 10.5.2016 (BGBl. I S. 1142) neu gefasst worden (→ Rn. 18c ff.). Im gleichen Zug sind auch die Vorschriften über den Prüfungsausschuss (§ 34 Abs. 4 S. 5–6 SEAG) angepasst worden (→ Anh. Art. 43 § 34 SEAG Rn. 38 ff.).

18 **a) Bisherige Fassung: Unabhängiger Finanzexperte in kapitalmarktorientierten Gesellschaften.** Nach der bis zum AReG (→ Rn. 18c) geltenden Fassung des Abs. 1 S. 4 iVm § 100 Abs. 5 AktG musste im Verwaltungsrat von **kapitalmarktorientierten Gesellschaften** (§ 264d HGB) mindestens ein Mitglied (der sog. **Finanzexperte**) über Sachverstand auf den Gebieten Rechnungslegung oder Abschlussprüfung verfügen und überdies unabhängig sein. **Sachverständig** in diesem Sinne ist nur, wer beruflich mit Rechnungslegung und/oder Abschlussprüfung befasst ist oder war. Anzunehmen ist dies ausweislich der Gesetzesmaterialien aber nicht nur bei Angehörigen der steuerberatenden oder wirtschaftsprüfenden Berufe oder bei einer speziellen beruflichen Ausbildung, sondern etwa auch bei Finanzvorständen, fachkundigen Angestellten aus den Bereichen Rechnungswesen und Controlling, Analysten oder langjährigen Mitgliedern in Prüfungsausschüssen oder Betriebsräten, die sich entsprechende Fähigkeiten im Zuge ihrer Tätigkeit durch Weiterbildung angeeignet haben (Begr. RegE BilMoG, BT-Drs. 16/10067, 102; näher Schmidt/Lutter/*Drygala* AktG § 100 Rn. 55 ff.).

18a Der Begriff der **Unabhängigkeit** ist im Gesetz nicht definiert. Es liegt aber nahe, zur Konkretisierung die in den Materialien (Begr. RegE BilMoG, BT-Drs. 16/10067, 101 f.) erwähnte Empfehlung der Europäischen Kommission vom 15.2.2005 zu den Aufgaben von nicht-geschäftsführenden Direktoren/Aufsichtsratsmitgliedern börsennotierter Gesellschaften (2005/162/EG) heranzuziehen. Nach Nr. 13.1 dieser Empfehlung gilt ein Verwaltungs- oder Aufsichtsratsmitglied als unabhängig, wenn es in keiner geschäftlichen, familiären oder sonstigen Beziehung zu der Gesellschaft, ihrem Mehrheitsaktionär oder deren Geschäftsführung steht, die einen Interessenkonflikt begründet, der sein Urteilsvermögen beeinflussen könnte. Legt man diese Definition zugrunde, hat dies insbesondere zur Folge, dass neben den Arbeitnehmern (soweit nicht durch besonderen Kündigungsschutz abgesichert, Anh. II Nr. 1 lit. b Empfehlung 2005/162/EG) auch der herrschende Aktionär und seine Repräsentanten nicht als unabhängig iSd § 100 Abs. 5 AktG anzusehen sind (MüKoAktG/*Habersack* AktG § 100 Rn. 68; *ders.* FS Goette, 2011, 121 [126 ff.]; *Bayer/Selentin* NZG 2015, 7 [12 f.] mwN; sehr str., aA etwa KK-AktG/*Cahn* AktG § 100 Rn. 67; *Hüffer/Koch* AktG § 100 Rn. 24). Gleiches gilt für Verwaltungsratsmitglieder, die in Personalunion zum geschäftsführenden Direktor bestellt sind (Anh. II Nr. 1 lit. a). Zu weiteren Einzelheiten s. die Kommentierungen zu § 100 Abs. 5 AktG.

Diejenigen Gesellschaften, die in den Anwendungsbereich des § 161 AktG **18b** (iVm Art. 9 Abs. 1 lit. c ii) fallen, müssen bei Abgabe ihrer Entsprechenserklärung zusätzlich die Kodexempfehlungen in **Ziff. 5.4.1 Abs. 2 und 5.4.2 DCGK** zur angemessenen Anzahl von unabhängigen Mitgliedern im Verwaltungsrat berücksichtigen. Soweit in der Kodexdefinition der Unabhängigkeit darauf abgestellt wird, ob persönliche oder geschäftliche Beziehungen zu der Gesellschaft, deren Organen, einem kontrollierenden Aktionär oder einem mit diesem verbundenen Unternehmen bestehen, sind mit den „Organen" im monistischen System anstelle von Aufsichtsrat und Vorstand Verwaltungsrat und geschäftsführende Direktoren angesprochen (LHT/*Teichmann* Rn. 15a; allgemein zur Anwendung der Kodexempfehlungen auf die monistische SE → Anh. Art. 43 § 22 SEAG Rn. 56 ff.; zur Organqualität der geschäftsführenden Direktoren → Anh. Art. 43 § 40 SEAG Rn. 4 ff.).

b) Neue Fassung (AReG): Finanzexperte in Unternehmen von öffent- 18c lichem Interesse; Branchenkenntnis des Gesamtorgans. In Reaktion auf die geänderte Abschlussprüferrichtlinie sind Abs. 1 S. 4 und § 100 Abs. 5 AktG durch das Abschlussprüfungsreformgesetz (AReG) neu gefasst worden (→ Rn. 17). Die neue Fassung ist erstmals anzuwenden, sobald nicht mehr alle Verwaltungsratsmitglieder der Gesellschaft vor dem 17.6.2016 bestellt worden sind (§ 56 SEAG). Der Anwendungsbereich von Abs. 1 S. 4 und § 100 Abs. 5 AktG erfasst jetzt nicht mehr nur kapitalmarktorientierte Gesellschaften (§ 264d HGB), sondern auch andere **Unternehmen von öffentlichem Interesse** (vgl. Art. 39 iVm Art. 2 Nr. 13 Abschlussprüfer-RL nF), dh auch CRR-Kreditinstitute iSd § 1 Abs. 3d S. 1 KWG (mit Ausnahme der in § 2 Abs. 1 Nr. 1 und Nr. 2 KWG genannten Institute) und Versicherungsunternehmen iSd Art. 2 Abs. 1 RL 91/674/EWG.

Neben diesem erweiterten Anwendungsbereich bringt die neue Fassung des **18d** Abs. 1 S. 4 zwei weitere Neuerungen mit sich: Zum einen wird nicht mehr gefordert, dass der sachverständige Finanzexperte auch unabhängig sein muss, da die geänderte Abschlussprüferrichtlinie dies nicht mehr verlangt. Diese Änderung ist schon für das dualistische System nicht unbedenklich (kritisch etwa Schmidt/ Lutter/*Drygala* AktG § 100 Rn. 40; *Velte* WPg 2015, 482 [489]). Erst recht muss auf Bedenken stoßen, dass der Gesetzgeber das Unabhängigkeitserfordernis auch im monistischen System aufgehoben hat; denn anders als im dualistischen System mit seiner strikten Funktionstrennung von Leitung und Überwachung ist in der monistischen SE jetzt nicht einmal die Unabhängigkeit des Finanzexperten von den geschäftsführenden Direktoren gesichert (ablehnend daher auch LHT/*Teichmann* Rn. 15c).

Zum anderen ist in Abs. 1 S. 4 iVm § 100 Abs. 5 letzter Hs. AktG nF neu **18e** geregelt worden, dass die Verwaltungsratsmitglieder der Unternehmen von öffentlichem Interesse **in ihrer Gesamtheit** „mit dem Sektor, in dem die Gesellschaft tätig ist, vertraut sein" müssen. Mit diesem Gebot hinreichender **Branchenkenntnis** soll Art. 39 Abs. 1 UAbs. 3 RL 2014/56/EU der geänderten Abschlussprüferrichtlinie umgesetzt werden. Wie die übrigen Vorgaben des Art. 39 bezieht sich diese Richtlinienbestimmung zwar unmittelbar nur auf den Prüfungsausschuss. Da nach deutschem Recht (im Einklang mit Art. 39 Abs. 4 Abschlussprüfer-RL) die Aufgaben des Prüfungsausschusses aber auch vom Verwaltungsratsplenum wahrgenommen werden können (→ Anh. Art. 43 § 34 SEAG Rn. 39), sieht sie das SEAG nicht nur für den Prüfungsausschuss (§ 34 Abs. 4 S. 5 SEAG nF), sondern auch für den Gesamtverwaltungsrat vor (Abs. 1 S. 4 nF).

In welchem Umfang Branchenkenntnisse verlangt werden, lassen sowohl die **18f** Richtlinie als auch Abs. 1 S. 4 nF offen. Klar sollte im Ausgangspunkt sein, dass es um einen Aspekt der **Gesamtqualifikation** des Verwaltungsrats geht („in ihrer Gesamtheit", im Richtlinientext: „zusammen"). Daher ist nicht erforderlich, dass jedes einzelne Verwaltungsratsmitglied vor seiner Bestellung bereits praktische Erfahrungen oder Kenntnisse in der betreffenden Branche gesammelt hat (Begr. RegE AREG, BT-Drs. 18/7219, 56; *Nodoushani* AG 2016, 381 [385]). Im Übrigen lässt sich den Gesetzesmaterialien entnehmen, dass die erforderlichen Branchenkenntnisse nicht nur durch unternehmerische oder leitende Tätigkeit in der Branche, sondern zB auch durch intensive Weiterbildungen, Erfahrungen im Beteiligungsmanagement oder langjährige Tätigkeit als Angehöriger der beraten-den Berufe erworben werden können (Begr. RegE AReG, BT-Drs. 18/ 7219, 56). Für Kreditinstitute ergibt sich ein allgemeiner formuliertes Gebot der Gesamtqualifikation des Verwaltungsrats bereits aus § 25d Abs. 2 S. 1 KWG (dazu *Lutter/Krieger/Verse* Rn. 1462). Dass Abs. 1 S. 4 iVm § 100 Abs. 5 AktG nF die Gesamtqualifikation nur für Unternehmen von öffentlichem Interesse anspricht, darf im Übrigen nicht zu dem Fehlschluss verleiten, dass sie in sons-tigen Unternehmen rechtlich unerheblich wäre. Vielmehr hat der Verwaltungsrat bei seinen Bestellungsvorschlägen auch sonst (ungeschriebenen) Mindestanforde-rungen an die Gesamtqualifikation des Verwaltungsrats Rechnung zu tragen, damit dieser seinen gesetzlichen Pflichten ordnungsgemäß nachkommen kann (zum Aufsichtsrat ausführlich *Dreher* FS Hoffmann-Becking, 2013, 313 [316 ff.]; ferner MüKoAktG/*Habersack* AktG § 101 Rn. 18; *Lutter/Krieger/Verse* Rn. 1464; vgl. auch Ziff. 5.4.1 S. 1 DCGK).

19   **2. Arbeitnehmervertreter (Abs. 2).** Für die **Arbeitnehmervertreter** gelten zunächst wie für alle Verwaltungsratsmitglieder die allgemeinen Bestellungs-voraussetzungen des § 27 Abs. 1 S. 1–3 SEAG. Darüber hinaus müssen sie aber auch noch **zusätzlichen Bestellungsvoraussetzungen** genügen, die nach § 27 Abs. 2 SEAG unberührt bleiben. Solche zusätzlichen Voraussetzungen können in der Beteiligungsvereinbarung (§ 21 SEBG) festgelegt werden. Im Übrigen er-geben sie sich aus § 36 Abs. 3 S. 2 SEBG iVm § 6 Abs. 2–4 SEBG, wonach die Arbeitnehmervertreter aus dem Kreis der Arbeitnehmer und Gewerkschaften zu rekrutieren und nach einem bestimmten Verhältnis zu bestellen sind.

V. Rechtsfolgen von Verstößen

20   **1. Fehlen der persönlichen Voraussetzungen bei der Bestellung.** Haupt-versammlungsbeschlüsse, die auf die Bestellung eines nach § 27 SEAG oder § 76 Abs. 3 AktG disqualifizierten Mitglieds gerichtet sind, sind je nach Verstoß nichtig (§ 31 SEAG) oder anfechtbar (§ 32 SEAG). Verstöße gegen die Bestel-lungsvoraussetzungen nach § 27 Abs. 1 S. 1–3, Abs. 2–3 SEAG, § 76 Abs. 3 AktG analog führen nach § 31 Abs. 1 Nr. 3 SEAG zur **Nichtigkeit** der Wahl des betreffenden Verwaltungsratsmitglieds (→ Anh. Art. 43 § 31 SEAG Rn. 5; vgl. auch § 250 Abs. 1 Nr. 4 AktG). Hauptversammlungsbeschlüsse, welche die Vo-raussetzungen des § 27 Abs. 1 S. 4 SEAG iVm § 100 Abs. 5 AktG für den Finanzexperten missachten, führen dagegen nach hM zur **Anfechtbarkeit** nach § 32 SEAG iVm § 251 Abs. 1 S. 1 AktG (MüKoAktG/*Habersack* AktG § 100 Rn. 71 f.; KK-AktG/*Mertens/Cahn* AktG § 100 Rn. 79 mwN; näher zu den Modalitäten der Anfechtung auch *v. Falkenhausen/Kocher* ZIP 2009, 1601 [1602 f.], die die Anfechtbarkeit aber im Ergebnis offenlassen; aA – keine be-schlussrechtlichen Folgen – *Gruber* NZG 2008, 12 [14]; Schmidt/Lutter/*Drygala* AktG § 100 Rn. 62; differenzierend – Anfechtbarkeit nur bei Wahl eines ein-zigen Mitglieds – *Gesell* ZGR 2011, 361 [393 f.]; Hüffer/*Koch* AktG § 100 Rn. 28). Der Umstand, dass der besondere Sachverstand des Finanzexperten nicht bei jedem einzelnen Mitglied gegeben sein muss, sondern § 100 Abs. 5

AktG eine auf das Gesamtorgan bezogene Besetzungsregel enthält, steht der Anfechtbarkeit nach hM nicht entgegen (Nachweise wie vor). Folgt man dem, erscheint es konsequent, nunmehr auch Verstöße gegen das in § 27 Abs. 1 S. 4 SEAG iVm § 100 Abs. 5 letzter Hs. AktG nF vorgesehene Gebot der Branchenkenntnis des Gesamtverwaltungsrats (→ Rn. 18e) als Anfechtungsgrund iSd § 32 SEAG iVm § 251 Abs. 1 S. 1 AktG anzuerkennen.

Ist die Hauptversammlung nach § 36 Abs. 4 SEBG oder der Beteiligungsver- 21 einbarung (§ 21 SEBG) **an Wahlvorschläge der Arbeitnehmer gebunden,** ist der Hauptversammlungsbeschluss analog § 250 Abs. 1 Nr. 2 AktG nichtig, wenn eine von dem Vorschlag abweichende Person gewählt wird (→ Anh. Art. 43 § 31 SEAG Rn. 7). Ist der Wahlvorschlag unter Verstoß gegen das Gesetz oder die Beteiligungsvereinbarung (→ Anh. Art. 43 § 32 SEAG Rn. 3) zustande gekommen, führt dies nach § 32 SEAG iVm § 251 Abs. 1 S. 2 AktG zur Anfechtbarkeit. Von der Anfechtung des Hauptversammlungsbeschlusses zu unterscheiden ist die Anfechtung der dem Beschluss vorausgehenden Wahl der Arbeitnehmervertreter nach den mitbestimmungsrechtlichen Vorschriften; s. dazu § 37 Abs. 2 SEBG nebst Erl.

Zur **prozessualen Geltendmachung** der Nichtigkeit oder Anfechtbarkeit 22 des Hauptversammlungsbeschlusses s. die Erl. zu §§ 31 f. SEAG. Zu der Frage, ob trotz Nichtigkeit oder erfolgreicher Anfechtung nach der Lehre vom fehlerhaften Bestellungsverhältnis von einer zunächst wirksamen Organstellung auszugehen sein kann, die erst durch eine Beendigungserklärung mit Wirkung ex nunc endet, → Anh. Art. 43 § 28 SEAG Rn. 11 ff.

2. Wegfall der persönlichen Voraussetzungen nach Amtsantritt. Tritt 23 erst nach Amtsantritt ein Nichtigkeitsgrund (→ Rn. 20) ein, erlischt das Amt des Verwaltungsratsmitglieds mit Wirkung für die Zukunft, und zwar entweder sofort mit Eintritt des Bestellungshindernisses oder, soweit die Lehre vom fehlerhaften Bestellungsverhältnis eingreift, mit der Beendigungserklärung gegenüber dem betroffenen Mitglied (→ Anh. Art. 43 § 28 SEAG Rn. 11 ff.). Stellt sich nach Amtsantritt heraus, dass das die Position des Finanzexperten (Abs. 1 S. 4 iVm § 100 Abs. 5 AktG) einnehmende und als solches identifizierbare Verwaltungsratsmitglied nicht oder nicht mehr über den erforderlichen Sachverstand verfügt und auch kein anderes Mitglied dieser Anforderung entspricht, bleibt die Wirksamkeit der Bestellung dagegen unberührt. Das betreffende Mitglied ist aber nach § 29 SEAG durch die Hauptversammlung oder auf Antrag durch das Amtsgericht (§ 29 Abs. 3 SEAG) abzuberufen und die Position gesetzeskonform nachzubesetzen (ebenso zur AG MüKoAktG/*Habersack* AktG § 100 Rn. 74; KK-AktG/ *Mertens/Cahn* AktG § 100 Rn. 81; aA − keine gerichtliche Abberufung aus wichtigem Grund − *Gruber* NZG 2008, 12 [14]; *E. Vetter* ZGR 2010, 751 [789]; ferner *Staake* ZIP 2010, 1013 [1019, 1021] f.; *Sünner* FS U. H. Schneider, 2011, 1301 [1308 ff.], die stattdessen die Durchführung eines Statusverfahrens empfehlen; für Letzteres auch Schmidt/Lutter/*Drygala* AktG § 100 Rn. 64).

SEAG Bestellung der Mitglieder des Verwaltungsrats

28 (1) **Die Bestellung der Mitglieder des Verwaltungsrats richtet sich nach der Verordnung.**

(2) **§ 101 Abs. 2 des Aktiengesetzes gilt entsprechend.**

(3) [1]**Stellvertreter von Mitgliedern des Verwaltungsrats können nicht bestellt werden.** [2]**Jedoch kann für jedes Mitglied ein Ersatzmitglied bestellt werden, das Mitglied des Verwaltungsrats wird, wenn das Mitglied vor Ablauf seiner Amtszeit wegfällt.** [3]**Das Ersatzmitglied kann nur**

gleichzeitig mit dem Mitglied bestellt werden. [4] **Auf seine Bestellung sowie die Nichtigkeit und Anfechtung seiner Bestellung sind die für das Mitglied geltenden Vorschriften anzuwenden.** [5] **Das Amt des Ersatzmitglieds erlischt spätestens mit Ablauf der Amtszeit des weggefallenen Mitglieds.**

Schrifttum: *Arnold/Gayk,* Auswirkungen der fehlerhaften Bestellung von Aufsichtsratsmitgliedern – Handlungsempfehlungen für die Unternehmenspraxis, DB 2013, 1830; *Bayer/ Lieder,* Die Lehre vom fehlerhaften Bestellungsverhältnis, NZG 2012, 1; *Happ,* Zur Wirksamkeit von Rechtshandlungen eines wirksam bestellten Aufsichtsrats, FS Hüffer, 2010, 293; *Holle,* Der „Fall VW" – ein gemeinschaftsrechtlicher Dauerbrenner, AG 2010, 14; *Lieder,* Staatliche Sonderrechte in Aktiengesellschaften, ZHR 172 (2008), 306; *ders.,* Die Rechtsstellung von Aufsichtsratsmitgliedern bei fehlerhafter Wahl, ZHR 178 (2014), 282; *Schürnbrand,* Organschaft im Recht der privaten Verbände, 2007; *ders.,* Noch einmal: Das fehlerhaft bestellte Aufsichtsratsmitglied, NZG 2013, 481; *Stein,* Das faktische Organ, 1984; *Verse,* Aktienrechtliche Entsendungsrechte am Maßstab des Gleichbehandlungsgrundsatzes und der Kapitalverkehrsfreiheit, ZIP 2008, 1754; *ders.,* Kapitalverkehrsfreiheit, VW-Gesetz und VW-Satzung – eine unendliche Geschichte?, FS E. Klein, 2013, 701; s. ferner die Angaben zu Art. 43.

Übersicht

	Rn.
I. Allgemeines, Grundlagen	1
II. Bestellung der Verwaltungsratsmitglieder nach der Verordnung (Abs. 1)	4
III. Entsendungsrechte (Abs. 2)	5
IV. Stellvertreter, Ersatzmitglieder (Abs. 3)	7
1. Verbot von Stellvertretern	7
2. Ersatzmitglieder	8
V. Fehlerhafte Bestellung	11

I. Allgemeines, Grundlagen

1   § 28 SEAG regelt in Anlehnung an §§ 101, 102 Abs. 2 AktG die **Bestellung der Mitglieder** und Ersatzmitglieder **des Verwaltungsrats.** Abs. 1 verweist auf die Regelungen der Verordnung und ruft damit in Erinnerung, dass die Bestellung im Wesentlichen bereits in Art. 43 Abs. 3 geregelt ist. Ergänzend erklärt Abs. 2 die aktienrechtlichen Bestimmungen zum Entsendungsrecht (§ 101 Abs. 2 AktG) für entsprechend anwendbar; die Verordnung lässt hierfür ausdrücklich Raum (Art. 43 Abs. 3 S. 3, 47 Abs. 4, → Art. 43 Rn. 26). Abs. 3 schließlich enthält in Anlehnung an §§ 101 Abs. 3, 102 Abs. 2 AktG das Verbot, stellvertretende Aufsichtsratsmitglieder zu bestellen, sowie Regelungen über die Bestellung von Ersatzmitgliedern. Auch diese sind mit der Verordnung ohne weiteres vereinbar, da sich die Bestellung der Ersatzmitglieder gemäß Abs. 2 S. 4 nach denselben Vorschriften wie die Bestellung der regulären Mitglieder und damit nach der Verordnung richtet (LHT/*Teichmann* Art. 43 Rn. 46; MüKoAktG/ *Reichert/Brandes* Art. 43 Rn. 40).

2   In Verordnung und SEAG nicht geregelt, aber allgemein anerkannt ist, dass die Bestellung erst wirksam wird, wenn das bestellte Verwaltungsratsmitglied – sei es auch nur konkludent durch Aufnahme der Tätigkeit – die **Bestellung annimmt** (*Schwarz* Art. 43 Rn. 102; LHT/*Teichmann* Rn. 3 iVm Art. 43 Rn. 44; zum Aufsichtsrat MüKoAktG/*Habersack* AktG § 101 Rn. 61; Hüffer/*Koch* AktG § 101 Rn. 8). Die Annahme kann in der Hauptversammlung durch Erklärung gegenüber dem Versammlungsleiter erfolgen (MüKoAktG/*Habersack* AktG § 101 Rn. 62), im Übrigen – auch schon vor der Wahl – durch Erklärung gegenüber dem Vertretungsorgan, mithin einem der geschäftsführenden Direktoren (§ 41

Abs. 2 S. 2 SEAG; entsprechend zur AG MüKoAktG/*Habersack* AktG § 101 Rn. 62: § 78 Abs. 2 S. 2 AktG).

Mit Wirksamwerden der Bestellung entsteht zwischen der SE und dem Ver- 3 waltungsratsmitglied ein **korporationsrechtliches Verhältnis.** Dessen Inhalt ergibt sich aus den Rechten und Pflichten, die Gesetz, Satzung und Hauptversammlungsbeschlüsse (vgl. § 38 Abs. 1 SEAG, § 113 AktG zur Vergütung) dem Verwaltungsratsmitglied in seiner Eigenschaft als Organwalter zuweisen. Für ein **schuldrechtliches Anstellungsverhältnis** zwischen dem Verwaltungsratsmitglied und der SE ist daneben bezogen auf die Tätigkeit im Verwaltungsrat nach zutreffender Ansicht **kein Raum** (LHT/*Teichmann* Rn. 5; *Frodermann* in Jannott/ Frodermann HdB SE Kap. 5 Rn. 153; MHdB AG/*Austmann* § 86 Rn. 14; *Bauer* S. 105 ff.; aA NK-SE/*Manz* Art. 43 Rn. 33; *Schwarz* Art. 43 Rn. 117). Ebenso entscheidet die heute ganz hM für den Aufsichtsrat (statt vieler MüKoAktG/ *Habersack* AktG § 101 Rn. 67; Hüffer/*Koch* AktG § 101 Rn. 2). Da die Verordnung keine abweichenden Vorgaben enthält (→ Art. 43 Rn. 35), lassen sich die in Bezug auf den Aufsichtsrat ausschlaggebenden Argumente auf den Verwaltungsrat übertragen. Abgesehen von dem fehlenden Bedürfnis für den zusätzlichen Abschluss eines Anstellungsvertrags ist insbesondere zu bedenken, dass es schon an einem Organ fehlt, das von Rechts wegen die Gesellschaft beim Abschluss eines solchen Vertrags mit den Verwaltungsratsmitgliedern vertreten könnte (LHT/*Teichmann* Rn. 5; zum Aufsichtsrat MüKoAktG/*Habersack* AktG § 101 Rn. 67). Unberührt bleibt aber die Möglichkeit, mit einem Verwaltungsratsmitglied, das zugleich als geschäftsführender Direktor fungiert, einen Anstellungsvertrag über diese Funktion abzuschließen (§ 40 Abs. 5 S. 2 SEAG). Über diesen Anstellungsvertrag entscheidet dann der Verwaltungsrat (§ 41 Abs. 5 SEAG), freilich ohne Mitwirkung des betreffenden Mitglieds (→ Anh. Art. 43 § 41 SEAG Rn. 16).

II. Bestellung der Verwaltungsratsmitglieder nach der Verordnung (Abs. 1)

Gemäß Art. 43 Abs. 3 S. 1 werden die Verwaltungsratsmitglieder grundsätzlich 4 durch Beschluss der **Hauptversammlung** bestellt. Der Beschluss wird mit einfacher Stimmenmehrheit gefasst (Art. 57; dazu → Art. 43 Rn. 25 ff., auch zu den Sonderregeln für den ersten Verwaltungsrat (Art. 43 Abs. 3 S. 2) und die Bestellung der Arbeitnehmervertreter (Art. 43 Abs. 3 S. 3). Ausnahmen von der Zuständigkeit der Hauptversammlung gelten bei Bestehen eines Entsendungsrechts (→ Rn. 5 f.) und bei gerichtlicher Bestellung (s. Erl. zu § 30 SEAG).

III. Entsendungsrechte (Abs. 2)

Nach § 28 Abs. 2 SEAG iVm § 101 Abs. 2 AktG können für bestimmte 5 Aktionäre oder (bei vinkulierten Namensaktien) für die jeweiligen Inhaber bestimmter Aktien in der **Satzung** Entsendungsrechte begründet werden. Entsprechend § 101 Abs. 2 S. 4 AktG kann sich das Entsendungsrecht maximal auf **ein Drittel der Anteilseignermandate** erstrecken. Es kann auch nachträglich durch Satzungsänderung eingeführt werden, ohne dass hierfür mit Blick auf § 53a AktG eine besondere sachliche Rechtfertigung erforderlich wäre (*Verse* ZIP 2008, 1754 ff.; im Ergebnis auch OLG Hamm ZIP 2008, 1530, bestätigt durch BGH DStR 2009, 2547 mAnm *Goette*; MüKoAktG/*Habersack* AktG § 101 Rn. 31). Ausgeübt wird das Entsendungsrecht durch Benennung des entsandten Verwaltungsratsmitglieds gegenüber der Gesellschaft, die nach § 41 Abs. 2 S. 2 SEAG durch einen der geschäftsführenden Direktoren vertreten wird (vgl. LHT/*Teichmann* Rn. 8; entspr. die ganz hM zur AG, etwa Hüffer/*Koch* AktG § 101 Rn. 12;

GroßkommAktG/*Hopt*/*Roth* AktG § 101 Rn. 136 mwN: Erklärung an AG, vertreten durch den Vorstand; abweichend *Godin*/*Wilhelmi* AktG § 101 Rn. 3: alternativ Erklärung gegenüber dem Aufsichtsratsvorsitzenden ausreichend). Als **Sonderrecht** kann das einmal begründete Entsendungsrecht nur durch Satzungsänderung mit Zustimmung des Berechtigten (§ 35 BGB) wieder aufgehoben werden (MüKoAktG/*Habersack* AktG § 101 Rn. 31).

6 Sofern das Entsendungsrecht der **öffentlichen Hand** eingeräumt wird und auf deren maßgeblichen Einfluss in der Hauptversammlung zurückgeht, ist zu beachten, dass sich das Entsendungsrecht als staatlich veranlasste Maßnahme an dem strengen Maßstab der **Kapitalverkehrsfreiheit** (Art. 63 AEUV) messen lassen muss (*Habersack*/*Verse* EuropGesR § 3 Rn. 33; *Holle* AG 2010, 14 [20 f.]; *Lieder* ZHR 172 [2008], 306 [325]; *Verse* ZIP 2008, 1754 [1758 f.]; *ders.* FS E. Klein, 2013, 701 [715 ff.]; offengelassen von EuGH NZG 2013, 1308 Rn. 24 f. – VW II mAnm *Verse* EuZ 2014, 4 [7 f.]; aA *Lutter*/*Bayer*/*J. Schmidt* § 15 Rn. 7; zu gesetzlich verankerten Entsendungsrechten [§ 4 Abs. 1 VW–Gesetz aF] EuGH Slg. 2007, I-8995 – VW mAnm *Verse* GPR 2008, 31 ff.). Wegen der weiteren Einzelheiten kann auf die zu § 101 Abs. 2 AktG entwickelten Grundsätze zurückgegriffen werden.

IV. Stellvertreter, Ersatzmitglieder (Abs. 3)

7 **1. Verbot von Stellvertretern.** § 28 Abs. 3 S. 1 SEAG **verbietet** in Anlehnung an § 101 Abs. 3 S. 1 AktG die Bestellung von **Stellvertretern** der Verwaltungsratsmitglieder. Die Vorschrift soll die ungeteilte Verantwortlichkeit der Verwaltungsratsmitglieder gewährleisten und zur effektiven Überwachung beitragen (LHT/*Teichmann* Rn. 9; zur AG MüKoAktG/*Habersack* AktG § 101 Rn. 74). Ferner soll die Schwierigkeit, wie stellvertretende Mitglieder bei der Berechnung der Höchstzahl der Mandate und des Anteils der Arbeitnehmervertreter zu behandeln sind, vermieden werden (GroßkommAktG/*Hopt*/*Roth* AktG § 101 Rn. 175). Mit Blick auf die Möglichkeit der fernmündlichen Beschlussfassung und der Einsetzung eines Stimmboten (§ 35 Abs. 2 SEAG, vgl. § 108 Abs. 3 AktG) besteht auch kein praktisches Bedürfnis für die Bestellung von Stellvertretern (zum Aufsichtsrat Begr. RegE *Kropff* S. 139; MüKoAktG/*Habersack* AktG § 101 Rn. 74). Da diese Erwägungen auf den Verwaltungsrat in gleicher Weise zutreffen wie auf den Aufsichtsrat, ist gegen die Anlehnung an § 101 Abs. 3 S. 1 AktG auch aus rechtspolitischer Sicht nichts einzuwenden (ebenso im Ergebnis LHT/*Teichmann* Rn. 9; kritisch *Schwarz* Rn. 141). Für die geschäftsführenden Direktoren können dagegen Stellvertreter bestellt werden (§ 40 Abs. 9 SEAG, vgl. § 94 AktG).

8 **2. Ersatzmitglieder.** Nach § 28 Abs. 3 S. 2–5 SEAG, der mit einzelnen Modifikationen §§ 101 Abs. 3 S. 2–4, 102 Abs. 2 AktG entspricht, können für die Verwaltungsratsmitglieder **Ersatzmitglieder** bestellt werden. Diese ersetzen ein Verwaltungsratsmitglied, das vor Ende seiner Amtszeit – gleich aus welchem Grund – aus dem Verwaltungsrat ausgeschieden ist (Abs. 3 S. 2). Dies gilt allerdings vorbehaltlich abweichender Satzungsbestimmung nur, wenn hierdurch eine **Vakanz** im Verwaltungsrat eingetreten ist, woran es fehlt, wenn vor dem Ausscheiden bereits ein Nachfolger gewählt worden ist (zur AG BGH NJW 1988, 260; MüKoAktG/*Habersack* AktG § 101 Rn. 84; *Lutter*/*Krieger*/*Verse* Rn. 1058).

9 Die Bestellung des Ersatzmitglieds kann gemäß Abs. 3 S. 3 nur **gleichzeitig mit der Bestellung** des Verwaltungsratsmitglieds erfolgen und richtet sich gemäß Abs. 3 S. 4 nach denselben Vorschriften wie dessen Bestellung. Im Fall des Abs. 2 iVm § 101 Abs. 2 AktG kann folglich der Entsendungsberechtigte das Ersatzmitglied bestimmen (LHT/*Teichmann* Rn. 10). Für die **Arbeitnehmerver**

treter ergibt sich bei Eingreifen der Auffanglösung aus § 36 Abs. 3 S. 2 iVm § 6 Abs. 2 S. 3 SEBG, dass je ein Ersatzmitglied zu bestellen ist. Dabei ist darauf zu achten, dass das Ersatzmitglied dieselben persönlichen Voraussetzungen nach § 6 Abs. 3–4 SEBG erfüllt wie das Verwaltungsratsmitglied. Für einen Gewerkschaftsvertreter kann folglich nur ein Gewerkschaftsvertreter und für einen Vertreter der leitenden Angestellten nur ein leitender Angestellter zum Ersatzmitglied bestellt werden (*Schwarz* Rn. 142).

Die **Amtszeit** des Ersatzmitglieds beginnt mit dem Eintritt des Ersatzfalls und **10** endet nach Abs. 3 S. 5 wie im Fall des § 102 Abs. 2 AktG spätestens mit Ablauf der Amtszeit des ersetzten Mitglieds. In der Satzung kann vorgesehen werden, dass die Amtszeit früher endet, sobald ein Nachfolger für das ausgeschiedene Mitglied bestellt wird (KK-AktG/*Siems* Anh. Art. 51 Rn. 10; zum Aufsichtsrat BGHZ 99, 211 [214 f.] = NJW 1987, 902; MüKoAktG/*Habersack* AktG § 101 Rn. 89). Wegen aller weiteren Einzelheiten der Ersatzmitgliedschaft kann auf die zu §§ 101 Abs. 3, 102 Abs. 2 AktG anerkannten Grundsätze Bezug genommen werden.

V. Fehlerhafte Bestellung

Umstritten ist die Frage, welche Rechtsfolgen eintreten, wenn Verwaltungs- **11** ratsmitglieder ihr Amt ausüben und an der Beschlussfassung im Verwaltungsrat mitwirken, sich aber später herausstellt, dass ihre Bestellung mit einem **Wirksamkeitsmangel** behaftet war. Diese Situation kann sich zB ergeben, wenn die Bestellung an einem zunächst nicht erkannten Nichtigkeitsgrund leidet (§ 31 SEAG), wenn eine Anfechtungsklage nach § 32 SEAG, § 251 AktG gegen den Wahlbeschluss Erfolg hat und dieser deshalb nach allgemeinen Regeln rückwirkend unwirksam ist (§ 31 Abs. 1 SEAG iVm § 241 Nr. 5 AktG) oder wenn nach fehlerfreier Bestellung nachträglich ein zunächst nicht erkanntes Bestellungshindernis eintritt (→ Anh. Art. 43 § 27 SEAG Rn. 23).

Da die Verordnung hierzu keine abweichenden Vorgaben enthält, liegt es **12** nahe, an die Grundsätze anzuknüpfen, die für das Parallelproblem zum Aufsichtsrat entwickelt worden sind. Für den Aufsichtsrat hat der BGH entschieden, dass auf das von der Nichtigkeit bzw. der erfolgreichen Anfechtung betroffene Mitglied die **Grundsätze der fehlerhaften Bestellung** Anwendung finden, soweit es um **Pflichten, Haftung, Vergütung** und Verträge iSd § 114 AktG des Betroffenen geht (BGHZ 168, 188 Rn. 14 = NZG 2006, 712; BGHZ 196, 195 Rn. 19 = NJW 2013, 1535). Das bedeutet, dass *in dieser Hinsicht* ein Mitglied, das trotz des Wirksamkeitsmangels sein Amt tatsächlich ausgeübt hat, für die Vergangenheit grundsätzlich wie ein wirksam bestelltes Mitglied zu behandeln ist (zu Einzelheiten → Rn. 14 f.). Anderes soll nach der Rechtsprechung des BGH aber für die Stimmabgabe und die **Beschlussfassung** im Aufsichtsrat gelten; insoweit soll ein Mitglied, dessen Wahl nichtig ist oder für nichtig erklärt wurde, **wie ein Nichtmitglied** zu behandeln sein (BGHZ 196, 195 Rn. 17 f., 20 = NJW 2013, 1535). Letzteres stützt der BGH auf die Überlegung, dass bei genereller Anwendung der Grundsätze der fehlerhaften Bestellung Nichtigkeit und erfolgreiche Wahlanfechtung insgesamt nur noch ex nunc wirken würden und dieses Ergebnis mit der gesetzlichen Regelung der §§ 250 Abs. 1, 241 Nr. 5 AktG, die von anfänglicher Nichtigkeit bzw. rückwirkender Nichtigerklärung ausgehen, nicht in Einklang zu bringen sei (BGHZ 196, 195 Rn. 17 ff., 20 = NJW 2013, 1535). Diese Rechtsprechung erscheint angesichts der Tatsache, dass der BGH selbst die Grundsätze der fehlerhaften Bestellung auf Pflichten, Haftung und Vergütung der Aufsichtsratsmitglieder anwendet, wenig konsequent; zudem trägt sie dem Umstand, dass mit Blick auf die gravierenden Rückabwicklungsschwierigkeiten ein dringliches Bestandsschutzinteresse nicht nur im Außen-, sondern auch im Innenverhältnis der Gesellschaft besteht, nicht hinreichend Rechnung. Im Schrifttum ist sie daher mit Recht auf breite **Kritik** gestoßen (statt vieler MüKoAktG/*Habersack* AktG § 100 Rn. 70; *Lieder* ZHR 178 [2014], 282 [290 ff.]; *Schürnbrand* NZG 2013, 481 [482 ff.], die sich jeweils für eine umfassende Anwendung der Grundsätze der fehlerhaften Bestellung aussprechen). Für den hier interessierenden Verwaltungsrat ist das Bestandsschutzinteresse aufgrund seiner im Vergleich zum Aufsichtsrat weiterreichenden Befugnisse noch erheblich gesteigert, so dass die Anwendung der Grundsätze der fehlerhaften Bestellung hier erst recht geboten erscheint. Ungeachtet dessen wird sich die Praxis bis auf weiteres darauf einstellen müssen, dass der BGH seine Rechtsprechung auch auf den Verwaltungsrat der monistischen SE überträgt. Da § 31 Abs. 1 SEAG der Vorschrift des § 250 Abs. 1 AktG nachgebildet ist und wie dieser auf § 241 Nr. 5 AktG Bezug nimmt, ist das für den BGH ausschlaggebende Argument auf den Verwaltungsrat übertragbar.

13   Auch nach der Lösung des BGH bleibt die fehlerhafte Bestellung aber immerhin für solche Beschlüsse ohne Auswirkung, bei denen die Stimme des fehlerhaft bestellten Verwaltungsratsmitglieds nachweislich nicht für die Beschlussfassung ursächlich geworden ist (zur AG BGHZ 47, 341 [346] = NJW 1967, 1711; BGHZ 196, 195 Rn. 17 = NJW 2013, 1535). Ein erheblicher Unterschied zur AG besteht insoweit darin, dass sich die Mitwirkung eines Nichtmitglieds in einem Dreipersonen-Aufsichtsrat einer AG im Hinblick auf die Beschlussfähigkeit nach § 108 Abs. 2 S. 3 AktG stets auswirkt (*Arnold/Gayk* DB 2013, 1830 [1831]), während dies in einem Dreipersonen-Aufsichtsrat oder -Verwaltungsrat der SE nicht notwendig der Fall ist. Die Beschlussfähigkeit im Aufsichts- bzw. Verwaltungsrat der SE richtet sich nämlich nicht nach § 108 Abs. 2 S. 3 AktG, sondern nach Art. 50 Abs. 1. Im Übrigen kann wegen der Konsequenzen der Rechtsprechung auf das umfangreiche Schrifttum zum Aufsichtsrat der AG verwiesen werden (ausführlich etwa *Arnold/Gayk* DB 2013, 1830 ff.).

14   Soweit die Grundsätze vom fehlerhaften Bestellungsverhältnis auf Verwaltungsratsmitglieder Anwendung finden (→ Rn. 12), gelten die gleichen Voraussetzungen und Rechtsfolgen, die auch für die fehlerhafte Bestellung anderer Organmitglieder (namentlich Vorstandsmitglieder, Geschäftsführer) anerkannt sind. Es bedarf mithin eines **fehlerhaften Bestellungsaktes** sowie der **Invollzugsetzung** des Bestellungsverhältnisses (statt vieler *Bayer/Lieder* NZG 2012, 1 [3]; *Lieder* ZHR 178 [2014], 282 [314 ff.]). Ferner dürfen der Anwendung der Grundsätze vom fehlerhaften Bestellungsverhältnis **keine höherrangigen Interessen** der Allgemeinheit oder besonders schutzwürdiger Personen entgegenstehen. Wie weit diese Ausnahme im Einzelnen reicht, ist noch weithin ungeklärt. Verschiedentlich wird dafür plädiert, sie auf die Nichtigkeitsgründe des § 250 Abs. 1 Nr. 1–4 AktG – in der monistischen SE § 31 Abs. 1 Nr. 1–3 SEAG – zu beziehen (MüKoAktG/*Habersack* AktG § 101 Rn. 72; *Schürnbrand* S. 290 f.). Die Gegenansicht begrenzt die Ausnahme erheblich enger, um den mit der Lehre vom fehlerhaften Bestellungsverhältnis angestrebten Gewinn an Rechtssicherheit nicht zu gefährden (näher *Bayer/Lieder* NZG 2012, 1 [4, 7]; *Lieder* ZHR 178 [2014], 282 [316 ff.]). In der Tat liegt es nahe, innerhalb der nichtigkeitsbegründenden Bestellungshindernisse danach zu differenzieren, ob der gegenüber dem Verkehrs- und Bestandsinteresse vorrangige Schutz nicht voll geschäftsfähiger oder unter Einwilligungsvorbehalt stehender Personen betroffen ist (§ 76 Abs. 3 S. 1, S. 2 Nr. 1 AktG) oder ob andere Bestellungshindernisse (§ 76 Abs. 3 S. 2 Nr. 2–3 AktG, § 27 SEAG) verletzt sind (grundsätzlich wie hier *Bayer/Lieder* NZG 2012, 1 [4, 7], und *Lieder* ZHR 178 [2014], 282 [316 f.], die allerdings bei beschränkter Geschäftsfähigkeit nochmals zwischen Rechten und Pflichten des Mitglieds differenzieren wollen [„hinkende" Organstellung]).

Das Amt des fehlerhaft-wirksam bestellten Verwaltungsratsmitglieds **endet** **15** nicht schon mit Bekanntwerden des Mangels, sondern aus Gründen der Rechtssicherheit erst, wenn er durch **einseitige Erklärung der Gesellschaft** geltend gemacht wird oder das betroffene Mitglied sein Amt niederlegt (zum Aufsichtsrat MüKoAktG/*Habersack* AktG § 101 Rn. 73; *Schürnbrand* S. 291; aA *Stein* S. 136 ff.). Für die Erklärung der Gesellschaft ist gewöhnlich das Bestellungsorgan zuständig (*Bayer/Lieder* NZG 2012, 1 [5, 7]). Angesichts der Schwerfälligkeit der Hauptversammlung kann es dabei jedoch nicht bewenden, wenn das Organmitglied von dieser bestellt wurde. In der AG und der dualistischen SE wird diese Aufgabe daher im Verhältnis zu den fehlerhaft bestellten Aufsichtsratsmitgliedern dem Vorstand als Vertretungsorgan zugewiesen (MüKoAktG/*Habersack* AktG § 101 Rn. 73; *Schürnbrand* S. 291). In der monistischen SE entspricht dem die Vertretung durch die geschäftsführenden Direktoren (§ 41 Abs. 1 S. 1 SEAG), die vom Verwaltungsrat – ohne Mitwirkung des Betroffenen – zur der Erklärung angewiesen werden können (§ 44 Abs. 2 SEAG).

SEAG Abberufung der Mitglieder des Verwaltungsrats

29 (1) [1] **Mitglieder des Verwaltungsrats, die von der Hauptversammlung ohne Bindung an einen Wahlvorschlag gewählt worden sind, können von ihr vor Ablauf der Amtszeit abberufen werden.** [2] **Der Beschluss bedarf einer Mehrheit, die mindestens drei Viertel der abgegebenen Stimmen umfasst.** [3] **Die Satzung kann eine andere Mehrheit und weitere Erfordernisse bestimmen.**

(2) [1] **Ein Mitglied des Verwaltungsrats, das auf Grund der Satzung in den Verwaltungsrat entsandt ist, kann von dem Entsendungsberechtigten jederzeit abberufen und durch ein anderes ersetzt werden.** [2] **Sind die in der Satzung bestimmten Voraussetzungen des Entsendungsrechts weggefallen, so kann die Hauptversammlung das entsandte Mitglied mit einfacher Stimmenmehrheit abberufen.**

(3) [1] **Das Gericht hat auf Antrag des Verwaltungsrats ein Mitglied abzuberufen, wenn in dessen Person ein wichtiger Grund vorliegt.** [2] **Der Verwaltungsrat beschließt über die Antragstellung mit einfacher Mehrheit.** [3] **Ist das Mitglied auf Grund der Satzung in den Verwaltungsrat entsandt worden, so können auch Aktionäre, deren Anteile zusammen den zehnten Teil des Grundkapitals oder den anteiligen Betrag von 1 Million Euro erreichen, den Antrag stellen.** [4] **Gegen die Entscheidung ist die Beschwerde zulässig.**

(4) **Für die Abberufung eines Ersatzmitglieds gelten die Vorschriften über die Abberufung des Mitglieds, für das es bestellt ist.**

Schrifttum: *U. H. Schneider/Nietsch,* Die Abberufung von Aufsichtsratsmitgliedern bei der Aktiengesellschaft, FS Westermann, 2008, 1447; s. ferner die Angaben zu Art. 43.

Übersicht

	Rn.
I. Allgemeines	1
II. Abberufung der nicht entsandten Anteilseignervertreter (Abs. 1)	4
1. Anwendungsbereich	4
2. Mehrheitserfordernis, Vereinbarkeit mit der Verordnung	5
3. Weitere Erfordernisse	9
4. Zugang	10

Rn.
III. Abberufung der entsandten Mitglieder (Abs. 2)   11
IV. Gerichtliche Abberufung aus wichtigem Grund (Abs. 3)   13
  1. Anwendungsbereich, wichtiger Grund   13
  2. Antrag   14
  3. Verfahren und Entscheidung   17
 V. Abberufung von Ersatzmitgliedern (Abs. 4)   20
VI. Vorzeitige Amtsbeendigung aus anderen Gründen   21
  1. Überblick   21
  2. Amtsniederlegung   23

I. Allgemeines

1   Die Vorschrift des § 29 SEAG entspricht weitgehend § 103 AktG. Sie regelt die **Abberufung von Verwaltungsratsmitgliedern,** dh die vor Ablauf der regulären Amtszeit (Art. 46) und gegen den Willen des Betroffenen erfolgende Mandatsbeendigung. Da die Verordnung keine Regelungen zur Abberufung enthält, lässt sie Raum für entsprechende mitgliedstaatliche Bestimmungen (ganz hM, → Art. 43 Rn. 36). Abs. 1 regelt die Abberufung der von der Hauptversammlung bestellten Anteilseignervertreter, Abs. 2 die Abberufung derjenigen Mitglieder, die in Ausübung eines Entsendungsrechts (§ 28 Abs. 2 SEAG, § 101 Abs. 2 AktG) bestellt wurden. Abs. 3 sieht die Möglichkeit der gerichtlichen Abberufung aus wichtigem Grund vor, während Abs. 4 die Abberufung von Ersatzmitgliedern in den Blick nimmt. Während diese Bestimmungen mit § 103 Abs. 1–3, dem § 103 Abs. 5 AktG nahezu wörtlich übereinstimmen, fehlt in § 29 SEAG ein Pendant zu § 103 Abs. 4 AktG, der die Abberufung von **Arbeitnehmervertretern** regelt. Die entsprechende Regelung findet sich stattdessen in § 37 Abs. 1 SEBG. Danach erfolgt die Abberufung der Arbeitnehmervertreter durch die Hauptversammlung (§ 37 Abs. 1 S. 4 SEBG), die dabei an die Entscheidung der Arbeitnehmerseite gebunden ist (näher Erl. zu § 37 SEBG). Die Beteiligungsvereinbarung kann jedoch abweichende Regelungen treffen und die Zuständigkeit der Hauptversammlung ausschalten (*Forst* S. 289, allerdings mit der Einschränkung, dass das Abberufungs- zwingend dem Bestellungsverfahren entsprechen müsse).

2   Ist ein Verwaltungsratsmitglied zugleich **geschäftsführender Direktor,** endet mit der Abberufung als Verwaltungsratsmitglied nicht automatisch auch das Amt des geschäftsführenden Direktors (KK-AktG/*Siems* Anh. Art. 51 § 29 SEAG Rn. 10; *Seitz* S. 189 f.). Eine Vorschrift nach Art des § 48 Abs. 3 österr. SEG, die einen doppelten Amtsverlust anordnet, findet sich im SEAG nicht. Über die Abberufung als geschäftsführender Direktor ist vielmehr von dem hierfür zuständigen Verwaltungsrat (§ 40 Abs. 5 S. 1 SEAG) gesondert zu entscheiden.

3   § 29 SEAG enthält keine abschließende Regelung des vorzeitigen Ausscheidens von Verwaltungsratsmitgliedern. Das Mandat kann auch **aus anderen Gründen** vor Ablauf der regulären Amtszeit enden, insbesondere durch Amtsniederlegung (→ Rn. 21 ff.). In allen Fällen des Ausscheidens eines Verwaltungsratsmitglieds sind die geschäftsführenden Direktoren verpflichtet, eine aktualisierte Liste der Verwaltungsratsmitglieder zum Handelsregister einzureichen (→ Anh. Art. 43 § 46 SEAG Rn. 4 ff.).

II. Abberufung der nicht entsandten Anteilseignervertreter (Abs. 1)

4   **1. Anwendungsbereich.** Nach Abs. 1 S. 1 entscheidet die **Hauptversammlung** über die Abberufung derjenigen Mitglieder des Verwaltungsrats, die sie ohne Bindung an Wahlvorschläge selbst gewählt hat. Angesprochen sind damit wegen § 36 Abs. 4 S. 2 SEBG nur die **Anteilseignervertreter;** für die Arbeitnehmervertreter gilt § 37 SEBG (→ Rn. 1). Sofern die Amtszeit der Mitglieder des ersten Verwaltungsorgans nicht schon entsprechend § 30 Abs. 3 S. 1 AktG beendet sein sollte (zur umstrittenen Anwendbarkeit dieser Vorschrift → Art. 46 Rn. 8), kommt § 29 Abs. 1 S. 1 SEAG über seinen Wortlaut hinaus auch zur Anwendung, wenn die Mitglieder nach Art. 43 Abs. 3 S. 2 **durch die Satzung bestellt** wurden (*Schwarz* Rn. 147; LHT/*Teichmann* Rn. 7); denn die Bestellung durch die Satzung entspricht funktional der Bestellung durch die Hauptversammlung ohne Bindung an Wahlvorschläge. Soll die Abberufung allerdings noch im Gründungsstadium – vor Eintragung der SE – erfolgen, muss die Satzung entsprechend geändert werden (Art. 43 Abs. 3 S. 2).

2. Mehrheitserfordernis, Vereinbarkeit mit der Verordnung. Anders als 5 der Bestellungsbeschluss (→ Art. 43 Rn. 25) bedarf der Hauptversammlungsbeschluss über die Abberufung nach Abs. 1 S. 2 einer Mehrheit von **drei Vierteln der abgegebenen Stimmen,** wovon die Satzung allerdings nach Abs. 1 S. 3 abweichen kann. Ob diese satzungsdispositive Regelung den in Art. 57 aufgestellten Anforderungen an qualifizierte Mehrheitserfordernisse genügt, wird im Schrifttum im Zweifel gezogen (*Brandt* S. 241 ff.; *Schwarz* Rn. 148, Art. 57 Rn. 11; NK-SE/*Manz* Rn. 92; gegen diese Bedenken jedoch LHT/*Teichmann* Rn. 11; KK-AktG/*Siems* Anh. Art. 51 § 29 SEAG Rn. 2). Art. 57 – so die Kritik – lasse nur qualifizierte Mehrheitserfordernisse zu, die im Gesetz zwingend und nicht nur dispositiv angeordnet seien. Dies ergebe sich aus einem Vergleich der unterschiedlichen Formulierungen in Art. 57 („vorschreiben") und Art. 59 Abs. 1 („vorsehen oder zulassen"), die sich in ähnlicher Form auch in anderen Sprachfassungen finden (zB in der englischen Fassung „requires" in Art. 57, „requires or permits" in Art. 59). Mangels Vereinbarkeit mit der Verordnung soll anstelle der Regelung in Abs. 1 S. 2–3 die einfache Stimmenmehrheit nach Art. 57 maßgeblich sein (*Brandt* S. 243 zum Parallelproblem im Rahmen des § 103 Abs. 1 S. 2–3 AktG bei der dualistischen SE).

Richtigerweise wird man indes differenzieren müssen. Auszugehen ist von der 6 Feststellung, dass die in Art. 57 verwendete Formulierung „vorschreiben" im Unterschied zu „zulassen" darauf hindeutet, dass sich das qualifizierte Mehrheitserfordernis aus einer vom Mitgliedstaat erlassenen Vorschrift und nicht erst aus der Satzung ergeben muss. Eine **Anhebung des Mehrheitserfordernisses durch die Satzung** ist mit anderen Worten **nicht von der Verordnung gedeckt** (ganz hM zu Art. 57, KK-AktG/*Kiem* Art. 57 Rn. 40; LHT/*Spindler* Art. 57 Rn. 14; jeweils mwN). Daraus folgt für die Anwendung des § 29 Abs. 1 S. 3 SEAG, dass eine Satzungsregelung, die das Mehrheitserfordernis über die Dreiviertelmehrheit des Abs. 1 S. 2 hinaus verschärft, unzulässig ist. Abs. 1 S. 3 ist daher in verordnungskonformer Auslegung so einzuschränken, dass in der Satzung keine Anhebung des Mehrheitserfordernisses vorgesehen werden kann.

Von der durch Art. 57 nicht gedeckten Anhebung des Mehrheitserfordernisses 7 durch die Satzung zu unterscheiden ist der Fall, dass der mitgliedstaatliche Gesetzgeber – wie in § 29 Abs. 1 S. 2–3 SEAG geschehen – selbst das qualifizierte Mehrheitserfordernis aufstellt und dieses dann durch die Satzung abgesenkt wird. Es entspricht ohne weiteres einer wortlautgetreuen Auslegung des Art. 57, dass der Mitgliedstaat das qualifizierte Mehrheitserfordernis in diesem Fall nicht nur „zugelassen", sondern selbst „vorgeschrieben" hat, wenn auch nur satzungsdispositiv. Daher ist Abs. 1 S. 3 insoweit **unbedenklich,** als er eine **Absenkung des Mehrheitserfordernisses** durch die Satzung ermöglicht (wie hier → Art. 57 Rn. 20; KK-AktG/*Kiem* Art. 57 Rn. 28).

Die Grenze der Absenkung bildet nach Art. 57 die einfache Stimmenmehrheit. 8 Eine Abberufung durch eine Minderheit kann folglich nicht in der Satzung vorgesehen werden (LHT/*Teichmann* Rn. 9). Das bestätigt im Übrigen auch der

Wortlaut des Abs. 1 S. 3 („andere Mehrheit"). Zudem muss das statutarische Mehrheitserfordernis in Anlehnung an die Rechtslage zum Aufsichtsrat aus Gründen der Gleichberechtigung für alle von der Hauptversammlung abberufbaren Verwaltungsratsmitglieder **einheitlich** vorgesehen werden (LHT/*Teichmann* Rn. 9; zur AG BGHZ 99, 211 [215 f.] = NJW 1987, 902; MüKoAktG/*Habersack* AktG § 103 Rn. 16; für Möglichkeit der Differenzierung aber MüKo-AktG/*Reichert/Brandes* Art. 45 Rn. 26).

9   **3. Weitere Erfordernisse.** Die Abberufung erfolgt nach **freiem Ermessen.** Eines sachlichen oder gar wichtigen Grundes bedarf es nicht (zur AG statt aller MüKoAktG/*Habersack* AktG § 103 Rn. 12). Hiervon kann nach hM auch die Satzung nicht abweichen (KK-AktG/*Siems* Anh. Art. 51 § 29 SEAG Rn. 6; LHT/*Teichmann* Rn. 10; zur AG MüKoAktG/*Habersack* AktG § 103 Rn. 18; GroßkommAktG/*Hopt/Roth* AktG § 103 Rn. 27 mwN; abweichend *U. H. Schneider/Nietsch* FS Westermann, 2008, 1447, (1453 f.)). Abs. 1 S. 3 spricht zwar von **weiteren Erfordernissen,** die in der Satzung geregelt werden können. Damit sind jedoch ebenso wie in § 103 Abs. 1 S. 3 AktG **nur Verfahrensvoraussetzungen** gemeint (wie zB die Bestätigung der Abberufung durch einen Zweitbeschluss), nicht dagegen materielle Voraussetzungen (KK-AktG/*Siems* Anh. Art. 51 § 29 SEAG Rn. 6; MüKoAktG/*Habersack* AktG § 103 Rn. 18; GroßkommAktG/*Hopt/Roth* AktG § 103 Rn. 27 mwN; aA *U. H. Schneider/Nietsch* FS Westermann, 2008, 1447 (1453 f.)).

10   **4. Zugang.** Wirksam wird die Abberufung als **empfangsbedürftige Willenserklärung** nach § 130 Abs. 1 BGB erst mit ihrem **Zugang** beim Verwaltungsratsmitglied (zur AG heute ganz hM, MüKoAktG/*Habersack* AktG § 103 Rn. 19 mwN). Ist das betreffende Mitglied nicht in der Hauptversammlung anwesend, muss ihm der Abberufungsbeschluss mitgeteilt werden. Die Mitteilung muss nach zutreffender Ansicht nicht unbedingt durch das Vertretungsorgan (in der monistischen SE die geschäftsführenden Direktoren) erfolgen, sondern kann auch durch den Versammlungsleiter oder von der Hauptversammlung beauftragte Dritte geschehen (zur AG MHdB AG/*Hoffmann-Becking* § 30 Rn. 84; GroßkommAktG/*Hopt/Roth* AktG § 103 Rn. 17; aA MüKoAktG/*Habersack* AktG § 103 Rn. 19; zur SE auch KK-AktG/*Siems* Anh. Art. 51 Rn. 9).

III. Abberufung der entsandten Mitglieder (Abs. 2)

11   Sofern ein Mitglied des Verwaltungsrats in Ausübung eines **Entsendungsrechts** (Art. 47 Abs. 4, § 28 Abs. 2 SEAG, § 101 Abs. 2 AktG) bestellt wurde, kann es nach Abs. 2 S. 1 jederzeit von dem **Entsendungsberechtigten** abberufen werden. Auch hier steht die Abberufung im freien Ermessen und kann auch in der Satzung nicht an das Vorliegen bestimmter Gründe gebunden werden (MüKoAktG/*Habersack* AktG § 103 Rn. 23 f.). Die Abberufungserklärung muss sowohl dem betreffenden Verwaltungsratsmitglied als auch der Gesellschaft (§ 41 Abs. 2 S. 2 SEAG) zugehen (zur AG MüKoAktG/*Habersack* AktG § 103 Rn. 28).

12   Wenn die in der Satzung bestimmten Voraussetzungen des Entsendungsrechts entfallen und der Entsendungsberechtigte hierdurch sein Entsendungsrecht verliert, geht das Recht zur Abberufung der entsandten Mitglieder nach Abs. 2 S. 2 auf die **Hauptversammlung** über. Ein solcher Fall ist etwa gegeben, wenn das Entsendungsrecht einem bestimmten Aktionär eingeräumt wurde (§ 28 Abs. 2 SEAG iVm § 101 Abs. 2 S. 1 Alt. 1 AktG) und dieser seine Aktionärsstellung durch Veräußerung der Aktien verliert. In derartigen Fällen genügt nach Abs. 2 S. 2 (anders als nach Abs. 1 S. 2) ein Beschluss mit **einfacher Stimmenmehrheit.**

IV. Gerichtliche Abberufung aus wichtigem Grund (Abs. 3)

1. Anwendungsbereich, wichtiger Grund. Nach Abs. 3 kann ein Verwal- **13** tungsratsmitglied auf Antrag durch Gerichtsbeschluss abberufen werden, wenn in seiner Person ein **wichtiger Grund** vorliegt. Dies gilt für **sämtliche Verwaltungsratsmitglieder,** gleich ob Anteilseigner- oder Arbeitnehmervertreter und gleich, ob das Mitglied durch die Hauptversammlung, einen entsendungsberechtigten Aktionär oder nach § 30 SEAG durch das Gericht bestellt wurde (LHT/ *Teichmann* Rn. 13; zu § 103 Abs. 3 AktG MüKoAktG/*Habersack* AktG § 103 Rn. 33). Ein wichtiger Grund ist gegeben, wenn eine Fortsetzung des Amtsverhältnisses bis zum regulären Ablauf der Amtszeit für die Gesellschaft **unzumutbar** ist (LHT/*Teichmann* Rn. 13; MüKoAktG/*Habersack* AktG § 103 Rn. 39 f.). Das ist namentlich dann der Fall, wenn aufgrund des Verhaltens des Verwaltungsratsmitglieds eine vertrauensvolle Zusammenarbeit im Verwaltungsrat nicht mehr möglich ist (LHT/*Teichmann* Rn. 13; Kasuistik zum Aufsichtsrat und Vorstand bei MüKoAktG/*Habersack* AktG § 103 Rn. 41 f. und MüKoAktG/ *Spindler* AktG § 84 Rn. 130 ff.; exemplarisch OLG Stuttgart NZG 2007, 72 zur Verletzung der Verschwiegenheitspflicht).

2. Antrag. Antragsberechtigt ist nach Abs. 3 S. 1 der **Verwaltungsrat.** Dieser **14** beschließt gemäß Abs. 3 S. 2 mit einfacher Mehrheit. In Anlehnung an die zu § 103 Abs. 3 S. 2 AktG anerkannten Grundsätze liegt auf den ersten Blick die Annahme nahe, dass es dabei auf die Mehrheit der *abgegebenen* Stimmen ankommt (MüKoAktG/*Habersack* AktG § 103 Rn. 34), Enthaltungen und ungültige Stimmen mithin unberücksichtigt bleiben. Zu beachten ist jedoch, dass die Frage bereits in Art. 50 Abs. 1 lit. b geregelt ist. Danach beschließt der Verwaltungsrat vorbehaltlich abweichender Satzungsregelung mit der Mehrheit der *anwesenden oder vertretenen* Mitglieder, was nach hM so zu verstehen sein soll, dass Enthaltungen und ungültige Stimmen wie Nein-Stimmen gewertet werden (→ Art. 50 Rn. 16). Folgt man dem, kann Abs. 3 S. 2 hiervon − anders als die Satzung (Art. 50) − nicht abweichen (*Schwarz* Rn. 155; LHT/*Teichmann* Rn. 14).

Bei der Beschlussfassung über die Antragstellung unterliegt das betroffene Mit- **15** glied entspr. § 34 BGB einem **Stimmverbot** (*Schwarz* Rn. 155; LHT/*Teichmann* Rn. 14; MüKoAktG/*Reichert/Brandes* Art. 50 Rn. 37; ebenso die heute ganz hM zum Aufsichtsrat, MüKoAktG/*Habersack* AktG § 103 Rn. 35; MHdB AG/*Hoffmann-Becking* § 30 Rn. 87 mwN). Im Fall des § 35 Abs. 3 SEAG hat stattdessen der Verwaltungsratsvorsitzende eine zusätzliche Stimme; s. dazu und zu den Rechtsfolgen einer Zuwiderhandlung gegen das Stimmverbot → Anh. Art. 43 § 35 SEAG Rn. 7 ff., 15.

Nach Abs. 3 S. 3 kann in Bezug auf **entsandte Mitglieder** (§ 28 Abs. 2 **16** SEAG, § 101 Abs. 2 AktG) auch eine **Aktionärsminderheit** den Antrag stellen, sofern sie gemeinsam mit mindestens 10 % des Grundkapitals oder 1 Mio. Euro nominal an der Gesellschaft beteiligt ist. Die Beteiligung muss durchgehend bis zum Abschluss des Verfahrens gegeben sein (GroßkommAktG/*Hopt/Roth* AktG § 103 Rn. 68).

3. Verfahren und Entscheidung. Zuständig ist nach §§ 375 Nr. 4, 376 **17** FamFG, § 23a Abs. 1 S. 1 Nr. 2, Abs. 2 Nr. 4 GVG das **Amtsgericht,** in dessen Bezirk das Landgericht seinen Sitz hat, in dessen Bezirk wiederum sich der (Satzungs-) Sitz der SE befindet (NK-SE/*Manz* Rn. 92). Nach § 376 Abs. 2 FamFG können die Länder die örtliche Zuständigkeit abweichend regeln, was vielfach geschehen ist (Überblick bei Keidel/*Heinemann,* 18. Aufl. 2014, FamFG § 376 Rn. 11 ff.). An der Zuständigkeit des Amtsgerichts ändert sich nach zutreffender Ansicht auch nichts, wenn die Möglichkeit der gerichtlichen Abberu-

fung der Arbeitnehmervertreter in der Beteiligungsvereinbarung nur zur Klarstellung wiederholt wird (aA *Forst* S. 290: Zuständigkeit des Arbeitsgerichts nach
§ 2a Abs. 1 Nr. 3 lit. e ArbGG).

18   Das Verfahren richtet sich nach dem **FamFG**. Gegen die im Wege des
Beschlusses (§ 38 FamFG) ergehende Entscheidung des Amtsgerichts ist die
Beschwerde statthaft (Abs. 3 S. 4 iVm §§ 58 ff. FamFG), über die das OLG
entscheidet (§ 119 Abs. 1 Nr. 1 lit. b GVG). Gegen die Entscheidung des OLG
kann Rechtsbeschwerde zum BGH erhoben werden, wenn das OLG diese zulässt
(§§ 70 ff. FamFG, § 133 GVG; → Anh. Art. 43 § 26 SEAG Rn. 7).

19   Da die Beschwerde keine aufschiebende Wirkung hat, entfaltet die dem Abberufungsantrag stattgebende Entscheidung auch schon vor Eintritt der Rechtskraft
Gestaltungswirkung in dem Sinne, dass das betroffene Mitglied aus dem Amt
ausscheidet (zur AG MüKoAktG/*Habersack* AktG § 103 Rn. 47). Daher rückt ein
etwaiges Ersatzmitglied bereits in diesem Zeitpunkt nach, allerdings nur auflösend
bedingt durch eine abweichende Entscheidung des Beschwerdegerichts (str., wie
hier MüKoAktG/*Habersack* AktG § 103 Rn. 47; Spindler/Stilz/*Spindler* AktG
§ 103 Rn. 42 mwN). Ist kein Ersatzmitglied bestellt, kann ein neues Mitglied
bestellt werden. Geschieht dies, ist eine Rückkehr des Abberufenen ausgeschlossen,
so dass sich die Hauptsache in der Beschwerdeinstanz erledigt. Will der Abberufene
dies verhindern, muss er beim Beschwerdegericht eine einstweilige Anordnung
beantragen, um die Neubestellung zu unterbinden (näher MüKoAktG/*Habersack*
AktG § 103 Rn. 47 f.; Spindler/Stilz/*Spindler* AktG § 103 Rn. 42 f.). Erfolgt in
der Zwischenzeit keine Neubestellung, kann der in erster Instanz Abberufene nach
Obsiegen in der Beschwerdeinstanz durch entsprechende Erklärung wieder in sein
Amt zurückkehren (MüKoAktG/*Habersack* AktG § 103 Rn. 49).

V. Abberufung von Ersatzmitgliedern (Abs. 4)

20   Nach Abs. 4 sind auf die Abberufung eines Ersatzmitglieds (§ 28 Abs. 3 S. 2–5
SEAG) die Vorschriften über die Abberufung des Verwaltungsratsmitglieds, für
das es bestellt ist, entsprechend anzuwenden. Gemeint ist damit der Fall, dass der
Ersatzfall noch nicht eingetreten, das Ersatzmitglied mithin noch nicht in den
Verwaltungsrat nachgerückt ist. Auch in diesem Fall gelten folglich für die
Abberufung Abs. 1–3 bzw. § 37 SEBG. Für die bereits nachgerückten Mitglieder
gilt dies ohnehin.

VI. Vorzeitige Amtsbeendigung aus anderen Gründen

21   **1. Überblick.** Das Mandat des Verwaltungsratsmitglieds kann auch aus anderen
Gründen als der Abberufung vorzeitig enden. Dies kann zum einen auf **gesellschaftsbezogenen Gründen** beruhen. So liegt es namentlich beim Erlöschen
der Gesellschaft, sei es im Anschluss an Auflösung und Liquidation (Art. 63 iVm
§§ 264 ff. AktG, § 22 Abs. 6 SEAG), sei es infolge von Umwandlungsmaßnah-
men (Verschmelzung auf eine andere Gesellschaft, Aufspaltung, Formwechsel
jenseits des § 203 UmwG). Auch die Durchführung eines Statusverfahrens gehört
hierher (§§ 25 Abs. 2 S. 3, 26 Abs. 3 S. 2 SEAG). Auflösung und Eröffnung des
Insolvenzverfahrens führen dagegen nicht zum Erlöschen des Mandats.

22   Zum anderen kann die anderweitige Mandatsbeendigung auf **personenbezogenen Gründen** beruhen. Hierzu zählen der Tod des Mitglieds, der Wegfall der
persönlichen Bestellungsvoraussetzungen (→ Anh. Art. 43 § 27 SEAG Rn. 23),
die Beendigungserklärung gegenüber dem fehlerhaft bestellten Mitglied (→ Anh.
Art. 43 § 28 SEAG Rn. 14) sowie – praktisch am bedeutsamsten – die **Amtsniederlegung.** Letztere ist im Gesetz nicht geregelt, aber ebenso anzuerkennen
wie für Vorstand und Aufsichtsrat im dualistischen System.

2. Amtsniederlegung. Die Amtsniederlegung erfolgt durch einseitige Erklä- 23
rung des Organmitglieds und ist auch **ohne wichtigen Grund** zulässig (MüKo-
AktG/*Reichert/Brandes* Art. 43 Rn. 54; zum Vorstand Spindler/Stilz/*Fleischer*
AktG § 84 Rn. 141 f.; zum Aufsichtsrat MüKoAktG/*Habersack* AktG § 103
Rn. 59; jeweils ganz hM). Die Erklärung bedarf vorbehaltlich abweichender
Satzungsbestimmung keiner Form (MüKoAktG/*Reichert/Brandes* Art. 43 Rn. 54;
zum Aufsichtsrat MüKoAktG/*Habersack* AktG § 103 Rn. 61 f.). Sie ist an die
Gesellschaft zu richten. Empfangszuständig auf Seiten der SE sind nach § 41
Abs. 2 S. 2 SEAG die geschäftsführenden Direktoren (MüKoAktG/*Reichert/Bran-
des* Art. 43 Rn. 53; entsprechend zur AG MüKoAktG/*Habersack* AktG § 103
Rn. 61; Hüffer/*Koch* AktG § 103 Rn. 17; weitergehend KK-AktG/*Mertens*
AktG § 103 Rn. 58: auch den Vorsitzende des Aufsichtsrats). Die Satzung kann
aber neben der Form auch den Zugang regeln und dabei auch die Empfangs-
zuständigkeit des Verwaltungsratsvorsitzenden vorsehen (vgl. zur AG Hüffer/*Koch*
AktG § 103 Rn. 17).

SEAG Bestellung durch das Gericht

30 (1) ¹Gehört dem Verwaltungsrat die zur Beschlussfähigkeit nötige
Zahl von Mitgliedern nicht an, so hat ihn das Gericht auf Antrag
eines Mitglieds des Verwaltungsrats oder eines Aktionärs auf diese Zahl
zu ergänzen. ²Mitglieder des Verwaltungsrats sind verpflichtet, den Antrag unverzüglich zu stellen, es sei denn, dass die rechtzeitige Ergänzung
vor der nächsten Sitzung des Verwaltungsrats zu erwarten ist. ³Hat der
Verwaltungsrat auch aus Mitgliedern der Arbeitnehmer zu bestehen, so
können auch den Antrag stellen

1. die nach § 104 Abs. 1 Satz 3 des Aktiengesetzes Antragsberechtigten,
2. der SE-Betriebsrat.

⁴Gegen die Entscheidung ist die Beschwerde zulässig.

(2) ¹Gehören dem Verwaltungsrat länger als drei Monate weniger Mitglieder als die durch Vereinbarung, Gesetz oder Satzung festgelegte Zahl
an, so hat ihn das Gericht auf Antrag auf diese Zahl zu ergänzen. ²In
dringenden Fällen hat das Gericht auf Antrag den Verwaltungsrat auch
vor Ablauf der Frist zu ergänzen. ³Das Antragsrecht bestimmt sich nach
Absatz 1. ⁴Gegen die Entscheidung ist die Beschwerde zulässig.

(3) Das Amt des gerichtlich bestellten Mitglieds erlischt in jedem Fall,
sobald der Mangel behoben ist.

(4) ¹Das gerichtlich bestellte Mitglied hat Anspruch auf Ersatz angemessener barer Auslagen und, wenn den Mitgliedern der Gesellschaft
eine Vergütung gewährt wird, auf Vergütung für seine Tätigkeit. ²Auf
Antrag des Mitglieds setzt das Gericht die Vergütung und die Auslagen
fest. ³Gegen die Entscheidung ist die Beschwerde zulässig; die Rechtsbeschwerde ist ausgeschlossen. ⁴Aus der rechtskräftigen Entscheidung
findet die Zwangsvollstreckung nach der Zivilprozessordnung statt.

Übersicht

	Rn.
I. Allgemeines	1
II. Ergänzung wegen Beschlussunfähigkeit (Abs. 1)	2
1. Antrag und Antragsvoraussetzungen	2
2. Verfahren und Entscheidung	6

                                                        Rn.
III. Ergänzung wegen Unvollständigkeit (Abs. 2) 8
IV. Rechtsstellung der gerichtlich bestellten Mitglieder (Abs. 3–4) 12
   1. Amtsdauer (Abs. 3) 13
   2. Auslagen und Vergütung (Abs. 4) 15

I. Allgemeines

1   Die Vorschrift entspricht weitgehend § 104 AktG. Sie ermöglicht die **gerichtliche Bestellung von Verwaltungsratsmitgliedern,** um die Handlungs- und
Funktionsfähigkeit des Verwaltungsrats sicherzustellen. Abs. 1 regelt den Notfall
einer dauerhaften Beschlussunfähigkeit des Verwaltungsrats, Abs. 2 den weniger
dringlichen Fall einer bloß unvollständigen Besetzung. In Abs. 3 und Abs. 4 wird
die Rechtsstellung der gerichtlich bestellten Mitglieder näher ausgestaltet. Der
Anwendungsbereich der Vorschrift erstreckt sich auch auf die Bestellung des
ersten Verwaltungsrats (→ Art. 43 Rn. 32 f., zur AG MüKoAktG/*Habersack*
AktG § 104 Rn. 5, AktG § 97 Rn. 5 f.). Die Vereinbarkeit der Vorschrift mit der
SE-VO ergibt sich aus Art. 43 Abs. 3 S. 3, 47 Abs. 4 iVm Art. 43 Abs. 4
(→ Art. 43 Rn. 26).

II. Ergänzung wegen Beschlussunfähigkeit (Abs. 1)

2   **1. Antrag und Antragsvoraussetzungen.** Nach Abs. 1 erfolgt auf Antrag
eine gerichtliche Bestellung, wenn dem Verwaltungsrat nicht die zur Beschlussfähigkeit erforderliche Zahl von Mitgliedern angehört. Mit Blick auf Art. 50
Abs. 1 lit. a ist dies der Fall, wenn dem Verwaltungsrat **weniger als die Hälfte**
der nach Gesetz oder Satzung vorgesehenen Mitglieder angehört (LHT/*Teichmann* Rn. 2). Aus welchem Grund die Beschlussunfähigkeit eingetreten ist (Abberufung, Amtsniederlegung etc), ist unerheblich.

3   **Antragsberechtigt** sind nach Abs. 1 S. 2–3 sämtliche Verwaltungsratsmitglieder (jedes für sich allein), in der mitbestimmten SE ferner die in § 104 Abs. 1 S. 3
AktG genannten Arbeitnehmervertretungen sowie der SE-Betriebsrat. Die **Mitglieder des Verwaltungsrats** sind sogar **verpflichtet,** den Antrag unverzüglich
(§ 121 Abs. 1 S. 1 BGB) zu stellen, sofern keine rechtzeitige Ergänzung vor der
nächsten Sitzung des Verwaltungsrats zu erwarten ist (Abs. 1 S. 2). Die Pflicht
setzt allerdings erst nach Eintritt der Beschlussunfähigkeit ein (MüKoAktG/*Habersack* AktG § 104 Rn. 14; Spindler/Stilz/*Spindler* AktG § 104 Rn. 15; strenger
Baumbach/Hueck AktG § 104 Rn. 4). Wird sie verletzt, können die Verwaltungsratsmitglieder nach § 407 Abs. 1 AktG iVm § 22 Abs. 6 SEAG durch Festsetzung
eines Zwangsgelds zur Antragstellung angehalten werden. Hiervon unberührt
bleiben mögliche verbandsrechtliche Sanktionen (insbesondere § 39 SEAG, § 93
Abs. 2 AktG).

4   Um die gerichtliche Prüfung zu erleichtern, empfiehlt es sich, dem Antrag eine
Erklärung der vorgeschlagenen Kandidaten beizufügen, aus der deren Bereitschaft zur Übernahme des Mandats sowie das Fehlen von Bestellungshindernissen hervorgehen. Bei der Bestellung von Arbeitnehmervertretern sollte dem
Antrag des Verwaltungsrats zweckmäßigerweise auch eine Einverständniserklä-
rung der zuständigen Arbeitnehmervertretung beiliegen (zur AG MHdB AG/
Hoffmann-Becking § 30 Rn. 63).

5   In börsennotierten und kapitalmarktorientierten Gesellschaften iSd § 161
AktG ist bei der Antragstellung ferner die Empfehlung der **Ziff. 5.4.3 S. 2
DCGK** zu berücksichtigen, wonach die gerichtliche Bestellung bis zur nächsten
Hauptversammlung befristet sein soll (dazu MüKoAktG/*Habersack* AktG § 104

Rn. 8; zur Übertragbarkeit auf die monistische SE LHT/*Teichmann* Rn. 7; *Messow* S. 276; allgemein → Anh. Art. 43 § 22 SEAG Rn. 56 ff.).

2. Verfahren und Entscheidung. Das gerichtliche Verfahren richtet sich **6** nach dem FamFG. Zuständig ist nach §§ 375 Nr. 4, 376 FamFG, §§ 23a Abs. 1 S. 1 Nr. 2, Abs. 2 Nr. 4 GVG das **Amtsgericht** am Sitz des Landgerichts, in dessen Bezirk sich der (Satzungs-) Sitz der SE befindet (zur Möglichkeit der Zuständigkeitskonzentration → Anh. Art. 43 § 29 SEAG Rn. 17). Das Gericht ergänzt den Verwaltungsrat bei Vorliegen der Antragsvoraussetzungen nach Abs. 1 S. 1 nur auf die **zur Beschlussfähigkeit erforderliche Zahl.** Deshalb kann es sich empfehlen, zugleich einen Antrag nach Abs. 2 zu stellen. Über die konkret zu bestellende(n) Person(en) entscheidet das Gericht nach eigenem Ermessen, wobei es sich am Wohl der Gesellschaft zu orientieren hat; an Vorschläge der Antragsberechtigten ist es nicht gebunden (LHT/*Teichmann* Rn. 5; zur AG OLG Bamberg NZG 2014, 497; Spindler/Stilz/*Spindler* AktG § 104 Rn. 23). Ist die Gesellschaft **mitbestimmt,** hat das Gericht allerdings nach dem Rechtsgedanken des § 104 Abs. 4 S. 2 AktG die Wahrung des Mitbestimmungsproporzes so weit wie möglich zu berücksichtigen (NK-SE/*Manz* Rn. 94; MüKoAktG/*Reichert*/*Brandes* Rn. 44; *Schwarz* Rn. 166; LHT/*Teichmann* Rn. 5). Dies entspricht mit Recht allgemeiner Auffassung, obwohl der Gesetzgeber es ohne nachvollziehbaren Grund versäumt hat, in § 30 SEAG eine dem § 104 Abs. 4 AktG vergleichbare Klarstellung zu treffen.

Die Entscheidung des Gerichts ergeht durch Beschluss (§ 38 Abs. 1 FamFG) **7** und ist mit der **Beschwerde** anfechtbar (Abs. 1 S. 4). Über diese entscheidet das OLG (→ Anh. Art. 43 § 29 SEAG Rn. 18, dort auch zur zulassungsabhängigen Rechtsbeschwerde zum BGH). Die **Kosten** des Verfahrens richten sich nach §§ 3 Abs. 1, 36 Abs. 2–3 GNotKG (näher Spindler/Stilz/*Spindler* AktG § 104 Rn. 29).

III. Ergänzung wegen Unvollständigkeit (Abs. 2)

Eine gerichtliche Ergänzung des Verwaltungsrats ist nach Abs. 2 auch dann **8** möglich, wenn dem Verwaltungsrat zwar eine beschlussfähige Anzahl von Mitgliedern angehört, aber die **reguläre Mitgliederzahl nicht erreicht** wird. Abs. 2 S. 1 beschreibt die reguläre Mitgliederzahl als die „durch Vereinbarung, Gesetz oder Satzung festgelegte" Zahl. Das bedeutet jedoch nach zutreffender Ansicht nicht, dass in der Beteiligungsvereinbarung nach § 21 SEBG die Organgröße festgelegt werden könnte (→ Anh. Art. 43 § 23 SEAG Rn. 9 f.). Dies ist vielmehr Sache des Satzungsgebers innerhalb des durch Art. 43 Abs. 2, § 23 SEAG vorgegebenen Rahmens.

Der Antrag auf gerichtliche Ergänzung eines unvollständigen, aber beschluss- **9** fähigen Verwaltungsrats kann nach Abs. 2 S. 1 grundsätzlich erst erfolgen, wenn die Vakanz schon seit **mehr als drei Monaten** besteht (Abs. 2 S. 1). Hierdurch soll den zur Bestellung Berechtigten die Möglichkeit eingeräumt werden, die vakante Position selbst wieder zu besetzen (MüKoAktG/*Habersack* AktG § 104 Rn. 25). Nur wenn ein **dringender Fall** vorliegt, kann das Gericht den Verwaltungsrat schon früher ergänzen (Abs. 2 S. 2).

Dringlichkeit ist insbesondere dann anzunehmen, wenn in (kraft Verein- **10** barung oder Auffangregelung) **paritätisch mitbestimmten Gesellschaften** infolge der Vakanz die Parität gestört ist. In der Parallelvorschrift des § 104 Abs. 3 Nr. 2 AktG ist dies ausdrücklich geregelt. Dass diese Bestimmung nicht in § 30 SEAG übernommen wurde, beruht ersichtlich darauf, dass die dort genannten Mitbestimmungsgesetze auf die SE keine Anwendung finden. Der Grundgedanke, dass die Störung der Parität einen dringenden Grund darstellt, ist aber ohne

weiteres auch auf die paritätische Mitbestimmung in der SE übertragbar (Groß-
kommAktG/*Hopt/Roth* AktG § 104 Rn. 132; *Schwarz* Rn. 167, der überdies bei
einem Übergewicht der Arbeitnehmervertreter bis zur Wiederherstellung der
Parität eine analoge Anwendung des § 35 Abs. 3 SEAG befürwortet). Die Störung der in § 104 Abs. 3 Nr. 2 AktG nicht erwähnten Drittelbeteiligung begründet dagegen für sich allein noch keine Dringlichkeit. In Gesellschaften mit (vereinbarter oder kraft Auffangregelung anwendbarer) **Drittelbeteiligung** sowie in
mitbestimmungsfreien Gesellschaften kommt es für die Dringlichkeit stattdessen auf den Einzelfall an, insbesondere darauf, ob grundlegende Entscheidungen anstehen (wie zB die Bestellung oder Auswechslung der geschäftsführenden
Direktoren) und die Gefahr der einseitigen Durchsetzung von Interessen einer
Verwaltungsratsgruppe besteht (näher Spindler/Stilz/*Spindler* AktG § 104
Rn. 37; → Art. 43 Rn. 31 f. zur Bestellung des ersten Verwaltungsrats).

11   Der Kreis der **Antragsberechtigten** ist nach Abs. 2 S. 3 derselbe wie im
Rahmen der Notbestellung nach Abs. 1. Anders als dort sind die Verwaltungsratsmitglieder jedoch im Außenverhältnis zur Antragstellung nicht verpflichtet,
weshalb auch kein Zwangsgeld nach § 407 AktG, § 22 Abs. 6 SEAG droht. Auch
im Innenverhältnis zur Gesellschaft (§ 39 SEAG, § 93 AktG) kann sich das
Ermessen des Verwaltungsrats allenfalls in seltenen Ausnahmefällen auf null reduzieren (GroßkommAktG/*Hopt/Roth* AktG § 104 Rn. 54). Das **gerichtliche
Verfahren** entspricht demjenigen des Abs. 1 (→ Rn. 6 f.); insbesondere ist auch
hier die Beschwerde gegen die Entscheidung des Amtsgerichts statthaft (Abs. 2
S. 4).

IV. Rechtsstellung der gerichtlich bestellten Mitglieder (Abs. 3–4)

12   Die Rechtsstellung des gerichtlich bestellten Verwaltungsratsmitglieds entspricht grundsätzlich der eines ordentlich bestellten Mitglieds (*Schwarz* Rn. 169;
LHT/*Teichmann* Rn. 7; zur AG MüKoAktG/*Habersack* AktG § 104 Rn. 53).
Besonderheiten gelten aber für die Amtsdauer (Abs. 3, Rn. 13 f.). Eigens geregelt
sind in Abs. 4 auch der Auslagenersatz und die Vergütung (→ Rn. 15).

13   **1. Amtsdauer (Abs. 3).** Nach Abs. 3 **erlischt das Amt** des gerichtlich
bestellten Mitglieds kraft Gesetzes, sobald der **Mangel,** der zu seiner Bestellung
geführt hat, **behoben ist.** Im Rahmen einer Bestellung nach Abs. 1 ist dies der
Fall, sobald der Verwaltungsrat wieder beschlussfähig ist. Bei der Bestellung nach
Abs. 2 kommt es darauf an, ob die Unvollständigkeit behoben wurde. Die
Behebung des Mangels wird in der Regel auf der Neubestellung eines Mitglieds
beruhen; sie kann aber auch in einer Verkleinerung des Verwaltungsrats durch
Satzungsänderung bestehen (zur AG MüKoAktG/*Habersack* AktG § 104 Rn. 48).
Im Fall der Neubestellung ist der Zeitpunkt maßgeblich, in dem das durch
Beschluss der Hauptversammlung oder in Ausübung eines Entsendungsrechts
wirksam neu bestellte Mitglied die Bestellung annimmt (→ Anh. Art. 43 § 28
SEAG Rn. 2). Einer Neubestellung steht es gleich, wenn ein abberufenes Mit-
glied seine Rechte durch eine stattgebende Rechtsmittelentscheidung wieder-
erlangt (MüKoAktG/*Habersack* AktG § 104 Rn. 48; → Anh. Art. 43 § 29 SEAG
Rn. 19).

14   Von Abs. 3 unberührt bleiben **sonstige Beendigungsgründe** (Amtsniederlegung, Wegfall der persönlichen Bestellungsvoraussetzungen etc, → Anh. Art. 43
§ 29 SEAG Rn. 21 ff.). Möglich ist insbesondere auch eine vorzeitige gerichtliche Abberufung aus wichtigem Grund nach § 29 Abs. 3 SEAG (zur AG Spind-
ler/Stilz/*Spindler* AktG § 104 Rn. 54; für Entbehrlichkeit von Antrag und wichtigem Grund MüKoAktG/*Habersack* AktG § 104 Rn. 46). Spätestens endet das

Mandat mit Ablauf der Höchstfrist des Art. 46, bei befristeter Bestellung (→ Rn. 5) mit Ablauf der vom Gericht bestimmten Frist.

2. Auslagen und Vergütung (Abs. 4). Nach Abs. 4 S. 1 hat das gerichtlich **15** bestellt Verwaltungsratsmitglied einen Anspruch auf Ersatz angemessener barer **Auslagen** (zB Reisekosten) sowie einen Anspruch auf **Vergütung.** Letzteres gilt allerdings nur, wenn auch den anderen (regulär bestellten) Mitgliedern eine Vergütung gewährt wird. Der Anspruch richtet sich gegen die Gesellschaft. Die Höhe der Vergütung muss mit Blick auf den Gleichbehandlungsgrundsatz derjenigen der übrigen Verwaltungsratsmitglieder entsprechen (zur AG MüKoAktG/ *Habersack* AktG § 104 Rn. 55; Hüffer/*Koch* AktG § 104 Rn. 17; heute ganz hM). Weigert sich die Gesellschaft, den Auslagenersatz oder die Vergütung zu gewähren, kann sich das Mitglied nach Abs. 4 S. 2 an das Gericht wenden (zur Zuständigkeit → Rn. 6). Gegen die Entscheidung ist die Beschwerde statthaft (§ 58 FamFG), die Rechtsbeschwerde ist ausgeschlossen (Abs. 4 S. 3). Der rechtskräftige Gerichtsbeschluss ist Vollstreckungstitel für die Zwangsvollstreckung nach der ZPO (Abs. 4 S. 4).

SEAG Nichtigkeit der Wahl von Verwaltungsratsmitgliedern

31 (1) **Die Wahl eines Verwaltungsratsmitglieds durch die Hauptversammlung ist außer im Fall des § 241 Nr. 1, 2 und 5 des Aktiengesetzes nur dann nichtig, wenn**

1. **der Verwaltungsrat unter Verstoß gegen § 24 Abs. 2, § 25 Abs. 2 Satz 1 oder § 26 Abs. 3 zusammengesetzt wird;**
2. **durch die Wahl die gesetzliche Höchstzahl der Verwaltungsratsmitglieder überschritten wird (§ 23);**
3. **die gewählte Person nach Artikel 47 Abs. 2 der Verordnung bei Beginn ihrer Amtszeit nicht Verwaltungsratsmitglied sein kann.**

(2) ¹**Für die Parteifähigkeit für die Klage auf Feststellung, dass die Wahl eines Verwaltungsratsmitglieds nichtig ist, gilt § 250 Abs. 2 des Aktiengesetzes entsprechend.** ²**Parteifähig ist auch der SE-Betriebsrat.**

(3) ¹**Erhebt ein Aktionär, ein Mitglied des Verwaltungsrats oder ein nach Absatz 2 Parteifähiger gegen die Gesellschaft Klage auf Feststellung, dass die Wahl eines Verwaltungsratsmitglieds nichtig ist, so gelten § 246 Abs. 2, 3 Satz 1 bis 4, Abs. 4, die §§ 247, 248 Abs. 1 Satz 2, die §§ 248a und 249 Abs. 2 des Aktiengesetzes entsprechend.** ²**Es ist nicht ausgeschlossen, die Nichtigkeit auf andere Weise als durch Erhebung der Klage geltend zu machen.**

Schrifttum: *Göz,* Beschlussmängelklagen bei der Societas Europaea (SE), ZGR 2008, 593; *Schröder,* Mängel und Heilung der Wählbarkeit bei Aufsichtsrats- und Betriebsratswahlen, 1979.

Übersicht

	Rn.
I. Allgemeines	1
II. Nichtigkeitsgründe (Abs. 1)	2
1. Allgemeine Nichtigkeitsgründe (§ 241 Nr. 1, 2, 5 AktG) .	2
2. Besondere Nichtigkeitsgründe (Abs. 1 Nr. 1–3, § 250	
Abs. 1 Nr. 2, Nr. 5 AktG analog)	3
a) Abs. 1 Nr. 1–2	4
b) Abs. 1 Nr. 3	5

Rn.

    c) § 250 Abs. 1 Nr. 2 AktG analog 7
    d) §§ 96 Abs. 2 S. 6, 250 Abs. 1 Nr. 5 AktG analog 7a
  III. Rechtsfolgen der Nichtigkeit 8
  IV. Prozessuale Geltendmachung der Nichtigkeit (Abs. 2–3) 9

I. Allgemeines

1   § 31 SEAG orientiert sich an § 250 AktG. Die Vorschrift regelt die **Nichtigkeit** von Hauptversammlungsbeschlüssen über die **Wahl von Verwaltungsratsmitgliedern** (Abs. 1) sowie die prozessuale Geltendmachung durch Nichtigkeitsklage (Abs. 2–3). Sie steht in Zusammenhang mit den Regelungen der §§ 32 SEAG, 251 AktG zur Anfechtbarkeit von Wahlbeschlüssen und der § 33 SEAG, § 252 AktG zu den Wirkungen des Urteils über eine Nichtigkeits- bzw. Anfechtungsklage. Da die Verordnung das Beschlussmängelrecht nicht behandelt (→ Art. 53 Rn. 38; → Art. 57 Rn. 31), konnte der deutsche Gesetzgeber diese Fragen in Ausübung der Ermächtigung des Art. 43 Abs. 4 (→ Anh. Art. 43 Vor § 20 SEAG Rn. 1) selbst regeln.

II. Nichtigkeitsgründe (Abs. 1)

2   **1. Allgemeine Nichtigkeitsgründe (§ 241 Nr. 1, 2, 5 AktG).** Abs. 1 verweist zunächst auf die allgemeinen Nichtigkeitsgründe in **§ 241 Nr. 1, 2 und 5 AktG.** Danach ist der Wahlbeschluss nichtig, wenn die Hauptversammlung unter Verstoß gegen § 121 Abs. 2 (iVm § 22 Abs. 6 SEAG), Abs. 3 S. 1 oder Abs. 4 AktG einberufen wurde (§ 241 Nr. 1 AktG), wenn der Beschluss nicht nach § 130 Abs. 1, Abs. 2 S. 1 und Abs. 4 AktG beurkundet ist (§ 241 Nr. 2 AktG) oder rechtskräftig auf Anfechtungsklage (§ 32 SEAG, § 251 AktG) für nichtig erklärt wurde (§ 241 Nr. 5 AktG). Bewusst nicht in Bezug genommen werden dagegen wie in § 250 AktG die allgemeinen Nichtigkeitsgründe nach § 241 Nr. 3, 4 und 6 AktG. In Bezug auf § 241 Nr. 3 und Nr. 4 AktG beruht dies auf Erwägungen der Rechtssicherheit (Hüffer/*Koch* AktG § 250 Rn. 1) und in Bezug auf § 241 Nr. 6 AktG (Amtslöschung) darauf, dass die Verwaltungsratsmitglieder nicht ins Handelsregister eingetragen werden (→ Anh. Art. 43 § 21 SEAG Rn. 15).

3   **2. Besondere Nichtigkeitsgründe (Abs. 1 Nr. 1–3, § 250 Abs. 1 Nr. 2, Nr. 5 AktG analog).** In Anlehnung an § 250 Abs. 1 Nr. 1, 3, 4 AktG formuliert Abs. 1 Nr. 1–3 drei besondere Nichtigkeitsgründe für die Wahl der Verwaltungsratsmitglieder. Diese Gründe sind in analoger Anwendung von § 250 Abs. 1 Nr. 2 AktG und §§ 96 Abs. 2 S. 6, 250 Abs. 1 Nr. 5 AktG um zwei zusätzliche Tatbestände zu erweitern (→ Rn. 7 f.).

4   **a) Abs. 1 Nr. 1–2.** Nach Abs. 1 Nr. 1 ist die Bestellung nichtig, wenn sie dem Kontinuitätsgrundsatz des § 24 Abs. 2 SEAG oder den im Statusverfahren ermittelten Besetzungsgrundlagen (§§ 25 Abs. 2 S. 1, 26 Abs. 3 SEAG) widerspricht. Gleiches gilt nach Abs. 1 Nr. 2 bei Überschreitung der gesetzlichen Höchstzahl der Verwaltungsratsmitglieder (§ 23 SEAG). Diese beiden Nichtigkeitsgründe entsprechen § 250 Abs. 1 Nr. 1 und Nr. 3 AktG.

5   **b) Abs. 1 Nr. 3.** Missglückt ist die Formulierung von Abs. 1 Nr. 3, der den Verstoß gegen ein **Bestellungshindernis** nach Art. 47 Abs. 2 zum Nichtigkeitsgrund erhebt. Die Verweisung in Art. 47 Abs. 2 auf die Bestellungshindernisse, die das nationale Aktienrecht für Verwaltungsratsmitglieder vorsieht, läuft in Deutschland nach zutreffender Ansicht leer, da es hierzulande im allgemeinen Aktienrecht kein monistisches System gibt (→ Anh. Art. 43 § 27 SEAG Rn. 4). Um das von

Abs. 1 Nr. 3 angestrebte Regelungsziel zu erreichen, muss die Vorschrift daher so ausgelegt werden, dass sie sich auf die persönlichen Bestellungshindernisse bezieht, die der Gesetzgeber irrtümlich von der Verweisung des Art. 47 Abs. 2 umfasst sah. Dies sind zum einen die analog anwendbaren Bestimmungen des **§ 76 Abs. 3 AktG** (LHT/*Teichmann* Rn. 5; *Göz* ZGR 2008, 593 [623]; → Anh. Art. 43 § 27 SEAG Rn. 3 ff.) und zum anderen die Vorgaben des **§ 27 SEAG** (*Schwarz* Rn. 176; *Göz* ZGR 2008, 593 [623]; vgl. auch § 250 Abs. 1 Nr. 4 AktG), allerdings mit Ausnahme des nachträglich eingefügten § 27 Abs. 1 S. 4 SEAG (→ Anh. Art. 43 § 27 SEAG Rn. 20). Nicht abschließend geklärt ist bisher, ob Gleiches auch dann gilt, wenn ein amtierender geschäftsführender Direktor in den Verwaltungsrat gewählt wird und infolgedessen die Besetzungsregel des **§ 40 Abs. 1 S. 2 SEAG** nicht mehr eingehalten ist. Gute Gründe sprechen dafür, die Frage zu bejahen (→ Anh. Art. 43 § 40 SEAG Rn. 23).

Maßgeblicher Zeitpunkt ist nach dem insoweit unmissverständlichen Wortlaut **6** des Abs. 1 Nr. 3 der **Beginn der Amtszeit** (zur AG Hüffer/*Koch* AktG § 250 Rn. 9; Spindler/Stilz/*Stilz* AktG § 250 Rn. 16). Wenn also das Verwaltungsratsmitglied am Tag der Hauptversammlung noch zu viele Mandate iSd § 27 Abs. 1 S. 1 AktG innehat, die überzähligen Mandate aber noch vor Annahme der Wahl niederlegt, ist seine Wahl nicht nichtig. Wird der Nichtigkeitsgrund erst nach Beginn der Amtszeit beseitigt, bleibt es dagegen nach hM bei der Nichtigkeit des Wahlbeschlusses, da das Gesetz für ein nachträgliches Wirksamwerden keinen Anhaltspunkt bietet (zur AG MüKoAktG/*Koch* AktG § 250 Rn. 13 aE; Spindler/Stilz/*Stilz* AktG § 250 Rn. 16; aA *Schröder* S. 31). Zum umgekehrten Fall (Eintritt des Bestellungshindernisses erst nach Amtsantritt) → Anh. Art. 43 § 27 SEAG Rn. 23.

c) § 250 Abs. 1 Nr. 2 AktG analog. Nach § 250 Abs. 1 Nr. 2 AktG ist der **7** Hauptversammlungsbeschluss einer AG auch nichtig, wenn diese kraft Mitbestimmungsrechts (§§ 6–8 MontanMitbestG) an Wahlvorschläge gebunden ist, aber dennoch eine andere als die vorgeschlagene Person wählt. Eine vergleichbare Situation kann trotz Unanwendbarkeit des MontanMitbestG auch in der SE eintreten, wenn die Hauptversammlung einem Wahlvorschlag nicht folgt, an den sie gemäß **§ 36 Abs. 4 S. 2 SEBG** oder nach der Beteiligungsvereinbarung (§ 21 SEBG) gebunden ist. Ein nachvollziehbarer Grund, warum hier die Missachtung der Bindung an den Wahlvorschlag andere Konsequenzen haben sollte als im Anwendungsbereich des § 250 Abs. 1 Nr. 2 AktG, ist nicht ersichtlich. Mangels anderer Anhaltspunkte in den Materialien ist von einer unbeabsichtigten Regelungslücke auszugehen, die durch **analoge Anwendung des § 250 Abs. 1 Nr. 2 AktG** zu schließen ist (MüKoAktG/*Reichert/Brandes* Art. 43 Rn. 32; LHT/*Teichmann* Rn. 6; NK-SE/*Manz* Art. 43 Rn. 98; *Göz* ZGR 2008, 593 [623]; aA KK-AktG/*Siems* Anh. Art. 51 §§ 31–33 SEAG Rn. 5).

d) §§ 96 Abs. 2 S. 6, 250 Abs. 1 Nr. 5 AktG analog. Analog §§ 96 Abs. 2 **7a** S. 6, 250 Abs. 1 Nr. 5 AktG ist ein Wahlbeschluss der Hauptversammlung schließlich auch dann nichtig, wenn er gegen die feste **Geschlechterquote** nach § 24 Abs. 3 SEAG verstößt (näher → Anh. Art. 43 § 24 SEAG Rn. 6, 9). Dieser Nichtigkeitsgrund hat einstweilen nur theoretische Bedeutung, da die feste Quote nur Gesellschaften betrifft, die börsennotiert und zugleich paritätisch mitbestimmt sind; eine paritätisch mitbestimmte monistische SE gibt es aber bisher nicht (→ Anh. Art. 43 Vor § 20 SEAG Rn. 10 a f.).

III. Rechtsfolgen der Nichtigkeit

Nach allgemeinen Grundsätzen bedeutet Nichtigkeit das Ausbleiben der ge- **8** wollten Rechtswirkung, hier also der Organstellung des Gewählten. Zu beachten

ist aber, dass trotz Nichtigkeit der Wahl nach den **Grundsätzen der fehlerhaften Bestellung** für bestimmte Zwecke von einer für die Vergangenheit wirksamen Organstellung auszugehen sein kann. Nach der zum Aufsichtsrat ergangenen Rechtsprechung des BGH ist dies für Pflichten, Haftung und Vergütung des
betroffenen Mitglieds anerkannt, nicht aber für die Beschlussfassung (näher
→ Anh. Art. 43 § 28 SEAG Rn. 11 ff.).

IV. Prozessuale Geltendmachung der Nichtigkeit (Abs. 2–3)

9   Die Nichtigkeit kann von Aktionären, Mitgliedern des Verwaltungsrats und
den nach Abs. 2 Parteifähigen geltend gemacht werden, indem sie entsprechend
den in Abs. 3 S. 1 bezeichneten Vorschriften des AktG **Nichtigkeitsklage**, dh
Klage auf Feststellung der Nichtigkeit der Wahl, erheben. Die Regelung entspricht § 250 Abs. 3 S. 1 AktG, weshalb auf die hierzu entwickelten Grundsätze
Bezug genommen werden kann. Zu den nach Abs. 2 Parteifähigen gehören kraft
Verweisung die in § 250 Abs. 2 AktG genannten Arbeitnehmervertretungen
sowie der SE-Betriebsrat. Für die Vertretung der Gesellschaft in dem Rechtsstreit
über die Nichtigkeitsklage gilt Abs. 3 S. 1 iVm § 246 Abs. 2 S. 2 AktG. Die dort
vorgeschriebene **Doppelvertretung** durch Vorstand und Aufsichtsrat ist so auf
das monistische System zu übertragen, dass an die Stelle des Aufsichtsrats der
Verwaltungsrat (§ 22 Abs. 6 SEAG) tritt und an die Stelle des Vorstands nach § 41
Abs. 1 S. 1 SEAG die geschäftsführenden Direktoren treten (→ Anh. Art. 43 § 22
SEAG Rn. 49). Klagt ein Verwaltungsratsmitglied, wird die Gesellschaft nach
§ 246 Abs. 2 S. 3 AktG, § 31 Abs. 3 SEAG nur durch die geschäftsführenden
Direktoren vertreten (*Göz* ZGR 2008, 593 [598]). Gleiches wird gelten müssen,
wenn der gesamte Verwaltungsrat klagt. Für diesen Fall wird im Schrifttum zwar
vorgeschlagen, eine Vertretung durch besondere, vom Gericht zu bestellende
Vertreter vorzusehen (näher *Göz* ZGR 2008, 593 [598]; zustimmend LHT/
Teichmann Rn. 8); im geltenden Recht findet dieser Vorschlag jedoch keine
Stütze.

10   Die Nichtigkeitsklage ist vorbehaltlich der Heilung nach § 242 AktG **nicht
fristgebunden.** Der zuletzt im Rahmen der Aktienrechtsnovelle 2016 diskutierte Vorschlag, zur Bekämpfung missbräuchlich nachgeschobener Nichtigkeitsklagen eine Befristung für den Fall einzuführen, dass gegen den Beschluss bereits
eine Anfechtungsklage erhoben wurde, ist nicht Gesetz geworden (zu den Gründen Beschlussempfehlung Aktienrechtsnovelle, BT-Drs. 18/6681, 12). Das **Urteil**
über die Nichtigkeitsklage wirkt gemäß § 32 SEAG iVm § 252 AktG inter
omnes.

11   Nach Abs. 3 S. 2 kann die Nichtigkeit **auch auf andere Weise** als durch
Klage geltend gemacht werden, etwa als Vorfrage im Rahmen eines anderen
Verfahrens. Allerdings findet dann die inter omnes-Rechtskraftwirkung nach § 33
SEAG iVm § 252 AktG keine Anwendung.

SEAG Anfechtung der Wahl von Verwaltungsratsmitgliedern

32 [1]**Für die Anfechtung der Wahl von Verwaltungsratsmitgliedern
findet § 251 des Aktiengesetzes mit der Maßgabe Anwendung,
dass das gesetzwidrige Zustandekommen von Wahlvorschlägen für die
Arbeitnehmervertreter im Verwaltungsrat nur nach den Vorschriften der
Mitgliedstaaten über die Besetzung der ihnen zugewiesenen Sitze geltend gemacht werden kann.** [2]**Für die Arbeitnehmervertreter aus dem
Inland gilt § 37 Abs. 2 des SE-Beteiligungsgesetzes.**

Schrifttum: *Göz,* Beschlussmängelklagen bei der Societas Europaea (SE), ZGR 2008, 593; s. ferner die Angaben zu Art. 43.

I. Allgemeines

In Ergänzung der Bestimmungen über die Nichtigkeit (§ 31 SEAG) regelt § 32 **1** SEAG die **Anfechtbarkeit** von Hauptversammlungsbeschlüssen zur **Wahl von Verwaltungsratsmitgliedern** sowie das zugehörige Anfechtungsverfahren. Die Vorschrift verweist hierzu weitestgehend auf § 251 AktG. Modifikationen enthält sie nur in Bezug auf die Arbeitnehmervertreter, soweit diese von der Hauptversammlung gewählt werden (→ Art. 43 Rn. 29 f.). Eine parallele Regelung für das dualistische System findet sich in § 17 Abs. 4 SEAG.

II. Anfechtungsgründe

Nach S. 1 iVm § 251 Abs. 1 S. 1 AktG kann die Wahl eines Verwaltungsrats- **2** mitglieds durch die Hauptversammlung wegen **Verletzung des Gesetzes** – womit auch die Verordnung gemeint ist (NK-SE/*Manz* Art. 43 Rn. 102) – oder **der Satzung** angefochten werden. Letzteres ist insbesondere mit Blick auf Art. 47 Abs. 3 bedeutsam, wonach die Satzung besondere Wählbarkeitsvoraussetzungen aufstellen kann (*Göz* ZGR 2008, 593 [623 f.]).

Entsprechend § 251 Abs. 1 S. 2 AktG kann die Anfechtung auch darauf **3** gestützt werden, dass ein **Wahlvorschlag** der Arbeitnehmerseite **gesetzwidrig zustande gekommen** ist. § 32 S. 1 Hs. 2 SEAG bestimmt hierzu, dass das gesetzwidrige Zustandekommen des Wahlvorschlags nur nach den Vorschriften des jeweiligen Mitgliedstaates geltend gemacht werden kann, dem der betreffende Sitz im Verwaltungsrat zugewiesen ist. Für die Arbeitnehmervertreter aus Deutschland ist § 37 Abs. 2 S. 1 SEBG maßgeblich, wie S. 2 klarstellt. Auch wenn S. 1 in Anlehnung an § 251 Abs. 1 S. 2 AktG nur das „gesetzwidrige" Zustandekommen des Wahlvorschlags anspricht, wird man die Anfechtbarkeit auch auf Fälle erstrecken müssen, in denen die Vorgaben der **Beteiligungsvereinbarung** verletzt wurden, sofern der Verstoß die in § 37 Abs. 2 S. 2 SEBG formulierte Wesentlichkeitsschwelle überschreitet.

Über § 251 Abs. 1 S. 3 AktG finden auch die **Beschränkungen der An- 4 fechtbarkeit** nach §§ 243 Abs. 4, 244 AktG entsprechende Anwendung. Gleichfalls anwendbar ist § 243 Abs. 3 AktG, dessen Nichterwähnung in § 251 Abs. 1 S. 3 AktG auf einem Redaktionsversehen beruht (Hüffer/*Koch* AktG § 251 Rn. 6).

III. Anfechtungsbefugnis

Die **Anfechtungsbefugnis** richtet sich nach S. 1 iVm §§ 251 Abs. 2 S. 1, **5** 245 Nr. 1, 2 und 4 AktG. Diese Vorschriften berechtigen neben den Aktionären auch den Vorstand zur Anfechtung (§ 245 Nr. 4 AktG); an dessen Stelle tritt in der monistischen SE gemäß § 22 Abs. 6 SEAG der Verwaltungsrat (LHT/*Teichmann* Rn. 4). Das betroffene Verwaltungsratsmitglied ist analog § 34 BGB von der Beschlussfassung im Verwaltungsrat ausgeschlossen (LHT/*Teichmann* Rn. 4). Ein Hauptversammlungsbeschluss zur Wahl eines **Arbeitnehmervertreters** kann zudem von den in § 37 Abs. 2 S. 2 SEBG Genannten, also insbesondere auch den dort genannten Arbeitnehmervertretungen, angefochten werden. In der Beteiligungsvereinbarung kann darüber hinaus weiteren Arbeitnehmervertretungen die Anfechtungsbefugnis gewährt werden (*Forst* S. 292 f.). Soweit S. 1 auch auf § 251 Abs. 2 S. 2–3 AktG Bezug nimmt, geht die Verweisung ins Leere (LHT/*Teichmann* Rn. 5), da die dort genannten Mitbestimmungsgesetze auf die SE keine Anwendung finden.

IV. Anfechtungsverfahren

6   Das **Verfahren** der Anfechtungsklage richtet sich nach den in S. 1 iVm § 251
Abs. 3 AktG in Bezug genommenen §§ 246, 247, 248 Abs. 1 S. 2 und 248a
AktG. Zur Doppelvertretung der monistischen SE entsprechend § 246 Abs. 2
S. 2 AktG → Anh. Art. 43 § 22 SEAG Rn. 49.

V. Wirkung der erfolgreichen Anfechtung

7   Mit Rechtskraft des der Anfechtungsklage stattgebenden Urteils wird der
Bestellungsbeschluss rückwirkend vernichtet (§ 31 Abs. 1 SEAG iVm § 241
Nr. 5 AktG). Nach den **Grundsätzen der fehlerhaften Bestellung** kann für
bestimmte Zwecke dennoch für die Vergangenheit von einer wirksamen Bestel-
lung auszugehen sein. Nach der zum Aufsichtsrat der AG ergangenen Recht-
sprechung des BGH ist dies für Pflichten, Haftung und Vergütung des betroffenen
Mitglieds anerkannt, nicht aber für die Beschlussfassung (→ Anh. Art. 43 § 28
SEAG Rn. 11 ff.). S. zu den Urteilswirkungen ferner § 33 SEAG nebst Erl.

SEAG Wirkung des Urteils

33 Für die Urteilswirkung gilt § 252 des Aktiengesetzes entsprechend.

1   § 33 SEAG verweist hinsichtlich der Wirkungen des Urteils, das aufgrund
einer Nichtigkeitsklage nach § 31 Abs. 3 SEAG oder einer Anfechtungsklage
nach § 32 SEAG ergeht, auf § 252 AktG. Stattgebende Urteile entfalten danach
Rechtskraft nicht nur zwischen den Prozessparteien, sondern wirken für und
gegen alle Aktionäre, die Verwaltungsratsmitglieder (§ 22 Abs. 6 SEAG) und die
Arbeitnehmerseite (mit einzelnen Abstufungen zwischen § 252 Abs. 1 und
Abs. 2 AktG).

SEAG Innere Ordnung des Verwaltungsrats

34 (1) [1]Der Verwaltungsrat hat neben dem Vorsitzenden nach näherer
Bestimmung der Satzung aus seiner Mitte mindestens einen Stell-
vertreter zu wählen. [2]Der Stellvertreter hat nur dann die Rechte und
Pflichten des Vorsitzenden, wenn dieser verhindert ist. [3]Besteht der Ver-
waltungsrat nur aus einer Person, nimmt diese die dem Vorsitzenden des
Verwaltungsrats gesetzlich zugewiesenen Aufgaben wahr.

(2) [1]Der Verwaltungsrat kann sich eine Geschäftsordnung geben. [2]Die
Satzung kann Einzelfragen der Geschäftsordnung bindend regeln.

(3) [1]Über die Sitzungen des Verwaltungsrats ist eine Niederschrift anzufertigen, die der Vorsitzende zu unterzeichnen hat. [2]In der Niederschrift sind der Ort und der Tag der Sitzung, die Teilnehmer, die Gegenstände der Tagesordnung, der wesentliche Inhalt der Verhandlungen und
die Beschlüsse des Verwaltungsrats anzugeben. [3]Ein Verstoß gegen Satz 1
oder Satz 2 macht einen Beschluss nicht unwirksam. [4]Jedem Mitglied
des Verwaltungsrats ist auf Verlangen eine Abschrift der Sitzungsniederschrift auszuhändigen. [5]Die Sätze 1 bis 4 finden auf einen Verwaltungsrat, der nur aus einer Person besteht, keine Anwendung.

(4) [1]Der Verwaltungsrat kann aus seiner Mitte einen oder mehrere Ausschüsse bestellen, namentlich, um seine Verhandlungen und Beschlüsse vorzubereiten oder die Ausführung seiner Beschlüsse zu überwachen. [2]Die Aufgaben nach Absatz 1 Satz 1 und nach § 22 Abs. 1 und 3, § 40 Abs. 1 Satz 1 und § 47 Abs. 3 dieses Gesetzes sowie nach § 68 Abs. 2 Satz 2, § 203 Abs. 2, § 204 Abs. 1 Satz 1, § 205 Abs. 2 Satz 1 und § 314 Abs. 2 und 3 des Aktiengesetzes können einem Ausschuss nicht an Stelle des Verwaltungsrats zur Beschlussfassung überwiesen werden. [3]Dem Verwaltungsrat ist regelmäßig über die Arbeit der Ausschüsse zu berichten. [4]Der Verwaltungsrat kann einen Prüfungsausschuss einrichten, dem insbesondere die Aufgaben nach § 107 Abs. 3 Satz 2 des Aktiengesetzes übertragen werden können. [5]Richtet der Verwaltungsrat einer SE, die kapitalmarktorientiert im Sinne des § 264d des Handelsgesetzbuchs, die CRR-Kreditinstitut im Sinne des § 1 Absatz 3d Satz 1 des Kreditwesengesetzes, mit Ausnahme der in § 2 Absatz 1 Nummer 1 und 2 des Kreditwesengesetzes genannten Institute, oder die Versicherungsunternehmen im Sinne des Artikels 2 Absatz 1 der Richtlinie 91/674/EWG ist, einen Prüfungsausschuss ein, so muss dieser die Voraussetzungen des § 100 Absatz 5 des Aktiengesetzes erfüllen

Fassung des Abs. 4 S. 5 und 6 bis zum 16.6.2016 (zum Übergangsrecht s. § 56 SEAG):

[5]Er muss mehrheitlich mit nicht geschäftsführenden Mitgliedern besetzt werden. [6]Richtet der Verwaltungsrat einer SE im Sinn des § 264d des Handelsgesetzbuchs einen Prüfungsausschuss ein, muss mindestens ein Mitglied des Prüfungsausschusses die Voraussetzungen des § 100 Abs. 5 des Aktiengesetzes erfüllen und darf der Vorsitzende des Prüfungsausschusses nicht geschäftsführender Direktor sein.

Schrifttum: *Hoffmann,* Europarechtliche Umsetzungsdefizite bei der fakultativen Ausgestaltung des Prüfungsausschusses nach § 107 III 2 AktG, NZG 2016, 441; *Lutter/Kollmorgen/Feldhaus,* Muster-Geschäftsordnung für den Verwaltungsrat einer SE, BB 2007, 509; *Marsch-Barner,* Zur Rolle des Prüfungsausschusses nach der EU-Reform zur Abschlussprüfung, FS Müller-Graff, 2015, 282; *Merkt,* Die Zusammenarbeit von Aufsichtsrat und Abschlussprüfer nach der EU-Reform: Mut zur Erwartungslücke?, ZHR 179 (2015), 601; *S. H. Schneider,* Der stellvertretende Vorsitzende des Aufsichtsorgans der dualistischen SE, AG 2008, 887; *Velte,* Der Referentenentwurf für ein Abschlussprüfungsreformgesetz, WPg 2015, 482. S. ferner die Angaben zu Art. 43.

Übersicht

	Rn.
I. Allgemeines	1
II. Vorsitzender und stellvertretender Vorsitzender (Abs. 1)	3
1. Vorsitzender (Art. 45; Abs. 1 S. 3)	3
2. Wahl des Stellvertreters (Abs. 1 S. 1)	4
a) Allgemeines	4
b) Wählbarkeit	5
c) Handelsregisteranmeldung	7
3. Rechtsstellung des Stellvertreters (Abs. 1 S. 2)	8
a) Allgemeines	8
b) Stichentscheid nach Art. 50 Abs. 2	9
c) Zweitstimmrecht nach § 35 Abs. 3 SEAG	13
III. Geschäftsordnung (Abs. 2)	14
1. Allgemeines	14
2. Erlass der Geschäftsordnung	15
3. Inhalt der Geschäftsordnung	18
4. Rechtsfolgen von Verstößen	19
IV. Sitzungsniederschrift (Abs. 3)	20

		Rn.
V.	Ausschüsse (Abs. 4)	22
1.	Allgemeines	22
2.	Grenzen delegierter Beschlussfassung (Abs. 4 S. 2)	25
	a) Geschriebene Delegationsverbote	25
	b) Ungeschriebene Delegationsverbote	28
	c) Rechtsfolgen von Verstößen	29
3.	Besetzung und innere Ordnung der Ausschüsse	30
	a) Zahl der Ausschussmitglieder	30
	b) Auswahl der Ausschussmitglieder	31
	c) Innere Ordnung der Ausschüsse	35
4.	Verhältnis zum Plenum; Informationspflichten (Abs. 3)	36
5.	Einzelne Ausschüsse; Prüfungsausschuss (Abs. 4 S. 4–5)	37
	a) Prüfungsausschuss	38
	b) Exekutivausschuss	43

I. Allgemeines

1   Die **innere Ordnung des Verwaltungsrats** wird in der Verordnung durch die Art. 44 (Sitzungsfrequenz, Information), Art. 45 (Vorsitzender) und Art. 50 (Beschlussfähigkeit, Beschlussfassung) nur punktuell geregelt. Daher treffen die §§ 34–37 SEAG in Ausübung der Ermächtigung des Art. 43 Abs. 4 (→ Anh. Art. 43 Vor § 20 SEAG Rn. 1) ergänzende Regelungen. Sie orientieren sich weithin an den Bestimmungen des AktG über die innere Ordnung des Aufsichtsrats (§§ 107–110 AktG).

2   § 34 Abs. 1, 3 und 4 SEAG sind § 107 AktG nachgebildet. Sie regeln die Wahl eines oder mehrerer **Stellvertreter des Vorsitzenden** (Abs. 1), die **Niederschrift** der Sitzungen (Abs. 3) sowie die **Bildung von Ausschüssen** (Abs. 4). Ferner gewährt Abs. 2 dem Verwaltungsrat das Recht, sich in den Grenzen der Satzungsvorgaben eine **Geschäftsordnung** zu geben. Auch das entspricht der Rechtslage zum Aufsichtsrat, dessen Geschäftsordnung im AktG aber nur beiläufig erwähnt wird (§ 82 Abs. 2 AktG). Daher lehnt sich Abs. 2 insoweit an die Regelung für den Vorstand in § 77 Abs. 2 S. 1–2 AktG an (Begr. RegE SEEG, BT-Drs. 15/3405, 38).

II. Vorsitzender und stellvertretender Vorsitzender (Abs. 1)

3   **1. Vorsitzender (Art. 45; Abs. 1 S. 3).** Abs. 1 konzentriert sich im Unterschied zu § 107 Abs. 1 AktG im Wesentlichen auf die Wahl der Stellvertreter des Verwaltungsratsvorsitzenden, da die Wahl des Vorsitzenden selbst bereits in **Art. 45** geregelt ist (Begr. RegE SEEG, BT-Drs. 15/3405, 38; s. zum Vorsitzenden die Erl. zu → Art. 45 Rn. 1 ff.). Ergänzend trifft Abs. 1 S. 3 lediglich die Klarstellung, dass sich in dem Sonderfall eines **einköpfigen Verwaltungsrats** (zu dieser Möglichkeit → Art. 43 Rn. 18, → Anh. Art. 43 § 23 SEAG Rn. 4) die Wahl eines Vorsitzenden erübrigt und das einzige Mitglied die Aufgaben wahrzunehmen hat, die das Gesetz dem Vorsitzenden zuweist.

4   **2. Wahl des Stellvertreters (Abs. 1 S. 1). a) Allgemeines.** Abs. 1 S. 1 schreibt die Wahl von mindestens einem Stellvertreter **zwingend** vor, soweit nicht der Sonderfall des einköpfigen Verwaltungsrats vorliegt. Der Gewählte muss dem Verwaltungsrat als Mitglied angehören („aus seiner Mitte"). **Zuständig** für die Wahl ist das **Verwaltungsratsplenum.** Eine Delegation an einen Ausschuss schließt § 34 Abs. 4 S. 2 SEAG aus. Für die Beschlussfassung gilt Art. 50 Abs. 1, soweit die Satzung keine andere Regelung trifft. Das zur Wahl stehende Mitglied darf bei der Beschlussfassung mit abstimmen (→ Art. 45 Rn. 5 zur Wahl des Vorsitzenden). Werden mehrere Vertreter bestellt, ist darauf zu achten, dass in Satzung, Geschäftsordnung oder Wahlbeschluss die Rangfolge festgelegt wird, damit die Zuständigkeit im Verhinderungsfall klar zuzuordnen ist (näher MüKo-

AktG/*Habersack* AktG § 107 Rn. 27). Für die Amtszeit des Stellvertreters und die Möglichkeit einer vorzeitigen Amtsbeendigung (Abwahl, Niederlegung) gilt das zum Vorsitzenden Gesagte sinngemäß (→ Art. 45 Rn. 8 ff.).

b) Wählbarkeit. Wählbar sind mit Ausnahme des Vorsitzenden alle Mitglieder   5
des Verwaltungsorgans unter Einschluss der **Arbeitnehmervertreter.** Letzteres gilt entgegen verbreiteter Ansicht auch in der **paritätisch mitbestimmten** SE (*Habersack* AG 2006, 345 [349 Fn. 37]; *Windbichler* FS Canaris, 2007, 1423 (1432 f.); aA Spindler/Stilz/*Eberspächer* Art. 45 Rn. 10; KK-AktG/*Paefgen* Art. 42 Rn. 36; MüKoAktG/*Reichert/Brandes* Art. 45 Rn. 29; *Schwarz* Rn. 193; KK-AktG/*Siems* Art. 45 Rn. 5; differenzierend LHT/*Drygala* Art. 42 Rn. 8; *S. H. Schneider* AG 2008, 887 [891]). Die hier abgelehnte Ansicht steht und fällt mit der Prämisse, dass das Recht zum Stichentscheid des Vorsitzenden (Art. 50 Abs. 2) im Fall von dessen Verhinderung nach § 34 Abs. 1 S. 2 AktG auf den Stellvertreter übergeht. Diese Prämisse trifft indes bei einem Stellvertreter aus dem Kreis der Arbeitnehmervertreter nicht zu (→ Rn. 9 ff.). Wenn Arbeitnehmervertretern aber kein Stichentscheid zustehen kann, besteht auch kein Grund, sie von der Wählbarkeit auszuschließen.

Wenn der Stellvertreter somit auch in der paritätisch mitbestimmten SE ein   6
Arbeitnehmervertreter sein kann, so stellt sich die Folgefrage, ob die **Beteiligungsvereinbarung** festlegen kann, dass der (oder einer der) Stellvertreter ein Arbeitnehmervertreter sein muss. Das wird überwiegend abgelehnt, namentlich deshalb, weil hiermit ein Bereich der Organisationsautonomie des Verwaltungsrats betroffen sei, welcher der Disposition des Satzungsgebers und daher auch der Disposition der Sozialpartner entzogen sei (*Habersack* AG 2006, 345 [349]; *Kiem* ZHR 173 [2009], 156 [169]; mit anderer Begründung auch *Forst* S. 296; differenzierend MüKoAktG/*Jacobs* SEBG § 21 Rn. 19e aE: unzulässig nur, wenn dadurch ein Übergewicht der Arbeitnehmervertreter entstünde). Der Einwand der fehlenden Satzungsautonomie ist aber zweifelhaft, da die Wahl des Stellvertreters gemäß § 34 Abs. 1 S. 1 SEAG „nach näherer Bestimmung der Satzung" erfolgt und die angesprochene Regelung allein darauf zielt, ein Ergebnis herbeizuführen, das in der paritätisch mitbestimmten AG durch § 27 Abs. 2 MitbestG vorgezeichnet und als rechtens akzeptiert ist. Unter dem Strich sprechen daher gute Gründe dafür, eine derartige Festlegung in der Beteiligungsvereinbarung zuzulassen (so auch *Windbichler* FS Canaris, 2007, 1423 (1433); LHT/*Teichmann* Rn. 6 aE).

c) Handelsregisteranmeldung. Die Wahl des Stellvertreters sowie Änderun-   7
gen seiner Person sind nach § 46 Abs. 1 S. 3 SEAG (deklaratorisch) zum Handelsregister anzumelden (→ Anh. Art. 43 § 46 SEAG Rn. 8). Diese Vorschrift tritt an die Stelle des § 107 Abs. 1 S. 2 AktG.

3. Rechtsstellung des Stellvertreters (Abs. 1 S. 2). a) Allgemeines. Nach   8
Abs. 1 S. 2, der § 107 Abs. 1 S. 3 AktG nachgebildet ist, hat der Stellvertreter nur dann die Rechte und Pflichten des Vorsitzenden, wenn dieser verhindert ist. Vor Eintritt der Verhinderung und nach deren Beendigung hat er somit die gleiche Stellung wie jedes andere Mitglied auch (zur AG MüKoAktG/*Habersack* AktG § 107 Rn. 68). Eine **Verhinderung** iSd Abs. 1 S. 2 liegt vor, wenn der Vorsitzende eine ihm obliegende Maßnahme in der dafür verfügbaren Zeit (zB infolge Krankheit, Ortsabwesenheit, Terminkollision) nicht selbst vornehmen kann (MüKoAktG/*Habersack* AktG § 107 Rn. 70). In diesem Fall rückt der Stellvertreter in die Stellung des Vorsitzenden ein. Bei mehreren Stellvertretern kommt es auf die Rangfolge an (MüKoAktG/*Habersack* AktG § 107 Rn. 69 iVm Rn. 27). Ist der Vorsitzende zugleich geschäftsführender Direktor, tritt der Stellvertreter nur in die Stellung als Vorsitzender des Verwaltungsrats ein, nicht in diejenige als geschäftsführender Direktor (LHT/*Teichmann* Rn. 8).

9   **b) Stichentscheid nach Art. 50 Abs. 2.** Umstritten ist, ob auch das Recht zum Stichentscheid (Art. 50 Abs. 2) im Verhinderungsfall gemäß Abs. 1 S. 2 auf den Stellvertreter übergeht. Die wohl überwiegende Ansicht befürwortet den Übergang des Stichentscheids jedenfalls dann, wenn keine abweichende Satzungsbestimmung getroffen wurde (LHT/*Drygala* Art. 42 Rn. 8; MüKoAktG/*Reichert/Brandes* Art. 45 Rn. 29; Spindler/Stilz/*Eberspächer* Art. 45 Rn. 10; *Schwarz* Rn. 193; zu § 107 Abs. 1 S. 3 AktG im dualistischen System ebenso KK-AktG/*Paefgen* Art. 42 Rn. 35; *S. H. Schneider* AG 2008, 887 [889]; aA – kein Übergang auf den Stellvertreter – LHT/*Teichmann* Rn. 9, Art. 50 Rn. 24; *Habersack* AG 2006, 345 [349 Fn. 37]). Soweit der Übergang des Stichentscheids auf den Stellvertreter bejaht wird, nimmt man gleichzeitig an, dass dieser aus dem Kreis der Anteilseignervertreter stammen muss (Nachweise → Rn. 5).

10   Die zutreffende Beantwortung der Frage hängt im Ausgangspunkt von der Auslegung des Art. 50 Abs. 2 ab. Versteht man diese Vorschrift so, dass sie dem Vorsitzenden den Stichentscheid exklusiv einräumt und ein Stichentscheid des Stellvertreters daher eine von Art. 50 Abs. 2 abweichende Regelung darstellt, kann diese nach Art. 50 Abs. 2 S. 1 nur in der Satzung, nicht aber von den Mitgliedstaaten angeordnet werden (so LHT/*Teichmann* Rn. 9: keine Regelungsbefugnis des mitgliedstaatlichen Gesetzgebers). In paritätisch mitbestimmten Gesellschaften wäre bei dieser Lesart eine Vertretungsregelung zum Stichentscheid sogar gänzlich untersagt (Art. 50 Abs. 2 S. 2). In Betracht kommt aber auch die Auslegung, dass **Art. 50 Abs. 2 die Vertretungsfrage ungeregelt** lässt und daher Raum für mitgliedstaatliche Regelungen zum Stichentscheid des Vertreters bleibt. Angesichts des fragmentarischen Charakters der Verordnung liegt diese Auslegung mE näher.

11   Folgt man dem, so kommt es für die hier interessierende Frage auf das nationale Recht und damit auf § 34 Abs. 1 S. 2 SEAG an. Bei wortlautgetreuer Auslegung dieser Vorschrift gelangt man zu dem Ergebnis, dass der **Stellvertreter** in sämtliche Rechte und Pflichten des Vorsitzenden und damit auch **in das Recht zum Stichentscheid einrückt.** Soweit es sich bei dem Stellvertreter um einen Anteilseignervertreter handelt, besteht auch kein Anlass, dieses Auslegungsergebnis in Frage zu stellen. Anders liegt es, wenn der Stellvertreter ein Arbeitnehmervertreter ist. Für den Stichentscheid des Vorsitzenden nach §§ 29 Abs. 2, 31 Abs. 4 MitbestG in der mitbestimmten AG hat der Gesetzgeber explizit angeordnet, dass der Stichentscheid nicht auf den aus dem Kreise der Arbeitnehmervertreter stammenden Stellvertreter übergehen soll. Dass eine entsprechende Regelung im SEAG fehlt, beruht ersichtlich nicht auf einer bewussten Entscheidung des Gesetzgebers, hier den Übergang des Stichentscheids auf Arbeitnehmervertreter ermöglichen zu wollen. Vielmehr spricht der Rechtsgedanke der §§ 29 Abs. 2, 31 Abs. 4 MitbestG dafür, § 34 Abs. 1 S. 2 SEAG im Wege teleologischer Reduktion so einzuschränken, dass der Stichentscheid nur auf einen stellvertretenden Vorsitzenden der Anteilseignerseite übergeht, **aber nicht auf einen Arbeitnehmervertreter.**

12   In der Praxis sehen die **Satzungen** mitbestimmter SE häufig bereits genau dieses Ergebnis vor (so jeweils zum dualistischen System zB die Satzungen von Allianz, BASF, Porsche). Derartige Satzungsbestimmungen sind unbedenklich (*Kiem* ZHR 173 [2009], 156 [168]; *S. H. Schneider* AG 2008, 887 [889]), aber nach dem Gesagten nur deklaratorischer Natur, da ein Übergang des Stichentscheids auf einen Arbeitnehmervertreter nach § 34 Abs. 1 S. 2 SEAG ohnehin nicht stattfindet. Solange die diskutierte Frage nicht höchstrichterlich entschieden ist, mögen sich solche Satzungsbestimmungen gleichwohl empfehlen. In der Satzung kann im Übrigen der Übergang des Stichentscheids auf Stellvertreter auch generell, dh auch in Bezug auf Anteilseignervertreter, ausgeschlossen werden (*S. H. Schneider* AG 2008, 887 [889 iVm 888] mit Hinweis auf die vergleichbare Rechtslage in der AG).

c) **Zweitstimmrecht nach § 35 Abs. 3 SEAG.** Ähnliche Überlegungen wie 13
für den Stichentscheid nach Art. 50 Abs. 2 (→ Rn. 9 ff.) gelten für das Zweit-
stimmrecht des Vorsitzenden nach § 35 Abs. 3 SEAG. Auch hier ist nach § 34
Abs. 1 S. 2 SEAG von einem Übergang des Zweitstimmrechts auf den Stellver-
treter auszugehen, sofern dieser der Anteilseignerseite angehört (NK-SE/*Manz*
Art. 43 Rn. 115; KK-AktG/*Siems* Anh. Art. 51 § 35 SEAG Rn. 14; Spindler/
Stilz/*Eberspächer* Art. 50 Rn. 8; MüKoAktG/*Reichert/Brandes* Art. 50 Rn. 44;
Frodermann in Jannott/Frodermann HdB SE Kap. 5 Rn. 202; aA LHT/*Teichmann*
Anh. Art. 43 § 35 SEAG Rn. 11). Dagegen ist nicht anzunehmen, dass das
Zweitstimmrecht, das der Sicherung des Letztentscheidungsrechts der Anteils-
eigner dienen soll, auch auf einen Arbeitnehmervertreter übergehen soll. Ebenso
wie beim Stichentscheid (→ Rn. 12) steht nichts im Wege, diese ungeschriebene
Einschränkung des Abs. 1 S. 2 zur Klarstellung in die Satzung aufzunehmen.

III. Geschäftsordnung (Abs. 2)

1. **Allgemeines.** Abs. 2 lehnt sich an § 77 Abs. 2 S. 1–2 AktG an (→ Rn. 2) 14
und gewährt dem Verwaltungsrat das Recht, sich eine **Geschäftsordnung** zu
geben, zu der die Satzung bindende Vorgaben machen darf. Den Erlass einer
Geschäftsordnung schreibt das Gesetz nicht zwingend vor. Für börsennotierte
und kapitalmarktorientierte Gesellschaften iSd § 161 AktG findet sich allerdings
in **Ziff. 5.1.3 DCGK** eine entsprechende **Empfehlung** für den Aufsichtsrat, die
im monistischen System auf den Verwaltungsrat zu beziehen ist (→ Anh. Art. 43
§ 22 SEAG Rn. 58). Eine dem Abs. 2 vergleichbare Regelung für die Geschäftsordnung der geschäftsführenden Direktoren findet sich in § 40 Abs. 4 SEAG.
Dort wurde allerdings anders als im Rahmen des Abs. 2 (→ Rn. 15) auch das
Einstimmigkeitserfordernis des § 77 Abs. 2 S. 3 AktG übernommen.

2. **Erlass der Geschäftsordnung.** Zuständig für den Erlass der Geschäfts- 15
ordnung (und spätere Änderungen) ist nach Abs. 2 S. 1 der **Verwaltungsrat,**
und zwar zwingend das Plenum (→ Rn. 28). Dieses beschließt gemäß Art. 50 mit
der Mehrheit der anwesenden oder vertretenen Mitglieder, soweit die Satzung
keine hiervon abweichende Regelung trifft. Das Einstimmigkeitserfordernis des
§ 77 Abs. 2 S. 3 AktG hat der Gesetzgeber zu Recht nicht in Abs. 2 übernommen, da das in Art. 50 normierte Mehrheitsprinzip zwar zur Disposition des
Satzungsgebers, aber nicht zur Disposition des nationalen Gesetzgebers steht
(LHT/*Teichmann* Rn. 10).

Nach Abs. 2 S. 2 kann auch die **Satzung** Einzelfragen der Geschäftsordnung 16
regeln. Eine solche Satzungsbestimmung hat dann Vorrang gegenüber einer vom
Verwaltungsrat getroffenen Regelung. Durch Satzungsbestimmungen darf aber
die Grundkompetenz des Verwaltungsrats zur Selbstorganisation nicht ausgehöhlt
werden. Dem Verwaltungsrat muss ein Kernbereich eigener Regelungskompetenz verbleiben (LHT/*Teichmann* Rn. 12; zur AG MüKoAktG/*Spindler* AktG
§ 77 Rn. 49; MüKoAktG/*Habersack* AktG § 107 Rn. 172). Zum satzungsfesten
Kern der Organisationsautonomie des Verwaltungsrats gehört namentlich die
Entscheidung über die Bildung und Zusammensetzung von Ausschüssen, da
Abs. 4 diese allein dem Verwaltungsrat überlässt und keine Öffnung zugunsten
der Satzung vorsieht (→ Rn. 24).

Umstritten ist, inwieweit die **Beteiligungsvereinbarung** (§ 21 SEBG) Ge- 17
schäftsordnungsfragen verbindlich festlegen kann. Nach zutreffender hM besteht
nur dann eine Regelungskompetenz der Sozialpartner, wenn die betreffende
Regelung auch in der Satzung enthalten sein kann (Satzungsautonomie) und
überdies Mitbestimmungsrelevanz entfaltet (grundlegend *Habersack* AG 2006, 345
[348 ff.]; ferner etwa *Kiem* ZHR 173 [2009], 156 [175 ff.]; KK-AktG/*Kiem*

Art. 12 Rn. 59 ff.; MüKoAktG/*Jacobs* SEBG § 21 Rn. 14 mwN; aA namentlich *Teichmann* AG 2008, 797 [800 ff.]). Legt man diesen Maßstab zugrunde, sind die in der Geschäftsordnung zu regelnden Fragen der inneren Ordnung des Verwaltungsrats dem Zugriff der Beteiligungsvereinbarung weithin entzogen. In manchen Punkten, namentlich in Bezug auf die Ausschussbildung und -zusammensetzung (→ Rn. 24), ist schon keine Satzungsautonomie gegeben. Im Übrigen wird es regelmäßig an der Mitbestimmungsrelevanz fehlen, da es um das ordnungsgemäße Funktionieren des Gesamtorgans geht und die Arbeitnehmervertreter nur reflexweise betroffen sind (*Jacobs* FS K. Schmidt, 2009, 795 [810 ff.]; ausführlich, allerdings mit von der hM abweichenden Grundansatz, *Forst* S. 296 ff.; zur Möglichkeit, einen stellvertretenden Vorsitzenden der Arbeitnehmerseite festzulegen, aber → Rn. 5).

18 **3. Inhalt der Geschäftsordnung.** Der Inhalt der Geschäftsordnung kann sich auf alle Fragen der inneren Ordnung des Verwaltungsrats beziehen, soweit nicht Gesetz, Satzung und – in engen Grenzen (→ Rn. 17) – die Beteiligungsvereinbarung entgegenstehen. Typischerweise gehören zum Inhalt der Geschäftsordnung insbesondere Regelungen über die Art und Weise der Sitzungseinberufung, zur Sitzungsleitung, zum Beschlussverfahren, zur Arbeitssprache, zur Behandlung von Interessenkonflikten sowie nicht zuletzt zur Bildung von Ausschüssen (Muster-Geschäftsordnung bei *Lutter/Kollmorgen/Feldhaus* BB 2007, 509; zu den Ausschüssen → Rn. 22 ff.). Zu beachten ist dabei, dass von Art. 50 Abs. 1 und Abs. 2 abweichende Regelungen zur Beschlussfähigkeit, zur erforderlichen Beschlussmehrheit und (in den Grenzen des Art. 50 Abs. 2 S. 2) zum Stichentscheid des Vorsitzenden des Verwaltungsrats nicht in der Geschäftsordnung, sondern nur in der Satzung getroffen werden können (LHT/*Teichmann* Rn. 10).

19 **4. Rechtsfolgen von Verstößen.** Die Rechtsfolgen von Verstößen gegen die Geschäftsordnung entsprechen denjenigen, die aus dem Recht des Aufsichtsrats bekannt sind. Danach ist zu unterscheiden: Verstöße gegen eine **Satzungsbestimmung** zur Geschäftsordnung führen zur Nichtigkeit des Verwaltungsratsbeschlusses, soweit es sich nicht um eine reine Ordnungsvorschrift handelt (zur AG MüKoAktG/*Habersack* AktG § 107 Rn. 176 iVm AktG § 108 Rn. 73 ff. mwN) und keine Verwirkung eingetreten ist (→ Anh. Art. 43 § 35 SEAG Rn. 19). Dagegen bleibt es dem Verwaltungsrat unbenommen, sich mit einfacher Mehrheit über eine Bestimmung der von ihm selbst erlassenen Geschäftsordnung hinwegzusetzen, da diese im Vergleich zu dem abweichenden Verwaltungsratsbeschluss kein höherrangiges Recht enthält (KK-AktG/*Siems* Anh. Art. 51 § 34 SEAG Rn. 18; LHT/*Teichmann* Rn. 10 Fn. 19; zum Aufsichtsrat MüKoAktG/*Habersack* AktG § 107 Rn. 176; MHdB AG/*Hoffmann-Becking* § 31 Rn. 4).

IV. Sitzungsniederschrift (Abs. 3)

20 Abs. 3 schreibt vor, dass über jede Sitzung des Verwaltungsrats eine vom Vorsitzenden zu unterzeichnende Niederschrift anzufertigen ist, in der neben Ort, Datum, Teilnehmern und Tagesordnungspunkten der wesentliche Inhalt der Verhandlungen sowie die gefassten Beschlüsse aufzunehmen sind (Abs. 3 S. 1–2). Der Vorsitzende kann zu diesem Zweck einen Protokollführer hinzuziehen; § 36 Abs. 1 S. 1 SEAG steht dessen Teilnahme an der Sitzung nicht entgegen (→ Anh. Art. 43 § 36 SEAG Rn. 5). Das Fehlen sowie Mängel des Protokolls haben nach Abs. 2 S. 3 keinen Einfluss auf die Wirksamkeit der Beschlussfassung. Die Niederschrift ist vielmehr bloße Beweisurkunde (LHT/*Teichmann* Rn. 16; zur AG MüKoAktG/*Habersack* AktG § 107 Rn. 84). Das in Abs. 2 S. 4 verbürgte Recht der Mitglieder des Verwaltungsrats, auf Verlangen eine Abschrift des Protokolls zu erhalten, kann durch die Satzung nicht aufgehoben oder eingeschränkt werden (zur AG MüKoAktG/*Habersack* AktG § 107 Rn. 86).

Wegen weiterer Einzelheiten kann auf die zu § 107 Abs. 2 AktG anerkannten **21** Grundsätze zurückgegriffen werden, da Abs. 3 S. 1–4 dieser Vorschrift nachgebildet sind. Eine SE-spezifische Modifikation besteht allerdings darin, dass in der monistischen SE auch ein **einköpfiger Verwaltungsrat** denkbar ist (→ Anh. Art. 43 § 23 SEAG Rn. 4). In diesem Fall entfällt nach Abs. 3 S. 5 das gesetzliche Erfordernis einer Niederschrift, um einen zu großen Formalaufwand für kleine Gesellschaften zu vermeiden (Begr. RegE SEEG, BT-Drs. 15/3405, 38). Wird dennoch eine Niederschrift erstellt, so können Mängel derselben auch in diesem Fall nicht zur Unwirksamkeit der Rechtshandlungen des einzigen Verwaltungsratsmitglieds führen. Dass Abs. 3 S. 5 auch Abs. 3 S. 3 für unanwendbar erklärt, darf also nicht missverstanden werden.

V. Ausschüsse (Abs. 4)

1. Allgemeines. Abs. 4 regelt die Bildung von **Ausschüssen** des Verwaltungs **22** rats in Anlehnung an § 107 Abs. 3 und (seit dem BilMoG vom 25.5.2009, BGBl. I S. 1102) Abs. 4 AktG. Abs. 4 S. 1 nennt zunächst die Möglichkeit, Ausschüsse zu bilden, welche die Beschlussfassung des Verwaltungsrats vorbereiten oder die Ausführung gefasster Beschlüsse überwachen **(vorbereitende und überwachende Ausschüsse).** Daneben besteht aber in den Grenzen des Abs. 4 S. 2 sowie bestimmter ungeschriebener Delegationsverbote (→ Rn. 25 ff.) auch die Möglichkeit, **beschließende Ausschüsse** zu bilden, die anstelle des Verwaltungsratsplenums entscheiden, dh mit eigener Beschlusskompetenz ausgestattet sind. Für die Beschlussfassung im Ausschuss ist Art. 50 entsprechend anzuwenden. Für die Ermittlung des Quorums und der Beschlussmehrheit kommt es dabei auf die Gesamtzahl der Mitglieder des Ausschusses an, nicht auf die Anzahl der Mitglieder des Gesamtverwaltungsrats (→ Art. 50 Rn. 23; *Kocher* AG 2016, 351 [353 f.]. Einer Satzungsregelung bedarf es hierfür nicht (ausführlich *Kocher* AG 2016, 351 [352 ff.] mwN; aA LHT/*Teichmann* Rn. 20 iVm Art. 50 Rn. 22 f.).

Abgesehen von den aufsichtsrechtlichen Sonderregeln für Kreditinstitute **23** (§ 25d Abs. 7–12 KWG; dazu *Lutter/Krieger/Verse* Rn. 1508 ff.) schreibt das Gesetz nicht vor, ob und mit welcher Aufgabenzuweisung und Besetzung Ausschüsse zu bilden sind. Es steht daher im pflichtgemäßen **Ermessen des Verwaltungsrats,** hierüber zu entscheiden, sei es ad hoc, sei es auf der Grundlage einer Regelung in der Geschäftsordnung nach Abs. 2 S. 1. Der **DCGK** enthält in Ziff. 5.3 aber Empfehlungen zur Ausschussbildung, namentlich für den Prüfungsausschuss (→ Rn. 38 f.) und den Nominierungsausschuss (→ Rn. 32). In der monistischen SE sind diese an den Aufsichtsrat gerichteten Empfehlungen auf den Verwaltungsrat zu beziehen (→ Anh. Art. 43 § 22 SEAG Rn. 58).

Die **Satzung** kann die Bildung von Ausschüssen nach zutreffender Ansicht **24** nicht vorschreiben, da Abs. 4 diese Entscheidung dem Verwaltungsrat zuweist und keine Öffnungsklausel zugunsten des Satzungsgebers enthält (Art. 9 Abs. 1 lit. c ii iVm § 23 Abs. 5 AktG; KK-AktG/*Siems* Anh. Art. 51 § 34 SEAG Rn. 23; LHT/*Teichmann* Rn. 18, 20; zum Aufsichtsrat BGHZ 83, 106 [114 ff.] = NJW 1982, 1525; MüKoAktG/*Habersack* AktG § 107 Rn. 95 mwN; aA *Bachmann* ZGR 2008, 779 [791 f.]; Spindler/Stilz/*Eberspächer* Art. 44 Rn. 5). Gleiches gilt für die personelle Zusammensetzung der Ausschüsse (MüKoAktG/ *Habersack* AktG § 107 Rn. 96). Eine wohl nur theoretische Ausnahme wird allein für Aufgaben erwogen, die dem Verwaltungsrat nicht kraft Gesetzes, sondern erst durch die Satzung zugewiesen sind (zum Aufsichtsrat *Lutter/Krieger/Verse* Rn. 761; Spindler/Stilz/*Spindler* AktG § 107 Rn. 86 mwN; aA GroßkommAktG/*Hopt/Roth* AktG § 107 Rn. 247). Da die Satzungsautonomie nach zutref fender hM notwendige Voraussetzung der Vereinbarungsautonomie ist (→ Rn. 17), folgt daraus, dass (vorbehaltlich der erwähnten Ausnahme) auch in einer **Beteiligungsvereinbarung** weder die Bildung noch die Zusammensetzung der Ausschüsse verbindlich geregelt werden kann (*Habersack* AG 2006, 345 [349]; MHdB AG/*Austmann* § 86 Rn. 40; Spindler/Stilz/*Eberspächer* Art. 44 Rn. 10; MüKoAktG/*Jacobs* § 21 Rn. 19e; KK-AktG/*Kiem* Art. 12 Rn. 65; LHT/*Oetker* SEBG § 21 Rn. 82; *ders.* FS Konzen, 2006, 635 (656); im Ergebnis auch *Forst* S. 298 f.; aA *Nagel* AuR 2007, 329 [333 f.]).

25 **2. Grenzen delegierter Beschlussfassung (Abs. 4 S. 2). a) Geschriebene Delegationsverbote.** Die Delegation auf **beschließende Ausschüsse** ist in den in Abs. 4 S. 2 genannten Fällen unzulässig. Über diese besonders wichtigen Angelegenheiten muss zwingend das Plenum entscheiden. Hierunter fallen die Wahl des Vorsitzenden und stellvertretenden Vorsitzenden (Abs. 1 S. 1) einschließlich deren Abberufung (vgl. MüKoAktG/*Habersack* AktG § 107 Rn. 144), die Leitung und die Überwachung der Grundlinien der Geschäftstätigkeit (§ 22 Abs. 1 SEAG), die Sorge für die Führung der Handelsbücher und die Bestandssicherung durch Einrichtung eines Früherkennungssystems (§ 22 Abs. 3 SEAG), die Bestellung der geschäftsführenden Direktoren (§ 40 Abs. 1 S. 1 SEAG), die Prüfung der Rechnungslegung (§ 47 Abs. 3 SEAG, § 171 Abs. 1–2 AktG), ferner die Entscheidung über die Zustimmung zur Übertragung vinkulierter Namensaktien (§ 68 Abs. 2 S. 2 AktG, → Anh. Art. 43 § 22 SEAG Rn. 47), die Entscheidung über den Bezugsrechtsausschluss und die Bedingungen der Aktienausgabe im Rahmen des genehmigten Kapitals (§§ 203 Abs. 2, 204 Abs. 1 S. 1, 205 Abs. 2 S. 1 AktG; kritisch *Schönborn* S. 262 f.) sowie die Prüfung des Abhängigkeitsberichts (§ 314 Abs. 2–3 AktG).

26 Bei einem **Vergleich mit § 107 Abs. 3 S. 4 AktG** fällt auf, dass mehrere Beschlussgegenstände, die im dualistischen System einem Delegationsverbot unterliegen, in Abs. 4 S. 2 keine Entsprechung finden. Dies gilt im Einzelnen für die Gewährung von Abschlagszahlungen auf den Bilanzgewinn (§ 59 Abs. 3 AktG), den Erlass einer Geschäftsordnung für den Vorstand (§ 77 Abs. 2 AktG), die Abberufung der Vorstandsmitglieder (§ 84 Abs. 3 S. 1 AktG), die Festsetzung der Vergütung der Vorstandsmitglieder (§ 87 Abs. 1–2 AktG), die außerordentliche Einberufung der Hauptversammlung (§ 111 Abs. 3 AktG) und die Festlegung von Zustimmungsvorbehalten (§ 111 Abs. 4 S. 2 AktG).

27 In den Gesetzesmaterialien werden diese Abweichungen nicht begründet. Die am ehesten nachvollziehbare Erklärung dürfte darin liegen, dass der Gesetzgeber im monistischen System offenbar ein größeres Bedürfnis nach Delegationsmöglichkeiten gesehen hat, da dem Verwaltungsrat mehr Aufgaben obliegen als dem Aufsichtsrat (ähnlich KK-AktG/*Siems* Anh. Art. 51 § 34 SEAG Rn. 34). In Bezug auf die vorstandsbezogenen Delegationsverbote (§§ 77 Abs. 2, 84 Abs. 3, 87 Abs. 1–2, 111 Abs. 4 S. 2 AktG) mag man ferner darauf verweisen, dass die geschäftsführenden Direktoren in der monistischen SE eine weniger hervorgehobene Position haben als die Vorstandsmitglieder im dualistischen System. Unabhängig davon, ob man diese Erklärungsansätze für sämtliche der genannten Abweichungen für überzeugend hält, ist schon angesichts der Häufung an Abweichungen **grundsätzlich nicht** anzunehmen, dass es sich um bloße **Redaktionsversehen** handelt (ebenso KK-AktG/*Siems* Anh. Art. 51 § 34 SEAG Rn. 34; str. insbesondere für die Abberufung, → Anh. Art. 43 § 40 SEAG Rn. 53). Etwas anderes ist allerdings für die fehlende Erwähnung des § 40 Abs. 7 SEAG (iVm § 87 Abs. 1–2 AktG) anzunehmen, da die entsprechende Änderung des § 107 Abs. 3 AktG erst nachträglich durch das VorstAG vom 31.7.2009 (BGBl. I S. 2059) eingeführt wurde und das VorstAG auch andernorts (→ Anh. Art. 43 § 39 SEAG Rn. 21) die Besonderheiten der monistischen SE unberücksichtigt gelassen hat (für Annahme eines Redaktionsversehens und demgemäß für eine zwingende Zuständigkeit des Plenums hins. der Vergütung der geschäftsführenden Direktoren auch *Forst* ZIP 2010, 1786 [1788]; MüKoAktG/*Reichert/Brandes* Art. 43 Rn. 106, Art. 44 Rn. 46; LHT/*Teichmann* Rn. 27, Anh. Art. 43 § 40 SEAG Rn. 26; Spindler/Stilz/*Eberspächer* Art. 44 Rn. 7 aE; aA KK-AktG/*Siems* Anh. Art. 51 § 40 SEAG Rn. 11).

b) Ungeschriebene Delegationsverbote. Die Auflistung in Abs. 4 S. 2 ist als **28** abschließend gedacht, so dass die nicht genannten Beschlussgegenstände grundsätzlich delegiert werden können. Daher kann zB auch die Ausübung des Weisungsrechts nach § 44 Abs. 2 SEAG auf einen beschließenden Ausschuss delegiert werden, soweit es um Fragen des Tagesgeschäfts geht, dh nicht in die nichtdelegierbare Leitungskompetenz des Verwaltungsrats nach § 22 Abs. 1 SEAG eingegriffen wird (Spindler/Stilz/*Eberspächer* Art. 44 Rn. 6; MüKoAktG/*Reichert/Brandes* Art. 44 Rn. 52; *Bachmann* ZGR 2008, 779 [792]; *Verse* FS Hoffmann-Becking, 2013, 1277 [1293 f.]; weitergehend offenbar KK-AktG/*Siems* Anh. Art. 51 § 34 SEAG Rn. 33). Allerdings ist im Recht des Aufsichtsrats als **ungeschriebenes Delegationsverbot** über den Katalog des § 107 Abs. 3 S. 2 AktG hinaus anerkannt, dass nur das Plenum über die **Selbstorganisation** des Aufsichtsrats, insbesondere also über den Erlass der **Geschäftsordnung** des Aufsichtsrats sowie die Bildung, Besetzung und Auflösung von Ausschüssen, entscheiden kann (Begr. RegE AktG *Kropff* S. 150; MüKoAktG/*Habersack* AktG § 107 Rn. 144; MHdB AG/*Hoffmann-Becking* § 32 Rn. 5). Gleiches wird für die in Ziff. 5.6 DCGK empfohlene Prüfung der Effizienz der Aufsichtsratstätigkeit und die Abgabe der **Entsprechenserklärung** nach § 161 AktG angenommen (MüKoAktG/*Habersack* AktG § 107 Rn. 144; MHdB AG/*Hoffmann-Becking* § 32 Rn. 5). Diese ungeschriebenen Delegationsverbote wird man auf den Verwaltungsrat übertragen müssen (ebenso Spindler/Stilz/*Eberspächer* Art. 44 Rn. 6; für die Geschäftsordnung auch MHdB AG/*Austmann* § 86 Rn. 13 Fn. 34; MüKoAktG/*Reichert/Brandes* Art. 44 Rn. 45; LHT/*Teichmann* Rn. 20 Fn. 40; *Schönborn* S. 261 f.; vgl. auch schon *Handelsrechtsrechtsausschuss DAV* NZG 2004, 75 [85]). Die Geschäftsordnung für die geschäftsführenden Direktoren (§ 40 Abs. 4 SEAG) kann dagegen auch von einem Verwaltungsratsausschuss erlassen werden, da insoweit nicht die Selbstorganisation des Verwaltungsrats betroffen ist und Abs. 4 S. 2 kein Pendant zu der Verweisung auf § 77 Abs. 2 AktG enthält (MüKoAktG/*Reichert/Brandes* Art. 44 Rn. 45; Spindler/Stilz/*Eberspächer* Art. 44 Rn. 6 Fn. 24).

c) Rechtsfolgen von Verstößen. Verletzungen der geschriebenen (Abs. 4 **29** S. 2) und ungeschriebenen (→ Rn. 28) Delegationsverbote führen dazu, dass der von dem Ausschuss gefasste Beschluss **nichtig** ist (LHT/*Teichmann* Rn. 20; zur AG MüKoAktG/*Habersack* AktG § 107 Rn. 156; GroßkommAktG/*Hopt/Roth* AktG § 107 Rn. 408).

3. Besetzung und innere Ordnung der Ausschüsse. a) Zahl der Aus- 30 schussmitglieder. Mit einem „Ausschuss" des Verwaltungsrats wird ein Gremium bezeichnet, das **mindestens zwei Mitglieder** umfasst (Spindler/Stilz/*Eberspächer* Art. 44 Rn. 8; MüKoAktG/*Reichert/Brandes* Art. 44 Rn. 51; KK-AktG/*Siems* Anh. Art. 51 § 34 SEAG Rn. 30; aA *Lutter/Kollmorgen/Feldhaus* BB 2005 2473 [2479 f.], die „Einmann-Ausschüsse" für möglich halten; zweifelnd *Bachmann* ZGR 2008, 779 [791 Fn. 60]). Die Mindestzahl von zwei gilt auch für beschließende Ausschüsse. Die im dualistischen System geltende Regelung, nach der mindestens drei Mitglieder an der Beschlussfassung mitwirken müssen (§ 108 Abs. 2 S. 3 AktG), findet in der monistischen SE keine Entsprechung, da § 35 SEAG diese Regelung nicht aufgreift und es daher bei § 20 SEAG bewendet (MüKoAktG/*Reichert/Brandes* Art. 44 Rn. 51; KK-AktG/*Siems* Anh. Art. 51

§ 34 SEAG Rn. 30). Die Mindestzahl von zwei schließt es aber nicht aus, dass der Verwaltungsrat ein einzelnes Mitglied beauftragt, bestimmte Entscheidungen des Verwaltungsrats vorzubereiten oder durchzuführen; nur kann man dann nicht von einem Ausschuss sprechen (zum Aufsichtsrat MHdB AG/*Hoffmann-Becking* § 32 Rn. 36).

31 **b) Auswahl der Ausschussmitglieder.** Die personelle Besetzung der Ausschüsse liegt grundsätzlich in der **Organisationsautonomie** des Verwaltungsrats (Spindler/Stilz/*Eberspächer* Art. 44 Rn. 8). Dieser entscheidet über die Besetzung im Plenum nach pflichtgemäßem Ermessen und hat sich dabei von dem Gebot der effektiven Wahrnehmung der ihm obliegenden Aufgaben leiten zu lassen (zum Aufsichtsrat MüKoAktG/*Habersack* AktG § 107 Rn. 134). Der Organisationsautonomie des Verwaltungsrats sind allerdings in verschiedener Hinsicht Grenzen gesetzt. Eine erste Einschränkung ergibt sich daraus, dass als Ausschussmitglieder nach Abs. 4 S. 1 nur Mitglieder des Verwaltungsrats in Betracht kommen („aus seiner Mitte"). Ferner muss entsprechend § 40 Abs. 1 S. 2 SEAG ein **beschließender Ausschuss** nach hM zumindest dann **mehrheitlich mit nicht geschäftsführenden Mitgliedern** besetzt sein, wenn er (auch) Aufgaben im Bereich der Überwachung der geschäftsführenden Direktoren wahrnimmt, da sonst der Kontrollmechanismus jener Vorschrift unterlaufen werden könnte (Spindler/Stilz/*Eberspächer* Art. 44 Rn. 8; MüKoAktG/*Reichert/Brandes* Art. 44 Rn. 51; *Schwarz* Rn. 204; *Marsch-Barner* GS Bosch, 2006, 99 (110); weitergehend – § 40 Abs. 1 S. 2 SEAG auf alle beschließenden Ausschüsse übertragbar – KK-AktG/*Siems* Anh. Art. 51 § 34 SEAG Rn. 26; LHT/*Teichmann* Rn. 22; einschränkend *Bachmann* ZGR 2008, 779 [792]). Speziell zur Besetzung des Prüfungsausschusses → Rn. 40.

32 Unterliegt die SE der **Mitbestimmung,** kann an die zum Aufsichtsrat anerkannten Grundsätze angeknüpft werden (Spindler/Stilz/*Eberspächer* Art. 44 Rn. 8; KK-AktG/*Siems* Anh. Art. 51 § 34 SEAG Rn. 28). Danach muss in den Ausschüssen nicht zwingend derselbe Proporz wie im Gesamtorgan abgebildet werden. Aus dem **Gebot der Gleichberechtigung** der Arbeitnehmervertreter, das für die SE in § 38 Abs. 1 SEBG geregelt ist, folgt aber, dass von dem Mitbestimmungsproporz nur bei Vorliegen einer **sachlichen Rechtfertigung** abgewichen werden kann (Spindler/Stilz/*Eberspächer* Art. 44 Rn. 8; MüKoAktG/*Reichert/Brandes* Art. 44 Rn. 56; zur AG BGHZ 122, 342 [357 ff.] = NJW 1993, 2307; MüKoAktG/*Habersack* AktG § 107 Rn. 137 mwN). Ob die sachliche Rechtfertigung im konkreten Fall gegeben ist, hängt von der Qualifikation der einzelnen Mitglieder und den Aufgaben des jeweiligen Ausschusses ab. In Ausschüssen mit speziellen und mitbestimmungsfernen Sachaufgaben (zB Prüfungsausschüssen, Kredit- und Anlageausschüssen bei Banken und Versicherungen) wird sich eine nicht proporzwahrende Besetzung und unter Umständen auch ein völliger Ausschluss der Arbeitnehmervertreter eher rechtfertigen lassen als in mitbestimmungsnahen Ausschüssen wie zB dem Präsidialausschuss, dem Personalausschuss oder dem Ausschuss für soziale Angelegenheiten (näher MüKoAktG/*Habersack* AktG § 107 Rn. 139 f.). Wird gemäß der Empfehlung in Ziff. 5.3.3 DCGK ein Nominierungsausschuss gebildet, der ausschließlich für die Entwicklung von Vorschlägen für die Wahl der Anteilseignervertreter (§ 124 Abs. 3 S. 1 AktG, § 22 Abs. 6 SEAG) zuständig ist, ergibt sich aus dem Gegenstand der Ausschusstätigkeit, dass dieser allein mit Anteilseignervertretern besetzt werden kann (*Bachmann* ZGR 2008, 779 [792]). Diese Besetzung empfiehlt denn auch der Kodex.

33 Als Sonderproblem der monistischen SE stellt sich die Frage, ob ein sog. **Exekutivausschuss,** dem die laufende Beratung und kontrollierende Begleitung der geschäftsführenden Direktoren sowie die Vorbereitung der im Plenum zu treffenden Leitungsentscheidungen obliegt (→ Rn. 43), ohne Arbeitnehmervertreter besetzt werden kann. Teilweise wird vertreten, dass dies schon deshalb gerechtfertigt sei, weil dem Ausschuss Aufgaben obliegen, die im dualistischen System nicht in die Zuständigkeit des Aufsichtsrats und damit der Arbeitnehmervertreter fallen würden (so etwa *Schönborn* S. 111; Spindler/Stilz/*Eberspächer* Art. 44 Rn. 8 f.; tendenziell auch MüKoAktG/*Reichert/Brandes* Art. 44 Rn. 57 ff., die sich aber wohl nur gegen die Vermutung einer Diskriminierung wenden). Dieser Ansicht ist jedoch nicht zu folgen, da kein Abgleich mit dem dualistischen System, sondern die Gleichberechtigung der Organmitglieder in Rede steht (LHT/*Teichmann* Rn. 25; *Scheibe* S. 273 ff.). Will man eine nicht proporzwahrende Besetzung des Exekutivausschusses rechtfertigen, muss diese wie sonst auch auf Sachgründe gestützt werden, die über die Begrenzung des Arbeitnehmereinflusses hinausgehen. Dabei mag man insbesondere auf die unzureichende Managementerfahrung der Arbeitnehmervertreter verweisen (vgl. MüKoAktG/*Reichert/Brandes* Art. 44 Rn. 57). Ob dies allein einen vollständigen Ausschluss der Arbeitnehmervertreter aus dem Exekutivausschuss zu tragen vermag, ist indes ungewiss, da den Arbeitnehmervertretern auch eine Teilhabe an den im Plenum zu treffenden Leitungsentscheidungen zugetraut wird (zweifelnd auch *Bachmann* ZGR 2008, 779 [805]). Die Frage einer Diskriminierung der Arbeitnehmervertreter erübrigt sich allerdings, wenn diese – etwa zur Vermeidung von Haftungsrisiken – der Wahl der Anteilseignervertreter **zugestimmt** haben (zur AG MüKoAktG/*Habersack* AktG § 107 Rn. 139).

Die **Rechtsfolgen eines Verstoßes** gegen die genannten Besetzungsregeln **34** sind noch nicht hinreichend geklärt. Nach zutreffender Ansicht sollten auch insoweit die **Grundsätze der fehlerhaften Bestellung** zur Anwendung kommen, so dass die Geltendmachung des Mangels nur ex nunc Wirkung entfalten kann (zur AG MüKoAktG/*Habersack* AktG § 107 Rn. 141; mit abweichender Begründung, aber im Ergebnis übereinstimmend KK-AktG/*Mertens/Cahn* AktG § 107 Rn. 121 [jeweils zum Verbot der Diskriminierung der Arbeitnehmervertreter]; zur differenzierenden Rechtsprechung des BGH zur Aufsichtsratswahl aber → Anh. Art. 43 § 28 SEAG Rn. 12 ff.).

c) Innere Ordnung der Ausschüsse. Die Arbeitsweise der Ausschüsse wird **35** im Gesetz nur fragmentarisch geregelt. Für die Beschlussfassung und die Teilnahme an Ausschusssitzungen gelten die §§ 35 f. SEAG. Der Verwaltungsrat kann unter Beachtung etwaiger Satzungsvorgaben (Abs. 2 S. 2) eine Geschäftsordnung für die Ausschüsse erlassen. Geschieht dies nicht, kann sich auch der Ausschuss selbst eine Geschäftsordnung geben (zur AG MüKoAktG/*Habersack* AktG § 107 Rn. 157 f.). Beim Fehlen entsprechender Regelungen für den Ausschuss sind die Vorschriften, die sich aus der Verordnung, dem Gesetz, der Satzung oder der Geschäftsordnung des Verwaltungsrats für dessen Arbeitsweise ergeben, auch auf den Ausschuss entsprechend anzuwenden (vgl. MüKoAktG/*Habersack* AktG § 107 Rn. 157). Demgemäß gilt für die Beschlussfassung im Ausschuss auch Art. 50 analog (KK-AktG/*Siems* Anh. Art. 51 § 34 SEAG Rn. 36).

4. Verhältnis zum Plenum; Informationspflichten (Abs. 4 S. 3). Die **36** Delegation einzelner Aufgaben auf einen Ausschuss ändert nichts an der **Gesamtverantwortung aller Verwaltungsratsmitglieder.** Diese müssen sich kontinuierlich vergewissern, dass die Ausschüsse die ihnen übertragenen Aufgaben ordnungsgemäß erfüllen. Damit die Verwaltungsratsmitglieder dieser Überwachungsaufgabe gerecht werden können, erlegt Abs. 4 S. 3 den Ausschussmitgliedern die Pflicht auf, dem Verwaltungsratsplenum regelmäßig über die Arbeit im Ausschuss zu berichten, was auch in mündlicher Form geschehen kann (näher MüKoAktG/*Habersack* AktG § 107 Rn. 165 f. zur AG). Der Gesamtverantwortung entspricht es im Übrigen auch, dass das Plenum jederzeit befugt ist, die dem

Ausschuss übertragenen Aufgaben und Befugnisse durch Verfahrensbeschluss **wieder an sich zu ziehen** (Spindler/Stilz/*Eberspächer* Art. 44 Rn. 5; zum Aufsichtsrat statt vieler MüKoAktG/*Habersack* AktG § 107 Rn. 94).

37   **5. Einzelne Ausschüsse; Prüfungsausschuss (Abs. 4 S. 4–5).** Welche Ausschüsse gebildet werden, hängt jenseits aufsichtsrechtlicher Sonderregeln (§ 25d Abs. 7–12 KWG) von der individuellen Entscheidung des Verwaltungsrats der jeweiligen Gesellschaft ab (→ Rn. 23 f.). In Betracht kommt das ganze Spektrum an Ausschüssen, das aus dem Recht des Aufsichtsrats bekannt ist (Überblick bei MüKoAktG/*Habersack* AktG § 107 Rn. 103 ff.). In größeren Gesellschaften liegt vor allem die Einrichtung von Präsidial-, Personal-, Nominierungs- und Prüfungsausschüssen nahe, unter Umständen auch diejenige eines Exekutivausschusses (→ Rn. 43). Ziff. 5.3.2 und 5.3.3 DCGK sprechen für Nominierungs- und Prüfungsausschüsse eine Empfehlung aus.

38   **a) Prüfungsausschuss.** In Abs. 4 S. 4–5 nF (früher S. 4–6) eigens hervorgehoben ist die Möglichkeit, einen **Prüfungsausschuss** zu bilden, dem die in § 107 Abs. 3 S. 2 AktG genannten Aufgaben anvertraut werden (Überwachung der Rechnungslegung, des internen Kontrollsystems, des Risikomanagementsystems, der internen Revision und der Abschlussprüfung). Diese Bestimmungen dienten zunächst der Umsetzung des früheren Art. 41 Abschlussprüferrichtlinie (RL 2006/43/EG); inzwischen ergeben sich die europäischen Vorgaben in modifizierter Form aus Art. 39 der Richtlinie (idF der Änd-RL 2014/56/EU). Sie werden flankiert durch die am 17.6.2016 in Kraft getretene EU-Verordnung zur Abschlussprüfung (VO (EU) Nr. 537/2014), die für Unternehmen von öffentlichem Interesse ua die Aufgaben des Prüfungsausschusses erweitert (näher dazu *Marsch-Barner* FS Müller-Graff, 2015, 281 (286 ff.)). In Reaktion auf die geänderten Richtlinienvorgaben sind Abs. 4 S. 5–6 aF durch das **Abschlussprüfungsreformgesetz** (AReG) vom 10.5.2016 (BGBl. I S. 1142) durch einen neuen S. 5 ersetzt worden (→ Rn. 40 f.). Die **Neufassung** kommt erstmals zur Anwendung, sobald nicht mehr alle Verwaltungsratsmitglieder vor dem 17.6.2016 bestellt worden sind (§ 56 SEAG). Im Rahmen der Neufassung hat man offenbar übersehen, in Abs. 4 S. 4 auch eine Verweisung auf den neuen § 107 Abs. 3 S. 3 AktG (Empfehlungen oder Vorschläge des Prüfungsausschusses zur Gewährleistung der Integrität des Rechnungslegungsprozesses) aufzunehmen. Dieses Redaktionsversehen ist durch analoge Anwendung des § 107 Abs. 3 S. 3 AktG zu korrigieren.

39   Nach **Abs. 4 S. 4** ist die Einrichtung eines Prüfungsausschusses nicht obligatorisch, sondern **fakultativ** („kann einrichten"), und zwar auch in kapitalmarktorientierten Unternehmen oder sonstigen Unternehmen von öffentlichem Interesse. Sofern sich nicht ausnahmsweise aus aufsichtsrechtlichen Sonderregeln eine Pflicht zur Bildung eines Prüfungsausschusses ergibt (vgl. § 25d Abs. 9 iVm. Abs. 7 S. 1 KWG für Kreditinstitute), können die in § 107 Abs. 3 S. 2–3 AktG genannten Aufgaben somit auch dem Verwaltungsratsplenum überlassen bleiben. Die Abschlussprüferrichtlinie steht dem nicht entgegen, wie sich aus ihrem Art. 39 Abs. 4 S. 1 (früher Art. 41 Abs. 5 S. 1) ergibt (Schmidt/Lutter/*Drygala* AktG § 107 Rn. 58; ausführlich *Hoffmann* NZG 2016, 441, der aber zu Recht die unterbliebene Umsetzung des Art. 39 Abs. 4 S. 2 moniert).

40   Wird ein Prüfungsausschuss gebildet, musste dieser nach **Abs. 4 S. 5 aF** mehrheitlich mit nicht geschäftsführenden Mitgliedern besetzt werden. Das AReG hat dieses Erfordernis jedoch **aufgehoben** (was Art. 39 Abs. 5 der geänderten Abschlussprüferrichtlinie zulässt). Rechtspolitisch ist diese Änderung schwer nachvollziehbar. Sie steht in einem offensichtlichen Spannungsverhältnis zu der Aussage in Erwägungsgrund 14 S. 3 der SE-VO, dass auch im monistischen System eine klare Abgrenzung der Verantwortungsbereiche der Personen, denen die

Geschäftsführung obliegt, und der Personen, die mit der Aufsicht betraut sind, wünschenswert ist. Unklar ist zudem, wie sich die Streichung des Abs. 4 S. 5 aF mit § 40 Abs. 1 S. 2 SEAG verträgt. Wie dargelegt wendet die hM diese Vorschrift konsequent auch auf beschließende Ausschüsse (entsprechend) an, jedenfalls soweit es um Entscheidungen im Rahmen der Überwachung der Geschäftsführung geht (→ Rn. 31). Der Prüfungsausschuss war zwar bisher nach der gesetzlichen Konzeption (vorbehaltlich besonderer Aufgabenzuweisungen in der Geschäftsordnung) kein beschließender Ausschuss; der neuen VO (EU) Nr. 537/ 2014 zur Abschlussprüfung, die ab 17.6.2016 gilt, ist aber zu entnehmen, dass dem Prüfungsausschuss in Unternehmen von öffentlichem Interesse nunmehr auch einzelne Entscheidungskompetenzen zufallen (*Merkt* ZHR 179 [2015], 601 [635 f.]; zu den erweiterten Aufgaben des Prüfungsausschusses nach der Verordnung auch *Marsch-Barner* FS Müller-Graff, 2015, 283 (286 ff.)). Geht man von der zumindest bisher hM (→ Rn. 31) aus, müsste der Prüfungsausschuss somit in diesen Unternehmen entsprechend § 40 Abs. 1 S. 2 SEAG doch wieder so besetzt sein, dass ihm mehrheitlich nicht geschäftsführende Verwaltungsratsmitglieder angehören.

Nach **Abs. 4 S. 6 aF** musste der Prüfungsausschuss in einer kapitalmarkt- **41** orientierten SE iSd § 264d HGB mindestens ein Mitglied haben, das die Voraussetzungen des § 100 Abs. 5 AktG aF (unabhängiger Finanzexperte) erfüllte (zu diesen Anforderungen → Anh. Art. 43 § 27 SEAG Rn. 18 ff.). Zudem durfte in kapitalmarktorientierten Gesellschaften kein geschäftsführender Direktor den Vorsitz im Prüfungsausschuss übernehmen (Abs. 4 S. 6 letzter Hs.). Auch insoweit hat das AReG (→ Rn. 38) jedoch erhebliche Änderungen mit sich gebracht. Parallel zu der Änderung des § 27 Abs. 1 S. 4 SEAG erfasst der Anwendungsbereich des **Abs. 4 S. 5 nF** neben kapitalmarktorientierten Gesellschaften nunmehr auch sonstige Unternehmen von öffentlichem Interesse, genauer: CRR-Kreditinstitute iSd § 1 Abs. 3d S. 1 KWG (mit Ausnahme der in § 2 Abs. 1 Nr. 1 und Nr. 2 KWG genannten Institute) und Versicherungsunternehmen iSd Art. 2 Abs. 1 der Richtlinie 91/674/EWG (vgl. Art. 39 iVm Art. 2 Nr. 13 AbschlussprüferRL nF). Richten diese Unternehmen einen Prüfungsausschuss ein, muss dieser den Anforderungen des § 100 Abs. 5 AktG nF genügen. Nach § 100 Abs. 5 AktG nF muss der Finanzexperte nicht mehr unabhängig sein; als neue Anforderung ist dagegen hinzugetreten, dass die Prüfungsausschussmitglieder in ihrer Gesamtheit mit dem „Sektor, in dem die Gesellschaft tätig ist, vertraut sein" müssen (vgl. Art. 39 Abs. 1 UAbs. 3 AbschlussprüferRL). Wegen dieser neuen Anforderungen kann auf die Erl. zu § 27 Abs. 1 S. 4 SEAG Bezug genommen werden (→ Anh. Art. 43 § 27 SEAG Rn. 18b ff.). Die bisherige Vorgabe, dass der Vorsitzende des Prüfungsausschusses kein geschäftsführender Direktor sein durfte (Abs. 4 S. 6 letzter Hs. aF), ist ersatzlos entfallen.

Börsennotierte und ihnen nach § 161 Abs. 1 S. 2 AktG gleichgestellte Ge- **42** sellschaften müssen sich zudem zur Einhaltung der **Empfehlungen des DCGK zum Prüfungsausschuss** erklären. Diese Empfehlungen wenden sich zwar unmittelbar nur an den Aufsichtsrat, sind aber im monistischen System auf den Verwaltungsrat zu beziehen (→ Anh. Art. 43 § 22 SEAG Rn. 58). Ziff. 5.3.2 S. 1 DCGK spricht zunächst die generelle Empfehlung aus, einen Prüfungsausschuss einzurichten und diesem neben den in § 107 Abs. 3 S. 2 AktG genannten Aufgaben auch die Überwachung des Compliance-Systems zuzuweisen, falls letztere Aufgabe keinem anderen Ausschuss anvertraut wird. Ziff. 5.3.2 S. 2 DCGK empfiehlt ferner, dass die Anforderungen der Unabhängigkeit und besonderen Sachkunde in der Person des Ausschussvorsitzenden vorliegen sollen. Zudem soll der Ausschussvorsitz nach Ziff. 5.3.2 S. 3 DCGK nicht von Personen übernommen werden, die in den letzten beiden Jahren

Vorstandsmitglied der Gesellschaft waren, was in der monistischen SE auf eine Tätigkeit als geschäftsführender Direktor zu beziehen ist (→ Anh. Art. 43 § 22 SEAG Rn. 58). Schließlich empfiehlt Ziff. 5.2 DCGK, dass der Verwaltungsratsvorsitzende nicht gleichzeitig den Vorsitz im Prüfungsausschuss innehaben soll. Zur Frage des Anteils der Arbeitnehmervertreter im Prüfungsausschuss → Rn. 32.

43   **b) Exekutivausschuss.** Um den Besonderheiten des monistischen Systems zu entsprechen, wird im Schrifttum ferner die Einrichtung des bereits erwähnten Exekutivausschusses vorgeschlagen (MüKoAktG/*Reichert/Brandes* Art. 44 Rn. 52 ff.; LHT/*Teichmann* Rn. 28 f.). Dieser soll sich durch eine im Vergleich zum Plenum (Art. 44) deutlich erhöhte Sitzungsfrequenz auszeichnen und in laufendem Kontakt und in laufender Beratung mit den geschäftsführenden Direktoren stehen. Seine Hauptaufgabe besteht darin, die unternehmerische Planung in strategischer, organisatorischer und finanzieller Sicht vorzubereiten, über die der Verwaltungsrat sodann im Plenum zu beschließen hat (Abs. 4 S. 2 iVm § 22 Abs. 1 SEAG). Bei Einrichtung eines Exekutivausschusses liegt es nahe, diesem auch die Ausübung des Weisungsrechts (§ 44 Abs. 2 SEAG) in Fragen der laufenden Geschäftsführung zu übertragen. Die Bildung eines derartigen Ausschusses mag nach Lage des Einzelfalls sinnvoll sein, um das Verwaltungsratsplenum zu entlasten. Zwingend geboten ist sie aber auch in größeren Gesellschaften nicht. Die PUMA SE als bisher größte monistische SE mit Sitz in Deutschland kommt ohne Exekutivausschuss aus. Auch sollte man mit der Bildung eines Exekutivausschusses nicht die Erwartung verbinden, dass sich damit in mitbestimmten Gesellschaften der Einfluss der Mitbestimmung rechtssicher reduzieren ließe (→ Rn. 33).

SEAG Beschlussfassung

35 (1) ¹**Abwesende Mitglieder können dadurch an der Beschlussfassung des Verwaltungsrats und seiner Ausschüsse teilnehmen, dass sie schriftliche Stimmabgaben überreichen lassen. ²Die schriftlichen Stimmabgaben können durch andere Mitglieder überreicht werden. ³Sie können auch durch Personen, die nicht dem Verwaltungsrat angehören, übergeben werden, wenn diese nach § 109 Abs. 3 des Aktiengesetzes zur Teilnahme an der Sitzung berechtigt sind.**

(2) Schriftliche, fernmündliche oder andere vergleichbare Formen der Beschlussfassung des Verwaltungsrats und seiner Ausschüsse sind vorbehaltlich einer näheren Regelung durch die Satzung oder eine Geschäftsordnung des Verwaltungsrats nur zulässig, wenn kein Mitglied diesem Verfahren widerspricht.

(3) Ist ein geschäftsführender Direktor, der zugleich Mitglied des Verwaltungsrats ist, aus rechtlichen Gründen gehindert, an der Beschlussfassung im Verwaltungsrat teilzunehmen, hat insoweit der Vorsitzende des Verwaltungsrats eine zusätzliche Stimme.

Schrifttum: *Fleischer,* Fehlerhafte Aufsichtsratsbeschlüsse: Rechtsdogmatik – Rechtsvergleichung – Rechtspolitik, DB 2013, 160 (Teil 1), 217 (Teil 2); *Koch,* Begriff und Rechtsfolgen von Interessenkonflikten und Unabhängigkeit im Aktienrecht, ZGR 2014, 697; *Kumpan,* Der Interessenkonflikt im deutschen Privatrecht, 2014; *Siems,* Befangenheit bei Verwaltungsratsmitgliedern einer Europäischen Aktiengesellschaft, NZG 2007, 129. S. ferner die Angaben zu Art. 43.

Übersicht

Rn.

I. Allgemeines 1
II. Schriftliche Stimmabgabe (Abs. 1) 3
III. Beschlussfassung ohne Sitzung (Abs. 2) 5
IV. Zweitstimmrecht des Vorsitzenden bei Stimmverbot (Abs. 3) . 7
   1. Normzweck 7
   2. Anwendungsbereich 8
   3. Stimmverbot 11
     a) Allgemeines 11
     b) Weisungsbeschlüsse im Besonderen 12
     c) Einzelne Fallgruppen 13
   4. Rechtsfolge 15
   5. Abdingbarkeit? 18
V. Fehlerhafte Beschlussfassung 19

I. Allgemeines

§ 35 SEAG enthält in Ergänzung zu Art. 50 Bestimmungen zur **Beschluss-** 1
fassung im Verwaltungsrat. Die ersten beiden Absätze entsprechen § 108
Abs. 3 und Abs. 4 AktG und regeln die Möglichkeit der schriftlichen Stimmabgabe sowie der Beschlussfassung ohne Sitzung nach dem für den Aufsichtsrat
bekannten Muster. Bewusst nicht übernommen wurde dagegen die Vorschrift des
§ 108 Abs. 2 AktG zur Beschlussfähigkeit, da diese bereits in Art. 50 geregelt ist
(Begr. RegE SEEG, BT-Drs. 15/3405, 38). Eine Sonderregelung, die im AktG
keine Entsprechung findet, enthält der erst auf Betreiben des Rechtsausschusses
(BT-Drs. 15/4053, 59) eingeführte Abs. 3. Dieser gewährt dem Verwaltungsratsvorsitzenden eine zusätzliche Stimme für den Fall, dass ein geschäftsführendes
Verwaltungsratsmitglied einem Stimmverbot unterliegt. Diese Regelung zielt vor
allem auf mitbestimmte Gesellschaften und will dort das Letztentscheidungsrecht
der Anteilseigner sichern, gilt aber auch für nicht-mitbestimmte Gesellschaften
(→ Rn. 7 f.).

Bedenken gegen die **Vereinbarkeit** des § 35 SEAG **mit Art. 50** bestehen 2
nach zutreffender Ansicht nicht, da Art. 50 Abs. 1 weder die Modalitäten einer
Stimmabgabe durch abwesende Mitglieder noch die Beschlussfassung ohne Sit-
zung noch die Frage eines Stimmverbots wegen Befangenheit regelt (NK-SE/
Manz Art. 43 Rn. 114; MüKoAktG/*Reichert/Brandes* Art. 44 Rn. 25 ff.; *Schwarz*
Rn. 212, 214; KK-AktG/*Siems* Anh. Art. 51 § 35 SEAG Rn. 1; speziell zu
Abs. 3 auch *ders.* NZG 2007, 129 f.; aA in Bezug auf § 35 Abs. 2 SEAG LHT/
Teichmann Rn. 4; zweifelnd auch Begr. RegE SEEG, BT-Drs. 15/3405, 38).
Daher können die genannten Fragen nicht nur in der Satzung geregelt werden,
wie dies (vorbehaltlich Art. 50 Abs. 3) im Anwendungsbereich des Art. 50 Abs. 1
der Fall wäre. Vielmehr bleibt Raum für eine mitgliedstaatliche Regelung, wie
sie der deutsche Gesetzgeber in Ausübung der Ermächtigung des Art. 43 Abs. 4
in § 35 SEAG erlassen hat. Wer in Bezug auf § 35 Abs. 2 SEAG dennoch Zweifel
hegt, mag darauf hinwirken, eine diesem nachgebildete Regelung vorsorglich in
der Satzung zu wiederholen (so die Empfehlung von NK-SE/*Manz* Art. 43
Rn. 114).

II. Schriftliche Stimmabgabe (Abs. 1)

Abs. 1 gestattet in Anlehnung an § 108 Abs. 3 AktG die schriftliche Stimm- 3
abgabe eines abwesenden Mitglieds im Rahmen der Beschlussfassung des Verwaltungsrats oder eines Ausschusses, sofern die Stimme durch einen hierfür
qualifizierten Stimmboten (→ Rn. 4) überbracht wird. Die Schriftform setzt nach

herkömmlicher Ansicht gemäß § 126 Abs. 1 BGB eine **eigenhändige Unterschrift** des abwesenden Mitglieds auf der überbrachten Erklärung voraus (zur AG MüKoAktG/*Habersack* AktG § 108 Rn. 52 f. mwN). Nach heute hM soll dagegen auch die Stimmabgabe per Telefax oder per E-Mail mit Signatur nach § 126a BGB ausreichen, da hier die Fälschungsrisiken nicht höher seien als das Risiko der Unterschriftenfälschung (Schmidt/Lutter/*Drygala* AktG § 100 Rn. 23; Hüffer/*Koch* AktG § 108 Rn. 20; Spindler/Stilz/*Spindler* AktG § 100 Rn. 59). Eine einfache E-Mail genügt hingegen nicht (Nachw. wie vor). Diese zur AG entwickelten Grundsätze gelten in gleicher Weise auch für die SE. Eine großzügigere Betrachtung lässt sich nicht etwa aus Art. 50 Abs. 1 ableiten (so aber wohl LHT/*Teichmann* Rn. 7). Die Stimmbotenschaft ist zwar eine Art der „Vertretung" iSd Art. 50 Abs. 1; zu Formfragen verhält sich diese Vorschrift jedoch nicht, so dass gegen das mitgliedstaatliche Schriftformerfordernis nichts einzuwenden ist (*Schwarz* Rn. 212).

4   Als **Stimmbote** qualifiziert sind nach Abs. 1 S. 2 alle übrigen Mitglieder des Verwaltungsrats. Dies gilt bei Sitzungen eines Ausschusses auch für ausschussfremde Mitglieder (MüKoAktG/*Habersack* AktG § 108 Rn. 54). Dritte sind dagegen gemäß Abs. 1 S. 3 iVm § 109 Abs. 3 AktG nur dann als Stimmboten qualifiziert, wenn die Satzung zulässt, dass sie an den Sitzungen des Verwaltungsrats teilnehmen können, und wenn sie hierzu von dem verhinderten Mitglied in Textform (§ 126b BGB), also zB durch E-Mail, ermächtigt worden sind. Dem Stimmboten darf kein eigener Entscheidungsspielraum zustehen, da sonst das Verbot der Bestellung von Stellvertretern (§ 28 Abs. 3 S. 1 SEAG) aufgeweicht würde. Im Fall eines Verstoßes ist die Stimmabgabe unwirksam (MüKoAktG/*Habersack* AktG § 108 Rn. 56).

III. Beschlussfassung ohne Sitzung (Abs. 2)

5   Von der schriftlichen Stimmabgabe eines abwesenden Mitglieds im Rahmen einer Sitzung (Abs. 1) ist die in Abs. 2 in Anlehnung an § 108 Abs. 4 AktG geregelte Beschlussfassung des Verwaltungsrats oder eines Ausschusses **ohne Sitzung** zu unterscheiden. Sie kann schriftlich, fernmündlich oder in vergleichbarer Form stattfinden, ist aber vorbehaltlich einer näheren Regelung in der Satzung oder einer Geschäftsordnung (→ Rn. 6) davon abhängig, dass **kein Mitglied widerspricht**. „Vergleichbare Formen" sind etwa Beschlussfassungen per Telefax, E-Mail, Telefonkonferenz, Videokonferenz oder Zuschaltung einzelner Mitglieder per Video (MüKoAktG/*Habersack* AktG § 108 Rn. 59 f. iVm Rn. 16; Spindler/Stilz/*Spindler* AktG § 108 Rn. 61; speziell zur Videokonferenz Begr. RegE NaStraG, BT-Drs. 14/4051, 12; abweichend GroßkommAktG/*Hopt/Roth* AktG § 108 Rn. 27 iVm Rn. 116 f., die Videokonferenzen einer Sitzung gleichstellen und diese daher auch unabhängig vom Widerspruch einzelner Mitglieder für zulässig halten). Zur Anrechenbarkeit solcher Beschlussfassungen auf den Mindestturnus des Art. 44 Abs. 1 → Art. 44 Rn. 5.

6   Das Widerspruchsrecht der Mitglieder entfällt nach Abs. 2, soweit die **Satzung** oder eine **Geschäftsordnung** des Verwaltungsrats oder Ausschusses eine Beschlussfassung ohne Sitzung vorsieht (aA – Regelung nur in der Satzung möglich – LHT/*Teichmann* Rn. 8 auf Grundlage einer hier nicht geteilten extensiven Auslegung des Art. 50 Abs. 1; → Rn. 2). Sofern die Satzung oder die Geschäftsordnung des Verwaltungsrats eine Beschlussfassung ohne Sitzung nur für den Verwaltungsrat regelt, ohne die Ausschüsse zu erwähnen, soll die Regelung nach hM nicht auf die Ausschüsse übertragbar sein, da namentlich bei ihnen Präsenzsitzungen wünschenswert seien (Hüffer/*Koch* AktG § 108 Rn. 23 aE; Spindler/Stilz/*Spindler* AktG § 108 Rn. 67; MüKoAktG/*Habersack* AktG § 108 Rn. 66).

IV. Zweitstimmrecht des Vorsitzenden bei Stimmverbot (Abs. 3)

1. Normzweck. Abs. 3 ist erst spät im Gesetzgebungsverfahren zum SEEG 7
auf Betreiben des Rechtsausschusses in das Gesetz aufgenommen worden. Den
Anlass bildete die Befürchtung, in Fällen der Personalunion von Verwaltungsratsmitgliedern und geschäftsführenden Direktoren könne es in weitem Umfang zu
Stimmverboten dieser Mitglieder bei Beschlussfassungen im Verwaltungsrat kommen (BT-Drs. 15/4053, 59). Da die geschäftsführenden Verwaltungsratsmitglieder
praktisch immer der Anteilseignerseite angehören werden, folgt daraus in mitbestimmten Gesellschaften die Gefahr einer verfassungsrechtlich bedenklichen
(vgl. BVerfGE 50, 290 = NJW 1979, 699) Majorisierung der Anteilseigner-
durch die Arbeitnehmerseite. Anliegen des Abs. 3 ist es, diese Gefahr abzuwenden und stattdessen das **Letztentscheidungsrecht der Anteilseigner** zu wahren
(*Schwarz* Rn. 216; *Siems* NZG 2007, 129 [130]). Zu diesem Zweck bestimmt die
Vorschrift, dass das Stimmrecht des vom Stimmverbot betroffenen geschäftsführenden Verwaltungsratsmitglieds auf den Vorsitzenden des Verwaltungsrats übergeht. Dabei setzt das Gesetz als selbstverständlich voraus, dass der Vorsitzende
seinerseits aus dem Kreis der Anteilseignervertreter stammt. Dies ist zwar nur in
paritätisch mitbestimmten Gesellschaften zwingend vorgeschrieben (Art. 45 S. 2),
wird sich aber in der Tat praktisch immer so verhalten.

2. Anwendungsbereich. Obwohl der Normzweck auf mitbestimmte Gesell- 8
schaften zugeschnitten ist, beschränkt sich der Wortlaut des Abs. 3 offenbar
bewusst nicht auf diese. Die Vorschrift ist daher **auch auf mitbestimmungsfreie
Gesellschaften** anzuwenden (KK-AktG/*Siems* Anh. Art. 51 § 35 SEAG Rn. 5;
ders. NZG 2007, 129 [130]; LHT/*Teichmann* Rn. 10; NK-SE/*Manz* Art. 43
Rn. 115; aA *Bauer* S. 166 f.).

Nach hM ist auch insoweit strikt dem Wortlaut des Abs. 3 zu folgen, als die 9
Vorschrift nur Stimmverbote **geschäftsführender Verwaltungsratsmitglieder**
erfasst (KK-AktG/*Siems* Anh. Art. 51 § 35 SEAG Rn. 6; LHT/*Teichmann*
Rn. 11; NK-SE/*Manz* Art. 43 Rn. 115). Dies mag auf den ersten Blick über-
raschen, da das Letztentscheidungsrecht der Anteilseigner auch beeinträchtigt
wird, wenn ein nicht-geschäftsführendes Verwaltungsratsmitglied der Anteilseignerseite einem Stimmverbot unterliegt (aus diesem Grund für analoge Anwendung des Abs. 3 *Schwarz* Rn. 221). Der Gesetzgeber hat diesen Fall aber offenbar
bewusst nicht regeln wollen. Die Erklärung hierfür dürfte darin liegen, dass die
Rechtsstellung nicht-geschäftsführender Verwaltungsratsmitglieder Ähnlichkeiten
mit derjenigen von Aufsichtsratsmitgliedern im dualistischen System aufweist (vgl.
KK-AktG/*Siems* Anh. Art. 51 § 35 SEAG Rn. 6). Für den Aufsichtsrat gibt es
aber auch keine dem § 35 Abs. 3 SEAG vergleichbare Vorschrift. Ein besonderes,
gerade durch die Eigenheiten des monistischen Modells hervorgerufenes Regelungsbedürfnis hat der Gesetzgeber daher – auch wenn man dies bedauern mag –
nur für den Fall der Personalunion von Verwaltungsratsmitglied und geschäfts-
führendem Direktor gesehen. Daher ist eine analoge Anwendung des Abs. 3 auf
nicht-geschäftsführende Anteilseignervertreter mit der hM abzulehnen.

Eine entsprechende Anwendung des Abs. 3 scheidet auch aus, wenn das 10
Mandat eines Anteilseignervertreters **vakant** ist (KK-AktG/*Siems* Anh. Art. 51
§ 35 SEAG Rn. 7; NK-SE/*Manz* Art. 43 Rn. 115; aA *Schwarz* Rn. 222). In
solchen Fällen kann sich die Anteilseignerseite mit einem Antrag auf gerichtliche
Bestellung nach § 30 Abs. 1 oder Abs. 2 SEAG behelfen, weshalb es an einer
ausfüllungsbedürftigen Regelungslücke fehlt.

3. Stimmverbot. a) Allgemeines. Abs. 3 ist nur anwendbar, wenn das ge- 11
schäftsführende Verwaltungsratsmitglied **aus rechtlichen Gründen gehindert**

ist, an der Beschlussfassung im Verwaltungsrat teilzunehmen. Das betreffende Mitglied darf also nicht nur tatsächlich (durch Ortsabwesenheit, Krankheit etc) verhindert sein, sondern muss einem **Stimmverbot** unterliegen. Wann ein solches eingreift, wird weder in der Verordnung noch im SEAG geregelt. Zurückzugreifen ist daher nach Art. 9 Abs. 1 lit. c ii auf die **allgemeinen Grundsätze,** die auch für Stimmverbote im Vorstand und im Aufsichtsrat anerkannt sind (Rechtsausschuss, BT-Drs. 15/4053, 59; LHT/*Teichmann* Rn. 12, 14; abweichend KK-AktG/*Siems* Anh. Art. 51 § 35 SEAG Rn. 10 ff.). Danach kann sich ein Stimmverbot aus zwei Tatbeständen ergeben: zum einen, wenn die Beschlussfassung die Vornahme eines Rechtsgeschäfts mit dem Organmitglied oder die Einleitung oder Erledigung eines Rechtsstreits zwischen ihm und der Gesellschaft betrifft (**§ 34 BGB analog);** und zum anderen, wenn das Organmitglied mit der Teilnahme an der Beschlussfassung zum **Richter in eigener Sache** würde (Rechtsausschuss, BT-Drs. 15/4053, 59; Spindler/Stilz/*Eberspächer* Art. 50 Rn. 8; MüKoAktG/*Reichert/Brandes* Art. 50 Rn. 36 f.; zum Aufsichtsrat MüKo-AktG/*Habersack* AktG § 108 Rn. 29 ff.; *Kumpan* S. 512 ff.; zum Vorstand Spindler/Stilz/*Fleischer* AktG § 77 Rn. 25 f.). Ein Interessenkonflikt, der nicht unter diese beiden Fallgruppen fällt, führt dagegen nicht zu einem Stimmverbot, auch dann nicht, wenn er so erheblich ist, dass er die Anwendbarkeit der Business Judgment Rule (§§ 39 SEAG, 93 Abs. 1 S. 2 AktG) ausschließt. In neuerer Zeit wird aber diskutiert, ob das betroffene Mitglied in einem solchen Fall aufgrund seiner organschaftlichen Treuepflicht verpflichtet ist, sich von Abstimmung (und ggf. auch Beratung) zurückzuziehen, wenn die übrigen Mitglieder dies mehrheitlich verlangen, um eine unbefangene Entscheidungsfindung zu ermöglichen (bejahend *Koch* ZGR 2014, 697 [720 ff.] [zur AG]; → Anh. Art. 43 § 39 SEAG Rn. 10).

12   **b) Weisungsbeschlüsse im Besonderen.** Der Rechtsausschuss ging von der Annahme aus, dass die geschäftsführenden Verwaltungsratsmitglieder nach den genannten Grundsätzen bereits immer dann einem Stimmverbot unterliegen, wenn der Verwaltungsrat nach § 44 Abs. 2 SEAG über eine **Weisung an die geschäftsführenden Direktoren** beschließt (BT-Drs. 15/4053, 59). Mit Recht ist man sich heute jedoch einig, dass diese Prämisse nicht zutrifft (*Bachmann* ZGR 2008, 779 [794]; Spindler/Stilz/*Eberspächer* Art. 50˙ Rn. 8; *Schwarz* Rn. 220; LHT/*Teichmann* Rn. 13, 15; KK-AktG/*Siems* Anh. Art. 51 § 35 SEAG Rn. 11; *Seitz* S. 293 f.; aA noch *Marsch-Barner* GS Bosch, 2006, 99 (109)). Allein der Umstand, dass die Weisung an die geschäftsführenden Direktoren adressiert ist, begründet **für sich allein keine persönliche Betroffenheit** der geschäftsführenden Verwaltungsratsmitglieder iSd § 34 BGB oder des Richtens in eigener Sache. Daran ändert sich auch nichts, wenn sich die Weisung darauf bezieht, eine von den geschäftsführenden Direktoren getroffene geschäftspolitische Entscheidung rückgängig zu machen (KK-AktG/*Siems* Anh. Art. 51 § 35 SEAG Rn. 11). Auch bei Weisungsbeschlüssen der Gesellschafterversammlung einer GmbH kommt niemand auf den Gedanken, einen Gesellschafter allein deshalb nach § 47 Abs. 4 GmbHG von der Beschlussfassung auszuschließen, weil er zugleich der Geschäftsführung angehört. Der Anwendungsbereich des Abs. 3 fällt daher viel schmaler aus als vom Gesetzgeber angenommen.

13   **c) Einzelne Fallgruppen.** Zu den typischen Anwendungsfällen des Abs. 3 gehören Beschlussfassungen des Verwaltungsrats darüber, ob ein Vertrag mit dem geschäftsführenden Verwaltungsratsmitglied abgeschlossen werden soll oder Haftungsansprüche wegen sorgfaltswidriger Geschäftsführung gegen ihn geltend gemacht werden sollen. Wegen der Einzelheiten, wann § 34 BGB (analog) eingreift oder ein verbotenes Richten in eigener Sache vorliegt, kann an die zur AG entwickelten Grundsätze angeknüpft werden (näher dazu MüKoAktG/*Habersack*

AktG § 108 Rn. 29 ff.; Spindler/Stilz/*Spindler* AktG § 108 Rn. 27 ff.). Hervor-zuheben ist insbesondere, dass das Vorliegen eines **Doppelmandats** (Organwal-ter ist zugleich Organwalter des Unternehmens, mit dem die Gesellschaft kon-trahieren soll) für sich allein noch nicht zu einem Stimmverbot führt (KK–AktG/*Mertens/Cahn* AktG § 108 Rn. 68; MüKoAktG/*Habersack* AktG § 108 Rn. 30; aA GroßkommAktG/*Hopt/Roth* AktG § 108 Rn. 54 mwN). Ebenso wenig löst der allgemeine **Konzernkonflikt** (Organwalter beherrscht sowohl die Gesell-schaft als auch das Unternehmen, mit dem kontrahiert werden soll) ein Stimm-verbot aus, da insoweit die konzernrechtlichen Schutzbestimmungen vorgehen (MüKoAktG/*Habersack* AktG § 108 Rn. 30; GroßkommAktG/*Hopt/Roth* AktG § 108 Rn. 54).

Unbedenklich ist anerkanntermaßen auch die **Selbstwahl zum Vorsitzenden** **14** oder stellvertretenden Vorsitzenden des Verwaltungsrats (→ Art. 45 Rn. 5). Glei-ches gilt für die ordentliche Abberufung (Abwahl) aus dem (stellvertretenden) Vorsitz, nicht aber für die **außerordentliche Abberufung** aus wichtigem Grund, da dann nicht nur eine geschäftspolitische Entscheidung, sondern eine Pflichtverletzung des Betroffenen im Raum steht, über die er nicht in eigener Sache richten soll (→ Art. 45 Rn. 9). Auch bei der **Selbstwahl zum geschäfts-führenden Direktor** besteht kein Stimmverbot (→ Anh. Art. 43 § 40 SEAG Rn. 8), wohl aber in Bezug auf den Abschluss des Anstellungsvertrags, da inso-weit die persönlichen Interessen des Betroffenen ganz im Vordergrund stehen (→ Anh. Art. 43 § 40 SEAG Rn. 29). In dem zuletzt genannten Fall wird dennoch kein Zweitstimmrecht des Vorsitzenden nach Abs. 3 ausgelöst, wenn das betroffene Mitglied im Zeitpunkt der Abstimmung noch nicht zum geschäfts-führenden Direktor bestellt war (→ Rn. 9). Für die Beschlussfassung über die Abberufung eines geschäftsführenden Direktors gilt dasselbe wie für die Abberu-fung eines Mitglieds aus dem Vorsitz; auch hier ist zwischen ordentlicher und außerordentlicher Abberufung zu differenzieren (→ Anh. Art. 43 § 40 SEAG Rn. 52).

4. Rechtsfolge. Betrifft das Stimmverbot ein geschäftsführendes Mitglied **15** (→ Rn. 9), geht seine Stimme nach Abs. 3 auf den **Vorsitzenden** über. Dieser hat folglich neben seiner eigenen noch eine **zusätzliche Stimme**, bei einem Stimmenpatt ergänzt durch den Stichentscheid nach Abs. 2. Sind mehre-re geschäftsführende Mitglieder vom Stimmverbot betroffen, ist Abs. 3 mehrfach anzuwenden, so dass dem Vorsitzenden mehrere zusätzliche Stimmen zuwachsen (MHdB AG/*Austmann* § 86 Rn. 22; Spindler/Stilz/*Eberspächer* Art. 50 Rn. 8; MüKoAktG/*Reichert/Brandes* Art. 50 Rn. 45). Diese Stimmen sind dann auch bei der Feststellung der Beschlussfähigkeit iSd Art. 50 Abs. 1 lit. a mitzuzählen (zu der gesonderten Frage, wie sich Stimmverbote außerhalb des Anwendungs-bereichs von Abs. 3 auf die Beschlussfähigkeit auswirken, → Art. 50 Rn. 21). Nimmt das ausgeschlossene Mitglied trotz des Stimmverbots an der Beschluss-fassung teil, ist seine Stimme gemäß § 134 BGB nichtig (vgl. MüKoAktG/*Habersack* AktG § 108 Rn. 33). Dies wirkt sich aber auf die Wirksamkeit des Beschlusses nicht aus, wenn ein Fall des Abs. 3 vorliegt und der Vorsitzende in gleicher Weise abgestimmt hat wie der Ausgeschlossene, da sich dann auch bei rechtmäßigem Alternativverhalten kein anderes Ergebnis eingestellt hätte (→ Rn. 18).

Unterliegt der Vorsitzende seinerseits einem Stimmverbot oder ist dieser aus **16** sonstigen Gründen **verhindert**, geht das Zweitstimmrecht ebenso wie der Stich-entscheid (Art. 50 Abs. 2) gemäß § 34 Abs. 1 S. 2 SEAG auf den **stellvertreten-den Vorsitzenden** über, sofern dieser der Anteilseignerseite angehört (→ Anh. Art. 43 § 34 SEAG Rn. 13 mzN; aA LHT/*Teichmann* Rn. 11). Ist auch der Stellvertreter an der Wahrnehmung des Stimmrechts gehindert, fehlt es dagegen an einer entsprechenden Regelung; das Zweitstimmrecht geht daher in diesem Fall nicht schon kraft Gesetzes auf einen anderen Anteilseignervertreter über (KK-AktG/*Siems* Anh. Art. 51 § 35 SEAG Rn. 14; aA *Frodermann* in Jannott/ Frodermann HdB SE Kap. 5 Rn. 202: Übergang auf das älteste nicht geschäfts-führende Mitglied der Anteilseignerseite). Dieser Fall kann aber in der Satzung geregelt werden (→ Rn. 17).

17   Nicht gesondert geregelt ist, welche Auswirkungen das Stimmverbot auf das Recht des betroffenen Mitglieds hat, an der der Beschlussfassung vorausgehenden **Beratung** teilzunehmen. Insoweit lässt sich an die zum Aufsichtsrat entwickelten Grundsätze anknüpfen. Danach ist das vom Stimmrecht ausgeschlossene Mitglied nicht ipso iure auch von der Beratung ausgeschlossen. Der Verwaltungsrat kann den Betroffenen aber durch Beschluss von der Beratung ausschließen, nach hM indes nur, wenn konkrete Anhaltspunkte dafür vorliegen, dass es infolge seiner Präsenz zu einer Beeinträchtigung des Gesellschaftsinteresses kommen würde (zur AG MüKoAktG/*Habersack* AktG § 109 Rn. 10; ferner KK-AktG/*Mertens/Cahn* AktG § 109 Rn. 14, die in einem offengelegten Interessenkonflikt in der Regel keinen Grund für einen Ausschluss von der Beratung sehen, da die übrigen Organmitglieder die Äußerungen des befangenen Mitglieds entsprechend würdi-gen könnten; weitergehend *Koch* ZGR 2014, 697 [713 ff., 720 ff.]).

18   **5. Abdingbarkeit?** Ob das Zweitstimmrecht nach Abs. 3 abbedungen werden kann, ist zweifelhaft und umstritten (verneinend unter Hinweis auf Art. 9 Abs. 1 lit. c ii iVm § 23 Abs. 5 AktG *Lutter/Kollmorgen/Feldhaus* BB 2007, 509 [514]; KK-AktG/*Siems* Anh. Art. 51 § 35 SEAG Rn. 15; bejahend LHT/*Teichmann* Rn. 10a unter Berufung auf Art. 50 Abs. 1). Als ergänzende Satzungsbestim-mung iSd § 23 Abs. 5 S. 2 AktG ist es aber jedenfalls zulässig, das Zweitstimm-recht im Fall der Verhinderung von Vorsitzendem und stellvertretendem Vor-sitzenden einem anderen Anteilseignervertreter, zB dem an Lebensjahren ältesten, zu übertragen (vgl. den Vorschlag von *Hagemann/Tobies* in Jannott/Frodermann HdB SE Anh. II.2 § 8 Abs. 6).

V. Fehlerhafte Beschlussfassung

19   Weder die SE-VO noch das SEAG enthalten Regelungen zu der Frage, wie sich Gesetzes- oder Satzungsverstöße auf die Wirksamkeit der Beschlüsse des Verwaltungsrats auswirken. Daher ist an die Grundsätze anzuknüpfen, die für fehlerhafte Aufsichtsratsbeschlüsse der AG gelten (MüKoAktG/*Reichert/Brandes* Art. 50 Rn. 55; KK-AktG/*Siems* Anh. Art. 51 Rn. 18). Demnach sind Beschlüs-se, die inhaltlich gegen das **Gesetz** (einschließlich der Verordnung) oder die **Satzung** verstoßen oder eine gesetzliche oder satzungsmäßige Verfahrensvor-schrift in relevanter Weise verletzen, nicht nur anfechtbar, sondern **nichtig** (zur AG BGHZ 122, 342 [346 ff.] = NJW 1993, 2307; ausführlich MüKoAktG/ *Habersack* AktG § 108 Rn. 73 ff.; *Fleischer* DB 2013, 160 ff. [217 ff.]). Keine Nichtigkeit begründen dagegen reine Ordnungsverstöße wie Protokollmängel (§ 34 Abs. 3 S. 3 SEAG; vgl. MüKoAktG/*Habersack* AktG § 108 Rn. 79), eben-so wenig Abweichungen von einer Geschäftsordnung, die sich der Verwaltungsrat selbst gegeben hat (→ Anh. Art. 43 § 34 SEAG Rn. 19). Die Nichtigkeit kann nach § 256 ZPO im Wege der Feststellungsklage geltend gemacht werden. Im Fall der Verletzung von verzichtbaren, nur dem Schutz der Teilhaberechte des einzelnen Verwaltungsratsmitglieds dienenden Verfahrensvorschriften obliegt es dem betroffenen Mitglied, einen Verstoß innerhalb angemessener Frist zu rügen; andernfalls kann die Nichtigkeit nicht mehr geltend gemacht werden (zur AG BGHZ 122, 342 [351 f.] = NJW 1993, 2307; MüKoAktG/*Habersack* AktG § 108 Rn. 82).

SEAG Teilnahme an Sitzungen des Verwaltungsrats und seiner Ausschüsse

36 (1) ¹An den Sitzungen des Verwaltungsrats und seiner Ausschüsse sollen Personen, die dem Verwaltungsrat nicht angehören, nicht teilnehmen. ²Sachverständige und Auskunftspersonen können zur Beratung über einzelne Gegenstände zugezogen werden.

(2) Mitglieder des Verwaltungsrats, die dem Ausschuss nicht angehören, können an den Ausschusssitzungen teilnehmen, wenn der Vorsitzende des Verwaltungsrats nichts anderes bestimmt.

(3) Die Satzung kann zulassen, dass an den Sitzungen des Verwaltungsrats und seiner Ausschüsse Personen, die dem Verwaltungsrat nicht angehören, an Stelle von verhinderten Mitgliedern teilnehmen können, wenn diese sie in Textform ermächtigt haben.

(4) Abweichende gesetzliche Bestimmungen bleiben unberührt.

Schrifttum: S. die Angaben zu Art. 43.

I. Allgemeines

§ 36 SEAG entspricht weitestgehend wortgleich § 109 AktG. Die Vorschrift **1** beschränkt die Teilnahme an Sitzungen des Verwaltungsrats und seiner Ausschüsse für Personen, die nicht dem Verwaltungsrat oder dem betreffenden Ausschuss angehören. Sie bezweckt, die **Vertraulichkeit der Beratungen** des Verwaltungsrats und seiner Ausschüsse zu sichern und den Verwaltungsrat klar gegenüber etwaigen anderen Gremien wie zB Beiräten abzugrenzen (zur AG MüKoAktG/*Habersack* AktG § 109 Rn. 2). Vorbehaltlich Abs. 3 ist die Vorschrift **zwingend** (Art. 9 Abs. 1 lit. c ii, § 23 Abs. 5 AktG). Dies gilt trotz des missverständlichen Wortlauts („sollen") auch für Abs. 1 (zur AG Hüffer/*Koch* AktG § 109 Rn. 1). Nehmen nach § 36 SEAG nicht teilnahmeberechtigte Personen an den Beratungen teil, hat dies allein aber **keine Auswirkungen auf die Wirksamkeit** der gefassten Beschlüsse (LHT/*Teichmann* Rn. 4; zur AG BGHZ 47, 341 [349 f.] = NJW 1967, 1711; MüKoAktG/*Habersack* AktG § 109 Rn. 3, 8). Denkbar sind indes haftungsrechtliche Konsequenzen, wenn infolge des Verstoßes die Vertraulichkeit nicht gewahrt bleibt.

II. Teilnahme an Sitzungen des Verwaltungsrats (Abs. 1)

1. Verwaltungsratsmitglieder. Die Berechtigung zur Teilnahme an den Ver- **2** waltungsratssitzungen konzentriert sich nach Abs. 1 grundsätzlich auf die Verwaltungsratsmitglieder. Diese sind nicht nur zur Teilnahme berechtigt, sondern grundsätzlich auch verpflichtet (zur AG MüKoAktG/*Habersack* AktG § 109 Rn. 7). Das Teilnahmerecht kann ausnahmsweise eingeschränkt werden, sofern dies zur Sicherung eines störungsfreien Sitzungsverlaufs oder zur Wahrung wichtiger Belange der Gesellschaft erforderlich ist (LHT/*Teichmann* Rn. 3; zur AG näher MüKoAktG/*Habersack* AktG § 109 Rn. 9 f.). Allein der Umstand, dass es um die Überwachung der Geschäftsführung geht, genügt jedoch nicht, um die geschäftsführenden Verwaltungsratsmitglieder von der Sitzung auszuschließen, da diese Konstellation dem monistischen System immanent ist und etwaige Kontrolldefizite bereits durch die Besetzungsregel des § 40 Abs. 1 S. 2 SEAG aufgefangen werden (KK-AktG/*Siems* Anh. Art. 51 § 36 SEAG Rn. 6; abweichend § 52 Abs. 1 S. 2 österr. SEG).

3   **2. Sachverständige und Auskunftspersonen.** Personen, die dem Verwaltungsrat nicht angehören, dürfen nach Abs. 1 S. 1 grundsätzlich nicht an den Sitzungen teilnehmen. Eine Ausnahme gilt nach Abs. 1 S. 2 für Sachverständige und Auskunftspersonen, die allerdings nur zur Beratung über **einzelne Gegenstände** zugezogen werden dürfen. Als **Sachverständiger** kommt jeder in Betracht, der auf dem Gebiet des Tagesordnungspunkts eine besondere Sachkunde hat, und als **Auskunftsperson** jeder, durch den sich der Verwaltungsrat auf irgendeine Weise eine Information zu einem bestimmten Tagesordnungspunkt verspricht (MüKoAktG/*Habersack* AktG § 109 Rn. 17 f.). Über die Hinzuziehung dieser Personen entscheidet der Vorsitzende im Rahmen der ihm obliegenden Sitzungsvorbereitung und -leitung. Allerdings steht seine Entscheidung anders als im Fall des Abs. 2 unter dem Vorbehalt eines abweichenden Beschlusses des Verwaltungsratsplenums (LHT/*Teichmann* Rn. 7; zur AG MüKoAktG/*Habersack* AktG § 107 Rn. 20). Zwingend vorgeschrieben ist die Hinzuziehung des **Abschlussprüfers**, soweit der Verwaltungsrat (oder ein eingerichteter Prüfungsausschuss) über den Jahres- und den Konzernabschluss berät (Abs. 4 iVm § 47 Abs. 3 SEAG, § 171 Abs. 1 S. 2 AktG).

4   Als Auskunftspersonen kommen auch die **geschäftsführenden Direktoren** in Betracht, soweit sie nicht schon dem Verwaltungsrat angehören (KK-AktG/*Siems* Anh. Art. 51 § 36 SEAG Rn. 4). Insoweit besteht eine Divergenz zu § 109 Abs. 1 S. 1 AktG, der Vorstandsmitglieder gesondert anspricht und es zulässt, dass diese ohne Beschränkung auf einzelne Gegenstände der Tagesordnung hinzugezogen werden. Aus diesem Grund hält es die hM im dualistischen System für zulässig, in der Satzung eine regelmäßige Teilnahme der Vorstandsmitglieder an den Aufsichtsratssitzungen vorzusehen, auch wenn eine derartige Satzungsbestimmung unter Corporate-Governance-Gesichtspunkten wenig sinnvoll erscheint (MüKoAktG/*Habersack* AktG § 109 Rn. 14 f.; GroßkommAktG/*Hopt/Roth* AktG § 109 Rn. 30; vgl. auch Ziff. 3.6 S. 2 DCGK). In Bezug auf die geschäftsführenden Direktoren ist eine entsprechende Satzungsgestaltung unzulässig, da Auskunftspersonen nur zu einzelnen Gegenständen zugezogen werden dürfen (KK-AktG/*Siems* Anh. Art. 51 § 36 SEAG Rn. 4; LHT/*Teichmann* Rn. 6; abweichend zur Parallelfrage in Österreich Kalss/Hügel/*Kalss/Greda* SEG § 52 Rn. 3). Diese Abweichung von § 109 Abs. 1 AktG beruht offenbar auf der Überlegung, dass geschäftsführende Direktoren anders als Vorstandsmitglieder an Weisungen des Verwaltungsrats gebunden sind und insoweit sonstigen Angestellten der Gesellschaft nahe stehen, die ebenfalls nur als Auskunftsperson hinzugezogen werden können (kritisch *Schönborn* S. 253). Wünscht der Vorsitzende bzw. das Plenum (→ Rn. 3) die Teilnahme der geschäftsführenden Direktoren, sind diese zur Teilnahme verpflichtet (MüKoAktG/*Reichert/Brandes* Art. 44 Rn. 23).

5   **3. Sonstige Personen.** Für die Hinzuziehung sonstiger Personen ist vorbehaltlich einer Satzungsbestimmung nach Abs. 3 nur Raum, soweit ihre Anwesenheit in der Sitzung aus technischen oder organisatorischen Gründen erforderlich ist und die Erreichung des durch Abs. 1 verfolgten Zwecks (→ Rn. 1) nicht vereitelt wird (zur AG MüKoAktG/*Habersack* AktG § 109 Rn. 21). Zu denken ist insbesondere an **Protokollführer** zur Erstellung der Niederschrift nach § 34 Abs. 3 SEAG (KK-AktG/*Siems* Anh. Art. 51 § 36 SEAG Rn. 2; LHT/*Teichmann* Rn. 5) und an **Dolmetscher** (LHT/*Teichmann* Rn. 5; MüKoAktG/*Habersack* AktG § 109 Rn. 21).

III. Teilnahme an Ausschusssitzungen (Abs. 2)

6   Zur Teilnahme an den Ausschusssitzungen berechtigt und grundsätzlich auch verpflichtet sind die **Mitglieder des jeweiligen Ausschusses.** Nach Abs. 2 sind auch die **übrigen Verwaltungsratsmitglieder** zur Teilnahme berechtigt (aber nicht verpflichtet), sofern der Vorsitzende des Verwaltungsrats (nicht des Ausschusses) sie nicht von der Teilnahme ausschließt. Die Entscheidung obliegt allein dem Vorsitzenden, das Plenum kann sie nach hM nicht an sich ziehen (zur AG MüKoAktG/*Habersack* AktG § 109 Rn. 25 mwN). Der Ausschluss kann nur für den Einzelfall, nicht generell angeordnet werden (LHT/*Teichmann* Rn. 9; ebenso die hM zur AG, MüKoAktG/*Habersack* AktG § 109 Rn. 28 mwN, str.). Schließt der Vorsitzende nur einzelne Mitglieder aus, bedarf es hierfür mit Blick auf die Gleichberechtigung der Verwaltungsratsmitglieder einer besonderen sachlichen Rechtfertigung (LHT/*Teichmann* Rn. 9; MüKoAktG/*Habersack* AktG § 109 Rn. 26; *Lutter/Krieger/Verse* Rn. 774). Die Teilnahme von Dritten richtet sich nach denselben Regeln, die für die Sitzungen des Plenums gelten (→ Rn. 3 ff.).

IV. Teilnahme anstelle verhinderter Verwaltungsratsmitglieder (Abs. 3)

Die **Satzung** (nicht die Geschäftsordnung) kann nach Abs. 3 vorsehen, dass **7** anstelle eines verhinderten Verwaltungsratsmitglieds ein außenstehender, dh **nicht dem Verwaltungsrat angehörender Dritter** (→ Rn. 9) an der Sitzung des Verwaltungsrats oder des Ausschusses teilnimmt, sofern der Verhinderte diese Person in Textform (§ 126b BGB, zB E-Mail) zur Teilnahme ermächtigt hat. **Verhindert** ist ein Verwaltungsratsmitglied, wenn es aus tatsächlichen Gründen (zB Krankheit, Urlaubsabwesenheit, Terminkollision) nicht an der Sitzung teilnehmen kann (LHT/*Teichmann* Rn. 11; GroßkommAktG/*Hopt/Roth* AktG § 109 Rn. 80). Die Satzung kann besondere Anforderungen an den Grund der Verhinderung stellen (Spindler/Stilz/*Spindler* AktG § 109 Rn. 43). Die Ermächtigung muss für jede einzelne Sitzung gesondert erteilt werden (MüKoAktG/*Habersack* AktG § 109 Rn. 37).

Der ermächtigte Dritte hat kein eigenes Rede- und Antragsrecht, sondern **8** kann lediglich als **Bote** Erklärungen des verhinderten Mitglieds vortragen und von diesem vorformulierte Anträge stellen (MüKoAktG/*Habersack* AktG § 109 Rn. 38; Hüffer/*Koch* AktG § 109 Rn. 7). An der **Beschlussfassung** kann der Dritte ebenfalls nur als Stimmbote mitwirken. Hierfür bedarf es nach § 35 Abs. 1 S. 1, S. 3 SEAG einer der **Schriftform** (§ 126 Abs. 1 BGB; → Anh. Art. 43 § 35 SEAG Rn. 3) genügenden Erklärung des verhinderten Mitglieds, die der Dritte überreicht.

Abs. 3 regelt nur den Fall, dass der Ermächtigte nicht dem Verwaltungsrat **9** angehört. Das verhinderte Mitglied kann aber selbstverständlich auch ein **Verwaltungsratsmitglied ermächtigen,** für ihn Erklärungen in der Sitzung vorzutragen und Anträge zu verlesen. Anders als nach Abs. 3 ist dies auch ohne Satzungsgrundlage und ohne Bindung an das Textformerfordernis zulässig (LHT/*Teichmann* Rn. 10; MüKoAktG/*Habersack* AktG § 109 Rn. 35). Entsprechendes gilt im Fall von Ausschusssitzungen für die Ermächtigung eines Ausschussmitglieds; für die Ermächtigung eines ausschussfremden Mitglieds ist dagegen der Vorbehalt des Abs. 2 zu beachten (MüKoAktG/*Habersack* AktG § 109 Rn. 35). Für die Stimmabgabe ist in jedem Fall das Schriftformerfordernis nach § 35 Abs. 1 S. 1–2 SEAG einzuhalten.

V. Abweichende Vorschriften (Abs. 4)

Von Abs. 1–3 abweichende gesetzliche Vorschriften bleiben nach Abs. 4 unbe- **10** rührt. Hierher gehört namentlich § 47 Abs. 3 SEAG iVm § 171 Abs. 1 S. 2 AktG, der die Teilnahme des Abschlussprüfers an den Beratungen über den Jahres- und Konzernabschluss anordnet. Weitere Sondervorschriften finden sich im Aufsichtsrecht, namentlich in § 44 Abs. 4 S. 1 KWG und § 306 Abs. 1 S. 1 Nr. 4 VAG, die Vertretern der Aufsichtsbehörde (BAFin) ein Teilnahmerecht einräumen (dazu *Dreher/Häußer* ZGR 2011, 471 [501 ff.]; *Lutter/Krieger/Verse* Rn. 1507).

SEAG Einberufung des Verwaltungsrats

37 (1) ¹Jedes Verwaltungsratsmitglied kann unter Angabe des Zwecks und der Gründe verlangen, dass der Vorsitzende des Verwaltungsrats unverzüglich den Verwaltungsrat einberuft. ²Die Sitzung muss binnen zwei Wochen nach der Einberufung stattfinden.

(2) **Wird dem Verlangen nicht entsprochen, so kann das Verwaltungsratsmitglied unter Mitteilung des Sachverhalts und der Angabe einer Tagesordnung selbst den Verwaltungsrat einberufen.**

I. Allgemeines

1   § 37 SEAG enthält Bestimmungen zur **Einberufung des Verwaltungsrats,** die in der SE-VO – vom Sitzungsturnus abgesehen (Art. 44 Abs. 1) – nicht geregelt ist (anders noch Art. 67 Abs. 3 des Entwurfs von 1989, der eine dem § 37 SEAG zwar nicht entsprechende, aber doch in etwa vergleichbare Regelung vorsah). Die Vorschrift setzt unausgesprochen voraus, dass die Einberufung grundsätzlich dem Vorsitzenden des Verwaltungsrats obliegt. Ergänzend bestimmt Abs. 1, dass jedes Verwaltungsratsmitglied berechtigt ist, vom Vorsitzenden die Einberufung des Verwaltungsrats zu verlangen. Leistet der Vorsitzende dem nicht Folge, gewährt Abs. 2 dem einzelnen Mitglied ein eigenes Einberufungsrecht. Hierdurch soll es den einzelnen Verwaltungsratsmitgliedern ermöglicht werden, ihre Aufgaben effektiv wahrzunehmen, und ihnen zugleich der Einwand abgeschnitten werden, an der Aufgabenwahrnehmung durch die unterbliebene Einberufung einer Sitzung durch den Vorsitzenden gehindert gewesen zu sein (zur AG MüKoAktG/*Habersack* AktG § 110 Rn. 2). Die Vorschrift ist auch auf die **Einberufung von Ausschusssitzungen** entsprechend anwendbar (zur AG Mü-KoAktG/*Habersack* AktG § 110 Rn. 14). Sie entspricht im Wesentlichen § 110 Abs. 1 und Abs. 2 AktG. Eine § 110 Abs. 3 AktG entsprechende Regelung war entbehrlich, da der Sitzungsturnus bereits in Art. 44 Abs. 1 geregelt ist.

II. Regelzuständigkeit des Vorsitzenden

2   § 37 SEAG lässt indirekt erkennen, dass die Regelzuständigkeit für die Einberufung von Sitzungen des Verwaltungsrats beim Vorsitzenden liegt (LHT/ *Teichmann* Rn. 1). Vorbehaltlich des Mindestturnus nach Art. 44 Abs. 1 und eines Einberufungsverlangens nach Abs. 1 entscheidet dieser nach pflichtgemäßem Ermessen, wie häufig und wann der Verwaltungsrat einberufen wird. Sein Ermessen reduziert sich allerdings auf null, wenn das Wohl der Gesellschaft die Einberufung erfordert (zur AG näher MüKoAktG/*Habersack* AktG § 110 Rn. 7). Wenn es an einem Vorsitzenden fehlt – etwa weil noch keiner gewählt ist oder der bisherige sein Amt niedergelegt hat – und auch kein Stellvertreter bestellt ist, ist analog Abs. 2 jedes Verwaltungsratsmitglied zur Einberufung berechtigt (vgl. MüKoAktG/*Habersack* AktG § 110 Rn. 10). **Form** und **Frist** der Einberufung sind gewöhnlich in Satzung und/oder Geschäftsordnung geregelt. In Ermangelung einer derartigen Regelung besteht kein Formerfordernis. Es muss aber eine zur Vorbereitung auf die Sitzung angemessene Frist gewahrt werden (MüKo-AktG/*Reichert/Brandes* Art. 44 Rn. 9: in der Regel eine Woche, in Eilfällen drei

Tage; zum Aufsichtsrat näher MüKoAktG/*Habersack* AktG § 110 Rn. 15 f.). Aus der Einladung müssen **Ort** und **Zeitpunkt** der Sitzung hervorgehen. Ferner muss die Einladung analog § 32 Abs. 1 S. 2 BGB eine hinreichend bestimmte **Tagesordnung** angeben (nicht notwendig mit Beschlussvorschlägen; MüKo-AktG/*Reichert*/*Brandes* Art. 44 Rn. 11 f.; MüKoAktG/*Habersack* AktG § 110 Rn. 18 ff.).

Ist ein Tagesordnungspunkt nicht, nicht rechtzeitig oder nicht hinreichend 3 konkret angegeben worden, kann in der Sitzung nur Beschluss gefasst werden, wenn keines der anwesenden Mitglieder widerspricht. Abwesenden Mitgliedern ist die Möglichkeit zu geben, der Beschlussfassung nachträglich zu widersprechen oder noch abzustimmen (MüKoAktG/*Habersack* AktG § 110 Rn. 21). Eine trotz Widerspruchs erfolgte Beschlussfassung ist **nichtig** (MüKoAktG/*Reichert*/*Brandes* Art. 44 Rn. 14; → Anh. Art. 43 § 35 SEAG Rn. 18).

III. Einberufungsverlangen (Abs. 1)

Nach Abs. 1 kann **jedes Verwaltungsratsmitglied** verlangen, dass der Vor- 4 sitzende unverzüglich den Verwaltungsrat einberuft. Das Einberufungsverlangen ist an den Vorsitzenden zu richten. Es ist an keine Form gebunden, wovon auch Satzung und Geschäftsordnung nicht abweichen können (GroßkommAktG/*Hopt*/*Roth* AktG § 110 Rn. 30). Es hat aber nach Abs. 1 S. 1 den **Zweck** der Sitzung, also die zu behandelnden Gegenstände, anzugeben sowie die **Gründe** für die Einberufung, mithin die Notwendigkeit einer Sitzung außerhalb des regulären Turnus, darzulegen (LHT/*Teichmann* Rn. 3). Ferner darf das Einberufungsverlangen nicht rechtsmissbräuchlich sein, dh es muss von einem nachvollziehbaren Interesse des Antragstellers an der Einberufung getragen sein (MüKo-AktG/*Habersack* AktG § 110 Rn. 32). Daran sind allerdings keine strengen Anforderungen zu stellen, da die Aussprache im Plenum den Kern der Tätigkeit eines Kollegialorgans ausmacht (LHT/*Teichmann* Rn. 4).

Liegt ein Einberufungsverlangen vor, das den genannten Voraussetzungen 5 genügt, hat der Vorsitzende die Sitzung **unverzüglich** (§ 121 Abs. 1 S. 1 BGB) einzuberufen. Die Sitzung selbst hat nach Abs. 1 S. 2 binnen zwei Wochen nach der Einberufung stattzufinden. Kommt der Vorsitzende dem Einberufungsverlangen pflichtwidrig nicht nach, greift das Selbsthilferecht nach Abs. 2 ein (→ Rn. 7). Dagegen kann das Mitglied, welches das Verlangen gestellt hat, die Einberufung nicht gerichtlich erzwingen, da es hierfür wegen des Selbsthilferechts am Rechtsschutzinteresse fehlt (MüKoAktG/*Reichert*/*Brandes* Art. 44 Rn. 17; MüKoAktG/*Habersack* AktG § 110 Rn. 28).

Eine Abweichung zu § 110 Abs. 1 AktG besteht darin, dass nach dieser Vor- 6 schrift auch der Vorstand die Einberufung einer Aufsichtsratssitzung verlangen kann, während die **geschäftsführenden Direktoren** in § 37 Abs. 1 SEAG nicht genannt werden. Diese Abweichung ist ersichtlich dem Umstand geschuldet, dass die weisungsgebundenen geschäftsführenden Direktoren keine so hervorgehobene Stellung innerhalb der Gesellschaft haben, wie sie dem Vorstand als eigenverantwortlichem Leitungsorgan zukommt (→ Anh. Art. 43 § 36 SEAG Rn. 4 zur Teilnahme an den Verwaltungsratssitzungen). Eine analoge Anwendung des Einberufungsrechts auf die geschäftsführenden Direktoren ist daher ausgeschlossen (KK-AktG/*Siems* Anh. Art. 51 § 37 SEAG Rn. 3; LHT/*Teichmann* Rn. 5; Spindler/Stilz/*Eberspächer* Art. 44 Rn. 2; NK-SE/*Manz* Art. 43 Rn. 119; *Seitz* S. 273 f.; aA *Schwarz* Rn. 242 f.). Den geschäftsführenden Direktoren bleibt es freilich unbenommen, die Einberufung beim Vorsitzenden oder notfalls einem anderen Verwaltungsratsmitglied anzuregen, etwa wenn sie bei Zustimmungsvorbehalten auf die Mitwirkung des Verwaltungsrats angewiesen sind.

IV. Selbstvornahme der Einberufung (Abs. 2)

7   Kommt der Vorsitzende dem zulässigen Einberufungsverlangen eines Mitglieds nach Abs. 1 nicht unverzüglich nach, kann das Mitglied die Sitzung nach Abs. 2 selbst einberufen **(Selbsthilferecht).** Die Einberufung muss dann nicht nur den allgemeinen Anforderungen einschließlich der Angabe der Tagesordnung genügen (→ Rn. 3), sondern gemäß Abs. 2 auch eine **Mitteilung des Sachverhalts** enthalten. Damit ist der Sachverhalt des vergeblichen Einberufungsverlangens gemeint (LHT/*Teichmann* Rn. 6; Hüffer/*Koch* AktG § 110 Rn. 9). Fehlt es an der Mitteilung, sind die gefassten Beschlüsse nichtig, sofern nicht alle Mitglieder erschienen sind, ohne den Fehler zu rügen (MüKoAktG/ *Habersack* AktG § 110 Rn. 37). Die Einberufung muss ohne schuldhaftes Zögern nach Scheitern des Verlangens nach Abs. 1 erfolgen; andernfalls erlischt das Selbsthilferecht (MüKoAktG/*Habersack* AktG § 110 Rn. 36). Die Zweiwochenfrist des Abs. 1 S. 2 gilt für die Einberufung im Wege der Selbsthilfe nicht, da sie nur eine Verschleppung durch den Vorsitzenden verhindern soll (ganz hM; LHT/*Teichmann* Rn. 6; MüKoAktG/*Habersack* AktG § 110 Rn. 36; Lutter/*Krieger/Verse* Rn. 697 mwN; aA Spindler/Stilz/*Spindler* AktG § 110 Rn. 41).

SEAG Rechtsverhältnisse der Mitglieder des Verwaltungsrats

38 (1) **Für die Vergütung der Mitglieder des Verwaltungsrats gilt § 113 des Aktiengesetzes entsprechend.**

(2) **Für die Gewährung von Krediten an Mitglieder des Verwaltungsrats und für sonstige Verträge mit Mitgliedern des Verwaltungsrats gelten die §§ 114 und 115 des Aktiengesetzes entsprechend.**

Schrifttum: *Bauer,* Organstellung und Organvergütung in der monistisch verfassten Europäischen Aktiengesellschaft (SE), 2008; *Hoffmann-Becking,* Rechtliche Anmerkungen zur Vorstands- und Aufsichtsratsvergütung, ZHR 169 (2005), 155; *Lorenz/Pospiech,* Beratungsverträge mit Aufsichtsratsmitgliedern in Zeiten moderner Corporate Governance, NZG 2011, 81. S. ferner die Angaben zu Art. 43.

Übersicht

	Rn.
I. Allgemeines	1
II. Vergütung (Abs. 1 iVm § 113 AktG)	4
1. Festsetzung der Vergütung	4
a) Zuständigkeit	4
b) Begriff der Vergütung	6
c) Erster Verwaltungsrat	7
2. Höhe der Vergütung	8
3. Art der Vergütung	11
a) Allgemeines	11
b) Aktienkursorientierte Vergütung	13
4. Steuerliche Behandlung	16
III. Dienst- und Werkverträge (Abs. 2 iVm § 114 AktG)	17
1. Allgemeines	17
2. Reichweite des Zustimmungsvorbehalts	18
a) Persönlicher Anwendungsbereich	18
b) Sachlicher Anwendungsbereich	19
3. Zustimmungsfähigkeit	20
4. Zustimmung des Verwaltungsrats	22
5. Rechtsfolgen bei Verstoß	24

		Rn.
IV.	Kreditgewährung (Abs. 2 iVm § 115 AktG)	25
1.	Allgemeines	25
2.	Reichweite des Zustimmungsvorbehalts	26
	a) Persönlicher Anwendungsbereich	26
	b) Sachlicher Anwendungsbereich	27
3.	Zustimmung des Verwaltungsrats	28
4.	Rechtsfolgen bei Verstoß	30

I. Allgemeines

§ 38 SEAG enthält Regelungen über das Rechtsverhältnis zwischen der Ge- **1** sellschaft und den Verwaltungsratsmitgliedern. Er erklärt in Bezug auf die Vergütung der Verwaltungsratsmitglieder sowie den Abschluss von Verträgen mit diesen die betreffenden Vorschriften über den Aufsichtsrat (§§ 113–115 AktG) für entsprechend anwendbar. Dies hat zur Folge, dass über die **Vergütung** allein die Aktionäre entscheiden (Abs. 1, § 113 AktG) und die geschäftsführenden Direktoren für den Abschluss von **Dienst- und Werkverträgen** (insbesondere Beratungsverträgen) mit Verwaltungsratsmitgliedern sowie **Kreditgewährungen** an diese der Zustimmung des Verwaltungsrats bedürfen (Abs. 2, §§ 114 f. AktG). Für **sonstige Verträge** (Arbeits-, Miet-, Kaufverträge etc) mit Verwaltungsratsmitgliedern bleibt es dagegen vorbehaltlich einer Regelung in der Satzung oder einer Geschäftsordnung dabei, dass die geschäftsführenden Direktoren allein handeln können (→ Anh. Art. 43 § 41 SEAG Rn. 5). Voraussetzung ist freilich immer, dass durch den Vertrag keine verdeckte Verwaltungsratsvergütung gewährt wird, da sonst die Vergütungshoheit der Aktionäre (Abs. 1, § 113 Abs. 1 S. 1 AktG) umgangen würde.

Nicht erwähnt wird in § 38 SEAG iVm §§ 113–115 AktG der Abschluss von **2** Anstellungsverträgen über die Tätigkeit als Verwaltungsratsmitglied. Darin liegt kein Redaktionsversehen; vielmehr verhält es sich entsprechend der Rechtslage zum Aufsichtsrat so, dass neben dem mit der Bestellung in den Verwaltungsrat entstehenden korporationsrechtlichen Verhältnis („Amtsverhältnis") für ein **schuldrechtliches Anstellungsverhältnis** bezogen auf die Tätigkeit im Verwaltungsrat **kein Raum** ist (→ Anh. Art. 43 § 28 SEAG Rn. 3). Davon zu trennen ist die Möglichkeit, mit den geschäftsführenden Verwaltungsratsmitgliedern Anstellungsverträge über ihre Tätigkeit als geschäftsführender Direktor abzuschließen. Diese Möglichkeit ist in § 40 Abs. 5 S. 2 SEAG als selbstverständlich vorausgesetzt. Die Vergütung aufgrund des Anstellungsvertrags als geschäftsführender Direktor tritt dann neben die Vergütung als Verwaltungsratsmitglied nach Abs. 1 iVm § 113 AktG, sofern letztere für die geschäftsführenden Verwaltungsratsmitglieder nicht ausgeschlossen wird (→ Rn. 9).

In Ergänzung zu den §§ 113–115 AktG haben börsennotierte und ihnen nach **3** § 161 Abs. 1 S. 2 AktG gleichgestellte Gesellschaften die **Empfehlungen des DCGK** zu berücksichtigen und etwaige Abweichungen offenzulegen. Diese finden sich in Bezug auf die Vergütung vor allem in Ziff. 5.4.6 DCGK (Funktionszulagen, erfolgsorientierte Vergütung, individualisierte Offenlegung im Corporate Governance-Bericht; näher MüKoAktG/*Habersack* AktG § 113 Rn. 4). In Bezug auf Dienst-, Werk- und Kreditverträge sind neben der verkürzten, rein deklaratorischen Wiedergabe der Rechtslage in Ziff. 5.5.4 und Ziff. 3.9 DCGK die Empfehlungen in Ziff. 5.4.6 Abs. 3 S. 2 (individualisierte Offenlegung der Honorare) und 5.4.2 S. 2 DCGK (Beeinträchtigung der Unabhängigkeit) zu berücksichtigen (MüKoAktG/*Habersack* AktG § 114 Rn. 7, AktG § 115 Rn. 6). Diese für den Aufsichtsrat formulierten Empfehlungen sind im monistischen Modell auf den Verwaltungsrat zu beziehen (→ Anh. Art. 43 § 22 SEAG Rn. 58).

II. Vergütung (Abs. 1 iVm § 113 AktG)

4   **1. Festsetzung der Vergütung. a) Zuständigkeit.** Nach Abs. 1 iVm § 113 Abs. 1 S. 1 AktG kann (nicht muss) den Verwaltungsratsmitgliedern eine Vergütung gewährt werden. Die Entscheidung über die Gewährung der Vergütung und deren Bemessung liegt entsprechend § 113 Abs. 1 S. 2 AktG ausschließlich in der **Kompetenz der Aktionäre.** Hierdurch wird sowohl eine „Selbstbedienung" der Verwaltungsratsmitglieder als auch eine wenig zweckmäßige Festsetzung der Vergütung durch die geschäftsführenden Direktoren, die den Weisungen und der Personalkompetenz des Verwaltungsrats unterstehen, ausgeschlossen (vgl. zur AG BGHZ 168, 188 Rn. 9 = NZG 2006, 712). Die Aktionäre können die Vergütung nach § 113 Abs. 1 S. 2 AktG entweder in der Satzung festsetzen oder durch Hauptversammlungsbeschluss mit einfacher Stimmenmehrheit (Art. 57) bewilligen. Ohne eine solche Festsetzung oder Bewilligung besteht kein Vergütungsanspruch, auch nicht aus § 612 BGB, so dass die Tätigkeit unentgeltlich bleibt (*Schwarz* Rn. 247; zur AG MüKoAktG/*Habersack* AktG § 113 Rn. 27; Hüffer/*Koch* AktG § 113 Rn. 2).

5   Ist die Vergütung in der Satzung festgesetzt worden, soll die Hauptversammlung nach Abs. 1 iVm § 113 Abs. 1 S. 4 AktG eine Satzungsänderung, die eine Herabsetzung der Vergütung zum Gegenstand hat, mit einfacher Stimmenmehrheit beschließen können. Mit Blick auf Art. 59 wird man dies im Wege **verordnungskonformer Auslegung** so lesen müssen, dass die einfache Stimmenmehrheit nur genügt, wenn mindestens die Hälfte des Kapitals vertreten ist (Art. 59 Abs. 2); andernfalls bedarf es der Zweidrittelmehrheit nach Art. 59 Abs. 1 (zustimmend LHT/*Teichmann* Rn. 3; stets für Zweidrittelmehrheit dagegen *Brandt* S. 246; *Schwarz* Art. 59 Rn. 13; für einfache Stimmenmehrheit *Bauer* S. 117 f.: Art. 59 Abs. 1 sei einschränkend auszulegen).

6   **b) Begriff der Vergütung.** Unter den Begriff der Vergütung fällt wie im unmittelbaren Anwendungsbereich des § 113 AktG jedes Entgelt, das für die Verwaltungsratstätigkeit als solche gewährt wird, also auch variable Vergütungsbestandteile (→ Rn. 11 ff.), Sitzungsgelder (soweit sie wie in der Regel nicht nur tatsächliche Auslagen, sondern auch den zeitlichen Aufwand abgelten sollen), Funktionszulagen (→ Rn. 9) sowie Nebenleistungen (zB die Überlassung eines Dienstwagens auch zur privaten Nutzung; zu allen Einzelheiten MüKoAktG/*Habersack* AktG § 113 Rn. 9 ff.). **Keine Vergütungsbestandteile** sind dagegen der bloße Ersatz von Auslagen (MüKoAktG/*Habersack* AktG § 113 Rn. 21 ff.; Hüffer/*Koch* AktG § 113 Rn. 2b; allgM) sowie nach zutreffender und heute überwiegender Ansicht die Übernahme der Prämien der **D&O-Versicherung** der Verwaltungsratsmitglieder, da der Abschluss der Versicherung überwiegend dem Interesse der Gesellschaft an einem effektiven Regress dient (näher *Dreher/ Thomas* ZGR 2009, 31 [48 ff.]; MüKoAktG/*Habersack* AktG § 113 Rn. 13; aA etwa Henssler/Strohn/*Henssler* AktG § 113 Rn. 3; alle mzN; zur Frage des Selbstbehalts der Verwaltungsratsmitglieder s. noch → Anh. Art. 43 § 39 SEAG Rn. 21).

7   **c) Erster Verwaltungsrat.** Eine Sonderregelung für die ersten Organmitglieder trifft § 113 Abs. 2 AktG. Danach kann in der AG die Vergütung der ersten Aufsichtsratsmitglieder nicht schon in der Gründungssatzung, sondern frühestens durch die Hauptversammlung bewilligt werden, die über die Entlastung für das erste Rumpf- oder Vollgeschäftsjahr der Gesellschaft entscheidet. Damit soll der Einfluss der Gründer ausgeschlossen werden (MüKoAktG/*Habersack* AktG § 113 Rn. 54). Ob diese Regelung auch auf den ersten Verwaltungsrat anwendbar ist, ist mit Blick auf die Besonderheiten der SE-Gründung zweifelhaft (ablehnend

Bauer S. 110 ff. mit dem Argument, dass auch die begrenzte Amtszeit des § 30 Abs. 3 S. 1 AktG keine Anwendung findet [→ Art. 46 Rn. 8] und § 113 Abs. 2 AktG hiermit in systematischem Zusammenhang stehe). Fest steht jedenfalls, dass im Fall der SE-Gründung durch **Formwechsel** § 113 Abs. 2 AktG keine Anwendung findet (LHT/*Teichmann* Rn. 3; vgl. zur AG MüKoAktG/*Habersack* AktG § 113 Rn. 55; MHdB AG/*Hoffmann-Becking* § 33 Rn. 40). Zumindest in diesem Fall kann folglich schon die SE-Gründungssatzung die Verwaltungsratsvergütung regeln.

2. Höhe der Vergütung. Nach Abs. 1 iVm § 113 Abs. 1 S. 3 AktG soll die **8** Vergütung in einem **angemessenen Verhältnis** zu den **Aufgaben** der Verwaltungsratsmitglieder und zur (Vermögens-) **Lage** der Gesellschaft stehen. Bei der Bewertung des Aufgabenprofils ist zu berücksichtigen, dass die Aufgaben des Verwaltungsrats über diejenigen des Aufsichtsrats hinausgehen (*Bachmann* ZGR 2008, 779 [795]; vgl. auch Gegenäußerung der Bundesregierung, BT-Drs. 15/3656, 10; unberechtigt daher die Kritik des Bundesrats, BT-Drs. 15/3656, 5 und von *Schwarz* Rn. 248 f. an der angeblich zu pauschalen Verweisung auf § 113 AktG). Damit wird ungeachtet der Tatsache, dass Art. 44 Abs. 1 nur vier Pflichtsitzungen pro Jahr vorschreibt und insoweit nicht über § 110 Abs. 3 S. 1 AktG hinausgeht, häufig eine höhere zeitliche Beanspruchung einhergehen, als sie im Aufsichtsrat üblich ist (*Bauer* S. 115 f. mN zur Sitzungsfrequenz in Rechtsordnungen mit monistischer Tradition). Dennoch bleibt es dabei, dass das Verwaltungsratsmandat ebenso wie das Aufsichtsratsmandat als bloßes **Nebenamt** konzipiert ist (LHT/*Teichmann* Rn. 5). Nur die geschäftsführenden Verwaltungsratsmitglieder werden typischerweise hauptberuflich für die Gesellschaft tätig. Dies beruht aber auf ihrer Anstellung als geschäftsführender Direktor, die ihnen nach Maßgabe der § 40 Abs. 5 S. 2, Abs. 7 SEAG, § 87 AktG gesondert vergütet wird.

Dem in Abs. 1 iVm § 113 Abs. 1 S. 3 AktG zum Ausdruck kommenden **9** Grundsatz der aufgabenadäquaten Vergütung entspricht es, dass **funktionsbezogene Differenzierungen,** namentlich Funktionszulagen für den Vorsitzenden, seinen Stellvertreter oder die Mitarbeit in Ausschüssen, ebenso unbedenklich sind wie im dualistischen System (LHT/*Teichmann* Rn. 6; zur AG MüKoAktG/*Habersack* AktG § 113 Rn. 39; vgl. auch Ziff. 5.4.6 Abs. 1 S. 3 DCGK). Als zulässig anzusehen ist es auch, die Vergütung derjenigen Mitglieder, die **zugleich geschäftsführende Direktoren** sind und dafür bereits eine Vergütung erhalten, für die Dauer der Personalunion auszuschließen (LHT/*Teichmann* Rn. 5; zu weitgehend *Bauer* S. 150 ff., der diese Vorgehensweise offenbar für zwingend hält und geschäftsführende Verwaltungsratsmitglieder im Wege teleologischer Reduktion von der Verweisung des Abs. 1 auf § 113 AktG ausnehmen will; → Anh. Art. 43 § 40 SEAG Rn. 65). Mit dem Grundsatz der Gleichberechtigung der Verwaltungsratsmitglieder (§ 38 Abs. 1 SEBG) unvereinbar sind dagegen Differenzierungen, die allein an die Gruppenzugehörigkeit zur Anteilseigner- oder Arbeitnehmerseite anknüpfen (MüKoAktG/*Reichert/Brandes* Art. 44 Rn. 88; LHT/*Teichmann* Rn. 6; zur AG MüKoAktG/*Habersack* AktG § 113 Rn. 38).

Bei der Konkretisierung der Angemessenheit steht den Aktionären ein breiter **10** **Beurteilungsspielraum** zu, so dass nur eindeutig überzogene Vergütungsregelungen zu beanstanden sind (MüKoAktG/*Habersack* AktG § 113 Rn. 41). Die Schwelle zur Sittenwidrigkeit muss aber nicht erreicht sein. Hauptversammlungsbeschlüsse, die eine unangemessene Vergütungsregelung vorsehen, sind trotz der missverständlichen Formulierung als Soll-Vorschrift nach § 243 Abs. 1 AktG anfechtbar (MüKoAktG/*Habersack* AktG § 113 Rn. 42), sofern sie nicht bereits die Schwelle zur Sittenwidrigkeit überschreiten und deshalb nichtig sind (§ 241 Nr. 4 AktG). Das Registergericht hat die Eintragung anfechtbarer oder nichtiger

Vergütungsregelungen abzulehnen (GroßkommAktG/*Hopt*/*Roth* AktG § 113 Rn. 60; dort auch zur Frage einer nachträglichen Amtslöschung).

11   **3. Art der Vergütung. a) Allgemeines.** Wie sich aus Abs. 1 iVm § 113 Abs. 3 AktG ergibt, sind neben festen auch **variable** Vergütungsbestandteile zulässig, etwa Tantiemen, die an Jahresüberschuss, Bilanzgewinn, EBIT, EBITDA oder Dividendenhöhe ausgerichtet sind. Ziff. 5.4.6 Abs. 2 S. 2 DCGK enthält für Aufsichtsratsmitglieder die Empfehlung, dass eine etwaige variable Vergütung auf eine nachhaltige Unternehmensentwicklung ausgerichtet sein soll. Diese Empfehlung ist im monistischen Modell auf den Verwaltungsrat zu beziehen (→ Anh. Art. 43 § 22 Rn. 58).

12   Bei der Berechnung der ergebnisorientierten Vergütung ist die **Berechnungsformel des § 113 Abs. 3 AktG** zu beachten, nach der keine Tantieme gezahlt werden darf, wenn danach nicht noch ein Betrag von 4 % des gezeichneten Kapitals zur Ausschüttung an die Aktionäre zur Verfügung steht. Diese Vorschrift gilt nach zutreffender Ansicht über ihren Wortlaut hinaus nicht nur für Vergütungsregeln, die an den Jahresgewinn anknüpfen, sondern auch, wenn auf andere Kennzahlen abgestellt wird (str., näher MüKoAktG/*Habersack* AktG § 113 Rn. 62; *Hoffmann-Becking* ZHR 169 [2005], 155 [174 ff.]).

13   **b) Aktienkursorientierte Vergütung.** Kontrovers diskutiert wird die Frage, ob auch variable Vergütungen zulässig sind, die wie **Aktienoptionen** oder schuldrechtliche Nachbildungen derselben (virtuelle Optionen) an den Aktienkurs anknüpfen. Außer Streit steht zwar, dass diejenigen Verwaltungsratsmitglieder, die zugleich geschäftsführende Direktoren sind, in letzterer Eigenschaft Aktienoptionen beziehen können (§ 40 Abs. 7 SEAG, § 87 AktG). Insoweit gilt nichts anderes als für den Vorstand der AG. Streitig ist dagegen, ob auch für die Tätigkeit im Verwaltungsrat und damit auch für die nicht-geschäftsführenden Verwaltungsratsmitglieder Aktienoptionen festgesetzt werden können. Für Aufsichtsratsmitglieder im dualistischen System hat der BGH diese Möglichkeit abgelehnt, da § 192 Abs. 2 Nr. 3 AktG Aktienoptionen nur für Arbeitnehmer und „Mitglieder der Geschäftsführung" vorsieht (BGHZ 158, 122 = NJW 2004, 1109; MüKoAktG/*Habersack* AktG § 113 Rn. 17 ff.; kritisch etwa *Hoffmann-Becking* ZHR 169 [2005], 155 [177 ff.]; MüKoAktG/*Fuchs* § 192 Rn. 94 ff.; jeweils mzN).

14   Diese Rechtsprechung lässt sich jedoch nach zutreffender Ansicht nicht auf die Verwaltungsratsmitglieder übertragen (*Bachmann* ZGR 2008, 779 [795 ff.]; *Lutter*/*Kollmorgen*/*Feldhaus* BB 2005, 2473 [2480]; NK-SE/*Manz* Art. 43 Rn. 121; *Schwarz* Rn. 250; KK-AktG/*Siems* Anh. Art. 51 § 38 SEAG Rn. 8; LHT/*Teichmann* Rn. 8, Anh. Art. 43 § 22 SEAG Rn. 44; *Bauer* S. 122 ff.; aA *Oechsler* NZG 2005, 449 [450 f.]; *Koke* S. 165 ff.; *Schönborn* S. 277; *Thümmel* Rn. 221). Auch die Verwaltungsratsmitglieder, die nicht zugleich geschäftsführende Direktoren sind, haben trotz ihrer Bezeichnung als „nicht-geschäftsführend" insoweit an der Geschäftsführung teil, als sie nach § 22 Abs. 1 SEAG die Grundlinien der Geschäftstätigkeit nicht nur überwachen, sondern selbst bestimmen (Leitung als hervorgehobener Teilbereich der Geschäftsführung, → Anh. Art. 43 § 22 SEAG Rn. 5). Auch sie sind daher „Mitglieder der Geschäftsführung", mag auch das Tagesgeschäft auf die geschäftsführenden Direktoren delegiert sein.

15   Rechtliche Bedenken gegen Aktienoptionen kann man daher nicht auf den Wortlaut des § 192 Abs. 2 Nr. 3 AktG stützen, sondern allenfalls auf die Überlegung, dass es der Überwachungsfunktion des Verwaltungsrats abträglich sein könnte, die Vergütungsinteressen von Kontrolleur (Verwaltungsrat) und Kontrolliertem (geschäftsführende Direktoren) anzugleichen (vgl. zur AG BGHZ 158, 122 [127] = NJW 2004, 1109; ferner MüKoAktG/*Habersack* AktG § 113 Rn. 14; *Röhricht* VGR 9 [2004], 1 [17]). Ein allgemeines Verbot von Vergütungsmodellen, bei denen Kontrolleur und Kontrollierter „aus derselben Quelle trinken" (*Röhricht* VGR 9 [2004], 1 [17]), findet jedoch schon in der AG im geltenden Recht keine hinreichende Stütze, da § 113 Abs. 3 AktG eine erfolgsabhängige Vergütung der Kontrolleure grundsätzlich zulässt (*Hoffmann-Becking* ZHR 169 [2005], 155, [179 f.]). Erst recht lässt sich ein solches Verbot in der monistischen SE mit ihrer im Vergleich zur AG ungleich schwächeren Funktionstrennung nicht begründen (*Bachmann* ZGR 2008, 779 [796]; *Bauer* S. 123).

4. Steuerliche Behandlung. Verwaltungsratsvergütungen sind bei der Gesell- **16** schaft **in voller Höhe als Betriebsausgaben** abzugsfähig. § 10 Nr. 4 KStG, der für mit der Überwachung der Geschäftsführung betraute Organmitglieder nur einen hälftigen Abzug vorsieht, kommt nach zutreffender Ansicht nicht zur Anwendung (str., wie hier LHT/*Schön* Anh. D: Die SE im Steuerrecht Rn. 42 f.; LHT/*Teichmann* Rn. 9; *Fischer* S. 196 f.; aA *Büsching* in Jannott/Frodermann HdB SE Kap. 14 Rn. 203 und Voraufl.; zwischen geschäftsführenden und nicht geschäftsführenden Verwaltungsratsmitgliedern differenzierend KK-AktG/*Wenz*/*Daisenberger* Schlussanh. III: Steuerrecht der SE Rn. 203; *Dürrschmidt* in Herrmann/Heuer/Raupach KStG § 10 Rn. 94). Gemäß § 22 Abs. 1 SEAG sind alle Verwaltungsratsmitglieder – auch diejenigen, die nicht zugleich als geschäftsführende Direktoren amtieren – gemeinsam für die Leitung der Gesellschaft, dh die grundlegenden Geschäftsführungsentscheidungen (→ Anh. Art. 43 § 22 SEAG Rn. 5 ff.), zuständig und verantwortlich. Neben diese Leitungsfunktion tritt zwar auch die Überwachung der laufenden Geschäftsführung durch die geschäftsführenden Direktoren; es lässt sich aber schwerlich davon sprechen, dass die Überwachung gegenüber der Leitungsfunktion dominiere und die Tätigkeit überwiegend eine überwachende sei. Letzteres wäre aber nach der Rechtsprechung des BFH für die Subsumtion unter § 10 Nr. 4 KStG erforderlich (BFH BStBl. II 1981, 623).

III. Dienst- und Werkverträge (Abs. 2 iVm § 114 AktG)

1. Allgemeines. Im Rahmen ihrer Vertretungsbefugnis nach § 41 Abs. 1 S. 1 **17** SEAG können die geschäftsführenden Direktoren grundsätzlich auch mit Verwaltungsratsmitgliedern Verträge namens der Gesellschaft abschließen, soweit diese keine verdeckte Sonderzuwendung enthalten (→ Rn. 1; → Anh. Art. 43 § 41 SEAG Rn. 5). Nach Abs. 2 iVm § 114 AktG bedürfen allerdings Dienst- und Werkverträge mit Verwaltungsratsmitgliedern über Tätigkeiten höherer Art – in der Praxis meist Beratungsverträge – zu ihrer Wirksamkeit der **Zustimmung des Verwaltungsrats.** Der **Zweck** dieser Regelung steht in engem Zusammenhang mit Abs. 1 iVm § 113 AktG: Dem Verwaltungsrat soll die Prüfung ermöglicht werden, ob der Vertrag tatsächlich nur Leistungen außerhalb der organschaftlichen Tätigkeit oder aber eine verdeckte Sonderzuwendung zum Gegenstand hat, die dem einzelnen Verwaltungsratsmitglied unter Umgehung der Entscheidungskompetenz der Hauptversammlung gewährt wird (zur AG BGHZ 168, 188 Rn. 9 = NZG 2006, 712; BGHZ 170, 60 Rn. 9 = NJW 2007, 298). Zugleich soll der Gefahr einer sachwidrigen Beeinflussung des Verwaltungsratsmitglieds durch Sonderzuwendungen der geschäftsführenden Direktoren begegnet werden (vgl. zur AG BGHZ 168, 188 Rn. 9 = NZG 2006, 712; BGHZ 170, 60 Rn. 9 = NJW 2007, 298; Ausschussbericht in *Kropff* S. 158).

2. Reichweite des Zustimmungsvorbehalts. a) Persönlicher Anwen- **18** **dungsbereich.** Auch wenn Abs. 2 allgemein von Verwaltungsratsmitgliedern spricht, ist die Verweisung auf § 114 AktG insoweit einzuschränken, als sie sich auch auf die geschäftsführenden Verwaltungsratsmitglieder bezieht. Verträge mit diesen fallen nach § 41 Abs. 5 SEAG von vornherein in die Zuständigkeit des

Verwaltungsrats, so dass ein Zustimmungsvorbehalt keinen Sinn ergibt. Dies gilt insbesondere auch für den Anstellungsvertrag über die Tätigkeit als geschäftsführender Direktor (KK-AktG/*Siems* Art. 51 § 38 SEAG Rn. 12; LHT/*Teichmann* Rn. 12; *Bauer* S. 170). Im Übrigen kann hinsichtlich des personellen Anwendungsbereichs auf die zu § 114 AktG entwickelten Grundsätze zurückgegriffen werden. Dabei ist zu beachten, dass nicht nur Verträge unmittelbar zwischen Gesellschaft und Verwaltungsratsmitglied dem Zustimmungsvorbehalt unterliegen, sondern aus Gründen des Umgehungsschutzes auch Verträge mit nahe stehenden Personen und Gesellschaften einbezogen werden (BGHZ 170, 60 Rn. 7 ff. = NJW 2007, 298; MüKoAktG/*Habersack* AktG § 114 Rn. 12 ff.).

19   **b) Sachlicher Anwendungsbereich.** In sachlicher Hinsicht erstreckt sich der Zustimmungsvorbehalt nach Abs. 2 iVm § 114 AktG auf **Dienst- und Werkverträge** über **Tätigkeiten höherer Art.** Arbeitsverträge sind mit Blick auf die Interessen der Arbeitnehmervertreter ausdrücklich ausgenommen. Der Begriff der Tätigkeit höherer Art ist in Anlehnung an § 627 BGB zu konkretisieren. Bei den in der Praxis im Vordergrund stehenden Beratungsverträgen über rechtliche, finanzielle, wirtschaftliche oder technische Fragen ist dieses Merkmal in der Regel ohne weiteres erfüllt (MüKoAktG/*Habersack* AktG § 114 Rn. 19; *Lorenz/Pospiech* NZG 2011, 81 [82]).

20   **3. Zustimmungsfähigkeit.** Zustimmungsfähig sind in Abgrenzung zu Abs. 1 iVm § 113 AktG nur Verträge, die sich auf eine **verwaltungsratsfremde Tätigkeit** beziehen. Die Abgrenzung fällt bei Beratungsverträgen schwer, da die Beratung der Gesellschaft auch zu den organschaftlichen Pflichten der nicht-geschäftsführenden Verwaltungsratsmitglieder gehört. Da die Aufgaben des Verwaltungsrats über diejenigen des Aufsichtsrats hinausgehen, fällt der organfremde Tätigkeitsbereich tendenziell schmaler aus als im dualistischen System (MüKoAktG/*Reichert/Brandes* Art. 44 Rn. 91; KK-AktG/*Siems* Anh. Art. 51 § 38 SEAG Rn. 11; LHT/*Teichmann* Rn. 11; zur Abgrenzung im dualistischen System MüKoAktG/*Habersack* AktG § 114 Rn. 22 ff.; *Lorenz/Pospiech* NZG 2011, 81 [83 f.]). Die genaue Abgrenzung ist jedoch noch ungeklärt. Zu weit ginge es jedenfalls, aus dem Umstand, dass der Verwaltungsrat mithilfe seines Weisungsrechts (§ 44 Abs. 2 SEAG) theoretisch sämtliche Fragen der Geschäftsführung an sich ziehen kann, abzuleiten, dass auch alle Einzelfragen der laufenden Geschäftsführung zur Verwaltungsratstätigkeit gehören. Bei dieser Betrachtung liefe die Verweisung auf § 114 AktG praktisch leer. Vielmehr wird man darauf abstellen müssen, ob der Beratungsvertrag entweder einen Gegenstand aus dem zwingenden Aufgabenbereich des Verwaltungsrats betrifft, dh sich auf die grundlegenden Fragen der Unternehmensführung bezieht (§ 22 Abs. 1 SEAG), oder eine Frage zum Gegenstand hat, die der Verwaltungsrat jenseits des ihm zwingend zugewiesenen Bereichs durch Zustimmungsvorbehalte oder Weisungen freiwillig an sich gezogen hat (enger *Bauer* S. 128 f., der auf den zwingenden Aufgabenbereich abstellt; tendenziell weiter dagegen wohl MüKoAktG/*Reichert/Brandes* Art. 44 Rn. 91). Verträge mit nicht-geschäftsführenden Verwaltungsratsmitgliedern, die den Einsatz individueller Fachkenntnisse zu klar abgegrenzten Fragen eines besonderen Fachgebiets zum Gegenstand haben, werden danach auch in der monistischen SE in der Regel unbedenklich sein.

21   Um dem Verwaltungsrat die Prüfung der Zustimmungsfähigkeit zu ermöglichen, muss der Vertrag die speziellen Beratungsgegenstände und das dafür zu entrichtende Entgelt so **konkret bezeichnen,** dass sich der Verwaltungsrat ein eigenständiges Urteil über die Art der Leistung und die Angemessenheit der Vergütung bilden kann (LHT/*Teichmann* Rn. 10; zur AG BGHZ 170, 60 Rn. 13 = NJW 2007, 298; MüKoAktG/*Habersack* AktG § 114 Rn. 25). Verträge, die diesen Anforderungen nicht genügen, sind nicht zustimmungsfähig, sondern

unabhängig von der Art der Tätigkeit nach § 134 BGB iVm § 38 Abs. 1 SEAG, § 113 Abs. 1 S. 2 AktG nichtig (zur AG BGHZ 170, 60 Rn. 13 = NJW 2007, 298).

4. Zustimmung des Verwaltungsrats. Ohne die nach Abs. 2 iVm § 114 **22** AktG erforderliche Zustimmung des Verwaltungsrats ist der Dienst- oder Werkvertrag schwebend unwirksam, bei Verweigerung der Zustimmung endgültig unwirksam. Die Zustimmung kann gemäß §§ 182 ff. BGB vorab als Einwilligung oder nachträglich als Genehmigung (Abs. 2 S. 1) erteilt werden (LHT/*Teichmann* Rn. 10; zur AG BGHZ 194, 14 Rn. 18 = NJW 2012, 3235; Hüffer/*Koch* AktG § 114 Rn. 9). Da der Vertrag vor Genehmigung schwebend unwirksam ist, darf er von den geschäftsführenden Direktoren noch nicht vollzogen werden (zur AG BGHZ 194, 14 Rn. 19 ff. = NJW 2012, 3235; Hüffer/*Koch* AktG § 114 Rn. 9). Bei der Beschlussfassung über die Zustimmung im Verwaltungsrat (Art. 50) unterliegt das kontrahierende Mitglied einem **Stimmverbot** analog § 34 BGB (KK-AktG/*Siems* Anh. Art. 51 § 38 SEAG Rn. 10; LHT/*Teichmann* Rn. 10 iVm Art. 50 Rn. 19; *Schwarz* Rn. 255; ebenso die hM zur AG, MüKoAktG/ *Habersack* AktG § 114 Rn. 30 mwN auch zur Gegenansicht). Dagegen lässt sich ein generelles Stimmverbot der geschäftsführenden Verwaltungsratsmitglieder nicht begründen (ebenso *Bauer* S. 131; LHT/*Teichmann* Rn. 10; implizit auch KK-AktG/*Siems* Anh. Art. 51 § 38 SEAG Rn. 10; *Schwarz* Rn. 255). Da der Normzweck des Abs. 2 iVm § 114 AktG auch darauf gerichtet ist, präventiv die Gefahr einer sachwidrigen Beeinflussung durch die geschäftsführenden Direktoren abzuwenden (→ Rn. 17), ist es zwar nicht unbedenklich, die geschäftsführenden Verwaltungsratsmitglieder mit abstimmen zu lassen. Diese Erwägung genügt aber für sich allein nicht für die Annahme eines Stimmverbots, da eine der anerkannten Fallgruppen (§ 34 BGB analog, Richten in eigener Sache; → Anh. Art. 43 § 35 SEAG Rn. 11) nicht vorliegt und § 40 Abs. 1 S. 2 SEAG das Übergewicht der nicht-geschäftsführenden Verwaltungsratsmitglieder sichert.

Ungeachtet dessen mag es sich im Interesse guter Corporate Governance **23** empfehlen, die Beschlussfassung auf einen **Ausschuss** des Verwaltungsrats zu delegieren, dem ausschließlich nicht-geschäftsführende Mitglieder angehören (so *Bauer* S. 131 f.; LHT/*Teichmann* Rn. 10). Zulässig ist aber auch eine Delegation an einen „gemischten" Ausschuss, solange entsprechend § 40 Abs. 1 S. 2 SEAG das Übergewicht der nicht-geschäftsführenden Mitglieder gewahrt bleibt (→ Anh. Art. 43 § 34 SEAG Rn. 31).

5. Rechtsfolgen bei Verstoß. Ist der Vertrag schwebend oder infolge Ver- **24** weigerung der Zustimmung endgültig unwirksam, unterstehen bereits erbrachte Leistungen der besonderen Rückabwicklungsregelung des § 114 Abs. 2 AktG. Diese gewährt der Gesellschaft einen aktienrechtlichen Rückgewähranspruch, während dem Verwaltungsratsmitglied nur ein Bereicherungsanspruch zusteht (MüKoAktG/*Habersack* AktG § 114 Rn. 35 f.; nach BGH BB 2007, 1185 Rn. 20; NZG 2009, 1027 Rn. 4 soll ferner ein Anspruch aus §§ 683, 670 BGB in Betracht kommen). Diese strengere Rückabwicklungsregelung greift erst recht ein, wenn der Vertrag keine Tätigkeit außerhalb des Verwaltungsrats zum Gegenstand hat und deshalb schon wegen Verstoßes gegen Abs. 1, § 113 Abs. 1 S. 2 AktG iVm § 134 BGB nichtig ist (hM, BGHZ 168, 188 Rn. 20 = NZG 2006, 712; Hüffer/*Koch* AktG § 114 Rn. 10 f. mwN).

IV. Kreditgewährung (Abs. 2 iVm § 115 AktG)

1. Allgemeines. Nach Abs. 2 iVm § 115 AktG bedürfen auch Kreditgewäh- **25** rungen der Gesellschaft an Verwaltungsratsmitglieder und ihnen nahe stehende Personen der Zustimmung des Verwaltungsrats. Der Normzweck besteht auch hier darin, Missbräuche – namentlich die sachwidrige Beeinflussung einzelner Verwaltungsratsmitglieder durch großzügige Kreditvergabe seitens der geschäftsführenden Direktoren – auszuschließen (vgl. zur AG Schmidt/Lutter/*Drygala* AktG § 115 Rn. 2; MüKoAktG/*Habersack* AktG § 115 Rn. 2: Verhinderung unangemessener Beeinflussung einzelner Aufsichtsratsmitglieder durch den Vorstand). Ergänzend bestimmen §§ 285 Nr. 9 lit. c, 314 Nr. 6 lit. c HGB, dass die gewährten Kredite im Anhang des Jahresabschlusses und im Konzernanhang auszuweisen sind. Für Kredit- und Finanzdienstleistungsinstitute sind anstelle von § 115 AktG die Sonderregeln der §§ 15, 17 KWG anzuwenden (§ 38 Abs. 2 SEAG iVm § 115 Abs. 5 AktG).

26   **2. Reichweite des Zustimmungsvorbehalts. a) Persönlicher Anwendungsbereich.** Obwohl sich die Verweisung auf § 115 AktG dem Wortlaut nach auf alle Verwaltungsratsmitglieder bezieht, sind Kreditgeschäfte mit **geschäftsführenden Verwaltungsratsmitgliedern** nach zutreffender Ansicht **nicht erfasst,** da diese bereits unter § 40 Abs. 7 SEAG, § 89 AktG fallen. Diese Vorschriften stimmen mit denjenigen der § 38 Abs. 2 SEAG, § 115 AktG weithin, aber nicht vollständig überein; Abweichungen bestehen bei den Ausnahmeregelungen nach § 89 Abs. 1 S. 5 AktG (Bagatellklausel für Kredite bis zu einem Monatsgehalt) und § 115 Abs. 1 S. 5 AktG (Warenkredite für Abnehmer der Gesellschaft, die dem Verwaltungsrat angehören). Gerade an diesen Ausnahmeregelungen zeigt sich, dass § 89 AktG für geschäftsführende Verwaltungsratsmitglieder die sachnähere Vorschrift ist (*Bauer* S. 172). Für eine kumulative Anwendung des § 115 AktG ist daneben kein Raum, Abs. 2 bedarf insoweit der teleologischen Reduktion (*Bauer* S. 172; MüKoAktG/*Reichert/Brandes* Art. 44 Rn. 92; im Ergebnis ebenso [§ 40 Abs. 7 SEAG als lex specialis] LHT/*Teichmann* Rn. 13; aA *Schwarz* Rn. 292). – Für die in § 89 und § 115 AktG gleichermaßen vorgesehene Einbeziehung **nahe stehender Personen** und Gesellschaften gelten die zur AG entwickelten Grundsätze (dazu Spindler/Stilz/*Fleischer* AktG § 89 Rn. 17 ff.; MüKoAktG/*Habersack* AktG § 115 Rn. 11 ff.).

27   **b) Sachlicher Anwendungsbereich.** In sachlicher Hinsicht erfasst Abs. 2 iVm § 115 AktG Kreditgewährungen aller Art, mithin jede Form der Überlassung von Kaufkraft auf Zeit. Ausgenommen sind nur die in § 115 Abs. 1 S. 5 AktG genannten Warenkredite (zu allen Einzelheiten MüKoAktG/*Spindler* AktG § 89 Rn. 8 ff.; MüKoAktG/*Habersack* AktG § 115 Rn. 7 ff.).

28   **3. Zustimmung des Verwaltungsrats.** Die geschäftsführenden Direktoren, welche die Gesellschaft bei Abschluss und Erfüllung des Kreditgeschäfts vertreten (§ 41 Abs. 1 SEAG), dürfen den Kredit erst gewähren, wenn die Einwilligung, dh die **vorherige Zustimmung** (§ 183 BGB), des Verwaltungsrats vorliegt. Die Beschlussfassung des Verwaltungsrats muss mithin vor der Erfüllung der Kreditzusage durch die Gesellschaft erfolgen (zur AG MüKoAktG/*Habersack* AktG § 115 Rn. 16).

29   Bei der Beschlussfassung im Verwaltungsrat (Art. 50) ist das persönlich betroffene Verwaltungsratsmitglied analog § 34 BGB **vom Stimmrecht ausgeschlossen** (*Schwarz* Rn. 254; ebenso die hM zur AG, MüKoAktG/*Habersack* AktG § 115 Rn. 17 mwN auch zur Gegenansicht). Ein Stimmverbot aller geschäftsführenden Verwaltungsratsmitglieder besteht dagegen ebenso wenig wie im Anwendungsbereich des Abs. 2 iVm § 114 AktG (→ Rn. 22; *Bauer* S. 133; implizit auch *Schwarz* Rn. 254). Der Verwaltungsrat kann die Entscheidung einem **Ausschuss** übertragen (→ Rn. 23). Im Rahmen der Beschlussfassung muss der Verwaltungsrat oder der zuständige Ausschuss neben seiner Bindung an das Gesellschaftsinteresse die **inhaltlichen Anforderungen** des § 115 Abs. 1 S. 3–4, Abs. 3 S. 1 Hs. 2 AktG beachten (hinreichende Bestimmtheit des Kredits; keine

Einwilligung länger als drei Monate im Voraus; dazu MüKoAktG/*Spindler* AktG § 89 Rn. 41 ff.).

4. Rechtsfolgen bei Verstoß. Verstöße gegen Abs. 2 iVm § 115 Abs. 1–3 **30** AktG führen nicht zur Unwirksamkeit des Kreditgeschäfts. Der gewährte Kredit muss aber nach § 115 Abs. 4 AktG sofort **zurückgewährt** werden, wenn nicht der Verwaltungsrat nachträglich seine Zustimmung erteilt (näher MüKoAktG/ *Spindler* AktG § 89 Rn. 52 ff.). Ersatzansprüche gegen die geschäftsführenden Direktoren wegen der pflichtwidrigen Kreditgewährung (§ 40 Abs. 8 SEAG, § 93 Abs. 3 Nr. 8 AktG) bleiben wegen § 93 Abs. 4 S. 3. 2–3 AktG auch im Fall einer nachträglichen Zustimmung des Verwaltungsrats bestehen (Hüffer/*Koch* AktG § 89 Rn. 8; MüKoAktG/*Spindler* AktG § 89 Rn. 57).

SEAG Sorgfaltspflicht und Verantwortlichkeit der Verwaltungsratsmitglieder

39 Für die Sorgfaltspflicht und Verantwortlichkeit der Verwaltungsratsmitglieder gilt § 93 des Aktiengesetzes entsprechend.

Schrifttum: *Bücker,* Bedeutung der monistischen SE in Deutschland und Verantwortlichkeit der Verwaltungsratsmitglieder, in Bergmann/Kiem/Mülbert/Verse/Wittig, 10 Jahre SE, 2015, 203; *Forst,* Zu den Auswirkungen des VorstAG auf die SE, ZIP 2010, 1786; *Habersack,* Managerhaftung, in Lorenz, Karlsruher Forum 2009, 2010 [5]; *ders.,* Die Legalitätspflicht des Vorstands der AG, FS U. H. Schneider, 2011, 429; *Harbarth,* Unternehmerisches Ermessen des Vorstands im Interessenkonflikt, FS Hommelhoff, 2012, 323; *Holle,* Legalitätskontrolle im Kapitalgesellschafts- und Konzernrecht, 2014; *Ihrig,* Organschaftliche Haftung und Haftungsdurchsetzung unter Berücksichtigung der monistisch verfassten SE, in Bachmann/Casper/ Schäfer/Veil, Steuerungsfunktionen des Haftungsrechts im Gesellschafts- und Kapitalmarktrecht, 2007, 17; *Koch,* Die Anwendung der Business Judgment Rule bei Interessenkonflikten innerhalb des Vorstands, FS Säcker, 2011, 403; *ders.,* Begriff und Rechtsfolgen von Interessenkonflikten und Unabhängigkeit im Aktienrecht, ZGR 2014, 697; *Löbbe/Fischbach,* Die Business Judgment Rule bei Kollegialentscheidungen des Vorstands, AG 2014, 717; *Lutter,* Interessenkonflikte und Business Judgment Rule, FS Canaris, Bd. II, 2007, 245; *Metz,* Die Organhaftung bei der monistisch strukturierten Europäischen Aktiengesellschaft mit Sitz in Deutschland, 2009; *Verse,* Wettbewerbsverbote und Ansichziehen von Corporate Opportunities, in Krieger/U. H. Schneider, HdB Managerhaftung, 2. Aufl. 2010, § 22; *ders.,* Compliance im Konzern, ZHR 175 (2011), 401; *ders.,* Das Weisungsrecht des Verwaltungsrats der monistischen SE, FS Hoffmann-Becking, 2013, 1277. S. ferner die Angaben zu Art. 43.

Übersicht

	Rn.
I. Allgemeines	1
II. Sorgfaltspflicht	3
1. Grundlagen	3
2. Legalitätspflicht	5
3. Sorgfaltspflicht im engeren Sinne	6
4. Überwachungspflicht	11
III. Treuepflicht	16
IV. Haftung	19
1. § 93 Abs. 2 AktG entsprechend	20
2. § 93 Abs. 3 AktG entsprechend	22
3. § 93 Abs. 4, Abs. 6 AktG entsprechend	23
V. Geltendmachung	24
1. Entscheidungskompetenz des Verwaltungsrats	24
2. Anspruchsverfolgung nach §§ 147 f. AktG	27
3. Verfolgungsrecht der Gläubiger (§ 93 Abs. 5 AktG entsprechend)	28

I. Allgemeines

1   Art. 51 verweist hinsichtlich der Haftung der Mitglieder des Verwaltungsorgans gegenüber der SE auf die Vorschriften, die im Sitzstaat der SE für Aktiengesellschaften gelten. Da das AktG selbst keine Regelungen zur Haftung der Verwaltungsratsmitglieder enthält, erklärt § 39 SEAG in Ausübung der Ermächtigung des Art. 43 Abs. 4 (→ Anh. Art. 43 Vor § 20 SEAG Rn. 1) § 93 AktG für entsprechend anwendbar. Der Gesetzgeber hat sich damit **an § 116 AktG orientiert** (Begr. RegE, BT-Drs. 15/3405, 39). Nicht übernommen wurde allerdings § 116 S. 2 AktG, da die dort angesprochene Verschwiegenheitspflicht bereits in Art. 49 geregelt ist. Durch das VorstAG vom 31.7.2009 (BGBl. I S. 2509) ist eine weitere Divergenz zwischen § 116 AktG und § 39 SEAG hinzugetreten, da die Änderungen des § 116 AktG – auch soweit sie nicht rein deklaratorischer Natur sind (wie § 116 S. 3 AktG) – nicht in § 39 SEAG übernommen wurden. Dabei dürfte es sich indes um ein Redaktionsversehen handeln, das im Wege der Rechtsfortbildung zu korrigieren ist (→ Rn. 21 zum Selbstbehalt im Rahmen der D&O-Versicherung).

2   § 39 SEAG, § 93 AktG betreffen ausschließlich die organschaftlichen Pflichten, die den Verwaltungsratsmitgliedern im Innenverhältnis zur SE obliegen und deren Verletzung demgemäß eine **Innenhaftung** gegenüber der SE nach sich zieht. Die **Außenhaftung** gegenüber Dritten richtet sich demgegenüber nach allgemeinen Grundsätzen, namentlich nach deliktischen Tatbeständen. Ein prominentes Beispiel bildet die Insolvenzverschleppungshaftung nach § 823 Abs. 2 BGB iVm § 15a InsO, § 22 Abs. 5 SEAG. Da der Verwaltungsrat grundsätzlich nur als Innenorgan handelt, wird eine Außenhaftung aber nur in Ausnahmefällen in Betracht kommen (vgl. zum Aufsichtsrat MüKoAktG/*Habersack* AktG § 116 Rn. 76 ff.).

II. Sorgfaltspflicht

3   **1. Grundlagen.** Die organschaftlichen Pflichten der Verwaltungsratsmitglieder lassen sich wie diejenigen von Aufsichtsrats- und Vorstandsmitgliedern in eine Sorgfalts- und eine Treuepflicht unterteilen (Spindler/Stilz/*Eberspächer* Art. 51 Rn. 5). Erstere ist in § 39 SEAG iVm § 93 Abs. 1 S. 1 AktG angesprochen, wonach jedes Verwaltungsratsmitglied die Sorgfalt eines ordentlichen und gewissenhaften Geschäftsleiters anzuwenden hat. Im Einzelnen lässt sich die Sorgfaltspflicht der Verwaltungsratsmitglieder in die drei Pflichtenkreise Legalitätspflicht (→ Rn. 5), Sorgfaltspflicht im engeren Sinne (→ Rn. 6 ff.) und Überwachungspflicht (→ Rn. 11 ff.) auffächern (vgl. zum Vorstand Spindler/Stilz/*Fleischer* AktG § 93 Rn. 12). Bei der Konkretisierung der Sorgfaltsanforderungen im Einzelfall ist dem Umstand Rechnung zu tragen, dass das Verwaltungsratsmandat im Regelfall als **nebenamtliche Tätigkeit** (→ Anh. Art. 43 § 22 SEAG Rn. 3) ausgestaltet ist (LHT/*Teichmann* Rn. 5; *Metz* S. 138 f.; zum Aufsichtsrat MüKoAktG/*Habersack* AktG § 116 Rn. 2). Soweit allerdings einzelne Verwaltungsratsmitglieder hauptamtlich für die Gesellschaft tätig sind – wie diejenigen, die zugleich als geschäftsführende Direktoren amtieren, unter Umständen auch die Mitglieder eines Exekutivausschusses (→ Anh. Art. 43 § 34 SEAG Rn. 43) –, wird sich dies auch in den Anforderungen entsprechend niederschlagen müssen (vgl. *Bücker,* in Bergmann/Kiem/Mülbert/Verse/ Wittig, 10 Jahre SE, 2015, 203, 221: „variable Sorgfaltsskala").

4   Eine Abstufung der Sorgfaltsanforderungen danach, ob das Verwaltungsratsmitglied Anteilseigner- oder **Arbeitnehmervertreter** ist, kommt nach allgemeiner Ansicht nicht in Betracht (MüKoAktG/*Reichert/Brandes* Art. 51 Rn. 14;

Spindler/Stilz/*Eberspächer* Art. 51 Rn. 5; KK-AktG/*Siems* Anh. Art. 51 § 39 SEAG Rn. 21 ff.; LHT/*Teichmann* Rn. 4). Die Arbeitnehmervertreter partizipieren somit im Vergleich zum dualistischen Modell nicht nur an den im Vergleich zum Aufsichtsrat erweiterten Befugnissen des Verwaltungsrats, sondern müssen als Kehrseite der Medaille auch eine gesteigerte Verantwortung und ein gesteigertes Haftungsrisiko tragen.

2. Legalitätspflicht. Die Legalitätspflicht gebietet jedem Verwaltungsratsmit- 5 glied, die in Gesetz, Satzung und Geschäftsordnung festgelegten Organpflichten zu erfüllen und die von der Gesellschaft einzuhaltenden Rechtsvorschriften als deren Organwalter zu beachten. Wegen der Einzelheiten kann an die primär zum Vorstand entwickelten, aber auch für den Aufsichtsrat geltenden Grundsätze angeknüpft werden. Danach dürfen sich Organmitglieder insbesondere auch dann nicht über zwingendes Recht hinwegsetzen, wenn das Gewinnerzielungsinteresse der Gesellschaft einen solchen Verstoß als lohnend erscheinen lässt (**keine „nützlichen" Pflichtverletzungen**; näher zur Legalitätspflicht insbesondere Spindler/Stilz/*Fleischer* AktG § 93 Rn. 14 ff.; *Habersack* FS U. H. Schneider, 2011, 429 ff.; *Holle* S. 46 ff.; zur konzernrechtlichen Dimension *Verse* ZHR 175 [2011], 401 ff.; *Holle* S. 93 ff.).

3. Sorgfaltspflicht im engeren Sinne. Die Sorgfaltspflicht im engeren Sinne 6 verpflichtet die Verwaltungsratsmitglieder dazu, die ihnen übertragenen Aufgaben, allen voran die Leitungsaufgabe nach § 22 Abs. 1 SEAG (→ Anh. Art. 43 § 22 SEAG Rn. 5 ff.), innerhalb des gesetzlich vorgegebenen Rahmens zweckmäßig wahrzunehmen. Gemeint ist damit eine Amtsführung in einer Weise, die Schaden von der Gesellschaft fernhält und dem **Gesellschaftsinteresse** (→ Anh. Art. 43 § 22 SEAG Rn. 12) so weit wie möglich entspricht. Diese Pflichtbindung besteht selbstverständlich auch im Rahmen einfacher Geschäftsführungsaufgaben, die der Verwaltungsrat jenseits des Leitungsbereichs durch Zustimmungsvorbehalte oder mithilfe seines Weisungsrechts (§ 44 Abs. 2 SEAG) an sich zieht.

Bei den im Rahmen der Leitung und Geschäftsführung zu treffenden Maß- 7 nahmen des Verwaltungsrats wird es sich häufig um **unternehmerische Entscheidungen** handeln, mithin solche, die rechtlich nicht gebunden und durch ein prognostisches Element gekennzeichnet sind (Entscheidungen unter Unsicherheit). Derartige Entscheidungen genießen den Schutz der **Business Judgment Rule** nach § 39 SEAG iVm § 93 Abs. 1 S. 2 AktG. Sie sind daher schon dann nicht pflichtwidrig, wenn die Verwaltungsratsmitglieder vernünftigerweise annehmen konnten, auf der Grundlage angemessener Information zum Wohl der Gesellschaft zu handeln (ausführlich dazu Spindler/Stilz/*Fleischer* AktG § 93 Rn. 59 ff.).

Als ungeschriebene Anwendungsvoraussetzung der Business Judgment Rule 8 kommt hinzu, dass sich der Organwalter bei der Entscheidung nicht in einem (nicht nur geringfügigen) **Interessenkonflikt** befunden haben darf (Begr. RegE UMAG, BT-Drs. 15/5092, 11; Spindler/Stilz/*Fleischer* AktG § 93 Rn. 72; näher *Harbarth* FS Hommelhoff, 2012, 323, 329 ff.; *Koch* ZGR 2014, 697 [701 ff.]; kritisch Schmidt/Lutter/*Krieger/Sailer-Coceani* AktG § 93 Rn. 19). Diese Voraussetzung gilt auch für Verwaltungsratsmitglieder (zum Aufsichtsrat MüKoAktG/*Habersack* AktG § 116 Rn. 40; *Lutter* FS Canaris, Bd. II, 2007, 245 [251 ff.]; abweichend Schmidt/Lutter/*Drygala* AktG § 116 Rn. 16). Sie hat bei ihnen ebenso wie bei Aufsichtsratsmitgliedern besondere Brisanz, da die Mitglieder aufgrund des Nebenamtscharakters ihres Mandats vielfach Bindungen an gesellschaftsfremde Interessen unterliegen, sei es als Repräsentant des Großaktionärs, der Hausbank, eines Zulieferers oder Abnehmers oder gar eines Wettbewerbers

(→ Anh. Art. 43 § 27 SEAG Rn. 2), sei es als Arbeitnehmervertreter im mitbestimmten Verwaltungsrat.

9   Speziell in Bezug auf die **Arbeitnehmervertreter** wird man berücksichtigen müssen, dass die interessenpluralistische Zusammensetzung des mitbestimmten Verwaltungsrats gerade darauf gerichtet ist, auch die Arbeitnehmerbelange in den Entscheidungsprozess einzubringen. Daher kann der Umstand, dass wichtige unternehmenspolitische Entscheidungen häufig erhebliche Auswirkungen auf die Belange der Arbeitnehmer haben (Standortverlagerungen, Abbau von Arbeitsplätzen etc), schwerlich ausreichen, um den Arbeitnehmervertretern die Berufung auf die Business Judgment Rule zu verwehren (wie hier *Habersack,* Karlsruher Forum 2009, 5 [22]; MüKoAktG/*Habersack* AktG § 116 Rn. 40; *Koch* ZGR 2014, 697 [707]; strenger *Lutter* FS Canaris, Bd. II, 2007, 245 (254)). Zweifelhaft erscheint dagegen, ob man allein daraus, dass der Konzernkonflikt im Konzernrecht durch spezielle Schutzvorschriften geregelt ist, bereits ableiten kann, dass auch die **Repräsentanten des Mehrheitsaktionärs** keinem für die Business Judgment Rule relevanten Interessenkonflikt unterliegen, wenn Entscheidungen mit Bezug zum herrschenden Unternehmen getroffen werden (so *Habersack,* Karlsruher Forum 2009, S. 5 [22]; MüKoAktG/*Habersack* AktG § 116 Rn. 40; *Koch* ZGR 2014, 697 [707 f.]).

10   Sind einzelne Verwaltungsratsmitglieder von einem iSd § 93 Abs. 1 S. 2 AktG relevanten Interessenkonflikt betroffen und haben sie dennoch an der Beratung und/oder der Beschlussfassung mitgewirkt, stellt sich die streitige Frage, ob die anderen Mitglieder hiervon „infiziert" werden und ihnen deshalb ebenfalls die Berufung auf die Business Judgment Rule verwehrt bleibt. Gute Gründe sprechen dafür, diese Frage jedenfalls dann zu verneinen, wenn der Interessenkonflikt nicht offengelegt wurde und für die anderen Mitglieder auch nicht erkennbar war (ausführlich zur AG *Koch* FS Säcker, 2011, 403 (405 ff.); *Löbbe/Fischbach* AG 2014, 717 [726 f.]; ferner Spindler/Stilz/*Fleischer* AktG § 93 Rn. 72b mN zum Streitstand). Hat das betroffene Verwaltungsratsmitglied den Konflikt offengelegt – wozu es aufgrund seiner organschaftlichen Treuepflicht verpflichtet ist (→ Rn. 17) – oder ist der Konflikt den übrigen Mitgliedern ohnehin bekannt, ist die Frage dagegen schwieriger zu beantworten. Im Ergebnis dürfte aber auch in dieser Fallgruppe letztlich mehr gegen als für die Infizierungsthese sprechen (Spindler/Stilz/*Fleischer* AktG § 93 Rn. 72a; abweichend *Koch* ZGR 2014, 697 [713 ff.]; jeweils mwN). Solange die Rechtsordnung kein generelles Mitwirkungsverbot für konfliktbefangene Organmitglieder aufstellt (→ Anh. Art. 43 § 35 SEAG Rn. 11, 17 zu den Grenzen von Stimmverbot und Ausschluss von der Beratung), wäre es ungereimt, wenn die Mitwirkung des befangenen Mitglieds ohne weiteres die Haftungsprivilegierung der übrigen Mitglieder entfallen ließe (wie hier Spindler/Stilz/*Fleischer* AktG § 93 Rn. 72a; *Löbbe/Fischbach* AG 2014, 717 [727 f.]; umgekehrt für Ausbau des Mitwirkungsverbots *Koch* ZGR 2014, 697 [719 ff.]). Allerdings wird man von den nicht befangenen Mitgliedern verlangen müssen, die Argumente des befangenen Mitglieds besonders kritisch zu hinterfragen (Spindler/Stilz/*Fleischer* AktG § 93 Akt Rn. 72a); dieser Umstand kann Einfluss auf die Frage haben, ob die anderen Mitglieder auf der Grundlage angemessener Information gehandelt haben.

11   **4. Überwachungspflicht.** Überwachungspflichten der Verwaltungsratsmitglieder bestehen in **zwei Richtungen:** horizontal im Verhältnis zu den übrigen Verwaltungsratsmitgliedern und vertikal im Verhältnis zu den geschäftsführenden Direktoren. Beide Wirkungsrichtungen der Überwachungspflicht beziehen sich gleichermaßen auf Rechtmäßigkeit und Zweckmäßigkeit des Handelns der überwachten Personen. Die Überwachungspflichten lassen sich daher als „Verlängerung" der Legalitätspflicht und der Sorgfaltspflicht im engeren Sinn in Fällen der

Aufgabendelegation verstehen (*Verse* ZHR 175 [2011], 401 [404]; zustimmend *Holle* S. 59 ff. [jeweils zur Legalitätskontrollpflicht]).

Die **horizontale Überwachungspflicht** ist Korrelat der Arbeitsteilung inner- **12** halb des Organs. Werden einzelne Aufgaben des Verwaltungsrats unter Beachtung des § 34 Abs. 4 S. 2 SEAG und der ungeschriebenen Delegationsverbote (→ Anh. Art. 43 § 34 SEAG Rn. 25 ff.) auf Ausschüsse oder einzelne Mitglieder übertragen, bleiben die delegierenden Mitglieder zur Überwachung der beauftragten (Ausschuss-) Mitglieder verpflichtet (MüKoAktG/*Reichert/Brandes* Art. 51 Rn. 26 f.; zu Vorstand und Aufsichtsrat der AG Spindler/Stilz/*Fleischer* AktG § 93 Rn. 95, 97 iVm AktG § 77 Rn. 47 ff.; GroßkommAktG/*Hopt/Roth* AktG § 116 Rn. 116 f.). Diese Überwachungspflicht ist Ausfluss des Prinzips der **Gesamtverantwortung,** das für die Verwaltungsratsmitglieder ebenso gilt wie für Vorstands- und Aufsichtsratsmitglieder (LHT/*Teichmann* Rn. 7). Die Reichweite der horizontalen Überwachungspflicht darf allerdings nicht überspannt werden, da das gedeihliche Zusammenwirken innerhalb des Verwaltungsrats ein gewisses Maß an gegenseitigem Vertrauen voraussetzt. Wenn sich aus den regelmäßigen Berichten über die Ausschusstätigkeit im Plenum oder aus anderen Umständen keine anderweitigen Indizien ergeben, können die delegierenden Mitglieder grundsätzlich auf eine ordnungsgemäße Amtsführung ihrer Kollegen vertrauen (MüKoAktG/*Reichert/Brandes* Art. 51 Rn. 27; Spindler/Stilz/*Eberspächer* Art. 51 Rn. 7; zum Vorstand ausführlich Spindler/Stilz/*Fleischer* AktG § 77 Rn. 51 ff.; zum Aufsichtsrat GroßkommAktG/*Hopt/Roth* AktG § 116 Rn. 116 f.).

Die **vertikale Überwachungspflicht** ist in § 22 Abs. 1 SEAG angesprochen. **13** Sie bezieht sich auf die Umsetzung der vom Verwaltungsrat vorgegebenen „Grundlinien der Geschäftstätigkeit" durch die geschäftsführenden Direktoren. Zur Reichweite dieser Pflicht → Anh. Art. 43 § 22 SEAG Rn. 13 ff.

Auch im Rahmen der Überwachungstätigkeit können sich die Verwaltungs- **14** ratsmitglieder auf die **Business Judgment Rule** (§ 93 Abs. 1 S. 2 AktG) berufen, soweit unternehmerische Entscheidungen getroffen werden. Dies ist bei Maßnahmen der präventiven Überwachung, namentlich Entscheidungen über Geschäftsführungsmaßnahmen, die einem Zustimmungsvorbehalt des Verwaltungsrats unterliegen, allgemein anerkannt (vgl. zum Aufsichtsrat BGHZ 135, 244 [254 f.] = NJW 1997, 1926; MüKoAktG/*Habersack* AktG § 116 Rn. 41; GroßkommAktG/*Hopt/Roth* AktG § 116 Rn. 107; Spindler/Stilz/*Spindler* AktG § 116 Rn. 43). Dagegen hat die vergangenheitsorientierte Überwachung des Vorstandshandelns nach traditioneller Auffassung keinen unternehmerischen Charakter (BGHZ 135, 244 [255] = NJW 1997, 1926; MüKoAktG/*Habersack* AktG § 116 Rn. 42). Das leuchtet ohne weiteres ein, soweit es um gesetzlich geschuldete Kontrollmaßnahmen wie die Prüfung der Berichte der geschäftsführenden Direktoren, die Prüfung des Jahresabschlusses (§ 47 Abs. 3 SEAG) oder die Pflicht zum Einschreiten bei Verdachtsmomenten geht. Jenseits der gesetzlich zwingenden Kontrollmaßnahmen sind dagegen unternehmerische Entscheidungen denkbar (vgl. zum Aufsichtsrat GroßkommAktG/*Hopt/Roth* AktG § 116 Rn. 112 f., AktG § 111 Rn. 155 f.).

Stellen die Verwaltungsratsmitglieder im Rahmen ihrer Überwachungstätigkeit **15** eine Pflichtverletzung der geschäftsführenden Direktoren fest, sind sie in Anlehnung an die zur AG ergangene Rechtsprechung grundsätzlich verpflichtet, **Schadensersatzansprüche gegen die geschäftsführenden Direktoren** aus § 40 Abs. 8 SEAG, § 93 AktG geltend zu machen (*Metz* S. 164 ff.; zur AG BGHZ 135, 244 [255] = NJW 1997, 1926; MüKoAktG/*Habersack* AktG § 111 Rn. 34 ff.). Allerdings kommt dem Verwaltungsrat insoweit ein (gerichtlich nur beschränkt überprüfbarer) Beurteilungsspielraum zu, als er zu prüfen hat, ob ausnahmsweise überwiegende oder zumindest annähernd gleichwertige Interessen der Gesellschaft der Geltendmachung des durchsetzbaren Anspruchs entgegenstehen (zur AG BGHZ 135, 244 [255 f.] = NJW 1997, 1926; MüKoAktG/*Habersack* AktG § 111 Rn. 36 ff.).

III. Treuepflicht

16   Wie alle Organwalter unterliegen auch die Verwaltungsratsmitglieder kraft ihrer organschaftlichen Stellung einer Treuepflicht, dh einer Pflicht zu loyalem Verhalten gegenüber der Gesellschaft (MüKoAktG/*Reichert/Brandes* Art. 51 Rn. 28). Eine gesetzliche Ausprägung dieser organschaftlichen Treuepflicht bildet die **Verschwiegenheitspflicht**. Diese bestimmt sich allerdings nicht nach § 93 Abs. 1 S. 3 AktG, obwohl § 39 SEAG auch hierauf verweist, sondern nach dem vorrangigen Art. 49 (KK-AktG/*Siems* Anh. Art. 51 § 39 SEAG Rn. 2; → Art. 49 Rn. 1 ff.). Dagegen reicht die Treuepflicht der Verwaltungsratsmitglieder **nicht** so weit, dass diese auch einem **Wettbewerbsverbot** entsprechend § 88 AktG unterliegen (MüKoAktG/*Reichert/Brandes* Art. 51 Rn. 29; LHT/*Teichmann* Rn. 5). § 88 AktG ist wegen § 20 SEAG nur dann entsprechend anwendbar, wenn die Verwaltungsratsmitglieder zugleich das Amt des geschäftsführenden Direktors übernehmen (§ 40 Abs. 7 SEAG). Wie bei den Aufsichtsratsmitgliedern im dualistischen System, die ebenso wenig an ein Wettbewerbsverbot gebunden sind, trägt das Gesetz damit dem Nebenamtscharakter des Mandats Rechnung.

17   Der Nebenamtscharakter ist auch bei der weiteren Konkretisierung der organschaftlichen Treuepflicht der Verwaltungsratsmitglieder zu berücksichtigen. Er führt dazu, dass nicht auf die zum Vorstand, sondern auf die **zum Aufsichtsrat entwickelten Grundsätze** zurückzugreifen ist (*Metz* S. 129). Danach ist zu differenzieren, ob das Mitglied innerhalb oder außerhalb seiner Organfunktion tätig wird. **Innerhalb der Organfunktion** hat sich das Verwaltungsratsmitglied allein am Gesellschafts- bzw. Unternehmensinteresse (→ Anh. Art. 43 § 22 SEAG Rn. 12) zu orientieren (*Metz* S. 129 f.; zum Aufsichtsrat MüKoAktG/*Habersack* AktG § 116 Rn. 46; GroßkommAktG/*Hopt/Roth* AktG § 116 Rn. 174). Diese Bindung schließt die Verpflichtung ein, die Gesellschaft interessierende Geschäftschancen, die dem Verwaltungsratsmitglied *in dieser Eigenschaft* bekannt geworden sind, nicht auf sich selbst überzuleiten (*Metz* S. 130; zum Aufsichtsrat MüKoAktG/*Habersack* AktG § 116 Rn. 47; *Lutter/Krieger/Verse* Rn. 1006; *Verse* in Krieger/U.H. Schneider, HdB Managerhaftung, § 22 Rn. 66; vgl. auch Ziff. 5.5.1 S. 2 DCGK). Zudem folgt aus der organschaftlichen Treuepflicht, dass das Verwaltungsratsmitglied etwaige **Interessenkonflikte** dem Verwaltungsrat unverzüglich offenzulegen hat (zum Aufsichtsrat MüKoAktG/*Habersack* AktG § 100 Rn. 93; *Verse* in Krieger/U.H. Schneider, HdB Managerhaftung, § 22 Rn. 67 mwN; rein deklaratorisch daher Ziff. 5.5.2 DCGK; beachte aber auch Ziff. 5.5.3 DCGK: Bericht an die Hauptversammlung über aufgetretene Interessenkonflikte). Das weitere Verfahren bei einem Interessenkonflikt hängt davon ab, ob die Schwelle zum Stimmverbot (§ 34 BGB analog, Richten in eigener Sache; dazu Anh. Art. 43 § 35 SEAG Rn. 11 ff.) überschritten ist oder nicht (näher MüKoAktG/*Habersack* AktG § 100 Rn. 94 f.). Verdichtet sich der Konflikt zu einem andauernden Pflichtenwiderstreit in zentralen Geschäftsfeldern, kann die Treuepflicht sogar gebieten, das Amt niederzulegen (MüKoAktG/*Habersack* AktG § 100 Rn. 96 f.; vgl. auch Ziff. 5.5.3 S. 2 DCGK).

18   Die Treuebindungen der (nicht-geschäftsführenden) Verwaltungsratsmitglieder gehen aber nicht so weit, dass sie verpflichtet wären, das Wohl der Gesellschaft auch dort aktiv zu fördern, wo sie **außerhalb ihrer Organfunktion** einer anderen Tätigkeit nachgehen. Vielmehr dürfen sie in diesem Bereich ebenso wie Aufsichtsratsmitglieder grundsätzlich ihre eigenen Interessen verfolgen, selbst wenn diese sich mit den Belangen der Gesellschaft berühren oder ihnen sogar widersprechen (ebenso LHT/*Teichmann* Rn. 5 mit Fn. 12). Deshalb kann das (nicht-geschäftsführende) Verwaltungsratsmitglied auch eine für die Gesellschaft interessante Geschäftschance, die sich ihm unabhängig von dem Verwaltungsrats- mandat bietet, für eigene Zwecke verwerten (zum Aufsichtsrat MüKoAktG/ *Habersack* AktG § 116 Rn. 48; *Verse* in Krieger/U. H. Schneider, HdB Manager- haftung, § 22 Rn. 68 mwN). Die Grenze der zulässigen Wahrnehmung außerge- sellschaftlicher Interessen der (nicht-geschäftsführenden) Verwaltungsratsmitglie- der außerhalb ihrer Organfunktion ist erst überschritten, wenn das Interesse der Gesellschaft ohne Not und stärker beeinträchtigt wird, als dies zur berechtigten Interessenwahrnehmung erforderlich ist (zum Aufsichtsrat KK-AktG/*Mertens/ Cahn* AktG § 116 Rn. 31; *Verse* in Krieger/U. H. Schneider, HdB Managerhaf- tung, § 22 Rn. 68).

IV. Haftung

Schuldhafte, dh zumindest fahrlässige Pflichtverletzungen der Verwaltungsrats- **19** mitglieder führen entsprechend § 93 Abs. 2–4, Abs. 6 AktG zur **Schadens- ersatzpflicht** gegenüber der SE. Insoweit sind nur wenige verwaltungsratsspezi- fische Besonderheiten zu beachten.

1. § 93 Abs. 2 AktG entsprechend. Keine Besonderheiten gelten für den **20** Haftungstatbestand des § 93 Abs. 2 S. 1 und die Beweislastregel des § 93 Abs. 2 S. 2 AktG, die dem Verwaltungsratsmitglied die Beweislast für das Fehlen von Pflichtverletzung und Verschulden aufbürdet. Wie auch sonst im Rahmen des § 93 Abs. 2 AktG geht es auch für die Verwaltungsratsmitglieder stets nur um eine Haftung für **eigenes Verschulden** (das freilich auch in einem Auswahl- oder Überwachungsverschulden bestehen kann). Eine Zurechnung des Verschul- dens anderer Verwaltungsratsmitglieder, der geschäftsführenden Direktoren oder nachgeordneter Mitarbeiter kommt weder nach §§ 31, 278, 831 BGB noch nach sonstigen Vorschriften in Betracht (zum Aufsichtsrat MüKoAktG/*Habersack* AktG § 116 Rn. 70; speziell zur Nichtzurechnung des Fehlverhaltens der geschäfts- führenden Direktoren Spindler/Stilz/*Eberspächer* Art. 51 Rn. 8; *Böttcher* S. 150).

Fraglich ist, ob auch der durch das VorstAG vom 31.7.2009 (BGBl. I S. 2509) **21** eingeführte zwingende **Selbstbehalt** beim Abschluss einer D&O-Versicherung nach § 93 Abs. 2 S. 3 AktG uneingeschränkt auf die Verwaltungsratsmitglieder anzuwenden ist. Soweit diese zugleich geschäftsführende Direktoren sind, findet der Selbstbehalt für Fehlverhalten in dieser Eigenschaft unzweifelhaft Anwendung (§ 40 Abs. 8 SEAG iVm § 93 Abs. 2 S. 3 AktG). Gleiches wird nach § 39 SEAG iVm § 93 Abs. 2 S. 3 AktG auch für die Tätigkeit der geschäftsführenden Ver- waltungsratsmitglieder im Verwaltungsrat gelten müssen; denn es wäre ungereimt, wenn die geschäftsführenden Verwaltungsratsmitglieder bei einfachen Geschäfts- führungsaufgaben dem Selbstbehalt unterlägen, bei den besonders wichtigen Leitungsentscheidungen dagegen nicht (zustimmend LHT/*Teichmann* Rn. 11). Zweifelhaft ist dagegen, ob der zwingende Selbstbehalt auch für die **nicht- geschäftsführenden Verwaltungsratsmitglieder** gilt, da § 39 SEAG nach seiner ursprünglichen Konzeption § 116 AktG nachgebildet war und der nach- träglich durch das VorstAG neu gefasste § 116 S. 1 AktG Aufsichtsratsmitglieder von dem Selbstbehalt ausnimmt. Dass der Gesetzgeber diese Konsequenz bedacht hat, ist nicht ersichtlich. Vielmehr liegt es nahe, in der Nichtaufnahme einer entsprechenden Regelung in § 39 SEAG ein Redaktionsversehen zu sehen, das durch **analoge Anwendung des § 116 S. 1 AktG** auf die nicht-geschäftsfüh- renden Verwaltungsratsmitglieder zu schließen ist (*Forst* ZIP 2010, 1786 [1788]; LHT/*Teichmann* Rn. 11; aA MüKoAktG/*Reichert/Brandes* Art. 51 Rn. 7; Spind-

ler/Stilz/*Eberspächer* Art. 51 Rn. 8a). Folgt man dem, bewendet es für nicht-
geschäftsführende Verwaltungsratsmitglieder bei der Empfehlung nach Ziff. 3.8
Abs. 3 DCGK.

22   **2. § 93 Abs. 3 AktG entsprechend.** Ohne Abstriche anzuwenden sind
(ebenso wie beim Aufsichtsrat) die Sondertatbestände des § 93 Abs. 3 AktG.
Auch insoweit genügt auf Seiten der Verwaltungsratsmitglieder ein Überwachungsverschulden, weshalb es der Haftung nicht entgegensteht, dass die ver-
botene Zuwendung – wie im Regelfall – von den geschäftsführenden Direktoren
bewirkt wird. Auch die Bezugnahme auf § 92 Abs. 2 AktG in § 93 Abs. 3 Nr. 6
AktG ist anwendbar; § 20 SEAG steht nicht entgegen, da § 92 Abs. 2 AktG auch
in § 22 Abs. 5 S. 2 SEAG in Bezug genommen wird. § 93 Abs. 3 Nr. 7 AktG
(gesetzwidrige Vergütung von Aufsichtsratsmitgliedern) ist im monistischen System auf den Verwaltungsrat und Verstöße gegen § 38 SEAG iVm §§ 113 f. AktG
zu beziehen, § 93 Abs. 4 Nr. 8 AktG (gesetzwidrige Kreditgewährung) auf Verstöße gegen § 38 Abs. 2 SEAG iVm § 115 AktG und § 40 Abs. 7 SEAG iVm
§ 89 AktG.

23   **3. § 93 Abs. 4, Abs. 6 AktG entsprechend.** Beruht die schadensverursa-
chende Handlung auf einem **gesetzmäßigen Hauptversammlungsbeschluss,**
sind die Verwaltungsratsmitglieder nach § 39 SEAG iVm § 93 Abs. 4 S. 1 AktG
von der Haftung frei. Dies harmoniert mit § 22 Abs. 2 S. 2 SEAG iVm § 83
Abs. 2 AktG, der den Verwaltungsrat zur Ausführung rechtmäßiger Hauptversammlungsbeschlüsse verpflichtet. Für **Verzicht** und **Vergleich** gelten die Beschränkungen nach § 93 Abs. 4 S. 3–4 AktG. Auch die Sonderregelung der **Verjährung** (§ 93 Abs. 6 AktG) findet uneingeschränkt Anwendung. Damit gilt seit
Inkrafttreten des Restrukturierungsgesetzes vom 9.12.2010 (BGBl. I S. 1900)
auch für Verwaltungsratsmitglieder der SE die verlängerte Verjährungsfrist von
zehn (statt fünf) Jahren, sofern die Gesellschaft börsennotiert iSd § 3 Abs. 2 AktG
ist.

V. Geltendmachung

24   **1. Entscheidungskompetenz des Verwaltungsrats.** Im Prozess gegen das
haftende Verwaltungsratsmitglied wird die Gesellschaft nach § 41 Abs. 1 S. 1
SEAG von den geschäftsführenden Direktoren vertreten (MüKoAktG/*Reichert/
Brandes* Art. 51 Rn. 33; LHT/*Teichmann* Rn. 13). Davon zu trennen ist die im
Gesetz nicht geregelte Frage, welches Organ im Innenverhältnis für die Entscheidung über die Geltendmachung zuständig ist. Diese Frage beantwortet sich
richtigerweise nach allgemeinen Grundsätzen. In der Regel wird die Geltendma-
chung von Ersatzansprüchen gegen aktuelle oder ehemalige Verwaltungsratsmit-
glieder eine so hervorgehobene Bedeutung haben, dass sie dem Leitungsbereich
zuzuordnen ist (*Verse* FS Hoffmann-Becking, 2013, 1277 (1283); auch MüKo-
AktG/*Reichert/Brandes* Art. 51 Rn. 34: „Leitungsaufgabe"); in diesem Fall ist die
Entscheidung schon nach § 22 Abs. 1 SEAG dem **Verwaltungsrat** vorbehalten.
Aber auch dort, wo dies nicht der Fall sein sollte, kann der Verwaltungsrat über
Zustimmungsvorbehalte und die Ausübung seines Weisungsrechts (§ 44 Abs. 2
SEAG) die Entscheidung an sich ziehen (MüKoAktG/*Reichert/Brandes* Art. 51
Rn. 34; LHT/*Teichmann* Rn. 13; *Verse* FS Hoffmann-Becking, 2013, 1277
(1283)). Zwar wird gegen eine Entscheidungskompetenz des Verwaltungsrats der
Einwand erhoben, der Verwaltungsrat dürfe nicht zum Richter in eigener Sache
werden, weshalb im Sinne einer funktionalen Aufgabentrennung von einer wei-
sungsfreien Alleinzuständigkeit der geschäftsführenden Direktoren auszugehen sei
(*Ihrig* ZGR 2008, 809 [822]; wohl auch Spindler/Stilz/*Eberspächer* Art. 43 Rn. 16
[offenlassend aber *ders.* Art. 51 Rn. 16). Diesem Einwand ist indes entgegen-

zuhalten, dass die selbst betroffenen Mitglieder analog § 34 BGB nicht an der Beschlussfassung im Verwaltungsrat teilnehmen können (MüKoAktG/*Reichert/Brandes* Art. 51 Rn. 35; LHT/*Teichmann* Rn. 13; *Verse* FS Hoffmann-Becking, 2013, 1277 (1283)). In Bezug auf das Weisungsrecht ist ferner daran zu erinnern, dass ohnehin nur rechtmäßige und nicht nachteilige Weisungen verbindlich sind und dass es auch sonst keinen Bereich der Geschäftsführung gibt, der den geschäftsführenden Direktoren frei von Weisungen exklusiv zugewiesen ist (→ Anh. Art. 43 § 44 SEAG Rn. 10 ff.).

Fraglich ist allerdings, wie zu verfahren ist, wenn sämtliche Verwaltungsrats- **25** mitglieder persönlich betroffen sind und die Anspruchsverfolgung dem eigentlich allein dem Verwaltungsrat vorbehaltenen Leitungsbereich (§ 22 Abs. 1 SEAG) zuzuordnen ist. Wiewohl Leitungsaufgaben an sich nicht Sache der geschäftsführenden Direktoren sind (→ Anh. Art. 43 § 40 SEAG Rn. 32), wird man ihnen in diesem Fall ein **Notgeschäftsführungsrecht** zuerkennen müssen (*Verse* FS Hoffmann-Becking, 2013, 1277 (1283 f.); *Seyfarth* Vorstandsrecht § 27 Rn. 42; im Ergebnis auch MüKoAktG/*Reichert/Brandes* Art. 51 Rn. 35).

Der Verwaltungsrat ist **grundsätzlich verpflichtet,** auf eine Geltendmachung **26** bestehender Ansprüche gegen seine aktuellen oder ehemaligen Mitglieder hinzuwirken, sofern nicht ausnahmsweise mindestens gleichwertige Gründe des Gesellschaftswohls gegen die Inanspruchnahme sprechen. Die zur Vorstandshaftung entwickelten „ARAG"-Grundsätze (BGHZ 135, 244 = NJW 1997, 1926) gelten entsprechend (ebenso für die Inanspruchnahme von Aufsichtsratsmitgliedern durch den Vorstand MüKoAktG/*Habersack* AktG § 116 Rn. 8; abweichend wohl MüKoAktG/*Reichert/Brandes* Art. 51 Rn. 35: Entscheidung nach pflichtgemäßem Ermessen). Die gleiche Verpflichtung trifft die geschäftsführenden Direktoren, soweit diese ausnahmsweise selbst über die Anspruchsverfolgung entscheiden (→ Rn. 25). In rechtspolitischer Hinsicht wird gleichwohl ein Rechtsdurchsetzungsdefizit befürchtet, da die Verwaltungsratsmitglieder wegen Rücksichtnahme auf ihre Amtskollegen und die geschäftsführenden Direktoren wegen ihrer jederzeitigen Abberufbarkeit zögern werden, Ansprüche geltend zu machen (de lege ferenda für Ausbau der Aktionärsklage in der monistischen SE daher *Ihrig* in Bachmann/Casper/Schäfer/Veil S. 17 (27); *Casper* ZHR 173 [2009], 181 [218]; für Ausbau der Außenhaftung *Merkt* ZGR 2003, 650 [673 ff.]).

2. Anspruchsverfolgung nach §§ 147 f. AktG. Möglich ist auch eine An- **27** spruchsverfolgung auf Betreiben der **Hauptversammlung** oder – bei Erreichen des erforderlichen Quorums – **einzelner Aktionäre** nach Art. 9 Abs. 1 lit. c ii, §§ 147 f. AktG iVm § 22 Abs. 6 SEAG (im Ergebnis unstr., MüKoAktG/*Reichert/Brandes* Art. 51 Rn. 36 f.; KK-AktG/*Siems* Anh. Art. 51 § 39 SEAG Rn. 4; LHT/*Teichmann* Rn. 13).

3. Verfolgungsrecht der Gläubiger (§ 93 Abs. 5 AktG entsprechend). Soweit Gläubiger von der Gesellschaft keine Befriedigung erlangen können, sind **28** auch sie nach Maßgabe von § 39 SEAG iVm § 93 Abs. 5 AktG zur Verfolgung der Ansprüche berechtigt. Wegen § 93 Abs. 5 S. 4 AktG hat diese Möglichkeit allerdings nur beschränkte Bedeutung.

SEAG Geschäftsführende Direktoren

40 (1) [1]**Der Verwaltungsrat bestellt einen oder mehrere geschäftsführende Direktoren. [2]Mitglieder des Verwaltungsrats können zu geschäftsführenden Direktoren bestellt werden, sofern die Mehrheit des Verwaltungsrats weiterhin aus nicht geschäftsführenden Mitgliedern besteht. [3]Die Bestellung ist zur Eintragung in das Handelsregister an-**

zumelden. [4]Werden Dritte zu geschäftsführenden Direktoren bestellt, gilt für sie § 76 Abs. 3 des Aktiengesetzes entsprechend. [5]Die Satzung kann Regelungen über die Bestellung eines oder mehrerer geschäftsführender Direktoren treffen. [6]§ 38 Abs. 2 des SE-Beteiligungsgesetzes bleibt unberührt.

(2) [1]Die geschäftsführenden Direktoren führen die Geschäfte der Gesellschaft. [2]Sind mehrere geschäftsführende Direktoren bestellt, so sind sie nur gemeinschaftlich zur Geschäftsführung befugt; die Satzung oder eine vom Verwaltungsrat erlassene Geschäftsordnung kann Abweichendes bestimmen. [3]Gesetzlich dem Verwaltungsrat zugewiesene Aufgaben können nicht auf die geschäftsführenden Direktoren übertragen werden. [4]Soweit nach den für Aktiengesellschaften geltenden Rechtsvorschriften der Vorstand Anmeldungen und die Einreichung von Unterlagen zum Handelsregister vorzunehmen hat, treten an die Stelle des Vorstands die geschäftsführenden Direktoren.

(3) [1]Ergibt sich bei der Aufstellung der Jahresbilanz oder einer Zwischenbilanz oder ist bei pflichtgemäßem Ermessen anzunehmen, dass ein Verlust in der Hälfte des Grundkapitals besteht, so haben die geschäftsführenden Direktoren dem Vorsitzenden des Verwaltungsrats unverzüglich darüber zu berichten. [2]Dasselbe gilt, wenn die Gesellschaft zahlungsunfähig wird oder sich eine Überschuldung der Gesellschaft ergibt.

(4) [1]Sind mehrere geschäftsführende Direktoren bestellt, können sie sich eine Geschäftsordnung geben, wenn nicht die Satzung den Erlass einer Geschäftsordnung dem Verwaltungsrat übertragen hat oder der Verwaltungsrat eine Geschäftsordnung erlässt. [2]Die Satzung kann Einzelfragen der Geschäftsordnung bindend regeln. [3]Beschlüsse der geschäftsführenden Direktoren über die Geschäftsordnung müssen einstimmig gefasst werden.

(5) [1]Geschäftsführende Direktoren können jederzeit durch Beschluss des Verwaltungsrats abberufen werden, sofern die Satzung nichts anderes regelt. [2]Für die Ansprüche aus dem Anstellungsvertrag gelten die allgemeinen Vorschriften.

(6) Geschäftsführende Direktoren berichten dem Verwaltungsrat entsprechend § 90 des Aktiengesetzes, sofern die Satzung oder die Geschäftsordnung nichts anderes vorsieht.

(7) Die §§ 87 bis 89 des Aktiengesetzes gelten entsprechend.

(8) Für Sorgfaltspflicht und Verantwortlichkeit der geschäftsführenden Direktoren gilt § 93 des Aktiengesetzes entsprechend.

(9) Die Vorschriften über die geschäftsführenden Direktoren gelten auch für ihre Stellvertreter.

Schrifttum: *Bauer,* Organstellung und Organvergütung in der monistisch verfassten Europäischen Aktiengesellschaft, 2007; *Bayer/Lieder,* Die Lehre vom fehlerhaften Bestellungsverhältnis, NZG 2012, 1; *Böttcher,* Die Kompetenzen von Verwaltungsrat und geschäftsführenden Direktoren in der monistischen SE in Deutschland, 2008; *Fischer,* Monistische Unternehmensverfassung, 2010; *Forst,* Unterliegen die Organwalter einer Societas Europaea mit Sitz in Deutschland der Sozialversicherungspflicht?, NZS 2012, 801; *Ihrig,* Organschaftliche Haftung und Haftungsdurchsetzung unter Berücksichtigung der monistisch verfassten SE, in Bachmann/Casper/Schäfer/Veil, Steuerungsfunktionen des Haftungsrechts im Gesellschafts- und Kapitalmarktrecht, 2007, 17; *Ihrig,* Die geschäftsführenden Direktoren in der monistischen SE: Stellung, Aufgaben und Haftung, ZGR 2008, 809; *Lieder,* Die Rechtsstellung von

Aufsichtsratsmitgliedern bei fehlerhafter Wahl, ZHR 178 (2014), 282; *Mauch,* Das monistische Leitungssystem in der Europäischen Aktiengesellschaft, 2008; *Metz,* Die Organhaftung bei der monistisch strukturierten Europäischen Aktiengesellschaft mit Sitz in Deutschland, 2009; *Schürnbrand,* Die Organschaft im Recht der privaten Verbände, 2007; *Seitz,* Die Geschäftsführer einer monistischen Societas Europaea (SE) mit Sitz in der Bundesrepublik Deutschland, 2009. S. ferner die Angaben zu Art. 43.

Übersicht

	Rn.
I. Allgemeines	1
1. Grundgedanke	1
2. Vereinbarkeit mit der Verordnung	3
3. Organqualität der geschäftsführenden Direktoren	4
II. Bestellung der geschäftsführenden Direktoren (Abs. 1)	7
1. Trennung von Bestellung und Anstellung	7
2. Zuständigkeit und Verfahren (Abs. 1 S. 1, S. 3)	8
3. Anzahl der geschäftsführenden Direktoren (Abs. 1 S. 1, S. 6)	10
4. Bestellungsfähige Personen (Abs. 1 S. 2, S. 4)	11
a) Interne und externe geschäftsführende Direktoren (Abs. 1 S. 2)	11
b) Mitbestimmte Gesellschaften	13
c) Allgemeine Bestellungshindernisse (Abs. 1 S. 4)	15
5. Bestellungsdauer, Wiederbestellung	16
6. Satzungsautonomie (Abs. 1 S. 5)	18
7. Vorsitzender der Geschäftsführung	20
8. Fehlerhafte Bestellung	23
III. Anstellungsvertrag	27
1. Vertragsparteien, Rechtsnatur	27
2. Zuständigkeit, Verfahren	29
3. Inhaltliche Ausgestaltung	30
IV. Geschäftsführung (Abs. 2)	31
1. Umfang der Geschäftsführungsbefugnis (Abs. 2 S. 1, S. 3)	31
a) Gesetzliche Grenzen der Geschäftsführungsbefugnis	32
b) Gewillkürte Grenzen der Geschäftsführungsbefugnis	35
2. Gesamt- oder Einzelgeschäftsführung (Abs. 2 S. 2)	36
3. Handelsregisteranmeldungen (Abs. 2 S. 4)	38
V. Berichtspflichten gegenüber dem Verwaltungsrat (Abs. 3 und 6)	40
1. Allgemeine Berichtspflichten (Abs. 6)	40
2. Berichtspflichten bei Verlust des hälftigen Grundkapitals und Insolvenz (Abs. 3)	44
VI. Geschäftsordnung (Abs. 4)	47
VII. Beendigung der Organstellung und des Anstellungsvertrags (Abs. 5)	51
1. Abberufung (Abs. 5 S. 1)	51
2. Beendigung der Organstellung aus anderen Gründen	58
3. Beendigung des Anstellungsvertrags (Abs. 5 S. 2)	60
VIII. Rechtsverhältnis zur Gesellschaft (Abs. 7)	62
1. Vergütung (§ 87 AktG entsprechend)	63
2. Wettbewerbsverbot (§ 88 AktG entsprechend)	66
3. Kreditgewährungen (§ 89 AktG entsprechend)	69
IX. Pflichten und Haftung (Abs. 8)	70
1. Allgemeines, Innen- und Außenhaftung	70
2. Pflichten	72
a) Sorgfaltspflicht	72
b) Treupflicht	75
3. Haftung	77
4. Geltendmachung der Ersatzansprüche	81
X. Stellvertreter (Abs. 9)	83

I. Allgemeines

1   **1. Grundgedanke.** Während in §§ 22–39 SEAG der Verwaltungsrat im Mittelpunkt des Interesses steht, widmen sich die §§ 40–49 SEAG vornehmlich der Rechtsstellung der **geschäftsführenden Direktoren.** An der Spitze dieses Abschnitts stehend enthält § 40 SEAG **zentrale Grundaussagen** über Bestellung und Abberufung, Pflichten und Haftung der geschäftsführenden Direktoren. Die Grundidee besteht darin, dass der Verwaltungsrat als oberstes Leitungsorgan die Grundlinien der Geschäftstätigkeit bestimmt und deren Umsetzung überwacht (§ 22 Abs. 1 SEAG), während das Tagesgeschäft einschließlich der Vertretung der Gesellschaft nach außen nach Maßgabe etwaiger Weisungen des Verwaltungsrats von den geschäftsführenden Direktoren geführt wird (§§ 40 Abs. 2, 41, 44 Abs. 2 SEAG). Funktional betrachtet stehen die geschäftsführenden Direktoren infolge ihrer Weisungsgebundenheit sowie der Befugnis des Verwaltungsrats, sie jederzeit auch ohne wichtigen Grund abzuberufen (§ 40 Abs. 5 S. 1 SEAG), den Geschäftsführern einer GmbH näher als dem Vorstand einer AG (Begr. RegE SEEG, BT-Drs. 15/3405, 39; LHT/*Teichmann* Rn. 5, 66).

2   Die Bestellung geschäftsführender Direktoren ist nach Abs. 1 S. 1 zwingend. Zugleich verhindert Abs. 1 S. 2 eine vollständige Personenidentität von Verwaltungsratsmitgliedern und geschäftsführenden Direktoren. Mit dieser **zwingenden Aufteilung** in zwei nicht identisch besetzte Gremien will der Gesetzgeber sicherstellen, dass das aus der Aufgabenteilung zwischen Vorstand und Aufsichtsrat bekannte „Vier-Augen-Prinzip" dort, wo es angebracht erscheint, auch im monistischen Modell abgebildet werden kann (Begr. RegE SEEG, BT-Drs. 15/3405, 37; kritisch aus rechtspolitischer Sicht *Fischer* S. 138 ff.). Der Gesetzgeber hat dabei vor allem die Rechnungslegung (§ 47 SEAG) sowie den konzernrechtlichen Abhängigkeitsbericht (§ 49 Abs. 1 SEAG) im Blick (→ Art. 43 Anh. Vor § 20 SEAG Rn. 3).

3   **2. Vereinbarkeit mit der Verordnung.** Die **Verordnung** lässt eine Übertragung der laufenden Geschäftsführung auf „Geschäftsführer" in Art. 43 Abs. 1 S. 2 ausdrücklich zu. Zwar gilt diese Vorschrift unmittelbar nur für Mitgliedstaaten, die anders als Deutschland bereits in ihrem nationalen Aktienrecht ein monistisches System vorhalten. Mittelbar lässt sich der Vorschrift aber entnehmen, dass es auch den übrigen Mitgliedstaaten in Ausübung der Regelungsermächtigung nach Art. 43 Abs. 4 möglich sein muss, die Bestellung von Geschäftsführern vorzusehen (→ Art. 43 Rn. 15). Die Tatsache, dass die Bestellung geschäftsführender Direktoren in Deutschland ebenso wie in Österreich (§ 59 Abs. 1 S. 1 SEG), aber im Unterschied zu einer Reihe anderer Mitgliedstaaten als zwingend ausgestaltet ist, ist **unionsrechtlich** ebenso **unbedenklich** wie der Umstand, dass auch Nicht-Verwaltungsratsmitglieder bestellt werden können. Insbesondere ist der bisweilen erhobene Vorwurf eines verdeckt dualistischen Systems nicht stichhaltig, da fundamentale Unterschiede zum dualistischen System verbleiben (→ Anh. Art. 43 Vor § 20 SEAG Rn. 4 f.).

4   **3. Organqualität der geschäftsführenden Direktoren.** Kontrovers diskutiert wird die Frage, ob den geschäftsführenden Direktoren **Organqualität** zukommt (bejahend *Schwarz* Rn. 265 iVm Art. 39 Rn. 52 f.; MüKoAktG/*Reichert/Brandes* Art. 43 Rn. 8, 15; *Ihrig* ZGR 2008, 809 [810]; *Schürnbrand* S. 62 f.; *Bauer* S. 49 ff.; *Mauch* S. 59 ff.; *Seitz* S. 145 ff.; verneinend KK-AktG/*Siems* Anh. Art. 51 § 40 SEAG Rn. 7; *Kallmeyer* ZIP 2003, 1531). Die Diskussion leidet daran, dass häufig nicht klar genug unterschieden wird, ob es um die Frage geht, ob geschäftsführende Direktoren Organe bzw. Organmitglieder iSd Art. 46–51 sind, oder um die Frage, ob sie nach der deutschen Zivilrechtsdogmatik die Voraussetzungen des Organbegriffs erfüllen (zutreffend LHT/*Teichmann* Rn. 10;

Seitz S. 151). Letzteres ist zweifelsfrei und uneingeschränkt zu bejahen; namentlich handelt es sich nicht nur um ein bloßes Teilorgan des Verwaltungsrats (so aber *Handelsrechtsausschuss DAV* NZG 2004, 75 [84]; dagegen mit Recht *Schürnbrand* S. 62). Unter Organen werden nach heutigem Erkenntnisstand organisatorisch verselbständigte Wirkungseinheiten innerhalb der Verbandsverfassung verstanden, denen die Aufgabe zukommt, die Handlungsfähigkeit des für sich genommenen handlungsunfähigen Verbands herzustellen (eingehend *Schürnbrand* S. 30 ff., 94; „institutionell-funktionaler Organbegriff"). Diese Begriffsmerkmale sind im Fall der geschäftsführenden Direktoren erfüllt. Insbesondere besteht an der organisatorischen Verselbständigung kein Zweifel, da das Gesetz den geschäftsführenden Direktoren die Kompetenz zur laufenden Geschäftsführung und zur Vertretung als originäre und nicht nur vom Verwaltungsrat abgeleitete Zuständigkeit zuweist (*Schürnbrand* S. 62 f.). Auch der Umstand, dass die geschäftsführenden Direktoren den Weisungen des Verwaltungsrats unterstehen, vermag die Organqualität nicht in Frage zu stellen, wie ein Blick auf die GmbH-Geschäftsführer oder den Vereinsvorstand zeigt.

Es sollte daher – um nur einige Beispiele zu nennen – keinem Zweifel **5** unterliegen, dass die geschäftsführenden Direktoren eine organschaftliche Vertretungsmacht ausüben (LHT/*Teichmann* Anh. Art. 43 § 41 SEAG Rn. 6; aA KK-AktG/*Siems* Anh. Art. 51 § 41 SEAG Rn. 6), ihr Handeln als Organwalter der Gesellschaft entsprechend § 31 BGB zugerechnet wird (LHT/*Teichmann* Rn. 12; *Schürnbrand* S. 63; im Ergebnis auch KK-AktG/*Siems* Anh. Art. 51 § 41 SEAG Rn. 3) und die tatsächliche Sachherrschaft, die sie in amtlicher Eigenschaft ausüben, über die Figur des Organbesitzes Besitz der Gesellschaft begründet (zum Organbesitz Westermann/Gursky/Eickmann/*Gursky* SachenR., 8. Aufl. 2011, § 19 Rn. 4 ff.). Auch die Grundsätze der organschaftlichen Wissenszurechnung finden Anwendung (*Schürnbrand* S. 63; näher zur Wissenszurechnung etwa KK-AktG/*Mertens*/*Cahn* AktG § 76 Rn. 83 ff.).

Von den dogmatischen Einordnung im deutschen Recht zu trennen ist die **6** Frage, ob die geschäftsführenden Direktoren auch Organe bzw. **Organmitglieder iSd Art. 46–51** sind (bejahend *Schwarz* Art. 39 Rn. 53; verneinend KK-AktG/*Siems* Vor Art. 46 Rn. 3, Anh. Art. 51 § 40 SEAG Rn. 8; differenzierend LHT/*Teichmann* Vor Art. 46 Rn. 3). Diese Frage ist richtigerweise zu verneinen, da die Art. 46–51 im Zusammenhang mit Art. 38 zu lesen sind und nur das Leitungs-und Aufsichtsorgan im dualistischen System und das Verwaltungsorgan im monistischen System ansprechen (→ Rn. 16, 47, 75).

II. Bestellung der geschäftsführenden Direktoren (Abs. 1)

1. Trennung von Bestellung und Anstellung. Abs. 1 regelt die **Bestellung** **7** der geschäftsführenden Direktoren, mithin das korporationsrechtliche Rechtsgeschäft, durch das die Bestellten ihre Rechtsstellung als Organmitglied mit den zugehörigen organschaftlichen Rechten und Pflichten erlangen. Davon zu unterscheiden ist wie bei den Vorstandsmitgliedern einer AG oder den Geschäftsführern einer GmbH der schuldrechtliche **Anstellungsvertrag** (s. nur LHT/*Teichmann* Rn. 14 ff.; Spindler/Stilz/*Fleischer* AktG § 84 Rn. 7). Bei diesem handelt es sich um einen auf entgeltliche Geschäftsbesorgung gerichteten Dienstvertrag (§§ 675, 611 BGB), der zwar nicht notwendig, aber regelmäßig mit den geschäftsführenden Direktoren abgeschlossen wird (→ Rn. 27 ff.). Aus Abs. 5 S. 2 ergibt sich, dass auch der Gesetzgeber zwischen Bestellung und Anstellung unterscheidet (Begr. RegE SEEG, BT-Drs. 15/3405, 39).

2. Zuständigkeit und Verfahren (Abs. 1 S. 1, S. 3). Zuständig für die **8** Bestellung nach Abs. 1 S. 1 ist allein das **Verwaltungsratsplenum,** da § 34

Abs. 4 S. 2 SEAG eine Delegation auf einen Ausschuss ausschließt. Das Plenum entscheidet durch Beschluss nach Art. 50. Wird ein Mitglied des Verwaltungsrats bestellt, unterliegt es keinem Stimmverbot analog § 34 BGB (NK-SE/*Manz* Rn. 128; LHT/*Teichmann* Rn. 27; MüKoAktG/*Reichert/Brandes* Art. 43 Rn. 122; KK-AktG/*Siems* Anh. Art. 51 § 35 SEAG Rn. 6; zur Beschlussfassung über den Anstellungsvertrag aber → Rn. 29). Zwar wird im dualistischen System für den Wechsel eines Aufsichtsratsmitglieds in den Vorstand teilweise ein Stimmverbot angenommen (MüKoAktG/*Habersack* AktG § 108 Rn. 32 mN zum Streitstand). Diese schon im dualistischen System umstrittene Auffassung ist aber auf das monistische System nicht übertragbar, da sie auf dem hier außer Kraft gesetzten Trennungsprinzip (§ 105 Abs. 1 AktG) aufbaut. Ist der Verwaltungsrat ausnahmsweise handlungsunfähig, kann ein geschäftsführender Direktor auch **gerichtlich bestellt** werden (§ 45 SEAG).

9   Wirksam wird die Bestellung nach allgemeinen Grundsätzen erst nach Kundgabe des Beschlusses gegenüber dem Bestellten und dessen **Annahmeerklärung** (KK-AktG/*Siems* Anh. Art. 51 § 40 SEAG Rn. 47; zum Vorstand Spindler/Stilz/*Fleischer* AktG § 84 Rn. 5). Die Annahme kann auch konkludent durch Aufnahme der Tätigkeit erfolgen (Spindler/Stilz/*Fleischer* AktG § 84 Rn. 5). Kein Wirksamkeitserfordernis ist die **Eintragung im Handelsregister** nach Abs. 1 S. 3 (KK-AktG/*Siems* Anh. Art. 51 § 40 SEAG Rn. 42; LHT/*Teichmann* Rn. 14). Die Anmeldung zur Eintragung erfolgt durch die geschäftsführenden Direktoren (§ 46 Abs. 1 S. 2 SEAG).

10   **3. Anzahl der geschäftsführenden Direktoren (Abs. 1 S. 1, S. 6).** Zu bestellen ist nach Abs. 1 S. 1 **mindestens ein** geschäftsführender Direktor. Die Satzung (Abs. 1 S. 5) kann eine höhere Mindestzahl, aber auch eine Höchstzahl oder eine bestimmte Zahl vorsehen (MüKoAktG/*Reichert/Brandes* Art. 43 Rn. 118; KK-AktG/*Siems* Anh. Art. 51 § 40 SEAG Rn. 45). In der **mitbestimmten SE** müssen bei Eingreifen der Auffangregelung gemäß Abs. 1 S. 6 iVm § 38 Abs. 2 SEBG zwingend **mindestens zwei** geschäftsführende Direktoren bestellt werden, von denen einer für den Bereich Arbeit und Soziales zuständig sein muss (→ SEBG § 38 Rn. 1 ff.). Dieses Erfordernis besteht ab dem Zeitpunkt, in dem das Verhandlungsverfahren abgeschlossen ist und feststeht, ob § 38 Abs. 2 SEBG oder eine entsprechende Regelung in der Beteiligungsvereinbarung eingreift (unklar insoweit MüKoAktG/*Reichert/Brandes* Art. 43 Rn. 131). Für den Fall, dass mehrere geschäftsführende Direktoren bestellt werden, kann die Satzung oder die Geschäftsordnung vorsehen, dass einer von ihnen zum Vorsitzenden der Geschäftsführung bestellt wird (→ Rn. 20 ff.).

11   **4. Bestellungsfähige Personen (Abs. 1 S. 2, S. 4). a) Interne und externe geschäftsführende Direktoren (Abs. 1 S. 2).** Wie sich aus Abs. 1 S. 2 ergibt, können sowohl Verwaltungsratsmitglieder als auch Dritte zu geschäftsführenden Direktoren bestellt werden. Diese bezeichnet man auch als „interne" bzw. „externe" geschäftsführende Direktoren. Die für das dualistische System prägende strikte personelle Trennung zwischen Aufsichtsrats- und Vorstandsmitgliedern (§ 105 Abs. 1 AktG) findet somit im monistischen System keine Entsprechung. Sofern allerdings Verwaltungsratsmitglieder zu geschäftsführenden Direktoren bestellt werden, ist nach Abs. 1 S. 2 zwingend erforderlich, dass die **Mehrheit der Verwaltungsratsmitglieder nicht-geschäftsführend** bleibt (zur Rechtsfolge von Verstößen → Rn. 23 ff.). Durch diese Regelung soll die Überwachungsfunktion des Verwaltungsrats gegenüber den geschäftsführenden Direktoren gestärkt werden (KK-AktG/*Siems* Anh. Art. 51 § 40 SEAG Rn. 22; LHT/*Teichmann* Rn. 20). Zugleich wird mit ihr S. 3 des 14. Erwägungsgrunds der SE-VO Rechnung getragen, der eine Aufteilung der Verantwortungsbereiche der Personen, denen die Geschäftsführung obliegt, und der Personen, die mit der

Aufsicht betraut sind, ausdrücklich für wünschenswert erklärt. Eine mit Abs. 1 S. 2 übereinstimmende Regelung kennt das österreichische Recht (§ 59 Abs. 1 S. 2 SEG), allerdings nur für nicht-börsennotierte Gesellschaften; für börsennotierte verlangt § 59 Abs. 2 SEG ausschließlich externe Direktoren. Funktional vergleichbare Regelungen, die allerdings im Unterschied zu Abs. 1 S. 2 nicht als zwingend ausgestaltet sind, finden sich zudem in ausländischen Corporate Governance-Kodizes (dazu *Merkt* ZGR 2003, 650 [667]; *Fischer* S. 173).

Von den allgemeinen Bestellungshindernissen (→ Rn. 15) abgesehen schreiben **12** weder die Verordnung noch das SEAG weitere Einschränkungen für die Besetzung der geschäftsführenden Direktoren vor. Daher kann vorbehaltlich abweichender Satzungsbestimmung (Abs. 1 S. 5) auch der **Verwaltungsratsvorsitzende** zum geschäftsführenden Direktor bestellt werden (KK–AktG/*Siems* Anh. Art. 51 § 40 SEAG Rn. 20, allgM; anders in Österreich § 50 Abs. 2 S. 1 SEG). Möglich ist auch eine Bestellung zum Vorsitzenden der Geschäftsführung (→ Rn. 20 ff.). Der Verwaltungsrats- und Geschäftsführungsvorsitzende kann auf diese Weise eine Machtfülle erhalten, wie sie im französischen Recht dem président directeur général (PDG) oder im angelsächsischen Rechtskreis dem chairman and chief executive officer zusteht (näher *Bachmann* ZGR 2008, 779 [788 ff.] mwN). Ob eine solche Machtkonzentration ein Ausweis guter Corporate Governance ist, steht freilich auf einem anderen Blatt (für Einführung einer ablehnenden Empfehlung im DCGK LHT/*Teichmann* Rn. 19; *Casper* ZHR 173 [2009], 171 [215 f.]).

b) Mitbestimmte Gesellschaften. Die Besetzungsregel des Abs. 1 S. 2 gilt **13** ohne Modifikationen auch in mitbestimmten Gesellschaften. Auch hier muss die Gesamtzahl der nicht-geschäftsführenden Verwaltungsratsmitglieder – nicht nur die Zahl der nicht-geschäftsführenden Anteilseignervertreter – die Zahl der geschäftsführenden Verwaltungsratsmitglieder übersteigen (KK–AktG/*Siems* Anh. Art. 51 § 40 SEAG Rn. 25; abweichend zur Parallelvorschrift im österreichischen Recht Kalss/Hügel/*Kalss*/*Greda* SEG § 59 Rn. 18). Damit die Arbeitnehmervertreter nicht die Mehrheit unter den nicht-geschäftsführenden Verwaltungsratsmitgliedern bilden, wird im Schrifttum allerdings empfohlen, in paritätisch mitbestimmten Gesellschaften nur externe geschäftsführende Direktoren zu bestellen (MHdB AG/*Austmann* § 86 Rn. 20 f.).

Theoretisch kann der Verwaltungsrat auch **Arbeitnehmervertreter** zu ge- **14** schäftsführenden Direktoren bestellen (MHdB AG/*Austmann* § 86 Rn. 21; KK–AktG/*Siems* Anh. Art. 51 § 40 SEAG Rn. 21; *Bachmann* ZGR 2008, 779 [803]; *Seitz* S. 166 ff.; aA *Kallmeyer* ZIP 2003, 1531 [1534]; NK-SE/*Manz* Rn. 131; *Mauch* S. 134 f.). Auch hier kann aber die Satzung nach Abs. 1 S. 5 anderes vorsehen, da sich der Grundsatz der Gleichberechtigung der Arbeitnehmervertreter (§ 38 Abs. 1 SEBG) nur auf die Arbeit im Verwaltungsrat bezieht (*Bachmann* ZGR 2008, 779 [804]; Spindler/Stilz/*Eberspächer* Art. 43 Rn. 37 Fn. 146; aA in Bezug auf die Beteiligungsvereinbarung LHT/*Oetker* SEBG § 21 Rn. 79). Auch wenn es an einer solchen Satzungsbestimmung fehlt, dürfte die Bestellung von Arbeitnehmervertretern zu geschäftsführenden Direktoren allerdings praktisch nicht vorkommen.

c) Allgemeine Bestellungshindernisse (Abs. 1 S. 4). Für Personen, die **15** dem Verwaltungsrat angehören, gelten bereits in dieser Funktion nicht nur die dem Recht des Aufsichtsrats nachempfundenen Bestellungsvoraussetzungen des § 27 SEAG, sondern zusätzlich auch die Bestellungsvoraussetzungen des § 76 Abs. 3 AktG (→ Anh. Art. 43 § 27 SEAG Rn. 3 ff.). Daher sieht der Gesetzgeber in Abs. 1 S. 4 Regelungsbedarf nur noch für externe geschäftsführende Direktoren und verweist für diese auf § 76 Abs. 3 AktG. Danach kommen nur natürliche, unbeschränkt geschäftsfähige und nicht unter Einwilligungsvorbehalt stehende

Personen in Betracht, die keinem Berufs- oder Gewerbeverbot iSd § 76 Abs. 3 S. 2 Nr. 2 AktG unterliegen und nicht wegen einer Straftat nach § 76 Abs. 3 S. 2 Nr. 3 AktG rechtskräftig verurteilt sind.

16   **5. Bestellungsdauer, Wiederbestellung.** Die Regelung des **Art. 46 Abs. 1** für die maximale Bestellungsdauer der Verwaltungsratsmitglieder findet auf die geschäftsführenden Direktoren **keine Anwendung** (hM, van Hulle/Maul/Drinhausen/*Drinhausen* Abschnitt 5 § 2 Rn. 34; Spindler/Stilz/*Eberspächer* Art. 43 Rn. 39, Art. 46 Rn. 1; KK-AktG/*Siems* Anh. Art. 51 § 40 SEAG Rn. 41; LHT/*Teichmann* Art. 46 Rn. 8; → Rn. 6; aA NK-SE/*Manz* Art. 43 Rn. 134; *Schwarz* Art. 46 Rn. 7; *Bauer* S. 66 ff.). Auch § 40 SEAG schreibt im Unterschied zu § 84 Abs. 1 S. 1 AktG keine Begrenzung der Bestellungsdauer vor. Für eine derartige Regelung besteht mit Blick auf die freie Abberufbarkeit der geschäftsführenden Direktoren (Abs. 5 S. 1) auch ebenso wenig Anlass wie im GmbH-Recht.

17   Die Bestellungsdauer hängt folglich vom Bestellungsbeschluss des Verwaltungsrats ab. Sofern dieser keine Dauer bestimmt, gilt die Bestellung auf unbestimmte Zeit (Spindler/Stilz/*Eberspächer* Art. 43 Rn. 39; KK-AktG/*Siems* Anh. Art. 51 § 40 SEAG Rn. 41). Auch die für den Vorstand geltenden Einschränkungen für eine **Wiederbestellung** (§ 84 Abs. 1 S. 3 AktG) sind auf die geschäftsführenden Direktoren nicht übertragbar, da sie im Zusammenhang mit der unanwendbaren Amtszeitregelung stehen (KK-AktG/*Siems* Art. 51 § 40 SEAG Rn. 41; aA *Frodermann* in Jannott/Frodermann HdB SE Kap. 5 Rn. 248). Es steht jedoch nichts im Wege, nach Abs. 1 S. 5 in der Satzung eine maximale Bestellungsdauer und Regeln zur Wiederbestellung festzulegen (KK-AktG/*Siems* Anh. Art. 51 § 40 SEAG Rn. 45). Dies kann auch in Kombination mit einer Satzungsregelung geschehen, die vom Grundsatz der freien Abberufbarkeit abweicht (Abs. 5 S. 1 Hs. 2; → Rn. 54).

18   **6. Satzungsautonomie (Abs. 1 S. 5).** Abs. 1 S. 5 eröffnet Spielraum für Satzungsbestimmungen über die Bestellung der geschäftsführenden Direktoren. Für das Beschlussverfahren ergibt sich weitgehende Satzungsautonomie bereits aus Art. 50 Abs. 1–2 (→ Art. 50 Rn. 1 ff.). Dennoch bleibt für Abs. 1 S. 5 ein beträchtlicher Anwendungsbereich. Zu denken ist etwa an Satzungsregelungen zur Anzahl der geschäftsführenden Direktoren (→ Rn. 10), zur Bestellungsdauer und Wiederbestellung (→ Rn. 16 f.) und nach hM auch an Bestimmungen zu persönlichen Eignungsvoraussetzungen, solange das Auswahlermessen des Verwaltungsrats nicht unverhältnismäßig eingeengt wird (MüKoAktG/*Reichert*/*Brandes* Art. 43 Rn. 110; zur AG Spindler/Stilz/*Fleischer* AktG § 76 Rn. 126 ff.; abweichend KK-AktG/*Mertens*/*Cahn* AktG § 76 Rn. 116). Auch die Frage, ob und inwieweit innerhalb der Grenzen des Abs. 1 S. 2 interne geschäftsführende Direktoren bestellt werden können oder müssen, ist einer Satzungsregelung zugänglich (*Schwarz* Rn. 273; KK-AktG/*Siems* Anh. Art. 51 § 40 SEAG Rn. 45). Zulässig sind daher zB Bestimmungen, nach denen der Verwaltungsratsvorsitzende stets auch zum geschäftsführenden Direktor zu bestellen ist (*Seibt* in Lutter/Hommelhoff Europäische Gesellschaft S. 67 (88)) oder Arbeitnehmervertreter nicht bestellt werden dürfen (→ Rn. 14).

19   Die Satzungsermächtigung des Abs. 1 S. 5 bezieht sich aber allein auf Bestellungsfragen. Weiteren Spielraum für Satzungsbestimmungen betreffend die geschäftsführenden Direktoren gewährt das Gesetz an anderer Stelle, so für die Arbeitsweise der geschäftsführenden Direktoren in Abs. 4 S. 2 (→ Rn. 48) und in Bezug auf die Abberufung in Abs. 5 S. 1 (→ Rn. 54).

20   **7. Vorsitzender der Geschäftsführung.** Auf eine dem § 84 Abs. 2 AktG vergleichbare Bestimmung, nach welcher der Verwaltungsrat einen Vorsitzenden der Geschäftsführung bestimmen kann, hat der Gesetzgeber verzichtet, da die Frage nach Abs. 1 S. 5 in der Satzung geregelt werden kann (Begr. RegE SEEG, BT-Drs. 15/3405, 39; MüKoAktG/*Reichert/Brandes* Art. 43 Rn. 124). Fehlt es an einer Satzungsregelung, können die geschäftsführenden Direktoren auch selbst einen Vorsitzenden bestellen (*Schwarz* Rn. 296). Letzteres kann auch in der Satzung nach Abs. 4 S. 2 oder in der Geschäftsordnung der geschäftsführenden Direktoren nach Abs. 4 S. 1 vorgeschrieben werden (MüKoAktG/*Reichert/Brandes* Art. 43 Rn. 124; wohl nur scheinbar aA van Hulle/Maul/Drinhausen/*Drinhausen* Abschnitt 5 § 3 Rn. 38, der eine Satzungsbestimmung verlangt, dabei aber nur die Bestellung eines Vorsitzenden der Geschäftsführung durch den Verwaltungsrat im Blick haben dürfte).

Das Gesetz weist dem Vorsitzenden der Geschäftsführung **keine besondere** **21** **Rechtsstellung** zu (MüKoAktG/*Reichert/Brandes* Art. 43 Rn. 124). Anders als ein Vorstandsvorsitzender (§ 80 Abs. 1 S. 2 AktG) muss der Vorsitzende der Geschäftsführung nicht als solcher auf den Geschäftsbriefen der Gesellschaft hervorgehoben werden (→ Anh. Art. 43 § 43 SEAG Rn. 2). Auch die Pflichtangabe im Anhang nach § 285 Nr. 10 S. 2 HGB dürfte mit dem „Vorsitzenden des Geschäftsführungsorgans" in der monistischen SE auf den Verwaltungsratsvorsitzenden – als Vorsitzenden des obersten Leitungsorgans – abzielen und nicht auf den Vorsitzenden der weisungsabhängigen Geschäftsführung (wie hier offenbar auch MüKoAktG/*Reichert/Brandes* Art. 43 Rn. 124 iVm Art. 39 Rn. 30). Auf Grundlage von Abs. 4 kann die Rechtsstellung des Vorsitzenden aber in der Satzung und der Geschäftsordnung näher ausgestaltet werden. Selbstverständlich steht es den Beteiligten dabei frei, den Vorsitzenden auch anders zu bezeichnen, etwa als chief executive officer (CEO) oder als Sprecher.

Für börsennotierte und ihnen nach § 161 Abs. 1 S. 2 AktG gleichgestellte **22** Gesellschaften empfiehlt **Ziff. 4.2.1 S. 1 DCGK** die Bestellung eines Vorstandsvorsitzenden oder -sprechers. Diese Empfehlung ist in der monistischen SE auf die geschäftsführenden Direktoren zu beziehen (→ Anh. Art. 43 § 22 SEAG Rn. 58).

8. Fehlerhafte Bestellung. Leidet der Bestellungsbeschluss an einem inhalt- **23** lichen Mangel oder einem relevanten Verfahrensfehler, führt dies nach allgemeinen Regeln grundsätzlich zur **Nichtigkeit** des Beschlusses (→ Anh. Art. 43 § 35 SEAG Rn. 19; aber → Rn. 24 zu den Grundsätzen der fehlerhaften Bestellung). Dies gilt insbesondere auch für Verstöße gegen die gesetzlichen Eignungsvoraussetzungen nach Abs. 1 S. 4 iVm § 76 Abs. 3 AktG (MüKoAktG/*Reichert/Brandes* Art. 43 Rn. 111; zur AG Spindler/Stilz/*Fleischer* AktG § 76 Rn. 121). Bei **Verstößen gegen die Besetzungsregel des Abs. 1 S. 2** ist zu unterscheiden. Wird ein amtierendes Verwaltungsratsmitglied unter Verstoß gegen Abs. 1 S. 2 zum geschäftsführenden Direktor bestellt, ist dieser Bestellungsbeschluss zunächst schwebend unwirksam (LHT/*Teichmann* Rn. 24; MüKoAktG/*Reichert/Brandes* Art. 47 Rn. 40; zu § 105 Abs. 1 AktG Hüffer/*Koch* AktG § 105 Rn. 6). Wird der Verstoß bis zum Amtsantritt als geschäftsführender Direktor nicht durch Beendigung des Verwaltungsratsmandats (zB durch Amtsniederlegung) abgewendet, wird der Beschluss mit Amtsantritt endgültig unwirksam (zur AG Hüffer/*Koch* AktG § 105 Rn. 6). Zweifelhaft ist die Rechtslage in dem umgekehrten Fall, in dem ein bereits amtierender geschäftsführender Direktor nachträglich von der Hauptversammlung auch in den Verwaltungsrat gewählt wird und infolgedessen Abs. 1 S. 2 nicht mehr gewahrt ist. Im Aktienrecht geht man für den vergleichbaren Fall der Wahl eines Vorstandsmitglieds in den Aufsichtsrat davon aus, dass die Wahl in den Aufsichtsrat analog § 250 Abs. 1 Nr. 4 AktG nichtig ist, sofern der Gewählte sein Vorstandsamt nicht vor Antritt des Aufsichtsratsmandats aufgibt (Hüffer/*Koch* AktG § 105 Rn. 6; MüKoAktG/*Habersack* AktG § 105

Rn. 19 mwN). Dies legt es im Interesse der Wertungsstimmigkeit nahe, in dem hier interessierenden Fall analog § 31 Abs. 1 Nr. 3 SEAG die Wahl in den Verwaltungsrat ebenfalls als nichtig zu betrachten, sofern der Verstoß gegen Abs. 1 S. 2 nicht noch vor Amtsantritt abgewendet wird. Einwenden könnte man zwar, dass sich der Wortlaut des Abs. 1 S. 2 allein gegen die Bestellung zum geschäftsführenden Direktor zu richten scheint; allzu viel Gewicht hat dieser Einwand indes nicht, da der Gesetzgeber den hier interessierenden Fall ersichtlich nicht eigens bedacht hat.

24   Ist die Bestellung trotz der Nichtigkeit des zugrunde liegenden Beschlusses in Vollzug gesetzt worden, kann aus Gründen des Verkehrs- und Bestandsschutzes nach den **Grundsätzen der fehlerhaften Bestellung** (Lehre vom fehlerhaften Bestellungsverhältnis) die Nichtigkeit grundsätzlich nur mit Wirkung für die Zukunft geltend gemacht werden (KK-AktG/*Siems* Anh. Art. 51 § 40 Rn. 50; zum Vorstand der AG Spindler/Stilz/*Fleischer* AktG § 84 Rn. 20 ff.; aber → Anh. Art. 43 § 28 SEAG Rn. 11 ff. zur fehlerhaften Bestellung der Verwaltungsratsmitglieder). Bei Verstößen gegen Abs. 1 S. 4 iVm § 76 Abs. 3 S. 1, S. 2 Nr. 1 AktG gilt diese Einschränkung der Nichtigkeitsfolge allerdings nicht, da der Schutz des nicht oder nur beschränkt Geschäftsfähigen bzw. unter Einwilligungsvorbehalt Stehenden den Grundsätzen der fehlerhaften Bestellung vorgeht (→ Anh. Art. 43 § 28 SEAG Rn. 14). Verstöße gegen § 76 Abs. 3 S. 2 Nr. 2–3 AktG rechtfertigen dagegen nach zutreffender Ansicht keine Einschränkung der Lehre vom fehlerhaften Bestellungsverhältnis (str., → Anh. Art. 43 § 28 SEAG Rn. 14 mN, abweichend die hM, etwa Spindler/Stilz/*Fleischer* AktG § 84 Rn. 20 aE). Gleiches gilt nach hier vertretener Ansicht konsequenterweise auch für Verstöße gegen die Besetzungsregel des Abs. 1 S. 2 (in der AG str. für Verstöße gegen § 105 Abs. 1 AktG; für Anwendbarkeit der Grundsätze der fehlerhaften Bestellung *Bayer/Lieder* NZG 2012, 1 [7]; *Lieder* ZHR 178 [2014], 282 [317 f.]; dagegen aber die hM, MüKoAktG/*Habersack* AktG § 101 Rn. 72 mwN). Ebenso wenig steht es der Anwendung der Grundsätze der fehlerhaften Bestellung entgegen, wenn dem Organwalter eine statutarische Eignungsvoraussetzung (→ Rn. 18) fehlt (*Bayer/Lieder* NZG 2012, 1 [4] mwN).

25   Das Amt des fehlerhaft-wirksam bestellten Verwaltungsratsmitglieds endet nicht schon mit Bekanntwerden des Mangels, sondern aus Gründen der Rechtssicherheit erst, wenn dieser durch **Erklärung der Gesellschaft** geltend gemacht wird oder der geschäftsführende Direktor sein Amt niederlegt (zur AG Spindler/Stilz/*Fleischer* AktG § 84 Rn. 21). Über die Beendigung des Mandats entscheidet der Verwaltungsrat durch Beschluss. Bei erkannter Fehlerhaftigkeit der Bestellung ist der Verwaltungsrat grundsätzlich **verpflichtet,** die Bestellung unverzüglich zu beenden oder eine wirksame Bestellung vorzunehmen (zur AG Spindler/Stilz/*Fleischer* AktG § 84 Rn. 21; *Lutter/Krieger/Verse* Rn. 360). Soweit die Satzung die Abberufung nur aus wichtigem Grund zulässt, liegt dieser Grund in dem Bestellungsmangel (*Bayer/Lieder* NZG 2012, 1 [5]; Spindler/Stilz/*Fleischer* AktG § 84 Rn. 21).

26   Zu unterscheiden von fehlerhaft bestellten geschäftsführenden Direktoren sind **faktische** geschäftsführende **Direktoren.** Bei diesen fehlt jeglicher, sei es auch fehlerhafte Bestellungsakt. Dennoch können nach hM auch faktische Organwalter Adressat organschaftlicher Pflichten sein, wenn sie organspezifische Funktionen in organspezifischer Weise wahrnehmen (zur AG ausführlich Spindler/Stilz/*Fleischer* AktG § 93 Rn. 182 ff.).

III. Anstellungsvertrag

27   **1. Vertragsparteien, Rechtsnatur.** Ebenso wie bei Vorstandsmitgliedern und GmbH-Geschäftsführern tritt auch bei den geschäftsführenden Direktoren neben

die korporationsrechtliche Bestellung regelmäßig ein schuldrechtlicher **Anstellungsvertrag** (vgl. Abs. 5 S. 2), der den genauen Umfang der Leistungspflichten und insbesondere die hierfür gewährte Vergütung regelt. Der Anstellungsvertrag wird in der Regel zwischen der Gesellschaft, vertreten durch den Verwaltungsrat (§ 41 Abs. 5 SEAG; → Rn. 29), und dem geschäftsführenden Direktor abgeschlossen. Nach verbreiteter, im faktischen Konzern aber nicht unbestrittener Ansicht sind daneben mit Zustimmung des Verwaltungsrats auch **Konzernanstellungsverträge** zulässig, bei denen anstelle der Gesellschaft die Konzernobergesellschaft den Vertrag abschließt (MüKoAktG/*Reichert/Brandes* Art. 43 Rn. 152 f.; KK-AktG/*Siems* Anh. Art. 51 § 40 SEAG Rn. 11; zum Streitstand in der AG Spindler/Stilz/*Fleischer* AktG § 84 Rn. 39). Denkbar ist ferner, dass in Fällen des sog. **Interim Management** (Personalleasing) darauf verzichtet wird, einen Anstellungsvertrag zwischen der SE und dem geschäftsführenden Direktor (Interim Manager) abzuschließen, und die Vergütung stattdessen über die Leasingagentur abgewickelt wird. Zu beachten ist dabei, dass der Abschluss der Vereinbarung der SE mit der Agentur, in dem die Vergütung für die Tätigkeit des geschäftsführenden Direktors geregelt wird, in die Zuständigkeit des Verwaltungsrats fällt, da diesem die Anstellungs- und Vergütungskompetenz hinsichtlich der geschäftsführenden Direktoren zusteht (§ 40 Abs. 5 S. 2, Abs. 7 SEAG iVm § 87 AktG, § 41 Abs. 5 SEAG; zum Parallelproblem in der AG BGH NZG 2015, 792; *E. Vetter* NZG 2015, 889 [890 ff.]).

Der Anstellungsvertrag der geschäftsführenden Direktoren ist – wiederum wie **28** bei Vorstandsmitgliedern und GmbH-Geschäftsführern – als ein auf Geschäftsbesorgung gerichteter **Dienstvertrag** nach §§ 675, 611 BGB zu qualifizieren (LHT/*Teichmann* Rn. 16). Um einen Arbeitsvertrag handelt es sich nicht, da allein der Umstand, dass der geschäftsführende Direktor den Weisungen des Verwaltungsrats unterliegt, ebenso wenig die Arbeitnehmereigenschaft begründet wie die Bindung des GmbH-Geschäftsführers an die Weisungen der Gesellschafterversammlung (MüKoAktG/*Reichert/Brandes* Art. 43 Rn. 147 ff.; KK-AktG/ *Siems* Anh. Art. 51 § 40 SEAG Rn. 12; zum GmbH-Geschäftsführer MüKoGmbHG/*Jaeger* GmbHG § 35 Rn. 278 mzN). Eine Einordnung als Arbeitsverhältnis kann in Anlehnung an die Rechtsprechung des BAG zum GmbH-Geschäftsführer allenfalls in extremen Ausnahmefällen in Betracht kommen; allein der Umstand, dass auch Weisungen im Tagesgeschäft erteilt werden, genügt für die Annahme einer solchen Ausnahme nicht (BAG GmbHR 2006, 592 [593 f.]; tendenziell weiter noch BAG NJW 1999, 3731 [3732]; gegen jegliche Ausnahmen MüKoGmbHG/*Jaeger* GmbHG § 35 Rn. 279 mwN). Im Anwendungsbereich der arbeitsrechtlichen EU-Richtlinien bedarf es allerdings jeweils gesonderter Prüfung, ob weisungsgebundene Geschäftsführer als Arbeitnehmer iSd Unionsrechts anzusehen sind (bejahend EuGH NZA 2011, 143 – Danosa zur Mutterschutzrichtlinie; eingehend MüKoGmbHG/*Jaeger* GmbHG § 35 Rn. 280 ff.). Von der Frage der Arbeitnehmereigenschaft zu trennen ist diejenige der **Sozialversicherungspflicht** der geschäftsführenden Direktoren; sie ist aufgrund der Weisungsgebundenheit im Ergebnis zu bejahen (Beschäftigung iSd § 7 Abs. 1 SGB IV; *Seyfarth* VorstandsR § 11 Rn. 14; KK-AktG/*Siems* Anh. Art. 51 Rn. 14; einschr. *Forst* NZS 2012, 801 [807 f.]; MüKoAktG/*Reichert/Brandes* Art. 43 Rn. 161: nicht, wenn sie zugleich dem Verwaltungsrat angehören).

2. Zuständigkeit, Verfahren. Zuständig und vertretungsbefugt (§ 41 Abs. 5 **29** SEAG) für den Abschluss des Anstellungsvertrags und spätere Änderungen ist der Verwaltungsrat. Dieser entscheidet durch Beschluss nach Art. 50. Ob die Beschlussfassung über den Abschluss des Vertrags und spätere vergütungsrelevante Änderungen auf einen Ausschuss delegiert werden können, ist umstritten, richtigerweise aber wohl analog § 107 Abs. 3 S. 4 AktG zu verneinen, da die unterbliebene Erwähnung des § 87 AktG in § 34 Abs. 4 S. 2 SEAG auf einem Redaktionsversehen anlässlich des VorstAG beruhen dürfte (näher → Anh. Art. 43 § 34 SEAG Rn. 27 mN). Bei der Beschlussfassung im Verwaltungsrat unterliegt das selbst betroffene Mitglied einem Stimmverbot analog § 34 BGB (LHT/*Teichmann* Rn. 27; *Schwarz* Rn. 293; *Bauer* S. 163 ff.; in der AG str. für den Anstellungsvertrag des in den Vorstand wechselnden Aufsichtsratsmitglieds, MüKoAktG/*Habersack* AktG § 108 Rn. 32 mwN). Darin liegt kein Widerspruch zur Ablehnung eines Stimmverbots im Rahmen der Bestellung (→ Rn. 8), da bei der Entscheidung über die Modalitäten des Anstellungsverhältnisses die persönlichen Interessen des Betroffenen – man denke nur an die Vergütung – ungleich stärker tangiert sind. Ob das Stimmrecht des Befangenen auf den Vorsitzenden des Verwaltungsrats übergeht, hängt gemäß § 35 Abs. 3 SEAG davon ab, ob der Betroffene im Zeitpunkt der Abstimmung bereits zum geschäftsführenden Direktor bestellt ist oder nicht (→ Anh. Art. 43 § 35 SEAG Rn. 9). Die Umsetzung des Beschlusses über den Abschluss oder die Änderung des Anstellungsvertrags kann – wie sonst im Rahmen des § 41 Abs. 5 SEAG auch (→ Anh. Art. 43 § 41 SEAG Rn. 17) – einem einzelnen Verwaltungsratsmitglied überlassen werden.

30   **3. Inhaltliche Ausgestaltung.** Hins. der inhaltlichen Ausgestaltung des Anstellungsvertrags kann man sich weithin an den Usancen zu Anstellungsverträgen mit Vorstandsmitgliedern und GmbH-Geschäftsführern orientieren (s. etwa Spindler/Stilz/*Fleischer* AktG § 84 Rn. 43 ff.). Speziell zur Vergütung → Rn. 63 ff., zum Wettbewerbsverbot → Rn. 66 ff. und zur Beendigung des Anstellungsvertrags → Rn. 60 f. Eine gesetzliche Höchstdauer für den Anstellungsvertrag nach Art des § 84 Abs. 1 S. 5 AktG sieht das SEAG ebenso wenig vor wie für die Bestellung (→ Rn. 16). Ist der geschäftsführende Direktor **zugleich Verwaltungsratsmitglied,** hat sich der Anstellungsvertrag allein auf die Tätigkeit als geschäftsführender Direktor zu beziehen (KK-AktG/*Siems* Anh. Art. 51 § 40 SEAG Rn. 10; aA MüKoAktG/*Reichert/Brandes* Rn. 155). Für ein Anstellungsverhältnis der Verwaltungsratsmitglieder lässt das Gesetz ebenso wenig Raum wie bei Aufsichtsratsmitgliedern (→ Anh. Art. 43 § 28 SEAG Rn. 3). Insbesondere kann die Vergütung der Tätigkeit im Verwaltungsrat nur von den Aktionären (§ 38 Abs. 1 SEAG iVm § 113 AktG) und nicht in einem vom Verwaltungsrat abgeschlossenen Anstellungsvertrag festgesetzt werden.

IV. Geschäftsführung (Abs. 2)

31   **1. Umfang der Geschäftsführungsbefugnis (Abs. 2 S. 1, S. 3).** Gemäß Abs. 2 S. 1 führen die geschäftsführenden Direktoren die Geschäfte der SE. Diese Geschäftsführungsbefugnis ist allerdings nicht grenzenlos.

32   **a) Gesetzliche Grenzen der Geschäftsführungsbefugnis.** Nach Abs. 2 S. 3 können die dem Verwaltungsrat gesetzlich zugewiesenen Aufgaben – und damit insbesondere die Leitungsaufgabe nach § 22 Abs. 1 SEAG – nicht auf die geschäftsführenden Direktoren übertragen werden. Daraus folgt, dass sämtliche **Leitungsmaßnahmen,** dh die grundlegenden Führungsentscheidungen (→ Anh. Art. 43 § 22 SEAG Rn. 5), von der Geschäftsführungsbefugnis der geschäftsführenden Direktoren **ausgenommen** sind (*Schwarz* Rn. 276; *Bauer* S. 87). Ob sich die mangelnde Geschäftsführungsbefugnis auch auf die Vertretungsmacht im Außenverhältnis nach § 41 Abs. 1 SEAG auswirkt, ist eine andere, nach den allgemeinen Grundsätzen des Missbrauchs der Vertretungsmacht zu beantwortende Frage (→ Anh. Art. 43 § 41 SEAG Rn. 10 f.).

33   Unter Hinweis darauf, dass die Verordnung in Art. 43 Abs. 1 S. 2 nur eine Übertragung der **laufenden Geschäftsführung** zulässt und diese Beschränkung auch im Rahmen der Regelungsermächtigung des Art. 43 Abs. 4 zu berücksichtigen ist (→ Art. 43 Rn. 16), wird im Schrifttum verschiedentlich gefordert, die Geschäftsführungsbefugnis im Wege verordnungskonformer Auslegung des § 40 Abs. 2 SEAG weiter einzuschränken (NK-SE/*Manz* Art. 43 Rn. 140; *Schwarz* Rn. 276; *Seitz* S. 227; mit abweichender Begründung auch *Böttcher* S. 147 ff.). Einer solchen verordnungskonformen Auslegung bedarf es jedoch nicht, wenn man den Begriff der laufenden Geschäftsführung nicht auf die „alltäglich anfallenden, häufig wiederkehrenden, routinemäßig zu erledigenden" Geschäfte verengt (so aber NK-SE/*Manz* Art. 43 Rn. 16 iVm Art. 39 Rn. 12; ähnlich *Böttcher* S. 144, 149; *Seitz* S. 227), sondern ihn richtigerweise als Komplementärbegriff zu den dem Leitungsbereich zuzuordnenden grundlegenden Führungsentscheidungen auffasst (→ Art. 43 Rn. 11). Denn bei dieser Sichtweise ist der Beschränkung auf die laufende Geschäftsführung bereits dadurch Rechnung getragen, dass nach § 40 Abs. 2 S. 3 iVm § 22 Abs. 1 SEAG die Leitungsentscheidungen zwingend dem Verwaltungsrat vorbehalten bleiben (zustimmend LHT/*Teichmann* Rn. 30 Fn. 55).

Der Unterschied zeigt sich insbesondere bei Entscheidungen, die zwar nicht **34** häufig wiederkehren, mithin **außergewöhnlich** sind, die aber wegen ihrer begrenzten wirtschaftlichen Tragweite für das Unternehmen nicht von grundlegender Bedeutung sind. Derlei Entscheidungen im Wege verordnungskonformer Auslegung zwingend dem Verwaltungsrat zuzuweisen besteht nach hier vertretener Ansicht kein Anlass (ebenso im Ergebnis LHT/*Teichmann* Rn. 30; *Bauer* S. 86 ff.).

b) Gewillkürte Grenzen der Geschäftsführungsbefugnis. Die Geschäfts- **35** führungsbefugnis der geschäftsführenden Direktoren kann ferner dadurch eingeschränkt werden, dass die Satzung (Art. 48 Abs. 1) und/oder die Geschäftsordnung (Abs. 4) bestimmte, auch innerhalb des Leitungsbereichs angesiedelte Geschäfte einem Zustimmungsvorbehalt des Verwaltungsrats unterwerfen. Zudem kann der Verwaltungsrat mithilfe seines Weisungsrechts (§ 44 Abs. 2 SEAG) jederzeit auch Fragen der laufenden Geschäftsführung an sich ziehen (→ Anh. Art. 43 § 44 Rn. 10 ff.).

2. Gesamt- oder Einzelgeschäftsführung (Abs. 2 S. 2). Werden mehrere **36** Geschäftsführer bestellt, sind diese gemäß Abs. 2 S. 2 vorbehaltlich einer abweichenden Satzungsregelung oder vom Verwaltungsrat erlassenen Geschäftsordnung (Abs. 4) nur gemeinschaftlich zur Geschäftsführung befugt. Dies bedeutet wie in § 77 Abs. 1 S. 1 AktG, an den sich Abs. 2 S. 2 anlehnt, dass die Entscheidungen **einstimmig** getroffen werden müssen (LHT/*Teichmann* Rn. 36; zum Vorstand der AG Spindler/Stilz/*Fleischer* AktG § 77 Rn. 8). Die geschäftsführenden Direktoren selbst können das Prinzip der Gesamtgeschäftsführung nicht abbedingen. Bei Gefahr im Verzug sind aber § 115 Abs. 2 HGB, § 744 Abs. 2 BGB entsprechend anwendbar, so dass die Zustimmung nicht erreichbarer geschäftsführender Direktoren ausnahmsweise verzichtbar ist (zum Vorstand der AG Spindler/Stilz/*Fleischer* AktG § 77 Rn. 9).

Für **abweichende Bestimmungen** in der Satzung oder einer vom Verwal- **37** tungsrat erlassenen Geschäftsordnung enthält Abs. 2 S. 2 keine Beschränkungen. Denkbar sind zB Regelungen, die eine Geschäftsverteilung vornehmen und einzelnen Direktoren in ihrem Zuständigkeitsbereich Einzelgeschäftsführungsbefugnis zugestehen, ferner Regelungen, die zwar ganz oder in Teilbereichen an dem Erfordernis einer gemeinsamen Entscheidung festhalten, dabei aber das Mehrheitsprinzip anstelle des Einstimmigkeitserfordernisses einführen. Da eine dem § 77 Abs. 1 S. 2 Hs. 2 AktG vergleichbare Bestimmung nicht in das SEAG übernommen wurde, ist es auch zulässig, einzelnen geschäftsführenden Direktoren (etwa dem Vorsitzenden) das Recht einzuräumen, bei Meinungsverschiedenheiten gegen die Mehrheit der Amtskollegen zu entscheiden (MüKoAktG/*Rei-*

chert/Brandes Art. 43 Rn. 129; KK-AktG/*Siems* Anh. Art. 51 § 40 SEAG Rn. 63; *Thamm* NZG 2008, 131 [132]).

38   **3. Handelsregisteranmeldungen (Abs. 2 S. 4).** Gemäß Abs. 2 S. 4 sind die geschäftsführenden Direktoren für Anmeldungen und die Einreichung von Unterlagen zum Handelsregister zuständig, sofern die für die AG geltenden Rechtsvorschriften diese Aufgabe dem Vorstand zuweisen. Im Rahmen der Gründung der SE ist allerdings § 21 SEAG als lex specialis zu Abs. 2 S. 4 zu beachten (Begr. RegE SEEG, BT-Drs. 15/3405, 36). Im Übrigen ist zu bedenken, dass nach Abs. 2 S. 4 die geschäftsführenden Direktoren stets nur an die Stelle des Vorstands treten. Wenn eine Vorschrift eine gemeinsame Anmeldung durch den Vorstand und den Vorsitzenden des Aufsichtsrats vorsieht (wie §§ 184 Abs. 1 S. 1, 188 Abs. 1, 195 Abs. 1 AktG bei Kapitalerhöhungen), sind nicht allein die geschäftsführenden Direktoren zuständig, sondern diese gemeinsam mit dem Vorsitzenden des Verwaltungsrats, der nach § 22 Abs. 6 SEAG an die Stelle des Vorsitzenden des Aufsichtsrats tritt (KK-AktG/*Siems* Anh. Art. 51 Rn. 56; LHT/*Teichmann* Rn. 35).

39   Auch wenn die geschäftsführenden Direktoren nach Abs. 2 S. 4 (oder § 46 SEAG) allein für die Handelsregisteranmeldung zuständig sind, bedeutet dies nicht, dass der Verwaltungsrat insoweit keine Weisungen nach § 44 Abs. 2 SEAG erteilen dürfte. Für eine Einschränkung des umfassenden Weisungsrechts (→ Anh. Art. 43 § 44 SEAG Rn. 10 ff.) besteht kein Anlass, da ohnehin nur rechtmäßige Weisungen verbindlich sind (zutreffend *Boettcher* S. 179; nunmehr auch Spindler/Stilz/*Eberspächer* Art. 43 Rn. 16).

V. Berichtspflichten gegenüber dem Verwaltungsrat (Abs. 3 und 6)

40   **1. Allgemeine Berichtspflichten (Abs. 6).** Nach Abs. 6 sind die geschäftsführenden Direktoren dem Verwaltungsrat **entsprechend § 90 AktG** berichtspflichtig. Sie haben somit unaufgefordert in regelmäßigen Berichten über den Geschäftsgang und in anlassbezogenen Sonderberichten über besonders bedeutsame Geschäfte zu berichten (§ 90 Abs. 1–2 AktG). Ferner müssen sie auf Anforderung des Verwaltungsrats oder eines einzelnen Verwaltungsratsmitglieds weitere Berichte in Angelegenheiten erstatten, die für die Gesellschaft von erheblicher Bedeutung sind (§ 90 Abs. 3 AktG). Die Berichtspflicht beschränkt sich nicht nur auf die selbst getroffenen Entscheidungen im Bereich der laufenden Geschäftsführung, sondern auch auf die Umsetzung der für die Gesellschaft besonders wichtigen Leitungsentscheidungen, die der Verwaltungsrat getroffen hat und die von den geschäftsführenden Direktoren umgesetzt werden (zumindest missverständlich insoweit *Seitz* S. 313). Wegen der Einzelheiten kann auf die zu § 90 AktG entwickelten Grundsätze zurückgegriffen werden; zu § 90 Abs. 5 AktG beachte allerdings die Sonderregelung in Art. 44 Abs. 2 (→ Art. 44 Rn. 7 ff.).

41   Nach Abs. 6 letzter Hs. kann die Satzung oder die Geschäftsordnung (Abs. 4) von § 90 AktG **abweichende Regelungen** treffen. Eine **Verschärfung** der Berichtspflicht liegt insbesondere dann nahe, wenn der Verwaltungsrat in erheblichem Umfang auch in die laufende Geschäftsführung eingreifen will und dementsprechend gesteigerten Informationsbedarf hat. Allerdings bedarf es dafür nicht unbedingt einer Regelung in der Satzung oder Geschäftsordnung, da der Verwaltungsrat mithilfe seines Weisungsrechts (§ 44 Abs. 2 SEAG) jederzeit Informationsverlangen durchsetzen kann (*Schwarz* Rn. 281).

42   Der Wortlaut des Abs. 6 Hs. 2 scheint anders als im unmittelbaren Anwendungsbereich des § 90 AktG auch eine **Absenkung** der Berichtspflichten zuzulassen (so denn auch *Schwarz* Rn. 281; KK-AktG/*Siems* Anh. Art. 51 § 40 SEAG Rn. 70; LHT/*Teichmann* Rn. 40; zum abweichenden Verständnis des § 90

AktG statt vieler Spindler/Stilz/*Fleischer* AktG § 90 Rn. 12: zwingende Mindestregelung). Hierfür wird angeführt, dass der Informationsfluss im monistischen System bereits anderweitig sichergestellt werden könne, sei es mithilfe des Weisungsrechts (*Schwarz* Rn. 281), sei es aufgrund der Personalunion von einzelnen Verwaltungsratsmitgliedern und geschäftsführenden Direktoren (LHT/*Teichmann* Rn. 40). Gleichwohl erscheint eine Absenkung der Berichtspflichten problematisch und unabhängig von der Frage der rechtlichen Zulässigkeit zumindest nicht empfehlenswert (für Unzulässigkeit *Seitz* S. 315 f.; kritisch auch *Merkt* ZGR 2003, 650 [669]). Die Verwaltungsratsmitglieder werden sich in einem etwaigen Haftungsprozess wegen Verletzung ihrer Überwachungspflicht jedenfalls schwer tun, wenn sie zuvor selbst in der Geschäftsordnung die Berichtspflichten unter das Niveau des § 90 AktG abgesenkt haben.

Zuständig für die Entgegennahme der Berichte nach § 90 AktG ist der Verwaltungsrat. Dieser wird bei schriftlichen Berichten durch seinen Vorsitzenden repräsentiert; über ihn sind die schriftlichen Berichte an alle Verwaltungsratsmitglieder weiterzuleiten (zur AG *Lutter/Krieger/Verse* Rn. 222). Mündliche Berichte können mit befreiender Wirkung nur in förmlichen Sitzungen des Verwaltungsrats erstattet werden (Spindler/Stilz/*Fleischer* AktG § 90 Rn. 11). Unzulässig ist es, die Entgegennahme der Berichte auf einen Exekutiv- oder sonstigen **Ausschuss** zu delegieren, da sie als Teil der Überwachungsaufgabe des Verwaltungsrats (§ 22 Abs. 1 SEAG) nach § 34 Abs. 4 Abs. 2 SEAG zu den **nicht delegierbaren** Aufgaben zählt (*Schwarz* Rn. 281; *Seitz* S. 314; aA *Eder* NZG 2004, 544 [546]). **43**

2. Berichtspflichten bei Verlust des hälftigen Grundkapitals und Insolvenz (Abs. 3). Die speziellen Berichtspflichten des Abs. 3 bei **Aufzehrung des halben Grundkapitals** und bei Eintritt der **Insolvenzreife** (Zahlungsunfähigkeit, § 17 InsO, oder Überschuldung, § 19 InsO) sind im Zusammenhang mit § 22 Abs. 5 SEAG zu sehen. Danach obliegt es dem Verwaltungsrat, bei Aufzehrung des halben Grundkapitals unverzüglich die Hauptversammlung einzuberufen und nach Eintritt der Insolvenz den Insolvenzantrag nach § 15a InsO zu stellen (→ Anh. Art. 43 § 22 SEAG Rn. 23 ff., 37 ff.). Damit der Verwaltungsrat diesen Pflichten nachkommen kann, wird er regelmäßig auf Informationen der geschäftsführenden Direktoren angewiesen sein. Diesen Informationsfluss will Abs. 3 sicherstellen, indem er die geschäftsführenden Direktoren dazu anhält, den Verwaltungsratsvorsitzenden unverzüglich, dh ohne schuldhaftes Zögern (§ 121 Abs. 1 BGB), zu benachrichtigen (zur Präzisierung des schuldhaften Zögerns im Rahmen des Abs. 3 S. 2 *Oechsler* NZG 2005, 449 [452]; *Seitz* S. 309). **44**

Verletzen die geschäftsführenden Direktoren ihre Pflicht, den Verwaltungsratsvorsitzenden unverzüglich über den Insolvenzeintritt zu informieren, so trifft sie neben einer möglichen Innenhaftung nach Abs. 8 iVm § 93 Abs. 2 AktG auch eine **Außenhaftung** gegenüber den Gläubigern nach Abs. 3 S. 2 iVm § 823 Abs. 2 BGB (*J. Schmidt* NZI 2006, 627 [630]; *Seitz* S. 332; KK-AktG/*Siems* Anh. Art. 51 § 40 SEAG Rn. 72; LHT/*Teichmann* Rn. 43 Fn. 69; abweichend *Oechsler* NZG 2005, 449 [452], der nur eine Außenhaftung als Gehilfe zur Insolvenzverschleppung der Verwaltungsratsmitglieder nach § 830 Abs. 2 BGB in Erwägung zieht, dabei aber zu übersehen scheint, dass diese nach hM nur bei vorsätzlicher Hilfeleistung zu einer vorsätzlichen Haupttat in Betracht kommt). Hinsichtlich des Haftungsumfangs gegenüber Alt- bzw. Neugläubigern gelten die zur Haftung nach § 15a InsO iVm § 823 Abs. 2 BGB anerkannten Grundsätze. Zu weiteren Pflichten der geschäftsführenden Direktoren in der Insolvenz (§ 92 Abs. 2 AktG) → Rn. 78. **45**

Dagegen besteht keine Außenhaftung gegenüber den Gläubigern nach § 823 Abs. 2 BGB, wenn die geschäftsführenden Direktoren ihre Pflicht zur Anzeige **46** des hälftigen Verlusts des Grundkapitals nach Abs. 3 S. 1 verletzen. Die Gläubiger fallen nicht in den Schutzbereich des § 22 Abs. 5 S. 1 SEAG (→ Anh. Art. 43 § 22 SEAG Rn. 25) und damit auch nicht in denjenigen der Berichtspflicht nach Abs. 3 S. 1. In Betracht kommt neben einer Innenhaftung (§ 40 Abs. 8 SEAG, § 93 Abs. 2 AktG) aber eine Außenhaftung gegenüber den Aktionären (Abs. 3 S. 1 iVm § 823 Abs. 2 BGB), wenn man mit einer vordringenden Ansicht im Schrifttum auch § 92 Abs. 1 AktG als Schutzgesetz qualifiziert (→ Anh. Art. 43 § 22 SEAG Rn. 25).

VI. Geschäftsordnung (Abs. 4)

47   Die Regelung zur Geschäftsordnung der geschäftsführenden Direktoren in Abs. 4 lehnt sich an § 77 Abs. 2 AktG an (Begr. RegE SEEG, BT-Drs. 15/ 3405, 39). Wenn nicht die Satzung den Erlass der Geschäftsordnung dem Verwaltungsrat überträgt oder dieser – auch ohne Satzungsgrundlage – eine Geschäftsordnung für die geschäftsführenden Direktoren erlässt, können sich diese nach Abs. 4 S. 1 selbst eine Geschäftsordnung geben. Hierfür bedarf es nach Abs. 4 S. 3 eines einstimmigen Beschlusses. Art. 50 steht dem nicht entgegen, da dieser nur die Beschlussfassung im Verwaltungsrat, nicht aber diejenige der geschäftsführenden Direktoren regelt (→ Rn. 6; *Thamm* NZG 2008, 132 [133]).

48   Nach Abs. 4 S. 2 kann auch die **Satzung** Geschäftsordnungsfragen bindend regeln. Dies gilt jedoch wie in § 77 Abs. 2 S. 2 AktG und § 34 Abs. 2 S. 2 SEAG nur für „Einzelfragen", so dass die Grundkompetenz des Verwaltungsrats und subsidiär der geschäftsführenden Direktoren nicht ausgehöhlt werden darf (→ Anh. Art. 43 § 34 SEAG Rn. 16; zur AG MüKoAktG/*Spindler* § 77 Rn. 49).

49   Über den **Inhalt der Geschäftsordnung** enthält Abs. 4 keine Vorgaben. Typischerweise gehören zum Inhalt der Geschäftsordnung insbesondere die Geschäftsverteilung, Regeln zur organinternen Willensbildung (Art und Weise der Sitzungseinberufung, Sitzungsleitung, Beschlussverfahren), Bestimmungen über den Vorsitzenden bzw. Sprecher, die Berichterstattung an den Verwaltungsrat, die Behandlung von Interessenkonflikten sowie, wenn der Verwaltungsrat die Geschäftsordnung erlässt, ein Katalog zustimmungspflichtiger Geschäfte (vgl. zur Geschäftsordnung des Vorstands der AG Spindler/Stilz/*Fleischer* AktG § 77 Rn. 61). In Abweichung zum Vorstand ist zu beachten, dass § 77 Abs. 1 S. 2 Hs. 2 AktG keine entsprechende Anwendung findet und deshalb auch Regelungen zulässig sind, die einzelnen Mitgliedern eine Entscheidungsbefugnis gegen den Willen der Mehrheit einräumen (→ Rn. 37). Auch hinsichtlich der Geschäftsverteilung besteht weitreichende Gestaltungsfreiheit, da die Aufgaben, die in der AG zwingend vom Gesamtvorstand wahrzunehmen sind, in der monistischen SE ohnehin in die Zuständigkeit des Verwaltungsrats fallen. Allerdings müssen die Berichtspflichten des Abs. 3 und Abs. 6 von den geschäftsführenden Direktoren gemeinschaftlich wahrgenommen werden (MüKoAktG/*Reichert*/ *Brandes* Art. 43 Rn. 128; zur AG KK-AktG/*Mertens*/*Cahn* AktG § 77 Rn. 24).

50   Bei **Mängeln der Beschlussfassung** der geschäftsführenden Direktoren kann an die Grundsätze angeknüpft werden, die für eine mangelhafte Beschlussfassung der Vorstandsmitglieder gelten. Danach können Geschäftsordnungsverstöße nur bei alsbaldiger Geltendmachung zur Nichtigkeit des Beschlusses führen (näher KK-AktG/*Mertens*/*Cahn* AktG § 77 Rn. 46 ff.).

VII. Beendigung der Organstellung und des Anstellungsvertrags (Abs. 5)

51   **1. Abberufung (Abs. 5 S. 1).** Der Stellung der geschäftsführenden Direktoren als hierarchisch dem Verwaltungsrat untergeordnete, weisungsabhängige Organwalter entspricht es, dass sie nach Abs. 5 S. 1 **jederzeit** auch ohne Vorliegen eines wichtigen Grundes vom Verwaltungsrat abberufen werden können (vgl. § 38 Abs. 1 GmbHG, anders § 84 Abs. 3 S. 1 AktG). Der Verwaltungsrat ist in seiner Entscheidung grundsätzlich frei. In eng zu begrenzenden Ausnahmefällen kann allerdings die Abberufung rechtsmissbräuchlich sein (Beispiel nach *Ihrig* ZGR 2008, 809 [823]: Abberufung, weil der geschäftsführende Direktor berechtigterweise Ersatzansprüche gegen die Verwaltungsratsmitglieder geltend machen will; zur Diskussion im GmbH-Recht MüKoGmbHG/*Stephan*/*Tieves* GmbHG § 38 Rn. 12 ff.).

Der Verwaltungsrat entscheidet durch Beschluss gemäß Art. 50. An der Beschlussfassung darf der selbst betroffene geschäftsführende Direktor, sofern er zugleich dem Verwaltungsrat angehört, ebenso teilnehmen wie an seiner Bestellung. Etwas anderes gilt wegen des Verbots des **Richtens in eigener Sache** jedoch bei der Beschlussfassung über eine Abberufung aus wichtigem Grund (Spindler/Stilz/*Eberspächer* Art. 43 Rn. 38; MüKoAktG/*Reichert*/*Brandes* Art. 43 Rn. 139; LHT/*Teichmann* Rn. 50; ebenso die allgM im GmbH-Recht, s. Henssler/Strohn/*Oetker* GmbHG § 38 Rn. 37 f. mwN; weitergehend – Stimmverbot auch bei ordentlicher Abberufung – KK-AktG/*Siems* Anh. Art. 51 § 40 SEAG Rn. 75). Voraussetzung für das Eingreifen des Stimmverbots ist nach wohl hM, dass der wichtige Grund tatsächlich vorliegt und nicht nur behauptet wird (MüKoAktG/*Reichert*/*Brandes* Art. 43 Rn. 139; LHT/*Teichmann* Rn. 50; Ulmer/Habersack/Löbbe/*Paefgen* GmbHG § 38 Rn. 191; aA MüKoGmbHG/*Stephan*/*Tieves* GmbHG § 38 Rn. 78 f.; alle mwN). Greift das Stimmverbot ein, geht das Stimmrecht nach § 35 Abs. 3 SEAG auf den Vorsitzenden über.

Anders als die Bestellung kann die Abberufung nach der zwar inhaltlich wenig **52** überzeugenden, aber offenbar bewussten Entscheidung des Gesetzgebers einem beschließenden **Ausschuss** des Verwaltungsrats übertragen werden. § 34 Abs. 2 S. 2 SEAG unterwirft in auffälligem Gegensatz zu § 107 Abs. 3 S. 4 AktG die Abberufung keinem Delegationsverbot (MüKoAktG/*Reichert*/*Brandes* Art. 43 Rn. 108; KK-AktG/*Siems* Anh. Art. 51 § 40 SEAG Rn. 74; *Eder* NZG 2004, 544 [546]; → Anh. Art. 43 § 34 SEAG Rn. 26 f.; aA Spindler/Stilz/*Eberspächer* Art. 43 Rn. 38; LHT/*Teichmann* Rn. 49; *Bauer* S. 69; *Schönborn* S. 85 f.).

Die **Satzung** kann nach Abs. 5 S. 1 Hs. 2 abweichende Regelungen zur **54** Abberufung vorsehen. Sie kann etwa die Abberufbarkeit bis hin zum Erfordernis eines **wichtigen Grundes** einschränken (Spindler/Stilz/*Eberspächer* Art. 43 Rn. 38; MüKoAktG/*Reichert*/*Brandes* Art. 43 Rn. 133; LHT/*Teichmann* Rn. 7, 48; aA *Seitz* S. 184 f.). Der Begriff des wichtigen Grundes lässt sich dann in Anlehnung an § 84 Abs. 3 S. 2 AktG präzisieren, so dass auch in einem Vertrauensentzug durch die Hauptversammlung ein wichtiger Grund zu erblicken ist (MüKoAktG/*Reichert*/*Brandes* Art. 43 Rn. 137; einschränkend KK-AktG/*Siems* Anh. Art. 51 § 40 SEAG Rn. 81: nur wenn die Satzung dies explizit als wichtigen Grund anerkennt). Legt die Satzung eine bestimmte Amtszeit der geschäftsführenden Direktoren fest, trägt dies allein im Zweifel noch nicht die Auslegung, dass die Abberufung nur aus wichtigem Grund möglich sein soll (zur GmbH MüKoGmbHG/*Stephan*/*Tieves* GmbHG § 38 Rn. 75; aA MüKoAktG/*Reichert*/*Brandes* Art. 43 Rn. 135). Die Satzung kann ferner das Verfahren der Abberufung besonders regeln. Bereits aus Art. 50 Abs. 1 ergibt sich, dass die Satzung ein **qualifiziertes Mehrheitserfordernis** für den Abberufungsbeschluss aufstellen kann (MüKoAktG/*Reichert*/*Brandes* Art. 43 Rn. 116; gestützt auf Abs. 5 S. 1 Hs. 2 im Ergebnis auch KK-AktG/*Siems* Anh. Art. 51 § 40 SEAG Rn. 78; LHT/*Teichmann* Rn. 7, 48; aA Spindler/Stilz/*Eberspächer* Art. 43 Rn. 38; differenzierend *Seitz* S. 187 f.). Etwas anderes gilt nur im (theoretischen) Fall des paritätisch mitbestimmten Verwaltungsrats (arg. Art. 50 Abs. 2 S. 2; → Art. 50 Rn. 18).

55   Wirksam wird die Abberufung als empfangsbedürftige Willenserklärung nach § 130 Abs. 1 BGB erst mit **Zugang** bei dem betreffenden geschäftsführenden Direktor. Der Verwaltungsrat kann sich hierfür eines Übermittlers bedienen, zB den Vorsitzenden des Verwaltungsrats oder ein anderes Verwaltungsratsmitglied als Erklärungsvertreter ermächtigen (vgl. zur AG Spindler/Stilz/*Fleischer* AktG § 84 Rn. 97). Mit Wirksamwerden der Abberufung **endet die Organmitgliedschaft** des geschäftsführenden Direktors. Ist er zugleich Verwaltungsratsmitglied, bleibt dieses Amt unberührt, solange es nicht nach den dafür geltenden Regeln (s. § 29 SEAG nebst Erl.) beendet wird (LHT/*Teichmann* Rn. 50).

56   Nach Wirksamwerden der Abberufung haben die verbleibenden geschäftsführenden Direktoren die eingetretene Änderung ihrer Besetzung nach § 46 Abs. 1 S. 2 SEAG **zum Handelsregister anzumelden.** Die Eintragung im Handelsregister ist deklaratorischer Natur (KK-AktG/*Siems* Anh. Art. 51 § 40 SEAG Rn. 77). Bedeutung hat sie vor allem mit Blick auf § 15 HGB.

57   Gegen eine unwirksame Abberufung kann der geschäftsführende Direktor im Wege der **Feststellungsklage** gegen die Gesellschaft vorgehen (MüKoAktG/ *Reichert/Brandes* Art. 43 Rn. 140). Die Unwirksamkeit kann sich zB daraus ergeben, dass der statutarisch verlangte wichtige Grund nicht gegeben ist oder der Betroffene zu Unrecht vom Stimmrecht ausgeschlossen wurde und hierdurch das Abstimmungsergebnis beeinflusst wurde. In dem Klageverfahren wird die Gesellschaft gemäß § 41 Abs. 5 SEAG vom Verwaltungsrat mit Ausnahme des selbst betroffenen internen geschäftsführenden Direktors (§ 181 BGB) vertreten (*Seitz* S. 186). Eine Klage, die sich gegen die Gesellschaft „vertreten durch die geschäftsführenden Direktoren" richtet, ist unzulässig (vgl. zur AG BGH AG 1991, 269 f.; Spindler/Stilz/*Fleischer* AktG § 84 Rn. 131).

58   **2. Beendigung der Organstellung aus anderen Gründen.** Das Amt des geschäftsführenden Direktors kann ebenso wie das eines Vorstandsmitglieds oder GmbH-Geschäftsführers neben der Abberufung auch aus anderen gesellschafts- oder personenbezogenen Gründen enden. Zu diesen Gründen zählen das Erlöschen der Gesellschaft, der Ablauf der Amtszeit, sofern diese befristet wurde (→ Rn. 17), die Amtsniederlegung, Tod und Verlust der Eignungsvoraussetzungen nach § 76 Abs. 3 AktG (MüKoAktG/*Reichert/Brandes* Art. 43 Rn. 141). Die **Amtsniederlegung** ist nach hM auch ohne wichtigen Grund durch einseitige Erklärung gegenüber dem Verwaltungsrat möglich (MüKoAktG/*Reichert/Brandes* Art. 43 Rn. 142; LHT/*Teichmann* Rn. 48; zur AG Spindler/Stilz/*Fleischer* AktG § 84 Rn. 141 ff.). Zugang bei einem Verwaltungsratsmitglied genügt analog § 41 Abs. 2 S. 2 SEAG (*Seitz* S. 188; zur GmbH BGH NZG 2002, 43 [44]).

59   Noch nicht hinreichend geklärt ist, ob unterhalb der Abberufung auch eine **Suspendierung** im Sinne einer vorläufigen, aber inhaltlich umfassenden Aufhebung der aus der Bestellung resultierenden Rechte und Pflichten des geschäftsführenden Direktors in Betracht kommt. Die Frage stellt sich insbesondere in Fällen, in denen der noch nicht aufgeklärte Verdacht einer Pflichtverletzung des Organwalters besteht. Im GmbH-Recht, das in Bezug auf die Beendigung der Organstellung der Regelung des Abs. 5 näher steht als das Aktienrecht (vgl. § 38 GmbHG), wird diese Möglichkeit von der hM abgelehnt (näher Ulmer/Habersack/*Löbbe/Paefgen* GmbHG § 38 Rn. 263 f.; MüKoGmbHG/*Tieves/Stephan* § 38 Rn. 72; zur AG dagegen Spindler/Stilz/*Fleischer* AktG § 84 Rn. 136 ff.).

60   **3. Beendigung des Anstellungsvertrags (Abs. 5 S. 2).** Der neben der Bestellung regelmäßig bestehende **Anstellungsvertrag** wird durch die Abberufung nicht automatisch beendet. Vielmehr gelten für ihn nach Abs. 5 S. 2 die allgemeinen vertragsrechtlichen Vorschriften. Dies bedeutet, dass es für die Beendigung des Anstellungsvertrags einer **gesonderten Kündigung** (oder eines sonstigen Beendigungstatbestands) bedarf, wenn der Anstellungsvertrag nicht –

was zulässig ist – unter die auflösende Bedingung der Abberufung gestellt wurde (MüKoAktG/*Reichert/Brandes* Art. 43 Rn. 163). Zuständig für die Kündigung ist nach § 41 Abs. 5 SEAG der Verwaltungsrat, der durch Beschluss nach Art. 50 entscheidet. Der selbst betroffene interne geschäftsführende Direktor ist dabei ebenso wenig stimmberechtigt wie bei der Beschlussfassung über den Abschluss des Anstellungsvertrags (→ Rn. 29). Sein Stimmrecht geht nach § 35 Abs. 3 SEAG auf den Vorsitzenden über. Die Entscheidung kann auf einen Ausschuss delegiert werden, da § 34 Abs. 4 S. 2 SEAG nicht entgegensteht (ebenso zur AG BGHZ 65, 190 [192 f.]; näher Spindler/Stilz/*Fleischer* AktG § 84 Rn. 146 mwN).

Die **Kündigungsvoraussetzungen** richten sich im Fall der außerordentlichen   **61** Kündigung nach § 626 BGB. Eine ordentliche Kündigung ist daneben nur möglich, wenn der Anstellungsvertrag auf unbestimmte Zeit geschlossen wurde oder bei befristeten Verträgen ein Recht zur vorzeitigen Kündigung vorgesehen ist (zur AG Spindler/Stilz/*Fleischer* AktG § 84 Rn. 167). Obwohl der Organwalter kein Arbeitnehmer ist (→ Rn. 28), finden im Fall der ordentlichen Kündigung nach hM wegen der wirtschaftlichen Abhängigkeit des Organwalters die Kündigungsfristen des § 622 BGB entsprechende Anwendung, sofern der Vertrag keine längere Frist vorsieht (MüKoAktG/*Reichert/Brandes* Art. 43 Rn. 163; zur AG Spindler/Stilz/*Fleischer* AktG § 84 Rn. 167; zur GmbH LH/*Kleindiek* GmbHG Anh. § 6 Rn. 53 f. mit Einschränkungen für beherrschende Gesellschafter-Geschäftsführer). Wegen der weiteren Einzelheiten ist auf die Grundsätze zu verweisen, die zu den Parallelvorschriften in § 84 Abs. 3 S. 5 AktG und § 38 Abs. 1 Hs. 2 GmbHG anerkannt sind.

VIII. Rechtsverhältnis zur Gesellschaft (Abs. 7)

Abs. 7 überträgt die für den Vorstand der AG geltenden Vorschriften über die   **62** Vergütung, das Wettbewerbsverbot und Kreditgewährungen (§§ 87–89 AktG) auf die geschäftsführenden Direktoren. Soweit diese Vorschriften auf den Aufsichtsrat Bezug nehmen, tritt an dessen Stelle nach § 22 Abs. 6 SEAG der Verwaltungsrat (Begr. RegE SEEG, BT-Drs. 15/3405, 39).

1. Vergütung (§ 87 AktG entsprechend). Gemäß Abs. 7 iVm § 87 AktG   **63** trifft den Verwaltungsrat eine Pflicht, die **Gesamtbezüge** einzelner geschäftsführender Direktoren im Anstellungsvertrag so festzusetzen und ggf. nachträglich so anzupassen, dass sie in einem **angemessenen Verhältnis** zu den Aufgaben und Leistungen sowie zur Lage der Gesellschaft stehen. Ob diese Aufgabe einem Ausschuss übertragen werden kann, ist mit Blick auf eine mögliche entsprechende Anwendung des § 107 Abs. 3 S. 4 iVm § 87 AktG umstritten; mehr dürfte dafür sprechen, die Delegationsmöglichkeit abzulehnen (→ Anh. Art. 43 § 34 SEAG Rn. 27). Im Rahmen der entsprechenden Anwendung des § 87 AktG ist zu berücksichtigen, dass die Aufgaben der geschäftsführenden Direktoren hinter denjenigen eines Vorstandsmitglieds zurückbleiben, da sie „nur" für die laufende Geschäftsführung zuständig sind, nicht für die Leitung. Im Übrigen kann auf die zu § 87 AktG anerkannten Grundsätze zurückgegriffen werden (LHT/*Teichmann* Rn. 53; näher zum Ganzen *Bauer* S. 142 ff.). Nach Art. 61 iVm § 285 Nr. 9 lit. a, 314 Abs. 1 Nr. 6 lit. a HGB muss die Vergütung im Anhang des Jahresabschlusses sowie im Konzernanhang **offengelegt** werden, da auch die geschäftsführenden Direktoren zu den dort genannten „Mitgliedern des Geschäftsführungsorgans" zählen (LHT/*Teichmann* Rn. 56).

Ergänzend zu den gesetzlichen Vorgaben haben börsennotierte und ihnen nach   **64** § 161 Abs. 1 S. 2 AktG gleichgestellte Gesellschaften bei Formulierung der Entsprechenserklärung die Empfehlungen der **Ziff. 4.2.2 bis 4.2.5 DCGK** über die Vorstandsvergütung zu berücksichtigen. Diese Empfehlungen sind in der monistischen SE auf die geschäftsführenden Direktoren zu beziehen (KK-AktG/ *Siems* Anh. Art. 51 § 40 SEAG Rn. 85; LHT/*Teichmann* Rn. 53; → Anh. Art. 43 § 22 SEAG Rn. 58).

65   Bei geschäftsführenden Direktoren, die **zugleich Verwaltungsratsmitglied** sind, stellt sich die Frage nach dem Verhältnis ihrer Bezüge zu der Vergütung, die sie in der Eigenschaft als Verwaltungsratsmitglied nach § 38 Abs. 1 SEAG iVm § 113 AktG beziehen. Rechtlich gesehen handelt es sich um **zwei verschiedene Mandate,** die separat vergütet werden (LHT/*Teichmann* Rn. 57; *Schwarz* Rn. 251, 290; KK-AktG/*Siems* Anh. Art. 51 § 40 SEAG Rn. 86; *Seitz* S. 192 f.). Das schließt es nicht aus, bei der Bemessung der einen Vergütung die andere zu berücksichtigen (zB dadurch, dass die Verwaltungsratsvergütung in der Satzung oder durch Hauptversammlungsbeschluss für die Dauer der Personalunion ausgesetzt wird; Anh. Art. 43 § 38 SEAG Rn. 9). Zu widersprechen ist jedoch der These, dass die in § 38 SEAG iVm § 113 AktG getroffene Regelung bei geschäftsführenden Verwaltungsratsmitgliedern hinter dem spezielleren Abs. 7 iVm § 87 AktG zurücktrete und die Vergütung der geschäftsführenden Verwaltungsratsmitglieder für beide Mandate einheitlich im Anstellungsvertrag zu regeln sei (so aber *Bauer* S. 150 ff.; NK-SE/*Manz* Art. 43 Rn. 121; ähnlich MüKoAktG/ *Reichert/Brandes* Art. 43 Rn. 160a, Art. 44 Rn. 81 f., die eine einheitliche Regelung im Anstellungsvertrag zwar nicht für zwingend, aber doch für zulässig und ratsam halten). Das Gesetz geht ersichtlich von zwei rechtlich getrennten Mandaten und dementsprechend von einer gespaltenen Zuständigkeit für die Verwaltungsrats- und die Direktorenvergütung aus. Dem widerspricht es, eine Vergütungsregelung auch für die Verwaltungsratstätigkeit im Anstellungsvertrag zu treffen. Für eine Ergänzung bzw. Korrektur der gesetzlichen Regelung im Wege der Rechtsfortbildung ist auch kein unabweisbares praktisches Bedürfnis erkennbar (wie hier KK-AktG/*Siems* Anh. Art. 51 § 40 SEAG Rn. 86).

66   **2. Wettbewerbsverbot (§ 88 AktG entsprechend).** Als Ausprägung ihrer organschaftlichen Treuepflicht trifft die geschäftsführenden Direktoren ein umfassendes **Wettbewerbsverbot** nach Abs. 7 iVm § 88 AktG. Wie im unmittelbaren Anwendungsbereich des § 88 AktG wird damit ein doppelter Schutzzweck verfolgt: zum einen der Schutz der Gesellschaft vor Wettbewerbshandlungen und zum anderen der Schutz vor anderweitigem Einsatz der Arbeitskraft der geschäftsführenden Direktoren (LHT/*Teichmann* Rn. 58; zur AG Hüffer/*Koch* AktG § 88 Rn. 1; *Verse* in Krieger/Schneider, HdB Managerhaftung, § 22 Rn. 5 mwN). Diesem doppelten Schutzzweck entspricht es, dass die Vorschrift den geschäftsführenden Direktoren nicht nur Konkurrenztätigkeit im Geschäftszweig der Gesellschaft verbietet (§ 88 Abs. 1 S. 1 Alt. 2 AktG; echtes Wettbewerbsverbot), sondern ihnen auch jenseits des Geschäftszweigs der Gesellschaft untersagt, ein Handelsgewerbe zu betreiben oder als Vorstandsmitglied, Geschäftsführer oder persönlich haftender Gesellschafter einer anderen Handelsgesellschaft tätig zu werden (§ 88 Abs. 1 S. 1 Alt. 1, S. 2 AktG; unechtes Wettbewerbsverbot, Betätigungsverbot). Eine Ausnahme gilt jeweils nur bei Vorliegen einer Einwilligung, dh einer vorherigen Zustimmung (§ 183 BGB), durch den Verwaltungsrat, der nach § 22 Abs. 6 SEAG an die Stelle des Aufsichtsrats tritt. Der Verwaltungsrat kann die Entscheidung nach § 34 Abs. 4 SEAG einem Ausschuss übertragen (zur AG Spindler/Stilz/*Fleischer* AktG § 88 Rn. 27). Verstöße gegen das Wettbewerbsverbot ziehen wie in der AG Unterlassungs- und Schadensersatzansprüche nach sich und lösen das Eintrittsrecht nach § 88 Abs. 2 S. 2 AktG aus (zu den Einzelheiten *Verse* in Krieger/Schneider, HdB Managerhaftung, § 22 Rn. 4 ff., 39 ff.).

67   Mittelbar lässt sich aus dem weit gefassten Verbot anderweitiger Tätigkeiten ableiten, dass das Gesetz für die geschäftsführenden Direktoren ebenso wie für die

Vorstandsmitglieder vom Leitbild einer **Vollzeittätigkeit** in den Diensten der Gesellschaft ausgeht (LHT/*Teichmann* Rn. 58). Auf die lediglich nebenamtlich tätigen Verwaltungsratsmitglieder, die nicht zugleich geschäftsführende Direktoren sind, findet § 88 AktG dagegen keine Anwendung (→ Anh. Art. 43 § 39 SEAG Rn. 16).

Ergänzt wird das Wettbewerbsverbot wie bei Vorstandsmitgliedern durch die **68** im Gesetz nicht geregelte, aber aus der organschaftlichen Treuepflicht (→ Rn. 75) abzuleitende und in Ziff. 4.3.1 DCGK angesprochene **Geschäftschancenbindung** (LHT/*Teichmann* Rn. 59). Diese geht vor allem insoweit über das Wettbewerbsverbot hinaus, als sie dem Organwalter auch nach seinem Ausscheiden aus dem Amt die Ausnutzung von Geschäftschancen der Gesellschaft untersagt, die ihm während seiner Amtszeit angetragen wurden (näher *Verse* in Krieger/ Schneider, HdB Managerhaftung, § 22 Rn. 24 ff.).

3. Kreditgewährungen (§ 89 AktG entsprechend). Nach Abs. 7 iVm § 89 **69** AktG dürfen Kreditgewährungen der Gesellschaft an geschäftsführende Direktoren und die dort genannten weiteren Personen (namentlich Prokuristen, zum gesamten Geschäftsbetrieb ermächtigte Handlungsbevollmächtigte, nahe Angehörige und mit den genannten Personen verflochtene Unternehmen) nur aufgrund eines **Beschlusses des Verwaltungsrats** gewährt werden. Dem steht der Beschluss eines zuständigen Ausschusses gleich (§ 34 Abs. 4 SEAG). Die Regelung ähnelt weithin derjenigen in § 38 Abs. 2 SEAG iVm § 115 AktG über die Kreditgewährung an Verwaltungsratsmitglieder (→ Anh. Art. 43 § 38 SEAG Rn. 25 ff.; dort auch zum Konkurrenzverhältnis zwischen § 40 Abs. 7 und § 38 Abs. 2 SEAG bei der Anwendung auf geschäftsführende Verwaltungsratsmitglieder). Ist der betroffene geschäftsführende Direktor zugleich Verwaltungsratsmitglied, kann er an der Beschlussfassung analog § 34 BGB nicht mitwirken (→ Anh. Art. 43 § 38 SEAG Rn. 29). Wegen der übrigen Einzelheiten kann auf die zur AG entwickelten Grundsätze zurückgegriffen werden. Für Kredit- und Finanzdienstleistungsinstitute sind sektorspezifische Sonderregeln zu beachten (§ 89 Abs. 5 AktG iVm §§ 15, 17 KWG).

IX. Pflichten und Haftung (Abs. 8)

1. Allgemeines, Innen- und Außenhaftung. Abs. 8 erklärt § 93 AktG für **70** entsprechend anwendbar. Demgemäß gelten für die Sorgfaltspflicht und die **Innenhaftung** der geschäftsführenden Direktoren gegenüber der Gesellschaft weitestgehend dieselben Grundsätze wie für den Vorstand der AG. Im Folgenden (→ Rn. 72 ff.) sind daher nur einige ausgewählte Fragen und rechtsformspezifische Besonderheiten der Innenhaftung hervorzuheben.

Die **Außenhaftung** gegenüber Dritten ist in Abs. 8, § 93 AktG nicht geregelt. **71** Sie richtet sich nach allgemeinen Grundsätzen, insbesondere nach den deliktsrechtlichen Anspruchsgrundlagen. Auch insoweit kann auf die zum Vorstand entwickelten Grundsätze zurückgegriffen werden (LHT/*Teichmann* Rn. 64; zur Außenhaftung der Vorstandsmitglieder Spindler/Stilz/*Fleischer* AktG § 93 Rn. 307 ff.; speziell zur deliktischen Außenhaftung *Schirmer,* Das Körperschaftsdelikt, 2015, mit Bespr. *Schürnbrand* ZHR 180 [2016], 131 ff.). In Abweichung von der Außenhaftung der Vorstandsmitglieder ist allerdings zu bedenken, dass sich die Haftung wegen Insolvenzverschleppung (§ 823 Abs. 2 BGB iVm § 15a InsO) in der monistischen SE nicht gegen die geschäftsführenden Direktoren, sondern gegen die Verwaltungsratsmitglieder richtet, da diese antragsverpflichtet sind (§ 22 Abs. 5 S. 2 Hs. 1 SEAG). Die geschäftsführenden Direktoren können aber – abgesehen von einer möglichen Teilnehmerhaftung (§ 830 Abs. 2 BGB) – nach Abs. 3 S. 2 iVm § 823 Abs. 2 BGB belangt werden, wenn sie dem Ver-

waltungsratsvorsitzenden den Insolvenzeintritt nicht unverzüglich mitteilen
(→ Rn. 45).

72   **2. Pflichten. a) Sorgfaltspflicht.** Wie im unmittelbaren Anwendungsbereich
des § 93 AktG lassen sich die organschaftlichen Pflichten der geschäftsführenden
Direktoren in die beiden Kategorien Sorgfalts- und Treuepflicht untergliedern.
Die in Abs. 8 iVm § 93 Abs. 1 S. 1 AktG angesprochene Sorgfaltspflicht lässt sich
wie bei den Vorstandsmitgliedern in die Legalitätspflicht, die Sorgfaltspflicht im
engeren Sinne sowie die Überwachungspflicht aufteilen (für den Vorstand der AG
Spindler/Stilz/*Fleischer* AktG § 93 Rn. 12; vgl. auch → Anh. Art. 43 § 39 SEAG
Rn. 3 zur Sorgfaltspflicht der Verwaltungsratsmitglieder). Die Überwachungspflicht bezieht sich nicht nur vertikal auf die Kontrolle nachgeordneter Unternehmensangehöriger, sondern auch horizontal auf die Kontrolle der übrigen
geschäftsführenden Direktoren (zur AG Spindler/Stilz/*Fleischer* AktG § 93
Rn. 94 ff., AktG § 77 Rn. 46 ff.). Der für Vorstandsmitglieder und GmbH-Geschäftsführer geltende Grundsatz der **Gesamtverantwortung** gilt nämlich auch
für die geschäftsführenden Direktoren (Spindler/Stilz/*Eberspächer* Art. 43 Rn. 41;
LHT/*Teichmann* Rn. 67).

73   Bei der Konkretisierung der Sorgfaltspflicht ist zu berücksichtigen, dass die
grundlegenden Führungsentscheidungen (Leitungsentscheidungen) in der monistischen SE nicht den geschäftsführenden Direktoren, sondern dem Verwaltungsrat
vorbehalten sind. Halten sich die geschäftsführenden Direktoren nicht daran und
treffen sie selbst Maßnahmen, die wegen ihrer hervorgehobenen Bedeutung dem
Leitungsbereich zuzuordnen sind, ist ihr Handeln schon aus diesem Grund
pflichtwidrig (Verstoß gegen § 22 Abs. 1 SEAG und damit gegen die Legalitätspflicht; vgl. dazu auch *Seibt* in Lutter/Hommelhoff Europäische Gesellschaft S. 67
(84)). Gleiches gilt für die eigenmächtige Wahrnehmung sonstiger Aufgaben, die
ausschließlich dem Verwaltungsrat zugewiesen sind.

74   Eine weitere Besonderheit im Vergleich zum Vorstand besteht darin, dass die
geschäftsführenden Direktoren nach § 44 Abs. 2 SEAG den Weisungen des Verwaltungsrats unterstehen. Daraus folgt, dass sich die geschäftsführenden Direktoren nicht sorgfaltspflichtwidrig verhalten, wenn sie einer **verbindlichen Weisung** des Verwaltungsrats nachkommen (KK-AktG/*Siems* Anh. Art. 51 § 40
SEAG Rn. 95; LHT/*Teichmann* Rn. 66; *Seitz* S. 325 f.; *Metz* S. 257 ff.: § 93
Abs. 4 S. 1 AktG analog; zu verbindlichen Weisungen der GmbH-Gesellschafter
an die Geschäftsführer MüKoGmbHG/*Fleischer* GmbHG § 43 Rn. 275 mwN).
Verbindlich sind allerdings nur **sorgfaltspflichtgemäße Weisungen,** dh der
Verwaltungsrat muss bei Erteilung der Weisung selbst seine Sorgfaltspflicht be-
achtet haben. Sorgfaltspflichtwidrige Weisungen müssen und dürfen die ge-
schäftsführenden Direktoren nicht ausführen (näher → Anh. Art. 43 § 44 SEAG
Rn. 14 ff.).

75   **b) Treuepflicht.** In Abs. 8 iVm § 93 Abs. 1 AktG nicht als solche angesprochen, aber unstreitig anzuerkennen ist neben der organschaftlichen Sorgfaltspflicht auch eine organschaftliche Treuepflicht der geschäftsführenden Direktoren, die diese zu loyalem Verhalten gegenüber ihrer Gesellschaft verpflichtet
(MüKoAktG/*Reichert/Brandes* Art. 43 Rn. 176). Ebenso wie für den Vorstand
sind auch für die geschäftsführenden Direktoren das **Wettbewerbsverbot** (Abs. 7
iVm § 88 AktG, → Rn. 66 f.) und die **Verschwiegenheitspflicht** (Abs. 8 iVm
§ 93 Abs. 1 S. 3 AktG) als Einzelausprägungen der organschaftlichen Treuepflicht
gesetzlich geregelt. Die Verschwiegenheitspflicht wird teilweise schon aus Art. 49
hergeleitet, was nicht überzeugt (→ Rn. 6), in der Sache aber gegenüber Abs. 8,
§ 93 Abs. 1 S. 3 AktG keinen Unterschied macht (wie hier MüKoAktG/*Rei-
chert/Brandes* Art. 49 Rn. 1 mwN; für Anwendung des Art. 49 *Schwarz* Art. 49
Rn. 6; *Seitz* S. 321). Vorsätzliche Verstöße gegen die Verschwiegenheitspflicht

führen zur Strafbarkeit nach § 404 StGB, auf den § 53 Abs. 1 SEAG eigens verweist, da der Strafbarkeit sonst das Analogieverbot (§ 103 Abs. 2 GG) entgegenstünde.

Hinzu treten wie bei Vorstandsmitgliedern weitere, im Gesetz nicht geregelte **76** Ableitungen aus der organschaftlichen Treuepflicht, namentlich die Verpflichtung, bestehende **Interessenkonflikte** offenzulegen (vgl. Ziff. 4.3.4 DCGK, dort allerdings nur als Empfehlung formuliert) und zugunsten des Gesellschaftsinteresses aufzulösen (ausführlich Spindler/Stilz/*Fleischer* AktG § 93 Rn. 113 ff.; → Rn. 68 zur Geschäftschancenbindung).

3. Haftung. Sofern die geschäftsführenden Direktoren ihre organschaftlichen **77** Pflichten schuldhaft verletzen, haften sie der Gesellschaft nach Abs. 8 iVm **§ 93 Abs. 2 S. 1 AktG** als Gesamtschuldner. Hierfür und für die Verteilung der Darlegungs- und Beweislast (§ 93 Abs. 2 S. 2 AktG) gelten im Vergleich zur Vorstandshaftung keine Besonderheiten. Wird eine D&O-Versicherung abgeschlossen, ist anders als bei den nicht-geschäftsführenden Verwaltungsratsmitgliedern (→ Anh. Art. 43 § 39 SEAG Rn. 21) der zwingende Selbstbehalt nach § 93 Abs. 2 S. 3 AktG zu beachten. Sofern sich auch die Verwaltungsratsmitglieder nach § 39 SEAG, § 93 Abs. 2 AktG haftbar gemacht haben, haften sie neben den geschäftsführenden Direktoren als Gesamtschuldner (vgl. zur AG Großkomm-AktG/*Hopt/Roth* AktG § 93 Rn. 461).

Auch die Sondertatbestände des **§ 93 Abs. 3 AktG** finden entsprechende **78** Anwendung (KK-AktG/*Siems* Anh. Art. 51 § 40 SEAG Rn. 98). Nach zutreffender Ansicht gilt dies auch für § 93 Abs. 3 Nr. 6 AktG, der Verstöße gegen das Zahlungsverbot des § 92 Abs. 2 AktG in der Insolvenz betrifft (ebenso im Ergebnis → Art. 63 Rn. 72; Spindler/Stilz/*Casper* Art. 63 Rn. 6; KK-AktG/*Kiem* Art. 63 Rn. 53; KK-AktG/*Siems* Anh. Art. 51 § 40 SEAG Rn. 98; LHT/*Teichmann* Rn. 66; *J. Schmidt* NZI 2006, 627 [630]; aA LHT/*Ehricke* Art. 63 Rn. 51; *Seitz* S. 311 f.). Zwar weist § 22 Abs. 5 S. 2 Hs. 2 SEAG die Pflicht zur Beachtung des Zahlungsverbots den Verwaltungsratsmitgliedern zu (ganz hM, → Anh. Art. 43 § 22 SEAG Rn. 41). Das hindert aber nicht daran, kumulativ auch die geschäftsführenden Direktoren als Adressaten des Zahlungsverbots anzusehen, da Abs. 8 iVm § 93 Abs. 3 Nr. 6 AktG ihre Verantwortlichkeit für die Einhaltung des Zahlungsverbots ersichtlich voraussetzt. Nach der Gegenansicht liefe die Verweisung insoweit ohne plausiblen Grund leer. Die geschäftsführenden Direktoren müssen folglich das Zahlungsverbot unabhängig davon beachten, ob sie von den Verwaltungsratsmitgliedern hierzu angehalten worden sind; widrigenfalls droht ihnen die Haftung entsprechend § 93 Abs. 3 Nr. 6 AktG. § 93 Abs. 3 Nr. 7 AktG (gesetzwidrige Vergütung von Aufsichtsratsmitgliedern) ist im monistischen System auf den Verwaltungsrat und Verstöße gegen § 38 SEAG iVm §§ 113 f. AktG zu beziehen, § 93 Abs. 4 Nr. 8 AktG (gesetzwidrige Kreditgewährung) auf Verstöße gegen § 38 Abs. 2 SEAG iVm § 115 AktG und § 40 Abs. 7 SEAG iVm § 89 AktG.

Uneingeschränkt anwendbar sind ferner die Regelungen des **§ 93 Abs. 4 79 AktG.** Kontrovers diskutiert wird allerdings, ob auch § 93 Abs. 4 S. 2 AktG zur Anwendung kommt (verneinend KK-AktG/*Siems* Anh. Art. 51 § 40 SEAG Rn. 99: teleologische Reduktion; dagegen jedoch *Ihrig* in Bachmann/Casper/ Schäfer/Veil S. 17 (23 f.); MüKoAktG/*Reichert/Brandes* Art. 43 Rn. 168 f.; jetzt auch LHT/*Teichmann* Rn. 66). Nach dieser Vorschrift schließt die Billigung des Aufsichtsrats – übertragen auf die monistische SE also die Billigung des Verwaltungsrats (§ 22 Abs. 6 SEAG) – die Haftung nicht aus. Der entsprechenden Anwendung dieser Vorschrift auf die monistische SE wird entgegengehalten, dass die geschäftsführenden Direktoren an die Weisungen des Verwaltungsrats gebunden sind (§ 44 Abs. 2 SEAG) und daher bei Ausführung von Weisungen eben doch von der Haftung befreit sein müssen. Das trifft allerdings nur zu, sofern es sich um eine verbindliche Weisung handelt. Da aber Weisungen nach zutreffender Ansicht nur verbindlich sind, wenn sie sorgfaltspflichtgemäß sind (→ Anh. Art. 43 § 44 SEAG Rn. 14 ff.), lässt allein der Umstand, dass der Verwaltungsrat eine Maßnahme gebilligt hat, die Pflichtwidrigkeit nicht entfallen. Die Aussage des § 93 Abs. 4 S. 2 AktG (iVm § 22 Abs. 6 SEAG) trifft daher auch im monistischen System zu; einer teleologischen Reduktion bedarf es nicht.

80   Für die entsprechende Anwendung des **§ 93 Abs. 5 AktG** (Verfolgungsrecht der Gläubiger, → Rn. 82) und **§ 93 Abs. 6 AktG** (Verjährung) gelten keine Besonderheiten.

81   **4. Geltendmachung der Ersatzansprüche.** Die **Durchsetzung** der Ersatzansprüche gegen die geschäftsführenden Direktoren obliegt nach § 22 Abs. 1 SEAG (als Teil der Überwachungsaufgabe) und § 41 Abs. 5 SEAG dem **Verwaltungsrat.** Dies gilt auch im Verhältnis zu bereits ausgeschiedenen geschäftsführenden Direktoren (so die heute hM zur Parallelfrage im Verhältnis zwischen Aufsichtsrat und ehemaligen Vorstandsmitgliedern; BGH NJW 1989, 2055; Spindler/Stilz/*Spindler* AktG § 112 Rn. 14 mwN). Gelangt der Verwaltungsrat zu dem Ergebnis, dass eine Durchsetzung auf dem Klageweg Erfolg verspricht, darf er in Anlehnung an die „ARAG"-Grundsätze des BGH nur ausnahmsweise bei mindestens gleichwertigen entgegenstehenden Belangen der Gesellschaft von der Anspruchsverfolgung absehen (BGHZ 135, 244 [254 ff.] = NJW 1997, 1926; zur Übertragbarkeit auf die monistische SE *Metz* S. 164 ff.; LHT/*Teichmann* Rn. 68). Richtet sich der Anspruch gegen einen internen geschäftsführenden Direktor, ist dieser analog § 34 BGB von der Beschlussfassung über die Anspruchsverfolgung ausgeschlossen, so dass sein Stimmrecht gemäß § 35 Abs. 3 SEAG auf den Verwaltungsratsvorsitzenden übergeht (KK-AktG/*Siems* Anh. Art. 51 § 40 SEAG Rn. 90; Spindler/Stilz/*Eberspächer* Art. 43 Rn. 20a).

82   Zulässig ist auch eine Anspruchsverfolgung auf Betreiben der **Hauptversammlung** sowie – bei Erreichen des erforderlichen Quorums – **einzelner Aktionäre** nach Art. 9 Abs. 1 lit. c ii iVm §§ 147 f. AktG (KK-AktG/*Siems* Anh. Art. 51 § 40 SEAG Rn. 91). Über Abs. 8 kommt ferner das **Verfolgungsrecht der Gläubiger** nach § 93 Abs. 5 AktG zur Anwendung, das allerdings nur eingreift, wenn der Gläubiger von der Gesellschaft keine Befriedigung erlangen kann und kein Insolvenzverfahren eröffnet ist (§ 93 Abs. 5 S. 4 AktG).

X. Stellvertreter (Abs. 9)

83   Abs. 9 entspricht § 94 AktG. Er stellt klar, dass es sich auch bei Personen, die zu stellvertretenden geschäftsführenden Direktoren bestellt werden, um **echte geschäftsführende Direktoren** mit allen Rechten und Pflichten handelt (zur AG GroßkommAktG/*Habersack/Foerster* AktG § 94 Rn. 4). Die missverständliche Bezeichnung als Vertreter darf mithin nicht dahin verstanden werden, dass dieser erst bei Verhinderung eines anderen geschäftsführenden Direktors in dessen organschaftliche Stellung eintritt. Die Bezeichnung dient vielmehr nur dazu, eine hierarchische Abstufung innerhalb des Organs kenntlich zu machen (zur AG GroßkommAktG/*Habersack/Foerster* AktG § 94 Rn. 5; Spindler/Stilz/*Fleischer* AktG § 94 Rn. 2). In der Praxis pflegt man sie vornehmlich für neu bestellte Organmitglieder zu verwenden, die sich noch bewähren sollen.

SEAG Vertretung

41 (1) ¹**Die geschäftsführenden Direktoren vertreten die Gesellschaft gerichtlich und außergerichtlich.** ²**Hat eine Gesellschaft keine ge-**

schäftsführenden Direktoren (Führungslosigkeit), wird die Gesellschaft für den Fall, dass ihr gegenüber Willenserklärungen abgegeben oder Schriftstücke zugestellt werden, durch den Verwaltungsrat vertreten.

(2) [1]Mehrere geschäftsführende Direktoren sind, wenn die Satzung nichts anderes bestimmt, nur gemeinschaftlich zur Vertretung der Gesellschaft befugt. [2]Ist eine Willenserklärung gegenüber der Gesellschaft abzugeben, so genügt die Abgabe gegenüber einem geschäftsführenden Direktor oder im Fall des Absatzes 1 Satz 2 gegenüber einem Mitglied des Verwaltungsrats. [3]§ 78 Abs. 2 Satz 3 und 4 des Aktiengesetzes gilt entsprechend.

(3) [1]Die Satzung kann auch bestimmen, dass einzelne geschäftsführende Direktoren allein oder in Gemeinschaft mit einem Prokuristen zur Vertretung der Gesellschaft befugt sind. [2]Absatz 2 Satz 2 gilt in diesen Fällen entsprechend.

(4) [1]Zur Gesamtvertretung befugte geschäftsführende Direktoren können einzelne von ihnen zur Vornahme bestimmter Geschäfte oder bestimmter Arten von Geschäften ermächtigen. [2]Dies gilt entsprechend, wenn ein einzelner geschäftsführender Direktor in Gemeinschaft mit einem Prokuristen zur Vertretung der Gesellschaft befugt ist.

(5) Den geschäftsführenden Direktoren gegenüber vertritt der Verwaltungsrat die Gesellschaft gerichtlich und außergerichtlich.

Schrifttum: S. Angaben zu Art. 43.

Übersicht

	Rn.
I. Allgemeines	1
II. Geschäftsführende Direktoren als Vertretungsorgan (Abs. 1) ..	2
1. Grundlagen	2
2. Gegenstand der Vertretung	5
a) Personenkreis	5
b) Gerichtliche Vertretung	6
3. Umfang der Vertretungsmacht	8
a) Grundsatz der unbeschränkten und unbeschränkbaren Vertretungsmacht	8
b) Gesetzliche Beschränkungen der Vertretungsmacht	9
c) Abgrenzung zu internen Beschränkungen	10
III. Einzel- und Gesamtvertretung (Abs. 2–3)	12
IV. Einzelermächtigung (Abs. 4)	14
V. Vertretung gegenüber geschäftsführenden Direktoren (Abs. 5)	15
1. Aktivvertretung	16
2. Passivvertretung	18

I. Allgemeines

Die SE-VO enthält keine Vorgaben zur Vertretung der Gesellschaft (→ Art. 43 **1** Rn. 17). Daher war der deutsche Gesetzgeber in Ausübung der Ermächtigung in Art. 43 Abs. 4 frei, als **allgemeines Vertretungsorgan** nicht den Verwaltungsrat, sondern die **geschäftsführenden Direktoren** einzusetzen (anders § 43 Abs. 1 österr. SEG: Vertretung auch durch den Verwaltungsrat; rechtsvergleichender Überblick bei *Seitz* S. 242 ff.). Die Modalitäten der Vertretungsmacht der geschäftsführenden Direktoren sind in Abs. 1–4 in enger Anlehnung an § 78 AktG geregelt (Begr. RegE SEEG, BT-Drs. 15/3405, 39). § 112 AktG nachgebildet ist dagegen Abs. 5, der zur Vermeidung von Insichgeschäften die Vertretungsmacht im Verhältnis zu den geschäftsführenden Direktoren dem Verwaltungsrat zuweist (Begr. RegE SEEG, BT-Drs. 15/3405, 39).

II. Geschäftsführende Direktoren als Vertretungsorgan (Abs. 1)

2   **1. Grundlagen.** Gemäß Abs. 1 S. 1 vertreten die geschäftsführenden Direktoren die SE gerichtlich und außergerichtlich. Dabei handelt es sich wie in § 78 AktG um eine **organschaftliche Vertretungsmacht,** die den geschäftsführenden Direktoren kraft Gesetzes mit ihrer Bestellung zuwächst (zum organschaftlichen Charakter der Vertretungsmacht und zur Organqualität der geschäftsführenden Direktoren → Anh. Art. 43 § 40 SEAG Rn. 4 ff.). In der Konsequenz des Abs. 1 S. 1 liegt es, dass auch die strafrechtliche Verantwortung der organschaftlichen Vertreter nach § 14 Abs. 1 Nr. 1 StGB und § 9 Abs. 1 Nr. 1 OWiG die geschäftsführenden Direktoren trifft (→ Anh. Art. 43 § 22 SEAG Rn. 45). Weder in § 41 noch andernorts im SEAG geregelt ist dagegen die **rechtsgeschäftliche Vertretungsmacht.** Für sie gelten die allgemeinen zivil- und handelsrechtlichen Vorschriften (§§ 164 ff. BGB, §§ 48 ff. HGB).

3   Mit wenigen Ausnahmen (Abs. 1 S. 2, Abs. 5, ferner §§ 147 Abs. 2, 246 Abs. 2 AktG, → Rn. 6) sind die geschäftsführenden Direktoren das **alleinige Vertretungsorgan** der Gesellschaft. Der Verwaltungsrat kann den geschäftsführenden Direktoren zwar Weisungen erteilen (§ 44 Abs. 2 SEAG), wie sie ihre Vertretungsmacht einzusetzen haben. Er kann aber die Vertretungsbefugnis nicht auf sich überleiten, da diese nach § 44 Abs. 1 SEAG unbeschränkbar ist.

4   Hat eine Gesellschaft keine geschäftsführenden Direktoren **(Führungslosigkeit),** geht die Befugnis zur Passivvertretung nach dem durch das MoMiG vom 23.10.2008 (BGBl. I S. 2026) eingeführten **Abs. 1 S. 2** auf den Verwaltungsrat über. Zugang bei einem einzigen Verwaltungsratsmitglied genügt (Abs. 2 S. 2 Alt. 2). Die faktische Handlungsunfähigkeit infolge längeren Auslandsaufenthalts, Krankheit oder dergleichen steht nach hM der Führungslosigkeit nicht gleich (OLG Hamburg ZIP 2009, 333; Spindler/Stilz/*Fleischer* AktG § 78 Rn. 23; aA *Passarge* GmbHR 2010, 295 [297 ff.]). Nicht betroffen von Abs. 1 S. 2 ist die Befugnis zur Aktivvertretung. Diese steht dem Verwaltungsrat auch in Notfällen nicht zu (LHT/*Teichmann* Rn. 8a, Anh. Art. 43 § 45 SEAG Rn. 3; NK-SE/*Manz* Art. 43 Rn. 167; aA *Schwarz* Rn. 303; *Seitz* S. 249). Der Verwaltungsrat muss bei Führungslosigkeit und in Fällen faktischer Handlungsunfähigkeit unverzüglich neue geschäftsführende Direktoren bestellen, um so die Handlungsfähigkeit wiederherzustellen. Notfalls kann auch eine gerichtliche Bestellung nach § 45 SEAG erfolgen.

5   **2. Gegenstand der Vertretung. a) Personenkreis.** Die Vertretungsbefugnis nach Abs. 1 S. 1 bezieht sich auf den gesamten Rechtsverkehr der Gesellschaft mit Dritten. Dies schließt neben Geschäften mit außenstehenden Dritten und Aktionären **auch Geschäfte mit Verwaltungsratsmitgliedern** ein, sofern diese nicht zugleich geschäftsführende Direktoren sind und deshalb Abs. 5 eingreift. Für Dienst- und Werkverträge mit Verwaltungsratsmitgliedern sowie Kreditgewährungen an diese sieht allerdings § 38 Abs. 2 SEAG iVm §§ 114 f. AktG vor, dass diese Rechtsakte der Zustimmung des Verwaltungsrats bedürfen. Damit wird der Gefahr begegnet, dass die geschäftsführenden Direktoren die Verwaltungsratsmitglieder durch Sonderzuwendungen sachwidrig zu beeinflussen suchen (→ Anh. Art. 43 § 38 SEAG Rn. 17, 25). Diese Gefahr ist zwar auch bei anderen Rechtsgeschäften als Dienst-, Werk- und Kreditverträgen denkbar. Der Gesetzgeber hat aber offenbar bewusst nur einzelne als besonders missbrauchsanfällig angesehene Vertragstypen dem Zustimmungsvorbehalt unterstellt. Daher lässt sich der Vorbehalt nicht allgemein auf Verträge mit Verwaltungsratsmitgliedern aus-

dehnen (wie hier KK-AktG/*Siems* Anh. Art. 51 § 41 SEAG Rn. 7; LHT/*Teichmann* Rn. 19; *Seitz* S. 249; aA *Schwarz* Rn. 313). Satzung und Geschäftsordnung können jedoch einen entsprechenden Zustimmungsvorbehalt einführen. Solche Zustimmungsvorbehalte begründen normalerweise nur interne Beschränkungen der Geschäftsführungsbefugnis. Im Verhältnis zu nahe stehenden Dritten wie Verwaltungsratsmitgliedern begrenzen sie aber ausnahmsweise auch die Vertretungsbefugnis (→ Rn. 11).

b) Gerichtliche Vertretung. Die Vertretungsbefugnis erstreckt sich nach **6** Abs. 1 S. 1 auch auf die gerichtliche Vertretung der Gesellschaft. Ausnahmen bilden Abs. 5 (Vertretung gegenüber den geschäftsführenden Direktoren) und § 147 Abs. 2 AktG (Vertretung durch besondere Vertreter, zur Anwendbarkeit des § 147 AktG → Anh. Art. 43 § 39 SEAG Rn. 27, § 40 SEAG Rn. 82). Für die Vertretung der Gesellschaft im **Anfechtungs- und Nichtigkeitsklageverfahren** ist die Sonderregelung der §§ 246 Abs. 2 S. 2, 249 Abs. 1 S. 1 AktG (iVm Art. 9 Abs. 1 lit. c ii) zu beachten. Der dort vorgeschriebenen Doppelvertretung durch Vorstand und Aufsichtsrat entspricht in der monistischen SE die Doppelvertretung durch geschäftsführende Direktoren und Verwaltungsrat (→ Anh. Art. 43 § 22 SEAG Rn. 49). Wird die Anfechtungs- oder Nichtigkeitsklage von einem geschäftsführenden Direktor erhoben, wird die Gesellschaft entsprechend §§ 246 Abs. 2 S. 3, 249 Abs. 1 S. 1 AktG iVm § 22 Abs. 6 SEAG allein durch den Verwaltungsrat vertreten (MüKoAktG/*Reichert/Brandes* Art. 43 Rn. 189; LHT/*Teichmann* Rn. 8; *Göz* ZGR 2008, 593 [598]). Klagt ein Verwaltungsratsmitglied, sind umgekehrt nur die geschäftsführenden Direktoren vertretungsbefugt (MüKoAktG/*Reichert/Brandes* Art. 43 Rn. 189; ferner *Göz* ZGR 2008, 593 [598], dort auch zu dem Sonderfall, dass alle Verwaltungsratsmitglieder klagen).

Soweit die Gesellschaft im Prozess nur durch die geschäftsführenden Direktoren vertreten wird, können die nicht-geschäftsführenden Verwaltungsratsmitglieder als Zeugen vernommen werden (MüKoAktG/*Reichert/Brandes* Art. 43 Rn. 188). Die vertretungsbefugten geschäftsführenden Direktoren sind dagegen nach § 455 Abs. 1 ZPO als Partei zu vernehmen. **7**

3. Umfang der Vertretungsmacht. a) Grundsatz der unbeschränkten und unbeschränkbaren Vertretungsmacht. Die Vertretungsmacht der geschäftsführenden Direktoren ist wie diejenige der Vorstandsmitglieder der AG grundsätzlich unbeschränkt (Abs. 1 S. 1) und aus Gründen des Verkehrsschutzes auch unbeschränkbar (§ 44 Abs. 1 SEAG). Der Vertretungsmacht sind somit selbst durch den Gesellschaftszweck und den Unternehmensgegenstand keine Grenzen gezogen (MüKoAktG/*Reichert/Brandes* Art. 43 Rn. 185; zum unionsrechtlichen Hintergrund vgl. Art. 10 Abs. 1–2 Publizitäts-RL; *Habersack/Verse* EuropGesR § 5 Rn. 30 ff.). **8**

b) Gesetzliche Beschränkungen der Vertretungsmacht. Allerdings unterliegt die Vertretungsmacht der geschäftsführenden Direktoren ebenso wie diejenige der Vorstandsmitglieder kraft Gesetzes gewissen Grenzen. Diese ergeben sich zum einen aus der allgemeinen Schranke des § 181 BGB (→ Rn. 9a) und zum anderen aus verstreuten Einzelvorschriften, nach denen bestimmte Maßnahmen nur mit Zustimmung des Verwaltungsrats oder der Hauptversammlung wirksam vorgenommen werden können oder gar ganz in die Vertretungsmacht eines anderen Organs fallen. So ist **ausnahmsweise der Verwaltungsrat vertretungsbefugt**, soweit es um die Vertretung gegenüber den geschäftsführenden Direktoren (Abs. 5), die Beauftragung von Sachverständigen im Rahmen des Prüfungsrechts nach § 22 Abs. 4 S. 2 SEAG (→ Anh. Art. 43 § 22 SEAG Rn. 35), die Beauftragung des Abschlussprüfers nach § 22 Abs. 4 S. 3 SEAG (→ Anh. Art. 43 **9**

§ 22 SEAG Rn. 36) oder die Stellung des Insolvenzantrags nach § 22 Abs. 5 S. 2 Hs. 1 SEAG (→ Anh. Art. 43 § 22 SEAG Rn. 37) geht. Auf die Doppelvertretung im Anfechtungs- und Nichtigkeitsklageverfahren (§ 246 Abs. 2 AktG) wurde bereits hingewiesen (→ Rn. 6). Ferner bedürfen bestimmte Geschäfte zu ihrer Wirksamkeit der **Zustimmung des Verwaltungsrats** (§ 38 Abs. 2 SEAG iVm §§ 114 f. AktG; § 40 Abs. 7 iVm § 89 AktG) **oder der Hauptversammlung** (zB Verzicht auf Ersatzansprüche, § 39 SEAG, § 93 Abs. 4 S. 3 AktG; Gesamtvermögensveräußerung, Art. 52, § 179a AktG; Unternehmensverträge, § 293 Abs. 1 AktG; Verschmelzungsverträge, §§ 13, 65, 73 UmwG).

9a   Was die allgemeine Schranke des **§ 181 BGB** anbetrifft, so kommt ihr für die geschäftsführenden Direktoren nur in Zusammenhang mit der **Mehrfachvertretung** (§ 181 Alt. 2 BGB) Bedeutung zu. Für das Selbstkontrahieren (§ 181 Alt. 1 BGB) fehlt den geschäftsführenden Direktoren bereits nach Abs. 5 die Vertretungsmacht. Die Gestattung der Mehrfachvertretung kann entsprechend Abs. 3 S. 1 bereits in der Satzung enthalten sein (zur AG Spindler/Stilz/*Fleischer* AktG § 78 Rn. 12; GroßkommAktG/*Habersack/Foerster* AktG § 78 Rn. 25). Sie kann aber auch vom Verwaltungsrat ausgesprochen werden; im Hinblick auf Abs. 5 bedarf es hierfür jedenfalls dann keiner Ermächtigung in der Satzung, wenn es nur um eine Gestattung im Einzelfall geht (str., wie hier zur AG KK-AktG/*Mertens/Cahn* AktG § 78 Rn. 75; MüKoAktG/*Spindler* AktG § 78 Rn. 124; generell gegen das Ermächtigungserfordernis GroßkommAktG/*Habersack/Foerster* AktG § 78 Rn. 25 mwN auch zur Gegenansicht; aA für die SE *Rockstroh* BB 2012, 1620 [1623 f.]). Soll einem geschäftsführenden Verwaltungsratsmitglied die Mehrfachvertretung gestattet werden, ist dieses analog § 34 BGB von der Abstimmung im Verwaltungsrat ausgeschlossen.

10   **c) Abgrenzung zu internen Beschränkungen.** Von den vorgenannten gesetzlichen Beschränkungen der Vertretungsmacht sorgsam abzugrenzen sind lediglich intern wirkende Beschränkungen der Geschäftsführungsbefugnis (§ 44 Abs. 2 SEAG). In diese Kategorie fallen namentlich die Beschränkung der Kompetenz der geschäftsführenden Direktoren auf die laufende Geschäftsführung (in Abgrenzung zu den dem Verwaltungsrat vorbehaltenen Leitungsentscheidungen), die Zustimmungsvorbehalte des Verwaltungsrats aufgrund Satzung, Geschäftsordnung oder Weisung, aber auch die ungeschriebene Hauptversammlungszuständigkeit nach „Holzmüller/Gelatine"-Grundsätzen (→ Anh. Art. 43 § 44 SEAG Rn. 4). In diesen Fällen schlägt die Verletzung der Geschäftsführungsbefugnis im Innenverhältnis nach den allgemeinen Regeln des **Missbrauchs der Vertretungsmacht** nur dann auf das Außenverhältnis zu außenstehenden Dritten durch, wenn der handelnde geschäftsführende Direktor mit dem Geschäftspartner kollusiv zusammenwirkt oder sich die Pflichtwidrigkeit dem Geschäftspartner förmlich aufdrängen musste (Evidenz, zur AG näher Spindler/Stilz/*Fleischer* AktG § 82 Rn. 12 ff.; GroßkommAktG/*Habersack/Foerster* AktG § 82 Rn. 9 ff.; zur allgemein anerkannten Anwendbarkeit auf die SE etwa LHT/*Teichmann* Anh. Art. 43 § 44 SEAG Rn. 4).

11   Jenseits der eng begrenzten Fälle des Missbrauchs der Vertretungsmacht können sich interne Beschränkungen nur auf die Vertretungsbefugnis auswirken, wenn der Geschäftspartner ein der Gesellschaft **nahe stehender Dritter** ist. In diesem Fall treten die Verkehrschutzinteressen, die den Grundsatz der unbeschränkten und unbeschränkbaren Vertretungsmacht tragen, in den Hintergrund. Anzuerkennen ist diese Ausnahme namentlich für Geschäfte mit Verwaltungsratsmitgliedern, dem Alleinaktionär und unter im Einzelnen umstrittenen Voraussetzungen auch Konzernunternehmen (zur AG näher und mit Unterschieden im Einzelnen Spindler/Stilz/*Fleischer* AktG § 82 Rn. 18 ff.; GroßkommAktG/*Habersack/Foerster* AktG § 82 Rn. 17 f.).

III. Einzel- und Gesamtvertretung (Abs. 2–3)

Hat die Gesellschaft mehrere geschäftsführende Direktoren, obliegt ihnen die **12** Aktivvertretung der Gesellschaft nach Abs. 2 S. 1 grundsätzlich gemeinschaftlich (Gesamtvertretung). Die **Satzung** kann aber anderes bestimmen; insbesondere kann sie nach Abs. 3 S. 1 auch Einzelvertretung durch einen geschäftsführenden Direktor oder unechte Gesamtvertretung durch einen geschäftsführenden Direktor und einen Prokuristen vorsehen. Zulässig sind auch Abstufungen dergestalt, dass bestimmte Organwalter einzel-, andere dagegen gesamtvertretungsbefugt sind. In der Praxis üblich sind Satzungsbestimmungen, nach denen die Gesellschaft durch zwei geschäftsführende Direktoren oder einen geschäftsführenden Direktor gemeinsam mit einem Prokuristen vertreten wird. Eine dem § 78 Abs. 3 S. 2 AktG entsprechende Regelung, nach der nicht nur die Satzung, sondern auf Grundlage einer Satzungsermächtigung auch der Verwaltungsrat eine abweichende Vertretungsregelung bestimmen kann, ist in § 41 SEAG trotz Kritik im Gesetzgebungsverfahren nicht übernommen worden (kritisch Stellungnahme DNotV zum DiskE SEEG, S. 22; Begründungsversuch bei *Seitz* S. 246; LHT/*Teichmann* Rn. 11). Für die Annahme einer planwidrigen Regelungslücke dürfte daher kein Raum sein (wie hier LHT/*Teichmann* Rn. 11; aA *Rockstroh* BB 2012, 1620 [1622 f.]).

Anders als für die Aktivvertretung gilt für die **Passivvertretung** nach Abs. 2 **13** S. 2 und Abs. 3 S. 2 stets der Grundsatz der Einzelvertretung. Die durch das MoMiG eingeführten Erleichterungen für die Zustellung an die im Handelsregister angegebene Geschäftsanschrift der Gesellschaft (§ 78 Abs. 2 S. 3 AktG) und die im Handelsregister eingetragene Empfangsperson (§§ 78 Abs. 2 S. 4, 39 Abs. 1 S. 2 AktG) gelten nach Abs. 2 S. 3 auch in der monistischen SE.

IV. Einzelermächtigung (Abs. 4)

Abs. 4 ermöglicht es nach dem Vorbild des § 78 Abs. 4 AktG, auch bei echter **14** oder unechter Gesamtvertretung einzelne geschäftsführende Direktoren zur Vornahme bestimmter Geschäfte zu ermächtigen (Einzelermächtigung). Die Ermächtigung muss von den geschäftsführenden Direktoren (bei unechter Gesamtvertretung gemeinsam mit dem Prokuristen) in vertretungsberechtigter Anzahl erteilt werden. Der zu Ermächtigende darf daran mitwirken (Spindler/Stilz/ *Fleischer* AktG § 78 Rn. 43 mwN). Die Ermächtigung ist bis zur Vornahme des Rechtsgeschäfts frei widerruflich (Spindler/Stilz/*Fleischer* AktG § 78 Rn. 47). Um die Gesamtvertretung nicht auszuhöhlen, muss sie sich nach Abs. 4 S. 1 auf die Vornahme bestimmter Geschäfte oder Arten von Geschäften beschränken. Nach zutreffender Ansicht muss die Einzelermächtigung nicht nach § 46 Abs. 1 S. 2 SEAG zum Handelsregister angemeldet werden, da sie keine generelle Änderung der Vertretungsverhältnisse herbeiführt (zur AG Spindler/Stilz/*Fleischer* AktG § 81 Rn. 7; MüKoAktG/*Pentz* AktG § 37 Rn. 57; *Habersack/Verse* EuropGesR § 5 Rn. 37 Fn. 107; aA LHT/*Teichmann* Rn. 15). Gute Gründe sprechen aber dafür, dass mit Blick auf Art. 2 lit. d Publizitäts-RL die generelle Möglichkeit, eine Ermächtigung zu erteilen, nach § 21 Abs. 2 S. 2 SEAG offengelegt werden muss (zur AG MüKoAktG/*Pentz* AktG § 37 Rn. 57; *Habersack/Verse* EuropGesR § 5 Rn. 37 Fn. 107).

V. Vertretung gegenüber geschäftsführenden Direktoren (Abs. 5)

Nach Abs. 5 wird die SE im Verhältnis zu den geschäftsführenden Direktoren **15** ausnahmsweise vom **Verwaltungsrat** vertreten. Dies gilt in Anlehnung an die hM zur Parallelvorschrift des § 112 AktG auch im Verhältnis zu **ausgeschiede-**

nen geschäftsführenden Direktoren (LHT/*Teichmann* Rn. 16; ebenso die stRspr zu § 112 AktG, etwa BGH NZG 2009, 466 Rn. 7 mwN; näher Spindler/Stilz/ *Spindler* AktG § 112 Rn. 14 ff.).

16   **1. Aktivvertretung.** Für die Aktivvertretung folgt aus Abs. 5, dass der Verwaltungsrat zunächst im Innenverhältnis durch Beschluss (Art. 50) zu entscheiden hat, wie die Vertretungsmacht wahrgenommen werden soll. Gehört der betroffene geschäftsführende Direktor zugleich dem Verwaltungsrat an, bleibt es bei der Anwendbarkeit des Abs. 5; der Betroffene ist aber analog § 34 BGB vom Stimmrecht ausgeschlossen (MüKoAktG/*Reichert/Brandes* Art. 43 Rn. 192; NK-SE/*Manz* Art. 43 Rn. 159; KK-AktG/*Siems* Anh. Art. 51 § 41 SEAG Rn. 8; LHT/*Teichmann* Rn. 17). Sein Stimmrecht geht nach § 35 Abs. 3 SEAG auf den Vorsitzenden über. Der Verwaltungsrat kann die Beschlussfassung im Umkehrschluss zu § 34 Abs. 4 S. 2 SEAG auch einem seiner Ausschüsse übertragen (MüKoAktG/*Reichert/ Brandes* Art. 43 Rn. 194; KK-AktG/*Siems* Anh. Art. 51 § 41 SEAG Rn. 8; LHT/ *Teichmann* Rn. 18; zu der streitigen Frage, ob es für die Einrichtung beschließender Ausschüsse einer Ermächtigung in der Satzung bedarf, → Anh. Art. 43 § 34 SEAG Rn. 22). Empfehlenswert erscheint es, Angelegenheiten nach Abs. 5 einem Ausschuss zuzuweisen, der nur mit nicht-geschäftsführenden Mitgliedern besetzt ist.

17   Ebenso wenig wie § 112 AktG enthält Abs. 5 eine Aussage darüber, wie die Vertretungsmacht tatsächlich auszuüben ist, nachdem der Verwaltungsrat durch Beschlussfassung seinen Willen gebildet hat. In Übereinstimmung mit der ganz hM zur AG ist davon auszugehen, dass der Verwaltungsrat bzw. der Ausschuss die Kundgabe des von ihm gebildeten Willens einem seiner Mitglieder überlassen kann (BGHZ 41, 282 [285]; MüKoAktG/*Habersack* AktG § 112 Rn. 26 mzN). Regelmäßig wird von einer konkludenten Ermächtigung des Vorsitzenden des Verwaltungsrats bzw. Ausschusses auszugehen sein (MüKoAktG/*Habersack* AktG § 112 Rn. 26; Spindler/Stilz/*Spindler* AktG § 112 Rn. 38). Für zulässig gehalten wird es aber auch, einen Dritten als Erklärungsvertreter einzuschalten (näher MüKoAktG/*Habersack* AktG § 112 Rn. 27).

18   **2. Passivvertretung.** Für die Passivvertretung gegenüber den geschäftsführenden Direktoren fehlt in Abs. 5 eine dem § 112 S. 2 iVm § 78 Abs. 2 S. 2 AktG vergleichbare Regelung, wonach jedes einzelne Aufsichtsratsmitglied einzelvertretungsbefugt ist. Diese Abweichung vom Regelungsvorbild des § 112 AktG beruht offenbar darauf, dass bei Einführung des § 112 S. 2 AktG durch das MoMiG die fällige Anpassung des § 41 Abs. 5 SEAG übersehen worden ist. Die durch dieses Redaktionsversehen entstandene Lücke ist analog §§ 112 S. 2, 78 Abs. 2 S. 2 AktG und § 41 Abs. 2 S. 2 Alt. 2 SEAG so zu schließen, dass **jedes einzelne Verwaltungsratsmitglied,** nicht nur der Vorsitzende, als passiv vertretungsbefugt anzusehen ist. Ausgenommen ist gemäß § 181 BGB nur das selbst betroffene geschäftsführende Verwaltungsratsmitglied.

SEAG [aufgehoben]

42

1   § 42 ist durch Art. 18 Nr. 6 des MoMiG vom 23.10.2008 (BGBl. I S. 2026) mit Wirkung vom 1.11.2008 aufgehoben worden. Die Vorschrift sah in Anlehnung an § 79 AktG aF vor, dass die geschäftsführenden Direktoren neben ihrer Namensunterschrift mit dem Zusatz „Geschäftsführender Direktor" zeichnen. Der Gesetzgeber des MoMiG hielt diese Vorschrift ebenso wie die Zeichnungsregelungen in § 79 AktG aF, § 35 Abs. 3 GmbHG aF für entbehrlich. Klarheit und Sicherheit des Rechtsverkehrs, denen die Zeichnungsregeln dienen, seien bereits durch das stellvertretungsrechtliche Offenkundigkeitsprinzip gewährleistet (Begr. RegE MoMiG, BT-Drs. 16/6140, 43, 59).

SEAG Angaben auf Geschäftsbriefen

43 (1) [1]**Auf allen Geschäftsbriefen gleichviel welcher Form, die an einen bestimmten Empfänger gerichtet werden, müssen die Rechtsform und der Sitz der Gesellschaft, das Registergericht des Sitzes der Gesellschaft und die Nummer, unter der die Gesellschaft in das Handelsregister eingetragen ist, sowie alle geschäftsführenden Direktoren und der Vorsitzende des Verwaltungsrats mit dem Familiennamen und mindestens einem ausgeschriebenen Vornamen angegeben werden.** [2]**§ 80 Abs. 1 Satz 3 des Aktiengesetzes gilt entsprechend.**

(2) **§ 80 Abs. 2 bis 4 des Aktiengesetzes gilt entsprechend.**

I. Allgemeines

§ 43 SEAG regelt die Pflichtangaben auf **Geschäftsbriefen** der monistischen 1 SE gleich welcher Form (dh einschließlich elektronischer Kommunikation durch E-Mails und dergleichen). Die Vorschrift entspricht weitestgehend § 80 AktG, der seinerseits Art. 5 Publizitäts-RL und Art. 6, 10 RL 89/666/EWG (Zweig-niederlassungsRL) umsetzt. Der Zweck der Vorschrift besteht darin, die Geschäftspartner der SE schon im Stadium der Vertragsanbahnung über wesentliche Verhältnisse der Gesellschaft zu unterrichten und ihnen über die Handelsregisternummer Zugang zu weiteren Informationen zu verschaffen (vgl. zur AG Spindler/Stilz/*Fleischer* AktG § 80 Rn. 1).

II. Erforderliche Angaben

Zu den erforderlichen Angaben zählen nach Abs. 1 S. 1 die Rechtsform 2 (wobei die auch in der Verordnung benutzte Abkürzung SE genügen muss), der (Satzungs-) Sitz der Gesellschaft, das zuständige Registergericht und die Nummer, unter der die Gesellschaft im Handelsregister eingetragen ist. Ferner sind die **Namen sämtlicher geschäftsführender Direktoren** und des **Vorsitzenden des Verwaltungsrats** anzugeben. Nicht erforderlich ist dagegen, bei den internen geschäftsführenden Direktoren auf ihre Mitgliedschaft im Verwaltungsrat hinzuweisen. Während im dualistischen System zusätzlich anzugeben ist, wer im Vorstand den Vorsitz führt (§ 80 Abs. 1 S. 2 AktG), fehlt eine entsprechende Vorschrift in Bezug auf den Vorsitzenden der geschäftsführenden Direktoren, obwohl auch in diesem Organ ein Vorsitzender bestellt werden kann (→ Anh. Art. 43 § 40 SEAG Rn. 20). Da darin eine zwar nicht unbedingt einleuchtende, aber offenbar bewusste Entscheidung des Gesetzgebers liegt, ist für eine analoge Anwendung des § 80 Abs. 1 S. 2 AktG kein Raum (LHT/*Teichmann* Rn. 6; aA KK-AktG/*Siems* Anh. Art. 51 § 43 SEAG Rn. 2). Einer freiwilligen Angabe steht aber selbstverständlich nichts im Wege.

Angaben über das Grundkapital der Gesellschaft sind nicht erforderlich. Wer- 3 den sie aber gemacht, sind nach Abs. 1 S. 2 die Vorgaben des § 80 Abs. 1 S. 3 AktG einzuhalten. Über Abs. 2 finden ferner § 80 Abs. 2–4 AktG entsprechende Anwendung. Die Vorgaben des § 80 Abs. 4 AktG, die sich auf inländische Zweigniederlassungen ausländischer Aktiengesellschaften beziehen, sind iVm Abs. 2 so zu lesen, dass sie sich auf inländische Zweigniederlassungen einer SE mit Sitz im Ausland beziehen. Wegen aller weiteren Einzelheiten kann auf die Kommentierungen zu § 80 AktG Bezug genommen werden.

III. Rechtsfolgen von Verstößen

4   Die Missachtung der Vorgaben der § 43 SEAG, § 80 AktG hat **keine Auswirkungen auf die Wirksamkeit** der Erklärungen der Gesellschaft. Es handelt
sich um bloße Ordnungs-, keine Formvorschriften (statt aller LHT/*Teichmann*
Rn. 3; Spindler/Stilz/*Fleischer* AktG § 80 Rn. 18). Denkbar ist allerdings unter
Umständen eine Irrtumsanfechtung nach § 119 Abs. 2 BGB. Sollte durch die
fehlenden Angaben ein Schaden verursacht worden sein, kommen auch Ansprüche aus §§ 280 Abs. 1, 311 Abs. 2 BGB und § 823 Abs. 2 BGB iVm § 43 SEAG,
§ 80 AktG in Betracht (Spindler/Stilz/*Fleischer* AktG § 80 Rn. 18). Ferner kann
das Registergericht nach § 407 Abs. 1 AktG iVm § 22 Abs. 6 SEAG die Verwaltungsratsmitglieder durch Festsetzung von **Zwangsgeld** dazu anhalten, für die
Beachtung der § 43 SEAG, § 80 AktG zu sorgen.

SEAG Beschränkungen der Vertretungs- und Geschäftsführungs-befugnis

44 (1) **Die Vertretungsbefugnis der geschäftsführenden Direktoren
kann nicht beschränkt werden.**

(2) **Im Verhältnis zur Gesellschaft sind die geschäftsführenden Direktoren verpflichtet, die Anweisungen und Beschränkungen zu beachten, die
im Rahmen der für die SE geltenden Vorschriften die Satzung, der Verwaltungsrat, die Hauptversammlung und die Geschäftsordnungen des
Verwaltungsrats und der geschäftsführenden Direktoren für die Geschäftsführungsbefugnis getroffen haben.**

Schrifttum: *Böttcher,* Die Kompetenzen von Verwaltungsrat und geschäftsführenden Direktoren in der monistischen SE in Deutschland, 2008; *Ihrig,* Organschaftliche Haftung und
Haftungsdurchsetzung unter Berücksichtigung der monistisch verfassten SE, in Bachmann/
Casper/Schäfer/Veil, Steuerungsfunktionen des Haftungsrechts im Gesellschafts- und Kapi-
talmarktrecht, 2007, 17; *ders.,* Die geschäftsführenden Direktoren in der monistischen SE:
Stellung, Aufgaben und Haftung, ZGR 2008, 809; *Mauch,* Das monistische Leitungssystem
in der Europäischen Aktiengesellschaft, 2008; *Metz,* Die Organhaftung bei der monistisch
strukturierten Europäischen Aktiengesellschaft mit Sitz in Deutschland, 2009; *Seitz,* Die
Geschäftsführer einer monistischen Societas Europaea (SE) mit Sitz in der Bundesrepublik
Deutschland, 2009; *Verse,* Das Weisungsrecht des Verwaltungsrats der monistischen SE, FS
Hoffmann-Becking, 2013, 1277. S. ferner die Angaben zu Art. 43.

Übersicht

	Rn.
I. Allgemeines	1
II. Unbeschränkbarkeit der Vertretungsmacht (Abs. 1)	2
III. Beschränkungen der Geschäftsführungsbefugnis (Abs. 2)	3
1. Allgemeines	3
2. Gesetz	4
3. Satzung, Hauptversammlung und Geschäftsordnung	5
4. Verwaltungsrat, Weisungsrecht	8
a) Grundlagen	8
b) Anwendungsbereich des Weisungsrechts	10
c) Weisungsadressat	13
d) Grenzen des Weisungsrechts	14
e) Prüfungs- und Folgepflicht der geschäftsführenden Di-
rektoren	17
f) Verfahren der Weisungserteilung	20

I. Allgemeines

§ 44 SEAG ist § 82 AktG nachgebildet (Begr. RegE SEEG, BT-Drs. 15/ **1** 3405, 39). Nach Abs. 1 ist die organschaftliche Vertretungsbefugnis der geschäftsführenden Direktoren wie diejenige der Vorstandsmitglieder (§ 82 Abs. 1 AktG, Art. 10 Abs. 1–2 Publizitäts-RL) im **Außenverhältnis** unbeschränkbar. Damit wird den Interessen des Verkehrsschutzes Rechnung getragen. Im **Innenverhältnis** haben die geschäftsführenden Direktoren hingegen die in Abs. 2 aufgeführten Anweisungen und Beschränkungen zu beachten. Damit können auch in der SE rechtliches Können und Dürfen auseinanderfallen. Im Vergleich zu § 82 Abs. 2 AktG fällt auf, dass nicht wie dort nur von „Beschränkungen" die Rede ist, sondern auch von „Anweisungen". Damit wird zum Ausdruck gebracht, dass der Verwaltungsrat ein **Weisungsrecht** gegenüber den geschäftsführenden Direktoren besitzt. Durch die Weisungsgebundenheit (und die jederzeitige Abberufbarkeit, § 40 Abs. 5 S. 1 AktG) gerät die Rechtsstellung der geschäftsführenden Direktoren in eine Nähe zu derjenigen der Geschäftsführer einer GmbH (Begr. RegE SEEG, BT-Drs. 15/3405, 39). Darin liegt ein fundamentaler Unterschied zum dualistischen System, in dem der Vorstand nach § 76 Abs. 1 AktG die Gesellschaft frei von Weisungen des Aufsichtsrats in eigener Verantwortung leitet (→ Art. 43 Anh. Vor § 20 SEAG Rn. 5).

II. Unbeschränkbarkeit der Vertretungsmacht (Abs. 1)

Schon aus § 41 Abs. 1 S. 1 SEAG ergibt sich, dass die organschaftliche Ver- **2** tretungsmacht der geschäftsführenden Direktoren grundsätzlich unbeschränkt ist. § 44 Abs. 1 SEAG fügt dem hinzu, dass diese unbeschränkte organschaftliche Vertretungsmacht **zwingend** ist. Weder Satzung, Geschäftsordnung noch Weisungen des Verwaltungsrats (Abs. 2) vermögen somit die unbeschränkte Vertretungsmacht mit Wirkung für das Außenverhältnis einzugrenzen. Unberührt bleiben aber **gesetzliche Beschränkungen** der Vertretungsmacht. Diese ergeben sich aus § 181 BGB sowie einer Reihe von Einzelvorschriften, nach denen bestimmte Maßnahmen nur mit Zustimmung des Verwaltungsrats oder der Hauptversammlung wirksam vorgenommen werden können oder gar ganz in die Vertretungsmacht eines anderen Organs fallen (→ Anh. Art. 43 § 41 SEAG Rn. 9). Ferner können auch die internen Beschränkungen der Geschäftsführungsbefugnis nach Abs. 2 (→ Rn. 3 ff.) ausnahmsweise auf das Außenverhältnis durchschlagen, wenn eine der Fallgruppen des **Missbrauchs der Vertretungsmacht** (Kollusion, Evidenz) vorliegt (→ Anh. Art. 43 § 41 SEAG Rn. 10) oder ein Geschäft mit einem **nahestehenden Dritten** in Rede steht (→ Anh. Art. 43 § 41 SEAG Rn. 11).

III. Beschränkungen der Geschäftsführungsbefugnis (Abs. 2)

1. Allgemeines. Ungeachtet ihrer im Außenverhältnis grundsätzlich unbe- **3** schränkten Vertretungsmacht haben die geschäftsführenden Direktoren nach Abs. 2 im Innenverhältnis zur Gesellschaft die ihnen auferlegten Beschränkungen der Geschäftsführungsbefugnis einzuhalten. Schuldhafte Verstöße führen bei Verursachung eines Schadens zur Haftung nach § 40 Abs. 8 SEAG, § 93 Abs. 2 AktG. Dagegen wird die Vertretungsmacht nur ausnahmsweise tangiert (→ Rn. 2 aE).

2. Gesetz. Wiewohl dies in Abs. 2 ebenso wenig wie in § 82 Abs. 2 AktG **4** gesondert erwähnt wird, ergeben sich Beschränkungen der Geschäftsführungsbefugnis zunächst einmal aus dem Gesetz. Gesetzliche Beschränkungen finden sich zum einen in den Vorschriften, die bereits die Vertretungsbefugnis einschränken (→ Anh. Art. 43 § 41 SEAG Rn. 9); denn mit der Beschränkung der Vertretungsmacht geht notwendig auch eine solche der Geschäftsführungsbefugnis einher (zur AG GroßkommAktG/*Habersack/Foerster* AktG § 82 Rn. 21). Zum anderen kennt das Gesetz aber auch eine Reihe von Vorschriften, die grundsätzlich (dh vorbehaltlich eines Missbrauchs der Vertretungsmacht) nicht die Vertretungsmacht berühren, sondern allein die interne Geschäftsführungsbefugnis beschränken. Hervorzuheben ist namentlich **§ 22 Abs. 1 SEAG,** der den geschäftsführenden Direktoren die Geschäftsführungsbefugnis für die grundlegenden Führungsentscheidungen (Leitungsmaßnahmen) entzieht und diese dem Verwaltungsrat überantwortet. Auch die im Wege richterlicher Rechtsfortbildung entwickelte Hauptversammlungszuständigkeit nach **„Holzmüller/Gelatine"- Grundsätzen** gehört hierher (zur AG BGHZ 83, 122 [131] = NJW 1982, 1703; BGHZ 159, 30 [38, 42] = NJW 2004, 1860; zur Anwendbarkeit auf die SE → Art. 52 Rn. 42).

5   **3. Satzung, Hauptversammlung und Geschäftsordnung.** Für die in Abs. 2 aufgeführten Beschränkungen der Geschäftsführungsbefugnis durch die Satzung, die Hauptversammlung und die Geschäftsordnungen des Verwaltungsrats und der geschäftsführenden Direktoren kann im Wesentlichen an die zum Vorstand anerkannten Grundsätze angeknüpft werden. Die **Satzung** engt die Geschäftsführungsbefugnis zunächst durch den Gesellschaftszweck ein. Dieser setzt sich aus dem Unternehmensgegenstand (Sachziel, § 23 Abs. 3 Nr. 2 AktG iVm Art. 9 Abs. 1 lit. b ii) und dem zumeist unausgesprochenen Formalziel zusammen, das in der gesetzestypischen SE auf Gewinnerzielung gerichtet ist (näher zu den daraus folgenden Beschränkungen Spindler/Stilz/*Fleischer* AktG § 82 Rn. 27 ff.). Desweiteren kann die Satzung die Geschäftsführungsbefugnis dadurch beschränken, dass sie bestimmte Maßnahmen unter den Vorbehalt der Zustimmung des Verwaltungsrats stellt (Art. 48 Abs. 1).

6   Die **Hauptversammlung** beschränkt die Geschäftsführungsbefugnis, soweit ihr Fragen der Geschäftsführung nach Art. 52 UAbs. 2 iVm § 119 Abs. 2 AktG, § 22 Abs. 6 SEAG oder „Holzmüller/Gelatine"-Grundsätzen (→ Rn. 4) vorgelegt wurden. In diesem Fall ist nach § 22 Abs. 2 S. 2 SEAG iVm § 83 Abs. 2 AktG primär der Verwaltungsrat zur Ausführung des Hauptversammlungsbeschlusses verpflichtet. Allerdings wird man annehmen müssen, dass auch die geschäftsführenden Direktoren zumindest insoweit gebunden werden, als sie keine dem Hauptversammlungsbeschluss zuwiderlaufenden Maßnahmen ergreifen dürfen. Ferner kann der Verwaltungsrat sie in die Umsetzung des Beschlusses einbinden; dann ergibt sich die Beschränkung aus einer Weisung des Verwaltungsrats (→ Rn. 8). Dagegen steht der Hauptversammlung unstreitig kein Weisungsrecht gegenüber den geschäftsführenden Direktoren zu. Der Begriff „Anweisungen" in Abs. 2 ist anerkanntermaßen nur auf den Verwaltungsrat, nicht auf die Hauptversammlung zu beziehen (van Hulle/Maul/Drinhausen/*Drinhausen* Abschnitt 5 § 3 Rn. 27 ff.; *Ihrig* ZGR 2008, 809 [818]; NK-SE/*Manz* Art. 43 Rn. 165; KK-AktG/*Siems* Anh. Art. 51 § 44 SEAG Rn. 9). Da der Hauptversammlung gegenüber dem Verwaltungsrat kein Weisungsrecht zusteht (→ Anh. Art. 43 § 22 SEAG Rn. 11), wäre es ungereimt, wenn man ihr ein Weisungsrecht gegenüber den geschäftsführenden Direktoren, die als „verlängerter Arm" des Verwaltungsrats fungieren, zuerkennen wollte.

7   Beschränkungen der Geschäftsführungsbefugnis können sich ferner aus einer vom Verwaltungsrat oder den geschäftsführenden Direktoren erlassenen **Geschäftsordnung** nach § 40 Abs. 4 S. 1 SEAG ergeben. Zu denken ist dabei neben Zustimmungsvorbehalten zugunsten des Verwaltungsrats insbesondere an Regelungen zur Ressortverteilung. Die Geschäftsordnung, die sich der Verwal-

tungsrat ggf. selbst gibt (§ 34 Abs. 2 S. 1 SEAG), ist dagegen trotz des missverständlichen Wortlauts des Abs. 2 keine geeignete Grundlage für Beschränkungen der Geschäftsführungsbefugnis der geschäftsführenden Direktoren (LHT/*Teichmann* Rn. 7; vgl. zur AG GroßkommAktG/*Habersack/Foerster* AktG § 82 Rn. 29).

4. Verwaltungsrat, Weisungsrecht. a) Grundlagen. Nicht zuletzt kann **8** auch der **Verwaltungsrat** die Geschäftsführungsbefugnis der geschäftsführenden Direktoren beschränken. Diese Möglichkeit reicht für den Verwaltungsrat der monistischen SE viel weiter als für den Aufsichtsrat im dualistischen System im Verhältnis zum Vorstand. Der Verwaltungsrat kann nicht nur bestimmte Geschäfte einem Zustimmungsvorbehalt unterstellen, sondern ein **umfassendes Weisungsrecht** gegenüber den geschäftsführenden Direktoren für sich in Anspruch nehmen. Im Gesetzeswortlaut kommt dies in der von § 82 Abs. 2 AktG abweichenden Formulierung des Abs. 2 zum Ausdruck, wonach die geschäftsführenden Direktoren nicht nur Beschränkungen, sondern auch „Anweisungen" des Verwaltungsrats zu beachten haben.

Die **Rechtsgrundlage** des Weisungsrechts ergibt sich demgemäß unmittelbar **9** aus Abs. 2 (Begr. RegE SEEG, BT-Drs. 15/3405, 39; *Ihrig* ZGR 2008, 809 [818]; *Verse* FS Hoffmann-Becking, 2013, 1277 (1279); Spindler/Stilz/*Eberspächer* Art. 43 Rn. 15; für Herleitung aus § 22 Abs. 1 iVm § 44 Abs. 2 SEAG KK-AktG/*Siems* Anh. Art. 51 § 44 SEAG Rn. 11; ähnlich LHT/*Teichmann* Rn. 9). Teilweise wird sie auch schon aus der Verordnung (Art. 43 Abs. 1 S. 1) abgeleitet (*Schwarz* Rn. 339, Art. 43 Rn. 58; *Böttcher* S. 168; *Seitz* S. 256 f.). Daran ist richtig, dass eine gänzlich weisungsfreie Führung der laufenden Geschäfte durch die geschäftsführenden Direktoren die Organisationsverfassung so stark in die Nähe des dualistischen Systems rücken würde, dass damit das in Art. 38 gewährte Wahlrecht ausgehöhlt würde. Detaillierte Aussagen zum Umfang des Weisungsrechts wird man der Verordnung indes nicht entnehmen können (*Verse* FS Hoffmann-Becking, 2013, 1277 (1281)). Unabhängig von der Frage der zutreffenden Rechtsgrundlage besteht Einigkeit, dass das Weisungsrecht und die mit ihm korrespondierende Folgepflicht der geschäftsführenden Direktoren **zwingend** sind (im Ergebnis heute allgM, Spindler/Stilz/*Eberspächer* Art. 43 Rn. 15; KK-AktG/*Siems* Anh. Art. 51 § 44 SEAG Rn. 4; *Ihrig* ZGR 2008, 809 [819 f.]; *Böttcher* S. 170 f.; *Seitz* S. 270 f.; abweichend noch NK-SE/*Manz* 1. Aufl. Art. 43 Rn. 41). Soweit man das Weisungsrecht nicht schon aus der Verordnung herleitet, ergibt sich der zwingende Charakter aus Art. 9 Abs. 1 lit. c ii, iii iVm § 23 Abs. 5 AktG.

b) Anwendungsbereich des Weisungsrechts. Der Wortlaut des Abs. 2 ent- **10** hält keine inhaltliche Beschränkung des Weisungsrechts. Dieser Ausgangspunkt, die Stellung des Verwaltungsrats als oberstes Geschäftsführungsorgan sowie der in den Gesetzesmaterialien gezogene Vergleich mit der Weisungsbefugnis der GmbH-Gesellschafter (Begr. RegE SEEG, BT-Drs. 15/3405, 39) sprechen dafür, dass sich das Weisungsrecht nicht nur auf Fragen von übergeordneter Bedeutung, sondern **auch** auf **Einzelfragen des Tagesgeschäfts** erstreckt. Hierüber besteht denn auch im Ausgangspunkt Einigkeit (MHdB AG/*Austmann* § 86 Rn. 16; Spindler/Stilz/*Eberspächer* Art. 43 Rn. 15 f.; *Ihrig* ZGR 2008, 809 [819]; *Marsch-Barner* GS Bosch, 2006, 99 (105); MüKoAktG/*Reichert/Brandes* Art. 43 Rn. 169; LHT/*Teichmann* Rn. 10).

Teile des Schrifttums treten allerdings mit Unterschieden im Einzelnen dafür **11** ein, einzelne Bereiche der Geschäftsführung vom Anwendungsbereich des Weisungsrechts auszunehmen. Genannt werden in diesem Zusammenhang vor allem die Rechnungslegung (§ 47 SEAG) und die Prüfung des Abhängigkeitsberichts (§§ 312, 314 AktG iVm §§ 49 Abs. 1, 22 Abs. 6 SEAG). Da der Gesetzgeber hier besonderen Wert auf eine Aufgabentrennung zwischen geschäftsführenden Direktoren und Verwaltungsrat gelegt habe („**Vier-Augen-Prinzip**", → Art. 43 Anh. Vor § 20 SEAG Rn. 3), müssten diese Bereiche vom Weisungsrecht ausgenommen werden (*Boettcher* S. 176 ff.; Spindler/Stilz/*Eberspächer* Art. 43 Rn. 16; für die Rechnungslegung tendenziell auch NK-SE/*Manz* Art. 43 Rn. 174). Dem ist jedoch zu entgegnen, dass sich „Vier-Augen-Prinzip" und Weisungsbefugnis nicht kategorisch ausschließen, da nur rechtmäßige und nicht nachteilige Weisungen verbindlich sind (→ Rn. 14 ff.) und die geschäftsführenden Direktoren der Weisung nur nachkommen dürfen, nachdem sie diese entsprechend überprüft haben. Daher besteht kein Anlass, Weisungen in den genannten Bereichen auszuschließen (*Verse* FS Hoffmann-Becking, 2013, 1277 (1284 f.); LHT/*Teichmann* Rn. 13, Anh. Art. 43 § 47 SEAG Rn. 11; ebenso zur Rechnungslegung KK-AktG/*Siems* Anh. Art. 51 § 47 SEAG Rn. 6; zum österr. Recht Kalss/Hügel/*Kalss*/*Greda* SEG § 41 Rn. 7). Eine weitere Ansicht im Schrifttum plädiert dafür, zur Vermeidung von Interessenkonflikten die Geltendmachung von Ersatzansprüchen gegen Verwaltungsratsmitglieder vom Weisungsrecht auszunehmen (*Ihrig* ZGR 2008, 809 [822]). Auch dem ist jedoch nicht zu folgen, da der Gefahr von Interessenkonflikten in der Person der selbst betroffenen Verwaltungsratsmitglieder auch anderweitig, nämlich mithilfe von Stimmverboten im Verwaltungsrat, begegnet werden kann (→ Anh. Art. 43 § 39 SEAG Rn. 24).

12   Es verhält sich somit nicht so, dass einzelne Bereiche der Geschäftsführung dem Weisungsrecht von vornherein entzogen wären. Davon zu trennen ist jedoch die Frage, ob der Verwaltungsrat von dem Weisungsrecht auch so extensiv Gebrauch machen darf, dass die laufende Geschäftsführung den geschäftsführenden Direktoren flächendeckend (nahezu) völlig aus der Hand genommen wird und diese zu bloßen „**Vertretungsmarionetten**" degradiert werden. Diese Frage wird im Schrifttum mit Recht allgemein verneint (Spindler/Stilz/*Eberspächer* Art. 43 Rn. 16; KK-AktG/*Siems* Anh. Art. 51 SE-VO § 44 SEAG Rn. 12; LHT/*Teichmann* Rn. 10; *Verse* FS Hoffmann-Becking, 2013, 1277 (1285 ff.); *Boettcher* S. 185 ff.; *Mauch* S. 65 f.; *Seitz* S. 269 f. iVm S. 261; *Velte* WM 2010, 1635 [1638]; zur Parallelfrage im österreichischen Recht auch Kalss/Hügel/*Kalss*/*Greda* SEG § 56 Rn. 18: „Aushöhlungsverbot"). Für die Richtigkeit dieser Auffassung spricht insbesondere, dass ansonsten das Anliegen des § 40 Abs. 1 S. 2 SEAG, die Mehrheit der Verwaltungsratsmitglieder für die Überwachungsaufgabe freizuhalten, verfehlt würde. Zu betonen ist aber, dass die sich daraus ergebende Einschränkung des Weisungsrechts sehr weit gezogen ist. Es geht allein darum, extreme Fallgestaltungen auszuschließen, die von der in § 40 Abs. 1 SEAG vorausgesetzten Funktionstrennung praktisch nichts übrig lassen und deshalb den Vorwurf einer Umgehung dieser Vorschrift tragen (*Verse* FS Hoffmann-Becking, 2013, 1277 (1287); ebenso LHT/*Teichmann* Rn. 10 mit Fn. 22; deutlich zu restriktiv daher *Mauch* S. 66 und *Schwarz* Rn. 341, nach denen der Verwaltungsrat nur „wesentliche" bzw. nur „einzelne" Geschäfte durch Weisung an sich ziehen darf).

13   **c) Weisungsadressat.** Streitig ist, ob die Weisungsbefugnis des Verwaltungsrats allein gegenüber den geschäftsführenden Direktoren besteht oder der Verwaltungsrat auch an diesen vorbei Weisungen an nachgeordnete Unternehmensangehörige erteilen kann (für Letzteres *Merkt* ZGR 2003, 650 [664]; Spindler/Stilz/*Eberspächer* Art. 51 Rn. 6; *Velte* WM 2010, 1635 [1638] mit Fn. 56; grundsätzlich auch KK-AktG/*Siems* Anh. Art. 51 § 44 Rn. 16; für Ersteres dagegen *Ihrig* ZGR 2008, 809 [826 f.]; LHT/*Teichmann* Rn. 9; *Verse* FS Hoffmann-Becking, 2013, 1277 (1290 f.)). Zutreffend erscheint es, ausschließlich die geschäftsführenden Direktoren als Weisungsadressaten anzuerkennen. Hierfür spricht erstens, dass § 44 Abs. 2 SEAG nur diesen Fall erwähnt. Zweitens sind es die geschäftsführenden Direktoren und nicht der Verwaltungsrat, die als allgemeines Vertretungsorgan der Gesellschaft (§ 41 Abs. 1 S. 1 SEAG) das arbeitsvertragliche Direktionsrecht gegenüber den Arbeitnehmern auszuüben haben. Hinzu kommt drittens, dass die geschäftsführenden Direktoren ihren Organisationspflichten kaum ordnungsgemäß nachkommen können, wenn die ihnen unterstehenden Mitarbeiter nicht nur ihren Weisungen, sondern auch den Weisungen Dritter unterstehen. Zu bedenken ist viertens, dass auch im GmbH-Recht, an das sich der Gesetzgeber anlehnen wollte, nicht vertreten wird, dass Gesellschafterweisungen am Geschäftsführer vorbei an nachgeordnete Mitarbeiter erteilt werden können (ausführlich zum Vorstehenden *Verse* FS Hoffmann-Becking, 2013, 1277 (1290 f.)).

d) Grenzen des Weisungsrechts. Dass sich der Anwendungsbereich des **14** Weisungsrechts grundsätzlich auf sämtliche Geschäftsführungsmaßnahmen erstreckt (→ Rn. 10 ff.), bedeutet nicht, dass das Weisungsrecht grenzenlos bestünde. Eine erste Grenze ergibt sich anerkanntermaßen aus Gesetz und Satzung. Der Verwaltungsrat darf nicht zu einem Verhalten anweisen, mit dem er und die geschäftsführenden Direktoren gegen ihre Legalitätspflicht verstoßen würden **(rechtswidrige Weisungen).** Derartige Weisungen – zB die Weisung, ein Geschäft abzuschließen, das gegen die Kapitalbindung verstößt (Art. 5 iVm § 57 AktG) oder außerhalb des Unternehmensgegenstands liegt – müssen und dürfen die geschäftsführenden Direktoren nicht befolgen (Spindler/Stilz/*Eberspächer* Art. 43 Rn. 15; LHT/*Teichmann* Rn. 13; *Ihrig* ZGR 2008, 809 [824 f.]; *Seitz* S. 270; *Verse* FS Hoffmann-Becking, 2013, 1277 (1288); einschränkend van Hulle/Maul/Drinhausen/*Drinhausen* Abschnitt 5 § 3 Rn. 23; *Schwarz* Rn. 342, Art. 43 Rn. 58: nur offensichtlich rechtswidrige Weisungen).

Darüber hinaus darf der Verwaltungsrat auch keine Weisungen erteilen, die **15** zwar nicht auf ein rechtswidriges Verhalten gerichtet sind, aber für die Gesellschaft **wirtschaftlich nachteilig** sind, da der Verwaltungsrat auch mit solchen Weisungen gegen seine Sorgfaltspflicht (§ 39 SEAG, § 93 Abs. 1 S. 1 AktG) verstößt (deutlich *Ihrig* ZGR 2008, 809 [825]; *Verse* FS Hoffmann-Becking, 2013, 1277 (1289); ferner MüKoAktG/*Reichert/Brandes* Art. 43 Rn. 168). Auch solche Weisungen müssen und dürfen die geschäftsführenden Direktoren nicht befolgen. Darin liegt ein Unterschied zum GmbH-Recht, da dort im Einvernehmen aller Gesellschafter getroffene Weisungen vorbehaltlich der Einhaltung gläubigerschützender Vorschriften auch dann für die Geschäftsführer verbindlich sind, wenn sie für die Gesellschaft wirtschaftlich nachteilig sind (MüKoAktG/*Reichert/Brandes* Art. 43 Rn. 168; *Verse* FS Hoffmann-Becking, 2013, 1277 (1289)). Zu beachten ist allerdings, dass die geschäftsführenden Direktoren bei unternehmerischen Entscheidungen nicht ihre eigene Einschätzung der wirtschaftlichen Zweckmäßigkeit an die Stelle derjenigen des Verwaltungsrats setzen dürfen. Hält sich eine Weisung des Verwaltungsrats innerhalb der Grenzen der Business Judgment Rule (§ 39 SEAG, § 93 Abs. 1 S. 2 AktG), ist sie sorgfaltsgemäß und daher selbst dann für die geschäftsführenden Direktoren verbindlich, wenn sie diese für wirtschaftlich unzweckmäßig halten (MüKoAktG/*Reichert/Brandes* Art. 43 Rn. 169; LHT/ *Teichmann* Rn. 12; *Seitz* S. 326; *Verse* FS Hoffmann-Becking, 2013, 1277 (1289)). Insbesondere können sie die Business Judgment Rule (Abs. 8 iVm § 93 Abs. 1 S. 2 AktG) insoweit nicht selbst für sich in Anspruch nehmen, da es sich bei der Ausführung verbindlicher Weisungen nicht um eine unternehmerische, sondern um eine rechtlich gebundene Entscheidung handelt (KK-AktG/*Siems* Anh. Art. 51 § 40 SEAG Rn. 94).

Die beiden Fallgruppen der rechtswidrigen und der wirtschaftlich nachteiligen **16** Weisung lassen sich zur sprachlichen Vereinfachung unter der gemeinsamen

Formulierung **sorgfaltspflichtwidrige Weisungen** zusammenfassen. Im ersten Fall wird die Legalitätspflicht (als Ausprägung der Sorgfaltspflicht iwS), im zweiten Fall die Sorgfaltspflicht im engeren Sinne verletzt.

17   **e) Prüfungs- und Folgepflicht der geschäftsführenden Direktoren.** Da die geschäftsführenden Direktoren nur sorgfaltspflichtgemäße Weisungen ausführen dürfen, müssen sie vor Ausführung der Weisung prüfen, ob sich die Weisung noch im Bereich pflichtgemäßer Geschäftsführung bewegt oder nicht (*Ihrig* in Bachmann/Casper/Schäfer/Veil S. 17 (24 f.); MüKoAktG/*Reichert/Brandes* Art. 43 Rn. 169; *Verse* FS Hoffmann-Becking, 2013, 1277 (1291 ff.)). Ansonsten droht ihnen bei Vollzug einer pflichtwidrigen Weisung das Risiko, neben den Verwaltungsratsmitgliedern (§ 39 SEAG, § 93 Abs. 2 AktG) auch selbst in die Haftung zu geraten (§ 40 Abs. 8 SEAG, § 93 Abs. 2 AktG). Noch weithin ungeklärt ist allerdings, wie intensiv diese Prüfung auszufallen hat. Sind die geschäftsführenden Direktoren zu einer vollumfänglichen Prüfung der Sorgfaltsgemäßheit der Weisung verpflichtet, oder können sie sich auf eine grobmaschige Plausibilitätskontrolle beschränken und in Abwesenheit gegenteiliger Anhaltspunkte darauf vertrauen, dass der Verwaltungsrat seinerseits die Sorgfaltsanforderungen eingehalten hat?

18   Die Antwort auf diese Frage wird differenziert ausfallen müssen (ausführlich zum Folgenden *Verse* FS Hoffmann-Becking, 2013, 1277 (1291 ff.); zustimmend LHT/*Teichmann* Rn. 11, 12 aE). Geht es um Fragen, bei denen der Gesetzgeber dem **„Vier-Augen-Prinzip"** (→ Anh. Art. 43 Vor § 20 SEAG Rn. 3) einen besonderen Stellenwert eingeräumt hat – wie im Bereich der Rechnungslegung (§ 47 SEAG) und der Erstellung des konzernrechtlichen Abhängigkeitsberichts (§ 49 Abs. 1 SEAG iVm §§ 312, 314 AktG, § 22 Abs. 6 SEAG) –, werden sich die geschäftsführenden Direktoren nicht auf eine Plausibilitätskontrolle beschränken dürfen. Vielmehr wird man in diesem Fall an die Überprüfung der Weisung die gleichen Sorgfaltsanforderungen stellen müssen wie bei Entscheidungen, welche die geschäftsführenden Direktoren autonom treffen. Dagegen wird man in anderen Bereichen, in denen der Gesetzgeber das „Vier-Augen-Prinzip" nicht gesetzlich verankert hat, namentlich bei Fragen der wirtschaftlichen Zweckmäßigkeit, großzügiger verfahren können. Hier werden die geschäftsführenden Direktoren grundsätzlich darauf vertrauen können, dass der Verwaltungsrat die Entscheidungsgrundlage sorgfältig ermittelt und auf dieser Grundlage eine sorgfaltsgemäße Entscheidung getroffen hat (ähnlich *Metz* S. 265 ff., insbesondere 267: „Vertrauensgrundsatz"). Mit Blick auf die abhängige Stellung der geschäftsführenden Direktoren sowie die Tatsache, dass die Verwaltungsratsmitglieder selbst vollumfänglich für die Pflichtgemäßheit ihres Handelns verantwortlich sind (§ 39 SEAG, § 93 AktG), wäre eine strengere Haltung weder realitätsnah noch erscheint sie zur Schließung von Schutzlücken zwingend erforderlich. Sind für die geschäftsführenden Direktoren allerdings konkrete Anhaltspunkte ersichtlich, die an einer sorgfaltsgemäßen Entscheidung zweifeln lassen – zB der Umstand, dass dem Verwaltungsrat bei seiner Beschlussfassung nicht alle für die Beurteilung wesentlichen Informationen vorlagen –, werden sie diesen Zweifeln nachgehen und ggf. den Verwaltungsrat erneut mit der Angelegenheit befassen müssen.

19   Ist die Weisung sorgfaltspflichtgemäß, ergibt sich aus Abs. 2 eine **Folgepflicht** der geschäftsführenden Direktoren, deren Verletzung bei Verursachung eines Schadens zur Haftung nach § 40 Abs. 8 SEAG iVm § 93 Abs. 2 AktG führt. Ein unternehmerisches Ermessen steht den geschäftsführenden Direktoren hinsichtlich des „Ob" der Weisungsausführung nicht zu, da es sich um eine rechtlich gebundene Entscheidung handelt (→ Rn. 15). Anders kann es hinsichtlich der Art und Weise der Ausführung liegen, soweit die Weisung hierfür Raum lässt. Die Weisung ist im Zweifel unverzüglich auszuführen. Die Pflicht zur Ausfüh-

rung entfällt allerdings, wenn sich die Umstände nach der Beschlussfassung wesentlich geändert haben. In diesem Fall sind die geschäftsführenden Direktoren gehalten, die Angelegenheit erneut dem Verwaltungsrat vorzulegen (vgl. zur GmbH MüKoGmbHG/*Fleischer* GmbHG § 43 Rn. 277).

f) Verfahren der Weisungserteilung. Über die Ausübung des Weisungsrechts **20** entscheidet der Verwaltungsrat durch Beschluss nach Art. 50. Die Übertragung der Entscheidung auf einen beschließenden Ausschuss ist grundsätzlich zulässig (LHT/*Teichmann* Rn. 11; *Verse* FS Hoffmann-Becking, 2013, 1277 (1293 f.); zur Streitfrage, ob es dafür einer Ermächtigung in der Satzung bedarf, → Anh. Art. 43 § 34 SEAG Rn. 22). Etwas anderes gilt freilich, wenn der Gegenstand der Weisung von so herausragender Bedeutung ist, dass die Entscheidung dem nicht delegierbaren Leitungsbereich (§§ 22 Abs. 1, 34 Abs. 4 S. 2 SEAG) zuzuordnen ist. Überträgt der Verwaltungsrat bestimmte Aufgaben an einen Ausschuss, wird der Übertragungsbeschluss regelmäßig so auszulegen sein, dass der Ausschuss in seinem Zuständigkeitsbereich auch von dem Weisungsrecht Gebrauch machen kann (*Schwarz* Rn. 340; *Böttcher* S. 173). Neben dem zuständigen Ausschuss kann aber stets auch das Verwaltungsratsplenum das Weisungsrecht ausüben (*Böttcher* S. 173), da die Aufgabenübertragung an den Ausschuss jederzeit revidierbar ist (→ Anh. Art. 43 § 34 SEAG Rn. 36).

Bei der Beschlussfassung über die Ausübung des Weisungsrechts im Verwal- **21** tungsrat bzw. Ausschuss sind die geschäftsführenden Verwaltungsratsmitglieder nicht schon deshalb vom **Stimmrecht** ausgeschlossen, weil sie zugleich als geschäftsführende Direktoren Adressaten der Weisung sind. Vielmehr unterliegen sie nur bei persönlicher Betroffenheit einem Stimmverbot (§ 34 BGB analog; Richten in eigener Sache; Anh. Art. 43 § 35 SEAG Rn. 11 f.).

SEAG Bestellung durch das Gericht

45 [1]Fehlt ein erforderlicher geschäftsführender Direktor, so hat in dringenden Fällen das Gericht auf Antrag eines Beteiligten das Mitglied zu bestellen. [2]§ 85 Abs. 1 Satz 2, Abs. 2 und 3 des Aktiengesetzes gilt entsprechend.

I. Allgemeines

Die Vorschrift entspricht § 85 AktG. Sie will die **Handlungsfähigkeit** der SE **1** sichern und ermöglicht deshalb in dringenden Fällen die gerichtliche Bestellung geschäftsführender Direktoren. Hierfür kann ein Bedürfnis entstehen, da dem Verwaltungsrat nach zutreffender Ansicht keine Notvertretungsbefugnis zusteht (→ Anh. Art. 43 § 41 SEAG Rn. 4; unberechtigt daher die rechtspolitischen Bedenken von *Schwarz* Art. 43 Rn. 42).

II. Bestellungsvoraussetzungen

Ein geschäftsführender Direktor **fehlt** iSd S. 1, wenn die Anzahl der (sei es **2** auch nur fehlerhaft) wirksam bestellten geschäftsführenden Direktoren hinter der nach Gesetz (§ 38 Abs. 2 S. 1 SEBG) oder Satzung (§ 40 Abs. 1 S. 5 SEAG) vorgegebenen Zahl zurückbleibt. Die bloße Verhinderung eines geschäftsführenden Direktors durch Krankheit, Ortsabwesenheit oder dergleichen genügt dagegen nicht (LHT/*Teichmann* Rn. 2; zur AG Begr. RegE AktG bei *Kropff* S. 108; MüKoAktG/*Spindler* AktG § 85 Rn. 4).

Hinzukommen muss, dass der fehlende geschäftsführende Direktor **erforder-** **3** **lich** ist, sei es für die Vertretung der Gesellschaft nach außen, sei es für die

Geschäftsführung im Innenverhältnis (Begr. RegE AktG bei *Kropff* S. 107; näher
MüKoAktG/*Spindler* AktG § 85 Rn. 6 f.). Da es auch auf die Geschäftsführung
im Innenverhältnis ankommt, ist zB die Bestellung eines geschäftsführenden
Direktors für die Bereiche Arbeit und Soziales nach § 38 Abs. 2 SEBG auch dann
erforderlich iSd § 45 S. 1 SEAG, wenn ein anderer geschäftsführender Direktor
wirksam bestellt ist und Einzelvertretungsmacht hat (vgl. zum Arbeitsdirektor der
AG Begr. RegE AktG bei *Kropff* S. 108).

4   Ein **dringender Fall** ist nur gegeben, wenn der für die Bestellung eigentlich
zuständige Verwaltungsrat (§ 40 Abs. 1 S. 1 SEAG) nicht eingreift oder eingreifen
kann und ohne die gerichtliche Bestellung erhebliche Nachteile für die Gesellschaft, ihre Aktionäre, Gläubiger, Arbeitnehmer oder sonstige Dritte drohen (zur
AG Spindler/Stilz/*Fleischer* AktG § 85 Rn. 7).

III. Bestellungsverfahren

5   Die gerichtliche Bestellung erfolgt auf **Antrag eines Beteiligten.** Beteiligt ist
jeder, der ein schutzwürdiges Interesse an der sofortigen Bestellung eines fehlenden geschäftsführenden Direktors hat (LHT/*Teichmann* Rn. 4). Das können ein-
zelne Verwaltungsratsmitglieder, geschäftsführende Direktoren, Aktionäre, aber
unter Umständen auch Gläubiger sein (zur AG Spindler/Stilz/*Fleischer* AktG § 85
Rn. 8). **Zuständig** für die Bescheidung des Antrags ist nach §§ 375 Nr. 4, 377
Abs. 1 FamFG, § 23a Abs. 1 S. 1 Nr. 2, Abs. 2 Nr. 4 GVG, § 14 AktG das
Amtsgericht am (Satzungs-) Sitz der Gesellschaft. Nach S. 2 iVm § 85 Abs. 1
S. 2 AktG, §§ 58 ff. FamFG, § 119 Abs. 1 Nr. 1 lit. b GVG unterliegt der
Beschluss des Amtsgerichts der Beschwerde zum OLG, an die sich ggf. die
zulassungsabhängige Rechtsbeschwerde zum BGH anschließt (§§ 70 ff. FamFG,
§ 133 GVG).

IV. Rechtsstellung des gerichtlich Bestellten

6   Gerichtlich bestellte geschäftsführende Direktoren haben **grundsätzlich die
gleichen Rechte und Pflichten** wie die vom Verwaltungsrat bestellten (*Schwarz*
Rn. 348; zur AG Spindler/Stilz/*Fleischer* AktG § 85 Rn. 13). Das Gericht kann
allerdings die Geschäftsführungsbefugnis – nicht die Vertretungsmacht (§ 44
Abs. 1 SEAG) – auf bestimmte Rechtshandlungen beschränken (Spindler/Stilz/
Fleischer AktG § 85 Rn. 14). Ferner begrenzt S. 2 iVm § 85 Abs. 2 AktG die
Amtsdauer auf die Zeitspanne, bis der Besetzungsmangel behoben ist. Gesondert geregelt sind auch Auslagenersatz und **Vergütung** des gerichtlich bestellten
geschäftsführenden Direktors (S. 2 iVm § 85 Abs. 3 AktG).

SEAG Anmeldung von Änderungen

46 (1) [1]**Die geschäftsführenden Direktoren haben jeden Wechsel der
Verwaltungsratsmitglieder unverzüglich in den Gesellschaftsblättern bekannt zu machen und die Bekanntmachung zum Handelsregister
einzureichen. [2]Sie haben jede Änderung der geschäftsführenden Direktoren oder der Vertretungsbefugnis eines geschäftsführenden Direktors
zur Eintragung in das Handelsregister anzumelden. [3]Sie haben weiterhin
die Wahl des Verwaltungsratsvorsitzenden und seines Stellvertreters sowie jede Änderung in der Person des Verwaltungsratsvorsitzenden oder
seines Stellvertreters zum Handelsregister anzumelden.**

(2) [1]**Die neuen geschäftsführenden Direktoren haben in der Anmeldung zu versichern, dass keine Umstände vorliegen, die ihrer Bestellung
nach § 40 Abs. 1 Satz 4 entgegenstehen und dass sie über ihre unbe-**

schränkte Auskunftspflicht gegenüber dem Gericht belehrt worden sind.
[2] § 37 Abs. 2 Satz 2 des Aktiengesetzes ist anzuwenden.

(3) § 81 Abs. 2 des Aktiengesetzes gilt für die geschäftsführenden Direktoren entsprechend.

Übersicht

	Rn.
I. Allgemeines	1
II. Publizität der Besetzung des Verwaltungsrats	3
1. Wechsel im Verwaltungsrat (Abs. 1 S. 1)	4
a) Inhalt der Publizitätspflicht	4
b) Anlass der Publizitätspflicht	6
c) Erfüllung der Publizitätspflicht	7
2. Wechsel des Vorsitzenden oder seines Stellvertreters (Abs. 1 S. 3)	8
3. Durchsetzung der Publizitätspflichten	9
III. Publizität der Besetzung der geschäftsführenden Direktoren	10
1. Anmeldung der geschäftsführenden Direktoren zur Eintragung (Abs. 1 S. 2)	11
2. Versicherung über Fehlen von Bestellungshindernissen (Abs. 2)	15
3. Beifügung von Urkunden (Abs. 3)	16
4. Durchsetzung der Publizitätspflichten	17

I. Allgemeines

§ 46 SEAG regelt die **Publizität der jeweiligen Zusammensetzung** des **1** **Verwaltungsrats** (einschließlich des Vorsitzenden und seines Stellvertreters) und der **geschäftsführenden Direktoren.** Adressat der diesbezüglichen Pflichten sind nach § 46 SEAG ausschließlich die geschäftsführenden Direktoren. Dem Vorschlag, stattdessen den Verwaltungsrat in die Pflicht zu nehmen (*Handelsrechtsausschuss DAV* NZG 2004, 75 [85]), ist der Gesetzgeber aus Gründen der Praktikabilität nicht gefolgt (Begr. RegE SEEG, BT-Drs. 15/3405, 39).

§ 46 SEAG lehnt sich inhaltlich eng an §§ 81, 106 und 107 Abs. 1 S. 2 AktG **2** an. Allerdings ist nach Inkrafttreten des SEAG eine – unbeabsichtigte und dementsprechend zu korrigierende – Divergenz dadurch entstanden, dass § 106 AktG durch das EHUG vom 10.11.2006 (BGBl. I S. 2553) geändert wurde, diese Änderung in § 46 Abs. 1 S. 1 SEAG aber nicht nachvollzogen wurde (→ Rn. 4 f.).

II. Publizität der Besetzung des Verwaltungsrats

In Bezug auf den Verwaltungsrat ist zwischen der Publizität bei einem Wechsel **3** in der personellen Zusammensetzung (Abs. 1 S. 1) und derjenigen bei Änderungen in der Person des Verwaltungsratsvorsitzenden und seines Stellvertreters (Abs. 1 S. 3) zu unterscheiden.

1. Wechsel im Verwaltungsrat (Abs. 1 S. 1). a) Inhalt der Publizitäts- 4 pflicht. Nach dem Wortlaut des Abs. 1 S. 1 haben die geschäftsführenden Direktoren jeden Wechsel eines Verwaltungsratsmitglieds unverzüglich in den Gesellschaftsblättern (Art. 9 Abs. 1 lit. c ii, § 25 AktG) bekannt zu machen und die Bekanntmachung zum Handelsregister einzureichen. Diese Regelung entsprach bis zum Inkrafttreten des EHUG am 1.1.2007 derjenigen des § 106 AktG. Seit dem EHUG verlangt § 106 AktG jedoch nur noch, dass eine Liste der Mitglieder des Aufsichtsrats zum Handelsregister einzureichen ist. Diese Änderung ist konsequent, da seit dem EHUG auch im Rahmen der Gründung der AG nur noch eine Einreichung der Liste der Aufsichtsratsmitglieder zum Handelsregister erfolgt (§ 37 Abs. 4 Nr. 3a AktG) und die vormals bestehende Bekanntmachungspflicht nach § 40 AktG aF aufgehoben wurde (dazu MüKoAktG/*Habersack* AktG § 106 Rn. 2). An diese Änderungen des AktG ist das **SEAG nur unzureichend angepasst** worden. Zwar ist die Bekanntmachungspflicht im Rahmen der Gründung (§ 21 Abs. 5 SEAG aF) durch die Pflicht zur Einreichung einer Liste der Verwaltungsratsmitglieder zum Handelsregister (§ 37 Abs. 4 Nr. 3a AktG, §§ 3, 22 Abs. 6 SEAG) ersetzt worden. Versäumt wurde aber, daraus auch im Rahmen des § 46 Abs. 1 S. 1 SEAG die Konsequenz zu ziehen und auch hier die Bekanntmachungspflicht durch eine Pflicht zur Einreichung der Liste zum Handelsregister zu ersetzen.

5   Bei diesem Versäumnis handelt es sich ersichtlich um ein **Redaktionsversehen.** Es ist kein sachlicher Grund erkennbar, warum die Publizität von Änderungen der Zusammensetzung des Verwaltungsrats anderen, strengeren Anforderungen unterliegen sollte als die Publizität des ersten Verwaltungsrats. Ebenso wenig ist ein sachlicher Grund erkennbar, diese Frage für die monistische SE anders zu entscheiden als im dualistischen System, in dem § 106 AktG gilt. Dieses Redaktionsversehen ist dadurch zu korrigieren, dass auch in der monistischen SE bei einem Wechsel in der Zusammensetzung des Verwaltungsrats keine Bekanntmachung in den Gesellschaftsblättern erfolgen muss, sondern die geschäftsführenden Direktoren **analog § 106 AktG** lediglich eine **Liste der Verwaltungsratsmitglieder zum Handelsregister einzureichen** haben (ebenso LHT/*Teichmann* Rn. 2 f.). Aus dieser Liste müssen entsprechend § 106 AktG (wie beim ersten Verwaltungsrat nach § 37 Abs. 4 Nr. 3a AktG, §§ 3, 22 Abs. 6 SEAG) Name, Vorname, ausgeübter Beruf und Wohnort der Verwaltungsratsmitglieder hervorgehen.

6   **b) Anlass der Publizitätspflicht.** Ein **Wechsel** in der Zusammensetzung des Verwaltungsrats, der die Publizitätspflicht auslöst (nach hier vertretener Ansicht also die Pflicht zur Einreichung der Liste, nach traditioneller Ansicht die Bekanntmachungspflicht), ist bei jedem Ein- oder Austritt eines Mitglieds gegeben. Unerheblich ist, ob für das ausgeschiedene Mitglied gleich ein neues Mitglied nachrückt. Auch das bloße Ausscheiden eines Mitglieds ist mithin ein „Wechsel" iSd Abs. 1 S. 1 (LHT/*Teichmann* Rn. 3). Im Ergebnis deckt sich dieser Begriff, der noch § 106 AktG aF entnommen ist, somit mit demjenigen der „Änderung" in § 106 AktG nF. Für Ersatzmitglieder greift die Publizitätspflicht erst ein, wenn sie mit Eintritt des Ersatzfalls in den Verwaltungsrat einrücken (zur AG GroßkommAktG/*Hopt/Roth* AktG § 106 Rn. 8). Nicht erfasst werden bloße Änderungen der Aufgabenverteilung wie die Bildung und Besetzung von Ausschüssen (zur AG MüKoAktG/*Habersack* AktG § 106 Rn. 6; aA offenbar *Schwarz* Rn. 353). Für die Wahl zum (stellvertretenden) Vorsitzenden gilt Abs. 1 S. 3.

7   **c) Erfüllung der Publizitätspflicht.** Die Pflicht zur Einreichung obliegt den geschäftsführenden Direktoren. Ein Handeln in **vertretungsberechtigter Zahl** genügt. Soweit durch die Satzung zugelassen ist auch unechte Gesamtvertretung (§ 41 Abs. 3 S. 1 SEAG) statthaft (zur AG MüKoAktG/*Habersack* AktG § 106 Rn. 10). Sobald ein Wechsel in der Besetzung vorliegt, muss die neue Liste der Verwaltungsratsmitglieder von den geschäftsführenden Direktoren unverzüglich (§ 121 Abs. 1 S. 1 BGB) eingereicht werden.

2. Wechsel des Vorsitzenden oder seines Stellvertreters (Abs. 1 S. 3).
8   Abs. 1 S. 3 orientiert sich an § 107 Abs. 1 S. 2 AktG. Danach sind die **Wahl des Vorsitzenden** des Verwaltungsrats und seines **Stellvertreters** sowie spätere Änderungen dieser Personen zum Handelsregister anzumelden. Sind mehrere Stell-

vertreter gewählt worden, sind alle anzumelden (zur AG MüKoAktG/*Habersack* AktG § 107 Rn. 37; GroßkommAktG/*Hopt/Roth* AktG § 107 Rn. 40). Wie der Wortlautvergleich mit Abs. 1 S. 2 zeigt, erfolgt nur eine Anmeldung, aber **keine Eintragung** des Vorsitzenden und der Stellvertreter in das Handelsregister. Daher darf für die Anmeldung keine öffentlich beglaubigte Form nach § 12 Abs. 1 S. 1 HGB verlangt werden (ganz hM zur AG, MüKoAktG/*Habersack* AktG § 107 Rn. 37 mwN). Die Anmeldung ist von den geschäftsführenden Direktoren in vertretungsberechtigter Zahl vorzunehmen; auch unechte Gesamtvertretung ist zulässig (zur AG MüKoAktG/*Habersack* AktG § 107 Rn. 37).

3. Durchsetzung der Publizitätspflichten. Die Einreichung der Liste der **9** Verwaltungsratsmitglieder analog § 106 AktG (→ Rn. 5) sowie die Anmeldung des Vorsitzenden und der Stellvertreter nach Abs. 1 S. 3 können jeweils nach § 14 HGB, §§ 388 ff. FamFG vom Registergericht durch Androhung und ggf. Verhängung eines **Zwangsgelds** gegen die geschäftsführenden Direktoren durchgesetzt werden (zur AG MüKoAktG/*Habersack* AktG § 106 Rn. 14, AktG § 107 Rn. 37). Dass die Pflicht zur Einreichung der Liste der Verwaltungsratsmitglieder auf eine analoge Anwendung des § 106 AktG gestützt ist, steht der Festsetzung eines Zwangsgelds nicht entgegen, da das strafrechtliche Analogieverbot (Art. 103 Abs. 2 GG) für verwaltungsrechtliche Zwangsmittel mit Beugecharakter wie das Zwangsgeld nicht gilt (BVerfG [K] NVwZ 2006, 681 [682]; Sachs/*Degenhart,* 7. Aufl. 2014, GG Art. 103 Rn. 60).

III. Publizität der Besetzung der geschäftsführenden Direktoren

Die in Abs. 1 S. 2, Abs. 2–3 geregelten Publizitätspflichten hinsichtlich der **10** geschäftsführenden Direktoren entsprechen dem Regelungsvorbild des § 81 AktG. Sie erstrecken sich gemäß § 40 Abs. 9 SEAG uneingeschränkt auch auf Änderungen der stellvertretenden geschäftsführenden Direktoren (*Schwarz* Rn. 357; LHT/*Teichmann* Rn. 5).

1. Anmeldung der geschäftsführenden Direktoren zur Eintragung 11 (Abs. 1 S. 2). Nach Abs. 1 S. 2, der § 81 Abs. 1 AktG nachgebildet ist, sind Änderungen der geschäftsführenden Direktoren oder ihrer Vertretungsbefugnis zur Eintragung in das Handelsregister anzumelden. Die Vorschrift ergänzt § 21 Abs. 2 und Abs. 4 SEAG, welche die Anmeldung und Eintragung der ersten geschäftsführenden Direktoren im Rahmen der Gründung regeln. Den unionsrechtlichen Hintergrund für die Offenlegung der geschäftsführenden Direktoren und der Vertretungsverhältnisse bildet Art. 2 Abs. 1 lit. d Publizitäts-RL iVm Art. 9 Abs. 2 SE-VO.

Die Eintragung hat nur **deklaratorischen Charakter** (*Schwarz* Rn. 359), **12** entfaltet aber vor allem mit Blick auf § 15 HGB erhebliche praktische Bedeutung. Ihr Inhalt bestimmt sich nach § 43 Nr. 4 HRV. Danach sind die geschäftsführenden Direktoren mit **Namen, Vornamen, Geburtsdatum und Wohnort** einzutragen (§ 43 Nr. 4 lit. b HRV). Dementsprechend sind die geschäftsführenden Direktoren auch so anzumelden.

Eine die Anmeldepflicht auslösende **Änderung der geschäftsführenden 13 Direktoren** liegt nicht nur bei einer Änderung der personellen Zusammensetzung vor. Mit Blick auf den Normzweck, dem Rechtsverkehr die Identifizierung der vertretungsberechtigten Personen zu ermöglichen, muss vielmehr auch die bloße Änderung des Namens (zB infolge Heirat) oder eines Namenszusatzes (zB Doktortitel) erfasst sein (zur AG Spindler/Stilz/*Fleischer* AktG § 81 Rn. 6; MüKoAktG/*Spindler* AktG § 81 Rn. 5). Dagegen soll die Änderung des Wohnorts keine Anmelde- und Eintragungspflicht auslösen (zur AG Spindler/Stilz/*Fleischer* AktG § 81 Rn. 6; MüKoAktG/*Spindler* AktG § 81 Rn. 6). **Änderungen der**

Vertretungsbefugnis sind insbesondere beim Übergang von Einzel- zur Gesamtvertretung und umgekehrt sowie bei Änderungen der Gesamtvertretungsbefugnis gegeben. Nicht erfasst sind dagegen nach zutreffender Ansicht Erteilung und Widerruf einer Einzelermächtigung nach § 41 Abs. 4 SEAG (→ Anh. Art. 43 § 41 SEAG Rn. 14).

14   Da es sich anders als im Fall des Abs. 1 S. 3 um eine Anmeldung zur Eintragung handelt, ist nach § 12 Abs. 1 S. 1 HGB die **öffentlich beglaubigte Form** zu wahren (MüKoAktG/*Reichert/Brandes* Art. 43 Rn. 145). Die Anmeldung erfolgt durch die geschäftsführenden Direktoren in vertretungsberechtigter Zahl (*Schwarz* Rn. 359; zur AG MüKoAktG/*Spindler* AktG § 81 Rn. 12). Auch hier genügt, soweit in der Satzung zugelassen (§ 41 Abs. 3 SEAG), unechte Gesamtvertretung mit einem Prokuristen (MüKoAktG/*Spindler* AktG § 81 Rn. 12). Bei ebenfalls zulässiger gewillkürter Stellvertretung muss die Vollmacht der öffentlich beglaubigten Form genügen (§ 12 Abs. 1 S. 2 HGB).

2. Versicherung über Fehlen von Bestellungshindernissen (Abs. 2).

15   Nach Abs. 2, der § 81 Abs. 3 AktG entspricht, ist der Anmeldung neuer geschäftsführender Direktoren eine von diesen persönlich abzugebende Versicherung beizufügen. Darin müssen die neuen geschäftsführenden Direktoren erklären, dass ihrer Bestellung keine Hindernisse nach § 40 Abs. 1 S. 4 SEAG iVm § 76 Abs. 3 AktG entgegenstehen und sie über ihre unbeschränkte Auskunftspflicht gegenüber dem Gericht belehrt worden sind. Dies gilt entgegen der insoweit missverständlichen Verweisung auf § 40 Abs. 1 S. 4 SEAG nicht nur, wenn außenstehende Dritte, sondern auch, wenn Verwaltungsratsmitglieder zu geschäftsführenden Direktoren bestellt worden sind (LHT/*Teichmann* Rn. 7; im Ergebnis auch KK-AktG/*Siems* Anh. Art. 51 § 46 SEAG Rn. 5). Eine entsprechende Versicherung müssen die ersten geschäftsführenden Direktoren nach § 21 Abs. 2 S. 1 SEAG im Rahmen der Gründung abgeben (→ Anh. Art. 43 § 21 SEAG Rn. 11).

16   **3. Beifügung von Urkunden (Abs. 3).** Abs. 3 verweist auf § 81 Abs. 2 AktG. Danach sind der Anmeldung einer Änderung der geschäftsführenden Direktoren stets die Urkunden über die Änderung in Urschrift (Übermittlung einer elektronischen Aufzeichnung genügt, § 12 Abs. 2 S. 2 Hs. 1 HGB) oder in öffentlich beglaubigter Abschrift beizufügen.

17   **4. Durchsetzung der Publizitätspflichten.** Die Anmeldung nach Abs. 1 S. 2 und die Einreichung der Versicherungen und Urkunden nach Abs. 2 und Abs. 3 kann vom Registergericht durch Androhung und ggf. Verhängung eines **Zwangsgelds** gegen die geschäftsführenden Direktoren durchgesetzt werden (§ 14 HGB, §§ 388 ff. FamFG). Ausgeschiedenen geschäftsführenden Direktoren steht ferner ein klagbarer Anspruch gegen die Gesellschaft auf Anmeldung ihres Ausscheidens zu (zur AG MüKoAktG/*Spindler* AktG § 81 Rn. 15). Eine vorsätzlich **falsche Versicherung** nach Abs. 2 führt zur **Strafbarkeit** nach § 53 Abs. 3 Nr. 3 SEAG.

SEAG Prüfung und Feststellung des Jahresabschlusses

47 (1) [1]**Die geschäftsführenden Direktoren haben den Jahresabschluss und den Lagebericht unverzüglich nach ihrer Aufstellung dem Verwaltungsrat vorzulegen.** [2]**Zugleich haben die geschäftsführenden Direktoren einen Vorschlag vorzulegen, den der Verwaltungsrat der Hauptversammlung für die Verwendung des Bilanzgewinns machen soll; § 170 Abs. 2 Satz 2 des Aktiengesetzes gilt entsprechend.**

(2) [1]Jedes Verwaltungsratsmitglied hat das Recht, von den Vorlagen und Prüfungsberichten Kenntnis zu nehmen. [2]Die Vorlagen und Prüfungsberichte sind auch jedem Verwaltungsratsmitglied oder, soweit der Verwaltungsrat dies beschlossen hat und ein Bilanzausschuss besteht, den Mitgliedern des Ausschusses auszuhändigen.

(3) **Für die Prüfung durch den Verwaltungsrat gilt § 171 Abs. 1 und 2 des Aktiengesetzes entsprechend.**

(4) [1]Absatz 1 Satz 1 und Absatz 3 gelten entsprechend für einen Einzelabschluss nach § 325 Abs. 2a Satz 1 des Handelsgesetzbuchs sowie bei Mutterunternehmen (§ 290 Abs. 1, 2 des Handelsgesetzbuchs) für den Konzernabschluss und den Konzernlagebericht. [2]Der Einzelabschluss nach § 325 Abs. 2a Satz 1 des Handelsgesetzbuchs darf erst nach Billigung durch den Verwaltungsrat offen gelegt werden.

(5) [1]Billigt der Verwaltungsrat den Jahresabschluss, so ist dieser festgestellt, sofern nicht der Verwaltungsrat beschließt, die Feststellung des Jahresabschlusses der Hauptversammlung zu überlassen. [2]Die Beschlüsse des Verwaltungsrats sind in den Bericht des Verwaltungsrats an die Hauptversammlung aufzunehmen.

(6) [1]Hat der Verwaltungsrat beschlossen, die Feststellung des Jahresabschlusses der Hauptversammlung zu überlassen, oder hat der Verwaltungsrat den Jahresabschluss nicht gebilligt, so stellt die Hauptversammlung den Jahresabschluss fest. [2]Hat der Verwaltungsrat eines Mutterunternehmens (§ 290 Abs. 1, 2 des Handelsgesetzbuchs) den Konzernabschluss nicht gebilligt, so entscheidet die Hauptversammlung über die Billigung. [3]Für die Feststellung des Jahresabschlusses oder die Billigung des Konzernabschlusses durch die Hauptversammlung gilt § 173 Abs. 2 und 3 des Aktiengesetzes entsprechend.

Schrifttum: S. die Angaben zu Art. 43.

Übersicht

	Rn.
I. Allgemeines	1
II. Aufstellung der Rechnungslegung und Vorlage an den Verwaltungsrat (Abs. 1, Abs. 4 S. 1)	3
1. Jahresabschluss und Lagebericht	3
2. Gewinnverwendungsvorschlag	5
3. Weitere Vorlagen	6
4. Einflussnahmen des Verwaltungsrats	8
III. Informationsrechte der Verwaltungsratsmitglieder (Abs. 2)	9
IV. Prüfung durch den Verwaltungsrat (Abs. 3, Abs. 4 S. 1, Abs. 5 S. 2)	12
1. Prüfungspflicht	12
2. Berichtspflicht	15
V. Feststellung des Jahresabschlusses und Billigung der übrigen Vorlagen (Abs. 5 S. 1, Abs. 6, Abs. 4 S. 2)	17
1. Feststellung des Jahresabschlusses	17
2. Billigung der übrigen Vorlagen	19

I. Allgemeines

§ 47 SEAG regelt die **Aufgabenverteilung der Organe im Bereich der** 1 **Rechnungslegung** der Gesellschaft. Die Regelung lehnt sich weitgehend an §§ 170–173 AktG an. Der Grundgedanke besteht darin, dass die geschäftsführen-

den Direktoren als das dem Tagesgeschäft näher stehende Organ die Rechnungslegung aufstellen und der Verwaltungsrat diese sodann prüft und ggf. feststellt bzw.
billigt. Auf diese Weise wird das aus der Aufgabenaufteilung zwischen Vorstand
und Aufsichtsrat bekannte „Vier-Augen-Prinzip", das eine besondere Gewähr
für die Ordnungsmäßigkeit der Rechnungslegung bieten soll, auf das monistische
System übertragen (Begr. RegE SEEG, BT-Drs. 15/3405, 37, 39 f.; KK-AktG/
Siems Anh. Art. 51 § 47 SEAG Rn. 3). Nicht zu übersehen ist freilich, dass durch
die Weisungsabhängigkeit und jederzeitige Abberufbarkeit der geschäftsführenden
Direktoren sowie die Möglichkeit einer partiellen Personenidentität mit den
Mitgliedern des Verwaltungsrats das „Vier-Augen-Prinzip" im monistischen System nur mit Einschränkungen abgebildet werden kann. De lege ferenda mag man
deshalb darüber streiten, ob es nicht vorzugswürdig wäre, die Feststellung des
Jahresabschlusses generell der Hauptversammlung zu überlassen (so *Schwarz*
Rn. 371; dagegen jedoch mit guten Gründen LHT/*Teichmann* Rn. 3). Unabhängig davon ist aber jedenfalls de lege lata an der Tatsache, dass die Feststellungskompetenz nur ausnahmsweise nach § 47 Abs. 6 SEAG auf die Hauptversammlung übergeht, nicht vorbeizukommen (aA *Messow* S. 104 f.).

2   Nicht in § 47 SEAG geregelt sind die **inhaltlichen Vorgaben der Rechnungslegung.** Sie ergeben sich nach Art. 61 aus den bilanzrechtlichen Vorschriften, die auch für Aktiengesellschaften gelten, in Deutschland mithin vornehmlich aus §§ 242 ff. HGB.

II. Aufstellung der Rechnungslegung und Vorlage an den Verwaltungsrat (Abs. 1, Abs. 4 S. 1)

3   **1. Jahresabschluss und Lagebericht.** Aus Art. 61 iVm § 264 Abs. 1 S. 1
HGB ergibt sich, dass die geschäftsführenden Direktoren als „gesetzliche Vertreter" der SE (§ 41 Abs. 1 S. 1 SEAG) verpflichtet sind, den Jahresabschluss
(bestehend aus Bilanz, GuV, Anhang, ggf. Kapitalflussrechnung und Eigenkapital-
spiegel, §§ 242 Abs. 3, 264 Abs. 1 S. 1–2 HGB) und den Lagebericht (§§ 264
Abs. 1 S. 1, 289 f. HGB) aufzustellen (→ Anh. Art. 43 § 22 SEAG Rn. 45).
Daran anknüpfend bestimmt § 47 Abs. 1 S. 1 SEAG in Anlehnung an § 170
Abs. 1 S. 1 AktG, dass die geschäftsführenden Direktoren den Jahresabschluss und
den Lagebericht unverzüglich (§ 121 Abs. 1 S. 1 BGB) nach der Aufstellung dem
Verwaltungsrat vorzulegen haben. Soweit nicht anderweitig in der Satzung oder
Geschäftsordnung geregelt, genügt die Vorlage an den Vorsitzenden des Verwal-
tungsrats (*Schwarz* Rn. 368; *Seitz* S. 300; zur AG Schmidt/Lutter/*Drygala* AktG
§ 170 Rn. 5).

4   Die Aufstellung des Jahresabschlusses und des Lageberichts hat nach § 264
Abs. 1 S. 3 HGB **innerhalb von drei Monaten** nach Ablauf des Geschäftsjahrs
zu erfolgen. Für kleine Kapitalgesellschaften (§ 267 Abs. 1 HGB) sieht § 264
Abs. 1 S. 4 HGB die Erleichterung vor, dass sie keinen Lagebericht erstellen
müssen und die Aufstellung des Jahresabschlusses sechs statt drei Monate in
Anspruch nehmen darf. Die Sechsmonatsfrist harmoniert jedoch nicht mit
Art. 54 Abs. 1 S. 1 und § 48 Abs. 2 S. 1 SEAG, § 175 Abs. 2 AktG, wonach die
ordentliche Hauptversammlung abweichend von § 175 Abs. 1 S. 2 AktG bereits
innerhalb von sechs (statt acht) Monaten nach Ablauf des Geschäftsjahres stattzufinden hat und der Jahresabschluss bereits ab dem Tag der Einberufung den
Aktionären zugänglich sein muss. Daher muss auch in kleinen Kapitalgesellschaften die Aufstellung des Jahresabschlusses deutlich vor Ablauf der Sechsmonatsfrist
abgeschlossen sein.

5   **2. Gewinnverwendungsvorschlag.** Nach Abs. 1 S. 2 sind die geschäftsführenden Direktoren verpflichtet, gleichzeitig mit dem Jahresabschluss einen Vor-

schlag zur Verwendung des Bilanzgewinns vorzulegen, den der Verwaltungsrat seinerseits der Hauptversammlung machen soll. In dieser vom Regelungsvorbild des § 170 Abs. 2 AktG leicht abweichenden Formulierung kommt zum Ausdruck, dass der Beschlussvorschlag an die Hauptversammlung allein vom Verwaltungsrat – nicht von den geschäftsführenden Direktoren – unterbreitet wird (→ Rn. 20). Der Vorschlag ist wie in der AG vorbehaltlich sachlich begründeter Abweichungen nach dem Schema des § 170 Abs. 2 S. 2 AktG zu gliedern (Abs. 1 S. 2 Hs. 2).

3. Weitere Vorlagen. Weitere vorzulegende Unterlagen ergeben sich aus **6** Abs. 4 S. 1, der sich an § 170 Abs. 1 S. 2 AktG anlehnt. Neben dem HGB-Jahresabschluss sind, sofern die Gesellschaft von dieser Möglichkeit Gebrauch macht, ein informatorischer **IFRS-Einzelabschluss** gemäß § 325 Abs. 2a HGB sowie, falls die Gesellschaft Mutterunternehmen eines Konzerns ist, der **Konzernabschluss** und der **Konzernlagebericht** (§§ 290, 315 HGB bzw. Art. 4 IAS-VO, § 315a HGB) unverzüglich dem Verwaltungsrat vorzulegen. Nach § 290 Abs. 1 HGB betragen die Aufstellungsfristen für den Konzernabschluss und den Konzernlagebericht eigentlich fünf Monate und bei kapitalmarktorientierten Gesellschaften vier Monate. Auch hier fehlt es jedoch an der gebotenen Abstimmung mit Art. 54 Abs. 1 S. 1 (→ Rn. 4), so dass jedenfalls die Fünfmonatsfrist zu großzügig bemessen ist. Die Frist des Art. 54 Abs. 1 S. 1 ist auch für den informatorischen IFRS-Einzelabschluss im Blick zu behalten. Bei kapitalmarktorientierten Gesellschaften (§ 264d HGB) muss ferner die Offenlegung des IFRS-Einzelabschlusses spätestens vier Monate nach Ende des Geschäftsjahres erfolgen (§ 325 Abs. 4 HGB), damit sie die Befreiungswirkung nach § 325 Abs. 2a HGB entfalten kann.

In abhängigen, nicht vertraglich konzernierten Gesellschaften müssen die ge- **7** schäftsführenden Direktoren ferner den **Abhängigkeitsbericht** vorlegen (§§ 312, 314 AktG iVm §§ 49 Abs. 1, 22 Abs. 6 SEAG). **Nicht** von der Vorlagepflicht erfasst ist dagegen der **Prüfungsbericht des Abschlussprüfers.** Dieser wird dem Verwaltungsrat nach § 321 Abs. 5 S. 2 HGB, § 22 Abs. 4 S. 3, Abs. 6 SEAG unmittelbar vom Abschlussprüfer zugeleitet (LHT/*Teichmann* Rn. 6).

4. Einflussnahmen des Verwaltungsrats. Im Rahmen der Aufstellung der **8** genannten Rechenwerke unterstehen die geschäftsführenden Direktoren wie sonst auch den **Weisungen** des Verwaltungsrats nach § 44 Abs. 2 SEAG (str., → Anh. Art. 43 § 44 SEAG Rn. 11). Das „Vier-Augen-Prinzip" wird dadurch nicht ausgehöhlt, da die geschäftsführenden Direktoren nur sorgfaltspflichtgemäße Weisungen umsetzen dürfen und sie die Weisungen hierauf überprüfen müssen (→ Anh. Art. 43 § 44 SEAG Rn. 14 ff.). Gemäß § 22 Abs. 3 S. 1 SEAG gehört es zu den Leitungspflichten des Verwaltungsrats, dafür zu sorgen, dass die erforderlichen Handelsbücher geführt werden. Wenn insoweit erkennbare Defizite bestehen, ist der Verwaltungsrat verpflichtet, rechtzeitig einzuschreiten.

III. Informationsrechte der Verwaltungsratsmitglieder (Abs. 2)

Abs. 2 entspricht § 170 Abs. 3 AktG. Nach Abs. 2 S. 1 hat jedes Verwal- **9** tungsratsmitglied das Recht auf **Kenntnisnahme** (Einsichtnahme) der Vorlagen und der Prüfungsberichte des Abschlussprüfers. Relevant wird dieses Recht, wenn die Vorlagen und Prüfungsberichte dem Verwaltungsratsvorsitzenden zugeleitet wurden, dieser sie aber nicht an alle Mitglieder weitergeleitet hat. Da bereits **Art. 44 Abs. 2** jedem Verwaltungsratsmitglied einen unentziehbaren Anspruch auf Kenntnisnahme aller dem Verwaltungsrat vorliegenden Informationen gewährt, dürfte § 47 Abs. 2 S. 1 SEAG keine eigenständige Bedeutung zukommen. Etwas anderes würde nur gelten, wenn man aus dieser Vorschrift

auch einen Anspruch des einzelnen Verwaltungsratsmitglieds gegen die geschäftsführenden Direktoren auf Einsichtnahme in Vorlagen herleiten wollte, die dem
Verwaltungsrat noch nicht übermittelt wurden. Dies lässt sich der Vorschrift
indes nicht entnehmen.

10   Eigenständige Bedeutung hat dagegen Abs. 2 S. 2, da die dort angesprochene
Übermittlung der Unterlagen an das einzelne Verwaltungsratsmitglied in
Art. 44 Abs. 2 nicht geregelt ist (→ Art. 44 Rn. 10). Das Individualrecht auf
Übermittlung der Unterlagen (nicht das Recht zur Kenntnisnahme nach Art. 44
Abs. 2) tritt aber nach Abs. 2 S. 2 Hs. 2 zurück, sofern der Verwaltungsrat dies
beschlossen und einen Bilanzausschuss (Prüfungsausschuss) eingerichtet hat. In
diesem Fall müssen die Vorlagen und Prüfungsberichte nur den Ausschussmitgliedern übermittelt werden (*Schwarz* Rn. 368; LHT/*Teichmann* Rn. 7). Zur AG
wird allerdings teilweise vertreten, die Beschränkung der Übermittlung nach
§ 170 Abs. 3 S. 2 AktG nur auf die unter dem Gesichtspunkt der Vertraulichkeit
besonders sensiblen Prüfungsberichte anzuwenden (Schmidt/Lutter/*Drygala*
AktG § 170 Rn. 19; MüKoAktG/*Kropff* 2. Aufl. AktG § 170 Rn. 83; gegen eine
solche teleologische Reduktion aber *Adler/Düring/Schmaltz* AktG § 170 Rn. 55;
GroßkommAktG/*Brönner* AktG § 170 Rn. 23).

11   Der Übermittlungsanspruch nach Abs. 2 S. 2 kann ebenso wie der Anspruch
auf Kenntnisnahme nach Art. 44 Abs. 2 (→ Art. 44 Rn. 11) durch **Klage gegen
die Gesellschaft,** vertreten durch die geschäftsführenden Direktoren (§ 41
Abs. 1 S. 1 SEAG), geltend gemacht werden (zur AG Hüffer/*Koch* AktG § 170
Rn. 15).

IV. Prüfung durch den Verwaltungsrat
(Abs. 3, Abs. 4 S. 1, Abs. 5 S. 2)

12   **1. Prüfungspflicht.** Nach Abs. 3 iVm § 171 Abs. 1 AktG ist der Verwaltungsrat zur **Prüfung der Vorlagen** nach Abs. 1 (Jahresabschluss, Lagebericht,
Gewinnverwendungsvorschlag, ggf. Konzernabschluss und -lagebericht) verpflichtet. Hinzu kommt ggf. die Prüfung des informatorischen IFRS-Einzelabschlusses (Abs. 4 S. 1; vgl. auch § 171 Abs. 4 S. 1 AktG) und des Abhängigkeitsberichts (§ 314 Abs. 2 AktG iVm §§ 49 Abs. 1, 22 Abs. 6 SEAG). Der
Aufsichtsrat kann die Prüfung der Vorlagen nach Abs. 3 nicht auf einen beschließenden **Ausschuss** delegieren (§ 34 Abs. 4 S. 2 SEAG). Zulässig und von Ziff.
5.3.2 DCGK empfohlen ist aber die Einrichtung eines Prüfungsausschusses, der
neben weiteren Aufgaben (→ Anh. Art. 43 § 34 SEAG Rn. 38) die Meinungsbildung im Verwaltungsrat zur Rechnungslegung vorbereitet und an ihn berichtet. In der Regel wird es zweckmäßig sein, diesen Ausschuss nur mit nicht-
geschäftsführenden Mitgliedern zu besetzen, um so dem angestrebten „Vier-
Augen-Prinzip" so gut wie möglich Rechnung zu tragen (van Hulle/Maul/
Drinhausen/*Lanfermann* Abschnitt 10 Rn. 10; LHT/*Teichmann* Rn. 3). Ist der
Jahres- oder Konzernabschluss durch einen **Abschlussprüfer** zu prüfen (§ 316
HGB), hat dieser an den Verhandlungen des Verwaltungsrats oder des Prüfungsausschusses **teilzunehmen** und über die wesentlichen Ergebnisse seiner Prüfung
zu berichten (Abs. 3 iVm § 171 Abs. 1 S. 2 AktG; näher Hüffer/*Koch* AktG
§ 171 Rn. 13 ff.).

13   Die Prüfung erstreckt sich wie in der AG sowohl auf die **Rechtmäßigkeit** als
auch die **Zweckmäßigkeit** der Vorlagen (Hüffer/*Koch* AktG § 171 Rn. 3 ff.;
ausführlich MüKoAktG/*Hennrichs/Pöschke* AktG § 171 Rn. 31 ff.). Hinsichtlich
der gebotenen **Intensität der Prüfung** kann auf die zur AG anerkannten
Grundsätze (Hüffer/*Koch* AktG § 171 Rn. 9 ff.) zurückgegriffen werden
(→ Art. 61 Rn. 5; *Seitz* S. 303 f.; grundsätzlich auch Spindler/Stilz/*Casper*
Art. 61, 62 Rn. 5; strenger *Klein/Schreiner* in Jannott/Frodermann HdB SE

Kap. 7 Rn. 136; LHT/*Teichmann* Rn. 12). Ist der Abschluss von einem Abschlussprüfer geprüft worden, genügt es demnach, dass die Verwaltungsratsmitglieder den Prüfungsbericht (§ 321 HGB) durcharbeiten, kritisch würdigen und Unklarheiten durch Nachfragen an den Abschlussprüfer und die geschäftsführenden Direktoren nachgehen (zur AG Schmidt/Lutter/*Drygala* AktG § 171 Rn. 8; ausführlich MüKoAktG/*Hennrichs*/*Pöschke* AktG § 171 Rn. 99 ff.). Die Überprüfung der Bilanzansätze durch eigene Stichproben ist nur geboten, wenn sich Anhaltspunkte für eine Unrichtigkeit ergeben (Schmidt/Lutter/*Drygala* AktG § 171 Rn. 7 mwN). Hat der Verwaltungsrat Bedenken, kann er mithilfe seines Einsichts- und Prüfungsrechts (§ 22 Abs. 4 S. 1–2 SEAG) sowie des Weisungsrechts (§ 44 Abs. 2 SEAG) für Aufklärung sorgen. Ferner kann er aufgrund seines Weisungsrechts die geschäftsführenden Direktoren zu einer Änderung der Vorlagen veranlassen (→ Rn. 8). Änderungen der Rechnungslegung nach Vorlage des Prüfungsberichts führen bei prüfungspflichtigen Gesellschaften allerdings dazu, dass eine Nachtragsprüfung erforderlich wird (§ 316 Abs. 3 HGB).

Die abschließende Entscheidung über die Billigung der Vorlagen trifft der **14** Verwaltungsrat durch Beschluss (Art. 50). An der **Beschlussfassung** nehmen auch die geschäftsführenden Verwaltungsratsmitglieder teil. Dass sie bereits an der Aufstellung mitgewirkt haben, führt nicht zu einem Stimmverbot, da weder der Tatbestand des § 34 BGB (analog) erfüllt ist noch ein Richten in eigener Sache vorliegt (KK-AktG/*Siems* Anh. Art. 51 § 47 SEAG Rn. 8; aA *Müller-Bonanni*/*Melot de Beauregard* GmbHR 2005, 195 [199]). Dadurch wird das „Vier-Augen-Prinzip" zwar relativiert, wegen § 40 Abs. 1 S. 2 SEAG aber nicht ausgehöhlt. Zu den Rechtsfolgen einer Billigung bzw. Nichtbilligung durch den Verwaltungsrat → Rn. 17 ff.

2. Berichtspflicht. Nach Abs. 3 iVm § 171 Abs. 2 AktG hat der Verwal- **15** tungsrat in einem schriftlichen **Bericht an die Hauptversammlung** über das Ergebnis seiner Prüfung Rechenschaft abzulegen. In dem Bericht ist auch anzugeben, wie und in welchem Umfang er die Geschäftsführung der geschäftsführenden Direktoren im abgelaufenen Geschäftsjahr kontrolliert hat, in börsennotierten Gesellschaften (§ 3 Abs. 2 AktG) unter Angabe der gebildeten Ausschüsse und der Sitzungsfrequenz (Abs. 3 iVm § 171 Abs. 2 S. 2 AktG). Ferner muss der Bericht zum Ergebnis der Prüfung des Jahresabschlusses sowie ggf. des Konzernabschlusses und des informatorischen IFRS-Einzelabschlusses (Abs. 4 S. 1) durch den Abschlussprüfer Stellung beziehen (Abs. 3 iVm § 171 Abs. 2 S. 3, S. 5 AktG). Am Schluss des Berichts muss der Verwaltungsrat erklären, ob nach dem abschließenden Ergebnis seiner Prüfung Einwendungen zu erheben sind und ob er den von den geschäftsführenden Direktoren aufgestellten Jahresabschluss sowie ggf. den Konzernabschluss und den IFRS-Einzelabschluss billigt (Abs. 3, Abs. 4 S. 1 iVm § 171 Abs. 2 S. 4–5 AktG). Sollte der Verwaltungsrat ausnahmsweise beschließen, die Feststellung des Jahresabschlusses (→ Rn. 17) der Hauptversammlung zu überlassen, ist auch dieser Beschluss in den Bericht aufzunehmen (Abs. 5 S. 2). Bei abhängigen Unternehmen muss sich der Bericht zudem zur Prüfung des Abhängigkeitsberichts verhalten (§ 314 Abs. 2–3 AktG, § 22 Abs. 6 SEAG).

Wie sich aus § 48 Abs. 1 S. 1 SEAG ergibt, ist der Bericht des Verwaltungsrats **16** **den geschäftsführenden Direktoren zuzuleiten.** Da Abs. 3 davon absieht, § 171 Abs. 3 AktG in Bezug zu nehmen, fehlt es allerdings an einer präzisen Fristenregelung für die Zuleitung sowie einer Regelung des Inhalts, dass mit Fristablauf die Billigung der Vorlagen als verweigert gilt (KK-AktG/*Siems* Anh. Art. 51 § 47 SEAG Rn. 7). Da in der SE die ordentliche Hauptversammlung früher stattfinden muss als in der AG (innerhalb von sechs statt acht Monaten, Art. 54 Abs. 1 S. 1 statt § 175 Abs. 1 S. 2 AktG) und die Hauptversammlung

gemäß § 48 Abs. 1 S. 1 SEAG erst nach Zuleitung des Berichts an die geschäfts-
führenden Direktoren einzuberufen ist, ergibt sich aber auch ohne analoge
Anwendung des § 171 Abs. 3 AktG, dass die Zuleitung des Prüfungsberichts an
die geschäftsführenden Direktoren nicht lange aufgeschoben werden darf. Vom
Tag der Einberufung der ordentlichen Hauptversammlung an ist der Bericht des
Verwaltungsrats auch **den Aktionären zugänglich** zu machen (§ 48 Abs. 2 S. 1
SEAG iVm § 175 Abs. 2 AktG).

V. Feststellung des Jahresabschlusses und Billigung der übrigen Vorlagen (Abs. 5 S. 1, Abs. 6, Abs. 4 S. 2)

17   **1. Feststellung des Jahresabschlusses.** Sofern der Verwaltungsrat nicht ausnahmsweise beschließt, die Feststellung der Hauptversammlung zu überlassen,
liegt in der Billigung des Jahresabschlusses durch den Verwaltungsrat zugleich
dessen Feststellung (Abs. 5 S. 1; zur Beschlussfassung im Verwaltungsrat
→ Rn. 14). Wie in der AG (§ 172 AktG) versteht man darunter das korporationsrechtliche Rechtsgeschäft, mit dem der Jahresabschluss Verbindlichkeit für die
Organe der Gesellschaft, die Aktionäre und die Inhaber sonstiger gewinnabhängi-
ger Ansprüche erlangt (zur AG Hüffer/*Koch* AktG 172 Rn. 2 f.).

18   Hat der Verwaltungsrat beschlossen, die Feststellung des Jahresabschlusses der
Hauptversammlung zu überlassen oder hat er den Jahresabschluss nicht gebilligt,
geht die Feststellungskompetenz **ausnahmsweise** auf die **Hauptversammlung**
über (Abs. 6 S. 1; vgl. § 173 Abs. 1 S. 1 AktG). Beide Fälle sind praktisch selten.
Der zweite Fall (Nichtbilligung) wird in der monistischen SE noch seltener sein
als in der AG, da der Verwaltungsrat anders als der Aufsichtsrat Änderungen der
Vorlagen anweisen kann (→ Rn. 8). Wird die Feststellung doch einmal der
Hauptversammlung überlassen, entscheidet diese nach Art. 57 mit einfacher
Stimmenmehrheit unter Beachtung der Vorgaben aus Abs. 6 S. 3 iVm § 173
Abs. 2–3 AktG und § 48 Abs. 2 S. 1 SEAG, § 175 Abs. 3 AktG.

19   **2. Billigung der übrigen Vorlagen. Konzernabschlüsse** und informatorische **IFRS-Einzelabschlüsse** werden nicht festgestellt, sondern nur gebilligt,
da sie nicht Grundlage für die Gewinnverwendung sind. Zuständig ist auch hier
der Verwaltungsrat (zur Beschlussfassung → Rn. 14). Nur in dem seltenen Fall
der Nichtbilligung durch den Verwaltungsrat geht die Zuständigkeit für die
Billigung des Konzernabschlusses auf die Hauptversammlung über (Abs. 6 S. 2;
vgl. § 173 Abs. 1 S. 2 AktG). Diese entscheidet auch hier mit einfacher
Stimmenmehrheit (Art. 57) unter Beachtung der Vorgaben aus Abs. 6 S. 3 iVm
§ 173 Abs. 2–3 AktG und § 48 Abs. 2 S. 1 SEAG, § 175 Abs. 3 AktG. Der
Übergang der Zuständigkeit auf die Hauptversammlung ist nur für den Konzernabschluss vorgesehen, nicht für den informatorischen IFRS-Einzelabschluss.
Wird dieser durch den Verwaltungsrat nicht gebilligt, besteht die Rechtsfolge
darin, dass der IFRS-Einzelabschluss nicht offen gelegt werden kann (Abs. 4
S. 2) und es bei der Offenlegung des HGB-Abschlusses nach § 325 HGB
bewendet.

20   Der **Vorschlag für den Gewinnverwendungsbeschluss** der Hauptversammlung wird in der monistischen SE ausschließlich vom Verwaltungsrat unterbreitet (LHT/*Teichmann* Rn. 20; aA offenbar *Schwarz* Rn. 379). Dies ergibt sich
sowohl aus der Formulierung des Abs. 1 S. 2 als auch aus Art. 9 Abs. 1 lit. c ii,
§ 124 Abs. 3 S. 1 AktG iVm § 22 Abs. 6 SEAG. Innerhalb der Grenzen des
rechtlich Zulässigen ist der Verwaltungsrat frei, anstelle des von den geschäftsführenden Direktoren formulierten Vorschlags der Hauptversammlung einen
abweichenden Vorschlag zu unterbreiten (LHT/*Teichmann* Rn. 20).

SEAG Ordentliche Hauptversammlung

48 (1) Unverzüglich nach der Zuleitung des Berichts an die geschäftsführenden Direktoren hat der Verwaltungsrat die Hauptversammlung zur Entgegennahme des festgestellten Jahresabschlusses und des Lageberichts, eines vom Verwaltungsrat gebilligten Einzelabschlusses nach § 325 Abs. 2a Satz 1 des Handelsgesetzbuchs sowie zur Beschlussfassung über die Verwendung des Bilanzgewinns, bei einem Mutterunternehmen (§ 290 Abs. 1, 2 des Handelsgesetzbuchs) auch zur Entgegennahme des vom Verwaltungsrat gebilligten Konzernabschlusses und des Konzernlageberichts, einzuberufen.

(2) [1]Die Vorschriften des § 175 Abs. 2 bis 4 und des § 176 Abs. 2 des Aktiengesetzes gelten entsprechend. [2]Der Verwaltungsrat hat der Hauptversammlung die in § 176 Abs. 1 Satz 1 des Aktiengesetzes angegebenen Vorlagen zugänglich zu machen. [3]Zu Beginn der Verhandlung soll der Verwaltungsrat seine Vorlagen erläutern. [4]Er soll dabei auch zu einem Jahresfehlbetrag oder einem Verlust Stellung nehmen, der das Jahresergebnis wesentlich beeinträchtigt hat. [5]Satz 4 ist auf Kreditinstitute nicht anzuwenden.

Schrifttum: S. die Angaben zu Art. 43.

Übersicht

	Rn.
I. Allgemeines	1
II. Einberufung der ordentlichen Hauptversammlung (Abs. 1, Abs. 2 S. 1 iVm § 175 Abs. 2–4 AktG)	3
1. Zuständigkeit des Verwaltungsrats	3
2. Tagesordnung	4
3. Auszulegende Unterlagen, Formalia	6
4. Bindungswirkung der Erklärungen des Verwaltungsrats	8
III. Ablauf der Hauptversammlung (Abs. 2 iVm § 176 AktG)	9
1. Vorlage- und Erläuterungspflicht	9
2. Teilnahmepflicht des Abschlussprüfers	11

I. Allgemeines

§ 48 SEAG regelt in enger Anlehnung an §§ 175 f. AktG **Vorbereitung und** **1** **Ablauf der ordentlichen Hauptversammlung.** Abweichend von § 175 Abs. 1 S. 2 AktG fehlt allerdings eine Regelung zum Zeitpunkt der Hauptversammlung, da dieser bereits in Art. 54 Abs. 1 S. 1 geregelt ist. Danach muss die ordentliche Hauptversammlung **innerhalb von sechs Monaten** nach Ablauf des Geschäftsjahres stattfinden. Diese Regelung ist strenger als diejenige des § 175 Abs. 1 S. 2 AktG, was entsprechend kürzere Fristen für die Aufstellung der Rechnungslegung bedingt (→ Anh. Art. 43 § 47 SEAG Rn. 4, 6).

Da § 47 SEAG den §§ 170–173 AktG entspricht und § 48 SEAG den **2** §§ 175 f. AktG nachgebildet ist, mag man sich fragen, warum nicht auch **§ 174** **AktG,** der die Modalitäten des Gewinnverwendungsbeschlusses der Hauptversammlung regelt, für anwendbar erklärt wird. Der Grund hierfür liegt darin, dass diese Vorschrift bereits nach Art. 52 Abs. 2 und Art. 9 Abs. 1 lit. c ii anwendbar ist (NK-SE/*Manz* Art. 43 Rn. 176; KK-AktG/*Siems* Anh. Art. 51 § 48 SEAG Rn. 3) und insoweit keine Anpassungen an das monistische Modell erforderlich sind. Aus der Anwendbarkeit des § 174 AktG folgt insbesondere, dass auch die Hauptversammlung der monistischen SE im Rahmen der Gewinnverwendung an den festgestellten Jahresabschluss gebunden ist (§ 174 Abs. 1 S. 2 AktG).

II. Einberufung der ordentlichen Hauptversammlung (Abs. 1, Abs. 2 S. 1 iVm § 175 Abs. 2–4 AktG)

3   **1. Zuständigkeit des Verwaltungsrats.** Nach Abs. 1 beruft der Verwaltungs-rat die ordentliche Hauptversammlung ein. Das deckt sich mit der allgemeinen Zuständigkeit des Verwaltungsrats für die Einberufung von Hauptversammlungen (Art. 54 Abs. 2, § 121 Abs. 2 S. 1 AktG, § 22 Abs. 6 SEAG, → Anh. Art. 43 § 22 SEAG Rn. 19). Für die Beschlussfassung im Verwaltungsrat genügt die einfache Mehrheit nach Art. 54 Abs. 2 iVm § 121 Abs. 2 S. 1 Hs. 2 AktG, § 22 Abs. 6 SEAG (LHT/*Teichmann* Rn. 4; im Ergebnis auch *Schwarz* Rn. 377, Art. 54 Rn. 17; für Anwendung des Art. 50 KK-AktG/*Siems* Anh. Art. 51 § 48 SEAG Rn. 6; → Anh. Art. 43 § 22 SEAG Rn. 22). Die Einberufung muss nach Abs. 1 **unverzüglich** (§ 121 Abs. 1 S. 1 BGB) erfolgen, nachdem der Verwaltungsrat seinen Bericht – gemeint ist der Bericht über die Prüfung des Jahresabschlusses und der weiteren Vorlagen nach § 47 Abs. 3 SEAG, § 171 Abs. 2 AktG – den ge-schäftsführenden Direktoren zugeleitet hat (Art. 43 § 47 SEAG Rn. 16).

4   **2. Tagesordnung.** Zur Tagesordnung der ordentlichen Hauptversammlung gehört nach Abs. 1 jedenfalls die **Entgegennahme des festgestellten Jahres-abschlusses** und des Lageberichts sowie die Beschlussfassung über die **Verwen-dung des Bilanzgewinns** (§ 174 AktG; → Rn. 2). Hinzu kommt die Entgegen-nahme des vom Verwaltungsrat gebilligten IFRS-Einzelabschlusses nach § 325 Abs. 2a S. 1 HGB, falls ein solcher erstellt wurde, sowie bei einem Mutter-unternehmen die Entgegennahme des vom Verwaltungsrat gebilligten Konzern-abschlusses und des Konzernlageberichts. In den seltenen Fällen des § 47 Abs. 6 SEAG tritt an die Stelle der bloßen Entgegennahme des Jahres- und Konzern-abschlusses die Beschlussfassung über die Feststellung des Jahresabschlusses sowie die Billigung des Konzernabschlusses durch die Hauptversammlung selbst (Abs. 2 S. 1 iVm § 175 Abs. 3 AktG).

5   Weitere Tagesordnungspunkte der ordentlichen Hauptversammlung bilden üb-licherweise – wie in der AG – die **Entlastung der Organmitglieder** und die **Wahl des Abschlussprüfers** (§ 318 Abs. 1 HGB). Die Entlastung der Organ-mitglieder bezieht sich nach wohl überwiegender Ansicht nicht nur auf die Mit-glieder des Verwaltungsrats (Art. 52, § 120 AktG, § 22 Abs. 6 SEAG), sondern auch auf die geschäftsführenden Direktoren (§ 120 AktG analog; *Schwarz* Art. 52 Rn. 30; LHT/*Spindler* Art. 52 Rn. 30; LHT/*Teichmann* Rn. 5; zur Parallelfrage im österreichischen Recht Kalss/Hügel/*Kalss*/*Greda* SEG § 62 Rn. 23; abwei-chend wohl KK-AktG/*Kiem* Art. 52 Rn. 28 aE; gänzlich abweichend *Brandt* S. 148 ff., der sogar eine Hauptversammlungskompetenz für die Entlastung der Verwaltungsratsmitglieder verneint). Die ordentliche Hauptversammlung ist auf diese regelmäßig wiederkehrenden Beschlussgegenstände selbstverständlich nicht beschränkt, sondern kann sich auch mit weiteren Tagesordnungspunkten befassen (LHT/*Teichmann* Rn. 5; zur AG Hüffer/*Koch* AktG § 175 Rn. 1).

6   **3. Auszulegende Unterlagen, Formalia.** Von der Einberufung an sind den Aktionären die in Abs. 2 S. 1 iVm § 175 Abs. 2 AktG genannten **Vorlagen** zugänglich zu machen (zu den Einzelheiten Hüffer/*Koch* AktG § 175 Rn. 5 ff.). Eine Veröffentlichung auf der Internetseite der Gesellschaft genügt (§ 175 Abs. 2 S. 4 AktG). Zu den Vorlagen entsprechend § 175 Abs. 2 AktG gehören der Jahresabschluss nebst Lagebericht, ggf. ein vom Verwaltungsrat gebilligter IFRS-Einzelabschluss, Konzernabschluss und Konzernlagebericht, der Bericht des Ver-waltungsrats nach § 47 Abs. 3 SEAG, § 171 Abs. 2 AktG sowie der Gewinn-

verwendungsvorschlag des Verwaltungsrats (nicht der geschäftsführenden Direktoren, so aber NK-SE/*Manz* Art. 43 Rn. 178; wie hier LHT/*Teichmann* Rn. 6; → Anh. Art. 43 § 47 SEAG Rn. 20).

Die weiteren **Formalitäten** der Einberufung sind in § 48 SEAG nicht geregelt. Insoweit bewendet es bei der Anwendung der allgemeinen Regeln (Art. 53, 54 Abs. 2 iVm §§ 121 ff. AktG; → Art. 54 Rn. 24). **7**

4. Bindungswirkung der Erklärungen des Verwaltungsrats. Ab der Einberufung der Hauptversammlung entfalten die Erklärungen im Bericht des Verwaltungsrats (§ 47 Abs. 3, Abs. 5 S. 2 SEAG, § 171 Abs. 2 AktG) über die Billigung bzw. Nichtbilligung der Vorlagen sowie zur Übertragung der Kompetenz an die Hauptversammlung Bindungswirkung. Dies ergibt sich aus Abs. 2 S. 1 iVm § 175 Abs. 4 AktG. Dadurch wird insbesondere sichergestellt, dass der Verwaltungsrat eine einmal begründete Kompetenz der Hauptversammlung für die Feststellung des Jahresabschlusses oder die Billigung des Konzernabschlusses nicht mehr nachträglich beseitigen kann. **8**

III. Ablauf der Hauptversammlung (Abs. 2 iVm § 176 AktG)

1. Vorlage- und Erläuterungspflicht. Den Ablauf der Hauptversammlung regelt Abs. 2 in Übereinstimmung mit § 176 AktG. Der einzige Unterschied besteht darin, dass an die Stelle von Vorstand und Aufsichtsrat der Verwaltungsrat tritt. Gemäß Abs. 2 S. 2 ist den Aktionären in der Hauptversammlung neben den **Vorlagen** entsprechend § 175 Abs. 2 AktG (→ Rn. 6) auch ein erläuternder Bericht zu den Angaben nach §§ 289 Abs. 4, 315 Abs. 4 HGB **zugänglich zu machen,** sei es durch Auslage von Kopien im Versammlungsraum, sei es elektronisch, etwa durch Aufstellung von Monitoren. **9**

Zu Beginn der Hauptversammlung soll der Verwaltungsrat sämtliche Vorlagen unter Einschluss des Berichts nach §§ 289 Abs. 4, 315 Abs. 4 HGB **erläutern** (Abs. 2 S. 3), dh unter Bildung von Schwerpunkten zusammenfassen (MüKo-AktG/*Hennrichs/Pöschke* AktG § 176 Rn. 13). Für den Verwaltungsrat handelt in der Regel der Vorsitzende; der Verwaltungsrat kann aber auch ein anderes Mitglied damit betrauen, die Erläuterungen vorzunehmen. Die Erläuterungen sollen insbesondere auch zu einem wesentlichen Jahresfehlbetrag oder Verlust Stellung nehmen (Abs. 1 S. 4), wovon Kreditinstitute merkwürdigerweise ausgenommen sind (Abs. 1 S. 5; kritisch auch MüKoAktG/*Hennrichs/Pöschke* AktG § 176 Rn. 18). Praktisch bedeutsam ist, dass es sich bei den Erläuterungen – anders als bei der Vorlagepflicht (→ Rn. 8) – nur um **Soll-Vorschriften** handelt. Nach heute einheilliger Ansicht handelt es sich daher um bloße Ordnungsvorschriften, auf deren Verletzung keine Anfechtung der Hauptversammlungsbeschlüsse gestützt werden kann (*Adler/Düring/Schmaltz* AktG § 176 Rn. 25; Hüffer/*Koch* AktG § 176 Rn. 6; MüKoAktG/*Hennrichs/Pöschke* AktG § 176 Rn. 23 f.). **10**

2. Teilnahmepflicht des Abschlussprüfers. Über Abs. 2 S. 1 findet auch § 176 Abs. 2 AktG entsprechende Anwendung. Danach besteht eine Teilnahmepflicht des Abschlussprüfers nur in dem **seltenen Fall,** in dem nach § 47 Abs. 6 SEAG ausnahmsweise die Hauptversammlung über die Feststellung des Jahresabschlusses oder die Billigung des Konzernabschlusses entscheidet. Ferner muss es sich um eine prüfungspflichtige Gesellschaft (§ 316 HGB) handeln. Selbst wenn ausnahmsweise eine Teilnahmepflicht des Abschlussprüfers besteht, ist dieser nicht verpflichtet, den Aktionären Auskunft zu erteilen (Abs. 2 S. 1 iVm § 176 Abs. 2 S. 3 AktG). Auskunftspflichtig bleibt allein der Verwaltungsrat (Art. 53, § 131 AktG, § 22 Abs. 6 SEAG). Der teilnahmepflichtige Abschlussprüfer ist aber verpflichtet, Fragen des Verwaltungsrats zu beantworten und diesen ggf. auf eine Falschdarstellung hinzuweisen (zur AG Schmidt/Lutter/*Drygala* AktG § 176 **11**

Rn. 21 f.; MüKoAktG/*Hennrichs*/*Pöschke* AktG § 176 Rn. 37, 43). Ferner kann
der Verwaltungsrat den Abschlussprüfer zur Auskunfterteilung an die Aktionäre
ermächtigen (zur AG Hüffer/*Koch* AktG § 176 Rn. 9; MüKoAktG/*Hennrichs*/
Pöschke AktG § 176 Rn. 38). Ein Verstoß gegen die Teilnahmepflicht führt regelmäßig zur Anfechtbarkeit nach Art. 9 Abs. 1 lit. c ii, § 257 AktG (Feststellung
des Jahresabschlusses) bzw. Art. 9 Abs. 1 lit. c ii, § 243 Abs. 1 AktG (Billigung
des Konzernabschlusses), soweit nicht ausnahmsweise die Relevanz des Verstoßes
verneint werden kann (näher MüKoAktG/*Hennrichs*/*Pöschke* AktG § 176
Rn. 45; generell für Anfechtbarkeit Hüffer/*Koch* AktG § 176 Rn. 10 mwN).

SEAG Leitungsmacht und Verantwortlichkeit bei Abhängigkeit von Unternehmen

49 (1) **Für die Anwendung der Vorschriften der §§ 308 bis 318 des
Aktiengesetzes treten an die Stelle des Vorstands der Gesellschaft
die geschäftsführenden Direktoren.**

(2) **Für die Anwendung der Vorschriften der §§ 319 bis 327 des Aktiengesetzes treten an die Stelle des Vorstands der eingegliederten Gesellschaft die geschäftsführenden Direktoren.**

Schrifttum: *Brandi*, Die Europäische Aktiengesellschaft im deutschen und internationalen
Konzernrecht, NZG 2003, 889; *Habersack*, Das Konzernrecht der „deutschen" SE, ZGR
2003, 724; *Hommelhoff*, Zum Konzernrecht in der Europäischen Aktiengesellschaft, AG 2003,
179; *Hommelhoff*/*Lächler*, Förder- und Schutzrecht für den SE-Konzern, AG 2014, 257; *Ihrig*,
Die geschäftsführenden Direktoren in der monistischen SE: Stellung, Aufgaben und Haftung,
ZGR 2008, 809; *Lächler*, Das Konzernrecht der Europäischen Gesellschaft (SE), 2007; *Maul*,
Konzernrecht der „deutschen" SE – Ausgewählte Fragen zum Vertragskonzern und den
faktischen Unternehmensverbindungen, ZGR 2003, 743; *Ortolf*, Die monistische SE-Kon-
zerngesellschaft mit Sitz in Deutschland, 2012; *Veil*, Das Konzernrecht der Europäischen
Aktiengesellschaft, WM 2003, 2169.

Übersicht

	Rn.
I. Allgemeines	1
II. Anwendbarkeit des deutschen Konzernrechts	4
1. Abhängige SE	4
2. Herrschende SE	7
III. Faktischer Konzern (Abs. 1 iVm §§ 311–318 AktG)	9
1. Abhängige SE	9
a) Nachteilszufügung und -ausgleich (§ 311 AktG)	10
b) Abhängigkeitsbericht (§§ 312–314 AktG)	11
c) Weitere Vorschriften zum faktischen Konzern (§§ 315–318 AktG)	14
2. Herrschende SE	15
IV. Vertragskonzern (Abs. 1 iVm §§ 308–310 AktG)	17
1. Abhängige SE	17
a) Abschluss, Änderung und Beendigung von Unterneh-mensverträgen (§§ 291–299 AktG)	19
b) Sicherung der Gesellschaft, der Gläubiger und der au-ßenstehenden Aktionäre (§§ 300–307 AktG)	24
c) Leitungsmacht und Verantwortlichkeit (§§ 308–310 AktG)	25
2. Herrschende SE	28
V. Eingliederung (Abs. 2 iVm §§ 319–327 AktG)	31
1. SE als einzugliedernde und eingegliederte Gesellschaft	31
2. SE als Hauptgesellschaft	35

I. Allgemeines

Anders als in Art. 223 ff. der Entwürfe von 1970 und 1975 (dazu *Hommelhoff/* **1**
Lächler AG 2014, 257 [260 ff.]; *Lächler* S. 48 ff.) finden sich in der Endfassung der
SE-VO abgesehen von einzelnen verstreuten Bestimmungen (namentlich
Art. 61 f. zum Konzernabschluss) **keine Regelungen zum Konzernrecht.**
Stattdessen ergibt sich aus Erwägungsgründen 15–17 die Intention des Verord-
nungsgebers, dass auf die abhängige SE das Recht ihres Sitzstaates zur Anwen-
dung kommen soll.

Für die abhängige SE mit Sitz in Deutschland bedeutet dies, dass die **§§ 15 ff.,** **2**
291 ff. AktG zur Anwendung kommen (näher → Rn. 4 ff.). Hiervon geht ersichtlich auch **§ 49 SEAG** aus. Die Vorschrift setzt die Anwendbarkeit der
genannten Bestimmungen voraus und beschränkt sich darauf, in Abweichung von
§ 22 Abs. 6 SEAG einzelne Aufgaben des Vorstands der abhängigen Gesellschaft
nicht dem Verwaltungsrat, sondern den **geschäftsführenden Direktoren** zu
übertragen. Damit verfolgt der Gesetzgeber das Anliegen, ähnlich wie bei der
Auf- und Feststellung des Jahresabschlusses (§ 47 SEAG) das **„Vier–Augen-
Prinzip"** (→ Art. 43 Anh. Vor § 20 SEAG Rn. 3) auch im konzernrechtlichen
Zusammenhang fruchtbar zu machen (Begr. RegE SEEG, BT-Drs. 15/3405, 37
li. Sp., 39 f.; *Neye/Teichmann* AG 2003, 169 [178]). Dabei hat der Gesetzgeber
insbesondere an den Abhängigkeitsbericht gedacht, der nach § 312 AktG, § 49
Abs. 1 SEAG von den geschäftsführenden Direktoren erstellt und nach § 314
AktG, § 22 Abs. 6 SEAG vom Verwaltungsrat geprüft wird (→ Rn. 11).

§ 49 SEAG betrifft, was gelegentlich übersehen wird, ausschließlich die **ab-** **3**
hängige SE (KK-AktG/*Siems* Anh. Art. 51 § 49 SEAG Rn. 10, 14, 16; *Ortolf*
S. 153 f.). Dies ergibt sich für Abs. 2 unmittelbar aus dem Gesetzeswortlaut und
für Abs. 1 daraus, dass die dort in Bezug genommenen konzernrechtlichen Bestimmungen durchweg aus der Sicht der abhängigen Gesellschaft formuliert sind
und mit der „Gesellschaft" ausschließlich die abhängige Gesellschaft meinen.

II. Anwendbarkeit des deutschen Konzernrechts

1. Abhängige SE. Auf welchem Weg das mitgliedstaatliche Konzernrecht zur **4**
Anwendung gelangt, ist im Einzelnen umstritten. Der **15. Erwägungsgrund**
scheint es nahe zu legen, dass die SE-VO die Frage nicht regeln, sondern den
allgemeinen Grundsätzen des **internationalen Gesellschaftsrechts** überlassen
will. Nach der Gegenansicht ergibt sich der Anwendungsbefehl für das mitgliedstaatliche Recht indes bereits aus **Art. 9 Abs. 1 lit. c ii** (näher zu dieser Streitfrage
→ Art. 9 Rn. 30 f. mzN). Der Unterschied zwischen beiden Ansätzen besteht
darin, dass Art. 9 Abs. 1 lit. c ii nach herrschender und zutreffender Ansicht als
Sachnormverweisung zu verstehen ist, also nicht auch auf das Kollisionsrecht des
Sitzstaates verweist (→ Art. 9 Rn. 34 f.). In aller Regel kommen beide Begrün-
dungsansätze dennoch zum **gleichen Ergebnis.** So gelangt man auf beiden Wegen
für die abhängige SE mit Satzungs- und Verwaltungssitz in Deutschland zur entsprechenden Anwendung der §§ 291 ff. AktG (bei Anwendung des Kollisionsrechts unabhängig davon, ob man die Sitz- oder die Gründungstheorie anwendet).
Abweichungen zwischen beiden Ansätzen können sich nur in seltenen Sonderfällen ergeben, in denen sich unter Verstoß gegen Art. 7 S. 1 Satzungs- und Verwaltungssitz auseinanderentwickeln (vgl. das Beispiel bei KK-AktG/*Paefgen*
Schlussanh. II Rn. 17: Verlegung des Verwaltungssitzes einer in Deutschland registrierten abhängigen SE in einen der Sitztheorie folgenden Staat außerhalb des
EWR; nach deutschem Kollisionsrecht käme es zu einem Statutenwechsel, während nach Art. 9 Abs. 1 lit. c ii deutsches Konzernrecht anwendbar bliebe).

5   Allerdings sind im Schrifttum vereinzelt **Bedenken** gegen die Vereinbarkeit des deutschen Konzernrechts mit der SE-VO erhoben worden. Diese gehe unausgesprochen davon aus, dass auch die abhängige SE allein in ihrem eigenen Interesse zu leiten ist. Zudem lasse Art. 5 keine Durchbrechungen der Kapitalerhaltung zu. Konzernprivilegien wie das Weisungsrecht des herrschenden Unternehmens (§§ 308, 323 Abs. 1 AktG) und die Suspendierung der Kapitalbindung (§§ 57 Abs. 1 S. 3, 291 Abs. 3, 323 Abs. 2 AktG) im Vertrags- und Eingliederungskonzern, aber auch die Möglichkeit des zeitlich gestreckten Nachteilsausgleichs im faktischen Konzern (§ 311 Abs. 2 AktG) seien hiermit unvereinbar (*Hommelhoff* AG 2003, 179 [182 ff.]; im Ergebnis ebenso für den Vertrags- und Eingliederungskonzern *Lächler* S. 155 ff., 197 ff.). Dieser Fundamentalkritik ist mit der ganz hM **nicht beizutreten** (MüKoAktG/*Altmeppen* Anh. Art. 9 Rn. 27 ff., 35 ff.; *Habersack* ZGR 2003, 724 [731 ff.]; *Habersack/Verse* EuropGesR § 13 Rn. 49; KK-AktG/*Paefgen* Schlussanh. II Rn. 7 ff.; LHT/*Teichmann* Rn. 2; nunmehr auch LHT/*Hommelhoff/Lächler* Anh. E: SE-Konzernrecht Rn. 5; *dies.* AG 2014, 257 ff.). Die Abkehr von den konzernrechtlichen Bestimmungen der ersten Entwürfe der SE-VO sowie der 16. Erwägungsgrund lassen klar erkennen, dass der Verordnungsgeber keine konzernrechtlichen Vorgaben machen wollte (*Habersack* ZGR 2003, 724 [740 f.]).

6   Auf einem anderen Blatt steht, ob sich sämtliche der genannten Konzernprivilegien auch mit der **Kapital-RL** (RL 2012/30/EU) vereinbaren lassen. Diese Frage stellt sich freilich nicht speziell für die SE, sondern generell auch für die AG. Die hM neigt dazu, die Richtlinienkonformität zu bejahen, da auch die Kapital-RL der Harmonisierung des Konzernrechts nicht vorgreifen wolle (*Lutter/Bayer/Schmidt* EuropUnternehmensR § 20 Rn. 85; KK-AktG/*Paefgen* Schlussanh. II Rn. 10; LHT/*Hommelhoff/Lächler* Anh. E: SE-Konzernrecht Rn. 2 ff.; *dies.* AG 2014, 257 [262 ff.]: „mitgliedstaatliche Regelungszuständigkeit mit Verdrängungsermächtigung"; *Veil* WM 2003, 2169 [2171]; jeweils mwN; näher zu diesem Problemkreis *Habersack/Verse* EuropGesR § 6 Rn. 46 ff., dort auch zu möglichen Vorbehalten gegen Unternehmensverträge mit einem anderen Vertragsteil, der seinerseits nicht dem Kapitalschutzregime der Richtlinie untersteht).

7   **2. Herrschende SE.** Ist eine SE mit Sitz in Deutschland herrschendes Unternehmen, so ist zu unterscheiden. Was das **Rechtsverhältnis zur abhängigen Gesellschaft** betrifft, so kommt es auf das Personalstatut der abhängigen Gesellschaft an, weil das Konzernverhältnis auf der Beteiligung an dieser Gesellschaft fußt (statt aller MüKoBGB/*Kindler* IntGesR Rn. 681; LHT/*Hommelhoff/Lächler* Anh. E: SE-Konzernrecht Rn. 30). Für die Beteiligung an einer abhängigen ausländischen Gesellschaft gilt daher das jeweilige ausländische (Konzern-) Gesellschaftsrecht. Ist die abhängige Gesellschaft eine dem deutschen Recht unterstehende Gesellschaft, gilt je nach Rechtsform dieser Gesellschaft deutsches Aktien-, GmbH- oder Personengesellschaftskonzernrecht.

8   Anderes gilt für konzernrechtliche Normen, die nicht unmittelbar das Rechtsverhältnis zur abhängigen Gesellschaft betreffen, sondern – wie die Zustimmungserfordernisse der §§ 293 Abs. 2, 319 Abs. 2 AktG – den **Schutz der Obergesellschaft** und ihrer Gesellschafter bezwecken. Für diese Normen ist das Personalstatut der Obergesellschaft maßgeblich (LHT/*Hommelhoff/Lächler* Anh. E: SE-Konzernrecht Rn. 30 mwN). Auf die herrschende SE mit Sitz in Deutschland finden somit die §§ 293 Abs. 2, 319 Abs. 2 Anwendung (*Habersack* ZGR 2003, 724 [741]; Emmerich/Habersack/*Habersack* Einl. Rn. 47 mwN). Ob man dies in Anlehnung an den 15. Erwägungsgrund aus dem Kollisionsrecht herleitet (§§ 293 Abs. 2, 319 Abs. 2 AktG als Teil des Personalstatuts der herrschenden Gesellschaft) oder aus Art. 52 UAbs. 2, ist in aller Regel unerheblich. Abwei-

chungen zwischen beiden Begründungsansätzen können sich auch hier nur in dem seltenen Sonderfall ergeben, dass sich Satzungs- und Verwaltungssitz unter Verstoß gegen Art. 7 S. 1 in unterschiedlichen Staaten befinden (→ Rn. 4).

III. Faktischer Konzern (Abs. 1 iVm §§ 311–318 AktG)

1. Abhängige SE. Auf eine abhängige SE mit Sitz in Deutschland finden nach **9** den getroffenen Feststellungen (→ Rn. 4 ff.) die Bestimmungen des deutschen Aktienkonzernrechts und damit, sofern kein Beherrschungsvertrag besteht, die §§ 311–318 AktG Anwendung. Dabei treten nach Abs. 1 die **geschäftsführenden Direktoren** an die Stelle des Vorstands; die Generalverweisung des § 22 Abs. 6 SEAG auf den Verwaltungsrat wird insoweit verdrängt. Soweit die §§ 311–318 AktG dagegen den Aufsichtsrat in Bezug nehmen, bleibt es nach § 22 Abs. 6 SEAG dabei, dass der **Verwaltungsrat** berufen ist.

a) Nachteilszufügung und -ausgleich (§ 311 AktG). Die Anwendung des **10** § 311 AktG folgt den aus dem Aktienrecht bekannten allgemeinen Regeln. So wie sich Vorstand und Aufsichtsrat nachteiligen Einflussnahmen des herrschenden Unternehmens öffnen dürfen, soweit die Maßnahme im Konzerninteresse liegt, der Nachteil ausgleichsfähig ist und das herrschende Unternehmen zum Ausgleich bereit und imstande ist (Emmerich/Habersack/*Habersack* AktG § 311 Rn. 78, 81), steht diese Möglichkeit auch den geschäftsführenden Direktoren und dem Verwaltungsrat offen (KK-AktG/*Paefgen* Schlussanh. II Rn. 42). Sie handeln in diesem Fall nicht sorgfaltswidrig iSd § 93 Abs. 1 S. 1 AktG iVm §§ 39, 40 Abs. 8 SEAG.

Die Zuständigkeit für die Entscheidung, ob der Veranlassung des herrschenden **10a** Unternehmens Folge geleistet wird, richtet sich nach den allgemeinen Regeln der Kompetenzaufteilung zwischen Verwaltungsrat und geschäftsführenden Direktoren. Handelt es sich um eine Entscheidung, die wegen ihrer grundlegenden Bedeutung dem Leitungsbereich (§ 22 Abs. 1 SEAG, Anh. Art. 43 § 22 SEAG Rn. 5 ff.) zuzuordnen ist, hat folglich der Verwaltungsrat zu entscheiden (LHT/*Hommelhoff*/*Lächler* Anh. E: SE-Konzernrecht Rn. 23). Zudem kann der Verwaltungsrat auch jenseits des Leitungsbereichs – wie bei allen anderen Geschäftsführungsmaßnahmen auch – von seinem Weisungsrecht (§ 44 Abs. 2 SEAG) Gebrauch machen. Er kann somit die geschäftsführenden Direktoren auch anweisen, einer nachteiligen Einflussnahme des herrschenden Unternehmens nachzukommen. Allerdings ist eine derartige Weisung bei nachteiligen Maßnahmen nur sorgfaltspflichtgemäß und damit nur dann für die geschäftsführenden Direktoren verbindlich, wenn die genannten Voraussetzungen (Konzerninteresse, ausgleichsfähiger Nachteil, Bereitschaft und Fähigkeit des herrschenden Unternehmens zum Nachteilsausgleich) erfüllt sind (KK-AktG/*Paefgen* Schlussanh. II Rn. 46; → Anh. Art. 43 § 44 SEAG Rn. 14 ff.). Hinsichtlich der Vorfrage, ob die Maßnahme überhaupt nachteilig ist, ist freilich stets zu bedenken, dass der nachteilige Charakter bei unternehmerischen Entscheidungen nach hM erst dann anzunehmen ist, wenn die Grenzen des durch die Business Judgment Rule (§ 93 Abs. 1 S. 2 AktG) geschützten unternehmerischen Ermessens überschritten sind (Emmerich/Habersack/*Habersack* AktG § 311 Rn. 40, 53). Gelangt der Verwaltungsrat innerhalb des durch § 93 Abs. 1 S. 2 AktG (iVm § 39 SEAG) geschützten Rahmens zu der Einschätzung, dass die vom herrschenden Unternehmen gewünschte Maßnahme nicht nachteilig ist, sind die geschäftsführenden Direktoren an diese Einschätzung gebunden (KK-AktG/*Paefgen* Schlussanh. II Rn. 45; LHT/*Hommelhoff*/*Lächler* Anh. E: SE-Konzernrecht Rn. 24; → Anh. Art. 43 § 44 SEAG Rn. 15).

11 **b) Abhängigkeitsbericht (§§ 312–314 AktG).** Die Erstellung des Abhängigkeitsberichts (§ 312 AktG) fällt nach § 49 Abs. 1 SEAG in die Zuständigkeit der geschäftsführenden Direktoren. Der Bericht wird bei prüfungspflichtigen Gesellschaften vom Abschlussprüfer geprüft (§ 313 AktG, § 316 Abs. 1 HGB). Ferner unterliegt er der Kontrolle durch den Verwaltungsrat (§ 314 AktG, § 22 Abs. 6 SEAG). Dass sowohl die geschäftsführenden Direktoren als auch der Verwaltungsrat mit dem Abhängigkeitsbericht befasst werden, ist Ausdruck des vom Gesetzgeber angestrebten „**Vier-Augen-Prinzips**" (→ Anh. Art. 43 Vor § 20 SEAG Rn. 3). Weisungen des Verwaltungsrats an die geschäftsführenden Direktoren (§ 44 Abs. 2 SEAG) sind auch in Bezug auf die Erstellung des Abhängigkeitsberichts nur zulässig und verbindlich, soweit sie rechtmäßig und für die Gesellschaft nicht nachteilig sind (→ Anh. Art. 43 § 44 SEAG Rn. 14 ff.). Da die Modalitäten des Abhängigkeitsberichts weithin gesetzlich vorgegeben sind, dürften Weisungen insoweit kaum eine Rolle spielen.

12 Bei der **Beschlussfassung** über den Abhängigkeitsbericht im Verwaltungsrat sind die geschäftsführenden Direktoren nach zutreffender Ansicht nicht schon deshalb vom Stimmrecht ausgeschlossen, weil sie an dessen Erstellung mitgewirkt haben. Der Tatbestand des § 34 BGB (analog) ist ebenso wenig erfüllt wie derjenige des Richtens in eigener Sache (KK-AktG/*Siems* Anh. Art. 51 § 49 SEAG Rn. 12; aA NK-SE/*Schröder* Art. 9 Rn. 90; LHT/*Hommelhoff/Lächler* Anh. E: SE-Konzernrecht Rn. 27; *Müller-Bonanni/Melot de Beauregard* GmbHR 2005, 195 [199]). Dadurch wird das „Vier-Augen-Prinzip" zwar erheblich relativiert, wegen § 40 Abs. 1 S. 2 SEAG aber nicht ausgehöhlt. Die Delegation der Beschlussfassung auf einen Ausschuss ist nicht zulässig (§ 34 Abs. 4 S. 2 SEAG). Über das Ergebnis der Prüfung hat der Verwaltungsrat nach § 314 Abs. 2–3 AktG, § 22 Abs. 6 SEAG in seinem **Bericht an die Hauptversammlung** nach § 47 Abs. 3 SEAG iVm § 171 Abs. 2 AktG zu berichten.

13 Aus **rechtspolitischer Sicht** wird an der bestehenden Regelung kritisiert, dass der Verwaltungsrat im Rahmen der Prüfung des Abhängigkeitsberichts häufig nicht hinreichend objektiv sei, da er die Maßnahmen, die in den Bericht aufzunehmen seien, oftmals selbst initiiert habe. De lege ferenda ist daher vorgeschlagen worden, die Prüfung des Abhängigkeitsberichts in der monistischen SE einem Prüfungsausschuss des Verwaltungsrats zuzuweisen, der mehrheitlich mit vom herrschenden Unternehmen unabhängigen Personen besetzt sein müsse (*Maul* ZGR 2003, 743 [758 ff.]). Indes ist zu bedenken, dass auch im dualistischen System die Unabhängigkeit der Prüfung oftmals beeinträchtigt ist, da das herrschende Unternehmen den Aufsichtsrat dominiert. Mögliche Reformbestrebungen in dieser Frage dürfen sich daher, wenn man ihnen denn näher treten will, nicht auf einen Sonderweg für die monistische SE beschränken (ebenso MüKo-AktG/*Altmeppen* Anh. Art. 9 Rn. 39; *Veil* in Jannott/Frodermann HdB SE Kap. 11 Rn. 23). Abzuwarten bleibt, inwiefern die geplante Änderung der Aktionärsrechterichtlinie, die ua eine verbesserte Kontrolle von „related party transactions" zum Gegenstand haben soll, entsprechende Vorkehrungen zum Schutz der Unabhängigkeit der Prüfung mit sich bringen wird (zum Stand des Gesetzgebungsverfahrens *Verse/Wiersch* EuZW 2016, 330 [335]).

c) Weitere Vorschriften zum faktischen Konzern (§§ 315–318 AktG).
14 Die Anwendung der §§ 315–318 AktG auf die abhängige monistische SE begegnet keinen rechtsformspezifischen Schwierigkeiten. Auch im Rahmen des § 315 S. 1 Nr. 2–3 und § 318 Abs. 1–2 AktG ersetzen die geschäftsführenden Direktoren den Vorstand (§ 49 Abs. 1 SEAG) und der Verwaltungsrat den Aufsichtsrat (§ 22 Abs. 6 SEAG).

15 **2. Herrschende SE.** Ist die SE herrschendes Unternehmen, richten sich die anwendbaren Vorschriften nach der Rechtsform des abhängigen Unternehmens

(→ Rn. 7). Hat dieses die Rechtsform einer dem deutschen Recht unterstehenden AG, KGaA oder SE, finden demgemäß wiederum die §§ 311 ff. AktG Anwendung. Insoweit gelten grundsätzlich keine Besonderheiten.

Fraglich ist allerdings, welche Organwalter der herrschenden monistischen SE 16
nach **§ 317 Abs. 3 AktG** für unzulässige Nachteilszufügungen haftbar sind. Nach dem Gesetzeswortlaut sind dies nur die geschäftsführenden Direktoren, da nur sie die **„gesetzlichen Vertreter"** des herrschenden Unternehmens sind (§ 41 Abs. 1 S. 1 SEAG). Darüber hinaus wird auch eine Haftung der Verwaltungsratsmitglieder des herrschenden Unternehmens analog § 317 Abs. 3 AktG zu bejahen sein, sofern diese die geschäftsführenden Direktoren des herrschenden Unternehmens angewiesen haben, nachteilig auf die abhängige Gesellschaft einzuwirken (Theisen/Wenz/*Maul* S. 457 (477 f.); KK-AktG/*Paefgen* Schlussanh. II Rn. 58; KK-AktG/*Siems* Anh. Art. 51 § 49 SEAG Rn. 14; *Ortolf* S. 228 ff.; aA LHT/*Hommelhoff/Lächler* Anh. E: SE-Konzernrecht Rn. 13; zum Parallelproblem im Rahmen des § 309 Abs. 1–2 AktG auch *Brandi* NZG 2003, 889 [892]; *Schwarz* Einl. Rn. 225). Nach ihrem Sinn und Zweck soll die Haftung diejenigen Personen treffen, welche die Nachteilszufügung veranlasst haben und über **organschaftliche Geschäftsführungsbefugnis** im herrschenden Unternehmen verfügen (was auf die Verwaltungsratsmitglieder wegen ihres Weisungsrechts auch in Fragen der laufenden Geschäftsführung zutrifft). Auf das formale Kriterium der Vertretungsbefugnis kann es insoweit nicht ankommen (ebenso Emmerich/Habersack/*Habersack* AktG § 317 Rn. 22 am Beispiel eines geschäftsführungs-, aber nicht vertretungsbefugten Gesellschafters einer herrschenden Personengesellschaft).

IV. Vertragskonzern (Abs. 1 iVm §§ 308–310 AktG)

1. Abhängige SE. Auf die abhängige SE mit Sitz in Deutschland findet auch 17
das deutsche Vertragskonzernrecht (§§ 291–310 AktG) Anwendung (→ Rn. 4 ff.). Die abhängige SE mit Sitz in Deutschland kann daher ebenso wie eine AG Beherrschungs- und Gewinnabführungsverträge und sonstige Unternehmensverträge abschließen (§§ 291 f. AktG). Auf die Rechtsform des anderen Vertragsteils kommt es dabei nicht an; insbesondere kann es sich auch um eine ausländische Gesellschaft handeln (BGHZ 119, 1; 138, 136; MüKoBGB/*Kindler* IntGesR Rn. 701 ff.; KK-AktG/*Paefgen* Schlussanh. II Rn. 92 f.; zur Streitfrage, ob der andere Vertragsteil konzernrechtliche Unternehmensqualität haben muss, s. Emmerich/Habersack/*Habersack* AktG § 291 Rn. 9 f.).

§ 49 Abs. 1 SEAG beschränkt sich auch für den Vertragskonzern auf die 18
Regelung, dass im Rahmen der §§ 308–310 AktG (nicht §§ 291–307 AktG) auf Seiten der abhängigen SE die **geschäftsführenden Direktoren** an die Stelle des Vorstands treten. Der Aufsichtsrat wird dagegen nach § 22 Abs. 6 SEAG durch den Verwaltungsrat ersetzt.

a) Abschluss, Änderung und Beendigung von Unternehmensverträgen 19
(§§ 291–299 AktG). Für Abschluss, Änderung und Beendigung der Unternehmensverträge gelten die §§ 293 ff. AktG. Der **Vertragsabschluss** im Außenverhältnis obliegt den geschäftsführenden Direktoren als Vertretungsorgan (§ 41 Abs. 1 S. 1 SEAG; wie hier van Hulle/Drinhausen/*Maul* 8. Abschnitt Rn. 5; *Ortolf* S. 91; aA KK-AktG/*Siems* Anh. Art. 51 § 49 SEAG Rn. 6 unter Hinweis auf § 22 Abs. 6 SEAG; zur Abgrenzung zwischen § 41 Abs. 1 S. 1 und § 22 Abs. 6 SEAG → Anh. Art. 43 § 22 SEAG Rn. 51 ff.).

Im Innenverhältnis ist die Entscheidung über den Vertragsschluss wegen ihrer 20
herausragenden Bedeutung jedoch dem Verwaltungsrat vorbehalten (§ 22 Abs. 1 SEAG; im Ergebnis ebenso, allerdings unter Hinweis auf § 22 Abs. 6 SEAG van

Hulle/Drinhausen/*Maul* 8. Abschnitt Rn. 5; *Ortolf* S. 88 f.). Ob der Vertrag zu seiner Wirksamkeit neben der Zustimmung der Hauptversammlung der SE (§ 293 Abs. 1 AktG) auch der Zustimmung der Anteilseignerversammlung des anderen Vertragsteils bedarf (vgl. § 293 Abs. 2 AktG), richtet sich bei ausländischen Gesellschaften nach deren Personalstatut (→ Rn. 8; *Schwarz* Einl. Rn. 210; *Veil* in Jannott/Frodermann HdB SE Kap. 11 Rn. 26).

21   Die **Berichtspflicht nach § 293a AktG,** die im dualistischen System dem Vorstand obliegt, trifft in der monistischen SE nicht die geschäftsführenden Direktoren, sondern nach § 22 Abs. 6 SEAG den **Verwaltungsrat** (*Brandi* NZG 2003, 889 [893]; *Neye/Teichmann* AG 2003, 169 [178]; *Schwarz* Einl. Rn. 206; KK-AktG/*Siems* Anh. Art. 51 § 49 SEAG Rn. 6; *Ortolf* S. 90; aA KK-AktG/*Paefgen* Schlussanh. II Rn. 66: § 49 Abs. 1 analog). § 22 Abs. 6 SEAG ist anwendbar, da § 49 Abs. 1 SEAG diese Vorschrift nur im Rahmen der §§ 308 ff. AktG verdrängt, nicht im Rahmen des § 293a AktG. Auch eine analoge Anwendung des § 49 Abs. 1 SEAG kommt nicht in Betracht, da es an einer planwidrigen Lücke fehlt (das zeigen die Ausführungen von *Neye/Teichmann* AG 2003, 169 [178], die den Diskussionsentwurf des SEAG erstellt haben). Dass die Berichtspflichten des Vorstands gegenüber den Aktionären im monistischen Modell auf den Verwaltungsrat übergehen, ist im Übrigen kein Einzelfall (vgl. zB §§ 52 Abs. 2 S. 6, 131, 186 Abs. 4 S. 2 AktG iVm § 22 Abs. 6 SEAG, § 48 Abs. 2 S. 3–4 SEAG im Vergleich zu § 176 Abs. 1 S. 2–3 AktG). Einzuräumen ist aber, dass der Gesetzgeber die Zuständigkeitsfrage insgesamt nicht befriedigend geregelt hat. So trifft etwa die Pflicht zur Erstellung eines Verschmelzungsberichts (§ 8 UmwG) das Vertretungsorgan und damit jedenfalls nach dem Gesetzeswortlaut die geschäftsführenden Direktoren (§ 41 Abs. 1 S. 1 SEAG; zur grenzüberschreitenden Verschmelzung s. aber Lutter/*Bayer* UmwG § 122e Rn. 3). Hier zeigt sich einmal mehr, dass es vorzugswürdig gewesen wäre, § 22 Abs. 6 SEAG abweichend zu formulieren (→ Anh. Art. 43 § 22 SEAG Rn. 50).

22   Ebenso obliegt es dem Verwaltungsrat, den Unternehmensvertrag zu Beginn der Hauptversammlung zu erläutern (§ 293g Abs. 2 AktG, § 22 Abs. 6 SEAG). Dagegen ist der Antrag auf gerichtliche **Bestellung der Vertragsprüfer** (§ 293c AktG) nach zutreffender Ansicht von den geschäftsführenden Direktoren zu stellen (im Ergebnis ebenso KK-AktG/*Paefgen* Schlussanh. II Rn. 66; aA *Brandi* NZG 2003, 889 [893]; *Schwarz* Einl. Rn. 207; KK-AktG/*Siems* Anh. Art. 51 § 49 SEAG Rn. 6). Dies ergibt sich zwar nicht aus einer Analogie zu § 49 Abs. 1 SEAG (so KK-AktG/*Paefgen* Schlussanh. II Rn. 66), aber aus § 41 Abs. 1 S. 1 SEAG, da es sich um einen Akt der Vertretung der Gesellschaft nach außen handelt und § 41 Abs. 1 S. 1 SEAG insoweit Vorrang vor der Generalverweisung des § 22 Abs. 6 SEAG beansprucht (→ Anh. Art. 43 § 22 SEAG Rn. 47 f.). Auch die **Registeranmeldungen** sind Sache der geschäftsführenden Direktoren (§§ 294, 298 AktG, § 40 Abs. 2 S. 4 AktG).

23   Für den Abschluss von **Änderungs- und Aufhebungsverträgen** (§§ 295 f. AktG) sowie die Erklärung der **Kündigung** (§ 297 AktG) gilt die allgemeine Zuständigkeitsregelung. Dies bedeutet, dass die SE im Außenverhältnis durch die geschäftsführenden Direktoren vertreten wird (§ 41 Abs. 1 S. 1 SEAG), die Entscheidung im Innenverhältnis wegen ihrer großen Bedeutung aber dem Verwaltungsrat vorbehalten ist (§ 22 Abs. 1 SEAG, im Fall des § 297 Abs. 2 AktG auch § 22 Abs. 6 SEAG; wie hier im Ergebnis *Ortolf* S. 92; abweichend *Veil* in Jannott/Frodermann HdB SE Kap. 11 Rn. 32 mit Fn. 57, der allein auf § 22 Abs. 6 SEAG abstellt und so ohne Differenzierung zwischen Innen- und Außenverhältnis zur Zuständigkeit des Verwaltungsrats gelangt).

24   **b) Sicherung der Gesellschaft, der Gläubiger und der außenstehenden Aktionäre (§§ 300–307 AktG).** In Bezug auf die Schutzvorschriften zugunsten

der Gesellschaft und ihrer Gläubiger (§§ 300–303 AktG) sowie der außenstehenden Aktionäre (§§ 304 f. AktG) gelten keine Besonderheiten. Für die Geltendmachung des Verlustausgleichsanspruchs (§ 302 AktG) gilt wiederum die allgemeine Kompetenzordnung. Im Außenverhältnis machen den Anspruch somit die geschäftsführenden Direktoren geltend (§ 41 Abs. 1 S. 1 SEAG). Im Innenverhältnis wird regelmäßig eine dem Verwaltungsrat vorbehaltene Leitungsaufgabe vorliegen (§ 22 Abs. 1 SEAG). Auch dort, wo dies nicht der Fall ist, kann der Verwaltungsrat die Entscheidung durch Zustimmungsvorbehalte oder Weisung an sich ziehen.

c) **Leitungsmacht und Verantwortlichkeit (§§ 308–310 AktG).** Erteilt das **25** herrschende Unternehmen aufgrund eines Beherrschungsvertrags **Weisungen,** so sind diese nach § 308 Abs. 1 S. 1 AktG iVm § 49 Abs. 1 SEAG nicht an den Verwaltungsrat, sondern **an die geschäftsführenden Direktoren** zu richten. Dies bedeutet jedoch nicht, dass das Weisungsrecht bei Beherrschungsverträgen mit einer monistischen SE anders als in der AG auf Angelegenheiten beschränkt wäre, die der laufenden Geschäftsführung unterfallen. Vielmehr erstreckt sich das beherrschungsvertragliche Weisungsrecht innerhalb der auch sonst anerkannten Grenzen (§§ 299, 308 Abs. 1 S. 2 AktG, Verbot gesetz- und satzungswidriger sowie existenzvernichtender Weisungen; Emmerich/Habersack/*Emmerich* AktG § 308 Rn. 55 ff.) auf die **gesamte Geschäftsführung der Gesellschaft,** mithin auch auf Gegenstände, die wegen ihrer grundlegenden Bedeutung zu den dem Verwaltungsrat zugewiesenen Leitungsentscheidungen zählen (MüKoAktG/*Altmeppen* Anh. Art. 9 Rn. 31; *Ihrig* ZGR 2008, 809 [828]; *Maul* ZGR 2003, 743 [746 ff.]; KK-AktG/*Paefgen* Schlussanh. II Rn. 67; *Schwarz* Einl. Rn. 208; KK-AktG/*Siems* Anh. Art. 51 § 49 SEAG Rn. 7; LHT/*Hommelhoff/Lächler* Anh. E: SE-Konzernrecht Rn. 18; eingehend *Ortolf* S. 99 ff.; vgl. auch § 291 Abs. 1 S. 1 AktG: „Leitung"). Ausgenommen sind allerdings wie in der AG Angelegenheiten, die in die Zuständigkeit der Hauptversammlung fallen (*Maul* ZGR 2003, 743 [748 f.]; KK-AktG/*Paefgen* Schlussanh. II Rn. 68; *Schwarz* Einl. Rn. 208; *Ortolf* S. 124 f.; zur AG Emmerich/Habersack/*Emmerich* AktG § 308 Rn. 42).

Bezieht sich die Weisung auf eine Angelegenheit, die in die **Geschäftsfüh- 26 rungskompetenz des Verwaltungsrats** fällt – sei es, weil es sich um eine Leitungsentscheidung handelt (§ 22 Abs. 1 SEAG), sei es, weil ein in der Satzung oder Geschäftsordnung vorgesehener Zustimmungsvorbehalt eingreift –, bleibt es dabei, dass Weisungsempfänger gemäß § 49 Abs. 1 SEAG allein die geschäftsführenden Direktoren sind. In einem derartigen Fall dürfen die geschäftsführenden Direktoren die Weisung des herrschenden Unternehmens aber nicht ausführen, ohne vorher die Zustimmung des Verwaltungsrats einzuholen. Aus § 308 Abs. 3 S. 1 AktG iVm § 22 Abs. 6 SEAG ergibt sich nämlich, dass Zustimmungserfordernisse des Verwaltungsrats durch den Beherrschungsvertrag nicht entfallen, sondern das **gestufte Verfahren des § 308 Abs. 3 AktG** in Gang setzen. Dies wird im Schrifttum für in Satzung oder Geschäftsordnung verankerte Zustimmungsvorbehalte bereits weithin anerkannt (KK-AktG/*Paefgen* Schlussanh. II Rn. 69; LHT/*Hommelhoff/Lächler* Anh. E: SE-Konzernrecht Rn. 19; *Maul* ZGR 2003, 743 [749]; *Ortolf* S. 131 ff.). Für Weisungen, die wegen ihrer grundlegenden Bedeutung den Leitungsbereich tangieren, wird die Frage dagegen bisher nicht näher erörtert; hier wird aber dasselbe gelten müssen, da die geschäftsführenden Direktoren solche Maßnahmen kraft Gesetzes (§ 22 Abs. 1 SEAG) nicht ohne Zustimmung des Verwaltungsrats durchführen dürfen (→ Anh. Art. 43 § 40 SEAG Rn. 32). Der Zustimmung des Verwaltungsrats bedarf es ferner, wenn dieser die Angelegenheit kraft seines Weisungsrechts (§ 44 Abs. 2 SEAG) an sich gezogen oder eine von der Weisung des herrschenden Unternehmens abweichende Weisung erteilt hatte (*Ihrig* ZGR 2008, 809 [829 f.]; KK-AktG/*Paefgen* Schlussanh. II Rn. 69; *Ortolf* S. 135 ff.; aA wohl LHT/*Hommelhoff*/*Lächler* Anh. E: SE-Konzernrecht Rn. 19). An der in allen diesen Fällen erforderlichen **Beschlussfassung im Verwaltungsrat** nehmen auch die geschäftsführenden Verwaltungsratsmitglieder teil, ohne in ihrem Abstimmungsverhalten durch die Weisung des herrschenden Unternehmens festgelegt zu sein (MüKoAktG/*Altmeppen* Anh. Art. 9 Rn. 32; *Maul* ZGR 2003, 743 [749 f.]; KK-AktG/*Paefgen* Schlussanh. II Rn. 70; *Schwarz* Einl. Rn. 208; KK-AktG/*Siems* Anh. Art. 51 § 49 SEAG Rn. 8; aA LHT/*Hommelhoff*/*Lächler* Anh. E: SE-Konzernrecht Rn. 19). Verweigert der Verwaltungsrat die Zustimmung oder erteilt er sie nicht in angemessener Zeit, muss das herrschende Unternehmen nach § 308 Abs. 3 S. 2 AktG erst die Zustimmung seines eigenen Aufsichts- bzw. Verwaltungsrats (soweit vorhanden) einholen und anschließend die Weisung wiederholen, wenn es der Weisung zur Wirksamkeit verhelfen will. In diesem Fall wird die fehlende Zustimmung des Verwaltungsrats der abhängigen SE überspielt, und die geschäftsführenden Direktoren sind zur Ausführung der Weisung verpflichtet. Der Verwaltungsrat kann und darf die geschäftsführenden Direktoren dann auch nicht durch Weisungserteilung nach § 44 Abs. 2 SEAG von der Ausführung der Weisung des herrschenden Unternehmens abhalten.

27   Für die **Haftung** im Fall von **unzulässigen Weisungen** gelten keine Besonderheiten. Das herrschende Unternehmen haftet der abhängigen SE nach zutreffender Ansicht aus Vertrag (§ 280 Abs. 1 BGB; dazu Emmerich/Habersack/*Emmerich* AktG § 309 Rn. 21 mwN), seine organschaftlichen Vertreter haften nach § 309 AktG. Auf Seiten der abhängigen SE sind sowohl die geschäftsführenden Direktoren als auch die Verwaltungsratsmitglieder gemäß § 310 AktG iVm § 49 Abs. 1 bzw. § 22 Abs. 6 SEAG verantwortlich, sofern sie schuldhaft die Ausführung unzulässiger Weisungen zugelassen haben (LHT/*Teichmann* Rn. 5). Nach § 310 Abs. 2 AktG entlastet es die geschäftsführenden Direktoren nicht, dass der Verwaltungsrat der Ausführung der rechtswidrigen Weisung zugestimmt hat. Die geschäftsführenden Direktoren trifft mithin eine eigene Prüfungspflicht hinsichtlich der Zulässigkeit der Weisung (KK-AktG/*Paefgen* Schlussanh. II Rn. 72).

28   **2. Herrschende SE.** Wie Unternehmen anderer Rechtsform kann die SE auch als **beherrschender Gesellschafter** („anderer Vertragsteil") einen Unternehmensvertrag mit einer abhängigen Gesellschaft mit deutschem Personalstatut (zB AG, GmbH, SE mit Sitz in Deutschland) abschließen (LHT/*Hommelhoff*/*Lächler* Anh. E: SE-Konzernrecht Rn. 10). Handelt es sich um eine herrschende SE mit Sitz in Deutschland, bedarf die Abschluss eines Beherrschungs- und Gewinnabführungsvertrag der Zustimmung der Hauptversammlung der SE nach § 293 Abs. 2 AktG (→ Rn. 8).

29   Für die **Ausübung des Weisungsrechts** durch die herrschende SE gilt die allgemeine Kompetenzordnung. Im Außenverhältnis gegenüber der abhängigen Gesellschaft wird die Weisung somit von den geschäftsführenden Direktoren als Vertretungsorgan (§ 41 Abs. 1 S. 1 SEAG) erteilt (KK-AktG/*Paefgen* Schlussanh. II Rn. 74; *Schwarz* Einl. Rn. 225; LHT/*Hommelhoff*/*Lächler* Anh. E: SE-Konzernrecht Rn. 11). Davon zu trennen ist die Frage, ob im Innenverhältnis vor Erteilung der Weisung aufgrund eines Zustimmungsvorbehalts oder wegen der herausragenden Bedeutung der Weisung für das herrschende Unternehmen (Leitungsentscheidung iSd § 22 Abs. 1 SEAG) der Verwaltungsrat befasst werden muss. Auch in dem (seltenen) Fall des § 308 Abs. 3 S. 2 AktG, in dem wegen verweigerter Zustimmung des Aufsichts- bzw. Verwaltungsrats der abhängigen Gesellschaft die Weisung wiederholt wird, bedarf es nach § 308 Abs. 3 S. 2 Hs. 2 AktG iVm § 22 Abs. 6 SEAG zwingend der Befassung des Verwaltungsrats der herrschenden SE (KK-AktG/*Paefgen* Schlussanh. II Rn. 75; LHT/*Hommelhoff*/

Lächler Anh. E: SE-Konzernrecht Rn. 11). Der allgemeinen Kompetenzordnung der herrschenden SE entsprechend steht es dem Verwaltungsrat im Übrigen jederzeit frei, die geschäftsführenden Direktoren nach § 44 Abs. 2 SEAG anzuweisen, der abhängigen Gesellschaft eine Weisung nach § 308 Abs. 1 AktG zu erteilen (KK-AktG/*Paefgen* Schlussanh. II Rn. 82; LHT/*Hommelhoff*/*Lächler* Anh. E: SE-Konzernrecht Rn. 11).

Für **unzulässige Weisungen** haften neben der herrschenden SE (§ 280 Abs. 1 **30** BGB; → Rn. 27) ihre geschäftsführenden Direktoren als „gesetzliche Vertreter" (§ 309 AktG, § 41 Abs. 1 S. 1 SEAG; allgM). Die streitige Frage, ob darüber hinaus auch die Verwaltungsratsmitglieder der herrschenden SE analog § 309 AktG ersatzpflichtig sind, wenn sie die unzulässige Weisungserteilung veranlasst haben, sollte ebenso wie die Parallelfrage im Rahmen des § 317 Abs. 3 AktG (→ Rn. 16) im bejahenden Sinn entschieden werden (ebenso KK-AktG/*Paefgen* Schlussanh. II Rn. 81; Theisen/Wenz/*Maul* S. 457 (488 f.); LHT/*Hommelhoff*/ *Lächler* Anh. E: SE-Konzernrecht Rn. 11; aA *Brandi* NZG 2003, 889 [892]; *Schwarz* Einl. Rn. 225; *Ortolf* S. 223 ff.).

V. Eingliederung (Abs. 2 iVm §§ 319–327 AktG)

1. SE als einzugliedernde und eingegliederte Gesellschaft. Als intensivste **31** Form der Konzernierung kann eine SE mit Sitz in Deutschland nach **§§ 319–327 AktG** auch in eine andere Gesellschaft eingegliedert werden (→ Rn. 4 ff.). Nach § 319 Abs. 1 AktG muss die Gesellschaft, in die eingegliedert wird (Hauptgesellschaft), eine AG mit Sitz in Deutschland sein. Dem steht eine hierzulande ansässige SE gleich (Emmerich/Habersack/*Habersack* AktG § 319 Rn. 5; Spindler/Stilz/*Singhof* AktG § 319 Rn. 3). Mit Blick auf die Niederlassungsfreiheit (Art. 49 AEUV) müssten auch EU-ausländische Aktiengesellschaften, die der Kapital-RL unterstehen, gleichgestellt werden (vgl. Emmerich/Habersack/*Habersack* AktG § 319 Rn. 7 mwN).

Nach § 49 Abs. 2 SEAG treten auch im Rahmen der Eingliederung die ge- **32** schäftsführenden Direktoren an die Stelle des Vorstands, während der Verwaltungsrat nach § 22 Abs. 6 SEAG den Aufsichtsrat ersetzt. Da § 49 Abs. 2 SEAG nur von der bereits **„eingegliederten Gesellschaft"** spricht, gilt die Vorschrift allerdings **nicht** für die Zeit **vor Wirksamwerden der Eingliederung** (KK-AktG/*Siems* Anh. Art. 51 § 49 SEAG Rn. 15). Vor Eintragung der Eingliederung (§ 319 Abs. 7 AktG) bleibt es daher dabei, dass nach § 22 Abs. 6 SEAG der Verwaltungsrat auch an die Stelle des Vorstands tritt, sofern sich nicht aus anderen Vorschriften des SEAG eine Zuständigkeit der geschäftsführenden Direktoren ergibt. Letzteres ist aber in weitem Umfang der Fall. So erfolgt die Registeranmeldung durch die geschäftsführenden Direktoren (§ 319 Abs. 4 AktG, § 40 Abs. 2 S. 4 SEAG). Gleiches muss für die Negativerklärung nach § 319 Abs. 5 AktG gelten, wobei dahinstehen kann, ob dies als Annexkompetenz aus § 40 Abs. 2 S. 4 SEAG oder stattdessen aus § 41 Abs. 1 S. 1 SEAG herzuleiten ist. Im Freigabeverfahren nach § 319 Abs. 6 AktG wird die monistische SE ebenfalls durch die geschäftsführenden Direktoren vertreten (§ 41 Abs. 1 S. 1 SEAG). Die Doppelvertretung gemäß § 246 Abs. 2 AktG findet nach hM im Freigabeverfahren keine entsprechende Anwendung (Hüffer/*Koch* AktG § 246a Rn. 6 mN zum Streitstand).

Hinsichtlich der Voraussetzungen und Wirkungen der Eingliederung nach **33** §§ 319–320a AktG, der Abfindung der außenstehenden Aktionäre (§ 320b AktG) sowie des Gläubigerschutzes (§§ 321 f. AktG) bestehen keine Unterschiede zur Rechtslage bei der Eingliederung einer AG (KK-AktG/*Paefgen* Schlussanh. II Rn. 86; LHT/*Hommelhoff*/*Lächler* Anh. E: SE-Konzernrecht Rn. 28). Für die Ausübung des **Weisungsrechts** der Hauptgesellschaft gegenüber den geschäftsführenden Direktoren der eingegliederten SE (§ 323 Abs. 1 AktG, § 49 Abs. 2

SEAG) und die ggf. erforderliche Durchführung des Zustimmungsverfahrens nach §§ 323 Abs. 1 S. 2, 308 Abs. 3 AktG kann auf die Ausführungen zum Vertragskonzern (→ Rn. 25 f.) Bezug genommen werden (KK-AktG/*Paefgen* Schlussanh. II Rn. 85). Allerdings sind die Grenzen des Weisungsrechts weiter gezogen als im Vertragskonzern. Unzulässig und unverbindlich sind nur rechts- und satzungswidrige, nicht auch existenzvernichtende Weisungen (Emmerich/Habersack/*Habersack* AktG § 323 Rn. 2). Ferner findet auch § 308 Abs. 1 S. 2 letzter Hs. AktG keine Anwendung (Emmerich/Habersack/*Habersack* AktG § 323 Rn. 2). Die **Haftung** für nach diesen Maßstäben unzulässige Weisungen entspricht derjenigen im Vertragskonzern (§§ 323 Abs. 1 S. 2, 309 f. AktG; → Rn. 27).

34   Auch im Rahmen der §§ 324–327 AktG ergeben sich keine Abweichungen zur Rechtslage in der eingegliederten AG. Die Anmeldung der Beendigung der Eingliederung (§ 327 Abs. 3 AktG) obliegt den geschäftsführenden Direktoren der bisher eingegliederten Gesellschaft (§ 40 Abs. 2 S. 4 SEAG).

35   **2. SE als Hauptgesellschaft.** Sofern ihre Hauptversammlung nach § 319 Abs. 2 AktG zustimmt, kann eine in Deutschland ansässige SE auch als Hauptgesellschaft an der Eingliederung einer AG oder einer anderen SE mit Sitz in Deutschland beteiligt sein (→ Rn. 8). Für diesen Fall gilt § 49 Abs. 2 SEAG nicht, da diese Vorschrift nur die „eingegliederte SE" anspricht (KK-AktG/*Siems* Anh. Art. 51 § 49 SEAG Rn. 16; unrichtig insoweit van Hulle/Maul/Drinhausen/*Maul* 8. Abschnitt Rn. 28; KK-AktG/*Paefgen* Schlussanh. II Rn. 87). Folglich gelten die **allgemeinen Zuständigkeitsregeln.** Daraus ergibt sich, dass die Erstellung des **Eingliederungsberichts** (§ 319 Abs. 3 S. 1 Nr. 3 AktG) nach § 22 Abs. 6 SEAG dem Verwaltungsrat der Hauptgesellschaft obliegt (aA KK-AktG/*Paefgen* Schlussanh. II Rn. 85 iVm Rn. 66; s. dagegen aber Rn. 21 zum Vertragsbericht nach § 293a AktG). Der Antrag auf gerichtliche **Bestellung der Eingliederungsprüfer** (§ 320 Abs. 3 S. 2 AktG) ist dagegen nach hier vertretener Ansicht gemäß § 41 Abs. 1 S. 1 SEAG von den geschäftsführenden Direktoren der Hauptgesellschaft zu stellen (→ Rn. 22; im Ergebnis ebenso van Hulle/Maul/Drinhausen/*Maul* 8. Abschnitt Rn. 28; KK-AktG/*Paefgen* Schlussanh. II Rn. 87; allerdings jeweils unter unzutreffender Berufung auf § 49 Abs. 2 SEAG). Für die Ausübung des Weisungsrechts und die Haftung bei unzulässigen Weisungen (§§ 323 Abs. 1, 309 AktG) kann auf die Ausführungen zum Vertragskonzern verwiesen werden (→ Rn. 29 f.). Freilich ist dabei auch hier wieder zu bedenken, dass die Grenzen für zulässige Weisungen im Eingliederungskonzern weiter gezogen sind als im Vertragskonzern (→ Rn. 33).

[Sitzungstermine; Geschäftsgang]

44 (1) **Das Verwaltungsorgan tritt in den durch die Satzung bestimmten Abständen, mindestens jedoch alle drei Monate, zusammen, um über den Gang der Geschäfte der SE und deren voraussichtliche Entwicklung zu beraten.**

(2) **Jedes Mitglied des Verwaltungsorgans kann von allen Informationen, die diesem Organ übermittelt werden, Kenntnis nehmen.**

Übersicht

                                                                          Rn.
I. Allgemeines   1
II. Pflichtsitzungen des Verwaltungsrats (Abs. 1)   2
  1. Mindestturnus   2
  2. Gegenstand der Pflichtsitzungen   4

Rn.

  3. Form der Pflichtsitzungen 5
  4. Rechtsfolgen von Verstößen 6
III. Informationsrecht (Abs. 2) 7
  1. Normzweck 7
  2. Erfasste Informationen 8
  3. Anspruchsinhalt 10
  4. Anspruchsdurchsetzung 11

I. Allgemeines

Art. 44 enthält Regelungen über die (Mindest-) **Sitzungsfrequenz** des Ver- 1
waltungsorgans (Abs. 1) und zur **informationellen Gleichbehandlung** seiner
Mitglieder (Abs. 2). Beide Regelungen verbindet das Anliegen, eine hinreichende Information der Verwaltungsmitglieder zu gewährleisten, damit diese ihrer
Leitungs- und Überwachungsaufgabe ordnungsgemäß nachkommen können.
Einzelne weitere Verordnungsvorgaben zur inneren Ordnung des Verwaltungsorgans finden sich in Art. 45 (Wahl des Vorsitzenden) und Art. 50 (Beschlussfähigkeit und Beschlussfassung). Insgesamt handelt es sich dabei jedoch nur um
eine rudimentäre Regelung der Binnenorganisation des Verwaltungsorgans, so
dass ein weiter Spielraum für mitgliedstaatliche Regelungen verbleibt. Der deutsche Gesetzgeber hat diesen Spielraum dadurch ausgefüllt, dass er auf der Grundlage von Art. 43 Abs. 4 in §§ 34–37 SEAG Bestimmungen zu den Sitzungen und
zur inneren Ordnung des Verwaltungsrats erlassen hat (s. Erl. im Anh. Art. 43).

II. Pflichtsitzungen des Verwaltungsrats (Abs. 1)

1. Mindestturnus. Nach Art. 44 Abs. 1 muss das Verwaltungsorgan in den 2
durch die **Satzung** bestimmten Abständen zusammentreten, **mindestens jedoch alle drei Monate.** Der Dreimonatszeitraum entspricht dem Mindestturnus
für die Berichte des Leitungsorgans an das Aufsichtsorgan im dualistischen System
(Art. 41 Abs. 1). Er darf keinesfalls überschritten werden, auch nicht um wenige
Tage und ebenso wenig in reinen „Besitzgesellschaften" (KK-AktG/*Siems* Rn. 6;
abweichend *Thümmel* Rn. 204; Kalss/Hügel/*Kalss/Greda* SEG § 53 Rn. 12). Die
Satzung kann kleinere oder dem Dreimonatszeitraum entsprechende, aber keine
größeren Sitzungsintervalle vorsehen. Streitig ist, ob Art. 44 Abs. 1 lediglich zu
einer den Sitzungsturnus regelnden Satzungsbestimmung ermächtigt oder auch
verpflichtet (für Ersteres NK-SE/*Manz* Rn. 2; MüKoAktG/*Reichert/Brandes*
Rn. 7; Spindler/Stilz/*Eberspächer* Rn. 2; für Letzteres mit Recht *Schwarz* Rn. 5;
KK-AktG/*Siems* Rn. 4; LHT/*Teichmann* Rn. 5). Während der deutsche Sprachfassung unklar ist, sprechen die englische und französische für eine **Regelungsverpflichtung** („shall meet at least once every three months at intervals laid
down by the statutes"; „se réunit au moins tous les trois mois selon une périodi-
cité fixée par les statuts"). Fehlt es an einer Satzungsbestimmung, wird das
Registergericht dies folglich im Rahmen der SE-Gründung beanstanden müssen
(Art. 12, § 3 SEAG, § 38 Abs. 4 Nr. 1 AktG; LHT/*Teichmann* Rn. 5). Ist die SE
gleichwohl ohne derartige Satzungsbestimmung eingetragen worden, müssen die
Sitzungen mindestens alle drei Monate stattfinden (abweichend offenbar *Schwarz*
Rn. 5, der aber offen lässt, was stattdessen gelten soll).

Von dem festgelegten Mindestturnus **unberührt bleibt** die aus der allgemei- 3
nen Leitungsverantwortung abzuleitende **Pflicht** des Vorsitzenden und, soweit
rechtlich zulässig, der anderen Verwaltungsorganmitglieder (vgl. § 37 SEAG), das
Verwaltungsorgan auch zwischen den turnusmäßigen Sitzungen **außerordentlich einzuberufen,** wenn die Lage der Gesellschaft dies erfordert (allgM, LHT/

Teichmann Rn. 5; *Schwarz* Rn. 6; KK-AktG/*Siems* Art. 44 Rn. 7; zur entsprechenden Rechtslage in der AG MüKoAktG/*Habersack* AktG § 110 Rn. 42).

4   **2. Gegenstand der Pflichtsitzungen.** Den Gegenstand der turnusmäßigen Pflichtsitzungen bildet nach Art. 44 Abs. 1 die Beratung über den **Gang der Geschäfte** und deren **voraussichtliche Entwicklung** (zu diesen Begriffen → Art. 41 Rn. 7 f.). Während im dualistischen System das Leitungsorgan nach Art. 41 Abs. 1 das Aufsichtsorgan über Geschäftsgang und -entwicklung zu unterrichten hat, sieht Art. 44 Abs. 1 lediglich eine Beratung des Verwaltungsorgans zu diesen Themen vor. Eine Unterrichtung durch die Geschäftsführer (geschäftsführenden Direktoren) wird nicht erwähnt. Es bleibt den Mitgliedstaaten aber unbenommen, entsprechende **Berichtspflichten der Geschäftsführer** im nationalen Recht vorzuschreiben. In Deutschland ist dies auf der Grundlage von Art. 43 Abs. 4 in § 40 Abs. 6 SEAG iVm § 90 AktG geschehen.

5   **3. Form der Pflichtsitzungen.** Art. 44 Abs. 1 bestimmt nicht, in welcher Form die zur Einhaltung des Mindestturnus erforderlichen Pflichtsitzungen abzuhalten sind. Aus der Formulierung „tritt zusammen" („shall meet", „se réunit") lässt sich nach zutreffender Ansicht nicht ableiten, dass die Verordnung nur Präsenzsitzungen als Pflichtsitzungen anerkennt (KK-AktG/*Siems* Rn. 8 ff.; aA LHT/*Teichmann* Rn. 7ff). Da die Verordnung die Modalitäten der Sitzungen des Verwaltungsorgans auch sonst nicht regelt, ist vielmehr anzunehmen, dass auch **Telefon- und Videokonferenzen** auf den Mindestturnus anzurechnen sind, soweit das mitgliedstaatliche Recht diese Art der Beschlussfassung des Verwaltungsorgans anerkennt (vgl. für Deutschland § 35 Abs. 2 SEAG; Anh. Art. 43 § 35 SEAG Rn. 5 f.). Zu den Modalitäten der Einberufung der Sitzung s. Erl. zu § 37 SEAG im Art. 43 Anh.

6   **4. Rechtsfolgen von Verstößen.** Die Rechtsfolgen von Verstößen gegen Art. 44 Abs. 1 sind mangels Regelung in der Verordnung ebenfalls dem nationalen Recht zu entnehmen. In Betracht kommen die allgemeinen Sanktionen für Verletzungen der Organpflichten (Schadensersatz gemäß § 39 SEAG, § 93 AktG; unter Umständen Abberufung aus wichtigem Grund, § 29 Abs. 3 SEAG; Anfechtbarkeit des Entlastungsbeschlusses; zu Letzterem vgl. MüKoAktG/*Habersack* AktG § 110 Rn. 43; einschränkend LG Krefeld ZIP 2007, 730 [732]). Wegen § 37 SEAG können sich die einzelnen Verwaltungsratsmitglieder nicht darauf zurückziehen, die Einberufung der Pflichtsitzungen habe allein dem Vorsitzenden oblegen.

III. Informationsrecht (Abs. 2)

7   **1. Normzweck.** Art. 44 Abs. 2 entspricht der Parallelregelung, die Art. 41 Abs. 5 für das dualistische System vorsieht (vgl. auch Art. 43 Abs. 2 SCE-VO). Die Vorschrift gewährt jedem Mitglied des Verwaltungsorgans (unter Einschluss der Arbeitnehmervertreter) einen Anspruch darauf, Zugang zu sämtlichen Informationen zu erhalten, die dem Verwaltungsorgan übermittelt werden. Hierdurch soll die **informationelle Gleichbehandlung** der Organmitglieder gewährleistet werden (KK-AktG/*Siems* Rn. 18).

8   **2. Erfasste Informationen.** Das Informationsrecht nach Art. 44 Abs. 2 bezieht sich auf sämtliche Informationen, die **dem Organ übermittelt** werden. Dazu zählen in der in Deutschland ansässigen SE namentlich die Berichte der geschäftsführenden Direktoren nach § 40 Abs. 6 SEAG, § 90 AktG sowie die Informationen, die dem Verwaltungsratsvorsitzenden als Repräsentant des Gesamtorgans in Wahrnehmung des Einsichts- und Prüfungsrechts (§ 22 Abs. 4 SEAG) oder aufgrund eines auf das Weisungsrecht gestützten Informationsverlangens (§ 44 Abs. 2 SEAG) mitgeteilt werden. Erfasst sind aber auch sämtliche Informationen, die dem Organ freiwillig übermittelt werden (abweichend KK-AktG/*Siems* Rn. 19: nur Informationen, auf die das Verwaltungsorgan einen Anspruch hat).

Da Art. 44 Abs. 2 auf die Informationsübermittlung an das Organ abstellt, **9** werden Informationen, die nur **einzelnen Mitgliedern** übermittelt worden sind, ohne dass diese als Repräsentant des Gesamtorgans gehandelt haben, nicht erfasst. Allerdings ist zu bedenken, dass die geschäftsführenden Verwaltungsratsmitglieder über ihnen bekannt gewordene Informationen unter den Voraussetzungen der § 40 Abs. 6 SEAG, § 90 AktG dem Verwaltungsrat berichten müssen. Ferner sind auch nicht-geschäftsführende Verwaltungsratsmitglieder in Wahrnehmung ihrer allgemeinen Sorgfaltspflicht (§ 39 SEAG, § 93 Abs. 1 AktG) gehalten, ihnen übermittelte Informationen, die für die Wahrnehmung der Leitungs- und Überwachungsaufgabe des Verwaltungsrats von Bedeutung sind, ungefragt dem Gesamtorgan (in der Regel über den Vorsitzenden) mitzuteilen (MüKo-AktG/*Reichert/Brandes* Art. 44 Rn. 41; LHT/*Teichmann* Rn. 12). Sobald dies geschehen ist, fallen die Informationen unter Art. 44 Abs. 2.

3. Anspruchsinhalt. Art. 44 Abs. 2 gewährt dem einzelnen Mitglied des Ver- **10** waltungsorgans einen Anspruch auf **Kenntnisnahme** der Informationen, dh darauf, in Textform vorliegende Informationen zu lesen und mündliche zu hören. Nicht durch die Verordnung geregelt ist dagegen, ob auch die **Übermittlung** von Informationen (Übersendung einer Abschrift) verlangt werden kann. Insoweit ist Raum für eine mitgliedstaatliche Regelung, wie sie sich in Deutschland in Bezug auf die Berichte der geschäftsführenden Direktoren (§ 40 Abs. 6 SEAG, § 90 AktG) in § 90 Abs. 5 S. 2 AktG findet (LHT/*Sailer-Coceani* Art. 41 Rn. 31; KK-AktG/*Paefgen* Art. 41 Rn. 49; jeweils zu Art. 41 Abs. 5; aA offenbar MüKo-AktG/*Reichert/Brandes* Art. 44 Rn. 44, die aber nicht deutlich zwischen Kenntnisnahme und Übermittlung unterscheiden). Es liegt nahe, diese Vorschrift auch auf die übrigen von Art. 44 Abs. 2 erfassten Informationen entsprechend anzuwenden (so wohl auch KK-AktG/*Paefgen* Art. 41 Rn. 49 zu Art. 41 Abs. 5). Informationen in Textform sind danach in (physischer oder elektronischer) Kopie zu übermitteln, wenn der Verwaltungsrat nichts anderes beschlossen hat. Letzterenfalls bewendet es bei dem Anspruch auf Kenntnisnahme (Einsichtnahme).

4. Anspruchsdurchsetzung. Gegen wen sich der Anspruch richtet, lässt die **11** Verordnung offen und bleibt daher dem nationalen Recht überlassen. In Deutschland ist in Anlehnung an die hM zum Parallelproblem im Rahmen des § 90 Abs. 3 S. 2, Abs. 5 AktG die **Gesellschaft** als **passivlegitimiert** anzusehen (MüKoAktG/*Reichert/Brandes* Rn. 40; KK-AktG/*Siems* Rn. 24; LHT/*Teichmann* Rn. 13; zu § 90 AktG Spindler/Stilz/*Fleischer* AktG § 90 Rn. 71 mN zum Streitstand). Vertreten wird die Gesellschaft nach § 41 Abs. 1 SEAG durch ihre geschäftsführenden Direktoren (MüKoAktG/*Reichert/Brandes* Rn. 40; LHT/ *Teichmann* Rn. 13). Die **Vertraulichkeit der Information** kann dem Anspruch grundsätzlich nicht entgegengehalten werden, da sie bereits durch die Verschwiegenheitspflicht der Verwaltungsratsmitglieder (Art. 49, § 39 SEAG, § 93 Abs. 1 S. 3 AktG) gesichert ist (KK-AktG/*Siems* Rn. 21). Etwas anderes kann unter dem Gesichtspunkt des Rechtsmissbrauchs allenfalls in Betracht gezogen werden, wenn ausnahmsweise ein durch konkrete Tatsachen erhärteter, dringender Verdacht besteht, ein Verwaltungsratsmitglied werde eine bestimmte Information zum Nachteil der Gesellschaft einsetzen (MüKoAktG/*Reichert/Brandes* Rn. 44; LHT/*Teichmann* Rn. 16). Ein solcher Ausnahmefall liegt aber nicht schon deshalb vor, weil das Mitglied in einem Anstellungs- oder Organverhältnis zu einem Wettbewerber der Gesellschaft steht (MüKoAktG/*Reichert/Brandes* Rn. 44).

[Vorsitzender des Verwaltungsorgans]

45 ¹ Das Verwaltungsorgan wählt aus seiner Mitte einen Vorsitzenden. ² Wird die Hälfte der Mitglieder des Verwaltungsorgans von den Arbeitnehmern bestellt, so darf nur ein von der Hauptversammlung der Aktionäre bestelltes Mitglied zum Vorsitzenden gewählt werden.

Schrifttum: S. die Angaben zu Art. 43.

Übersicht

	Rn.
I. Allgemeines	1
II. Wahl des Vorsitzenden (S. 1)	3
1. Zuständigkeit und Wahlverfahren	3
2. Amtszeit und vorzeitige Amtsbeendigung	8
3. Rechtsstellung des Vorsitzenden	11
4. Anmeldung zum Handelsregister, Publizität	12
III. Besonderheiten in der paritätisch mitbestimmten SE (S. 2)	13
1. Anwendungsbereich	13
2. Pattauflösung bei der Wahl des Vorsitzenden	15

I. Allgemeines

1   Nach Art. 45 S. 1 hat das Verwaltungsorgan aus seiner Mitte einen **Vorsitzenden** zu wählen. Dieser hat nach Art. 50 Abs. 2 eine hervorgehobene Stellung, da seine Stimme bei der Beschlussfassung im Verwaltungsrat im Fall der Stimmengleichheit den Ausschlag gibt **(Stichentscheid).** Daraus erklärt sich auch die Regelung in Art. 45 S. 2, die in der **paritätisch mitbestimmten SE** vorschreibt, dass der Vorsitzende aus dem Kreis der Anteilseignervertreter stammen muss. Dadurch soll das Letztentscheidungsrecht der Anteilseignerseite auch bei paritätischer Mitbestimmung gewährleistet werden. Dem entspricht es, dass Art. 50 Abs. 2 S. 2, der ungeachtet seines missglückten Wortlauts auch für die monistische SE gilt (→ Art. 50 Rn. 29), das ansonsten satzungsdispositive Recht zum Stichentscheid im Fall der Parität für zwingend erklärt. Eine Parallelvorschrift zu Art. 45 findet sich für das dualistische System in Art. 42.

2   **Weitere Aufgaben und Befugnisse** des Vorsitzenden regelt die Verordnung nicht. Diese ergeben sich vielmehr aus dem mitgliedstaatlichen Recht, der Satzung sowie einer möglichen Geschäftsordnung des Verwaltungsorgans (→ Rn. 11). Ebenso wenig regelt die Verordnung die Wahl von **Stellvertretern** des Vorsitzenden. Auch insoweit kommt es somit auf das nationale Recht an (in Deutschland § 34 Abs. 1 SEAG; → Anh. Art. 43 § 34 SEAG Rn. 1 ff.).

II. Wahl des Vorsitzenden (S. 1)

3   **1. Zuständigkeit und Wahlverfahren.** Das Verwaltungsorgan wählt den Vorsitzenden nach S. 1 **aus seiner Mitte.** Der Vorsitzende muss folglich Mitglied des Verwaltungsorgans sein (LHT/*Teichmann* Rn. 2). Die Wahl ist **obligatorisch** und Pflicht aller Mitglieder des Verwaltungsorgans. Sie erübrigt sich nur in dem Ausnahmefall, dass dem Organ nur ein einziges Mitglied angehört (zu dieser Möglichkeit → Art. 43 Rn. 18; → Anh. Art. 43 § 23 SEAG Rn. 4). In diesem Fall nimmt das alleinige Mitglied zugleich die Funktion des Vorsitzenden wahr, wie § 34 Abs. 1 S. 3 SEAG klarstellt.

4   **Zuständig** für die Wahl ist nach S. 1 ausschließlich das **Plenum des Verwaltungsorgans** (*Schwarz* Rn. 12; zur Parallelfrage im Rahmen des Art. 42 KK-AktG/*Paefgen* Art. 42 Rn. 5). Dem entspricht § 34 Abs. 4 S. 2 SEAG, der klar-

stellt, dass die Delegation auf einen Ausschuss untersagt ist. Von der in S. 1 zwingend vorgeschriebenen Zuständigkeit des Verwaltungsorgans kann auch die Beteiligungsvereinbarung (§ 21 SEBG) nicht abweichen. Daher ist zB die Festlegung auf einen Vorsitzenden in der Beteiligungsvereinbarung unzulässig (MHdB AG/*Austmann* § 86 Rn. 40; *Forst* S. 296; *Habersack* AG 2006, 345 [349]; KK-AktG/*Paefgen* Art. 42 Rn. 6 mwN).

In Bezug auf das **Wahlverfahren** gelten die allgemeinen Voraussetzungen des 5 Art. 50 Abs. 1 für die Beschlussfähigkeit und Beschlussfassung, soweit die Satzung keine andere Regelung trifft. Das zur Wahl stehende Mitglied kann an der Beschlussfassung teilnehmen (allgM, LHT/*Teichmann* Rn. 3; MüKoAktG/*Reichert/Brandes* Rn. 3). Für die paritätisch mitbestimmte SE ergibt sich dies bereits aus der Verordnung, da sich sonst die Anteilseignerseite entgegen Art. 45 S. 2, 50 Abs. 2 bei der Wahl des Vorsitzenden nicht durchsetzen könnte (KK-AktG/*Siems* Rn. 2). Im Übrigen ergibt sich aus dem nationalen Recht, dass das Stimmrecht des zu Wählenden jedenfalls in Deutschland nicht ausgeschlossen ist (zum Aufsichtsrat KK-AktG/*Paefgen* Art. 42 Rn. 9; MüKoAktG/*Habersack* AktG § 107 Rn. 18). **Wählbar** sind vorbehaltlich und im Umkehrschluss zu S. 2 alle Mitglieder des Verwaltungsorgans. Hiervon darf wegen der Satzungsstrenge (Art. 9 Abs. 1 lit. b) auch die Satzung nicht abweichen (Spindler/Stilz/*Eberspächer* Rn. 2; MüKoAktG/*Reichert/Brandes* Rn. 3). Kommt die Wahl eines Vorsitzenden nicht zustande, ist eine **gerichtliche Bestellung** analog § 30 Abs. 2 SEAG möglich (MüKoAktG/*Reichert/Brandes* Rn. 7; ebenso die hM zur AG, MüKoAktG/*Habersack* AktG § 107 Rn. 25 mwN).

Nach den allgemeinen Grundsätzen wird die Wahl (Bestellung) zum Vorsitzenden 6 erst mit ihrer **Annahme** durch den Betroffenen wirksam (MüKoAktG/*Reichert/Brandes* Rn. 3). Die Annahme ist in der SE mit Sitz in Deutschland gegenüber dem Verwaltungsrat zu erklären (vgl. zum Aufsichtsrat MüKoAktG/*Habersack* AktG § 107 Rn. 26).

Kaum diskutiert werden bisher die Rechtsfolgen von Verstößen gegen das 7 Wahlverfahren oder die Wählbarkeitsvoraussetzungen bei der Wahl des Vorsitzenden. Mangels Verordnungsvorgaben ist insoweit auf das nationale Recht des Sitzstaates zurückzugreifen (Art. 9 Abs. 1 lit. c ii). In Deutschland sollte auch insoweit die **Lehre vom fehlerhaften Bestellungsverhältnis** herangezogen werden, so dass nur bei besonders gravierenden Mängeln die Bestellung ex tunc unwirksam ist (→ Anh. Art. 43 § 28 SEAG Rn. 11 ff.).

2. Amtszeit und vorzeitige Amtsbeendigung. Soweit die Satzung, die 8 Geschäftsordnung oder der Wahlbeschluss nichts anderes vorsieht, erfolgt die Wahl **bis zum Ablauf der Amtsperiode als Mitglied des Verwaltungsorgans** (MüKoAktG/*Reichert/Brandes* Rn. 9; LHT/*Teichmann* Rn. 5). Wird der Vorsitzende nach Ablauf seiner Amtszeit als Verwaltungsorganmitglied erneut in das Verwaltungsorgan gewählt, beinhaltet dies nicht zugleich seine Wiederwahl zum Vorsitzenden. Vielmehr muss das Verwaltungsorgan erneut über die Wahl eines Vorsitzenden entscheiden (MüKoAktG/*Reichert/Brandes* Rn. 9; LHT/*Teichmann* Rn. 5). Im Gegensatz zur Rechtslage bei der AG kann die Satzung nicht vorsehen, dass im Fall der Wiederwahl des Vorsitzenden in das Verwaltungsorgan der Vorsitz automatisch fortdauert (KK-AktG/*Paefgen* Art. 42 Rn. 20 zur Parallelfrage im Rahmen des Art. 42; zur abweichenden Rechtslage in der AG MüKoAktG/*Habersack* AktG § 107 Rn. 29; vgl. auch den abweichenden Wortlaut des § 107 Abs. 1 S. 1 AktG: „nach näherer Bestimmung der Satzung").

Das Amt des Vorsitzenden **erlischt** mit seinem **Ausscheiden aus dem Ver–** 9 **waltungsorgan,** da er dann nicht mehr „aus der Mitte" desselben stammt (zu den möglichen Gründen eines vorzeitigen Ausscheidens aus dem Verwaltungsorgan – Abberufung, Amtsniederlegung etc. – → Anh. Art. 43 § 29 SEAG

Rn. 1 ff.). Denkbar ist auch, dass der Vorsitzende weiterhin dem Verwaltungsorgan angehört und nur der Vorsitz vorzeitig beendet wird. Mangels Vorgaben
der Verordnung wird man sich in der deutschen SE auch insoweit an den Grund-
sätzen orientieren, die für den Vorsitzenden des Aufsichtsrats gelten (KK-AktG/
Siems Rn. 6 ff.). Dementsprechend kann der Vorsitzende jederzeit durch den
Verwaltungsrat vom Vorsitz **abberufen** (abgewählt) werden, und zwar grund-
sätzlich nach denselben Regeln, nach denen die Wahl erfolgt ist (MüKoAktG/
Reichert/Brandes Rn. 10; zum Aufsichtsrat MüKoAktG/*Habersack* AktG § 107
Rn. 30). Die Satzung und die Geschäftsordnung können jedoch zusätzliche
Anforderungen stellen (näher KK-AktG/*Paefgen* Art. 42 Rn. 25 ff.; → Art. 42
Rn. 16). Sie können aber nicht die Möglichkeit ausschließen, den Vorsitzenden
mit einfacher Mehrheit abzuberufen, wenn ein wichtiger Grund vorliegt (zur AG
MüKoAktG/*Habersack* AktG § 107 Rn. 30 f.; zum wichtigen Grund → Anh.
Art. 43 § 30 SEAG Rn. 13). Der Vorsitzende selbst kann an der Beschlussfassung
über die ordentliche Abberufung teilnehmen, wegen des Verbots des Richtens in
eigener Sache aber nicht an derjenigen über die Abberufung aus wichtigem
Grund (MüKoAktG/*Habersack* AktG § 107 Rn. 30 f., AktG § 108 Rn. 32
mwN; für Stimmverbot auch bei ordentlicher Abberufung dagegen LHT/*Teichmann* Rn. 5; KK-AktG/*Paefgen* Art. 42 Rn. 23). Entsprechend § 84 Abs. 3 S. 4
AktG steht es der Wirksamkeit der Abberufung aus wichtigem Grund nicht
entgegen, dass ein wichtiger Grund nicht vorliegt und der abberufene Vorsitzende
deshalb zu Unrecht von der Beschlussfassung ausgeschlossen wurde (zur AG
MüKoAktG/*Habersack* AktG § 107 Rn. 32; GroßkommAktG/*Hopt/Roth* AktG
§ 107 Rn. 56).

10   Möglich ist darüber hinaus – auch ohne wichtigen Grund und ohne gleichzeitige Niederlegung des Mandats im Verwaltungsrat – eine **Niederlegung** des
Vorsitzes durch einseitige Erklärung des Vorsitzenden (MüKoAktG/*Reichert/
Brandes* Rn. 11). Die Erklärung ist vorbehaltlich abweichender Ausgestaltung
durch die Satzung oder die Geschäftsordnung gegenüber dem Verwaltungsrat zu
erklären. Hierfür genügt die Erklärung gegenüber dem stellvertretenden Vorsitzenden (zum Aufsichtsrat MüKoAktG/*Habersack* AktG § 107 Rn. 34). Erfolgt
die Niederlegung zur Unzeit, kann sie die Haftung nach § 39 SEAG, § 93 Abs. 2
AktG begründen, bleibt aber gleichwohl wirksam (MüKoAktG/*Habersack* AktG
§ 107 Rn. 34).

11   **3. Rechtsstellung des Vorsitzenden.** Mit Ausnahme des Stichentscheids
(Art. 50 Abs. 2) enthält die Verordnung keine Regelung der **Aufgaben und
Befugnisse** des Verwaltungsratsvorsitzenden. Deshalb kommt es insoweit auf das
nationale Recht an. In der monistischen SE mit Sitz in Deutschland ergeben sich
die Aufgaben und Befugnisse des Vorsitzenden primär aus dem SEAG (§§ 25
Abs. 1, 26 Abs. 4, 34 Abs. 3 S. 1, 35 Abs. 3, 36 Abs. 2, 37 Abs. 1 SEAG; s. dazu
jeweils die Erl. im Anh. Art. 43). Über die Brücke des § 22 Abs. 6 SEAG sind
daneben auch solche Vorschriften zu beachten, die im AktG (vorbehaltlich § 20
SEAG) oder andernorts den Vorsitzenden des Vorstands oder des Aufsichtsrats in
Bezug nehmen. Weitere Aufgaben und Befugnisse können sich in den durch die
Satzungsstrenge gezogenen Grenzen aus der Satzung sowie der Geschäftsordnung
des Verwaltungsrats ergeben (§ 34 Abs. 2 SEAG). Geläufig und nach zutreffender
Ansicht unbedenklich sind zB Satzungsbestimmungen, die den Verwaltungsrats-
vorsitzenden mit der Leitung der Hauptversammlung betrauen (MüKoAktG/
Reichert/Brandes Rn. 16 mwN; einschränkend Spindler/Stilz/*Eberspächer* Rn. 6:
nicht, wenn der Vorsitzende auch geschäftsführender Direktor ist; näher
→ Art. 53 Rn. 22). Durch Ausnutzung der Gestaltungsmöglichkeiten, die das
SEAG bietet, ist es denkbar, die Stellung des Vorsitzenden der Machtfülle eines
chairman and chief executive officer US-amerikanischer Prägung oder eines pré-

sident directeur général (PDG) der französischen Aktiengesellschaft anzunähern, indem der Vorsitzende in Personalunion auch zum Sprecher der geschäftsführenden Direktoren bestellt wird (näher *Eder* NZG 2004, 544; MüKoAktG/*Reichert/ Brandes* Rn. 18 ff.; Spindler/Stilz/*Eberspächer* Rn. 6 ff.; zur Frage eines Vetorechts für den Vorsitzenden → Art. 50 Rn. 20).

4. Anmeldung zum Handelsregister, Publizität. Nach § 46 Abs. 1 S. 3 **12** SEAG, der im monistischen System an die Stelle des § 107 Abs. 1 S. 2 AktG tritt, haben die geschäftsführenden Direktoren den Vorsitzenden sowie Änderungen in der Person des Vorsitzenden (deklaratorisch) **zum Handelsregister anzumelden** (→ Anh. Art. 43 § 46 SEAG Rn. 8). Gleiches gilt für die Stellvertreter. Der Vorsitzende ist ferner gemäß § 43 SEAG auf den Geschäftsbriefen der Gesellschaft anzugeben.

III. Besonderheiten in der paritätisch mitbestimmten SE (S. 2)

1. Anwendungsbereich. S. 2 trifft eine Sonderregelung für Gesellschaften, in **13** denen die Hälfte der Mitglieder des Verwaltungsorgans von den Arbeitnehmern bestellt wird. In einer solchen **paritätisch mitbestimmten** monistischen SE muss der Vorsitzende nach S. 2 aus den Reihen der Anteilseignervertreter stammen. Damit wird erreicht, dass der Stichentscheid nach Art. 50 Abs. 2 der Anteilseignerseite zugute kommt (→ Rn. 1) und damit das aus deutscher Sicht auch verfassungsrechtlich gebotene (BVerfGE 50, 290 = NJW 1979, 699) **Letzt- entscheidungsrecht der Anteilseignerseite** gewahrt bleibt. Dass die Vorschrift in der Praxis ein breites Anwendungsfeld finden wird, ist allerdings nicht zu erwarten. Auch wenn man wegen des Letztentscheidungsrechts der Anteilseignerseite die paritätische Mitbestimmung in der monistischen SE für gerade noch verfassungskonform hält (zu dieser Streitfrage → Anh. Art. 43 Vor § 20 SEAG Rn. 10), ändert dies nichts daran, dass die Anteilseigner in der Wahl der monistischen SE als Rechtsform für ein paritätisch mitbestimmtes Unternehmen sehr zurückhaltend sein werden, da sie sich damit im Vergleich zum dualistischen System einem größeren Einfluss der Mitbestimmung aussetzen. Bisher gibt es in Deutschland kein einziges Beispiel einer paritätisch mitbestimmten monistischen SE (→ Anh. Art. 43 Vor § 20 SEAG Rn. 11).

Der Wortlaut des S. 2 bedarf nach Sinn und Zweck der Vorschrift in zweierlei **14** Hinsicht einer **Präzisierung.** Zum ersten ist von einer paritätisch mitbestimmten Gesellschaft nicht nur auszugehen, wenn die Hälfte der Verwaltungsorganmitglieder von den Arbeitnehmern selbst bestellt wird, wie dies der Wortlaut nahe legt. Erfasst wird auch der Fall, dass die Bestellung durch die Hauptversammlung erfolgt, diese aber wie im Fall des § 36 Abs. 4 SEBG **an Wahlvorschläge der Arbeitnehmer gebunden** ist (LHT/*Teichmann* Rn. 11; NK-SE/*Manz* Rn. 2). Zum zweiten ist spiegelbildlich dazu auch die Formulierung des S. 2, wonach der Vorsitzende ein von der Hauptversammlung bestelltes Mitglied sein muss, so zu präzisieren, dass nur Mitglieder angesprochen sind, die von der Hauptversammlung ohne Bindung an Wahlvorschläge der Arbeitnehmer gewählt worden sind.

2. Pattauflösung bei der Wahl des Vorsitzenden. Trotz Art. 50 Abs. 2 **15** kann es ausnahmsweise zu Pattsituationen bei Beschlussfassungen des paritätisch mitbestimmten Verwaltungsrats kommen. Abgesehen von Fällen der Verhinderung des Vorsitzenden (→ Anh. Art. 43 § 34 SEAG Rn. 8 ff.) besteht diese Gefahr vor allem bei der erstmaligen Wahl eines Vorsitzenden. In diesem Zeitpunkt gibt es noch keinen Vorsitzenden, so dass auch dessen Stichentscheid noch nicht zum Zuge kommen kann. Dasselbe Problem stellt sich, wenn der bisherige Vorsitzende ausscheidet, bevor sein Nachfolger gewählt ist. Im nationalen Mitbestimmungsrecht löst § 27 **Abs.** 2 **MitbestG** diese Pattsituation dadurch auf, dass im zweiten Wahlgang die Anteilseignervertreter gesondert den Vorsitzenden wählen. Diese Regelung ist jedoch nach hM **weder unmittelbar noch entsprechend** auf die SE anwendbar (so mit im Einzelnen unterschiedlicher Begründung *Casper* ZHR 173 [2009], 181 [215 f.]; Spindler/Stilz/*Eberspächer* Rn. 3; KK-AktG/*Paefgen* Art. 42 Rn. 13; MüKoAktG/*Reichert/Brandes* Rn. 4; KK-AktG/*Siems* Rn. 4; LHT/*Teichmann* Rn. 12; aA *Schwarz* Rn. 9; *Henssler* ZHR 173 [2009], 222 [243]). In der Tat ist die analoge Anwendbarkeit jener Vorschrift zumindest deshalb fraglich, weil nach Art. 45 eben das gesamte Verwaltungsorgan und nicht nur eine Statusgruppe dieses Organs den Vorsitzenden zu wählen hat. Aus diesem Grund muss auch der Vorschlag auf Bedenken stoßen, das Problem dadurch zu lösen, dass man eine dem § 27 Abs. 2 MitbestG nachgebildete Bestimmung in die Satzung aufnimmt (ablehnend auch KK-AktG/*Paefgen* Art. 42 Rn. 14; befürwortend aber insbesondere MüKoAktG/*Reichert/Brandes* Rn. 8 ff.).

16   Gleichwohl lässt sich das Problem durch **geeignete Satzungsgestaltung** lösen. In der Praxis verbreitet und unbedenklich sind Satzungsbestimmungen, die den Stichentscheid dem ältesten Anteilseignervertreter zuweisen, solange kein Vorsitzender bestellt ist (so zum Parallelproblem im dualistischen System *Kiem* ZHR 173 [2009], 156 [168]; KK-AktG/*Paefgen* Art. 42 Rn. 16; beide mit Hinweis auf die Satzungen der Allianz SE und der BASF SE). Fehlt es an einer solchen oder ähnlichen Satzungsbestimmung, bleibt nur die Möglichkeit, aus der **organschaftlichen Treuepflicht** der Arbeitnehmervertreter eine Verpflichtung abzuleiten, der Wahl eines der Anteilseignervertreter zuzustimmen (LHT/*Teichmann* Rn. 12; Spindler/Stilz/*Eberspächer* Rn. 3). Notfalls kommt auch eine gerichtliche Bestellung analog § 30 Abs. 2 SEAG in Betracht (→ Rn. 5; LHT/*Teichmann* Rn. 4, 12; Spindler/Stilz/*Eberspächer* Rn. 3).

Abschnitt 3. Gemeinsame Vorschriften für das monistische und das dualistische System

[Zeitraum für Bestellung und Wiederbestellung der Organe]

46 (1) **Die Mitglieder der Organe der Gesellschaft werden für einen in der Satzung festgelegten Zeitraum, der sechs Jahre nicht überschreiten darf, bestellt.**

(2) **Vorbehaltlich in der Satzung festgelegter Einschränkungen können die Mitglieder einmal oder mehrmals für den gemäß Absatz 1 festgelegten Zeitraum wiederbestellt werden.**

Schrifttum: *Baums,* Der Geschäftsleitervertrag, 1987; *Drinhausen/Nohlen,* Festlegung der Amtsdauer von SE-Organmitgliedern in der Satzung nach Art. 46 Abs. 1 SE-VO, ZIP 2009, 1890; *Grabitz/Hilf/Nettesheim,* Das Recht der Europäischen Union; *Hoffmann-Becking,* Organe: Strukturen und Verantwortlichkeiten, insbesondere im monistischen System, ZGR 2004, 355.

Übersicht

	Rn.
I. Regelungsgegenstand	1
II. Entstehungsgeschichte	2
III. Normzweck	4
IV. Amtsdauer (Abs. 1)	5
1. Kein Gestaltungsspielraum des nationalen Gesetzgebers	6

Rn.

    2. Gestaltungsspielräume der Satzung 9
       a) Regelungsverpflichtung des Satzungsgebers 9
       b) Beschränkung der Satzung auf die Festlegung einer
          Höchstdauer der Organmitgliedschaft 10
       c) Zulässige Differenzierungen zwischen verschiedenen
          Arten von Organmitgliedern 13
       d) Rechtsfolgen von Verstößen 16
    3. Vorzeitige Abberufung von Organmitgliedern 18
  V. Wiederbestellung (Abs. 2) 19

I. Regelungsgegenstand

Abs. 1 begründet eine **Verpflichtung, die Amtsdauer der SE-Organe in** 1
der Satzung festzulegen; der festgelegte Zeitraum darf **sechs Jahre** nicht überschreiten. Die Regelung gilt für alle Organe der SE, also sowohl für Aufsichts-
und Leitungsorgan einer dualistischen SE als auch für das Verwaltungsorgan einer
monistischen SE. Nach Abs. 2 ist eine einmalige oder wiederholte **Wiederbe-**
stellung von Organmitgliedern zulässig, soweit sich aus der Satzung nichts
anderes ergibt. Die eigentliche Bestellung ist nicht in Art. 46, sondern in Art. 39
Abs. 2 (Leitungsorgan), Art. 40 Abs. 2 (Aufsichtsorgan) und Art. 43 Abs. 3 (Verwaltungsorgan) geregelt.

II. Entstehungsgeschichte

Bereits früh wurde die Notwendigkeit erkannt, die Amtsdauer der Organmit- 2
glieder unmittelbar in der SE-VO zu regeln. Während der **Vorentwurf von**
Sanders lediglich eine Regelung für die Mitglieder des Aufsichtsrates enthielt
(Art. IV-2–2 Abs. 2 S. 1: maximal fünf Jahre) (*Schwarz* Rn. 2), sah der **SE-VO-E**
1975 eine differenzierende Regelung für Vorstandsmitglieder (Art. 63 Abs. 2:
maximal sechs Jahre) und für Aufsichtsratsmitglieder (Art. 74c: maximal vier
Jahre) vor (Kommission, Erster geänderter Vorschlag für eine Verordnung des
Rates über das Statut der Europäischen Aktiengesellschaft vom 30.4.1975, abge-
druckt als BT-Drs. 7/3713; KK-AktG/*Siems* Rn. 1). In seiner jetzigen Form geht
Abs. 1 zurück auf Art. 68 Abs. 1 UAbs. 1 SE-VO-E 1989 (Zweiter geänderter
Vorschlag vom 25.8.1989, ABl. 1989 C 263 S. 41) und Art. 68 Abs. 1 SE-VO-E
1991 (Dritter geänderter Vorschlag vom 16.5.1991, ABl. 1991 C 176 S. 1).

Die Möglichkeit der Wiederbestellung war zunächst nur für Aufsichtsratsmit- 3
glieder vorgesehen; die heutige Fassung von Abs. 2 geht zurück auf Art. 68
Abs. 2 SE-VO-E 1989 und Art. 68 Abs. 2 SE-VO-E 1991 (*Schwarz* Rn. 3).

III. Normzweck

Die statutarische Festlegung einer Amtsdauer von bis zu sechs Jahren hat **zwei** 4
Funktionen: Zum einen soll die Amtsdauer der Organmitglieder von vornherein feststehen, so dass über diesen nicht das „Damoklesschwert" einer jederzeit
und ohne nähere Gründe möglichen Abberufung schwebt (die vorzeitige Abberufung ist zwar gleichwohl möglich, aber nur unter qualifizierten Voraussetzungen; → Rn. 18). Die vergleichsweise lange (KK-AktG/*Siems* Rn. 6) Amtsdauer
von bis zu sechs Jahren bei gleichzeitiger Möglichkeit der Wiederbestellung
(Abs. 2) soll dabei die **Verantwortlichkeit und Unabhängigkeit** der Organmitglieder stärken (Kommission, Vorschlag für eine Verordnung (EWG) des Rates
über das Statut der Europäischen Aktiengesellschaft [1989], abgedruckt als BT-
Drs. 11/5427, 12; LHT/*Teichmann* Rn. 2; Spindler/Stilz/*Eberspächer* Rn. 3). Dies
beruht auf der Prämisse, dass eine längere Amtsdauer zugleich eine Ausrichtung

der Amtsführung an einer nachhaltigen (zum Begriff der Nachhaltigkeit ausführlich *Marsch-Barner* ZHR 175 [2011], 737 ff.; s. auch *Fleischer* NZG 2009, 801 [802 f.]) Unternehmensentwicklung bewirkt (vgl. auch den Report der Reflection Group On the Future of EU Company Law, abrufbar unter http://ec.europa.eu/internal_market/company/docs/modern/reflectiongroup_report_en.pdf, S. 51; s. dazu *Hellwig/Behme* AG 2011, 740). Zum anderen soll aber auch verhindert werden, dass Organmitglieder ohne jede Befristung bestellt werden (dazu LHT/*Teichmann* Art. 43 Rn. 50), was das **Risiko einer lethargischen Erstarrung der Unternehmensführung** erhöhen würde.

IV. Amtsdauer (Abs. 1)

5   Abs. 1 betrifft ausschließlich die Festlegung der **Amtsdauer** der Organmitglieder **durch die Satzung** und damit den Fall der Beendigung der Organmitgliedschaft durch Zeitablauf. **Sonstige Beendigungsgründe** richten sich nach dem nationalen Recht des Sitzstaates der SE (KK-AktG/*Siems* Rn. 3); dies können etwa vorzeitige Abberufung (→ Rn. 18), der nachträgliche Eintritt eines gesetzlichen Bestellungshindernisses (→ Art. 47 Rn. 11 ff.), die Niederlegung des Amtes oder der Tod des Organmitglieds sein. Gleiches gilt für die Frage, ob neben den organschaftlichen Akt der Bestellung noch ein davon zu trennender schuldrechtlicher Anstellungsvertrag des Organmitglieds mit der SE tritt und welche Vorgaben für diesen gelten (KK-AktG/*Siems* Rn. 4; zu der in Deutschland herrschenden „Trennungstheorie" s. statt vieler MHdB AG/*Wiesner* § 20 Rn. 12 ff.; dagegen *Baums* S. 451).

6   **1. Kein Gestaltungsspielraum des nationalen Gesetzgebers.** Abs. 1 formuliert für die Dauer der Organmitgliedschaft einen **Regelungsauftrag an den Satzungsgeber.** Ein Gestaltungsspielraum zugunsten des **nationalen Gesetzgebers** ist zumindest nach dem Wortlaut von Abs. 1 nicht vorgesehen; dementsprechend besteht auch keine Umsetzungsverpflichtung für den nationalen Gesetzgeber. Folgerichtig enthält das deutsche SEAG keine Vorgaben in Bezug auf die Bestellungsdauer von Organmitgliedern (ebenso KK-AktG/*Siems* Rn. 7).

7   Fraglich ist, ob die **nationalen Gesetzgeber** die Vorgaben zur Amtsdauer **abweichend von Abs. 1** regeln oder den darin enthaltenen Regelungsauftrag an den Satzungsgeber zumindest **modifizieren** dürfen. Eine Modifikation enthält beispielsweise § 46 Abs. 1 des österreichischen SE-Gesetzes. Danach werden bei einer monistischen SE mit Sitz in Österreich die Mitglieder des Verwaltungsrats für einen in der Satzung festgelegten Zeitraum, der fünf Jahre nicht überschreiten darf, gewählt. In der Literatur wird die Frage zu Recht verneint (KK-AktG/*Siems* Rn. 7; vgl. ferner *Hoffmann-Becking* ZGR 2004, 355 [364]; NK-SE/*Manz* Rn. 13). Sofern die SE-VO Wahlrechte zugunsten der Mitgliedstaaten enthält, werden diese Wahlrechte den Mitgliedstaaten durch eine ausdrückliche Regelung eingeräumt. Dies gilt, wie etwa Art. 48 Abs. 2 zeigt, auch dann, wenn den Mitgliedstaaten die Befugnis zustehen soll, einen an den Satzungsgeber adressierten Regelungsauftrag zu konkretisieren. Da Abs. 1 eine vergleichbare Regelung nicht enthält, steht dem nationalen Gesetzgeber eine solche Befugnis nicht zu.

8   Umstritten ist, ob bei einer dualistischen SE mit Sitz in Deutschland **§ 30 Abs. 3 S. 1 AktG** anzuwenden ist. Nach dieser Vorschrift können die Mitglieder des ersten Aufsichtsrates einer neu gegründeten Aktiengesellschaft nicht für längere Zeit als bis zur Beendigung der Hauptversammlung bestellt werden, die über die Entlastung für das erste Voll- oder Rumpfgeschäftsjahr beschließt. Die Vorschrift trägt dem Umstand Rechnung, dass der erste Aufsichtsrat noch nicht nach den einschlägigen Mitbestimmungsregeln zusammengesetzt ist und soll eine möglichst **rasche Beteiligung der Arbeitnehmervertreter im Aufsichtsrat**

gewährleisten (Schmidt/Lutter/*Bayer* AktG § 30 Rn. 3; MüKoAktG/*Pentz* AktG § 30 Rn. 22). Entsprechend dem soeben (→ Rn. 7) Gesagten ist die Frage zu **verneinen:** Art. 46 enthält eine abschließende Regelung der Amtsdauer von Organmitgliedern; ein ergänzender Rückgriff auf das nationale Aktienrecht des Sitzstaates ist im Anwendungsbereich der Vorschrift ebenso wenig möglich wie der Erlass abweichender oder modifizierender Regelungen durch die Mitgliedstaaten (wie hier *Habersack* Der Konzern 2008, 67 [73 f.]; NK-SE/*Manz* Rn. 13; MüKoAktG/*Reichert/Brandes* Rn. 11; *Schwarz* Rn. 53; KK-AktG/*Siems* Rn. 9; aA LHT/*Drygala* Art. 40 Rn. 28; Spindler/Stilz/*Eberspächer* Rn. 5a, der § 30 Abs. 3 S. 1 AktG aber bei der SE-Gründung durch Formwechsel ebenfalls für unanwendbar hält). In teleologischer Hinsicht ist zudem zu berücksichtigen, dass eine Eintragung der SE in das Handelsregister gemäß Art. 12 Abs. 2 erst erfolgen kann, nachdem die Modalitäten der Arbeitnehmerbeteiligung feststehen (*Schwarz* Art. 12 Rn. 19), so dass eine zügige Arbeitnehmerbeteiligung nach Gründung der SE in der Regel möglich ist, ohne dass es der verkürzten Amtsdauer des ersten Aufsichtsorgans bedarf.

2. Gestaltungsspielräume der Satzung. a) Regelungsverpflichtung des **9** **Satzungsgebers.** Abs. 1 verpflichtet den Satzungsgeber zur Regelung der Amtsdauer von Organmitgliedern in der Satzung (*Drinhausen/Nohlen* ZIP 2009, 1890 [1892]; *Schwarz* Rn. 5; KK-AktG/*Siems* Rn. 11; LHT/*Teichmann* Rn. 3). **Fehlt eine entsprechende Satzungsbestimmung,** kann die Amtsdauer nicht ohne weiteres Abs. 1 entnommen werden – mit der Folge, dass die Höchstdauer von sechs Jahren gilt –, sondern es besteht ein Satzungsmangel und damit ein Hindernis für die Eintragung der SE in das zuständige nationale Register gemäß Art. 12 (NK-SE/*Manz* Rn. 2; *Schwarz* Rn. 6; KK-AktG/*Siems* Rn. 11; LHT/*Teichmann* Rn. 3). Wird die SE gleichwohl eingetragen, gilt zunächst eine etwaige im Bestellungsbeschluss enthaltene Befristung. Fehlt eine solche, endet die Amtszeit der Organmitglieder nach sechs Jahren (MüKoAktG/*Reichert/Brandes* Rn. 6 zum Leitungsorgan; LHT/*Teichmann* Rn. 3), sofern nicht eine Satzungsregelung abweichenden Inhalts nachträglich geschaffen wird (zu den Rechtsfolgen einer Bestimmung, die eine längere Amtszeit als sechs Jahre zulässt oder vorschreibt, → Rn. 16).

b) Beschränkung der Satzung auf die Festlegung einer Höchstdauer **10** **der Organmitgliedschaft.** Die in der Satzung festgelegte Amtsdauer von Organmitgliedern darf sechs Jahre nicht überschreiten. Nach **herrschender und zutreffender Auffassung** genügt es insoweit, wenn die Satzung mit Blick auf die Bestellung der Organmitglieder eine **Höchstdauer** festlegt. Die konkrete Festlegung der Amtsdauer im Einzelfall kann dem zuständigen Bestellungsorgan (Hauptversammlung bzw. Aufsichtsorgan) überlassen werden (eingehend *Drinhausen/Nohlen* ZIP 2009, 1890 [1892 ff.]; Spindler/Stilz/*Eberspächer* Rn. 5; *Hoffmann-Becking* ZGR 2004, 355 [364]; MüKoAktG/*Reichert/Brandes* Rn. 3; *Schwarz* Rn. 13 ff.).

Eine im Schrifttum vertretene **Gegenauffassung** (MHdB AG/*Austmann* § 85 **11** Rn. 4 f.; LHT/*Teichmann* Rn. 4; ebenso NK-SE/*Manz* Rn. 12; KK-AktG/*Paefgen* Art. 39 Rn. 51; KK-AktG/*Siems* Rn. 12) verweist im Wesentlichen auf den – insoweit aber nicht ergiebigen – Wortlaut des Abs. 1. In systematischer Hinsicht zeige zudem der Vergleich mit Art. 40 Abs. 3, dass die SE-VO es klar zum Ausdruck bringt, wenn sie dem Satzungsgeber gestatten möchte, lediglich ausfüllungsbedürftige Vorgaben festzulegen, die von den zuständigen Organen konkretisiert werden können. Letzteres ist methodisch aber wenig zielführend. Eine Auslegung des Abs. 1, wonach dieser die Festlegung eines fixen Zeitraums für die Amtszeit der Organmitglieder in der Satzung verlangt, würde in einer dualistischen SE bedeuten, dass die Kompetenz zur Festlegung der Amtszeit von Vorstandsmitgliedern dem Aufsichtsrat genommen und auf die Hauptversammlung als satzungsgebendes Organ übertragen würde. Dass der Verordnungsgeber – ohne dass ein sachlicher Grund hierfür ersichtlich wäre – einen solch massiven Eingriff in das aktienrechtliche Kompetenzgefüge bezweckt hat, ist vor dem Hintergrund des in den Erwägungsgründen mehrfach (s. Erwägungsgründe 9, 14 und 29) betonten und primärrechtlich in Art. 5 EUV verankerten Subsidiaritätsprinzips nicht anzunehmen. Auch die von der Gegenauffassung herangezogene Begründung zu Art. 68 SE-VO-E 1989 (BT-Drs. 11/5427, 12) überzeugt nicht: Zum einen wird dort als Regelungsziel der Amtszeitbegrenzung auf sechs Jahre die Stärkung der Verantwortlichkeit der Organe genannt, nicht aber die Stärkung ihrer Unabhängigkeit – gegen letzteres spricht auch das Fehlen einer Regelung zum Schutz vor vorzeitiger Abberufung. Im Gegenteil wird der Zweck der Stärkung der Verantwortlichkeit sogar gefördert, wenn lediglich eine abstrakte Höchstdauer in der Satzung festgelegt und die Bestimmung der konkreten Amtszeit dem für die Bestellung zuständigen Organ überlassen wird. Ferner verfolgte der SE-VO-E 1989 noch den Ansatz einer möglichst eigenständigen, abschließenden gesellschaftsrechtlichen Regelung der SE, während die SE-VO lediglich bestimmte Grundregeln vereinheitlicht und im Übrigen auf das nationale Aktienrecht des Sitzstaates verweist (zum Ganzen ausführlich *Drinhausen/Nohlen* ZIP 2009, 1890 [1892 ff.]).

12   Demnach zulässig und in der Praxis bei SE mit Sitz in Deutschland verbreitet sind Satzungsbestimmungen, wonach die Mitglieder des Leitungsorgans der SE vom Aufsichtsorgan für einen **Zeitraum von höchstens fünf Jahren** – in Anlehnung an die Amtsdauer des Vorstands gemäß § 84 Abs. 1 S. 1 AktG – bestellt werden. Ebenfalls zulässig ist es, in Anlehnung an § 102 Abs. 1 AktG als Anknüpfungspunkt für die Dauer der Amtszeit von Aufsichtsratsmitgliedern das Ende der Hauptversammlung, die über die Entlastung für ein bestimmtes Geschäftsjahr nach dem Beginn der Amtszeit beschießt, zu bestimmen. Dabei ist allerdings zu empfehlen, wegen der Variabilität dieses Zeitraums zusätzlich eine Höchstdauer festzulegen (Formulierungsbeispiel bei *Drinhausen/Nohlen* ZIP 2009, 1890 [1894]).

13   **c) Zulässige Differenzierungen zwischen verschiedenen Arten von Organmitgliedern.** Regelmäßig wird die Satzung hinsichtlich der (maximal zulässigen) Amtszeit für **verschiedene Personengruppen unterschiedliche Regelungen** enthalten, insbesondere für Leitungs- und Aufsichtsorgan. Derartige Differenzierungen sind ohne weiteres zulässig, soweit die jeweiligen Satzungsbestimmungen die Vorgaben von Abs. 1 berücksichtigen, die satzungsmäßig zulässige Höchstdauer der Bestellung sechs Jahre also nicht überschreitet. Sie bedürfen insbesondere **keines sachlichen Grundes** (so aber Spindler/Stilz/*Eberspächer* Rn. 5; *Schwarz* Rn. 11), sondern sind Ausdruck der verordnungsgeborenen Satzungsautonomie (vgl. Art. 9 Abs. 1 lit. b). Grenzen der Satzungsautonomie ergeben sich aus höherrangigem Unionsrecht, wie beispielsweise dem unionsrechtlichen Diskriminierungsverbot (Art. 18 AEUV; zur unmittelbaren Direktwirkung von Art. 18 AEUV Grabitz/Hilf/Nettesheim/*v. Bogdandy* AEUV Art. 18 Rn. 26 f.; *Hellwig/Behme* AG 2009, 261 [271]).

14   Als sinnvoll kann sich in der Praxis eine **Differenzierung** zwischen der Amtszeit von gemäß Art. 40 Abs. 2 S. 2 bzw. Art. 43 Abs. 3 S. 2 durch die Satzung bestellten Mitgliedern des **ersten Aufsichts- oder Verwaltungsorgans** und späteren, durch die Hauptversammlung der bestehenden SE gewählten Mitgliedern erweisen (*Schwarz* Rn. 11). So kann die Satzung etwa die Amtszeit für die Mitglieder des ersten Aufsichts- oder Verwaltungsorgans konkret festlegen und für die Amtszeit der nachfolgend gewählten Organmitglieder vorsehen, dass diese durch das Bestellungsorgan festgelegt wird, aber die Höchstgrenze von sechs

Jahren nicht überschreiten darf. Die in der Satzung getroffene Regelung zur Amtszeit von Mitgliedern von Aufsichts- oder Verwaltungsorgan gilt grundsätzlich unterschiedslos für **Anteilseigner- und Arbeitnehmervertreter.** Zu beachten ist dabei allerdings, dass Satzungsbestimmungen nicht im Widerspruch zu etwaigen Regelungen in einer Vereinbarung über die Beteiligung der Arbeitnehmer stehen dürfen (Art. 12 Abs. 4), für die aber ebenfalls die in Abs. 1 enthaltene Obergrenze von sechs Jahren gilt (*Schwarz* Rn. 7; LHT/*Teichmann* Rn. 5). Sind die Verhandlungen über die Arbeitnehmerbeteiligung daher zum Zeitpunkt der Beschlussfassung über die Gründungssatzung der SE noch nicht beendet, empfiehlt sich eine Satzungsregelung, die nur eine Höchstdauer festlegt und im Übrigen vorsieht, dass das Bestellungsorgan die konkrete Amtszeit der von ihm bestellten Organmitglieder bestimmt.

Um Kontinuitätsproblemen vorzubeugen, kann es sich empfehlen, gestaffelte **15** Amtszeiten (**"staggered boards"**) für die Organmitglieder vorzusehen oder das Bestellungsorgan zu deren Festlegung innerhalb der in der Satzung vorgesehenen Höchstdauer zu ermächtigen. Zugleich können auf diese Weise feindliche Übernahmen erschwert werden (MüKoAktG/*Habersack* § 102 Rn. 2; *Harrer/Grabowski* DStR 1992, 1326 [1329]). Abs. 1 steht einer derartigen Bestimmung in der Satzung nicht entgegen (*Drinhausen/Nohlen* ZIP 2009, 1890 [1894]). Nicht möglich ist aufgrund des abschließenden Charakters von Abs. 1 (→ Rn. 7 f.) dagegen die Einführung von "staggered boards" durch den mitgliedstaatlichen Gesetzgeber (aA KK-AktG/*Siems* Rn. 8).

d) Rechtsfolgen von Verstößen. Eine Satzungsbestimmung, die eine Bestel- **16** lung für **mehr als sechs Jahre** ermöglicht oder vorschreibt, verstößt gegen Abs. 1 und ist damit nichtig (*Drinhausen/Nohlen* ZIP 2009, 1890 [1892]). Die Rechtsfolgen entsprechen denen bei gänzlichem Fehlen einer Satzungsregelung (→ Rn. 9): Die Amtszeit der amtierenden Organmitglieder endet nach Ablauf der in der Bestellung vorgesehenen Frist; ist eine solche Befristung nicht vorgesehen oder ist die Bestellung für einen längeren Zeitraum als für sechs Jahre erfolgt, endet die Amtszeit der Organmitglieder nach sechs Jahren (MüKoAktG/*Reichert/Brandes* Rn. 6; aA KK-AktG/*Siems* Rn. 15; LHT/*Teichmann* Rn. 3: Rechtsfolgen bestimmen sich nach nationalem Recht).

Verstößt lediglich die **Bestellung einzelner Organmitglieder** gegen eine **17** mit Abs. 1 vereinbare Satzungsbestimmung, richten sich die Rechtsfolgen der fehlerhaften Bestellung gemäß Art. 9 Abs. 1 lit. c ii) nach dem nationalen Aktienrecht des Sitzstaates der SE (KK-AktG/*Siems* Rn. 16).

3. Vorzeitige Abberufung von Organmitgliedern. Anders als noch in **18** Art. 75 Abs. 1 und Art. 62 Abs. 2 SE-VO-E 1989 vorgesehen (abgedruckt bei LHT/*Teichmann* Rn. 2, Fn. 2), enthält die SE-VO keine Regelungen über die vorzeitige Abberufung von Organmitgliedern. Aus dem Fehlen einer entsprechenden Regelung in der geltenden SE-VO lässt sich allerdings nicht schließen, dass eine vorzeitige Abberufung ausgeschlossen sein soll. Vielmehr sieht Art. 39 Abs. 2 eine Abberufung der Mitglieder des Leitungsorgans durch das Aufsichtsorgan ausdrücklich vor. Die Möglichkeit der vorzeitigen Abberufung von Mitgliedern des Aufsichts- oder Verwaltungsorgans richtet sich gemäß Art. 9 Abs. 1 lit. c ii) allein nach dem **nationalen Recht des Sitzstaates** der SE (*Drinhausen/Nohlen* ZIP 2009, 1890 [1893 f.]; MüKoAktG/*Reichert/Brandes* Rn. 13; KK-AktG/*Siems* Rn. 2; LHT/*Teichmann* Rn. 2; aA *Hirte* NZG 2002, 1 [5]; *Hommelhoff* AG 2001, 279 [283]). Die Mitglieder des Aufsichtsorgans einer SE mit Sitz in Deutschland können daher unter den gleichen Voraussetzungen abberufen werden wie die Mitglieder des Aufsichtsrats einer deutschen Aktiengesellschaft (**§ 103 AktG**). Für die Abberufung von Verwaltungsratsmitgliedern gilt **§ 29 SEAG,** der mit § 103 AktG weitgehend inhaltsgleich ist. Danach ist eine vorzeitige Abberufung durch das Bestellungsorgan ohne wichtigen Grund möglich. Mitglieder des Leitungsorgans einer SE mit Sitz in Deutschland können demgegenüber vom Aufsichtsorgan nur aus wichtigem Grund vorzeitig abberufen werden (Art. 9 Abs. 1 lit. c ii) iVm § 84 Abs. 3 AktG).

V. Wiederbestellung (Abs. 2)

19   Abs. 2 erlaubt die **einmalige oder mehrfache** Wiederbestellung von Organmitgliedern für jeweils eine weitere Amtsperiode. Die Verordnungsvorschrift steht einer Wiederbestellung vor Ablauf der laufenden Amtszeit nicht entgegen. Eine rechtsmissbräuchliche Gestaltung ist darin jedenfalls dann nicht zu sehen, wenn der Rest der laufenden Amtszeit in die zulässige Höchstdauer einbezogen wird (MüKoAktG/*Reichert/Brandes* Rn. 12 mzN aus der Literatur zum deutschen Aktienrecht; dazu auch BGH NZG 2012, 1027; deutlich strenger KK-AktG/*Siems* Rn. 18 ff.: Wiederbestellung erst zwölf Monate vor Ablauf der Amtszeit zulässig). Da Abs. 2 ausschließlich statutarische Einschränkungen zulässt, sind flankierende **Einschränkungen durch den nationalen Gesetzgeber nicht zulässig;** insbesondere kommen nicht über Art. 9 Abs. 1 lit. c ii) etwaige gesetzliche Einschränkungen der Wiederbestellung zur Anwendung, die für eine nationale Aktiengesellschaft des Sitzstaates der SE gelten (für die Geltung nationalen Rechts insoweit aber NK-SE/*Manz* Rn. 5; KK-AktG/*Siems* Rn. 18).

20   Die **Satzung** kann die Möglichkeit der Wiederbestellung dadurch **einschränken,** dass sie etwa die Anzahl zulässiger Wiederbestellungen begrenzt oder eine Altersgrenze für Organmitglieder einführt (Spindler/Stilz/*Eberspächer* Rn. 6; *Schwarz* Rn. 19; LHT/*Teichmann* Rn. 9). Nicht mit Abs. 1 vereinbar und damit nichtig ist eine Satzungsbestimmung, die eine automatische Wiederbestellung vorsieht, sofern dadurch die gesamte Amtszeit mehr als sechs Jahre beträgt (Spindler/Stilz/*Eberspächer* Rn. 3; MüKoAktG/*Reichert/Brandes* Rn. 12; LHT/*Teichmann* Rn. 10).

[Mitglieder der Organe]

47 (1) **Die Satzung der SE kann vorsehen, dass eine Gesellschaft oder eine andere juristische Person Mitglied eines Organs sein kann, sofern das für Aktiengesellschaften maßgebliche Recht des Sitzstaats der SE nichts anderes bestimmt.**
Die betreffende Gesellschaft oder sonstige juristische Person hat zur Wahrnehmung ihrer Befugnisse in dem betreffenden Organ eine natürliche Person als Vertreter zu bestellen.

(2) **Personen, die**

a) **nach dem Recht des Sitzstaats der SE dem Leitungs-, Aufsichts- oder Verwaltungsorgan einer dem Recht dieses Mitgliedstaats unterliegenden Aktiengesellschaft nicht angehören dürfen oder**

b) **infolge einer Gerichts- oder Verwaltungsentscheidung, die in einem Mitgliedstaat ergangen ist, dem Leitungs-, Aufsichts- oder Verwaltungsorgan einer dem Recht eines Mitgliedstaats unterliegenden Aktiengesellschaft nicht angehören dürfen,**

können weder Mitglied eines Organs der SE noch Vertreter eines Mitglieds im Sinne von Absatz 1 sein.

(3) **Die Satzung der SE kann für Mitglieder, die die Aktionäre vertreten, in Anlehnung an die für Aktiengesellschaften geltenden Rechts-**

vorschriften des Sitzstaats der SE besondere Voraussetzungen für die Mitgliedschaft festlegen.

(4) Einzelstaatliche Rechtsvorschriften, die auch einer Minderheit von Aktionären oder anderen Personen oder Stellen die Bestellung eines Teils der Organmitglieder erlauben, bleiben von dieser Verordnung unberührt.

Schrifttum: *Brandes,* Europäische Aktiengesellschaft: Juristische Person als Organ?, NZG 2004, 642; *Fleischer,* Juristische Personen als Organmitglieder im Europäischen Gesellschaftsrecht, RIW 2004, 16; *Hoffmann-Becking,* Organe: Strukturen und Verantwortlichkeiten, insbesondere im monistischen System, ZGR 2004, 355.

Übersicht

	Rn.
I. Regelungsgegenstand	1
II. Entstehungsgeschichte	2
III. Gesellschaft und andere juristische Person als Organmitglied (Abs. 1)	4
1. Begriff der „Gesellschaft" und der „anderen juristischen Person"	5
2. Maßgeblichkeit des nationalen Aktienrechts	6
3. Bestellung eines besonderen Vertreters	9
IV. Persönliche Voraussetzungen der Organmitgliedschaft (Abs. 2)	11
1. Reichweite von Bestellungshindernissen	12
2. Gesetzliche Ausschlussgründe für die Organmitgliedschaft (lit. a)	14
a) Gesetzliche Ausschlussgründe bei der dualistisch verfassten SE deutschen Rechts	15
b) Gesetzliche Ausschlussgründe bei der monistisch verfassten SE mit Sitz in Deutschland	18
3. Ausschluss aufgrund gerichtlicher oder behördlicher Entscheidung (lit. b)	20
4. Rechtsfolgen von Verstößen	22
V. Statutarische Voraussetzungen der Organmitgliedschaft (Abs. 3)	25
VI. Entsenderechte (Abs. 4)	30

I. Regelungsgegenstand

Art. 47 regelt die **Voraussetzungen der Organmitgliedschaft** in der **1** SE. Abs. 1 erlaubt die Organmitgliedschaft einer Gesellschaft oder einer anderen juristischen Person unter der Voraussetzung, dass das nationale Aktienrecht des Sitzstaates nichts anderes bestimmt. Abs. 2 stellt klar, dass Personen, denen nach dem nationalen Aktienrecht des Sitzstaates die Organmitgliedschaft in einer AG verwehrt ist, auch nicht Organmitglied einer SE sein können; er wird flankiert durch Art. 39 Abs. 3 S. 1, wonach niemand zugleich Mitglied des Leitungsorgans und Mitglied des Aufsichtsorgans einer SE sein darf. Abs. 3 regelt, wiederum in Anlehnung an das nationale Aktienrecht des Sitzstaates der SE, die Zulässigkeit statutarischer Voraussetzungen der Organmitgliedschaft. Gemäß Art. 4 bleiben schließlich nationale Entsenderechte unberührt.

II. Entstehungsgeschichte

Sowohl nach dem Vorentwurf von *Sanders* als auch nach den frühen Verord- **2** nungsvorschlägen der Kommission war die Mitgliedschaft in den Organen der SE **natürlichen Personen vorbehalten** (*Schwarz* Rn. 2). Dagegen erlaubte Art. 69

Abs. 1 SE-VO-E 1989 (Zweiter geänderter Vorschlag vom 25.8.1989, ABl. C 263 S. 41) erstmals die Organmitgliedschaft **juristischer Personen;** Art. 69 Abs. 1 SE-VO-E 1991 (Dritter geänderter Vorschlag vom 16.5.1991, ABl. C 176 S. 1) stellte diese Erlaubnis ebenso wie der heutige Abs. 1 unter den Vorbehalt des nationalen Aktienrechts des Sitzstaates der SE.

3   Die Bestimmungen des **Abs.** 2 gehen ihrem wesentlichen Inhalt nach auf den Vorentwurf von *Sanders* zurück und wurden im Laufe der Zeit nur geringfügig modifiziert (s. im Einzelnen *Schwarz* Rn. 3). Abs. 3 entspricht inhaltlich Art. 69 Abs. 3 SE-VO-E 1989 und Art. 69 Abs. 3 SE-VO-E 1991 (*Schwarz* Rn. 4). Art. 69 Abs. 4 SE-VO-E 1989 erlaubte noch ausdrücklich die Begründung von Entsenderechten durch die Satzung; der heutige Abs. 4, der insoweit allein auf einzelstaatliche Rechtsvorschriften abstellt, entspricht Art. 69 Abs. 4 SE-VO-E 1991 (*Schwarz* Rn. 5).

III. Gesellschaft und andere juristische Person als Organmitglied (Abs. 1)

4   Gemäß Abs. 1 kann eine Gesellschaft oder eine andere juristische Person Mitglied eines Organs der SE sein, **sofern sich aus dem Recht des Sitzstaates der SE nichts anderes ergibt.** Voraussetzung ist eine entsprechende Bestimmung in der Satzung (NK-SE/*Manz* Rn. 3; KK-AktG/*Siems* Rn. 7). Die Regelung gilt für sämtliche Organe der SE mit Ausnahme der Hauptversammlung, also für das Leitungs- und das Aufsichtsorgan im dualistischen System sowie das Verwaltungsorgan im monistischen System (*Schwarz* Rn. 8).

1. Begriff der „Gesellschaft" und der „anderen juristischen Person".
5   Teilweise wird aus der in Abs. 1 gewählten Formulierung – „Gesellschaft oder eine andere juristische Person" – gefolgert, dass **nur Gesellschaften mit Rechtspersönlichkeit** Organmitglieder der SE sein können (NK-SE/*Manz* Rn. 3; KK-AktG/*Siems* Rn. 5). Diese Auffassung überzeugt nicht. Der Begriff der „Gesellschaft" ist unionsrechtsautonom auszulegen. Es ist daher auf die Legaldefinition in Art. 54 UAbs. 2 AEUV zurückzugreifen. Als Gesellschaften gelten demnach die Gesellschaften des bürgerlichen Rechts und des Handelsrechts einschließlich der Genossenschaften und die sonstigen juristischen Personen des öffentlichen und privaten Rechts mit Ausnahme derjenigen, die keinen Erwerbszweck verfolgen. Mit Blick auf Art. 54 AEUV ist aber anerkannt, dass sich auf die Niederlassungsfreiheit auch Personen(handels)gesellschaften berufen können (s. nur Streinz/*Müller-Graff* EGV Art. 48 Rn. 2; auch der Fall Cartesio betraf die Niederlassungsfreiheit einer Personengesellschaft (KG), s. EuGH Slg. 2008, I-9641 = NJW 2009, 569 – Cartesio). Unter dem Begriff der in Abs. 1 der „Gesellschaft" gegenübergestellten „anderen juristischen Personen" sind vor allem Verbände zu verstehen, die keinen Erwerbszweck verfolgen (ansonsten handelt es sich bereits um eine Gesellschaft), vor allem öffentlich-rechtlich organisierte Gebietskörperschaften (wie hier *Schwarz* Rn. 17). Auch **eine SE** kann nach Abs. 1 Organmitglied einer anderen SE sein, sofern das nationale Recht des Sitzstaates dies entweder explizit gestattet oder es sich aus der Gleichstellung der SE mit der nationalen Aktiengesellschaft (Art. 10) ergibt.

6   **2. Maßgeblichkeit des nationalen Aktienrechts.** Die Organmitgliedschaft von Gesellschaften und juristischen Personen steht unter dem Vorbehalt, dass das **für Aktiengesellschaften maßgebliche Recht des Sitzstaates sie zulässt.** Nach überwiegender Auffassung wird dadurch ein zwingender Gleichlauf der Regelungen für die SE und eine dem nationalen Recht ihres Sitzstaates unterliegende Aktiengesellschaft angeordnet. Dem nationalen Gesetzgeber ist es daher verwehrt, eine spezielle Regelung nur für die SE zu treffen (*Hirte* NZG 2002, 1

[5]; *Hoffmann-Becking* ZGR 2004, 355 [366]; MüKoAktG/*Reichert/Brandes* Rn. 1; *Schwarz* Rn. 11; aA *Hommelhoff* AG 2001, 279 [283]). Rechtspolitisch erscheint ein solcher zwingender Gleichlauf in dieser speziellen Frage angesichts der mannigfaltigen Abweichungen der SE von der AG wenig einsichtig (KK-AktG/*Siems* Rn. 4 betont, dass gerade bei der SE ein besonderes Bedürfnis nach der Organmitgliedschaft juristischer Personen bestehen kann). Jedenfalls wird man eine **SE-spezifische Regelung** für das Modell der Organisationsverfassung zulassen müssen, das in den für die nationale AG maßgeblichen Bestimmungen keine Entsprechung findet (ebenso *Schwarz* Rn. 12). So könnte etwa der deutsche Gesetzgeber die Organstellung juristischer Personen für die monistische SE ohne Änderung des Aktienrechts zulassen, da das deutsche Aktienrecht nur Regelungen zum dualistischen System vorsieht.

Das **deutsche Recht** sieht die Organmitgliedschaft von Gesellschaften und **7** juristischen Personen nicht vor (LHT/*Teichmann* Rn. 2). Gemäß § 76 Abs. 3 S. 1 AktG kann Mitglied des Vorstands einer deutschen Aktiengesellschaft nur eine **natürliche, unbeschränkt geschäftsfähige Person** sein; dasselbe gilt gemäß § 100 Abs. 1 S. 1 AktG für die Mitgliedschaft im Aufsichtsrat (zur historischen Entwicklung ausführlich *Fleischer* RIW 2004, 16 [17]). Dementsprechend kann eine juristische Person auch nicht Mitglied des Leitungs- oder Aufsichtsorgans einer dualistischen SE mit Sitz in Deutschland sein. Für eine monistische SE mit Sitz in Deutschland untersagt § 27 Abs. 3 SEAG die Mitgliedschaft juristischer Personen im Verwaltungsrat.

Innerhalb der Europäischen Union variieren die **Regelungen der Mitglied-** **8** **staaten** erheblich (rechtsvergleichend *Fleischer* RIW 2004, 16 [17 ff.]; NK-SE/ *Manz* Rn. 22 ff.; s. zu den rechtspolitischen Erwägungen für oder gegen die Organmitgliedschaft juristischer Personen ausführlich *Brandes* NZG 2004, 642 [643 ff.]). Bemerkenswert ist, dass die Organmitgliedschaft juristischer Personen teilweise nur für das Aufsichts- bzw. Verwaltungsorgan zugelassen wird, nicht aber für das Leitungsorgan (so die französische Regelung; s. NK-SE/*Manz* Rn. 24 f.), während in anderen Mitgliedstaaten juristische Personen Mitglieder des Leitungsorgans, nicht aber des Aufsichtsorgans sein können (so die niederländische Regelung; s. NK-SE/*Manz* Rn. 27 f.).

3. Bestellung eines besonderen Vertreters. Sofern die Organmitgliedschaft **9** von Gesellschaften und juristischen Personen nach dem nationalen Recht des Sitzstaates der SE zulässig ist, ordnet UAbs. 2 in Anlehnung an das französische Recht (LHT/*Teichmann* Rn. 3) an, dass diese zur Wahrnehmung ihrer Befugnisse in dem betreffenden Organ **eine natürliche Person als Vertreter** zu bestellen haben. Für diesen Vertreter gelten gemäß Abs. 2 dieselben persönlichen Voraussetzungen wie für originäre Organmitglieder; diese Voraussetzungen können also nicht durch die Zwischenschaltung einer juristischen Person umgangen werden (*Schwarz* Rn. 18).

UAbs. 2 schreibt vor, dass ein Vertreter zu bestellen ist; durch das Erfordernis **10** der gesonderten Bestellung kommt zugleich zum Ausdruck, dass **nicht automatisch das Vertretungsorgan** der Gesellschaft oder juristischen Person zum Vertreter wird. Darüber hinaus enthält die Vorschrift keine Regelungen zur **Bestellung** oder **rechtlichen Stellung** des Vertreters. Insoweit gelangt daher gemäß Art. 9 Abs. 1 lit. c ii) das nationale Aktienrecht des Sitzstaates zur Anwendung (vgl. auch NK-SE/*Manz* Rn. 4). Dies gilt insbesondere für das Verfahren der Bestellung und für die Haftung des Vertreters. Für den Fall, dass das nationale Recht zwar grundsätzlich die Organstellung juristischer Personen erlaubt, diese aber nicht näher rechtlich ausgestaltet, wird man davon ausgehen können, dass das Vertretungsorgan der Gesellschaft oder juristischen Person für die Bestellung zuständig ist und diese jederzeit frei widerrufen kann. Die Bestellung des Vertreters ist keine Bestellung im organschaftlichen Sinne; die Beschränkungen des Art. 46 finden daher keine Anwendung (*Schwarz* Rn. 19). Ebenso wenig finden die sonstigen Regelungen der SE-VO zu Bestellung und Abberufung (Art. 39 Abs. 2, 40 Abs. 2, 43 Abs. 3) Anwendung auf den Vertreter, da dieser nicht selbst Organmitglied ist. Sofern das nationale Recht keine Regelungen über die Haftung des Vertreters enthält, richtet sich die Haftung auch nicht nach Art. 51 (analog) (so aber *Schwarz* Rn. 20). Denn Art. 51 betrifft ausschließlich die Haftung der Organmitglieder, dh im Fall der Organmitgliedschaft einer juristischen Person die Haftung dieser juristischen Person gegenüber der SE. Für die Innenhaftung des Vertreters gegenüber der von ihm vertretenen juristischen Person gelten hingegen die allgemeinen Haftungsregelungen des Rechts, dem das Innenverhältnis zwischen Vertreter und vertretener juristischer Person unterliegt.

IV. Persönliche Voraussetzungen der Organmitgliedschaft (Abs. 2)

11   Gemäß Abs. 2 dürfen Personen, die dem **Leitungs-, Aufsichts- oder Verwaltungsorgan einer nationalen Aktiengesellschaft** nach dem Recht ihres Sitzstaates nicht angehören dürfen, auch nicht Mitglied eines Organs der SE sein. Sie können zudem nicht zum Vertreter einer Gesellschaft oder juristischen Person bestellt werden, die Mitglied des Organs einer SE gemäß Abs. 1 ist.

12   **1. Reichweite von Bestellungshindernissen.** Abs. 2 ist in der deutschen Sprachfassung der SE-VO sehr weit gefasst. Dem Wortlaut nach können Personen, die nach dem Recht des Sitzstaates von der Mitgliedschaft in *einem* **Organ** (zB Leitungsorgan) ausgeschlossen sind, in *keinem* **Organ** der SE Mitglied sein (auch nicht im Aufsichts- oder Verwaltungsorgan) (NK-SE/*Manz* Rn. 5). Die englische („No person may be a member of any SE organ (…) who is disqualified (…) from serving on the *corresponding* organ of a public limited-liability company") und die französische („Ne peuvent être membres d'un organe de la SE (…) les personnes qui ne peuvent faire partie (…) de l'organe *correspondant* d'une société anonyme") Sprachfassung legen dagegen ein engeres Verständnis der Norm nahe, wonach Bestellungshindernisse des nationalen Rechts immer **nur für das entsprechende Organ** der SE gelten (wie hier Spindler/Stilz/*Eberspächer* Rn. 3; *Schwarz* Rn. 23; LHT/*Teichmann* Rn. 8; im Ergebnis auch KK-AktG/*Siems* Rn. 18: teleologische Reduktion; aA NK-SE/*Manz* Rn. 5; wohl auch MüKoAktG/*Reichert*/*Brandes* Rn. 27). Diese Auslegung überzeugt auch unter teleologischen Gesichtspunkten: Abs. 2 will – ebenso wie die Abs. 1, 3 und 4 – einen Gleichlauf zwischen SE und nationaler AG herstellen (*Schwarz* Rn. 23; LHT/*Teichmann* Rn. 9). Sofern der Normtext eine ausdrückliche Abweichung von den für die nationale Aktiengesellschaft maßgeblichen Bestimmungen bezweckt, kommt dies – wie etwa in lit. b (→ Rn. 20) – deutlich zum Ausdruck.

13   Abs. 2 betrifft ausschließlich die Mitgliedschaft in den Organen der SE. Die in dieser Vorschrift genannten Bestellungshindernisse stehen aber der Erteilung **sonstiger Leitungs- und Vertretungsbefugnisse** (rechtsgeschäftliche Vertretung eines Mitglieds des Leitungsorgans/der Gesellschaft, Prokura) nicht entgegen. Dies folgt auch daraus, dass die in Art. 69 Abs. 2 SE-VO-E 1991 enthaltene Formulierung – „noch können ihnen Leitungs- oder Vertretungsbefugnisse übertragen werden" – in die geltende Fassung von Abs. 2 keinen Eingang gefunden hat (*Schwarz* Rn. 39; ebenso NK-SE/*Manz* Rn. 8).

2. Gesetzliche Ausschlussgründe für die Organmitgliedschaft (lit. a).

14   Abs. 2 lit. a statuiert keine eigenen gesetzlichen Ausschlussgründe für die Organmitgliedschaft in der SE, sondern verweist insoweit auf das **nationale Recht** ihres Sitzstaates. Es handelt sich um eine **abschließende Sachnormverweisung**; die

Mitgliedstaaten sind nicht befugt, im nationalen Recht spezielle Bestellungshindernisse für die SE zu schaffen, die nicht zugleich für die nationale Aktiengesellschaft gelten. Ebenso wie im Rahmen von Abs. 1 (→ Rn. 6) gilt dies jedoch nur für solche SE, deren Organisationsverfassung derjenigen einer nationalen Aktiengesellschaft ihres Sitzstaates entspricht. Für das im nationalen Recht nicht vorgesehene Organisationsmodell können die Mitgliedstaaten auf Grundlage der allgemeinen Ermächtigungsnormen (Art. 43 Abs. 4 für das monistische System und Art. 39 Abs. 5 für das dualistische System) SE-spezifische Regelungen erlassen (Spindler/Stilz/*Eberspächer* Rn. 3; *Schwarz* Rn. 24; LHT/*Teichmann* Rn. 9). Der deutsche Gesetzgeber hat von dieser Befugnis Gebrauch gemacht und in § 27 SEAG die persönlichen Voraussetzungen für Mitglieder des Verwaltungsrates einer monistischen SE geregelt. Die Möglichkeit einer Umgehung von für deutsche Aktiengesellschaften einschlägigen Bestellungshindernissen durch die Wahl einer monistischen Organisationsverfassung (vgl. KK-AktG/*Siems* Rn. 19) besteht daher nicht.

a) Gesetzliche Ausschlussgründe bei der dualistisch verfassten SE deutschen Rechts. Im deutschen Aktienrecht normiert § 100 AktG die für die Aktiengesellschaft und damit auch für die dualistisch verfasste SE mit Sitz in Deutschland maßgeblichen persönlichen Voraussetzungen für Aufsichtsratsmitglieder. Für den Vorstand einer Aktiengesellschaft sowie das Leitungsorgan einer dualistisch verfassten SE mit Sitz in Deutschland gelten die Beschränkungen des § 76 Abs. 3 AktG. Mitglieder des Leitungs-, Aufsichts- oder Verwaltungsorgans einer SE, die ein Kredit- oder Finanzinstitut oder eine Finanzholding-Gesellschaft iSd § 1 KWG ist, müssen zudem die einschlägigen Anforderungen des KWG erfüllen (LHT/*Teichmann* Rn. 14). Für Geschäftsleiter einer SE, die ein Versicherungsunternehmen betreibt, gelten die Vorgaben des VAG. Geschäftsleiter im Sinne dieser Vorschrift sind Mitglieder des Leitungsorgans (bei dualistisch verfasster SE) und geschäftsführende Direktoren (bei monistisch verfasster SE) (Bähr/*Wacławik* Handbuch des Versicherungsaufsichtsrechts, 2011, § 4 Rn. 7). **15**

Bei der **Zählung der Aufsichtsratsmandate** iSd § 100 Abs. 2 Nr. 1 AktG sind auch Mandate in Aufsichts- und Verwaltungsorganen anderer SE mitzuzählen (MüKoAktG/*Reichert/Brandes* Rn. 12; *Schwarz* Rn. 28; LHT/*Teichmann* Rn. 11), da auch die SE „Handelsgesellschaft" im Sinne dieser Vorschrift ist. Entgegen der noch hM im Schrifttum zur SE sind nicht nur Mandate in einer SE mit Sitz in Deutschland (so MüKoAktG/*Reichert/Brandes* Rn. 12; *Schwarz* Rn. 30), sondern auch solche in einer **SE mit Satzungssitz in einem anderen Mitgliedstaat** mitzuzählen (so auch LHT/*Teichmann* Rn. 11). Nach im Vordringen befindlicher Auffassung zu § 100 Abs. 2 Nr. 1 AktG ist dieser so auszulegen, dass er eine Anrechnung auch von Aufsichtsratsmandaten in ausländischen Gesellschaften verlangt; damit ist auch eine SE mit ausländischem Satzungssitz erfasst. In teleologischer Hinsicht erscheint dies auch sinnvoll, da die Arbeitsbelastung in den Aufsichtsgremien ausländischer Gesellschaften derjenigen in deutschen Gesellschaften weitgehend entsprechen dürfte (Schmidt/Lutter/*Drygala* AktG § 100 Rn. 6; GroßkommAktG/*Hopt/Roth* AktG § 100 Rn. 36 ff.; Spindler/Stilz/*Spindler* AktG § 100 Rn. 15). **16**

Das **Verbot der gleichzeitigen Mitgliedschaft in Vorstand und Aufsichtsrat** gemäß § 105 Abs. 1 AktG ist auf das Aufsichtsorgan der SE nur insoweit anwendbar, wie die SE-VO keine spezielleren Vorgaben enthält (MüKo-AktG/*Reichert/Brandes* Rn. 7). Die Inkompatibilität des gleichzeitigen Mandats in Leitungs- und Aufsichtsorgan innerhalb derselben SE ergibt sich bereits aus **Art. 39 Abs. 3 SE-VO,** so dass § 105 Abs. 1 AktG insoweit nicht anwendbar ist. Gemäß Art. 47 Abs. 2 lit. a iVm § 105 Abs. 1 AktG ist darüber hinaus jedoch die Stellung als Mitglied des Aufsichtsorgans nicht mit derjenigen eines dauern- **17** den Stellvertreters eines Mitglieds des Leitungsorgans, eines Prokuristen oder eines zum gesamten Geschäftsbetrieb ermächtigten Handlungsbevollmächtigten der SE vereinbar (*Schwarz* Rn. 31; KK-AktG/*Siems* Rn. 22).

18 **b) Gesetzliche Ausschlussgründe bei der monistisch verfassten SE mit Sitz in Deutschland.** Die persönlichen Voraussetzungen für Mitglieder des Verwaltungsrats regelt § 27 SEAG. Die Vorschrift entspricht inhaltlich weitgehend § 100 AktG. Dagegen fehlt eine weitergehende, § 76 Abs. 3 AktG entsprechende Regelung. § 76 Abs. 3 AktG gilt jedoch gemäß § 40 Abs. 1 S. 4 SEAG auch für außenstehende Dritte, die zu geschäftsführenden Direktoren bestellt werden. Diese Eingrenzung auf außenstehende Dritte ist dadurch zu erklären, dass der Gesetzgeber offenbar davon ausging, dass sich die Anwendung der in § 76 Abs. 3 AktG normierten Bestellungshindernisse auf die Mitglieder des Verwaltungsrats bereits aus Art. 47 Abs. 2 ergibt (LHT/*Teichmann* Anh. Art. 43 (§ 27 SEAG) Rn. 4). Dieses Verständnis ist jedoch nicht zutreffend (→ Rn. 12), weshalb in der Literatur zu Recht für eine **analoge Anwendung des § 76 Abs. 3 AktG auf geschäftsführende Direktoren** plädiert wird, die Mitglieder des Verwaltungsrates sind (Spindler/Stilz/*Eberspächer* Rn. 6; *Schwarz* Rn. 33). Ihre Stellung ist funktional eher derjenigen eines Vorstandsmitglieds einer Aktiengesellschaft vergleichbar als derjenigen eines Aufsichtsratsmitglieds. Dagegen entspricht die Stellung der Mitglieder des Verwaltungsrats, die keine geschäftsführenden Direktoren sind, eher der Stellung von Aufsichtsratsmitgliedern. Für eine analoge Anwendung von § 76 Abs. 3 AktG auf sämtliche Verwaltungsratsmitglieder (dafür LHT/*Teichmann* Anh. Art. 43 (§ 27 SEAG) Rn. 4) ist daher kein Raum; insoweit ist die Regelung in § 27 SEAG abschließend.

19 Umstritten ist, ob die Mitgliedschaft im Verwaltungsrat einer monistischen SE **mit der Stellung als Prokurist oder Handlungsbevollmächtigter vereinbar** ist. Dafür spricht, dass der Gesetzgeber in § 27 SEAG die persönlichen Voraussetzungen der Mitglieder des Verwaltungsrates abschließend geregelt hat und diese Vorschrift bewusst nur an § 100 AktG, nicht aber auch an § 105 AktG angelehnt hat. Dass durch die Bestellung als Prokurist oder Handlungsbevollmächtigter die Gefahr einer Umgehung von § 40 Abs. 2 S. 2 SEAG bestünde, wonach die Mehrheit des Verwaltungsrats aus nicht geschäftsführenden Mitgliedern bestehen muss (so MüKoAktG/*Reichert/Brandes* Rn. 34; KK-AktG/*Siems* Rn. 25), überzeugt nicht. Denn die Befugnisse eines geschäftsführenden Direktors reichen weiter als die eines Prokuristen oder Handlungsbevollmächtigten. Im Gegenteil legt die Möglichkeit, Mitglieder des Verwaltungsrates zu geschäftsführenden Direktoren zu bestellen, eher den Erst-Recht-Schluss nahe, dass ihnen auch Prokura oder Handlungsvollmacht erteilt werden kann (wie hier *Schwarz* Rn. 22; ebenso Spindler/Stilz/*Eberspächer* Rn. 6).

20 **3. Ausschluss aufgrund gerichtlicher oder behördlicher Entscheidung (lit. b).** Gemäß Abs. 2 lit. b) dürfen auch Personen, die infolge einer Gerichts- oder Verwaltungsentscheidung nicht Mitglied des Leitungs-, Aufsichts- oder Verwaltungsorgans einer nationalen Aktiengesellschaft sein dürfen, nicht Mitglied eines Organs der SE sein. **In welchem Mitgliedstaat diese Entscheidung ergeht, ist unerheblich** (NK-SE/*Manz* Rn. 7; *Schwarz* Rn. 26; KK-AktG/*Siems* Rn. 15; LHT/*Teichmann* Rn. 6). Die übliche Begrenzung hoheitlicher Entscheidungen auf das eigene Territorium (*v. Bar/Mankowski* Internationales Privatrecht, Band 1, 2. Aufl. 2003, § 4 Rn. 57 ff.; vgl. auch *Behme* ZVglRWiss. 108 [2009], 178 [180 f.]) wird damit durchbrochen bzw. auf das Territorium der Europäischen Union erweitert. Die damit verbundene Verschärfung der Anforderungen an die Organmitgliedschaft in der SE gegenüber den Anforderungen des nationalen Aktienrechts (LHT/*Teichmann* Rn. 6) erfährt eine gewisse Relativierung dadurch, dass auch im Rahmen von § 76 AktG Verurteilungen zu berück-

sichtigen sind, die wegen einer den dort genannten Katalogstraftaten vergleichbaren ausländischen Straftat erfolgten (s. § 76 Abs. 3 S. 3 AktG).

Nicht in Abs. 2 lit. b angesprochen ist die Frage, ob die gerichtliche oder 21
behördliche Entscheidung **rechtskräftig** sein muss. Diese Frage kann daher nur
das mitgliedstaatliche Recht beantworten, und zwar nicht das Recht des Staates,
in dem die Entscheidung erging (so aber NK-SE/*Manz* Rn. 7), sondern gemäß
Art. 9 Abs. 1 lit. c ii) das Recht des Sitzstaates der SE. In Bezug auf eine SE mit
Sitz in Deutschland bedeutet dies, dass die Entscheidung rechtskräftig geworden
sein muss (§ 76 Abs. 3 AktG). Unter welchen Voraussetzungen die Entscheidung
rechtskräftig wird, kann sich dagegen nur nach dem Recht des Staates richten, in
dem sie ergangen ist (KK-AktG/*Siems* Rn. 15).

4. Rechtsfolgen von Verstößen. Es besteht Einigkeit darüber, dass die 22
Rechtsfolge von Verstößen gegen ein gesetzliches Bestellungshindernis iSd Abs. 2
die **Nichtigkeit der Bestellung** ist (MüKoAktG/*Reichert/Brandes* Rn. 39;
Schwarz Rn. 36 ff.; LHT/*Teichmann* Rn. 16). Ob die Nichtigkeit ex tunc oder ex
nunc wirkt, hängt davon ab, ob das Bestellungshindernis bereits von Anfang an
vorlag oder erst nachträglich eingetreten ist. Die nichtige Bestellung wird auch
nicht dadurch „geheilt", dass ein anfängliches oder zwischenzeitlich eingetretenes
Bestellungshindernis nachträglich wieder entfällt (MüKoAktG/*Reichert/Brandes*
Rn. 39).

Die Nichtigkeit kann jedoch entgegen teilweise vertretener Ansicht (*Schwarz* 23
Rn. 36) **nicht unmittelbar dem Abs. 2** entnommen werden. Dieser äußert
sich zu den Rechtsfolgen von Verstößen gegen ein Bestellungshindernis nicht.
Vielmehr richtet sich die Frage in Anwendung von Art. 9 Abs. 1 lit. c ii) **nach
dem nationalen Aktienrecht des Sitzstaates** der SE. Für eine SE mit Sitz in
Deutschland ergibt sich die Nichtigkeitsfolge damit aus § 250 Abs. 1 Nr. 4 AktG
(für das Aufsichtsorgan), § 76 Abs. 3 AktG iVm § 134 BGB (für das Leitungsorgan) und § 31 Abs. 1 Nr. 3 SEAG (für den Verwaltungsrat) (MüKoAktG/
Reichert/Brandes Rn. 39; KK-AktG/*Siems* Rn. 36; LHT/*Teichmann* Rn. 16).

Wirken Organmitglieder, deren Bestellung nichtig ist, an Beschlüssen des 24
jeweiligen Organs mit, führt dies nur dann zur **Nichtigkeit des Beschlusses,**
wenn die Stimme den Ausschlag gegeben hat. Wäre das Organ auch ohne das
betroffene Mitglied iSd Art. 50 beschlussfähig gewesen und hätte den Beschluss
mit der erforderlichen Mehrheit getroffen, wirkt sich die Nichtigkeit der Bestellung auf die Gültigkeit des Beschlusses nicht aus (*Schwarz* Rn. 38).

V. Statutarische Voraussetzungen der Organmitgliedschaft (Abs. 3)

Gemäß Abs. 3 kann die Satzung der SE „in Anlehnung" an die für Aktien- 25
gesellschaften geltenden Rechtsvorschriften des Sitzstaates der SE **besondere
Bestellungsvoraussetzungen** für Organmitglieder vorsehen, die Aktionäre vertreten. Diese im Vergleich zu Abs. 1 und Abs. 2 deutlich offenere Formulierung
hat nicht die Funktion, dem Satzungsgeber einen über das nationale Recht
hinausgehenden Gestaltungsspielraum einzuräumen; es bleibt auch hier bei dem
typischen **Gleichlauf von SE und nationaler Aktiengesellschaft** (darauf deuten auch die anderen Sprachverfassungen der SE-VO hin: „in accordance with",
„à l'instar de", „alla stregua di"; vgl. auch KK-AktG/*Siems* Rn. 28). Die gewählte
Formulierung macht vielmehr deutlich, dass die Gestaltungsfreiheit sowohl bei
der monistisch als auch bei der dualistisch verfassten SE besteht. Ein für das im
nationalen Recht geregelte Organisationsmodell eingeräumter Gestaltungsspielraum besteht damit auch für das andere Organisationsmodell (*Schwarz* Rn. 40;
LHT/*Teichmann* Rn. 17; vgl. auch MüKoAktG/*Reichert/Brandes* Rn. 37). Eine
SE-spezifische Regelung im nationalen Recht ist insoweit nicht erforderlich und

aufgrund des abschließenden Charakters von Abs. 3 auch nicht zulässig. Bei einer SE mit Sitz in Deutschland gilt die in § 100 Abs. 4 AktG gewährte Satzungsautonomie folglich nicht nur für das Aufsichtsorgan, sondern auch für den Verwaltungsrat (*Schwarz* Rn. 40; LHT/*Teichmann* Rn. 20).

26   Die Satzungsautonomie bezieht sich gemäß Abs. 3 nur auf Organmitglieder, **die von den Aktionären bestellt werden.** Damit wird klargestellt, dass die Satzung **keine Bestellungsvoraussetzungen für Arbeitnehmervertreter** formulieren kann (NK-SE/*Manz* Rn. 9; *Schwarz* Rn. 42; KK-AktG/*Siems* Rn. 30; LHT/ *Teichmann* Rn. 19). Dies entspricht auch der einhelligen Auffassung zu § 100 Abs. 4 AktG (s. nur MüKoAktG/*Habersack* AktG § 100 Rn. 39; Schmidt/Lutter/ *Drygala* AktG § 100 Rn. 21). Dagegen bedeutet die Regelung nicht, dass die Satzung keine Bestellungsvoraussetzungen für Mitglieder des Leitungsorgans aufstellen kann, weil die Mitglieder des Leitungsorgans nicht die Aktionäre vertreten. Auch hier entspricht vielmehr die Satzungsautonomie derjenigen bei der nationalen Aktiengesellschaft. Für eine dualistisch verfasste SE mit Sitz in Deutschland bedeutet dies, dass ebenso wie bei der deutschen Aktiengesellschaft die Bestellung zum **Mitglied des Leitungsorgans** von satzungsmäßig bestimmten Voraussetzungen abhängig gemacht werden kann (*Schwarz* Rn. 46; LHT/*Teichmann* Rn. 18). Bei einer monistisch verfassten SE kann die Satzung besondere Voraussetzungen für die Bestellung **geschäftsführender Direktoren** aufstellen. Grenze der Gestaltungsfreiheit ist jeweils das Auswahlermessen des für die Bestellung zuständigen Organs (Spindler/Stilz/*Eberspächer* Rn. 8; LHT/*Teichmann* Rn. 21).

27   Weitere **Grenzen der Satzungsautonomie** ergeben sich wie bei Art. 46 (→ Art. 46 Rn. 9 ff.) insbesondere aus höherrangigem Unionsrecht wie etwa dem unionsrechtlichen **Diskriminierungsverbot** (Art. 18 AEUV; zur unmittelbaren Direktwirkung von Art. 18 AEUV Grabitz/Hilf/Nettesheim/*v. Bogdandy* AEUV Art. 18 Rn. 26 f.; *Hellwig/Behme* AG 2009, 261 [271]). Unzulässig wäre daher beispielsweise eine Satzungsbestimmung, welche die Mitgliedschaft in einem Organ der SE an die Staatsangehörigkeit des Sitzstaates knüpft (ebenso KK-AktG/*Siems* Rn. 31). Sofern ein Mitgliedstaat die Organmitgliedschaft von Gesellschaften und juristischen Personen zulässt, darf er die Organmitgliedschaft nicht an einen inländischen Satzungssitz knüpfen, sondern muss ausländische Gesellschaften als solche anerkennen (Art. 49, 54 AEUV; dazu EuGH Slg. 2002, I-9919 = NZG 2002, 1164 – Überseering; Slg. 2003, I-10155 = NZG 2003, 1064 – Inspire Art). Ob die satzungsmäßig bestimmten Voraussetzungen auch für den Vertreter einer Gesellschaft oder juristischen Person gelten, der Organmitglied ist, bestimmt sich nach nationalem Recht (aA *Schwarz* Rn. 47, der offenbar von einer generellen Erstreckung auf Vertreter ausgeht).

28   Ohne weiteres zulässige persönliche Voraussetzungen sind dagegen die **Aktionärseigenschaft** (bei Gesellschaften: Konzernzugehörigkeit) oder bestimmte **berufliche Qualifikationen** (vgl. MüKoAktG/*Reichert/Brandes* Rn. 9; KK-AktG/*Siems* Rn. 31, jeweils mwN).

29   Die **Rechtsfolgen eines Verstoßes gegen ein statutarisches Bestellungshindernis** regelt Abs. 3 nicht, so dass diese sich gemäß Art. 9 Abs. 1 lit. c ii) nach dem nationalen Recht des Sitzstaates der SE beurteilen (*Schwarz* Rn. 44). Für eine SE mit Sitz in Deutschland bedeutet dies, dass die Wahl von Mitgliedern des **Aufsichtsorgans** (bei dualistischer Organisationsverfassung) **bzw. des Verwaltungsrats** (bei monistischer Organisationsverfassung) anders als bei Verstößen gegen ein gesetzliches Bestellungshindernis nicht nichtig, sondern lediglich gemäß § 251 Abs. 1 AktG anfechtbar ist (*Schwarz* Rn. 44; LHT/*Teichmann* Rn. 22). Die Bestellung von Mitgliedern des **Leitungsorgans**, die unter Verstoß gegen eine entsprechende Satzungsbestimmung erfolgt ist, kann das Aufsichtsorgan gemäß § 84 Abs. 3 S. 1 AktG widerrufen (*Schwarz* Rn. 46; LHT/*Teichmann* Rn. 22).

VI. Entsenderechte (Abs. 4)

Gemäß Abs. 4 bleiben „einzelstaatliche Rechtsvorschriften" unberührt, die **30** auch einer Minderheit von Aktionären oder anderen Personen oder Stellen die Bestellung eines Teils der Organmitglieder erlauben. Einigkeit besteht insoweit, dass diese Verweisung ungeachtet der von Abs. 1–3 abweichenden Terminologie ebenfalls zur Anwendbarkeit des **nationalen Rechts des Sitzstaates der SE** führt (*Schwarz* Rn. 53; LHT/*Teichmann* Rn. 24). Die Frage, ob es sich um eine Sachnormverweisung handelt (so KK-AktG/*Siems* Rn. 34; *Schwarz* Rn. 53) oder die Formulierung auf eine Gesamtnormverweisung hindeutet (so LHT/*Teichmann* Rn. 23), ist angesichts der für die SE zwingenden Koppelung von Satzungssitz und Verwaltungssitz (Art. 7 S. 1) praktisch nicht relevant.

Ebenso wie im Rahmen von Abs. 1 und von Abs. 2 kann der nationale **31** Gesetzgeber **SE-spezifische Regelungen** für das in seinem nationalen Recht nicht bekannte Organisationsmodell erlassen (*Schwarz* Rn. 50). Der Verweis auf einzelstaatliche Rechtsvorschriften ist nicht so zu verstehen, dass Entsenderechte nur durch Gesetz, nicht aber durch Satzungsbestimmungen begründet werden können. Der einzelstaatliche Gesetzgeber kann seine Regelungsbefugnis vielmehr **an den Satzungsgeber delegieren,** so wie es der deutsche Gesetzgeber für die Aktiengesellschaft und die dualistisch verfasste SE in § 101 Abs. 2 AktG und für die monistisch verfasste SE durch die Verweisung in § 28 Abs. 2 SEAG getan hat (KK-AktG/*Siems* Rn. 35).

Abs. 4 nennt drei potentiell **entsendeberechtigte Personenkreise:** Minder- **32** heitsaktionäre oder andere Personen oder Stellen. In der Praxis am bedeutendsten sind Entsenderechte von **Aktionären oder Aktionärsgruppen.** Insbesondere bei einer SE, die aus einem Zusammenschluss verschiedener Unternehmen hervorgeht, ermöglicht es ein Entsenderecht, den Einfluss jedes einzelnen Partners zu sichern (vgl. KK-AktG/*Siems* Rn. 33). § 101 Abs. 2 AktG sieht vor, dass Entsenderechte „bestimmten" Aktionären eingeräumt werden können, und zwar unabhängig von einer Stellung als Minderheitsaktionär. Das Entsenderecht gemäß § 101 Abs. 2 AktG fällt daher unter Abs. 4 Var. 2 (*Schwarz* Rn. 57). Sofern nach dem Recht eines Mitgliedstaats Behörde („anderen Stellen") Entsenderechte zugestehen, ist die Rechtsprechung des EuGH zur Vereinbarkeit sog. „Golden Shares" mit der Kapitalverkehrsfreiheit zu beachten (s. EuGH NZG 2010, 1382; WM 2010, 1362 = NZG 2010, 983).

Das Entsenderecht darf sich nach dem eindeutigen Wortlaut des Abs. 4 nur auf **33** **einen Teil der Organmitglieder,** nicht aber auf das gesamte Organ beziehen. Wie groß dieser Teil sein darf, regelt Abs. 4 nicht und richtet sich daher nach nationalem Recht. Nach deutschem Recht können Entsendungsrechte höchstens für **ein Drittel** der von den Aktionären ohne Bindung an Wahlvorschläge gewählten Aufsichtsratsmitglieder eingeräumt werden (§ 101 Abs. 2 S. 4 AktG); dasselbe gilt für die Mitglieder des Verwaltungsrates (§ 28 Abs. 2 SEAG iVm § 101 Abs. 2 S. 4 AktG).

Nach dem Wortlaut des Abs. 4 scheinen Entsenderechte für sämtliche Organe **34** der SE denkbar zu sein, sofern das einzelstaatliche Recht sie vorsieht. Hinsichtlich der Bestellung von **Mitgliedern des Leitungsorgans** enthält jedoch Art. 39 Abs. 2 eine abschließende Regelung, die – anders als Art. 40 Abs. 2 S. 3 und Art. 43 Abs. 3 S. 3 – nicht auf Art. 47 Abs. 4 verweist. Daher kommen etwaige Bestimmungen des nationalen Rechts, die Entsenderechte hinsichtlich des Leitungsorgans gewähren oder zulassen, nicht zur Anwendung (*Schwarz* Rn. 49; LHT/*Teichmann* Rn. 26).

[Geschäftsarten]

48 (1) **In der Satzung der SE werden die Arten von Geschäften aufgeführt, für die im dualistischen System das Aufsichtsorgan dem Leitungsorgan seine Zustimmung erteilen muss und im monistischen System ein ausdrücklicher Beschluss des Verwaltungsorgans erforderlich ist.**

Die Mitgliedstaaten können jedoch vorsehen, dass im dualistischen System das Aufsichtsorgan selbst bestimmte Arten von Geschäften von seiner Zustimmung abhängig machen kann.

(2) **Die Mitgliedstaaten können für die in ihrem Hoheitsgebiet eingetragenen SE festlegen, welche Arten von Geschäften auf jeden Fall in die Satzung aufzunehmen sind.**

§ 19 SEAG Festlegung zustimmungsbedürftiger Geschäfte durch das Aufsichtsorgan

Das Aufsichtsorgan kann selbst bestimmte Arten von Geschäften von seiner Zustimmung abhängig machen.

Schrifttum: *Eder,* Die monistisch verfasste Societas Europaea – Überlegungen zur Umsetzung eines CEO-Modells, NZG 2004, 544; *Forst,* Zu den Auswirkungen des Gesetzes zur Angemessenheit der Vorstandsvergütung auf die SE, ZIP 2010, 1786; *ders.,* Die Beteiligungsvereinbarung nach § 21 SEBG, Diss. Bonn 2010; *Götz,* Zustimmungsvorbehalte des Aufsichtsrates der Aktiengesellschaft, ZGR 1990, 633; *Habersack,* Schranken der Mitbestimmungsautonomie in der SE, AG 2006, 345; *Hoffmann-Becking,* Organe: Strukturen und Verantwortlichkeiten, insbesondere im monistischen System, ZGR 2004, 355; *Lange,* Zustimmungsvorbehaltspflicht und Kataloghaftung des Aufsichtsrats nach neuem Recht, DStR 2003, 376; *Merkt,* Die monistische Unternehmensverfassung für die Europäische Aktiengesellschaft aus deutscher Sicht – mit Vergleichen im Blick auf die Schweiz, das Vereinigte Königreich und Frankreich, ZGR 2003, 650; *Scheibe,* Die Mitbestimmung der Arbeitnehmer in der SE unter besonderer Berücksichtigung des monistischen Systems, Diss. Kiel 2010; *Seebach,* Kontrollpflicht und Flexibilität – Zu den Möglichkeiten des Aufsichtsrats bei der Ausgestaltung und Handhabung von Zustimmungsvorbehalten, AG 2012, 70.

Übersicht

	Rn.
I. Normzweck, Normgeschichte und anwendbare Vorschriften ..	1
1. Regelungsgegenstand und Normzweck	1
2. Normgeschichte	2
3. Anwendbare Vorschriften	3
II. Zustimmungs- und Beschlussvorbehalt nach Satzung (Abs. 1 UAbs. 1)	4
1. Zwingender Regelungsauftrag an Satzungsgeber	4
2. Arten von Geschäften....................................	7
a) Allgemeines	7
b) Dualistisches Leitungssystem	9
c) Monistisches Leitungssystem	11
3. Zustimmungsbeschluss des Aufsichtsorgans (dualistisches System)	13
a) Verfahren und Form....................................	13
b) Inhaltlicher Maßstab	15
4. Ausdrücklicher Beschluss des Verwaltungsorgans (monistisches System)	16
a) Verfahren und Form....................................	16
b) Inhaltlicher Maßstab	17
5. Wirkung einer (fehlenden) Zustimmung bzw. eines (fehlenden) Beschlusses	18
6. Ersetzungsverfahren......................................	19

Rn.

III. Zustimmungsvorbehalt durch das Aufsichtsorgan (Abs. 1
    UAbs. 2, § 19 SEAG) 21
    1. Regelungsermächtigung an Mitgliedstaaten 21
    2. Bestimmte Arten von Geschäften 23
IV. Mitgliedstaatlicher Mindestkatalog (Abs. 2) 24

I. Normzweck, Normgeschichte und anwendbare Vorschriften

1. Regelungsgegenstand und Normzweck. Die Corporate Governance- **1**
Forschung geht davon aus, dass bestimmte Arten von Geschäften wegen ihrer
wirtschaftlichen oder strategischen Bedeutung oder ihrer Risikopotentialität einer
außerordentlichen Kontrolle durch die Anordnung einer gegenüber den Normal-
prozessen erweiterten Willensbildung und Entscheidungsfindung bedürfen. Im
dualistischen Verwaltungssystem wird die daher **erweiterte Präventivüber-
wachung** durch einen Zustimmungsvorbehalt zugunsten des Aufsichtsorgans
geregelt, der nach Erörterung der Entscheidung des Leitungsorgans, Kommunikation vom Leitungs- an Aufsichtsorgan und eigener Prüfung der Recht- und
Zweckmäßigkeit eine eigene unternehmerische Entscheidung trifft. Der auf den
Beschluss des Leitungsorgans bezogene Zustimmungsbeschluss des Aufsichtsorgans ist zwar nicht – wie bei der Feststellung des Jahresabschlusses (vgl. § 172
S. 1 AktG) – Teil eines einheitlichen, zweiaktigen Rechtsaktes, aber Bestandteil
der notwendigen Entscheidung über eine Geschäftsführungsmaßnahme und insofern ein **Mitentscheidungsrecht mit Durchbrechung der Trennung von
Geschäftsführung und Aufsicht.** Im **monistischen Verwaltungssystem**
wird die Präventivkontrolle durch die ausdrückliche Anordnung eines Beschlusserfordernisses des gesamten Verwaltungsorgans erreicht, also unter Einschluss
auch der nicht geschäftsführenden Organmitglieder. Für den Grundfall ermächtigt Art. 48 Abs. 1 UAbs. 1 den Satzungsgeber, bestimmte Arten von (außergewöhnlichen) Geschäften der Zustimmung des Aufsichtsorgans (dualistisches System; Var. 1) oder einem ausdrücklichen Beschluss des Verwaltungsorgans (monistisches System; Var. 2) zu unterwerfen (→ Rn. 4–20). Art. 48 Abs. 1 UAbs. 2
ermächtigt ferner die Mitgliedstaaten zu der Regelung, dass bei einer dualistisch
organisierten SE das Aufsichtsorgan selbst die Arten von Geschäften festlegen
kann; der deutsche Gesetzgeber hat hiervon mit § 19 SEAG Gebrauch gemacht
(→ Rn. 21–23). Art. 48 Abs. 2 enthält schließlich ein Mitgliedstaatenwahlrecht,
dem Satzungsgeber die Aufnahme bestimmter Arten von Geschäften vorzuschreiben; diese Regelungsoption hat der deutsche Gesetzgeber nicht wahrgenommen
(→ Rn. 24 f.).

2. Normgeschichte. Art. IV-1–5 S. 1 Sanders-Vorentwurf 1967 regelte aus- **2**
schließlich für das darin geregelte dualistische System, dass die Satzung bestimmte,
im Einzelnen aufgezählte Rechtsgeschäfte des Vorstands, von der Einwilligung
des Aufsichtsrats abhängig machen konnte. Mit Art. 66 SE-VO 1970 wurde
Satzungsfreiheit zur Bestimmung von zustimmungspflichtigen Geschäften (Abs. 2
S. 1) neben einem gemeinschaftsrechtlich verbindlichen Katalog (Abs. 1) eingeführt (*Schwarz* Rn. 3). Mit der Einführung des monistischen Systems als Option
der Wahlpflicht durch die SE-VO 1989 wurde klarstellend geregelt, dass die
Durchführung der Katalogmaßnahmen nicht auf die geschäftsführenden Mitglieder des Verwaltungsorgans übertragen werden durfte (*Schwarz* Rn. 4). Die Regelungsermächtigung für Mitgliedstaaten, das Aufsichtsorgan bzw. das Verwaltungsorgan zur Definition von Zustimmungsmaßnahmen zu ermächtigen wurde
erstmals mit Art. 48 Abs. 1 UAbs. 2 SE-VO 1991 eingeführt (*Schwarz* Rn. 5).
Die mitgliedstaatliche Regelungsermächtigung zur Verankerung eines gesetzli-

chen Mindestkatalogs wurde erstmals mit Art. 72 Abs. 3 SE-VO 1991 geregelt (*Schwarz* Rn. 6).

3   **3. Anwendbare Vorschriften.** Zu den anwendbaren Vorschriften auf die SE mit dualistischem Verwaltungssystem → Art. 40 Rn. 3 f. Auf die deutsche SE mit monistischem Verwaltungssystem findet allein Art. 48 unmittelbar Anwendung; bereits mangels der Organisationsfreiheit im Aktienrecht zur Wahl des monistischen Verwaltungssystems finden Vorschriften des AktG keine Anwendung.

II. Zustimmungs- und Beschlussvorbehalt nach Satzung (Abs. 1 UAbs. 1)

4   **1. Zwingender Regelungsauftrag an Satzungsgeber.** Art. 48 Abs. 1 UAbs. 1 bestimmt einen – wie in § 111 Abs. 4 S. 2 AktG – **zwingenden Regelungsauftrag an den Satzungsgeber** („werden […] aufgeführt"; deutlicher die englische Sprachfassung „shall list" und die französische Sprachfassung „énumérent"), bestimmte zustimmungsbedürftige Geschäfte in der Satzung vorzusehen (KK-AktG/*Siems* Rn. 2; *Schwarz* Rn. 9; NK-SE/*Manz* Rn. 3; Spindler/Stilz/*Eberspächer* Rn. 2; *Hirte* NZG 2001, 1 [5 f.]; *Hommelhoff* AG 2001, 279 [284]; *ders.* FS Ulmer, 2003, 267 [275]; LHT/*Teichmann* Rn. 5; aA – Ermessen des Satzungsgebers – MüKoAktG/*Reichert/Brandes* Rn. 1; *Thümmel* Europäische Aktiengesellschaft Rn. 180). Die Anordnung der Regelungspflicht unterstreicht die Bedeutung des Zustimmungsvorbehalts bzw. Beschlusserfordernis des Gesamtorgans als Mittel der gegenwarts- und zukunftsbezogenen Überwachung der Geschäftsführung und damit als Teil guter Corporate Governance (→ Rn. 1). Fehlt es an einer entsprechenden Satzungsregelung, besteht bei der Gründung der SE ein Eintragungshindernis (*Schwarz* Rn. 9; LHT/*Teichmann* Rn. 6). Dabei besteht in Abweichung zu § 111 Abs. 4 S. 2 AktG **keine Alternativität zwischen einer Festlegung der Geschäfte durch die Satzung oder durch das Aufsichtsorgan selbst;** Art. 48 Abs. 1 UAbs. 2 enthält lediglich eine Regelungsermächtigung an die Mitgliedstaaten, die die Festlegung durch das Aufsichtsorgan *zusätzlich* (str.; → Rn. 22) erlaubt. Nach § 19 SEAG kann das Aufsichtsorgan im dualistischen System selbst weitere Geschäfte seiner Zustimmung unterwerfen, und zwar durch Aufnahme in eine Geschäftsordnung für den Aufsichtsrat oder für das Leitungsorgan bzw. durch – auch einzelfallbezogen – ad hoc-Beschluss des Aufsichtsorgans.

5   Bei der **SE mit monistischem System** folgt die Befugnis, zusätzlich zu den statutarischen Zustimmungsvorbehalten noch weitere Geschäfte dem Beschlusserfordernis des Gesamtgremiums zu unterwerfen, aus dem **allgemeinen Weisungsrecht des Verwaltungsrats nach § 44 Abs. 2 SEAG** (zutreffend MüKo-AktG/*Reichert/Brandes* Rn. 5 f.). Nach § 44 Abs. 2 SEAG sind nämlich die geschäftsführenden Direktoren zur Beachtung von solchen Zustimmungsvorbehalten verpflichtet, die (i) durch Beschluss des Verwaltungsrats festgelegt wurden, (ii) sich aus einer Geschäftsordnung für die geschäftsführenden Direktoren (§ 40 Abs. 4 SEAG) oder (iii) aus einer Geschäftsordnung für den Verwaltungsrat (§ 34 Abs. 2 SEAG) ergeben.

6   Diese Rechte von Aufsichtsorgan bzw. Verwaltungsrat auf Festlegung weiterer Zustimmungsvorbehalte sind **unentziehbar,** dh sie können durch Satzungsregelung nicht ausgeschlossen oder wesentlich erschwert werden (zB durch Bestimmung einer qualifizierten Beschlussmehrheit im Aufsichtsorgan bzw. Verwaltungsrat zur Festlegung des Zustimmungskatalogs), und sie fallen insbesondere auch nicht dadurch weg, dass die Satzung bereits einen umfangreichen (und ggf. als „abschließend" bezeichneten) Katalog von Zustimmungsvorbehalten enthält (MüKoAktG/*Reichert/Brandes* Rn. 4).

2. Arten von Geschäften. a) Allgemeines. Der Regelungsauftrag an den 7
Satzungsgeber nach Art. 48 Abs. 1 UAbs. 1 bezieht sich auf „Arten von Geschäften" (in der englischen Sprachfassung „categories of transactions", in der französischen Sprachfassung „catégories d'opération"), dh in der Satzung können nur
abstrakt-generell bezeichnete Arten von Geschäften (und keine konkreten
einzelfallbezogene Geschäfte oder Maßnahmen) geregelt werden (LHT/*Teichmann* Rn. 7). Dieses Verständnis wird auch durch den Wechselblick auf Art. 48
Abs. 1 UAbs. 2 gestützt, der bei der Regelungsermächtigung an die Mitgliedstaaten für die Festsetzung von Zustimmungsvorbehalten durch das Aufsichtsorgan selbst „*bestimmte* Arten von Geschäften" (in der englischen Sprachfassung
„certain", in der französischen Sprachfassung „certaines") in den Blick nimmt
und damit hier auch Ad-hoc-Zustimmungsvorbehalte für Einzelgeschäfte erlaubt
(→ Rn. 23).

Die **sachlich-inhaltlichen Grenzen für den statutarischen Katalog der** 8
Zustimmungsvorbehalte sind wie folgt gezogen: Die Satzung sollte solche
Rechtsgeschäfte oder Maßnahmen enthalten, die unter Berücksichtigung der
Größe, Branche, Finanz- und Risikolage sowie sonstiger Verhältnisse des Unter-
nehmens, die Vermögens- und Finanz- und Ertragslage des Unternehmens
grundlegend verändern können (vgl. Ziff. 3.3 S. 2 DCGK; zum deutschen Recht
auch Hüffer/*Koch* AktG § 111 Rn. 36). Der Katalog zustimmungspflichtiger
Geschäfte darf umgekehrt nicht das Gebot der eigenverantwortlichen Leitung der
Gesellschaft durch das Leitungsorgan (Art. 39 Abs. 1 – im dualistischen System;
→ Rn. 9) bzw. das Selbstorganisationsrecht des Verwaltungsrats (im monistischen
System, → Rn. 11) einschränken. Schließlich gilt für die statutarische Festlegung
der Geschäfte das Bestimmtheitsgebot, da es andernfalls an klaren Kompetenz-
abgrenzungen fehlte; deshalb sind zB generalklauselartige Zustimmungstatbestän-
de (wie „alle grundlegenden Geschäfte", „alle über den gewöhnlichen Betrieb
der Gesellschaft hinausgehende Geschäfte") unzulässig (zum deutschen Recht
Schmidt/Lutter/*Drygala* AktG § 111 Rn. 55; *Seebach* AG 2012, 70 [71]); das
Handelsregister könnte daher die Eintragung dieser Satzungsbestimmung ablehnen. Innerhalb dieser Schranken ist der Satzungsgeber frei, die Katalogtatbestän-
de zu formulieren. Eine empirische Analyse der Satzungen größerer deutscher SE
ergibt, dass gegenüber den Satzungsbestimmungen über Zustimmungsvorbehalte
vergleichbarer AG keine signifikanten Unterschiede bestehen; die Rechtsform
alleine scheint keinen Einfluss auf die statutarische Regelung der Überwachungs-
intensität zu haben.

b) Dualistisches Leitungssystem. Bei einer SE mit dualistischem System darf 9
die Festlegung von Zustimmungsvorbehalten nicht dazu führen, dass das Gebot
der eigenverantwortlichen Leitung der Gesellschaft durch das Leitungsorgan
(Art. 39 Abs. 1) aufgehoben oder wesentlich und dauerhaft eingeschränkt wird.
Daher ist ein **Übermaß an Zustimmungsvorbehalten unzulässig,** und diese
Grenze ist überschritten, wenn nicht nur einzelne, dem gewöhnlichen Geschäftsbetrieb unterfallende Geschäfte („Tagesgeschäfte") dem Zustimmungsvorbehalt
unterfallen (ebenso LHT/*Teichmann* Rn. 8; *Schwarz* Rn. 15 ff.; aA *Merkt* ZGR
2003, 650 [662]). Dies bedeutet allerdings nicht, dass ein bestimmter Katalog-
tatbestand unzulässig (und deshalb vom Leitungsorgan nicht zu beachten) wäre,
weil ihm im Einzelfall auch eine Maßnahme des laufenden Geschäfts unterfällt
(tendenziell strenger MüKoAktG/*Reichert*/*Brandes* Rn. 8).

Die Zustimmungsvorbehalte können auch in dem Sinne **konzernbezogen** 10
und Maßnahmen in Untergesellschaften erfassend formuliert werden, sofern
solche Maßnahmen vom Leitungsorgan veranlasst werden (können) (LHT/*Teichmann* Rn. 7). Fehlt es an einer ausdrücklich konzernbezogenen Formulierung der
Zustimmungsvorbehalte, ist es eine – im Zweifel zu bejahende – Frage der

Auslegung, ob vergleichbar gewichtige und risikoreiche Maßnahmen in Untergesellschaften vom Zustimmungsvorbehalt erfasst sind (ähnlich LHT/*Teichmann*
Rn. 7 [ohne Zweifelsregelung]).

11   c) **Monistisches Leitungssystem.** Bei der Festlegung von Zustimmungsvorbehalten in der Satzung ist das **Selbstorganisationsrecht des Verwaltungsrats**
zu beachten, demzufolge das Organ im Grundsatz selbst bestimmen können muss,
ob über eine bestimmte Maßnahme im Gesamtorgan, in einem bestimmten
Ausschuss oder durch eine bestimmte Gruppe von Verwaltungsratsmitgliedern
Beschluss gefasst wird. Ein Übermaß an Zustimmungsvorbehalten ist daher unzulässig (MüKoAktG/*Reichert/Brandes* Rn. 10; LHT/*Teichmann* Rn. 8) und führt
zur Nichtigkeit der entsprechenden Satzungsbestimmung. Ein **Anhalt für die
Konturierung des Beschlusserfordernisses** des Gesamtorgans im monistischen System kann die **ICSA** [Institute of Chartered Secretaries and Adminis-
trators] **Guidance on Matters Reserved for the Board vom Juli 2013** sein,
die auf Grundlage des UK Corporate Governance Codex von 2012 (A1.1:
„There should be a formal schedule of matters specifically reserved for its [the
board's] decision"; insofern wortgleich mit dem aktuellen UK Corporate Governance Codex von 2014) für börsennotierte Gesellschaften im Vereinigten Königreich einen detaillierten Gesamtorganbeschluss unter Gliederung in die nachfolgend aufgeführten zwölf Gebiete empfehlen: 1. Strategie und Management
(zB Zustimmung zu den langfristigen Zielvorgaben und Marktstrategien der
Gesellschaft), 2. Struktur und Kapital (zB wesentliche Umstrukturierungen),
3. Finanzberichte und Kontrolle (zB Bestätigung der Halbjahresberichte), 4. Interne Kontrolle (zB Gewährleistung eines angemessenen Risikokontrollsystems),
5. Verträge (zB Akquisitionen mit einem Volumen jenseits eines festzusetzenden
Schwellenbetrags), 6. Kommunikation (zB Bestätigung von Pressemitteilungen
über Beschlüsse des Boards), 7. Mitgliedschaft im Board und wichtige Bestel-
lungen (zB Bestellung des externen Abschlussprüfers), 8. Vergütung (zB Vorstandsvergütung), 9. Aufgabenverteilung (zB zwischen Vorsitzendem des Board
und CEO), 10. Corporate Governance (zB Evaluation), 11. Unternehmensricht-
linien (zB Verhaltensmaßregeln für Directors' Dealings) und 12. Andere Themen
(zB Spenden an politische Entscheidungsträger).

12   Für Zustimmungsvorbehalte, die der Verwaltungsrat selbst in einer Geschäftsordnung oder durch (einzelfallbezogenen) Ad-hoc-Beschluss festsetzt, gilt als
inhaltliche Grenze nicht das Selbstorganisationsrecht, sondern diese Festlegungen
sind vielmehr Ausdruck des Selbstorganisationsrechts (zutreffend MüKoAktG/
Reichert/Brandes Rn. 12). Hier ist die Rechtmäßigkeitsgrenze erst überschritten,
wenn die Formulierung der Zustimmungsvorbehalte unter Berücksichtigung der
konkreten Zusammensetzung des Verwaltungsrats zur Leitungs- und Geschäfts-
führungsunfähigkeit des Verwaltungsrates führt.

13   **3. Zustimmungsbeschluss des Aufsichtsorgans (dualistisches System).
a) Verfahren und Form.** Nach Art. 48 Abs. 1 UAbs. 1 Var. 1 statuiert die
Satzung einen Geschäftskatalog, zu dem „das Aufsichtsorgan dem Leitungsorgan
seine Zustimmung erteilen muss" (in der englischen Sprachfassung: „which
require authorisation of the management organ by the supervisory organ", in der
französischen Sprachfassung: „qui donnent lieu à autorisation de l'organe de
direction par l'organe de surveillance"). Die Zustimmungserteilung erfolgt durch
Beschluss, und es gelten insoweit die allgemeinen Regeln für die Beschlussfähigkeit und Beschlussfassung nach Art. 50. Aus der Bezugnahme auf „das Aufsichtsorgan" kann ein Delegationsverbot an Ausschüsse nicht geschlossen werden
(zutreffend KK-AktG/*Siems* Rn. 15; Spindler/Stilz/*Eberspächer* Rn. 7; aA NK-
SE/*Manz* Rn. 17; LHT/*Teichmann* Rn. 9). Die Zulässigkeit von Ausschüssen,

deren Einrichtung, Kompetenzen und Binnenorganisation bestimmen sich nach § 107 Abs. 3 und Abs. 4 AktG, Art. 9 Abs. 1 lit. c ii.

Der als „Zustimmung" („authorisation", „autorisation") bezeichnete **Bil-** **14** **ligungsbeschluss** ist nach dem Funktionsziel der Zustimmungsvorbehalte (gegenwarts- und zukunftsbezogene Überwachung; Rn. 1) **im Regelfall vor Durchführung der Katalogmaßnahme zu fassen** (KK-AktG/*Siems* Rn. 16; MüKoAktG/*Reichert/Brandes* Rn. 13). Ist wegen einer der Gesellschaft ansonsten drohenden erheblichen Nachteils dem Zustimmungsvorbehalt unterfallenes Geschäft aus Zeitgründen ohne Einwilligung des Aufsichtsorgans durchgeführt worden, ist eine Vorlage mit Antrag auf nachträgliche Zustimmung zum Geschäft (**„Genehmigung"**) erforderlich, aber auch ausreichend (zutreffend MüKo-AktG/*Reichert/Brandes* Rn. 14; vgl. auch KK-AktG/*Siems* Rn. 16; *Schwarz* Rn. 11; NK-SE/*Manz* Rn. 20). Entscheidungen des Verwaltungsorgans erfolgen durch Beschluss, das ist das förmliche Ergebnis einer eigenen, auf Entscheidungsfindung gerichtete Willensbildung im Organ. Dies setzt eine inhaltliche Befassung mit dem Beschlussgegenstand voraus, und es ist ein formeller Beschluss zu fassen, dessen Gegenstand in der Tagesordnung anzukündigen und in der Sitzungsniederschrift festzuhalten ist; die bloße Kenntnisnahme einer Berichterstattung durch das Leitungsorgan erfüllt das Beschlusserfordernis nicht (LHT/*Teichmann* Rn. 10).

b) Inhaltlicher Maßstab. Das Aufsichtsorgan hat den Beschluss nach eigener **15** Rechtmäßigkeits- und Zweckmäßigkeitsprüfung zu fassen (KK-AktG/*Siems* Rn. 18; NK-SE/*Manz* Rn. 21).

4. Ausdrücklicher Beschluss des Verwaltungsorgans (monistisches Sys- **16** **tem). a) Verfahren und Form.** Nach Art. 48 Abs. 1 UAbs. 1 Var. 2 ist für die in der Satzung festgelegten Geschäfte „ein ausdrücklicher Beschluss des Verwaltungsorgans" erforderlich. Es ist ein formeller Beschluss (→ Rn. 14) verlangt, für den die allgemeinen Regeln zur Beschlussfähigkeit und Beschlussfassung nach Art. 50 gelten. Auch im monistischen System sperrt der Verweis auf „das Verwaltungsorgan" eine Delegation an einen Ausschuss des Verwaltungsrats zur Befassung oder sogar Beschlussfassung nicht (KK-AktG/*Siems* Rn. 15; *Schwarz* Rn. 20, 23; Spindler/Stilz/*Eberspächer* Rn. 7). Die geschäftsführenden Mitglieder des Verwaltungsorgans sind bei der Beschlussfassung nicht wegen Befangenheit vom Stimmrecht ausgeschlossen (KK-AktG/*Siems* Rn. 15).

b) Inhaltlicher Maßstab. Der Verwaltungsrat hat bei seiner Beschlussfassung **17** das Legalitätsprinzip und ansonsten die allgemeinen Vorschriften zur Sorgfaltspflicht einzuhalten.

5. Wirkung einer (fehlenden) Zustimmung bzw. eines (fehlenden) Be- **18** **schlusses.** Wird bei einer SE mit dualistischem System die Zustimmung durch das Aufsichtsorgan erteilt, folgt daraus nicht, dass das Leitungsorgan gezwungen wäre, das Geschäft in jedem Fall durchzuführen. Vielmehr kann das Leitungsorgan auch nach sorgfältiger Prüfung zu dem Ergebnis kommen, dass zB wegen geänderter Umstände das Geschäft nicht durchgeführt wird. Art. 48 Abs. 1 S. 1 beinhaltet nur ein Veto-Recht und kein Weisungsrecht zugunsten des Aufsichtsorgans. Die Versagung der Zustimmung durch das Aufsichtsorgan bewirkt allerdings im **Innenverhältnis,** dass das betreffende Geschäft nicht vorgenommen werden darf. Im **Außenverhältnis** ist das Geschäft im Grundsatz dagegen wirksam (Ausnahme: Rechtsinstitut des Missbrauchs der Vertretungsmacht) (KK-AktG/*Siems* Rn. 20; *Schwarz* Rn. 25; LHT/*Teichmann* Rn. 11; NK-SE/*Manz* Rn. 22). Die Durchführung einer an sich zustimmungspflichtige Maßnahme ohne Zustimmungserteilung kann zu einem Schadensersatzanspruch gegen die Mitglieder des Leitungsorgans führen, wobei bei Verletzung eines Zustimmungs-

vorbehalts eine Art **Sonderschadensrecht zulasten der Mitglieder des Leitungsorgans** gilt: So bleibt in normativer Korrektur der Differenzhypothese per
se und ohne Rückgriff auf das hierfür an sich bestehende Korrektiv des Auf-
drängungsschutzes eine empfangene Gegenleistung außer Betracht und das Organmitglied kann nicht einwenden, es habe zwar rechtswidrig gehandelt, der
identische Schaden wäre aber auch bei rechtmäßigem Alternativverhalten (hier
also der ordnungsgemäßen Berücksichtigung des Zustimmungsvorbehaltes) entstanden (für das deutsche Recht zB *Grooterhorst* NZG 2011, 921 [924]; *Seebach*
AG 2012, 70 [73]; kritisch *Altmeppen* FS K. Schmidt, 2009, 21 [32 ff.]; *Fleischer*
DStR 2009, 1204 ff.). Zudem droht dem Mitglied des Aufsichts- oder Verwaltungsorgans die Abberufung aus wichtigem Grund sowie die Kündigung seines
Anstellungsverhältnisses aus wichtigem Grund.

19   **6. Ersetzungsverfahren.** Die Frage nach der Ersetzungsbefugnis einer ver-
sagten Zustimmung und des dann einzuhaltenden Verfahrens, richtet sich nach
mitgliedschaftlichem Recht; die SE-VO regelt diese Frage nicht, sperrt sie aber
auch nicht (LHT/*Teichmann* Rn. 14). Bei der deutschen SE mit dualistischem
System können Geschäftsführungsmaßnahmen nach Art. 52 S. 2 iVm § 119
Abs. 2 AktG der **Hauptversammlung zur Letztentscheidung** vorgelegt
werden (LHT/*Teichmann* Rn. 14; MüKoAktG/*Reichert/Brandes* Rn. 16; *Schwarz*
Rn. 14, 29; aA NK-SE/*Manz* Rn. 24). Für das Mehrheitserfordernis beim
Ersetzungsbeschluss der Hauptversammlung gilt nach Art. 52 S. 2 (Sondernorm
zu Art. 50 Abs. 1 lit. b) § 111 Abs. 4 S. 4 AktG, der eine qualifizierte Mehr-
heit von drei Vierteln der abgegebenen Stimmen verlangt (LHT/*Teichmann*
Rn. 14).

20   Bei der deutschen SE mit monistischem System gibt es keine Ersetzungsbefugnis der Hauptversammlung für den Fall, dass der Verwaltungsrat im Plenum den
geschäftsführenden Direktoren die Zustimmung zu einem Geschäft verweigert.
Denn im Verwaltungsrat ist im monistischen System ist dem Verwaltungsrat –
anders als dem Aufsichtsorgan im dualistischen System – das Letztentscheidungsrecht in allen Geschäftsführungsangelegenheiten zugeordnet; das Gesamtgremium
des Verwaltungsrats kann einen innerorganlichen Streit kraft Weisungsbeschluss
gegenüber den geschäftsführenden Direktoren abschließend entscheiden (zutreffend LHT/*Teichmann* Rn. 15; MüKoAktG/*Reichert/Brandes* Rn. 17).

III. Zustimmungsvorbehalt durch das Aufsichtsorgan
(Abs. 1 UAbs. 2, § 19 SEAG)

21   **1. Regelungsermächtigung an Mitgliedstaaten.** Nach Art. 48 Abs. 1
UAbs. 2 können die Mitgliedstaaten vorsehen, dass im dualistischen System das
Aufsichtsorgan selbst bestimmte Arten von Geschäften von seiner Zustimmung
abhängig machen kann. Dabei ist ein Gleichlauf mit dem mitgliedstaatlichen
Aktienrecht hier nicht gefordert. Der deutsche Gesetzgeber hat sich – entsprechend seiner mit dem SEAG allgemein verfolgten Linie und unter Beachtung
von Art. 10 – **mit § 19 SEAG für einen prinzipiellen Gleichlauf mit § 111
Abs. 4 S. 3 AktG entschieden** (sofern diesem Gleichlauf Art. 48 Abs. 1
UAbs. 2 nicht entgegensteht; → Rn. 22). Die Regelungsermächtigung gilt nur
für die SE mit dualistischem System; bei der SE mit monistischem System kann
das Verwaltungsorgan auch ohne besondere Ermächtigung Zustimmungsvorbehalte zulasten der geschäftsführenden Direktoren aufstellen und einzelne Maßnahmen an sich ziehen (→ Rn. 20; vgl. auch KK-AktG/*Siems* Rn. 21; LHT/
Teichmann Rn. 18; *Schwarz* Rn. 33 ff.; *Frodermann* in Jannott Frodermann HdB
SE Kap. 5 Rn. 256 f.).

Es ist umstritten, ob die Regelungsermächtigung an die Mitgliedstaaten nur **22** die Gestaltungsvariante umfasst, dass die Befugnis des Aufsichtsorgans zur Festlegung zustimmungspflichtiger Geschäfte *neben* die Regelungspflicht des Satzungsgebers tritt, oder ausschließlich die Gestaltungsvariante, nach der die Befugnis des Aufsichtsorgans die Regelungspflicht des Satzungsgebers ersetzt, oder ob insoweit Gestaltungsfreiheit zwischen diesen beiden Gestaltungsvarianten besteht. Der deutsche Wortlaut von Art. 48 Abs. 1 UAbs. 2 („jedoch") spricht eher für die Zulässigkeit einer Substitutionskompetenz, und dies entspräche auch der Regelung des § 111 Abs. 4 S. 2 AktG. Eindeutig ist der Wortlaut aber nicht, und das gilt auch für die englische („A Member State may, however, provide") und die französische Sprachfassung („Toutefois, un État membre peut prévoir que"). Für eine **additive, ergänzende Kompetenz des Aufsichtsorgans** spricht aber deutlich die in diesem UAbs. 2 erfolgte einschränkende Bezugnahme auf nur „bestimmte" Arten von Geschäften, was dem Aufsichtsorgan offenbar eine flexible Anpassung der Satzungsregelung an die konkreten, sich wandelnden Verhältnisse ermöglichen soll (zutreffend KK-AktG/*Siems* Rn. 24; LHT/*Teichmann* Rn. 17; vgl. auch NK-SE/*Manz* Rn. 7; aus der französischen Literatur *Le Cannu,* La diréction de la Société Europeénne, S. 99, 110 (No. 20): „une souplesse qui est autorisée pour *compléter* le Katalog statutaire").

2. Bestimmte Arten von Geschäften. Die Regelungsermächtigung ermög- **23** licht dem Aufsichtsorgan selbst, „bestimmte Arten von Geschäften" von seiner Zustimmung abhängig zu machen. Dieser Wortlaut ist absichtsvoll enger als Art. 48 Abs. 1 UAbs. 1 („Arten von Geschäften") und ermöglicht damit dem Aufsichtsorgan einen engmaschigeren Katalog von Zustimmungsvorbehalten. Dies schließt – trotz der Verwendung des Begriffs der Geschäfts*art* – durchaus im Einzelfall auch ein, dass das **Aufsichtsorgan ad hoc ein bestimmtes Einzelgeschäft einem Zustimmungsvorbehalt unterstellen kann** (ebenso NK-SE/*Manz* Rn. 15; Jannott/Frodermann/*Frodermann* Kap. 5 Rn. 259; aA KK-AktG/*Siems* Rn. 26).

IV. Mitgliedstaatlicher Mindestkatalog (Abs. 2)

Mit Art. 48 Abs. 2 werden die Mitgliedstaaten ermächtigt, bestimmte Arten **24** von Geschäften vorzuschreiben, die in jedem Fall als zustimmungs- bzw. beschlussbedürftig in die Satzung aufzunehmen sind. Die rechtstechnische Konstruktion zielt darauf, dass ein Mitgliedstaat einen Mindestkatalog zustimmungsbedürftiger Geschäfte gesetzlich regelt (Regelungsvorbilder: § 95 Abs. 5 Ziff. 1–14 AktG, Österreich, Art. 164 Abs. 1 Burgerlijk Wetboek, Boek 2, Niederlande), und diesen Katalog hat dann jede SE durch Hauptversammlungsbeschluss in die Satzung zu inkorporieren; ein Beschluss des Aufsichtsorgans entsprechend Art. 48 Abs. 1 UAbs. 2 wäre nicht genügend (KK-AktG/*Siems* Rn. 29). Der mitgliedstaatliche Gesetzgeber wäre nicht verpflichtet, den gesetzlichen Mindestkatalog für das dualistische und das monistische System in gleicher Weise auszugestalten (KK-AktG/*Siems* Rn. 30; LHT/*Teichmann* Rn. 19; aA *Schwarz* Rn. 39). Der **deutsche Gesetzgeber hat rechtspolitisch zu Recht von der Ermächtigung des Art. 48 Abs. 2 keinen Gebrauch** gemacht.

Die im deutschen Aktienrecht speziell geregelten Zustimmungspflichten zu- **25** gunsten des Aufsichtsrates (zB § 204 Abs. 1 S. 2 AktG für die Durchführung einer Kapitalerhöhung aus genehmigtem Kapital oder § 172 AktG für die Feststellung des Jahresabschlusses) werden durch Art. 48 nicht gesperrt (LHT/*Teichmann* Rn. 20 f.).

[Verschwiegenheitspflicht]

49 Die Mitglieder der Organe der SE dürfen Informationen über die SE, die im Falle ihrer Verbreitung den Interessen der Gesellschaft schaden könnten, auch nach Ausscheiden aus ihrem Amt nicht weitergeben; dies gilt nicht in Fällen, in denen eine solche Informationsweitergabe nach den Bestimmungen des für Aktiengesellschaften geltenden einzelstaatlichen Rechts vorgeschrieben oder zulässig ist oder im öffentlichen Interesse liegt.

Schrifttum: *Fleischer,* Vorstandshaftung und Vertrauen auf anwaltlichen Rat, NZG 2010, 121; *Linker/Zinger,* Rechte und Pflichten der Organe einer Aktiengesellschaft bei der Weitergabe vertraulicher Unternehmensinformationen, NZG 2002, 497; *Stoffels,* Grenzen der Informationsweitergabe durch den Vorstand einer Aktiengesellschaft im Rahmen einer „Due Diligence", ZHR 165 (2001), 362.

Übersicht

                                                                    Rn.
I. Regelungsgegenstand und Normzweck 1
II. Entstehungsgeschichte 2
III. Grundsatz: Verschwiegenheitspflicht (Hs. 1) 3
   1. Verpflichteter Personenkreis 3
   2. Bezugspunkt der Verschwiegenheitspflicht 6
   3. Verbot der „Weitergabe" von Informationen 9
IV. Ausschluss der Verschwiegenheitspflicht (Hs. 2) 12
   1. Einzelstaatliches Recht 13
   2. Öffentliches Interesse 15
V. Rechtsfolgen von Verstößen gegen die Verschwiegenheitspflicht 17

I. Regelungsgegenstand und Normzweck

1   Art. 49 statuiert zunächst eine grundsätzliche **Verschwiegenheitspflicht** der Mitglieder der Organe der SE (Hs. 1), stellt diese jedoch unter den Vorbehalt der Zulässigkeit der Weitergabe von Informationen nach dem für Aktiengesellschaften geltenden einzelstaatlichen Recht und des öffentlichen Interesses (Hs. 2). Die Verschwiegenheitspflicht dient dem **Schutz der Gesellschaft,** indem sie zum einen die organschaftliche Treuepflicht der Organmitglieder und zum anderen die Pflicht zur ordnungsgemäßen Wahrnehmung der Organfunktionen im Interesse der Gesellschaft konkretisiert (vgl. Spindler/Stilz/*Eberspächer* Rn. 1; MüKoAktG/*Reichert/Brandes* Rn. 3; *Schwarz* Rn. 1; KK-AktG/*Mertens* AktG § 93 Rn. 75).

II. Entstehungsgeschichte

2   Die über den Zeitpunkt des Ausscheidens hinaus perpetuierte Verschwiegenheitspflicht der Organmitglieder der SE war bereits im Vorentwurf von *Sanders* angesprochen und ist seit dem SE-VO-E 1989 in einer für sämtliche Organe maßgeblichen Vorschrift geregelt (vgl. zu den Vorentwürfen *Schwarz* Rn. 2). Anders als frühere Entwurfsfassungen stellt die geltende Vorschrift nicht mehr auf die Vertraulichkeit von Informationen ab, sondern auf eine **potentielle Gefährdung** der Interessen der Gesellschaft im Falle ihrer Verbreitung (vgl. KK-AktG/*Siems* Rn. 1).

III. Grundsatz: Verschwiegenheitspflicht (Hs. 1)

3   **1. Verpflichteter Personenkreis.** Zur Verschwiegenheit verpflichtet sind gemäß Art. 49 die **Mitglieder der Organe** der SE, dh die Mitglieder von

Leitungs-, Aufsichts- und Verwaltungsorgan. Die Vorschrift gilt nach zutreffender Ansicht nicht für die **geschäftsführenden Direktoren** einer monistischen SE, da sie als solche kein Organmitglied sind (Spindler/Stilz/*Eberspächer* Rn. 1; MüKoAktG/*Reichert/Brandes* Rn. 1; LHT/*Teichmann* Rn. 3; wohl auch KK-AktG/*Siems* Rn. 2; aA NK-SE/*Manz* Rn. 1, 18; *Schwarz* Rn. 6). Eine Anwendung des Art. 49 kommt daher nur in Betracht, wenn ein geschäftsführender Direktor zugleich Mitglied des Verwaltungsrats ist. Die geschäftsführenden Direktoren einer monistischen SE mit Sitz in Deutschland unterliegen stattdessen der für die Vorstandsmitglieder einer deutschen Aktiengesellschaft geltenden Verschwiegenheitspflicht gemäß § 93 Abs. 1 S. 3 AktG, der aufgrund der Verweisung in § 40 Abs. 8 SEAG Anwendung findet (Spindler/Stilz/*Eberspächer* Rn. 1; MüKoAktG/*Reichert/Brandes* Rn. 1; KK-AktG/*Siems* Rn. 2; LHT/*Teichmann* Rn. 3).

Der Wortlaut der Vorschrift stellt ausdrücklich klar, dass der Verschwiegen- 4
heitspflicht nicht nur während der Amtszeit, sondern auch **nach Ausscheiden der Organmitglieder** besteht, ohne dass es einer besonderen Vereinbarung mit dem Organmitglied hierüber bedarf (MüKoAktG/*Reichert/Brandes* Rn. 18). Die **zeitliche Grenze** der Verschwiegenheitspflicht richtet sich nach den Umständen des Einzelfalles; entscheidend ist, dass der Gesellschaft durch eine Weitergabe der Information kein Schaden mehr entstehen kann (vgl. NK-SE/*Manz* Rn. 3; LHT/*Teichmann* Rn. 7).

Es entspricht dem Sinn und Zweck des Art. 49, das Interesse der Gesellschaft 5
an der Vertraulichkeit von Informationen umfassend zu schützen, die Verschwiegenheitspflicht nicht nur über den Zeitraum der Organmitgliedschaft hinaus auszudehnen, sondern auch **Ersatzmitglieder** und **nominierte, aber noch nicht bestellte Mitglieder** der Verschwiegenheitspflicht zu unterwerfen, wenn diese bereits vor ihrem Amtsantritt vertrauliche Informationen erhalten haben (KK-AktG/*Siems* Rn. 4).

2. Bezugspunkt der Verschwiegenheitspflicht. Die Verschwiegenheits- 6
pflicht erstreckt sich auf sämtliche Informationen, deren **Verbreitung den Interessen der Gesellschaft schaden** könnte. Damit ist nicht notwendigerweise ein unmittelbarer finanzieller Schaden gemeint; ausreichend ist die hinreichend konkrete Gefahr einer Beeinträchtigung des Rufes oder der Glaubwürdigkeit des Unternehmens in der Öffentlichkeit (NK-SE/*Manz* Rn. 6; *Schwarz* Rn. 8; KK-AktG/*Siems* Rn. 7). Das Gesellschaftsinteresse ist damit der alleinige Maßstab für die inhaltliche Reichweite der Verschwiegenheitspflicht (NK-SE/*Manz* Rn. 7; LHT/*Teichmann* Rn. 4).

Irrelevant für die Verschwiegenheitspflicht ist nach dem Wortlaut des Art. 49 7
und einhelliger Literaturauffassung, wie das Organmitglied an die Informationen gelangt ist. Ein besonderer Zusammenhang oder gar eine Kausalität zwischen der Stellung als Organ und der Kenntniserlangung ist anders als bei § 93 Abs. 1 S. 3 AktG nicht erforderlich (NK-SE/*Manz* Rn. 8; MüKoAktG/*Reichert/Brandes* Rn. 6; *Schwarz* Rn. 10; KK-AktG/*Siems* Rn. 5). Die Verschwiegenheitspflicht bezieht sich damit auf sämtliche Informationen, deren Verbreitung geeignet ist, den Interessen der Gesellschaft zu schaden. Die Verschwiegenheitspflicht des Art. 49 ist damit **weiter gefasst als § 93 Abs. 1 S. 3 AktG**, der sich auf vertrauliche Informationen und Geschäftsgeheimnisse beschränkt, die das Organ aufgrund seiner Organstellung erhalten hat. Im Ergebnis wird jedoch regelmäßig kein wesentlicher Unterschied beim Umfang der Verschwiegenheitspflicht gemäß Art. 49 und der eines Organmitglieds einer deutschen AG bestehen (Spindler/Stilz/*Eberspächer* Rn. 2; MüKoAktG/*Reichert/Brandes* Rn. 5 f.; *Schwarz* Rn. 7). Denn sofern die Weitergabe von Informationen, die nicht von § 93 Abs. 1 S. 3 AktG erfasst sind, die Interessen der Gesellschaft gefährden würde, wäre sie auch dem Organmitglied einer deutschen AG aufgrund seiner allgemeinen Treue-

pflicht der Gesellschaft gegenüber untersagt (vgl. MüKoAktG/*Reichert/Brandes* Rn. 6).

8   Bestehen bereits **öffentliche Gerüchte** über eine bestimmte Tatsache, hat sich das Organmitglied bei Äußerungen gegenüber Mitarbeitern oder der Öffentlichkeit ausschließlich von den Interessen der Gesellschaft leiten zu lassen. Das Gesellschaftsinteresse kann es im Einzelfall gebieten, Gerüchte unkommentiert zu lassen; umgekehrt kann es aber auch geboten sein, ihnen durch die Weitergabe zutreffender Informationen entgegenzutreten.

9   **3. Verbot der „Weitergabe" von Informationen.** Unter dem Begriff der „Weitergabe" ist grundsätzlich **jede Übermittlung** von Informationen zu verstehen. Mit der herrschenden Auffassung ist davon auszugehen, dass die **interne Übermittlung** einer Information an Personen, die ebenfalls der in Art. 49 normierten Verschwiegenheitspflicht unterliegen, nicht vom Verbot der Weitergabe erfasst ist. Dies betrifft zum einen die Weitergabe innerhalb des Organs, auf die nach Art. 41 Abs. 5 und Art. 44 Abs. 2 sogar ein Anspruch eines jeden Organmitglieds besteht, zum anderen aber auch die Weitergabe einer Information vom Leitungs- an das Aufsichtsorgan bzw. die Weitergabe vom geschäftsführenden Direktor an den Verwaltungsrat oder umgekehrt (NK-SE/*Manz* Rn. 10; MüKoAktG/*Reichert/Brandes* Rn. 7; *Schwarz* Rn. 12; KK-AktG/*Siems* Rn. 9; LHT/*Teichmann* Rn. 5). Etwas anderes gilt allerdings, wenn konkrete Anhaltspunkte dafür bestehen, dass durch die interne Weitergabe die Interessen der Gesellschaft Schaden nehmen könnten (*Schwarz* Rn. 12).

10   Eine interne Übermittlung von Informationen an Personen, die nicht Mitglied eines Organs der SE sind, ist nur dann keine von Art. 49 erfasste Weitergabe, wenn diese Personen ebenfalls – beispielsweise aufgrund vertraglicher Verpflichtung – zur Verschwiegenheit verpflichtet sind. Dies kann beispielsweise bei einzelnen **engen Mitarbeitern von Organmitgliedern** der Fall sein (zB Sekretärin, vgl. KK-AktG/*Siems* Rn. 10).

11   Dagegen ist die Übermittlung von Informationen an **unternehmensexterne Dritte** stets als Weitergabe iSd Art. 49 anzusehen, unabhängig davon, ob der Empfänger der Information – wie etwa ein Rechtsanwalt – der Verschwiegenheit unterliegt oder nicht, und unabhängig davon, ob die Weitergabe im Interesse des Unternehmens erfolgt. Die Zulässigkeit einer externen Weitergabe von Informationen beurteilt sich daher gemäß Hs. 2 stets nach nationalem Recht (→ Rn. 12 ff.; KK-AktG/*Siems* Rn. 11). Häufig wird die Weitergabe von Informationen an **externe Berater** wie Rechtsanwälte und Wirtschaftsprüfer sogar zwingend erforderlich sein, um deren Rat, beispielsweise zu unternehmerischen Entscheidungen, einzuholen (→ Rn. 14). Da Art. 51 für die Haftung von Organmitgliedern ebenfalls auf das nationale Recht verweist, begegnet es insofern keinen Bedenken, wenn sich auch die Zulässigkeit der Weitergabe von Informationen an externe Dritte ausschließlich nach nationalem Recht beurteilt.

IV. Ausschluss der Verschwiegenheitspflicht (Hs. 2)

12   Art. 49 Hs. 2 sieht einen Ausschluss der Verschwiegenheitspflicht vor, wenn die Weitergabe von Informationen entweder **nach einzelstaatlichem Recht** vorgeschrieben oder zulässig ist oder wenn sie im **öffentlichen Interesse** liegt.

13   **1. Einzelstaatliches Recht.** Art. 49 Hs. 2 verweist – im Gegensatz zu anderen Regelungen der SE-VO wie zB Art. 9 Abs. 1 lit. c ii) oder Art. 51 – nicht auf das für Aktiengesellschaften des Sitzstaates der SE geltende Recht, sondern allgemein auf das „einzelstaatliche" Recht. Diese Verweisung geht weiter als eine schlichte Sachnormverweisung auf das nationale Aktienrecht des Sitzstaates der SE. Denn zum einen kann sich eine Durchbrechung der Verschwiegenheitspflicht aus Normen ergeben, die **nicht als gesellschaftsrechtlich** zu qualifizieren sind, etwa aus Vorschriften des Prozessrechts oder des Steuerrechts. Zum anderen kann eine Durchbrechung der Verschwiegenheitspflicht – etwa aufgrund prozessrechtlicher Aussagepflichten – in **allen Mitgliedstaaten auftreten, zu denen die SE einen Bezug aufweist** (vgl. Spindler/Stilz/*Eberspächer* Rn. 2; *Schwarz* Rn. 17; KK-AktG/*Siems* Rn. 13 f.; enger LHT/*Teichmann* Rn. 8: Verweisung auf „das nach Internationalem Gesellschaftsrecht maßgebliche Sachrecht"; ebenso NK-SE/*Manz* Rn. 13). Daraus folgt, dass die Verweisung notwendigerweise über den engen Bereich des nationalen Aktienrechts hinausgeht. Zudem ist das Kollisionsrecht in die Verweisung mit einzubeziehen; es handelt sich also um eine Gesamtnormverweisung auf die Kollisions- und Sachnormen des jeweils betroffenen Rechtsgebiets (KK-AktG/*Siems* Rn. 14). Eine Verpflichtung zur Weitergabe von Informationen enthält das deutsche Recht etwa in § 131 AktG, wonach der Vorstand auf Verlangen von Aktionären über alle Angelegenheiten der Gesellschaft Auskunft zu erteilen hat und die Auskünfte nur ausnahmsweise verweigern darf (NK-SE/*Manz* Rn. 17; LHT/*Teichmann* Rn. 9). § 131 AktG ist eine gesellschaftsrechtliche Norm, deren Anwendbarkeit sich nach dem Gesellschaftsstatut beurteilt. Sie gilt daher nur für eine SE mit Sitz in Deutschland. Ein weiteres Beispiel von hoher praktischer Relevanz ist die kapitalmarktrechtliche Pflicht zur sofortigen Veröffentlichung von Insiderinformationen **(§ 15 WpHG)**. Wegen der Einzelheiten zum deutschen Recht kann im Übrigen auf die Kommentierungen zu §§ 93 Abs. 1 S. 3, 116 AktG verwiesen werden.

Die Weitergabe von Informationen kann insbesondere dann nach einzelstaatli- **14** chem Recht zulässig sein, wenn sie **im Interesse der Gesellschaft** erfolgt (MüKoAktG/*Reichert/Brandes* Rn. 13; KK-AktG/*Siems* Rn. 15). So kann etwa die umfassende Offenlegung von Informationen gegenüber einem externen Berater nicht nur zulässig, sondern sogar erforderlich sein, um **unternehmerische Entscheidungen angemessen vorzubereiten** und eine Haftung zu vermeiden. Für eine SE mit Sitz in Deutschland folgt dies aus § 93 Abs. 1 S. 2 AktG (zu den strengen Anforderungen des BGH s. zuletzt BGH WM 2011, 2092; ferner *Fleischer* NZG 2010, 121 [124]). Auch im Falle einer **Due Diligence Prüfung** kann die Weitergabe von Informationen im Interesse des Unternehmens liegen (NK-SE/*Manz* Rn. 17; MüKoAktG/*Reichert/Brandes* Rn. 14; KK-AktG/*Siems* Rn. 15; LHT/*Teichmann* Rn. 10; allgemein dazu *Linker/Zinger* NZG 2002, 497; *Stoffels* ZHR 165 [2001], 362). Sofern im Einzelfall der Empfänger der Information nicht selbst kraft Gesetzes zur Verschwiegenheit verpflichtet ist, kann zum Schutze der Interessen der Gesellschaft ggf. der Abschluss einer Vertraulichkeitsvereinbarung erforderlich sein (KK-AktG/*Siems* Rn. 15).

2. Öffentliches Interesse. Eine weitere Ausnahme von der Verschwiegen- **15** heitspflicht besteht, wenn die Weitergabe von Informationen im öffentlichen Interesse liegt. Der Begriff des öffentlichen Interesses wird in Art. 49 nicht näher konkretisiert. Jedenfalls ist es bei einer typischerweise in mehreren Mitgliedstaaten tätigen SE **nicht sachgerecht, allein auf das öffentliche Interesse des Sitzstaates der SE** abzustellen. Insoweit unterscheidet sich der Begriff des öffentlichen Interesses von demjenigen in Art. 8 Abs. 14 und in Art. 19 UAbs. 2, die im Falle der Sitzverlegung bzw. der SE-Gründung durch Verschmelzung dem Sitzstaat der SE bzw. den Herkunftsstaaten der beteiligten Gesellschaften ein Einspruchsrecht aus Gründen des öffentlichen Interesses zugestehen (für einen Gleichlauf der Vorschriften aber offenbar NK-SE/*Manz* Rn. 16; wie hier KK-AktG/*Siems* Rn. 17). In den genannten Vorschriften ist eindeutig das nationale öffentliche Interesse dieser Mitgliedstaaten angesprochen, wobei angesichts der einschneidenden Folgen eines behördlichen Einspruchs der Begriff des öffentlichen Interesses äußerst restriktiv auszulegen ist (LHT/*Ringe* Art. 8 Rn. 63

mwN). Dagegen wird im Rahmen von Art. 49 versucht, den Begriff des öffentlichen Interesses unionsautonom zu bestimmen (*Schwarz* Rn. 15 f.; LHT/*Teichmann* Rn. 11). Eine Konkretisierung lässt sich dabei nur herbeiführen, indem das
nationale öffentliche Interesse sämtlicher Mitgliedstaaten berücksichtigt wird, zu
denen die SE (etwa über eine Zweigniederlassung) einen hinreichenden Bezug
aufweist (*Schwarz* Rn. 16) und die **Wertungen des Unionsrechts** insoweit einzubeziehen (vgl. LHT/*Teichmann* Rn. 11), als das nationale öffentliche Interesse
dem Unionsrecht jedenfalls nicht widersprechen darf. Die Auslegung folgt tendenziell großzügigeren Maßstäben als im Rahmen von Art. 8 Abs. 14 und von
Art. 19 UAbs. 2 (KK-AktG/*Siems* Rn. 17).

16   Ein öffentliches Interesse kann beispielsweise an der **Aufdeckung gravieren-
der Missstände innerhalb des Unternehmens** bestehen (zB Geldwäsche, vgl.
KK-AktG/*Siems* Rn. 16), wobei die Weitergabe von Informationen an unter-
nehmensexterne Dritte oder die Öffentlichkeit nur dann keinen Verstoß gegen
Art. 49 darstellen dürfte, wenn sich die Missstände nicht mit Hilfe der internen
Entscheidungsprozesse abstellen lassen (LHT/*Teichmann* Rn. 12).

V. Rechtsfolgen von Verstößen gegen die Verschwiegenheitspflicht

17   Art. 49 regelt die Rechtsfolgen von Verstößen gegen die Verschwiegenheitspflicht nicht, macht aber deutlich, dass die Weitergabe von Informationen entgegen Art. 49 **pflichtwidrig** ist. Gemäß **Art. 51** haften die Mitglieder von
Organen für den aufgrund von Pflichtverletzungen entstehenden Schaden nach
den für Aktiengesellschaften des Sitzstaates der SE maßgeblichen Vorschriften auf
Schadensersatz. Für eine SE mit Sitz in Deutschland zielt diese Verweisung auf
§ 93 AktG bzw. § 116 AktG (KK-AktG/*Siems* Rn. 18; im Einzelnen → Art. 51
Rn. 1 ff.). Weitere Sanktionen können sich aus Art. 9 Abs. 1 lit. c ii) iVm dem
nationalen Aktienrecht des Sitzstaates ergeben. Dieses kann etwa die vorzeitige
Abberufung (→ Art. 46 Rn. 18) oder auch – wie § 404 AktG (bei der monistischen SE iVm § 53 SEAG) – eine **strafrechtliche Sanktionierung** von Ver-
stößen gegen die Verschwiegenheitspflicht vorsehen (MüKoAktG/*Reichert/
Brandes* Rn. 21; KK-AktG/*Siems* Rn. 18; *Schwarz* Rn. 21; LHT/*Teichmann*
Rn. 13).

[Beschlussfassung]

50 (1) **Sofern in dieser Verordnung oder der Satzung nichts anderes
bestimmt ist, gelten für die Beschlussfähigkeit und die Beschlussfassung der Organe der SE die folgenden internen Regeln:**

a) **Beschlussfähigkeit: mindestens die Hälfte der Mitglieder muss anwesend oder vertreten sein;**

b) **Beschlussfassung: mit der Mehrheit der anwesenden oder vertretenen
Mitglieder.**

(2) [1]**Sofern die Satzung keine einschlägige Bestimmung enthält, gibt
die Stimme des Vorsitzenden des jeweiligen Organs bei Stimmengleichheit den Ausschlag.** [2]**Eine anders lautende Satzungsbestimmung ist jedoch nicht möglich, wenn sich das Aufsichtsorgan zur Hälfte aus Arbeitnehmervertretern zusammensetzt.**

(3) **Ist die Mitbestimmung der Arbeitnehmer gemäß der Richtlinie
2001/86/EG vorgesehen, so kann ein Mitgliedstaat vorsehen, dass sich
abweichend von den Absätzen 1 und 2 Beschlussfähigkeit und Beschlussfassung des Aufsichtsorgans nach den Vorschriften richten, die unter**

denselben Bedingungen für die Aktiengesellschaften gelten, die dem Recht des betreffenden Mitgliedstaats unterliegen.

Schrifttum: *Baums,* Der fehlerhafte Aufsichtsratsbeschluß, ZGR 1983, 300; *Eder,* Die monistisch verfasste Societas Europaea – Überlegungen zur Umsetzung eines CEO-Modells, NZG 2004, 544; *Hoffmann-Becking,* Organe: Strukturen und Verantwortlichkeiten, insbesondere im monistischen System, ZGR 2004, 355; *Matthießen,* Stimmrecht und Interessenkollision im Aufsichtsrat, München 1989; *Roth,* Die unternehmerische Mitbestimmung in der monistischen SE, ZfA 2004, 441; *Schumacher,* Vertretung in Organsitzungen der Societas Europaea (SE), NZG 2009, 697.

Übersicht

		Rn.
I.	Regelungsgegenstand und Normzweck	1
II.	Entstehungsgeschichte	2
III.	Satzungsautonomie und Regelungsoffenheit	4
IV.	Anwendungsbereich	7
V.	Beschlussfähigkeit und Beschlussfassung (Abs. 1)	10
	1. Beschlussfähigkeit (lit. a)	10
	a) Anwesenheit	11
	b) Vertretung	12
	c) Beschlussfähigkeit mitbestimmter Organe	14
	d) Beschlussfähigkeit bei Unterbesetzung von Organen und bei Nichtigkeit der Bestellung von Organmitgliedern	15
	2. Beschlussfassung (lit. b)	16
	a) Grenzen der Satzungsautonomie	17
	b) Stimmrechtsausschluss	21
	c) Beschlussmängel und Willensmängel	22
	3. Beschlussfassung in Ausschüssen	23
VI.	Auflösung von Pattsituationen (Abs. 2)	25
	1. Ausschlaggebende Stimme des Vorsitzenden (Abs. 2 Satz 1)	26
	2. Letztentscheidungsrecht der Anteilseignerseite (Abs. 2 Satz 2)	28
VII.	Anwendung nationalen Rechts bei der mitbestimmten SE (Abs. 3)	30

I. Regelungsgegenstand und Normzweck

Abs. 1 normiert vorbehaltlich abweichender Satzungsbestimmungen die An- **1** forderungen an die **Beschlussfähigkeit** und die **Beschlussfassung** der Organe der SE. Abs. 2 regelt die Auflösung von Pattsituationen (*Schwarz* Rn. 1) und trägt dabei verfassungsrechtlichen Vorgaben Rechnung, indem er in Satz 2 das **Letztentscheidungsrecht der Anteilseignervertreter** in paritätisch mitbestimmten Organen vorschreibt. Abs. 3 ermöglicht für die mitbestimmte SE schließlich die Anwendung nationaler Vorschriften des Sitzstaates auch dann, wenn sie von Abs. 1 und Abs. 2 abweichende Regelungen enthalten.

II. Entstehungsgeschichte

Eine dem **Abs. 1** vergleichbare Regelung über Beschlussfähigkeit und Be- **2** schlussfassung enthielt bereits Art. IV-2–5 Abs. 2 des **Vorentwurfs von Sanders.** Diese war zunächst nur auf den Aufsichtsrat bezogen und wurde mit Art. 76 SE-VO-E 1989 (Zweiter geänderter Vorschlag vom 25.8.1989, ABl. C 263 S. 41) erstmals auf sämtliche Organe und auf beide Leitungssysteme der SE erstreckt. Von einer vorübergehend stärkeren Akzentuierung der Satzungsautonomie in Art. 76 Abs. 1 SE-VO-E 1991 (Dritter geänderter Vorschlag vom 16.5.1991,

ABl. C 176 S. 1) abgesehen, erfuhr die Regelung **keine wesentlichen inhaltlichen Veränderungen** (LHT/*Teichmann* Rn. 2).

3   Auch der **Stichentscheid des Organvorsitzenden** war bereits in Art. IV-
2–5 Abs. 2 des Vorentwurfs von *Sanders* enthalten, wurde in späteren Verord-
nungsvorschlägen dann gestrichen und mit Art. 76 Abs. 3a SE-VO-E 1991
(Dritter geänderter Vorschlag vom 16.5.1991, ABl. C 176 S. 1) wieder eingeführt. Zu Abs. 3 existiert keine Vorgängervorschrift (*Schwarz* Rn. 2; KK-AktG/
Siems Rn. 1).

III. Satzungsautonomie und Regelungsoffenheit

4   Abs. 1 und Abs. 2 stehen unter dem **Vorbehalt anderslautender Satzungsbestimmungen.** Die Kompetenz für den Erlass abweichender Regelungen ist
damit der Hauptversammlung als dem für Satzungsänderungen zuständigen Organ zugewiesen. Es ist daher nicht möglich, dass das betreffende Organ selbst
durch Geschäftsordnung die Anforderungen an die Beschlussfassung modifiziert,
soweit diese in Art. 50 geregelt sind (vgl. *Schwarz* Rn. 27; KK-AktG/*Siems*
Rn. 18; LHT/*Teichmann* Rn. 6). Auch steht die Satzungsautonomie in den von
Art. 50 erfassten Bereichen nicht zur Disposition des nationalen Gesetzgebers
(KK-AktG/*Siems* Rn. 4).

5   Hinsichtlich der von ihm ausdrücklich **normierten Quoren** für Beschlussfähigkeit und Beschlussfassung enthält Art. 50 eine abschließende Regelung;
insoweit kann nur der Satzungsgeber, nicht aber der mitgliedstaatliche Gesetzgeber abweichende Regelungen treffen (LHT/*Teichmann* Rn. 9 f.; insoweit zutreffend auch NK-SE/*Manz* Rn. 10).

6   Art. 50 enthält dagegen **keine abschließende Regelung** hinsichtlich sämtlicher sonstiger Fragen, die sich mit Blick auf die Beschlussfassung der SE stellen
können. Dies wirft die Frage auf, ob und inwieweit über die allgemeine Verweisung des Art. 9 Abs. 1 lit. c ii) ergänzend das **nationale Aktienrecht des
Sitzstaates der SE** zur Anwendung gelangt. Als Faustformel lässt sich dabei
festhalten: Alle Fragen, die in Art. 50 selbst abschließend geregelt sind, richten
sich (vorbehaltlich abweichender Satzungsbestimmungen) ausschließlich nach
Art. 50. Dies gilt etwa für das Quorum zur Beschlussfähigkeit, das gemäß Art. 50
Abs. 1 lit. a hergestellt ist, wenn mindestens die Hälfte der Mitglieder des
betreffenden Organs anwesend oder vertreten ist. Diese Regelung ist abschließend, so dass nationale Vorschriften, die zusätzliche Anforderungen an das Quorum stellen (zB Teilnahme einer bestimmten Mindestanzahl von Organmitgliedern), nicht anwendbar sind. Bei einer SE mit Sitz in Deutschland kann daher
§ 108 Abs. 2 S. 3 AktG keine Anwendung finden (Spindler/Stilz/*Eberspächer*
Rn. 4; MüKoAktG/*Reichert/Brandes* Rn. 5; zur Unionsrechtswidrigkeit einer
entsprechenden Vorgabe in § 51 Abs. 4 des österreichischen SEG zutreffend KK-
AktG/*Siems* Rn. 10); aufgrund der von Art. 50 gewährten Satzungsfreiheit wäre
aber eine entsprechende Regelung in der Satzung der SE zulässig (vgl. *Schwarz*
Rn. 19). Nur hinsichtlich der Themen, die Art. 50 überhaupt nicht (zB die
Behandlung von Interessenkonflikten, von Beschlussmängeln, die Möglichkeit
der Delegation bestimmter Organzuständigkeiten an Ausschüsse) oder nur teilweise (zB die Art und Weise der Abstimmung, aber auch nähere Anforderungen
an die „Anwesenheit" und „Vertretung" von Organmitgliedern, → Rn. 10 ff.)
regelt, gilt gemäß Art. 9 Abs. 1 lit. c ii) ergänzend das nationale Recht (vgl.
Spindler/Stilz/*Eberspächer* Rn. 2; NK-SE/*Manz* Rn. 13; MüKoAktG/*Reichert/
Brandes* Rn. 6; KK-AktG/*Siems* Rn. 20; einschränkend LHT/*Teichmann* Rn. 9 f.;
wohl auch *Schwarz* Rn. 6 f., wonach der Rückgriff auf nationales Recht in Bezug
auf die Vertretung eines Organmitglieds grundsätzlich ausgeschlossen sein, die

Stimmbotschaft als Unterfall der Vertretung sich jedoch nach dem nationalen
Recht richten soll).

IV. Anwendungsbereich

Aus der systematischen Stellung des Art. 50 ist abzuleiten, dass die Vorschrift **7**
grundsätzlich für **sämtliche Organe der SE** mit Ausnahme der Hauptversammlung gilt, also für das Leitungs- und das Aufsichtsorgan im dualistischen System
sowie das Verwaltungsorgan im monistischen System (Spindler/Stilz/*Eberspächer*
Rn. 3; *Schwarz* Rn. 4).

Umstritten ist, ob Art. 50 im monistischen System auch für **geschäftsführen-** **8**
de Direktoren gilt. Die Frage ist zu **verneinen,** und zwar unabhängig davon,
ob zu geschäftsführenden Direktoren nach nationalem Recht nur Mitglieder des
Verwaltungsrats oder auch außenstehende Dritte bestellt werden können (kritisch
zur Vereinbarkeit einer solchen mitgliedstaatlichen Regelung mit Art. 38 *Haber-*
sack/Verse EuropGesR § 13 Rn. 35; *Hoffmann-Becking* ZGR 2004, 355 [369 ff.]).
In letzterem Falle bilden die geschäftsführenden Direktoren ein mit dem Verwaltungsrat nicht deckungsgleiches, sondern den Verwaltungsrat ergänzendes
Gremium, bei dem bereits Zweifel an seiner Qualität als „Organ" iSd Art. 50
bestehen (vgl. auch *Hoffmann-Becking* ZGR 2004, 355 [370 f.]; LHT/*Teichmann*
Anh. Art. 43 (§ 40 SEAG) Rn. 10 ff. mwN). Aber auch, wenn alle geschäftsführenden Direktoren Mitglieder des Verwaltungsrats sind, folgt aus Art. 43
Abs. 1 S. 2, dass sich ihre Rechtsstellung, soweit sie in ihrer Eigenschaft als
geschäftsführende Direktoren handeln und nicht als Mitglieder des Verwaltungsrats, nach dem nationalen Recht des Sitzstaates der SE richtet (wie hier Spindler/
Stilz/*Eberspächer* Rn. 3; LHT/*Teichmann* Rn. 4; aA *Schwarz* Rn. 4, demzufolge
die geschäftsführenden Direktoren als „anderes Organ" iSd Art. 54 Abs. 2 anzusehen sein sollen; zur Organstellung von geschäftsführenden Direktoren
→ Art. 49 Rn. 3).

Die Beschlussfähigkeit und Beschlussfassung der **geschäftsführenden Direk-** **9**
toren einer monistischen SE mit Sitz in Deutschland richtet sich daher
nach § 40 Abs. 2 S. 2 SEAG, wonach für die Geschäftsführung der geschäftsführenden Direktoren des Kollegialprinzip gilt. Geschäftsführungsentscheidungen
müssen folglich einstimmig getroffen werden, soweit sich nicht aus der Satzung
oder der Geschäftsordnung, die der Verwaltungsrat erlassen hat, etwas anders
ergibt (Spindler/Stilz/*Eberspächer* Rn. 3; LHT/*Teichmann* Rn. 4, Anh. Art. 43
(§ 40 SEAG) Rn. 36 ff.).

V. Beschlussfähigkeit und Beschlussfassung (Abs. 1)

1. Beschlussfähigkeit (lit. a). Gemäß Abs. 1 lit. a sind die Organe der SE **10**
beschlussfähig, wenn mindestens die Hälfte ihrer Mitglieder „anwesend" oder
„vertreten" ist. Da die SE-VO die Anforderungen an Anwesenheit und Vertretung nicht näher regelt, kann über Art. 9 Abs. 1 lit. c ii) grundsätzlich **ergän-**
zend auf das Aktienrecht des Sitzstaates zurückgegriffen werden (vgl. Spindler/Stilz/*Eberspächer* Rn. 4; MüKoAktG/*Reichert/Brandes* Rn. 6; KK–AktG/*Siems*
Rn. 20; s. speziell zur Vertretung auch *Schumacher* NZG 2009, 697 ff.; aA LHT/
Teichmann Rn. 11; wohl auch *Schwarz* Rn. 6 f.). Eine Grenze findet die ergänzende Anwendung nationaler Vorschriften jedoch, soweit diese die von Art. 50
zugelassenen Teilnahmeformen nicht präzisieren, sondern untersagen, etwa in
Form der Anordnung der persönlichen Teilnahme und Untersagung jeglicher
Form der „Vertretung" (näher → Rn. 13; vgl. NK-SE/*Manz* Rn. 13).

a) Anwesenheit. Anwesenheit bedeutet grundsätzlich physische Anwesenheit **11**
(NK-SE/*Manz* Rn. 3). Aus teleologischen Gründen ist zu verlangen, dass im

Vorfeld der eigentlichen Beschlussfassung eine Interaktion zwischen den Organmitgliedern stattfindet oder zumindest möglich ist (MüKoAktG/*Reichert*/*Brandes* Rn. 6; LHT/*Teichmann* Rn. 12). Dies ist nicht der Fall bei einer bloßen Stimmabgabe per **Fax oder E-Mail**, wohl aber bei Zuschaltung der Mitglieder (einzelner oder aller) per **Telefon- oder Videokonferenz** (MüKoAktG/*Reichert*/*Brandes* Rn. 6; LHT/*Teichmann* Rn. 13). Ein praktisches Bedürfnis für ein derartiges Vorgehen ist bei der nach dem Leitbild des europäischen Gesetzgebers grenzüberschreitend tätigen SE, deren Organmitglieder häufig in verschiedenen Mitgliedstaaten residieren werden, in besonderem Maße anzuerkennen. Dies gilt umso mehr, als Abs. 1 lit. a sogar die nur mittelbare Teilnahme an den Sitzungen des Organs durch einen Vertreter und damit eine wesentlich schwächere Form der Präsenz im Vorfeld der Beschlussfassung als zulässig ansieht (LHT/*Teichmann* Rn. 13). Daraus folgt jedoch nicht etwa die Unzulässigkeit der Beschlussfassung im Wege des **schriftlichen Umlaufverfahrens** (auch per Fax oder E-Mail), denn die Abstimmung ohne Sitzung ist in Art. 50 nicht geregelt, so dass insoweit über Art. 9 Abs. 1 lit. c ii) das nationale Aktienrecht des Sitzstaates zur Anwendung kommt (vgl. NK-SE/*Manz* Rn. 7; *Schwarz* Rn. 20). In Deutschland gelten daher § 108 Abs. 4 AktG für die dualistische und § 35 Abs. 3 SEAG für die monistische SE. Die Stimmabgabe in Schrift- oder Textform bzw. mittels eines **Stimmboten** ist hingegen als Unterfall der von Art. 50 zugelassenen Vertretung des betreffenden Organmitglieds anzusehen, so dass ein auf diese Weise an der Beschlussfassung teilnehmendes Organmitglied für die Feststellung der Beschlussfähigkeit berücksichtigt werden kann (*Schwarz* Rn. 7; auch → Rn. 13).

12   **b) Vertretung.** Für die Beschlussfähigkeit zu berücksichtigen sind auch Organmitglieder, die sich durch eine Mittelsperson vertreten lassen. Nach zutreffender Auffassung richten sich die zulässige Art der Vertretung und deren Anforderungen mangels näherer Regelung in der SE-VO gemäß Art. 9 Abs. 1 lit. c ii) nach dem ergänzend anzuwendenden **Aktienrecht des Sitzstaates** der SE (NK-SE/*Manz* Rn. 6; MüKoAktG/*Reichert*/*Brandes* Rn. 6; *Schumacher* NZG 2009, 697 [699]; KK-AktG/*Siems* Rn. 20, auch unter Verweis auf die Entstehungsgeschichte von Art. 50; aA LHT/*Teichmann* Rn. 11, 15, der annimmt, dass die von Art. 50 verwendeten Begriffe „anwesend" und „vertreten" EU-einheitlich auszulegen seien und keinen Raum für nationales Recht lassen; in diesem Sinne auch *Lutter*/*Krieger* Rechte und Pflichten Rn. 1367; *Schwarz* Rn. 6). Die Verordnung setzt der Anwendbarkeit des nationalen Aktienrechts nur insoweit Grenzen, als dieses die Einschaltung Dritter als Hilfspersonen für die Teilnahme an der Sitzung und Stimmabgabe nicht gänzlich untersagen darf, da Art. 50 Abs. 1 lit. a und b die Zulässigkeit irgendeiner Form der „Vertretung" voraussetzen (vgl. NK-SE/*Manz* Rn. 5 f., 13; aA MüKoAktG/*Reichert*/*Brandes*, wonach die Regelungen ins Leere gehen, wenn das nationale Aktienrecht überhaupt keine Form der Vertretung bei der Beschlussfassung zulässt). Die Regelungen spezifizieren jedoch nicht, wie diese ausgestaltet sein muss; insbesondere schreiben sie nicht vor, dass eine rechtsgeschäftliche Vertretung iSd §§ 164 ff. BGB ermöglicht werden muss (*Schumacher* NZG 2009, 697 [699]; KK-AktG/*Siems* Rn. 20). Unter die „Vertretung" iSv Art. 50 lit. a und b kann daher auch die Einschaltung eines **Stimmboten** fallen, der keine eigene Willenserklärung abgibt, sondern lediglich eine fremde Willenserklärung weiterleitet (MüKoAktG/*Reichert*/*Brandes* Rn. 6). Auch etwaige nationale Regelungen zur Person des Vertreters oder etwaige Formvorgaben für dessen Beauftragung finden bei der SE Anwendung.

13   Für eine **SE mit Sitz in Deutschland** bedeutet dies, dass abwesende Organmitglieder ihre Stimme gemäß Art. 9 Abs. 1 lit. c ii) iVm § 108 Abs. 3 AktG (bei der dualistischen SE) bzw. § 35 Abs. 1 SEAG (bei der monistischen SE) durch einen Stimmboten abgeben lassen können. Hinsichtlich der Person des Stimmboten gelten die Einschränkungen des § 108 Abs. 3 S. 2 und 3 AktG bzw. § 35 Abs. 1 S. 2 und 3 SEAG, so dass Stimmbote entweder ein anderes Mitglied des betreffenden Organs oder ein in Textform ermächtigter Dritter sein kann. Da das deutsche Aktienrecht eine Stellvertretung bei Organmitgliedern nicht erlaubt und auch das SEAG insoweit auf der Grundlage von Art. 43 Abs. 4 lediglich die Stimmbotenschaft in § 35 Abs. 1 SEAG, nicht aber eine rechtsgeschäftliche Stellvertretung ermöglicht hat, kann das Organmitglied einer SE mit Sitz in Deutschland **keinen Stellvertreter** iSd §§ 164 ff. BGB bestellen, der an seiner Stelle an Sitzungen und Abstimmungen teilnimmt.

c) Beschlussfähigkeit mitbestimmter Organe. Für die Beschlussfähigkeit   **14** mitbestimmter Organe ist es nicht erforderlich, dass der Anteil der anwesenden oder vertretenen Anteilseigner- und Arbeitnehmervertreter ihrem Anteil am gesamten Organ entspricht. Entscheidend ist allein, dass **mindestens die Hälfte der Mitglieder des Organs** anwesend oder vertreten ist. Ein mitbestimmtes Organ ist daher auch dann beschlussfähig, wenn kein Vertreter der Arbeitnehmer anwesend oder vertreten ist. Gleiches gilt, wenn die Anteilseignervertreter in der Minderheit sind, also bei einer einzelnen Sitzung des Organs das Übergewicht der Anteilseignerseite nicht gewahrt ist (*Schwarz* Rn. 14; LHT/*Teichmann* Rn. 16).

d) Beschlussfähigkeit bei Unterbesetzung von Organen und bei Nich-   **15** **tigkeit der Bestellung von Organmitgliedern.** Die Unterbesetzung eines Organs hat nicht zwangsläufig zur Folge, dass es für die Dauer der Unterbesetzung beschlussunfähig ist. Für die Beschlussfähigkeit entscheidend ist vielmehr allein, dass mindestens die Hälfte der statutarischen oder gesetzlichen „Soll-Mitglie-derzahl" anwesend oder vertreten ist (Spindler/Stilz/*Eberspächer* Rn. 4; NK-SE/*Manz* Rn. 3; MüKoAktG/*Reichert/Brandes* Rn. 8; *Schwarz* Rn. 9; aA KK-AktG/*Siems* Rn. 5). Gleiches gilt bei der Mitwirkung von Organmitgliedern, deren **Bestellung nichtig** ist: Wäre das Organ auch ohne das betroffene Mitglied beschlussfähig gewesen, wirkt sich die Nichtigkeit der Bestellung auf die Beschlussfähigkeit nicht aus (→ Art. 47 Rn. 24).

2. Beschlussfassung (lit. b). Gemäß Abs. 1 lit. b ist für einen wirksamen   **16** Beschluss die **Mehrheit der anwesenden oder vertretenen Mitglieder** erforderlich. Es genügt daher nach ganz hM nicht, dass die Ja-Stimmen die Nein-Stimmen überwiegen, sondern es werden Enthaltungen sowie nicht abgegebene bzw. ungültige Stimmen als Nein-Stimmen gezählt (eingehend MüKoAktG/*Reichert/Brandes* Rn. 12 ff.; ebenso Spindler/Stilz/*Eberspächer* Rn. 6; *Schwarz* Rn. 12; KK-AktG/*Siems* Rn. 8; LHT/*Teichmann* Rn. 17; aA NK-SE/*Manz* Rn. 4 unter Bezugnahme auf Art. 58).

a) Grenzen der Satzungsautonomie. Der Satzungsgeber kann die Anforde-   **17** rungen an die Beschlussfassung weitreichend modifizieren, indem er etwa die erforderliche Mehrheit ändert oder sie zwecks Erleichterung der Mehrheitsfin-dung anhand der abgegebenen Stimmen bestimmt (MüKoAktG/*Reichert/Brandes* Rn. 21; *Schwarz* Rn. 16 f.). Möglich ist es insbesondere, wie im deutschen Recht (§ 77 Abs. 1 S. 1 AktG) **Einzelgeschäftsführungsbefugnis** oder **Gesamt-geschäftsführungsbefugnis** der Mitglieder des Leitungsorgans vorzusehen (MüKoAktG/*Reichert/Brandes* Rn. 29; KK-AktG/*Siems* Rn. 13).

Der Wertung des Abs. 2 Satz 2 ist allerdings zu entnehmen, dass auch im   **18** Rahmen statutarischer Regelungen das **Letztentscheidungsrecht der Anteils-eignerseite** stets gewahrt werden muss. Die Einführung qualifizierter Mehrheits-erfordernisse in paritätisch mitbestimmten Organen ist daher unzulässig, soweit hierdurch die Arbeitnehmerseite eine Blockademöglichkeit erhielte (MüKo-AktG/*Reichert/Brandes* Rn. 24; *Schwarz* Rn. 18; aA KK-AktG/*Siems* Rn. 16).

Im Falle einer geringeren Mitbestimmungsintensität sind qualifizierte Mehrheitserfordernisse hingegen zulässig, solange die erforderliche Mehrheit nicht höher ist als der Anteil der Anteilseignervertreter (MüKoAktG/*Reichert/Brandes* Rn. 25). Bei einem Arbeitnehmeranteil von 25 % ist daher beispielsweise das Erfordernis einer Zweidrittelmehrheit mit Art. 50 vereinbar.

19   Die Grenze der Satzungsautonomie wäre ferner bei einer Regelung überschritten, die das Mehrheitsprinzip gänzlich abschafft, indem sie eine Beschlussfassung durch die Minderheit ermöglicht oder anstelle der kollegialen Struktur des Organs ein „**direktorales**" **System** etabliert, das dem Vorsitzenden des Organs eine Weisungsbefugnis gegenüber den übrigen Organmitgliedern einräumt (MüKoAktG/*Reichert/Brandes* Rn. 27; *Schwarz* Rn. 12; LHT/*Teichmann* Rn. 7 f.).

20   Zulässig ist aber die Einräumung eines **Veto-Rechts** zugunsten des Vorsitzenden (KK-AktG/*Siems* Rn. 13 f.; LHT/*Teichmann* Rn. 8; mit Einschränkungen auch MüKoAktG/*Reichert/Brandes* Rn. 31, 33 f.: Vetorecht kann nur Vorsitzendem des Leitungsorgans eingeräumt werden, nicht aber den Vorsitzenden von Aufsichts- oder Verwaltungsorgan, da nicht mit dem Kollegialitätsprinzip vereinbar; ebenso wohl Spindler/Stilz/*Eberspächer* Rn. 10; aA *Schwarz* Rn. 32). Dies gilt grundsätzlich auch dann, wenn das jeweilige Organ der **Arbeitnehmermitbestimmung** unterliegt, da Art. 50 Abs. 1 Abweichungen vom Mehrheitsprinzip durch die Satzung unabhängig davon zulässt, ob die SE mitbestimmt ist oder nicht. Etwas anderes kann sich aber aus ausdrücklichen Gleichstellungsgeboten für Arbeitnehmervertreter durch Gesetz oder Beteiligungsvereinbarung ergeben (zB § 38 Abs. 1 SEBG für Arbeitnehmervertreter im Aufsichts- oder Verwaltungsorgan einer SE mit Sitz in Deutschland). Dem Vorsitzenden des Vorstands einer in Deutschland ansässigen SE, deren Leitungsorgan gemäß § 38 Abs. 2 S. 2 SEBG oder einer entsprechenden Regelung in der Beteiligungsvereinbarung ein Mitglied mit der Zuständigkeit für Arbeit und Soziales angehören muss, kann jedoch ein Veto-Recht eingeräumt werden. Bei einer deutschen Aktiengesellschaft, die dem Mitbestimmungsgesetz 1976 unterliegt, ist die Gewährung eines Veto-Rechts zugunsten des Vorstandsvorsitzenden nach der Rechtsprechung des BGH zwar unzulässig, da der gemäß § 33 Mitbestimmungsgesetz 1976 zu bestellende Arbeitsdirektor gemäß § 33 Abs. 1 des Mitbestimmungsgesetzes 1976 ausdrücklich die gleichen Rechte hat wie die übrigen Vorstandsmitglieder, womit ein Veto-Recht eines einzelnen Mitglieds nicht vereinbar wäre (BGH NJW 1984, 733 [736] zu einer GmbH). § 38 Abs. 2 SEBG sieht eine solche ausdrückliche Gleichstellung aber nicht vor und steht der Einräumung eines Veto-Rechts daher nicht entgegen (MüKoAktG/*Reichert/Brandes* Rn. 31).

21   **b) Stimmrechtsausschluss.** Art. 50 enthält keine Regelung über einen Stimmrechtsausschluss. Da die Frage auch an anderer Stelle der Verordnung nicht angesprochen wird, gilt insoweit gemäß Art. 9 Abs. 1 lit. c ii) das nationale Aktienrecht des Sitzstaates der SE (NK-SE/*Manz* Rn. 4; *Schwarz* Rn. 13; LHT/ *Teichmann* Rn. 19). Die Organmitglieder einer SE mit Sitz in Deutschland sind daher ebenso wie die Organmitglieder einer deutschen AG (umfassend dazu *Matthießen,* Stimmrecht und Interessenkollision im Aufsichtsrat, 1989) in **analoger Anwendung des § 34 BGB** vom Stimmrecht ausgeschlossen, wenn die Beschlussfassung die Vornahme eines Rechtsgeschäfts mit ihnen oder die Einleitung oder Erledigung eines Rechtsstreits zwischen ihnen und der SE betrifft. Dies gilt auch für die Mitglieder des Verwaltungsrats einer monistisch verfassten SE. Ferner findet § 35 Abs. 3 SEAG Anwendung, wonach der Vorsitzende des Verwaltungsrats eine zusätzliche Stimme hat, wenn ein geschäftsführender Direktor, der zugleich Mitglied des Verwaltungsrats ist, aus rechtlichen Gründen gehindert ist, an der Beschlussfassung im Verwaltungsrat teilzunehmen (dazu

MüKoAktG/*Reichert/Brandes* Rn. 42 ff.). Auf die Beschlussfähigkeit wirkt sich ein Stimmrechtsausschluss anwesender Organmitglieder nicht aus (MüKoAktG/ *Reichert/Brandes* Rn. 7; KK-AktG/*Siems* Rn. 7).

c) Beschlussmängel und Willensmängel. Auch zu den Rechtsfolgen von **22** Beschlussmängeln enthält die SE-VO keine eigenständige Regelung, so dass diese sich ebenfalls gemäß **Art. 9 Abs. 1 lit. c ii)** nach dem nationalen Aktienrecht bestimmen. Organbeschlüsse, die in verfahrensmäßiger oder inhaltlicher Beziehung gegen zwingendes Gesetzes- oder Satzungsrecht verstoßen, sind nach deutschem Recht grundsätzlich nichtig und nicht bloß anfechtbar (BGHZ 122, 342 [346 ff.] = NJW 1993, 2307 für den Aufsichtsrat der AG; LHT/*Teichmann* Rn. 20; anders noch *Baums* ZGR 1983, 300; offen lassend MüKoAktG/*Reichert/ Brandes* Rn. 55). Willensmängel bei der Stimmabgabe ziehen deren Anfechtbarkeit nach den §§ 119 ff. BGB nach sich (*Schwarz* Rn. 28).

3. Beschlussfassung in Ausschüssen. Die Verordnung regelt weder die **23** Bildung von Ausschüssen noch die Beschlussfassung in einem Ausschuss. Gemäß Art. 9 Abs. 1 lit. c ii) gilt daher für die Zulässigkeit der Ausschussbildung und der Übertragung von Aufgaben auf den Ausschuss das **nationale Aktienrecht** des Sitzstaates der SE. Für das Aufsichtsorgan einer SE mit Sitz in Deutschland ist daher § 107 Abs. 3 AktG entsprechend anzuwenden (GroßkommAktG/*Hopt/ Roth* AktG § 107 Rn. 499; KK-AktG/*Paefgen* Art. 40 Rn. 117; *Schwarz* Art. 40 Rn. 24). Naheliegend ist jedoch, für die **Beschlussfassung in den Ausschüssen Art. 50 entsprechend anzuwenden,** da anderenfalls durch die Übertragung von Entscheidungskompetenzen auf beschließende Ausschüsse die Vorgaben des Art. 50 ausgehebelt werden könnten. Für die Ermittlung des Quorums und der Beschlussmehrheit ist dabei auf die Gesamtzahl der Mitglieder des betreffenden Ausschusses abzustellen, nicht auf die Anzahl der Mitglieder des Gesamtorgans (so aber LHT/*Teichmann* Rn. 22 f.). Anderenfalls wäre die Beschlussfassung in einem Ausschuss, der aus weniger als der Hälfte der Mitglieder des Gesamtorgans besteht, von vornehrein nicht möglich, was dem Zweck der Ausschussbildung – der effizienten Arbeit durch kleinere Teilgremien – zuwiderlaufen würde.

Unterliegt die SE der unternehmerischen Mitbestimmung, so bedeutet dies aus **24** dem Blickwinkel der Verordnung nicht zwingend, dass die Ausschüsse nach dem für das mitbestimmte Gesamtorgan maßgeblichen Mitbestimmungsverhältnis zusammengesetzt sein müssen (vgl. *Schwarz* Rn. 25). Aus der Wertung des Abs. 2 Satz 2 folgt allerdings, dass durch die Delegation von Entscheidungsbefugnissen des Gesamtorgans auf beschließende Ausschüsse das **Letztentscheidungsrecht der Anteilseignerseite** nicht umgangen werden darf. Bei Stimmengleichheit gibt daher die Stimme des Ausschuss-Vorsitzenden den Ausschlag; als solcher muss entsprechend Art. 42 Satz 2 zwingend ein Vertreter der Anteilseignerseite bestellt werden (vgl. *Schwarz* Rn. 26).

VI. Auflösung von Pattsituationen (Abs. 2)

Abs. 2 Satz 1 behandelt die Auflösung von Pattsituationen bei Beschlüssen der **25** Organe der SE. Vorbehaltlich abweichender Satzungsbestimmungen gibt bei Stimmengleichheit **die Stimme des Vorsitzenden den Ausschlag.** Für paritätisch mitbestimmte Organe schränkt Satz 2 die Satzungsautonomie dahingehend ein, dass eine hiervon abweichende Regelung in der Satzung nicht getroffen werden kann.

1. Ausschlaggebende Stimme des Vorsitzenden (Abs. 2 Satz 1). Das **26** ausschlaggebende Stimmrecht des Vorsitzenden gilt vorbehaltlich abweichender

Satzungsbestimmungen nicht nur für den Vorsitzenden von Aufsichtsorgan bzw. Verwaltungsorgan, sondern **auch für den Vorsitzenden des Leitungsorgans** einer dualistisch verfassten SE, sofern ein solcher bestellt wurde (MüKoAktG/ *Reichert/Brandes* Rn. 3; KK–AktG/*Siems* Rn. 25). Der Streit, ob der Vorsitzende ebenso wie im Rahmen von § 29 Abs. 2 S. 1 MitbestG zwei Stimmen hat (so *Eder* NZG 2004, 544 [545]) oder seine Stimme marginal höher bewertet wird als die Stimmen der übrigen Organmitglieder (*Schwarz* Rn. 30) ist lediglich akademischer Natur. Nach Satz 1 ist die Stimme des Vorsitzenden bereits bei der ersten Abstimmung ausschlaggebend; es ist also anders als im Rahmen von § 29 Abs. 2 S. 1 MitbestG bei Stimmengleichheit **keine zweite Abstimmung erforderlich** (Spindler/Stilz/*Eberspächer* Rn. 7; *Schwarz* Rn. 30; LHT/*Teichmann* Rn. 24). Die Satzung kann jedoch ein anderes Prozedere vorsehen.

27 Fraglich ist, ob Abs. 2 Satz 1 auch für stellvertretende Organvorsitzende gilt. Die SE-VO enthält zu den Rechten und Pflichten **stellvertretender Organvorsitzender** keine ausdrückliche Regelung, so dass eine Anwendung nationalen Aktienrechts gemäß Art. 9 Abs. 1 lit. c ii) in Betracht kommt. Der stellvertretende Vorsitzende des Aufsichtsorgans einer SE mit Sitz in Deutschland rückt danach gemäß § 107 Abs. 1 S. 3 AktG bei Verhinderung des Vorsitzenden in dessen Stellung ein; für den Verwaltungsrat einer monistischen SE folgt dies aus § 34 Abs. 1 S. 2 SEAG. Daher kommt ihm in Abwesenheit des Vorsitzenden auch die zweite Stimme zu, wenn die Satzung nichts anderes regelt (vgl. Spindler/Stilz/ *Eberspächer* Rn. 7; *Schwarz* Rn. 38; KK–AktG/*Siems* Rn. 28; aA LHT/*Teichmann* Rn. 24 und ausführlich *ders.* SE-VO Anh. Art. 43 SEAG §§ 34, 54 Rn. 9). Zur Klarstellung empfiehlt es sich in der Praxis, die Behandlung von Pattsituationen in Abwesenheit des Organvorsitzenden in der Satzung ausdrücklich zu regeln und dort festzuschreiben, ob einem stellvertretenden Vorsitzenden in diesem Fall das Zweitstimmrecht zustehen soll.

28 **2. Letztentscheidungsrecht der Anteilseignerseite (Abs. 2 Satz 2).** Gemäß Abs. 2 Satz 2 ist eine von Satz 1 abweichende Satzungsbestimmung im Hinblick auf **paritätisch mitbestimmte** Organe nicht zulässig. Da gemäß Art. 42 Satz 2 bzw. Art. 45 Satz 2 in paritätisch mitbestimmten Organen nur ein von der Hauptversammlung der Aktionäre bestelltes Mitglied zum Vorsitzenden gewählt werden darf, sichert das ausschlaggebende Stimmrecht des Organvorsitzenden in diesem Falle das Letztentscheidungsrecht der Anteilseigner. Es gewährleistet damit die Vereinbarkeit der paritätischen Mitbestimmung in der SE mit den **Eigentumsgarantien** nationaler Verfassungen (in Deutschland: Art. 14 GG, zur Bedeutung der Zweitstimme des Aufsichtsratsvorsitzenden s. BVerfGE 50, 290 = NJW 1979, 699) und Art. 17 GRCh 2007.

29 Abs. 2 Satz 2 ist dahingehend auszulegen, dass die Einschränkung der Satzungsautonomie bei paritätisch mitbestimmten Organen über den Wortlaut hinaus auch für das **Verwaltungsorgan** einer monistisch verfassten SE gilt; bei der auf das Aufsichtsorgan beschränkten Formulierung dürfte es sich um ein redaktionelles Versehen handeln (MüKoAktG/*Reichert/Brandes* Rn. 3; ebenso Spindler/Stilz/*Eberspächer* Rn. 7; KK–AktG/*Siems* Rn. 27; vgl. auch *Schwarz* Rn. 42: analoge Anwendung von Abs. 2 Satz 2 auf das Verwaltungsorgan; aA *Roth* ZfA 2004, 431 [441]; LHT/*Teichmann* Rn. 27).

VII. Anwendung nationalen Rechts bei der mitbestimmten SE (Abs. 3)

30 Abs. 3 erlaubt die Anwendung der für nationale Aktiengesellschaften maßgeblichen und ggf. **von Abs. 1 und Abs. 2 abweichenden Regelungen** über Beschlussfähigkeit und Beschlussfassung auf das mitbestimmte Aufsichtsorgan der

SE. Voraussetzung ist eine ausdrückliche Regelungsanordnung des mitgliedstaatlichen Gesetzgebers; zwischen den Regelungen für die SE und die nationale AG ist ein Gleichlauf zwingend erforderlich (*Schwarz* Rn. 47). Der **deutsche Gesetzgeber** hat von dieser Befugnis **keinen Gebrauch** gemacht. Richtiger Standort hierfür wäre das SEBG gewesen, das für Fragen der Mitbestimmung in der SE abschließend ist (MüKoAktG/*Reichert/Brandes*).

Ebenso wie Abs. 2 Satz 2 gilt auch Abs. 3 entgegen dem Wortlaut der Norm **31** für das **mitbestimmte Verwaltungsorgan** (*Schwarz* Rn. 45; aA LHT/*Teichmann* Rn. 31); Sachgründe für eine Ungleichbehandlung von Aufsichtsorgan und Verwaltungsorgan sind nicht ersichtlich. Im Wege der Auslegung von Abs. 3 ist davon auszugehen, dass er nicht die Anwendung solcher nationaler Regelungen ermöglicht, die einen Stichentscheid des Vorsitzenden nicht vorsehen und damit das Letztentscheidungsrecht der Anteilseigner nicht gewährleisten. Eine derartige Schranke der mitgliedstaatlichen Gesetzgebung ergibt sich nicht erst aus mitgliedstaatlichem Verfassungsrecht (so aber LHT/*Teichmann* Rn. 30), sondern bereits unmittelbar aus der Verordnung (zutreffend *Schwarz* Rn. 50), da Abs. 3 sonst seinerseits nicht mit (europäischem) Verfassungsrecht (Art. 17 GRCh 2007) vereinbar wäre.

[Haftung]

51 Die Mitglieder des Leitungs-, Aufsichts- oder Verwaltungsorgans haften gemäß den im Sitzstaat der SE für Aktiengesellschaften maßgeblichen Rechtsvorschriften für den Schaden, welcher der SE durch eine Verletzung der ihnen bei der Ausübung ihres Amtes obliegenden gesetzlichen, satzungsmäßigen oder sonstigen Pflichten entsteht.

§ 53 SEAG Straf- und Bußgeldvorschriften

(1) [1]Die Strafvorschriften des § 399 Abs. 1 Nr. 1 bis 5 und Abs. 2, des § 400 und der §§ 402 bis 404a des Aktiengesetzes, der §§ 331 bis 333 des Handelsgesetzbuchs und der §§ 313 bis 315 des Umwandlungsgesetzes sowie die Bußgeldvorschriften des § 405 des Aktiengesetzes und des § 334 des Handelsgesetzbuchs gelten auch für die SE im Sinne des Artikels 9 Abs. 1 Buchstabe c Doppelbuchstabe ii der Verordnung. [2]Soweit sie

1. Mitglieder des Vorstands,
2. Mitglieder des Aufsichtsrats oder
3. Mitglieder des vertretungsberechtigten Organs einer Kapitalgesellschaft

betreffen, gelten sie bei der SE mit dualistischem System in den Fällen der Nummern 1 und 3 für die Mitglieder des Leitungsorgans und in den Fällen der Nummer 2 für die Mitglieder des Aufsichtsorgans. [3]Bei der SE mit monistischem System gelten sie in den Fällen der Nummern 1 und 3 für die geschäftsführenden Direktoren und in den Fällen der Nummer 2 für die Mitglieder des Verwaltungsrats. [4]§ 407a des Aktiengesetzes gilt bei Anwendung der Strafvorschriften des § 404a des Aktiengesetzes sowie der Bußgeldvorschriften des § 405 Absatz 3b bis 3d des Aktiengesetzes entsprechend.

(2) [1]Die Strafvorschriften des § 399 Abs. 1 Nr. 6 und des § 401 des Aktiengesetzes gelten im Sinne des Artikels 9 Abs. 1 Buchstabe c Doppelbuchstabe ii der Verordnung auch für die SE mit dualistischem System. [2]Soweit sie Mitglieder des Vorstands betreffen, gelten sie für die Mitglieder des Leitungsorgans.

(3) Mit Freiheitsstrafe bis zu drei Jahren oder mit Geldstrafe wird bestraft, wer

1. als Vorstandsmitglied entgegen § 8 Satz 2,
2. als Mitglied des Leitungsorgans einer SE mit dualistischem System oder als geschäftsführender Direktor einer SE mit monistischem System entgegen § 13 Abs. 3,
3. als geschäftsführender Direktor einer SE mit monistischem System entgegen § 21 Abs. 2 Satz 1 oder § 46 Abs. 2 Satz 1 oder

4. als Abwickler einer SE mit monistischem System entgegen Artikel 9 Abs. 1 Buchstabe c Doppelbuchstabe ii der Verordnung in Verbindung mit § 266 Abs. 3 Satz 1 des Aktiengesetzes

eine Versicherung nicht richtig abgibt.

(4) Ebenso wird bestraft, wer bei einer SE mit monistischem System

1. als Mitglied des Verwaltungsrats entgegen § 22 Abs. 5 Satz 1 die Hauptversammlung nicht oder nicht rechtzeitig einberuft oder ihr den Verlust nicht, nicht richtig, nicht vollständig oder nicht rechtzeitig anzeigt oder
2. als Mitglied des Verwaltungsrats entgegen § 22 Abs. 5 Satz 2 in Verbindung mit § 15a Abs. 1 Satz 1 der Insolvenzordnung

die Eröffnung des Insolvenzverfahrens nicht oder nicht rechtzeitig beantragt.

(5) Handelt der Täter in den Fällen des Absatzes 4 fahrlässig, so ist die Strafe Freiheitsstrafe bis zu einem Jahr oder Geldstrafe.

Schrifttum: *Hellwig,* Die Finanzkrise – Fragen und Antworten, FS Maier-Reimer, 2010, 201; *Hirte,* Die Europäische Aktiengesellschaft, NZG 2002, 1; *Hoffmann-Becking,* Organe: Strukturen und Verantwortlichkeiten, insbesondere im monistischen System, ZGR 2004, 355; *Ihrig,* Die geschäftsführenden Direktoren im monistischen SE: Stellung, Aufgaben und Haftung, ZGR 2008, 809; *Lutter,* Bankenkrise und Organhaftung, ZIP 2009, 197; *Lutter,* Die Business Judgement Rule und ihre praktische Anwendung, ZIP 2007, 841; *Merkt,* Die monistische Unternehmensverfassung für die Europäische Aktiengesellschaft aus deutscher Sicht, ZGR 2003, 650.

Übersicht

	Rn.
I. Regelungsgegenstand und Normzweck	1
II. Entstehungsgeschichte	5
III. Haftungsadressaten	6
1. Dualistisches System	7
2. Monistisches System	8
IV. Pflichtverletzung	11
V. Schaden und haftungsausfüllende Kausalität	17
VI. Durchsetzung von Haftungsansprüchen	18

I. Regelungsgegenstand und Normzweck

1   Art. 51 regelt die **Innenhaftung der Organmitglieder** der SE gegenüber der Gesellschaft und enthält insoweit eine Sachnormverweisung (MüKoAktG/*Reichert/Brandes* Rn. 4; KK-AktG/*Siems* Rn. 5) auf das nationale Aktienrecht des Sitzstaates der SE in seiner jeweils gültigen Fassung, einschließlich des einschlägigen Richterrechts (MüKoAktG/*Reichert/Brandes* Rn. 3). Eine parallele Vorschrift zur Außenhaftung der Organmitglieder existiert nicht. Eine Außenhaftung von Organmitgliedern ist aber durch Art. 51 nicht ausgeschlossen, sondern richtet sich ebenfalls nach dem Recht des Sitzstaates; dies ergibt sich allerdings nicht aus Art. 51, sondern aus der allgemeinen Verweisung gemäß Art. 9 Abs. 1 lit. c ii) (*Hirte* NZG 2002, 1 [5]; NK-SE/*Manz* Rn. 7; *Merkt* ZGR 2003, 650 [674]; *Schwarz* Rn. 25; KK-AktG/*Siems* Rn. 4). Die Innen- und Außenhaftung der Organmitglieder ist aufgrund des Gleichlaufs von SE und nationaler AG **je nach Sitzstaat der SE unterschiedlich ausgestaltet** (*Schwarz* Rn. 4).

2   Inhaltliche Vorgaben zur Ausgestaltung der Innenhaftung lassen sich Art. 51 – abgesehen vom abstrakten Tatbestand (Pflichtverletzung des Organmitglieds und dadurch verursachter Schaden der Gesellschaft) – nicht entnehmen; aus Gründen des *effet utile* müssen die mitgliedstaatlichen Haftungsnormen allerdings ein **Mindestmaß an rechtspraktischer Wirksamkeit** erreichen (LHT/*Teichmann*

Rn. 6; vgl. auch KK-AktG/*Siems* Rn. 10). Andernfalls würde der Zweck der Organhaftung, pflichtwidrigem Verhalten von Organmitgliedern vorzubeugen und den durch Pflichtverletzungen entstehenden Schaden der Gesellschaft zu kompensieren (vgl. Spindler/Stilz/*Eberspächer* Rn. 2; *Schwarz* Rn. 1), ins Leere laufen.

Art. 51 gilt unabhängig davon, ob eine SE über eine monistische oder eine 3 dualistische **Organisationsverfassung** verfügt. Kennt das in Bezug genommene nationale Aktienrecht eines der beiden Systeme nicht, kann der nationale Gesetzgeber gemäß Art. 39 Abs. 5 bzw. Art. 43 Abs. 4 für die Haftung der Organmitglieder im betreffenden System **Sonderregelungen** schaffen (KK-AktG/*Siems* Rn. 7). Der deutsche Gesetzgeber hat von dieser Befugnis in §§ 39, 40 Abs. 8 SEAG Gebrauch gemacht. Bei der näheren Ausgestaltung dieser Sonderregelungen darf der nationale Gesetzgeber allerdings nicht eines der beiden Systeme gegenüber dem anderen benachteiligen (*Schwarz* Rn. 8). Enthält das Recht des Sitzstaates der SE für eine der Organisationsverfassungen keine Haftungsregeln und macht der nationale Gesetzgeber von seiner Befugnis zum Erlass von Sonderregelungen keinen Gebrauch, sind die Vorschriften des nationalen Rechts für das im jeweiligen nationalen Aktienrecht enthaltene Organisationsmodell analog anzuwenden (*Schwarz* Rn. 7).

§ 53 SEAG verweist auf die aktien-, umwandlungs- und bilanzrechtlichen 4 Straf- bzw. Bußgeldvorschriften. Bei Pflichtverletzungen durch die jeweiligen Organmitglieder einer SE mit monistischem bzw. dualistischem System finden demnach die **Strafvorschriften** der §§ 399–404 AktG, der §§ 331–333 HGB und der §§ 313–315 UmwG sowie die **Bußgeldvorschriften** der § 405 AktG und des § 334 HGB Anwendung.

II. Entstehungsgeschichte

In seiner jetzigen, auf das nationale Recht der Mitgliedstaaten verweisenden 5 Form geht Art. 51 zurück auf Art. 79 Abs. 1 SE-VO-E 1991 (Dritter geänderter Vorschlag vom 16.5.1991, ABl. 1991 C 176 S. 1). Frühere Verordnungsentwürfe enthielten wesentlich detailliertere Regelungsvorschläge. Vorgesehen war zunächst eine eigenständige Anspruchsgrundlage, aufgrund derer der SE bei schuldhaft begangenen Pflichtverletzungen ihrer Organmitglieder Schadensersatzansprüche zustehen sollten. Diese Anspruchsgrundlage sollte eine Exkulpationsmöglichkeit im Falle fehlenden Verschuldens und vorheriger Anzeige des fraglichen Handels an den Aufsichtsrat bzw. dessen Vorsitzenden enthalten. Nach Art. 72a und 81a **SE-VO-E 1975** war sogar eine Außenhaftung von Organmitgliedern gegenüber Aktionären und Dritten vorgesehen (Kommission, Erster geänderter Vorschlag für eine Verordnung des Rates über das Statut der Europäischen Aktiengesellschaft vom 30.4.1975, abgedruckt als BT-Drs. 7/3713), wovon spätere Entwürfe aber wieder abgerückt sind (*Schwarz* Rn. 2; LHT/*Teichmann* Rn. 2). Der **rechtspolitische Grund** dafür, dass die SE-VO auf eine gegenüber dem nationalen Aktienrecht eigenständige Haftungsregelung letztlich verzichtet hat, mag in der engen Verknüpfung der Organhaftung mit dem mitgliedstaatlichen allgemeinen Zivilrecht zu sehen sein (LHT/*Teichmann* Rn. 5).

III. Haftungsadressaten

Art. 51 gilt für die Mitglieder **sämtlicher Organe** der SE, also für die Mit- 6 glieder von Leitungs-, Aufsichts- und Verwaltungsorgan. Erlaubt ein Mitgliedstaat die Bestellung außenstehender Dritter zu geschäftsführenden Direktoren (krit. zur Vereinbarkeit einer solchen mitgliedstaatlichen Regelung mit Art. 38 *Habersack/Verse* EuropGesR § 13 Rn. 35; *Hoffmann-Becking* ZGR 2004, 355 [369 ff.]), findet Art. 51 keine (direkte oder analoge) Anwendung (so aber *Schwarz* Rn. 9), da sie keine Organmitglieder sind (→ Art. 49 Rn. 3). Ihre Haftung richtet sich vielmehr gemäß Art. 9 Abs. 1 lit. c ii) nach dem nationalen Recht des Sitzstaates der SE (wie hier MüKoAktG/*Reichert/Brandes* Rn. 8).

7   **1. Dualistisches System.** Die Haftung der Mitglieder des Leitungsorgans und des Aufsichtsorgans folgt aufgrund der Verweisung in Art. 51 der Haftung der Organmitglieder einer nationalen Aktiengesellschaft des Sitzstaates der SE. Bei einer dualistisch verfassten **SE mit Sitz in Deutschland** richtet sich daher die Haftung der Mitglieder des Leitungsorgans nach § 93 AktG und die der Mitglieder des Aufsichtsorgans nach §§ 116, 93 AktG. Nach deutschem Recht sind dabei die Vertreter von **Anteilseignern** und **Arbeitnehmern** im Aufsichtsrat einer Aktiengesellschaft – und somit auch dem Aufsichtsorgan einer SE mit Sitz in Deutschland – gleichermaßen dem Unternehmenswohl verpflichtet (*Hellwig/Behme* AG 2009, 261 [264]; MHdB AG/*Hoffmann-Becking* § 33 Rn. 66); sie unterliegen daher einem identischen Haftungsmaßstab (MHdB AG/*Hoffmann-Becking* § 33 Rn. 66; *Hüffer/Koch* AktG § 116 Rn. 3). Ein solcher Gleichlauf zwischen der Haftung von Anteilseigner- und Arbeitnehmervertretern ist jedoch durch die Verordnung selbst nicht zwingend vorgegeben, sondern folgt stets dem nationalen Aktienrecht. Differenziert daher das Recht des Sitzstaates der SE bei der Haftung von Anteilseigner- und Arbeitnehmervertretern im Aufsichtsorgan einer nationalen Aktiengesellschaft, gilt diese Differenzierung auch für eine dualistische SE mit Sitz in diesem Mitgliedstaat. Ein Mitgliedstaat, dessen nationales Aktienrecht die Mitbestimmung von Arbeitnehmern auf Unternehmensebene nicht kennt und deshalb keine kodifizierten oder richterrechtlichen Vorgaben für deren Haftung als Organmitglieder enthält, kann auch für Arbeitnehmervertreter im Aufsichtsorgan einer mitbestimmten SE einen speziellen Haftungsmaßstab normieren (KK-AktG/*Siems* Rn. 8).

8   **2. Monistisches System.** Für die **monistisch verfasste SE mit Sitz in Deutschland** hat der deutsche Gesetzgeber von der durch Art. 43 Abs. 4 eingeräumten Befugnis Gebrauch gemacht und in **§ 39 SEAG** die Haftung der Mitglieder des Verwaltungsrats und in **§ 40 Abs. 8 SEAG** die Haftung der geschäftsführenden Direktoren geregelt. Beide Vorschriften verweisen ihrerseits auf § 93 AktG.

9   Die Funktion von **§ 93 AktG als haftungsrechtliche Generalklausel** (LHT/*Teichmann* Rn. 20) darf nicht darüber hinwegtäuschen, dass für die haftenden Personen innerhalb des monistischen Systems teilweise **unterschiedliche Pflichtenmaßstäbe** gelten (NK-SE/*Manz* Rn. 2; KK-AktG/*Siems* Rn. 7). Dies gilt insbesondere für solche Mitglieder des Verwaltungsrates, die zugleich geschäftsführende Direktoren sind und in dieser Eigenschaft handeln, oder für geschäftsführende Direktoren, die nicht zugleich Mitglieder des Verwaltungsrates sind. Die Stellung der geschäftsführenden Direktoren ist aufgrund ihrer Weisungsgebundenheit (§ 44 Abs. 2 SEAG) und ihrer jederzeitigen Abberufbarkeit (§ 40 Abs. 5 SEAG) eher derjenigen eines GmbH-Geschäftsführers als derjenigen eines Vorstandsmitglieds einer Aktiengesellschaft vergleichbar (so auch BT-Drs. 15/34/05, 39; Spindler/Stilz/*Eberspächer* Rn. 9; LHT/*Teichmann* Rn. 21). Der Pflichtenmaßstab für die Haftung geschäftsführender Direktoren ist daher im Rahmen der Anwendung des § 93 AktG unter Berücksichtigung dieser Besonderheiten zu bestimmen. Dies bedeutet insbesondere, dass eine Haftung geschäftsführender Direktoren – ebenso wie bei GmbH-Geschäftsführern – im Fall der Befolgung rechtmäßiger Weisungen ausgeschlossen ist (Spindler/Stilz/*Eberspächer* Rn. 9; LHT/*Teichmann* Anh. Art. 43 SEAG § 40 Rn. 66; KK-AktG/*Siems* Anh. Art. 51 SEAG § 40 Rn. 99; aA MüKoAktG/*Reichert/Brandes* Art. 43 Rn. 168 ff., wonach eine Enthaftung allein durch bei Befolgung eines rechtmäßigen Hauptversammlungsbeschlusses gemäß § 93 Abs. 4 S. 1 AktG in Betracht komme).

Für **Arbeitnehmervertreter im Verwaltungsrat** gilt bei einer SE mit Sitz in **10** Deutschland derselbe Haftungsmaßstab wie für die Vertreter der Anteilseigner (Spindler/Stilz/*Eberspächer* Rn. 5; MüKoAktG/*Reichert/Brandes* Rn. 14). Es steht den Mitgliedstaaten aus der Perspektive des Unionsrechts aber frei, für Arbeitnehmervertreter im Verwaltungsorgan einer monistisch verfassten SE einen speziellen Haftungsmaßstab zu normieren, wenn ihr nationales Aktienrecht hierzu keine anderweitigen Vorgaben enthält (zum dualistischen System → Rn. 7).

IV. Pflichtverletzung

Der Wortlaut des Art. 51 ist weit gefasst und benennt als Haftungsgrund jede **11** Verletzung der den Organmitgliedern obliegenden gesetzlichen, satzungsmäßigen oder sonstigen Pflichten. Eine Eingrenzung erfährt diese weite Formulierung lediglich dadurch, dass nur die Verletzung solcher Pflichten eine Haftung auslöst, die Organmitglieder **bei der Ausübung ihres Amtes** treffen. Organmitglieder haften daher nach Art. 51 nicht für Schäden, die sie der SE bloß bei Gelegenheit der Amtsführung zufügen (*Schwarz* Rn. 17; KK-AktG/*Siems* Rn. 3 unter Verweis auf andere Sprachfassungen der SE-VO) oder bei denen es an jeglichem Zusammenhang zu ihrer dienstlichen Tätigkeit fehlt (so etwa, wenn ein Organmitglied bei der Teilnahme am Straßenverkehr zufällig ein Werksfahrzeug anfährt, vgl. GroßkommAktG/*Hopt* AktG § 93 Rn. 74).

Gesetzliche Pflichten der Organmitglieder einer SE können sich zum einen **12** aus der Verordnung selbst, zum anderen aus dem nationalen Recht ergeben (*Schwarz* Rn. 10 f.; KK-AktG/*Siems* Rn. 2; LHT/*Teichmann* Rn. 7). Die Verordnung enthält für das dualistische System in Art. 39 ff. und für das monistische System in den Art. 43 ff. grundlegende **Kompetenzzuweisungen** an die Organe der SE (zusammenfassend *Schwarz* Rn. 10). Die Zuweisung von Kompetenzen an ein Organ impliziert eine gesetzliche Organpflicht, die übertragenen Kompetenzen einerseits aktiv wahrzunehmen und sie andererseits nicht zu überschreiten (vgl. NK-SE/*Manz* Rn. 4; LHT/*Teichmann* Rn. 7). Weitere Organpflichten ergeben sich aus den einschlägigen Vorschriften des nationalen Aktienrechts. Für eine SE mit Sitz in Deutschland ist mit der hM von einer grundsätzlichen Differenzierung zwischen **Sorgfaltspflicht** *(duty of care)* und **Treuepflicht** *(duty of loyality)* auszugehen (vgl. GroßkommAktG/*Hopt* AktG § 93 Rn. 72; Spindler/Stilz/*Fleischer* AktG § 93 Rn. 200, jeweils mwN). Die Sorgfaltspflicht kennt ihrerseits weitere Ausprägungen insbesondere in Gestalt der **Legalitätspflicht;** die Treuepflicht erfährt eine gesetzliche Konkretisierung etwa durch die in Art. 49 normierte **Verschwiegenheitspflicht.** Diese Differenzierung ist auch anderen Rechtsordnungen nicht fremd, folgt aber nicht bereits als übergeordnetes Rechtsprinzip aus der SE-VO selbst, sondern ergibt sich aus der Verweisung des Art. 51 auf das nationale Recht. Denn der Verordnungsgeber hat sich bewusst gegen eine nähere Ausdifferenzierung der haftungsbegründenden Organpflichten in der SE-VO entschieden (LHT/*Teichmann* Rn. 9).

Satzungsmäßige Pflichten von Organmitgliedern setzen voraus, dass entweder die Verordnung eine entsprechende Satzungsregelung ausdrücklich zulässt **13** (Art. 9 Abs. 1 lit. b) oder das mitgliedstaatliche Recht Satzungsautonomie gewährt (Art. 9 Abs. 1 lit. c ii). Art. 51 genügt nicht den Anforderungen an eine „ausdrückliche" Ermächtigung, erlaubt also selbst keine Satzungsregelungen, sondern setzt das Bestehen einer solchen Erlaubnis voraus (vgl. *Schwarz* Rn. 12).

Sonstige Pflichten, die ihren Ursprung weder in gesetzlichen noch in statu- **14** tarischen Regelungen haben, können sich insbesondere aus schuldrechtlichen Verpflichtungen der Organe ergeben. Zu denken ist hier bei der SE mit Sitz in

Deutschland insbesondere an die aus dem Anstellungsvertrag folgenden Pflichten gemäß §§ 666, 667 und 668 BGB (vgl. KK-AktG/*Mertens/Cahn* AktG § 84 Rn. 97).

15   Eine Haftungsprivilegierung in Gestalt der **Business Judgement Rule** ist nicht bereits Teil des Art. 51 (so ohne nähere Begründung aber *Schwarz* Rn. 14), kann sich aber aus der Verweisung des Art. 51 auf das nationale Aktienrecht ergeben (KK-AktG/*Siems* Rn. 9; LHT/*Teichmann* Rn. 9). Art. 51 regelt nur ein Mindestmaß an Haftung, nicht aber zugleich deren Grenzen. Die Organmitglieder einer SE mit Sitz in Deutschland handeln daher gemäß § 93 Abs. 1 S. 2 AktG nicht pflichtwidrig, wenn sie bei einer unternehmerischen Entscheidung vernünftigerweise annehmen durften, auf der Grundlage angemessener Information zum Wohle der Gesellschaft zu handeln (näher zu den Voraussetzungen der Business Judgement Rule *Lutter* ZIP 2007, 841 [843]).

16   Ebenfalls nicht Art. 51, sondern den Vorschriften des nationalen Rechts ist zu entnehmen, ob die Haftung der Organmitglieder **Verschulden** voraussetzt. Für die Organmitglieder einer SE mit Sitz in Deutschland richtet sich dies nach § 93 Abs. 1 AktG, der nach hM nicht nur eine generalklauselartige Umschreibung der unternehmerischen Verhaltenspflichten, sondern zugleich mit der „Sorgfalt eines ordentlichen und gewissenhaften Geschäftsleiters" einen typisierten Verschuldensmaßstab enthält (Spindler/Stilz/*Fleischer* AktG § 93 Rn. 10; Großkomm-AktG/*Hopt* AktG § 93 Rn. 19; KK-AktG/*Mertens/Cahn* AktG § 93 Rn. 10, jeweils mwN).

V. Schaden und haftungsausfüllende Kausalität

17   Art. 51 setzt ferner voraus, dass der SE durch die Pflichtverletzung ihrer Organmitglieder ein Schaden entstanden ist. Der Vorschrift lässt sich daher unmittelbar das Erfordernis einer **haftungsausfüllenden Kausalität** entnehmen (*Schwarz* Rn. 18; Kommission, Begründung SE-VO-E 1989, BT-Drs. 11/5427, 13). Ob die Kausalität im Sinne der Äquivalenztheorie zu bestimmen ist oder eine Einschränkung durch das Kriterium der Adäquanz oder sonstige Kriterien erfährt, richtet sich nach nationalem Recht (KK-AktG/*Siems* Rn. 4). Ebenfalls der Verordnung zu entnehmen ist, dass der Begriff des Schadens grundsätzlich in einem weiten Sinne zu verstehen ist und **jeden Vermögensnachteil** erfasst (LHT/*Teichmann* Rn. 10 unter Verweis auf die englische Sprachfassung: „loss or damage"). Einzelheiten der Schadensermittlung richten sich wiederum nach nationalem Recht; für eine SE mit Sitz in Deutschland gelten insoweit die §§ 249 ff. BGB (*Schwarz* Rn. 18).

VI. Durchsetzung von Haftungsansprüchen

18   Art. 51 trifft keine Aussage darüber, wer den Haftungsanspruch der Gesellschaft gegen Organmitglieder durchsetzt. Diese Frage richtet sich daher nach dem **nationalen Aktienrecht** des Sitzstaates der SE (NK-SE/*Manz* Rn. 10; KK-AktG/*Siems* Rn. 1). Da die Effektivität der Organhaftung maßgeblich von der praktischen Durchsetzung von Haftungsansprüchen abhängt, treten die Unterschiede in den Haftungsregimen der Mitgliedstaaten in diesem Bereich besonders auffällig zu Tage.

19   Die Durchsetzung von Haftungsansprüchen einer **dualistisch verfassten SE mit Sitz in Deutschland** entspricht daher der bei einer deutschen Aktiengesellschaft: Für die Durchsetzung von **Haftungsansprüchen gegen das Leitungsorgan** ist das Aufsichtsorgan zuständig; dieses wird entweder aus eigener Initiative im Rahmen seiner Überwachungsaufgabe (Art. 40 Abs. 1) oder aufgrund eines entsprechenden Beschlusses der Hauptversammlung (Art. 9 Abs. 1 lit. c ii) iVm

§ 147 Abs. 1 AktG) tätig. Bleibt das Aufsichtsorgan untätig, können Aktionäre, deren Aktien im Zeitpunkt der Antragstellung zusammen den einhundertsten Teil des Grundkapitals oder einen anteiligen Betrag von 100.000 Euro erreichen, beim zuständigen Landgericht die Zulassung beantragen, die Ersatzansprüche der Gesellschaft im eigenen Namen geltend zu machen (Art. 9 Abs. 1 lit. c ii) iVm § 148 AktG). Die Geltendmachung von **Haftungsansprüchen gegen Mitglieder des Aufsichtsorgans** obliegt dem Leitungsorgan im Rahmen seiner Leitungsaufgabe; dieses kann ebenfalls entweder aus eigener Initiative (Art. 39 Abs. 1) oder aufgrund eines Beschlusses der Hauptversammlung (Art. 9 Abs. 1 lit. c ii) iVm § 147 AktG) tätig werden. Bleibt das Leitungsorgan untätig, können die Aktionäre den Haftungsanspruch wiederum unter den Voraussetzungen des § 148 AktG selbst geltend machen.

Diese Überkreuzzuständigkeit von Vorstand und Aufsichtsrat wird im Schrift- **20** tum insbesondere vor dem Hintergrund der globalen Finanzkrise massiv kritisiert (vgl. *Hellwig* FS Maier-Reimer, 2010, 201 [212 f.]; *Lutter* ZIP 2009, 197 [201]). Mit Recht wird darauf hingewiesen, dass vor allem auf Grund der engen **personellen Verflechtung** von Vorstand und Aufsichtsrat die Mitglieder des einen Organs regelmäßig eine geringe Neigung verspüren, gegen die Mitglieder des jeweils anderen Organs vorzugehen (LHT/*Teichmann* Rn. 22). Das Problem stellt sich mit besonderer Schärfe im **monistischen System** (LHT/*Teichmann* Rn. 22). Da der **Verwaltungsrat** Kontroll- und Leitungsaufgaben zugleich wahrnimmt und den geschäftsführenden Direktoren bindende Weisungen erteilen kann, obliegt ihm letztlich auch die **Entscheidungskompetenz** für die Durchsetzung von Haftungsansprüchen gegen einzelne Verwaltungsratsmitglieder. Die Verwaltungsratsmitglieder, gegen die sich der Anspruch richtet, sind bei einer Beschlussfassung des Verwaltungsrats über die Geltendmachung des Anspruchs gemäß § 34 BGB vom Stimmrecht ausgeschlossen, so dass theoretisch ein einzelnes Mitglied in Anwesenheit von mindestens der Hälfte der Mitglieder (Art. 50 Abs. 1 lit. a über die Geltendmachung eines Schadensersatzanspruchs entscheiden kann (MüKoAktG/*Reichert/Brandes* Rn. 35). Die Umsetzung der Entscheidung zur Geltendmachung von Ansprüchen, also die gerichtliche Geltendmachung und Vertretung der Gesellschaft gegenüber dem betroffenen Verwaltungsratsmitglied, obliegt jedoch gemäß § 41 Abs. 1 S. 1 SEAG den **geschäftsführenden Direktoren** (vgl. MüKoAktG/*Reichert/Brandes* Rn. 33 f.). Geht es gar um die Inanspruchnahme des gesamten Verwaltungsrats, bleibt letztlich nur der Weg über § 148 AktG. Der Verwaltungsrat ist hingegen sowohl im Innen- als auch im Außenverhältnis zuständig für die Verfolgung von **Haftungsansprüchen gegen geschäftsführende Direktoren** (s. § 41 Abs. 5 SEAG bzgl. der Vertretung der SE).

Abschnitt 4. Hauptversammlung

[Angelegenheiten der Hauptversammlung]

52 Die Hauptversammlung beschließt über die Angelegenheiten, für die ihr

a) durch diese Verordnung oder
b) durch in Anwendung der Richtlinie 2001/86/EG erlassene Rechtsvorschriften des Sitzstaats der SE

die alleinige Zuständigkeit übertragen wird.

Außerdem beschließt die Hauptversammlung in Angelegenheiten, für die der Hauptversammlung einer dem Recht des Sitzstaats der SE unterliegenden Aktiengesellschaft die Zuständigkeit entweder aufgrund der Rechtsvorschriften dieses Mitgliedstaats oder aufgrund der mit diesen Rechtsvorschriften in Einklang stehenden Satzung übertragen worden ist.

Schrifttum: *Arbeitskreis Aktien- und Kapitalmarktrecht,* Die 8 wichtigsten Änderungsvorschläge zur SE-VO, ZIP 2009, 698; *Artmann,* Die Organisationsverfassung der Europäischen Aktiengesellschaft, Wirtschaftsrechtliche Blätter WBL 2002, 189; *Bartone/Klapdor,* Die Europäische Aktiengesellschaft – Recht, Steuer, Betriebswirtschaft, 2. Aufl. 2007; *Bayer/Scholz/ Weiß,* Anmeldung und Berechtigungsnachweis bei Einberufung einer Hauptversammlung durch die Aktionärsminderheit, AG 2013, 742; *Brandt/Scheifele,* Die Europäische Aktiengesellschaft und das anwendbare Recht, DStR 2002, 547; *Brandt,* Überlegungen zu einem SE-Ausführungsgesetz, NZG 2002, 991; *ders.,* Der Diskussionsentwurf zu einem SE-Ausführungsgesetz, DStR 2003, 1208; *ders.,* Die Hauptversammlung der Europäischen Aktiengesellschaft (SE), Diss. Würzburg 2004; *Casper,* Der Lückenschluss im Statut der Europäischen Aktiengesellschaft, FS Ulmer, 2003, 51; *Drinhausen/Marsch-Barner,* Zur Rechtsstellung des Aufsichtsratsvorsitzenden als Leiter der Hauptversammlung einer börsennotierten Gesellschaft, AG 2014, 757; *Fischer,* Der Sonderbeschluss der Vorzugsaktionäre in der Societas Europaea (SE), ZGR 2013, 832; *Göz,* Beschlussmängelklagen bei der Soceitas Europaea (SE), ZGR 2008, 593; *Habersack,* Konzernrecht der »deutschen« SE, ZGR 2003, 724; *Habersack/ Mülbert,* Zur Einberufung der Hauptversammlung durch die nach § 122 Abs. 3 AktG ermächtigte Aktionärsminderheit, ZGR 2014, 1; *Heckschen,* Die Europäische AG aus notarieller Sicht, DNotZ 2003, 251; *Hirte,* Die Europäische Aktiengesellschaft, NZG 2002, 1; *Hommelhoff,* Gesellschaftsrechtliche Fragen im Entwurf eines SE-Statuts, AG 1990, 422; *ders.,* Einige Bemerkungen zur Organisationsverfassung der Europäischen Aktiengesellschaft, AG 2001, 279; *Ihrig/Wagner,* Diskussionsentwurf für ein SE-Ausführungsgesetz, BB 2003, 969; *dies.,* Das Gesetz zur Einführung der Europäischen Gesellschaft (SEEG) auf der Zielgeraden, BB 2004, 1749; *Kiem,* Erfahrungen und Reformbedarf bei der SE – Entwicklungsstand, ZHR 173 (2009), 156; *Knapp,* Die Hauptversammlung der Europäischen Aktiengesellschaft (SE) – Besonderheiten bei Vorbereitung und Durchführung, DStR 2012, 2392; *Lutter,* Europäische Aktiengesellschaft – Rechtsfigur mit Zukunft, BB 2002, 1; *Maul,* Europäische Aktiengesellschaft (SE), in Gesellschaftsrecht für die Praxis 2009 (Memento Rechtshandbücher), Abschnitt 2 Kap. 4, Rn. 48.000; *Nagel,* Die Europäische Aktiengesellschaft (SE): Bestandsaufnahme und Perspektiven, FS Nutzinger, 2005, 373; *Neye/Teichmann,* Der Entwurf für das Ausführungsgesetz zur Europäischen Aktiengesellschaft, AG 2003, 169; *Nowotny,* Zur Organisationsverfassung der Europäischen Aktiengesellschaft, GesRZ (Sonderheft Societas Europaea) 2004, 39; *Raiser,* Die Europäische Aktiengesellschaft und die nationalen Aktiengesetze, FS Semler, 2003, 277; *Schwarz/Lösler,* Das Recht der Europäischen Aktiengesellschaft – ein Überblick, NotBZ 2001, 117 [123]; *Schwarz,* Zum Statut der Europäischen Aktiengesellschaft, ZIP 2001, 1847; *Spitzbart,* Die Europäische Aktiengesellschaft (Societas Europaea – SE) – Aufbau der SE und Gründung, RNotZ 2006, 369; *Teichmann,* Die Einführung der Europäischen Aktiengesellschaft, ZGR 2002, 383; *Thoma/Leuering,* Die Europäische Aktiengesellschaft – Societas Europaea, NJW 2002, 1449; *Vins,* Die Ausgabe konkurrierender Vorzugsaktien bei der SE, Diss. Mannheim 2013; *Wagner,* Die Bestimmung des auf die SE anwendbaren Rechts, NZG 2002, 985; *Wicke,* Die Europäische Aktiengesellschaft – Grundstruktur, Gründungsformen und Funktionsweise, MittBayNot 2006, 196.

Übersicht

	Rn.
I. Allgemeines	1
1. Regelungsgehalt	1
2. Entstehungsgeschichte	5
II. Stellung der Hauptversammlung im Kompetenzgefüge der SE	6
1. Beschlussfassung über Angelegenheiten der „alleinigen Zuständigkeit"	6
2. Keine Organhierarchie zu Gunsten der Hauptversammlung	7
3. Grundlagenzuständigkeit	8

Rn.

III. Rangverhältnis der Zuständigkeitsregeln in Art. 52 9
IV. Zuständigkeit aufgrund Unionsrechts (UAbs. 1) 11
  1. Zuständigkeit kraft SE-VO (UAbs. 1 lit. a) 12
  2. Zuständigkeit aufgrund der SE-RL (UAbs. 1 lit. b) 13
    a) Zuständigkeitszuweisung in der SE-RL 13
    b) Zuständigkeitszuweisung im SEBG 14
  3. Ungeschriebene unionsrechtliche Zuständigkeiten 15
V. Zuständigkeit kraft nationalen Rechts (UAbs. 2 Var. 1) 20
  1. Zuständigkeit nach Aktiengesetz 22
    a) Verwendung des Bilanzgewinns 23
    b) Feststellung des Jahresabschlusses in besonderen Fällen . 24
    c) Bestellung des Abschlussprüfers 25
    d) Entlastung der Mitglieder des Vorstands und des Auf-
      sichtsrats 26
    e) Sonderprüfung 29
    f) Auflösung der Gesellschaft 30
    g) Ersetzung der Zustimmung des Aufsichtsrats (§ 111
      Abs. 4 S. 3 AktG) 31
    h) Zustimmung zu Geschäftsführungsmaßnahmen nach
      § 119 Abs. 2 AktG 33
    i) Festlegung der Aufsichtsrats- und Verwaltungsratsver-
      gütung (§ 113 AktG) 34
    j) Beschlussfassung über die Geltendmachung von Ersatz-
      ansprüchen 35
    k) Kapitalmaßnahmen 37
    l) Weitere Zuständigkeiten nach Aktienrecht 40
  2. Zuständigkeiten nach UmwG 41
  3. Ungeschriebene Zuständigkeiten? 42
VI. Zuständigkeiten kraft Satzung (UAbs. 2, Var. 2) 43

I. Allgemeines

1. Regelungsgehalt. Abschnitt 4 der SE-VO, der aus den Art. 52–60 besteht, **1** befasst sich mit der Hauptversammlung als notwendigem Organ der SE. Die dort getroffenen Regelungen sind auf die dualistische und die monistische SE gleichermaßen anwendbar, sie gelten sowohl für börsennotierte als auch für nicht-börsennotierte SEs (MüKoAktG/*Kubis* Rn. 5; LHT/*Spindler* Rn. 1; *Knapp* DStR 2012, 2392). Wie auch in anderen Bereichen der SE-VO, ergeben sich die für die Hauptversammlung relevanten Bestimmungen **aus dem Zusammenspiel von Unionsrecht,** nationalen Umsetzungsgesetzen, **aktienrechtlichen Regelungen der Mitgliedstaaten** und spezifischen Satzungsbestimmungen der SE. Dabei ist die Abgrenzung zwischen unionsrechtlichen Vorgaben und nationalem Normenbestand bisweilen schwierig und nicht immer trennscharf vorzunehmen. Wegen der umfangreichen Verweisungen im vierten Abschnitt auf das mitgliedstaatliche Recht wird die Hauptversammlung der SE allerdings ganz entscheidend durch die nationalen Aktienrechte – in Deutschland also durch das AktG – geprägt. Dem hierdurch bedingten Nachteil einer „heterogenen Corporate Governance-Struktur" bei SEs unterschiedlicher Mitgliedstaaten (*Hirte* NZG 2002, 1 [8]; *Lutter* BB 2002, 1 [4]; KK-AktG/*Kiem* Rn. 3; LHT/*Spindler* Rn. 2) steht der kaum zu überschätzende **Vorteil einer hohen Rechts- und Anwendungssicherheit** gegenüber. Gerade für börsennotierte Publikums-SEs sind die Vergleichbarkeit von SE und AG im Bereich der Hauptversammlung sowie der Rückgriff auf einen gefestigten Kanon von Sach- und Verfahrensnormen bei der Vorbereitung, Durchführung und Nachbereitung der Hauptversammlung von zentraler Bedeutung. Keine der großen SE-Umwandlungen in Deutschland (zB Allianz SE, Fresenius SE, Porsche SE, BASF SE, MAN SE, Puma SE) hätte vermutlich stattgefunden, wenn der rechtliche Rahmen für (Publikums-)Hauptversammlungen nicht weitgehend dem der Aktiengesellschaft entsprechen würde.

2　　Art. 52 regelt als zentrale Eingangsnorm des vierten Abschnitts die Zuständigkeit der Hauptversammlung einer SE. Diese Zuständigkeit wird nicht kataloghaft-enumerativ beschrieben, sondern durch den Verweis auf gleichsam dezentrale Kompetenzzuweisungen in der SE-VO, der SE-RL, den hierzu ergangenen Umsetzungsgesetzen (UAbs. 1) sowie in den für die Aktiengesellschaft geltenden Rechtsvorschriften des jeweiligen Sitzstaats und etwaigen mit diesen Rechtsvorschriften in Einklang stehenden Satzungsbestimmungen (UAbs. 2). Obwohl Art. 52 seinem Wortlaut nach lediglich die Kompetenz der Hauptversammlung als Beschlussorgan anspricht, besteht Einigkeit darüber, dass die Hauptversammlung einer SE über die allgemeine Verweisungsregel des Art. 9 Abs. 1 lit. c ii) **auch nicht beschlussgebundene Kompetenzen** wahrnehmen kann, sofern diese im nationalen Recht vorgesehen sind. Hierzu zählen für eine SE mit Sitz in Deutschland zB die Kompetenz zur Entgegennahme des Jahresabschlusses nach § 175 Abs. 1 S. 1 AktG oder zur Entgegennahme der Anzeige des Verlusts des hälftigen Grundkapitals nach § 92 Abs. 1 AktG (Spindler/Stilz/*Eberspächer* Rn. 1; KK-AktG/*Kiem* Rn. 2; MüKoAktG/*Kubis* Rn. 9).

3　　Zudem können für die Hauptversammlung einer SE auch „ungeschriebene" Kompetenzen bestehen. Dies ist für die Ebene des Unionsrechts durchweg anerkannt und gilt – trotz der in Teilen des Schrifttums hierzu geäußerten Bedenken – auch für etwaige im nationalen Aktienrecht wurzelnde **ungeschriebene Zuständigkeiten,** wie zB die Befugnis zur Entscheidung über strukturändernde Geschäftsführungsmaßnahmen nach den sog. „Holzmüller"- bzw. „Gelatine"-Grundsätzen des BGH (näher → Rn. 42).

4　　Die in der SE-VO enthaltenen Regelungen zur Hauptversammlung der SE differenzieren nicht zwischen **unterschiedlichen Ausprägungen von Hauptversammlungen,** zB ordentliche und außerordentliche Hauptversammlung, Vollversammlung, Einmann-Versammlung, Publikumsversammlung, Versammlungen börsennotierter SEs etc (KK-AktG/*Kiem* Rn. 2; MüKoAktG/*Kubis* Rn. 2–4; LHT/*Spindler* Rn. 1). Den insoweit bestehenden Besonderheiten wird über die Anwendung der nationalen Rechtsvorschriften Rechnung getragen.

5　　**2. Entstehungsgeschichte.** Frühere Entwürfe der SE-VO enthielten zum Bereich Hauptversammlung deutlich ausführlichere Regelungen. Von ursprünglich 17 Artikeln im SE-VO-E 1970 (Vorschlag einer Verordnung (EWG) des Rates über das Statut für Europäische Aktiengesellschaften vom 19.8.1970, BT-Drs. 6/1109) bzw. 20 Artikeln im SE-VO-E 1989 (Vorschlag einer Verordnung (EWG) des Rates über das Statut für Europäische Aktiengesellschaften vom 21.9.1989, BT-Drs. 11/5427) sind in der SE-VO nur noch neun verblieben (ausführlich zur Entstehungsgeschichte *Brandt* Hauptversammlung 92 ff.). Hinsichtlich der nunmehr in Art. 52 geregelten Hauptversammlungskompetenzen sahen die Vorgängerregelungen (Art. 83 SE-VO-E 1970; Art. 83 SE-VO-E 1975 vom 2.6.1975, BT-Drs. 7/3713; Art. 81 SE-VO-E 1989) zunächst einen Katalog vor, in dem die einzelnen Zuständigkeiten explizit und ohne Verweis auf das Recht der Mitgliedstaaten aufgelistet waren. Dieser Ansatz wurde im SE-VO-E 1991 aufgeben. Nach Art. 81 lit. b SE-VO-E 1991 (geänderter Vorschlag einer Verordnung (EWG) des Rates über das Statut für Europäische Aktiengesellschaften vom 16.5.1991, ABl. C 176 S. 1) sollte die Hauptversammlung, neben dezentralen Kompetenzzuweisungen in der SE-VO, für diejenigen Angelegenheiten zuständig sein, für die andere Organe nach der SE-VO, der SE-RL, dem zwingenden Sitzstaatrecht oder der Satzung der SE nicht ausschließlich zuständig sind (*Brandt* Hauptversammlung 92; LHT/*Spindler* Rn. 5). Das in dieser Regelung mitschwingende Konzept einer **Auffangzuständigkeit** mit negativer Kompetenzabgrenzung war vom Verordnungsgeber indes **nicht angestrebt.** Deshalb wurde die Zuständigkeitsregelung nochmals iSd heutigen Art. 52 angepasst, dh als allgemein formulierte, positive Zuständigkeitszuweisung unter Einschluss der nach nationalem Aktienrecht bestehenden Kompetenzen. Der Verweis auf das nationale Recht sollte im Sinne des politischen Kompromisses eine konsensfähige Gesamtregelung ermöglichen, ohne die nationalen Detailunterschiede beseitigen zu müssen (*Brandt* Hauptversammlung 96; LHT/*Spindler* Rn. 5). Darüber hinaus ging die Kommission davon aus, dass sich aufgrund der Umsetzung der gesellschaftsrechtlichen Richtlinien inzwischen eine **gewisse Harmonisierung** herausgebildet hat, die an Stelle einer einheitlichen Zuständigkeitsregelung in der SE-VO eine Verweisung in das nationale Recht als gleichwertig erscheinen ließ (*Brandt* Hauptversammlung 96; LHT/*Spindler* Rn. 5; *Schwarz* Rn. 4).

II. Stellung der Hauptversammlung im Kompetenzgefüge der SE

1. Beschlussfassung über Angelegenheiten der „alleinigen Zuständig- 6 **keit".** Nach Art. 52 UAbs. 1 beschließt die Hauptversammlung über die Angelegenheiten, für die ihr die „alleinige Zuständigkeit" übertragen ist. Die besondere sprachliche Hervorhebung der alleinigen Zuständigkeit erklärt sich aus der Entstehungsgeschichte des Art. 52. Die Formulierung in Art. 81 SE-VO-E 1991, der Vorgängerregelung des Art. 52, hatte erst nahegelegt, dass der Hauptversammlung der SE eine allgemeine Auffangkompetenz für jene Angelegenheiten zukommt, die nicht zwingend den Verwaltungsorganen der SE zugewiesen sind (→ Rn. 5). Diese subsidiäre – aber gleichwohl umfassende – Auffangkompetenz entsprach indes nicht der vom Verordnungsgeber intendierten Konzeption (*Brandt* Hauptversammlung 93; *Schwarz* Rn. 4; LHT/*Spindler* Rn. 5). Der Hinweis auf die Übertragung von Angelegenheiten zur „alleinigen" Zuständigkeit ist daher als Klarstellung dahingehend zu verstehen, dass die Hauptversammlung im Rahmen des Kompetenzgefüges der SE-VO nur für diejenigen Gegenstände die Zuständigkeit beanspruchen kann, die ihr als *eigene* Angelegenheiten **positiv und abschließend zugewiesen** werden (*Schwarz* Rn. 16; LHT/*Spindler* Rn. 6; KK-AktG/*Kiem* Rn. 5).

2. Keine Organhierarchie zu Gunsten der Hauptversammlung. Aus der 7 in Art. 52 angelegten Negierung einer subsidiären Allzuständigkeit lässt sich ableiten, dass die Hauptversammlung im Kompetenzgefüge der SE **keine „hierarchische Spitzenstellung"** einnimmt (KK-AktG/*Kiem* Rn. 7; MüKoAktG/*Kubis* Rn. 7; LHT/*Spindler* Rn. 6). Sie agiert – gleichsam neben dem Leitungs-, Aufsichts- oder Verwaltungsorgan – im Rahmen der ihr übertragenen Zuständigkeiten. Daraus folgt auch, dass die Hauptversammlung kein Weisungsrecht gegenüber der Verwaltung besitzt (MüKoAktG/*Kubis* Rn. 7). Eigene unternehmerische Vorstellungen kann sie nur innerhalb der ihr zur Verfügung stehenden Handlungsmöglichkeiten durchsetzen (zB Festlegung des Unternehmensgegenstands, Wahl und Abberufung von Anteilseignervertretern im Aufsichts- bzw. Verwaltungsorgan, Vertrauensentzug gegenüber Mitgliedern des Leitungsorgans etc). Auch eine **Delegation** von Hauptversammlungskompetenzen auf die Verwaltung **kommt nicht in Betracht** (Spindler/Stilz/*Eberspächer* Rn. 14; MüKo-AktG/*Kubis* Rn. 8; LHT/*Spindler* Rn. 6; *Brandt* Hauptversammlung 118 f.), es sei denn, dass diese in konkreten Regelungsbereichen gesetzlich vorgesehen sind (zB bei der Schaffung eines genehmigten Kapitals nach § 202 AktG oder der Ermächtigung zum Erwerb eigener Aktien nach § 71 Abs. 1 Nr. 8 AktG).

3. Grundlagenzuständigkeit. Aus dem in Art. 52 verankerten Zuständig- 8 keitskonzept ergibt sich, dass die Hauptversammlung einer SE – wie ihr aktienrechtliches Pendant – in erster Linie für **grundlegende, eigentümerbezogene**

Entscheidungen zuständig ist (zB Verwendung des Bilanzgewinns, die Wahl der Anteilseignervertreter im Aufsichts- oder Verwaltungsorgan, Satzungsänderungen, Kapitalmaßnahmen und Strukturveränderungen). Das Recht zur Geschäftsführung liegt, wie in der Aktiengesellschaft, ausschließlich beim Leitungsorgan. Auch für eine „subsidiäre" Entscheidungszuständigkeit besteht kein Raum, was allerdings nicht ausschließt, dass nationale Kompetenznormen der Hauptversammlung in umrissenen Sonderfällen eine Entscheidungsbefugnis auch über Geschäftsführungsfragen zuweisen kann. Im AktG findet sich eine solche Kompetenzzuweisung zB in § 119 Abs. 2 AktG, der über Art. 52 Abs. 2 auf die SE anwendbar ist und die Entscheidungsbefugnis der Hauptversammlung über eine Geschäftsführungsmaßnahme in Fällen begründet, in denen der Vorstand dies von sich aus verlangt.

III. Rangverhältnis der Zuständigkeitsregeln in Art. 52

9   Nach Art. 52 leitet sich die Zuständigkeit der Hauptversammlung sowohl aus Vorschriften des Unionsrechts (UAbs. 1) als auch aus Vorschriften des nationalen Rechts (UAbs. 2) ab. Damit stellt sich die Frage nach dem **Rang- bzw. Konkurrenzverhältnis** zwischen den beiden Regelungsquellen. Die sprachliche Verknüpfung der Unterabsätze durch den Begriff „außerdem", die sich bedeutungsgleich auch in anderen Sprachfassungen findet (so etwa „furthermore" in der englischen oder „en outre" in der französischen Fassung; vgl. weitere Fassungen bei KK-AktG/*Kiem* Rn. 7 Fn. 20), legt zunächst eine kumulative Geltung und damit eine Gleichrangigkeit nahe (KK-AktG/*Kiem* Rn. 7; *Schwarz* Rn. 18; LHT/*Spindler* Rn. 8). Eine solche rein am Wortlaut orientierte Auslegung greift jedoch zu kurz. Sie wäre mit dem grundsätzlichen Vorrang des Unionsrechts gegenüber dem nationalen Recht nicht zu vereinbaren (KK-AktG/*Kiem* Rn. 7; LHT/*Spindler* Rn. 8). Zudem ergäbe sich ein Wertungswiderspruch mit der in Art. 9 Abs. 1 für die SE angelegten Normenhierarchie: Aus der Generalverweisung in Art. 9 Abs. 1 lit. c ii) folgt, dass nationales Recht nur dann Anwendung findet, in denen die SE-VO für den betroffenen Bereich oder Teilaspekt keine Regelung trifft (LHT/*Spindler* Rn. 8). Vor diesem Hintergrund ist Art. 52 dahingehend auszulegen, dass die über UAbs. 1 zugewiesene unionsrechtliche Zuständigkeit einer durch UAbs. 2 zugewiesenen nationalen Zuständigkeit im Range vorgeht (*Brandt* Hauptversammlung 121; KK-AktG/*Kiem* Rn. 7; *Schwarz* Rn. 18; LHT/*Spindler* Rn. 9). Ferner folgt aus dem **Geltungsvorrang des Unionrechts,** dass eine über UAbs. 2 begründete nationale Zuständigkeit der Hauptversammlung nicht gegen anderweitige zwingende unionsrechtliche Vorgaben verstoßen darf.

10   Dabei begründet allerdings nicht jede Kompetenzerweiterung durch nationales Recht einen Konflikt mit den Vorgaben der SE-VO. Im Gegenteil: Die Einbeziehung nationaler Hauptversammlungskompetenzen ist durch Art. 52 UAbs. 2 ja gerade intendiert. Der Geltungsvorrang des Unionsrechts greift vielmehr nur in solchen Fällen ein, in denen eine nach nationalem Recht bestehende Hauptversammlungszuständigkeit die grundsätzlichen Strukturvorgaben der SE-VO oder die Kompetenzen der anderen Organe der SE unterläuft (KK-AktG/*Kiem* Rn. 9; *Schwarz* Rn. 18 f.; LHT/*Spindler* Rn. 9). Wann die Schwelle von der zulässigen Kompetenzgestaltung zur **unzulässigen Kompetenzüberschreitung** erreicht ist, muss im konkreten Fall durch eine wertende Betrachtung ermittelt werden. Unzulässig wäre zB eine Kompetenzzuweisung, die die ausschließliche Zuständigkeit von Leitungs- bzw. Verwaltungsorgan zur Führung der Geschäfte der SE (Art. 39 Abs. 1 und 43 Abs. 1) in Frage stellt (KK-AktG/*Kiem* Rn. 10; *Schwarz* Rn. 19; LHT/*Spindler* Rn. 9 f.). Ebenso wenig darf die Grundentscheidung der SE-VO ausgehöhlt werden, dass die fortlaufende Überwachung der

Geschäftsführung durch das Aufsichtsorgan bzw. den Verwaltungsrat stattfindet. Eine vollständige – oder auch nur wesentliche – Verlagerung dieser Befugnisse auf die Hauptversammlung (zB durch die Gestattung von Zustimmungsvorbehalten zu Gunsten der Hauptversammlung in der Satzung der SE oder die Einräumung von Weisungsrechten gegenüber der Geschäftsführung in bestimmten Situationen (zB in der Krise) wäre ein Verstoß gegen die Strukturprinzipien der SE-VO und deshalb unzulässig. Dies schließt umgekehrt nicht aus, dass nationale Rechtsvorschriften in Einzelfällen die Befassung der Hauptversammlung mit Maßnahmen der Geschäftsführung (zB in den Fällen einer Vorlage durch das Leitungsorgan nach § 119 Abs. 2 AktG oder nach § 111 Abs. 4 S. 3 AktG) oder mit der Kontrolle der Geschäftsführung (zB bei der Bestellung eines Sonderprüfers nach § 142 Abs. 1 AktG) vorsehen dürfen. Auch die gemäß Art. 52 UAbs. 2, § 83 AktG bestehende Befugnis der Hauptversammlung, die Vorbereitung von Maßnahmen zu verlangen, die genuin in ihre Zuständigkeit fallen, stellt kein Unterlaufen der Strukturmerkmale der SE dar und begegnet daher unter dem Aspekt des Vorrangs des Unionsrechts keinen Bedenken.

IV. Zuständigkeit aufgrund Unionsrechts (UAbs. 1)

Die Zuständigkeit der Hauptversammlung einer SE kann sich zunächst aus **11** dem Unionsrecht selbst, dh aus der SE-VO (Art. 52 UAbs. 1 lit. a), aus den in Umsetzung der SE-RL erlassenen Rechtsvorschriften des jeweiligen Sitzstaates (Art. 52 UAbs. 1 lit. b) und aus ungeschriebenem Unionsrecht ergeben.

1. Zuständigkeit kraft SE-VO (UAbs. 1 lit. a). Die SE-VO enthält in **12** verschiedenen Sachnormen Zuständigkeitsregelungen zu Gunsten der Hauptversammlung:

– Aus Art. 59 folgt zunächst, dass die Hauptversammlung für **Satzungsänderungen** der SE zuständig ist. Dies impliziert die Entscheidungshoheit in zentralen Bereichen, wie zB der Festlegung des Unternehmensgegenstands, der Größe der Verwaltungsorgane, Kapitalmaßnahmen oder Sitzverlegungen. Da der deutsche Gesetzgeber von der in Art. 12 Abs. 4 UAbs. 2 vorgesehenen Delegationsmöglichkeit auf das Leitungs- oder Verwaltungsorgan keinen Gebrauch gemacht hat, ist die Hauptversammlung einer deutschen SE auch für die Anpassung der Satzung im Falle eines **Widerspruchs zu den Regelungen einer Beteiligungsvereinbarung** nach Art. 12 Abs. 4 UAbs. 1 zuständig. Hinsichtlich der näheren Einzelheiten wird auf die Kommentierung zu Art. 59 verwiesen.

– Nach Art. 40 Abs. 2 und Art. 43 Abs. 3 ist die Hauptversammlung **auch für die Bestellung der Mitglieder des Aufsichtsorgans** (in der dualistischen SE) **und des Verwaltungsorgans** (in der monistischen SE) zuständig. Auch die Zuständigkeit zur **Abberufung** der betreffenden Organmitglieder fällt unstreitig in die Zuständigkeit der Hauptversammlung, sofern die Mitglieder ohne Bindung an Wahlvorschläge bestellt wurden (Spindler/Stilz/*Eberspächer* Rn. 5; KK-AktG/*Kiem* Rn. 16; MüKoAktG/*Kubis* Rn. 11; *Schwarz* Rn. 10; LHT/*Spindler* Rn. 15). Uneinigkeit besteht lediglich darüber, ob sich diese Zuständigkeit als Annex-Kompetenz zur Bestellungsbefugnis ergibt (Spindler/Stilz/*Eberspächer* Rn. 5 und MüKoAktG/*Kubis* Rn. 11) oder aber aus der Verweisung auf die Bestimmungen des nationalen Rechts, dh über Art. 52 UAbs. 2 aus § 29 Abs. 1 S. 1, Abs. 2 S. 2 SEAG für die monistische SE und Art. 103 AktG für die dualistische AG (KK-AktG/*Kiem* Rn. 16; *Schwarz* Rn. 10; LHT/*Spindler* Rn. 15). Letzteres erscheint mit Blick auf die Entstehungsgeschichte von Art. 52 und die ausdrückliche Regelung in § 29 SEAG, für die es bei einer Annexkompetenz keinen Grund gäbe, überzeugender.

– Keine Zuständigkeit der Hauptversammlung besteht für die in Deutschland ansässige SE mit dualistischem System indes in Bezug auf die Bestellung und Abberufung von Mitgliedern des Leitungsorgans, da der deutsche Gesetzgeber keinen Gebrauch von der entsprechenden Ermächtigung in Art. 39 Abs. 2 UAbs. 2 gemacht hat (KK-AktG/*Kiem* Rn. 15 mwN). Die Mitglieder des Vorstands einer dualistisch strukturierten SE werden daher nach Art. 39 Abs. 2 UAbs. 1 – wie bei der AG – vom Aufsichtsrat bestellt und abberufen.

– Die SE-VO regelt ferner die Zuständigkeit der Hauptversammlung für die **grenzüberschreitende Sitzverlegung** der SE. Dies ergibt sich aus Art. 8 Abs. 4 („Hauptversammlung, die über die Verlegung befinden soll") sowie aus dem Begriff „Verlegungsbeschluss" in Art. 8 Abs. 6 (so auch Spindler/Stilz/ *Eberspächer* Rn. 4; KK-AktG/*Kiem* Rn. 13; MüKoAktG/*Kubis* Rn. 14; LHT/ *Spindler* Rn. 12).

– Auch die Kompetenz für die **Rückumwandlung** der SE in eine Aktiengesellschaft nationalen Rechts ist in der SE-VO selbst begründet (vgl. Art. 66 Abs. 4: „Hauptversammlung, die über die Umwandlung zu beschließen hat").

– Weitere Kompetenzen ergeben sich schließlich in Bezug auf SE-**Gründungs-tatbestände,** sofern eine bereits existierende SE hieran mitwirkt: (i) nach Art. 3 Abs. 2 S. 1, wenn eine bestehende SE eine hundertprozentige Toch-tergesellschaft in Form einer SE gründet, (ii) gemäß Art. 23 Abs. 1 für die Zustimmung zum Verschmelzungsplan und (iii) nach Art. 32 Abs. 6 S. 1 für die Zustimmung zum Gründungsplan bei der Gründung einer Holding-SE (näher LHT/*Spindler* Rn. 13).

– Ohne kompetenzbegründende Wirkung bleibt hingegen Art. 63, der in Bezug auf Auflösung, Liquidation, Zahlungsunfähigkeit etc auf die aktienrechtlichen Vorschriften des Sitzstaates verweist und zwar explizit auch auf die „Vorschriften hinsichtlich der Beschlussfassung durch die Hauptversammlung". Im Kontext des Art. 63 kommt dem Hinweis auf die Hauptversammlung allerdings **lediglich klarstellende Bedeutung** zu. Begründet wird die Kompetenz über die Verweisung in Art. 52 UAbs. 2 (wie hier KK-AktG/*Kiem* Rn. 32; aA LHT/*Spindler* Rn. 23).

13   **2. Zuständigkeit aufgrund der SE-RL (UAbs. 1 lit. b). a) Zuständig-keitszuweisung in der SE-RL.** Anders als noch ihre Vorgängerentwürfe enthält die SE-RL **keine Kompetenzzuweisungen** an die Hauptversammlung der SE. Auch hinsichtlich der anderen Organe der SE legt die SE-RL keine konkreten Zuständigkeiten fest. Soweit Art. 4 Abs. 1 SE-RL bei der Verhandlung und beim Abschluss der Beteiligungsvereinbarung auf das „zuständige Organ der beteiligten Gesellschaften" verweist, hat nicht die SE-RL, sondern der deutsche Gesetzgeber in § 4 Abs. 1 S. 2, §§ 13 ff. SEBG die betreffende Zuständigkeit der „Leitung" – also dem Geschäftsführungsorgan (§ 2 Abs. 5 SEBG) – und nicht der Haupt-versammlung übertragen.

14   **b) Zuständigkeitszuweisung im SEBG.** Nach UAbs. 1 lit. b können der Hauptversammlung weitere Zuständigkeiten durch die in Anwendung der SE-RL erlassenen Rechtsvorschriften des Sitzstaates der SE übertragen werden. Damit werden für eine deutsche SE auch die Zuständigkeitsregeln des SEBG aufgerufen. Anders als von Teilen der Literatur konstatiert, handelt es sich hierbei nicht um eine mit Blick auf Art. 52 UAbs. 2 unnötige „Doppelverweisung" (von einer doppelten Zuständigkeitszuweisung gehen etwa KK-AktG/*Kiem* Rn. 19; *Schwarz* Rn. 13 und LHT/*Spindler* Rn. 7 aus), da UAbs. 2 lediglich jene nationa-len Vorschriften aufruft, die eine Zuständigkeit für die Hauptversammlung von *Aktiengesellschaften* begründen. Gerade das bewirkt das SEBG ja nicht, da es allein für die SE Geltung beansprucht. Das SEBG begründet für eine SE eine Zuständigkeit der Hauptversammlung allerdings **nur in sehr begrenztem Umfang:** Nach § 36 Abs. 4 SEBG erfolgt die Bestellung und nach § 37 Abs. 1 S. 4 SEBG die Abberufung der Arbeitnehmervertreter im Aufsichtsorgan der dualistischen SE bzw. im Verwaltungsorgan der monistischen SE jeweils durch die Hauptversammlung (nach LHT/*Spindler* Rn. 20 ergibt sich die Hauptversammlungskompetenz insoweit bereits aus Art. 40 Abs. 2 S. 1 und Art. 43 Abs. 3 S. 1, so dass ein Fall des UAbs. 1 lit. a vorläge). Hierbei ist die Hauptversammlung allerdings an die Vorschläge bzw. Anträge der Arbeitnehmerseite gebunden (§ 36 Abs. 4 S. 2 SEBG). Der Hauptversammlung steht insoweit also kein Ermessen zu. Im Übrigen ist darauf hinzuweisen, dass §§ 36 Abs. 4 und 37 Abs. 1 S. 4 SEBG **keine zwingenden Kompetenzzuweisungen** enthalten. Sowohl die Bestellung als auch die Abberufung von Arbeitnehmervertretern im Aufsichtsorgan oder im Verwaltungsrat können durch die Beteiligungsvereinbarung nach Art. 4 SE-RL anderweitig ausgestaltet werden, so dass die Beteiligung der Hauptversammlung letztlich entbehrlich ist – was im Hinblick auf die Beteiligung der Arbeitnehmervertreter im Aufsichtsrat nur konsequent erscheint und im Übrigen auch der Rechtslage nach Drittelbeteiligungs- und Mitbestimmungsgesetz entspricht (*Habersack* AG 2006, 345 [350]; LHT/*Drygala* Art. 40 Rn. 20 f.; LHT/ *Oetker* SEBG § 21 Rn. 11; MüKoAktG/*Reichert/Brandes* Art. 40 Rn. 29; aA KK-AktG/*Paefgen* Art. 40 Rn. 44 ff.).

3. Ungeschriebene unionsrechtliche Zuständigkeiten. Art. 52 UAbs. 1 **15** verlangt nach seinem Wortlaut zwar eine „ausschließliche" aber keine „ausdrück- liche" Zuweisung von Zuständigkeiten (missverständlich bei KK-AktG/*Kiem* Rn. 21). Dieses Regelungskonzept unterscheidet sich insoweit zB von Art. 9 Abs. 1 lit. b, der Satzungsgestaltungen nur bei *ausdrücklicher* Gestattung durch die SE-VO zulässt. Die offene Gestaltung in Art. 52 UAbs. 1 bietet Raum für unionsrechtlich begründete ungeschriebene Hauptversammlungskompetenzen (allgemeine Meinung, KK-AktG/*Kiem* Rn. 21 ff.; MüKoAktG/*Kubis* Rn. 15; *Schwarz* Rn. 14; LHT/*Spindler* Rn. 22). Anders als im nationalen Recht hat sich bei der SE bislang allerdings **keine überzeugende und allgemein akzeptierte Kasuistik** für ungeschriebene Hauptversammlungszuständigkeiten herausgebil- det.

Teilweise wird vertreten, dass Art. 63 Hs. 2 für den Fall der **Auflösung der 16 SE** eine ungeschriebene Kompetenzzuweisung an die Hauptversammlung ent- halte (*Brandt* Hauptversammlung S. 123, 140; LHT/*Spindler* Rn. 23). Dies ver- mag angesichts des Wortlauts der Norm, die für die Auflösung umfassend und unter explizitem Einschluss der Vorschriften zur der Beschlussfassung durch die Hauptversammlung auf die nationalen Vorschriften verweist, nicht zu überzeugen (ebenso KK-AktG/*Kiem* Rn. 22 und Art. 63 Rn. 18; LHT/*Ehricke* Art. 63 Rn. 23). Die Frage ist im Übrigen theoretischer Natur, da die Auflösung auch nach nationalem Aktienrecht nur durch die Hauptversammlung beschlossen wer- den kann (vgl. § 262 Abs. 1 Nr. 2 AktG).

Für die Unternehmenspraxis bedeutsamer ist die Frage, ob der **Abschluss 17 bzw. die Änderung einer Mitbestimmungsvereinbarung** stets der Zustim- mung der Hauptversammlung bedarf. Dies wird unter Hinweis auf eine un- geschriebene unionsrechtliche Zuweisung von Teilen des Schrifttums vertreten (*Schwarz* Rn. 14; LHT/*Spindler* Rn. 22). Damit wird zwar ein an sich richtiges Regelungsanliegen – die Einbindung der Anteilseigner bei der Änderung der Mitbestimmungsvereinbarung – verfolgt, allerdings lässt sich die Annahme einer ungeschriebenen Hauptversammlungszuständigkeit mit dem Regelungsmodell des Art. 12 Abs. 4 nicht vereinbaren (KK-AktG/*Kiem* Rn. 23; LHT/*Spindler* Rn. 22). Dieser beschränkt die Mitwirkung des Satzungsgebers nämlich auf den Fall, dass die ausgehandelte Mitbestimmungsvereinbarung im Widerspruch zur

Satzung steht. In diesem Fall ist die Satzung soweit erforderlich zu ändern. Die Mitgliedstaaten können gemäß Art. 12 Abs. 4 UAbs. 2 sogar vorsehen, dass nicht die Hauptversammlung, sondern das Leitungs- oder das Verwaltungsorgan der SE befugt ist, die Satzungsänderung zur Beseitigung des Widerspruchs vorzunehmen, gleichsam ohne Involvierung der Hauptversammlung. Von dieser Ermächtigung hat der deutsche Gesetzgeber keinen Gebrauch gemacht. Die **Anpassung der Satzung an die Mitbestimmungsvereinbarung** ist bei einer SE mit Sitz in Deutschland daher Aufgabe der Hauptversammlung.

18   Davon zu trennen ist die Frage der Mitwirkung der Hauptversammlung in Fällen, in denen die Mitbestimmungsvereinbarung Gegenstände regelt, die der Autonomie des Satzungsgebers unterfallen (zB Größe des Aufsichtsrats, zustimmungspflichtige Geschäfte, Regelungen zur Gewinnthesaurierung). Da die Mitbestimmungsautonomie von Arbeitnehmern und Leitung nicht weiter gehen kann als die **Satzungsautonomie der Anteilseigner,** ist das Wirksamwerden der Mitbestimmungsvereinbarung in diesen Fällen von der Zustimmung der Hauptversammlung abhängig (KK-AktG/*Kiem* Rn. 23). Bis zur wirksamen Zustimmung der Hauptversammlung zur Mitbestimmungsvereinbarung ist diese schwebend unwirksam.

19   Ob eine ungeschriebene unionsrechtliche Hauptversammlungszuständigkeit bei Geschäftsführungsmaßnahmen besteht, die im Sinne der „Holzmüller"- bzw. „Gelatine"-Grundsätze des deutschen Rechts einem satzungsändernden Struktureingriff gleichkommen, wird bislang – soweit ersichtlich – nicht erörtert. Angesichts des Regelungskonzepts der SE-VO, die lediglich die grundsätzlichen Strukturmerkmale der SE-Verfassung regelt und die Ausgestaltung der Details dem Recht der Mitgliedstaaten überlässt, sprechen gute Gründe dafür, die **„Feinjustierung" der Kompetenzen** zwischen Geschäftsführung und Hauptversammlung über Art. 52 UAbs. 2 dem nationalen Recht zu überlassen, wie dies auch in anderen Bereichen der Fall ist (zB bei den Vorlagemöglichkeiten des Vorstands nach § 119 Abs. 2 bzw. § 111 Abs. 4 S. 3 AktG). Insoweit bleibt allerdings die weitere genuin europäische Rechtsentwicklung abzuwarten.

V. Zuständigkeit kraft nationalen Rechts (UAbs. 2 Var. 1)

20   Nach Art. 52 UAbs. 2 kann die Zuständigkeit der Hauptversammlung auch durch nationale Rechtsvorschriften (für eine deutsche SE also insbesondere durch das AktG und das UmwG) oder durch die Satzung begründet werden, sofern die kompetenzbegründende Satzungsbestimmung in Einklang mit den nationalen Rechtsvorschriften steht. Der Verweis auf nationale Rechtsvorschriften schließt hierbei nach zutreffender Ansicht **auch ungeschriebene Hauptversammlungszuständigkeiten** ein (→ Rn. 42).

21   Nicht umfasst von UAbs. 2 ist bei enger Auslegung das SEAG. Zwar handelt es sich beim SEAG zweifellos um eine einzelstaatliche Rechtsvorschrift. Allerdings wird durch das SEAG gerade keine Zuständigkeiten an die Hauptversammlung einer *Aktiengesellschaft* übertragen, so dass das SEAG nicht in den Kreis der durch Abs. 2 in Bezug genommenen Rechtsvorschriften fällt. Hierbei kann es sich jedoch um ein **offenkundiges Redaktionsversehen** handeln. Bei sachgerechter Auslegung des Verweises muss das SEAG als zuständigkeitsbegründende nationale Norm vom Verweis des Art. 52 UAbs. 2 erfasst sein (so im Ergebnis auch LHT/*Spindler* Rn. 7, 25).

22   **1. Zuständigkeit nach Aktiengesetz.** Die wichtigste Rechtsquelle für die Zuständigkeit der Hauptversammlung einer SE mit Sitz in Deutschland ist das Aktiengesetz. Maßgebliche Vorschrift ist insoweit § 119 Abs. 1 AktG, der der Hauptversammlung die im AktG und ggf. in der Satzung ausdrücklich geregelten

Zuständigkeiten zentral zuweist und zusätzlich („namentlich") einige wesentliche – aber keineswegs alle – Beschlusszuständigkeiten aufzählt. Wegen des Vorrangs von Art. 52 UAbs. 1 ist bei den aktienrechtlichen Zuständigkeiten zunächst zu prüfen, ob das Unionsrecht den relevanten Kompetenztatbestand bereits abdeckt. Ist dies der Fall – wie zB bei der Bestellung von Aufsichtsratsmitgliedern (vgl. Art. 40 Abs. 2) oder bei einer Satzungsänderung (vgl. Art. 59 Abs. 1) – so hat die **Zuständigkeitszuweisung nach Unionsrecht Vorrang.** Besteht eine solche vorrangige Zuständigkeit nicht, bleibt immer noch zu prüfen, ob die durch nationales Recht begründete Kompetenz die wesentlichen Strukturvorgaben der SE-VO unterläuft oder unzulässig in die durch die SE-VO festgelegten Kompetenzen der anderen Organe eingreift (→ Rn. 10).

a) Verwendung des Bilanzgewinns. Da die SE-VO keine Regelung über **23** die Verwendung des Bilanzgewinns trifft, wird die Hauptversammlungszuständigkeit für den Verwendungsbeschluss nach UAbs. 2 durch Verweis auf §§ 119 Abs. 2 Nr. 2, 174 Abs. 1 S. 1 AktG begründet. Bei der Beschlussfassung ist die Hauptversammlung nach § 174 Abs. 1 S. 2 AktG **an den festgestellten Jahresabschluss gebunden.** Im Schrifttum wird zutreffend darauf hingewiesen, dass sich die Kompetenz der Hauptversammlung zur Beschlussfassung über den Bilanzgewinn im *monistischen* System über § 48 SEAG ergibt, der seinerseits dann wiederum ins AktG verweist (Spindler/Stilz/*Eberspächer* Rn. 7; LHT/*Spindler* Rn. 28). Ein sachlicher Unterschied wird hierdurch nicht begründet. Die Zuständigkeit der Hauptversammlung für einen Beschluss über die Verwendung eines außerordentlichen Ertrags aufgrund einer Sonderprüfung wegen unzulässiger Unterbewertung folgt aus § 261 Abs. 3 S. 2 AktG (*Brandt* Hauptversammlung 154; KK-AktG/*Kiem* Rn. 30; *Schwarz* Rn. 32).

b) Feststellung des Jahresabschlusses in besonderen Fällen. Auch zur **24** Feststellung des Jahresabschlusses einer SE sieht die SE-VO keine ausdrückliche Zuständigkeitsregelung vor. Zwar enthalten Art. 61 und 62 einige grundsätzliche Bestimmungen über die Aufstellung und Prüfung des Jahresabschlusses, die Frage der Feststellung ist dort jedoch nicht angesprochen (vgl. nur KK-AktG/*Kiem* Rn. 29; LHT/*Spindler* Rn. 31). Aus diesem Grund gelten für eine SE mit Sitz in Deutschland die aktienrechtlichen Zuständigkeitsregelungen, nach denen im Regelfall der Aufsichtsrat zur Feststellung des Jahresabschlusses berufen ist (Art. 9 Abs. 1 lit. c ii) iVm § 172 AktG). Lediglich in Fällen, in denen Vorstand und Aufsichtsrat **explizit beschließen,** die Feststellung des Jahresabschlusses der Hauptversammlung zu überlassen, oder der Aufsichtsrat den Jahresabschluss **ausnahmsweise nicht billigt,** fällt dessen Feststellung nach § 173 Abs. 1 AktG in die Kompetenz der Hauptversammlung. Gleiches gilt für die Sonderkonstellationen der Abschlussfeststellung im Rahmen einer **rückwirkenden Kapitalherabsetzung** nach § 234 Abs. 2 AktG und im **Liquidationsstadium** nach § 270 Abs. 2 AktG. Diese Zuständigkeit gilt über Art. 52 UAbs. 2 gleichermaßen für die SE. Ungeachtet der Zuständigkeit des Aufsichtsrats für die Feststellung des Jahresabschlusses besteht freilich die **Kompetenz** der Hauptversammlung, **den festgestellten Jahresabschluss** und die dazu gehörenden Unterlagen und Berichte **entgegenzunehmen** (§ 175 Abs. 1 AktG). Wenngleich es sich hierbei auch nicht um eine *Beschluss*kompetenz der Hauptversammlung handelt (auf die sich der Wortlaut des Art. 52 ausschließlich bezieht), wird die Zuständigkeit bei sachgerechter Auslegung von der Verweisung in Art. 52 UAbs. 2 erfasst (→ Rn. 2).

c) Bestellung des Abschlussprüfers. Die SE-VO sieht in Art. 61 und 62 **25** zwar die Prüfung des Jahresabschlusses der SE vor, legt für die Bestellung des Abschlussprüfers aber keine Zuständigkeit fest. Aus der damit eröffneten Ver-

weisung gemäß Art. 52 UAbs. 2 auf das nationale Recht folgt, dass der Abschlussprüfer einer SE mit Sitz in Deutschland durch die Hauptversammlung bestellt
wird (§ 119 Abs. 1 Nr. 4 AktG, § 318 HGB; unstr., s. Spindler/Stilz/*Eberspächer*
Rn. 7; KK-AktG/*Kiem* Rn. 30; MüKoAktG/*Kubis* Rn. 19; LHT/*Spindler*
Rn. 33).

26   **d) Entlastung der Mitglieder des Vorstands und des Aufsichtsrats.** Nach
§§ 119 Abs. 1 Nr. 3, 120 AktG entscheidet die Hauptversammlung einer Aktiengesellschaft jährlich über die Entlastung der Mitglieder des Vorstands und des
Aufsichtsrats. Ob diese Befugnis auch der Hauptversammlung einer SE zukommt,
ist umstritten. Ein Teil des Schrifttums verneint dies unter Hinweis auf die
Entstehungsgeschichte der Verordnung (*Brandt* Hauptversammlung 148 ff.). In
den als abschließend intendierten Zuständigkeitskatalogen der Verordnungsentwürfe von 1975 und 1979 sei die Entlastung nicht vorgesehen gewesen. Auch die
nachfolgenden Entwürfe der Jahre 1989 und 1991 hätten keine Hinweise mehr
auf die Entlastungszuständigkeit enthalten, obwohl sich das Europäische Parlament und der Wirtschafts- und Sozialausschuss ausdrücklich für eine Aufnahme
des Entlastungsbeschlusses in den Zuständigkeitskatalog ausgesprochen hatten
(*Brandt* Hauptversammlung 148 ff.). Diese Auffassung vermag indes nicht zu
überzeugen (ablehnend auch KK-AktG/*Kiem* Rn. 28; MüKoAktG/*Kubis*
Rn. 19; *Schwarz* Rn. 30; LHT/*Spindler* Rn. 30). Die Entstehungsgeschichte der
SE-VO belegt vielmehr, dass der Verordnungsgeber ab der Entwurfsfassung des
Jahres 1989 auf eine enumerative und abschließende Zuweisung der Hauptversammlungszuständigkeiten verzichtet hat. Stattdessen hat er die Zuständigkeitsregeln gezielt zu Gunsten einer **Berücksichtigung nationaler Besonderheiten**
geöffnet. Diese Öffnung bezieht auch die nationalen Entlastungsregelungen bzw.
-kompetenzen ein, zumal ein unzulässiger Eingriff bzw. eine „Unterwanderung"
der durch die SE-VO etablierten Kompetenzordnung durch ein wie auch immer
gestaltete Entlastungsregime – unter anderem wegen der begrenzten Wirkung der
Entlastung – zumindest für die deutsche SE nicht zu befürchten ist.

27   Für die Zulässigkeit einer national begründeten Entlastungskompetenz spricht
auch der **innere Zusammenhang zwischen Entlastung und Organhaftung**
(LHT/*Spindler* Rn. 30). Anders als im deutschen Recht nach § 120 Abs. 2 S. 2
AktG kann der Entlastungsbeschluss in anderen europäischen Rechtsordnungen
eine Haftung des betreffenden Organmitglieds ausschließen. Da die Organhaftung nach Art. 51 dem nationalen Recht unterliegt, sprechen die überzeugende-
ren Gründe dafür, auch auf die Entlastung die nationalen Bestimmungen anzuwenden, um insoweit die Einheit des Haftungsregimes zu erhalten. Selbst in
Jurisdiktionen, in denen die Verweigerung der Entlastung keine Haftungsvoraus-
setzung ist, ergeben sich gleichwohl **Wechselbezüge zu den Möglichkeiten
einer Abberufung** des Organmitglieds aus wichtigem Grund oder zu der Verpflichtung der zuständigen Organe, gegen ein nicht entlastetes Mitglied Unter-
suchungen durchzuführen oder Schadensersatzansprüche zu verfolgen.

28   Die Hauptversammlung einer SE mit Sitz in Deutschland ist daher nach
Art. 52 UAbs. 2 iVm §§ 119 Abs. 1 Nr. 3, 120 AktG für die Entlastung des
Leitungsorgans und des Aufsichtsrats zuständig. Für die Entlastung des Verwaltungsrats in der monistischen SE ergibt sich die Entlastungskompetenz aus einer
ebenfalls über Art. 52 UAbs. 2 vermittelten entsprechenden Anwendung des
§ 120 AktG (KK-AktG/*Kiem* Rn. 28; *Schwarz* Rn. 30; LHT/*Spindler* Rn. 30).

29   **e) Sonderprüfung.** Gemäß § 119 Abs. 1 Nr. 7 iVm §§ 142 ff. AktG hat die
Hauptversammlung einer deutschen AG die Kompetenz, Sonderprüfer zur Prüfung von Vorgängen bei der Gründung oder der Geschäftsführung zu bestellen.
Da die SE-VO diesbezüglich keine Regelung enthält, ist der Verweis auf die
aktienrechtlichen Bestimmungen eröffnet. Ein unzulässiger Eingriff in die von

der SE-VO vorgesehenen Organkompetenzen ist hiermit nicht verbunden. Zwar ist in der SE in erster Linie der Aufsichtsrat bzw. der Verwaltungsrat zur Kontrolle der Geschäftsführung berufen, so dass eine substantielle Verlagerung von Überwachungs- bzw. Prüfungsaktivitäten auf die Hauptversammlung gegen Strukturmerkmale der SE verstoßen würde. Eine solche **substantielle Verlagerung findet** bei der Sonderprüfung jedoch **gerade nicht statt.** Es handelt sich vielmehr um eine in durch die Hauptversammlung mit Mehrheit zu beschließende Sondermaßnahme, die der Überprüfung konkreter – und im Beschluss konkret zu benennender – Geschäftsvorfälle dient. Daher hat die Hauptversammlung nach Art. 52 UAbs. 2 auch bei der SE die Befugnis, über die Bestellung von Sonderprüfern zu beschließen (KK-AktG/*Kiem* Rn. 31; MüKoAktG/*Kubis* Rn. 21; LHT/*Spindler* Rn. 34). Die in § 142 Abs. 2 AktG vorgesehene Möglichkeit, die gerichtliche Bestellung eines Sonderprüfers zu beantragen, kommt hingegen über Art. 9 Abs. 1 lit. c ii) zur Anwendung, da es sich hierbei nicht um eine Kompetenz der Hauptversammlung als Organ, sondern um das Recht einer qualifizierten Aktionärsminderheit handelt.

f) Auflösung der Gesellschaft. Aus Art. 63 Hs. 2 ergibt sich, dass die SE- **30** VO hinsichtlich der Auflösung der Gesellschaft eine Zuständigkeit der Hauptversammlung nach den nationalen Vorschriften voraussetzt. Dessen ungeachtet folgt die positive Kompetenzzuweisung an die Hauptversammlung zur Entscheidung über die Auflösung der Gesellschaft aus Art. 52 UAbs. 2 iVm §§ 119 Abs. 1 Nr. 8, 262 Abs. 1 Nr. 2 AktG (KK-AktG/*Kiem* Rn. 32; *Schwarz* Rn. 15; aA LHT/*Spindler* Rn. 35 und *Brandt* Hauptversammlung 123, 140, die eine ungeschriebene unionsrechtliche Zuständigkeit annehmen). Entsprechendes gilt für die Zuständigkeit der Hauptversammlung zur Beschlussfassung über die Fortsetzung der Gesellschaft nach § 274 Abs. 1 S. 1 AktG.

g) Ersetzung der Zustimmung des Aufsichtsrats (§ 111 Abs. 4 S. 3 **31 AktG).** Nach Art. 48 hat die Satzung einer SE Arten von Geschäften aufzuführen, die der Zustimmung des Aufsichtsrats bzw. des Verwaltungsrats bedürfen. In diesem Kontext stellt sich die Frage, ob eine verweigerte Zustimmung des Aufsichtsrats durch einen Beschluss der Hauptversammlung der SE ersetzt werden kann, wie dies für die deutsche AG in § 111 Abs. 4 S. 3 AktG vorgesehen ist. Dies wird in Teilen des Schrifttums verneint, insbesondere mit dem Hinweis auf die Verordnungsgeschichte und die detaillierten Regelungen der SE-VO zur internen Organisation des Aufsichtsorgans (*Brandt* Hauptversammlung 150 ff.; MüKoAktG/*Kubis* Rn. 20; LHT/*Spindler* Rn. 37). Daraus folge der **abschließende Charakter der Entscheidungsregelungen über Geschäftsführungsmaßnahmen** (MüKoAktG/*Kubis* Rn. 20; LHT/*Spindler* Rn. 37). Der Einflussposition der Aktionäre werde durch die Möglichkeit zur Abberufung der Aufsichtsratsmitglieder (Art. 57) ausreichend Rechnung getragen (LHT/*Spindler* Rn. 37). Diese Auffassung vermag nicht zu überzeugen (wie hier Spindler/Stilz/ *Eberspächer* Rn. 9; KK-AktG/*Kiem* Rn. 33; *Schwarz* Rn. 26). Der Verordnungsgeber hat sich – in bewusster Abkehr von einem unionsrechtlich verankerten Zuständigkeitskatalog – für eine Verweisung auf die durch das nationale Aktienrecht begründeten Zuständigkeiten entschieden. Eine Korrektur der nationalen Zuständigkeitsregelung ist, wie eingangs ausgeführt, nur dann erforderlich (und auch vertretbar), wenn durch eine nationale Kompetenznorm wesentliche Strukturmerkmale der SE unterlaufen würden. Von einem solchen Unterlaufen kann bei der in § 111 Abs. 4 S. 3 AktG vorgesehenen (Letzt-)Entscheidungsbefugnis der Hauptversammlung für eine deutsche SE mit dualistischem Leitungssystem keine Rede sein. Zum einen kann die Hauptversammlung die besagten Fälle nicht „aus eigenem Recht" an sich ziehen, sondern nur entscheiden, wenn das Leitungsorgan sich zur Vorlage entschließt. Zum anderen haben Vorlagen nach

§ 111 Abs. 4 S. 3 AktG in der Praxis absoluten **Ausnahmecharakter,** so dass auch vor diesem Hintergrund eine **unzulässige Aushöhlung der Struktur-merkmale** der SE **nicht zu befürchten** ist.

32   Dagegen wäre im Falle einer **monistischen SE** ein Recht der geschäftsfüh-renden Direktoren zur Anrufung der Hauptversammlung nach § 111 Abs. 4 S. 3 AktG mit der Zuweisung der Leitungsmacht an den Verwaltungsrat und der hierarchischen Unterordnung der geschäftsführenden Direktoren unter den Ver-waltungsrat nicht zu vereinbaren. Mit Rücksicht auf die Strukturmerkmale der monistischen SE ist die Anwendung von § 111 Abs. 4 S. 3 AktG dort aus-geschlossen (MüKoAktG/*Reichert/Brandes* Art. 48 Rn. 17; Spindler/Stilz/*Eber-spächer* Rn. 9).

33   **h) Zustimmung zu Geschäftsführungsmaßnahmen nach § 119 Abs. 2 AktG.** Mit der gleichen Begründung ist auch die Zuständigkeit der SE-Haupt-versammlung für Entscheidungen über vom Leitungsorgan vorgelegte Geschäfts-führungsmaßnahmen zu bejahen (Spindler/Stilz/*Eberspächer* Rn. 9; KK-AktG/*Kiem* Rn. 27; für eine Anwendung von § 119 Abs. 2 AktG auch LHT/*Spindler* Rn. 27; dagegen *Brandt* Hauptversammlung 114 f.). Ein Unterlaufen der grund-sätzlichen Strukturmerkmale der SE-VO ist durch die Vorlagemöglichkeit nach § 119 Abs. 2 AktG − als Bestandteil eines **sinnvoll austarierten Systems** zur Ermöglichung von rechtmäßigem Leitungshandeln − nicht zu befürchten (KK-AktG/*Kiem* Rn. 27). Da das Initiativrecht bei der Verwaltung verbleibt, besteht ferner keine Gefahr, dass die Entscheidungskompetenz der Hauptversammlung die Geschäftsführungsbefugnis des Leitungs- bzw. des Verwaltungsorgans aushöhlt (KK-AktG/*Kiem* Rn. 27). Dafür bietet auch die bisherige Erfahrung mit § 119 Abs. 2 AktG, nach der die Vorlage von Geschäftsführungsmaßnahmen an die Hauptversammlung **absoluten Ausnahmecharakter** hat, keinerlei Anhalts-punkte.

34   **i) Festlegung der Aufsichtsrats- und Verwaltungsratsvergütung (§ 113 AktG).** Anders als noch die Vorgängerentwürfe von 1970 und 1975 enthält die SE-VO keine ausdrückliche Regelung über die Vergütung der Mitglieder des Aufsichts- bzw. Verwaltungsorgans. Die Vergütung als solche richtet sich daher gemäß Art. 9 Abs. 1 lit. c ii) nach dem Recht des jeweiligen Mitgliedstaats. Sofern der Mitgliedstaat die Festlegung der Vergütung der Hauptversammlung zuweist − wie im AktG vorgesehen −, ist diese **Zuständigkeit auch für die SE** eröffnet. Für die dualistische SE ergibt sich die Zuständigkeit der Hauptversamm-lung unmittelbar aus Art. 52 UAbs. 1 iVm § 113 Abs. 1 S. 2 AktG (KK-AktG/*Kiem* Rn. 34; MüKoAktG/*Kubis* Rn. 21; LHT/*Spindler* Rn. 38). Für die Ver-gütung des Verwaltungsrats in der monistischen SE folgt die Kompetenz aus § 38 Abs. 1 SEAG, der insoweit eine entsprechende Anwendung des § 113 AktG anordnet (KK-AktG/*Kiem* Rn. 34; LHT/*Spindler* Rn. 39).

35   **j) Beschlussfassung über die Geltendmachung von Ersatzansprüchen.** Nach § 147 AktG hat die Hauptversammlung die Befugnis, die Geltendmachung von Schadensersatzansprüchen der Gesellschaft (i) aus der Gründung gegen die nach den §§ 46–48, 53 AktG verpflichteten Personen, (ii) aus der Geschäfts-führung gegen die Mitglieder des Vorstands und des Aufsichtsrats und (iii) und wegen vorsätzlicher schädigender Benutzung des Einflusses auf die Gesellschaft zum Schaden der Gesellschaft oder ihrer Aktionäre aus § 117 AktG zu beschlie-ßen. Da die SE-VO zur **Durchsetzung von Schadensersatzansprüchen** der Gesellschaft aus Gründung oder Geschäftsführung **keine Regelungen** trifft und hinsichtlich der Haftung der Organmitglieder der SE uneingeschränkt auf das Recht des Sitzstaates der SE verweist (Art. 51), ergibt sich eine Zuständigkeit der Hauptversammlung der SE für Maßnahmen nach § 147 AktG ohne Weiteres aus

Art. 52 UAbs. 2 (KK-AktG/*Kiem* Rn. 35; MüKoAktG/*Kubis* Rn. 21; *Schwarz* Rn. 28).

Die SE kann – wie die AG – unter den weiteren gesetzlichen Voraussetzungen **36** auf die Geltendmachung von Ersatzansprüchen verzichten oder sich hierüber vergleichen (§§ 50 S. 1, 93 Abs. 4 S. 4 AktG) und eine **Schadensersatzpflicht aufheben** (§ 117 Abs. 4 AktG), wenn die Hauptversammlung der SE – die hierfür wiederum aufgrund von Art. 52 UAbs. 2 zuständig ist – dem zustimmt. Für weitere Einzelheiten wird auf die Kommentierung zu Art. 51 verwiesen.

k) Kapitalmaßnahmen. Nach einer im Schrifttum vertretenen Meinung soll **37** sich die Zuständigkeit der Hauptversammlung für Kapitalmaßnahmen einer deutschen SE wegen der „gemeinschaftsrechtlichen Enthaltung" zu Fragen des Kapitals der SE (arg. e Art. 5) ausschließlich aus den für Aktiengesellschaften maßgeblichen Bestimmungen ergeben (MüKoAktG/*Kubis* Rn. 17). Dies vermag nicht zu überzeugen. Kapitalmaßnahmen gehen in aller Regel mit einer **Änderung der Satzung** einher. Die Zuständigkeit für Satzungsänderungen ist jedoch gemäß Art. 59 – also durch das Unionsrecht selbst – der Hauptversammlung der SE zugewiesen. Jedenfalls für satzungsrelevante Kapitalmaßnahmen, wie zB die ordentliche Kapitalerhöhung, die Kapitalherabsetzung oder die Schaffung von genehmigten oder bedingten Kapitalia, ergibt sich die Zuständigkeit der Hauptversammlung damit aus Art. 59 und nicht aus den nationalen Bestimmungen (so auch KK-AktG/*Kiem* Rn. 37 und Art. 59 Rn. 5 f.; *Schwarz* Rn. 22; LHT/*Spindler* Rn. 36).

Sonstige kapitalrelevante Beschlussfassungen, die nicht mit einer Sat- **38** zungsänderung einhergehen (zB die Ermächtigung zum **Erwerb eigener Aktien** oder zur **Begebung von Genussrechten**), fallen aus dem Anwendungsbereich des Art. 59 heraus (KK-AktG/*Kiem* Art. 59 Rn. 5 f.). Für sie gelten über Art. 52 Abs. 2 die nationalen Beschlusskompetenzen (vgl. auch → Rn. 40).

Von der Frage der Beschlusskompetenzen zu trennen ist die **materielle Aus-** **39** **gestaltung der konkreten Eigenkapitalinstrumente,** wie etwa des genehmigten Kapitals (§§ 202 ff. AktG), des bedingten Kapitals (§§ 192 ff. AktG) oder der Begebung von Wandelschuldverschreibungen. Die Maßgeblichkeit der aktienrechtlichen Bestimmungen folgt insoweit aus Art. 5 und Art. 9 Abs. 1 lit. c ii) (vgl. LHT/*Fleischer* Art. 5 Rn. 8; *Schwarz* Art. 5 Rn. 28 ff., 33 ff.).

l) Weitere Zuständigkeiten nach Aktienrecht. Neben den vorstehend im **40** Einzelnen aufgeführten Zuständigkeiten enthält das AktG weitere Kompetenznormen zu Gunsten der Hauptversammlung, die mangels konkurrierender Zuständigkeitsregelung auf Ebene der SE-VO und mangels „Beeinträchtigungspotential" für die grundsätzlichen Strukturmerkmale der SE über Art. 52 UAbs. 2 ohne Weiteres anwendbar sind. Hierzu zählen zB die **Zustimmung zu Unternehmensverträgen** (§§ 293 Abs. 1, 295 Abs. 1 AktG) und zu **Nachgründungsverträgen** (§ 52 AktG), die Ermächtigung zum Erwerb eigener Aktien (§ 71 Abs. 1 Nr. 8 AktG) oder der **Vertrauensentzug** gegenüber einem Vorstandsmitglied nach § 84 Abs. 3 S. 2 AktG (KK-AktG/*Kiem* Rn. 37; MüKo-AktG/*Kubis* Rn. 21; LHT/*Spindler* Rn. 44; *Fürst/Klahr* in Jannott/Frodermann HdB SE Kap. 6 Rn. 26; aA hinsichtlich der Herleitung der konzernrechtlichen Hauptversammlungszuständigkeiten Spindler/Stilz/*Eberspächer* Rn. 10: allgemeine internationalprivatrechtliche Anknüpfung).

2. Zuständigkeiten nach UmwG. Da die SE-VO für nationale Umwand- **41** lungsvorgänge unter Beteiligung einer SE weder eigenständige Regelungen trifft noch eine Sperrwirkung entfaltet, ist die Hauptversammlung einer SE gemäß Art. 52 UAbs. 2 in gleichem Umfang wie bei der AG für Entscheidungen nach dem UmwG (zB **Verschmelzung, Abspaltung, Ausgliederung**) zuständig

(LHT/*Spindler* Rn. 44; KK-AktG/*Kiem* Rn. 37). Dies gilt auch für die grenzüberschreitende Verschmelzung nach §§ 122a ff. UmwG. Eine Ausnahme besteht
insoweit lediglich für die Rückumwandlung der SE in eine AG, für die Art. 66
Abs. 6 eine spezifische, unionsrechtliche Zuständigkeitsregelung trifft, die nach
Art. 52 UAbs. 1 lit. a im Range vorgeht.

42   **3. Ungeschriebene Zuständigkeiten?** Während über die Möglichkeit ungeschriebener Zuständigkeiten der Hauptversammlung auf der Ebene des Unionsrechts weitgehend Einigkeit besteht (→ Rn. 19), ist die Anerkennung von
ungeschriebenen Hauptversammlungskompetenzen aufgrund nationalen Rechts
für die SE stark umstritten. Im deutschen Aktienrecht geht es insbesondere um
die Anwendung der durch das „Gelatine"-Urteil des BGH weiter präzisierten
„Holzmüller"-Doktrin (BGHZ 159, 30 = NJW 2004, 1860 – „Gelatine II";
BGHZ 83, 122 = NJW 1982, 1703 – „Holzmüller"; hierzu statt aller Hüffer/
Koch AktG § 119 Rn. 16 ff.; Grigoleit/*Herrler* AktG § 119 Rn. 18 ff.), nach der
Geschäftsführungsmaßnahmen des Vorstands einer AG, die in das Mitgliedschafts-
recht der Aktionäre gleich einer Satzungsänderung eingreifen, nur mit Zustim-
mung der Hauptversammlung vorgenommen werden dürfen. Eine beachtliche
Mindermeinung hält die Anwendung dieser Grundsätze bei der SE für unzulässig
(*Brandt* Hauptversammlung 127 ff.; *Marsch-Barner* FS Happ, 2006, 165 [171];
MüKoAktG/*Kubis* Rn. 22; LHT/*Spindler* Rn. 47). Begründet wird dies zunächst
damit, dass die SE-VO im Hinblick auf die Binnenorganisation der SE abschließenden Charakter habe und eine „Rückdelegation" von Geschäftsführungskom-
petenzen auf die Hauptversammlung nicht in Betracht komme (*Brandt* Hauptversammlung 130 f.; *Marsch-Barner* FS Happ, 2006, 165 [171]). Ferner gehe mit
der Einbeziehung von Richterrecht eine erhebliche Einbuße an Rechtssicherheit
einher (MüKoAktG/*Kubis* Rn. 22; LHT/*Spindler* Rn. 47). Schließlich spreche
auch die in Art. 52 gewählte Formulierung einer „Übertragung" von Zuständigkeiten gegen die Anerkennung ungeschriebener Zuständigkeiten, da nur gesetzlich festgeschriebene Zuständigkeiten „übertragen" werden könnten (*Brandt*
Hauptversammlung 130). Demgegenüber hält die überwiegende Meinung die
„Holzmüller/Gelatine"-Grundsätze auf eine SE mit Sitz in Deutschland zu
Recht für **anwendbar** (*Casper* FS Ulmer, 2003, 51 [69]; *Habersack* ZGR 2003,
724 [741]; Spindler/Stilz/*Eberspächer* Rn. 12; KK-AktG/*Kiem* Rn. 36; *Schwarz*
Rn. 35). Zum einen hat sich der Verordnungsgeber selbst hinsichtlich der Hauptversammlungszuständigkeiten bewusst für eine „Rückdelegation" in das nationale
Recht entschieden. Das Argument der Sperrwirkung der SE-VO darf daher nicht
vorschnell und pauschal herangezogen werden. Erst wenn grundlegende Strukturmerkmale der SE unterlaufen werden, kann der Geltungsvorrang des Unionsrechts eingreifen (→ Rn. 10). Von einem **Unterlaufen grundlegender Strukturmerkmale** der SE durch die „Holzmüller/Gelatine"-Grundsätze kann indes
keine Rede sein. Diese greifen nach den vom BGH entwickelten Grundsätzen
nur in besonders gelagerten Ausnahmefällen ein und wirkt sich nur in Randbereichen der Unternehmenspraxis aus. In keiner Weise wird hierdurch der
Kernbereich der eigenverantwortlichen Geschäftsführung durch Vorstand oder
Verwaltungsrat ausgehöhlt. Auch das Argument, dass Art. 52 nur dort Gesetzesrecht positiv übertragene Zuständigkeiten in Bezug nehme, findet systematisch
keine Stütze. Wie sich aus den anderen Sprachfassungen ergibt, verweist die SE-
VO für die Begründung von Hauptversammlungszuständigkeiten umfassend auf
das für Aktiengesellschaften anwendbare nationale Recht (in der englischen
Fassung „the law of that Member State", in der französischen „par la loi de cet État
membre"). Eine andere Auslegung wäre mit Blick auf **Mitgliedstaaten mit
common law Tradition** auch wenig plausibel. Für die Hauptversammlungspraxis einer in Deutschland ansässigen SE ist daher von der Geltung der „Holz-

müller/Gelatine"-Grundsätze auszugehen. Im Übrigen sollte freilich die weitere
unionsrechtliche Rechtsentwicklung zu ungeschriebenen Hauptversammlungskompetenzen und zur „Offenheit" des Art. 52 Abs. 2 für ungeschriebene nationale Kompetenzen beobachtet werden.

VI. Zuständigkeiten kraft Satzung (UAbs. 2, Var. 2)

Der in Art. 52 UAbs. 2 enthaltene Verweis auf etwaige durch die Satzung der   43
SE begründete Hauptversammlungskompetenzen hat für eine SE mit Sitz in
Deutschland eher geringe Relevanz. Nach dem in § 23 Abs. 5 AktG verankerten
Grundsatz der Satzungsstrenge kann die Satzung – auch und gerade hinsichtlich der Organzuständigkeiten – nur dann vom AktG abweichen, wenn dies
ausdrücklich für zulässig erklärt wird (vgl. nur Spindler/Stilz/*Hoffmann* AktG
§ 119 Rn. 48 f.; Hüffer/*Koch* AktG § 119 Rn. 10; MüKoAktG/*Kubis* § 119
Rn. 17). Angesichts der umfassenden Zuständigkeitsregelung im AktG besteht
für abweichende Satzungsregelungen – im Gegensatz zur Lage in anderen europäischen Ländern, wie etwa Dänemark, Schweden oder England (hierzu LHT/
Spindler Rn. 45) nur ein geringer Gestaltungsspielraum. So könnte die Satzung
zB der Hauptversammlung die Zustimmung zur Übertragung von vinkulierten
Namensaktien (§ 68 Abs. 2 S. 3 AktG) zuweisen (KK-AktG/*Kiem* Rn. 38; Mü-
KoAktG/*Kubis* Rn. 23; LHT/*Spindler* Rn. 45). Gelegentlich wird in der Satzung
auch die Kompetenz der Hauptversammlung zur Bildung von gesetzlich nicht
vorgesehenen Gremien, wie zB Beiräten oder Aktionärsausschüssen, begründet
(KK-AktG/*Kiem* Rn. 38; *Schwarz* Rn. 33; LHT/*Spindler* Rn. 45). Wegen der
durch § 23 Abs. 5 AktG insgesamt engen Gestaltungsmöglichkeiten dürften sich
aufgrund von hauptversammlungsbezogenen Zuständigkeitsregelungen in der
Satzung **kaum Regelungskonflikte mit Unionsrecht** ergeben. Sollte dies ausnahmsweise gleichwohl der Fall sein, wären diese Konflikte im Sinne eines
Geltungsvorrangs des Unionsrechts aufzulösen.

[Organisation und Ablauf]

53 Für die Organisation und den Ablauf der Hauptversammlung
sowie für die Abstimmungsverfahren gelten unbeschadet der Bestimmungen dieses Abschnitts die im Sitzstaat der SE für Aktiengesellschaften maßgeblichen Rechtsvorschriften.

Schrifttum: *Arnold,* Aktionärsrechte und Hauptversammlung nach dem ARUG, Der
Konzern 2009, 88; *Bachmann,* Der Verwaltungsrat einer monistischen SE, ZGR 2008, 779;
Biehler, Multinationale Konzerne und die Abhaltung einer Hauptversammlung nach deutschem Recht im Ausland, NJW 2000, 1243; *Brandt,* Die Hauptversammlung der Europäischen Aktiengesellschaft (SE), Diss. Würzburg 2004; *Bungert,* Hauptversammlungen deutscher Aktiengesellschaften und Auslandsbezug, AG 1995, 26; *Butzke,* Die Hauptversammlung
der Aktiengesellschaft, 5. Aufl. 2011; *Casper,* Erfahrungen und Reformbedarf bei der SE –
Gesellschaftsrechtliche Reformvorschläge, ZHR 173 (2009), 181; *Drinhausen/Keinath,* Referentenentwurf eines Gesetzes zur Umsetzung der Aktionärsrichtlinie (ARUG) – ein Beitrag
zur Modernisierung der Hauptversammlung, BB 2008, 1238; *dies.,* Regierungsentwurf eines
Gesetzes zur Umsetzung der Aktionärsrichtlinie (ARUG) – Überblick über die Änderungen
gegenüber dem Referentenentwurf, BB 2009, 64; *Hirte,* Die Europäische Aktiengesellschaft,
NZG 2002, 1; *C. Horn,* Änderungen bei der Vorbereitung und Durchführung der Hauptversammlung nach dem Referentenentwurf zum ARUG, ZIP 2008, 1558; Noack, Der
Vorschlag für eine Richtlinie über Rechte von Aktionären börsennotierter Gesellschaften,
NZG 2008, 441; ders., Briefwahl und Online-Teilnahme an der Hauptversammlung – der
neue § 118 AktG, WM 2009, 2289; *Seibert,* UMAG und Hauptversammlung – Der Regierungsentwurf eines Gesetzes zur Unternehmensintegrität und Modernisierung des Anfechtungsrechts (UMAG), WM 2005, 157; *ders.,* Der Referentenentwurf eines Gesetzes zur

Umsetzung der Aktionärsrechterichtlinie (ARUG), ZIP 2008, 906; *ders./Florstedt,* Der Regierungsentwurf des ARUG – Inhalt und wesentliche Änderung gegenüber dem Referentenentwurf, ZIP 2008, 2145; *Wicke,* Die Leitung der Hauptversammlung einer Aktiengesellschaft, NZG 2007, 771; im Übrigen s. die Angaben zu Art. 52.

Übersicht

                                                         Rn.

I. Allgemeines 1
  1. Regelungsgehalt 1
  2. Reichweite der Verweisung................................ 3
  3. SE-spezifische Adjustierung der nationalen Vorschriften.... 6
II. Organisation und Ablauf der Hauptversammlung 7
  1. Einberufung der Hauptversammlung 7
  2. Ort der Hauptversammlung 8
  3. Mitteilungspflichten im Vorfeld der Hauptversammlung.... 12
  4. Teilnahmevoraussetzungen................................. 13
  5. Vertretung durch Dritte................................... 17
  6. Beginn und Dauer der Hauptversammlung 18
  7. Versammlungsleitung 20
    a) Person des Versammlungsleiters 21
    b) Grundsätze der Versammlungsleitung 25
  8. Sprache der Hauptversammlung 26
  9. Rede- und Fragerecht, Stellung von Anträgen.............. 29
  10. Notarielle Niederschrift 33
  11. Vollversammlung 35
  12. Weitere Regelungen zum Ablauf der Hauptversammlung .. 36
III. Abstimmungsverfahren... 37
IV. Beschlusskontrolle.. 38

I. Allgemeines

1   **1. Regelungsgehalt.** Art. 53 bestimmt, dass die Organisation und der Ablauf der Hauptversammlung sowie das Abstimmungsverfahren dem für Aktiengesellschaften **im Sitzstaat der SE maßgeblichen Recht** unterliegen. Die Verweisung gilt „unbeschadet der Bestimmungen dieses Abschnitts" der SE-VO (dh des vierten Abschnitts); die aktienrechtlichen Bestimmungen kommen also nur dort zur Anwendung, wo die SE-VO keine eigene Regelung trifft (sog. partielle Generalverweisung; vgl. *Brandt* Hauptversammlung 173; KK-AktG/*Kiem* Rn. 1; Spindler/Stilz/*Eberspächer* Rn. 1; MüKoAktG/*Kubis* Rn. 1; vgl. auch *Schwarz* Rn. 4; LHT/*Spindler* Rn. 1).

2   In seinem Anwendungsbereich verdrängt Art. 53 die in Art. 9 Abs. 1 lit. c ii) enthaltene allgemeine Verweisung auf mitgliedstaatliches Recht. Die Existenz einer spezifisch hauptversammlungsbezogenen Verweisungsnorm erklärt sich überwiegend aus der Entstehungsgeschichte der Verordnung: So enthielt der SE-VO-E von 1989 noch eine **Vielzahl von Einzelregelungen** zu der Einberufung der Hauptversammlung, der Stimmrechtsvollmacht, den in der Hauptversammlung auszulegenden Unterlagen, den Informationsrechten der Aktionäre, der Tagesordnung und Beschlussfassung sowie der Niederschrift über die Hauptversammlung (vgl. Art. 84, 88 ff., 99 SE-VO-E 1989 vom 21.9.1989, BT-Drs. 11/5427). Diese Detailregelungen wurden **in den nachfolgenden Entwurfsfassungen stark reduziert und schließlich insgesamt aufgegeben** (näher zur Entwicklungsgeschichte LHT/*Spindler* Rn. 2 ff.; *Brandt* Hauptversammlung 173). Stattdessen wurde fortan weitgehend auf das Recht des jeweiligen Sitzstaats verwiesen. Die Entstehungsgeschichte der Verordnung zu Organisation und Ablauf der Hauptversammlung weist damit erhebliche **Parallelen zum Bereich der Hauptversammlungszuständigkeit** nach Art. 52 auf. Aus Sicht der Rechtspraxis ist die weitgehende „Nationalisierung" des Rechts der SE-Hauptversammlung zu begrüßen. Sie schafft in einem risikobehafteten Bereich des Unternehmensrechts ein **erhebliches Maß an Rechtssicherheit.** Angesichts der fortgeschrittenen Harmonisierung des Gesellschaftsrechts und der Aktionärsrechte – zuletzt durch die Aktionärsrechterichtlinie (RL 2007/36/EG, ABl. L 184 S. 17) – wird zugleich ein europaweiter Mindeststandard für die Wahrnehmung von Aktionärsrechten, insbesondere bei börsennotierten Gesellschaften, gewährleistet (*Brandt* Hauptversammlung 173; vgl. auch LHT/*Spindler* Rn. 4; abweichend KK-AktG/*Kiem* Rn. 5).

2. Reichweite der Verweisung. Nach Art. 53 gilt die Verweisung auf das 3 nationale Recht nicht für jene Teilbereiche der Hauptversammlung, die in Abschnitt 4 der SE-VO als leges speciales selbst geregelt sind (KK-AktG/*Kiem* Rn. 3; *Schwarz* Rn. 6; *Brandt* Hauptversammlung 173). Die dort getroffenen Regelungen beziehen sich auf (i) die Einberufung der Hauptversammlung durch die Gesellschaft (Art. 54), (ii) die Minderheitsrechte von Aktionären in Bezug auf die Einberufung einer Hauptversammlung und die Ergänzung der Tagesordnung (Art. 55 und 56), (iii) die Beschlussfassung durch die Hauptversammlung einschließlich spezifischer Regelungen über die Stimmabgabe und über Anforderungen an satzungsändernde Beschlüsse (Art. 57–59) und die Mitwirkungsbefugnisse verschiedener Aktiengattungen beim Eingriff in gattungsspezifische Rechte (Art. 60). Durch den selektiven Charakter der in der SE-VO selbst getroffenen Regelungen **kommt der in Art. 53 enthaltenen Verweisung** auf das mitgliedstaatliche Aktienrecht eine für die Praxis der Hauptversammlung **zentrale Bedeutung** zu.

In gegenständlicher Hinsicht ist die Verweisung des Art. 53 auf die Teilaspekte 4 „Organisation", „Ablauf" und „Abstimmungsverfahren" der Hauptversammlung beschränkt. Hierzu gehören unter anderem die **Einberufung der Hauptversammlung** (vorbehaltlich der Regelungen in Art. 54), die Tagesordnung, die Teilnahme und die **Vertretung der Aktionäre** in der Hauptversammlung, die Präsenzfeststellung, die **Versammlungsleitung,** das Rede- und Fragerecht der Aktionäre und dessen Beschränkungen, die Behandlung von Anträgen, die **Stimmabgabe,** das **Verfahren der Beschlussfassung** und Beschlussfeststellung sowie die Erstellung der Niederschrift über die Versammlung und die dort gefassten Beschlüsse einschließlich der Einlegung von Widerspruch gegen gefasste Beschlüsse zu Protokoll (ausführlich NK-SE/*Mayer* Rn. 3 ff.; MüKoAktG/*Kubis* Rn. 2 ff.; LHT/*Spindler* Rn. 7; KK-AktG/*Kiem* Rn. 6; *Schwarz* Rn. 7). Die Verweisung in Art. 53 umfasst auch **Vorbereitungsmaßnahmen,** soweit diese nicht durch die spezielleren Einberufungsmodalitäten nach Art. 54 Abs. 4 erfasst werden, und nachlaufende Maßnahmen, wie zB die Anmeldung von Beschlüssen der Hauptversammlung zum Handelsregister (ebenso KK-AktG/*Kiem* Rn. 6; MüKo-AktG/*Kubis* Rn. 2).

Nicht von Art. 53 umfasst sind hingegen die Bereiche der Beschlusskon- 5 trolle, dh insbesondere die Sach- und Verfahrensnormen über die Erhebung von Anfechtungs- und Nichtigkeitsklagen gegen Hauptversammlungsbeschlüsse (§§ 243 ff. AktG) sowie die Auskunftserzwingung nach § 132 AktG iVm FamFG. Die Anwendbarkeit des mitgliedstaatlichen Rechts auf diese Bereiche ergibt sich allerdings aus der allgemeinen Verweisung in Art. 9 Abs. 1 lit. c ii).

3. SE-spezifische Adjustierung der nationalen Vorschriften. Die Verwei- 6 sung in Art. 53 auf das nationale Recht zu Organisation, Ablauf und Abstimmung erfolgt – abgesehen von dem Verweis auf die Regelungen des vierten Abschnitts der SE-VO – ohne sachliche Einschränkung. Aus dem generellen Geltungsvorrang des Unionsrechts ergibt sich gleichwohl die Notwendigkeit zur Prüfung, ob die aktienrechtlichen Regelungen im Hinblick auf die spezifischen Merkmale der

SE, insbesondere ihre Ausrichtung als europäisch verankerte Rechtsform, **im Einzelfall durch erweiternde oder einschränkende Auslegung zu modifizieren** sind (Spindler/Stilz/*Eberspächer* Rn. 3 f.; KK-AktG/*Kiem* Rn. 4 mwN). Sachgerecht erscheinen Adjustierungen insbesondere in Bezug auf den Versammlungsort und die Versammlungssprache (→ Rn. 8 ff., 23).

II. Organisation und Ablauf der Hauptversammlung

7   **1. Einberufung der Hauptversammlung.** Hinsichtlich Zuständigkeit, Zeitpunkt und Modalitäten der Einberufung der Hauptversammlung trifft die SE-VO in Art. 54 eine eigene Regelung. Obgleich Art. 54 Abs. 2 hierbei selbst wiederum auf das nationale Recht verweist, sind die Einberufungsregelungen aus dem Anwendungsbereich von Art. 53 ausgenommen. Auf die Kommentierung zu Art. 54 wird insoweit verwiesen (→ Art. 54 Rn. 1 ff.).

8   **2. Ort der Hauptversammlung.** Über den Ort der Hauptversammlung einer SE enthält die SE-VO keine Vorgabe. Der Versammlungsort einer SE mit Sitz in Deutschland richtet sich daher gemäß Art. 53 nach § 121 Abs. 5 S. 1 AktG. Danach soll die Hauptversammlung am **Sitz der Gesellschaft** stattfinden, sofern die Satzung nicht etwas anderes bestimmt. Sind die Aktien der SE an einer deutschen Börse zum Handel im regulierten Markt zugelassen, kann die Hauptversammlung – vorbehaltlich einer anderslautenden Satzungsregelung – auch am **Sitz dieser Börse** stattfinden (Art. 53 iVm § 121 Abs. 5 S. 2 AktG).

9   Typischerweise werden die Vorgaben für die Auswahl des Versammlungsortes durch die Satzung der jeweiligen Gesellschaft festgelegt (hierzu Spindler/Stilz/*Eberspächer* AktG § 121 Rn. 72 f.; Hüffer/*Koch* AktG § 121 Rn. 13; Hölters/*Drinhausen* AktG § 121 Rn. 39 f.; MüKoAktG/*Kubis* AktG § 121 Rn. 91 f.; Grigoleit/*Herrler* AktG § 121 Rn. 26 ff.). Bei der Gestaltung dieser Vorgaben ist zum einen darauf zu achten, dass die Auswahl des Versammlungsorts nicht in das freie Ermessen der Verwaltung gestellt wird. Die Satzung muss **objektiv bestimmbare Kriterien** festlegen, die das Auswahlermessen der Verwaltung einschränken (zB Stadt in Deutschland mit mehr als 100.000 Einwohnern, Sitz einer Wertpapierbörse, Stadt im Oberlandesgerichtsbezirk Frankfurt am Main). Ferner darf kein Ort festgelegt werden, an den die Aktionäre nur mit einem **unverhältnismäßigen zeitlichen und/oder finanziellen Aufwand** gelangen könnten (zB ein abgelegenes Gebirgsdorf). Bei Gesellschaften mit geschlossenem Aktionärskreis besteht hierbei allerdings größere Flexibilität als bei Publikumsgesellschaften (Spindler/Stilz/*Rieckers* AktG § 121 Rn. 74).

10   Die aktienrechtlichen Grundsätze zur Festlegung des Versammlungsorts gelten gleichermaßen für die SE. Angesichts der vom EU-Gesetzgeber auf einen europaweiten Aktionsradius ausgerichteten Rechtsform (KK-AktG/*Kiem* Rn. 9) stellt sich für die SE in besonderer Weise die Frage, ob die Versammlung auf der Grundlage einer entsprechenden Satzungsbestimmung auch im Ausland abgehalten werden kann. Diese Frage wurde vom BGH mittlerweile grundsätzlich bejaht (BGH NJW 2015, 336). Dabei rekurriert der BGH nicht auf die Internationalität der Rechtsform SE, sondern stellt klar, dass auch nach der nationalen Vorschrift des § 121 Abs. 5 AktG ein Hauptversammlungort im Ausland zulässigerweise durch die Satzung bestimmt werden kann (BGH NJW 2015, 336 [337]; ebenso bereits Hölters/*Drinhausen* AktG § 121 Rn. 44; Hüffer/*Koch* AktG § 121 Rn. 15; Spindler/Stilz/*Rieckers* AktG § 121 Rn. 74 mwN; Grigoleit/*Herrler* AktG § 121 Rn. 27: nur bei Zumutbarkeit zulässig; und für die SE MüKoAktG/*Kubis* Rn. 10; KK-AktG/*Kiem* Rn. 9; *Brandt* Hauptversammlung 176; LHT/*Spindler* Rn. 9; *Spindler* in Lutter/Hommelhoff Europäische Gesellschaft S. 223, 238 f.; Spindler/Stilz/*Eberspächer* Rn. 4; *Schwarz* Rn. 10). Allerdings hat der

BGH einschränkend festgestellt, dass es mit Blick auf den Schutz insbesondere der Minderheitsaktionäre vor einer willkürlichen Auswahl des Versammlungsorts unzulässig ist, wenn die Satzungsregelung dem Einberufenden die Auswahl unter einer großen Zahl geographisch weit auseinanderliegender Orte überlässt (im vom BGH entschiedenen Fall sah die Satzung als Versammlungsort unter anderem den Sitz einer Wertpapierbörse oder einer Stadt mit mehr als 500.000 Einwohnern in der Europäischen Union vor, was es nach Auffassung des BGH nicht erlaube, sich vorab auf die möglichen Versammlungsorte einzustellen, BGH NJW 2015, 336 [338]).

Für die Beschlussfassung einer Hauptversammlung im Ausland gilt nicht die **11** Ortsform (zB eine etwaige Formlosigkeit), sondern die Geschäftsform (vgl. in diesem Zusammenhang zur Hauptversammlung der AG Hüffer/*Koch* AktG § 121 Rn. 16 mwN). Das Erfordernis der notariellen Beurkundung gemäß § 130 Abs. 1 S. 1 AktG ist daher auch bei Auslandsversammlungen einzuhalten. Dafür reicht es allerdings aus, wenn der **ausländische Beurkundungsakt** einer deutschen Beurkundung **gleichwertig** ist (so jetzt explizit BGH NJW 2015, 336 [337 f.]; KK-AktG/*Kiem* Rn. 10; Spindler/Stilz/*Eberspächer* Rn. 4; wohl abweichend MüKoAktG/*Kubis* Rn. 10 aE; LHT/*Spindler* Rn. 9, nach denen an die im Ausland beurkundenden Notare andere Anforderungen gestellt werden müssten). In der Praxis empfiehlt es sich, durch den ausländischen Notar ein der deutschen Hauptversammlungsniederschrift vergleichbares Wahrnehmungsprotokoll anfertigen zu lassen. Der Notar sollte sich darüber hinaus von der Funktionsfähigkeit etwaiger Stimmauszählungsgeräte überzeugen und das Abstimmungsverfahren mit der Stimmauszählung verfolgen (zu den Pflichten des Notars in der Hauptversammlung vgl. Spindler/Stilz/*Wicke* AktG § 130 Rn. 28 f.; Grigoleit/*Herrler* AktG § 130 Rn. 1, 12 f.).

3. Mitteilungspflichten im Vorfeld der Hauptversammlung. Auch für **12** die Mitteilungspflichten gegenüber Aktionären im Vorfeld der Hauptversammlung sieht die SE-VO keine Regelung vor. Daher ist der Rückgriff auf die nationalen aktienrechtlichen Bestimmungen – für eine SE mit Sitz in Deutschland auf die §§ 125–128 AktG – eröffnet. Aufgrund der Sachnähe zur Einberufung der Hauptversammlung greift hier allerdings die Verweisung in Art. 54 Abs. 2 ein. Art. 53 findet insoweit keine Anwendung (so auch LHT/*Spindler* Rn. 13; aA MüKoAktG/*Kubis* Rn. 11).

4. Teilnahmevoraussetzungen. Aus der in Art. 38 lit. a verwandten Begriff- **13** lichkeit „Hauptversammlung *der Aktionäre*" lässt sich ableiten, dass grundsätzlich jeder Aktionär – unabhängig von einer Mindestbeteiligung oder einem Stimmrecht – zur Teilnahme an der Hauptversammlung berechtigt ist. Im Übrigen trifft die SE-VO zur Frage der Teilnahmeberechtigung keine Regelungen. Da Fragen der Teilnahme dem Bereich der „Organisation" zugeordnet werden können, richten sich das Teilnahmerecht und die Teilnahmevoraussetzungen – über die Verweisung in Art. 53 – nach dem für Aktiengesellschaften geltenden Recht der Mitgliedstaaten (so auch MüKoAktG/*Kubis* Rn. 14; Spindler/Stilz/*Eberspächer* Rn. 6; LHT/*Spindler* Rn. 17 f.; Widmann/Mayer/*Heckschen* UmwG Anh. 14 Rn. 500 f.; *Knapp* DStR 2012, 2392 [2394]). Für die in Deutschland ansässige SE gelten daher die **aktienrechtlichen Bestimmungen**, insbesondere § 118 AktG, und die sich daraus ergebenden Verfahrensvorgaben (vgl. zu § 118 AktG etwa Spindler/Stilz/*Hoffmann* AktG § 118 Rn. 11 ff.; Grigoleit/*Herrler* AktG § 118 Rn. 16 ff.).

Eine zentrale Vorschrift für die Hauptversammlungsteilnahme ist auch § 123 **14** Abs. 2 AktG, wonach die Satzung der Gesellschaft die Teilnahme an der Hauptversammlung oder die Ausübung des Stimmrechts davon abhängig machen kann, dass die Aktionäre sich vor der Versammlung anmelden. Bei börsennotierten

Gesellschaften mit Inhaberaktien kann die Satzung ferner einen auf den Beginn des 21. Tages vor der Versammlung (sog. **Record Date**) bezogenen Nachweis des Anteilsbesitzes verlangen. Für eine börsennotierte SE ergeben sich diesbezüglich keine Abweichungen. Auch ausländische Investoren sind diesen „Ordnungsregeln" unterworfen (ebenso MüKoAktG/*Kubis* Rn. 13; KK-AktG/*Kiem* Rn. 15). Auch die auf die Hauptversammlung-bezogenen Regelungen in Bezug auf Namensaktien (Umschreibestopp, Erfordernis einer Eintragung im Aktienregister) gelten gleichermaßen.

15 Mit der Umsetzung der Aktionärsrechterichtlinie in nationales Recht besteht auch für eine deutsche SE die Möglichkeit, ihren Aktionären die **Online-Teilnahme** (§ 118 Abs. 1 S. 2 AktG) und eine Fernabstimmung (**Briefwahl,** § 118 Abs. 2 AktG) zu ermöglichen (zu Briefwahl und Online-Teilnahme an der Hauptversammlung *Noack* WM 2009, 2289 ff.; Spindler/Stilz/*Rieckers* AktG § 118 Rn. 35 ff.; Grigoleit/*Herrler* AktG § 118 Rn. 6 ff.; *Knapp* DStR 2012, 2392 [2394]). Beide Gestaltungen setzen eine entsprechende Satzungsbestimmung bzw. -ermächtigung voraus. Gerade für eine SE kann die Aufnahme einer entsprechenden Satzungsregelung attraktiv sein, um die Einbindung ausländischer Investoren in die Willensbildung der Gesellschaft zu erleichtern und damit die internationale Orientierung der Gesellschaft zu betonen.

16 Auch die Frage nach einer möglichen Teilnahmepflicht richtet sich über die Verweisung in Art. 53 nach dem nationalen Recht. Gemäß § 118 Abs. 3 AktG sind Organmitglieder daher grundsätzlich zur Teilnahme an der Hauptversammlung verpflichtet (MüKoAktG/*Kubis* Rn. 14 aE; LHT/*Spindler* Rn. 19).

17 **5. Vertretung durch Dritte.** Auch hinsichtlich der Vertretung von Aktionären in der Hauptversammlung durch Dritte gelten über Art. 53 die allgemeinen aktienrechtlichen Bestimmungen (§§ 129 Abs. 3, 134 Abs. 3 AktG; *Schwarz* Rn. 16; LHT/*Spindler* Rn. 20). Diese umfassen Regelungen über die Erteilung, die Form und den Widerruf von **Stimmrechtsvollmachten,** einschließlich solcher an einen etwaigen Stimmrechtsvertreter der Gesellschaft. Auch für Vollmachten an **Kreditinstitute und Aktionärsvereinigungen** gelten die aktienrechtlichen Bestimmungen (§ 135 AktG) einschließlich der insoweit bestehenden Erleichterungen hinsichtlich der Form der Vollmachtserteilung.

18 **6. Beginn und Dauer der Hauptversammlung.** Die SE-VO enthält keine Regelung zu Beginn, Ende oder Dauer der Hauptversammlung einer SE. Über Art. 53 kommen daher auch hier die aktienrechtlichen Grundsätze zur Anwendung. Nach § 121 Abs. 3 S. 1 AktG muss die Einberufung die Zeit der Hauptversammlung bestimmen. Sofern die Satzung hierzu keine näheren Angaben enthält, ist der Beginnzeitpunkt durch das einberufende Organ nach pflichtgemäßem Ermessen festzulegen. Dabei gilt auch für die SE das im Deutschen Corporate Governance Kodex reflektierte Leitbild, dass eine ordentliche Hauptversammlung **spätestens nach vier bis sechs Stunden** beendet sein soll (Ziff. 2.2.4 DCGK; vgl. auch KK-AktG/*Kiem* Rn. 12; MüKoAktG/*Kubis* § 121 Rn. 38; *Drinhausen/Marsch-Barner* AG 2014, 757 [759]). Ferner soll die Hauptversammlung im Sinne der Zumutbarkeit der Teilnahme so terminiert werden, dass den Aktionären An- und Abreise am Versammlungstag selbst möglich ist (KK-AktG/*Kiem* Rn. 11; für die Aktiengesellschaft Grigoleit/*Herrler* AktG § 121 Rn. 29 mwN; Schmidt/Lutter/*Ziemons* AktG § 121 Rn. 33). Beginnzeiten zwischen 10 und 12 Uhr dürften sich daher auch bei SE-Hauptversammlungen einpendeln. Sofern eine Hauptversammlung ausnahmsweise nicht vor 24 Uhr beendet werden kann, gelten für die Beschlussfassung die aktienrechtlichen Grundsätze, dh auch **nach Mitternacht gefasste Beschlüsse** sind nach hM nicht per se nichtig, sondern allenfalls anfechtbar (vgl. zB OLG Koblenz ZIP 2001, 1093; *Butzke* Die Hauptversammlung D Rn. 57; Schmidt/Lutter/*Ziemons* AktG § 121 Rn. 35;

Hüffer/*Koch* AktG § 121 Rn. 17; aA MüKoAktG/*Kubis* AktG § 121 Rn. 35). Dies gilt auch für Beschlussfassungen der SE (KK-AktG/*Kiem* Rn. 12; aA Mü-KoAktG/*Kubis* Rn. 9 aE, der aufgrund der Notwendigkeit einer exakten Reiseplanung dafür plädiert, den nach Mitternacht gefassten Beschlüssen die Wirksamkeit zu versagen, wenn die Hauptversammlung nicht – zumindest vorsorglich – für den Folgetag einberufen war; so wohl auch *Schwarz* Rn. 7).

Die Einberufung der Hauptversammlung auf zwei Tage ist auch bei der SE **19** zulässig, allerdings besteht kaum mehr Veranlassung, hiervon Gebrauch zu machen. Mit den vom Gesetzgeber geschaffenen Mitteln einer **effizienten Versammlungsleitung** können selbst komplexe Beschlussgegenstände innerhalb eines Versammlungstages erschöpfend behandelt werden.

7. Versammlungsleitung. Die Leitung der Hauptversammlung einer SE **20** richtet sich mangels diesbezüglicher Regelungen in der SE-VO ebenfalls nach den für Aktiengesellschaften herausgebildeten Grundsätzen (LHT/*Spindler* Rn. 25 f.; MüKoAktG/*Kubis* Rn. 18 f.; KK-AktG/*Kiem* Rn. 16 f.; vgl. zur Leitung der Hauptversammlung einer Aktiengesellschaft *Butzke* Die Hauptversammlung D Rn. 1 ff.; *Wicke* NZG 2007, 771 ff.; *Drinhausen/Marsch-Barner* AG 2014, 757 ff.). Dies gilt sowohl für die Anforderungen an die **Person des Versammlungsleiters** als auch für dessen **Befugnisse** während der Versammlung.

a) Person des Versammlungsleiters. Die Leitung der Hauptversammlung **21** durch einen Vorsitzenden ist ein unverzichtbares Element eines geordneten Versammlungsablaufs (LHT/*Spindler* Rn. 26; vgl. zur Aktiengesellschaft nur *Butzke* Die Hauptversammlung D Rn. 4 ff.). Das AktG setzt die Existenz eines Versammlungsleiters in verschiedenen Bestimmungen voraus (§§ 118 Abs. 4, 122 Abs. 3 S. 2, 130 Abs. 2, 131 Abs. 2 S. 2 AktG). Die aktienrechtlichen Grundsätze zu den personellen Anforderungen an den Versammlungsleiter gelten gleichermaßen für den Vorsitzenden einer SE-Hauptversammlung.

Mit Blick auf die vom Versammlungsleiter zu fordernde Neutralität wird zur **22** monistischen SE die Auffassung vertreten, dass ein Mitglied des Verwaltungsrats als dem Leitungsorgan der monistischen SE den Vorsitz in der Hauptversammlung nicht übernehmen könne (so MüKoAktG/*Kubis* Rn. 18; LHT/*Spindler* Rn. 26; Spindler/Stilz/*Eberspächer* Rn. 7, Art. 45 Rn. 6; aA MüKoAktG/*Reichert/Brandes* Art. 45 Rn. 16; *Bachmann* ZGR 2008, 779 [789 f.], der ein solches Vorgehen für zulässig, in der Publikums-SE aber für nicht empfehlenswert hält; dem folgend *Casper* ZHR 173 [2009], 181 [216]; *Eder* NZG 2004, 544 [546]; offen gelassen von *Knapp* DStR 2012, 2392 [2394]). Konsequenz dieser Auffassung wäre, dass die Versammlungsleitung entweder durch einen Aktionär oder durch einen **gesellschaftsfremden Dritten** (zB Rechtsanwalt) wahrgenommen werden müsste. Dies widerspricht zum einen der hergebrachten Praxis der Hauptversammlung bei deutschen Aktiengesellschaften, die gerade auch in ihrem organisatorischen Ablauf von einem **Spitzenvertreter des Unternehmens** bestritten werden. Die Forderung erscheint zum anderen auch insoweit überschießend, als die Mehrheit der Verwaltungsratsmitglieder nach Art. 40 Abs. 1 S. 2 nicht geschäftsführende Mitglieder sein müssen. Im Hinblick auf die umfassenden Aufgaben des Verwaltungsrats, auch zB in Bezug auf die Überwachung der Geschäftsführung (vgl. zB § 22 SEAG), sind die nicht geschäftsführenden Verwaltungsratsmitglieder dem Typus eines Aufsichtsratsmitglieds angenähert. Jedenfalls spricht unter Neutralitätsaspekten nichts gegen die Ausübung der Versammlungsleitung **durch ein nicht geschäftsführendes Verwaltungsratsmitglied.**

Die Beherrschung der **deutschen Sprache** durch den Versammlungsleiter ist **23** zwar von hoher praktischer Bedeutung und für die effiziente Leitung einer komplexen Hauptversammlung wünschenswert. Sie kann aber rechtlich weder für die AG noch für die SE gefordert werden, sofern eine für alle Aktionäre zugängliche **simultane Übersetzung** in die deutsche Sprache sichergestellt ist, zB über Kopfhörer (KK-AktG/*Kiem* Rn. 18, wenn auch mit anderer Begründung. Ebenfalls gegen dieses Erfordernis bei der SE LHT/*Spindler* Rn. 27; *Brandt* Hauptversammlung 226; wohl auch *Schwarz* Rn. 17; aA MüKoAktG/*Kubis* Rn. 18; *Drinhausen/Marsch-Barner* AG 2014, 757 [762]).

24   Für die Abwahl bzw. Ersetzung des Versammlungsleiters einer SE-Hauptversammlung gelten dieselben Grundsätze wie für die AG, insbesondere auch für die Behandlung von Anträgen auf Abwahl aus wichtigem Grund (vgl. hierzu für die AG zB *Butzke* Die Hauptversammlung D Rn. 13; Spindler/Stilz/*Wicke* AktG § 119 Rn. 4).

25   **b) Grundsätze der Versammlungsleitung.** Auch die Versammlungsleitung als solche unterliegt den für die AG maßgeblichen, an Neutralität, Gleichbehandlung und Verhältnismäßigkeit orientierten Grundsätzen (vgl. auch KK-AktG/*Kiem* Rn. 17; MüKoAktG/*Kubis* Rn. 19; LHT/*Spindler* Rn. 28; speziell zu der Person des Versammlungsleiters in der AG vgl. *Drinhausen/Marsch-Barner* AG 2014, 757 ff.). Der Versammlungsleiter einer SE hat die gleichen Aufgaben und Befugnisse wie derjenige der AG. Dies gilt insbesondere für die **Gestaltung der Generaldebatte** (einschließlich der Reihenfolge der Redner), die Beschränkung des Rede- und Fragerechts, die **Festlegung des Abstimmungsverfahrens** sowie die Feststellung und Verkündung der Beschlussergebnisse im Rahmen der gesetzlichen bzw. satzungsmäßigen Vorgaben.

26   **8. Sprache der Hauptversammlung.** Unterschiedliche Sichtweisen bestehen zu der Frage, in welcher Sprache die Hauptversammlung einer SE abzuhalten ist bzw. abgehalten werden kann. Nach aktienrechtlichen Grundsätzen, die über Art. 53 auch auf eine SE mit Sitz in Deutschland anwendbar sind, gilt, dass die Hauptversammlung auf Deutsch abzuhalten ist. Abweichungen sind nur mit Zustimmung aller Aktionäre (und ggf. des beurkundenden Notars) zulässig (*Butzke* Die Hauptversammlung D 27; GroßkommAktG/*Mülbert* AktG Vor §§ 118–147 Rn. 178; KK-AktG/*Kiem* Rn. 19; LHT/*Spindler* Rn. 21 (Abweichungen sind in der Satzung zulässig); Spindler/Stilz/*Wicke* AktG § 130 Rn. 24; *Drinhausen/Marsch-Barner* AG 2014, 757 [762]). Zwar kann der Versammlungsleiter einer AG auch **Wortbeiträge in anderen Sprachen** zulassen. In diesem Fall hat die Gesellschaft jedoch eine (ggf. zusammenfassende) Übersetzung ins Deutsche sicherzustellen. Eine rechtliche Verpflichtung zur Zulassung fremdsprachiger Redebeiträge besteht bei der AG nicht.

27   Dieses „Sprachregime" wird für die SE von Teilen des Schrifttums als zu eng angesehen. So wird unter anderem gefordert, Redebeiträge von Aktionären in sämtlichen EU-Amtssprachen oder zumindest auch in englischer Sprache zuzulassen und die Gesellschaft dazu zu verpflichten, entsprechende Übersetzungsmöglichkeiten vorzuhalten (Spindler/Stilz/*Eberspächer* Rn. 6 und *Knapp* DStR 2012, 2392 [2395]: zumindest in Englisch; MüKoAktG/*Kubis* Rn. 15: in allen Sprachen; für eine entsprechende Zulassung bei der AG *Drinhausen/Marsch-Barner* AG 2014, 757 [762 f.]). Eine solche Lösung ginge indes deutlich zu weit. Selbst unter dem Aspekt der EU-freundlichen Auslegung der Hauptversammlungsregularien erscheint der mit der Bereithaltung entsprechender Übersetzungskapazitäten verbundene Aufwand unverhältnismäßig (KK-AktG/*Kiem* Rn. 19; LHT/*Spindler* Rn. 21; *Spindler* in Lutter/Hommelhoff Europäische Gesellschaft S. 223 f.; *Brandt* Hauptversammlung 178). Ein derart reglementiertes und kostenträchtiges Sprachkonzept hätte der Verordnungsgeber selbst regeln müssen, wie dies in anderen Zusammenhängen auch geschehen ist (LHT/*Spindler* Rn. 21 unter Hinweis auf Anh. Teil 2 lit. h SE-RL, der zeigt, dass die Problematik dem Verordnungsgeber durchaus bekannt war). Andere Stimmen schlagen vor, dass die Satzung einer SE neben Deutsch auch die englische Sprache gleichsam als „lingua franca" des

europäischen Wirtschaftsraums als Hauptversammlungssprache zulassen kann (LHT/*Spindler* Rn. 21). Auch dieser Vorschlag erscheint zumindest für Publikumsgesellschaften sehr weitgehend. Die vollständige Durchführung einer Hauptversammlung in Englisch würde dem derzeit nach wie vor vorherrschenden Teilnehmerkreis einer in Deutschland stattfindenden Publikums-Hauptversammlung nicht gerecht. Zudem sind zusätzliche Komplikationen bei der notariellen Beurkundung der Hauptversammlung, beim Verkehr mit dem Registergericht und bei etwaigen nachfolgenden Klagen vorprogrammiert.

Ein **praxisnaher Kompromiss** könnte vor diesem Hintergrund darin liegen, **28** dass der Versammlungsleiter – wie bei der AG teilweise schon der Fall – **Redebeiträge in englischer Sprache** zulässt und diese ggf. zusammenfassend übersetzt werden. Darüber hinaus erscheint es mit Blick auf den EU-bezogenen Hintergrund der SE vertretbar, auf die Übersetzung etwaiger Beiträge von Aktionären aus der englischen Sprache zu verzichten, sofern die Satzung der SE dies ausdrücklich bestimmt. Für die Versammlungsleitung als solche, für die Stellung von Anträgen sowie für die Beschlussfassung erscheint es hingegen sachgerecht, die deutsche Sprache (ggf. mit Übersetzung ins Englische) verbindlich beizubehalten (in diesem Sinne auch *Butzke* Die Hauptversammlung P Rn. 13; KK-AktG/*Kiem* Rn. 19; vgl. auch LHT/*Spindler* Rn. 21 f.; *Drinhausen/Marsch-Barner* AG 2014, 757 [761 f.]).

9. Rede- und Fragerecht, Stellung von Anträgen. Als Ausprägung des **29** Teilnahmerechts unterliegt das Rede- und Fragerecht über die Verweisung in Art. 53 den für die Aktiengesellschaft geltenden Bestimmungen (KK-AktG/*Kiem* Rn. 20; LHT/*Spindler* Rn. 21 f.; MüKoAktG/*Kubis* Rn. 15 f.; Spindler/Stilz/ *Eberspächer* Rn. 6; zum Auskunftsrecht *Schwarz* Rn. 24; *Brandt* Hauptversammlung 224). Dies gilt sowohl für den äußeren **Ablauf der Generaldebatte** und die Möglichkeit, unbeantwortete **Fragen zu Protokoll des Notars** zu erklären, als auch für die inhaltliche Reichweite des Auskunftsrechts bzw. die Reichweite der der Verwaltung zustehenden **Auskunftsverweigerungsrechte** nach § 131 Abs. 1 AktG. Die Auslegung von § 131 Abs. 3 S. 1 Nr. 5 AktG sollte jedoch mit Blick auf die Mehrstaatlichkeit der SE als europäische Gesellschaftsform dahingehend modifiziert werden, dass ein Leitungsorgan die Auskunft auch dann verweigern kann, wenn sich eines seiner Mitglieder nach einer ausländischen Rechtsordnung irgendeines Mitgliedstaates strafbar machen würde (MüKoAktG/ *Kubis* Rn. 16; LHT/*Spindler* Rn. 22).

Auch der in § 131 Abs. 1 S. 1 AktG verankerte Grundsatz, dass die Erteilung **30** einer Auskunft zur **sachgemäßen Beurteilung der Tagesordnung** erforderlich sein muss, gilt für die SE gleichermaßen. Zwar sieht Art. 9 Abs. 1 der Aktionärsrechterichtlinie (RL 2007/36/EG, ABl. L 184 S. 17) das Recht eines jeden Aktionärs vor, „Fragen zu Punkten auf der Tagesordnung der Hauptversammlung zu stellen", ohne dass dort auf das **Kriterium der Erforderlichkeit** abgestellt wird. Allerdings bestimmt Art. 9 Abs. 2 der Aktionärsrechterichtlinie, dass das Frage- und Antwortrecht von Aktionären vorbehaltlich etwaiger Maßnahmen besteht, die die Mitgliedstaaten ergreifen oder gestatten, um den ordnungsgemäßen Ablauf der Hauptversammlung zu gewährleisten. Zu einer Maßnahme im Sinne dieser Vorschrift zählt auch die gesetzliche Verankerung der Erforderlichkeit einer Auskunft durch § 131 Abs. 1 S. 1 AktG. Dieses Kriterium hat der Gesetzgeber gerade mit dem Ziel eingeführt, den ordnungsgemäßen Ablauf der Hauptversammlung durch eine angemessene Begrenzung des potentiellen Fragenumfangs zu gewährleisten. In der Gesetzesbegründung zu § 131 AktG heißt es, die Hauptversammlung solle nicht mit Fragen gestört werden, die „zwar mit dem Gegenstand der Verhandlung in Zusammenhang stehen, deren Beantwortung jedoch nicht nötig ist, um ihn sachgemäß zu beurteilen" (Begr. RegE, wiedergegeben bei *Kropff* AktG 1965, S. 185).

31 Zuständig für die Erfüllung der Auskunftspflicht bei einer SE mit **monistischem Leitungssystem** ist **allein der Verwaltungsrat** nach § 22 Abs. 6 SEAG. Es besteht hingegen keine Auskunftspflicht derjenigen geschäftsführenden Direktoren, die nicht auch gleichzeitig Mitglied des Verwaltungsrats sind (Widmann/Mayer/*Heckschen* UmwG Anh. 14 Rn. 504; *Knapp* DStR 2012, 2392 [2395]; wohl auch Spindler/Stilz/*Eberspächer* Rn. 6 aE; aA (Auskunftspflicht besteht nur für geschäftsführende Direktoren) MüKoAktG/*Kubis* Rn. 16; LHT/*Spindler* Rn. 21 (allerdings ebenfalls mit der Begründung durch § 22 Abs. 6 SEAG)).

32 Keine Abweichungen zu den aktienrechtlichen Bestimmungen ergeben sich ferner hinsichtlich der Ausgestaltung der Antragsrechte der Aktionäre während der Hauptversammlung (zB Gegenanträge zu einzelnen Tagesordnungspunkten, Anträge zur Geschäftsordnung).

33 **10. Notarielle Niederschrift.** Anders als noch die Vorgängerversionen (vgl. Art. 94 SE-VO-E 1970 und 1975 sowie Art. 99 SE-VO-E 1989) enthält die SE-VO keine Regelungen zur Dokumentation von Hauptversammlungsbeschlüssen. Über Art. 53 gelangen daher die aktienrechtlichen Bestimmungen über die Niederschrift der Hauptversammlung auch für die SE zur Anwendung (LHT/*Spindler* Rn. 29; MüKoAktG/*Kubis* Rn. 20; KK-AktG/*Kiem* Rn. 21; *Schwarz* Rn. 18; *Brandt* Hauptversammlung 226; Spindler/Stilz/*Eberspächer* Rn. 7). Nach § 130 Abs. 1 S. 1 AktG müssen Beschlüsse der Hauptversammlung grundsätzlich durch eine notariell aufgenommene Niederschrift beurkundet werden.

34 Die in § 130 Abs. 1 S. 3 AktG vorgesehene Möglichkeit, dass bei nichtbörsennotierten Gesellschaften eine vom Vorsitzenden zu unterzeichnende Niederschrift ausreicht, soweit keine Beschlüsse gefasst werden, für die das Gesetz eine Dreiviertel- oder größere Mehrheit bestimmt, gilt gleichermaßen für eine nichtbörsennotierte SE. Satzungsändernde Beschlüsse oder sonstige Grundlagenbeschlüsse bedürfen aber **auch in der nichtbörsennotierten SE** stets der notariellen Beurkundung. Zwar ist in Art. 59 Abs. 1 für Satzungsänderungen lediglich ein Zweidrittelmehrheitserfordernis vorgesehen, jedoch kommt über den in Art. 59 Abs. 1 enthaltenen Verweis in das deutsche Recht die Dreiviertelkapitalmehrheit des § 179 Abs. 2 S. 1 AktG als zusätzliches Beschlusserfordernis zur Anwendung. Die Möglichkeiten zur Herabsetzung dieser qualifizierten Mehrheit durch die Satzung der SE lässt deren „gesetzliche Bestimmung" iSv § 130 Abs. 1 S. 3 allerdings unberührt (Spindler/Stilz/*Wicke* AktG § 130 Rn. 36 ff.; ähnlich auch *Knapp* DStR 2012, 2392 [2394]), so dass es im Ergebnis bei der Beurkundungsbedürftigkeit satzungsändernder Beschlüsse bleibt. Für den **Inhalt der notariellen Niederschrift** und die Anforderungen an die Aufstellung des Teilnehmerverzeichnisses kann auf die Kommentierungen zu §§ 129, 130 AktG verwiesen werden.

35 **11. Vollversammlung.** Die SE-VO regelt den Fall der Vollversammlung, anders als noch ihre Vorgängerversionen (vgl. Art. 86 Abs. 4 SE-VO-E 1970 und 1975 sowie Art. 91 Abs. 2 SE-VO-E 1989), nicht mehr. Die Historie der früheren Regelungen, der Blick in die Regelungen anderer EU-Staaten (vgl. dazu *Brandt* Hauptversammlung 179) und die Praxisrelevanz sprechen dafür, die bestehende Nichtregelung im Sinne einer Regelungsoffenheit zu verstehen (MüKoAktG/*Kubis* Rn. 23; LHT/*Spindler* Rn. 15; *Brandt* Hauptversammlung 179; *Schwarz* Rn. 14). Insoweit kommt über die Verweisung gemäß Art. 53 das nationale Recht, insbesondere § 121 Abs. 6 AktG, zur Anwendung (so auch MüKoAktG/*Kubis* Rn. 23; LHT/*Spindler* Rn. 15; *Brandt* Hauptversammlung 179). Demnach kann die Hauptversammlung einer in Deutschland ansässigen SE Beschlüsse ohne Einhaltung der Bestimmungen über die Einberufung der Hauptversammlung fassen, wenn **alle Aktionäre erschienen oder vertreten sind** und **kein Aktionär der Beschlussfassung widerspricht.** Anderenfalls führen

Einberufungsmängel gemäß § 241 Nr. 1 AktG zur Nichtigkeit der Beschlüsse. Nach zutreffender Auffassung sind auch Verfahrensverstöße gegen die Art. 52 ff. von dem Privileg des § 121 Abs. 6 AktG umfasst (LHT/*Spindler* Rn. 15; MüKo-AktG/*Kubis* Rn. 23). Von einer Vollversammlung kann jedoch nur bei Präsenz-versammlungen gesprochen werden. Ein Beschlussverfahren unter Abwesenden führt auch bei Zustimmung aller Aktionäre nicht zu einer wirksamen Beschluss-fassung (MüKoAktG/*Kubis* Rn. 23; LHT/*Spindler* Rn. 15; *Brandt* Hauptver-sammlung 264).

12. Weitere Regelungen zum Ablauf der Hauptversammlung. Auch die **36** übrigen **Regularien für die Vorbereitung und Durchführung** der Hauptver-sammlung einer deutschen SE entsprechen denen der Aktiengesellschaft, so-weit sie nicht qua Sachnähe zur Einberufung der Hauptversammlung über die speziellere Verweisung in Art. 54 Abs. 2 erfasst werden (→ Art. 54 Rn. 24 f.). Zu den über Art. 53 erfassten Regularien zählt zB die Möglichkeit der Hauptver-sammlung, sich gemäß § 129 Abs. 1 S. 1 AktG mit einer Mehrheit von drei Vierteln des bei der Beschlussfassung vertretenen Grundkapitals eine **Geschäfts-ordnung** zu geben (KK-AktG/*Kiem* Rn. 22; MüKoAktG/*Kubis* Rn. 25; LHT/*Spindler* Rn. 34).

III. Abstimmungsverfahren

Nach Art. 53 unterliegt ausdrücklich auch das Abstimmungsverfahren den **37** **aktienrechtlichen Bestimmungen** im Sitzstaat der SE (allgM, s. nur MüKo-AktG/*Kubis* Rn. 21; LHT/*Spindler* Rn. 31; *Schwarz* Rn. 19). Hierzu zählen unter anderem die Grundsätze der **Stimmberechtigung,** das Verfahren der **Stimmabgabe,** das Verfahren der **Stimmauszählung** bzw. Mehrheitsermitt-lung und die Feststellung und **Verkündung** des Abstimmungsergebnisses. Als SE-spezifische Sonderregelung ist Art. 58 zu beachten, der zwingend – wenn-gleich auch nicht abschließend – Fallgruppen festlegt, in denen Stimmen für die Zwecke der Mehrheitsermittlung nach Art. 57 und Art. 59 als nicht abgegeben gelten. Hinsichtlich der Details des Abstimmungsverfahrens wird auf die Kom-mentierung zu Art. 57 verwiesen (→ Art. 57 Rn. 1 ff.).

IV. Beschlusskontrolle

Die SE-VO enthält keine eigenen Regelungen zu Beschlussmängeln und zur **38** gerichtlichen Beschlusskontrolle. Obwohl Klagen gegen die Wirksamkeit von Hauptversammlungsbeschlüssen oftmals auf Fehler bei der Vorbereitung und Durchführung der Hauptversammlung gestützt werden, wird das **Beschluss-mängelrecht** – und das dazugehörige Verfahrensrecht – nicht von Art. 53 erfasst. Die Anwendung der für **Aktiengesellschaften maßgeblichen Grundsätze** ergibt sich vielmehr aus der allgemeinen Verweisung in Art. 9 Abs. 1 lit. c ii) (so auch MüKoAktG/*Kubis* Rn. 22; LHT/*Spindler* Rn. 32; *Schwarz* Rn. 21; *Brandt* Hauptversammlung 266; *Hirte* NZG 2002, 1 [8]; aA NK-SE/*Mayer* Rn. 6). Auf die Kommentierung zu Art. 57 wird insoweit verwiesen (→ Art. 57 Rn. 1 ff.).

[Hauptversammlungstermin]

54 (1) [1]**Die Hauptversammlung tritt mindestens einmal im Kalender-jahr binnen sechs Monaten nach Abschluss des Geschäftsjahres zusammen, sofern die im Sitzstaat der SE für Aktiengesellschaften, die dieselbe Art von Aktivitäten wie die SE betreiben, maßgeblichen Rechts-vorschriften nicht häufigere Versammlungen vorsehen. [2]Die Mitglied-**

staaten können jedoch vorsehen, dass die erste Hauptversammlung bis zu 18 Monate nach Gründung der SE abgehalten werden kann.

(2) Die Hauptversammlung kann jederzeit vom Leitungs-, Aufsichts- oder Verwaltungsorgan oder von jedem anderen Organ oder jeder zuständigen Behörde nach den für Aktiengesellschaften im Sitzstaat der SE maßgeblichen einzelstaatlichen Rechtsvorschriften einberufen werden.

Schrifttum: S. die Angaben zu Art. 52 und 53.

Übersicht

	Rn.
I. Grundlagen	1
1. Regelungsgehalt	1
2. Ordentliche und außerordentliche Hauptversammlung auch bei der SE	5
3. Entstehungsgeschichte	7
II. Turnus und Frist der ordentlichen Hauptversammlung (Abs. 1)	8
1. Kalenderjährlicher Turnus	8
2. Sechsmonatsfrist	10
3. Die erste Hauptversammlung der SE	12
III. Einberufungsberechtigte (Abs. 2)	13
1. Einberufung durch die Organe der SE	13
2. Einberufung durch die zuständige Behörde	16
3. Sonderfälle der Einberufung	17
IV. Einberufungsrecht und Einberufungspflicht	19
1. Jederzeitiges Einberufungsrecht	19
2. Einberufungspflicht nach nationalem Recht	20
V. Einberufungsmodalitäten	24
1. Form, Inhalt und Veröffentlichung der Einberufung	25
2. Beschlussfassung über die Einberufung mit einfacher Mehrheit	26
3. Bestimmung des Hauptversammlungstermins	27
4. Aufstellung der Tagesordnung	28
5. Mitteilungspflichten im Vorfeld	30
6. Sonstiges	31

I. Grundlagen

1   **1. Regelungsgehalt.** Art. 54 enthält die unionsrechtlichen Vorgaben für die Einberufung der Hauptversammlung einer SE. Er befasst sich insbesondere mit Turnus **und Einberufungsfrist der „ordentlichen" Hauptversammlung** (Abs. 1) sowie mit der Zuständigkeit für die Einberufung einer Hauptversammlung (Abs. 2). Hinsichtlich der näheren Modalitäten der Einberufung wird wiederum auf das für Aktiengesellschaften im Sitzstaat der SE maßgebliche Recht verwiesen (Abs. 2).

2   Nach Art. 54 Abs. 1 S. 1 muss die Hauptversammlung der SE (i) mindestens einmal im Kalenderjahr (ii) innerhalb von sechs Monaten nach Abschluss des Geschäftsjahres zusammentreten, sofern (iii) branchenspezifische Rechtsvorschriften im Sitzstaat der SE keine häufigere Versammlung erfordern. Für die **Durchführung der ersten Hauptversammlung** nach Gründung der SE können die Mitgliedstaaten einen Zeitraum von bis zu 18 Monaten vorsehen. Hiervon hat der deutsche Gesetzgeber allerdings keinen Gebrauch gemacht.

3   Art. 54 Abs. 2 bestimmt unmittelbar und abschließend, dass insbesondere Leitungs-, Aufsichts- oder Verwaltungsorgan sowie jedes andere Organ der SE zur Einberufung einer Hauptversammlung berechtigt ist und zieht den **Kreis der**

Einberufungsberechtigten damit denkbar weit. Dass Abs. 2 darüber hinaus hinsichtlich der weiteren Einberufungsmodalitäten (zB Inhalt der Einberufung, Bekanntmachung, Fristen, Ort und Tag der Hauptversammlung) auf das für Aktiengesellschaften im Sitzstaat der SE maßgebliche Recht verweist, belegt einmal mehr die Tendenz des Verordnungsgebers, **Regelungsbereiche mit großer Detail- und Verfahrenstiefe** dem Recht der Mitgliedstaaten zu überlassen. Auch wenn hiermit letztlich eine Absage an die Herausbildung einer europaweit einheitlich funktionierenden Rechtsform verbunden ist, wird die Rechtssicherheit und Handhabbarkeit der SE im nationalen Kontext doch deutlich erhöht. Gerade im Bereich der Hauptversammlung ist dies eine wesentliche Voraussetzung für die Akzeptanz der Rechtsform durch große Publikumsgesellschaften. Vermutlich hätte keine der großen „Flaggschiff-Transaktionen" (vgl. etwa die Umwandlungen von Allianz, BASF, Fresenius und Porsche) stattgefunden, wenn nicht gerade im Bereich der Hauptversammlung auf den wesentlichen Bestand der materiellen und verfahrensbezogenen Regeln zurückgegriffen werden könnte.

Die von Art. 54 unmittelbar getroffenen Regelungen − zB zur Einberufungs- **4** zuständigkeit − gehen dem nationalen Recht vor und gelten **zwingend in allen Mitgliedstaaten.** Die entsprechenden Regelungsbereiche sind folgerichtig auch von der partiellen Gesamtverweisung auf nationales Hauptversammlungsrecht in Art. 53 ausgenommen. Soweit Art. 54 Abs. 2 seinerseits wiederum auf das nationale Recht verweist, geht diese Verweisung − als lex specialis − sowohl der Verweisung in Art. 53 als auch jener in Art. 9 Abs. 1 lit. c ii) im Range vor (MüKoAktG/*Kubis* Rn. 1 aE; LHT/*Spindler* Rn. 1 aE).

2. Ordentliche und außerordentliche Hauptversammlung auch bei der **5** **SE.** Obwohl die SE-VO die aus der deutschen Hauptversammlungspraxis geläufigen Begriffe der „ordentlichen" bzw. „außerordentlichen" Hauptversammlung nicht verwendet, lässt sich aus Art. 54 ein vergleichbares Konzept ableiten: Abs. 1 statuiert den Typus der jährlich wiederkehrenden, auf das Ende des Geschäftsjahres bezogenen Hauptversammlung, die insbesondere dazu dient, den Aktionären den Jahresabschluss vorzulegen, und nach deutschem Verständnis der **ordentlichen Hauptversammlung** entspricht. Abs. 2 wiederum statuiert das Recht der dort genannten Stellen, **„jederzeit"** eine Hauptversammlung einzuberufen, was wiederum dem Typus der **außerordentlichen Hauptversammlung** entspricht (so auch *Schwarz* Rn. 6; wohl auch NK-SE/*Mayer* Rn. 1, 5; aA MüKo-AktG/*Kubis* Rn. 9; KK-AktG/*Kiem* Rn. 3; LHT/*Spindler* Rn. 3, nach denen Abs. 2 die außerordentliche Hauptversammlung nicht regelt). Vor diesem Hintergrund ist es sachgerecht, die etablierte und in ihrem Signalcharakter **sinnvolle Unterscheidung** zwischen „ordentlicher" und „außerordentlicher" Hauptversammlung auch bei der SE fortzuführen. Eine terminologische Unterscheidung dieser Hauptversammlungstypen zwischen SE und AG ist unnötig und entspricht auch nicht der Unternehmenspraxis.

Der Verweis in Art. 54 Abs. 2 auf die nationalen Einberufungsmodalitäten gilt **6** bei sachgerechter Auslegung der Norm − entgegen dem nicht ganz klar konzipierten Verhältnis zwischen Abs. 1 und Abs. 2 − sowohl für die ordentliche als auch für eine außerordentliche Hauptversammlung (ähnlich *Schwarz* Rn. 6; NK-SE/*Mayer* Rn. 6; im Ergebnis ebenso MüKoAktG/*Kubis* Rn. 9; KK-AktG/*Kiem* Rn. 3; LHT/*Spindler* Rn. 3).

3. Entstehungsgeschichte. Die Entstehungsgeschichte der Norm zeigt den **7** aus anderen Regelungsbereichen bereits bekannten Verlauf: Nachdem die Entwürfe zur SE-VO von 1970, 1975 und 1989 zunächst eigenständige Regelungen zu verschiedenen Details der Einberufung enthielten (zB Frist, Art und Inhalt der Bekanntmachung der Einberufung), wurde im SE-VO-E 1991 − mit Ausnahme

einer noch verbliebenen Regelung für die Einberufungsfrist in Art. 82 – bereits
weitgehend auf nationales Aktienrecht verwiesen (*Schwarz* Rn. 2; LHT/*Spindler*
Rn. 4; KK-AktG/*Kiem* Rn. 4). Die **Weiterentwicklung hin zur nunmehr
umfassenden Verweisung** des Art. 54 Abs. 2 ist letztlich konsequent und steht
im Einklang mit dem generellen Regelungsansatz des vierten Abschnitts der SE-
VO: Einige ausgewählte Grundsätze zum Recht Hauptversammlung werden
durch Unionsrecht vorgegeben, die näheren Details werden hingegen dem Recht
der Mitgliedstaaten zugewiesen.

II. Turnus und Frist der ordentlichen Hauptversammlung (Abs. 1)

8   **1. Kalenderjährlicher Turnus.** Nach Art. 54 Abs. 1 muss die Hauptversammlung der SE mindestens einmal im Kalenderjahr stattfinden. Dieser Ver-
sammlungsturnus folgt der üblicherweise auf ein Jahr ausgelegten **Rechnungs-
legungsperiode** der Unternehmen und entspricht auch im Übrigen der gängigen Praxis im Verbandsrecht („Jahreshauptversammlung"). Die Anknüpfung an
das Kalenderjahr ist durch Art. 54 Abs. 1 zwingend vorgegeben und hat Vorrang
gegenüber der nach § 175 Abs. 1 S. 2 für Aktiengesellschaften maßgeblichen
Anknüpfung an das Geschäftsjahr (vgl. auch NK-SE/*Mayer* Rn. 18). In der Praxis
dürften sich hieraus indes keine Unterschiede ergeben: Auch bei einem **vom
Kalenderjahr abweichenden Geschäftsjahr** wird der jährliche Turnus denklo-
gisch eingehalten. Die Bildung eines Rumpfgeschäftsjahres führt ebenfalls nicht
zu Friktionen, da es in der Regel ja sogar zu einer zusätzlichen, unterjährigen
Hauptversammlung kommt.

9   Art. 54 Abs. 1 S. 2 stellt klar, dass etwaige mitgliedstaatliche Regelungen, die
für Aktiengesellschaften mit spezifischen Aktivitäten (gedacht war zB an Versicherungsunternehmen) ein häufigeres Zusammentreten der Hauptversammlung
vorsehen, durch Abs. 1 S. 1 nicht tangiert werden. Derartige Regelungen sieht
das deutsche Recht allerdings nicht vor, so dass es für eine in Deutschland
ansässige SE bei dem in Art. 54 Abs. 1 S. 1 festgelegten **kalenderjährlichen
Turnus** bleibt (KK-AktG/*Kiem* Rn. 10; Widmann/Mayer/*Heckschen* UmwG
Anh. 14 Rn. 484 f.; NK-SE/*Mayer* Rn. 20; MüKoAktG/*Kubis* Rn. 5).

10   **2. Sechsmonatsfrist.** Nach Art. 54 Abs. 1 S. 1 muss die (ordentliche) Hauptversammlung binnen sechs Monaten nach Abschluss des Geschäftsjahres zusammentreten. **Die Frist markiert das Enddatum**, bis zu dem die Hauptversammlung stattgefunden haben muss, die bloße Einberufung reicht zur Wahrung der
Frist nicht aus (ausführlich KK-AktG/*Kiem* Rn. 5; so wohl auch MüKoAktG/
Kubis Rn. 5; missverständlich dagegen auf die Einberufungsfrist abstellend:
Schwarz Rn. 4; Spindler/Stilz/*Eberspächer* Rn. 2). Die Einberufung ist vielmehr
so zu terminieren, dass die Hauptversammlung innerhalb der Sechsmonatsfrist
stattfinden kann. Die Berechnung der Einberufungsfrist richtet sich gemäß Abs. 2
nach nationalem Recht (KK-AktG/*Kiem* Rn. 6).

11   Im Vergleich zu einer Aktiengesellschaft – für die nach §§ 120 Abs. 1 S. 1, 175
Abs. 1 S. 2 AktG ein Zeitraum von 8 Monaten gilt – ist die Frist zur Durchführung der Hauptversammlung somit um 2 Monate verkürzt. Für große Publikums-SEs wirkt sich diese Verkürzung im Grunde nicht aus, da der Termin der
Hauptversammlung – aufgrund des Zusammenspiels der Veröffentlichungsfrist für
den Jahresabschluss (insbesondere § 325 Abs. 1 S. 2, Abs. 4 HGB) und den in
§§ 170 ff. AktG normierten Abläufen (insbesondere Frist zur unverzüglichen
Einberufung der Hauptversammlung nach Eingang des Berichts des Aufsichtsrats
(§ 175 Abs. 1 AktG) – praktisch ohnehin innerhalb der ersten sechs Monate des
Geschäftsjahres stattfindet (im Ergebnis ebenso Widmann/Mayer/*Heckschen*
UmwG Anh. 14 Rn. 485 aE; KK-AktG/*Kiem* Rn. 7; vgl. auch Hüffer/*Koch*

AktG § 175 Rn. 4; Grigoleit/*Zellner* AktG § 175 Rn. 5). Für mittlere und kleinere Gesellschaften mit geschlossenem Aktionärskreis, für die die Achtmonatsfrist der §§ 120 Abs. S. 1, 175 Abs. 1 S. 2 AktG eine gewisse zeitliche Flexibilität eröffnet, kann sich hingegen ein relevanter Unterschied ergeben. Andererseits ist zu berücksichtigen, dass die Überschreitung der Frist für die ordentliche Hauptversammlung, ebenso wie im nationalen Recht in der Regel praktisch sanktionslos bleibt (Folge des Verstoßes gegen § 175 AktG kann die Festsetzung eines Zwangsgeldes nach § 407 Abs. 1 AktG oder eine Schadensersatzpflicht der Vorstandsmitglieder nach § 93 AktG sein, vgl. Hüffer/*Koch* AktG § 175 Rn. 4; GroßkommAktG/*Bönner* AktG § 175 Rn. 11; Grigoleit/ *Zellner* AktG § 175 Rn. 7). Insbesondere führt die **Fristüberschreitung nicht zur Nichtigkeit oder Anfechtbarkeit** von Hauptversammlungsbeschlüssen (so zur Aktiengesellschaft Hölters/*Drinhausen* AktG § 175 Rn. 12; Hüffer/*Koch* AktG § 175 Rn. 4; Grigoleit/*Zellner* AktG § 175 Rn. 7; GroßkommAktG/ *Bönner* AktG § 175 Rn. 11).

3. Die erste Hauptversammlung der SE. Art. 54 Abs. 1 S. 2 ermächtigt   12 die Mitgliedstaaten zum Erlass von Vorschriften, die die Durchführungsfrist für die erste Hauptversammlung nach Gründung der SE auf bis zu 18 Monate verlängern – insbesondere um für das **gründungsbedingte erste Rumpfgeschäftsjahr** eine Erleichterung zu schaffen. Der deutsche Gesetzgeber hat von dieser Ermächtigung keinen Gebrauch gemacht, so dass die sechsmonatige Frist aus Art. 54 Abs. 1 S. 1 uneingeschränkt gilt. Für eine in der Literatur vereinzelt vorgeschlagene teleologische Reduktion der Vorschrift ist wegen ihres eindeutigen Regelungsgehalts kein Raum (so aber MüKoAktG/*Kubis* Rn. 7, der die Achtmonatsfrist nach §§ 120 Abs. 1 S. 1, 175 Abs. 1 S. 2 AktG anwenden möchte; wie hier LHT/*Spindler* Rn. 9; Spindler/Stilz/*Eberspächer* Rn. 2; KK-AktG/*Kiem* Rn. 12; *Schwarz* Rn. 5; NK-SE/*Mayer* Rn. 21).

III. Einberufungsberechtigte (Abs. 2)

1. Einberufung durch die Organe der SE. Art. 54 Abs. 2 bestimmt, dass   13 die Hauptversammlung der SE jederzeit (i) vom Leitungs-, Aufsichts- oder Verwaltungsorgan oder (ii) von jedem anderen Organ oder (iii) jeder zuständigen Behörde nach den für Aktiengesellschaften des Sitzstaates der SE maßgeblichen Bestimmungen einberufen werden kann.

Über die kompetenzbegründende Wirkung dieser Regelung und ihr Verhältnis   14 zu den nationalen Kompetenzregeln für die Einberufung bestehen in der Literatur unterschiedliche Ansichten. Einer Auffassung zufolge bildet die Aufzählung in Art. 54 Abs. 2 nur den äußeren Rahmen der für die Einberufung überhaupt in Betracht kommenden Stellen. Die konkrete Einberufungszuständigkeit richtet sich nach nationalem Recht (*Schwarz* Rn. 8; s. für das österreichische Recht auch Kalss/Hügel/*Zollner* SEG § 62 Rn. 7). Eine zweite Auffassung sieht in der Formulierung des Abs. 2 eine konkrete Kompetenzzuweisung nur in Bezug auf das Leitungs-, Aufsichts-, und Verwaltungsorgan, hält aber die Verweisung auf „andere Organe" und „zuständige Behörden" für durch das nationale Recht ausfüllungsbedürftig (so wohl MüKoAktG/*Kubis* Rn. 8). Beide Ansätze vermögen indes nicht zu überzeugen. Schon der bloße Wortlaut von Abs. 2 spricht dafür, dass die Kompetenzzuweisung an die dort genannten Organe dem Verweis ins nationale Recht vorgelagert ist. Dies wird durch andere Sprachfassungen ebenfalls bestätigt (in der englischen Fassung heißt es etwa „General meetings may be convened at any time by the management organ, the administrative organ, the supervisory organ or any other organ or competent authority in accordance with the national law applicable [...]"). Zudem wäre angesichts der Verweise in

Art. 9 Abs. 1 lit. c ii) und Art. 53 auf das nationale Recht eine sich in einem weiteren Verweis erschöpfenden Regelung überflüssig (zutreffend LHT/*Spindler* Rn. 13; *Spindler* in Lutter/Hommelhoff Europäische Gesellschaft S. 223, 241; zustimmend MüKoAktG/*Kubis* Rn. 8; KK-AktG/*Kiem* Rn. 14). Im Übrigen erscheint es wenig nachvollziehbar, dass der Verordnungsgeber die relevanten Stellen gleichsam enumerativ auflistet, diese Auflistung dann aber der Abänderung durch die Mitgliedstaaten unterwirft. Richtigerweise ist § 54 Abs. 2 daher als **konkrete unionsrechtliche Kompetenzzuweisung** an die dort aufgeführten Stellen aufzufassen (so auch KK-AktG/*Kiem* Rn. 14; LHT/*Spindler* Rn. 13; *Spindler* in Lutter/Hommelhoff Europäische Gesellschaft S. 223, 241 f.; Spindler/Stilz/*Eberspächer* Rn. 3; *Fürst/Klahr* in Jannott/Frodermann HdB SE Kap. 6 Rn. 14 und 53; ähnlich auch schon *Brandt* Hauptversammlung 181). Lediglich der Hinweis auf die „zuständige Behörde" enthält eine inzidente Verweisung auf das Recht der Mitgliedstaaten, da sich die Zuständigkeit der Behörde gemäß Art. 68 Abs. 2 aus nationalem Recht ergibt. Im Übrigen erfasst der Verweis auf das nationale Recht allein die Modalitäten der Einberufung.

15   Zur Einberufung der Hauptversammlung einer SE mit Sitz in Deutschland sind daher das Leitungs-, Aufsichts- und Verwaltungsorgan sowie alle sonstigen durch die Satzung der SE zulässigerweise geschaffenen „anderen Organe" – einschließlich der nicht zwingend einzurichtenden Organe, wie etwa ein Beirat – berechtigt. Bei **fakultativen Organen** kann der Satzungsgeber jedoch dem Organ auch die Berechtigung absprechen, die Hauptversammlung einzuberufen (überzeugend *Brandt* Hauptversammlung 181; zustimmend Spindler/Stilz/*Eberspächer* Rn. 3 Fn. 5). Da diese Kompetenzzuweisung abschließend ist und insoweit Sperrwirkung entfaltet, gelangt die Vorschrift des § 121 Abs. 2 S. 3 AktG nicht zur Anwendung (LHT/*Spindler* Rn. 15; *Spindler* in Lutter/Hommelhoff Europäische Gesellschaft S. 223, 242; *Brandt* Hauptversammlung 182; nunmehr auch NK-SE/*Mayer* Rn. 22). Folglich kommt die Einberufung durch Einzelpersonen, die nicht Organqualität haben, nicht in Betracht. Auch die Satzung kann insoweit keine abweichenden Kompetenzen begründen.

16   **2. Einberufung durch die zuständige Behörde.** Die Einberufung einer Hauptversammlung durch eine Behörde (oder ein Gericht) ist im deutschen Recht nicht vorgesehen. Auch im SEAG hat der Gesetzgeber keine entsprechende Zuständigkeit geschaffen. Hauptversammlungsbezogene Maßnahmen von Aufsichtsbehörden – zB nach § 44 Abs. 5 KWG, § 3 Abs. 1 S. 1 BausparkG, § 83 Abs. 1 S. 1 Nr. 6 VAG, § 3 PfandBG – richten sich ausschließlich an den Vorstand und begründen daher zugunsten der Aufsichtsbehörde **keine unmittelbare Einrufungsberechtigung** (*Schwarz* Rn. 10; LHT/*Spindler* Rn. 14; *Butzke* Die Hauptversammlung B Rn. 34, 46). Auch das Registergericht kann im Falle von Einberufungsversäumnissen der Gesellschaft nur ein Zwangsgeld verhängen, nicht aber die Einberufung selbst vornehmen (vgl. § 407 Abs. 1 AktG iVm § 175 AktG). Insoweit geht die in Art. 54 Abs. 2 vorgesehene behördliche Einberufungsermächtigung für die deutsche SE ins Leere. Entgegen einer in der Literatur bisweilen vertretenen Ansicht (LHT/*Spindler* Rn. 14; *Spindler* in Lutter/Hommelhoff Europäische Gesellschaft S. 223, 241; *Brandt* Hauptversammlung 181) zwingt Art. 68 Abs. 2 den deutschen Gesetzgeber auch nicht zur Begründung einer behördlichen Zuständigkeit (so auch Spindler/Stilz/*Eberspächer* Rn. 3; KK-AktG/*Kiem* Rn. 19; *Schwarz* Rn. 10). Die Benennungspflicht nach Art. 68 Abs. 2 greift nur ein, wenn eine nationale Zuständigkeit überhaupt besteht.

17   **3. Sonderfälle der Einberufung.** Nach § 121 Abs. 2 S. 2 AktG gelten Personen, die in das Handelsregister als Vorstand eingetragen sind, als befugt, die Hauptversammlung einzuberufen. Obwohl diese Zuständigkeitsfiktion streng genommen die von Art. 54 Abs. 2 geforderte Organqualität überschreitet – die

Einberufungsbefugnis wird nämlich für eine einzelne Person und nicht für das Organ fingiert – sprechen Gründe des Verkehrsschutzes und der Rechtssicherheit dafür, die Regel auch für **Scheinorganmitglieder** der SE anzuwenden (KK-AktG/*Kiem* Rn. 21; Spindler/Stilz/*Eberspächer* Rn. 5; LHT/*Spindler* Rn. 15; *Spindler* in Lutter/Hommelhoff Europäische Gesellschaft S. 223, 242; *Schwarz* Rn. 12; zustimmend und unter Hinweis auf Art. 50 Abs. 1 MüKoAktG/*Kubis* Rn. 6; aA *Brandt* Hauptversammlung 182 f. mit Blick auf die Rechtssicherheit durch eine gemeinschaftsweit einheitliche Regelung der Einberufungskompetenz). Die Regelung ist ohnehin von **untergeordneter praktischer Bedeutung.**

Ebenso bedeutungsarm ist die Fallgruppe der Einberufung einer Hauptversammlung durch **unzuständige Personen.** Findet auf der Grundlage einer solchen Einberufung tatsächlich eine Hauptversammlung statt, sind die dort gefassten Beschlüsse gemäß Art. 9 Abs. 1 lit. c ii) iVm § 241 Nr. 1 AktG nichtig, sofern es sich nicht um eine Vollversammlung iSd § 121 Abs. 6 AktG handelt (*Schwarz* Rn. 13; KK-AktG/*Kiem* Rn. 22; Spindler/Stilz/*Eberspächer* Rn. 1). **18**

IV. Einberufungsrecht und Einberufungspflicht

1. Jederzeitiges Einberufungsrecht. Gemäß Art. 54 Abs. 2 kann die Hauptversammlung einer SE „jederzeit" von den berechtigten Organen einberufen werden. Das Einberufungsrecht besteht damit **unabhängig von etwaigen einzelstaatlich vorgeprägten Einberufungsgründen oder -beschränkungen** (KK-AktG/*Kiem* Rn. 16; MüKoAktG/*Kubis* Rn. 10; LHT/*Spindler* Rn. 16; *Spindler* in Lutter/Hommelhoff Europäische Gesellschaft S. 223, 242 f.; NK-SE/*Mayer* Rn. 13, 15; Spindler/Stilz/*Eberspächer* Rn. 4; im Ergebnis auch *Brandt* Hauptversammlung 183 f.; aA *Schwarz* Rn. 28, der den Begriff „jederzeit" ausschließlich in zeitlicher Hinsicht versteht). Insbesondere kann der Verweis auf das nationale Recht des jeweiligen Mitgliedstaates nicht dazu führen, dass ein Einberufungsgrund vorliegen muss, da anderenfalls der Begriff „jederzeit" überflüssig wäre (zutreffend MüKoAktG/*Kubis* Rn. 10; LHT/*Spindler* Rn. 16). Daher kann zB der Aufsichtsrat einer dualistisch verfassten SE eine Hauptversammlung auch ohne Bindung durch den Einberufungsgrund nach § 111 Abs. 3 S. 1 AktG („wenn das Wohl der Gesellschaft es fordert") einberufen. Aus dieser weitgehenden Ermächtigung kann allerdings nicht abgeleitet werden, dass die Hauptversammlungen einer SE völlig grundlos einberufen werden dürfen. Vor dem Hintergrund des auch im Unionsrecht anerkannten Verhältnismäßigkeitsprinzips (vgl. zB EuGH Slg. 1980, 1979 [1997] aE: „ein allgemeiner Rechtsgrundsatz der Gemeinschaft") ist die Berechtigung zur „jederzeitigen" Einberufung dahingehend zu reduzieren, dass die **Durchführung einer Hauptversammlung im Unternehmensinteresse** liegen muss (KK-AktG/*Kiem* Rn. 16; NK-SE/*Mayer* Rn. 13; anders LHT/*Spindler* Rn. 16; MüKoAktG/*Kubis* Rn. 10, nach denen sich aufgrund des „jederzeitigen" Einberufungsrechts die Frage nach einer grundlosen Einberufung nicht stellen soll). Eine Einberufung ohne sachlichen Anlass wäre rechtsmissbräuchlich und daher unbeachtlich (KK-AktG/*Kiem* Rn. 16). **19**

2. Einberufungspflicht nach nationalem Recht. Von der unionsrechtlich geregelten Berechtigung zur Einberufung einer Hauptversammlung ist die Frage zu trennen, wann die zuständigen Organe ggf. zur Einberufung verpflichtet sind. Da die SE-VO hierzu keine Aussage trifft, kommen insoweit – über die Verweisung in Abs. 2 – die nationalen Vorschriften zur Anwendung. Die Formulierung „nach den für Aktiengesellschaften im Sitzstaat der SE maßgeblichen einzelstaatlichen Rechtsvorschriften einberufen" ist in sachgerechter Weise dahingehend auszulegen, dass auch die **Einberufungsanlässe des nationalen Rechts** **20**

umfasst sind (KK-AktG/*Kiem* Rn. 17; im Ergebnis ebenso Spindler/Stilz/*Eber-späccher* Rn. 2, 4; LHT/*Spindler* Rn. 17; *Spindler* in Lutter/Hommelhoff Europäi-sche Gesellschaft S. 223, 243; *Schwarz* Rn. 8 f.; MüKoAktG/*Kubis* Rn. 6 iVm MüKoAktG/*Kubis* Art. 53 Rn. 3; NK-SE/*Mayer* Rn. 22 f.; *Brandt* Hauptver-sammlung 184).

21   Demnach hat der Vorstand einer in Deutschland ansässigen SE – gleich wie der Vorstand einer AG – die ordentliche Hauptversammlung gemäß § 175 Abs. 1 AktG unverzüglich einzuberufen, nachdem der **Bericht des Aufsichtsrats über die Prüfung des Jahresabschlusses** (§ 171 Abs. 2 AktG) vorliegt. Eine ent-sprechende Vorschrift hat der deutsche Gesetzgeber für die monistisch struktu-rierte SE in § 48 Abs. 1 SEAG geschaffen (s. hierzu LHT/*Teichmann* Anh. Art. 43 (§ 48 SEAG) Rn. 4 ff.). Weder § 175 Abs. 1 AktG noch § 48 Abs. 1 SEAG enthalten eine Fristenregelung und kollidieren deshalb auch nicht mit Art. 54 (zutreffend MüKoAktG/*Kubis* Rn. 2; NK-SE/*Mayer* Rn. 19; LHT/*Spindler* Rn. 8). Ferner ist die Hauptversammlung nach § 92 Abs. 1 AktG unverzüglich nach Feststellung eines **Verlusts in Höhe der Hälfte des Grundkapitals** ein-zuberufen. Schließlich kann der Vorstand auf Verlangen einer Aufsichtsbehörde iSd § 44 Abs. 5 KWG, § 3 Abs. 1 BausparkG sowie § 83 Abs. 1 S. 1 Nr. 6 VAG verpflichtet sein, eine Einberufung zu bewirken. Der Aufsichtsrat der SE mit Sitz in Deutschland muss gemäß § 111 Abs. 3 S. 1 AktG eine Hauptver-sammlung einberufen, wenn es das **Wohl der Gesellschaft** erfordert – etwa im Falle eines dem Aufsichtsrat zwingend erforderlich erscheinenden Vertrauensent-zugs gemäß § 84 Abs. 3 S. 2 AktG gegenüber einem Vorstandsmitglied (vgl. dazu Hüffer/*Koch* AktG § 111 Rn. 30 ff. mwN; Grigoleit/*Grigoleit/Tomasic* AktG § 111 Rn. 35 ff.).

22   Für den Verwaltungsrat der **monistisch organisierten SE** enthält das SEAG spezifische Regelungen: So ergibt sich die Pflicht zur Einberufung der Haupt-versammlung nach Zuleitung des Berichts an die geschäftsführenden Direktoren aus § 48 Abs. 1 SEAG, die Pflicht zur Einberufung aus Gründen des Gesell-schaftswohls aus § 22 Abs. 2 S. 1 SEAG und die Pflicht zur Einberufung bei einem Verlust des hälftigen Grundkapitals aus § 23 Abs. 5 SEAG.

23   Ungeachtet der gesetzlichen Einberufungspflichten können gemäß Art. 9 Abs. 1 lit. c iii) in der SE-Satzung weitere Einberufungsanlässe festgelegt werden (LHT/*Spindler* Rn. 17; KK-AktG/*Kiem* Rn. 18; MüKoAktG/*Kubis* Art. 53 Rn. 3). Unberührt bleibt auch die Pflicht des Leitungsorgans, eine Hauptver-sammlung einzuberufen.

V. Einberufungsmodalitäten

24   Nach Art. 54 Abs. 2 richtet sich die Art und Weise der Einberufung einer SE-Hauptversammlung nach dem für die Aktiengesellschaft maßgeblichen Recht des jeweiligen Sitzstaats (KK-AktG/*Kiem* Rn. 23; Spindler/Stilz/*Eberspächer* Rn. 5; LHT/*Spindler* Rn. 18; MüKoAktG/*Kubis* Rn. 11, Art. 53 Rn. 6; NK-SE/*Mayer* Rn. 16; *Schwarz* Rn. 14; *Brandt* Hauptversammlung 185 f.). Für die deutsche SE kommen daher die §§ 121 ff. AktG zur Anwendung. Ähnlich wie im Rahmen der Verweisung nach Art. 53 zu Organisation und Ablauf der Hauptversammlung können sich im Hinblick auf die Eigenheiten der SE als europäisch ausgerichteter Rechtsform **Modifikationen der nationalen Regelungen** ergeben (KK-AktG/*Kiem* Rn. 23).

25   **1. Form, Inhalt und Veröffentlichung der Einberufung.** Für Form und Inhalt der Einberufung zu einer SE-Hauptversammlung gelten die §§ 121 Abs. 3, 124a AktG (LHT/*Spindler* Rn. 19; MüKoAktG/*Kubis* Art. 53 Rn. 6; *Wicke* MittBayNot 2006, 196 [204]; s. auch *Spitzbart* RNotZ 2006, 369 [383]). Insoweit

besteht ein vollständiger Gleichlauf zur AG. Entsprechendes gilt für die Bekanntmachung der Einberufung im elektronischen Bundesanzeiger (§ 123 Abs. 4 S. 1 iVm § 25 AktG) und – bei SEs, die börsennotierte Inhaberaktien ausgegeben haben – für die Verbreitung der Einberufung über das sog. Europäische Medienbündel (§ 121 Abs. 4a AktG). Durch die in Umsetzung der Aktionärsrechterichtlinie durch das ARUG ins AktG eingeführten erweiterten Veröffentlichungspflichten, wie zB die Einstellung auf die Internetseite, ist die Zugänglichkeit der Einberufung – auch für Investoren aus dem EU-Ausland – hinreichend gewährleistet, so dass es **keiner SE-spezifischen Erweiterung der nationalen Veröffentlichungsvorschriften** bedarf. Insbesondere ist die Bekanntmachung der Einberufung im EU-Amtsblatt im Umkehrschluss zu Art. 14 nicht erforderlich und auch nicht ausreichend (LHT/*Spindler* Rn. 19, der eine solche Bekanntmachung jedoch für wünschenswert hält; MüKoAktG/*Kubis* Art. 53 Rn. 6 Fn. 5; gegen ein zwingendes Erfordernis wohl auch *Brandt* Hauptversammlung 178; *Schwarz* Rn. 21). – Mangels abweichender Regelung in der SE-VO hat die Veröffentlichung der Einberufung einer SE mit Sitz in Deutschland **in deutscher Sprache** zu erfolgen (*Schwarz* Rn. 20; LHT/*Spindler* Rn. 19; *Brandt* Hauptversammlung 177 f.; wohl auch Spindler/Stilz/*Eberspächer* Rn. 5; im Ergebnis ebenso MüKoAktG/*Kubis* Art. 53 Rn. 6). Allerdings sind die meisten Unternehmen mit international diversifiziertem Investorenkreis bereits dazu übergegangen, die Einberufung und wesentliche Hauptversammlungsunterlagen auch in Englisch auf der Internetseite bereit zu halten. Für eine erweiternde Auslegung der Einberufungsvorschriften in Bezug auf die Sprache besteht daher kein Anlass.

2. Beschlussfassung über die Einberufung mit einfacher Mehrheit. 26
Grundlage für die Einberufung einer Hauptversammlung ist der Beschluss des zuständigen Organs, bei der dualistischen SE in der Regel des Vorstands und bei der monistischen SE des Verwaltungsrats. Die Modalitäten der Beschlussfassung innerhalb des Organs richten sich nach zutreffender Ansicht nicht nach den hierfür in der SE-VO festgelegten allgemeinen Grundsätzen des Art. 50, sondern über Art. 54 Abs. 2, der eine andere Bestimmung iSd Art. 50 Abs. 1 darstellt, nach den hierfür **spezifisch angeordneten aktienrechtlichen Beschlussregeln** (LHT/*Spindler* Rn. 23; LHT/*Teichmann* Anh. Art. 43 (§ 22 SEAG) Rn. 20; Spindler/Stilz/*Eberspächer* Rn. 5; KK-AktG/*Kiem* Rn. 28; *Schwarz* Rn. 15; aA MüKoAktG/*Kubis* Rn. 9 aE; *Brandt* Hauptversammlung 183). Demzufolge genügt in einer dualistischen SE gemäß Art. 54 Abs. 2 iVm § 121 Abs. 2 S. 1 AktG für Einberufungsbeschlüsse des Vorstands die einfache Mehrheit der abgegebenen Stimmen (KK-AktG/*Kiem* Rn. 29; LHT/*Spindler* Rn. 24; *Schwarz* Rn. 16). Für den Einberufungsbeschluss des Aufsichtsrats folgt das Erfordernis der einfachen Mehrheit aus Art. 54 Abs. 2 iVm § 111 Abs. 3 S. 2 AktG, wobei Stimmenthaltungen jedoch, anders als bei der Feststellung der Beschlussfähigkeit, nicht zu berücksichtigen sind (LHT/*Spindler* Rn. 24; *Schwarz* Rn. 16; KK-AktG/*Kiem* Rn. 29. Zu den Stimmenthaltungen Hüffer/*Koch* AktG § 108 Rn. 6). Bei einer **monistischen SE** entscheidet der Verwaltungsrat über Art. 54 Abs. 2 iVm § 22 Abs. 2 S. 2 SEAG ebenfalls mit einfacher Mehrheit (LHT/*Spindler* Rn. 24; im Ergebnis ebenso KK-AktG/*Kiem* Rn. 29, der jedoch von einer analogen Anwendung des § 22 Abs. 2 S. 2 SEAG ausgeht; *Schwarz* Rn. 17, der wiederum auf eine „Gesamtanalogie" zu §§ 22 Abs. 2 S. 2 SEAG, 121 Abs. 2 S. 1 AktG abstellt).

3. Bestimmung des Hauptversammlungstermins. Innerhalb der von 27
Art. 54 Abs. 2 vorgegebenen Sechsmonatsfrist und dem in § 175 AktG normierten Unverzüglichkeitserfordernis kann das einberufende Organ den Zeitpunkt der Hauptversammlung nach pflichtgemäßem Ermessen bestimmen (so auch KK-AktG/*Kiem* Rn. 24). Für eine SE mit Sitz in Deutschland gelten bei der Wahl des

Hauptversammlungstermins die gleichen Beschränkungen wie für eine Aktiengesellschaft. Insbesondere darf die Hauptversammlung nach hM **nicht an einem Sonn- oder bundeseinheitlichen gesetzlichen Feiertag** stattfinden (MüKo-AktG/*Kubis* Art. 53 Rn. 9; *Schwarz* Rn. 7; *Brandt* Hauptversammlung 175; KK-AktG/*Kiem* Rn. 25; aA NK-SE/*Mayer* Rn. 42, der den Termin von der Aktionärsstruktur abhängig machen möchte; für die Aktiengesellschaft Spindler/Stilz/*Rieckers* AktG § 121 Rn. 79; Grigoleit/*Herrler* AktG § 121 Rn. 29; Hölters/*Drinhausen* AktG § 121 Rn. 21; MHdB AG/*Semler* § 35 Rn. 30; einschränkend Hüffer/*Koch* AktG § 121 Rn. 17). Sofern die SE ihre Hauptversammlung – aufgrund einer entsprechenden Satzungsbestimmung – an einem zulässigen Ort im EU-Ausland abhält, erscheint es zudem geboten, dass der Tag der Hauptversammlung auch an diesem Ort weder auf einen Sonntag noch einen Feiertag fällt (KK-AktG/*Kiem* Rn. 25; *Brandt* Hauptversammlung 175; aA MüKoAktG/*Kubis* Art. 53 Rn. 9; *Schwarz* Art. 53 Rn. 7; van Hulle/Maul/Drinhausen/*Maul* Abschnitt 5 § 4 Rn. 43, die lediglich auf bundeseinheitliche Feiertage in Deutschland abstellen wollen). Da der Versammlungsort im Ausland typischerweise gewählt wird, um Aktionären „vor Ort" die Möglichkeit zur Teilnahme zu gewähren, wäre andernfalls das Teilnahmerecht in unzulässiger Weise eingeschränkt (KK-AktG/*Kiem* Rn. 25).

28   **4. Aufstellung der Tagesordnung.** Die Tagesordnung der Hauptversammlung ist nach Art. 54 Abs. 2 iVm § 121 Abs. 3 S. 2 und 3 AktG zwingender Bestandteil der Einberufung. Sie ist mithin von dem Organ aufzustellen, das auch die Einberufung vornimmt (Spindler/Stilz/*Eberspächer* Rn. 6; LHT/*Spindler* Rn. 25; KK-AktG/*Kiem* Rn. 31; *Schwarz* Rn. 22; *Brandt* Hauptversammlung 186). In der Tagesordnung sind die auf der Hauptversammlung zu behandelnden Gegenstände in der vorgeschlagenen Reihenfolge ihrer Behandlung aufzuführen (*Schwarz* Rn. 22; LHT/*Spindler* Rn. 25; KK-AktG/*Kiem* Rn. 31; vgl. zu den einzelnen Angaben auch NK-SE/*Mayer* Rn. 26). Die Tagesordnung der ordentlichen Hauptversammlung einer deutschen SE entspricht hierbei im Wesentlichen der einer AG (vgl. dazu *Butzke* Die Hauptversammlung B Rn. 75 ff.; MHdB AG/*Semler* § 30 Rn. 53 ff.), dh neben der Vorlage des festgestellten Jahresabschlusses sind insbesondere die Verwendung des Bilanzgewinns, Entlastung der Mitglieder von Vorstand und Aufsichtsrat (bzw. des Verwaltungsrats) und die Wahl des Abschlussprüfers aufzunehmen. Nach Art. 54 Abs. 2 iVm § 124 Abs. 3 S. 1 AktG haben Vorstand und Aufsichtsrat – bei der Wahl von Aufsichtsratsmitgliedern und Prüfern nur der Aufsichtsrat – zu jedem Punkt der Tagesordnung einen **Beschlussvorschlag** zu unterbreiten, der ebenfalls Teil der Bekanntmachung ist. Sofern die Wahl von Aufsichtsratsmitgliedern, Satzungsänderungen oder zustimmungspflichtige Verträge auf der Tagesordnung stehen, sind – wie bei der Aktiengesellschaft auch – die weiteren **Informationspflichten** nach § 124 Abs. 2 und 3 AktG einzuhalten (KK-AktG/*Kiem* Rn. 31; vgl. zum nationalen Recht Hüffer/*Koch* AktG § 124 Rn. 8 ff., 12 ff. mwN).

29   Über Gegenstände der Tagesordnung, die nicht ordnungsgemäß bekannt gemacht sind, dürfen gemäß Art. 54 Abs. 2 iVm § 124 Abs. 4 S. 1 AktG keine Beschlüsse gefasst werden; Beschlüsse, die hierzu dennoch gefasst werden, können wegen eines **Bekanntmachungsfehlers** gemäß Art. 9 Abs. 1 lit. c ii) iVm §§ 243 Abs. 1, 245 Nr. 2 AktG angefochten werden (*Schwarz* Rn. 23; LHT/*Spindler* Rn. 26; KK-AktG/*Kiem* Rn. 32; NK-SE/*Mayer* Rn. 45; *Brandt* Hauptversammlung 188; zum nationalen Recht zB Hüffer/*Koch* AktG § 124 Rn. 18).

30   **5. Mitteilungspflichten im Vorfeld.** Aufgrund der Verweisung des Art. 54 Abs. 2 gelten für eine in Deutschland ansässige SE auch die im Vorfeld einer Hauptversammlung bestehenden Mitteilungspflichten nach §§ 125–127 AktG.

Auch die SE muss folglich innerhalb von zwölf Tagen nach Bekanntmachung der Einberufung den in § 125 AktG genannten Adressaten (zB depotführenden Kreditinstituten und Aktionärsvereinigungen, die in der letzten Hauptversammlung Stimmrechte für Aktionäre ausgeübt haben) die **Einberufung** mitteilen. **Gegenanträge und Wahlvorschläge** von Aktionären sind gemäß §§ 126, 127 AktG unter den dort genannten Voraussetzungen zugänglich zu machen. Auch die in § 128 AktG geregelte Pflicht zur Weiterleitung der in § 125 Abs. 1 AktG genannten Unterlagen an die jeweiligen Aktionäre trifft **Kreditinstitute, die Inhaberaktien einer SE depotmäßig verwahren.**

6. Sonstiges. Die **weiteren Modalitäten der Einberufung** von Hauptver-   31
sammlungen (zB Erleichterungen für Gesellschaften mit bekanntem Aktionärskreis gemäß § 121 Abs. 4 S. 2 AktG) unterliegen nach Art. 54 Abs. 2 ebenfalls den aktienrechtlichen Bestimmungen (so auch KK-AktG/*Kiem* Rn. 33; Spindler/Stilz/*Eberspächer* Rn. 6). Zu den weitergehenden Details des Einberufungsverfahrens kann auf die Rechtsprechung und Literatur zum AktG verwiesen werden.

[Einberufung der Hauptversammlung]

55 (1) **Die Einberufung der Hauptversammlung und die Aufstellung ihrer Tagesordnung können von einem oder mehreren Aktionären beantragt werden, sofern sein/ihr Anteil am gezeichneten Kapital mindestens 10 % beträgt; die Satzung oder einzelstaatliche Rechtsvorschriften können unter denselben Voraussetzungen, wie sie für Aktiengesellschaften gelten, einen niedrigeren Prozentsatz vorsehen.**

(2) **Der Antrag auf Einberufung muss die Punkte für die Tagesordnung enthalten.**

(3) [1] **Wird die Hauptversammlung nicht rechtzeitig bzw. nicht spätestens zwei Monate nach dem Zeitpunkt, zu dem der in Absatz 1 genannte Antrag gestellt worden ist, abgehalten, so kann das am Sitz der SE zuständige Gericht oder die am Sitz der SE zuständige Verwaltungsbehörde anordnen, dass sie innerhalb einer bestimmten Frist einzuberufen ist, oder die Aktionäre, die den Antrag gestellt haben, oder deren Vertreter dazu ermächtigen.** [2] **Hiervon unberührt bleiben einzelstaatliche Bestimmungen, aufgrund deren die Aktionäre gegebenenfalls die Möglichkeit haben, selbst die Hauptversammlung einzuberufen.**

§ 50 SEAG Einberufung und Ergänzung der Tagesordnung auf Verlangen einer Minderheit

(1) Die Einberufung der Hauptversammlung und die Aufstellung ihrer Tagesordnung nach Artikel 55 der Verordnung kann von einem oder mehreren Aktionären beantragt werden, sofern sein oder ihr Anteil am Grundkapital mindestens 5 Prozent beträgt.

(2) Die Ergänzung der Tagesordnung für eine Hauptversammlung durch einen oder mehrere Punkte kann von einem oder mehreren Aktionären beantragt werden, sofern sein oder ihr Anteil 5 Prozent des Grundkapitals oder den anteiligen Betrag von 500 000 Euro erreicht.

Schrifttum: *Halberkamp/Gierke,* Das Recht der Aktionäre auf Einberufung einer Hauptversammlung, NZG 2004, 494; *König/Römer,* Gerichtliche Ermächtigung von Aktionären zur Einberufung der Hauptversammlung, DStR 2003, 219. S. ferner Angaben zu Art. 52.

Übersicht

	Rn.
I. Allgemeines	1
1. Regelungsgehalt	1
2. Verhältnis zu nationalem Recht	3
II. Einberufungsantrag	5
1. Antragsberechtigung	5
a) Aktionärseigenschaft	5
b) Mindestkapitalanteil	6
2. Ordnungsgemäßer Antrag	14
a) Adressat des Antrags	14
b) Mindestinhalt	15
c) Form	18
3. Begründetheit des Antrags	19
a) Hauptversammlungskompetenz	20
b) Kein Rechtsmissbrauch	21
4. Verfahren nach Antragstellung	22
a) Prüfungspflicht des Leitungsorgans	22
b) Frist zur Einberufung der Hauptversammlung	23
c) Einberufungsverfahren	25
III. Staatliches Einberufungsverfahren (Abs. 3)	26
1. Allgemeines	26
a) Antragserfordernis, Antragsrücknahme	29
b) Zuständigkeit und Verfahrensgrundsätze	30
c) Antragstellung binnen angemessener Frist	32
d) Antragsbefugnis, Fortbestehen des Beteiligungsquorums	33
2. Begründetheit des Antrags	35
3. Entscheidungsalternativen des Gerichts	37
a) Einberufungsanordnung (Abs. 3 S. 1 Alt. 1)	38
b) Einberufungsermächtigung (Abs. 3 S. 1 Alt. 2)	41
4. Rechtsmittel	45
5. Kosten	46

I. Allgemeines

1   **1. Regelungsgehalt.** Art. 55 etabliert – zusammen mit Art. 56 – einen wesentlichen Eckpfeiler des Minderheitenschutzes in der SE. Art. 55 und 56 gewähren Aktionären, die einzeln oder zusammen mit mindestens 10 % am gezeichneten Kapital der SE beteiligt sind, das Recht, die Einberufung einer Hauptversammlung (Art. 55) oder die Ergänzung der Tagesordnung einer Hauptversammlung (Art. 56) zu beantragen und ggf. durchzusetzen. Beide Normen tragen dem Umstand Rechnung, dass die Aktionäre ihren über das Stimmrecht vermittelten Einfluss grundsätzlich nur in der Hauptversammlung ausüben können (Spindler/Stilz/*Eberspächer* Rn. 1; LHT/*Spindler* Rn. 1) und daher in der Lage sein müssen, eine Versammlung bzw. einzelne Tagesordnungspunkte ggf. **auch gegen den Willen der Verwaltung** zu erzwingen. Vergleichbare Minderheitenrechte existieren auch bei der AG (vgl. § 122 Abs. 1 und 2 AktG). Ungeachtet des eher seltenen Gebrauchs in der Praxis kommt dem Einberufungs- und Ergänzungsrecht der Aktionärsminderheit eine erhebliche Bedeutung für das Kompetenzgefüge der SE zu.

2   Zur Durchsetzung des Rechts auf Einberufung einer Hauptversammlung sieht Art. 55 – vergleichbar mit der aktienrechtlichen Regelung in § 122 AktG – ein **zweistufiges Verfahren** vor: In einem ersten Schritt hat die Aktionärsminderheit die Einberufung der Hauptversammlung bei der Gesellschaft zu beantragen (Art. 55 Abs. 1 und 2). Wird diesem Antrag nicht bzw. nicht rechtzeitig Folge geleistet, greift nach Art. 55 Abs. 3 ein staatliches Durchsetzungsverfahren ein (Spindler/Stilz/*Eberspächer* Rn. 1; KK-AktG/*Kiem* Rn. 2; LHT/*Spindler* Rn. 2).

2. Verhältnis zu nationalem Recht. Der für die Aktionärsminderheit durch **3** Art. 55 auf unionsrechtlicher Ebene etablierte Schutz stellt einen abschließenden **Mindeststandard** dar und darf durch das Recht des Sitzstaats nicht eingeschränkt werden. Umgekehrt lässt Art. 55 Abs. 1 die Herabsetzung des dort normierten 10-prozentigen Beteiligungsquorums durch (i) die Satzung der Gesellschaft oder (ii) einzelstaatliche Rechtsvorschriften, jeweils unter denselben Voraussetzungen, wie sie für Aktiengesellschaften gelten, ausdrücklich zu. Ziel dieser Öffnung ist die Möglichkeit zur Angleichung des Minderheitenschutzes an das Niveau einer nationalen Aktiengesellschaft. Vor diesem Hintergrund hat der deutsche Gesetzgeber in § 50 Abs. 1 SEAG das für einen Antrag auf Einberufung erforderliche Beteiligungsquorum – im Sinne des Gleichlaufs mit § 122 Abs. 1 AktG – auf **mindestens 5 % des Grundkapitals herabgesetzt.**

Abgesehen von der Möglichkeit zur Herabsetzung des Beteiligungsquorums **4** enthält Art. 55 keinen Verweis auf nationales Recht. Angesichts der Vielzahl ungeregelter Detailfragen ist es gleichwohl sachgerecht, die **aktienrechtlichen Bestimmungen** über die allgemeine Verweisung des Art. 9 Abs. 1 lit. c ii) **zur Lückenfüllung** heranzuziehen (KK-AktG/*Kiem* Rn. 14 ff.). Dies gilt umso mehr, als der Vorschrift der Wille des Verordnungsgebers entnommen werden kann, die Voraussetzungen des Minderheitenschutzes bei der SE jenen der Aktiengesellschaft im jeweiligen Sitzstaat anzugleichen. Eine Anwendung der aktienrechtlichen Bestimmungen scheidet allerdings dort aus, wo dies zu einer Verkürzung des durch Art. 55 gewährleisteten Rechts führen würde (MüKo-AktG/*Kubis* Rn. 2; KK-AktG/*Kiem* Rn. 14; LHT/*Spindler* Rn. 2).

II. Einberufungsantrag

1. Antragsberechtigung. a) Aktionärseigenschaft. Nach Art. 55 Abs. 1 **5** kann der Einberufungsantrag von einem oder mehreren Aktionären gestellt werden. Wird er von mehreren gestellt, handelt es sich gleichwohl um nur einen Antrag, der auch nur einheitlich behandelt werden kann. Die Aktionärseigenschaft muss zum Zeitpunkt der Antragstellung – dh bei **Zugang des Antrags bei der Gesellschaft** – vorliegen (MüKoAktG/*Kubis* Rn. 4; LHT/*Spindler* Rn. 4). Die Antragsberechtigung setzt weder voraus, dass die Aktien stimmberechtigt sind, noch, dass die Einlagen auf die Aktien vollständig geleistet sind (Spindler/Stilz/*Eberspächer* Rn. 2; MüKoAktG/*Kubis* Rn. 4; LHT/*Spindler* Rn. 4). Auch **vermögensrechtliche Belastungen** der Aktie (zB ein Pfandrecht oder ein Nießbrauch) spielen – wie im Rahmen von § 122 AktG – keine Rolle (Spindler/Stilz/*Eberspächer* Rn. 2; MüKoAktG/*Kubis* Rn. 4; LHT/*Spindler* Rn. 4; zur entsprechenden Lage nach Aktienrecht: Schmidt/Lutter/*Rieckers* AktG § 122 Rn. 10; Grigoleit/*Herrler* AktG § 122 Rn. 2). Bei Namensaktien reicht zum Nachweis der Aktionärseigenschaft die Vermutung des Aktienbesitzes aufgrund der Eintragung im Aktienregister nach § 67 Abs. 2 AktG aus (MüKo-AktG/*Kubis* Rn. 4; LHT/*Spindler* Rn. 4). Der Einberufungsantrag kann auch durch Dritte gestellt werden, sofern die Anforderungen des nationalen Rechts an eine ordnungsgemäße Bevollmächtigung gewahrt sind. Die **Drittbevollmächtigung** (zB Familienvertreter, Rechtsberater) wird sich vor allem bei einer aus mehreren Aktionären bestehenden Minderheit anbieten.

b) Mindestkapitalanteil. aa) Beteiligungsquorum nach SE-VO. Nach **6** Art. 55 Abs. 1 setzt die Antragsberechtigung voraus, dass die antragstellenden Aktionäre mit mindestens 10 % am gezeichneten Kapital der Gesellschaft beteiligt sind. Dieses Quorum etabliert einen gemeinschaftsweiten Mindeststandard, der durch die Mitgliedstaaten nicht zum Nachteil der Aktionäre abgeändert werden darf (KK-AktG/*Kiem* Rn. 1; LHT/*Spindler* Rn. 5). Ausdrücklich gestattet hingegen wird die Festlegung eines niedrigeren Prozentsatzes durch die Satzung der SE oder durch einzelstaatliche Rechtsvorschriften, dies allerdings nur „unter denselben Voraussetzungen, wie sie für Aktiengesellschaften gelten". Die abweichende Festlegung ist also nur gestattet, um den **Gleichlauf mit einer Aktiengesellschaft** im Sitzstaat herzustellen.

7   **bb) Beteiligungsquorum nach SEAG.** Von der Ermächtigung des Art. 55 Abs. 1 hat der deutsche Gesetzgeber in § 50 Abs. 1 SEAG durch Absenkung des Quorums auf mindestens 5 % des Grundkapitals Gebrauch gemacht. Damit entspricht das Quorum dem für die Aktiengesellschaft nach § 122 Abs. 1 AktG geltenden Wert. Bezugsgröße für die Feststellung des Quorums ist grundsätzlich der zum Zeitpunkt der Antragstellung im Handelsregister der SE eingetragene **Nennbetrag des Grundkapitals** (Spindler/Stilz/*Eberspächer* Rn. 3; MüKo-AktG/*Kubis* Rn. 5). Aktien aus einem **bedingten Kapital** sind zu berücksichtigen, soweit sich das Grundkapital durch Ausgabe der Bezugsaktien (§ 200 AktG) bereits erhöht hat (s. zu § 122 Abs. 1 AktG Spindler/Stilz/*Rieckers* AktG § 122 Rn. 9; Grigoleit/*Herrler* AktG § 122 Rn. 3). Die Eintragung im Handelsregister hat hier nur deklaratorischen Charakter. Der **Nachweis über die Aktienausgabe** obliegt im Streitfall – zB bei Ablehnung eines Einberufungsantrags unter Verweis auf das fehlende Quorum – allerdings der Gesellschaft, da nur sie Zugang zu den relevanten Informationen und Unterlagen hat.

8   **cc) Abweichungen kraft Satzung.** Art. 55 Abs. 1 ermächtigt auch den Satzungsgeber, das Beteiligungsquorum auf einen unter 10 % liegenden Prozentsatz herabzusetzen. Vor dem Hintergrund der bereits auf 5 % reduzierten Schwelle des AktG und des SEAG besteht ein Meinungsstreit über die Frage, ob die Satzung auch über den vom deutschen Gesetzgeber festgelegten Wert hinausgehen oder sogar die 10 %-Grenze der SE-VO wiederherstellen kann. Dies wird von einem Teil der Literatur mit dem Argument befürwortet, dass eine durch die SE-VO explizit zugelassene Satzungsregelung etwaigen nationalen Beschränkungen gemäß Art. 9 Abs. 1 lit. b im Range vorgehe (*Brandt* Hauptversammlung 194 f.; MüKoAktG/*Kubis* Rn. 3; *Schwarz* Rn. 15; LHT/*Spindler* Rn. 7). Obwohl die Annahme eines Geltungsvorrangs für ausdrücklich durch die SE-VO eröffnete Satzungsspielräume grundsätzlich außer Frage steht, greift die Argumentation im vorliegenden Fall gleichwohl nicht durch (ebenso Spindler/Stilz/*Eberspächer* Rn. 3; KK-AktG/*Kiem* Rn. 5 f.): Art. 55 Abs. 1 eröffnet den Satzungsspielraum nämlich nur unter ausdrücklicher Bezugnahme auf die für Aktiengesellschaften geltenden Voraussetzungen. Zweck der Regelung ist die Herstellung eines **Gleichlaufs der Minderheitenrechte** zwischen SE und AG im betreffenden Sitzstaat. Aufgrund dieser spezifischen unionsrechtlichen Vorgabe kann die Satzung einer deutschen SE daher nur von solchen Regelungsspielräumen Gebrauch machen, die auch einer deutschen Aktiengesellschaft zustehen. Da die Satzung einer Aktiengesellschaft das Einberufungsverlangen nach § 122 Abs. 1 S. 2 AktG nur an eine geringere Kapitalbeteiligung als 5 % knüpfen kann, kommt eine Überschreitung dieses Quorums – oder gar eine Wiederaufstockung auf 10 % – nicht in Betracht (Spindler/Stilz/*Eberspächer* Rn. 3 mit Fn. 6; KK-AktG/*Kiem* Rn. 5).

9   **dd) Aufbringung und Nachweis des Beteiligungsquorums.** Das Beteiligungsquorum kann durch einen oder mehrere Aktionäre aufgebracht werden. Hierfür gelten die gleichen Grundsätze wie für die Aktionärseigenschaft: Es kommt weder auf ein Stimmrecht noch auf die vollständige Erbringung der Einlage an; auch wirtschaftliche Belastungen (**zB Pfandrecht oder Nießbrauch**) spielen keine Rolle (→ Rn. 5). Das Quorum kann auch mit Aktien aus einer Wertpapierleihe aufgebracht werden, da diese als Sachdarlehen iSv § 607

BGB dem Entleiher Volleigentum an den Aktien vermittelt (s. zu § 142 AktG Spindler/Stilz/*Mock* AktG § 142 Rn. 110 ff.; zu §§ 122, 123 AktG KK-AktG/*Noack/Zetzsche* AktG § 122 Rn. 72, § 123 Rn. 258 ff.; Spindler/Stilz/*Rieckers* AktG § 122 Rn. 10; ebenso im Hinblick auf die erforderliche Kapitalmehrheit beim Squeeze-out gemäß §§ 327a ff. AktG BGHZ 180, 154 = NZG 2009, 585; gegen die Berücksichtigung geliehener Aktien für aktienrechtliche Minderheitsquoren *Bachmann* ZHR 173 [2009], 596 [620 ff.]). Sofern der Vorstand oder der Verwaltungsrat der SE hiervon Kenntnis erhalten, ist jedoch eine sorgfältige Prüfung angebracht, ob der Antrag **möglicherweise rechtsmissbräuchlich** gestellt wird (zu § 122 AktG Spindler/Stilz/*Rieckers* AktG § 122 Rn. 10). Das Minderheitenrecht nach Art. 55 ist nach seinem Schutzzweck für Aktionäre ausgelegt, die der Gesellschaft mit dem Risikoprofil eines echten Eigenkapitalgebers verbunden sind. Dem wird die auf eine temporäre Überlassung ohne Kursrisiko angelegte Wertpapierleihe an sich nicht gerecht.

Die Aktionärsstellung und das Beteiligungsquorum sind der Gesellschaft nachzuweisen. Bei Namensaktien ergibt sich der Nachweis bereits aus dem Aktienregister (§ 67 Abs. 2 AktG). Bei Inhaberaktien kann der Nachweis durch eine Bestätigung des depotführenden Instituts erbracht werden. Der Nachweis muss dem Antrag nicht zwingend beigefügt sein, jedoch obliegt es dem Vorstand, den **Nachweis zu fordern,** wenn sich die Erfüllung des Quorums nicht offenkundig aus bekannten Umständen ergibt ("Plausibilitätskontrolle", vgl. zu §§ 122, 123 AktG KK-AktG/*Noack/Zetzsche* AktG § 122 Rn. 72; Spindler/Stilz/*Rieckers* AktG § 122 Rn. 14; Grigoleit/*Herrler* AktG § 122 Rn. 5; *Drinhausen/Marsch-Barner* AG 2014, 757 [760]). Bevor der Nachweis erbracht ist, besteht keine Pflicht des Leitungsorgans, die Hauptversammlung einzuberufen (vgl. Spindler/Stilz/*Eberspächer* Rn. 6; MüKoAktG/*Kubis* Rn. 11; LHT/*Spindler* Rn. 15). Sofern der Vorstand einen etwa fehlenden Nachweis unverzüglich verlangt hat, beginnt auch die Zweimonatsfrist des Art. 55 Abs. 3 erst mit Erbringung des Nachweises zu laufen. **10**

ee) Vorbesitzzeit und fortdauernde Beteiligung. Bei einer Aktiengesellschaft setzt die Stellung eines Einberufungsverlangens gemäß § 122 Abs. 1 S. 3 iVm § 142 Abs. 2 S. 2 AktG den Nachweis voraus, dass die Aktionäre seit mindestens 90 Tagen vor dem Tag des Verlangens Inhaber der Aktien sind (sog. Vorbesitzzeit); (vgl. Hüffer/*Koch* AktG § 122 Rn. 3a). Eine entsprechende Voraussetzung enthält Art. 55 Abs. 1 nicht. Da Art. 55 einen gemeinschaftsweiten Minderheitenschutz definiert, der durch die nationalen Bestimmungen allenfalls erleichtert, nicht aber erschwert werden kann, scheidet die Anwendung der aktienrechtlichen Vorbesitzregelungen aus (allgemeine Meinung, Spindler/Stilz/*Eberspächer* Rn. 3; KK-AktG/*Kiem* Rn. 17; MüKoAktG/*Kubis* Rn. 6; LHT/*Spindler* Rn. 8). **11**

Davon zu trennen ist die Frage, ob die Antragsberechtigung – wie bei der AG (vgl. §§ 122 Abs. 1 S. 3, 142 Abs. 2 S. 2 AktG) – entfällt, wenn die Beteiligungshöhe der antragstellenden Aktionäre nach der Antragstellung unter das erforderliche Beteiligungsquorum absinkt. Dies ist – entgegen den in Teilen des Schrifttums hiergegen geäußerten Bedenken (Spindler/Stilz/*Eberspächer* Rn. 8; MüKoAktG/*Kubis* Rn. 6; LHT/*Spindler* Rn. 9) – bei einer am Schutzzweck orientierten Auslegung von Art. 55 zu bejahen (ebenso KK-AktG/*Kiem* Rn. 8; zum aktienrechtlichen Einberufungsverlangen Spindler/Stilz/*Rieckers* AktG § 122 Rn. 13 mwN; Grigoleit/*Herrler* AktG § 122 Rn. 4). Die Norm verleiht bewusst nur einer "qualifizierten" Minderheit das Recht zur Durchsetzung einer Hauptversammlung. Diese Durchsetzungsmöglichkeit findet ihre **Legitimationsgrundlage in der fortgesetzten Beteiligung und kapitalmäßigen Verbundenheit** der Aktionäre mit der Gesellschaft. Im Falle einer teilweisen oder vollständigen **12**

Beteiligungsveräußerung durch die antragstellenden Aktionäre wäre ein Festhalten an der Verpflichtung zur Einberufung sachwidrig und unverhältnismäßig. Daraus folgt, dass die Minderheit das gesetzlich geforderte Beteiligungsquorum – entsprechend dem Regelungsgedanken des § 122 Abs. 1 S. 3 AktG – bis zur Entscheidung des Leitungsorgans über die Einberufung der verlangten Hauptversammlung aufrechterhalten muss (KK-AktG/*Kiem* Rn. 8; aA LHT/*Spindler* Rn. 24). Im Falle eines gerichtlichen Verfahrens nach Art. 55 Abs. 3 gilt diese Anforderung – entsprechend dem Regelungsgedanken des § 142 Abs. 2 S. 2 AktG – bis zur rechtskräftigen Entscheidung des Gerichts (KK-AktG/*Kiem* Rn. 38; aA Spindler/Stilz/*Eberspächer* Rn. 8; MüKoAktG/*Kubis* Rn. 14; LHT/ *Spindler* Rn. 24). Die Anforderung eines fortgesetzten Aktienbesitzes ist **auch keine unzulässige Erschwerung** des Minderheitenschutzes nach Art. 55 durch Anwendung nationaler Rechtsgrundsätze. Sie ergibt sich nicht aus der Anwendung nationaler aktienrechtlicher Grundsätze, sondern aus einer autonomen, am Schutzzweck des Art. 55 orientierten Auslegung der SE-VO selbst.

13   Der Nachweis des fortgesetzten Beteiligungsbesitzes kann – entsprechend der in der deutschen Unternehmenspraxis üblichen Verfahrensweise – durch einen **Sperrvermerk der** betreffenden **depotführenden Bank** erbracht werden oder durch eine Verpflichtung der Bank, die Gesellschaft unverzüglich über Änderungen im Aktienbestand zu informieren (vgl. Hüffer/*Koch* AktG § 142 Rn. 24; Spindler/Stilz/*Mock* AktG § 142 Rn. 139 ff.; Spindler/Stilz/*Rieckers* AktG § 122 Rn. 15; Schmidt/Lutter/*Ziemons* AktG § 122 Rn. 24 f.; Grigoleit/*Herrler* AktG § 122 Rn. 5; vgl. auch *Bayer/Scholz/Weiß* AG 2013, 742 [743 f.]). Eine förmliche Hinterlegung der Aktien kann indes nicht gefordert werden (so zu § 122 AktG Hüffer/*Koch* AktG § 122 Rn. 3; Spindler/Stilz/*Rieckers* AktG § 122 Rn. 15). Bei Namensaktien kann der Nachweis des fortgesetzten Aktienbesitzes über das Aktienregister geführt werden.

14   **2. Ordnungsgemäßer Antrag. a) Adressat des Antrags.** Art. 55 enthält keine Regelung zu der Frage, an wen der Einberufungsantrag zu richten ist. In der Literatur wird hierzu teilweise die Auffassung vertreten, dass der Antrag an alle gemäß Art. 54 Abs. 2 zur Einberufung der Hauptversammlung berechtigten Gesellschaftsorgane gerichtet werden kann (*Brandt* Hauptversammlung 190 f.; *Schwarz* Rn. 6). Dies vermag weder in rechtlicher noch in praktischer Hinsicht zu überzeugen (ebenso Spindler/Stilz/*Eberspächer* Rn. 4; KK-AktG/*Kiem* Rn. 10 f.; MüKoAktG/*Kubis* Rn. 7; LHT/*Spindler* Rn. 10). Nach den allgemeinen Vertretungsregeln sind Erklärungen gegenüber der Gesellschaft an das **Leitungsorgan** zu richten. Dies gilt auch dann, wenn aus einer solchen Erklärung die Pflicht zur Einberufung einer Hauptversammlung resultieren kann, denn gerade auch das Geschäftsführungsorgan ist zur Einberufung einer Hauptversammlung befugt. Art. 54 Abs. 2 regelt zwar das Recht der dort genannten Organe, eine Hauptversammlung einzuberufen. Er weist den dort genannten Organen aber keine Empfangs- und Prüfungszuständigkeit für Einberufungsverlangen Dritter zu. Auch unter praktischen Gesichtspunkten kann die Prüfung des Antrags, die Entscheidung über den Antrag und ggf. die Vorbereitung einer Hauptversammlung in der hierfür vorgesehenen Zweimonatsfrist nach Art. 55 Abs. 3 sinnvollerweise nur vom Leitungsorgan geleistet werden. Der Antrag nach Art. 55 Abs. 1 ist daher bei der **dualistischen SE an den Vorstand** und bei der **monistischen SE an den Verwaltungsrat** zu richten. Sofern er beim Aufsichtsrat oder einem etwa gebildeten Beirat eingeht, hat der Vorsitzende des Gremiums den Antrag an das Leitungsorgan weiterzuleiten.

15   **b) Mindestinhalt.** In Bezug auf den Antragsinhalt bestimmt Art. 55 in Abs. 2 lediglich, dass dieser die „Punkte für die Tagesordnung" zu enthalten hat. Aus Sinn und Zweck der Regelung kann jedoch weiter abgeleitet werden, dass (i) das

Verlangen nach Einberufung einer Hauptversammlung im Antrag klar zum Ausdruck kommen muss und (ii) die Tagesordnungspunkte **so präzise zu bezeichnen sind,** dass der Vorstand diese gemäß § 124 AktG zusammen mit den anderen Bestandteilen der Einberufung veröffentlichen und hierzu einen Beschlussvorschlag unterbreiten kann (KK-AktG/*Kiem* Rn. 13; MüKoAktG/*Kubis* Rn. 8).

Ob darüber hinaus, wie in § 122 Abs. 1 S. 1 AktG vorgesehen, eine Begrün- **16** dung für den Einberufungsantrag verlangt werden kann – insbesondere zu der Frage, warum ein Abwarten bis zur nächsten ordentlichen Hauptversammlung nicht möglich sein soll – ist umstritten. Während in der Literatur eine solche Begründung teils unter Verweis auf die Offenheit des nationalen Rechts für die weitere Ausformung des Minderheitenschutzes und zur Vermeidung rechtsmissbräuchlicher Anträge (*Brandt* Hauptversammlung 192; LHT/*Spindler* Rn. 12; *Schwarz* Rn. 12), teils unter Hinweis auf Art. 6 Abs. 1 lit. a RL 2007/36/EG (Aktionärsrechtrichtlinie; MüKoAktG/*Kubis* Rn. 8) gefordert wird, lehnen andere Stimmen eine Begründungspflicht als unzulässige Zusatzvoraussetzung ab (Spindler/Stilz/*Eberspächer* Rn. 4; KK-AktG/*Kiem* Rn. 18). Letzterem ist zuzustimmen. Da sich Art. 55 Abs. 2 explizit mit dem materiellen Inhalt des Antrags befasst und die Angabe der Punkte der Tagesordnung insoweit offenbar für ausreichend angesehen hat, kann eine **weitergehende Begründung für das Einberufungsverlangen nicht gefordert werden.** Für diese Sichtweise spricht auch die Entstehungsgeschichte der Vorschrift. Denn in den Verordnungsentwürfen der Jahre 1970 und 1975 war eine Begründungspflicht vorgesehen, die im Entwurf von 1989 jedoch gestrichen wurde; auf Druck des Wirtschafts- und Sozialausschusses sowie des Europäischen Parlaments wurde sie in den VO-Vorschlag von 1991 wieder aufgenommen, anschließend jedoch ersatzlos und endgültig gestrichen (dies zugestehend *Brandt* Hauptversammlung 192; *Schwarz* Rn. 11; LHT/*Spindler* Rn. 12).

Ungeachtet des fehlenden Begründungserfordernisses hat das Leitungsorgan **17** freilich das Recht – bzw. sogar die Pflicht – zu prüfen, ob sich aus dem Inhalt des Antrags oder den sonstigen Umständen der Antragstellung **Anhaltspunkte für dessen Rechtsmissbräuchlichkeit** ergeben (näher → Rn. 21).

c) Form. Zur Form des Antrags trifft Art. 55 keine Regelung. Daher kommen **18** über Art. 9 Abs. 1 lit. c ii) die nationalen Formschriften zu Anwendung. Bei einer in Deutschland ansässigen SE muss der Antrag nach § 122 Abs. 1 S. 1 AktG deshalb das gesetzliche Schriftformerfordernis erfüllen (§§ 126, 126a BGB), dh entweder **schriftlich** oder **elektronisch** mit entsprechender Signatur an die Gesellschaft übermittelt werden. Entsprechendes gilt für eine etwaige Rücknahme des Antrags. Über Art. 9 Abs. 1 lit. c ii) wird auch die nach § 122 Abs. 1 S. 2 Alt. 1 AktG bestehende Möglichkeit eröffnet, durch Satzungsregelung eine andere Form für das Einberufungsverlangen festzulegen. Hierdurch darf das durch Art. 55 gewährleistete Antragsrechts allerdings nicht unzulässig beschränkt werden. Aus diesem Grund ist der Auffassung zuzustimmen, dass ein Formerfordernis, das über die bereits hohen Anforderungen der gesetzlichen Schriftform hinausgeht, mit Art. 55 nicht zu vereinbaren ist (KK-AktG/*Kiem* Rn. 15). Die Satzung einer deutschen SE kann für einen Einberufungsantrag nach Art. 55 daher **nur Formerleichterungen** vorsehen (zB E-Mail oder Fax).

3. Begründetheit des Antrags. Art. 55 Abs. 1 und 2 enthalten keine spezi- **19** fischen Regeln für die „materielle" Begründetheit des Einberufungsantrags. Grundsätzlich genügt die Erfüllung der vorstehend dargelegten Voraussetzungen (insbesondere die Aufbringung des Mindestkapitals, die Angabe konkreter Tagesordnungspunkte und die Wahrung der Schriftform). Gleichwohl ergeben sich aus Sinn und Zweck des Antragsverfahrens weitere (materielle) Voraussetzungen, die vorliegen müssen, um eine Einberufungspflicht des Vorstands tatsächlich auszulösen.

20   **a) Hauptversammlungskompetenz.** Ein Einberufungsantrag nach Art. 55 ist nur dann begründet, wenn die darin gemäß Abs. 2 bezeichneten Tagesordnungspunkte in die Zuständigkeit der Hauptversammlung fallen. Unbegründet wäre bei einer dualistisch strukturierten SE mit Sitz in Deutschland etwa ein Antrag auf Beschlussfassung über die Deckelung der Vorstandsbezüge, da dieser Gegenstand in die ausschließliche Kompetenz des Aufsichtsrats fällt. Ferner darf der Antrag nicht auf gesetzwidrige Beschlussfassungen gerichtet sein, so etwa die Rückumwandlung einer SE in eine Aktiengesellschaft vor Ablauf der Zweijahresfrist nach Art. 66 Abs. 1 S. 2. Fehlt nur für einzelne von mehreren aufgeführten Tagesordnungspunkten die Hauptversammlungskompetenz, so ist die Hauptversammlung – sofern der Antrag im Übrigen rechtmäßig ist – mit einer entsprechend reduzierten Tagesordnung einzuberufen (KK-AktG/*Kiem* Rn. 22; aA *Brandt* Hauptversammlung 197; *Schwarz* Rn. 19; LHT/*Spindler* Rn. 15, nach denen die Teilrechtswidrigkeit zur Unwirksamkeit des gesamten Einberufungsverlangens führen soll).

21   **b) Kein Rechtsmissbrauch.** Das Antragsrecht nach Art. 55 findet ferner dort seine Grenze, wo der Antrag rechtsmissbräuchlich gestellt wird (allgM, Spindler/ Stilz/*Eberspächer* Rn. 5; KK-AktG/*Kiem* Rn. 23; LHT/*Spindler* Rn. 15). Im deutschen Aktienrecht hat sich hierzu eine weitgehend gefestigte Kasuistik gebildet (vgl. dazu nur MüKoAktG/*Kubis* AktG § 122 Rn. 18 ff.). Als missbräuchlich gilt ein Einberufungsantrag unter anderem dann, wenn es dem **Anliegen an Dringlichkeit fehlt** und der Gegenstand ohne Nachteile für die Minderheitsaktionäre in der kommenden ordentlichen Hauptversammlung behandelt werden kann. Gleiches gilt für ein Einberufungsverlangen, mit dem erkennbar gesellschaftsfremde Interessen verfolgt werden (zB Antrag auf Abberufung eines Aufsichtsratsmitglieds wegen einer Privatfehde ohne jeglichen Bezug zur Gesellschaft) oder mit dem die Gesellschaft geschädigt werden soll. Da differenzierte Fallgruppen auf der Ebene des Unionsrechts derzeit naturgemäß noch fehlen, erscheint es sachgerecht, auf die Wertungen des nationalen Rechts zurückzugreifen (MüKoAktG/*Kubis* AktG § 122 Rn. 10; LHT/*Spindler* Rn. 14; zurückhaltend KK-AktG/*Kiem* Rn. 24: Keine Übertragung, nur Orientierungshilfe bis gemeinschaftseinheitliche Fallgruppen an Kontur gewinnen). Die von Teilen der Literatur hierbei erkannte Gefahr, dass die in Art. 55 verliehenen Rechte durch Rechtsgrundsätze der Mitgliedstaaten „generalklauselartig beschränkt" werden und der europarechtlich fixierte Mindeststandard hierdurch „erheblich unterlaufen" werden könnte (KK-AktG/*Kiem* Rn. 24), drängt sich nicht wirklich auf. Letztlich geht es um das **Ausfiltern vergleichsweise krasser Fälle** in den Randbereichen des Antragsrechts. Eine Aushöhlung des eigentlichen Anwendungsbereichs von Art. 55 ist daher nicht zu befürchten. Darüber hinaus lässt sich Art. 55, wie eingangs dargelegt, durchaus eine Tendenz zur Harmonisierung der Antragsvoraussetzungen bei der SE mit jenen der AG im jeweiligen Sitzstaat entnehmen, so dass der Rückgriff auf die nationale Missbrauchskasuistik auch unter diesem Gesichtspunkt sachgerecht erscheint. Zutreffend wird allerdings darauf hingewiesen, dass die diesbezügliche **Rechtsfortbildung auf europäischer Ebene** beobachtet werden muss (MüKoAktG/*Kubis* Rn. 10; LHT/*Spindler* Rn. 14). Ggf. sind nationale Wertungen im Lichte der unionsrechtlichen Rechtsentwicklung (zB gesellschaftsrechtliches Sekundärrecht, EuGH-Urteile) zu korrigieren.

22   **4. Verfahren nach Antragstellung. a) Prüfungspflicht des Leitungsorgans.** Wegen der teilweise erheblichen Kosten und der ggf. hohen Öffentlich-

keitswirkung, die die Einberufung einer außerordentlichen Hauptversammlung auf Antrag von Minderheitsaktionären hat, ist das Leitungsorgan verpflichtet, die Zulässigkeit und Begründetheit des Einberufungsantrags sorgfältig zu prüfen (Spindler/Stilz/*Eberspächer* Rn. 6; MüKoAktG/*Kubis* Rn. 11; LHT/*Spindler* Rn. 15). Gegenstand der Prüfung sind insbesondere die Erfüllung des **Beteiligungsquorums,** die Form des Antrags, die **Zuständigkeit der Hauptversammlung** für die mitgeteilten Tagesordnungspunkte und eine etwaige **Rechtsmissbräuchlichkeit** des Antrags (→ Rn. 21; Spindler/Stilz/*Eberspächer* Rn. 6; MüKoAktG/*Kubis* Rn. 11; LHT/*Spindler* Rn. 15).

b) Frist zur Einberufung der Hauptversammlung. Sofern die Prüfung 23 ergeben hat, dass der Antrag zulässig und begründet ist, hat das Leitungsorgan unverzüglich die Einberufung der Hauptversammlung zu beschließen und die erforderlichen organisatorischen Schritte zur Einberufung und Durchführung der Hauptversammlung einzuleiten (Spindler/Stilz/*Eberspächer* Rn. 6; KK-AktG/*Kiem* Rn. 26; MüKoAktG/*Kubis* Rn. 11; LHT/*Spindler* Rn. 15). Die in Art. 55 Abs. 3 enthaltene **Frist von zwei Monaten** nach dem Zeitpunkt der Antragstellung markiert lediglich die vom Verordnungsgeber vorgesehene **Höchstfrist,** bis zu der die Hauptversammlung abgehalten sein muss. Danach besteht die Möglichkeit zur Einleitung des staatlichen Einberufungsverfahrens. Die Pflicht zur unverzüglichen Einberufung nach Feststellung der Antragsvoraussetzungen bleibt hiervon jedoch unberührt.

Zutreffend wird im Schrifttum darauf hingewiesen, dass eine starre Frist von 24 zwei Monaten von der Antragstellung bis zur Durchführung der Hauptversammlung bei großen Publikumsgesellschaften (zB aus dem Kreis der DAX-Unternehmen) zu kurz ist (KK-AktG/*Kiem* Rn. 28). Angesichts des erheblichen logistischen Aufwands für eine Publikumshauptversammlung – allein schon mit Blick auf die unter Umständen begrenzte Verfügbarkeit geeigneter Versammlungsräume – ist es in der Tat vorstellbar, dass die Hauptversammlung trotz angemessener Bemühungen des Leitungsorgans nicht fristgerecht stattfinden kann. Die Fristenkonzeption des Art. 55 ist daher teleologisch dahingehend zu modifizieren, dass das Leitungsorgan anlässlich eines begründeten Einberufungsantrags unverzüglich – dh ohne schuldhaftes Zögern – alle erforderlichen Schritte zur Durchführung der Hauptversammlung in die Wege zu leiten hat (KK-AktG/*Kiem* Rn. 28). Dies schließt eine angemessene Prüfungszeit der Antragsvoraussetzungen ebenso ein wie eine sorgfältige Vorbereitung der Einberufung und etwaiger Unterlagen, die ab Einberufung der Hauptversammlung zugänglich zu machen sind, sowie die Beschlussfassung über die Einberufung. Wenn die Zweimonatsfrist, ungeachtet eines unverzüglichen Handelns, nicht eingehalten werden kann, ist sie auf ein unter den gegebenen Umständen angemessenes Maß zu verlängern (KK-AktG/*Kiem* Rn. 28). – Der Ablauf dieser (angemessenen) Frist ist dann auch für die Einleitung des gerichtlichen bzw. behördlichen Einberufungsverfahrens maßgeblich. Wird die Pflicht zur unverzüglichen Einberufung schuldhaft verletzt und entsteht der Gesellschaft hieraus ein Schaden, kommt eine Haftung der Organmitglieder nach Art. 51 in Betracht (Spindler/Stilz/*Eberspächer* Rn. 6; KK-AktG/*Kiem* Rn. 29; MüKoAktG/*Kubis* Rn. 11; LHT/*Spindler* Rn. 16).

c) Einberufungsverfahren. Das durch einen zulässigen und begründeten 25 Einberufungsantrag ausgelöste weitere Einberufungsverfahren richtet sich gemäß Art. 54 Abs. 2 nach den Regeln für eine im Sitzstaat der SE ansässige Aktiengesellschaft (§§ 121 ff. AktG). In der Einberufung ist aus Transparenzgründen darauf hinzuweisen, dass die Einberufung auf einen Minderheitsantrag zurückgeht (KK-AktG/*Kiem* Rn. 33; MüKoAktG/*Kubis* Rn. 12; LHT/*Spindler* Rn. 17). Das Leitungsorgan darf die von der Minderheit rechtmäßig beantragte Tagesordnung nicht kürzen oder modifizieren, kann jedoch eigene Tagesordnungspunkte hinzufügen. Die Veröffentlichung einer etwaigen von der antragstellenden Minderheit übermittelten Begründung steht im Ermessen des Leitungsorgans (Mü-KoAktG/*Kubis* Rn. 12; LHT/*Spindler* Rn. 17). Sofern die Begründung der sachdienlichen Information der übrigen Aktionäre dient, sprechen gute Gründe für deren Veröffentlichung. Das Leitungsorgan wiederum kann zu den Tagesordnungspunkten eigene Beschlussvorschläge (oder Gegenvorschläge) unterbreiten und zum Antrag insgesamt Stellung nehmen.

III. Staatliches Einberufungsverfahren (Abs. 3)

26 **1. Allgemeines.** Ähnlich wie bei der Aktiengesellschaft ist das Minderheitenrecht auf Einberufung einer Hauptversammlung durch ein in der SE-VO zumindest in Grundzügen geregeltes hoheitliches Verfahren abgesichert. Kommt das Leitungsorgan der SE dem Antrag der Minderheit auf Einberufung einer Hauptversammlung nicht oder nicht rechtzeitig nach, kann das „zuständige Gericht" oder die „zuständige Behörde" die Einberufung gegenüber der Gesellschaft anordnen (Art. 55 Abs. 3 S. 1 Alt. 1) oder die Aktionärsminderheit bzw. deren Vertreter ermächtigen, die Hauptversammlung selbst einzuberufen (Art. 55 Abs. 3 S. 1 Alt. 2). Beide in Art. 55 Abs. 3 genannten Einberufungswege sind durch die SE-VO bindend festgeschrieben. Sie können durch nationales Recht allenfalls ausgestaltet, nicht aber eingeschränkt werden. Die Entscheidung zwischen diesen Einberufungsalternativen obliegt ausschließlich der zuständigen staatlichen Stelle. Darüber hinaus lässt die SE-VO auch eine nach nationalem Recht etwa bestehende Möglichkeit zur Selbsteinberufung der Hauptversammlung durch Aktionäre ausdrücklich zu (Art. 55 Abs. 3 S. 2). Für eine SE mit Sitz in Deutschland ist diese Variante mangels einzelstaatlicher Regelungsanordnung allerdings ohne Bedeutung (Spindler/Stilz/*Eberspächer* Rn. 7; KK-AktG/*Kiem* Rn. 44; *Schwarz* Rn. 35; LHT/*Spindler* Rn. 30).

27 Da der deutsche Gesetzgeber von der Möglichkeit zur Benennung einer Behörde iSv Art. 55 iVm Art. 68 Abs. 2 keinen Gebrauch gemacht hat – was nach zutreffender Ansicht **keine Verletzung unionsrechtlicher Umsetzungspflichten** darstellt (vgl. KK-AktG/*Kiem* Art. 54 Rn. 19 zur entsprechenden Frage einer behördlichen Einberufung der ordentlichen Hauptversammlung) –, sind für die Durchsetzung des Einberufungsrechts nach Art. 55 Abs. 3 bei einer deutschen SE ausschließlich die Gerichte zuständig (Spindler/Stilz/*Eberspächer* Rn. 7; KK-AktG/*Kiem* Rn. 2).

28 Dem Gericht obliegt im Rahmen des Art. 55 Abs. 3 die Entscheidung, ob die **Einberufung gegenüber der Gesellschaft angeordnet** oder ob die **Minderheit zur Einberufung ermächtigt** wird. Diese Entscheidung kann das Gericht nach pflichtgemäßem Ermessen treffen. An den Antrag der Aktionäre ist das Gericht hierbei nicht gebunden (KK-AktG/*Kiem* Rn. 50; aA Spindler/Stilz/*Eberspächer* Rn. 7, 10).

29 **a) Antragserfordernis, Antragsrücknahme.** Obwohl Art. 55 Abs. 3 keine diesbezügliche Regelung trifft, besteht Einigkeit darin, dass das gerichtliche Verfahren nur auf Antrag der Minderheit durchgeführt wird (allgemeine Meinung, Spindler/Stilz/*Eberspächer* Rn. 7 f.; KK-AktG/*Kiem* Rn. 35; MüKoAktG/*Kubis* Rn. 15). Dies ergibt sich aus der Konzeption des Art. 55 als ausschließlich minderheitsschützende Norm. Für ein Eingreifen des Gerichts „von Amts wegen" gibt es kein Bedürfnis. Wegen des minderheitsorientierten Schutzzwecks von Art. 55 Abs. 3 kann die relevante Aktionärsminderheit über den Antrag auch **im weiteren Verlauf des Verfahrens disponieren** und diesen jederzeit bis zur rechtskräftigen gerichtlichen Entscheidung über die Einberufung zurücknehmen (KK-AktG/*Kiem* Rn. 35, 38).

b) Zuständigkeit und Verfahrensgrundsätze. Der Antrag ist gemäß Art. 55 **30** Abs. 3 an das „zuständige Gericht" zu richten. In § 4 S. 2 SEAG hat der deutsche Gesetzgeber diese Zuständigkeit unter Verweis auf die §§ 375 Nr. 4, 376, 377 FamFG den Amtsgerichten zugewiesen. Örtlich zuständig ist nach §§ 375 Abs. 1 Nr. 4, 376 Abs. 2 FamFG das Amtsgericht am Sitz des Landgerichts, in dessen Bezirk die SE ihren Sitz hat.

Da das Verfahren dem FamFG unterliegt, geht die hM von der Geltung des **31** Amtsermittlungsgrundsatzes aus (KK-AktG/*Kiem* Rn. 41; MüKoAktG/*Kubis* Rn. 15; LHT/*Spindler* Rn. 21). Das FamFG ist hier anwendbar, da es sich bei dem Verfahren nach Art. 55 Abs. 3 gemäß § 4 S. 2 SEAG iVm § 375 Nr. 4 FamFG um ein unternehmensrechtliches Verfahren handelt, das durch das FamFG geregelt wird. Richtigerweise muss der **Amtsermittlungsgrundsatz** – ähnlich wie zB im Verfahren zur gerichtlichen Bestellung eines Sonderprüfers nach § 142 Abs. 2 AktG – eine Modifikation erfahren (vgl. für aktienrechtliche Verfahren nach dem FamFG *Jänig/Leißring* ZIP 2010, 110 [114]; zu § 142 AktG HK-AktG/*Holzborn/Jänig* AktG § 142 Rn. 15a; Spindler/Stilz/*Mock* AktG § 142 Rn. 193; MüKoAktG/*Schröer* AktG § 142 Rn. 77 ff.). Durch die im Schutzzweck begründete Ausgestaltung als Antragsverfahren und die Existenz eines „natürlichen Verfahrensgegners" (der Gesellschaft) trägt das Verfahren zugleich **kontradiktorische Züge.** Daher ist es angemessen, der Minderheit die **Darlegungslast** hinsichtlich der formellen und materiellen Antragsvoraussetzungen aufzuerlegen. Hierzu zählen unter anderem der Mindestkapitalanteil, die erfolglose Antragstellung bei der Gesellschaft und ggf. die Gründe für die Dringlichkeit der Einberufung. Der Gesellschaft wiederum obliegen Darlegung und Nachweis von Anhaltspunkten, aus denen sich eine etwaige Rechtsmissbräuchlichkeit der Antragstellung ergeben kann.

c) Antragstellung binnen angemessener Frist. Eine Frist, innerhalb derer **32** der Antrag nach Art. 55 Abs. 3 durch die Aktionärsminderheit bei Gericht zu stellen ist, sieht die SE-VO nicht vor. Wegen des abschließenden Charakters von Art. 55 Abs. 3 ist der Rückgriff auf nationale Verwirkungsgrundsätze oder eine Analogie zu anderweitigen Fristbestimmungen (zB Klagefristen) verwehrt. Allerdings besteht Einigkeit darüber, dass das Antragsrecht auch unionsrechtlich nicht ohne zeitliche Begrenzung gelten kann (Spindler/Stilz/*Eberspächer* Rn. 9; KK-AktG/*Kiem* Rn. 36; MüKoAktG/*Kubis* Rn. 15; LHT/*Spindler* Rn. 23). Da dem Verlangen der Aktionärsminderheit ein konkretes Anliegen zu Grunde liegen muss (vgl. Art. 55 Abs. 2), ist ihr eine **zügige Antragstellung** zumutbar. Ferner hat auch die Gesellschaft ein Interesse an der zügigen Klärung der Frage, ob ggf. eine außerordentliche Hauptversammlung einzuberufen ist. Sofern die Voraussetzungen für einen gerichtlichen Antrag vorliegen (zB Ablehnung des ursprünglichen Einberufungsantrags durch die Gesellschaft), ist dieser daher innerhalb einer angemessenen Frist zu stellen (Spindler/Stilz/*Eberspächer* Rn. 9; KK-AktG/*Kiem* Rn. 36; MüKoAktG/*Kubis* Rn. 15; LHT/*Spindler* Rn. 23). Nach zutreffender Ansicht ist die Angemessenheit der Frist mit Blick auf die Umstände des Einzelfalls zu bestimmen (KK-AktG/*Kiem* Rn. 36). So kann im Falle der Teilnahme mehrerer Kleinaktionäre ein längerer Zeitraum angemessen sein als bei der Beteiligung eines einzigen Großaktionärs. Auch das Interesse der Gesellschaft an der **zeitnahen Klärung der Einberufungspflicht** (zB im Falle einer belastenden Öffentlichkeitswirkung durch das schwebende Antragsverfahren) kann in die Angemessenheitsbetrachtung einfließen. Mit Blick auf das grundsätzliche Interesse der Gesellschaft an einer zügigen Klärung der Hauptversammlungslage erscheint es sachgerecht, einen **Zeitraum von mehr als zwei Monaten** nach Ablehnung des Einberufungsantrags (oder Ablauf der Frist nach Art. 55 Abs. 3) für die Stellung des gerichtlichen Antrags **nur in begründeten Ausnahmefällen** zuzulassen (LHT/*Spindler* Rn. 23).

33   d) **Antragsbefugnis, Fortbestehen des Beteiligungsquorums.** Die Antragsbefugnis ist ebenfalls nicht in Art. 55 Abs. 3 geregelt; der Zweck der Vorschrift erfordert es jedoch, dass nur der konkrete Aktionär bzw. die Gruppe der Aktionäre, deren Einberufungsantrag nach Art. 55 Abs. 1 von der SE-Geschäftsleitung abgelehnt oder nicht fristgerecht umgesetzt wurde, befugt sind, ihr Minderheitenrecht gerichtlich durchzusetzen (*Brandt* Hauptversammlung 203 f.; KK-AktG/*Kiem* Rn. 37; *Schwarz* Rn. 23; LHT/*Spindler* Rn. 22). Dies wird implizit auch durch Art. 55 Abs. 3 Alt. 2 bestätigt, wonach das Gericht die Aktionäre, die den Antrag gestellt haben − gemeint ist hier der ursprüngliche Antrag an die Gesellschaft −, ermächtigen kann, die Hauptversammlung selbst einzuberufen. Nicht erforderlich ist bei sachgerechter Auslegung allerdings, dass alle Aktionäre, die den Antrag an das Geschäftsführungsorgan gestellt hatten, ihn auch gegenüber dem Gericht stellen; vielmehr reicht es aus, dass **Aktionäre aus dem Kreis der ursprünglichen Antragsteller** das nach Art. 55 Abs. 1, § 50 SEAG erforderliche Quorum erreichen (klarstellend KK-AktG/*Kiem* Rn. 37; *Schwarz* Rn. 23; LHT/*Spindler* Rn. 22).

34   Aus denselben Erwägungen wie beim Antragsverfahren der ersten Stufe (Art. 55 Abs. 1) entfällt das Antragsrecht, wenn das erforderliche Beteiligungsquorum nach der Antragstellung bei Gericht unterschritten wird (KK-AktG/*Kiem* Rn. 38; aA Spindler/Stilz/*Eberspächer* Rn. 9; MüKoAktG/*Kubis* Rn. 14; *Schwarz* Rn. 25; LHT/*Spindler* Rn. 24, nach denen das Quorum nur bis zum Einberufungsantrag bzw. der Einleitung des staatlichen Verfahrens bestehen muss). Dieser Fall kann durch Veräußerung einer entsprechenden Zahl von Aktien oder durch Ausscheiden eines quorumsrelevanten Aktionärs aus dem Kreis der antragstellenden Minderheit eintreten. An den Nachweis der Aufrechterhaltung des Quorums sind dieselben Anforderungen wie an das Verfahren erster Stufe zu stellen (→ Rn. 11 f.). Dies mag zwar eine nicht unerhebliche (mittelbare) **Beschränkung der Dispositionsbefugnis** der Aktien implizieren. Die Durchsetzung des Rechts nach Art. 55 ist nach dem Schutzzweck der Regelung aber nur gerechtfertigt, wenn der Antrag (zumindest) bis zur abschließenden Entscheidung über die Durchführung der Hauptversammlung durch eine Beteiligung in der gesetzlichen Höhe „validiert" wird (→ Rn. 12).

35   **2. Begründetheit des Antrags.** Art. 55 Abs. 3 trifft keine Regelung über die Voraussetzungen, unter denen der Antrag der Minderheit begründet ist. Aus der Regelungssystematik des Art. 55 lässt sich allerdings ableiten, dass das Gericht eine stattgebende Entscheidung trifft, wenn der Antrag nach Art. 55 Abs. 1 zulässig und begründet war, die Voraussetzungen der Begründetheit nach wie vor gegeben sind und die Verwaltung die Einberufung der Hauptversammlung ungerechtfertigter Weise abgelehnt oder innerhalb der nach Abs. 3 relevanten Frist nicht vorgenommen hat (deutlich KK-AktG/*Kiem* Rn. 40; in der Sache ebenso Spindler/Stilz/*Eberspächer* Rn. 8; MüKoAktG/*Kubis* Rn. 14; LHT/*Spindler* Rn. 25). Bei der Bemessung der Frist sind die in → Rn. 24 dargelegten Erwägungen zu berücksichtigen, so dass die in Abs. 3 genannte Zweimonatsfrist ggf. teleologisch zu korrigieren ist. An der Begründetheit des Antrags fehlt es auch, wenn die Hauptversammlung zwar nicht innerhalb der Zweimonatsfrist stattgefunden, die Verwaltung die Hauptversammlung zum Zeitpunkt der gerichtlichen Antragstellung jedoch bereits einberufen hat. Denn in diesem Fall ginge die gerichtliche Entscheidung nicht über das hinaus, was ohnehin schon der Fall ist.

36   Auch während des laufenden Gerichtsverfahrens kann das Rechtsschutzbedürfnis für den Einberufungsantrag − und damit dessen Begründetheit − entfallen, wenn sich der Hintergrund für den begehrten **Tagesordnungspunkt erledigt** hat. Dies kann etwa dann der Fall sein, wenn ein Mitglied des Leitungsorgans,

dem auf einer von der Minderheit beantragten Hauptversammlung das Vertrauen entzogen werden sollte, von sich aus sein Amt niederlegt. Der Antrag verliert auch dadurch die Begründetheit, dass die Verwaltung während des laufenden Gerichtsverfahrens eine dem Antrag entsprechende Hauptversammlung einberuft. Die Verursachungsbeiträge der Minderheit und der Gesellschaft an der Unbegründetheit des Antrags können im Rahmen der Kostenregelung berücksichtigt werden.

3. Entscheidungsalternativen des Gerichts. Gemäß Art. 55 Abs. 3 S. 1 hat **37** das Gericht im Falle eines zulässigen und begründeten Antrags durch einen mit Gründen versehenen Beschluss (KK-AktG/*Kiem* Rn. 43; zur gerichtlichen Entscheidung nach § 122 AktG Hüffer/*Koch* AktG § 122 Rn. 11; MüKoAktG/*Kubis* AktG § 122 Rn. 56; Grigoleit/*Herrler* AktG § 122 Rn. 15) die Entscheidung zu treffen, ob es die Einberufung der Hauptversammlung innerhalb einer bestimmten Frist **anordnet** oder ob es die antragstellenden Aktionäre (oder deren Vertreter) **ermächtigt**, die Hauptversammlung selbst einzuberufen. Die Formulierung in Art. 55 Abs. 3 S. 1, dass das zuständige Gericht entscheiden „kann", bezieht sich hierbei nicht auf die Frage des „Ob" der gerichtlichen Entscheidung, sondern auf die in Abs. 3 vorgesehene Wahlmöglichkeit zwischen der Einberufungsanordnung und der Einberufungsermächtigung (Spindler/Stilz/*Eberspächer* Rn. 10; MüKoAktG/*Kubis* Rn. 15; LHT/*Spindler* Rn. 20).

a) Einberufungsanordnung (Abs. 3 S. 1 Alt. 1). Nach Art. 55 Abs. 3 S. 1 **38** Alt. 1 kann das Gericht anordnen, dass die Hauptversammlung innerhalb einer bestimmten Frist einzuberufen ist. Aus dem Wortlaut der Regelung – insbesondere der vom Gericht festzusetzenden Einberufungsfrist – folgt, dass die Einberufung als solche nicht durch das Gericht erfolgt. Die Anordnung bedarf vielmehr der **Umsetzung durch die Gesellschaft,** die demgemäß auch Adressat der Anordnung ist. Im Rahmen der verbandsinternen Kompetenzordnung ist das Leitungsorgan zur Vorbereitung der Einberufung verpflichtet (KK-AktG/*Kiem* Rn. 10, 47).

Für die nach Art. 55 Abs. 3 durch das Gericht zu setzende Frist zur Einberu- **39** fung der Hauptversammlung enthält die SE-VO keine Vorgabe. Sie ist vom Gericht angemessen zu bestimmen (vgl. *Brandt* Hauptversammlung 205 sowie *Schwarz* Rn. 33: Im Einzelfall zu bestimmen). Dabei wird sowohl die Dringlichkeit des Anliegens der Minderheitsaktionäre zu berücksichtigen sein als auch das Erfordernis einer angemessenen Vorbereitung der Einberufung (zB Möglichkeit zur Anmietung eines geeigneten Versammlungsraums, Bereitstellung der Hauptversammlungsspezifischen EDV, Vorbereitung der Einberufung und der dazugehörigen Unterlagen, Einholung von Gremienbeschlüssen). Zeit für die erneute rechtliche Prüfung des Antragsinhalts (zB Prüfung der Hauptversammlungskompetenz) ist der Gesellschaft nicht einzuräumen, da dies ja gerade Gegenstand des gerichtlichen Verfahrens war. Im Regelfall dürfte eine **Frist von sechs bis acht Wochen** zwischen rechtskräftiger Anordnung und Einberufung der Hauptversammlung ausreichend sein.

Für den Fall, dass die Geschäftsleitung der gerichtlichen Anordnung nicht **40** nachkommt, besteht für die Aktionärsminderheit die Möglichkeit zur Zwangsvollstreckung, die sich gemäß Art. 9 Abs. 1 lit. c ii) nach den nationalen Vorschriften richtet (§ 95 FamFG, §§ 704 ff., 888 ZPO; KK-AktG/*Kiem* Rn. 46; für eine Verweisung über Art. 53 zu § 888 ZPO und für einen Verzicht auf einen gesonderten Zwangsvollstreckungsantrag: LHT/*Spindler* Rn. 28; für eine analoge Anwendung von § 888 ZPO und ebenfalls einen Verzicht auf einen gesonderten Zwangsvollstreckungsantrag: MüKoAktG/*Kubis* Rn. 16 aE; dem folgend Spindler/Stilz/*Eberspächer* Rn. 10).

41   **b) Einberufungsermächtigung (Abs. 3 S. 1 Alt. 2).** Neben der Anordnung der Einberufung gegenüber der Gesellschaft kann das Gericht auch die Aktionäre, die den Antrag nach Abs. 1 gegenüber der Gesellschaft gestellt haben, dazu ermächtigen, die Hauptversammlung selbst einzuberufen. Diese Entscheidungsvariante entspricht dem für die deutsche AG gemäß § 122 Abs. 3 S. 1 AktG geltenden Regelungskonzept. Die Ermächtigung ergeht nach dem Wortlaut des Art. 55 nicht an diejenigen Aktionäre, die den gerichtlichen Antrag gestellt haben, sondern an die Aktionäre des ursprünglichen, an die Gesellschaft gerichteten Antrags. Bei **sachgerechter Auslegung** wird man Art. 55 Abs. 3 so verstehen müssen, dass sich die Ermächtigung nur noch an jene Aktionäre aus dem Kreis der ursprünglichen Minderheit richtet, die nicht durch Antragsrücknahme oder vollständige Veräußerung ihrer Aktien an der Gesellschaft aus dem Kreis der materiell Berechtigten ausgeschieden sind.

42   Die Ermächtigung kann auch gegenüber dem **Vertreter der Aktionärsminderheit** ausgesprochen werden. Dies kommt aus Gründen der Vereinfachung insbesondere in Fällen in Betracht, in denen die antragstellende Minderheit aus einer Vielzahl von Aktionären besteht. Aus dem Wortlaut von Art. 55 Abs. 3 ergibt sich, dass der Vertreter in diesem Fall selbst Adressat der Ermächtigung ist und die Hauptversammlung im eigenen Namen einberufen kann. Aus Gründen der Transparenz ist jedoch zu verlangen, dass er seine Eigenschaft als Vertreter der Aktionärsminderheit offenlegt.

43   Eine Frist, innerhalb derer die Aktionärsminderheit bzw. deren Vertreter von der Ermächtigung Gebrauch machen müssen, sieht Art. 55 Abs. 3 nicht vor. Jedoch steht es dem Gericht – in Ausformung seiner Ermächtigungsbefugnis – frei, eine solche Frist zu bestimmen (*Brandt* Hauptversammlung 204 f.; MüKo-AktG/*Kubis* Rn. 16; *Schwarz* Rn. 33). Diese **Fristbestimmung** ist im Sinne der Rechtsklarheit auch **wünschenswert.** Unterbleibt eine Fristbestimmung durch das Gericht, muss die Einberufung gleichwohl innerhalb eines angemessenen Zeitraums stattfinden (*Schwarz* Rn. 33). Ähnlich wie im Falle der Anordnung gegenüber der Gesellschaft dürfte hierbei im Regelfall ein Zeitraum von sechs bis acht Wochen ausreichen. Gegen eine nach Ablauf eines angemessenen Zeitraums vorgenommene Einberufung kann die Gesellschaft im Wege einer auf Unterlassung bzw. Beseitigung gerichteten einstweiligen Verfügung vorgehen.

44   Das Einberufungsverfahren selbst richtet sich nach Art. 54 Abs. 2 iVm §§ 121 ff. AktG (Spindler/Stilz/*Eberspächer* Rn. 10; KK-AktG/*Kiem* Rn. 48; MüKoAktG/*Kubis* Rn. 17; LHT/*Spindler* Rn. 29). Sofern die Minderheit von ihrer Ermächtigung zur Einberufung der Hauptversammlung Gebrauch macht, obliegt ihr auch deren organisatorische Vorbereitung (MüKoAktG/*Kubis* § 122 Rn. 58; Spindler/Stilz/*Rieckers* AktG § 122 Rn. 67; Grigoleit/*Herrler* AktG § 122 Rn. 15). Neben der Formulierung und Veröffentlichung der Einberufung muss sich die Minderheit insbesondere um das Versammlungslokal und die übrige Logistik der Hauptversammlung kümmern. Die Gesellschaft ist nur im Rahmen ihrer gesetzlichen Aufgaben zur Mitwirkung verpflichtet, etwa zur Einstellung der Einberufung auf der Internetseite (Schmidt/Lutter/*Ziemons* AktG § 122 Rn. 61; Spindler/Stilz/*Rieckers* AktG § 122 Rn. 67). Die Einberufung der Hauptversammlung durch eine Aktionärsminderheit wird damit bei großen Publikumsgesellschaften freilich zur Illusion. Das Gericht kann daher zur Gewährleistung eines effektiven Minderheitenschutzes im konkreten Fall gehalten sein, sein **Auswahlermessen im Sinne einer Einberufungsanordnung gegenüber der Gesellschaft** auszuüben.

45   **4. Rechtsmittel.** Gemäß Art. 9 Abs. 1 lit. c ii), §§ 122 Abs. 3 S. 4 AktG, 58 FamFG ist gegen den Beschluss des Gerichts nach Art. 55 Abs. 3 S. 1 die Beschwerde statthaft. Gegen den Beschwerdebeschluss seinerseits ist die Rechtsbeschwerde gemäß § 70 FamFG hingegen nur statthaft, wenn das Beschwerdegericht diese zulässt.

5. Kosten. Art. 55 trifft keine Regelung über die Aufteilung der mit der **46** Durchführung Hauptversammlung und einem etwaigen Gerichtsverfahren nach Art. 55 Abs. 3 verbundenen Kosten. Aufgrund der Vergleichbarkeit der Regelungskonzepte spricht nichts dagegen, zur Lückenfüllung über Art. 9 Abs. 1 lit. c ii) die zu § 122 Abs. 4 AktG entwickelten Grundsätze heranzuziehen (KK-AktG/*Kiem* Rn. 52 f.; *Schwarz* Rn. 36; LHT/*Spindler* Rn. 26 f.). Danach hat die Gesellschaft die **Kosten der Hauptversammlung** und im Fall eines gerichtlichen Verfahrens auch die **Gerichtskosten** zu tragen, wenn das Gericht dem Antrag stattgegeben hat. Zu den Kosten der Hauptversammlung zählen insbesondere die Kosten für die Vorbereitung und Bekanntmachung der Einberufung sowie die Sach- und Personalkosten zur Durchführung der Hauptversammlung (vgl. nur Spindler/Stilz/*Rieckers* AktG § 122 Rn. 69 ff.; Grigoleit/*Herrler* AktG § 122 Rn. 19). Sofern die Minderheitsaktionäre die Hauptversammlung aufgrund einer gerichtlichen Ermächtigung einberufen, obliegt ihnen selbst die Vorbereitung und Organisation der Hauptversammlung. Sie handeln daher im eigenen Namen und können die Gesellschaft bei den getroffenen Maßnahmen nicht unmittelbar verpflichten (Hüffer/*Koch* AktG § 122 Rn. 13; Spindler/Stilz/*Rieckers* AktG § 122 Rn. 67, 69; *Habersack/Mülbert* ZGR 2014, 1 [12, 14 f.]; *Bayer/Scholz/Weiß* AG 2013, 742 [745]). Den Minderheitsaktionären steht in diesem Fall ein **Freistellungs- bzw. Erstattungsanspruch** zu (MüKoAktG/*Kubis* § 122 Rn. 73; Spindler/Stilz/*Rieckers* AktG § 122 Rn. 69; Hüffer/*Koch* AktG § 122 Rn. 13). Sofern die Gesellschaft einem Antrag auf Einberufung einer Hauptversammlung freiwillig nachkommt oder das zuständige Gericht die Einberufung gegenüber der Gesellschaft anordnet, fallen die Kosten für die Vorbereitung und Durchführung der Hauptversammlung ohnehin unmittelbar bei der Gesellschaft an, ein Ausgleich gegenüber der Minderheit ist daher nicht erforderlich.

Hinsichtlich der Kosten für ein Gerichtsverfahren nach Art. 55 Abs. 3, die sich **47** nach § 80 FamFG in Gerichtskosten und außergerichtliche Kosten (zB für anwaltliche Begleitung) aufteilen, ist zu differenzieren: Die Gerichtskosten werden gemäß Art. 9 Abs. 1 lit. c ii) iVm § 122 Abs. 4 AktG von der Gesellschaft übernommen. Da Schuldner der Gerichtskosten gegenüber dem Gericht grundsätzlich nur die Minderheitsaktionäre sind (§ 22 Abs. 1 GNotKG, früher §§ 2 Nr. 1, 121 KostO), können diese bei der Gesellschaft nach § 122 Abs. 4 AktG Rückgriff nehmen. Im Falle eines Unterliegens hingegen sind die Kosten von den Minderheitsaktionären zu tragen (arg. e contrario aus § 122 Abs. 4 AktG; so KK-AktG/*Kiem* Rn. 52; vgl. auch *Habersack/Mülbert* ZGR 2014, 1 [13 f.]).

Die außergerichtlichen Kosten – zB **Anwaltshonorare** – sind **von den Be- 48 teiligten jeweils selbst** zu tragen. Nur ausnahmsweise kann das Gericht nach § 81 FamFG eine unter Billigkeitsaspekten abweichende Verteilung von gerichtlichen und außergerichtlichen Kosten anordnen (zB im Falle eines offenkundig rechtsmissbräuchlichen Antrags). Sofern die Minderheitsaktionäre ihren Antrag zurücknehmen oder der Antrag durch nachträglich eintretende Umstände unbegründet wird, entscheidet das Gericht über die Kostenverteilung unter **Billigkeitsaspekten** (§§ 81, 83 Abs. 3 FamFG; so KK-AktG/*Kiem* Rn. 53).

[Ergänzung der Tagesordnung]

56 [1]Die Ergänzung der Tagesordnung für eine Hauptversammlung durch einen oder mehrere Punkte kann von einem oder mehreren Aktionären beantragt werden, sofern sein/ihr Anteil am gezeichneten

Kapital mindestens 10 % beträgt. [2] Die Verfahren und Fristen für diesen Antrag werden nach dem einzelstaatlichen Recht des Sitzstaats der SE oder, sofern solche Vorschriften nicht vorhanden sind, nach der Satzung der SE festgelegt. [3] Die Satzung oder das Recht des Sitzstaats können unter denselben Voraussetzungen, wie sie für Aktiengesellschaften gelten, einen niedrigeren Prozentsatz vorsehen.

§ 50 SEAG Einberufung und Ergänzung der Tagesordnung auf Verlangen einer Minderheit

(1) Die Einberufung der Hauptversammlung und die Aufstellung ihrer Tagesordnung nach Artikel 55 der Verordnung kann von einem oder mehreren Aktionären beantragt werden, sofern sein oder ihr Anteil am Grundkapital mindestens 5 Prozent beträgt.

(2) Die Ergänzung der Tagesordnung für eine Hauptversammlung durch einen oder mehrere Punkte kann von einem oder mehreren Aktionären beantragt werden, sofern sein oder ihr Anteil 5 Prozent des Grundkapitals oder den anteiligen Betrag von 500 000 Euro erreicht.

Schrifttum: *Deutscher Anwaltsverein (DAV),* Stellungnahme zum Diskussionsentwurf eines Gesetzes zur Ausführung der Verordnung (EG) Nr. 2157/2001 des Rates vom 8.10.2001 über das Statut der Europäischen Gesellschaft (SE) (SE-Ausführungsgesetz-SEAG), NZG 2004, 75; *Mertens,* Das Minderheitsrecht nach § 122 Abs. 2 AktG und seine Grenzen, AG 1997, 481; *Teichmann,* Vorschläge für das deutsche Ausführungsgesetz zur Europäischen Aktiengesellschaft, ZIP 2002, 1109. S. ferner die Angaben zu Art. 52.

Übersicht

	Rn.
I. Allgemeines	1
II. Ergänzungsantrag	5
1. Antragsberechtigung	5
2. Quorum für Antragsberechtigung	6
a) Obergrenze in der SE-VO	6
b) Relatives Quorum nach § 50 Abs. 2 SEAG	7
c) Absoluter Schwellenwert nach § 50 Abs. 2 SEAG	8
d) Abweichende Quorumsbestimmung durch die Satzung	10
e) Keine Mindestbesitzdauer, Fortbestand des Aktienbesitzes	11
3. Ordnungsgemäßer Antrag	13
a) Adressat des Antrags	14
b) Inhalt des Antrags	15
c) Form des Antrags	16
d) Frist zur Antragstellung	17
e) Nachweis des fortbestehenden Quorums	18
4. Begründetheit des Antrags	19
5. Verfahren nach Antragstellung	20
a) Prüfungspflicht des Leitungsorgans	20
b) Bekanntmachung	21
III. Gerichtliche Durchsetzung der Tagesordnungsergänzung	22

I. Allgemeines

1   Während Art. 55 einer Aktionärsminderheit die Möglichkeit zur Durchsetzung einer Hauptversammlung einschließlich der Aufstellung der Tagesordnung gewährt, regelt Art. 56 – gewissermaßen als Minus – das Recht der Minderheit, die **Ergänzung der Tagesordnung** einer durch die Gesellschaft einberufenen Hauptversammlung zu verlangen. Der Regelungszweck von Art. 56 entspricht damit dem in § 122 Abs. 2 AktG für die Aktiengesellschaft vorgesehenen Verfahren.

Wie Art. 55 etabliert auch Art. 56 einen EU-weiten Mindeststandard. Das 2
Recht der Mitgliedstaaten oder etwaige Regelungen in der Satzung der SE
können daher nur begünstigende Abweichungen vorsehen (KK-AktG/*Kiem*
Rn. 2; MüKoAktG/*Kubis* Rn. 2). Namentlich gestattet Art. 56 – wie schon die
Parallelvorschrift Art. 55 – die Absenkung der 10%-igen Beteiligungsschwelle
unter denselben Voraussetzungen, wie sie auch für nationale Aktiengesellschaften
gelten. Von dieser Absenkungsmöglichkeit hat der deutsche Gesetzgeber in § 50
Abs. 2 SEAG Gebrauch gemacht und die Schwellenwerte an die für das aktienrechtliche Ergänzungsverlangen maßgeblichen Werte **in Form eines relativen
Quorums von 5% des Grundkapitals** (§ 50 Abs. 2 Alt. 1 SEAG) und eines
alternativ geltenden **absoluten Quorums von 500.000 Euro** als rechnerischem
Anteil des Grundkapitals (§ 50 Abs. 2 Alt. 2 SEAG) angeglichen. Die Satzung
der SE kann in Abweichung von den durch das SEAG festgelegten Schwellenwerten nur einen noch niedrigeren Wert bestimmen und damit ausschließlich zu
Gunsten der Minderheitsaktionäre. Die zu Art. 55 dargelegten Erwägungen
gelten hier entsprechend (→ Art. 55 Rn. 8).

Gemäß Art. 56 S. 2 unterliegt das Ergänzungsverlangen in Bezug auf die „Ver- 3
fahren und Fristen" den einzelstaatlichen Vorschriften oder – sofern solche nicht
vorhanden sind – der Satzung der SE. Für eine in Deutschland ansässige SE ist
daher das **Fristenregime des § 122 Abs. 2 AktG** aufgerufen. Die sonstigen
Anforderungen an einen zulässigen und begründeten Antrag auf Ergänzung der
Tagesordnung (insbesondere also die Aktionärseigenschaft, die Form des Antrags
und die erforderliche Hauptversammlungskompetenz) entsprechen weitgehend
jenen des Einberufungsantrags nach Art. 55.

Anders als beim Einberufungsverlangen nach Art. 55 Abs. 3 (und anders als im 4
nationalen Recht nach § 122 Abs. 3 AktG, vgl. hierzu Bayer/Scholz/*Weiß* AG
2013, 742 ff.) ist in Art. 56 für die Tagesordnungsergänzung kein gerichtliches
Erzwingungsverfahren vorgesehen. Nach zutreffender Meinung ist zur Vermeidung offenkundiger Lücken im Minderheitenschutz das in Art. 55 Abs. 3 vorgesehene **gerichtliche Durchsetzungsverfahren jedoch analog anzuwenden** (so auch Spindler/Stilz/*Eberspächer* Rn. 12; KK-AktG/*Kiem* Rn. 25; MüKo-
AktG/*Kubis* Rn. 22; *Schwarz* Rn. 20; LHT/*Spindler* Rn. 21).

II. Ergänzungsantrag

1. Antragsberechtigung. Antragsberechtigt sind nur Aktionäre der Gesell- 5
schaft, die einzeln oder gemeinsam das relevante Beteiligungsquorum
(→ Rn. 7 f.) erfüllen. Für die Beurteilung der Aktionärseigenschaft gelten die zu
Art. 55 dargelegten Grundsätze (→ Art. 55 Rn. 5). Auch im Rahmen des Art. 56
muss die **Aktionärseigenschaft** bis zur Entscheidung des Leitungsorgans über
die Tagesordnungsergänzung – und im Falle einer gerichtlichen Durchsetzung
der Ergänzung bis zur rechtskräftigen Entscheidung des Gerichts – fortbestehen.

2. Quorum für Antragsberechtigung. a) Obergrenze in der SE-VO.
Wie im Rahmen von Art. 55 ist der in Art. 56 S. 1 festgelegte Anteil von 10% 6
des gezeichneten Kapitals als unionsrechtliche Obergrenze intendiert. Art. 56
S. 2 räumt dem nationalen Gesetzgeber ausdrücklich die **Möglichkeit zur Festlegung eines niedrigeren Prozentsatzes** ein. Durch die Rückbindung dieser
Ermächtigung an die „Voraussetzungen, wie sie für Aktiengesellschaften gelten"
wird klargestellt, dass eine Herabsetzung zur Angleichung an die Schwellenwerte
der nationalen Aktiengesellschaft dienen soll (→ Art. 55 Rn. 3).

b) Relatives Quorum nach § 50 Abs. 2 SEAG. Im Sinne des Gleichlaufs 7
mit der Aktiengesellschaft hat der deutsche Gesetzgeber in § 50 Abs. 2 SEAG
zunächst ein relatives Quorum von 5% des Grundkapitals vorgesehen. Hierfür

gelten dieselben Berechnungsgrundsätze wie bei Art. 55 und § 122 Abs. 3 AktG
(→ Art. 55 Rn. 7; zur Lage nach dem AktG vgl. *Bayer/Scholz/Weiß* AG 2013,
742 ff.). Auf das **Bestehen eines Stimmrechts** oder eine **vollständige Ein-
lagenleistung** kommt es auch bei § 50 Abs. 2 SEAG nicht an.

8   **c) Absoluter Schwellenwert nach § 50 Abs. 2 SEAG.** Im Sinne der vollständigen Angleichung an die für Aktiengesellschaften geltenden Beteiligungs-
schwellen (vgl. § 122 Abs. 3 AktG) hat der deutsche Gesetzgeber in § 50 Abs. 2
SEAG als weiteres Quorum einen anteiligen Betrag des Grundkapitals von
500.000 Euro festgelegt. Diese Beteiligungsschwelle **tritt als Alternative neben
die 5 %-Schwelle.** Je nach Gesamthöhe des Grundkapitals kann ein Antrag
hiernach unter Umständen auch mit einer unter 5 % liegenden Kapitalbeteiligung
gestellt werden. Aktionäre sind antragsbefugt, wenn *jedenfalls einer* der beiden
Schwellenwerte erreicht wird (KK-AktG/*Kiem* Rn. 7; LHT/*Spindler* Rn. 8).
Der Minderheitenschutz wird damit zu Gunsten der Aktionärsminderheit erweitert.

9   **Teile des Schrifttums** halten die Festlegung des absoluten Quorums in § 50
Abs. 2 SEAG **für unvereinbar mit Art. 56** (vgl. *Brandt* Hauptversammlung
209 ff.; *Schwarz* Rn. 7 ff.; LHT/*Spindler* Rn. 9). Zur Begründung wird auf den
Wortlaut von Satz 3 verwiesen, der lediglich die Festlegung eines niedrigeren
„Prozentsatzes" – und damit nach dem Wortlaut nur einen relativen Wert – durch
die Mitgliedstaaten zulasse (vgl. LHT/*Spindler* Rn. 9). Diese Bedenken greifen
im Hinblick auf die Gesamtkonzeption des § 50 SEAG jedoch nicht durch.
Einigkeit besteht zunächst darin, dass Art. 56 lediglich einen europaweiten Mindeststandard vorgeben will (deutlich KK-AktG/*Kiem* Rn. 2; MüKoAktG/*Kubis*
Rn. 2). Den Mitgliedstaaten steht es frei, im Einklang mit den für AGs geltenden
Bestimmungen **weitergehende Schutzmöglichkeiten** einzuräumen. Die Verwendung des Begriffs „Prozentsatz" erklärt sich ohne Weiteres aus dem inneren
Bezug zu der in Satz 1 festgelegten 10 %-Grenze. Bei einer am Schutzzweck
orientierten Auslegung kann hieraus keine Begrenzungsfunktion im Hinblick auf
die Einführung alternativer Beteiligungsquoren abgeleitet werden, solange (i) der
von Art. 56 definierte Mindestschutz nicht eingeschränkt und (ii) die Festlegung
der weiteren Schwellen in Übereinstimmung mit den für Aktiengesellschaften
geltenden Regelungen erfolgt. Sicherlich unzulässig wäre vor diesem Hintergrund die Einführung eines Quorums, das *ausschließlich* auf einen absoluten
Beteiligungswert abstellt (zB 500.000 Euro anteiliger Betrag des Grundkapitals;
ebenso KK-AktG/*Kiem* Rn. 8). In diesem Fall hinge nämlich die Frage, ob die in
Art. 56 festgelegte Schwelle zu Lasten der Minderheitsaktionäre – und damit
unzulässiger Weise – überschritten wird, letztlich von der Höhe des Grundkapitals
der Gesellschaft ab (Beispiel: Bei einem Grundkapital von 1 Mio. Euro würde ein
Schwellenwert von 500.000 Euro einem relativen Anteil von 50 % des Grundkapitals entsprechen und damit das in Art. 56 festgelegte 10 %-Quorum in unzulässiger Weise überschreiten). Dies entspricht aber gerade nicht dem Regelungskonzept des § 50 SEAG. Der deutsche Gesetzgeber hat dem unionsrechtlich
vorgegebenen Mindestschutz dadurch vollumfänglich Rechnung getragen, dass er
ein Ergänzungsverlangen zulässt, wenn die betreffenden Aktionäre die – relative –
Beteiligungsschwelle von 5 % des Grundkapitals erreichen. Der Mindestschutz
wird also durch die in § 50 Abs. 2 SEAG alternativ geregelte absolute Beteiligungsschwelle nicht in Frage gestellt. § 50 Abs. 2 SEAG entspricht dem in
Art. 56 ebenfalls angelegten Anliegen des Verordnungsgebers, den **Gleichklang
mit den Minderheitenrechten der nationalen AG herzustellen.** § 50 SEAG
ist daher mit Art. 56 vereinbar. Für eine SE mit Sitz in Deutschland sind daher
beide Quoren nebeneinander anwendbar (so im Ergebnis auch Spindler/Stilz/
Eberspächer Rn. 11; MüKoAktG/*Kubis* Rn. 19).

d) Abweichende Quorumsbestimmung durch die Satzung. Nach **10**
Art. 56 S. 3 kann auch die Satzung zu Gunsten der Aktionäre von dem unionsrechtlich festgelegten 10%-Quorum abweichen. Es wurde bereits dargelegt, dass
die Satzung – wegen der Rückbindung des Verweises in Art. 56 auf die aktienrechtlichen Voraussetzungen – keine höheren Schwellenwerte festlegen darf als
die in § 50 SEAG vorgesehenen (→ Rn. 8). Allerdings kann der Satzungsgeber
im Einklang mit dem Regelungskonzept des Art. 50 SEAG niedrigere Schwellenwerte sowohl hinsichtlich des prozentualen Beteiligungsquorums als auch
hinsichtlich des absoluten Beteiligungsquorums vorsehen (vgl. KK-AktG/*Kiem*
Rn. 9 ff.). Derartige abweichende Satzungsbestimmungen können bei **Gesellschaften mit geschlossenem Aktionärskreis** sinnvoll sein (zB Absicherung
der Rechte einzelner Familienstämme). In der Praxis börsennotierter Gesellschaften sind zu Gunsten der Aktionärsminderheit abweichende Satzungsregelungen
eher unüblich.

e) Keine Mindestbesitzdauer, Fortbestand des Aktienbesitzes. Bei der **11**
Aktiengesellschaft setzt die Stellung eines Ergänzungsverlangens gemäß § 122
Abs. 2 iVm §§ 122 Abs. 1 S. 3, 142 Abs. 2 S. 2 AktG den Nachweis voraus, dass
die relevanten Aktionäre seit mindestens 90 Tagen vor dem Tag des Zugangs des
Verlangens Inhaber der Aktien sind (sog, Vorbesitzzeit; vgl. Hüffer/*Koch* AktG
§ 122 Rn. 3 a). Wie auch in Art. 55 ist eine entsprechende Vorbesitzzeit in
Art. 56 **nicht vorgesehen** und mit Blick auf den Schutzzweck des Art. 56 auch
nicht zwingend erforderlich (*Brandt* Hauptversammlung 211; KK-AktG/*Kiem*
Rn. 20; *Schwarz* Rn. 10; LHT/*Spindler* Rn. 10). Eine Anwendung der aktienrechtlichen Vorbesitzregelungen kommt daher auch im Rahmen des Art. 56
nicht in Betracht (→ Art. 55 Rn. 12).

Davon zu trennen ist allerdings die Frage, ob die Antragsberechtigung entfällt, **12**
wenn die Beteiligungshöhe der antragstellenden Aktionäre nach der Antragstellung unter das erforderliche Beteiligungsquorum absinkt. Dies ist bei sachgerechter, am Schutzzweck orientierter Auslegung von Art. 56 ebenso zu bejahen wie
bereits im Rahmen des Art. 55 (→ Art. 55 Rn. 12; KK-AktG/*Kiem* Rn. 14;
nach aA muss das Beteiligungsquorum nur im Zeitpunkt der Antragstellung
bestehen, so Spindler/Stilz/*Eberspächer* Rn. 11; MüKoAktG/*Kubis* Rn. 19;
Schwarz Rn. 5). Denn auch Art. 56 verleiht einer „qualifizierten Minderheit" das
Recht zur Durchsetzung weiterer Tagesordnungspunkte und zwar gegen den
Willen der Verwaltung und ohne Rücksicht auf den Willen der Aktionärsmehr-
heit. Diese **Durchsetzungsmöglichkeit** findet ihre **Legitimationsgrundlage**
maßgeblich in der **fortgesetzten Beteiligung und der kapitalmäßigen Verbundenheit** der Aktionäre mit der Gesellschaft. Vor diesem Hintergrund wäre
im Falle einer teilweisen oder vollständigen Beteiligungsveräußerung durch die
antragstellenden Aktionäre nach Antragstellung ein Festhalten an der Verpflichtung zur Ergänzung der Tagesordnung sachwidrig und unverhältnismäßig. Daher
muss die Antragsberechtigung bei einer nachträglichen Unterschreitung des Beteiligungsquorums wieder entfallen. Hierin liegt kein Widerspruch zum „Verschlechterungsverbot" durch nationales Recht (→ Art. 55 Rn. 12). Zwar entspricht der Rechtsgedanke einer Aufrechterhaltung des Beteiligungsquorums
auch den in §§ 122 Abs. 2 S. 1, 122 Abs. 1 S. 2, 142 Abs. 2 S. 2 AktG niedergelegten, für eine deutsche Aktiengesellschaft geltenden Grundsätzen. Allerdings
resultiert das Erfordernis des fortgesetzten Quorums nicht aus der Anwendung
des Aktienrechts, sondern aus einer **am Schutzzweck orientierten autonomen Auslegung der Art. 56.** Das jeweils erforderliche **Quorum** muss –
entsprechend dem Regelungsgedanken des § 122 Abs. 1 S. 3 AktG – **bis zur
Entscheidung des zuständigen Organs über die Ergänzung der Tagesordnung fortbestehen.** Hinsichtlich des Nachweises des fortgesetzten Aktien-

besitzes kann auf die Ausführungen zu Art. 55 verwiesen werden (→ Art. 55 Rn. 13).

13   **3. Ordnungsgemäßer Antrag.** Die Anforderungen an eine ordnungsgemäße Antragstellung ergeben sich sowohl aus Art. 56 selbst als auch aus aktienrechtlichen Verfahrens- und Fristvorschriften, die über die Verweisung in Satz 2 aufgerufen sind (*Brandt* Hauptversammlung 215; KK-AktG/*Kiem* Rn. 17; *Schwarz* Rn. 13). Zur ergänzenden Ausfüllung können über Art. 54 Abs. 2 und Art. 53 weitere **für Aktiengesellschaften geltende Vorschriften** herangezogen werden, soweit dies mit dem nach Art. 56 gewährleisteten Mindestschutz vereinbar ist. Die in der Literatur teilweise zu findende Ansicht, dass die Verweisung in Art. 56 Abs. 2 auf die „Verfahren und Fristen" des Rechts des Sitzstaates nicht für die Antragstellung als solche, sondern nur für die weitere Behandlung des (gestellten) Antrags durch die Gesellschaft gelten soll (Spindler/Stilz/ *Eberspächer* Rn. 11; MüKoAktG/*Kubis* Rn. 22; LHT/*Spindler* Rn. 18), vermag schon angesichts des Wortlauts nicht zu überzeugen. Zudem legt der in der Art. 56 erkennbare Gedanke einer Angleichung des Minderheitenschutzes an die Regeln der nationalen Aktiengesellschaft die gegenteilige Auslegung nahe.

14   **a) Adressat des Antrags.** Art. 56 enthält keine Regelung zu der Frage, an wen der Einberufungsantrag zu richten ist. Es ist aber sachgerecht, hierfür die gleichen Grundsätze anzuwenden wie im Rahmen des Art. 55. Danach ist der Antrag an das nach der verbandsinternen Kompetenzordnung zur **Geschäftsführung** befugte Organ, dh bei der dualistischen SE an den Vorstand und bei der monistischen SE an den Verwaltungsrat, zu richten (KK-AktG/*Kiem* Rn. 21; *Schwarz* Rn. 12; LHT/*Spindler* Rn. 11).

15   **b) Inhalt des Antrags.** Aus Art. 56 folgt, dass der Antrag inhaltlich auf eine *Ergänzung* der Tagesordnung zu richten ist. Dies ist **zu unterscheiden von der Ankündigung von Gegenanträgen** oder alternativen Wahlvorschlägen zu bereits bekannt gemachten Tagesordnungspunkten (vgl. Spindler/Stilz/*Eberspächer* Rn. 11; KK-AktG/*Kiem* Rn. 18 mit Fn. 26, 27; MüKoAktG/*Kubis* Rn. 20). Letztere sind ohne ein Mindestquorum zulässig und gemäß Art. 53, § 126 Abs. 1 AktG unter den dort geregelten Voraussetzungen bekannt zu machen (KK-AktG/*Kiem* Rn. 18 mit Fn. 26; MüKoAktG/*Kubis* Rn. 20). Die im Rahmen eines Antrags nach Art. 56 übermittelten Tagesordnungspunkte müssen auf eine Beschlussfassung gerichtet sein. Nicht zulässig sind hingegen Punkte, die sich in einer Information der Hauptversammlung durch die Verwaltung oder einer Diskussion in der Hauptversammlung erschöpfen (KK-AktG/*Kiem* Rn. 18 mit Fn. 26; MüKoAktG/*Kubis* Rn. 20). Die zur Ergänzung vorgeschlagenen Tagesordnungspunkte sind hierbei so präzise zu bezeichnen, dass die Verwaltung der Gesellschaft diese gemäß § 124 Abs. 1 AktG veröffentlichen und hierzu ggf. **einen Beschlussvorschlag unterbreiten** kann (vgl. auch → Art. 55 Rn. 15). Wegen der Anwendbarkeit von § 122 Abs. 2 AktG auf das Verfahren der Antragstellung muss dem Ergänzungsantrag für jeden neuen Gegenstand der Tagesordnung eine Begründung oder eine Beschlussvorlage beiliegen (KK-AktG/*Kiem* Rn. 19; *Schwarz* Rn. 13; LHT/*Spindler* Rn. 13; unklar MüKoAktG/*Kubis* Rn. 22). Wird eine Begründung beigefügt, so muss diese in der gebotenen Kürze den Gegenstand des Tagesordnungspunktes erläutern und deutlich machen, warum eine Behandlung in der Hauptversammlung beantragt wird. Insoweit kommen die zu § 126 Abs. 1 AktG entwickelten Grundsätze zur Anwendung (zu den Anforderungen im Hinblick auf § 126 Abs. 1 AktG MüKoAktG/*Kubis* AktG § 126 Rn. 14 f.; Spindler/Stilz/*Rieckers* AktG § 126 Rn. 11 f.). Wird eine Beschlussvorlage beigefügt, so muss der betreffende Beschlussvorschlag soweit ausformuliert sein, dass er – ggf. nach geringfügiger redaktioneller Überarbeitung

durch die Gesellschaft – in der Hauptversammlung zur Abstimmung gestellt
werden kann (→ Art. 55 Rn. 15 sowie KK-AktG/*Kiem* Art. 55 Rn. 13; MüKo-
AktG/*Kubis* Rn. 8). Bei diesen Anforderungen handelt es sich um **sachgerechte
Ausformungen des Antragsrechts**, so dass damit keine unangemessene Beeinträchtigung des Antragsrechts nach Art. 56 verbunden ist.

c) **Form des Antrags.** Zur Form des Antrags trifft Art. 56 keine Regelung.   **16**
Daher gelten – sofern man den Verweis auf die mitgliedstaatlichen Formvorschriften nicht bereits nach Art. 56 S. 2 (so *Brandt* Hauptversammlung 213 mit
Fn. 1172; *Schwarz* Rn. 13) oder Art. 53 (dafür MüKoAktG/*Kubis* Rn. 9; LHT/
Spindler Rn. 14) eröffnet ansieht – über Art. 9 Abs. 1 lit. c ii) die aktienrechtlichen Bestimmungen (KK-AktG/*Kiem* Rn. 17). Bei einer in Deutschland ansässigen SE muss der Antrag auf Tagesordnungsergänzung – genauso wie ein Ein-
berufungsantrag nach Art. 55 – das gesetzliche Schriftformerfordernis nach
§§ 126, 126a BGB erfüllen (§ 122 Abs. 2 iVm Abs. 1 AktG; KK-AktG/*Kiem*
Rn. 17; MüKoAktG/*Kubis* Rn. 19, 9; LHT/*Spindler* Rn. 14). Gemäß Art. 9
Abs. 1 lit. c ii) ist auch beim Ergänzungsantrag nach Art. 56 die Möglichkeit
eröffnet, die Form des Einberufungsverlangens durch Satzungsregelung iSv § 122
Abs. 1 S. 2 Alt. 1 AktG anderweitig festzulegen (vgl. KK-AktG/*Kiem* Rn. 17;
→ Art. 55 Rn. 18). Hierdurch darf das Antragsrechts allerdings **nicht unzulässig
beschränkt werden.** Aus den gleichen Gründen wie im Fall des Einberufungsantrags nach Art. 55 kann die Satzung daher kein über die bereits hohen Anforderungen der gesetzlichen Schriftform hinausgehendes Formerfordernis (zB
notarielle Form), sondern **nur Formerleichterungen** (zB Fax oder E-Mail)
festlegen.

d) **Frist zur Antragstellung.** Da sich die Fristen des Antragsverfahrens nach   **17**
Art. 56 ausweislich dessen Satz 2 nach den mitgliedstaatlichen Bestimmungen
richten, gilt für den Tagesordnungsergänzungsantrag das Fristenregime des § 122
Abs. 2 S. 3 AktG. Danach muss der Antrag der Gesellschaft mindestens 24 Tage,
bei börsennotierten Gesellschaften mindestens 30 Tage vor der Versammlung bei
der Gesellschaft zugehen. Der Tag des Zugangs ist hierbei nicht mitzurechnen
(anders KK-AktG/*Kiem* Rn. 16, der die durch das ARUG im Jahr 2009 ergänzte
Fristenregelung in § 122 Abs. 2 S. 3 AktG nicht berücksichtigt). Ebenso wie bei
der Aktiengesellschaft verleibt den Minderheitsaktionären auch bei der SE **nicht
viel Zeit,** um sich zu einer Tagesordnungsergänzung zu entschließen. Angesichts
der Notwendigkeit, das Ergänzungsverlangen in die fristgebundene Vorbereitung
der Hauptversammlung einzubinden (zB durch eine entsprechende Bekanntmachung bzw. Mitteilung an die Aktionäre), handelt es sich bei der 24- bzw. 30-
tägigen Frist allerdings um eine zulässige Ausgestaltung des Antragsrechts durch
die nationalen Vorschriften. – Obgleich das in Art. 56 geregelte Konzept der
„Ergänzung" einer Tagesordnung nahelegt, dass die Tagesordnung bereits bekannt gemacht, zumindest aber durch die dafür zuständigen Gremien beschlossen
ist, kann ein Ergänzungsantrag nach hM **bereits vor der Bekanntgabe der
Tagesordnung** gestellt werden (allgemeine Meinung, Spindler/Stilz/*Eberspächer*
Rn. 11; KK-AktG/*Kiem* Rn. 15; MüKoAktG/*Kubis* Rn. 19; LHT/*Spindler*
Rn. 16). Dies gilt grundsätzlich selbst dann, wenn ein Termin für die nächste
Hauptversammlung noch gar nicht anberaumt ist (KK-AktG/*Kiem* Rn. 15, zB
Ergänzungsverlangen in Bezug auf die Tagesordnung der „nächsten ordentlichen
Hauptversammlung").

e) **Nachweis des fortbestehenden Quorums.** Wegen des aus dem Schutz-   **18**
zweck des Art. 56 ableitbaren Erfordernisses einer zumindest bis zur Veröffentlichung der Tagesordnungsergänzung fortgesetzten Mindestkapitalbeteiligung ist
zusätzlich zum Nachweis des relevanten Quorums darzulegen, dass die Auf-

rechterhaltung des Quorums für den maßgeblichen Zeitraum sichergestellt ist (ebenso → Art. 55 Rn. 12). Bei Namensaktien ergibt sich der Nachweis unmittelbar aus dem Aktienregister, bei Inhaberaktien kann die Aufrechterhaltung des Quorums praktikabler Weise über eine Verpflichtung des depotführenden Instituts zur Mitteilung von Bestandsveränderungen unterlegt werden (→ Art. 55 Rn. 13).

19 **4. Begründetheit des Antrags.** Art. 56 stellt an die Begründetheit des Antrags keine spezifischen Anforderungen. Ähnlich wie bei Art. 55 ist allerdings zu fordern, dass sich der Antrag auf einen Beschlussgegenstand richtet, der in die **Kompetenz der Hauptversammlung** fällt (KK-AktG/*Kiem* Rn. 22). Der Antrag ist ferner unbeachtlich, wenn er **rechtsmissbräuchlich** gestellt wurde (KK-AktG/*Kiem* Rn. 22; MüKoAktG/*Kubis* Rn. 21; LHT/*Spindler* Rn. 17). Insoweit gelten die zu Art. 55 bereits dargelegten Erwägungen entsprechend (→ Art. 55 Rn. 15 f.).

20 **5. Verfahren nach Antragstellung. a) Prüfungspflicht des Leitungsorgans.** Wegen der erheblichen Außenwirkung der Bekanntmachung eines von einer Aktionärsminderheit gestellten Ergänzungsantrags ist das Leitungsorgan der SE verpflichtet, den Antrag sorgfältig zu prüfen (ebenso schon zu → Art. 55 Rn. 22; zur identischen Prüfungspflicht nach deutschem Aktienrecht vgl. nur Spindler/Stilz/*Rieckers* AktG § 122 Rn. 27 ff.). Gegenstand der Prüfung sind insbesondere die Erfüllung des relevanten Beteiligungsquorums, die Form des Antrags, die Zuständigkeit der Hauptversammlung für die mitgeteilten Tagesordnungspunkte und eine etwaige Rechtsmissbräuchlichkeit des Antrags (→ Art. 55 Rn. 21). Aufgrund des engen Fristenregimes, dem das Ergänzungsverlangen und deren Behandlung unterliegen, muss das Leitungsorgan die Prüfung unverzüglich in die Wege leiten und zügig eine Beschlussfassung **über die Behandlung des Ergänzungsverlangens** herbeiführen (→ Art. 55 Rn. 24). Die Entscheidung des Leitungsgremiums bedarf in analoger Anwendung des § 121 Abs. 2 S. 1 AktG nur einer einfachen Mehrheit (KK-AktG/*Kiem* Rn. 23; *Schwarz* Rn. 18; LHT/*Spindler* Rn. 19).

21 **b) Bekanntmachung.** Sofern die Prüfung ergeben hat, dass der Antrag zulässig und begründet ist, hat das Leitungsorgan die Tagesordnungsergänzung – mit der Begründung bzw. der Beschlussvorlage – gemäß § 124 Abs. 1 AktG bekannt zu machen (KK-AktG/*Kiem* Rn. 24; MüKoAktG/*Kubis* Rn. 22; *Schwarz* Rn. 19; LHT/*Spindler* Rn. 20; vgl. auch *Habersack/Mülbert* ZGR 2014, 1 [9 ff.]). Sofern das Ergänzungsverlangen vor Einberufung der Hauptversammlung gestellt wurde, erfolgt die Bekanntmachung zusammen mit der Einberufung. Wurde das Verlangen nach der Einberufung gestellt, so ist der Vorstand nach § 124 Abs. 1 S. 1 Alt. 1 AktG zur **unverzüglichen nachträglichen Bekanntmachung** verpflichtet. Zudem hat der Vorstand das Ergänzungsverlangen einschließlich der neuen Tagesordnungspunkte über die Internetseite der Gesellschaft gemäß § 124a AktG zugänglich zu machen. Schließlich ist bei börsennotierten Gesellschaften die geänderte Tagesordnung den Aktionären gemäß § 125 Abs. 1 S. 3 den Aktionären auf den dort vorgesehenen Wegen mitzuteilen.

III. Gerichtliche Durchsetzung der Tagesordnungsergänzung

22 Anders als Art. 55 sieht Art. 56 kein gerichtliches Verfahren vor, mit Hilfe dessen die Minderheitsaktionäre ein zu Unrecht abgelehntes Ergänzungsverlangen durchsetzen können. Es besteht allerdings Einigkeit darüber, dass ohne ein solches Verfahren der Minderheitenschutz nach Art. 56 weitgehend leerliefe, da es letztlich am Wohlwollen der Verwaltung läge, ob die Tagesordnung tatsächlich ergänzt wird (vgl. nur KK-AktG/*Kiem* Rn. 25 mit Fn. 45). Teilweise wird daher erwogen, über Art. 9 Abs. 1 lit. c ii) das in § 122 Abs. 3 AktG für die Aktiengesellschaft vorgesehene Verfahren auch auf ein Minderheitsverlangen nach Art. 56 anzuwenden (van Hulle/Maul/Drinhausen/*Maul* Abschnitt 5 § 4 Rn. 59; NK-SE/*Mayer* Rn. 12 f.; zum Verfahren nach § 122 Abs. 3 AktG vgl. *Bayer/Scholz/Weiß* AG 2013, 742 ff.). Mit Blick auf die teleologische und systematische Nähe des Art. 56 zu Art. 55 erscheint es jedoch überzeugender, die Regelungen in Art. 55 Abs. 3 analog auf Art. 56 anzuwenden und die **gerichtliche Durchsetzung einer Tagesordnungsergänzung** dem gleichen unionsrechtlichen Verfahrensregime zu unterstellen wie die Durchsetzung der Einberufung einer Hauptversammlung (ebenso *Brandt* Hauptversammlung 221; Spindler/Stilz/*Eberspächer* Rn. 12; KK-AktG/*Kiem* Rn. 25; MüKoAktG/*Kubis* Rn. 22; *Schwarz* Rn. 20; LHT/*Spindler* Rn. 21; *Knapp* DStR 2012, 2392 [2394]).

[Beschlüsse der Hauptversammlung]

57 Die Beschlüsse der Hauptversammlung werden mit der Mehrheit der abgegebenen gültigen Stimmen gefasst, sofern diese Verordnung oder gegebenenfalls das im Sitzstaat der SE für Aktiengesellschaften maßgebliche Recht nicht eine größere Mehrheit vorschreibt.

Schrifttum: *Arbeitskreis Beschlussmängelrecht,* Vorschlag zur Neufassung der Vorschriften des Aktiengesetzes über Beschlussmängel, AG 2008, 617; *Baums/Drinhausen,* Weitere Reform des Rechts der Anfechtung von Hauptversammlungsbeschlüssen, ZIP 2008, 145; *Baums,* Zur Anfechtung von Hauptversammlungsbeschlüssen – rechtspolitische Vorschläge, in Gesellschaftsrechtliche Vereinigung (Hrsg.), Gesellschaftsrecht in der Diskussion 2007, 2008 [109]; *Fischer zu Cramburg,* »One Share – One Vote?« EU-Kommission veröffentlicht Studie über Verhältnis zwischen Kapitalbeteiligung und Kontrolle, NZG 2007, 539; *ders.,* Binnenmarktkommissar McCreevy gibt Pläne zu »One Share – One Vote« auf, NZG 2007, 859; *Goll/Schwörer,* Beschlussmängelrecht: Reförmchen oder Reform?, ZRP 2008, 245; *Göz,* Beschlussmängelklagen bei der Societas Europaea (SE), ZGR 2008, 593; *Kiem,* Investorenvereinbarungen im Lichte des Aktien- und Übernahmerechts, AG 2009, 301; *K. Schmidt,* Reflexionen über das Beschlussmängelrecht – Dogmatik und Rechtspolitik der Anfechtungsklagen für Heute und Morgen, AG 2009, 248. S. ferner die Angaben zu Art. 52.

Übersicht

	Rn.
I. Allgemeines	1
II. Beschlussfähigkeit	4
III. Beschlussfassung	7
1. Stimmberechtigung	7
2. Stimmabgabe und Stimmauszählung	9
a) Stimmabgabe	9
b) Stimmauszählung	11
IV. Mehrheitserfordernisse	15
1. Grundsatz der einfachen Stimmenmehrheit	15
2. Strengere Mehrheitserfordernisse nach der SE-VO	17
3. Erhöhte Stimmenmehrheit nach nationalem Recht (Hs. 2)	20
4. Anwendbarkeit nationaler Kapitalmehrheitserfordernisse auf die SE	22
5. Keine Anhebung der Mehrheitserfordernisse durch die Satzung	29
6. Zustimmungserfordernisse	30
V. Fehlerhafte Beschlüsse und Beschlussanfechtung	31
1. Allgemeines	31
2. Anfechtungs- und Nichtigkeitsgründe	32
3. Anfechtungs- und Freigabeverfahren	36

I. Allgemeines

1   Art. 57 regelt die Mehrheitserfordernisse bei Beschlussfassungen in der Hauptversammlung einer SE. Die Norm legt zunächst die „Mehrheit der abgegebenen
gültigen Stimmen" als Grundanforderung für das Zustandekommen eines Hauptversammlungsbeschlusses fest und etabliert insoweit einen **Mindeststandard,** der
durch nationale Mehrheitsregelungen (zB die Bestimmung einer nur *relativen
Mehrheit* bei der Bestellung von Organmitgliedern) nicht unterschritten werden
darf (KK-AktG/*Kiem* Rn. 24; LHT/*Spindler* Rn. 10). Dieser Mindeststandard ist
nach Art. 57 allerdings nur maßgeblich, wenn nicht die SE-VO oder das im
Sitzstaat der SE für Aktiengesellschaften maßgebliche Recht eine größere Mehrheit vorschreiben. Art. 57 regelt unter anderem also einen ausdrücklichen **Vorrang für qualifizierte Mehrheitserfordernisse des nationalen Rechts.** Damit wird das Recht der Hauptversammlung der SE in einem weiteren zentralen
Bereich – letztlich geht es um die Frage, in welchen Fällen und ab welcher
Beteiligungshöhe eine Sperrminorität besteht – dem der Aktiengesellschaft im
betreffenden Mitgliedstaat angeglichen.

2   Art. 57 unterscheidet nicht zwischen der Art des zu fassenden Beschlusses. Er
gilt für jede Willensäußerung, die die Hauptversammlung in Beschlussform trifft.
Neben **Sachbeschlüssen** werden folglich auch **verfahrensbezogene Beschlüsse** und **Wahlbeschlüsse** erfasst (KK-AktG/*Kiem* Rn. 3; MüKoAktG/*Kubis*
Art. 57, 58 Rn. 3; LHT/*Spindler* Rn. 5).

3   Zusammen mit Art. 58 (Stimmabgabe), 59 (Satzungsänderungen) und 60 (Aktiengattungen) bildet Art. 57 den unionsrechtlichen Rahmen für die Willensbildung der Aktionäre in der Hauptversammlung der SE. Dieser Rahmen ist
nicht sehr detailliert, so dass die zwangsläufig bestehenden Regelungslücken –
unter anderem der gesamte Bereich des Beschlussmängelrechts – über Art. 9
Abs. 1 lit. c ii) durch das nationale Aktienrecht auszufüllen sind. Art. 57 steht
ferner in einem engen Zusammenhang mit Art. 53, der hinsichtlich des Abstimmungsverfahrens in der Hauptversammlung auf das nationale Recht verweist.

II. Beschlussfähigkeit

4   Art. 57 trifft keine Regelung zur Beschlussfähigkeit einer SE-Hauptversammlung, dh zu der Frage, welcher Anteil der insgesamt vorhandenen Stimmrechte in
der Versammlung mindestens vertreten sein muss, damit überhaupt Beschlüsse
gefasst werden können. Auch die übrigen Bestimmungen des vierten Abschnitts
enthalten hierzu keine Anhaltspunkte. Soweit Art. 50 Regelungen zur Beschlussfähigkeit trifft, gelten diese nach ihrer systematischen Stellung lediglich für die
Verwaltungsorgane und lassen sich in ihrem Regelungsgehalt („die Hälfte seiner
Mitglieder") auch nicht sinnvoll auf eine Hauptversammlung übertragen (*Brandt*
Hauptversammlung 230; Spindler/Stilz/*Eberspächer* Art. 57, 58 Rn. 2; KK-
AktG/*Kiem* Rn. 8; *Schwarz* Art. 50 Rn. 4; LHT/*Spindler* Rn. 6).

5   Da Art. 57 außerhalb der Festlegung der erforderlichen Stimmenmehrheit
keine Sperrwirkung für die Voraussetzung einer ordnungsgemäßen Willensbildung in der Hauptversammlung entfaltet, ist über Art. 9 Abs. 1 lit. c ii) der Weg
in das nationale Recht eröffnet (*Brandt* Hauptversammlung 230; KK-AktG/*Kiem*
Rn. 8; MüKoAktG/*Kubis* Art. 57, 58 Rn. 1; *Schwarz* Rn. 20; LHT/*Spindler*
Rn. 6). Allerdings stellt das AktG hinsichtlich der Beschlussfähigkeit ebenfalls
keine Mindestanforderungen auf (vgl. nur Hüffer/*Koch* AktG § 133 Rn. 8;
Grigoleit/*Herrler* AktG § 133 Rn. 6). Lediglich für den **Sonderfall der Nachgründung** innerhalb des ersten Jahres nach Eintragung der Gesellschaft ergibt
sich aus § 52 Abs. 5 S. 2 AktG das implizite Präsenzerfordernis von einem Viertel

des gesamten Grundkapitals (KK-AktG/*Kiem* Rn. 8). Im Übrigen besteht ein „regelungsfreier" Zustand, so dass die Hauptversammlung einer deutschen Aktiengesellschaft und damit einer SE mit Sitz in Deutschland grundsätzlich bereits bei einer Präsenz von einer Stimme beschlussfähig ist (Spindler/Stilz/*Rieckers* AktG § 133 Rn. 10; Grigoleit/*Herrler* AktG § 133 Rn. 6; für die SE vgl. nur LHT/*Spindler* Rn. 7).

Nach § 133 Abs. 1 AktG kann die Satzung einer Aktiengesellschaft die Anforderungen an die Beschlussfähigkeit näher bestimmen (Hüffer/*Koch* AktG § 133 Rn. 8; Grigoleit/*Herrler* AktG § 133 Rn. 6; Spindler/Stilz/*Rieckers* AktG § 133 Rn. 11). Diese Möglichkeit besteht auch bei der SE (*J. Schmidt* Deutsche vs. Britische SE 682; Spindler/Stilz/*Eberspächer* Art. 57, 58 Rn. 2; KK-AktG/*Kiem* Rn. 9; MüKoAktG/*Kubis* Art. 57, 58 Rn. 1; LHT/*Spindler* Rn. 6; aA *Brandt* Hauptversammlung S. 234; *Schwarz* Rn. 16 f., 19). Weder bei einer AG noch bei einer SE darf die Beschlussfähigkeit jedoch in einer Weise festgelegt werden, dass **Beschlussfassungen unmöglich oder wesentlich erschwert werden,** zB eine Präsenz von mehr als 95 % des Grundkapitals als Mindestquorum bei einer Publikumsgesellschaft (hM, NK-SE/*Mayer* Art. 59 Rn. 14; vgl. zum Aktiengesetz Hüffer/*Koch* AktG § 179 Rn. 3, 20 ff.; Spindler/Stilz/*Holzborn* AktG § 179 Rn. 124; MüKoAktG/*Stein* AktG § 179 Rn. 142 ff.; aA offenbar GroßkommAktG/*Wiedemann* AktG § 179 Rn. 120). 6

III. Beschlussfassung

1. Stimmberechtigung. Art. 57 knüpft an die Mehrheit der abgegebenen Stimmen an. Daher sind bei der Beschlussfassung nur Aktien zu berücksichtigen, denen ein Stimmrecht zusteht (MüKoAktG/*Kubis* Art. 57, 58 Rn. 4; LHT/*Spindler* Rn. 8). Regeln über die Stimmberechtigung aus Aktien, den Stimmrechtsausschluss oder Stimmverbote ergeben sich aus der SE-VO nicht, so dass über Art. 5 die für Aktiengesellschaften im Sitzstaat der SE maßgeblichen Vorschriften zur Anwendung kommen (*Brandt* Hauptversammlung 236 ff.; van Hulle/Maul/Drinhausen/*Maul* Abschnitt 5 § 4 Rn. 70 f.; *Spindler* in Lutter/Hommelhoff Europäische Gesellschaft S. 223, 245 f. [kumulativ mit Art. 5]; für Art. 5 als einschlägige Verweisungsnorm *Lutter/Kollmorgen/Feldhaus* BB 2005, 2473 [2482] Fn. 111; Spindler/Stilz/*Eberspächer* Art. 57, 58 Rn. 3; MüKoAktG/*Kubis* Art. 57, 58 Rn. 4 (in → Art. 53 Rn. 17 jedoch für die Einschlägigkeit von Art. 53); *Schwarz* Rn. 5; LHT/*Spindler* Rn. 8; in der Tendenz auch KK-AktG/*Kiem* Rn. 10). Auch bei der SE gewährt im Grundsatz daher **jede Aktie eine Stimme** (§ 12 AktG; KK-AktG/*Kiem* Rn. 11). Eine Ausnahme gilt nach § 134 Abs. 2 AktG für noch nicht voll eingezahlte Aktien (KK-AktG/*Kiem* Rn. 11; MüKoAktG/*Kubis* Art. 57, 58 Rn. 4; LHT/*Spindler* Rn. 8) und für **stimmrechtslose Vorzugsaktien** (§ 139 Abs. 1 AktG; KK-AktG/*Kiem* Rn. 11; MüKoAktG/*Kubis* Art. 57, 58 Rn. 4), die auch bei einer deutschen SE zulässigerweise geschaffen werden können (*Brandt* Hauptversammlung 237; KK-AktG/*Kiem* Art. 60 Rn. 4 f.; NK-SE/*Mayer* Art. 5 Rn. 76; *Schwarz* Art. 5 Rn. 47; zum Thema der stimmrechtslosen Vorzugsaktien bei der SE vgl. auch *Vins* Vorzugsaktien 27 ff.). Die Regelungen über das Aufleben des Stimmrechts bei stimmrechtslosen Vorzugsaktien (§ 140 Abs. 2 AktG) sind in diesem Fall ebenfalls zu beachten. Das Stimmrecht kann auch wegen unterlassener Mitteilungs- bzw. Veröffentlichungspflichten nach §§ 20 Abs. 7, 21 Abs. 4 AktG, § 28 WpHG oder § 59 WpÜG entfallen (MüKoAktG/*Kubis* Art. 57, 58 Rn. 4; LHT/*Spindler* Rn. 8; vgl. auch Drinhausen/Marsch-Barner AG 2014, 757 [760 f.]). Es kann im Falle wechselseitiger Beteiligungen gemäß § 328 AktG auf den vierten Teil der insgesamt vorhandenen Stimmrechte beschränkt sein (KK-AktG/*Kiem* Rn. 11; MüKoAktG/*Kubis* Art. 57, 58 Rn. 4; LHT/*Spindler* Rn. 8). Schließlich kann die 7

Ausübung dem **Stimmverbot nach § 136 AktG** (ua Verbot der Selbstentlastung) unterliegen (KK-AktG/*Kiem* Rn. 11; MüKoAktG/*Kubis* Art. 57, 58 Rn. 4; LHT/*Spindler* Rn. 8; zur Rechtslage bei der AG auch *Drinhausen/Marsch-Barner* AG 2014, 757 [760 f.]). Wird in Fällen, in denen kein Stimmrecht besteht, gleichwohl abgestimmt, sind die abgegebenen Stimmen nicht „gültig" iSv Art. 57 und dürfen bei der Ermittlung des Abstimmungsergebnisses nicht berücksichtigt werden (KK-AktG/*Kiem* Rn. 11).

8   Auch die Grenzen stimmrechtsbezogener Gestaltungsmöglichkeiten bestimmen sich nach dem Recht des Sitzstaats (KK-AktG/*Kiem* Rn. 12). Danach kann die Satzung einer deutschen SE zB weder Mehrstimmrechte etablieren (§ 12 Abs. 2 AktG, vgl. KK-AktG/*Kiem* Rn. 12; MüKoAktG/*Kubis* Art. 57, 58 Rn. 6) noch bei börsennotierten Gesellschaften ein Höchststimmrecht einführen (§ 134 Abs. 1 S. 2 AktG, vgl. KK-AktG/*Kiem* Rn. 12). Dritte können zwar zur Ausübung des Stimmrechts bevollmächtigt werden (§ 134 Abs. 3 AktG; KK-AktG/*Kiem* Rn. 12; MüKoAktG/*Kubis* Art. 57, 58 Rn. 9). Allerdings kommt eine dauerhaft Abtrennung des Stimmrechts von den sonstigen Mitgliedschaftsrechten, zB durch Veräußerung („Stimmenkauf"), nicht in Betracht (sog. **Abspaltungsverbot;** KK-AktG/*Kiem* Rn. 12). Die Abstimmung der Stimmrechtsausübung mit anderen Aktionären – informell oder in Form von verbindlichen vertraglichen Regelungen (Stimmbindungsverträge, Pool-Vereinbarungen) – ist wie bei der Aktiengesellschaft zulässig. Allerdings sind auch bei der SE Vereinbarungen nichtig, durch die sich ein Aktionär verpflichtet, sein **Stimmrecht nach Weisung der Verwaltung** auszuüben (§ 136 Abs. 2 AktG; KK-AktG/*Kiem* Rn. 12).

9   **2. Stimmabgabe und Stimmauszählung. a) Stimmabgabe.** Grundlage der Beschlussfassung in der Hauptversammlung ist die Abgabe von Ja- oder Nein-Stimmen durch die Aktionäre. Für das Verfahren der Stimmabgabe enthalten die Art. 57 ff. keine konkreten Vorgaben. Art. 58 regelt lediglich Fälle, in denen keine wirksame Stimmabgabe vorliegt, enthält aber im Übrigen keine Verfahrensregeln. Insbesondere lässt der Hinweis auf einen „leeren oder ungültigen Stimmzettel" nicht den Schluss zu, dass Art. 58 eine schriftliche Stimmabgabe fordere. Der Europäische Rat hat in einer Protokollerklärung sogar ausdrücklich klargestellt, dass die **nationalen Abstimmungsverfahren** durch Art. 58 (zB Abstimmung durch Zuruf, Handaufheben, Stimmkarten) weiterhin **zulässig sein sollen** (*Brandt* Hauptversammlung 235; LHT/*Spindler* Art. 58 Rn. 3; KK-AktG/*Kiem* Rn. 17; *Schwarz* Art. 58 Rn. 4 mit Verweis auf das Addendum zum Entwurf eines Protokolls über die 2373. Tagung des Rates (Beschäftigung und Sozialpolitik) vom 8.10.2001 in Luxemburg, Dok. Nr. 12 610/01 – ADD 1 vom 17.10.2001, PV/CONS 51, SOC 373). Mangels unionsrechtlicher Vorgaben richtet sich das Abstimmungsverfahren daher gemäß Art. 53 nach den für Aktiengesellschaften des jeweiligen Sitzstaats maßgeblichen Grundsätzen (KK-AktG/*Kiem* Rn. 17, Art. 53 Rn. 23; MüKoAktG/*Kubis* Art. 53 Rn. 21; *Schwarz* Art. 53 Rn. 19, Art. 58 Rn. 4; LHT/*Spindler* Art. 53 Rn. 31).

10   Das AktG selbst enthält zum Abstimmungsverfahren **keine konkreten Bestimmungen.** Gemäß § 134 Abs. 4 AktG ist der Satzungsgeber ermächtigt, die Form der Ausübung des Stimmrechts zu regeln. Üblicherweise überlässt die Satzung die Festlegung entweder einer Geschäftsordnung für die Hauptversammlung (*J.* *Schmidt* Deutsche vs. Britische SE 699; *Fürst/Klahr* in Jannott/Frodermann HdB SE Kap. 6 Rn. 142; KK-AktG/*Kiem* Rn. 17; vgl. für die deutsche AG MHdB AG/*Semler* § 39 Rn. 16) oder unmittelbar dem Versammlungsleiter (Spindler/Stilz/*Eberspächer* Art. 57, 58 Rn. 3; MüKoAktG/*Kubis* Art. 53 Rn. 19, 21; LHT/*Spindler* Art. 53 Rn. 31; zur deutschen AG vgl. Hüffer/*Koch* AktG § 134 Rn. 34 f.; Grigoleit/*Herrler* AktG § 134 Rn. 44 ff.). Für die SE sind diese

Vorgaben gleichermaßen sachgerecht. Auch bei der SE wird sich das konkrete Abstimmungsverfahren daher letztlich nach den konkreten Umständen der Hauptversammlung richten (zB Anzahl der erschienenen Aktionäre, Verfügbarkeit von EDV-Systemen). Bei großen Publikums-Hauptversammlungen haben sich mittlerweile Abstimmungsverfahren mit maschinell auswertbaren Stimmabschnitten bzw. Stimmkarten durchgesetzt (vgl. *Butzke* Die Hauptversammlung E Rn. 114).

b) Stimmauszählung. Zum Verfahren der Stimmauszählung trifft Art. 57 **11** ebenfalls keine Regelung. Lediglich Art. 58 bestimmt, unter welchen Umständen Stimmen als nicht abgegeben gelten und daher bei der **Ermittlung des Beschlussergebnisses** nicht mitzählen. Nach den über Art. 53 anwendbaren für Aktiengesellschaften maßgeblichen Grundsätzen wird das Auszählungsverfahren – als Teil des Abstimmungsverfahrens – ebenfalls typischerweise vom Versammlungsleiter festgelegt (KK-AktG/*Kiem* Rn. 19; MüKoAktG/*Kubis* Art. 57, 58 Rn. 6; LHT/*Spindler* Rn. 15; zur deutschen AG vgl. Hüffer/*Koch* AktG § 133 Rn. 22; Grigoleit/*Herrler* AktG § 133 Rn. 13).

Unproblematisch zulässig ist auch bei der SE das sog. **Additionsverfahren,** **12** bei dem jeweils die gültigen Ja- und Nein-Stimmen ermittelt und zueinander ins Verhältnis gesetzt werden (KK-AktG/*Kiem* Rn. 19; MüKoAktG/*Kubis* Art. 57, 58 Rn. 6; LHT/*Spindler* Rn. 15). Enthaltungen sind bei diesem Verfahren oft schon technisch nicht vorgesehen. Aktionäre, die sich der Stimme enthalten wollen, geben schlicht keine Stimme ab. Sofern die Möglichkeit besteht, mit Enthaltung zu stimmen, bleiben diese Stimmenthaltungen bei der Auswertung des Beschlussergebnisses unberücksichtigt.

Umstritten ist hingegen, ob das in der deutschen Hauptversammlungspraxis **13** nach wie vor weit verbreitete **Subtraktionsverfahren** mit den Vorgaben der SE-VO, namentlich mit Art. 58, in Einklang steht. Nach einer neueren Auffassung verstößt das Subtraktionsverfahren gegen die Vorgabe des Art. 58, dass die Stimmen von Aktionären, die nicht an der Abstimmung teilnehmen als nicht abgegebene Stimmen gelten (KK-AktG/*Kiem* Rn. 20). Hintergrund dieser Auffassung ist, dass beim Subtraktionsverfahren aus Vereinfachungsgründen typischerweise nur die Nein-Stimmen und die Enthaltungen ermittelt werden (vgl. hierzu nur Hüffer/*Koch* AktG § 133 Rn. 24; Grigoleit/*Herrler* AktG § 133 Rn. 14). Die Zahl der Ja-Stimmen wird sodann durch Subtraktion der Nein-Stimmen und der Enthaltungen von der Gesamtzahl der in der Versammlung vertretenen Stimmen abgezogen. Bei dieser Vorgehensweise werden als Ja-Stimmen somit gerade die Stimmen der Aktionäre gewertet, die sich beim Abstimmungsvorgang passiv verhalten haben. Dies sei – so die vertretene Auffassung – ein Verstoß gegen Art. 58, wonach die Stimmen der nicht an der Abstimmung teilnehmenden Aktionäre gerade nicht als abgegebene Stimmen gewertet werden dürften (KK-AktG/*Kiem* Rn. 20). Diese Auffassung kann indes nicht überzeugen. Wie eingangs festgestellt, richtet sich das Abstimmungsverfahren über Art. 53 nach nationalem Recht. Zum Abstimmungsverfahren zählt unstreitig auch die Festlegung darüber, wer an der Abstimmung im Rechtssinne „teilnimmt". Sofern die Satzung hierzu keine Festlegung trifft, wird die Frage der Teilnahme durch den Versammlungsleiter festgelegt. Es gibt keinen Rechtsgrundsatz, wonach die Teilnahme an einer Abstimmung zwingend ein aktives Verhalten impliziert. Es wäre auch eine **Überdehnung des Regelungsgehalts** von Art. 58, wenn man einen solchen „Aktionszwang" in die Vorschrift hineinlesen wollte. Aus der erwähnten Protokollnotiz des Europäischen Rats ergibt sich vielmehr, dass man die in den Mitgliedstaaten üblichen Abstimmungsusancen unangetastet lassen wollte. Daraus folgt, dass die Teilnahme an der Abstimmung auch dahingehend festgelegt werden kann, dass alle im Versammlungsbereich vertretenen Aktionäre an der Abstimmung teilnehmen. Wer in diesem Fall explizit nicht an der Abstimmung teilnehmen möchte – sich aber auch nicht enthalten oder mit Nein stimmen möchte – der muss den Versammlungsbereich verlassen oder zumindest seine Stimmen aus der elektronischen Präsenzerfassung ausbuchen lassen. Das Subtraktionsverfahren steht daher **nicht in Widerspruch zu Art. 58** und **kann auch bei der SE praktiziert werden** (*Fürst/Klahr* in Jannott/Frodermann HdB SE Kap. 6 Rn. 146; Spindler/Stilz/*Eberspächer* Art. 57, 58 Rn. 3; MüKoAktG/*Kubis* Art. 57, 58 Rn. 6; NK-SE/*Mayer* Rn. 45, Art. 53 Rn. 37; LHT/*Spindler* Rn. 15; *Schwarz* Art. 58 Rn. 6; *J. Schmidt* Deutsche vs. Britische SE 691; *Knapp* DStR 2012, 2392 [2395]). Ungeachtet dessen ist darauf hinzuweisen, dass gerade auch Unternehmen mit großer Hauptversammlungspräsenz aus Gründen der Verfahrenssicherheit zunehmend ohnehin zum Additionsverfahren übergehen, so dass sich die Frage eines Konflikts mit Art. 58 nicht stellt.

14   Ungültige Stimmen bleiben unabhängig von der Art des Abstimmungsverfahrens bei der Ergebnisermittlung außer Betracht. Die Wirksamkeit der Abstimmung wird hiervon nicht berührt (KK-AktG/*Kiem* Rn. 18).

IV. Mehrheitserfordernisse

15   **1. Grundsatz der einfachen Stimmenmehrheit.** Nach Art. 57 bedürfen Beschlüsse der Hauptversammlung der SE grundsätzlich der **Mehrheit der abgegebenen gültigen Stimmen.** Diese einfache Stimmenmehrheit ist erreicht, wenn die im Rahmen der Auszählung ermittelten gültigen Ja-Stimmen die Zahl der gültigen Nein-Stimmen übersteigt (vgl. nur LHT/*Spindler* Rn. 2; vgl. zum nationalen Recht nur Hüffer/*Koch* AktG § 133 Rn. 12; Grigoleit/*Herrler* AktG § 133 Rn. 13). Ungültige Stimmen bleiben außer Betracht. Ergibt die Auszählung Stimmengleichheit, so ist der Beschlussantrag abgelehnt (KK-AktG/*Kiem* Rn. 22; LHT/*Spindler* Rn. 2; NK-SE/*Mayer* Rn. 1; zum nationalen Recht Hüffer/*Koch* AktG § 133 Rn. 12; Grigoleit/*Herrler* AktG § 133 Rn. 13).

16   Nach Art. 57 gilt der Grundsatz der einfachen Stimmenmehrheit dort nicht, wo die SE-VO oder das im Sitzstaat der SE für Aktiengesellschaften maßgebliche Recht eine größere Mehrheit vorschreiben. Bereits nach dem Wortlaut der Norm sind lediglich größere Mehrheiten beachtlich. Eine etwaige **Absenkung von Mehrheitserfordernissen** durch nationales Aktienrecht oder durch die Satzung bleibt hingegen **außer Betracht** (*Brandt* Hauptversammlung 240; KK-AktG/*Kiem* Rn. 24; LHT/*Spindler* Rn. 10). So wäre zB die Festlegung einer relativen Mehrheit für die Wahl von Aufsichtsratsmitgliedern unzulässig, obgleich § 133 Abs. 2 AktG eine entsprechende Festlegung durch die Satzung der Aktiengesellschaft zulassen würde (KK-AktG/*Kiem* Rn. 24; MüKoAktG/*Kubis* Art. 57, 58 Rn. 3; *Schwarz* Rn. 21 f.; zum nationalen Recht Hüffer/*Koch* AktG § 133 Rn. 32).

17   **2. Strengere Mehrheitserfordernisse nach der SE-VO.** Die SE-VO selbst bestimmt eine vom Grundsatz der einfachen Stimmenmehrheit abweichende qualifizierte Mehrheit zunächst in Art. 59 Abs. 1 **(Satzungsänderungen)** und in Art. 8 Abs. 6 S. 2 iVm Art. 59 Abs. 1 **(Sitzverlegung in einen anderen Mitgliedstaat).** In beiden Fällen bedarf die Beschlussfassung einer Stimmenmehrheit von zwei Dritteln der abgegebenen Stimmen, sofern die für Aktiengesellschaften maßgeblichen nationalen Rechtsvorschriften keine größere Mehrheit vorsehen oder zulassen. Die Erhöhung der Beschlussmehrheit für Satzungsänderungen erfasst auch den für die Praxis bedeutsamen Bereich der **Kapitalmaßnahmen,** da diese in aller Regel mit einer Änderung der Satzung einhergehen (*Brandt* Hauptversammlung 243 ff.; *Koke* Finanzverfassung der SE 119 ff.; Spindler/Stilz/*Eberspächer* Art. 59 Rn. 3; KK-AktG/*Kiem* Art. 59 Rn. 5;

MüKoAktG/*Kubis* Art. 59 Rn. 2; *Schwarz* Art. 59 Rn. 11; NK–SE/*Mayer* Art. 59 Rn. 18 f.; LHT/*Bayer* Art. 59 Rn. 1; wohl auch van Hulle/Drinhausen/ Maul/*Maul* Abschnitt 5 § 4 Rn. 18, 68 f.; aA wohl *Hirte* NZG 2002, 1 [9]; *El Mahi* Europäische Aktiengesellschaft 99 Fn. 436, jeweils mit pauschalem Verweis auf das nationale Recht ohne Erwähnung des Art. 59). Soweit kapitalbezogene Beschlüsse ausnahmsweise zu keiner Satzungsänderung führen (zB bei der Ermächtigung zur Begebung von Genussrechten), gilt demgegenüber das Mehrheitsprinzip nach Art. 57, sofern nach nationalem Aktienrecht keine größere Mehrheit eingreift (so auch KK-AktG/*Kiem* Art. 59 Rn. 5 f.; aA *Koke* Finanzverfassung der SE 210 f.; *Schwarz* Art. 59 Rn. 11). Hinsichtlich der in 59 Abs. 1 vorgesehenen erhöhten Mehrheitserfordernisse ist zu beachten, dass diese aufgrund der in Art. 59 Abs. 2 enthaltenen Ermächtigung durch nationales Recht für den Fall wieder auf die einfache Mehrheit zurückgeführt werden können, dass mindestens die Hälfte des gezeichneten Kapitals in der Hauptversammlung vertreten ist (vgl. hierzu die Ausführungen zu → Art. 59 Rn. 19 ff.). Die konkret erforderliche Mehrheit ergibt sich daher auch in den durch die SE-VO geregelten Fällen nur aus dem Zusammenspiel von Verordnungsregelung und nationalen Bestimmungen.

Die SE-VO enthält ferner in Art. 63 (unter anderem Auflösung und Liquidation) und in Art. 66 Abs. 6 S. 2 (Rückumwandlung) spezifische Verweise auf Beschlussregeln des Sitzstaates, aus denen sich zumindest für eine in Deutschland ansässige SE ebenfalls qualifizierte Beschlussmehrheiten ergeben (KK-AktG/*Kiem* Rn. 26). Durch den Verweis in Art. 63 wird unmittelbar § 262 Abs. 1 Nr. 2 AktG aufgerufen, der für den **Auflösungsbeschluss** eine Mehrheit anordnet, die mindestens drei Viertel des bei der Beschlussfassung vertretenen Grundkapitals umfasst. Durch den Verweis in Art. 66 Abs. 6 S. 2 wiederum kommt für den Fall der **Rückumwandlung einer SE in eine nationale AG** § 65 Abs. 1 UmwG zur Anwendung, der ebenfalls auf eine Mehrheit von drei Vierteln des bei der Beschlussfassung vertretenen Grundkapitals abstellt (KK-AktG/*Kiem* Rn. 26; *Schwarz* Art. 66 Rn. 23; LHT/*J. Schmidt* Art. 66 Rn. 30). Durch diese Verweise wird die im Aktiengesetz verbreitete Anforderung einer qualifizierten Kapitalmehrheit – im Unterschied zur bloßen Stimmenmehrheit (hierzu nachfolgend → Rn. 22 ff.) – in das Recht der SE gewissermaßen „importiert" (vgl. auch KK-AktG/*Kiem* Rn. 26). **18**

Aus der SE-VO ergeben sich schließlich erhöhte Mehrheitserfordernisse über Verweisungen auf nationale Beschlusserfordernisse im Zusammenhang mit der Gründung von SEs. Diese qualifizierten Beschlussanforderungen sind auch für eine SE maßgeblich, wenn diese sich an der Gründung einer (weiteren) SE beteiligt (vgl. zB Art. 18 oder Art. 32 Abs. 6; LHT/*Spindler* Rn. 11). **19**

3. Erhöhte Stimmenmehrheit nach nationalem Recht (Hs. 2). **20**

Nach Art. 57 gilt eine größere Mehrheit für die Beschlussfassung auch dann, wenn diese durch das für Aktiengesellschaften maßgebliche Recht des Sitzstaates der SE vorgeschrieben ist. Im Unterschied zum Erfordernis einer qualifizierten Kapitalmehrheit (hierzu sogleich) sieht das AktG eine qualifizierte Stimmenmehrheit nur ganz ausnahmsweise vor: Nach § 103 Abs. 1 S. 2 AktG bedarf die **Abwahl von Aufsichtsratsmitgliedern** einer Mehrheit von drei Vierteln der abgegebenen Stimmen. Gleiches hat der deutsche Gesetzgeber in § 29 Abs. 1 SEAG für die Abberufung von Verwaltungsratsmitgliedern bei einer monistisch strukturierten SE bestimmt. Zwar gestatten es beide Bestimmungen, die gesetzlich vorgesehene qualifizierte Stimmenmehrheit durch eine entsprechende Satzungsregelung abzusenken. Da diese höhere Mehrheit durch das AktG gleichwohl zunächst einmal „vorgeschrieben" ist, werden § 103 Abs. 1 AktG und § 29 Abs. 1 SEAG nach richtiger Ansicht von der Öffnungsklausel in Art. 57 erfasst (KK-AktG/*Kiem*

Rn. 28; LHT/*Spindler* Rn. 12; aA *Brandt* Hauptversammlung 243; wohl auch *Schwarz* Rn. 11: nur zwingende nationale Normen können eine höhere Stimmenmehrheit vorschreiben). Bei sachgerechter Auslegung ist der Verweis dahingehend auszulegen, dass – vorbehaltlich der durch Art. 57 als Mindestanforderung festgeschriebenen einfachen Stimmenmehrheit – die nationalstaatliche Gesamtregelung, dh die gesetzliche Erhöhung **einschließlich der Möglichkeit zur Absenkung in der Satzung,** zur Anwendung kommt.

21   Eine **Obergrenze** für die Erhöhung der Stimmenmehrheit durch das nationale Recht enthält die SE-VO nicht. Die im SE-VO-E von 1975 noch vorgesehene Obergrenze von vier Fünftel der abgegebenen Stimmen wurde im weiteren Verlauf ersatzlos gestrichen. Es wäre daher grundsätzlich denkbar, dass über die Verweisung auf nationales Recht ein Einstimmigkeitserfordernis zur Anwendung gelangt, zB bei gravierenden Eingriffen in die mitgliedschaftliche Stellung des Aktionärs (*Schwarz* Rn. 7; LHT/*Spindler* Rn. 12; KK-AktG/*Kiem* Rn. 29). Die Mehrheitserfordernisse in der Satzung dürfen nach hM jedoch nicht dazu führen, dass die Satzung praktisch unabänderlich wird, so dass ein **Einstimmigkeitserfordernis** für Satzungsänderungen bei **Publikumsgesellschaften unzulässig** sein dürfte (NK-SE/*Mayer* Art. 59 Rn. 14; LHT/*Bayer* Art. 59 Rn. 11; speziell zum Fall der grenzüberschreitenden Sitzverlegung *Schwarz* Art. 59 Rn. 22; *Brandt* Hauptversammlung 245; vgl. zum Aktiengesetz Hüffer/*Koch* AktG § 179 Rn. 20, 23; Spindler/Stilz/*Holzborn* AktG § 179 Rn. 124; MüKoAktG/*Stein* AktG § 179 Rn. 98, 144; Grigoleit/*Ehrmann* AktG § 179 Rn. 14; aA offenbar GroßkommAktG/*Wiedemann* § 179 Rn. 120).

4. Anwendbarkeit nationaler Kapitalmehrheitserfordernisse auf die SE.

22   Das AktG knüpft erhöhte Beschlussanforderungen nur ganz ausnahmsweise an eine qualifizierte Stimmenmehrheit (s. oben). Im Regelfall stellt das AktG – ebenso wie das Umwandlungsgesetz – auf eine qualifizierte Kapitalmehrheit, genauer: auf eine qualifizierte Mehrheit des **bei der Beschlussfassung vertretenen Grundkapitals,** ab. So bedarf etwa der Beschluss über die Schaffung eines genehmigten Kapitals (vgl. § 202 Abs. 2 S. 2 AktG) oder der Beschluss über die Zustimmung zu einem Unternehmensvertrag (vgl. § 293 Abs. 1 S. 2 AktG) jeweils einer Mehrheit, die mindestens drei Viertel des bei der Beschlussfassung vertretenen Grundkapitals umfasst. Diese qualifizierte Kapitalmehrheit tritt nach deutschem Rechtsverständnis nicht an die Stelle der einfachen Stimmenmehrheit nach § 133 AktG und ersetzt diese (vgl. nur Hüffer/*Koch* AktG § 133 Rn. 13; Spindler/Stilz/*Rieckers* AktG § 133 Rn. 34; Grigoleit/*Herrler* AktG § 133 Rn. 17 ff.). Die Kapitalmehrheit gilt vielmehr als **weiteres Erfordernis** neben der Stimmenmehrheit, so dass der entsprechende Beschluss nur zustande kommt, wenn beide Mehrheiten (einfache Stimmenmehrheit und qualifizierte Kapitalmehrheit) erreicht werden.

23   Mit der Abschaffung von Mehrstimmrechten durch das KonTraG (vgl. § 12 Abs. 2 AktG) und der – ebenfalls durch das KonTraG eingeführten – Beschränkung der Zulässigkeit von Höchststimmrechten auf nicht-börsennotierte Aktiengesellschaften (vgl. § 134 Abs. 1 S. 2 AktG) hat die Unterscheidung zwischen Stimmenmehrheit und Kapitalmehrheit ihre Bedeutung weitgehend verloren. Ein gewisser – in der Praxis ebenfalls jedoch wenig relevanter – Anwendungsbereich bleibt im Fall des § 134 Abs. 2 AktG, dh bei noch nicht vollständig eingezahlten Aktien. Diese vermitteln zwar bereits einen Kapitalanteil, aber noch kein Stimmrecht (hierzu Hüffer/*Koch* AktG § 134 Rn. 16 ff.; Grigoleit/*Herrler* AktG § 134 Rn. 19 f.).

24   Gleichwohl hat der Gesetzgeber die Anknüpfung qualifizierter Beschlüsse an die Kapitalmehrheit **bislang nicht aufgegeben,** so dass es für die deutsche AG in den relevanten Fällen beim „Doppelerfordernis" von Stimmenmehrheit und Kapitalmehrheit bleibt.

Ob das Erfordernis einer Kapitalmehrheit auf eine in Deutschland ansässige SE 25
übertragbar ist, ist umstritten. Das Spektrum der in der Literatur hierzu vertretenen Auffassungen ist weit gespannt. Nach einer durchaus breit vertretenen
Meinung scheidet die Berücksichtigung von Kapitalmehrheiten bereits nach dem
Wortlaut von Art. 57 aus, da dort lediglich auf die Mehrheit der abgegebenen
gültigen *Stimmen* Bezug genommen werde (*Brandt* Hauptversammlung 248 ff.;
Schwarz Rn. 9 f.; Spindler/Stilz/*Eberspächer* Rn. 4 f.; *Koke* Finanzverfassung der
SE 124 ff.; MüKoAktG/*Kubis* Rn. 6 f.; LHT/*Spindler* Rn. 13). Weitere Beschlusserfordernisse seien nicht zugelassen. Art. 57 stelle ausweislich seiner Entstehungsgeschichte hinsichtlich der Beschlussanforderungen eine abschließende Regelung dar (*Brandt* Hauptversammlung 248 ff.; LHT/*Spindler* Rn. 13). Daher
können etwaige durch das Sitzstaatenrecht angeordnete Kapitalmehrheiten auch
nicht über die Generalverweisung in Art. 9 Abs. 1 lit. c ii) zur Anwendung
kommen (*Schwarz* Rn. 9 f.; LHT/*Spindler* Rn. 13). Allerdings seien die mitgliedstaatlichen Mehrheitserfordernisse verordnungskonform auszulegen und SE-spezifisch anzuwenden, so dass die im deutschen Recht geforderten Kapitalmehrheiten letztlich als erhöhte Stimmenmehrheiten zu behandeln seien, die dann
wiederum von Art. 57 erfasst seien (*Brandt* Hauptversammlung 250; *Butzke* Die
Hauptversammlung P Rn. 17; *Koke* Finanzverfassung der SE 127 ff.; *Schwarz*
Rn. 10; Spindler/Stilz/*Eberspächer* Rn. 4 f.; MüKoAktG/*Kubis* Rn. 6 f.; LHT/
Spindler Rn. 13).

Zu einem ähnlichen Ergebnis kommt eine andere Auffassung, die Art. 57 26
autonom europarechtlich dahingehend auslegt, dass eine „größere Mehrheit" iSd
Art. 57 auch eine etwaige größere Kapitalmehrheit umfasst (*Fürst/Klahr* in Jan-
nott/Frodermann HdB SE Kap. 6 Rn. 148 ff.; *Lutter/Kollmorgen/Feldhaus* BB
2005, 2473 [2482]; NK-SE/*Mayer* Rn. 10; *Wicke* MittBayNot 2006, 196 [204];
für das österreichische Recht vgl. Kalss/Hügel/*Zollner* SEG § 62 Rn. 29 f.; wohl
auch *Thümmel* Europäische Aktiengesellschaft Rn. 261; auf diese Lösung zielt
auch – de lege ferenda – der 8. Änderungsvorschlag des Arbeitskreises Aktien-
und Kapitalmarktrecht ZIP 2009, 698 [699]). Nach einer dritten Auffassung sind
Kapitalmehrheitserfordernisse des Sitzstaats auf die SE schlechthin unanwendbar
(*Bartone/Klapdor* Europäische Aktiengesellschaft 78; van Hulle/Drinhausen/
Maul/*Maul* Abschnitt 5 § 4 Rn. 68). Diese seien zu ignorieren und auch nicht in
das Erfordernis einer erhöhten Stimmenmehrheit umzudeuten (van Hulle/Drin-
hausen/Maul/*Maul* Abschnitt 5 § 4 Rn. 68).

Eine vierte Auffassung schließlich spricht sich dafür aus, die erhöhten aktien- 27
rechtlichen Kapitalmehrheitserfordernisse schlicht als zusätzliche, von Art. 57
zugelassene Beschlussanforderungen anzusehen und in gleicher Weise für die SE
anzuwenden, wie sie für Aktiengesellschaften gelten (KK-AktG/*Kiem* Rn. 36 ff.;
J. *Schmidt* Deutsche vs. Britische SE 692; LHT/*Bayer* Art. 59 Rn. 5 f.). Dies wird
insbesondere mit dem Regelungsgedanken des Art. 57 begründet, der gerade den
Anwendungsbereich für qualifizierte mitgliedstaatliche Mehrheitserfordernisse er-
öffne (KK-AktG/*Kiem* Rn. 37). Da aus Art. 57 nicht geschlossen werden könne,
dass auf mitgliedstaatlicher Ebene nur Stimmrechtsmehrheiten zulässig seien, sind
auch Kapitalmehrheiten mit Unionsrecht vereinbar (KK-AktG/*Kiem*
Rn. 37). Dafür spreche auch die **Kapital-RL,** deren Art. 29 Abs. 4, 40 Abs. 1
explizit auch das „präsente Kapital" – neben der Stimmenmehrheit – als Bezugsgröße für eine zulässige Mehrheitsbestimmung erwähnt (KK-AktG/*Kiem*
Rn. 39). Der Gedanke der Rechtsvereinheitlichung könne als Argument gegen
die Berücksichtigung von einzelstaatlichen Kapitalmehrheiten nicht ins Feld
geführt werden, da der Verordnungsgeber – nach entsprechenden Versuchen in
den Vorentwürfen der SE-VO – von einer Vereinheitlichung der Mehrheitserfordernisse abgesehen habe (KK-AktG/*Kiem* Rn. 37). Auch den Einwand eines
Verstoßes gegen das one-share-one-vote Prinzip (vgl. dazu MüKoAktG/*Kubis*

Art. 57, 58 Rn. 7 und LHT/*Spindler* Rn. 13) gehe fehl, weil ja gerade das
Erfordernis der Kapitalmehrheit die Effekte von Mehrstimmrechten oder Höchststimmrechten ausschließe (KK-AktG/*Kiem* Rn. 37). Schließlich sei darauf hinzuweisen, dass offensichtlich auch der deutsche Gesetzgeber bei der Abfassung
des SEAG (zB § 51 S. 2 Var. 3) – zutreffend – davon ausging, dass ein Hauptversammlungsbeschluss der SE sowohl von Stimmen- als auch von Kapitalmehrheiten abhängig sein kann (KK-AktG/*Kiem* Rn. 37).

28   Die zuletzt dargestellte Auffassung vermag konzeptionell am ehesten zu überzeugen und verdient mit der vorstehend dargestellten Begründung den Vorzug.
Zusätzlicher Vorteil der Anwendung der Kapitalmehrheit nach den aktien- und
umwandlungsrechtlichen Bestimmungen ist der in der Praxis wünschenswerte
und durch die SE-VO in den dem nationalen Recht zugewiesenen Bereichen
angestrebte Gleichlauf mit der Aktiengesellschaft des relevanten Sitzstaats.
Gerade für den praktisch bedeutsamen Bereich der Beschlussmehrheiten wird
dadurch ein erhöhtes Maß an Rechtssicherheit geschaffen.

5. Keine Anhebung der Mehrheitserfordernisse durch die Satzung.
29   Nach Art. 57 darf die Satzung einer SE keine im Verhältnis zur SE-VO und zu
den nationalen Rechtsvorschriften größeren Mehrheiten festlegen (*Brandt* Hauptversammlung 240 ff.; Spindler/Stilz/*Eberspächer* Rn. 4; KK-AktG/*Kiem* Rn. 40;
MüKoAktG/*Kubis* Art. 57, 58 Rn. 8; NK-SE/*Mayer* Rn. 14; *Schwarz* Rn. 11,
15; LHT/*Spindler Spindler* Rn. 14; aA *Thümmel* Europäische Aktiengesellschaft
Rn. 260; für das österreichische Recht. Kalss/Hügel/*Zollner* SEG § 62 Rn. 29).
Dies folgt aus dem Wortlaut von Art. 57, der verlangt, dass die höhere Mehrheit
durch das Recht des Sitzstaats **„vorgeschrieben"** und **nicht lediglich „zugelassen"** wird. Diese Auslegung von Art. 57 führt also dort zu einem Unterschied
zwischen SE und AG, wo das AktG die Möglichkeit vorsieht, hinsichtlich der
Beschlussmehrheit auch „nach oben" abzuweichen (vgl. zB § 182 Abs. 1 S. 2
AktG bei der ordentlichen Kapitalerhöhung). Nur bei der Aktiengesellschaft,
nicht aber bei der SE kann die Satzung hinsichtlich der Beschlussmehrheit über
die gesetzliche Festlegung hinausgehen.

30   **6. Zustimmungserfordernisse.** Im nationalen Aktienrecht festgelegte individuelle Zustimmungserfordernisse zu Hauptversammlungsbeschlüssen stellen keine
Mehrheitserfordernisse dar, sondern **eigenständige Voraussetzungen** für die
Wirksamkeit der Beschlüsse; sie fallen daher nicht unter Art. 57 Hs. 2 (LHT/
Spindler Rn. 17; KK-AktG/*Kiem* Rn. 41). Demnach müssen Aktionäre, denen
ein Beschluss eine **Nebenverpflichtung** auferlegt (vgl. § 180 Abs. 1 AktG) oder
deren Namensaktien bzw. Zwischenscheine durch einen Beschluss **vinkuliert**
werden (§ 180 Abs. 2 AktG), dem jeweiligen Beschluss zustimmen, damit er
wirksam werden kann. Das Zustimmungserfordernis wird nicht dadurch obsolet,
dass die einfache Mehrheit gemäß Art. 57 dem Beschluss zugestimmt hat (LHT/
Spindler Rn. 17; KK-AktG/*Kiem* Rn. 41). Gleiches gilt für etwaige Sonder-
beschlusserfordernisse durch die Inhaber spezifischer Aktiengattungen (vgl.
Art. 60).

V. Fehlerhafte Beschlüsse und Beschlussanfechtung

31   **1. Allgemeines.** Weder Art. 57 noch die übrigen Bestimmungen der SE-VO
regeln die Tatbestände und die Rechtsfolgen fehlerhafter Hauptversammlungsbeschlüsse. Entsprechendes gilt für Verfahrensregelungen, nach denen Aktionäre
die Fehlerhaftigkeit von Beschlüssen geltend machen können. Die in den Verordnungsentwürfen bis zum SE-VO-E 1989 noch enthaltenen **Regelungen** (vgl.
Art. IV-3–12 und Art. IV-3–13 Sanders-Vorentwurf, Art. 95, 96 SE-VO-E 1970,
Art. 95 SE-VO-E 1975 und Art. 100 SE-VO-E 1989) **zur Beschlussanfech-**

tung wurden im Entwurf des Jahres 1991 **ersatzlos gestrichen.** Der Verordnungsgeber folgt damit abermals dem Ansatz, komplexe Bereiche mit hoher Detail- bzw. Verfahrenstiefe dem Recht der Mitgliedstaaten zu überlassen. Über die Verweisung in Art. 9 Abs. 1 lit. c ii) unterliegt das gesamte Beschlussmängelrecht – sowohl in materieller als auch in verfahrensrechtlicher Hinsicht – dem **Aktienrecht des jeweiligen Sitzstaats der SE** (*Brandt* Hauptversammlung 265 f.; Spindler/Stilz/*Eberspächer* Rn. 7; *Hirte* NZG 2002, 1 [8]; KK-AktG/*Kiem* Rn. 43; MüKoAktG/*Kubis* Art. 53 Rn. 22; *Schwarz* Rn. 23, Art. 53 Rn. 21; LHT/*Spindler* Rn. 16, Art. 53 Rn. 32 ff.; *Knapp* DStR 2012, 2392 [2396]).

2. Anfechtungs- und Nichtigkeitsgründe. Für eine in Deutschland ansässige SE gelten in Bezug auf Beschlussmängel daher die §§ 241 ff. AktG, insbesondere auch die Unterscheidung zwischen nichtigen Beschlüssen (§ 241 AktG) und lediglich anfechtbaren Beschlüssen (§ 243 AktG; vgl. nur MüKoAktG/*Kubis* Art. 53 Rn. 22). Dabei müssen die Nichtigkeits- und Anfechtungsgründe naturgemäß auf den **Regelungsbestand der SE** bezogen werden (KK-AktG/*Kiem* Rn. 44; ausführlich zur Anwendung der §§ 241 ff. AktG auf die SE *Göz* ZGR 2008, 593), zB auf die Regelungen zu den Mehrheitserfordernissen bei Hauptversammlungsbeschlüssen. Für die monistisch strukturierte SE hat der Gesetzgeber in § 32 SEAG zudem eine explizite Modifikation der in § 251 AktG geregelten Anfechtungsgründe für die Wahl von Verwaltungsratsmitgliedern vorgenommen. Soweit sich der Nichtigkeitsgrund des § 241 Nr. 3 AktG auf die Unvereinbarkeit mit dem „Wesen der Aktiengesellschaft" bezieht, ist folgerichtig auf das „Wesen der SE" abzustellen (so auch KK-AktG/*Kiem* Rn. 44; MüKoAktG/*Kubis* Art. 53 Rn. 22) – wobei sich angesichts des im nationalen Recht bereits diffusen Tatbestands für den Extremfall der Beschlussnichtigkeit kaum greifbare Unterschiede ergeben dürften. Die etwaige monistische Struktur einer SE muss bei der Bestimmung des „Wesens der SE" aber ggf. berücksichtigt werden (so auch KK-AktG/*Kiem* Rn. 44; MüKoAktG/*Kubis* Art. 53 Rn. 22; LHT/*Spindler* Art. 53 Rn. 32).

In Ergänzung zu den in §§ 241, 243 AktG normierten Nichtigkeits- und Anfechtungsgründen gilt über die Verweisung in Art. 9 Abs. 1 lit. c ii) freilich der gesamte Bestand der von der Rechtsprechung entwickelten Grundsätze über die Inhalts- und Verfahrenskontrolle von Hauptversammlungsbeschlüssen, wie zB die Auswirkungen von **Berichts- und Auskunftsmängeln** auf Hauptversammlungsbeschlüsse und die Relevanz **formaler Fehler** vor und während der Hauptversammlung (KK-AktG/*Kiem* Rn. 43, 47; zur Inhaltskontrolle von Hauptversammlungsbeschlüssen bei der deutschen AG vgl. nur Hüffer/*Koch* AktG § 243 Rn. 20 ff.). Gleiches gilt auch für die Anforderungen an den Ausschluss des Bezugsrechts bei Kapitalerhöhungen (vgl. nur Hüffer/*Koch* AktG § 186 Rn. 20 ff.), wobei das nationale Aktienrecht in diesem Fall über die Spezialverweisungsnorm des Art. 5 zur Anwendung kommt (KK-AktG/*Kiem* Rn. 47; *Koke* Finanzverfassung der SE 160 f.).

Ebenfalls auf die SE anwendbar sind die Regelungen über die Heilung nichtiger Hauptversammlungsbeschlüsse nach § 242 AktG. Dies gilt auch dann, wenn die Nichtigkeit auf einem Verstoß gegen europäisches Recht beruht (*Casper* FS Ulmer, 2003, 51 [69 f.]; *Göz* ZGR 2008, 593 [618]; KK-AktG/*Kiem* Rn. 46). Letzteres ist nicht unumstritten und wird in Teilen des Schrifttums unter Hinweis auf das Gebot des „effet utile" und den Anwendungsvorrang des europäischen Rechts verneint (*Schwarz* Art. 6 Rn. 118). Angesichts des umfassenden Charakters der Verweisung in das nationale Beschlussmängelrecht und dem darin angelegten Gedanken einer Gleichstellung mit der AG des Sitzstaats (so auch KK-AktG/*Kiem* Rn. 46) sprechen die besseren Gründe dafür, die **Heilungsvorschrift des § 242 AktG** – als **Teil eines sorgfältig austarierten Rechtsfol-**

32

33

34

gensystems – im Kreis der anwendbaren Normen zu belassen. Dies gilt umso mehr, als § 242 AktG dem lokalen Verkehrsschutz dient.

35   Insgesamt gesehen führt die **hohe Verweisungsdichte** der SE-VO auf das nationale Aktienrecht – gerade im Bereich von Organisation und Ablauf der Hauptversammlung sowie der Beschlussfassung in der Hauptversammlung – zu einem weitgehenden **Gleichlauf des materiellen Beschlussmängelrechts** zwischen nationaler Aktiengesellschaft und SE. Auch wenn das denkbare Ziel eines gemeinschaftsweit einheitlichen Beschlussmängelrechts in weite Ferne gerückt ist, schafft dieser Gleichlauf gerade in dem sensiblen Bereich der Beschlussanfechtung ein hohes Maß an Rechts- und Verfahrenssicherheit.

36   **3. Anfechtungs- und Freigabeverfahren.** Da die SE-VO **keine Regelungen zu einem Verfahren** enthält, mit dem die Nichtigkeit von Hauptversammlungsbeschlüssen durch die Aktionäre oder die Verwaltung geltend gemacht werden kann, kommt über Art. 9 Abs. 1 lit. c ii) auch insoweit das für Aktiengesellschaften geltende nationale Recht zur Anwendung. Für die gerichtliche Geltendmachung von Beschlussmängeln gelten daher die in den §§ 245 ff. AktG enthaltenen Bestimmungen zu Anfechtungsbefugnis, Anfechtungsfristen, Urteilswirkungen, Bekanntmachungen etc entsprechend (MüKoAktG/*Kubis* Art. 53 Rn. 22; LHT/*Spindler* Art. 53 Rn. 32).

37   Auch das **Freigabeverfahren** nach § 246a AktG zur Überwindung einer Registersperre bei Strukturmaßnahmen bzw. zur Erzielung von Bestandskraft bei Kapitalerhöhungsbeschlüssen und Unternehmensverträgen findet auf eine in Deutschland ansässige SE uneingeschränkt Anwendung.

[Ungültige Stimmen]

58 Zu den abgegebenen Stimmen zählen nicht die Stimmen, die mit Aktien verbunden sind, deren Inhaber nicht an der Abstimmung teilgenommen oder sich der Stimme enthalten oder einen leeren oder ungültigen Stimmzettel abgegeben haben.

Schrifttum: S. Angaben zu Art. 52.

I. Grundlagen

1   **1. Regelungsgehalt.** Art. 58 konkretisiert den in Art. 57 und Art. 59 verwendeten Begriff der **„abgegebenen Stimmen"**. Die Norm stellt klar, dass hierzu nicht die Stimmen von Aktionären gehören, die an der Abstimmung nicht teilgenommen, sich der Stimme enthalten oder einen leeren oder ungültigen Stimmzettel abgegeben haben. Während die Fälle der Nichtteilnahme und des ungültigen Stimmzettels eher Selbstverständlichkeiten zum Ausdruck bringen, trifft die Einordnung der „Stimmenthaltung" zu den nicht abgegebenen Stimmen eine materielle und gemeinschaftsweit bindende Regelung dahingehend, dass diese bei der Mehrheitsermittlung, die sich nach dem Regime der Art. 52 ff. nach nationalem Recht oder entsprechenden Satzungsbestimmungen richtet, weder als Ja- noch als Nein-Stimmen gewertet werden dürfen (MüKoAktG/*Kubis* Rn. 10; *Schwarz* Rn. 5; LHT/*Spindler* Rn. 7). Die Regelung „Enthaltungen gelten als Nein-Stimmen" wäre also wegen Verstoßes gegen Art. 58 unzulässig.

2   Art. 58 enthält zwar eine zwingende, aber keine abschließende Regelung zu nicht abgegebenen oder ungültig abgegebenen Stimmen (KK-AktG/*Kiem* Rn. 2). Die über Art. 53 begründete Zuständigkeit des nationalen Rechts sowohl für das Verfahren der Abstimmung und der Stimmauszählung als auch für die Beurteilung der Gültigkeit einer Stimmabgabe nach den aktienrechtlichen oder

zivilrechtlichen Grundsätzen bleibt unberührt. Art. 58 enthält insoweit lediglich eine **unionsrechtliche begründete Mindestvorgabe.**

2. Keine Vorgaben für das Verfahren der Mehrheitsermittlung. Art. 58   **3** schreibt kein bestimmtes Abstimmungs- oder Auszählungsverfahren vor. Auch die Verwendung des Begriffs „Stimmzettel" indiziert nicht das Erfordernis einer schriftlichen Stimmabgabe. Dies wurde vorsorglich durch eine Protokollerklärung zu Art. 58 des Rats der EU klargestellt, nach der die **in den Mitgliedstaaten üblichen Abstimmungsverfahren** auch auf die SE Anwendung finden sollen (*Brandt* Hauptversammlung 235; LHT/*Spindler* Rn. 3 sowie KK-AktG/ *Kiem* Art. 57 Rn. 17; *Schwarz* Rn. 4 mit Verweis auf das Addendum zum Entwurf eines Protokolls über die 2373. Tagung des Rates (Beschäftigung und Sozialpolitik) vom 8.10.2001 in Luxemburg, Dok. Nr. 12 610/01 – ADD 1 vom 17.10.2001, PV/CONS 51, SOC 373). Möglich sind daher sowohl als auch geheime Abstimmung, Abstimmung durch Handaufheben, Stimmkarten, Sendegeräte oder Zuruf. Auch die „virtuelle" Ausübung des Stimmrechts im Wege elektronischer Kommunikation (wie durch das ARUG in § 118 Abs. 1 und 2 AktG eingeführt; dazu Hüffer/*Koch* AktG § 118 Rn. 10 ff.; Grigoleit/*Herrler* AktG § 118 Rn. 6 ff.) und die Vertretung nicht anwesender Aktionäre durch Bevollmächtigte werden durch die Vorschrift nicht ausgeschlossen (Spindler/ Stilz/*Eberspächer* AktG Rn. 6).

II. Fallgruppen fehlender Stimmabgabe

1. Nichtteilnahme an der Abstimmung (Var. 1). Art. 58 stellt zunächst   **4** klar, dass Stimmen von Aktionären, die nicht an der Abstimmung teilnehmen, keine Ergebnisrelevanz besitzen. Diese werden weder als Ja- noch als Nein-Stimme gewertet und haben daher keinen Einfluss auf die Mehrheitsermittlung (KK-AktG/*Kiem* Rn. 12; LHT/*Spindler* Rn. 5 f.). Das **Erfordernis einer Teilnahme** wird an sich bereits durch den Begriff der „abgegebenen" Stimme impliziert, der sowohl im Rahmen des Art. 57 als auch des Art. 59 ohnehin Verwendung findet. Art. 58 Var. 1 hat somit keinen signifikanten Regelungsgehalt.

Wie die Teilnahme an der Abstimmung konkret erfolgt, richtet sich gemäß   **5** Art. 53 nach dem Recht des Sitzstaats (KK-AktG/*Kiem* Rn. 6; MüKoAktG/ *Kubis* Art. 57, 58 Rn. 9; LHT/*Spindler* Rn. 5). Eine persönliche Teilnahme an der Abstimmung ist für eine in Deutschland ansässige SE daher nicht gefordert. Es gelten die **allgemeinen Regeln über die Stimmrechtsvertretung** (KK-AktG/*Kiem* Rn. 6; MüKoAktG/*Kubis* Art. 57, 58 Rn. 9). Dies gilt auch für die Möglichkeit der Stimmabgabe im Wege der elektronischen Kommunikation oder der schriftlichen Briefwahl über Art. 53 iVm § 118 Abs. 2 AktG.

Nach einer neueren Auffassung stellt Art. 58 allerdings das bei deutschen   **6** Aktiengesellschaften weit verbreitete **Subtraktionsverfahren** in Frage (vgl. KK-AktG/*Kiem* Rn. 7). Beim Subtraktionsverfahren werden aus Vereinfachungsgründen typischerweise nur die Nein-Stimmen und die Enthaltungen ermittelt (vgl. Hüffer/*Koch* AktG § 133 Rn. 24). Die Zahl der Ja-Stimmen wird sodann durch Subtraktion der Nein-Stimmen und der Enthaltungen von der Gesamtzahl der in der Versammlung vertretenen Stimmen abgezogen. Bei dieser Vorgehensweise werden als Ja-Stimmen somit gerade die Stimmen der Aktionäre gewertet, die sich beim Abstimmungsvorgang passiv verhalten haben. Dies sei – so die vertretene Auffassung – ein Verstoß gegen Art. 58 wonach die Stimmen der nicht an der Abstimmung teilnehmenden Aktionäre als nicht abgegeben gelten (KK-AktG/*Kiem* Rn. 7).

7   Diese Auffassung kann indes nicht überzeugen. Wie eingangs bereits festgestellt richtet sich das Abstimmungsverfahren über Art. 53 nach nationalem Recht. Zum Abstimmungsverfahren zählt unstreitig auch die Festlegung darüber, wer an der Abstimmung im Rechtssinne „teilnimmt". Sofern die Satzung hierzu keine Festlegung trifft, wird die Frage der **Teilnahme durch den Versammlungsleiter festgelegt**. Es gibt keinen Rechtsgrundsatz, wonach die Teilnahme an einer Abstimmung zwingend ein aktives Verhalten impliziert. Es wäre auch eine **Überdehnung des Regelungsgehalts** von Art. 58, wenn man einen solchen „Aktionszwang" in die Vorschrift hineinlesen wollte. Aus der erwähnten Protokollnotiz des Europäischen Rats (→ Rn. 3) ergibt sich vielmehr, dass man die in den Mitgliedstaaten üblichen Abstimmungsusancen unangetastet lassen wollte. Daraus folgt, dass die Teilnahme an der Abstimmung auch dahingehend festgelegt werden kann, dass alle im Versammlungsbereich vertretenen Aktionäre an der Abstimmung teilnehmen. Wer in diesem Fall explizit nicht an der Abstimmung teilnehmen möchte – sich aber auch nicht enthalten oder mit Nein stimmen möchte – der muss den Versammlungsbereich verlassen oder zumindest seine Stimmen aus der elektronischen Präsenzerfassung ausbuchenlassen. **Das Subtraktionsverfahren steht daher nicht in Widerspruch zu Art. 58** und kann auch bei der SE praktiziert werden (*Fürst/Klahr* in Jannott/Frodermann HdB SE Kap. 6 Rn. 146; Spindler/Stilz/*Eberspächer* Rn. 3; MüKoAktG/*Kubis* Art. 57, 58 Rn. 6; NK-SE/*Mayer* Art. 53 Rn. 37, Art. 57 Rn. 45; LHT/*Spindler* Art. 57 Rn. 15; *Schwarz* Rn. 6; *J. Schmidt* Deutsche vs. Britische SE 691). Ungeachtet dessen ist darauf hinzuweisen, dass die Unternehmen auch bei großen Hauptversammlungen aus Gründen der Rechtssicherheit und bedingt durch den technischen Fortschritt in der elektronischen Erfassung von Stimmkarten zunehmend **ohnehin zum Additionsverfahren übergehen**, so dass sich die Frage eines Konflikts mit Art. 58 vielfach nicht stellt.

8   **2. Stimmenthaltung (Var. 2).** Nach Art. 58 Var. 2 gelten auch Stimmenthaltungen als nicht abgegebene Stimmen. Sie dürfen daher **weder als Ja- noch als Nein-Stimmen** gewertet werden und sind bei der Ermittlung der Abstimmungsmehrheit nicht zu berücksichtigen (MüKoAktG/*Kubis* Art. 57, 58 Rn. 10). Ob die Enthaltung ausdrücklich erklärt wird oder konkludent durch Nichtteilnahme an der Abstimmung oder durch Abgabe eines leeren oder ungültigen Stimmzettels, bedeutet im Ergebnis keinen Unterschied (KK-AktG/*Kiem* Rn. 8; MüKoAktG/*Kubis* Art. 57, 58 Rn. 10), da die Stimme in all diesen Fällen gemäß Art. 58 Var. 1, 2 und 3 nicht gezählt wird. Dies steht im Einklang mit aktienrechtlichen Grundsätzen, nach denen Enthaltungen ebenfalls als nicht abgegebene Stimmen behandelt werden (vgl. nur Hüffer/*Koch* AktG § 133 Rn. 12 zur Stimmenmehrheit und § 179 Rn. 14 zur Kapitalmehrheit). Eine Satzungsbestimmung, wonach Enthaltungen als Nein-Stimmen gelten, wäre unzulässig.

9   **3. Leere und ungültige Stimmzettel (Var. 3).** Art. 58 Var. 3 stellt schließlich klar, dass leere oder ungültige Stimmzettel bei der Mehrheitsermittlung nicht berücksichtigt werden dürfen. Der Regelungshintergrund dieser Variante bleibt unklar, **da letztlich eine Selbstverständlichkeit bezeichnet wird**. Jedenfalls hat die Bezugnahme auf Stimmzettel ausweislich der bereits erwähnten Protokollerklärung des Europäischen Rats zu Art. 58 keinerlei Anordnungsgehalt in Bezug auf die Wahl des Abstimmungs- oder Auszählungsverfahrens. Dieses unterliegt nach Art. 53 dem für Aktiengesellschaften geltenden mitgliedstaatlichen Recht und den jeweiligen Verfahrensusancen (→ Rn. 3).

[Änderung der Satzung]

59 (1) **Die Änderung der Satzung bedarf eines Beschlusses der Hauptversammlung, der mit der Mehrheit von nicht weniger als zwei Dritteln der abgegebenen Stimmen gefasst worden ist, sofern die Rechtsvorschriften für Aktiengesellschaften im Sitzstaat der SE keine größere Mehrheit vorsehen oder zulassen.**

(2) **Jeder Mitgliedstaat kann jedoch bestimmen, dass die einfache Mehrheit der Stimmen im Sinne von Absatz 1 ausreicht, sofern mindestens die Hälfte des gezeichneten Kapitals vertreten ist.**

(3) **Jede Änderung der Satzung wird gemäß Artikel 13 offen gelegt.**

§ 51 SEAG Satzungsänderungen

[1] Die Satzung kann bestimmen, dass für einen Beschluss der Hauptversammlung über die Änderung der Satzung die einfache Mehrheit der abgegebenen Stimmen ausreicht, sofern mindestens die Hälfte des Grundkapitals vertreten ist. [2] Dies gilt nicht für die Änderung des Gegenstands des Unternehmens, für einen Beschluss gemäß Artikel 8 Abs. 6 der Verordnung sowie für Fälle, für die eine höhere Kapitalmehrheit gesetzlich zwingend vorgeschrieben ist.

Schrifttum: *Deutscher Anwaltverein (DAV)*, Stellungnahme zum Diskussionsentwurf eines Gesetzes zur Ausführung der Verordnung (EG) Nr. 2157/2001 des Rates vom 8.10.2001 über das Statut der Europäischen Gesellschaft (SE) (SE-Ausführungsgesetz), NZG 2003, 75; *Heckschen,* Die Europäische AG aus notarieller Sicht, DNotZ 2003, 251; *Hommelhoff,* Satzungsstrenge und Gestaltungsfreiheit in der Europäischen Aktiengesellschaft, FS Ulmer, 2003, 267; *Lutter/Kollmorgen/Feldhaus,* Die Europäische Aktiengesellschaft – Satzungsgestaltung bei der „mittelständischen SE", BB 2005, 2473; *Teichmann,* Vorschläge für das deutsche Ausführungsgesetz zur Europäischen Aktiengesellschaft, ZIP 2002, 1109. S. ferner die Angaben zu Art. 52.

Übersicht

	Rn.
I. Allgemeines	1
II. Begriff der Satzungsänderung	4
1. Materielle und formelle Satzungsbestandteile	4
2. Inhaltliche Reichweite des Art. 59	6
III. Zuständigkeit der Hauptversammlung	10
1. Grundsatz	10
2. Hauptversammlungskompetenz und Beteiligungsvereinbarung	13
3. Fassungsänderung	14
IV. Mehrheitserfordernisse	15
1. Grundsatz: Zweidrittelmehrheit der abgegebenen Stimmen	15
2. Erhöhte Erfordernisse nach nationalem Recht	16
V. Ermächtigung zur Absenkung der Stimmenmehrheit (Abs. 2, § 51 SEAG)	19
VI. Durchführung der Hauptversammlung, notarielle Beurkundung	25
VII. Eintragung in das Handelsregister	26
VIII. Offenlegung (Abs. 3)	30

I. Allgemeines

Art. 59 regelt die Zuständigkeit, die Mehrheitserfordernisse und die Offenlegungserfordernisse für **Änderungen der Satzung einer SE.** Nach Abs. 1 liegt die Zuständigkeit für Satzungsänderungen bei der Hauptversammlung der SE. Es handelt sich um die Übertragung einer „alleinigen" Zuständigkeit iSv Art. 52 (vgl. Spindler/Stilz/*Eberspächer* Rn. 1; KK-AktG/*Kiem* Rn. 7). Bis auf wenige Ausnahmen (zB Fassungsänderungen) sind damit sowohl das Leitungs- als auch das Aufsichtsorgan von der Satzungsgestaltung ausgeschlossen. Diese „Satzungshoheit" der Aktionäre entspricht der verbandsrechtlichen Konzeption der SE und markiert zugleich das **unentziehbare Minimum** an Einflussnahme auf die unternehmerische Tätigkeit und innere Funktionsweise der Gesellschaft. Die SE entspricht in dieser Hinsicht der nationalen Aktiengesellschaft.

2   Art. 59 Abs. 1 legt weiterhin fest, dass Satzungsänderungen – abweichend vom Grundsatz des Art. 57, wonach Hauptversammlungsbeschlüsse mit einfacher Stimmenmehrheit gefasst werden, – einer qualifizierten Mehrheit von zwei Dritteln der abgegebenen Stimmen bedürfen. Abs. 2 enthält eine Regelungsermächtigung, nach der die Mitgliedstaaten bestimmen können, dass die einfache Stimmenmehrheit für satzungsändernde Hauptversammlungsbeschlüsse ausreicht, wenn mindestens die Hälfte des gezeichneten Kapitals bei der Abstimmung (KK-AktG/*Kiem* Rn. 27) vertreten ist. Der deutsche Gesetzgeber hat von dieser Ermächtigung in § 51 SEAG in der Weise Gebrauch gemacht, dass die **Absenkung der qualifizierten Mehrheit** in die **Disposition des Satzungsgebers** gestellt wird. Ausnahmen hiervon sind in § 51 SEAG wiederum für die Änderung des Unternehmensgegenstands, für eine Sitzverlegung gemäß Art. 8 Abs. 6 und für Fälle vorgesehen, in der eine höhere Kapitalmehrheit gesetzlich zwingend vorgeschrieben ist (zB beim genehmigten Kapital, § 202 Abs. 2 S. 2 und 3 AktG).

3   Abs. 3 schließlich bestimmt, dass Satzungsänderungen nach dem in Art. 13 benannten Verfahren offen gelegt werden müssen.

II. Begriff der Satzungsänderung

4   **1. Materielle und formelle Satzungsbestandteile.** Art. 59 findet grundsätzlich auf alle Satzungsänderungen Anwendung. Dies gilt naturgemäß für die Änderung von materiellen **(„echten") Satzungsbestandteilen.** Hierzu zählen vor allem die Regelungen über die Firma, den Sitz, den Unternehmensgegenstand, das Kapital, die Organe und die Beziehung der Gesellschaft zu den Gründern und den künftigen Aktionären (zur Unterscheidung zwischen materiellen und formellen Satzungsbestandteilen im deutschen Recht vgl. Hüffer/*Koch* AktG § 23 Rn. 3 f.; MüKoAktG/*Pentz* § 23 Rn. 39 ff.).

5   Nach zutreffender Auffassung erfasst Art. 59 aber auch die Änderung formeller **(„unechter") Satzungsbestandteile.** Hierzu gehören Bestimmungen, die in die Satzungsurkunde aufgenommen wurden, obwohl sie keinen korporationsrechtlichen Regelungsgehalt haben, zB Nebenabreden zwischen einzelnen Gründungsaktionären, Beschreibung von Sondervorteilen für Organmitglieder etc (vgl. Hüffer/*Koch* AktG § 23 Rn. 4; MüKoAktG/*Pentz* § 23 Rn. 41 f.). Hinsichtlich der Anwendung von Art. 59 ist in diesen Fällen zu differenzieren: Die inhaltliche Änderung des zu Grunde liegenden – zumeist schuldrechtlichen – Rechtsverhältnisses vollzieht sich nach den für dieses Rechtsverhältnis geltenden einzelstaatlichen Regelungen, quasi außerhalb und unabhängig von der Satzung (so für das deutsche Recht Hüffer/*Koch* AktG § 179 Rn. 5; MüKoAktG/*Stein* AktG § 179 Rn. 31). Eine solche Änderung stellt weder eine Satzungsänderung dar noch wird diese für die Änderung des Rechtsverhältnisses vorausgesetzt. Art. 59 findet auf diese Konstellation keine Anwendung (KK-AktG/*Kiem* Rn. 2; LHT/*Bayer* Rn. 3; wohl auch NK-SE/*Mayer* Rn. 2; aA Spindler/Stilz/*Eberspächer* Rn. 3; MüKoAktG/*Kubis* Rn. 4; im Ergebnis wohl auch *Schwarz* Rn. 6). Wird hingegen der Wortlaut der Satzung in Bezug auf einen unechten Bestandteil verändert (Anpassung der Textfassung, Streichung etc), so ist dies als Satzungs-

änderung zu qualifizieren, mit der Folge, dass die Voraussetzungen des Art. 59 eingreifen (KK-AktG/*Kiem* Rn. 9; LHT/*Bayer* Rn. 4; ebenso Spindler/Stilz/ *Eberspächer* Rn. 3; MüKoAktG/*Kubis* Rn. 4, die – ohne die hier vorgenommene Differenzierung – alle formellen Satzungsänderungen der Vorschrift des Art. 59 unterwerfen wollen). Möglicherweise finden in einem solchen Fall dann jedoch die **für sog. Fassungsänderungen geltenden Erleichterungen** Anwendung (→ Rn. 14).

2. Inhaltliche Reichweite des Art. 59. Grundsätzlich gilt Art. 59 für alle 6
Hauptversammlungsbeschlüsse, die auf eine Änderung der Satzung abzielen. Hierunter fallen zB die Änderung des **Unternehmensgegenstands,** die Sitzverlegung und – namentlich bei der SE – jede **Umstellung zwischen dualistischem und monistischem System** (Spindler/Stilz/*Eberspächer* Rn. 3; KK-AktG/*Kiem* Rn. 3). Art. 8 Abs. 6 S. 2 stellt ausdrücklich klar, dass auch eine grenzüberschreitende Sitzverlegung den Anforderungen des Art. 59 unterfällt.

Hinsichtlich ausgewählter satzungsrelevanter Beschlussfassungen wiederum 7
trifft die SE-VO **Sonderregelungen, die Art. 59 als lex specialis vorgehen.** Hierzu zählt die Beschlussfassung über die **Auflösung der SE,** die gemäß Art. 63 den Vorschriften des betreffenden Sitzstaats unterliegt (Spindler/Stilz/*Eberspächer* Rn. 3; KK-AktG/*Kiem* Rn. 4; MüKoAktG/*Kubis* Rn. 4). Für eine in Deutschland ansässige SE wird damit unter anderem auf das in § 262 Abs. 1 Nr. 2 AktG normierte Mehrheitserfordernis von drei Viertel des bei der Beschlussfassung vertretenen Grundkapitals verwiesen. Zum anderen gilt Art. 59 nicht für die **Rückumwandlung der SE** in eine nationale Aktiengesellschaft, da Art. 66 Abs. 6 als lex specialis ebenfalls unmittelbar auf die im Einklang mit Art. 7 NatVerschmRL erlassenen einzelstaatlichen Bestimmungen verweist (Spindler/ Stilz/*Eberspächer* Rn. 3; KK-AktG/*Kiem* Rn. 4; MüKoAktG/*Kubis* Rn. 4), dh im Fall einer deutschen SE auf § 65 Abs. 1 UmwG (Spindler/Stilz/*Eberspächer* Rn. 3; KK-AktG/*Kiem* Rn. 4; MüKoAktG/*Kubis* Rn. 4). Dieser sieht für die relevante Beschlussfassung eine Kapitalmehrheit von mindestens drei Viertel des bei der Beschlussfassung vertretenen Grundkapitals vor.

Bei der Beschlussfassung über Kapitalmaßnahmen ist zu differenzieren: Sofern 8
diese mit einer Änderung der Satzung einhergehen, was bei konkreten oder potentiellen Veränderungen der Grundkapitalziffer der SE (zB der Schaffung eines genehmigten oder bedingten Kapitals) stets der Fall ist, sind Kapitalmaßnahmen als Unterfall der Satzungsänderung zu betrachten. Art. 59 kommt in diesem Fall umfassend zur Anwendung (*Brandt* Hauptversammlung 243 ff.; Spindler/Stilz/ *Eberspächer* Rn. 3; KK-AktG/*Kiem* Rn. 5; *Koke* Finanzverfassung der SE 119 ff.; MüKoAktG/*Kubis* Rn. 2; *Schwarz* Rn. 11; LHT/*Bayer* Rn. 5 ff.). Dies trifft ungeachtet des Umstands zu, dass bereits Art. 5 „für das Kapital der SE, dessen Erhaltung und dessen Änderungen ...“ auf die für eine Aktiengesellschaft des Sitzstaats der SE maßgeblichen Vorschriften verweist. Aus den Bestimmungen früherer Verordnungsentwürfe ergibt sich, dass **satzungsrelevante Kapitalmaßnahmen** stets den allgemeinen Anforderungen der SE-VO an Satzungsänderungen unterworfen waren (näher KK-AktG/*Kiem* Rn. 5).

Umgekehrt ergibt sich aus den vorstehenden Grundsätzen, dass Hauptver- 9
sammlungsbeschlüsse, die zwar einen Bezug zur Unternehmensfinanzierung haben, jedoch keine Auswirkungen auf die Satzung entfalten, nicht unter Art. 59 fallen, sondern den allgemeinen Beschlussanforderungen des Art. 57 unterliegen. Hierzu zählen unter anderem Beschlüsse über die Ausgabe von **Wandelschuldverschreibungen, Gewinnschuldverschreibungen oder Genussrechten** (KK-AktG/*Kiem* Rn. 6). Auch Beschlüsse über den Ausschluss des Bezugsrechts bei einer ordentlichen Kapitalerhöhung sind zwar „kapitalrelevant“, schlagen sich aber nicht in der Satzung nieder. Sofern von Teilen der Literatur vorgeschlagen

wird, derartige Beschlüsse wegen ihrer „Nähe zu den Kapitalmaßnahmen" ebenfalls den Anforderungen von Art. 59 zu unterwerfen (*Koke* Finanzverfassung der SE 210 f.; *Schwarz* Rn. 11 in Bezug auf Wandelschuldverschreibungen, Gewinnschuldverschreibungen und Genussrechte sowie *Koke* Finanzverfassung der SE 155 ff.; *Schwarz* Art. 5 Rn. 23 in Bezug auf den Beschluss über den Ausschluss des Bezugsrechts), ist dies mit Blick auf die systematische Trennung von satzungsändernden Beschlüssen und anderen Beschlussfassungen der Hauptversammlung abzulehnen (KK-AktG/*Kiem* Rn. 6). Zudem besteht auch in der Sache kein Regelungsbedürfnis. Der gesteigerten Eingriffsqualität dieser Beschlüsse wird über Art. 57 Abs. 2 und ein etwaig qualifiziertes Mehrheitserfordernis nach nationalem Aktienrecht hinreichend Rechnung getragen (zB § 221 Abs. 1 S. 2 AktG).

III. Zuständigkeit der Hauptversammlung

10   **1. Grundsatz.** Art. 59 Abs. 1 weist die Zuständigkeit für Satzungsänderungen der Hauptversammlung zu (KK-AktG/*Kiem* Rn. 7; LHT/*Bayer* Rn. 1). Innerhalb des durch die SE-VO und des durch das nationale Recht zwingend vorgegebenen Rahmens kann die Hauptversammlung demnach über die „Verfassung" der SE entscheiden. Die grundsätzliche Hauptversammlungszuständigkeit schließt auch bei der SE die Übertragung von satzungsrelevanten Entscheidungsbefugnissen nicht aus, sofern das nationale Recht dies im Einzelfall vorsieht. Dies gilt zB für die **Ermächtigung zur Ausnutzung eines genehmigten Kapitals** nach § 202 AktG oder bei der Beschlussfassung über eine „Bis-zu-Kapitalerhöhung" (vgl. hierzu nur Hüffer/*Koch* AktG § 182 Rn. 13 ff.; Grigoleit/*Rieder*/*Holzmann* AktG § 182 Rn. 5 ff.) auf der Grundlage von § 182 AktG. Diese für die aktienrechtliche Praxis wichtigen limitierten Kompetenzdelegationen sind über Art. 5 auch bei der SE zulässig (vgl. allgemein zur Anwendbarkeit der §§ 182 ff. AktG auf die SE Spindler/Stilz/*Casper* Art. 5 Rn. 2; LHT/*Fleischer* Art. 5 Rn. 8; MüKoAktG/*Oechsler* Art. 5 Rn. 28; *Schwarz* Art. 5 Rn. 7 ff.).

11   Werden von der Satzungsänderung bei **Existenz mehrerer Gattungen** von Aktien spezifische Rechte einer oder mehrerer Gruppen von Aktionären berührt, bedarf es gemäß Art. 60 eines gesonderten, mit der nach Art. 59 erforderlichen Mehrheit zu fassenden Beschlusses jeder betroffenen Aktionärsgruppe (Art. 60).

12   Individuelle Zustimmungsvorbehalte zugunsten einzelner Aktionäre bzw. von Aktionären einer bestimmten Gruppe bleiben über die Regelungsoffenheit des Art. 59 für weitergehende Anforderungen des nationalen Rechts ebenfalls unberührt (§ 180 Abs. 1 und 2 AktG, § 35 BGB; LHT/*Bayer* Rn. 13).

13   **2. Hauptversammlungskompetenz und Beteiligungsvereinbarung.** Die Hoheit der Hauptversammlung, über Satzungsänderungen zu beschließen, wird auch nicht durch die Regelungen in der SE-VO oder der SE-RL zur Beteiligungsvereinbarung nach Art. 4 SE-RL eingeschränkt. Von der Ausnahmeregelung in Art. 12 Abs. 4 S. 3 hat der deutsche Gesetzgeber keinen Gebrauch gemacht. Hiernach kann ein Mitgliedstaat dem Leitungs- oder Verwaltungsorgan der SE die Befugnis verleihen, die Satzung ohne Hauptversammlungsbeschluss zu ändern, wenn sie im Widerspruch zur Vereinbarung über die Arbeitnehmerbeteiligung steht. Die Auflösung eines solchen Widerspruchs fällt bei einer deutschen SE daher unverändert in die Zuständigkeit der Hauptversammlung. Soweit Teile der Literatur annehmen, dass der Hauptversammlung bei dem Ob oder Wie der Anpassung keine Entscheidungsfreiheit zustünde (MüKoAktG/*Schäfer* Art. 12 Rn. 9; *Schwarz* Rn. 8, Art. 12 Rn. 36 ff., der aber für die Wirksamkeit der Beteiligungsvereinbarung die Zustimmung der Hauptversammlung verlangt und somit letztlich doch der Kompetenz der Hauptversammlung den Vorrang ein-

räumt), kann dem nicht gefolgt werden. Die **Mitbestimmungsautonomie findet ihre Grenze in der Satzungsautonomie**. Die Beteiligungsvereinbarung kann keine verbindlichen Regelungen zu Gegenständen treffen, die in die Zuständigkeit der Hauptversammlung fallen (Spindler/Stilz/*Casper* Art. 12 Rn. 25; KK-AktG/*Kiem* Art. 12 Rn. 78, 81; LHT/*Kleindiek* Art. 12 Rn. 33; NK-SE/ *Schröder* Art. 12 Rn. 34; *Teichmann* ZIP 2002, 1109 [1112]). Das Kompetenzgefüge der SE wäre empfindlich gestört, wenn Verwaltung und Arbeitnehmer einer Gesellschaft satzungsrelevante Strukturmerkmale der SE ohne Beteiligung der Hauptversammlung abschließend festlegen könnten. Sofern die Beteiligungsvereinbarung also Regelungen trifft, die in den Zuständigkeitsbereich des Satzungsgebers fallen, muss die entsprechende Bestimmung – oder die Beteiligungsvereinbarung insgesamt – unter den **Vorbehalt der Zustimmung der Hauptversammlung** gestellt werden (gegen die Erforderlichkeit eines Wirksamkeitsvorbehalts KK-AktG/*Kiem* Art. 12 Rn. 81, der aber davon ausgeht, dass sich ein Wirksamkeitsvorbehalt empfehlen wird; hierfür ebenfalls LHT/ *Kleindiek* Art. 12 Rn. 33; *Teichmann* ZIP 2002, 1109 [1112]).

3. Fassungsänderung. Nach § 179 Abs. 1 S. 2 AktG kann die Hauptversammlung die Befugnis zu Änderungen, die lediglich die Fassung der Satzung betreffen (sog. Fassungsänderungen), dem Aufsichtsrat übertragen. Im Unterschied zu inhaltlichen Änderungen, die zwingend der Hauptversammlung vorbehalten sind, betreffen Fassungsänderungen **lediglich die textliche Anpassung der Satzung an geänderte Umstände** oder vollzogene Maßnahmen, zB die Neufassung der Grundkapitalziffer nach Durchführung einer „Bis zu"-Kapitalerhöhung (vgl. Hüffer/*Koch* AktG § 179 Rn. 11; Grigoleit/*Ehmann* AktG § 179 Rn. 9). Die Möglichkeit zur Delegation rein sprachlicher Anpassungen an die Leitungsorgane war im SE-VO-E von 1989 noch enthalten (vgl. Art. 95 Abs. 2 SE-VO-E 1989), wurde im Entwurf von 1991 aber ersatzlos gestrichen. Wie in anderen Regelungszusammenhängen auch, kann daraus aber nicht auf eine Negierung des ursprünglichen Regelungsanliegens geschlossen werden (MüKo-AktG/*Kubis* Rn. 3; LHT/*Bayer* Rn. 4, 8; *Schwarz* Rn. 9). Vielmehr sprechen die besseren Gründe dafür, dass der Verordnungsgeber die Delegationsbefugnis für sprachliche Anpassungen der Satzung – als untergeordnete Detailfrage – dem für Aktiengesellschaften maßgeblichen einzelstaatlichen Recht überlassen wollte (*Brandt* Hauptversammlung 137). Für die Anwendung von § 179 Abs. 1 S. 2 AktG spricht im Übrigen auch die von der SE-VO intendierte Gleichstellung der SE mit der nationalen Aktiengesellschaft in Bereichen, in denen die SE-VO keine Regelungskompetenz beansprucht (LHT/*Bayer* Rn. 8; KK-AktG/*Kiem* Rn. 9). Daher kann auch die Hauptversammlung einer in Deutschland ansässigen SE den Aufsichtsrat – oder im Falle der monistischen SE den Verwaltungsrat – gemäß Art. 9 Abs. 1 lit. c ii) iVm § 179 Abs. 1 S. 2 AktG ermächtigen, die Fassung der Satzung zu ändern (*Brandt* Hauptversammlung 136 ff.; Spindler/Stilz/*Eberspächer* Rn. 3; KK-AktG/*Kiem* Rn. 9; MüKoAktG/*Kubis* Rn. 3; LHT/*Bayer* Rn. 3; *Schwarz* Rn. 9). Dies kann sowohl abstrakt-generell durch Satzungsbestimmung als auch – konkret-maßnahmenbezogen – im Rahmen eines Hauptversammlungsbeschlusses erfolgen (MüKoAktG/*Kubis* Rn. 3). Die näheren Details ergeben sich aus den aktienrechtlichen Kommentierungen zu § 179 Abs. 1 S. 2 AktG (vgl. KK-AktG/*Kiem* Rn. 9; vgl. zu § 179 Abs. 1 S. 2 AktG MüKoAktG/ *Stein* AktG § 179 Rn. 158 ff.; Grigoleit/*Ehmann* AktG § 179 Rn. 9).

IV. Mehrheitserfordernisse

1. Grundsatz: Zweidrittelmehrheit der abgegebenen Stimmen. Abweichend vom Prinzip der einfachen Stimmenmehrheit nach Art. 57 schreibt

Art. 59 Abs. 1 für satzungsändernde Hauptversammlungsbeschlüsse eine qualifizierte Mehrheit von mindestens zwei Dritteln der abgegebenen Stimmen vor. Die abgegebenen Stimmen sind unter Beachtung von Art. 58 im Einklang mit den nationalen Verfahrensgrundsätzen zu ermitteln. Sofern die für Aktiengesellschaften im Sitzstaat der SE maßgeblichen Rechtsvorschriften höhere Mehrheiten vorsehen oder zulassen, gelten die nationalen Mehrheitserfordernisse. Der explizite **Verweis auf das bloße „Zulassen"** einer höheren Mehrheit durch nationales Recht bezieht sich bei sachgerechter Auslegung auf eine durch die Satzung der SE im Einklang mit einer nationalen Ermächtigung festgesetzte höhere Mehrheit (*Brandt* Hauptversammlung 245; KK-AktG/*Kiem* Rn. 12 f.; MüKo-AktG/*Kubis* Rn. 5 f.; *Schwarz* Rn. 5; LHT/*Bayer* Rn. 11 ff.). Hierdurch unterscheidet sich Art. 59 von der Mehrheitsregel des Art. 57, der als „größere Mehrheit" nur vom *nationalen Gesetzgeber* zwingend vorgeschriebene Mehrheiten berücksichtigt, die Erhöhung der einfachen Mehrheit aufgrund einer nationalen Satzungsermächtigung hingegen nicht zulässt (→ Art. 57 Rn. 29). – Die SE-VO selbst legt außerhalb von Art. 59 keine größeren Mehrheiten für satzungsrelevante Beschlüsse fest. In den Ausnahmefällen der Art. 63 (unter anderem Auflösung und Liquidation der SE) und 66 Abs. 6 (Rückumwandlung der SE in eine . nationale Aktiengesellschaft) verweist die SE-VO vielmehr unmittelbar auf die qualifizierten Beschlussmehrheiten des Sitzstaats der SE.

16   **2. Erhöhte Erfordernisse nach nationalem Recht.** Die in Art. 59 bestimmte Mehrheit von zwei Dritteln der abgegebenen Stimmen gilt vorbehaltlich etwaiger durch nationales Recht oder im Einklang damit durch die Satzung der SE festgelegten größerer Beschlussmehrheiten. Das daraus resultierende Zusammenspiel zwischen den in der SE-VO geregelten und den für eine deutsche SE geltenden aktienrechtlichen Beschlusserfordernissen ist komplex, insbesondere wegen der **Kumulation von erforderlichen Stimmrechts- und Kapitalmehrheiten** im deutschen Aktienrecht. Nach §§ 133 Abs. 1, 179 Abs. 2 S. 1 AktG bedarf ein Beschluss über die Änderung der Satzung bei einer AG sowohl der einfachen Stimmmehrheit (§ 133 Abs. 1 AktG) als auch einer Mehrheit, die mindestens drei Viertel des bei der Beschlussfassung vertretenen Grundkapitals umfasst (qualifizierte Kapitalmehrheit). Die Satzung kann hinsichtlich der Stimmen eine höhere Mehrheit vorsehen (§ 133 Abs. 1 AktG), hinsichtlich des Kapitals grundsätzlich sowohl eine höhere als auch eine niedrigere Mehrheit (§ 179 Abs. 2 S. 2 AktG; vgl. dazu nur Hüffer/*Koch* AktG § 179 Rn. 16 ff.; Grigoleit/*Ehmann* AktG § 179 Rn. 12). **Für bestimmte satzungsändernde Beschlüsse** kann die Satzung allerdings **nur eine höhere Kapitalmehrheit vorsehen** (zB nach § 179 Abs. 2 S. 2 AktG für die Änderung des Unternehmensgegenstands, nach § 193 Abs. 1 S. 2 AktG für die bedingte Kapitalerhöhung und nach § 202 Abs. 2 S. 3 AktG für die Schaffung genehmigten Kapitals). – Im Rahmen von Art. 57 wurde bereits dargelegt, dass die nach deutschem Aktienrecht bestehenden Kapitalmehrheiten auch auf eine SE Anwendung finden (→ Art. 57 Rn. 22 ff.). Sie sind hierbei nach zutreffender Auffassung nicht als „modifizierte Stimmenmehrheiten" zu betrachten, sondern als **separates Beschlusserfordernis**, das neben die durch die SE-VO oder nationales Recht statuierten Stimmrechtserfordernisse tritt. Im Bereich der satzungsändernden Beschlüsse sind daher erforderliche Stimmmehrheit und erforderliche Kapitalmehrheit strikt zu trennen.

17   Aus dieser Systematik können für die Beschlusspraxis einer SE mit Sitz in Deutschland folgende Grundsätze abgeleitet werden: Die durch Art. 59 vorgeschriebene **Stimmenmehrheit** von zwei Drittel wird durch nationale gesetzliche Regelungen nicht erhöht, da eine größere Stimmenmehrheit für Satzungsänderungen im AktG nicht vorgeschrieben ist. Die in § 133 Abs. 1 AktG für

Satzungsänderungen bei der AG vorgesehene einfache Stimmenmehrheit bleibt außer Betracht, da Art. 59 nur „größere Mehrheiten" zulässt. Sofern allerdings in der Satzung einer SE die erforderliche *Stimmen*mehrheit über die Schwelle von zwei Drittel erhöht sein sollte, was nach § 133 Abs. 1 AktG zulässig ist, ist diese Erhöhung maßgeblich, da es sich um eine iSv Art. 59 Abs. 1 „zugelassene" Erhöhung handelt (KK-AktG/*Kiem* Rn. 13). Sieht die Satzung keine Erhöhung der Stimmenmehrheit vor, bleibt es jedoch bei der durch Art. 59 vorgeschriebenen Zweidrittelmehrheit (KK-AktG/*Kiem* Rn. 14).

Die in Art. 179 Abs. 2 S. 1 AktG vorgesehene **Kapitalmehrheit** von **drei** **18** **Viertel des bei der Beschlussfassung vertretenen Grundkapitals** gilt als zusätzliches Beschlusserfordernis zur jeweils maßgeblichen Stimmenmehrheit (→ Art. 57 Rn. 22; KK-AktG/*Kiem* Rn. 16 f.; NK-SE/*Mayer* Rn. 18; LHT/ *Bayer* Rn. 16). Dort wo die Satzung – in Übereinstimmung mit den aktienrechtlichen Ermächtigungen – eine noch höhere Kapitalmehrheit vorsieht, ist diese ebenfalls zu beachten. Hierbei darf allerdings die Mehrheitsanforderung weder nach aktienrechtlichen noch nach unionsrechtlichen Grundsätzen so hoch angesetzt werden, dass Satzungsänderungen de facto ausgeschlossen sind. Daher dürfte ein Einstimmigkeitserfordernis für Satzungsänderungen bei Publikumsgesellschaften wohl regelmäßig unzulässig sein (NK-SE/*Mayer* Art. 59 Rn. 14; LHT/*Bayer* Rn. 15; speziell zum Fall der grenzüberschreitenden Sitzverlegung *Schwarz* Rn. 22; *Brandt* Hauptversammlung 245; vgl. zum Aktiengesetz Hüffer/*Koch* AktG § 179 Rn. 20, 23; Spindler/Stilz/*Holzborn* AktG § 179 Rn. 124; MüKo-AktG/*Stein* AktG § 179 Rn. 98; aA offenbar GroßkommAktG/*Wiedemann* AktG § 179 Rn. 120). In Fällen, in denen das AktG die satzungsmäßige **Herabsetzung der qualifizierten Kapitalmehrheit** auf eine einfache Kapitalmehrheit erlaubt, ist diese herabgesetzte Mehrheit auch im Rahmen von Art. 59 maßgeblich. Nach zutreffender Ansicht entfaltet Art. 59 nur im Hinblick auf die Herabsetzung der *Stimmen*mehrheit eine gemeinschaftsweite Sperrwirkung, nicht hingegen in Bezug auf die Ausgestaltung etwaiger weiterer Mehrheitserfordernisse, wie zB der Kapitalmehrheit. Eine nach nationalem Recht zugelassene Herabsetzung gesetzlicher Kapitalmehrheitserfordernisse ist mit Art. 59 Abs. 1 daher vereinbar. Bei zahlreichen wichtigen Beschlussgegenständen gestattet das Aktienrecht dem Satzungsgeber allerdings ohnehin nur die *Erhöhung* der gesetzlich vorgesehenen Mehrheit von drei Viertel des bei der Beschlussfassung vertretenen Grundkapitals.

V. Ermächtigung zur Absenkung der Stimmenmehrheit (Abs. 2, § 51 SEAG)

Art. 59 Abs. 2 ermächtigt die Mitgliedstaaten „zu bestimmen", dass für einen **19** satzungsändernden Hauptversammlungsbeschluss die einfache Mehrheit der Stimmen ausreicht, wenn mindestens die Hälfte des gezeichneten Kapitals bei der Beschlussfassung vertreten ist. Diese Entscheidungsbefugnis hat der deutsche Gesetzgeber in § 51 S. 1 SEAG an den Satzungsgeber delegiert. Danach kann die Satzung der SE bestimmen, dass bei Vorliegen des in Art. 59 Abs. 2 genannten Quorums die **einfache Mehrheit der abgegebenen Stimmen für einen satzungsändernden Beschluss** ausreicht. Nach der Gesetzesbegründung sollte durch diese Herabsetzungsmöglichkeit der Gleichlauf mit dem allgemeinen Aktienrecht hergestellt werden, das in § 179 Abs. 2 S. 2 ebenfalls eine Herabsetzung der qualifizierten Beschlussmehrheit durch die Satzung gestattet (RegE SEEG vom 21.6.2004, BT-Drs. 15/3405, 40).

Im Schrifttum ist umstritten, ob Art. 59 Abs. 2 den nationalen Gesetzgeber **20** überhaupt zu einer Delegation der Herabsetzungsbefugnis an den Satzungsgeber ermächtigt. Gegen eine solche Delegationsbefugnis wird unter anderem der

Wortlaut von Art. 59 Abs. 2 angeführt, wonach der Mitgliedstaat das Ausreichen der einfachen Stimmenmehrheit für eine Satzungsänderung „bestimmen" kann (*Brandt* Hauptversammlung 247; MüKoAktG/*Kubis* Rn. 7; Spindler/Stilz/*Eberspächer* Rn. 5). Aus dieser Wortwahl wird die Verpflichtung des nationalen Gesetzgebers abgeleitet, im Falle des Gebrauchs der Ermächtigung selbst eine **unmittelbare Regelungsanordnung** zu treffen. Aus dem Vergleich mit anderen Regelungen der SE-VO, in denen ein verbindlicher Normsetzungsbefehl mit dem Begriff „vorschreiben" ausgedrückt wird, ergibt sich jedoch nach zutreffender Auffassung, dass die Wortwahl „bestimmen" in Art. 59 Abs. 2 im Sinne einer offeneren, und auch die Delegation an den Satzungsgeber einschließenden Ermächtigung auszulegen ist (KK-AktG/*Kiem* Rn. 23). Dies ist auch unter systematischen Gesichtspunkten folgerichtig, da die **Delegation auf den Satzungsgeber** als „Minus" zu einer unmittelbaren zwingenden staatlichen Regelung angesehen werden kann, das von der Ermächtigungsanordnung mit umfasst ist. Im Ergebnis sprechen die überwiegenden Argumente also dafür, dass die Delegation der Herabsetzungsbefugnis nach § 51 S. 1 SEAG im Einklang mit Art. 59 Abs. 2 steht und daher zulässig ist (KK-AktG/*Kiem* Rn. 23; *Schwarz* Rn. 18; MüKoAktG/*Kubis* Rn. 7; Spindler/Stilz/*Eberspächer* Rn. 5; LHT/*Bayer* Rn. 18).

21   Der deutsche Gesetzgeber hat die Ermächtigung zur Absenkung der Stimmenmehrheit allerdings nicht für alle Arten von Hauptversammlungsbeschlüssen in Anspruch genommen. Nach § 51 S. 2 SEAG sind bestimmte Beschlussgegenstände von der Herabsetzungsmöglichkeit ausgenommen. Dies betrifft die Änderung des Unternehmensgegenstandes, den Beschluss über die grenzüberschreitende Sitzverlegung nach Art. 8 Abs. 6 sowie alle Beschlüsse, für die eine höhere Kapitalmehrheit gesetzlich zwingend vorgeschrieben ist (zB in § 193 Abs. 1 S. 2 AktG für die bedingte Kapitalerhöhung und in § 202 Abs. 2 S. 3 AktG für die Schaffung genehmigten Kapitals).

22   Eine etwaige gemäß § 51 S. 1 SEAG in der Satzung der SE angeordnete Herabsetzung des Stimmenmehrheitserfordernisses ändert nichts an dem Erfordernis der zusätzlichen Kapitalmehrheit. Zwar lässt der Wortlaut des § 51 SEAG, der insoweit unscharf formuliert ist, die Auslegung zu, dass im Falle der Herabsetzung eine einfache Mehrheit der Stimmen zur Beschlussfassung abschließend ausreicht. Dementsprechend wird von einem Teil des Schrifttums, der die nationalen Kapitalmehrheiten entsprechend der hier vertretenen Ansicht zwar grundsätzlich auf die SE anwenden will, die einfache Stimmenmehrheit des § 51 SEAG für abschließend gehalten (LHT/*Bayer* Rn. 12). Diese Sichtweise wäre jedoch ein erheblicher Bruch mit der Parallelität von Stimmenmehrheit und Kapitalmehrheit im Recht von AG und SE mit Sitz in Deutschland. Die Frage, ob zusätzlich zur Stimmenmehrheit eine Kapitalmehrheit zur Anwendung kommt, hinge davon ab, ob die Satzung von der Herabsetzung der Stimmenmehrheit nach § 51 S. 1 SEAG Gebrauch macht. Wesentlich plausibler ist es, auch im Falle einer Herabsetzung der Stimmenmehrheit nach § 51 S. 1 SEAG die **erforderliche Kapitalmehrheit** zu fordern (so auch KK-AktG/*Kiem* Rn. 24). Diese kann nach § 179 Abs. 2 S. 2 AktG ja ebenfalls auf eine einfache Mehrheit herabgesetzt werden (KK-AktG/*Kiem* Rn. 18), so dass bei entsprechender Satzungsgestaltung das „Vereinfachungsziel" von Art. 51 SEAG nicht unterlaufen wird.

23   Auf einem anderen Blatt steht freilich, dass die SE durch die Quorumsanforderung in Art. 59 Abs. 2, die folgerichtig auch in § 51 SEAG umgesetzt ist, im Vergleich zur AG schlechter gestellt wird. Während nämlich bei Satzungsänderungen der SE die Herabsetzung der Stimmenmehrheit von zwei Drittel auf die einfache Mehrheit nur unter der Bedingung zulässig ist, dass mindestens die Hälfte des gezeichneten Kapitals vertreten ist, kann die Beschlussmehrheit bei der AG auch ohne Mindestquorum herabgesetzt werden. Da die **Hauptversamm-**

lungspräsenz gerade bei großen Publikumsgesellschaften nicht selten deutlich unter 50 % des Grundkapitals liegt, wird es für SEs daher – selbst wenn eine entsprechende Satzungsregelung getroffen wurde – bei dem qualifizierten Stimmrechtserfordernis von zwei Drittel bleiben, während eine AG entsprechende Satzungsänderungen mit der einfachen Mehrheit beschließen könnte.

Indes zeigt die Hauptversammlungspraxis bei Publikumsgesellschaften, dass die **24** meisten Beschlüsse, einschließlich Satzungsänderungen, in der Regel mit großen Mehrheiten gefasst werden. **Bei wesentlichen Beschlussfassungen** wirkt sich die Unterscheidung auch gar nicht aus, weil das AktG in diesen Fällen **keine Absenkung der Kapitalmehrheit** zulässt. In diesen Fällen kommt weder nach AktG noch nach § 51 SEAG eine einfache Mehrheit von Stimmen und/oder Kapital in Betracht.

VI. Durchführung der Hauptversammlung, notarielle Beurkundung

Die Vorbereitung und Durchführung der Hauptversammlung, in der ein sat- **25** zungsändernder Beschluss gefasst werden soll, unterliegt nach den in Art. 53 und 54 Abs. 2 statuierten Grundsätzen den aktienrechtlichen Regelungen. Danach ist der Wortlaut der Satzungsänderung gemäß Art. 54 Abs. 2, § 124 Abs. 2 S. 2 AktG mit der Tagesordnung bekannt zu machen (vgl. auch KK-AktG/*Kiem* Art. 54 Rn. 31). Für das Abstimmungsverfahren in der Hauptversammlung und die Ermittlung der relevanten Mehrheiten gelten ebenfalls die aktienrechtlichen Verfahrensregeln unter Beachtung der in Art. 58 spezifizierten Fälle von nicht abgegebenen Stimmen. Der **satzungsändernde Hauptversammlungsbeschluss** ist nach § 130 Abs. 1 S. 1 AktG, der mangels eigenständiger Formvorschrift in der SE-VO über Art. 9 Abs. 1 lit. c ii) Anwendung findet (ebenso *Heckschen* DNotZ 2003, 251 [267]; LHT/*Bayer* Rn. 25; für die Anwendbarkeit von Art. 53: *Spitzbart* RNotZ 2006, 369 [386]; van Hulle/Maul/Drinhausen/ *Maul* Abschnitt 5 § 4 Rn. 7; *Schwarz* Rn. 23; für die Anwendbarkeit von sowohl Art. 9 Abs. 1 lit. c ii) als auch Art. 53: KK-AktG/*Kiem* Rn. 29), **notariell zu beurkunden** (*Schwarz* Art. 59 Rn. 23; LHT/*Bayer* Rn. 25; KK-AktG/*Kiem* Rn. 29). Dies gilt gemäß § 130 Abs. 1 S. 3 AktG auch für die nichtbörsennotierte SE, weil eine Satzungsänderung kraft gesetzlicher Anordnung in § 179 Abs. 2 S. 1 AktG der qualifizierten Mehrheit von drei Viertel des vertretenen Grundkapitals bedarf. Da § 130 Abs. 1 S. 3 AktG explizit auf die **Gesetzeslage** abstellt, bleiben etwaige, zulässigerweise in der Satzung der SE vorgesehene Herabsetzungen des Quorums für die Beurteilung der Beurkundungspflicht außer Betracht (vgl. nur MüKoAktG/*Kubis* AktG § 130 Rn. 26 ff.; Spindler/Stilz/*Wicke* AktG § 130 Rn. 38).

VII. Eintragung in das Handelsregister

Der Zeitpunkt des Wirksamwerdens einer Satzungsänderung ist durch die SE- **26** VO nicht allgemein geregelt. Lediglich Art. 8 Abs. 10 bestimmt für den Fall der grenzüberschreitenden Sitzverlegung, dass die entsprechende Satzungsänderung erst im Zeitpunkt der Eintragung wirksam wird. Im Übrigen ist die SE-VO in Bezug auf die Frage des Wirksamkeitszeitpunktes nach zutreffender Ansicht regelungsoffen (*Brandt* Hauptversammlung 264 f.; Spindler/Stilz/*Eberspächer* Rn. 7; MüKoAktG/*Kubis* Rn. 10; *Schwarz* Rn. 24; KK-AktG/*Kiem* Rn. 30), so dass über Art. 9 Abs. 1 lit. c ii) die aktienrechtlichen Grundsätze gelten (*Brandt* Hauptversammlung 265; Spindler/Stilz/*Eberspächer* Rn. 7; MüKoAktG/*Kubis* Rn. 10). Nach § 181 Abs. 3 AktG werden **Satzungsänderungen erst mit Eintragung in das Handelsregister** am Sitz der Gesellschaft wirksam. Dies gilt entsprechend für die Satzungsänderung bei einer SE.

27   Über Art. 9 Abs. 1 lit. c ii) kommt auch das gesamte für die Durchführung des Registerverfahrens bei einer Aktiengesellschaft maßgebliche Recht zur Anwendung. Danach hat das Leitungsorgan der SE, dh der Vorstand oder die geschäftsführenden Direktoren, die Satzungsänderung unverzüglich in elektronisch beglaubigter Form zum Handelsregister anzumelden (KK-AktG/*Kiem* Rn. 31; LHT/*Bayer* Rn. 22 ff.). Der Anmeldung müssen der **vollständige Wortlaut der geänderten Satzung** (nicht nur der geänderte Abschnitt) sowie die notarielle Bescheinigung gemäß § 181 Abs. 1 S. 2 AktG über die Übereinstimmung dieser neuen Satzungsfassung mit der bisherigen Satzung und den gefassten Beschlüssen beigefügt werden (KK-AktG/*Kiem* Rn. 31; LHT/*Bayer* Rn. 26). Betrifft die Satzungsänderung eine Kapitalmaßnahme sind die weiteren in §§ 184 und 188 AktG aufgeführten Unterlagen beizufügen.

28   Für die Prüfung durch das Registergericht gelten ebenfalls die für eine Aktiengesellschaft maßgeblichen Grundsätze (KK-AktG/*Kiem* Rn. 32; *Schwarz* Rn. 25; LHT/*Bayer* Rn. 268). Das Registergericht wird daher anhand der eingereichten Unterlagen, insbesondere auf der Grundlage des notariellen Protokolls, eine **formelle und materielle Kontrolle der Beschlussfassung** vornehmen (KK-AktG/*Kiem* Rn. 32; für die Aktiengesellschaft vgl. Spindler/Stilz/*Holzborn* AktG § 181 Rn. 20 ff.; Hüffer/*Koch* AktG § 181 Rn. 12 ff.; Grigoleit/*Ehmann* AktG § 181 Rn. 8). Dabei reicht eine allgemeine Plausibilitätskontrolle hinsichtlich der zwingenden Beschlussgrundlagen (Mehrheit, ordnungsgemäße Beschlussfeststellung, ordnungsgemäße Beurkundung, Vereinbarkeit der Satzungsänderung mit zwingenden aktienrechtlichen Vorgaben) in aller Regel aus (KK-AktG/*Kiem* Rn. 32). Hinsichtlich der Durchführung des Registerverfahrens **im Falle von Anfechtungs- oder Nichtigkeitsklagen** gegen den satzungsändernden Beschluss gelten die für Aktiengesellschaften anwendbaren Grundsätze entsprechend (vgl. MüKoAktG/*Stein* AktG § 181 Rn. 45 ff.).

29   Sofern die geänderte Satzung mit Regelungen der Mitbestimmungsvereinbarung in Widerspruch steht oder unvereinbar mit der gesetzlichen Auffangregelung gemäß §§ 23 ff., 34 ff. SEBG ist, darf das Registergericht die Satzungsänderung nicht eintragen (Art. 12 Abs. 4 S. 1; KK-AktG/*Kiem* Rn. 33; *Schwarz* Rn. 25). Im Falle eines solchen Widerspruchs muss entweder die Satzung oder die Mitbestimmungsvereinbarung geändert werden.

VIII. Offenlegung (Abs. 3)

30   Jede Satzungsänderung muss gemäß Art. 59 Abs. 3 iVm Art. 13 offen gelegt werden. Art. 13 verweist bezüglich der offen zu legenden Urkunden und Angaben auf die nationalen Vorschriften, mit denen die Mitgliedstaaten die Publizitäts-RL umgesetzt haben. In Deutschland macht daher das Registergericht gemäß § 10 HGB die Eintragung der Satzungsänderung ihrem ganzen Inhalt nach bekannt (KK-AktG/*Kiem* Rn. 34; LHT/*Bayer* Rn. 22 ff.; vgl. zum Inhalt der Bekanntmachung MüKoHGB/*Krafka* HGB § 10 Rn. 5). Ferner sind die Eintragung, ihre Bekanntmachung sowie die zum Handelsregister eingereichten Dokumente gemäß § 8b Abs. 2 Nr. 1 HGB über die Internetseite des von der „Bundesanzeiger Verlagsgesellschaft mit beschränkter Haftung" (dazu MüKoHGB/*Krafka* HGB § 8b Rn. 5) im Auftrag des Bundesjustizministeriums **elektronisch geführten Unternehmensregisters zugänglich** (KK-AktG/*Kiem* Rn. 34).

[Gesonderte Abstimmung]

60 (1) **Sind mehrere Gattungen von Aktien vorhanden, so erfordert jeder Beschluss der Hauptversammlung noch eine gesonderte Ab-**

stimmung durch jede Gruppe von Aktionären, deren spezifische Rechte durch den Beschluss berührt werden.

(2) **Bedarf der Beschluss der Hauptversammlung der Mehrheit der Stimmen gemäß Artikel 59 Absätze 1 oder 2, so ist diese Mehrheit auch für die gesonderte Abstimmung jeder Gruppe von Aktionären erforderlich, deren spezifische Rechte durch den Beschluss berührt werden.**

Schrifttum: S. Angaben zu Art. 52.

Übersicht

	Rn.
I. Allgemeines	1
1. Regelungsgehalt und Normzweck	1
2. Systematische Stellung	3
II. Erforderlichkeit eines Sonderbeschlusses (Abs. 1)	4
1. Mehrere Aktiengattungen	5
2. Berührung gattungsspezifischer Rechte	7
3. Nicht erfasste Fälle	9
4. Sonderfall: Ausgabe konkurrierender Vorzugsaktien	13
III. Anforderungen an den Sonderbeschluss	16
1. Gesonderte Abstimmung	16
2. Verfahren	17
3. Mehrheitserfordernisse	18
a) Sonderbeschlüsse zu Satzungsänderungen (Abs. 2)	19
b) Sonstige Sonderbeschlüsse	22

I. Allgemeines

1. Regelungsgehalt und Normzweck. Art. 60 regelt die Anforderungen an **1** Hauptversammlungsbeschlüsse einer **SE mit mehreren Aktiengattungen.** Sofern ein Beschluss der Hauptversammlung die „spezifischen Rechte" der Inhaber einer Gattung „berührt", hängt die Wirksamkeit dieses Beschlusses von einem zustimmenden Sonderbeschluss („gesonderte Abstimmung") der betroffenen Aktionärsgruppe ab (Abs. 1). Zielt der zustimmungsbedürftige Hauptversammlungsbeschluss auf eine Satzungsänderung, so gilt die gemäß Art. 59 Abs. 1 und 2 notwendige qualifizierte Mehrheit auch für den Sonderbeschluss (Abs. 2). Im Beschlussregime der Art. 57 ff. hat Art. 60 damit eine doppelte Zweckrichtung: Einerseits sollen die Inhaber von Aktien einer spezifischen Gattung vor Eingriffen der Hauptversammlungsmehrheit in ihre Rechtsposition geschützt werden. Andererseits lockert Art. 60 den gesellschaftsrechtlichen Grundsatz, dass Eingriffe in spezifische Mitgliedschaftsrechte nur mit *individueller* Zustimmung jedes Einzelnen der Rechtsinhaber aufgehoben werden dürfen (vgl. § 35 BGB; allgemeine Meinung, *Brandt* Hauptversammlung 257; Spindler/Stilz/*Eberspächer* Rn. 1; KK-AktG/*Kiem* Rn. 2; MüKoAktG/*Kubis* Rn. 1; LHT/*Spindler* Rn. 2 f.; NK-SE/*Schröder* Rn. 1; *Schwarz* Rn. 1; *Fischer* ZGR 2013, 832 [833 und 837].). Die Regelung schafft damit eine **sachgerechte Balance** zwischen dem Schutz der gattungsspezifischen Rechte und der Möglichkeit zu deren Anpassung (KK-AktG/*Kiem* Rn. 2).

Die Eigenschaft des Sonderbeschlusses als Instrument des Minderheitenschut- **2** zes findet ihren Niederschlag darin, dass die Wirksamkeit des zustimmungsbedürftigen Hauptversammlungsbeschlusses mit der des Sonderbeschlusses verknüpft wird. Solange kein wirksamer Sonderbeschluss gefasst wurde, ist ein zustimmungsbedürftiger Hauptversammlungsbeschluss schwebend unwirksam. Kommt der erforderliche Sonderbeschluss nicht zustande, sei es, dass die zur Abstimmung über den Sonderbeschluss berufenen Aktionäre ihre Zustimmung verweigern oder im Nachhinein die Nichtigkeit des Sonderbeschlusses festgestellt bzw. erklärt wird, ist der Hauptversammlungsbeschluss unwirksam (Spindler/ Stilz/*Eberspächer* Rn. 1; *Fischer* ZGR 2013, 832 [854 ff.]; dies entspricht auch der hM zu § 138 AktG, vgl. nur Hüffer/*Koch* AktG § 138 Rn. 7; Grigoleit/*Herrler* AktG § 138 Rn. 6; Spindler/Stilz/*Rieckers* AktG § 138 Rn. 4 und 25; MüKo-AktG/*Schröer* AktG § 138 Rn. 4). Die Unwirksamkeit des Hauptversammlungs-beschlusses kann jeder der in seinen Gattungsrechten betroffenen Aktionäre mit der Feststellungsklage geltend machen (so zu § 138 AktG zB Spindler/Stilz/ *Rieckers* AktG § 138 Rn. 25).

3   **2. Systematische Stellung.** Art. 60 regelt die Tatbestandsvoraussetzungen und die Anforderungen an Sonderbeschlüsse bei der SE abschließend (*Brandt* Hauptversammlung 258; MüKoAktG/*Kubis* Rn. 2; *Schwarz* Rn. 6; LHT/*Spind-ler* Rn. 3a; *Fischer* ZGR 2013, 832 [834]). **Die Satzung der SE** kann die Fälle, in denen Sonderbeschlüsse einzelner Aktionärsgruppen erforderlich sind, **weder erweitern noch beschränken.** Auch die Festlegung von Mehrheitserforder-nissen für Sonderbeschlüsse durch die Satzung ist nur in dem von der SE-VO selbst vorgegebenen Rahmen zulässig (zB Herabsetzung der satzungsändernden Zweidrittelmehrheit auf die einfache Mehrheit, sofern mindestens die Hälfte des gezeichneten Kapitales vertreten ist, Art. 60 Abs. 2, 59 Abs. 2). **Art. 60 ver-drängt** in seinem Anwendungsbereich auch die Bestimmungen des nationalen Aktienrechts (*Brandt* Hauptversammlung 258 f.; MüKoAktG/*Kubis* Rn. 2; *Schwarz* Rn. 6, LHT/*Spindler* Rn. 3a; *Fischer* ZGR 2013, 832 [834]). Soweit es also um nachträgliche Eingriffe in bestehende Gattungsrechte geht, ist für die Anwendung des § 179 Abs. 3 AktG (Sonderbeschluss bei nachteiliger Verände-rung des Gattungsverhältnisses), des § 141 AktG (Sonderbeschluss in gesonderter Versammlung bei Aufhebung oder Beschränkung eines Vorzugs) oder des § 182 Abs. 2 AktG (Sonderbeschluss stimmberechtigter Gattungen zu Kapitalerhöhun-gen) kein Raum. Demgegenüber sind die aktienrechtlichen Regelungen des Sitzstaats der SE für die **Begründung und inhaltliche Ausprägung von Aktiengattungen** über die Verweisung in Art. 5 anwendbar (KK-AktG/*Kiem* Rn. 5; NK-SE/*Schröder* Rn. 5 f.; *Schwarz* Rn. 5; *Fischer* ZGR 2013, 832 [841]).

II. Erforderlichkeit eines Sonderbeschlusses (Abs. 1)

4   Die Notwendigkeit zur gesonderten Abstimmung durch die betroffene Aktio-närsgruppe setzt nach Art. 60 Abs. 1 zweierlei voraus: Zum einen müssen nach der Satzung der SE **mehrere Aktiengattungen** bestehen, zum anderen muss der Beschluss der Hauptversammlung die spezifischen Rechte einer dieser Aktien-gattungen berühren.

5   **1. Mehrere Aktiengattungen.** Erste Tatbestandsvoraussetzung ist das Vor-liegen mehrerer Aktiengattungen. Der Begriff der Gattung ist in der SE-VO nicht definiert. Nachdem die verschiedenen Vorentwürfe zur SE-VO noch ex-plizit vorsahen, dass „Aktien mit gleichen Rechten" eine Gattung bilden (vgl. Art. III-2–2 Sanders-Vorentwurf, Art. 49 Abs. 4 SE-VO-E 1970, Art. 49 Abs. 4 SE-VO-E 1975, Art. 52 Abs. 4 SE-VO-E 1989 sowie Art. 52 Abs. 4 SE-VO-E 1991), hat der Verordnungsgeber diese Regelung letztlich aufgegeben und auf eine eigenständige Definition verzichtet. Daher bestimmt sich der Begriff der Aktiengattung gemäß Art. 5 nach nationalem Recht, dh für eine SE mit Sitz in Deutschland nach § 11 S. 2 AktG (KK-AktG/*Kiem* Rn. 4; LHT/*Spindler* Rn. 7; *Schwarz* Rn. 5; so im Ergebnis auch *Hirte* NZG 2002, 1 [8]; *ders.* DStR 2005, 700 [703]; Spindler/Stilz/*Eberspächer* Rn. 2; MüKoAktG/*Kubis* Rn. 3; NK-SE/*Schrö-der* Rn. 6, allerdings ohne auf die Verweisungsnorm des Art. 5 abzustellen; *Fischer* ZGR 2013, 832 [835 f.]). Merkmal einer Aktiengattung ist danach die Ausstat-

tung mit gleichen mitgliedschaftlichen Rechten und – bei sachgerechter Auslegung von § 11 S. 2 AktG – Pflichten (KK-AktG/*Dauner-Lieb* AktG § 11 Rn. 5 ff.; Grigoleit/*Vedder* AktG § 11 Rn. 7; MüKoAktG/*Heider* AktG § 11 Rn. 28; Hüffer/*Koch* AktG § 11 Rn. 7; Spindler/Stilz/*Vatter* AktG § 11 Rn. 3; Schmidt/Lutter/*Ziemons* AktG § 11 Rn. 5). **Grundlage** für die Schaffung **unterschiedlicher Aktiengattungen** ist die **Satzung der SE.** Die Spielräume bei der Ausgestaltung der Gattung sind durch die nationalen Aktienrechte begrenzt (unter anderem keine Mehrstimmrechtsaktien (§ 12 Abs. 2 AktG), Satzungsstrenge (§ 23 Abs. 5 AktG), Gleichbehandlungsgrundsatz (§ 53a AktG), Stimmrechtsausschluss nur bei Gewinnvorzug (§ 139 AktG); vgl. dazu zB KK-AktG/*Dauner-Lieb* AktG § 11 Rn. 26 f.; Spindler/Stilz/*Vatter* AktG § 11 Rn. 5). Prototyp einer gesonderten Aktiengattung ist die **stimmrechtslose Vorzugsaktie,** auf deren Ausgestaltung die §§ 139 ff. AktG über Art. 5 Anwendung finden.

Keine Gattungsverschiedenheit wird hingegen durch die parallele Existenz von **6** Namens- und Inhaberaktien begründet, da die Unterschiede sich auf die Übertragung, nicht aber auf den Inhalt der Mitgliedschaftsrechte beziehen. Ebenso wenig begründen unterschiedliche Nennbeträge oder eine unterschiedliche Form der Verbriefung separate Gattungen (Spindler/Stilz/*Eberspächer* Rn. 2; KK-AktG/*Kiem* Rn. 4; MüKoAktG/*Kubis* Rn. 3; LHT/*Spindler* Rn. 11; NK-SE/*Schröder* Rn. 4). Auch ein an bestimmte Aktien gebundenes Entsendungsrecht begründet gemäß der ausdrücklichen Regelung in § 101 Abs. 2 S. 3 AktG keine eigenständige Aktiengattung.

2. Berührung gattungsspezifischer Rechte. Die Notwendigkeit eines Son- **7** derbeschlusses ergibt sich nach Art. 60 Abs. 1 nur dann, wenn der zu Grunde liegende Hauptversammlungsbeschluss die spezifischen Rechte der jeweiligen Aktiengattung „berührt". Der Begriff des „Berührens" ist denkbar weit und legt zunächst nahe, dass jedwede Auswirkung eines Hauptversammlungsbeschlusses auf gattungsspezifische Rechte einen Sonderbeschluss auslöst. Dies erscheint mit Blick auf den Schutzzweck des Art. 60 jedoch wenig sachgerecht. Beschlüsse der Hauptversammlung, die sich auf gattungsspezifische Rechte **ohne erkennbaren Nachteil oder sogar zum Vorteil** auswirken, **rechtfertigen keinen Sonderbeschluss.** Diese Sichtweise wird durch die Analyse anderer Sprachfassungen der SE-VO gestützt, die einen Sonderbeschluss nur bei nachteiligen Auswirkungen auf gattungsspezifische Rechte fordern (vgl. zB die französische („[…] *pour le vote séparé de chaque catégorie d'actionnaires aux droits spécifiques desquels la décision porte atteinte*"), italienische („[…] *la votazione distinta di ciascuna categoria di azionisti i cui specifici diritti siano pregiudicati*") oder spanische („[…] *para la votación por separado de cada categoría de accionistas cuyos derechos específicos puedan ser perjudicados*") Fassung des Art. 60, die jeweils eine Beeinträchtigung der Aktionärsrechte verlangen; dazu auch *Brandt* Hauptversammlung S. 259; KK-AktG/*Kiem* Rn. 6; *Schwarz* Rn. 8; NK-SE/*Schröder* Rn. 8; ausführlich auch *Fischer* ZGR 2013, 832 [836 ff.] und *Vins* Vorzugsaktien 53 ff., 145 f.). Vor diesem Hintergrund ist Art. 60 Abs. 1 richtigerweise dahingehend auszulegen, dass der fragliche Hauptversammlungsbeschluss zu einer effektiven Beeinträchtigung – einschließlich der vollständigen Beseitigung – der gattungsspezifischen Rechte führen muss (so auch *Brandt* Hauptversammlung 260; Spindler/Stilz/*Eberspächer* Rn. 3; KK-AktG/*Kiem* Rn. 6; MüKoAktG/*Kubis* Rn. 4; LHT/*Spindler* Rn. 8; *Schwarz* Rn. 8). Damit sind die Kriterien des Art. 60 Abs. 1 für einen Sonderbeschluss weitgehend deckungsgleich mit den Tatbestandsvoraussetzungen des § 179 Abs. 3 AktG (in diesem Sinne auch *Brandt* Hauptversammlung 260; MüKoAktG/*Kubis* Rn. 4). Eine Beschränkung auf rechtliche Eingriffe lässt sich Art. 60 Abs. 1 nicht entnehmen. **Erfasst werden daher auch wirtschaftliche Nachteile,** sofern diese spezifisch die Gattung betreffen (Spindler/Stilz/*Eberspächer* Rn. 3; KK-AktG/

Kiem Rn. 6; MüKoAktG/*Kubis* Rn. 4; LHT/*Spindler* Rn. 8; *Vins* Vorzugsaktien 146; offen: *Fischer* ZGR 2013, 832 [837]). Auch für das Erfordernis einer „unmittelbaren" Beeinträchtigung findet sich keine Stütze (vgl. LHT/*Spindler* Rn. 8; aA KK-AktG/*Kiem* Rn. 6, der nur unmittelbare Beeinträchtigungen als erfasst ansieht). Die **Unmittelbarkeit eines Eingriffs** (zB Satzungsänderung zur betraglichen Deckelung eines Gewinnvorzugs) wird das Zustimmungserfordernis zwar in der Regel indizieren, vorstellbar sind aber auch Beeinträchtigungen, die sich – gleichsam reflexartig – aus der Erweiterung von Rechten anderer Gattungen ergeben, zB durch Begründung einer Mehrdividende zu Gunsten einer anderen Gattung (so auch NK-SE/*Schröder* Rn. 8).

8   Erforderlich ist zudem eine Beeinträchtigung der spezifischen Rechte, die die Gattung charakterisieren. Die „bloße" Beeinträchtigung von allen Aktionären zustehenden Rechten ist nicht ausreichend (LHT/*Spindler* Rn. 9; *Schwarz* Rn. 9). Schließlich gibt es keine Anhaltspunkte dafür, dass im Rahmen des Art. 60 etwaige Beeinträchtigungen von Gattungsrechten mit den durch den Beschluss ausgelösten Vorteilen saldiert werden können (KK-AktG/*Kiem* Rn. 6; MüKoAktG/*Kubis* Rn. 4; LHT/*Spindler* Rn. 9).

9   **3. Nicht erfasste Fälle.** Keine Anwendung findet Art. 60 auf die Begründung oder Erhöhung von Nebenverpflichtungen einzelner Aktionäre, zB die Verpflichtung zur Erbringung einer Dienstleistung oder zur Lieferung beweglicher Sachen (*Brandt* Hauptversammlung 262 f.; Spindler/Stilz/*Eberspächer* Rn. 6; KK-AktG/*Kiem* Rn. 10; MüKoAktG/*Kubis* Rn. 3). Darauf abzielende Hauptversammlungsbeschlüsse bedürfen der individuellen Zustimmung jedes einzelnen der hierdurch Betroffenen. Dies kann trotz des Fehlens einer entsprechenden Regelung in der SE-VO (Art. 97 Abs. 3 SE-VO-E 1991 sah für den Fall einer Erhöhung der Verbindlichkeiten der Aktionäre noch das Erfordernis der Zustimmung sämtlicher betroffener Aktionäre vor) bereits aus dem auch im europäischen Kapitalgesellschaftsrecht anerkannten Grundsatz abgeleitet werden, dass einzelnen Anteilsinhabern ohne ihre Zustimmung keine Leistungspflichten auferlegt werden können (vgl. *Brandt* Hauptversammlung 263; MüKoAktG/*Kubis* Rn. 3; LHT/*Spindler* Rn. 17; zustimmend auch Spindler/Stilz/*Eberspächer* Rn. 6, der diesen Grundsatz allerdings der SE-VO selbst entnehmen will). Für eine SE mit Sitz in Deutschland ergibt sich die **individuelle Zustimmungspflicht zu Nebenverpflichtungen** in jedem Fall aus Art. 5 iVm § 180 Abs. 1 AktG.

10   Ebenfalls nicht erfasst werden Eingriffe in individuelle Sonderrechte ohne Gattungscharakter, wie zB die **Aufhebung eines Entsendungsrechts** nach § 103 Abs. 2 S. 3 AktG. Auch in diesen Fällen bedarf es stets der individuellen Zustimmung jedes Rechtsinhabers (KK-AktG/*Kiem* Rn. 10).

11   Kein Fall des Art. 60 sind ferner Sonderbeschlüsse, die nach nationalem Recht zum **Schutz von außenstehenden Aktionären in Konzernsachverhalten** vorgesehen sind (s. §§ 295 Abs. 2, 296 Abs. 2, 297 Abs. 2, 302 Abs. 3 S. 3, 309 Abs. 3 S. 1, 310 Abs. 4, 317 Abs. 4 und 318 Abs. 4 AktG; *Brandt* Hauptversammlung 258 f.; Spindler/Stilz/*Eberspächer* Rn. 5; KK-AktG/*Kiem* Rn. 8; MüKoAktG/*Kubis* Rn. 1; van Hulle/Maul/Drinhausen/*Maul* Abschnitt 5 § 4 Rn. 73; LHT/*Spindler* Rn. 18; *Schwarz* Rn. 7). Die von den konzernrechtlichen Bestimmungen geschützte Gruppe der „außenstehenden Aktionäre" bildet keine eigene, durch die Satzung der Gesellschaft begründete Aktiengattung und fällt damit als solche bereits nicht in den Anwendungsbereich von Art. 60. Sie definiert sich vielmehr rein faktisch in Abgrenzung zum Hauptaktionär bzw. zum anderen Vertragsteil eines Unternehmensvertrags. Die SE-VO will den Minderheitenschutz in Konzernsachverhalten allerdings nicht verhindern. Vielmehr bleibt dieser gemäß Erwägungsgrund 15 der SE-VO dem Recht des jeweiligen Sitzstaats der beherrschten Gesellschaft überlassen. Das Erfordernis konzernrecht-

lich begründeter Sonderbeschlüsse ergibt sich daher aus Art. 9 Abs. 1 lit. c ii)
iVm den nationalen aktienrechtlichen Grundsätzen (*Brandt* Hauptversammlung
S. 258 f.; KK-AktG/*Kiem* Rn. 8; van Hulle/Maul/Drinhausen/*Maul* Abschnitt 5
§ 4 Rn. 73; *Schwarz* Rn. 7; LHT/*Spindler* Rn. 18; im Ergebnis ebenso Spindler/
Stilz/*Eberspächer* Rn. 5, der das nationale Sachrecht allerdings über die Anknüp-
fungsregeln des internationalen Privatrechts zur Anwendung bringen will). Entgegen einer in der Literatur zuweilen vertreten Auffassung (vgl. *Brandt* Hauptversammlung 262; LHT/*Spindler* Rn. 18; *Schwarz* Rn. 7 und 11) richtet sich
dabei nicht nur die Frage nach der Erforderlichkeit eines Sonderbeschlusses nach
dem nationalen Recht des Sitzstaates der beherrschten Gesellschaft. Auch die Art
und Weise des Abstimmungsverfahrens, insbesondere die Mehrheitserfordernisse,
wird in Konzernsachverhalten durch das jeweilige nationale Recht bestimmt. Da
die SE-VO keinerlei Aussagen zu konzernrechtlichen Fragen enthält, erscheint es
überzeugender – im Einklang mit Erwägungsgrund 15 der SE-VO – die Frage
des Minderheitenschutzes in Konzernsachverhalten insgesamt – also sowohl hinsichtlich des „Ob" als auch hinsichtlich des „Wie" – dem Recht des Sitzstaates
der beherrschten Gesellschaft zu unterstellen und so die nationalen Regelungen
einheitlich zur Anwendung zu bringen. Schließlich verweist Art. 9 Abs. 1 lit.
c ii) im Falle des Fehlens einer Regelung in der SE-VO vollumfänglich auf das
nationale Recht. Dem kann nicht entgegengehalten werden, dass die Art. 57 ff.
die Abstimmungsvoraussetzungen für sämtliche Beschlüsse in der SE regeln. Dies
ist zwar insoweit richtig, als von Hauptversammlungsbeschlüssen die Rede ist,
Sonderbeschlüsse sind aber keine Hauptversammlungsbeschlüsse im rechtstechnischen Sinn (sondern Zustimmungsakte zu Hauptversammlungsbeschlüssen)
und fallen daher nicht in den unmittelbaren Anwendungsbereich der Art. 57 ff.
(so zutreffend LHT/*Spindler* Rn. 13 (für analoge Anwendung); *Schwarz* Rn. 10).

Schließlich gilt Art. 60 nicht für die erstmalige Begründung einer **12**
neuen Aktiengattung (KK-AktG/*Kiem* Rn. 9; MüKoAktG/*Kubis* Rn. 3;
LHT/*Spindler* Rn. 7). Dies ergibt sich bereits aus dem Wortlaut der Norm, der
voraussetzt, dass bei der relevanten Beschlussfassung bereits mehrere Aktiengattungen bestehen. Auch nach der Systematik der SE-VO richten sich Begründung
und inhaltliche Ausgestaltung verschiedener Aktiengattungen nach nationalem
Recht (zB die Möglichkeit zur Ausgabe von Vorzugsaktien ohne Stimmrecht
gemäß § 139 AktG). Nicht ausgeschlossen ist freilich, dass die Rechte bereits
existierender Gattungen durch die Schaffung einer weiteren Aktiengattung beeinträchtigt werden. In diesem Fall ist ein Sonderbeschluss der betroffenen (existierenden) Gattungen nach Art. 60 erforderlich.

4. Sonderfall: Ausgabe konkurrierender Vorzugsaktien. Eine differen- **13**
zierte Betrachtung erfordert die Frage, ob im Fall einer SE mit Stamm- und
Vorzugsaktien (§ 139 AktG) die Ausgabe weiterer, konkurrierender Vorzugs-
aktien gemäß Art. 60 eines Sonderbeschlusses der Vorzugsaktionäre bedarf. Da
Stamm- und Vorzugsaktien verschiedene Aktiengattungen iSv Art. 5 iVm § 11
Abs. 2 AktG bilden, ist das erste Tatbestandsmerkmal des Art. 60 („mehrere
Aktiengattungen") erfüllt. Die weitere Voraussetzung einer erkennbaren Beein-
trächtigung gattungsspezifischer Rechte ist im Ergebnis ebenfalls zu bejahen.
Dabei liegt zwar kein unmittelbar rechtlicher Eingriff in die Vorzugsposition vor,
denn die rechtliche Ausstattung der Vorzugsaktien bleibt ja unangetastet. Aller-
dings wird der wirtschaftliche Gehalt des Gewinnvorzugs beeinträchtigt, da sich
durch die erhöhte Zahl vorzugsberechtigter Aktien – ungeachtet einer etwaigen
Wahrung des Bezugsrechts – das Ausfallrisiko in Bezug auf diesen Vorzug erhöht.
Da auch wirtschaftliche Beeinträchtigungen von Art. 60 erfasst werden
(→ Rn. 7), ist ein Sonderbeschluss der Vorzugsaktionäre zur Kapitalerhöhung
erforderlich (NK-SE/*Schröder* Rn. 9; ausführlich *Fischer* ZGR 2013, 832 [842 ff.]

und *Vins* Vorzugsaktien 27 ff. und 53 ff.). Dies entspricht im Übrigen auch der Situation nach dem Aktiengesetz (§ 142 Abs. 2 S. 1 AktG).

14   Anders ist der Fall zu beurteilen, dass bei der Begründung der Vorzugsaktien in der Satzung der SE – entsprechend dem in § 142 Abs. 2 S. 2 AktG angelegten Regelungsgedanken – **die Ausgabe neuer Vorzugsaktien vorbehalten wurde.** Zwar hat Art. 60 wie eingangs ausgeführt, abschließenden Charakter und verdrängt die nationalen Vorschriften über die Erforderlichkeit von Sonderbeschlüssen, die verdrängende Wirkung besteht jedoch nur im Anwendungsbereich von Art. 60, dh bei nachträglichen Eingriffen in existierende Gattungsrechte. **Keine Anwendung** findet Art. 60 **auf die Begründung und die inhaltliche Ausgestaltung der Vorzugsgattung.** Diese kann in dem durch nationales Recht gezogenen Rahmen frei gestaltet werden. Sofern sich der Satzungsgeber dazu entschließt, die Gattung Vorzugsaktie nur mit der „Belastung" der zustimmungsfreien Ausgabe weiterer Vorzugsaktien zu schaffen, ist ein entsprechender Vorbehalt als gattungsspezifisches Merkmal zu qualifizieren. Durch die nachfolgende Ausnutzung des Vorbehalts kommt dieses Merkmal zum Tragen. Die Gattung wird davon aber nicht iSv Art. 60 „berührt" (aA *Koke* Finanzverfassung der SE 91).

15   Das Erfordernis eines Sonderbeschlusses besteht freilich dann, wenn der Vorbehalt nicht auch tatsächlich im Zusammenhang mit der originären Schaffung der Vorzugsaktien als gattungsspezifisches Merkmal eingeführt wurde. Wird der Vorbehalt vielmehr erst nachträglich eingeführt, stellt dies per se einen unmittelbar rechtlichen Eingriff dar, der ohne Sonderbeschluss nach Art. 60 nicht wirksam werden kann.

III. Anforderungen an den Sonderbeschluss

16   **1. Gesonderte Abstimmung.** Liegen die Tatbestandsvoraussetzungen des Art. 60 vor, so bedarf der relevante Hauptversammlungsbeschluss der gesonderten Abstimmung durch jede Gruppe von Aktionären, deren Gattungsrechte durch den Beschluss beeinträchtigt werden. Anders als zum Teil im nationalen Aktienrecht – etwa bei der Beschlussfassung von Vorzugsaktionären zur Aufhebung oder Beschränkung des Vorzugs (§ 141 Abs. 3 S. 1 AktG) – ist eine **gesonderte Versammlung der betroffenen Aktionäre nicht vorgesehen.** Da Art. 60 den organisatorischen Rahmen des Sonderbeschlusses abschließend regelt, wäre die Anordnung einer derartigen gesonderten Aktionärsversammlung – etwa durch die Satzung (vgl. § 138 AktG) – auch nicht zulässig (*Brandt* Hauptversammlung 261; KK-AktG/*Kiem* Rn. 11; MüKoAktG/*Kubis* Rn. 5; van Hulle/Maul/Drinhausen/*Maul* Abschnitt 5 § 4 Rn. 73; LHT/*Spindler* Rn. 10; *Schwarz* Rn. 12; *Fischer* ZGR 2013, 832 [852]; aA NK-SE/*Schröder* Rn. 10). Eine gesonderte Abstimmung nach Art. 60 findet somit stets im Rahmen einer allgemeinen, allen Aktionären zugänglichen Hauptversammlung statt.

17   **2. Verfahren.** Die gesonderte Abstimmung nach Art. 60 ist vom Leitungsorgan als weiterer Beschlusspunkt in die Tagesordnung aufzunehmen (Spindler/Stilz/*Eberspächer* Rn. 4; LHT/*Spindler* Rn. 12). Der Sonderbeschluss kann unter einem **separaten Tagesordnungspunkt** angekündigt werden oder mit dem zustimmungsbedürftigen Hauptversammlungsbeschluss unter einem Tagesordnungspunkt zusammengefasst werden. Hinsichtlich der Vorbereitung und Durchführung der Beschlussfassung gelten die Bestimmungen für Hauptversammlungsbeschlüsse entsprechend. Vorstand und Aufsichtsrat haben **auch in Bezug auf den Sonderbeschluss Beschlussvorschläge** iSv § 124 Abs. 3 S. 1 AktG zu unterbreiten. Auch zu Sonderbeschlüssen können Gegenanträge gestellt werden. Ist nach § 124 Abs. 2 S. 2 AktG der Wortlaut einer Satzungsänderung zu ver-

öffentlichen, genügt allerdings dessen einmalige Bekanntmachung im Rahmen des Hauptversammlungsbeschlusses. Da der zustimmende Sonderbeschluss sich notwendigerweise auf den zu Grunde liegenden Beschluss bezieht, wäre die nochmalige Wiedergabe des Satzungswortlauts eine unnötige Wiederholung. Die Erörterung des Sonderbeschlusses durch die Aktionäre findet **im Rahmen der allgemeinen Aussprache zur Tagesordnung** statt. Für das Abstimmungsverfahren gelten die üblichen Regeln. Allerdings hat der Versammlungsleiter die notwendigen technischen Vorkehrungen dafür zu treffen, dass nur die betroffenen Gattungsaktionäre an der gesonderten Abstimmung teilnehmen. Auch an sich stimmrechtslosen Vorzugsaktien steht hierbei naturgemäß ein Stimmrecht zu. Dies ist bei der technischen Vorbereitung der Hauptversammlung zu beachten. Sind mehrere Aktiengattungen durch einen Hauptversammlungsbeschluss spezifisch beeinträchtigt, ist eine gesonderte Abstimmung durch jede Aktionärsgruppe durchzuführen.

3. Mehrheitserfordernisse. Bei einer gesonderten Abstimmung nach Art. 60 **18** Abs. 1 handelt es sich technisch betrachtet nicht um einen Beschluss der Hauptversammlung, sondern um einen in Beschlussform zu Stande kommenden Zustimmungsakt der nachteilig betroffenen Aktionärsgruppe. Aus diesem Grund findet das **in Art. 57 ff. geregelte Mehrheitsregime** für Hauptversammlungsbeschlüsse der SE **keine unmittelbare Anwendung** (so auch *Brandt* Hauptversammlung 262; LHT/*Spindler* Rn. 13; *Schwarz* Rn. 10).

a) Sonderbeschlüsse zu Satzungsänderungen (Abs. 2). Sofern die Beein- **19** trächtigung der Gattungsrechte auf einem satzungsändernden Hauptversammlungsbeschluss beruht, bestimmt Art. 60 Abs. 2, dass für die gesonderte Abstimmung dieselben Beschlussmehrheiten gelten wie für den zu Grunde liegenden Hauptversammlungsbeschluss. Art. 60 Abs. 2 zielt damit auf einen **Gleichlauf der (qualifizierten) Mehrheitserfordernisse** für den Hauptversammlungsbeschluss einerseits und den Sonderbeschluss andererseits (KK-AktG/*Kiem* Rn. 16; MüKoAktG/*Kubis* Rn. 6; LHT/*Spindler* Rn. 15; *Fischer* ZGR 2013, 832 [852 f.]). Damit wird innerhalb der Gruppe der jeweils beschlussfassenden Aktionäre dasselbe minderheitsbezogene Schutzniveau geschaffen.

Durch die Bezugnahme in Art. 60 Abs. 2 kommen die in Art. 59 Abs. 1 und 2 **20** angelegten Mehrheitsregeln umfassend zur Anwendung, einschließlich der in diesem Rahmen relevanten Modifikationen durch nationale Vorschriften in die Satzung (KK-AktG/*Kiem* Rn. 13 f.; MüKoAktG/*Kubis* Rn. 7; NK-SE/*Schröder* Rn. 16; *Fischer* ZGR 2013, 832 [852]). Damit gilt für den Sonderbeschluss zu einer Satzungsänderung zunächst die Mehrheit von zwei Dritteln der abgegebenen Stimmen (Art. 59 Abs. 1 Hs. 1). Sofern nationale Rechtsvorschriften eine größere Mehrheit – gemeint ist eine Stimmenmehrheit – vorsehen (Art. 50 Abs. 1 Hs. 2), ist diese maßgeblich. Die aktienrechtlichen Rechtsvorschriften, die gerade für Sonderbeschlüsse von Vorzugsaktionären eine erhöhte Stimmenmehrheit von drei Viertel vorsehen, finden entgegen anderslautenden Stimmen im Schrifttum (*Koke* Finanzverfassung der SE 92 f.; NK-SE/*Schröder* Rn. 13; *Schwarz* Art. 5 Rn. 51 und Art. 60 Rn. 14; wohl auch *Fürst/Klahr* in Jannott/Frodermann HdB SE Kap. 6 Rn. 155) keine Anwendung (so auch KK-AktG/*Kiem* Rn. 13). Der Wortlaut des Art. 60 Abs. 2 bezieht sich unzweideutig auf die für den satzungsändernden Hauptversammlungsbeschluss maßgebliche Mehrheit („diese Mehrheit"; KK-AktG/*Kiem* Rn. 13). Für den Sonderbeschluss gilt also gleichsam **„strikte Akzessorietät"**. Dies schließt die Beachtung von Mehrheitserfordernissen aus, die für satzungsändernde Hauptversammlungsbeschlüsse nicht maßgeblich sind. Umgekehrt folgt aus dem in Art. 60 Abs. 2 angelegten Normzweck eines Gleichlaufs der Mehrheitserfordernisse, dass die nach § 179 Abs. 1 AktG für einen satzungsändernden Hauptversammlungsbeschluss erforderliche

Kapitalmehrheit **auch für den auf eine nachteilige Satzungsänderung bezogenen Sonderbeschluss** gilt. Würde die Kapitalmehrheit nicht berücksichtigt,
ergäbe sich bei einer in Deutschland ansässigen SE ein Widerspruch zur Intention
des Art. 60 Abs. 2, da der Sonderbeschluss der nachteilig betroffenen Aktionäre
einem anderen, geringeren Mehrheitserfordernis unterworfen wäre als der zu
Grunde liegende Hauptversammlungsbeschluss.

21   Da Art. 60 Abs. 2 ohne Einschränkung auf Art. 59 Abs. 1 und 2 verweist, sind
auch etwaige nach diesen Bestimmungen in der Satzung der SE zulässigerweise
festgelegte Mehrheitserfordernisse zu berücksichtigen (KK-AktG/*Kiem* Rn. 14;
MüKoAktG/*Kubis* Rn. 7). Dies kann zu einer **Erhöhung der erforderlichen
Mehrheit** führen (zB im Falle der Änderung des Unternehmensgegenstands
[§ 179 Abs. 2 S. 2 AktG], bei der Übertragung des gesamten Gesellschaftsvermögens [§ 179a Abs. 1 S. 2 AktG], bei bedingten Kapitalerhöhungen [§ 193
Abs. 1 S. 2], bei der Schaffung genehmigten Kapitals [§ 202 Abs. 3 S. 3 AktG]
sowie beim Abschluss eines Unternehmensvertrags [§ 293 Abs. 1 S. 3 AktG]),
aber auch zu einer Absenkung, etwa auf die einfache Mehrheit, wenn der
Satzungsgeber von der Ermächtigung nach Art. 59 Abs. 2 iVm § 51 SEAG
Gebrauch gemacht hat und mindestens die Hälfte des die betroffene Aktionärs-
gruppe repräsentierenden Grundkapitals vertreten ist (Spindler/Stilz/*Eberspächer*
Rn. 4; KK-AktG/*Kiem* Rn. 14; MüKoAktG/*Kubis* Rn. 7; LHT/*Spindler*
Rn. 16).

22   **b) Sonstige Sonderbeschlüsse.** Für Sonderbeschlüsse, die sich nicht auf eine
Satzungsänderung beziehen, gilt das Erfordernis der einfachen Stimmenmehrheit nach Art. 57 entsprechend (so auch *Brandt* Hauptversammlung 261 f.; Spindler/
Stilz/*Eberspächer* Rn. 4; MüKoAktG/*Kubis* Rn. 6; LHT/*Spindler* Rn. 14; *Schwarz*
Rn. 10; *Fischer* ZGR 2013, 832 [853]; aA allerdings NK-SE/*Schröder* Rn. 15,
dem zufolge nach Art. 53 das nationale Recht des Sitzstaates Anwendung findet).
Zwar fehlt es an einer spezifischen Verweisung auf die allgemeinen Mehrheitserfordernisse der SE-VO, jedoch lässt sich Art. 60 Abs. 2 der generelle **Regelungsgedanke** entnehmen, dass **für Sonderbeschlüsse dieselben Mehrheiten**
gelten wie für den zu Grunde liegenden Hauptversammlungsbeschluss. Wegen
des verfahrensmäßigen **Gleichlaufs zwischen Hauptversammlungsbeschluss
und Sonderbeschluss** ist es sachgerecht, auch Art. 58 sowie etwaige im Einklang mit Art. 57 stehende Abweichungen in der Satzung der SE bzw. im
nationalen Aktienrecht heranzuziehen.

Titel IV. Jahresabschluss und konsolidierter Abschluss

[Vorschriften des Sitzstaats]

61 Vorbehaltlich des Artikels 62 unterliegt die SE hinsichtlich der Aufstellung ihres Jahresabschlusses und gegebenenfalls. ihres konsolidierten Abschlusses einschließlich des dazugehörigen Lageberichts sowie der Prüfung und der Offenlegung dieser Abschlüsse den Vorschriften, die für dem Recht des Sitzstaates der SE unterliegende Aktiengesellschaften gelten.

Schrifttum: Vgl. das allgemeine Schrifttum zum Bilanzrecht, ferner: *Haller,* Die Jahresabschlusserstellung der Europäischen Aktiengesellschaft nach dem Statut-Entwurf der EG-Kommission, DB 1990, 1573; *Plendl/Niehues,* Rechnungslegung, Prüfung und Publizität, in Theisen/Wenz S. 405; *Rödder,* Bilanzierung und Besteuerung der Europäischen Aktiengesellschaft – Regelungen und Auswirkungen des Steuer-Entwurfes der EG-Kommission, WPg 1991, 200 [229].

I. Inhalt, Zweck und Anwendungsbereich der Vorschrift

Die Vorschrift unterstellt die SE hinsichtlich der Aufstellung, der Prüfung und **1** der Offenlegung ihrer Jahres- und Konzernabschlüsse sowie der dazu gehörigen Lageberichte den für nationale Aktiengesellschaften des Sitzstaates geltenden Vorschriften. Funktion und Rechtsnatur der Vorschrift entsprechen damit derjenigen des Art. 9 (MüKoAktG/*Fischer* Rn. 12; Spindler/Stilz/*Casper* Rn. 1; näher zur Rechtsnatur der Verweisungsnormen → Art. 9 Rn. 34 ff.). Mit Blick auf die Generalverweisungsnorm des Art. 9 Abs. 1 lit. c ii) hätte es des Art. 61 an sich nicht bedurft (MüKoAktG/*Fischer* Rn. 14; Spindler/Stilz/*Casper* Rn. 1; aA KK-AktG/*Wenz* Rn. 10 ff.). Immerhin erübrigt sich durch Art. 61 die Frage, ob das Recht der Rechnungslegung in den Regelungsrahmen der SE-VO fällt und damit von der Generalverweisung des Art. 9 überhaupt erfasst wäre (insoweit zutreffend KK-AktG/*Wenz* Rn. 10 ff.). Auch wenn man davon ausgeht, dass Art. 61 entbehrlich ist, geht er als **spezielle Verweisungsnorm** im Rahmen seines Anwendungsbereichs (→ Rn. 3) dem Art. 9 vor. Dem Art. 61 wiederum geht die **Sonderregelung des Art. 62** betreffend Kreditinstitute und Versicherungsunternehmen vor.

Mit Art. 61 f.hat der Verordnungsgeber klargestellt, dass er sich auch für den **2** Bereich der Rechnungslegung von dem zunächst angestrebten Ziel einer Vollkodifikation des Rechts der SE verabschiedet hat, was ihm umso leichter gefallen ist, als das **Bilanzrecht in hohem Maße harmonisiert** ist (näher zum Folgenden *Grundmann* §§ 14 ff.; *Habersack/Verse* EuropGesR § 9). Hervorzuheben sind die RL 2013/34/EU vom 26.6.2013 (**Rechnungslegungsrichtlinie,** ABl. L 182 S. 19, zuletzt geändert durch RL 2014/95/EU vom 22.10.2014, ABl. L 330 S. 1, und RL 2014/102/EU vom 7.11.2014, ABl. L 334 S. 86; dazu *Jessen/ Haaker* DB 2013, 1617 ff.; *Velte* GmbHR 2013, 1125 ff.; zur Änderungs-RL *Hommelhoff* NZG 2015, 1329 [1330 f.]; *Spießhofer* NZG 2014, 1281 ff.) und die Richtlinie 2006/43/EG vom 17.5.2006 (**Abschlussprüfungsrichtlinie,** ABl. L 157 S. 87; zuletzt geändert durch RL 2014/56/EU vom 16.6.2014, ABl. L 158 S. 196; dazu *Merkt* ZHR 179 [2015], 601 ff.) nebst der seit 17.6.2016 geltenden

VO (EU) 537/2014 (**Abschlussprüfungs-Verordnung,** ABl. L 158 S. 77, dazu *Merkt* ZHR 179 [2015], 601 ff.). Hinzu kommt – neben den sektorspezifischen Texten iSd Art. 62 – die **IAS-Verordnung** 1606/2002 vom 19.7.2002 (ABl. L 243 S. 1; zuletzt geändert durch Verordnung 297/2008 vom 11.3.2008, ABl. L 97 S. 62; näher *Grundmann* § 17; *Habersack/Verse* EuropGesR § 9 Rn. 62 ff.), der zufolge kapitalmarktorientierte Gesellschaften verpflichtet sind, ihre Konzernabschlüsse nach internationalen Rechnungslegungsstandards aufzustellen (→ Rn. 4).

3   In den Anwendungsbereich des Art. 61 fällt zwar die Aufstellung, nicht dagegen die **Feststellung des Jahresabschlusses.** Diese richtet sich vielmehr gemäß Art. 9 Abs. 1 lit. c ii) nach §§ 172 ff. AktG (LHT/*Kleindiek* Rn. 3; KK-AktG/*Wenz* Rn. 27; MüKoAktG/*Fischer* Rn. 12). Entsprechendes gilt für die **Prüfungs- und Berichtspflichten des Aufsichtsrats** gemäß §§ 170 f. AktG, für die **Billigung des Konzernabschlusses** nach §§ 171 Abs. 2 S. 5, 173 Abs. 1 S. 2 AktG (LHT/*Kleindiek* Rn. 3) sowie für kapitalmarktrechtliche Veröffentlichungspflichten, insbesondere die Pflicht zur Zwischenberichterstattung gemäß §§ 37v ff. WpHG (LHT/*Kleindiek* Rn. 5; MüKoAktG/*Fischer* Rn. 12; näher zu den genannten Transparenzpflichten *Götze/Wunderlich* in Habersack/Mülbert/ Schlitt, Handbuch der Kapitalmarktinformation, 2. Aufl. 2013, § 9 Rn. 2 ff.). Was die Prüfung und die Offenlegung anbelangt, so erstrecken sie sich ungeachtet des insoweit unpräzisen Wortlauts („diese Abschlüsse") auch auf **Lagebericht und Konzernlagebericht** (LHT/*Kleindiek* Rn. 4).

II. Bilanzrecht der SE mit Sitz in Deutschland

4   **1. Rechtsquellen.** Auf die SE mit Sitz in Deutschland finden nach Art. 61 die Vorschriften der **§§ 238–289a HGB, §§ 150–160, 170 f. AktG** über den Jahresabschluss und den Lagebericht sowie ggf. die **§§ 290–315 HGB** über den Konzernabschluss und den Konzernlagebericht Anwendung. Anwendung findet zudem **§ 315a HGB,** wonach kapitalmarktorientierte Gesellschaften nach Maßgabe der **IAS-VO** ihren Konzernabschluss nach IFRS aufzustellen haben und nicht kapitalmarktorientierte Gesellschaften ihren Konzernabschluss nach IFRS aufstellen dürfen. Die Prüfung der Abschlüsse und der Lageberichte richtet sich nach **§§ 316 ff. HGB** und für Unternehmen von öffentlichem Interesse zudem (vorrangig) nach der **Abschlussprüfungs-Verordnung,** die Offenlegung nach **§§ 325 ff. HGB;** nach § 325 Abs. 2a HGB kann (nur) für die Zwecke der Offenlegung ein IFRS-Abschluss an die Stelle des HGB-Abschlusses treten. Gleichfalls anwendbar sind die Vorschriften der **§§ 331 ff. HGB;** § 53 SEAG regelt dies für die Straf- und Bußgeldvorschriften noch einmal ausdrücklich. Wegen sämtlicher Einzelheiten ist auf das Schrifttum zum Bilanzrecht zu verweisen (vgl. ferner die überblicksartigen Darstellungen bei KK-AktG/*Wenz* Rn. 13 ff.; MüKoAktG/*Fischer* Rn. 15 ff.; LHT/*Kleindiek* Rn. 6 ff.). Zu §§ 170 ff. AktG → Rn. 3, 5; zu §§ 340 ff. HGB → Art. 62 Rn. 2 f.

5   **2. Aufstellung und Feststellung des Jahresabschlusses.** In der **dualistisch verfassten SE** folgen Aufstellung, Prüfung durch das Aufsichtsorgan und Feststellung des Jahresabschlusses sowie Billigung des Konzernabschlusses nach den für die AG geltenden Grundsätzen (→ Rn. 3 f.; näher LHT/*Kleindiek* Rn. 20 ff.). In der **monistisch verfassten SE** ist die Zuständigkeit für die Aufstellung des Jahres- und des Konzernabschlusses sowie der entsprechenden Lageberichte zwar nicht ausdrücklich geregelt; §§ 40 Abs. 3 S. 1, 47 Abs. 1 S. 1, Abs. 4 S. 1 SEAG gehen indes von der Zuständigkeit der geschäftsführenden Direktoren aus (LHT/ *Kleindiek* Rn. 25; MüKoAktG/*Fischer* Rn. 25; Spindler/Stilz/*Casper* Rn. 4). Das weitere Verfahren der Prüfung, Feststellung und Billigung ist in § 47 SEAG in

enger Anlehnung an und durch weitgehende Verweise auf §§ 170 ff. AktG geregelt; die bei der dualistisch verfassten Gesellschaft dem Aufsichtsrat zugewiesenen Aufgaben obliegen in der monistisch verfassten Gesellschaft dem **Verwaltungsrat**; ihm hat nach § 22 Abs. 6 SEAG der Abschlussprüfer seinen Prüfungsbericht zu übermitteln. Ungeachtet seiner Möglichkeiten zur Einflussnahme auf die Geschäftsführung kann sich der Verwaltungsrat – nicht anders als der Aufsichtsrat einer dualistisch verfassten Gesellschaft – grundsätzlich auf eine Plausibilitätsprüfung beschränken (zutreffend Spindler/Stilz/*Casper* Rn. 5; aA *Klein/ Schreiner* in Jannott/Frodermann HdB SE Kap. 7 Rn. 136; tendenziell auch MüKoAktG/*Fischer* Rn. 31; näher zum Ganzen, insbesondere zum Prüfungsausschuss, zu den Pflichten der Ausschussmitglieder sowie zum Umgang mit Interessenkonflikten → Anh. Art. 43 SEAG § 34 Rn. 38 f.).

[Kredit- und Finanzinstitute, Versicherungsunternehmen]

62 (1) **Handelt es sich bei der SE um ein Kreditinstitut oder ein Finanzinstitut, so unterliegt sie hinsichtlich der Aufstellung ihres Jahresabschlusses und gegebenenfalls ihres konsolidierten Abschlusses einschließlich des dazugehörigen Lageberichts sowie der Prüfung und der Offenlegung dieser Abschlüsse den gemäß der Richtlinie 2000/12/ EG des Europäischen Parlaments und des Rates vom 20. März 2000 über die Aufnahme und Ausübung der Tätigkeit der Kreditinstitute [Amtl. Anm.: ABl. L 126 vom 26.5.2000, S. 1] erlassenen einzelstaatlichen Rechtsvorschriften des Sitzstaates.**

(2) **Handelt es sich bei der SE um ein Versicherungsunternehmen, so unterliegt sie hinsichtlich der Aufstellung ihres Jahresabschlusses und ihres konsolidierten Abschlusses einschließlich des dazugehörigen Lageberichts sowie der Prüfung und der Offenlegung dieser Abschlüsse den gemäß der Richtlinie 91/674/EWG des Rates vom 19. Dez. 1991 über den Jahresabschluss und den konsolidierten Abschluss von Versicherungsunternehmen [Amtl. Anm.: ABl. L 374 vom 31.12.1991, S. 7] erlassenen einzelstaatlichen Rechtsvorschriften des Sitzstaates.**

Schrifttum: Vgl. Nachweise zu Art. 61.

Die Vorschrift enthält für Kredit- und Finanzinstitute (Abs. 1) sowie für Versicherungsunternehmen (Abs. 2) in der Rechtsform der SE **spezielle Verweisungen** auf branchenspezifische Bestimmungen des nationalen Rechts, die ihrerseits auf Richtlinien zurückgehen und deshalb harmonisiert sind. Die Verweisungen gehen zwar denjenigen nach Art. 61 vor, lassen jedoch Raum für Art. 61 und damit für die Geltung der in Art. 61 in Bezug genommenen Vorschriften auch für die von Art. 62 erfassten Unternehmen, soweit diese nicht durch die in Art. 62 in Bezug genommenen Vorschriften verdrängt werden (MüKoAktG/ *Fischer* Rn. 1; Spindler/Stilz/*Casper* Art. 61, 62 Rn. 6 f.). 1

Abs. 1 verweist für **Kreditinstitute und Finanzinstitute** auf die in Umsetzung der RL 2000/12/EG über die Aufnahme und Ausübung der Tätigkeit der Kreditinstitute erlassenen Vorschriften des Sitzstaates. Art. 1 Nr. 1 lit. a, b, Nr. 5 dieser Richtlinie definierte denn auch den Begriff des Kreditinstituts und den des Finanzinstituts. Im Übrigen enthielt die Richtlinie in Wesentlichen aufsichtsrechtliche Vorschriften. Die RL 2000/12/EG ist zunächst durch die RL 2006/ 48/EG neu gefasst worden; diese ist sodann ihrerseits durch die **RL 2013/36/EU** vom 26.6.2013 (ABl. L 176 S. 338) ersetzt worden. Deren Art. 3 Abs. 1 Nr. 1, 22 RL 2013/36/EU verweist für die Begriffe „Kreditinstitut" und „Finanzinsti- 2 tut" auf die Begriffsbestimmungen in Art. 4 Abs. 1 Nr. 1, 26 **VO (EU) 575/ 2013** vom 26.6.2013 (ABl. L 176 S. 1), die weitgehend mit den Begriffsbestimmungen in Art. 1 RL 2000/12/EG übereinstimmen. Die Vorschrift des Art. 62 Abs. 1 ist deshalb zwar missglückt (MüKoAktG/*Fischer* Rn. 2, dort auch Hinweise zur Entstehungsgeschichte, insbesondere zum Ratsdokument 14717/00, SE 8 SOC 500 vom 18.12.2000, das noch auf die Bankbilanzrichtlinie v. 8.12.1986, ABl. L 372 S. 1 verweist; s. ferner LHT/*Kleindiek* Rn. 3; Spindler/ Stilz/*Casper* Art. 61, 62 Rn. 6; für Redaktionsversehen Theisen/Wenz/*Plendl/ Niehues* S. 405, 416 f.). Die Geltung der in Umsetzung der Bankbilanzrichtlinie ergangenen Vorschriften des nationalen Rechts – in Deutschland: der **§§ 340–340o HGB** – für Kredit- und Finanzinstitute in der Rechtsform der SE ergibt sich indes ohne Weiteres aus Art. 61 (MüKoAktG/*Fischer* Rn. 2; LHT/ *Kleindiek* Rn. 3; Spindler/Stilz/*Casper* Art. 61, 62 Rn. 6). Davon unberührt bleiben die Vorgaben des § 315a HGB und der IAS-VO sowie diejenigen der Abschlussprüfungs-VO (→ Art. 61 Rn. 2, 4).

3   Abs. 2 verweist für **Versicherungsunternehmen** auf die in Umsetzung der Versicherungsbilanzrichtlinie vom 19.12.1991 erlassenen Vorschriften des Sitzstaates, für in Deutschland ansässige Gesellschaften mithin auf **§§ 341–341p HGB**. Art. 2 Versicherungsbilanzrichtlinie bestimmt im Einzelnen den Kreis der Versicherungsunternehmen. Abs. 2 verweist zwar – anders als Abs. 1 (→ Rn. 2) – auf die einschlägige Richtlinie, ist aber letztlich überflüssig, da er nur noch einmal klarstellt, was sich ohnehin aus Art. 61 sowie darüber hinaus aus Art. 9 Abs. 3 ergibt (MüKoAktG/*Fischer* Rn. 6; Spindler/Stilz/*Casper* Art. 61, 62 Rn. 7; aA KK-AktG/*Wenz* Rn. 7). Auch für Versicherungsunternehmen bleibt die Geltung des § 315a HGB und der IAS-VO sowie der Abschlussprüfungs-VO (→ Art. 61 Rn. 2, 4) unberührt (MüKoAktG/*Fischer* Rn. 7 mwN).

Titel V. Auflösung, Liquidation, Zahlungsunfähigkeit und Zahlungseinstellung

[Recht des Sitzstaats]

63 Hinsichtlich der Auflösung, Liquidation, Zahlungsunfähigkeit, Zahlungseinstellung und ähnlicher Verfahren unterliegt die SE den Rechtsvorschriften, die für eine Aktiengesellschaft maßgeblich wären, die nach dem Recht des Sitzstaats der SE gegründet worden ist; dies gilt auch für die Vorschriften hinsichtlich der Beschlussfassung durch die Hauptversammlung.

Schrifttum: *Bachmann,* Das auf die insolvente SE anwendbare Recht, FS von Hoffmann, 2011, 36; *Kunz,* Die Insolvenz der Europäischen Aktiengesellschaft, 1995; *Ludwig,* Die Beendigung der Europäischen Aktiengesellschaft (SE) nach europäischem und nationalem Recht, 2007; *Roitsch,* Auflösung, Liquidation und Insolvenz der Europäischen Aktiengesellschaft (SE) mit Sitz in Deutschland, 2006; *Zang,* Sitz und Verlegung des Sitzes einer Europäischen Aktiengesellschaft mit Sitz in Deutschland, 2005.

Übersicht

	Rn.
I. Allgemeines	1
1. Regelungsgehalt und Zweck	1
2. Parallelvorschriften	4
3. Entstehungsgeschichte	5
4. Auslegung	7
II. Auflösung und Liquidation	9
1. Sachnormverweisung auf nationales Recht	9
2. Auflösungsgründe	11
a) (Keine) Auflösungsgründe der SE-Verordnung	11
b) Auflösungsgründe des nationalen Rechts	15
3. Rechtsfolgen der Auflösung	28
a) SE-Verordnung	28
b) Nationales Recht	31
4. Fortsetzung	35
5. Liquidation und Löschung	40
a) Erfordernis der Liquidation	40
b) Durchführung der Liquidation	42
c) Besonderheiten bei der monistischen SE	46
d) Löschung	60
e) Nachgesellschaft	61
III. Zahlungsunfähigkeit und Zahlungseinstellung (Insolvenz)	62
1. Bedeutung der Verweisung und Verhältnis zur EuInsVO	62
a) Problem	62
b) Streitstand	64
c) Stellungnahme	68
d) Praktische Anwendung	69
2. Insolvenzverfahren	70
IV. „Ähnliche Verfahren"	76
1. Bedeutung der Auffangklausel	76
2. Anwendungsfälle	78
V. Beschlussfassung durch die Hauptversammlung (Hs. 2)	79

I. Allgemeines

1   **1. Regelungsgehalt und Zweck.** Die Vorschrift bestimmt das für Auflösung und Abwicklung der SE maßgebliche Recht und verweist insofern auf das Recht des Sitzstaates. Insoweit handelt es sich um eine **Spezialbestimmung zu Art. 9.** Derartige Sonderverweisungen finden sich an mehreren Stellen der Verordnung (etwa Art. 5 – betreffend Kapital, Art. 15 – betreffend Gründung). Sie sind dem Umstand geschuldet, dass sich in vielen Fragen – so auch zur Liquidation – auf europäischer Ebene keine Einigung erzielen ließ. Die in Deutschland ansässige SE wird daher im Regelfall nach den §§ 262 ff. AktG aufgelöst und liquidiert. Mit der weiten Fassung („und ähnliche Verfahren") bringt die Norm den **Zweck** zum Ausdruck, **sämtliche** irgendwie mit der Beendigung oder Zahlungsunfähigkeit zusammenhängende Verfahren aus der SE-Verordnung auszuklammern und vollumfänglich dem Recht der Mitgliedstaaten anheim zu geben (NK-SE/ *Schröder* Rn. 2).

2   Anders als zB Art. 5 enthält Art. 63 keinen ausdrücklichen **Vorbehalt** zugunsten spezieller Bestimmungen in der Verordnung (vgl. Art. 5: „Vorbehaltlich der Bestimmungen dieser Verordnung...“). Gleichwohl versteht es sich von selbst, dass die wenigen Aussagen, die die Verordnung zu Auflösung und Liquidation enthält, **vorrangig** zu beachten sind. Dies betrifft namentlich das in Art. 64 angesprochene Auseinanderfallen von Satzungs- und Verwaltungssitz, die Beendigungspublizität gemäß Art. 14, 65 sowie die Aussagen zur Auflösung in Art. 8 Abs. 15 und Art. 66 Abs. 2.

3   Schwierigkeiten bereitet die Bezugnahme auf die **Insolvenz** („Zahlungsunfähigkeit und Zahlungseinstellung"). Hier ist unklar, ob damit – wie es der Wortlaut nahe legt – unmittelbar auf das Insolvenzrecht des Sitzstaates verwiesen wird, oder ob – was in der Sache richtig ist – vorrangig die **Europäische Insolvenzordnung (EuInsVO)** anzuwenden ist. Diese Unklarheit findet ihre Ursache darin, dass beide Verordnungen praktisch zeitgleich verabschiedet und nicht aufeinander abgestimmt wurden. Praktisch ergeben sich daraus keine großen Unterschiede, weil auch die EuInsVO im Regelfall zur Anwendung des Rechts des Sitzstaates, hierzulande also zur InsO, führt (näher → Rn. 62 ff.).

4   **2. Parallelvorschriften.** Die Begriffe Auflösung, Liquidation, Zahlungsunfähigkeit und Zahlungseinstellung werden auch in Art. 8 Abs. 15 genannt und haben dort dieselbe Bedeutung. Parallelvorschriften für die **EWIV** enthalten Art. 31, 32 EWIV-VO, welche die Auflösungsgründe abschließend aufzählen. Die Abwicklung ist dort ebenso nationalem Recht unterstellt wie das Insolvenzverfahren (Art. 35, 36 EWIV-VO). Die **SCE**-Verordnung enthält mit Art. 72 eine dem Art. 63 entsprechende Norm. Die bislang noch nicht verwirklichte **SPE**-Verordnung enthält einige eigene Auflösungsgründe und verweist im Übrigen auf das einzelstaatliche Recht sowie auf die EuInsVO (vgl. Art. 41, 42 SPE-VO-E).

5   **3. Entstehungsgeschichte.** Die **ursprünglichen Entwürfe** der SE-VO von **1970** und **1975** enthielten hinsichtlich Auflösung und Abwicklung noch ein vollständig ausformuliertes Regelset nach dem Muster der §§ 262 ff. AktG (eingehend dazu *Hopt* in Lutter (Hrsg.), Die Europäische Aktiengesellschaft, 2. Aufl. 1978, S. 353–377). Lediglich für „Konkurs, Vergleich und ähnliche Verfahren" wurde auf ein zwischen den Mitgliedstaaten noch abzuschließendes Übereinkommen verwiesen (Art. 261 SE-VOE 1975, abgedruckt bei *Lutter,* Europäisches Unternehmensrecht, 2. Aufl. 1984, S. 363, 423). Diesem Regelungsansatz folgte auch noch der **Entwurf 1989,** der allerdings schon – wenngleich nur ergänzend – auf Auflösungsgründe verwies, die das Recht am Sitz der

SE vorsieht (Art. 115 Nr. 3c SE-VOE 1989, abgedruckt bei *Lutter*, Europäisches Unternehmensrecht, 3. Aufl. 1990, S. 560, 587). Anstatt auf ein insolvenzrechtliches Übereinkommen, dessen Abschluss seinerzeit in weite Ferne gerückt war, wurde nunmehr auf die einzelstaatlichen Rechtsvorschriften „über die Zahlungseinstellung und Zahlungsunfähigkeit" im Sitzstaat Bezug genommen (Art. 129 SE-VOE 1989). Dies wurde im **Entwurf 1991** dahin gehend geändert, dass nunmehr auf die „einzelstaatlichen Rechtsvorschriften über die Zahlungsunfähigkeit und die Zahlungseinstellung" verwiesen wurde (vgl. Art. 129 SE-VO-E 1991, abgedruckt bei *Lutter,* Europäisches Unternehmensrecht, 4. Aufl. 1996, S. 724, 744; näher dazu *Kunz,* Die Insolvenz der Europäischen Aktiengesellschaft, 1995).

In der **endgültigen Fassung** von **2001** wurden die Regeln über Auflösung   **6** und Liquidation, die schon in den Entwürfen von 1989 und 1991 zusammengeschrumpft waren, ganz **gestrichen.** An ihre Stelle trat Art. 63, der insgesamt auf das Recht am Sitzort verweist. Dabei wurden die Worte „und ähnlicher Verfahren", die 1991 zunächst heraus genommen worden waren, wieder angefügt und aus der Bezugnahme auf das einzelstaatliche Recht – in Anlehnung an Art. 9 – ein Verweis auf die Rechtsvorschriften, „die für eine Aktiengesellschaft maßgeblich wären, die nach dem Recht des Sitzstaats der SE gegründet worden ist" gemacht.

4. Auslegung. Für die Auslegung des Art. 63 gelten die allgemeinen Maßstäbe   **7** (→ Art. 9 Rn. 11 ff.; ferner Spindler/Stilz/*Casper* Art. 9 Rn. 16 f.). Die darin verwandten Vokabeln sind also **autonom** und **funktional** zu interpretieren (vgl. nur LHT/*Ehricke* Rn. 8; *Schwarz* Rn. 5). Wenig ergiebig sind die Erwägungsgründe, denen sich lediglich der kryptische Hinweis entnehmen lässt, dass „Konkurse" nicht von der Verordnung erfasst sein sollen, was in Widerspruch zur Bezugnahme auf Verfahren wegen Zahlungsunfähigkeit steht (näher → Rn. 62 ff.). Auch die Entstehungsgeschichte hilft bei Auslegungsfragen wenig. Hilfreicher ist der Zweck der Norm, sämtliche irgendwie mit der Beendigung zusammenhängenden Verfahren dem Recht der Mitgliedstaaten anheim zu geben (→ Rn. 1). Da der Versuch, materielle Regeln zur Abwicklung der SE in die Verordnung aufzunehmen, bewusst fallen gelassen wurde, dürfen der Verordnung – mit wenigen Ausnahmen (→ Rn. 12 ff.) – keine Sachaussagen zu Auflösungsgründen oder Abwicklungsverfahren entlockt werden.

Zurückhaltung ist auch gegenüber der Bildung allgemeiner Rechtsgrundsätze   **8** zu wahren (*Bachmann* ZEuP 2008, 32 [53 ff.]; Spindler/Stilz/*Casper* Art. 9 Rn. 3). Die Bezugnahme auf solche wurde 1991 in dem bewussten Bestreben aufgegeben, dadurch für mehr Rechtssicherheit zu sorgen. Derartige Grundsätze dürfen daher nicht zu einer Europäisierung des nationalen Abwicklungsregimes führen. Dessen ungeachtet ist bei der Anwendung des nationalen Auflösungsrechts auf die SE stets deren supranationaler Charakter zu beachten. Daraus kann sich das Gebot einer **SE-spezifischen Auslegung** ergeben (zur Auflösung *Roitsch* S. 38; allgemein *Bachmann* ZEuP 2008, 32 [44]; *Lächler/Oplustil* NZG 2005, 381 [385]; enger Spindler/Stilz/*Casper* Art. 9 Rn. 15: nur Prüfung, ob das nationale Recht auf die SE passt). Relevant wird dies vor allem bei der Liquidation der monistischen SE, die im deutschen Aktienrecht kein Pendant hat (→ Rn. 46 ff.).

II. Auflösung und Liquidation

1. Sachnormverweisung auf nationales Recht. Art. 63 verweist hinsicht-   **9** lich „Auflösung" und „Liquidation" auf das Recht des Sitzstaates. Darin ist nach überwiegender Ansicht eine **Sachnormverweisung** zu sehen (ganz hM, s.

Schwarz Rn. 8; Spindler/Stilz/*Casper* Rn. 1; LHT/*Ehricke* Rn. 14; KK-AktG/
Kiem Rn. 1 f.; MüKoAktG/*Schäfer* Rn. 1; *Ludwig* S. 63; *Roitsch* S. 21; aA NK-
SE/*Schröder* Rn. 1). Das bedeutet, dass die jeweiligen mitgliedstaatlichen Regeln
zur Auflösung und Liquidation unmittelbar, dh nicht über den Umweg des IPR,
anzuwenden sind. Obwohl Art. 63 damit vollumfänglich auf das nationale Recht
verweist, ist die **SE-VO,** soweit sie selbst konkrete Aussagen zur Auflösung trifft,
auch hier **vorrangig** anzuwenden (→ Rn. 2). Derartige Regeln enthalten insbesondere Art. 64 und Art. 65, ferner Art. 8 Abs. 15, Art. 30 Abs. 2 und Art. 66
Abs. 2 (näher → Rn. 11 ff.).

10   Die Begriffe „Auflösung" und „Liquidation" sind, den üblichen Grundsätzen
der europäischen Methodenlehre folgend, **autonom auszulegen** (*Schwarz*
Rn. 5; KK-AktG/*Kiem* Rn. 3; *Roitsch* S. 22; allgemein *Riesenhuber* in ders.
(Hrsg.), Europäische Methodenlehre, 2. Aufl. 2010, § 11 Rn. 4). Da es mit Ausnahme der aufsichtsrechtlichen Regeln für Banken und Versicherungen an einem
einheitlichen europäischen Abwicklungsrecht fehlt, ist dazu der Blick auf andere
Rechtsakte der EU, unterstützend auch auf vorangegangene Entwürfe
(→ Rn. 5 f.), zu werfen. Daraus ergibt sich, dass der Begriff der **Auflösung** nicht
die Beendigung der juristischen Person, sondern nur den Eintritt eines Ereignisses
meint, der unter vorläufigem Beibehalt der Rechtsfähigkeit zur Gesamt-Ver-
mögensabwicklung der Gesellschaft führt, vgl. Art. 13 Abs. 2 Publizitäts-RL:
„Die Nichtigkeit bewirkt, dass die Gesellschaft in Liquidation tritt, wie dies bei
der Auflösung der Fall sein kann"; Art. 5 Abs. 3 Kapital-RL: „Wenn die Auflösung der Gesellschaft ausgesprochen ist, tritt diese in Liquidation"; Art. 3
Abs. 1 NatVerschmRL: „Auflösung ohne Abwicklung". **Liquidation** ist das Verfahren, mit dem diese Vermögensabwicklung vollzogen wird (KK-AktG/*Kiem*
Rn. 5 f.; eingehend *Roitsch* S. 25 ff.). Die europäischen Begrifflichkeiten decken
sich also mit dem deutschen Verständnis.

11   **2. Auflösungsgründe. a) (Keine) Auflösungsgründe der SE-Verordnung.** Die SE-Verordnung selbst gibt nur **einen** Auflösungsgrund vor: Nach
Art. 64 Abs. 2 muss eine SE bei dauerhaftem **Auseinanderfallen von Sat-
zungs- und Verwaltungssitz** liquidiert werden. Damit wird die Auflösung
nicht unmittelbar angeordnet, sondern den Mitgliedstaaten vorgeschrieben, dies
ihrerseits zu tun (vgl. KK-AktG/*Kiem* Art. 63 Rn. 22). Deutschland ist dem
nachgekommen und erklärt das dauerhafte Auseinanderfallen von Satzungs- und
Verwaltungssitz in **§ 52 SEAG** zum Auflösungsgrund nach § 262 Abs. 1 Nr. 5
AktG (näher bei Art. 64).

12   Ferner lassen sich der SE-VO Aussagen dazu entnehmen, welche Umstände
nicht (bzw. nicht ohne Weiteres) zur Auflösung führen. So stellt die **Sitzverlegung**
über die Grenze nach verbreiteter, wenn auch korrekturbedürftiger Auffassung
zum deutschen Aktienrecht einen Auflösungsgrund dar (zum Streitstand Spindler/
Stilz/*Bachmann* AktG § 262 Rn. 74 ff.). Für die SE gilt das **nicht.** Hier ordnet
Art. 8 Abs. 1 S. 2 ausdrücklich an, dass die Sitzverlegung in einen anderen Mitgliedstaat nicht zur Auflösung der SE führt. Nur wenn die Wahl des Sitzes gegen
Art. 7 verstößt (Sitz im Non-EU-Ausland, Auseinanderfallen von Sitz und Hauptverwaltung), kommt ein Auflösungsverfahren nach Art. 64 in Betracht (s. dort).

13   Ebenso wenig ist der **Verlust der Mehrstaatlichkeit** (Art. 2) ein Auflösungsgrund (unstr., vgl. *Schwarz* Rn. 21; Spindler/Stilz/*Casper* Rn. 3; LHT/*Ehricke*
Rn. 32; KK-AktG/*Kiem* Rn. 24; MüKoAktG/*Schäfer* Rn. 3). Dies ergibt sich
unter anderem daraus, dass ein grenzüberschreitendes Moment nur für die Gründung der SE verlangt wird, ferner aus dem Umkehrschluss zu Art. 31 Abs. 3
EWIV-VO.

14   Art. 30 Abs. 2 bestimmt, dass die **fehlende Rechtmäßigkeitskontrolle** bei
der **Verschmelzungsgründung** (Art. 25 und 26) einen Grund für die Auf-

lösung darstellen „kann". Aus der Wortwahl („kann") ergibt sich, dass es den Mitgliedstaaten freigestellt wird, einen solchen zu etablieren. Deutschland hat von dieser Option **keinen** Gebrauch gemacht, so dass Fehler bei der Verschmelzungsgründung nicht die Auflösung der in Deutschland beheimateten SE bewirken (hM, s. KK-AktG/*Kiem* Art. 63 Rn. 23; LHT/*Bayer* Art. 30 Rn. 8; *Schwarz* Art. 30 Rn. 11; zum Teil abweichend MüKoAktG/*Schäfer* Art. 30 Rn. 7; Spindler/Stilz/*Casper* Art. 30 Rn. 3 und Art. 63 Rn. 3). Dies schließt die Anwendung der allgemeinen Nichtigkeitsregeln aber nicht aus (→ Rn. 26). Schließlich ordnet **Art. 66 Abs. 2** an, dass der **Formwechsel** einer SE in eine nationale Aktiengesellschaft **nicht** zur Auflösung der Gesellschaft führt. Das entspricht dem deutschen Recht, das ebenfalls keine Auflösung vorsieht (vgl. § 202 Abs. 1 Nr. 1 UmwG: „besteht ... weiter").

b) Auflösungsgründe des nationalen Rechts. Im Übrigen bestimmen sich 15 die Auflösungsgründe **ausschließlich** nach nationalem Recht, für die in Deutschland registrierte SE also nach deutschem Recht.

aa) Überblick (§ 262 AktG). Die wichtigsten Auflösungsgründe des deut- 16 schen Aktienrechts, die gemäß Art. 63 auch für die in Deutschland registrierte SE gelten, sind in § 262 Abs. 1 AktG aufgelistet (eingehend Spindler/Stilz/*Bachmann* AktG § 262 Rn. 21 ff.). Dies sind: (1) Ablauf der in der Satzung bestimmten Zeit (§ 262 Abs. 1 Nr. 1 AktG), (2) Beschluss der Hauptversammlung (§ 262 Abs. 1 Nr. 2 AktG), Eröffnung des Insolvenzverfahrens (§ 262 Abs. 1 Nr. 3 AktG), Ablehnung der Eröffnung des Insolvenzverfahrens mangels Masse (§ 262 Abs. 1 Nr. 4 AktG), Amtsauflösung wegen Satzungsmangels (§ 262 Abs. 1 Nr. 5 AktG), Löschung wegen Vermögenslosigkeit (§ 262 Abs. 1 Nr. 6 AktG).

Wie sich aus § 262 Abs. 2 AktG ergibt, sind die in § 262 Abs. 1 AktG 17 genannten Auflösungsgründe **nicht abschließend.** Weitere Auflösungsgründe sind: (1) Verschmelzung und Aufspaltung, vgl. §§ 2, 123 Abs. 1 UmwG; (2) Nichtigkeit gemäß § 275 AktG/§ 397 FamFG; (3) behördliche Auflösung wegen Gemeinwohlgefährdung (§ 396 AktG) bzw. Vereinsverbot (§ 3 VereinsG); (4) Rücknahme der Geschäftserlaubnis bei Banken und Versicherungen (§ 38 KWG, § 87 VAG); nach hM auch der Verlust des letzten Aktionärs („Keinmann-SE", kritisch dazu Spindler/Stilz/*Bachmann* AktG § 262 Rn. 64).

Keine Auflösungsgründe, sondern allenfalls Anlass für einen Auflösungs- 18 beschluss, sind (neben den in → Rn. 12 ff. genannten): (1) Umstände in der Person eines Aktionärs (zB Insolvenz, Tod); (2) Zweckerreichung (anders nur bei der Vor-SE, s. für die Vor-AG BGHZ 169, 270 = NZG 2007, 20); (3) Kündigung (anders bei der Vor-SE, s. für die Vor-AG BGHZ 169, 270 = NZG 2007, 20); (4) Vermögensübertragung (vgl. § 179a Abs. 3 AktG) oder Betriebsaufgabe. Schon aus der SE-Verordnung (Art. 8 Abs. 1 S. 2) ergibt sich, dass auch die Sitzverlegung ins Ausland nicht zur Auflösung führt (→ Rn. 12).

Satzungsmäßige Auflösungsgründe sind nach hM bei der AG **unzulässig** 19 (statt aller *Hüffer/Koch* AktG § 262 Rn. 7; Spindler/Stilz/*Bachmann* AktG § 262 Rn. 71). Da auch für die SE der Grundsatz der Satzungsstrenge gilt, ist diese hM für die in Deutschland registrierte SE zu übernehmen (zutreffend KK-AktG/*Kiem* Rn. 32; LHT/*Ehricke* Rn. 29). Die vorstehend genannten Auflösungsgründe sind also abschließend.

bb) SE-spezifische Besonderheiten bei der Anwendung von § 262 20 **AktG.** Wegen der Details der Auflösungsgründe kann auf die Erläuterungswerke zu § 262 AktG verwiesen werden. Einzugehen ist hier lediglich auf die Frage, ob die Anwendung auf die SE irgendwelche Modifikationen gebietet. Das ist grundsätzlich nicht der Fall.

21   Für den **Auflösungsbeschluss** ist eine **Mehrheit** erforderlich, die mindestens **drei Viertel** des bei der Beschlussfassung vertretenen **Grundkapitals** umfasst, wobei die Satzung eine größere Kapitalmehrheit und weitere Erfordernisse bestimmen kann (§ 262 Abs. 1 Nr. 2 AktG). Zusätzlich ist mindestens die einfache Stimmenmehrheit vonnöten (§ 133 Abs. 1 AktG). Das alles gilt auch für die SE (*Schwarz* Rn. 15 f.). Ob Art. 57, 59, die für Hauptversammlungsbeschlüsse eine größere Stimmenmehrheit, aber keine „weitere Erfordernisse" zulassen, insoweit zu Einschränkungen nötigen (so zB Spindler/Stilz/*Eberspächer* Art. 57, 58 Rn. 5 mwN), kann hier offenbleiben, weil Art. 57, 59 durch den spezielleren Verweis in Art. 63 Hs. 2 verdrängt werden (*Schwarz* Rn. 15; LHT/*Ehricke* Rn. 24; KK-AktG/*Kiem* Rn. 17; aA *Roitsch* S. 44, der mit Blick auf Art. 57, 59 auch für die Auflösung eine Drei-Viertel-Stimmenmehrheit fordert). Auch die Einberufung auf Verlangen einer Minderheit und die Folgen von Beschlussmängeln beurteilen sich nach nationalem Recht. Entsprechendes gilt für die Frage, ob ein Auflösungsbeschluss treuwidrig ist oder unter Treupflichtgesichtspunkten geboten sein kann (dazu Spindler/Stilz/*Bachmann* AktG § 262 Rn. 31 ff.).

22   Die **Eröffnung des Insolvenzverfahrens** (§ 262 Abs. 1 Nr. 3 AktG) stellt auch bei der „deutschen" SE einen Auflösungsgrund dar (NK-SE/*Schröder* Rn. 22; Theisen/Wenz/*Nolting* S. 625). Verzahnungsprobleme mit der EuInsVO ergeben sich nicht, wenn das Verfahren vor einem deutschen Insolvenzgericht eröffnet wurde. Dessen Entscheidung, die nach Art. 16 Abs. 1 EuInsVO von allen übrigen Mitgliedstaaten anzuerkennen ist, entfaltet die Wirkungen, die ihr das Recht des Staates der Verfahrenseröffnung – in diesem Fall also deutsches Recht – beilegt, Art. 17 Abs. 1 EuInsVO (zum Streit über deren Reichweite vgl. MüKoInsO/*Reinhart* EuInsVO Art. 17 Rn. 6 ff.; MüKoBGB/*Kindler* EuInsVO Art. 17 Rn. 10 f.). In jedem Mitgliedstaat gilt die SE damit als aufgelöst. Ob man dieses Ergebnis aus Art. 63 oder aus Art. 17 EuInsVO ableitet, macht in der Sache keinen Unterschied. Auf das ungeklärte Verhältnis von EuInsVO und SE-VO kommt es damit nicht an (→ Rn. 62).

23   Etwas anders liegt es, wenn das Insolvenzverfahren über eine in Deutschland registrierte SE **im Ausland** eröffnet wird. Dies ist zulässig, wenn die SE den Mittelpunkt ihrer Tätigkeit in diesem anderen Staat hat (vgl. Art. 3 Abs. 1 EuInsVO; für das Nicht-EU-Ausland s. § 3 InsO iVm § 17 Abs. 1 S. 2 ZPO), was mit Art. 7 kollidieren mag, aber vorkommen kann. Die Verfahrenseröffnung ist in Deutschland anzuerkennen (Art. 16 Abs. 1 EuInsVO, § 343 InsO). Folgt man der **EuInsVO,** bestimmen sich die „Wirkungen" der Insolvenzeröffnung dann nicht nach deutschem Recht, sondern nach dem Recht des Staates der Verfahrenseröffnung (Art. 4 Abs. 1, 17 Abs. 1 EuInsVO; für das Nicht-EU-Ausland: § 335 InsO). Ordnet dieses ebenfalls die Auflösung an, ist das unproblematisch. Ordnet es nicht die Auflösung an, kollidiert das mit § 262 Abs. 1 Nr. 3 AktG, auf den Art. 63 verweist. Der Vorrang sollte dann der insolvenzrechtlichen Wertung gebühren.

24   Wird die Eröffnung des Insolvenzverfahrens **mangels Masse** abgelehnt (§ 26 InsO), stellt dies für die in Deutschland ansässige SE ebenfalls einen Auflösungsgrund dar (vgl. § 262 Abs. 1 Nr. 4 AktG iVm Art. 63). Die EuInsVO kommt in diesem Falle nicht zum Zuge, da sie (ebenso wie §§ 335 ff. InsO) die Eröffnung eines Insolvenzverfahrens voraussetzt. Die Ablehnung der Verfahrenseröffnung durch ein ausländisches Gericht führt nicht zur Auflösung der hier beheimateten SE, da § 262 Abs. 1 Nr. 4 AktG diesen Fall nicht erfasst.

25   Die Auflösungsgründe aus § 262 Abs. 1 Nr. 5, 6 AktG **(Satzungsmangel, Vermögenslosigkeit)** knüpfen an eine Entscheidung des Registergerichts an (eingehend dazu Spindler/Stilz/*Bachmann* AktG § 262 Rn. 47 ff.; MüKoAktG/*Koch* § 262 Rn. 58 ff.). Nicht nur der Auflösungsgrund selbst, sondern auch das zur gerichtlichen Entscheidung führende Verfahren nach § 394 FamFG (Lö-

schung) bzw. § 399 FamFG (Amtsauflösung) unterliegen damit kraft Verweisung
in Art. 63 dem deutschen Recht. Dies folgt jedenfalls aus der Auffangklausel
„und ähnliche Verfahren". Satzungsmängel können sich sowohl aus Verstößen
gegen die SE-VO als auch aus solchen gegen nationales Recht ergeben.

cc) Nichtigkeit der SE (§ 275 AktG)/Amtslöschung (§ 397 FamFG).
Obwohl nicht als solcher bezeichnet, stellt auch die **Nichtigerklärung** einer   26
Gesellschaft der Sache nach einen Auflösungsgrund dar, denn auch sie führt zur
Abwicklung gemäß §§ 264 ff. AktG (statt aller Spindler/Stilz/*Bachmann* AktG
§ 262 Rn. 61). Die Nichtigerklärung gemäß §§ 275 ff. AktG ist daher ebenfalls
unter die von Art. 63 erfassten Auflösungsverfahren zu subsumieren (MüKo-
AktG/*Schäfer* Rn. 2; LHT/*Ehricke* Rn. 31; *Roitsch* S. 67). Jedenfalls gehört sie zu
den „ähnlichen Verfahren" iSv Art. 63. Entsprechendes gilt für das an § 275
AktG anknüpfende **Amtslöschungsverfahren** (§ 397 FamFG). Art. 30 Abs. 1,
wonach eine Verschmelzung zur SE nach der Eintragung der SE „nicht mehr für
nichtig erklärt werden" kann, soll nur die Nichtigerklärung wegen Fehlern bei
der Verschmelzung ausschließen. Der Anwendung von §§ 275 ff. AktG bzw.
§ 397 FamFG steht er richtigerweise nicht entgegen (so – zum parallelen Problem
im deutschen Recht – Spindler/Stilz/*Bachmann* AktG § 275 Rn. 5; aA *Schwarz*
Rn. 23).

Die Nichtigkeitsklage kann von jedem Aktionär sowie von den Mitgliedern   27
des Vorstands und des Aufsichtsrats erhoben werden (§ 275 Abs. 1 S. 1 AktG).
Für die **monistische SE** fällt die Antragsbefugnis der Verwaltung gemäß § 22
Abs. 6 SEAG den Mitgliedern des Verwaltungsrats zu (*Schwarz* Rn. 23). Fraglich
ist, ob daneben auch die geschäftsführenden Direktoren klagebefugt sind. Angesichts ihrer untergeordneten Stellung und mit Blick auf die Bedeutung der
Nichtigkeitsklage dürfte dies zu verneinen sein.

3. Rechtsfolgen der Auflösung. a) SE-Verordnung. Die SE-VO selbst   28
enthält nur eine Rechtsfolge der Auflösung: Nach Art. 8 Abs. 15 kann eine SE
keine Sitzverlegung durchführen, wenn gegen sie ein Verfahren wegen Auflösung, Liquidation, Zahlungsunfähigkeit oder vorläufiger Zahlungsunfähigkeit
oder ein ähnliches Verfahren eröffnet worden ist (näher → Art. 8 Rn. 115 ff.).
Diese Beschränkung gilt nicht mehr, wenn die genannten Verfahren etwa wegen
erfolgreicher Sanierung aufgehoben sind (LHT/*Ringe* Art. 8 Rn. 88; *Rajak*
EBLR 2000, 43 [47 f.]). Fraglich ist, ob die SE eine Sitzverlegung durchführen
kann, wenn sie zwar aufgelöst ist, die **Fortsetzung** aber beschlossen werden
könnte (Art. 63 iVm § 274 AktG). Nach deutschem Recht stünde dies einem
Formwechsel, wie er bei der Sitzverlegung faktisch stattfindet, nicht im Wege
(vgl. § 191 Abs. 3 UmwG). Die Frage dürfte aber angesichts des anderweitigen
Wortlauts von Art. 8 Abs. 15 zu verneinen sein.

Fraglich ist ferner, ob nach dem Gedanken des Art. 8 Abs. 15 auch der **Form-**   29
wechsel einer aufgelösten SE in eine nationale AG (Art. 66) ausgeschlossen ist.
Aus Art. 66 Abs. 2 könnte man den Schluss ziehen, dass der Formwechsel eine
werbende, dh nicht aufgelöste SE voraussetzt. Dieser Schluss ginge aber fehl.
Denn die Verordnung überlässt es dem über Art. 9 Abs. 1 lit. c ii subsidiär
anwendbaren nationalen Recht, ob aufgelöste Rechtsträger als Ausgangsrechtsform akzeptiert werden. Das deutsche Recht tut dies unter der Bedingung der
Fortsetzungsfähigkeit (§ 191 Abs. 3 UmwG). Das muss dann auch für die aufgelöste SE gelten. Darin liegt kein Wertungswiderspruch zu Art. 8 Abs. 15, weil
die Umwandlung gemäß Art. 66 den Sitz der SE im Lande belässt.

In gleicher Weise ist die Frage zu beantworten, ob eine aufgelöste SE sich an   30
einer **Verschmelzung** oder **Spaltung** nach nationalem Umwandlungsrecht beteiligen kann. Auch insoweit ergibt sich die Antwort aus dem nationalen Recht
(Art. 9 Abs. 1 lit. c ii). Das deutsche Recht lässt entsprechendes zu, wenn der

aufgelöste Rechtsträger fortsetzungsfähig (§ 274 AktG) ist, vgl. §§ 3 Abs. 3, 124 Abs. 2 UmwG.

31   **b) Nationales Recht.** Im Übrigen ergeben sich die Auflösungsfolgen aus nationalem Recht. Weil das SEAG insoweit keine Aussagen trifft, sind sie in erster Linie dem **AktG** und dort den **§§ 262 ff.** zu entnehmen.

32   **aa) Abwicklung und Löschung.** Mit Eintritt des Auflösungsgrundes erlischt die SE nicht, sondern verwandelt sich in eine **Liquidationsgesellschaft.** Diese ist nach den §§ 265 ff. AktG abzuwickeln. Die Abwicklung ist nicht unvermeidliche Folge der Auflösung. Soweit die Fortsetzung nicht ausgeschlossen ist, kommt auch jetzt noch eine Umwandlung (§ 3 Abs. 3 UmwG) oder die Rückkehr in den werbenden Zustand in Betracht (näher → Rn. 35 ff.). Ist die Abwicklung abgeschlossen oder entfällt sie, wird die Gesellschaft im Handelsregister **gelöscht** (§ 273 Abs. 1 AktG). Damit verliert sie die Eigenschaft als juristische Person.

33   **bb) Zivilrechtliche Folgen.** Für das allgemeine Zivilrecht ist die Auflösung grundsätzlich **ohne Bedeutung.** Die aufgelöste SE behält weiterhin ihre Rechts- und Grundbuchfähigkeit sowie ihre Gläubiger- und Schuldnerstellung. Durch ihre Abwickler ist die SE auch weiter handlungsfähig. Prokuren und Vollmachten bleiben bestehen (arg. § 269 Abs. 3, § 52 Abs. 3 HGB). Besonderheiten gelten nur im Insolvenzverfahren: Hier erlöschen erteilte Vollmachten (§ 117 InsO) und verliert die SE ihre Verfügungsbefugnis. Erst mit der Löschung endet die Rechtsfähigkeit der SE.

34   **cc) Prozessrecht.** Die aufgelöste SE behält ihre Parteifähigkeit und bleibt durch ihre Abwickler prozessfähig. Nur bei Ausfall eines Abwicklers kann es zu einer vorübergehenden Prozessunterbrechung kommen (MüKoAktG/*Koch* § 264 Rn. 20). Ist die SE vermögenslos (insbesondere bei Auflösung gemäß § 262 Abs. 1 Nr. 4 AktG), kann sie jedoch grundsätzlich **nicht** mehr in gewillkürter **Prozessstandschaft** fremde Rechte einklagen, weil es ihr insoweit an einem schutzwürdigen eigenen Interesse fehlt (vgl. BGHZ 96, 151; BGH NZG 2003, 688, dort auch zu Ausnahmen).

35   **4. Fortsetzung.** Eine aufgelöste SE kann fortgesetzt, dh in eine werbende Gesellschaft zurückverwandelt werden. Dies folgt mittelbar aus Art. 65, der die Offenlegung der „Entscheidung über die Weiterführung der Geschäftstätigkeit" gebietet (*Ludwig* S. 52). Weil die SE-VO im Übrigen schweigt, bestimmen sich die Voraussetzungen der Fortsetzung nach nationalem Recht, in Deutschland also nach § 274 AktG iVm Art. 63. Danach kommt die Fortsetzung stets in Betracht, wenn die Auflösung **privatautonom** erfolgte (Zeitablauf oder Hauptversammlungsbeschluss), vgl. § 274 Abs. 1 AktG. Gleiches gilt, wenn die Gesellschaft durch Eröffnung des **Insolvenzverfahrens** aufgelöst, das Verfahren aber auf Antrag des Schuldners **eingestellt** oder nach der Bestätigung eines Insolvenzplans, der den Fortbestand der Gesellschaft vorsieht, aufgehoben worden ist (§ 274 Abs. 2 Nr. 1 AktG).

36   Eine Fortsetzung ist ferner im Falle der **Amtsauflösung** wegen Satzungsmangels (§ 262 Abs. 1 Nr. 5 AktG iVm § 399 FamFG) möglich, wenn wenigstens zeitgleich eine den Mangel behebende Satzungsänderung beschlossen wird (§ 274 Abs. 2 Nr. 2 AktG). Dasselbe gilt, wenn die SE wegen dauerhaften Auseinanderfallens von Satzungs- und Verwaltungssitz gemäß Art. 64 Abs. 2 iVm § 52 SEAG aufgelöst wurde, denn auch dann liegt ein Satzungsmangel iSv § 262 Abs. 1 Nr. 5 AktG vor (§ 52 SEAG). Schließlich kann die SE analog § 274 Abs. 2 Nr. 2 AktG fortgesetzt werden, wenn ein heilbarer Nichtigkeitsgrund zur Nichtigerklärung gemäß § 275 AktG oder zur **Amtslöschung** gemäß § 397 FamFG geführt hat

(vgl. nur *Hüffer/Koch* AktG § 274 Rn. 5; Spindler/Stilz/*Bachmann* AktG § 274 Rn. 11).

In allen Fällen ist ein **Fortsetzungsbeschluss** erforderlich, der mit qualifizier- 37
ter Mehrheit gefasst werden muss (§ 274 Abs. 1 S. 2 AktG iVm Art. 63 Hs. 2;
aA *Roitsch* S. 44, der in „europafreundlicher Auslegung" mit Blick auf Art. 57,
59 für eine Dreiviertel-Stimmenmehrheit eintritt). Ferner darf **nicht** bereits mit
der **Vermögensverteilung** unter den Aktionären begonnen worden sein (§ 274
Abs. 1 S. 1 AktG). Dies gilt auch bei einer Fortsetzung nach Einstellung des
Insolvenzverfahrens oder Beseitigung eines Satzungsmangels gemäß § 274 Abs. 2
AktG.

Der Fortsetzungsbeschluss ist gemäß Art. 65 iVm Art. 13 zur **Eintragung** in 38
das Handelsregister anzumelden. Nach deutschem Recht wird der Fortsetzungsbeschluss erst mit der Eintragung wirksam (§ 274 Abs. 4 AktG). Weil Art. 65 nur
einen Mindeststandard setzt, ist das mit der SE-VO vereinbar und gilt folglich
auch für die „deutsche" SE.

In allen **anderen Fällen** ist eine Fortsetzung grundsätzlich **ausgeschlossen.** 39
Eine Ausnahme kommt allein bei behördlicher Auflösung in Betracht, wenn der
betreffende Verwaltungsakt zurückgenommen wurde (vgl. *Hüffer/Koch* AktG
§ 274 Rn. 5; Spindler/Stilz/*Bachmann* AktG § 274 Rn. 15). Keine Fortsetzung
ist dagegen bei Auflösung wegen masseloser Insolvenz (§ 262 Abs. 1 Nr. 4 AktG)
oder Vermögenslosigkeit (§ 262 Abs. 1 Nr. 6 AktG) oder nach Beginn der Vermögensverteilung möglich. Im deutschen Recht werden an diesem Fortsetzungs-
verbot zum Teil auf Art. 14 GG gestützte Zweifel geäußert, die sich jedoch
bislang nicht durchzusetzen vermochten (vgl. zur GmbH etwa Roth/Altmep-
pen/*Altmeppen* GmbHG § 60 Rn. 54). Aus der SE-VO ergibt sich jedenfalls kein
Grundsatz, wonach die Fortsetzung stets dann schon zulässig ist, wenn der Auflösungsgrund beseitigt wird. Dies folgt insbesondere nicht aus Art. 65, der die
„Weiterführung der Geschäftstätigkeit" zwar anerkennt, aber nicht selbst regelt.

5. Liquidation und Löschung. a) Erfordernis der Liquidation. Soweit 40
nicht die Fortsetzung der SE beschlossen wird, schließt sich an die Auflösung die
Liquidation an (eingehende Darstellung bei *Roitsch* S. 73–107). Der Begriff ist
deckungsgleich mit demjenigen der Abwicklung (*Ludwig* S. 24; *Roitsch* S. 75). In
der SE-VO wird er nicht definiert, sondern – wie in den gesellschaftsrechtlichen
Richtlinien – vorausgesetzt. Gemeint ist Abwicklung des Gesellschaftsvermögens
mit dem Ziel der anschließenden Löschung der Gesellschaft. Weil die SE-VO
dazu keine eigenen Sachaussagen trifft, findet gemäß Art. 63 das Liquidations-
recht des Sitzstaates Anwendung. Mangels spezieller Regeln im SEAG sind dies
für die in Deutschland domizilierende SE **§§ 265 ff. AktG.**

Eine **Abwicklung** nach §§ 265 ff. AktG **unterbleibt** in folgenden Fällen: (1) 41
Eröffnung des Insolvenzverfahrens – hier richtet sich die Abwicklung nach den
vorrangigen Regeln der InsO (§ 264 Abs. 1 AktG); (2) Vermögenslosigkeit,
soweit nicht nach der Löschung noch Vermögen auftaucht (§ 264 Abs. 2 AktG);
(3) Verschmelzung oder Aufspaltung – hier tritt wegen der Gesamtrechtsnachfolge eine „Auflösung ohne Abwicklung" ein (§§ 2, 123 Abs. 1 UmwG). Die
Abwicklung unterbleibt ferner, wenn wirksam die Fortsetzung beschlossen wurde
(→ Rn. 35).

b) Durchführung der Liquidation. Grundsätzlich unterscheidet sich die 42
Liquidation der SE nicht von derjenigen einer deutschen AG. Das gilt uneingeschränkt für die dualistische SE. Die Vorstandsmitglieder mutieren zu „geborenen" **Abwicklern** (§ 265 Abs. 1 AktG), soweit nicht die Satzung oder die
Hauptversammlung (§ 265 Abs. 2 AktG) bzw. das Gericht (§ 265 Abs. 3 AktG)
andere Personen zu Abwicklern bestellt. Dabei kann es sich auch um **juristische
Personen** handeln (§ 265 Abs. 2 S. 3 AktG). Art. 47 Abs. 1, der dem grund-

sätzlich entgegensteht, gilt nur für die werbende SE (s. *Schwarz* Rn. 30). Die Abwickler und ihre Vertretungsbefugnis, die grundsätzlich unbeschränkt ist (§ 269 Abs. 5 AktG), werden gemäß § 266 AktG in das Handelsregister eingetragen. Die Eintragung hat lediglich deklaratorische Bedeutung. Der **Aufsichtsrat** bleibt im Amt und übt ebenso wie die Hauptversammlung seine allgemeinen Kompetenzen aus, hat namentlich die Abwickler zu überwachen (§ 268 Abs. 2 S. 2 AktG). Seine Personalkompetenz und die Zuständigkeit zur Feststellung des Jahresabschlusses büßt er dagegen zugunsten der Hauptversammlung ein (vgl. §§ 265 Abs. 2, 270 Abs. 2 AktG).

43   Die Auflösung führt nicht zum Verlust der Rechts- und Parteifähigkeit. Auch im Übrigen sind auf die abzuwickelnde SE diejenigen Vorschriften anzuwenden, „die für nicht aufgelöste Gesellschaften gelten" (§ 264 Abs. 3 AktG). Dabei herrscht Einverständnis, dass es insoweit auch für die aufgelöste SE bei der in Art. 9 festgelegten Normenpyramide bleibt, also vorrangig die für die **werbende SE** bestimmten Regeln der SE-VO und des SEAG anzuwenden sind (Spindler/Stilz/*Casper* Rn. 4; KK-AktG/*Kiem* Rn. 33; LHT/*Ehricke* Rn. 37; *Schwarz* Rn. 28). Formal lässt sich das damit begründen, dass „Gesellschaften" in § 264 Abs. 3 AktG als „SE" zu lesen ist (KK-AktG/*Kiem* Rn. 33; Spindler/Stilz/*Casper* Rn. 4). Der **Firma** der SE ist ein Hinweis auf das Abwicklungsstadium beizufügen (vgl. §§ 268 Abs. 4, 269 Abs. 6 AktG), was üblicherweise durch den Zusatz **„in Liquidation"** (iL) geschieht.

44   Die Abwickler haben zunächst eine **Eröffnungsbilanz** zu erstellen (§ 270 Abs. 1 AktG). Sodann sind die laufenden Geschäfte zu beenden, die Forderungen einzuziehen, das übrige **Vermögen in Geld** umzusetzen und die Gläubiger zu befriedigen (§ 268 Abs. 1 AktG). Dazu sind die Gläubiger öffentlich zur Anmeldung ihrer Ansprüche aufzufordern (§ 267 AktG). Die Versilberung des Vermögens kann auch durch Veräußerung des Unternehmens als Ganzes geschehen (näher Spindler/Stilz/*Bachmann* AktG § 268 Rn. 9; MüKoAktG/*J. Koch* § 268 Rn. 6). Soweit es die Liquidation erfordert, dürfen die Abwickler auch neue Geschäfte eingehen (§ 268 Abs. 1 S. 2 AktG). Ihre Vertretungsmacht ist indes nicht auf den Abwicklungszweck beschränkt (vgl. § 269 Abs. 5 AktG).

45   Nach Versilberung des Vermögens und Berichtigung aller Verbindlichkeiten ist das verbleibende **Vermögen** an die Aktionäre zu **verteilen** (§ 271 AktG). Dabei ist der Ablauf des Sperrjahrs (§ 272 Abs. 1 AktG) abzuwarten. Eine vorläufige Verteilung ist nach hM ausgeschlossen (vgl. BGH NZG 2009, 659 Rn. 19; Spindler/Stilz/*Bachmann* AktG § 272 Rn. 2; aA *Erle* GmbHR 1998, 216 [218 ff.]: Auszahlung zulässig, soweit Grundkapital unberührt und Gläubigerinteressen nicht tangiert). Zu bedenken ist, dass mit Beginn der Vermögensverteilung die Möglichkeit eines Fortsetzungsbeschlusses unweigerlich verloren geht (vgl. § 274 Abs. 1 S. 1 AktG). Ist die Abwicklung abgeschlossen (oder entfällt sie), ist dies zum Register anzumelden und die SE zu löschen (§ 273 Abs. 1 AktG). Näher zur Beendigungspublizität bei Art. 65.

46   **c) Besonderheiten bei der monistischen SE. aa) Streitstand und Probleme.** Für die Abwicklung der monistischen SE gelten im Grunde dieselben Regeln, wobei diese mit Blick auf die eingliedrige Struktur an einzelnen Stellen zu modifizieren sind. **Probleme** bereitet dabei die Zuweisung der **Organkompetenzen,** da §§ 264 ff. AktG ganz auf das dualistische Modell zugeschnitten sind und das SEAG es versäumt hat, Sonderregeln für die Abwicklung der monistischen SE zu schaffen (berechtigte Kritik bei KK-AktG/*Kiem* Rn. 48). Hier hat sich ein bunter Strauß an Meinungen entwickelt. Während manche den **Verwaltungsrat** als geborenen Abwickler betrachten (so *Roitsch* S. 82; Spindler/Stilz/*Casper* Rn. 4; MüKoAktG/*Schäfer* Rn. 4), schreiben andere diese Rolle den **geschäftsführenden Direktoren** zu (so LHT/*Ehricke* Rn. 42; NK-SE/*Schröder*

Rn. 26; nun wohl auch *Frege/Nicht* in Jannott/Frodermann HdB SE Kap. 12 Rn. 67), während wieder andere **sowohl** den Verwaltungsrat **als auch** die geschäftsführenden Direktoren zum Abwickler erklären (so KK-AktG/*Kiem* Rn. 37; *Schwarz* Rn. 36). Der Streit pflanzt sich – wenn auch abgeschwächt – in der Frage der Vertretungsbefugnis fort, die wahlweise nur den geschäftsführenden Direktoren (*Roitsch* S. 83; KK-AktG/*Kiem* Rn. 41; *Schwarz* Rn. 48; NK-SE/ *Schröder* Rn. 26) oder beiden (Spindler/Stilz/*Casper* Rn. 4; *Frege/Nicht* in Jannott/Frodermann HdB SE Kap. 12 Rn. 81 f.) zugesprochen wird. Auch die Weisungsbefugnis des Verwaltungsrats ist in der Liquidation umstritten.

bb) Satzungs- oder Hauptversammlungsregelung (gekorene Abwick- 47 **ler).** Der Praxis ist angesichts dieser ungelösten Fragen dringend zu raten, hinsichtlich der Person der Abwickler entweder eine klare **Satzungsregelung** zu treffen oder durch frühzeitigen Hauptversammlungsbeschluss die Person der Abwickler zu bestimmen. Dies ist ohne weiteres möglich, da Satzung und Hauptversammlung nach § 265 Abs. 2 AktG weitestgehende Freiheit darin genießen, wen sie zum Abwickler ernennen. § 40 Abs. 1 SEAG, wonach die geschäftsführenen Direktoren vom Verwaltungsrat bestellt werden, gilt hinsichtlich der Abwickler nicht (*Schwarz* Rn. 45).

Empfehlenswert ist es, die **geschäftsführenden Direktoren** zu Abwicklern 48 zu bestimmen, da diese mit dem Tagesgeschäft vertraut sind und auch sonst das zur Vertretung bestimmte Organ bilden (§ 41 SEAG). Dabei sollte – dem gesetzlichen Muster des § 265 Abs. 1 AktG folgend – nicht das Organ an sich, sondern sollten dessen Mitglieder benannt werden. Verwaltungsratsmitglieder, die zugleich geschäftsführende Direktoren sind, werden dann ohne Weiteres zu Abwicklern. Nicht-geschäftsführende Verwaltungsratsmitglieder eignen sich in aller Regel nicht für diese Aufgabe. Ungeachtet der Frage, ob dies zulässig ist, sollten jedenfalls nicht alle Verwaltungsratsmitglieder zu Abwicklern bestellt werden, weil dann kein Verwaltungsrat mehr vorhanden ist und damit ein Organ fehlt, dass die in §§ 264 ff. AktG dem Aufsichtsrat zugewiesenen Aufgaben erfüllen kann (näher → Rn. 50).

Zu beachten ist, dass sich Bestellung und Abberufung von Mitgliedern des 49 Verwaltungsrats zu Abwicklern nicht nach §§ 28, 29 SEAG, sondern nach dem vorrangigen § 265 AktG richten. Die **Abberufung** von Verwaltungsratsmitgliedern aus ihrer Abwicklerrolle bedarf daher nur einer einfachen Mehrheit. Nur wenn der Betreffende zugleich aus dem Verwaltungsrat entfernt werden soll, gilt dafür § 29 SEAG (vgl. *Schwarz* Rn. 43).

Im Übrigen bleibt das **Weisungsrecht** des Gesamtverwaltungsrats auch gegen- 50 über den als Abwicklern agierenden geschäftsführenden Direktoren bestehen (vgl. Spindler/Stilz/*Casper* Rn. 4; *Schwarz* Rn. 37). Die Gegenauffassung (KK-AktG/ *Kiem* Rn. 38), derzufolge die Weisungsbindung der Abwickler mit dem Leitbild der §§ 264 ff. AktG kollidieren soll, lässt unbeachtet, dass die §§ 264 ff. AktG auf die Besonderheiten der monistischen Struktur Rücksicht nehmen müssen, die eben durch eine Weisungsbindung des ausführenden Organs gekennzeichnet ist. Ob der Anweisende selber Abwickler ist, spielt dabei keine Rolle. So sind auch die Liquidatoren der GmbH an Weisungen von Nichtabwicklern (= der Gesellschafter) gebunden. Eine Weisungsbindung wird im Übrigen auch für die Abwickler der AG vertreten (s. Spindler/Stilz/*Bachmann* AktG § 268 Rn. 20 f.; str.). Unklar ist, ob das Weisungsrecht auch externen Abwicklern gegenüber besteht. ME ist dies zu bejahen.

cc) Gerichtliche Bestellung (befohlene Abwickler). Wie bei der AG kann 51 das Gericht aus wichtigem Grund Abwickler bestellen und abberufen (§ 265 Abs. 3 AktG iVm Art. 63). **Antragsbefugt** und bei entsprechender Sachlage auch antragsverpflichtet ist neben den über das betreffende Quorum verfügenden

Aktionären der **Verwaltungsrat,** dessen Mitglieder schon aus diesem Grund nicht allesamt geborene Abwickler sein können. Ein wichtiger Grund kann auch darin liegen, dass ein Abwickler sich weigert, den (rechtmäßigen) Weisungen des Verwaltungsrats Folge zu leisten.

52   **dd) Fehlende Satzungsregel (geborene Abwickler).** Fehlt es an einer privatautonomen Bestimmung, ist die Streitfrage zu klären, wer bei der monistischen SE zum geborenen Abwickler wird (zum Meinungsstand → Rn. 46). Bei unbefangener Lesart könnten dies die Mitglieder des **Verwaltungsrats** sein. Denn gemäß § 22 Abs. 6 SEAG gelten Rechtsvorschriften, die dem Vorstand außerhalb des SEAG Rechte und Pflichten zuweisen, sinngemäß für den Verwaltungsrat. Dagegen spricht aber, dass sich § 22 Abs. 6 SEAG nur auf Rechtsvorschriften bezieht, die dem Vorstand als Organ Pflichten zuweisen, nicht hingegen auf Normen, die – wie er § 265 Abs. 1 AktG tut („die Vorstandsmitglieder") – allein die **Organmitglieder** adressieren (vgl. KK-AktG/*Siems* Anh. Art. 51 § 22 SEAG Rn. 30). Insofern kommt allenfalls eine Analogie in Betracht, der aber entgegensteht, dass Verwaltungsratsmitglieder dem Vorstand einer AG in den für § 265 AktG maßgeblichen Punkten (Vertrautheit mit dem Tagesgeschäft, Vertretungsbefugnis) gerade nicht vergleichbar sind. Seine Anwendbarkeit unterstellt, müsste § 22 Abs. 6 SEAG daher teleologisch reduziert werden (zur Zulässigkeit nur KK-AktG/*Siems* Anh. Art. 51 § 22 SEAG Rn. 32).

53   Entscheidend **gegen** das automatische Einrücken der Verwaltungsratsmitglieder in die Abwicklerrolle spricht, dass die SE dann im Liquidationsstadium zumindest faktisch ihren **Verwaltungsrat verlöre,** denn dessen Mitglieder können nicht zugleich die Abwicklung übernehmen und die dem Aufsichtsrat obliegende Rolle ausfüllen, wie es § 22 Abs. 6 SEAG gebietet. Das Problem lässt sich nicht dadurch lösen, dass man den Verwaltungsrat (nur) hinsichtlich seiner Überwachungsaufgabe im Amt belässt und ihm so eine gespaltene Rolle zumutet (so aber *Schwarz* Rn. 36). Ein wesentlicher Grund dafür, die Regelung des Verwaltungsrats im deutschen Recht an derjenigen des Aufsichtsrats zu orientieren, war gerade die dualistisch geprägte Rechtsumgebung des AktG (*Teichmann* Art. 43 Rn. 60). Sie zeigt sich auch im Abwicklungsstadium. So obliegt dem Aufsichtsrat in der Abwicklung nicht nur die Überwachung der Abwickler (§ 268 Abs. 2 S. 2 AktG), sondern auch die Vertretung der Gesellschaft diesen gegenüber (§ 112 AktG iVm § 264 Abs. 3 AktG). Ferner ist er antragsbefugt hinsichtlich der gerichtlichen Bestellung oder Abberufung von Abwicklern (§ 265 Abs. 3 AktG) und muss die von diesen erstellte Eröffnungsbilanz prüfen (§ 270 Abs. 2 S. 2 AktG iVm § 171 Abs. 1 AktG). All dies könnte der Verwaltungsrat nicht – jedenfalls nicht sinnvoll – tun, wenn seine Mitglieder selbst die Abwickler wären.

54   **Abzulehnen** ist damit auch die These, derzufolge **beide** – die Mitglieder des Verwaltungsrats und die geschäftsführenden Direktoren – geborene Abwickler iSv § 265 Abs. 1 AktG sind (so KK-AktG/*Kiem* Rn. 37; *Schwarz* Rn. 36). Sie beruft sich auf den in § 264 Abs. 3 AktG zum Ausdruck gelangenden Gedanken, die Organisationsstruktur der Gesellschaft in der Liquidation weitestgehend beizubehalten. Die Arbeitsteilung zwischen Verwaltungsrat und geschäftsführende Direktoren lässt sich aber besser verwirklichen, wenn man nur die geschäftsführenden Direktoren zu geborenen Abwicklern erklärt. Denn abgesehen davon, dass nur so ein funktionsfähiger Verwaltungsrat erhalten bleibt, kennt das Gesetz nur den einheitlichen Status des Abwicklers. Will man die Arbeitsteilung der §§ 22, 40 SEAG in diesen hineintragen, schafft man Rechtsunsicherheit, weil dann nicht klar ist, für welche der in §§ 267 ff. AktG genannten Aufgaben die (ehemaligen) geschäftsführenden Direktoren und für welche die (ehemaligen) Verwaltungsratsmitglieder zuständig sein sollen. So wollen manche sämtliche der

in §§ 267–273 AktG genannten Abwicklungsaufgaben den geschäftsführenden Direktoren zuweisen (*Schwarz* Rn. 39), während andere die Abwicklungsaufgaben auf (ehemalige) geschäftsführende Direktoren und (ehemalige) Verwaltungsratsmitglieder verteilen (vgl. KK-AktG/*Kiem* Rn. 40 ff.; *Roitsch* S. 80 ff.). Entsprechend unklar ist, ob nur die geschäftsführenden Direktoren oder auch die nicht geschäftsführenden Verwaltungsratsmitglieder in der Liquidation **vertretungsbefugt** sind. Werden letztere als „Abwickler" eingetragen, müssten sie schon aus Verkehrsschutzgründen die SE iL vertreten dürfen (konsequent Spindler/Stilz/*Casper* Rn. 4; MüKoAktG/*Schäfer* Rn. 4; *Frege/Nicht* in Jannott/Frodermann HdB SE Kap. 12 Rn. 81 f.; aA KK-AktG/*Kiem* Rn. 41; *Schwarz* Rn. 37). Das wiederum läuft – den gedanklichen Ausgangspunkt dieses Ansatzes untergrabend – der Kompetenzverteilung in der werbenden SE zuwider (kritisch mit Recht NK-SE/*Schröder* Rn. 26 Fn. 22: „systemwidrig").

All diese Schwierigkeiten vermeidet die **Lösung**, die **geschäftsführenden** **55** **Direktoren** als **geborene Abwickler** iSv § 265 Abs. 1 AktG anzusehen (LHT/ *Ehricke* Rn. 42; NK-SE/*Schröder* Rn. 26). Sie ist sachlich überzeugend, weil die geschäftsführenden Direktoren am ehesten geeignet sind, die typischen Abwicklungsaufgaben zügig durchzuführen. Sie verträgt sich auch am besten mit dem Gesetz, weil die in §§ 267 ff. AktG genannten Aufgaben, die auch nach den anderen Ansichten von den vormaligen geschäftsführenden Direktoren wahrgenommen werden sollen, eben den „Abwicklern" obliegen. Gleichzeitig bleibt der Verwaltungsrat im Amt und kann so die ihm obliegende Kontrollfunktion gegenüber den Abwicklern ausüben (→ Rn. 56 f.). Auch seine **Weisungsbefugnis** bleibt erhalten, ohne dass man ihn deshalb zum Abwickler erklären müsste (→ Rn. 50). Schließlich rechtfertigt sich die Abwicklerrolle der geschäftsführenden Direktoren auch daraus, dass das deutsche Gesellschaftsrecht der Abwicklung nicht die eigenständige Bedeutung wie der Leitung der werbenden Gesellschaft zumisst. Dies zeigt sich unter anderem daran, dass juristische Personen zu Abwicklern bestellt werden dürfen (§ 265 Abs. 2 S. 3 AktG), dass das Personengesellschaftsrecht für die Abwickler auf den Grundsatz der Selbstorganschaft verzichtet (§ 146 Abs. 1 S. 1 HGB), dass die Abwickler jederzeit abberufen werden können (§ 265 Abs. 5 S. 1 AktG) und dass sie nicht dem Wettbewerbsverbot des § 88 AktG unterliegen (§ 268 Abs. 3 AktG).

ee) Befugnisse im Einzelnen. Betrachtet man mit der hier vertretenen **56** Ansicht die geschäftsführenden Direktoren als geborene Abwickler, wird der **Verwaltungsrat** dadurch nicht kalt gestellt. Zwar gibt er – wie der Aufsichtsrat der dualistischen SE – seine Personalkompetenz an die Hauptversammlung ab (vgl. § 265 Abs. 2 AktG). Jedoch obliegt ihm gemäß § 22 Abs. 6 SEAG iVm § 268 Abs. 2 S. 2 AktG die **Überwachung** der Abwickler und er behält diesen gegenüber seine **Weisungsbefugnis** (→ Rn. 50). Hält der Verwaltungsrat etwa die Veräußerung des Unternehmens als Ganzes für sinnvoller als die Zerschlagung, kann er die geschäftsführenden Direktoren als Abwickler entsprechend anweisen. Probleme ergeben sich, wenn man – wie es für die AG vertreten wird – im Abwicklungsstadium ein Weisungsrecht der Hauptversammlung bejaht, das dann in Konkurrenz zu demjenigen des Verwaltungsrats tritt (vgl. Spindler/Stilz/ *Bachmann* AktG § 268 Rn. 20 f.). Die Lösung liegt in einer entsprechenden Anwendung von § 111 Abs. 4 S. 3 AktG, wonach ein etwaiges Weisungsrecht der Hauptversammlung vorgeht.

Im Übrigen nimmt der Verwaltungsrat (auch) im Abwicklungsstadium alle **57** Aufgaben wahr, die bei der Liquidation einer dualistischen SE dem Aufsichtsrat obliegen (vgl. § 22 Abs. 6 SEAG, so die Vertretung der Gesellschaft gegenüber den Abwicklern (§ 41 Abs. 5 SEAG iVm § 264 Abs. 3 AktG), den Antrag auf gerichtliche Bestellung oder Abberufung von Abwicklern (§ 22 Abs. 6 SEAG

iVm § 265 Abs. 3 AktG) und die **Prüfung** der Eröffnungsbilanz (§ 47 Abs. 3
SEAG iVm § 270 Abs. 2 S. 2 AktG). Die Feststellung des Jahresabschlusses
obliegt dagegen allein der Hauptversammlung (§ 270 Abs. 2 S. 1 AktG). Auch
zur **Anmeldung** der Auflösung und der ersten Abwickler ist der Verwaltungsrat
berufen (§ 22 Abs. 6 SEAG iVm §§ 263, 266 Abs. 1 AktG; für Zuständigkeit der
geschäftsführenden Direktoren *Roitsch* S. 83). Nicht den Abwicklern, sondern
dem Verwaltungsrat fällt die Kompetenz zur **Einberufung** der Hauptversammlung zu (§ 264 Abs. 3 AktG iVm §§ 22 Abs. 2 und 5, 48 Abs. 1 SEAG).

58   Den **geschäftsführenden Direktoren** verbleiben demgegenüber die eigentlichen Abwicklungsaufgaben. Nach hier vertretener Auffassung ergibt sich dies
schon daraus, dass sie die Abwickler sind. Es wird im Kern aber auch von
denjenigen zugestanden, die die Mitglieder des Verwaltungsrats für die geborenen
Abwickler halten (vgl. *Roitsch* S. 92, 94, 95, 97; Spindler/Stilz/*Casper* Rn. 4;
Schwarz Rn. 39; KK-AktG/*Kiem* Rn. 44). Zu diesen **Abwicklungsaufgaben**
gehören namentlich der Gläubigeraufruf gemäß § 267 AktG (abweichend insoweit KK-AktG/*Kiem* Rn. 43; *Roitsch* S. 89: Verwaltungsrat), die Beendigung der
Geschäfte, der Forderungseinzug, die Vermögensversilberung, die Gläubigerbe-
friedigung (§ 268 Abs. 1 AktG), die Aufstellung der Eröffnungsbilanz (§ 270
Abs. 1 AktG), die Vermögensverteilung (§ 271 AktG) und die Schlussrechnung
(§ 273 Abs. 1 AktG).

59   Auch die rechtsgeschäftliche **Vertretung** (§ 269 AktG) obliegt den (ehemaligen) geschäftsführenden Direktoren, was nach hiesiger Ansicht wiederum aus
ihrer Abwicklerrolle folgt, aber auch im Übrigen weitgehend unstrittig ist (vgl.
KK-AktG/*Kiem* Rn. 41; *Schwarz* Rn. 37; *Roitsch* S. 87; anders – (sowohl geschäftsführende Direktoren als auch Verwaltungsratsmitglieder vertretungsbefugt
– Spindler/Stilz/*Casper* Rn. 4; MüKoAktG/*Schäfer* Rn. 4; *Frege/Nicht* in Jan-
nott/Frodermann HdB SE Kap. 12 Rn. 81 f.). Als Abwickler übernehmen sie
ferner die **Anmeldung** von Änderungen betreffend die Person oder Vertretungs-
befugnis von Abwicklern (§ 266 Abs. 1 AktG), daneben die Anmeldung des
Schlusses der Liquidation (§ 274 Abs. 1 AktG). Subsidiär obliegen ihnen alle
Aufgaben, die den geschäftsführenden Direktoren der werbenden SE zukommen.
Dies folgt aus § 268 Abs. 2 S. 1 AktG, bei dem in entsprechender Anwendung
statt „Vorstand" die Worte „geschäftsführende Direktoren" zu lesen sind. § 22
Abs. 6 SEAG steht dem aus den bereits genannten Gründen nicht entgegen
(→ Rn. 52).

60   **d) Löschung.** Ist die Abwicklung abgeschlossen oder entfällt diese
(→ Rn. 41), ist dies von den Abwicklern zum Register anzumelden (§ 273
Abs. 1 AktG). Die SE wird sodann im Handelsregister gelöscht (näher Art. 65).
Die Bücher und Schriften der Gesellschaft sind an einem vom Registergericht
bestimmten sicheren Ort zehn Jahre zu hinterlegen (§ 273 Abs. 2 AktG). Aktionären und Gläubigern kann vom Gericht die Einsicht der hinterlegten Bücher
und Schriften gestattet werden (§ 273 Abs. 3 AktG). Stellt sich nachträglich
heraus, dass noch Abwicklungsbedarf besteht, ist auf Antrag eines Beteiligten ein
Nachtragsliquidator zu bestellen (§ 273 Abs. 4 AktG).

61   **e) Nachgesellschaft.** Nach hM zum deutschen Recht geht die juristische
Person nicht schon mit ihrer Löschung im Register unter, sondern erst dann,
wenn zusätzlich kein Vermögen und kein sonstiger Abwicklungsbedarf vorhanden ist („Lehre vom Doppeltatbestand"). Daran ist richtig, dass vorhandenes
Vermögen nicht herrenlos werden darf, sondern einem Rechtsträger zugeordnet
werden muss. Entgegen der hM kann dieser Rechtsträger aber keine juristische
Person sein, denn eine juristische Person setzt die Eintragung im Handelsregister
voraus (vgl. § 41 Abs. 1 AktG). Dies gilt auch für die SE (Art. 16). Die im
Handelsregister gelöschte, aber noch über Vermögen oder sonstigen Abwick-

lungsbedarf verfügende SE ist daher analog zur rechtsfähigen Vorgesellschaft (→ Art. 16 Rn. 29) als teilrechtsfähige **Nachgesellschaft** zu qualifizieren (so zur AG Spindler/Stilz/*Bachmann* AktG § 262 Rn. 92; für teilrechtsfähige Gesamthand *Roitsch* S. 103 im Anschluss an Hüffer/*J. Koch* AktG § 262 Rn. 23a).

III. Zahlungsunfähigkeit und Zahlungseinstellung (Insolvenz)

1. Bedeutung der Verweisung und Verhältnis zur EuInsVO. a) Pro- 62
blem. Art. 63 verweist hinsichtlich „Zahlungsunfähigkeit, Zahlungseinstellung und ähnlicher Verfahren" auf die für AGs im **Sitzstaat** geltenden „Rechtsvorschriften". Bei unbefangener Lesart bedeutet dies, dass das Insolvenzrecht des Sitzes der jeweiligen SE anwendbar ist, für die in Deutschland ansässige SE also die InsO. So einfach ist es indes nicht. Denn Erwägungsgrund 20 der Verordnung besagt, dass das „Konkursrecht ... nicht von dieser Verordnung erfasst" wird. Infolgedessen hat sich ein **Streit** darüber entzündet, ob Art. 63 mit Verfahren wegen „Zahlungsunfähigkeit" und „Zahlungseinstellung" wirklich das Insolvenzverfahren meint (→ Rn. 64 ff.).

Damit ist zugleich die Frage nach dem **Verhältnis** von **SE-VO** und **EuInsVO** 63 aufgeworfen. Letztere trifft eine eigene, auch für Gesellschaften geltende Regelung über das anwendbare Insolvenzrecht und tritt damit in scheinbare Konkurrenz zu Art. 63. Anders als der Verordnungsentwurf zur SPE (→ Rn. 4) verweist Art. 63 auch nicht auf die EuInsVO. Dennoch geht die überwiegende Ansicht von einer vorrangigen Anwendung der EuInsVO aus (vgl. zB Henssler/Strohn/*Servatius* IntGesR Rn. 339). Das ist im Ergebnis überzeugend, bedarf freilich einer näheren Begründung (eingehend *Bachmann* FS von Hoffmann, 2011, 37 ff.).

b) Streitstand. aa) Sachnormverweisung. Nach einer Ansicht handelt es 64 sich bei Art. 63 um eine Sachnormverweisung auf das Insolvenzrecht des Mitgliedstaates (MüKoAktG/*Schäfer* Art. 63 Rn. 1). Danach kommt für die in Deutschland registrierte SE **immer** die **Insolvenzordnung** (InsO) zum Zuge, ohne dass es des Umwegs über Art. 4 Abs. 1 EuInsVO bedarf. Für diese Ansicht spricht der Wortlaut des Art. 63, denn „Zahlungseinstellung" und „Zahlungsunfähigkeit" sind klassische Insolvenzgründe. Auch in Art. 8 Abs. 15 werden sie entsprechend gelesen. Ferner spricht für diese Sicht, dass die Verweisungsnormen der SE-VO allgemein als Sachnormverweisungen verstanden werden. Unbefriedigend bleibt, dass sich die Auffassung nicht explizit zum Verhältnis von SE-VO und EuInsVO verhält, vielmehr stillschweigend vom Vorrang der SE-VO ausgeht. Gegen sie spricht Erwägungsgrund 20 der SE-VO, der nicht etwa klarstellt, dass die SE dem Konkursrecht des Sitzstaates unterworfen sei (so aber MüKoAktG/*Schäfer* Art. 63 Rn. 1), sondern nur festhält, dass das Konkursrecht „nicht von dieser Verordnung erfasst" wird und insofern auf die Rechtsvorschriften der Mitgliedstaaten und „das Gemeinschaftsrecht" verweist.

bb) Insolvenz nicht erfasst. Auf Erwägungsgrund 20 stützt sich eine im 65 Vordringen befindliche Gegenansicht, derzufolge die Insolvenz trotz des missverständlichen Wortlauts von Art. 63 von der SE-VO gar nicht erfasst werde (NK-SE/*Schröder* Rn. 7; Theisen/Wenz/*Nolting* S. 627; LHT/*Ehricke* Rn. 4, 17 ff.; KK-AktG/*Kiem* Rn. 7 ff.; *Ludwig* S. 68 f.). Gemeint seien mit den Verfahren wegen „Zahlungsunfähigkeit" und „Zahlungseinstellung" lediglich **spezielle Abwicklungsverfahren** außerhalb des Insolvenzverfahrens, wie sie etwa in England oder in Dänemark existierten. Für die insolvente SE ist die SE-VO nach dieser Auffassung bedeutungslos, so dass sich die Frage des anwendbaren Rechts allein und unmittelbar nach der **EuInsVO** bestimmt (zum Teil abweichend NK-SE/*Schröder* Rn. 8 und Theisen/Wenz/*Nolting* S. 617, 625, wonach

Art. 63 die Insolvenz (nur) als gesellschaftsrechtlichen Auflösungsgrund erfasse). Diese Auffassung hat Erwägungsgrund 20 auf ihrer Seite und sichert, was begrüßenswert ist, die vorrangige Geltung der EuInsVO. Allerdings erscheint es höchst zweifelhaft, dass der europäische Gesetzgeber trotz deutlicher Wortwahl in Art. 63 nur exotische Sonderverfahren gemeint haben könnte, die in den meisten Mitgliedstaaten gar nicht existieren.

66   **cc) Gesamtnormverweisung.** Eine dritte, mE vorzugswürdige Ansicht löst das Problem, indem sie Art. 63 hinsichtlich der Insolvenz als Gesamtnormverweisung versteht (*Roitsch* S. 28, 110 f.; *Schwarz* Rn. 8 f., 52). Mit diesem kollisionsrechtlichen Begriff ist gemeint, dass nicht nur auf das Sachrecht, sondern auch auf das Kollisionsrecht (IPR) eines Staates verwiesen wird. Danach erfasst Art. 63 mit „Zahlungsfähigkeit" und „Zahlungseinstellung" zwar die Insolvenz (insofern wie Ansicht 1), verweist jedoch nicht direkt auf das Insolvenzrecht des Sitzstaates, sondern zuerst auf dessen insolvenzrechtliche Kollisionsregel. In Ländern, in denen die EuInsVO gilt – außer Dänemark sind das alle EU-Staaten – ist das **Art. 4 Abs. 1 EuInsVO,** wonach das Insolvenzrecht desjenigen Staates zur Anwendung kommt, in dem das Insolvenzverfahren eröffnet wird. Im praktischen Ergebnis stimmt das mit Ansicht 2 überein.

67   **dd) Vermittelnde Lösung.** Eine vierte, vermittelnde Meinung **differenziert** hinsichtlich der verfahrensrechtlichen und der materiellrechtlichen Seite der Insolvenz. Hinsichtlich des Insolvenzverfahrens sei Art. 63 als Gesamtnormverweisung zu verstehen (insofern wie Ansicht 3), so dass sich das anwendbare Insolvenzverfahrensrecht im Geltungsbereich der EuInsVO nach dessen Art. 4 Abs. 1 bestimme. Dagegen seien die **Insolvenzgründe** (Zahlungseinstellung und Zahlungsunfähigkeit) unmittelbar in Art. 63 genannt (Spindler/Stilz/*Casper* Rn. 5; dagegen *Roitsch* S. 30 f.). In dieser Hinsicht sei Art. 63 als vorrangige Sachnormverweisung zu verstehen (insofern wie Ansicht 1).

68   **c) Stellungnahme.** Zu folgen ist der dritten Auffassung (eingehend *Bachmann* FS von Hoffmann, 2011, 36 [44 ff.]). Hinsichtlich der Insolvenz ist Art. 63 danach als **Gesamtnormverweisung** zu verstehen. Für die in Deutschland domizilierende SE ist das anwendbare Insolvenzrecht damit nach **Art. 4 Abs. 1 EuInsVO** zu bestimmen. Diese Auffassung harmoniert mit dem Wortlaut des Art. 63, weil „Zahlungsunfähigkeit" und „Zahlungseinstellung" Insolvenzgründe par excellence sind (vgl. *Roitsch* S. 109; *Zang* S. 245). Die gleichen Vokabeln werden in Art. 8 Abs. 15 verwandt und dort einhellig als Bezug auf das Insolvenzrecht verstanden (statt aller LHT/*Ringe* Art. 8 Rn. 86). Die englische, die französische und die niederländische Fassung des Art. 63 sprechen sogar explizit von „Insolvenz". Die Ansicht passt aber auch zu Erwägungsgrund 20, indem sie die Bestimmung des anwendbaren Insolvenzrechts der EuInsVO überlässt. Gegenüber der zweiten Auffassung, die das Insolvenzrecht ganz aus Art. 63 ausklammern will, hat sie den Vorteil, den **Entscheidungsgleichklang** zu fördern. Denn nach der hier vertretenen Auffassung sind auch Staaten, in denen zwar die SE-VO, nicht jedoch die EuInsVO gilt, gehalten, das Insolvenzkollisionsrecht des Sitzstaates anzuwenden. Nach Ansicht 2 wäre das nicht der Fall. Abzulehnen ist auch Ansicht 1, weil sie bei Auseinanderfallen von Satzungs- und Realsitz dazu führen würde, dass überhaupt kein nationales Insolvenzrecht anwendbar wäre: Der Anwendung des Sitzstaatsrechts stünde Art. 3 Abs. 1 S. 1 EuInsVO entgegen, der Anwendung des am Realsitz geltenden Rechts Art. 63 (KK-AktG/*Kiem* Rn. 12). Für eine Trennung von Insolvenzgründen und sonstigem Insolvenzrecht, wie sie Ansicht 4 verficht, fehlt es in der Verordnung an greifbaren Anhaltspunkten.

d) Praktische Anwendung. Praktisch ist der Meinungsstreit von geringer   **69**
Bedeutung, weil für die in Deutschland ansässige SE in den allermeisten Fällen
deutsches Insolvenzrecht in Gestalt der InsO Anwendung findet. Will man
dieses Ergebnis nach allen Ansichten absichern, ist wie folgt zu **prüfen:** Zunächst
ist der Satzungssitz der SE festzustellen. Nach Ansicht 1 steht damit schon die
Anwendung des jeweiligen Insolvenzrechts fest. Sicherheitshalber ist weiterhin
das am Satzungssitz geltende Kollisionsrecht zu befragen. Ist dieses – wie in allen
Mitgliedstaaten außer Dänemark – die **EuInsVO**, muss geprüft werden, ob Sat-
zungs- und Realsitz, wie von Art. 7 geboten, übereinstimmen. Ist das der Fall,
sind die Insolvenzgerichte des betreffenden Staates zuständig (Art. 3 Abs. 1
EuInsVO). Damit findet auch dessen Insolvenzrecht Anwendung (Art. 4 Abs. 1
EuInsVO). Fallen Satzungssitz und Realsitz ausnahmsweise auseinander, ist nach
Art. 3 Abs. 1 EuInsVO der Realsitz („Center of Main Interest" – COMI) maß-
geblich (vgl. dazu auch Kommentierung zu Art. 64). Residiert die SE in einem
Mitgliedstaat, in dem die EuInsVO nicht gilt, bestimmt sich das anwendbare
Insolvenzrecht nach dessen nationalem Kollisionsrecht.

2. Insolvenzverfahren. Nach dem Gesagten findet auf die in Deutschland   **70**
registrierte SE das hierzulande geltende Insolvenzkollisionsrecht Anwendung.
Damit kommt gemäß **Art. 4 Abs. 1 EuInsVO** zum Zuge, wonach das Insol-
venzsachrecht desjenigen Mitgliedstaates anzuwenden ist, in dem das Verfahren
eröffnet wird. Zuständig zur Verfahrenseröffnung ist nach Art. 3 Abs. 1 EuInsVO
das Gericht des Mitgliedstaates, in dessen Gebiet der Schuldner den Mittelpunkt
seiner hauptsächlichen Interessen (Center of Main Interest – COMI) hat. Befindet sich dieser, wie nach Art. 3 Abs. 1 S. 2 EuInsVO zu vermuten, am Ort des
Sitzes (wie es Art. 7 bezüglich der Hauptverwaltung vorschreibt), gelangt die
deutsche **Insolvenzordnung (InsO)** zur Anwendung. Entsprechendes gilt gemäß §§ 3 Abs. 1 S. 2, 335 InsO, wenn die SE den Mittelpunkt ihrer hauptsächlichen Interessen in einem Drittstaat hat. Dann ist allerdings zugleich das
Verfahren nach Art. 64, § 52 SEAG einzuleiten. Sonderregeln bestehen für
Kredit- und Versicherungsunternehmen (vgl. § 46e Abs. 1 KWG und § 88
Abs. 1a, Abs. 1b VAG, jeweils iVm Art. 9 Abs. 3).

Befinden sich Satzungs- und Verwaltungssitz der insolventen SE entgegen   **71**
Art. 7 in unterschiedlichen Staaten, fallen das hilfsweise anzuwendende **Gesellschaftsrecht** und das Insolvenzrecht auseinander. Dabei ist die Antragspflicht
(§ 15a InsO) dem Insolvenzstatut zuzurechnen (sehr str., wie hier wohl N/K/
Kindler § 4 Rn. 1 ff.). Ist gegen eine SE ein Auflösungsverfahren nach Art. 64,
§ 52 SEAG eingeleitet worden, hat die Abwicklung nach Insolvenzrecht aber im
Zweifel Vorrang (vgl. § 264 Abs. 1 AktG). Auch eine aufgelöste SE ist insolvenz-
fähig, solange ihr Vermögen noch nicht verteilt ist (vgl. § 11 Abs. 3 InsO).

Der **Ablauf** des Insolvenzverfahrens unterscheidet sich nicht von demjenigen   **72**
bei einer deutschen AG (umfassend *Roitsch* S. 122–165; zur AG Spindler/Stilz/
Bachmann AktG § 264 Rn. 8 ff.). Eingeleitet wird es nur auf **Antrag** (§ 13 InsO).
Befugt zur Stellung des Antrags und gemäß § 15a InsO zugleich dazu verpflichtet
(→ Rn. 71) sowie nach § 34 InsO beschwerdebefugt ist auf Seiten der SE jedes
Mitglied des Vorstands (§ 15 InsO), bei der **monistischen** SE jedes Verwaltungsratsmitglied, § 22 Abs. 5 S. 2 Hs. 1 SEAG (statt aller Spindler/Stilz/*Casper*
Rn. 6). Der frühere Streit um die Antragspflicht in der monistischen SE ist durch
die Neufassung des § 22 SEAG im Jahr 2008 (MoMiG) gegenstandslos geworden.
Die Antragspflicht des Aufsichtsrats bei Führungslosigkeit (§ 15a Abs. 3 InsO)
läuft in der monistischen SE leer. Die Pflicht der geschäftsführenden Direktoren
gemäß § 40 Abs. 3 S. 2 SEAG, dem Verwaltungsrat den Eintritt von Insolvenzgründen zu melden, führt weder zu einer Verlängerung noch zu einer Verkürzung
der Dreiwochenfrist in § 15a Abs. 1 InsO (KK-AktG/*Kiem* Rn. 52; LHT/*Ehri-*

cke Rn. 50; Theisen/Wenz/*Nolting* S. 617, 641). Das **Zahlungsverbot** aus § 92 Abs. 2 AktG iVm § 22 Abs. 5 S. 2 Hs. 2 SEAG trifft nicht nur den Verwaltungsrat, sondern in erweiternder Auslegung auch die geschäftsführenden Direktoren (Spindler/Stilz/*Casper* Rn. 6; KK-AktG/*Kiem* Rn. 53; *Roitsch* S. 136 f.; aA *Schwarz* Rn. 70; LHT/*Ehricke* Rn. 51; Theisen/Wenz/*Nolting* S. 617, 641).

73   Voraussetzung für die Eröffnung ist ein **Eröffnungsgrund** in Gestalt von Zahlungsunfähigkeit oder Überschuldung (vgl. §§ 16–19 InsO). Der Begriff der Zahlungsunfähigkeit (§ 17 InsO) ist nicht mit demjenigen des Art. 63 deckungsgleich, da dieser keinen europäischen Insolvenzgrund vorgibt, sondern lediglich das für die insolvente SE anwendbare Recht bestimmen will (*Schwarz* Rn. 52; *Roitsch* S. 123; abweichend Spindler/Stilz/*Casper* Rn. 5). Er ist folglich rein national zu interpretieren.

74   Im **Eröffnungsbeschluss,** der gemäß § 9 InsO sowie nach Art. 65 bekannt zu machen ist, wird zugleich ein **Insolvenzverwalter** eingesetzt (§ 27 Abs. 1 InsO). Dieser übernimmt die Verfügungsbefugnis über das Vermögen der SE (§ 80 InsO) und tritt neben deren weiter bestehende Organe (zur teilweise streitigen Kompetenzverteilung zwischen Verwalter und Organen s. nur Spindler/Stilz/*Bachmann* AktG § 264 Rn. 15 ff. mwN). Bei der **monistischen SE** bleiben die geschäftsführenden Direktoren, wiewohl keine Organe ieS, ebenfalls im Amt und unterliegen weiterhin den Weisungen des Verwaltungsrats (vgl. *Roitsch* S. 138; KK-AktG/*Kiem* Rn. 55; gegen Weisungsbefugnis LHT/*Ehricke* Rn. 52). Pflichten und Rechte nach §§ 97–99 InsO treffen gemäß § 101 InsO Geschäftsführungs- und Aufsichtsorgane gleichermaßen, bei der monistischen SE mithin Verwaltungsrat und geschäftsführende Direktoren (*Schwarz* Rn. 73; Spindler/Stilz/*Casper* Rn. 6; LHT/*Ehricke* Rn. 52). Im Übrigen agieren, soweit die SE als Schuldnerin angesprochen ist, die geschäftsführenden Direktoren (*Schwarz* Rn. 74; KK-AktG/*Kiem* Rn. 55). Vertretungs- und Aufsichtsorgan iSv § 138 Abs. 2 InsO (Anfechtung) sind sowohl der Verwaltungsrat als auch die geschäftsführenden Direktoren (*Schwarz* Rn. 76). Für den insolvenzfreien bzw. -neutralen Bereich bleibt die Kompetenzordnung der werbenden SE ebenso erhalten wie bei der Eigenverwaltung (vgl. *Schwarz* Rn. 75, 77).

75   Für die **Durchführung** und den **Abschluss** des Insolvenzverfahrens einschließlich des Planverfahrens (§§ 217 ff. InsO), der Eigenverwaltung (§§ 270 ff. InsO) sowie etwaiger Partikular- und Sekundärverfahren (Art. 3 Abs. 2, 3, Art. 27 ff. EuInsVO, §§ 354 ff. InsO) gelten gegenüber der insolventen AG keine Besonderheiten. Auch die insolvente SE kann nur nach § 274 Abs. 2 Nr. 1 AktG iVm Art. 63 fortgesetzt werden (→ Rn. 35).

IV. „Ähnliche Verfahren"

76   **1. Bedeutung der Auffangklausel.** Der abschließende Hinweis auf „ähnliche Verfahren", der sich auch in Art. 8 Abs. 15 findet, dient als **Auffangklausel,** um auch solche Verfahren dem Sitzstaatrecht zu unterstellen, die zwar formal keine Auflösungs- oder Liquidationsverfahren sind (oder im nationalen Recht nicht so bezeichnet werden), aber dieselbe Funktion haben, nämlich den Rechtsträger abzuwickeln (LHT/*Ehricke* Rn. 9; KK-AktG/*Kiem* Rn. 14; *Ludwig* S. 69). Damit bringt die Norm zugleich ein **funktionales Verständnis** zum Ausdruck: Mitgliedstaatliche Rechtsinstitute und Verfahren, die inhaltlich zwar den Bereich der Auflösung und Liquidation betreffen, ihrer Historie, Bezeichnung oder systematischen Einordnung nach aber in anderen Bereichen angesiedelt sind, sind ohne weiteres unter Art. 63 zu subsumieren (KK-AktG/*Kiem* Rn. 14).

77   In der Literatur ist zum Teil ein **engeres** Verständnis vertreten worden. In Anlehnung an Art. 1 Abs. 2 lit. b EuGVVO („Konkurs, Vergleiche und ähnliche Verfahren"; heute Art. 1 Abs. 2 lit. b Brüssel Ia-VO) soll sich der Zusatz „und

ähnliche Verfahren" nur auf Verfahren wegen Zahlungsunfähigkeit und Zahlungseinstellung, letztlich also auf insolvenzbezogene Verfahren, beziehen (*Schwarz* Rn. 6 f.; s. auch *Zang* S. 246 zu Art. 8 Abs. 15). Diese Lesart ist historisch durchaus plausibel (→ Rn. 5), aber nicht zwingend (LHT/*Ehricke* Rn. 10). Gegen sie spricht, dass so ohne Not bestimmte Abwicklungsverfahren aus der Verweisung des Art. 63 ausgeklammert blieben. Mit Blick auf den für die Auslegung vorrangig zu berücksichtigenden Normzweck (→ Rn. 1) sollte dieses Ergebnis vermieden werden.

2. Anwendungsfälle. Nach überwiegender Ansicht hat die Auffangklausel für **78** die in Deutschland residierende SE **keine Bedeutung,** weil hierzulande keine „ähnliche Verfahren" existieren (so zB KK-AktG/*Kiem* Rn. 14; *Schwarz* Rn. 7). Auf den ersten Blick trifft das zu, denn die Abwicklung der SE in Deutschland richtet sich entweder nach §§ 264 ff. AktG oder nach den Regeln der InsO. Beide Wege sind bereits von den vorstehenden Vokabeln („Abwicklung", „Zahlungsunfähigkeit") erfasst. Allerdings gibt es auch im deutschen Recht Auflösungsgründe, die nicht als solche bezeichnet werden, namentlich die sog. **Nichtigkeit** gemäß § 275 AktG und die **Amtslöschung** gemäß § 397 FamFG. Sie können unter die „ähnlichen Verfahren" subsumiert werden (ebenso NK-SE/*Schröder* Rn. 12).

V. Beschlussfassung durch die Hauptversammlung (Hs. 2)

Nach Hs. 2 „gilt dies" – gemeint ist die Unterstellung unter das Recht des **79** Sitzstaates – „auch für die Vorschriften hinsichtlich der Beschlussfassung durch die Hauptversammlung". Die **Bedeutung** der Norm ist **gering,** da schon Art. 52 ff. für die Hauptversammlung weitgehend auf das Recht des Sitzstaates verweisen (vgl. MüKoAktG/*Schäfer* Rn. 1: „überflüssige Klarstellung"). Praktisch relevant wird die Unterscheidung allein, wenn das nationale Recht von den Mindestvorgaben der Art. 52 ff. nach unten abweicht, was das deutsche Recht aber nicht tut. Während dies nach Art. 52 ff. unzulässig ist, räumt der vorrangige Art. 63 Hs. 2 den Mitgliedstaaten insoweit vollständige Freiheit ein. Diese können also entscheiden, ob sie überhaupt die Zuständigkeit der Hauptversammlung für auflösungsbezogene Entscheidungen vorsehen und wenn ja, wie deren Ablauf gestaltet wird. Eine zwingende **Hauptversammlungskompetenz** für den Auflösungsbeschluss wird durch Hs. 2 nicht statuiert (hM, vgl. KK-AktG/*Kiem* Rn. 18 und Art. 52 Rn. 32; LHT/*Ehricke* Rn. 23; *Schwarz* Art. 52 Rn. 15; *Ludwig* S. 47 f.; aA *Spindler* Art. 52 Rn. 23: „ansonsten hätte es des zusätzlichen Hinweises in Art. 63 Hs. 2 nicht bedurft").

Die **Abgrenzung** zwischen Beschlüssen, die unter Hs. 2 fallen (und damit **80** vollkommen zur Disposition des Sitzstaates stehen) und solchen, die unter Art. 52 ff. fallen, ist für Deutschland theoretischer Natur. In allen Fällen gelten die §§ 118 ff., 262 ff. AktG. Im Übrigen wird man danach zu unterscheiden haben, ob der betreffende Beschluss nur „bei Gelegenheit" der Auflösung gefasst wird oder einen „spezifischen Bezug" zur Auflösung hat (*Schwarz* Rn. 14; LHT/*Ehricke* Rn. 23). Unzweifelhaft auflösungsbezogen sind danach Auflösungs- und Fortsetzungsbeschluss sowie die Bestellung des Liquidators (§ 265 Abs. 2 AktG). **Keinen** spezifischen Auflösungsbezug haben **Kapitalmaßnahmen,** „Holzmüller"-Beschlüsse und **Satzungsänderungen** (Ausnahme: Einfügung einer Befristung, § 262 Abs. 1 Nr. 1 AktG), auch wenn sie im Zusammenhang mit der Liquidation stehen. Beschlüsse nach § 179a AktG oder nach dem UmwG fallen nicht unter Art. 63, da sie die Auflösung zwar zur Folge haben können, jedoch nicht eigentlich darauf zielen und auch keine besondere Abwicklung bedingen.

81   Eine andere Beurteilung ist möglicherweise für **Reorganisations- oder Re-strukturierungsverfahren** angezeigt, bei denen unter anderem durch Kapital-maßnahmen eine drohende Insolvenz abgewendet oder die Sanierung erreicht werden soll. Derartige Verfahren verzichten mitunter auf die Zustimmung der Hauptversammlung. Im Rahmen der Debatte um das Finanzmarktstabilisierungs-gesetz hat das die Frage provoziert, ob ein solcher Verzicht mit europäischem Recht vereinbar ist (vgl. *Bachmann* ZIP 2009, 1249; *Langenbucher* ZGR 2010, 75 [84 f.]). Für die SE ist die Frage insofern zu verneinen, als **Art. 59** eine zwingen-de Hauptversammlungskompetenz für Satzungsänderungen und damit auch für **Kapitalmaßnahmen** vorschreibt (ganz hM, vgl. nur *Schwarz* Art. 59 Rn. 11; KK-AktG/*Kiem* Art. 59 Rn. 5; LHT/*Seibt* Art. 59 Rn. 2). Im spezielleren An-wendungsbereich des Art. 63 Hs. 2 gilt das allerdings **nicht** (vgl. LHT/*Bayer* Rn. 22: Art. 59 durch Art. 63 verdrängt). ME sollten auch solche Reorganisati-onsverfahren, die nicht auf die Auflösung zielen, sondern diese gerade verhindern wollen, dessen Anwendungsbereich zugeschlagen werden. Denn es leuchtet nicht ein, warum die Mitgliedstaaten den Vorstand nach Art. 63 Hs. 2 sollen ermächti-gen dürfen, die SE aufzulösen, nicht aber zur Vermeidung der Auflösung eine Kapitalmaßnahme zu beschließen. Restrukturierungsmaßnahmen sind daher je-denfalls „ähnliche Verfahren" im Sinne der Norm.

[Verfahren bei Trennung von Sitz und Hauptverwaltung]

64 (1) **Erfüllt eine SE nicht mehr die Verpflichtung nach Artikel 7, so trifft der Mitgliedstaat, in dem die SE ihren Sitz hat, geeignete Maßnahmen, um die SE zu verpflichten, innerhalb einer bestimmten Frist den vorschriftswidrigen Zustand zu beenden, indem sie**

a) entweder ihre Hauptverwaltung wieder im Sitzstaat errichtet
b) oder ihren Sitz nach dem Verfahren des Artikels 8 verlegt.

(2) **Der Sitzstaat trifft die erforderlichen Maßnahmen, um zu gewähr-leisten, dass eine SE, die den vorschriftswidrigen Zustand nicht gemäß Absatz 1 beendet, liquidiert wird.**

(3) [1]**Der Sitzstaat sieht vor, dass ein Rechtsmittel gegen die Feststel-lung des Verstoßes gegen Artikel 7 eingelegt werden kann.** [2]**Durch dieses Rechtsmittel werden die in den Absätzen 1 und 2 vorgesehenen Verfah-ren ausgesetzt.**

(4) **Wird auf Veranlassung der Behörden oder einer betroffenen Partei festgestellt, dass sich die Hauptverwaltung einer SE unter Verstoß gegen Artikel 7 im Hoheitsgebiet eines Mitgliedstaats befindet, so teilen die Behörden dieses Mitgliedstaats dies unverzüglich dem Mitgliedstaat mit, in dem die SE ihren Sitz hat.**

SEAG: Abschnitt 5. Auflösung

§ 52 SEAG Auflösung der SE bei Auseinanderfallen von Sitz und Hauptverwaltung

(1) [1]Erfüllt eine SE nicht mehr die Verpflichtung nach Artikel 7 der Verordnung, so gilt dies als Mangel der Satzung im Sinne des § 262 Abs. 1 Nr. 5 des Aktiengesetzes. [2]Das Registergericht fordert die SE auf, innerhalb einer bestimmten Frist den vorschriftswid-rigen Zustand zu beenden, indem sie

1. entweder ihre Hauptverwaltung wieder im Sitzstaat errichtet oder
2. ihren Sitz nach dem Verfahren des Artikels 8 der Verordnung verlegt.

(2) Wird innerhalb der nach Absatz 1 bestimmten Frist der Aufforderung nicht genügt, so hat das Gericht den Mangel der Satzung festzustellen.

(3) Gegen Verfügungen, durch welche eine Feststellung nach Absatz 2 getroffen wird, findet die Beschwerde statt.

Schrifttum: *Zang,* Sitz und Verlegung des Sitzes einer Europäischen Aktiengesellschaft mit Sitz in Deutschland, 2004. Vgl. ferner die Nachweise zu Art. 63.

Übersicht

		Rn.
I.	Allgemeines	1
	1. Normzweck und Bedeutung	1
	2. Entwicklung und Kritik	4
	3. Parallelvorschriften	5
II.	Anwendungsfälle (Abs. 1)	6
	1. Grundlagen	6
	2. Sitz und Verwaltung in unterschiedlichen Mitgliedstaaten	7
	a) Nachträgliches Auseinanderfallen	7
	b) Anfängliches Auseinanderfallen	10
	3. Sitz oder Verwaltung außerhalb der EU	12
	4. Inländisches Auseinanderfallen von Sitz und Verwaltung	16
	5. Doppelsitz	17
III.	Behebung des Mangels (Abs. 1, § 52 Abs. 1 SEAG)	19
	1. Verlegung der Hauptverwaltung (lit. a)	19
	2. Sitzverlegung gemäß Art. 8 (lit. b)	21
	3. Weitere Möglichkeiten	23
IV.	Amtsauflösung (Abs. 2, § 52 Abs. 2 SEAG)	24
	1. Allgemeines	24
	2. Verfahren der Amtsauflösung	25
V.	Rechtsschutz (Abs. 3, § 52 Abs. 3 SEAG)	31
VI.	Meldepflicht (Abs. 4, § 4 SEAG)	33
	1. Bedeutung	33
	2. Zuständigkeiten	34
	3. Feststellung und Mitteilung	37

I. Allgemeines

1. Normzweck und Bedeutung. Art. 64 knüpft an das in **Art. 7** vor- **1** geschriebene **Junktim von Satzungs- und Verwaltungssitz** an, indem er **Sanktionen** für seine Missachtung vorgibt. Diese Sanktionen bestehen darin, dass der SE zunächst aufgegeben wird, den vorschriftswidrigen Zustand zu beseitigen, indem Satzungs- und Verwaltungssitz wieder zusammengeführt werden (Abs. 1). Geschieht dies nicht, wird die SE zwangsliquidiert (Abs. 2). Rechtsmittel müssen möglich sein und haben aufschiebende Wirkung (Abs. 3). Eine gegenseitige Informationspflicht der Mitgliedstaaten soll die Effektivität des Verfahrens erhöhen (Abs. 4).

Da sich Art. 64 nur an die **Mitgliedstaaten** richtet, bedarf er der Umsetzung **2** durch „geeignete Maßnahmen" in nationales Recht. Dies ist in Deutschland durch **§ 52 SEAG** (betreffend Abs. 1–3) geschehen, der zugleich die einzige auflösungsbezogene Norm des SEAG ist. Dabei hat sich der Gesetzgeber am **Vorbild des Amtsauflösungsverfahrens** (§ 399 FamFG) orientiert. Das ist systematisch folgerichtig und stellt eine „geeignete Maßnahme" im Sinne des Regelungsauftrags von Art. 64 dar. Redaktionell ist § 52 SEAG indes nur bedingt geglückt (→ Rn. 11). Insbesondere hat der deutsche Gesetzgeber das Modell des § 399 FamFG nur unvollständig übernommen, was die Frage aufwirft, ob und wie entsprechende Lücken im Verfahren zu schließen sind (→ Rn. 24).

Art. 64 verstößt ebensowenig wie Art. 7 gegen die **Niederlassungsfreiheit 3** der Art. 49, 54 AEUV (im deutschen Schrifttum ganz hM, vgl. nur MüKoAktG/

Schäfer Rn. 3; NK-SE/*Schröder* Rn. 1; LHT/*Ehricke* Rn. 4; KK-AktG/*Kiem* Rn. 4; Spindler/Stilz/*Casper* Rn. 1; *Ludwig* S. 52; *Roitsch* S. 57; abweichend *Ziemons* ZIP 2003, 1913). Ob man dies damit begründet, dass die SE gar nicht von dieser erfasst wird (so etwa *Teichmann* ZGR 2003, 367 [401]; *Ludwig* S. 51) oder mit dem Hinweis darauf, dass es sich allenfalls um eine nach dem EuGH zulässige Wegzugsbeschränkung handelt (so zB LHT/*Ehricke* Rn. 4; MüKo-AktG/*Oechsler* Art. 7 Rn. 2; *Hagemann/Tophies* in Jannott/Frodermann HdB SE Kap. 4 Rn. 44), bleibt sich im Ergebnis gleich. Da es dem Europäischen Gesetzgeber frei steht, überhaupt supranationale Rechtsformen zu schaffen, muss er auch frei darin sein, die Bedingungen für deren Werden und Vergehen eigenständig zu gestalten. Beschränkungen der Mobilität sind danach jedenfalls soweit zulässig, als es dafür sachliche, in der supranationalen Rechtsnatur selbst liegende Gründe gibt, was mit Blick auf die unterschiedliche Natur von horizontalem und vertikalem Regulierungswettbewerb der Fall ist.

4 **2. Entwicklung und Kritik.** Obwohl schon der Entwurf von 1989 ein Junktim von Satzung und Hauptverwaltung vorschrieb, **fehlte** es seinerzeit noch an einer **Sanktion** für dessen Missachtung. Erst der modifizierte Entwurf von 1991 sah dann eine dem jetzigen Art. 64 entsprechende Regelung vor, wobei das Auflösungsverfahren allerdings noch an ein **Antragserfordernis** geknüpft war. Heute wird die Kopplung von Sitz und Verwaltung, wie sie Art. 7 vorschreibt, zum Teil **kritisch** gesehen (Nachweise bei KK-AktG/*Kiem* Art. 69 Rn. 9 Fn. 20). Für ihre Beibehaltung sprechen indes gute Gründe (vgl. KK-AktG/*Veil* Art. 7 Rn. 10: Gleichlauf von Insolvenz- und Gesellschaftsstatut). Solange Art. 7 unverändert bleibt, ist die in Art. 64 geregelte Sanktionierung jedenfalls sachgerecht.

5 **3. Parallelvorschriften.** Parallelvorschriften enthalten Art. 32 **EWIV-VO** und Art. 73 Abs. 2–5 **SCE-VO.** Der Entwurf der SPE-VOE sieht dagegen keine entsprechende Sanktionsnorm vor. Dort entscheiden nach den jüngeren Kompromissvorschlägen die Mitgliedstaaten, ob Satzungssitz und Hauptverwaltung im selben Mitgliedstaat liegen müssen (vgl. Ratsdokument Nr. 10611/11 DRS 84 SOC 432 vom 23.5.2011).

II. Anwendungsfälle (Abs. 1)

6 **1. Grundlagen.** Voraussetzung für die Einleitung des Verfahrens nach § 52 SEAG ist, dass eine SE die **Verpflichtung nach Art. 7** nicht mehr erfüllt. Dies ist dann der Fall, wenn entweder die Hauptverwaltung ins Ausland verlagert wird, ohne dass zugleich der Satzungssitz verlegt wird, oder wenn umgekehrt der Satzungssitz gemäß Art. 8 ins Ausland verlegt wird, ohne dass die Hauptverwaltung mitzieht. Während der Satzungssitz einfach zu erkennen ist, fällt die Lokalisierung der **Hauptverwaltung** schwerer (zu Amtsermittlung und Beweislast → Rn. 26). Mit ihr ist – wie in Art. 7 – der tatsächliche Ort der Geschäftsleitung gemeint (→ Art. 7 Rn. 14). Ob dieser nach außen als solcher in Erscheinung tritt oder als bloße „Zweigniederlassung" bezeichnet wird (wie bei sog. Scheinauslandsgesellschaften), ist für die Anwendung des Art. 64 unerheblich (Spindler/Stilz/*Casper* Art. 7 Rn. 2).

7 **2. Sitz und Verwaltung in unterschiedlichen Mitgliedstaaten. a) Nachträgliches Auseinanderfallen.** Vom Wortlaut der Norm unzweifelhaft erfasst sind Fälle des nachträglichen Auseinanderfallens von Satzungssitz und Verwaltung („nicht mehr"). Dazu kann es kommen, wenn die SE ihren **Satzungssitz** gemäß Art. 8 in einen anderen Mitgliedstaat **verlegt**, ohne dass die Hauptverwaltung nachzieht. Zwar soll das Registergericht des neuen Sitzstaates im Rahmen der

Sitzverlegung zu der Prüfung verpflichtet sein, ob die Hauptverwaltung an den neuen Satzungssitz verlegt worden ist (so *Schwarz* Art. 8 Rn. 52; LHT/*Zimmer*/ *Ringe* Art. 8 Rn. 75; NK-SE/*Schröder* Art. 8 Rn. 100; *Zang* S. 78, 234; aA mit guten Gründen KK-AktG/*Veil* Art. 8 Rn. 96). Art. 8 Abs. 9, in dem nur von der Einhaltung der „Formalitäten" die Rede ist, spricht dies aber nicht aus, und es ist aufgrund der begrenzten Erkenntnismöglichkeiten des Registergerichts nicht ausgeschlossen, dass das Auseinanderfallen von Sitz und Hauptverwaltung übersehen und der neue Sitz daher eingetragen wird.

Ebenso erfasst ist der Fall, dass die **Hauptverwaltung** ins EU-Ausland **verlegt** 8 wird. Hierbei handelt es sich um einen faktischen Vorgang, ein Beschluss der Hauptversammlung ist nicht erforderlich (KK-AktG/*Veil* Art. 8 Rn. 105). Mit „Hauptverwaltung" ist, ungeachtet seiner Bezeichnung, der tatsächliche Ort der Geschäftsleitung gemeint (→ Rn. 6).

Unschädlich ist das **kurzzeitige Auseinanderfallen** von Satzungs- und Haupt- 9 verwaltungssitz (Spindler/Stilz/*Casper* Art. 8 Rn. 23; *Grundmann* Rn. 1060; *Oechsler* AG 2005, 373 [379 f.]). Es ist insbesondere bei der Sitzverlegung gemäß Art. 8 unvermeidbar, weil sich die Zusammenführung von Hauptverwaltung oder Satzungssitz nicht immer zeitlich exakt synchronisieren lassen. Das gilt namentlich dann, wenn man für die Eintragung des neuen Satzungssitzes die vorherige Verlegung der Hauptverwaltung fordert (dafür etwa *Zang* S. 234; *Schwarz* Art. 8 Rn. 52; aA *Teichmann* ZGR 2002, 383 [458]; Spindler/Stilz/*Casper* Art. 8 Rn. 23; KK-AktG/*Veil* Art. 8 Rn. 14, 104; MüKoAktG/*Oechsler* Art. 8 Rn. 50). Das Verfahren nach Art. 64 muss daher solange unterbleiben, solange der erkennbare Wille vorhanden ist, die Zusammenführung von Sitz und Hauptverwaltung noch zu betreiben. Ein Zeitraum von **sechs Monaten** dürfte dafür die Grenze bilden (so Spindler/Stilz/*Casper* Art. 8 Rn. 23; strenger KK-AktG/*Veil* Art. 8 Rn. 106: vier bis zwölf Wochen).

b) Anfängliches Auseinanderfallen. Strittig ist, ob Art. 64 auch eingreift, 10 wenn Satzungs- und Verwaltungssitz **von Anfang an** divergieren. Wird das schon bei der erstmaligen Anmeldung erkannt, gelangt die SE gar nicht zur Entstehung, denn das Registergericht kann und muss im Rahmen der Ersteintragung auch die Erfüllung des Art. 7 prüfen (wohl unstr., vgl. nur *Zang* S. 74 f.; LHT/*Ehricke* Rn. 10). Relevant wird die Frage nur, wenn das anfängliche Auseinanderfallen erst **nachträglich bemerkt** wird. Aus dem Wortlaut („nicht mehr erfüllt") folgern manche, dass die anfängliche, dh schon bei Gründung gegebene Missachtung des Art. 7 nicht das Verfahren nach Art. 64, § 52 SEAG auslöst (*Zang* S. 61 f., 74 f.; *Schwarz* Rn. 4, 8 f.; LHT/*Ehricke* Rn. 10; KK-AktG/*Kiem* Rn. 8). Dafür bestünde auch kein praktisches Bedürfnis, weil in solchen Fällen das Amtsauflösungsverfahren nach § 399 FamFG (iVm § 262 AktG, Art. 63) bereit stünde.

Dieser Auffassung ist **nicht** zu folgen. Ersichtlich hat der Gesetzgeber bei 11 Art. 64 den Fall des anfänglichen, aber erst später entdeckten Auseinanderfallens von Sitz und Verwaltung übersehen, ohne dass er ihn deshalb anders behandelt wissen wollte. Wertungsmäßig macht es keinen Unterschied, ob ein solches Auseinanderfallen erst später herbeigeführt oder später entdeckt wird. Der Wortlaut ist auch im Europarecht nur der Anfang der Auslegung und steht einer interessengerechten Auslegung nicht im Wege. Kraft **erweiternder Auslegung** ist Art. 64 daher auch auf diese Fälle zu erstrecken (ebenso *Ludwig* S. 49; Spindler/ Stilz/*Casper* Rn. 2; NK-SE/*Schröder* Rn. 5). Folgerichtig muss auch § 52 SEAG, dessen Eingangssatz diejenige des Art. 64 wörtlich wiederholt, entsprechend ausgelegt werden. § 399 FamFG, auf den die Gegenansicht verweist, ist schon deshalb nicht unmittelbar anwendbar, weil das Auseinanderfallen von Sitz und Verwaltung kein „Mangel der Satzung" ist, sondern erst durch § 52 SEAG zu einem solchen fingiert wird. Um eine erweiternde Auslegung kommt daher auch diese Auffassung nicht herum. Im Ergebnis ist der Streit von untergeordneter Bedeutung, weil sich die Verfahren nach § 52 SEAG und nach § 399 FamFG weitgehend (wenn auch nicht völlig) decken.

12   **3. Sitz oder Verwaltung außerhalb der EU.** Liegt der Satzungssitz in einem Mitgliedstaat, der **Verwaltungssitz** hingegen in einem **Drittstaat**, sind Art. 64, § 52 SEAG ebenfalls anwendbar (unstr., s. *Zang* S. 65; *Schwarz* Rn. 7; Spindler/ Stilz/*Casper* Rn. 3; MüKoAktG/*Schäfer* Rn. 4; LHT/*Ehricke* Rn. 9; KK-AktG/ *Kiem* Rn. 7; *Fuchs* Rn. 4; NK-SE/*Schröder* Rn. 4; *Wenz* S. 189, 224; KK-AktG/ *Veil* Art. 8 Rn. 12). Denn auch dann liegt ein Verstoß gegen Art. 7 vor, der durch (Rück-)Verlegung des Verwaltungssitzes in den Sitzstaat korrigiert werden kann. Das gilt ungeachtet der Frage, ob die Divergenz eine anfängliche oder nachträgliche ist (→ Rn. 11). Dass eine Sitzverlegung gemäß Art. 8 in den Staat der Hauptverwaltung in diesem Fall nicht möglich ist, ist irrelevant. Für die Anwendung des Art. 64 genügt es, dass eine der darin genannten Heilungsvarianten durchführbar ist (*Zang* S. 63).

13   **Nicht** von Art. 64 erfasst ist dagegen der Fall, dass sich der **Satzungssitz** der SE in einem **Drittstaat** befindet (*Schwarz* Rn. 10; LHT/*Ehricke* Rn. 10; KK-AktG/*Kiem* Rn. 10 f.; *Ludwig* S. 50; *Zang* S. 62 f.; zu Unrecht abweichend Mü-KoAktG/*Oechsler* Art. 8 Rn. 70; LHT/*Zimmer*/*Ringe* Art. 7 Rn. 7 mit Fn. 8 und Art. 8 Rn. 102; KK-AktG/*Veil* Art. 8 Rn. 117; verbal auch MüKoAktG/ *Schäfer* Rn. 4, der aber offenbar die isolierte Verlegung in einen Mitgliedstaat meint). Zwar liegt auch dann ein Verstoß gegen Art. 7 vor, der einen Satzungssitz „in der Gemeinschaft" verlangt. Ebenso ist der Tatbestand des Art. 64 gegeben, der allein darauf abhebt, dass die SE „nicht mehr die Verpflichtung nach Artikel 7 erfüllt". Dass dieser Fall gleichwohl nicht von Art. 64 erfasst ist, ergibt sich aus seiner Rechtsfolge, denn diese besteht darin, „den Mitgliedstaat, in dem die SE ihren Sitz hat", in die Pflicht zu nehmen. Ein solcher Mitgliedstaat existiert im Falle des Drittsitzes nicht. Auch ist weder eine Abhilfe nach lit. a (Verlegung der Verwaltung an einen innergemeinschaftlichen Satzungssitz) noch nach lit. b (Transfer des Satzungssitzes nach Art. 8) möglich. Dies alles gilt ungeachtet der Frage, ob sich die Hauptverwaltung auch im Drittstaat oder in einem Mitgliedstaat befindet.

14   Wird entgegen Art. 7, 8 ein Satzungssitz in einem Drittstaat vereinbart, ist die **Satzungsklausel nichtig** (vgl. § 23 Abs. 3 Nr. 1 AktG iVm Art. 15). Die SE wird nicht eingetragen bzw. – falls gleichwohl Eintragung im Inland erfolgte – zur Behebung des Mangels gemäß § 399 FamFG iVm Art. 63 aufgefordert (*Schwarz* Rn. 14; LHT/*Ehricke* Rn. 16; MüKoAktG/*Schäfer* Rn. 4; *Roitsch* S. 54 f.). Wird die **Verlegung** des Satzungssitzes in einen Drittstaat beschlossen, ist dieser Beschluss **nichtig** gemäß § 241 Nr. 3 AktG iVm Art. 9 Abs. 1 lit. c II (*Zang* S. 76; *Schwarz* Rn. 10; LHT/*Ehricke* Rn. 12; *Roitsch* S. 44). Das deutsche Registergericht wird die Sitzverlegung daher nicht eintragen und auch keine Bescheinigung nach Art. 8 Abs. 8 ausstellen, womit die SE als solche im Inland bestehen bleibt.

15   Kommt es gleichwohl zur Eintragung einer SE in einem Drittstaat, handelt es sich aus Sicht des europäischen Rechts um eine **Schein-SE** (LHT/*Ehricke* Rn. 11; NK-SE/*Schröder* Rn. 7; *Zang* S. 62; noch strenger KK-AktG/*Kiem* Rn. 10: „rechtliches Nullum"). Ob das Gebilde hierzulande als Rechtsträger anzuerkennen und nach welchen Regeln es zu behandeln ist, bestimmt sich nach den Regeln des Internationalen Gesellschaftsrechts (Gesellschaftskollisionsrecht), für die die SE-VO im Verhältnis zu Drittstaaten keine expliziten Aussagen enthält. Geht man davon aus, dass die SE-VO im Ergebnis der Sitztheorie folgt (Spindler/ Stilz/*Casper* Art. 7 Rn. 1), kommt es darauf an, ob die „SE" ihre Hauptverwaltung ebenfalls im Drittstaat hat – dann untersteht sie ganz dessen Recht. Liegt die Hauptverwaltung dagegen in der EU, dann kann es sich mangels konstitutiven inländischen Registereintrags nur um eine Personengesellschaft handeln, soweit nicht das Drittstaatenrecht die bei ihr registrierte „SE" als juristische Person anerkennt und völkerrechtliche Abkommen die EU und ihre Mitgliedstaaten verpflichten, dies zu respektieren.

4. Inländisches Auseinanderfallen von Sitz und Verwaltung. Art. 7 S. 2 **16** gestattet es den Mitgliedstaaten, für die in ihrem Hoheitsgebiet eingetragene SE die Übereinstimmung von Satzungs- und Verwaltungssitz im **Inland** vorzuschreiben. Macht ein Mitgliedstaat von dieser Option Gebrauch, stellt sich die Frage, ob er Verstöße gemäß Art. 64 sanktionieren muss. Für Deutschland ist diese Frage **bedeutungslos** geworden, weil § 2 SEAG, der die Übereinstimmung von inländischem Satzungs- und Verwaltungssitz vorschrieb, durch das MoMiG aufgehoben wurde. Im Übrigen ist sie zu **verneinen,** da Art. 64 zwar den gesamten Art. 7 in Bezug nimmt, seine Rechtsfolgen aber erkennbar auf grenzüberschreitende Sachverhalte zielen. Daher sind nur Verstöße gegen Art. 7 Satz 1 zwingend mit der Auflösungsdrohung zu sanktionieren (allgemeine Ansicht, vgl. *Schwarz* Rn. 11; Spindler/Stilz/*Casper* Rn. 2; MüKoAktG/*Schäfer* Rn. 4; LHT/*Ehricke* Rn. 14).

5. Doppelsitz. Ein **Satzungssitz** an verschiedenen Orten ist **unzulässig** (statt **17** aller MüKoAktG/*Oechsler* Art. 7 Rn. 6). Eine entgegenstehende Satzungsklausel ist nichtig (§ 23 Abs. 3 Nr. 1 AktG iVm Art. 15), was zur Beanstandung entweder im Eintragungsverfahren oder später gemäß § 399 FamFG iVm Art. 63 führt (*Schwarz* Rn. 14; LHT/*Ehricke* Rn. 15). Das Gericht hat dazu aufzufordern, denjenigen Satzungssitz zu streichen, an dem sich nicht die Hauptverwaltung befindet oder – falls der andere Sitz gestrichen wird – die Hauptverwaltung an den verbleibenden Sitz zu verlegen.

Ein doppelter **Verwaltungssitz** ist nach der Verordnung ebenfalls ausgeschlos- **18** sen (KK-AktG/*Veil* Art. 7 Rn. 14; LHT/*Zimmer/Ringe* Art. 7 Rn. 15). Es ist Tatfrage, welche von mehreren Residenzen als „Hauptverwaltung" anzusehen ist (näher → Rn. 6). Entscheidend ist, wo das Zentrum der geschäftspolitischen Entscheidungen liegt (KK-AktG/*Veil* Art. 7 Rn. 14). Bei gleichberechtigten Hauptverwaltungen an unterschiedlichen Orten kann das Verfahren nach Art. 64, § 52 SEAG ausgelöst werden, weil darin ein Verstoß gegen Art. 7 zu sehen ist. Die SE muss sich dann entscheiden, wo die zentralen Entscheidungen fallen sollen und ggf. ihren Satzungssitz dorthin verlegen.

III. Behebung des Mangels (Abs. 1, § 52 Abs. 1 SEAG)

1. Verlegung der Hauptverwaltung (lit. a). Art. 64 und – dem wörtlich **19** folgend – § 52 Abs. 1 S. 2 SEAG sehen zwei Wege vor, um den Verstoß gegen Art. 7 zu beheben, wobei die Wahl zwischen beiden frei steht (NK-SE/*Schröder* Rn. 16). Der erste Weg (lit. a) besteht darin, die **Hauptverwaltung im Sitzstaat** zu errichten. Als „Sitzstaat" iSd § 52 SEAG kommt dabei nur Deutschland in Betracht (KK-AktG/*Kiem* Rn. 16). Nach dem missverständlichen Wortlaut der Norm, demzufolge die Hauptverwaltung „wieder" im Sitzstaat zu errichten ist, scheinen von dieser Option nur Fälle erfasst zu sein, in denen die Hauptversammlung ursprünglich am Ort des Sitzes lag und dann wegverlegt wurde. Dies ist in zweierlei Hinsicht korrekturbedürftig: Wie bereits ausgeführt, kommt lit. a auch dann zum Zuge, wenn die Hauptverwaltung **von Anfang an** an einem anderen Ort residiert (→ Rn. 10). Ebenso greift lit. a, wenn das Auseinanderfallen von Verwaltung und Sitz nicht auf einem Umzug der Verwaltung, sondern auf einer **isolierten** Verlegung des Satzungssitzes beruht (unstr., s. Spindler/Stilz/

Casper Rn. 3; LHT/*Ehricke* Rn. 13; NK-SE/*Schröder* Rn. 11, 16). Denn nach dem Zweck des Art. 64 ist allein maßgeblich, dass im Ergebnis wieder rechtmäßige, dh mit Art. 7 kompatible Zustände bestehen. Daher ist auch das „Nach-ziehen" der Hauptverwaltung bei vorgängiger isolierter Sitzverlegung nach lit. a möglich.

20   Da es sich um eine **faktische** Angelegenheit handelt, bedarf es zur Verlegung der Verwaltung grundsätzlich **keines** Beschlusses der **Hauptversammlung** (KK-AktG/*Veil* Art. 8 Rn. 105; NK-SE/*Schröder* Rn. 11). Diese hat vielmehr schon durch die Wahl des Satzungssitzes, verbunden mit der Rechtsformwahl, entschieden, wo die Hauptverwaltung residieren soll. Will sie dies nicht mehr gelten lassen, muss der Satzungssitz entsprechend verlegt werden. Vorstand bzw. Verwaltungsrat steht es frei, die Hauptversammlung mit dieser Frage zu befassen. Im dualistischen Modell ist wegen der Bedeutung der Frage in jedem Fall der Aufsichtsratsvorsitzende zu informieren (vgl. § 90 Abs. 1 S. 3 AktG). Zu ändern sind ggf. die Geschäftsordnungen der Verwaltungsorgane, soweit diese Aussagen zum Tätigkeitsort der Verwaltung enthalten.

21   **2. Sitzverlegung gemäß Art. 8 (lit. b).** Alternativ kann die SE eine **Sitz-verlegung** gemäß Art. 8 durchführen und den Sitz so in den Staat der Hauptverwaltung verlegen (lit. b). Hat dieser Staat von der Option des Art. 7 Satz 2 Gebrauch gemacht, muss der Sitz zugleich in den Sprengel desjenigen Orts verlegt werden, an dem die Hauptverwaltung residiert. Die Sitzverlegung scheidet als Option aus, wenn ein Auflösungs- oder Gesamtvollstreckungsverfahren läuft (vgl. Art. 8 Abs. 15). Die gerichtliche Aufforderung nach Art. 64 stellt kein solches Verfahren dar, da lit. b andernfalls leer liefe.

22   Die Einzelheiten der Sitzverlegung richten sich nach Art. 8 (s. dort). Bei der Entscheidung, ob von dieser Option Gebrauch gemacht wird, ist zu bedenken, dass die Sitzverlegung nicht nur eine aufwändige Prozedur erfordert, sondern auch zu einer Änderung des hilfsweise anwendbaren nationalen Rechts führt, was ggf. Änderungen der Satzung erforderlich macht. In seinem **Bericht nach Art. 8 Abs. 3** hat der Vorstand bzw. der Verwaltungsrat dies darzulegen und auch darauf hinzuweisen, dass die Sitzverlegung nach Art. 64 erforderlich ist, um einer entsprechenden Aufforderung des Registergerichts zuvorzukommen oder zu entsprechen. Dabei ist zu erwähnen, wie und warum es zum Auseinanderfallen von Satzungs- und Verwaltungssitz gekommen ist und warum die Hauptverwaltung nicht (wieder) an den Satzungssitz verlegt werden soll.

23   **3. Weitere Möglichkeiten.** Weitere Abhilfemöglichkeiten nennt Art. 64 **nicht.** Indem er den Mitgliedstaaten nicht nur aufgibt, „den vorschriftswidrigen Zustand zu beenden", sondern zugleich den Weg dorthin vorschreibt, scheint er abschließend zu sein. Dafür spricht auch Abs. 2, wonach die SE, die den vorschriftswidrigen Zustand nicht „gemäß Absatz 1" beendet, liquidiert werden muss. Dessen ungeachtet muss es der betroffenen SE schon mit Blick auf ihren Grundrechtsschutz freistehen, sich unter Vermeidung der Auflösung nach Art. 66 in eine dem Recht des Sitzstaates unterliegende Aktiengesellschaft **umzuwandeln,** sofern dieses Recht einen ausländischen Verwaltungssitz gestattet. Denn auch dadurch werden rechtmäßige Zustände hergestellt. Ebenso steht es der SE frei, einen Auflösungsbeschluss zu fassen und dadurch die Anwendung von Art. 64 obsolet zu machen.

IV. Amtsauflösung (Abs. 2, § 52 Abs. 2 SEAG)

24   **1. Allgemeines.** Einzelheiten des Verfahrens gibt Art. 64 nicht vor, sondern überlässt dessen Ausgestaltung den Mitgliedstaaten (zur Umsetzung in anderen Mitgliedstaaten NK-SE/*Schröder* Rn. 27 ff.). Deutschland ist dem mit **§ 52 SE-**

AG nachgekommen, der dem Verfahren der **Amtsauflösung** wegen Satzungsmängeln (§ 399 FamFG) nachgebildet ist. Das ist sachlich überzeugend, weil es sich in die Systematik des deutschen Registerrechts gut einfügt und zugleich ein ebenso wirksames (vgl. Art. 68) wie verhältnismäßiges Instrumentarium darstellt. Eine unmittelbare Anwendung des § 399 FamFG wäre nicht in Betracht gekommen, da das Auseinanderfallen von Sitz und Verwaltung keinen „Mangel der Satzung" darstellt. § 52 Abs. 1 S. 1 SEAG schließt diese Lücke, indem er für diesen Fall einen Satzungsmangel „im Sinne des § 262 Abs. 1 Nr. 5 AktG" fingiert. Redaktionell überzeugender wäre es gewesen, von einem Mangel der Satzung „im Sinne des § 399 FamFG" zu sprechen (und dadurch den ökonomischen Vorteil der Fiktion auszuschöpfen) oder auf die Fiktion zu verzichten und in Absatz 3 einen eigenen Auflösungsgrund auszusprechen.

2. Verfahren der Amtsauflösung. Das Verfahren beginnt damit, dass das **25** sachlich und örtlich (§ 377 FamFG) ausschließlich zuständige Registergericht (Amtsgericht, § 23a Abs. 2 Nr. 3 GVG) am Sitz der SE von der Verletzung des Art. 7 durch eine bei ihr registrierte SE Kenntnis erhält. Es hat **von Amts wegen** tätig zu werden (Spindler/Stilz/*Casper* Rn. 5; MüKoAktG/*Schäfer* Rn. 5; KK-AktG/*Kiem* Rn. 18; LHT/*Ehricke* Rn. 18). Ein „Antrag der berufsständischen Organe", wie ihn § 399 FamFG kennt, ist hier lediglich als Anregung iSv § 24 FamFG zu verstehen. Dies hindert nicht daran, die berufsständischen Organe im Rahmen von § 52 SEAG gemäß § 390 FamFG zu beteiligen.

Das Registergericht hat die entscheidungserheblichen Tatsachen von Amts **26** wegen zu ermitteln (**Amtsermittlungsgrundsatz**, § 26 FamFG). Dazu kann es sich der allgemein vorgesehenen Aufklärungsmittel (vgl. §§ 27 ff. FamFG) bedienen. Probleme bereitet oftmals die Lokalisierung der Hauptverwaltung. Befindet sich die Verwaltung an mehreren Orten, kann man sich zur Bestimmung der Hauptverwaltung an Kriterien orientieren, wie sie im Schrifttum zur Sitztheorie herausgearbeitet wurden (vgl. dazu *Zang* S. 51 mwN, der folgende Reihenfolge vorschlägt: (1) Tätigkeitsort des ranghöchsten Mitglieds; (2) Tätigkeitsort der meisten Mitglieder; (3) engste tatsächliche Beziehung). Im Übrigen ist – angelehnt an Art. 3 Abs. 1 S. 2 EuInsVO – von der **Vermutung** auszugehen, dass sich die Hauptverwaltung in dem Staat befindet, in dem die SE ihren satzungsmäßigen Sitz hat (*Zang* S. 80; LHT/*Zimmer/Ringe* Art. 7 Rn. 20). Für diese Vermutung spricht, dass sowohl bei der Gründung als auch bei der Sitzverlegung die Einhaltung des Art. 7 von den zuständigen Stellen geprüft wird.

Die **Aufforderung zur Mängelbeseitigung** hat beide Abhilfemöglichkeiten **27** des § 52 Abs. 1 S. 2 SEAG zu nennen. Im Unterschied zu § 399 FamFG verpflichtet § 52 SEAG das Gericht weder, die Gesellschaft auf die Möglichkeit eines **Widerspruchs** hinzuweisen noch ihr die Folgen eines nicht behobenen Mangels (Auflösung) vor Augen zu halten. Unter dem Gesichtspunkt eines fairen Verfahrens (vgl. Art. 6 EMRK) ist wenigstens letzteres unverzichtbar (ebenso *Roitsch* S. 62; KK-AktG/*Kiem* Rn. 17). Richtigerweise sollte der Gesellschaft aber analog § 399 FamFG auch die Gelegenheit zum Widerspruch eingeräumt werden, über den das Gericht dann explizit zu befinden hat (*Roitsch* S. 60; aA KK-AktG/*Kiem* Rn. 20: Widerspruch unstatthaft).

Getreu der Vorgabe des Art. 64 muss das Gericht der Gesellschaft nach § 52 **28** Abs. 1 SEAG eine „bestimmte **Frist**" setzen. Über deren Länge schweigt § 52 SEAG, doch darf sie schon mit Blick auf die Ladungsfrist zur Hauptversammlung, die ggf. eine Sitzverlegung beschließt, und mit Blick auf die in Art. 8 Abs. 6 genannte Wartefrist von zwei Monaten nicht zu knapp bemessen sein (NK-SE/*Schröder* Rn. 17). Keinesfalls sollte sie weniger als drei Monate betragen.

Kommt die Gesellschaft der Aufforderung zur Mängelbeseitigung nicht recht **29** zeitig nach, hat das Gericht den durch § 52 SEAG fingierten **Mangel** der Satzung

festzustellen, § 52 Abs. 2 SEAG. Die Entscheidung ergeht durch Beschluss (§ 38 FamFG, vgl. auch § 393 Abs. 3 FamFG), der zu begründen und mit einer Rechtsbehelfsbelehrung zu versehen ist. Er wird mit seiner Bekanntgabe wirksam (§ 40 Abs. 1 FamFG) und nach Ablauf der Rechtsmittelfrist (ein Monat, § 63 Abs. 1 FamFG) formell **rechtskräftig** (§ 45 FamFG). Mit der Rechtskraft des Beschlusses ist die SE **aufgelöst** (§ 262 Abs. 1 Nr. 5 AktG iVm § 52 Abs. 1 S. 1 SEAG).

30   Die aufgelöste SE muss **abgewickelt** werden (§ 264 Abs. 1 AktG iVm Art. 63). Damit ist dem Liquidationsgebot des Art. 64 Abs. 2 Rechnung getragen. Solange mit der Vermögensverteilung noch nicht begonnen wurde, kann die SE allerdings gemäß § 274 Abs. 2 Nr. 2 AktG iVm Art. 63 **fortgesetzt** werden, solange wenigstens zeitgleich der Mangel noch behoben wird (*Roitsch* S. 101). Ob diese Fortsetzungsmöglichkeit mit Art. 64 Abs. 2 vereinbar ist, ist nicht frei von Zweifeln. Für sie spricht aber das (europäische) Grundrecht der Aktionäre auf Eigentum, das durch eine Zwangsauflösung erheblich beeinträchtigt wird (vgl. NK-SE/*Schröder* Rn. 19).

V. Rechtsschutz (Abs. 3, § 52 Abs. 3 SEAG)

31   Art. 64 Abs. 3 verpflichtet die Mitgliedstaaten, gegen die Feststellung eines Verstoßes gegen Art. 7 ein „Rechtsmittel" vorzusehen. Dies verlangt nach deutschem Verständnis einen gerichtlichen Rechtsbehelf mit Devolutiveffekt (*Zang* S. 69; LHT/*Ehricke* Rn. 21; *Schwarz* Rn. 20). Deutschland ist dem in § 52 Abs. 3 SEAG durch Zulassung der **Beschwerde** nachgekommen. Diese ist befristet (§ 63 FamFG: ein Monat) und bei dem Registergericht einzulegen (§ 64 Abs. 1 FamFG). Hilft dieses nicht ab, entscheidet das Landgericht als Beschwerdegericht. Wenn das Beschwerdegericht sie zugelassen hat, ist auch die Rechtsbeschwerde statthaft (§ 70 FamFG).

32   Art. 64 Abs. 3 S. 2 ordnet an, dass Auflösungs- und Liquidationsverfahren nach Abs. 1 und 2 durch das Rechtsmittel „ausgesetzt werden". Ob die SE-VO damit einen eigenen **Suspensiveffekt** installiert, wie es der Wortlaut nahe legt, oder ob den Mitgliedstaaten lediglich aufgeben wird, einen Suspensiveffekt vorzusehen, wofür die Systematik des Art. 64 spricht, ist unklar (im letzteren Sinne LHT/*Ehricke* Rn. 21). Für Deutschland ist die Frage ohne Belang, weil die Auflösung nach § 262 Abs. 1 Nr. 5 AktG erst mit Rechtskraft der gerichtlichen Entscheidung erfolgt, der Eintritt der Rechtskraft aber durch Einlegung der Beschwerde gehemmt wird, § 45 S. 2 FamFG. Solange das Beschwerdeverfahren läuft, braucht die SE daher weder der Aufforderung zur Beseitigung des (vermeintlichen) Mangels nachzukommen noch ihre eigene Liquidation zu betreiben. Die in der Literatur geführte Diskussion, ob der Suspensiveffekt der Beschwerde nur die Feststellung des Satzungsmangels oder auch die Aufforderung zur Mangelbeseitigung umfasst (vgl. LHT/*Ehricke* Rn. 22), betrifft daher ein Scheinproblem. Der deutsche Gesetzgeber konnte deshalb auch darauf verzichten, den Suspensiveffekt in § 52 Abs. 3 SEAG eigens anzuordnen (aA *Zang* S. 73, der einen ausdrücklichen Suspensiveffekt gegenüber der Aufforderung zur Mangelbeseitigung vermisst). Eine Aussetzung der Vollziehung des angefochtenen Beschlusses, wie sie § 64 Abs. 3 FamFG zulässt, ist entbehrlich, weil der den Mangel feststellende Beschluss nicht behördlich vollstreckt wird.

VI. Meldepflicht (Abs. 4, § 4 SEAG)

33   **1. Bedeutung.** Absatz 4 verpflichtet die Behörden des Mitgliedstaates, in dem sich die Hauptverwaltung einer SE, nicht aber deren Satzungssitz befindet, diesen Umstand dem Sitzstaat mitzuteilen. Dies soll den **Effektivitätsgrundsatz**

(Art. 68 Abs. 1) verwirklichen und den Sitzstaat in die Lage versetzen, Maß-
nahmen nach Art. 64 einzuleiten. Behörden eines Drittstaates, in dem sich die
Hauptverwaltung einer SE befindet, werden von der Regelung nicht erfasst (KK-
AktG/*Kiem* Rn. 23).

2. Zuständigkeiten. Nach Art. 68 Abs. 2 S. 1 legen die Mitgliedstaaten fest, **34**
wer die **„zuständigen Behörden"** iSv Art. 64 sind. Deutschland hat dies in § 4
SEAG getan und „für die in Art. 64 Abs. 4 der Verordnung bezeichneten Aufgaben" das nach §§ 376, 377 FamFG bestimmte Gericht für zuständig erklärt.
Aus dieser Formulierung ergibt sich leider nicht, ob damit die Stelle determiniert
werden soll, die die Mitteilung nach Abs. 4 abzugeben hat (so die überwiegende
Lesart, s. *Schwarz* Rn. 21; LHT/*Ehricke* Rn. 23; NK-SE/*Schröder* Rn. 26) oder
diejenige, welche sie empfängt (so Spindler/Stilz/*Casper* Rn. 6) oder ob es beide
sind (so KK-AktG/*Kiem* Rn. 24). Die Gesetzesbegründung ist unergiebig (vgl.
BT-Drs. 15/3405, 31, wo vage von der „für den Fall einer zwangsweisen Auflösung nach Artikel 64 Abs. 4 der Verordnung" zuständigen Behörde die Rede
ist).

Blickt man nur auf § 4 SEAG, scheint die empfangende Stelle bestimmt zu **35**
sein, denn § 377 FamFG erklärt das Gericht am „Sitz der Gesellschaft" für
zuständig, und der Sitzstaat ist der Adressat der Mitteilung. Der Gesetzgeber hat
bei der Abfassung des § 4 SEAG aber vornehmlich die Behördenzuständigkeit
nach Art. 8 Abs. 8, 25 Abs. 2 und 26 vor Augen gehabt, ohne sich über Art. 64
Abs. 4 viele Gedanken zu machen (vgl. BT-Drs. 15/3405, 31: „Es geht dabei um
die Behörde, die dafür zuständig ist, die in der Verordnung an verschiedenen
Stellen geforderte Bescheinigung über die Durchführung bestimmter Rechtshandlungen und Formalitäten auszustellen"). Dagegen zeigt die systematische
Interpretation, dass mit Art. 68 Abs. 2 S. 1 jeweils Fälle angesprochen sind, in
denen die Verordnung explizit einer „Behörde" eine Aufgabe zuweist. Dies tut
Art. 64 Abs. 4 nur mit Blick auf die erklärungspflichtigen Stellen, während
hinsichtlich des Mitteilungsempfängers allein vom „Mitgliedstaat" die Rede ist.
§ 4 SEAG ist daher verordnungskonform so zu lesen, dass die deutschen **Registergerichte,** in deren Sprengel die Hauptverwaltung einer in einem anderen
Mitgliedstaat registrierten SE entdeckt wurde, den Sachverhalt aufklären und ihn
dem betreffenden Mitgliedstaat **melden müssen** (ebenso *Schwarz* Rn. 21; LHT/
Ehricke Rn. 23; KK-AktG/*Kiem* Rn. 24; NK-SE/*Schröder* Rn. 26; aA Spindler/
Stilz/*Casper* Rn. 6 und MüKoAktG/*Schäfer* Rn. 8: jede Behörde, die von dem
Verstoß Kenntnis erlangt).

Sinnvollerweise ist das **Registergericht** am Sitz der betroffenen SE zugleich **36**
als **Empfänger** der Mitteilung ausländischer Behörden anzusehen, denn dieses
Gericht ist für die Maßnahmen nach Art. 64 zuständig. Angesichts der unklaren
Fassung des Art. 68 wird man es für die Erfüllung der Mitteilungspflicht aber
genügen lassen, wenn die ausländischen Behörden (irgend-)eine deutsche kon-
sularische Stelle in Kenntnis setzen, die dann ihrerseits für die Weiterleitung an
die zuständigen Registergerichte zu sorgen hat. Rechtspolitisch befriedigend ist
das nicht (zur abweichenden Umsetzung in Frankreich s. NK-SE/*Schröder*
Rn. 28).

3. Feststellung und Mitteilung. Etwas nebulös spricht Abs. 4 von einem **37**
Verstoß gegen Art. 7, der „auf Veranlassung der Behörden oder einer betroffenen
Person" festgestellt wird. Damit ist jedenfalls keine Verpflichtung der Mitglied-
staaten gemeint, ein förmliches Feststellungsverfahren zu etablieren (vgl. MüKo-
AktG/*Schäfer* Rn. 8; Spindler/Stilz/*Casper* Rn. 6; LHT/*Ehricke* Rn. 8). Umge-
kehrt widerspräche es dem Effektivitätsprinzip (Art. 68 Abs. 1), wenn es den
Behörden frei stünde, vermeintlichen Verstößen gegen Art. 7 nachzugehen oder
nicht. Erhält daher ein deutsches Registergericht entsprechende Hinweise, sei es

zufällig, sei es gezielt von Dritten, muss es den Sachverhalt **von Amts wegen** aufklären (vgl. Spindler/Stilz/*Casper* Rn. 6; LHT/*Ehricke* Rn. 23). Zur Mitteilung ist es dabei nicht erst dann verpflichtet, wenn positiv festgestellt wurde, dass sich die Hauptverwaltung einer im Ausland registrierten SE in Deutschland befindet, sondern bereits dann, wenn dafür ein **hinreichender Verdacht** besteht (so zutreffend Spindler/Stilz/*Casper* Rn. 6; MüKoAktG/*Schäfer* Rn. 8).

38 Aus dem Wortlaut ergibt sich, dass auch **Dritte** ein Tätigwerden des Gerichts initiieren können. Das Gericht muss entsprechenden Hinweisen nachgehen, wenn es sich bei dem Hinweisgeber um einen „Betroffenen", etwa einen Gläubiger oder Aktionär der Gesellschaft, handelt (LHT/*Ehricke* Rn. 23; NK-SE/*Schröder* Rn. 22; aA Spindler/Stilz/*Casper* Rn. 6; KK-AktG/*Kiem* Rn. 25: bloße Anregung). § 24 FamFG, der insofern nur von „Anregungen" spricht, ist mit Blick auf Art. 64 Abs. 4 europarechtskonform zu modifizieren. Um einen „Antrag" iSv § 23 FamFG handelt es sich gleichwohl nicht. Mangels unmittelbarer Betroffenheit in eigenen Rechten sind Dritte auch nicht als Beteiligte iSv § 7 Abs. 2 Nr. 1 FamFG anzusehen (vgl. dazu BGHZ 135, 107 = NJW 1997, 1855).

39 Eine besondere **Form** ist weder für die Feststellung noch für die Mitteilung vorgeschrieben (MüKoAktG/*Schäfer* Rn. 8; Spindler/Stilz/*Casper* Rn. 6; LHT/*Ehricke* Rn. 23; KK-AktG/*Kiem* Rn. 26). Textform ist empfehlenswert. Die Mitteilung muss „**unverzüglich**" erfolgen, was sowohl nach deutschem als auch nach europäischem Verständnis nicht „sofort", sondern „ohne schuldhaftes Zögern" bedeutet (LHT/*Ehricke* Rn. 23; KK-AktG/*Kiem* Rn. 26; NK-SE/*Schröder* Rn. 21). Mitzuteilen sind – soweit bekannt – die Identität der betroffenen SE und ihr Registersitz sowie die beobachteten Umstände, aus denen sich ein Verstoß gegen Art. 7 ergibt (vgl. KK-AktG/*Kiem* Rn. 27). Auch die Rechtsgrundlage (Art. 64 Abs. 4) sollte genannt werden.

[Offenlegung bei Auflösung im weiteren Sinne]

65 Die Eröffnung eines Auflösungs-, Liquidations-, Zahlungsunfähigkeits- und Zahlungseinstellungsverfahrens und sein Abschluss sowie die Entscheidung über die Weiterführung der Geschäftstätigkeit werden unbeschadet einzelstaatlicher Bestimmungen, die zusätzliche Anforderungen in Bezug auf die Offenlegung enthalten, gemäß Artikel 13 offen gelegt.

Übersicht

	Rn.
I. Allgemeines	1
II. Offenzulegende Umstände	4
1. Gemäß Art. 65	4
a) Auslegung der Offenlegungstatbestände	4
b) Auflösung	5
c) Liquidation	6
d) Insolvenzverfahren	8
e) Weiterführung (Fortsetzung) der Gesellschaft	9
2. Nach weitergehendem nationalem Recht	10
3. Nach weitergehendem europäischem Recht	13
III. Publizitätsmittel	14

I. Allgemeines

1 Art. 65 **bezweckt** die **Publizität** der Auflösung, Liquidation, Löschung und ggf. Fortsetzung der SE. Damit sollen sich Gläubiger, Aktionäre und sonstige

Betroffene auf die (drohende) Existenzbeendigung der Gesellschaft einstellen können (*Schwarz* Rn. 1; LHT/*Ehricke* Rn. 1). Zu diesem Zweck wird die Offenlegung nicht nur der Eröffnung eines Beendigungsverfahrens, sondern auch seines Abschlusses und der Entscheidung über die Weiterführung der Gesellschaft angeordnet. Publizitätsmittel nennt Art. 65 nicht, sondern beschränkt sich insofern auf einen (unnötigen) Verweis auf Art. 13, der seinerseits auf die mitgliedstaatlichen Vorschriften zur Umsetzung der Publizitäts-RL verweist.

Die Norm ist partiell **überflüssig,** denn dass Auflösung und Löschung der SE **2** nach den umgesetzten Regeln der Publizitäts-RL bekannt zu machen sind, ergibt sich bereits daraus, dass Art. 63 auf nationales Recht verweist, das seinerseits durch Art. 2 lit. h und lit. k Publizitäts-RL gehalten ist, für die Offenlegung von Auflösung und Löschung zu sorgen (vgl. *Schwarz* Rn. 11 und *Roitsch* S. 36, 71, welche die Norm jedoch zu Unrecht für insgesamt überflüssig halten). Nach einer im Schrifttum vertretenen Auffassung soll die Bedeutung des Art. 65 darin liegen, eine einheitliche europäische Grundlage für die Offenlegung zu schaffen und deren letztverbindliche Auslegung dem EuGH zuzuweisen (so LHT/*Ehricke* Rn. 4). Eben das leistet aber schon die Publizitäts-RL. Insofern hat Art. 65 lediglich klarstellende Funktion. Eigenständige Bedeutung erlangt die Norm nur, soweit sie die Publizität von Umständen anordnet, die nicht bereits nach der Publizitäts-RL offen zu legen sind, namentlich die Eröffnung und Beendigung eines Insolvenzverfahrens sowie die Fortsetzung der Gesellschaft. Nur verdeutlichende Funktion hat der Hinweis auf Art. 13, der ohnehin greift, wenn Angaben „nach dieser Verordnung der Offenlegungspflicht unterliegen".

Das Regelungsmodell des Art. 65 findet sich bereits im SE-VO-E von 1989 **3** (vgl. Art. 118 SE-VO-E 1989). Dagegen hatte Art. 250 des Entwurfs von 1975 noch eine Eintragung in einem **Europäischen Handelsregister** vorgesehen (dazu *Hopt* in Lutter/Hommelhoff Europäische Gesellschaft S. 353, 368 f.). Rechtspolitisch ist das die vorzugswürdigere Lösung, wenngleich sich die Kommission derzeit mit der elektronischen Verknüpfung nationaler Register und nicht mit der Schaffung eines supranationalen Registers befasst (Richtlinien-Vorschlag KOM(2011) 79 endgültig).

II. Offenzulegende Umstände

1. Gemäß Art. 65. a) Auslegung der Offenlegungstatbestände. Die in **4** Art. 65 verwandten Begriffe müssen **autonom** und **funktional** ausgelegt werden, dh sie dürfen auch bei wörtlicher Übereinstimmung nicht ohne weiteres mit denjenigen der heimischen Rechtsordnung gleichgesetzt werden (*Schwarz* Rn. 6; LHT/*Ehricke* Rn. 6; KK-AktG/*Kiem* Rn. 5). Da Art. 63 auf das nationale Recht verweist, können die von Art. 65 erfassten offenlegungspflichtigen Tatbestände andererseits nicht völlig losgelöst von den nationalen Abwicklungsverfahren interpretiert werden, sondern sind auf diese **abzustimmen** (zutreffend *Schwarz* Rn. 6; LHT/*Ehricke* Rn. 6). Ein allzu wörtliches Verständnis der in Art. 65 verwandten Begrifflichkeiten verbietet sich deshalb. Dies gilt auch darum, weil es sich in Ermangelung eines einheitlichen europäischen Beendigungsrechts nicht um Systembegriffe handelt, sondern um Umschreibungen, die möglichst alle nationalen Beendigungsvarianten einfangen wollen (→ Art. 63 Rn. 1).

b) Auflösung. Ein „Auflösungsverfahren" in diesem Sinne kennt das deutsche **5** Recht nicht. Die Auflösung ist hier vielmehr ein punktuelles Ereignis, das als solches offen zu legen ist, sobald ein **Auflösungsgrund** eingetreten ist (*Schwarz* Rn. 7 f.; LHT/*Ehricke* Rn. 8; KK-AktG/*Kiem* Rn. 8, 11). Das deutsche Aktienrecht sieht dies in Übereinstimmung mit der Publizitäts-RL in § 263 AktG so vor. Zwar gibt es auch in Deutschland Verfahren, an deren Ende die Auflösung

stehen kann, wie etwa die Vorbereitung und Durchführung einer Hauptversammlung, die über einen Auflösungsantrag beschließt, oder die Einleitung bestimmter behördlicher Verfahren (zB Amtsauflösung, insolvenzrechtliches Eröffnungsverfahren etc). Da diese nicht zwingend in die Auflösung münden, sind sie
aber nicht als „Auflösungsverfahren" iSv Art. 65 zu verstehen. Der „Abschluss"
eines Auflösungsverfahrens erlangt neben dem publik zu machenden Eintritt eines
Auflösungsgrundes keine eigenständige Bedeutung.

6   **c) Liquidation.** Die **Eröffnung** des Liquidationsverfahrens fällt in Deutschland mit der Auflösung zusammen, durch die die SE von der werbenden Gesellschaft zur Liquidationsgesellschaft wird. Da die Auflösung bereits als solche publik
zu machen ist, bedarf es insofern **keiner separaten Publizität** (KK-AktG/*Kiem*
Rn. 12). Denkbar ist, dass ein Auflösungsgrund eintritt, die Leitungsorgane
jedoch zunächst untätig bleiben und die gebotene Abwicklung erst später betreiben (was eine Pflichtverletzung darstellte, s. Spindler/Stilz/*Bachmann* AktG § 262
Rn. 89). Insofern besteht durchaus ein Interesse Dritter, über den wirklichen
Beginn der Liquidation informiert zu werden. Da aber jedenfalls die Bestellung
der Abwickler separat publik gemacht wird (Art. 63 iVm § 266 AktG) und die
eigentliche Abwicklung mit dem ebenfalls zu veröffentlichenden Gläubigeraufruf
(Art. 63 iVm § 267 AktG) beginnt, ist kein drängendes Informationsdefizit zu
erkennen, das ein extensives Verständnis von Art. 65 rechtfertigen würde.

7   Offenzulegen ist dagegen der **Abschluss** des Liquidationsverfahrens (*Schwarz*
Rn. 9). Trotz der missverständlichen Verwendung des Singulars („sein Abschluss") ist der Abschluss sämtlicher in Art. 65 genannter Verfahren gemeint
(unstr., s. nur *Schwarz* Rn. 10; LHT/*Ehricke* Rn. 9; KK-AktG/*Kiem* Rn. 6). In
Übereinstimmung mit der Publizitäts-RL sieht Deutschland eine entsprechende
Offenlegung in § 273 Abs. 1 S. 1 AktG vor. Danach ist der „Schluss der Abwicklung" zur Eintragung in das Handelsregister anzumelden. Die zusätzlich erfolgende Publizität der **Löschung** im Register (§ 273 Abs. 1 S. 2 AktG) wird nicht
durch Art. 65 vorgeschrieben, sondern durch Art. 14 sowie durch Art. 2 lit. h
Publizitäts-RL.

8   **d) Insolvenzverfahren.** Mit den Begriffen „Zahlungsunfähigkeitsverfahren"
und „Zahlungseinstellungsverfahren" sind – wie in Art. 63 und Art. 8 Abs. 15 –
Insolvenzverfahren im weiteren Sinne gemeint (*Schwarz* Rn. 5; Spindler/Stilz/
Casper Art. 63 Rn. 5; aA KK-AktG/*Kiem* Rn. 13). Offenzulegen ist daher die
Eröffnung des Insolvenzverfahrens, die in Deutschland durch Veröffentlichung
des Eröffnungsbeschlusses (§ 27 InsO) und seine Eintragung im Handelsregister
(§ 263 AktG) erfolgt, ebenso wie dessen **Abschluss** durch Aufhebung (§§ 200
Abs. 1, 258 InsO) oder Einstellung (§§ 207, 211, 212, 213 InsO) des Verfahrens
(*Schwarz* Rn. 9; LHT/*Ehricke* Rn. 9). Im Falle des Insolvenzplanverfahrens sollen
der Erörterungs- und Abstimmungstermin (§ 235 InsO) sowie die Aufhebung
der Planüberwachung nach Art. 65 offenlegungspflichtig sein, im Falle eines Ver-
fügungsverbots nach § 21 Abs. 2 S. 1 Nr. 2 InsO dessen Aufhebung (so jedenfalls
KK-AktG/*Kiem* Rn. 14 und 16). Nicht unter Art. 65 fallen die Anordnung oder
Aufhebung der Eigenverwaltung und die Ablehnung der Eröffnung mangels
Masse gemäß § 26 InsO (KK-AktG/*Kiem* Rn. 15 und 17).

9   **e) Weiterführung (Fortsetzung) der Gesellschaft.** Mit der Weiterführung
der Gesellschaft ist deren **Fortsetzung** (§ 274 AktG) gemeint. Sie bedarf eines
gesonderten Beschlusses und ist nach deutschem Recht publizitätspflichtig gemäß
§ 274 Abs. 2, 3 AktG (näher → Art. 63 Rn. 35). Einer gesonderten Publizität des
damit zugleich beendeten Abwicklungsverfahrens bedarf es danebens nicht (KK-
AktG/*Kiem* Rn. 19).

2. Nach weitergehendem nationalem Recht. Die Publizitätspflicht nach **10** Art. 65 besteht „unbeschadet einzelstaatlicher Bestimmungen, die zusätzliche Anforderungen in Bezug auf die Offenlegung enthalten". Daraus ergibt sich, dass Art. 65 nur einen **Mindeststandard** festlegt. Mitgliedstaatliches Recht kann also weitergehende Anforderungen sowohl hinsichtlich der Publizitätsgegenstände als auch hinsichtlich der in Art. 13 angesprochenen Publizitätsmittel enthalten (*Schwarz* Rn. 17; LHT/*Ehricke* Rn. 13; aA KK-AktG/*Kiem* Rn. 21: nur Erweiterung der Publizitätsgegenstände, da Publizitätsmittel ohnehin nicht von der Verordnung geregelt seien). Mit den einzelstaatlichen Bestimmungen sind diejenigen des Sitzstaates (Art. 63) gemeint, soweit sie einen Bezug zu den in Art. 65 genannten Verfahren aufweisen (vgl. *Schwarz* Rn. 17). Für die in Deutschland registrierte SE sind das die Daten der **Abwickler** (§ 266 AktG iVm Art. 63), der **Gläubigeraufruf** (§ 267 AktG iVm Art. 63), die **Löschung** der Gesellschaft (§ 273 Abs. 1 S. 2 und §§ 393 ff. FamFG, jeweils iVm Art. 63) sowie die **Nichtigerklärung** (§ 277 Abs. 1 AktG, § 397 FamFG iVm Art. 63). Auch die Vorgabe, den **Grund** der Auflösung publik zu machen (§ 263 S. 3 AktG), folgt nur aus nationalem Recht.

Im deutschen **Insolvenzrecht** sind neben der Eröffnung und dem Abschluss **11** des Verfahrens zahlreiche weitere Umstände publizitätspflichtig, so etwa die Anordnung und Aufhebung von Sicherungsmaßnahmen im Eröffnungsverfahren (§§ 23, 25 InsO), die Nichteröffnung mangels Masse, § 26 InsO (die aber zugleich einen Auflösungsgrund darstellt und als solcher gemäß Art. 65 publik zu machen ist), die Anordnung oder Aufhebung der Eigenverwaltung sowie verschiedene Terminsbestimmungen (zB § 74 Abs. 2 InsO: Einberufung der Gläubigerversammlung; weitere Bekanntmachungspflichten bei KK-AktG/*Kiem* Rn. 22 Fn. 37). Auch die Eintragung im Grundbuch (§ 32 InsO) oder in Schiffs- und Luftfahrzeugregistern (§ 33 InsO) gehört hierher. Publizitätspflichtige Vorgänge im Rahmen der Restschuldbefreiung (vgl. §§ 30 Abs. 1 S. 2, 300 Abs. 3, 303 Abs. 3 InsO) sind für die SE irrelevant, da die Restschuldbefreiung nur für natürliche Personen in Betracht kommt (vgl. § 286 InsO).

Im weiteren Sinne auflösungsbezogene Publizitätspflichten enthalten das **12** **Bank- und Versicherungsaufsichtsrecht,** s. insbesondere § 89b Abs. 2 VAG bzw. § 46d Abs. 2 KWG: Offenlegung von Sanierungsmaßnahmen.

3. Nach weitergehendem europäischem Recht. Auflösungsbezogene Pu- **13** blizitätspflichten können sich auch aus sonstigem europäischen Recht ergeben (*Schwarz* Rn. 18; LHT/*Ehricke* Rn. 14; KK-AktG/*Kiem* Rn. 23). Solche sieht namentlich **Art. 21 Abs. 1 EuInsVO** vor, wonach die Entscheidung über die Eröffnung des Insolvenzverfahrens unter bestimmten Voraussetzungen auch in anderen Mitgliedstaaten publik zu machen ist. Die Modalitäten werden in Art. 102 § 5 Abs. 1 EGInsO, §§ 9, 30 Abs. 1 S. 1 InsO geregelt. Für Eröffnungsbeschlüsse aus Nicht-EU-Staaten enthält § 345 InsO eine vergleichbare Regelung. In der Literatur werden ferner Publizitätsanforderungen in bank- und versicherungsaufsichtsrechtlichen Richtlinien genannt (*Schwarz* Rn. 16, 18; LHT/*Ehricke* Rn. 14). Diese sind jedoch an die Mitgliedstaaten adressiert und begründen daher keine unmittelbaren Offenlegungspflichten für die SE (KK-AktG/*Kiem* Rn. 24).

III. Publizitätsmittel

Hinsichtlich der Publizitätsmittel verweist Art. 65 auf Art. 13, der wiederum **14** auf die nationalen Vorschriften zur Umsetzung der **Publizitäts-RL** verweist. Im Verordnungswortlaut wird diese noch als RL 68/151/EWG bezeichnet, welche jedoch 2009 durch Art. 16 Abs. 1 der (neuen) Publizitäts-RL (RL 2009/101/

EG) aufgehoben wurde. Gemäß Art. 16 Abs. 2 Publizitäts-RL gelten Verweisungen auf die RL 68/151/EWG als Verweisungen auf die RL 2009/101/EG, so dass sich in der Sache nichts geändert hat. Für die SE mit Sitz in Deutschland bedeutet dies, das alle in Art. 65 genannten Umstände ins **Handelsregister** (§ 8 HGB) einzutragen und gemäß § 10 HGB **bekannt zu machen** sind (*Schwarz* Rn. 15). Dies ergibt sich hinsichtlich der Auflösung, des Liquidationsendes und der Fortsetzung aus §§ 263, 273 Abs. 1 bzw. aus § 274 Abs. 1 AktG (betreffend Eintragung) sowie aus § 10 HGB (betreffend Bekanntmachung), welche insoweit die Publizitäts-RL umsetzen. Die Offenlegung erfolgt in deutscher Sprache. Die Offenlegung in einer anderen Amtssprache der Union ist optional (§ 11 HGB).

15   Auch die Eröffnung und Beendigung des **Insolvenzverfahrens** müssen, da nach Art. 65 publizitätspflichtig, gemäß Art. 13 nach den deutschen Vorschriften zur Umsetzung der Publizitäts-RL publik gemacht, also im Handelsregister eingetragen und anschließend bekannt gemacht werden. Das deutsche Recht trägt dem Rechnung, indem es eine entsprechende Mitteilung des Insolvenzgerichts an das Handelsregister vorsieht (vgl. §§ 30, 200 Abs. 2 S. 2, 215 Abs. 1 S. 3 InsO) und diesem damit die Eintragung (§ 32 Abs. 1 HGB) ermöglicht. **Problematisch** ist, dass diese Eintragungen gemäß **§ 32 Abs. 2 HGB** nicht bekannt gemacht werden. Dass insofern eine Bekanntmachung gemäß § 9 InsO erfolgt, reicht für Zwecke des Art. 65 nicht, weil § 9 InsO nicht – wie es Art. 13 fordert – die Publizitäts-RL umsetzt (dies übersehend LHT/*Ehricke* Rn. 15 aE; NK-SE/*Schröder* Rn. 4). Jedoch ist bei der Bekanntmachung der insolvenzbedingten Auflösung gemäß § 10 HGB der Auflösungsgrund mitanzugeben (Spindler/Stilz/*Bachmann* AktG § 263 Rn. 11), so dass die Insolvenzeröffnung jedenfalls mittelbar in einer der Publizitäts-RL entsprechenden Weise bekannt gemacht wird. Die nicht über § 10 HGB erfolgende Bekanntmachung der Aufhebung oder Einstellung des Insolvenzverfahrens ist insofern unschädlich, als sich die separat bekannt zu machende Löschung der Gesellschaft anschließt (§ 200 InsO) oder lediglich der Auflösungsgrund ausgewechselt wird (§ 207 InsO). Bei Einstellung nach erfolgreicher Fortsetzung (§§ 212, 213 InsO) wird wenigstens der Fortsetzungsbeschluss eingetragen und gemäß § 10 HGB bekannt gemacht (vgl. Spindler/Stilz/*Bachmann* AktG § 262 Rn. 41).

16   Für die **Löschung** der Gesellschaft schreibt **Art. 14** eine besondere Bekanntmachung im **Amtsblatt** der Europäischen Gemeinschaften (jetzt: Union, → Art. 14 Rn. 4) vor. Zusätzlich ist die Löschung nach § 10 HGB iVm Art. 13 bekannt zu machen. Aufgrund seines eindeutigen Wortlauts ist Art. 14 nicht auf die anderen in Art. 65 genannten Publizitätsgegenstände zu erstrecken (*Roitsch* S. 71). Eine Ausnahme soll sich wegen seiner Bedeutung für den Gläubigeraufruf (§ 267 AktG) ergeben (so *Roitsch* S. 90: „europafreundliche Auslegung").

[Umwandlung in AG]

66 (1) ¹**Eine SE kann in eine dem Recht ihres Sitzstaats unterliegende Aktiengesellschaft umgewandelt werden.** ²**Ein Umwandlungsbeschluss darf erst zwei Jahre nach Eintragung der SE oder nach Genehmigung der ersten beiden Jahresabschlüsse gefasst werden.**

(2) **Die Umwandlung einer SE in eine Aktiengesellschaft führt weder zur Auflösung der Gesellschaft noch zur Gründung einer neuen juristischen Person.**

(3) **Das Leitungs- oder das Verwaltungsorgan der SE erstellt einen Umwandlungsplan sowie einen Bericht, in dem die rechtlichen und wirtschaftlichen Aspekte der Umwandlung erläutert und begründet sowie die**

Auswirkungen, die der Übergang zur Rechtsform der Aktiengesellschaft für die Aktionäre und die Arbeitnehmer hat, dargelegt werden.

(4) **Der Umwandlungsplan ist mindestens einen Monat vor dem Tag der Hauptversammlung, die über die Umwandlung zu beschließen hat, nach den in den Rechtsvorschriften der einzelnen Mitgliedstaaten gemäß Artikel 3 der Richtlinie 68/151/EWG vorgesehenen Verfahren offen zu legen.**

(5) **Vor der Hauptversammlung nach Absatz 6 ist von einem oder mehreren unabhängigen Sachverständigen, der/die nach den einzelstaatlichen Durchführungsbestimmungen zu Artikel 10 der Richtlinie 78/855/EWG durch ein Gericht oder eine Verwaltungsbehörde des Mitgliedstaates, dem die sich in eine Aktiengesellschaft umwandelnde SE unterliegt, bestellt oder zugelassen ist/sind, zu bescheinigen, dass die Gesellschaft über Vermögenswerte mindestens in Höhe ihres Kapitals verfügt.**

(6) ¹**Die Hauptversammlung der SE stimmt dem Umwandlungsplan zu und genehmigt die Satzung der Aktiengesellschaft.** ²**Die Beschlussfassung der Hauptversammlung erfolgt nach Maßgabe der einzelstaatlichen Bestimmungen im Einklang mit Artikel 7 der Richtlinie 78/855/EWG.**

Schrifttum: *Bayer/Schmidt,* Grenzüberschreitende Sitzverlegung und grenzüberschreitende Restrukturierungen nach MoMiG, Cartesio und Trabrennbahn, ZHR 173 (2009), 735; *Drinhausen/Nohlen,* Die EG-Niederlassungsfreiheit und das Verbot des Auseinanderfallens von Satzungs- und Verwaltungssitz der SE nach Art. 7 SE-VO, FS Spiegelberger, 2009, 645; *Kossmann/Heinrich,* Möglichkeiten der Umwandlung einer bestehenden SE, ZIP 2007, 164; *Marsch-Barner,* Die Rechtsstellung der Europäischen Gesellschaft (SE) im Umwandlungsrecht, FS Happ, 2006, 165; *Oplustil/Schneider,* Zur Stellung der Europäischen Aktiengesellschaft im Umwandlungsrecht, NZG 2003, 13.

Übersicht

	Rn.
I. Normzweck, Regelungsinhalt	1
II. Entstehungsgeschichte	2
III. Das praktische Bedürfnis nach der Rückumwandlung und der Normzweck	3
IV. Formwechsel der SE gemäß Art. 66	4
1. Verbot gleichzeitiger Sitzverlegung (Abs. 1 Satz 1)	4
2. Beschränkung des Formwechsels auf die Zielrechtsform der Aktiengesellschaft (Abs. 1 Satz 1)	6
3. Anwendbares Recht	8
a) Formwechsel in Aktiengesellschaft des Sitzstaates	9
b) Formwechsel in sonstige Gesellschaftsformen des Sitzstaates	10
4. Das Verfahren im Einzelnen	13
a) Sperrfrist (Abs. 1 Satz 2)	14
b) Umwandlungsplan (Abs. 3)	19
c) Umwandlungsbericht (Abs. 3)	23
d) Offenlegung des Umwandlungsplans (Abs. 4)	24
e) Werthaltigkeitsprüfung (Abs. 5)	25
f) Beschluss der Hauptversammlung (Abs. 6)	28
g) Amtskontinuität des Aufsichtsrats	29
h) Beachtung von Gründungsvorschriften	30
i) Wirksamwerden des Formwechsels	31
j) Ergänzender Gläubiger- und Gesellschafterschutz	32
5. Wirkungen des Formwechsels (Abs. 2)	33

Rn.

V. Die SE als Beteiligte an sonstigen Umwandlungsvorgängen
   (Verschmelzung/Spaltung) 34
   1. Primärrechtlicher Rahmen 36
   2. Schlussfolgerungen für die Auslegung und Anwendung von
      Art. 66 38
      a) Grenzüberschreitende Verschmelzungen und Spaltun-
         gen 38
      b) Innerstaatliche Verschmelzungen und Spaltungen 39

I. Normzweck, Regelungsinhalt

1   Art. 66 regelt die **Rückumwandlung** der SE in eine dem nationalen Recht ihres Sitzstaates unterliegende Aktiengesellschaft. Sein unmittelbarer Anwendungsbereich betrifft damit einen Spezialfall der formwechselnden Umwandlung der SE. Die Rückumwandlung ist erst nach Ablauf einer Sperrfrist von zwei Jahren möglich (Abs. 1 Satz 2). Sie erfolgt unter Wahrung der rechtlichen Identität der Gesellschaft (Abs. 2) und setzt voraus, dass die Gesellschaft das besondere in Art. 66 geregelte Verfahren durchläuft (Abs. 3–6). Dieses Verfahren entspricht im Wesentlichen dem bereits in der Verschmelzungsrichtlinie von 1978 angelegten und auch für den *actus contrarius* der Umwandlung in die SE (Art. 37) geltenden unionsrechtlichen Regelungsmodell für Strukturmaßnahmen (vgl. *Bayer/Schmidt* ZHR 173 [2009], 735 [757]; *Riesenhuber* NZG 2004, 15), bestehend aus den Elementen Plan, Offenlegung des Plans, Bericht, sachverständige Prüfung und Beschluss der Anteilseigner.

II. Entstehungsgeschichte

2   Die Möglichkeit zur Rückumwandlung der SE in eine nationale Aktiengesellschaft erscheint aus historischer Perspektive **keineswegs selbstverständlich**. Während sie in den Art. 264 ff. des ersten Verordnungsvorschlags der Kommission aus dem Jahre 1970 noch ausdrücklich vorgesehen war, verzichteten die Verordnungsentwürfe von 1989 und 1991 auf eine entsprechende Regelung (LHT/*J. Schmidt* Rn. 2; *Schwarz* Rn. 3; zur historischen Entwicklung im Einzelnen → Einl. Rn. 12 ff.). Als ursprüngliches Vorbild der Regelung kann Art. 263 des französischen Gesetzes über die Handelsgesellschaften von 1966 gelten, der ebenfalls eine Sperrfrist von zwei Jahren für den Formwechsel der Aktiengesellschaft vorsah (*Oplustil/Schneider* NZG 2003, 13 [14]).

III. Das praktische Bedürfnis nach der Rückumwandlung und der Normzweck

3   Art. 66 trägt dem Umstand Rechnung, dass sich Unternehmen nur dann für die Rechtsform der SE entscheiden werden, wenn diese Entscheidung zu einem späteren Zeitpunkt wieder revidierbar ist; der Weg in die SE darf also keine „Einbahnstraße" sein (LHT/*J. Schmidt* Rn. 3; ebenso KK-AktG/*Kiem* Rn. 4). Dies gilt insbesondere auch dann, wenn das nationale Recht des Sitzstaates der SE die Umwandlung im Wege des Formwechsels nicht kennt. In diesem Falle wäre die **Rückumwandlung ohne die Regelung des Art. 66 gar nicht möglich** (Spindler/Stilz/*Casper* Rn. 1; MüKoAktG/*Schäfer* Rn. 1; LHT/*J. Schmidt* Rn. 3; da der Formwechsel – anders als die Umwandlungsvorgänge Verschmelzung und Spaltung – nicht durch eine Richtlinie harmonisiert ist, kann dies durchaus vorkommen). Vor diesem Hintergrund ist der Normzweck des Art. 66 hauptsächlich darin zu sehen, den Formwechsel in eine nationale Aktiengesellschaft des Sitzstaates auch dann zu ermöglichen, wenn das Umwandlungsrecht des Sitz-

staates einen Formwechsel ansonsten nicht kennt (Spindler/Stilz/*Casper* Rn. 1; MüKoAktG/*Schäfer* Rn. 1). Eine Änderung des für sie maßgeblichen (Aktien) Rechts kann die SE allerdings auch im Wege einer **Sitzverlegung gemäß Art. 8** erreichen. Art. 8 ermöglicht die Verlegung des Satzungssitzes der SE in einen anderen Mitgliedstaat. Da für die SE gemäß Art. 9 Abs. 1 lit. c ii) in weiten Teilen das nationale Aktienrecht des (Satzungs)Sitzstaates gilt, führt dies zu einer Änderung des auf die SE anwendbare nationalen Aktienrechts.

IV. Formwechsel der SE gemäß Art. 66

1. Verbot gleichzeitiger Sitzverlegung (Abs. 1 Satz 1). Gemäß Abs. 1 **4** Satz 1 kann die SE nur **in eine dem Recht ihres Sitzstaates unterliegende Aktiengesellschaft** umgewandelt werden. Nach dem Wortlaut ist eine Kombination von Renationalisierung der SE und grenzüberschreitender Sitzverlegung (Art. 8) bzw. ein Formwechsel der SE in eine dem Recht eines anderen Staates unterliegende Aktiengesellschaft nach Art. 66 nicht möglich. Dieses in Abs. 1 Satz 1 nur implizit enthaltene Verbot, welches das Gegenstück zum Verbot der gleichzeitigen grenzüberschreitenden Sitzverlegung bei Gründung einer SE durch Formwechsel (Art. 37 Abs. 3) bildet, soll im Zusammenwirken mit der Sperrfrist nach Abs. 1 Satz 2 verhindern, dass die SE als Vehikel zur **Aushöhlung der Arbeitnehmermitbestimmung** mittels „grenzüberschreitenden Rechtsformwechsels" missbraucht wird (vgl. Spindler/Stilz/*Casper* Rn. 1; MüKoAktG/*Schäfer* Rn. 1, 5; *Schwarz* Rn. 3). Dies wäre denkbar, wenn eine nationale Aktiengesellschaft zunächst unter Beibehaltung der für sie geltenden Mitbestimmung die Rechtsform der SE annehmen und sich anschließend alsbald in eine mitbestimmungsfreie Aktiengesellschaft eines anderen Mitgliedstaates umwandeln könnte.

Diese Erwägungen sind aber durch die Rechtsprechung des EuGH in den **5** Rechtssachen **Cartesio** (EuGH NJW 2009, 569 = BB 2009, 11 mAnm *Behme/ Nohlen;* s. dazu Semler/Stengel/*Drinhausen* UmwG Einl. C Rn. 29), **Sevic** (EuGH NJW 2006, 425 = BB 2006, 11) und jüngst **Vale** (EuGH NZG 2012, 871) überholt, wonach der **grenzüberschreitende Rechtsformwechsel** innerhalb der Rechtsordnungen der EU und des EWR grundsätzlich bereits unmittelbar durch die Niederlassungsfreiheit geschützt ist (s. KK-AktG/*Kiem* Rn. 4). Nationale Aktiengesellschaften eines Mitgliedstaates können sich dann ohne den Umweg über die SE unmittelbar in Gesellschaftsformen anderer Mitgliedstaaten umwandeln, wenn der aufnehmende Mitgliedstaat einen Formwechsel innerstaatlich zulässt. Dies gilt auch, wenn ein solcher grenzüberschreitender Formwechsel eine Minderung oder den gänzlichen Wegfall zuvor bestehender Arbeitnehmermitbestimmung zur Folge hat (zweifelhaft ist allerdings, ob die Niederlassungsfreiheit auch den bloßen Wechsel der Rechtsform ohne Verlegung des Verwaltungssitzes in den entsprechenden Mitgliedstaat schützt (dazu *Leible/Hoffmann* BB 2009, 58 [61 f.]; Henssler/Strohn/*Drinhausen/Keinath* UmwG § 190 Rn. 17; *Ringe* ZIP 2008, 1072 [1074]); ebenso zweifelhaft ist, ob ein grenzüberschreitender Rechtsformwechsel auch dann durch die Niederlassungsfreiheit geschützt ist, wenn das Gründungsrecht der Gesellschaft bereits die grenzüberschreitende Verwaltungssitzverlegung gestattet (s. *Däubler/Heuschmid* NZG 2009, 493 [495]; Henssler/Strohn/*Drinhausen/Keinath* UmwG § 190 Rn. 17; Kallmeyer/*Marsch-Barner* UmwG Vor §§ 122a–122l Rn. 14). Allerdings steht der SE mit Art. 8 gerade die Möglichkeit der grenzüberschreitenden Satzungssitzverlegung offen. Sie kann daher bereits ihren Satzungssitz in einen anderen Mitgliedstaat verlegen und sich somit dort „niederlassen", ohne hierfür eine von diesem Staat zur Verfügung gestellte nationale Rechtsform annehmen zu müssen. Eine in der Rechtsform der SE organisierte Gesellschaft bedarf daher nicht der Möglichkeit des grenzüberschreitenden Rechtsformwechsels, um sich in einem anderen Mitgliedstaat niederlassen zu können.

6 **2. Beschränkung des Formwechsels auf die Zielrechtsform der Aktiengesellschaft (Abs. 1 Satz 1).** Nach dem Wortlaut des Abs. 1 Satz 1 ist die Möglichkeit des Formwechsels der SE auf die Zielrechtsform der Aktiengesellschaft beschränkt. **Historisch** ist diese Einschränkung der Umwandlungsmöglichkeit dadurch zu erklären, dass die Rechtsform der SE zunächst nur nationalen Aktiengesellschaften vorbehalten sein sollte und daher auch eine Rückumwandlung nur in diese Rechtsform in Betracht kam (KK-AktG/*Kiem* Rn. 4; *Schwarz* Rn. 30).

7   Für die Beantwortung der Frage, ob auch der (innerstaatliche) Formwechsel in eine andere Rechtsform des Sitzstaates als die der Aktiengesellschaft möglich ist, ist entscheidend, ob sich der Regelung des Abs. 1 Satz 1 ein Regelungswille des Verordnungsgebers entnehmen lässt, den **Formwechsel der SE abschließend** zu regeln. Dies erscheint im Lichte des die SE-VO tragenden Subsidiaritätsgrundsatzes, wonach die SE-VO nur die Bereiche regeln möchte, die für das Funktionieren der SE einer einheitlichen Unionsregelung bedürfen (vgl. Erwägungsgrund 9 der SE-VO sowie *Drinhausen/Nohlen* ZIP 2009, 1890 [1892 ff.]), zweifelhaft (Semler/Stengel/*Drinhausen* UmwG Einl. C Rn. 63; *Oplustil/Schneider* NZG 2003, 13 [16]; vgl. ferner *Wagner* NZG 2002, 985). Hinzu kommt, dass auch eine Beschränkung auf die Zielrechtsform der Aktiengesellschaft den Formwechsel in eine andere Gesellschaftsform nicht dauerhaft verhindern kann. Denn im Anschluss an einen Formwechsel in die Rechtsform der Aktiengesellschaft kann die Gesellschaft nach Maßgabe des Umwandlungsrechts ihres Sitzstaates einen weiteren Formwechsel in eine andere Rechtsform durchführen, ohne dass der europäische Gesetzgeber dies verhindern könnte; die Rechtsform der Aktiengesellschaft wäre nicht mehr als ein obligatorisches Zwischenstadium. Dem damit verbundenen Zeit- und Kostenaufwand steht **kein erkennbarer Schutzzweck** gegenüber (s. zum Ganzen *Oplustil/Schneider* NZG 2003, 13 [15]; vgl. auch LHT/*J. Schmidt* Rn. 7). Vor diesem Hintergrund ist davon auszugehen, dass – soweit das Sitzstaatsrecht dies für Aktiengesellschaften zulässt – der SE gemäß Art. 9 Abs. 1 lit. c ii) und Art. 10 auch ein **Formwechsel in eine andere Rechtsform** ihres Sitzstaates als die der Aktiengesellschaft möglich ist, Art. 66 insoweit also keine abschließende Regelung enthält (Semler/Stengel/*Drinhausen* UmwG Einl. C Rn. 63; *Marsch-Barner* FS Happ, 2006, 165 [177]; *Kossmann/Heinrich* ZIP 2007, 164 [168]; *Oplustil/Schneider* NZG 2003, 13 [16]; MüKoAktG/*Schäfer* Rn. 1, 14; *Schwarz* Rn. 30). Letztlich wird diese Frage jedoch vom EuGH zu klären sein (zur Vorlagepflicht deutscher Gerichte ausführlich *Reiner* Der Konzern 2011, 135 ff.).

8 **3. Anwendbares Recht.** Hinsichtlich des auf den Formwechsel der SE anwendbaren Rechts ist danach **zu differenzieren,** in welche **Zielrechtsform** die SE umgewandelt werden soll.

9 **a) Formwechsel in Aktiengesellschaft des Sitzstaates.** Den Formwechsel der SE in eine dem nationalen Recht des Sitzstaates unterliegende Aktiengesellschaft **regelt Art. 66 unmittelbar.** Ergänzend sind gemäß Art. 9 Abs. 1 lit. c ii) die Vorschriften des Sitzstaates über den Formwechsel aus der und in die Aktiengesellschaft anzuwenden, soweit solche Vorschriften bestehen. Für eine SE mit Sitz in Deutschland sind dies die §§ 191 ff., 238 ff. UmwG sowie ggf. die für die Aktiengesellschaft maßgeblichen Gründungsvorschriften des AktG (Spindler/Stilz/*Casper* Rn. 3; MüKoAktG/*Schäfer* Rn. 4). Keine Anwendung findet dagegen, ungeachtet der in systematischer Hinsicht missglückten (Spindler/Stilz/*Casper* Rn. 3) Stellung des Art. 66 in Titel V der SE-VO („Auflösung, Liquidation, Zahlungsunfähigkeit und Zahlungseinstellung"), die speziellere Verweisung in Art. 63. Denn der Formwechsel führt gerade nicht zur Auflösung und Liquidation der SE, sondern vollzieht sich unter Wahrung der rechtlichen Identität der Gesellschaft (Abs. 2; s. Spindler/Stilz/*Casper* Rn. 3; MüKoAktG/*Schäfer* Rn. 4; LHT/*J. Schmidt* Rn. 11; *Veil* in Jannott/Frodermann HdB SE Kap. 10 Rn. 22; zu den Wirkungen des Formwechsels → Rn. 33).

b) Formwechsel in sonstige Gesellschaftsformen des Sitzstaates. Wie in **10** → Rn. 7 dargelegt, kann die SE auch in sonstige Gesellschaftsformen ihres Sitzstaates umgewandelt werden, wenn das Umwandlungsrecht des Sitzstaates dies für seinem Recht unterliegende Aktiengesellschaften ermöglicht. Art. 66 enthält insoweit **keine abschließende Regelung.** Damit stellt sich die Frage, ob Art. 66 auf den Formwechsel der SE anwendbar ist, wenn diese eine andere Rechtsform ihres Sitzstaates als die der Aktiengesellschaft annehmen will. Die Aussage, dass Art. 66 keine abschließende Regelung enthält, beantwortet diese Frage noch nicht. Denn sie besagt nur, dass Art. 66 einem solchen Formwechsel nicht entgegensteht.

Zunächst ist zu klären, ob nach dem Recht des Sitzstaates der Formwechsel in **11** eine andere Rechtsform überhaupt möglich ist. Dies bestimmt sich gemäß Art. 9 Abs. 1 lit. c ii), Art. 10 nach den **für eine Aktiengesellschaft des Sitzstaates** maßgeblichen umwandlungsrechtlichen Vorschriften (ebenso *Schwarz* Rn. 30 unter Verweis auf Art. 9 Abs. 1 lit. c ii). Sofern beispielsweise nach dem Umwandlungsrecht des Sitzstaates der Aktiengesellschaft ein Formwechsel in die Rechtsform der GmbH möglich ist, nicht aber in die Rechtsform einer Personengesellschaft, gilt dasselbe für die SE.

Sodann stellt sich die Frage, ob sich das Verfahren des Formwechsels nach **12** Art. 66 richtet oder ausschließlich nach den gemäß Art. 9 Abs. 1 lit. c ii) subsidiär anwendbaren Vorschriften über den innerstaatlichen Formwechsel der Aktiengesellschaft in die angestrebte Zielrechtsform. Eine direkte Anwendung von Art. 66 kommt aufgrund des klaren und eindeutigen Wortlauts, wonach dieser nur den Formwechsel der Aktiengesellschaft regelt, nicht in Betracht. Gute Gründe sprechen hingegen für eine **entsprechende Anwendung des Art. 66** (für eine entsprechende Anwendung von Art. 66 auch *Brandt* S. 155; Spindler/Stilz/*Casper* Art. 2, 3 Rn. 39; Semler/Stengel/*Drinhausen* UmwG Einl. C Rn. 63; *Marsch-Barner* FS Happ, 2006, 165 [177]; *Oplustil/Schneider* NZG 2003, 13 [16]; *Schwarz* Rn. 31; wohl auch *Kossmann/Heinrich* ZIP 2007, 164 [168]; Kallmeyer/*Meister/Klöcker* UmwG § 191 Rn. 6; NK-SE/*Schröder* Rn. 9; LHT/*J. Schmidt* Rn. 9; aA Widmann/Mayer/*Heckschen* UmwG Anh. 14 Rn. 521; KK-AktG/*Kiem* Rn. 14; wohl auch Lutter/*Happ/Göthel* UmwG § 226 Rn. 1 Fn. 3) und einen lediglich ergänzenden Rückgriff auf das nationale Umwandlungsrecht des Sitzstaates. Denn es ist nicht ersichtlich, warum der Formwechsel der SE in eine GmbH oder in eine Personengesellschaft anderen Regelungen folgen sollte als der Formwechsel in eine Aktiengesellschaft. Vielmehr ist davon auszugehen, dass Art. 66 die **Mindestanforderungen** vorgibt, die bei jedem Formwechsel einer bestehenden SE zu beachten sind und stets unabhängig davon zur Anwendung gelangen müssen, ob das Umwandlungsrecht des Sitzstaates höhere, niedrigere oder gleichwertige Anforderungen für den Formwechsel einer Aktiengesellschaft enthält. Mangels europaweiter Harmonisierung des Formwechselrechts kann nur so ein gewisser Mindeststandard an Schutz für Gesellschafter (durch die Verpflichtung zur Aufstellung eines Umwandlungsplans, dessen Offenlegung und das Erfordernis eines Hauptversammlungsbeschlusses), Gläubiger (durch die Verpflichtung zur sachverständigen Prüfung der Nettovermögenswerte) und Arbeitnehmer (durch die Sperrfrist gemäß Abs. 1 S. 2) gewährleistet werden.

13 **4. Das Verfahren im Einzelnen.** Das für den Formwechsel der SE maßgebliche Verfahren richtet sich demnach unabhängig von der angestrebten Zielrechtsform in erster Linie nach den **Vorgaben des Art. 66;** ergänzend finden nach Art. 9 Abs. 1 lit. c ii) die Vorschriften des Sitzstaates über den Formwechsel von Aktiengesellschaften Anwendung. Art. 66 regelt das Verfahren des Formwechsels in Abs. 1 Satz 2, der eine Sperrfrist vorsieht, sowie in den Abs. 3–6.

14 **a) Sperrfrist (Abs. 1 Satz 2).** Die Sperrfrist nach Abs. 1 Satz 2 hat im Zusammenwirken mit dem Verbot der Sitzverlegung die Funktion, **missbräuchliche Gestaltungen zu verhindern** (→ Rn. 4). Sie ist sowohl im direkten Anwendungsfall des Art. 66, also dem Formwechsel der SE in eine Aktiengesellschaft ihres Sitzstaates, als auch bei Umwandlung der SE in eine sonstige Gesellschaftsform zu beachten (→ Rn. 12 mwN). In der Literatur wird teilweise vorgeschlagen, Abs. 1 Satz 2 teleologisch dahingehend zu reduzieren, dass die Sperrfrist nur Anwendung finden soll, wenn ein Missbrauch im Einzelfall überhaupt möglich erscheint; dies sei nicht der Fall, wenn eine SE durch Umwandlung einer nationalen Aktiengesellschaft gegründet wird und anschließend wieder in eine Aktiengesellschaft desselben Mitgliedstaates rückumgewandelt werden soll (Spindler/Stilz/*Casper* Rn. 4; *Oplustil*/*Schneider* NZG 2003, 13 [15]; aA LHT/*J. Schmidt* Rn. 22; *Schwarz* Rn. 21). Dies überzeugt allerdings bereits deshalb nicht, weil Art. 66 mit den Vorgaben einer generellen Sperrfrist – unabhängig vom Einzelfall – gerade keine einzelfallbezogene, sondern eine abstrakte Betrachtung vorgibt. Eine Missbrauchsprüfung im Einzelfall findet also keine Grundlage in der Verordnung.

15 Die Sperrfrist endet entweder **zwei Jahre nach Eintragung der SE** oder nach **Genehmigung der ersten beiden Jahresabschlüsse.** Es genügt, wenn eine der beiden Voraussetzungen erfüllt ist (NK-SE/*Schröder* Rn. 4; KK-AktG/ *Kiem* Rn. 15). Nach dem insoweit eindeutigen Wortlaut des Abs. 1 Satz 2 muss lediglich der Umwandlungsbeschluss der Hauptversammlung nach dem letzten Tag der Sperrfrist liegen (KK-AktG/*Kiem* Rn. 16); vorbereitende Maßnahmen (Erstellung von Umwandlungsplan, Umwandlungsbericht und Werthaltigkeitsprüfung, Einberufung der Hauptversammlung) können bereits vorher stattfinden (ebenso KK-AktG/*Kiem* Rn. 15).

16 Der **Lauf der Zwei-Jahres-Frist** beginnt mit der Eintragung der SE in das zuständige Register ihres (Gründungs-)Sitzstaates gemäß Art. 12 Abs. 1; unerheblich ist der Zeitpunkt der Offenlegung der Eintragung gemäß Art. 14 (Spindler/Stilz/*Casper* Rn. 4). Unerheblich für den Fristablauf ist, ob die SE zwischenzeitlich gemäß Art. 8 ihren Sitz in einen anderen Mitgliedstaat verlegt hat; das Erfordernis, dass die SE zwei Jahre lang im zuständigen Register des Staates eingetragen gewesen sein muss, in dessen Aktiengesellschaft sie sich umwandeln möchte – eine Sitzverlegung also die Zweijahresfrist neu in Lauf setzen würde –, lässt sich Abs. 1 Satz 2 nicht entnehmen (so aber offenbar Widmann/Mayer/*Heckschen* UmwG Anh. 14 Rn. 517). Ein solches Erfordernis wäre auch sinnentleert, da die zweite Alternative des Abs. 1 Satz 2, die Genehmigung der „ersten beiden" Jahresabschlüsse der SE, eindeutig an die ersten beiden Jahresabschlüsse seit Gründung der SE anknüpft und jedenfalls dieses Erfordernis ungeachtet einer zwischenzeitlichen Sitzverlegung erfüllt werden könnte.

17 Der Begriff der **„Genehmigung" der ersten beiden Jahresabschlüsse** ist verordnungsautonom auszulegen und von dem in Art. 61 verwendeten Begriff der „Aufstellung" des Jahresabschlusses abzugrenzen (NK-SE/*Schröder* Rn. 4). Er bezeichnet den Rechtsakt, mit dem der Jahresabschluss nach dem anwendbaren Aktienrecht des Sitzstaates (Art. 61) für die SE verbindlich wird (NK-SE/*Schröder* Rn. 4; KK-AktG/*Kiem* Rn. 16). Nach deutschem Recht ist dies die Feststellung des Jahresabschlusses gemäß §§ 172 f. AktG (KK-AktG/*Kiem* Rn. 16; LHT/*J.*

Schmidt Rn. 20). Regelmäßig wird die Feststellung des zweiten Jahresabschlusses vor dem Ablauf der Frist von zwei Jahren nach Eintragung der SE liegen (KK-AktG/*Kiem* Rn. 16; zurückhaltender Spindler/Stilz/*Casper* Rn. 4: „im Einzelfall"). Dies folgt daraus, dass sich der erste Jahresabschluss in Fällen der Gründung der SE als neuer Gesellschaft (Verschmelzung durch Neugründung, Gründung einer Holding-SE oder einer Tochter-SE) regelmäßig auf ein **Rumpfgeschäftsjahr** beziehen wird. Entsteht die SE im Wege der Verschmelzung durch Aufnahme oder durch Umwandlung einer bestehenden Aktiengesellschaft, wird die SE-Gründung innerhalb eines bereits laufenden Geschäftsjahres wirksam, so dass sich der Zeitraum bis zum Ende des ersten Geschäftsjahres entsprechend verkürzt. Nicht erforderlich ist, dass die Gesellschaft während des gesamten ersten Geschäftsjahres in der Rechtsform der SE bestanden hat (KK-AktG/*Kiem* Rn. 16; LHT/*J. Schmidt* Rn. 20).

Um die Sperrfrist weiter zu verkürzen, wäre auch eine **Änderung des Ge-** **18** **schäftsjahres** der SE denkbar, in deren Folge ein zweites (ggf. sehr kurzes) Rumpfgeschäftsjahr entsteht. Neben den verfahrensmäßigen Anforderungen an eine Änderung des Geschäftsjahres (dazu LHT/*J. Schmidt* Rn. 20 mwN) wird ein solches Vorgehen insbesondere durch den Sinn und Zweck der Sperrfrist limitiert, missbräuchliche Verhaltensweisen zu unterbinden. Die beabsichtigte Renationalisierung der SE zum frühestmöglichen Zeitpunkt allein wird daher als Grund für eine Änderung des Geschäftsjahres nicht ausreichen (LHT/*J. Schmidt* Rn. 20). Wird das Geschäftsjahr aber (zumindest auch) aus anderen Gründen geändert, beendet die Feststellung des zweiten, für dieses Rumpfgeschäftsjahr erstellten Jahresabschlusses die Sperrfrist.

b) Umwandlungsplan (Abs. 3). Gemäß Abs. 3 hat das Leitungs- oder Ver- **19** waltungsorgan der SE – ebenso wie bei der Umwandlung einer bestehenden Aktiengesellschaft in eine SE (Art. 37 Abs. 4) – einen Umwandlungsplan zu erstellen. Der Umwandlungsplan ist Gegenstand des Beschlusses der Hauptversammlung und damit **Grundlage des Formwechsels** (*Schwarz* Rn. 12). Ebenso wie im Rahmen von Art. 37 Abs. 4 stellt sich auch in Abs. 3 die Frage nach dem erforderlichen Mindestinhalt des Umwandlungsplans. Beide Vorschriften enthalten hierzu keine Angaben.

In der Literatur werden verschiedene Möglichkeiten diskutiert, diese Lücke zu **20** schließen. Nicht zu überzeugen vermag die vereinzelt vertretene Auffassung, die sich gegen jeden Mindestinhalt des Umwandlungsplans ausspricht und insoweit von einer uneingeschränkten Gestaltungsfreiheit des Leitungs- bzw. Verwaltungsorgans ausgeht (Theisen/Wenz/*Neun* S. 156 f.). Eine derartige inhaltliche Beliebigkeit ist mit der Funktion des Umwandlungsplans, eine Vorabinformation der Aktionäre zu gewährleisten, nicht vereinbar (*Schwarz* Art. 37 Rn. 15). Der Inhalt des Umwandlungsplans lässt sich auch nicht dem nationalen Recht entnehmen (so aber Spindler/Stilz/*Casper* Rn. 6; LHT/*J. Schmidt* Rn. 25; *Veil* in Jannott/Frodermann HdB SE Kap. 10 Rn. 23 ff.). Denn nicht alle mitgliedstaatlichen Rechtsordnungen enthalten Regelungen für den Formwechsel; jedenfalls sehen sie nicht notwendigerweise einen Umwandlungsplan vor. Es ist daher davon auszugehen, dass die Regelungslücke jedenfalls in Bezug auf den **Mindestinhalt** des Umwandlungsplans auf Ebene der SE-VO zu schließen ist. Zudem würde es für diesen zentralen Aspekt des Rückformwechsels an einer europaweiten Vorgabe fehlen. Dies stünde in eklatantem Widerspruch zu dem in Erwägungsgrund 9 der SE-VO erklärten Regelungswillen des Verordnungsgebers.

Die überwiegende Auffassung will die Regelungslücke durch eine **Analogie** **21** **zu Art. 20** schließen, der die Mindestangaben des bei der Gründung einer SE durch Verschmelzung aufzustellenden Verschmelzungsplans enthält (KK-AktG/*Kiem* Rn. 17; MüKoAktG/*Schäfer* Rn. 6; NK-SE/*Schröder* Rn. 11; *Schwarz*

Art. 37 Rn. 17 f.). Dabei ist allerdings zu beachten, dass zwischen der Verschmelzung und der Umwandlung eines Rechtsträgers unter Wahrung seiner rechtlichen Identität (Abs. 2) erhebliche strukturelle Unterschiede bestehen und die Interessen- und Gefährdungslage daher nicht uneingeschränkt übertragbar ist. An einer Verschmelzung sind stets mehrere Rechtsträger beteiligt; im Vordergrund stehen der Anteilstausch und die Gesamtrechtsnachfolge, weshalb der Verschmelzungsplan etwa Angaben zum Umtauschverhältnis der Aktien enthalten muss (Art. 20 Abs. 2 lit. b). Auf den Formwechsel nach Art. 66, bei dem es nicht zu einem Anteilstausch oder einer Gesamtrechtsnachfolge kommt, sind die Anforderungen des Art. 20 daher nur bedingt übertragbar. Aus diesem Grund erscheint es angemessener, den Mindestinhalt des Umwandlungsplans primär am Inhalt des in Art. 8 Abs. 2 vorgesehenen **Verlegungsplans bei Sitzverlegung der SE** zu orientieren. Denn die Sitzverlegung steht im Hinblick auf den damit verbundenen Wechsel des nach Art. 9 Abs. 1 lit. c ii) anwendbaren Rechts einem Formwechsel nach Art. 66 deutlich näher als eine Verschmelzung (wie hier *Kalss* ZGR 2003, 593 [613]). Um das Risiko einer Anfechtung des Formwechsels zu mindern, kann es sich in Anbetracht des vorstehend und in → Rn. 20 dargestellten Meinungsbildes gleichwohl empfehlen, Angaben entsprechend Art. 20 sowie, bei einer SE mit Sitz in Deutschland, die in § 194 Abs. 1 UmwG aufgelisteten Angaben in den Umwandlungsplan aufzunehmen, soweit sie über die Anforderungen nach Art. 8 Abs. 2 hinausgehen und die Aufnahme inhaltlich Sinn ergibt. Dies gilt etwa mit Blick auf die Auswirkungen des Formwechsels auf die Inhaber von Sonderrechten (Art. 20 Abs. 1 lit. f) oder besondere Vorteile, die den am Formwechsel beteiligten Personen gewährt werden (Art. 20 Abs. 1 lit. g) sowie die Folgen des Formwechsels für die Arbeitnehmer und ihre Vertretungen (§ 194 Abs. 1 Nr. 7 UmwG). Wegen der Einzelheiten kann auf die Kommentierungen zu Art. 8, Art. 20 und Art. 37 verwiesen werden.

22   Die SE-VO schreibt ferner nicht vor, in welcher **Form** der Umwandlungsplan zu erstellen ist. Ein Rückgriff auf die Vorschriften der SE-VO zu Gründung oder Sitzverlegung der SE ist diesbezüglich nicht möglich, da diese ebenfalls keine Regelungen zur Form des jeweiligen Gründungs- bzw. des Sitzverlegungsplans enthalten. Gemäß Art. 9 Abs. 1 lit. c ii) SE-VO ist daher auf das Umwandlungsrecht des Sitzstaates zurückzugreifen. Bei einer SE mit Sitz in Deutschland gelten demnach zunächst die §§ 190 ff. UmwG. Vergleichbar dem Umwandlungsplan ist dabei der gemäß § 192 Abs. 1 S. 3 UmwG im Vorfeld der über die Umwandlung beschließenden Anteilseignerversammlung zu erstellende Entwurf des Umwandlungsbeschlusses, der Teil des Umwandlungsberichts ist und nach zutreffender Auffassung keiner besonderen Form – insbesondere nicht der notariellen Beurkundung – unterliegt. Daher ist auch der Umwandlungsplan nicht beurkundungsbedürftig (vgl. Spindler/Stilz/*Casper* Rn. 6; MüKoAktG/*Schäfer* Rn. 6). Angesichts der zur Parallelregelung des Art. 37 vertretenen Literaturansicht, die den Umwandlungsplan bei Gründung einer SE durch Formwechsel aufgrund der materiellen Richtigkeitsgewähr und der Vergleichbarkeit zum Spaltungsplan bei der Spaltung zur Neugründung für beurkundungsbedürftig hält (*Bayer* in Lutter/Hommelhoff Europäische Gesellschaft S. 61; LHT/*J. Schmidt* Rn. 30; *Heckschen* DNotZ 2003, 251 [264]; *Scheifele* Gründung der SE S. 408; *Schwarz* Art. 37 Rn. 29; *Vossius* ZIP 2005, 741 [747] Fn. 74; aA van Hulle/Maul/Drinhausen/*Drinhausen* Abschnitt 4 § 5 Rn. 19; Kallmeyer/*Marsch-Barner* UmwG Anh. Rn. 102; MüKo-AktG/*Schäfer* SE-VO Art. 37 Rn. 14; auch → Art. 37 Rn. 30), wird sich in der Praxis aus Vorsichtsgründen allerdings eine Beurkundung oder zumindest die Abstimmung mit dem zuständigen Registergericht empfehlen (so auch zum Umwandlungsplan gemäß Art. 37 Widmann/Mayer/*Heckschen* UmwG Anh. 14 Rn. 381; van Hulle/Maul/Drinhausen/*Drinhausen* Abschnitt 4 § 5 Rn. 20; Kallmeyer/ *Marsch-Barner* UmwG Anh. Rn. 102; KK-AktG/*Paefgen* Art. 37 Rn. 45).

c) Umwandlungsbericht (Abs. 3). Neben dem Umwandlungsplan hat das 23
Leitungs- oder Verwaltungsorgan der SE einen Umwandlungsbericht zu erstellen,
in dem die rechtlichen und wirtschaftlichen Aspekte des Formwechsels erläutert
und begründet sowie seine Auswirkungen für die Aktionäre und die Arbeitnehmer dargelegt werden. Die Regelung entspricht Art. 37 Abs. 4, so dass hinsichtlich der inhaltlichen Anforderungen an den Bericht und ggf. seine Entbehrlichkeit auf die Kommentierung dort verwiesen werden kann. Der Bericht ist nach
Maßgabe der umwandlungsrechtlichen Vorschriften des Sitzstaates offenzulegen
bzw. den dort bestimmten Adressaten zugänglich zu machen; eine Offenlegung
des Berichts gemäß Abs. 4 ist hingegen nicht erforderlich (→ Rn. 24). Bei einer
SE mit Sitz in Deutschland ist der Umwandlungsbericht gemäß Art. 9 Abs. 1 lit.
c ii) SE-VO iVm §§ 238 S. 1, 230 Abs. 2 UmwG den Aktionären SE **ab dem
Zeitpunkt der Einberufung der Hauptversammlung zugänglich zu machen.**

d) Offenlegung des Umwandlungsplans (Abs. 4). Der Umwandlungsplan 24
ist mindestens einen Monat vor dem Tag der über den Formwechsel beschließenden Hauptversammlung nach den Durchführungsvorschriften zu Art. 3 Publizitäts-RL offenzulegen. Die Vorschrift entspricht Art. 37 Abs. 5, so dass wegen der
Einzelheiten des Verfahrens auf die Kommentierung dort verwiesen werden kann.
Entgegen einer von Teilen des Schrifttums vertretenen Auffassung (Spindler/
Stilz/*Casper* Rn. 6; MüKoAktG/*Schäfer* Rn. 22) ist der **Umwandlungsbericht
nicht gemäß Abs. 4 offenzulegen** (KK-AktG/*Kiem* Rn. 19; LHT/*J. Schmidt*
Rn. 38). Die Gegenauffassung schließt die Offenlegungspflicht für den Bericht
aus der Ansicht, der Bericht sei Teil des Umwandlungsplans. Weder Art. 66
Abs. 4 noch die Parallelnormen des Art. 37 Abs. 5 verlangen jedoch eine Offenlegung des Umwandlungsberichts. Auch deuten die Vorschriften in keiner Weise
darauf hin, dass der Umwandlungsbericht jeweils Teil des Umwandlungsplans
wäre. Im Gegenteil schreibt Art. 66 Abs. 3 – ebenso wie Art. 37 Abs. 4 –
ausdrücklich vor, dass ein Umwandlungsplan *und* ein Umwandlungsbericht zu
erstellen sind; daraus folgt, dass die SE-VO Plan und Bericht als eigenständige,
separate Dokumente ansieht. Wenn die SE-VO zwar jeweils ausdrücklich die
Erstellung beider Dokumente anordnet, eine Offenlegungspflicht aber nur für
den Umwandlungsplan vorsieht, ist davon auszugehen, dass eine Offenlegungspflicht für den Bericht auch tatsächlich nicht begründet werden sollte (auch
→ Art. 37 Rn. 43). Entsprechend § 194 Abs. 2 UmwG ist der Umwandlungsplan dem zuständigen **Betriebsrat** mindestens einen Monat vor der über die
Umwandlung beschließenden Hauptversammlung zuzuleiten.

e) Werthaltigkeitsprüfung (Abs. 5). Vor der Hauptversammlung müssen 25
unabhängige Sachverstände bescheinigen, dass die Gesellschaft über Vermögenswerte mindestens in Höhe ihres Kapitals verfügt (Werthaltigkeitsprüfung). Maß-
geblich ist der **Verkehrswert** der Vermögensgegenstände, nicht der Buchwert
(Spindler/Stilz/*Casper* Rn. 7; KK-AktG/*Kiem* Rn. 20; LHT/*J. Schmidt* Rn. 42).
Die Vorschrift wird aufgrund der wenig präzisen Formulierung („die Gesell-
schaft") häufig dahingehend missverstanden, dass es auf die Abdeckung des
Grundkapitals der SE ankommt (KK-AktG/*Kiem* Rn. 20; LHT/*J. Schmidt*
Rn. 43). Richtigerweise ist Gegenstand der Werthaltigkeitsprüfung, ob die SE im
Zeitpunkt des Formwechsels über Vermögenswerte in Höhe des Kapitals ihrer
Zielrechtsform (also regelmäßig der Aktiengesellschaft) verfügt (zutreffend Mü-
KoAktG/*Schäfer* Rn. 9; NK-SE/*Schröder* Art. 66 Rn. 14), da sie die Kapitalaus-
stattung der Gesellschaft neuer Rechtsform gewährleisten soll (im Rahmen des
Art. 37 Abs. 6 kommt es dementsprechend auf die Abdeckung des Kapitals der
SE an, s. *Schwarz* Art. 37 Rn. 39). Sie tritt insoweit **an die Stelle der Grün-
dungsprüfung** nach nationalem Aktienrecht (§ 33 AktG; Spindler/Stilz/*Casper*

Rn. 7; KK-AktG/*Kiem* Rn. 26; MüKoAktG/*Schäfer* Rn. 9; LHT/*J. Schmidt* Rn. 48).

26   Wegen der Einzelheiten kann im Wesentlichen auf die Kommentierung der Parallelvorschrift in Art. 37 Abs. 6 verwiesen werden. Es besteht allerdings ein **Unterschied zu Art. 37 Abs. 6**: Art. 66 Abs. 5 verlangt lediglich die Bestätigung, dass die umzuwandelnde SE über Nettovermögenswerte in Höhe ihres Kapitals verfügt. Die Prüfung bei Umwandlung einer nationalen Aktiengesellschaft in eine SE gemäß Art. 37 Abs. 6 erstreckt sich hingegen auf die Deckung des Kapitals und der kraft Gesetzes oder Statut nicht ausschüttungsfähigen Rücklagen durch die Nettovermögenswerte. Dieser Unterschied ist dadurch zu erklären, dass der europäische Gesetzgeber die Gefahr fehlender Kapitaldeckung bei Umwandlung einer SE in eine Aktiengesellschaft offenbar für geringer hält als im umgekehrten Fall (KK-AktG/*Kiem* Rn. 21; NK-SE/*Schröder* Art. 66 Rn. 17; *Schwarz* Rn. 18).

27   Die Werthaltigkeitsprüfung bezweckt den Schutz von **Gläubigerinteressen** und steht daher nicht zur Disposition der Aktionäre (KK-AktG/*Kiem* Rn. 22).

28   f) **Beschluss der Hauptversammlung (Abs. 6).** Gemäß Abs. 6 muss die Hauptversammlung der SE dem **Umwandlungsplan zustimmen** und die **Satzung der Aktiengesellschaft genehmigen.** Vorbereitung und Durchführung der Hauptversammlung richten sich nach den für Aktiengesellschaften den Sitzstaates maßgeblichen Bestimmungen (Art. 53); eine SE mit Sitz in Deutschland muss daher die §§ 238, 239 UmwG beachten (*Schwarz* Rn. 22). Die Beschlussfassung richtet sich nach den nationalen Durchführungsbestimmungen zu Art. 7 NatVerschmRL. Der Umwandlungsbeschluss einer SE mit Sitz in Deutschland bedarf demnach gemäß Abs. 6 Satz 2 iVm § 65 UmwG einer Mehrheit von **drei Vierteln des bei der Beschlussfassung vertretenen Grundkapitals** (Art. 7 NatVerschmRL verlangt eine Mehrheit von nicht weniger als zwei Dritteln der Stimmen der vertretenen Wertpapiere oder des vertretenen gezeichneten Kapitals). Zu Recht wird empfohlen, den Beschluss der Hauptversammlung mit der Bestellung der Organe der Aktiengesellschaft und der Bestellung des Abschlussprüfers zu verbinden (Spindler/Stilz/*Casper* Rn. 8; MüKoAktG/*Schäfer* Rn. 11); zur Amtskontinuität des Aufsichtsrats → Rn. 29. Wegen der weiteren Einzelheiten kann auf die Kommentierung der Parallelvorschrift des Art. 37 Abs. 7 verwiesen werden.

29   g) **Amtskontinuität des Aufsichtsrats.** Beim Formwechsel einer dualistisch strukturierten SE mit Sitz in Deutschland in eine deutsche Aktiengesellschaft stellt sich die Frage, ob die Mitglieder des Aufsichtsorgans der SE gemäß **§ 203 UmwG** als Aufsichtsratsmitglieder der Aktiengesellschaft im Amt bleiben (so KK-AktG/*Kiem* Rn. 25; MüKoAktG/*Schäfer* Rn. 11; LHT/*J. Schmidt* Rn. 61 f.; *Veil* in Jannott/Frodermann HdB SE Kap. 10 Rn. 34). Eine Amtskontinuität würde allerdings voraussetzen, dass der Aufsichtsrat vor und nach dem Formwechsel „in gleicher Weise" zu bilden ist. Dies wird allgemein so verstanden, dass sich der Aufsichtsrat in Ausgangs- und Zielrechtsform nach den gleichen gesetzlichen Vorschriften zusammensetzt (s. nur Semler/Stengel/*Simon* UmwG § 203 Rn. 3 mwN). Das Aufsichtsorgan einer dualistischen SE mit Sitz in Deutschland setzt sich aber entweder auf der Grundlage von Art. 40 Abs. 3 S. 2, § 17 SEAG nach den Vorschriften der SE-Satzung zusammen, oder, wenn eine Arbeitnehmermitbestimmung stattfindet, nach Maßgabe der §§ 34 ff. SEBG oder einer Beteiligungsvereinbarung iSv § 21 SEBG. Die Zusammensetzung des Aufsichtsrats einer deutschen Aktiengesellschaft unterliegt hingegen §§ 95 f. AktG; bei einer mitbestimmten Aktiengesellschaft kommen die deutschen Mitbestimmungsgesetze zur Anwendung. Die gesetzlichen Vorschriften, die auf die Zusammensetzung des Aufsichtsorgans einer SE Anwendung finden, unterscheiden sich daher stets von den auf die Zusammensetzung des Aufsichtsrats einer Aktiengesellschaft anwendbaren Vorschriften, unabhängig davon, ob die Gesellschaft mitbestimmt ist. Allerdings sind die gesetzlichen Vorgaben der SE-VO und des SEAG für die Zusammensetzung des Aufsichtsorgans einer nicht mitbestimmten SE inhaltsgleich mit den Vorgaben des AktG für die Zusammensetzung des Aufsichtsrats einer nicht mitbestimmten Aktiengesellschaft. In dieser Konstellation kommt daher eine Amtskontinuität gemäß § 203 UmwG ungeachtet der Änderung der formal anwendbaren Vorschriften in Betracht. Jedenfalls, wenn die Gesellschaft vor und nach dem Formwechsel der Mitbestimmung unterliegt, gilt dies jedoch nicht (so zum umgekehrten Fall des Formwechsels in die SE auch Spindler/Stilz/*Eberspächer* Art. 40 Rn. 8; MüKoAktG/*Reichert/Brandes* Art. 40 Rn. 47; ebenso *Seibt/Reinhard* Der Konzern 2005, 407 [421] mit der Begründung, dass das SEBG nicht von einer Amtskontinuität ausgehe, sondern eine Neuverteilung der Mandate verlange; KK-AktG/*Paefgen* Art. 40 Rn. 69; aA MüKoAktG/*Schäfer* Art. 37 Rn. 31). Denn selbst wenn das Mitbestimmungsniveau gleich bleibt, unterscheiden sich doch die Vorschriften des SEBG bzw. einer auf seiner Grundlage abgeschlossenen Vereinbarung für die Zusammensetzung des Aufsichtsrats grundlegend von denen der deutschen Mitbestimmungsgesetze. Dies folgt bereits daraus, dass das Aufsichtsorgan einer SE grundsätzlich auch Arbeitnehmervertreter aus anderen Mitgliedstaaten umfasst, während zum Aufsichtsrat einer deutschen Aktiengesellschaft nach den nationalen Mitbestimmungsgesetzen nur in Deutschland beschäftigte Arbeitnehmer aktiv und passiv wahlberechtigt sind (ganz hM, s. nur UHH/*Henssler* MitbestR MitbestG § 3 Rn. 36 mwN; zur unionsrechtlichen Problematik *Hellwig/Behme* AG 2009, 261 [263 ff.]). Zumindest beim Formwechsel einer mitbestimmten SE ist eine Amtskontinuität des Aufsichtsrats daher ausgeschlossen.

h) Beachtung von Gründungsvorschriften. Es ist das wesentliche Charak- **30** teristikum des Formwechsels, dass die Gesellschaft eine neue Rechtsform annimmt, und es versteht sich von selbst, dass die Voraussetzungen des nationalen Rechts für die Entstehung einer Gesellschaft dieser Rechtsform grundsätzlich erfüllt sein müssen. Für den Formwechsel der SE in eine Aktiengesellschaft oder eine sonstige Gesellschaftsform ihres Sitzstaates ergibt sich das aus Art. 9 Abs. 1 lit. c ii) iVm den entsprechenden Vorschriften des nationalen Rechts; für den Formwechsel einer deutschen Aktiengesellschaft in eine dem deutschen Recht unterliegende Gesellschaftsform ordnet § 197 UmwG die Beachtung der für die neue Rechtsform geltenden Gründungsvorschriften ausdrücklich an. Soweit es sich bei der Zielrechtsform um eine Aktiengesellschaft des Sitzstaates der SE handelt, kann sich die Anwendung der Gründungsvorschriften auf den zur Umgehung von Missbräuchen erforderlichen Umfang beschränken (KK-AktG/*Kiem* Rn. 24; *Schwarz* Rn. 25; s. für den umgekehrten Fall des Art. 37 KK-AktG/*Paefgen* Art. 37 Rn. 96). Beim Formwechsel einer SE mit Sitz in Deutschland in eine deutsche Aktiengesellschaft sind daher insbesondere die dem Kapitalschutz dienenden **Gründungsberichte und Gründungsprüfungen** gemäß §§ 32 ff. AktG entbehrlich, da dieser bereits hinreichend durch die von Art. 66 Abs. 5 angeordnete Werthaltigkeitsprüfung gesichert ist (vgl. Spindler/Stilz/*Casper* Rn. 7; KK-AktG/*Kiem* Rn. 26; MüKoAktG/*Schäfer* Rn. 9; LHT/*J. Schmidt* Rn. 48; auch → Art. 37 Rn. 70 ff.).

i) Wirksamwerden des Formwechsels. Die Anforderungen an das Wirk- **31** samwerden des Formwechsels richten sich gemäß Art. 9 Abs. 1 lit. c ii) nach dem nationalen Recht des Sitzstaates. Beim Formwechsel in eine deutsche Aktiengesellschaft sind die §§ 198 ff. UmwG zu beachten (KK-AktG/*Kiem* Rn. 27; *Schwarz* Rn. 27). Der Formwechsel wird danach mit Eintragung der Aktiengesellschaft im zuständigen Handelsregister wirksam (§ 202 Abs. 1 UmwG;

LHT/*J. Schmidt* Rn. 71). Die Löschung der Eintragung der SE bedarf der **Ver-öffentlichung im Amtsblatt der EU** gemäß Art. 14.

32　　**j) Ergänzender Gläubiger- und Gesellschafterschutz.** Fraglich ist, inwie-weit über das in Art. 66 geregelte Verfahren des Formwechsels hinaus in Anwen-dung von Art. 9 Abs. 1 lit. c ii) Schutzvorschriften des nationalen Umwandlungs-rechts zugunsten von Gläubigern und Minderheitsgesellschaftern zur Anwendung gelangen können. Aus deutscher Sicht betrifft die Frage insbesondere die §§ 204, 22 UmwG (Gläubigerschutz durch **Sicherheitsleistung**) und § 207 UmwG **(Austrittsrecht gegen Barabfindung).** Deren Anwendbarkeit wird mit Blick auf den Formwechsel der SE in eine dem nationalen Recht ihres Sitzstaates unterliegende Aktiengesellschaft wegen der weitreichenden Ähnlichkeit von SE und nationaler Aktiengesellschaft überzeugend verneint (MüKoAktG/*Schäfer* Rn. 13; *Veil* in Jannott/Frodermann HdB SE Kap. 10 Rn. 43; s. zu der parallelen Frage bei Art. 37 ferner Spindler/Stilz/*Casper* Art. 37 Rn. 20; *Schwarz* Art. 37 Rn. 66). Wandelt sich die SE dagegen in eine andere Rechtsform als die einer Aktiengesellschaft ihres Sitzstaates um, besteht ein Bedürfnis nach einem über Art. 66 hinausgehenden Schutz von Gläubigern und Gesellschaftern; die Anwen-dung der §§ 204, 207 UmwG erscheint dann angemessen.

33　　**5. Wirkungen des Formwechsels (Abs. 2).** Der Formwechsel gemäß Art. 66 ist **identitätswahrend;** der Rechtsträger bleibt also bestehen und wech-selt lediglich sein „Rechtskleid" (Lutter/*Decher* UmwG Vor § 190 Rn. 2; kritisch zu dieser Metapher *Reinhardt* FS Bartholomeyczik, 1973, 307 [309]). Insoweit ähnelt der Formwechsel der SE dem Formwechsel des deutschen Umwandlungs-rechts (§ 202 Abs. 1 Nr. 1 UmwG; KK-AktG/*Kiem* Rn. 6; MüKoAktG/*Schäfer* Art. 8 Rn. 2).

V. Die SE als Beteiligte an sonstigen Umwandlungsvorgängen (Verschmelzung/Spaltung)

34　　Die in → Rn. 7 erörterte Frage, inwieweit Art. 66 eine abschließende Regel-ung enthält, stellt sich nicht nur im Hinblick auf andere Konstellationen des Formwechsels als dem in Art. 66 unmittelbar angesprochenen Formwechsel in eine dem nationalen Recht ihres Sitzstaates unterliegende Aktiengesellschaft. Sie stellt sich auch im Hinblick auf anderen Arten der Umwandlung einer SE, insbesondere die Verschmelzung und die Spaltung.

35　　Im Folgenden wird die Verschmelzungs- und Spaltungsfähigkeit einer beste-henden SE behandelt. Die **Gründung** einer SE durch Verschmelzung ist als eine der zulässigen Gründungsvarianten in Art. 2 Abs. 1 iVm Art. 17 ff. abschließend geregelt; die nationalen Vorschriften über die Verschmelzung von Aktiengesell-schaften finden gemäß Art. 18 nur ergänzende Anwendung (Semler/Stengel/*Drinhausen* UmwG Einl. C Rn. 25; *Marsch-Barner* FS Happ, 2006, 165 [168 f.]; *Oplustil/Schneider* NZG 2003, 13 [16]; *Schwarz* Art. 3 Rn. 35). Die Gründung einer SE mit Sitz in Deutschland durch Verschmelzung nach den Vorschriften des UmwG ist demnach nicht möglich. Ebenfalls nicht möglich ist die erstmalige Entstehung der SE im Wege der Spaltung nationaler Gesellschaften oder einer bestehenden SE (zur rechtspolitischen Kritik *Marsch-Barner* FS Happ, 2006, 165 [169]; *Scheifele* Gründung der SE S. 11 f.). Einzige Ausnahme ist die Gründung einer Tochter-SE im Wege der Ausgliederung durch eine bereits bestehende SE (Art. 3 Abs. 2) gemäß Art. 9 Abs. 1 lit. c ii) iVm § 123 Abs. 3 Nr. 2 UmwG (LHT/*Bayer* Art. 3 Rn. 12; Spindler/Stilz/*Casper* Art. 2, 3 Rn. 18; Widmann/ Mayer/*Heckschen* UmwG Anh. 14 Rn. 403 f.; *Kossmann/Heinrich* ZIP 2007, 164 [168]; *Marsch-Barner* FS Happ, 2006, 165 [169 ff.]; MüKoAktG/*Oechsler* Art. 3

Rn. 6; *Oplustil/Schneider* NZG 2003, 13 [17]; *Scheifele* Gründung der SE S. 442 f.; *Schwarz* Art. 3 Rn. 29 f.; aA *Hirte* NZG 2002, 1 [4]).

1. Primärrechtlicher Rahmen. Nach der Rechtsprechung des EuGH zur **36** Niederlassungsfreiheit von Gesellschaften sind auch grenzüberschreitende Verschmelzungen und Spaltungen durch die Art. 49, 54 AEUV geschützt. Für die Beteiligung einer **ausländischen SE** an einer grenzüberschreitenden Verschmelzung ("Herein-Verschmelzung") oder Spaltung gilt, dass diese gegenüber einer inländischen SE nicht diskriminiert werden darf. Eine inländische SE ist nach dem Rechtsgedanken des Art. 10 einer deutschen Aktiengesellschaft gleichzustellen, so dass die Verschmelzungs- und Spaltungsfähigkeit der ausländischen SE im Ergebnis derjenigen einer inländischen Aktiengesellschaft entspricht. Für die grenzüberschreitende Hinaus-Verschmelzung und die Hinaus-Spaltung gilt nach dem obiter dictum des EuGH in **Cartesio** (EuGH NJW 2009, 569 Rn. 111 ff. = BB 2009, 11 mAnm *Behme/Nohlen;* s. dazu Semler/Stengel/*Drinhausen* UmwG Einl. C Rn. 29), dass der Sitzstaat der SE den jeweiligen Vorgang akzeptieren muss, soweit er nach dem Recht des Aufnahmestaates zulässig ist.

Keine Vorgaben sind der Niederlassungsfreiheit dagegen für die Beteiligung **37** einer bestehenden SE an einer Verschmelzung oder Spaltung zu entnehmen, deren Rechtswirkungen auf den **Sitzstaat der SE** beschränkt sind. Hier fehlt das für die Anwendbarkeit der Niederlassungsfreiheit erforderliche grenzüberschreitende Element; es handelt sich um einen rein innerstaatlichen Vorgang.

2. Schlussfolgerungen für die Auslegung und Anwendung von Art. 66. 38 a) Grenzüberschreitende Verschmelzungen und Spaltungen. Aus dem Schutz grenzüberschreitender Verschmelzungen und Spaltungen durch die Niederlassungsfreiheit folgt, dass eine Auslegung des Art. 66, wonach dieser eine abschließende Regelung enthält und deshalb der grenzüberschreitenden Verschmelzung und Spaltung einer bestehenden SE entgegensteht, eine **Beschränkung der Niederlassungsfreiheit** darstellen würde. Anhaltspunkte für die unionsrechtliche Rechtfertigung eines solchen per se-Verbots der Beteiligung von SE an grenzüberschreitenden Verschmelzungen und Spaltungen sind nicht ersichtlich (zur Beteiligungsfähigkeit der SE an grenzüberschreitenden Verschmelzungen nach den §§ 122a ff. UmwG s. auch BT-Drs. 16/2919, 14 [zu § 122b Abs. 1 UmwG] sowie → § 122b Rn. 7; ferner Semler/Stengel/*Drinhausen* UmwG § 122b Rn. 5). Dies gilt umso mehr, als zumindest für die grenzüberschreitende Verschmelzung von Kapitalgesellschaften (und damit auch von SE, Art. 10) auf der Ebene des Sekundärrechts ein rechtlicher Rahmen besteht (IntVerschmRL, in Deutschland umgesetzt in den §§ 122a ff. UmwG und dem MgVG), der einen umfassenden Schutz von Gesellschaftern, Gläubigern und Arbeitnehmern gewährleistet. Der Begriff der "Umwandlung" in Art. 66 ist insoweit primärrechtskonform dahingehend auszulegen (zur Auslegung des Wortlautes s. *Kossmann/Heinrich* ZIP 2007, 164 [165]), dass er der Beteiligung der SE an anderen Umwandlungsvorgängen als dem Formwechsel jedenfalls nicht entgegensteht.

b) Innerstaatliche Verschmelzungen und Spaltungen. Damit stellt sich **39** noch die von der Niederlassungsfreiheit nicht berührte Frage, ob Art. 66 der Beteiligung der SE an rein innerstaatlichen Verschmelzungen oder Spaltungen entgegensteht. Dies käme jedenfalls insoweit in Betracht, wie die SE im Rahmen einer Verschmelzung (durch Neugründung oder durch Aufnahme) oder einer Aufspaltung als übertragender Rechtsträger untergeht. Derartige Vorgänge sind insoweit als unzulässig anzusehen, wie sie der Sperrfrist des Abs. 1 Satz 2 zuwider laufen. Ist vor Durchführung der Umwandlungsmaßnahme der Sperrfrist Genüge getan, steht der Beteiligung der SE an solchen Vorgängen hingegen nichts entgegen (→ Rn. 42). Fungiert die SE bei einer Verschmelzung durch Aufnahme als **aufnehmender Rechtsträger** und besteht danach in der Rechtsform der SE mit einer erweiterten Vermögensmasse, aber ansonsten unverändert fort, kann dem Art. 66 nicht entgegenstehen (zutreffend *Kossmann/Heinrich* ZIP 2007, 164 [165]; *Marsch-Barner* FS Happ, 2006, 165 [173]). Gleiches gilt bei einer Abspaltung oder Ausgliederung bestimmter Vermögensteile, die am rechtlichen Bestand der Gesellschaft in der Rechtsform der SE ebenfalls nichts ändern.

40   Nach richtiger Auffassung entfaltet Art. 66 auch **keine Sperrwirkung** gegenüber anderen Umwandlungsvorgängen als dem Formwechsel, die zur Folge haben, dass die SE als **übertragender Rechtsträger erlischt** (Semler/Stengel/ *Drinhausen* UmwG Einl. C Rn. 57 ff.; KK-AktG/*Kiem* Rn. 11; *Kossmann/Heinrich* ZIP 2007, 164 [165 ff.]; *Marsch-Barner* FS Happ, 2006, 165 [173 ff.]; *Oplustil/ Schneider* NZG 2003, 13 [16 f.]; *Schwarz* Rn. 29; LHT/*J. Schmidt* Rn. 8; aA *Kalss/Zollner* RdW 2004, 587 [589]; MüKoAktG/*Schäfer* Rn. 1; *Veil* in Jannott/ Frodermann HdB SE Kap. 10 Rn. 19; *Vossius* ZIP 2005, 741 [746]), und zwar unabhängig von der Rechtsform des aufnehmenden Rechtsträgers (*Marsch-Barner* FS Happ, 2006, 165 [174, 176]). Dies ergibt sich aus folgenden Erwägungen: Zum einen könnte eine Beschränkung der Rückumwandlung auf den Formwechsel auf einfache Weise umgangen werden, indem zunächst ein Formwechsel nach Maßgabe von Art. 66 und sodann die angestrebte Verschmelzung oder Spaltung durchgeführt wird (*Marsch-Barner* FS Happ, 2006, 165 [173]; zur parallelen Argumentation beim Formwechsel in andere Rechtsformen als die der Aktiengesellschaft → Rn. 7 mwN). Dem damit verbundenen Zeit- und Kostenaufwand steht kein erkennbarer Schutzzweck gegenüber. Den bei der innerstaatlichen Verschmelzung und Spaltung von Aktiengesellschaften (und damit auch von SE, Art. 10) bestehenden Schutzinteressen tragen die NatVerschmRL und die SpaltungsRL hinreichend Rechnung (ebenso *Kossmann/Heinrich* ZIP 2007, 164 [165]; *Oplustil/Schneider* NZG 2003, 13 [16]). Zudem bestünde ein erheblicher Wertungswiderspruch, wenn einer SE die Umwandlungsmöglichkeiten der Verschmelzung und Spaltung aufgrund des Schutzes durch die Niederlassungsfreiheit nur im grenzüberschreitenden Kontext uneingeschränkt zur Verfügung stünden, im innerstaatlichen Kontext dagegen nicht.

41   Aus der Gleichstellung der SE mit einer dem nationalen Recht ihres Sitzstaates unterliegenden Aktiengesellschaft (Art. 9 Abs. 1 lit. c ii) und Art. 10) und dem Fehlen von Vorschriften zur Verschmelzung oder Spaltung einer bestehenden SE in der SE-VO ergibt sich, dass die Verschmelzung und Spaltung **den für die nationale Aktiengesellschaft geltenden Regeln folgt** (*Marsch-Barner* FS Happ, 2006, 165 [173]; *Oplustil/Schneider* NZG 2003, 13 [16]). Die Verschmelzung einer Aktiengesellschaft auf eine SE und vice versa ist zu behandeln wie die Verschmelzung zweier Aktiengesellschaften. Daher muss die übertragende Gesellschaft dissentierenden Aktionären grundsätzlich auch kein Abfindungsangebot nach § 29 UmwG unterbreiten (s. *Marsch-Barner* FS Happ, 2006, 165 [174 f.]), es sei denn, die übertragende SE ist börsennotiert und die übernehmende Aktiengesellschaft nicht (§ 29 Abs. 1 S. 1 UmwG).

42   Eine **analoge Anwendung des in Art. 66 Abs. 3–6 vorgesehenen Umwandlungsverfahrens** ist im Fall der Verschmelzung nicht möglich, da es allein auf Fälle des Formwechsels zugeschnitten ist. Nach überwiegender Auffassung ist auf die Verschmelzung und Spaltung der SE allerdings die **Sperrfrist** nach Art. 66 Abs. 1 S. 2 entsprechend anzuwenden (Semler/Stengel/*Drinhausen* UmwG Einl. C Rn. 57; *Marsch-Barner* FS Happ, 2006, 165 [174]; *Oplustil/ Schneider* NZG 2003, 13 [16]; aA KK-AktG/*Kiem* Rn. 12; *Kossmann/Heinrich* ZIP 2007, 164 [167]). Jedenfalls sei eine vorsorgliche Beachtung der Sperrfrist zu empfehlen (*Marsch-Barner* FS Happ, 2006, 165 [174]). Der Schutzzweck der Sperrfrist (→ Rn. 39) trägt diese Auffassung allerdings wie oben bereits ausgeführt

nur dann, wenn die SE an einer Verschmelzung oder Spaltung als übertragender Rechtsträger ist. Nur dann ist zugleich im grenzüberschreitenden Kontext die mit der entsprechenden Anwendung der Sperrfrist verbundene Beschränkung der Niederlassungsfreiheit unionsrechtlich gerechtfertigt. Für eine deutsche Aktiengesellschaft ergibt sich die Geltung einer Sperrfrist aber bereits aus den Vorschriften des nationalen Umwandlungsrechts (§§ 76, 141 UmwG). Eine Ausnahme gilt nach § 141 UmwG für die Ausgliederung zur Neugründung. Diese Vorschriften sind strenger als Art. 66 Abs. 1 S. 2, da sie allein auf die zweijährige Eintragung der Aktiengesellschaft im Register abstellen, während nach Art. 66 Abs. 1 S. 2 die Genehmigung der ersten beiden Jahresabschlüsse genügt. Dies kann zur einer kürzeren Sperrfrist führen; → Rn. 17 f. Da die §§ 76, 141 UmwG über Art. 9 Abs. 1 lit. c ii) direkt anwendbar sind, besteht für eine analoge Anwendung von Art. 66 Abs. 1 S. 2 kein Raum (*Kossmann/Heinrich* ZIP 2007, 164 [167]; im Ergebnis ebenso *Oplustil/Schneider* NZG 2003, 13 [16]). Ist die SE hingegen an einer Verschmelzung durch Aufnahme als übernehmender Rechtsträger beteiligt, fehlt es an einer für die entsprechende Anwendung des Art. 66 Abs. 1 S. 2 vergleichbaren Interessenlage (aA *Marsch-Barner* FS Happ, 2006, 165 [174], demzufolge die Sperrfrist nach Art. 66 Abs. 1 S. 2 auch für die aufnehmende SE gelten soll). Auch das deutsche Umwandlungsrecht sieht für diesen Fall keine Sperrfrist vor.

Zu beachten ist, dass Verschmelzungen und Spaltungen der SE eine strukturelle **43** Änderung iSv **§ 18 Abs. 3 SEBG** darstellen können mit der Folge, dass eine Pflicht zur Wiederaufnahme der Verhandlungen über die Arbeitnehmerbeteiligung besteht. Dies gilt allerdings nur, wenn die SE nach der Verschmelzung oder Spaltung noch als SE fortbesteht oder übernehmender Rechtsträger ebenfalls eine SE ist. Wenn die SE hingegen untergeht und übernehmender Rechtsträger eine Gesellschaft nationaler Rechtsform ist, bleibt kein Raum für Neuverhandlungen über die Arbeitnehmerbeteiligung auf Basis des SEBG oder einer auf seiner Grundlage geschlossenen Beteiligungsvereinbarung. Denn die Arbeitnehmerbeteiligung in der übernehmenden Gesellschaft unterliegt dann nicht dem SEBG, sondern wieder den für sie maßgeblichen nationalen Vorschriften über die Arbeitnehmermitbestimmung und ggf. dem Gesetz über Europäische Betriebsräte.

Titel VI. Ergänzungs- und Übergangsbestimmungen

[Kapitalziffer und Jahresabschluss in Mitgliedstaaten, in denen die dritte Stufe der Wirtschafts- und Währungsunion nicht gilt]

67 (1) [1]Jeder Mitgliedstaat kann, sofern und solange für ihn die dritte Stufe der Wirtschafts- und Währungsunion (WWU) nicht gilt, auf die SE mit Sitz in seinem Hoheitsgebiet in der Frage, auf welche Währung ihr Kapital zu lauten hat, dieselben Bestimmungen anwenden wie auf die Aktiengesellschaften, für die seine Rechtsvorschriften gelten. [2]Die SE kann ihr Kapital auf jeden Fall auch in Euro ausdrücken. [3]In diesem Fall wird für die Umrechnung zwischen Landeswährung und Euro der Satz zugrunde gelegt, der am letzten Tag des Monats vor der Gründung der SE galt.

(2) [1]Sofern und solange für den Sitzstaat der SE die dritte Stufe der WWU nicht gilt, kann die SE jedoch die Jahresabschlüsse und gegebenenfalls die konsolidierten Abschlüsse in Euro erstellen und offenlegen. [2]Der Mitgliedstaat kann verlangen, dass die Jahresabschlüsse und gegebenenfalls die konsolidierten Abschlüsse nach denselben Bedingungen, wie sie für die dem Recht dieses Mitgliedstaats unterliegenden Aktiengesellschaften vorgesehen sind, in der Landeswährung erstellt und offen gelegt werden. [3]Dies gilt unbeschadet der der SE zusätzlich eingeräumten Möglichkeit, ihre Jahresabschlüsse und gegebenenfalls ihre konsolidierten Abschlüsse entsprechend der Richtlinie 90/604/EWG [Amtl. Anm.: Richtlinie 90/604/EWG des Rates vom 8. November 1990 zur Änderung der Richtlinie 78/660/EWG über den Jahresabschluss und der Richtlinie 83/349/EWG über den konsolidierten Abschluss hinsichtlich der Ausnahme für kleine und mittlere Gesellschaften sowie der Offenlegung von Abschlüssen in Ecu (ABl. L 317 vom 16.11.1990, S. 57)] in Euro offen zu legen.

I. Inhalt und Zweck der Vorschrift

1   Die Vorschrift betrifft Gesellschaften mit Sitz in Mitgliedstaaten, in denen die dritte Stufe der Wirtschafts- und Währungsunion (WWU) nicht gilt, und bezweckt, diese Mitgliedstaaten nicht faktisch zur Einführung des Euro zu zwingen (MüKoAktG/*Oechsler* Rn. 1; Spindler/Stilz/*Casper* Rn. 1). Sie ist für die in Deutschland ansässigen Gesellschaften ohne Bedeutung, sieht man von den Fällen der Sitzverlegung und der Teilnahme einer SE an einer Verschmelzungsgründung ab (→ Rn. 3).

II. Kapital der SE (Abs. 1)

2   Nach Abs. 1 S. 1 kann ein Mitgliedstaat außerhalb der Eurozone einer SE mit Sitz in seinem Hoheitsgebiet vorschreiben, die Kapitalziffer abweichend von Art. 4 Abs. 1 in der **Landeswährung** auszuweisen. Macht ein Mitgliedstaat von dieser Option Gebrauch, so bleibt es der Gesellschaft nach Abs. 1 S. 2 unbenommen, ihr Kapital „auch" – und damit zusätzlich (MüKoAktG/*Oechsler* Rn. 1;

Spindler/Stilz/*Casper* Rn. 2) – in Euro auszuweisen. Der Zusatzangabe nach Abs. 1 S. 2 kommt freilich nur deklaratorische Bedeutung zu; aus gesellschafts- und bilanzrechtlicher Sicht maßgebend ist allein die vom Sitzstaat nach Abs. 1 S. 1 verlangte Angabe (KK-AktG/*Kiem* Rn. 9; MüKoAktG/*Oechsler* Rn. 1; Spindler/Stilz/*Casper* Rn. 2).

Machen der Sitzstaat von der Option des Abs. 1 S. 1 und die Gesellschaft von **3** der Option des Abs. 1 S. 2 Gebrauch, so ist nach Abs. 1 S. 3 der **Umrechnungs- kurs** des letzten Tages des Monats vor Gründung der SE maßgebend. Da den Gründern der Zeitpunkt der Eintragung regelmäßig nicht bekannt ist, sie aber dennoch den Umrechnungsbetrag in Satzung und Anmeldeunterlagen aufzuneh- men haben, ist für die Umrechnung nach Abs. 1 S. 3 nicht auf die Eintragung, sondern auf die **Errichtung** der Gesellschaft abzustellen (KK-AktG/*Kiem* Rn. 7; Spindler/Stilz/*Casper* Rn. 3). Maßgebend ist mithin der von der EZB für den letzten Tag des Monats vor Abschluss des Gründungsgeschäfts festgestellte und veröffentlichte Wechselkurs (KK-AktG/*Kiem* Rn. 8). Die einmal erfolgte Um- rechnung gilt für die gesamte Dauer der SE (LHT/*Langhein* Rn. 2). Auf die **Verlegung des Sitzes** von einem Eurostaat in einen Staat außerhalb der Eurozo- ne findet Abs. 1 S. 3 mit der Maßgabe entsprechende Anwendung, dass auf den Kurs am letzten Tag des Monats vor Vornahme des Sitzverlegungsbeschlusses abzustellen ist (Spindler/Stilz/*Casper* Rn. 3; im Grundsatz auch MüKoAktG/ *Oechsler* Rn. 2, der freilich auf die Eintragung abstellt; aA KK-AktG/*Kiem* Rn. 12 ff.). Entsprechendes gilt, wenn die SE gemäß Art. 3 Abs. 1 an der **Ver- schmelzungsgründung** einer weiteren SE mit Sitz außerhalb der Eurozone teilnimmt; abzustellen ist dann auf den Kurs am letzten Tag des Monats vor Vornahme des letzten Verschmelzungsbeschlusses (MüKoAktG/*Oechsler* Rn. 3; Spindler/Stilz/*Casper* Rn. 3).

III. Rechnungslegung (Abs. 2)

Nach Abs. 2 S. 1 kann eine SE mit Sitz außerhalb der Eurozone ihre Jahres- **4** und Konzernabschlüsse in Euro und damit **abweichend von Art. 61** nicht in der Landeswährung erstellen und offenlegen. Abs. 2 S. 2 gewährt allerdings dem Sitzstaat die Befugnis, das Wahlrecht der SE aus Abs. 2 S. 1 abzubedingen und an dem Grundsatz des Art. 61 festzuhalten. Macht der Sitzstaat von dieser Befugnis Gebrauch, so verbleibt der SE nach Abs. 2 S. 3 die Befugnis, ihre Abschlüsse **zusätzlich** in Euro offenzulegen. Gesellschafts- und bilanzrechtlich ist dann allerdings allein der in Landeswährung erstellte Abschluss maßgebend (MüKo- AktG/*Oechsler* Rn. 1; Spindler/Stilz/*Casper* Rn. 4). Für die Umrechnung ist nach Abs. 2 S. 3 iVm Art. 8, 9 RL 90/604/EWG (die in der RL 2013/34/EU v. 26.6.2013, ABl. L 182 S. 19, aufgegangen ist und auf die sich nun nach ihrem Art. 52 der Verweis in Abs. 2 S. 3 erstreckt) der am Bilanzstichtag gültige Kurs heranzuziehen (KK-AktG/*Kiem* Rn. 17; NK-SE/*Mayer* Rn. 11).

Titel VII. Schlussbestimmungen

[Nationale Umsetzung]

68 (1) **Die Mitgliedstaaten treffen alle geeigneten Vorkehrungen, um das Wirksamwerden dieser Verordnung zu gewährleisten.**

(2) [1]**Jeder Mitgliedstaat benennt die zuständigen Behörden im Sinne der Artikel 8, 25, 26, 54, 55 und 64.** [2]**Er setzt die Kommission und die anderen Mitgliedstaaten davon in Kenntnis.**

I. Geeignete Vorkehrungen (Abs. 1)

1   Abs. 1 richtet sich – ebenso wie Abs. 2 – an die Mitgliedstaaten und ruft den (vormals in Art. 10 EG ausdrücklich geregelten) allgemeinen Effektivitätsgrundsatz in Erinnerung, dem zufolge für die **praktische Wirksamkeit** der SE-VO zu sorgen ist (KK-AktG/*Kiem* Rn. 5 f.; MüKoAktG/*Oechsler* Rn. 1; Spindler/Stilz/ *Casper* Rn. 1; LHT/*Langhein* Rn. 1, 3). Die mitgliedstaatliche Pflicht erschöpft sich nicht in der Verabschiedung des Ausführungsgesetzes; sie umfasst vielmehr auch Auslegung und Anwendung der SE-VO durch sämtliche staatliche Instanzen, die mit SE-Fragen befasst sind, allen voran die Gerichte (KK-AktG/*Kiem* Rn. 5 f.; MüKoAktG/*Oechsler* Rn. 1; *Brandt* NZG 2002, 991). Eine Ermächtigung des nationalen Gesetzgebers zum Erlass ergänzender Bestimmungen lässt sich aus Abs. 1 freilich nicht herleiten (*Schwarz* Rn. 9; KK-AktG/*Kiem* Rn. 11; aA *Brandt* NZG 2002, 991; *Neye/Teichmann* AG 2003, 169). Der deutsche Gesetzgeber hat zwar mit dem SEAG – wenn auch erst knapp drei Monate nach dem in Art. 70 geregelten Inkrafttreten der SE-VO – ein im Grundsatz geeignetes Ausführungsgesetz geschaffen (zu möglichen Defiziten einzelner Vorschriften s. die jeweilige Einzelkommentierung, ferner MüKoAktG/*Oechsler* Rn. 2 f.). Zur Einführung der steuerlichen Begleitmaßnahmen ist es indes erst Anfang 2007 gekommen (Gesetz über steuerliche Begleitmaßnahmen zur Einführung der Europäischen Aktiengesellschaft – SEStEG – vom 7.12.2006, BGBl. I S. 2782; näher → SteuerR der SE Rn. 38 ff.).

II. Benennung der zuständigen Behörden (Abs. 2)

2   Dem an die Mitgliedstaaten gerichteten Auftrag aus Abs. 2 zur Benennung der zuständigen Behörden iSd Art. 8, 25, 26, 54, 55 und 64 ist der deutsche Gesetzgeber in **§ 4 SEAG** (abgedruckt bei Art. 12) nachgekommen. Auch bei Gericht und Notar handelt es sich um eine „Behörde" iSd Abs. 2 S. 1; Art. 8 Abs. 8, 25 Abs. 2 und 26 Abs. 1 haben deshalb die dort vorgesehenen Zuständigkeiten keinesfalls zwingend vorgegeben (zutreffend KK-AktG/*Kiem* Rn. 12; aA LHT/*Langhein* Rn. 9). Durch den Verweis in § 4 SEAG auf §§ 375 Nr. 4, 376, 377 FamFG wird das registergerichtliche Verfahren eröffnet und zugleich die örtliche Zuständigkeit geregelt (näher KK-AktG/*Kiem* Rn. 13 f.). Der Verweis in Art. 68 Abs. 2 auf Art. 54 Abs. 2, 55 Abs. 3 S. 1 läuft allerdings insoweit ins Leere, als nach § 122 Abs. 3 AktG nur die registergerichtliche Befugnis zur Ermächtigung der Aktionäre zur Einberufung, nicht dagegen ein unmittelbares Einberufungsrecht besteht (Begr. RegE, BT-Drs. 15/3405, 31; MüKoAktG/*Oechsler* Rn. 4; Spindler/Stilz/*Casper* Rn. 2; zur Frage der Unionsrechtskonformität aber → Art. 55 Rn. 26 f. mwN). Die **Mitteilungspflicht** nach Abs. 2 S. 2 soll die Zusammenarbeit zwischen den

jeweiligen Behörden erleichtern (*Schwarz* Rn. 15; LHT/*Langhein* Rn. 11; näher KK-AktG/*Kiem* Rn. 15 ff.).

[Überprüfung der Verordnung]

69 [1] Spätestens fünf Jahre nach Inkrafttreten dieser Verordnung legt die Kommission dem Rat und dem Europäischen Parlament einen Bericht über die Anwendung der Verordnung sowie gegebenenfalls Vorschläge für Änderungen vor. [2] In dem Bericht wird insbesondere geprüft, ob es zweckmäßig ist,

a) zuzulassen, dass sich die Hauptverwaltung und der Sitz der SE in verschiedenen Mitgliedstaaten befinden,

b) den Begriff der Verschmelzung in Artikel 17 Absatz 2 auszuweiten, um auch andere als die in Artikel 3 Absatz 1 und Artikel 4 Absatz 1 der Richtlinie 78/855/EWG definierten Formen der Verschmelzung zuzulassen,

c) die Gerichtsstandsklausel des Artikels 8 Absatz 16 im Lichte von Bestimmungen, die in das Brüsseler Übereinkommen von 1968 oder in einen Rechtsakt der Mitgliedstaaten oder des Rates zur Ersetzung dieses Übereinkommens aufgenommen wurden, zu überprüfen,

d) vorzusehen, dass ein Mitgliedstaat in den Rechtsvorschriften, die er in Ausübung der durch diese Verordnung übertragenen Befugnisse oder zur Sicherstellung der tatsächlichen Anwendung dieser Verordnung auf eine SE erlässt, Bestimmungen in der Satzung der SE zulassen kann, die von diesen Rechtsvorschriften abweichen oder diese ergänzen, auch wenn derartige Bestimmungen in der Satzung einer Aktiengesellschaft mit Sitz in dem betreffenden Mitgliedstaat nicht zulässig wären.

Übersicht

	Rn.
I. Regelungsgegenstand und Normzweck	1
II. Entstehungsgeschichte	3
III. Anwendung der SE-VO (Satz 1)	4
IV. Zweckmäßigkeit einzelner Regelungsgegenstände (Satz 2)	5
1. Koppelung von Satzungssitz und Hauptverwaltung	6
2. Ausweitung des Begriffs der Verschmelzung	10
3. Überprüfung der Gerichtsstandsklausel des Art. 8 Abs. 16	13
4. Ausweitung der Satzungsautonomie	16
V. Überblick: Reformbedarf jenseits des Art. 69	18

I. Regelungsgegenstand und Normzweck

Satz 1 verpflichtet die Kommission, spätestens **fünf Jahre nach dem Inkraft-** 1 **treten** der SE-VO dem Rat und dem Europäischen Parlament einen Evaluierungsbericht über die Anwendung der SE-VO und ggf. **Reformvorschläge** vorzulegen, deren Bezugspunkte in Satz 2 näher präzisiert werden. Die Vorschrift bezweckt zweierlei: Zum einen soll sie eine kontinuierliche Weiterentwicklung des europäischen Gesellschaftsrechts im Allgemeinen und der SE-VO im Besonderen gewährleisten. Zum anderen soll die rechtspolitische Fortentwicklung der SE-VO den Erfahrungen der Praxis mit der Rechtsform der SE Rechnung tragen (vgl. KK-AktG/*Kiem* Rn. 2).

2   Die Kommission hat den geforderten **Evaluierungsbericht** mit einem guten
Jahr Verspätung am 17.11.2010 vorgelegt (Bericht der Kommission an das Euro-
päische Parlament und den Rat über die Anwendung der Verordnung (EG)
Nr. 2157/2001 des Rates vom 8.10.2001 über das Statut der Europäischen
Gesellschaft (SE), KOM(2010) 676 endg.; ausführlich *Kiem* CFL 2011, 134).

II. Entstehungsgeschichte

3   Art. 69 hat in den frühen Entwürfen zur SE-VO **keine Vorläufer;** eine
entsprechende Vorschrift findet sich erstmals in Art. 67a SE-RatsE 1998 (*Schwarz*
Rn. 2). Eine vergleichbare Regelung enthält Art. 79 SCE-VO.

III. Anwendung der SE-VO (Satz 1)

4   Art. 69 Satz 1 definiert als allgemeinen Gegenstand des verlangten Evaluierungsberichts die Anwendung der SE-VO. Der Bericht gibt dazu einen kurzen
Überblick über die Anzahl der in den EU-/EWR-Mitgliedstaaten registrierten
SE (595 SE am 25.6.2010), benennt wesentliche **Anreize und Hinderungs-
gründe** für die Errichtung einer SE und gibt Erklärungen für die bisherige
Streuung der SE. Dabei greift der Evaluierungsbericht zum einen die Erkenntnisse einer von Ernst&Young im Auftrag der Kommission erstellten Studie auf
und rekurriert zum anderen auf die Ergebnisse einer öffentlichen Konsultation.

IV. Zweckmäßigkeit einzelner Regelungsgegenstände (Satz 2)

5   Art. 69 Satz 2 **benennt einige Themen,** zu denen der Evaluierungsbericht
der Kommission zwingend Stellung nehmen muss und auf die der Bericht –
gemessen an seinem Gesamtumfang von elf Seiten – in eher knapper Form
eingeht.

6   **1. Koppelung von Satzungssitz und Hauptverwaltung.** Art. 69 Satz 2 lit.
a betrifft die Frage der **Aufhebung des Koppelungsgebots** gemäß Art. 7,
wonach sich der „Sitz" der SE (gemeint ist der Satzungssitz, → Art. 7 Rn. 1;
Schwarz Art. 7 Rn. 4; LHT/*Ringe* Art. 7 Rn. 6) in demselben Mitgliedstaat
befinden muss wie ihre Hauptverwaltung. Diese Regelung hat zur Folge, dass de
lege lata weder eine isolierte Verlegung der Hauptverwaltung in einen anderen
Mitgliedstaat noch eine Verlegung des Satzungssitzes nach Art. 8 ohne gleichzeitige Verlegung der Hauptverwaltung möglich ist. Die grenzüberschreitende
Mobilität der SE wird durch dieses Verbot der Sitzaufspaltung erheblich und in
nicht europarechtskonformer Weise eingeschränkt (*Drinhausen/Nohlen* FS Spiegelberger, 2009, 645 [649]).

7   Es ist sehr zweifelhaft, ob Art. 7 mit der **Niederlassungsfreiheit** gemäß
Art. 49, 54 AEUV vereinbar ist. Eine SE kann sich nach der Wertung des Art. 10
auf die Niederlassungsfreiheit ebenso berufen wie eine nach dem nationalen
Recht ihres Sitzstaates gegründete Aktiengesellschaft (*Drinhausen/Nohlen* FS Spiegelberger, 2009, 645 [647]; *de Diego* EWS 2005, 446 [448 f.]; *Ringe* Die Sitzverlegung der Europäischen Aktiengesellschaft, 2006, S. 49 ff.; aA *Ulmer* NJW
2004, 1201 [1203, 1210]). In der Sache – also unabhängig von der Bezugnahme
auf bisherige EuGH-Entscheidungen – erscheint es auch nach der Cartesio-Entscheidung des EuGH (NJW 2009, 569 = BB 2009, 11 mAnm *Behme/Nohlen;* s.
dazu Semler/*Stengel*/*Drinhausen* UmwG Einl. C Rn. 12) aus *effet-utile*-Gesichts-
punkten überzeugend, dass Wegzugsbeschränkungen mit der Niederlassungsfreiheit nur dann vereinbar sind, wenn sie unionsrechtlich gerechtfertigt sind. Die
von Art. 7 ausgehende Beschränkung der Niederlassungsfreiheit ist nicht aus
Gründen des Schutzes von Gläubigern und Minderheitsgesellschaftern gerecht-

fertigt, da ein Totalverbot der isolierten Verlegung der Hauptverwaltung zum Schutz dieser Personengruppen nicht erforderlich ist. Auch bietet die durch Art. 8 eröffnete Möglichkeit der Satzungssitzverlegung insoweit keinen tauglichen Ersatz (ausführlich zum Ganzen *Drinhausen/Nohlen* FS Spiegelberger, 2009, 645 [650 ff.]; aA vor dem Hintergrund der Cartesio-Entscheidung *Casper/Weller* NZG 2009, 681 [683]).

Unabhängig von der rechtlichen Betrachtung ist eine **Aufhebung des Kop-** **8** **pelungsgebots** jedenfalls **rechtspolitisch zu befürworten,** da für eine SE ebenso wie für eine nationale AG ein praktisches Bedürfnis besteht, die Hauptverwaltung innerhalb der EU verlegen zu können, ohne dass dies mit der Verlegung des Satzungssitzes – einem gerade für börsennotierte SE aufwändigen Verfahren – einhergehen muss. Dieses praktische Bedürfnis zeigen auch die Stellungnahmen in der von der Kommission im Vorfeld ihres Evaluierungsberichts durchgeführten Konsultation. Zudem besteht ein Wertungswiderspruch, wenn zumindest nach dem Recht einiger Mitgliedstaaten einer nationalen AG die isolierte Verlegung der Hauptverwaltung ins Ausland möglich ist, einer SE dagegen wegen Art. 7 grundsätzlich nicht.

Langfristig ist es durchaus wahrscheinlich, dass der europäische Gesetzgeber **9** vor dem Hintergrund der Rechtsprechung des EuGH und der Bedürfnisse der Rechtspraxis von dem Verbot der Sitzaufspaltung in Art. 7 abrücken wird. Dies zeigt etwa die Entwicklung bei der **Societas Privata Europaea (SPE),** bei der eine zwingende Koppelung von Satzungs- und Verwaltungssitz ebenfalls nicht vorgesehen sein soll (dazu *Hommelhoff/Teichmann* GmbHR 2008, 897 [901]).

2. Ausweitung des Begriffs der Verschmelzung. Für die Gründung der SE **10** durch Verschmelzung verweist Art. 17 Abs. 2 bislang lediglich auf die in Art. 3 und 4 und unlängst neu kodifizierten **Dritten Richtlinie** 2011/35/EU (Nat-VerschmRL) genannten Varianten der Verschmelzung durch Aufnahme (Art. 3 Abs. 1 NatVerschmRL) und der Verschmelzung durch Gründung einer neuen Gesellschaft (Art. 4 Abs. 1 NatVerschmRL). Gemäß Art. 69 Satz 2 lit. b ist zu überprüfen, ob es zweckmäßig ist, den Begriff der Verschmelzung in Art. 17 Abs. 2 auszuweiten und auch andere Formen der Verschmelzung zuzulassen.

Angesprochen sind damit insbesondere die in Art. 30 und Art. 31 Nat- **11** VerschmRL geregelten **verschmelzungsähnlichen Vorgänge** (KK-AktG/*Kiem* Rn. 10; MüKoAktG/*Oechsler* Rn. 3; *Schwarz* Rn. 8). Gemäß Art. 30 Nat-VerschmRL können die Mitgliedstaaten Verschmelzungen auch dann zulassen, wenn die bare Zuzahlung 10 % übersteigt; die Richtlinie eröffnet damit die Möglichkeit einer „Zuzahlung" von bis zu 100 % (*Habersack* EuropGesR § 8 Rn. 12). Nach Art. 31 NatVerschmRL können die Mitgliedstaaten eine Verschmelzung gestatten, bei der nicht alle übertragenden Gesellschaften aufhören zu bestehen.

Ebenfalls denkbar wäre de lege ferenda die Ermöglichung der SE-Gründung **12** im Wege einer (in der NatVerschmRL nicht geregelten, aber aus dem US-amerikanischen Recht bekannten) **Dreiecksverschmelzung** (KK-AktG/*Kiem* Rn. 10; *Schwarz* Rn. 8). Der Evaluierungsbericht der Kommission thematisiert ferner die – jenseits des ausdrücklichen Überprüfungsauftrags des Art. 69 Satz 2 lit. b liegende – Gründung der SE im Wege der grenzüberschreitenden Spaltung. Eine klare Position der Kommission hierzu ist nicht erkennbar (*Kiem* CFL 2011, 134 [138]). Bemerkenswert ist, dass die Kommission davon ausgeht, dass nach der SEVIC-Entscheidung des EuGH die Mitgliedstaaten jedenfalls eine grenzüberschreitende Spaltung nationaler Gesellschaften zulassen müssen (ausführlich Semler/Stengel/*Drinhausen* UmwG Einl. C Rn. 28).

3. Überprüfung der Gerichtsstandsklausel des Art. 8 Abs. 16. Art. 69 **13** Satz 2 lit. c betrifft die Überprüfung der Gerichtsstandsklausel des Art. 8

Abs. 16. Dieser sieht für den Fall der **Sitzverlegung der SE in einen anderen Mitgliedstaat** eine Gerichtsstandsfiktion im Ursprungsstaat vor und bezweckt auf diese Weise den Schutz der Gläubiger, denen eine Klage in dem Zuzugsstaat nicht zugemutet werden soll. (*Kiem* CFL 2011, 134 [138]). Die Überprüfung soll im Lichte des Brüsseler Übereinkommens von 1968 über die gerichtliche Zuständigkeit und die Vollstreckung gerichtlicher Entscheidungen in Zivil- und Handelssachen (EuGVÜ) oder seiner Nachfolgeregelungen erfolgen; dieses ist inzwischen durch die Brüssel Ia-VO (früher EuGVVO) ersetzt worden.

14   Wie der Evaluierungsbericht der Kommission zu Recht bemerkt, ist die **praktische Bedeutung von Art. 8 Abs. 16 gering.** Gemäß Art. 4 Brüssel Ia-VO (früher Art. 2 EuGVVO) sind Personen grundsätzlich in dem Mitgliedstaat zu verklagen, in dem sie ihren Wohnsitz haben; der „Wohnsitz" einer Gesellschaft oder juristischen Person befindet sich gemäß Art. 63 Brüssel Ia-VO (früher Art. 60 EuGVVO) am Ort des satzungsmäßigen Sitzes, der Hauptverwaltung oder Hauptniederlassung. Da diese Orte bei einer SE aufgrund von Art. 7 zwingend identisch sind, ist eine SE nach Verlegung ihres Satzungssitzes (Art. 8) damit grundsätzlich an ihrem neuen Satzungssitz zu verklagen. **Art. 7 Nr. 5 Brüssel Ia-VO** (früher Art. 5 Nr. 5 EuGVVO) ermöglicht es allerdings, die SE in ihrem Ursprungsstaat zu verklagen, wenn sie dort über eine Zweigniederlassung, eine Agentur oder eine sonstige Niederlassung verfügt. Dies wird nach einer grenzüberschreitenden Sitzverlegung praktisch häufig der Fall sein (*Schwarz* Art. 8 Rn. 71). Vor diesem Hintergrund erscheint es nicht notwendig, den zeitlichen Anwendungsbereich des Art. 8 Abs. 16 zum Zwecke der Effektuierung des Gläubigerschutzes auf den Zeitpunkt der Bekanntmachung der Löschung der SE im Register des Ursprungsstaates auszudehnen (wie hier im Ergebnis *Casper* ZHR 173 [2009], 181 [213 f.]).

15   Ungeachtet der geringen praktischen Relevanz sieht die Kommission ausweislich des Evaluierungsberichts derzeit **keinen Grund, Art. 8 Abs. 16 aufzuheben oder zu ändern.** Eine Aufhebung der Vorschrift wäre lediglich dann angezeigt, wenn in die Brüssel Ia-VO eine für sämtliche Gesellschaften anwendbare spezielle Gerichtsstandsregelung für den Fall der Sitzverlegung aufgenommen würde; dies ist derzeit nicht der Fall (KK-AktG/*Kiem* Rn. 11; für Beibehaltung der Vorschrift auch *Casper* ZHR 173 [2009], 181 [211 f.]).

16   **4. Ausweitung der Satzungsautonomie.** Nur am Rande streift der Evaluierungsbericht der Kommission die in Art. 69 S. 2 lit. d adressierte Frage einer Ausweitung der Satzungsfreiheit der SE. Bislang entspricht die nach den Vorschriften des nationalen Rechts eröffnete Satzungsfreiheit der SE **zwingend derjenigen einer nationalen AG** (Art. 9 Abs. 1 lit. c iii)). Der mitgliedstaatliche Gesetzgeber darf einer SE keine Satzungsfreiheit gewähren, die über die Satzungsfreiheit einer nationalen AG hinausgeht (*Schwarz* Art. 6 Rn. 83).

17   Die Kommission äußert Zweifel, ob eine **Erhöhung der Flexibilität** hinsichtlich der internen Organisation der SE politisch durchsetzbar ist, da dadurch die SE in einen stärkeren Wettbewerb zu nationalen Rechtsformen treten würde. Die **Attraktivität der SE** könnte dadurch gleichwohl erhöht werden. Dies gilt umso mehr, als nach dem vorläufigen Scheitern der SPE (zur künftigen Perspektive *Hellwig/Behme* AG 2011, 740 [741 f.]) auch mittelständische Unternehmen weiterhin gezwungen sind, die Rechtsform der SE zu wählen, sofern sie sich einem europäischen Statut unterwerfen wollen (aA noch KK-AktG/*Kiem* Rn. 12, der aber offenbar von einem baldigen Inkrafttreten einer SPE-Verordnung ausgeht; skeptisch auch MüKoAktG/*Oechsler* Rn. 5; zur Eignung der SE als Rechtsform für mittelständische Unternehmen *Bayer/Schmidt* AnwBl 2008, 327).

V. Überblick: Reformbedarf jenseits des Art. 69

Eine Reformierung der SE-VO wird wissenschaftlich auch jenseits der unmit- **18**
telbar von Art. 69 angesprochen Themen diskutiert. Kritisch gesehen wird dabei
insbesondere das in Art. 2 verankerte **Gebot der Mehrstaatlichkeit,** wonach
die Gründung einer SE nur möglich ist, wenn entweder mindestens zwei der
Gründungsgesellschaften dem Recht verschiedener Mitgliedstaaten unterliegen
oder seit mindestens zwei Jahren eine dem Recht eines anderen Mitgliedstaates
unterliegende Tochtergesellschaft oder eine Zweigniederlassung in einem anderen
Mitgliedstaat haben. Weitere Kritikpunkte betreffen unter anderem Einzelfragen
des **Verfahrens der Arbeitnehmerbeteiligung,** die Verknüpfung dieses Verfahrens mit dem Gründungs- und Eintragungsverfahren durch Art. 12 Abs. 2
sowie die im Hinblick auf die Niederlassungsfreiheit bedenkliche **Begrenzung
der Renationalisierungsmöglichkeiten** der SE nach dem Wortlaut des Art. 66
(zu diesen Fragen ausführlich die Vorschläge des Arbeitskreises Aktien- und
Kapitalmarktrecht ZIP 2009, 698; *Kiem* ZHR 173 [2009], 156; *Casper* ZHR 173
[2009], 181; *Henssler* ZHR 173 [2009], 222).

[Inkrafttreten]

70 Diese Verordnung tritt am 8. Oktober 2004 in Kraft.
**Diese Verordnung ist in allen ihren Teilen verbindlich und gilt unmittel-
bar in jedem Mitgliedstaat.**

Die SE-VO datiert zwar vom 8.10.2001 (näher zur Entstehungsgeschichte **1**
→ Einl. SE-VO Rn. 12 ff.), ist aber erst am 8.10.2004 in Kraft getreten; von
diesem Tag an hat die SE-VO ihre **normativen Wirkungen** iSv Art. 288
UAbs. 2 AEUV entfaltet. Anders als Art. 80 SCE-VO unterscheidet Art. 70 also
nicht zwischen Inkrafttreten und Geltung.

Vor dem Tag des Inkrafttretens konnten zur Gründung einer SE erforderliche **2**
Gründungsakte nicht wirksam vorgenommen werden (Spindler/Stilz/*Casper*
Rn. 1). Die **lange Übergangsfrist** sollte es den Mitgliedstaaten ermöglichen,
die erforderlichen Ausführungsvorschriften zu erlassen und die – zeitgleich verabschiedete – SE-Ergänzungsrichtlinie umzusetzen. Das deutsche SEEG ist dennoch erst am 29.12.2004 und damit mit einer Verspätung von knapp drei
Monaten in Kraft getreten. Das Inkrafttreten der SE-VO am 8.10.2004 ist hierdurch nicht berührt worden.

Anhang I. Aktiengesellschaften gemäß Art. 2 Abs. 1

BELGIEN:
la société anonyme/de naamloze vennootschap
BULGARIEN:
акционерно дружество
TSCHECHISCHE REPUBLIK:
akciová společnost'
DÄNEMARK:
aktieselskaber
DEUTSCHLAND:
die Aktiengesellschaft

ESTLAND:
aktsiaselts
GRIECHENLAND:
ανώνυμη εταιρία
SPANIEN:
la sociedad anónima
FRANKREICH:
la société anonyme
KROATIEN:
dioničko društvo
IRLAND:
public companies limited by shares
public companies limited by guarantee having a share capital
ITALIEN:
società per azioni
ZYPERN:
Δημόσια Εταιρεία περιορισμένης ευθύνης με μετοχές, Δημόσια Εταιρεία περιορισμένης ευθύνης με εγγύηση
LETTLAND:
akciju sabiedrība
LITAUEN:
akcinės bendrovės
LUXEMBURG:
la société anonyme
UNGARN:
részvénytársaság
MALTA:
kumpaniji pubbliċi/public limited liability companies
NIEDERLANDE:
de naamloze vennootschap
ÖSTERREICH:
die Aktiengesellschaft
POLEN:
spółka akcyjna
PORTUGAL:
a sociedade anónima de responsabilidade limitada
RUMÄNIEN:
societate pe acţiuni
SLOWENIEN:
delniška družba
SLOWAKEI:
akciová spoločnos
FINNLAND:
julkinen osakeyhtiö/publikt aktiebolag
SCHWEDEN:
publikt aktiebolag
VEREINIGTES KÖNIGREICH:
public companies limited by shares
public companies limited by guarantee having a share capital

Anhang II. Aktiengesellschaften und Gesellschaften mit Beschränkter Haftung gemäß Art. 2 Abs. 2

BELGIEN:
la société anonyme/de naamloze vennootschap,
la société privée à responsabilité limitée/besloten vennootschap met beperkte aansprakelijkheid
BULGARIEN:
акционерно дружество, дружество с ограничена отговорност
TSCHECHISCHE REPUBLIK:
akciová společnost,
společnost s ručením omezeným
DÄNEMARK:
aktieselskaber,
anpartsselskaber
DEUTSCHLAND:
die Aktiengesellschaft,
die Gesellschaft mit beschränkter Haftung
ESTLAND:
aktsiaselts ja osaühing
GRIECHENLAND:
ανώνυμη εταιρία
εταιρία περιορισμένης ευθύνης
SPANIEN:
la sociedad anónima,
la sociedad de responsabilidad limitada
FRANKREICH:
la société anonyme
la société à responsabilité limitée
KROATIEN:
dioničko društvo,
društvo s ograničenom odgovornošću
IRLAND:
public companies limited by shares
public companies limited by guarantee having a share capital
private companies limited by shares
private companies limited by guarantee having a share capital
ITALIEN:
società per azioni,
società a responsabilità limitata
ZYPERN:
Δημόσια εταιρεία περιορισμένης ευθύνης με μετοχές,
δημόσια Εταιρεία περιορισμένης ευθύνης με εγγύηση
ιδιωτική εταιρεία
LETTLAND:
akciju sabiedrība,
un sabiedrība ar ierobežotu atbildību
LITAUEN:
akcinės bendrovės,
uždarosios akcinės bendrovės
LUXEMBURG:
la société anonyme,

la société à responsabilité limitée
UNGARN:
részvénytársaság,
korlátolt felelősségő társaság
MALTA:
kumpaniji pubbliċi/public limited liability companies
kumpaniji privati/private limited liability companies
NIEDERLANDE:
de naamloze vennootschap,
de besloten vennootschap met beperkte aansprakelijkheid
ÖSTERREICH:
die Aktiengesellschaft,
die Gesellschaft mit beschränkter Haftung
POLEN:
spółka akcyjna,
spółka z ograniczoną odpowiedzialnością
PORTUGAL:
a sociedade anónima de responsabilidade limitada,
a sociedade por quotas de responsabilidade limitada
RUMÄNIEN:
societate pe acţiuni, societate cu răspundere limitată
SLOWENIEN:
delniška družba,
družba z omejeno odgovornostjo
SLOWAKEI:
akciová spoločnos',
spoločnost' s ručením obmedzeným
FINNLAND:
osakeyhtiö/aktiebolag
SCHWEDEN:
aktiebolag
VEREINIGTES KÖNIGREICH:
public companies limited by shares
public companies limited by guarantee having a share capital
private companies limited by shares
private companies limited by guarantee having a share capital

B. Gesetz über die Beteiligung der Arbeitnehmer in einer Europäischen Gesellschaft (SE-Beteiligungsgesetz – SEBG)

vom 22. Dezember 2004 (BGBl. I S. 3675)

Schrifttum: *Arbeitskreis Aktien- und Kapitalmarktrecht (AAK)*, Die 8 wichtigsten Änderungsvorschläge zur SE-VO, ZIP 2009, 698; *Arbeitskreis Aktien- und Kapitalmarktrecht (AAK)*, Vorschläge zur Reform der Mitbestimmung in der Societas Europaea (SE), ZIP 2010, 2221; *Arbeitskreis Aktien- und Kapitalmarktrecht (AAK)*, Vorschläge zur Reform der Mitbestimmung in der Societas Europaea (SE) – ergänzende Stellungnahme, ZIP 2011, 1841; *Austmann*, Größe und Zusammensetzung des Aufsichtsrats einer deutschen SE, FS Hellwig, 2010, 105; *Bachmann*, Der Verwaltungsrat der monistischen SE, ZGR 2008, 779; *Bayer/Schmidt*, BB-Gesetzgebungs- und Rechtsprechungsreport Europäisches Unternehmensrecht 2013/14, BB 2014, 1219; *Blanke*, Europäische Aktiengesellschaft ohne Arbeitnehmerbeteiligung?, ZIP 2006, 789; *ders.*, Europäische Betriebsräte-Gesetz, Europäische Mitbestimmung – SE, 2. Aufl. 2006; *Blanquet*, ECLR Das Statut der europäischen Aktiengesellschaft (Societas Europaea „SE") – Ein Gemeinschaftsinstrument für die grenzübergreifende Zusammenarbeit im Dienste des Unternehmens, ZGR 2002, 20; *Calle Lambach*, Europäische Gesellschaft – Das ist bei einer SE-Gründung zu beachten, AiB 2010, 192; *Casper/Schäfer*, Die Vorrats-SE – Zulässigkeit und wirtschaftliche Neugründung, ZIP 2007, 653; *Drinhausen/Keinath*, Verwendung der SE zur Vermeidung von Arbeitnehmermitbestimmung – Abgrenzung zulässiger Gestaltungen vom Missbrauch gemäß § 43 SEBG, BB 2011, 2699; *Ege/Grzimek/Schwarzfischer*, Der Zementierungseffekt bei der Mitbestimmung bei Gründung einer SE und grenzüberschreitender Verschmelzung, DB 2011, 1205; *Eidenmüller/Engert/Hornuf*, Vom Wert der Wahlfreiheit: Eine empirische Analyse der Societas Europaea als Rechtsformalternative, AG 2009, 845; *Feldhaus/Vanscheidt*, „Strukturelle Änderungen" der Europäischen Aktiengesellschaft im Lichte von Unternehmenstransaktionen, BB 2008, 2246; *Forst*, Zum Begriff des abhängigen Unternehmens im europäischen Arbeitsrecht, ZESAR 2010, 154; *ders.*, Zur Größe des mitbestimmten Organs einer kraft Beteiligungsvereinbarung mitbestimmten SE, AG 2010, 350; *ders.*, Die Beteiligungsvereinbarung nach § 21 SEBG, 2010; *ders.*, Folgen der Beendigung einer SE-Beteiligungsvereinbarung, EuZW 2011, 333; *ders.*, Die Beteiligung der Arbeitnehmer in der Vorrats-SE, NZG 2009, 687; *ders.*, Beteiligung der Arbeitnehmer in der Vorrats-SE – Zugleich Besprechung des Beschlusses des OLG Düsseldorf vom 30.3.2009 – I-3 Wx 248/08, RdA 2010, 55; *Funke*, Die Arbeitnehmerbeteiligung im Rahmen der Gründung einer SE, NZA 2009, 412; *Gold/Schwinbersky*, The European Company Statute: Implications for Industrial Relations in the European Union, European Journal of Industrial Relations 14 (1), 2008, 46; *Grambow*, Arbeits- und gesellschaftsrechtliche Fragen bei grenzüberschreitenden Sachverschmelzungen unter Beteiligung einer Europäischen Gesellschaft (Societas Europaea – SE), Der Konzern 2009, 97; *Grambow/Stadler*, Grenzüberschreitende Verschmelzungen unter Beteiligung einer Europäischen Gesellschaft (Societas Europaea – SE), BB 2010, 977; *Grobys*, SE-Betriebsrat und Mitbestimmung in der Europäischen Gesellschaft, NZA 2005, 84; *Güntzel*, SE-Richtlinie, Diss. Frankfurt/M 2006; *Habersack*, 10 Jahre „deutsche" SE – Bestandsaufnahme, Perspektiven, in Bergmann/Kiem/Mülbert/Verse/Wittig, 10 Jahre SE, 2014, 9; *ders.*, Grundsatzfragen der Mitbestimmung in SE und SCE sowie bei grenzüberschreitender Verschmelzung, ZHR 171 (2007), 613; *ders.*, Schranken der Mitbestimmungsautonomie in der SE, AG 2006, 345; *ders.*, Konzernrechtliche Aspekte der Mitbestimmung in der Societas Europaea, Der Konzern 2006, 105; *Henssler*, Konzernrechtliche Abhängigkeit im Mitbestimmungsrecht der Europäischen Aktiengesellschaft – Der Abhängigkeitsbegriff im Europäischen Mitbestimmungsrecht, EBRG, SEBG und nationalem AktG –, FS K. Schmidt, 2009, 601; *ders.*, Bewegung in der deutschen Unternehmensmitbestimmung – Reformdruck durch Internationalisierung der Wirtschaft, RdA 2005, 330; *ders.*, Erfahrungen und Reformbedarf bei der SE – Mitbestimmungsrechtliche Reformvorschläge, ZHR 173 (2009), 222; *Henssler/Sittard*, Die Gesellschaftsform der SE als Gestaltungsinstrument zur Verkleinerung des Aufsichtsrats, KSzW 2011, 359; *Herfs-Röttgen*, Arbeitnehmerbeteiligung in der Europäischen Aktiengesellschaft, NZA 2001, 424; *dies.,* Probleme der Arbeitnehmerbeteiligung in der Europäischen Aktiengesellschaft, NZA 2002, 358; *Hinrichs/ Plitt,* Die Wahl der Mitglieder des besonderen Verhandlungsgremiums in betriebsratslosen Gesellschaften bei SE-Gründung/grenzüberschreitender Verschmelzung, NZA 2010, 204; *Hirdina,* Neuordnung der Unternehmensmitbestimmung, NZA 2010, 683; *Ihrig/Wagner,* Das Gesetz zur Einführung der Europäischen Gesellschaft (SEEG) auf der Zielgeraden – Die gesellschafts- und mitbestimmungsrechtlichen Regelungen des Regierungsentwurfs, BB 2004, 1749; *Jacobs,* Privatautonome Unternehmensmitbestimmung in der SE, FS K. Schmidt, 2009, 795; *ders.,* Das Besondere Verhandlungsgremium: Bildung und Verfahren, ZIP 2009, Beilage zu Heft 48, 18; *Junker,* Verhandelte Mitbestimmung in der Bundesrepublik Deutschland und Europa Symposion am 7.7.2009 in Würzburg, EuZA 2009, 587; *ders.,* Europäische Aktiengesellschaft und deutsche Mitbestimmung, ZfA 2005, 211; *Kämmerer/Veil,* Paritätische Mitbestimmung in der monistischen Societas Europaea – ein verfassungsrechtlicher Irrweg?, ZIP 2005, 369; *Kallmeyer,* Die Beteiligung der Arbeitnehmer in einer Europäischen Gesellschaft (Anmerkung zum Regierungsentwurf eines SEBG), ZIP 2004, 1442; *ders.,* Europa-AG: Strategische Optionen für deutsche Unternehmen, AG 2003, 197; *Kiefner/Friebel,* Zulässigkeit eines Aufsichtsrats mit einer nicht durch drei teilbaren Mitgliederzahl bei einer SE mit Sitz in der Bundesrepublik Deutschland, NZG 2010, 537; *Kiem,* SE-Aufsichtsrat und Dreiteilbarkeitsgrundsatz – Zugleich Besprechung von LG Nürnberg-Fürth, Beschluss vom 8.2.2010 – 1 HK O 8471/09 („GfK"), Der Konzern 2010, 326 –, Der Konzern 2010, 275; *ders.,* Erfahrungen und Reformbedarf bei der SE – Entwicklungsstand, ZHR 173 (2009), 156; *Kisker,* Unternehmerische Mitbestimmung in der Europäischen Gesellschaft, der Europäischen Genossenschaft und bei grenzüberschreitender Verschmelzung im Vergleich, RdA 2006, 206; *Kleinsorge,* Europäische Gesellschaft und Beteiligungsrechte der Arbeitnehmer, RdA 2002, 343; *Köstler,* Die Beteiligung der Arbeitnehmer in der Europäischen Aktiengesellschaft nach den deutschen Umsetzungsgesetzen, DStR 2005, 745; *Kort,* Corporate Governance-Fragen der Größe und Zusammensetzung des Aufsichtsrats bei AG, GmbH und SE, AG 2008, 137; *Krause,* Die Mitbestimmung der Arbeitnehmer in der Europäischen Gesellschaft (SE), BB 2005, 1221; *Kraushaar,* Europäische Aktiengesellschaft (SE) und Unternehmensmitbestimmung, BB 2003, 1614; *Kübler,* Mitbestimmungsfeindlicher Missbrauch der Societas Europaea?, FS Raiser, 2005, 247; *Louven/Ernst,* Praxisrelevante Rechtsfragen im Zusammenhang mit der Umwandlung einer Aktiengesellschaft in eine Europäische Aktiengesellschaft (SE), BB 2014, 323; *Monti,* Statut der Europäischen Aktiengesellschaft, WM 1997, 607; *Müller-Bonanni/Müntefering,* Arbeitnehmerbeteiligung bei SE-Gründung und grenzüberschreitender Verschmelzung im Vergleich, BB 2009, 1699; *Müller-Bonanni/Melot de Beauregard,* Mitbestimmung in der Societas Europaea, GmbHR 2005, 195; *Nagel,* Strukturelle Änderungen in der SE und Beteiligungsvereinbarung, ZIP 2011, 2047; *ders,.* Die Mitbestimmung bei der formwechselnden Umwandlung einer deutschen AG in eine Europäische Aktiengesellschaft (SE), AuR 2007, 329; *Niklas* Beteiligung der Arbeitnehmer in der Europäischen Gesellschaft (SE) – Umsetzung in der Bundesrepublik Deutschland, NZA 2004, 1200; *Nikoleyczik/Führ,* Mitbestimmungsgestaltung im grenzüberschreitenden Konzern – Unter besonderer Berücksichtigung der SE und grenzüberschreitender Verschmelzungen, DStR 2010, 1743; *Oetker,* Die Beteiligung der Arbeitnehmer in der SE unter besonderer Berücksichtigung der leitenden Angestellten, BB-Special 1/2005, 2; *ders.,* Sekundäre Gründung einer Tochter-SE nach Art. 3 Abs. 2 SE-VO und Beteiligung der Arbeitnehmer, FS Kreutz, 2010, 797; *ders.,* Unternehmensmitbestimmung in der SE kraft Vereinbarung, ZIP 2006, 1113; *ders.,* Unternehmerische Mitbestimmung kraft Vereinbarung in der Europäischen Gesellschaft (SE), FS Konzen, 2006, 635; *ders.,* Mitbestimmungssicherung bei Errichtung einer Europäischen Gesellschaft (SE) durch formwechselnde Umwandlung einer Aktiengesellschaft mit Sitz in der Bundesrepublik Deutschland, FS Birk, 2008, 557; *Oetker/Preis,* Europäisches Arbeits- und Sozialrecht – EAS: Rechtsvorschriften, Systematische Darstellungen, Entscheidungssammlung, Loseblatt; *Raiser,* Die Europäische Aktiengesellschaft und die nationalen Aktiengesetze, FS Semler, 1993, 277; *Ramcke,* Die Konkretisierung des Missbrauchsverbots der SE zum Schutz von Beteiligungsrechten der Arbeitnehmer, Diss. Berlin 2015; *Rehberg,* Die missbräuchliche Verkürzung der unternehmerischen Mitbestimmung durch die Societas Europaea, ZGR 2005, 859; *Rehwinkel* Die gesetzliche Auffanglösung der Unternehmensmitbestimmung in der Europäischen Aktiengesellschaft, ZESAR 2008, 74; *Reichert/Brandes,* Mitbestimmung der Arbeitnehmer in der SE: Gestaltungsfreiheit und Bestandsschutz, ZGR 2003, 767; *Reichold,* Unternehmensmitbestimmung vor dem Hintergrund europarechtlicher Entwicklungen, JZ 2006, 812; *Rieble/Junker,* Vereinbarte Mitbestimmung in der SE, 5. ZAAR-Kongress München 2008; *Ringe,* Mitbestimmungsrechtliche Folgen einer SE-Sitzverlegung, NZG 2006, 931; *Roth*, Die unternehmerische Mitbestimmung in der monistischen SE, ZfA 2004, 431; *Schlösser*, Europäische Aktiengesellschaft und deutsches Strafrecht, NZG 2008, 126; *Schneider*, Der stellvertretende Vorsitzende des Aufsichtsorgans der dualistischen SE, AG 2008, 887; *Schubert*, Die Arbeitnehmerbeteiligung bei der Europäischen Gesellschaft ohne Arbeitnehmer, ZESAR 2006, 340; *Seibt*, Arbeitnehmerlose Societas Europaea, ZIP 2005, 2248; *ders.*, Privatautonome Mitbestimmungsvereinbarungen: Rechtliche Grundlagen und Praxishinweise, AG 2005, 413; *ders.*, Größe und Zusammensetzung des Aufsichtsrats in der SE, ZIP 2010, 1057; *ders.*, Umwandlung der Aktiengesellschaft in die Europäische Gesellschaft (Societas Europaea), Der Konzern 2005, 407; *Teichmann*, Gestaltungsfreiheit in Mitbestimmungsvereinbarungen, AG 2008, 797; *ders.*, Gestaltungsfreiheit im monistischen Leitungssystem der Europäischen Aktiengesellschaft, BB 2004, 53; *ders.*, Neuverhandlungen einer SE-Beteiligungsvereinbarung bei „strukturellen Änderungen", FS Hellwig, 2010, 347; *ders.*, „SE bringt mehr Flexibilität in das starre deutsche Arbeitsrecht", BB 2010, 1114; *Schubert/von der Höh*, Zehn Jahre „deutsche" SE – Eine Bestandsaufnahme, AG 2014, 439; *Thamm*, Die Organisationsautonomie der monistischen Societas Europaea bezüglich ihrer geschäftsführenden Direktoren, NZG 2008, 132; *Thiergart/Olbertz*, Börsengang leicht gemacht? – Übernahme und Verschmelzung eines Zielunternehmens auf die SPAC in der Rechtsform der SE, BB 2010, 1547; *Thüsing*, SE-Betriebsrat kraft Vereinbarung, ZIP 2006, 1469; *Waclawik*, Der Referentenentwurf des Gesetzes zur Einführung der Europäischen (Aktien-)Gesellschaft, DB 2004, 1191; *ders.*, Die Europäische Aktiengesellschaft (SE) als Konzerntochter- und Joint Venture-Gesellschaft, DB 2006, 1827; *Weiss* Arbeitnehmermitwirkung in Europa, NZA 2003, 177; *Wißmann*, „Deutsche" Europäische Aktiengesellschaft und Mitbestimmung, FS Wiedemann, 2002, 685; *ders.*, Die Arbeitnehmerbeteiligung in der „deutschen" SE vor Gericht, FS Richardi, 2007, 841; *Wollburg/Banerjea*, Die Reichweite der Mitbestimmung in der Europäischen Gesellschaft, ZIP 2005, 277; *Ziegler/Gey*, Arbeitnehmermitbestimmung im Aufsichtsrat der Europäischen Gesellschaft (SE) im Vergleich zum Mitbestimmungsgesetz, BB 2009, 1750.

Teil 1. Allgemeine Vorschriften

Vorbemerkung zu §§ 1–3

Übersicht

	Rn.
I. Europarechtliche Grundlagen der Mitbestimmung in der SE .	1
1. Historische Entwicklung	2
a) Kommissionsvorschläge von 1970/1975	3
b) Kommissionsvorschläge von 1989/1991	5
c) Davignon-Bericht von 1997	8
d) Gipfel von Nizza (7.–9.12.2000)	11
2. SE-VO und SE-RL	13
a) Die SE-VO	14
b) Arbeitnehmerbeteiligung gemäß der SE-RL	15
II. Arbeitnehmerbeteiligung in der SE nach nationalem Recht ..	54
1. Gesetzgebungshistorie	55
2. SE-Ausführungsgesetz	59
3. SE-Beteiligungsgesetz	60
a) Gesetzessystematik	61
b) Richtlinienkonforme Auslegung	63
c) Einfluss der Gewerkschaften	64
d) Rechtsschutzmöglichkeiten	67
III. Reformüberlegungen	69
1. Überprüfung der SE-RL durch die Kommission (2008) ...	69
2. Überprüfung der SE-VO durch die Kommission (2010) ...	70

Rn.

3. Aktionsplan: Europäisches Gesellschaftsrecht und Corporate
   Governance 71
4. Weitere Reformvorschläge 72
   a) Änderungsvorschläge zur SE-VO 73
   b) Vorschläge zur Reform der Mitbestimmung in der SE .. 74
IV. Die SE in der Praxis 77
   1. Zahlen/statistische Daten zur SE 79
   2. Motive für die Wahl der Rechtsform „SE" 87
   3. Schlussfolgerungen 90

I. Europarechtliche Grundlagen der Mitbestimmung in der SE

1   Die ersten Vorschläge zur Einführung einer Europäischen Gesellschaft gehen bis ins Jahr 1959 zurück (*Kleinsorge* RdA 2002, 343 f.; s. hierzu auch *Gold/ Schwinbersky* European Journal of Industrial Relations 14 (1), 2008, 46 [48]). Ungeachtet dessen musste die Gemeinschaft bis zum Jahre 2001 warten, bis mit der VO (EG) 2157/2001 des Rates über das Statut der Europäischen Gesellschaft vom 8.10.2001 (ABl. L 294 S. 1, EU-Dok.-Nr. 3 2001 R 2157, zuletzt geändert durch Art. 1 ÄndVO (EG) 1791/2006 vom 20.11.2006 (ABl. L 363 S. 1), **SE-VO**) und der RL 2001/86/EG des Rates vom 8.10.2001 zur Ergänzung des Statuts der Europäischen Gesellschaft hinsichtlich der Beteiligung von Arbeitnehmern (ABl. L 294 S. 22, EU-Dok.-Nr. 3 2001 L 0086, **SE-RL**) die rechtlichen Grundlagen für die Schaffung der Societas Europaea (SE) verabschiedet wurden. Die jahrzehntelange Diskussion über das Vorhaben drehte sich insbesondere um die Frage der Mitbestimmung der Arbeitnehmer (vgl. KK-AktG/*Feuerborn* Vor § 1 Rn. 1; LHT/*Oetker* SEBG Vor § 1 Rn. 1 mwN). Aufgrund der Verschiedenheit der mitgliedstaatlichen Arbeitsrechte (vgl. den Überblick bei *Weiss* NZA 2003, 177) führte jeder auf Vereinheitlichung abzielende Vorschlag zu Verschiebungen auf nationaler Ebene (vgl. *Kienast* in Jannott/Frodermann HdB SE Kap. 13 Rn. 1). Mitgliedstaaten, deren Arbeitsrechte wenig oder keine Beteiligung der Arbeitnehmer in den Organen von Kapitalgesellschaften vorsehen, beharrten ebenso wie Mitgliedstaaten, die eine umfassende Mitbestimmung vorsehen, auf der Beibehaltung ihres jeweiligen Systems (vgl. *Monti* WM 1997, 607 f.; *Weiss* NZA 2003, 177 [181]).

2   **1. Historische Entwicklung.** SE-VO und die SE-RL bilden den (vorläufigen) Endpunkt einer jahrzehntelangen Diskussion (zu Einzelheiten *Blanquet* ZGR 2002, 20 ff.) über die Einführung einer europäischen Aktiengesellschaft. Nachdem Vorschläge der Europäischen Kommission wiederholt scheiterten (ausführlich Spindler/Stilz/*Casper* SE-VO Vor Art. 1 Rn. 5 ff.), konnte erst der Bericht einer von ihr angerufenen Sachverständigengruppe die Grundlage für den letztlich gefundenen Kompromiss legen.

3   **a) Kommissionsvorschläge von 1970/1975.** Die Europäische Kommission brachte in den Jahren 1970 (Vorschlag der Kommission für eine Verordnung des Rates über das Statut der Europäischen Aktiengesellschaften vom 30.6.1970, ABl. C 124 S. 1 = BT-Drs. 6/1109) und 1975 (Geänderter Verordnungsvorschlag betreffend die Europäische Aktiengesellschaft, KOM(75) 150 endg. = Bulletin der EG, Beilage 4/1975 = BT-Drs. 7/3713) erstmals Vorschläge für ein SE-Statut ein. Die Vorschläge sehen eine einheitliche Struktur für alle Mitgliedstaaten vor. Es wurde zwingend von einer **dualistisch** organisierten SE mit einem Vorstand als Leitungs- und einem Aufsichtsrat als Kontrollorgan ausgegangen. Die Vorschläge enthielten darüber hinaus **umfassende Regelungen zur Arbeitnehmermitbestimmung,** insbesondere zur Mitbestimmung, welche sich am deutschen Modell orientierten (dazu näher MüKoAktG/*Jacobs* SEBG Vor § 1 Rn. 3).

Nach dem Vorbild von § 76 BetrVG 1952 (heute: § 4 DrittelbG) ging Art. 137 des Entwurfs von 1970 von einer **Drittelbeteiligung** der Arbeitnehmervertreter im Aufsichtsrat aus. Der Vorschlag von 1975 sah sogar eine Erweiterung der arbeitnehmerseitigen Einflussnahmemöglichkeiten unter Anlehnung an das (frühere) niederländische **Drei-Bänke-Modell** vor. Hiernach sollte der Aufsichtsrat aus drei gleich starken Gruppen bestehen, wobei sich erstere aus Aktionären, die zweite aus Arbeitnehmervertretern und die dritte aus von diesen beiden Gruppen gemeinsam zu wählenden Vertretern der Öffentlichkeit zusammensetzen sollte. Teilweise waren dem Aufsichtsrat sogar weitergehende Kompetenzen als nach deutschem Recht zugedacht (*Wißmann* RdA 1992, 320 [321]). Während Arbeitnehmervertreter im Aufsichtsrat nach dem Entwurf von 1970 noch von den Mitgliedern der nationalen Betriebsvertretungen gewählt werden sollten, sah die Fassung von 1975 die Wahl durch eine Delegiertenversammlung vor. Zudem beinhaltete die Fassung von 1975 Regelungen zum Europäischen Betriebsrat, die an das zwischenzeitlich in der Bundesrepublik Deutschland in Kraft getretene BetrVG 1972 angelehnt waren.

Die Bundesrepublik Deutschland förderte die frühen, mitbestimmungspolitisch **4** sehr ehrgeizigen Vorschläge zur Vermeidung einer möglichen „Flucht aus der Mitbestimmung" (*Hoffmann* NZG 1999, 1077 [1084], diese Sorge für unbegründet haltend *Monti* WM 1997, 607 [608]) auf europäischer Ebene im besonderen Maße (vgl. *Pluskat* DStR 2001, 1483). Andere Mitgliedstaaten, insbesondere Großbritannien und Irland, lehnten einen Export der deutschen Mitbestimmungsregelungen ab, da dies einen empfindlichen Einschnitt in ihr eigenes Gesellschaftsrecht bedeutet hätte (*Hoffmann* NZG 1999, 1077 [1084]). Schlussendlich konnten die sechs damaligen Mitgliedstaaten der Europäischen Wirtschaftsgemeinschaft wegen der Mitbestimmungsfrage keine Einigung erzielen, so dass beide Verordnungsentwürfe im Ergebnis scheiterten und die Verhandlungen im Jahre 1982 abgebrochen wurden.

b) Kommissionsvorschläge von 1989/1991. Nachdem sich gezeigt hatte, **5** dass ein Konsens über eine einheitliche Mitbestimmung und Beteiligung nicht zu erzielen war, unternahm die Kommission im Rahmen ihrer Arbeiten zur Verwirklichung des Binnenmarktes mit einem Memorandum im Jahr 1988 (Memorandum der Kommission vom 8.6.1988: Binnenmarkt und industrielle Zusammenarbeit – Statut für die Europäische Aktiengesellschaft –, Beilage 3/88 zum Bulletin der Europäischen Gemeinschaften) einen erneuten Anlauf zum „Projekt SE". Nach Auswertung zahlreicher Stellungnahmen legte sie sodann in den Jahren 1989 (ABl. 1989 C 263 S. 41 ff. – SE-Statut, 69 ff. – Beteiligung der Arbeitnehmer) und 1991 (ABl. 1991 C 138 S. 1 – SE-Statut, 8 ff. – Beteiligung der Arbeitnehmer) geänderte Entwürfe für die Ausgestaltung der Mitbestimmung in der SE vor. Hierbei wurde erkennbar Wert darauf gelegt, einen Kompromiss zwischen den unterschiedlichen gesellschafts- und mitbestimmungsrechtlichen Vorstellungen der Mitgliedstaaten zu finden und die zwischenzeitlich erarbeiteten Grundsätze zur 10. und 5. gesellschaftsrechtlichen Richtlinie auf die SE zu übertragen (LHT/*Oetker* SEBG Vor § 1 Rn. 5; vgl. zu den beiden gesellschaftsrechtlichen Richtlinienvorschlägen auch *Wißmann* RdA 1992, 320 [321 f.]). Erstmalig kam es auch zur Aufspaltung der Vorschläge zur SE in **Verordnung** (SE-Statut, Rechtsgrundlage vormals Art. 100a EGV, anschließend Art. 95 EG, nunmehr Art. 114 AEUV) und **Richtlinie** (Arbeitnehmerbeteiligung, Rechtsgrundlage vormals Art. 54 Abs. 3 lit. g EGV, anschließend Art. 44 Abs. 2 lit. g EG, nunmehr Art. 50 Abs. 2 lit. g AEUV). Beweggrund für die Trennung war, dass auf diesem Wege eine Verabschiedung der Entwürfe durch Mehrheitsentscheidung insbesondere im nicht konsensfähigen Bereich der Mitbestimmung möglich wurde (*Pluskat* DStR 2001, 1483 [1484]; kritisch hierzu *Herfs-Röttgen* NZA 2001,

424 [425]: „rechtlich durchaus zweifelhafter Weg"). Die Mitgliedstaaten begeg-
neten diesem Vorstoß der Kommission mit der Regelung in einem Abkommen
über die Sozialpolitik zum Amsterdamer Vertrag, die die Beschlussfindung im
Rat unter anderem zu Fragen der Mitbestimmung nur einstimmig zuließ (vgl.
nunmehr Art. 153 Abs. 2 S. 3 und 4 AEUV).

6   Die neuen Vorschläge wichen insoweit von denjenigen aus den Jahren 1970/
1975 ab, als sie nicht mehr zwingend eine **dualistische** Struktur vorsahen,
sondern zugleich die Möglichkeit der Wahl eines **monistischen** Systems eröffneten. Dies bedingte auch Veränderungen in der Ausgestaltung der Mitbestimmung. Kernstück des Richtlinienvorschlags war ein **Wahlrecht,** das neben dem
nach deutschem Vorbild gebildeten Repräsentationsmodell (ein Drittel bis maximal die Hälfte der Aufsichtsratssitze für Arbeitnehmervertreter), dem niederländischen Kooptationsmodell, dem französischen Arbeitnehmervertretungsmodell
mit separatem Organ auch das schwedische Vereinbarungsmodell beinhaltete
(ausführlich zu diesen Modellen *Blank* ArbuR 1993, 229 [232 f.]; *Dreher* EuZW
1990, 476 ff.; *v. Maydell* AG 1990, 442 [445]; *Wißmann* RdA 1992, 320 [323 ff.]).
Sollte es diesbezüglich zu keiner Einigung kommen, war ein an der „am weitesten
fortgeschrittenen einzelstaatlichen Praxis" orientiertes Modell als Auffangregelung vorgesehen (vgl. MüKoAktG/*Jacobs* SEBG Vor § 1 Rn. 4). Während der
Vorschlag aus dem Jahre 1989 noch vorsah, dass die Wahl durch die Mitgliedstaaten zu erfolgen habe, verschob der geänderte Kommissionsentwurf diese
Kompetenz auf die jeweils an der Gründung beteiligten Gesellschaften und deren
Arbeitnehmervertretungen.

7   Positiv aufgenommen wurde an den neueren Vorschlägen die aus den verschiedenen Gestaltungsmöglichkeiten resultierende Flexibilität (*Hopt* FS Everling,
1995, 475 [490 f.]). Überwiegend sah sich der Vorschlag jedoch Kritik ausgesetzt;
insbesondere deshalb, weil er jeglicher Harmonisierung auswich und die Rechtsgrundlagen somit aufgespalten blieben (*Blank* ArbuR 1993, 229 [231]; *Raiser* FS
Semler, 1993, 277 [290]; *Jaeger* ZEuP 1994, 206 [217]: „hauchdünnes europäisches Gewand"), so dass die Gleichwertigkeit der zur Wahl gestellten Mitbestimmungsmodelle nicht gewährleistet werden konnte (*Abeltshauser* AG 1990, 289
[295 ff.]; *Raiser* FS Semler, 1993, 277 [290]; *Wißmann* RdA 1992, 320 [329 f.];
v. Maydell AG 1990, 442 [445 f.]). Im Ergebnis scheiterten jedoch auch diese
Vorschläge erneut an der fehlenden Übereinkunft zur Mitbestimmungsfrage – vor
allem auch wegen der von der Bundesrepublik Deutschland und Großbritannien
vertretenen „Extrempositionen" (*Herfs-Röttgen* NZA 2001, 424 [425]).

8   **c) Davignon-Bericht von 1997.** Erst nach Inkrafttreten der RL 94/45/EG
vom 22.9.1994 über die Einsetzung eines Europäischen Betriebsrats in gemeinschaftsweit operierenden Unternehmen und Unternehmensgruppen (ABl. L 254
S. 64) im Jahre 1995 kam wieder Bewegung in die Diskussion (vgl. *Pluskat* DStR
2001, 1483 [1484]). Die EBR-RL wurde im Folgenden durch die RL 2009/38/
EG des Europäischen Parlaments und des Rates vom 6.5.2009 über die Einsetzung eines Europäischen Betriebsrats oder die Schaffung eines Verfahrens zur
Unterrichtung und Anhörung der Arbeitnehmer in gemeinschaftsweit operierenden Unternehmen und Unternehmensgruppen (ABl. L 122 S. 28) neu gefasst
und sollte gemäß ihrem Art. 16 von den Mitgliedstaaten spätestens zum 5.6.2011
umgesetzt werden. Dies ist in der Bundesrepublik Deutschland durch Neube-
kanntmachung des Gesetzes über Europäische Betriebsräte (Europäische Betriebsräte-Gesetz – **EBRG**) in der Fassung vom 7.12.2011 (BGBl. I S. 2650)
geschehen. Aufgrund der Anlehnung des deutschen EBRG an das BetrVG wurde
der Handlungsbedarf für den deutschen Gesetzgeber als eher gering eingeschätzt
(vgl. *Melot de Beauregard/Buchmann* BB 2009, 1417 [1422]).

Im Jahr 1996 berief die Kommission eine Sachverständigengruppe unter Lei-   **9**
tung des ehemaligen Vizepräsidenten der Kommission, Étienne Davignon, ein
und beauftragte diese mit der Erstellung eines Gutachtens über mögliche Lö-
sungsansätze zum Problem der unterschiedlichen Vorstellung zur Arbeitnehmermitbestimmung. Der im Mai 1997 vorgelegte Abschlussbericht (sog. **Davignon-
Bericht,** Abschlussbericht der Sachverständigengruppe „European Systems of
Workers Involvement", BR-Drs. 572/97) kam zu dem Ergebnis, dass eine vollständige Harmonisierung der mitgliedstaatlichen Regelungen nicht möglich sei.
In Anlehnung an die EBR-RL lautete der Vorschlag, vorrangig eine **Verhandlungslösung** zu suchen. Die Ausgestaltung bleibe hierbei entscheidend den
Parteien überlassen. Erst im Falle des Scheiterns der Verhandlungen solle aus
Gründen der Rechtssicherheit und zur Sicherung der Arbeitnehmerbeteiligung
eine **Auffangregelung** eingreifen. Um den Vorrang der Verhandlungslösung
nicht zu unterlaufen, sah das Auffangmodell eine Mitbestimmung von Arbeitnehmervertretern im Aufsichts- oder Verwaltungsorgan im Sinne eines gleichberechtigten Status vor, wobei deren Anteil ein Fünftel der Sitze (bei mindestens zwei
Arbeitnehmervertretern) betragen sollte (sog. Sockel-Lösung; vgl. MüKoAktG/
Jacobs SEBG Vor § 1 Rn. 5; *Dreher* EuZW 1990, 476 [478]).

Auf der Grundlage dieses Berichts folgten dann unter den verschiedenen Rats-   **10**
präsidentschaften Luxemburgs (2. Halbjahr 1997, BR-Drs. 728/97), Großbritanniens (1. Halbjahr 1998, abgedruckt in RdA 1998, 239 ff.), Österreichs (2. Halbjahr 1998) und schließlich auch der Bundesrepublik Deutschland (1. Halbjahr
1999) verschiedene **Kompromissvorschläge** (*Kolvenbach* NZA 1998, 1323
[1324 ff.]), die jedoch erneut allesamt keinen Erfolg hatten. Die Vorschläge
Luxemburgs und Großbritanniens orientierten sich an der EBR-RL und sahen
ein besonderes Verhandlungsgremium vor, in dem die Arbeitnehmer der verschiedenen Mitgliedstaaten entsprechend ihrem zahlenmäßigen Verhältnis vertreten sein sollten. Gemeinsam mit dem dafür zuständigen Organ sollte dieses
Verhandlungsgremium dann eine Einigung über die Arbeitnehmermitbestimmung herbeiführen; hilfsweise sollte die Auffangregelung eingreifen (zu weiteren
Einzelheiten vgl. LHT/*Oetker* SEBG Vor § 1 Rn. 9). Letztere führte erneut zu
Kontroversen, so dass eine Einigung der Mitgliedstaaten nicht zustande kam.
Unter österreichischem Vorsitz schlug der Rat vor, das Eingreifen der Auffangregelung davon abhängig zu machen, dass mindestens 50 % der bei den Gründungsunternehmen beschäftigten Arbeitnehmer von der Mitbestimmungsregelung erfasst waren, andernfalls ein Mehrheitsbeschluss des besonderen Verhandlungsgremiums zugunsten der Anwendung der Auffangregelung vorliegen müsse.
Auch hierauf konnten sich die Mitgliedstaaten – ebenso wie auf den Vorschlag
veränderter Schwellenwerte unter deutscher Präsidentschaft – nicht einigen (vgl.
Riester ArbuR 1999, 1 [4 f.]), wobei am Ende bereits weitgehend Einigung erzielt
werden konnte und lediglich Spanien ein Veto einlegte (vgl. LHT/*Oetker* SEBG
Vor § 1 Rn. 10). Die ablehnende Haltung Spaniens lag sowohl in der Schwellen-
wertproblematik bei der Auffangregelung als auch in der sog. „Gibraltarfrage"
begründet (vgl. *Kolvenbach* NZA 1998, 1323 [1327]). Auch die nachfolgenden
finnischen (2. Halbjahr 1999) und portugiesischen (1. Halbjahr 2000) Präsidentschaften vermochten dieses Problem nicht zu lösen.

d) Gipfel von Nizza (7.–9.12.2000). Zum (politischen) Durchbruch kam es   **11**
während der französischen Präsidentschaft (zweites Halbjahr 2000) im Dezember
2000 auf dem Gipfel von Nizza. Auf Grundlage des Davignon-Berichts wurden
sowohl das SE-Statut als auch die Arbeitnehmerbeteiligung ausgestaltet (ausführlich zum VO- und RL-Entwurf *Pluskat* EuZW 2001, 524 [526 ff.]; zu den
Einzelheiten der Kompromisslösung vgl. auch *Oetker* BB-Special 1/2005, 2 f.).
Die Arbeitnehmerbeteiligung wird hierbei nicht einheitlich für jede SE vor-

geschrieben, sondern bleibt der Verhandlung der Unternehmensleitung und einem eigens einzurichtenden besonderen Verhandlungsgremium der Arbeitnehmer überlassen (sog. **Vorrang der Verhandlungslösung**). Auch hier greift, wenn es nicht zu einer Einigung kommt, eine subsidiäre Auffangregelung, die sich am höchsten Beteiligungsniveau der an der Gründung der SE beteiligten Gesellschaften bemisst (sog. **Vorher–Nachher-Prinzip;** vgl. auch *Riester* ArbuR 1999, 1 [4 f.]). Spaniens Zustimmung wurde dadurch erreicht, dass eine Optionslösung für die Gründung einer SE durch Verschmelzung (vgl. Art. 7 Abs. 3 SE-RL iVm Art. 12 Abs. 3 SE-VO) eingefügt wurde. Die Optionslösung eröffnet den Mitgliedstaaten die Möglichkeit, die Mitbestimmungsregelungen bei Gründung einer SE durch Verschmelzung nicht anzuwenden. Bis dato hat jedoch kein Mitgliedstaat von dieser Möglichkeit Gebrauch gemacht (vgl. http://www.boeckler.de/35839.htm bzw. *Köstler* Die Europäische Aktiengesellschaft, S. 45). Auch Spanien selbst hat diese Optionslösung bislang nicht umgesetzt. Die politische Brisanz des Themas wird daran deutlich, dass der Rat elf Jahre gebraucht hat, um sich auf Grundsätze zu verständigen, die im Wesentlichen bereits im Richtlinienvorschlag von 1989 enthalten waren (*Blanquet* ZGR 2002, 20 [34]).

12   Nach der Verständigung über den materiellen Inhalt der Regelungen zur SE waren aber noch nicht alle Streitpunkte beigelegt; insbesondere die Frage nach der **zutreffenden Rechtsgrundlage** und damit einhergehend auch der Mitwirkungsbefugnisse des Europäischen Parlaments blieben streitig (vgl. *Kleinsorge* RdA 2002, 343 [345 f.]; kritisch bereits zum Vorschlag aus dem Jahre 1989 *Abeltshauser* AG 1990, 289 [291 ff.]). Während die Kommission Art. 308 EGV (heute: Art. 352 AEUV) für maßgeblich hielt, ging das Parlament von einer eigenen Zuständigkeit nach Art. 95 bzw. 137 EGV (heute: Art. 114 bzw. 153 AEUV) aus. Im Ergebnis stimmte das Europäische Parlament den ihm im März 2001 im Rahmen der Konsultation zugeleiteten Vorschlägen jedoch schließlich zu (vgl. *Kleinsorge* RdA 2002, 343 [346]). Der Rat berücksichtigte erfolgte Änderungsanträge nicht, so dass sowohl VO als auch RL in ihrer jeweiligen Fassung vom 1.2.2001 vom Rat der Arbeits- und Sozialminister am 8.10.2001 angenommen wurden. Nachdem sich das Parlament zunächst vorbehalten hatte, zu einem späteren Zeitpunkt den Europäischen Gerichtshof bezüglich der Frage nach der zutreffenden Rechtsgrundlage anzurufen, nahm es von diesem Vorhaben später Abstand (vgl. *Kleinsorge* RdA 2002, 343 [346]; ausführlich zum Klageverzicht *Neye* ZGR 2002, 377).

13   **2. SE-VO und SE-RL.** Die SE-VO regelt die gesellschaftsrechtlichen Grundlagen der SE. Die Beteiligung der Arbeitnehmer ist demgegenüber in der SE-RL geregelt und hängt unter anderem davon ab, welche der nach der SE-VO vorgesehenen Gründungsformen gewählt wird. Aufgrund der bestehenden Verknüpfungen von VO und RL können beide Instrumente nicht losgelöst voneinander betrachtet werden (MüKoAktG/*Jacobs* SEBG Vor § 1 Rn. 9; vgl. zu den bestehenden Verbindungen zwischen SE-RL und SE-VO auch *Blanquet* ZGR 2002, 20 [56 ff.]). Dies unterstreicht auch der 19. Erwägungsgrund der SE-VO mit der Feststellung, dass die Bestimmungen der RL eine „untrennbare Ergänzung der [...] Verordnung dar[stellen] und [...] zum gleichen Zeitpunkt anwendbar sein [müssen]".

14   **a) Die SE-VO.** Die SE-VO regelt in Art. 2 zunächst die sog. **„Primärgründungsformen":** die Gründung durch Verschmelzung (Art. 2 Abs. 1 SE-VO), die Gründung einer Holding-SE (Art. 2 Abs. 2 SE-VO), die Gründung einer gemeinsamen Tochter-SE (Art. 2 Abs. 3 SE-VO) sowie die Gründung durch Umwandlung in eine SE (Art. 2 Abs. 4 SE-VO). Auf diese Primärgründungen finden SE-RL (vgl. Art. 1 Abs. 1 SE-RL) und auch die nationalen Umsetzungsgesetze (vgl. zB § 1 Abs. 1 S. 1 SEBG) Anwendung mit der Folge, dass diese

beteiligungspflichtig sind. Von diesen Gründungsformen haben im Inland bislang primär die Gründung durch Verschmelzung und die formwechselnde Umwandlung Bedeutung erlangt (MüKoAktG/*Jacobs* SEBG Vor § 1 Rn. 10). Zur Beteiligungspflichtigkeit von Sekundärgründungen gemäß Art. 3 Abs. 2 SE-VO → § 3 Rn. 8 f.

b) Arbeitnehmerbeteiligung gemäß der SE-RL. Die SE-RL ergänzt die **15** SE-VO um Regelungen zur „Beteiligung der Arbeitnehmer in der SE" (Art. 1 Abs. 1 SE-RL). Hierbei sind zwei Ebenen der Beteiligung zu unterscheiden: zum einen die grenzüberschreitende Unterrichtung und Anhörung der Arbeitnehmer (ähnlich betriebsverfassungsrechtlicher Beteiligungsrechte) auf **„betrieblicher Ebene"**, zum anderen die Mitbestimmung (im Sinne einer Unternehmensmitbestimmung) der Arbeitnehmer auf **„Unternehmensebene"** (vgl. *Kleinsorge* RdA 2002, 343 [347]). Der Richtliniengeber geht hierbei davon aus, dass beide Formen der Arbeitnehmerbeteiligung in der SE vorrangig durch eine Vereinbarung zu konkretisieren sind. Für diese Zwecke sieht die SE-RL die Durchführung eines besonderen Verhandlungsverfahrens vor, das im Grundsatz vor jeder SE-Gründung durchgeführt werden muss (zu Ausnahmen → § 3 Rn. 7 ff.).

An dieser Stelle wird die **Verzahnung** der Vorgaben der SE-RL **mit der SE-** **16** **VO** besonders deutlich. Gemäß Art. 12 Abs. 2 SE-VO ist nämlich Voraussetzung für die Eintragung der SE und damit für ihre Gründung, dass entweder (i) eine Vereinbarung über die Beteiligung der Arbeitnehmer iSd SE-RL geschlossen oder (ii) ein Beschluss über die Nichtaufnahme oder den Abbruch der Verhandlungen gefasst worden ist oder (iii) die Verhandlungsfrist ergebnislos abgelaufen ist. Diese drei Varianten zeigen abschließend die Möglichkeiten auf, wie das besondere Verhandlungsverfahren zur Beteiligung der Arbeitnehmer gemäß der SE-RL beendet werden kann. Für das Arbeitnehmerbeteiligungsverfahren gilt nach Art. 6 SE-RL das Recht desjenigen Mitgliedstaates, in dem die SE ihren Sitz haben wird, wobei es gemäß Art. 3 Abs. 2 lit. b zum Teil durch das Recht anderer Mitgliedstaaten ergänzt wird (→ Rn. 24 ff.).

Rechtsgrundlage für die SE-RL ist Art. 352 AEUV (vormals Art. 308 EGV). **17** Dies ist vielfach kritisiert worden, da die RL – anders als die VO, welche die Verwirklichung des Binnenmarktes als ihr erklärtes Ziel benenne – die Förderung der Gemeinschaft im Bereich Soziales zum Ziel habe (vgl. Erwägungsgrund Nr. 3 der RL und MüKoAktG/*Jacobs* SEBG Vor § 1 Rn. 14). Art. 352 AEUV sei daher gegenüber speziellen, auf sozialrechtliche Vorschriften gemünzte Ermächtigungsgrundlagen – wie Art. 153 AEUV (vormals Art. 137 EGV) iVm Art. 294 AEUV (ehemals Art. 251 EGV) – subsidiär (so MüKoAktG/*Jacobs* SEBG Vor § 1 Rn. 14).

aa) Vorrang der Vereinbarungslösung. Die Arbeitnehmerbeteiligung nach **18** der SE-RL basiert wie angesprochen auf zwei verschiedenen Pfeilern, der Unterrichtung und Anhörung der Arbeitnehmer und der Unternehmensmitbestimmung. Für beide sieht der europäische Kompromiss vorrangig eine Verhandlungslösung und für den Fall des Scheiterns einer entsprechenden Vereinbarung Auffangregelungen als Mindeststandard vor (→ Rn. 22 f., unter bb).

Das Ergebnis des Verhandlungsverfahrens (sei es eine Vereinbarung oder die **19** Auffangregelung, die ebenfalls vereinbart werden kann) ersetzt gemäß Art. 13 Abs. 2 SE-RL die innerstaatlichen nationalen Systeme über die Unternehmensmitbestimmung. Es entsteht ein eigenes Mitbestimmungssystem für die SE.

Ähnlich verdrängt ein auf der Grundlage der SE-RL eingerichtetes Anhö- **20** rungs- und Unterrichtungsverfahren gemäß Art. 13 Abs. 1 S. 1 SE-RL die Anwendbarkeit der EBR-RL und der zu ihrer Umsetzung erlassenen mitgliedstaatlichen Vorschriften.

21   Die einzelstaatlichen betrieblichen Beteiligungsrechte der Arbeitnehmer (zB das deutsche Betriebsverfassungsrecht, vgl. *Kleinsorge* RdA 2002, 343 [348, 351]) bleiben gemäß Art. 13 Abs. 3 lit. a SE-RL in den Betrieben der SE weiterhin anwendbar.

22   **bb) Absicherung durch subsidiäre Auffangregelung.** Nach den Vorstellungen des Richtliniengebers soll die Existenz von Arbeitnehmerbeteiligungsrechten nicht gänzlich von dem Zustandekommen einer entsprechenden Vereinbarung über die Arbeitnehmerbeteiligung abhängen. Nach Art. 7 Abs. 1 SE-RL iVm Teilen 1 bis 3 des Anhangs zur SE-RL gelangt eine nachrangige **Auffangregelung** zur Anwendung, wenn die Verhandlungen über eine Vereinbarung über die Arbeitnehmerbeteiligung in der SE scheitern. Ein Scheitern liegt vor, wenn eine Einigung bis zum Ablauf der Sechsmonatsfrist (oder der auf bis zu ein Jahr durch Vereinbarung verlängerbaren Frist) nicht zustande gekommen ist (vgl. Art. 7 Abs. 1b SE-RL). Die Parteien können die Auffangregelung jedoch auch zum Inhalt ihrer Vereinbarung über die Arbeitnehmerbeteiligung machen (vgl. Art. 7 Abs. 1 S. 2 lit. a SE-RL).

23   Die Regelungen zum Inhalt der Auffangregelung sind in den Teilen 1 bis 2 des Anhangs der SE-RL niedergelegt. Teile 1 und 2 betreffen das Verfahren zur Anhörung und Unterrichtung. Teil 1 regelt die Zusammensetzung des Organs zur Vertretung der Arbeitnehmer für Zwecke der Durchführung der Anhörung und Unterrichtung, insbesondere die Größe, Zusammensetzung und innere Organisation des Organs. Teil 2 regelt die Zuständigkeiten und Befugnisse des Vertretungsorgans mit Blick auf das Unterrichtungs- und Anhörungsverfahren. Teil 3 beinhaltet die Auffangregelung zur Unternehmensmitbestimmung.

24   **cc) Besonderes Verhandlungsgremium der Arbeitnehmer als Verhandlungspartner.** Die Vereinbarung über die beiden Formen der Arbeitnehmerbeteiligung kommt nach der Vorstellung des Richtliniengebers zwischen einem sog. **besonderen Verhandlungsgremium** (bVG) der Arbeitnehmer und den Unternehmensleitungen der an der Gründung der SE beteiligten Gesellschaften (vgl. Art. 3 Abs. 1 iVm Abs. 3 SE-RL) zustande. Zu diesem Zweck haben die Arbeitnehmer der an der SE-Gründung beteiligten Gesellschaften sowie deren betroffene Tochtergesellschaften und Betriebe zunächst ein solches bVG zu bilden. Es handelt sich dabei um ein international besetztes Arbeitnehmervertretungsgremium, das nur zum Zwecke und nur für die Dauer der Verhandlung des Arbeitnehmerbeteiligungsmodells der zu gründenden SE gebildet wird.

25   Planen die Leitungs- oder Verwaltungsorgane der beteiligten Gesellschaften die Gründung einer SE, müssen sie nach Art. 3 Abs. 1 SE-RL so rasch wie möglich die erforderlichen Schritte für die Bildung des bVG und die Aufnahme von Verhandlungen mit den Arbeitnehmervertretern über die Vereinbarung der Arbeitnehmerbeteiligung in der SE einleiten. Die **Initiativlast** zur Einsetzung des bVG obliegt den an der Gründung der SE beteiligten Gesellschaften (KK-AktG/ *Feuerborn* SEBG Vor § 1 Rn. 16; MüKoAktG/*Jacobs* SEBG Vor § 1 Rn. 18).

26   Art. 3 SE-RL ist die zentrale Vorschrift für die Einsetzung des bVG. Die Vorgaben zur Einsetzung des bVG zeichnen sich durch eine stark mitgliedstaatenbezogene und eine weniger ausgeprägte unternehmensbezogene, an der Arbeitnehmeranzahl orientierte Komponente aus (vgl. *Kleinsorge* RdA 2002, 343 [348]).

27   Die Ausgestaltung des **Verfahrens** zur **Wahl und Bestellung der Mitglieder** des bVG ist über Art. 3 Abs. 2 lit. b SE-RL den jeweiligen Mitgliedstaaten überlassen, für die sie gewählt bzw. bestellt werden. Hinsichtlich der **konkreten Zusammensetzung** des bVG unterliegen die Mitgliedstaaten jedoch den Vorgaben des Art. 3 Abs. 2 lit. a SE-RL. Die Zahl der auf einen Mitgliedstaat entfallenden Sitze bestimmt sich anteilig nach den dort beschäftigten Arbeitnehmern im Verhältnis zur Gesamtzahl der einzubeziehenden Arbeitnehmer der beteiligten Gesellschaften und ihrer Tochtergesellschaften in den Mitgliedstaaten der EU und den übrigen Vertragsstaaten des Europäischen Wirtschaftsraums (im Folgenden „Mitgliedstaaten"). Für jeden vollen und angebrochenen 10 %-Anteil an der Gesamtzahl der einzubeziehenden Arbeitnehmer, der in einem Mitgliedstaat beschäftigt ist, wird dem betreffenden Mitgliedstaat ein Sitz im bVG zugewiesen (vgl. Art. 3 Abs. 2 lit. a i SE-RL). Folge dieser mitgliedstaatenbezogenen Sitzzahlberechnung ist, dass bei Gründung einer SE durch zwei Unternehmen mit vergleichbarer Gesamtarbeitnehmerzahl eines der Unternehmen im bVG trotzdem wesentlich stärker vertreten sein kann, weil es zB betroffene Tochtergesellschaften in vielen anderen Mitgliedstaaten hat (*Kleinsorge* RdA 2002, 343 [349]). Der Richtliniengeber geht nämlich davon aus, dass jeder Mitgliedstaat, in dem Arbeitnehmer der Gründungsgesellschaften oder einer ihrer Tochtergesellschaften beschäftigt sind jedenfalls mit einem Sitz im bVG zu berücksichtigen ist (unabhängig davon, ob zB 0,5 % oder 9,0 % der Gesamtbelegschaft in dem Mitgliedstaat beschäftigt sind).

Hinsichtlich der Gründung einer SE durch Verschmelzung bestehen in Art. 3 **28** Abs. 2 lit. a ii SE-RL besondere Vorgaben. Insofern findet eine unternehmensbezogene Betrachtung bei der Sitzverteilung in bVG statt: Jede der an der Verschmelzung beteiligten Gesellschaften, die Arbeitnehmer in dem betreffenden Mitgliedschaft beschäftigt und als Folge der SE-Gründung als eigene Rechtspersönlichkeit erlischt, muss grundsätzlich (zu den Ausnahmen vgl. Art. 3 Abs. 2 lit. a ii erster und zweiter Spiegelstrich) durch mindestens ein Mitglied im bVG vertreten sein (vgl. LHT/*Oetker* SEBG § 5 Rn. 11).

Daneben bestimmt Art. 3 Abs. 2 lit. b SE-RL, dass nach Möglichkeit jede an **29** der Gründung beteiligte Gesellschaft durch mindestens ein Mitglied im bVG vertreten sein soll. Das kann **Probleme** aufwerfen, wenn mehrere Gründungsgesellschaften in einem Mitgliedstaat mit jeweils geringer Beschäftigtenzahl beteiligt sind, während andere Mitgliedstaaten lediglich jeweils ein Gründungsunternehmen dafür aber mit großer Belegschaft stellen; in diesen Fällen würde regelmäßig die in Art. 3 Abs. 2 lit. a i SE-RL vorgesehene anteilsmäßig berechnete **Höchstmitgliederzahl je Mitgliedstaat überschritten** (*Herfs-Röttgen* NZA 2002, 358 [360]). Allerdings fehlt – im Gegensatz zu dem Fall der Sitzgarantie für erlöschende Gesellschaften bei der Verschmelzungsgründung (Art. 3 Abs. 2 lit. a ii SE-RL) – eine Regelung in der SE-RL, wie die Diskrepanz zwischen Sitzgarantie für beteiligte Gesellschaften und dem mitgliedstaatsbezogenen Proportionalitätsprinzip aufzulösen ist. Es blieb daher den Mitgliedstaaten überlassen, diese Lücke im Rahmen der Umsetzung der SE-RL in nationales Recht zu schließen. Das deutsche Umsetzungsgesetz hat sich dessen in § 7 Abs. 2–4 SEBG für inländische beteiligte Gesellschaften angenommen. Danach erhalten die inländischen beteiligten Gesellschaften in absteigender Reihenfolge der Zahl ihrer Arbeitnehmer jeweils einen Sitz im bVG, wenn die Anzahl der rechnerisch auf das Inland entfallenden Mitglieder des bVG geringer ist als die Anzahl der an der Gründung beteiligten Gesellschaften mit Sitz im Inland (vgl. § 7 Abs. 3 SEBG sowie → § 7 Rn. 3 und das Beispiel bei LHT/*Oetker* SEBG § 7 Rn. 7).

Die Verhandlungen mit dem bVG über die Arbeitnehmerbeteiligung in der SE **30** beginnen mit der Einsetzung des bVG und dauern gemäß Art. 5 Abs. 1 SE-RL bis zu sechs Monate bzw. bei einer einvernehmlichen Verlängerung bis zu ein Jahr. Das bVG kann über Art. 3 Abs. 5 SE-RL bei den Verhandlungen auch **Sachverständige** – zu denen auch Vertreter der einschlägigen Gewerkschaftsorganisationen auf Gemeinschaftsebene zählen können – hinzuziehen. Die Kosten, die im Zusammenhang mit der Tätigkeit des bVG sowie den Verhandlungen entstehen, tragen gemäß Art. 3 Abs. 7 SE-RL die beteiligten Gesellschaften.

31   Die Vereinbarung über die **Beteiligung der Arbeitnehmer** ist **schriftlich** zu treffen (Art. 3 Abs. 3 SE-RL). Die rechtsdogmatische Einordnung einer solchen Vereinbarung über die Arbeitnehmerbeteiligung in der SE ist umstritten. Wohl überwiegend wird die Vereinbarung als Kollektivvertrag *sui generis* (*Kraushaar* BB 2003, 1614 [1619]; ausführlich *Forst* Die Beteiligungsvereinbarung nach § 21 SEBG, 2010, 84 ff.; → § 21 Rn. 4) qualifiziert.

32   Das bVG **beschließt** gemäß Art. 3 Abs. 4 SE-RL über die Vereinbarung grundsätzlich mit der absoluten Mehrheit der Stimmen, wobei hierdurch gleichzeitig die absolute Mehrheit der Arbeitnehmer repräsentiert sein muss. Für Beschlüsse, die eine Minderung der Mitbestimmungsrechte gegenüber den an der Gründung beteiligten Gesellschaften zur Folge hätten (Art. 3 Abs. 4 S. 3 SE-RL) oder zur Nichtaufnahme oder dem Abbruch der Verhandlungen führen sollen (Art. 3 Abs. 6 SE-RL), werden qualifizierte Beschlussmehrheiten gefordert.

33   **dd) Nichtverhandlungs- bzw. Abbruchbeschluss des bVG.** Das bVG kann die Nichtaufnahme oder den Abbruch der Verhandlungen nach Art. 3 Abs. 6 SE-RL beschließen. Für einen solchen Beschluss ist nach Art. 3 Abs. 6 S. 4 SE-RL eine qualifizierte Mehrheit von zwei Dritteln der Stimmen der Mitglieder erforderlich, die mindestens zwei Drittel der Arbeitnehmer in mindestens zwei Mitgliedstaaten vertreten (vgl. Art. 7 Abs. 1 S. 2 lit. b SE-RL). In diesem Fall findet weder eine Vereinbarung über die Arbeitnehmerbeteiligung Anwendung noch die Auffangregelung gemäß dem Anhang der SE-RL. Mit Blick auf die Unternehmensmitbestimmung bedeutet dies, dass die SE keinem System der Unternehmensmitbestimmung unterliegt, da die nationalen Mitbestimmungsvorschriften auf die SE keine Anwendung finden (vgl. Art. 13 Abs. 2 SE-RL). Mit Blick auf das Anhörungs- und Unterrichtungsverfahren hingegen sieht die SE-RL für den Fall eines Nichtverhandlungs- bzw. Abbruchbeschlusses des bVG vor, dass die nationalen Vorschriften für die Unterrichtung und Anhörung der Arbeitnehmer zur Anwendung gelangen, die in den Mitgliedstaaten gelten, in denen die Arbeitnehmer der SE beschäftigt sind (vgl. Art. 3 Abs. 6 SE-RL). Zusätzlich soll in diesen Fällen gemäß Art. 13 Abs. 1 S. 2 SE-RL ausnahmsweise auch die EBR-RL zur Anwendung kommen. Hierdurch wird ein gemeinschaftsweiter Mindeststandard für die Anhörung und Unterrichtung gesichert. Gemäß Art. 13 Abs. 1 S. 1 SE-RL verdrängt ein auf der Grundlage der SE-RL eingerichtetes Anhörungs- und Unterrichtungsverfahren im Grundsatz die Anwendbarkeit der EBR-RL und der zu ihrer Umsetzung erlassenen mitgliedstaatlichen Vorschriften. Die EBR-RL wird jedoch nicht verdrängt, wenn kein Anhörungs- und Unterrichtungsverfahren entsprechend der SE-RL eingerichtet wird, weil das bVG gemäß Art. 3 Abs. 6 SE-RL beschließt, keine Verhandlungen aufzunehmen oder bereits begonnene Verhandlungen abzubrechen.

34   **ee) Anhörung und Unterrichtung.** Nach der Intention des Richtliniengebers soll in jeder SE die Existenz eines Unterrichtungs- und Anhörungsverfahrens auf grenzüberschreitender Ebene gewährleistet sein (Erwägungsgrund Nr. 6 der SE-RL). Art. 2 lit. i SE-RL definiert die „**Unterrichtung**" als Information des Vertretungsorgans der Arbeitnehmer und/oder ihrer Vertreter durch das zuständige SE-Organ mit Blick auf Angelegenheiten, die die SE selbst oder eine ihrer Tochtergesellschaften oder einen ihrer Betriebe in einem anderen Mitgliedstaat betreffen oder die über die Befugnisse der Entscheidungsorgane auf der Ebene des einzelnen Mitgliedstaats hinausgehen. Unter **Anhörung** ist nach Art. 2 lit. j SE-RL die Einrichtung eines Dialogs und eines Meinungsaustauschs zwischen dem zuständigen Organ der SE und dem zuständigen Arbeitnehmervertretungsgremium zu verstehen.

35   Vorrangig soll eine freiwillige Vereinbarung nach Art. 3 und 4 SE-RL über die Einrichtung eines Arbeitnehmervertretungsorgans zur Durchführung der Anhö-

rung und Unterrichtung getroffen werden. Der Inhalt der Vereinbarung richtet sich grundsätzlich nach Art. 4 Abs. 2 SE-RL. Geregelt werden sollen insbesondere die Zusammensetzung des Vertretungsorgans sowie die Anzahl seiner Mitglieder (lit. b), die Befugnisse und das Verfahren zur Unterrichtung und Anhörung (lit. c), die Häufigkeit der Sitzungen (lit. d), die für das Organ bereitzustellenden finanziellen und materiellen Mittel (lit. e) sowie weitere Durchführungsmodalitäten. Den Parteien ist es aber unbenommen, anstelle eines Vertretungsorgans ein eigenständiges Verfahren zur Unterrichtung und Anhörung zu entwickeln und die Einzelheiten zu dessen Durchführung festzulegen (vgl. lit. f). Hierfür können zB organisatorische Gründe sprechen (KK-AktG/*Feuerborn* SEBG Vor § 1 Rn. 16).

Nach der Auffangregelung der SE-RL (gemäß Anhang Teil 2 SE-RL) erstreckt **36** sich die **Zuständigkeit** des Vertretungsorgans zur Durchführung der Anhörung und Unterrichtung auf diejenigen Angelegenheiten, die die SE selbst oder eine ihrer Tochtergesellschaften bzw. einen ihrer Betriebe in einem anderen Mitgliedstaat betreffen oder über die Befugnisse der Entscheidungsorgane auf Ebene der einzelnen Mitgliedstaaten hinausgehen (Teil 2 lit. a). Ansonsten ist im Wesentlichen geregelt, dass das Vertretungsorgan das **Recht auf regelmäßige Information** über die Struktur der SE, ihre wirtschaftliche und finanzielle Situation, die voraussichtliche Entwicklung von Geschäfts-, Produktions- und Absatzlage, etwaige Produktionsverlagerungen, die Verkleinerung oder Schließung von Unternehmen, Betrieben oder Betriebsteilen, die Beschäftigungslage und ihre prognostizierte Entwicklung oder über geplante Massenentlassungen hat (vgl. Teil 2 lit. b). Unterrichtungs- und Anhörungsrechte bestehen darüber hinaus im Falle von außergewöhnlichen Umständen (vgl. Anhang Teil 2 lit. c SE-RL), wenn diese erhebliche Auswirkungen auf die Arbeitnehmerinteressen haben.

Entscheidend für ein ordnungsgemäßes Unterrichtungs- und Anhörungsverfahren ist die Durchführung zum **richtigen Zeitpunkt.** Im Regelfall haben **37** Unterrichtung und Anhörung gemäß Art. 2 lit. i, S. 2, lit. f, S. 2 SE-RL so rechtzeitig zu erfolgen, dass die Arbeitnehmer noch die Möglichkeit haben, im Rahmen einer Stellungnahme ihre Meinung in den unternehmerischen Entscheidungsprozess mit einzubringen (KK-AktG/*Feuerborn* SEBG Vor § 1 Rn. 9; MüKoAktG/*Jacobs* SEBG Vor § 1 Rn. 17; *Kleinsorge* RdA 2002, 343 [347]). Auch die EBR-RL greift diese Begriffsbestimmung auf (vgl. Art. 2 lit. g EBR-RL).

Die SE-RL bezeichnet das für die Anhörung und Unterrichtung zuständige **38** Arbeitnehmervertretungsgremium als „Vertretungsorgan" (vgl. Art. 4 Abs. 2b, Teil 1 und Teil 2 des Anhangs SE-RL). Dabei geht der Richtliniengeber bei Eingreifen der Auffangregelung von einem Gremium aus, das vergleichbar dem bVG international besetzt ist (vgl. Anhang Teil 1e SE-RL).

ff) Unternehmensmitbestimmung. Die Vorschriften der SE-RL zur Betei- **39** ligung der Arbeitnehmer auf Unternehmensebene wurden im Rahmen der SE-RL erstmalig auf europäischer Ebene aufgestellt, so dass ihnen – anders als den der EBR-RL nachgebildeten Vorschriften zur Unterrichtung und Anhörung – ein europäisches Vorbild fehlt (vgl. *Kleinsorge* RdA 2002, 343 [348]). Die Mitbestimmung iSd Art. 2 lit. k SE-RL betrifft im dualistischen System die Besetzung des Aufsichtsorgans und im monistischen System diejenige des Verwaltungsorgans. Nach deutschem Verständnis handelt es sich folglich um **Unternehmensmitbestimmung** (KK-AktG/*Feuerborn* SEBG Vor § 1 Rn. 20). Die spätestens mit dem Davignon-Bericht erlangte Erkenntnis, dass eine Angleichung der Mitbestimmungsrechte in der Gemeinschaft politisch nicht durchsetzbar ist, verengte den Zweck der SE-RL darauf, das bei der Gründung einer SE bestehende Mitbestimmungsniveau zu sichern. Dieser Schutz wird durch eine **Vorher-**

Nachher-Betrachtung erreicht: Erworbene Rechte der Arbeitnehmer können diesen nach der Gründung nicht gegen den Willen der Mehrheit der Arbeitnehmer entzogen oder beschnitten werden (kritisch zum Vorher-Nachher-Prinzip *Fleischer* AcP 204 [2004], 502 [535]: „kardinaler Konstruktionsfehler"). Ebenso wie im Rahmen der betrieblichen Mitbestimmung gilt auch hier der **Vorrang der Vereinbarungslösung** (vgl. Art. 4 Abs. 1 SE-RL). Allerdings geht die SE-RL davon aus, dass die Unternehmensmitbestimmung nicht zwingend Inhalt einer Vereinbarungslösung ist. Gemäß Art. 4 Abs. 2g SE-RL steht es den Parteien frei, eine Vereinbarung über die Mitbestimmung zu treffen. Eine Ausnahme von der Parteiautonomie greift jedoch gemäß Art. 4 Abs. 4 SE-RL im Fall der SE-Gründung durch Umwandlung. Für diesen Fall sieht Art. 4 Abs. 4 SE-RL vor, dass in Bezug auf alle Komponenten der Arbeitnehmerbeteiligung als Mindestmaß das gleiche Niveau gewährleistet sein muss, das in der Gesellschaft besteht, die in eine SE umgewandelt wird.

40 Für den Fall, dass die Parteien beschließen eine Vereinbarung über die Mitbestimmung zu treffen, legt Art. 4 Abs. 1g SE-RL die notwendigen Regelungsinhalte fest. Danach ist die Zahl der Mitglieder des Leitungsorgans der SE, welche die Arbeitnehmer wählen oder bestellen können oder deren Bestellung sie empfehlen oder ablehnen können, festzulegen. Ferner sind das Verfahren, nach denen die Arbeitnehmer diese Mitglieder wählen oder bestellen oder deren Bestellung empfehlen oder ablehnen können, sowie die Rechte dieser Mitglieder zu regeln.

(1) Vereinbarung über eine Minderung der Mitbestimmungsrechte.
41 Wenn die beabsichtigte Vereinbarung über die Mitbestimmung zu einer **Minderung der Mitbestimmungsrechte** führen würde, muss das bVG dies mit qualifizierter Mehrheit gemäß Art. 3 Abs. 4 SE-RL beschließen. Eine Minderung der Mitbestimmungsrechte in diesem Sinne bedeutet, dass der Anteil der Arbeitnehmervertreter in Aufsichts- oder Verwaltungsorgan (vgl. Art. 2 lit. k SE-RL) geringer ist als der höchste in den beteiligten Gesellschaften geltende Anteil (vgl. Art. 3 Abs. 4 SE-RL). Die unterschiedlichen Schwellenwerte nach Art. 3 Abs. 4 SE-RL als Voraussetzung für die qualifizierte Beschlussfassung über eine solche Minderung der Mitbestimmungsrechte sind darauf zurückzuführen, dass das Schutzbedürfnis hinsichtlich der Mitbestimmung der Arbeitnehmer bei den vier Primärgründungsformen der SE unterschiedlich groß ist (MüKoAktG/*Jacobs* SEBG Vor § 1 Rn. 24). Bei der Gründung einer **Holding- oder Tochter-SE** bleiben die Gründungssysteme und damit auch die bestehende Mitbestimmung erhalten, weswegen der Schwellenwert für das Eingreifen des qualifizierten Beschlusserfordernisses mit mindestens 50 % der gesamten Arbeitnehmer verhältnismäßig hoch ist. Bei einer **Verschmelzung** zur SE bleiben die Gründungsgesellschaften und deren Mitbestimmungssysteme demgegenüber nicht erhalten, weswegen der Schwellenwert auf 25 % für das qualifizierte Beschlusserfordernis reduziert wird. Ausgeschlossen ist eine Verschlechterung des Mitbestimmungsniveaus im Fall der SE-Gründung durch **Umwandlung** (Art. 4 Abs. 4 SE-RL). Kommt eine qualifizierte Mehrheit für die Minderung der Mitbestimmung nicht zustande bzw. scheitern die Verhandlungen greift die **Auffangregelung** nach Art. 7 Abs. 1, Anhang Teil 3 SE-RL ein. Ferner können die Parteien die Auffangregelung auch zum Inhalt ihrer Beteiligungsvereinbarung machen.

42 **(2) Auffangregelung über die Mitbestimmung.** Art. 7 Abs. 2 SE-RL unterscheidet dabei für Zwecke der Anwendung der Auffangregelung nach Teil 3 des Anhangs zunächst nach den einzelnen Gründungsformen. Nach Art. 7 Abs. 2 lit. a SE-RL findet die Auffangregelung über die Unternehmensmitbestimmung nach Teil 3 des Anhangs in den Fällen der SE-Gründung durch **Umwandlung** nur Anwendung, wenn für die umzuwandelnde Gesellschaft nationales Mitbestimmungsrecht galt. Bei der Gründung durch **Verschmelzung** (Art. 7 Abs. 2

lit. b SE-RL) oder durch **Errichtung einer Holding- oder Tochter-SE** (Art. 7 Abs. 2 lit. c SE-RL) müssen Mitbestimmungsrechte in einer oder mehreren Gründungsgesellschaften bestanden haben, die sich auf einen bestimmten Anteil der Belegschaft erstreckt haben müssen. Für die Anwendung der Auffangregelung über die Unternehmensmitbestimmung fordert die SE-RL damit, dass – jeweils gemessen an der Gesamtzahl der Arbeitnehmer der beteiligten Gesellschaften – 25 % (Verschmelzung) bzw. 50 % (Errichtung einer Holding- oder Tochter-SE) der Arbeitnehmer Mitbestimmungsrechte in einer oder mehreren Gründungsgesellschaften hatten. Werden diese Schwellenwerte nicht erreicht, findet die Auffangregelung keine Anwendung, es sei denn, das bVG fasst einen entsprechenden Beschluss (vgl. Art. 7 Abs. 2 lit. b und c SE-RL, jeweils 2. Spiegelstrich).

Im Falle einer durch Umwandlung gegründeten SE finden alle Komponenten **43** der Arbeitnehmermitbestimmung, die vor der Eintragung galten, weiterhin Anwendung (Anhang Teil 3 lit. a SE-RL). Im Übrigen gilt, dass die Zahl der Mitglieder, die im Rahmen der Wahl oder Bestellung in das Verwaltungs- oder Aufsichtsorgan seitens der Arbeitnehmer oder ihrer Vertreter bestimmt werden, sich nach dem höchsten Anteil an Arbeitnehmervertretern bemisst, der in den Aufsichts- oder Verwaltungsorganen der beteiligten Gesellschaften vor der Eintragung der SE bestand (Anhang Teil 3 lit. b SE-RL). Galt vor Eintragung der SE in keiner der beteiligten Gesellschaften eine Form der Unternehmensmitbestimmung, besteht nach der SE-RL keine Pflicht, eine solche für die SE einzuführen (Anhang Teil 3 lit. b UAbs. 2 SE-RL).

Nachdem festgestellt ist, welche Form der Mitbestimmung (insbesondere wel- **44** cher Anteil an Arbeitnehmervertretern im Aufsichts- oder Verwaltungsorgan) auf die zu gründende SE Anwendung findet und damit wie viele **Sitze im Aufsichts- oder Verwaltungsorgan** auf die Vertreter der Arbeitnehmer entfallen, entscheidet in einem nächsten Schritt gemäß Anhang Teil 3 lit. b UAbs. 3 SE-RL das Vertretungsorgan (dh das Vertretungsorgan der Arbeitnehmer, das zum Zwecke der Anhörung und Unterrichtung gegründet wurde) entsprechend den jeweiligen Belegschaftsanteilen der in den einzelnen Mitgliedstaaten beschäftigen Arbeitnehmer der SE über die **Verteilung der Arbeitnehmersitze auf die Mitgliedstaaten.** Die Besetzung der auf einen Mitgliedstaat entfallenen Arbeitnehmersitze richtet sich nach dem Recht des jeweiligen Mitgliedstaats. Die arbeitnehmerseitig gewählten bzw. bestellten Mitglieder des Verwaltungs- oder Aufsichtsorgans sind voll stimmberechtigt und stehen auch hinsichtlich der Rechte und Pflichten den Vertretern der Anteilseignerseite gleich (Anhang Teil 3 lit. b UAbs. 4 SE-RL).

Die Kompromisslösung im Rahmen des Gipfels von Nizza beinhaltete auch **45** eine sog. **Optionslösung,** mittels derer die Zustimmung Spaniens zum „Projekt SE" gesichert werden konnte. Die Optionslösung (Art. 7 Abs. 3 SE-RL iVm Art. 12 Abs. 3 SE-VO) eröffnet den Mitgliedstaaten die Möglichkeit, für den Fall der **Verschmelzung** die Auffangregelung über die Mitbestimmung nicht in nationales Recht umzusetzen. Der deutsche Gesetzgeber hat von dieser Möglichkeit keinen Gebrauch gemacht (vgl. § 34 Abs. 1 Nr. 2; MüKoAktG/*Jacobs* SEBG Vor § 1 Rn. 27). Für den Fall, dass ein Mitgliedstaat von der Optionslösung Gebrauch macht, kann die Eintragung einer durch Verschmelzung zu gründenden SE dort nur erfolgen, wenn entweder eine Vereinbarung über die Arbeitnehmerbeteiligung in der SE iSd Art. 4 SE-RL getroffen wird oder aber in allen an der SE-Gründung beteiligten Gesellschaften kein System der Mitbestimmung gegolten hat (vgl. Art. 12 Abs. 3 SE-VO).

gg) Sonstige Bestimmungen der SE-RL. Art. 8 SE-RL regelt **Verschwie- 46 genheits- und Geheimhaltungspflichten.** Die Mitgliedstaaten sollen Vorschriften erlassen, die den Mitgliedern des bVG, des Vertretungsorgans, den sie unterstützenden Sachverständigen und den Arbeitnehmervertretern im Rahmen eines Anhörungs- und Unterrichtungsverfahrens untersagen, ihnen als vertraulich mitgeteilte Informationen an Dritte weiterzugeben (Art. 8 Abs. 1 SE-RL). Nach Art. 8 Abs. 2 SE-RL bestehen auch für die Mitglieder des Verwaltungs- oder Aufsichtsorgans nach den Bedingungen und Beschränkungen des einzelstaatlichen Rechts Geheimhaltungspflichten, wenn es sich um Informationen handelt, deren Bekanntwerden der Zugrundelegung objektiver Kriterien den Geschäftsbetrieb der SE (bzw. der beteiligten Gesellschaften) oder ihrer Tochtergesellschaften und Betriebe erheblich beeinträchtigen oder ihnen schaden würde. Die Mitgliedstaaten können eine solche Freistellung von der Verpflichtung zur Weiterleitung von Informationen von einer vorherigen behördlichen oder gerichtlichen Genehmigung abhängig machen (Art. 8 Abs. 2, Abschnitt 2 SE-RL). Art. 8 Abs. 3 SE-RL beinhaltet eine sog. „Tendenzklausel" und ermöglicht Mitgliedstaaten, deren nationales Recht zum Zeitpunkt der Annahme der Richtlinie (8.10.2001) bereits besondere Regelungen für Tendenzunternehmen vorsah, für SE, die hinsichtlich „Berichterstattung und Meinungsäußerung unmittelbar und überwiegend eine bestimmte weltanschauliche Tendenz verfolgen", besondere Bestimmungen zu erlassen.

47   Werden aufgrund der Regelungen in Art. 8 Abs. 1–3 SE-RL den Arbeitnehmervertretern Informationen vorenthalten, können sie nach Art. 8 Abs. 4 SE-RL auf dem Verwaltungs- oder Gerichtswege **Rechtsbehelfe** einlegen. Im Ergebnis wird den Mitgliedstaaten hiermit unabhängig vom Sitz der SE das Recht zugesprochen, den Leitungen der einzelnen Betriebe und Unternehmen im jeweiligen Mitgliedstaat Verpflichtungen aufzuerlegen (*Herfs-Röttgen* NZA 2002, 358 [364] unter Verweis auf *Willemsen/Hohenstatt* NZA 1995, 399 [403] mit Blick auf Streitigkeiten im Zusammenhang mit der EBR-RL). Dies kann zu einer Zersplitterung der Verantwortlichkeiten und des Rechtsweges führen (vgl. *Willemsen/Hohenstatt* NZA 1995, 399 [403] mit Blick auf Streitigkeiten im Zusammenhang mit der EBR-RL).

48   Der **Schutz der Arbeitnehmervertreter** ist in Art. 10 SE-RL normiert und zielt im Wesentlichen darauf ab, den Mitgliedern des bVG und des Vertretungsorgans und den bei einem Unterrichtungs- und Anhörungsverfahren oder im Aufsichts- oder Verwaltungsorgan der SE mitwirkenden Arbeitnehmervertretern den gleichen Schutz und gleichartige Sicherheiten zukommen zu lassen, wie sie den Arbeitnehmervertretern nach den innerstaatlichen Rechtsvorschriften zukommen. In Betracht kommen insofern insbesondere Vorschriften zum Kündigungsschutz und Benachteiligungsverbote (vgl. *Kleinsorge* RdA 2002, 343 [351]).

49   Gemäß Art. 11 SE-RL sind die Mitgliedstaaten dazu verpflichtet, geeignete Vorkehrungen zu treffen, die verhindern, dass eine SE dazu missbraucht wird, Arbeitnehmern Beteiligungsrechte zu entziehen oder vorzuenthalten (Verhinderung von **Verfahrensmissbrauch**).

50   Art. 12 SE-RL beinhaltet Vorgaben zur Einhaltung der Richtlinie. Hierbei ist vor allem Abs. 2 von Bedeutung, demzufolge die Mitgliedstaaten im Falle der **Nichteinhaltung der Richtlinie** dafür sorgen müssen, dass Verwaltungs- und Gerichtsverfahren bestehen, mit deren Hilfe die Durchsetzung der aus der SE-RL folgenden Verpflichtungen erfolgen kann.

51   Art. 13 SE-RL behandelt das **Verhältnis** der SE-RL **zu anderen Bestimmungen.** Zu unterscheiden ist hierbei erneut zwischen der betrieblichen und der Unternehmensebene (MüKoAktG/*Jacobs* SEBG Vor § 1 Rn. 28). Die nationalen **Mitbestimmungsregelungen** finden auf die SE **keine Anwendung.** Möglich bleibt aber die Anwendung nationalen Mitbestimmungsrechts auf ihre Tochtergesellschaften, soweit diese nicht ebenfalls die Rechtsform einer SE haben (Art. 13 Abs. 3 lit. b SE-RL; MüKoAktG/*Jacobs* SEBG Vor § 1 Rn. 28; *Klein-*

sorge RdA 2002, 343 [351]). Demgegenüber bleiben nach Art. 13 Abs. 3 lit. a
SE-RL die nach nationalem Recht **bestehenden betrieblichen Beteiligungsrechte** der Arbeitnehmer (in der Bundesrepublik Deutschland also insbesondere
die betriebliche Mitbestimmung nach dem BetrVG und dem SprAuG) unberührt. Die Mitgliedstaaten sind gemäß Art. 13 Abs. 4 SE-RL ferner ermächtigt,
Vorschriften einzuführen, die gewährleisten, dass die innerstaatlichen Arbeitnehmervertretungsstrukturen, die in den an der SE-Gründung beteiligten Gesellschaften bestehen, auch für den Fall, dass das Unternehmen – wie im Falle der
Verschmelzung – als eigenständige juristische Person erlischt, fortbestehen. Die
EBR-RL ist grundsätzlich – ebenso wie die nationalen Gesetze zu ihrer Umsetzung – auf die SE und ihre Tochtergesellschaften nicht anwendbar; anderes gilt
nur, wenn das bVG beschlossen hat, keine Verhandlungen aufzunehmen oder
bereits begonnene Verhandlungen abzubrechen (→ Rn. 33).

hh) Arbeitnehmerbeteiligung bei Strukturänderungen. Sowohl die SE-   52
RL als auch die SE-VO regeln in erster Linie die Voraussetzungen zur Gründung
einer SE. Die SE-VO verhält sich nicht, die SE-RL nur am Rande zu den
Auswirkungen **struktureller Änderungen** (wie zB Fusionen), die **nach Gründung der SE** eintreten. Das Fehlen klarer Bestimmungen über die Arbeitnehmerbeteiligung im Falle der erstmaligen Aufnahme einer Geschäftstätigkeit durch
eine SE-Mantelgesellschaft oder im Falle struktureller Änderungen nach der
Gründung einer SE wurde auch ausdrücklich im Rahmen der Konsultation durch
die Europäische Kommission bemängelt (vgl. Bericht der Kommission zur SE-
VO vom 17.11.2010, KOM(2010) 676 endg. S. 9).

Zwar hatte das Europäische Parlament im Jahre 2001 vorgeschlagen, einen   53
Erwägungsgrund Nr. 7a in die SE-RL aufzunehmen, demzufolge die Mitgliedstaaten durch entsprechende Vorschriften dafür sorgen sollten, dass auch im Falle
substantieller Strukturveränderungen nach der Gründung einer SE Verhandlungen über die künftige Arbeitnehmerbeteiligung stattfinden (Bericht des Europäischen Parlaments über den Entwurf einer Richtlinie des Rates zur Ergänzung des
Statuts der Europäischen Gesellschaft hinsichtlich der Beteiligung der Arbeitnehmer vom 21.6.2001, A5–0231/2001, S. 7 – Berichterstatter *Winfried Menrad*). Als
Begründung wurde angeführt, dass sich der Anspruch auf Verhandlungen über
eine Arbeitnehmerbeteiligung nicht auf den Zeitraum der Gründung beschränken könne. Der Europäische Rat hat im Folgenden jedoch keinen – mithin auch
nicht diesen – Änderungsvorschlag des Europäischen Parlaments übernommen –
wohl auch, um die politische Diskussion um die SE nicht neu zu entfachen und
die Verabschiedung der europäischen Regelungen auf diesem Wege doch noch
zu gefährden (vgl. *Kleinsorge* RdA 2002, 343 [351], Fn. 99). Jedoch lässt der
Richtlinientext das Problem struktureller Änderungen nicht unerwähnt. In Erwägungsgrund Nr. 18 heißt es, dass das Vorher-Nachher-Prinzip „folgerichtig
nicht nur für die Neugründung einer SE, sondern auch für strukturelle Veränderungen einer bereits gegründeten SE für die von den strukturellen Änderungsprozessen betroffenen Gesellschaften gelten [sollte]". Teil I lit. b des Anhangs zur SE-RL sieht vor, dass die Mitgliedstaaten mit Blick auf das Vertretungsorgan Änderungen innerhalb der SE und ihrer Tochtergesellschaften und
Betriebe durch Regelungen zur Anpassung der Mitgliederzahl und der Sitzzutei-
lung Rechnung tragen.

II. Arbeitnehmerbeteiligung in der SE nach nationalem Recht

Während die SE-VO in jedem Mitgliedstaat unmittelbar gilt, bedarf die SE-RL   54
ihrer Rechtsnatur nach der Umsetzung in nationales Recht (vgl. Art. 288
AEUV). Zur **Umsetzung der SE-RL** wurde den europäischen Mitgliedstaaten

in Art. 14 Abs. 1 SE-RL eine Frist von drei Jahren gesetzt. Zeitgleich mit Ablauf dieser Frist am 8.10.2004 trat die SE-VO in Kraft (vgl. Art. 70 SE-VO). Inzwischen ist die SE-RL in allen Mitgliedstaaten der EU und des EWR umgesetzt worden. Der deutsche Gesetzgeber hat die europäischen Vorgaben durch ein Artikelgesetz in Form des **SE-Einführungsgesetzes** (Gesetz zur Einführung der Europäischen Gesellschaft – SEEG – vom 22.12.2004, BGBl. I S. 3675) in das nationale Recht umgesetzt. Das SEEG enthält in Art. 1 das **SE-Ausführungsgesetz** (Gesetz zur Ausführung der Verordnung (EG) Nr. 2157/2001 des Rates vom 8.10.2001 über das Statut der Europäischen Gesellschaft (SE) vom 22.12.2004, BGBl. I S. 3675, zuletzt geändert durch Art. 6 des Gesetzes zur Umsetzung der Aktionärsrechte-RL – ARUG – vom 30.7.2009, BGBl. I S. 2479, SEAG) mit ergänzenden Regelungen zur Ausführung der SE-VO als aktienrechtlichen Teil. Art. 2 des SEEG beinhaltet das **SE-Beteiligungsgesetz** (Gesetz über die Beteiligung der Arbeitnehmer in einer Europäischen Gesellschaft vom 22.12.2004, BGBl. I S. 3675, SEBG), welches die SE-RL und damit die Vorgaben zur Arbeitnehmerbeteiligung in der SE umsetzt.

55   **1. Gesetzgebungshistorie.** Am 28.2.2003 veröffentlichte das BMJ zunächst einen auf das Gesellschaftsrecht beschränkten **Diskussionsentwurf** für ein SEEG (abgedruckt in AG 2003, 204 ff.). Erst über ein Jahr später, am 21.4.2004, wurde der (gemeinsame) **Referentenentwurf** zum SEEG (RefE-SEEG) der beiden Bundesministerien für Wirtschaft und Arbeit bzw. Justiz veröffentlicht (ausführlich zum RefE-SEEG *Waclawik* DB 2004, 1191 ff.). Ebenso wie das spätere Gesetz enthält auch der RefE-SEEG keine umfassende Kodifikation des Rechts der SE, sondern setzte die Kenntnis der Normen der europäischen Gesetzgebung voraus und ergänzt diese (vgl. *Waclawik* DB 2004, 1191). Der am 26.5.2004 beschlossene **Regierungsentwurf** zum SEEG (RegE-SEEG, BR-Drs. 438/04 vom 28.5.2004), unterschied sich nur unwesentlich von dem RefE-SEEG. Aufgrund des bestehenden Zeitdrucks – die Umsetzung der Richtlinie musste bis zum 8.10.2004 erfolgen – wurde der RegE-SEEG bereits zwei Tage später dem Bundesrat zur Stellungnahme zugeleitet. Bereits vor Eingang der Stellungnahme des Bundesrats wurde der Gesetzentwurf gemäß Art. 76 Abs. 2 GG **in den Bundestag eingebracht,** wo die erste Lesung am 1.7.2004 stattfand. Einen Tag später wurde die Vorlage an die zuständigen Ausschüsse überwiesen (ausführlich MüKoAktG/*Jacobs* SEBG Vor § 1 Rn. 32; LHT/*Oetker* SEBG Vor § 1 Rn. 14).

56   Der **Bundesrat** äußerte sich am 9.7.2004 kritisch zum SEBG. Ein zentraler Punkt war die Ausgestaltung der Mitbestimmung in der monistischen SE (BR-Drs. 438/04 (B) vom 9.7.2004). Die Bundesregierung gab hierzu am 24.8.2004 eine entsprechende Gegenäußerung ab (BT-Drs. 15/3656, 8 ff.). Die vom Bundesrat geäußerten Bedenken zur paritätischen Mitbestimmung in der monistischen SE wurden im Rahmen einer durch den Rechtsausschuss durchgeführten **öffentlichen Anhörung** am 18.10.2004 thematisiert (hierzu MüKoAktG/*Jacobs* SEBG Vor § 1 Rn. 32). Der Bericht und eine entsprechende **Beschlussempfehlung des Rechtsausschusses** folgten am 27.10.2004 (BT-Drs. 15/4053, 1). Während das SEBG im Wesentlichen redaktionellen Änderungen unterlag, wurden den Einwänden gegen die Ausgestaltung der Mitbestimmung in der monistischen SE durch Einführung einer besonderen Ausgleichsregelung in § 35 Abs. 3 SEAG Rechnung getragen (s. BT-Drs. 15/4053, 59). Hiernach gehen Stimmrechte von geschäftsführenden Direktoren bei Entscheidungen, bei denen sie aus rechtlichen Gründen von der Beschlussfassung ausgeschlossen sind, kraft Gesetzes auf den Vorsitzenden des Verwaltungsorgans über, der regelmäßig von der Anteilseignerseite bestimmt wird (MüKoAktG/*Jacobs* SEBG Vor § 1 Rn. 33). Nachdem der **Bundestag** das SEEG am 29.10.2004 in zweiter und dritter Lesung in der vom Rechtsausschuss vorgeschlagenen Fassung **verabschiedet** hatte, leitete der Bundesrat am 26.11.2004 ein **Vermittlungsverfahren** mit dem Ziel einer grundlegenden Überarbeitung des Gesetzes ein (BR-Drs. 850/04 (B), 1; s. hierzu auch LHT/*Oetker* SEBG Vor § 1 Rn. 14 f.), welches jedoch bis zum 15.12.2004 ergebnislos blieb (BR-Drs. 989/04, 1) und in einem **Einspruch** des Bundesrates gegen das Gesetz am 17.12.2004 mündete (BR-Drs. 989/04 (B) vom 17.12.2004). Seine Vorbehalte begründete der Bundesrat damit, dass sich aus dem Gesetz für deutsche Unternehmen aufgrund der deutschen Mitbestimmungsrechte gravierende Wettbewerbsnachteile im Vergleich zu den innerstaatlichen Mitbestimmungsgesetzen ergeben könnten; zudem sei die Mitbestimmung im monistischen System nach wie vor nicht verfassungs- und europarechtskonform umgesetzt worden (vgl. Meldung: „SE-Beteiligungsgesetz verabschiedet", NJW-Spezial 2005, 32).

Noch am selben Tage wies der Bundestag mit der Mehrheit seiner Mitglieder **57** den Einspruch zurück (Ergänzung zu BR-Drs. 989/04 (B) (neu) vom 17.12.2004), so dass das SEEG nach seiner Verkündung im Bundesgesetzblatt am 28.12.2004 zum 29.12.2004 **in Kraft treten** konnte.

Ebenso wie die SE-VO und die SE-RL eine untrennbare Einheit bilden, **58** können auch das SEAG iVm der SE-VO und dem AktG und das SEBG nicht losgelöst voneinander betrachtet werden. Sie bilden ein vielgestaltiges Regelungsgeflecht (*Oetker* BB-Special 1/2005, 2 [3]). Die enge Verwebung zeigt sich unter anderem in den zahlreichen Bezugnahmen des SEAG auf das SEBG und in der Regelung des Art. 12 Abs. 2 SE-VO derzufolge (zB §§ 16 S. 2, 17 Abs. 2, Abs. 4 S. 2, 23 Abs. 2, 24 Abs. 1, 26 Abs. 2 Nr. 4, 27 Abs. 2, 30 Abs. 1 S. 3 Nr. 2, 40 Abs. 1 Nr. 4 SEAG) eine Eintragung der SE in das Handelsregister erst dann erfolgen kann, wenn die Beteiligungsrechte der Arbeitnehmer in der neuen Gesellschaft abschließend geklärt sind. Umgekehrt sind der genaue Umfang und die Ausgestaltung der Beteiligungsrechte der Arbeitnehmer entscheidend von der jeweils einschlägigen Struktur der SE nach SEAG, SE-VO und AktG abhängig.

2. SE-Ausführungsgesetz. Trotz der unmittelbaren Geltung der SE-VO **59** bestand ein Bedürfnis für ein Ausführungsgesetz zur SE-VO, da diese zahlreiche Regelungsaufträge und Wahlrechte für den nationalen Gesetzgeber enthält. Regelungsaufträge, die die SE-VO den Mitgliedstaaten zur Konkretisierung zuweist, betreffen zB den Aufbau der SE im Organisationsstatut des dualistischen oder monistischen Systems (KK-AktG/*Feuerborn* SEBG Vor § 1 Rn. 28). Der Schwerpunkt des SEAG liegt zum einen bei der Gründung der SE, zum anderen bei der Ausgestaltung ihrer inneren Struktur, insbesondere der Leitung der Gesellschaft (vgl. zum SEAG auch *Waclawik* DB 2004, 1191 [1192 ff.] – dort noch zum Referentenentwurf – und *Neye/Teichmann* AG 2003, 169 ff.). Das SEAG enthält zudem einen umfassenderen Regelungskomplex zur Umsetzung des monistischen Systems, da das ergänzend geltende Aktiengesetz hierfür keine Regelungen zur Verfügung stellt.

3. SE-Beteiligungsgesetz. Das SEBG trat erst mehr als zwei Monate nach **60** Ablauf der offiziellen dreijährigen Umsetzungsfrist am 8.10.2004 in Kraft, nämlich am 29.12.2004 (vgl. Art. 9 SEEG).

a) Gesetzessystematik. Das SEBG folgt angesichts der hohen Regelungs- **61** dichte inhaltlich und strukturell weitgehend der europäischen Vorgabe. Neben den Zielsetzungen, Grundsätzen und Begriffsbestimmungen werden auch der Vorrang der Verhandlungslösung, das Abstimmungsverfahren im bVG und die subsidiäre Auffangregelung auf der Grundlage der Vorgaben aus der Richtlinie im SEBG gestaltet. Dort, wo dem deutschen Gesetzgeber Gestaltungsmöglichkeiten eröffnet wurden, hat er diese genutzt, wie zB hinsichtlich des Verfahrens zur

Bestimmung der nationalen Mitglieder im .bVG, im SE-Betriebsrat oder im Aufsichts- oder Verwaltungsorgan der SE.

62   Das SEBG ist in **fünf Teile** gegliedert: Teil 1 beinhaltet die Allgemeinen Vorschriften, dh Zielsetzung, Begriffsbestimmungen und Geltungsbereich. Die Bildung und Zusammensetzung des bVG sowie das Verhandlungsverfahren sind in Teil 2 geregelt. Teil 3 behandelt den Inhalt einer Vereinbarung zur Beteiligung der Arbeitnehmer in der SE sowie die gesetzlichen Auffangregelungen zum SE-Betriebsrat als Vertretungsorgan zur Durchführung der Anhörung und Unterrichtung sowie die Auffangregelungen zur Mitbestimmung und abschließend Regelungen zum Tendenzschutz. Teil 4 enthält Vorschriften über die Grundsätze einer vertrauensvollen Zusammenarbeit, zur Geheimhaltung und Schutzbestimmungen zugunsten der Arbeitnehmervertreter sowie das Missbrauchsverbot. In Teil 5 finden sich neben den Straf- und Bußgeldvorschriften Regelungen zum Verhältnis des Gesetzes zum nationalen Recht.

63   **b) Richtlinienkonforme Auslegung.** Da das SEBG eine EU-Richtlinie umsetzt, gelten die allgemeinen Grundsätze zur **richtlinienkonformen Auslegung** nationalen Umsetzungsrechts (vgl. EuGH Slg. 1994, I-3325 = NJW 1994, 2473 – Dori/Recreb; NFK/*Nagel* § 1 Rn. 8 mwN). Ergänzend hierzu bestimmt § 1 Abs. 3 SEBG, dass die Vorschriften des SEBG sowie Vereinbarungen zur Beteiligung der Arbeitnehmer so auszulegen sind, dass die Ziele der Europäischen Gemeinschaft, die Beteiligung der Arbeitnehmer in der SE sicherzustellen, gefördert werden. Dabei sind insbesondere die Kerngedanken der europäischen Arbeitnehmerbeteiligung, das Verhandlungs- und das Vorher-Nachher-Prinzip sowie der Grundsatz der vertrauensvollen Zusammenarbeit, zu berücksichtigen (MüKoAktG/*Jacobs* SEBG Vor § 1 Rn. 36). Soweit Regelungslücken zu Tage treten, ist allerdings Zurückhaltung bei einem Rückgriff auf nationales Recht geboten. Dies gilt mit Blick auf Art. 13 Abs. 2 SE-RL (§ 47 Abs. 1 Nr. 1 SEGB) insbesondere für Rückgriffe auf das nationale Recht der Unternehmensmitbestimmung (MüKoAktG/*Jacobs* SEBG Vor § 1 Rn. 36).

64   **c) Einfluss der Gewerkschaften.** Die SE-RL sieht an verschiedenen Stellen eine Gewerkschaftsbeteiligung vor. Erwägungsgrund Nr. 19 der SE-RL zufolge können die Mitgliedstaaten vorsehen, dass Vertreter von Gewerkschaften Mitglied des bVG sein können, unabhängig davon, ob sie Arbeitnehmer einer an der Gründung einer SE beteiligten Gesellschaft sind. Diese Möglichkeit besteht insbesondere in den Fällen, in denen Gewerkschaftsvertreter nach einzelstaatlichem Recht stimmberechtigte Mitglieder des Aufsichts- oder Leitungsorgans sein dürfen. Dementsprechend regelt Art. 3 Abs. 2b UAbs. 2 SE-RL, dass die Mitgliedstaaten vorsehen können, dass dem bVG Gewerkschaftsvertreter auch dann angehören können, wenn sie nicht Arbeitnehmer einer beteiligten Gesellschaft oder einer betroffenen Tochtergesellschaft oder eines betroffenen Betriebs sind. Weiter bestimmt Art. 3 Abs. 5 SE-RL, dass das bVG bei den Verhandlungen auch Vertreter der einschlägigen Gewerkschaftsorganisationen auf Gemeinschaftsebene als Sachverständige hinzuziehen kann, um sich von ihnen bei seiner Arbeit unterstützen zu lassen, und dass das bVG beschließen kann, die Vertreter geeigneter außenstehender Organisationen, zu denen auch Gewerkschaftsvertreter zählen können, vom Beginn der Verhandlungen zu unterrichten. Diesen Regelungsmöglichkeiten folgend hat der nationale Gesetzgeber den Gewerkschaften an zahlreichen Stellen im SEBG Einflussmöglichkeiten eingeräumt (Überblick bei MüKoAktG/*Jacobs* SEBG Vor § 1 Rn. 38 f.), wobei teilweise Zweifel an der Richtlinienkonformität bestehen.

65   Entsprechend der Regelungsermächtigung in Erwägungsgrund Nr. 19 und Art. 3 Abs. 2b SE-RL regelt § 6 Abs. 2 S. 1 SEBG, dass als Mitglieder des bVG für das Inland auch Gewerkschaftsvertreter wählbar sind. In diesem Zusammen-

hang bestimmt § 6 Abs. 3 SEBG, dass **jedes dritte auf das Inland entfallende Mitglied** des bVG auf Vorschlag einer Gewerkschaft zu wählen ist, die in einem der Gründungsunternehmen der SE vertreten ist. Diese Vorschrift wird durch § 8 Abs. 1 S. 2–4 SEBG hinsichtlich des Wahlvorschlagsverfahrens zur Wahl der Gewerkschaftsvertreter ergänzt. **Mittelbarer Einfluss** kommt den Gewerkschaften gemäß § **14 SEBG** zu (entsprechend der Regelungsermächtigung in Art. 3 Abs. 5 S. 1 und 3 SE-RL). Danach können Sachverständige, zu denen auch Vertreter von Gewerkschaftsorganisationen auf Gemeinschaftsebene zählen können, zu Verhandlungen hinzugezogen werden bzw. in beratender Funktion an Verhandlungen teilnehmen. Gemäß § 14 Abs. 2 SEBG kann das bVG auch nur beschließen, die Gewerkschaftsvertreter vom Beginn der Verhandlungen zu unterrichten. Abgesehen von § 6 und § 14 SEBG steht den Gewerkschaften jedoch kein allgemeines Recht zur Teilnahme an Sitzungen des bVG zu (MüKoAktG/ *Jacobs* SEBG Vor § 1 Rn. 39). Eine **Vertretung von Gewerkschaften im SE-Betriebsrat** ist **weder in der SE-RL noch im SEBG vorgesehen** (vgl. auch MüKoAktG/*Jacobs* SEBG Vor § 1 Rn. 39). Allerdings kann sich der SE-Betriebsrat gemäß § 32 SEBG durch Gewerkschaftsvertreter in ihrer Funktion als Sachverständige unterstützen lassen.

Für die Besetzung des **Aufsichts- oder Verwaltungsrats** mit Arbeitnehmer- **66** vertretern verweist die gesetzliche Auffangregelung zur Wahl der auf das Inland entfallenden Arbeitnehmervertreter unter anderem auf § 6 Abs. 2 und Abs. 3 sowie § 8 Abs. 1 S. 2–4 SEBG, so dass die Regelungen über die zwingende Gewerkschaftsrepräsentation im bVG entsprechend für die Besetzung der auf das Inland entfallenden Arbeitnehmersitze im Aufsichts- bzw. Verwaltungsrat gelten. Nach der gesetzlichen Auffangregelung ist daher jedes dritte auf das Inland entfallende Arbeitnehmervertreter im Aufsichts- bzw. Verwaltungsrat entsprechend § 8 Abs. 1 S. 2 SEBG auf Vorschlag einer Gewerkschaft zu wählen, die in der SE, ihren Tochtergesellschaften oder Betrieben vertreten ist. Dem entsprechend bestimmt § 37 Abs. 1 S. 2 Nr. 3 SEBG im Rahmen der gesetzlichen Auffangregelung, dass die Gewerkschaft, die das Mitglied (im Aufsichts- bzw. Verwaltungsrat) vorgeschlagen hat, berechtigt ist, einen Antrag auf Abberufung des Mitglieds zu stellen. § 37 Abs. 2 S. 2 SEBG sieht daneben ein Anfechtungsrecht unter anderem der Gewerkschaften bezogen auf die Wahl der auf das Inland entfallenden Arbeitnehmervertreter im Aufsichts- bzw. Verwaltungsrat vor.

d) Rechtsschutzmöglichkeiten. Für Rechtsstreitigkeiten, die aus den Vor- **67** schriften des SEBG resultieren, ist gemäß § **2a Abs. 1 Nr. 3e ArbGG** – ebenso wie für diejenigen aus der Betriebsverfassung (Nr. 1), den Mitbestimmungsgesetzen (Nr. 3) und den Regelungen zum Europäischen Betriebsrat (Nr. 3b) – (ausschließlich) der Rechtsweg zu den **Arbeitsgerichten** eröffnet. Die Arbeitsgerichte entscheiden im Beschlussverfahren gemäß §§ 80 ff. ArbGG. § 2a Abs. 1 Nr. 3e ArbGG erfasst auch die Überprüfung der Rechtswirksamkeit von Handlungen des bVG (*Wißmann* FS Richardi, 2007, 841 [849 f.]). **Ausgenommen** von der Zuständigkeit der Arbeitsgerichte sind Angelegenheiten aus dem SEBG, soweit sie die Verhängung von Strafen und Bußgeldern betreffen (§§ 45–46 SEBG). Die Arbeitsgerichte sind gemäß § 2a Abs. 1 Nr. 3e ArbGG ferner zuständig für Angelegenheiten betreffend die Wahl und Abberufung von Arbeitnehmervertretern in den Aufsichts- bzw. Verwaltungsrat (vgl. §§ 34–39 SEBG; mit Ausnahme der Abberufung analog § 103 Abs. 3 AktG, die im Interesse eines gleichartigen Verfahrens für die Vertreter der Arbeitnehmer und der Anteilseigner in die Zuständigkeit der ordentlichen Gerichte fällt; KK-AktG/*Feuerborn* SEBG Vor § 1 Rn. 33). Sonstige Zuständigkeiten der ordentlichen Gerichtsbarkeit, zB bei Verfahren über Beschlüsse der Hauptversammlung oder bei einem aktienrechtlichen Statusverfahren, bleiben unberührt (BT-Drs. 15/3405, 58).

68   **Örtlich zuständig** ist nach § 82 Abs. 3 Hs. 1 ArbGG das Arbeitsgericht am Sitz der SE, im Gründungsstadium gemäß § 82 Abs. 3 Hs. 2 ArbGG das Arbeitsgericht, in dessen Bezirk die zukünftige SE ihren Sitz haben soll (der künftige Sitz muss im Verschmelzungs- bzw. Gründungsplan festgelegt werden; Art. 20 Abs. 1 S. 2 lit. a, 32 Abs. 2 S. 3 SE-VO). **Über den Wortlaut hinaus** ist eine örtliche Zuständigkeit im Inland selbst dann gegeben, wenn die SE ihren Sitz in einem anderen Mitgliedstaat hat, in der Bundesrepublik Deutschland aber Tochtergesellschaften oder Betriebe bestehen, in denen Mitglieder in das bVG zu wählen sind und es um deren Wahl geht (MüKoAktG/*Jacobs* SEBG Vor § 1 Rn. 40). Dies wird – zumindest bei Eingreifen der Auffangregelung – gleichermaßen zu gelten haben, wenn es um die Wahl von Mitgliedern des SE-Betriebsrats oder Aufsichts- oder Verwaltungsrats im Inland geht.

III. Reformüberlegungen

69   **1. Überprüfung der SE-RL durch die Kommission (2008).** Art. 15 SE-RL sah eine Überprüfung der Anwendung der Richtlinie spätestens zum 8.10.2007 vor. Die **Kommission** teilte jedoch im September 2008 mit, dass es **für eine Überprüfung** der Richtlinie **noch zu früh** sei (Mitteilung der Kommission zur Überprüfung der Richtlinie 2001/86/EG des Rates vom 8.10.2001 zur Ergänzung des Statuts der Europäischen Gesellschaft hinsichtlich der Beteiligung der Arbeitnehmer vom 30.9.2008, KOM(2008) 591 endg. S. 7). Es fehle an hinreichenden Erfahrungen bei der Anwendung der nationalen Bestimmungen zur Umsetzung der Richtlinie. Nichtsdestotrotz wies die Kommission auf einige Themen hin, die ihrer Ansicht nach Aufmerksamkeit verdienten: Zunächst äußerte die Kommission den Wunsch nach Klarstellung bezüglich der **Arbeitnehmermitbestimmung auf Unternehmensgruppenebene.** In einigen Mitgliedstaaten bestünden Mitbestimmungsrechte der Arbeitnehmer auch in Tochtergesellschaften, die möglicherweise keine „beteiligten Gesellschaften" iSd SE-RL, sondern bloße Tochtergesellschaft einer beteiligten Gesellschaft seien und damit bei der Berechnung der Schwellenwerte für die Anwendung der Auffangregelung außen vor blieben (vgl. Art. 7 Abs. 2b und 2c SE-RL iVm Teil 3 lit. b Anhang SE-RL; vgl. auch die Schwellenwerte in Art. 3 Abs. 4 SE-RL). Zudem enthalte die Richtlinie **keine Bestimmungen für das Verfahren bei Änderungen in der SE nach ihrer Gründung.** Dies betreffe insbesondere Fälle, in denen eine zuvor mitbestimmungslose SE nach ihrer Gründung die Arbeitnehmerzahl in mitbestimmungsrelevanter Weise erhöhe oder eine mitbestimmte SE ihren Sitz verlege und in einer anderen – weniger oder gar nicht mitbestimmten – Gesellschaft aufgehe. Hier könne es zu Minderungen oder sogar zur Entziehung von Mitbestimmungsrechten der Arbeitnehmer kommen. Die Kommission schlug insoweit vor, die Regelungen der IntVerschmRL (Art. 16 Abs. 7) entsprechend heranzuziehen (Mitteilung der Kommission zur SE-RL vom 30.9.2008, KOM(2008) 591 endg. S. 8). Danach ist die aus der Verschmelzung hervorgehende Gesellschaft verpflichtet sicherzustellen, dass die Mitbestimmungsrechte der Arbeitnehmer während einer Frist von drei Jahren seit Eintragung der Verschmelzung geschützt werden. Probleme könnten sich darüber hinaus bei **der Umwandlung einer SE in eine Aktiengesellschaft** nationalen Rechts ergeben, wenn die neue Rechtsform der Gesellschaft keine Arbeitnehmermitbestimmung vorsehe oder das Maß an Arbeitnehmermitbestimmung gemindert würde. Auch hier verwies die Kommission auf die IntVerschmRL, genauer gesagt auf deren Art. 16 Abs. 6, wonach solche Gesellschaften verpflichtet sind, eine Rechtsform anzunehmen, die die Ausübung von Mitbestimmungsrechten ermöglicht. Ein weiterer Kritikpunkt betraf die **Komplexität des Verfahrens für die Arbeitnehmerbeteiligung,** die Unternehmen davon abhalten könne, das Statut der Europäischen Gesellschaft mehr zu nutzen. Insoweit bedürfe es möglicherweise einer Vereinheitlichung und Vereinfachung der Vorschriften zur Mitbestimmung der Arbeitnehmer und zur Einrichtung des bVG.

2. Überprüfung der SE-VO durch die Kommission (2010). Art. 69 SE- **70** VO bestimmt, dass spätestens fünf Jahre nach dem Inkrafttreten der SE-VO am 8.10.2004 ein Bericht durch die Kommission zu erstellen und dem Europäischen Parlament und dem Rat zuzuleiten sei. Um die für die Bewertung erforderlichen Daten zur Umsetzung des SE-Status in der Praxis zu generieren, gab die Kommission eine externe Studie (Study on the operation and the impacts of the Statute for a European Company (SE) – 2008/S 144–192482 – Final Report, 9.12.2009) in Auftrag und hörte die Beteiligten in Rahmen einer öffentlichen Konsultation und einer öffentlichen Konferenz an. Im Rahmen ihres Abschlussberichts kam die Kommission im Jahr 2010 zu dem Ergebnis, im Folgenden über mögliche Änderungen des SE-Statuts nachzudenken, um ggf. im Jahr 2012 entsprechende Vorschläge vorzulegen (Bericht der Europäischen Kommission zur SE-VO vom 17.11.2010, KOM(2010) 676 endg. S. 11). In dem Bericht werden Schwierigkeiten bei der Gründung der SE (Kosten, eingeschränkte Gründungsmethoden, kompliziertes Verfahren der Arbeitnehmerbeteiligung) und hinsichtlich der zwingenden Übereinstimmung von Hauptverwaltungs- und satzungsmäßigem Sitz genannt. Ferner werden als Kritikpunkte Auslegungsfragen bei der Umwandlung einer bestehenden SE in eine nationale Gesellschaft, Unklarheiten hinsichtlich der Arbeitnehmerbeteiligung im Falle der Geschäftsaufnahme einer SE-Mantelgesellschaft oder nach dem Eintreten struktureller Änderungen nach der Gründung der SE sowie ein hoher Verwaltungsaufwand (insbesondere aufgrund der großen Dichte an Informationspflichten) thematisiert (weiterführend Bericht der Europäischen Kommission zur SE-VO vom 17.11.2010, KOM(2010) 676 endg. S. 7 ff.).

3. Aktionsplan: Europäisches Gesellschaftsrecht und Corporate Gover- 71 nance. Ergebnis der Überprüfung der SE-RL und der SE-VO durch die Kommission in den Jahren 2008 und 2010 war, dass die Überarbeitung der SE-VO und der SE-RL zwar grundsätzlich unterstützt wurde. Die zu erwartenden Vorteile im Sinne einer Vereinfachung und Verbesserung hätten aus der Sicht der Kommission jedoch die potentiellen Herausforderungen durch eine möglicherweise neu eröffnete Diskussion nicht aufgewogen, so dass eine Revision ausbleiben müsse. Stattdessen sollte eine Informationskampagne im Jahr 2013 die Kenntnisse der Unternehmen und ihrer Rechtsberater über die SE verbessern (Aktionsplan: Europäisches Gesellschaftsrecht und Corporate Governance – ein moderner Rechtsrahmen für engagierte Aktionäre und besser überlebensfähige Unternehmen, Mitteilung der Kommission vom 12.12.2012, KOM(2012) 740 endg. S. 16). Das im Rahmen dieser Kampagne geführte „SE-Portal" erreichte die erhofften Ergebnisse allerdings nur teilweise (*Bayer/Schmidt* BB 2014, 1219; MüKoAktG/*Jacobs* SEBG Vor § 1 Rn. 47).

4. Weitere Reformvorschläge. Neben der Überprüfung der SE-RL und der **72** SE-VO durch die Kommission sind in den letzten Jahren weitere Reformüberlegungen zur SE-VO und zum SEBG angestellt worden (vgl. *Casper* ZHR 173 [2009], 181 ff.; *Henssler* ZHR 173 [2009], 222 ff.; UHH/*ders.* Einl. SEBG Rn. 169 ff.; *Kiem* ZHR 173 [2009], 156 ff.; MüKoAktG/*Jacobs* SEBG Vor § 1 Rn. 46 ff.; LHT/*Oetker* SEBG Vor § 1 Rn. 24 ff.). Die umfassendsten Änderungsvorschläge unterbreitete der Arbeitskreis Aktien- und Kapitalmarktrecht (AAK) sowohl zur Novellierung der SE-VO (vgl. ZIP 2009, 698 f.) als auch zur Reform der Mitbestimmung in der SE (vgl. ZIP 2010, 2221 sowie ZIP 2011, 1841 zur späteren Modifikation der Reformvorschläge).

73   **a) Änderungsvorschläge zur SE-VO.** Im Zusammenhang mit der nach
Art. 69 SE-VO erforderlichen Evaluation der SE-VO durch die Kommission hat
der AAK die seiner Ansicht nach acht wichtigsten Änderungsvorschläge zur SE-
VO zusammengestellt (vgl. ZIP 2009, 698 f.). Befürwortet wurde dabei vor allem
der Vorschlag Nr. 5. Danach sollte die Regelung des Art. 16 Abs. 4 lit. a Int-
VerschmRL, der den betreffenden Organen der an der Verschmelzung beteiligten
Gesellschaften die unmittelbare Anwendung der Auffangregelungen des Anhangs
Teil 3 der SE-RL ohne vorherige Verhandlungen ermöglicht, auf die SE erstreckt
werden, um eine Benachteiligung der SE gegenüber anderen nationalen Rechts-
formen zu vermeiden (vgl. MüKoAktG/*Jacobs* SEBG Vor § 1 Rn. 48; LHT/
Oetker SEBG Vor § 1 Rn. 25; *Habersack* in Bergmann/Kiem/Mülbert/Verse/
Wittig, 10 Jahre SE, S. 9, 25). Das gleiche Ziel verfolgte der AAK mit der
Anregung, den prozentualen Anteil, der nach Art. 7 Abs. 2 UAbs. 1 lit. b der
SE-RL für die Anwendung der gesetzlichen Auffangregelung erforderlich ist, von
25 % auf 33 1/3 % anzuheben (Änderungsvorschlag Nr. 4). Der Schwellenwert
von 33 1/3 % ist bei der Anwendung der Mitbestimmungsregelungen bei der
grenzüberschreitenden Verschmelzung von Kapitalgesellschaften maßgeblich (vgl.
Art. 16 Abs. 3 lit. e IntVerschmRL sowie § 23 Abs. 1 S. 2 Nr. 1 MgVG). Auch
diese Überlegung ist grundsätzlich positiv bewertet worden (MüKoAktG/*Jacobs*
SEBG Vor § 1 Rn. 48, SEBG § 34 Rn. 8; *Habersack* in Bergmann/Kiem/Mül-
bert/Verse/Wittig, 10 Jahre SE S. 9, 26; wohl auch LHT/*Oetker* SEBG Vor § 1
Rn. 25; auch → Rn. 69 zum Problem der Schwellenwerte des Art. 7 Abs. 2 SE-
RL). Von den Vorschlägen des AAK ist außerdem hervorzuheben, dass die
Aktionäre bei dem Abschluss der Vereinbarung über die Mitbestimmung besser
eingebunden werden sollten (Änderungsvorschlag Nr. 7) und für eine Streichung
des Art. 12 Abs. 2 SE-VO plädiert worden ist (Änderungsvorschlag Nr. 2).
Letztere Regelung, die eine Eintragung der SE und das Erlangen der Rechtspersönlichkeit (Art. 16 Abs. 1 SE-VO) erst ermöglicht, wenn eine Beteiligungsvereinbarung geschlossen worden ist, das bVG beschlossen hat keine Verhandlungen aufzunehmen bzw. begonnene Verhandlungen abzubrechen oder die Verhandlungsfrist abgelaufen ist, habe sich nicht bewährt und führe durch die
regelmäßige Verzögerung der Eintragung der SE zu einer zusätzlichen Belastung
der Gründer, wenn diese für die während der Gründungsphase entstehenden
Verbindlichkeiten in Anspruch genommen werden können.

74   **b) Vorschläge zur Reform der Mitbestimmung in der SE.** Nach den
Reformvorschlägen zur Änderung der SE-VO hat der AAK im November 2010
weitere Vorschläge – insbesondere zur Änderung des SEBG – veröffentlicht (vgl.
ZIP 2010, 2221). Die Ergänzungen bezogen sich beispielsweise auf die Stärkung
der Anteilseignerrechte bei der Verhandlung der Mitbestimmung durch Bildung
eines bVG auf Unternehmensseite (Vorschlag Nr. 2 zur Änderung des SEBG)
oder auf ein Ratifizierungserfordernis durch die Haupt- oder Gesellschafterversammlung (Vorschlag Nr. 3 zur Änderung des SEBG). Dieses bereits bei den
Änderungsvorschlägen zur SE-VO zum Ausdruck gebrachte Ziel (vgl. dortigen
Änderungsvorschlag Nr. 7) ist auf Zustimmung gestoßen (MüKoAktG/*Jacobs*
SEBG Vor § 1 Rn. 48; → § 21 Rn. 6; LHT/*Oetker* SEBG Vor § 1 Rn. 29;
umfassend zur Abschlusszuständigkeit auf Unternehmerseite auch *Henssler* ZHR
173 [2009], 222 [237 ff.]). Ebenfalls grundsätzlich befürwortet wurde der Erlass
von Regelungen zum Umgang mit Fehlern bei der Konstituierung des bVG
(Vorschlag Nr. 1 zur Änderung des SEBG) bzw. mit fehlerhaften Mitbestimmungsvereinbarungen (Vorschlag Nr. 5 zur Änderung des SEBG), was auch die
bislang erforderliche analoge Anwendung des § 37 Abs. 2 S. 1 SEBG bei Anfechtung einer Wahl des bVG (→ § 10 Rn. 5) erübrigen und die Rechtsunsicherheit
bei Mängeln etwaiger Beteiligungsvereinbarungen beseitigen würde (zur Unter-

scheidung von formellen und inhaltlichen Mängeln beim Zustandekommen der Vereinbarung → § 21 Rn. 5 ff.). Die in diesem Zusammenhang ebenfalls vorgeschlagene Zuständigkeit des Landgerichts bei fehlerhaften Mitbestimmungsvereinbarungen ist hingegen nicht überzeugend (→ § 21 Rn. 35).

Die wohl größte Aufmerksamkeit erhielten die Änderungsvorschläge Nr. 4 zur   **75** Neuregelung des § 18 SEBG (Wiederaufnahme der Verhandlungen) sowie Nr. 6 zu Neuregelung des § 21 Abs. 3 S. 3 und Abs. 7 SEBG (Inhalt der Vereinbarung). Ersterer sah insbesondere vor, dass es für die Anwendung der Auffangregelungen beim Scheitern von Neuverhandlungen wegen struktureller Änderungen zur Bestimmung des Umfangs der Mitbestimmung auf die Umstände zum Zeitpunkt der strukturellen Änderungen ankommen sollte. Letzterer sah vor allem in Abs. 7 einen Nachwirkungszeitraum für den Fall der Beendigung der Vereinbarung vor. Diese Änderungen würden die bisher aufgetretenen Unsicherheiten im Rahmen des § 18 Abs. 3 S. 3 SEBG (→ § 18 Rn. 18 und → § 22 Rn. 4; MüKoAktG/*Jacobs* SEBG § 18 Rn. 24) sowie einer möglichen Nachwirkung und deren Umfang (→ § 21 Rn. 17 f.; MüKoAktG/*Jacobs* SEBG § 21 Rn. 27; LHT/*Oetker* SEBG § 21 Rn. 38 ff.) beseitigen.

Neben den erwähnten Reformvorschlägen des AAK sind als weitere Schwä-   **76** chen der SE-RL vor allem die Frage nach der Pflicht zur Durchführung eines Arbeitnehmerbeteiligungsverfahrens bei der Sekundärgründung einer Tochter-SE (→ § 3 Rn. 8 f.) oder bei der Gründung einer Vorrats-SE (→ § 3 Rn. 10 ff.) identifiziert worden (MüKoAktG/*Jacobs* SEBG Vor § 1 Rn. 48; LHT/*Oetker* SEBG Vor § 1 Rn. 27). Insgesamt muss man vor dem Hintergrund der vielfältigen und sinnvollen – aber nicht umgesetzten – Vorschläge an den europäischen und deutschen Gesetzgeber von einem gewissen Reformstau bei der SE-VO, der SE-RL und dem SEBG sprechen.

IV. Die SE in der Praxis

Entgegen skeptischen Prognosen hat sich die SE zwischenzeitlich als Rechts-   **77** form etablieren können. Dies ist wohl – jedenfalls mit Blick auf Gründung von SE im Inland – maßgeblich auf die mitbestimmungsrechtliche Flexibilität der SE zurückzuführen. Mit dem Verhandlungsprinzip stellt die SE das Mitbestimmungsrecht dispositiv (*Henssler* FS K. Schmidt, 2009, 601 f.) und ermöglicht an die spezielle Situation des Unternehmens angepasste Lösungen.

Aufgrund der großen Zahl von SE mit Sitz im Inland wurden empirische   **78** Studien zur SE vor allem hierzulande durchgeführt (zB *Bayer/Schmidt* AG-Report 2007, 192 und AG-Report 2009, 31; *Eidenmüller/Engert/Hornuf* AG 2008, 721 und AG 2009, 845; *Gold/Schimbersky* European Journal of Industrial Relations, 2008, S. 46; *Keller/Werner* WSI-Mitteilungen 2007, 604 und 2009, 416; *Schubert/ von der Höh* AG 2014, 439; vgl. auch den Überblick bei WHSS/*Seibt* Rn. F 175). Die hieraus gezogenen Schlussfolgerungen sind allerdings nicht durchgängig konsistent.

1. Zahlen/statistische Daten zur SE. Im Zeitraum von Oktober 2004 bis   **79** Mai 2008 zeigte sich ein exponentielles Wachstum der SE. Wurden im Jahre 2005 lediglich 23 SE gegründet, verdoppelte sich die Zahl der Gründungen im Jahre 2006 nahezu auf 40 SE und im Folgejahr 2007 auf 85 SE (*Eidenmüller/Engert/ Hornuf* AG 2009, 845 [846]). Im Jahre 2008 wurden 176 Eintragungen vorgenommen (*Eidenmüller/Engert/Hornuf* AG 2009, 845 [846]) und am 31.10.2010 existierten europaweit 658 SE; darunter waren 166 operativ tätige SE, davon 83 SE mit Sitz im Inland, von denen 54 eine dualistische und 29 eine monistische Leitungsstruktur hatten (WHSS/*Seibt* Rn. F 174). Im Jahr 2011 stiegen die Zahlen der SE-Gründungen weiter an (989 SE europaweit mit Stand zum

1.12.2011), welche seitdem jährlich bei etwa 300 liegen – mit einer (positiven) Ausnahme im Jahr 2012 (1.601 SE in Europa mit Stand zum 1.1.2013), sodass zum 31.12.2015 europaweit 2.472 SE registriert worden sind (vgl. Statistik: SEs in Europa http://www.boeckler.de/34750.htm). Dieser Statistik liegen die Untersuchungsergebnisse des Europäischen Gewerkschaftsinstituts *european trade union institute* (etui) zugrunde, das auf seiner Internetseite regelmäßig die aktuelle Zahl gegründeter SE veröffentlicht (vgl. http://ecdb.worker-participation.eu/index.php). Diesen zufolge gab es am 10.5.2016 insgesamt 2.547 SE (als Quellen nutzt das etui bislang das Supplement zum Amtsblatt der Europäischen Union (TED, http://ted.europa.eu/TED/main/HomePage.do), nationale Register sowie eigene Recherchen). Es bedarf jedoch der Erwähnung, dass es sich bei der überwiegenden Zahl der SE um Vorratsgesellschaften handelt. Das etui unterteilt die gegründeten SE in die Kategorien (i) „**Normale SE**", dh solche, die operatives Geschäft und mehr als 5 Arbeitnehmer aufweisen; (ii) „**Leer/Mikro -SE**", dh solche, die operativ tätig sind, aber keine oder weniger als fünf Arbeitnehmer beschäftigen und (iii) „**UFO-SE**" als SE, die aller Wahrscheinlichkeit nach operativ tätig sind, hinsichtlich derer jedoch nicht genügend Informationen vorliegen, um diese einer Kategorie zuzuordnen. Diese Gruppe beinhaltet auch die „**Vorrats-SE**", die weder operativ tätig sind noch Arbeitnehmer beschäftigen (http://www.worker-participation.eu/European-Company-SE/Facts-and-Figures).

80   Am 21.3.2014 bestanden laut etui gemeinschaftsweit 289 „normale SE", 324 „Leer/Mikro-SE"und 1512 „UFO-SE" (http://www.worker-participation.eu/European-Company-SE/Facts-and-Figures). Die insgesamt bis zum 21.3.2014 eingetragenen SE verteilten sich auf 25 Mitgliedstaaten, wobei die Mehrzahl in Tschechien (1495) und in der Bundesrepublik Deutschland (292) gegründet wurde. Damit sind fast 75% der existierenden SE in diesen beiden Ländern gegründet worden (http://www.worker-participation.eu/European-Company-SE/Facts-Figures). Die Bundesrepublik Deutschland stellt fast die Hälfte aller „normalen SE" (170 von 346; http://www.boeckler.de/pdf/pb_mitbestimmung_se_2015_07.pdf mit Stand vom 1.7.2015). Zu den „TOP-10"-SE-Ländern gehören neben Tschechien und der Bundesrepublik Deutschland die Slowakei, Großbritannien, die Niederlande, Luxemburg, Frankreich, Österreich, Zypern und Belgien (http://www.worker-participation.eu/European-Company-SE/Facts-Figures).

81   In den südeuropäischen Mitgliedstaaten (mit Ausnahme von Zypern) wurden nur wenige SE registriert. Die Kommission vermutet, dass dies – jedenfalls zum Teil – darauf zurückzuführen ist, dass die erhöhten Kosten und die Komplexität des Gründungsverfahrens in Mitgliedstaaten, in denen die nationalen Gesellschaften eher kleine und mittelgroße Unternehmen sind, ein Hindernis darstellt (Bericht der Kommission zur SE-VO vom 17.11.2010, KOM(2010) 676 endg. S. 5). Als weiterer Grund wurde gesehen, dass diese Staaten die SE-VO und die SE-RL zum Teil erst mit einiger Verspätung (Italien: August 2005, Spanien: Oktober 2006) umgesetzt haben (*Bayer/Schmidt* AG-Report 2007, 192 [196]). Das durchschnittliche Grundkapital der SE mit Sitz im Inland betrug im Jahre 2009 204.000 Euro (*Bayer/Hoffmann/Schmidt* AG-Report 2009, 480 [481]). Dabei konnten bis Ende 2013 (lediglich) ein Drittel aller deutschen SE den erforderlichen Mindestbetrag von 120.000 Euro aufweisen, während bei immerhin 8% das Grundkapital zwischen 100 Mio. Euro und 1 Mrd. Euro und bei 2% über 1 Mrd. Euro lag (*Schubert/von der Höh* AG 2014, 439 [444]).

82   Hinsichtlich der **Gründungsformen** zeigt sich, dass europaweit Gründungen einer Tochter-SE mit mehr als drei Viertel (78%) gegenüber Gründungen durch Umwandlung (8%) bzw. durch Verschmelzung (4%) den größten Teil der SE-Gründungen ausmachen (http://www.worker-participation.eu/European-Com-

pany-SE/Facts-and-Figures; s. auch die Übersicht über die gewählten Gründungsformen inländischer SE bei (WHSS/*Seibt* Rn. F 175). Lediglich 1 % der SE-Gründungen waren laut etui Holding-SE (http://www.worker-participation.eu/European-Company-SE/Facts-and-Figures). Demgegenüber erfolgte in Deutschland bis zum Ende des Jahres 2013 etwa die Hälfte aller SE-Gründungen durch den Erwerb einer Vorratsgesellschaft. Platz zwei belegte die Umwandlungsgründung (ca. 30 %), während die Verschmelzungsgründung und die Tochtergründung jeweils nur in weniger als 10 % der Fälle genutzt worden ist. Praktisch bedeutungslos ist hierzulande die Holdinggründung (*Schubert/von der Höh* AG 2014, 439 [441 f.]).

Hinsichtlich ihrer **Organisationsstruktur** zeigt sich, dass 81 % der SE dualis-   **83** tisch und 15 % monistisch verfasst sind (verbleibende 4 % „unbekannt"; http://www.worker-participation.eu/European-Company-SE/Facts-and-Figures). Gerade im Inland hat die monistische Verfassung Anklang gefunden (61 monistische und 124 dualistische SE; http://www.boeckler.de/pdf/pb_mitbestimmung_se_2015_12.pdf zum Stand 31.12.2015). *Bayer/Schmidt* (AG-Report 2008, 31 [32]) führen an, dass ein großes Bedürfnis nach einer monistischen Leitungsstruktur, insbesondere für KMU und Familienunternehmen bestehe. Von den 117 SE mit einem dualistischen Leitungssystem unterlagen 14 der paritätischen Mitbestimmung und 29 der Drittelbeteiligung (http://www.boeckler.de/pdf/pb_mitbestimmung_se_2015_12.pdf mit Stand vom 1.7.2015). Im Einzelnen unterlagen der paritätischen Mitbestimmung Allianz, BASF, Bilfinger, Fresenius, MAN, MAN Diesel & Turbo, Porsche, SGL Carbon, BP Europa, Dekra, E.ON, RWE Generation und SAP (http://www.boeckler.de/pdf/pb_mitbestimmung_se_2015_12.pdf). Die einzige monistisch verfasste SE, die einer Form der Mitbestimmung unterliegt, ist Puma (Drittelbeteiligung). Hierin spiegelt sich wider, dass monistische Organisationsstruktur und Mitbestimmung wegen des unmittelbaren Einflusses der Arbeitnehmervertreter auf die Geschäftspolitik der Gesellschaft (vgl. § 22 Abs. 1 SEAG) gemeinhin als unvereinbar empfunden werden.

Der überwiegende Teil der SE ist im **Finanz- und Versicherungssektor**   **84** gegründet worden, wobei es sich bei etwa der Hälfte der im Finanz- und Versicherungssektor gegründeten SE um Beteiligungsgesellschaften handelt (*Eidenmüller/Engert/Hornuf* AG 2008, 721 [727]). Darüber hinaus ist die Rechtsform der SE auch im Metall- und Chemiesektor angenommen worden (http://www.worker-participation.eu/European-Company-SE/Facts-and-Figures).

Gerade bei den SE-„Spitzenreitern" Tschechien und der Bundesrepublik   **85** Deutschland zeigt sich, dass ein großer Anteil der gegründeten SE auf sog. **Vorrats-SE** entfällt (vgl. auch → Rn. 82). Während die Motive für die Vielzahl dieser Gründungen in Tschechien noch nicht abschließend geklärt werden konnten, wird für das Inland angenommen, das Vorrats-SE hier üblicherweise als Vehikel für die Überführung bestehender Unternehmen in die Rechtsform der SE genutzt werden (*Eurofound* Employee Involvement in companies under the European Company Statute, S. 32 unter http://www.eurofound.europa.eu/pubdocs/2010/78/en/1/EF1078EN.pdf). Als weitere Gründe zur Abweichung von den in der SE-VO vorgesehenen Gründungsformen werden die geringeren Anforderungen – etwa die unter Umständen nicht erforderliche Durchführung eines Arbeitnehmerbeteiligungsverfahren vor Eintragung (→ § 3 Rn. 10 ff.) oder der nicht geforderte Auslandsbezug – genannt (*Schubert/von der Höh* AG 2014, 439 [441]).

Im **Inland** haben bislang folgende wesentliche SE-Gründungen stattgefunden   **86** (Quelle: WHSS/*Seibt* Rn. F 175; https://www.bundesanzeiger.de):

Gesellschaft	Börsen-notie-rung	Gründungs-form	Organi-sations-verfassung	Aufsichtsratsgröße/ Mitbestimmung
Abeking + Rasmussen	–	Verschmelzung gemäß Art. 2 Abs. 1 SE-VO	Dualistisch	k. A.; keine Mitbestimmung
ADVA Optical Net-working	+	Umwandlung gemäß Art. 2 Abs. 4 SE-VO	Dualistisch	3 Mitglieder; keine Mitbestimmung
Airbus Group	+	Umwandlung gemäß Art. 2 Abs. 4 SE-VO	Monistisch	Verwaltungsrat mit 12 Mitgliedern; keine Mitbestimmung
AIXTRON	+	Umwandlung gemäß Art. 2 Abs. 4 SE-VO	Dualistisch	6 Mitglieder; keine Mitbestimmung
Allianz	+	Verschmelzung gemäß Art. 2 Abs. 1 SE-VO	Dualistisch	Verkleinerung des Auf-sichtsrats von 20 auf 12 Mitglieder; paritätische Mitbestimmung
Axel Springer	+	Umwandlung gemäß Art. 2 Abs. 4 SE-VO	Dualistisch	9 Mitglieder; keine Mitbestimmung
BASF	+	Umwandlung gemäß Art. 2 Abs. 4 SE-VO	Dualistisch	Verkleinerung des Auf-sichtsrats von 20 auf 12 Mitglieder; paritätische Mitbestimmung
Bilfinger	+	Umwandlung gemäß Art. 2 Abs. 4 SE-VO	Dualistisch	Verkleinerung des Auf-sichtsrats von 20 auf 12 Mitglieder; paritätische Mitbestimmung
BP Europa	–	Verschmelzung gemäß Art. 2 Abs. 1 SE-VO	Dualistisch	12 Mitglieder; paritäti-sche Mitbestimmung
Berner	–	Umwandlung gemäß Art. 2 Abs. 4 SE-VO	Dualistisch	8 Mitglieder; keine Mitbestimmung
CANCOM	+	Umwandlung gemäß Art. 2 Abs. 4 SE-VO	Dualistisch	6 Mitglieder; keine Mitbestimmung
Cloppenburg Automobil	–	Umwandlung gemäß Art. 2 Abs. 4 SE-VO	Dualistisch	6 Mitglieder; keine Mitbestimmung
Conrad Electronic	–	Verschmelzung gemäß Art. 2 Abs. 1 SE-VO	Monistisch	k. A.; keine Mitbestim-mung

Gesellschaft	Börsennotierung	Gründungsform	Organisationsverfassung	Aufsichtsratsgröße/ Mitbestimmung
Deichmann	–	Umwandlung gemäß Art. 2 Abs. 4 SE-VO	Monistisch	k. A.; keine Mitbestimmung
Dekra	–	Umwandlung gemäß Art. 2 Abs. 4 SE-VO	Dualistisch	12 Mitglieder; paritätische Mitbestimmung
Deufol	+	Umwandlung gemäß Art. 2 Abs. 4 SE-VO	Monistisch	Verwaltungsrat mit 8 Mitgliedern; keine Mitbestimmung
E.ON	+	Umwandlung gemäß Art. 2 Abs. 4 SE-VO	Dualistisch	12 Mitglieder; paritätische Mitbestimmung
Fresenius (jetzt: Fresenius SE & Co. KGaA)	+	Umwandlung gemäß Art. 2 Abs. 4 SE-VO	Dualistisch	12 Mitglieder
Fuchs Petrolub	+	Umwandlung gemäß Art. 2 Abs. 4 SE-VO	Dualistisch	6 Mitglieder; Drittelbeteiligung
GfK Gesellschaft für Konsumforschung	+	Umwandlung gemäß Art. 2 Abs. 4 SE-VO	Dualistisch	10 Mitglieder, davon 4 Arbeitnehmervertreter
Hannover Rück	+	Umwandlung gemäß Art. 2 Abs. 4 SE-VO	Dualistisch	9 Mitglieder; Drittelbeteiligung
HDI Global	–	Umwandlung gemäß Art. 2 Abs. 4 SE-VO	Dualistisch	6 Mitglieder; Drittelbeteiligung
INTER-SEROH	+	Umwandlung gemäß Art. 2 Abs. 4 SE-VO	Dualistisch	9 Mitglieder; Drittelbeteiligung
Masterflex	+	Umwandlung gemäß Art. 2 Abs. 4 SE-VO	Dualistisch	3 Mitglieder; keine Mitbestimmung
Mensch und Maschine	+	Umwandlung gemäß Art. 2 Abs. 4 SE-VO	Monistisch	Verwaltungsrat mit 3 Mitgliedern; keine Mitbestimmung
Knauf Interfer	–	Verschmelzung gemäß Art. 2 Abs. 1 SE-VO	Dualistisch	3 Mitglieder; keine Mitbestimmung

Gesellschaft	Börsen-notie-rung	Gründungs-form	Organi-sations-verfassung	Aufsichtsratsgröße/Mitbestimmung
Klöckner & Co.	+	Umwandlung gemäß Art. 2 Abs. 4 SE-VO	Dualistisch	6 Mitglieder; keine Mitbestimmung
KTG Agrar	+	Umwandlung gemäß Art. 2 Abs. 4 SE-VO	Dualistisch	3 Mitglieder; keine Mitbestimmung
KWS Saat	+	Umwandlung gemäß Art. 2 Abs. 4 SE-VO	Dualistisch	6 Mitglieder; Drittel-beteiligung
MAN	+	Umwandlung gemäß Art. 2 Abs. 4 SE-VO	Dualistisch	Verkleinerung des Aufsichtsrats von 20 auf 16 Mitglieder; paritätische Mitbestim-mung
MBB	+	Umwandlung gemäß Art. 2 Abs. 4 SE-VO	Monistisch	Verwaltungsrat mit 3 Mitgliedern; keine Mitbestimmung
net	+	Umwandlung gemäß Art. 2 Abs. 4 SE-VO	Monistisch	Verwaltungsrat mit 3 Mitgliedern; keine Mitbestimmung
Nordex	+	Umwandlung gemäß Art. 2 Abs. 4 SE-VO	Dualistisch	6 Mitglieder; keine Mitbestimmung
NORMA Group	+	Umwandlung gemäß Art. 2 Abs. 4 SE-VO	Dualistisch	6 Mitglieder; keine Mitbestimmung
OHB	+	Umwandlung gemäß Art. 2 Abs. 4 SE-VO	Dualistisch	3 Mitglieder; keine Mitbestimmung
Porsche Au-tomobil Hol-ding	+	Umwandlung gemäß Art. 2 Abs. 4 SE-VO	Dualistisch	12 Mitglieder (statt *ex lege* anstehen-der Vergrößerung auf 16 Mitglieder); paritätische Mitbestim-mung
ProSieben-Sat.1 Media	+	Umwandlung gemäß Art. 2 Abs. 4 SE-VO	Dualistisch	9 Mitglieder; keine Mitbestimmung
Pulsion	+	Umwandlung gemäß Art. 2 Abs. 4 SE-VO	Monistisch	Verwaltungsrat mit 3 Mitgliedern; keine Mitbestimmung

Gesellschaft	Börsen-notie-rung	Gründungs-form	Organi-sations-verfassung	Aufsichtsratsgröße/Mitbestimmung
Puma	+	Umwandlung gemäß Art. 2 Abs. 4 SE-VO	Monistisch	Verwaltungsrat mit 9 Mitgliedern, davon 3 Arbeitnehmervertreter
Q-Cells	+	Umwandlung gemäß Art. 2 Abs. 4 SE-VO	Dualistisch	9 Mitglieder; Drittelbeteiligung
SAP	+	Umwandlung gemäß Art. 2 Abs. 4 SE-VO	Dualistisch	18 Mitglieder; paritätische Mitbestimmung
SGL Carbon	+	Umwandlung gemäß Art. 2 Abs. 4 SE-VO	Dualistisch	12 Mitglieder; paritätische Mitbestimmung
Sixt	+	Umwandlung gemäß Art. 2 Abs. 4 SE-VO	Dualistisch	3 Mitglieder; keine Mitbestimmung
Solon	+	Umwandlung gemäß Art. 2 Abs. 4 SE-VO	Dualistisch	6 Mitglieder; keine Mitbestimmung
STEICO	+	Umwandlung gemäß Art. 2 Abs. 4 SE-VO	Monistisch	Verwaltungsrat mit 4 Mitgliedern; keine Mitbestimmung
Ströer	+	Umwandlung gemäß Art. 2 Abs. 4 SE-VO	Dualistisch	3 Mitglieder; keine Mitbestimmung
Surteco	+	Umwandlung gemäß Art. 2 Abs. 4 SE-VO	Dualistisch	6 Mitglieder; Drittelbeteiligung
Tesa	–	Umwandlung gemäß Art. 2 Abs. 4 SE-VO	Dualistisch	6 Mitglieder; Drittelbeteiligung
Wacker Neuson	+	Umwandlung gemäß Art. 2 Abs. 4 SE-VO	Dualistisch	6 Mitglieder; Drittelbeteiligung
Wilo	–	Verschmelzung gemäß Art. 2 Abs. 1 SE-VO	Dualistisch	6 Mitglieder; Drittelbeteiligung
Zalando	+	Verschmelzung gemäß Art. 2 Abs. 1 SE-VO	Dualistisch	9 Mitglieder; Drittelbeteiligung

2. Motive für die Wahl der Rechtsform „SE". Abstrakt gesehen lassen sich **87** mit der Rechtsform der SE vielfältige Ziele verfolgen: (i) Die SE-Verschmelzung gemäß Art. 2 Abs. 1 SE-VO und die Gründung einer gemeinsamen Holding SE gemäß Art. 2 Abs. 2 SE-VO können als Mittel für grenzüberschreitende Zusammenschlüsse genutzt werden; (ii) sämtliche Gründungsformen gemäß Art. 2 SE-VO eignen sich darüber hinaus für die Bildung europaweiter SE-Konzerne; (iii) speziell mit Hilfe der SE-Verschmelzung gemäß Art. 2 Abs. 1 SE-VO kann ein europäisches Einheitsunternehmen (in Ansätzen verwirklicht in der BP Europa SE) gebildet werden; (iv) die Gründung von Tochter-SE gemäß Art. 2 Abs. 3 SE-VO bietet eine Grundlage für die Errichtung grenzüberschreitender Joint-Ventures; (v) Art. 8 SE-VO ermöglicht eine identitätswahrende grenzüberschreitende Sitzverlegung und schließlich ermöglicht die Rechtsform der SE (vi) eine Änderung der Corporate Governance-Struktur hin zur monistischen Organisationsverfassung sowie (vii) eine Anpassung der Mitbestimmungsstrukturen an die spezifischen Verhältnisse des jeweiligen Unternehmens.

88   Nach den Gründen für die Wahl der Rechtsform SE befragt, nennen Unternehmen an vorderster Stelle die **Internationale Ausstrahlung,** ferner die Möglichkeit der **Wahl des Leitungssystems** (monistische bzw. dualistische Ausgestaltung) und die **Gestaltungsmöglichkeiten bei der unternehmerischen Mitbestimmung** (*Eidenmüller/Engert/Hornuf* AG 2009, ˚845 [847 f.]; *Habersack* in Bergmann/Kiem/Mülbert/Verse/Wittig, 10 Jahre SE S. 9, 14 ff.; *Louven/Ernst* BB 2014, 323; *Schubert/von der Höh* AG 2014, 439 f.; *Seibt* ZIP 2010, 1057; vgl. auch die Übersicht bei WHSS/*Seibt* Rn. F 175). Im Inland wurden mit SE-Gründungen nach empirischen Befunden zwei Hauptziele verfolgt: zum einen das Einfrieren einer bislang bestehenden Mitbestimmungsfreiheit oder einer drittelparitätischen Mitbestimmung und zum anderen die Reduzierung der Aufsichtsratsgröße bzw. die Sicherung der derzeitigen Aufsichtsratsgröße für die Zukunft (→ Rn. 87 sowie WHSS/*Seibt* Rn. F 174). Auch die Möglichkeit der Verhandlung eines (individuellen) Arbeitnehmerbeteiligungsmodells sowie die Aufnahme von Vertretern unterschiedlicher Mitgliedstaaten in das Aufsichts- bzw. Verwaltungsorgan werden als vorteilhaft empfunden (vgl. Bericht der Kommission zur SE-VO vom 17.11.2010, KOM(2010) 676 endg. S. 4; WHSS/*Seibt* Rn. F 174 zur Internationalisierung des Aufsichtsrats als Motiv). Weiter genannte Motive waren der Wegfall mitbestimmungsrechtlicher Sonderbestimmungen zur Binnenorganisation im Vorstand und im Aufsichtsrat (WHSS/*Seibt* Rn. F 174) sowie die Möglichkeit der grenzüberschreitenden Sitzverlegung (Art. 7 SE-VO verlangt hierbei jedoch die gleichzeitige Verlegung der Hauptverwaltung in den Zuzugsstaat, was den Vorteil der Sitzverlegungsmöglichkeit relativiert). In der Praxis wurde die Möglichkeit der Sitzverlegung eher zurückhaltend genutzt. Die Untersuchungsergebnisse von etui weisen mit Stand vom 21.3.2014 79 SE auf, die ihren Sitz in eine anderen Mitgliedstaat verlegt haben, von denen acht SE ihren Sitz ursprünglich in Deutschland hatten sowie acht SE ihren Sitz nach Deutschland verlegt haben (http://www.worker-participation.eu/European-Company-SE/Facts-Figures). Demgegenüber bewerten *Bayer/Hoffmann/Schmidt* (AG-Report 2009, 480) die Möglichkeit der grenzüberschreitenden Sitzverlegung „als entscheidenden Pluspunkt […] im Wettbewerb der Rechtsformen". Schließlich wurde noch die Möglichkeit der grenzüberschreitenden Verschmelzung angeführt. Dieser Gesichtspunkt dürfte allerdings aufgrund der zwischenzeitlich in allen Mitgliedstaaten erfolgten Umsetzung der IntVerschmRL (im Inland umgesetzt durch das MgVG vom 21.12.2006, BGBl. I S. 3332; *Eidenmüller/Engert/Hornuf* AG 2009, 845 [850]) künftig an Bedeutung verlieren. Bei Unternehmenszusammenschlüssen hilft die Neutralität der SE als Rechtsform den Eindruck einer Übernahme zu vermeiden (Bericht der Kommission zur SE-VO vom 17.11.2010, KOM(2010) 676 endg. S. 3).

89   Wie die Erfahrungswerte in der Praxis zeigen, bildet die Möglichkeit der Verkleinerung des Aufsichtsrats einen beachtlichen Motivationsfaktor für den

Weg in die SE (*Habersack* in Bergmann/Kiem/Mülbert/Verse/Wittig, 10 Jahre SE, S. 9, 15; *Schubert/von der Höh* AG 2014, 439 [443]; *Seibt* ZIP 2010, 1057; WHSS/*Seibt* Rn. F 174). Bei SE mit Sitz im Inland finden die Größenvorgaben des § 7 Abs. 1 MitbestG wegen § 47 Abs. 1 Nr. 1 SEBG keine Anwendung. Viele deutsche SE haben die Umwandlung in eine SE daher als Möglichkeit genutzt, ihren Aufsichtsrat zu verkleinern bzw. eine unmittelbar bevorstehende Vergrößerung aufgrund einer drohenden Überschreitung des einschlägigen Schwellenwerts gemäß § 7 MitbestG zu vermeiden: MAN Diesel & Turbo SE (Reduzierung von 20 auf zunächst 10, dann 18 Aufsichtsratsmitglieder); Allianz SE (Reduzierung von 20 auf 12 Aufsichtsratsmitglieder); vormalige Fresenius SE (Festschreibung der bisherigen Aufsichtsratsgröße von 12 Mitgliedern); BASF SE (Reduzierung von 20 auf 12 Aufsichtsratsmitglieder); MAN SE (Reduzierung von 20 auf 16 Aufsichtsratsmitglieder); Bilfinger SE (Reduzierung von 20 auf 12 Aufsichtsratsmitglieder; s. (WHSS/*Seibt* Rn. F 174, Fn. 439).

3. Schlussfolgerungen. Obwohl anzunehmen ist, dass die Zahl der SE weiter **90** steigen wird, wird teilweise von einer „**Sättigung des Marktes** für die Rechtsform Europäische Aktiengesellschaft" ausgegangen (http://www.boeckler.de/impuls_2011_11_3.pdf). In der Bundesrepublik Deutschland seien in der ersten Hälfte 2011 gerade einmal fünf operative SE hinzugekommen – andererseits aber auch drei aufgrund von Insolvenz oder Umwandlung in eine GmbH wieder entfallen (http://www.boeckler.de/impuls_2011_11_3.pdf). Demgegenüber verbuchen andere das europäische Projekt der SE unter Hinweis auf die Gründungszahlen (seit dem Jahr 2008 in Deutschland konstant bei ca. 40 pro Jahr vgl. *Schubert/von der Höh* AG 2014, 439 [440]) und darauf, dass die Rechtsform der SE wegen des Mindestkapitals von 120.000 Euro ohnehin nur für verhältnismäßig große Unternehmen in Betracht kommt, als gesetzgeberischen Erfolg (*Eidenmüller/Engert/Hornuf* AG 2009, 845 [850]). Während eine Steigerung des Unternehmenswerts nach einem Wechsel in die Rechtsform der SE nicht eindeutig festgestellt werden kann, hat die SE zumindest die grenzüberschreitende Tätigkeit und Mobilität am Binnenmarkt erleichtert (*Eidenmüller/Engert/Hornuf* AG 2009, 845 [854]).

Zielsetzung des Gesetzes

1 (1) ¹**Das Gesetz regelt die Beteiligung der Arbeitnehmer in einer Europäischen Gesellschaft (SE), die Gegenstand der Verordnung (EG) Nr. 2157/2001 des Rates vom 8. Oktober 2001 über das Statut der Europäischen Gesellschaft (ABl. EG Nr. L 294 S. 1) ist. ²Ziel des Gesetzes ist, in einer SE die erworbenen Rechte der Arbeitnehmer (Arbeitnehmerinnen und Arbeitnehmer) auf Beteiligung an Unternehmensentscheidungen zu sichern. ³Maßgeblich für die Ausgestaltung der Beteiligungsrechte der Arbeitnehmer in der SE sind die bestehenden Beteiligungsrechte in den Gesellschaften, die die SE gründen.**

(2) ¹**Zur Sicherung des Rechts auf grenzüberschreitende Unterrichtung, Anhörung, Mitbestimmung und sonstige Beteiligung der Arbeitnehmer wird eine Vereinbarung über die Beteiligung der Arbeitnehmer in der SE getroffen. ²Kommt es nicht zu einer Vereinbarung, wird eine Beteiligung der Arbeitnehmer in der SE kraft Gesetzes sichergestellt.**

(3) **Die Vorschriften dieses Gesetzes sowie die nach Absatz 2 zu treffende Vereinbarung sind so auszulegen, dass die Ziele der Europäischen Gemeinschaft, die Beteiligung der Arbeitnehmer in der SE sicherzustellen, gefördert werden.**

(4) **Die Grundsätze der Absätze 1 bis 3 gelten auch für strukturelle Änderungen einer gegründeten SE sowie für deren Auswirkungen auf die betroffenen Gesellschaften und ihre Arbeitnehmer.**

Übersicht

	Rn.
I. Normzweck	1
II. Gegenstand und Ziel des Gesetzes (Abs. 1)	2
1. Regelungsgegenstand (Abs. 1 S. 1)	2
2. Zielsetzung (Abs. 1 S. 2 und 3)	3
a) Sicherung der Arbeitnehmerbeteiligung an Unternehmensentscheidungen (Abs. 1 S. 2)	3
b) Vorher-Nachher-Prinzip (Abs. 1 S. 3)	4
III. Beteiligung der Arbeitnehmer in der SE (Abs. 2)	6
1. Beteiligungsvereinbarung (Abs. 2 S. 1)	6
2. Gesetzliche Auffangregelung (Abs. 2 S. 2)	8
IV. Auslegungsmaximen (Abs. 3)	9
1. Bedeutung	9
2. Auslegung des SEBG	10
3. Auslegung von Beteiligungsvereinbarungen	11
V. Bestandsschutz bei strukturellen Änderungen (Abs. 4)	12

I. Normzweck

1   Anders als die Überschrift der Vorschrift des § 1 vermuten lässt, verhält sich dieser nicht nur zur **Zielsetzung** (Abs. 1 S. 2 und 3), sondern auch zum **Regelungsgegenstand** (Abs. 1 S. 1) des Gesetzes, beschreibt das **Vorher-Nachher-Prinzip** (Abs. 1 S. 3), den **Vorrang der Verhandlungslösung** (Abs. 2) und etabliert bestimmte **Auslegungsgrundsätze**, die bei der Interpretation des Gesetzes und der Beteiligungsvereinbarung anzuwenden sind (Abs. 3). Ferner enthält die Norm in Abs. 4 eine Aussage zum **Bestandsschutz** im Falle struktureller Änderungen der SE.

II. Gegenstand und Ziel des Gesetzes (Abs. 1)

2   **1. Regelungsgegenstand (Abs. 1 S. 1).** Das Gesetz regelt gemäß § 1 Abs. 1 S. 1 die Beteiligung der Arbeitnehmer in der SE iSd SE-VO. Die Vorschrift ist nahezu wortlautidentisch mit Art. 1 Abs. 1 SE-RL. Mit dem Gesetz erfüllt der Gesetzgeber den **Regelungsauftrag** aus Art. 14 SE-RL und setzt die SE-RL in nationales Recht um (vgl. BT-Drs. 15/3405, 40 ff.). Inhaltlich regelt das Gesetz die Beteiligung der Arbeitnehmer im Rahmen des Gründungsverfahrens über die Einrichtung eines besonderen Verhandlungsgremiums (§§ 4–10) und die Verhandlungen mit diesem Gremium über die Ausgestaltung der Arbeitnehmerbeteiligung in der SE (§§ 11–21). Für den Fall, dass keine Einigung zustande kommt, sieht das Gesetz in §§ 22–33 Auffangregelungen über die Unterrichtung und Anhörung der Arbeitnehmer und in den §§ 34–38 über die Mitbestimmung in der SE vor. Der Geltungsbereich des Gesetzes ist in § 3 geregelt. Aus § 1 Abs. 1 S. 1 ergibt sich lediglich, dass das Gesetz für SE iSd SE-VO gilt.

3   **2. Zielsetzung (Abs. 1 S. 2 und 3). a) Sicherung der Arbeitnehmerbeteiligung an Unternehmensentscheidungen (Abs. 1 S. 2).** Ziel des Gesetzes ist gemäß § 1 Abs. 1 S. 2 die **Sicherung der erworbenen Rechte** der Arbeitnehmer auf Beteiligung an Unternehmensentscheidungen. Dies entspricht der Zielsetzung der SE-RL. In Erwägungsgrund Nr. 3 S. 1 SE-RL heißt es insoweit, dass zur Förderung der Ziele der Gemeinschaft im sozialen Bereich besondere

Bestimmungen festgelegt werden müssen, mit denen gewährleistet werden soll, dass die Gründung einer SE nicht zur Beseitigung oder zur Einschränkung der Gepflogenheiten der Arbeitnehmerbeteiligung führt, die in den an der Gründung einer SE beteiligten Gesellschaften herrschen. In Erwägungsgrund Nr. 18 S. 1 SE-RL heißt es, die Sicherung erworbener Rechte der Arbeitnehmer über ihre Beteiligung an Unternehmensentscheidungen sei fundamentaler Grundsatz und erklärtes Ziel der Richtlinie.

b) Vorher-Nachher-Prinzip (Abs. 1 S. 3). Bezugspunkt dieser Zielsetzung 4 sind gemäß § 1 Abs. 1 S. 3 die **bestehenden Beteiligungsrechte** der Arbeitnehmer in den Gesellschaften, die die SE gründen. Auch dies entspricht der Konzeption der SE-RL und findet dort insbesondere in Erwägungsgrund Nr. 3 S. 1 („... Gepflogenheiten der Arbeitnehmerbeteiligung ... die in den an der Gründung einer SE beteiligten Gesellschaften herrschen ...") und Erwägungsgrund Nr. 18 S. 2 („Die vor der Gründung von SE bestehenden Rechte der Arbeitnehmerbeteiligung sollten deshalb Ausgangspunkt auch für die Schaltung ihrer Beteiligungsrechte in der SE ... sein.") Ausdruck. Tendenziell über diese Vorgabe hinausgehend stellt der Gesetzgeber in § 2 Abs. 9 S. 2 im Zusammenhang mit der Definition des Begriffs Beteiligungsrechte allerdings klar, dass hierzu auch die Wahrnehmung solcher Rechte in den Konzernunternehmen der SE gehören können. Damit ist insbesondere das Wahlrecht der Arbeitnehmer in Konzernunternehmen nach § 2 Abs. 1 DrittelbG, §§ 5 Abs. 1 S. 1, 10 Abs. 1, 18 S. 1 MitbestG angesprochen (MüKoAktG/*Jacobs* SEBG § 2 Rn. 21).

§ 1 Abs. 1 S. 3 spricht zugleich das sog. **Vorher-Nachher-Prinzip** an. Kon- 5 kretisierungen dieses Grundsatzes finden sich beispielsweise in § 15 Abs. 3, 5 (qualifizierte Beschlussanforderungen für das bVG bei einer beabsichtigten Minderung von Beteiligungsrechten), § 21 Abs. 6 (Inhalt der Beteiligungsvereinbarung bei Umwandlung) und § 35 Abs. 1, 2 (Bestimmung des Umfangs der Mitbestimmung im Rahmen der gesetzlichen Auffangregelung). Da das Gesetz die auf nationaler Ebene bestehenden Arbeitnehmervertretungen und deren Rechte unberührt lässt (§ 47 Abs. 2; ausführlich → § 47 Rn. 4 ff.), kommt dem Vorher-Nachher-Prinzip praktische Bedeutung nur für die Unternehmensmitbestimmung zu (MüKoAktG/*Jacobs* Rn. 5).

III. Beteiligung der Arbeitnehmer in der SE (Abs. 2)

1. Beteiligungsvereinbarung (Abs. 2 S. 1). Gemäß § 1 Abs. 2 S. 1 ist zur 6 Sicherung des Rechts auf grenzüberschreitende Unterrichtung und Anhörung sowie auf Mitbestimmung und sonstige Beteiligung der Arbeitnehmer eine Vereinbarung über die Beteiligung der Arbeitnehmer in der SE zu treffen. Nur wenn zwischen dem bVG und den Leitungen der Gründungsgesellschaften keine Vereinbarung zustande kommt, greifen die gesetzlichen Auffangregelungen der §§ 22 ff., 34 ff. (sog. **Vorrang der Verhandlungslösung**). Deutlicher noch als in § 1 Abs. 2 S. 1 kommt das Vorrangprinzip in Erwägungsgrund Nr. 1 SE-RL zum Ausdruck, wenn es dort heißt, die konkreten Verfahren der grenzüberschreitenden Unterrichtung und Anhörung der Arbeitnehmer sowie ggf. der Mitbestimmung, die für die einzelnen SE gelten, sollten *vorrangig* durch eine Vereinbarung zwischen den betroffenen Parteien oder, in Ermangelung einer derartigen Vereinbarung, durch die Anwendung einer Reihe von *subsidiären* Regeln festgelegt werden.

Eng mit dem Vorrang der Verhandlungslösung verknüpft ist der **Grundsatz** 7 **der Vereinbarungsfreiheit,** demzufolge die Parteien der Beteiligungsvereinbarung die Beteiligung der Arbeitnehmer in der SE im Grundsatz frei gestalten können (vgl. auch Art. 4 Abs. 2 SE-RL („Unbeschadet der Autonomie der

Parteien ...„); ausführlich → § 21 Rn. 20). Das Gesetz eröffnet in diesem Sinne die Möglichkeit „maßgeschneiderter" Lösungen für die jeweilige SE (BT-Drs. 15/3405, 43).

8   **2. Gesetzliche Auffangregelung (Abs. 2 S. 2).** Für den Fall, dass die Verhandlungsfrist ohne Abschluss einer Vereinbarung endet (nicht jedoch in den Fällen eines Nichtverhandlungsbeschlusses oder Abbruchs der Verhandlungen durch das bVG gemäß § 16 Abs. 1 (näher → § 16 Rn. 2), greifen die Regelungen über die Beteiligung der Arbeitnehmer in der SE kraft Gesetzes (§ 1 Abs. 2 S. 2). Die subsidiär anwendbaren gesetzlichen Auffangregelungen finden sich in den §§ 22–39 näher geregelt und differenzieren zwischen dem Verfahren zur Unterrichtung und Anhörung (SE-Betriebsrat kraft Gesetzes, §§ 22–33) und der Mitbestimmung im Aufsichts- bzw. Verwaltungsrat (§§ 34–39). Der SE-Betriebsrat erfüllt als Arbeitnehmervertretungsgremium für Zwecke der Anhörung und Unterrichtung ähnliche Funktionen wie ein europäischer Betriebsrat. Ein auf der Ebene der künftigen SE bestehender Europäischer Betriebsrat entfällt demgemäß (§ 47 Abs. 1 Nr. 2; → § 47 Rn. 3).

IV. Auslegungsmaximen (Abs. 3)

9   **1. Bedeutung.** Nach § 1 Abs. 3 sind sowohl die Vorschriften des SEBG als auch Regelungen einer Beteiligungsvereinbarung so auszulegen, dass die Ziele der Europäischen Gemeinschaft, die Beteiligung der Arbeitnehmer in der SE zu sichern, gefördert werden. Über das allgemeine Gebot der richtlinienkonformen Auslegung hinaus etabliert der Gesetzgeber hiermit das **Gebot einer beteiligungsfreundlichen Auslegung** (LHT/*Oetker* Rn. 31; aA wohl KK-AktG/ *Feuerborn* Rn. 15: Klarstellungs- und Appellfunktion; vgl. auch NK-SE/*Kleinmann/Kujath* Rn. 6; *Krause* BB 2005, 1221 [1222]: konstitutive Wirkung nur insoweit, wie Regelung sich auf den überschießenden Teil der Richtlinienumsetzung bezieht). Die SE-RL enthält kein entsprechendes ausdrückliches Auslegungsgebot.

10   **2. Auslegung des SEBG.** § 1 Abs. 3 befreit den Rechtsanwender von der eigenständigen Ermittlung der Zielsetzung des SEBG für Zwecke der **teleologischen Auslegung** (LHT/*Oetker* Rn. 31; NFK/*Nagel* Rn. 5 ff.; KK-AktG/*Feuerborn* Rn. 14 ff.). Damit ist jedoch nur für eine der verschiedenen Auslegungsmethoden eine Vorgabe getroffen. Die Vorschrift verdrängt nicht die übrigen Methodengrundsätze der Gesetzesauslegung. Sie vermag auch nicht die hergebrachte Auslegungsmaxime zu überwinden, derzufolge eine Überschreitung der Wortlautgrenze grundsätzlich unzulässig ist (vgl. LHT/*Oetker* Rn. 31; KK-AktG/*Feuerborn* Rn. 14). § 1 Abs. 3 regelt die Auslegung des Gesetzes. Für die Auslegung der Satzung der SE kann aus der Vorschrift nichts hergeleitet werden (aA NFK/*Nagel* Rn. 9). Allerdings kann die Beteiligungsvereinbarung über Art. 12 Abs. 2 SE-VO auch Auswirkungen auf die Satzungsgestaltung haben (näher → SE-VO Art. 12 Rn. 28 ff.).

11   **3. Auslegung von Beteiligungsvereinbarungen.** § 1 Abs. 3 beansprucht – methodisch zweifelhaft (*Krause* BB 2005, 1221 [1223]; vgl. auch MüKoAktG/*Jacobs* Rn. 3) – ausweislich seines Wortlauts auch für die Auslegung von Beteiligungsvereinbarungen Geltung. Gemäß ihrer Rechtsnatur als Kollektivvertrag *sui generis* mit normativer Wirkung ist die Beteiligungsvereinbarung nach den Grundsätzen für die Gesetzesinterpretation auszulegen (→ § 21 Rn. 4). Der Wortlaut der Vereinbarung bildet demzufolge auch hier eine Auslegungsgrenze (LHT/*Oetker* Rn. 35). Ebenso wenig wie für die Interpretation des Gesetzes selbst werden im Übrigen die sonstigen anerkannten Auslegungskriterien verdrängt. Erst recht kann die beteiligungsfreund-

liche Interpretation nicht dazu führen, dass der Vereinbarung ein Verständnis zugrunde gelegt wird, das dem Willen der Verhandlungsparteien entgegensteht (*Oetker* FS Konzen, 2006, 635 [644]).

V. Bestandsschutz bei strukturellen Änderungen (Abs. 4)

Gemäß § 1 Abs. 4 gelten die Abs. 1–3 auch bei **strukturellen Änderungen** der SE sowie für deren **Auswirkungen** auf die betroffenen Gesellschaften und ihre Arbeitnehmer. Diese Ausdehnung des Bestandsschutzes ist durch die SE-RL nicht vorgegeben. Lediglich in Erwägungsgrund Nr. 18 wird das Thema strukturelle Änderungen angesprochen (ausführlich → § 18 Rn. 8 ff.). 12

Begriffsbestimmungen

2 (1) ¹**Der Begriff des Arbeitnehmers richtet sich nach den Rechtsvorschriften und Gepflogenheiten der jeweiligen Mitgliedstaaten.** ²**Arbeitnehmer eines inländischen Unternehmens oder Betriebs sind Arbeiter und Angestellte einschließlich der zu ihrer Berufsausbildung Beschäftigten und der in § 5 Abs. 3 Satz 2 des Betriebsverfassungsgesetzes genannten leitenden Angestellten, unabhängig davon, ob sie im Betrieb, im Außendienst oder mit Telearbeit beschäftigt werden.** ³**Als Arbeitnehmer gelten auch die in Heimarbeit Beschäftigten, die in der Hauptsache für das Unternehmen oder den Betrieb arbeiten.**

(2) **Beteiligte Gesellschaften sind die Gesellschaften, die unmittelbar an der Gründung einer SE beteiligt sind.**

(3) ¹**Tochtergesellschaften sind rechtlich selbstständige Unternehmen, auf die eine andere Gesellschaft einen beherrschenden Einfluss im Sinne von Artikel 3 Abs. 2 bis 7 der Richtlinie 94/45/EG des Rates vom 22. September 1994 über die Einsetzung eines Europäischen Betriebsrats oder die Schaffung eines Verfahrens zur Unterrichtung und Anhörung der Arbeitnehmer in gemeinschaftsweit operierenden Unternehmen und Unternehmensgruppen (ABl. EG Nr. L 254 S. 64) ausüben kann.** ²**§ 6 Abs. 2 bis 4 des Europäische Betriebsräte-Gesetzes vom 28. Oktober 1996 (BGBl. I S. 1548, 2022) ist anzuwenden.**

(4) **Betroffene Tochtergesellschaften oder betroffene Betriebe sind Tochtergesellschaften oder Betriebe einer beteiligten Gesellschaft, die zu Tochtergesellschaften oder Betrieben der SE werden sollen.**

(5) ¹**Leitung bezeichnet das Organ der unmittelbar an der Gründung der SE beteiligten Gesellschaften oder der SE selbst, das die Geschäfte der Gesellschaft führt und zu ihrer Vertretung berechtigt ist.** ²**Bei den beteiligten Gesellschaften ist dies das Leitungs- oder Verwaltungsorgan, bei der SE das Leitungsorgan oder die geschäftsführenden Direktoren.**

(6) **Arbeitnehmervertretung bezeichnet jede Vertretung der Arbeitnehmer nach dem Betriebsverfassungsgesetz (Betriebsrat, Gesamtbetriebsrat, Konzernbetriebsrat oder eine nach § 3 Abs. 1 Nr. 1 bis 3 des Betriebsverfassungsgesetzes gebildete Vertretung).**

(7) **SE-Betriebsrat bezeichnet das Vertretungsorgan der Arbeitnehmer der SE, das durch eine Vereinbarung nach § 21 oder kraft Gesetzes nach den §§ 22 bis 33 eingesetzt wird, um die Rechte auf Unterrichtung und Anhörung der Arbeitnehmer der SE, ihrer Tochtergesellschaften und**

Betriebe und, wenn vereinbart, Mitbestimmungsrechte und sonstige Beteiligungsrechte in Bezug auf die SE wahrzunehmen.

(8) **Beteiligung der Arbeitnehmer** bezeichnet jedes Verfahren – einschließlich der Unterrichtung, Anhörung und Mitbestimmung –, durch das die Vertreter der Arbeitnehmer auf die Beschlussfassung in der Gesellschaft Einfluss nehmen können.

(9) [1] **Beteiligungsrechte** sind Rechte, die den Arbeitnehmern und ihren Vertretern im Bereich der Unterrichtung, Anhörung, Mitbestimmung und der sonstigen Beteiligung zustehen. [2] Hierzu kann auch die Wahrnehmung dieser Rechte in den Konzernunternehmen der SE gehören.

(10) [1] **Unterrichtung** bezeichnet die Unterrichtung des SE-Betriebsrats oder anderer Arbeitnehmervertreter durch die Leitung der SE über Angelegenheiten, welche die SE selbst oder eine ihrer Tochtergesellschaften oder einen ihrer Betriebe in einem anderen Mitgliedstaat betreffen oder die über die Befugnisse der zuständigen Organe auf der Ebene des einzelnen Mitgliedstaats hinausgehen. [2] Zeitpunkt, Form und Inhalt der Unterrichtung sind so zu wählen, dass es den Arbeitnehmervertretern möglich ist, zu erwartende Auswirkungen eingehend zu prüfen und gegebenenfalls eine Anhörung mit der Leitung der SE vorzubereiten.

(11) [1] **Anhörung** bezeichnet die Einrichtung eines Dialogs und eines Meinungsaustauschs zwischen dem SE-Betriebsrat oder anderer Arbeitnehmervertreter und der Leitung der SE oder einer anderen zuständigen mit eigenen Entscheidungsbefugnissen ausgestatteten Leitungsebene. [2] Zeitpunkt, Form und Inhalt der Anhörung müssen dem SE-Betriebsrat auf der Grundlage der erfolgten Unterrichtung eine Stellungnahme zu den geplanten Maßnahmen der Leitung der SE ermöglichen, die im Rahmen des Entscheidungsprozesses innerhalb der SE berücksichtigt werden kann.

(12) **Mitbestimmung** bedeutet die Einflussnahme der Arbeitnehmer auf die Angelegenheiten einer Gesellschaft durch

1. die Wahrnehmung des Rechts, einen Teil der Mitglieder des Aufsichts- oder Verwaltungsorgans der Gesellschaft zu wählen oder zu bestellen, oder

2. die Wahrnehmung des Rechts, die Bestellung eines Teils oder aller Mitglieder des Aufsichts- oder Verwaltungsorgans der Gesellschaft zu empfehlen oder abzulehnen.

Übersicht

	Rn.
I. Normzweck	1
II. Begriffsbestimmungen	4
1. Arbeitnehmer (Abs. 1)	4
a) Inland	5
b) Ausland	8
2. Beteiligte Gesellschaften (Abs. 2)	9
3. Tochtergesellschaften (Abs. 3)	11
a) Grundlagen	11
b) Europarechtskonformität	12
c) Beherrschungsmittel	14
d) Vermutungsregel	16

Rn.

e) Einzelfragen 19
4. Betroffene Tochtergesellschaften und Betriebe (Abs. 4) 23
5. Leitung (Abs. 5) 27
6. Arbeitnehmervertretungen (Abs. 6) 30
7. SE-Betriebsrat (Abs. 7) 33
8. Beteiligung der Arbeitnehmer (Abs. 8) 34
9. Beteiligungsrechte (Abs. 9) 35
10. Unterrichtung (Abs. 10) 37
11. Anhörung (Abs. 11) 39
12. Mitbestimmung (Abs. 12) 40

I. Normzweck

§ 2 verfolgt den Zweck, Begriffe, die in der deutschen Gesetzessprache **1** entweder nicht üblich sind oder im SEBG aufgrund des europäischen Bezugs eine abweichende Bedeutung haben, inhaltlich klarzustellen (vgl. BT-Drs. 15/ 3405, 43). Für diesen Zweck enthält die Vorschrift einen Katalog von **Legaldefinitionen**. Thematisch lehnt sich der Katalog an denjenigen aus Art. 2 SE-RL an. Zum Teil werden jedoch auch Begriffe definiert, die in Art. 2 SE-RL nicht erwähnt sind (Arbeitnehmer, Leitung, Beteiligungsrechte), während in Art. 2 SE-RL aufgeführte Begriffe keine Definition erfahren haben (SE, Vertretungsorgan, bVG). Auch für eine Reihe von Begriffen, die für die Anwendung des SEBG bedeutsam sind, enthält § 2 keine Definition (Betrieb, Unternehmen und Gewerkschaft). Hier ist auf die **allgemeinen** durch Rechtsprechung und Lehre entwickelten **Begriffsbestimmungen** zurückzugreifen, sofern nicht der Regelungskontext eine andere Interpretation gebietet (MüKoAktG/*Jacobs* Rn. 25 ff.; KK-AktG/*Feuerborn* Rn. 24; Gaul/Ludwig/Forst/*Roock* § 2 Rn. 79).

Inhaltlich weichen die Begriffsbestimmungen aus § 2 teilweise von denjenigen **2** aus Art. 2 SE-RL ab. Hierin liegt jedoch für sich genommen kein Umsetzungsdefizit. Art. 2 SE-RL ist als solcher nicht in nationales Recht umzusetzen, sondern legt den Inhalt der dort definierten Begriffe mangels eines einheitlichen europäischen Sprachgebrauchs für die Richtlinie fest. Ein Konflikt zur Richtlinie entsteht erst dann, wenn die abweichende Begriffsbestimmung im nationalen Recht zu einer Abweichung von den **materiellen Vorgaben** der Richtlinie führt.

Für die Anwendung und Auslegung des SEBG sind die Begriffsbestimmungen **3** aus § 2 **zwingender Natur** (KK-AktG/*Feuerborn* Rn. 2; MüKoAktG/*Jacobs* Rn. 1; LHT/*Oetker* Rn. 1). Eine Beteiligungsvereinbarung iSd § 13 Abs. 1 kann jedoch, soweit das SEBG Regelungsspielräume belässt, für ihre Zwecke abweichende Begriffsbestimmungen festlegen (Annuß/Kühn/Rudolph/Rupp/*Annuß* Rn. 1; LHT/*Oetker* Rn. 1; aA wohl MüKoAktG/*Jacobs* Rn. 1).

II. Begriffsbestimmungen

1. Arbeitnehmer (Abs. 1). Der Arbeitnehmerbegriff ist für zahlreiche Vor- **4** schriften des Gesetzes bedeutsam (zB §§ 3 Abs. 1; 4 Abs. 3 Nr. 3, 4; 5 Abs. 1 S. 2 Abs. 3; 6 Abs. 2 S. 1; 8 Abs. 7; 9 Abs. 2; 10; 15 Abs. 1–3; 16 Abs. 1 S. 2; 18 Abs. 1; 23 Abs. 1 S. 4; 25 S. 1; 34 Abs. 1 Nr. 2, 3, Abs. 2 S. 2; 35 Abs. 2). Insbesondere kommt es im Rahmen der Prüfung, ob bestimmte Schwellenwerte (zB in § 34 Abs. 1 Nr. 2 und 3; § 15 Abs. 3) überschritten sind, darauf an, wer als Arbeitnehmer im Sinne des Gesetzes zu qualifizieren ist. Darüber hinaus können nur Arbeitnehmer im Sinne des Gesetzes im Rahmen der gesetzlichen Auffangregelungen Mitglied im SE-Betriebsrat (vgl. § 23 Abs. 1 S. 2) oder – von

Gewerkschaftsvertretern abgesehen – Arbeitnehmervertreter im Aufsichts- oder Verwaltungsorgan (vgl. § 36 Abs. 3 S. 2) sein.

5   **a) Inland.** Für das Inland übernimmt § 2 Abs. 1 S. 2, 3 die Regelung des § 5 Abs. 1 S. 1, 2 BetrVG, die ihrerseits auf den **allgemeinen,** durch Rechtsprechung und Lehre konturierten **Arbeitnehmerbegriff** rekurriert (BT-Drs. 15/ 3405, 43; MüKoAktG/*Jacobs* Rn. 2; KK-AktG/*Feuerborn* Rn. 3 ff.). Arbeitnehmer ist danach, wer durch privatrechtlichen Vertrag verpflichtet ist, abhängige Dienste zu leisten (zB ErfK/*Preis* BGB § 611 Rn. 35 mwN). Die Abgrenzung kann im Einzelfall schwierig sein (vgl. zu Einzelheiten die allgemeine arbeitsrechtliche Literatur zB HWK/*Thüsing* BGB Vor § 611 Rn. 19 ff.; ErfK/*Preis* BGB § 611 Rn. 34 ff.). Keine Arbeitnehmer im allgemeinen arbeitsrechtlichen Sinne sind insbesondere freie Mitarbeiter (zB BAG NZA 1995, 161 für Rundfunkmitarbeiter; BAG NZA 1997, 194 für Lehrkraft; zur Abgrenzung Arbeitnehmer/freier Mitarbeiter ausführlich *Hromadka* NJW 2003, 1847), arbeitnehmerähnliche Personen, die zwar wirtschaftlich, aber nicht persönlich abhängig sind (vgl. BAG NZA 1986, 484; ErfK/*Preis* BGB § 611 Rn. 110 ff.), Mitglieder des gesetzlich zur Vertretung juristischer Personen berufenen Organs (vgl. ErfK/*Preis* BGB § 611 Rn. 137 mzN aus Rspr. und Lit.) und Beamte (vgl. MHdB ArbR/ *Wißmann* § 279 Rn. 4). Leiharbeitnehmer stehen zwar in einem Arbeitsverhältnis zum Verleihunternehmen (vgl. § 14 Abs. 2 AÜG), nicht jedoch zum Entleiher. Nur bei Ersterem sind sie infolgedessen als Arbeitnehmer iSd SEBG zu qualifizieren (MüKoAktG/*Jacobs* Rn. 5; LHT/*Oetker* Rn. 10; KK-AktG/*Feuerborn* Rn. 8). Für eine Berücksichtigung der Leiharbeitnehmer fehlt es an jeglicher Grundlage im SEBG – denn anders als bei § 7 S. 2 BetrVG besteht im SEBG kein Anknüpfungspunkt für eine Diskussion, in welchem Umfang Leiharbeitnehmer in den Anwendungsbereich einbezogen sein könnten (MüKoAktG/*Jacobs* Rn. 5).

6   Anders als das BetrVG bezieht § 2 Abs. 1 S. 2 des Gesetzes **leitende Angestellte** ausdrücklich ein. Leitende Angestellte können daher unter anderem im Rahmen der gesetzlichen Auffangregelungen Mitglied des SE-Betriebsrats sein (vgl. *Güntzel* SE-Richtlinie, Diss. Frankfurt/M 2006, S. 384 ff.). Wer leitender Angestellter iSd SEBG ist, bestimmt sich aufgrund des Verweises in § 2 Abs. 1 S. 2 nach § 5 Abs. 3 S. 2 BetrVG. Die Abgrenzung ist unter anderem relevant für die Mindestrepräsentanz der leitenden Angestellten im bVG (§ 6 Abs. 4) und – im Rahmen der gesetzlichen Auffangregelungen – im Aufsichts- bzw. Verwaltungsorgan (§ 36 Abs. 3 S. 2).

7   Die Frage, ob vorübergehend **in das Ausland entsandte Mitarbeiter** im Rahmen der Prüfung von Schwellenwerten mitzuzählen sind, ob diese im Inland zu Mitgliedern des bVG gewählt werden können etc beurteilt sich primär nach der jeweiligen Sachnorm des SEBG (anders wohl MüKoAktG/*Jacobs* Rn. 4; entscheidend, ob die Arbeitnehmer dem inländischem Arbeitgeber weisungsunterworfen sind bzw. von im Inland getroffenen Planungsentscheidungen betroffen werden). Hilfsweise kann insoweit mit Blick auf die inhaltliche Anlehnung des § 2 Abs. 1 S. 2, 3 an § 5 Abs. 1 S. 1, 2 BetrVG auf die im Rahmen des Betriebsverfassungsgesetzes entwickelten Grundsätze zurückgegriffen werden (ebenso LHT/*Oetker* Rn. 7; KK-AktG/*Feuerborn* Rn. 10 aE; vgl. zum Betriebsverfassungsrecht BAG NZA 1990, 658; *Pohl* NZA 1998, 735; *Boemke* NZA 1992, 112; *Falder* NZA 2000, 868).

8   **b) Ausland.** Für das Ausland verweist § 2 Abs. 1 S. 1 in Übereinstimmung mit Art. 2 lit. e SE-VO auf die Rechtsvorschriften und Gepflogenheiten der jeweiligen Mitgliedstaaten. Für die Praxis bedeutet dies, dass in allen Mitgliedstaaten, in denen Arbeitnehmer an der SE-Gründung zu beteiligen sind, nach dem jeweiligen nationalen Recht geprüft werden muss, wer als Arbeitnehmer einzuordnen ist. Hierbei ist primär auf das jeweilige nationale Umsetzungsrecht

zur SE-RL abzustellen (Rieble/Junker/*Rieble* § 3 Rn. 51; MüKoAktG/*Jacobs* Rn. 3; KK-AktG/*Feuerborn* Rn. 3), wenn dieses keine Regelung enthält, auf die allgemeinen Rechtsvorschriften und Gepflogenheiten des jeweiligen Mitgliedstaats.

2. Beteiligte Gesellschaften (Abs. 2). Beteiligte Gesellschaften im Sinne des **9** Gesetzes sind diejenigen Gesellschaften, die **unmittelbar** an der Gründung der SE beteiligt sind, im Falle einer SE-Gründung durch Verschmelzung (Art. 2 Abs. 1 SE-VO) also die zu verschmelzenden Gesellschaften, im Falle der Gründung einer Holding-SE (Art. 2 Abs. 2 SE-VO) die Gesellschaften, die eine gemeinsame Holding errichten, im Falle der Gründung einer Tochter-SE (Art. 2 Abs. 3 SE-VO) die Gesellschaft(en), die eine Tochter-SE errichten (zur Frage der Erforderlichkeit eines Arbeitnehmerbeteiligungsverfahrens bei Sekundärgründungen → § 3 Rn. 8 f.) und im Falle der Gründung einer SE durch Umwandlung (Art. 2 Abs. 4 SE-VO) die umzuwandelnde Gesellschaft. Die Definition muss im Zusammenhang mit den Begriffen Tochtergesellschaften und betroffene Betriebe (§ 2 Abs. 3, 4) gesehen werden. Das Gesetz differenziert exakt zwischen diesen Begrifflichkeiten. Wo nur die betroffenen Gesellschaften ohne eine Erweiterung um betroffene Tochtergesellschaften oder betroffene Betriebe angesprochen sind, sind auch nur diese gemeint (zB in § 5 Abs. 2; 7 Abs. 2, 3, 4; *Grobys* NZA 2005, 84 [85]; HWK/*Hohenstatt*/*Dzida* SEBG Rn. 7; KK-AktG/*Feuerborn* Rn. 13; MüKoAktG/*Jacobs* Rn. 8; str. im Rahmen des § 15, → § 15 Rn. 7 f.).

An einzelnen Stellen spricht das Gesetz von **beteiligten Unternehmen** (zB **10** §§ 6 Abs. 3; 8 Abs. 1 S. 2) oder einfach nur von **Gesellschaften** (zB § 6 Abs. 2). Der Bedeutungsgehalt dieser Begriffe ist jeweils aus der betreffenden Norm heraus zu ermitteln.

3. Tochtergesellschaften (Abs. 3). a) Grundlagen. Tochtergesellschaften **11** im Sinne des Gesetzes sind rechtlich selbstständige Unternehmen, auf die eine andere Gesellschaft einen **beherrschenden Einfluss ausüben kann.** Wegen des Begriffs des beherrschenden Einflusses verweist § 2 Abs. 3 S. 1 auf Art. 3 Abs. 2–7 EBR-RL. Ergänzend hierzu ordnet § 2 Abs. 3 S. 2 die Anwendung der § 6 Abs. 2–4 EBRG, und damit insbesondere der Vermutungsregelung des § 6 Abs. 2 EBRG an.

b) Europarechtskonformität. § 2 Abs. 3 weicht in europarechtlich bedenk- **12** licher Weise von der Vorgabe des Art. 3 lit. c SE-RL ab. Art. 2 lit. c SE-RL qualifiziert nur Unternehmen, auf die eine andere Gesellschaft einen beherrschenden Einfluss iSd Art. 3 Abs. 2–7 EBR-RL *ausübt*, als Tochtergesellschaften iSd Richtlinie (in der englischen Sprachfassung der Richtlinie „*exercises* a dominant influence", in der französischen Sprachfassung „*exerce* une influence dominante"). § 2 Abs. 3 S. 1 lässt es demgegenüber genügen, dass eine andere Gesellschaft einen beherrschenden Einfluss iSv Art. 3 Abs. 2–7 EBR-RL ausüben *kann*. Während die Richtlinie damit der Konzeption des Unterordnungskonzerns iSd § 18 Abs. 1 AktG nahesteht, auf den (für die Zurechnung von Arbeitsverhältnissen im Konzern) auch die nationalen Mitbestimmungsgesetze abstellen (vgl. § 5 Abs. 1 MitbestG, § 2 Abs. 2 DrittelbG), lässt das SEBG eine § 17 Abs. 1 AktG ähnelnde Beherrschungssituation genügen (vgl. MüKoAktG/*Jacobs* Rn. 11; NFK/*Nagel* Rn. 7 unter Hinweis auf BGH NJW 1984, 1893; *Blanke* EBRG § 6 Rn. 12).

Im Ergebnis führt dies unter anderem zu einer Ausweitung des Kreises der **13** Gesellschaften, deren Arbeitnehmer bei der Bildung des besonderen Verhandlungsgremiums zu beteiligen sind, sowie zu einer Ausweitung des Personenkreises, der im Rahmen der gesetzlichen Auffangregelungen zu Mitgliedern des SE-Betriebsrats oder zu Arbeitnehmervertretern im Aufsichts- bzw. Verwaltungsorgan wählbar ist. Dies ist mit der Richtlinie nicht vereinbar (so im Einzelnen wohl ebenfalls, wenngleich ohne Diskussion der Problematik NFK/*Nagel* § 2 Rn. 7; aA LHT/*Oetker* Rn. 18; MüKoAktG/*Jacobs* Rn. 10, Fn. 28). Hiervon unabhängig überzeugt die Regelung des § 2 Abs. 3 S. 1 auch in der Sache nicht, weil sie nicht nur Arbeitnehmern, die tatsächlich von Leitungsentscheidungen der SE betroffen werden, sondern auch solchen Arbeitnehmern Beteiligungsrechte einräumt, die lediglich potentiell betroffen werden. § 2 Abs. 3 S. 1 ist daher richtlinienkonform dahingehend auszulegen, dass nur solche Gesellschaften als Tochtergesellschaften im Sinne des Gesetzes anzusehen sind, auf die eine andere Gesellschaft tatsächlich einen beherrschenden Einfluss ausübt.

14 **c) Beherrschungsmittel.** Gemäß Art. 3 Abs. 2 EBR-RL, den § 2 Abs. 3 S. 1 in Bezug nimmt, wird die Fähigkeit beherrschenden Einfluss auszuüben vermutet, wenn ein Unternehmen in Bezug auf ein anderes Unternehmen direkt oder indirekt (i) die Mehrheit des gezeichneten Kapitals dieses Unternehmens besitzt, (ii) über die Mehrheit der mit den Anteilen an dem anderen Unternehmen verbundenen Stimmrechte verfügt oder (iii) mehr als die Hälfte der Mitglieder des Verwaltungs-, Leitungs- oder Aufsichtsorgans des anderen Unternehmens bestellen kann. Es spricht viel dafür, dass die in Betracht kommenden **Beherrschungsmittel** damit **abschließend aufgezählt** sind (in diese Richtung auch *Henssler* FS K. Schmidt, 2009, 601 [607, 613]; aA Annuß/Kühn/Rudolph/Rupp/*Annuß* Rn. 7; MüKoAktG/*Jacobs* Rn. 11; NFK/*Nagel* Rn. 7 mit Beispielen). § 2 Abs. 3 S. 1 verweist gerade nicht auf die inhaltlich weitere (vgl. ArbG Stuttgart BeckRS 2008, 55726 – Porsche; *Forst* ZESAR 2010, 154 [157, 162]), allgemeine Begriffsbestimmung des beherrschenden Einflusses in Art. 3 Abs. 1 EBR-RL. Darüber hinaus wäre die Inbezugnahme der Vermutungsregelung aus § 6 Abs. 2 EBRG durch § 2 Abs. 3 S. 2 nicht verständlich, wenn diejenige auf Art. 3 Abs. 2 EBR-RL durch § 2 Abs. 3 S. 1 lediglich den Zweck haben sollte, die Vermutungsregelung des Art. 3 Abs. 2 EBR-RL zur Anwendung zu berufen. Denn beide Vermutungsregelungen sind inhaltlich deckungsgleich.

15 Selbst wenn man die Aufzählung nicht für abschließend hält, muss die Beherrschungsmöglichkeit jedenfalls **gesellschaftsrechtlich vermittelt** sein (*Henssler* FS K. Schmidt, 2009, 601 [613 f.]; *Forst* ZESAR 2010, 154 [160]; MüKoAktG/*Jacobs* Rn. 11; vgl. auch BAG NZA 1996, 706 [707] für § 6 EBRG, mzN); aA NFK/*Nagel* § 2 Rn. 7). Dies entspricht für § 17 Abs. 1 AktG ganz hM und kann schon zur Vermeidung von Konflikten mit dem Konzernrecht der SE, das sich gemäß Art. 9 Abs. 1 lit. c ii SE-VO nach dem nationalen Aktienrecht richtet (hierzu Spindler/Stilz/*Casper* SE-VO Art. 9 Rn. 9 ff.), im Rahmen des SEBG nicht anders sein (*Henssler* FS K. Schmidt, 2009, 601 [613 f.]). Im Übrigen verweist auch der durch § 2 Abs. 3 S. 1 in Bezug genommene Art. 3 Abs. 6 EBR-RL für die Feststellung, ob ein Unternehmen ein herrschendes Unternehmen ist, auf das Sitzstaatrecht (hier: § 17 Abs. 1 AktG) des Unternehmens, das als herrschend qualifiziert werden soll. Im nationalen Aktienrecht ist jedoch anerkannt, dass eine Beherrschung iSd § 17 Abs. 1 AktG nur eine gesellschaftsrechtlich vermittelte sein kann (vgl. Hüffer/*Koch* AktG § 17 Rn. 8 mwN). Rein wirtschaftliche oder personelle Verflechtungen genügen daher nicht (ArbG Stuttgart BeckRS 2008, 55726 – Porsche). Ebenso wenig genügt es, dass ein Unternehmen kontrollierend iSd § 35 WpÜG ist (*Henssler* FS K. Schmidt, 2009, 601 [615]).

16 **d) Vermutungsregel.** Ein beherrschender Einfluss wird gemäß dem durch § 2 Abs. 3 S. 2 in Bezug genommenen § 6 Abs. 2 EBRG **vermutet,** wenn mindestens einer der dort genannten Tatbestände erfüllt ist (Fähigkeit mehr als die Hälfte der Mitglieder des Verwaltungs-, Leitungs- oder Aufsichtsorgans zu bestellen, Stimmrechtsmehrheit, Kapitalmehrheit). Erfüllen **mehrere Unternehmen**

einen dieser Tatbestände, bestimmt sich das herrschende Unternehmen nach der vorgenannten Rangfolge der Beherrschungsmittel (§ 2 Abs. 3 S. 2 iVm § 6 Abs. 2 S. 2 EBRG; s. MüKoAktG/*Jacobs* Rn. 11; NFK/*Nagel* Rn. 10). Bei der Ermittlung, ob Stimmrechtsmehrheit vorliegt oder Ernennungsrechte bestehen, sind gemäß § 2 Abs. 3 S. 2 iVm § 6 Abs. 3 EBRG die Rechte aller von dem zu betrachtenden Unternehmen abhängigen Unternehmen sowie aller natürlichen und juristischen Personen, die zu einem eigenen Namen aber für Rechnung des Unternehmens oder eines von ihm abhängigen Unternehmens handeln, **zusammenzurechnen.**

Die Vermutung aus § 2 Abs. 3 S. 2 iVm § 6 Abs. 2 EBRG ist **widerleglich** 17 (LHT/*Oetker* Rn. 17; MüKoAktG/*Jacobs* Rn. 11; KK-AktG/*Feuerborn* Rn. 17; NFK/*Nagel* Rn. 10). Als Mittel zur Widerlegung kommen insbesondere stimmrechtsbeschränkende Satzungsregelungen, Satzungsregelungen über qualifizierte Beschlussmehrheiten, Stimmbindungsverträge sowie Entherrschungsverträge in Betracht (vgl. Rieble/Junker/*Rieble* § 3 Rn. 47; *Fiedler* ArbuR 1996, 180 [182]).

Für **Investment- und Beteiligungsgesellschaften** iSd Art. 3 Abs. 5 lit. a, c 18 FKVO etabliert § 2 Abs. 3 S. 2 iVm § 6 Abs. 4 EBRG eine Ausnahmeregelung. Sie gelten dann nicht als herrschendes Unternehmen, wenn sie zwar Anteile halten, jedoch als bloße Kapitalanleger agieren und demgemäß an der Leitung des Beteiligungsunternehmens nicht mitwirken (MüKoAktG/*Jacobs* Rn. 12).

e) Einzelfragen. Die Unternehmen eines **Gleichordnungskonzerns** (vgl. 19 § 18 Abs. 2 AktG) stehen zueinander nicht in einem Beherrschungsverhältnis (vgl. auch Begr. RegE zum EBRG, BT-Drs. 13/4520, 20). Die Rechtsprechung (BAG NZA 2004, 863) und die hM im Schrifttum (*Engels/Müller* DB 1996, 981 [983]; *Thüsing/Leder* SAE 2002, 171 [173]; LHT/*Oetker* Rn. 19; *Blanke* EBRG § 6 Rn. 5; *Fitting* Übersicht EBRG Rn. 29) gehen daher zu Recht davon aus, dass sie nicht § 6 Abs. 2 EBRG bzw. Art. 3 Abs. 2 EBR-RL unterfallen. Sie sind demgemäß auch keine Tochterunternehmen im Sinne des Gesetzes.

Gemeinschaftsunternehmen können Tochterunternehmen mehrerer herr- 20 schender Unternehmen sein, wenn die herrschenden Unternehmen sich vertraglich (zB durch Konsortialvertrag) zur gemeinsamen Ausübung ihrer Einflussmöglichkeiten verbunden haben (vgl. zu § 5 MitbestG ErfK/*Oetker* MitbestG § 5 Rn. 12; UHH/*Ulmer/Habersack* MitbestG § 5 Rn. 52). Eine bloße 50/50-Beteiligung genügt demgegenüber ebenso wie im Rahmen des nationalen Mitbestimmungsrechts nicht (aA NFK/*Nagel* Rn. 7).

Die bloße **Absicht,** sich einen beherrschenden Einfluss zu verschaffen, genügt 21 nach allgemeiner Ansicht nicht (MüKoAktG/*Jacobs* Rn. 11; *Henssler* FS K. Schmidt, 2009, 601 [611]). Im Falle eines öffentlichen Übernahmeangebots sind die Arbeitnehmer des Zielunternehmens daher erst dann in das besondere Verhandlungsgremium einzubeziehen, wenn das Übernahmeangebot durchgeführt ist (ArbG Stuttgart BeckRS 2008, 55726 – Porsche). Bis zu diesem Zeitpunkt dürfen die Arbeitnehmer des Zielunternehmens nicht beteiligt werden.

Gesellschaften, deren **statutarischer Sitz** sich außerhalb der EU bzw. des 22 EWR befindet, können nicht Tochtergesellschaft im Sinne des Gesetzes sein (so auch MüKoAktG/*Jacobs* Rn. 16; aA *Kiem* ZHR 173 [2009], 156 [171] für eine Anwendbarkeit auch in diesen Fällen nach „Sinn und Zweck").

4. Betroffene Tochtergesellschaften und Betriebe (Abs. 4). Betroffene 23 Tochtergesellschaften bzw. betroffene Betriebe sind Tochtergesellschaften bzw. Betriebe einer beteiligten Gesellschaft, die zu Tochtergesellschaften oder Betrieben der SE werden sollen. Der Begriff der **Tochtergesellschaft** ist in § 2 Abs. 3 definiert, der Begriff der **beteiligten Gesellschaft** in § 2 Abs. 2. Den Begriff des **Betriebs** definiert das Gesetz nicht. Insoweit ist auf den allgemeinen betriebsverfassungsrechtlichen Betriebsbegriff zurückzugreifen (KK-AktG/*Feuerborn*

Rn. 24; MüKoAktG/*Jacobs* Rn. 14, 29 f.; LHT/*Oetker* Rn. 22). Betrieb ist danach die organisatorische Einheit, innerhalb derer der Unternehmer allein oder in Gemeinschaft mit seinen Mitarbeitern mithilfe sächlicher oder immaterieller Mittel fortgesetzt arbeitstechnische Zwecke verfolgt (vgl. *Fitting* BetrVG § 1 Rn. 63; *Richardi*/*Richardi* BetrVG § 1 Rn. 17, jeweils mzN aus Rspr. und Lit.). Betrieb isd § 2 Abs. 4 kann auch ein **gemeinsamer Betrieb** mehrerer Unternehmen (§ 1 Abs. 1 S. 2, Abs. 2 BetrVG) sein (LHT/*Oetker* Rn. 22; KK–AktG/ *Feuerborn* Rn. 24). Für Zwecke der Anwendung der im SEBG enthaltenen **Schwellenwerte** (s. §§ 5 Abs. 1 S. 2, 8 Abs. 7 S. 5, 15 Abs. 3, 16 Abs. 1 S. 2, 18 Abs. 1 S. 1, 34 Abs. 1 Nr. 2 oder § 37 Abs. 1 S. 2) werden im Hinblick auf **Gemeinschaftsbetriebe** der jeweiligen Trägergesellschaft immer nur diejenigen Arbeitnehmer zugerechnet, mit denen das jeweilige Arbeitsverhältnis besteht. Eine Mehrfachzurechnung der Arbeitnehmer im Gemeinschaftsunternehmen muss demnach unterbleiben (vgl. MüKoAktG/*Jacobs* Rn. 30 mit eingehender Begründung uwN; zur Mehrfachzurechnung im Bereich des MitbestG ausführlich *Hohenstatt/Schramm* NZA 2010, 846 [847 ff.]).

24   **Betroffen** sind Tochtergesellschaften, wenn sie im Zuge der SE-Gründung zu Tochtergesellschaften der SE werden sollen. Tochtergesellschaften einer beteiligten Gesellschaft, die vor der SE-Gründung veräußert werden, sind demgemäß keine betroffenen Tochtergesellschaften iSd § 2 Abs. 4 (vgl. BT-Drs. 15/3405, 44). Ebenfalls keine betroffenen Tochtergesellschaften iSd § 2 Abs. 4 sind in den Fällen der **Gründung einer Tochter-SE** die Tochtergesellschaften der Gründungsgesellschaften (KK–AktG/*Feuerborn* Rn. 23; LHT/*Oetker* Rn. 21). Sie werden im Zuge der SE-Gründung nicht zu Tochtergesellschaften iSd § 2 Abs. 3, sondern zu Schwestergesellschaften der SE (*Grobys* NZA 2005, 84 [85]; KK– AktG/*Feuerborn* Rn. 22; LHT/*Oetker* Rn. 21; MüKoAktG/*Jacobs* Rn. 15). Anders verhält es sich bei der **Gründung einer Holding-SE** in Bezug auf die Tochtergesellschaften der die Holding-SE gründenden Gesellschaften (*Grobys* NZA 2005, 84 [85]; KK–AktG/*Feuerborn* Rn. 22; MüKoAktG/*Jacobs* Rn. 15). Dies stellt die Begründung zum Regierungsentwurf ausdrücklich klar (Begr. RegE, BT-Drs. 15/3405, 44).

25   Ob auch **mittelbare Tochtergesellschaften** (Enkelgesellschaft, Urenkelgesellschaft etc) der beteiligten Gesellschaften dem Begriff der betroffenen Tochtergesellschaften unterfallen, ist umstritten (ohne Einschränkungen bejahend NFK/*Nagel* Rn. 14; *Grobys* NZA 2005, 84 [85]; Rieble/Junker/*Rieble* § 3 Rn. 45; *Güntzel* SE-Richtlinie, Diss. Frankfurt/M 2006, S. 387; differenzierend KK–AktG/*Feuerborn* Rn. 22; LHT/*Oetker* Rn. 21). Richtigerweise ist dies zu bejahen. Der durch § 2 Abs. 3 vorgegebene Begriff der Tochtergesellschaft ist nicht auf Gesellschaften beschränkt, an denen die beteiligten Gesellschaften unmittelbar beteiligt sind. Es genügt, dass die beteiligten Gesellschaften einen beherrschenden Einfluss iSd § 2 Abs. 3 S. 1 ausüben (können) (Zur Frage ob bereits die Möglichkeit, einen beherrschenden Einfluss auszuüben genügt, → Rn. 12 f.). Es erscheint auch sinnwidrig, die Arbeitnehmer mittelbarer Tochtergesellschaften nicht an der Bildung des bVG zu beteiligen, ihnen im Rahmen der gesetzlichen Auffangregelungen das aktive und passive Wahlrecht zum SE-Betriebsrat abzusprechen etc. Sie werden von Leitungsentscheidungen ebenso betroffen wie die Arbeitnehmer unmittelbarer Tochtergesellschaften. Schließlich hinge die Beteiligung der Arbeitnehmer im Rahmen des Gründungsvorhabens und in der späteren SE von Zufälligkeiten der Unternehmensgruppe ab, wenn man den Begriff der betroffenen Tochtergesellschaft auf solche Gesellschaften beschränken wollte, an denen die beteiligten Gesellschaften unmittelbar beteiligt sind (UHH/*Henssler* Rn. 5).

26   **Betroffene Betriebe** können demgegenüber nur Betriebe der beteiligten Gesellschaften selbst sein. Dies ergibt sich unmittelbar aus dem Wortlaut des § 2

Abs. 4 („..., die zu Tochtergesellschaften oder Betrieben *der SE* werden sollen.")
(vgl. MüKoAktG/*Jacobs* Rn. 14; LHT/*Oetker* Rn. 20). Arbeitnehmer betroffener
Tochtergesellschaften, die in einem Betrieb innerhalb der EU oder des EWR
beschäftigt werden (zum räumlichen Geltungsbereich des Gesetzes → § 3
Rn. 4 ff.), sind bereits über den Begriff der Tochtergesellschaft erfasst. Arbeitnehmer von Gesellschaften, deren satzungsgemäßer Sitz sich außerhalb der EU bzw.
des EWR befindet, werden demgegenüber selbst dann nicht erfasst, wenn sie
innerhalb der EU bzw. des EWR beschäftigt werden (ebenso MüKoAktG/*Jacobs*
Rn. 16; aA *Kiem* ZHR 173 [2009], 171). SE-VO und SE-RL gelten nur für
Gesellschaften, deren Sitz sich innerhalb der EU bzw. des EWR befindet (zur
Möglichkeit, Arbeitnehmer außerhalb der EU/des EWR über die Beteiligungsvereinbarung einzubeziehen, → § 21 Rn. 22).

5. Leitung (Abs. 5). Leitung bezeichnet gemäß § 2 Abs. 5 S. 1 das Organ der **27**
unmittelbar an der Gründung der SE beteiligten Gesellschaften oder der SE selbst,
das die **Geschäfte der Gesellschaft führt** und zu ihrer **Vertretung berechtigt**
ist. § 2 Abs. 5 S. 2 präzisiert dies dahin, dass Leitung bei den beteiligten Gesellschaften (§ 2 Abs. 2) das Leitungs- oder Verwaltungsorgan, bei der SE selbst das
Leitungsorgan oder die geschäftsführenden Direktoren sind. Die Regelung verfolgt
den Zweck, die mit der Vielzahl der Gesellschaftsformen in der EU bzw. des EWR
einhergehende Vielfalt in der Bezeichnung des zur Geschäftsführung und Vertretung berechtigten Organs der Gesellschaften über einen einheitlichen Begriff zu
erfassen (vgl. BT-Drs. 15/3405, 44). Sie findet in Art. 2 SE-RL kein Vorbild.

Die **Leitung der SE** ist im Gesetz angesprochen in §§ 18 Abs. 2, 23 Abs. 2 **28**
S. 1, 25 S. 1, 28 Abs. 1 S. 1, 29 Abs. 1 S. 1, 31 S. 2, 37 Abs. 2 S. 2, 34 Abs. 3
S. 3, die **Leitung der beteiligten Gesellschaften** in §§ 4 Abs. 1 S. 1 und
Abs. 2, 11 Abs. 1 S. 2 und 3, 12 Abs. 1 S. 1, 13 Abs. 1 S. 1 und Abs. 2 S. 1, 17
S. 2, 20 Abs. 1 S. 2, 21 Abs. 1, 34 Abs. 3. Im Inland bezeichnet Leitung in
Bezug auf die beteiligten Gesellschaften (§ 2 Abs. 2) bei Aktiengesellschaften den
Vorstand und bei GmbH den oder die **Geschäftsführer**. In Bezug auf SE mit
Sitz im Inland meint Leitung im dualistischen System das Leitungsorgan (Art. 39
Abs. 1 SE-VO), im monistischen System die geschäftsführenden Direktoren
(KK-AktG/*Feuerborn* Rn. 26; NFK/*Nagel* Rn. 15; aA MüKoAktG/*Jacobs*
Rn. 18: im monistischen System: das Verwaltungsorgan insgesamt).

Die Mitglieder des Leitungsorgans müssen bei der Erfüllung der dem Organ **29**
zugewiesenen Aufgaben nicht persönlich tätig werden. Sie können sich vielmehr
wie auch sonst durch geeignete Personen **vertreten** lassen (MüKoAktG/*Jacobs*
Rn. 18; Gaul/Ludwig/Forst/*Roock* § 2 Rn. 101).

6. Arbeitnehmervertretungen (Abs. 6). § 2 Abs. 6 definiert den Begriff **30**
der Arbeitnehmervertretungen für das **Inland.** Welche Arbeitnehmervertretungen im Rahmen der Vorschriften des Gesetzes im Ausland zu beteiligen sind,
muss den jeweiligen nationalen Umsetzungsvorschriften entnommen werden.

Entgegen dem missverständlichen Eingang der Vorschrift („... bezeichnet *jede* **31**
Vertretung ...") ist die Aufzählung im Klammerzusatz **abschließend** (LHT/
Oetker Rn. 27; KK-AktG/*Feuerborn* Rn. 30; NFK/*Nagel* Rn. 16). Arbeitnehmervertretungen im Sinne des Gesetzes sind (nur) der **Betriebsrat** (§ 1 Abs. 1
BetrVG), der **Gesamtbetriebsrat** (§ 47 Abs. 1 BetrVG), der **Konzernbetriebsrat** (§ 54 Abs. 1 S. 1 BetrVG) und die in **§ 3 Abs. 1 Nr. 1–3 BetrVG** genannten, auf einer Vereinbarung beruhenden Arbeitnehmervertretungen. Darauf, ob
eine Arbeitnehmervertretung gemäß § 3 Abs. 1 Nr. 1–3 BetrVG durch Tarifvertrag oder zulässigerweise durch Betriebsvereinbarung (vgl. § 3 Abs. 2, 3 S. 1
BetrVG) gebildet wurde, kommt es nicht an (vgl. BT-Drs. 15/3405, 44: „andere
vereinbarte Formen nach § 3 BetrVG"; LHT/*Oetker* Rn. 27; Gaul/Ludwig/

Forst/*Roock* § 2 Rn. 104; aA MüKoAktG/*Jacobs* Rn. 18: nur durch Tarifvertrag gebildete Vertretungen).

32   **Keine Arbeitnehmervertretungen** iSd § 2 Abs. 6 sind Arbeitsgemeinschaften nach § 3 Abs. 1 Nr. 4 BetrVG und zusätzliche Vertretungen nach § 3 Abs. 1 Nr. 5 BetrVG. Auch der **Sprecherausschuss** ist keine Arbeitnehmervertretung im Sinne des Gesetzes (für eine Einbeziehung im Wege der richtlinienkonformen Interpretation LHT/*Oetker* Rn. 28; wie hier NFK/*Nagel* Rn. 16; MüKoAktG/*Jacobs* Rn. 18; Annuß/Kühn/Rudolph/Rupp/*Annuß* Rn. 12). Das Gesetz nennt den Sprecherausschuss jedoch an verschiedenen Stellen ausdrücklich und bezieht ihn hiermit in das Arbeitnehmerbeteiligungsverfahren ein (vgl. §§ 4 Abs. 2 S. 1, 8 Abs. 1 S. 5, 11 Abs. 1 S. 3, 37 Abs. 1 Nr. 4). Ebenfalls keine Arbeitnehmervertretungen im Sinne des Gesetzes bilden die Arbeitnehmervertreter im Aufsichtsrat oder Verwaltungsorgan (vgl. BT-Drs. 15/3405, 44).

33   **7. SE-Betriebsrat (Abs. 7).** Mit dem Begriff SE-Betriebsrat bezeichnet das Gesetz das Vertretungsorgan der Arbeitnehmer der SE, das durch eine Vereinbarung nach § 21 oder kraft Gesetzes nach den §§ 22–33 eingesetzt wird, um die Rechte auf Unterrichtung und Anhörung der Arbeitnehmer der SE, ihrer Tochtergesellschaften und Betriebe und, wenn vereinbart, Mitbestimmungsrechte und sonstige Beteiligungsrechte in Bezug auf die SE wahrzunehmen. Die Regelung entspricht inhaltlich **Art. 2 lit. f SE-RL** („Vertretungsorgan"). Wie sich klar aus dem Wortlaut der Regelung ergibt, kommt es nicht darauf an, ob der SE-Betriebsrat auf der Grundlage einer Vereinbarung gemäß § 21 oder nach den gesetzlichen Auffangregelungen der §§ 22 ff. errichtet wird (LHT/*Oetker* Rn. 29; NFK/*Nagel* Rn. 19).

34   **8. Beteiligung der Arbeitnehmer (Abs. 8).** Die „Beteiligung" der Arbeitnehmer bildet den **Oberbegriff** zu allen **Verfahren** der Arbeitnehmerbeteiligung in der SE. § 2 Abs. 8 definiert den Begriff demgemäß als jedes Verfahren, einschließlich der Unterrichtung (§ 2 Abs. 10), Anhörung (§ 2 Abs. 11) und der Mitbestimmung (§ 2 Abs. 12), durch das die Vertreter der Arbeitnehmer auf die Beschlussfassung in der Gesellschaft Einfluss nehmen können. Im Inland werden sowohl die Beteiligung nach dem Betriebsverfassungsgesetz wie auch die Unternehmensmitbestimmung erfasst (vgl. BT-Drs. 15/3405, 44). Mit Bezug auf das Ausland meint die Regelung die den Arbeitnehmern in der jeweiligen Rechtsordnung zustehenden Beteiligungsformen. Die Regelung entspricht inhaltlich Art. 2 lit. h SE-RL.

35   **9. Beteiligungsrechte (Abs. 9).** Anknüpfend an den Begriff der Beteiligung der Arbeitnehmer (§ 2 Abs. 8) definiert § 2 Abs. 9 S. 1 Beteiligungsrechte als Rechte, die den Arbeitnehmern und ihren Vertretern im Bereich der Unterrichtung, Anhörung, Mitbestimmung und der sonstigen Beteiligungen (vgl. § 1 Abs. 2 S. 1) zustehen. Gemäß § 2 Abs. 9 S. 2 kann hierzu auch die Wahrnehmung dieser Rechte in den **Konzernunternehmen** der SE gehören (LHT/*Oetker* Rn. 35; KK-AktG/*Feuerborn* Rn. 34). Damit sind insbesondere die Wahlrechte der Unternehmer in der Konzernobergesellschaft gemäß §§ 5 MitbestG, 2 DrittelbG angesprochen (NFK/*Nagel* Rn. 21; BT-Drs. 15/3405, 44).

36   § 2 Abs. 9 findet in der SE-RL keine Entsprechung. Während § 2 Abs. 8 die Betonung stärker auf das **Verfahren** legt, rückt § 2 Abs. 9 die den Arbeitnehmern und ihren Vertretungen konkret zustehenden Rechte in den Vordergrund (NFK/*Nagel* Rn. 21; vgl. auch BT-Drs. 15/3405, 44). Die Begriffsbestimmung ist insbesondere im Rahmen des § 18 Abs. 3 („strukturelle Änderung") bedeutsam.

37   **10. Unterrichtung (Abs. 10).** Unterrichtung bezeichnet gemäß § 2 Abs. 10 S. 1 die Unterrichtung des SE-Betriebsrats (§ 2 Abs. 7) oder anderer Arbeitneh-

mervertreter durch die Leitung (§ 2 Abs. 5) der SE über Angelegenheiten, welche die SE selbst oder eine ihrer Tochtergesellschaften (§ 2 Abs. 3) oder einen ihrer Betriebe in einem anderen Mitgliedstaat betreffen oder die über die Befugnisse der zuständigen Organe auf der Ebene des einzelnen Mitgliedstaats hinausgehen. Zeitpunkt, Form und Inhalt der Unterrichtung sind gemäß § 2 Abs. 10 S. 2 so zu wählen, dass es den Arbeitnehmervertretern möglich ist, zu erwartende Auswirkungen eingehend zu prüfen und ggf. eine Anhörung mit der Leitung der SE vorzubereiten. Die Gegenstände, über die der SE-Betriebsrat im Rahmen der gesetzlichen Auffangregelungen zu unterrichten ist, sind in §§ 28 Abs. 1 und 2, 29 Abs. 1 geregelt.

Voraussetzung für das Bestehen eines Unterrichtungsanspruchs ist jeweils ein **38** **grenzüberschreitender Bezug** (BT-Drs. 15/3405, 44; NFK/*Nagel* Rn. 23; MüKoAktG/*Jacobs* Rn. 22; NK-SE/*Kleinmann/Kujath* Rn. 11; für Beispiele eines grenzüberschreitenden Bezugs vgl. den Katalog der §§ 28, 29; → § 27 Rn. 3 f.). Wird der SE-Betriebsrat auf der Grundlage einer Vereinbarung gemäß § 21 errichtet oder ein alternatives Verfahren zur Unterrichtung und Anhörung vereinbart, ergeben sich die Gegenstände über die zu unterrichten ist, aus der Beteiligungsvereinbarung. Keine Unterrichtungsrechte iSd § 2 Abs. 10 sind die Informationsansprüche der Arbeitnehmervertreter im Aufsichts- oder Verwaltungsorgan (BT-Drs. 15/3405, 44; NFK/*Nagel* Rn. 23). Sie ergeben sich nicht aus dem Gesetz, sondern aus den einschlägigen gesellschaftsrechtlichen Vorschriften, insbesondere aus § 22 SEAG, § 111 AktG (MüKoAktG/*Jacobs* Rn. 22; KK-AktG/*Feuerborn* Rn. 38).

11. Anhörung (Abs. 11). Anhörung bezeichnet gemäß § 2 Abs. 11 S. 1 die **39** **Einrichtung eines Dialogs** und eines **Meinungsaustauschs** zwischen dem SE-Betriebsrat oder anderer Arbeitnehmervertreter und der Leitung (§ 2 Abs. 5) der SE oder einer anderen zuständigen, mit eigenen Entscheidungsbefugnissen ausgestatteten Leitungsebene. Zeitpunkt, Form und Inhalt der Anhörung müssen dem SE-Betriebsrat gemäß § 2 Abs. 11 S. 2 auf der Grundlage der erfolgten Unterrichtung (§ 2 Abs. 10) eine Stellungnahme zu den geplanten Maßnahmen der Leitung der SE ermöglichen, die im Rahmen des Entscheidungsprozesses innerhalb der SE berücksichtigt werden kann. Die Vorschrift entspricht inhaltlich Art. 2 lit. j SE-RL. Sie stellt klar, dass es auf Arbeitgeberseite nicht genügt, lediglich eine Stellungnahme entgegenzunehmen (BT-Drs. 15/3405, 44). Gefordert ist ein Austausch von Argumenten, wobei den Begriffen „Dialog" und „Meinungsaustausch" im Verhältnis zueinander keine eigenständige Bedeutung zukommt. Beide Begriffe sind direkt aus Art. 2 lit. j SE-RL übernommen und meinen dasselbe (KK-AktG/*Feuerborn* Rn. 39; MüKoAktG/*Jacobs* Rn. 23). Im Ergebnis ist das Anhörungsverfahren der Beratung nach dem Betriebsverfassungsgesetz angenähert (KK-AktG/*Feuerborn* Rn. 39; NFK/*Nagel* Rn. 24).

12. Mitbestimmung (Abs. 12). Mitbestimmung bedeutet gemäß § 2 **40** Abs. 12 die Einflussnahme der Arbeitnehmer auf die Angelegenheiten einer Gesellschaft durch (i) die Wahrnehmung des Rechts, einen Teil der Mitglieder des Aufsichts- oder Verwaltungsorgans der Gesellschaft zu wählen oder zu bestellen (sog. **Repräsentationsmodell**), oder (ii) die Wahrnehmung des Rechts, die Bestellung eines Teils oder aller Mitglieder des Aufsichts- oder Verwaltungsorgans der Gesellschaft zu empfehlen oder abzulehnen (sog. **Kooptationsmodell**). Die Regelung entspricht inhaltlich Art. 2 lit. k SE-RL. Das deutsche Modell der Wahl von Arbeitnehmervertretern im Aufsichtsrat unterfällt § 2 Abs. 12 Nr. 1. Als Beispiel für die zweite Variante nennt die Begründung zum Regierungsentwurf das (frühere) niederländische Modell (vgl. ausführlich zum Kooptationsmodell *van het Kaar* The Dutch System of enterprise-level workers' participation, Stand: November 2004, abrufbar unter: http://www.seeurope-net-

work.org/homepages/seeurope/file_uploads/microsoftword-netherlands_coun-
try_report_rev1104.pdf; vgl. BT-Drs. 15/3405, 45; MüKoAktG/*Jacobs* Rn. 24;
van Hulle/Maul/Drinhausen/*Köklü* Abschnitt 6 Rn. 10; *Krause* BB 2005, 1221).

41   Bedeutsam ist die Begriffsbestimmung insbesondere im Rahmen der Prüfung,
ob eine Beteiligungsvereinbarung zu einer – besondere Mehrheitserfordernisse
im bVG auslösenden – Minderung von Mitbestimmungsrechten führt (vgl. § 15
Abs. 3, 4) sowie bei SE-Gründungen durch Umwandlung für das Verbot aus § 35
Abs. 2 das bisherige Mitbestimmungsniveau durch Vereinbarung abzusenken.

Geltungsbereich

3 (1) ¹Dieses Gesetz gilt für eine SE mit Sitz im Inland. ²Es gilt un-
abhängig vom Sitz der SE auch für Arbeitnehmer der SE, die im
Inland beschäftigt sind sowie für beteiligte Gesellschaften, betroffene
Tochtergesellschaften und betroffene Betriebe mit Sitz im Inland.

(2) Mitgliedstaaten im Sinne dieses Gesetzes sind die Mitgliedstaaten
der Europäischen Union und die anderen Vertragsstaaten des Abkommens über den Europäischen Wirtschaftsraum.

Übersicht

		Rn.
I.	Regelungsinhalt	1
II.	Geltungsbereich des Gesetzes	2
	1. Sachlicher Geltungsbereich	2
	2. Zeitlicher Geltungsbereich	3
	3. Räumlicher Geltungsbereich	4
III.	Erforderlichkeit eines Arbeitnehmerbeteiligungsverfahrens	7
	1. Sekundärgründungen	8
	2. Vorrats-SE	10
	3. Arbeitnehmer in nur einem Mitgliedstaat	14
IV.	Mitgliedstaaten	16
V.	Streitigkeiten	17

I. Regelungsinhalt

1   § 3 Abs. 1 regelt den **Geltungsbereich** des Gesetzes. Die Vorschrift setzt
Art. 6, 3 Abs. 2 lit. b SE-RL um (*Forst*, Die Beteiligungsvereinbarung nach § 21
SEBG, 2010, S. 49 f.; aA LHT/*Oetker* Rn. 2; KK-AktG/*Feuerborn* Rn. 2: keine
Entsprechung in der SE-RL). § 3 Abs. 2 definiert den Begriff **Mitgliedstaaten.**

II. Geltungsbereich des Gesetzes

2   **1. Sachlicher Geltungsbereich.** Sachlich regelt das Gesetz die **Arbeitnehmerbeteiligung in SE** iSd Art. 2 SE-VO (vgl. auch § 1 Abs. 1). Zur Erforderlichkeit eines Arbeitnehmerbeteiligungsverfahrens bei den verschiedenen Gründungsarten sowie bei der Errichtung von Vorrats-SE → Rn. 7 ff.

3   **2. Zeitlicher Geltungsbereich.** In zeitlicher Hinsicht regelt das Gesetz sowohl die Arbeitnehmerbeteiligung in der **Gründungsphase** der Gesellschaft,
(insbesondere in den Vorschriften der §§ 4 ff. über die Bildung und die Verhandlungen mit dem bVG), als auch die Arbeitnehmerbeteiligung in der späteren SE
selbst (letzteres insbesondere in den Vorschriften des § 21 über den Inhalt der
Beteiligungsvereinbarung sowie in den §§ 22 ff. und 34 ff. über die Arbeitnehmerbeteiligung kraft Gesetzes).

3. Räumlicher Geltungsbereich. Gemäß § 3 Abs. 1 S. 1 gilt das Gesetz für   4
SE deren **Sitz** sich im Inland befindet. Inland meint das Staatsgebiet der Bundes-
republik Deutschland. Sitz meint den statutarischen Sitz der Gesellschaft (KK-
AktG/*Feuerborn* Rn. 5; LHT/*Oetker* Rn. 3; MüKoAktG/*Jacobs* Rn. 10), der sich
gemäß Art. 7 S. 1 SE-VO in dem Mitgliedstaat befinden muss, in dem sich die
Hauptverwaltung der SE befindet.

Verlegt eine im Ausland gegründete SE ihren **Sitz** gemäß Art. 8 SE-VO in   5
das Inland, unterliegt die Gesellschaft ab dem Zeitpunkt ihrer Eintragung dem
SEBG (zur Frage nach der Erforderlichkeit eines Arbeitnehmerbeteiligungsverfahrens aus Anlass der Sitzverlegung vgl. LHT/*Oetker* SEBG § 18 Rn. 20, 25, 35
einerseits und MüKoAktG/*Jacobs* Rn. 10; KK-AktG/*Feuerborn* Rn. 6 andererseits. Ausführlich zum Meinungsstand *Ringe* NZG 2006, 931 ff.). Die Arbeitnehmerbeteiligung kraft Gesetzes richtet sich demzufolge ab diesem Zeitpunkt nach
den §§ 22 ff., 34 ff. Beruhte die Arbeitnehmerbeteiligung in der SE vor der
Sitzverlegung auf einer Beteiligungsvereinbarung, unterliegt diese vom Zeitpunkt
des Wirksamwerdens der Sitzverlegung an ebenfalls den Vorschriften des SEBG.
Eine Rechtswahl dürfte unzulässig sein (*Forst*, Die Beteiligungsvereinbarung nach
§ 21 SEBG, 2010, S. 213; LHT/*Oetker* Rn. 4; MüKoAktG/*Jacobs* Rn. 10). In
der Sache lässt die Sitzverlegung zwar den Bestand des (nach dem ausländischen
Auffangregelungen oder einer ausländischem Recht unterliegenden Beteiligungsvereinbarung gebildeten) SE-Betriebsrats unberührt. Die nicht ganz einheitliche
Umsetzung der SE-RL in den Mitgliedstaaten kann aber Korrekturen in Randbereichen erforderlich machen. Darüber hinaus kann sich Änderungsbedarf aus
dem ebenfalls mit der Sitzverlegung einhergehenden Wechsel des anwendbaren
Gesellschaftsrechts (vgl. *Hunger* in Jannott/Frodermann HdB SE Kap. 9 Rn. 153;
van Hulle/Maul/Drinhausen/*Teichmann* Abschnitt 7 Rn. 16) ergeben.

Nach welchem Recht sich die **Arbeitnehmerbeteiligung im Rahmen des**   6
Gründungsverfahrens richtet, hängt davon ab, in welchem Mitgliedstaat die
künftige SE ihren Sitz haben wird (MüKoAktG/*Jacobs* Rn. 10; KK-AktG/*Feuer-*
born Rn. 5; LHT/*Oetker* Rn. 4). Dies ergibt sich aus § 3 Abs. 1 S. 1 iVm Art. 6
SE-RL. Soll die künftige SE ihren Sitz im Inland haben, gelten für das Verfahren
zur Bildung und die Verhandlungen mit dem bVG die §§ 4 ff. Bestimmte Aspekte
des Arbeitnehmerbeteiligungsverfahrens richten sich allerdings nach dem Recht
der Mitgliedstaaten, in denen die zu beteiligenden Arbeitnehmer beschäftigt
werden. Für den Fall der Gründung einer SE mit Sitz im Ausland bringt dies der
auf Art. 3 Abs. 2 lit. b SE-RL beruhende § 3 Abs. 1 S. 2 zum Ausdruck (KK-
AktG/*Feuerborn* Rn. 8; MüKoAktG/*Jacobs* Rn. 11). Die ausländischen Umsetzungsgesetze zu Art. 3 Abs. 2 lit. b SE-RL enthalten spiegelbildliche Regelungen. Im Kern betrifft der (Rück-)Verweis auf das Recht des Beschäftigungsorts
das Verfahren zur Wahl der Mitglieder des bVG, aber beispielsweise auch das
Verfahren zur Wahl der Mitglieder des SE-Betriebsrats oder der Arbeitnehmervertreter im Aufsichts- oder Verwaltungsorgan im Rahmen der gesetzlichen Auffangregelungen (Gaul/Ludwig/Forst/*Gaul/Ludwig* § 2 Rn. 119). In der Praxis
sind daher regelmäßig mehrere nationale Umsetzungsgesetze anzuwenden.

III. Erforderlichkeit eines Arbeitnehmerbeteiligungsverfahrens

Gemäß Art. 12 Abs. 2 SE-VO kann die SE erst dann eingetragen werden,   7
wenn (i) eine Beteiligungsvereinbarung gemäß Art. 4 SE-RL geschlossen worden
ist, (ii) das bVG einen Beschluss gemäß Art. 3 Abs. 6 gefasst hat, die Verhandlungen über eine Beteiligungsvereinbarung abzubrechen oder (iii) die Verhandlungsfrist nach Art. 5 SE-RL abgelaufen ist, ohne dass eine Beteiligungsvereinbarung zustande gekommen wäre. Grundsätzlich setzt daher jede SE-Gründung

die Durchführung eines Arbeitnehmerbeteiligungsverfahrens gemäß Art. 3–6 SE-RL voraus. Allerdings gilt dieser Grundsatz nicht ausnahmslos:

8   **1. Sekundärgründungen.** Art. 3 Abs. 2 SE-VO eröffnet die Möglichkeit der Gründung einer Tochter-SE durch eine bereits bestehende SE **(Sekundärgründung).** Anders als in den Fällen des Art. 2 Abs. 2 SE-VO wird die SE hier nicht durch mehrere Gründer, sondern als Einmanngründung errichtet (LHT/*Bayer* SE-VO Art. 3 Rn. 7; MüKoAktG/*Oechsler* SE-VO Art. 3 Rn. 8). Es besteht auch kein Mehrstaatlichkeitserfordernis in dem Sinne, dass die Tochter-SE in einem anderen Mitgliedstaat errichtet werden müsste als die sie gründende SE (OLG Düsseldorf ZIP 2009, 918 [919]; Spindler/Stilz/*Casper* SE-VO Art. 2, 3 Rn. 18; LHT/*Bayer* SE-VO Art. 3 Rn. 10 mwN). In diesen Fällen ist nach richtiger Ansicht kein Arbeitnehmerbeteiligungsverfahren durchzuführen (Mü-KoAktG/*Jacobs* SEBG Vor § 1 Rn. 11 ff.; KK-AktG/*Feuerborn* SEBG Vor § 1 Rn. 5; Spindler/Stilz/*Casper* SE-VO Art. 12 Rn. 7; *Henssler* RdA 2005, 330 [335]; *Seibt* ZIP 2005, 2248 [2249]; aA *Kienast* in Jannott/Frodermann HdB SE Kap. 13 Rn. 245; UHH/*Henssler* Einl. SEBG Rn. 106 f.; LHT/*Oetker* Rn. 10 f., ausführlich *ders.* FS Kreutz, 2010, 797 ff. [806 ff.]; *Schmid* Mitbestimmung in der SE, Diss. Augsburg 2009, S. 109 ff.). Art. 12 Abs. 2 SE-VO ist entsprechend teleologisch zu reduzieren (MüKoAktG/*Jacobs* SEBG Vor § 1 Rn. 13).

9   Zweck der SE-RL und des SEBG ist der **Schutz der erworbenen Rechte** der Arbeitnehmer auf Beteiligung an Unternehmensentscheidungen, wobei Bezugspunkt die vor der Gründung der SE bestehenden Beteiligungsrechte sind (vgl. Erwägungsgrund 18 S. 1, 2 SE-RL, § 1 Abs. 1 S. 2, 3). Diesem Schutzanliegen wird bereits über das Arbeitnehmerbeteiligungsverfahren, das im Rahmen der Gründung der späteren Mutter-SE durchzuführen ist, Rechnung getragen (MüKoAktG/*Jacobs* SEBG Vor § 1 Rn. 13; KK-AktG/*Feuerborn* § 1 Rn. 10; LHT/ *Oetker* § 1 Rn. 1). Auf dieser Ebene ist ein SE-Betriebsrat zu bilden und ggf. Mitbestimmung im Aufsichts- oder Verwaltungsorgan einzurichten. Für eine Fortschreibung dieses Schutzmechanismus auf der Ebene von Tochter-SE iSd Art. 3 Abs. 2 SE-VO besteht kein Bedürfnis (aA *Oetker* FS Kreutz, 2009, 797 [809 f.]; *Jannott* in Jannott/Frodermann HdB SE Kap. 3 Rn. 277). Missbräuchlichen Gestaltungen ist über § 43 zu begegnen (UHH/*Habersack* SEBG § 34 Rn. 21 aE; MüKoAktG/*Jacobs* Vor § 1 Rn. 13; *Grobys* NZA 2005, 84 [91]). Es ist auch völlig unklar, wie das sog. Vorher-Nachher-Prinzip in den Fällen der Sekundärgründung angewandt werden soll (das konzediert auch LHT/*Oetker* Rn. 12), ob also auf die Mitbestimmungssituation in den Gründungsgesellschaften der Mutter-SE oder auf das hiervon unter Umständen abweichende Mitbestimmungssystem in der Mutter-SE abzustellen ist. Die SE-Richtlinie und das SEBG geben hierüber keinen Aufschluss. Sie sind auf die in Art. 2 Abs. 2 SE-VO geregelten Gründungsvorgänge ausgerichtet und erwähnen Sekundärgründungen gemäß Art. 3 Abs. 2 SE-VO nicht. Auch dies spricht dafür, dass in den Fällen der Sekundärgründung gemäß Art. 3 Abs. 2 SE-VO kein Arbeitnehmerbeteiligungsverfahren durchzuführen ist.

10   **2. Vorrats-SE.** Die SE kann nach inzwischen gefestigter Ansicht in der Literatur und der Praxis der Registergerichte auch als **arbeitnehmerlose Vorrats-SE** gegründet werden (OLG Düsseldorf DNotZ 2009, 699 [701]; AG Düsseldorf ZIP 2006, 287; LG Hamburg ZIP 2005, 2017; LHT/*Bayer* SE-VO Art. 2 Rn. 31 ff.; *Casper/Schäfer* ZIP 2007, 653; *Forst* NZG 2009, 687 ff.; NFK/*Kleinsorge* § 4 Rn. 1; *Seibt* ZIP 2005, 2248 [2249 f.]; KK-AktG/*Kiem* SE-VO Art. 12 Rn. 51; MüKoAktG/*Oechsler* SE-VO Art. 2 Rn. 49; *Kienast* in Jannott/Frodermann HdB SE Kap. 13 Rn. 253). Die Erforderlichkeit eines Arbeitnehmerbeteiligungsverfahrens gemäß §§ 4 ff. hängt in diesen Fällen, wenn kein Fall der Sekundärgründung vorliegt (→ Rn. 8) von der Zahl der Arbeitnehmer der betei-

ligten Gesellschaften (§ 2 Abs. 2) und betroffenen Tochtergesellschaften (§ 2 Abs. 4) ab. Beschäftigen weder die Gründungsgesellschaften noch deren nach der Art der Vorratsgründung einzubeziehende Tochtergesellschaften Arbeitnehmer, kann das Arbeitnehmerbeteiligungsverfahren nicht durchgeführt werden. Die SE kann daher unabhängig von den Voraussetzungen des Art. 12 Abs. 2 SE-VO eingetragen werden (OLG Düsseldorf DNotZ 2009, 699; AG München ZIP 2006, 1300 in Bezug auf die Gründung einer operativ tätigen SE durch zwei arbeitnehmerlose Gründungsgesellschaften; MüKoAktG/*Jacobs* Rn. 4; *Kienast* in Jannott/Frodermann HdB SE Kap. 13 Rn. 254; LHT/*Oetker* SEBG § 1 Rn. 18; *Seibt* ZIP 2005, 2248; KK-AktG/*Feuerborn* § 1 Rn. 7; *Henssler* RdA 2005, 330 [335]; *Schmid* Mitbestimmung in der SE, Diss. Augsburg 2009, S. 115 ff.). In derartigen Fällen wird regelmäßig bei der Anmeldung zur Eintragung der SE die Abgabe eines Negativattestes, dass weder die Gründungsgesellschaften noch die SE Arbeitnehmer beschäftigen, verlangt (*Seibt* ZIP 2005, 2248 [2250]; AG München ZIP 2006, 1300 [1301]; AG Düsseldorf ZIP 2006, 287). Ebenfalls kein Arbeitnehmerbeteiligungsverfahren ist durchzuführen, wenn die Gründungsgesellschaften und deren betroffene Tochtergesellschaften keine ausreichende Zahl von Arbeitnehmern beschäftigen, um ein gemäß den Vorgaben des § 5 Abs. 1 S. 2 besetztes bVG (zur Mindestgröße des bVG → § 5 Rn. 2) zu bilden (wohl aA *Kienast* in Jannott/Frodermann HdB SE Kap. 13 Rn. 254 f.). Insoweit wird verbreitet die Zahl von **zehn Arbeitnehmern** genannt (*Casper/Schäfer* ZIP 2007, 653 [654]; KK-AktG/*Feuerborn* § 1 Rn. 8; KK-AktG/*Kiem* SE-VO Art. 12 Rn. 42; *Seibt* ZIP 2005, 2248; *Forst* RdA 2010, 55 [58]), was jedoch ungenau erscheint, weil es nicht die zumindest im Inland zwingende Wahl von Ersatzmitgliedern (§ 6 Abs. 2 S. 3) und die Vertreter von Gewerkschaften (§ 6 Abs. 3) berücksichtigt (MüKoAktG/*Jacobs* Rn. 4). Richtigerweise muss jeweils im Einzefall geprüft werden, ob ein vollständig besetztes bVG gebildet werden kann (MüKoAktG/*Jacobs* Rn. 4). Wird eine ausreichend große Zahl von Arbeitnehmern bei den Gründungsgesellschaften oder deren betroffenen Tochtergesellschaften beschäftigt, ist demgegenüber auch dann ein Arbeitnehmerbeteiligungsverfahren gemäß §§ 4 ff. durchzuführen, wenn die Vorrats-SE arbeitnehmerlos bleiben soll (LG Hamburg ZIP 2005, 2019; MüKoAktG/*Jacobs* Rn. 5; LHT/*Oetker* SEBG § 1 Rn. 14, 17; unklar insoweit OLG Düsseldorf DNotZ 2009, 699 [700]: „In den Fällen der Gründung einer arbeitnehmerlosen Tochter-SE kann nämlich von der Durchführung des Arbeitnehmerbeteiligungsverfahrens abgesehen werden.").

Eine andere Frage ist, ob in den Fällen, in denen eine arbeitnehmerlose Vorrats-SE zulässigerweise ohne Arbeitnehmerbeteiligungsverfahren gegründet wurde, das Verfahren dann durchzuführen ist, wenn die Gesellschaft mit einem Unternehmen ausgestattet und hierdurch „aktiviert" wird. Die ganz hM in Rechtsprechung und Literatur bejaht dies wegen des gründungsähnlichen Charakters des Aktivierungsvorgangs (OLG Düsseldorf DNotZ 2009, 699; *Casper/Schäfer* ZIP 2007, 653 [659]; *Forst* NZG 2009, 687 [689]; MüKoAktG/*Jacobs* Rn. 6; NFK/*Kleinsorge* Einf. SE Rn. 89; LHT/*Oetker* SEBG § 1 Rn. 19; zu Sonderkonstellationen *Schubert* RdA 2012, 146). Richtiger Ansicht zufolge ist ein Arbeitnehmerbeteiligungsverfahren in diesen Fällen nur dann durchzuführen, wenn der **konkrete Aktivierungsvorgang** die **Tatbestandsvoraussetzungen des § 18 Abs. 3** erfüllt (KK-AktG/*Kiem* SE-VO Art. 12 Rn. 52; wohl auch *Seibt* ZIP 2005, 2248 [2249]; LHT/*Bayer* SE-VO Art. 2 Rn. 35). Die Gründung arbeitnehmerloser Vorrats-SE ist zulässig (→ Rn. 10). Sie stellt keine artifizielle Vermeidung des Arbeitnehmerbeteiligungsverfahrens dar, sondern nutzt die in der SE-VO (Art. 3 Abs. 2) selbst angelegte Gestaltungsfreiheit. Die Vorratsgründung beschneidet als solche auch keine Arbeitnehmerrechte. Das Arbeitnehmerbeteiligungsverfahren entfällt nicht wegen der spezifischen Gründungsform „Vor-

11

ratsgründung", sondern weil es im Zeitpunkt der Gründung keine Arbeitnehmer gibt, deren Interessen zu schützen wären; sowohl die SE selbst als auch ihre Gründungsgesellschaften und die betroffenen Tochtergesellschaften sind arbeitnehmerlos. Ist die SE gegründet, regelt **§ 18 Abs. 3** die Fälle, in denen ein Arbeitnehmerbeteiligungsverfahren durchzuführen ist, **abschließend** (KK-AktG/*Kiem* SE-VO Art. 12 Rn. 52; *Seibt* ZIP 2005, 2248 [2250]). Missbrauchsfällen ist über § 43 zu begegnen.

12   Auch auf der Grundlage der hM, die auf die wirtschaftliche Neugründung der Vorrats-SE § 18 Abs. 3 entsprechend anwendet, bedarf es dann keines Arbeitnehmerbeteiligungsverfahrens, wenn die SE und ihre Tochtergesellschaften auch im Zuge der Aktivierung keine ausreichend große Zahl von Arbeitnehmern beschäftigen, um das Arbeitnehmerbeteiligungsverfahren durchzuführen (MüKoAktG/*Jacobs* Rn. 6; MüKoAktG/*Schäfer* SE-VO Art. 16 Rn. 13; *Schmid* Mitbestimmung in der Europäischen Aktiengesellschaft, Diss. Augsburg 2009, S. 124 f.; *Waclawik* DB 2006, 1827 [1829]; befürwortend KK-AktG/*Feuerborn* § 18 Rn. 54; wohl auch *Forst* RdA 2010, 59; *Reinhard* RIW 2006, 68 [70]; *Casper/ Schäfer* ZIP 2007, 653 [660]: wenn die Absicht besteht, innerhalb des Jahreszeitraums des § 43 S. 2 mehr als zehn Arbeitnehmer zu beschäftigen).

13   Das Arbeitnehmerbeteiligungsverfahren ist auch **nicht Voraussetzung für die Eintragung** der infolge der wirtschaftlichen Neugründung erforderlichen Satzungsänderung (KK-AktG/*Kiem* SE-VO Art. 12 Rn. 54; MüKoAktG/*Jacobs* Rn. 6; *Seibt* ZIP 2005, 2248 [2250]; aA *Forst* NZG 2009, 687 [691]; *Waclawik* DB 2006, 1827 [1829]). Auch in den sonstigen Fällen des § 18 Abs. 3 erfolgt keine registergerichtliche Kontrolle der ordnungsgemäßen Arbeitnehmerbeteiligung. Die §§ 4 ff., an die Art. 12 Abs. 2 SE-VO anknüpft, sind gerade nicht anzuwenden (*Forst* NZG 2009, 687 [690]; *Casper/Schäfer* ZIP 2007, 653 [658]; aA *Schubert* ZESAR 2006, 340 [345]). Zur Durchsetzung des Arbeitnehmerbeteiligungsverfahrens steht der Arbeitnehmerseite gemäß §§ 2a Abs. 1 Nr. 3e, Abs. 2, 80 ff. ArbGG das arbeitsgerichtliche Beschlussverfahren offen.

14   **3. Arbeitnehmer in nur einem Mitgliedstaat.** Das Mehrstaatlichkeitserfordernis als Voraussetzung für die (Primär-)Gründungstatbestände aus Art. 2 Abs. 1–4 SE-VO bezieht sich auf das Bestehen von Rechtsträgern, nicht auf die Beschäftigung von Arbeitnehmern in mindestens zwei Mitgliedstaaten (MüKo-AktG/*Oechsler* SE-VO Art. 2 Rn. 5; LHT/*Bayer* SE-VO Art. 2 Rn. 12; *Jannott* in Jannott/Frodermann HdB SE Kap. 3 Rn. 7). Eine inländische, operative Aktiengesellschaft, die seit mindestens zwei Jahren eine dem Recht eines anderen Mitgliedstaats unterliegende Tochtergesellschaft hat, kann deshalb beispielsweise auch dann gemäß Art. 2 Abs. 4 SE-VO in eine SE umgewandelt werden, wenn die Tochtergesellschaft nicht (mehr) operativ und daher arbeitnehmerlos ist. Ein Arbeitnehmerbeteiligungsverfahren gemäß §§ 4 ff. ist in diesen Fällen jedenfalls dann nicht druchzuführen, wenn (auch) die Inlandsgesellschaft keiner Form der Mitbestimmung unterliegt. Art. 12 Abs. 2 SE-VO ist insoweit teleologisch zu reduzieren (HWK/*Hohenstatt/Dzida* SEBG Rn. 5; WHSS/*Seibt* Rn. F 181; insoweit übereinstimmend MüKoAktG/*Jacobs* Rn. 8; aA LHT/*Oetker* § 1 Rn. 24). Die gesetzlichen Auffangregelungen der §§ 22 ff. über den SE-Betriebsrat laufen leer, weil es begriffsnotwendig keine grenzüberschreitenden Angelegenheiten geben kann, in denen der SE-Betriebsrat zu beteiligen wäre (aA LHT/*Oetker* Rn. 24 ausgehend von einem anderen Verständnis der Zuständigkeiten des SE-Betriebsrats); die Auffangregelungen der §§ 34 ff. über die Mitbestimmung haben in diesen Fällen keinen Anwendungsbereich. Das Arbeitnehmerbeteiligungsverfahren ist aber unter den Voraussetzungen des § 18 Abs. 3 nachzuholen. Die erstmalige Beschäftigung von Arbeitnehmern im europäischen Ausland löst demgegenüber keine Pflicht zur Durchführung eines Arbeitnehmerbeteiligungsver-

fahrens aus, weil hierin keine strukturelle Änderung liegt (ebenso MüKoAktG/ *Jacobs* Rn. 8, der aber § 47 Abs. 1 Nr. 2 teleologisch reduzieren und die Bildung eines EBR zulassen will). Für eine analoge Anwendung des § 18 Abs. 3 auf den Fall der erstmaligen Beschäftigung von Arbeitnehmern im europäischen Ausland ist kein Raum. Die SE ist ordnungsgemäß gegründet worden, so dass bereits keine Regelungslücke besteht.

Unterliegt die Inlandsgesellschaft der Mitbestimmung, ist demgegenüber ein **15** Arbeitnehmerbeteiligungsverfahren durchzuführen. Dass das bVG nicht, wie von § 5 Abs. 1 vorausgesetzt, international zusammengesetzt werden kann steht dem nicht zwingend entgegen (*Schubert* RdA 2012, 146 [147 ff.]; LHT/*Oetker* § 1 Rn. 23 f.; aA MüKoAktG/*Jacobs* Rn. 8; WHSS/*Seibt* Rn. F 181). Scheitern die Verhandlungen, ist kein SE-Betriebsrat kraft Gesetzes zu bilden, weil dieser mangels grenzüberschreitender Sachverhalte keine Zuständigkeiten hätte (→ Rn. 14). Das bisherige Mitbestimmungsniveau bleibt in diesem Fall jedoch unter den Voraussetzungen des § 34 Abs. 1 nach näherer Maßgabe der §§ 35 ff. erhalten. Lediglich die durch § 36 Abs. 1 S. 3 angeordnete Internationalisierung des Aufsichtsrats läuft leer.

IV. Mitgliedstaaten

Mitgliedstaaten im Sinne des Gesetzes sind gemäß § 3 Abs. 2 die Mitglied- **16** staaten der Europäischen Union (Belgien, Bulgarien, Dänemark, Bundesrepublik Deutschland, Estland, Finnland, Frankreich, Griechenland, Irland, Italien, Kroatien, Lettland, Litauen, Luxemburg, Malta, Niederlande, Österreich, Polen, Portugal, Rumänien, Schweden, Slowakei, Slowenien, Spanien, Tschechien, Ungarn, Vereinigtes Königreich und Zypern) sowie die anderen Vertragsstaaten des Abkommens über den Europäischen Wirtschaftsraum (Island, Liechtenstein und Norwegen). Dies entspricht dem räumlichen Geltungsbereich der SE-VO (Schmitt/Hörtnagl/Stratz/*Hörtnagl* SE-VO Art. 2 Rn. 7; *Schwarz* SE-VO Art. 2 Rn. 40).

V. Streitigkeiten

Streitigkeiten im Zusammenhang mit § 3 fallen gemäß § 2a Abs. 1 Nr. 3e **17** ArbGG in die Zuständigkeit der **Arbeitsgerichte** und sind von diesen gemäß § 2a Abs. 1 Nr. 3e, Abs. 2 iVm §§ 80 ff. ArbGG im Beschlussverfahren zu behandeln. Die örtliche Zuständigkeit des Arbeitsgerichts bestimmt sich nach § 82 Abs. 3 ArbGG.

Teil 2. Besonderes Verhandlungsgremium

Kapitel 1. Bildung und Zusammensetzung

Information der Leitungen

4 (1) ¹Das besondere Verhandlungsgremium ist auf Grund einer schriftlichen Aufforderung der Leitungen zu bilden. ²Es hat die Aufgabe, mit den Leitungen eine schriftliche Vereinbarung über die Beteiligung der Arbeitnehmer in der SE abzuschließen.

(2) ¹Wenn die Leitungen die Gründung einer SE planen, informieren sie die Arbeitnehmervertretungen und Sprecherausschüsse in den beteiligten Gesellschaften, betroffenen Tochtergesellschaften und betroffenen Betrieben über das Gründungsvorhaben. ²Besteht keine Arbeitnehmervertretung, erfolgt die Information gegenüber den Arbeitnehmern. ³Die Information erfolgt unaufgefordert und unverzüglich nach Offenlegung des Verschmelzungsplans, des Gründungsplans für eine Holdinggesellschaft, des Umwandlungsplans oder nach Abschluss der Vereinbarung eines Plans zur Gründung einer Tochtergesellschaft.

(3) Die Information erstreckt sich insbesondere auf

1. die Identität und Struktur der beteiligten Gesellschaften, betroffenen Tochtergesellschaften und betroffenen Betriebe und deren Verteilung auf die Mitgliedstaaten;
2. die in diesen Gesellschaften und Betrieben bestehenden Arbeitnehmervertretungen;
3. die Zahl der in diesen Gesellschaften und Betrieben jeweils beschäftigten Arbeitnehmer sowie die daraus zu errechnende Gesamtzahl der in einem Mitgliedstaat beschäftigten Arbeitnehmer;
4. die Zahl der Arbeitnehmer, denen Mitbestimmungsrechte in den Organen dieser Gesellschaften zustehen.

(4) Maßgeblicher Zeitpunkt für die Ermittlung der Zahl der Arbeitnehmer ist der Zeitpunkt der Information nach Absatz 2.

Übersicht

	Rn.
I. Allgemeines	1
II. Das besondere Verhandlungsgremium	2
1. Rechtsnatur	2
2. Aufgabe	3
III. Aufforderung durch die Leitung	4
1. Formale Anforderungen	5
2. Adressat(en) der Aufforderung	6
3. Unterbleiben der Aufforderung	7
IV. Informationen durch die Leitung	8
1. Formale Anforderungen	9
2. Adressat der Aufforderung und der Aufforderungspflicht	10
3. Inhalt der Informationen	11
a) Allgemeines	11
b) Die einzelnen Informationen	12
4. Unterbleiben bzw. Fehlerhaftigkeit der Informationen	13
V. Streitigkeiten	14

I. Allgemeines

§ 4 regelt den **Beginn des Verfahrens** der Arbeitnehmerbeteiligung in der SE 1
und setzt Art. 3 Abs. 1 SE-RL um. Ebenso wie beim Verfahren zur Bildung eines
Europäischen Betriebsrats ist als Verhandlungspartner auf Arbeitnehmerseite ein
sog. besonderes Verhandlungsgremium (bVG) zu bilden.

II. Das besondere Verhandlungsgremium

1. Rechtsnatur. Das bVG ist kein Dauerorgan, sondern ein **ad-hoc-Gremi-** 2
um (MüKoAktG/*Jacobs* Rn. 2; HWK/*Hohenstatt/Dzida* SEBG Rn. 8; *Hoops* Die
Mitbestimmungsvereinbarung in der Europäischen Aktiengesellschaft (SE), 2009,
S. 68), dessen Amtszeit nach Abschluss des Verfahrens zur Beteiligung der Arbeitnehmer endet. Dies ist der Fall mit dem Abschluss einer Vereinbarung (§§ 4
Abs. 1 S. 2, 21), dem Beschluss, keine Verhandlungen zu eröffnen bzw. bereits
aufgenommene Verhandlungen abzubrechen (§ 16 Abs. 1 S. 1) oder nach erfolg-
losem Ablauf der Verhandlungsfrist (§ 20). Die Amtszeit beginnt mit der Wahl
des Vorsitzenden und der Stellvertreter in der konstituierenden Sitzung (§ 12
Abs. 1 S. 1, 2), da das bVG erst ab diesem Zeitpunkt handlungsfähig ist (LHT/
Oetker Rn. 8; KK-AktG/*Feuerborn* Rn. 5). Das bVG unterliegt keinen Weisungs-
befugnissen der von ihm repräsentierten Arbeitnehmer, sondern handelt in eigener Verantwortung (MüKoAktG/*Jacobs* Rn. 2; KK-AktG/*Feuerborn* Rn. 6). Vergleichbar mit dem Betriebsrat kommt ihm keine eigene Rechtspersönlichkeit,
sondern lediglich eine **aufgabenbezogene Rechtsfähigkeit** zu (MüKoAktG/
Jacobs Rn. 2; Annuß/Kühn/Rudolph/Rupp/*Rudolph* Rn. 5).

2. Aufgabe. Die Aufgabe des bVG besteht darin, mit den Leitungen (§ 2 3
Abs. 5) eine **schriftliche Vereinbarung** über die Beteiligung der Arbeitnehmer
in der SE abzuschließen (§ 4 Abs. 1 S. 2). Der Mindestinhalt dieser Vereinbarung
ergibt sich aus § 21. Wird keine Vereinbarung getroffen, greifen die Regelungen
zum SE-Betriebsrat kraft Gesetzes (§§ 22 ff.) und zur Mitbestimmung kraft Gesetzes (§§ 34 ff.).

III. Aufforderung durch die Leitung

Gemäß § 4 Abs. 1 S. 1 haben die Leitungen (§ 2 Abs. 5) schriftlich zur 4
Bildung des bVG aufzufordern.

1. Formale Anforderungen. Die Aufforderung hat „**schriftlich**" zu erfol- 5
gen. Da es weniger auf den Beweiswert, sondern vor allem auf die Dokumentati-
ons- und Informationsfunktion ankommt und eine dem § 126 Abs. 1 BGB
genügende Aufforderung, die bei Nichtbestehen einer Arbeitnehmervertretung
an alle Arbeitnehmer zu richten ist (§ 4 Abs. 2 S. 2), einen unpraktikablen
Aufwand erzeugen würde, genügt nach zutreffender hM die Einhaltung der
Textform, also beispielsweise ein Aushang am „Schwarzen Brett" oder eine
Information über das Intranet (HWK/*Hohenstatt/Dzida* SEBG Rn. 12; Annuß/
Kühn/Rudolph/Rupp/*Rudolph* Rn. 8; *Hinrichs/Plitt* NZA 2010, 204 [206 f.];
MüKoAktG/*Jacobs* Rn. 5; jetzt auch LHT/*Oetker* Rn. 10). Diese Auslegung ver-
stößt auch nicht gegen Europarecht, da die SE-RL ein Schriftformerfordernis
nicht vorsieht. Wird die Form nicht eingehalten, ist die Aufforderung trotzdem
wirksam, wenn im weiteren Verlauf ein bVG ordnungsgemäß gebildet wurde
(KK-AktG/*Feuerborn* Rn. 12). Der **Zeitpunkt** der Aufforderung ist – anders als
derjenige für die Information der Arbeitnehmervertretungen bzw. der Arbeitnehmer – nicht ausdrücklich geregelt. Nach Art. 3 Abs. 1 SE-RL sind die für die
Verhandlung mit der Arbeitnehmerseite erforderlichen Schritte jedoch „so rasch

wie möglich" nach Offenlegung des Plans zur Gründung einer SE einzuleiten, so dass die Aufforderung in europarechtskonformer Auslegung spätestens **unverzüglich** nach der Offenlegung dieser Pläne zu erfolgen hat (LHT/*Oetker* Rn. 14). In der Praxis hat es sich als praktikabel erwiesen, die Aufforderung gemäß Abs. 1 S. 1 schon *vor* Offenlegung des Gründungsplans zu versenden; hiergegen bestehen rechtlich keine Bedenken. Die Aufforderung ist in der Sprache des betreffenden Mitgliedstaats zu verfassen (MüKoAktG/*Jacobs* Rn. 6 f.).

6   **2. Adressat(en) der Aufforderung.** Der/die Adressat(en) der Aufforderung ist/sind nicht ausdrücklich geregelt; nach Sinn und Zweck der Vorschrift hat sie jedoch gegenüber den **Empfängern der Informationen** nach § 4 Abs. 2 S. 1, 2, also den Arbeitnehmervertretungen (§ 2 Abs. 6) und Sprecherausschüssen der beteiligten Gesellschaften, betroffenen Tochtergesellschaften und Betriebe zu erfolgen. Dabei ist es ausreichend, dass die Arbeitnehmervertretung der **höchsten Stufe** aufgefordert wird, da die Vertretungen auf niedrigerer Stufe durch diese mitrepräsentiert werden, vgl. § 8 Abs. 2–4 (MüKoAktG/*Jacobs* Rn. 8; KK-AktG/*Feuerborn* Rn. 13; aA NFK/*Kleinsorge* Rn. 10). Besteht keine Arbeitnehmervertretung, so ist die Aufforderung analog § 4 Abs. 2 S. 2 an die Arbeitnehmer zu richten (MüKoAktG/*Jacobs* Rn. 10; Annuß/Kühn/Rudolph/Rupp/Rudolph Rn. 19). Entsprechend ist die Aufforderung zusätzlich an die leitenden Angestellten zu richten, wenn zwar eine Arbeitnehmervertretung, aber kein Sprecherausschuss besteht (LHT/*Oetker* Rn. 13, 21; MüKoAktG/Jacobs Rn. 10). Dies ergibt sich auch daraus, dass die leitenden Angestellten gemäß § 8 Abs. 1 S. 6 Wahlvorschläge machen können, sofern ein Sprecherausschuss nicht errichtet ist. An wen die Aufforderung im Ausland zu richten ist, richtet sich nach dem jeweiligen ausländischen (Umsetzungs-) Recht (HWK/*Hohenstatt/Dzida* SEBG Rn. 12; Rieble/Junker/*Rieble* § 3 Rn. 43; MüKoAktG/*Jacobs* Rn. 9).

7   **3. Unterbleiben der Aufforderung.** Problematisch sind die Folgen eines Unterbleibens der Aufforderung. Ein Initiativrecht der Arbeitnehmerseite ist – anders als nach § 9 Abs. 1 EBRG – gesetzlich nicht vorgesehen. Jedoch werden die Leitungen regelmäßig ein Interesse an der Einhaltung des Verfahrens haben, da die ordnungsgemäße Durchführung des Verhandlungsverfahrens gemäß Art. 12 Abs. 2 SE-VO zwingende Voraussetzung für die Eintragung der SE ist. Ob bei einem Ausbleiben der Aufforderung Ansprüche auf Arbeitnehmerseite bestehen, wird unterschiedlich beurteilt. Teilweise wird ein Auskunftsanspruch der Arbeitnehmer angenommen, welcher bei einem Ausbleiben der Information zu einem Initiativrecht der Arbeitnehmer führt (LHT/*Oetker* Rn. 15; KK-AktG/*Feuerborn* Rn. 10). Hiergegen spricht, dass anders als beim EBRG das Tätigwerden im eigenen Interesse der Leitungen liegt. Somit besteht kein Bedürfnis für ein Initiativrecht der Arbeitnehmerseite und für entsprechende Auskunftsansprüche (Annuß/Kühn/Rudolph/Rupp/*Rudolph* Rn. 6, 35). Es ist insofern richtig, von einer **Informationsobliegenheit** der Leitungen (so auch MüKoAktG/*Jacobs* Rn. 11) zu sprechen.

IV. Informationen durch die Leitung

8   Die Leitungen haben gemäß § 4 Abs. 2 S. 1 über das Gründungsvorhaben zu informieren. In § 4 Abs. 3 werden die Gegenstände, über die informiert werden muss, beispielhaft („insbesondere") aufgeführt.

9   **1. Formale Anforderungen.** Für die Informationen ist – anders als für die Aufforderung zur Bildung eines bVG – kein Formerfordernis vorgesehen, so dass die Information auch **mündlich** erfolgen kann. Aus Beweisgründen empfiehlt sich jedoch die Schriftform (LHT/*Oetker* Rn. 27). Bezüglich des Zeitpunkts der

Information legt § 4 Abs. 2 S. 3 fest, dass die Information **unverzüglich** (§ 121 Abs. 1 S. 1 BGB) nach Offenlegung des jeweiligen Gründungsplans zu erfolgen hat. Nach dem Zweck der Vorschrift, die eine frühzeitige Information der Arbeitnehmerseite sicherstellen möchte, kann die Information auch bereits vor der Offenlegung erfolgen (LHT/*Oetker* Rn. 26). Die Information ist wie die Aufforderung in der Sprache des jeweiligen Mitgliedstaates zu verfassen (MüKo-AktG/*Jacobs* Rn. 15).

2. Adressat der Aufforderung und der Aufforderungspflicht. Adressaten **10** der Informationen sind gemäß § 4 Abs. 2 S. 1 die **Arbeitnehmervertretungen** und **Sprecherausschüsse** der beteiligten Gesellschaften oder betroffenen Tochtergesellschaften, bzw. Betriebe (§ 2 Abs. 2–4). Zur Information verpflichtet sind „**die Leitungen**" (§ 2 Abs. 5), wobei diese sich darauf verständigen können, dass die Information durch eine „federführende Leitung" (MüKoAktG/*Jacobs* Rn. 17; *Forst* Die Beteiligungsvereinbarung nach § 21 SEBG, 2010, S. 101) vorgenommen wird. Da dieser jedoch möglicherweise nicht alle relevanten Informationen zu anderen Gesellschaften vorliegen, stellt man sich in der Literatur die (eher akademische) Frage, ob den Gesellschaften untereinander ein **Auskunftsanspruch** zusteht. Der EuGH bejaht einen solchen Anspruch im Rahmen der EBR-RL (EuGH Slg. 2004, I-6891 = NZA 2004, 1167 [1168 f.]). Die vom EuGH entwickelten Rechtsgrundsätze sind allerdings nicht auf die SE übertragbar. Da im Rahmen des SEBG keine Auskunftsansprüche der Arbeitnehmervertretungen bzw. der Arbeitnehmerseite bestehen (→ § 4 Rn. 6), ist auch für die hiermit in einem systematischen Zusammenhang stehenden Auskunftsansprüche der Unternehmen untereinander **kein Platz** (aA NFK/*Kleinsorge* Rn. 7; *Oetker* BB-Special 1/2005, 2 [6]). *Jacobs* weist zutreffend darauf hin, dass die SE-Gründung ggf. unterbleiben muss, wenn sich die beteiligten Gesellschaften gegenseitig nicht die Informationen zur Verfügung stellen, die für eine ordnungsgemäße Bildung des bVG erforderlich sind (MüKoAktG/*Jacobs* Rn. 18; im Ergebnis ebenso HWK/*Hohenstatt/Dzida* SEBG Rn. 12, Fn. 10; Annuß/Kühn/Rudolph/ Rupp/*Rudolph* Rn. 35).

3. Inhalt der Informationen. a) Allgemeines. Für die Bestimmung von **11** Inhalt und Umfang der zu erteilenden Informationen ist maßgeblich auf den Zweck der Information abzustellen, der darin besteht, die Bildung eines bVG zu ermöglichen (LHT/*Oetker* Rn. 17; MüKoAktG/*Jacobs* Rn. 22). Daher erstreckt sich die zu erteilende Information auf alle **Umstände**, die für die **Errichtung** sowie für die **Wahrnehmung der Aufgaben des bVG von Bedeutung** sind. Der Mindestinhalt wird dabei durch den nicht abschließenden („insbesondere") Katalog des § 4 Abs. 3 festgelegt. Diese Vorschrift geht über Art. 3 SE-RL hinaus, welcher lediglich eine Information über die Identität der beteiligten (Tochter-) Gesellschaften bzw. Betriebe sowie die Zahl ihrer Beschäftigten vorsieht. Insgesamt sollte sich die Information möglichst nah am Gesetzeswortlaut bewegen (*Funke* NZA 2009, 412 [414]).

b) Die einzelnen Informationen. Zu informieren ist zunächst über die **12** **Identität und Struktur** der beteiligten (Tochter-) Gesellschaften bzw. Betriebe und deren **Verteilung** auf die Mitgliedstaaten (§ 4 Abs. 3 Nr. 1). Weiterhin ist zu informieren über die in diesen Gesellschaften bzw. Betrieben bestehenden **Arbeitnehmervertretungen** (§ 4 Abs. 3 Nr. 2). Sprecherausschüsse sind in der Legaldefinition der Arbeitnehmervertretung nach § 2 Abs. 6 nicht genannt, so dass über diese noch dem Gesetzeswortlaut nicht informiert werden muss. Da den Sprecherausschüssen nach § 8 Abs. 1 S. 5 jedoch ein Vorschlagsrecht zusteht, ist das Bestehen eines Sprecherausschusses ein für die Bildung des bVG relevanter Umstand, so dass sich die Informationspflicht **auch auf die Sprecherausschüsse**

bezieht (KK-AktG/*Feuerborn* Rn. 26; LHT/*Oetker* Rn. 30; MüKoAktG/*Jacobs* Rn. 22). Zu informieren ist weiterhin über die **Zahl** der in den Gesellschaften und Betrieben jeweils beschäftigten **Arbeitnehmer** sowie die sich daraus errechnende **Gesamtzahl** der in einem Mitgliedstaat beschäftigten Arbeitnehmer (§ 4 Abs. 3 Nr. 3). Dabei ist gemäß § 4 Abs. 4 der Zeitpunkt der Information maßgeblich, wobei es zulässig sein kann, bereits vertraglich vereinbarte Änderungen (zB der geplante Erwerb eines Unternehmens oder Betriebes), die erst in Kürze umgesetzt werden, in die Information einzubeziehen und das bVG entsprechend zusammen zu setzen (genauer → § 5 Rn. 6; MüKoAktG/*Jacobs* SEBG § 5 Rn. 8; aA LHT/*Oetker* Rn. 32; KK-AktG/*Feuerborn* Rn. 29). Schließlich ist über die Zahl der Arbeitnehmer zu informieren, denen Mitbestimmungsrechte (§ 2 Abs. 12) in den Organen der Gesellschaften zustehen (§ 4 Abs. 3 Nr. 4).

13   **4. Unterbleiben bzw. Fehlerhaftigkeit der Informationen.** Fraglich ist ebenso wie bei einer unterbliebenen Aufforderung (→ § 4 Rn. 7) die Folge einer unterbliebenen bzw. fehlerhaften Information. Teilweise wird angenommen, den Adressaten komme ein Informationsanspruch zu (LHT/*Oetker* Rn. 34). Anders als beim Verfahren zur Bildung eines Europäischen Betriebsrats, bei dem eine fehlerhafte Information zu einer Erschwerung der Bildung des bVG gemäß § 9 EBRG führt, ist die Interessenlage beim SEBG eine andere, da die ordnungsgemäße Durchführung des Verhandlungsverfahrens gemäß Art. 12 Abs. 2 SE-VO zwingende Voraussetzung für die Eintragung der SE ist. Somit werden die Leitungen regelmäßig ein Interesse an der ordnungsgemäßen Information haben, so dass lediglich eine **Informationsobliegenheit** besteht (so auch MüKoAktG/*Jacobs* Rn. 27; HWK/*Hohenstatt/Dzida* SEBG Rn. 12, Fn. 10). Erfolgt die Information jedoch nicht, nicht vollständig oder nicht rechtzeitig, stellt dies gemäß § 46 Abs. 1 Nr. 1 eine Ordnungswidrigkeit dar, die nach § 46 Abs. 2 mit einer Geldbuße geahndet werden kann.

V. Streitigkeiten

14   Bei Streitigkeiten im Rahmen des § 4 findet nach §§ 2a Abs. 1 Nr. 3e, 80 ff. ArbGG das arbeitsgerichtliche **Beschlussverfahren** statt, wobei gemäß § 82 Abs. 3 ArbGG das Arbeitsgericht zuständig ist, in dessen Bezirk die SE ihren (zukünftigen) Sitz hat. Die Parteifähigkeit richtet sich nach § 10 S. 1 ArbGG.

Zusammensetzung des besonderen Verhandlungsgremiums

5 (1) [1] **Für die in jedem Mitgliedstaat beschäftigten Arbeitnehmer der beteiligten Gesellschaften, betroffenen Tochtergesellschaften und betroffenen Betriebe werden Mitglieder für das besondere Verhandlungsgremium gewählt oder bestellt.** [2] **Für jeden Anteil der in einem Mitgliedstaat beschäftigten Arbeitnehmer, der 10 Prozent der Gesamtzahl der in allen Mitgliedstaaten beschäftigten Arbeitnehmer der beteiligten Gesellschaften und der betroffenen Tochtergesellschaften oder betroffenen Betriebe oder einen Bruchteil davon beträgt, ist ein Mitglied aus diesem Mitgliedstaat in das besondere Verhandlungsgremium zu wählen oder zu bestellen.**

(2) [1] **Wird die SE durch Verschmelzung gegründet, sind so viele zusätzliche Mitglieder in das besondere Verhandlungsgremium zu wählen oder zu bestellen, wie erforderlich sind, um zu gewährleisten, dass jede beteiligte Gesellschaft, die eingetragen ist und Arbeitnehmer in dem betreffenden Mitgliedstaat beschäftigt und die als Folge der geplanten Eintragung der SE als eigene Rechtspersönlichkeit erlöschen wird, in dem**

besonderen Verhandlungsgremium durch mindestens ein Mitglied vertreten ist. [2] Dies darf nicht zu einer Doppelvertretung der betroffenen Arbeitnehmer führen.

(3) [1] Die Zahl der zusätzlichen Mitglieder darf 20 Prozent der sich aus Absatz 1 ergebenden Mitgliederzahl nicht überschreiten. [2] Kann danach nicht jede nach Absatz 2 besonders zu berücksichtigende Gesellschaft durch ein zusätzliches Mitglied im besonderen Verhandlungsgremium vertreten werden, so werden diese Gesellschaften in absteigender Reihenfolge der Zahl der bei ihnen beschäftigten Arbeitnehmer berücksichtigt. [3] Dabei ist zu gewährleisten, dass ein Mitgliedstaat nicht mehrere zusätzliche Sitze erhält, solange nicht alle anderen Mitgliedstaaten, aus denen die nach Absatz 2 besonders zu berücksichtigenden Gesellschaften stammen, einen Sitz erhalten haben.

(4) [1] Treten während der Tätigkeitsdauer des besonderen Verhandlungsgremiums solche Änderungen in der Struktur oder Arbeitnehmerzahl der beteiligten Gesellschaften, der betroffenen Tochtergesellschaften oder der betroffenen Betriebe ein, dass sich die konkrete Zusammensetzung des besonderen Verhandlungsgremiums ändern würde, so ist das besondere Verhandlungsgremium entsprechend neu zusammenzusetzen. [2] Über solche Änderungen haben die zuständigen Leitungen unverzüglich das besondere Verhandlungsgremium zu informieren. [3] § 4 Abs. 2 bis 4 gilt entsprechend.

I. Allgemeines

§ 5 setzt Art. 3 Abs. 2 lit. a SE-RL um und regelt die Zusammensetzung sowie 1 indirekt die Größe des bVG. Die Bildung des bVG erfolgt in zwei Schritten. Zunächst ist festzustellen, wie viele Sitze des bVG einem jeden Mitgliedstaat zukommen; danach ist zu ermitteln, welche Personen aus dem jeweiligen Mitgliedstaat die Sitze für die jeweiligen Mitgliedstaaten einnehmen. Während letzteres durch §§ 6 und 7 geregelt wird, normiert § 5 die **Gesamtzahl** der Mitglieder des bVG sowie die **Verteilung der Sitze** auf die Länder. Der Norm liegt der Gedanke zugrunde, dass die bei den Gründungsgesellschaften beschäftigten Arbeitnehmer eines jeden Mitgliedstaat repräsentiert werden sollen (BT-Drs. 15/ 3405, 45). § 5 Abs. 1 regelt den Fall der Gründung einer SE während die anderen Absätze Sonderregelungen für die Gründung durch Verschmelzung (§ 5 Abs. 2, 3) sowie bei wesentlichen Änderungen der Arbeitnehmerzahl und der Struktur (§ 5 Abs. 4) beinhalten.

II. Regelfall der Zusammensetzung des bVG (Abs. 1)

§ 5 Abs. 1 regelt die Zusammensetzung des bVG für den Fall der Gründung 2 einer Holding-SE oder einer Tochter-SE sowie für den Fall der Umwandlung einer Gesellschaft in eine SE. § 5 Abs. 1 S. 1 legt den **Grundsatz der Repräsentativität** fest (NFK/*Kleinsorge* Rn. 2). Jeder Mitgliedstaat, in dem sich Arbeitnehmer der beteiligten Gesellschaften, betroffenen Tochtergesellschaften oder betroffenen Betriebe (s. § 2 Abs. 2–4) befinden, muss im bVG vertreten sein. Demgegenüber betrifft § 5 Abs. 1 S. 2 den **Grundsatz der Proportionalität** (NFK/*Kleinsorge* Rn. 2), nach welchem die Sitze im bVG in einem angemessenen Verhältnis in Bezug auf die Zahl der in dem jeweiligen Land beschäftigten Arbeitnehmer auf die einzelnen Mitgliedstaaten zu verteilen sind. Dabei muss zunächst die Gesamtzahl aller Arbeitnehmer und sodann die Zahl der Arbeitnehmer in jedem Mitgliedstaat ermittelt werden. Für die Ermittlung der Zahlen kommt es auf den Zeitpunkt der Information nach § 4 Abs. 2 S. 3 an (KK-AktG/*Feuerborn* Rn. 7), Teilzeitarbeitnehmer sind dabei nicht anteilig, sondern pro Kopf zu berücksichtigen (MüKoAktG/*Jacobs* Rn. 2; KK-AktG/*Feuerborn* Rn. 7). Für jeden Anteil der Arbeitnehmer eines Landes bis zu 10 % ist ein Sitz im bVG zu besetzen. Bei einem Anteil der Belegschaft eines Mitgliedstaates an der Gesamtbelegschaft von zB 31 % sind aus diesem Mitgliedstaat vier Mitglieder in das bVG zu wählen bzw. zu entsenden (HWK/*Hohenstatt/Dzida* SEBG Rn. 9). Somit hat das bVG mindestens zehn Mitglieder (MüKoAktG/*Jacobs* Rn. 2 mwN; HWK/*Hohenstatt/Dzida* SEBG Rn. 9). Bei einer Verteilung der Gesamtbelegschaft auf zahlreiche Mitgliedstaaten kann sich jedoch auch eine sehr viel höhere Zahl ergeben (Beispiele hierzu bei KK-AktG/*Feuerborn* Rn. 10; NFK/*Kleinsorge* Rn. 3); die Höchstzahl beträgt seit dem EU-Beitritt Kroatiens am 1.7.2013 40 (MüKoAktG/*Jacobs* Rn. 2; Annuß/Kühn/Rudolph/Rupp/*Rudolph* Rn. 5).

3   Während Einigkeit besteht, dass vom Grundsatz her auch die Belegschaft eines Mitgliedstaates im bVG vertreten sein muss, wenn dort nur ein oder sehr wenige Arbeitnehmer beschäftigt wird bzw. werden (§ 5 Abs. 1 sieht keine Bagatell-grenze vor; *Ziegler/Gey* BB 2009, 1750 [1752]; MüKoAktG/*Jacobs* Rn. 2; HWK/*Hohenstatt/Dzida* SEBG Rn. 9), ist bislang ungeklärt, ob mit den (allen!) Arbeitnehmern in einem Mitgliedstaat **vereinbart** werden kann, dass diese sich **nicht an dem Verfahren zur Bildung des bVG beteiligen.** Es ist kein Grund ersichtlich, weshalb dies nicht zulässig sein soll. Die betreffenden Mitarbeiter könnten ebenso gut nach Einleitung des Verfahrens zur Bildung des bVG davon absehen, eine Entsendung oder Wahl „ihres" bVG-Mitglieds vorzunehmen. Auf diese Weise wäre der entsprechende Mitgliedstaat im weiteren Verfahren zur Vereinbarung der Mitbestimmungsvereinbarung nicht mehr zu berücksichtigen (vgl. § 11 Abs. 2). Vor diesem Hintergrund spricht nichts dagegen, den in einem Mitgliedstaat beschäftigten Arbeitnehmern die Möglichkeit einzuräumen, im Vorhinein in einer Vereinbarung mit der zuständigen Leitung auf die Mitwirkung gemäß §§ 5 ff. zu verzichten (Gaul/Ludwig/Forst/*Fleischmann* § 2 Rn. 156). Dies entspricht einem **Bedürfnis in der Praxis,** da sich derlei „Minibelegschaf-ten", die nur aus wenigen Personen bestehen, häufig nicht im geringsten für das bVG-Verfahren interessieren und nicht an ihm beteiligt sein möchten. Ein früh-zeitiger Verzicht erspart den Leitungen eine umfangreiche Information über das Wahlverfahren etc. Dem bVG und den Leitungen ist es jedoch unbenommen, in der ausgehandelten Vereinbarung dennoch die Beteiligung dieses Mitgliedstaates am SE-Betriebsrat oder am vereinbarten System der Mitbestimmung vorzusehen (MüKoAktG/*Jacobs* Rn. 3).

III. Gründung durch Verschmelzung (Abs. 2, 3)

4   § 5 Abs. 2, 3 enthält Sonderregelungen für den Fall der Gründung durch Verschmelzung. Nach § 5 Abs. 2 S. 1 muss jede eingetragene beteiligte Gesell-schaft, die Arbeitnehmer beschäftigt und deren Rechtspersönlichkeit infolge der Verschmelzung erlischt, durch **mindestens ein Mitglied** im bVG vertreten sein, wobei jedoch eine Doppelvertretung von Arbeitnehmern gemäß § 5 Abs. 2 S. 2 ausgeschlossen ist. § 5 Abs. 3 S. 1 begrenzt die Zahl der zusätzlichen Mitglieder auf 20 % der nach § 5 Abs. 1 zu bestimmenden Mitglieder. Führt dies dazu, dass nicht jede erlöschende Gesellschaft einen Platz im bVG erhält, sind die Gesell-schaften nach § 5 Abs. 3 S. 2 in der Reihenfolge ihrer Belegschaftsgröße zu berücksichtigen. § 5 Abs. 3 S. 3, der keine Entsprechung in der SE-RL hat, bestimmt zusätzlich, dass ein Mitgliedstaat nicht mehrere zusätzliche Sitze erhält, solange nicht alle anderen Mitgliedstaaten, in welchen Arbeitnehmer beschäftigt sind, mindestens einen Sitz erhalten haben.

IV. Wesentliche Änderungen (Abs. 4)

Nach § 5 Abs. 4 S. 1 ist das bVG **entsprechend neu zusammenzusetzen,** 5
wenn sich während seiner Tätigkeitsdauer Änderungen der Struktur oder Arbeitnehmerzahl der beteiligten Gesellschaften oder betroffenen Tochtergesellschaften
sowie Betriebe ergeben, die zu einer Änderung der Zusammensetzung des bVG
führen würden. Da die Verhandlungen zwischen dem bVG und den Leitungen
nach § 20 Abs. 2 bis zu einem Jahr dauern können, ist es möglich, dass in diesem
Zeitraum wesentliche Änderungen eintreten. Dabei geht es um wesentliche
Änderungen „während der Tätigkeitsdauer", also nach Konstituierung des bVG,
so dass nach dem Gesetzeswortlaut frühere Veränderungen unberücksichtigt bleiben (so *Grobys* NZA 2005, 84 [87]). Da eine Veränderung jedoch umso leichter
berücksichtigt werden kann, je früher sie liegt, muss die Vorschrift sinngemäß
auch für Veränderungen vor der Konstituierung gelten, wobei das bVG unverzüglich über die Veränderung zu informieren ist (HWK/*Hohenstatt/Dzida* SEBG
Rn. 11, Fn. 6; MüKoAktG/*Jacobs* Rn. 6; Annuß/Kühn/Rudolph/Rupp/*Rudolph* Rn. 18; aA LHT/*Oetker* Rn. 16; KK-AktG/*Feuerborn* Rn. 18). Die Verhandlungsfrist nach § 20 Abs. 1 bleibt von einer Änderung nach § 5 Abs. 4
unberührt, da es sich nicht um eine neue Einsetzung iSd § 20 Abs. 1 S. 2,
sondern lediglich um eine Änderung der Zusammensetzung des bVG handelt
(MüKoAktG/*Jacobs* Rn. 7; LHT/*Oetker* Rn. 19). Ein **Anspruch auf Verlängerung** der Frist aus dem Grundsatz der vertrauensvollen Zusammenarbeit kommt
nicht in Betracht, da nach § 20 Abs. 2 die Frist nur in gegenseitigem Einvernehmen geändert werden kann (HWK/*Hohenstatt/Dzida* SEBG Rn. 11; An-
nuß/Kühn/Rudolph/Rupp/*Rudolph* Rn. 19; aA *Krause* BB 2005, 1221 [1224];
MüKoAktG/*Jacobs* Rn. 7; LHT/*Oetker* Rn. 19). Da der Ablauf der Frist im
Sinne einer Eintragungsvoraussetzung relevant sein kann (§ 12 Abs. 2), wäre ein
solcher Anspruch auf „maßvolle" (MüKoAktG/*Jacobs* Rn. 7) Fristverlängerung
in der Praxis mit einer erheblichen Rechtsunsicherheit verbunden, die nicht
hingenommen werden kann. Gemäß § 5 Abs. 4 S. 3 und 4 haben die Leitungen
das bVG unverzüglich (§ 121 Abs. 1 S. 1 BGB) iSd § 4 Abs. 2–4 zu informieren.
Da die Einhaltung eines ordnungsgemäßen Verfahrens Voraussetzung für die
Eintragung der SE ist und die Leitungen daher ein Interesse an der ordnungsgemäßen Durchführung der Regelung haben, besteht wiederum kein Anspruch
des bVG auf Information, sondern lediglich eine **Informationsobliegenheit**
(→ § 4 Rn. 13; aA MüKoAktG/*Jacobs* Rn. 7; KK-AktG/*Feuerborn* Rn. 23;
LHT/*Oetker* Rn. 20). § 5 Abs. 4 hat keine Entsprechung in der Richtlinie, weshalb die Regelung vereinzelt für europarechtswidrig gehalten wurde (*Krause* BB
2005, 1221 [1224]; zweifelnd *Ziegler/Gey* BB 2009, 1750 [1753]). Da sie jedoch
der Sicherung der Beteiligungsrechte und somit dem Schutzzweck der SE-RL
dient, ist sie europarechtskonform (so auch KK-AktG/*Feuerborn* Rn. 20).

Unklar ist, wie in Fällen zu verfahren ist, in denen eine Veränderung, die sich 6
auf die Zusammensetzung des bVG auswirkt, zum Zeitpunkt der Information
nach § 4 Abs. 2 bereits feststeht, die **Umsetzung** der Maßnahme jedoch noch **in
der Zukunft** liegt (zB die Veräußerung eines Unternehmens oder Betriebes ist
bereits vereinbart, wird jedoch erst in einigen Wochen oder Monaten oder zB
erst nach kartellrechtlicher Freigabe umgesetzt). In diesen Fällen wäre es unprak-
tikabel, das bVG erst nach den aktuellen Verhältnissen zum Zeitpunkt der Information zusammen zu setzen, um dann nach wenigen Wochen oder Monaten eine
Änderung gemäß § 5 Abs. 4 vornehmen zu müssen, zumal sich Änderungen in
einem Mitgliedstaat ohne weiteres auch auf die Zahl der in das bVG entsandten
oder gewählten Mitglieder in einem anderen Mitgliedstaat auswirken können. In
Fällen, in denen die Veränderung hinreichend sicher feststeht, muss es daher

zulässig sein, die Veränderungen bei der **Information** gemäß § 4 Abs. 2–4 **bereits zu berücksichtigen** und hierdurch eine Änderung der Zusammensetzung gemäß § 5 Abs. 4 entbehrlich zu machen (MüKoAktG/Jacobs Rn. 8; aA LHT/*Oetker* § 4 Rn. 32; KK-AktG/*Feuerborn* SEBG § 4 Rn. 29). Diese Lösung kommt durchaus auch im umgekehrten Fall des Erwerbs eines Unternehmens oder Betriebes in Betracht. Auch dieser kann, sofern der Eintritt der Veränderung hinreichend sicher feststeht, bereits berücksichtigt werden, auch wenn dies im Ergebnis bedeutet, dass Belegschaften, die noch nicht zum Konzern gehören, mit in die Verfahren zur Bildung des bVG einbezogen werden. In beiden Konstellationen gilt allerdings, dass ein Verfahren nach § 5 Abs. 4 erforderlich wird, wenn sich die als sicher angenommenen Veränderungen zerschlagen und es nicht zur Umsetzung kommt.

V. Streitigkeiten

7   Bei Streitigkeiten im Rahmen des § 5 findet nach §§ 2a Abs. 1 Nr. 3e, Abs. 2, 80 ff. ArbGG das arbeitsgerichtliche **Beschlussverfahren** statt, wobei gemäß § 82 Abs. 3 ArbGG das Arbeitsgericht zuständig ist, in dessen Bezirk die SE ihren (zukünftigen) Sitz hat. Die Parteifähigkeit richtet sich nach § 10 S. 1 ArbGG.

Persönliche Voraussetzungen der auf das Inland entfallenden Mitglieder des besonderen Verhandlungsgremiums

6 (1) **Die persönlichen Voraussetzungen der Mitglieder des besonderen Verhandlungsgremiums richten sich nach den jeweiligen Bestimmungen der Mitgliedstaaten, in denen sie gewählt oder bestellt werden.**

(2) [1] **Zu Mitgliedern des besonderen Verhandlungsgremiums wählbar sind im Inland Arbeitnehmer der Gesellschaften und Betriebe sowie Gewerkschaftsvertreter.** [2] **Frauen und Männer sollen entsprechend ihrem zahlenmäßigen Verhältnis gewählt werden.** [3] **Für jedes Mitglied ist ein Ersatzmitglied zu wählen.**

(3) **Gehören dem besonderen Verhandlungsgremium mehr als zwei Mitglieder aus dem Inland an, ist jedes dritte Mitglied ein Vertreter einer Gewerkschaft, die in einem an der Gründung der SE beteiligten Unternehmen vertreten ist.**

(4) **Gehören dem besonderen Verhandlungsgremium mehr als sechs Mitglieder aus dem Inland an, ist mindestens jedes siebte Mitglied ein leitender Angestellter.**

I. Allgemeines

1   § 6 legt die persönlichen Voraussetzungen der Mitglieder des bVG fest und setzt damit Art. 3 Abs. 2 lit. b SE-RL um. **§ 6 Abs. 1** enthält den Grundsatz, dass die **Mitgliedstaaten selbst** die persönlichen Voraussetzungen der Mitglieder des bVG bestimmen, während **§ 6 Abs. 2–4** Bestimmungen über die persönlichen Voraussetzungen für die **in der Bundesrepublik Deutschland** zu wählenden Mitglieder enthält.

II. Anwendbare Vorschriften (Abs. 1)

2   Den Mitgliedstaaten steht es nach § 6 Abs. 1 frei, die persönlichen Voraussetzungen ihrer Mitglieder im bVG zu bestimmen. Dieser Grundsatz ist in Art. 3 Abs. 2 lit. b UAbs. 1 S. 1 SE-RL festgelegt und bedeutet im Umkehrschluss, dass

sich die **Rechtssetzungsmacht** der Mitgliedstaaten auf **ihre Mitglieder** beschränkt. Daher gelten die in § 6 Abs. 2–4 genannten Voraussetzungen für alle in der Bundesrepublik Deutschland zu wählenden oder zu bestellenden Mitglieder, gleich in welchem Mitgliedstaat die SE ihren Sitz hat (LHT/*Oetker* Rn. 7; MüKoAktG/*Jacobs* Rn. 1).

III. Wählbarkeitsvoraussetzungen (Abs. 2–4)

1. Nichtleitende Arbeitnehmer. Wählbar sind gemäß § 6 Abs. 2 S. 1 Var. 1   **3** zunächst **Arbeitnehmer** der Gesellschaften und Betriebe. Mit Gesellschaften sind die beteiligten Gesellschaften und betroffenen Tochtergesellschaften gemeint. Nach § 6 Abs. 2 S. 2 sollen Frauen und Männer entsprechend ihrem zahlenmäßigen Verhältnis gewählt werden. Anders als § 15 Abs. 2 BetrVG, der eine proportionale Repräsentation des sich in der Minderheit befindenden Geschlechts im Betriebsrat zwingend vorsieht, handelt es sich bei § 6 Abs. 2 S. 2 um eine Soll-Vorschrift, deren Verletzung die Wirksamkeit der Wahl nicht berührt (LHT/ *Oetker* Rn. 11; MüKoAktG/*Jacobs* Rn. 2). Für jedes Mitglied im bVG ist nach § 6 Abs. 2 S. 3 ein **Ersatzmitglied** zu wählen, dabei handelt es sich anders als nach § 10 Abs. 3 EBRG um eine zwingende Vorschrift (NFK/*Kleinsorge* Rn. 9).

2. Gewerkschaftsmitglieder. Neben den Arbeitnehmern sind gemäß § 6   **4** Abs. 2 S. 1 Var. 2 auch Gewerkschaftsvertreter wählbar. Damit wird von der Möglichkeit des Art. 3 Abs. 2 lit. b UAbs. 2 SE-RL Gebrauch gemacht, dass die Mitgliedstaaten Gewerkschaftsvertreter als Mitglieder des bVG zulassen können. Der Wortlaut des § 6 Abs. 2 lässt nicht erkennen, ob es sich bei den Gewerkschaftsvertretern um unternehmensangehörige Arbeitnehmer handeln muss. Art. 3 Abs. 2 lit. b UAbs. 2 SE-RL, der die Mitgliedstaaten ausdrücklich ermächtigt vorzusehen, dass Gewerkschaftsmitglieder auch dann wählbar sind, wenn sie nicht Arbeitnehmer einer beteiligten Gesellschaft, betroffenen Tochtergesellschaft oder eines betroffenen Betriebs sind und die Gesetzesmaterialien sprechen jedoch dafür § 6 Abs. 2 S. 1 dahin zu verstehen, dass Gewerkschaftsvertreter **unabhängig von ihrer Arbeitnehmerstellung** Mitglieder des bVG sein können (MüKoAktG/*Jacobs* Rn. 4; KK-AktG/*Feuerborn* Rn. 4; aA LHT/*Oetker* Rn. 18). Die Gewerkschaft muss im Unternehmen vertreten sein. Das ist sie in Anlehnung an die entsprechende Rechtslage zum MitbestG dann, wenn sie unter den unternehmensangehörigen Arbeitnehmern **zumindest ein Mitglied** hat (MüKo-AktG/*Jacobs* Rn. 6). Dem Wortlaut des § 6 Abs. 3 nach sind nur Vertreter von Gewerkschaften wählbar, die in einem „an der Gründugng der SE beteiligten Unternehmen vertreten sind". Richtigem Verständnis zufolge sind damit aber nicht nur die unmittelbar an der Gründung beteiligten Gesellschaften iSd § 2 Abs. 2, sondern auch die betroffenen Tochtergesellschaften iSd § 2 Abs. 4 gemeint (MüKoAktG/*Jacobs* Rn. 4). Vertreter ausländischer Gewerkschaften sind demgegenüber nicht wählbar (aA MüKoAktG/*Jacobs* Rn. 4; LHT/*Oetker* Rn. 16).

Nach § 6 Abs. 3 *ist* **jedes dritte Mitglied** ein Vertreter einer Gewerkschaft,   **5** wenn dem bVG mehr als zwei Mitglieder aus dem Inland angehören. Diese zwingende Repräsentation der Gewerkschaften im bVG knüpft, wie es in der Gesetzesbegründung heißt, an die Tradition des MitbestG 1976 an (BT-Drs. 15/ 3405, 46); sie hat erhebliche Kritik erfahren (*Kallmeyer* ZIP 2004, 1442 f.; *Krause* BB 2005, 1221 [1224]; *Wisskirchen/Prinz* DB 2004, 2638 f.; MüKoAktG/*Jacobs* Rn. 6) und ist nach zutreffendem Verständnis als richtlinienwidrig einzustufen (vgl. KK-AktG/*Feuerborn* Rn. 8; UHH/*Henssler* Einl. SEBG Rn. 175; MüKo-AktG/*Jacobs* Rn. 6; *Thüsing* ZIP 2006, 1473). § 6 Abs. 3 enthält keine Ordnungsvorschrift, sondern ermöglicht den im Unternehmen vertretenen Gewerk-

schaften lediglich, Mitglieder in das bVG zu entsenden. Machen die Gewerkschaften von ihrem Wahlvorschlagsrecht aus § 8 Abs. 1 S. 2 keinen Gebrauch,
entfällt die Mindestrepräsentanz (→ § 8 Rn. 2). Die betreffenden bVG-Sitze
fallen dann den unternehmensangehörigen Arbeitnehmern zu.

6   Weder die Leitungen noch das Wahlgremium nach § 8 sind dafür verantwortlich, dass alle in den Gesellschaften und Betrieben vertretenen Gewerkschaften an
dem Arbeitnehmerbeteiligungsverfahren beteiligt werden. Sie müssen insbesondere nicht prüfen, welche Gewerkschaften im Einzelnen vertreten sind. Es obliegt
ggf. der Initiative der Gewerkschaften, ihre Mitwirkung im Verfahren sicherzustellen (HWK/*Hohenstatt*/*Dzida* SEBG Rn. 14, Fn. 12; zustimmend MüKo-
AktG/*Jacobs* Rn. 5; ebenso zu § 9 MitbestG WWK/*Kleinsorge* MitbestG § 9
Rn. 10).

7   **3. Leitende Angestellte.** Nach § 6 Abs. 4 hat ähnlich der Regelung zu der
Repräsentation von Gewerkschaftsvertretern mindestens **jedes siebte Mitglied**
leitender Angestellter zu sein, wenn dem bVG mehr als sechs Mitglieder aus dem
Inland angehören. Für dieses Mitglied besteht ein Vorschlagsrecht der Sprecherausschüsse nach § 8 Abs. 1. Auch diese Regelung erließ der Gesetzgeber „in
Tradition des Mitbestimmungsgesetzes" (BT-Drs. 15/3405, 46). Die Bestimmung
kommt allerdings selten zum Tragen, da sie voraussetzt, dass in der Bundesrepublik Deutschland mehr als 60 % der Gesamtbelegschaft beschäftigt werden
(LHT/*Oetker* Rn. 23).

IV. Streitigkeiten

8   Bei Streitigkeiten im Rahmen des § 6 findet nach §§ 2a Abs. 1 Nr. 3e, Abs. 2,
80 ff. ArbGG das arbeitsgerichtliche **Beschlussverfahren** statt, wobei gemäß
§ 82 Abs. 3 ArbGG das Arbeitsgericht zuständig ist, in dessen Bezirk die SE ihren
(zukünftigen) Sitz hat. Die Parteifähigkeit richtet sich nach § 10 S. 1 ArbGG.

Verteilung der auf das Inland entfallenden Sitze des besonderen Verhandlungsgremiums

7 (1) **Die Wahl oder Bestellung der Mitglieder des besonderen Verhandlungsgremiums nach § 5 erfolgt nach den jeweiligen Bestimmungen
der Mitgliedstaaten.**

(2) **Bei der Wahl der auf das Inland entfallenden Mitglieder des besonderen Verhandlungsgremiums sollen alle an der Gründung der SE beteiligten Gesellschaften mit Sitz im Inland, die Arbeitnehmer im Inland
beschäftigen, durch mindestens ein Mitglied im besonderen Verhandlungsgremium vertreten sein.**

(3) **Ist die Anzahl der auf das Inland entfallenden Mitglieder des besonderen Verhandlungsgremiums geringer als die Anzahl der an der
Gründung der SE beteiligten Gesellschaften mit Sitz im Inland, die
Arbeitnehmer im Inland beschäftigen, so erhalten die Gesellschaften in
absteigender Reihenfolge der Zahl der Arbeitnehmer jeweils einen Sitz.**

(4) **Ist die Anzahl der auf das Inland entfallenden Mitglieder des besonderen Verhandlungsgremiums höher als die Anzahl der an der Gründung der SE beteiligten Gesellschaften mit Sitz im Inland, die Arbeitnehmer im Inland beschäftigen, so sind die nach erfolgter Verteilung
nach Absatz 2 verbleibenden Sitze nach dem d'Hondtschen Höchstzahlenverfahren auf die beteiligten Gesellschaften zu verteilen.**

(5) **Sind keine Gesellschaften mit Sitz im Inland an der Gründung der SE beteiligt, sondern von ihr nur Betriebe ausländischer Gesellschaften betroffen, gelten die Absätze 2 bis 4 entsprechend.**

I. Allgemeines

Ebenso wie § 6 setzt § 7 Art. 3 Abs. 2 lit. b SE-RL um. Während § 6 die **1** persönlichen Voraussetzungen der Mitglieder des bVG festsetzt, regelt § 7 die Verteilung der Sitze. Gemäß **§ 7 Abs. 1** kann jeder Mitgliedstaat die Wahl bzw. Bestellung der Mitglieder **selbständig regeln. § 7 Abs. 2–4** sowie §§ 8, 9 enthalten Regelungen zur Bestellung der Mitglieder **in der Bundesrepublik Deutschland.**

II. Grundsatz der Verteilung (Abs. 2)

§ 7 Abs. 2 legt den Grundsatz fest, dass alle beteiligten Gesellschaften (§ 2 **2** Abs. 2), die im Inland ihren Sitz haben und mindestens einen Arbeitnehmer im Inland beschäftigen, durch **mindestens ein Gründungsmitglied** vertreten werden sollen. Problematisch ist das Verhältnis der § 7 Abs. 2–4 zur Berücksichtigung von Gewerkschaftsvertretern und leitenden Angestellten nach § 6 Abs. 3 und 4. Nach der Regierungsbegründung sind die Gewerkschaftsvertreter und leitenden Angestellten keiner Gesellschaft zuzurechnen und § 6 Abs. 2 und 4 haben Vorrang, wenn nicht genügend Sitze vorhanden sind (BT-Drs. 15/3405, 46). Dies geht zwar in dieser Deutlichkeit nicht aus dem Gesetz hervor, jedoch handelt es sich bei § 6 Abs. 2 und 4 um zwingende Vorschriften, die den Sollvorschriften von § 7 Abs. 2–4 vorgehen (HWK/*Hohenstatt*/*Dzida* SEBG Rn. 17; MüKoAktG/*Jacobs* Rn. 2; NFK/*Kleinsorge* Rn. 3; aA aufgrund europarechtlicher Bedenken UHH/ *Henssler* Rn. 2). Somit sind vor der Aufteilung nach § 7 Abs. 2 zunächst die Plätze nach § 6 Abs. 3 und 4 abzuziehen (LHT/*Oetker* Rn. 5; NK-SE/*Evers* Rn. 2).

III. Ausnahmen (Abs. 3, 4)

§ 7 Abs. 3, 4 enthält Sonderregelungen für den Fall, dass die Zahl der beteiligten **3** Gesellschaften von der Zahl der auf das Inland entfallenden Mitglieder abweicht. Ist die Zahl der Plätze geringer als die Zahl der zu berücksichtigenden Unternehmen, sind die Unternehmen gemäß § 7 Abs. 3 nach ihrer Arbeitnehmerzahl in **absteigender Reihenfolge** zu berücksichtigen. Ist umgekehrt die Zahl der zu besetzenden Sitze größer als die Zahl der entsprechenden Gesellschaften, sind die verbleibenden Sitze gemäß § 7 Abs. 4 nach dem **d'Hondtschen Höchstzahlenverfahren** (Beispiele bei NK-SE/*Evers* Rn. 7) auf die Gesellschaften zu verteilen. Dabei sind neben den beteiligten Gesellschaften selbst ebenso wie § 7 Abs. 4 und § 9 Abs. 4 MgVG auch die beteiligten Tochtergesellschaften sowie die betroffenen Betriebe zu berücksichtigen (MüKoAktG/*Jacobs* Rn. 3; Annuß/Kühn/Rudolph/Rupp/*Rudolph* Rn. 7; aA LHT/*Oetker* Rn. 4; UHH/*Henssler* Rn. 4). Obwohl der Wortlaut für eine zwingende Geltung der Vorschrift spricht, ist in systematischer Auslegung im Hinblick auf § 7 Abs. 2, 3 von einer Soll-Vorschrift auszugehen (MüKoAktG/*Jacobs* Rn. 3; KK-AktG/*Feuerborn* Rn. 3).

IV. Sonderfall (Abs. 5)

Für den Sonderfall, dass keine Gesellschaft mit Sitz in der Bundesrepublik **4** Deutschland an der Gründung der SE beteiligt ist, aber inländische Betriebe von Gesellschaften aus anderen Mitgliedstaaten betroffen sind, gelten gemäß § 7 Abs. 5 die Vorschriften des **§ 7 Abs. 3 und 4 entsprechend.**

V. Streitigkeiten

5   Bei Streitigkeiten im Rahmen des § 7 findet nach §§ 2a Abs. 1 Nr. 3e, Abs. 2, 80 ff. ArbGG das arbeitsgerichtliche **Beschlussverfahren** statt, wobei gemäß § 82 Abs. 3 ArbGG das Arbeitsgericht zuständig ist, in dessen Bezirk die SE ihren (zukünftigen) Sitz hat.

Kapitel 2. Wahlgremium

Zusammensetzung des Wahlgremiums; Urwahl

8 (1) [1]Die nach diesem Gesetz oder dem Gesetz eines anderen Mitgliedstaats auf die im Inland beschäftigten Arbeitnehmer der an der Gründung der SE beteiligten Gesellschaften, betroffenen Tochtergesellschaften und betroffenen Betriebe entfallenden Mitglieder des besonderen Verhandlungsgremiums werden von einem Wahlgremium in geheimer und unmittelbarer Wahl gewählt. [2]Im Fall des § 6 Abs. 3 ist jedes dritte Mitglied auf Vorschlag einer Gewerkschaft zu wählen, die in einem an der Gründung der SE beteiligten Unternehmen vertreten ist. [3]Wird nur ein Wahlvorschlag gemacht, muss dieser mindestens doppelt so viele Bewerber enthalten wie Vertreter von Gewerkschaften zu wählen sind. [4]Jeder Wahlvorschlag einer Gewerkschaft muss von einem Vertreter der Gewerkschaft unterzeichnet sein. [5]Im Fall des § 6 Abs. 4 ist jedes siebte Mitglied auf Vorschlag der Sprecherausschüsse zu wählen; Satz 3 gilt entsprechend. [6]Besteht in einem beteiligten Unternehmen oder in einer beteiligten Unternehmensgruppe kein Sprecherausschuss, können die leitenden Angestellten Wahlvorschläge machen; ein Wahlvorschlag muss von einem Zwanzigstel oder 50 der wahlberechtigten leitenden Angestellten unterzeichnet sein.

(2) [1]Ist aus dem Inland nur eine Unternehmensgruppe an der SE-Gründung beteiligt, besteht das Wahlgremium aus den Mitgliedern des Konzernbetriebsrats oder, sofern ein solcher nicht besteht, aus den Mitgliedern der Gesamtbetriebsräte, oder, sofern ein solcher in einem Unternehmen nicht besteht, aus den Mitgliedern des Betriebsrats. [2]Betriebsratslose Betriebe und Unternehmen einer Unternehmensgruppe werden vom Konzernbetriebsrat, Gesamtbetriebsrat oder Betriebsrat mit vertreten.

(3) [1]Ist aus dem Inland nur ein Unternehmen an der Gründung einer SE beteiligt, besteht das Wahlgremium aus den Mitgliedern des Gesamtbetriebsrats, oder, sofern ein solcher nicht besteht, aus den Mitgliedern des Betriebsrats. [2]Betriebsratslose Betriebe eines Unternehmens werden vom Gesamtbetriebsrat oder Betriebsrat mit vertreten.

(4) Ist aus dem Inland nur ein Betrieb von der Gründung einer SE betroffen, besteht das Wahlgremium aus den Mitgliedern des Betriebsrats.

(5) [1]Sind an der Gründung der SE eine oder mehrere Unternehmensgruppen oder nicht verbundene Unternehmen beteiligt oder sind von der Gründung unternehmensunabhängige Betriebe betroffen, setzt sich das Wahlgremium aus den jeweiligen Arbeitnehmervertretungen auf Konzernebene, Unternehmensebene oder Betriebsebene zusammen.

[2] Die Absätze 2 bis 4 gelten entsprechend. [3] Ist in den Fällen des Satzes 1 eine entsprechende Arbeitnehmervertretung nicht vorhanden, werden diese Mitglieder des Wahlgremiums von den Arbeitnehmern in Urwahl gewählt. [4] Die Wahl wird von einem Wahlvorstand eingeleitet und durchgeführt, der in einer Versammlung der Arbeitnehmer gewählt wird, zu der die inländische Konzernleitung, Unternehmensleitung oder Betriebsleitung einlädt. [5] Es sind so viele Mitglieder des Wahlgremiums zu wählen, wie eine bestehende Arbeitnehmervertretung in den Fällen der Absätze 2 bis 4 an gesetzlichen Mitgliedern hätte; für das Wahlverfahren gilt Absatz 7 Satz 3 bis 5 entsprechend.

(6) [1] Das Wahlgremium besteht aus höchstens 40 Mitgliedern. [2] Würde diese Höchstzahl überschritten, ist die Anzahl der Mitglieder in dem Wahlgremium entsprechend ihrem zahlenmäßigen Verhältnis nach dem d'Hondtschen Höchstzahlverfahren zu verringern.

(7) [1] Besteht in den Fällen der Absätze 2 bis 5 keine Arbeitnehmervertretung, wählen die Arbeitnehmer die Mitglieder des besonderen Verhandlungsgremiums in geheimer und unmittelbarer Wahl. [2] Die Wahl wird von einem Wahlvorstand eingeleitet und durchgeführt, der in einer Versammlung der Arbeitnehmer gewählt wird, zu der die inländische Konzernleitung, Unternehmensleitung oder Betriebsleitung einlädt. [3] Die Wahl der Mitglieder des besonderen Verhandlungsgremiums erfolgt nach den Grundsätzen der Verhältniswahl. [4] Sie erfolgt nach den Grundsätzen der Mehrheitswahl, wenn nur ein Wahlvorschlag eingereicht wird. [5] Jeder Wahlvorschlag der Arbeitnehmer muss von mindestens einem Zwanzigstel der wahlberechtigten Arbeitnehmer, mindestens jedoch von drei Wahlberechtigten, höchstens aber von 50 Wahlberechtigten unterzeichnet sein; in Betrieben mit in der Regel bis zu 20 wahlberechtigten Arbeitnehmern genügt die Unterzeichnung durch zwei Wahlberechtigte. [6] § 8 Abs. 1 Satz 2 bis 6 gilt entsprechend.

I. Allgemeines

Die deutschen Mitglieder des bVG werden (ähnlich wie gemäß § 11 EBRG) **1** in der Regel nicht direkt, sondern durch ein **Wahlgremium** gewählt. § 8 regelt die Zusammensetzung dieses Wahlgremiums und die Ausnahme einer Urwahl. § 8 Abs. 1 legt dabei die allgemeinen Wahlgrundsätze für die Wahl der Mitglieder des bVG fest. § 8 Abs. 2–5 regelt die Zusammensetzung des Wahlgremiums für den Fall, dass in (irgend-)einer/m der beteiligten Unternehmen(-sgruppen) oder betroffenen Betriebe des Inlands eine Arbeitnehmervertretung besteht, wobei § 8 Abs. 2–4 den Fall betrifft, dass nur eine Unternehmensgruppe (§ 8 Abs. 2), ein Unternehmen (§ 8 Abs. 3) oder ein Betrieb (§ 8 Abs. 4) des Inlands an der Gründung beteiligt, bzw. betroffen ist, während § 8 Abs. 5 den Fall regelt, dass mehrere Unternehmensgruppen, Unternehmen oder Betriebe des Inlands beteiligt, bzw. betroffen sind. § 8 Abs. 6 setzt jeweils die Höchstzahl der Mitglieder des Wahlgremiums fest. Besteht in den Fällen des § 8 Abs. 2–5 keine Arbeitnehmervertretung, wird das bVG gemäß § 8 Abs. 7 von den Arbeitnehmern unmittelbar gewählt.

II. Wahlgremium

1. Wahlgrundsätze und Vorschlagsrechte (Abs. 1). Das Wahlgremium **2** wählt die Mitglieder des bVG in **geheimer und unmittelbarer Wahl** (§ 8 Abs. 1 S. 1). Für die Wahl der Mitglieder des bVG, die gemäß § 6 Abs. 3 Gewerkschaftsvertreter sein müssen, besteht gemäß § 8 Abs. 1 S. 2 ein **Vor-**

schlagsrecht der in den beteiligten Unternehmen vertretenen **Gewerkschaften**. Entsprechend besteht gemäß § 8 Abs. 1 S. 4 ein Vorschlagsrecht der **Sprecherausschüsse** für die nach § 6 Abs. 4 von leitenden Angestellten zu besetzenden Sitze. Wird nur ein Wahlvorschlag gemacht, muss dieser in beiden Fällen mindestens doppelt so viele Bewerber enthalten wie jeweils zu vergebende Sitze (§ 8 Abs. 1 S. 3, 5 Hs. 2). Die Wahlvorschläge einer Gewerkschaft müssen gemäß § 8 Abs. 1 S. 4 von einem Vertreter der Gewerkschaft unterzeichnet sein. Wenn kein Sprecherausschuss besteht, können gemäß § 8 Abs. 1 S. 6 die leitenden Angestellten Wahlvorschläge machen, wobei diese von einem Zwanzigstel oder von 50 der wahlberechtigten leitenden Angestellten unterzeichnet sein müssen. Bestehen mehrere Sprecherausschüsse, ist analog § 8 Abs. 2–4 jeweils der auf höchster Ebene angesiedelte Sprecherausschuss zuständig (NFK/*Kleinsorge* Rn. 7; MüKoAktG/*Jacobs* Rn. 6; LHT/*Oetker* Rn. 10). Machen Gewerkschaft oder Sprecherausschuss bis zur Versammlung des Wahlgremiums von ihrem Vorschlagsrecht keinen Gebrauch, gehen sie dessen verlustig (HWK/*Hohenstatt/Dzida* SEBG Rn. 18, Fn. 3; zustimmend MüKoAktG/*Jacobs* Rn. 5 f.; auch → § 6 Rn. 6).

3   **2. Zusammensetzung im Einzelnen.** Besteht in (irgend-)einem der beteiligten bzw. betroffenen Unternehmen oder Betriebe eine Arbeitnehmervertretung, richtet sich die Zusammensetzung des Wahlgremiums nach § 8 Abs. 2–5. Ist lediglich eine Unternehmensgruppe des Inlands an der SE-Gründung beteiligt, besteht das Wahlgremium aus der auf **höchster Ebene vorhandenen Arbeitnehmervertretung**, also aus den Mitgliedern des Konzernbetriebsrats, hilfsweise aus den Mitgliedern der Gesamtbetriebsräte bzw. aus den Mitgliedern der Betriebsräte (§ 8 Abs. 1). Bestehen in der Unternehmensgruppe mehrere Betriebsräte, ohne dass ein Konzernbetriebsrat oder ein Gesamtbetriebsrat besteht, sind alle Mitglieder dieser Betriebsräte Mitglieder des Wahlgremiums, auch wenn das Gesetz nur von „dem" Betriebsrat spricht (vgl. auch HWK/ *Hohenstatt/Dzida* SEBG Rn. 19, Fn. 8). Ist nur ein Unternehmen im Inland beteiligt, besteht das Wahlgremium aus den Mitgliedern des Gesamtbetriebsrats, hilfsweise aus den Mitgliedern der Betriebsräte (§ 8 Abs. 3 S. 1). Ist schließlich nur ein Betrieb beteiligt, besteht das Wahlgremium aus den Mitgliedern des Betriebsrats (§ 8 Abs. 4). In allen Konstellationen werden betriebsratslose Betriebe und Unternehmen von den Mitgliedern des Wahlgremiums mit vertreten (§ 8 Abs. 2 S. 2, Abs. 3 S. 2). Dies gilt weit über §§ 50 Abs. 1, 58 Abs. 1 BetrVG hinaus. Selbst wenn in einer weit verzweigten Unternehmensgruppe nur in einem einzigen Betrieb ein Betriebsrat gewählt wäre, würde dieser die gesamte Konzernbelegschaft im Wahlgremium repräsentieren (KK-AktG/*Feuerborn* Rn. 17; LHT/*Oetker* Rn. 13; UHH/*Henssler* SEBG §§ 8–10 Rn. 5). Diese Regelung muss als **richtlinienwidrig** (MüKoAktG/*Jacobs* Rn. 8; HWK/*Hohenstatt/Dzida* SEBG Rn. 19, Fn. 11; aA LHT/*Oetker* Rn. 13) angesehen werden, da Art. 3 Abs. 2 lit. b Abschnitt 3 SE-RL vorsieht, dass in Unternehmen und Betrieben, in denen „unabhängig vom Willen der Arbeitnehmer" keine Arbeitnehmervertreter amtieren, die Arbeitnehmer selbst die Vertreter im Wahlgremium wählen oder bestellen dürfen. Gemäß § 8 Abs. 2, 3 kommt dieser Grundsatz indessen nur zum Tragen, wenn in keiner der beteiligten Unternehmensgruppen ein Betriebsrat gewählt ist.

4   Sind an der Gründung der SE mehrere Unternehmensgruppen oder Unternehmen beteiligt, bzw. Betriebe betroffen, setzt sich gemäß § 8 Abs. 5 S. 1 das Wahlgremium aus den auf **Konzern-, Unternehmens- oder Betriebsebene vorhandenen Arbeitnehmervertretungen** zusammen, wobei § 8 Abs. 2–4 entsprechend gilt (§ 8 Abs. 5 S. 2). Besteht in einer der beteiligten Unternehmensgruppen keine Arbeitnehmervertretung, werden die entsprechenden Mit-

glieder des Wahlgremiums gemäß § 8 Abs. 5 S. 3 von den Arbeitnehmern in Urwahl gewählt. Einzelheiten zur Wahl regelt § 8 Abs. 5 S. 4–6: Eingeleitet und durchgeführt wird die Wahl von einem Wahlvorstand, der von einer Arbeitnehmerversammlung gewählt wird, zu der die inländische Konzernleitung, Unternehmensleitung oder Betriebsleitung einlädt (§ 8 Abs. 5 S. 4). Das Gesetz enthält keine Bestimmungen zur Ernennung des Wahlvorstands, so dass eine geheime und förmliche Wahl nicht erforderlich ist; es reichen also beispielsweise mündliche Vorschläge und eine Abstimmung per Handzeichen aus (NFK/*Kleinsorge* Rn. 24; Annuß/Kühn/Rudolph/Rupp/*Rudolph* Rn. 23). Auch die Mitgliederzahl des Wahlvorstands ist nicht gesetzlich geregelt; regelmäßig wird er aus drei Wahlberechtigten bestehen (MüKoAktG/*Jacobs* Rn. 15). Für das Wahlverfahren gilt im Übrigen § 8 Abs. 7 S. 3–5 entsprechend (→ Rn. 6).

3. Größe. Um die Arbeitsfähigkeit des Wahlgremiums zu gewährleisten (BT- **5** Drs. 15/3405, 47), ist seine Größe gemäß § 8 Abs. 6 S. 1 auf **40 Mitglieder begrenzt.** Würde diese Zahl bei der Anwendung von § 8 Abs. 2–5 überschritten, ist gemäß § 8 Abs. 6 S. 2 nach dem d'Hondtschen Höchstzahlverfahren zu bestimmen, welche Arbeitnehmervertretungen Plätze abgeben müssen (Beispiel hierzu bei NFK/*Kleinsorge* Rn. 38). Durch diese Reduzierung wird die Gesamtzahl der durch die verbleibenden Mitglieder vertretenen Arbeitnehmer jedoch nicht verringert (BT-Drs. 15/3405, 47).

III. Urwahl

Besteht in keinem der inländischen Unternehmen oder Betriebe eine Arbeit- **6** nehmervertretung, werden die Mitglieder des bVG gemäß § 8 Abs. 7 S. 1 **direkt von den Arbeitnehmern** in freier und gleicher Wahl gewählt. § 8 Abs. 7 S. 2–6 enthält Einzelheiten zur Urwahl, die denen der Urwahl des Wahlgremiums nach § 8 Abs. 5 ähneln: Die Wahl wird von einem Wahlvorstand eingeleitet und durchgeführt, der von einer Arbeitnehmerversammlung gewählt wird, zu der die inländische Konzernleitung, Unternehmensleitung oder Betriebsleitung einlädt (§ 8 Abs. 7 S. 2; → Rn. 4). Grundsätzlich wird nach dem System der **Verhältniswahl** gewählt, es sei denn, es wird nur ein Wahlvorschlag eingereicht; dann ist die Mehrheitswahl einschlägig (§ 8 Abs. 7 S. 3, 4). Jeder Wahlvorschlag der Arbeitnehmer muss von 5 % der wahlberechtigten Arbeitnehmer unterzeichnet sein, wobei die Zahl der Unterschriften zwischen fünf und fünfzig liegen muss; jedoch reicht bei einem Betrieb mit bis zu 20 Beschäftigten die Unterschrift zweier Wahlberechtigter (§ 8 Abs. 7 S. 5). Bezüglich der von Gewerkschaftsvertretern und leitenden Angestellten zu besetzenden Sitze gilt § 8 Abs. 1 S. 2–6 gemäß § 8 Abs. 7 S. 6 entsprechend.

IV. Streitigkeiten

Bei Streitigkeiten bezüglich der Bildung des bVG nach § 8 findet gemäß §§ 2a **7** Abs. 1 Nr. 3e, Abs. 2, 80 ff. ArbGG das arbeitsgerichtliche **Beschlussverfahren** statt, wobei gemäß § 82 Abs. 3 ArbGG das Arbeitsgericht zuständig ist, in dessen Bezirk die SE ihren (zukünftigen) Sitz hat. Nicht geregelt ist die **Anfechtung** der Wahl. In der Literatur werden die analoge Anwendung von § 19 Abs. 2 BetrVG (so NFK/*Kleinsorge* Rn. 58) sowie von § 37 Abs. 2 S. 1 SEBG (so MüKoAktG/ *Jacobs* Rn. 17; UHH/*Henssler* §§ 8–10 Rn. 21; LHT/*Oetker* SEBG § 10 Rn. 13) vertreten, wobei letztere Auffassung aufgrund des in § 37 Abs. 1 S. 2 speziell auf die Gründung der SE zugeschnittenen Kreises der Anfechtungsberechtigten vorzugswürdig ist. Bei einem besonders groben und offensichtlichen Verstoß ist die Wahl entsprechend den zu § 19 BetrVG entwickelten Grundsätzen **nichtig** (MüKoAktG/*Jacobs* Rn. 18).

Einberufung des Wahlgremiums

9 (1) **Auf der Grundlage der von den Leitungen erhaltenen Informationen hat der Vorsitzende der Arbeitnehmervertretung auf Konzernebene oder, sofern eine solche nicht besteht, auf Unternehmensebene oder, sofern eine solche nicht besteht, auf Betriebsebene**

1. Ort, Tag und Zeit der Versammlung des Wahlgremiums festzulegen;
2. die Anzahl der Mitglieder aus den jeweiligen Arbeitnehmervertretungen nach § 8 Abs. 6 festzulegen;
3. zur Versammlung des Wahlgremiums einzuladen.

(2) **Bestehen auf einer Ebene mehrere Arbeitnehmervertretungen, treffen die Verpflichtungen nach Absatz 1 den Vorsitzenden der Arbeitnehmervertretung, die die meisten Arbeitnehmer vertritt.**

I. Einberufung

1   § 9 regelt die Einberufung des Wahlgremiums für die Fälle des § 8 Abs. 2–5. Dafür zuständig ist der **Vorsitzende der Arbeitnehmervertretung auf höchster Ebene** (§ 9 Abs. 1). Bestehen mehrere Arbeitnehmervertretungen auf der höchsten Ebene, ist der Vorsitzende der Vertretung zuständig, welche die meisten Arbeitnehmer vertritt (§ 9 Abs. 2; Beispiele bei NFK/*Kleinsorge* Rn. 2). Der zuständige Vorsitzende hat zur Versammlung des Wahlgremiums einzuladen, Ort und Zeitpunkt der Versammlung festzulegen und (ggf.) die Anzahl der Mitglieder nach § 8 Abs. 6 festzulegen (§ 8 Abs. 1 Nr. 1–3). Ein Formerfordernis ist für die Einladung nicht vorgesehen, so dass hierfür die Schriftform nicht eingehalten werden muss (LHT/*Oetker* Rn. 7; KK-AktG/*Feuerborn* Rn. 8; aA MüKoAktG/*Jacobs* Rn. 2).

II. Streitigkeiten

2   Bei Streitigkeiten im Rahmen des § 9 findet nach §§ 2a Abs. 1 Nr. 3e, Abs. 2, 80 ff. ArbGG das arbeitsgerichtliche **Beschlussverfahren** statt, wobei gemäß § 82 Abs. 3 ArbGG das Arbeitsgericht zuständig ist, in dessen Bezirk die SE ihren (zukünftigen) Sitz hat.

Wahl der Mitglieder des besonderen Verhandlungsgremiums

10 (1) [1]**Bei der Wahl müssen mindestens zwei Drittel der Mitglieder des Wahlgremiums, die mindestens zwei Drittel der Arbeitnehmer vertreten, anwesend sein.** [2]**Die Mitglieder des Wahlgremiums haben jeweils so viele Stimmen, wie sie Arbeitnehmer vertreten.** [3]**Die Wahl erfolgt mit einfacher Mehrheit der abgegebenen Stimmen.**

(2) [1]**Im Wahlgremium vertreten die Arbeitnehmervertretungen und die in Urwahl gewählten Mitglieder jeweils alle Arbeitnehmer der organisatorischen Einheit, für die sie nach § 8 Abs. 2 bis 5 zuständig sind.** [2]**Nicht nach Satz 1 vertretene Arbeitnehmer werden den Arbeitnehmervertretungen innerhalb der jeweiligen Unternehmensgruppe zu gleichen Teilen zugerechnet.**

(3) [1]**Sind für eine Arbeitnehmervertretung mehrere Mitglieder im Wahlgremium vertreten, werden die entsprechend der von ihnen vertretenen Arbeitnehmer bestehenden Stimmenanteile gleichmäßig aufgeteilt.** [2]**Dies gilt auch für die nach § 8 Abs. 5 Satz 3 gewählten Mitglieder des Wahlgremiums.**

I. Allgemeines

§ 10 regelt die Wahl der Mitglieder des bVG durch das **Wahlgremium** und 1
knüpft damit an die Fälle des **§ 8 Abs. 2–5** an. **§ 10 Abs. 1** regelt die allgemeinen Wahlgrundsätze. § 10 Abs. 2 behandelt die Zurechnung der Arbeitnehmer
zu den Mitgliedern des Wahlgremiums zum Zwecke der Bestimmung deren
Stimmenanzahl. § 10 Abs. 3 regelt die Aufteilung der Stimmen, wenn eine
Arbeitnehmervertretung durch mehrere Mitglieder im Wahlgremium repräsentiert ist. Die Wahlergebnisse sind den Arbeitnehmern über das Intranet, bzw.
einen Aushang am Schwarzen Brett bekannt zu machen (MüKoAktG/*Jacobs*
Rn. 3; *Funke* NZA 2009, 412 [414]).

II. Die Wahl des bVG

1. Allgemeine Grundsätze (Abs. 1). § 10 Abs. 1 S. 1 regelt die **Beschluss-** 2
fähigkeit des Wahlgremiums mittels einer doppelten Schwelle: Es müssen mindestens zwei Drittel der Mitglieder des Wahlgremiums anwesend sein und diese
müssen mindestens zwei Drittel der Arbeitnehmer vertreten. Ansonsten ist die
Wahl unwirksam (MüKoAktG/*Jacobs* Rn. 2). Es gilt der Grundsatz der Mehrheitswahl (§ 10 Abs. 1 S. 3), wobei den Mitgliedern so viele Stimmen zukommen, wie sie Arbeitnehmer vertreten (§ 10 Abs. 1 S. 2). Die Mitglieder einer
Arbeitnehmervertretung sind nicht verpflichtet, ihre Stimmen einheitlich auszuüben (BT-Drs. 15/3405, 48).

2. Zurechnung der Arbeitnehmer. Die Mitglieder des Wahlgremiums ver- 3
treten alle Arbeitnehmer der **organisatorischen Einheit**, für die sie nach § 8
Abs. 2–5 zuständig sind (§ 10 Abs. 2 S. 1). Besteht demnach in einer Unternehmensgruppe nur ein Betriebsrat, werden den von diesem gewählten Mitgliedern des Wahlgremiums alle Arbeitnehmer der Unternehmensgruppe zugeordnet
(MüKoAktG/*Jacobs* Rn. 3). Nicht nach § 10 Abs. 2 S. 1 vertretene Arbeitnehmer werden gemäß § 10 Abs. 2 S. 2 den Arbeitnehmervertretungen innerhalb
der Unternehmensgruppe zu gleichen Teilen zugerechnet (HWK/*Hohenstatt/
Dzida* SEBG Rn. 22; Annuß/Kühn/Rudolph/Rupp/*Rudoplph* Rn. 4 f.). Eine
Zurechnung ist nur **innerhalb einer Unternehmensgruppe** möglich; außerhalb einer solchen wählen die Arbeitnehmer das bVG in Urwahl nach § 8 Abs. 7
(s. BT-Drs. 15/3405, 48).

3. Aufteilung der Stimmen. Die nach § 10 Abs. 2 auf eine Arbeitnehmer- 4
vertretung entfallende Zahl von Stimmen wird nach § 10 Abs. 3 S. 1 **gleichmäßig** auf die einzelnen Mitglieder der Arbeitnehmervertretung verteilt (§ 10
Abs. 3 S. 1). Gleiches gilt für die nach § 8 Abs. 5 in Urwahl von den Arbeitnehmern gewählten Mitglieder (§ 10 Abs. 3 S. 2). Durch diese Regelung wird
gewährleistet, dass jedes Mitglied sein Stimmrecht unabhängig von den anderen
ausüben kann (MüKoAktG/*Jacobs* Rn. 4). Besteht das Wahlgremium aus dem
Konzernbetriebsrat oder dem Gesamtbetriebsrat, ergibt sich das Stimmengewicht
der einzelnen Mitglieder aus den entsprechenden Vorschriften des BetrVG (§§ 47
Abs. 7–9, 55 Abs. 3 BetrVG; LHT/*Oetker* Rn. 7).

III. Streitigkeiten

Bei Streitigkeiten bezüglich der Anwendung des § 10 findet gemäß §§ 2a 5
Abs. 1 Nr. 3e, Abs. 2, 80 ff. ArbGG das arbeitsgerichtliche **Beschlussverfahren**
statt, wobei gemäß § 82 Abs. 3 ArbGG das Arbeitsgericht zuständig ist, in dessen
Bezirk die SE ihren (zukünftigen) Sitz hat. Für die **Anfechtung** der Wahl der
Mitglieder des bVG nach § 10 gilt § 37 Abs. 2 S. 1 analog (LHT/*Oetker* Rn. 13;

Rieble/Junker/*Rieble* § 3 Rn. 59; MüKoAktG/*Jacobs* Rn. 6; KK-AktG/*Feuerborn*
Rn. 12; aA NFK/*Kleinsorge* § 8 Rn. 58), da diese Vorschrift im Hinblick auf den
Kreis der Anfechtungsberechtigten sachnäher ist als § 19 BetrVG. Bei einem
besonders groben und offensichtlichen Verstoß ist die Wahl entsprechend den zu
§ 19 BetrVG entwickelten Grundsätzen **nichtig** (KK-AktG/*Feuerborn* Rn. 13;
MüKoAktG/*Jacobs* Rn. 7).

Kapitel 3. Verhandlungsverfahren

Information über die Mitglieder des besonderen Verhandlungsgremiums

11 (1) ¹**Die Wahl oder Bestellung der Mitglieder des besonderen Verhandlungsgremiums soll innerhalb von zehn Wochen nach der in
§ 4 Abs. 2 und 3 vorgeschriebenen Information erfolgen. ²Den Leitungen sind unverzüglich die Namen der Mitglieder des besonderen Verhandlungsgremiums, ihre Anschriften sowie die jeweilige Betriebszugehörigkeit mitzuteilen. ³Die Leitungen haben die örtlichen Betriebs- und
Unternehmensleitungen, die dort bestehenden Arbeitnehmervertretungen und Sprecherausschüsse sowie die in inländischen Betrieben vertretenen Gewerkschaften über diese Angaben zu informieren.**

(2) ¹**Das Verhandlungsverfahren nach den §§ 12 bis 17 findet auch
dann statt, wenn die in Absatz 1 Satz 1 genannte Frist aus Gründen, die
die Arbeitnehmer zu vertreten haben, überschritten wird. ²Nach Ablauf
der Frist gewählte oder bestellte Mitglieder können sich jederzeit an dem
Verhandlungsverfahren beteiligen.**

I. Allgemeines

1   § 11 enthält eine **Frist** zur Bildung des bVG sowie eine Regelung über die
Weitergabe von Informationen über die Mitglieder des bVG an die Leitungen,
damit diese zur konstituierenden Sitzung gemäß § 12 Abs. 1 S. 1 einladen können.

II. Zeitraum der Bildung

2   **1. Frist.** Damit das Gründungsvorhaben zügig vonstatten geht (BT-Drs. 15/
3405, 48), soll gemäß § 11 Abs. 1 S. 1 die Wahl oder Bestellung der Mitglieder
des bVG innerhalb von **zehn Wochen** ab der nach § 4 Abs. 2 und 3 vorgeschriebenen Information erfolgen. Diese Frist wird teilweise wegen des komplizierten
Beteiligungsverfahrens als zu knapp bemessen angesehen (MüKoAktG/*Jacobs*
Rn. 3; KK-AktG/*Feuerborn* Rn. 3; aA NFK/*Freis* Rn. 3); sie beginnt jedoch erst
zu laufen, wenn die nach § 4 Abs. 2 und 3 vorgeschriebenen Informationen allen
Adressaten zugegangen sind (MüKoAktG/*Jacobs* Rn. 3; KK-AktG/*Feuerborn*
Rn. 3; aA NFK/*Freis* Rn. 3). In der Praxis stößt die Einhaltung der Frist bislang,
soweit ersichtlich, nicht auf Schwierigkeiten.

3   **2. Fristüberschreitung.** Da es sich bei § 11 Abs. 1 S. 1 um eine Soll-Vorschrift handelt, führt ein Überschreiten der Frist **nicht zur Unwirksamkeit** der
Wahl oder Bestellung der bVG-Mitglieder (MüKoAktG/*Jacobs* Rn. 4; LHT/
Oetker Rn. 7). Die **Rechtsfolgen** einer Fristüberschreitung werden vielmehr
teilweise durch **§ 11 Abs. 2** geregelt. Gemäß § 11 Abs. 2 S. 1 findet das Verhandlungsverfahren nach §§ 12–17 auch statt, wenn die Frist aus Gründen überschritten wird, die die Arbeitnehmer zu vertreten haben. Damit wird verhindert,

dass die Eintragung der SE bewusst von der Arbeitnehmerseite hinausgezögert wird (MüKoAktG/*Jacobs* Rn. 4). In diesem Fall können die Leitungen gemäß § 12 Abs. 1 zur konstituierenden Sitzung laden und das Verhandlungsverfahren beginnt mit dem noch nicht vollständig besetzten bVG, was bedeutet, dass die noch nicht vertretenen Arbeitnehmer zunächst nicht zu beteiligen sind (BT-Drs. 15/3405, 48). Im Umkehrschluss zu § 11 Abs. 2 S. 1 haben die Leitungen die Verzögerung hinzunehmen, wenn die Frist aus Gründen überschritten wird, die die Arbeitnehmerseite nicht zu vertreten hat (KK-AktG/*Feuerborn* Rn. 6; MüKo-AktG/*Jacobs* Rn. 4). Als solche Gründe sind beispielsweise Naturkatastrophen oder Arbeitskämpfe (MüKoAktG/*Jacobs* Rn. 4) aber auch eine Verzögerung auf-grund eines Verschuldens auf Arbeitgeberseite (KK-AktG/*Feuerborn* Rn. 6) denk-bar. In der Regel dürfte von einem Verschulden der Arbeitnehmerseite auszuge-hen sein, wenn die Unterrichtung gemäß § 4 vollständig und korrekt war und die weiteren Verzögerungen in der Sphäre der Arbeitnehmervertretungen lagen (skeptisch im Hinblick auf Beweisbarkeit des Verschuldens MüKoAktG/*Jacobs* Rn. 4). Nach dem Ablauf der Frist gewählte oder bestellte Mitglieder können sich gemäß § 11 Abs. 2 S. 2 jederzeit an dem Verhandlungsverfahren beteiligen. Dabei haben sie jedoch den vorgefundenen Stand der Verhandlungen hinzuneh-men (BT-Drs. 15/3405, 48; ebenso Gaul/Ludwig/Forst/*Fleischmann* § 2 Rn. 153). Entzieht sich die Arbeitnehmerseite dem Verfahren und wird deshalb kein bVG gewählt oder bestellt, ist dies mit einem Beschluss gemäß § 16 Abs. 1 gleichzusetzen; die SE kann ohne Bildung des bVG eingetragen werden (ähnlich *Kienast* in Jannott/Frodermann HdB SE Kap. 13 Rn. 212 f.; aA MüKoAktG/*Jacobs* Rn. 6: Ingangsetzen der Sechsmonatsfrist und nach deren Ablauf Geltung der Auffanglösung).

III. Informationen

Gemäß § 11 Abs. 1 S. 2 sind die **Namen** der bVG-Mitglieder sowie deren jeweilige **Anschrift** und **Betriebszugehörigkeit** unverzüglich (§ 121 Abs. 1 S. 1 BGB) den Leitungen mitzuteilen, welche wiederum gemäß § 11 Abs. 1 S. 3 die örtlichen Betriebs- und Unternehmensleitungen, die dort bestehenden Arbeitneh-mervertretungen und Sprecherausschüsse sowie die in den inländischen Betrieben vertretenen Gewerkschaften über diese Angaben zu informieren haben. Zu unter-richten ist auch über die nach § 6 Abs. 2 S. 3 zu wählenden **Ersatzmitglieder** (MüKoAktG/*Jacobs* Rn. 2; LHT/*Oetker* Rn. 11). Eine besondere Form für die Erteilung der Informationen ist nicht vorgesehen. Adressat der Informationspflicht nach § 11 Abs. 1 S. 1 ist der Vorsitzende des Wahlgremiums (MüKoAktG/*Jacobs* Rn. 2). Da die Information nach § 11 Abs. 1 S. 2 Voraussetzung für die Ladung zur konstituierenden Sitzung durch die Leitungen nach § 12 Abs. 1 ist, kommt den Leitungen diesbezüglich ein Unterrichtungsanspruch zu (KK-AktG/*Feuerborn* Rn. 10; LHT/*Oetker* Rn. 12; MüKoAktG/*Jacobs* Rn. 2). **4**

IV. Streitigkeiten

Bei Streitigkeiten im Rahmen des § 11 findet nach §§ 2a Abs. 1 Nr. 3e, Abs. 2, 80 ff. ArbGG das arbeitsgerichtliche **Beschlussverfahren** statt, wobei gemäß § 82 Abs. 3 ArbGG das Arbeitsgericht zuständig ist, in dessen Bezirk die SE ihren (zukünftigen) Sitz hat. **5**

Sitzungen; Geschäftsordnung

12 (1) ¹Die Leitungen laden unverzüglich nach Benennung der Mit-glieder oder im Fall des § 11 nach Ablauf der in § 11 Abs. 1 Satz 1 genannten Frist zur konstituierenden Sitzung des besonderen Verhandlungsgremiums ein und informieren die örtlichen Betriebs- und Unternehmensleitungen. [2] Das besondere Verhandlungsgremium wählt aus seiner Mitte einen Vorsitzenden und mindestens zwei Stellvertreter. [3] Es kann sich eine schriftliche Geschäftsordnung geben.

(2) Der Vorsitzende kann weitere Sitzungen einberufen.

I. Allgemeines

1   § 12 enthält Regelungen über die **konstituierende Sitzung** des bVG und zur **inneren Ordnung** des Gremiums. Erst mit der konstituierenden Sitzung ist die Bildung des bVG abgeschlossen (BT-Drs. 15/3405, 48).

II. Konstituierende Sitzung (Abs. 1)

2   **1. Einladung und Information (Abs. 1 S. 1).** Gemäß § 12 Abs. 1 S. 1 haben die Leitungen unverzüglich (§ 121 Abs. 1 S. 1 BGB) nach Benennung der Mitglieder oder nach Ablauf der Zehnwochenfrist gemäß § 11 Abs. 1 S. 1 zur konstituierenden Sitzung des bVG einzuladen und hierüber die örtlichen Betriebs- und Unternehmensleitungen zu informieren. Die Einladung ist besonders relevant, da der in der Einladung bestimmte Tag der konstitutionellen Sitzung gemäß § 20 Abs. 1 den **Lauf der Sechsmonatsfrist** (Höchstdauer der Verhandlungen) in Gang setzt. Um den Fristbeginn nachweisen zu können, empfiehlt sich für die Einladung die Schriftform (KK-AktG/*Feuerborn* Rn. 4), auch wenn diese nicht durch das Gesetz vorgeschrieben wird. Es empfiehlt sich auch die Dokumentation des Zugangs der Einladung (LHT/*Oetker* Rn. 9; MüKoAktG/*Jacobs* Rn. 2). Aus § 12 Abs. 1 S. 1 ergibt sich, dass eine vor Benennung der Mitglieder oder vor Ablauf der Zehnwochenfrist nach § 11 Abs. 1 S. 1 erfolgende Einladung unwirksam ist (MüKoAktG/*Jacobs* Rn. 2; KK-AktG/*Feuerborn* Rn. 5). Eine von den Leitungen schuldhaft verzögerte Einladung ist jedoch entgegen § 12 Abs. 1 S. 1 wirksam und setzt die Frist des § 20 Abs. 1 ab dem angegebenen Tag der konstitutionellen Sitzung in Gang (KK-AktG/*Feuerborn* Rn. 6; LHT/*Oetker* Rn. 8). Den **Ort** der konstituierenden Sitzung bestimmen die einladenden Leitungen, den Ort der weiteren Sitzungen unter Beachtung von § 19 das bVG (MüKoAktG/*Jacobs* Rn. 2; KK-AktG/*Feuerborn* Rn. 7). Über den Ort der Verhandlungen zwischen den Leitungen und dem bVG müssen sich die Beteiligten verständigen (§ 13 Abs. 2 S. 3); da die beteiligten Gesellschaften die Kosten tragen, sind im Zweifel die von ihnen zur Verfügung gestellten Räume in Anspruch zu nehmen (MüKoAktG/*Jacobs* SEBG § 13 Rn. 5, SEBG § 19 Rn. 3).

3   **2. Vorsitz, Stellvertretung (Abs. 1 S. 2).** Gemäß § 12 Abs. 1 S. 2 wählt das bVG aus seiner Mitte einen Vorsitzenden und mindestens zwei Stellvertreter. Daraus, dass Vorsitzender und Stellvertreter aus der „Mitte" des bVG gewählt werden sollen, geht hervor, dass es sich bei diesen um **Mitglieder des bVG** handeln muss. Ersatzmitglieder können daher nicht gewählt werden (LHT/*Oetker* Rn. 15). Der Vorsitzende ist kein gesetzlicher Vertreter des bVG, sondern vertritt das bVG analog § 26 Abs. 2 S. 1 BetrVG im Rahmen der gefassten Beschlüsse (MüKoAktG/*Jacobs* Rn. 5; LHT/*Oetker* Rn. 16).

4   **3. Geschäftsordnung (Abs. 1 S. 3).** Das bVG kann sich gemäß § 12 Abs. 1 S. 3 eine schriftliche Geschäftsordnung geben. Dies erfordert einen Beschluss des bVG mit der nach § 15 Abs. 2 erforderlichen Mehrheit (NFK/*Freis* Rn. 12). In der Geschäftsordnung können vor allem Einzelheiten bezüglich Vorbereitung und Einberufung der Sitzungen sowie zur Verhandlungssprache festgelegt werden (LHT/*Oetker* Rn. 25; MüKoAktG/*Jacobs* Rn. 5). In der Praxis hat es sich be-

währt, dass das bVG aus seiner Mitte ein möglichst kleines **Verhandlungsteam** wählt, um mit den Leitungen die Mitbestimmungsvereinbarung so weit auszuhandeln, dass darüber eine sinnvolle Meinungsbildung im gesamten bVG möglich ist. Ein solches Verhandlungsteam kann im Rahmen einer Geschäftsordnung des bVG oder auch ad hoc gebildet werden, da alle Entscheidungsbefugnisse beim bVG selbst verbleiben (MüKoAktG/*Jacobs* Rn. 5).

III. Weitere Sitzungen (Abs. 2)

Gemäß § 12 Abs. 2 kann der Vorsitzende des bVG weitere Sitzungen einberu- 5 fen. Solche Sitzungen sind häufig zur **Vorbereitung der Verhandlungen** mit den Leitungen erforderlich (BT-Drs. 15/3405, 48 f.). Die Kosten der weiteren Sitzungen tragen die Leitungen gemäß § 19 (BT-Drs. 15/3405, 49). Allerdings muss der Grundsatz der Verhältnismäßigkeit im Hinblick auf die Dauer und Häufigkeit der Sitzungen gewahrt bleiben; dafür spricht auch der Grundsatz der vertrauensvollen Zusammenarbeit (§ 13 Abs. 1 S. 2; NFK/*Freis* Rn. 13; KK-AktG/*Feuerborn* Rn. 12). Zusätzliche Sitzungen des bVG sind in aller Regel in direktem Zusammenhang mit den Verhandlungsrunden über die Mitbestimmungsvereinbarung anzuberaumen, um auf diese Weise Fahrt- und Opportunitätskosten niedrig zu halten.

IV. Streitigkeiten

Bei Streitigkeiten im Rahmen des § 12 findet nach §§ 2a Abs. 1 Nr. 3e, 6 Abs. 2, 80 ff. ArbGG das arbeitsgerichtliche **Beschlussverfahren** statt, wobei gemäß § 82 Abs. 3 ArbGG das Arbeitsgericht zuständig ist, in dessen Bezirk die SE ihren (zukünftigen) Sitz hat.

Zusammenarbeit zwischen besonderem Verhandlungsgremium und Leitungen

13 (1) ¹**Das besondere Verhandlungsgremium schließt mit den Leitungen eine schriftliche Vereinbarung über die Beteiligung der Arbeitnehmer in der SE ab. ²Zur Erfüllung dieser Aufgabe arbeiten sie vertrauensvoll zusammen.**

(2) ¹**Die Leitungen haben dem besonderen Verhandlungsgremium rechtzeitig alle erforderlichen Auskünfte zu erteilen und die erforderlichen Unterlagen zur Verfügung zu stellen. ²Das besondere Verhandlungsgremium ist insbesondere über das Gründungsvorhaben und den Verlauf des Verfahrens bis zur Eintragung der SE zu unterrichten. ³Zeitpunkt, Häufigkeit und Ort der Verhandlungen werden zwischen den Leitungen und dem besonderen Verhandlungsgremium einvernehmlich festgelegt.**

I. Allgemeines

§ 13 Abs. 1 S. 1 benennt das wesentliche Ziel der Zusammenarbeit zwischen 1 dem bVG und den Leitungen, nämlich den Abschluss einer schriftlichen Vereinbarung über die Arbeitnehmerbeteiligung in der SE. Die Zusammenarbeit soll vom Grundsatz der **vertrauensvollen Zusammenarbeit** bestimmt sein (§ 13 Abs. 1 S. 2). § 13 Abs. 2 regelt wichtige Unterrichtungspflichten der Leitungen gegenüber dem bVG.

II. Vereinbarung als Ziel

2   Ziel der Verhandlungen zwischen dem bVG und den Leitungen ist gemäß § 13 Abs. 1 S. 1 der Abschluss einer **schriftlichen Vereinbarung** über die Beteiligung der Arbeitnehmer in der SE. Insoweit deckt sich der Regelungsgehalt mit § 1 Abs. 2 S. 1, nach welchem zur Sicherung der Beteiligungsrechte der Arbeitnehmer eine Vereinbarung hierüber geschlossen wird, und § 4 Abs. 1 S. 2, nach welchem die Aufgabe des bVG der Abschluss einer schriftlichen Vereinbarung über die Arbeitnehmerbeteiligung ist. Während die §§ 4 ff. Regelungen bezüglich der Vertretung der Arbeitnehmerseite durch das bVG enthalten, trifft das Gesetz keine Regelungen über den Verhandlungspartner auf Seiten der beteiligten oder betroffenen Unternehmen bzw. Betriebe, so dass die Leitungen selbst festlegen können, wer sie bei den Verhandlungen vertritt (MüKoAktG/*Jacobs* Rn. 2).

III. Grundsatz der vertrauensvollen Zusammenarbeit

3   § 13 Abs. 1 S. 2 überträgt den in § 2 BetrVG geregelten und im SEBG für die Zusammenarbeit mit dem SE-Betriebsrat in § 40 geregelten Grundsatz der vertrauensvollen Zusammenarbeit auf die **Verhandlungen mit dem bVG**. Die Parteien sollen danach streitige Fragen bei ihrer Zusammenarbeit mit dem **ernsthaften Willen zur Einigung** behandeln (BT-Drs. 15/3405, 49). Mittel des Arbeitskampfes sind nicht zulässig (LHT/*Oetker* Rn. 7; NFK/*Freis* Rn. 5). Allerdings folgt aus dem Grundsatz weder eine Verhandlungspflicht noch ein Verhandlungsanspruch auf Seiten des bVG oder der Leitungen; ein **Einigungszwang besteht nicht** (MüKoAktG/*Jacobs* Rn. 3; KK-AktG/*Feuerborn* Rn. 8). Wenn eine Einigung nicht erzielt werden kann, richtet sich die Beteiligung der Arbeitnehmer nach den gesetzlichen Auffangregelungen gemäß §§ 22 Abs. 1 Nr. 2, 34 Abs. 1; einer Sanktion für fehlende Verhandlungsbereitschaft bedarf es daher nicht (vgl. NFK/*Freis* Rn. 6; MüKoAktG/*Jacobs* Rn. 3).

IV. Informationspflichten der Leitungen

4   Die Leitungen haben dem bVG gemäß § 13 Abs. 2 S. 1 rechtzeitig alle erforderlichen Auskünfte und Unterlagen zu erteilen bzw. zur Verfügung zu stellen. **Rechtzeitig** sind die Informationen erteilt, wenn das bVG über diese in einer internen Sitzung beraten kann, bevor die Verhandlungen mit den Leitungen beginnen (MüKoAktG/*Jacobs* Rn. 4; KK-AktG/*Feuerborn* Rn. 10). **Erforderlich** sind alle Informationen und Unterlagen, die das bVG benötigt, um seine Aufgaben sachgerecht wahrzunehmen (KK-AktG/*Feuerborn* Rn. 12). Gemäß § 13 Abs. 2 S. 2 fallen darunter insbesondere Informationen über das Gründungsvorhaben sowie den Lauf des Verfahrens bis zur Eintragung der SE. Es ist streitig, ob dem bVG ein Auskunftsanspruch zusteht (so *Krause* BB 2005, 1221 [1225]; LHT/*Oetker* Rn. 9; KK-AktG/*Feuerborn* Rn. 11; NFK/*Freis* Rn. 9; NK-SE/ *Evers* Rn. 8) oder ob lediglich eine Obliegenheit der Leitungen bezüglich der Erteilung der Auskünfte (MüKoAktG/*Jacobs* Rn. 4) besteht. Aufgrund der besonderen Wichtigkeit der Informationserteilung, durch welche das bVG befähigt wird, als gleichberechtigter Verhandlungspartner (vgl. NFK/*Freis* Rn. 8 f.) Verhandlungen erfolgreich zu führen, ist von einem **Informationsanspruch des bVG** auszugehen. Hierfür sprechen auch die Anordnung der Informationspflicht in Art. 3 Abs. 3 UAbs. 2 SE-RL sowie die Gesetzesbegründung, nach welcher die Informationspflicht an „zentraler Stelle" des Verhandlungsverfahrens (BT-Drs. 15/3405, 49) steht. Die Fragestellung ist aber eher von akademischem Interesse. Sofern sich das bVG nicht hinreichend unterrichtet fühlt und auf dieser Basis keine sinnvollen Verhandlungen über die Mitbestimmungsvereinbarung führen kann, wird es zu einem Scheitern der Verhandlungen und letztlich zur Geltung der gesetzlichen Auffangregelungen gemäß §§ 22 Abs. 1 Nr. 2, 34 Abs. 1 kommen. Da die Leitungen daran häufig kein Interesse haben, weil sie eine „maßgeschneiderte" Lösung bevorzugen, werden sie ihren Informationsverpflichtungen in aller Regel im **eigenen Interesse** vollständig nachkommen. Die Informationspflichten der Leitungen müssen allerdings zurücktreten, wenn ansonsten Betriebs- und Geschäftsgeheimnisse gefährdet werden (§ 41 Abs. 1). Die Mitglieder des bVG sind gemäß § 41 Abs. 3 Nr. 4 iVm § 41 Abs. 2 zur Vertraulichkeit verpflichtet. Die **Form** der Auskunft steht ebenso im Ermessen der Leitungen (KK-AktG/*Feuerborn* Rn. 15; LHT/*Oetker* Rn. 12). Dabei ist jedoch zu beachten, dass dem bVG Informationen so übermittelt werden müssen, dass das bVG davon in zumutbarer Weise Kenntnis nehmen kann; in der Regel sind daher Unterlagen nicht nur zur Einsichtnahme bereitzuhalten, sondern zu überlassen (HWK/*Hohenstatt*/*Dzida* SEBG Rn. 26; NFK/*Freis* Rn. 9).

V. Festlegung der Verhandlungsmodalitäten

Leitungen und bVG haben gemäß § 13 Abs. 2 S. 3 Zeitpunkt, Häufigkeit und **5** Ort der Verhandlungen **einvernehmlich** festzulegen. Hierin kommt wiederum der Gedanke der vertrauensvollen Zusammenarbeit zum Ausdruck. Dieses Konsensgebot betrifft jedoch nur die Verhandlungen zwischen bVG und den Leitungen und berührt nicht das Recht des bVG-Vorsitzenden, gemäß § 12 Abs. 2 nach der konstitutionellen Sitzung weitere Sitzungen des bVG einzuberufen (KK-AktG/*Feuerborn* Rn. 20; LHT/*Oetker* Rn. 14).

VI. Streitigkeiten

Bei Streitigkeiten im Rahmen des § 13 findet nach §§ 2a Abs. 1 Nr. 3e, **6** Abs. 2, 80 ff. ArbGG das arbeitsgerichtliche **Beschlussverfahren** statt, wobei gemäß § 82 Abs. 3 ArbGG das Arbeitsgericht zuständig ist, in dessen Bezirk die SE ihren (zukünftigen) Sitz hat. Zu beachten ist jedoch, dass ein Verstoß gegen das Gebot der vertrauensvollen Zusammenarbeit nach § 13 Abs. 1 S. 2 **keine eigenständigen Sanktionen** nach sich zieht; bei Scheitern der Verhandlungen richtet sich die Beteiligung der Arbeitnehmer nach den gesetzlichen Auffangregelungen gemäß §§ 22 Abs. 1 Nr. 2, 34 Abs. 1 (→ Rn. 3).

Sachverständige und Vertreter von geeigneten außenstehenden Organisationen

14 (1) [1] **Das besondere Verhandlungsgremium kann bei den Verhandlungen Sachverständige seiner Wahl, zu denen auch Vertreter von einschlägigen Gewerkschaftsorganisationen auf Gemeinschaftsebene zählen können, hinzuziehen, um sich von ihnen bei seiner Arbeit unterstützen zu lassen. [2] Diese Sachverständigen können, wenn das besondere Verhandlungsgremium es wünscht, an den Verhandlungen in beratender Funktion teilnehmen.**

(2) **Das besondere Verhandlungsgremium kann beschließen, die Vertreter von geeigneten außenstehenden Organisationen vom Beginn der Verhandlungen zu unterrichten.**

I. Allgemeines

1   § 14 regelt die **Unterstützung** des bVG durch Sachverständige und setzt
Art. 3 Abs. 5 SE-RL um.

II. Hinzuziehung Sachverständiger (Abs. 1)

2   Gemäß § 14 Abs. 1 S. 1 kann das bVG bei den Verhandlungen Sachverständige
seiner Wahl zur Unterstützung seiner Arbeit hinzuziehen. Sachverständige sind
grundsätzlich alle Personen, die **Kenntnisse aufweisen, die dem bVG fehlen**
(NFK/*Freis* Rn. 8), wobei sich eine Begrenzung des Personenkreises aus dem
Zweck ergibt, das bVG bei seiner Arbeit zu unterstützen (KK-AktG/*Feuerborn*
Rn. 4). Der Gesetzgeber nennt als Sachverständige ausdrücklich Vertreter von
einschlägigen Gewerkschaften auf **Gemeinschaftsebene**, da diese besonders geeignet erscheinen, um die Stimmigkeit von Regelungen auf Gemeinschaftsebene
zu fördern (BT-Drs. 15/3405, 49). Dies schließt jedoch eine Hinzuziehung **nationaler Gewerkschaftsvertreter** als Sachverständige nicht aus (BT-Drs. 15/
3405, 49; MüKoAktG/*Jacobs* Rn. 5; KK-AktG/*Feuerborn* Rn. 5); in der Praxis
sind es im Wesentlichen Vertreter des DGB oder der (nationalen) Einzelgewerk-
schaften, die vom bVG hinzugezogen werden. Zusätzlich werden häufig **Rechtsanwälte** als Sachverständige hinzugezogen. Das bVG ist grundsätzlich frei in seiner
Entscheidung, welche und wie viele Sachverständige es zu den Verhandlungen
hinzuzieht (MüKoAktG/*Jacobs* Rn. 5). Die Kostenerstattung richtet sich allerdings
nach § 19 (BT-Drs. 15/3405, 49), so dass die Hinzuziehung **„erforderlich"** iSd
Vorschrift sein muss (zur Erforderlichkeit → § 19 Rn. 3). Weiterhin ergibt sich die
Voraussetzung der Erforderlichkeit auch aus dem Gebot der vertrauensvollen
Zusammenarbeit (§ 13 Abs. 1 S. 2), so dass vor der Hinzuziehung von Sachver-
ständigen ggf. andere zumutbare Maßnahmen wie beispielsweise Literaturrecher-
chen etc ergriffen werden müssen (vgl. LHT/*Oetker* Rn. 7; MüKoAktG/*Jacobs*
Rn. 3). Die Sachverständigen können auf Wunsch des bVG gemäß § 14 Abs. 1
S. 2 an den Verhandlungen in beratender Funktion teilnehmen. Dies bezieht sich
auf alle Sachverständigen, nicht nur auf die Vertreter einschlägiger Gewerkschaftsorganisationen auf Gemeinschaftsebene (KK-AktG/*Feuerborn* Rn. 6; Annuß/
Kühn/Rudolph/Rupp/*Rudolph* Rn. 6; aA LHT/*Oetker* Rn. 12).

III. Unterrichtung geeigneter Organisationen (Abs. 2)

3   Das bVG kann zusätzlich oder anstatt der Hinzuziehung von Sachverständigen
gemäß § 14 Abs. 2 beschließen, die Vertreter geeigneter außenstehender Organisationen vom Beginn der Verhandlung zu unterrichten. Die **Geeignetheit** einer
Organisation hängt davon ab, ob sie die Wahrnehmung der Aufgaben des bVG
fördern kann (LHT/*Oetker* Rn. 16; MüKoAktG/*Jacobs* Rn. 7).

IV. Streitigkeiten

4   Bei Streitigkeiten im Rahmen des § 14 findet nach §§ 2a Abs. 1 Nr. 3e,
Abs. 2, 80 ff. ArbGG das arbeitsgerichtliche **Beschlussverfahren** statt, wobei
gemäß § 82 Abs. 3 ArbGG das Arbeitsgericht zuständig ist, in dessen Bezirk die
SE ihren (zukünftigen) Sitz hat.

Beschlussfassung im besonderen Verhandlungsgremium

15 (1) ¹**Die Mitglieder des besonderen Verhandlungsgremiums, die in
einem Mitgliedstaat gewählt oder bestellt werden, vertreten alle in**

dem jeweiligen Mitgliedstaat beschäftigten Arbeitnehmer. [2]Solange aus einem Mitgliedstaat keine Mitglieder in das besondere Verhandlungsgremium gewählt oder bestellt sind (§ 11 Abs. 2), gelten die betroffenen Arbeitnehmer als nicht vertreten.

(2) [1]Das besondere Verhandlungsgremium beschließt vorbehaltlich des Absatzes 3 und § 16 Abs. 1 mit der Mehrheit seiner Mitglieder, in der zugleich die Mehrheit der vertretenen Arbeitnehmer enthalten sein muss. [2]Jedes auf das Inland entfallende Mitglied vertritt gleich viele Arbeitnehmer.

(3) [1]Hätten die Verhandlungen eine Minderung der Mitbestimmungsrechte zur Folge, so ist für einen Beschluss zur Billigung einer solchen Vereinbarung eine Mehrheit von zwei Dritteln der Mitglieder des besonderen Verhandlungsgremiums erforderlich, die mindestens zwei Drittel der Arbeitnehmer in mindestens zwei Mitgliedstaaten vertreten. [2]Dies gilt

1. im Fall einer SE, die durch Verschmelzung gegründet werden soll, sofern sich die Mitbestimmung auf mindestens 25 Prozent der Gesamtzahl der Arbeitnehmer der beteiligten Gesellschaften und der betroffenen Tochtergesellschaften erstreckt oder
2. im Fall einer SE, die als Holding-Gesellschaft oder als Tochtergesellschaft gegründet werden soll, sofern sich die Mitbestimmung auf mindestens 50 Prozent der Gesamtzahl der Arbeitnehmer der beteiligten Gesellschaften und der betroffenen Tochtergesellschaften erstreckt.

(4) Minderung der Mitbestimmungsrechte bedeutet, dass

1. der Anteil der Arbeitnehmervertreter im Aufsichts- oder Verwaltungsorgan der SE geringer ist als der höchste in den beteiligten Gesellschaften bestehende Anteil oder
2. das Recht, Mitglieder des Aufsichts- oder Verwaltungsorgans der Gesellschaft zu wählen, zu bestellen, zu empfehlen oder abzulehnen, beseitigt oder eingeschränkt wird.

(5) Wird eine SE durch Umwandlung gegründet, kann ein Beschluss nach Absatz 3 nicht gefasst werden.

I. Allgemeines

§ 15, der Art. 3 Abs. 4 und 4 Abs. 4 SE-RL umsetzt, regelt die Beschluss- **1** fassung des bVG. Anders als die Ausgestaltung des Verfahrens zur Verhandlung der Mitbestimmungsvereinbarung ist die Beschlussfassung **umfassend geregelt,** um dem Grundsatz der Proportionalität bei der Repräsentation der Arbeitnehmer aus den einzelnen Mitgliedstaaten zur Geltung zu verhelfen und einen Schutz der bestehenden Beteiligungsrechte zu statuieren (BT-Drs. 15/3405, 49). § 15 Abs. 1 beschreibt den Grundsatz der Repräsentation, § 15 Abs. 2 trifft Regelungen zu den Mehrheitserfordernissen einer Beschlussfassung und § 15 Abs. 3–5 enthält formale Regelungen für den Fall, dass durch die Mitbestimmungsvereinbarung eine Minderung bestehender Mitbestimmungsrechte herbeigeführt werden soll.

II. Grundsatz der Repräsentation (Abs. 1)

§ 15 Abs. 1 S. 1 enthält den Grundsatz der Repräsentation, wonach alle **2** Arbeitnehmer eines Mitgliedstaates von den **in diesem Mitgliedstaat** gewählten oder bestellten Mitgliedern des bVG vertreten werden. Bei welcher Gesellschaft die Arbeitnehmer beschäftigt sind, ist dabei irrelevant (BT-Drs. 15/3405, 49). § 15 Abs. 1 S. 2 stellt klar, dass Arbeitnehmer aus Staaten, die kein Mitglied des bVG entsandt haben, als nicht vertreten gelten.

III. Regelfall (Abs. 2)

3 Grundsätzlich besteht für die Beschlussfassung des bVG gemäß § 15 Abs. 2 ein **doppeltes Mehrheitserfordernis.** Beschlüsse des bVG müssen danach mit der Mehrheit seiner Mitglieder gefasst werden, die zugleich die Mehrheit der vertretenen Arbeitnehmer repräsentieren muss. Mehrheit der Mitglieder ist im Sinne einer **absoluten Mehrheit** zu verstehen, also die Mehrheit aller Mitglieder, nicht nur die der anwesenden (HWK/*Hohenstatt/Dzida* SEBG Rn. 27; MüKoAktG/*Jacobs* Rn. 3). Enthaltungen und Abwesenheit wirken sich daher wie Nein-Stimmen aus (LHT/*Oetker* Rn. 13; NFK/*Freis* Rn. 5). Besteht keine Stimmenmehrheit, was auch bei einer Stimmengleichheit der Fall ist, so ist der Antrag abgelehnt und der entsprechende Beschluss somit nicht gefasst (NFK/*Freis* Rn. 5; MüKoAktG/*Jacobs* Rn. 3). Dieses doppelte Mehrheitserfordernis gilt mit Ausnahme der Fälle von § 15 Abs. 3 oder § 16 Abs. 1 sowohl für den Beschluss über das Verhandlungsergebnis als auch für alle anderen Beschlüsse des bVG (BT-Drs. 15/3405, 49). Die Regelung darüber, wie sich die Zahl der Stimmen aus einem Mitgliedstaat verteilt, wenn dieser mehrere Mitglieder in das bVG entsendet, treffen die Mitgliedstaaten (MüKoAktG/*Jacobs* Rn. 3). Die Zahl der in der Bundesrepublik Deutschland beschäftigten Arbeitnehmer bzw. die sich daraus ergebenden Stimmen werden gemäß § 15 Abs. 2 S. 2 gleichmäßig auf die in der Bundesrepublik Deutschland gewählten oder bestellten Mitglieder verteilt.

IV. Minderung der Mitbestimmungsrechte (Abs. 3–5)

4 § 15 Abs. 3–5 enthalten Regelungen über die **Zulässigkeit und die Voraussetzungen** einer Minderung bestehender Beteiligungsrechte. Während § 15 Abs. 4 definiert, in welchen Fällen eine Minderung der Mitbestimmungsrechte vorliegt, setzt § 15 Abs. 3 hierfür die Mehrheitserfordernisse bei Verschmelzung (§ 15 Abs. 3 Nr. 1) oder bei Gründung als Holding- oder Tochtergesellschaft (§ 15 Abs. 3 Nr. 2) fest. § 15 Abs. 5 regelt, dass eine Minderung der Mitbestimmungsrechte im Fall der Gründung der SE durch **Umwandlung** unzulässig ist.

5 **1. Tatbestand der Minderung (Abs. 4).** Wann eine Minderung der Mitbestimmungsrechte vorliegt, wird durch § 15 Abs. 4 festgelegt. Dies ist zum einen der Fall, wenn der **Anteil der Arbeitnehmervertreter** im Aufsichts- oder Verwaltungsorgan der SE geringer ist als der höchste in den beteiligten Gesellschaften bestehende Anteil (§ 15 Abs. 4 Nr. 1). Diese Vorschrift setzt Art. 4 Abs. 4 UAbs. 2 SE-RL um. Erforderlich ist eine rein quantitative **Vorher-Nachher-Betrachtung** (vgl. KK-AktG/*Feuerborn* Rn. 23). Es müssen also die Anteile der Arbeitnehmervertreter in den Aufsichts- oder Verwaltungsorganen der beteiligten Gesellschaften mit dem entsprechenden Anteil in der SE verglichen werden. War der Anteil in einer der Gesellschaften größer, so liegt eine Minderung der Mitbestimmungsrechte vor. Es erfolgt also keine Gesamt-, sondern eine **Einzelbetrachtung** der beteiligten Gesellschaften (MüKoAktG/*Jacobs* Rn. 12; KK-AktG/*Feuerborn* Rn. 26). Da auf den Anteil der Arbeitnehmervertreter abgestellt wird, ist eine **Verkleinerung des Aufsichts- oder Verwaltungsorgans irrelevant,** solange das Verhältnis zwischen Vertretern der Arbeitnehmer und der Anteilseigner gleich bleibt (BT-Drs. 15/3405, 50; HWK/*Hohenstatt/Dzida* SEBG Rn. 29 mwN). Die entsprechenden Grundsätze sind auch dann (sinngemäß) anzuwenden, wenn im Zuge der SE-Gründung ein Wechsel vom dualistischen System (Aufsichtsrat) zu einer monistischen Struktur (Verwaltungsrat) bzw. umge-

kehrt erfolgt, auch wenn dieser Vergleich angesichts der strukturellen Unterschiede mit Schwierigkeiten verbunden ist (ausführlich → § 35 Rn. 8, 12 ff.; MüKo-AktG/*Jacobs* Rn. 13; LHT/*Oetker* Rn. 22).

Eine Minderung der Mitbestimmungsrechte liegt zudem gemäß § 15 Abs. 4   **6** Nr. 2 vor, wenn eine **Beseitigung oder Einschränkung des Rechts** vorgenommen wird, Mitglieder des Aufsichts- oder Verwaltungsorgans **zu wählen, bestellen, empfehlen oder abzulehnen**. Diese Vorschrift hat keine Entsprechung in der SE-RL, sondern knüpft an die Definition der Mitbestimmung aus Art. 2 lit. k SE-RL an. Nach dieser umfasst die Mitbestimmung nicht nur das Recht der Wahl und Bestellung von Arbeitnehmern in Aufsichts- und Verwaltungsorgane sondern auch das Recht, die Bestellung eines Teils oder aller Arbeitnehmervertreter zu empfehlen (sog. **Kooptationsmodell;** → § 2 Rn. 40). Diese Regelung soll verhindern, dass die den Arbeitnehmern nach diesem Mitbestimmungsmodell zustehenden Rechte eingeschränkt werden (BT-Drs. 15/3405, 50). Dabei ist unklar geblieben, ob auch ein Wechsel von einem Wahl- oder Bestellungsrecht hin zu einem Kooptationsmodell eine Minderung der Mitbestimmungsrechte nach § 15 Abs. 4 Nr. 2 darstellt; davon ist auszugehen, da die Kooptation qualitativ hinter dem Repräsentationsmodell zurückbleibt (vgl. MüKoAktG/*Jacobs* Rn. 15 ff.; LHT/*Oetker* Rn. 25). Aus diesem Grund wird § 15 Abs. 4 Nr. 2 teilweise als richtlinienwidrig angesehen (vgl. zur Diskussion UHH/*Henssler* Rn. 12; *Grobys* NZA 2004, 779 [781]).

2. Zulässigkeit und Voraussetzungen der Minderung (Abs. 3, 5).   **7** **a) Qualifizierte Mehrheit nach Abs. 3.** Wenn durch einen Beschluss eine Minderung der Mitbestimmungsrechte iSd § 15 Abs. 4 eintritt, ist gemäß § 15 Abs. 3 in bestimmten Fällen eine qualifizierte Mehrheit erforderlich, und zwar iS einer **dreifachen Schwelle:** Es muss (i) eine Mehrheit von zwei Dritteln der Mitglieder bestehen, (ii) die zwei Drittel der Arbeitnehmer in (iii) mindestens zwei Mitgliedstaaten vertreten. Dieses qualifizierte Mehrheitserfordernis besteht jedoch nur, wenn sich die **Mitbestimmungsrechte** im ursprünglichen Modell auf einen **Mindestanteil an der Gesamtbelegschaft** bezogen. Wurde die SE durch **Verschmelzung** gegründet, muss sich die Mitbestimmung auf mindestens **25 %** der Arbeitnehmer der beteiligten Gesellschaften oder betroffenen Tochtergesellschaften erstreckt haben (§ 15 Abs. 3 Nr. 1); wurde sie als **Holding- oder Tochtergesellschaft** gegründet, muss sich die Mitbestimmung gemäß § 15 Abs. 3 Nr. 2 auf mindestens **50 %** der Arbeitnehmer der beteiligten Gesellschaften oder betroffenen Tochtergesellschaften erstreckt haben – nur unter diesen Voraussetzungen gelten die erhöhten Mehrheitserfordernisse gemäß § 15 Abs. 3. Die unterschiedlichen Prozentsätze für die beiden Gründungsformen liegen darin begründet, dass bei der zweiten Variante die Mitbestimmung in den Ausgangsunternehmen erhalten bleibt (NFK/*Freis* Rn. 7; HWK/*Hohenstatt/Dzida* SEBG Rn. 28). Bei § 15 Abs. 3 kommt es nicht darauf an, für welchen Anteil der Gesamtbelegschaft durch die Mitbestimmungsvereinbarung tatsächlich eine Minderung der Mitbestimmungsrechte eintritt (BT-Drs. 15/3405, 49). Das Gesetz setzt keinen **Zeitpunkt für die Ermittlung der Schwellenwerte** fest. Es ist jedoch sachgerecht, dafür auf den **Zeitpunkt der Information** gemäß § 4 Abs. 2 abzustellen, da dieser Zeitpunkt auch gemäß § 4 Abs. 4 für die Ermittlung der Arbeitnehmerzahl maßgeblich ist (MüKoAktG/*Jacobs* Rn. 8; KK-AktG/*Feuerborn* Rn. 15). § 15 Abs. 3 stellt entgegen dem der Regelung zugrunde liegenden Art. 4 Abs. 4 UAbs. 1 S. 3 SE-RL neben den Arbeitnehmern der beteiligten Gesellschaften auch auf die Arbeitnehmer der betroffenen Tochtergesellschaften ab, weshalb die Vorschrift teilweise für richtlinienwidrig gehalten wird (so *Grobys* NZA 2005, 84 [89]; differenzierend KK-AktG/*Feuerborn* Rn. 22; LHT/*Oetker* Rn. 31). Allerdings führt die Einbeziehung der Arbeitnehmer betroffener Tochtergesellschaften zu einem höheren Bestandsschutz der Mitbestimmungsrechte, so dass die Regelung mit dem Schutzzweck der Richtlinie, den Verlust bestehender Mitbestimmungsrechte zu verhindern (vgl. Erwägungsgrund 18 der SE-RL, auf den sich auch die Gesetzesbegründung bezieht: BT-Drs. 15/3405, 49 f.), vereinbar ist. Ein Richtlinienverstoß liegt daher nicht vor (so auch MüKoAktG/ *Jacobs* Rn. 10; HWK/*Hohenstatt/Dzida* SEBG Rn. 28).

8   **b) Unzulässigkeit nach Abs. 5.** Wenn die SE durch **Umwandlung** gegründet wurde, kann ein Beschluss, der zu einer Minderung der Mitbestimmungsrechte führt, gemäß § 15 Abs. 5 nicht – auch nicht mit der qualifizierten Mehrheit des § 15 Abs. 3 – gefasst werden. Verbesserungen sind selbstverständlich möglich (BT-Drs. 15/3405, 50). § 15 Abs. 5 steht im Zusammenhang mit § 35 Abs. 1, wonach bei der Gründung durch Umwandlung die bisherigen Regelungen zur Mitbestimmung erhalten bleiben (→ § 35 Rn. 2 ff.; s. in diesem Zusammenhang auch § 16 Abs. 3).

V. Streitigkeiten

9   Bei Streitigkeiten im Rahmen des § 15 findet nach §§ 2a Abs. 1 Nr. 3e, Abs. 2, 80 ff. ArbGG das arbeitsgerichtliche **Beschlussverfahren** statt, wobei gemäß § 82 Abs. 3 ArbGG das Arbeitsgericht zuständig ist, in dessen Bezirk die SE ihren (zukünftigen) Sitz hat.

Nichtaufnahme oder Abbruch der Verhandlungen

16 (1) ¹**Das besondere Verhandlungsgremium kann beschließen, keine Verhandlungen aufzunehmen oder bereits aufgenommene Verhandlungen abzubrechen. ²Für diesen Beschluss ist eine Mehrheit von zwei Dritteln der Mitglieder erforderlich, die mindestens zwei Drittel der Arbeitnehmer in mindestens zwei Mitgliedstaaten vertreten. ³Die Vorschriften für die Unterrichtung und Anhörung der Arbeitnehmer, die in den Mitgliedstaaten gelten, in denen die SE Arbeitnehmer beschäftigt, finden Anwendung.**

(2) ¹**Ein Beschluss nach Absatz 1 beendet das Verfahren zum Abschluss der Vereinbarung nach § 21. ²Ist ein solcher Beschluss gefasst worden, finden die Regelungen der §§ 22 bis 33 über den SE-Betriebsrat kraft Gesetzes und der §§ 34 bis 38 über die Mitbestimmung kraft Gesetzes keine Anwendung.**

(3) **Wird eine SE durch Umwandlung gegründet, kann ein Beschluss nach Absatz 1 nicht gefasst werden, wenn den Arbeitnehmern der umzuwandelnden Gesellschaft Mitbestimmungsrechte zustehen.**

I. Allgemeines

1   § 16 setzt Art. 3 Abs. 6 UAbs. 1–3 SE-RL um. Die Vorschrift regelt **Voraussetzungen und Rechtsfolgen** einer Nichtaufnahme oder eines Abbruchs der Verhandlungen durch das bVG. Zwar ist die Einleitung des Verfahrens zur Beteiligung der Arbeitnehmer gemäß Art. 12 Abs. 2 SE-VO zwingende Voraussetzung für die Eintragung der SE, das bVG kann jedoch nicht dazu gezwungen werden, sich tatsächlich auf Verhandlungen einzulassen (BT-Drs. 15/3405, 50). Nimmt das bVG die Verhandlungen nicht auf oder bricht diese ab, finden die **gesetzlichen Auffangregelungen** über den Betriebsrat und die Mitbestimmung kraft Gesetzes **keine Anwendung** (§ 16 Abs. 2). Bei einer Gründung der SE durch Umwandlung ist ein Beschluss über die Nichtaufnahme oder den Abbruch von

Verhandlungen nicht möglich, sofern in der Gesellschaft bislang Mitbestimmung bestand (§ 16 Abs. 3).

II. Voraussetzungen des Beschlusses (Abs. 1 S. 1, 2)

Das bVG kann gemäß § 16 Abs. 1 beschließen, Verhandlungen nicht auf- **2** zunehmen oder bereits aufgenommene Verhandlungen abzubrechen. Sowohl das bVG als auch die Leitungen müssen zwar mit dem ernstlichen Willen zur Einigung verhandeln. Dies folgt aus dem Gebot der vertrauensvollen Zusammenarbeit (§§ 13 Abs. 1 S. 2, 40). Es besteht aber keine Pflicht, eine bestimmte Mindestzeit zu verhandeln oder zu einer bestimmten Mindestzahl von Verhandlungen zusammenzutreffen (MüKoAktG/*Jacobs* Rn. 2). Ein Beschluss gemäß § 16 Abs. 1 bedarf gemäß § 16 Abs. 1 S. 2 einer **qualifizierten Zweidrittelmehrheit** wie in § 15 Abs. 3 S. 1 (→ § 15 Rn. 7). Diese strenge Voraussetzung soll gewährleisten, dass der Verzicht auf eine Vereinbarung, der für die Arbeitnehmer weitreichende Folgen hat, von einer deutlichen Mehrheit im bVG getragen wird (*Krause* BB 2005, 1221 [1225]). Der Beschluss kann nur bis zum Ablauf der Verhandlungsfrist gefasst werden (LHT/*Oetker* Rn. 9; MüKoAktG/*Jacobs* Rn. 2). Die Nichtaufnahme, bzw. der Abbruch der Verhandlungen sind **nicht endgültig;** eine **Wiederaufnahme der Verhandlungen** ist gemäß § 18 Abs. 1 (→ § 18 Rn. 2 f.) möglich. Ein Recht der Leitungen zur Nichtaufnahme oder zum Abbruch der Verhandlungen ist gesetzlich nicht vorgesehen. Da es sich bei den Verhandlungen für die Leitungen um eine Obliegenheit handelt, können jedoch auch diese die Verhandlungen abbrechen, bzw. nicht aufnehmen (MüKoAktG/*Jacobs* Rn. 3). Allerdings findet in diesem Fall § 16 Abs. 2 keine Anwendung, so dass die gesetzlichen Auffangregelungen nach §§ 22 ff., 34 ff. greifen (KK-AktG/*Feuerborn* Rn. 4; MüKoAktG/*Jacobs* Rn. 3). Die Entscheidung der Leitungen, keine Verhandlungen aufzunehmen oder bereits aufgenommene Verhandlungen abzubrechen, beendet anders ein ein Beschluss des bVG nach § 16 Abs. 1 (→ Rn. 3) nicht den Lauf der Verhandlungsfrist des § 20 Abs. 1 S. 1, so dass deren Ende abgewartet werden muss, bevor die SE eingetragen werden kann.

III. Rechtsfolgen des Beschlusses (Abs. 1 S. 3, Abs. 2)

Werden die Verhandlungen nach § 16 Abs. 1 nicht aufgenommen oder abge- **3** brochen, ist gemäß § 16 Abs. 2 S. 1 das Verfahren zum Abschluss einer Vereinbarung nach § 21 beendet, so dass die SE gemäß Art. 12 Abs. 2 SE-VO in das Handelsregister **eingetragen** werden kann. Weiterhin finden gemäß § 16 Abs. 2 S. 2 die Regelungen über den **SE-Betriebsrat kraft Gesetzes** nach §§ 22–33 und die **Mitbestimmung kraft Gesetzes** nach §§ 34–38 **keine Anwendung.** Stattdessen greifen gemäß § 16 Abs. 1 S. 3 die Vorschriften über die Unterrichtung und Anhörung der Arbeitnehmer, die in den Mitgliedstaaten gelten, in welchen die SE Arbeitnehmer beschäftigt. Nach den Definitionen von § 2 Abs. 10, 11 gelten danach für in der Bundesrepublik Deutschland ansässige Betriebe das Betriebsverfassungsgesetz und das Sprecherausschussgesetz (LHT/*Oetker* Rn. 18; KK-AktG/*Feuerborn* Rn. 10), vgl. § 47 Abs. 1 Nr. 1. Weiterhin ist aufgrund der ausdrücklichen Ausnahme gemäß § 47 Abs. 1 Nr. 2 das EBRG anwendbar. Jedoch bleibt die SE **mitbestimmungsfrei** (MüKoAktG/*Jacobs* Rn. 4; HWK/*Hohenstatt/Dzida* SEBG Rn. 30); sie unterfällt also nicht der deutschen Unternehmensmitbestimmung zB nach dem MitbestG oder dem DrittelbG, da die SE nicht vom Anwendungsbereich dieser Gesetze umfasst ist.

IV. Ausnahme bei Umwandlung

4   Gemäß § 16 Abs. 3 kann ein Beschluss zur Nichtaufnahme oder zum Abbruch der Verhandlungen nicht gefasst werden, wenn die SE durch **Umwandlung** gegründet wird und den Arbeitnehmern der umzuwandelnden Gesellschaften **Mitbestimmungsrechte** zustehen. Dadurch soll ähnlich wie gemäß § 15 Abs. 5 (→ § 15 Rn. 8) eine Minderung des Mitbestimmungsniveaus verhindert werden (KK-AktG/*Feuerborn* Rn. 14; vgl. BT-Drs. 15/3405, 50).

V. Streitigkeiten

5   Bei Streitigkeiten im Rahmen des § 16 findet nach §§ 2a Abs. 1 Nr. 3e, Abs. 2, 80 ff. ArbGG das arbeitsgerichtliche **Beschlussverfahren** statt, wobei gemäß § 82 Abs. 3 ArbGG das Arbeitsgericht zuständig ist, in dessen Bezirk die SE ihren (zukünftigen) Sitz hat.

Niederschrift

17 [1] **In eine Niederschrift, die vom Vorsitzenden und einem weiteren Mitglied des besonderen Verhandlungsgremiums zu unterzeichnen ist, ist aufzunehmen**
1. **ein Beschluss über den Abschluss einer Vereinbarung nach § 13 Abs. 1,**
2. **ein Beschluss über die Nichtaufnahme oder den Abbruch der Verhandlungen nach § 16 Abs. 1 und**
3. **die jeweiligen Mehrheiten, mit denen die Beschlüsse gefasst worden sind.**
[2] **Eine Abschrift der Niederschrift ist den Leitungen zu übermitteln.**

I. Niederschrift

1   Gemäß § 17 S. 1 besteht das Erfordernis einer Niederschrift für Beschlüsse über die Beteiligung der Arbeitnehmer nach **§ 13 Abs. 1 S. 1** (§ 17 S. 1 Nr. 1) und über die Nichtaufnahme oder den Abbruch von Verhandlungen nach **§ 16 Abs. 1 S. 1** (§ 17 S. 1 Nr. 2). Insbesondere sind die **jeweiligen Mehrheiten,** mit denen die Beschlüsse gefasst wurden, in die Niederschrift aufzunehmen (§ 17 S. 1 Nr. 3). Darüber hinaus sollte das **Datum** der Beschlüsse festgehalten werden, da dies für den Lauf von Fristen von Bedeutung sein kann (MüKoAktG/*Jacobs* Rn. 1; KK-AktG/*Feuerborn* Rn. 4; strenger LHT/Oetker Rn. 7: „ist aufzunehmen"). Der Vorsitzende sowie ein weiteres Mitglied des bVG haben die Niederschrift zu unterzeichnen. Zweck der Regelung ist neben der Dokumentations- und Beweisfunktion die Warnung vor den weitreichenden Rechtsfolgen der jeweiligen Beschlüsse (MüKoAktG/*Jacobs* Rn. 1; vgl. auch BT-Drs. 15/3405, 50; aA LHT/*Oetker* Rn. 1: keine Warnfunktion, da Niederschrift nach Beschlussfassung erfolgt). Es handelt sich daher um zwingendes Recht (KK-AktG/*Feuerborn* Rn. 5). Die Nichteinhaltung dieses Erfordernisses berührt jedoch nicht die Wirksamkeit der Beschlüsse, da es sich lediglich um eine Ordnungsvorschrift handelt (LHT/*Oetker* Rn. 9; KK-AktG/*Feuerborn* Rn. 6; davon abweichend allerdings KK-AktG/*Feuerborn* § 21 Rn. 79; aA NK-SE/*Evers* Rn. 1; MüKo-AktG/*Jacobs* Rn. 1; s. andererseits jedoch MüKoAktG/*Jacobs* SEBG § 21 Rn. 12). Die Niederschrift ist gemäß § 17 S. 2 den Leitungen zu übermitteln. Da die Leitungen diese für das Verfahren zur Eintragung der SE benötigen, kommt ihnen ein Übermittlungsanspruch zu (MüKoAktG/*Jacobs* Rn. 2; LHT/*Oetker* Rn. 11; KK-AktG/*Feuerborn* Rn. 9).

II. Streitigkeiten

Bei Streitigkeiten im Rahmen des § 17 findet nach §§ 2a Abs. 1 Nr. 3e, **2** Abs. 2, 80 ff. ArbGG das arbeitsgerichtliche **Beschlussverfahren** statt, wobei gemäß § 82 Abs. 3 ArbGG das Arbeitsgericht zuständig ist, in dessen Bezirk die SE ihren (zukünftigen) Sitz hat.

Wiederaufnahme der Verhandlungen

18 (1) ¹**Frühestens zwei Jahre nach dem Beschluss nach § 16 Abs. 1 wird auf schriftlichen Antrag von mindestens 10 Prozent der Arbeitnehmer der SE, ihrer Tochtergesellschaften und Betriebe oder von deren Vertretern ein besonderes Verhandlungsgremium erneut gebildet, mit der Maßgabe, dass an die Stelle der beteiligten Gesellschaften, betroffenen Tochtergesellschaften und betroffenen Betriebe die SE, ihre Tochtergesellschaften und Betriebe treten.** ²**Die Parteien können eine frühere Wiederaufnahme der Verhandlungen vereinbaren.**

(2) Wenn das besondere Verhandlungsgremium die Wiederaufnahme der Verhandlungen mit der Leitung der SE nach Absatz 1 beschließt, in diesen Verhandlungen jedoch keine Einigung erzielt wird, finden die §§ 22 bis 33 über den SE-Betriebsrat kraft Gesetzes und die §§ 34 bis 38 über die Mitbestimmung kraft Gesetzes keine Anwendung.

(3) ¹Sind strukturelle Änderungen der SE geplant, die geeignet sind, Beteiligungsrechte der Arbeitnehmer zu mindern, finden auf Veranlassung der Leitung der SE oder des SE-Betriebsrats Verhandlungen über die Beteiligungsrechte der Arbeitnehmer der SE statt. ²Anstelle des neu zu bildenden besonderen Verhandlungsgremiums können die Verhandlungen mit der Leitung der SE einvernehmlich von dem SE-Betriebsrat gemeinsam mit Vertretern der von der geplanten strukturellen Änderung betroffenen Arbeitnehmer, die bisher nicht von dem SE-Betriebsrat vertreten werden, geführt werden. ³Wird in diesen Verhandlungen keine Einigung erzielt, sind die §§ 22 bis 33 über den SE-Betriebsrat kraft Gesetzes und die §§ 34 bis 38 über die Mitbestimmung kraft Gesetzes anzuwenden.

(4) **In den Fällen der Absätze 1 und 3 gelten die Vorschriften des Teils 2 mit der Maßgabe, dass an die Stelle der Leitungen die Leitung der SE tritt.**

Übersicht

	Rn.
I. Allgemeines	1
II. Fall des Beschlusses gemäß § 16 Abs. 1 (§ 18 Abs. 1, 2)	2
1. Tatbestand	2
2. Rechtsfolgen	3
III. Fall der strukturellen Änderung (Abs. 3)	4
1. Systematischer Hintergrund und Normzweck	4
2. Tatbestand	7
a) Strukturelle Änderungen	8
b) Eignung zur Minderung der Beteiligungsrechte	13
3. Rechtsfolgen	16
4. Anwendung der Auffangregelung gemäß Abs. 3 S. 3	18
IV. Streitigkeiten	20

I. Allgemeines

1   § 18 regelt die **Wiederaufnahme** von Verhandlungen über die Beteiligung der Arbeitnehmer in zwei Fällen: Zum einen nach einem **Beschluss nach § 16 Abs. 1** zur Nichtaufnahme oder zum Abbruch von Verhandlungen (§ 18 Abs. 1, 2), zum anderen bei **strukturellen Veränderungen** der SE, die geeignet sind, Beteiligungsrechte der Arbeitnehmer zu mindern (§ 18 Abs. 3). Gemäß § 18 Abs. 4 werden die Verhandlungen nach einer Wiederaufnahme von der Leitung der SE geführt, nicht mehr von den Leitungen der Gründungsgesellschaften.

II. Fall des Beschlusses gemäß § 16 Abs. 1 (§ 18 Abs. 1, 2)

2   **1. Tatbestand.** Hat das bVG gemäß § 16 Abs. 1 beschlossen, Verhandlungen nicht aufzunehmen oder abzubrechen, besteht gemäß § 18 Abs. 1 S. 1 nach **zwei Jahren** ein Anspruch auf Neubildung des bVG und auf Wiederaufnahme der Verhandlungen. Die Frist berechnet sich gemäß § 186 BGB nach §§ 187 ff. BGB. Sie beginnt mit dem Tag des Beschlusses zur Nichtaufnahme, bzw. zum Abbruch der Verhandlung nach § 16 Abs. 1 S. 1, der sich aus der Niederschrift nach § 17 S. 1 Nr. 2 ergibt (MüKoAktG/*Jacobs* Rn. 2; LHT/*Oetker* Rn. 9). Das (alte) bVG kann mit den Leitungen gemäß § 18 Abs. 1 S. 2 jedoch auch eine **frühere Wiederaufnahme** vereinbaren. Vor Ablauf der Zweijahresfrist besteht zwar kein Anspruch auf Wiederaufnahme der Verhandlungen, jedoch kann sich die Leitung der SE nach dem Rechtsgedanken des § 18 Abs. 1 S. 2 bei einem entsprechenden Antrag schon vor Ablauf der Frist auf die Wiederaufnahme **einlassen** (KK-AktG/*Feuerborn* Rn. 6). Erforderlich für die Wiederaufnahme nach § 18 Abs. 1 S. 1 ist ein **schriftlicher Antrag** von mindestens 10 % der Arbeitnehmer der SE, ihrer Tochtergesellschaften und Betriebe oder von deren Vertretern. Bei der Berechnung des Quorums sind nicht nur die inländischen Arbeitnehmer einzubeziehen, sondern auch solche, die in einer (Tochter-) Gesellschaft oder einem Betrieb eines anderen Mitgliedstaats beschäftigt sind (LHT/*Oetker* Rn. 10; KK-AktG/*Feuerborn* Rn. 7). Für einen Antrag durch die „Vertreter" der Arbeitnehmer soll ausreichend sein, dass insgesamt mindestens 10 % der Mitglieder der in den Mitgliedstaaten vorhandenen Gremien einen Antrag stellen (MüKoAktG/*Jacobs* Rn. 3; KK-AktG/*Feuerborn* Rn. 7). Auch wenn der Gesetzeswortlaut insofern die notwendige Präzision vermissen lässt, entspräche es allerdings eher dem Gesetzeswortlaut und der Gesetzessystematik, die Vorschrift so zu verstehen, dass der Antrag von so vielen Arbeitnehmervertretern aus den betroffenen Mitgliedstaaten unterzeichnet sein muss, dass insgesamt mindestens 10 % der Gesamtbelegschaft repräsentiert sind (MüKoAktG/*Jacobs* Rn. 3 weist darauf hin, dass der Gesetzgeber den Begriff „Vertreter" und nicht „Arbeitnehmervertretung" iSv § 2 Abs. 6 gewählt habe; § 2 Abs. 6 definiert jedoch nur die deutschen Arbeitnehmervertreter, die für das 10 %-Quorum nicht allein maßgeblich sein können). Das Gesetz spricht nicht von „10 % der Vertreter" sondern von 10 % der Arbeitnehmer „oder von deren Vertretern" (so im Ergebnis auch LHT/*Oetker* Rn. 11; UHH/*Henssler* Rn. 4; Annuß/Kühn/Rudolph/Rupp/*Rudolph* Rn. 3).

3   **2. Rechtsfolgen.** Gemäß § 18 Abs. 1 S. 1 wird infolge der Wiederaufnahme des Verfahrens ein **neues bVG** gebildet. Dafür ist das gesamte Verfahren der Bildung erneut zu durchlaufen, wobei die §§ 4 ff. entsprechend gelten, soweit diese auch für den Fall des § 18 passen (MüKoAktG/*Jacobs* Rn. 4). Die Zusammensetzung und Größe des neuen bVG richten sich nach den neuen (aktuellen) Arbeitnehmerzahlen zum Zeitpunkt des Antrages gemäß § 18 Abs. 1; eine Reaktivierung des ursprünglichen bVG kommt nicht in Betracht (HWK/*Hohenstatt/Dzida* SEBG Rn. 31). An die Stelle der beteiligten Gesellschaften, betroffe-

nen Tochtergesellschaften und betroffenen Betriebe treten die SE, ihre Tochtergesellschaften und Betriebe (§ 18 Abs. 1 S. 1) und an die Stelle der Leitungen die
Leitung der SE (§ 18 Abs. 4). Wird zwischen dem neu gebildeten bVG und der
Leitung eine Vereinbarung geschlossen, richtet sich die Arbeitnehmerbeteiligung
in der SE nach dieser (NFK/*Freis* Rn. 6). Wird in den Verhandlungen hingegen
keine Einigung erzielt, finden jedoch gemäß § 18 Abs. 2 die §§ 22 ff. über den
SE-Betriebsrat kraft Gesetzes und die §§ 34 ff. über die **Mitbestimmung
kraft Gesetzes keine Anwendung.** Somit gilt nach § 18 Abs. 2 für den Fall des
Scheiterns der Verhandlungen dieselbe Rechtsfolge wie unmittelbar nach dem
Beschluss des bVG über die Nichtaufnahme oder den Abbruch von Verhand-
lungen nach § 16 Abs. 2 S. 2, so dass die SE **mitbestimmungsfrei** bleibt (zur
Rechtsfolge → § 16 Rn. 3). Das bVG befindet sich daher nach einem Beschluss
gemäß § 16 Abs. 1 in einer **geschwächten Verhandlungsposition** (KK-AktG/
Feuerborn Rn. 14); die Möglichkeit der Wiederaufnahme der Verhandlungen
ändert daran nichts mehr. Vor diesem Hintergrund ist nicht zu erwarten, dass
Beschlüsse gemäß § 16 Abs. 1 in der Praxis häufiger vorkommen werden (Mü-
KoAktG/*Jacobs* Rn. 5; HWK/*Hohenstatt*/*Dzida* SEBG Rn. 31).

III. Fall der strukturellen Änderung (Abs. 3)

1. Systematischer Hintergrund und Normzweck. Das sog. „Vorher– **4**
Nachher-Prinzip" kann bekanntlich dazu dienen, einen für erstrebenswert ange-
sehenen Mitbestimmungsstatus „einzufrieren" (vgl. zB WHSS/*Seibt* Rn. F 178),
zB auch dann, wenn nach der SE-Gründung Maßnahmen ergriffen werden, die
nach deutschem Mitbestimmungsrecht zu einer Änderung des Regimes der
geltenden Unternehmensmitbestimmung führen würden (zB Erhöhung der Arbeitnehmerzahl auf in der Regel mehr als 2000, § 1 Abs. 1 Nr. 2 MitbestG). § 18
Abs. 3 ordnet – unter teilweiser Durchbrechung dieser Prinzipien – die Neuverhandlung der Mitbestimmungsvereinbarung an, wenn geplante strukturelle
Änderungen zu einer Minderung der Beteiligungsrechte führen können. Vor
diesem Hintergrund verwundert es nicht, wenn § 18 Abs. 3 gewissermaßen als
„Achillesferse" von SE-Gründungen, die unter dem Gesichtspunkt der „Mit-
bestimmungsoptimierung" vorgenommen wurden, angesehen wird (MüKo-
AktG/*Jacobs* Rn. 7). Dementsprechend hat sich bereits frühzeitig eine lebhafte
Diskussion darüber entwickelt, wie der Tatbestand auszulegen sei.

Der Normzweck besteht ausweislich der Begründung des Regierungsentwurfs **5**
(BT-Drs. 15/3405, 50 f.) darin, für im Rahmen struktureller Änderungen **neu
hinzutretende Arbeitnehmer** eine Minderung deren Mitbestimmungsrechte
zu vermeiden. In der SE-RL findet die Vorschrift keine Grundlage. Lediglich
Erwägungsgrund Nr. 18 zur Richtlinie ließe sich heranziehen, wonach die
Sicherung erworbener Rechte der Arbeitnehmer über ihre Beteiligung an Unternehmensentscheidungen „fundamentaler Grundsatz und erklärtes Ziel der Richtlinie" sei. Diesem Ziel diene das Vorher-Nachher-Prinzip, das „nicht nur für die
Neugründung einer SE, sondern auch für strukturelle Veränderungen einer
bereits gegründeten SE und für die von den strukturellen Änderungsprozessen
betroffenen Gesellschaften gelte(n)".

§ 18 Abs. 3 dient darüber hinaus der Vermeidung des **Missbrauchs der** **6**
Gründungsvorschriften der SE (MüKoAktG/*Jacobs* Rn. 7). Dies folgt aus der
systematischen Stellung der Vorschrift und dem Zusammenhang mit weiteren
Bestimmungen des SEBG, die in dieselbe Richtung zielen. **§ 21 Abs. 4** eröffnet
die Möglichkeit, in der Mitbestimmungsvereinbarung Näheres zu strukturellen
Änderungen zu regeln (→ § 21 Rn. 28), wobei § 18 Abs. 3 jedoch zwingend ist
und durch die Mitbestimmungsvereinbarung nicht abbedungen werden kann
(MüKoAktG/*Jacobs* Rn. 8). Hingegen empfiehlt es sich, im Rahmen der Mit-

bestimmungsvereinbarung den Tatbestand der strukturellen Änderung zu präzisieren (MüKoAktG/*Jacobs* SEBG § 21 Rn. 58). Ein systematischer Zusammenhang besteht auch mit **§ 5 Abs. 4** (so auch MüKoAktG/*Jacobs* Rn. 6), der sicherstellt, dass sich Veränderungen der Struktur oder der Arbeitnehmerzahlen während der Gründungsphase noch auf die Zusammensetzung des bVG auswirken. Schließlich ist das **Rechtsmissbrauchsverbot** gemäß **§ 43** zu nennen, wenngleich diese Vorschrift enger gefasst ist (vgl. MüKoAktG/*Jacobs* Rn. 8). Die Missbrauchsvermutung gemäß § 43 S. 2 greift erst ein, wenn den Arbeitnehmern Beteiligungsrechte „vorenthalten oder entzogen" werden (→ § 43 Rn. 2 f.), während § 18 Abs. 3 bereits einer „Minderung" dieser Beteiligungsrechte entgegenwirken will. Schließlich ist der **Straftatbestand** (!) des **§ 45 Abs. 1 Nr. 2** zu nennen, der es unter Strafe stellt, entgegen dem Missbrauchsverbot des § 43 S. 1 „eine SE dazu (zu) missbrauch(en), Arbeitnehmern Beteiligungsrechte zu entziehen oder vorzuenthalten".

7   **2. Tatbestand.** Gemäß § 18 Abs. 3 finden erneut Verhandlungen über die Beteiligungsrechte der Arbeitnehmer statt, wenn strukturelle Änderungen der SE geplant werden, die geeignet sind, Beteiligungsrechte der Arbeitnehmer zu mindern.

8   **a) Strukturelle Änderungen.** Es gehört zu den umstrittensten Fragen zum SEBG, was unter „strukturellen Änderungen" zu verstehen ist. Dieser Begriff ist weder in der SE-RL noch im SEBG definiert. Auch ein Blick auf die vergleichbare Terminologie in der Richtlinie zum EBR und im EBRG bringt kaum verwertbare Erkenntnisse. Nach **§ 37 Abs. 1 EBRG** lösen „wesentliche Strukturänderungen" Verhandlungen über die abgeschlossene Vereinbarung aus. Die Richtlinie EG 2001/86 spricht in der englischen Fassung von „significant changes" to the „structure of the (...) undertaking ...". In Erwägungsgrund 18 der SE-Richtlinie ist hingegen von „strukturellen Veränderungen" (im englischen Text: „structural changes") die Rede. Es ist nicht ersichtlich, dass die geringfügig unterschiedlichen Formulierungen etwas zur Auslegung der Begriffe beitragen könnten. Aus Erwägungsgrund 40 zur EBR-RL und aus § 37 Abs. 1 S. 2 EBRG ergibt sich, dass der Begriff der wesentlichen Strukturänderung in § 37 Abs. 1 EBRG weiter auszulegen ist als der der strukturellen Änderungen in § 18 Abs. 3 SEBG (vgl. *Hohenstatt/Kröpelin/Bertke* NZA 2011, 1313 [1316]). Die Beteiligung der Arbeitnehmer über Europäische Betriebsräte betrifft eben nur einen Teilbereich dessen, was das SEBG zur Beteiligung der Arbeitnehmer regelt; es fehlt gänzlich die Repräsentation der Arbeitnehmer im Aufsichts- oder Verwaltungsgremium der Gesellschaft. Mithin muss die Auslegung der Begriffe angesichts der unterschiedlichen strukturellen Fragestellungen unterschiedlich ausfallen (ähnlich *Ege/Grzimek/Schwarzfischer* DB 2011, 1205 [1208] Fn. 30; aA LHT/*Oetker* Rn. 21 ff.).

9   Nach der Begründung des Regierungsentwurfs zum SEBG liegt eine strukturelle Änderung beispielsweise dann vor, wenn eine SE, die nicht mitbestimmt ist, eine mitbestimmte deutsche AG aufnimmt (BT-Drs. 15/3405, 50). Aus Erwägungsgrund 18 zur SE-RL, nach welchem das bei der Neugründung der SE anzuwendende Vorher-Nachher-Prinzip außer bei einer strukturellen Änderung zu berücksichtigen ist, lässt sich schließen, dass nur solche Änderungen erfasst werden sollen, die von ihrer Qualität her einer Neugründung gleichkommen. Deshalb sind nach hM als strukturelle Änderung iSd § 18 Abs. 3 nur **korporative Akte** anzusehen, die einen **gründungsähnlichen Vorgang mit außerordentlichem Gewicht** darstellen (*Seibt* AG 2005, 413 [427]; WHSS/*Seibt* Rn. F 178; *Müller-Bonanni/Melot de Beauregard* GmbHR 2005, 195 [199 f.]; *Müller-Bonanni/Müntefering* BB 2009, 1699 [1702]; MüKoAktG/*Jacobs* Rn. 12; KK-AktG/*Feuerborn* Rn. 24; *Wollburg/Banerjea* ZIP 2005, 277 [278]; HWK/

Hohenstatt/Dzida SEBG Rn. 32; *Nikoleyczik/Führ* DStR 2010, 1743 [1748];
ablehnend Theisen/Wenz/*Köstler* S. 331, 370; wohl auch MHdB ArbR/*Wißmann* § 287 Rn. 18 f.; zweifelnd *Rehberg* ZGR 2005, 277 [278]; LHT/*Oetker*
Rn. 21).

Die **Verschmelzung** einer bislang nach dem DrittelbG oder dem MitbestG 10
mitbestimmten Gesellschaft auf die SE ist sicherlich der klassische Fall einer
strukturellen Änderung, die von § 18 Abs. 3 erfasst ist (hM, s. nur LHT/*Oetker*
Rn. 22 mwN; *Drinhausen/Keinath* BB 2011, 2699 [2700] mwN). Ebenso umfasst
sind die Fälle einer **Spaltung zur Aufnahme,** soweit die SE die aufnehmende
Gesellschaft ist. Das Gegenstück hierzu, also die Abspaltung oder Ausgliederung
von Unternehmensteilen aus der SE ist zwar von ihrer Natur her ebenfalls erfasst;
bei diesen Gestaltungen wird es jedoch regelmäßig an einer Minderung der
Beteiligungsrechte (→ Rn. 13) fehlen, da bei dieser Betrachtung Arbeitnehmer,
die die SE verlassen, nicht berücksichtigt werden (KK–AktG/*Feuerborn* Rn. 30;
MüKoAktG/*Jacobs* Rn. 14). Überwiegend anerkannt ist auch, dass es sich bei
dem **Anwachsen** oder dem **Absinken** der **Arbeitnehmerzahl** nicht um strukturelle Änderungen handelt (MüKoAktG/*Jacobs* Rn. 19; KK–AktG/*Feuerborn*
Rn. 23; *Ege/Grzimek/Schwarzfischer* DB 2011, 1205 [1209]), was sich schon aus
der wörtlichen Auslegung und daraus ergibt, dass derlei Veränderungen Routine-
vorgänge sind und demgemäß keinesfalls unter diese Ausnahmekategorie fallen
können. Zur Begründung lässt sich ferner der Wortlaut des § 5 Abs. 4 heranziehen, der zwischen „Änderung in der Struktur" und Änderung der „Arbeitnehmerzahl" unterscheidet (MüKoAktG/*Jacobs* Rn. 19; *Ramcke* Missbrauchsverbot der SE, Diss. 2015, S. 457). Auch wenn die Veränderungen der Abeitneh-
merzahl durch den **Erwerb** oder die **Schließung von Betrieben** herbeigeführt
werden, kann es sich nicht um eine strukturelle Änderung handeln. Sie wirken
sich in keiner Weise auf die Struktur der SE aus (*Ege/Grzimek/Schwarzfischer* DB
2011, 1205 [1209]). Außerdem fehlt es bereits an dem erforderlichen korporativen Akt (*Kienast* in Jannott/Frodermann HdB SE Kap. 13 Rn. 467; MüKo-
AktG/*Jacobs* Rn. 12; aA LHT/*Oetker* Rn. 24, der auch Änderungen in den
tatsächlichen Strukturen als strukturelle Änderungen qualifiziert). Gleiches gilt
für den **Erwerb von Anteilen an Gesellschaften oder deren Veräußerung**
(MüKoAktG/*Jacobs* Rn. 17; *Kienast* in Jannott/Frodermann HdB SE Kap. 13
Rn. 465; *Grobys* NZA 2005, 84 [91]; *Nikoleyczik/Führ* DStR 2010, 1743 [1748];
einschränkend LHT/*Oetker* Rn. 26 f.). Der Erwerb einer Gesellschaft mittels
Share Deal stellt schon begrifflich keine „strukturelle Änderung der SE" dar
(*Ege/Grzimek/Schwarzfischer* DB 2011, 1205 [1209]; aA *Nagel* ZIP 2011, 2047
[2049], der sich allerdings nur mit dem Aspekt „Minderung von Beteiligungsrechten" befasst, nicht hingegen mit dem Tatbestand der strukturellen Änderung
der SE); in dieser Konstellation wird es im Übrigen auch regelmäßig nicht zu
einer Minderung von Beteiligungsrechten kommen (*Nikoleyczik/Führ* DStR
2010, 1743 [1748]; → Rn. 13). Die bloße **Sitzverlegung** stellt ebenfalls schon
begrifflich keine strukturelle Änderung dar (so im Ergebnis auch KK–AktG/
Feuerborn Rn. 22; MüKoAktG/*Jacobs* Rn. 17; NFK/*Freis* Rn. 11; MHdB ArbR/
Wißmann § 287 Rn. 18; *Ziegler/Gey* BB 2009, 1750 [1757]). Die von *Oetker*
angeführte Begründung für die Gegenauffassung (LHT/*Oetker* Rn. 25, 35; NK-
SE/*Evers* Rn. 9; die Sitzverlegung erwähnt ausdrücklich auch die österreichische
Parallelvorschrift § 228 Abs. 2 ArbVG), wonach bei der **Sitzverlegung ins Ausland** Beteiligungsrechte nach dem Betriebsverfassungsgesetz gemindert werden
könnten (hiergegen zu Recht *Grambow* Der Konzern 2009, 97 [100]), ist systematisch verfehlt. Die nationalen Vorschriften zur Betriebsverfassung werden
durch das SEBG nicht berührt (§ 47 Abs. 1). Eine gemäß § 18 Abs. 3 neu
verhandelte Mitbestimmungsvereinbarung könnte an einem Wegfall von Rechten
nach dem BetrVG ohnehin nichts ändern. Hingegen ist der **Wechsel von der**

dualistischen zur monistischen Struktur der SE als geradezu klassische gesell-
schaftsrechtliche Strukturänderung anzusehen (MüKoAktG/*Jacobs* Rn. 11, 16;
LHT/*Oetker* Rn. 25; *Ramcke* Missbrauchsverbot der SE, Diss. 2015, S. 491 ff.; aA
KK-AktG/*Feuerborn* Rn. 22); in aller Regel wird es dabei jedoch nicht zu einer
Minderung von Beteiligungsrechten kommen (→ Rn. 13).

11   Eine **analoge** Anwendung von § 18 Abs. 3 wird von der hM (MüKoAktG/
Jacobs Rn. 17; *Forst* NZG 2009, 687 [690 f.]; *ders.* RdA 2010, 55 [58]; *Casper/
Schäfer* ZIP 2007, 653 [658]; *Reinhard* RIW 2006, 68 [70]; *Grambow* Der Konzern
2009, 97 [103]) dann befürwortet, wenn nach **Gründung einer Vorrats-SE** (zu
deren Zulässigkeit → § 3 Rn. 10) diese im Wege der Verschmelzung oder durch
Sacheinlage ein Unternehmen aufnimmt, durch Share Deal Anteile an einem
Unternehmen übernimmt oder Unternehmen oder Unternehmensteile durch
Asset Deal erwirbt. Auch soweit eine Analogie zu § 18 Abs. 3 abgelehnt wird
(*Seibt* ZIP 2005, 2248 [2250]), nehmen einige Autoren, die die Vorrats-SE für
zulässig halten, in den genannten Konstellationen eine Verhandlungspflicht der
Leitung an (*Ege/Grzimek/Schwarzfischer* DB 2011, 1205 [1209]; im Einzelnen
auch MHdB ArbR/*Wißmann* § 287 Rn. 18; vgl. zu den dogmatischen Grundlagen *Forst* NZG 2009, 687 [690 f.]; vgl. auch OLG Düsseldorf DNotZ 2009,
699 [701]; hiergegen → § 3 Rn. 10 ff.). Gegebenenfalls wären die Verhandlungen
abweichend von § 18 Abs. 3 S. 2 mit dem neu zu bildenden bVG zu führen
(*Forst* NZG 2009, 687 [690]).

12   Mit Blick auf Art. 103 Abs. 2 GG und auf das Missbrauchsverbot nach § 43
S. 2 im Zusammenhang mit dem Straftatbestand (!) gemäß § 45 Abs. 1 Nr. 2 ist
der Begriff der strukturellen Änderung **restriktiv** auszulegen (MüKoAktG/*Jacobs*
Rn. 12; *Ege/Grzimek/Schwarzfischer* DB 2011, 1205 [1209]; aA *Nagel* ZIP 2011,
2047).

13   **b) Eignung zur Minderung der Beteiligungsrechte.** Die geplante strukturelle Änderung muss zudem geeignet sein, die Beteiligungsrechte zu mindern.
Eine Minderung der Beteiligungsrechte liegt vor, wenn den Arbeitnehmern nach
der strukturellen Änderung **weniger Beteiligungsrechte** (§ 2 Abs. 9) zustehen
als vorher (MüKoAktG/*Jacobs* Rn. 14; aA MHdB ArbR/*Wißmann* § 287
Rn. 18 f., der auch das Scheitern eines „Hineinwachsens" in eine höhere Mit-
bestimmungsqualität unter § 18 Abs. 3 fasst). Dabei sind sowohl die innerhalb der
SE beschäftigten Arbeitnehmer, als auch die neu hinzukommenden Arbeitnehmer zu berücksichtigen (MüKoAktG/*Jacobs* Rn. 14; KK-AktG/*Feuerborn*
Rn. 30); es sind sogar zu allererst die hinzukommenden Arbeitnehmer, auf die es
ankommt, da sich für die bereits in der SE beschäftigten Arbeitnehmer wegen der
Verbindlichkeit der Mitbestimmungsvereinbarung bzw. wegen der Auffanglösung
durch strukturelle Änderungen keine Minderung der Beteiligungsrechte ergeben
können (*Hoops* Die Mitbestimmungsvereinbarung in der Europäischen Aktiengesellschaft (SE), 2009, S. 64). Die aufgrund der Änderung ausscheidenden Arbeitnehmer sind jedoch außer Acht zu lassen (KK-AktG/*Feuerborn* Rn. 30; Mü-
KoAktG/*Jacobs* Rn. 14). Die Eignung zur Minderung ist weit auszulegen, es
genügt die Möglichkeit einer Minderung der Beteiligungsrechte (KK-AktG/
Feuerborn Rn. 31; Annuß/Kühn/Rudolph/Rupp/*Rudolph* Rn. 14).

14   Unter Beteiligungsrechten iSv § 18 Abs. 3 sind gemäß § 2 Abs. 8 alle Verfahren zu verstehen, durch die die Vertreter der Arbeitnehmer auf die Beschlussfassung in der Gesellschaft Einfluss nehmen können, und zwar „einschließlich der
Unterrichtung, Anhörung und Mitbestimmung". Man kann demnach § 18
Abs. 3 nicht von vornherein auf den Aspekt der Unternehmensmitbestimmung
verkürzen (MüKoAktG/*Jacobs* Rn. 15; LHT/*Oetker* Rn. 31). Die praktische Bedeutung von § 18 Abs. 3 beschränkt sich im Ergebnis aber auf Veränderungen im
Hinblick auf die Unternehmensmitbestimmung; weder in Literatur noch in

Rechtsprechung wurden bislang Fälle anerkannt, in denen im Hinblick auf die Verfahren zur Unterrichtung und Anhörung der Arbeitnehmer eine Minderung iSd § 18 Abs. 3 anerkannt worden wäre. Ausgeblendet werden hingegen die Beteiligungsrechte gemäß dem deutschen Betriebsverfassungsrecht, da dessen Anwendung von einer SE-Umwandlung gänzlich unberührt bleibt (§ 47 Abs. 1). Entfällt also bspw. infolge einer Verschmelzung einer Gesellschaft auf die SE beim aufgenommenen Unternehmen das Entsendungsrecht in einen Konzernbetriebsrat, ist dies für § 18 Abs. 3 irrelevant; das eintretende Defizit entstünde auch bei Verschmelzung auf eine AG oder GmbH. Im Übrigen könnten durch eine Neuverhandlung der Mitbestimmungsvereinbarung dererlei Nachteile nicht kompensiert werden; die deutsche Betriebsverfassung ist kein tauglicher Gegenstand der Mitbestimmungsvereinbarung (→ § 21 Rn. 12).

Bei dem „Paradefall" der strukturellen Änderung iSv § 18 Abs. 3 S. 1, der Verschmelzung einer Gesellschaft auf die SE, kommt eine Minderung der Beteiligungsrechte nur in Betracht, (i) wenn es sich bei der aufgenommenen Gesellschaft um eine zuvor drittelparitätisch oder paritätisch mitbestimmte Gesellschaft gehandelt hat und (ii) innerhalb der SE ein geringeres Mitbestimmungsniveau besteht (MüKo-AktG/*Jacobs* Rn. 16). Nicht geschützt sind hingegen die Beteiligungsrechte, die sich nur aus der bisherigen Zugehörigkeit der aufgenommenen Gesellschaft zu einem Konzern ergeben (§ 5 MitbestG; MüKoAktG/*Jacobs* Rn. 14; Rieble/Junker/*Schäfer* § 1 Rn. 15; MHdB ArbR/*Wißmann* § 287 Rn. 18). Dem SEBG ist eine Konzernzurechnung im Hinblick auf die Unternehmensmitbestimmung fremd, so dass es ausgeschlossen sein muss, dass die über § 5 MitbestG vermittelte Einbeziehung in die Unternehmensmitbestimmung bei der Konzernmutter über § 18 Abs. 3 geschützt wird. Die über § 5 entstehenden Rechte stehen gewissermaßen unter der „auflösenden Bedingung der Entkonzernierung" (*Rieble* BB 2006, 2018 [2022]). Deshalb kann es auch bei einem Beteiligungserwerb unabhängig vom Fehlen einer strukturellen Änderung (→ Rn. 8 ff.) nicht zu einer Minderung der Beteiligungsrechte kommen; ein ggf. anwendbares Mitbestimmungsregime bei der aufgenommenen Gesellschaft selbst wird durch den *Share Deal* nicht in Frage gestellt (MüKoAktG/*Jacobs* Rn. 17; *Wollburg/Banerjea* ZIP 2005, 277 [281]; *Müller-Bonanni/Melot de Beauregard* GmbHR 2005, 195 [199 f.]; Rieble/Junker/*Rieble* § 3 Rn. 45; *Henssler* RdA 2005, 330 [334]; *ders.* ZHR 173, [2009], 222 [244]; *Hoops* Die Mitbestimmungsvereinbarung in der Europäischen Aktiengesellschaft (SE), 2008, S. 65).

3. Rechtsfolgen. Werden strukturelle Änderungen geplant, die geeignet sind, Beteiligungsrechte der Arbeitnehmer zu mindern, können (nur) die Leitung der SE oder der SE-Betriebsrat gemäß § 18 Abs. 3 S. 1 veranlassen, dass **Verhandlungen über die Beteiligungsrechte** aufgenommen werden. Anders als in § 18 Abs. 1 ist ein Initiativrecht von mindestens 10 % der Arbeitnehmer in diesem Fall nicht vorgesehen. Die Berechtigten sind nicht verpflichtet, ein erneutes Beteiligungsverfahren einzuleiten (*Kienast* in Jannott/Frodermann HdB SE Kap. 13 Rn. 481 f.; MüKoAktG/*Jacobs* Rn. 21). Machen die Berechtigten von dieser Möglichkeit keinen Gebrauch, wird also keine Initiative zu (neuen) Verhandlungen ergriffen, bleibt es bei den bislang für die SE maßgeblichen Regelungen (LHT/*Oetker* Rn. 38; MüKoAktG/*Jacobs* Rn. 21; NFK/*Freis* Rn. 17). § 18 Abs. 3 S. 3 findet in diesem Fall keine Anwendung. Anders verhält es sich, wenn der SE-Betriebsrat Verhandlungen verlangt, die Leitung diese jedoch verweigert. Ein Verhandlungsanspruch besteht in diesem Fall nicht (MüKoAktG/*Jacobs* Rn. 21; HWK/*Hohenstatt/Dzida* SEBG Rn. 33; aA LHT/*Oetker* Rn. 43; wohl auch *Grobys* NZA 2005, 84 [91]). Es findet dann allerdings § 18 Abs. 3 S. 3 Anwendung.

Als Verhandlungspartner stehen der Leitung der SE entweder das neu zu bildende bVG oder gemäß § 18 Abs. 3 S. 2 der bestehende SE-Betriebsrat zur

Verfügung. Im letzteren Fall sind die Verhandlungen „gemeinsam mit Vertretern der von der geplanten strukturellen Änderung betroffenen Arbeitnehmer, die bisher nicht von dem SE-Betriebsrat vertreten werden" zu führen. In welchem Umfang bzw. zahlenmäßigen Verhältnis die Einbeziehung der erst hinzukommenden Arbeitnehmer erfolgt, ist im Gesetz nicht geregelt. Da die Neuverhandlung der Mitbestimmungsvereinbarung mit dem SE-Betriebsrat ohnehin dessen Einverständnis voraussetzt, ist auch diese Frage ggf. einvernehmlich zwischen den Parteien festzulegen (LHT/*Oetker* Rn. 40; HWK/*Hohenstatt/Dzida* SEBG Rn. 33; NK-SE/*Evers* Rn. 16). Die Beteiligung des SE-Betriebsrates erspart den erheblichen organisatorischen Aufwand, der mit der Neubildung des bVG verbunden ist (BT-Drs. 15/3405, 50). Allerdings kommt diese Variante nur im Einvernehmen zwischen der Leitung der SE und dem SE-Betriebsrat in Betracht (MüKoAktG/*Jacobs* Rn. 22; NFK/*Freis* Rn. 18; vgl. BT-Drs. 15/3405, 51). Führen die Verhandlungen zu einer Vereinbarung nach § 21, richtet sich die Beteiligung der Arbeitnehmer nach dieser (vgl. MüKoAktG/*Jacobs* Rn. 23). Wird hingegen in den Verhandlungen **keine Einigung** erzielt, sind gemäß § 18 Abs. 3 S. 3 die §§ 23 ff. über den **SE-Betriebsrat kraft Gesetzes** und die §§ 34 ff. über die **Mitbestimmung kraft Gesetzes anzuwenden.** Diese Rechtsfolge ist identisch mit derjenigen bei einem Scheitern der Verhandlungen im Gründungsverfahren (vgl. BT-Drs. 15/3405, 51). Dadurch kommt dem bVG, bzw. dem SE-Betriebsrat eine wesentlich **stärkere Verhandlungsposition** als im Fall des § 18 Abs. 1 zu (→ § 18 Rn. 3; KK-AktG/*Feuerborn* Rn. 45). Die gesetzlichen Auffangregelungen greifen auch dann, wenn bereits eine Vereinbarung iSd § 21 bestand, die nach § 18 Abs. 3 veranlassten Verhandlungen dagegen erfolglos waren (MüKoAktG/*Jacobs* Rn. 26; KK-AktG/*Feuerborn* Rn. 47; LHT/*Oetker* Rn. 47); rechtspolitisch ist dies angesichts des ansonsten herrschenden Prinzips des Vorrangs der Vereinbarungslösung äußerst problematisch (MüKoAktG/*Jacobs* Rn. 26; HWK/*Hohenstatt/Dzida* SEBG Rn. 33).

18 **4. Anwendung der Auffangregelung gemäß Abs. 3 S. 3.** Kommt es in den Verhandlungen nicht zu einer Einigung (§ 18 Abs. 3 S. 3), gelten anstelle der bisher anwendbaren Regelungen, insbesondere anstelle der ggf. abgeschlossenen Mitbestimmungsvereinbarung, die §§ 22 ff. über den **SE-Betriebsrat kraft Gesetzes** und die §§ 34 ff. über die **Mitbestimmung kraft Gesetzes.** Maßgeblich für die Bestimmung des Umfangs der gesetzlichen Mitbestimmung ist die Sachlage nach Durchführung der strukturellen Änderung (HWK/*Hohenstatt/Dzida* SEBG Rn. 33; MüKoAktG/*Jacobs* Rn. 24), es sei denn, dass die Verhandlungsfrist gemäß § 20 schon früher endete; dann gilt der Zeitpunkt des Ablaufs der Verhandlungsfrist (MüKoAktG/*Jacobs* Rn. 24; vgl. auch § 18 Abs. 3 S. 4 SEBG-Entwurf des *Arbeitskreises Aktien- und Kapitalmarktrecht* ZIP 2010, 2224). Die Anwendbarkeit der Auffangregelungen zur unternehmerischen Mitbestimmung setzen allerdings voraus, dass die Voraussetzungen gemäß § 34 (der ausdrücklich von der Verweisung in § 18 Abs. 3 umfasst ist) gegeben sind; es gelten also insbesondere die dort geregelten Quoren (LHT/*Oetker* Rn. 47; NK-SE/*Evers* Rn. 18 f.; MüKoAktG/*Jacobs* Rn. 25).

19 Gemäß § 22 Abs. 2 gilt § 22 Abs. 1 im Fall des § 18 Abs. 3 entsprechend. Dies bedeutet, dass die Parteien die Verhandlungen mit dem Ergebnis beschließen können, dass die Auffangregelungen Anwendung finden sollen (§ 22 Abs. 1). Ansonsten kommt deren Geltung nur in Betracht, wenn die **Sechsmonatsfrist** gemäß § 20 abgelaufen ist und das bVG oder der SE-Betriebsrat (erweitert gemäß § 18 Abs. 3 S. 2) keinen Beschluss gemäß § 16 fassen. Unklar ist, wann ggf. der Sechsmonatszeitraum beginnt, wenn die Verhandlungen mit dem (erweiterten) SE-Betriebsrat geführt werden, da § 20 auf die konstituierende Sitzung des bVG abstellt. UE kommt als Fristbeginn nur der Tag in Betracht, an dem der SE-

Betriebsrat bei der Leitung Neuverhandlungen gemäß § 18 Abs. 3 verlangt hat, es sei denn, dass er Verhandlungen mit dem bVG beantragt hat.

IV. Streitigkeiten

Bei Streitigkeiten im Rahmen des § 18 findet nach §§ 2a Abs. 1 Nr. 3e, **20** Abs. 2, 80 ff. ArbGG das arbeitsgerichtliche **Beschlussverfahren** statt, wobei gemäß § 82 Abs. 3 ArbGG das Arbeitsgericht zuständig ist, in dessen Bezirk die SE ihren (zukünftigen) Sitz hat. Streitigkeiten über die Zusammensetzung des Aufsichts- oder Verwaltungsorgan der SE sind im Statusverfahren gemäß §§ 97 ff. AktG bzw. §§ 25 f. SEAG auszutragen (→ § 36 Rn. 16; MüKoAktG/*Jacobs* Rn. 28; KK-AktG/*Feuerborn* Rn. 55).

Kosten des besonderen Verhandlungsgremiums

19 [1]**Die durch die Bildung und Tätigkeit des besonderen Verhandlungsgremiums entstehenden erforderlichen Kosten tragen die beteiligten Gesellschaften und nach ihrer Gründung die SE als Gesamtschuldner.** [2]**Insbesondere sind für die Sitzungen in erforderlichem Umfang Räume, sachliche Mittel, Dolmetscher und Büropersonal zur Verfügung zu stellen sowie die erforderlichen Reise- und Aufenthaltskosten der Mitglieder des besonderen Verhandlungsgremiums zu tragen.**

I. Allgemeines

§ 19 setzt Art. 3 Abs. 7 SE-RL um. Gemäß § 19 S. 1 tragen die beteiligten **1** Gesellschaften und die SE die **Kosten der Bildung und Tätigkeit** des bVG. In § 19 S. 2 werden beispielhaft die dem bVG zur Verfügung zu stellenden Mittel sowie die zu tragenden Kosten aufgezählt.

II. Schuldner der Kostentragungspflicht

Die Kosten für die Bildung und Tätigkeit des bVG haben gemäß § 19 S. 1 die **2** beteiligten Gesellschaften und die neu gegründete SE als **Gesamtschuldner** zu tragen. Somit sind die §§ 421 ff. BGB einschlägig. Nicht gesetzlich geregelt ist, in welchem **Verhältnis** zueinander die Gesellschaften die Kosten zu tragen haben. Nach § 426 Abs. 1 S. 1 BGB wären sie zur Kostentragung zu gleichen Teilen verpflichtet. Alternativ wäre eine Verteilung anhand des Verhältnisses der **Arbeitnehmerzahlen** sachgerecht (MüKoAktG/*Jacobs* Rn. 1). Allerdings kommt die Bildung und Tätigkeit des bVG letztlich der SE zugute, weshalb eine andere Bestimmung iSv § 426 Abs. 1 BGB anzunehmen sein kann, nach welcher die **SE im Innenverhältnis alleine** die Kosten trägt (LHT/*Oetker* Rn. 14; KK-AktG/ *Feuerborn* Rn. 4). Solange die SE nicht gegründet ist, sind die Kosten im Innenverhältnis anhand der Arbeitnehmerzahlen der Gesellschaften aufzuteilen (MüKo-AktG/*Jacobs* Rn. 1; KK-AktG/*Feuerborn* Rn. 5; aA LHT/*Oetker* Rn. 14).

III. Umfang der Kostentragung

Nach § 19 S. 1 sind die durch die Bildung und Tätigkeit des bVG entstehen- **3** den erforderlichen Kosten zu tragen. Kosten durch die **Bildung** des bVG sind alle Kosten, die durch die Tätigkeit **vor der konstituierenden Sitzung** nach § 12 Abs. 1 verursacht werden, also insbesondere durch das Wahlgremium und die Wahl des bVG selbst (MüKoAktG/*Jacobs* Rn. 2). Die Kosten der **Tätigkeit** des bVG umfassen alle Kosten, die **während des Verhandlungsverfahrens** selbst entstehen, also vor allem die Kosten der internen Sitzungen des bVG sowie der Verhandlungssitzungen mit den Leitungen (NFK/*Freis* Rn. 6). Wesentliches Kriterium für alle entstehenden Kosten ist nach dem Willen des Gesetzgebers die **Erforderlichkeit** (BT-Drs. 15/3405, 51). Erforderlich sind in europarechtskonformer Auslegung die Kosten für Tätigkeiten, die zur angemessenen Aufgabenwahrnehmung notwendig sind (vgl. Art. 3 Abs. 7 UAbs. 1 SE-RL; so auch MüKoAktG/*Jacobs* Rn. 2; LHT/*Oetker* Rn. 8). Aus dem Gebot der vertrauensvollen Zusammenarbeit nach § 13 Abs. 1 S. 2 ergibt sich eine Pflicht des bVG zum sparsamen Handeln (MüKoAktG/*Jacobs* Rn. 2). Gemäß der beispielhaften Aufzählung nach § 19 S. 2 zählen zu den zu tragenden Kosten die Ausgaben für Räume, sachliche Mittel (zB Telefon, Fax, Fachliteratur; s. NFK/*Freis* Rn. 6), Dolmetscher und Büropersonal. In Betracht kommen darüber hinaus Reise- und Aufenthaltskosten der Mitglieder des bVG (NFK/*Freis* Rn. 8; MüKoAktG/*Jacobs* Rn. 4), Kosten für die Geschäftsführung (MüKoAktG/*Jacobs* Rn. 4), für Sachverständige (vgl. BT-Drs. 15/3405, 51; NFK/*Freis* Rn. 6; MüKoAktG/*Jacobs* Rn. 4) und (ebenso wie bei § 40 BetrVG und § 16 EBRG) für die Rechtsverfolgung (MüKoAktG/*Jacobs* Rn. 4). Abweichend von § 16 Abs. 1 S. 2 EBRG ist die Kostentragungspflicht nicht auf einen Sachverständigen beschränkt, so dass bei entsprechender Erforderlichkeit auch die Kosten mehrerer Sachverständiger zu tragen sind. § 14, der den Grundsatz der Erforderlichkeit nicht erwähnt, wird insofern von § 19 überlagert; für eine Kostentragungspflicht der Unternehmen muss die Erforderlichkeit nachgewiesen sein, wenngleich dem bVG insofern ein gewisser Beurteilungsspielraum zusteht (LHT/*Oetker* Rn. 7 f.; KK-AktG/*Feuerborn* Rn. 12)

IV. Streitigkeiten

4   Bei Streitigkeiten im Rahmen des § 19 findet nach §§ 2a Abs. 1 Nr. 3e, Abs. 2, 80 ff. ArbGG das arbeitsgerichtliche **Beschlussverfahren** statt, wobei gemäß § 82 Abs. 3 ArbGG das Arbeitsgericht zuständig ist, in dessen Bezirk die SE ihren (zukünftigen) Sitz hat.

Dauer der Verhandlungen

20 (1) **Die Verhandlungen beginnen mit der Einsetzung des besonderen Verhandlungsgremiums und können bis zu sechs Monate dauern. Einsetzung bezeichnet den Tag, zu dem die Leitungen zur konstituierenden Sitzung des besonderen Verhandlungsgremiums eingeladen haben.**

(2) **Die Parteien können einvernehmlich beschließen, die Verhandlungen über den in Absatz 1 genannten Zeitraum hinaus bis zu insgesamt einem Jahr ab der Einsetzung des besonderen Verhandlungsgremiums fortzusetzen.**

I. Allgemeines

1   § 20 setzt Art. 5 SE-RL um. Zweck der Vorschrift ist es, die Errichtung der SE **nicht zu stark zu verzögern** (LHT/*Oetker* Rn. 1; MüKoAktG/*Jacobs* Rn. 1). Daher sieht § 20 Abs. 1 S. 1 eine **Höchstdauer** der Verhandlungen von sechs Monaten vor, welche die Beteiligten gemäß § 20 Abs. 2 jedoch einvernehmlich auf einen Zeitraum von bis zu einem Jahr verlängern können. Ähnliche Vorschriften finden sich in **§ 21 Abs. 1 EBRG** und **§ 21 MgVG** (letztere Bestimmung ist wortgleich mit § 20 SEBG).

II. Dauer der Verhandlungen

Gemäß § 20 Abs. 1 S. 1 dauern die Verhandlungen **bis zu sechs Monate,** 2
beginnend mit der Einsetzung des bVG. Dies ist gemäß § 20 Abs. 1 S. 2 der Tag,
zu dem die Leitungen wirksam (vgl. zur Einladung § 12 Abs. 1) zur konstituierenden Sitzung laden. Unerheblich ist, wann die konstituierende Sitzung tatsächlich stattfindet (BT-Drs. 15/3405, 51). Wird die Sitzung verlegt und seitens der
Leitungen ein neuer Termin festgelegt, ist der neue Termin auch im Rahmen von
§ 20 maßgeblich (LHT/*Oetker* Rn. 6). Für die Berechnung der Frist gelten die
§§ 187 ff. BGB (§ 186 BGB). Gemäß § 20 Abs. 2 können die Parteien die Frist
jedoch auf einen Zeitraum von bis zu **einem Jahr verlängern.** Die Vereinbarung einer darüber hinausgehenden Verlängerung ist nicht möglich (KK-
AktG/*Feuerborn* Rn. 4). Eine Verlängerung bedarf des Einverständnisses beider
Parteien. Streitig ist, ob die jeweils andere Seite aus dem Grundsatz der vertrauensvollen Zusammenarbeit (§ 13 Abs. 1 S. 2) verpflichtet ist, dem Wunsch
nach einer Verlängerung des Verhandlungsfrist zu entsprechen, sofern hierfür
sachliche Gründe vorliegen (angenommen von LHT/*Oetker* Rn. 8; ähnlich NK-
SE/*Evers* Rn. 4; dagegen MüKoAktG/*Jacobs* Rn. 3; keinen Verlängerungs-
anspruch aufgrund vertrauensvoller Zusammenarbeit erwähnen KK-AktG/*Feuerborn* Rn. 5; NFK/*Freis* Rn. 4). Dies ist jedoch als systemwidrig abzulehnen; das
„Druckmittel" gegen Verhandlungsverzögerungen oder mangelnden Verhand-
lungswillen ist gerade das Eingreifen der Auffangregelung, so dass es eines Ver-
längerungsanspruchs nicht bedarf (Annuß/Kühn/Rudolph/Rupp/*Rudolph*
Rn. 3). Ein solcher wäre auch mit dem dringenden Bedürfnis nach Rechtssicherheit im Zusammenhang mit der Eintragung der SE im Handelsregister
(§ 12 Abs. 2 SE-VO) nicht zu vereinbaren.

Bei der Verlängerung der Verhandlungsdauer muss die Schriftform nicht einge- 3
halten werden (MüKoAktG/*Jacobs* Rn. 3), wenngleich eine Dokumentation der
Einigung dringend zu empfehlen sein dürfte; jedoch bedarf es auf Seiten des bVG
eines wirksamen Beschlusses nach § 15 Abs. 2 (KK-AktG/*Feuerborn* Rn. 5; Mü-
KoAktG/*Jacobs* Rn. 3). De lege ferenda wäre anzuregen, dass ein Verlängerungs-
beschluss gemäß § 20 Abs. 1 zwingend in die Niederschrift gemäß § 17 aufzunehmen ist (LHT/*Oetker* Rn. 11).

III. Rechtsfolgen bei Fristablauf

Die Verhandlungsfrist ist abgelaufen, wenn seit Einsetzung des bVG sechs 4
Monate vergangen sind oder die nach § 20 Abs. 2 vereinbarte Frist von bis zu
einem Jahr abgelaufen ist, ohne dass eine schriftliche Vereinbarung iSd § 21
getroffen wurde. Dabei ist der Tag der beiderseitigen Unterzeichnung einer Vereinbarung entscheidend (MüKoAktG/*Jacobs* Rn. 4). Wenn das bVG keinen Beschluss nach § 16 Abs. 1 getroffen hat, greifen gemäß § 22 Abs. 1 Nr. 1, 2 die
§§ 22 ff. über den **Betriebsrat kraft Gesetzes** und die §§ 34 ff. über die **Mitbestimmung kraft Gesetzes.** Eine danach abgeschlossene Vereinbarung ist
rechtsunwirksam (KK-AktG/*Feuerborn* Rn. 7; LHT/*Oetker* Rn. 13). Der fruchtlose Ablauf der Frist hat weiterhin zur Folge, dass die SE gemäß Art. 12 Abs. 2
SE-VO auch ohne Abschluss einer Mitbestimmungsvereinbarung in das Handelsregister **eingetragen** werden kann. Aus der differenzierten Systematik des SEBG
bezüglich der Beendigung von Verhandlungen, – insbesondere den besonderen
Erfordernissen des § 16 – ergibt sich, dass ein einseitiger Abbruch durch die
Leitungen, bzw. ein „einvernehmlicher Abbruch" der Verhandlungen vor Ablauf
der Frist mit der Folge des Eingreifens der gesetzlichen Regelungen nicht möglich ist (so auch MüKoAktG/*Jacobs* Rn. 4; KK-AktG/*Feuerborn* Rn. 7; LHT/

Oetker Rn. 7; vgl. *Müller-Bonanni/Müntefering* BB 2009, 1699 [1701]; aA *Grobys* NZA 2005, 84 [88]; NFK/*Freis* Rn. 7). Es bedarf vielmehr einer Vereinbarung nach § 21, in welcher aber die (teilweise) Geltung der gesetzlichen Auffangregelungen nach §§ 22 ff., 34 ff. festgelegt werden kann (§ 21 Abs. 5; → § 21 Rn. 30). De lege ferenda wäre es sinnvoll, den Leitungen von vornherein die Möglichkeit einzuräumen, auf die SE die Auffangregelungen zur Anwendung zu bringen, ohne dass darüber Verhandlungen geführt werden müssten (vgl. § 23 Abs. 1 Nr. 3 MgVG; MüKoAktG/*Jacobs* Rn. 4).

IV. Streitigkeiten

5   Bei Streitigkeiten im Rahmen des § 20 findet nach §§ 2a Abs. 1 Nr. 3e, Abs. 2, 80 ff. ArbGG das arbeitsgerichtliche **Beschlussverfahren** statt, wobei gemäß § 82 Abs. 3 ArbGG das Arbeitsgericht zuständig ist, in dessen Bezirk die SE ihren (zukünftigen) Sitz hat.

Teil 3. Beteiligung der Arbeitnehmer in der SE

Kapitel 1. Beteiligung der Arbeitnehmer kraft Vereinbarung

Inhalt der Vereinbarung

21 (1) In der schriftlichen Vereinbarung zwischen den Leitungen und dem besonderen Verhandlungsgremium wird, unbeschadet der Autonomie der Parteien im Übrigen und vorbehaltlich des Absatzes 6, festgelegt:

1. der Geltungsbereich der Vereinbarung, einschließlich der außerhalb des Hoheitsgebietes der Mitgliedstaaten liegenden Unternehmen und Betriebe, sofern diese in den Geltungsbereich einbezogen werden;
2. die Zusammensetzung des SE-Betriebsrats, die Anzahl seiner Mitglieder und die Sitzverteilung, einschließlich der Auswirkungen wesentlicher Änderungen der Zahl der in der SE beschäftigten Arbeitnehmer;
3. die Befugnisse und das Verfahren zur Unterrichtung und Anhörung des SE-Betriebsrats;
4. die Häufigkeit der Sitzungen des SE-Betriebsrats;
5. die für den SE-Betriebsrat bereitzustellenden finanziellen und materiellen Mittel;
6. der Zeitpunkt des Inkrafttretens der Vereinbarung und ihre Laufzeit; ferner die Fälle, in denen die Vereinbarung neu ausgehandelt werden soll und das dabei anzuwendende Verfahren.

(2) [1]Wenn kein SE-Betriebsrat gebildet wird, haben die Parteien die Durchführungsmodalitäten des Verfahrens oder der Verfahren zur Unterrichtung und Anhörung festzulegen. [2]Absatz 1 gilt entsprechend.

(3) [1]Für den Fall, dass die Parteien eine Vereinbarung über die Mitbestimmung treffen, ist deren Inhalt festzulegen. [2]Insbesondere soll Folgendes vereinbart werden:

1. die Zahl der Mitglieder des Aufsichts- oder Verwaltungsorgans der SE, welche die Arbeitnehmer wählen oder bestellen können oder deren Bestellung sie empfehlen oder ablehnen können;
2. das Verfahren, nach dem die Arbeitnehmer diese Mitglieder wählen oder bestellen oder deren Bestellung empfehlen oder ablehnen können und
3. die Rechte dieser Mitglieder.

(4) [1]In der Vereinbarung soll festgelegt werden, dass auch vor strukturellen Änderungen der SE Verhandlungen über die Beteiligung der Arbeitnehmer in der SE aufgenommen werden. [2]Die Parteien können das dabei anzuwendende Verfahren regeln.

(5) Die Vereinbarung kann bestimmen, dass die Regelungen der §§ 22 bis 33 über den SE-Betriebsrat kraft Gesetzes und der §§ 34 bis 38 über die Mitbestimmung kraft Gesetzes ganz oder in Teilen gelten.

(6) [1]Unbeschadet des Verhältnisses dieses Gesetzes zu anderen Regelungen der Mitbestimmung der Arbeitnehmer im Unternehmen muss in der Vereinbarung im Fall einer durch Umwandlung gegründeten SE in Bezug auf alle Komponenten der Arbeitnehmerbeteiligung zumindest

das gleiche Ausmaß gewährleistet werden, das in der Gesellschaft besteht, die in eine SE umgewandelt werden soll. [2] Dies gilt auch bei einem Wechsel der Gesellschaft von einer dualistischen zu einer monistischen Organisationsstruktur und umgekehrt.

Übersicht

	Rn.
I. Allgemeines	1
II. Abschluss der Vereinbarung	2
1. Parteien und Einigung	2
2. Rechtsnatur	4
3. Mängel und ihre Folgen	5
III. Inhalt der Vereinbarung	8
1. Vorgaben nach Abs. 1	8
a) Geltungsbereich der Vereinbarung	9
b) SE-Betriebsrat	10
c) Unterrichtung und Anhörung	12
d) Häufigkeit der Sitzungen	14
e) Finanzielle und materielle Mittel	15
f) Inkrafttreten und Laufzeit der Vereinbarung	16
2. Verfahren ohne SE-Betriebsrat (Abs. 2)	19
3. Mitbestimmung (Abs. 3)	20
a) Zahl der Arbeitnehmervertreter	21
b) Verfahren der Wahl oder Bestellung	24
c) Rechte der Mitglieder	26
d) Weitere Inhalte	27
e) Geschlechterquote in der SE	28
4. Strukturelle Änderungen (Abs. 4)	29
5. Auffangregelungen (Abs. 5)	30
6. Verschlechterungsverbot (Abs. 6)	31
IV. Prüfungspflicht des Registergerichts	36
V. Streitigkeiten	37

I. Allgemeines

1   Bei § 21 handelt es sich um die einzige Vorschrift des SEBG zur Beteiligung der Arbeitnehmer kraft Vereinbarung. Da die Beteiligung der Arbeitnehmer nach der SE-RL sowie dem SEBG vorrangig durch eine Vereinbarung zwischen den Parteien getroffen werden soll (vgl. Erwägungsgrund 8 der SE-RL; §§ 1 Abs. 2 S. 1, 13 Abs. 1 S. 1 SEBG), stellt § 21 die **zentrale Vorschrift** des SEBG dar. Sie soll einen sachgerechten Ausgleich zwischen den unterschiedlichen Rechtslagen in den einzelnen Mitgliedstaaten herstellen und eine Anpassung an die Bedürfnisse der künftigen SE ermöglichen (BT-Drs. 15/3405, 51). Dafür betont der Gesetzgeber zum einen die **Autonomie der Parteien** (vgl. § 21 Abs. 1 Hs. 1), andererseits schreibt er den Parteien gewisse **Mindestinhalte** für die Vereinbarung vor (§ 21 Abs. 1 Nr. 1–6). Gemäß § 21 Abs. 4 soll vereinbart werden, dass Verhandlungen auch vor strukturellen Änderungen stattfinden; die Parteien können insofern insbesondere das Verfahren regeln. Die Vereinbarung kann weiterhin gemäß § 21 Abs. 5 bestimmen, dass die gesetzlichen Auffangregelungen nach §§ 22 ff., 34 ff. ganz oder in Teilen gelten. § 21 Abs. 6 enthält eine Sonderregel für den Fall der Gründung durch Umwandlung. § 21 setzt Art. 4 SE-RL um.

II. Abschluss der Vereinbarung

2   **1. Parteien und Einigung.** Gemäß § 21 Abs. 1 wird die Vereinbarung zwischen den **Leitungen** (§ 2 Abs. 5) und dem **bVG** geschlossen. Lediglich im Fall

der Wiederaufnahme der Verhandlung tritt an die Stelle der Leitungen der beteiligten Gesellschaften die Leitung der SE (§ 18 Abs. 4). Wird aufgrund geplanter struktureller Änderungen neu verhandelt, können die Verhandlungen einvernehmlich vom SE-Betriebsrat geführt werden (§ 18 Abs. 3; zu Einzelheiten → § 18 Rn. 16). Für die Vereinbarung ist eine Einigung gemäß §§ 145 ff. BGB erforderlich (KK-AktG/*Feuerborn* Rn. 6; MüKoAktG/*Jacobs* Rn. 5: analoge Anwendung). Weiterhin ist ein Beschluss des bVG unter Einhaltung der doppelten Mehrheit nach § 15 Abs. 2 zu fassen. Bei einer Minderung der Beteiligungsrechte durch den Beschluss bedarf es sogar der qualifizierten Zweidrittelmehrheit nach § 15 Abs. 3. Auf Seiten der Leitungen ist die Beschlussfassung gesetzlich nicht geregelt, hier gilt, dass alle Leitungen entsprechend den jeweiligen nationalen Regelungen zustimmen müssen (*Grobys* NZA 2005, 84 [88]; MüKoAktG/*Jacobs* Rn. 5). Die Vereinbarung bedarf der **Schriftform** (§ 126 Abs. 1 BGB), ansonsten ist sie unwirksam (MüKoAktG/*Jacobs* Rn. 5). Die **Sprache** der Vereinbarung können die Parteien frei wählen (KK-AktG/*Feuerborn* Rn. 10).

Da das SEBG dem Vorsitzenden des bVG keine Befugnisse einräumt, die denen des Vorsitzenden des SE-Betriebsrates entsprechen (§ 23 Abs. 3), wird vereinzelt die Unterzeichnung der Vereinbarung durch alle Mitglieder des bVG oder jedenfalls der für den Beschluss benötigten Mehrheit der Mitglieder empfohlen (KK-AktG/*Feuerborn* Rn. 9). Richtigerweise wird man § 23 Abs. 3 jedoch analog auf den Vorsitzenden des bVG anwenden können (im Ergebnis so auch *Hoops* Die Mitbestimmungsvereinbarung in der Europäischen Aktiengesellschaft (SE), 2009, S. 105 f.; MüKoAktG/*Jacobs* Rn. 5; LHT/*Oetker* Rn. 19). **3**

2. Rechtsnatur. Weil die Vereinbarung sowohl privatrechtliche als auch kollektivrechtliche Elemente enthalten kann (MüKoAktG/*Jacobs* Rn. 8), stellt sich die Frage nach der Rechtsnatur der Vereinbarung. Gegen eine Einordnung als Tarifvertrag spricht unter anderem, dass der Arbeitskampf als bei Tarifverträgen typisches Druckmittel aufgrund der ausdifferenzierten Regelungen des SEBG zur Durchsetzung einer Vereinbarung unzulässig ist (MHdB ArbR/*Wißmann* § 287 Rn. 7; MüKoAktG/*Jacobs* Rn. 8; auch → § 13 Rn. 3). Im Übrigen sind Tarifverträge zwingend von den in § 2 TVG definierten Tarifvertragsparteien abzuschließen (MüKoAktG/*Jacobs* Rn. 8). Als Betriebsvereinbarung lässt sich die Vereinbarung ebenfalls nicht qualifizieren, da es sich bei bVG und Betriebsrat um zwei völlig unterschiedliche Gremien handelt (LHT/*Oetker* Rn. 24; MüKoAktG/*Jacobs* Rn. 8). Es ist vielmehr von einem **Kollektivvertrag sui generis mit normativer Wirkung** auszugehen (ähnlich MüKoAktG/*Jacobs* Rn. 9; KK-AktG/*Feuerborn* Rn. 16; LHT/*Oetker* Rn. 25; NFK/*Freis* Rn. 4; NK-SE/*Evers/Hartmann* Rn. 8). Damit sind die für Normenverträge geltenden Auslegungsgrundsätze anzuwenden, welche sich wiederum an den **Grundsätzen der Gesetzesauslegung** orientieren (KK-AktG/*Feuerborn* Rn. 17; LHT/*Oetker* Rn. 27). **Regelungslücken** können durch Heranziehung der **gesetzlichen Auffanglösung** geschlossen werden, sofern Sinn und Zweck der Vereinbarung im Übrigen nicht dagegen sprechen (HWK/*Hohenstatt/Dzida* SEBG Rn. 39; MüKoAktG/*Jacobs* Rn. 10). **4**

3. Mängel und ihre Folgen. Das SEBG regelt nicht die Folgen etwaiger Mängel der Beteiligungsvereinbarung. Zu unterscheiden sind Mängel beim **Zustandekommen** der Vereinbarung **(formelle Mängel)** sowie **inhaltliche Mängel** (ähnlich LHT/*Oetker* Rn. 89). **5**

Fehler beim **Zustandekommen** der Vereinbarung **(formelle Mängel)** führen zu deren Unwirksamkeit, soweit die Regeln, gegen die verstoßen wurde, für das Zustandekommen der Vereinbarung **wesentlich** sind (unter Hinweis auf die parallele Rechtslage im Betriebsverfassungsrecht MüKoAktG/*Jacobs* Rn. 12; vgl. **6** auch LHT/*Oetker* Rn. 90; KK-AktG/*Feuerborn* Rn. 79). Auf dieser Grundlage ist von einer **Unwirksamkeit** der Vereinbarung auszugehen, wenn die für den jeweiligen Beschluss des bVG erforderliche Mehrheit nicht vorlag (§ 15 Abs. 2, 3; vgl. MüKoAktG/*Jacobs* Rn. 12) oder die Einladung zur konstituierenden Sitzung des bVG unterblieb bzw. fehlerhaft erfolgte (MüKoAktG/*Jacobs* Rn. 12). Ist der Beschluss unwirksam, führt dies zur Unwirksamkeit der Vereinbarung. Ein unwirksamer Beschluss kann nicht geheilt, jedoch unter Beachtung der formellen Vorschriften wiederholt werden (MüKoAktG/*Jacobs* Rn. 12). Hingegen führen Verstöße gegen die Geschäftsordnung des bVG oder gegen den Grundsatz der nichtöffentlichen Verhandlung nicht zur Unwirksamkeit (MüKoAktG/*Jacobs* Rn. 12). Gleiches gilt für Verstöße gegen § 17 (Mängel der Niederschrift; → § 17 Rn. 1; LHT/*Oetker* Rn. 91), § 13 Abs. 2 S. 1 (Verstoß gegen Auskunftsobliegenheiten) oder gegen § 14 (Hinzuziehung von Sachverständigen; MüKoAktG/*Jacobs* Rn. 12). Der *Arbeitskreis Aktien- und Kapitalmarktrecht* hat de lege ferenda vorgeschlagen (ZIP 2010, 2221 [2225], dort § 20a Abs. 1), bei Verfahrensfehlern ein befristetes Anfechtungsrecht einzuräumen, so dass bei etwaigen formellen Mängeln nach Ablauf der Anfechtungsfrist Rechtssicherheit einträte, was begrüßenswert wäre.

7　　Inhaltliche (materielle) Mängel der Vereinbarung können sich ergeben, wenn sich die Vereinbarung über die entsprechenden Innen- oder Außenschranken hinwegsetzt. Die **Innenschranken** ergeben sich aus §§ 2 Abs. 8, 21, insbesondere aus § 21 Abs. 6 für den Fall der SE-Gründung durch Umwandlung. Die **Außenschranken** werden bei einem Verstoß gegen Verfassungsrecht, gegen das Missbrauchsverbot des § 43 und gegen die zwingenden Bestimmungen der SE-VO und des SEAG überschritten (vgl. im Einzelnen MüKoAktG/*Jacobs* Rn. 12, 19; *Hoops* Die Mitbestimmungsvereinbarung in der Europäischen Aktiengesellschaft (SE), 2009, S. 113 ff.). Im Zweifel ist bei der Unwirksamkeit einzelner Bestimmungen der Vereinbarung nicht von einer **Gesamtnichtigkeit** auszugehen (so auch § 20a Abs. 2 des Gesetzesvorschlags des *Arbeitskreises Aktien- und Kapitalmarktrecht* ZIP 2010, 2221 [2225]). Entsprechend der Rechtslage im Betriebsverfassungsrecht ist vielmehr nur dann von einer Nichtigkeit im Ganzen auszugehen, wenn die wirksamen Teile der Vereinbarung ansonsten **keine sinnvolle und geschlossene Regelung** mehr darstellen (hM, LHT/*Oetker* Rn. 93; KK-AktG/*Feuerborn* Rn. 80; MüKoAktG/*Jacobs* Rn. 12). Bei insgesamt unwirksamen Regelungen zur unternehmerischen Mitbestimmung können in aller Regel die Bestimmungen zum SE-Betriebsrat fortgelten; die Vereinbarung ist insofern regelmäßig **teilbar** (Rieble/Junker/*Rieble* § 3 Rn. 82; MüKoAktG/*Jacobs* Rn. 12). Entstehen durch unwirksame Bestimmungen **Lücken** im Hinblick auf die Regelungsgegenstände gemäß § 21 Abs. 1–4, können diese – sofern sich nicht aus der Auslegung der übrigen Bestimmungen der Vereinbarung eine sinnvolle Lösung ergibt – durch Anwendung der **gesetzlichen Auffanglösung** geschlossen werden, soweit sich hierdurch keine Systembrüche ergeben (KK-AktG/*Feuerborn* Rn. 80; MüKoAktG/*Jacobs* Rn. 10).

III. Inhalt der Vereinbarung

8　　**1. Vorgaben nach Abs. 1.** Die Inhalte der Vereinbarung können weitgehend autonom ausgehandelt werden (vgl. § 21 Abs. 1 Hs. 1). Gemäß § 21 Abs. 1 muss die Vereinbarung jedoch gewisse Mindestinhalte aufweisen. Der **Katalog** der § 21 Abs. 1 ergibt sich überwiegend aus Art. 4 Abs. 2 SE-RL. Die Vorgaben in § 21 Abs. 1–3 sind durchgehend zwingend. Dies schließt entgegen des Wortlauts in § 21 Abs. 3 S. 2 („soll") auch die Regelungsinhalte zur Mitbestimmung ein (genauer → Rn. 20).

a) **Geltungsbereich der Vereinbarung.** Die Vertragsparteien müssen gemäß 9
§ 21 Abs. 1 Nr. 1 den Geltungsbereich der Vereinbarung einschließlich der ggf.
einbezogenen außerhalb des Hoheitsgebiets der Mitgliedstaaten liegenden Unternehmen und Betriebe festlegen. Obwohl eine SE grundsätzlich nur von Unternehmen aus den Mitgliedstaaten errichtet werden kann (§ 3), können also auch
Betriebe und Unternehmen **außerhalb des Hoheitsgebiets** der Mitgliedstaaten
in die Vereinbarung mit einbezogen werden; damit soll internationalen Konzernstrukturen Rechnung getragen werden (BT-Drs. 15/3405, 51). Zwar ist diese
Möglichkeit nicht durch die SE-RL vorgesehen, allerdings eröffnet diese einen
weiten Gestaltungsspielraum, so dass die Regelung nicht europarechtswidrig ist
(KK-AktG/*Feuerborn* Rn. 22).

b) **SE-Betriebsrat.** Gemäß § 21 Abs. 1 Nr. 2 müssen die **Zusammenset-** 10
zung des SE-Betriebsrats, die **Anzahl seiner Mitglieder** und die **Sitzvertei-**
lung festgelegt werden; dies umfasst auch die Auswirkung wesentlicher Änderungen der Arbeitnehmerzahlen der SE. Die Vorschrift entspricht weitgehend § 18
Abs. 1 S. 2 Nr. 2–5 EBRG (vgl. im Einzelnen LHT/*Oetker* Rn. 47). Bei den
Regelungen zur Zusammensetzung des SE-Betriebsrates kann von § 23 Abs. 1
SEBG abgewichen werden. Es ist zB nicht erforderlich, dass im SE-Betriebsrat
kraft Vereinbarung die Arbeitnehmer aller Mitgliedstaaten direkt repräsentiert
sind (HWK/*Hohenstatt/Dzida* SEBG Rn. 35). Die Vereinbarung kann hierfür
Schwellenwerte (vgl. im Rahmen des EBRG *Blanke* EBRG § 41 Rn. 18 ff.)
festlegen (Repräsentation im SE-Betriebsrat nur ab einer bestimmten Belegschaftsgröße); alternativ kommt die Bildung sog. **Entsendungskreise** in Betracht
(gemeinsame Delegierte für mehrere Mitgliedstaaten; HWK/*Hohenstatt/Dzida*
SEBG Rn. 35). Hierdurch kann eine höhere Effizienz des Gremiums erreicht
und eine sonst unvermeidliche Verzerrung der Mehrheitsverhältnisse vermieden
werden (Vermeidung der Überrepräsentation kleiner Belegschaften). Ob der SE-
Betriebsrat zusätzlich mit externen Mitgliedern bestückt werden darf (zB **Ge-**
werkschaftsvertreter), ist umstritten (für die Zulässigkeit – bei Aufrechterhaltung der Legitimierung des Gremiums durch die Belegschaft – MüKoAktG/*Jacobs*
Rn. 32; *Thüsing* ZIP 2006, 1469 [1474]; aA KK-AktG/*Feuerborn* Rn. 29 mwN).
UE ist die Festlegung in § 23 Abs. 1 S. 2, wonach sich im SE-Betriebsrat kraft
Gesetzes nur Arbeitnehmer der SE oder ihrer Tochtergesellschaften oder Betriebe
befinden, programmatisch und eine bewusste Abweichung von den Regelungen
zur Mitbestimmung, die externe Gewerkschaftsvertreter ausdrücklich einbeziehen. Hiervon kann durch Vereinbarung nicht abgewichen werden. Anders verhält
es sich mit **leitenden Angestellten** (MüKoAktG/*Jacobs* Rn. 32; KK-AktG/
Feuerborn Rn. 29), die selbstverständlich zum Kreis der Mitglieder gehören können; die Vereinbarung kann ihnen in der Mitbestimmungsvereinbarung Sitze
zuweisen.

Jedoch folgt aus § 21 Abs. 1 Nr. 2 nicht, dass ein SE-Betriebsrat zwingend 11
gegründet werden muss. Vielmehr ergibt sich aus § 21 Abs. 2, dass eine Vereinbarung auch bestimmen kann, dass von der Bildung eines **SE-Betriebsrats**
abgesehen und ein anderes Verfahren zur Unterrichtung und Anhörung festgelegt
wird. So wäre es denkbar, von der Errichtung eines gesonderten Gremiums für
die SE abzusehen und auf der Basis eines bestehenden EBR (der EBR kann als
solcher allerdings nicht fortbestehen (§ 47 Abs. 1 Nr. 2), so dass man ihn in der
Mitbestimmungsvereinbarung allenfalls in einen SE Betriebsrat „umfunktionie-
ren" kann; vgl. HWK/*Hohenstatt/Dzida* SEBG Rn. 35; so wohl auch MüKo-
AktG/*Jacobs* Rn. 16) und/oder bestehender nationaler Gremien ein grenzüberschreitendes Verfahren zur Unterrichtung und Anhörung zu etablieren (MüKo-
AktG/*Jacobs* Rn. 16). In der Praxis wird von dieser Möglichkeit indessen – soweit
ersichtlich – kein Gebrauch gemacht, da man sich hiervon keine höhere Effizienz

verspricht. Ein gänzlicher Verzicht auf ein solches Verfahren im Rahmen der Vereinbarung gemäß § 21 wäre hingegen unzulässig (HWK/*Hohenstatt/Dzida* SEBG Rn. 35; LHT/*Oetker* Rn. 46; Oetker/Preis/*Joost* B 8200 Rn. 115; ausführlich MüKoAktG/*Jacobs* Rn. 17). Ebenso wären Regelungen unwirksam, mit denen dem SE-Betriebsrat auch in Angelegenheiten, die lediglich einen Mitgliedstaat betreffen, Informations- und Anhörungsrechte eingeräumt werden. Der SE-Betriebsrat darf nicht zum „Ersatzbetriebsrat" umfunktioniert werden (MüKo-AktG/*Jacobs* Rn. 31 mwN).

12   **c) Unterrichtung und Anhörung.** Die Vereinbarung muss gemäß § 21 Abs. 1 Nr. 3 Regelungen über die Befugnisse und das Verfahren zur Unterrichtung des SE-Betriebsrats enthalten. Daraus lässt sich schließen, dass von den Regelungen in **§§ 28, 29 (Auffangregelung) abgewichen** werden kann (vgl. BT-Drs. 15/3405, 51). Die Parteien können die in diesen Vorschriften gewährleisteten Beteiligungsrechte daher einschränken oder erweitern (MüKoAktG/*Jacobs* Rn. 31; KK-AktG/*Feuerborn* Rn. 31). Die Festlegung echter Mitbestimmungsrechte würde hingegen über eine Information und Anhörung hinausgehen und wäre daher unzulässig (Rieble/Junker/*Rieble* § 3 Rn. 93; MüKoAktG/*Jacobs* Rn. 31; vgl. auch KK-AktG/*Feuerborn* Rn. 32, dessen Begründung mit der Systematik des deutschen Arbeitsrechts allerdings problematisch ist, da das BetrVG unstreitig echte Mitbestimmungsrechte vorsieht; aA im Sinne der Zulässigkeit echter Mitbestimmungsrechte *Thüsing* ZIP 2006, 1469 [1471 f.]).

13   Üblich und sinnvoll ist die Präzisierung bestehender **Informationspflichten** gegenüber dem SE-Betriebsrat, möglichst zugeschnitten auf die Besonderheiten des betr. Unternehmens. Im Hinblick auf außergewöhnliche Umstände können sich ebenfalls Präzisierungen empfehlen, zB indem für bestimmte Maßnahmen Schwellenwerte oder andere Anforderungen an die Bedeutung der Angelegenheit festgelegt werden; auch das diesbezügliche Verfahren kann abweichend von § 29 geregelt werden. Häufig wird das gesamte Verfahren insofern auf einen besonderen **Ausschuss** des SE-Betriebsrates übertragen, so dass eine „unterjährige" Befassung des gesamten Gremiums unterbleiben kann, sofern der Ausschuss die Angelegenheit nicht auf die Ebene des Plenums eskaliert.

14   **d) Häufigkeit der Sitzungen.** In der Vereinbarung muss zudem gemäß § 21 Abs. 1 Nr. 4 die Häufigkeit der Sitzungen des SE-Betriebsrats festgelegt werden. Darüber hinaus empfiehlt es sich, festzulegen, **wer** die Sitzungen einberuft, ob und wann **vorbereitende Sitzungen** stattfinden und unter welchen Voraussetzungen **außerordentliche Sitzungen** erfolgen (KK-AktG/*Feuerborn* Rn. 33).

15   **e) Finanzielle und materielle Mittel.** Gemäß § 21 Abs. 1 Nr. 5 sind in der Vereinbarung die dem SE-Betriebsrat bereitzustellenden **finanziellen und materiellen Mittel** festzulegen. Dabei kommen beispielsweise Regelungen bezüglich der Büroräume und des Büropersonals, der Erstattung von Reisekosten, von Dolmetschern und Sachverständigen in Betracht (KK-AktG/*Feuerborn* Rn. 34). Es ist auch möglich, dem SE-Betriebsrat ein **Budget** zur Verfügung zu stellen (skeptisch wegen des Begünstigungsverbots aus § 44 Nr. 3 MüKoAktG/*Jacobs* Rn. 33); die Vereinbarung sollte dann das Nähere zur Festlegung des Budgets in der Zukunft, zu den darunter fallenden Ausgaben und zur Kontrolle der Rechtmäßigkeit der Mittelverwendung regeln.

16   **f) Inkrafttreten und Laufzeit der Vereinbarung.** Nach § 21 Abs. 1 Nr. 6 sind der Zeitpunkt des Inkrafttretens der Vereinbarung und deren Laufzeit festzulegen. Dabei kann vereinbart werden, dass die Vereinbarung erst mit der **Eintragung** der SE in Kraft tritt, da Voraussetzung für die Eintragung nach Art. 12 Abs. 2 SE-VO lediglich eine wirksame Vereinbarung ist (MüKoAktG/*Jacobs* Rn. 25). Das Inkrafttreten der Vereinbarung kann außerdem an die **Ge-**

nehmigung durch die Hauptversammlung der beteiligten Gesellschaften gekoppelt werden (LHT/*Oetker* Rn. 33; MüKoAktG/*Jacobs* Rn. 25). Ihre Laufzeit kann auf einen bestimmten Zeitraum **begrenzt** werden; wird sie auf unbestimmte Zeit geschlossen, kann sie von den Parteien nur außerordentlich aus wichtigem Grund gekündigt werden (MüKoAktG/*Jacobs* Rn. 27). Ein Ausschluss der ordentlichen Kündigung ist sowohl bei einer befristeten als auch bei einer unbefristeten Vereinbarung möglich (KK-AktG/*Feuerborn* Rn. 36).

Es fehlt an einer gesetzlichen Regelung zu den Wirkungen einer **Beendigung** **17** **der Mitbestimmungsvereinbarung.** Teilweise wird angenommen, dass nach Ablauf der Vereinbarung die gesetzliche Auffangregelung gelte, sofern nicht rechtzeitig eine neue Vereinbarung abgeschlossen wird (NK-SE/*Hennings* 1. Aufl. 2005, SE-RL Art. 4 Rn. 31, der § 18 Abs. 3 S. 3 analog anwenden möchte; s. auch *Forst* EuZW 2011, 333 [334 f.], der bei Kündigung mit erkennbarem Beendigungswillen Nachwirkung ablehnt und ebenfalls die Auffangregelungen zur Anwendung bringen möchte). Dies wird jedoch regelmäßig nicht dem Willen der Parteien entsprechen, da dies – je nach Struktur der Regelungen in der Mitbestimmungsvereinbarung – zum Erfordernis der Neuwahl des SE-Betriebsrates und/oder zur Neubesetzung des Aufsichts- oder Verwaltungsorgans führen würde, was insbesondere dann nicht sinnvoll erscheint, wenn die Parteien alsbald die Verlängerung der bisherigen Mitbestimmungsvereinbarung oder eine andere Vereinbarungslösung herbeiführen wollen (zutreffend *Forst* EuZW 2011, 333 [335]). Da eine Analogie zu § 4 Abs. 5 TVG oder § 77 Abs. 6 BetrVG aus systematischen Gründen nicht in Betracht kommt (*Forst* EuZW 2011, 333 [335]), kann das sinnvolle Ergebnis einer **Nachwirkung** der Mitbestimmungsvereinbarung nur mittels **Auslegung** (hypothetischer Parteiwille) hergeleitet werden (MüKoAktG/*Jacobs* Rn. 29 leitet die Nachwirkung aus dem Rechtsgedanken von § 26 Abs. 2 S. 2 her; im Einzelnen auch LHT/*Oetker* Rn. 38; Rieble/ Junker/*Rieble* § 3 Rn. 25; gegen Nachwirkung *Hoops* Die Mitbestimmungsvereinbarung in der Europäischen Aktiengesellschaft (SE), 2009, S. 130; wohl auch NK-SE/*Evers/Hartmann* Rn. 17). Allerdings muss man zur Vermeidung einer „ewigen" Fortgeltung der einmal geschlossenen Vereinbarung nach Ablauf der Mitbestimmungsvereinbarung einen Verhandlungsanspruch beider Seiten anerkennen. Sofern eine Seite nach Ablauf oder Kündigung der Mitbestimmungsvereinbarung diesen Verhandlungsanspruch geltend macht, ist ein **„Neuverhandlungsfall"** anzunehmen (ähnlich MüKoAktG/*Jacobs* Rn. 29; s. auch den Regelungsvorschlag des *Arbeitskreis Aktien- und Kapitalmarktrecht* in ZIP 2010, 2221 [2226] (§ 21 Abs. 7 SEBG-E). Entgegen des Regelungsvorschlags des *Arbeitskreis Aktien- und Kapitalmarktrecht* (ZIP 2010, 2221 [2226]) sollte allerdings bereits aus Praktikabilitätsgründen Einigkeit bestehen, dass die neuen Verhandlungen analog § 26 Abs. 2 S. 1 vom SE-Betriebsrat zu führen sind, wie dies auch § 18 Abs. 3 S. 2 fakultativ vorsieht (aA MüKoAktG/*Jacobs* Rn. 29: Bildung eines bVG). **§ 20 ist analog anzuwenden** (vgl. MüKoAktG/*Jacobs* Rn. 29). Nach unserer Auffassung beginnt die Frist von sechs Monaten erst mit Geltendmachung des Verhandlungsanspruchs, da erst zu diesem Zeitpunkt deutlich wird, dass eine der beiden Seiten nicht mehr an der Vereinbarung festhalten will. Vorbehaltlich einer Verlängerung analog § 20 Abs. 2 gelten die **Auffangregelungen** folglich nach dem Ablauf dieser Frist, sofern nicht zuvor eine Mitbestimmungsvereinbarung abgeschlossen werden kann. Bei der Anwendung der Auffangregelungen müssen allerdings die **Verhältnisse** zugrunde gelegt werden, die zum **Zeitpunkt der Gründung der SE** bestanden. Ansonsten käme es durch zwischenzeitliche Veränderungen entgegen des „Vorher-Nachher-Prinzips" (→ § 1 Rn. 4) zu Änderungen im Hinblick auf das Mitbestimmungsniveau.

Vorzugswürdig ist eine spezifische Regelung der Beendigung und der Nach- **18** wirkung in der Mitbestimmungsvereinbarung (*Hoops* Die Mitbestimmungsvereinbarung in der Europäischen Aktiengesellschaft (SE), 2009, S. 130; LHT/ *Oetker* Rn. 41), da keineswegs gesichert ist, dass sich die vorstehend entwickelten Grundsätze im Streitfall durchsetzen. Aufgrund der **Vereinbarungsautonomie** der Parteien genießen diese einen großen Gestaltungsspielraum; sie können ggf. auch eine „ewige" Nachwirkung der Mitbestimmungsvereinbarung nach Ablauf oder Kündigung vereinbaren. Dies entspricht dem Gedanken von § 26 Abs. 2 S. 2 SEBG, wonach die bisherige Regelung weiter Anwendung findet, wenn der SE-Betriebsrat zwar den Beschluss fasst, über eine neue Vereinbarung zu verhandeln, eine solche letztlich aber nicht zustande kommt.

19   **2. Verfahren ohne SE-Betriebsrat (Abs. 2).** Die Parteien können sich auch darauf einigen, keinen SE-Betriebsrat zu errichten. In diesem Fall haben sie gemäß § 21 Abs. 2 die **Modalitäten des Verfahrens** zur Unterrichtung und Anhörung festzulegen, wobei der in § 21 Abs. 1 aufgeführte Mindestinhalt gemäß § 21 Abs. 2 S. 2 auch hier gilt. Ein vollständiger Verzicht auf Unterrichtungs- und Anhörungsrechte ist jedoch nicht möglich, da dies dem Grundgedanken der SE-RL zuwiderlaufen würde (vgl. Erwägungsgrund 6 SE-RL; KK-AktG/*Feuerborn* Rn. 39). Lediglich über einen Beschluss des bVG nach § 16 Abs. 1 ist ein solches Vorgehen möglich (→ § 16 Rn. 1 ff.). Jedoch sind die Parteien bei der Ausgestaltung eines alternativen Unterrichtungs- und Anhörungsverfahrens weitgehend frei (KK-AktG/*Feuerborn* Rn. 40).

20   **3. Mitbestimmung (Abs. 3).** Wird eine Vereinbarung über die Mitbestimmung der Arbeitnehmer getroffen, ist gemäß § 21 Abs. 3 S. 1 deren **Inhalt** festzulegen. Dadurch wird klargestellt, dass es den Parteien frei steht, ob sie eine Vereinbarung zur Mitbestimmung treffen (BT-Drs. 15/3405, 51; ausführlich MüKoAktG/*Jacobs* Rn. 18). Diese Gestaltungsfreiheit ergibt sich auch aus § 16 Abs. 1, Abs. 3. Danach kann das bVG außer in dem Sonderfall des § 16 Abs. 3 beschließen, keine Verhandlungen aufzunehmen bzw. die Verhandlungen abzubrechen. In diesen Fällen gibt es für die SE keine Mitbestimmungsregelungen, während § 16 Abs. 1 S. 3 – im Gegensatz hierzu – die nationalen Vorschriften zur Unterrichtung und Anhörung der Arbeitnehmer für anwendbar erklärt (→ § 16 Rn. 3). Eine Ausnahme vom Grundsatz der Vereinbarungsfreiheit regelt § 21 Abs. 6 für den Fall der SE-Gründung durch Umwandlung. In dieser Konstellation muss die Vereinbarung zwingend mindestens das bisherige Mitbestimmungsniveau gewährleisten (→ Rn. 31). § 21 Abs. 3 S. 2 enthält einen **nicht abschließenden Katalog** („insbesondere") für den Inhalt einer Vereinbarung über die Mitbestimmung. Dabei handelt es sich um den zwingenden Mindestinhalt (*Seibt* Der Konzern 2005, 407 [422]; KK-AktG/*Feuerborn* Rn. 44; *Hoops,* Die Mitbestimmungsvereinbarung in der Europäischen Aktiengesellschaft (SE), 2009, S. 157; aA MüKoAktG/*Jacobs* Rn. 34; differenzierend LHT/*Oetker* Rn. 52 f.): Zwar spricht der Wortlaut des Gesetzes, insbesondere im Kontrast zu § 21 Abs. 1 (dort „wird", bei § 21 Abs. 3 S. 2: „soll"), für einen nicht zwingenden Charakter, allerdings ist der dieser Regelung zugrunde liegende Art. 4 Abs. 2 lit. g SE-RL als zwingende Regelung ausgestaltet („wird … festgelegt"), so dass sie in europarechtskonformer Auslegung als **zwingend** anzusehen ist. Bei Regelungslücken können allerdings ergänzend die Auffangregelungen herangezogen werden, soweit sich diese mit den sonstigen Inhalten der Mitbestimmungsvereinbarung sinnvoll verbinden lassen (→ Rn. 4; MüKoAktG/*Jacobs* Rn. 23).

21   **a) Zahl der Arbeitnehmervertreter.** Gemäß § 21 Abs. 3 S. 2 Nr. 1 ist die Zahl der Mitglieder des Aufsichts- oder Verwaltungsorgans der SE, welche die Arbeitnehmer wählen oder bestellen können, bzw. deren Bestellung sie empfehlen oder ablehnen können, festzulegen. Hierbei ist insbesondere streitig, ob die Parteien damit die **Gesamtzahl der Mitglieder des Aufsichts- oder Ver-**

waltungsorgans, also dessen **Größe** festlegen können (vgl. LHT/*Oetker* Rn. 54). Hiergegen wird eingewandt, dass der Wortlaut der Vorschrift, nach welchem die Anzahl der Arbeitnehmervertreter, also gerade nicht die Anzahl aller Organmitglieder, festzulegen ist, gegen die Zulässigkeit der Festlegung in der Mitbestimmungsvereinbarung spreche (so auch *Henssler/Sittard* KSzW 2011, 359 [361]). Dabei wird jedoch übersehen, dass die Regelungen in § 21 Abs. 3 S. 2, Abs. 4 nicht abschließend sind („insbesondere"; MüKoAktG/*Jacobs* Rn. 34; WHSS/*Seibt* Rn. F 176; ebenso *Oetker* ZIP 2006, 1113 [1116], der allerdings zutreffend herleitet, dass sich die Regelungsbefugnis bezüglich der Gremiengröße bereits aus einer systematischen Auslegung von § 21 Abs. 3 S. 2 Nr. 1 ergibt, *Oetker* ZIP 2006, 1113 [1115]). Auch lässt sich nicht ohne weiteres argumentieren, dass es bei der Größe des Aufsichts- oder Verwaltungsorgans (nur) um eine „unternehmerische (Planungs-) Entscheidung" gehe, die der „Mitbestimmung vorangeht" (so aber *Jacobs* FS K. Schmidt, 2009, 795 [804]; ähnlich *Henssler/Sittard* KSzW 2011, 359 [361]). Die Größe des Gremiums hat vielmehr eine klar auf der Hand liegende Mitbestimmungsrelevanz, da hiermit die Zahl der Arbeitnehmervertreter und damit eine Frage des faktischen Einflusses entschieden wird; nur weil diese Mitbestimmungsrelevanz gegeben ist, ist diese Streitfrage überhaupt von so großem Interesse. Die grundsätzliche Eignung der Materie als **Gegenstand der Mitbestimmungsvereinbarung** ist daher zu bejahen (HWK/ *Hohenstatt/Dzida* SEBG Rn. 36; WHSS/*Seibt* Rn. F 176; insofern auch *Forst* Die Beteiligungsvereinbarung nach § 21 SEBG, 2010, S. 263; s. auch LHT/*Oetker* Rn. 57; aA *Kallmeyer* AG 2003, 197 [199]; KK-AktG/*Feuerborn* Rn. 52; *Kiem* ZHR 173 [2009], 156 [175 ff.]; *Habersack* AG 2006, 345 ff.). Dieses Ergebnis als Ausfluss der in § 21 Abs. 3 zum Ausdruck kommenden Privatautonomie ist indessen im Wege der **praktischen Konkordanz** mit der **Satzungsautonomie der Hauptversammlung** und der Organisationsautonomie der Gesellschaftsorgane abzuwägen (ähnlich schon *Forst* Die Beteiligungsvereinbarung nach § 21 SEBG, 2010, S. 263 f.; explizit WHSS/*Seibt* Rn. F 176; → SE-VO Art. 12 Rn. 32). Da die Festlegung der Größe des Organs dem „Randbereich der Privatautonomie" zuzuweisen ist (*Forst* Die Beteiligungsvereinbarung nach § 21 SEBG, 2010, S. 263; *Seibt* ZIP 2010, 1057; WHSS/*ders.* Rn. F 176), werden Bestimmungen zur Organgröße in der Regel von der Satzungsautonomie verdrängt. Dieses Ergebnis wird durch Art. 40 Abs. 3, 43 Abs. 2 SE-VO gestützt, wonach die Größe des Organs durch die Satzung festgelegt wird (Auf diese Vorschriften beziehen sich auch – allerdings im Sinne einer ausschließlichen Kompetenz des Satzungsgebers – *Henssler/Sittard* KSzW 2011, 359 [363]; *Jacobs* FS K. Schmidt, 2009, 795 [804]; KK-AktG/*Feuerborn* Rn. 52; aA insofern LHT/*Oetker* Rn. 65). § 12 Abs. 4 SE-VO steht dem nicht entgegen; die Anpassung der Satzung an die Mitbestimmungsvereinbarung kommt nicht in Betracht, wenn die vereinbarte Regelung durch die Satzungsautonomie verdrängt wird (*Forst* Die Beteiligungsvereinbarung nach § 21 SEBG, 2010, S. 263; so auch MüKoAktG/*Jacobs* Rn. 35). Soweit diese Vorschrift der Mitbestimmungsvereinbarung Vorrang vor der Satzung einräumt, setzt dies naturgemäß voraus, dass die Vereinbarung den grundsätzlichen Satzungsvorrang respektiert (MüKoAktG/*Reichert/Brandes* SE-VO Art. 40 Rn. 68; zustimmend *Oetker* ZIP 2006, 1113 [1116]; dies übersehen NFK/*Freis* Rn. 22; *Güntzel* SE-Richtlinie, Diss. Frankfurt/M 2006, S. 224 f.; zu Art. 12 Abs. 4 SE-VO ausführlich → SE-VO Art. 12 Rn. 28 ff.).

Das Landgericht Nürnberg-Fürth (NZG 2010, 547 mit im Ergebnis zust. **22** Anm. *Austmann* FS Hellwig, 2010, 105 [110 ff.]; *Seibt* ZIP 2010, 1057 [1061]; *Teichmann* BB 2010, 1114 f.) hat den Vorrang der Satzungsautonomie hingegen nicht anerkannt und die (satzungswidrige) Regelung in einer Mitbestimmungsvereinbarung für wirksam angesehen, wonach vier der insgesamt zehn Mitglieder des Aufsichtsrates von den Arbeitnehmern zu wählen waren.

23   Die Bedeutung dieser Streitfrage ist für die **Praxis** eher begrenzt, da die Größe des Aufsichts- oder Verwaltungsorgans häufig zu den Kernpunkten der Konzeption auf Seiten der beteiligten Gesellschaften gehört, weshalb diese zumeist nicht bereit sind, insofern Kompromisse einzugehen. Häufig ist die Verkleinerung des Aufsichtsrates sogar eine entscheidende Motivation für die SE-Umwandlung (WHSS/*Seibt* Rn. F 174, 175). In der Regel werden diese Festlegungen des Satzungsgebers und der Verwaltung daher nicht in Frage gestellt, zumal die Akteure ihr Ziel unschwer über die Anwendbarkeit der Auffangregelungen umsetzen können.

24   **b) Verfahren der Wahl oder Bestellung.** Weiterhin ist in der Vereinbarung gemäß § 21 Abs. 3 S. 2 Nr. 2 das Verfahren, nach dem die Arbeitnehmer die Mitglieder des Aufsichts- oder Verwaltungsorgans wählen oder bestellen, bzw. die Bestellung empfehlen oder ablehnen können, festzulegen. Hierbei geht es insbesondere um die **Aufteilung der Sitze** auf die Mitgliedstaaten und die Bestimmung der **näheren Modalitäten** der Wahl oder Bestellung der Mitglieder (zu Einzelheiten s. *Hoops* Die Mitbestimmungsvereinbarung in der Europäischen Aktiengesellschaft (SE), 2009, S. 144 ff.; *Jacobs* FS K. Schmidt, 2009, 795 [804 ff.]). Festgelegt werden können auch Regelungen zum aktiven und passiven Wahlrecht (KK-AktG/*Feuerborn* Rn. 57; MüKoAktG/*Jacobs* Rn. 37). Aus dem Gesetzeswortlaut geht hervor, dass die Bestimmung der Vertreter durch die Arbeitnehmer selbst zu erfolgen hat, daher sind Entsendungsrechte von Dritten unzulässig (MüKoAktG/*Jacobs* Rn. 39; LHT/*Oetker* Rn. 71; Annuß/Kühn/Rudolph/*Rupp/Rudolph* Rn. 28). Eine Wahl über Vertreter, etwa durch ein Wahlgremium, ist jedoch möglich (*Oetker* FS Konzen, 2006, 635 [651 f.]; MüKoAktG/*Jacobs* Rn. 39). In der Praxis hat es sich bewährt, dass dem SE-Betriebsrat die Befugnis eingeräumt wird, die Arbeitnehmervertreter im Aufsichtsrat direkt oder über einen Nominierungsausschuss zu bestimmen. Dabei empfiehlt es sich, Vorgaben im Hinblick auf die Zugehörigkeit der Vertreter zu den Mitgliedstaaten, Sparten, Unternehmen und Betrieben zu machen, um eine angemessene Repräsentanz der verschiedenen Belegschaften sicherzustellen. Dabei besteht ein weiter Ermessensspielraum; Grenze ist das **Missbrauchsverbot** (MüKoAktG/*Jacobs* Rn. 37; *ders.* FS K. Schmidt, 2009, 806; *Seibt* ZIP 2010, 1057 [1062]). Die Parteien können auch vorsehen, dass sich die **Sitzverteilung** zukünftig angesichts bestimmter Ereignisse **verändert** (MüKoAktG/*Jacobs* Rn. 37; *ders.* FS K. Schmidt, 2009, 806; *Seibt* ZIP 2010, 1057 [1062]). Zulässig – wenn auch in der Praxis selten – sind Vorkehrungen zur Repräsentation von **leitenden Angestellten** und **Gewerkschaftsvertretern** sowie Bestimmungen zur Wahl oder Ernennung derselben (zB durch den (Unternehmens-)Sprecherausschuss; im Umkehrschluss kann die Vereinbarung aber auch gerade in Abweichung von den Auffangregelungen (§ 36 Abs. 3 iVm § 6 Abs. 3, 4) vorsehen, dass dem Aufsichts- oder Verwaltungsrat unabhängig von seiner Größe nicht zwingend leitende Angestellte oder Gewerkschaftsvertreter angehören müssen (MüKoAktG/*Jacobs* Rn. 38). Zu Regelungsinhalten im Zusammenhang mit der Durchführung der Geschlechterquote → Rn. 28.

25   Die Mitbestimmungsvereinbarung kann Bestimmungen zu den **Wahlgrundsätzen**, zum **Wahlverfahren** und zum **aktiven/passiven Wahlrecht** vorsehen. An die Mitgliedschaft im Aufsichts- oder Verwaltungsrat können über § 100 AktG, § 27 SEAG hinausgehende Anforderungen an das Alter, die Betriebszugehörigkeit oder die berufliche Qualifikation der Arbeitnehmervertreter aufgestellt werden (vgl. *Jacobs* FS K. Schmidt, 2009, 807), wobei allerdings Diskriminierungsverbote und das Verbot des Rechtsmissbrauchs zu beachten sein werden (LHT/*Oetker* Rn. 73). Ob die Vereinbarung abweichend von Art. 40 Abs. 2 S. 1, 43 Abs. 3 S. 1 SE-VO vorsehen kann, dass die Arbeitnehmervertreter nicht **durch die Hauptversammlung bestellt** werden, sondern ihr Amt ebenso wie

nach §§ 9 ff. MitbestG unmittelbar durch Wahl erlangen, ist umstritten, richtiger-
weise aber zu bejahen (wie hier LHT/*Drygala* SE-VO Art. 40 Rn. 20; KK-
AktG/*Kiem* SE-VO Art. 12 Rn. 68; MüKoAktG/*Reichert/Brandes* SE-VO
Art. 40 Rn. 26; *Forst* S. 273 f.; aA UHH/*Henssler* Rn. 45; MüKoAktG/*Jacobs*
Rn. 39; Annuß/Kühn/Rudolph/Rupp/*Rudolph* Rn. 29). Die **Amtszeitdauer**
wird auch für die Arbeitnehmervertreter durch die Satzung vorgegeben (Spind-
ler/Stilz/*Eberspächer* SE-VO Art. 46 Rn. 5; MüKoAktG/*Reichert/Brandes* SE-VO
Art. 46 Rn. 10; LHT/*Teichmann* SE-VO Art. 46 Rn. 5). Sie kann in der Beteiligungsvereinbarung nicht abweichend geregelt werden (aA wohl Annuß/Kühn/
Rudolph/Rupp/*Rudolph* Rn. 30). Möglich ist es aber, die Lage der Amtszeit der
Arbeitnehmervertreter in Anlehnung an § 15 Abs. 1 S. 1 MitbestG an diejenige
der Anteilseignervertreter anzuknüpfen, was sich insbesondere dann empfiehlt,
wenn die Satzung lediglich einen zeitlichen Rahmen (zB mindestens vier, maximal sechs Jahre) vorgibt.

c) Rechte der Mitglieder. Es sind gemäß § 21 Abs. 3 S. 2 Nr. 2 die Rechte **26**
der Mitglieder des Aufsichts- oder Verwaltungsorgans in der Vereinbarung über
die Mitbestimmung festzulegen. Dabei geht es in erster Linie um die **persönliche
Rechtsstellung** der Arbeitnehmervertreter wie beispielsweise Schulungsmaß-
nahmen oder Kündigungsschutz (LHT/*Oetker* Rn. 78), Freistellungen oder Ent-
geltfortzahlungen (*Jacobs* FS K. Schmidt, 2009, 795 [808]). Erfasst werden aber
auch das Recht auf Teilnahme, Beratung, Abstimmung, sowie Auskunfts- und
Einsichtsrechte (MüKoAktG/*Jacobs* Rn. 41). Neben der Festlegung von **Rechten**
können auch **Pflichten** der Arbeitnehmervertreter, wie etwa Teilnahme- oder
Mitwirkungspflichten für Sitzungen festgelegt werden (*Jacobs* FS K. Schmidt,
2009, 795 [808 f.]).

d) Weitere Inhalte. Da der Katalog nach § 21 Abs. 3 S. 2 Nr. 1–3 nicht **27**
abschließend ist (→ § 21 Rn. 20), können auch weitere Inhalte vereinbart werden.
So kann zum Beispiel festgelegt werden, dass das erste Aufsichts- oder Verwaltungsorgan der SE abweichend von den gesellschaftsrechtlichen Vorgaben mit Arbeitnehmervertretern gebildet wird (→ Rn. 20; NFK/*Freis* Rn. 23). Weiterhin können beispielsweise die **Geheimhaltungspflichten** über die Maßgaben des § 41
hinaus verschärft werden (KK-AktG/*Feuerborn* Rn. 61; LHT/*Oetker* Rn. 81). In
Betracht kommen weiterhin die **Reduzierung der Mitbestimmungsrechte**
unter Einhaltung der Voraussetzungen von § 15 und Regelungen zur **inneren
Ordnung** des Aufsichts- oder Verwaltungsorgans (zu Einzelheiten s. *Jacobs* FS K.
Schmidt, 2009, 795 [809 ff.]). Allerdings darf die Mitbestimmungsvereinbarung
nicht in die Satzungsautonomie und nicht in die Organisationsautonomie des
Aufsichtsrates eingreifen (MüKoAktG/*Jacobs* Rn. 45). Bestimmungen über zB das
Recht zum Stichentscheid des stellvertretenden Vorsitzenden des Aufsichtsrates
oder die Festlegung, dass dieser ein Arbeitnehmer zu sein hat, sind daher unzulässig. Gleiches gilt für die Einrichtung von **Ausschüssen** des Aufsichts- oder Verwaltungsorgans (KK-AktG/*Feuerborn* Rn. 65). Auch eine Regelung dahingehend,
die Rolle des **Arbeitsdirektors** (§ 33 MitbestG) in die SE zu übernehmen, würde
einen Eingriff in die Satzungsautonomie darstellen und wäre unzulässig (HWK/
Hohenstatt/Dzida SEBG Rn. 36; KK-AktG/*Feuerborn* Rn. 65; MüKoAktG/*Jacobs*
Rn. 50). Auch besondere Bestimmungen (zB Mehrheitserfordernisse) zur Bestellung und zum Widerruf der Bestellung der Vorstände können nicht Gegenstand
der Mitbestimmungsvereinbarung sein; es könnte insbesondere nicht § 31 MitbestG auf die SE übertragen werden. Derlei Bestimmungen würden zwar indirekt
auch die Stellung der Arbeitnehmervertreter im Aufsichtsrat stärken; sie regeln
aber in erster Linie die Kompetenzen des Aufsichtsorgans und dessen Verhältnis
zum Leitungsorgan und sind daher der Mitbestimmungsvereinbarung entzogen
(vgl. *Jacobs* FS K. Schmidt, 2009, 795 [811]; LHT/*Oetker* Rn. 84).

28   **e) Geschlechterquote in der SE.** Sofern in der Mitbestimmungsvereinbarung eine **paritätische Mitbestimmung** festgelegt wird oder aufgrund der
gesetzlichen Auffangregelung die SE paritätisch mitbestimmt ist, und die **dualistische SE börsennotiert** ist, müssen Frauen und Männer gemäß § 17 Abs. 2
SEAG mit jeweils mindestens 30 % im Aufsichtsorgan vertreten sein (vertiefend
→ SE-VO Art. 40 Rn. 44a ff.). Bei bereits bestehenden Gesellschaften ist diese
Quote auch bei der Neubesetzung einzelner Sitze im Aufsichtsorgan zu berücksichtigen. Dabei sind die freien Sitze so lange mit Personen des unterrepräsentierten Geschlechts zu besetzen, bis der Mindestanteil von 30 % erreicht ist (Hohen-
statt/Seibt/*Hohenstatt/Wendler* Kap. D. II. 2. a) Rn. 334). Bestehende Mandate
können nach § 17 Abs. 4 SEAG bis zum regulären Ende wahrgenommen werden. Falls eine **unterparitätische Mitbestimmung** vereinbart wird, findet die
feste Geschlechterquote hingegen **keine Anwendung** (Hohenstatt/Seibt/*Hohen-
statt/Wendler* Kap. D. II. 1. Rn. 330; *Seibt* ZIP 2015, 1193 [1202]).

28a   Der Regelungsgehalt von § 17 Abs. 2 SEAG bleibt im Zusammenhang mit der
Durchführung der Geschlechterquote hinter der Parallelvorschrift für Aktiengesellschaften (§ 96 Abs. 2 AktG) zurück. Weder das Widerspruchsrecht der
Anteilseigner- oder Arbeitnehmervertreter gegen die Gesamterfüllung (§ 96
Abs. 2 S. 3 AktG), noch die Rechtsfolge bei einem Verstoß gegen die Geschlechterquote (§ 96 Abs. 2 S. 6 AktG) finden sich in § 17 Abs. 2 SEAG. Der Gesetzgeber geht davon aus, dass aufgrund der besonderen Situation in einer SE nur die
Gesamterfüllung in Betracht kommt, weil die Mitbestimmung im Vereinbarungs-
wege ausgehandelt werde (BT-Drs. 18/4227, 22; ebenso *Grobe* AG 2015, 289
[298]). Ein einseitiger Widerspruch sei nicht möglich (BT-Drs. 18/4227, 22;
ebenso *Stüber* DStR 2015, 947 [951]; s. zur Kritik hiergegen aufgrund des allg.
Gleichbehandlungsgebots aus Art. 10 SE-VO: Hohenstatt/Seibt/*Hohenstatt/
Wendler* Kap. D. II. 2. c) Rn. 341 ff.; *Teichmann/Rüb* BB 2015, 898 [904 f.]; s. auch
Sagan RdA 2015, 255 [257 ff.]; *Oetker* ZHR 2015, 707 [741]). Ungeachtet dessen
können die Parteien im Rahmen ihrer **Vereinbarungsautonomie** vorrangige
Regelungen treffen (*Teichmann/Rüb* BB 2015, 898 [905]). Aufgrund von § 21
Abs. 3 Nr. 2 SEBG ist es daher möglich, ein beiderseitiges Widerspruchsrecht
gegen die Gesamterfüllung in einer Mitbestimmungsvereinbarung vorzusehen
(Hohenstatt/Seibt/*Hohenstatt/Wendler* Kap. D. II. 2. c) Rn. 346 ff. mit einer Mustervereinbarung; differenzierend *Oetker* ZHR 2015, 707 [742], der der Mitbestimmungsvereinbarung nur eine Regelungskompetenz für die Arbeitnehmervertreter im Aufsichtsrat zuweisen will, weshalb sich das Ziel der Getrennterfüllung allenfalls „indirekt" erreichen lasse).

28b   In einer **börsennotierten monistischen SE,** welche **paritätisch mitbestimmt** ist, muss der Verwaltungsrat gemäß § 24 Abs. 3 SEAG aus jeweils
mindestens 30 % Frauen und Männern bestehen (kritisch hierzu aufgrund europarechtlicher Bedenken *Teichmann/Rüb* BB 2015, 898 [905]; *Seibt* ZIP 2015,
1193 [1202]). Auch hier fehlt es an Regelungen zur Gesamt- oder Getrennterfüllung sowie zur Rechtsfolge eines Verstoßes gegen die Geschlechterquote.
Obwohl der Gesetzgeber − vermutlich aufgrund eines Redaktionsversehens −
eine Verweisung auf die §§ 76−116 AktG versäumt hat, sind diese Vorschriften
auf die monistische SE anzuwenden. Hinsichtlich der Rechtsfolgen sowie der
Gesamt- oder Getrennterfüllung ist folglich auf § 96 Abs. 2 AktG zurückzugreifen. Anderenfalls käme es zu einer (weiteren) Schlechterstellung der monistischen
SE gegenüber der dualistisch strukturierten SE (vgl. Hohenstatt/Seibt/*Hohen-
statt/Wendler* Kap. D. II. 2. d) Rn. 352 f.).

29   **4. Strukturelle Änderungen (Abs. 4).** Gemäß § 21 Abs. 4 soll in der Vereinbarung festgelegt werden, dass Verhandlungen über die Mitbestimmung der
Arbeitnehmer auch vor strukturellen Änderungen der SE aufgenommen werden.

Damit ergänzt die Vorschrift die Regelung des § 21 Abs. 1 Nr. 6, wonach Fälle festgelegt werden sollen, in denen die Vereinbarung neu ausgehandelt werden soll. Die Regelung findet keine Entsprechung in der Richtlinie. Es handelt sich um eine **Soll-Vorschrift** (BT-Drs. 15/3405, 51). Für den Begriff der strukturellen Änderung gilt § 18 Abs. 3 (BT-Drs. 15/3405, 51; → § 18 Rn. 8 ff.). Die Parteien können aber das Vorgehen beim Vorliegen einer strukturellen Änderung autonom festlegen; § 18 Abs. 3 kann dabei jedoch nicht vollständig abbedungen werden (BT-Drs. 15/3405, 51). Eine **Klarstellung** dahingehend, dass unter den Begriff der strukturellen Änderungen nur **Maßnahmen mit korporativem Charakter** fallen (→ § 18 Rn. 9) und eine **beispielhafte Benennung solcher Maßnahmen** wäre jedoch zulässig und würde die Rechtssicherheit erheblich erhöhen. Auch **verschärfende Bestimmungen,** die eine Neuverhandlungspflicht zB bei Überschreiten bestimmter Belegschafts-Schwellenwerte vorsehen, wären zulässig (vgl. *Oetker* FS Konzen, 2006, 635 [646]; LHT/*ders.* Rn. 44), wenngleich derlei Regelungen mit dem (allerdings parteidisponiblen) Grundsatz des „Einfrierens des Mitbestimmungsregimes" (eingehend → § 35 Rn. 10) nicht im Einklang stehen.

5. Auffangregelungen (Abs. 5). Gemäß § 21 Abs. 5 kann die vollständige **30** oder teilweise Geltung der gesetzlichen Auffangregelungen nach §§ **22 ff., 34 ff.** vereinbart werden. Eine **teilweise Übernahme** kann sinnvoll sein, um einerseits eine individuell passende Beteiligungslösung zu schaffen, sich bei „Standardregelungen" jedoch auf weitgehend gesichertem Terrain zu bewegen und ein höheres Maß an Rechtssicherheit zu erreichen (KK-AktG/*Feuerborn* Rn. 70).

6. Verschlechterungsverbot (Abs. 6). Im Fall der Gründung durch Um- **31** wandlung muss gemäß § 21 Abs. 6 S. 1 durch die Vereinbarung zumindest das **gleiche Ausmaß** in Bezug auf alle Komponenten der Arbeitnehmerbeteiligung gewährleistet werden wie in der in der SE umzuwandelnden Gesellschaft. Die Vorschrift steht im Zusammenhang mit weiteren Normen des SEBG, die für den Fall der SE-Gründung durch Umwandlung einen strengeren Bestandsschutz vorsehen (§§ 15 Abs. 5, 16 Abs. 3, 35 Abs. 1). Dabei sind **alle Komponenten der Arbeitnehmerbeteiligung** zu bewahren, die vor der Umwandlung bestanden, also sowohl die Verfahren zur Unterrichtung und Anhörung der Arbeitnehmer als auch die unternehmerische Mitbestimmung (BT-Drs. 15/3405, 52).

Im Hinblick auf die unternehmerische Mitbestimmung ist § 21 Abs. 6 S. 1 **32** nicht so zu verstehen, dass alle Elemente des bisherigen Mitbestimmungsregimes unverändert fortgesetzt werden müssten. Die Vorschrift will vielmehr lediglich die Übernahme eines **qualitativ gleichwertigen Übernahmestatuts** (MüKo-AktG/*Jacobs* Rn. 54) sicherstellen. Dies bedeutet, dass (lediglich) der bisherige **Anteil der Arbeitnehmer im Aufsichts- oder Verwaltungsorgan** beibehalten werden muss (LHT/*Oetker* Rn. 59). **Nicht zwingend fortzuführen** sind hingegen die bisherige **Größe des Aufsichts- oder Verwaltungsorgans** (HWK/*Hohenstatt/Dzida* SEBG Rn. 37; *Grobys* NZA 2005, 84 [88]; *Ihrig/Wagner* BB 2004, 1749 [1755]; *Henssler/Sittard* KSzW 2011, 359 [364 f.]; aA WWK/ *Kleinsorge* EG-Recht Rn. 41; *Nagel* AuR 2007, 330 f.; NFK/*Freis* Rn. 33; mit Differenzierungen auch UHH/*Henssler* Rn. 55), das Wahlverfahren, Vorschlagsrechte, die Position des Arbeitsdirektors, die Berücksichtigung der leitenden Angestellten, die Stellung und Wahl des Vorsitzenden und Stellvertreters und andere Einzelheiten des bisherigen Mitbestimmungsregimes (MüKoAktG/*Jacobs* Rn. 54). Ansonsten würde § 21 Abs. 6 S. 1 auf die Perpetuierung der nationalen Mitbestimmungsregeln hinauslaufen und es würde für die Vereinbarung maßgeschneiderter Lösungen kein Raum mehr bestehen (zur Richtlinienkonformität dieses Auslegungsergebnisses s. MüKoAktG/*Jacobs* Rn. 54).

33   Der Grundsatz der Mitbestimmungsbeibehaltung gilt auch bei einer SE-Umwandlung, die mit einem **Wechsel zwischen einer monistischen und einer
dualistischen Verwaltungsstruktur** einhergeht (§ 21 Abs. 6 S. 2). Bestand in
der umzuwandelnden Gesellschaft bislang eine dualistische Struktur unter Anwendung des MitbestG, bezieht sich die **Parität** im Rahmen der zukünftig
monistischen Struktur in einem Verwaltungsorgan, das auch geschäftsführende
Mitglieder enthält, nur auf diejenigen Mitglieder, die von der **Geschäftsführung
ausgeschlossen** sind (ausführlich → § 35 Rn. 10, 12 ff.; MüKoAktG/*Jacobs*
Rn. 56).

34   Kaum beleuchtet ist bislang der **zeitliche Geltungsbereich des Verschlech-
terungsverbots.** Der Wortlaut des § 21 Abs. 6 („Gesellschaft …, die in eine SE
umgewandelt werden soll") und der allgemeine Vorrang der Verhandlungslösung
(→ Einl. Rn. 18 ff.) sprechen für ein zeitlich auf den Umwandlungsvorgang be-
grenztes Verständnis. Die Unternehmensmitbestimmung soll in der spezifischen
Situation der Umwandlung besonders geschützt werden. Eine „ewige" Mit-
bestimmungsperpetuierung ist demgegenüber nicht intendiert. Die Gesetzesbegründung zur Neuverhandlungsvorschrift des § 26 Abs. 1 (Verweis auf den
Regelungskatalog des § 21 bedeutet, „dass auch eine Unternehmensmitbestimmung, die kraft Gesetzes einzuführen war, nach § 21 Abs. 3 SEBG durch Vereinbarung verändert oder auch beendet werden kann"; BR-Drs. 438/04, 132)
und die Regelung des § 18 Abs. 3 verdeutlichen ebenfalls, dass die Unternehmensmitbestimmung auch in den Fällen der Umwandlungsgründung Veränderungen unterworfen sein kann. Scheitern nämlich im Falle einer strukturellen
Änderung die Verhandlungen über eine Beteiligungsvereinbarung, richtet sich
die Unternehmensmitbestimmung im Rahmen der gesetzlichen Auffanglösung
nach den Verhältnissen im Zeitpunkt der strukturellen Änderung (→ § 18
Rn. 18). Eine **nach Eintragung der Umwandlung** geschlossene Vereinbarung
gemäß § 21 kann daher das bisherige Mitbestimmungsniveau absenken.

35   Wenig praktische Relevanz hat § 21 Abs. 6 im Hinblick auf die Verfahren zur
Unterrichtung und Anhörung der Arbeitnehmer. Da die Anwendung des
BetrVG von der SE-Umwandlung unberührt bleibt (§ 47 Abs. 1), kann sich der
Bestandsschutz in dieser Hinsicht lediglich auf den bisherigen Europäischen
Betriebsrat beziehen. Dies bedeutet, dass die Mitbestimmungsvereinbarung einen
SE-Betriebsrat vorsehen muss, wenn bislang ein Europäischer Betriebsrat nach
dem EBRG errichtet war. Die Vereinbarung eines lediglich dezentralen Ver-
fahrens zur Unterrichtung und Anhörung der Arbeitnehmer wäre in diesem Fall
nicht zulässig (Rieble/Junker/*Rieble* § 3 Rn. 8; MüKoAktG/*Jacobs* Rn. 54; An-
nuß/Kühn/Rudolph/Rupp/*Rupp* Rn. 39).

IV. Prüfungspflicht des Registergerichts

36   Gemäß Art. 12 Abs. 2 SE-VO kann die SE erst eingetragen werden, wenn
entweder eine Mitbestimmungsvereinbarung abgeschlossen wurde oder einer der
anderen dort genannten Fälle vorliegt. Sofern dem Registergericht mit dem
Eintragungsantrag eine Mitbestimmungsvereinbarung vorgelegt wird, besteht ei-
ne **formelle Prüfungspflicht** des Gerichts. **Streitig** ist, ob auch eine **materiel-
le Prüfungspflicht** besteht (ablehnend die wohl hM, s. MüKoAktG/*Jacobs*
Rn. 13; Rieble/Junker/*Rieble* § 3 Rn. 69; *Wißmann* FS Richardi, 2007, 845;
Henssler ZHR 173 [2009], 222 [236 f.]; für materielle Prüfungspflicht *Hoops* Die
Mitbestimmungsvereinbarung in der Europäischen Aktiengesellschaft (SE), 2009,
S. 187 f.; *Seibt* ZIP 2005, 2248 [2249]; *Oetker* in Lutter/Hommelhoff Europäische
Gesellschaft S. 288; anders aber – im Sinne der hM – LHT/*ders.* Rn. 95 f.). Ein
umfassendes materielles Prüfungsrecht des Registergerichts würde den Eintra-
gungsvorgang mit einer erheblichen Rechtsunsicherheit belasten. Im Übrigen

wird es dem Gericht in aller Regel an den notwendigen arbeits- und mitbestimmungsrechtlichen Kenntnissen fehlen, weshalb der Gesetzgeber im Hinblick auf Angelegenheiten aus dem SEBG die Zuständigkeit der Gerichte für Arbeitssachen angeordnet hat (§ 2a Nr. 3e ArbGG). Es bietet sich daher an, das Prüfungsrecht nur so eingeschränkt anzuerkennen, wie dies im Zusammenhang mit den arbeitsrechtlichen Angaben in Umwandlungsverträgen der Fall ist. Auch dort wird anerkannt, dass das Registergericht lediglich prüft, ob überhaupt arbeitsrechtliche Angaben enthalten sind; die Eintragung soll nur unterbleiben, wenn die Angaben vollkommen oder im Hinblick auf wichtige Teilbereiche unterblieben sind (vgl. KK-UmwG/*Hohenstatt*/*Schramm* § 5 Rn. 214 unter Hinweis auf OLG Düsseldorf GmbHR 1998, 745; Kallmeyer/*Willemsen* UmwG § 5 Rn. 58). Eine Eintragung würde nach diesen Maßstäben nur abgelehnt werden können, wenn in der Mitbestimmungsvereinbarung zB jegliche Regelung zur Unternehmensmitbestimmung fehlen würde (→ SE-VO Art. 12 Rn. 16 ff., 21).

V. Streitigkeiten

Bei Streitigkeiten über das Zustandekommen oder die Wirksamkeit der Mit- **37** bestimmungsvereinbarung findet nach §§ 2a Abs. 1 Nr. 3e, Abs. 2, 80 ff. ArbGG das arbeitsgerichtliche **Beschlussverfahren** statt, wobei gemäß § 82 Abs. 3 ArbGG das Arbeitsgericht zuständig ist, in dessen Bezirk die SE ihren (zukünftigen) Sitz hat. Alternativ hierzu hat der *Arbeitskreis Aktien- und Kapitalmarktrecht* in § 20a seines Gesetzesvorschlags (ZIP 2011, 2221 [2225]) „wegen der größeren Sachnähe zum Statusverfahren" die Zuständigkeit des Landgerichts vorgesehen; diesem Vorschlag liegt allerdings ein Irrtum zugrunde. Im Statusverfahren geht es allein um die richtige Zusammensetzung des Aufsichtsrates (§ 98 Abs. 1 AktG). Alle prozeduralen und wahlbezogenen Fragen im Zusammenhang mit der Unternehmensmitbestimmung sind hingegen den Arbeitsgerichten vorbehalten (§ 2a Abs. 1 Nr. 3 ArbGG). Im Übrigen beinhaltet die Mitbestimmungsvereinbarung nicht nur Regelungen zur unternehmerischen Mitbestimmung. Im Hinblick auf die Verfahren zur Unterrichtung und Anhörung der Arbeitnehmer fehlt es indessen an jeglicher Parallele zum Statusverfahren und den ordentlichen Gerichten an entsprechender arbeitsrechtlicher Kompetenz.

Kapitel 2. Beteiligung der Arbeitnehmer kraft Gesetzes

Abschnitt 1. SE-Betriebsrat kraft Gesetzes

Unterabschnitt 1. Bildung und Geschäftsführung

Voraussetzung

22 (1) **Die Regelungen der §§ 23 bis 33 über den SE-Betriebsrat kraft Gesetzes finden ab dem Zeitpunkt der Eintragung der SE Anwendung, wenn**

1. **die Parteien dies vereinbaren oder**
2. **bis zum Ende des in § 20 angegebenen Zeitraums keine Vereinbarung zustande gekommen ist und das besondere Verhandlungsgremium keinen Beschluss nach § 16 gefasst hat.**

(2) **Absatz 1 gilt entsprechend im Fall des § 18 Abs. 3.**

I. Regelungsinhalt

1   § 22 Abs. 1 regelt die Voraussetzungen, unter denen die Regelungen der §§ 23–32 über den SE-Betriebsrat kraft Gesetzes anzuwenden sind und in Verbindung mit den weiteren Voraussetzungen aus § 34 Abs. 1 regelt § 22 Abs. 1 ferner die Voraussetzungen für die Anwendung der §§ 35–38 über die Mitbestimmung kraft Gesetzes. Die Vorschrift beruht auf Art. 7 Abs. 1 SE-RL. § 22 Abs. 2 ordnet die entsprechende Geltung des § 22 Abs. 1 in den Fällen des § 18 Abs. 3 (strukturelle Änderungen) an.

II. Anwendungsvoraussetzungen der gesetzlichen Auffangregelungen (Abs. 1)

2   **1. SE-Betriebsrat kraft Gesetzes.** Die Regelungen der §§ 23–33 über den SE-Betriebsrat kraft Gesetzes finden ab dem Zeitpunkt der **Eintragung der SE** Anwendung, wenn (i) die Parteien der Beteiligungsvereinbarung dies vereinbaren oder (ii) innerhalb der (ggf. nach § 20 Abs. 2 verlängerten) Verhandlungsfrist des § 20 Abs. 1 keine Beteiligungsvereinbarung zustandegekommen ist und das bVG keinen Beschluss nach § 16 Abs. 1 gefasst hat. Hat das bVG gemäß § 16 Abs. 1 einen Nichtverhandlungsbeschluss oder einen Beschluss gefasst, bereits aufgenommene Verhandlungen abzubrechen, finden die Regelungen über den SE-Betriebsrat kraft Gesetzes keine Anwendung (→ § 16 Rn. 2 f.). § 16 Abs. 2 S. 2 stellt dies noch einmal ausdrücklich klar. Die erneute Bildung eines bVG kann in diesem Fall arbeitnehmerseitig frühestens zwei Jahre nach dem Beschluss gemäß § 16 Abs. 1 erfolgen (§ 18 Abs. 1 S. 1; → § 18 Rn. 2).

3   Ein **einvernehmlicher Abbruch** der Verhandlungen führt nicht zur Anwendung der gesetzlichen Auffangregelungen (MüKoAktG/*Jacobs* Rn. 3; UHH/*Habersack* SEBG § 34 Rn. 9; LHT/*Oetker* SEBG § 34 Rn. 7, 9; aA NFK/*Freis* § 20 Rn. 7; *Grobys* NZA 2005, 84 [88]). Erst recht führt ein „Boykott" der Verhandlungen nicht zur Anwendung der gesetzlichen Auffangregelungen (hierfür *Forst* Die Beteiligungsvereinbarung nach § 21 SEBG, 2010, S. 143 ff.). § 22 Abs. 1 regelt die Fälle, in denen die gesetzlichen Auffangregelungen anzuwenden sind, abschließend (MüKoAktG/*Jacobs* Rn. 3; LHT/*Oetker* SEBG § 34 Rn. 7). Im Übrigen bedarf eine Vereinbarung, die gesetzlichen Auffangregelungen anzuwenden, gemäß § 13 Abs. 1 der Schriftform.

4   **2. Strukturelle Änderungen (Abs. 2).** Für den Fall struktureller Änderungen iSd § 18 Abs. 3 ordnet § 22 Abs. 1 die entsprechende Geltung des § 22 Abs. 1 an. Der **Zeitpunkt,** ab dem die gesetzlichen Auffangregelungen anzuwenden sind, bleibt hierbei allerdings offen. Nach zutreffendem Verständnis kann dies frühestens der Zeitpunkt des Wirksamwerdens der strukturellen Änderungen sein (in diesem Sinne auch der Ergänzungsvorschlag des *Arbeitskreises Aktien- und Kapitalmarktrecht* zu § 18 Abs. 2, 4, abgedruckt in ZIP 2010, 2221 [2227]). Beschränkt man den Anwendungsbereich des § 18 Abs. 3 zutreffend auf korporative Akte, die einen gründungsähnlichen Vorgang mit außerordentlichem Gewicht darstellen, liegt hierfür mit der Eintragung der Maßnahme im Handelsregister in der Regel ein klarer Anknüpfungspunkt vor. Dauern die Verhandlungen gemäß § 18 Abs. 3 im Zeitpunkt des Wirksamwerdens der strukturellen Änderungen noch an, greifen die gesetzlichen Auffangregelungen erst, wenn die Verhandlungsfrist abgelaufen oder eine Vereinbarung gemäß § 22 Abs. 1 Nr. 1 wirksam geworden ist.

5   Nicht geregelt ist in § 22 Abs. 2 ferner der Fall, dass trotz des Vorliegens einer strukturellen Änderung keine Seite gemäß § 18 Abs. 3 S. 1 die Aufnahme von Verhandlungen über eine Neugestaltung der Arbeitnehmerbeteiligung in der SE

verlangt (zur Initiativlast für Neuverhandlungen über die Arbeitnehmerbeteiligung bei strukturellen Änderungen → § 18 Rn. 16). In diesem Fall finden nicht
etwa die gesetzlichen Auffangregelungen Anwendung, sondern es verbleibt bei
der Geltung der bestehenden Beteiligungsvereinbarung (MüKoAktG/*Jacobs*
Rn. 5).

III. Streitigkeiten

Bei Streitigkeiten im Rahmen des § 22 findet nach § 2a Abs. 1 Nr. 3e, Abs. 2,   **6**
80 ff. ArbGG das arbeitsgerichtliche **Beschlussverfahren** statt. Zuständig ist
gemäß § 82 Abs. 3 ArbGG das Arbeitsgericht, in dessen Bezirk die SE ihren Sitz
hat.

Errichtung des SE-Betriebsrats

23 (1) **¹Zur Sicherung des Rechts auf Unterrichtung und Anhörung
in der SE ist ein SE-Betriebsrat zu errichten. ²Dieser setzt sich aus
Arbeitnehmern der SE, ihrer Tochtergesellschaften und Betriebe zusammen. ³Für die Errichtung des SE-Betriebsrats gelten § 5 Abs. 1, § 6
Abs. 1 und 2 Satz 2 und 3, die §§ 7 bis 10 und 11 Abs. 1 Satz 1 und 3
entsprechend mit der Maßgabe, dass an die Stelle der beteiligten Gesellschaften, betroffenen Tochtergesellschaften und betroffenen Betriebe die
SE, ihre Tochtergesellschaften und Betriebe treten. ⁴Im Fall des § 22
Abs. 1 Nr. 2 ist für die Feststellung der Zahl der beschäftigten Arbeitnehmer das Ende des in § 20 angegebenen Zeitraums maßgeblich. ⁵Die
Mitgliedschaft im SE-Betriebsrat beginnt mit der Wahl oder Bestellung.
⁶Die Dauer der Mitgliedschaft der aus dem Inland kommenden Mitglieder beträgt vier Jahre, wenn sie nicht durch Abberufung oder aus
anderen Gründen vorzeitig endet. ⁷Für die Abberufung gelten die §§ 8
bis 10 entsprechend mit der Maßgabe, dass an die Stelle der beteiligten
Gesellschaften, betroffenen Tochtergesellschaften und betroffenen Betriebe die SE, ihre Tochtergesellschaften und Betriebe treten.**

(2) **¹Die Leitung der SE lädt unverzüglich nach Benennung der Mitglieder zur konstituierenden Sitzung des SE-Betriebsrats ein. ²Der SE-
Betriebsrat wählt aus seiner Mitte einen Vorsitzenden und dessen Stellvertreter.**

(3) **¹Der Vorsitzende oder im Fall seiner Verhinderung der Stellvertreter vertritt den SE-Betriebsrat im Rahmen der von ihm gefassten Beschlüsse. ²Zur Entgegennahme von Erklärungen, die dem SE-Betriebsrat
gegenüber abzugeben sind, ist der Vorsitzende oder im Fall seiner Verhinderung der Stellvertreter berechtigt.**

(4) **¹Der SE-Betriebsrat bildet aus seiner Mitte einen Ausschuss von
drei Mitgliedern, dem neben dem Vorsitzenden zwei weitere zu wählende Mitglieder angehören. ²Der Ausschuss führt die laufenden Geschäfte
des SE-Betriebsrats (geschäftsführender Ausschuss).**

Übersicht

	Rn.
I. Regelungsinhalt	1
II. Bildung und Zusammensetzung des SE-Betriebsrats (Abs. 1) .	2
1. Funktion des SE-Betriebsrats (Abs. 1 S. 1)	2
2. Zusammensetzung des SE-Betriebsrats (Abs. 1 S. 2)	3

Rn.

3. Größe und Wahl der Mitglieder des SE-Betriebsrats (Abs. 1
   S. 3) 4
4. Amtszeit der Mitglieder des SE-Betriebsrats (Abs. 1 S. 5–7) 7
III. Konstituierung des SE-Betriebsrats (Abs. 2) 10
IV. Vertretung des SE-Betriebsrats (Abs. 3) 11
V. Geschäftsführender Ausschuss (Abs. 4) 12
VI. Streitigkeiten 14

I. Regelungsinhalt

1   § 23 Abs. 1 regelt die **Bildung und Zusammensetzung** des SE-Betriebsrats kraft Gesetzes und die **Amtszeit** seiner Mitglieder. § 23 Abs. 2 und 4 betreffen die **Binnenverfassung** des SE-Betriebsrats, während § 23 Abs. 3 die **Vertretung** des Gremiums regelt. Die Vorschrift basiert auf Teil 3 lit. a, b, c, e des Anhangs zur SE-RL.

II. Bildung und Zusammensetzung des SE-Betriebsrats (Abs. 1)

2   **1. Funktion des SE-Betriebsrats (Abs. 1 S. 1).** Für den Fall, dass die Parteien kein anderes Verfahren zur Unterrichtung und Anhörung der Arbeitnehmer vereinbaren, sieht das Gesetz die Bildung einer als SE-Betriebsrat bezeichneten, international zusammengesetzten Arbeitnehmervertretung vor. Zusammensetzung und Befugnisse des SE-Betriebsrats ähneln einem Europäischen Betriebsrat iSd EBR-RL. § 47 Abs. 1 Nr. 2 bestimmt demgemäß, dass die Regelungen des EBRG auf SE keine Anwendung finden (ausführlich → § 47 Rn. 4).

3   **2. Zusammensetzung des SE-Betriebsrats (Abs. 1 S. 2).** Der SE-Betriebsrat setzt sich gemäß § 23 Abs. 1 S. 2 aus Arbeitnehmern der SE, ihrer Tochtergesellschaften und ihrer Betriebe zusammen. Dies entspricht der Vorgabe aus Teil 1 lit. a des Anhangs zur SE-RL. **Wählbar** sind im Inland gemäß § 23 Abs. 1 S. 3 iVm § 6 Abs. 1 **alle Arbeitnehmer** iSd § 2 Abs. 1 der SE, ihrer Tochtergesellschaften und Betriebe, einschließlich der **leitenden Angestellten** iSd § 5 Abs. 3 S. 2 BetrVG. Wie sich aus dem beschränkten Verweis in § 23 Abs. 1 S. 3 auf die Regelungen des § 6 ergibt, ist den leitenden Angestellten allerdings anders als im bVG (§ 6 Abs. 4) im SE-Betriebsrat keine Mindestrepräsentanz gesichert (zur zwingenden Berücksichtigung von leitenden Angestellten im Rahmen der bVG-Bildung → § 6 Rn. 7). Des Weiteren ergibt sich aus der beschränkten Verweisung des § 23 Abs. 1 S. 3 auf § 6, dass **unternehmensfremde Gewerkschaftsvertreter** im Inland nicht Mitglied des SE-Betriebsrats sein können. **Frauen und Männer** sollen gemäß § 23 Abs. 1 S. 3 iVm § 6 Abs. 2 S. 2 entsprechend ihrem zahlenmäßigen Verhältnis zu Mitgliedern des SE-Betriebsrats gewählt werden. Hierbei handelt es sich jedoch anders als bei § 15 Abs. 2 BetrVG lediglich um eine Sollvorschrift, deren Verletzung die Wirksamkeit der Wahl nicht berührt (→ § 6 Rn. 3). Für jedes Mitglied des SE-Betriebsrats ist gemäß § 23 Abs. 1 S. 3 iVm § 6 Abs. 2 S. 3 ein **Ersatzmitglied** zu wählen. Im Ausland richtet sich die Wählbarkeit gemäß § 22 Abs. 1 S. 3 iVm § 6 Abs. 1 nach den Umsetzungsbestimmungen des jeweiligen Mitgliedstaats.

4   **3. Größe und Wahl der Mitglieder des SE-Betriebsrats (Abs. 1 S. 3).** Hinsichtlich der **Größe des SE-Betriebsrats** und der **Sitzverteilung auf die Mitgliedstaaten** verweist § 23 Abs. 1 S. 3 auf § 5 Abs. 1. Danach ist in jedem Mitgliedstaat, in dem die SE und ihre Tochtergesellschaften Arbeitnehmer beschäftigen, mindestens ein Mitglied zu wählen. Die Sitzzahl erhöht sich für jede volle zehn Prozent der Gesamtzahl aller in den Mitgliedstaaten beschäftigen Arbeitnehmer um je einen weiteren Sitz (ausführlich → § 5 Rn. 2). Maßgeblich sind gemäß

§ 23 Abs. 1 S. 4 die Beschäftigtenzahlen in dem Zeitpunkt, in dem die (ggf. nach § 20 Abs. 2 verlängerte) Verhandlungsfrist aus § 20 Abs. 1 endet. Anders als in Teil 1 lit. e des Anhangs zur SE-RL vorgesehen, ist hierbei allerdings nicht auf die Zahl der Arbeitnehmer der beteiligten Gesellschaften, der betroffenen Tochtergesellschaften und der betroffenen Betriebe, sondern auf die Arbeitnehmer der SE, ihrer Tochtergesellschaften und Betriebe abzustellen (§ 23 Abs. 1 S. 3 Hs. 2), wobei maßgeblich wiederum die Arbeitnehmerzahlen bei Ablauf der Verhandlungsfrist nach § 20 sind (§ 23 Abs. 1 S. 4). Es handelt sich hierbei um eine bewusste Abweichung von der SE-RL, die jedoch in der Sache geboten erscheint (vgl. BT-Drs. 15/3405, 52). Auch die SE-RL beschränkt in Teil 1 lit. a die Wählbarkeit auf Arbeitnehmer der SE, ihrer Tochtergesellschaften und Betriebe. Für die Sitzverteilung auf die Mitgliedstaaten auf einen anderen Personenkreis abzustellen, erscheint nicht sinnvoll (KK–AktG/*Feuerborn* Rn. 4; *Niklas* NZA 2004, 1203; aA MüKoAktG/*Jacobs* Vor § 23 Rn. 3 (richtlinienkonforme Auslegung bei Gründung einer arbeitnehmerlosen Tochter-SE); zweifelnd *Grobys* NZA 2005, 84 [89]). Dies zeigt sich besonders deutlich in den Fällen der Gründung einer Tochter-SE, bei der die Zahl der Arbeitnehmer der Gründungsgesellschaften schlechterdings keine Rolle für die Sitzverteilung im SE-Betriebsrat der Tochter-SE spielen kann.

Hinsichtlich des **Verfahrens zur Wahl** der auf das Inland entfallenden Mit- **5** glieder des SE-Betriebsrats verweist § 23 Abs. 1 S. 3 auf die §§ 7–10 mit der Maßgabe, dass an die Stelle der beteiligten Gesellschaften, betroffenen Tochtergesellschaften und betroffenen Betriebe, die SE, ihre Tochtergesellschaften und ihre Betriebe treten. In dem in der Praxis häufigsten Fall der Gründung einer SE durch Umwandlung werden die auf das Inland entfallenden Mitglieder des SE-Betriebsrats hiernach durch ein Wahlgremium gewählt, dass sich gemäß § 23 Abs. 1 S. 2 iVm § 8 Abs. 2 aus den Mitgliedern des Konzernbetriebsrats, mangels eines solchen aus den Mitgliedern der Gesamtbetriebsräte und, sofern ein solcher im Unternehmen nicht besteht, aus den Mitgliedern des Betriebsrats zusammensetzt (ausführlich → § 8 Rn. 3). Für die Regelungen des § 10 zur Beschlussfähigkeit und zur Stimmgewichtung im Wahlgremium ist gemäß § 23 Abs. 1 S. 4 auf die Zahl der Arbeitnehmer in dem Zeitpunkt abzustellen in dem die Verhandlungsfrist nach § 20 endet.

Die Wahl der auf das **Ausland** entfallenden Mitglieder des SE-Betriebsrats **6** richtet sich gemäß § 23 Abs. 1 S. 2 iVm § 7 Abs. 1 nach den Umsetzungsvorschriften des jeweiligen Mitgliedstaats.

4. Amtszeit der Mitglieder des SE-Betriebsrats (Abs. 1 S. 5–7). Der SE- **7** Betriebsrat ist ein Dauergremium (BT-Drs. 15/3405, 52; MüKoAktG/*Jacobs* Vor § 23 Rn. 4; NFK/*Nagel* Rn. 3). Die **Amtszeit** der auf das Inland entfallenden **Mitglieder** des SE-Betriebsrats beträgt **vier Jahre** (§ 23 Abs. 1 S. 6). Die Amtszeit der auf das Ausland entfallenden Mitglieder des SE-Betriebsrats richtet sich nach dem Umsetzungsrecht des jeweiligen Mitgliedstaats, was in der Praxis zu einer unzweckmäßigen Staffelung der Amtszeiten führen kann (*Köklü* Die Beteiligung der Arbeitnehmer, Diss. Hamburg 2006, S. 192). Die Mitgliedschaft aller Mitglieder des SE-Betriebsrats beginnt gemäß § 23 Abs. 1 S. 5 mit ihrer Wahl oder Bestellung. Sie endet mit dem Ablauf der jeweiligen Amtszeit.

Für die **Abberufung** der aus dem Inland stammenden Mitglieder des SE- **8** Betriebsrats verweist § 23 Abs. 1 S. 7 auf die §§ 8–10 mit der Maßgabe, dass an die Stelle der beteiligten Gesellschaften, betroffenen Tochtergesellschaften und betroffenen Betriebe die SE, ihre Tochtergesellschaften und Betriebe treten. Eine Abberufung ist demnach nur durch das Wahlgremium möglich, das die Mitglieder des SE-Betriebsrats bestellt. Ein Ausschlussverfahren, wie es § 48 Abs. 1 BetrVG für die Mitglieder des Gesamtbetriebsrats vorsieht, ist im SEBG nicht geregelt. Es spricht jedoch viel für eine entsprechende Anwendung.

9   Die Abberufung von Mitgliedern aus anderen Mitgliedstaaten richtet sich nach dem jeweils anwendbaren nationalen Umsetzungsrecht (BT-Drs. 15/3405, 52).

III. Konstituierung des SE-Betriebsrats (Abs. 2)

10   Auch die Konstituierung des SE-Betriebsrats folgt den Regelungen über das bVG (§ 12 Abs. 1; BT-Drs. 15/3405, 52). **Unverzüglich nach Benennung aller Mitglieder** des SE-Betriebsrats lädt die Leitung der SE zur konstituierenden Sitzung ein (§ 23 Abs. 2 S. 1), in deren Rahmen der SE-Betriebsrat aus seiner Mitte einen **Vorsitzenden** und dessen **Stellvertreter** wählt (§ 23 Abs. 2 S. 2). Ebenso wie nach § 25 Abs. 1 S. 2 EBRG und § 26 Abs. 1 BetrVG kann **nur ein** Stellvertreter gewählt werden (NFK/*Nagel* Rn. 4; KK-AktG/*Feuerborn* Rn. 7).

IV. Vertretung des SE-Betriebsrats (Abs. 3)

11   Der Vorsitzende, im Fall seiner Verhinderung der stellvertretende Vorsitzende, vertritt den SE-Betriebsrat **im Rahmen der gefassten Beschlüsse** (§ 23 Abs. 3 S. 1). Durch diese, dem BetrVG entlehnte Einschränkung der Vertretungsmacht wird klargestellt, dass der Vorsitzende nicht gesetzlicher Vertreter des SE-Betriebsrats ist (BT-Drs. 15/3405, 52). Er ist nicht Willens-, sondern lediglich **Erklärungsvertreter** (NFK/*Nagel* Rn. 5). Zur Entgegennahme von Erklärungen, die dem Betriebsrat gegenüber abzugeben sind, ist ebenfalls der Vorsitzende, im Falle seiner Verhinderung der stellvertretende Vorsitzende, berechtigt (§ 23 Abs. 3 S. 2).

V. Geschäftsführender Ausschuss (Abs. 4)

12   Gemäß Teil 1 lit. c des Anhangs zur SE-RL wählt der SE-Betriebsrat aus seiner Mitte einen engeren Ausschuss mit höchstens drei Mitgliedern, sofern die Mitgliederzahl des Gremiums dies rechtfertigt. Mit der Regelung des § 23 Abs. 4 S. 1 geht der Gesetzgeber über diesen Ermächtigungsrahmen hinaus und ordnet **obligatorisch** (BT-Drs. 15/3405, 52) die Bildung eines **geschäftsführenden Ausschusses** an. Der Regierungsentwurf begründet dies mit der Überlegung, dass die gesetzliche Mindestgröße des SE-Betriebsrats von zehn Mitgliedern stets die Bildung eines entsprechenden Ausschusses rechtfertige (BT-Drs. 15/3405, 52). Auch an anderer Stelle nimmt der Gesetzgeber an, dass ab dieser Größe ein erhöhter Koordinierungs- und Abstimmungsbedarf besteht, der die Bildung eines engeren Ausschusses rechtfertigt (vgl. § 26 EBRG, § 27 Abs. 1 BetrVG). Im Ergebnis sollte die Regelung mit der Richtlinie vereinbar sein (KK-AktG/*Feuerborn* Rn. 9).

13   Dem geschäftsführenden Ausschuss gehören gemäß § 23 Abs. 4 S. 1 neben dem Vorsitzenden zwei weitere zu wählende Mitglieder des SE-Betriebsrats an. Er führt gemäß § 23 Abs. 4 S. 2 die **laufenden Geschäfte** des SE-Betriebsrats. Der SE-Betriebsrat kann dem geschäftsführenden Ausschuss ferner gemäß § 29 Abs. 3 S. 1 die Wahrnehmung der Rechte nach § 29 Abs. 2 (Anhörung über außergewöhnliche Umstände) übertragen.

VI. Streitigkeiten

14   Streitigkeiten im Zusammenhang mit § 22 fallen gemäß § 2a Abs. 1 Nr. 3e ArbGG in die Zuständigkeit der Arbeitsgerichte. Die Arbeitsgerichte entscheiden gemäß §§ 2a Abs. 2, 80 ff. ArbGG in Beschlussverfahren. Örtlich zuständig ist das Arbeitsgericht am Sitz der SE (§ 82 Abs. 3 ArbGG).

Sitzungen und Beschlüsse

24 (1) **Der SE-Betriebsrat soll sich eine schriftliche Geschäftsordnung geben, die er mit der Mehrheit seiner Mitglieder beschließt.**

(2) [1]**Vor Sitzungen mit der Leitung der SE ist der SE-Betriebsrat oder der geschäftsführende Ausschuss – gegebenenfalls in der nach § 29 Abs. 3 erweiterten Zusammensetzung – berechtigt, in Abwesenheit der Vertreter der Leitung der SE zu tagen.** [2]**Mit Einverständnis der Leitung der SE kann der SE-Betriebsrat weitere Sitzungen durchführen.** [3]**Die Sitzungen des SE-Betriebsrats sind nicht öffentlich.**

(3) [1]**Der SE-Betriebsrat ist beschlussfähig, wenn mindestens die Hälfte seiner Mitglieder anwesend ist.** [2]**Die Beschlüsse des SE-Betriebsrats werden, soweit in diesem Gesetz nichts anderes bestimmt ist, mit der Mehrheit der anwesenden Mitglieder gefasst.**

I. Regelungsinhalt

§ 24 Abs. 1 sieht vor, dass sich der SE-Betriebsrat eine **Geschäftsordnung** 1 geben soll. § 24 Abs. 2 regelt die **Sitzungsfrequenz,** § 24 Abs. 3 die **Beschlussfähigkeit** des SE-Betriebsrats. § 24 Abs. 1 und Abs. 2 S. 1 beruhen auf Teil 1 lit. d des Anhangs zur SE-RL. Für die übrigen Regelungsinhalte des § 24 enthält die SE-RL keine Vorgaben.

II. Geschäftsordnung (Abs. 1)

Gemäß § 24 Abs. 1 *soll* sich der SE-Betriebsrat eine schriftliche Geschäfts- 2 ordnung geben. Nach Teil 1 lit. d des Anhangs zur SE-RL ist der Erlass einer Geschäftsordnung demgegenüber zwingend. § 24 Abs. 1 ist daher **richtlinienkonform** im Sinne einer Muss-Vorschrift **auszulegen** (KK-AktG/*Feuerborn* Rn. 2; NK-SE/*Kleinmann/Kujath* Rn. 2; LHT/*Oetker* Rn. 1). Der SE-Betriebsrat beschließt die Geschäftsordnung gemäß § 24 Abs. 1 mit der **Mehrheit** seiner Mitglieder, also nicht nur mit der Mehrheit der bei der Beschlussfassung anwesenden Mitglieder (NFK/*Nagel* Rn. 1; KK-AktG/*Feuerborn* Rn. 3).

Zum **Inhalt** der Geschäftsordnung treffen weder das SEBG noch die SE-RL 3 Aussagen. Entsprechend dem üblichen Inhalt von Geschäftsordnungen wird diese jedoch zweckmäßigerweise Regelungen zur inneren Ordnung des Gremiums, insbesondere zu Fristen und Formalien für die Einberufung von Sitzungen, die Festlegung der Tagesordnung und die Übermittlung von Sitzungsunterlagen sowie ggf. die Bildung, die Zuständigkeit und die Funktionsweise von Ausschüssen beinhalten (vgl. auch *Fitting* BetrVG § 36 Rn. 5 ff. zur Geschäftsordnung des Betriebsrats).

III. Sitzungen des SE-Betriebsrats (Abs. 2)

Gemäß § 28 Abs. 1 trifft der SE-Betriebsrat **mindestens einmal im Kalen-** 4 **derjahr** mit der Leitung der SE zu einer gemeinsamen Sitzung zusammen. Wenn außergewöhnliche Umstände iSd § 29 Abs. 1 vorliegen, hat der SE-Betriebsrat gemäß § 29 Abs. 2 das Recht, auf Antrag mit der Leitung der SE zusammenzutreffen. Vor diesen Sitzungen ist der SE-Betriebsrat gemäß § 24 Abs. 2 S. 1 berechtigt, in Abwesenheit der Vertreter der Leitung der SE zu tagen. Hat der SE-Betriebsrat seine Rechte aus § 29 Abs. 2 gemäß § 29 Abs. 3 auf den geschäftsführenden Ausschuss übertragen, steht das Recht aus § 24 Abs. 2 S. 1 dem geschäftsführenden Ausschuss zu, ggf. in der nach § 29 Abs. 3 S. 2 erweiterten Zusammensetzung.

5   **Weitere Sitzungen** kann der SE-Betriebsrat **nur mit dem Einverständnis** der Leitung der SE durchführen (§ 24 Abs. 2 S. 2; BT-Drs. 15/3404, 52). Die Gründe für eine weitere Sitzung des SE-Betriebsrats müssen allerdings zur Vermeidung von Wertungswidersprüchen zu § 29 Abs. 2 das Gewicht außergewöhnlicher Umstände iSd § 29 Abs. 1 haben. Bei ihrer Entscheidung wird sich die Leitung allerdings vom Grundsatz der vertrauensvollen Zusammenarbeit (§ 40) leiten lassen (vgl. auch *Fitting* EBRG Rn. 86). Die Mitglieder des SE-Betriebsrats verletzen ihre Pflichten, wenn sie eine Sitzung ohne das Einverständnis der Leitung der SE durchführen. Die SE ist im Übrigen nicht zur Tragung der Kosten von Sitzungen verpflichtet, die ohne das Einverständnis ihrer Leitung durchgeführt werden.

6   Die Sitzungen des SE-Betriebsrats sind **nicht öffentlich** (§ 24 Abs. 2 S. 3). Eine Teilnahme leitender Angestellter, die nicht Mitglied des SE-Betriebsrats sind (zur Wählbarkeit leitender Angestellter in den SE-Betriebsrat → § 23 Rn. 3) ist anders als in § 23 Abs. 6 EBRG nicht vorgesehen (*Oetker* BB-Special 1/2005, 2 [11]; *Güntzel* SE-Richtlinie, Diss. Frankfurt/M 2006, S. 448). Auch eine Teilnahme externer Berater an Sitzungen des SE-Betriebsrats ist wegen § 24 Abs. 2 S. 3 problematisch. Die Hinzuziehung leitender Angestellter und externer Berater als Auskunftspersonen zur Beratung einzelner Gegenstände der Tagesordnung ist jedoch ebenso wie die Hinzuziehung einer Schreibkraft zur Unterstützung des SE-Betriebsrats im Betriebsverfassungsrecht zulässig (MüKoAktG/*Jacobs* SEBG Vor § 23 Rn. 6; vgl. zum Betriebsverfassungsrecht *Fitting* BetrVG § 30 Rn. 16 ff.).

IV. Beschlussfähigkeit und Beschlussfassung (Abs. 3)

7   Der SE-Betriebsrat ist **beschlussfähig,** wenn mindestens die **Hälfte seiner Mitglieder anwesend** ist (§ 24 Abs. 3 S. 1). Beschlüsse fasst der SE-Betriebsrat, soweit das Gesetz keine anderen Mehrheiten vorsieht, mit der **Mehrheit der anwesenden Mitglieder** (§ 24 Abs. 3 S. 2). Weder die Beschlussfähigkeit noch die Mehrheit hängen (anders als bei Beschlüssen des bVG gemäß § 15 Abs. 2) davon ab, ob ein bestimmter Anteil der Arbeitnehmer repräsentiert wird (KK-AktG/*Feuerborn* Rn. 7; MüKoAktG/*Jacobs* SEBG Vor § 23 Rn. 6). Die Regelung erscheint vor dem Hintergrund der zwingenden Mindestrepräsentation der Belegschaften aller Mitgliedstaaten, in denen die SE und ihre Tochtergesellschaften Arbeitnehmer beschäftigen (§ 23 Abs. 1 S. 3 iVm § 5 Abs. 1) wenig glücklich, weil sie zu Zufallsmehrheiten und unter Umständen zu einer Überstimmung der Repräsentanten der Belegschaftsmehrheit führen kann (kritisch auch die Stellungnahme des DGB zum Referentenentwurf SEEG vom 25.5.2004, S. 4).

V. Streitigkeiten

8   Streitigkeiten im Zusammenhang mit § 24 fallen gemäß § 2a Abs. 1 Nr. 3e ArbGG in die Zuständigkeit der Arbeitsgerichte. Die Arbeitsgerichte entscheiden gemäß §§ 2a Abs. 2, 80 ff. ArbGG im Beschlussverfahren. Zuständig ist das Arbeitsgericht am Sitz der SE (§ 82 Abs. 3 ArbGG).

Prüfung der Zusammensetzung des SE-Betriebsrats

25 [1] **Alle zwei Jahre, vom Tage der konstituierenden Sitzung des SE-Betriebsrats an gerechnet, hat die Leitung der SE zu prüfen, ob Änderungen der SE und ihrer Tochtergesellschaften und Betriebe, insbesondere bei den Arbeitnehmerzahlen in den einzelnen Mitgliedstaaten eingetreten sind.** [2] **Sie hat das Ergebnis dem SE-Betriebsrat mitzuteilen.**

[3] Ist danach eine andere Zusammensetzung des SE-Betriebsrats erforderlich, veranlasst dieser bei den in den jeweiligen Mitgliedstaaten zuständigen Stellen, dass die Mitglieder des SE-Betriebsrats in diesen Mitgliedstaaten neu gewählt oder bestellt werden. [4] Mit der neuen Wahl oder
Bestellung endet die Mitgliedschaft der bisherigen Arbeitnehmervertreter aus diesen Mitgliedstaaten.

I. Allgemeines

§ 25 ordnet eine **regelmäßige Überprüfung** und ggf. **Anpassung** der Zu- **1**
sammensetzung des SE-Betriebsrats an die geänderten Verhältnisse an. Die Regelung basiert auf Teil 1 lit. b des Anhangs zur SE-RL (KK-AktG/*Feuerborn*
Rn. 2; aA LHT/*Oetker* Rn. 1). Die Zusammensetzung des SE-Betriebsrats soll
nach Möglichkeit zu jedem Zeitpunkt die tatsächlichen Verhältnisse widerspiegeln (vgl. BT-Drs. 15/3405, 52). § 25 stellt einen Kompromiss zwischen diesem
Anliegen und dem Bedürfnis nach Kontinuität in der Arbeit des SE-Betriebsrats
dar.

II. Prüfungs- und Mitteilungspflicht der Leitung (S. 1, 2)

Gemäß § 25 S. 1 hat die Leitung der SE alle **zwei Jahre,** vom Tag der **2**
konstituierenden Sitzung des SE-Betriebsrats an gerechnet, zu prüfen, ob Änderungen der SE und ihrer Tochtergesellschaften und Betriebe, insbesondere bei
den Arbeitnehmerzahlen in den einzelnen Mitgliedstaaten eingetreten sind. Das
Ergebnis der Prüfung hat die Leitung der SE dem SE-Betriebsrat gemäß § 25 S. 2
mitzuteilen. Die Prüfungs- und Mitteilungspflicht der Leitung der SE besteht
unabhängig davon, ob tatsächlich für die Zusammensetzung des SE-Betriebsrats
relevante Änderungen eingetreten sind. Die diesbezügliche Prüfung obliegt dem
SE-Betriebsrat, nicht der Leitung der SE (KK-AktG/*Feuerborn* Rn. 4; Gaul/
Ludwig/Forst/*Siemers* § 2 Rn. 421; NK-SE/*Kleinmann*/*Kujath* Rn. 2).

Ob Änderungen in den Verhältnissen der SE, ihrer Tochtergesellschaften und **3**
Betriebe eine Änderung der Zusammensetzung des SE-Betriebsrats erfordern, hat
der SE-Betriebsrat durch Subsumtion unter die Regelungen des § 23 Abs. 1 S. 3
iVm § 5 Abs. 1, 7 zu ermitteln. Solche Änderungen können sich aus einem
Wachstum der Belegschaft oder einem Abbau von Personal, aber auch aus
Änderungen in den gesellschaftsrechtlichen Verhältnissen (zB Veräußerung oder
Erwerb von Unternehmen oder Unternehmensteilen) ergeben. **Nicht** unter § 25
fallen **Änderungen in den individuellen Verhältnissen** der SE-Betriebsratsmitglieder, insbesondere das Ausscheiden von Mitgliedern aus dem SE-Betriebsrat mit dem Ende des Arbeitsverhältnisses (Verlust der Wählbarkeit). Sofern kein
Ersatzmitglied (§ 23 Abs. 1 S. 3 iVm § 6 Abs. 2 S. 3) zur Verfügung steht, ist in
diesen Fällen unverzüglich eine Nachwahl durchzuführen.

III. Neuwahl oder Neubestellung (S. 3, 4)

Erfordern Änderungen der SE, ihrer Tochtergesellschaften oder Betriebe Än- **4**
derungen in der Zusammensetzung des SE-Betriebsrats, veranlasst dieser gemäß
§ 25 S. 3 bei den jeweils zuständigen Stellen, dass in den betreffenden Mitgliedstaaten Mitglieder des SE-Betriebsrats neu gewählt oder bestellt werden. Mit der
neuen Wahl oder Bestellung endet gemäß § 25 S. 4 die Mitgliedschaft der
bisherigen Arbeitnehmervertreter aus den betreffenden Mitgliedstaaten. Die Mitglieder aus den übrigen Mitgliedstaaten behalten ihr Mandat grundsätzlich bis
zum Ende ihrer jeweiligen Amtszeit (LHT/*Oetker* Rn. 1; NK-SE/*Kleinmann*/
Kujath Rn. 3; van Hulle/Maul/Drinhausen/*Köklü* Abschnitt 6 Rn. 173). Die

neuen Mitglieder des SE-Betriebsrats sind für eine **volle Amtszeit** zu wählen bzw. zu bestellen.

IV. Streitigkeiten

5   Streitigkeiten im Zusammenhang mit § 25 fallen gemäß § 2a Abs. 1 Nr. 3e ArbGG in die Zuständigkeit der Arbeitsgerichte. Die Arbeitsgerichte entscheiden gemäß §§ 2a Abs. 2, 80 ff. ArbGG im Beschlussverfahren. Zuständig ist das Arbeitsgericht am Sitz der SE (§ 82 Abs. 3 ArbGG).

Beschluss zur Aufnahme von Neuverhandlungen

26 (1) **Vier Jahre nach seiner Einsetzung hat der SE-Betriebsrat mit der Mehrheit seiner Mitglieder einen Beschluss darüber zu fassen, ob über eine Vereinbarung nach § 21 verhandelt werden oder die bisherige Regelung weiter gelten soll.**

(2) **[1] Wird der Beschluss gefasst, über eine Vereinbarung nach § 21 zu verhandeln, so gelten die §§ 13 bis 15, 17, 20 und 21 entsprechend mit der Maßgabe, dass an die Stelle des besonderen Verhandlungsgremiums der SE-Betriebsrat tritt. [2] Kommt keine Vereinbarung zustande, findet die bisherige Regelung weiter Anwendung.**

I. Allgemeines

1   § 26 Abs. 1 verpflichtet den SE-Betriebsrat dazu, vier Jahre nach seiner Einsetzung darüber Beschluss zu fassen, ob **erneut Verhandlungen** über eine Beteiligungsvereinbarung aufgenommen werden sollen. § 26 Abs. 2 regelt das Verhandlungsverfahren und die Folgen eines Scheiterns der Verhandlungen. Die Vorschrift setzt Teil 1 lit. e des Anhangs zur SE-RL in nationales Recht um. Sie ist Ausdruck des Vorrangs der **Verhandlungslösung** (MüKoAktG/*Jacobs* Vor § 23 Rn. 7) und verdeutlicht, dass die Bildung eines SE-Betriebsrats kraft Gesetzes die Ausnahme bilden soll (NFK/*Nagel* Rn. 1).

II. Beschlussfassung über die Aufnahme von Verhandlungen (Abs. 1)

2   Gemäß § 26 Abs. 1 hat der SE-Betriebsrat **vier Jahre nach seiner Einsetzung** darüber Beschluss zu fassen, ob erneut Verhandlungen über eine Beteiligungsvereinbarung nach § 21 aufgenommen werden oder es bei der Anwendung der gesetzlichen Auffangregelungen verbleiben soll. **Einsetzung** bezeichnet in entsprechender Anwendung des § 20 Abs. 1 S. 2 den Tag für den die Leitung der SE zur konstituierenden Sitzung des SE-Betriebsrats eingeladen hat (KK-AktG/*Feuerborn* Rn. 4; MüKoAktG/*Jacobs* SEBG Vor § 23 Rn. 7; aA NK-SE/*Hennings* 1. Aufl. 2005, Anhang: Auffangregelung Teil 1 SE-RL Rn. 16: Annahme der Wahl oder Bestellung durch alle Mitglieder des SE-Betriebsrats). Es handelt sich um eine **Höchstfrist**, in dem Sinne, dass der SE-Betriebsrat auch jederzeit früher die Wiederaufnahme von Verhandlungen beschließen kann (BT-Drs. 15/3405, 52; KK-AktG/*Feuerborn* Rn. 3). Allerdings ist die Leitung der SE in diesem Falle nicht verpflichtet, sich auf den Verhandlungswunsch des SE-Betriebsrats einzulassen (wohl ebenso KK-AktG/*Feuerborn* Rn. 3).

3   Bei der Beschlussfassung gemäß § 26 Abs. 1 handelt es sich um einen einmaligen Vorgang. Beschließt der SE-Betriebsrat, keine Verhandlungen aufzunehmen oder scheitern die Verhandlungen erneut, besteht nach dem Ablauf weiterer vier Jahre **keine Pflicht zur erneuten Prüfung und Beschlussfassung** über die Aufnahme von Verhandlungen (KK-AktG/*Feuerborn* Rn. 8; aA van Hulle/Maul/

Drinhausen/*Köklü* Abschnitt 6 Rn. 175). Dies ergibt sich daraus, dass § 26 Abs. 1 die Vierjahresfrist an die Einsetzung des SE-Betriebsrats anknüpft, bei der es sich, weil der SE-Betriebsrat ein Dauergremium ist (→ § 23 Rn. 7), ebenfalls um einen einmaligen Vorgang handelt.

Der SE-Betriebsrat beschließt über die erneute Aufnahme von Verhandlungen **4** über eine Beteiligungsvereinbarung mit der **Mehrheit seiner Mitglieder,** nicht wie sonst nach § 24 Abs. 3 S. 2 mit der Mehrheit der anwesenden Mitglieder.

III. Verfahren und Gegenstand der Verhandlungen (Abs. 2 S. 1)

Beschließt der SE-Betriebsrat zu dem in § 26 Abs. 1 bestimmten Zeitpunkt **5** die Aufnahme von Verhandlungen, so ist die Leitung der SE über die Verweisung in § 26 Abs. 2 S. 1 auf § 13 Abs. 1 S. 2 unter dem Gesichtspunkt der vertrauensvollen Zusammenarbeit **verpflichtet,** in Verhandlungen einzutreten. Gegenstand der Verhandlungen sind mindestens die Gegenstände des § 21 (BT-Drs. 15/3405, 53). Die Begründung zum Regierungsentwurf betont in diesem Zusammenhang, dass die Parteien auch die Möglichkeit haben, eine kraft Gesetzes einzuführende Form der Unternehmensmitbestimmung nach § 21 Abs. 3 durch Vereinbarung zu ändern oder zu beenden (vgl. BT-Drs. 15/3405, 53).

Nach dem Wortlaut des § 26 Abs. 2 S. 1 hat die Arbeitnehmerseite allerdings **6** nicht die Möglichkeit, einen **Beschluss nach § 16 Abs. 1** mit der Folge zu fassen, dass die gesetzlichen Auffangregeln der §§ 22 ff., 34 ff. fortan keine Anwendung mehr finden (BT-Drs. 15/3405, 53). § 16 wird durch § 26 Abs. 2 S. 1 nicht in Bezug genommen. Ob dies mit der Vorgabe aus Teil 1 lit. g des Anhangs zur SE-RL vereinbart werden kann, ist umstritten (befürwortend KK-AktG/ *Feuerborn* Rn. 9; NFK/*Nagel* Rn. 4; ablehnend *Güntzel* SE-Richtlinie, Diss. Frankfurt/M 2006, S. 451 f.). Eine richtlinienkonforme Auslegung scheitert allerdings am klaren Wortlaut des § 26 Abs. 2 S. 1 und dem erklärten gesetzgeberischen Willen § 16 nicht anzuwenden (MüKoAktG/*Jacobs* SEBG Vor § 23 Rn. 7).

Im Rahmen des Verfahrens nach § 26 ist die **erneute Bildung eines bVG** **7** **nicht erforderlich,** da der SE-Betriebsrat die Verhandlungen führt (BT-Drs. 15/ 3405, 53). Der SE-Betriebsrat erfüllt damit vorübergehend eine **Doppelfunktion,** weil zu seiner Aufgabe als Vertretungsorgan der Arbeitnehmer diejenige des Verhandlungspartners hinzukommt (KK-AktG/*Feuerborn* Rn. 7). Hinsichtlich des Verhandlungsverfahrens verweist § 26 Abs. 2 S. 1 auf die §§ 13 (Grundsätze der Zusammenarbeit), 14 (Sachverständige und Vertreter außenstehender Organisationen), 15 (Beschlussfassung), 17 (Niederschrift), 20 (Dauer der Verhandlungen) und 21 (Inhalt der Beteiligungsvereinbarung).

IV. Rechtsfolgen (Abs. 2 S. 2)

Kommt in den Verhandlungen mit dem SE-Betriebsrat eine Beteiligungsvereinbarung gemäß § 21 zustande, tritt diese **an die Stelle** der bislang anwendbaren **8** gesetzlichen Auffangregelungen. Scheitern die Verhandlungen, bleibt es gemäß § 26 Abs. 2 S. 2 bei der Anwendung der §§ 22 ff., 34 ff. Der SE-Betriebsrat und die Leitung der SE können zwar jederzeit erneut in Verhandlungen eintreten; sie sind hierzu jedoch nicht verpflichtet.

V. Streitigkeiten

Streitigkeiten im Rahmen des § 26 fallen gemäß § 2a Abs. 1 Nr. 3e ArbGG in **9** die Zuständigkeit der Arbeitsgerichte. Die Arbeitsgerichte entscheiden gemäß

§§ 2a Abs. 2, 80 ff. ArbGG im Beschlussverfahren. Zuständig ist das Arbeitsgericht am Sitz der SE (§ 82 Abs. 3 ArbGG).

Unterabschnitt 2. Aufgaben

Zuständigkeiten des SE-Betriebsrats

27 Der SE-Betriebsrat ist zuständig für die Angelegenheiten, die die
SE selbst, eine ihrer Tochtergesellschaften oder einen ihrer Betriebe in einem anderen Mitgliedstaat betreffen oder die über die Befugnisse
der zuständigen Organe auf der Ebene des einzelnen Mitgliedstaats
hinausgehen.

I. Allgemeines

1   § 27 regelt in nahezu wörtlicher Übernahme der Regelung aus Teil 2 lit. a des
Anhangs zur SE-RL die Zuständigkeit des SE-Betriebsrats. § 27 ist **Zuständig-
keits-, nicht Kompetenznorm** (aA wohl KK-AktG/*Feuerborn* § 28 Rn. 1).
Wo das Gesetz dem SE-Betriebsrat keine Kompetenz einräumt, kann er eine
solche nicht aus § 27 ableiten, wie er umgekehrt Kompetenzen nur im Rahmen
seiner Zuständigkeit beanspruchen kann.

2   Die Kompetenzen des SE-Betriebsrats ergeben sich insbesondere aus den § 28
und § 29. Darüber hinaus kommt dem SE-Betriebsrat im SEBG insbesondere das
Recht zur Verteilung der Arbeitnehmersitze im Aufsichts- oder Verwaltungsorgan
auf die Mitgliedstaaten (§ 36 Abs. 1 S. 1, 3, Abs. 2) zu, die Befugnis zur Anfechtung der Wahl von Arbeitnehmervertretern im Aufsichts- oder Verwaltungsorgan
(§ 37 Abs. 2 S. 2) sowie das Recht auf Informationen über das Wahlergebnis
(§ 36 Abs. 3 S. 3). Daneben bestehen verschiedene Antragsrechte im **SEAG** (zB
§§ 17 Abs. 3, 26 Abs. 2 Nr. 4, 30 Abs. 1 S. 3 Nr. 2).

II. Zuständigkeit des SE-Betriebsrats

3   Der SE-Betriebsrat ist gemäß § 27 zuständig für Angelegenheiten, die (i) die
SE selbst, eine ihrer Tochtergesellschaften oder einen ihrer Betriebe in einem
anderen Mitgliedstaat betreffen oder die (ii) über die Befugnisse der zuständigen
Organe auf der Ebene des einzelnen Mitgliedstaats hinausgehen. Erforderlich ist
jeweils ein **grenzüberschreitendes Element** (BT-Drs. 15/3405, 53; Annuß/
Kühn/Rudolph/Rupp/*Kühn* Rn. 2; KK-AktG/*Feuerborn* Rn. 1; MüKoAktG/
Jacobs Vor § 23 Rn. 11; NFK/*Nagel* Rn. 1; *Thüsing* ZIP 2006, ZIP 1469
[1475 f.]). Dies entspricht der Vorgabe aus Teil 2 lit. a des Anhangs zur SE-RL,
die zwar nicht in der deutschen, wohl aber in der englischen und der französischen Sprachfassung deutlich zum Ausdruck kommt (vgl. *Thüsing* ZIP 2006, 1469
[1476]). Rein nationale Sachverhalte fallen damit nicht in die Zuständigkeit des
SE-Betriebsrats. Streitig ist, ob der erforderliche grenzüberschreitende Bezug
bereits dann gegeben ist, wenn die zentrale Leitung der SE eine Entscheidung
trifft, die sich (lediglich) in einem anderen Mitgliedstaat auswirkt (vgl. zum Streitstand WHSS/*Schweibert* Rn. C 517 f.).

4   Ein grenzüberschreitender Bezug ist auch im Rahmen der zweiten Tatbestandsalternative des § 27 („Angelegenheiten, die über die Befugnisse der zuständigen
Organe des einzelnen Mitgliedstaats hinausgehen") erforderlich (NK-SE/*Kleinmann*/*Kujath* Rn. 1). Die Regelung bringt zum Ausdruck, dass die Zuständigkeit
des SE-Betriebsrats die **Zuständigkeiten nationaler Arbeitnehmervertretungen** (die gemäß § 47 Abs. 1 in ihrem Bestand und ihren Befugnissen durch das

SEBG nicht berührt werden) **nicht verdrängt**. Das „oder" in der zweiten Tatbestandsalternative ist in diesem Sinne als „soweit" zu lesen.

III. Streitigkeiten

Streitigkeiten im Rahmen des § 27 fallen gemäß § 2a Abs. 1 Nr. 3e ArbGG in 5 die Zuständigkeit der Arbeitsgerichte. Die Arbeitsgerichte entscheiden gemäß §§ 2a Abs. 2, 80 ff. ArbGG im Beschlussverfahren. Zuständig ist das Arbeitsgericht am Sitz der SE (§ 82 Abs. 3 ArbGG).

Jährliche Unterrichtung und Anhörung

28 (1) [1]**Die Leitung der SE hat den SE-Betriebsrat mindestens einmal im Kalenderjahr in einer gemeinsamen Sitzung über die Entwicklung der Geschäftslage und die Perspektiven der SE unter rechtzeitiger Vorlage der erforderlichen Unterlagen zu unterrichten und ihn anzuhören. [2]Zu den erforderlichen Unterlagen gehören insbesondere**

1. **die Geschäftsberichte,**
2. **die Tagesordnung aller Sitzungen des Leitungsorgans und des Aufsichts- oder Verwaltungsorgans,**
3. **die Kopien aller Unterlagen, die der Hauptversammlung der Aktionäre vorgelegt werden.**

(2) **Zu der Entwicklung der Geschäftslage und den Perspektiven im Sinne von Absatz 1 gehören insbesondere**

1. **die Struktur der SE sowie die wirtschaftliche und finanzielle Lage;**
2. **die voraussichtliche Entwicklung der Geschäfts-, Produktions- und Absatzlage;**
3. **die Beschäftigungslage und ihre voraussichtliche Entwicklung;**
4. **Investitionen (Investitionsprogramme);**
5. **grundlegende Änderungen der Organisation;**
6. **die Einführung neuer Arbeits- und Fertigungsverfahren;**
7. **die Verlegung von Unternehmen, Betrieben oder wesentlichen Betriebsteilen sowie Verlagerungen der Produktion;**
8. **Zusammenschlüsse oder Spaltungen von Unternehmen oder Betrieben;**
9. **die Einschränkung oder Stilllegung von Unternehmen, Betrieben oder wesentlichen Betriebsteilen;**
10. **Massenentlassungen.**

(3) **Die Leitung der SE informiert die Leitungen über Ort und Tag der Sitzung.**

I. Regelungsinhalt

§ 28 regelt die **jährliche Unterrichtung und Anhörung** des SE-Betriebs- 1 rats. § 28 Abs. 1 S. 1 beschreibt den Gegenstand Unterrichtung und Anhörung in allgemeiner Form. § 28 Abs. 2 konkretisiert diesen. Darüber hinaus regelt § 28 Abs. 1 S. 2 die Vorlage von Unterlagen. § 28 Abs. 3 verpflichtet die Leitung der SE zur Unterrichtung der örtlichen Geschäftsleitungen über den Ort und den Tag der jährlichen Zusammenkunft mit dem SE-Betriebsrat. Die Vorschrift setzt Teil 2 lit. b des Anhangs zur SE-RL in nationales Recht um.

II. Gegenstand der Unterrichtung

2   Gemäß § 28 Abs. 1 S. 1 hat die Leitung der SE den SE-Betriebsrat über die **Entwicklung der Geschäftslage und die Perspektiven der SE** zu unterrichten und ihn hierzu anzuhören. Was zur Entwicklung der Geschäftslage und den Perspektiven in diesem Sinne gehört, illustriert § 28 Abs. 2 durch einen Katalog von Unterrichtungsgegenständen. Wie sich aus dem Wortlaut von § 28 Abs. 2 („insbesondere") ergibt, ist der Katalog **nicht abschließend** (BT-Drs. 15/3405, 53). Zusätzliche Unterrichtungsgegenstände können sich aus der spezifischen Situation der SE ergeben. Die Unterrichtungsgegenstände des § 28 Abs. 2 sind mit Ausnahme der Nr. 8 durch Teil 2 lit. b des Anhangs zur SE-RL vorgegeben. Der Unterrichtungsgegenstand nach § 28 Abs. 2 Nr. 7 geht teilweise über die Vorgabe der SE-RL hinaus. Da auch die Aufzählung in Teil 2 lit. b des Anhangs zur SE-RL nicht abschließend ist, liegt in diesen Abweichungen jedoch kein Verstoß gegen die Richtlinie (wohl ebenso KK-AktG/*Feuerborn* Rn. 8; MüKoAktG/*Jacobs* Vor § 23 Rn. 12; kritisch die Stellungnahme von BDA, BDI, DIHK, GDV, BdB und DAI zum Referentenentwurf des SEEG vom 3.5.2004, S. 11).

III. Vorzulegende Unterlagen

3   Die Unterrichtung des SE-Betriebsrats hat gemäß § 28 Abs. 1 S. 1 unter rechtzeitiger Vorlage der **erforderlichen Unterlagen** zu erfolgen. Zu den erforderlichen Unterlagen gehören nach der nicht abschließenden (BT-Drs. 15/3405, 53) Auflistung in § 28 Abs. 1 S. 2 insbesondere die Geschäftsberichte der SE (Nr. 1), die Tagesordnungen aller Sitzungen des Leitungsorgans und des Aufsichts- oder Verwaltungsorgans (Nr. 2) sowie die Kopien aller Unterlagen, die der Hauptversammlung der Aktionäre vorgelegt werden (Nr. 3). Die Regelungen zu § 28 Abs. 1 S. 2 Nr. 2 und 3 sind durch Teil 2 lit. b des Anhangs zur SE-RL vorgegeben, die Regelungen zu § 28 Abs. 1 S. 2 Nr. 1 sind dort zumindest angelegt (kritisch die Stellungnahme von BDA, BDI, DIHK, GDV, BdB und DAI zum Referentenentwurf des SEEG vom 3.5.2004, S. 11). Insbesondere die Verpflichtung zur Vorlage der Unterlagen nach § 28 Abs. 1 S. 2 Nr. 2 geht weit über die Parallelregelungen in § 106 Abs. 2 BetrVG und § 29 Abs. 1 EBRG hinaus (*Kienast* in Jannott/Frodermann HdB SE Kap. 13 Rn. 292, Fn. 314) und wird im Rahmen von Beteiligungsvereinbarungen nach § 21 regelmäßig abbedungen.

4   Die Vorlage der erforderlichen Unterlagen muss **rechtzeitig** erfolgen. Wie sich aus der Legaldefinition des Begriffs Unterrichtung in § 2 Abs. 10 ergibt, bedeutet rechtzeitig in diesem Zusammenhang so frühzeitig, dass es dem SE-Betriebsrat möglich ist, zu erwartende Auswirkungen eingehend zu prüfen und die Anhörung durch die Leitung der SE vorzubereiten. In diesem Zusammenhang ist auch das Recht des SE-Betriebsrats aus § 32 auf Hinzuziehung von Sachverständigen und die Befugnis aus § 24 Abs. 2, vor der Sitzung nach § 28 Abs. 1 in Abwesenheit der Leitung der SE zu tagen, zu berücksichtigen (vgl. auch BT-Drs. 15/3405, 53; NFK/*Nagel* Rn. 1).

IV. Anhörung des SE-Betriebsrats

5   Der SE-Betriebsrat ist zu den Unterrichtungsgegenständen des § 28 Abs. 1 S. 1, Abs. 2 **anzuhören.** Der Begriff der Anhörung ergibt sich aus § 2 Abs. 11. Die Anhörung erfolgt nach dem Leitbild des § 28 Abs. 1 in der gemeinsamen Sitzung des SE-Betriebsrats mit der Leitung der SE. Soweit die Unterrichtung künftige Planungen zum Gegenstand hat, kann das Anhörungsverfahren allerdings zeitlich über die gemeinsame Sitzung hinausreichen, weil sich die

Anhörung nicht in der Entgegennahme einer Stellungnahme des SE-Betriebsrats erschöpft (→ § 2 Rn. 39). § 28 Abs. 1 beinhaltet keine persönliche Verpflichtung der Mitglieder der Leitung der SE. Diese können sich vielmehr wie auch sonst vertreten lassen (→ § 2 Rn. 29).

V. Zeitpunkt der Unterrichtung und Anhörung

Die Unterrichtung und Anhörung gemäß § 28 hat mindestens **einmal in** 6 **jedem Kalenderjahr** stattzufinden (§ 28 Abs. 1 S. 1). Bei Bedarf ist der SE-Betriebsrat auch häufiger zu unterrichten und anzuhören (BT-Drs. 15/3405, 53). Allerdings müssen hierfür zur Vermeidung von Wertungswidersprüchen zu § 29 Abs. 2 Gründe vorliegen, die ihrem Gewicht nach außergewöhnlichen Umständen iSd § 29 Abs. 1 entsprechen (ähnlich KK-AktG/*Feuerborn* Rn. 3). Den **Zeitpunkt** der jährlichen Unterrichtung und Anhörung bestimmt die Leitung der SE. Bei der Festsetzung hat die Leitung den Zweck des Anhörungsverfahrens zu berücksichtigen, dem SE-Betriebsrat zu geplanten Maßnahmen eine Stellungnahme in einem Zeitpunkt zu ermöglichen, in dem die Stellungnahme noch in den Entscheidungsprozess der SE einfließen kann (vgl. § 2 Abs. 11 S. 2).

VI. Information der örtlichen Leitungen

Gemäß § 28 Abs. 3 informiert die Leitung der SE die **örtlichen Geschäfts-** 7 **leitungen** über **Ort** und **Tag** der gemeinsamen Sitzung mit dem SE-Betriebsrat. Hierdurch soll gewährleistet werden, dass die örtlichen Geschäftsleitungen die erforderlichen Vorbereitungen treffen können (BT-Drs. 15/3405, 53). Die Regelung ist durch Teil 2 lit. b des Anhangs zur SE-RL vorgegeben.

VII. Streitigkeiten

Mit der Unterrichtungs- und Anhörungspflicht der Leitung der SE korrespon- 8 diert ein **Erfüllungsanspruch** des SE-Betriebsrats (MüKoAktG/*Jacobs* Vor § 23 Rn. 11; *Kienast* in Jannott/Frodermann HdB SE Kap. 13 Rn. 289). Der Anspruch kann gemäß § 2a Abs. 1 Nr. 3e, Abs. 2 iVm 80 ff. ArbGG im arbeitsgerichtlichen Beschlussverfahren durchgesetzt werden. Eine Verletzung der Pflicht zur jährlichen Unterrichtung und Anhörung stellt zudem gemäß § 46 Abs. 1 Nr. 2 eine **Ordnungswidrigkeit** dar.

Unterrichtung und Anhörung über außergewöhnliche Umstände

29 (1) [1]Über außergewöhnliche Umstände, die erhebliche Auswirkungen auf die Interessen der Arbeitnehmer haben, hat die Leitung der SE den SE-Betriebsrat rechtzeitig unter Vorlage der erforderlichen Unterlagen zu unterrichten. [2]Als außergewöhnliche Umstände gelten insbesondere

1. die Verlegung oder Verlagerung von Unternehmen, Betrieben oder wesentlichen Betriebsteilen;
2. die Stilllegung von Unternehmen, Betrieben oder wesentlichen Betriebsteilen;
3. Massenentlassungen.

(2) Der SE-Betriebsrat hat das Recht, auf Antrag mit der Leitung der SE oder den Vertretern einer anderen zuständigen, mit eigenen Entscheidungsbefugnissen ausgestatteten Leitungsebene innerhalb der SE zusammenzutreffen, um zu den außergewöhnlichen Umständen angehört zu werden.

(3) ¹Auf Beschluss des SE-Betriebsrats stehen die Rechte nach Absatz 2 dem geschäftsführenden Ausschuss (§ 23 Abs. 4) zu. ²Findet eine Sitzung mit dem geschäftsführenden Ausschuss statt, so haben auch die Mitglieder des SE-Betriebsrats, die von diesen Maßnahmen unmittelbar betroffene Arbeitnehmer vertreten, das Recht, daran teilzunehmen.

(4) Wenn die Leitung der SE beschließt, nicht entsprechend der von dem SE-Betriebsrat oder dem geschäftsführenden Ausschuss abgegebenen Stellungnahme zu handeln, hat der SE-Betriebsrat das Recht, ein weiteres Mal mit der Leitung der SE zusammenzutreffen, um eine Einigung herbeizuführen.

I. Regelungsinhalt

1   § 29 regelt die Unterrichtung und Anhörung des SE-Betriebsrats zu **außergewöhnlichen Umständen**. § 29 Abs. 1 regelt Gegenstand und Zeitpunkt der Unterrichtung sowie die zur Verfügung zu stellenden Unterlagen. § 29 Abs. 2 räumt dem SE-Betriebsrat das Recht ein, für Zwecke der Anhörung mit der Leitung der SE oder einer anderen Leitungsebene zusammenzutreffen. Gemäß § 29 Abs. 3 kann der SE-Betriebsrat seine Rechte aus § 29 Abs. 2 auf den geschäftsführenden Ausschuss (§ 23 Abs. 4) delegieren. Für den Fall, dass die Leitung der SE beschließt, nicht entsprechend der Stellungnahme des SE-Betriebsrats bzw. des geschäftsführenden Ausschusses zu handeln, räumt § 29 Abs. 4 dem SE-Betriebsrat das Recht ein, ein weiteres Mal mit der Leitung der SE zusammenzutreffen. Die Vorschrift beruht auf Teil 2 lit. c des Anhangs zur SE-RL.

II. Gegenstand und Zeitpunkt der Unterrichtung, Unterlagen (Abs. 1)

2   Über außergewöhnliche Umstände, die erhebliche Auswirkungen auf die Interessen der Arbeitnehmer haben, hat die Leitung der SE den SE-Betriebsrat auch **unterjährig zu unterrichten** (§ 29 Abs. 1 S. 1). Als außergewöhnliche Umstände in diesem Sinne gelten nach der nicht abschließenden (KK-AktG/ *Feuerborn* Rn. 3) Aufzählung in § 29 Abs. 1 S. 2 insbesondere die Verlegung oder Verlagerung von Unternehmen, Betrieben oder wesentlichen Betriebsteilen (Nr. 1), die Stilllegung von Unternehmen, Betrieben oder wesentlichen Betriebsteilen (Nr. 2) sowie Massenentlassungen (Nr. 3). Diese Tatbestände sind bereits im Katalog des § 28 Abs. 2 (Nr. 7, 9, 10) enthalten, der die Gegenstände der jährlichen Unterrichtung konkretisiert. Zu Gegenständen, die zur außerordentlichen Unterrichtung gemäß § 29 Abs. 1 S. 1 verpflichten, werden sie erst dann, wenn sie **besonders schwerwiegende Auswirkungen** auf die Interessen der Arbeitnehmer, insbesondere auf ihre Beschäftigungslage haben (nicht ganz eindeutig BT-Drs. 15/3405, 53). Es bedarf also im Vergleich zu den Tatbeständen des § 28 Abs. 2 Nr. 7, 9 und 10 einer **qualitativen Steigerung** (KK-AktG/ *Feuerborn* Rn. 3; MüKoAktG/*Jacobs* Vor § 23 Rn. 13; NFK/*Nagel* Rn. 3). Diese wird sich regelmäßig aus der (besonders großen) Zahl der betroffenen Arbeitnehmer ergeben. Nach dem klaren Wortlaut des § 29 Abs. 1 S. 1, der insoweit mit Teil 2 lit. c des Anhangs zur SE-RL übereinstimmt, lösen nur Umstände, die **tatsächlich** erhebliche Auswirkungen auf die Interessen der Arbeitnehmer **haben** die Pflicht zur außerordentlichen Unterrichtung aus. Das bestimmte Maßnahmen solche Auswirkungen haben können, genügt demgegenüber anders als zB im Rahmen des § 111 S. 1 BetrVG nicht.

Liegen die Tatbestandsvoraussetzungen des § 29 Abs. 1 S. 1 vor, hat die Lei- 3
tung der SE den SE-Betriebsrat hierüber **rechtzeitig** zu unterrichten. Wegen des
Begriffs der Rechtzeitigkeit kann auf die Erläuterungen zu § 28 (→ Rn. 4) verwiesen werden. Die Unterrichtung muss insbesondere so frühzeitig erfolgen, dass
der SE-Betriebsrat die zu erwartenden Auswirkungen eingehend prüfen und eine
Anhörung mit der Leitung der SE vorbereiten kann. Darüber hinaus muss eine
Stellungnahme des SE-Betriebsrats zu den geplanten Maßnahmen noch in den
Entscheidungsprozess der SE einfließen können. Die Unterrichtung ist damit
verspätet, wenn sie zu einem Zeitpunkt erfolgt, in dem die Maßnahmen bereits
ohne Vorbehalt der Beteiligung der zuständigen Arbeitnehmervertretungen beschlossen sind.

Gemäß § 29 Abs. 1 S. 1 aE hat die Leitung der SE dem SE-Betriebsrat im 4
Rahmen der Unterrichtung die **erforderlichen Unterlagen** vorzulegen. Eine
Konkretisierung enthält das Gesetz insoweit nicht. Der Zweck der Unterrich-
tung, den SE-Betriebsrat in die Lage zu versetzen, eine fundierte Stellungnahme
zu den geplanten Maßnahmen abzugeben (→ § 2 Rn. 37) bietet jedoch einen
Orientierungspunkt. Die Leitung der SE ist nicht verpflichtet, eigens für Zwecke
der Unterrichtung Unterlagen anzufertigen (zu § 106 Abs. 2 BetrVG ebenso
Richardi/*Annuß* Rn. 31; GK-BetrVG/*Oetker* Rn. 129; aA *Fitting* Rn. 39).

III. Anhörung des SE-Betriebsrats (Abs. 2)

§ 29 Abs. 2 räumt dem SE-Betriebsrat das Recht ein mit der Leitung der SE 5
zusammenzutreffen, um zu den außergewöhnlichen Umständen **angehört** zu
werden. Anders als die Anhörung im Zusammenhang mit der jährlichen Unterrichtung gemäß § 28 findet eine Anhörung zu außergewöhnlichen Umständen
iSd § 29 Abs. 1 nur **auf Antrag des SE-Betriebsrats** statt. Andererseits ist das
Anhörungsrecht aus § 29 Abs. 2 unabhängig von einer vorangehenden Unterrichtung des SE-Betriebsrats durch die Leitung der SE. Der SE-Betriebsrat kann
daher auch dann verlangen angehört zu werden, wenn er auf andere Weise
Kenntnis von außergewöhnlichen Umständen iSd § 29 Abs. 1 erlangt. § 29
Abs. 2 räumt dem SE-Betriebsrat insoweit ein **Initiativrecht** ein (KK-AktG/
Feuerborn Rn. 6; MüKoAktG/*Jacobs* Vor § 23 Rn. 13; NFK/*Nagel* Rn. 4). Alternativ zu einer Anhörung durch die Leitung der SE kann der SE-Betriebsrat
verlangen, mit einer anderen zuständigen, mit eigenen Entscheidungsbefugnissen
ausgestatteten Leitungsebene innerhalb der SE zusammenzutreffen. Dies kann aus
Gründen der größeren Sachnähe dieser Leitungsebene sinnvoll sein (BT-Drs. 15/
3405, 53).

IV. Delegation auf den geschäftsführenden Ausschuss (Abs. 3)

Gemäß § 29 Abs. 3 kann der SE-Betriebsrat beschließen, die Rechte aus 6
§ 29 Abs. 2 dem **geschäftsführenden Ausschuss** zu übertragen. Dies kann
wegen der typischerweise mit außergewöhnlichen Umständen iSd § 29 Abs. 1
einhergehenden Eilbedürftigkeit geboten sein (BT-Drs. 15/3405, 53). Macht
der SE-Betriebsrat von dieser Möglichkeit Gebrauch, so haben gemäß § 29
Abs. 3 S. 2 auch die Mitglieder des SE-Betriebsrats, die von den Maßnahmen
unmittelbar betroffene Arbeitnehmer vertreten, das Recht an der Sitzung mit
der Leitung der SE bzw. der anderen Leitungsebene innerhalb der SE teilzunehmen. Hierdurch wird sichergestellt, dass die Interessen der unmittelbar
betroffenen Arbeitnehmer im Rahmen des Anhörungsverfahrens angemessen
repräsentiert sind.

V. Erneute Anhörung (Abs. 4)

7   Wenn die Leitung der SE beschließt, nicht entsprechend der Stellungnahme des SE-Betriebsrats oder des geschäftsführenden Ausschusses zu handeln, hat der SE-Betriebsrat gemäß § 29 Abs. 4 das Recht, **ein weiteres Mal** mit der Leitung der SE zusammenzutreffen. Das entspricht der Vorgabe aus Teil 2 lit. c des Anhangs zur SE-RL. Mit der Richtlinie unvereinbar ist es allerdings, aus dem Zusatz, dass die weitere Zusammenkunft erfolgen solle, „um eine Einigung herbeizuführen" (§ 29 Abs. 4 aE) einen **Unterlassungsanspruch** des SE-Betriebsrats gegen die Durchführung der Maßnahme bis zum Abschluss der zweiten Anhörung herzuleiten (so NFK/*Nagel* Rn. 6; KK-AktG/*Feuerborn* Rn. 12; Mü-KoAktG/*Jacobs* Vor § 23 Rn. 13; wohl auch BT-Drs. 15/3405, 53). Teil 2 lit. c des Anhangs zur SE-RL bestimmt ausdrücklich, dass die „Sitzungen nach Absatz 1 die Vorrechte des zuständigen Organs unberührt [lassen]." Dies steht der Annahme eines Unterlassungsanspruchs unüberwindbar entgegen (HWK/*Hohenstatt/Dzida* SEBG Rn. 44; im Ergebnis ebenso Annuß/Kühn/Rudolph/Rupp/ *Kühn* Rn. 26). Dessen ungeachtet muss die zweite Anhörung vor der Umsetzung der Maßnahme erfolgen, da anderenfalls der Zweck der Anhörung nicht erreicht werden kann (BT-Drs. 15/3405, 53; MüKoAktG/*Jacobs* Vor § 23 Rn. 13; HWK/*Hohenstatt/Dzida* SEBG Rn. 44). Eine in diesem Sinne vorzeitige Umsetzung verwirklicht den **Ordnungswidrigkeitentatbestand** des § 46 Abs. 1 Nr. 2.

8   § 29 Abs. 4 räumt dem SE-Betriebsrat das Recht auf **eine** weitere Zusammenkunft mit der Leitung der SE ein. Mit dem Abschluss des zweiten Anhörungsverfahrens sind die Mitwirkungsmöglichkeiten des SE-Betriebsrats ausgeschöpft (BT-Drs. 15/3405, 53; LHT/*Oetker* Rn. 3; KK-AktG/*Feuerborn* Rn. 12).

VI. Streitigkeiten

9   Streitigkeiten im Zusammenhang mit den Regelungen des § 29, insbesondere die Frage nach dem Vorliegen außergewöhnlicher Umstände iSd § 29 Abs. 1, sind gemäß §§ 2a Abs. 1 Nr. 3e, Abs. 2, 80 ff. ArbGG im arbeitsgerichtlichen Beschlussverfahren zu klären. Zuständig ist gemäß § 82 Abs. 3 ArbGG das Arbeitsgericht am Sitz der SE.

Information durch den SE-Betriebsrat

30 ¹ Der SE-Betriebsrat informiert die Arbeitnehmervertreter der SE, ihrer Tochtergesellschaften und Betriebe über den Inhalt und die Ergebnisse der Unterrichtungs- und Anhörungsverfahren. ² Sind keine Arbeitnehmervertreter vorhanden, sind die Arbeitnehmer zu informieren.

I. Regelungsinhalt

1   § 30 regelt die **Informationspflicht** des SE-Betriebsrats gegenüber den nationalen Arbeitnehmervertretern, bestimmt deren Inhalt und die Adressaten. Der SE-Betriebsrat hat den Inhalt und die Ergebnisse der Unterrichtungs- und Anhörungsverfahren an die Arbeitnehmervertreter auf nationaler Ebene weiterzugeben (BT-Drs. 15/3405, 53). Die Vorschrift beruht auf Teil 2 lit. e des Anhangs zur SE-RL.

II. Adressat der Unterrichtungspflicht

Der SE-Betriebsrat hat die Arbeitnehmervertreter der SE, ihrer Tochtergesell- **2** schaften und Betriebe über den Inhalt und die Ergebnisse der Unterrichtungs- und Anhörungsverfahren zu informieren (§ 30 S. 1). Im Inland sind dies vor allem die Träger der Betriebsverfassung, dh **Betriebsrat, Gesamtbetriebsrat** und **Konzernbetriebsrat.** Darüber hinaus besteht jedoch auch eine Unterrichtungspflicht gegenüber etwa gebildeten **Sprecherausschüssen** (vgl. BT-Drs. 15/3405, 35: „anlehnend an § 35 Abs. 2 EBRG"; ebenso KK-AktG/*Feuerborn* Rn. 5; aA LHT/*Oetker* Rn. 1; MüKoAktG/*Jacobs* Vor § 23 Rn. 11 jeweils unter Verweis auf § 2 Abs. 6). Der Gesetzgeber hat in § 30 den Begriff des „Arbeitnehmervertreters" und nicht den in § 2 Abs. 6 definierten Begriff der „Arbeitnehmervertretung" verwandt. Letzterer kann bereits deswegen im Rahmen des § 30 nicht maßgeblich sein, weil § 30 nicht nur die Information der inländischen Arbeitnehmervertreter regelt, sondern auch die der Arbeitnehmervertreter in den übrigen Mitgliedstaaten. Der Begriff des Arbeitnehmervertreters entspricht daher dem des Art. 2 lit. e SE-RL und bestimmt sich nach den Rechtsvorschriften und Gepflogenheiten der einzelnen Mitgliedstaaten. Hierzu zählen für das Inland auch die Sprecherausschüsse der leitenden Angestellten.

Die Unterrichtungspflicht besteht nicht gegenüber allen Arbeitnehmervertre- **3** tern, es genügt eine Information auf der jeweils **höchsten Ebene.** Besteht zB ein Konzernbetriebsrat müssen in diesem vertretene (Gesamt-)Betriebsräte nicht informiert werden. Sind keine Arbeitnehmervertreter vorhanden, besteht die Unterrichtungspflicht unmittelbar gegenüber den Arbeitnehmern der betriebsratslosen Betriebe oder Unternehmen (§ 30 S. 2).

III. Gegenstand der Unterrichtung

Der SE-Betriebsrat hat über den „Inhalt und die Ergebnisse der Unterrich- **4** tungs- und Anhörungsverfahren" zu informieren; hierunter fallen der Gegenstand und das Ergebnis des Beteiligungsverfahrens, nicht die einzelnen Beratungsinhalte. Da § 30 keine Beschränkung der Unterrichtungspflicht enthält, ist diese grundsätzlich umfassend. Dem Geheimhaltungs- und Vertraulichkeitsinteresse der SE wird dadurch Rechnung getragen, dass die nach § 30 S. 1 zu unterrichtenden Arbeitnehmervertreter gemäß § 41 Abs. 3 Nr. 2 ihrerseits zur **Verschwiegenheit** verpflichtet sind. Hierauf sind diese durch den SE-Betriebsrat im Rahmen der Unterrichtung hinzuweisen (vgl. BT-Drs. 15/3405, 53). Die Pflicht und das Recht zur Unterrichtung der Arbeitnehmer gemäß § 30 S. 2 ist hingegen durch die Verschwiegenheitspflicht der SE-Betriebsratsmitglieder gemäß § 41 Abs. 2 begrenzt (KK-AktG/*Feuerborn* Rn. 7; LHT/*Oetker* Rn. 2; NFK/*Nagel* Rn. 2). § 40 Abs. 3 enthält für die unmittelbar zu informierenden Arbeitnehmer keine Ausnahme, so dass diesen gegenüber die Verschwiegenheitspflicht der SE-Betriebsratsmitglieder uneingeschränkt gilt.

IV. Form der Unterrichtung

Formerfordernisse stellt das Gesetz nicht auf. Die Information durch den SE- **5** Betriebsrat kann daher schriftlich oder auch mündlich erfolgen. Bereits aus Beweis- und Dokumentationsgründen empfiehlt sich jedoch eine schriftlich verkörperte Unterrichtung (KK-AktG/*Feuerborn* Rn. 9). Einer persönlichen Unterrichtung stehen in der Regel Kostengesichtspunkte entgegen. Entsprechendes gilt für eine Unterrichtung der Arbeitnehmer nach § 30 S. 2. Eine Unterrichtung über einen Aushang am „schwarzen Brett" oder das Intranet des Unternehmens ist hier ausreichend.

V. Streitigkeiten

6   Streitigkeiten im Zusammenhang mit der Regelung des § 30, insbesondere über Art und Umfang der Informationspflicht, sind gemäß §§ 2a Abs. 1 Nr. 3e, Abs. 2, 80 ff. ArbGG im arbeitsgerichtlichen Beschlussverfahren zu klären. Zuständig ist gemäß § 82 Abs. 3 ArbGG das Arbeitsgericht am Sitz der SE.

Unterabschnitt 3. Freistellung und Kosten

Fortbildung

31
¹Der SE-Betriebsrat kann Mitglieder zur Teilnahme an Schulungs- und Bildungsveranstaltungen bestimmen, soweit diese Kenntnisse vermitteln, die für die Arbeit des SE-Betriebsrats erforderlich sind. ²Der SE-Betriebsrat hat die Teilnahme und die zeitliche Lage rechtzeitig der Leitung der SE mitzuteilen. ³Bei der Festlegung der zeitlichen Lage sind die betrieblichen Notwendigkeiten zu berücksichtigen.

I. Allgemeines

1   § 31 regelt die **Fortbildung** der SE-Betriebsratsmitglieder. Die Vorschrift setzt Teil 2 lit. g des Anhangs zur SE-RL um. Inhaltlich orientiert sich die Vorschrift an § 37 BetrVG, der die Fortbildung von Betriebsratmitgliedern regelt (BT-Drs. 15/3405, 53). Auf die hierzu entwickelten Grundsätze kann daher im Rahmen des § 31 zurückgegriffen werden (*Kienast* in Jannott/Frodermann HdB SE Kap. 13 Rn. 301; KK-AktG/*Feuerborn* Rn. 5).

II. Teilname an Schulungs- und Bildungsveranstaltungen

2   Gemäß § 31 S. 1 kann der SE-Betriebsrat Mitglieder zur Teilnahme an Schulungs- und Bildungsveranstaltungen bestimmen, soweit diese Kenntnisse vermitteln, die für die Arbeit des SE-Betriebsrats erforderlich sind. Die Entscheidung über die Teilnahme des einzelnen Mitglieds (dh über die Art, Dauer und zeitliche Lage der Fortbildungsmaßnahme) trifft der SE-Betriebsrat. Anders als dies der Wortlaut von Teil 2 lit. g des Anhangs zur SE-RL nahelegt, handelt es sich um einen **kollektiven Anspruch,** der dem SE-Betriebsrat als Organ zusteht (LHT/*Oetker* Rn. 1; KK-AktG/*Feuerborn* Rn. 3). Ohne einen vorherigen Beschluss des SE-Betriebsrats ist das einzelne SE-Betriebsratsmitglied nicht berechtigt, an einer Fortbildungsmaßnahme teilzunehmen; in diesem Fall besteht kein Freistellungs- und Vergütungsanspruch.

3   Die Teilnahme an einer Fortbildungsmaßnahme setzt voraus, dass die Maßnahme Kenntnisse vermittelt, die für die Arbeit des SE-Betriebsrats **erforderlich** sind. Dies ist in Anlehnung an § 37 Abs. 6 S. 1 BetrVG der Fall, wenn unter Berücksichtigung der konkreten Situation (dh insbesondere des Wissensstandes der SE-Betriebsratsmitglieder) die Fortbildungsmaßnahme benötigt wird, damit die derzeit oder demnächst anfallenden Aufgaben des SE-Betriebsrats sachgerecht wahrgenommen werden können (vgl. zur vergleichbaren Regelung in § 37 Abs. 6 BetrVG *Fitting* Rn. 136 ff. mwN; wie hier zu § 31 KK-AktG/*Feuerborn* Rn. 5). Dem SE-Betriebsrat kommt insoweit ein **Beurteilungsspielraum** zu, der sich auf den Inhalt der Fortbildungsmaßnahme, deren Dauer und die Zahl der zu entsendenden Mitglieder bezieht. Der Beurteilungsspielraum wird jedoch durch den Grundsatz der Verhältnismäßigkeit beschränkt. Der SE-Betriebsrat hat seine Interessen sorgfältig mit den Interessen der SE abzuwägen. In der Regel ist danach für neue SE-Betriebsratsmitglieder eine Grundschulung zur Vermittlung der Grundkenntnisse (insbesondere über das SEBG) erforderlich (sehr weitgehend KK-AktG/*Feuerborn* Rn. 5: in der Regel mehrwöchige Grundschulung erforderlich; NFK/*Nagel* Rn. 6: Im Einzelfall sogar über vier Wochen hinaus). Handelt es sich nicht um eine Grundschulung, muss der SE-Betriebsrat einen aktuellen oder absehbaren Anlass darlegen, aus dem sich der konkrete Fortbildungsbedarf ergibt (KK-AktG/*Feuerborn* Rn. 5).

Bei der Festlegung der **zeitlichen Lage** der jeweiligen Fortbildungsmaßnahme **4** hat der SE-Betriebsrat gemäß § 31 S. 3 als Ausfluss des Verhältnismäßigkeitsgrundsatzes die **betrieblichen Notwendigkeiten** zu berücksichtigen. Damit sind solche betrieblichen Gründe gemeint, die eine zeitliche Verschiebung der Fortbildungsmaßnahme erforderlich machen; der Teilnahme als solcher stehen derartige Notwendigkeiten nicht entgegen. Eine betriebliche Notwendigkeit liegt zB vor, wenn eine für den ordnungsgemäßen Betriebsablauf erforderliche Vertretung nicht sichergestellt ist (*Fitting* BetrVG § 37 Rn. 238; zu § 31 ebenso NFK/*Nagel* Rn. 11).

III. Mitteilungspflicht

Gemäß § 31 S. 2 hat der SE-Betriebsrat der SE-Leitung die Teilnahme und die **5** zeitliche Lage der Fortbildungsmaßnahme rechtzeitig mitzuteilen. **Rechtzeitig** ist die Mitteilung, wenn sie der SE-Leitung die Prüfung ermöglicht, ob die Voraussetzungen des § 31 S. 1 und 3 vorliegen. Dies erfordert regelmäßig eine Information zwei bis drei Wochen vor Beginn der Fortbildungsmaßnahme (vgl. zu § 37 Abs. 6 BetrVG *Fitting* Rn. 240). Um der SE-Leitung eine Prüfung zu ermöglichen, hat der SE-Betriebsrat die Einzelheiten der Schulung, dh insbesondere Ort, Zeit, Dauer und Inhalt der Veranstaltung, mitzuteilen. Eine Verletzung der Mitteilungspflicht stellt eine Pflichtverletzung des SE-Betriebsrats dar, lässt den Freistellungs- und Vergütungsanspruch des entsandten SE-Betriebsratsmitglieds jedoch unberührt, wenn die Teilnahme erforderlich iSd § 31 S. 1 ist (vgl. zu § 37 Abs. 6 BetrVG *Fitting* Rn. 242).

IV. Kostentragung und Entgeltfortzahlung

§ 31 regelt weder die Tragung der **Fortbildungskosten** noch die **Entgelt-** **6** **fortzahlung** während der Fortbildung. Die Kostentragungspflicht der SE bestimmt sich nach § 33 (KK-AktG/*Feuerborn* Rn. 6). Zu den danach ersatzfähigen Kosten gehören insbesondere Seminargebühren sowie Fahrt- und Aufenthaltskosten. Der Anspruch auf Entgeltfortzahlung ergibt sich aus § 42 iVm den Rechtsvorschriften der jeweiligen Mitgliedstaaten (MüKoAktG/*Jacobs* Vor § 23 Rn. 8). Für inländische SE-Betriebsratsmitglieder folgt er aus § 37 Abs. 6 S. 1, Abs. 2 BetrVG. Darüber hinaus haben inländische SE-Betriebsratmitglieder gemäß § 37 Abs. 6 S. 1, Abs. 3 BetrVG einen Anspruch auf Freizeitausgleich für Fortbildungszeiten außerhalb der Arbeitszeit (NFK/*Nagel* Rn. 13).

V. Streitigkeiten

Streitigkeiten über das Ob und Wie der Teilnahme an Fortbildungsmaßnah- **7** men sind gemäß §§ 2a Abs. 1 Nr. 3e, Abs. 2, 80 ff. ArbGG im **arbeitsgerichtlichen Beschlussverfahren** zu klären. Eine Einigungsstelle zur Klärung von Streitigkeiten über die hinreichende Berücksichtigung betrieblicher Notwendigkeiten (wie in § 37 Abs. 6 BetrVG) ist nicht vorgesehen, kann jedoch einvernehmlich eingerichtet werden (MüKoAktG/*Jacobs* Vor § 23 Rn. 8; KK-AktG/ *Feuerborn* Rn. 12).

8   Bei Streitigkeiten über Grund oder Höhe der Entgeltfortzahlung oder die Gewährung von Freizeitausgleich, handelt es sich um **individualrechtliche Streitigkeiten,** die gemäß § 2 Abs. 1 Nr. 3a, 46 ff. ArbGG im arbeitsgerichtlichen Urteilsverfahren zu klären sind. Die Voraussetzungen des § 30 sind dann als wesentliche Vorfrage zu prüfen, soweit hierüber nicht bereits in einem Beschlussverfahren rechtskräftig entschieden worden ist.

Sachverständige

32 **¹ Der SE-Betriebsrat oder der geschäftsführende Ausschuss können sich durch Sachverständige ihrer Wahl unterstützen lassen, soweit dies zur ordnungsgemäßen Erfüllung ihrer Aufgaben erforderlich ist. ² Sachverständige können auch Vertreter von Gewerkschaften sein.**

I. Regelungsinhalt

1   § 32 regelt die Hinzuziehung von **Sachverständigen** zur Unterstützung des SE-Betriebsrats oder des geschäftsführenden Ausschusses (§ 23 Abs. 4). Die Vorschrift setzt Teil 2 lit. f des Anhangs zur SE-RL um. Die Hinzuziehung von Sachverständigen durch das bVG ist in § 14 Abs. 1 geregelt.

II. Erforderlichkeit der Hinzuziehung

2   Gemäß § 32 S. 1 setzt die Hinzuziehung eines Sachverständigen voraus, dass diese zur ordnungsgemäßen Erfüllung der Aufgaben des SE-Betriebsrats bzw. des geschäftsführenden Ausschusses **erforderlich** ist. Der Vorbehalt der Erforderlichkeit geht über die Vorgaben von Teil 2 lit. f des Anhangs zur SE-RL hinaus. Dies stellt jedoch keinen Richtlinienverstoß dar, weil bereits nach dem Gebot der vertrauensvollen Zusammenarbeit (§ 40; Art. 9 Abs. 1 SE-RL) die Hinzuziehung eines Sachverständigen nur zulässig ist, wenn dem SE-Betriebsrat bzw. dem geschäftsführenden Ausschuss die zur sachgerechten Interessenwahrnehmung oder Aufgabenerfüllung erforderliche Sachkunde fehlt (so im Ergebnis auch KK-AktG/*Feuerborn* Rn. 3). Wann dies der Fall ist, ist eine Frage des Einzelfalls. In Betracht kommt eine Hinzuziehung insbesondere bei komplexen Themen wie zB bilanziellen Fragestellungen (KK-AktG/*Feuerborn* Rn. 3). Die Pflicht der SE zur **Kostentragung** bestimmt sich nach § 33 und wird umfangmäßig durch die Erforderlichkeit der Kosten begrenzt (NFK/*Nagel* Rn. 2). Die SE ist nur insoweit zur Kostentragung verpflichtet, wie die Hinzuziehung des Sachverständigen **und** die hierdurch entstandenen Kosten erforderlich sind (KK-AktG/*Feuerborn* Rn. 3 f.). Im Einzelfall kann auch die Hinzuziehung mehrerer Sachverständiger erforderlich sein (NFK/*Nagel* Rn. 1). Von der in Teil 2 lit. h des Anhangs zur SE-RL vorgesehenen Möglichkeit, die Kostentragungspflicht auf einen Sachverständigen zu begrenzen, hat der Gesetzgeber keinen Gebrauch gemacht. Soweit die Hinzuziehung mehrerer Sachverständiger erforderlich ist, hat die SE gemäß § 33 die Kosten zu tragen.

III. Person des Sachverständigen

3   Sachverständige sind alle Personen, die geeignet sind, dem SE-Betriebsrat bzw. dem geschäftsführenden Ausschuss das fehlenden fachlichen Kenntnisse zur Beantwortung konkreter, aktueller Fragen zu vermitteln. § 32 S. 2 stellt klar, dass dies auch Vertreter von Gewerkschaften sein können; vorausgesetzt, sie besitzen die erforderliche Sachkunde (LHT/*Oetker* Rn. 1). Die **Auswahl des Sachverständigen** obliegt dem SE-Betriebsrat bzw. dem geschäftsführenden Ausschuss

("ihrer Wahl"). Einer Abstimmung mit der SE-Leitung hinsichtlich der Person des Sachverständigen bedarf es nicht (KK-AktG/*Feuerborn* Rn. 6).

IV. Streitigkeiten

Streitigkeiten über die Erforderlichkeit der Hinzuziehung von Sachverständi- 4 gen sind gemäß §§ 2a Abs. 1 Nr. 3e, Abs. 2, 80 ff. ArbGG im arbeitsgerichtlichen Beschlussverfahren zu klären. Zuständig ist gemäß § 82 Abs. 3 ArbGG das Arbeitsgericht am Sitz der SE.

Kosten und Sachaufwand

33 [1] **Die durch die Bildung und Tätigkeit des SE-Betriebsrats und des geschäftsführenden Ausschusses entstehenden erforderlichen Kosten trägt die SE.** [2] **Im Übrigen gilt § 19 Satz 2 entsprechend.**

I. Regelungsinhalt

§ 33 setzt Teil 2 lit. h des Anhangs zur SE-RL um und regelt die Pflicht zur 1 Tragung der Kosten, die durch die Bildung und Tätigkeit des SE-Betriebsrats und des geschäftsführenden Ausschusses (§ 23 Abs. 4) entstehen. Die Vorschrift ähnelt § 19 über die Kosten des bVG.

II. Umfang der Kostentragung

Gemäß § 33 S. 1 hat die SE die Kosten der Bildung und der Tätigkeit des SE- 2 Betriebsrats und des geschäftsführenden Ausschusses zu tragen. § 33 S. 2 verweist auf § 19 S. 2, der beispielhaft zur Verfügung zu stellende Mittel sowie zu tragende Kosten nennt. Diese Aufzählung ist nicht abschließend ("insbesondere"). Zu den erstattungsfähigen Kosten gehören die **Geschäftsführungskosten** und Ausgaben, die durch die Sitzungen entstehen (zB Dolmetscherkosten sowie die Anschaffung der maßgeblichen Gesetzesvorschriften in der jeweiligen Nationalsprache und eines Grundbestandes an Fachliteratur). Zu den von der SE zu tragenden Kosten gehören **außerhalb der Sitzungen** insbesondere die Kosten von Kommunikationsmitteln. Ferner hat die SE die Kosten für Rechtsstreitigkeiten (einschließlich etwaiger Anwaltskosten), die Kosten für die Teilnahme an Schulungs- und Bildungsveranstaltungen (→ § 31 Rn. 6) und der Hinzuziehung von Sachverständigen (→ § 32 Rn. 2) zu tragen. Ansprüche der SE-Betriebsratsmitglieder auf **Entgeltfortzahlung** fallen **nicht** unter § 33, sondern richten sich nach § 42 iVm den Rechtsvorschriften des jeweiligen Mitgliedstaats, in dem das SE-Betriebsratsmitglied beschäftigt ist. Für den Entgeltfortzahlungsanspruch der inländischen SE-Betriebsratsmitglieder gilt danach § 37 Abs. 2 BetrVG.

Die Kostentragungspflicht ist auf **erforderliche** Kosten begrenzt. Die Aus- 3 gaben des SE-Betriebsrats und des geschäftsführenden Ausschusses müssen unter Anlegung eines verständigen Maßstabes zur Erfüllung der Aufgaben erforderlich sein. Aus dem Gebot der vertrauensvollen Zusammenarbeit (§ 40) folgt eine Pflicht zum sparsamen Handeln (vgl. auch → § 19 Rn. 3). Allerdings steht dem SE-Betriebsrat und dem geschäftsführenden Ausschuss bei der Auswahl der sachlichen Mittel ein Beurteilungsspielraum zu. Welche Mittel erforderlich sind, ist im Rahmen einer Einzelfallbetrachtung zu ermitteln. Zur Orientierung kann die Rechtsprechung und Literatur zu § 40 BetrVG herangezogen werden (vgl. *Fitting* Rn. 5 ff.).

III. Schuldner der Kostentragungspflicht

4   Die Kosten der Bildung und Tätigkeit des SE-Betriebsrats und des geschäftsführenden Ausschusses trägt gemäß § 33 S. 1 die SE allein; anders als nach § 19
besteht keine gesamtschuldnerische Haftung mit den Gründungsgesellschaften
(KK-AktG/*Feuerborn* Rn. 9; insoweit missverständlich NFK/*Nagel* Rn. 3). Kosten der Entgeltfortzahlung (→ Rn. 2) trägt nicht die SE, sondern ausschließlich
die Gesellschaft, mit der das Anstellungsverhältnis des SE-Betriebsratsmitglieds
besteht (KK-AktG/*Feuerborn* Rn. 9).

IV. Streitigkeiten

5   Streitigkeiten über die Pflicht der SE zur Kostentragung sind gemäß §§ 2a
Abs. 1 Nr. 3e, Abs. 2, 80 ff. ArbGG im arbeitsgerichtlichen Beschlussverfahren
zu klären. Zuständig ist gemäß § 82 Abs. 3 ArbGG das Arbeitsgericht am Sitz
der SE.

Abschnitt 2. Mitbestimmung kraft Gesetzes

Vorbemerkung zu §§ 34 ff.

1   Die §§ 34–38 beinhalten die gesetzlichen Auffangregelungen über die Mitbestimmung in der SE. Sie regeln die Voraussetzungen, unter denen die SE der
Mitbestimmung unterliegt, wenn in den Verhandlungen mit dem bVG keine
Einigung zustande kommt, und formen das besondere Mitbestimmungsstatut der
SE näher aus. Die Auffangregelungen über die Mitbestimmung sind von immen-
ser praktischer Bedeutung, weil jede Seite ihr Eingreifen durch das Verstreichenlassen der Verhandlungsfrist nach § 20 erzwingen kann. Die Verhandlungen mit
dem bVG werden daher in der Praxis stets mit Blick auf die Folgen geführt, die
sich ohne eine Einigung von Gesetzes wegen ergeben würden.

2   Aus Unternehmenssicht sind diese Folgen durchweg günstig. Wenn keine der
Gründungsgesellschaften einer Form der Mitbestimmung iSd § 2 Abs. 12 unterliegt, bleibt auch die SE mitbestimmungsfrei, und zwar dauerhaft. Vorbehaltlich
struktureller Änderungen iSd § 18 Abs. 3 ist das Mitbestimmungsstatut der SE
nach den Auffangregelungen statisch. Mit Hilfe der Rechtsform SE kann daher
ein aus Unternehmenssicht günstiger Mitbestimmungszustand (Mitbestimmungsfreiheit oder Drittelbeteiligung) fixiert werden (→ § 35 Rn. 10). Das Mitbestim-
mungssonderregime der §§ 34 ff. ist im Vergleich zu den nationalen Mitbestimmungsgesetzen (DrittelbG, MitbestG, MontanMitbestG, MontanMitbestErgG)
auch deshalb günstig, weil es für zahlreiche in der Unternehmenspraxis als problematisch empfundene Regelungen dieser Gesetze keine Entsprechung enthält.
Dies betrifft beispielsweise die Vorschrift des § 7 Abs. 1 MitbestG über die Größe
des Aufsichtsrats, die §§ 25 ff. MitbestG über die innere Ordnung des Aufsichtsrats und die Bestellung sowie den Widerruf der Bestellung der Mitglieder des
gesetzlichen Vertretungsorgans nach § 31 MitbestG. Im Einzelnen gilt:

3   Die §§ 34 ff. erhalten, wie angesprochen, den im Zeitpunkt der SE-Gründung
bei den Gründungsgesellschaften bestehenden Mitbestimmungszustand statisch
aufrecht. Dies ist Ausfluss des auf **„Mitbestimmungskonservierung"** ausgerichteten Vorher-Nachher-Prinzips (§ 1 Abs. 1 S. 2, 3; Erwägungsgrund
Nr. 18 SE-RL; → § 35 Rn. 10). Unterlag keine der Gründungsgesellschaften
einer Form der Mitbestimmung iSd § 2 Abs. 12, bleibt auch die SE mitbestim-

mungsfrei; die Anwendung der gesetzlichen Auffangregelungen über die Mitbestimmung setzt gemäß § 34 Abs. 1 voraus, dass mindestens eine der Gründungsgesellschaften einer Form der Mitbestimmung iSd § 2 Abs. 12 unterlag. Wenn bei den Gründungsgesellschaften lediglich Drittelbeteiligung bestand, wird diese gemäß § 35 auf die SE übertragen. Ein späteres Ansteigen der Beschäftigtenzahlen über den Schwellenwert des § 1 Abs. 1 MitbestG führt aber nicht dazu, dass die SE in die paritätische Mitbestimmung hineinwächst. Änderungen in der Mitbestimmungssituation der SE können arbeitnehmerseitig nur im Falle struktureller Änderungen iSd § 18 Abs. 3 erzwungen werden (→ § 18 Rn. 8 ff.). Insgesamt betrachtet eröffnet die Rechtsform der SE damit die Möglichkeit, einen aus Unternehmenssicht als günstig empfundenen Mitbestimmungszustand dauerhaft festzuschreiben. In der Praxis ist dies ein wesentliches Motiv insbesondere für SE-Gründungen durch Umwandlung gemäß Art. 2 Abs. 4 SE-VO (vgl. auch → Vor § 1 Rn. 43, 87). Allerdings wirkt die Mitbestimmungsfixierung in beide Richtungen. Wenn die Anwendungsvoraussetzungen der nationalen Mitbestimmungsgesetze später fortfallen, bleibt die SE dennoch mitbestimmt (*Habersack* Der Konzern 2006, 105 [107]; *Müller-Bonanni/Melot de Beauregard* GmbHR 2005, 195 [197 f.]; *Henssler* RdA 2005, 330 [334]).

Die Festlegung der **Aufsichtsratsgröße** ist in der SE Satzungsfrage. Da na- **4** tionales Mitbestimmungsrecht gemäß § 47 Abs. 1 Nr. 1 auf die SE insgesamt keine Anwendung findet (→ § 47 Rn. 3), gilt auch § 7 Abs. 1 MitbestG nicht. Die Aufsichtsratsgröße kann zwar in einer Beteiligungsvereinbarung gemäß § 21 geregelt werden (→ § 21 Rn. 21), die §§ 34 ff. treffen für die Größe des Aufsichtsrats der SE jedoch keine Vorgaben. Lediglich das Paritätsgebot ist zu beachten, wenn die SE einer Form der paritätischen Mitbestimmung unterliegt, mit der Folge, dass der Aufsichts- bzw. Verwaltungsrat der SE gemäß §§ 17 Abs. 2, 23 Abs. 2 SEAG eine gerade Zahl von Mitgliedern haben muss (→ § 35 Rn. 3). Im Ergebnis eröffnet dies paritätisch mitbestimmten Gesellschaften die Möglichkeit, die Aufsichtsratsgröße zu reduzieren oder eine an sich nach § 7 Abs. 1 MitbestG bevorstehende Aufsichtsratsvergrößerung zu vermeiden. Von dieser Möglichkeit haben nahezu alle großen Gesellschaften, die die Rechtsform der SE angenommen haben, Gebrauch gemacht (→ Vor § 1 Rn. 87).

Weitere Folge der Unanwendbarkeit der nationalen Mitbestimmungsgesetze **5** (§ 47 Abs. 1 Nr. 1) ist, dass die §§ 25 ff. MitbestG über die innere Ordnung des Aufsichtsrats und die §§ 30 ff. über das gesetzliche Vertretungsorgan keine Anwendung finden, was im Vergleich zum Mitbestimmungsgesetz zu einer deutlichen Vereinfachung der Verfahrensabläufe führt. An vorderster Stelle ist hier das Verfahren zur **Bestellung** und zur **Abberufung** der Mitglieder des gesetzlichen Vertretungsorgans zu nennen. Während unter der Geltung des Mitbestimmungsgesetzes die Bestellung und Abberufung der Mitglieder des zur gesetzlichen Vertretung des Unternehmens befugten Organs der besonderen Beschlussmehrheiten des § 31 MitbestG bedarf (Zweidrittelmehrheit (§ 31 Abs. 2 MitbestG) bzw. Vermittlungsverfahren nach § 31 Abs. 3 MitbestG), werden die Mitglieder des Vorstands einer dualistischen SE gemäß Art. 50 Abs. 1 lit. b SE-VO mit der einfachen Mehrheit der anwesenden oder vertretenen Mitglieder des Aufsichtsrats bestellt (MüKoAktG/*Reichert/Brandes* SE-VO Art. 50 Rn. 9; NK-SE/*Manz* SE-VO Art. 50 Rn. 4). Weiter vereinfachend wirkt in diesem Zusammenhang, dass bei Stimmengleichheit die **Stimme des Aufsichtsratsvorsitzenden** (der gemäß Art. 42 S. 2, 45 S. 2 SE-VO bei der paritätisch mitbestimmten Gesellschaft zwingend Anteilseignervertreter sein muss) gemäß Art. 50 Abs. 2 S. 1 SE-VO bereits im ersten Wahlgang den Ausschlag gibt (vgl. *Schwarz* SE-VO Art. 50 Rn. 30; LHT/*Teichmann* SE-VO Art. 50 Rn. 24). Einer erneuten Abstimmung mit Stichentscheid des Aufsichtsratsvorsitzenden, wie sie in § 29 Abs. 2 MitbestG vorgesehen ist, bedarf es nicht. Die ausschlaggebende Stimme des Aufsichtsratsvorsitzenden (im Unterschied zum Stichentscheid gemäß § 29 Abs. 2 MitbestG) wirkt auch ansonsten bei kontroversen Entscheidungen im Aufsichtsrat konflikt-reduzierend. Ein **Arbeitsdirektor** als weiteres Mitglied des Vorstands, wie ihn § 33 MitbestG vorsieht, ist auch in der paritätisch mitbestimmten SE nicht zu bestellen. Es genügt gemäß § 38 Abs. 1 einem Vorstandsmitglied geschäftsord-nungsmäßig die Zuständigkeit für den Bereich „Arbeit und Soziales" zuzuweisen (→ § 38 Rn. 4 ff.). Ebenso wie der Aufsichtsratsvorsitzende gemäß Art. 42 S. 2, 45 S. 2 SE-VO kann auch der **stellvertretende Aufsichtsratsvorsitzende** in einer paritätisch mitbestimmten dualistischen SE (anders als nach § 27 Abs. 2, 3 MitbestG) nur ein Vertreter der Anteilseigner sein (MüKoAktG/*Reichert/Brandes* SE-VO Art. 42 Rn. 19; *Schwarz* SE-VO Art. 42 Rn. 21; van Hulle/Maul/Drin-hausen/*Drinhausen* Abschnitt 5 § 2 Rn. 26). Dies ergibt sich aus dem Fehlen einer § 29 Abs. 2 S. 3 MitbestG entsprechenden Regelung im SE-Recht, die für den Vertretungsfall das Einrücken des stellvertretenden Aufsichtsratsvorsitzenden in die ausschlaggebende Stimme des Vorsitzenden gemäß Art. 50 Abs. 2 S. 1 SE-VO verhindert. Die Unternehmenspraxis, in der teilweise dennoch die Bestellung eines Arbeitnehmervertreters zum stellvertretenden Aufsichtsratsvorsitzenden ge-wünscht ist, behilft sich mit Satzungsregelungen, denen zufolge die ausschlag-gebende Stimme nach Art. 50 Abs. 2 S. 1 SE-VO nur einem stellvertretenden Aufsichtsratsvorsitzenden zustehen soll, der Anteilseignervertreter ist, oder damit Arbeitnehmervertreter nur zum dritten oder vierten stellvertretenden Aufsichts-ratsvorsitzenden zu bestellen, um auf diese Weise die Wahrscheinlichkeit des Vertretungsfalls zu reduzieren.

6   Ebenfalls in der Regel als vorteilhaft wahrgenommen wird die durch § 36 Abs. 1 S. 3 vorgegebene zwingende **Internationalisierung der Arbeitneh-merbank** im Aufsichtsrat. Gemäß § 36 Abs. 1 S. 3 ist mindestens ein Arbeit-nehmersitz im Aufsichtsrat zwingend an einen Vertreter aus einem anderen Mitgliedstaat zu vergeben (→ § 36 Rn. 3 ff.). In der Praxis berichten zahlreiche mitbestimmte Unternehmen, die die Rechtsform der SE angenommen haben, dass die Aufnahme ausländischer Arbeitnehmervertreter in den Aufsichtsrat integrierend wirke und die Aufsichtsratsdiskussionen in einem positiven Sinne belebe.

Besondere Voraussetzungen

34 (1) **Liegen die Voraussetzungen des § 22 vor, finden die Regelun-gen über die Mitbestimmung der Arbeitnehmer kraft Gesetzes nach den §§ 35 bis 38 Anwendung**

1. **im Fall einer durch Umwandlung gegründeten SE, wenn in der Gesell-schaft vor der Umwandlung Bestimmungen über die Mitbestimmung der Arbeitnehmer im Aufsichts- oder Verwaltungsorgan galten;**
2. **im Fall einer durch Verschmelzung gegründeten SE, wenn**
   a) **vor der Eintragung der SE in einer oder mehreren der beteiligten Gesellschaften eine oder mehrere Formen der Mitbestimmung be-standen und sich auf mindestens 25 Prozent der Gesamtzahl der Arbeitnehmer aller beteiligten Gesellschaften und betroffenen Tochtergesellschaften erstreckten oder**
   b) **vor der Eintragung der SE in einer oder mehreren der beteiligten Gesellschaften eine oder mehrere Formen der Mitbestimmung be-standen und sich auf weniger als 25 Prozent der Gesamtzahl der Arbeitnehmer aller beteiligten Gesellschaften und betroffenen Tochtergesellschaften erstreckten und das besondere Verhandlungs-gremium einen entsprechenden Beschluss fasst;**

3. im Fall einer durch Errichtung einer Holding-Gesellschaft oder einer Tochtergesellschaft gegründeten SE, wenn
   a) vor der Eintragung der SE in einer oder mehreren der beteiligten Gesellschaften eine oder mehrere Formen der Mitbestimmung bestanden und sich auf mindestens 50 Prozent der Gesamtzahl der Arbeitnehmer aller beteiligten Gesellschaften und betroffenen Tochtergesellschaften erstreckten oder
   b) vor der Eintragung der SE in einer oder mehreren der beteiligten Gesellschaften eine oder mehrere Formen der Mitbestimmung bestanden und sich auf weniger als 50 Prozent der Gesamtzahl der Arbeitnehmer aller beteiligten Gesellschaften und betroffenen Tochtergesellschaften erstreckten und das besondere Verhandlungsgremium einen entsprechenden Beschluss fasst.

(2) ¹Bestanden in den Fällen von Absatz 1 Nr. 2 und 3 mehr als eine Form der Mitbestimmung im Sinne des § 2 Abs. 12 in den verschiedenen beteiligten Gesellschaften, so entscheidet das besondere Verhandlungsgremium, welche von ihnen in der SE eingeführt wird. ²Wenn das besondere Verhandlungsgremium keinen solchen Beschluss fasst und eine inländische Gesellschaft, deren Arbeitnehmern Mitbestimmungsrechte zustehen, an der Gründung der SE beteiligt ist, ist die Mitbestimmung nach § 2 Abs. 12 Nr. 1 maßgeblich. ³Ist keine inländische Gesellschaft, deren Arbeitnehmern Mitbestimmungsrechte zustehen, beteiligt, findet die Form der Mitbestimmung nach § 2 Abs. 12 Anwendung, die sich auf die höchste Zahl der in den beteiligten Gesellschaften beschäftigten Arbeitnehmer erstreckt.

(3) Das besondere Verhandlungsgremium unterrichtet die Leitungen über die Beschlüsse, die es nach Absatz 1 Nr. 2 Buchstabe b und Nr. 3 Buchstabe b und Absatz 2 Satz 1 gefasst hat.

Übersicht

	Rn.
I. Allgemeines	1
II. Anwendungsvoraussetzungen der Auffangregelungen über die Mitbestimmung (Abs. 1)	2
1. Voraussetzungen des § 22	3
2. Bestehen einer Form der Mitbestimmung	4
3. Erreichung der Schwellenwerte	7
a) SE-Gründung durch Umwandlung....................	7
b) SE-Gründung durch Verschmelzung	8
c) Errichtung einer Holding- oder Tochter-SE	10
III. Entscheidung über die Mitbestimmungsform (Abs. 2)	11
1. Wahlrecht des bVG (Abs. 2 S. 1)	11
2. Subsidiäre Kollisionsregeln (Abs. 2 S. 2, 3)	14
IV. Unterrichtung der Leitungen (Abs. 3)	16
V. Streitigkeiten	17

I. Allgemeines

§ 34 Abs. 1 regelt die **Voraussetzungen** für das Eingreifen der gesetzlichen **1** Auffangregelungen über die Mitbestimmung. § 34 Abs. 2 trifft Vorgaben für die Auswahl des anzuwendenden **Mitbestimmungssystems,** wenn in den Gründungsgesellschaften verschiedene Formen der Mitbestimmung gelten. § 34 Abs. 3 verpflichtet das bVG zur **Unterrichtung** der Leitungen der Gründungsgesellschaften über die nach Abs. 1, 2 gefassten Beschlüsse. § 34 beruht auf Art. 7

Abs. 1, 2 SE-RL, setzt diesen jedoch nicht vollständig richtlinienkonform um. Von der in Art. 7 Abs. 3 eingeräumten Möglichkeit anzuordnen, dass die gesetzlichen Auffangregelungen über die Mitbestimmung in den Fällen der Gründung einer SE durch Verschmelzung keine Anwendung finden hat der Gesetzgeber keinen Gebrauch gemacht (→ Vor § 1 Rn. 11).

II. Anwendungsvoraussetzungen der Auffangregelungen über die Mitbestimmung (Abs. 1)

2 Die gesetzlichen Auffangregelungen über die Mitbestimmung gelangen zur Anwendung, wenn (i) die Voraussetzungen des § 22 vorliegen, (ii) mindestens eine der beteiligten Gesellschaften einer Form der Mitbestimmung unterliegt und (iii) sich die Mitbestimmung auf einen bestimmten Teil der Arbeitnehmer erstreckt *oder* der maßgebliche Schwellenwert zwar nicht erreicht wird, das bVG aber beschließt, die gesetzlichen Auffangregelungen dennoch anzuwenden.

3 **1. Voraussetzungen des § 22.** Es müssen zunächst die **Voraussetzungen des § 22 Abs. 1** vorliegen, dh es darf entweder (i) bis zum Ende der Verhandlungsfrist nach § 20 keine Vereinbarung zwischen den Parteien zustandegekommen sein, ohne dass das bVG einen Beschluss nach § 16 Abs. 1 gefasst hat, keine Verhandlungen aufzunehmen oder bereits aufgenommene Verhandlungen abzubrechen oder (ii) die Parteien müssen die Anwendung der gesetzlichen Auffangregelungen, einschließlich der Auffangregelungen über die Mitbestimmung vereinbart haben (zu den Voraussetzungen des § 22 Abs. 1 näher → § 22 Rn. 2 f.). Aus dem Umstand, dass § 34 Abs. 1 auf § 22 insgesamt, also auch auf § 22 Abs. 2 verweist, ergibt sich, dass die gesetzlichen Auffangregelungen über die Mitbestimmung auch im Falle **struktureller Änderungen** iSd § 18 Abs. 3 Anwendung finden (MüKoAktG/*Jacobs* Rn. 3), allerdings nur unter den in §§ 22 Abs. 1, 34 Abs. 1 genannten Voraussetzungen (näher → § 18 Rn. 17).

4 **2. Bestehen einer Form der Mitbestimmung.** Alle Tatbestandsvarianten des § 34 Abs. 1 setzen voraus, dass in **mindestens einer der beteiligten Gesellschaften** (§ 2 Abs. 2) eine Form der Mitbestimmung (§ 2 Abs. 12) besteht. Das Bestehen von Mitbestimmung auf der Ebene von Tochtergesellschaften genügt nicht (LHT/*Oetker* Rn. 17; UHH/*Habersack* Rn. 15; MüKoAktG/*Jacobs* Rn. 9). Sowohl § 34 Abs. 1 als auch Art. 7 Abs. 1 stellen ihrem klaren Wortlaut nach auf die beteiligten Gesellschaften ab.

5 Anders als § 5 Nr. 1 MgVG und der zugrundeliegende Art. 16 Abs. 2 IntVerschmRL nennt das Gesetz keinen genauen **Zeitpunkt** auf den für die Prüfung, ob eine Form der Mitbestimmung besteht, abzustellen ist. Fest steht nach dem Wortlaut des Gesetzes lediglich, dass „vor der Eintragung der SE" Mitbestimmung bestehen muss. Das Meinungsspektrum in der Literatur ist dementsprechend breit gefächert. Teilweise wird eine entsprechende Anwendung des § 23 Abs. 1 S. 4 vorgeschlagen, so dass auf das Ende der Verhandlungen mit dem bVG bzw. den ergebnislosen Ablauf der Verhandlungsfrist aus § 20 abzustellen wäre (*Grobys* NZA 2005, 84 [90]; Rieble/Junker/*Rieble* § 3 Rn. 118). Eine andere Ansicht stellt auf den Zeitpunkt der Eintragung der SE ab (*Kienast* in Jannott/Frodermann HdB SE Kap. 13 Rn. 129 ff.). Die hM zieht den Zeitpunkt der Information nach § 4 Abs. 2 heran (MüKoAktG/*Jacobs* Rn. 12; KK-AktG/*Feuerborn* Rn. 26; UHH/*Habersack* Rn. 17; LHT/*Oetker* Rn. 19). Dem ist mit der Maßgabe zuzustimmen, dass die Mitbestimmung auch in dem Zeitpunkt noch bestehen muss, in dem die Verhandlungen mit dem bVG abgeschlossen werden bzw. die Verhandlungsfrist des § 20 ergebnislos abläuft. Fällt die Mitbestimmung zwischenzeitlich fort, ist für die Anwendung der gesetzlichen Auffangregelungen kein Raum.

Nicht eindeutig ist, ob es genügt, dass mindestens eine der beteiligten Gesell- **6** schaften **objektiv** einer Form der Mitbestimmung unterliegt oder ob **tatsächlich Mitbestimmung** eingerichtet sein muss. Dies ist insbesondere in den Fällen relevant, in denen die objektive Rechtslage verkannt wird oder zweifelhaft ist (zB, weil die Arbeitnehmerzahlen schwanken). Während § 34 Abs. 1 Nr. 1 für die Fälle der Gründung einer SE durch Umwandlung auf die objektive Rechtslage abzustellen scheint („galten"), spricht der Wortlaut der Regelungen des § 34 Abs. 1 Nr. 2 lit. a (SE-Gründung durch Verschmelzung) und Abs. 1 Nr. 3 lit. a (Errichtung einer Holding oder Tochter-SE) eher dafür, dass es auf die praktizierte Rechtslage ankommt („bestanden"; hiermit wortlautidentisch Art. 7 Abs. 2 lit. a, lit. b erster Spiegelstrich und lit. c erster Spiegelstrich). Das in § 96 Abs. 4 AktG verankerte status-quo-Prinzip (*Hüffer/Koch* AktG § 96 Rn. 28 mwN) und der Gesichtspunkt der Rechtssicherheit sprechen jedoch entscheidend dafür, auf die **praktizierte Rechtslage** abzustellen (ebenso *Grambow* BB 2012, 902; LHT/ *Oetker* Rn. 16; aA MüKoAktG/*Jacobs* Rn. 5 für den Fall, dass Mitbestimmung praktiziert wird, obwohl die Voraussetzungen objektiv nicht vorliegen; auf die objektive Lage stellen ab: Gaul/Ludwig/Forst/*Forst* § 2 Rn. 464; Annuß/Kühn/ Rudolph/Rupp/*Rudolph* Rn. 6).

3. Erreichung der Schwellenwerte. a) SE-Gründung durch Umwand- 7 lung. In den Fällen der Gründung einer SE durch **Umwandlung** (Art. 2 Abs. 4 SE-VO) verlangt das Gesetz **keine Mindestzahl von Arbeitnehmern**, auf die sich die Mitbestimmung erstrecken muss. Es genügt nach § 34 Abs. 1 Nr. 1, dass in der umzuwandelnden Gesellschaft Mitbestimmung besteht. Die gesetzlichen Auffangregelungen über die Mitbestimmung sind daher auch dann anzuwenden, wenn es sich bei der umzuwandelnden Gesellschaft um eine Holding-Gesellschaft mit sehr wenigen Arbeitnehmern handelt, die lediglich kraft Konzernzurechnung gemäß § 2 Abs. 2 DrittelbG oder § 5 Abs. 1 MitbestG der Mitbestimmung unterliegt (LHT/*Oetker* Rn. 6; MüKoAktG/*Jacobs* Rn. 6; NFK/*Nagel* Rn. 8).

b) SE-Gründung durch Verschmelzung. Wird die SE durch **Verschmel- 8 zung** errichtet, muss sich die Mitbestimmung gemäß § 34 Abs. 1 Nr. 2 lit. a grundsätzlich auf mindestens 25 % der Gesamtzahl der Arbeitnehmer aller beteiligten Gesellschaften (§ 2 Abs. 2) und betroffenen Tochtergesellschaften (§ 2 Abs. 4) erstrecken. Wird dieses Quorum nicht erreicht, kann das bVG gemäß § 34 Abs. 1 Nr. 2 lit. b jedoch die Anwendung der gesetzlichen Auffangregelungen über die Mitbestimmung beschließen. Ein entsprechender Beschluss muss mit der Mehrheit gemäß § 15 Abs. 2 (*Kienast* in Jannott/Frodermann HdB SE Kap. 13 Rn. 314; LHT/*Oetker* Rn. 23; MüKoAktG/*Jacobs* Rn. 14; UHH/ *Habersack* Rn. 19) und vor Ablauf der Verhandlungsfrist gemäß § 20 (LHT/ *Oetker* Rn. 23; MüKoAktG/*Jacobs* Rn. 13; KK-AktG/*Feuerborn* Rn. 29) gefasst werden. Letzteres ergibt sich daraus, dass die Amtszeit des bVG mit dem Ablauf der Verhandlungsfrist gemäß § 20 endet (→ Rn. 5). Maßgeblich sind die nach § 4 Abs. 3 mitgeteilten Arbeitnehmerzahlen (UHH/*Habersack* Rn. 17; LHT/ *Oetker* Rn. 19; MüKoAktG/*Jacobs* Rn. 12; KK-AktG/*Feuerborn* Rn. 26; aA *Grobys* NZA 2005, 84 [90]: § 23 Abs. 1 S. 4 analog).

Ob der in § 34 Abs. 1 Nr. 2 lit. a geregelte Schwellenwert mit der SE-RL **9** vereinbar ist, erscheint zweifelhaft (vgl. Annuß/Kühn/Rudolph/Rupp/*Rudolph* Rn. 13 ff.). Art. 7 Abs. 2 lit. b stellt nicht auf die Gesamtzahl der Arbeitnehmer aller beteiligten Gesellschaften und betroffenen Tochtergesellschaften, sondern auf die **Gesamtzahl der Arbeitnehmer aller beteiligten Gesellschaften** ab. Die Begründung des Regierungsentwurfs zu § 34 Abs. 1, derzufolge die Erweiterung des zu betrachtenden Personenkreises um die Arbeitnehmer betroffener Tochtergesellschaften sicherstellen soll, dass auch die Wahlrechte der Arbeitnehmer im Konzern erhalten bleiben (BT-Drs. 15/3405, 54) greift zu kurz. Zwar ist die

Abweichung von der Richtlinie in den Fällen der Konzernmitbestimmung aus Arbeitnehmersicht günstiger als die Regelung der Richtlinie und damit europarechtlich zulässig (MüKoAktG/*Jacobs* Rn. 11). In Konzernsachverhalten, in denen allein die Obergesellschaft wegen einer Überschreitung der Schwellenwerte der Mitbestimmungsgesetze durch *diese* der Mitbestimmung unterliegt, kann die Abweichung von der Richtlinie jedoch dazu führen, dass die Anwendung der gesetzlichen Auffangregelungen über die Mitbestimmung nur über einen entsprechenden Beschluss des bVG gemäß § 34 Abs. 1 Nr. 2 lit. b herbeigeführt werden kann, während nach Art. 7 Abs. 2 lit. b erster Spiegelstrich SE-RL die Auffangregelungen auch ohne einen solchen Beschluss anzuwenden wären. In diesen Fällen ist § 34 Abs. 1 Nr. 2 lit. a **richtlinienkonform** dahingehend **auszulegen,** dass es allein auf die Zahl der Arbeitnehmer der beteiligten Gesellschaften ankommt (LHT/*Oetker* Rn. 21; UHH/*Habersack* Rn. 18; KK-AktG/ *Feuerborn* Rn. 25; *Kienast* in Jannott/Frodermann HdB SE Kap. 13 Rn. 310; *Grobys* NZA 2004, 777 [781]; NK-SE/*Kleinmann/Kujath* Rn. 4; aA MüKo-AktG/*Jacobs* Rn. 11).

10   **c) Errichtung einer Holding- oder Tochter-SE.** Für den Fall der Errichtung einer Holding- oder einer Tochter-SE sieht § 34 Abs. 1 Nr. 3 in Übereinstimmung mit Art. 7 Abs. 2 lit. c SE-RL ein erhöhtes Quorum von 50 % der Gesamtzahl der Arbeitnehmer aller beteiligten Gesellschaften und betroffenen Gesellschaften vor. Dahinter steht, dass der Richtliniengeber das *Gefährdungspotential* für die Mitbestimmung in den Fällen der Errichtung von Holding- und Tochter-SE für weniger bedeutsam hielt als in den Fällen der SE-Gründung durch Verschmelzung oder Umwandlung (MüKoAktG/*Jacobs* Rn. 15; LHT/*Oetker* Rn. 5; NK-SE/*Kleinmann/Kujath* Rn. 1). Hinsichtlich der Frage, ob das Quorum erfüllt ist und in Bezug auf die Anforderungen an eine Überwindung des fehlenden Quorums durch einen Beschluss des bVG kann auf die vorstehenden Ausführungen zur SE-Gründung durch Verschmelzung verwiesen werden.

III. Entscheidung über die Mitbestimmungsform (Abs. 2)

11   **1. Wahlrecht des bVG (Abs. 2 S. 1).** Besteht in den Fällen des § 34 Abs. 1 Nr. 2 (SE-Gründung durch Verschmelzung) oder des § 34 Abs. 1 Nr. 3 (Errichtung einer Holding- oder Tochter-SE) **mehr als eine Form der Mitbestimmung** iSd § 2 Abs. 12 in den beteiligten Gesellschaften, so entscheidet das bVG welche dieser Mitbestimmungsformen in der SE eingeführt wird. Form der Mitbestimmung meint den **Modus,** nach dem die Arbeitnehmer auf die Auswahl der Mitglieder des Aufsichts- oder Verwaltungsorgans Einfluss nehmen, also (i) das Recht, einen Teil der Mitglieder des Aufsichts- oder Verwaltungsorgans der Gesellschaft zu wählen oder zu bestellen (sog. **Repräsentationsmodell;** § 2 Abs. 12 Nr. 1), oder (ii) das Recht, die Bestellung eines Teils oder aller Mitglieder des Aufsichts- oder Verwaltungsorgans der Gesellschaft zu empfehlen oder abzulehnen (sog. **Kooptationsmodell;** § 2 Abs. 12 Nr. 2; BT-Drs. 15/3405, 54; UHH/*Habersack* Rn. 23; MüKoAktG/*Jacobs* Rn. 17; NK-SE/*Kleinmann/Kujath* Rn. 6; NFK/*Nagel* Rn. 11). Die Frage nach dem Umfang der Mitbestimmung, also dem Anteil der Arbeitnehmersitze im Aufsichts- oder Verwaltungsrat an der Gesamtzahl der Sitze entscheidet sich erst im Rahmen des § 35 Abs. 2 (UHH/ *Habersack* Rn. 24; KK-AktG/*Feuerborn* Rn. 34 f.; MüKoAktG/*Jacobs* Rn. 17). Allerdings kann wegen der mangelnden strukturellen Vergleichbarkeit von Repräsentations- und Kooptationsmodell die Beschlussfassung nach § 34 Abs. 2 S. 1 auch Einfluss auf den Arbeitnehmeranteil im Aufsichts- oder Verwaltungsrat haben (→ Rn. 14; → § 35 Rn. 7 ff.).

Kein Wahlrecht besteht, wenn in allen beteiligten Gesellschaften dieselbe Form **12** der Mitbestimmung iSd § 2 Abs. 12 gilt oder nur eine beteiligte Gesellschaft einer Form der Mitbestimmung unterliegt. Von vorneherein keine Anwendung findet § 34 Abs. 2 S. 1 in den Fällen der SE-Gründung durch Umwandlung, da hier begriffsnotwendig nur eine Form der Mitbestimmung bestehen kann. Das Wahlrecht wird demgegenüber nicht dadurch ausgeschlossen, dass eine oder mehrere, einer Form der Mitbestimmung unterliegende beteiligte Gesellschaft (en) eine andere Organisationsverfassung (monistische oder dualistische Struktur) als die künftige SE haben (UHH/*Habersack* Rn. 24 f.; MüKoAktG/*Jacobs* Rn. 6; NFK/*Nagel* Rn. 4; LHT/*Oetker* Rn. 14; Annuß/Kühn/Rudolph/Rupp/*Rudolph* Rn. 21; aA *Roth* ZfA 2004, 431 [442] zur SE-RL). Zu Besonderheiten bei der Übertragung der paritätischen Mitbestimmung auf die SE → § 35 Rn. 3.

Das bVG entscheidet durch Beschluss, der mit der Mehrheit des § 15 Abs. 2 **13** zu fassen ist. Die besonderen Mehrheitserfordernisse des § 15 Abs. 3 sind auch dann nicht zu beachten, wenn sich das bVG bei der Auswahl zwischen den Mitbestimmungsformen des § 2 Abs. 12 Nr. 1 und 2 für die schwächere Form der Einflussnahme nach § 2 Abs. 12 Nr. 2 entscheidet. Hierin liegt regelmäßig keine Minderung von Mitbestimmungsrechten iSd § 15 Abs. 4. Das Gesetz behandelt die Mitbestimmungsform nach § 2 Abs. 12 Nr. 1 und Nr. 2 als gleichwertig (UHH/*Habersack* Rn. 26; *Kallmeyer* ZIP 2004, 1442 [1445]; vgl. für das Verhandlungsverfahren auch *Reichert/Brandes* ZGR 2003, 767 [784 ff.]).

2. Subsidiäre Kollisionsregeln (Abs. 2 S. 2, 3). Ist an der SE-Gründung **14** eine inländische Gesellschaft beteiligt, deren Arbeitnehmern Mitbestimmungsrechte zustehen, und fasst das bVG keinen Beschluss nach § 34 Abs. 2 S. 1, setzt sich gemäß § 34 Abs. 2 S. 2 das **inländische Mitbestimmungsmodell** des § 2 Abs. 12 Nr. 1 durch. Mit dieser Regelung macht der Gesetzgeber von der Ermächtigung aus Art. 7 Abs. 2 S. 3 SE-RL Gebrauch. § 34 Abs. 2 S. 2 gilt auch dann, wenn das Mitbestimmungsrecht, dem eine andere beteiligte Gesellschaft unterliegt, den Arbeitnehmern eine Einflussmöglichkeit in Bezug auf einen größeren Teil der Mitglieder des Aufsichts- oder Verwaltungsorgans einräumt. Wegen der qualitativen Unterschiede zwischen dem Repräsentations- und dem Kooptationsmodell kommt es in diesem Fall allerdings **nicht** zu einer **Kombination** aus dem inländischen Mitbestimmungsmodell nach § 2 Abs. 12 Nr. 1 (Wahl der Arbeitnehmervertreter im Aufsichts- oder Verwaltungsorgan) und dem höheren Anteil an Mitgliedern im Aufsichts- bzw. Verwaltungsorgan, auf den sich das Kooptationsmodell nach ausländischem Recht bezieht. Es bewendet vielmehr bei dem für die inländische beteiligte Gesellschaft maßgeblichen Arbeitnehmeranteil im Aufsichts- oder Verwaltungsorgan (→ § 35 Rn. 7 ff.).

Für den Fall, dass keine inländische Gesellschaft, deren Arbeitnehmern Mit- **15** bestimmungsrechte zustehen, an der SE-Gründung beteiligt ist, ordnet § 34 Abs. 2 S. 3 die Geltung derjenigen Form der Mitbestimmung nach § 2 Abs. 12 an, die sich auf die höchste Zahl der in den beteiligten Gesellschaften beschäftigten Arbeitnehmer erstreckt. Maßgeblich sind nach dem klaren Wortlaut der Norm die Beschäftigtenzahlen der **beteiligten Gesellschaften** (§ 2 Abs. 2). Die Arbeitnehmer betroffener Tochtergesellschaften bleiben außer Betracht (UHH/ *Habersack* Rn. 28; KK-AktG/*Feuerborn* Rn. 40; LHT/*Oetker* Rn. 30). Abzustellen ist auf die nach § 4 Abs. 2 mitgeteilten Beschäftigtenzahlen (MüKoAktG/ *Jacobs* Rn. 18; UHH/*Habersack* Rn. 28).

IV. Unterrichtung der Leitungen (Abs. 3)

§ 34 Abs. 3 verpflichtet das bVG die Leitungen über Beschlüsse, die es nach **16** § 34 Abs. 1 Nr. 2 lit. b, Nr. 3 lit. b und/oder Abs. 2 S. 1 gefasst hat, zu **unter-**

richten. Die Regelung beruht auf Art. 7 Abs. 2 S. 4 SE-RL. Leitungen meint gemäß § 2 Abs. 5 die Leitungen der unmittelbar an der Gründung der SE beteiligten Gesellschaften. Eine besondere Form sieht das Gesetz für die Unterrichtung nicht vor. In Anlehnung an § 17 ist jedoch die Wahrung der Schriftform zu empfehlen (MüKoAktG/*Jacobs* Rn. 19; KK-AktG/*Feuerborn* Rn. 41; Gaul/Ludwig/Forst/*Forst* § 2 Rn. 476). Die beteiligten Gesellschaften sind an die Beschlüsse des bVG gebunden (BT-Drs. 15/3405, 54).

V. Streitigkeiten

17   Streitigkeiten über die Frage der zutreffenden Zusammensetzung des Aufsichts- oder Verwaltungsorgans der SE sind nicht im arbeitsgerichtlichen Beschlussverfahren, sondern gemäß Art. 9 Abs. 1 lit. c ii SE-VO iVm § 97 AktG bzw. §§ 25 f. SEAG im Rahmen eines **Statusverfahrens** zu klären. Zuständig ist das **Landgericht,** in dessen Bezirk die SE ihren Sitz hat (Annuß/Kühn/Rudolph/Rupp/*Rudolph* Rn. 25).

Umfang der Mitbestimmung

35 (1) **Liegen die Voraussetzungen des § 34 Abs. 1 Nr. 1 (Gründung einer SE durch Umwandlung) vor, bleibt die Regelung zur Mitbestimmung erhalten, die in der Gesellschaft vor der Umwandlung bestanden hat.**

(2) ¹**Liegen die Voraussetzungen des § 34 Abs. 1 Nr. 2 (Gründung einer SE durch Verschmelzung) oder des § 34 Abs. 1 Nr. 3 (Gründung einer Holding-SE oder Tochter-SE) vor, haben die Arbeitnehmer der SE, ihrer Tochtergesellschaften und Betriebe oder ihr Vertretungsorgan das Recht, einen Teil der Mitglieder des Aufsichts- oder Verwaltungsorgans der SE zu wählen oder zu bestellen oder deren Bestellung zu empfehlen oder abzulehnen. ²Die Zahl dieser Arbeitnehmervertreter im Aufsichts- oder Verwaltungsorgan der SE bemisst sich nach dem höchsten Anteil an Arbeitnehmervertretern, der in den Organen der beteiligten Gesellschaften vor der Eintragung der SE bestanden hat.**

Übersicht

	Rn.
I. Allgemeines	1
II. SE-Gründung durch Umwandlung (Abs. 1)	2
III. SE-Gründung durch Verschmelzung, Gründung einer Holding- oder Tochter-SE (Abs. 2)	6
IV. Veränderungsfestigkeit der Mitbestimmung	10
V. Verfassungskonformität	11
1. Dualistische SE	11
2. Monistische SE	12
VI. Streitigkeiten	14

I. Allgemeines

1   Während § 34 Abs. 2 die Form der Mitbestimmung iSd § 2 Abs. 12 regelt, die bei Eingreifen der gesetzlichen Auffangregelungen über die Mitbestimmung zur Anwendung kommt, regelt § 35 den **Umfang** der Mitbestimmung. Die Vorschrift ist Ausfluss des sog. Vorher-Nachher-Prinzips (vgl. Erwägungsgrund 18 der SE-RL). Sie setzt Teil 3 lit. a, b, UAbs. 1 des Anhangs zur SE-RL in nationales Recht um, ist jedoch teilweise **verfassungswidrig** (→ Rn. 11 ff.).

II. SE-Gründung durch Umwandlung (Abs. 1)

Wird die SE gemäß Art. 2 Abs. 4 SE-VO durch Umwandlung gegründet und **2** liegen die Voraussetzungen des § 34 Abs. 1 Nr. 1 für das Eingreifen der gesetzlichen Auffangregelungen über die Mitbestimmung vor, bleibt gemäß § 35 Abs. 1 „die Regelung zur Mitbestimmung erhalten, die in der Gesellschaft vor der Umwandlung bestanden hat". Im Ergebnis betrifft dies die **Form der Mitbestimmung iSd § 2 Abs. 12** und den **Anteil an Arbeitnehmersitzen** im Aufsichts- bzw. Verwaltungsorgan (UHH/*Habersack* Rn. 5 f.; MüKoAktG/*Jacobs* Rn. 8 f.; KK-AktG/*Feuerborn* Rn. 12; HWK/*Hohenstatt/Dzida* SEBG Rn. 48; *Kienast* in Jannott/Frodermann HdB SE Kap. 13 Rn. 320; *Kallmeyer* AG 2003, 197 [199]; *Müller-Bonanni/Melot de Beauregard* GmbHR 2005, 195 [197] aA *Nagel* AuR 2007, 329 [335]; → § 2 Rn. 40 f.). Die Gesellschaft unterliegt nicht etwa weiterhin dem bislang einschlägigen Mitbestimmungsgesetz (DrittelbG, MitbestG, MontanMitbestG, MontanMitbestErgG). Die nationalen Mitbestimmungsgesetze finden auf die SE keine Anwendung (§ 47 Abs. 1 Nr. 1, Art. 13 Abs. 2 SE-RL). Maßgeblich sind die Verhältnisse in dem Zeitpunkt, in dem das Arbeitnehmerbeteiligungsverfahren durch Zeitablauf endet (MüKoAktG/*Jacobs* Rn. 8; ebenso *de lege ferenda* Arbeitskreis Aktien- und Kapitalmarktrecht, ZIP 2010, 2221 [2228]). Das aktienrechtliche Status-Quo Prinzip (§ 96 Abs. 4 AktG) spricht ferner dafür, auch dann auf die tatsächlich praktizierte Form der Mitbestimmung abzustellen, wenn diese nicht dem objektiv einschlägigen Mitbestimmungsregime entspricht (LHT/*Oetker* Rn. 5; MüKoAktG/*Jacobs* Rn. 2).

Die Einzelausformungen der Unternehmensmitbestimmung deutscher **3** Prägung können auch nicht mittelbar auf die SE übertragen werden (UHH/*Habersack* Rn. 5; *Oetker* in Lutter/Hommelhoff Europäische Gesellschaft S. 306 ff.; MüKoAktG/*Schäfer* SE-VO Art. 9 Rn. 8; abweichend Spindler/Stilz/*Casper* SE-VO Art. 9 Rn. 13; *Teichmann* ZGR 2002, 383 [443 f.]; *Nagel* AuR 2007, 329 [333]). Dies gilt insbesondere für die Größenvorgaben des § 7 Abs. 1 MitbestG. Die Festlegung der **Aufsichtsratsgröße** ist auch in den Fällen der SE-Gründung durch Umwandlung **Satzungsfrage.** § 35 Abs. 1 erhält lediglich den bisherigen Anteil an Arbeitnehmersitzen im Aufsichtsrat aufrecht (*Seibt* in Lutter/Hommelhoff Europäische Gesellschaft S. 67, 78 f.; *Seibt* ZIP 2010, 1057 [1062]). Hierfür streitet zunächst der Verweis in Teil 3 lit. a S. 2 des Anhangs zur SE-RL auf Teil 3 lit. b des Anhangs, der für die Fälle der SE-Gründung durch Verschmelzung sowie die Gründung von Tochter- und Holding-SE klarstellt, dass lediglich der Anteil der Arbeitnehmersitze an der Gesamtzahl der Sitze im Aufsichts- oder Verwaltungsorgan fortgeschrieben wird. Darüber hinaus sprechen für dieses Verständnis die Art. 40 Abs. 3, 43 Abs. 2 SE-VO. Die Festlegung der Zahl der Mitglieder des Aufsichts- oder Verwaltungsorgans und die Regeln für ihre Festlegung erfolgt danach in der Satzung der SE. Die Mitgliedstaaten werden lediglich ermächtigt, bestimmte Mindest- oder Höchstzahlen festzulegen. Wenn die Gesellschaft vor der Umwandlung der paritätischen Mitbestimmung unterlag, muss die Satzung allerdings eine gerade Zahl von Sitzen im Aufsichts- oder Verwaltungsrat vorsehen. Dies ergibt sich aus §§ 17 Abs. 2, 23 Abs. 2 SEAG. Unter Berücksichtigung des Dreiteilbarkeitsgrundsatzes (§ 17 Abs. 1 SEAG) ist danach bei paritätisch mitbestimmten SE mit dualistischer Unternehmensverfassung ein Aufsichtsrat mit sechs, zwölf oder achtzehn Mitgliedern möglich. Zur Frage, ob die Aufsichtsratsgröße mit bindender Wirkung für den Satzungsgeber in einer Beteiligungsvereinbarung geregelt werden kann und ggf. auf diesem Weg Abweichungen vom Dreiteilbarkeitsgrundsatz möglich sind, → § 21 Rn. 21 ff.

Auch die übrigen Spezifika der deutschen Unternehmensmitbestimmung, ins- **4** besondere die Regelungen der §§ 25 ff. MitbestG über die innere Ordnung des

Aufsichtsrats sowie die Regelungen des § 31 MitbestG über die Bestellung und den Widerruf der Bestellung der Mitglieder des gesetzlichen Vertretungsorgans werden über § 35 Abs. 1 nicht aufrecht erhalten (UHH/*Habersack* Rn. 5; *Oetker* in Lutter/Hommelhoff Europäische Gesellschaft S. 306 ff.; abweichend *Nagel* AuR 2007, 329 [333]; *Teichmann* ZGR 2002, 383 [443 ff.]). Die SE-VO und das SEAG regeln diese Fragen abschließend.

5 § 35 Abs. 1 erhält die Form und den Umfang der Mitbestimmung im vorstehend beschriebenen Sinne grundsätzlich auch im Falle eines **Wechsels vom dualistischen zum monistischen Modell** aufrecht (MüKoAktG/*Jacobs* Rn. 8; KK-AktG/*Feuerborn* Rn. 10; LHT/*Oetker* Rn. 6). Besonderheiten sind allerdings bei der Übertragung der paritätischen Mitbestimmung auf die monistische SE zu beachten (→ Rn. 12). Maßgeblicher Zeitpunkt für die Bestimmung des aufrechtzuerhaltenden Umfangs der Mitbestimmung ist das Ende der Verhandlungen mit dem bVG entweder durch Abschluss einer Beteiligungsvereinbarung oder infolge des ergebnislosen Ablaufs der Verhandlungsfrist aus § 20 (MüKoAktG/*Jacobs* Rn. 8).

III. SE-Gründung durch Verschmelzung, Gründung einer Holding- oder Tochter-SE (Abs. 2)

6 § 35 Abs. 2 S. 1 hat keinen eigenständigen Regelungsgehalt (UHH/*Habersack* Rn. 7). Er wiederholt lediglich, was sich bereits aus § 34 Abs. 1 Nr. 2, 3 ergibt, dass nämlich die Arbeitnehmer der SE, ihrer Tochtergesellschaften und Betriebe oder der SE-Betriebsrat im Falle des Eingreifens der gesetzlichen Auffangregelungen über die Mitbestimmung das Recht haben, einen Teil der Mitglieder des Aufsichts- oder Verwaltungsorgans der SE zu wählen oder zu bestellen oder deren Bestellung zu empfehlen oder abzulehnen. Dies entspricht nahezu wörtlich dem Eingang zu Teil 3 lit. b des Anhangs zur SE-RL.

7 § 35 Abs. 2 S. 2 bestimmt, dass sich die Zahl der Arbeitnehmervertreter im Aufsichts- oder Verwaltungsorgan der SE nach dem **höchsten Anteil** an Arbeitnehmervertretern bemisst, der in den Organen der beteiligten Gesellschaften vor der Eintragung der SE bestanden hat. Trotz des insoweit missverständlichen Wortlauts der Vorschrift („Zahl dieser Arbeitnehmervertreter") bezieht sich § 35 Abs. 2 S. 2 ebenso wie § 35 Abs. 1 lediglich auf das **proportionale Verhältnis** zwischen Anteils- und Arbeitnehmervertretern im Aufsichts- bzw. Verwaltungsorgan (BT-Drs. 15/3405, 54; MüKoAktG/*Jacobs* Rn. 12; KK-AktG/*Feuerborn* Rn. 18; *Kienast* in Jannott/Frodermann HdB SE Kap. 13 Rn. 320; *Ihrig/Wagner* BB 2004, 1749 [1754]; *Müller-Bonanni/Melot de Beauregard* GmbHR 2005, 195 [197]).

8 Das Gesetz verfolgt damit im Ausgangspunkt einen rein **quantitativen** Ansatz, dessen Umsetzung wegen der qualitativen Unvergleichbarkeit von Repräsentationsmodell (§ 2 Abs. 12 Nr. 1) und Kooptationsmodell (§ 2 Abs. 12 Nr. 2) jedoch an Grenzen stoßen kann. Konkret problematisch ist der Fall, dass sich das Kooptationsrecht der Arbeitnehmer in einer beteiligten Gesellschaft auf einen höheren Anteil an Sitzen im Aufsichts- bzw. Verwaltungsorgan bezieht als das Wahl- oder Bestellungsrecht der Arbeitnehmer in einer anderen beteiligten Gesellschaft. Richtiger Ansicht zufolge ist der Vergleich in diesen Fällen nur innerhalb der gemäß § 34 Abs. 2 für die künftige SE maßgeblichen Mitbestimmungsform anzustellen (KK-AktG/*Feuerborn* Rn. 20; UHH/*Habersack* Rn. 13; MüKoAktG/*Jacobs* Rn. 13; *Reichert/Brandes* ZGR 2003, 767 [784 ff.]; offengelassen von LHT/*Oetker* Rn. 17; → § 34 Rn. 11). Ist also beispielsweise an der Gründung einer SE mit Sitz im Inland durch Verschmelzung eine inländische, der Drittelbeteiligung unterliegende Gesellschaft, eine ausländische, nichtmitbestimmte Gesellschaft sowie eine dritte ausländische Gesellschaft, deren Arbeit-

nehmer ein Mitbestimmungsrecht nach dem Kooptationsmodell haben beteiligt und bezieht sich das Kooptationsrecht auf alle Mitglieder des Aufsichts- oder Verwaltungsorgans (so die Rechtslage in den Niederlanden), unterliegt die SE der Drittelbeteiligung, wenn sich das bVG gemäß § 34 Abs. 2 S. 1 für das inländische Repräsentationsmodell entscheidet oder das bVG keinen Beschluss (§ 34 Abs. 2 S. 2) über die Auswahl der anzuwendenden Mitbestimmungsform fasst (Beispiel nach UHH/*Habersack* SEBG § 34 Rn. 27).

Die Meistbegünstigungsregel des § 35 Abs. 2 S. 2 gilt im Grundsatz auch dann, **9** wenn mit der SE-Gründung ein **Wechsel vom dualistischen ins monistische System** einhergeht oder umgekehrt (MüKoAktG/*Jacobs* Rn. 11; UHH/*Habersack* Rn. 9, 12; *Kienast* in Jannott/Frodermann HdB SE Kap. 13 Rn. 321). Besonderheiten sind allerdings in den Fällen einer Übertragung der paritätischen Mitbestimmung auf das monistische System zu beachten (→ Rn. 12). Maßgeblicher Zeitpunkt für den Günstigkeitsvergleich ist ebenso wie im Rahmen des § 35 Abs. 1 das Ende der Verhandlungen mit dem bVG durch Abschluss einer Beteiligungsvereinbarung bzw. den ergebnislosen Ablauf der Verhandlungsfrist.

IV. Veränderungsfestigkeit der Mitbestimmung

Das nach §§ 34, 35 festgestellte **Mitbestimmungsstatut** der SE ist vorbehalt- **10** lich struktureller Änderungen iSd § 18 Abs. 3 **veränderungsfest** (KK-AktG/*Feuerborn* Rn. 29; UHH/*Habersack* Rn. 14; *Habersack* Der Konzern 2006, 105 [107]; *Müller-Bonanni/Melot de Beauregard* GmbHR 2005, 195 [197 f.]; *Ege/Grzimek/Schwarzfischer* DB 2011, 1205 [1206]; *Feldhaus/Vanscheidt* BB 2008, 2246 [2247]). Dies ist Ausfluss des auf Mitbestimmungskonservierung ausgerichteten Vorher-Nachher-Prinzip (vgl. § 1 Abs. 1 S. 2, 3, Erwägungsgrund Nr. 18 SE-RL). Veränderungen in den Verhältnissen der SE, die nicht die Qualität einer strukturellen Änderung iSd § 18 Abs. 3 haben, lassen den Mitbestimmungsstatus der SE daher unberührt. Dies gilt beispielsweise für den Fall, dass in einer drittelbeteiligten SE die Arbeitnehmerzahl über den Schwellenwert des § 1 Abs. 1 MitbestG ansteigt, aber auch für den spiegelbildlichen Fall des Absinkens der Beschäftigtenzahl einer paritätisch mitbestimmten SE unter diesen Schwellenwert (*Habersack* Der Konzern 2006, 105 [107]; *Müller-Bonanni/Melot de Beauregard* GmbHR 2005, 195 [197 f.]; *Henssler* RdA 2005, 330 [334]; aA MHdB ArbR/*Wißmann* § 287 Rn. 19; vgl. auch → § 18 Rn. 4 ff.). Veränderungsfest ist das Mitbestimmungsstatut der SE auch dann, wenn die SE gemäß § 34 Abs. 1 mitbestimmungsfrei ist, weil in keiner beteiligten Gesellschaft eine Form der Mitbestimmung bestand oder das bVG einen Beschluss gemäß § 16 Abs. 1 gefasst hat. Auch die nationalen Mitbestimmungsgesetze finden in diesem Fall keine Anwendung; § 47 Abs. 1 Nr. 1.

V. Verfassungskonformität

1. Dualistische SE. Für die dualistische SE ist die Verfassungskonformität des **11** § 35 – jedenfalls für die Praxis – nicht ernstlich zweifelhaft. Der Aufsichtsrat der dualistischen SE hat ebenso wie der Aufsichtsrat einer Aktiengesellschaft lediglich eine Überwachungsaufgabe; Art. 9 Abs. 1 lit. c ii SE-VO iVm § 111 AktG (MüKoAktG/*Jacobs* Rn. 15; Spindler/Stilz/*Eberspächer* SE-VO Art. 40 Rn. 4 f.). Die vom Bundesverfassungsgericht geforderte Durchsetzungsmöglichkeit der Anteilseignerseite im Aufsichtsrat wird über Art. 42 S. 2, 50 Abs. 2 S. 1 SE-VO sichergestellt. Gemäß Art. 42 S. 2 SE-VO darf in der dualistischen SE nur ein Vertreter der Anteilseigner zum Vorsitzenden des Aufsichtsorgans bestellt werden, wenn die Hälfte der Mitglieder des Aufsichtsorgans von Arbeitnehmern bestellt wird (→ SE-VO Art. 42 Rn. 1). Hieran anknüpfend bestimmt Art. 50 Abs. 2

S. 1 SE-VO, dass bei Stimmengleichheit die Stimme des Aufsichtsratsvorsitzenden den Ausschlag gibt. Die Mitglieder des Vorstands werden in der dualistischen SE gemäß Art. 50 Abs. 1 SE-VO mit der einfachen Mehrheit der anwesenden oder vertretenen Mitglieder des Aufsichtsrats bestellt und abberufen (→ SE-VO Art. 50 Rn. 5). In der Gesamtschau entsprechen die Durchsetzungsmöglichkeiten der Anteilseignerseite im Aufsichtsrat der dualistischen SE denjenigen der Anteilseigner in der paritätisch mitbestimmten Aktiengesellschaft gemäß §§ 29 Abs. 3, 31 Abs. 4 MitbestG bzw. gehen wegen der ausschlaggebenden Qualität der Stimme des Aufsichtsratsvorsitzenden (keine erneute Abstimmung gemäß § 29 Abs. 2 S. 2 MitbestG) bzw. des abgesenkten Mehrheitserfordernisses für die Bestellung und Abberufung der Mitglieder des Vorstands (keine Zweidrittelmehrheit im ersten Wahlgang gemäß § 31 Abs. 2 MitbestG) über diese hinaus.

12   **2. Monistische SE.** Die Aufgaben des Verwaltungsrats der monistischen SE gehen weit über eine reine Überwachung der Geschäftsleitung hinaus. Der Verwaltungsrat leitet die Gesellschaft, bestimmt die Grundlinien ihrer Tätigkeit und überwacht deren Umsetzung (§ 22 Abs. 1 SEAG, Art. 43 Abs. 1 S. 1 SE-VO). Dies führt zu einer **qualitativen Verstärkung** der Mitbestimmung, die, was die paritätische Mitbestimmung anbelangt, nach der zutreffenden hM mit der Eigentumsgarantie aus Art. 14 GG unvereinbar ist (ausführlich MüKoAktG/*Jacobs* Rn. 16 ff. mwN). Es spricht viel dafür, dass dem im „reinen" monistischen Modell, indem sämtliche geschäftsführenden Direktoren zugleich Mitglieder des Verwaltungsrats sind, durch eine Beschränkung der Parität auf die nichtgeschäftsführenden Direktoren begegnet werden kann (MüKoAktG/*Jacobs* Rn. 23; *Reichert/Brandes* ZGR 2003, 767 [790 ff.]; *Roth* ZfA 2004, 431 [445 f.]; *Teichmann* BB 2004, 53 [57]; aA *Kämmerer/Veil* ZIP 2005, 369 [376]; *Kienast* in Jannott/Frodermann HdB SE Kap. 13 Rn. 321; Gaul/Ludwig/Forst/*Forst* § 1 Rn. 480; LHT/*Oetker* Rn. 14). In der „unechten" monistischen SE mit externen geschäftsführenden Direktoren (§ 40 Abs. 1 S. 3 SEAG) besteht diese Korrekturmöglichkeit nicht. Insoweit bleibt es daher bei der Unvereinbarkeit mit Art. 14 GG. Die partielle Aufteilung der Geschäftsführungstätigkeit auf mehrere Organe vermag hierüber ebenso wenig hinwegzuhelfen wie der im Laufe des Gesetzgebungsverfahrens zusätzlich eingefügte § 35 Abs. 3 SEAG. Im Ergebnis kommt es lediglich zu einer Annäherung an das dualistische System, ohne dass sich etwas an dem Grundbefund, der unmittelbaren Einflussnahme der Arbeitnehmervertreter auf die Geschäftsleitung, ändert.

13   In der Praxis hat die Frage der Verfassungskonformität des § 35 bislang keine Rolle gespielt, da paritätische Mitbestimmung und monistische Führungsstruktur gemeinhin für inkompatibel gehalten werden. Immerhin gibt es mit der Puma SE aber eine drittelbeteiligte monistische SE.

VI. Streitigkeiten

14   Streitigkeiten über die Zusammensetzung des Aufsicht- oder Verwaltungsrats im Rahmen des § 35 sind gemäß Art. 9 Abs. 1 lit. c. ii SE-VO iVm §§ 97 ff. AktG (dualistisches Modell) bzw. §§ 25 f. SEAG (monistisches Modell) im **Statusverfahren** zu klären. Zuständig ist das Landgericht, in dessen Bezirk die SE ihren Sitz hat (KK-AktG/*Feuerborn* Rn. 30; MüKoAktG/*Jacobs* Rn. 28; Annuß/Kühn/Rudolph/Rupp/*Rudolph* Rn. 28).

Sitzverteilung und Bestellung

36 (1) ¹**Der SE-Betriebsrat verteilt die Zahl der Sitze im Aufsichts- oder Verwaltungsorgan auf die Mitgliedstaaten, in denen Mitglie-**

der zu wählen oder zu bestellen sind. [2]Die Verteilung richtet sich nach dem jeweiligen Anteil der in den einzelnen Mitgliedstaaten beschäftigten Arbeitnehmer der SE, ihrer Tochtergesellschaften und Betriebe. [3]Können bei dieser anteiligen Verteilung die Arbeitnehmer aus einem oder mehreren Mitgliedstaaten keinen Sitz erhalten, so hat der SE-Betriebsrat den letzten zu verteilenden Sitz einem bisher unberücksichtigten Mitgliedstaat zuzuweisen. [4]Dieser Sitz soll, soweit angemessen, dem Mitgliedstaat zugewiesen werden, in dem die SE ihren Sitz haben wird. [5]Dieses Verteilungsverfahren gilt auch in dem Fall, in dem die Arbeitnehmer der SE Mitglieder dieser Organe empfehlen oder ablehnen können.

(2) Soweit die Mitgliedstaaten über die Besetzung der ihnen zugewiesenen Sitze keine eigenen Regelungen treffen, bestimmt der SE-Betriebsrat die Arbeitnehmervertreter im Aufsichts- oder Verwaltungsorgan der SE.

(3) [1]Die Ermittlung der auf das Inland entfallenden Arbeitnehmervertreter des Aufsichts- oder Verwaltungsorgans der SE erfolgt durch ein Wahlgremium, das sich aus den Arbeitnehmervertretungen der SE, ihrer Tochtergesellschaften und Betriebe zusammensetzt. [2]Für das Wahlverfahren gelten § 6 Abs. 2 bis 4, § 8 Abs. 1 Satz 2 bis 5, Abs. 2 bis 7 und die §§ 9 und 10 entsprechend mit der Maßgabe, dass an die Stelle der beteiligten Gesellschaften, betroffenen Tochtergesellschaften und betroffenen Betriebe die SE, ihre Tochtergesellschaften und Betriebe treten. [3]Das Wahlergebnis ist der Leitung der SE, dem SE-Betriebsrat, den Gewählten, den Sprecherausschüssen und Gewerkschaften mitzuteilen.

(4) [1]Die nach den Absätzen 2 und 3 ermittelten Arbeitnehmervertreter werden der Hauptversammlung der SE zur Bestellung vorgeschlagen. [2]Die Hauptversammlung ist an diese Vorschläge gebunden.

Übersicht

	Rn.
I. Regelungsinhalt	1
II. Sitzverteilung auf die Mitgliedstaaten	2
III. Besetzung der Arbeitnehmersitze im Aufsichts- oder Verwaltungsrat (Abs. 2, 3)	8
1. Auf das Ausland entfallende Sitze (Abs. 2)	8
2. Auswahl der auf das Inland entfallenden Mitglieder	9
IV. Bestellung durch die Hauptversammlung (Abs. 4)	13
V. Streitigkeiten	15

I. Regelungsinhalt

§ 36 Abs. 1 regelt die Verteilung der Arbeitnehmersitze im Aufsichts- oder **1** Verwaltungsrat auf die Mitgliedstaaten. § 36 Abs. 2 und 3 verhalten sich zur personellen Auswahl der Arbeitnehmervertreter im Aufsichts- oder Verwaltungsrat. § 36 Abs. 2 betrifft den Fall, dass ein Mitgliedstaat insoweit keine eigenen Regelungen erlassen hat. § 36 Abs. 3 regelt das Verfahren zur Besetzung der auf das Inland entfallenden Arbeitnehmersitze im Aufsichts- oder Verwaltungsrat. Gemäß § 36 Abs. 4 werden die nach § 36 Abs. 2, 3 ermittelten Arbeitnehmervertreter der Hauptversammlung der SE zur Bestellung vorgeschlagen. § 36 beruht auf Teil 3 lit. b UAbs. 2 des Anhangs zur SE-RL.

II. Sitzverteilung auf die Mitgliedstaaten

2   Gemäß § 36 Abs. 1 S. 1 verteilt der **SE-Betriebsrat** die Arbeitnehmersitze im
Aufsichts- oder Verwaltungsrat auf die Mitgliedstaaten, in denen Arbeitnehmervertreter zu wählen oder zu bestellen sind. Allerdings ist der SE-Betriebsrat in
seiner Entscheidung nicht frei, sondern an die Regelungen des § 36 Abs. 1
S. 2–4 gebunden. Im Ausgangspunkt richtet sich die Sitzverteilung gemäß § 36
Abs. 1 S. 2 nach dem jeweiligen Anteil der in einem Mitgliedstaat beschäftigten
Arbeitnehmer an der Gesamtzahl aller in den Mitgliedstaaten beschäftigen Arbeitnehmer der SE, ihrer Tochtergesellschaften und Betriebe. Mit der Einbeziehung
der Arbeitnehmer von Tochtergesellschaften weicht der Gesetzgeber zwar von
der Vorgabe aus Teil 3 lit. b UAbs. 2 des Anhangs zur SE-RL ab, der allein auf
die Arbeitnehmer der SE abstellt. Hierin liegt allerdings **kein Richtlinienverstoß** sondern lediglich die Korrektur einer Ungenauigkeit der SE-RL, die dem
Ziel der Richtlinie, eine proportionale Verteilung der Arbeitnehmersitze entsprechend den Arbeitnehmerzahlen zu erreichen, entspricht (KK-AktG/*Feuerborn*
Rn. 4; MüKoAktG/*Jacobs* Rn. 2; NFK/*Nagel* Rn. 5; vgl. auch BT-Drs. 15/3405,
55; NK-SE/*Kleinmann/Kujath* Rn. 2; wohl auch LHT/*Oetker* Rn. 5). Auf der
Basis dieser Berechnungsgrundlage erfolgt die Sitzverteilung nach dem **d'Hondt-
schen Höchstzahlverfahren** (KK-AktG/*Feuerborn* Rn. 6; UHH/*Henssler*
Rn. 8; LHT/*Oetker* Rn. 6). Maßgeblich sind die (ggf. nach § 5 Abs. 4 aktuali-
sierten) Arbeitnehmerzahlen aus dem Informationsschreiben nach § 4 (KK-
AktG/*Feuerborn* Rn. 5; UHH/*Henssler* Rn. 18; MüKoAktG/*Jacobs* Rn. 2; LHT/
Oetker Rn. 5; aA Annuß/Kühn/Rudolph/Rupp/*Annuß* Rn. 4: Festlegung eines
Stichtags in billigem Ermessen durch den SE-BR zeitnah zum Tag der Vertei-
lung).

3   Können bei der anteiligen Verteilung gemäß § 36 Abs. 1 S. 3 die Arbeitnehmer aus einem oder mehreren Mitgliedstaaten keinen Sitz erhalten, so hat der
SE-Betriebsrat gemäß § 36 Abs. 1 S. 3 den **letzten zu verteilenden Sitz** einem
bisher unberücksichtigten Mitgliedstaat zuzuweisen. Hiermit wird das Ziel verfolgt, eine international möglichst breite Repräsentation der Arbeitnehmer im
Aufsichts- oder Verwaltungsrat zu erreichen. Der internationale Charakter der SE
soll sich im Aufsichts- oder Verwaltungsorgan widerspiegeln (BT-Drs. 15/3405,
55). Nur der letzte Arbeitnehmersitz im Aufsichts- oder Verwaltungsorgan kann
abweichend von der Sitzverteilung nach Arbeitnehmerzahlen zugewiesen werden. Im Übrigen ist die Sitzverteilung nach dem d'Hondtschen Höchstzahlenverfahren zwingend (UHH/*Henssler* Rn. 17).

4   Der letzte zu verteilende Sitz soll soweit angemessen dem Mitgliedstaat zugewiesen werden, in dem die **SE ihren Sitz** haben wird; § 36 Abs. 1 S. 4. Dies gilt
sowohl für den Fall, dass lediglich ein Mitgliedstaat im Rahmen der Sitzverteilung
nach Arbeitnehmerzahlen keinen Sitz erhalten kann wie auch für den Fall, dass
hiervon die Arbeitnehmer mehrerer Mitgliedstaaten betroffen sind *(„oder")*
(UHH/*Henssler* Rn. 11 f.; unklar MüKoAktG/*Jacobs* Rn. 3, der danach differenziert will, ob ein oder mehrere Mitgliedstaaten keinen Sitz erhalten können).
Eine Zuweisung an den Sitzstaat kommt aber nicht in Betracht, wenn der Sitzstaat bereits im Rahmen der anteiligen Sitzverteilung nach Arbeitnehmerzahlen
einen Sitz erhalten hat. Die Zuweisung muss an einen bislang unberücksichtigten
Mitgliedstaat erfolgen (UHH/*Henssler* Rn. 7; KK-AktG/*Feuerborn* Rn. 4; ungenau NFK/*Nagel* Rn. 4, der annimmt, die Zuweisung sei in diesem Fall unangemessen). Wann die Zuweisung an den Sitzstaat nicht angemessen wäre, ist unklar.
Ähnlich wie im Rahmen des § 36 Abs. 1 S. 3 spricht jedoch viel dafür, dass dies
dann der Fall wäre, wenn im Sitzstaat erheblich weniger Arbeitnehmer beschäftigt
sind als in dem unter Proportionalitätsgesichtspunkten zu berücksichtigenden

Mitgliedstaat (KK-AktG/*Feuerborn* Rn. 9; MüKoAktG/*Jacobs* Rn. 3; konkreter UHH/*Henssler* Rn. 12: unangemessen wenn weniger als 50 % der Arbeitnehmer des nach der Arbeitnehmerzahl zu berücksichtigenden Mitgliedstaats).

Mit der Pflicht zur Zuweisung des letzten Arbeitnehmersitzes an einen bislang 5 nicht berücksichtigten Mitgliedstaat nimmt das Gesetz in Kauf, dass die Zuweisung dieses Sitzes zu Lasten eines Mitgliedstaats mit unter Umständen erheblich größerer Arbeitnehmerzahl führen kann (vgl. BT-Drs. 15/3405, 55; MüKo-AktG/*Jacobs* Rn. 3; kritisch UHH/*Henssler* Rn. 13 ff.). Diese Situation kann insbesondere eintreten, wenn der ganz überwiegende Teil der Arbeitnehmer der SE, ihrer Tochtergesellschaften und Betriebe im Inland tätig ist, während die Tochtergesellschaften der SE im mitgliedstaatlichen Ausland jeweils nur eine geringe Zahl von Arbeitnehmern beschäftigen. Auch in diesem Fall ist die in § 36 Abs. 1 S. 2 angelegte **Internationalisierung der Arbeitnehmerbank** im Aufsichts- oder Verwaltungsrat indes zwingend (vgl. BT-Drs. 15/3405, 55).

§ 36 Abs. 1 S. 5 stellt klar, dass die vorstehend dargestellten Grundsätze nicht 6 nur für das Repräsentationsmodell (§ 2 Abs. 12 Nr. 1), sondern auch in dem Fall gilt, dass die SE dem Kooptationsmodell (§ 2 Abs. 12 Nr. 2) unterliegt.

Wie § 36 Abs. 1 S. 4 erhellt („die SE ihren Sitz *haben wird*") regelt § 36 Abs. 1 7 unmittelbar nur die erstmalige Verteilung der Arbeitnehmersitze auf die Mitgliedstaaten. Wenn sich später die Notwendigkeit einer erneuten Sitzverteilung ergibt, zB infolge einer satzungsmäßigen Vergrößerung oder Verkleinerung des Aufsichts- oder Verwaltungsrat, ist die Vorschrift entsprechend heranzuziehen.

III. Besetzung der Arbeitnehmersitze im Aufsichts- oder Verwaltungsrat (Abs. 2, 3)

1. Auf das Ausland entfallende Sitze (Abs. 2). Die auf das Ausland entfal- 8 lenden Arbeitnehmersitze im Aufsichts- oder Verwaltungsrat werden grundsätzlich nach den **Vorschriften der Mitgliedstaaten** besetzt, auf die Arbeitnehmersitze entfallen (BT-Drs. 15/3405, 55; LHT/*Oetker* Rn. 10; KK-AktG/*Feuerborn* Rn. 20). Dies ergibt sich mittelbar aus § 38 Abs. 2. Sieht das Umsetzungsrecht eines Mitgliedstaats keine Regelungen für die Wahl oder Bestellung der Arbeitnehmervertreter im Aufsichts- oder Verwaltungsorgan im Rahmen der Auffangregelungen vor, bestimmt der SE-Betriebsrat den oder die auf diesen Mitgliedstaat entfallenden Arbeitnehmervertreter. Verfahrensvorgaben trifft das Gesetz nicht. Die durch den SE-Betriebsrat ausgewählten Mitglieder müssen jedoch wie auch alle übrigen Mitglieder die Anforderungen der Art. 47 Abs. 2 SE-VO sowie im dualistischen Modell die Anforderungen des § 100 AktG und im monistischen Modell diejenigen des § 27 SEAG erfüllen (KK-AktG/*Feuerborn* Rn. 14; MüKo-AktG/*Jacobs* Rn. 5). Wenn das nationale Umsetzungsrecht Vorschriften für die Wahl der bVG-Mitglieder vorsieht, liegt es zudem nahe, dass der SE-Betriebsrat den oder die auf den Mitgliedstaat entfallenden Arbeitnehmervertreter in Anlehnung an diese Vorschriften auswählt.

2. Auswahl der auf das Inland entfallenden Mitglieder. Die Ermittlung 9 der auf das Inland entfallenden Arbeitnehmervertreter im Aufsichts- oder Verwaltungsrat erfolgt gemäß § 36 Abs. 3 S. 1 durch ein **Wahlgremium**, das sich aus den Arbeitnehmervertretungen der SE, ihrer Tochtergesellschaften und Betriebe zusammensetzt. Das Wahlgremium ist ebenso zusammengesetzt wie dasjenige zur Wahl der auf das Inland entfallenden Mitglieder des SE-Betriebsrats. Dies stellt die Begründung zum Regierungsentwurf klar (BT-Drs. 15/3405, 55; ebenso UHH/*Henssler* Rn. 20; aA MüKoAktG/*Jacobs* Rn. 6: ebenso zusammengesetzt wie das Wahlgremium bei der Bildung des bVG). Für das **Wahlverfahren** gelten gemäß § 36 Abs. 3 S. 2 die Regelungen der §§ 6 Abs. 2–4, 8 Abs. 1

S. 2–5, Abs. 2–7, 9, 10 über die Wahl der auf das Inland entfallenden Mitglieder des bVG entsprechend mit der Maßgabe, dass an die Stelle der beteiligten Gesellschaften, betroffenen Tochtergesellschaften und betroffenen Betriebe, die SE, ihre Tochtergesellschaften und Betriebe treten.

10   Über die entsprechenden Anwendungen der §§ 6 Abs. 3, 8 Abs. 1 S. 2 sichert der Gesetzgeber den im Inland vertretenen **Gewerkschaften** eine zwingende Mindestrepräsentanz im Aufsichts- bzw. Verwaltungsrat. Die Richtlinienkonformität dieser Regelung ist zumindest zweifelhaft (UHH/*Henssler* Rn. 25; *Kallmeyer* ZIP 2004, 1442 [1443]; *Wisskirchen/Prinz* DB 2004, 1238 f.; aA NFK/*Kleinsorge* § 6 Rn. 7). Zwar gestattet die Richtlinie in Erwägungsgrund Nr. 19 und Art. 3 Abs. 2 lit. b die Wahl von Gewerkschaftsvertretern. Das **Vorschlagsmonopol** der Gewerkschaften für jeden dritten auf das Inland entfallenden Arbeitnehmersitz im Aufsichts- oder Verwaltungsrat widerspricht aber der Entscheidungsfreiheit der Arbeitnehmervertretungen, die in Art. 3 Abs. 2 lit. b SE-RL vorausgesetzt wird (UHH/*Henssler* Rn. 25, SEBG § 6 Rn. 4). Sie steht zudem in einem Spannungsverhältnis zu dem Anliegen, möglichst eine Repräsentation der Arbeitnehmer aller an der Gründung beteiligten Gesellschaften im Aufsichts- bzw. Verwaltungsrat sicherzustellen (UHH/*Henssler* SEBG § 6 Rn. 5; *Krause* BB 2005, 1221 [1225]). Im Vergleich zur Ausgangslage nach dem MitbestG sinkt bei einer Aufsichtsratsgröße von zwölf Mitgliedern allerdings die anteilsmäßige Repräsentation der Gewerkschaften. Während sich in einem nach dem MitbestG zusammengesetzten Aufsichtsrat mit zwölf Mitgliedern gemäß § 7 Abs. 2 Nr. 1 zwei Gewerkschaftsvertreter befinden müssen, kann den Gewerkschaften für einen aus zwölf Mitgliedern bestehenden Aufsichtsrat im Rahmen der gesetzlichen Auffangregelungen wegen der zwingenden Internationalisierung der Arbeitnehmerbank gemäß § 36 Abs. 1 S. 3 maximal für einen Sitz ein bindendes Wahlvorschlagsrecht zustehen.

11   Die in dem Verweis auf §§ 6 Abs. 4, 8 Abs. 1 S. 6 angelegte zwingende **Mindestrepräsentanz der leitenden Angestellten** läuft in der Praxis regelmäßig leer, weil erst ab einer Aufsichtsratsgröße von 18 Mitgliedern mehr als sechs Arbeitnehmersitze auf das Inland entfallen können (die Einrichtung eines Aufsichtsrats mit 16 Mitgliedern ist im Rahmen der gesetzlichen Auffangregelungen wegen des Dreiteilbarkeitsgrundsatzes nicht möglich; vgl. *Frodermann* in Jannott/Frodermann HdB SE Kap. 5 Rn. 85; MüKoAktG/*Jacobs* Rn. 7).

12   Zusätzlich zu den Vorgaben des SEBG müssen die Arbeitnehmervertreter im Aufsichts- bzw. Verwaltungsrat die **persönlichen Wählbarkeitsvoraussetzungen** der Art. 47 Abs. 2 SE-VO, § 100 AktG (für den Aufsichtsrat) bzw. § 27 SEAG (für den Verwaltungsrat) erfüllen (KK-AktG/*Feuerborn* Rn. 14; *Henssler* RdA 2005, 330; MüKoAktG/*Jacobs* Rn. 7; Annuß/Kühn/Rudolph/Rupp/*Rudolph* Rn. 15).

IV. Bestellung durch die Hauptversammlung (Abs. 4)

13   Ähnlich wie im MontanMitbestG (§ 6 Abs. 6) erlangen die nach § 36 Abs. 2, 3 Gewählten die Mitgliedschaft im Aufsichts- bzw. Verwaltungsrat nicht bereits mit der Annahme der Wahl, sondern erst mit der **Bestellung durch die Hauptversammlung** (UHH/*Henssler* Rn. 29; MüKoAktG/*Jacobs* Rn. 9; LHT/*Oetker* Rn. 14). Nach den zwingenden Regelungen der Art. 40 Abs. 2, 43 Abs. 3 SE-VO bestellt die Hauptversammlung alle Mitglieder des Aufsichts- oder Verwaltungsorgans. Erst die Bestellung hat konstitutive Wirkung. Allerdings ist die Hauptversammlung gemäß § 36 Abs. 4 S. 2 an den Bestellungsvorschlag der Arbeitnehmerseite gebunden.

14   Zur Vermeidung von Vakanzen besteht die Möglichkeit der **gerichtlichen Bestellung** von Arbeitnehmervertretern im Aufsichts- bzw. Verwaltungsrat. Die

Bestellung von Arbeitnehmervertretern im Aufsichtsrat richtet sich nach Art. 104 Abs. 4 S. 1 AktG iVm Art. 9 Abs. 1 lit. c ii SE-VO, die Bestellung von Arbeitnehmervertretern im Verwaltungsrat nach § 30 Abs. 1 S. 3 SEAG. Antragsberechtigt im Verfahren nach § 30 SEAG sind gemäß § 30 Abs. 1 S. 3 SEAG die nach § 104 Abs. 1 S. 3 AktG Antragsberechtigten sowie der **SE-Betriebsrat.** Im Rahmen des Verfahrens nach § 104 AktG iVm Art. 9 Abs. 1 lit. c ii SE-VO ergibt sich die Antragsberechtigung des SE-Betriebsrats aus einer entsprechenden Anwendung des § 104 Abs. 1 S. 3 Nr. 1 AktG (MüKoAktG/*Jacobs* Rn. 10).

V. Streitigkeiten

Streitigkeiten im Zusammenhang mit der **Wahl von Arbeitnehmervertre-** **15** **tern** im Aufsichts- oder Verwaltungsrat der SE fallen gemäß § 2a Abs. 1 Nr. 3e ArbGG in die Zuständigkeit der Arbeitsgerichte. Das Arbeitsgericht entscheidet gemäß § 2a Abs. 1 Nr. 3e, 80 ff. ArbGG im Beschlussverfahren. Örtlich zuständig ist das Arbeitsgericht, in dessen Bezirk die SE ihren Sitz hat (§ 82 Abs. 3 ArbGG).

Streitigkeiten über die **Sitzverteilung** betreffen demgegenüber die Zusam- **16** mensetzung des Aufsichts- bzw. Verwaltungsrats und sind daher im Statusverfahren zu klären (KK-AktG/*Feuerborn* Rn. 21; MüKoAktG/*Jacobs* Rn. 11; Annuß/Kühn/Rudolph/Rupp/*Rudolph* Rn. 18). Ebenfalls in die Zuständigkeit der ordentlichen Gerichte fallen Streitigkeiten im Zusammenhang mit der Bestellung der Arbeitnehmervertreter durch die Hauptversammlung (BT-Drs. 15/3405, 58).

Abberufung und Anfechtung

37 (1) [1]**Ein Mitglied oder ein Ersatzmitglied der Arbeitnehmer aus dem Inland im Aufsichts- oder Verwaltungsorgan kann vor Ablauf der Amtszeit abberufen werden.** [2]**Antragsberechtigt sind**

1. **die Arbeitnehmervertretungen, die das Wahlgremium gebildet haben;**
2. **in den Fällen der Urwahl mindestens drei wahlberechtigte Arbeitnehmer;**
3. **für ein Mitglied nach § 6 Abs. 3 nur die Gewerkschaft, die das Mitglied vorgeschlagen hat;**
4. **für ein Mitglied nach § 6 Abs. 4 nur der Sprecherausschuss, der das Mitglied vorgeschlagen hat.**

[3]**Für das Abberufungsverfahren gelten die §§ 8 bis 10 entsprechend mit der Maßgabe, dass an die Stelle der beteiligten Gesellschaften, betroffenen Tochtergesellschaften und betroffenen Betriebe die SE, ihre Tochtergesellschaften und Betriebe treten; abweichend von § 8 Abs. 5 und § 10 Abs. 1 Satz 3 bedarf der Beschluss einer Mehrheit von drei Vierteln der abgegebenen Stimmen.** [4]**Die Arbeitnehmervertreter sind von der Hauptversammlung der SE abzuberufen.**

(2) [1]**Die Wahl eines Mitglieds oder eines Ersatzmitglieds der Arbeitnehmer aus dem Inland im Aufsichts- oder Verwaltungsorgan kann angefochten werden, wenn gegen wesentliche Vorschriften über das Wahlrecht, die Wählbarkeit oder das Wahlverfahren verstoßen worden und eine Berichtigung nicht erfolgt ist, es sei denn, dass durch den Verstoß das Wahlergebnis nicht geändert oder beeinflusst werden konnte.** [2]**Zur Anfechtung berechtigt sind die in Absatz 1 Satz 2 Genannten, der SE-Betriebsrat und die Leitung der SE.** [3]**Die Klage muss innerhalb eines Monats nach dem Bestellungsbeschluss der Hauptversammlung erhoben werden.**

Übersicht

	Rn.
I. Allgemeines	1
II. Abberufung von (Ersatz-)Mitgliedern (Abs. 1)	4
1. Abberufungsverfahren	4
2. Verhältnis zu den gesellschaftsrechtlichen Regelungen	9
III. Anfechtung der Wahl von Arbeitnehmervertretern (Abs. 2)	10
1. Anfechtung der Wahl	10
2. Nichtigkeit der Wahl	15
IV. Streitigkeiten	16

I. Allgemeines

1 § 37 Abs. 1 regelt die **vorzeitige Beendigung der Amtszeit** von Arbeitnehmervertretern im Aufsichts- bzw. Verwaltungsrat durch Abberufung. § 37 Abs. 2 regelt die **Anfechtung der Wahl** von Arbeitnehmervertretern im Aufsichts- bzw. Verwaltungsrat. Beide Vorschriften betreffen ausschließlich die für die inländischen Arbeitnehmer bestellten Vertreter. Die Abberufung von Arbeitnehmervertretern im Aufsichts- bzw. Verwaltungsrat, die für ausländische Belegschaften gewählt wurden, richtet sich ebenso wie die Anfechtung der Wahl von Arbeitnehmervertretern aus dem Ausland nach dem Recht des jeweiligen Mitgliedstaats (LHT/*Oetker* Rn. 1).

2 Die SE-RL enthält keine Vorgaben für die Abberufung von Arbeitnehmervertretern im Aufsichts- oder Verwaltungsrat bzw. für die Anfechtung ihrer Wahl. Der Gesetzgeber hat sich daher bei den Regelungen des § 37 an den Vorschriften des nationalen Rechts orientiert. § 37 Abs. 1 ist § 23 Abs. 2, 3 MitbestG nachgebildet (BT-Drs. 15/3405, 55). § 37 Abs. 2 lehnt sich an die Parallelvorschriften der §§ 21 MitbestG, 19 BetrVG, 8 Abs. 1 SprAuG an (MüKoAktG/*Jacobs* Rn. 1). Im Rahmen der Interpretation des § 37 kann daher auf die Vorbildregelungen im nationalen Recht zurückgegriffen werden (vgl. UHH/*Henssler* Rn. 3).

3 § 37 Abs. 1 ist neben den gesellschaftsrechtlichen Vorschriften der § 103 AktG, § 29 SEAG über die gerichtliche Abberufung von Mitgliedern des Aufsichts- bzw. Verwaltungsrats anwendbar.

II. Abberufung von (Ersatz-)Mitgliedern (Abs. 1)

4 **1. Abberufungsverfahren.** § 37 Abs. 1 eröffnet die Möglichkeit Mitglieder und Ersatzmitglieder der Arbeitnehmer im Aufsichts- bzw. Verwaltungsrat vorzeitig aus ihrem Amt abzuberufen. Eines **besonderen Grundes** bedarf die Abberufung nicht (UHH/*Henssler* Rn. 9; KK–AktG/*Feuerborn* Rn. 5; LHT/*Oetker* Rn. 4). Sie ist ebenso wie nach der Parallelvorschrift des § 23 MitbestG jederzeit möglich. Der Abberufungsbeschluss muss jedoch gemäß § 37 Abs. 1 S. 3 Hs. 2 mit einer qualifizierten Mehrheit von **drei Vierteln der abgegeben Stimmen** gefasst werden. Auch dies entspricht der Vorbildregelung in § 23 MitbestG.

5 Die **Abberufungskompetenz** kommt gemäß § 37 Abs. 1 S. 3 dem Gremium zu, dass auch für die Wahl der auf das Inland entfallenden Arbeitnehmervertreter im Aufsichts- bzw. Verwaltungsrat zuständig ist (UHH/*Henssler* Rn. 3; MüKoAktG/*Jacobs* Rn. 3). Dies gilt auch dann, wenn die Arbeitnehmervertreter im Aufsichts- bzw. Verwaltungsrat in der Beteiligungsvereinbarung gemäß § 21 bestimmt wurden, wie dies in der Praxis für die Arbeitnehmervertreter im ersten Aufsichts- bzw. Verwaltungsrat üblich ist.

6 Von der Abberufungskompetenz zu unterscheiden ist die Befugnis, einen **Abberufungsantrag** zu stellen. Sie kommt gemäß § 37 Abs. 1 S. 2 Nr. 1 grundsätzlich den Arbeitnehmervertretungen zu, die gemäß § 36 Abs. 3 S. 2

iVm § 8 das Wahlgremium gebildet haben. Antragsbefugt ist **jede** dieser Arbeitnehmervertretungen **für sich** (UHH/*Henssler* Rn. 4; KK-AktG/*Feuerborn* Rn. 10), wenn an der SE-Gründung nur eine Unternehmensgruppe beteiligt ist, also gemäß § 37 Abs. 1 S. 2 Nr. 1, S. 3 iVm § 8 Abs. 2 der Konzernbetriebsrat, sofern ein solcher nicht besteht, jeder Gesamtbetriebsrat und, sofern auch ein solcher nicht besteht, jeder Betriebsrat. Der Abberufungsantrag setzt eine ordnungsgemäße Beschlussfassung des jeweils handelnden Gremiums nach den Vorschriften des BetrVG voraus (§§ 33 Abs. 1 S. 1; 51 Abs. 3 S. 1; 59 Abs. 1 iVm § 51 Abs. 3 S. 1 BetrVG). Einer qualifizierten Mehrheit bedarf es insoweit nicht.

Sind die auf das Inland entfallenden Arbeitnehmervertreter im Aufsichts- bzw. **7** Verwaltungsrat gemäß §§ 36 Abs. 3 S. 2, 8 Abs. 5 S. 3 durch **Urwahl** gewählt worden, können bereits drei wahlberechtigte Arbeitnehmer den Abberufungsantrag stellen. Den Antrag, ein gemäß §§ 36 Abs. 3 S. 2, 6 Abs. 3 gewähltes Mitglied der Gewerkschaften abzuberufen, kann gemäß § 37 Abs. 1 S. 2 Nr. 3 nur die Gewerkschaft stellen, die das Mitglied gemäß §§ 36 Abs. 3 S. 2, 8 Abs. 1 S. 2 vorgeschlagen hat. Für ein gemäß §§ 36 Abs. 3 S. 2, 6 Abs. 4 gewähltes Mitglied der leitenden Angestellten kann der Antrag gemäß § 37 Abs. 1 S. 2 Nr. 4 nur durch den Sprecherausschuss gestellt werden, der das Mitglied vorgeschlagen hat.

Der Abberufungsbeschluss beendet als solcher noch nicht die Mitgliedschaft im **8** Aufsichts- bzw. Verwaltungsrat. Diese Wirkung tritt erst mit dem **Vollzug des Beschlusses durch die Hauptversammlung** ein (MüKoAktG/*Jacobs* Rn. 4). Die Hauptversammlung ist jedoch an den Abberufungsbeschluss gebunden (UHH/*Henssler* Rn. 10). Auch insoweit verläuft das Abberufungsverfahren spiegelbildlich zum Bestellungsverfahren; vgl. § 36 Abs. 4. Die Abberufung wird regelmäßig mit einer Neubestellung verbunden sein (BT-Drs. 15/3405, 55).

2. Verhältnis zu den gesellschaftsrechtlichen Regelungen. Das Abberu **9** fungsverfahren gemäß § 37 Abs. 1 tritt neben die Möglichkeit, analog § 103 Abs. 3, 4 AktG (für das dualistische System) bzw. analog § 29 Abs. 3 SEAG (für das monistische System) eine **gerichtliche Abberufung** von Arbeitnehmervertretern im Aufsichts- bzw. Verwaltungsrat zu beantragen (im Ergebnis ebenso MüKoAktG/*Jacobs* Rn. 2; LHT/*Oetker* Rn. 8). Anders als die Abberufung gemäß § 37 Abs. 1 setzt die gerichtliche Abberufung jedoch das Vorliegen eines wichtigen Grundes voraus (Annuß/Kühn/Rudolph/Rupp/*Rudolph* Rn. 5; Gaul/Ludwig/Forst/*Forst* § 2 Rn. 524).

III. Anfechtung der Wahl von Arbeitnehmervertretern (Abs. 2)

1. Anfechtung der Wahl. Gemäß § 37 Abs. 2 S. 1 kann die Wahl von Auf **10** sichtsratsmitgliedern der Arbeitnehmer **angefochten** werden, wenn gegen wesentliche Vorschriften über das Wahlrecht, die Wählbarkeit oder das Wahlverfahren verstoßen worden und eine Berichtigung nicht erfolgt ist, es sei denn, dass durch den Verstoß das Wahlergebnis nicht geändert oder beeinflusst werden konnte. Von den Fällen der Anfechtbarkeit der Wahl von Arbeitnehmervertretern im Aufsichts- bzw. Verwaltungsrat zu unterscheiden sind diejenigen der Nichtigkeit der Wahl (→ Rn. 15).

Ein Anfechtungsantrag kann zunächst durch die in § 37 Abs. 1 S. 2 Genannten **11** gestellt werden. Darüber hinaus sind gemäß § 37 Abs. 2 der **SE-Betriebsrat** und die **Leitung der SE** antragsbefugt. Im dualistischen System ist dies der Vorstand, im monistischen System der Verwaltungsrat (UHH/*Henssler* Rn. 13). Nicht eindeutig ist, ob der Verweis in § 37 Abs. 2 S. 2 auf **die in § 37 Abs. 1 S. 2 Genannten** in dem Sinne zu verstehen ist, dass die Anfechtung der Wahl von Gewerkschaftsvertretern und leitenden Angestellten nur durch die Gewerkschaft bzw. den Sprecherausschuss erfolgen kann, die bzw. der den Wahlvorschlag unterbreitet hat (so KK-AktG/*Feuerborn* Rn. 24; mit gewissen Modifikationen auch MüKoAktG/*Jacobs* Rn. 9). Das allgemeine Interesse an einer ordnungsgemäßen Wahl aller Arbeitnehmervertreter im Aufsichts- bzw. Verwaltungsorgan spricht entscheidend dafür, auch in diesen Fällen eine Anfechtung durch die in § 37 Abs. 1 Nr. 1 genannten Arbeitnehmervertretungen zuzulassen (LHT/*Oetker* Rn. 13; UHH/*Henssler* Rn. 12; Annuß/Kühn/Rudolph/Rupp/*Rudolph* Rn. 6; Gaul/Ludwig/Forst/*Forst* § 2 Rn. 527). Dies entspricht der Rechtslage zu § 21 MitbestG (WWK/*Wißmann* MitbestG § 21 Rn. 16 mwN), an den sich § 37 Abs. 2 anlehnt (vgl. BT-Drs. 15/3405, 55).

12   Materiell setzt die erfolgreiche Anfechtung der Wahl voraus, dass gegen **wesentliche Vorschriften über das Wahlrecht, die Wählbarkeit oder das Wahlverfahren** verstoßen wurde. Verstöße gegen bloße Soll- oder Ordnungsvorschriften genügen nicht (UHH/*Henssler* Rn. 14). Ein Verstoß gegen die Regelungen des § 6 Abs. 2 S. 3 iVm § 36 Abs. 3 S. 2 zum Geschlechterproporz bildet daher keinen Anfechtungsgrund (UHH/*Henssler* Rn. 14; MüKoAktG/*Jacobs* Rn. 8). Fehler bei der Wahl der Mitglieder des bVG können im Rahmen des § 37 Abs. 2 nicht (mehr) gerügt werden (NFK/*Nagel* Rn. 24; UHH/*Henssler* Rn. 15). In Betracht kommen demgegenüber Fehler bei der Berechnung der Zahl der auf das Inland entfallenden Sitze im Aufsichts- oder Verwaltungsorgan, Fehler bei der Anwendung des § 6 Abs. 3, 4 iVm 36 Abs. 3 S. 2 einschließlich des fehlerhaften Zustandekommens entsprechender Wahlvorschläge sowie Fehler bei der Wahl der Arbeitnehmervertreter im Wahlgremium (LHT/*Oetker* Rn. 12).

13   Die Anfechtung ist ausgeschlossen, soweit der **Fehler** zulässigerweise im Rahmen des Wahlverfahrens **berichtigt wurde.** Hinsichtlich der Frage welche Fehler unter welchen Voraussetzungen berichtigungsfähig sind, kann auf die zu § 21 MitbestG entwickelten Grundsätze zurückgegriffen werden (UHH/*Henssler* Rn. 16).

14   Die Anfechtung ist nur erfolgreich, wenn das Wahlergebnis durch den Verstoß beeinflusst werden konnte. Nicht erforderlich ist, dass das Wahlergebnis tatsächlich beeinflusst wird. Die erforderliche **mögliche Kausalität** ist vielmehr bereits dann gegeben, wenn nicht ausgeschlossen werden kann, dass die Wahl bei fehlerfreier Durchführung zu einem anderen Ergebnis geführt hätte (vgl. UHH/*Henssler* Rn. 17; KK-AktG/*Feuerborn* Rn. 23; zur Parallelvorschrift des § 19 BetrVG ebenso BAG NZA-RR 2009, 481 [485]). Hypothetische Entwicklungen, die zwar theoretisch möglich sind, aber jeder Lebenserfahrung widersprechen, müssen allerdings nicht berücksichtigt werden (vgl. WWK/*Wißmann* § 22 Rn. 27 mwN).

15   **2. Nichtigkeit der Wahl.** Die Wahl von Arbeitnehmervertretern im Aufsichts- bzw. Verwaltungsrat ist nach allgemeinen Grundsätzen nichtig, wenn ein so **grober und offensichtlicher Verstoß** gegen wesentliche Vorschriften vorliegt, dass nicht einmal der **Anschein** einer dem Gesetz entsprechenden Wahl gegeben ist (MüKoAktG/*Jacobs* Rn. 12; LHT/*Oetker* Rn. 16). Die bloße Häufung von Fehlern, welche eine Anfechtung begründen, reicht für die Nichtigkeit der Wahl jedoch nicht aus (BAG NZA 2003, 395; Annuß/Kühn/Rudolph/Rupp/*Rudolph* Rn. 12; aA NFK/*Nagel* § 37 Rn. 16). Ein Verstoß gegen die **Geschlechterquote** aus § 17 Abs. 2 bzw. § 24 Abs. 3 SEAG führt gemäß § 96 Abs. 2 S. 6 AktG zur Nichtigkeit der Wahl. Dies folgt aus der Verweisung des Art. 9 Abs. 1c) II SE-VO auf jene Rechtsvorschriften der Mitgliedstaaten, die auf eine Aktiengesellschaft Anwendung finden würden. (vgl. BT-Drs. 18/4227, 22). Im Falle der Einzelwahl ist derjenige Wahlbeschluss nichtig, welcher die Geschlechterquote als erster verletzt. Bei der Blockwahl ist hingegen die ganze Wahl nichtig (vertiefend Hohenstatt/Seibt/*Hohenstatt/Wendler* Kap. D II. 3.

Rn. 354 ff.; → SE-VO Art. 40 Rn. 44c; aA Gaul/Ludwig/Forst/*Forst* § 2 Rn. 535, der lediglich von der Anfechtbarkeit der Wahl ausgeht). Auf eine mögliche Beeinflussung des Wahlergebnisses kommt es in den Fällen der Nichtigkeit der Wahl nicht an (UHH/*Henssler* Rn. 20). Die Nichtigkeit der Wahl kann **jederzeit**, von **jedermann** geltend gemacht werden, auch als **Vorfrage** in einem anderen Verfahren (UHH/*Henssler* Rn. 21; NFK/*Nagel* Rn. 19). Die Feststellung der Nichtigkeit der Wahl wirkt ex tunc.

IV. Streitigkeiten

Zuständig für Streitigkeiten im Zusammenhang mit den Regelung des § 37 **16** Abs. 1 sind gemäß § 2a Abs. 1 Nr. 3e ArbGG die Arbeitsgerichte. Entsprechendes gilt für die Anfechtung der Wahl von Arbeitnehmervertretern im Aufsichts- bzw. Verwaltungsrat gemäß § 37 Abs. 2 sowie der Geltendmachung der Nichtigkeit der Wahl. Die Arbeitsgericht entscheiden gemäß §§ 2a Abs. 2, 80 ff. ArbGG im Beschlussverfahren. Örtlich zuständig ist gemäß § 82 Abs. 3 ArbGG das Arbeitsgericht, in dessen Bezirk die SE ihren Sitz hat. Die Anfechtung der Wahl von Arbeitnehmervertretern im Aufsichts- bzw. Verwaltungsrat kann gemäß § 37 Abs. 2 S. 3 nur **innerhalb eines Monats** nach dem Bestellungsbeschluss der Hauptversammlung erfolgen. Die Geltendmachung der Nichtigkeit der Wahl ist demgegenüber nicht fristgebunden.

Zuständig für das gerichtliche Abberufungsverfahren analog § 103 Abs. 3, 4 **17** AktG bzw. analog § 29 Abs. 3 SEAG sind die ordentlichen Gerichte. Gemäß § 14 AktG iVm §§ 375 Nr. 3, 4, 377 Abs. 1 FamFG entscheidet das Amtsgericht am Sitz der SE im Verfahren der freiwilligen Gerichtsbarkeit (KK-AktG/*Feuerborn* Rn. 27).

Rechtsstellung; Innere Ordnung

38 (1) **Die Arbeitnehmervertreter im Aufsichts- oder Verwaltungsorgan der SE haben die gleichen Rechte und Pflichten wie die Mitglieder, die die Anteilseigner vertreten.**

(2) [1]**Die Zahl der Mitglieder des Leitungsorgans (§ 16 des SE-Ausführungsgesetzes) oder der geschäftsführenden Direktoren (§ 40 des SE-Ausführungsgesetzes) beträgt mindestens zwei.** [2]**Einer von ihnen ist für den Bereich Arbeit und Soziales zuständig.**

(3) **Besteht in einer der beteiligten Gesellschaften das Aufsichtsorgan aus derselben Zahl von Anteilseigner- und Arbeitnehmervertretern sowie einem weiteren Mitglied, so ist auch im Aufsichts- oder Verwaltungsorgan der SE ein weiteres Mitglied auf gemeinsamen Vorschlag der Anteilseigner- und der Arbeitnehmervertreter zu wählen.**

Übersicht

		Rn.
I.	Regelungsinhalt	1
II.	Stellung der Arbeitnehmervertreter (Abs. 1)	2
III.	Ressortzuständigkeit für den Bereich Arbeit und Soziales (Abs. 2)	4
IV.	Weiteres Mitglied des Aufsichts- oder Verwaltungsrats (Abs. 3)	9
V.	Streitigkeiten	12

I. Regelungsinhalt

1   § 38 Abs. 1 konkretisiert die Rechtsstellung der Arbeitnehmervertreter im Aufsichts- bzw. Verwaltungsrat. § 38 Abs. 2 ist der Vorschrift des § 33 MitbestG über die Bestellung eines Arbeitsdirektors nachgebildet. Gemäß § 38 Abs. 3 ist unter den dort genannten Voraussetzungen ebenso wie nach den Montanbestimmungsgesetzen (§§ 4 Abs. 1 lit. c, 5 Abs. 1 lit. c MontanMitbestErgG) ein „weiteres Mitglied" des Aufsichts- oder Verwaltungsrats auf gemeinsamen Vorschlag der Anteilseigner- und der Arbeitnehmervertreter zu wählen. § 8 Abs. 1 beruht auf Teil 3 lit. b UAbs. 4 des Anhangs zur SE-RL. § 38 Abs. 2 und 3 haben in der SE-RL keine Grundlage.

II. Stellung der Arbeitnehmervertreter (Abs. 1)

2   Gemäß § 38 Abs. 1 haben die Arbeitnehmervertreter im Aufsichts- oder Verwaltungsorgan der SE die gleichen Rechte und Pflichten wie die Vertreter der Anteilseigner. Dies entspricht der einhelligen Ansicht zu den nationalen Mitbestimmungsgesetzen (UHH/*Habersack* Rn. 1; KK-AktG/*Feuerborn* Rn. 5). Die Arbeitnehmervertreter haben insbesondere die gleichen **Mitwirkungs-, Informations- und Stimmrechte** wie die Vertreter der Anteilseignerseite (LHT/*Oetker* Rn. 5; MüKoAktG/*Jacobs* Rn. 2). Andererseits treffen sie die gleichen **Amts- und Sorgfaltspflichten** (LHT/*Oetker* Rn. 8; MüKoAktG/*Jacobs* Rn. 2). Im Falle einer Pflichtverletzung sind sie der SE gemäß Art. 51 SE-VO ebenso wie die Vertreter der Anteilseigner **haftungsrechtlich verantwortlich.** Die **Verschwiegenheitspflicht** der Arbeitnehmervertreter im Aufsichts- bzw. Verwaltungsrat ergibt sich aus Art. 49 SE-VO, nicht aus § 41 (MüKoAktG/*Jacobs* Rn. 2).

3   Ob von dem in § 38 Abs. 1 normierten Gleichberechtigungsgrundsatz im Rahmen einer Beteiligungsvereinbarung gemäß § 21 abgewichen werden kann, ist umstritten. Der Streit betrifft insbesondere die Frage, ob das Stimmrecht der Arbeitnehmervertreter eingeschränkt werden kann (befürwortend *Bachmann* ZGR 2008, 778 [805 f.]; *Kallmeyer* ZIP 2004, 1442 [1444]; aA *Jacobs* FS K. Schmidt, 2009, 795 [808]; KK-AktG/*Feuerborn* § 21 Rn. 59; *Seibt* AG 2005, 413 [423]; *Habersack* ZHR 171 [2007], 613 [635]; *Teichmann* BB 2004, 53 [57]). Andererseits geht § 38 Abs. 1 inhaltlich nicht über den im nationalen Mitbestimmungsrecht anerkannten Gleichbehandlungsgrundsatz hinaus (vgl. auch BT-Drs. 15/3405, 55). Für die **Besetzung von Ausschüssen** bedeutet dies, dass auch in der paritätisch mitbestimmten SE kein Anspruch auf entsprechende Zusammensetzung der Ausschüsse besteht. Die Grenze bildet das allgemeine Diskriminierungsverbot (LHT/*Oetker* Rn. 6; MüKoAktG/*Jacobs* Rn. 2).

III. Ressortzuständigkeit für den Bereich Arbeit und Soziales (Abs. 2)

4   Gemäß § 38 Abs. 2 S. 1 beträgt die Zahl der Mitglieder des Vorstands bzw. der geschäftsführenden Direktoren bei Eingreifen der Auffangregelungen über die Mitbestimmung abweichend von § 16 SEAG bzw. § 40 SEAG **mindestens zwei.** § 38 Abs. 2 S. 2 bestimmt, dass ein Vorstandsmitglied bzw. geschäftsführender Direktor für den **Bereich Arbeit und Soziales** zuständig ist. Der Gesetzgeber greift damit die Funktion des Arbeitsdirektors auf, wie er in § 33 MitbestG, § 13 MontanMitbestG vorgesehen ist (BT-Drs. 15/3405, 55).

5   Seinem Wortlaut nach gilt § 38 Abs. 2 unabhängig davon, ob die SE der paritätischen Mitbestimmung oder lediglich der Drittelbeteiligung unterliegt. Das

Ziel des Gesetzes und der Richtlinie, die erworbenen Rechte der Arbeitnehmer auf Beteiligung an Unternehmensentscheidungen zu sichern (→ § 1 Rn. 3) spricht jedoch dafür, den Anwendungsbereich der Vorschrift auf diejenigen Fälle zu beschränken, in denen zumindest in einer der beteiligten Gesellschaften (§ 2 Abs. 2) ein **Arbeitsdirektor** zu bestellen war (UHH/*Habersack* Rn. 42; MüKo-AktG/*Jacobs* Rn. 4; aA LHT/*Oetker* Rn. 10 f.; Annuß/Kühn/Rudolph/Rupp/ *Rudolph* Rn. 3).

Auch wenn die Gesetzesbegründung betont, die Pflicht zur Bestellung von   **6** mindestens zwei Vorstandsmitgliedern bzw. geschäftsführenden Direktoren solle sicherstellen, dass der Bereich Arbeit und Soziales mit der notwendigen Eigenständigkeit innerhalb der Unternehmensleitung wahrgenommen werden könne (BT-Drs. 15/3405, 55), ist der „Arbeitsdirektor" gemäß § 38 Abs. 2 anders als derjenige nach den nationalen Mitbestimmungsgesetzen kein zusätzliches Mitglied (MüKoAktG/*Jacobs* Rn. 3; zum nationalen Mitbestimmungsrecht UHH/ *Henssler* MitbestG § 33 Rn. 42). Es genügt daher, dass die Zuständigkeit für den Bereich Arbeit und Soziales dem Vorstandsmitglied bzw. geschäftsführenden Direktor **neben anderen Aufgaben** zugewiesen wird (MüKoAktG/*Jacobs* Rn. 3; LHT/*Oetker* Rn. 11; Annuß/Kühn/Rudolph/Rupp/*Rudolph* Rn. 4).

Dementsprechend genügt die Zuweisung der Ressortzuständigkeit in der **Ge-**   **7** **schäftsordnung** des Aufsichts- bzw. Verwaltungsrats (§ 77 Abs. 1 AktG, § 40 Abs. 4 SEAG). Eines **eigenständigen Bestellungsbeschlusses** bedarf es nicht (LHT/*Oetker* Rn. 11; UHH/*Habersack* Rn. 43). Umfangmäßig entsprechen die Mindestzuständigkeiten des betreffenden Vorstandsmitglieds bzw. geschäftsführenden Direktors nach § 38 Abs. 2 denjenigen des Arbeitsdirektors gemäß § 33 MitbestG.

§ 38 Abs. 2 wird verbreitet für **europarechtswidrig** gehalten. Die Vorschrift   **8** verstoße gegen Art. 13 Abs. 2 SE-VO, dem zu Folge einzelstaatliche Gepflogenheiten auf die SE nicht anzuwenden sind (KK-AktG/*Feuerborn* Rn. 12; Annuß/ Kühn/Rudolph/Rupp/*Rudolph* Rn. 5; *Forst* Die Beteiligungsvereinbarung nach § 21 SEBG, 2010, S. 206; *Grobys* NZA 2005, 84 [90]; UHH/*Habersack* Rn. 2: „gemeinschaftsrechtliche Bedenken"; aA MüKoAktG/*Jacobs* Rn. 4; *Krause* BB 2005, 1221 [1228]).

IV. Weiteres Mitglied des Aufsichts- oder Verwaltungsrats (Abs. 3)

Für den Fall, dass in einer der beteiligten Gesellschaften (§ 2 Abs. 2) das   **9** Aufsichtsorgan aus derselben Zahl von Anteilseigner- und Arbeitnehmervertretern sowie einem weiteren Mitglied besteht (und die gesetzlichen Auffangregelungen über die Mitbestimmung eingreifen) ist auch **ein weiteres Mitglied** des Aufsichts- bzw. Verwaltungsrats der SE zu wählen, und zwar auf gemeinsamen Vorschlag der Anteilseigner- und der Arbeitnehmervertreter. Damit wird das weitere Mitglied gemäß § 4 Abs. 1 lit. c MontanMitbestG, 5 Abs. 1 lit. c MontanMitbestErgG auf die SE übertragen. Die **Europarechtskonformität** der Vorschrift sieht sich erheblichen Bedenken ausgesetzt (MüKoAktG/*Jacobs* Rn. 5; KK-AktG/*Feuerborn* Rn. 16; Annuß/Kühn/Rudolph/Rupp/*Rudolph* Rn. 7; *Grobys* NZA 2005, 84 [90]; *Krause* BB 2005, 1221 [1228]).

Ein gemeinsamer Vorschlag der Anteilseigner- und der Arbeitnehmervertreter   **10** setzt voraus, dass sich das zusätzliche Mitglied in beiden Gruppen auf eine Mehrheit stützen kann (LHT/*Oetker* Rn. 15). Jede Seite kann daher das Zustandekommen eines gemeinsamen Wahlvorschlags verhindern mit der Folge, dass das Wahlorgan ohne Bindung an einen Wahlvorschlag das weitere Mitglied bestellen kann (LHT/*Oetker* Rn. 16; KK-AktG/*Feuerborn* Rn. 14; aA UHH/*Habersack* Rn. 46).

11   Zuständiges **Wahlorgan** ist richtiger Ansicht zurfolge gemäß § 40 Abs. 2 S. 1
SE-VO bzw. Art. 43 Abs. 3 S. SE-VO die Hauptversammlung (UHH/*Habersack*
Rn. 46).

V. Streitigkeiten

12   Streitigkeiten im Zusammenhang mit den Vorschriften des § 38 fallen in die
Zuständigkeit der **ordentlichen Gerichte.**

Abschnitt 3. Tendenzschutz

Tendenzunternehmen

39 (1) Auf eine SE, die unmittelbar und überwiegend

1. **politischen, koalitionspolitischen, konfessionellen, karitativen, erzieherischen, wissenschaftlichen oder künstlerischen Bestimmungen
oder**
2. **Zwecken der Berichterstattung oder Meinungsäußerung, auf die Artikel 5 Abs. 1 Satz 2 des Grundgesetzes anzuwenden ist,**

dient, findet Abschnitt 2 keine Anwendung.

    **(2) Eine Unterrichtung und Anhörung beschränkt sich auf die Gegen-
stände des § 28 Abs. 2 Nr. 5 bis 10 und des § 29 und erfolgt nur über den
Ausgleich oder die Milderung der wirtschaftlichen Nachteile, die den
Arbeitnehmern infolge der Unternehmens- oder Betriebsänderung entstehen.**

I. Allgemeines

1   § 39 macht von der in **Art. 8. Abs. 3 SE-RL** eingeräumten Möglichkeit
Gebrauch, für SE, die in Bezug auf Berichterstattung und Meinungsäußerung
unmittelbar und überwiegend eine bestimmte weltanschauliche Tendenz verfolgen, besondere Bestimmungen vorzusehen, wenn das innerstaatliche Recht solche Bestimmungen zum Zeitpunkt der Annahme der Richtlinie bereits enthält,
wie dies im Inland mit den §§ 118 BetrVG, 32 Abs. 1 S. 2 SprAuG, 1 Abs. 4 S. 1
MitbestG, 81 BetrVG 1952 (jetzt: § 1 Abs. 2 S. 1 DrittelbG) der Fall war. § 39
Abs. 1 schließt die Anwendung der Vorschriften des 2. Abschnitts über die Mitbestimmung kraft Gesetzes auf SE, die dem Tendenzschutz unterliegen, aus.
Gemäß § 39 Abs. 2 finden die Vorschriften der §§ 28, 29 über die Unterrichtung
und Anhörung des SE-Betriebsrats kraft Gesetzes nur eingeschränkt Anwendung.
Die Richtlinienkonformität des § 39 ist umstritten.

II. Voraussetzungen und Folgen des Tendenzschutzes

2   **1. Regelungszusammenhang.** § 39 Abs. 1 hat lediglich einen recht eingeschränkten Anwendungsbereich. Gemäß §§ 1 Abs. 2 S. 1 DrittelbG, 1 Abs. 4
S. 1 MitbestG unterliegen Tendenzunternehmen nicht der Unternehmensmitbestimmung. Wird ein solches Unternehmen in eine SE umgewandelt, finden die
gesetzlichen Auffangregelungen über die Mitbestimmung schon deshalb keine
Anwendung, weil die Voraussetzungen des § 34 Abs. 1 Nr. 1 nicht erfüllt sind
(MüKoAktG/*Jacobs* Rn. 10; KK-AktG/*Feuerborn* Rn. 15). Da die Mitbestimmungssituation der SE vorbehaltlich struktureller Änderungen iSd § 18 Abs. 3
veränderungsfest ist (→ § 35 Rn. 10), kommen die §§ 34ff. über die Mitbestim-

mung kraft Gesetzes auch dann nicht zur Anwendung, wenn die Voraussetzungen für den Tendenzschutz später fortfallen. § 39 Abs. 1 ist daher primär bedeutsam für SE, die nach ihrer Gründung in den Tendenzschutz hineinwachsen. Darüber hinaus ist die Vorschrift für Tendenzunternehmen relevant, die beteiligte Gesellschaft (§ 2 Abs. 2) einer SE-Gründung sind, wenn aufgrund der Beteiligung einer der Mitbestimmung unterliegenden Gesellschaft an der SE-Gründung nach § 34 Abs. 1 Nr. 2, 3 eigentlich Mitbestimmung in der SE einzurichten wäre.

Die sich aus § 39 Abs. 2 ergebenden Einschränkungen der Unterrichtungs- **3** und Anhörungspflichten gegenüber dem SE-Betriebsrat kraft Gesetzes sind demgegenüber auch für Unternehmen bedeutsam, die durch Umwandlung gemäß Art. 2 Abs. 4 in die Rechtsform der SE überführt werden und bereits vor der Umwandlung Tendenzschutz genossen, weil die Regelungen der §§ 22 ff. über den SE-Betriebsrat kraft Gesetzes unabhängig davon eingreifen, in welchem Umfang in den Gründungsgesellschaften vergleichbare Beteiligungsrechte bestanden. Aus § 39 Abs. 2 ergibt sich zugleich, dass auch in den Fällen der Umwandlung eines Tendenzunternehmens in eine SE das Arbeitnehmerbeteiligungsverfahren nach §§ 4 ff. durchzuführen ist (LHT/*Oetker* Rn. 6; MüKoAktG/*Jacobs* Rn. 9).

2. Voraussetzungen des Tendenzschutzes. Die in § 39 Abs. 1 geregelten **4** **Voraussetzungen** für das Eingreifen des Tendenzschutzes entsprechen wörtlich der Regelung des § 118 Abs. 1 S. 1 BetrVG, so dass für deren Inhalt auf die zum Betriebsverfassungsrecht entwickelten Grundsätze zurückgegriffen werden kann (UHH/*Habersack* Rn. 3). Keine Entsprechung enthält § 39 demgegenüber zu §§ 118 Abs. 2 BetrVG, 1 Abs. 3 Nr. 2 SprAuG, 1 Abs. 4 S. 2 MitbestG, 1 Abs. 2 S. 2 DrittelbG, die den Tendenzschutz auf Religionsgemeinschaften und deren karitative und erzieherische Einrichtungen erstrecken. § 39 Abs. 1 ist allerdings abschließend; eine analoge Anwendung auf andere Zweckrichtungen ist nicht möglich (KK-AktG/*Feuerborn* Rn. 5; MüKoAktG/*Jacobs* Rn. 3; ebenso die hM zu § 118 BetrVG, vgl. *Fitting* Rn. 3 mwN). Damit bleibt der Tendenzschutz nach dem SEBG für wichtige Bereiche hinter dem tradierten Tendenzschutz zurück.

3. Rechtsfolgen. Liegen die Voraussetzungen des § 39 Abs. 1 vor, finden die **5** Vorschriften des 2. Abschnitts über die **Mitbestimmung** kraft Gesetzes **keine** **Anwendung.** Die Auffangregelungen der §§ 22 ff. zum **SE-Betriebsrat** sind demgegenüber **anwendbar** (BT-Drs. 15/3405, 56; MüKoAktG/*Jacobs* Rn. 11 f.). Allerdings schränkt § 39 Abs. 2 die Pflicht zur Unterrichtung und Anhörung des SE-Betriebsrats auf die Gegenstände des § 28 Abs. 2 Nr. 5–10 sowie des § 29 ein, wobei auch in diesem Rahmen eine Unterrichtung und Anhörung nur über den Ausgleich oder die Milderung der wirtschaftlichen Nachteile, die den Arbeitnehmern infolge der Unternehmens- oder Betriebsänderung entstehen, stattfinden muss. Die Unterrichtung und Anhörung erstreckt sich demgemäß nicht auf die **Maßnahme als solche** (MüKoAktG/*Jacobs* Rn. 13).

4. Richtlinienkonformität. Seinem Wortlaut nach gestattet Art. 8 Abs. 3 **6** SE-RL die Schaffung besonderer Bestimmungen nur für SE, die in Bezug auf Berichterstattung und Meinungsäußerung unmittelbar und überwiegend eine bestimmte weltanschauliche Tendenz verfolgen. Hierüber gehen die Regelungen des § 39 in zweifacher Hinsicht hinaus. Zum einen schützt § 39 Abs. 1 weitere Tendenzzwecke, zum anderen sind die in § 39 Abs. 1 genannten Tendenzzwecke nicht durchgängig mit der Verfolgung einer bestimmten weltanschaulichen Tendenz verbunden. § 39 wird daher teilweise für richtlinienwidrig gehalten (*Günt-zel* SE-Richtlinie, Diss. Frankfurt/M 2006, S. 482 f.; KK-AktG/*Feuerborn* Rn. 12). Nach anderer Ansicht ist der Anwendungsbereich des § 39 richtlinienkonform auf die in Art. 8 Abs. 3 genannten Fälle zu beschränken (NFK/*Nagel*

Rn. 8; ebenso, im Ergebnis aber weiter UHH/*Habersack* Rn. 2). Richtiger Ansicht zufolge ist § 39 **richtlinienkonform.** Art. 8 Abs. 3 SE-RL bezweckt, Systemwidersprüche zum bestehenden Recht einzelner Mitgliedstaaten zu vermeiden (MüKoAktG/*Jacobs* Rn. 2; LHT/*Oetker* Rn. 8; KK-AktG/*Feuerborn* Rn. 12 ff.). Es käme aber zu einem Systembruch, wenn eine deutsche AG nach § 1 Abs. 4 S. 1 MitbestG bzw. § 1 Abs. 2 S. 1 DrittelbG mitbestimmungsfrei, eine SE mit identischem Unternehmensgegenstand aber mitbestimmt wäre (HWK/*Hohenstatt/Dzida* SEBG Rn. 53; LHT/*Oetker* Rn. 8; MüKoAktG/*Jacobs* Rn. 2). § 39 ist daher vom Zweck des Art. 8 Abs. 3 SE-RL gedeckt.

III. Streitigkeiten

7   Streitigkeiten über die Voraussetzung des § 39 sind trotz des missverständlichen Wortlauts des § 2a Abs. 1 Nr. 3e ArbGG vor den **Arbeitsgerichten** im Beschlussverfahren gemäß §§ 80 ff. ArbGG zu klären. Wie die Parallelvorschrift des § 2a Abs. 1 Nr. 3b für Streitigkeiten aus dem EBRG zeigt, soll eine Zuständigkeit der Arbeitsgerichte zu Fragen des Tendenzschutzes nicht nur insoweit begründet werden wie es um die Wahl von Vertretern der Arbeitnehmer in das Aufsichts- oder Verwaltungsorgan bzw. deren Abberufung geht. Die Arbeitsgerichte sind vielmehr auch dann zuständig, wenn der Streit sich auf die Reichweite des Tendenzschutzes oder die Unterrichtungs- und Anhörungspflichten nach den §§ 28, 29 bezieht (KK-AktG/*Feuerborn* Rn. 21; MüKoAktG/*Jacobs* Rn. 14; im Ergebnis auch van Hulle/Maul/Drinhausen/*Köklü* Abschnitt 6 Rn. 250).

Teil 4. Grundsätze der Zusammenarbeit und Schutzbestimmungen

Vertrauensvolle Zusammenarbeit

40 Die Leitung der SE und der SE-Betriebsrat oder die Arbeitnehmervertreter im Rahmen eines Verfahrens zur Unterrichtung und Anhörung arbeiten zum Wohl der Arbeitnehmer und des Unternehmens oder der Unternehmensgruppe vertrauensvoll zusammen.

I. Allgemeines

§ 40 statuiert den Grundsatz der **vertrauensvollen Zusammenarbeit** für das **1** Verhältnis von SE-Leitung und SE-Betriebsrat bzw. den Arbeitnehmervertretern im Rahmen eines Verfahrens zur Unterrichtung und Anhörung. Dieser in der Bundesrepublik Deutschland zum „bewährten Bestand" des Betriebsverfassungs- und Unternehmensmitbestimmungsrechts gehörende Grundsatz wird damit auf die SE übertragen (BT-Drs. 15/3405, 56; vgl. auch § 2 Abs. 1 S. 1 SprAuG, § 38 EBRG). Im Rahmen des § 40 sind daher die zu den genannten Vorschriften entwickelten Grundsätze anwendbar, soweit sie mit Ziel und Inhalt der SE-RL sowie den sonstigen Vorschriften des SEBG vereinbar sind (MüKoAktG/*Jacobs* Rn. 1). § 13 Abs. 1 S. 2 bestimmt, dass der Grundsatz auch für die Zusammenarbeit zwischen dem bVG und den Leitungen gilt. § 40 setzt die Vorgaben des Art. 9 Abs. 1 SE-RL um.

II. Gebot der vertrauensvollen Zusammenarbeit

1. Adressaten. Adressaten des Gebots der vertrauensvollen Zusammenarbeit **2** gemäß § 40 sind auf Seiten des Arbeitgebers die **Leitung der SE** (§ 2 Abs. 5) und auf Seiten der Arbeitnehmer der **SE-Betriebsrat** (§ 2 Abs. 7) oder die **Arbeitnehmervertreter,** die im Rahmen eines Verfahrens zur Unterrichtung und Anhörung der Arbeitnehmer tätig werden (§ 2 Abs. 6 iVm 21 Abs. 2; KK-AktG/*Feuerborn* Rn. 5). Das Gebot verpflichtet dabei sowohl die **Organe selbst** als auch die **einzelnen Mitglieder,** soweit diese zur Wahrnehmung der Aufgaben nach dem SEBG tätig werden (MüKoAktG/*Jacobs* Rn. 4). Nicht zu den Adressaten gehören hingegen die Arbeitnehmervertreter im Aufsichts- oder Verwaltungsorgan der SE; auch diese haben jedoch grundsätzlich im Unternehmensinteresse zu handeln (MüKoAktG/*Jacobs* Rn. 7; LHT/*Oetker* Rn. 6). § 40 gilt auch nicht für das Verhältnis der Gremien und ihrer Mitglieder untereinander, für Gewerkschaften und Arbeitgeberverbände sowie für Dolmetscher und Sachverständige (MüKoAktG/*Jacobs* Rn. 5 f.).

2. Inhalt. Gemäß § 40 haben die Verpflichteten zum Wohl der Arbeitnehmer **3** und des Unternehmens, bzw. der Unternehmensgruppe vertrauensvoll zusammenzuarbeiten. Die Regelung ist unmittelbar verpflichtend und kann als **Auslegungsnorm für das Verhalten** der Adressaten herangezogen werden (MüKo-AktG/*Jacobs* Rn. 3). Nicht herangezogen werden kann die Vorschrift jedoch zur Auslegung der einzelnen Beteiligungsrechte (KK-AktG/*Feuerborn* Rn. 7). Aus der Vorschrift folgt das **Gebot fairen und schikanefreien Verhaltens** und das Erfordernis eines **ständigen und konstruktiven Dialogs** zwischen den Adressaten (MüKoAktG/*Jacobs* Rn. 3; KK-AktG/*Feuerborn* Rn. 7; NFK/*Nagel* Rn. 3). Aus § 40 folgt auch das **Verbot des Arbeitskampfes,** der ohnehin nicht mit dem ausdifferenzierten Verhandlungs- und Einigungssystem des SEBG vereinbar ist (KK-AktG/*Feuerborn* Rn. 8; zum Arbeitskampfverbot auch → § 13 Rn. 3). Ein allgemeiner Unterlassungsanspruch kann aus § 40 nicht abgeleitet werden (MüKoAktG/*Jacobs* Rn. 3).

III. Streitigkeiten

4   Bei Streitigkeiten im Rahmen des § 40 findet nach §§ 2a Abs. 1 Nr. 3e, Abs. 2, 80 ff. ArbGG das arbeitsgerichtliche **Beschlussverfahren** statt, wobei gemäß § 82 Abs. 3 ArbGG das Arbeitsgericht zuständig ist, in dessen Bezirk die SE ihren (zukünftigen) Sitz hat. Dabei ist jedoch zu berücksichtigen, dass sich aus § 40 nur in Ausnahmefällen gerichtlich durchsetzbare Ansprüche ergeben werden (KK-AktG/*Feuerborn* Rn. 10; NFK/*Nagel* Rn. 7).

Geheimhaltung; Vertraulichkeit

41 (1) **Informationspflichten der Leitungen und der Leitung der SE nach diesem Gesetz bestehen nur, soweit bei Zugrundelegung objektiver Kriterien dadurch nicht Betriebs- oder Geschäftsgeheimnisse der an der Gründung beteiligten Gesellschaften, der SE oder deren jeweiliger Tochtergesellschaften und Betriebe gefährdet werden.**

(2) [1]**Die Mitglieder und Ersatzmitglieder eines SE-Betriebsrats sind unabhängig von ihrem Aufenthaltsort verpflichtet, Betriebs- oder Geschäftsgeheimnisse, die ihnen wegen ihrer Zugehörigkeit zum SE-Betriebsrat bekannt geworden und von der Leitung der SE ausdrücklich als geheimhaltungsbedürftig bezeichnet worden sind, nicht zu offenbaren und nicht zu verwerten.** [2]**Dies gilt auch nach dem Ausscheiden aus dem SE-Betriebsrat.**

(3) **Die Pflicht zur Vertraulichkeit des SE-Betriebsrats nach Absatz 2 gilt nicht gegenüber den**

1. **Mitgliedern des SE-Betriebsrats;**
2. **Arbeitnehmervertretern der SE, ihrer Tochtergesellschaften und Betriebe, wenn diese auf Grund einer Vereinbarung nach § 21 oder nach § 30 über den Inhalt der Unterrichtung und die Ergebnisse der Anhörung zu informieren sind;**
3. **Arbeitnehmervertretern im Aufsichts- oder Verwaltungsorgan der SE sowie**
4. **Dolmetschern und Sachverständigen, die zur Unterstützung herangezogen werden.**

(4) **Die Pflicht zur Vertraulichkeit nach Absatz 2 gilt entsprechend für**

1. **die Mitglieder und Ersatzmitglieder des besonderen Verhandlungsgremiums;**
2. **die Arbeitnehmervertreter der SE, ihrer Tochtergesellschaften und Betriebe;**
3. **die Arbeitnehmervertreter, die in sonstiger Weise an einem Verfahren zur Unterrichtung und Anhörung teilnehmen;**
4. **die Sachverständigen und Dolmetscher.**

(5) [1]**Die Ausnahme von der Pflicht zur Vertraulichkeit nach Absatz 3 Nr. 1 gilt für den Personenkreis nach Absatz 4 Nr. 1 bis 3 entsprechend.** [2]**Die Pflicht zur Vertraulichkeit gilt ferner nicht für**

1. die **Mitglieder des besonderen Verhandlungsgremiums gegenüber Dolmetschern und Sachverständigen;**
2. die **Arbeitnehmervertreter nach Absatz 4 Nr. 3 gegenüber Arbeitnehmervertretern im Aufsichts- oder Verwaltungsorgan der SE, gegenüber Dolmetschern und Sachverständigen, die vereinbarungsgemäß zur Unterstützung herangezogen werden und gegenüber Arbeitnehmervertretern der SE, ihrer Tochtergesellschaften und Betriebe, sofern diese nach der Vereinbarung (§ 21) über den Inhalt der Unterrichtungen und die Ergebnisse der Anhörung zu unterrichten sind.**

I. Allgemeines

§ 41 enthält Bestimmungen zum **Schutz von Betriebs- und Geschäfts-** 1
geheimnissen und setzt Art. 8 SE-RL um. Das Bedürfnis der Geheimhaltung folgt aus der Pflicht der Leitungen zur Übermittlung vertraulicher Informationen im Rahmen der Beteiligung von Arbeitnehmervertretern bei der Bildung des bVG sowie in den Verfahren der Unterrichtung und Anhörung (BT-Drs. 15/ 3405, 56). § 41 Abs. 1 enthält eine Einschränkung der Informationspflichten der Leitungen, § 41 Abs. 2 und 3 statuiert die Verschwiegenheitspflicht von SE-Betriebsräten bezüglich vertraulicher Informationen und § 41 Abs. 4 und 5 übertragen die Verschwiegenheitspflicht auf bestimmte andere Personengruppen. Nicht in der Vorschrift genannt sind die Arbeitnehmervertreter im Aufsichts- oder Verwaltungsrat, da sich deren Verschwiegenheitsverpflichtung bereits aus gesellschaftsrechtlichen Vorschriften, insbesondere aus Art. 49 SE-VO, ergibt (KK-AktG/*Feuerborn* Rn. 3; vgl. BT-Drs. 15/3405, 56).

II. Einschränkung der Informationspflichten (Abs. 1)

Gemäß § 41 Abs. 1 bestehen Informationspflichten der Leitungen und der SE- 2
Leitung nach dem SEBG nur, soweit dadurch nicht Betriebs- oder Geschäftsgeheimnisse der an der Gründung beteiligten Gesellschaften, der SE oder deren jeweiligen Tochtergesellschaften und Betriebe gefährdet werden. Die Einschätzung der Gefährdung erfolgt anhand eines **objektiven Maßstabs;** subjektive Befürchtungen reichen dagegen nicht aus (vgl. BT-Drs. 15/3405, 56). Informationspflichten nach dem SEBG ergeben sich beispielsweise aus § 13 Abs. 2 (→ § 13 Rn. 4) und §§ 28 und 29; Informationsobliegenheiten ergeben sich aus §§ 5 Abs. 4 S. 2 (→ § 5 Rn. 5), 4 Abs. 2 S. 1 (→ § 4 Rn. 8; MüKoAktG/*Jacobs* Rn. 2). Der **Begriff der Betriebs- und Geschäftsgeheimnisse** wird im Gesetz nicht definiert; nach der Gesetzesbegründung ist er jedoch wie in den entsprechenden Vorschriften des Betriebsverfassungsgesetzes, Sprecherausschussgesetzes und Aktiengesetzes zu verstehen (BT-Drs. 15/3405, 56). Danach sind unter dem Begriff die nur einer begrenzten Anzahl von Personen zugänglichen, also nicht offenkundigen, Tatsachen, Erkenntnisse und Unterlagen zu fassen, die mit dem technischen Betrieb oder der wirtschaftlichen Betätigung des Unternehmens zusammenhängen und nach dem bekundeten Willen des Unternehmers oder Arbeitgebers geheim zu halten sind, sofern daran ein berechtigtes Geheimhaltungsinteresse besteht (MüKoAktG/*Jacobs* Rn. 4; ausführlich zum Begriff im BetrVG GK-BetrVG/*Oetker* § 79 Rn. 11).

III. Verschwiegenheitspflicht

1. Adressaten der Verschwiegenheitspflicht. Adressaten der Verschwiegen- 3
heitspflicht sind zunächst gemäß § 41 Abs. 2 S. 1 die Mitglieder und Ersatzmitglieder des SE-Betriebsrats unabhängig von ihrem Aufenthaltsort. Erfasst

werden dabei alle Mitglieder, also auch solche aus anderen Mitgliedstaaten (BT-Drs. 15/3405, 56). Die Pflicht beginnt mit der Wahl oder Bestellung des Mitglieds (MüKoAktG/*Jacobs* Rn. 5); sie endet aber gemäß § 41 Abs. 2 S. 2 nicht mit dem Ausscheiden des Mitglieds aus dem SE-Betriebsrat. Zur Verschwiegenheit verpflichtet sind zudem gemäß **§ 41 Abs. 4 Nr. 1–4** die Mitglieder und Ersatzmitglieder des bVG, die Arbeitnehmervertreter der SE, ihrer Tochtergesellschaften und Betriebe, die Arbeitnehmervertreter, die in sonstiger Weise an einem Verfahren zur Unterrichtung und Anhörung teilnehmen, Sachverständige und Dolmetscher.

4   **2. Inhalt der Verschwiegenheitspflicht.** Gemäß § 41 Abs. 2 S. 1 sind die Adressaten verpflichtet, Betriebs- und Geschäftsgeheimnisse **nicht zu offenbaren und nicht zu verwerten.** Grundsätzlich entspricht der Begriff des Betriebs- und Geschäftsgeheimnisses dem des § 41 Abs. 1 (→ Rn. 2). Erforderlich ist also zunächst das Vorliegen eines solchen Geheimnisses, was wiederum nach objektiven Kriterien zu bestimmen ist (BT-Drs. 15/3405, 56). Darüber hinaus ist gemäß § 41 Abs. 2 S. 1 erforderlich, dass die Leitung die Information ausdrücklich als geheimhaltungsbedürftig bezeichnet hat (**„formeller Geheimhaltungsbegriff"**; LHT/*Oetker* Rn. 10) und dass die Geheimnisse dem Adressaten der Verpflichtung gerade wegen der Zugehörigkeit zum jeweiligen Gremium bekannt geworden sind; eine private Kenntniserlangung ist daher nicht ausreichend (vgl. MüKoAktG/*Jacobs* Rn. 6). Für die Offenbarung und Verwertung ist jeweils erforderlich, dass die Geheimnisse an einen unberechtigten Dritten **weitergegeben** werden. Während es für die Offenbarung nicht auf die Art und Weise der Weitergabe und deren Zwecksetzung ankommt, liegt eine Verwertung des Geschäfts- oder Betriebsgeheimnisses nur vor, wenn es zum Zwecke der Gewinnerzielung ausgenutzt wird (MüKoAktG/*Jacobs* Rn. 6).

5   **3. Ausnahmen.** Um den zur Aufgabenerfüllung nötigen **Informationsfluss** zwischen den Arbeitnehmervertretern **nicht zu behindern** (BT-Drs. 15/3405, 56), bestehen **Ausnahmen** zur Verschwiegenheitspflicht. Nach § 41 Abs. 3 Nr. 1–4 gilt die Pflicht nicht gegenüber den Mitgliedern des SE-Betriebsrats, den anderen Arbeitnehmervertretern der SE, soweit sie über das Beteiligungsverfahren zu unterrichten sind, Arbeitnehmervertretern im Aufsichts- oder Verwaltungsorgan der SE sowie den zur Unterstützung herangezogenen Dolmetschern und Sachverständigen. Die Pflicht zur Vertraulichkeit gilt zudem gemäß § 41 Abs. 5 S. 2 Nr. 1 nicht für Mitglieder des bVG gegenüber Dolmetschern und Sachverständigen. Eine Ausnahme gilt auch gemäß § 41 Abs. 5 S. 2 Nr. 2 für Arbeitnehmervertreter gegenüber den in § 41 Abs. 3 Nr. 2–4 genannten Personengruppen. Besteht eine Ausnahme von der Verschwiegenheitsverpflichtung, muss die Information jedoch stets mit einem **ausdrücklichen Hinweis auf die Vertraulichkeit** weitergegeben werden, ansonsten liegt ein Verschwiegenheitsverstoß vor (BT-Drs. 15/3405, 56; WWK/*Kleinsorge* EG-Recht Rn. 55; MüKoAktG/*Jacobs* Rn. 8).

IV. Sanktionen und Streitigkeiten

6   Der Verstoß gegen die Verschwiegenheitspflicht ist gemäß § 45 Abs. 1 Nr. 1 (Fall der Verwertung) und Abs. 2 Nr. 1 (Fall der Offenbarung) **strafrechtlich sanktioniert.** Zivilrechtlich kommen **Unterlassungs- oder Schadensersatzansprüche** (§ 1004 Abs. 1 S. 1 BGB analog, § 823 Abs. 2 BGB iVm § 41) in Betracht (MüKoAktG/*Jacobs* Rn. 9; KK-AktG/*Feuerborn* Rn. 20). Bei zivilrechtlichen Streitigkeiten im Rahmen des § 41 findet nach §§ 2a Abs. 1 Nr. 3e, Abs. 2, 80 ff. ArbGG das arbeitsgerichtliche **Beschlussverfahren** statt, wobei

gemäß § 82 Abs. 3 ArbGG das Arbeitsgericht zuständig ist, in dessen Bezirk die SE ihren (zukünftigen) Sitz hat.

Schutz der Arbeitnehmervertreter

42 [1] Bei der Wahrnehmung ihrer Aufgaben genießen die
1. Mitglieder des besonderen Verhandlungsgremiums;
2. Mitglieder des SE-Betriebsrats;
3. Arbeitnehmervertreter, die in sonstiger Weise bei einem Verfahren zur Unterrichtung und Anhörung mitwirken;
4. Arbeitnehmervertreter im Aufsichts- oder Verwaltungsorgan der SE;

die Beschäftigte der SE, ihrer Tochtergesellschaften oder Betriebe oder einer der beteiligten Gesellschaften, betroffenen Tochtergesellschaften oder betroffenen Betriebe sind, den gleichen Schutz und die gleichen Sicherheiten wie die Arbeitnehmervertreter nach den Gesetzen und Gepflogenheiten des Mitgliedstaats, in dem sie beschäftigt sind. [2] Dies gilt insbesondere für
1. den Kündigungsschutz,
2. die Teilnahme an den Sitzungen der jeweiligen in Satz 1 genannten Gremien und
3. die Entgeltfortzahlung.

I. Allgemeines

§ 42, der Art. 10 SE-RL umsetzt, dient dem **rechtlichen Schutz** der Arbeit- **1** nehmervertreter in der Ausübung ihrer Tätigkeit. Die Vorschrift beinhaltet keine eigenen Schutzvorschriften; vielmehr soll das gleiche Schutzniveau gelten wie für Arbeitnehmervertreter nach den Gesetzen des **jeweiligen Mitgliedstaates.** Dies führt bei Fehlen einer anderslautenden Regelung in der Mitbestimmungsvereinbarung dazu, dass auf verschiedene Mitglieder desselben Gremiums unterschiedliche Regelungen anwendbar sind (BT-Drs. 15/3405, 56). Die allgemeine Schutzvorschrift des § 42 wird ergänzt durch den Errichtungs- und Tätigkeitsschutz des § 44.

II. Persönlicher Schutzbereich

Geschützt bei der Wahrnehmung ihrer Aufgaben sind gemäß **§ 42 S. 1** **2** **Nr. 1–4** die Mitglieder des bVG und des SE-Betriebsrats, die Arbeitnehmervertreter, die in sonstiger Weise bei einem Verfahren zur Unterrichtung und Anhörung mitwirken (vgl. § 21 Abs. 2) sowie die Arbeitnehmervertreter im Aufsichts- oder Verwaltungsorgan der SE. Nicht genannt werden die Mitglieder des Wahlgremiums. Während die Mitglieder des (Konzern-, bzw. Gesamt-)Betriebsrats nach den Vorschriften des Betriebsverfassungsgesetzes und des Kündigungsschutzgesetzes geschützt werden, besteht kein Schutz für die gemäß § 8 Abs. 5 S. 3–5 in Urwahl gewählten und mit den Mitgliedern des bVG vergleichbaren **Mitglieder des Wahlgremiums.** Ob die Vorschrift auf diese analog angewandt werden kann, ist umstritten. Ein Teil der Literatur lehnt eine Analogie unter Hinweis auf die detaillierte Aufzählung der Arbeitnehmervertreter und des daraus folgenden Fehlens einer planwidrigen Regelungslücke ab (so *Grobys* NZA 2005, 84 [91]; KK-AktG/*Feuerborn* Rn. 6; LHT/*Oetker* Rn. 1). Jedoch ist aufgrund des umfassenden Schutzzwecks des § 42 und des Fehlens eines ausdrücklichen Hinweises zur Ausklammerung dieser Personengruppe in der Gesetzesbegründung eine planwidrige Regelungslücke anzunehmen und somit eine **analoge Anwendbarkeit zu bejahen** (so auch MüKoAktG/*Jacobs* Rn. 3; NFK/*Nagel* Rn. 2). Bei den Personengruppen muss es sich darüber hinaus um Beschäftigte der SE, ihrer Tochtergesellschaften oder Betriebe oder einer der beteiligten Gesellschaften, betroffenen Tochtergesellschaften oder betroffenen Betriebe handeln.

III. Inhalt des Schutzes

3   Gemäß § 42 S. 1 kommen dem geschützten Personenkreis der gleiche Schutz und die gleichen Sicherheiten zu wie den Arbeitnehmervertretern nach den **Gesetzen und Gepflogenheiten des jeweiligen Mitgliedstaats.** Dabei gilt nicht grundsätzlich der gleiche Schutz für die verschiedenen Personengruppen im Verhältnis zueinander, vielmehr ist aufgrund der Verschiedenartigkeit ihrer Funktionen jeweils zu entscheiden, ob die deutschen Vorschriften gerade die jeweilige Personengruppe schützen wollen (MüKoAktG/*Jacobs* Rn. 5; KK–AktG/*Feuerborn* Rn. 9). § 42 S. 2 enthält eine nicht abschließende (BT-Drs. 15/3405, 56) Liste der Bereiche, in denen ein Schutz besteht, nämlich den Kündigungsschutz, die Teilnahme an Gremiumssitzungen und die Entgeltfortzahlung.

4   Hinsichtlich des **Kündigungsschutzes** kommt den in § 42 S. 1 Nr. 1–3 genannten Personengruppen, soweit die Betreffenden in der Bundesrepublik Deutschland beschäftigt sind, der Sonderkündigungsschutz gemäß § 15 KSchG und § 103 BetrVG zu, da sie mit den in diesen Vorschriften genannten Personengruppen vergleichbar sind (im Einzelnen s. MüKoAktG/*Jacobs* Rn. 6). Mangels Vergleichbarkeit sind diese Vorschriften jedoch nicht entsprechend auf die Arbeitnehmervertreter im Aufsichts- oder Verwaltungsorgan (§ 42 S. 1 Nr. 4) anwendbar (MüKoAktG/*Jacobs* Rn. 6; KK–AktG/*Feuerborn* Rn. 12). Auch bezüglich der **Teilnahme an Sitzungen** ist zu unterscheiden: Für die Arbeitnehmervertreter nach § 42 S. 1 Nr. 1–3 gilt § 37 Abs. 2 und 3 BetrVG entsprechend mit der Folge, dass die Arbeitnehmervertreter einen Anspruch auf **bezahlte Freistellung** gemäß § 37 Abs. 2 BetrVG haben. Aufgrund der fehlenden Vergleichbarkeit und der im deutschen Rechtssystem strikten Trennung zwischen betrieblicher Mitbestimmung und Unternehmensmitbestimmung ist diese Regelung jedoch wiederum nicht auf die Arbeitnehmervertreter im Aufsichts- oder Verwaltungsorgan anwendbar (ebenso MüKoAktG/*Jacobs* Rn. 7; aA KK–AktG/*Feuerborn* Rn. 14; LHT/*Oetker* Rn. 17). Mit der **„Entgeltfortzahlung"** des § 42 S. 2 Nr. 3 sind nicht die Regelungen des Entgeltfortzahlungsgesetzes gemeint, sondern die des § 37 Abs. 2–5 BetrVG, die auf die Arbeitnehmervertreter nach § 42 S. 1 Nr. 1–3 anwendbar sind (MüKoAktG/*Jacobs* Rn. 8). Nach dem Willen des Gesetzgebers umfasst der Schutz auch die Teilnahme an Schulungs- und Bildungsveranstaltungen nach § 31 (BT-Drs. 15/3405, 56); die mit dieser Norm vergleichbaren § 37 Abs. 6 und 7 BetrVG sind hingegen nicht anzuwenden (MüKoAktG/*Jacobs* Rn. 8; KK–AktG/*Feuerborn* Rn. 18). Ebenfalls nicht anwendbar sind § 37 Abs. 2–5 auf Mitglieder des Aufsichtsrats, da insbesondere aufgrund der Vergütung der Aufsichtsratstätigkeit nach § 113 Abs. 1 AktG keine Vergleichbarkeit gegeben ist (MüKoAktG/*Jacobs* Rn. 9).

IV. Streitigkeiten

5   Bei Streitigkeiten im Rahmen des § 42 ist zwischen individualrechtlichen und kollektivrechtlichen Streitigkeiten zu unterscheiden. Hat die Streitigkeit überwiegend **individualrechtlichen Bezug,** betrifft sie also beispielsweise die Fortzahlung des Arbeitsentgelts, entscheidet das Arbeitsgericht im **Urteilsverfahren** gemäß §§ 2 Abs. 1 Nr. 3a, 46 ff. ArbGG; bei **kollektivrechtlichen Streitig-**

keiten findet hingegen nach §§ 2a Abs. 1 Nr. 3e, Abs. 2, 80 ff. ArbGG das **arbeitsgerichtliche Beschlussverfahren** statt, wobei gemäß § 82 Abs. 3 ArbGG das Arbeitsgericht zuständig ist, in dessen Bezirk die SE ihren (zukünftigen) Sitz hat (MüKoAktG/*Jacobs* Rn. 11).

Missbrauchsverbot

43 ¹**Eine SE darf nicht dazu missbraucht werden, den Arbeitnehmern Beteiligungsrechte zu entziehen oder vorzuenthalten.** ²**Missbrauch wird vermutet, wenn ohne Durchführung eines Verfahrens nach § 18 Abs. 3 innerhalb eines Jahres nach Gründung der SE strukturelle Änderungen stattfinden, die bewirken, dass den Arbeitnehmern Beteiligungsrechte vorenthalten oder entzogen werden.**

I. Allgemeines

§ 43 setzt Art. 11 SE-RL um. Die Vorschrift soll verhindern, dass die Rechts- **1** form der SE **gezielt ausgenutzt** wird, um den Arbeitnehmern Beteiligungsrechte vorzuenthalten oder zu entziehen (BT-Drs. 15/3405, 57). Zusätzlich zum Missbrauchsverbot in S. 1 enthält S. 2 eine **Vermutungsregelung** für das Vorliegen des Missbrauchs im Fall der nachträglichen strukturellen Änderung.

II. Missbrauchsverbot (S. 1)

Gemäß § 43 S. 1 darf eine SE nicht dazu missbraucht werden, den Arbeitneh- **2** mern Beteiligungsrechte zu entziehen oder vorzuenthalten. Der Begriff der Beteiligungsrechte ist gemäß § 2 Abs. 9 weit gefasst und umfasst sowohl die Unterrichtung und Anhörung der Arbeitnehmer als auch die unternehmerische Mitbestimmung (→ § 2 Rn. 35 f.). Wie sich aus dieser Definition sowie der Zielsetzung des Gesetzes, erworbene Rechte zu sichern (vgl. § 1 Abs. 1 S. 2) ergibt, geht es dabei nur um die **bereits bestehenden Rechte** in den Gründungsgesellschaften. Ein Missbrauch kommt daher nicht in Betracht, wenn die Gründung der SE zur Erhaltung des bestehenden Mitbestimmungsniveaus, also ggf. auch zur Beibehaltung der Mitbestimmungsfreiheit, führt (*Drinhausen/Keinath* BB 2011, 2699 [2701 f.]). Ob ein Entzug oder eine Vorenthaltung von Beteiligungsrechten vorliegt, obliegt einer **wertenden Entscheidung im Einzelfall** (vgl. MüKoAktG/*Jacobs* Rn. 2). Eine bloße Minderung von Rechten ist jedoch nicht ausreichend, wie ein Vergleich mit § 18 Abs. 3 zeigt (LHT/*Oetker* Rn. 7; MüKoAktG/*Jacobs* Rn. 2; aA NFK/*Nagel* Rn. 6; UHH/*Henssler* Rn. 3: Minderung ist Fall des teilweisen Entzugs).

Der **Begriff des Missbrauchs** ist gesetzlich nicht geregelt. Er ist **restriktiv** **3** auszulegen (KK-AktG/*Feuerborn* Rn. 3; MüKoAktG/*Jacobs* Rn. 1). Dafür spricht zunächst, dass sich aus dem SEBG sowie aus den daneben anzuwendenden Vorschriften von SE-VO und SEAG bereits zahlreiche Schranken ergeben, die den Missbrauch der Rechtsform der SE verhindern sollen. Zu bedenken ist weiterhin, dass die SE-VO die grenzüberschreitende wirtschaftliche Betätigung gerade erleichtern will (BT-Drs. 15/3405, 57). Daher stellt die Nutzung der durch die anzuwendenden Regelungen vorgesehenen Handlungsmöglichkeiten – beispielsweise die Sitzverlegung – allein keinen Missbrauch dar (BT-Drs. 15/3405, 57; MüKoAktG/*Jacobs* Rn. 3; *Drinhausen/Keinath* BB 2011, 2699 [2703]). Ebenso kann die Wahl einer der von der SE-VO vorgesehenen Gründungsformen keinen Missbrauch darstellen (*Drinhausen/Keinath* BB 2011, 2699 [2703]). Ein Missbrauch liegt vielmehr nur vor, wenn die Maßnahme **gerade auf die Entziehung oder Vorenthaltung der Beteiligungsrechte abzielt;** eine bloße Reflexwirkung ist hingegen nicht ausreichend (KK-AktG/*Feuerborn* Rn. 4). Weiterhin ist ein Missbrauch nur dann anzunehmen, wenn **kein sachlicher Grund** für die Maßnahme besteht (LHT/*Oetker* Rn. 8; KK-AktG/*Feuerborn* Rn. 4). Die restriktive Auslegung führt zu einem relativ kleinen Anwendungsbereich der Vorschrift (MüKoAktG/*Jacobs* Rn. 3; KK-AktG/*Feuerborn* Rn. 3; Drinhausen/*Keinath* BB 2011, 2699 [2701]; in einigen Kommentierungen finden sich bezeichnenderweise keinerlei konkrete Beispiele für einen Missbrauch gemäß § 43; vgl. LHT/*Oetker* Rn. 5 ff.). Ein Missbrauch ist beispielsweise zu bejahen, wenn ein Zusammenschluss von Unternehmen mit dem primären Ziel der Vermeidung der Mitbestimmung so strukturiert wird, dass ein Treuhänder eine SE gründet und die zusammenzuschließenden Gesellschaften jeweils durch ein öffentliches Übernahmeangebot der neuen Gesellschaft erwirbt (NFK/*Nagel* Rn. 6; KK-AktG/*Feuerborn* Rn. 4); dies gilt allerdings nur, soweit nicht auch eine Holdinggesellschaft in anderer Rechtsform mitbestimmungsfrei bliebe, zB weil der schwellenwert zur Anwendung des MitbestG nicht überschritten wird (*Drinhausen/Keinath* BB 2011, 2699 [2704]). Der Erwerb einer Mehrheitsbeteiligung an einem mitbestimmten Unternehmen durch eine mitbestimmungsfreie (Vorrats-)SE als solcher fällt demgegenüber nicht unter § 43 S. 1. Weiterhin ist ein Missbrauch anzunehmen, wenn Arbeitnehmer aus einer mitbestimmten AG in eine mitbestimmungsfreie AG transferiert werden, welche sodann in eine ebenfalls mitbestimmungsfreie SE umgewandelt wird, es sei denn, dass für diese Gestaltung nachvollziehbare sachliche Gründe bestehen (*Drinhausen/Keinath* BB 2011, 2699 [2705]). Kein Fall des Missbrauchs ist hingegen die **Umwandlung einer mitbestimmten SE in eine nationale Rechtsform**, auch wenn die Gesellschaft dann nicht mehr bzw. einem weniger ausgeprägten Mitbestimmungsregime unterliegt (*Drinhausen/Keinath* BB 2011, 2699 [2701]; UHH/*Henssler* Rn. 9). Die gegenteilige Ansicht (LHT/*Oetker* Rn. 7) vermag bereits deshalb nicht zu überzeugen, weil es in diesen Fällen an einer spezifischen Ausnutzung der Rechtsform der SE fehlt. Auch die Gründung der SE vor Erreichen der nach dem nationalen Mitbestimmungsrecht maßgeblichen **Schwellenwerte** stellt eindeutig keinen Missbrauch dar, und zwar auch dann nicht, wenn die Gesellschaft später Betriebe oder Unternehmen hinzuerwirbt, wodurch diese Schwellenwerte überschritten werden. Dies liegt schon daran, dass den Arbeitnehmern in dieser Konstellation keineswegs bereits bestehende Beteiligungsrechte entzogen werden; es wird lediglich verhindert, dass durch den Belegschaftszuwachs zusätzliche Beteiligungsrechte entstehen (*Drinhausen/Keinath* BB 2011, 2699 [2701]; UHH/*Henssler* Rn. 4, 8; aA LHT/*Oetker* Rn. 7). In dieser Konstellation liegt auch kein Fall des **§ 43 S. 2** vor, selbst wenn die Schwellenwerte innerhalb eines Jahres überschritten werden (*Wollburg/Banerjea* ZIP 2005, 277 [279]; *Drinhausen/Keinath* BB 2011, 2699 [2701]; aA – in den Rechtsfolgen allerdings unklar – MHdb ArbR/*Wißmann* § 287 Rn. 19) da es sich beim Anwachsen der Belegschaft auf organischem Wege oder auch durch den Erwerb von Betrieben oder Unternehmen nicht um eine strukturelle Änderung iSv § 18 Abs. 3 handelt (→ § 18 Rn. 10).

III. Vermutungsregelung (S. 2)

4   Der Missbrauch wird gemäß § 43 S. 2 vermutet, wenn ohne Durchführung des Verfahrens nach § 18 Abs. 3 **innerhalb eines Jahres strukturelle Änderungen** (zum Begriff → § 18 Rn. 8) stattfinden, die bewirken, dass den Arbeitnehmern Beteiligungsrechte vorenthalten oder entzogen werden. Diese Regelung findet keine Entsprechung in der SE-RL, allerdings treffen gemäß Art. 11 SE-RL die Mitgliedstaaten „geeignete Maßnahmen" zur Verhinderung eines Missbrauchs, so dass die Regelung aufgrund des weiten Gestaltungsspielraums (vgl. KK-AktG/*Feuerborn* Rn. 5) des Gesetzgebers als **europarechtskonform** angesehen wird. Die Vermutungsregelung ist zudem auf nur ein Jahr ab Gründung der SE begrenzt. Die Frist beginnt mit der Registereintragung nach Art. 16 Abs. 1 SE-VO (MüKoAktG/*Jacobs* Rn. 7; LHT/*Oetker* Rn. 11). Die Vermutungsregelung ist widerlegbar (MüKoAktG/*Jacobs* Rn. 6; KK-AktG/*Feuerborn* Rn. 7). Ein Missbrauch liegt wiederum nur vor, wenn kein sachlicher Grund für die Maßnahme besteht (KK-AktG/*Feuerborn* Rn. 7; LHT/*Oetker* Rn. 10; wohl aA MüKoAktG/*Jacobs* Rn. 6: Missbrauchsvermutung kann nicht mit einer „sachlichen Rechtfertigung" widerlegt werden).

Die Vermutungsregelung des § 43 S. 2 ist verunglückt. Für sie bleibt kein **5** sinnvoller Anwendungsbereich, da in § 18 Abs. 3 bereits geregelt ist, was bei Planung einer strukturellen Änderung zu geschehen hat (Verhandlung einer neuen Mitbestimmungsvereinbarung oder Anwendung der gesetzlichen Auffanglösung). Ob tatsächlich von den Rechten gemäß § 18 Abs. 3 Gebrauch gemacht wird, hängt – sofern nicht ohnehin die Leitung der SE Verhandlungen veranlasst – von der Initiative des SE Betriebsrates ab. Das Verfahren gemäß § 18 Abs. 3 unterbleibt nur, wenn beide Seiten untätig bleiben. Dies bedeutet, dass die Missbrauchsvermutung gegen die Leitung der SE durch die Untätigkeit des SE Betriebsrates ausgelöst wird. Dies ergibt keinerlei Sinn.

IV. Sanktionen und Streitigkeiten

Der Missbrauch einer SE zum Entzug oder zur Vorenthaltung von Betei- **6** ligungsrechten der Arbeitnehmer entgegen § 43 S. 1 ist gemäß § 45 Abs. 1 Nr. 2 **strafrechtlich sanktioniert**. Die **Vermutungsregelung** des § 43 S. 2 ist im Hinblick auf die Strafandrohung **nicht anwendbar**, da dies mit straf- und verfassungsrechtlichen Grundsätzen nicht zu vereinbaren wäre (HWK/*Hohenstatt/ Dzida* SEBG Rn. 54; KK-AktG/*Feuerborn* Rn. 8). Darüber hinaus kommt ein **Unterlassungsanspruch** analog §§ 1004 Abs. 1 S. 2, 823 BGB in Betracht (MüKoAktG/*Jacobs* Rn. 8). Bei zivilrechtlichen Streitigkeiten im Rahmen des § 43 findet nach §§ 2a Abs. 1 Nr. 3e, Abs. 2, 80 ff. ArbGG das arbeitsgerichtliche **Beschlussverfahren** statt, wobei gemäß § 82 Abs. 3 ArbGG das Arbeitsgericht zuständig ist, in dessen Bezirk die SE ihren (zukünftigen) Sitz hat.

Errichtungs- und Tätigkeitsschutz

44 Niemand darf

1. die Bildung des besonderen Verhandlungsgremiums, die Errichtung eines SE-Betriebsrats oder die Einführung eines Verfahrens zur Unterrichtung und Anhörung nach § 21 Abs. 2 oder die Wahl, Bestellung, Empfehlung oder Ablehnung der Arbeitnehmervertreter im Aufsichts- oder Verwaltungsorgan behindern oder durch Zufügung oder Androhung von Nachteilen oder durch Gewährung oder Versprechen von Vorteilen beeinflussen;
2. die Tätigkeit des besonderen Verhandlungsgremiums, des SE-Betriebsrats oder der Arbeitnehmervertreter nach § 21 Abs. 2 oder die Tätigkeit der Arbeitnehmervertreter im Aufsichts- oder Verwaltungsorgan behindern oder stören oder
3. ein Mitglied oder Ersatzmitglied des besonderen Verhandlungsgremiums, des SE-Betriebsrats oder einen Arbeitnehmervertreter nach § 21 Abs. 2 oder einen Arbeitnehmervertreter im Aufsichts- oder Verwaltungsorgan wegen seiner Tätigkeit benachteiligen oder begünstigen.

I. Allgemeines

1   § 44 ergänzt den allgemeinen Schutz der Arbeitnehmervertreter um einen **speziellen Errichtungs- und Tätigkeitsschutz.** Die Bildung und Betätigung der aufgezählten Gremien darf demnach nicht behindert werden und die Gremienmitglieder dürfen nicht wegen ihrer Tätigkeit benachteiligt oder begünstigt werden. Diese Verbote richten sich an **jedermann** (BT-Drs. 15/3405, 57). § 44 dient der Umsetzung von Art. 12 Abs. 2 SE-RL und orientiert sich an den Vorschriften des § 42 EBRG und § 119 BetrVG (BT-Drs. 15/3405, 57). Die zu diesen Vorschriften entwickelten Auslegungsgrundsätze sind daher auch im Rahmen des § 44 anwendbar (KK-AktG/*Feuerborn* Rn. 2).

II. Errichtungsschutz (Nr. 1)

2   Der Errichtungsschutz gemäß § 44 Nr. 1 betrifft zunächst die **Bildung des bVG** nach §§ 4–10. Da dessen Mitglieder grundsätzlich gemäß §§ 8–10 durch ein Wahlgremium bestimmt werden, ist auch dieses vom Errichtungsschutz erfasst (KK-AktG/*Feuerborn* Rn. 7; LHT/*Oetker* Rn. 4). Daneben werden die Errichtung des SE-Betriebsrats (§ 23), die Einführung eines Verfahrens nach § 21 Abs. 2 und die Wahl, Bestellung, Empfehlung oder Ablehnung der Arbeitnehmervertreter im Aufsichts- oder Verwaltungsorgan (§§ 36, 37) erfasst. Die Norm ist sowohl bei der Beteiligung der Arbeitnehmer kraft Gesetzes als auch bei einer Beteiligung kraft Vereinbarung nach § 21 anwendbar (MüKoAktG/*Jacobs* Rn. 2). Gemäß § 44 Nr. 1 sind die Behinderung und die unzulässige Beeinflussung dieser Gremien untersagt. Der Begriff der **Behinderung** ist weit auszulegen und umfasst die Erschwerung, Störung oder Verhinderung der Gremienerrichtung durch ein Tun oder Unterlassen (MüKoAktG/*Jacobs* Rn. 4; KK-AktG/*Feuerborn* Rn. 8). Eine **Beeinflussung** ist gemäß § 44 dann unzulässig, wenn sie mittels Zufügung oder Androhung von Nachteilen oder durch Gewährung oder Versprechen von Vorteilen erfolgt. Nachteile sind Schlechterstellungen, Vorteile Besserstellungen jeder Art (KK-AktG/*Feuerborn* Rn. 8). Als Schlechterstellungen kommen beispielsweise Versetzungen und Kündigungen, als Besserstellungen kommen Beförderungen oder besondere Zuwendungen in Betracht (KK-AktG/*Feuerborn* Rn. 9). Aus dem Verbot der unzulässigen Beeinflussung folgt also ein Gebot zu neutralem Verhalten (MüKoAktG/*Jacobs* Rn. 4).

III. Tätigkeitsschutz (Nr. 2)

3   Gemäß § 44 Nr. 2 darf die Tätigkeit der genannten Gremien oder Arbeitnehmervertreter nicht behindert oder gestört werden. Bei der **Störung** handelt es sich um einen Unterfall der Behinderung (MüKoAktG/*Jacobs* Rn. 5; zum Begriff der Behinderung → Rn. 2). Der Tätigkeitsschutz bezieht sich nicht nur auf die Gremien selbst, sondern auch auf deren Mitglieder (NFK/*Nagel* Rn. 7).

IV. Benachteiligungs- und Begünstigungsverbot (Nr. 3)

4   § 44 Nr. 3 verbietet die Benachteiligung und Begünstigung von Gremienmitgliedern einschließlich der Ersatzmitglieder wegen ihrer Tätigkeit. Erfüllt werden müssen also zwei Voraussetzungen: Zunächst muss eine **Benachteiligung oder Begünstigung** der entsprechenden Personen vorliegen. Dafür ist es erforderlich, dass den betroffenen Personen im Verhältnis zu vergleichbaren Arbeitnehmern Vor- oder Nachteile zugefügt werden (MüKoAktG/*Jacobs* Rn. 6; zu den Begriffen Vor- und Nachteile → Rn. 2). Die Benachteiligung oder Begünstigung muss tatsächlich eingetreten sein, ihre bloße Androhung oder Ankündigung ist nicht ausreichend (MüKoAktG/*Jacobs* Rn. 6).

Weiterhin muss die Benachteiligung oder Begünstigung **gerade wegen der** 5 **Tätigkeit** erfolgen, darf also nicht auf sachlichen oder in der Person des Betroffenen liegenden Gründen beruhen (NFK/*Nagel* Rn. 9; KK-AktG/*Feuerborn* Rn. 12).

V. Sanktionen und Streitigkeiten

Der vorsätzliche Verstoß gegen § 44 ist gemäß § 45 Abs. 2 Nr. 2 (Verstoß 6 gegen § 44 Nr. 1 oder 2) und 3 (Verstoß gegen § 44 Nr. 3) **strafrechtlich sanktioniert.** Zivilrechtlich kommen **Unterlassungsansprüche** (§§ 1004 Abs. 1 S. 2, 823 BGB analog) oder **Schadensersatzansprüche** (§ 823 Abs. 2 BGB iVm § 44) in Betracht (KK-AktG/*Feuerborn* Rn. 14). Bei zivilrechtlichen Streitigkeiten im Rahmen des § 44 findet nach §§ 2a Abs. 1 Nr. 3e, Abs. 2, 80 ff. ArbGG das arbeitsgerichtliche **Beschlussverfahren** statt, wobei gemäß § 82 Abs. 3 ArbGG das Arbeitsgericht zuständig ist, in dessen Bezirk die SE ihren (zukünftigen) Sitz hat.

Teil 5. Straf- und Bußgeldvorschriften; Schlussbestimmung

Strafvorschriften

45 (1) Mit Freiheitsstrafe bis zu zwei Jahren oder mit Geldstrafe wird bestraft, wer

1. entgegen § 41 Abs. 2, auch in Verbindung mit Abs. 4, ein Betriebs- oder Geschäftsgeheimnis verwertet oder
2. entgegen § 43 Satz 1 eine SE dazu missbraucht, Arbeitnehmern Beteiligungsrechte zu entziehen oder vorzuenthalten.

(2) Mit Freiheitsstrafe bis zu einem Jahr oder mit Geldstrafe wird bestraft, wer

1. entgegen § 41 Abs. 2, auch in Verbindung mit Abs. 4, ein Betriebs- oder Geschäftsgeheimnis offenbart,
2. entgegen § 44 Nr. 1 oder 2 eine dort genannte Tätigkeit behindert, beeinflusst oder stört oder
3. entgegen § 44 Nr. 3 eine dort genannte Person benachteiligt oder begünstigt.

(3) Handelt der Täter in den Fällen des Absatzes 2 Nr. 1 gegen Entgelt oder in der Absicht, sich oder einen anderen zu bereichern oder einen anderen zu schädigen, so ist die Strafe Freiheitsstrafe bis zu zwei Jahren oder Geldstrafe.

(4) [1] Die Tat wird nur auf Antrag verfolgt. [2] In den Fällen des Absatzes 1 Nr. 2 und des Absatzes 2 Nr. 2 und 3 sind das besondere Verhandlungsgremium, der SE-Betriebsrat, die Mehrheit der Arbeitnehmervertreter im Rahmen eines Verfahrens zur Unterrichtung und Anhörung, jedes Mitglied des Aufsichts- oder Verwaltungsorgans, eine im Unternehmen vertretene Gewerkschaft sowie die Leitungen antragsberechtigt.

I. Allgemeines

1 § 45 stellt Verstöße gegen die Geheimhaltung von Betriebs- oder Geschäftsgeheimnissen (§ 41), das Missbrauchsverbot (§ 43) sowie den Errichtungs- und Tätigkeitsschutz (§ 44) unter Strafe. Die Vorschrift setzt Art. 11, 12 Abs. 2 SE-RL um. § 45 ist den §§ 43 f. EBRG nachgebildet, die sich ihrerseits an §§ 119, 120 BetrVG, 34 SprAuG orientieren. Auf die hierzu entwickelten Grundsätze kann daher im Rahmen des § 45 zurückgegriffen werden (MüKoAktG/*Jacobs* Rn. 1).

II. Schutz von Betriebs- oder Geschäftsgeheimnissen (Abs. 1 Nr. 1, Abs. 2 Nr. 1)

2 § 45 Abs. 1 Nr. 1, Abs. 2 Nr. 1 schützt das Interesse an der Geheimhaltung von **Betriebs- und Geschäftsgeheimnissen** (→ § 41 Rn. 1 ff.). Ebenso wie für das Bestehen der Geheimhaltungspflicht gemäß § 41 Abs. 2 ist für eine Strafbarkeit erforderlich, dass die SE-Leitung das Betriebs- oder Geschäftsgeheimnis ausdrücklich als geheimhaltungsbedürftig bezeichnet (LHT/*Oetker* Rn. 4; Mü-KoAktG/*Jacobs* Rn. 4).

Tathandlung ist die Verwertung (§ 45 Abs. 1 Nr. 1) oder Offenbarung (§ 45 **3** Abs. 2 Nr. 1) eines Geschäfts- oder Betriebsgeheimnisses. Ein **Offenbaren** liegt vor, wenn das Geheimnis einem nicht berechtigten Dritten mitgeteilt wird, der hiervon bislang keine oder noch keine sichere Kenntnis hatte (KK-AktG/*Altenhain* Rn. 8; MüKoAktG/*Jacobs* Rn. 6). Eine **Verwertung** setzt voraus, dass der Täter das Geheimnis wirtschaftlich zum Zweck der Gewinnerzielung ausnutzt, ohne es einem Berechtigten zu offenbaren (KK-AktG/*Altenhain* Rn. 8; vgl. zu § 120 Abs. 3 S. 2 BetrVG *Richardi/Annuß* Rn. 12). Wenn der Täter das Geheimnis zum Zwecke der Verwertung offenbart, handelt er mit Bereicherungsabsicht, so dass § 45 Abs. 3 (→ Rn. 4) eingreift. Ob die Verwertung zum eigenen oder fremden Vorteil erfolgt, ist unerheblich (GK-BetrVG/*Oetker* § 120 Rn. 53). Es ist nicht erforderlich, dass der Gewinn tatsächlich eintritt (KK-AktG/*Altenhain* Rn. 8; aA wohl NFK/*Nagel* Rn. 3). Keine Verwertung stellt die Verwendung des Geheimnisses zu **nichtwirtschaftlichen,** zB partei- oder koalitionspolitischen Interessen dar (MüKoAktG/*Jacobs* Rn. 4). Vollendet ist die Tat bereits dann, wenn Handlungen vorgenommen worden sind, die eine Gewinnerzielung beim Täter oder einem Dritten unmittelbar erwarten lassen (vgl. zu § 204 StGB *Fischer* Rn. 5). Eine **Strafverschärfung** tritt gemäß § 45 Abs. 3 ein, wenn der Täter ein Betriebs- oder Geschäftsgeheimnis gegen Entgelt (§ 11 Abs. 1 Nr. 9 StGB) oder in der Absicht offenbart, sich oder einen anderen zu bereichern oder einen anderen zu schädigen.

Der Täter muss mit **Vorsatz** handeln. Soweit nicht wie bei § 45 Abs. 3 **4** Variante 2 Absicht verlangt wird, genügt bedingter Vorsatz. Die fahrlässige Verletzung der Geheimhaltungspflicht ist nicht strafbar (§ 15 StGB). Gleiches gilt für den **Versuch** (§ 23 Abs. 1 StGB).

Täter können nur die nach § 41 Abs. 2 und 4 zur Geheimhaltung verpflichte- **5** ten Personen sein **(echtes Sonderdelikt).** Tatbeteiligte, denen dieses besondere persönliche Merkmal (§ 14 Abs. 1 StGB) fehlt, können allerdings wegen Anstiftung (§ 26 StGB) oder Beihilfe (§ 27 StGB) strafbar sein (KK-AktG/*Altenhain* Rn. 7). Für die dem Aufsichts- oder Verwaltungsorgan der SE angehörenden Arbeitnehmervertreter gilt die allgemeine aktienrechtliche Geheimhaltungspflicht, die durch § 53 Abs. 1 SEAG iVm § 404 AktG strafrechtlich abgesichert ist.

III. Verstoß gegen das Missbrauchsverbot (Abs. 1 Nr. 2)

§ 45 Abs. 1 Nr. 2 stellt den Verstoß gegen das Missbrauchsverbot des § 44 S. 1 **6** unter Strafe. Die Vorschrift ist wohl trotz der Auslegungsbedürftigkeit des § 44 S. 1 verfassungsgemäß, insbesondere erfüllt sie (wohl eben noch) die Anforderungen des **strafrechtlichen Bestimmtheitsgebots** (Art. 103 Abs. 2 GG; KK-AktG/*Altenhain* Rn. 13; MüKoAktG/*Jacobs* Rn. 5; LHT/*Oetker* Rn. 9; zweifelnd *Schlösser* NZG 2008, 128). Bei dem Missbrauch einer SE handelt es sich um eine nur schwer umschreibbare Tathandlung, so dass die Anforderungen an das Bestimmtheitsgebot insoweit geringer sind (vgl. zum relativen Maßstab des Bestimmtheitsgebots BVerfG NJW 2002, 1779). Die **Vermutungsregel** des § 43 S. 2 findet **keine Anwendung,** es gilt die strafrechtliche Unschuldsvermutung (LHT/*Oetker* Rn. 10; MüKoAktG/*Jacobs* Rn. 5). Beruht der Verstoß gegen das Missbrauchsverbot auf einem **Gremienbeschluss,** kommt eine Strafbarkeit jedes zustimmenden Gremienmitglieds als Mittäter iSd § 25 Abs. 2 StGB in Betracht. Dies gilt auch dann wenn die Stimme rechnerisch für das Zustandekommen des Beschlusses nicht erforderlich war (KK-AktG/*Altenhain* Rn. 15; vgl. auch *Fischer*

StGB § 25 Rn. 42 f. mwN). Der **Versuch** eines Verstoßes gegen das Missbrauchsverbot ist nicht strafbar (§ 23 Abs. 1 StGB).

IV. Errichtungs- und Tätigkeitsschutz (Abs. 2 Nr. 2 und 3)

7   § 45 Abs. 2 Nr. 2 und 3 stellt Verstöße gegen die Verbotstatbestände des § 44 zum Errichtungs- und Tätigkeitsschutz unter Strafe. Da sich die Verbotstatbestände an jedermann richten (→ § 44 Rn. 1), handelt es sich um ein **Allgemeindelikt.** Der Täter muss mit **Vorsatz** handeln, wobei bedingter Vorsatz genügt. Der fahrlässige Verstoß gegen § 44 ist nicht strafbar (§ 15 StGB). Gleiches gilt für den Versuch (§ 23 Abs. 1 StGB). Eine rechtfertigende Einwilligung ist nicht möglich, weil der Organschutz nicht disponibel ist (KK-AktG/*Altenhain* Rn. 18). Strafbar sind auch die Anstiftung (§ 26 StGB) und die Beihilfe (§ 27 StGB). Die Annahme einer Begünstigung ist als notwendige Teilnahme straflos, es sei denn, der Tatbeitrag geht über die Entgegennahme des Vorteils hinaus, zB durch das Fordern einer Sonderleistung (KK-AktG/*Altenhain* Rn. 19; vgl. zu § 119 Abs. 1 Nr. 3 BetrVG GK-BetrVG/*Oetker* Rn. 44 mwN).

V. Verfahren

8   Gemäß § 45 Abs. 4 S. 1 werden Straftaten nach den Abs. 1–3 nur auf **Antrag** verfolgt. Die **Antragsfrist** beträgt drei Monate ab Kenntnis des Antragstellers von der Tat sowie der Person des Täters (§ 77b StGB). **Antragsberechtigt** ist derjenige, der durch die strafbare Handlung verletzt worden ist (§ 77 Abs. 1 StGB). Dies ist bei einer Verletzung von Betriebs- oder Geschäftsgeheimnissen (§ 45 Abs. 1 Nr. 1, Abs. 2 Nr. 1, Abs. 3) der Träger des offenbarten oder verwerteten Geheimnisses (LHT/*Oetker* Rn. 7; KK-AktG/*Altenhain* Rn. 21). Für die übrigen Straftaten (§ 45 Abs. 1 Nr. 2, Abs. 2 Nr. 2 und 3) zählt § 45 Abs. 4 S. 2 die Personen und Gremien auf, die antragsberechtigt sind; die Aufzählung ist nicht abschließend (KK-AktG/*Altenhain* Rn. 22; aA MüKoAktG/*Jacobs* Rn. 7; LHT/*Oetker* Rn. 12). Wird der Antrag von einem der genannten Gremien gestellt, bedarf es eines entsprechenden Beschlusses (LHT/*Oetker* Rn. 12). Das Antragsrecht der Mitglieder des Aufsichts- oder Verwaltungsorgans der SE ist nicht auf die Arbeitnehmervertreter beschränkt ("jedes Mitglied"; LHT/*Oetker* Rn. 12).

9   Die **Verjährungsfrist** für Taten nach § 45 Abs. 1 und 3 beträgt fünf Jahre (§ 78 Abs. 3 Nr. 4 StGB) und für Taten nach § 45 Abs. 2 drei Jahre (§ 78 Abs. 3 Nr. 5 StGB).

Bußgeldvorschriften

46 (1) Ordnungswidrig handelt, wer

1. **entgegen § 4 Abs. 2 oder § 5 Abs. 4 Satz 2, jeweils auch in Verbindung mit § 18 Abs. 4, eine Information nicht, nicht richtig, nicht vollständig oder nicht rechtzeitig gibt oder**
2. **entgegen § 28 Abs. 1 Satz 1 oder § 29 Abs. 1 Satz 1 den SE-Betriebsrat nicht, nicht richtig, nicht vollständig, nicht in der vorgeschriebenen Weise oder nicht rechtzeitig unterrichtet.**

(2) **Die Ordnungswidrigkeit kann mit einer Geldbuße bis zu zwanzigtausend Euro geahndet werden.**

I. Allgemeines

§ 46 sanktioniert die Verletzung bestimmter Informations- und Unterrich- **1** tungspflichten mit einem **Bußgeld**. Die Vorschrift dient der Umsetzung von Art. 12 Abs. 2 SE-RL und orientiert sich an § 45 EBRG sowie § 121 BetrVG, § 26 SprAuG, so dass auf die hierzu entwickelten Grundsätze zurückgegriffen werden kann (LHT/*Oetker* Rn. 2).

II. Tatbestand

Tathandlung ist die Nichterfüllung sowie wahrheitswidrige, unvollständige **2** oder verspätete Erfüllung der in § 46 Abs. 1 genannten Informations- und Unterrichtungspflichten. Die Aufzählung ist **abschließend**, die Verletzung sonstiger (gesetzlicher oder vereinbarter) Informations- und Unterrichtungspflichten ist nicht bußgeldbewehrt (KK-AktG/*Altenhain* Rn. 12; LHT/*Oetker* Rn. 3). In Ausnahmefällen kann die bewusste Verletzung von Unterrichtungspflichten gemäß § 45 Abs. 2 Nr. 2 strafbar sein, wenn hierin eine Behinderung der Tätigkeit des SE-Betriebsrats liegt. Dies erfordert jedoch eine beharrliche Missachtung von Informations- und Unterrichtungspflichten (vgl. zu § 119 *Fitting* Rn. 7).

Eine **Nichterfüllung** liegt vor, wenn die Information oder Unterrichtung **3** gänzlich unterbleibt, zB auch weil sie gegenüber dem falschen Adressaten erfolgt (KK-AktG/*Altenhain* Rn. 17). **Wahrheitswidrig** ist eine Information, wenn sie den Tatsachen nicht entspricht; eine fehlerhafte Prognose über zukünftige Entwicklungen fällt jedoch nicht hierunter (KK-AktG/*Altenhain* Rn. 20). Ob die Informationserteilung **unvollständig** ist, kann nur nach dem Zweck der jeweiligen Informations- bzw. Unterrichtungspflicht bestimmt werden (MüKoAktG/ *Jacobs* Rn. 4). Insbesondere im Hinblick auf § 28 Abs. 1 S. 1 und § 29 Abs. 1 S. 1 ist zweifelhaft, ob dies mit Art. 103 Abs. 2 GG vereinbar ist, weil die Reichweite der Unterrichtungspflicht nicht hinreichend bestimmt ist („insbesondere"; die Verfassungsmäßigkeit bejahend KK-AktG/*Altenhain* Rn. 21 ff.; vgl. zu den Bedenken bzgl. § 121 Abs. 1 BetrVG GK-BetrVG/*Oetker* Rn. 17 ff. mwN). Die Information ist **nicht rechtzeitig**, wenn die Leitung ihre Erteilung schuldhaft (§ 121 Abs. 1 S. 1 BGB) verzögert hat (MüKoAktG/*Jacobs* Rn. 4). Da sich auch dies nur unter Rückgriff auf den Zweck der jeweiligen Informations- und Unterrichtungspflicht feststellen lässt, bestehen auch insoweit verfassungsrechtliche Bedenken hinsichtlich der Bestimmtheit.

Geahndet wird nur **vorsätzliches Handeln**. Bedingter Vorsatz genügt, Fahr- **4** lässigkeit hingegen nicht (§ 10 OWiG). Ein Irrtum über Umfang und Zeitpunkt der Informations- und Unterrichtungspflicht kann den Vorsatz nach § 11 Abs. 1 OWiG ausschließen (vgl. KK-AktG/*Altenhain* Rn. 29 ff.). Geahndet werden kann nur eine vollendete Ordnungswidrigkeit, der **Versuch** ist nicht bußgeldbewehrt (§ 13 Abs. 2 OWiG). Die Grenzziehung zwischen Versuch und Vollendung kann jedoch im Einzelfall schwierig sein (vgl. zu § 121 BetrVG GK-BetrVG/*Oetker* Rn. 34 f.).

Täter kann nur sein, wen die genannten Informations- und Unterrichtungs- **5** pflichten treffen, dh die Mitglieder der Leitungen der an der Gründung der SE beteiligten Gesellschaften bzw. die Mitglieder der Leitung der SE (vgl. zu Gremienentscheidungen → § 45 Rn. 6). Ferner kann Täter die gemäß **§ 9 Abs. 2 OWiG** mit der eigenverantwortlichen Erfüllung dieser Pflichten betraute Person sein (vgl. KK-AktG/*Altenhain* Rn. 8). Personen, die nicht als Täter in Betracht kommen, können gemäß **§ 14 OWiG** dennoch Beteiligte sein, wenn sie einen ursächlichen Tatbeitrag leisten.

III. Verfahren

6   Das Verfahren richtet sich nach den allgemeinen Grundsätzen des Ordnungs-widrigkeitenrechts (§§ 35 ff. OWiG). Die **Höhe der Geldbuße** kann bis zu 20.000 Euro betragen. Der Bußgeldbescheid kann sich nicht nur gegen die Einzelperson, sondern gemäß **§ 30 OWiG** auch gegen die beteiligten Gesell-schaften bzw. die SE richten (LHT/*Oetker* Rn. 5; aA KK-AktG/*Altenhain* Rn. 40, der jedoch annimmt, dass die Mitglieder der Leitungen *in persona* Schuld-ner der Informations- und Unterrichtungspflichten sind). Die Verfolgung von Ordnungswidrigkeiten liegt im pflichtgemäßen Ermessen der Behörde (§ 47 Abs. 1 OWiG), eines Antrags bedarf es nicht. Die Frist für die Verfolgungsver-jährung beträgt nach § 31 Abs. 2 Nr. 1 OWiG drei Jahre.

Geltung nationalen Rechts

47 (1) **Dieses Gesetz berührt nicht die den Arbeitnehmern nach in-ländischen Rechtsvorschriften und Regelungen zustehenden Be-teiligungsrechte, mit Ausnahme**
1. **der Mitbestimmung in den Organen der SE;**
2. **der Regelung des Europäische Betriebsräte-Gesetzes, es sei denn, das besondere Verhandlungsgremium hat einen Beschluss nach § 16 ge-fasst.**

(2) [1]**Regelungen und Strukturen über die Arbeitnehmervertretungen einer beteiligten Gesellschaft mit Sitz im Inland, die durch die Gründung der SE als eigenständige juristische Person erlischt, bestehen nach Ein-tragung der SE fort.** [2]**Die Leitung der SE stellt sicher, dass diese Arbeit-nehmervertretungen ihre Aufgaben weiterhin wahrnehmen können.**

Übersicht

	Rn.
I. Allgemeines	1
II. Verhältnis zu den nationalen Regelungen über die Arbeitneh-merbeteiligung (Abs. 1)	2
III. Fortbestand nationaler Arbeitnehmervertretungsstrukturen (Abs. 2)	5
1. Fortbestehen der Regelungen und Strukturen (Abs. 2 S. 1)	5
2. Bereitstellen eines Ansprech- und Verhandlungspartners (Abs. 2 S. 2)	9
3. Keine Duplizität von Arbeitnehmervertretungen	12
IV. Streitigkeiten	13

I. Allgemeines

1   § 47 Abs. 1 regelt das **Konkurrenzverhältnis** zwischen dem SEBG einerseits sowie den (übrigen) nationalen Regelungen über die betriebliche Mitbestim-mung, den europäischen Betriebsrat und die Unternehmensmitbestimmung an-dererseits. § 47 Abs. 2 enthält eine Sonderregelung zum Fortbestand der im Inland bestehenden Arbeitnehmervertretungsregelungen und -strukturen für den Fall, dass eine beteiligte Gesellschaft (§ 2 Abs. 2) mit Sitz im Inland im Zuge der SE-Gründung erlischt. § 47 Abs. 1 setzt Art. 13 Abs. 1–3 SE-RL in nationales Recht um. Art. 47 Abs. 2 beruht auf der Ermächtigung in Art. 13 Abs. 4 SE-RL.

II. Verhältnis zu den nationalen Regelungen über die Arbeitnehmerbeteiligung (Abs. 1)

Gemäß § 47 Abs. 1 berührt das SEBG nicht die Beteiligungsrechte, die den 2
Arbeitnehmern nach den inländischen Rechtsvorschriften und Regelungen zustehen, mit Ausnahme der Rechtsvorschriften und Regelungen über (i) die Mitbestimmung in den Organen der SE und (ii) der Regelungen des EBRG, letztere jedoch nur dann, wenn das bVG keinen Beschluss nach § 16 gefasst hat. **Unberührt** bleiben damit insbesondere die Regelungen des **BetrVG** und des **SprAuG**.

Die **nationalen Mitbestimmungsgesetze** (DrittelbG, MitbestG, Montan- 3
MitbestG, MontanMitbestErgG) finden demgegenüber auf die SE keine Anwendung (BT-Drs. 15/3405, 57). Dies gilt auch dann, wenn das bVG gemäß § 16 Abs. 1 S. 1 einen Beschluss gefasst hat, keine Verhandlungen aufzunehmen oder bereits aufgenommene Verhandlungen abzubrechen (→ § 16 Rn. 3). Da in diesem Fall auch die gesetzlichen Auffangregelungen der §§ 34–38 über die Mitbestimmung keine Anwendung finden, bleibt die SE in dieser Konstellation mitbestimmungsfrei (→ § 16 Rn. 3). § 47 Abs. 1 Nr. 1 betrifft allerdings nur die SE. Auf der Ebene von **Tochtergesellschaften** der SE mit Sitz im Inland bleiben die nationalen Mitbestimmungsgesetze unter den in diesen genannten Voraussetzungen anwendbar (KK-AktG/*Feuerborn* Rn. 6; NFK/*Kleinsorge* Rn. 3).

Wegen der Ähnlichkeit von SE-Betriebsrat und europäischem Betriebsrat be- 4
stimmt § 47 Abs. 1 Nr. 2 in Übereinstimmung mit Art. 13 Abs. 1 SE-RL, dass das EBRG auf die SE keine Anwendung findet. § 47 Abs. 1 Nr. 2 greift jedoch auch dann, wenn auf der Grundlage einer Vereinbarung nach § 21 kein SE-Betriebsrat, sondern ein anderes Verfahren zur Unterrichtung und Anhörung der Arbeitnehmer eingerichtet wird (zu dieser Möglichkeit → § 21 Rn. 2; LHT/*Oetker* Rn. 9; nicht ganz eindeutig NFK/*Kleinsorge* Rn. 6). Dies ergibt sich aus einem Gegenschluss zu § 47 Abs. 1 Nr. 2 Hs. 2, demzufolge das EBRG (nur) Anwendung findet, wenn das bVG gemäß § 16 Abs. 1 S. 1 einen Beschluss gefasst hat, keine Verhandlungen mit der Leitung aufzunehmen oder bereits aufgenommene Verhandlungen abzubrechen. Nicht unmittelbar aus dem Wortlaut des § 47 Abs. 1 Nr. 2, aber aus der Zusammenschau mit Art. 13 Abs. 1 SE-RL ("SE und Tochtergesellschaften einer SE") ergibt sich, dass die Anwendung des EBRG nicht nur auf der Ebene der SE, sondern auch auf der Ebene von Tochtergesellschaften der SE ausgeschlossen wird. Dies entspricht der **Rechtslage nach § 7 EBRG,** der die Bildung mehrerer europäischer Betriebsräte innerhalb einer Unternehmensgruppe ausschließt (*Blanke* EBRG § 7 Rn. 1). Folge der Unanwendbarkeit des EBRG ist, dass ein bestehender Europäischer Betriebsrat mit der Eintragung der SE erlischt (MüKoAktG/*Jacobs* Rn. 4; LHT/*Oetker* Rn. 10).

III. Fortbestand nationaler Arbeitnehmervertretungsstrukturen (Abs. 2)

1. Fortbestehen der Regelungen und Strukturen (Abs. 2 S. 1). Auf der 5
Grundlage des Art. 13 Abs. 4 SE-RL bestimmt § 47 Abs. 2 S. 1, dass **Regelungen und Strukturen** über die Arbeitnehmervertretungen einer beteiligten Gesellschaft mit Sitz im Inland, die infolge der Gründung der SE als eigenständige juristische Person erlischt, fortbestehen. Zu einem Erlöschen einer beteiligten Gesellschaft in diesem Sinne kann es nur in den Fällen der SE-Gründung durch Verschmelzung gemäß Art. 2 Abs. 1 SE-VO kommen (LHT/*Oetker* Rn. 11; KK-AktG/*Feuerborn* Rn. 8). Insbesondere die Umwandlung einer Gesellschaft in

eine SE gemäß Art. 2 Abs. 4 SE-VO führt nicht zum Erlöschen der umgewandelten Gesellschaft (vgl. aber Hanau/Steinmeyer/Wank/*Hanau* Handbuch
des Europäischen Arbeits- und Sozialrechts, 2002, § 19 Rn. 155: Art. 13 Abs. 4
SE-RL gilt auch für Umwandlung).

6   Ein Anwendungsfall des § 47 Abs. 2 S. 1 ist die Gründung einer **SE mit Sitz
im Ausland** durch Verschmelzung einer inländischen beteiligten Gesellschaft auf
eine ausländische übernehmende (Verschmelzung durch Aufnahme) oder hierdurch neugegründete (Verschmelzung durch Neugründung) Gesellschaft gemäß
Art. 2 Abs. 1 SE-VO. In dieser Konstellation würden ein auf der Ebene der
übertragenden inländischen Gesellschaft gebildeter Konzernbetriebsrat (§ 54
Abs. 1 BetrVG) und regelmäßig auch ein bei dieser gebildeter Gesamtbetriebsrat
(§ 47 Abs. 1 BetrVG) erlöschen, weil diese in ihrem Bestand an den Fortbestand
des Rechtsträgers gebunden sind, bei dem sie gebildet wurden (im Einzelnen str.,
vgl. *Fitting* BetrVG § 54 Rn. 34, BetrVG § 47 Rn. 23; WHSS/*Hohenstatt* Rn. D
138 ff.). § 47 Abs. 2 S. 1 ordnet demgegenüber den Fortbestand der „Regelungen und Strukturen" über die Arbeitnehmervertretungen und damit im Ergebnis
auch den Fortbestand des Konzern- und Gesamtbetriebsrats an (LHT/*Oetker*
Rn. 12; KK-AktG/*Feuerborn* Rn. 9; MüKoAktG/*Jacobs* Rn. 6; vgl. aber
→ Rn. 11).

7   Aufrechterhalten werden nach dem klaren Wortlaut des § 47 Abs. 2 S. 1 nur
Arbeitnehmervertretungen iSd § 2 Abs. 6, also der Konzernbetriebsrat, der Gesamtbetriebsrat sowie eine eventuell nach § 3 Abs. 1 Nr. 1–3 BetrVG gebildete
Arbeitnehmervertretung (zum Teil weitergehend LHT/*Oetker* Rn. 12; KK-
AktG/*Feuerborn* Rn. 9; NFK/*Kleinsorge* Rn. 8). **Einzelbetriebsräte** fallen gemäß § 2 Abs. 6 zwar ebenfalls unter den Begriff der Arbeitnehmervertretung. Sie
sind allerdings in ihrem Bestand vom Vorliegen eines inländischen Rechtsträgers
unabhängig und werden deshalb durch eine (Hinaus-)Verschmelzung der Gesellschaft, bei der sie gebildet wurden, nicht berührt (vgl. BAG NZA 2000, 1119
[1121]; *Fitting* BetrVG § 1 Rn. 13 f.).

8   § 47 Abs. 2 S. 1 gleicht nur das gründungsbedingte Erlöschen des Rechtsträgers aus, bei dem die nationalen Arbeitnehmervertretungen gebildet wurden.
Fallen **andere Bildungsvoraussetzungen** fort (zB das Bestehen von mindestens
zwei inländischen Betrieben mit je einem Betriebsrat für die Bildung eines
Gesamtbetriebsrats; § 47 Abs. 1 BetrVG), erlischt die betreffende Arbeitnehmervertretung daher gleichwohl. Andererseits enthält § 47 Abs. 2 S. 1 **keine zeitliche Befristung**. Solange die übrigen Errichtungsvoraussetzungen vorliegen,
bestehen die nach § 47 Abs. 2 S. 1 aufrecht erhaltenen Arbeitnehmervertretungen daher fort (LHT/*Oetker* Rn. 15).

9   **2. Bereitstellen eines Ansprech- und Verhandlungspartners (Abs. 2
S. 2).** Damit die Beteiligungsrechte der nach § 47 Abs. 2 S. 1 aufrecht erhaltenen
Arbeitnehmervertretungen nicht leerlaufen, verpflichtet § 47 Abs. 2 S. 2 die
Leitung der SE dazu sicherzustellen, dass die Arbeitnehmervertretungen ihre
Aufgaben weiterhin wahrnehmen können. In der Sache muss die SE den na-
tionalen Arbeitnehmervertretungen einen **Ansprech- und Verhandlungspart-
ner** zur Verfügung stellen, dem gegenüber die Beteiligungsrechte aus dem
BetrVG und dem SprAuG wahrgenommen werden können (KK-AktG/*Feuerborn*
Rn. 10; NFK/*Kleinsorge* Rn. 10).

10   § 47 Abs. 2 S. 2 gilt allerdings nur für **SE mit Sitz im Inland** (KK-AktG/
Feuerborn Rn. 11; LHT/*Oetker* Rn. 14; NFK/*Kleinsorge* Rn. 10). SE mit Sitz in
einem anderen Mitgliedstaat kann der nationale Gesetzgeber aufgrund des Territorialitätsprinzips nicht verpflichten. Relevant wird die Vorschrift damit nur in
den Fällen der Gründung einer SE mit Sitz im Inland im Wege der Verschmelzung durch Neugründung sowie in dem praktisch eher seltenen Fall der Grün-

dung einer SE mit Sitz im Inland im Wege der Verschmelzung durch Aufnahme, bei der eine dritte inländische beteiligte Gesellschaft durch Verschmelzung auf die übernehmende Gesellschaft erlischt (vgl. aber → Rn. 6).

In den Fällen der (Hinaus-)Verschmelzung sind die Arbeitnehmervertretungen **11** darauf angewiesen, dass die Leitung der ausländischen SE die Anforderungen des § 47 Abs. 2 S. 2 freiwillig erfüllt (NFK/*Kleinsorge* Rn. 10). Sieht die Leitung der ausländischen SE hiervon ab, kann auch § 47 Abs. 2 S. 1 keine Anwendung finden, weil den Arbeitnehmervertretungen kein Ansprech- und Verhandlungspartner zur Verfügung steht. Sie könnten ihre Beteiligungsrechte daher nicht sinnvoll wahrnehmen (vgl. aber für den Gesamtbetriebsrat *Fitting* BetrVG § 47 Rn. 23: Bildung auch ohne inländischen Ansprechpartner).

3. Keine Duplizität von Arbeitnehmervertretungen. Sind an der SE- **12** Gründung mehrere inländische Gesellschaften beteiligt, die im Zuge der Gründung erlöschen, kann es bei unmodifizierter Anwendung des § 47 Abs. 2 S. 1 zu einer **Duplizität von Arbeitnehmervertretungen** kommen, was über die Zielsetzung der Vorschrift hinausginge (so auch NFK/*Kleinsorge* Rn. 8 für den Konzernbetriebsrat). Richtigerweise bestimmt sich der Fortbestand der Arbeitnehmervertretungen in diesem Fall nach den allgemeinen betriebsverfassungsrechtlichen Grundsätzen mit der Maßgabe, dass das Bestehen *eines* inländischen Rechtsträgers zu unterstellen ist.

IV. Streitigkeiten

Streitigkeiten im Zusammenhang mit § 47 fallen gemäß § 2a Abs. 1 Nr. 3e **13** ArbGG in die Zuständigkeit der Arbeitsgerichte. Sie sind gemäß §§ 2a Abs. 2, 80 ff. ArbGG im arbeitsgerichtlichen Beschlussverfahren zu klären. Zuständig ist gemäß § 82 Abs. 3 ArbGG das Arbeitsgericht am Sitz der SE. Befindet sich der Sitz der SE in einem anderen Mitgliedstaat, ist auf den Ort abzustellen, an dem sich die Leitung der inländischen Betriebe der SE befindet (ähnlich NFK/*Kleinsorge* Rn. 13).

C. Grenzüberschreitende Verschmelzung von Kapitalgesellschaften (§§ 122a bis 122l UmwG)

Vorbemerkung zu §§ 122a ff. UmwG

Schrifttum: Vgl. die Angaben zu § 122a.

Übersicht

	Rn.
I. Europarechtliche Hintergründe	1
1. Die IntVerschmRL als Baustein der europäischen Rechtsharmonisierung	1
2. Die Vorgaben des europäischen Primärrechts	5
a) Gewährleistung der Niederlassungsfreiheit gemäß Art. 49, 54 AEUV	6
b) Mobilität von Gesellschaften im Lichte der Rechtsprechung des EuGH	7
c) Grenzüberschreitende Verschmelzung im Schutzbereich der Niederlassungsfreiheit	9
II. Schlussfolgerungen für das deutsche internationale Gesellschaftsrecht	10
1. Anerkennung von zuziehenden EU/EWR-Gesellschaften	10
2. Anerkennung grenzüberschreitender Umwandlungsvorgänge	11
III. Die IntVerschmRL und ihre Umsetzung durch den deutschen Gesetzgeber	12
1. Die IntVerschmRL	12
2. Umsetzung in deutsches Recht	14

I. Europarechtliche Hintergründe

1 **1. Die IntVerschmRL als Baustein der europäischen Rechtsharmonisierung.** Die Ermöglichung der grenzüberschreitenden Verschmelzung von Kapitalgesellschaften in einem rechtssicheren Rahmen durch die IntVerschmRL ist ein **Meilenstein und vorläufiger Endpunkt** der europäischen Harmonisierung auf dem Gebiet des Gesellschaftsrechts, aber sicherlich nicht deren Schlusspunkt. Die IntVerschmRL aus dem Jahre 2005 bettet sich ein in ein System der Regulierung von Strukturmaßnahmen, das der europäische Richtliniengeber über einen längeren Zeitraum entwickelt hat und das auch das deutsche Recht, vornehmlich das Umwandlungsrecht, maßgeblich prägt. Zur Einordnung der IntVerschmRL wie aber auch der deutschen Umsetzungsbestimmungen ist ein Vorverständnis des europäischen Normenrahmens unerlässlich.

2 Ausgangspunkt für die Normsetzung im Bereich gesellschaftsrechtlicher Strukturmaßnahmen auf europäischer Ebene ist die NatVerschmRL aus dem Jahre 1978, die inländische Verschmelzungsvorgänge unter Beteiligung von Aktiengesellschaften regelt. Sie kann gewissermaßen als **Ur-Mutter der europäischen Harmonisierung im Bereich der Strukturmaßnahmen** gelten (ähnlich die Einschätzung von *Bayer/J. Schmidt* NJW 2006, 401 [402]: „Europäisches Modell für Strukturmaßnahmen"). Mit ihr wurde der bewährte Kanon von Strukturelementen eingeführt, die auf eine Unterrichtung der Anteilsinhaber schon im Vorfeld der Beschlussfassung sowie deren umfassende Entscheidungsteilhabe abzielen. So schreibt die NatVerschmRL die Erstellung eines Verschmelzungsplans

(Art. 5 NatVerschmRL), dessen Offenlegung einen Monat vor der Beschluss-fassung (Art. 6 NatVerschmRL), die Erstellung eines Verschmelzungsberichts (Art. 9 NatVerschmRL), die Prüfung der Verschmelzung durch unabhängige Sachverständige (Art. 10 NatVerschmRL) sowie mit qualifizierter Mehrheit zu fassende Verschmelzungsbeschlüsse der Anteilsinhaberversammlungen (Art. 7 NatVerschmRL) vor. Mindestens einen Monat vor der Beschlussfassung über die Verschmelzung sind der Verschmelzungsplan, die Jahresabschlüsse der sich ver-schmelzenden Gesellschaften der letzten drei Jahre, ggf. eine Zwischenbilanz, die Verschmelzungsberichte sowie Verschmelzungsprüfungsberichte am Sitz der Ge-sellschaft auszulegen (Art. 11 NatVerschmRL). All das zählt zwischenzeitlich zum **gesellschaftsrechtlichen Standardrepertoire** im Bereich der Strukturmaßnah-men.

Die NatVerschmRL diente dem europäischen Verordnungsgeber immer wie- **3** der als **Blaupause für die weitere Harmonisierung des Gesellschaftsrechts.** So baut die SpaltungsRL in weiten Teilen auf der NatVerschmRL auf (vgl. dazu nur *Habersack/Verse* EuropGesR § 8 Rn. 28 ff.). Auch die SE-VO enthält unver-kennbar erhebliche Anleihen an der NatVerschmRL, in dem sie bei der SE-Verschmelzung als einer Gründungsform der Europäischen Gesellschaft (SE) ganz wesentlich auf die Vorgaben der NatVerschmRL zurückgreift.

In ihrem Aktionsplan zum Europäischen Gesellschaftsrecht 2012 (Kommission, **4** Mitt. v. 12.12.2012 – Aktionsplan: Europäisches Gesellschaftsrecht und Corpora-te Governance, COM(2012) 740 final) hat die Kommission eingeräumt, dass auch nach Erlass der IntVerschmRL einige Rechtsunsicherheiten und unnötige Kom-plexitäten in Bezug auf grenzüberschreitende Verschmelzungen bestehen (s. Ab-schnitt 4.2 der Mitteilung). In diesem Zusammenhang hat sie eine Überarbeitung der NatVerschmRL sowie die Schaffung eines Rechtsrahmens für grenz-überschreitende Spaltungen angekündigt. In Umsetzung dieses Vorhabens fand im Zeitraum vom 8.9.2014 bis zum 31.1.2015 eine Konsultation der Kommission zu grenzüberschreitenden Verschmelzungen und Spaltungen statt (Zusammen-fassender Bericht der Kommission zu den eingegangenen Stellungnahmen abruf-bar unter http://ec.europa.eu/justice/civil/files/feedback_statement_crossborder_ mergers_divisions.pdf). Im Rahmen einer möglichen Überarbeitung der Int-VerschmRL sollten dann auch die sich im Anschluss an die „Vale"-Entscheidung des EuGH ergebenden Rechtsfragen bezüglich der grenzüberschreitenden Sitz-verlegung geregelt werden (*Kiem* ZHR 180 (2016), 289; *Bayer/J. Schmidt* BB 2015, 1731 [1735]; s. hierzu auch *Verse/Wiersch* EuZW 2014, 375 [381]; sowie Abschnitt 4.1 der Mitteilung der Kommission).

2. Die Vorgaben des europäischen Primärrechts. Die europäischen **5** Richtlinien zur Harmonisierung des Gesellschaftsrechts sind in engem Zusam-menhang mit der **Gewährleistung der Grundfreiheiten** durch den Vertrag über die Arbeitsweise der Europäischen Union (AEUV) zu sehen. Besonders deutlich wird dieses Zusammenspiel bei der IntVerschmRL im Hinblick auf die AEU-vertraglich abgesicherte Niederlassungsfreiheit in ihrer Ausdeutung durch den EuGH und die dadurch erreichte grenzüberschreitende Mobilität von Gesell-schaften innerhalb des EU/EWR-Raums.

a) Gewährleistung der Niederlassungsfreiheit gemäß Art. 49, 54 **6** **AEUV.** Der AEUV schützt die **Niederlassungsfreiheit.** Diese gilt grundsätz-lich auch für Gesellschaften (Art. 49 Abs. 2 AEUV iVm Art. 54 AEUV, früher Art. 43 Abs. 2 EG iVm Art. 48 EG). Diesbezüglich umfasst die Niederlassungs-freiheit unter anderem das Recht auf Gründung und Leitung von Gesellschaften iSd Art. 54 AEUV, und zwar nach denjenigen Bestimmungen des Aufnahme-staats, die für dessen eigene Angehörige gelten (EuGH Slg. 2005, I-10805 = NJW 2006, 425 Rn. 17 – SEVIC). In den Anwendungsbereich der Niederlassungsfreiheit fallen alle Maßnahmen, die den Zugang zu einem anderen Mit-gliedstaat als dem Sitzmitgliedstaat und die Ausübung einer wirtschaftlichen Tätigkeit in jenem Staat dadurch ermöglichen oder auch nur erleichtern, dass sie die tatsächliche Teilnahme der betroffenen Wirtschaftsbeteiligten am Wirtschafts-leben des letztgenannten Mitgliedstaats unter denselben Bedingungen gestatten, die für die inländischen Wirtschaftsbeteiligten gelten (EuGH Slg. 2005, I-10805 = NJW 2006, 425 Rn. 18 – SEVIC).

7   **b) Mobilität von Gesellschaften im Lichte der Rechtsprechung des EuGH.** Die Rechtsprechung des EuGH zur Mobilität von Gesellschaften ist geprägt von der Frage, unter welchen Voraussetzungen ein Mitgliedstaat eine nach dem Recht eines anderen Mitgliedstaats wirksam gegründete Gesellschaft als ausländische Gesellschaft anzuerkennen hat. Diese Frage stellt sich regelmäßig dann, wenn Satzungssitz und tatsächlicher Verwaltungssitz einer Gesellschaft in unterschiedlichen Mitgliedstaaten liegen. Dabei hat sich in der Rechtsprechung des EuGH eine **Unterscheidung von Wegzugs- und Zuzugssachverhalten** herausgebildet. Die erste in einer Reihe von EuGH-Entscheidungen betraf einen sog. Wegzugsfall. In „Daily Mail" hatte der EuGH zu befinden, ob eine Weg-zugsbeschränkung der britischen Rechts an der Niederlassungsfreiheit zu messen war (EuGH Slg. 1988, 5483 = NJW 1989, 2186 – Daily Mail). Dies hat der EuGH verneint. In seiner ersten Zuzugsentscheidung, der Rechtssache „Cen-tros", hat der EuGH indessen festgestellt, dass die Nichtanerkennung einer in einem anderen Mitgliedstaat wirksam gegründeten Gesellschaft durch einen Mit-gliedstaat, in dem diese Gesellschaft ihren tatsächlichen Verwaltungssitz unterhält, die Niederlassungsfreiheit verletzt (EuGH Slg. 1999, I-1459 = NJW 1999, 2027 – Centros). In weiteren, den Zuzug ausländischer Gesellschaften betreffenden Entscheidungen hat der EuGH diese Rechtsprechungsgrundsätze weiter aus-gebaut (EuGH Slg. 2002, I-9919 = NJW 2002, 3614 – Überseering; Slg. 2003, I-10155 = NJW 2003, 3331 – Inspire Art; Slg. 2005, I-10805 = NJW 2006, 425 – SEVIC).

8   Als Bestätigung dieser Rechtsprechung des EuGH zur Niederlassungsfreiheit gilt im Ergebnis auch das Urteil in der Rechtssache „Cartesio" (EuGH Slg. 2008, I-9641 = NJW 2009, 569). Zwar bleibt es danach dabei, dass der Sitzstaat die Voraussetzungen für einen statutenwahrenden Wegzug einer nach seinem Recht gegründeten Gesellschaft festlegen kann (EuGH Slg. 2008, I-9641 = NJW 2009, 569 Rn. 110 – Cartesio; vgl. dazu *Leible/Hoffmann* BB 2009, 58 [59 f.]). Insofern haben die „Daily Mail"-Grundsätze nach wie vor Bestand. Allerdings ist der Wegzug unter Aufgabe des Gesellschaftsstatuts von der Niederlassungsfreiheit geschützt (EuGH Slg. 2008, I-9641 = NJW 2009, 569 Rn. 111 – Cartesio); sog. **grenzüberschreitender Formwechsel** (*Bayer/ J. Schmidt* ZHR 173 [2009], 735 [753 f.] mwN). Fortgeschrieben hat der EuGH die in der „Cartesio"-Entscheidung eingeschlagene Richtung zuletzt in der Rechtssache „Vale" (EuGH NZG 2012, 871 – VALE; s. dazu *Bayer/ J. Schmidt* BB 2013, 3 [9 f.], sowie ausführlich *Verse* ZeuP 2013, 458 [476 ff.]). Darin hat der EuGH klargestellt, dass nationale Regelungen des Aufnahme-staats, die einer inländischen, nicht aber einer dem Recht eines anderen Mit-gliedstaats unterliegenden Gesellschaft die Umwandlung ermöglichen, in den Anwendungsbereich der Art. 49 AEUV und Art. 54 AEUV fallen (EuGH NZG 2012, 873 Rn. 33). Bei der grenzüberschreitenden Umwandlung hat die zugezogene Gesellschaft die Voraussetzungen, die das Recht des Aufnahmestaats an die Gründung einer Gesellschaft der betreffenden Rechtsform stellt, voll-ständig zu erfüllen; es besteht keine Verpflichtung des Aufnahmestaats, grenz-überschreitende Umwandlungen günstiger zu behandeln als inländische (EuGH NZG 2012, 875 Rn. 54). Allerdings darf das nationale Recht des Aufnahmestaats grenzüberschreitende Umwandlungen auch nicht erschweren (EuGH NZG 2012, 875 Rn. 54 ff.).

c) Grenzüberschreitende Verschmelzung im Schutzbereich der Nie- 9
derlassungsfreiheit. Auf der Linie dieser Entscheidungen liegt schließlich auch das Urteil des EuGH in der Rechtssache „SEVIC", mit dem der Schutzbereich der Niederlassungsfreiheit auch auf **grenzüberschreitende Umstrukturie-**
rungsvorgänge wie etwa die Verschmelzung von Kapitalgesellschaften erstreckt wurde (EuGH Slg. 2005, I-10805 = NJW 2006, 425 – SEVIC). Danach ent-
sprechen grenzüberschreitende Verschmelzungen den Zusammenarbeits- und Umgestaltungsbedürfnissen von Gesellschaften mit Sitz in verschiedenen Mitgliedstaaten. Sie stellen besondere, für das reibungslose Funktionieren des Bin-
nenmarktes wichtige Modalitäten der Ausübung der Niederlassungsfreiheit dar und gehören damit zu den wirtschaftlichen Tätigkeiten, die durch die AEU-
vertraglich verbürgte Niederlassungsfreiheit geschützt sind (EuGH Slg. 2005, I-
10805 = NJW 2006, 425 Rn. 19 – SEVIC). Zwar betraf die Entscheidung im konkreten Fall lediglich die grenzüberschreitende Verschmelzung von Kapitalgesellschaften. Die vom EuGH entwickelten Grundsätze, insbesondere auch in ihrer Weiterentwicklung durch die „Cartesio"-Entscheidung, sind jedoch ganz allgemein auf grenzüberschreitende Umwandlungsvorgänge von Gesellschaften an-
wendbar. Sie gelten nach zutreffendem Verständnis auch für **Personengesell-**
schaften (Lutter/*Bayer* § 122a Rn. 12; Widmann/Mayer/*Heckschen* Rn. 14; Kallmeyer/*Marsch-Barner* Rn. 9) und umfassen neben der Verschmelzung auch andere Umstrukturierungsmaßnahmen wie zB die **grenzüberschreitende Spal-**
tung von Gesellschaften (Lutter/*Drygala* § 1 Rn. 20; Lutter/*Bayer* § 122a Rn. 11; Widmann/Mayer/*Heckschen* Rn. 15, 96; *Leible/Hoffmann* RIW 2006, 161 [165]; *Krause/Kulpa* ZHR 171 [2007], 38 [46 f.]).

II. Schlussfolgerungen für das deutsche internationale
Gesellschaftsrecht

1. Anerkennung von zuziehenden EU/EWR-Gesellschaften. Traditionell 10 war das deutsche Gesellschaftsrecht der **Sitztheorie** verhaftet. Danach ist für die Bestimmung des Gesellschaftsstatuts das Recht des Staates maßgeblich, in dem die Gesellschaft ihren tatsächlichen Sitz der Hauptverwaltung hat. Verlegt die Gesell-
schaft ihren Verwaltungssitz ins Ausland verliert sie danach die Anknüpfung an das Recht des vormaligen Sitzstaats: Mit der Sitzverlegung gilt sie als aufgelöst und in Liquidation (*Habersack/Verse* EuropGesR § 3 Rn. 13; MüKoBGB/*Kindler* IntGesR Rn. 420 ff.). Demgegenüber findet nach der **Gründungstheorie** das Recht desjenigen Staates Anwendung, in dem die Gesellschaft gegründet und ihr satzungsmäßiger Sitz in einem entsprechenden Register eingetragen wurde. Eine Verlegung nur des Verwaltungssitzes der Gesellschaft berührt somit nicht die rechtliche Existenz der Gesellschaft als solche. Vor dem Hintergrund der EuGH-
Rechtsprechung zur Mobilität von Gesellschaften (→ Rn. 7 ff.) war die Sitztheo-
rie im Hinblick auf EU/EWR-Sachverhalte nicht mehr aufrecht zu erhalten. Vielmehr gilt insoweit nunmehr die Gründungstheorie (sog. **Europarechtliche Gründungstheorie;** BGHZ 154, 185 [188 ff.] = NJW 2003, 1461 – Übersee-
ring; MüKoBGB/*Kindler* IntGesR Rn. 361 ff.; *Bayer/J. Schmidt* ZHR 173 [2009], 735 [737 ff.]; *Leible/Hoffmann* RIW 2002, 925 [930 f.]; *Weller* ZGR 2010, 679 [696 ff.]; *Eidenmüller* JZ 2004, 24 [25]; *Habersack/Verse* EuropGesR § 3 Rn. 24). Das bedeutet, dass eine nach dem Recht eines EU/EWR-Staates gegründete Gesellschaft, die ihren Verwaltungssitz nach Deutschland verlegt, als ausländische Gesellschaft anzuerkennen ist (Kallmeyer/*Marsch-Barner* Rn. 6; Mü-
KoGmbHG/*Weller* Einl. Rn. 333 ff., 355; *ders.* ZGR 2010, 679 [691]). Dem-

gegenüber gilt für Nicht-EU/EWR-Gesellschaften weiterhin die Sitztheorie (BGHZ 178, 192 = NJW 2009, 289 – Trabrennbahn; BGH ZIP 2009, 2385 – Singapur).

11　　**2. Anerkennung grenzüberschreitender Umwandlungsvorgänge.** Aufgrund der AEU-vertraglich verankerten Niederlassungsfreiheit sind die Mitgliedstaaten verpflichtet, eine grenzüberschreitende Verschmelzung im Speziellen (EuGH Slg. 2005, I-10805 = NJW 2006, 425 Rn. 22 ff. – SEVIC) und grenzüberschreitende Umstrukturierungsvorgänge im Allgemeinen (EuGH Slg. 2008, I-9641 = NJW 2009, 569 Rn. 111 ff. – Cartesio; NZG 2012, 871 – Vale; vgl. auch Widmann/Mayer/*Heckschen* Rn. 12 ff.; *Bayer/J. Schmidt* ZHR 173 [2009], 735 [759 f., 765 f., 768]; *dies.* BB 2008, 454 [459]; *Krause/Kulpa* ZHR 171 [2007], 38 [44 ff.]; die Pläne des Gesetzgebers, generell die Gründungstheorie einzuführen – s. Art. 10 EGBGB des RefE des BMJ für ein Gesetz zum Internationalen Privatrecht der Gesellschaften, Vereine und juristischen Personen vom 7.1.2008 –, werden derzeit nicht weiter verfolgt) nach denselben Regelungen zuzulassen, wie sie für innerstaatliche Sachverhalte gelten. Außerhalb des europaweit harmonisierten Rechts, hier also insbesondere außerhalb des Anwendungsbereichs der IntVerschmRL, stellt sich die Frage, wie die verschiedenen, zum Teil sich widersprechenden nationalen Bestimmungen im Zusammenspiel anzuwenden sind, um einen grenzüberschreitenden Umstrukturierungsvorgang zu ermöglichen. Mangels spezifischer Regelungen im deutschen IPR (RefE des BMJ vom 7.1.2008) und der entsprechenden Sachrechtsnormen (anschaulich Lutter/*Drygala* § 1 Rn. 32 ff.) sind die Rechtsordnungen der beteiligten Gesellschaften kumulativ anzuwenden, wobei sich für den Bereich gemeinsamer Anforderungen die jeweils strengere Norm durchsetzt und etwaige Normwidersprüche im Wege kollisionsrechtlicher Anpassungsmethoden aufzulösen sind (sog. **Vereinigungstheorie;** s. nur MüKoBGB/*Kindler* IntGesR Rn. 799 ff.).

III. Die IntVerschmRL und ihre Umsetzung durch den deutschen Gesetzgeber

12　　**1. Die IntVerschmRL.** Die IntVerschmRL dient dem Ziel, die grenzüberschreitende Verschmelzung von Kapitalgesellschaften zu erleichtern. Der Erlass der Richtlinie steht inhaltlich und zeitlich, wenn insoweit auch nur koinzidenziell, in engem Zusammenhang zu der „SEVIC"-Entscheidung des EuGH, die den Schutzbereich der Niederlassungsfreiheit auf die grenzüberschreitende Verschmelzung von EU/EWR-Gesellschaften erstreckt (Lutter/*Bayer* § 122a Rn. 11; Widmann/Mayer/*Heckschen* Rn. 13 f.; zur Erstreckung auf EWR-Gesellschaften s. MüKoGmbHG/*Weller* Einl. Rn. 366 f.). Der Richtliniengeber hat sich dabei auf ein **Mindestmaß von Rechtsharmonisierung** beschränkt und weitgehend auf das jeweils innerstaatliche Recht der Mitgliedstaaten verwiesen. Eine solche weiträumige Verweisung auf nationales Recht bot sich hier insofern an, als mit der NatVerschmRL aus dem Jahre 1978 die innerstaatliche Verschmelzung von Aktiengesellschaften bereits Gegenstand der Rechtsharmonisierung gewesen war. Da die IntVerschmRL die grenzüberschreitende Verschmelzung aber nicht nur von Aktiengesellschaften, sondern von Kapitalgesellschaften insgesamt regelt, verbleibt jedoch auch ein nicht unerheblicher Teilbereich nicht harmonisierten, nationalen Rechts, der von der Verweisung erfasst ist (*Kiem* WM 2006, 1091 [1092]).

13　　Die Richtlinie regelt mit der Verschmelzung von Kapitalgesellschaften mit Sitz in einem EU/EWR-Mitgliedstaat nur einen **Teilausschnitt** grenzüberschreitender Umstrukturierungen und Umwandlungen. Nicht geregelt werden die Spaltung von Gesellschaften, die Umwandlung von Personengesellschaften sowie

Umwandlungsvorgänge unter Beteiligung von Gesellschaften mit Sitz in einem Drittstaat (kritisch Lutter/*Bayer* § 122a Rn. 15; Widmann/Mayer/*Heckschen* Rn. 12 ff.; *Drinhausen/Keinath* BB 2006, 725 [732]; *Handelsrechtsausschuss des DAV* NZG 2006, 737 [740]; *Louven* ZIP 2006, 2021 [2023 f.]).

2. Umsetzung in deutsches Recht. Die IntVerschmRL wurde bis auf **14** Art. 16 IntVerschmRL durch das Zweite Gesetz zur Änderung des Umwandlungsgesetzes vom 19.4.2007 (BGBl. I S. 542) umgesetzt. Die in enger Anlehnung an die SE-Beteiligungsrichtlinie konzipierte Regelung zur Beteiligung der Arbeitnehmer bei der grenzüberschreitenden Verschmelzung wurde im Gesetz über die Mitbestimmung der Arbeitnehmer bei einer grenzüberschreitenden Verschmelzung (MgVG) eigens geregelt.

Der Transformation der IntVerschmRL lag dabei die gesetzliche Grundkon- **15** zeption zugrunde, die grenzüberschreitende Verschmelzung weitestgehend durch **Verweis auf bereits bestehende Vorschriften der Inlandsverschmelzung** zu regeln. Durch die Einfügung der §§ 122a ff. haben dementsprechend nur diejenigen Regelungen der IntVerschmRL eine gesonderte Umsetzung erfahren, die von der Inlandsverschmelzung abweichende oder zusätzliche Erfordernisse aufstellen (vgl. Begr. RegE, BT-Drs. 16/2919, 12).

Grenzüberschreitende Verschmelzung

122a (1) **Eine grenzüberschreitende Verschmelzung ist eine Verschmelzung, bei der mindestens eine der beteiligten Gesellschaften dem Recht eines anderen Mitgliedstaats der Europäischen Union oder eines anderen Vertragsstaats des Abkommens über den Europäischen Wirtschaftsraum unterliegt.**

(2) **Auf die Beteiligung einer Kapitalgesellschaft (§ 3 Abs. 1 Nr. 2) an einer grenzüberschreitenden Verschmelzung sind die Vorschriften des Ersten Teils und des Zweiten, Dritten und Vierten Abschnitts des Zweiten Teils entsprechend anzuwenden, soweit sich aus diesem Abschnitt nichts anderes ergibt.**

Schrifttum: *Arbeitskreis Aktien- und Kapitalmarktrecht (AAK)*, Vorschläge zur Reform der Mitbestimmung in der Societas Europaea (SE), ZIP 2010, 2221; *Arbeitskreis Beschlussmängelrecht*, Vorschlag zur Neufassung der Vorschriften des Aktiengesetzes über Beschlussmängel, AG 2008, 617; *Bayer/J. Schmidt*, Der Regierungsentwurf zur Änderung des Umwandlungsgesetzes, NZG 2006, 841; *dies.*, Der Schutz der grenzüberschreitenden Verschmelzung durch die Niederlassungsfreiheit, ZIP 2006, 210; *dies.*, Die neue Richtlinie über die grenzüberschreitende Verschmelzung von Kapitalgesellschaften, NJW 2006, 401; *dies.*, Aktuelle Entwicklungen im Europäischen Gesellschaftsrecht (2004–2007), BB 2008, 454; *dies.*, Grenzüberschreitende Sitzverlegung und grenzüberschreitende Restrukturierungen nach MoMiG, Cartesio und Trabrennbahn, ZHR 173 (2009), 735; *dies.*, Der Referentenentwurf zum 3. UmwÄndG: Vereinfachung bei Verschmelzungen und Spaltungen und ein neuer verschmelzungsspezifischer Squeeze out, ZIP 2010, 953; *dies.*, BB-Gesetzgebungs- und Rechtsprechungsreport Europäisches Unternehmensrecht 2014/15, BB 2015, 1731; *Beutel*, Der neue rechtliche Rahmen grenzüberschreitender Verschmelzungen in der EU, 2008 (zitiert: *Beutel* Rahmen grenzüberschreitender Verschmelzungen); *Casper*, Gesellschaftsrechtliche Reformvorschläge bei der SE, ZHR 173 (2009), 181; *Drinhausen/Keinath*, Referentenentwurf eines Zweiten Gesetzes zur Änderung des Umwandlungsgesetzes – Erleichterung grenzüberschreitender Verschmelzungen für deutsche Kapitalgesellschaften?, BB 2008, 725; *dies.*, Die grenzüberschreitende Verschmelzung inländischer Gesellschaften nach Erlass der Richtlinie zur grenzüberschreitenden Verschmelzung von Kapitalgesellschaften in Europa, RIW 2006, 81; *dies.*, Kapitaländerungen der übernehmenden Gesellschaft nach Beschlussfassung über die Verschmelzung durch Aufnahme zur Gründung einer Europäischen Gesellschaft (SE), FS Maier-Reimer, 2010, 89; *Doralt*, Sevic: Traum und Wirklichkeit – die grenzüberschreitende Verschmelzung ist Realität, IPRax 2006, 572; *Dzida*, Die Unterrichtung des „zuständigen"

Betriebsrats bei innerstaatlichen und grenzüberschreitenden Verschmelzungen, GmbHR 2009, 459; *Dzida/Schramm,* Arbeitsrechtliche Pflichtangaben bei innerstaatlichen und grenzüberschreitenden Verschmelzungen, NZG 2008, 521; *Eidenmüller,* Wettbewerb der Gesellschaftsrechte in Europa, ZIP 2002, 2233; *ders.,* Mobilität und Restrukturierung von Unternehmen im Binnenmarkt, JZ 2004, 24; *Forsthoff,* Internationale Verschmelzungsrichtlinie: Verhältnis zur Niederlassungsfreiheit und Vorwirkung; Handlungszwang für Mitbestimmungsreform, DStR 2006, 613; *Frenzel,* Grenzüberschreitende Verschmelzung von Kapitalgesellschaften, 2008 (zitiert: *Frenzel* Grenzüberschreitende Verschmelzung); *ders.,* Grenzüberschreitende Verschmelzung von Kapitalgesellschaften – nach dem Ablauf der Umsetzungsfrist, RIW 2008, 12; *ders./Axer,* EG-Mitgliedstaat durch die Hintertür?, RIW 2007, 47; *Frischhut,* Grenzüberschreitende Verschmelzung von Kapitalgesellschaften – ein Überblick über die Zehnte gesellschaftsrechtliche Richtlinie, EWS 2006, 55; *Gesell/Krömker,* Grenzüberschreitende Verschmelzungen nach SEVIC: Praxisbericht über die Verschmelzung einer niederländischen auf eine deutsche Kapitalgesellschaft, DB 2006, 2558; *Geyrhalter/Weber,* Transnationale Verschmelzungen – im Spannungsfeld zwischen SEVIC Systems und der Verschmelzungsrichtlinie, DStR 2006, 146; *Grambow/Stadler,* Grenzüberschreitende Verschmelzungen unter Beteiligung einer Europäischen Gesellschaft (Societas Europaea – SE), BB 2010, 977; *Grunewald,* Der Gläubigerschutz bei grenzüberschreitenden Verschmelzungen nach dem Entwurf eines zweiten Gesetzes zur Änderung des UmwG, Der Konzern 2007, 106; *Habersack,* Grundsatzfragen der Mitbestimmung in SE und SCE sowie bei grenzüberschreitender Verschmelzung, ZHR 171 (2007), 613; *ders.,* Konstituierung des ersten Aufsichts- oder Verwaltungsorgans der durch Formwechsel entstandenen SE und Amtszeit seiner Mitglieder, Der Konzern 2008, 67; *ders./Stilz,* Zur Reform des Beschlussmängelrechts, ZGR 2010, 710; *Handelsrechtsausschuss des Deutschen Anwaltsvereins:* Stellungnahme zum Regierungsentwurf eines Zweiten Gesetzes zur Änderung des Umwandlungsgesetzes, NZG 2006, 737; *Haritz/von Wolff,* Internationalisierung des deutschen Umwandlungsrechts – Zum Entwurf eines zweiten Gesetzes zur Änderung des Umwandlungsgesetzes, GmbHR 2006, 340; *Heckschen,* BGH: Kompetenz eines im Ausland ansässigen Notars zur Einreichung der Gesellschafterliste, BB 2014, 462; *Heckschen/Simon,* Umwandlungsrecht: Gestaltungsschwerpunkte in der Praxis, 2003; *Hoffmann-Becking,* Das neue Verschmelzungsrecht in der Praxis, FS Fleck, 1988, 105; *ders.,* Organe: Strukturen und Verantwortlichkeiten, insbesondere im monistischen System, ZGR 2004, 355; *Inwinkl,* Das österreichische Recht grenzüberschreitender Verschmelzungen, ZfRV 2008, 69; *Inwinkl/Schneider,* Fusionsverbote nach der Internationalen Verschmelzungsrichtlinie 2005/56/EG und dem österreichischen EU-VerschG, RIW 2008; 4; *Kiem,* Die schwebende Umwandlung, ZIP 1999, 173; *ders.,* Die Regelungen der grenzüberschreitenden Verschmelzung im deutschen Umwandlungsgesetz, WM 2006, 1091; *ders.,* Die Ermittlung der Verschmelzungswertrelation bei der grenzüberschreitenden Verschmelzung, ZGR 2007, 542; *ders.,* Vereinbarte Mitbestimmung und Verhandlungsmandat der Unternehmensleitung, ZHR 171 (2007), 713; *ders.,* Erfahrungen und Reformbedarf bei der SE – Entwicklungsstand, ZHR 173 (2009), 156; *ders.,* SE-Aufsichtsrat und Dreiteilbarkeitsgrundsatz, Der Konzern 2010, 275; *ders.,* Auswirkungen von SE-Sitzverlegung und Formwechsel aus der SE auf das Mitbestimmungsstatut, in Bergmann/Kiem/Mülbert/Verse/Wittig (Hrsg.), 10 Jahre SE, 126; *ders.,* Erwartungen der Praxis an eine künftige EU-Sitzverlegungsrichtlinie, ZHR 180 C 2016, 289; *Kiem,* Grenzüberschreitende Verschmelzung von Kapitalgesellschaften, RNotZ 2007, 565; *Koppensteiner,* Zur grenzüberschreitenden Verschmelzung, Der Konzern 2006, 40; *Krause/Kulpa,* Grenzüberschreitende Verschmelzungen, ZHR 171 (2007), 38; *Kümpel/Wittig,* Bank- und Kapitalmarktrecht, 4. Aufl. 2011; *Leible/Hoffmann,* „Überseering" und das (vermeintliche) Ende der Sitztheorie, RIW 2002, 925; *dies.,* Grenzüberschreitende Verschmelzungen im Binnenmarkt nach „Sevic", RIW 2006, 161; *dies.,* Cartesio – fortgeltende Sitztheorie, grenzüberschreitender Formwechsel und Verbot materiellrechtlicher Wegzugsbeschränkungen, BB 2009, 58; *Limmer,* Grenzüberschreitende Umwandlungen nach dem Sevic-Urteil des EuGH und den Neuregelungen im UmwG (Teil 1), ZNotP 2007, 242; *ders.,* Grenzüberschreitende Umwandlungen nach dem Sevic-Urteil des EuGH und den Neuregelungen im UmwG (Teil 2), ZNotP 2007, 282; *Lösekrug,* Die Umsetzung der Kapital-, Verschmelzungs- und Spaltungsrichtlinie der EG in das nationale deutsche Recht, 2004; *Louven,* Umsetzung der Verschmelzungsrichtlinie, ZIP 2006, 2021; *H.-F. Müller,* Die grenzüberschreitende Verschmelzung nach dem Referentenentwurf des Bundesjustizministeriums, NZG 2006, 286; *ders.,* Internationalisierung des deutschen Umwandlungsrechts: Die Regelung der grenzüberschreitenden Verschmelzung, ZIP 2007, 1081; *ders.,* Der Schutz der Minderheitsgesellschafter bei der grenzüberschreitenden Verschmelzung, Der Konzern 2007, 81; *Neye,* Die neue Richtlinie zur grenzüberschreitenden Verschmelzung von Kapitalgesellschaften, ZIP 2005, 1893; *ders.,* Kurzkommentar zum Vorlagebeschluss des Obersten Gerichts Ungarn – EuGH Rs C-378/10, EWiR 2010, 625; *ders./ Timm*, Die geplante Umsetzung der Richtlinie zur grenzüberschreitenden Verschmelzung von Kapitalgesellschaften im Umwandlungsgesetz, DB 2006, 488; *Nießen*, Die internationale Zuständigkeit im Spruchverfahren, NZG 2006, 441; *Oechsler*, Die Richtlinie 2005/56/EG über die Verschmelzung von Kapitalgesellschaften aus verschiedenen Mitgliedstaaten, NZG 2006, 161; *Patzner/Bruns*, Fondsverschmelzungen und weitere Kapitalmaßnahmen im internationalen Umfeld, IStR 2009, 668; *Peemöller*, Grundsätze der Unternehmensbewertung – Anmerkungen zum Standard IDW S 1, DStR 2001, 1401; *Pohle*, Grenzenlos verschmelzen, 2011 (zitiert: *Pohle* Grenzenlos verschmelzen); *Priester*, Strukturänderungen, Beschlußvorbereitung und Beschlußfassung, ZGR 1990, 420; *Schiessl*, Fairness Opinions im Übernahme- und Gesellschaftsrecht, ZGR 2003, 814; *K. Schmidt*, Gesellschaftsrecht, 2002; *Seibt*, Privatautonome Mitbestimmungsvereinbarungen: Rechtliche Grundlagen und Praxishinweise, AG 2005, 413; *ders.*, Größe und Zusammensetzung des Aufsichtsrats in der SE, ZIP 2010, 1057; *Simon/Rubner*, Die Umsetzung der Richtlinie über grenzüberschreitende Verschmelzungen ins deutsche Recht, Der Konzern 2006, 835; *Spahlinger/Wegen*, Deutsche Gesellschaften in grenzüberschreitenden Umwandlungen nach „SEVIC" und der Verschmelzungsrichtlinie in der Praxis, NZG 2006, 721; *Stilz*, Unternehmensbewertung und angemessene Abfindung – Zur vorrangigen Maßgeblichkeit des Börsenkurses, FS Goette, 2011, 529; *Suchanek/Hesse*, Umwandlungsstichtage und Bilanzen, Der Konzern 2015, 245; *Teichmann*, Die Einführung der Europäischen Aktiengesellschaft, ZGR 2002, 383; *ders.*, Minderheitenschutz bei Gründung und Sitzverlegung der SE, ZGR 2003, 367; *ders.*, Gestaltungsfreiheit in Mitbestimmungsvereinbarungen, AG 2008, 797; *Thiermann*, Grenzüberschreitende Verschmelzungen deutscher Gesellschaften, 2010 (zitiert: *Thiermann* Grenzüberschreitende Verschmelzung deutscher Gesellschaften); *Verse/Wiersch*, Die Entwicklung des europäischen Gesellschaftsrecht im Jahr 2013, EuZW 2014, 375; *J. Vetter*, Die Regelung der grenzüberschreitenden Verschmelzung im UmwG, AG 2006, 613; *Weller*, Internationales Unternehmensrecht 2010, ZGR 2010, 679; *Winter*, Planung und Vorbereitung einer grenzüberschreitenden Verschmelzung, Der Konzern 2007, 24.

Übersicht

	Rn.
I. Regelungsgehalt und Normzweck	1
II. Definition der grenzüberschreitenden Verschmelzung (Abs. 1)	3
1. Legaldefinition	3
2. Kriterium der Grenzüberschreitung	4
3. Einordnung sog. NewCo-Fälle	5
4. Kombination mit anderen Umwandlungsvorgängen?	7
III. Generalverweis auf §§ 2 ff. (Abs. 2)	8
1. Regelungssystematik	8
2. Verweisungsgegenstand	9
3. Schranken der Verweisung	11

I. Regelungsgehalt und Normzweck

Die Stellung der Norm am Beginn des Zehnten Abschnitts markiert ihre **1** Bedeutung als logischer Aufsatzpunkt für die Regelung der grenzüberschreitenden Verschmelzung im deutschen Umwandlungsrecht. Der Aufbau der Bestimmung ist zweigliedrig. Sie enthält in enger Anlehnung an Art. 1 IntVerschmRL in ihrem Abs. 1 zunächst eine **gesetzliche Begriffsbestimmung**. In ihrem Abs. 2 erfolgt sodann ein **Generalverweis** auf das allgemeine Verschmelzungsrecht sowie das Verschmelzungsrecht der Kapitalgesellschaften im Besonderen. Damit werden ergänzend die Vorschriften für die Inlandsverschmelzung von Kapitalgesellschaften iSd § 3 Abs. 1 Nr. 2 für grundsätzlich anwendbar erklärt. Die Bestimmung ist in engem Zusammenhang mit § 122b zu lesen, der den Kreis der (derzeit) verschmelzungsfähigen Rechtsträger festlegt. Gemeinsam mit der Schwesterbestimmung in § 122a regeln die beiden Normen den sachlichen und persönlichen **Anwendungsbereich** der Regelungen zur grenzüberschreitenden Verschmelzung.

2   Gleichwohl sind der Verweis auf das Recht der Inlandsverschmelzung von Kapitalgesellschaften in § 122a Abs. 2 und die Bestimmung der Verschmelzungsfähigkeit in § 122b im Hinblick auf die angesprochenen Normadressaten sauber voneinander zu trennen. Der Verweis in das deutsche Sachrecht betrifft das für die Inlandsverschmelzung von Kapitalgesellschaften iSd § 3 Abs. 1 Nr. 2 maßgebliche Verschmelzungsrecht. Der in § 122b für die Festlegung der Verschmelzungsfähigkeit verwandte Begriff der Kapitalgesellschaft ist demgegenüber weiter zu verstehen. Er folgt Art. 2 Nr. 1 IntVerschmRL und umfasst damit insbesondere auch solche Rechtsträger, die der dort enthaltenen Generalklausel unterfallen. Die einheitliche Verwendung des Begriffs der Kapitalgesellschaft in unterschiedlichen Bedeutungszusammenhängen in § 122a und § 122b ist indessen nicht als regelungstechnisch missglückt zu bewerten (so aber *Frenzel* Grenzüberschreitende Verschmelzung S. 197 f.), denn sie ist allein die Konsequenz einer richtlinienkonformen Umsetzung der IntVerschmRL.

II. Definition der grenzüberschreitenden Verschmelzung (Abs. 1)

3   **1. Legaldefinition.** Abs. 1 enthält eine **Legaldefinition der grenzüberschreitenden Verschmelzung.** Die Begriffsbestimmung erfolgt in Übereinstimmung mit Art. 1 IntVerschmRL. Sie ist indessen bewusst offen gefasst, um einer künftigen Ausdehnung des Kreises der verschmelzungsfähigen Rechtsträger Rechnung tragen zu können (vgl. Begr. RegE, BT-Drs. 16/2919, 14). Für die Einordnung eines Vorgangs in das Rechtsinstitut der Verschmelzung kann auf die allgemeine Legaldefinition in § 2 zurückgegriffen werden. Dementsprechend sind sowohl die Verschmelzung zur Aufnahme als auch die Verschmelzung zur Neugründung umfasst. Da die Vorschrift ihrer Stellung nach grenzüberschreitende Verschmelzungen nur insoweit regelt, wie deutsches Recht auf sie anzuwenden ist, ist es ohne Belang, dass die IntVerschmRL einem weiteren Verschmelzungsbegriff folgt, der auch bare Zuzahlungen erlaubt (gemäß Art. 2 Nr. 2 lit. a und b IntVerschmRL; mit weiterer Öffnung in Art. 3 Nr. 1 IntVerschmRL).

4   **2. Kriterium der Grenzüberschreitung.** Entscheidendes Abgrenzungsmerkmal zur Inlandsverschmelzung ist das Kriterium der Grenzüberschreitung. Es ist erfüllt, wenn an der Verschmelzung **mindestens eine deutsche und eine EU/EWR-Gesellschaft** beteiligt sind. Ohne eine Beteiligung einer dem deutschen Recht unterliegenden Gesellschaft ist der Anwendungsbereich der §§ 122a ff. von vornherein nicht eröffnet: Es handelt sich um einen reinen Auslandssachverhalt ohne Anknüpfungspunkt im deutschen Umwandlungsrecht. Umgekehrt bedarf es mindestens einer beteiligten nichtdeutschen Gesellschaft, um die grenzüberschreitende Verschmelzung von der Inlandsverschmelzung zu unterscheiden. Diese nichtdeutsche Gesellschaft muss dem Recht eines EU/EWR-Staates unterliegen. Nach der zumindest für EU/EWR-Sachverhalte einschlägigen, sog. Europarechtlichen Gründungstheorie (EuGH Slg. 1999, I-1459 = NJW 1999, 2027 – Centros; Slg. 2002, I-9919 = NJW 2002, 3614 – Überseering; Slg. 2003, I-10155 = NJW 2003, 3331 – Inspire Art; BGHZ 154, 185 = NJW 2003, 1461; BGHZ 164, 148 = NJW 2005, 3351; BGHZ 178, 192 = NJW 2009, 289 – Trabrennbahn; BGH NStZ 2010, 632; *Leible/Hoffmann* RIW 2002, 925 [930]; *Eidenmüller* ZIP 2002, 2233 [2234 f.]; MüKoBGB/*Kindler* IntGesR Rn. 361 ff.) bestimmt sich das nach dem Recht, nach dem die betreffende Gesellschaft gegründet wurde (→ Vor §§ 122a ff. Rn. 10). Daher handelt es sich auch im Fall der Verschmelzung einer deutschen Gesellschaft mit einer EU/EWR-Scheinauslandsgesellschaft, die ihren effektiven Verwaltungssitz indes in Deutschland unterhält, um eine grenzüberschreitende Verschmelzung, auf die (für die deutsche Gesellschaft) die Regelungen der §§ 122a ff. Anwendung finden (Lutter/*Bayer* Rn. 23; Widmann/Mayer/*Heckschen* Rn. 87; Semler/Stengel/*Drinhausen* Rn. 10; Kallmeyer/*Marsch-Barner* Rn. 2; Schmitt/Hörtnagl/Stratz/*Hörtnagl* Rn. 8; *H.-F. Müller* NZG 2006, 286 f.; *Winter* Der Konzern 2007, 24 [27]; *Frenzel* Grenzüberschreitende Verschmelzung S. 126 f.). Auf Verschmelzungsfälle deutscher Gesellschaften mit Nicht-EU/EWR-Gesellschaften ist an anderer Stelle einzugehen (→ § 122b Rn. 12 f.).

3. Einordnung sog. NewCo-Fälle. Die Regelungen zur grenzüberschrei- 5
tenden Verschmelzung sind auch auf derartige Fallgestaltungen anwendbar, in denen ausnahmslos Inlandsgesellschaften auf eine erst im Zuge der Verschmelzung neu zu gründende Auslandsgesellschaft verschmolzen werden (sog. NewCo-Fälle; so die − anschauliche − Terminologie bei Lutter/*Bayer* Rn. 24; *Beutel* Rahmen grenzüberschreitender Verschmelzungen S. 153). Die Zulässigkeit einer solchen Fallgestaltung wird mitunter bezweifelt (Widmann/Mayer/*Heckschen* Rn. 6, 72; *Winter* Der Konzern 2007, 24 [27 f.]; *Spahlinger/Wegen* NZG 2006, 721 [722]; *Pohle* Grenzenlos verschmelzen S. 57 ff.; wohl auch *Oechsler* NZG 2006, 161 [162]). Begründet wird dies damit, dass die grenzüberschreitende Verschmelzung zwingend die Beteiligung einer Auslandsgesellschaft voraussetze. Da im Fall einer Verschmelzung zur Neugründung der aufnehmende ausländische Rechtsträger (NewCo) erst mit dem Wirksamwerden der Verschmelzung entstehe, sei dieser nicht an der Verschmelzung beteiligt. Mangels Beteiligung eines ausländischen Rechtsträgers handele es sich folglich nicht um eine grenzüberschreitende Verschmelzung iSd § 122a Abs. 1 (wohl noch Widmann/Mayer/*Heckschen* Rn. 6, 72; *Winter* Der Konzern 2007, 24 [27 f.]; *Spahlinger/Wegen* NZG 2006, 721 [722]; *Pohle* Grenzenlos verschmelzen S. 57 ff.).

Dem ist nicht zu folgen. Dabei mag dahinstehen, ob solche Fallgestaltungen 6
durch die Vorgaben der IntVerschmRL abgedeckt sind (verneinend etwa Lutter/*Bayer* Rn. 25; Widmann/Mayer/*Heckschen* Rn. 6, 72; Kallmeyer/*Marsch-Barner* Rn. 4; *Spahlinger/Wegen* NZG 2006, 721 [722]; *Winter* Der Konzern 2007, 24 [27 f.]; *Frenzel* Grenzüberschreitende Verschmelzung S. 127 f.; differenzierend hingegen *Beutel* Rahmen grenzüberschreitender Verschmelzungen S. 152 f., der die NewCo-Fälle nicht vom Wortlaut der IntVerschmR erfasst sieht, jedoch eine Einbeziehung aus teleologischer Sicht für geboten hält). Jedenfalls ist die Verschmelzung von Inlandsgesellschaften auf eine hierdurch zu gründende Auslandsgesellschaft von der Definition in § 122a Abs. 1 umfasst. Denn in der Terminologie des Umwandlungsgesetzes zählt auch der im Wege der Verschmelzung durch Neugründung zu gründende Rechtsträger zu den beteiligten Gesellschaften (zutreffend Lutter/*Bayer* Rn. 26; Semler/Stengel/*Drinhausen* Rn. 9; Kallmeyer/ *Marsch-Barner* Rn. 4; Schmitt/Hörtnagl/Stratz/*Hörtnagl* Rn. 9; so auch KK-UmwG/*Simon/Rubner* Rn. 18 f., die im Zweifel die NewCo-Fälle im Wege der Analogie als von § 122a erfasst ansehen; *Frenzel* RIW 2008, 12 [13 f.]; *H.-F. Müller* NZG 2006, 286 [287]; *Frenzel* Grenzüberschreitende Verschmelzung S. 127 f.; *Thiermann* Grenzüberschreitende Verschmelzungen deutscher Gesellschaften S. 95 ff.; *Habersack/Verse* EuropGesR § 8 Rn. 57). Dass der deutsche Gesetzgeber damit möglicherweise über den Anwendungsbereich der IntVerschmRL hinausgegangen sein mag, ist hier unerheblich. Die IntVerschmRL ist insoweit nach zutreffender Ansicht nicht abschließend (Lutter/*Bayer* Rn. 26; KK-UmwG/*Simon/Rubner* Rn. 18; *Frenzel* RIW 2008, 12 [13 f.]; *ders.* Grenzüberschreitende Verschmelzung S. 127 f.). Allerdings setzt ein solcher Verschmelzungsweg voraus, dass das auf den aufnehmenden ausländischen Rechtsträger anwendbare Recht wie das deutsche Recht eine grenzüberschreitende Inlandsverschmelzung auf einen ausländischen, neu gegründeten Rechtsträger zulässt (zutreffend Lutter/*Bayer* Rn. 26; Kallmeyer/*Marsch-Barner* Rn. 4; Schmitt/Hörtnagl/Stratz/*Hörtnagl* Rn. 9; *Frenzel* Grenzüberschreitende Verschmelzung

S. 127 f.). In der Konsequenz bedeutet dies im Übrigen, dass auch der umgekehrte Fall der Verschmelzung zweier ausländischer Rechtsträger auf einen neu
zu gründenden deutschen Rechtsträger eine grenzüberschreitende Verschmelzung iSd § 122a darstellt (vgl. Kallmeyer/*Marsch-Barner* Rn. 4; KK-UmwG/
Simon/Rubner Rn. 18 f.).

7   **4. Kombination mit anderen Umwandlungsvorgängen?** Angesichts der
auf reine Verschmelzungsvorgänge beschränkten Regelungsmaterie der §§ 122a ff.
stellt sich die Frage, ob eine grenzüberschreitende Verschmelzung mit einer anderen Umwandlungsmaßnahme so kombiniert werden kann, dass sich bei einer
Gesamtschau hierdurch eine eigenständige Transaktionsart herausbildet. Konkret
bezieht sich die Fragestellung auf die Verbindung von Formwechsel und grenzüberschreitender Verschmelzung, wie sie in der Praxis bereits zu beobachten war
(vgl. den Formwechsel der Fresenius SE in die Rechtsform der SE & Co KGaA
mit anschließender grenzüberschreitender Verschmelzung durch Aufnahme der
Calea Nederland N. V., s. Fresenius Umwandlungsbericht S. 156 sowie Fresenius
Verschmelzungsdokumentation zur Hauptversammlung vom 12.5.2010 S. 1 –
abrufbar unter http://www.fresenius.de/hauptversammlung_archiv; ausführlich
hierzu *Kiem* in Bergmann/Kiem/Mülbert/Verse/Wittig, 10 Jahre SE, S. 126,
141 f.). Diese Verknüpfung mehrerer rechtlich eigenständiger Umwandlungsvorgänge erfolgt durch eine entsprechend **koordinierte Steuerung der Wirksam-
keitszeitpunkte**, die in Abstimmung mit dem Registergericht durch eine Hinter-
einanderschaltung der Registereintragungen bewirkt wird. Diese Art der Verknüpfung ist für Inlandsvorgänge gänzlich unbestritten (vgl. Schmitt/Hörtnagl/Stratz/
Hörtnagl § 126 Rn. 111; Kallmeyer/*Kallmeyer* § 1 Rn. 21; *Kiem,* in Bergmann/
Kiem/Mülbert/Verse/Wittig, 10 Jahre SE, S. 126, 142; *Heckschen/Simon* Umwandlungsrecht – Gestaltungsschwerpunkte in der Praxis – § 5 Rn. 6, 78; *K.
Schmidt* GesR § 13 I 3d; bezüglich steuerrechtlicher Aspekte vgl. Widmann/May-
er/*Widmann* UmwStG § 2 Rn. 240; Schmitt/Hörtnagl/Stratz/*Hörtnagl* UmwStG
§ 2 Rn. 27 ff.; Haritz/Menner/*Slabon* UmwStG § 2 Rn. 55 ff.). Es ist nicht zu
erkennen, warum dies im Hinblick auf die grenzüberschreitende Verschmelzung
anders beurteilt werden sollte. Eine andere Frage ist, ob sich die durch die Verbindung eines Inlandssachverhalts mit einer grenzüberschreitenden Verschmelzung
angestrebte Anwendung des MgVG tatsächlich erreichen lässt (dazu Fresenius Verschmelzungsdokumentation zur Hauptversammlung vom 12.5.2010 S. 33 – abrufbar unter http://www.fresenius.de/hauptversammlung_archiv; sowie dezidiert
Kiem in Bergmann/Kiem/Mülbert/Verse/Wittig, 10 Jahre SE, S. 126, 142 ff.).

III. Generalverweis auf §§ 2 ff. (Abs. 2)

8   **1. Regelungssystematik.** Nach der Regelungssystematik der §§ 122a ff. findet ein Rückgriff auf die Vorschriften über die inländische Verschmelzung statt,
soweit die Bestimmungen über die grenzüberschreitende Verschmelzung keine
besonderen Regelungen bereithalten. Der Generalverweis auf §§ 2 ff. ist damit
Ausdruck der gesetzgeberischen Intention eines **weitgehenden Gleichlaufs** der
Regelungsmaterie für die grenzüberschreitende und die Inlandsverschmelzung.
Die gewählte Verweisungstechnik entspricht dem gesetzgeberischen Konzept,
wonach die Regelungen über die innerstaatliche Verschmelzung grundsätzlich
auch für die grenzüberschreitende Verschmelzung gelten sollen (vgl. Begr. RegE,
BT-Drs. 16/2919, 12).

9   **2. Verweisungsgegenstand.** Mit dem Generalverweis in Abs. 2 wird auf das
gesamte für die **innerstaatliche Verschmelzung von Kapitalgesellschaften**
iSd § 3 Abs. 1 Nr. 2 **maßgebliche deutsche Umwandlungsrecht** verwiesen
(Lutter/*Bayer* Rn. 27 ff.; Semler/Stengel/*Drinhausen* Rn. 14; Widmann/Mayer/

Heckschen Rn. 90 ff.; Kallmeyer/*Marsch-Barner* Rn. 5; KK-UmwG/*Simon*/*Rubner* Rn. 20 f.; *Drinhausen*/*Keinath* BB 2006, 725 [726]; *Kiem* WM 2006, 1091 [1092]; *Frenzel* Grenzüberschreitende Verschmelzung S. 197). Der Verweis bezieht sich mithin nicht nur auf die die Verschmelzungsfähigkeit eines Rechtsträgers regelnden Bestimmungen des nationalen Rechts (ausführlich *Frenzel* Grenzüberschreitende Verschmelzung S. 194 ff.).

Sachlicher Verweisungsgegenstand sind zunächst die allgemeinen Vorschriften **10** des Verschmelzungsrechts (Erster Teil des Zweiten Buchs, §§ 2–38). Des Weiteren wird auf diejenigen Abschnitte des Verschmelzungsrechts verwiesen, die für Kapitalgesellschaften gelten. Das sind die Bestimmungen über die Verschmelzung von GmbHs (§§ 46–59), von AGs (§§ 60–76) und von KGaAs (§ 78). Damit sind sämtliche Vorschriften des Verschmelzungsrechts für Kapitalgesellschaften iSd § 3 Abs. 1 Nr. 2 zur Anwendung gebracht. Ebenfalls erfasst sind darüber hinaus die Unternehmergesellschaft (UG) als Unterform der GmbH (→ § 122b Rn. 6; Lutter/*Lutter*/*Bayer* Einl. I Rn. 53, Lutter/*Bayer* Rn. 28; Semler/Stengel/*Drinhausen* § 122b Rn. 4; *Thiermann* Grenzüberschreitende Verschmelzung deutscher Gesellschaften S. 162 ff.; vgl. auch LH/*Lutter* GmbHG § 5a Rn. 2 f.; Baumbach/ Hueck/*Fastrich* GmbHG § 5a Rn. 7; MüKoGmbHG/*Rieder* GmbHG § 5a Rn. 49; Michalski/*Miras* GmbHG § 5a Rn. 4) sowie die in Deutschland ansässige SE (Begr. RegE, BT-Drs. 16/2919, 14; vgl. auch Lutter/*Bayer* Rn. 28; Semler/Stengel/ *Drinhausen* Rn. 14; Kallmeyer/*Marsch-Barner* Rn. 5, § 122b Rn. 3; KK-UmwG/ *Simon*/*Rubner* § 122b Rn. 7 ff.; *Drinhausen*/*Keinath* BB 2006, 725 [726]; *Kiem* WM 2006, 1091 [1093]; *Limmer* ZNotP 2007, 242 [250]; *H.-F. Müller* ZIP 2007, 1081 [1082]; *Neye*/*Timm* DB 2006, 488 [490]; *Spahlinger*/*Wegen* NZG 2006, 721 [723]; *Beutel* Rahmen grenzüberschreitender Verschmelzungen S. 139 ff.) über Art. 9 Abs. 1 lit. c ii) und Art. 10 SE-VO (→ § 122b Rn. 7).

3. Schranken der Verweisung. Die Verweisung gilt nur, soweit sich aus dem **11** Regelungsabschnitt über die grenzüberschreitende Verschmelzung nichts anderes ergibt. Eine Einschränkung der allgemeinen Verweisung kann sich zunächst kraft **ausdrücklicher Anordnung** ergeben. Das ist immer dann der Fall, wenn die §§ 122a ff. eigenständige Regelungsgegenstände enthalten, die als *lex specialis* die allgemeinen Vorschriften über Inlandsverschmelzungen verdrängen. So enthält § 122c eine abschließende Regelung zum Verschmelzungsplan; auf § 5 kann insoweit nicht – auch nicht ergänzend – zurückgegriffen werden (→ § 122c Rn. 21). Die §§ 122e und 122f enthalten modifizierende Verweisungen in die entsprechenden allgemeinen Bestimmungen. Diese gehen als speziellere Regelungen den allgemeinen Bestimmungen vor. Die Verweisung in Abs. 2 kann aber auch dadurch eingeschränkt sein, dass **Sinn und Zweck** einer Bestimmung zur grenzüberschreitenden Verschmelzung den Rückgriff auf das sonstige Verschmelzungsrecht verbieten (vgl. Lutter/*Bayer* Rn. 30; Widmann/Mayer/*Heckschen* Rn. 98; KK-UmwG/*Simon*/*Rubner* Rn. 22 f.). Diese nicht ausdrücklich im Gesetz angelegten Schranken sind durch Auslegung, erforderlichenfalls im Rückgriff auf die IntVerschmRL, zu ermitteln.

Verschmelzungsfähige Gesellschaften

122b (1) **An einer grenzüberschreitenden Verschmelzung können als übertragende, übernehmende oder neue Gesellschaften nur Kapitalgesellschaften im Sinne des Artikels 2 Nr. 1 der Richtlinie 2005/56/EG des Europäischen Parlaments und des Rates vom 26. Oktober 2005 über die Verschmelzung von Kapitalgesellschaften aus verschiedenen Mitgliedstaaten (ABl. EU Nr. L 310 S. 1) beteiligt sein, die nach dem Recht eines Mitgliedstaats der Europäischen Union oder eines ande**

ren Vertragsstaats des Abkommens über den Europäischen Wirtschaftsraum gegründet worden sind und ihren satzungsmäßigen Sitz, ihre
Hauptverwaltung oder ihre Hauptniederlassung in einem Mitgliedstaat
der Europäischen Union oder einem anderen Vertragsstaat des Abkommens über den Europäischen Wirtschaftsraum haben.

(2) An einer grenzüberschreitenden Verschmelzung können nicht beteiligt sein:

1. Genossenschaften, selbst wenn sie nach dem Recht eines anderen Mitgliedstaats der Europäischen Union oder eines anderen Vertragsstaats
des Abkommens über den Europäischen Wirtschaftsraum unter die
Definition des Artikels 2 Nr. 1 der Richtlinie fallen;

2. Gesellschaften, deren Zweck es ist, die vom Publikum bei ihnen eingelegten Gelder nach dem Grundsatz der Risikostreuung gemeinsam
anzulegen und deren Anteile auf Verlangen der Anteilsinhaber unmittelbar oder mittelbar zulasten des Vermögens dieser Gesellschaft zurückgenommen oder ausgezahlt werden. Diesen Rücknahmen oder
Auszahlungen gleichgestellt sind Handlungen, mit denen eine solche
Gesellschaft sicherstellen will, dass der Börsenwert ihrer Anteile nicht
erheblich von deren Nettoinventarwert abweicht.

Schrifttum: Vgl. die Angaben zu § 122a.

Übersicht

		Rn.
I.	Regelungsgehalt und europarechtliche Vorgaben	1
II.	Kreis verschmelzungsfähiger Gesellschaften (Abs. 1)	4
	1. Kapitalgesellschaften iSd IntVerschmRL	5
	a) Verweis auf die Publizitäts-RL	6
	b) Rückgriff auf allgemeine Definition	8
	2. EU/EWR–Zugehörigkeit	11
	3. Konkrete Verschmelzungsfähigkeit	14
III.	Ausgenommene Gesellschaftsformen (Abs. 2)	15
	1. Genossenschaften (Nr. 1)	15
	2. Investmentgesellschaften (Nr. 2)	16

I. Regelungsgehalt und europarechtliche Vorgaben

1   Die Vorschrift bestimmt den Kreis verschmelzungsfähiger Gesellschaften und
damit den **persönlichen Anwendungsbereich** der Regelungen zur grenzüberschreitenden Verschmelzung. Mit ihr werden die Vorgaben aus Art. 1, Art. 2
Nr. 1 sowie Art. 3 Nr. 2 und 3 IntVerschmRL umgesetzt. Die Bestimmung ist in
engem Zusammenhang mit § 122a zu sehen, der die Legaldefinition einer grenzüberschreitenden Verschmelzung enthält (→ § 122a Rn. 3). Die Vorschrift erscheint auf den ersten Blick redundant, da bereits die gesetzliche Begriffsbestimmung in § 122a festlegt, dass nur dem Recht eines anderen Mitgliedstaats unterliegende Gesellschaften an einer grenzüberschreitenden Verschmelzung beteiligt
sein können. Allerdings ist der Begriff der grenzüberschreitenden Verschmelzung
dort bewusst offen formuliert, da in § 122a Abs. 1 nur von „Gesellschaften" die
Rede ist (vgl. Begr. RegE, BT-Drs. 16/2919, 14). Erst im Zusammenspiel mit
§ 122b ergibt sich die (derzeitige) Beschränkung auf EU/EWR-Kapitalgesell-
schaften, für die die Vorschrift überdies mit dem satzungsmäßigen Sitz, der
Hauptverwaltung oder der Hauptniederlassung einen räumlichen Anknüpfungspunkt innerhalb der EU/EWR verlangt. Damit hat sich der Gesetzgeber die
Möglichkeit erhalten, eine künftige Erweiterung des Kreises verschmelzungsfähi-

ger Gesellschaften auf weitere Rechtsträger wie zB Personengesellschaften mit relativ kleinen Eingriffen in die bestehende Vorschrift zu bewerkstelligen.

Freilich hätte der Umwandlungsgesetzgeber von vornherein den Kreis ver- 2 schmelzungsfähiger Rechtsträger weiter ziehen und die grenzüberschreitende Verschmelzung auch für **Personengesellschaften** öffnen sollen. Dazu war er zwar durch die Vorgaben der IntVerschmRL nicht verpflichtet. Allerdings war ihm eine Einbeziehung von Personengesellschaften dadurch auch nicht versperrt. Die IntVerschmRL ist insoweit nicht abschließend (vgl. Lutter/*Bayer* Rn. 3, § 122a Rn. 3, 12; Lutter/*Lutter/Bayer* Einl. I Rn. 40; *Limmer* ZNotP 2007, 242 [245 f.]; *Spahlinger/Wegen* NZG 2006, 721 [723]). Für eine rechtssichere Regelung der grenzüberschreitenden Verschmelzung von Personengesellschaften besteht ein praktisches Bedürfnis. Nach dem erreichten Stand der Auslegung des europäischen Primärrechts darf einer dem Recht eines Mitgliedstaats unterliegenden Personengesellschaft eine grenzüberschreitende Verschmelzung ohnehin nicht verwehrt werden, sofern das nationale Recht seinen nationalen Gesellschaften diese Möglichkeit eröffnet (EuGH Slg. 2005, I-10805 = NJW 2006, 425 – SEVIC; → Vor §§ 122a ff. Rn. 9; Widmann/Mayer/*Heckschen* Vor §§ 122a ff. Rn. 14; Lutter/*Bayer* § 122a Rn. 12; Kallmeyer/*Marsch-Barner* § 122a Rn. 6; Schmitt/Hörtnagl/Stratz/*Hörtnagl* Vor §§ 122a ff. Rn. 2; *Haritz/von Wolff* GmbHR 2006, 340 [341]; *Geyrhalter/Weber* DStR 2006, 146 [151]; *Winter* Der Konzern 2007, 24 [27]). Dies ist in Deutschland durch § 3 Abs. 1 Nr. 1 für Personenhandelsgesellschaften und Partnerschaftsgesellschaften der Fall. Allerdings ist eine grenzüberschreitende Verschmelzung unter Einbeziehung von Personengesellschaften ohne Vorhandensein entsprechender nationalstaatlicher Regelungen beschwerlich. Deshalb hätte sich eine Regelung der grenzüberschreitenden Verschmelzung unter Einbeziehung von Personengesellschaften empfohlen, wie sie von vielen Stimmen auch gefordert worden war (vgl. Widmann/Mayer/*Heckschen* Vor §§ 122a ff. Rn. 14; Lutter/*Bayer* Rn. 3; *Kiem* WM 2006, 1091 [1094]; *Bayer/J. Schmidt* ZIP 2006, 210 [212 f.]; *dies.* BB 2008, 454 [459]; *Doralt* IPRax 2006, 572 [576]; *Drinhausen/Keinath* RIW 2006, 81 [86 f.]; *Forsthoff* DStR 2006, 613 [618]; *Spahlinger/Wegen* NZG 2006, 721 [726 f.]; *Louven* ZIP 2006, 2021 [2023 f.]).

Nur scheinbar besteht eine Regelungsinkonsistenz zwischen § 122b Abs. 1 3 und § 122a Abs. 2. Nach letzterer Bestimmung erfolgt eine Verweisung in das Regelwerk für Inlandsverschmelzungen, sofern bei der grenzüberschreitenden Verschmelzung eine Kapitalgesellschaft iSd § 3 Abs. 1 Nr. 2 beteiligt ist. Das scheint im Widerspruch zu der weiteren Begriffsbestimmung einer Kapitalgesellschaft zu stehen, wie sie § 122b Abs. 1 vornimmt (kritisch deswegen auch *Frenzel* Grenzüberschreitende Verschmelzung S. 197 f.). Die **unterschiedliche Verwendung des Begriffs der Kapitalgesellschaft** ist indessen den Vorgaben der IntVerschmRL geschuldet. Die Festlegung des Kreises der beteiligungsfähigen Kapitalgesellschaften geht auf die IntVerschmRL zurück. Für den Verweis in das deutsche Sachrecht musste der deutsche Gesetzgeber hingegen von den bestehenden Gegebenheiten ausgehen. Demnach ist das für die grenzüberschreitende Verschmelzung ergänzend zur Anwendung berufene nationale Verschmelzungsrecht allein dasjenige, das für die in § 3 Abs. 1 Nr. 2 genannten Kapitalgesellschaften (sowie die deutsche SE gemäß Art. 9 Abs. 1 lit. c ii) bzw. Art. 10 SE-VO) maßgeblich ist.

II. Kreis verschmelzungsfähiger Gesellschaften (Abs. 1)

Gemäß Abs. 1 können nur solche Gesellschaften an einer grenzüberschreiten- 4 den Verschmelzung beteiligt sein, die als Kapitalgesellschaft iSd IntVerschmRL einzuordnen sind und darüber hinaus dem Erfordernis einer doppelten EU-/bzw.

EWR-Anknüpfung genügen. Weitere ungeschriebene Voraussetzung ist überdies, dass der betreffenden Gesellschaft nach dem für sie anwendbaren Recht der konkrete Verschmelzungsweg dieser Rechtsform auf die vergleichbare Rechtsform des anderen Mitgliedstaats eröffnet ist (Kriterium der konkreten Verschmelzungsfähigkeit).

5   **1. Kapitalgesellschaften iSd IntVerschmRL.** Abs. 1 verweist für Zwecke der Festlegung verschmelzungsfähiger Rechtsträger schlicht auf die in Art. 2 IntVerschmRL enthaltene **Legaldefinition für Kapitalgesellschaften.** Die dort enthaltene Begriffsbestimmung gliedert sich in zwei Teile: Den Verweis auf die Publizitäts-RL sowie eine eigene Definition der Kapitalgesellschaft.

6   **a) Verweis auf die Publizitäts-RL.** Art. 2 Nr. 1 lit. a IntVerschmRL verweist zunächst auf Art. 1 Publizitäts-RL. Danach sind als deutsche Gesellschaftsformen die **Aktiengesellschaft,** die **KGaA** sowie die **GmbH** erfasst. Ebenfalls umfasst ist die Unternehmergesellschaft (UG), da sie eine bloße Unterform der GmbH darstellt und keine eigenständige Rechtsform begründet (→ § 122a Rn. 10; Lutter/*Bayer* Rn. 4; Lutter/*Lutter/Bayer* Einl. I Rn. 53; Semler/Stengel/*Drinhausen* Rn. 4; *Thiermann* Grenzüberschreitende Verschmelzungen deutscher Gesellschaften S. 162 ff.; vgl. auch LH/*Lutter* GmbHG § 5a Rn. 2 f.; Baumbach/Hueck/*Fastrich* GmbHG § 5a Rn. 7; MüKoGmbHG/*Rieder* § 5a Rn. 49; Michalski/*Miras* GmbHG § 5a Rn. 4). Allerdings gilt dies wegen des Sacheinlagenverbots aus § 5a Abs. 2 S. 2 GmbHG im Fall der **Beteiligung einer UG als aufnehmendem Rechtsträger** nach zutreffender Ansicht nur dann, wenn das Stammkapital mit dem Wirksamwerden der Verschmelzung das Mindestkapital gemäß § 5 Abs. 1 GmbHG erreicht (*Thiermann* Grenzüberschreitende Verschmelzungen deutscher Gesellschaften S. 164 ff.; vgl. auch Baumbach/Hueck/*Fastrich* GmbHG § 5a Rn. 18; Michalski/*Miras* GmbHG § 5a Rn. 14 f.; Roth/Altmeppen/*Roth* GmbHG § 5a Rn. 38; Bork/Schäfer/*Schäfer* GmbHG § 5a Rn. 6, 39; inzwischen auch LH/*Lutter/Kleindiek* GmbHG § 5a Rn. 69; ebenso UHL/*Paura* GmbHG § 5a Rn. 63 f.). Andernfalls würde der von § 5a Abs. 2 S. 2 GmbHG intendierte Normzweck, namentlich **Verfahrensbeschleunigung** (Begr. RegE MoMiG, BT-Drs. 16/6140, 31 f.; s. auch BGH NZG 2011, 666 = ZIP 2001, 1054; LH/*Lutter/Kleindiek* GmbHG § 5a Rn. 21; Bork/Schäfer/*Schäfer* GmbHG § 5a Rn. 20; allgemein zur Gründe der Vereinfachung abstellend Baumbach/Hueck/*Fastrich* GmbHG § 5a Rn. 11) und **Gläubigerschutz** (Lutter/*Priester* § 138 Rn. 3; Bork/Schäfer/*Schäfer* GmbHG § 5a Rn. 20), unterlaufen (LH/*Lutter/Kleindiek* GmbHG § 5a Rn. 21 f.; Michalski/*Michalski* GmbHG Syst. Darst. 1 Rn. 118 ff.; allgemein zum Gläubigerschutz durch Sacheinlagevorschriften LH/*Bayer* GmbHG § 19 Rn. 54 ff.; allgemein zum Gläubigerschutz durch das System des festen Stammkapitals Baumbach/Hueck/*Fastrich* GmbHG Einl. Rn. 7 ff.). Erreicht hingegen das Stammkapital der (vormaligen) UG infolge der im Rahmen der Verschmelzung durchgeführten Kapitalerhöhung das gesetzliche Mindestkapital einer GmbH, ist der Normzweck gewahrt (vgl. auch BGH NZG 2011, 664 = ZIP 2011, 955) und gegen eine Teilnahme an der grenzüberschreitenden Verschmelzung ist nichts einzuwenden.

7   Aufgrund des Verweises auf das auf die nationale AG anwendbare Recht in Art. 9 Abs. 1 lit. c ii) bzw. des Diskriminierungsverbots aus Art. 10 SE-VO ist auch die **SE mit Sitz in Deutschland** eine verschmelzungsfähige Kapitalgesellschaft iSd § 122b (→ § 122a Rn. 10; Begr. RegE, BT-Drs. 16/2919, 14). Sie kann daher an einer grenzüberschreitenden Verschmelzung sowohl als übertragender als auch als aufnehmender Rechtsträger beteiligt sein (vgl. auch Lutter/*Bayer* Rn. 7; Semler/Stengel/*Drinhausen* Rn. 5; KK-UmwG/*Simon/Rubner* Rn. 12 ff.; Kallmeyer/*Marsch-Barner* Rn. 3; *Drinhausen/Keinath* BB 2006, 725 [726]; *Limmer* ZNotP 2007, 242 [250]; *H.-F. Müller* ZIP 2007, 1081 [1082];

Frenzel Grenzüberschreitende Verschmelzung S. 153 ff.; *Beutel* Rahmen grenz-
überschreitender Verschmelzungen S. 139 ff.). Dies gilt nach richtiger Ansicht
unabhängig von der Zweijahresfrist in Art. 66 Abs. 1 S. 2 SE-VO (KK-
AktG/*Kiem* SE-VO Art. 66 Rn. 11 ff.; Widmann/Mayer/*Heckschen* Anh. 14:
Europäische Gesellschaft (SE) Rn. 524 ff., 528.2; LHT/*J. Schmidt* Art. 66 Rn. 9;
Thiermann Grenzüberschreitende Verschmelzungen deutscher Gesellschaften
S. 208 f.; aA Semler/Stengel/*Drinhausen* Rn. 5; Kallmeyer/*Marsch-Barner* Rn. 3;
KK-UmwG/*Simon/Rubner* Rn. 14 f.; für eine Sperrwirkung gemäß Art. 66
Abs. 1 S. 2 SE-VO analog, *Louven* ZIP 2006, 2021 [2024]; so auch Spindler/
Stilz/*Casper* AktG SE-VO Art. 2, 3 Rn. 38; *ders.* AG 2007, 97 [103 f.]; *ders.* ZHR
173 [2009], 181 [194 f.]). Die Zweijahresfrist muss also nicht verstrichen sein,
bevor die deutsche SE an einer grenzüberschreitenden Verschmelzung nach den
§§ 122a ff. beteiligt sein kann. Demgegenüber finden die §§ 122a ff. keine An-
wendung, wenn im Wege einer grenzüberschreitenden Verschmelzung eine SE
gegründet wird. Diesbezüglich gehen die Vorschriften der SE-VO, namentlich
Art. 2 Abs. 1, 17 ff. SE-VO, als speziellere Regeln dem nationalstaatlichen Umwandlungsrecht vor (vgl. Lutter/*Bayer* Rn. 7; Semler/Stengel/*Drinhausen* Rn. 5;
KK-UmwG/*Simon/Rubner* Rn. 9; Kallmeyer/*Marsch-Barner* Rn. 3; *Grambow/
Stadler* BB 2010, 977 [978]; *Drinhausen/Keinath* BB 2006, 725 [726]; *Krause/
Kulpa* ZHR 171 [2007], 38 [54]; *Limmer* ZNotP 2007, 242 [250]; *H.-F. Müller*
ZIP 2007, 1081 [1082]; *Inwinkl/Schneider* RIW 2008, 4 [11]; *Frenzel* Grenzüber-
schreitende Verschmelzung S. 153 ff.).

b) Rückgriff auf allgemeine Definition. Daneben enthält Art. 2 Nr. 1 lit. b **8**
IntVerschmRL eine eigenständige Definition der Kapitalgesellschaft (sog. „kleine
Generalklausel", Begriff nach Lutter/*Bayer* Rn. 5). Damit wird eine **Flexibilisie-
rung** im Hinblick auf die einzubeziehenden Rechtsformen bezweckt. Der starre
Verweis auf die in der Publizitäts-RL aufgeführten Kapitalgesellschaftsformen
allein hätte bei jeder Erweiterung der verschmelzungsfähigen Rechtsformen eine
Änderung der IntVerschmRL erforderlich gemacht. Das wird durch die Aufnahme einer eigenständigen Begriffsbestimmung in die IntVerschmRL und
§ 122b vermieden. Damit kann der Entstehung neuer europäischer wie nationaler
Rechtsformen besser Rechnung getragen werden (vgl. Lutter/*Bayer* Rn. 5; Sem-
ler/Stengel/*Drinhausen* Rn. 4; Widmann/Mayer/*Heckschen* Rn. 9; *Neye* ZIP
2005, 1893 [1894]; *Beutel* Rahmen grenzüberschreitender Verschmelzungen
S. 134).

Art. 2 Nr. 1 lit. b IntVerschmRL beschreibt eine Kapitalgesellschaft als Gesell- **9**
schaft, die **Rechtspersönlichkeit** besitzt und über **gesondertes Gesellschaftskapital** verfügt, das allein für die Verbindlichkeiten der Gesellschaft haftet, und
die nach dem für sie maßgebenden innerstaatlichen Recht **Schutzbestimmungen iSd Publizitäts-RL** im Interesse der Gesellschafter sowie Dritter einhalten
muss. Die betreffende Kapitalgesellschaft muss mithin der in der Publizitäts-RL
angeordneten Registerpublizität unterfallen.

Die **praktische Bedeutung dieser Generalklausel** für Kapitalgesellschaften **10**
außerhalb der Reichweite der Publizitäts-RL **ist bisher gering.** Die einzige
Gesellschaftsform, die nicht bereits eine Kapitalgesellschaft iSd Publizitäts-RL
darstellt, ist die SE (mit Sitz in Deutschland). Für deren Einbeziehung wäre
indessen die Generalklausel nicht erforderlich gewesen, da sie bereits aufgrund
anderer Bestimmungen zum Kreis grenzüberschreitend verschmelzungsfähiger
Gesellschaftsformen zählt (→ Rn. 7). Grundsätzlich gehören auch **Genossenschaften** zu den Kapitalgesellschaften iSd Begriffsbestimmung des Art. 2 Nr. 1
lit. b IntVerschmRL, wenn sie ein Mindestkapital aufweisen (§ 8a GenG).
Genossenschaften sind indes explizit vom Anwendungsbereich der §§ 122a ff.
ausgeschlossen (§ 122b Abs. 2 Nr. 1). Diskutiert wird, ob der **Versicherungs-**

verein auf Gegenseitigkeit als Kapitalgesellschaft iSd Definition der Int-VerschmRL anzusehen ist (bejahend *Frenzel* Grenzüberschreitende Verschmelzung S. 135 ff.; *ders.* RIW 2008, 12 [14]). Dies wird überwiegend verneint (vgl. Semler/Stengel/*Drinhausen* Rn. 6; Widmann/Mayer/*Heckschen* Rn. 73; Schmitt/Hörtnagl/Stratz/*Hörtnagl* Rn. 6; Kallmeyer/*Marsch-Barner* Rn. 4; *Louwen* ZIP 2006, 2021 [2024]). Dem ist zu folgen. Der Gründungsstock eines VVaG stellt kein „gesondertes Gesellschaftskapital" iSd Begriffsbestimmung der Int-VerschmRL dar.

11 **2. EU/EWR-Zugehörigkeit.** Beteiligt an einer grenzüberschreitenden Verschmelzung kann nur eine Kapitalgesellschaft sein, die nach dem Recht eines EU- oder EWR-Staates gegründet worden ist, und die noch immer eine Verbindung mit einem EU- oder EWR-Staat dergestalt aufweist, dass sie ihren **satzungsmäßigen Sitz**, ihre **Hauptverwaltung** oder ihre **Hauptniederlassung** in einem dieser Staaten hat. Damit ist den Vorgaben in Art. 1 Int-VerschmRL entsprochen. Mit dieser **doppelten Anknüpfung** wiederum orientiert sich die IntVerschmRL an den Zugehörigkeitskriterien, wie sie beispw. Art. 54 AEUV für die Niederlassungsfreiheit von Gesellschaften festschreibt. Wie dort (Grabitz/Hilf/Nettesheim/*Forsthoff* AEUV Art. 54 Rn. 5) wird also sowohl eine **rechtliche** als auch eine **räumliche Verbindung** zu einem Mitgliedstaat der EU bzw. des EWR als Voraussetzung für die Anerkennung der EU/EWR-Zugehörigkeit verlangt. Es muss sich mithin um eine nach dem Recht eines EU/EWR-Staates gegründete Gesellschaft mit (nach wie vor) bestehender Anknüpfung an einen – nicht notwendigerweise denselben – EU/EWR-Staat handeln. Angesichts der Parallelität der Regelungsmaterie kann insoweit auf die Kommentarliteratur zu Art. 54 AEUV verwiesen werden (dazu zB Geiger/Khan/*Kotzur* EUV/AEUV Art. 54 Rn. 4 ff.; Grabitz/Hilf/Nettesheim/*Forsthoff* AEUV Art. 54 Rn. 5 ff.).

12 Im Schrifttum ist umstritten, inwieweit über den Wortlaut des § 122b Abs. 1 hinaus auch solche Gesellschaften an grenzüberschreitenden Verschmelzungen teilnehmen können, die zwar nicht nach dem Recht eines EU/EWR-Staates gegründet worden sind, die sich aber auf ihnen günstige Bestimmungen **völkerrechtlicher Verträge mit Drittstaaten** stützen können (sog. Gleichbehandlungs- und Meistbegünstigungsklauseln). Konkret geht es etwa um die **US-amerikanische Gesellschaften**, die in den Anwendungsbereich des FHSV (Freundschafts-, Handels- und Schifffahrtsvertrag vom 29.10.1954 zwischen der Bundesrepublik Deutschland und den Vereinigten Staaten von Amerika, BGBl. 1956 II S. 487) einbezogen sind. Geklärt ist, dass nach den Bestimmungen des FHSV eine nach dem Recht eines US-Bundesstaats gegründete Gesellschaft als rechtsfähig anzuerkennen ist (BGHZ 153, 353 = NJW 2003, 1607; BGH NZG 2004, 1001; 2005, 44). Fraglich ist, ob darüber hinaus aufgrund der Verpflichtung zur Meistbegünstigung gemäß Art. XXV Abs. 5 FHSV den US-amerikanischen Gesellschaften die **passive Verschmelzungsfähigkeit** zuzugestehen ist. Das ist im Ergebnis zu bejahen (so schon *Kiem* WM 2006, 1091 [1093]; offenlassend *Drinhausen/Keinath* RIW 2006, 81 [86 f.]; zwar sachlich befürwortend, im Einzelnen aber verneinend, da nicht von der Gleichstellungsklausel erfasst, Widmann/Mayer/*Heckschen* Rn. 81, § 122a Rn. 89; aA Lutter/*Bayer* Rn. 11; Semler/Stengel/*Drinhausen* Rn. 9; Schmitt/Hörtnagl/Stratz/*Hörtnagl* Rn. 8). Das Institut der grenzüberschreitenden Verschmelzung ist in den sachlichen Anwendungsbereich des Art. VII Abs. 1 FHSV einbezogen, da es der durch diese Norm geschützten Aufnahme einer Geschäftstätigkeit zuzurechnen ist (eingehend *Frenzel* Grenzüberschreitende Verschmelzung S. 175 ff.; *ders./Axer* RIW 2007, 47 [48 f.]). Fraglich ist daher allein, ob ein nicht ausdrücklich erklärter, immanenter Vorbehalt besteht, wonach die durch die Mitgliedschaft im EU/

EWR-Raum gewährten Vorteile nicht von der Meistbegünstigungsverpflichtung erfasst sein sollten (vgl. dazu *Frenzel* Grenzüberschreitende Verschmelzung S. 177 ff.; *ders./Axer* RIW 2007, 47 [52 ff.]). Das lässt sich im Hinblick auf den Meinungsstand für die Parallelproblematik bilateral vereinbarter Meistbegünstigungen im Anwendungsbereich von Freihandelszonen und Zollunionen durchaus vertreten (so zB *Frenzel* Grenzüberschreitende Verschmelzung S. 177; *ders./Axer* RIW 2007, 47 [51] mwN). Überzeugend ist es indessen nicht. Für die Beschneidung völkerrechtlich zugesicherter Rechtspositionen sollte ein strenger Maßstab angelegt werden. Die gewohnheitsmäßige Annahme eines stillen, nicht offen erklärten Vorbehalts genügt dem nicht. Es wäre ein Leichtes gewesen, einen entsprechenden gesetzgeberischen Willen ausdrücklich zu erklären. Die Anerkennung der passiven Verschmelzungsfähigkeit ist auch keineswegs integrationshemmend, so dass sich auch aus Art. 351 Abs. 3 AEUV nichts anderes ergibt. Im Ergebnis folgt daraus, dass Gesellschaften, die sich auf die unter dem FHSV gewährte Meistbegünstigung stützen können, nach deutschem Recht die passive Verschmelzungsfähigkeit für grenzüberschreitende Verschmelzungen im Rahmen der §§ 122a ff. zuzubilligen ist.

Mit der Anerkennung der passiven Verschmelzungsfähigkeit von nach dem **13** Recht eines US-Bundesstaats gegründeten Gesellschaften ist indessen noch nicht gesagt, dass eine grenzüberschreitende Verschmelzung mit einer deutschen Kapitalgesellschaft erfolgen kann. Vielmehr ist dazu des Weiteren erforderlich, dass eine grenzüberschreitende Verschmelzung nach dem **Gründungsrecht der US-Gesellschaft** zugelassen ist (*Frenzel* Grenzüberschreitende Verschmelzung S. 171 f.). Unter praktischen Gesichtspunkten ist außerdem zu bedenken, dass die tatsächliche Abwicklung einer grenzüberschreitenden Verschmelzung zwischen einer deutschen und einer US-amerikanischen Kapitalgesellschaft mangels angeglichenen Verschmelzungsrechts erheblichen praktischen Schwierigkeiten begegnet (vgl. Widmann/Mayer/*Heckschen* Rn. 82; andeutend auch *Frenzel/Axer* RIW 2007, 47 [55]).

3. **Konkrete Verschmelzungsfähigkeit.** Schließlich ist für die Anerkennung **14** der Verschmelzungsfähigkeit erforderlich, dass die **konkret gewählte Verschmelzungskonstellation** auch nach **den Vorschriften des betreffenden Mitgliedstaats zur nationalstaatlichen Verschmelzung eröffnet** ist (konkrete Verschmelzungsfähigkeit; so auch die Terminologie bei *Beutel* Rahmen grenzüberschreitender Verschmelzungen S. 135; vgl. auch Lutter/*Bayer* Rn. 12: Kombinationsfähigkeit; *Inwinkl* ZfRV 2008, 69 [72]: passive Verschmelzungsfähigkeit; *H.-F. Müller* ZIP 2007, 1081 [1083]: aktive und passive Verschmelzungsfähigkeit; *Frenzel* Grenzüberschreitende Verschmelzung S. 163: passive Verschmelzungsfähigkeit; Widmann/Mayer/*Heckschen* Rn. 12: aktive und passive Verschmelzungsfähigkeit). Dies folgt aus dem in Art. 4 Abs. 1 lit. a IntVerschmRL verankerten Grundsatz der vorrangigen Geltung des nationalen Rechts (dazu *Neye* ZIP 2005, 1893 [1895]; *Bayer/J. Schmidt* NJW 2006, 401; vgl. auch *Beutel* Rahmen grenzüberschreitender Verschmelzungen S. 122 ff.). Kann zB eine Aktiengesellschaft nach den Vorschriften eines Mitgliedstaats nicht auf eine inländische GmbH verschmolzen werden, so scheidet auch eine grenzüberschreitende Verschmelzung auf eine ausländische GmbH aus. Dies entsprach zB der früheren Rechtslage in Österreich (dazu Lutter/*Bayer* Rn. 14; *Kiem* WM 2006, 1091 [1092], Fn. 15; *Koppensteiner* Der Konzern 2006, 40 [48]; seit dem 15.12.2007 ist durch Einfügung des § 234a öAktG nunmehr die Verschmelzung einer AG auf eine GmbH erlaubt und damit auch grenzüberschreitend möglich, vgl. *Inwinkl* ZfRV 2008, 69 [75]; weitere Beispiele zur konkreten Verschmelzungsfähigkeit bei *Beutel* Rahmen grenzüberschreitender Verschmelzungen S. 136, der diesbzgl. von dem „Verbot der Mischverschmelzung" spricht). Mithin ist stets zu prüfen, ob

der konkrete Verschmelzungsvorgang nach dem jeweiligen nationalen Verschmelzungsrecht der beteiligten Rechtsträger überhaupt möglich ist.

III. Ausgenommene Gesellschaftsformen (Abs. 2)

15   **1. Genossenschaften (Nr. 1).** Genossenschaften sind von einer grenzüberschreitenden Verschmelzung ausdrücklich ausgeschlossen (Abs. 2 Nr. 1). Damit
hat der deutsche Gesetzgeber von der in Art. 3 Abs. 2 IntVerschmRL eingeräumten Möglichkeit Gebrauch gemacht, Genossenschaften nicht in den Kreis
verschmelzungsfähiger Rechtsträger aufzunehmen (vgl. Lutter/*Bayer* Rn. 15;
Semler/Stengel/*Drinhausen* Rn. 10; Kallmeyer/*Marsch-Barner* Rn. 7; Schmitt/
Hörtnagl/Stratz/*Hörtnagl* Rn. 14; *Neye* ZIP 2005, 1893 [1895]; *H.-F. Müller*
NZG 2006, 286 [287]; *Frenzel* Grenzüberschreitende Verschmelzung S. 133 f.).
Ohne den Ausschluss in Abs. 2 wären diejenigen Genossenschaften, die gemäß
§ 8a GenG über ein Mindestkapital verfügen, über die Begriffsbestimmung in
Art. 2 Nr. 1 IntVerschmRL vom Anwendungsbereich der IntVerschmRL erfasst
(vgl. Semler/Stengel/*Drinhausen* Rn. 10; Kallmeyer/*Marsch-Barner* Rn. 7;
Schmitt/Hörtnagl/Stratz/*Hörtnagl* Rn. 14; *Frenzel* Grenzüberschreitende Verschmelzung S. 133 f.). Das sog. **Opt-out-Recht** wurde gewährt, weil aufgrund
der noch nicht stattgefundenen europaweiten Harmonisierung des Genossen-
schaftsrechts und der deswegen bestehenden Vielzahl unterschiedlicher Organisa-
tionstypen (s. Pressemitteilung der Kommission vom 25.11.2004, IP/04/1405;
vgl. auch Begr. RegE, BT-Drs. 16/2919, 14; *Drinhausen/Keinath* RIW 2006, 81
[82]; *dies.* BB 2006, 725 [726]; *H.-F. Müller* NZG 2006, 286 [287]; *Thiermann*
Grenzüberschreitende Verschmelzungen deutscher Gesellschaften S. 103)
Rechtsunsicherheit bei Verschmelzungsvorgängen befürchtet wurde (vgl.
Erwägungsgrund 3 und 7 IntVerschmRL; vgl. auch *Neye* ZIP 2005, 1893
[1894 f.]; *Thiermann* Grenzüberschreitende Verschmelzungen deutscher Gesellschaften S. 103). Ob es letztlich sachgerecht ist, Genossenschaften die grenzüberschreitende Verschmelzung mit Gesellschaften anderer Rechtsformen zu verwehren, erscheint **zweifelhaft** (Lutter/*Bayer* Rn. 15; Kallmeyer WM 2006, 1091
[1093 f.]). Die Entscheidung des deutschen Gesetzgebers ist indessen hinzunehmen. Eine deutsche Genossenschaft ist zur grenzüberschreitenden Betätigung
damit auf die supranationale Rechtsform der Europäischen Genossenschaft (Verordnung (EG) Nr. 1435/2003 des Rates vom 22.7.2003 über das Statut der
Europäischen Genossenschaft (SCE), ABl. L 207 S. 1) verwiesen oder muss zunächst den Formwechsel in eine deutsche Kapitalgesellschaft vollziehen, bevor
eine grenzüberschreitende Verschmelzung möglich ist (*Kiem* WM 2006, 1091
[1093 f.]).

16   **2. Investmentgesellschaften (Nr. 2).** Gesellschaften, deren Zweck es ist, die
vom Publikum bei ihnen eingelegten Gelder nach dem Grundsatz der Risikostreuung gemeinsam anzulegen und deren Anteile auf Verlangen der Anteilsinhaber unmittelbar oder mittelbar zulasten des Vermögens dieser Gesellschaft
zurückgenommen oder ausgezahlt werden, sind ebenfalls vom Anwendungsbereich der §§ 122a ff. ausgenommen. Diesen Rücknahmen oder Auszahlungen
gleichgestellt sind Handlungen, mit denen eine solche Gesellschaft sicherstellen
will, dass der Börsenwert ihrer Anteile nicht erheblich von deren Nettoinventarwert abweicht.

17   Der Ausnahmetatbestand in Abs. 2 Nr. 2 musste vom deutschen Gesetzgeber
gemäß Art. 3 Abs. 3 IntVerschmRL zwingend übernommen werden. Grund für
den Ausschluss von Organismen für gemeinsame Anlagen in Wertpapieren
(OGAW) ist vor allem, dass die OGAW IV-Richtlinie und deren Umsetzung im
KAGB spezielle Vorschriften zur Verschmelzung von OGAW vorsehen. Dies

beinhaltet auch die grenzüberschreitende Verschmelzung von OGAW (vgl. Art. 37 ff. OGAW IV-Richtlinie; sowie §§ 181 ff. KAGB).

Wenig erörtert scheint indes die Frage, ob die in Umsetzung der AIFM-Richt- **18** linie im KAGB geregelten Alternativen Investmentfonds (AIF) ebenfalls vom Ausnahmetatbestand des Abs. 2 Nr. 2 erfasst sind. Zumeist wird eine Verschmelzung dieser nach den Regelungen des UmwG zwar schon aufgrund ihrer Organisationsstruktur an der fehlenden Rechtsfähigkeit scheitern. Bezüglich der AIF mit eigener Rechtspersönlichkeit ist aber zu beachten, dass das KAGB in § 182 Abs. 2 KAGB die grenzüberschreitende Verschmelzung als Verschmelzung inländischer OGAW mit EU-OGAW definiert. Ob sich hieraus eine generelle Unzulässigkeit von grenzüberschreitenden Verschmelzungen von AIFs ergibt (so wohl NK-InvestmR/*Patzner/Schneider-Deters* KAGB § 181 Rn. 3) ist fraglich. Die fehlende Regelung der Verschmelzung von AIFs durch die AIFM-Richtlinie und das KAGB begründet für diese allerdings keinen Ausschluss der Verschmelzungsfähigkeit. Sie ist lediglich der auch in der AIFM-Richtlinie (RL 2011/61/ EU vom 8.6.2011) zum Ausdruck gekommenen Schwierigkeit geschuldet, die Rechtsregeln der AIFs auf europäischer Ebene zu regeln. Grund hierfür sind die vielen unterschiedlichen Arten von AIFs in den einzelnen Rechtsordnungen, die einer Harmonisierung nur eingeschränkt zugänglich sind (RL 2011/61/EU, Erwägungsgrund 10). Eine abschließende Regelung bezüglich der Verschmelzungsfähigkeit von Investmentgesellschaften sollte nicht getroffen werden, was bereits das Nebeneinander der Regelungen des KAGB und des UmwG (Weitnauer/Boxberger/Anders/*Sittmann/Springer* KAGB § 191 Rn. 15) zeigt. Es bleibt damit bei der Anwendbarkeit des UmwG, sofern die rechtliche Struktur des Fonds dessen Voraussetzungen entspricht. Investmentgesellschaften iSv Art. 1 Abs. 3 OGAW IV-RL könnten demgegenüber kraft Rechtsfähigkeit an einer Verschmelzung beteiligt sein, werden aber von der Ausnahmevorschrift erfasst. Für Investmentaktiengesellschaften iSd § 108 KAGB (vormals § 96 Abs. 1 InvG) sind gemäß § 191 Abs. 3 KAGB die Vorschriften des Umwandlungsgesetz anzuwenden, sofern nicht die Anwendung der §§ 167, 182, 188 und 189 Abs. 2–5 sowie 190 KAGB etwas anderes ergibt (vgl. hierzu Weitnauer/Boxberger/Anders/*Sittmann/Springer* KAGB § 191 Rn. 15 ff.). Für Spezialinvestmentaktiengesellschaften und nunmehr auch die durch das KAGB eingeführte offene Kommandit Aktiengesellschaft ist die Anwendbarkeit des UmwG in § 281 KAGB normiert.

Davon zu unterscheiden sind die Verwaltungsgesellschaften iSv Art. 2 Abs. 1 **19** lit. b OGAW IV-RL bzw. Art. 4 Abs. 1 lit. b AIFM-RL. Derartige **Kapitalverwaltungsgesellschaften iSd § 17 Abs. 1 KAGB** (vormals Kapitalanlagegesellschaften iSd § 2 Abs. 6 InvG), werden vom Ausschlusstatbestand des Abs. 2 Nr. 2 nicht erfasst (dem folgend Lutter/*Bayer* Rn. 16; Kallmeyer/*Marsch-Barner* Rn. 8; so auch zur Kapitalanlagegesellschaft nach dem InvG KK-UmwG/*Simon/ Rubner* Rn. 21; aA Widmann/Mayer/*Heckschen* Rn. 118). Sie können ohne umwandlungsrechtliche Einschränkungen an einer grenzüberschreitenden Verschmelzung teilnehmen. Das KAGB normiert außer den Regelungen für die Rechtsform der Investmentaktiengesellschaft keine darüber hinausgehenden Sonderregelungen. Allerdings führt die grenzüberschreitende Hinausverschmelzung regelmäßig zum Verlust der Eigenschaft als Kapitalverwaltungsgesellschaft iSd § 17 Abs. 1 KAGB (als personenbezogene öffentlich-rechtliche Erlaubnis geht die Erlaubnis als Kapitalanlagegesellschaft gemäß § 20 Abs. 1 KAGB nicht auf den aufnehmenden Rechtsträger über (Weitnauer/Boxberger/Anders/*Winterhalder* KAGB § 20 Rn. 20; vgl. für die Bankerlaubnis KK-UmwG/*Simon* § 20 Rn. 30); vgl. zudem § 23 Nr. 7 KAGB, wonach eine Kapitalanlagegesellschaft ihren Sitz im Inland haben muss; im Einzelnen ebenso KK-UmwG/*Simon/ Rubner* Rn. 21). Der übernehmende ausländische Rechtsträger kann aber unter den Voraussetzungen des § 51 KAGB oder des § 54 KAGB weiterhin in Deutschland Investmentgeschäft betreiben. Diese regeln die Anerkennung der Erlaubnis des Herkunftsmitgliedstaates durch die BaFin. Sie setzen mithin die Regelungen der OGAW IV-RL und der AIFM-RL zum EU-Pass um (vgl. hierzu Kümpel/Wittig/*Reiter* Bank- und Kapitalmarktrecht Rn. 9.9).

20   Nicht von der Ausnahme in Abs. 2 Nr. 2 erfasst werden ferner geschlossene Fonds, bei denen der Investor kein Rückgaberecht hat und die hierzulande meist als KG organisiert sind (zur Unterscheidung zwischen offenem und geschlossenem Fonds vgl. Weitnauer/Boxberger/Anders/*Volhard/Jang* KAGB § 1 Rn. 35 f.). Zu beachten ist dabei allerdings, dass dies nur noch Altfälle betrifft, da den geschlossenen Fonds nunmehr als Vehikel nur noch die Investmentaktiengesellschaft sowie die geschlossene Investmentkommanditgesellschaft zur Verfügung steht (NK-InvestmR/*Patzner/Schneider-Deters* KAGB § 1 Rn. 31) und OGAW nur noch in offener Form betrieben werden dürfen (zur Anwendbarkeit → Rn. 18).

Verschmelzungsplan

122c (1) **Das Vertretungsorgan einer beteiligten Gesellschaft stellt zusammen mit den Vertretungsorganen der übrigen beteiligten Gesellschaften einen gemeinsamen Verschmelzungsplan auf.**

(2) **Der Verschmelzungsplan oder sein Entwurf muss mindestens folgende Angaben enthalten:**

1. **Rechtsform, Firma und Sitz der übertragenden und übernehmenden oder neuen Gesellschaft,**
2. **das Umtauschverhältnis der Gesellschaftsanteile und gegebenenfalls die Höhe der baren Zuzahlungen,**
3. **die Einzelheiten hinsichtlich der Übertragung der Gesellschaftsanteile der übernehmenden oder neuen Gesellschaft,**
4. **die voraussichtlichen Auswirkungen der Verschmelzung auf die Beschäftigung,**
5. **den Zeitpunkt, von dem an die Gesellschaftsanteile deren Inhabern das Recht auf Beteiligung am Gewinn gewähren, sowie alle Besonderheiten, die eine Auswirkung auf dieses Recht haben,**
6. **den Zeitpunkt, von dem an die Handlungen der übertragenden Gesellschaften unter dem Gesichtspunkt der Rechnungslegung als für Rechnung der übernehmenden oder neuen Gesellschaft vorgenommen gelten (Verschmelzungsstichtag),**
7. **die Rechte, die die übernehmende oder neue Gesellschaft den mit Sonderrechten ausgestatteten Gesellschaftern und den Inhabern von anderen Wertpapieren als Gesellschaftsanteilen gewährt, oder die für diese Personen vorgeschlagenen Maßnahmen,**
8. **etwaige besondere Vorteile, die den Sachverständigen, die den Verschmelzungsplan prüfen, oder den Mitgliedern der Verwaltungs-, Leitungs-, Aufsichts- oder Kontrollorgane der an der Verschmelzung beteiligten Gesellschaften gewährt werden,**
9. **die Satzung der übernehmenden oder neuen Gesellschaft,**
10. **gegebenenfalls Angaben zu dem Verfahren, nach dem die Einzelheiten über die Beteiligung der Arbeitnehmer an der Festlegung ihrer Mitbestimmungsrechte in der aus der grenzüberschreitenden Verschmelzung hervorgehenden Gesellschaft geregelt werden,**
11. **Angaben zur Bewertung des Aktiv- und Passivvermögens, das auf die übernehmende oder neue Gesellschaft übertragen wird,**

12. den **Stichtag der Bilanzen** der an der Verschmelzung beteiligten Gesellschaften, die zur Festlegung der Bedingungen der Verschmelzung verwendet werden.

(3) Befinden sich alle Anteile einer übertragenden Gesellschaft in der Hand der übernehmenden Gesellschaft, so entfallen die Angaben über den Umtausch der Anteile (Absatz 2 Nr. 2, 3 und 5), soweit sie die Aufnahme dieser Gesellschaft betreffen.

(4) Der Verschmelzungsplan muss notariell beurkundet werden.

Schrifttum: Vgl. die Angaben zu § 122a.

Übersicht

	Rn.
I. Allgemeines	1
1. Regelungsgehalt und europarechtliche Vorgaben	1
2. Einordnung des Verschmelzungsplans	4
3. Keine Betriebsratszuleitung	8
II. Aufstellen des Verschmelzungsplans (Abs. 1)	9
1. Aufstellungskompetenz	9
2. Gemeinsamer Verschmelzungsplan	12
3. Aufstellen eines Entwurfs	13
III. Form und Sprache	14
1. Form	14
2. Sprache	18
IV. Inhalt des Verschmelzungsplans (Abs. 2)	20
1. Abgrenzung zum Verschmelzungsvertrag	20
2. Gesetzlicher Mindestinhalt	21
a) Rechtsform, Firma, Sitz (Nr. 1)	22
b) Umtauschverhältnis, Höhe der baren Zuzahlung (Nr. 2)	23
c) Einzelheiten hinsichtlich der Übertragung der Gesellschaftsanteile (Nr. 3)	26
d) Auswirkungen auf die Beschäftigung (Nr. 4)	27
e) Zeitpunkt der Gewinnberechtigung (Nr. 5)	30
f) Verschmelzungsstichtag (Nr. 6)	31
g) Rechte und Maßnahmen hinsichtlich Gesellschaftern mit Sonderrechten (Nr. 7)	34
h) Besondere Vorteile für Sachverständige und Organmitglieder (Nr. 8)	35
i) Satzung (Nr. 9)	36
j) Verfahren der Arbeitnehmerbeteiligung (Nr. 10)	37
k) Bewertung des Aktiv- und Passivvermögens (Nr. 11)	38
l) Stichtag der verwendeten Bilanzen (Nr. 12)	39
3. Etwaiges Barabfindungsangebot	40
4. Fakultative Regelungen	41
V. Erleichterungen bei Konzernverschmelzung (Abs. 3)	43

I. Allgemeines

1. Regelungsgehalt und europarechtliche Vorgaben. Wie im Fall der **1** Inlandsverschmelzung ist auch bei der grenzüberschreitenden Verschmelzung vorgesehen, dass die an der Verschmelzung beteiligten Gesellschaften sich auf ein einheitliches Dokument verständigen, in dem alle wesentlichen rechtlichen und wirtschaftlichen Bedingungen der Verschmelzung geregelt sind. Abweichend von der Rechtslage bei der Inlandsverschmelzung übernimmt diese Funktion indes nicht ein Verschmelzungsvertrag, sondern ein gemeinsamer **Verschmelzungsplan.** Damit ist nicht nur terminologisch, sondern auch inhaltlich etwas anderes gemeint (→ Rn. 4 ff.).

2   In enger Anlehnung an Art. 5 IntVerschmRL regelt § 122c die **Aufstellung**
und – insoweit in nahezu wortgetreuer Umsetzung – den **Mindestinhalt** des
gemeinsamen Verschmelzungsplans. Konzeptionell folgt Art. 5 IntVerschmRL
mit dem Erfordernis eines gemeinsamen Verschmelzungsplans dem bewährten
europarechtlichen Regelungsrahmen für Umwandlungsvorgänge (s. bereits Art. 5
NatVerschmRL, dessen Umsetzung in §§ 4 und 5 fortwirkt, die SpaltungsRL
sowie Art. 20 SE-VO). Diesem Regelungskonzept entsprechend ist der Verschmelzungsplan bekannt zu machen (Art. 6 IntVerschmRL; § 122d) und bedarf
zu seiner Wirksamkeit der Zustimmung der Gesellschafterversammlungen der
beteiligten Gesellschaften (Art. 9 IntVerschmRL; § 122g). Dem Verschmelzungsplan kommt dabei nach der Konzeption der IntVerschmRL **zentrale Bedeutung
bei der Durchführung der Verschmelzung** zu (Lutter/*Bayer* Rn. 1 spricht
daher zutreffend vom „Herzstück" der IntVerschmRL).

3   Die Vorschrift regelt im Einzelnen in ihren vier Absätzen unterschiedliche
Gegenstände. Abs. 1 weist zunächst dem Vertretungsorgan der inländischen Gesellschaft die **Aufstellungskompetenz** für den Verschmelzungsplan zu; Abs. 2
bestimmt dessen **Mindestinhalt**. Abs. 3 enthält bestimmte **Erleichterungen für
Konzernverschmelzungen,** die auf Art. 15 Abs. 1 Spiegelstrich 1 Int-
VerschmRL zurückgehen. Abs. 4 schließlich ordnet die **notarielle Beurkundung** als Formerfordernis für den Verschmelzungsplan an.

4   **2. Einordnung des Verschmelzungsplans.** § 122c spricht wie auch Art. 5
IntVerschmRL von einem Verschmelzungs*plan* und nicht wie § 4 von einem
Verschmelzungs*vertrag*. Diese Unterscheidung ist mit Bedacht gewählt (Begr.
RegE, BT-Drs. 16/2919, 15). Obgleich die inhaltlichen Anforderungen des
Verschmelzungsplans in weiten Teilen mit denen des Verschmelzungsvertrags
gemäß § 5 übereinstimmen, ergeben sich **wesentliche Unterschiede,** die in
der **abweichenden Rechtsnatur des Verschmelzungsplans** begründet
sind.

5   Nach weit verbreiteter Ansicht (vgl. mit unterschiedlichen Nuancen Lutter/
Drygala § 4 Rn. 3 ff.; Widmann/Mayer/*Mayer* § 4 Rn. 21; Schmitt/Hörtnagl/
Stratz/*Stratz* § 4 Rn. 7 ff.; Kallmeyer/*Marsch-Barner* § 4 Rn. 2 f.; KK-UmwG/
Simon § 4 Rn. 4 f.) vereint der **Verschmelzungsvertrag** gemäß § 4 unter-
schiedliche Rechtselemente in sich. So ist er zum einen schlichter Organisations-
akt, dessen Wirkungen sich mit seinem Wirksamwerden von selbst vollziehen.
Insofern gleichen seine Wirkungen denen einer Satzungsänderung oder eines
Unternehmensvertrags. Daneben entfaltet der Verschmelzungsvertrag gemäß § 4
aber auch schuldrechtliche Wirkungen iS eines typischen zivilrechtlichen Aus-
tauschvertrages. Mit ihm verpflichten sich die beteiligten Vertragsparteien zur
Durchführung der Verschmelzung (hierzu im Einzelnen Lutter/*Drygala* § 4
Rn. 5). Der Verschmelzungsvertrag schafft klagbare Rechtspositionen zur Durchsetzung dieser Verpflichtung (Lutter/*Drygala* § 4 Rn. 36 ff.). An den Verschmelzungsvertrag sind die Vertragsparteien gebunden. Sie können sich einseitig nur
davon lösen, wenn ein vertraglich vereinbartes oder ein gesetzliches Kündigungs-
recht eingreift (Lutter/*Drygala* § 4 Rn. 40 f.; Widmann/Mayer/*Mayer* § 4
Rn. 66 f.; Widmann/Mayer/*Heckschen* § 7 Rn. 33 f.). Von beiden Vertragspartei-
en gewollte Änderungen können allerdings, zumindest bis zur Eintragung ins
Handelsregister, auch mittels eines Aufhebungs- oder Änderungsvertrags vorgenommen werden (Lutter/*Drygala* § 4 Rn. 26 ff.). Auf Leistungsstörungen sind
im Grundsatz die allgemeinen zivilrechtlichen Rechtsregeln anzuwenden (Wid-
mann/Mayer/*Mayer* § 4 Rn. 28; mit Einschränkungen auch Lutter/*Drygala* § 4
Rn. 5). Diese (auch) schuldrechtliche Ausgestaltung des Verschmelzungsvertrages
deutscher Prägung ist vom Gesetzgeber ausdrücklich gewollt gewesen (s. Begr.
RegE, BR-Drs. 75/94, 82).

Hierin unterscheidet sich der **Verschmelzungsplan** gemäß § 122c. Er ist – **6** wie der Verschmelzungsvertrag auch (→ Rn. 5) – reiner **korporationsrechtlicher Organisationsakt**. Der Verschmelzungsplan vollzieht sich selbst. In diesen Wirkungen gleicht er anderen sich selbst vollziehenden korporationsrechtlichen Akten wie der Satzungsänderung oder dem Unternehmensvertrag. Weitere Rechtswirkungen entfaltet er nicht. Insbesondere sind dem Verschmelzungsplan **keine schuldrechtlichen Wirkungen** beizumessen (Lutter/*Bayer* Rn. 3; Kallmeyer/*Marsch-Barner* Rn. 4; aA Widmann/Mayer/*Mayer* Rn. 17; HK-UmwG/*Becker* Rn. 5; KK-UmwG/*Simon/Rubner* Rn. 6; *Pohle* Grenzenlos verschmelzen S. 120 f.; offenlassend Semler/Stengel/*Drinhausen* Rn. 6). Das hat seinen Grund im Wesentlichen in der Rechtstradition der meisten Mitgliedstaaten. Mit Ausnahme von Österreich (Jabornegg/Strasser/*Szep,* 5. Aufl. 2011, öAktG § 220 Rn. 4; ausführlich dazu Schiemer/Jabornegg/Strasser/*Strasser,* 3. Aufl. 1993, öAktG § 221 Rn. 1; vgl. auch *Inwinkl* ZfRV 2008, 69 [73], Fn. 31; *Koppensteiner* Der Konzern 2006, 40 [44], Fn. 49) ist den Mitgliedstaaten außerhalb von Deutschland die Vorstellung eines Verschmelzungsplans als einem (auch) schuldrechtlichen Austauschvertrag fremd. Er wird dort als reiner Organisationsakt angesehen. Diesem Verständnis folgt auch der europäische Normsetzer, wie sich an Art. 20 SE-VO für den Verschmelzungsplan bei der SE-Verschmelzung zeigt (LHT/*Bayer* Art. 20 Rn. 5; *Schwarz* SE-VO Art. 20 Rn. 12; *Teichmann* ZGR 2002, 383 [418 ff.]). Während der deutsche Gesetzgeber bei der Umsetzung der NatVerschmRL noch frei war, für Inlandsfälle den Verschmelzungsvertrag schuldrechtlich auszugestalten, ist ihm dies für die grenzüberschreitende Verschmelzung verwehrt gewesen (Widmann/Mayer/*Mayer* Rn. 27; Lutter/*Bayer* Rn. 3; *Kiem* WM 2006, 1091 [1094]). Um die abweichende Rechtsnatur des Verschmelzungsplans zu verdeutlichen, hat sich der deutsche Gesetzgeber bewusst für eine terminologische Differenzierung entschieden und in § 122c den Begriff des Verschmelzungsplans eingeführt (Begr. RegE, BT-Drs. 16/2919, 15).

Die Unterscheidung zwischen Verschmelzungsplan und Verschmelzungsvertrag **7** ist also nicht nur begrifflicher Art, sondern dahinter verbergen sich grundlegende inhaltliche Unterschiede. Deshalb sind **Verschmelzungsplan und Verschmelzungsvertrag strikt voneinander getrennt zu betrachten** (zutreffend Lutter/*Bayer* Rn. 3; verkannt von KK-UmwG/*Simon/Rubner* Rn. 2, 12 f.). Eine ungeprüfte Anwendung der auf den Verschmelzungsvertrag anwendbaren Regelungen auf den Verschmelzungsplan und umgekehrt verbietet sich. In praktischer Hinsicht bedeutet dies, dass die an der grenzüberschreitenden Verschmelzung beteiligten Gesellschaften sich im Hinblick auf die fehlenden schuldrechtlichen Wirkungen des Verschmelzungsplans durch etwaige weitere Vereinbarungen absichern müssen, wenn eine rechtliche Bindungswirkung gewünscht ist. Außerhalb von Konzernsachverhalten dürfte dies regelmäßig der Fall sein. Um eine entsprechende Bindungswirkung zu erreichen, ist in der Praxis der Abschluss eines separaten Vertrages üblich, in dem die Verpflichtung zur Durchführung des Verschmelzungsvorhabens geregelt wird (sog. **Business Combination Agreement;** Lutter/*Bayer* Rn. 4; Widmann/Mayer/*Mayer* Rn. 18; Semler/Stengel/ *Drinhausen* Rn. 6; *Beutel* Rahmen grenzüberschreitender Verschmelzungen S. 159; *Pohle* Grenzenlos verschmelzen S. 104; sowie im Zusammenhang mit der SE-Verschmelzung: *Schwarz* SE-VO Art. 20 Rn. 12; *Teichmann* ZGR 2002, 383 [419]). In ihm lassen sich auch alle sonstigen das Verschmelzungsvorhaben betreffenden Angelegenheiten regeln, die nicht zwingend im Verschmelzungsplan selbst enthalten sein müssen. Da die zuständigen Stellen – in Deutschland das Registergericht – zu prüfen haben, ob ein gleichlautender Verschmelzungsplan vorliegt (→ Rn. 19; → § 122l Rn. 10), empfiehlt es sich ohnehin, den Verschmelzungsplan von fakultativen Regelungen möglichst freizuhalten und solche Regelungen in einen weiteren Vertrag, wie eben ein *Business Combination Agreement,* zu verlagern.

8   **3. Keine Betriebsratszuleitung.** Ein weiterer Unterschied zwischen dem Verschmelzungsplan und dem Verschmelzungsvertrag liegt in dem **fehlenden Erfordernis, den Verschmelzungsplan dem Betriebsrat zuzuleiten** (Lutter/*Bayer* Rn. 33; Widmann/Mayer/*Mayer* Rn. 29 ff.; Semler/Stengel/*Drinhausen* Rn. 44; aA *Krause/Kulpa* ZHR 171 [2007], 38 [60 f.], die das Erfordernis einer Zuleitung an den Betriebsrat – ohne weitere Begründung indes – über §§ 122a Abs. 2, 5 Abs. 3 ableiten; ebenso *Pohle* Grenzenlos verschmelzen S. 134). Dies hat seinen Ursprung darin, dass bei der grenzüberschreitenden Verschmelzung nicht der Verschmelzungsplan (als Äquivalent zum Verschmelzungsvertrag) den Arbeitnehmern und ihren Vertretern als Informationsgrundlage für die anstehende Verschmelzung dient. Diese Funktion erfüllt bei der grenzüberschreitenden Verschmelzung nach der Vorstellung des Gesetzgebers vielmehr der Verschmelzungsbericht (§ 122e S. 2). Eine Zuleitung des Verschmelzungsplans an den Betriebsrat ist daher entbehrlich. § 5 Abs. 3 ist nicht entsprechend anzuwenden. Eine Verweisung gemäß § 122a Abs. 2 auf das Recht der Inlandsverschmelzung scheidet aus (Lutter/*Bayer* Rn. 33; Widmann/Mayer/*Mayer* Rn. 29; entgegen früherer Ansicht – *Drinhausen/Keinath* RIW 2006, 81 [84] – nun auch Semler/Stengel/*Drinhausen* Rn. 44; Schmitt/Hörtnagl/Stratz/*Hörtnagl* Rn. 38; aA *Krause/Kulpa* ZHR 171 [2007], 38 [60 f.]; *Pohle* Grenzenlos verschmelzen S. 134). Dies entspricht mittlerweile der ganz hM, so dass auch eine vorsorgliche Zuleitung an den Betriebsrat nicht in Betracht zu ziehen ist (so inzwischen auch Widmann/Mayer/*Mayer* Rn. 31; aA noch Kallmeyer/*Willemsen* Rn. 19; für eine vorsorgliche Abstimmung mit dem zuständigen Registergericht Semler/Stengel/*Drinhausen* Rn. 44).

II. Aufstellen des Verschmelzungsplans (Abs. 1)

9   **1. Aufstellungskompetenz.** Gemäß Art. 5 IntVerschmRL wird der Verschmelzungsplan rechtsformübergreifend von den **Leitungs- oder Verwaltungsorganen** der sich verschmelzenden Gesellschaften aufgestellt. Demgegenüber weist § 122c die Aufstellungskompetenz den **Vertretungsorganen** der an der Verschmelzung beteiligten Gesellschaften zu. Diese abweichende Zuweisung wirkt sich im Regelfall nicht aus, da das Leitungsorgan deutscher Kapitalgesellschaften auch zur Vertretung berufen ist. Aufgestellt wird der Verschmelzungsplan also je nach einschlägiger Rechtsform durch den Vorstand, die Geschäftsführer, die Komplementäre der KGaA oder das Leitungsorgan (Vorstand) der dualistischen SE.

10   Allerdings ist dies aufgrund einer deutschen Besonderheit bei der **monistischen SE** mit Sitz in Deutschland anders: Deren Verwaltungsorgan ist nicht zur Vertretung berechtigt; gemäß § 41 Abs. 1 S. 1 SEAG wird die deutsche monistische SE vielmehr durch die geschäftsführenden Direktoren vertreten (kritisch zur Zuweisung der Vertretungsbefugnis an die geschäftsführenden Direktoren bei der monistischen SE durch das SEAG und an der europarechtlichen Zulässigkeit zweifelnd *Hoffmann-Becking* ZGR 2004, 355 [369 ff.]). Es liegt nahe, von einer unbemerkten Fehlvorstellung des Gesetzgebers auszugehen. § 122c Abs. 1 ist daher richtlinienkonform so auszulegen, dass der Verwaltungsrat trotz fehlender Vertretungsbefugnis zur Aufstellung berufen ist (Lutter/*Bayer* Rn. 6; Semler/Stengel/*Drinhausen* Rn. 9; Schmitt/Hörtnagl/Stratz/*Hörtnagl* Rn. 8; Kallmeyer/*Marsch-Barner* Rn. 5, § 122e Rn. 2; s. auch *Beutel* Rahmen grenzüberschreitender Verschmelzungen S. 175 f. Fn. 928; *Pohle* Grenzenlos verschmelzen S. 118 ff.; inzwischen auch Widmann/Mayer/*Mayer* Rn. 22; aA *Frenzel* Grenzüberschreitende Verschmelzung S. 213 f., für eine Aufstellungsbefugnis der geschäftsführenden Direktoren).

Der Verschmelzungsplan ist aufzustellen. Gemeint ist damit die **dokumentierte Verständigung** der an der Verschmelzung beteiligten Gesellschaften **über den Inhalt des Verschmelzungsplans.** Auch wenn es sich bei dem Verschmelzungsplan nicht um einen Vertrag im eigentlichen Sinne handelt (→ Rn. 6), kann auf den Abschluss eines Vertrages zur Illustrierung des Aufstellens zurückgegriffen werden (vgl. auch *Teichmann* ZGR 2002, 383 [418 ff.]). Eine bestimmte Form für das Aufstellen ist jenseits der notariellen Beurkundung (Abs. 4) nicht unmittelbar vorgeschrieben, ergibt sich aber aus dem Sachzusammenhang (→ Rn. 14 ff.). **11**

2. Gemeinsamer Verschmelzungsplan. Aufzustellen ist ein gemeinsamer Verschmelzungsplan. Wie sich aus der Gesamtschau mit § 122l Abs. 2 ergibt, soll gewährleistet sein, dass die Anteilsinhaber der an der Verschmelzung beteiligten Gesellschaften einem gleichlautenden Verschmelzungsplan zustimmen (vgl. Widmann/Mayer/*Mayer* Rn. 19 f.; Semler/Stengel/*Drinhausen* Rn. 5; Kallmeyer/*Marsch-Barner* Rn. 6 f.; Schmitt/Hörtnagl/Stratz/*Hörtnagl* Rn. 6; vgl. auch *Pohle* Grenzenlos verschmelzen S. 130 f.). Gemeint ist damit folglich ein **einheitliches, durchaus aus mehreren Teilen zusammengesetztes Dokument, aus dem unzweifelhaft ein übereinstimmender Regelungsinhalt** hervorgeht. Die IntVerschmRL enthält sich weiterer Vorgaben hinsichtlich der Aufstellung. Diese Flexibilität ist indessen auch erforderlich, da im Rahmen einer grenzüberschreitenden Verschmelzung in weitem Umfang sonstigen, sich aus den jeweiligen nationalen Rechten ergebenden Anforderungen zu genügen ist. **12**

3. Aufstellen eines Entwurfs. Wie sich aus Abs. 2 S. 1 ergibt, können sich die an der Verschmelzung beteiligten Gesellschaften zunächst mit der Aufstellung eines Entwurfs begnügen. Dies entspricht der aus dem Recht der Inlandsverschmelzung gewohnten Systematik (vgl. Lutter/*Bayer* Rn. 9; HK-UmwG/*Becker* Rn. 3). Der darin gesehene Vorteil, bei unsicheren Mehrheiten die Anteilsinhaber über den Entwurf abstimmen zu lassen, um so möglicherweise unnütze Beurkundungskosten zu ersparen (so HK-UmwG/*Becker* Rn. 3; *H.-F. Müller* ZIP 2007, 1081 [1083]; *J. Vetter* AG 2006, 613 [618]), dürfte indessen bei einer grenzüberschreitenden Verschmelzung bei realistischer Betrachtung kaum zum Tragen kommen. **13**

III. Form und Sprache

1. Form. Die IntVerschmRL macht keine spezifischen Vorgaben hinsichtlich der Form des Verschmelzungsplans. Im Einklang mit der Parallelregelung zum Verschmelzungsvertrag ordnet § 122c Abs. 4 indessen das Erfordernis der **notariellen Beurkundung** an (dabei kann offenbleiben, ob sich das Beurkundungserfordernis nicht bereits über Art. 4 Abs. 1 lit. b S. 1 IntVerschmRL, § 122a Abs. 2 iVm § 6 ergeben hätte, so dezidiert Lutter/*Bayer* Rn. 7). Das Beurkundungserfordernis greift bei jeder grenzüberschreitenden Verschmelzung unter Beteiligung einer deutschen Gesellschaft ein. Das gilt auch im Fall einer Verschmelzung zur Neugründung unter Beteiligung ausschließlich ausländischer Gesellschaften zur Gründung einer deutschen Gesellschaft (aA KK-UmwG/*Simon/Rubner* Rn. 37). Der Verschmelzungsplan ist bei der Errichtung einer deutschen Gesellschaft Gegenstand der registergerichtlichen Prüfung, so dass auf eine durch die gesetzlich vorgeschriebene Beurkundung vermittelte Richtigkeitsgewähr grundsätzlich nicht verzichtet werden kann. **14**

Sehen auch die Rechtsordnungen der anderen an der Verschmelzung beteiligten Gesellschaften ein Beurkundungserfordernis vor, kann es zur **Doppel-** oder **Mehrfachbeurkundung** des Verschmelzungsplans kommen (Lutter/*Bayer* **15**

Rn. 7 f.;   Widmann/Mayer/*Heckschen*   Rn. 209;   Semler/Stengel/*Drinhausen*
Rn. 43;   Schmitt/Hörtnagl/Stratz/*Hörtnagl* Rn. 40;   Kallmeyer/*Marsch-Barner*
Rn. 41; KK–UmwG/*Simon/Rubner* Rn. 35; *H.-F. Müller* ZIP 2007, 1081 [1083];
J. Vetter AG 2006, 613 [617 f.]; *Winter* Der Konzern 2007, 24 [33]; *Pohle* Gren-
zenlos verschmelzen S. 129 f.). Das mag man bedauern (kritisch zB Lutter/*Bayer*
Rn. 8; *H.-F. Müller* ZIP 2007, 1081 [1083]; *J. Vetter* AG 2006, 613 [617 f.]; *Pohle*
Grenzenlos verschmelzen S. 129 f.), ist aber mangels Harmonisierung logische
Folge der Vereinigungslehre, wonach die nationalen (strengeren) Formvorschrif-
ten sich jeweils durchsetzen.

16   Eine **Auslandsbeurkundung** des Verschmelzungsplans genügt dann den Anforderungen des Abs. 4, wenn sie der Beurkundung vor einem deutschen Notar
gleichwertig ist (Lutter/*Bayer* Rn. 8; Semler/Stengel/*Drinhausen* Rn. 42; aA
dezidiert Widmann/Mayer/*Heckschen* Rn. 181 ff., 208, der die Verschmelzung als
die Verfassung der Gesellschaft betreffende Maßnahme im Gleichlauf mit § 6
UmwG als zwingend von einem deutschen Notar zu beurkunden sieht). Hierfür
gelten die auch sonst für eine Gleichwertigkeit von Auslandsbeurkundungen
aufgestellten Kriterien (grundlegend BGHZ 80, 76 = NJW 1981, 1160; zuletzt
zum Erfordernis der Gleichwertigkeit BGHZ 199, 270 = NJW 2014, 2026;
OLG Düsseldorf NZG 2011, 388; vgl. auch Begr. RegE, BT-Drs. 16/2919, 15;
Limmer ZNotP 2007, 242 [252]; kritisch *Heckschen* DB 2014, 465, der für Maßnahmen, die das Statut der Gesellschaft betreffen, im Ergebnis die Beurkundung,
beispielsweise durch einen Schweizer Notar für nicht gleichwertig erachtet).
Durch eine Auslandsbeurkundung lassen sich unter Umständen Doppel- oder
Mehrfachbeurkundungen vermeiden.

17   Unklarheiten bestehen mitunter, ob aus dem Erfordernis eines gleichlautenden
Verschmelzungsplans zu fordern ist, dass es sich um ein einheitliches, abgeschlos-
senes Dokument handeln muss (so Kallmeyer/*Marsch-Barner* Rn. 6; Semler/Sten-
gel/*Drinhausen* Rn. 5 mwN). Das ist nicht der Fall. Nach zutreffender Ansicht ist
davon auszugehen, dass ein Verschmelzungsplan auch aus mehreren separaten
Urkunden zusammengesetzt sein kann (zutreffend KK–UmwG/*Simon/Rubner*
Rn. 36). Entscheidend ist nicht die formale Einheitlichkeit des Verschmelzungsplans, sondern seine inhaltliche Übereinstimmung, so dass er auch aus formal
getrennten Teildokumenten bestehen kann (→ Rn. 12).

18   **2. Sprache.** Weder die IntVerschmRL noch das UmwG schreiben die Verwendung einer bestimmten Sprache für den Verschmelzungsplan vor. Allerdings
diktieren praktische Zwänge, in welchen Sprachfassungen der Verschmelzungsplan vorliegen muss. Dabei ist indes zu unterscheiden. **Aufgestellt** werden kann
der Verschmelzungsplan entweder **ein-** oder **mehrsprachig.** Getrennt zu betrachten ist, ob der in einer oder mehreren Sprachen aufgestellte Verschmelzungsplan darüber hinaus, zB zum Zwecke des Registerverkehrs, noch in weiteren
Sprachen **vorliegen muss** (beim deutschen Handelsregister einzureichende Unterlagen müssen gemäß § 488 Abs. 3 FamFG iVm § 184 GVG in deutscher
Sprache abgefasst sein). Hierzu kann man sich jedenfalls aus deutscher Sicht mit
beglaubigten Übersetzungen behelfen (so wohl auch Semler/Stengel/*Drinhausen* Rn. 5; bereits die Einreichung einer Übersetzung für ausreichend erach-
tend Schmitt/Hörtnagl/Stratz/*Hörtnagl* Rn. 42). Jedenfalls ist es nicht erforderlich, dass der Verschmelzungsplan bei Beteiligung einer deutschen Gesellschaft
zwingend (auch) auf Deutsch **aufzustellen ist** (so aber Lutter/*Bayer* Rn. 10;
KK–UmwG/*Simon/Rubner* Rn. 38: in deutscher Sprache verfasst; *H.-F. Müller*
ZIP 2007, 1081 [1083]: multilingual abzufassen). Auch aus dem Beurkundungserfordernis gemäß Abs. 4 ergibt sich nichts anderes (aA Lutter/*Bayer* Rn. 10).
Eine Beurkundung kann auch in einer anderen Sprache erfolgen (jedenfalls wenn
feststeht, dass die an der Beurkundung teilnehmenden Personen und der Notar

der Beurkundungssprache hinreichend kundig sind, § 5 Abs. 2 BeurkG; Soergel/ *J. Mayer* BeurkG § 5 Rn. 4 f.). Wohl aber muss zumindest eine deutsche Übersetzung in beglaubigter Form vorliegen. Das ergibt sich zunächst daraus, dass der Verschmelzungsplan beim Handelsregister einzureichen ist (zum Zwecke der Hinweisbekanntmachung gemäß § 122d sowie zur Anmeldung der Verschmelzung gemäß § 122l Abs. 1 S. 2; vgl. Semler/Stengel/*Drinhausen* Rn. 5; Widmann/Mayer/*Mayer* Rn. 24; Lutter/*Bayer* Rn. 10). Außerdem ist den Anteilsinhabern der deutschen Gesellschaft der Verschmelzungsplan auch in deutscher Übersetzung zugänglich zu machen (Semler/Stengel/*Drinhausen* Rn. 5; vgl. ferner Lutter/*Bayer* Rn. 10, der deswegen sogar die Aufstellung [auch] in deutscher Sprache für erforderlich erachtet; einschränkend *H.-F. Müller* ZIP 2007, 1081 [1083], der eine Ausfertigung in deutscher Sprache dann ausnahmsweise für entbehrlich hält, wenn die Adressaten die fremde Sprache problemlos verstehen, sowie Widmann/Mayer/*Mayer* Rn. 24, der bei entsprechender Einigung der Vertragsparteien auch eine anderssprachige Fassung für zulässig hält; aA *Louven* ZIP 2006, 2021 [2027], der die Auslage in der Sprache des Originals aufgrund der fortschreitenden Internationalisierung der Gesellschaftsstrukturen generell für ausreichend erachtet).

Für welche Sprache(n) sich die Parteien bei der Aufstellung des Verschmelzungsplans letztlich entscheiden, bleibt folglich aus deutscher Sicht weitgehend **19** den Parteien überlassen. In der Praxis üblich und in der Anwendung bewährt haben sich **mehrsprachige Fassungen,** in denen die Regelungen in den verschiedenen Sprachen in Spalten nebeneinander aufgeführt sind (Lutter/*Bayer* Rn. 10; Semler/Stengel/*Drinhausen* Rn. 5; KK-UmwG/*Simon/Rubner* Rn. 40; *Klein* RNotZ 2007, 565 [588]). Allerdings führt dies dazu, dass das gesamte mehrsprachige Dokument von einem deutschen Notar beurkundet werden muss, was mitunter Schwierigkeiten bereiten kann. Bei mehrsprachigen Dokumenten empfiehlt sich zwingend eine Regelung im Verschmelzungsplan, welche Sprachfassung bei etwaigen Abweichungen führen soll (Konfliktklausel; zutreffend Widmann/Mayer/*Mayer* Rn. 24). Ohne eine solche Klarstellung droht bei festgestellten inhaltlichen Abweichungen die Ablehnung der Eintragung der Verschmelzung (zutreffend Lutter/*Bayer* Rn. 10). Jedenfalls setzt sich nicht automatisch die Sprachfassung durch, die der Amtssprache am Sitz der aufnehmenden Gesellschaft entspricht (so inzwischen auch Widmann/Mayer/*Mayer* Rn. 24; aA *Krause/Kulpa* ZHR 171 [2007], 38 [59 f.]; *Limmer* ZNotP 2007, 242 [251 f.]). Indessen ist es auch hier nicht erforderlich, dass die führende Sprache die deutsche ist. Dies gilt auch, wenn eine deutsche Gesellschaft als aufnehmende fungiert und folglich das deutsche Registergericht prüft, ob ein gleichlautender Verschmelzungsplan aufgestellt wurde (für die deutschsprachige Abfassung in diesem Fall hingegen Widmann/Mayer/*Mayer* Rn. 25).

IV. Inhalt des Verschmelzungsplans (Abs. 2)

1. Abgrenzung zum Verschmelzungsvertrag. Die Regelung in § 122c **20** Abs. 2 gleicht weitgehend, aber nicht in jeder Hinsicht, der Parallelvorschrift zum Verschmelzungsvertrag in § 5 Abs. 1. Augenscheinlich wird dies bei den gemäß Abs. 2 Nr. 9–12 notwendigen Angaben, die Besonderheiten des Verschmelzungsplans darstellen. Vor dem Hintergrund des weitgehenden Gleichlaufs der gesetzlich geforderten Angaben ist im Schrifttum eine vollständige Angleichung angemahnt worden (Lutter/*Bayer* Rn. 12; *ders./J. Schmidt* NZG 2006, 841 [842]; *dies.* NJW 2006, 401 [402]; *H.-F. Müller* NZG 2006, 286 [288]; *Krause/ Kulpa* ZHR 171 [2007], 38 [57 f.]; *Pohle* Grenzenlos verschmelzen S. 121 ff.). Dem ist der Gesetzgeber zu Recht nicht gefolgt (der Gesetzgeber lehnt eine Verweisung oder gar Angleichung indessen bereits „zur Vermeidung von Unklarheiten" ab, s. Begr. RegE, BT-Drs. 16/2919, 15). Eine Angleichung wäre wegen des zwingenden Charakters von Art. 5 IntVerschmRL nur auf der Grundlage des dort enthaltenen Angabenkatalogs möglich gewesen (zutreffend *Krause/Kulpa* ZHR 171 [2007], 38 [57 f.]; *Pohle* Grenzenlos verschmelzen S. 121 f.; ähnlich Widmann/Mayer/*Mayer* Rn. 143 sowie *Drinhausen/Keinath* BB 2006, 725 [727], die von einer abschließenden Regelung durch die IntVerschmRL ausgehen und eine Ergänzungsbefugnis des nationalen Gesetzgebers ablehnen; aA Lutter/*Bayer* Rn. 12; *ders./J. Schmidt* NZG 2006, 841 [842]; *dies.* NJW 2006, 401 [402], die eine Ergänzungsbefugnis der nationalen Gesetzgeber annehmen und ausführen, dass der deutsche Gesetzgeber für eine Verweisungslösung den § 5 Abs. 1, insofern er über den Mindeststandard des Art. 5 Abs. 1 IntVerschmRL hinausgeht, für transnationale Fusionen nicht anzupassen brauche; für eine Verweisungslösung aufbauend auf § 5 Abs. 1 wohl auch Kallmeyer/*Marsch-Barner* Rn. 2 und *H.-F. Müller* NZG 2006, 286 [288]). Bei der Umsetzung von Art. 5 NatVerschmRL war dem nationalen Gesetzgeber ein Spielraum hinsichtlich der Aufstellung weiterer Erfordernisse und Angaben eingeräumt, den dieser durch Aufnahme von § 5 Abs. 1 Nr. 2 und 9 auch genutzt hat. Ein solcher Spielraum bestand bei der Transformation von Art. 5 IntVerschmRL aber gerade nicht. Eine richtlinienkonforme Verweisungslösung hätte somit der Anpassung des § 5 Abs. 1 nach dem Vorbild des Angabenkatalogs in Art. 5 IntVerschmRL bedurft. Die darin geforderten zusätzlichen Angaben sind indessen nicht durchweg zweckmäßig; im Gegenteil, es fällt schwer, sie sinnstiftend in das sonstige Umwandlungsrecht einzupassen (*Kiem* WM 2006, 1091 [1095]). Außerdem hätte dies bedeutet, auch bei Inlandsverschmelzungen dem Verschmelzungsbericht die Funktion der Information der Arbeitnehmer und ihrer Vertretungen zuzuweisen (→ § 122e Rn. 2). Damit wäre ein verfehltes Konzept ohne Not auf die Inlandsverschmelzung ausgedehnt worden. Schließlich hätte eine Angleichung im Wege einer Verweisungslösung bedeutet, dem Verschmelzungsvertrag die ihm beigemessenen schuldrechtlichen Wirkungen abzuerkennen (s. die Notwendigkeit einer Vereinbarung über die Übertragung des Vermögens gegen Gewährung von Anteilen gemäß § 5 Abs. 1 Nr. 2, wodurch der schuldrechtliche Charakter des Verschmelzungsvertrages unterstrichen wird). Damit wäre aber zumindest offengeblieben, welches Leistungsstörungsrecht auf den Verschmelzungsvertrag anzuwenden ist. Die Vorteile einer Rechtsangleichung treten gegenüber den aufgeführten Beschwernissen deutlich zurück.

21   **2. Gesetzlicher Mindestinhalt.** Mit den in Abs. 2 Nr. 1–12 geforderten Angaben wird der **gesetzliche Mindestinhalt des Verschmelzungsplans** abschließend umschrieben. Für einen Rückgriff auf den Katalog in § 5 Abs. 1 ist daneben kein Raum (Widmann/Mayer/*Mayer* Rn. 36 und 143; *Drinhausen/Keinath* BB 2006, 725 [727]). Den beteiligten Gesellschaften steht es frei, weitere Punkte im Verschmelzungsplan ergänzend festzulegen (→ Rn. 41 f.). Nicht im Katalog der Mindestangaben des § 122c Abs. 2 enthalten, aber, soweit einschlägig, dennoch zwingend im Verschmelzungsplan aufzuführen ist überdies das Barabfindungsangebot gemäß § 122i Abs. 1 (→ Rn. 40).

22   **a) Rechtsform, Firma, Sitz (Nr. 1).** Es sind jeweils Rechtsform, Firma und Sitz aller beteiligten Rechtsträger anzugeben. Dies schließt im Fall der Verschmelzung zur Neugründung die entsprechenden Angaben zur neu zu gründenden Gesellschaft ein. Sitz meint dabei den Satzungssitz (Lutter/*Bayer* Rn. 13; Semler/Stengel/*Drinhausen* Rn. 12; Widmann/Mayer/*Mayer* Rn. 43). Die Rechtsform kann bei der Nennung der Firma in gebräuchlicher Form abgekürzt werden (Widmann/Mayer/*Mayer* Rn. 41). Daneben ist zum Zwecke der vollständigen Unterrichtung der Anteilsinhaber eine gesonderte **Angabe der Rechtsform** angezeigt (Widmann/Mayer/*Mayer* Rn. 41); hier allerdings **in ausgeschriebe-**

ner Form. Das gebietet das Informationsbedürfnis der Anteilsinhaber, die nicht jede ausländische Rechtsform in ihrer Abbreviatur richtig zuzuordnen in der Lage sein dürften.

b) Umtauschverhältnis, Höhe der baren Zuzahlung (Nr. 2). Mit dem **23** Erfordernis zur Angabe des Umtauschverhältnisses ist der mit Abstand **wichtigste Aspekt der Verschmelzung** angesprochen. Das Umtauschverhältnis bestimmt die den Anteilsinhabern der übertragenden Gesellschaft zu gewährende Gegenleistung. Es hat damit dieselbe Funktion wie die Festlegung des Kaufpreises beim Kaufvertrag (*Kiem* ZGR 2007, 542 [543]). Anzugeben sind sowohl das konkrete Umtauschverhältnis als auch etwaige bare Zuzahlungen. Wie das Umtauschverhältnis konkret ermittelt wurde, ist im Verschmelzungsplan nicht anzugeben (Semler/Stengel/*Drinhausen* Rn. 15; Schmitt/Hörtnagl/Stratz/*Hörtnagl* Rn. 14). Dazu ist ausführlich im Verschmelzungsbericht Stellung zu nehmen (→ § 122e Rn. 12). Anders als bei der Inlandsverschmelzung muss der Verschmelzungsplan keine Angaben über die Mitgliedschaft bei dem übernehmenden Rechtsträger enthalten. Solche Angaben sind nur im Zusammenhang mit Personengesellschaften relevant, die indes nicht zum Kreis verschmelzungsfähiger Rechtsträger iSd § 122b zählen (vgl. *Kiem* WM 2006, 1091 [1094]).

aa) Ermittlung des Umtauschverhältnisses. Im Grundsatz folgt die Fest- **24** legung des Umtauschverhältnisses bei der grenzüberschreitenden Verschmelzung denselben Prämissen wie bei der Inlandsverschmelzung (vgl. ausführlich Lutter/*Drygala* § 5 Rn. 25 ff.). Die Leitungsorgane haben das Umtauschverhältnis mit dem **Ziel der Angemessenheit** festzulegen (s. nur Lutter/*Drygala* § 5 Rn. 27). Dazu sind die an der Verschmelzung beteiligten Gesellschaften unter Anwendung gleicher Bewertungsmethoden zu bewerten, um ihren relativen Wert zueinander (die sog. Verschmelzungswertrelation) zu ermitteln. Während sich hierfür für Inlandsverschmelzungen mit den IDW S 1-Grundsätzen (IDW S 1 idF vom 2.4.2008 – Grundsätze zur Durchführung von Unternehmensbewertungen – WPg Supplement 3/2008, 68 = FN-IDW 7/2008, 271; grundlegend zur Unternehmensbewertung anhand des Standards IDW S 1 *Peemöller* DStR 2001, 1401) ein bestimmter Bewertungsstandard etabliert hat, ist das bei grenzüberschreitenden Verschmelzungen mangels entsprechender Harmonisierung hingegen nicht der Fall (ausführlich *Kiem* ZGR 2007, 542 [559 ff.]). Da im Rahmen der Ermittlung eines angemessenen Umtauschverhältnisses die Unternehmensbewertung zwingend nach gleichen Bewertungsvorgaben zu erfolgen hat (vgl. statt aller Lutter/*Drygala* § 5 Rn. 28) und die in Deutschland gebräuchliche Ertragswertmethode gemäß den IDW S 1-Grundsätzen im Ausland keine Verwendung findet, ist insoweit auf **international gebräuchliche Bewertungsmethoden** auszuweichen (dazu im Einzelnen *Kiem* ZGR 2007, 542 [561 f. und 565 ff.]; zur Zulässigkeit von im Ausland anerkannten Bewertungsstandards s. im Übrigen OLG Stuttgart AG 2011, 49 [52]; vgl. ferner *Schiessl* ZGR 2003, 814 [835 f.]). Über deren Heranziehung entscheidet das Leitungsorgan nach eigenem Ermessen. Dabei ist neben deren allgemeiner Bewertungstauglichkeit insbesondere maßgeblich, ob die gewählte Bewertungsmethode in den jeweils betroffenen Ländern als geeignetes Bewertungsverfahren anerkannt ist. Soweit **aussagekräftige Börsenkurse** vorliegen, ist auf diese zurückzugreifen (*Kiem* ZGR 2007, 542 [552 ff.] sowie 565 ff.). Keinesfalls darf auf einen nur in einem betroffenen Land üblichen Bewertungsstandard, zB die IDW S 1-Grundsätze, zurückgegriffen werden, bloß weil dieser für Inlandssachverhalte maßgeblich ist.

bb) Höhe etwaiger barer Zuzahlungen. Gemäß §§ 54 Abs. 4, 68 Abs. 3 **25** sind bare Zuzahlungen auf 10 % des Gesamtnennbetrags der gewährten Anteile der übernehmenden Gesellschaft beschränkt. Auch die IntVerschmRL sieht eine

Begrenzung barer Zuzahlungen auf 10% des Nennwerts oder rechnerischen Werts vor (Art. 2 Nr. 2 lit. a und b), erlaubt allerdings hiervon gemäß Art. 3 Abs. 1 abzuweichen, wenn das jeweilige nationale Recht für Inlandsverschmelzungen höhere Zuzahlungen zulässt. Damit stellt sich die Frage, ob die 10%-Grenze auch dann anzuwenden ist, wenn das Recht anderer an der Verschmelzung beteiligter Gesellschaften höhere Zuzahlungen erlaubt. Nach zutreffender Ansicht gilt auch in diesem Fall die **10%-Schranke des deutschen Rechts** (KK-UmwG/*Simon/Rubner* Rn. 15; inzwischen auch Widmann/Mayer/*Mayer* Rn. 88; aA Lutter/*Bayer* Rn. 16, wonach die 10%-Grenze nur bei deutscher aufnehmender bzw. neuer Gesellschaft Anwendung findet; differenzierend *Oechsler* NZG 2006, 161 [162 f.], der die Geltung der 10%-Grenze für den Fall bejaht, dass übertragender Rechtsträger eine deutsche Gesellschaft ist oder die neu gegründete Gesellschaft deutschem Recht unterliegt). Die Begrenzung barer Zuzahlungen dient sowohl dem Schutz der (Minderheits-)Gesellschafter der übertragenden Gesellschaft als auch dem Schutz der übernehmenden Gesellschaft vor übermäßigem Kapitalabfluss (zutreffend KK-UmwG/*Simon/Rubner* Rn. 15; vgl. zum Normzweck im Übrigen nur Lutter/*Winter/Vetter* § 54 Rn. 127 und 130: neben dem Schutz der Anteilsinhaber des übertragenden Rechtsträgers geht es jedenfalls auch um den Schutz der Kapitalgrundlagen und der Liquidität des übernehmenden Rechtsträgers). Diesem doppelten Schutzzweck folgend macht es keinen Unterschied, ob die übertragende oder die aufnehmende bzw. neu gegründete Gesellschaft deutschem Recht unterliegt (so aber Lutter/*Bayer* Rn. 16).

26 **c) Einzelheiten hinsichtlich der Übertragung der Gesellschaftsanteile (Nr. 3).** Der Verschmelzungsplan muss Angaben zur Übertragung der im Rahmen der Verschmelzung den Anteilsinhabern der übertragenden Gesellschaft(en) gewährten Gesellschaftsanteile der übernehmenden oder der neuen Gesellschaft enthalten. Die Angaben gemäß Nr. 3 entsprechen im Wesentlichen denjenigen in § 5 Abs. 1 Nr. 4. Dem Verschmelzungsplan müssen sich mithin die **Modalitäten der Anteilsgewährung** sowie die mit dem Anteilserwerb verbundenen Kosten entnehmen lassen (s. zur Parallelvorschrift in § 5 nur Lutter/*Drygala* § 5 Rn. 64). Ist die übertragende Gesellschaft eine deutsche AG, KGaA oder SE mit Sitz in Deutschland, ist zudem für den Anteilsumtausch ein **Treuhänder** gemäß §§ 122a Abs. 2, 71, 78 zu bestellen (Lutter/*Bayer* Rn. 17; Semler/Stengel/*Drinhausen* Rn. 19; Kallmeyer/*Marsch-Barner* Rn. 14; inzwischen auch Widmann/Mayer/*Mayer* Rn. 93).

27 **d) Auswirkungen auf die Beschäftigung (Nr. 4).** Gemäß Nr. 4 sind im Verschmelzungsplan die voraussichtlichen Auswirkungen der grenzüberschreitenden Verschmelzung auf die Beschäftigung darzustellen. Obgleich Anleihen an der Parallelbestimmung zur innerstaatlichen Verschmelzung nicht zu übersehen sind (vgl. *Kiem* WM 2006, 1091 [1094]; Lutter/*Bayer* Rn. 19), verfolgen § 5 Abs. 1 Nr. 9 und § 122c Abs. 2 Nr. 4 ganz und gar **unterschiedliche Regelungsanliegen.** Es ist daher von vornherein verfehlt, sich zur Auslegung des § 122c Abs. 2 Nr. 4 an § 5 Abs. 1 Nr. 9 zu orientieren (so aber Semler/Stengel/*Drinhausen* Rn. 21; ähnlich Kallmeyer/*Willemsen* Rn. 17, der vorsorglich eine enge Anlehnung an § 5 Abs. 1 Nr. 9 empfiehlt; ebenso Widmann/Mayer/*Mayer* Rn. 98, der sich aus Rechtssicherheitsgründen für eine Regelungsdichte iSd § 5 Abs. 1 Nr. 9 ausspricht; zutreffend hingegen Lutter/*Bayer* Rn. 19). Der für § 5 Abs. 1 Nr. 9 geforderte Detaillierungsgrad ist mithin kein angemessener Vergleichsmaßstab. Denn anders als § 5 Abs. 1 Nr. 9 dient die Vorschrift nicht der Information der Arbeitnehmer und ihrer Vertretungen (Lutter/*Bayer* Rn. 19; Schmitt/Hörtnagl/Stratz/*Hörtnagl* Rn. 19; KK-UmwG/*Simon/Rubner* Rn. 16; *dies.* Der Konzern 2006, 835 [838]; *Dzida/Schramm* NZG 2008, 521 [526]; *Beutel*

Rahmen grenzüberschreitender Verschmelzungen S. 164; wohl anders Widmann/Mayer/*Mayer* Rn. 97 f.; offen lassend Kallmeyer/*Willemsen* Rn. 16 f.). Dafür ist bei der grenzüberschreitenden Verschmelzung ausschließlich der Verschmelzungsbericht gedacht (→ § 122e Rn. 2). Vielmehr dienen die Angaben als **Entscheidungsgrundlage für die Anteilsinhaber** der beteiligten Gesellschaften (Lutter/*Bayer* Rn. 19; Schmitt/Hörtnagl/Stratz/*Hörtnagl* Rn. 19; KK-UmwG/*Simon/Rubner* Rn. 16; *Dzida* GmbHR 2009, 459 [465]; *J. Vetter* AG 2006, 613 [620]; *Beutel* Rahmen grenzüberschreitender Verschmelzungen S. 165).

Diesem Normzweck entsprechend hat eine Darstellung der Beschäftigungs- **28** auswirkungen aus dem Blickwinkel der Anteilsinhaber zu erfolgen. Diese werden neben geplanten **Maßnahmen zum Arbeitsplatzabbau** insbesondere an den **damit verbundenen Kosten** interessiert sein (Lutter/*Bayer* Rn. 19; KK-UmwG/*Simon/Rubner* Rn. 16; Schmitt/Hörtnagl/Stratz/*Hörtnagl* Rn. 19; *Dzida/Schramm* NZG 2008, 521 [526]; *Beutel* Rahmen grenzüberschreitender Verschmelzungen S. 165). In ihrem Detaillierungsgrad können und müssen die Angaben hinter dem zurückbleiben, was sich bei den Angaben gemäß § 5 Abs. 1 Nr. 9 als Standard entwickelt hat. Da vornehmlich die betriebswirtschaftlichen Folgen etwaig geplanter Umstrukturierungsmaßnahmen in Rede stehen, diese aber häufig nur vorsichtig geschätzt werden können, ist insgesamt Zurückhaltung angezeigt. Es sollte insbesondere nicht der Eindruck erweckt werden, die beteiligten Gesellschaften hätten sich – und ihren Anteilsinhabern – etwa fest einklagbare Synergiegewinne zugesagt.

Insgesamt ist das Konzept, den Verschmelzungsplan nicht nur als Regelungsort, **29** sondern darüber hinaus als Informationsquelle ohne Regelungsbezug zu nutzen, abzulehnen (*Kiem* WM 2006, 1091 [1094]). Für die Information der Anteilsinhaber ist der Verschmelzungsbericht die geeignete Informationsbasis. Den Verschmelzungsplan um rein informatorische Teile anzureichern, ist schlicht unzweckmäßig (soweit Angaben im Verschmelzungsplan zuvörderst der Information der Anteilsinhaber dienen, wie zB die Angaben zu Sondervorteilen, kommt diesen auch eine Regelungstendenz zu, da an die Nichtaufnahme bestimmte Rechtsfolgen geknüpft sind, wie zB die Nichtigkeit des betreffenden, den Sondervorteil vermittelnden Geschäfts. Kritisch zur Verquickung rein arbeitsrechtlicher Information und gesellschaftsrechtlicher Regelung bereits hinsichtlich der Einführung des § 5 Abs. 1 Nr. 9 Lutter/*Drygala* § 5 Rn. 85: befremdlich; Kallmeyer/*Willemsen* § 5 Rn. 47: Fremdkörper; Schmitt/Hörtnagl/Stratz/*Stratz* § 5 Rn. 89: nicht gelungen Rn. 94: systemfremd). Da der deutsche Gesetzgeber allerdings schon mit § 5 Abs. 1 Nr. 9 – ohne jede Not (die NatVerschmRL sieht in Art. 5 die Angabe der Folgen der Verschmelzung für die Arbeitnehmer und ihre Vertretungen sowie der insoweit vorgesehenen Maßnahmen nicht vor, s. dazu auch *Kiem* WM 2006, 1091 [1094]) – einen jetzt als Vorbild für Art. 5 lit. d IntVerschmRL dienenden Sonderweg beschritten hatte, war von dieser Seite wenig Gegenwehr zu erwarten.

e) Zeitpunkt der Gewinnberechtigung (Nr. 5). Der Verschmelzungsplan **30** muss den Zeitpunkt festlegen, von dem an die den Anteilsinhabern der übertragenden Gesellschaft(en) im Rahmen der Verschmelzung gewährten Anteile der übernehmenden oder neu gegründeten Gesellschaft gewinnberechtigt sind. Weiter sind im Verschmelzungsplan Angaben hinsichtlich aller Besonderheiten zu machen, die Auswirkungen auf dieses Recht haben. Die Bestimmung entspricht weitgehend der Parallelregelung in § 5 Abs. 1 Nr. 5. Hinsichtlich der Festlegung des Zeitpunkts der Gewinnberechtigung besteht weitläufige Gestaltungsfreiheit (Lutter/*Bayer* Rn. 21; Widmann/Mayer/*Mayer* Rn. 100; Kallmeyer/*Marsch-Barner* Rn. 20). Wirtschaftlich korreliert der Beginn der Gewinnberechtigung indes-

sen mit dem Verschmelzungsstichtag, da ab diesem Zeitpunkt bei der übertragenden Gesellschaft kein Gewinn mehr entstehen kann und damit deren Anteilsinhaber auf den Gewinnbezug bei der übernehmenden Gesellschaft angewiesen
sind (vgl. Kallmeyer/*Müller* § 5 Rn. 35; Widmann/*Mayer* § 5 Rn. 162; *Kiem* ZIP
1999, 173 [178]). Deshalb werden in der Praxis beide Stichtage in aller Regel
miteinander verknüpft (Schmitt/Hörtnagl/Stratz/*Hörtnagl* Rn. 20). Ist der Verschmelzungsstichtag variabel ausgestaltet, ist zwingend auch der Zeitpunkt der
Gewinnberechtigung entsprechend zu variabilisieren, da anderenfalls bei unvor-
hergesehenen Verzögerungen die Anteilsinhaber der übernehmenden Gesellschaft
benachteiligt werden, ohne dass dies sachlich gerechtfertigt wäre (zum Ineinan-
dergreifen der einzelnen Stichtage s. *Hoffmann-Becking* FS Fleck, 1988, [106]
[117 ff.]; *Kiem* ZIP 1999, 173 [175 f. und 178 ff.]; *Suchanek/Hesse* Der Konzern
2015, 245 [246 ff.]).

31   **f) Verschmelzungsstichtag (Nr. 6).** Der Verschmelzungsplan muss den Verschmelzungsstichtag festlegen. Damit ist der Zeitpunkt gemeint, ab dem **die
Wirkungen der Verschmelzung im Innenverhältnis** der beteiligten Gesellschaften **eintreten sollen** (vgl. Lutter/*Drygala* § 5 Rn. 74; *Suchanek/Hesse* Der
Konzern 2015, 245). Die beteiligten Gesellschaften stellen sich mithin so, als ob
die Verschmelzung ab diesem Zeitpunkt wirksam geworden wäre. Es geht dabei
im Kern um die **Ergebnisabgrenzung:** Ab dem Verschmelzungsstichtag steht
das von der übertragenden Gesellschaft erwirtschafte Ergebnis der übernehmenden bzw. neuen Gesellschaft zu; das zuvor erwirtschaftete Ergebnis kann an die
Anteilsinhaber der übertragenden Gesellschaft ausgekehrt werden.

32   Auf den Verschmelzungsstichtag wird gemeinhin als auf den **Zeitpunkt des
Wechsels der Rechnungslegung** Bezug genommen (s. nur Lutter/*Drygala* § 5
Rn. 74; Widmann/Mayer/*Mayer* Rn. 103). Das ist für die Parallelvorschrift in
§ 5 Abs. 1 Nr. 6 zu Recht bezweifelt worden (Kallmeyer/*Müller* § 5 Rn. 33;
Schmitt/Hörtnagl/Stratz/*Hörtnagl* § 17 Rn. 67 mwN). Allerdings ist der Wortlaut des § 122c Abs. 2 Nr. 6 insoweit eindeutig er, anders als die Parallelregelung in § 5 Abs. 1 Nr. 6, ausdrücklich auf die Rechnungslegung Bezug
nimmt und damit Art. 5 lit. f IntVerschmRL wortgetreu umsetzt. Dem Verschmelzungsstichtag kommt mithin nicht nur die Bedeutung einer Ergebnis-
abgrenzungsregelung zu (→ Rn. 31), sondern ab diesem Zeitpunkt ist die übernehmende bzw. neue Gesellschaft verpflichtet, die Geschäftstätigkeit der übertragenden Gesellschaft in ihren Büchern abzubilden.

33   Der Verschmelzungsstichtag kann im Grundsatz **frei gewählt** werden (allgM,
s. nur Lutter/*Bayer* Rn. 22). Er ist indessen in engem Zusammenhang mit dem
Stichtag der Schlussbilanz gemäß § 17 Abs. 2 S. 1 sowie dem Stichtag der
Gewinnberechtigung zu sehen. Bereits aus wirtschaftlichen Überlegungen heraus
werden im Regelfall der Verschmelzungsstichtag und der Beginn der Gewinnberechtigung auf denselben Zeitpunkt gelegt (→ Rn. 30). Der Verschmelzungsstichtag wird in aller Regel auf den dem Stichtag der Schlussbilanz folgenden Tag
gelegt (Beispiel: Stichtag der Schlussbilanz 31.12., Verschmelzungsstichtag 1.1.;
Semler/Stengel/*Drinhausen* Rn. 24), rechtlich erforderlich ist dies indessen nicht
(so auch Semler/Stengel/*Drinhausen* Rn. 24: in der Regel; dezidiert *Suchanek/
Hesse* Der Konzern 2015, 245 [246 ff.]; strenger Widmann/Mayer/*Mayer*
Rn. 105, der mangels Regelungskompetenz des deutschen Gesetzgebers die
Möglichkeit einer gesetzlichen Normierung der zeitlichen Abfolge von Schluss-
bilanz und Verschmelzungsstichtag gar ausschließt; aA HK-UmwG/*Becker*
Rn. 28 iVm HK-UmwG/*Maulbetsch* § 5 Rn. 94, wonach der Stichtag der
Schlussbilanz unmittelbar vor dem Verschmelzungsstichtag liegt; ebenso die Auf-
fassung der Finanzverwaltung, Umwandlungssteuererlass BMF-Schreiben vom
11.11.2011 – IV C 2 – S 1978-b/08/10001, BStBl. I 2012 S. 1314, Rn. 02.02,

02.07, wonach der übertragende Rechtsträger auf den Schluss des Tags, der dem Umwandlungsstichtag vorangeht, eine Schlussbilanz aufzustellen hat). Das ergibt sich bei der Inlandsverschmelzung bereits aus steuerlichen Gründen (nach Auffassung der Finanzverwaltung liegt der Stichtag der Schlussbilanz zwingend auf dem Vortag des Verschmelzungsstichtages, vgl. Umwandlungssteuererlass-Entwurf des BMF vom 2.5.2011, Rn. 02.02 Umwandlungssteuererlass BMF-Schreiben vom 11.11.2011 – IV C 2 – S 1978-b/08/10001, BStBl. I 2012 S. 1314, Rn. 02.02, 02.07; vgl. auch Widmann/Mayer/*Mayer* Rn. 105; Schmitt/Hörtnagl/Stratz/*Hörtnagl* Rn. 22), die bei der grenzüberschreitenden Verschmelzung regelmäßig auch relevant sein dürften (vgl. Schmitt/Hörtnagl/Stratz/*Hörtnagl* UmwStG § 1 Rn. 27). In diesem Zusammenhang ist zu beachten, dass eine Schlussbilanz nur dann zu fordern ist, wenn die übertragende Gesellschaft entweder deutschem Recht unterliegt oder das sonst auf sie anwendbare ausländische Recht ebenfalls ein solches Erfordernis kennt (Semler/Stengel/*Drinhausen* Rn. 24). Wie im Fall der Inlandsverschmelzung empfiehlt sich auch bei der grenzüberschreitenden Verschmelzung eine **variable Ausgestaltung des Verschmelzungsstichtags,** um gegen unvorhergesehene Verzögerungen gewappnet zu sein (Lutter/*Bayer* Rn. 22). Voraussetzung hierfür ist indessen, dass eine solche Gestaltung auch nach dem Recht der anderen an der Verschmelzung beteiligten Gesellschaften zulässig ist.

g) Rechte und Maßnahmen hinsichtlich Gesellschaftern mit Sonder- 34 **rechten (Nr. 7).** Die Regelung zur Angabe von Rechten und Maßnahmen hinsichtlich Gesellschaftern mit Sonderrechten und Inhabern von anderen Wertpapieren als Gesellschaftsanteilen verfolgt denselben Normzweck wie die Parallelvorschrift in § 5 Abs. 1 Nr. 7 zum Verschmelzungsvertrag. Allerdings unterscheiden sich beide Normen nicht ganz unerheblich, so dass sorgfältig auf die bestehenden Abweichungen zu achten ist. Namentlich hat Abs. 2 Nr. 7 gegenüber seinem inländischen Pendant eine Erweiterung insoweit erfahren, als nicht nur Sonderrechte *einzelner* Anteilinhaber an der Vorschrift erfasst sind, sondern nunmehr auch diejenigen Sonderrechte im Verschmelzungsplan anzugeben sind, die *allen* Anteilsinhabern gewährt werden (Lutter/*Bayer* Rn. 23; Semler/Stengel/ *Drinhausen* Rn. 26; Widmann/Mayer/*Mayer* Rn. 110; Kallmeyer/*Marsch-Barner* Rn. 24). Eine teleologische Reduktion der Vorschrift zugunsten eines Gleichklangs mit dem nationalen Verschmelzungsrecht ist nach zutreffender Ansicht aufgrund des eindeutigen Wortlauts abzulehnen (so auch Lutter/*Bayer* Rn. 23). Anders als bei § 5 Abs. 1 Nr. 7 bezieht sich die Angabepflicht gemäß Abs. 2 Nr. 7 hingegen nur auf solche Sonderrechte, die im Wege der Verschmelzung für bereits bestehende Sonderrechte bzw. Inhabern von anderen Wertpapieren als Gesellschaftsanteile gewährt werden (Lutter/*Bayer* Rn. 23; Semler/Stengel/*Drinhausen* Rn. 26; Widmann/Mayer/*Mayer* Rn. 111). Erstmalig eingeräumte Sonderrechte und Wertpapiere bedürfen daher keiner Aufnahme in den Verschmelzungsplan (KK-UmwG/*Simon*/*Rubner* Rn. 18; im Ergebnis auch Semler/Stengel/*Drinhausen* Rn. 27, der eine Angabepflicht von erst im Rahmen der grenzüberschreitenden Verschmelzung gewährten Rechten aber für wünschenswert hält; für eine Angabepflicht Schmitt/Hörtnagl/Stratz/*Hörtnagl* Rn. 24). In den Verschmelzungsplan aufzunehmen sind überdies die für diese Personen vorgeschlagenen Maßnahmen. Was unter **Sonderrechten und Wertpapieren** iSd Abs. 2 Nr. 7 zu verstehen ist, orientiert sich dabei an denjenigen Rechtsordnungen, denen die an der Verschmelzung beteiligten Gesellschaften unterliegen, und umfasst mithin sämtliche, in diesen Rechtsordnungen bekannten Arten von Sonderrechten und Wertpapieren (Lutter/*Bayer* Rn. 23; Widmann/Mayer/*Mayer* Rn. 113; Semler/Stengel/*Drinhausen* Rn. 28; Schmitt/Hörtnagl/Stratz/*Hörtnagl* Rn. 24); hierzu zählen insbesondere Mehrfach- und Höchststimmrechte, Dividendenvorzüge, Schuldverschreibungen und Genussrechte (Lutter/*Bayer* Rn. 23; Semler/Stengel/*Drinhausen* Rn. 28; Widmann/Mayer/*Mayer* Rn. 112).

35 **h) Besondere Vorteile für Sachverständige und Organmitglieder (Nr. 8).** Im Verschmelzungsplan anzugeben sind etwaige besondere Vorteile, die dem Verschmelzungsprüfer oder den Mitgliedern der Verwaltungs-, Leitungs-, Aufsichts- oder Kontrollorgane der an der Verschmelzung beteiligten Gesellschaften gewährt werden (Abs. 2 Nr. 8). Damit wird Art. 5 lit. h IntVerschmRL umgesetzt. Wie ihre Schwesterbestimmung in § 5 Abs. 1 Nr. 8 verfolgt die Vorschrift den Zweck, die Entscheidungsfreiheit der Anteilsinhaber durch **Offenlegung sämtlicher, die Objektivität** der an der Vorbereitung und Durchführung der Verschmelzung beteiligten maßgeblichen Personen **beeinträchtigender Umstände** zu schützen (s. nur Semler/Stengel/*Drinhausen* Rn. 29; Lutter/*Bayer* Rn. 24). Anders als dort sind indessen nicht die Abschlussprüfer der beteiligten Gesellschaften erfasst. Unter einem besonderen Vorteil ist jegliche Besserstellung des Vorteilsempfängers zu verstehen, die durch die Verschmelzung veranlasst ist und der nicht eine gleichwertige Gegenleistung des Vorteilsempfängers gegenüber steht (ähnlich Lutter/*Bayer* Rn. 24). Erfasst werden auch Vorteile an Mitglieder fakultativ gebildeter Gremien (Beirat, Gesellschafterausschuss etc), soweit diesen Überwachungs- oder Leitungsfunktionen zukommen (zur Parallelregelung in § 5 Abs. 1 Nr. 8 s. Lutter/*Drygala* § 5 Rn. 79; für die Einbeziehung fakultativer Gremien auch Lutter/*Bayer* Rn. 24; Widmann/Mayer/*Mayer* Rn. 116).

36 **i) Satzung (Nr. 9).** Gemäß Abs. 2 Nr. 9 ist die Satzung der übernehmenden oder der neuen Gesellschaft im Verschmelzungsplan aufzuführen. Das entspricht der Systematik der SE-Verordnung, vgl. Art. 20 Abs. 1 lit. h SE-VO. Für die Inlandsverschmelzung gilt dies gemäß § 37 hingegen nur für die Verschmelzung zur Neugründung. Die Regelung ist uneingeschränkt zu begrüßen. Die Satzung der übernehmenden Gesellschaft beinhaltet viele Regelungsaspekte, die für die Anteilsinhaber der übertragenden Gesellschaft(en) von Interesse sind (s. nur Lutter/*Bayer* Rn. 25: „von eminenter Bedeutung"). Da die künftige Satzung materieller Bestandteil des Verschmelzungsplans ist, bestimmen nicht mehr allein die Anteilsinhaber der übernehmenden Gesellschaft über den Satzungsinhalt. Daraus folgt indessen zwanglos, **dass die Satzung der übernehmenden Gesellschaft nicht mehr einseitig geändert werden kann, wenn eine der Anteilsinhaberversammlungen dem Verschmelzungsplan zugestimmt hat** (wie hier wohl Widmann/Mayer/*Mayer* Rn. 120, wonach allein die Fassung der Satzung nach Wirksamwerden der Verschmelzung maßgeblich sein soll, so dass sich der Zustimmungsbeschluss auf die Satzungsfassung nach Wirksamwerden der Verschmelzung beziehen muss; so auch Schmitt/Hörtnagl/Stratz/*Hörtnagl* Rn. 26, der ebenfalls den mit Wirksamwerden der Verschmelzung geltenden Satzungstext für maßgeblich erachtet; aA Semler/Stengel/*Drinhausen* Rn. 30; ebenso, jedenfalls für den Fall der Satzungsänderung durch Änderung der Kapitalziffer, *ders.*/*Keinath* FS Maier-Reimer, 2010, 96 f.). Ist eine Änderung des im Verschmelzungsplan vorgeschlagenen Satzungstexts im Zeitraum zwischen dessen Bekanntmachung und dem Wirksamwerden der Verschmelzung absehbar, beispw. wegen anstehender Kapitalmaßnahmen (s. den Beispielsfall bei *Drinhausen*/*Keinath* FS Maier-Reimer, 2010, 96 f.), oder soll insoweit Flexibilität beibehalten werden, ist der Satzungsgeber des übernehmenden Rechtsträgers im Verschmelzungsplan entsprechend zu ermächtigen. Da die Wiedergabe des gesamten Satzungsinhalts den Verschmelzungsplan sehr unübersichtlich gestalten würde, behilft sich die Praxis damit, die Satzung als **Anlage zum Verschmelzungsplan** zu nehmen. Dagegen bestehen keine Bedenken (Semler/Stengel/*Drinhausen* Rn. 30; Lutter/*Bayer* Rn. 25; Widmann/Mayer/*Mayer* Rn. 121; Schmitt/Hört-

nagl/Stratz/*Hörtnagl* Rn. 26; *J. Vetter* AG 2006, 613 [618]; *Limmer* ZNotP 2007, 242 [254]; *Beutel* Rahmen grenzüberschreitender Verschmelzungen S. 165).

j) Verfahren der Arbeitnehmerbeteiligung (Nr. 10). Gemäß § 122c **37** Abs. 2 Nr. 10 ist das Verfahren über die Festlegung der Arbeitnehmermitbestimmung in der übernehmenden oder neuen Gesellschaft im Verschmelzungsplan darzustellen. Damit wird Art. 5 lit. j IntVerschmRL umgesetzt. Eine Parallelregelung existiert in Art. 20 Abs. 1 lit. i SE-VO für die SE. Demgegenüber kennt der gesetzliche Mindestkatalog für den Verschmelzungsvertrag keine entsprechende Vorschrift, da die Arbeitnehmerbeteiligung bei inländischen Verschmelzungsvorgängen nicht Gegenstand von Verhandlungen ist, sondern durch die einschlägigen nationalen Mitbestimmungsgesetze vorgegeben wird. Da der Verschmelzungsplan nach richtiger Auffassung ausschließlich der Unterrichtung der Anteilsinhaber der an der Verschmelzung beteiligten Gesellschaften dient (KK-UmwG/*Simon/Rubner* Rn. 22; *dies.* Der Konzern 2006, 835 [838]; *Limmer* ZNotP 2007, 242 [254]; so wohl auch Schmitt/Hörtnagl/Stratz/*Hörtnagl* Rn. 27 f.; ähnlich, aber schwächer Lutter/*Bayer* Rn. 26: Fokussierung auf Information der Anteilsinhaber), ist das Verfahren zur Arbeitnehmerbeteiligung insbesondere aus deren Blickwinkel darzustellen. Dazu zählen neben einer gerafften Darstellung des Verhandlungsverfahrens gemäß den einschlägigen nationalen Bestimmungen zur Umsetzung von Art. 16 IntVerschmRL – in Deutschland das MgVG – und der gesetzlichen Auffangregelung vor allem Ausführungen zu den Auswirkungen der Arbeitnehmerbeteiligung auf die Unternehmensverfassung der übernehmenden bzw. neuen Gesellschaft. Dabei hat die Verwaltung in Grundzügen darzulegen, welches Mitbestimmungsmodell sie anstrebt (aA KK-UmwG/*Simon/Rubner* Rn. 25: keine Pflicht zur Offenbarung der Verhandlungsstrategie; diese Auffassung verkennt indessen die nachhaltigen Auswirkungen einer statusverschärfenden Mitbestimmungsregelung auf die Unternehmensverfassung, womit ureigene Interessen der Anteilsinhaber berührt sind). Beabsichtigen die Leitungsorgane der beteiligten Gesellschaften ein Mitbestimmungsmodell zu vereinbaren, das im Hinblick auf die Arbeitnehmerrepräsentanz über die gesetzliche Auffangregelung hinausgeht, ist dies zwingend im Verschmelzungsplan anzugeben. Nur so ist gewährleistet, dass die Anteilsinhaber von der Möglichkeit Gebrauch machen können, die Zustimmung zur Verschmelzung unter den Vorbehalt der Genehmigung des Mitbestimmungsmodells zu stellen oder der Verschmelzung ganz ihre Zustimmung zu versagen, weil sie das angestrebte Mitbestimmungsmodell nicht mittragen wollen (→ § 122g Rn. 10 f.).

k) Bewertung des Aktiv- und Passivvermögens (Nr. 11). Der Verschmel- **38** zungsplan muss Angaben zur Bewertung des Aktiv- und Passivvermögens enthalten, das auf die übernehmende oder neue Gesellschaft übertragen wird (Abs. 2 Nr. 11, Art. 5 lit. k IntVerschmRL). Diese auf Initiative der französischen Delegation zurückgehende Bestimmung (vgl. *Neye* ZIP 2005, 1893 [1895 f.]; *ders.*/ *Timm* DB 2006, 488 [489]; *Kiem* WM 2006, 1091 [1095]; *J. Vetter* AG 2006, 613 [619]) findet keine Entsprechung im Katalog des § 5 Abs. 1 und ist auch im Recht der SE-Verschmelzung ohne Vorbild. Sie bedarf **sinnstiftender Auslegung** (HK-UmwG/*Becker* Rn. 36: Bedeutung unklar; Kallmeyer/*Müller* Rn. 31: Sinn nicht ohne weiteres erkennbar; Schmitt/Hörtnagl/Stratz/*Hörtnagl* Rn. 29: Vorschrift schwer verständlich; *Kiem* WM 2006; 1091, 1095: Regelung problematisch). Der Zweck erschließt sich erst bei einem Blick auf die entsprechende Norm des französischen Rechts, die offenbar Pate für die Regelung stand (Art. 254 Abs. 3 Décret Nr. 67–236 vom 23.3.1967, in der Fassung von Art. 1 Décret Nr. 88–418 vom 22.4.1988: „La désignation et l'évaluation de l'actif et du passif dont la transmission aux sociétés absorbantes ou nouvelles est prévue." –

Die Bezeichnung und Bewertung des Aktiv- und des Passivvermögens, dessen Übertragung auf die übernehmenden oder neuen Gesellschaften vorgesehen ist; vgl. *Kiem* WM 2006, 1091 [1095]; KK-UmwG/*Simon/Rubner* Rn. 30. Die Vorschrift wurde zwischenzeitlich aufgehoben durch Art. 3 Décret Nr. 2007-431 vom 25.3.2007, s. auch KK-UmwG/*Simon/Rubner* Rn. 30). Entgegen dem Wortlaut verlangt die Vorschrift **keine Angaben zur Bewertung** des im Wege der Verschmelzung übergehenden Vermögens (Lutter/*Bayer* Rn. 27; Semler/Stengel/*Drinhausen* Rn. 33; *Kiem* WM 2006; 1091, 1095; *Louven* ZIP 2006, 2021 [2024 f.]; *J. Vetter* AG 2006, 613 [618 f.]) oder gar zur **Ermittlung der Verschmelzungswertrelation** insgesamt (KK-UmwG/*Simon/Rubner* Rn. 29; Lutter/*Bayer* Rn. 27; Semler/Stengel/*Drinhausen* Rn. 34; Schmitt/Hörtnagl/Stratz/*Hörtnagl* Rn. 29; HK-UmwG/*Becker* Rn. 37; *Kiem* WM 2006, 1091 [1095]). Dies bleibt dem Verschmelzungsbericht vorbehalten (HK-UmwG/*Becker* Rn. 37; *Kiem* WM 2006, 1091 [1095]). Vielmehr geht es um die verbindliche Festlegung, **mit welchem Bilanzansatz** (Buchwert, Teilwert oder Zwischenwert; vgl. dazu Kallmeyer/*Müller* Rn. 32) **das übergehende Aktiv- und Passivvermögen in den Büchern der übernehmenden bzw. neuen Gesellschaft fortgeführt** werden soll (Lutter/*Bayer* Rn. 27; KK-UmwG/*Simon/Rubner* Rn. 30; Semler/Stengel/*Drinhausen* Rn. 35; Schmitt/Hörtnagl/Stratz/*Hörtnagl* Rn. 29; *Kiem* WM 2006, 1091 [1095]). Die Vorschrift ist damit in ihrer Wirkungsweise der Regelung in § 24 angenähert. Anders als dort ist das Wahlrecht indessen bereits mit der Aufstellung des Verschmelzungsplans auszuüben; die Möglichkeit der Ermächtigung der Verwaltung zu einer späteren Ausübung des Wahlrechts im Verschmelzungsplan, wie vereinzelt vorgeschlagen (KK-UmwG/*Simon/Rubner* Rn. 31; Schmitt/Hörtnagl/Stratz/*Hörtnagl* Rn. 32; *Simon/Rubner* Der Konzern 2006, 835 [838]; *J. Vetter* AG 2006, 613 [618 f.]; *Limmer* ZNotP 2007, 242 [254 f.]), besteht nicht (Lutter/*Bayer* Rn. 28; Kallmeyer/*Müller* Rn. 34; Semler/Stengel/*Drinhausen* Rn. 36; HK-UmwG/*Becker* Rn. 38). Anzugeben sind im Verschmelzungsplan nicht die konkreten Bilanzsätze, sondern die abstrakte Wahlentscheidung („Ansatz zu Buchwerten"; Kallmeyer/*Müller* Rn. 32). Sollen (teilweise) Zwischenwerte fortgeschrieben werden, muss sich aus dem Verschmelzungsplan zumindest die Wertauswirkung nachvollziehen lassen (Kallmeyer/*Müller* Rn. 32).

39 **l) Stichtag der verwendeten Bilanzen (Nr. 12).** In engem Zusammenhang mit den Angaben gemäß Nr. 11 sind schließlich die Angaben gemäß Nr. 12 zu sehen. Anzugeben ist danach der Stichtag der Bilanzen der an der Verschmelzung beteiligten Gesellschaften, die zur Festlegung der Bedingungen der Verschmelzung verwendet werden. Auch diese Bestimmung lässt sich mangels Entsprechung im Recht der Inlandsverschmelzung und aufgrund ihres sperrigen Wortlauts schwer einordnen (s. nur Kallmeyer/*Müller* Rn. 36: Sinngehalt ist kryptisch). Nichts zu tun hat die Bestimmung zunächst mit dem Umtauschverhältnis oder den sonstigen Verschmelzungsbedingungen (Lutter/*Bayer* Rn. 29; KK-UmwG/*Simon/Rubner* Rn. 32; Semler/Stengel/*Drinhausen* Rn. 37; *Kiem* WM 2006, 1091 [1095]; *J. Vetter* AG 2006, 613 [619]), auch wenn dies der Wortlaut suggerieren mag. Auch verlangt die Vorschrift nicht die Angabe aller (möglicherweise) „verschmelzungsrelevanten" Bilanzen (so aber Kallmeyer/*Müller* Rn. 37 f.). Vielmehr ist nach richtigem Verständnis lediglich der Stichtag derjenigen Bilanz(en) anzugeben, in denen die Bilanzansätze enthalten sind, für die das Bewertungswahlrecht gemäß Nr. 11 ausgeübt wird. Das ist für die deutsche übertragende Gesellschaft die **Schlussbilanz** gemäß §§ 122a Abs. 2, 17 Abs. 2, für ausländische übertragende Gesellschaften die jeweils vergleichbare Bilanz (Semler/Stengel/*Drinhausen* Rn. 37; Schmitt/Hörtnagl/Stratz/*Hörtnagl* Rn. 34; HK-UmwG/*Becker* Rn. 38; KK-UmwG/*Simon/Rubner* Rn. 32; *Kiem* WM 2006, 1091

[1095]; *J. Vetter* AG 2006, 613 [619]). Entgegen mancher Stimmen im Schrifttum (für die Angabe der Eröffnungsbilanz der neuen Gesellschaft: Schmitt/Hörtnagl/ Stratz/*Hörtnagl* Rn. 34; HK-UmwG/*Becker* Rn. 42) ist darüber hinaus nicht der Stichtag der Eröffnungsbilanz der übernehmenden bzw. neuen Gesellschaft anzugeben. Diese Angabe wäre ohne praktischen Wert und, da regelmäßig auf einen zukünftigen Stichtag bezogen, eher spekulativ. Jedenfalls ist die Bilanz der übernehmenden Gesellschaft, in der (erstmals) das Aktiv- und Passivvermögen der übertragenden Gesellschaft bilanziell verarbeitet wird, keine Bilanz, die zur Festlegung der Bedingungen der Verschmelzung verwendet wird, wie es die Vorschrift voraussetzt. Der Ertrag der Bestimmung bleibt damit gering (andere Bewertung bei Lutter/*Bayer* Rn. 29).

3. Etwaiges Barabfindungsangebot. Unter den Voraussetzungen des § 122i **40** Abs. 1 hat die übertragende Gesellschaft ihren Anteilsinhabern ein Barabfindungsangebot zu unterbreiten (im Einzelnen → § 122i Rn. 1 ff.). Das Barabfindungsangebot ist in den Verschmelzungsplan bzw. dessen Entwurf aufzunehmen.

4. Fakultative Regelungen. Den beteiligten Gesellschaften steht es frei, ne- **41** ben den gesetzlich zwingend vorgeschriebenen Angaben weitere Regelungen in den Verschmelzungsplan aufzunehmen: der Katalog in Abs. 2 ist **nicht abschließend** (s. Erwägungsgrund 4 IntVerschmRL; Begr. RegE, BT-Drs. 16/2919, 15). Praktische Erwägungen sprechen indessen dafür, solche fakultativen Regelungen nicht im Verschmelzungsplan anzusiedeln, sondern diese in einen anlässlich des Verschmelzungsvorhabens abzuschließenden, getrennten Vertrag auszulagern (→ Rn. 7). Dieser (Rahmen-)Vertrag ist weder Gegenstand der behördlichen Rechtmäßigkeitskontrolle noch bestehen hier, anders als beim Verschmelzungsplan, Unklarheiten hinsichtlich der Handhabung von Leistungsstörungen (→ Rn. 5 f.).

Typischerweise anzutreffende Klauseln betreffen die **Organbesetzung 42** der aufnehmenden bzw. neuen Gesellschaft. Da die Personalkompetenz der betreffenden Gremien jedoch nicht vertraglich beschränkt werden kann, haben solche Abreden indes nur den Stellenwert von Absichtserklärungen. Anders ist dies bei Abreden über die **künftige Firmierung** und den **Sitz** der aufnehmenden bzw. neuen Gesellschaft. Da die Satzung zwingender Bestandteil des Verschmelzungsplans ist (Abs. 2 Nr. 9), kann zumindest in bestimmtem Umfang hierauf Einfluss genommen werden. Häufig anzutreffen sind die klassischen Schlussbestimmungen, die jedoch bei einem Verschmelzungsplan nicht immer sinnvoll sind; so etwa die Aufnahme einer salvatorischen Klausel oder die Vereinbarung von Rücktrittsrechten. Solche Bestimmungen können ihre intendierten Rechtswirkungen nur in schuldrechtlichen Vereinbarungen neben dem Verschmelzungsplan entfalten. Sinnvoll sowohl im Verschmelzungsplan als auch in einer Seitenvereinbarung sind hingegen die Aufnahme einer **Rechtswahlklausel** sowie einer Regelung, welche Vertragssprache sich bei inhaltlichen Abweichungen mehrerer Sprachfassungen durchsetzen soll (→ Rn. 19).

V. Erleichterungen bei Konzernverschmelzung (Abs. 3)

Befinden sich alle Anteile an der übertragenden Gesellschaft bereits in der **43** Hand der übernehmenden Gesellschaft, sog. Mutter-Tochter-Verschmelzung oder Konzernverschmelzung genannt, sind verschiedene **Angaben im Verschmelzungsplan entbehrlich.** So sind die Angaben betreffend das Umtauschverhältnis (Abs. 2 Nr. 2), die Übertragung der Anteile (Abs. 2 Nr. 3) sowie den Zeitpunkt der Gewinnbeteiligung (Abs. 2 Nr. 5) nicht erforderlich.

Bekanntmachung des Verschmelzungsplans

122d [1]Der Verschmelzungsplan oder sein Entwurf ist spätestens einen Monat vor der Versammlung der Anteilsinhaber, die nach § 13 über die Zustimmung zum Verschmelzungsplan beschließen soll, zum Register einzureichen. [2]Das Gericht hat in der Bekanntmachung nach § 10 des Handelsgesetzbuchs unverzüglich die folgenden Angaben bekannt zu machen:

1. einen Hinweis darauf, dass der Verschmelzungsplan oder sein Entwurf beim Handelsregister eingereicht worden ist,
2. Rechtsform, Firma und Sitz der an der grenzüberschreitenden Verschmelzung beteiligten Gesellschaften,
3. die Register, bei denen die an der grenzüberschreitenden Verschmelzung beteiligten Gesellschaften eingetragen sind, sowie die jeweilige Nummer der Eintragung,
4. einen Hinweis auf die Modalitäten für die Ausübung der Rechte der Gläubiger und der Minderheitsgesellschafter der an der grenzüberschreitenden Verschmelzung beteiligten Gesellschaften sowie die Anschrift, unter der vollständige Auskünfte über diese Modalitäten kostenlos eingeholt werden können.

[3]Die bekannt zu machenden Angaben sind dem Register bei Einreichung des Verschmelzungsplans oder seines Entwurfs mitzuteilen.

Schrifttum: Vgl. die Angaben zu § 122a.

Übersicht

                                                                          Rn.
I. Regelungsgehalt und europarechtliche Hintergründe 1
II. Einreichung des Verschmelzungsplans 4
   1. Formelle Anforderungen an die Einreichung 4
   2. Richtlinienkonformität der Fristberechnung 7
   3. Verzichtbarkeit der Registerpublizität 8
III. Bekanntmachung des Verschmelzungsplans 9
   1. Formelle Anforderungen an die Bekanntmachung 9
   2. Inhalt der Bekanntmachung 11
     a) Hinweis auf Einreichung des Verschmelzungsplans bzw.
       dessen Entwurfs (Nr. 1) 12
     b) Rechtsform, Firma, Sitz (Nr. 2) 13
     c) Beteiligte Register und Eintragungsnummern (Nr. 3) .. 14
     d) Hinweis auf Modalitäten hinsichtlich der Rechte von
       Gläubigern und Minderheitsgesellschaftern sowie An-
       schrift für Auskünfte (Nr. 4) 15
   3. Mitteilungspflicht 20

I. Regelungsgehalt und europarechtliche Hintergründe

1   § 122d setzt das Bekanntmachungserfordernis des Art. 6 IntVerschmRL in nationales Recht um. Aufgrund des Regelungsgegenstands der Bekanntmachung besteht eine enge systematische Anlehnung an die Publizitäts-RL. Die Bekanntmachung des Verschmelzungsplans muss gemäß den Vorgaben in Art. 6 IntVerschmRL im Einklang mit Art. 3 Publizitäts-RL erfolgen. Dies entspricht der deutschen Registerpublizität nach § 10 HGB (vgl. Begr. RegE, BT-Drs. 16/2919, 15).

2   Der **Gegenstand der Bekanntmachung** geht über den bei der inländischen Verschmelzung hinaus. So besteht bei der Inlandsverschmelzung bei Beteiligung einer GmbH lediglich eine Unterrichtungspflicht gegenüber den Gesellschaftern nach § 47. Im Fall der Beteiligung von Aktiengesellschaften existiert mit § 61 eine augenscheinlich dem § 122d vergleichbare Vorschrift (vgl. auch *Pohle* Grenzenlos verschmelzen S. 134). § 61 sieht jedoch lediglich die Einreichung des Verschmelzungsplans oder seines Entwurfes beim Handelsregister und die Bekanntmachung dieser Einreichung in Form eines Hinweises vor. § 122d bestimmt demgegenüber für die grenzüberschreitende Verschmelzung die Bekanntmachung zusätzlicher Angaben, namentlich der in § 122d S. 2 Nr. 2–4 genannten. Die Vorschrift verfolgt damit einen abweichenden Normzweck. Anders als § 61 bezweckt die Regelung des § 122d nicht nur die **Information der Anteilseigner** der betroffenen Gesellschaft; sie dient gleichermaßen auch dem **Gläubigerschutz** (s. auch Erwägungsgrund 5 IntVerschmRL sowie Lutter/*Bayer* Rn. 1; Semler/Stengel/*Drinhausen* Rn. 3). Geläufig ist dieser erweiterte Regelungsgegenstand bereits aus dem Verschmelzungsrecht der SE; dort ist in Art. 21 SE-VO die Bekanntmachung des Verschmelzungsplans mit nahezu identischem Wortlaut geregelt.

Neben der informatorischen Funktion kommt der **Bekanntmachung** zugleich eine **rechtsgestaltende Wirkung** zu: So löst die erfolgte Bekanntmachung der gemäß § 122d S. 2 Nr. 2–4 notwendigen Angaben die Frist für die Geltendmachung der entsprechenden Gläubiger- und Minderheitsgesellschafterrechte aus (vgl. Semler/Stengel/*Drinhausen* Rn. 22). **3**

II. Einreichung des Verschmelzungsplans

1. Formelle Anforderungen an die Einreichung. Zuständiges Registergericht ist das Amtsgericht, in dessen Bezirk die Gesellschaft ihren Satzungssitz hat (§§ 376, 377 Abs. 1 FamFG iVm § 23a Abs. 1 Nr. 2, Abs. 2 Nr. 3 GVG iVm § 14 AktG bzw. § 7 Abs. 1 GmbHG; s. Lutter/*Bayer* Rn. 3; Semler/Stengel/*Drinhausen* Rn. 6). **4**

Die **Form** der Einreichung bestimmt sich nach § 12 Abs. 2 HGB (Lutter/*Bayer* Rn. 5; Semler/Stengel/*Drinhausen* Rn. 7; Widmann/Mayer/*Mayer* Rn. 28; Kallmeyer/*Marsch-Barner* Rn. 1; Schmitt/Hörtnagl/Stratz/*Hörtnagl* Rn. 5; KK-UmwG/*Simon/Rubner* Rn. 20). Der Verschmelzungsplan bzw. sein Entwurf sowie die nach § 122d S. 2 Nr. 1–4 erforderlichen Angaben sind dem Handelsregister danach in elektronischer Form zu übermitteln. **5**

Die **Frist** beträgt mindestens einen Monat vor der Versammlung der Anteilsinhaber, die nach § 13 über die Zustimmung zum Verschmelzungsplan beschließen soll. In Abweichung von Art. 6 Abs. 1 IntVerschmRL knüpft § 122d S. 2 für den Fristbeginn an die *Einreichung* beim Handelsregister an (→ Rn. 7). **6**

2. Richtlinienkonformität der Fristberechnung. § 122d weicht in einem **7** zentralen Punkt von den Vorgaben in Art. 6 IntVerschmRL ab. So stellt die IntVerschmRL in Art. 6 Abs. 1 für die Berechnung der Monatsfrist auf den Zeitpunkt der *Bekanntmachung* ab. § 122d S. 1 lässt hingegen den Zeitpunkt der *Einreichung* zum Register ausreichen und bewegt sich damit im Gleichklang mit § 61, der Parallelvorschrift für die inländische Verschmelzung (→ Rn. 2). Obgleich damit eine **nicht richtlinienkonforme Umsetzung** zu konstatieren ist (allgM, s. nur Lutter/*Bayer* Rn. 7; *Louven* ZIP 2006, 2021 [2025]; *Beutel* Rahmen grenzüberschreitender Verschmelzungen S. 177; vgl. auch Stellungnahme BR zum RegE, BT-Drs. 16/2919, 24), ist dieser Punkt nicht überzubewerten: Mangels einer Auswirkung auf der Rechtsfolgenseite hat er keine Relevanz in der Praxis.

3. Verzichtbarkeit der Registerpublizität. Wie bei der Inlandsverschmelzung stellt sich auch bei der grenzüberschreitenden Verschmelzung die Frage nach **8**

der Verzichtbarkeit der Bekanntmachung. Für die Parallelvorschrift des § 61 ist ganz überwiegend anerkannt, dass auf die Einhaltung der Monatsfrist und sogar auf die Einreichung ganz verzichtet werden kann (s. nur Lutter/*Grunewald* § 61 Rn. 7; aA Widmann/Mayer/*Rieger* § 61 Rn. 10.1). Diese Möglichkeit steht bei einer grenzüberschreitenden Verschmelzung indessen nicht ohne weiteres offen. Denn anders als bei der rein inländischen Verschmelzung dient die **Registerpublizität bei grenzüberschreitenden Verschmelzungsvorgängen** nicht ausschließlich der Information der Anteilseigner der betroffenen Gesellschaft, sondern darüber hinaus auch deren Gläubigern (→ Rn. 15 ff.; vgl. Erwägungsgrund 5 IntVerschmRL; *H.-F. Müller* NZG 2006, 286 [288], der insoweit von einer „drittschützenden Tendenz" des § 122d spricht). Über Informationsinteressen Dritter können die Anteilsinhaber der beteiligten deutschen Gesellschaft nicht verfügen, weshalb der **gänzliche Verzicht auf die Einreichung unzulässig** ist (Widmann/Mayer/*Mayer* Rn. 30; Lutter/*Bayer* Rn. 17; Semler/Stengel/*Drinhausen* Rn. 13; Kallmeyer/*Marsch-Barner* Rn. 3; *H.-F. Müller* NZG 2006, 286 [288]; *Beutel* Rahmen grenzüberschreitender Verschmelzungen S. 168). Möglich ist hingegen, auf die **Einhaltung der Monatsfrist** zu verzichten (Lutter/*Bayer* Rn. 18; Semler/Stengel/*Drinhausen* Rn. 12; inzwischen auch Widmann/Mayer/*Mayer* Rn. 30). Diese Frist bezweckt nämlich einzig die ausreichende Information der Anteilsinhaber vor der Abstimmung über den gemeinsamen Verschmelzungsplan nach §§ 122g, 13 und steht damit auch zu deren Disposition (Lutter/*Bayer* Rn. 18; Semler/Stengel/*Drinhausen* Rn. 12; Kallmeyer/*Marsch-Barner* Rn. 3; KK-UmwG/*Simon/Rubner* Rn. 27).

III. Bekanntmachung des Verschmelzungsplans

9 **1. Formelle Anforderungen an die Bekanntmachung.** Gemäß § 122d S. 2 erfolgt die Bekanntmachung nach § 10 HGB. Der Hinweis auf die Einreichung des Verschmelzungsplans sowie die gemäß § 122d S. 2 Nr. 2–4 erforderlichen Angaben werden danach durch das Registergericht in **elektronischer Form** bekannt gemacht (Lutter/*Bayer* Rn. 8; Widmann/Mayer/*Mayer* Rn. 33; Semler/Stengel/*Drinhausen* Rn. 5). Mit der Einführung des elektronischen Handelsregisters im Jahre 2007 entstand das gemeinsame Registerportal der Länder (www.handelsregister.de), welches iVm der Abrufbarkeit der Bekanntmachung über die Internetseite des Unternehmensregisters (§ 8b Abs. 2 Nr. 1 HGB) eine zentrale elektronische Plattform iSd Art. 3 Abs. 4 Publizitäts-RL darstellt. Der Gesetzgeber konnte somit im Rahmen der Umsetzung der Richtlinie 2009/109/EG von einer Änderung des § 122d bzw. der Parallelvorschrift in § 61 absehen.

10 Die **Bekanntmachung** hat **unverzüglich** zu erfolgen (vgl. auch Lutter/*Bayer* Rn. 8, der darunter „ohne schuldhaftes Zögern" iSd § 121 Abs. 1 S. 1 BGB versteht).

11 **2. Inhalt der Bekanntmachung.** § 122d S. 2 Nr. 1–4 bzw. Art. 6 Abs. 2 lit. a–c IntVerschmRL enthält den Katalog der zu veröffentlichenden Mindestangaben. Der deutsche Gesetzgeber hat von der in Art. 6 Abs. 2 IntVerschmRL eingeräumten Möglichkeit, zusätzliche Angaben vorzuschreiben, keinen Gebrauch gemacht. Entsprechend der Registerpublizität bei der nationalen Verschmelzung von Aktiengesellschaften wird der eingereichte Verschmelzungsplan bzw. dessen Entwurf selbst nicht veröffentlicht (§ 61 S. 2; vgl. ferner KK-UmwG/*Simon/Rubner* Rn. 22; *H.-F. Müller* NZG 2006, 286 [288]).

12 **a) Hinweis auf Einreichung des Verschmelzungsplans bzw. dessen Entwurfs (Nr. 1).** Gemäß Art. 6 Abs. 1 IntVerschmRL iVm Art. 3 Abs. 4 Publizitäts-RL kann der nationale Gesetzgeber hinsichtlich der Art und Weise der Bekanntmachung des Verschmelzungsplans wählen zwischen der (vollständigen oder auszugsweisen) **Wiedergabe** des Dokuments oder aber der Bekanntmachung in Form eines **Hinweises** auf die Hinterlegung des Dokuments in der Akte oder auf seine Eintragung in das Register. Der deutsche Gesetzgeber hat sich nach gängigem Schema (vgl. § 61 S. 2 für die Inlandsverschmelzung von Aktiengesellschaften bzw. Art. 21 SE-VO, § 5 SEAG iVm § 61 S. 2 für die SE mit Sitz in Deutschland) für die **Bekanntmachung lediglich eines Hinweises auf die Einreichung** des Verschmelzungsplans oder dessen Entwurfs entschieden.

b) Rechtsform, Firma, Sitz (Nr. 2). Nahezu wortgetreu übernimmt **13** § 122d S. 2 Nr. 2 die Vorgabe in Art. 6 Abs. 2 lit. a IntVerschmRL und bestimmt die Angabe von **Rechtsform, Firma** und Sitz der an der grenzüberschreitenden Verschmelzung beteiligten Gesellschaften. Unter Sitz ist hier der **Satzungssitz** zu verstehen (vgl. nur die englische [„registered office"] und französische Sprachfassung [„siège statutaire"] des Art. 6 IntVerschmRL; allgM, s. nur Semler/Stengel/*Drinhausen* Rn. 16). Da sich der deutsche Gesetzgeber für die Bekanntgabe des Verschmelzungsplans im Wege der Hinweisbekanntmachung entschieden hat (→ Rn. 12), sind die Angaben zu Rechtsform, Firma und Sitz auch nicht entbehrlich (zur Verzichtbarkeit dieser Angaben im Fall der Bekanntmachung durch Wiedergabe des gesamten Verschmelzungsplans vgl. *Beutel* Rahmen grenzüberschreitender Verschmelzungen S. 169; aA Widmann/Mayer/*Mayer* Rn. 11).

c) Beteiligte Register und Eintragungsnummern (Nr. 3). In Umsetzung **14** von Art. 6 Abs. 2 lit. b IntVerschmRL verlangt § 122d S. 2 Nr. 3 die Angabe der Register samt Eintragungsnummern, unter denen die an der grenzüberschreitenden Verschmelzung beteiligten Gesellschaften eingetragen sind. Dadurch sollen die Gläubiger der beteiligten nationalen Gesellschaft in die Lage versetzt werden, über die anderen Verschmelzungspartner Informationen einzuholen (Lutter/*Bayer* Rn. 12; Semler/Stengel/*Drinhausen* Rn. 17; Widmann/Mayer/*Mayer* Rn. 12; Kallmeyer/*Marsch-Barner* Rn. 2).

d) Hinweis auf Modalitäten hinsichtlich der Rechte von Gläubigern 15 und Minderheitsgesellschaftern sowie Anschrift für Auskünfte (Nr. 4). § 122d S. 2 Nr. 4 verlangt schließlich die Bekanntmachung eines Hinweises auf die Modalitäten für die Ausübung der Rechte der Gläubiger und der Minderheitsgesellschafter der an der grenzüberschreitenden Verschmelzung beteiligten Gesellschaften sowie die Anschrift, unter der vollständige Auskünfte über diese Modalitäten kostenlos eingeholt werden können. Diese Pflichtangabe geht auf Art. 6 Abs. 2 lit. c IntVerschmRL zurück. Wie die entsprechende Parallelvorschrift im SE-Recht (Art. 21 lit. c und d SE-VO) zielt die Regelung darauf ab, die Gläubiger und Minderheitsgesellschafter über Änderungen hinsichtlich ihrer rechtlichen Situation zu informieren, die mit der bevorstehenden Verschmelzung einhergehen.

Nach dem Wortlaut der Vorschrift richtet sich der Hinweis nach Nr. 4 an die **16** Gläubiger und Minderheitsgesellschafter der an der grenzüberschreitenden Verschmelzung beteiligten Gesellschaften. Die Vorgabe in Art. 6 Abs. 2 lit. c IntVerschmRL ist insoweit deckungsgleich, als dort von den Gläubigern der sich verschmelzenden Gesellschaften die Rede ist. Die Hinweispflicht der deutschen Gesellschaft bestünde danach gegenüber der Gesamtheit der Gläubiger und Minderheitsgesellschafter **aller** insgesamt beteiligten Rechtsträger. Das kann indes nicht richtig sein: Die Regelung ist daher nach richtiger Auffassung dem Sinn und Zweck entsprechend auf die Modalitäten der Ausübung der Rechte der **Gläubiger und Minderheitsgesellschafter der** *betreffenden* **Gesellschaft** zu beschränken (so auch Lutter/*Bayer* Rn. 14; aA Semler/Stengel/*Drinhausen* Rn. 18; Widmann/Mayer/*Mayer* Rn. 13; Schmitt/Hörtnagl/Stratz/*Hörtnagl* Rn. 17; *Handelsrechtsausschuss des DAV* NZG 2006, 737 [740]; *Beutel* Rahmen grenzüberschreitender Verschmelzungen S. 169 Fn. 892, der jedoch einräumt, dass eine Beschränkung der Hinweispflicht auf die Gläubiger der betreffenden Gesellschaften ausreichend gewesen wäre für eine richtlinienkonforme Umsetzung des Art. 6 Abs. 2 lit. c IntVerschmRL). So entspricht es der Systematik des der IntVerschmRL als Blaupause dienenden SE-Verschmelzungsrechts (s. Art. 21 lit. c und d SE-VO, wonach sich die Hinweispflicht auf die Rechte der Gläubiger bzw. der Minderheitsgesellschafter der betreffenden Gesellschaft bezieht; vgl. ferner Lutter/*Bayer* Rn. 14). Es wäre blanker Formalismus, die deutsche Gesellschaft zur Bekanntmachung der Gläubiger- und Minderheitsschutzrechte ausländischer Gesellschaften zu verpflichten, was weder vom Richtliniengeber noch vom deutschen Gesetzgeber gewollt gewesen sein kann.

17   Zum Gläubigerkreis zählen darüber hinaus auch die **Anleihegläubiger** (zutreffend Lutter/*Bayer* Rn. 14). Soweit das im Hinblick auf den Text früherer Richtlinienentwürfe (Vorschlag für eine 10. Richtlinie des Rates nach Artikel 54 Absatz 3 Buchstabe g des Vertrages über die grenzüberschreitende Verschmelzung von Aktiengesellschaften vom 14.1.1985, KOM(84) 727 endg. = ABl. C 23 S. 11 = BT-Drs. 10/2856 = BR-Drs. 56/85) bezweifelt wurde (so Widmann/Mayer/ *Mayer* Rn. 16), ist dem entgegenzuhalten, dass „Gläubiger" als Oberbegriff den Anleihegläubiger vom Wortlaut her mit umfasst. Der Verzicht auf eine enumerative Aufführung der einzelnen Gläubiger allein lässt nicht den Schluss zu, dass die zuvor noch exemplarisch aufgezählten Gläubigergruppen fortan nicht mehr vom Gläubigerbegriff iSd Richtlinienentwurfs erfasst sein sollten (so aber Widmann/ Mayer/*Mayer* Rn. 16). Die gesonderte Erwähnung der Sonderrechtsinhaber einschließlich der Anleihegläubiger hatte vielmehr seinen Grund darin, dass im Richtlinienentwurf Modifikationen des Verweises auf die relevante Gläubigerschutzbestimmung der NatVerschmRL enthalten waren, die später entfielen. Damit hatte sich auch eine gesonderte Erwähnung der Anleihegläubiger erübrigt.

18   Zu den **Gläubigerschutzrechten** für die Gläubiger der deutschen übertragenden Gesellschaft gehört der Anspruch auf Sicherheitsleistung gemäß § 122j. Ist die beteiligte deutsche Gesellschaft indessen aufnehmende Gesellschaft, greift der nachträgliche Gläubigerschutz nach §§ 122a Abs. 2, 22 ein (Lutter/*Bayer* Rn. 15; Widmann/Mayer/*Mayer* Rn. 17; Semler/Stengel/*Drinhausen* Rn. 19; Schmitt/Hörtnagl/Stratz/*Hörtnagl* Rn. 18). **Minderheitsgesellschafter** einer deutschen übertragenden Gesellschaft haben unter den Voraussetzungen des § 122h einen Anspruch auf Verbesserung des Umtauschverhältnisses sowie auf ein Abfindungsangebot im Verschmelzungsplan (§ 122i). Für die Minderheitsgesellschafter einer deutschen aufnehmenden Gesellschaft kann sich der Anspruch auf ein Barabfindungsgebot aus §§ 122a Abs. 2, 29 ergeben (→ § 122i Rn. 4; Lutter/*Bayer* Rn. 15; Semler/Stengel/*Drinhausen* Rn. 20; Schmitt/Hörtnagl/ Stratz/*Hörtnagl* Rn. 19). Die Hinweispflicht zur Angabe der Modalitäten der Ausübung der Gläubiger- und Minderheitsgesellschafterrechte erschöpft sich indessen nicht in der bloßen Wiedergabe der entsprechenden Schutzvorschriften; vielmehr müssen die Voraussetzungen zur Durchsetzung dieser Rechte kurz erläutert werden (Lutter/*Bayer* Rn. 15; Widmann/Mayer/*Mayer* Rn. 17; Schmitt/Hörtnagl/Stratz/*Hörtnagl* Rn. 21; Kallmeyer/*Marsch-Barner* Rn. 2; *Beutel* Rahmen grenzüberschreitender Verschmelzungen S. 169 f.).

19   Ferner muss die **Anschrift der Auskunftsstelle,** bei der kostenlos vollständige Auskünfte über diese Modalitäten eingeholt werden können, angegeben werden. Unter Anschrift ist die postalische Adresse zu verstehen (vgl. Lutter/*Bayer* Rn. 16; Semler/Stengel/*Drinhausen* Rn. 18; Kallmeyer/*Marsch-Barner* Rn. 2; KK-UmwG/*Simon/Rubner* Rn. 13; *Grunewald* Der Konzern 2007, 106 [107]; *Beutel* Rahmen grenzüberschreitender Verschmelzungen S. 169). Allerdings ist die Angabe einer Internetadresse ausreichend, wenn die betreffende Gesellschaft von § 63 Abs. 4 Gebrauch macht (im Einzelnen ebenso Semler/Stengel/*Drinhausen* Rn. 18;

Schmitt/Hörtnagl/Stratz/*Hörtnagl* Rn. 22; aA Lutter/*Bayer* Rn. 16; KK-UmwG/
Simon/Rubner Rn. 15; *Grunewald* Der Konzern 2007, 106 [107]; ablehnend hinsichtlich des Ausreichens einer E-Mail-Adresse Kallmeyer/*Marsch-Barner* Rn. 2
sowie *Beutel* Rahmen grenzüberschreitender Verschmelzungen S. 169 Fn. 891).

3. Mitteilungspflicht. Hinsichtlich der Angaben nach § 122d S. 2 Nr. 1–4 **20**
normiert 122d S. 3 explizit eine **Mitteilungspflicht** der beteiligten deutschen
Gesellschaft. So kann hinsichtlich der Mindestangaben nicht einfach auf den
Inhalt des Verschmelzungsplans verwiesen werden. Die Angaben nach § 122d
S. 2 Nr. 1–4 müssen vielmehr zusätzlich zum Verschmelzungsplan beim Register
eingereicht werden (Semler/Stengel/*Drinhausen* Rn. 21; Schmitt/Hörtnagl/
Stratz/*Hörtnagl* Rn. 23).

Verschmelzungsbericht

122e [1] Im **Verschmelzungsbericht nach § 8 sind auch die Auswirkungen der grenzüberschreitenden Verschmelzung auf die
Gläubiger und Arbeitnehmer der an der Verschmelzung beteiligten Gesellschaft zu erläutern.** [2] **Der Verschmelzungsbericht ist den Anteilsinhabern sowie dem zuständigen Betriebsrat oder, falls es keinen Betriebsrat
gibt, den Arbeitnehmern der an der grenzüberschreitenden Verschmelzung beteiligten Gesellschaft spätestens einen Monat vor der Versammlung der Anteilsinhaber, die nach § 13 über die Zustimmung zum Verschmelzungsplan beschließen soll, nach § 63 Abs. 1 Nr. 4 zugänglich zu
machen.** [3] **§ 8 Abs. 3 ist nicht anzuwenden.**

Schrifttum: Vgl. die Angaben zu § 122a.

Übersicht

		Rn.
I.	Regelungsgehalt und europarechtliche Vorgaben	1
II.	Erstellung des Verschmelzungsberichts	4
	1. Erstellungskompetenz	4
	2. Gemeinsamer Verschmelzungsbericht	5
III.	Form und Sprache	6
IV.	Inhalt des Verschmelzungsberichts	8
	1. Allgemeines	8
	2. Erläuterung der rechtlichen und wirtschaftlichen Aspekte	10
	3. Auswirkungen der grenzüberschreitenden Verschmelzung auf die Gläubiger und Arbeitnehmer	14
	a) Auswirkungen auf die Gläubiger	14
	b) Auswirkungen auf die Arbeitnehmer	15
V.	Zugänglichmachung	20
VI.	Entbehrlichkeit	22

I. Regelungsgehalt und europarechtliche Vorgaben

Wie bei der Inlandsverschmelzung ist auch bei der grenzüberschreitenden Ver- **1**
schmelzung ein Verschmelzungsbericht zu erstellen, der die rechtlichen und wirtschaftlichen Aspekte der Verschmelzung erläutert und begründet (Art. 7 S. 1 Int-
VerschmRL). Damit wird eine **Plausibilitätskontrolle** ermöglicht (Widmann/
Mayer/*Mayer* Rn. 4; KK-UmwG/*Simon/Rubner* Rn. 2; vgl. auch Lutter/*Drygala*
§ 8 Rn. 3). Die Vorgaben der IntVerschmRL haben in § 122e insoweit eine schlanke Umsetzung erfahren, als die Vorschrift lediglich die Spezifika der grenzüberschreitenden Verschmelzung regelt und im Übrigen auf § 8 als Basisnorm verweist.

In diesem Sinne beschränkt sich § 122e S. 1 auf die Aufstellung **zusätzlicher inhaltlicher Anforderungen** an den Verschmelzungsbericht: In Erweiterung der Berichtsgegenstände nach § 8 sind darüber hinaus die **Auswirkungen der grenzüberschreitenden Verschmelzung auf die Gläubiger und die Arbeitnehmer** der an der Verschmelzung beteiligten Gesellschaft zu erläutern. § 122e S. 2 regelt in Umsetzung von Art. 7 S. 2 IntVerschmRL, dass der Verschmelzungsbericht den Anteilsinhabern sowie dem zuständigen Betriebsrat oder, falls ein solcher nicht existiert, den Arbeitnehmern der an der grenzüberschreitenden Verschmelzung beteiligten Gesellschaft spätestens einen Monat vor der beschlussfassenden Versammlung der Anteilsinhaber zugänglich zu machen ist. Durch § 122e S. 3 wird ausdrücklich die Möglichkeit einer Entbehrlichkeit nach § 8 Abs. 3 ausgeschlossen. Keiner Umsetzung bedurfte schließlich Art. 7 S. 3 IntVerschmRL, da das deutsche Recht nicht die Abgabe einer Stellungnahme der Arbeitnehmervertreter vorsieht (KK-UmwG/*Simon/Rubner* Rn. 19; Kallmeyer/*Marsch-Barner* Rn. 5).

2   Inhaltlich entspricht der Verschmelzungsbericht infolge des umfassenden Verweises auf § 8 in weiten Teilen dem bei einer inländischen Verschmelzung. Durch die erweiterten Anforderungen in § 122e ist indessen nicht nur die Berichtsgrundlage erweitert, sondern zugleich die **Zielrichtung** des Verschmelzungsberichts bei der grenzüberschreitenden Verschmelzung klar **verschoben** (s. nur Lutter/*Bayer* Rn. 1; *Kiem* WM 2006, 1091 [1095 f.]). Der Verschmelzungsbericht bezweckt bei der Inlandsverschmelzung ausschließlich die Information der Anteilsinhaber (Lutter/*Drygala* § 8 Rn. 3; Widmann/Mayer/*Mayer* § 8 Rn. 5; Kallmeyer/*Marsch-Barner* § 8 Rn. 1); die Information der Arbeitnehmer erfolgt mittels des Verschmelzungsvertrages (dieser ist dem Betriebsrat gemäß § 5 Abs. 3 spätestens einen Monat vor der beschlussfassenden Versammlung der Anteilsinhaber zuzuleiten). Bei der grenzüberschreitenden Verschmelzung wird stattdessen der Verschmelzungsbericht insoweit einer erweiterten Zweckbestimmung zugeführt, als er nunmehr auch die **Informationsgrundlage für den Betriebsrat bzw. die Arbeitnehmer** bildet (Lutter/*Bayer* Rn. 1; Widmann/Mayer/*Mayer* Rn. 4; KK-UmwG/*Simon/Rubner* Rn. 3; Semler/Stengel/*Drinhausen* Rn. 2). Nicht vom Schutzbereich der Vorschrift umfasst sind hingegen die Gläubiger der an der Verschmelzung beteiligten (deutschen) Gesellschaft(en). Zwar muss der Verschmelzungsbericht die Auswirkungen der grenzüberschreitenden Verschmelzung auf die Gläubiger erläutern, eine Pflicht der Vertretungsorgane, den Bericht den Gläubigern zugänglich zu machen, lässt sich daraus jedoch nicht ableiten (Semler/Stengel/*Drinhausen* Rn. 2; KK-UmwG/*Simon/Rubner* Rn. 4; Schmitt/Hörtnagl/Stratz/*Hörtnagl* Rn. 2; *J. Vetter* AG 2006, 613 [620]; schwächer Lutter/*Bayer* Rn. 1 und Kallmeyer/*Marsch-Barner* Rn. 1: Gläubigerschutz allenfalls mittelbar intendiert; inzwischen auch ausdrücklich Widmann/Mayer/*Mayer* Rn. 4).

3   Aus dem erweiterten Informationszweck resultieren schließlich auch Besonderheiten im Hinblick auf die Entbehrlichkeit des Verschmelzungsberichts (→ Rn. 22 f.). Ob der Richtliniengeber der Rechtspraxis mit diesem insgesamt erweiterten Schutzzweck einen guten Dienst erwiesen hat, ist stark zu bezweifeln (→ § 122c Rn. 20).

II. Erstellung des Verschmelzungsberichts

4   **1. Erstellungskompetenz.** Gemäß Art. 7 S. 1 IntVerschmRL obliegt die Erstellung des Verschmelzungsberichts rechtsformübergreifend den **Leitungs- oder Verwaltungsorganen** der sich verschmelzenden Gesellschaften. Über die Verweisung auf das Recht der Inlandsverschmelzung ist die Erstellungskompetenz gemäß §§ 122e S. 1, 8 Abs. 1 S. 1 indes den **Vertretungsorganen** zugewiesen. Diese Abweichung von den Vorgaben der IntVerschmR ist im Regelfall unproblematisch, da den Leitungsorganen deutscher Gesellschaften zugleich deren Vertretung zukommt (→ § 122c Rn. 9). Friktionen im Hinblick auf die **monistisch verfasste SE**, bei der die Vertretungsbefugnis von den geschäftsführenden Direktoren ausgeübt wird und nicht vom Verwaltungsrat als Leitungs- bzw. Verwaltungsorgan als solchem, sind im Wege richtlinienkonformer Auslegung dergestalt zu lösen, dass für die Erstellung des Verschmelzungsberichts der Verwaltungsrat zuständig ist (→ § 122c Rn. 10; Lutter/*Bayer* Rn. 3; Semler/Stengel/*Drinhausen* Rn. 3).

2. Gemeinsamer Verschmelzungsbericht. Der Verschmelzungsbericht ist 5 nach Art. 7 S. 1 IntVerschmRL für jede der sich verschmelzenden Gesellschaften zu erstellen. Gemäß §§ 122e S. 1, 8 Abs. 1 S. 1 Hs. 2 besteht ferner die Möglichkeit einer gemeinsamen Berichterstattung, von der in der Praxis im Regelfall Gebrauch gemacht wird. Insoweit ergeben sich keine Besonderheiten im Vergleich zur Inlandsverschmelzung. Die Erstellung eines gemeinsamen Verschmelzungsberichts steht allerdings unter dem Vorbehalt, dass die Rechtsordnungen der beteiligten ausländischen Gesellschaften diese Möglichkeit ebenfalls vorsehen (Lutter/*Bayer* Rn. 4; Semler/Stengel/*Drinhausen* Rn. 5; Widmann/Mayer/*Mayer* Rn. 35 f.; Kallmeyer/*Marsch-Barner* Rn. 3; KK-UmwG/*Simon/Rubner* Rn. 9). Die inhaltlichen Anforderungen an den gemeinsamen Bericht bestimmen sich in diesem Fall kumulativ nach allen betreffenden Rechtsordnungen (Semler/Stengel/*Drinhausen* Rn. 5; Kallmeyer/*Marsch-Barner* Rn. 3; Schmitt/Hörtnagl/Stratz/ *Hörtnagl* Rn. 4).

III. Form und Sprache

Hinsichtlich der **Form** des Verschmelzungsberichts enthält die IntVerschmRL 6 keine spezifischen Vorgaben. Insoweit kann auf das Recht der Inlandsverschmelzung zurückgegriffen werden. Der Verschmelzungsbericht ist danach gemäß §§ 122e S. 1, 8 Abs. 1 S. 1 **schriftlich** durch Mitglieder des Vertretungsorgans **in vertretungsberechtigter Zahl** zu erstellen (so BGH NZG 2007, 714 [716 f.] per obiter dictum für den Verschmelzungsbericht nach § 8; Semler/Stengel/*Drinhausen* Rn. 4; Kallmeyer/*Marsch-Barner* Rn. 2; jetzt auch Widmann/Mayer/*Mayer* Rn. 10; aA KK-UmwG/*Simon/Rubner* Rn. 5; zum Streitstand bei der Inlandsverschmelzung s. nur Lutter/*Drygala* § 8 Rn. 6 mwN); eine Stellvertretung ist nicht zulässig (Widmann/Mayer/*Mayer* Rn. 10; zur Inlandsverschmelzung s. nur Lutter/*Drygala* § 8 Rn. 7).

In welcher **Sprache** der Verschmelzungsbericht zu erstellen ist, ist weder 7 durch die IntVerschmRL noch das UmwG geregelt. Die **Erstellung** des Berichts auf Deutsch ist dabei nach richtiger Ansicht nicht notwendig (ausführlich zur Sprache beim Verschmelzungsplan → § 122c Rn. 18 f.). Um seinem Informationszweck gerecht werden zu können, muss der Verschmelzungsbericht den Anteilsinhabern und dem Betriebsrat bzw. den Arbeitnehmern der deutschen Gesellschaft jedoch zumindest (auch) in deutscher Übersetzung **zugänglich** gemacht werden. Wird von der Möglichkeit eines **gemeinsamen Verschmelzungsberichts** Gebrauch gemacht, muss dieser in den Sprachen aller beteiligten Gesellschaften vorliegen (Semler/Stengel/*Drinhausen* Rn. 5: ggf. in Form beglaubigter Übersetzungen; Kallmeyer/*Marsch-Barner* Rn. 3), nicht aber in all diesen Sprachen erstellt sein.

IV. Inhalt des Verschmelzungsberichts

1. Allgemeines. Sowohl beim gemeinsamen als auch beim getrennt verfassten 8 Verschmelzungsbericht sind **Informationen zu sämtlichen an der Verschmelzung beteiligten Gesellschaften** aufzunehmen (Semler/Stengel/*Drinhausen* Fn. 8; Kallmeyer/*Marsch-Barner* Rn. 7; Schmitt/Hörtnagl/Stratz/*Hörtnagl* Rn. 6), und zwar unabhängig davon, ob es sich bei der betreffenden deutschen

Gesellschaft um die aufnehmende oder eine übertragende Gesellschaft handelt. In beiden Konstellationen sind für die Anteilsinhaber die wirtschaftlichen Verhältnisse der beteiligten Gesellschaften und das Hinzutreten weiterer Gläubiger gleichermaßen von Bedeutung. Insgesamt wird der **Informationsbedarf** bezüglich **beteiligter ausländischer Gesellschaften** höher zu veranschlagen sein als bei einer Inlandsverschmelzung, da nicht davon ausgegangen werden kann, dass die Anteilsinhaber mit den betreffenden ausländischen Rechtsordnungen und dem jeweiligen Marktumfeld vertraut sind. Hiervon zu unterscheiden ist indessen die Verpflichtung der Vertretungsorgane, die Auswirkungen der grenzüberschreitenden Verschmelzung auf die Gläubiger und Arbeitnehmer zu erläutern. Diese in S. 1 normierte Informationspflicht ist dem Wortlaut der Vorschrift entsprechend auf Informationen im Hinblick auf die Gläubiger und Arbeitnehmer der **beteiligten Gesellschaft** beschränkt (Lutter/*Bayer* Rn. 7; Semler/Stengel/*Drinhausen* Rn. 9; Schmitt/Hörtnagl/Stratz/*Hörtnagl* Rn. 7). Getragen wird dieses Verständnis auch vom Wortlaut des Art. 7 S. 1 IntVerschmRL, der insoweit den Leitungs- und Verwaltungsorganen **jeder** der sich verschmelzenden Gesellschaften aufgibt, die Auswirkungen der grenzüberschreitenden Verschmelzung auf die Gesellschafter, die Gläubiger und die Arbeitnehmer zu erläutern.

9   Konkrete Angaben über Mindestinhalt und -umfang der Berichtspflichten enthält § 8 nicht (vgl. Lutter/*Drygala* § 8 Rn. 11; KK–UmwG/*Simon* § 8 Rn. 14; Kallmeyer/*Marsch-Barner* § 8 Rn. 6). In der Praxis hat sich indes für die Inlandsverschmelzung ein weitgehend vereinheitlichtes Berichtsformat herausgebildet (so auch Lutter/*Drygala* § 8 Rn. 11 f.), auf das auch bei der grenzüberschreitenden Verschmelzung zurückgegriffen werden kann. So herrscht weitgehend Einigkeit darüber, dass zur Bestimmung der **Reichweite der Informationspflichten** die Interessen der Anteilsinhaber (sowie des Betriebsrats bzw. der Arbeitnehmer) einerseits und der beteiligten Gesellschaft andererseits gegeneinander abzuwägen sind (vgl. Widmann/Mayer/*Mayer* Rn. 24; Lutter/*Drygala* § 8 Rn. 12). Bei der Abwägung ist zu berücksichtigen, dass die **Informationsinteressen der Anteilsinhaber** nach dem Zweck der Vorschrift lediglich auf die Durchführung einer **Plausibilitätskontrolle** beschränkt sind (OLG Hamm NJW-RR 1999, 973 [975]; OLG Düsseldorf NZG 1999, 565 [566 f.]; OLG Jena NJW-RR 2009, 182 f.; Widmann/Mayer/*Mayer* Rn. 24; vgl. auch Lutter/*Drygala* § 8 Rn. 12; Kallmeyer/*Marsch-Barner* § 8 Rn. 6; KK–UmwG/*Simon* § 8 Rn. 18). Demgegenüber dient der Verschmelzungsbericht dem Betriebsrat bzw. den Arbeitnehmern lediglich zur Information, nicht aber zur Plausibilitätskontrolle. Insofern sind die den Betriebsrat bzw. die Arbeitnehmer interessierenden Berichtsteile in deutlich geringerer Detailtiefe zu verfassen.

10   **2. Erläuterung der rechtlichen und wirtschaftlichen Aspekte.** Hinsichtlich der inhaltlichen Anforderungen verweist § 122e S. 1 zunächst auf § 8. Als Vorschrift zur Inlandsverschmelzung ist die **Lesart des § 8** dabei entsprechend **den Besonderheiten der grenzüberschreitenden Verschmelzung anzupassen.** Danach ist im Verschmelzungsbericht die Verschmelzung, der Verschmelzungsplan oder sein Entwurf im Einzelnen und insbesondere das Umtauschverhältnis der Anteile sowie die Höhe einer ggf. anzubietenden Barabfindung rechtlich und wirtschaftlich zu erläutern und zu begründen (§ 8 Abs. 1 S. 1). Darüber hinaus ist auf besondere Schwierigkeiten bei der Bewertung der Gesellschaften einzugehen (vgl. § 8 Abs. 1 S. 2). Ist eine an der Verschmelzung beteiligte Gesellschaft verbundenes Unternehmen iSd § 15 AktG bzw. Mitglied einer entsprechenden ausländischen Gruppe, muss der Verschmelzungsbericht auch Angaben über alle für die Verschmelzung wesentlichen Angelegenheiten der anderen verbundenen bzw. Gruppenunternehmen zu enthalten (§ 8 Abs. 1 S. 3). Anwendung findet schließlich auch die in § 8 Abs. 2 vorgesehene Mög-

lichkeit, die Berichtspflicht hinsichtlich solcher Tatsachen zu beschränken, deren Bekanntwerden geeignet ist, einer der beteiligten Gesellschaften oder einem verbundenen Unternehmen einen nicht unerheblichen Nachteil zuzufügen. Art. 7 IntVerschmRL sieht eine derartige **Begrenzung der Berichtspflicht** zwar nicht vor; Zweifel an der Richtlinienkonformität bestehen indessen nicht, da es sich um eine normimmanente Beschränkung handelt. Das höherrangige Geheimhaltungsinteresse der betreffenden Gesellschaft überwiegt in diesem Fall das Informationsinteresse der Anteilsinhaber, und erst recht dasjenige der Arbeitnehmer (vgl. Lutter/*Bayer* Rn. 10; Widmann/Mayer/*Mayer* Rn. 34; Semler/ Stengel/*Drinhausen* Rn. 14; *H.-F. Müller* Der Konzern 2007, 81 [82]; *Frenzel* Grenzüberschreitende Verschmelzung S. 254 f.; für die Inlandsverschmelzung: Kallmeyer/*Marsch-Barner* § 8 Rn. 30 ff.; *Lösekrug* Die Umsetzung der Kapital-, Verschmelzungs- und Spaltungsrichtlinie der EG in das nationale deutsche Recht S. 249 f.).

Der Verschmelzungsbericht muss die **rechtlichen und wirtschaftlichen As-** **11** **pekte der grenzüberschreitenden Verschmelzung** dergestalt erläutern und begründen, dass er Vor- und Nachteile der Maßnahme aufzeigt und gegeneinander abwägt (Widmann/Mayer/*Mayer* Rn. 25; vgl. auch Lutter/*Drygala* § 8 Rn. 16). Hierbei ist auch auf alternative Lösungswege zur Erreichung des angestrebten Ziels einzugehen und darzulegen, warum gerade der grenzüberschreitenden Verschmelzung (in der geplanten Form) der Vorzug zu geben ist. Nur so ist es den Anteilsinhabern möglich, die angestrebte Maßnahme einer Plausibilitätskontrolle zu unterziehen, auf deren Grundlage sie letztlich über ihre Zustimmung zum Verschmelzungsplan entscheiden. Der Berichtsstandard ist bei einer grenzüberschreitenden Verschmelzung dabei insoweit vielschichtiger, als er die **Besonderheiten der Verschmelzung mit Gesellschaften ausländischer Rechtsordnungen** einbeziehen muss. So ist im Fall der Hinausverschmelzung einer beteiligten deutschen Gesellschaft etwa besonders zu erläutern, welche tatsächlichen, wirtschaftlichen und rechtlichen Folgen ein solcher Regimewechsel für die Anteilsinhaber, Arbeitnehmer und Gläubiger der deutschen Gesellschaft hat (Widmann/Mayer/*Mayer* Rn. 25): Durch den Wechsel des anwendbaren Rechts ergeben sich unter anderem Änderungen hinsichtlich der gesellschaftsrechtlichen Rahmenbedingungen, der unternehmerischen und betrieblichen Arbeitnehmerbeteiligungsrechte sowie der den Gläubigern zur Verfügung stehenden Haftungsmasse (s. nur Widmann/Mayer/*Mayer* Rn. 25; vgl. auch Lutter/*Drygala* § 8 Rn. 15). Dies alles ist darzustellen und zu erläutern.

Wie bei der Inlandsverschmelzung liegt auch bei der grenzüberschreitenden **12** Verschmelzung das Augenmerk der Berichterstattung auf der **Erläuterung und** **Begründung des Umtauschverhältnisses** bzw. der Höhe der etwaigen baren Zuzahlung. Da die Ermittlung des Umtauschverhältnisses gewissermaßen der Festlegung des Kaufpreises entspricht (*Kiem* ZGR 2007, 542 [543]; → § 122c Rn. 23), stellt es, zumindest aus Sicht der Anteilsinhaber, den **Dreh- und** **Angelpunkt der Verschmelzung** dar. Erfüllt ist die Berichtspflicht, wenn die Ermittlung des Umtauschverhältnisses nachvollziehbar ist. Der Verschmelzungsbericht muss hierfür erläutern, welche Bewertungsmethode angewandt und welche konkreten Bewertungsparameter, unter anderem welcher Bewertungsstichtag, bei der Ermittlung des Umtauschverhältnisses zugrunde gelegt wurden. Anders als bei der Inlandsverschmelzung, bei der die Bewertung nach den IDW S 1-Grundsätzen als einheitlicher Bewertungsstandard etabliert ist (Lutter/ *Drygala* § 8 Rn. 19; Kallmeyer/*Marsch-Barner* § 8 Rn. 13; KK-UmwG/*Simon* § 8 Rn. 26), ist bei der grenzüberschreitenden Verschmelzung in Ermangelung einer entsprechenden Rechtsharmonisierung die Anwendung der **gewählten** **Bewertungsmethode gesondert zu begründen** (→ § 122c Rn. 24). Die Ausführungen im Verschmelzungsbericht müssen die Anteilsinhaber indes nicht in die Lage versetzen, die Angemessenheit des Umtauschverhältnisses kontrollieren zu können; dies ist Gegenstand der Verschmelzungsprüfung nach § 122f und als solche den gerichtlich bestellten Verschmelzungsprüfern vorbehalten.

13   Geht man davon aus, dass sich die an der grenzüberschreitenden Verschmelzung beteiligten Gesellschaften mangels schuldrechtlicher Wirkungen des Verschmelzungsplans regelmäßig durch Abschluss eines sog. **Business Combination Agreements** vertraglich binden werden (→ § 122c Rn. 7), ist im Verschmelzungsbericht auch die Bedeutung sowie der wesentliche Inhalt eines solchen Vertrages zu erläutern (Widmann/Mayer/*Mayer* Rn. 26; zum Parallelsachverhalt der SE vgl. *Schwarz* SE-VO Art. 20 Rn. 67 und *Scheifele* Gründung der SE S. 183).

14   **3. Auswirkungen der grenzüberschreitenden Verschmelzung auf die Gläubiger und Arbeitnehmer. a) Auswirkungen auf die Gläubiger.** Der Verschmelzungsbericht muss ferner die Auswirkungen der grenzüberschreitenden Verschmelzung auf die Gläubiger abbilden. In diesem Zusammenhang sind beispw. die Gesamtrechtsnachfolge und der damit einhergehende Schuldnerwechsel (s. hierzu jüngst EuGH NZG 2016, 513 – KA-Finanz), die (ausländische) Rechtsform der aufnehmenden bzw. neuen Gesellschaft, deren Haftungsverfassung sowie die Gläubigerschutzvorschriften des § 122j bzw. §§ 122a, 22 darzustellen (Lutter/*Bayer* Rn. 8; Kallmeyer/*Marsch-Barner* Rn. 8; Semler/Stengel/*Drinhausen* Rn. 10; Schmitt/Hörtnagl/Stratz/*Hörtnagl* Rn. 8 f.). Art und Umfang der Ausführungen können knapp gehalten werden, da der Verschmelzungsbericht gerade nicht die Information der Gläubiger bezweckt (→ Rn. 2) und diesen erst recht nicht als Entscheidungsgrundlage hinsichtlich der Ausübung von Gläubigerrechten zu dienen bestimmt ist (so aber Widmann/Mayer/*Mayer* Rn. 33). Außerdem wird bereits im Rahmen der Bekanntmachung gemäß § 122d auf die Modalitäten für die Ausübung der Gläubigerrechte hingewiesen und die Voraussetzungen für die Durchsetzung dieser Rechte kurz erläutert (→ § 122d Rn. 18).

15   **b) Auswirkungen auf die Arbeitnehmer.** Bei der grenzüberschreitenden Verschmelzung muss der Verschmelzungsbericht bestimmte arbeitnehmerspezifische Informationen enthalten. Im Gegensatz zu den Angaben im Verschmelzungsvertrag bei der Inlandsverschmelzung müssen indes nicht die **Folgen der Verschmelzung für die Arbeitnehmer und ihre Vertretungen sowie die insoweit vorgesehenen Maßnahmen** dargelegt werden, sondern (lediglich) die *Auswirkungen* der grenzüberschreitenden Verschmelzung auf die Arbeitnehmer der an der Verschmelzung beteiligten Gesellschaften. Ein Rückgriff auf § 5 Abs. 1 Nr. 9 scheidet insoweit aus (für einen Rückgriff auf Grundsätze für Angaben nach § 5 Abs. 1 Nr. 9 hingegen Lutter/*Bayer* Rn. 9; Kallmeyer/*Marsch-Barner* Rn. 8; Schmitt/Hörtnagl/Stratz/*Hörtnagl* Rn. 11). Der Wortlaut des § 122e S. 1 ist deutlich enger gefasst. Angaben über die Folgen für Arbeitnehmervertretungen und etwaige geplante Maßnahmen sind nach dem Wortlaut der Vorschrift nicht verlangt. Anders als den Anteilsinhabern, soll den Arbeitnehmern gerade kein positives oder negatives Votum über die Zweckmäßigkeit der Verschmelzung ermöglicht werden. Der Verschmelzungsbericht dient den Arbeitnehmern und ihren Vertretungen lediglich dazu, sich mit den Umständen der geplanten Verschmelzung vertraut zu machen und, sofern dies der Fall sein sollte, sich auf die Folgen des bei der Hinausverschmelzung stattfindenden Regimewechsels einzustellen.

16   Im Verschmelzungsbericht sind zwingend **Angaben über die individualrechtlichen und kollektivrechtlichen Auswirkungen der Verschmelzung** auf die Arbeitnehmer zu machen (Lutter/*Bayer* Rn. 9; Semler/Stengel/*Drinhausen* Rn. 11; Schmitt/Hörtnagl/Stratz/*Hörtnagl* Rn. 11; Kallmeyer/*Marsch-Barner*

Rn. 8). Für die Arbeitnehmer der übertragenden Gesellschaft kommt es zu einem Wechsel des Arbeitgebers. Die aufnehmende Gesellschaft tritt im Wege der Gesamtrechtsnachfolge in die Rechte und Pflichten aus den bestehenden Arbeitsverhältnissen ein (s. hierzu jüngst EuGH NZG 2016 513 – KA-Finanz). Dabei wird die bislang abgeleistete Dienstzeit angerechnet. Der Verschmelzungsbericht hat auch das Schicksal von Anwartschaften auf betriebliche Altersversorgung sowie die künftige Geltung von Tarifverträgen und Betriebsvereinbarungen zu erläutern (*Dzida/Schramm* NZG 2006, 521 [526]).

Angaben zu den Auswirkungen der Verschmelzung **auf die Strukturen** **17** **der Arbeitnehmervertretungen** sind entgegen einiger anderslautender Ansichten in der Literatur, die pauschal und ohne nähere Begründung auf die in § 5 Abs. 1 Nr. 9 vorgesehenen Angaben verweisen (zB Lutter/*Bayer* Rn. 9, *J. Vetter* AG 2006, 613 [620]), **nicht erforderlich.** Dasselbe gilt für geplante Maßnahmen, wie zB Personalabbau, Versetzungen oder Standortverlagerungen. Gleichwohl wird es aus personalpolitischen Erwägungen oftmals naheliegen, hierzu Angaben zu machen, insbesondere wenn die Planung künftiger Maßnahmen bereits greifbare Formen angenommen hat (*Dzida/Schramm* NZG 2006, 521 [525]).

Was den **Umfang** der Ausführungen anbelangt, so kann die Berichterstattung **18** mit Hinblick auf die arbeitnehmerbezogenen Angaben auf ein „vernünftiges Maß" begrenzt werden (Widmann/Mayer/*Mayer* Rn. 20; *Handelsrechtsausschuss des DAV* NZG 2006, 737 [741]).

Das durch den Richtliniengeber vorgegebene **Konzept** der Information des **19** Betriebsrats bzw. der Arbeitnehmer durch den Verschmelzungsbericht ist insgesamt **verfehlt.** Der Verschmelzungsbericht ist nicht der richtige Ort, um Arbeitnehmervertretungen oder gar Arbeitnehmer über die Auswirkungen einer grenzüberschreitenden Verschmelzung zu informieren. Weder das übliche Berichtsformat noch die Berichtsdichte eines Berichtes gemäß § 8 taugen zur Unterrichtung des Arbeitnehmer. So haben sich zumindest in Deutschland Verschmelzungsberichte des Umfangs von Wertpapierprospekten etabliert. Die Sinnhaftigkeit einer derartigen Informationsvermittlung ist jedenfalls fragwürdig (*Kiem* WM 2006, 1091 [1096]; ebenso Widmann/Mayer/*Mayer* Rn. 20, der sich deshalb für eine gesonderte und „arbeitnehmerfreundliche" Darstellung der arbeitnehmerrelevanten Informationen ausspricht).

V. Zugänglichmachung

Gemäß § 122e S. 2 ist der Verschmelzungsbericht den Anteilsinhabern und **20** dem Betriebsrat bzw. den Arbeitnehmern spätestens **einen Monat vor der beschlussfassenden Anteilsinhaberversammlung** durch Einsichtnahme in den Geschäftsräumen der Gesellschaft nach § 63 Abs. 1 Nr. 4 zugänglich zu machen. § 122e S. 2 und § 63 stehen insoweit nicht im Verhältnis der Spezialität zueinander (Lutter/*Bayer* Rn. 16 und § 122g Rn. 8; Schmitt/Hörtnagl/Stratz/ *Hörtnagl* § 122g Rn. 4). Während also das Einsichtsrecht des Betriebsrats bzw. der Arbeitnehmer gemäß § 122e S. 2 auf den Verschmelzungsbericht ihrer Gesellschaft beschränkt ist, müssen (zumindest) den Anteilsinhabern einer AG, KGaA oder SE über den Generalverweis gemäß §§ 122a Abs. 2, 63 Abs. 1 Nr. 4 sämtliche Verschmelzungsberichte zugänglich gemacht werden (Lutter/*Bayer* § 122g Rn. 8 ff.; Schmitt/Hörtnagl/Stratz/*Hörtnagl* § 122g Rn. 4; im Einzelnen ebenso KK-UmwG/*Simon/Rubner* Rn. 16; aA Kallmeyer/*Marsch-Barner* Rn. 4). Im Übrigen kann hinsichtlich des Regelungsregimes der Vorabinformation vollumfänglich auf die Kommentierung zu § 122g verwiesen werden (→ § 122g Rn. 5 ff.).

21   Auf die **Wahrung der Monatsfrist** kann unter denselben Voraussetzungen wie bei § 5 Abs. 3 im Rahmen der Inlandsverschmelzung verzichtet werden (vgl. nur Lutter/*Drygala* § 5 Rn. 148 und Widmann/Mayer/*Mayer* § 5 Rn. 266). Eine **Verlängerung der Monatsfrist** bis zum Abschluss des Verfahrens über die Beteiligung der Arbeitnehmer ist ungeachtet der verschobenen Zielrichtung des Verschmelzungsberichts nicht angezeigt und daher abzulehnen (KK-UmwG/ *Simon/Rubner* Rn. 18; Lutter/*Bayer* Rn. 19; inzwischen auch Widmann/Mayer/ *Mayer* Rn. 15).

VI. Entbehrlichkeit

22   Die Regelung der Inlandsverschmelzung zur Entbehrlichkeit des Verschmelzungsberichts findet bei der grenzüberschreitenden Verschmelzung keine Anwendung; § 8 Abs. 3 wird durch § 122e S. 3 vielmehr ausdrücklich ausgeschlossen. Vor dem Hintergrund des erweiterten Normzwecks des § 122e (→ Rn. 2) ist dies nur folgerichtig. Die **Erstellung des Verschmelzungsberichts** bezweckt auch die Information der Arbeitnehmer und ist damit sowohl bei der grenzüberschreitenden Konzernverschmelzung als auch im Falle eines von allen Anteilsinhabern erklärten Verzichts **grundsätzlich erforderlich** (KK-UmwG/*Simon/Rubner* Rn. 10; Widmann/Mayer/*Mayer* Rn. 37; *Louven* ZIP 2006, 2021 [2026]).

23   Die Gesetzesbegründung impliziert, dass bei einer grenzüberschreitenden Verschmelzung ein Verzicht auf die Erstellung des Verschmelzungsberichts ausgeschlossen ist (Begr. RegE, BT-Drs. 16/2919, 15). Aus dem Fehlen einer ausdrücklich angeordneten Verzichtsmöglichkeit kann indessen nicht geschlossen werden, dass auf die Erstellung eines Verschmelzungsberichts unter keinen Umständen verzichtet werden kann. Entscheiden sich neben den Anteilsinhabern nämlich auch die durch die Erstellung des Verschmelzungsberichts geschützten Arbeitnehmer und ihre Vertretungen für einen Verzicht auf die Erstellung des Verschmelzungsberichts, muss ein solcher auch möglich sein (Lutter/*Bayer* Rn. 13; Semler/Stengel/*Drinhausen* Rn. 13; Kallmeyer/*Marsch-Barner* Rn. 11; *H.-F. Müller* Der Konzern 2007, 81 [82]; vgl. auch Nr. 9 lit. c der Stellungnahme des Deutschen Notarvereins v. 28.4.2006, mit der vorgeschlagen wird, § 8 Abs. 3 solle mit der Maßgabe Anwendung finden, dass auch ein Verzicht des zuständigen Betriebsrats oder, falls es keinen Betriebsrat gibt, der Arbeitnehmer der an der grenzüberschreitenden Verschmelzung beteiligten Rechtsträger erforderlich ist – abrufbar unter http://www.dnotv.de/_files/pdf/stellungnahmen/STN_Umwandlungsgesetz.pdf; kritisch Widmann/Mayer/*Mayer* Rn. 37 f. der dies im Ergebnis auch als zulässig ansieht, einen Verzicht aber aus praktischen Gründen für kaum realisierbar hält; aA KK-UmwG/*Simon/Rubner* Rn. 12 ff.). Ein alleiniger Verzicht durch die Anteilsinhaber kommt überdies dann in Betracht, wenn die beteiligten Gesellschaften überhaupt keine Arbeitnehmer beschäftigen (Lutter/ *Bayer* Rn. 13; Kallmeyer/*Marsch-Barner* Rn. 11; Schmitt/Hörtnagl/Stratz/*Hörtnagl* Rn. 14; Semler/Stengel/*Drinhausen* Rn. 13; KK-UmwG/*Simon/Rubner* Rn. 11; *Dzida/Schramm* NZG 2006, 521 [526]; *Gesell/Krömker* DB 2006, 2558 [2562]; inzwischen auch Widmann/Mayer/*Mayer* Rn. 37 f., allerdings auf die praktischen Probleme hinweisend). Aus derselben Erwägung heraus ist auch bei einer **Konzernverschmelzung** die Erstellung eines Verschmelzungsberichts gemäß §§ 122a Abs. 2, 8 Abs. 3 Alt. 2 ausnahmsweise entbehrlich, wenn die betreffenden Gesellschaften entweder keine Arbeitnehmer beschäftigen oder der Betriebsrat bzw. die Arbeitnehmer auf die Erstellung verzichten (so im Einzelnen auch Lutter/*Bayer* Rn. 14; sogar für eine generelle Entbehrlichkeit bei Konzernverschmelzung *Frenzel* Grenzüberschreitende Verschmelzung S. 252 ff.; aA Semler/Stengel/*Drinhausen* Rn. 15; Kallmeyer/*Marsch-Barner* Rn. 12).

Verschmelzungsprüfung

122f ¹**Der Verschmelzungsplan oder sein Entwurf ist nach den §§ 9 bis 12 zu prüfen; § 48 ist nicht anzuwenden.** ²**Der Prüfungsbericht muss spätestens einen Monat vor der Versammlung der Anteilsinhaber, die nach § 13 über die Zustimmung zum Verschmelzungsplan beschließen soll, vorliegen.**

Schrifttum: Vgl. die Angaben zu § 122a.

I. Regelungsgegenstand und europarechtliche Vorgaben

Die Bestimmung ordnet zum Schutz der Anteilsinhaber (s. zum Normzweck 1 nur Semler/Stengel/*Drinhausen* Rn. 1; Lutter/*Bayer* Rn. 1; zum gleichgelagerten Normzweck des § 9 Lutter/*Drygala* § 9 Rn. 4) die rechtsformunabhängige Prüfung der grenzüberschreitenden Verschmelzung durch unabhängige Sachverständige an und verweist dazu auf die Vorschriften der Inlandsverschmelzung. Damit werden die Vorgaben des Art. 8 IntVerschmRL umgesetzt. Art. 8 IntVerschmRL wiederum lehnt sich eng an die entsprechende Bestimmung in der Nat-VerschmRL −Art. 10 NatVerschmRL − an, so dass die Parallelen zum Recht der Inlandsverschmelzung bereits in den Richtlinien selbst angelegt sind. Da bei der Inlandsverschmelzung unter Beteiligung einer GmbH die Verschmelzungsprüfung nur stattfindet, wenn ein Gesellschafter dies verlangt, während Art. 8 Int-VerschmRL ausnahmslos eine Verschmelzungsprüfung anordnet, war § 48 von einer Anwendung auf grenzüberschreitende Verschmelzungen auszunehmen (Begr. RegE, BT-Drs. 16/2919, 15). Die Monatsfrist in S. 2 geht auf Art. 8 Abs. 1 S. 1 IntVerschmRL zurück (Begr. RegE, BT-Drs. 16/2919, 15).

II. Bestellung des Verschmelzungsprüfers

1. Getrennte Prüfung. Wird eine getrennte Prüfung durchgeführt, richtet 2 sich die Bestellung des oder der Verschmelzungsprüfer(s) nach dem **Sitzstaatrecht der betreffenden Gesellschaft** (KK-UmwG/*Simon*/*Rubner* Rn. 4). Für eine deutsche beteiligte Gesellschaft richtet sich die Bestellung mithin nach §§ 122f S. 1, 10. Danach ist das Landgericht am Sitz der inländischen übertragenden Gesellschaft für die Bestellung des oder der Verschmelzungsprüfer(s) zuständig. Ist keine deutsche Gesellschaft als übertragende Gesellschaft an der grenzüberschreitenden Verschmelzung beteiligt, würde es nach dem Wortlaut des § 10 Abs. 2 S. 1 an einer inländischen Gerichtszuständigkeit fehlen (Lutter/*Bayer* Rn. 5; Semler/Stengel/*Drinhausen* Rn. 4; KK-UmwG/*Simon*/*Rubner* Rn. 4; so grundsätzlich auch Kallmeyer/*Müller* Rn. 8). Es wird indes allgemein angenommen, dass in diesem Fall das Landgericht am Sitz der übernehmenden deutschen Gesellschaft für die Bestellung zuständig ist (Semler/Stengel/*Drinhausen* Rn. 4; Lutter/*Bayer* Rn. 5; KK-UmwG/*Simon*/*Rubner* Rn. 4; Schmitt/Hörtnagl/ Stratz/*Hörtnagl* Rn. 3; HK-UmwG/*Becker* Rn. 3; aA Kallmeyer/*Müller* Rn. 8: ausländische Bestellung ist anzuerkennen, wenn dort auch die Bestellung für die deutsche übernehmende Gesellschaft erfolgen kann und diese die Bestellung akzeptiert).

2. Gemeinsame Prüfung. Auch bei der grenzüberschreitenden Verschmel- 3 zung ist es möglich, die Verschmelzungsprüfung durch einen einzigen Verschmelzungsprüfer durchführen zu lassen, der für alle beteiligten Gesellschaften gemeinsam tätig wird (Art. 8 Abs. 2 IntVerschmRL). Die Bestellung richtet sich nach dem **Sitzstaatrecht der antragstellenden Gesellschaft** (Lutter/*Bayer* Rn. 3; Widmann/Mayer/*Mayer* Rn. 12; Kallmeyer/*Müller* Rn. 10 f.; HK-UmwG/*Be-*

cker Rn. 4 ff.; vgl. auch KK-UmwG/*Simon/Rubner* Rn. 6). Da für die Bestellung eines gemeinsamen Verschmelzungsprüfers nur ein Antrag und nur ein Bestellungsvorgang erforderlich sind, können die an der grenzüberschreitenden Verschmelzung beteiligten Gesellschaften wählen, nach welchem Recht die Bestellung erfolgen soll (Lutter/*Bayer* Rn. 3; Semler/Stengel/*Drinhausen* Rn. 5; Kallmeyer/*Müller* Rn. 9; HK-UmwG/*Becker* Rn. 5). Die danach erfolgte Bestellung ist von den die Rechtmäßigkeitskontrolle der grenzüberschreitenden Verschmelzung durchführenden Stellen am Sitz der anderen Gesellschaften zu akzeptieren (Kallmeyer/*Müller* Rn. 9).

III. Durchführung der Verschmelzungsprüfung

4   **1. Anwendbares Recht.** Die Verschmelzungsprüfung ist nach demjenigen Recht durchzuführen, nach dem die Bestellung des Verschmelzungsprüfers erfolgt ist. Bei **getrennter Prüfung** richtet sich die Verschmelzungsprüfung für die beteiligte deutsche Gesellschaft nach deutschem Recht. Dies gilt für die Stellung des oder der Verschmelzungsprüfer(s), dessen oder deren Verantwortlichkeit, den Prüfungsumfang sowie das Auskunftsrecht. Bei einer **gemeinsamen Verschmelzungsprüfung** ist auf deren Durchführung dasjenige Recht anzuwenden, das bei dem Bestellungsvorgang maßgeblich war. Da den an der grenzüberschreitenden Verschmelzung beteiligten Gesellschaften insoweit ein Wahlrecht zukommt (→ Rn. 3), können sie damit im Ergebnis auch das auf die Verschmelzungsprüfung anzuwendende Recht wählen (Lutter/*Bayer* Rn. 3). Soweit im Schrifttum vertreten wird, bei einer gemeinsamen Verschmelzungsprüfung richte sich zwar die Bestellung nach dem betreffenden Sitzstaatrecht, bei deren Durchführung seien hingegen jeweils die strengsten materiellen Anforderungen der jeweiligen Rechtsordnungen zu beachten (Semler/Stengel/*Drinhausen* Rn. 5; KK-UmwG/*Simon/Rubner* Rn. 9; Widmann/Mayer/*Mayer* Rn. 10 f.; HK-UmwG/*Becker* Rn. 7; Schmitt/Hörtnagl/Stratz/*Hörtnagl* Rn. 3; die kumulative Anwendung befürwortend im Rahmen der SE-Gründung durch Verschmelzung MüKoAktG/*Schäfer* SE-VO Art. 22 Rn. 8; Spindler/Stilz/*Casper* SE-VO Art. 22 Rn. 3 f.; *Schwarz* SE-VO Art. 22 Rn. 19), ist das abzulehnen (Lutter/*Bayer* Rn. 3; Kallmeyer/*Müller* Rn. 10; für den Parallelsachverhalt bei der SE-Gründung durch Verschmelzung LHT/*Bayer* Art. 22 Rn. 6). Auch wenn Art. 8 IntVerschmRL lediglich Mindestanforderungen formulieren mag und insoweit die Mitgliedstaaten berechtigt sein mögen, strengere Anforderungen an die Verschmelzungsprüfung zu stellen (so KK-UmwG/*Simon/Rubner* Rn. 9), rechtfertigt dies nicht das Erfordernis einer kumulativen Beachtung aller beteiligten Rechtsordnungen. Die mit der Zulassung einer gemeinsamen Verschmelzungsprüfung in Art. 8 IntVerschmRL erkennbar angestrebte Verfahrensvereinfachung ließe sich anderenfalls nicht ansatzweise erreichen (zutreffend Lutter/*Bayer* Rn. 3).

5   **2. Die Durchführung nach Maßgabe deutschen Rechts.** Unterliegt die Verschmelzungsprüfung deutschem Recht, gleichen die Anforderungen weitgehend denjenigen bei der Inlandsverschmelzung. **Gegenstand der Prüfung** ist der Verschmelzungsplan bzw. sein Entwurf. Die Prüfung erstreckt sich auf die **Vollständigkeit** des Verschmelzungsplans, die **Richtigkeit** der darin enthaltenen Angaben sowie die **Angemessenheit des Umtauschverhältnisses** (so die vom BGH bestimmten Prüfungsziele, BGHZ 107, 296 [303] = NJW 1989, 2689 – Kochs-Adler; vgl. auch Kallmeyer/*Müller* § 9 Rn. 17; Semler/Stengel/*Drinhausen* Rn. 2; Lutter/*Bayer* Rn. 9; HK-UmwG/*Becker* Rn. 2) und einer etwaigen Barabfindung (HK-UmwG/*Becker* Rn. 2; Kallmeyer/*Müller* § 9 Rn. 14, 17). Da es sich bei dem Umtauschverhältnis um den zentralen Regelungspunkt des Verschmelzungsplans handelt, liegt hier eindeutig der Schwerpunkt der Prüfung.

Angesichts der besonderen Schwierigkeiten der Festlegung der Verschmelzungs-wertrelation bei grenzüberschreitenden Verschmelzungen (ausführlich *Kiem* ZGR 2007, 542 [559 ff.]) ist besonderes Augenmerk auf die Wahl der Bewer-tungsmethoden und die Berücksichtigung länderspezifischer Besonderheiten zu richten. Der Verschmelzungsbericht ist hingegen nicht Gegenstand der Prüfung (Kallmeyer/*Müller* § 9 Rn. 11; Lutter/*Drygala* § 9 Rn. 13 f.; Schmitt/Hörtnagl/Stratz/*Stratz* § 9 Rn. 5; aA Lutter/*Bayer* Rn. 10; *Priester* ZGR 1990, 420 [430]; *Hoffmann-Becking* FS Fleck, 1988, 122).

Über das Ergebnis ihrer Prüfung haben die Verschmelzungsprüfer **schriftlich** **6** **zu berichten** (§§ 122f S. 1, 12 Abs. 1). Gemäß § 122f S. 2 muss der Verschmel-zungsprüfungsbericht spätestens einen Monat vor der Beschlussfassung über die Verschmelzung durch die Anteilsinhaber vorliegen. Damit soll es ermöglicht werden, den Verschmelzungsprüfungsbericht den Anteilsinhabern vor der Be-schlussfassung zugänglich zu machen und so eine ordnungsgemäße Vorbereitung der Anteilsinhaberversammlung zu gewährleisten. Abhängig von der Rechtsform der beteiligten deutschen Gesellschaft ist der Verschmelzungsprüfungsbericht einen Monat vor der Anteilsinhaberversammlung (AG, KGaA, SE) den Anteils-inhabern durch Auslegen in den Geschäftsräumen (§§ 122a Abs. 2, 63 Abs. 1 Nr. 5) oder durch Einstellen auf der Internetseite der Gesellschaft (§§ 122a Abs. 2, 63 Abs. 4) zugänglich zu machen oder (GmbH) mit der Einberufung durch Übersenden gemäß § 122a Abs. 2 iVm § 47 analog zuzuleiten (s. nur Lutter/*Winter*/*Vetter* § 47 Rn. 10; zum Regelungsregime der Vorabinformation bei Beschlussfassung über den Verschmelzungsplan → § 122g Rn. 5 ff.). Der Ver-schmelzungsprüfungsbericht ist den Anteilsinhabern der beteiligten deutschen Gesellschaft in **deutscher Sprache** zur Verfügung zu stellen (Widmann/Mayer/*Mayer* Rn. 23; Semler/Stengel/*Drinhausen* Rn. 6; Schmitt/Hörtnagl/Stratz/*Hört-nagl* Rn. 5; KK-UmwG/*Simon*/*Rubner* Rn. 10: fremdsprachige Fassung ausrei-chend bei Verzicht aller Anteilsinhaber auf deutsche Übersetzung).

IV. Entbehrlichkeit

1. Konzernverschmelzung. Wie bei der Inlandsverschmelzung ist auch bei **7** der grenzüberschreitenden Verschmelzung sowohl die Verschmelzungsprüfung als solche als auch der Verschmelzungsprüfungsbericht entbehrlich, wenn die über-nehmende Gesellschaft sämtliche Anteile an der übertragenden Gesellschaft hält (§§ 122f S. 1, 9 Abs. 2). Diese Vereinfachung für die Konzernverschmelzung geht auf Art. 15 IntVerschmRL zurück (s. nur Lutter/*Bayer* Rn. 15; aA wohl Semler/Stengel/*Drinhausen* Rn. 7 f., der die Konzernausnahme auf Art. 8 Abs. 4 IntVerschmRL stützen will). Die Privilegierung in §§ 122f S. 1, 9 Abs. 2 betrifft indes nur die Entbehrlichkeit der Verschmelzungsprüfung für die beteiligte deut-sche Gesellschaft. Folglich ist eine Verschmelzungsprüfung nur dann sowohl für die übertragende als auch für die übernehmende Gesellschaft entbehrlich, wenn bei getrennter Prüfung das betreffende Sitzstaatrecht der ausländischen Gesell-schaft ebenfalls die Entbehrlichkeit vorsieht oder im Fall der gemeinsamen Prü-fung die Verschmelzungsprüfung nach deutschem Recht erfolgt.

2. Verzicht sämtlicher Anteilsinhaber. Verschmelzungsprüfung und -be- **8** richt sind schließlich auch dann entbehrlich, wenn sämtliche Anteilsinhaber aller an der grenzüberschreitenden Verschmelzung beteiligten Gesellschaften darauf verzichten (§§ 122f S. 1, 9 Abs. 3, 8 Abs. 3). Gemäß §§ 122f S. 1, 9 Abs. 3, 8 Abs. 3 S. 2 ist die Verzichtserklärung jedes einzelnen Gesellschafters notariell zu beurkunden. Im Kontext einer Inlandsverschmelzung ist dieses Formerfordernis hinnehmbar, da der Verschmelzungsbeschluss ohnehin der notariellen Beurkun-dung bedarf und beide Beurkundungsvorgänge miteinander verbunden werden können (vgl. HK-UmwG/*Becker* Rn. 10; Lutter/*Drygala* § 8 Rn. 55; HK-UmwG/*Schäffler* § 8 Rn. 55). Im Fall einer grenzüberschreitenden Verschmelzung führt eine Ausdehnung des Beurkundungserfordernisses auf die Anteilsinhaber der ausländischen Gesellschaften indessen zu wenig sachgemäßen Ergebnissen. Richtigerweise ist daher davon auszugehen, dass die §§ 122f S. 1, 9 Abs. 3, 8 Abs. 3 S. 2 einen Formzwang für die Verzichtserklärung nur für die dem deutschen Recht unterliegenden Gesellschaften anordnen (Lutter/*Bayer* Rn. 17; Kallmeyer/*Müller* Rn. 4; Widmann/Mayer/*Mayer* Rn. 25, der allerdings aus Gründen der Rechtssicherheit die Beurkundung aller Verzichtserklärungen empfiehlt; KK-UmwG/*Simon*/*Rubner* Rn. 13; HK-UmwG/*Becker* Rn. 11; aA Semler/Stengel/*Drinhausen* Rn. 7, wobei allerdings eine Auslandsbeurkundung genügen soll). Für die Form der Verzichtserklärung der Anteilsinhaber der ausländischen Gesellschaften ist deren jeweiliges Sitzstaatrecht maßgeblich (Lutter/*Bayer* Rn. 17; Kallmeyer/*Müller* Rn. 4; KK-UmwG/*Simon*/*Rubner* Rn. 13; HK-UmwG/*Becker* Rn. 11).

Zustimmung der Anteilsinhaber

122g (1) **Die Anteilsinhaber können ihre Zustimmung nach § 13 davon abhängig machen, dass die Art und Weise der Mitbestimmung der Arbeitnehmer der übernehmenden oder neuen Gesellschaft ausdrücklich von ihnen bestätigt wird.**

(2) **Befinden sich alle Anteile einer übertragenden Gesellschaft in der Hand der übernehmenden Gesellschaft, so ist ein Verschmelzungsbeschluss der Anteilsinhaber der übertragenden Gesellschaft nicht erforderlich.**

Schrifttum: Vgl. die Angaben zu § 122a.

Übersicht

	Rn.
I. Normzweck und Regelungsgegenstand	1
II. Zustimmung der Anteilsinhaber	5
1. Vorbereitung der Beschlussfassung	5
2. Beschlussfassung	9
III. Genehmigungsvorbehalt bezüglich der Mitbestimmungsregelung	10
1. Erklärung des Vorbehalts	10
2. Genehmigung der Mitbestimmungsregelung	11
3. Anderweitiger Genehmigungsvorbehalt	12
IV. Vereinbarung der Mitbestimmungsregelung und Entscheidungsteilhabe der Anteilsinhaber	13
1. Allgemeines	13
2. Allgemeiner Zustimmungsvorbehalt der Anteilsinhaber beim Abschluss einer Mitbestimmungsvereinbarung?	14
3. Eingeschränktes Verhandlungsmandat der Leitungen	15
4. Letztentscheidungsrecht der Anteilsinhaber kraft Satzungsautonomie	16
V. Entbehrlichkeit des Zustimmmungsbeschlusses	17

I. Normzweck und Regelungsgegenstand

1   Die Bestimmung setzt in Abs. 1 zunächst Art. 9 Abs. 2 IntVerschmRL um. Danach steht den Anteilsinhabern das Recht zu, die Regelung zur Arbeitnehmermitbestimmung in ihre Zustimmung zum Verschmelzungsvorhaben einzubeziehen (vgl. Begr. RegE, BT-Drs. 16/2919, 16). Abs. 2 wiederum dient der Umsetzung von Art. 15 Abs. 1 Spiegelstrich 2 IntVerschmRL. Danach ist ein Zustimmungsbeschluss der übertragenden Gesellschaft entbehrlich, wenn diese im Alleinbesitz der übernehmenden Gesellschaft steht.

Nicht geregelt ist in der Vorschrift der **Zustimmungsbeschluss der Anteils-** 2 **inhaberversammlung** als solcher; er wird vielmehr gedanklich vorausgesetzt (Widmann/Mayer/*Heckschen* Rn. 2; KK–UmwG/*Simon/Rubner* Rn. 2). Für ihn gelten über die generelle Verweisungsbestimmung in § 122a Abs. 2 die allgemeinen Regeln zur Beschlussfassung über die Verschmelzung (vgl. Begr. RegE, BT-Drs. 16/2919, 15). Allerdings sind diese – insbesondere im Bereich der Beschlussvorbereitung – mit einigen Besonderheiten der grenzüberschreitenden Verschmelzung in Einklang zu bringen (→ Rn. 7 f.).

Mit der Möglichkeit der Anteilsinhaber, ihre Zustimmung zur Verschmelzung 3 unter den Vorbehalt einer späteren Genehmigung der Mitbestimmungsregelung bei der übernehmenden Gesellschaft zu stellen, wird – wenn auch unvollkommen – das **Problem der fehlenden Einbindung der Anteilsinhaber bei der Verhandlung der Arbeitnehmermitbestimmung** adressiert (ausführlich bereits *Kiem* ZHR 171 [2007], 713 [719 ff.]; KK-AktG/*Kiem* SE-VO Art. 12 Rn. 62 und 81; Spindler/Stilz/*Casper* SE-VO Art. 12 Rn. 15; *Arbeitskreis Aktien- und Kapitalmarktrecht (AAK)* ZIP 2010, 2221 [2222 f.]). Nach dem Konzept zur Regelung der Mitbestimmung der Arbeitnehmer, wie es in weitgehender Anlehnung an die SE-Beteiligungsrichtlinie in Art. 16 IntVerschmRL niedergelegt ist, verhandeln die Leitungen der an der Verschmelzung beteiligten Gesellschaften die Ausgestaltung der Arbeitnehmerbeteiligung bei der übernehmenden Gesellschaft, falls nicht – ausnahmsweise (praktisch ist die Aushandlung der Arbeitnehmermitbestimmung jedenfalls bei der Beteiligung deutscher, mitbestimmter Gesellschaften die Regel, falls nicht von der Option der Anwendung der gesetzlichen Auffangregelung ohne vorhergehende Verhandlungen gemäß § 23 Abs. 1 Nr. 3 MgVG Gebrauch gemacht wird) – das Mitbestimmungsrecht des Sitzstaates eingreift (§§ 4, 5 MgVG; dazu im Einzelnen *Habersack* ZHR 171 [2007], 613 [619 ff.]). Das Ergebnis der Verhandlungen über die künftige Mitbestimmung wird zum Zeitpunkt der Beschlussfassung über die Verschmelzung häufig noch nicht feststehen. Der Zuschnitt der Arbeitnehmermitbestimmung hat indessen **erhebliche Auswirkungen auf die Unternehmensverfassung** der übernehmenden bzw. neuen Gesellschaft (*Kiem* WM 2006, 1091 [1097]; *Klein* RNotZ 2007, 565 [597]). Damit droht den Anteilsinhabern ein Corporate Governance-Modell aufgezwungen zu werden, das sie bei voller Kenntnis zum Zeitpunkt der Beschlussfassung über die Verschmelzung möglicherweise zur Ablehnung des Verschmelzungsvorhabens bewogen hätte (plastisch Lutter/*Bayer* Rn. 2: „Katze im Sack kaufen"). Deshalb können sie sich nach der Konzeption des Art. 9 Abs. 2 IntVerschmRL die endgültige Zustimmung zur Verschmelzung vorbehalten, bis das Mitbestimmungsmodell feststeht. Damit soll nach allgemeinem Verständnis den Anteilsinhabern ein Letztentscheidungsrecht über das bei der übernehmenden bzw. neuen Gesellschaft anwendbare Mitbestimmungsregime eingeräumt werden (Widmann/Mayer/*Heckschen* Rn. 4; KK-UmwG/*Simon/Rubner* Rn. 13; HK-UmwG/*Becker* Rn. 5; *Klein* RNotZ 2007, 565 [597]; Lutter/*Bayer* Rn. 27).

Damit wird ein nur zu berechtigtes Anliegen angesprochen (zur Kritik an der 4 mangelnden Einbindung der Anteilsinhaber bei der Festlegung des Mitbestimmungsmodells *Kiem* ZHR 171 [2007], 713 [719 ff.]; *Arbeitskreis Aktien- und Kapitalmarktrecht (AAK)* ZIP 2010, 2221 ff.; Spindler/Stilz/*Casper* SE-VO Art. 23 Rn. 9). Die Regelung ist indessen aus mehrerlei Gründen verfehlt. Der **praktische Nutzen** eines unter Genehmigungsvorbehalt gestellten Zustimmungsbeschlusses **ist überaus gering.** Schon um den Aufwand für die nochmalige Abhaltung einer Gesellschafterversammlung zu vermeiden, dürften die Verwaltungen eher geneigt sein, so lange mit der Abstimmung über die Verschmelzung zuzuwarten, bis die Verhandlungen über die Arbeitnehmerbeteiligung abgeschlossen sind, wenn anderenfalls das Ergehen eines Vorbehaltsbeschlusses zu befürchten ist. Außerdem wird durch das Konzept einer Vorbehaltserklärung die Initiativlast den Anteilseignern aufgebürdet. Bei Gesellschaften mit einem größeren Anteilseignerkreis ist es eher unwahrscheinlich, dass die Anteilsinhaber im Rahmen der Abstimmung spontan einen Genehmigungsvorbehalt einfordern. Die Verwaltungen dürften ihrerseits kaum ihren Anteilsinhabern vorschlagen, sich einen Genehmigungsvorhalt einzuräumen. In der Praxis dürfte ein Vorbehaltsbeschluss also kaum je ergehen (skeptisch KK-UmwG/*Simon/Rubner* Rn. 14: Regelung nicht sinnvoll). Außerdem überdeckt der Vorbehaltsbeschluss, dass den Anteilsinhabern bereits nach allgemeinen Regeln ein Letztentscheidungsrecht zukommt, namentlich dann, wenn die Mitbestimmungsregelung in der Satzung einer deutschen Gesellschaft zu verankern ist (→ Rn. 16; → Art. 12 Rn. 30 f.; *Habersack* ZHR 171 [2007], 613 [628 f.]; *Kiem* ZHR 173 [2009], 156 [177 f.]).

II. Zustimmung der Anteilsinhaber

5   **1. Vorbereitung der Beschlussfassung.** Wie bei der Inlandsverschmelzung sind auch bei der grenzüberschreitenden Verschmelzung die Anteilsinhaber im Vorfeld der Beschlussfassung umfassend über das Verschmelzungsvorhaben zu unterrichten. Das **Regelungsregime der Vorabinformation gleicht dabei weitgehend dem der Inlandsverschmelzung:** Durch die Generalverweisung in § 122a Abs. 2 kommen die allgemeinen Regelungen zur Unterrichtung der Anteilsinhaber zur Anwendung. Lediglich § 122e S. 2 enthält eine spezifische Regelung zur Vorabinformation, wonach den Anteilsinhabern der Verschmelzungsbericht spätestens einen Monat vor der Beschlussfassung zugänglich zu machen ist.

6   Demnach unterscheiden sich die Vorschriften zur Unterrichtung der Anteilsinhaber über das Verschmelzungsvorhaben nach der **Rechtsform der betreffenden Gesellschaft.** Für **AG/KGaA** und **deutsche SE** ergeben sich die zu beachtenden Anforderungen für die Unterrichtung der Aktionäre aus §§ 122a Abs. 2, 63: Mit der Einberufung auszulegen bzw. auf der Internetseite der Gesellschaft zugänglich zu machen sind der Verschmelzungsplan oder sein Entwurf, die Jahresabschlüsse und die Lageberichte sämtlicher an der Verschmelzung beteiligten Gesellschaften der letzten drei Jahre, ggf. eine Zwischenbilanz, die Verschmelzungsberichte gemäß § 122e sowie die Prüfungsberichte gemäß § 122 f. Die entsprechenden Bestimmungen für die **GmbH** finden sich in §§ 122a Abs. 2, 47 und 49 Abs. 2: Danach sind mit der Einberufung Verschmelzungsplan und Verschmelzungsbericht der betreffenden GmbH zu übersenden sowie die Jahresabschlüsse und die Lageberichte sämtlicher (also auch der ausländischen) an der Verschmelzung beteiligten Gesellschaften der letzten drei Jahre auszulegen. Obwohl gesetzlich nicht ausdrücklich bestimmt, ist auch der Verschmelzungsprüfungsbericht zu übersenden (Lutter/*Bayer* Rn. 13; Kallmeyer/*Zimmermann* Rn. 7; KK-UmwG/*Simon/Rubner* Rn. 5). Wegen § 122e S. 2 ist der Verschmelzungsbericht der betreffenden Gesellschaft neben der Übersendung auch spätestens einen Monat vor der Beschlussfassung zugänglich zu machen (zu Recht kritisch zu dieser Doppelung durch Auslegung und Übersendung Lutter/*Bayer* Rn. 12).

7   Im Zusammenspiel von IntVerschmRL, den spezifischen Umsetzungsbestimmungen und dem allgemeinen, qua Generalverweisung zur Anwendung berufenen Verschmelzungsrecht ergeben sich **einige Ungereimtheiten.** Gemäß § 122e S. 2 ist der Verschmelzungsbericht der betreffenden Gesellschaft zugänglich zu machen; gemäß §§ 122a Abs. 2, 63 Abs. 1 Nr. 4 sind bei einer Ver-

schmelzung unter **Beteiligung von Aktiengesellschaften** indessen sämtliche Verschmelzungsberichte auszulegen bzw. zugänglich zu machen. Die Unterlagen gemäß § 63 Abs. 1 sind mit der Einberufung der Hauptversammlung auszulegen bzw. zugänglich zu machen, bei der eine 30-tägige Einberufungsfrist zu beachten ist (§ 123 Abs. 1 AktG). Demgegenüber sieht § 122e S. 2 eine Monatsfrist vor. Richtigerweise sind sämtliche Verschmelzungsberichte zur Einsicht der Aktionäre einen Monat vor der Hauptversammlung auszulegen (Lutter/*Bayer* Rn. 8 f.). Eine weitere Unstimmigkeit ergibt sich hinsichtlich des Verschmelzungsberichts bei der **GmbH:** Nur der Verschmelzungsbericht der betreffenden Gesellschaft, nicht aber die der anderen an der Verschmelzung beteiligten Gesellschaften, ist auszulegen (Lutter/*Bayer* Rn. 12 Fn. 3; Widmann/Mayer/*Heckschen* Rn. 55 f.; *Frenzel* Grenzüberschreitende Verschmelzung S. 272 f.). Überzeugend ist das nicht, aber als gesetzliche Unzulänglichkeit hinzunehmen (empfohlen wird mitunter die vorsorgliche Auslage auch der anderen Verschmelzungsberichte, *Klein* RNotZ 2007, 565 [595]; s. auch KK-UmwG/*Simon/Rubner* Rn. 5).

Sämtliche zum Zwecke der Unterrichtung der Anteilsinhaber zugänglich ge- 8 machten oder übersandten Unterlagen müssen (auch) **in deutscher Sprache** verfasst sein. Von den in anderen Sprachen erstellten Dokumenten sind Übersetzungen ins Deutsche anzufertigen und neben den Originaldokumenten zur Verfügung zu stellen (Semler/Stengel/*Drinhausen* Rn. 4; Kallmeyer/*Zimmermann* Rn. 8; KK-UmwG/*Simon/Rubner* Rn. 4; inzwischen auch Lutter/*Bayer* Rn. 15; aA *Louven* ZIP 2006, 2021 [2027]).

2. Beschlussfassung. Mangels entsprechender Vorgaben der IntVerschmRL 9 gelten für die Beschlussfassung über die Generalverweisung in § 122a Abs. 2 die allgemeinen Regeln. Daraus folgt, dass der Zustimmungsbeschluss grundsätzlich mit **Dreiviertelmehrheit** zu fassen ist (GmbH: §§ 13, 50 Abs. 1; AG/KGaA: §§ 13, 65; vgl. Kallmeyer/*Zimmermann* Rn. 10). Der Zustimmungsbeschluss einer deutschen SE bedarf neben einer Kapitalmehrheit von drei Vierteln einer Stimmenmehrheit von zwei Dritteln (zutreffend Lutter/*Bayer* Rn. 22; zur Beschlussmehrheit gemäß Art. 59 SE-VO s. KK-AktG/*Kiem* SE-VO Art. 59 Rn. 10 ff.).

III. Genehmigungsvorbehalt bezüglich der Mitbestimmungsregelung

1. Erklärung des Vorbehalts. Die Anteilsinhaber können ihre Zustimmung 10 zur Verschmelzung von einer späteren Genehmigung des Mitbestimmungsmodells abhängig machen. Ein solcher Vorbehalt ist **ausdrücklich im Beschlusswege** zu erklären. Jedoch ergibt insoweit kein separater Beschluss; vielmehr ist der Genehmigungsvorbehalt untrennbarer Bestandteil des Zustimmungsbeschlusses (Widmann/Mayer/*Heckschen* Rn. 109; Kallmeyer/*Zimmermann* Rn. 16; KK-UmwG/*Simon/Rubner* Rn. 16; HK-UmwG/*Becker* Rn. 4; Schmitt/Hörtnagl/Stratz/*Hörtnagl* Rn. 8; *Klein* RNotZ 2007, 565 [597]). Daraus folgt zunächst, dass ein Vorbehaltsbeschluss auf den in der Anteilsinhaberversammlung gestellten (Gegen-)Antrag eines Anteilsinhabers erfolgen kann; eine gesonderte Bekanntmachung ist nicht erforderlich. Auch folgt daraus, dass auf den Vorbehaltsbeschluss dieselben Beschlusserfordernisse anzuwenden sind wie auf den Verschmelzungsbeschluss. Die Frage einer analogen Anwendung der §§ 50 Abs. 1, 65 Abs. 1 stellt sich daher gar nicht. Der Vorbehaltsbeschluss ist deshalb mit **Dreiviertelmehrheit** zu fassen (Kallmeyer/*Zimmermann* Rn. 16; Widmann/Mayer/*Heckschen* Rn. 112; HK-UmwG/*Becker* Rn. 7; KK-UmwG/*Simon/Rubner* Rn. 16; Schmitt/Hörtnagl/Stratz/*Hörtnagl* Rn. 8; *Klein* RNotZ 2007, 565 [597]; aA Lutter/*Bayer* Rn. 30; Semler/Stengel/*Drinhausen* Rn. 10; *Beutel* Rahmen grenzüberschreitender Verschmelzungen S. 198; für die Parallelnorm in Art. 23 Abs. 2 S. 2 SE-VO ebenso LHT/*Bayer* Art. 23 Rn. 17; MüKo-AktG/*Schäfer* SE-VO Art. 23 Rn. 11). Nach zutreffender Ansicht wird mit dem erklärten Genehmigungsvorbehalt der Zustimmungsbeschluss unter die **aufschiebende Bedingung der späteren Bestätigung** der Mitbestimmungsregelung gestellt (Kallmeyer/*Zimmermann* Rn. 17; HK-UmwG/*Becker* Rn. 5). Ohne Bestätigungsbeschluss der Anteilsinhaber kann er keine Wirkungen entfalten. Die Erklärung eines Vorbehalts ist indes nur zulässig, wenn zum Zeitpunkt der Beschlussfassung das anwendbare Mitbestimmungsmodell noch nicht feststeht. Haben die Leitungen zB bereits für die Anwendung der gesetzlichen Auffangregelung optiert, scheidet ein Vorbehaltsbeschluss aus.

11   **2. Genehmigung der Mitbestimmungsregelung.** Nach der gesetzlichen Konzeption des § 122g Abs. 1 muss die Genehmigung **durch die Anteilsinhaberversammlung** und **ausdrücklich** erfolgen. Um die Bestätigung herbeizuführen, muss mithin eine erneute Anteilsinhaberversammlung abgehalten werden. Der Beschluss zur Genehmigung der Mitbestimmungsregelung bedarf wie der Vorbehaltsbeschluss einer Dreiviertelmehrheit (Widmann/Mayer/*Heckschen* Rn. 137; Kallmeyer/*Zimmermann* Rn. 20; KK-UmwG/*Simon*/*Rubner* Rn. 19; HK-UmwG/*Becker* Rn. 8; Schmitt/Hörtnagl/Stratz/*Hörtnagl* Rn. 10; aA Lutter/*Bayer* Rn. 33; Semler/Stengel/*Drinhausen* Rn. 11). Dieses Mehrheitserfordernis ist zwingend und steht nicht zur Disposition der Anteilsinhaberversammlung (aA KK-UmwG/*Simon*/*Rubner* Rn. 17: im Vorbehaltsbeschluss könne für den Genehmigungsbeschluss eine niedrigere Mehrheit bestimmt werden; ebenso Schmitt/Hörtnagl/Stratz/*Hörtnagl* Rn. 10; HK-UmwG/*Becker* Rn. 8; differenzierend *Klein* RNotZ 2007, 565 [597]). Die Erteilung der Genehmigung kann auch **nicht an andere Gremien delegiert** werden (Widmann/Mayer/*Heckschen* Rn. 132 f.; Kallmeyer/*Zimmermann* Rn. 19; Lutter/*Bayer* Rn. 34; *H.-F. Müller* ZIP 2007, 1081 [1085]; ebenso für den Parallelsachverhalt der SE-Gründung noch Spindler/Stilz/*Casper* 2. Aufl. SE-VO Art. 23 Rn. 8 – anders hingegen Spindler/Stilz/*Casper* 3. Aufl. SE-VO Art. 23 Rn. 8; LHT/*Bayer* Art. 23 Rn. 21; aA KK-UmwG/*Simon*/*Rubner* Rn. 18; HK-UmwG/*Becker* Rn. 8). Das folgt aus dem Wesen des Genehmigungsbeschlusses, der erst dem Verschmelzungsbeschluss zur Wirksamkeit verhilft. Insofern gelten hinsichtlich der Delegationsfähigkeit dieselben strengen Voraussetzungen wie beim Verschmelzungsbeschluss selbst (Widmann/Mayer/*Heckschen* Rn. 133; Kallmeyer/*Zimmermann* Rn. 19). Danach ist eine Delegation der Entscheidungszuständigkeit nicht möglich. Unabhängig davon verbietet es sich ohnehin, die Entscheidung über die Mitbestimmungsregelung auf einen in diesen Fällen regelmäßig mitbestimmten Aufsichtsrat zu übertragen (*Kiem* ZHR 171 [2007], 713 [724 f.]).

12   **3. Anderweitiger Genehmigungsvorbehalt.** Die Zulässigkeit eines auf andere Art und Weise als mit dem Vorbehaltsbeschluss erklärten Genehmigungsvorbehalts richtet sich nach der Rechtsform der betreffenden deutschen Gesellschaft. Bei AG, KGaA und deutscher SE scheidet ein anderweitiger Genehmigungsvorbehalt aus. Da nicht die Anteilsinhaber, sondern die Leitungen der an der Verschmelzung beteiligten Gesellschaften zur Vereinbarung der künftigen Mitbestimmungsregelung berufen sind, ist die Hauptversammlung daran gehindert, ihre Zustimmung zur Verschmelzung außerhalb eines förmlichen Vorbehaltsbeschlusses mit der Festlegung auf ein bestimmtes Mitbestimmungsmodell zu verknüpfen. Sie ist ohnehin nicht berechtigt, dem Leitungsorgan bestimmte Vorgaben für die Führung der Verhandlungen über die Mitbestimmungsregelung zu machen. Anders ist die Rechtslage bei der GmbH, bei der die Gesellschafterversammlung konkrete Weisungen auch bezüglich der Verhandlungsziele für die Mitbestimmungsregelung erteilen kann. Indessen bleibt die Satzungsautonomie der Anteilsinhaberversammlung rechtsformunabhängig in jedem Fall gewahrt

(→ Rn. 16). Bedarf die Umsetzung einer Mitbestimmungsvereinbarung einer Änderung der Satzung, ist die Anteilsinhaberversammlung in ihrem Votum frei. Lediglich bei Eingreifen der gesetzlichen Auffangregelung ist sie gebunden.

IV. Vereinbarung der Mitbestimmungsregelung und Entscheidungsteilhabe der Anteilsinhaber

1. Allgemeines. Die gesetzliche Regelung zum Vorbehaltsbeschluss verstellt **13** den Blick für die sich bereits nach allgemeinen Regeln ergebende **Entscheidungsteilhabe der Anteilsinhaber bei der Festlegung der Mitbestimmungsregelung** für die aus der grenzüberschreitenden Verschmelzung hervorgehende Gesellschaft. Diese gründet hinsichtlich satzungsrelevanter Regelungen einer Mitbestimmungsvereinbarung in der alleinigen Satzungsautonomie der Anteilsinhaberversammlung (→ Rn. 16). Außerdem bestehen inhaltliche Bindungen der die Verhandlungen über die Mitbestimmungsvereinbarung führenden Leitungen (→ Rn. 15). Ferner ist eine grundsätzliche (Letzt-)Entscheidungskompetenz der Anteilsinhaberversammlung bei dem Abschluss einer Mitbestimmungsvereinbarung zu erwägen (→ Rn. 14).

2. Allgemeiner Zustimmungsvorbehalt der Anteilsinhaber beim Ab- **14** **schluss einer Mitbestimmungsvereinbarung?** Zunächst fragt sich, ob der Abschluss einer Mitbestimmungsvereinbarung nicht grundsätzlich der Zustimmung der Anteilseignerversammlung der betreffenden Gesellschaft bedarf. In der Tat wird eine solche **generelle Zustimmungspflicht** im Schrifttum teilweise angenommen (*Seibt* AG 2005, 413 [418] sowie UHH/*Henssler* MitbestR SEBG Einl. Rn. 185, jeweils für statusbegründende oder mitbestimmungserweiternde Vereinbarungen; für die deutsche SE ebenfalls *Teichmann* AG 2008, 797 [806]). Richtigerweise ist indessen davon auszugehen, dass der Abschluss einer Mitbestimmungsvereinbarung durch das Leitungsorgan zumindest im Fall einer Aktiengesellschaft als aufnehmender Gesellschaft nicht der Zustimmung der Hauptversammlung bedarf (*Kiem* ZHR 171 [2007], 713 [721 ff.]; *Schwarz* SE-VO Art. 23 Rn. 25). Gleiches gilt für die deutsche SE.

3. Eingeschränktes Verhandlungsmandat der Leitungen. Schranken er- **15** fährt die – im Außenverhältnis nicht begrenzte – Verhandlungsmacht der Leitung der betreffenden deutschen Gesellschaft bei der Verhandlung der Mitbestimmungsvereinbarung indessen im Innenverhältnis und das gleich in mehrfacher Hinsicht. Zunächst ergibt sich infolge der gesetzlich geforderten Unterrichtung der Anteilsinhaber im Vorfeld der Beschlussfassung über die Verschmelzung eine gewisse **Selbstbindung der Verwaltung:** In Verschmelzungsplan und Verschmelzungsbericht hat die Verwaltung in Grundzügen darzulegen, welches Mitbestimmungsmodell sie anstrebt (→ § 122c Rn. 37; *Kiem* ZHR 171 [2007], 713 [726 f.]; aA wohl KK-UmwG/*Simon/Rubner* Rn. 25). An dieses, den Anteilsinhabern vorgestellte Konzept für die künftige Ausgestaltung der Mitbestimmung in der aus der Verschmelzung hervorgehenden Gesellschaft ist sie gebunden (vgl. *Kiem* ZHR 171 [2007], 713 [725 ff.]; *ders.* Der Konzern 2010, 275 [284] zur Bindung der SE-Leitung bei der Verhandlung über eine Beteiligungsvereinbarung). Kann sie sich in den Verhandlungen mit den Arbeitnehmern mit ihren Vorstellungen nicht durchsetzen, hat sie sich notfalls auf die gesetzliche Auffangregelung zurückfallen zu lassen (*Kiem* ZHR 171 [2007], 713 [727 f.]). Damit gewinnen die Anteilsinhaber bereits vor der Beschlussfassung über die Verschmelzung ein konkretes Bild über die etwaige Ausgestaltung des künftigen Mitbestimmungsregimes. Ein vergleichbares Resultat folgt aus einer anderen Erwägung: Die Verwaltung hat die mit einer nochmaligen Einberufung einer Gesellschafterversammlung verbundenen Kosten grundsätzlich zu vermeiden. Das Verhandlungsmandat der Verwaltung der inländischen Gesellschaft ist daher auch insofern eingeschränkt, als sie kein Verhandlungsergebnis anstreben darf, das eine Änderung des den Anteilsinhabern bereits zur Zustimmung vorgelegten Satzungsentwurfs der aufnehmenden bzw. neuen Gesellschaft und damit eine neue Anteilsinhaberversammlung erfordern würde (vgl. KK-AktG/*Kiem* SE-VO Art. 12 Rn. 79; *ders.* Der Konzern 2010, 275 [284]).

16   **4. Letztentscheidungsrecht der Anteilsinhaber kraft Satzungsautonomie.** Die wirkungsvollste Entscheidungsteilhabe der Anteilseigner im Hinblick auf die Vereinbarung des Mitbestimmungsmodells ergibt sich indessen aus der Satzungsgebungskompetenz der Anteilseignerversammlung. Damit steht ihr zumindest für den **satzungsrelevanten Teil einer Mitbestimmungsvereinbarung** faktisch ein **Letztentscheidungsrecht** zu (dazu umfassend *Habersack* ZHR 171 [2007], 613 [628 f.]; für die SE-Gründung → Art. 12 Rn. 30 ff.; KK-AktG/*Kiem* SE-VO Art. 12 Rn. 77 f.). Denn verweigert sie die zur Umsetzung der Mitbestimmungsvereinbarung erforderlichen Änderung der Satzung ihre Zustimmung, ist die Mitbestimmungsvereinbarung gescheitert; die gesetzliche Auffangregelung greift ein. Dabei ist im Einzelnen zu unterscheiden. Da die (künftige) Satzung der aufnehmenden bzw. neuen Gesellschaft Bestandteil des Verschmelzungsplans ist, über den die Anteilsinhaber sämtlicher an der Verschmelzung beteiligten Gesellschaften zu beschließen haben, können die Anteilseigner auf die Ausgestaltung der abzuschließenden Mitbestimmungsvereinbarung insoweit Einfluss nehmen, als deren Regelungen einer satzungsmäßigen Verankerung bedürfen. Weicht die später abgeschlossene Mitbestimmungsvereinbarung von dem zur Abstimmung gestellten Satzungsentwurf ab, kann eine Abänderung nur mit Zustimmung der Gesellschafterversammlungen erfolgen (dabei handelt es sich um eine originäre Entscheidung der Anteilseignerversammlung, die sich nicht auf andere Organe, wie etwa das Leitungsorgan, delegieren lässt; vgl. Lutter/*Bayer* Rn. 29; aA Semler/Stengel/*Drinhausen* Rn. 13). Gleiches gilt nach dem Wirksamwerden der Verschmelzung für eine erforderlich werdende Änderung der Satzung der betreffenden Gesellschaft. Sie bedarf, jedenfalls sofern es sich um eine deutsche Gesellschaft handelt, zwingend der Zustimmung der betreffenden Anteilseignerversammlung (vgl. für den Parallelsachverhalt der SE-Gründung KK-AktG/*Kiem* SE-VO Art. 12 Rn. 81; Spindler/Stilz/*Casper* SE-VO Art. 12 Rn. 25; LHT/*Kleindiek* Art. 12 Rn. 32). Dabei sind die Anteilsinhaber in ihrer Entscheidung frei und nicht etwa durch die Vorgaben der Mitbestimmungsvereinbarung gebunden (vgl. für den Parallelsachverhalt der SE-Gründung KK-AktG/*Kiem* SE-VO Art. 12 Rn. 81; Spindler/Stilz/*Casper* SE-VO Art. 12 Rn. 25; LHT/*Kleindiek* SE-VO Art. 12 Rn. 33; aA → MgVG § 22 Rn. 45 ff. [*Thüsing/Forst*]). Nicht zulässig ist im Fall der Abweichung von Satzung und Mitbestimmungsvereinbarung die **Durchführung eines Statusverfahrens** gemäß §§ 97 ff. AktG, weil dadurch die Entscheidungskompetenz der Anteilseignerversammlung in Fragen satzungsrelevanter Mitbestimmungsbelange ausgehebelt würde (für die Rechtslage bei der SE → SE-VO Art. 12 Rn. 33; *Kiem* Der Konzern 2010, 275 [281 ff.]; zum Formwechsel in die deutsche SE bereits *Habersack* Der Konzern 2008, 67 [72 f.]; ähnlich MüKoAktG/*Reichert/Brandes* SE-VO Art. 40 Rn. 54 f.; aA LG Nürnberg-Fürth Der Konzern 2010, 326; Semler/Stengel/*Drinhausen* Rn. 13; KK-AktG/*Paefgen* SE-VO Art. 40 Rn. 74; LHT/*Drygala* Art. 40 Rn. 27; *Seibt* ZIP 2010, 1057 [1063 f.]).

V. Entbehrlichkeit des Zustimmmungsbeschlusses

17   Der Zustimmungsbeschluss der Anteilsinhaberversammlung der **übertragenden Gesellschaft** ist gemäß Abs. 2 entbehrlich, wenn alle Anteile der übertragenden Gesellschaft von der übernehmenden Gesellschaft gehalten werden. Die Vereinfachung greift folglich bei der Verschmelzung einer **hundertprozentigen inländischen Tochtergesellschaft auf ihre Muttergesellschaft** ein. Dies entspricht der Rechtslage bei der Inlandsverschmelzung (gemäß § 62 Abs. 4 S. 1 idF des 3. Gesetzes zur Änderung des UmwG vom 11.7.2011, BGBl. I S. 1338).

Bei der **übernehmenden Gesellschaft** kann der Zustimmungsbeschluss entbehrlich sein, wenn die Voraussetzungen des § 62 Abs. 1 vorliegen. Die Bestimmung findet über § 122a Abs. 2 Anwendung (Semler/Stengel/*Drinhausen* Rn. 15 Fn. 32; Widmann/Mayer/*Heckschen* Rn. 166; Kallmeyer/*Zimmermann* Rn. 29; Schmitt/Hörtnagl/Stratz/*Hörtnagl* Rn. 14; inzwischen auch Lutter/*Bayer* Rn. 36). Das ist dann der Fall, wenn eine inländische Gesellschaft in der Rechtsform einer AG, KGaA oder SE mindestens 90 % der Anteile der übertragenden (ausländischen) Gesellschaft hält. Kennt das auf die übertragende Gesellschaft anwendbare Recht eine § 122g Abs. 2 entsprechende Bestimmung, kann unter Umständen auf eine Beschlussfassung sowohl bei der übernehmenden als auch bei der übertragenden Gesellschaft verzichtet werden (Semler/Stengel/*Drinhausen* Rn. 16).   **18**

Verbesserung des Umtauschverhältnisses

122h (1) § 14 Abs. 2 und § 15 gelten für die Anteilsinhaber einer übertragenden Gesellschaft nur, sofern die Anteilsinhaber der an der grenzüberschreitenden Verschmelzung beteiligten Gesellschaften, die dem Recht eines anderen Mitgliedstaats der Europäischen Union oder eines anderen Vertragsstaats des Abkommens über den Europäischen Wirtschaftsraum unterliegen, dessen Rechtsvorschriften ein Verfahren zur Kontrolle und Änderung des Umtauschverhältnisses der Anteile nicht vorsehen, im Verschmelzungsbeschluss ausdrücklich zustimmen.

(2) § 15 gilt auch für Anteilsinhaber einer übertragenden Gesellschaft, die dem Recht eines anderen Mitgliedstaats der Europäischen Union oder eines anderen Vertragsstaats des Abkommens über den Europäischen Wirtschaftsraum unterliegt, wenn nach dem Recht dieses Staates ein Verfahren zur Kontrolle und Änderung des Umtauschverhältnisses der Anteile vorgesehen ist und deutsche Gerichte für die Durchführung eines solchen Verfahrens international zuständig sind.

Schrifttum: Vgl. die Angaben zu § 122a.

Übersicht

	Rn.
I. Allgemeines	1
1. Regelungsgegenstand und europarechtliche Vorgaben	1
2. Normzweck und Kritik	2
II. Spruchverfahren zugunsten der Anteilsinhaber der übertragenden deutschen Gesellschaft	6
1. Zulässigkeit	6
a) Vergleichbares Spruchverfahren	7
b) Zustimmung der ausländischen Gesellschaft	8
2. Zuständigkeit und Verfahren	9
3. Klageausschluss gemäß § 14 Abs. 2	10
III. Erstreckung des Spruchverfahrens auf Anteilsinhaber ausländischer Gesellschaften	11

I. Allgemeines

1   **1. Regelungsgegenstand und europarechtliche Vorgaben.** Die Regelung in Abs. 1 ist vor dem Hintergrund des Art. 10 Abs. 3 S. 1 IntVerschmRL zu sehen. Danach ist die Durchführung eines Spruchverfahrens zur nachträglichen Überprüfung des vereinbarten Umtauschverhältnisses von der Zustimmung derjenigen Gesellschaften abhängig, deren Recht eine solche Überprüfungsmöglichkeit nicht vorsieht. Damit wird einerseits respektiert, dass das nationale Umwandlungsrecht einiger (weniger) Mitgliedstaaten es ermöglicht, das festgelegte Umtauschverhältnis nachträglich gerichtlich überprüfen zu lassen. Andererseits trägt die Regelung dem Umstand Rechnung, dass eben in vielen Mitgliedstaaten ein solcher Überprüfungsmechanismus unbekannt ist. Als Ausgleich ordnet die Regelung an, dass ein gerichtliches Spruchverfahren nur dann stattfindet, wenn die an der Verschmelzung beteiligten Gesellschaften, für deren Anteilsinhaber ein solches Verfahren nicht eröffnet ist, der Durchführung eines Spruchverfahrens zugunsten der Anteilsinhaber der anderen Gesellschaft ausdrücklich zustimmen (vgl. Begr. RegE, BT-Drs. 16/2919, 16). Abs. 2 wiederum eröffnet den Anteilsinhabern ausländischer übertragender Gesellschaften den Zugang zu deutschen Gerichten, wenn nach deren Recht ebenfalls ein Verfahren zur Kontrolle und Änderung des Umtauschverhältnisses vorgesehen ist und sich eine internationale Zuständigkeit deutscher Gerichte für die Durchführung eines solchen Verfahrens ergibt.

2   **2. Normzweck und Kritik.** Die Bestimmung bezweckt den Schutz der Minderheitsgesellschafter in seiner spezifischen deutschen Ausprägung. Neben den in der IntVerschmRL vorgegebenen, die umfassende Unterrichtung der Anteilsinhaber intendierenden Regelungen sieht das deutsche Schutzkonzept die Überprüfung des vereinbarten Umtauschverhältnisses im Wege des gerichtlichen Spruchverfahrens (§§ 122a, 15 iVm § 122h) sowie das Barabfindungsangebot zugunsten der dissentierenden Anteilsinhaber einer übertragenden Gesellschaft vor (§ 122i). Damit hat der deutsche Gesetzgeber von der Gestaltungsermächtigung in Art. 4 Abs. 2 S. 2 IntVerschmRL Gebrauch gemacht, die den Mitgliedstaaten eine nähere Ausgestaltung des Schutzes der dissentierenden Minderheitsgesellschafter überlässt (Lutter/*Bayer* Rn. 2).

3   Der deutsche Gesetzgeber hat sich für die weitgehende Übernahme des im SEAG verankerten Schutzkonzepts für die SE-Verschmelzung – mit all seinen hinlänglich bekannten Unzulänglichkeiten (umfassend LHT/*Bayer* Art. 24 Rn. 33, 36, 46 ff.; *ders./J. Schmidt* NJW 2006, 401 [405 f.]; *J. Vetter* AG 2006, 613 [621 ff.]; kritisch zum Barabfindungsanspruch wegen Liquiditätsgefährdung bereits die Stellungnahme des Bundesrates zum RegE des SEEG, BT-Drs. 15/3656, 3 sowie *Kiem* WM 2006, 1091 [1098]) – entschieden, das wiederum selbst auf bestimmten **Eckpfeilern des deutschen Minderheitenschutzes bei Strukturmaßnahmen** aufbaut. Das ist nur konsequent, da Strukturmaßnahmen nicht selten austauschbar und in ihren Auswirkungen auf die Rechtsposition von Minderheitsgesellschaftern häufig vergleichbar sind. Insofern ist ein durchgängiger Minderheitenschutz über die jeweiligen Strukturmaßnahmen hinweg folgerichtig. Auch erscheint es falsch, den deutschen Gesetzgeber dafür zu kritisieren, dass er Schutzkonzepte verfolgt, die außerhalb Deutschlands nur wenige Gefolgschaft gefunden haben. Art. 4 Abs. 2 S. 2 IntVerschmRL überlässt es gerade den Mitgliedstaaten, den Minderheitenschutz nach ihren Vorstellungen auszugestalten.

4   Gleichwohl ist der Minderheitenschutz bei grenzüberschreitenden Verschmelzungen nach den §§ 122h, 122i in keiner Weise zufriedenstellend gelöst. Das liegt im Wesentlichen daran, dass die **vielen Unzulänglichkeiten und Ungereimt-heiten,** die bekanntermaßen (s. nur die Grundsatzkritik bei Lutter/*Bayer* Rn. 3 f.) mit dem Spruchverfahren verbunden sind, nicht abgestellt, sondern im Rahmen der grenzüberschreitenden Verschmelzung **schlicht fortgeschrieben worden sind.** So ist das Spruchverfahren auf die übertragende Gesellschaft beschränkt, ohne dass dies sachlich gerechtfertigt wäre (Lutter/*Bayer* Rn. 4; Widmann/Mayer/*Heckschen* Rn. 33; *Bayer*/*J. Schmidt* NJW 2006, 401 [406]; *J. Vetter* AG 2006, 613 [625]; vgl. dazu ferner KK-UmwG/*Simon* § 14 Rn. 45 ff.). Der Ausschluss der Verschlechterungsmöglichkeit *(reformatio in peius)* – bezeichnend handelt die Vorschrift nur von einer Verbesserung des Umtausch-verhältnisses – bedeutet für die Anteilsinhaber der übertragenden deutschen Gesellschaft eine Optimierungschance ohne jeglichen Nachteil. Umgekehrt bür-det diese Ausgestaltung des Spruchverfahrens den Anteilsinhabern der anderen beteiligten Gesellschaften ausnahmslos Nachteile auf, ohne dass sich dafür eine sachliche Rechtfertigung heranziehen ließe (für die Zulassung einer *reformatio in peius J. Vetter* AG 2006, 613 [622, 625]; *Bayer*/*J. Schmidt* NJW 2006, 401 [406]; *Teichmann* ZGR 2003, 367 [386 f.]).

Diese konzeptionellen Mängel des Spruchverfahrens deutscher Prägung wer- **5** ben nicht für die Idee einer nachträglichen Überprüfung des vereinbarten Um-tauschverhältnisses im europäischen Zusammenhang. Ohnehin ist den meisten Mitgliedstaaten der Gedanke einer gerichtlichen Überprüfung des zwischen den beteiligten Gesellschaften ausgehandelten Umtauschverhältnisses suspekt. Auch darf nicht übersehen werden, dass das Spruchverfahren ohnehin nur die – eben unvollkommene – Reaktion auf das gerade im europäischen Vergleich absonder-lich wirkende deutsche Beschlussmängelrecht ist, das dringend einer grundlegen-den Reform bedürfte (s. dazu die umfassenden Vorschläge des *Arbeitskreises Be-schlussmängelrecht* AG 2008, 617; s. auch *Habersack*/*Stilz* ZGR 2010, 710 [723 ff.]). Das Spruchverfahren stellt mithin im europäischen Kontext einen **Fremdkörper** dar (*Kiem* WM 2006, 1091 [1097]). Entsprechend gering dürfte die Bereitschaft ausländischer Gesellschaften zu veranschlagen sein, die Durchführung eines Spruchverfahrens zu genehmigen (zutreffend Lutter/*Bayer* Rn. 3; Skepsis auch bei Kallmeyer/*Marsch-Barner* Rn. 3; KK-UmwG/*Simon*/*Rubner* Rn. 12 sowie Widmann/Mayer/*Heckschen* Rn. 56). Damit droht dem in § 122h verankerten Schutzmechanismus indes ein stiefmütterliches Dasein ohne echten Anwendungs-bereich (ähnlich Lutter/*Bayer* Rn. 3: Vorschrift läuft faktisch leer). Bei realisti-scher Betrachtung ist mithin davon auszugehen, dass es sich bei der Vorschrift um „totes Recht" handelt. In der praktischen Konsequenz bedeutet dies indessen, dass mangels eingreifendem Spruchverfahren regelmäßig der Klageausschluss nach § 14 Abs. 2 entfällt. Bewertungsrügen sind mithin im Wege der Anfechtungs-klage gegen den Verschmelzungsbeschluss geltend zu machen. Dies wiederum führt zu einer deutlich erhöhten Anfälligkeit von grenzüberschreitenden Ver-schmelzungstransaktionen für die Erhebung von Anfechtungsklagen. Aufgrund der damit verbundenen misslichen Folgen für die Transaktionssicherheit ist die Attraktivität der deutschen Vorschriften zur grenzüberschreitenden Verschmel-zung von Kapitalgesellschaften ganz erheblich geschmälert.

II. Spruchverfahren zugunsten der Anteilsinhaber der übertragenden deutschen Gesellschaft

1. Zulässigkeit. Die Durchführung eines Spruchverfahrens gemäß § 15 zu- **6** gunsten der Anteilsinhaber der übertragenden deutschen Gesellschaft ist bei der grenzüberschreitenden Verschmelzung nur zulässig, wenn die besonderen Voraus-setzungen des § 122h Abs. 1 erfüllt sind. Danach muss entweder nach dem Recht, dem die anderen an der Verschmelzung beteiligten Gesellschaften unterliegen, ebenfalls ein gerichtliches Verfahren zur nachträglichen Überprüfung des vereinbarten Umtauschverhältnisses eröffnet sein, oder, wo dies nicht der Fall ist, müssen die betreffenden Gesellschaften der Durchführung des gerichtlichen Spruchverfahrens zugestimmt haben.

7   **a) Vergleichbares Spruchverfahren.** Kennt die Rechtsordnung einer ausländischen beteiligten Gesellschaft ein Verfahren zur Überprüfung der Angemessenheit des Umtauschverhältnisses, muss dieses Spruchverfahren ausländischen Rechts mit dem deutschen Spruchverfahren vergleichbar sein. Dazu muss es ein **staatliches Verfahren vor einer Behörde oder einem Gericht** sein; die Einräumung einer Überprüfungsmöglichkeit durch Vertrag oder Satzung reicht nicht aus (KK–UmwG/*Simon/Rubner* Rn. 7; Kallmeyer/*Marsch-Barner* Rn. 2; aA Widmann/Mayer/*Vossius* § 122i Rn. 38 ff., der ein in der Satzung der Gesellschaft vorgesehenes Schiedsverfahren bei vergleichbarer Ausgestaltung gleichstellen will). Es muss sich ferner um eine **nachträgliche Überprüfung** handeln, die die Wirksamkeit der Verschmelzung nicht berührt. Ein Verfahren im Rahmen der allgemeinen Rechtmäßigkeitskontrolle der Verschmelzung, wie sie Art. 11 IntVerschmRL vorsieht, ist damit nicht gemeint. Das Spruchverfahren muss schließlich in dem konkreten Sachverhalt eröffnet sein; die abstrakte Möglichkeit allein ist nicht ausreichend (Lutter/*Bayer* Rn. 10; KK–UmwG/*Simon/Rubner* Rn. 6; Kallmeyer/*Marsch-Barner* Rn. 2; Schmitt/Hörtnagl/Stratz/*Hörtnagl* Rn. 6). Ein vergleichbares Spruchverfahren kennt derzeit lediglich Österreich (s. nur Lutter/*Bayer* Rn. 10 mwN).

8   **b) Zustimmung der ausländischen Gesellschaft.** Sieht das ausländische Recht ein Spruchverfahren nicht vor, muss die ausländische Gesellschaft (durch die Anteilsinhaber) der Durchführung eines Spruchverfahrens für die Anteilsinhaber der übertragenden deutschen Gesellschaft zugestimmt haben. Die Zustimmung kann, muss aber nicht unbedingt im Verschmelzungsbeschluss selbst erteilt werden. Der Wortlaut der Vorschrift legt dies zwar nahe, denkbar ist jedoch auch eine Zustimmung durch einen weiteren Beschluss der Anteilsinhaberversammlung (Lutter/*Bayer* Rn. 11; Semler/Stengel/*Drinhausen* Rn. 6; Schmitt/Hörtnagl/Stratz/*Hörtnagl* Rn. 7; Kallmeyer/*Marsch-Barner* Rn. 3; aA Widmann/Mayer/*Heckschen* Rn. 46; HK–UmwG/*Becker* Rn. 5). Welche Mehrheit hierfür erforderlich ist, richtet sich nach der Rechtsordnung der ausländischen Gesellschaft (zutreffend Semler/Stengel/*Drinhausen* Rn. 6; aA KK–UmwG/*Simon/Rubner* Rn. 8; Lutter/*Bayer* Rn. 12; Kallmeyer/*Marsch-Barner* Rn. 3, die jeweils davon ausgehen, dass dasselbe Mehrheitserfordernis wie für den Verschmelzungsbeschluss gilt). In jedem Fall muss die Zustimmung ausdrücklich erklärt werden; eine lediglich implizite Zustimmung ist nicht ausreichend (Lutter/*Bayer* Rn. 11; Kallmeyer/*Marsch-Barner* Rn. 3).

9   **2. Zuständigkeit und Verfahren.** Zuständig für die Durchführung des Spruchverfahrens ist das Landgericht am Sitz der übertragenden deutschen Gesellschaft. Seine **internationale Zuständigkeit** ergibt sich aus Art. 7 Abs. 1 lit. a Brüssel Ia-VO, früher Art. 5 Abs. 1 lit. a EuGVVO (Kallmeyer/*Marsch-Barner* Rn. 6; KK–UmwG/*Simon/Rubner* Rn. 9; allgemein zur internationalen Zuständigkeit *Nießen* NZG 2006, 441 [442 ff.]; aA Schmitt/Hörtnagl/Stratz/*Hörtnagl* Rn. 11 und Semler/Stengel/*Drinhausen* Rn. 8, wonach sich die internationale Zuständigkeit aus dem Zustimmungsbeschluss der ausländischen Gesellschaft ergibt; einschränkend Lutter/*Bayer* Rn. 21, der (lediglich) für den Fall, dass ein ausländisches Spruchverfahren nicht vorgesehen ist, die Zuständigkeit aus dem Zustimmungsbeschluss der ausländischen Gesellschaft iVm Art. 10 Abs. 3 S. 1 IntVerschmRL ableitet). Sieht auch das ausländische Recht die Durchführung eines Spruchverfahrens vor, stellt sich das Problem einer konkurrierenden Zu-

ständigkeit, das im Rückgriff auf Art. 29 Brüssel Ia-VO (früher Art. 27 EuGVVO) zugunsten des zuerst angerufenen Gerichts aufzulösen ist (vgl. im Einzelnen KK-UmwG/*Simon/Rubner* Rn. 11; ähnlich Kallmeyer/*Marsch-Barner* Rn. 6). Das Spruchverfahren wird nach den Bestimmungen des SpruchG durchgeführt.

3. Klageausschluss gemäß § 14 Abs. 2. Folge der Eröffnung des Spruch- **10** verfahrens ist der Ausschluss einer Klage gegen die Wirksamkeit des Verschmelzungsbeschlusses, soweit diese auf eine Unangemessenheit des Umtauschverhältnisses gestützt ist (§ 14 Abs. 2). Die Geltendmachung einer Bewertungsrüge durch die Anteilsinhaber der übertragenden deutschen Gesellschaft im Wege der Anfechtungs- oder der Nichtigkeitsklage ist damit ausgeschlossen. Jedenfalls im Fall einer AG, KGaA oder inländischen SE umfasst die Präklusion auch die Rüge der Verletzung von damit in Zusammenhang stehenden Auskunfts- und Berichtspflichten **in der Hauptversammlung** (gemäß § 243 Abs. 4 S. 2 AktG in seiner Ausgestaltung durch das UMAG; vgl. dazu Hüffer/*Koch* AktG § 243 Rn. 47b f.). Generell nicht vom Klageausschluss erfasst sind indes Rügen bewertungsrelevanter Informationsmängel in Bezug auf das Umtauschverhältnis von Seiten der Anteilsinhaber einer AG, KGaA oder SE **außerhalb** der Hauptversammlung. Die Rechtsprechung des BGH in der Sache MEZ (BGHZ 146, 179 [184 f.] = NJW 2001, 1425) und Aqua Butzke (BGH WM 2001, 467 f.) zum Barabfindungsangebot bei einem Formwechsel, wonach der Klageausschluss auch Rügen von Informationsmängeln bzgl. des Barabfindungsangebots erfasst, lässt sich nicht ohne Weiteres auf das Umtauschverhältnis übertragen (s. dazu KK-UmwG/*Simon* § 14 Rn. 39 ff.). Angesichts der komplexen Rechtslage bei der Ermittlung des Umtauschverhältnisses bei grenzüberschreitenden Verschmelzungen (→ § 122c Rn. 24) ist die Verweisung der Bewertungsrüge in das Spruchverfahren von besonderer Bedeutung. Falls zum Zeitpunkt der Beschlussfassung durch die Anteilsinhaber der übertragenden deutschen Gesellschaft möglicherweise noch nicht feststeht, ob das Spruchverfahren eröffnet ist, beginnt die Klagefrist des § 14 Abs. 1 erst dann zu laufen, wenn insoweit Klarheit besteht (Schmitt/Hörtnagl/Stratz/*Hörtnagl* Rn. 8; Kallmeyer/*Marsch-Barner* Rn. 5). Das ist zB der Fall, wenn die ausländische Gesellschaft ihre Zustimmung zur Durchführung des Spruchverfahrens erst nach der Beschlussfassung durch die übertragende deutsche Gesellschaft erteilt. Die übertragende deutsche Gesellschaft hat in diesem Fall das Ergebnis des Beschlusses der ausländischen Gesellschaft in geeigneter Weise bekannt zu machen, damit Klarheit darüber besteht, ob ein Spruchverfahren stattfindet oder die einmonatige Klagefrist zu laufen beginnt.

III. Erstreckung des Spruchverfahrens auf Anteilsinhaber ausländischer Gesellschaften

Abs. 2 bestimmt, dass die Anteilsinhaber einer übertragenden Gesellschaft, die **11** dem Recht eines anderen EU/EWR-Staates unterliegt, deutsche Gerichte zur Durchführung eines Spruchverfahrens anrufen können. Dies setzt zunächst voraus, dass nach dem Recht dieses Staates ebenfalls ein Verfahren zur Kontrolle und Änderung des Umtauschverhältnisses vorgesehen ist. Außerdem muss die internationale Zuständigkeit des angerufenen deutschen Gerichts gegeben sein (Begr. RegE, BT-Drs. 16/2919, 16). Unter diesen Voraussetzungen gewährt § 122h Abs. 2 den Anteilsinhabern der ausländischen Gesellschaft das Recht, ein Spruchverfahren bei einem deutschen Gericht einzuleiten. Die Vorschrift schafft lediglich die Antragsbefugnis für ein solches Verfahren. Die materielle Berechtigung zur Verbesserung des Umtauschverhältnisses muss sich aus dem (ausländischen) Gesellschaftsstatut der betreffenden Gesellschaft ergeben. Entgegen dem

Wortlaut von § 122h Abs. 2 leitet sie sich nicht aus § 15 ab (s. bereits Begr. RegE, BT-Drs. 16/2919, 16, wo zur Begründung der Vorschrift lediglich auf prozessuale Aspekte, wie die internationale Zuständigkeit eines deutschen Gerichts und die Vermeidung von Doppelarbeit (Prozessökonomie), verwiesen wird; vgl. auch Lutter/*Bayer* Rn. 27; Kallmeyer/*Marsch-Barner* Rn. 7; Schmitt/Hörtnagl/Stratz/*Hörtnagl* Rn. 12; ähnlich auch KK-UmwG/*Simon/Rubner* Rn. 22).

Abfindungsangebot im Verschmelzungsplan

122i (1) ¹Unterliegt die übernehmende oder neue Gesellschaft nicht dem deutschen Recht, hat die übertragende Gesellschaft im Verschmelzungsplan oder in seinem Entwurf jedem Anteilsinhaber, der gegen den Verschmelzungsbeschluss der Gesellschaft Widerspruch zur Niederschrift erklärt, den Erwerb seiner Anteile gegen eine angemessene Barabfindung anzubieten. ²Die Vorschriften des Aktiengesetzes über den Erwerb eigener Aktien sowie des Gesetzes betreffend die Gesellschaften mit beschränkter Haftung über den Erwerb eigener Geschäftsanteile gelten entsprechend, jedoch sind § 71 Abs. 4 Satz 2 des Aktiengesetzes und § 33 Abs. 2 Satz 3 zweiter Halbsatz erste Alternative des Gesetzes betreffend die Gesellschaften mit beschränkter Haftung insoweit nicht anzuwenden. ³§ 29 Abs. 1 Satz 4 und 5 sowie Abs. 2 und die §§ 30, 31 und 33 gelten entsprechend.

(2) ¹Die §§ 32 und 34 gelten für die Anteilsinhaber einer übertragenden Gesellschaft nur, sofern die Anteilsinhaber der an der grenzüberschreitenden Verschmelzung beteiligten Gesellschaften, die dem Recht eines anderen Mitgliedstaats der Europäischen Union oder eines anderen Vertragsstaats des Abkommens über den Europäischen Wirtschaftsraum unterliegen, dessen Rechtsvorschriften ein Verfahren zur Abfindung von Minderheitsgesellschaftern nicht vorsehen, im Verschmelzungsbeschluss ausdrücklich zustimmen. ²§ 34 gilt auch für Anteilsinhaber einer übertragenden Gesellschaft, die dem Recht eines anderen Mitgliedstaats der Europäischen Union oder eines anderen Vertragsstaats des Abkommens über den Europäischen Wirtschaftsraum unterliegt, wenn nach dem Recht dieses Staates ein Verfahren zur Abfindung von Minderheitsgesellschaftern vorgesehen ist und deutsche Gerichte für die Durchführung eines solchen Verfahrens international zuständig sind.

Schrifttum: Vgl. die Angaben zu § 122a.

Übersicht

	Rn.
I. Regelungsgegenstand und europarechtliche Vorgaben	1
II. Barabfindungsangebot (Abs. 1)	4
1. Anwendungsbereich und Voraussetzungen	4
2. Praktische Durchführung	6
III. Spruchverfahren (Abs. 2)	10

I. Regelungsgegenstand und europarechtliche Vorgaben

1   Die Vorschrift betrifft mit der Vorgabe, ein Barabfindungsangebot in den Verschmelzungsplan aufzunehmen, einen weiteren **zentralen Regelungsaspekt des Minderheitenschutzes** deutscher Prägung. Für die Inlandssachverhalte der verschmelzungsbedingten Statusveränderung und des Formwechsels folgt dies aus

§ 29 bzw. § 207. Auch im grenzüberschreitenden Zusammenhang ist die gesetzliche Bestimmung eines Barabfindungsangebots zugunsten dissentierender Anteilsinhaber geläufig, etwa bei der Hinausverschmelzung auf eine SE (§ 7 SEAG), der Gründung einer Holding-SE (§ 9 SEAG) oder im Fall der Sitzverlegung der deutschen SE (§ 12 SEAG). Getragen wird die Vorschrift von dem Gedanken, dass kein Anteilsinhaber gezwungen werden soll, die mit einem Wechsel in eine ausländische Rechtsform verbundene Änderung seiner Rechte und Pflichten hinzunehmen (Begr. RegE, BT-Drs. 16/2919, 16). Es handelt sich bei der Ermöglichung des Austritts gegen angemessene Barabfindung um das zweite Standbein des Minderheitenschutzes bei der grenzüberschreitenden Verschmelzung neben der Überprüfung des Umtauschverhältnisses gemäß § 122h.

Mit der Verpflichtung zur Unterbreitung eines Barabfindungsangebots stützt **2** sich der deutsche Gesetzgeber auf die **Ermächtigung in Art. 4 Abs. 2 S. 2 IntVerschmRL**, die den Mitgliedstaaten die Ausgestaltung eines angemessenen Minderheitenschutzes nach ihren Vorstellungen ermöglicht. Die Vorschrift des § 122i weist vielfältige Parallelen zur Regelung in § 122h auf. Hier wie dort ist ein Schutzmechanismus vorgesehen, der zwar einen bewährten Bestandteil des Minderheitenschutzes deutscher Prägung darstellt, der aber in den meisten anderen Mitgliedstaaten unbekannt ist (*Bayer/J. Schmidt* NZG 2006, 841 [844]: in den meisten anderen EWR-Staaten kein Pendant; ähnlich auch *J. Vetter* AG 2006, 613 [621]: deutsche und österreichische Besonderheiten) und überdies die Anteilsinhaber der übertragenden deutschen Gesellschaft einseitig begünstigt (→ § 122h Rn. 2 ff. für die gleichgelagerte Kritik an der Regelung in § 122h). Deshalb greift auch hier zum Schutz der Anteilsinhaber der ausländischen Gesellschaften der Vorbehalt ein, dass ein Spruchverfahren zur Überprüfung der angebotenen Barabfindung nur durchgeführt wird, wenn ein solches auch zugunsten der Anteilsinhaber der ausländischen Gesellschaften eröffnet ist oder die betreffende Gesellschaft der Durchführung ausdrücklich zugestimmt hat (Abs. 2). Damit wird dem Durchführungsvorbehalt in Art. 10 Abs. 3 S. 1 IntVerschmRL Rechnung getragen.

Die Vorschrift ist – zumindest im Rahmen der Verschmelzung börsennotierter **3** Gesellschaften – konzeptionell verfehlt und schmälert die Einsatzmöglichkeiten der deutschen Regeln zur grenzüberschreitenden Verschmelzung von Unternehmen mit einem weiten Gesellschafterkreis ganz erheblich. Zugespitzt formuliert hat der deutsche Gesetzgeber damit für die Hinausverschmelzung einer deutschen Kapitalgesellschaft – gewollt oder ungewollt – geradezu eine Art „Giftpille" *(poison pill)* geschaffen. Es ist das strukturprägende Wesensmerkmal einer Verschmelzung, eine liquiditätsschonende Zusammenführung von Unternehmen zu ermöglichen. Die Verpflichtung zum Barabfindungsangebot an dissentierende Gesellschafter kann aber zu einem signifikanten und vor allem bei Planung der Maßnahme **in seinem Ausmaß nicht absehbaren Liquiditätsabfluss** führen (Kallmeyer/*Marsch-Barner* Rn. 2; *Kiem* WM 2006, 1091 [1098]; *J. Vetter* AG 2006, 613 [623]). Damit wird ein wesentlicher Vorteil der Verschmelzung als Strukturmaßnahme ausgehebelt. Zumindest bei börsennotierten Gesellschaften ist zudem nicht erkennbar, welchem Schutzanliegen die Verpflichtung zur Unterbreitung eines Barabfindungsangebots dienen soll: Der Austritt findet dort typischerweise über die Börse statt; einer gesetzlichen Barabfindung bedarf es nicht (Kallmeyer/*Marsch-Barner* Rn. 2; Lutter/*Bayer* Rn. 6; *Handelsrechtsausschuss des DAV* NZG 2006, 737 [741]; *Bayer/J. Schmidt* NZG 2006, 841 [844]; *dies.* NJW 2006, 401 [406]). Auch der Gedanke einer Abfindung zu einem über dem Börsenkurs liegenden, sog. „inneren" bzw. „wahren" Wert vermag sie nicht zu rechtfertigen (s. zur – vergeblichen – Suche nach dem „inneren" oder „wahren" Wert die Grundsatzkritik bei *Stilz* FS Goette, 2011, 543 ff.). Um die geringe Planbarkeit der Annahme des gesetzlichen Barabfindungsangebots durch die

Anteilsinhaber zu kompensieren, wird in der Praxis nicht selten erwogen, vor der Durchführung einer grenzüberschreitenden Verschmelzung größerer börsennotierter Gesellschaften den Aktionären der übertragenden Gesellschaft ein freiwilliges Erwerbsangebot zu unterbreiten (*Kiem* WM 2006, 1091 [1098]).

II. Barabfindungsangebot (Abs. 1)

4 **1. Anwendungsbereich und Voraussetzungen.** Ein Barabfindungsangebot ist nach § 122i den Anteilsinhabern der inländischen übertragenden Gesellschaft (zu Recht kritisch zur Beschränkung auf die Anteilsinhaber der übertragenden Gesellschaft LHT/*Bayer* Rn. 5) zu unterbreiten, wenn die **übernehmende** oder die im Zuge der Verschmelzung **neu gegründete Gesellschaft nicht dem deutschen Recht unterliegt** (Fall der **Hinausverschmelzung**). Die Vorschrift verdrängt als *lex specialis* insoweit die allgemeinere Bestimmung des § 29 (Lutter/*Bayer* Rn. 7; HK-UmwG/*Becker* Rn. 8). Dies gilt indessen nicht im Fall der grenzüberschreitenden Hineinverschmelzung: § 122i greift hier tatbestandlich nicht ein; § 29 wird somit nicht verdrängt, sondern findet als lex generalis über § 122a Abs. 2 Anwendung (ausführlich Lutter/*Bayer* Rn. 8; *Frenzel* Grenzüberschreitende Verschmelzung S. 346; zustimmend Semler/Stengel/*Drinhausen* Rn. 2; Kallmeyer/*Marsch-Barner* Rn. 4; KK-UmwG/*Simon/Rubner* Rn. 5; Schmitt/Hörtnagl/Stratz/*Hörtnagl* Rn. 5).

5 Das Barabfindungsangebot steht nur denjenigen Anteilsinhabern der übertragenden Gesellschaft offen, die gegen den Verschmelzungsbeschluss **Widerspruch zur Niederschrift** erklärt haben. Das entspricht der Rechtslage bei § 29 (s. nur Lutter/*Grunewald* § 29 Rn. 11 ff.). Der Widerspruch ist bei dem die Anteilsinhaberversammlung beurkundenden Notar zu Protokoll zu geben. Einer Begründung bedarf der Widerspruch nicht (Hüffer/*Koch* AktG § 245 Rn. 14). Allerdings setzt ein wirksamer Widerspruch voraus, dass der Anteilsinhaber zuvor gegen den Verschmelzungsbeschluss gestimmt hat (so wohl auch Lutter/*Bayer* Rn. 9 mit nicht ganz klarer Unterscheidung zwischen Widerspruchserfordernis und Stimmabgabe gegen den Verschmelzungsbeschluss; aA Semler/Stengel/*Drinhausen* Rn. 5; wohl auch Widmann/Mayer/*Vossius* Rn. 11 f.). Dies entspricht der hM zu § 29 (Lutter/*Grunewald* § 29 Rn. 11; Schmitt/Hörtnagl/Stratz/*Stratz* § 29 Rn. 15 f.; Widmann/Mayer/*Wälzholz* § 29 Rn. 30; aA Kallmeyer/*Marsch-Barner* § 29 Rn. 13; nunmehr offen lassend Lutter/*Decher* § 207 Rn. 8 f.) und zu § 7 SEAG (LHT/*Bayer* SE-VO Art. 24 Rn. 27, 49). Nur so ist gewährleistet, dass sich der Liquiditätsabfluss in Grenzen hält. Im Fall des § 122i Abs. 1 S. 3 iVm § 29 Abs. 2 ist ein Widerspruch entbehrlich.

6 **2. Praktische Durchführung.** Das Barabfindungsangebot muss im **Verschmelzungsplan** oder in seinem **Entwurf** enthalten sein. Im Fall der Hinausverschmelzung gehört das Barabfindungsangebot mithin zum gesetzlichen Mindestinhalt (KK-UmwG/*Simon/Rubner* Rn. 8; der Meinungsstreit um die Zulässigkeit der Erweiterung des Mindestkatalogs des Art. 5 IntVerschmRL, s. dazu Semler/Stengel/*Drinhausen* Rn. 6 mwN, ist rein akademischer Natur). Ist die übertragende deutsche Gesellschaft eine AG bzw. KGaA oder SE, so ist das Barabfindungsangebot gemäß § 124 Abs. 2 S. 2 AktG zusammen mit der Tagesordnung **im vollen Wortlaut bekanntzumachen** (§ 122i Abs. 1 S. 3 iVm § 29 Abs. 1 S. 4; s. Kallmeyer/*Marsch-Barner* Rn. 3; KK-UmwG/*Simon/Rubner* Rn. 9; vgl. zu § 29 Lutter/*Grunewald* § 29 Rn. 20). Hat die übertragende Gesellschaft die Rechtsform der GmbH, so erfolgt die Bekanntmachung des Barabfindungsangebots im Wortlaut über die Zusendung des Verschmelzungsplans bzw. des Entwurfs an die Anteilsinhaber (vgl. zur Rechtslage bei § 29 Lutter/*Grunewald* § 29 Rn. 20). Einer Bekanntmachung gemäß § 122d bedarf es in keinem

Fall (KK-UmwG/*Simon/Rubner* Rn. 9; inzwischen auch Schmitt/Hörtnagl/Stratz/*Hörtnagl* Rn. 11).

Die angebotene Barabfindung muss **angemessen** sein. Dabei ist auf die Ver- **7** hältnisse der übertragenden Gesellschaft zum Zeitpunkt der Beschlussfassung über die Verschmelzung abzustellen (§ 122i Abs. 1 S. 3 iVm § 30 Abs. 1 S. 1). Für die Frage der Angemessenheit gelten die allgemeinen, für die Abfindungsbewertung entwickelten Grundsätze (s. nur Hüffer/*Koch* AktG § 305 Rn. 21 ff.). In praktischer Hinsicht bedeutet dies, dass nicht ohne Weiteres auf die Ergebnisse der Unternehmensbewertung, die zur Herleitung des Umtauschverhältnisses durchgeführt wurde, zurückgegriffen werden kann. Bei der Ermittlung der Verschmelzungswertrelation sind im grenzüberschreitenden Kontext Besonderheiten zu beachten (*Kiem* ZGR 2007, 542 [559 ff.]). Die in Deutschland gebräuchlichen Bewertungsmethoden sind hierfür nur bedingt geeignet (→ § 122c Rn. 24; *Kiem* ZGR 2007, 542 [561 f.]). Für die Ermittlung der angemessenen Barabfindung sind indessen nur die Verhältnisse der betreffenden Gesellschaft von Bedeutung, so dass hier die für Inlandssachverhalte gültigen Regeln Anwendung finden. Soweit nicht gemäß § 9 Abs. 3 iVm § 8 Abs. 3 entbehrlich, ist die Angemessenheit der Barabfindung im Rahmen der Verschmelzungsprüfung durch die Verschmelzungsprüfer zu überprüfen (§ 122i Abs. 1 S. 3 iVm § 30 Abs. 2).

Schuldner der Barabfindung ist, anders als im Fall des § 29, die übertragen- **8** de inländische Gesellschaft (§ 122i Abs. 1 S. 1). Da diese Verpflichtung mit dem Wirksamwerden der Verschmelzung auf die übernehmende ausländische Gesellschaft übergeht, ist letztlich diese aus dem Barabfindungsangebot verpflichtet (so auch die Vorstellung des Gesetzgebers, s. Begr. RegE, BT-Drs. 16/2919, 16; vgl. ferner Lutter/*Bayer* Rn. 15; KK-UmwG/*Simon/Rubner* Rn. 6). Insofern ist auch die Verweisung auf die deutschen Regelungen zum Erwerb eigener Anteile in Abs. 1 S. 2 gesetzestechnisch verfehlt (ähnlich Kallmeyer/*Marsch-Barner* Rn. 5; KK-UmwG/*Simon/Rubner* Rn. 7; *J. Vetter* AG 2006, 613 [623 f.]; kritisch auch *H.-F. Müller* Der Konzern 2007, 81 [87]). Eigene Anteile aufgrund der Annahme des Barabfindungsangebots entstehen erst nach dem Wirksamwerden der Verschmelzung (anders Semler/Stengel/*Drinhausen* Rn. 9 und Schmitt/Hörtnagl/Stratz/*Hörtnagl* Rn. 13, die beide davon ausgehen, dass das Barabfindungsangebot bereits vor dem Wirksamwerden der Verschmelzung angenommen werden kann). Zu diesem Zeitpunkt besteht die übertragende deutsche Gesellschaft jedoch schon nicht mehr. Auf die übernehmende ausländische Gesellschaft sind die deutschen Regelungen zum Erwerb eigener Anteile indes nicht anwendbar; sie unterliegt den Kapitalerhaltungsregeln des betreffenden ausländischen Rechts (insoweit zutreffend Semler/Stengel/*Drinhausen* Rn. 8 und Schmitt/Hörtnagl/Stratz/*Hörtnagl* Rn. 9; ferner Kallmeyer/*Marsch-Barner* Rn. 5; KK-UmwG/*Simon/Rubner* Rn. 7; aA Lutter/*Bayer* Rn. 18; *Frenzel* Grenzüberschreitende Verschmelzung S. 349 f.; differenzierend *Beutel* Rahmen grenzüberschreitender Verschmelzungen S. 273 f., der die Anwendung deutscher Regelungen zum Erwerb eigener Anteile für den Fall ablehnt, dass das ausländische Recht den Erwerb eigener Anteile im konkreten Fall in ausreichendem Maß zulässt).

Für die **Annahme des Barabfindungsangebots** gilt eine zweimonatige Aus- **9** schlussfrist, innerhalb der das Angebot anzunehmen ist. Die Frist beginnt mit der Bekanntmachung der Eintragung der Verschmelzung in das Register am Sitz der übernehmenden Gesellschaft (§ 122i Abs. 1 S. 3 iVm § 31 S. 1; s. Semler/Stengel/*Drinhausen* Rn. 9; Kallmeyer/*Marsch-Barner* Rn. 5; im Einzelnen so wohl auch Lutter/*Bayer* Rn. 17, da auch der in Bezug genommene § 7 Abs. 4 S. 1 SEAG auf die Bekanntmachung der Eintragung der Verschmelzung abstellt, ohne dass es darauf ankäme, ob mit der Eintragung die Verschmelzung wirksam wird; s. dazu Semler/Stengel/*Drinhausen* Rn. 9 Fn. 18). Mit dieser Eintragung wird regelmäßig die Verschmelzung wirksam geworden sein, wobei das für die übernehmende Gesellschaft maßgebliche Recht auch einen früheren Zeitpunkt bestimmen kann, wie sich aus Art. 12 IntVerschmRL ergibt (→ § 122l Rn. 18; vgl. dazu zB Semler/Stengel/*Drinhausen* Rn. 9). Für dieses Ergebnis bedarf es keines Rückgriffs auf § 7 Abs. 4 S. 1 SEAG (so aber Lutter/*Bayer* Rn. 17); es ergibt sich bereits aus der zutreffenden Lesart des Verweises in § 31 S. 1 auf § 19 Abs. 3 (zutreffend Semler/Stengel/*Drinhausen* Rn. 9). Das Barabfindungsangebot kann erst **nach dem Wirksamwerden der Verschmelzung** angenommen werden (Kallmeyer/*Marsch-Barner* Rn. 5; KK-UmwG/*Simon*/*Rubner* Rn. 6 Fn. 6; *J. Vetter* AG 2006, 613 [623]; im Einzelnen ebenso *H.-F. Müller* Der Konzern 2007, 81 [86], wonach der Abfindungsanspruch mit Annahme des Angebots aufschiebend bedingt auf die Eintragung entsteht und erst danach geltend gemacht werden kann). Die Gegenauffassung, die eine Abwicklung des Barabfindungsangebots vor dem Wirksamwerden der Verschmelzung durch die übertragende inländische Gesellschaft zulassen will (Schmitt/Hörtnagl/Stratz/*Hörtnagl* Rn. 13; Semler/Stengel/*Drinhausen* Rn. 9), übersieht, dass die Privilegierung für den Rückerwerb eigener Anteile in § 122i Abs. 1 S. 2 tatbestandlich das Vorliegen einer Verschmelzung voraussetzt. Dies ist aber erst mit ihrem Wirksamwerden der Fall.

III. Spruchverfahren (Abs. 2)

10   Abs. 2 knüpft die Durchführung eines Spruchverfahrens **zur Überprüfung der Angemessenheit der Barabfindung** an dieselben Voraussetzungen wie § 122h Abs. 1 an die gerichtliche Überprüfung des Umtauschverhältnisses: Entweder steht den Anteilsinhabern der anderen an der Verschmelzung beteiligten Gesellschaften ein vergleichbares Verfahren zur Verfügung oder die Anteilsinhaber der anderen Gesellschaften haben der Durchführung des Spruchverfahrens zugestimmt. Beide Bestimmungen gehen auf Art. 10 Abs. 3 IntVerschmRL zurück. Wegen der Einzelheiten kann auf die Kommentierung zu § 122h verwiesen werden (→ § 122h Rn. 6 ff.). Ist die Durchführung eines Spruchverfahrens für die Anteilsinhaber der übertragenden inländischen Gesellschaft nicht eröffnet, kann eine zu niedrige Bemessung des Barabfindungsangebots nur im Wege der Anfechtungsklage gerügt werden. Der Klageausschluss gemäß § 32 greift in diesem Fall nicht ein.

11   Die Regelung in Abs. 2 S. 2 hat ihre Parallele in § 122h Abs. 2. Damit wird das **Spruchverfahren** vor deutschen Gerichten auch **für die Anteilsinhaber einer übertragenden ausländischen Gesellschaft** geöffnet. Dies setzt voraus, dass die Anteilsinhaber nach dem Recht, dem ihre Gesellschaft unterliegt, einen Anspruch auf eine angemessene Barabfindung haben. Außerdem müssen die deutschen Gerichte international zuständig sein. Im Übrigen kann auf die Kommentierung zu § 122h Abs. 2 verwiesen werden (→ § 122h Rn. 11).

Schutz der Gläubiger der übertragenden Gesellschaft

122j (1) ¹Unterliegt die übernehmende oder neue Gesellschaft nicht dem deutschen Recht, ist den Gläubigern einer übertragenden Gesellschaft Sicherheit zu leisten, soweit sie nicht Befriedigung verlangen können. ²Dieses Recht steht den Gläubigern jedoch nur zu, wenn sie binnen zwei Monaten nach dem Tag, an dem der Verschmelzungsplan oder sein Entwurf bekannt gemacht worden ist, ihren Anspruch nach Grund und Höhe schriftlich anmelden und glaubhaft machen, dass durch die Verschmelzung die Erfüllung ihrer Forderung gefährdet wird.

(2) **Das Recht auf Sicherheitsleistung nach Absatz 1 steht Gläubigern nur im Hinblick auf solche Forderungen zu, die vor oder bis zu 15 Tage nach Bekanntmachung des Verschmelzungsplans oder seines Entwurfs entstanden sind.**

Schrifttum: Speziell zum Gläubigerschutz: *Bayer/J. Schmidt,* Gläubigerschutz bei (grenz-überschreitenden) Verschmelzungen, ZIP 2016, 841; *Grunewald,* Der Gläubigerschutz bei grenzüberschreitenden Verschmelzungen nach dem Entwurf eines zweiten Gesetzes zur Änderung des UmwG, Der Konzern 2007, 106; *Passarge/Stark,* Gläubigerschutz bei grenz-überschreitenden Verschmelzungen nach dem Zweiten Gesetz zur Änderung des Umwandlungsgesetzes, GmbHR 2007, 803. Im Übrigen vgl. die Angaben zu § 122a.

Übersicht

	Rn.
I. Allgemeines	1
1. Regelungsgegenstand	1
2. Kritik	3
II. Anspruch auf Sicherheitsleistung	6
1. Persönlicher und sachlicher Anwendungsbereich	6
2. Anspruchsvoraussetzungen	7
3. Art und Höhe der Sicherheit	14

I. Allgemeines

1. Regelungsgegenstand. Die Regelung dient dem **Gläubigerschutz bei** 1 **der grenzüberschreitenden Verschmelzung.** Konzeptionell lehnt sie sich an § 22 als der für die Inlandsverschmelzung maßgeblichen Gläubigerschutzbestimmung an (Begr. RegE, BT-Drs. 16/2919, 17). Sie weicht dabei allerdings von deren Schutzkonzept ab, indem sie den Schutz auf das Vorfeld der Verschmelzung erstreckt. Sie deckt überdies auch nur einen **Teilaspekt des Gläubigerschutzes** bei der grenzüberschreitenden Verschmelzung ab, da sie nur den Schutz der Gläubiger der übertragenden inländischen Gesellschaft betrifft, die auf eine nicht dem deutschen Recht unterliegende übernehmende oder neue Gesellschaft verschmolzen wird (→ Rn. 6).

Vorbild der Bestimmung ist die Regelung in § 13 SEAG. Die Vorschrift ist im 2 **Zusammenhang mit § 122k Abs. 1 S. 3** zu sehen, wonach die Vertretungsorgane der übertragenden inländischen Gesellschaft bei Anmeldung der Verschmelzung zu erklären haben, dass allen Gläubigern, die gemäß § 122j einen Anspruch auf Sicherheitsleistung haben, eine angemessene Sicherheit geleistet wurde. Diese Versicherung ist gemäß § 314a strafbewehrt. Im Ergebnis ist damit sichergestellt, dass – eine wahrheitsgemäße Erklärung der Vertretungsorgane unterstellt – eine Verschmelzung nur vollzogen werden kann, wenn die Rechte der Gläubiger gemäß § 122j gewahrt sind (Lutter/*Bayer* Rn. 2: Regelung bewirkt faktisch eine Eintragungssperre).

2. Kritik. Die Bestimmung ist rechtspolitischer Kritik ausgesetzt gewesen 3 (Kallmeyer/*Marsch-Barner* Rn. 2; *Handelsrechtsausschuss des DAV* NZG 2006, 737 [742]; *Bayer/J. Schmidt* NZG 2006, 841 [843]; *Grunewald* Der Konzern 2007, 106 [107]: Vorschrift bereitet Boden für räuberische Gläubiger; ähnlich Widmann/ Mayer/*Vossius* Rn. 11; *Louven* ZIP 2006, 2021 [2028]). Außerdem wird ihre Richtlinienkonformität angezweifelt (Lutter/*Bayer* Rn. 5 f.; Kallmeyer/*Marsch-Barner* Rn. 3; Semler/Stengel/*Drinhausen* Rn. 3 Fn. 5; Widmann/Mayer/*Vossius* Rn. 7 ff.; *Bayer/J. Schmidt* NZG 2006, 841 [843]; *dies.* NJW 2006, 401 [405]; *Drinhausen/Keinath* BB 2006, 725 [732]; *Grunewald* Der Konzern 2007, 106 [107]). Die geltend gemachten Bedenken greifen im Ergebnis nicht durch: Die

Vorschrift ist **rechtspolitisch vernünftig** und in jeder Hinsicht **richtlinienkonform.** Es lässt sich nicht ernsthaft bestreiten, dass eine Rechtsdurchsetzung im Ausland mit größeren Mühen verbunden ist als dies bei einer solchen im Inland der Fall wäre. Man mag diese Erschwernis unterschiedlich gewichten, negieren kann man sie nicht. Der Verlust dieses natürlichen „Heimvorteils" durch die Hinausverschmelzung des Schuldners wird dem Gläubiger ohne sein Zutun aufgezwungen. Eine Einwirkungsmöglichkeit des Gläubigers stünde auch nicht im Einklang mit dem Willen des Richtliniengebers, grenzüberschreitende Verschmelzungen zu erleichtern (deutlich angesprochen im 3. Erwägungsgrund der IntVerschmRL). Es ist also sachgerecht, die Ermöglichung der grenzüberschreitenden Verschmelzung mit einem effektiven Gläubigerschutz zu verbinden. Dieser ist gewissermaßen der Preis dafür, die Verschmelzung *ohne* Gläubigereinwirkung durchführen zu können.

4   Die Vorschrift ist auch richtlinienkonform. Zwar stützt der Wortlaut des Art. 4 Abs. 2 S. 1 IntVerschmRL nicht die Interpretation des Gesetzgebers, wonach bei der Anwendung der nationalen Gläubigerschutzbestimmungen der grenzüberschreitende Charakter der Verschmelzung zu berücksichtigen sei (Begr. RegE, BT-Drs. 16/2919, 17). Aber Art. 4 Abs. 2 S. 1 IntVerschmRL verlangt keineswegs eine unterschiedslose Anwendung der für die Inlandsverschmelzung geltenden Gläubigerschutzregeln auf die grenzüberschreitende Verschmelzung. Vielmehr gesteht die Richtlinie insoweit den Mitgliedstaaten Gestaltungsfreiraum zu, wie sich nicht zuletzt aus deren 3. Erwägungsgrund ergibt (*Passarge/Stark* GmbHR 2007, 803 [804 f.]; *H.-F. Müller* NZG 2006, 286 [289]; im Einzelnen auch KK-UmwG/*Simon/Rubner* Rn. 18; *Krause/Kulpa* ZHR 171 [2007], 38 [75]). An den dort als Bewertungsmaßstab benannten europäischen Grundfreiheiten kann sich die Regelung in § 122j aber ohne Weiteres messen lassen (*Passarge/Stark* GmbHR 2007, 803 [805 f.]; das wird auch eingeräumt von *Grunewald* Der Konzern 2007, 106 [107]).

5   Erneute Beschäftigung hat die Frage der Europarechtskonformität der Norm jüngst in Folge des Urteils des EuGH in der Rechtssache **KA Finanz** (EuGH NZG 2016, 513) gefunden (*Bayer/J. Schmidt* ZIP 2016, 841). In dieser hat der EuGH auf Vorlage des österreichischen OGH zu Fragen des anwendbaren Rechts bei grenzüberschreitenden Verschmelzungen und zum Gläubigerschutz bei diesen Stellung bezogen. Hierbei wird für eine vermeintliche Europarechtswidrigkeit des § 122j insbesondere die Aussage des EuGH ins Feld geführt, wonach „[...] für eine an einer grenzüberschreitenden Verschmelzung beteiligten Gesellschaft, was den Schutz ihrer Gläubiger angeht, weiterhin die Vorschriften und Formalitäten des innerstaatlichen Rechts gelten, das im Rahmen einer innerstaatlichen Verschmelzung anwendbar wäre." (EuGH NZG 2016, 513 Rn. 60). Allerdings betraf weder die konkrete Vorlagefrage, noch der zugrunde liegende Sachverhalt die Konstellation einer abweichenden Regelung des Gläubigerschutzes für innerstaatliche und grenzüberschreitende Verschmelzungen. Die Vorlagefrage des OGH bezog sich lediglich auf das generell im Hinblick auf den Gläubigerschutz anwendbare nationale Recht bei einer grenzüberschreitenden Verschmelzung. Den Aussagen des EuGH kann für die Frage der Richtlinienkonformität nichts entnommen werden (so auch *Stiegler* EuZW 2016, 339 [343]).

II. Anspruch auf Sicherheitsleistung

6   **1. Persönlicher und sachlicher Anwendungsbereich.** Eröffnet ist der persönliche Anwendungsbereich für die Gläubiger einer **inländischen übertragenden Gesellschaft.** Der Schutz der Gläubiger der inländischen übernehmenden Gesellschaft richtet sich bei einer grenzüberschreitenden Verschmelzung nach den §§ 122a, 22 (Lutter/*Bayer* Rn. 7; Semler/Stengel/*Drinhausen* Rn. 4; Wid-

mann/Mayer/*Vossius* Rn. 14). In sachlicher Hinsicht erfasst die Bestimmung nur den Sachverhalt der **Hinausverschmelzung.** Das ist der Fall, wenn die übernehmende oder neue Gesellschaft nicht dem deutschen Recht unterliegt. Welchem Recht die Gesellschaft unterliegt, richtet sich im EU/EWR-Kontext nach der europarechtlichen Gründungstheorie (→ Vor §§ 122a ff. Rn. 10). Danach entscheidet das Gesellschaftsstatut. Der schablonenhafte Zuschnitt des Anwendungsbereichs der Vorschrift in S. 1 führt dazu, dass übernehmende bzw. neu gegründete **Scheinauslandsgesellschaften** (also solche mit Satzungssitz im Ausland und tatsächlichem Verwaltungssitz im Inland) unter die Regelung fallen, obwohl sie im Inland verklagt werden können, während übernehmende bzw. neu gegründete Scheininlandsgesellschaften (also solche mit Satzungssitz im Inland und tatsächlichem Verwaltungssitz im Ausland) von der Bestimmung nicht erfasst werden, obwohl diese im Ausland verklagt werden müssten (instruktiv Lutter/ *Bayer* Rn. 8 ff.; s. auch Widmann/Mayer/*Vossius* Rn. 15 ff.). Dieses Ergebnis ist indessen als gesetzgeberische Entscheidung zu akzeptieren (Kallmeyer/*Marsch-Barner* Rn. 4; Schmitt/Hörtnagl/Stratz/*Hörtnagl* Rn. 4; für den Fall der Scheinauslandsgesellschaft ebenso KK-UmwG/*Simon/Rubner* Rn. 4); eine sinnstiftende Korrektur ist nicht angezeigt (aA Widmann/Mayer/*Vossius* Rn. 17 ff.: Korrektur durch europarechtskonforme Auslegung; Lutter/*Bayer* Rn. 9 f.: teleologische Reduktion lediglich im Fall der Scheinauslandsgesellschaft). Sind an einer grenzüberschreitenden Verschmelzung auf eine deutsche übernehmende Gesellschaft weitere inländische Gesellschaften als übertragende beteiligt, finden auch insoweit die §§ 122a, 22 Anwendung (Kallmeyer/*Marsch-Barner* Rn. 4). Indessen regelt sich der Schutz der Gläubiger einer ausländischen übertragenden Gesellschaft auf eine deutsche übernehmende Gesellschaft nicht nach den §§ 122a, 22, sondern nach dem einschlägigen ausländischen Recht (Widmann/Mayer/*Vossius* Rn. 14; *Passarge/Stark* GmbHR 2007, 803 [804]; aA Schmitt/Hörtnagl/Stratz/*Hörtnagl* Rn. 10).

2. Anspruchsvoraussetzungen. Der Anspruch auf Sicherheitsleistung setzt **7** zunächst eine **fristwahrende Anmeldung** durch den Gläubiger voraus. Die Anmeldefrist von zwei Monaten beginnt an dem Tag nach der Bekanntmachung des Verschmelzungsplans bzw. seines Entwurfs gemäß § 122d (inzwischen auch Lutter/*Bayer* Rn. 13; abweichend Semler/Stengel/*Drinhausen* Rn. 8: Fristbeginn am Tag der Bekanntmachung). Eine Anmeldung bereits vor Beginn der Frist ist zulässig (Semler/Stengel/*Drinhausen* Rn. 8; Kallmeyer/*Marsch-Barner* Rn. 5; Lutter/*Bayer* Rn. 13). Die Anmeldefrist ist eine materiell-rechtliche **Ausschlussfrist** (Lutter/*Bayer* Rn. 13; Kallmeyer/*Marsch-Barner* Rn. 5; Schmitt/Hörtnagl/Stratz/ *Hörtnagl* Rn. 7; Widmann/Mayer/*Vossius* Rn. 22); wird sie versäumt, entfällt der Anspruch auf Sicherheitsleistung. Die Anmeldung muss in Schriftform bei der übertragenden Gesellschaft erfolgen. In der Anmeldung ist neben der Benennung von Gläubiger und Schuldner der Anspruch dem Grunde und der Höhe nach genau zu bezeichnen (Widmann/Mayer/*Vossius* Rn. 26).

Voraussetzung ist weiter, dass der zu sichernde **Anspruch des Gläubigers** vor **8** oder bis zu 15 Tage nach Bekanntmachung des Verschmelzungsplans oder seines Entwurfs **entstanden** ist (zum Entstehen der Forderung ausführlich Widmann/ Mayer/*Vossius* § 22 Rn. 19 ff.). Die 15-Tage-Frist beginnt mit der Bekanntmachung gemäß § 122d. Der Anspruch darf nicht zum Zeitpunkt der Anmeldung bereits fällig sein oder während der Anmeldefrist fällig werden (Schmitt/ Hörtnagl/Stratz/*Hörtnagl* Rn. 5). Aus der Anmeldung müssen sich Anspruchsentstehung und die fehlende Anspruchsfälligkeit nachvollziehbar ergeben.

Schließlich hat der Gläubiger glaubhaft zu machen, dass durch die Verschmel- **9** zung die Erfüllung der Forderung gefährdet wird. An die Glaubhaftmachung sind mildere Anforderungen zu stellen als an den Nachweis des zu sichernden Anspruchs (vgl. dazu im Einzelnen Lutter/*Grunewald* § 22 Rn. 15 ff.; Schmitt/ Hörtnagl/Stratz/*Stratz* § 22 Rn. 13). Erforderlich ist die Glaubhaftmachung einer **konkreten verschmelzungsbedingten Gefährdungslage** (Begr. RegE, BT-Drs. 16/2919, 17; Semler/Stengel/*Drinhausen* Rn. 9; Lutter/*Bayer* Rn. 14; Kallmeyer/*Marsch-Barner* Rn. 7). Zu unterscheiden sind dabei im Wesentlichen zwei Fallkategorien der Erfüllungsgefährdung: die Verschlechterung des Zugriffs auf das Vermögen des Schuldners und die erschwerte Rechtsdurchsetzung (herausgearbeitet bei *Passarge/Stark* GmbHR 2007, 803 [807 ff.]).

10   Eine verschmelzungsbedingte **Verschlechterung des Vermögenszugriffs** kann sich durch die Verschmelzung der Schuldnergesellschaft mit einer Gesellschaft mit deutlich schlechteren Bilanzrelationen ergeben (Lutter/*Bayer* Rn. 14; Kallmeyer/*Marsch-Barner* Rn. 7). Demgegenüber rechtfertigt die häufig bemühte Vermögensverlagerung ins Ausland (im Anschluss an die Gesetzesbegründung zu § 13 SEAG, BT-Drs. 15/3405, 35, die auf eine *bedeutende* Vermögensverlagerung abstellt, zB Semler/Stengel/*Drinhausen* Rn. 9 sowie Kallmeyer/*Marsch-Barner* Rn. 7) nicht die Annahme einer Erfüllungsgefährdung im Sinne der Vorschrift. Denn damit verwirklicht sich kein verschmelzungsspezifisches Risiko, da das Vermögen auch ohne Durchführung einer Verschmelzung ins Ausland verlagert werden kann (zutreffend *Passarge/Stark* GmbHR 2007, 803 [807]).

11   Richtigerweise kann auch eine **erschwerte Rechtsdurchsetzung** eine Erfüllungsgefährdung begründen (*Passarge/Stark* GmbHR 2007, 803 [807 ff.]). Entgegen einer weit verbreiteten Ansicht (Widmann/Mayer/*Vossius* Rn. 32; Semler/ Stengel/*Drinhausen* Rn. 9; Schmitt/Hörtnagl/Stratz/*Hörtnagl* Rn. 8; *Frenzel* Grenzüberschreitende Verschmelzung S. 362 f.) ist von einer erschwerten Rechtsdurchsetzung bereits dann auszugehen, wenn der Gläubiger infolge der Hinausverschmelzung der Schuldnergesellschaft gezwungen ist, seine Forderung künftig im Ausland einzuklagen. Auf weitere Erschwernisse, wie eine längere Prozessdauer (Widmann/Mayer/*Vossius* Rn. 32; Kallmeyer/*Marsch-Barner* Rn. 7) oder eine vom deutschen Recht abweichende Kostentragungsregel (Widmann/Mayer/*Vossius* Rn. 32), kommt es nicht mehr an. Daran ändert auch das Bestehen der Brüssel Ia-VO (früher EuGVVO) nichts (darauf abstellend aber Schmitt/Hörtnagl/Stratz/ *Hörtnagl* Rn. 8; Widmann/Mayer/*Vossius* Rn. 32). Anders zu beurteilen ist der Umstand, dass infolge der Hinausverschmelzung ein deutscher Titel möglicherweise künftig im Ausland zu vollstrecken ist. Darin ist keine verschmelzungsbedingte Erschwernis der Rechtsdurchsetzung zu sehen (so auch Lutter/*Bayer* Rn. 14). Hier greift dieselbe Erwägung wie bei der Verlagerung von Vermögensteilen ins Ausland: Einer solchen Situation kann ein Gläubiger auch ausgesetzt sein, ohne dass eine grenzüberschreitende Verschmelzung durchgeführt wird.

12   Den an der Verschmelzung beteiligten Gesellschaften steht es frei, durch die Begründung eines **freiwilligen Gerichtsstands im Inland** eine Erfüllungsgefährdung auszuräumen und damit eine Sicherheitsleistung abzuwenden, falls nicht ohnehin ein Gerichtsstand aufgrund der Brüssel Ia-VO im Inland verbleibt (in Betracht kommt der Gerichtsstand des Erfüllungsorts gemäß Art. 7 Nr. 1 Brüssel Ia-VO, früher Art. 5 Nr. 1 EuGVVO, oder der Zweigniederlassung gemäß Art. 7 Nr. 5 Brüssel Ia-VO, früher Art. 5 Nr. 5 EuGVVO, s. dazu *Passarge/Stark* GmbHR 2007, 803 [808 f.]). Damit sind die Gläubiger der übertragenden inländischen Gesellschaft so gestellt, wie sie im Hinblick auf die klageweise Durchsetzung ihrer Ansprüche ohne die Durchführung der grenzüberschreitenden Verschmelzung gestellt wären. Für die Begründung eines Gerichtsstands im Inland kommt eine Erklärung der übernehmenden Gesellschaft im Verschmelzungsplan in Betracht, auf die sich ein Gläubiger bei der Klageerhebung vor Inlandsgerichten berufen kann.

13   Der § 122j enthält **keinen gesetzlichen Ausschlussgrund** wie § 22 Abs. 2, wonach ein Anspruch auf Sicherheitsleistung nicht besteht, wenn Gläubiger im

Insolvenzfall Anspruch auf vorzugsweise Befriedigung aus einer zu ihrem Schutz eingerichteten und staatlich überwachten Deckungsmasse haben. Vor dem Hintergrund der Schutzrichtung des § 122j, die den Gläubiger nicht nur vor einem erschwerten Vermögenszugriff, sondern auch vor einer erschwerten Rechtsdurchsetzung schützen will (→ Rn. 9, 10), ist das auch nur folgerichtig. Abzulehnen ist daher die Ansicht, die § 22 Abs. 2 über die allgemeine Verweisungsnorm in § 122a Abs. 2 ergänzend auch im Rahmen des § 122j anwenden will (so Lutter/*Bayer* Rn. 18; *Frenzel* Grenzüberschreitende Verschmelzung S. 365 f.; richtigerweise ablehnend Semler/Stengel/*Drinhausen* Rn. 14; Kallmeyer/*Marsch-Barner* Rn. 6; KK-UmwG/*Simon/Rubner* Rn. 14).

3. Art und Höhe der Sicherheit. Art und Höhe der zu leistenden Sicherheit **14** ergeben sich wie bei der Inlandsverschmelzung aus §§ 232 ff. BGB (zu den Einzelheiten Lutter/*Grunewald* § 22 Rn. 27). Schuldner der Sicherheitsleistung ist die übertragende inländische Gesellschaft, die auch die Schuldnerin der zu sichernden Forderung ist.

Verschmelzungsbescheinigung

122k (1) ¹**Das Vertretungsorgan einer übertragenden Gesellschaft hat das Vorliegen der sie betreffenden Voraussetzungen für die grenzüberschreitende Verschmelzung zur Eintragung bei dem Register des Sitzes der Gesellschaft anzumelden. ²§ 16 Abs. 2 und 3 und § 17 gelten entsprechend. ³Die Mitglieder des Vertretungsorgans haben eine Versicherung abzugeben, dass allen Gläubigern, die nach § 122j einen Anspruch auf Sicherheitsleistung haben, eine angemessene Sicherheit geleistet wurde.**

(2) ¹**Das Gericht prüft, ob für die Gesellschaft die Voraussetzungen für die grenzüberschreitende Verschmelzung vorliegen, und stellt hierüber unverzüglich eine Bescheinigung (Verschmelzungsbescheinigung) aus. ²Als Verschmelzungsbescheinigung gilt die Nachricht über die Eintragung der Verschmelzung im Register. ³Die Eintragung ist mit dem Vermerk zu versehen, dass die grenzüberschreitende Verschmelzung unter den Voraussetzungen des Rechts des Staates, dem die übernehmende oder neue Gesellschaft unterliegt, wirksam wird. ⁴Die Verschmelzungsbescheinigung darf nur ausgestellt werden, wenn eine Versicherung nach Absatz 1 Satz 3 vorliegt. ⁵Ist ein Spruchverfahren anhängig, ist dies in der Verschmelzungsbescheinigung anzugeben.**

(3) **Das Vertretungsorgan der Gesellschaft hat die Verschmelzungsbescheinigung innerhalb von sechs Monaten nach ihrer Ausstellung zusammen mit dem Verschmelzungsplan der zuständigen Stelle des Staates vorzulegen, dessen Recht die übernehmende oder neue Gesellschaft unterliegt.**

(4) **Nach Eingang einer Mitteilung des Registers, in dem die übernehmende oder neue Gesellschaft eingetragen ist, über das Wirksamwerden der Verschmelzung hat das Gericht des Sitzes der übertragenden Gesellschaft den Tag des Wirksamwerdens zu vermerken und die bei ihm aufbewahrten elektronischen Dokumente diesem Register zu übermitteln.**

Schrifttum: Vgl. die Angaben zu § 122a.

Kiem

Übersicht

Rn.

I. Regelungsgegenstand und europarechtliche Vorgaben 1
II. Anmeldung 4
   1. Anmeldeberechtigung und zuständiges Gericht 4
   2. Inhalt der Anmeldung und beizufügende Unterlagen 5
III. Prüfung durch das Registergericht 11
IV. Verschmelzungsbescheinigung 14
   1. Ausstellung 14
   2. Fristgerechte Vorlage 15
V. Wirksamkeitsvermerk 16

I. Regelungsgegenstand und europarechtliche Vorgaben

1   Die Vorschrift regelt die Anmeldung der grenzüberschreitenden Verschmelzung durch die **inländische übertragende Gesellschaft.** Das gedankliche Gegenstück – die Anmeldung durch die übernehmende bzw. die neue inländische Gesellschaft – ist in § 122l geregelt. Die Prüfung der Rechtmäßigkeit der Verschmelzung bezogen auf ausländische Gesellschaften richtet sich nach dem jeweiligen Sitzstaatrecht.

2   Mit der Bestimmung (und der Parallelvorschrift in § 122l) wird das Verfahren zur **Rechtmäßigkeitskontrolle der grenzüberschreitenden Verschmelzung** in nationales Recht umgesetzt, wie es in Art. 10 und 11 IntVerschmRL vorgegeben ist. Danach findet die Rechtmäßigkeitskontrolle grundsätzlich in zwei Schritten statt (vgl. Lutter/*Bayer* Rn. 1 ff.; Semler/Stengel/*Drinhausen* Rn. 2): Zunächst werden die Verfahrensabschnitte derjenigen Gesellschaft kontrolliert, die dem innerstaatlichen Recht unterliegt. Liegen die Voraussetzungen vor, erlässt die zuständige Stelle eine sog. Vorabbescheinigung (Art. 10 Abs. 2 IntVerschmRL). In einem zweiten Schritt erfolgt die Prüfung der Durchführung der grenzüberschreitenden Verschmelzung auf der Grundlage der von allen beteiligten Gesellschaften vorgelegten Vorabbescheinigungen (Art. 11 IntVerschmRL). Mit der Aufteilung der Rechtmäßigkeitskontrolle in zwei Verfahrensabschnitte wird dem Umstand Rechnung getragen, dass jede Stelle nur die Voraussetzungen nach dem ihr vertrauten Sitzstaatrecht prüfen soll. Ihr Vorbild hat die zweistufige Rechtmäßigkeitskontrolle im Recht der SE-Verschmelzung (Art. 25, 26 SE-VO; vgl. Lutter/*Bayer* Rn. 1; Semler/Stengel/*Drinhausen* Rn. 2 Fn. 2; *Kiem* WM 2006, 1091 [1098]).

3   Der deutsche Gesetzgeber hat die zweistufige Rechtmäßigkeitskontrolle in das deutsche Handelsregisterverfahren eingepasst und damit einen weitgehenden Gleichlauf mit der registergerichtlichen Prüfung bei der Inlandsverschmelzung erreicht. Dabei wird strikt zwischen der Anmeldung durch die übertragende Gesellschaft (§ 122k) und der Anmeldung der übernehmenden bzw. neuen Gesellschaft (§ 122l) unterschieden. Damit ist dem Gesetzgeber **eine klare Zäsur zwischen den jeweiligen Prüfungsabschnitten** gelungen, die sich deutlich von der wenig trennscharfen Zuständigkeitszuordnung in Art. 10 und 11 IntVerschmRL abhebt. Die Richtlinienkonformität der deutschen Umsetzung wird mitunter bezweifelt (*Haritz/v. Wolff* GmbHR 2006, 340 [343 f.]; zweifelnd für den Fall einer gleichzeitigen Satzungssitzverlegung *Louven* ZIP 2006, 2021 [2027]; damals noch Zweifel äußernd unter Bezugnahme auf die parallele Ausgestaltung des SE-Kontrollverfahrens *Bayer/J. Schmidt* NJW 2006, 401 [404]; vgl. auch *dies.* NZG 2006, 841 [843]; kritisch hinsichtlich des Genügens der Nachricht über die Eintragung der Verschmelzung als Verschmelzungsbescheinigung gemäß Abs. 2 S. 2 Semler/Stengel/*Drinhausen* Rn. 6, 22; Schmitt/Hörtnagl/Stratz/*Hörtnagl* Rn. 16; HK-UmwG/*Becker* Rn. 16, 23; ebenso *Frenzel* Grenzüberschreitende Verschmelzung S. 381; *Beutel* Rahmen grenzüberschreitender Verschmelzungen S. 217). Sie ist aber inzwischen anerkannt (Lutter/*Bayer* Rn. 6; Schmitt/Hörtnagl/Stratz/*Hörtnagl* Rn. 4; HK-UmwG/*Becker* Rn. 22; *Krause/ Kulpa* ZHR 171 [2007], 38 [67f].; *Frenzel* Grenzüberschreitende Verschmelzung S. 374f.; *Beutel* Rahmen grenzüberschreitender Verschmelzungen S. 215f.; so wohl auch Semler/Stengel/*Drinhausen* Rn. 5).

II. Anmeldung

1. Anmeldeberechtigung und zuständiges Gericht. Zur Anmeldung be- **4** rechtigt ist ausschließlich das Vertretungsorgan der übertragenden (inländischen) Gesellschaft. Anders als bei der Inlandsverschmelzung ist das Vertretungsorgan der übernehmenden Gesellschaft nicht ebenfalls zur Anmeldung der Verschmelzung in das Register der übertragenden Gesellschaft berechtigt: § 16 Abs. 1 S. 2 findet keine Anwendung (Lutter/*Bayer* Rn. 8; Widmann/Mayer/*Heckschen* § 122a Rn. 193 Abschnitt 14; Semler/Stengel/*Drinhausen* Rn. 8). Die Anmeldung erfolgt durch Organmitglieder in vertretungsberechtigter Zahl (Widmann/Mayer/ *Vossius* Rn. 8; Lutter/*Bayer* Rn. 8; Semler/Stengel/*Drinhausen* Rn. 7). Zuständig ist das Registergericht am Sitz der übertragenden (inländischen) Gesellschaft (§ 122k Abs. 1 S. 1).

2. Inhalt der Anmeldung und beizufügende Unterlagen. Anzumelden ist **5** das Vorliegen der Voraussetzungen der grenzüberschreitenden Verschmelzung, soweit sie die übertragende Gesellschaft betreffen und nicht die Verschmelzung als solche. Das Vorliegen der Voraussetzungen ist dem Registergericht gegenüber nachzuweisen (Widmann/Mayer/*Vossius* Rn. 12ff.). Der Nachweis wird durch Vorlage von Unterlagen (→ Rn. 6) sowie durch die Erklärungen des Vertretungsorgans (→ Rn. 9) geführt (Schmitt/Hörtnagl/Stratz/*Hörtnagl* Rn. 7).

Danach sind der Anmeldung folgende **Unterlagen** beizufügen: **6**

– Verschmelzungsplan;
– Verschmelzungsbeschluss der Anteilsinhaberversammlung der übertragenden Gesellschaft (sowie ggf. der Bestätigungsbeschluss gemäß § 122g Abs. 1);
– Verschmelzungsbericht sowie Nachweis über das fristgerechte Zugänglichmachen desselben (falls nicht ausnahmsweise auf dessen Erstattung bzw. das fristgerechte Zugänglichmachen verzichtet wurde); zur Zulässigkeit eines Verzichts → § 122e Rn. 22f.;
– Verschmelzungsprüfungsbericht bzw. die entsprechenden Verzichtserklärungen der Anteilsinhaber der übertragenden Gesellschaft;
– Schlussbilanz der übertragenden Gesellschaft, deren Stichtag zum Zeitpunkt der Anmeldung nicht länger als acht Monate zurückliegt;
– ggf. erforderliche Zustimmungserklärungen einzelner Anteilsinhaber der übertragenden Gesellschaft gemäß §§ 122g Abs. 1, 13 Abs. 2.

Dem eingeschränkten Prüfungsauftrag des Registergerichts entsprechend sind **7** nur die **die übertragende inländische Gesellschaft betreffenden Unterlagen** beizufügen (Begr. RegE, BT-Drs. 16/2919, 17; vgl. auch Lutter/*Bayer* Rn. 12; Semler/Stengel/*Drinhausen* Rn. 13; *Kiem* WM 2006, 1091 [1099]). Daraus folgt, dass die formwirksame Aufstellung des Verschmelzungsplans nur im Hinblick auf die ordnungsgemäße Vertretung der übertragenden deutschen Gesellschaft zu prüfen ist. Die Gegenansicht (Widmann/Mayer/*Vossius* Rn. 14, wonach die Existenz und die ordnungsgemäße Vertretung *aller* an der Aufstellung des Plans beteiligten Rechtsträger nachgewiesen werden muss) übersieht, dass mit § 122k, Art. 10 IntVerschmRL gerade bezweckt werden soll, die Rechtmäßigkeitskontrolle auf der ersten Stufe auf die Erfüllung der nach dem innerstaatlichen Recht erforderlichen Voraussetzungen zu beschränken (s. auch KK-UmwG/*Simon/Rub-*

ner Rn. 8). Gleiches gilt für den Nachweis des Verzichts auf die Erstattung des Verschmelzungsprüfungsberichts. Der Umstand, dass ein wirksamer Verzicht die Zustimmung sämtlicher Anteilsinhaber der an der Verschmelzung beteiligten Gesellschaften – also auch der ausländischen – erfordert (→ § 122f Rn. 8), bedeutet nicht, dass die Verzichtserklärungen der Anteilsinhaber der ausländischen Gesellschaft vom deutschen Registergericht zu prüfen wären (im Einzelnen ebenso Widmann/Mayer/*Vossius* Rn. 20; aA Semler/Stengel/*Drinhausen* Rn. 10; Kallmeyer/*Zimmermann* Rn. 11; Schmitt/Hörtnagl/Stratz/*Hörtnagl* Rn. 9; KK-UmwG/*Simon/Rubner* Rn. 11). Vielmehr wird das Vorliegen dieser Verzichtserklärungen von der zuständigen ausländischen Stelle geprüft.

8   **Nicht beizufügen** sind eine etwaige Mitbestimmungsvereinbarung bzw. Nachweise über die Einleitung des Verhandlungsverfahrens über die Beteiligung der Arbeitnehmer oder das Eingreifen der Auffanglösung (Lutter/*Bayer* Rn. 13; KK-UmwG/*Simon/Rubner* Rn. 15; Semler/Stengel/*Drinhausen* Rn. 11; aA Widmann/Mayer/*Vossius* Rn. 22). Diese Voraussetzung wird erst auf der zweiten Stufe der Rechtmäßigkeitskontrolle geprüft. Regelmäßig entbehrlich sein dürfte ein Nachweis ordnungsgemäßer Bekanntmachung gemäß § 122d, da die Prüfung in der Regel durch das die Hinweisbekanntmachung veranlassende Registergericht erfolgt (vgl. auch KK-UmwG/*Simon/Rubner* Rn. 9).

9   Das Vertretungsorgan der übertragenden (inländischen) Gesellschaft hat außerdem bei der Anmeldung folgende **Erklärungen** abzugeben:

– Negativerklärung gemäß §§ 122k Abs. 1 S. 2, 16 Abs. 2, dass gegen die Wirksamkeit des Verschmelzungsbeschlusses der übertragenden (inländischen) Gesellschaft (und nur diesen und nicht auch bezogen auf die Verschmelzungsbeschlüsse der anderen an der Verschmelzung beteiligten Gesellschaften, vgl. Lutter/*Bayer* Rn. 14; *Kiem* WM 2006, 1091 [1099]) eine Klage nicht oder nicht fristgerecht erhoben, oder diese rechtskräftig abgewiesen oder zurückgenommen wurde;

– Erklärung, dass allen Gläubigern, die nach § 122j einen Anspruch auf Sicherheitsleistung haben, eine angemessene Sicherheit geleistet wurde (§ 122k Abs. 1 S. 3);

– Erklärung darüber, ob ein Spruchverfahren anhängig ist;

– ggf. Erklärungen über das Nichtbestehen eines Betriebsrats, über das fristgerechte Zugänglichmachen des Verschmelzungsberichts usw.

10   Sämtliche Erklärungen können **formfrei** abgegeben werden; sie müssen nicht der Form der Anmeldung folgen (Kallmeyer/*Zimmermann* Rn. 9; für eine formfreie Abgabe zumindest der Versicherung, dass allen anspruchsberechtigten Gläubigern eine angemessene Sicherheit geleistet wurde, auch Widmann/Mayer/*Vossius* Rn. 30). Auch die Erklärungen gemäß §§ 122k Abs. 1 S. 2, 16 Abs. 2 und § 122k Abs. 1 S. 3 werden (wie die Anmeldung, allerdings formfrei) von Mitgliedern des Vertretungsorgans in vertretungsberechtigter Zahl und nicht etwa von sämtlichen Mitgliedern abgegeben (Widmann/Mayer/*Vossius* Rn. 30; aA *Passarge/Stark* GmbHR 2007, 803 f.). Eine Abgabe dieser Erklärungen durch Bevollmächtigte ist unzulässig (Kallmeyer/*Zimmermann* Rn. 9; für § 16 Abs. 2: Lutter/*Decher* § 16 Rn. 9). Die Abgabe der Erklärung gemäß § 122k Abs. 1 S. 3 ist strafbewehrt (§ 314a). Die Erklärungen können nach erfolgter Anmeldung nachgereicht werden (Kallmeyer/*Zimmermann* Rn. 7 f.; ähnlich Widmann/Mayer/*Vossius* Rn. 31).

III. Prüfung durch das Registergericht

11   Der **Prüfungsgegenstand** ergibt sich aus § 122k Abs. 2 S. 1 Hs. 1: Danach hat das Registergericht das Vorliegen der Voraussetzungen für die grenzüberschreitende Verschmelzung der anmeldenden Gesellschaft zu prüfen. Anders als bei der Inlandsverschmelzung sind mithin nicht die Voraussetzungen für die Verschmelzung insgesamt zu prüfen, sondern der Prüfungsumfang ist strikt auf die Überprüfung der in der Sphäre der übertragenden inländischen Gesellschaft liegenden Voraussetzungen beschränkt (s. nur Begr. RegE, BT-Drs. 16/2919, 17; Semler/Stengel/*Drinhausen* Rn. 14; Lutter/*Bayer* Rn. 18).

Im Einzelnen prüft das Registergericht daher: (1) Verschmelzungsfähig- **12** keit der anmeldenden Gesellschaft (§ 122b), (2) Aufstellung eines dem Katalog des § 122c Abs. 2 entsprechenden Verschmelzungsplans durch die übertragende inländische Gesellschaft sowie Beachtung des Formerfordernisses aus § 122c Abs. 4 (nicht jedoch die Aufstellung eines gemeinsamen Verschmelzungsplans; so aber Schmitt/Hörtnagl/Stratz/*Hörtnagl* Rn. 15), (3) Bekanntmachung gemäß § 122d für die anmeldende Gesellschaft, (4) Erstattung eines Verschmelzungsberichts durch die übertragende inländische Gesellschaft (ggf. gemeinsam mit der übernehmenden Gesellschaft) und das fristgerechte Zugänglichmachen desselben bzw. die Voraussetzungen für einen wirksamen Verzicht auf entweder die Erstattung oder die Fristwahrung (→ § 122e Rn. 22 f.), (5) Durchführung der Verschmelzungsprüfung und Erstattung eines Verschmelzungsprüfungsberichts bzw. Vorliegen wirksamer Verzichtserklärungen der Anteilsinhaber der übertragenden Gesellschaft (und nur dieser, → Rn. 6 f.), (6) Verschmelzungsbeschluss der Anteilsinhaberversammlung der übertragenden inländischen Gesellschaft gemäß §§ 122a, 13 (ggf. mit Sonderbeschluss oder Bestätigungsbeschluss), (7) Vorliegen einer Negativerklärung gemäß §§ 122k Abs. 1 S. 2, 16 Abs. 2, (8) Vorliegen einer Erklärung über die Sicherheitsleistung gemäß § 122k Abs. 1 S. 3 (und zwar, ob eine solche tatsächlich geleistet wurde und ob diese angemessen ist; Schmitt/ Hörtnagl/Stratz/*Hörtnagl* Rn. 15), und schließlich, (9) ob ein Spruchverfahren anhängig ist.

Dabei kann das Registergericht – wie bei der Inlandsverschmelzung auch (vgl. **13** Kallmeyer/*Zimmermann* § 19 Rn. 3; KK-UmwG/*Simon* § 19 Rn. 4 f.; Widmann/Mayer/*Fronhöfer* § 19 Rn. 26) – auf die **Richtigkeit der eingereichten Unterlagen vertrauen** und ist nur in begründeten Zweifelsfällen verpflichtet, von Amts wegen weitere Ermittlungen anzustellen (Baumbach/Hopt/*Hopt* HGB § 8 Rn. 8; MüKoHGB/*Krafka* § 8 Rn. 62 ff.; Keidel/*Heinemann* FamFG § 374 Rn. 56).

IV. Verschmelzungsbescheinigung

1. Ausstellung. Liegen die Voraussetzungen für die grenzüberschreitende Ver- **14** schmelzung der übertragenden inländischen Gesellschaft vor, stellt das Registergericht eine Verschmelzungsbescheinigung aus. Dabei gilt indessen bereits die Nachricht über die Eintragung der Verschmelzung im Register als Verschmelzungsbescheinigung (Abs. 2 S. 2). Eine separate, schriftlich verfasste Entscheidung des Registergerichts über das Prüfungsergebnis (Beschluss, Verfügung usw) ist weder vorgesehen, noch erforderlich. Die beanstandungslos gebliebene Prüfung durch das Registergericht mündet mithin in der Eintragung ins Handelsregister, die dem Anmeldenden schlicht mitgeteilt wird (*Kiem* WM 2006, 1091 [1098 f.]). Dass ist die Konsequenz der vom Gesetzgeber gewollten weitreichenden Einpassung der Rechtmäßigkeitskontrolle bei der grenzüberschreitenden Verschmelzung in die vertrauten Strukturen des Handelsregisterverfahrens. Weder ist darin eine nicht-richtlinienkonforme Umsetzung zu sehen (ebenso *Krause/Kulpa* ZHR 171 [2007], 38 [68]; kritisch HK-UmwG/*Becker* Rn. 23, der im Einzelnen jedoch durchschlagende europarechtliche Bedenken verneint; so wohl auch KK-UmwG/*Simon/Rubner* Rn. 22; aA Lutter/*Bayer* Rn. 21; Widmann/Mayer/*Vossius* Rn. 52 ff.; Widmann/Mayer/*Heckschen* Vor §§ 122a ff. Rn. 247, 259), noch ist eine mangelnde Akzeptanz durch ausländische Stellen zu befürchten (so aber Semler/Stengel/*Drinhausen* Rn. 22; Lutter/*Bayer* Rn. 21; Widmann/Mayer/*Vossius* Rn. 52 f.; HK-UmwG/*Becker* Rn. 23): Die Eintragungsmitteilung in Verbindung mit der gesetzlichen Fiktion der Antragsstattgabe durch Eintragung ist die denkbar klarste Umsetzung des Vorabbescheinigungskonzepts der Int-VerschmRL. Die Verschmelzungsbescheinigung muss ferner gemäß Abs. 2 S. 5 eine entsprechende Angabe enthalten, wenn ein Spruchverfahren anhängig ist.

15 **2. Fristgerechte Vorlage.** Gemäß Abs. 3 hat das Vertretungsorgan der übertragenden inländischen Gesellschaft die Verschmelzungsbescheinigung **innerhalb von sechs Monaten nach ihrer Ausstellung** zusammen mit dem Verschmelzungsplan bei der für die Rechtmäßigkeitskontrolle nach dem Recht der aufnehmenden bzw. neuen Gesellschaft zuständigen Stelle vorzulegen. Die Vorlagefrist ergibt sich aus Art. 11 Abs. 2 IntVerschmRL. Damit soll die zeitnahe Einreichung bei der mit der finalen Prüfung der Verschmelzung befassten Stelle erreicht werden (Begr. RegE, BT-Drs. 16/2919, 18; vgl. auch Semler/Stengel/*Drinhausen* Rn. 21; Lutter/*Bayer* Rn. 23). Die Rechtsfolgen einer verspäteten Vorlage richten sich indessen nach dem Sitzstaatrecht der aufnehmenden Gesellschaft (zutreffend Semler/Stengel/*Drinhausen* Rn. 21; daran ändert sich auch nichts durch eine ggf. nicht-richtlinienkonforme Umsetzung von Art. 11 Abs. 2 IntVerschmRL durch den Mitgliedstaat, dessen Rechtsordnung die aufzunehmende Gesellschaft unterliegt; so aber Lutter/*Bayer* Rn. 23 Fn. 10). Duldet die nach diesem Recht zuständige Stelle eine Einreichung nach Ablauf der Sechsmonatsfrist, bleibt dies nach deutschem Recht insoweit ohne Auswirkungen, als das Verstreichenlassen der Frist jedenfalls nichts an der Wirksamkeit der Verschmelzungsbescheinigung ändert (vgl. Semler/Stengel/*Drinhausen* Rn. 21 und Fn. 56; Kallmeyer/*Zimmermann* Rn. 18; Schmitt/Hörtnagl/Stratz/*Hörtnagl* Rn. 21; aA Lutter/*Bayer* Rn. 23: „Verfallsdatum"). Eine andere Frage ist, ob eine neue Bescheinigung beantragt werden kann, wenn die Sechsmonatsfrist verstrichen ist (bejahend Kallmeyer/*Zimmermann* Rn. 18; Schmitt/Hörtnagl/Stratz/*Hörtnagl* Rn. 21). Das ist zu verneinen: Eine verfristete Verschmelzungsbescheinigung kann nicht durch eine neu ausgestellte Bescheinigung ersetzt werden. Anderenfalls würde der Zweck der Regelung unterlaufen. Vielmehr ist die Gesellschaft auf eine erneute Anmeldung der grenzüberschreitenden Verschmelzung zu verweisen (so auch Widmann/Mayer/*Vossius* Rn. 65).

V. Wirksamkeitsvermerk

16 Der Zeitpunkt, zu dem die Verschmelzung wirksam wird, bestimmt sich nach dem Sitzstaatrecht der übernehmenden bzw. neuen Gesellschaft (Art. 12 S. 1 IntVerschmRL). Allerdings kann die Verschmelzung nicht vor Abschluss der zweiten Stufe der Rechtmäßigkeitskontrolle – aus deutscher Sicht der für die übernehmende bzw. neue Gesellschaft zuständigen Stelle – wirksam werden (Art. 12 S. 2 IntVerschmRL). Der deutsche Gesetzgeber hat sich in enger Anlehnung an den registergerichtlichen Verfahrensablauf bei der Inlandsverschmelzung, so wie er in § 19 festgelegt ist, für die **Eintragung zwei verschiedener Wirksamkeitsvermerke** entschieden.

17 Gemäß § 122k Abs. 2 S. 3 ist bei Eintragung der Verschmelzung im Register am Sitz der übertragenden inländischen Gesellschaft zusätzlich zu vermerken, dass die grenzüberschreitende Verschmelzung **unter den Voraussetzungen des Sitzstaatsrechts** der übernehmenden bzw. neuen Gesellschaft wirksam wird (plastisch Lutter/*Bayer* Rn. 25: Eintragung mit Wirksamkeitsvorbehalt). Dies entspricht § 19 Abs. 1 S. 2 mit dem Unterschied, dass es für die Wirksamkeit der Verschmelzung nicht auf die **Eintragung** im Register am Sitz der übernehmen-

den Gesellschaft ankommt, da deren Sitzstaatrecht einen anderen Wirksamkeitszeitpunkt bestimmen kann.

Art. 13 S. 2 IntVerschmRL verpflichtet das Register der übernehmenden bzw. **18**
neuen Gesellschaft, das Wirksamwerden der grenzüberschreitenden Verschmelzung den anderen Registern mitzuteilen. Für das Register einer deutschen übernehmenden bzw. neuen Gesellschaft ist diese Verpflichtung in § 122l Abs. 3
umgesetzt. Wiederum in Anlehnung an das Registerverfahren bei der Inlandsverschmelzung (dort § 19 Abs. 2 S. 2) sieht § 122k Abs. 4 vor, dass im Register
der übertragenden Gesellschaft nach Eingang der entsprechenden Mitteilung der
Tag des Wirksamwerdens der grenzüberschreitenden Verschmelzung zu vermerken ist. Im Gleichlauf mit der Inlandsverschmelzung ist das Register der
übertragenden inländischen Gesellschaft verpflichtet, die bei ihm aufbewahrten,
die Gesellschaft betreffenden Dokumente an das Register der übernehmenden
oder neuen Gesellschaft zu übermitteln. Anders als dort (§ 19 Abs. 2 S. 2) bezieht
sich die Verpflichtung in § 122k Abs. 4 allerdings nur auf die **Übermittlung
elektronischer Dokumente.** Inwieweit die – gut gemeinte (zu den Motiven
des Gesetzgebers s. Begr. RegE, BT-Drs. 16/2919, 18) – Regelung den Bedürfnissen der Praxis gerecht zu werden vermag, erscheint zweifelhaft (Überblick über
die praktischen Schwierigkeiten bei Lutter/*Bayer* Rn. 29). Versuche, die Bestimmung über ihren Wortlaut hinaus auf die Verpflichtung zur Übermittlung von
Dokumenten in Papierform auszudehnen (vgl. etwa Widmann/Mayer/*Vossius*
Rn. 68, der bei fehlenden technischen Voraussetzungen für den Empfang elektronischer Dokumente die Übersendung einer beglaubigten Abschrift des Sonderbandes der Registerakten in Papierform für ausreichend hält), sind abzulehnen
(Lutter/*Bayer* Rn. 29; KK-UmwG/*Simon/Rubner* Rn. 29).

Eintragung der grenzüberschreitenden Verschmelzung

122l (1) ¹**Bei einer Verschmelzung durch Aufnahme hat das Vertretungsorgan der übernehmenden Gesellschaft die Verschmelzung und bei einer Verschmelzung durch Neugründung haben
die Vertretungsorgane der übertragenden Gesellschaften die neue Gesellschaft zur Eintragung in das Register des Sitzes der Gesellschaft anzumelden. ²Der Anmeldung sind die Verschmelzungsbescheinigungen
aller übertragenden Gesellschaften, der gemeinsame Verschmelzungsplan und ggf. die Vereinbarung über die Beteiligung der Arbeitnehmer
beizufügen. ³Die Verschmelzungsbescheinigungen dürfen nicht älter als
sechs Monate sein; § 16 Abs. 2 und 3 und § 17 finden auf die übertragenden Gesellschaften keine Anwendung.**

(2) **Die Prüfung der Eintragungsvoraussetzungen erstreckt sich insbesondere darauf, ob die Anteilsinhaber aller an der grenzüberschreitenden Verschmelzung beteiligten Gesellschaften einem gemeinsamen,
gleichlautenden Verschmelzungsplan zugestimmt haben und ob gegebenenfalls eine Vereinbarung über die Beteiligung der Arbeitnehmer geschlossen worden ist.**

(3) **Das Gericht des Sitzes der übernehmenden oder neuen Gesellschaft
hat den Tag der Eintragung der Verschmelzung von Amts wegen jedem
Register mitzuteilen, bei dem eine der übertragenden Gesellschaften ihre
Unterlagen zu hinterlegen hatte.**

Schrifttum: Vgl. die Angaben zu § 122a.

Übersicht

Rn.

I. Regelungsgegenstand und europarechtliche Vorgaben 1
II. Anmeldung 3
   1. Anmeldeberechtigung und zuständiges Gericht 3
   2. Inhalt der Anmeldung und beizufügende Unterlagen 4
III. Prüfung durch das Registergericht 8
   1. Verschmelzungsvoraussetzungen für die übernehmende Gesellschaft 8
   2. Erweiterter Prüfungsrahmen gemäß Abs. 2 9
      a) Gemeinsamer Verschmelzungsplan 10
      b) Vereinbarung über die Mitbestimmung der Arbeitnehmer 11
   3. Verschmelzung durch Neugründung 15
IV. Eintragung der Verschmelzung und behördlicher Informationsaustausch 16
V. Wirksamwerden der Verschmelzung 17

I. Regelungsgegenstand und europarechtliche Vorgaben

1   Die Bestimmung regelt die Anmeldung der aus der grenzüberschreitenden Verschmelzung hervorgehenden inländischen Gesellschaft (sog. **Hineinverschmelzung**). Entsprechend den zwei möglichen Verschmelzungswegen betrifft sie mithin die inländische übernehmende (Verschmelzung durch Aufnahme) und die inländische, im Zuge der Verschmelzung neu gegründete Gesellschaft (Verschmelzung durch Neugründung). In § 122k findet sich die spiegelbildliche Norm für die Anmeldung der übertragenden inländischen Gesellschaft. Abs. 1 regelt die Anmeldung als solche, Abs. 2 bestimmt den (erweiterten) Prüfungsumfang. In Abs. 3 werden schließlich bestimmte Mitteilungspflichten festgelegt.

2   Mit der Vorschrift wird die in Art. 10 und 11 IntVerschmRL vorgeschriebene Rechtmäßigkeitskontrolle in nationales Recht umgesetzt. Danach ist die Rechtmäßigkeitskontrolle zweistufig ausgestaltet (im Einzelnen → § 122k Rn. 2 f.). Die erfolgreiche Prüfung auf der ersten Stufe mündet in der Ausstellung einer Vorabbescheinigung (Art. 10 Abs. 2 IntVerschmRL). Auf den für jede an der Verschmelzung beteiligte Gesellschaft ausgestellten Vorabbescheinigungen baut nach den Vorstellungen des Richtliniengebers sodann der zweite Prüfungsabschnitt auf (Lutter/*Bayer* § 122k Rn. 1). Der deutsche Gesetzgeber hat für die übernehmende bzw. die neu gegründete Gesellschaft indes keine gesonderte Vorabbescheinigung – in der deutschen Terminologie: Verschmelzungsbescheinigung – vorgesehen. Vielmehr werden insoweit die Verschmelzungsvoraussetzungen in einer einheitlichen Prüfung ohne Aufspaltung in zwei Prüfungsphasen festgestellt. Das mag nicht den Buchstaben der IntVerschmRL entsprechen. An der richtlinienkonformen Umsetzung lässt sich dennoch nicht zweifeln (→ § 122k Rn. 3; zutreffend Lutter/*Bayer* Rn. 3, § 122k Rn. 6; Schmitt/Hörtnagl/Stratz/*Hörtnagl* § 122k Rn. 4; HK-UmwG/*Becker* § 122k Rn. 22; *Krause/Kulpa* ZHR 171 [2007], 38 [67 f.]; *Frenzel* Grenzüberschreitende Verschmelzung S. 374 f.; *Beutel* Rahmen grenzüberschreitender Verschmelzungen S. 215 f.).

II. Anmeldung

3   **1. Anmeldeberechtigung und zuständiges Gericht.** Für die Anmeldeberechtigung ist nach der Verschmelzungsart zu unterscheiden. Die Anmeldung der **Verschmelzung durch Aufnahme** erfolgt durch Mitglieder des Vertretungsorgans der übernehmenden inländischen Gesellschaft in vertretungsberechtigter Zahl (Lutter/*Bayer* Rn. 4; Semler/Stengel/*Drinhausen* Rn. 3; Schmitt/Hörtnagl/

Stratz/*Hörtnagl* Rn. 2). Demgegenüber hat die Anmeldung der **Verschmelzung durch Neugründung** durch die Vertretungsorgane sämtlicher übertragender Gesellschaften zu erfolgen. Die Vertretungsberechtigung richtet sich nach dem Gesellschaftsstatut der jeweiligen übertragenden Gesellschaft (Lutter/*Bayer* Rn. 4; Kallmeyer/*Zimmermann* Rn. 4). Sie ist in geeigneter Form nachzuweisen (dazu Semler/Stengel/*Drinhausen* Rn. 4; Kallmeyer/*Zimmermann* Rn. 4). Auf welche Art und Weise die ausländische Gesellschaft vertreten wird, bestimmt sich mithin nach ausländischem Recht; was in welcher Form bei der Anmeldung zu erklären ist, richtet sich dagegen nach deutschem Recht (s. auch Kallmeyer/*Zimmermann* Rn. 4). Auch die Anmeldung durch die ausländische übertragende Gesellschaft bedarf der öffentlichen Beglaubigung (Semler/Stengel/*Drinhausen* Rn. 4; Kallmeyer/*Zimmermann* Rn. 8). Soweit keine Befreiung aufgrund bestehender Staatsverträge eingreift, ist die im Ausland beglaubigte Anmeldung mittels Apostille zu legalisieren (Semler/Stengel/*Drinhausen* Rn. 4; Kallmeyer/*Zimmermann* Rn. 8). Zuständig für die Entgegennahme der Anmeldung ist jeweils das Registergericht am Sitz der übernehmenden bzw. neuen Gesellschaft.

2. Inhalt der Anmeldung und beizufügende Unterlagen. Anzumelden ist **4** bei der *Verschmelzung durch Aufnahme* die Verschmelzung als solche und bei der *Verschmelzung durch Neugründung* die neue Gesellschaft. Die Prüfung des Registergerichts erfolgt auf der Grundlage der der Anmeldung beigefügten Unterlagen (→ Rn. 5 f.) und den Erklärungen des Vertretungsorgans (→ Rn. 7), wobei sich diese bei der Verschmelzung durch Aufnahme und Verschmelzung durch Neugründung jeweils unterscheiden.

Der Anmeldung der **Verschmelzung durch Aufnahme** sind folgende **Un-** **5** **terlagen** beizufügen:

– Verschmelzungsbescheinigungen (IntVerschmRL: Vorabbescheinigungen) sämtlicher übertragender Gesellschaften, die zum Zeitpunkt der Anmeldung nicht älter als sechs Monate sein dürfen, in deutscher Übersetzung und durch Apostille legalisiert (Widmann/Mayer/*Vossius* Rn. 16; Kallmeyer/*Zimmermann* Rn. 16);
– Verschmelzungsplan;
– Verschmelzungsbeschluss der Anteilsinhaberversammlung der übernehmenden Gesellschaft (sowie ggf. der Bestätigungsbeschluss gemäß § 122g Abs. 1) und, soweit erforderlich, die Verschmelzungsbeschlüsse der Anteilsinhaberversammlungen der übertragenden Gesellschaften (→ Rn. 10);
– Verschmelzungsbericht sowie Nachweis über das fristgerechte Zugänglichmachen desselben (falls nicht ausnahmsweise auf dessen Erstattung bzw. das fristgerechte Zugänglichmachen verzichtet wurde; zur Zulässigkeit eines Verzichts → § 122e Rn. 22 f.);
– Verschmelzungsprüfungsbericht bzw. die entsprechenden Verzichtserklärungen der Anteilsinhaber der übernehmenden Gesellschaft;
– Vereinbarung über die Mitbestimmung der Arbeitnehmer (Mitbestimmungsvereinbarung), soweit vorhanden;
– ggf. erforderliche Zustimmungserklärungen einzelner Anteilsinhaber der übernehmenden Gesellschaft gemäß §§ 122a Abs. 2, 13 Abs. 2.

Der Anmeldung der **Verschmelzung durch Neugründung** sind folgende **6** **Unterlagen** beizufügen:

– Verschmelzungsbescheinigungen (IntVerschmRL: Vorabbescheinigungen) sämtlicher übertragender Gesellschaften, die zum Zeitpunkt der Anmeldung nicht älter als sechs Monate sein dürfen, in deutscher Übersetzung und durch Apostille legalisiert (Widmann/Mayer/*Vossius* Rn. 16; Kallmeyer/*Zimmermann* Rn. 16, 18);

– Verschmelzungsplan;
– Verschmelzungsbeschlüsse der Anteilsinhaberversammlungen der übertragenden Gesellschaften, soweit erforderlich (→ Rn. 10);
– Vereinbarung über die Mitbestimmung der Arbeitnehmer (Mitbestimmungsvereinbarung), soweit vorhanden;
– die weiteren Unterlagen nach den einschlägigen Gründungsvorschriften der
  Rechtsform der neuen Gesellschaft.

7   Bei der Anmeldung der Verschmelzung durch Aufnahme hat das Vertretungsorgan der übernehmenden inländischen Gesellschaft durch Personen in vertretungsberechtigter Zahl die **Negativerklärung** gemäß § 16 Abs. 2 abzugeben
(vgl. Lutter/*Bayer* Rn. 10; Semler/Stengel/*Drinhausen* Rn. 7). Für die übertragenden (ausländischen) Gesellschaften gilt dies nicht (§ 122l Abs. 1 S. 3 Hs. 2).
Deswegen ist bei der Verschmelzung durch Neugründung die Abgabe einer
Negativerklärung insgesamt entbehrlich. Falls keine Mitbestimmungsvereinbarung geschlossen wurde, ist bei der Anmeldung zu erklären, ob der Anwendungsbereich des § 5 MgVG eröffnet ist und falls ja, ob die gesetzliche Auffangregelung gemäß §§ 23 ff. MgVG eingreift oder gemäß § 18 MgVG deutsches
Mitbestimmungsrecht Anwendung findet, oder die Gesellschaft mitbestimmungs-
frei bleibt, weil die Voraussetzungen des § 23 MgVG nicht vorliegen bzw. der
Anwendungsbereich des § 5 MgVG bereits nicht eröffnet ist (ähnlich Kallmeyer/
Zimmermann Rn. 16: Hinweis zweckmäßig). Nur so ist das Registergericht in die
Lage versetzt, seinem Prüfungsauftrag nachzukommen (→ Rn. 11 ff.).

III. Prüfung durch das Registergericht

8   **1. Verschmelzungsvoraussetzungen für die übernehmende Gesellschaft.** Zunächst prüft das Registergericht das Vorliegen der **Verschmelzungsvoraussetzungen bei der übernehmenden Gesellschaft.** Diese Prüfung entspricht in Inhalt und Umfang derjenigen bei der Inlandsverschmelzung (Kall-
meyer/*Zimmermann* Rn. 19; HK–UmwG/*Becker* Rn. 11; vgl. auch Lutter/*Bayer*
Rn. 16). Allerdings ist die Prüfung auf die übernehmende Gesellschaft beschränkt: Das Vorliegen der Verschmelzungsvoraussetzungen bei der übertragenden (ausländischen) Gesellschaft wird durch die vorgelegte Verschmelzungsbescheinigung nachgewiesen. An diese ist das Registergericht gebunden
(zutreffend Lutter/*Bayer* Rn. 19: umfassende Bindungswirkung). Zu einer eigenständigen Prüfung der übertragende ausländische Gesellschaft betreffenden
Verfahrensschritte ist das Registergericht nicht befugt (Lutter/*Bayer* Rn. 19;
Semler/Stengel/*Drinhausen* Rn. 10). Allenfalls **formale Aspekte der Verschmelzungsbescheinigung** (Zuständigkeit der ausstellenden Behörde, Verfris-
tung etc) unterfallen der Prüfungskompetenz des Registergerichts (Lutter/*Bayer*
Rn. 20; Kallmeyer/*Zimmermann* Rn. 16, 19). Das bedeutet indessen nicht, dass
das Registergericht dazu befugt wäre, die Übereinstimmung der Verschmelzungsbescheinigung mit den Anforderungen des Art. 10 Abs. 2 IntVerschmRL zu
überprüfen (so aber Lutter/*Bayer* Rn. 20; Schmitt/Hörtnagl/Stratz/*Hörtnagl*
Rn. 13; abgeschwächt auch Kallmeyer/*Zimmermann* Rn. 16: evidente Fehler
und formale Anforderungen des Art. 10 Abs. 2 IntVerschmRL; ähnlich Wid-
mann/Mayer/*Vossius* Rn. 28: formale Anforderungen des Art. 10 Abs. 2 Int-
VerschmRL), da dies letztlich mit einer inhaltlichen Prüfung verbunden wäre.

9   **2. Erweiterter Prüfungsrahmen gemäß Abs. 2.** Abs. 2 erweitert den Prüfungsrahmen hinsichtlich der Eintragungsvoraussetzungen um die Verfahrensabschnitte, die die spezifische „Durchführung der grenzüberschreitenden Verschmelzung" (so die Wendung in Art. 11 Abs. 1 S. 1 IntVerschmRL) betreffen.
Die dort aufgeführten Prüfungspunkte sind indes nicht abschließend (Semler/

Stengel/*Drinhausen* Rn. 11); das Registergericht kann seiner Prüfung weitere Gegenstände zugrunde legen. Allerdings erschöpft sich die erweiterte Prüfung gemäß Abs. 2 regelmäßig in den dort genannten Prüfungskomplexen. Insbesondere erstreckt sich die Kontrollbefugnis auch hier nicht auf solche Verfahrensabschnitte, die bereits durch die die Verschmelzungsbescheinigung ausstellende Behörde überprüft wurden.

a) Gemeinsamer Verschmelzungsplan. Gemäß § 122l Abs. 2 Hs. 1 hat das **10** Registergericht zu prüfen, ob die Anteilsinhaber aller an der Verschmelzung beteiligten Gesellschaften einem **gemeinsamen, gleich lautenden Verschmelzungsplan** zugestimmt haben. Damit wird der Verschmelzungsplan nochmals einer vollumfänglichen Prüfung unterzogen: Durch die die Verschmelzungsbescheinigung ausstellende Stelle ist er nur bezüglich der Übereinstimmung mit dem Mindestkatalog in Art. 5 IntVerschmRL und der ordnungsgemäßen Aufstellung durch die betreffende Gesellschaft überprüft worden (→ § 122k Rn. 12). Nunmehr ist zu prüfen, ob die Anteilsinhaberversammlungen sämtlicher an der Verschmelzung beteiligten Gesellschaften einem inhaltsidentischen Verschmelzungsplan zugestimmt haben. Dazu kann es – und wird es im Regelfall – erforderlich sein, die Zustimmungsbeschlüsse der jeweiligen Anteilsinhaberversammlungen im Hinblick darauf zu überprüfen, welchem Verschmelzungsplan die Zustimmung erteilt wurde (Schmitt/Hörtnagl/Stratz/*Hörtnagl* Rn. 7, 12; Semler/Stengel/*Drinhausen* Rn. 11; einschränkend Kallmeyer/*Zimmermann* Rn. 21: nur, wenn dies nicht bereits aus der Verschmelzungsbescheinigung erkennbar ist). Diese sind daher auf Anforderung des Registergerichts und in Beifügung der Fassung des Verschmelzungsplans, auf den sich die Zustimmung bezog, jeweils in deutscher Übersetzung vorzulegen (Semler/Stengel/*Drinhausen* Rn. 11; Schmitt/Hörtnagl/Stratz/*Hörtnagl* Rn. 7). Nur so lässt sich zuverlässig ermitteln, ob tatsächlich einem **Verschmelzungsplan mit identischem Inhalt** zugestimmt wurde. Eine weitergehende Rechtmäßigkeitsprüfung der Verschmelzungsbeschlüsse der ausländischen Gesellschaften, etwa dahingehend, ob diese wirksam gefasst wurden, findet indessen nicht statt (Semler/Stengel/*Drinhausen* Rn. 11; Kallmeyer/*Zimmermann* Rn. 21; KK-UmwG/*Simon*/*Rubner* Rn. 13).

b) Vereinbarung über die Mitbestimmung der Arbeitnehmer. Ein wei- **11** terer Prüfungspunkt gemäß Abs. 2 betrifft das Verfahren zur Arbeitnehmerbeteiligung bei der aus der Verschmelzung hervorgehenden (inländischen) Gesellschaft. Entgegen dem Wortlaut hat das Registergericht nicht nur zu prüfen, ob eine Vereinbarung über die Beteiligung der Arbeitnehmer an sich abgeschlossen wurde. Gegenstand der Prüfung ist vielmehr die **ordnungsgemäße Durchführung des Verfahrens zur Beteiligung der Arbeitnehmer,** sofern der Anwendungsbereich des § 5 MgVG eröffnet ist (Lutter/*Bayer* Rn. 15; KK-UmwG/*Simon*/*Rubner* Rn. 15 f.; Semler/Stengel/*Drinhausen* Rn. 13; *Frenzel* Grenzüberschreitende Verschmelzung S. 383 f.; *Beutel* Rahmen grenzüberschreitender Verschmelzungen S. 209; aA Widmann/Mayer/*Vossius* Rn. 30; Schmitt/Hörtnagl/Stratz/*Hörtnagl* Rn. 12; Kallmeyer/*Zimmermann* Rn. 22; HK-UmwG/*Becker* Rn. 9). Insoweit ist die Rechtslage mit der SE-Gründung vergleichbar und zumindest der Rechtsgedanke des Art. 12 Abs. 2 SE-VO heranzuziehen (Art. 16 Abs. 3 IntVerschmRL verweist ausdrücklich auf Art. 12 Abs. 2 SE-VO, s. dazu auch KK-UmwG/*Simon*/*Rubner* Rn. 15). Da der Gesetzgeber von einer ausdrücklichen Umsetzung abgesehen hat, ist der allgemeine Prüfungsauftrag des Registergerichts entsprechend zu erweitern. Das Registergericht hat deshalb zunächst festzustellen, ob § 5 MgVG auf die aus der Verschmelzung hervorgehende Gesellschaft Anwendung findet. Ist das der Fall, muss sich das Registergericht davon überzeugen, dass entweder eine Mitbestimmungsvereinbarung gemäß § 22 MgVG geschlossen wurde, die Voraussetzungen des § 23 MgVG bezüglich des

Eingreifens der gesetzlichen Auffangregelung erfüllt sind oder aber das besondere Verhandlungsgremium gemäß § 18 MgVG den Abbruch der Verhandlungen beschlossen hat. Im Ergebnis geht es darum, dass die Eintragung einer grenzüberschreitenden Verschmelzung nur dann erfolgen soll, wenn sichergestellt ist, dass die Beteiligungsrechte der Arbeitnehmer nach dem MgVG gewahrt wurden (s. auch *Frenzel* Grenzüberschreitende Verschmelzung S. 383 f.; *Beutel* Rahmen grenzüberschreitender Verschmelzungen S. 209).

12   Die vom Registergericht zu treffenden Feststellungen sind **rein formaler Natur** (zur parallel gelagerten Sachlage bei der SE-Gründung umfassend KK-AktG/*Kiem* SE-VO Art. 12 Rn. 38 f.; ebenso → SE-VO Art. 12 Rn. 22; für eine eingeschränkte materielle Prüfungspflicht Gaul/Ludwig/Forst/*Kuhnke/Hoops* § 2 Rn. 386; aA LHT/*Kleindiek* SE-VO Art. 12 Rn. 20, 25). Die Prüfung erfolgt auf Grundlage der mit der Anmeldung vorgelegten Nachweise. So wird der Beginn der Verhandlungsfrist durch Vorlage der Einladung zur konstituierenden Sitzung des besonderen Verhandlungsgremiums nachgewiesen, das Eingreifen der gesetzlichen Auffanglösung durch Ausübung der Anwendungsoption in § 23 Abs. 1 Nr. 3 MgVG mittels Vorlage der Erklärung der Leitungen, der Beschluss zum Abbruch der Verhandlungen durch Vorlage einer Kopie der gemäß § 19 MgVG gefertigten Sitzungsniederschrift usw (vgl. KK-AktG/*Kiem* SE-VO Art. 12 Rn. 43; LHT/*Kleindiek* SE-VO Art. 12 Rn. 26 für den Parallelsachverhalt der SE-Gründung). Soweit für die Beurteilung der Rechtslage die Zahl der Beschäftigten relevant ist, kann sich das Registergericht auf die Angaben des Anmeldenden stützen (vgl. KK-AktG/*Kiem* SE-VO Art. 12 Rn. 44; LHT/*Kleindiek* SE-VO Art. 12 Rn. 28 für den Parallelsachverhalt der SE-Gründung). Nur in Zweifelsfällen sind eigene Ermittlungen des Registergerichts veranlasst.

13   Abzugrenzen ist die Prüfungskompetenz des Registergerichts von derjenigen der Arbeitsgerichte: Doppelprüfungen sind in jedem Fall zu vermeiden. Das gesamte Verfahren zur Errichtung des besonderen Verhandlungsgremiums, die Ordnungsmäßigkeit seiner Besetzung, die interne Willensbildung sowie etwaige Verfahrensfehler bleiben der **ausschließlichen Beurteilung durch die Arbeitsgerichte** vorbehalten. Hier gilt insoweit nichts anderes als bei der SE-Gründung (→ SE-VO Art. 12 Rn. 22; KK-AktG/*Kiem* SE-VO Art. 12 Rn. 34; aA LHT/*Kleindiek* SE-VO Art. 12 Rn. 25). Das Registergericht prüft insbesondere auch nicht den Inhalt der Mitbestimmungsvereinbarung. Diesbezügliche Streitigkeiten fallen in die alleinige Zuständigkeit der Arbeitsgerichte.

14   In die Prüfungszuständigkeit des Registergerichts fällt indessen die **Überprüfung der Mitbestimmungsregelung auf Übereinstimmung mit der Satzung** der übernehmenden Gesellschaft bzw. dem Satzungsentwurf der neuen Gesellschaft (Lutter/*Bayer* Rn. 15). Insofern ähnelt die Rechtslage derjenigen bei der SE-Gründung (ausführlich KK-AktG/*Kiem* SE-VO Art. 12 Rn. 72 ff.; LHT/*Bayer* SE-VO Art. 26 Rn. 12). Das Registergericht prüft mithin, ob die Satzung (bzw. der Satzungsentwurf) mit der abgeschlossenen Mitbestimmungsvereinbarung bzw. der künftig anzuwendenden gesetzlichen Auffangregelung (Mitbestimmung kraft Gesetzes gemäß §§ 23 ff. MgVG) im Einklang steht. Eine inhaltliche Abweichung begründet ein **absolutes Eintragungshindernis** (→ SE-VO Art. 12 Rn. 34; KK-AktG/*Kiem* SE-VO Art. 12 Rn. 74; LHT/*Kleindiek* SE-VO Art. 12 Rn. 34, jeweils für den Parallelsachverhalt der SE-Gründung; KK-UmwG/*Simon/Rubner* Rn. 17). Die Satzung der übernehmenden bzw. der Satzungsentwurf der neuen Gesellschaft sind in diesem Fall entsprechend abzuändern. Hierzu bedarf es einer erneuten Befassung der Anteilsinhaberversammlungen, die in ihrer Entscheidung frei sind (→ § 122g Rn. 16). Unterbleibt eine Anpassung der Satzung (bzw. des Entwurfs) innerhalb der vom Registergericht aufgegebenen Frist, ist die Anmeldung zurückzuweisen und die Verschmelzung gescheitert (LHT/*Kleindiek* SE-VO Art. 12 Rn. 34; konzeptio-

nell abweichend → MgVG § 22 Rn. 45 ff. [*Thüsing/Forst*], die fälschlicherweise von einer Anpassungspflicht ausgehen).

3. Verschmelzung durch Neugründung. Bei der Verschmelzung durch **15** Neugründung prüft das Registergericht außerdem das Vorliegen sämtlicher Gründungsvoraussetzungen nach den einschlägigen Gründungsvorschriften der betreffenden Rechtsform (Lutter/*Bayer* Rn. 17 f.; Kallmeyer/*Zimmermann* Rn. 23; Semler/Stengel/*Drinhausen* Rn. 12).

IV. Eintragung der Verschmelzung und behördlicher Informationsaustausch

Liegen die Verschmelzungsvoraussetzungen nach den Feststellungen des Regis- **16** tergerichts vor, verfügt es die Eintragung der Verschmelzung ins Register. Das Registergericht hat die Eintragung gemäß §§ 122a Abs. 2, 19 Abs. 3 nach § 10 HGB bekanntzumachen (Semler/Stengel/*Drinhausen* Rn. 16). Abs. 3 regelt in Umsetzung von Art. 13 Abs. 2 IntVerschmRL und in Anlehnung an die Parallelvorschrift für die Inlandsverschmelzung in § 19 Abs. 3 eine spezifische Benachrichtigungsverpflichtung. Danach hat das Registergericht der übernehmenden oder neuen Gesellschaft von Amts wegen jedem der für eine der übertragenden Gesellschaften zuständigen Register den Tag der Eintragung der Verschmelzung mitzuteilen. Nach deutschem Verständnis ist der Tag der Eintragung gleichbedeutend mit dem Zeitpunkt des Wirksamwerdens der Verschmelzung. Da sich die Benachrichtigung im Regelfall an ausländische Register richtet, empfiehlt sich eine Klarstellung, dass es sich dabei um den Tag des Wirksamwerdens der Verschmelzung handelt (Semler/Stengel/*Drinhausen* Rn. 15).

V. Wirksamwerden der Verschmelzung

Der Zeitpunkt, an dem die Verschmelzung wirksam wird, bestimmt sich nach **17** dem Sitzstaatrecht der übernehmenden bzw. neuen Gesellschaft (Art. 12 IntVerschmRL). Handelt es sich um eine inländische Gesellschaft, wird die Verschmelzung mit der Eintragung ins Handelsregister am Sitz der Gesellschaft wirksam (§§ 122a Abs. 2, 20 Abs. 1). Hat die übernehmende oder neue Gesellschaft ihren Satzungssitz im Ausland, kommt ein anderer Zeitpunkt in Betracht. Die Rechtsfolgen des Wirksamwerdens der grenzüberschreitenden Verschmelzung ergeben sich für eine inländische beteiligte Gesellschaft aus §§ 122a Abs. 2, 20 (Lutter/*Bayer* Rn. 25). Für die ausländischen Gesellschaften richten sich die Rechtsfolgen der Verschmelzung nach der jeweiligen mitgliedstaatlichen Umsetzung der Vorgaben des Art. 14 IntVerschmRL. Dabei ist die jüngst vom EuGH bekräftigte und in ihrer Wirkung konkretisierte Ausprägung der Verschmelzung als Universalsukzession, die sich aus Art. 14 IntVerschmRL ergibt (EuGH NZG 2016, 513), zu beachten. Die nationalen Umsetzungsakte sind daher dahingehend auszulegen, dass mit Wirksamwerden der Verschmelzung lediglich der Vertragspartner ausgetauscht wird. Dieser tritt vollumfänglich in die Recht und Pflichten des alten Vertragspartners ein, ohne dass Inhalt, Reichweite und Wirkungen des Vertrages selbst geändert werden.

D. Gesetz über die Mitbestimmung der Arbeitnehmer bei einer grenzüberschreitenden Verschmelzung (MgVG)

vom 21. Dezember 2006 (BGBl. I S. 3332),

zuletzt geändert durch Gesetz vom 30. Juli 2009 (BGBl. I S. 2479)

Einleitung

Materialien zur IntVerschmRL: Vorschlag für eine Richtlinie des Europäischen Parlaments und des Rates über die Verschmelzung von Kapitalgesellschaften aus verschiedenen Mitgliedstaaten vom 18.11.2003, KOM(2003)703; Stellungnahme des Europäischen Wirtschafts- und Sozialausschusses zu dem „Vorschlag für eine Richtlinie des Europäischen Parlaments und des Rates über die Verschmelzung von Kapitalgesellschaften aus verschiedenen Mitgliedstaaten", ABl. Nr. C 117 vom 30.4.2004, S. 43; Bericht des Rechtsausschusses des Europäischen Parlaments über den Vorschlag für eine Richtlinie des Europäischen Parlaments und des Rates über die Verschmelzung von Kapitalgesellschaften aus verschiedenen Mitgliedstaaten vom 25.4.2004, A6–0089/2005; Legislative Entschließung des Europäischen Parlaments zu dem Vorschlag für eine Richtlinie des Europäischen Parlaments und des Rates über die Verschmelzung von Kapitalgesellschaften aus verschiedenen Mitgliedstaaten, P6_TA (2005)0166.

Materialien zum MgVG: Entwurf eines Gesetzes zur Umsetzung der Regelungen über die Mitbestimmung der Arbeitnehmer bei einer Verschmelzung von Kapitalgesellschaften aus verschiedenen Mitgliedstaaten vom 8.11.2006, BR-Drucks. 540/06 (= BT-Drucks. 16/3320); Plenarprotokoll des Bundestages vom 9.11.2006 Nr. 16/63; Beschlussempfehlungen des Ausschusses für Arbeit und Sozialpolitik und des Wirtschaftsausschusses des Bundesrats vom 8.9.2006, BR-Drucks. 540/1/06; Stellungnahme des Bundesrats vom 22.9.2006, BR-Drucks. 540/06 (B); Ausschuss für Arbeit und Soziales des Bundestages, Materialien zur öffentlichen Anhörung von Sachverständigen vom 3.11.2006, Ausschuss-Drucks. 16(11) 429.

Veröffentlichte Studien: *Bayer,* Grenzüberschreitende Verschmelzungen im Zeitraum 2007 bis 2012, Jena 2013 (abrufbar unter http://www.boeckler.de/pdf/mbf_2013_06_verschmelzungen_bayer.pdf); Bech-Bruun/Lexidale, Study on the Application of the Cross-Border Mergers Directive, 2013 (abrufbar unter: http://ec.europa.eu/internal_market/company/docs/mergers/131007_study-cross-border-merger-directive_en.pdf).

Schrifttum: *Böhm/Köckeritz,* Mitbestimmung in internationalen Unternehmen, AuA 2008, 12 (Sonderbeilage); *Brandes,* Mitbestimmungsvermeidung mittels grenzüberschreitender Verschmelzungen, ZIP 2008, 2193; *Cannistra,* Das Verhandlungsverfahren zur Regelung der Mitbestimmung der Arbeitnehmer bei Gründung einer Societas Europaea und bei Durchführung einer grenzüberschreitenden Verschmelzung, 2014; *Diekmann,* Die Mitbestimmung unter europäischen Gesichtspunkten, insbesondere unter Berücksichtigung der europäischen Gesellschaft (SE), Gedächtnisschrift für Michael Gruson, 2009, 75; *Drinhausen/Keinath,* Mitbestimmung bei grenzüberschreitender Verschmelzung mitbestimmungsfreier Gesellschaften, AG 2010, 398; *dies.,* Die grenzüberschreitende Verschmelzung inländischer Gesellschaften nach Erlass der Richtlinie zur grenzüberschreitenden Verschmelzung von Kapitalgesellschaften in Europa, RIW 2006, 81; *Ege/Grzimek/Schwarzfischer,* Der Zementierungseffekt bei der Mitbestimmung bei Gründung einer SE und grenzüberschreitender Verschmelzung, DB 2011, 1205; *Engels,* Fortentwicklung des Betriebsverfassungsrechts außerhalb des Betriebsverfassungsgesetzes, Teil I, ArbuR 2009, 10; *Forst,* Die Beteiligungsvereinbarung nach § 21 SEBG, Diss. 2009; *ders.* Die Beteiligungsvereinbarung nach der neuen

EBR-Richtlinie, ZESAR 2009, 469; *ders.,* Zum Begriff des abhängigen Unternehmens im europäischen Arbeitsrecht, ZESAR 2010, 154; *ders.,* Neues aus Luxemburg zur Arbeitnehmerbeteiligung bei der grenzüberschreitenden Verschmelzung von Gesellschaften, AG 2013, 588; *ders.,* Mitbestimmung à la Bruxelles – SE, SPE und grenzüberschreitende Verschmelzung, ZESAR 2014, 383; *Götze/Winzer/Arnold,* Unternehmerische Mitbestimmung – Gestaltungsoptionen und Vermeidungsstrategien, ZIP 2009, 245; *Grambow,* Arbeits- und gesellschaftsrechtliche Fragen bei grenzüberschreitenden Verschmelzungen unter Beteiligung einer Europäischen Gesellschaft (Societas Europaea – SE), Der Konzern 2009, 97; *Grambow/Stadler,* Grenzüberschreitende Verschmelzungen unter Beteiligung einer Europäischen Gesellschaft (Societas Europaea – SE), BB 2010, 977; *Habersack,* Die Konzernmitbestimmung nach § 5 MitbestG und § 2 DrittelbG, AG 2007, 641; *ders.,* Grundsatzfragen der Mitbestimmung in SE und SCE sowie bei grenzüberschreitender Verschmelzung, ZHR 171 (2007), 613; *Hellwig/Behme,* Gemeinschaftsrechtliche Probleme der deutschen Unternehmensmitbestimmung, AG 2009, 261; *Heuschmid,* Unternehmensmitbestimmung nach der Richtlinie zur grenzüberschreitenden Verschmelzung von Kapitalgesellschaften, AuR 2006, 184; *Heuchemer/Kloft,* Deutsche Mitbestimmung in Europa weiterhin geschützt, AuA 2008, 86; *Hinrichs/Plitt,* Die Wahl der Mitglieder des besonderen Verhandlungsgremiums in betriebsratslosen Gesellschaften bei SE-Gründung/grenzüberschreitender Verschmelzung, NZA 2010, 204; *Hirdina,* Neuordnung der Unternehmensmitbestimmung, NZA 2010, 683; *Kepper,* Die mitbestimmte monistische SE deutschen Rechts, Diss. 2010; *Kiem,* Vereinbarte Mitbestimmung und Verhandlungsmandat der Unternehmensleitung, ZHR 171 (2007), 713; *Kolb/Rothenfußer,* Festschreibung des Mitbestimmungsniveaus durch grenzüberschreitende Verschmelzung von Kapitalgesellschaften aus Deutschland und dem Vereinigten Königreich, GmbHR 2014, 130; *Köster,* Die Kodifizierung des Internationalen Gesellschaftsrechts – Bedeutung für die Unternehmensmitbestimmung, ZRP 2008, 214; *Krauel/Mense/Wind,* Praxisfragen der grenzüberschreitenden Verschmelzung, Der Konzern 2010, 541; *Krause/Janko,* Grenzüberschreitende Verschmelzungen und Arbeitnehmermitbestimmung, BB 2007, 2194; *Kraushaar,* Ist die europäische Verhandlungslösung zur Regelung der Mitbestimmung bei grenzüberschreitenden Umstrukturierungen bereits ein ausgereiftes System?, Perspektiven der Corporate Governance, 2007, 305; *Loritz,* Grenzen des Arbeitsrechts – Gedanken zu Entwicklungen und neuen Herausforderungen, ZfA 2010, 367; *Louven/Wenig,* Das Stichentscheidrecht des Aufsichtsratsvorsitzenden nach grenzüberschreitenden Verschmelzungen, BB 2008, 797; *Lunk/Hinrichs,* Die Mitbestimmung der Arbeitnehmer bei grenzüberschreitenden Verschmelzungen nach dem MgVG, NZA 2007, 773; *Maack,* Rechtsschutz im Arbeitnehmerbeteiligungsverfahren der „deutschen" Societas Europaea, Diss. 2012; *Morgenroth/Salzmann,* Grenzüberschreitende Umwandlungen in der EU und unternehmerische Mitbestimmung, NZA-RR 2013, 449; *Müller-Bonanni/Müntefering,* Arbeitnehmerbeteiligung bei SE-Gründung und grenzüberschreitender Verschmelzung im Vergleich, BB 2009, 1699; *dies.,* Grenzüberschreitende Verschmelzung ohne Arbeitnehmerbeteiligung?, NJW 2009, 2347; *Nagel,* Das Gesetz über die Mitbestimmung der Arbeitnehmer bei grenzüberschreitenden Verschmelzungen (MgVG), NZG 2007, 57; *Nikoleyczik/Führ,* Mitbestimmungsgestaltung im grenzüberschreitenden Konzern, DStR 2010, 1743; *Rehwinkel,* Die gesetzliche Auffanglösung der Unternehmensmitbestimmung in der Europäischen Aktiengesellschaft, ZESAR 2008, 74; *C. Schubert,* Die nachträgliche Änderung der Unternehmensmitbestimmung nach einer grenzüberschreitenden Verschmelzung, Entwicklungen im Arbeits- und Wirtschaftsrecht, 2009, 103; *dies.,* Die Bestellung der Arbeitnehmervertreter im Aufsichts- und Verwaltungsorgan bei grenzüberschreitenden Verschmelzungen, ZIP 2009, 791; *dies.,* Die Mitbestimmung der Arbeitnehmer bei grenzüberschreitender Verschmelzung, RdA 2007, 9; *Seibt,* Geschlechterquote im Aufsichtsrat und Zielgrößen für die Frauenbeteiligung in Organen und Führungsebenen in der Privatwirtschaft, ZIP 2015, 1193; *Sick,* Unternehmensmitbestimmung in Europa – Schutz erworbener Rechte im Wettbewerb der Rechtsordnungen, in: J. Schubert (Hrsg.), Anforderungen an ein modernes kollektives Arbeitsrecht, 2013, 361; *Simon/Hinrichs,* Unterrichtung der Arbeitnehmer und ihrer Vertretungen bei grenzüberschreitenden Verschmelzungen, NZA 2008, 391; *Teichmann,* Mitbestimmung und grenzüberschreitende Verschmelzung, Der Konzern 2007, 89; *Wenig,* Zulässigkeit und Durchführung grenzüberschreitender Verschmelzungen, Diss. 2008; *Weyde/Hafemann,* Praxisrelevante gesellschaftsrechtliche und steuerrechtliche Aspekte bei grenzüberschreitenden Verschmelzungen, FS Meilicke, 2010, 779; *Winter,* Planung und Vorbereitung einer grenzüberschreitenden Verschmelzung, Der Konzern 2007, 24; *Ziegler/Gey,* Arbeitnehmermitbestimmung im Aufsichtsrat der Europäischen Gesellschaft (SE) im Vergleich zum Mitbestimmungsgesetz, BB 2009, 1750. S. ferner die Literaturangaben zum SEBG.

Übersicht

I. Europäische Vorgaben	1
II. Mitbestimmung nach der IntVerschmRL	5
1. Regelungsgegenstand	5
2. Grundzüge der Mitbestimmung	6
3. Einzelfragen	11
a) Geltung der Definitionen der SE-RL	12
b) Anzuwendendes mitgliedstaatliches Recht	13
c) Voraussetzungen für die Anwendung des Verhandlungs- modells	14
d) Vorher-Nachher-Prinzip	15
e) Minderung von Mitbestimmungsrechten	18
f) Strukturelle Änderungen	21
g) Wiederaufnahme von Verhandlungen	22
h) Missbrauchsverbot	23
III. Umsetzung in Deutschland und in anderen Mitgliedstaaten	26
IV. Vergleich mit der Mitbestimmung in der SE	29
V. Grenzüberschreitende Verschmelzung einer bestehenden SE	30
VI. Geschlechterquoten, Zielgrößen und die grenzüberschreitende Verschmelzung	34

I. Europäische Vorgaben

1   Das Gesetz über Mitbestimmung der Arbeitnehmer bei einer grenzüberschreitenden Verschmelzung (MgVG) beruht ebenso wie die §§ 122a ff. UmwG auf der IntVerschmRL. Diese enthält in den Erwägungsgründen 12 ff., Art. 5 lit. j, 9 Abs. 2, 11 Abs. 1 und insbesondere Art. 16 Bestimmungen über die Arbeitnehmerbeteiligung bei der grenzüberschreitenden Verschmelzung von Gesellschaften. Die Regelungen der IntVerschmRL bilden die bislang letzte Stufe in der **Evolution** des europäischen Mitbestimmungsrechts, welches seinen Ursprung in der EBR-RL 94/45/EG hat, die 2009 durch die RL 2009/38/EG reformiert wurde (dazu *Franzen* EuZA 2010, 180; *Thüsing/Forst* NZA 2009, 408. Gemäß Art. 17 Abs. 2 EBR-RL 2009 sind Verweise auf die EBR-RL 1994 nun als Verweise auf die EBR-RL 2009 zu verstehen).

2   Das „Markenzeichen" des europäischen Mitbestimmungsrechts ist das sog. Verhandlungsmodell. Danach wird zwischen Arbeitgeber- und Arbeitnehmerseite grundsätzlich eine Vereinbarung über die Ausgestaltung der Beteiligungsrechte der Arbeitnehmer geschlossen. Nur ausnahmsweise kommt eine gesetzliche Auffanglösung zur Anwendung, die sich in der Regel am zuvor geltenden Niveau der Arbeitnehmerbeteiligung orientiert. Dieses in der SE-RL erstmals angewandte **europäische Verhandlungsmodell** wurde von der *Davignon*-Gruppe (Abschlussbericht „European Systems of Worker Involvement" [with regard to the European Company Statute and the other pending proposals], ABl. C 371 S. 83) aufgegriffen und ermöglichte mit dem Kompromiss von Nizza im Jahr 2000 eine Einigung der Mitgliedstaaten in der streitigen Frage der Mitbestimmung in der SE. Die Arbeitnehmerbeteiligung nach der SE-RL von 2001 bildete wiederum die Grundlage für die SCE-RL von 2003 (dazu *El Mahi* DB 2004, 967 [971]; *Forst* Der Konzern 2010, 151 [160 f.]; *Kisker* RdA 2006, 206 [208]; *Schultze* NZG 2004, 792) sowie die IntVerschmRL von 2005.

3   Obwohl sich das europäische Grundmodell nicht gewandelt hat, variieren die Rechtsakte im Detail (→ Rn. 29) und lassen eine Evolution des Rechts in Punkten erkennen, die nach den ersten Erfahrungen der Praxis jeweils als problematisch empfunden wurden. Die nächste Stufe dieser Entwicklung sollte in der *Societas Privata Europaea* (SPE) verwirklicht werden (vgl. KOM[2008]369, dazu aus mitbestimmungsrechtlicher Sicht monographisch *Schulte-Wrede,* Die Beteiligung der Arbeitnehmer in der Europäischen Privatgesellschaft, 2015; ferner etwa *Forst* ZESAR 2009, 261 ff.; *Hommelhoff* ArbuR 2011, 202; *Koberski/Heuschmid* RdA 2010, 207 ff.; *Sick/Thannisch* ArbuR 2011, 155; aus gesellschaftsrechtlicher Sicht etwa *Hommelhoff/Teichmann* GmbHR 2008, 897 ff.; *dies.* GmbHR 2010, 337 ff.; *Siems/Herzog/Rosenhager* E.B.O.R. 12 [2011], 147; *Wicke* GmbHR 2011, 566). Auf der Sitzung des Rates der EU vom 3./4.12.2009 konnte eine Einigung jedoch nicht erzielt werden. Neben der Frage des Sitzes einer SPE erwies sich vor allem die Arbeitnehmerbeteiligung als nicht konsensfähig (Dokument des Rates Nr. 16115/09 vom 27.11.2009). Auf der SE-Konferenz in Brüssel am 26.5.2010 sprach sich EU-Kommissar *Michel Barnier* nochmals für die Verwirklichung der SPE aus. Für die SPE wurden immer wieder Vorschläge der jeweiligen Ratspräsidentschaften vorgelegt (zu den diversen Entwürfen GLF/*Forst* § 4 Rn. 16 ff.), die jedoch letztlich nicht mehrheitsfähig waren. Im Jahr 2013 hat die Europäische Kommission die SPE aufgegeben (vgl. KOM(2013)685). Statt ihrer verfolgt sie nunmehr das Ziel, die *Societas Unius Personae* (SUP) als Rechtsform für kleine und mittlere Unternehmen zu etablieren (dazu DAV-Handelsrechtsausschuss NZG 2014, 1372; *Hommelhoff* GmbHR 2014, 1065; *J. Schmidt* FuS 2014, 232; *Teichmann* NJW 2014, 3561; *Wicke* ZIP 2014, 1414; *Grunewald* FS Müller-Graff, 2015, 290 ff., *Kögel* Rpfleger 2016, 1 ff.). Auch die SUP wird freilich als Bedrohung für die (deutsche) Mitbestimmung empfunden (*Thannisch* AiB 2015, 30), so dass die zur SPE begonnene Debatte sich hier fortsetzt.

Wie bei der SE-RL, der SCE-RL und der EBR-RL handelt es sich auch bei **4** der IntVerschmRL um eine **Vollharmonisierung.** Das bedeutet, dass die Mitgliedstaaten nicht „nach oben" von der IntVerschmRL abweichen dürfen, also kein höheres Mitbestimmungsniveau beibehalten oder einführen dürfen, als nach der IntVerschmRL vorgesehen. Umgekehrt dürfen sie aber auch keine Abweichung „nach unten" einführen.

II. Mitbestimmung nach der IntVerschmRL

1. Regelungsgegenstand. Regelungsgegenstand der IntVerschmRL ist aus- **5** schließlich die **Mitbestimmung** (GLF/*Forst* § 5 Rn. 24; HWK/*Hohenstatt/Dzida* MgVG Rn. 7; NFK/*Nagel* MgVG § 1 Rn. 1; *Kisker* RdA 2006, 206 [209]), anders als in der SE-RL und der SCE-RL also nicht die Unterrichtung und Anhörung der Arbeitnehmer. Für letztere gelten ausweislich des Erwägungsgrundes 12 IntVerschmRL weiterhin die Betriebsräte-RL (Richtlinie 2002/14/EG des Europäischen Parlaments und des Rates vom 11.3.2002 zur Festlegung eines allgemeinen Rahmens für die Unterrichtung und Anhörung der Arbeitnehmer in der Europäischen Gemeinschaft – Gemeinsame Erklärung des Europäischen Parlaments, des Rates und der Kommission zur Vertretung der Arbeitnehmer, ABl. L 80 S. 29) sowie die EBR-RL von 1994 bzw. 2009. Mitbestimmung iSd IntVerschmRL bedeutet **entsprechend Art. 2 lit. k SE-RL** (→ Rn. 12) „die Einflussnahme des Organs zur Vertretung der Arbeitnehmer und/oder der Arbeitnehmervertreter auf die Angelegenheiten einer Gesellschaft durch die Wahrnehmung des Rechts, einen Teil der Mitglieder des Aufsichts- oder des Verwaltungsorgans der Gesellschaft zu wählen oder zu bestellen, oder die Wahrnehmung des Rechts, die Bestellung eines Teils der oder aller Mitglieder des Aufsichts- oder des Verwaltungsorgans der Gesellschaft zu empfehlen und/oder abzulehnen". Wegen Art. 16 Abs. 2 lit. a IntVerschmRL gehört zur Mitbestimmung iSd IntVerschmRL darüber hinaus das Recht, Arbeitnehmer vertretende Mitglieder der Ausschüsse dieser Organe oder des Leitungsgremiums, das für die

Ergebniseinheiten der Gesellschaft zuständig ist, zu wählen oder zu bestellen oder
deren Wahl oder Bestellung zu empfehlen und/oder abzulehnen. Bei dieser
Variante handelt es sich um eine Besonderheit des finnischen bzw. slowenischen
Mitbestimmungsrechts (WWK/*Koberski* EU-Recht Rn. 95).

6   **2. Grundzüge der Mitbestimmung.** Die zentrale Vorschrift über die Mitbestimmung der Arbeitnehmer bei der grenzüberschreitenden Verschmelzung
einer Gesellschaft enthält **Art. 16 IntVerschmRL.** Nach dessen Abs. 1 findet
auf die aus der Verschmelzung hervorgehende Gesellschaft grundsätzlich das Mitbestimmungsrecht des Staates Anwendung, in dem die Gesellschaft ihren Sitz
(→ Rn. 13) hat.

7   Die nationalen Mitbestimmungsregeln finden nach Abs. 2 jedoch keine Anwendung, wenn in den sechs Monaten vor der Veröffentlichung des Verschmelzungsplans nach Art. 6 IntVerschmRL mindestens eine der an der Verschmelzung
beteiligten Gesellschaften durchschnittlich mehr als 500 Arbeitnehmer beschäftigt
und (→ Rn. 14 ff.) in dieser Gesellschaft ein System der Arbeitnehmermitbestimmung iSd Art. 2 lit. k SE-RL besteht, oder wenn das für die aus der grenzüberschreitenden Verschmelzung hervorgehende Gesellschaft maßgebende innerstaatliche Recht entweder nicht mindestens den gleichen Umfang an Mitbestimmung
der Arbeitnehmer vorsieht, wie er in den jeweiligen an der Verschmelzung
beteiligten Gesellschaften bestand. Dieser Umfang wird als der Anteil der die
Arbeitnehmer vertretenden Mitglieder des Verwaltungs- oder des Aufsichtsorgans
oder ihrer Ausschüsse oder des Leitungsgremiums ausgedrückt, das für die Ergebniseinheiten der Gesellschaft zuständig ist, wenn eine Arbeitnehmermitbestimmung besteht (→ Rn. 5). Für Arbeitnehmer in Betrieben der aus der grenzüberschreitenden Verschmelzung hervorgehenden Gesellschaft, die sich in anderen
Mitgliedstaaten befinden, bemisst sich der Umfang danach, ob das infolge der
grenzüberschreitenden Verschmelzung grundsätzlich anzuwendende mitgliedstaatliche Recht den gleichen Anspruch auf Ausübung von Mitbestimmungsrechten vorsieht, wie sie den Arbeitnehmern in demjenigen Mitgliedstaat gewährt
werden, in dem die aus der grenzüberschreitenden Verschmelzung hervorgehende Gesellschaft ihren Sitz hat.

8   Liegt ein Fall des Art. 16 Abs. 2 IntVerschmRL vor, greift das **europäische
Verhandlungsmodell** nach Maßgabe der Abs. 3–5 ein. Art. 16 Abs. 3 Int-
VerschmRL ordnet die entsprechende Anwendung zentraler Vorschriften der SE-
RL an, während Abs. 4 den Mitgliedstaaten die Möglichkeit eröffnet, hiervon
bestimmte Abweichungen zu statuieren (→ Rn. 29). Art. 16 Abs. 5 Int-
VerschmRL gestattet den Mitgliedstaaten, die in anderen Mitgliedstaaten beschäf-
tigten Arbeitnehmer in ihr eigenes Mitbestimmungsrecht mit einzubeziehen.
Darin liegt eine Einschränkung des Territorialitätsprinzips.

9   Nach Art. 16 Abs. 6 IntVerschmRL muss die entstehende Gesellschaft eine
Rechtsform annehmen, die eine Ausübung von Mitbestimmungsrechten ermöglicht, sofern das europäische Verhandlungsmodell zur Anwendung kommt.
Art. 16 Abs. 7 IntVerschmRL verpflichtet die Mitgliedstaaten dazu, die Gesellschaft zu verpflichten, die Mitbestimmungsrechte der Arbeitnehmer auch bei
nachfolgenden innerstaatlichen Verschmelzungen für die Dauer von drei Jahren
nach Wirksamwerden der grenzüberschreitenden Verschmelzung durch entsprechende Anwendung der Vorschriften des Art. 16 IntVerschmRL zu schützen.
Dem Wortlaut nach wird die Gesellschaft selbst verpflichtet, Richtlinien richten
sich nach Art. 288 Abs. 3 AEUV jedoch ausschließlich an die Mitgliedstaaten.

10   Schließlich verweist Art. 16 Abs. 3 IntVerschmRL auch auf **Art. 12 Abs. 2–4
SE-VO.** Dieser Verweis führt nicht dazu, dass Art. 12 Abs. 2–4 SE-VO auch bei
grenzüberschreitenden Verschmelzungen nach Art. 288 Abs. 2 AEUV unmittelbar und zwingend in jedem Mitgliedstaat gelten – schon deshalb nicht, weil sich

die IntVerschmRL auf ex-Art. 44 EGV (jetzt Art. 50 AEUV) stützt, der die EU nur zum Erlass von Richtlinien, nicht zum Erlass von Verordnungen ermächtigt. Die SE-VO ändert dadurch, dass auf sie durch eine Richtlinie verwiesen wird, ihre Rechtsnatur. Die genannten Vorschriften der SE-VO werden Bestandteil der IntVerschmRL und binden die Mitgliedstaaten bei grenzüberschreitenden Verschmelzungen nur nach Maßgabe des Art. 288 Abs. 3 AEUV. Deshalb bedürfen auch Art. 12 Abs. 2–4 SE-VO im Rahmen einer grenzüberschreitenden Verschmelzung der Umsetzung in mitgliedstaatliches Recht. In Deutschland ist dies im gesellschaftsrechtlichen Teil der Umsetzungsgesetzgebung geschehen, nämlich in § 122l Abs. 2 UmwG.

3. Einzelfragen. Die IntVerschmRL wirft eine Reihe von Einzelfragen auf, **11** die wegen des Gebots der richtlinienkonformen Auslegung (grundlegend EuGH Slg. 1984, 1891 Rn. 26 – Van Colson & Kamann) auch für die Auslegung des MgVG von Bedeutung sind. Da manche dieser Fragen recht umfangreicher Erörterung bedürfen, werden sie hier gleichsam „vor die Klammer" gezogen, um die Kommentierung der jeweiligen Bestimmungen des MgVG zu entlasten.

a) Geltung der Definitionen der SE-RL. Die IntVerschmRL enthält für die **12** Arbeitnehmerbeteiligung selber keine Definitionen. Die Legaldefinitionen des Art. 3 IntVerschmRL behandeln ausschließlich gesellschaftsrechtliche Begriffe. Es fehlt damit für die Mitbestimmung an einer Norm entsprechend der des Art. 2 SE-RL. Entgegen in der Literatur vertretener Auffassung (NFK/*Nagel* MgVG § 1 Rn. 1 und § 2 MgVG sowie diesem folgend AKRR/*Annuß* § 2 MgVG) lässt sich die Anwendung der Definitionen des Art. 2 SE-RL auch nicht unmittelbar aus der Verweisung in Art. 16 Abs. 3 IntVerschmRL ableiten, denn dieser verweist gerade nicht auf Art. 2 SE-RL, der in den in der Verweisungsnorm enthaltenen „nachstehenden Bestimmungen" der SE-RL nicht aufgezählt wird. Da eine entsprechende Anwendung der SE-RL jedoch ohne eine solche Definitionsnorm schlicht unmöglich ist, wird man von einem Redaktionsversehen ausgehen und die Definitionen des **Art. 2 SE-RL analog** anwenden müssen (*Forst* ZESAR 2010, 154 [156]. Zur Analogiefähigkeit der SE-RL *ders.* NZG 2009, 687 [689]; im Einzelnen wie hier *Nagel* NZG 2007, 57 f.). Dafür spricht auch, dass Art. 16 Abs. 2 IntVerschmRL zumindest auf Art. 2 lit. k SE-RL insoweit verweist, als die Voraussetzungen für die Anwendung des europäischen Verhandlungsmodells in Frage stehen.

b) Anzuwendendes mitgliedstaatliches Recht. Art. 16 Abs. 1 Int- **13** VerschmRL beruft grundsätzlich das Mitbestimmungsrecht des Staates zur Anwendung, in dem die aus der Verschmelzung hervorgehende Gesellschaft ihren „Sitz" hat. Gemeint ist damit der **Satzungssitz,** denn anders als die deutsche Sprachfassung stellen andere Fassungen der IntVerschmRL ausdrücklich auf den Satzungssitz ab (englisch: *registered office;* spanisch: *domicilio social;* französisch: *siège statutaire;* italienisch: *sede social;* niederländisch: *statutaire zetel* – so schon *Forsthoff* DStR 2006, 613 [615]; dem folgend GLF/*Forst* § 5 Rn. 32; HWK/*Hohenstatt/ Dzida* MgVG Rn. 8; NFK/*Nagel* Einf. MgVG Rn. 9; *C.Schubert* RdA 2007, 9). Darüber hinaus erklärt sich die Ausnahmeregelung der folgenden Absätze nur daraus, dass manche Mitgliedstaaten eine „Flucht aus der Mitbestimmung" fürchteten. Eine solche kann aber nur dadurch eintreten, dass der Satzungssitz in einen Mitgliedstaat ohne Mitbestimmung oder mit nur geringem Mitbestimmungsniveau verlegt wird, während der Verwaltungssitz in dem Mitgliedstaat mit einem hohen Mitbestimmungsniveau verbleibt.

c) Voraussetzungen für die Anwendung des Verhandlungsmodells. Be- **14** züglich der Voraussetzungen für die Anwendung des europäischen Verhandlungsmodells nach Art. 16 Abs. 2 IntVerschmRL wurde in der Literatur früh darauf

hingewiesen, dass die alternative Verknüpfung („oder") der drei Varianten dieser
Norm überrascht. Es sei nicht einsichtig, weshalb das europäische Verhandlungsmodell bereits dann zur Anwendung komme, wenn mehr als 500 Arbeitnehmer
betroffen seien und ein System der Mitbestimmung bestehe, ohne dass kumulativ
eine Minderung von Mitbestimmungsrechten oder eine Diskriminierung auslän-
discher Belegschaften vorliegen müsse (*Kisker* RdA 2006, 206 [211]; für eine
kumulative Verknüpfung – zum Teil bezogen auf § 5 MgVG – *Drinhausen/
Keinath* RIW 2006, 81 [85]; *dies.* AG 2010, 398 [403]; wohl auch *Lunk/Hinrichs*
NZA 2007, 773 [774]; *C.Schubert* RdA 2007, 9 [12]; anders schon bislang die hL
AKRR/*Annuß* MgVG § 5 Rn. 2; GLF/*Kienast* § 5 Rn. 120; HWK/*Hohenstatt/
Dzida* MgVG Rn. 8; MünchKommAktG/*Jacobs* SEBG Vor § 1 Rn. 43; NFK/
Nagel MgVG § 5 Rn. 2; *Brandes* ZIP 2008, 2193 [2195]; *Heuschmid* AuR 2006,
184 [186]; *Krause/Janko* BB 2007, 2194 [2195]; *Müller-Bonanni/Müntefering* NJW
2009, 2347 [2349]; wohl auch *Nagel* NZG 2007, 57 [58]). In der Vorauflage
wurde eine kumulative Verknüpfung auch an dieser Stelle befürwortet. Der
EuGH hat jedoch in der Rs. Kommission/Niederlande befunden, dass Art. 16
Abs. 2 IntVerschmRL drei Tatbestände enthalte, die jeweils für sich genommen –
alternativ – zur Anwendung des europäischen Verhandlungsmodells führten
(EuGH Urt. v. 20.6.2013 – C-635/11, AG 2013, 592 Rn. 31, zu lesen im
Zusammenhang mit der Rechtsauffassung der Kommission in Rn. 10 der Ent-
scheidung). Damit ist die Frage für die Praxis entschieden (s. auch GLF/*Gaul/
Ludwig* § 5 Rn. 82; *Forst* AG 2013, 588 ff.).

15   **d) Vorher-Nachher-Prinzip.** Auch in der IntVerschmRL findet das sog.
Vorher-Nachher-Prinzip grundsätzlich Anwendung. Danach sind die vor der
grenzüberschreitenden Verschmelzung bestehenden Arbeitnehmerrechte auch
Ausgangspunkt für die Gestaltung ihrer Beteiligungsrechte in der aus der grenzüberschreitenden Verschmelzung hervorgehenden Gesellschaft. Allerdings wird
dies – anders als in Erwägungsgrund 18 SE-RL – in der IntVerschmRL nicht
ausdrücklich gesagt. Auch folgt die Geltung des Vorher-Nachher-Prinzips nicht
aus der Verweisung auf die SE-RL in Art. 16 Abs. 3 IntVerschmRL. Gleichwohl
ist unstreitig, dass das Vorher-Nachher-Prinzip auch im Rahmen der Int-
VerschmRL eingreift (BR-Drs. 540/06, 32; *Krause/Janko* BB 2007, 2194 [2195];
Lunk/Hinrichs NZA 2007, 773 [774]; *Nagel* NZG 2007, 57 [59]; *C.Schubert*
RdA 2007, 9; *Teichmann* Der Konzern 2007, 89; *Thüsing* Ausschussdrucks. 16(11)
429 S. 26; *Winter* Der Konzern 2007, 24 [32]). Dafür spricht neben der generellen
Orientierung an der SE-RL (vgl. Erwägungsgrund 13 IntVerschmRL) vor allem
Art. 16 Abs. 2 IntVerschmRL, der das Verhandlungsmodell gerade dann zur An-
wendung bringt, wenn sich der mitbestimmungsrechtliche *status quo* der Arbeit-
nehmer infolge der grenzüberschreitenden Verschmelzung nachteilig ändert. Das
Vorher-Nachher-Prinzip ist in der IntVerschmRL aber **abgeschwächt:** Erstens
sind Verhandlungen nur unter engeren Voraussetzungen zu führen als in der SE
(→ Rn. 29; → § 5 Rn. 6 ff.). Zweitens endet der Schutz vor Veränderungen durch
weitere innerstaatliche Verschmelzungen nach Art. 16 Abs. 7 IntVerschmRL drei
Jahre nach der Eintragung der grenzüberschreitenden Verschmelzung. Drittens
gibt es bei der grenzüberschreitenden Verschmelzung keine Pflicht, bei späteren
strukturellen Änderungen erneut Verhandlungen zu führen (→ Rn. 21).

16   Nicht nur auf der Ebene des mitgliedstaatlichen Rechts (dazu → § 5 Rn. 20),
sondern bereits auf der Ebene des EU-Rechts stellt sich die Frage, ob es für den
Vergleich zwischen dem vor der grenzüberschreitenden Verschmelzung bestehenden Mitbestimmungsniveau und dem danach bestehenden auf die **tatsächlich
praktizierte Mitbestimmung** ankommt, oder darauf, welche Mitbestimmung
nach den jeweils einschlägigen Mitbestimmungsgesetzen (ein Überblick zur Mitbestimmung in der EU findet sich bei GLF/Forst § 1 Rn. 181 ff.) **rechtlich**

geboten wäre. Die Frage wird im deutschen Schrifttum vor allem bei der Mitbestimmung in der SE diskutiert und hat von dort ihren Weg inzwischen auch in
die Debatte um die Geschlechterquote in Führungsgremien von Kapitalgesellschaften gefunden (vgl. K. Schmidt/Lutter/*Drygala* AktG § 111 Rn. 67a *Müller-
Bonanni*/*Forst* GmbHR 2015, 621 [622]). Die IntVerschmRL äußert sich dazu
nicht ausdrücklich.

Auch ErwG 18 SE-RL hilft hier nicht weiter, der auf die „bestehenden   **17**
Rechte" (en: *acquired rights,* fr: *droits des travailleurs existant;* nl: *bestaande rechten*)
abstellt. Ob dazu das abstrakte Bestehen ausreicht oder ob diese Rechte tatsächlich gelebt werden müssen, lässt sich dem Wortlaut nicht zweifelsfrei entnehmen.
Damit kommen auch auf der Ebene des EU-Rechts die Argumente zum Tragen,
die in der mitgliedstaatlichen Debatte angeführt werden: Für ein Abstellen auf
den tatsächlich gelebten Zustand spricht, dass die Arbeitnehmer scheinbar keine
Veränderung erfahren, wenn der Zustand nach der grenzüberschreitenden Verschmelzung weiter gelebt wird. Das entspricht auf den ersten Blick dem Vorher-
Nachher-Prinzip. Tatsächlich kommt es durch die grenzüberschreitende Verschmelzung jedoch wie bei der SE zu einem „Einfrieren" der Mitbestimmung
(ausführlich *Ege*/*Grzimek*/*Schwarzfischer* DB 2011, 1205; *Kolb*/*Rothenfußer*
GmbHR 2014, 130). Wäre insoweit der gelebte Zustand maßgeblich, würde
dieser zementiert und den Arbeitnehmern die Möglichkeit genommen, ihre abs-
trakt bestehenden Rechte doch noch wahrzunehmen. Zudem würde durch das
Einfrieren der Mitbestimmung womöglich ein rechtswidriger Zustand perpetu-
iert, was mit dem Vorher-Nachher-Prinzip schwerlich beabsichtigt gewesen ist.
Deshalb ist richtigerweise auf die **abstrakte Rechtslage** abzustellen (wie hier
GLF/*Gaul*/*Ludwig* § 5 Rn. 99; GLF/*Forst* § 2 Rn. 464; *ders.* ZHR-Beiheft 10
Jahre SE, 2015, 50, 63; GLF/*Kienast* § 2 Rn. 676; UHH/*Habersack* MgVG § 5
Rn. 6; *Grobys* NZA 2005, 84 [90]; *Ziegler*/*Gey* BB 2009, 1750 [1756]; aA *Hohen-
statt*/*Müller-Bonanni* SEBG § 34 Rn. 6; *Grambow* BB 2012, 902).

e) Minderung von Mitbestimmungsrechten. Das Vorher-Nachher-Prinzip   **18**
erlangt insbesondere Bedeutung bei der Frage, ob eine Minderung von Mitbestimmungsrechten iSd Art. 16 Abs. 2 IntVerschmRL vorliegt oder nicht. Diese
wiederum ist Voraussetzung für das Eingreifen des europäischen Verhandlungsmodells (→ Rn. 14 ff.). Ob eine Minderung von Mitbestimmungsrechten vorliegt, ist mitunter nicht leicht festzustellen.

Nach Art. 16 Abs. 2 lit. a IntVerschmRL ist für die Minderung von Mit-   **19**
bestimmungsrechten ein Vergleich des Anteils der Arbeitnehmervertreter in dem
jeweiligen Gremium erorderlich. Dabei handelt es sich um ein **quantitatives
Kriterium.** Wie schon bei der SE-RL stellt sich aber auch hier die Frage,
inwieweit das europäische Verhandlungsmodell auch **qualitative Unterschiede**
berücksichtigt (dazu ausführlich *Güntzel* Die Richtlinie über die Arbeitnehmer-
beteiligungs in der Europäischen Aktiengesellschaft (SE) und ihre Umsetzung in
das deutsche Recht, 2006, S. 198 ff.). Eine ausdrückliche Regelung findet sich in
der IntVerschmRL nicht. Bedeutung kann dies etwa bei einer grenzüberschreitenden Verschmelzung unter Beteiligung einer niederländischen mitbestimmten
Gesellschaft erlangen. In den Niederlanden erfolgt die Mitbestimmung nach dem
sog. Kooptationsmodell. Der betrieblichen Arbeitnehmervertretung steht danach
ein Vetorecht bei der erstmaligen Besetzung des Aufsichtsrats sowie der späteren
Nachwahl von Mitgliedern zu – und zwar bezüglich sämtlicher Mitglieder.
Angenommen, aus einer grenzüberschreitenden Verschmelzung nach Deutschland zwischen einer dem MitbestG unterliegenden deutschen AG und einer dem
Kooptationsmodell unterliegenden niederländischen BV geht eine deutsche AG
hervor. Würde man auf diese das MitbestG anwenden, lässt sich argumentieren,
dass die niederländischen Arbeitnehmer eine Minderung von Mitbestimmungs-

rechten iSd Art. 16 Abs. 2 lit. a IntVerschmRL erleiden, weil sie nicht mehr über alle, sondern nur noch die Hälfte der Mitglieder des Aufsichtsrats mitentscheiden können. Andererseits lässt sich argumentieren, dass die deutsche Mitbestimmung qualitativ weiter reicht als das Kooptationsmodell und diesen Nachteil ausgleicht. Streitentscheidend wird die Frage nicht werden, da die niederländischen Arbeitnehmer durch das derzeit geltende MitbestG diskriminiert werden – sie sind weder aktiv noch passiv wahlberechtigt – und deshalb schon Art. 16 Abs. 2 lit. b IntVerschmRL eingreift. Erlangt die Frage einmal praktische Bedeutung, ist richtigerweise ein quantitativer Vergleich anzustellen, weil qualitative Unterschiede nicht messbar sind und daher keine Rechtssicherheit bieten.

20   Allerdings stellt sich bei Art. 16 Abs. 2 lit. b IntVerschmRL die Frage, ob dessen Tatbestand nur erfüllt ist, wenn Arbeitnehmer aus anderen Mitgliedstaaten **konkret** benachteiligt werden oder ob es reicht, dass das innerstaatliche Recht – **abstrakt** – ausländische Belegschaften schlechter stellt. Richtigerweise bedarf es einer konkreten Benachteiligung der Belegschaften aus anderen Mitgliedstaaten. Die IntVerschmRL dient dazu, grenzüberschreitende Verschmelzungen zu erleichtern und dabei die Mitbestimmungsrechte von Arbeitnehmern zu sichern (Erwägungsgründe 2, 3, 7, 12 ff. IntVerschmRL). Wäre schon bei abstrakten Nachteilen das europäische Verhandlungsmodell durchzuführen, würden grenzüberschreitende Verschmelzungen erschwert, ohne dass konkrete Mitbestimmungsrechte dadurch gesichert würden. Außerdem deutet der Wortlaut des Art. 16 Abs. 2 lit. b IntVerschmRL, den § 5 Nr. 3 MgVG umsetzt, in anderen Sprachfassungen darauf hin, dass Mitbestimmungsrechte konkret bestehen müssen. So ersetzt das deutsche „vorsieht" in der englischen Sprachfassung ein *„is enjoyed"*, in der französischen Sprachfassung ein *„dont bénéficient"* und in der italienischen Sprachfassung ein *„cui godono"* (zum Ganzen → § 5 Rn. 18 f.).

21   **f) Strukturelle Änderungen.** Art. 16 Abs. 3 IntVerschmRL verweist nicht auf Erwägungsgrund 18 SE-RL, der manchen mitgliedstaatlichen Gesetzgeber (zB Deutschland mit § 18 Abs. 3 SEBG, Österreich mit § 228 ArbVG) dazu veranlasste, in die Akte zur Umsetzung der SE-RL eine Regelung aufzunehmen, nach der bei „strukturellen Änderungen" (zum Begriff → SEBG § 18 Rn. 8) ein neues Verhandlungsverfahren einzuleiten ist. Deshalb sind die Mitgliedstaaten nicht berechtigt, solche Neuverhandlungen bei grenzüberschreitenden Verschmelzungen gesetzlich anzuordnen oder die Parteien einer Mitbestimmunsgvereinbarung zu verpflichten, bei strukturellen Änderungen solche Neuverhandlungen obligatorisch vorzusehen.

22   **g) Wiederaufnahme von Verhandlungen.** Auch verweist Art. 16 Abs. 3 IntVerschmRL nicht auf Art. 3 Abs. 6 SE-RL oder Anhang Teil 1 lit. g SE-RL (GLF/*Kienast* § 5 Rn. 240; aA *C.Schubert* Entwicklungen im Arbeits- und Wirtschaftsrecht, 2009, S. 105, 106 unter Bezugnahme auf Art. 16 Abs. 3 lit. b IntVerschmRL, der jedoch auf Art. 4 SE-RL verweist), die in Deutschland durch §§ 18 Abs. 1, 26 SEBG umgesetzt wurden, so dass die Arbeitnehmerseite, vertreten durch das bVG, nicht beschließen kann, mit der Leitung der aus der grenzüberschreitenden Verschmelzung hervorgegangenen Gesellschaft in ein neues Verhandlungsverfahren einzutreten, wenn bei der grenzüberschreitenden Verschmelzung ein Nichtverhandlungsbeschluss getroffen oder die gesetzliche Auffanglösung zur Anwendung gebracht wurde (im Einzelnen ebenso *C.Schubert* Entwicklungen im Arbeits- und Wirtschaftsrecht, 2009, S. 105, 106 ff.).

23   **h) Missbrauchsverbot.** Art. 11 SE-RL enthält ein ausdrückliches Verbot, die SE zu dem Zweck zu missbrauchen, Arbeitnehmern Beteiligungsrechte zu entziehen. Umgesetzt wurde dies in Deutschland in § 43 SEBG. Art. 16 Abs. 3 IntVerschmRL verweist nicht auf Art. 11 SE-RL. In der Literatur wird argumen-

tiert, das **Verbot des Rechtsmissbrauchs** sei als ungeschriebenes, allgemein geltendes Rechtsinstitut auch im Recht der EU anerkannt und gelte auch im Rahmen der IntVerschmRL (MHdB ArbR/*Wißmann* § 287 Rn. 22; MüKo-AktG/*Jacobs* SEBG Vor § 1 Rn. 47; WWK/K/*Kleinsorge* EU-Recht Rn. 100). Andere argumentieren, dass das Missbrauchsverbot bewusst nicht in die Int-VerschmRL aufgenommen worden sei und daher hier keine Anwendung finde (*Habersack* ZHR 171 [2007], 613 [636]; *Teichmann* Der Konzern 2007, 89 [97]; *Müller-Bonanni/Müntefering* BB 2009, 1699 [1703]).

Letztgenannter Ansicht ist grundsätzlich zuzustimmen. Zwar ist richtig, dass **24** das Verbot des Rechtsmissbrauchs ein allgemeines Prinzip des Unionsrechts ist und auch im Rahmen der IntVerschmRL gilt (s. nur EuGH Slg. 1999, I-1484 = NJW 1999, 2027 Rn. 24 – Centros mzN). Fraglich ist aber, welche **Rechts-folgen** sich daraus ergeben. Üblicherweise hat ein Verstoß gegen das Miss-brauchsverbot zur Folge, dass die Rechtsfolge, die vermieden werden soll, doch eintritt bzw. dass die Rechtsfolge, die herbeigeführt werden soll, verwehrt wird (zB EuGH Slg. 2007, I-5795 Rn. 38 – Kofoed; Slg. 2006, I-1609 Rn. 69 – Halifax). Wie soll aber eine grenzüberschreitende Verschmelzung behandelt wer-den, die zB dazu dient, deutschen Arbeitnehmern Rechte nach dem MitbestG zu entziehen und die in der Gründung einer Auslandsgesellschaft resultiert? Sollen die Arbeitnehmer die Rechte aus dem MitbestG im Ausland geltend machen können? Das kollidiert mit dem im deutschen Mitbestimmungsrecht geltenden Territorialitätsprinzip. Soll die grenzüberschreitende Verschmelzung unwirksam sein? Das wäre eine schärfere Sanktion als die „bloße" Anwendung des MitbestG: Sie würde nicht nur die vermiedene Rechtsfolge eintreten lassen, sondern auch die gesellschaftsrechtlichen Rechtsfolgen zunichte machen, selbst wenn die hier-für geltenden Vorschriften eingehalten wurden. Die Unwirksamkeit der grenz-überschreitenden Verschmelzung könnte nur dann überzeugen, wenn Arbeitneh-merbeteiligung und gesellschaftsrechtliche Folgen eine „untrennbare Einheit" bildeten wie bei der SE. Da das System der Mitbestimmungsbeibehaltung nach der IntVerschmRL insgesamt jedoch weniger streng ausgestaltet ist als bei der SE (*Teichmann* Der Konzern 2007, 89 [97]; → Rn. 29), lässt sich dies aber nicht behaupten. Auch der Verweis auf Art. 12 Abs. 2 SE-VO (→ Rn. 10) zwingt nicht zu dieser Annahme (aA *C.Schubert* RdA 2007, 9 [15]): Das Registergericht prüft danach selbst bei der SE eine Beteiligungsvereinbarung nicht inhaltlich, sondern untersucht grundsätzlich nur, ob das Verhandlungsverfahren durchgeführt werden musste und ob es durchgeführt wurde (formelle Prüfung). Nur ausnahmsweise tritt das Registergericht in eine materielle Prüfung ein, nämlich dann, wenn wegen Art. 12 Abs. 4 SE-VO fraglich ist, ob die Satzung der SE wirksam ist bzw. angepasst werden muss (str., ausführlich *Forst* S. 323 f. mwN). Daraus folgt, dass das Registergericht eine Eintragung bei einer missbräuchlichen Umgehung der Arbeitnehmerbeteiligung zwar aufgrund einer formellen Prüfung ablehnen darf. Daraus folgt aber keine Pflicht des Gesetzgebers, einen solchen Missbrauch aus-drücklich zu verbieten oder diesen gar unter Strafe zu stellen (so aber wohl *C.Schubert* RdA 2007, 9 [15]).

Allerdings sind die Mitgliedstaaten im Rahmen ihres Umsetzungsspielraums **25** **berechtigt,** eine Vorschrift erlassen, die die grenzüberschreitende Verschmelzung für unwirksam erklärt, wenn hierdurch Arbeitnehmern missbräuchlich Betei-ligungsrechte entzogen werden. Dies verstößt nicht gegen das Prinzip der Voll-harmonisierung, weil durch eine solche Vorschrift nur die tatsächliche Durch-setzung der IntVerschmRL sichergestellt wird. Der deutsche Gesetzgeber hat davon jedoch keinen Gebrauch gemacht und folgerichtig auch keine dem § 43 SEBG entsprechende Vorschrift in das MgVG aufgenommen (kritisch MüKo-AktG/*Jacobs* SEBG Vor § 1 Rn. 47; *Kisker* RdA 2006, 206 [210]; *C.Schubert* RdA 2007, 9 [15]). Vielmehr ist § 30 MgVG als abschließender Missbrauchs-

bzw. Umgehungsschutztatbestand anzusehen. Auch eine Analogie zu § 43 SEBG scheidet deshalb schon mangels Regelungslücke aus.

III. Umsetzung in Deutschland und in anderen Mitgliedstaaten

26 Art. 19 IntVerschmRL verpflichtete die Mitgliedstaaten, diese bis zum 15.12.2007 umzusetzen. Deutschland ist dem hinsichtlich der Arbeitnehmerbeteiligung fristgerecht durch das **MgVG** nachgekommen. Folgeänderungen waren ferner in den §§ 96, 100, 101, 103, 119 AktG sowie den §§ 2a, 10, 82, 83 ArbGG erforderlich. Dem MgVG lag der Regierungsentwurf vom 11.8.2006 (BR-Drs. 540/06 = BT-Drs. 16/3320) zugrunde. Änderungsanträgen des Bundesrates, das Gewerkschaftsprivileg des § 8 Abs. 3 MgVG sowie die Regelung in § 17 Abs. 4 Nr. 2 MgVG zu streichen (BR-Drs. 540/1/06), ist der Bundestag nicht gefolgt. Das MgVG ist am 29.12.2006 in Kraft getreten. Die nicht wenigen **Umsetzungsdefizite** werden bei der jeweiligen Regelung erörtert.

27 Manche Mitgliedstaaten haben die Richtlinie verspätet umgesetzt (die Umsetzungsakte aller Mitgliedstaaten finden sich unter http://eur-lex.europa.eu/LexUriServ/LexUriServ.do?uri= CELEX:72005L0056:DE:NOT. Ein Überblick für zahlreiche Mitgliedstaaten findet sich bei Bech-Bruun/Lexidale, Study on the Application of the Cross-Border Mergers Directive, 2013 und *Van Gerven* Cross-Border Mergers in Europe, Volume I, 2010 passim und Volume II, 2011 passim). Die Europäische Kommission hat gegen Belgien, Griechenland, Luxemburg, Schweden und Spanien **Vertragsverletzungsverfahren** eingeleitet, zum Teil wurden diese Mitgliedstaaten durch den EuGH wegen nicht fristgerechter Umsetzung der Richtlinie verurteilt. Auch Liechtenstein wurde durch den EFTA-Gerichtshof wegen nicht fristgerechter Umsetzung der auch für die Mitgliedstaaten des EWR verbindlichen Richtlinie verurteilt (EFTA-Gerichtshof 1.12.2009 – E 7/09, ABl. 2010 C 256 S. 8).

28 Die **Umsetzungspraxis** in den Mitgliedstaaten variiert: Das **Vereinigte Königreich** und **Italien** etwa haben sich für eine Umsetzung in Gesetzen über die grenzüberschreitende Verschmelzung entschieden, die gesellschaftsrechtliche und arbeitsrechtliche Regelungen beinhalten (*Sections* 22 ff. *Companies (Cross-Border-Mergers) Regulations 2007* – SI 2974/2007; zur Umsetzung *Cain* Company Secretary's Review 31 (2007), 121 ff. – bzw. *Attuazione della direttiva 2005/56/CE relativa alle fusioni transfrontaliere delle società di capitali),* dessen Art. 19 allerdings auf die Regelungen über die SE verweist, während **Frankreich** (Art. L-2371-1 ff. *Code du travail;* zur Umsetzung dort *Teissier* Semaine Juridique Social 2008, 1517 ff.) und **Österreich** (§§ 258 ff. ArbVG) die Regelungen in ihre bestehenden Gesetze über die Arbeitnehmerbeteiligung implementiert haben. Die **Niederlande** schließlich verweisen in Art. 2:333k *Burgelijk Wetboek* im Wesentlichen auf die Regelungen über die Arbeitnehmerbeteiligung in der SE (Art. 1:1 ff. *Wet rol werknemers bij Europese rechtspersonen*). Bereits vor Ablaufen der Umsetzungsfrist hatte das Kantongerecht Amsterdam (DB 2007, 677) für das Gesellschaftsrecht entschieden, dass eine grenzüberschreitende Verschmelzung aufgrund der ex-Art. 43, 48 EG (heute Art. 49, 54 AEUV) möglich sein müsse.

IV. Vergleich mit der Mitbestimmung in der SE

29 Das MgVG ist in weiten Teilen mit dem SEBG identisch, weil Art. 16 Abs. 3 IntVerschmRL auf viele Vorschriften der SE-RL verweist. Wie nach der SE-RL kommt es auch nach der IntVerschmRl grundsätzlich zu einem Einfrieren der

Mitbestimmung (ausführlich GLF/*Kienast* § 5 Rn. 171 ff.; *Ege/Grzimek/Schwarz-fischer* DB 2011, 1205; *Kolb/Rothenfußer* GmbHR 2014, 130). Dennoch bestehen einige wichtige **Unterschiede** zwischen den beiden Beteiligungsregimen (dazu auch *Müller-Bonanni/Müntefering* BB 2009, 1699 [1700 f.]), insbesondere

– betrifft die IntVerschmRL ausschließlich die Mitbestimmung, also die Beteiligung von Arbeitnehmern im Aufsichtsrat (oder einem äquivalenten Gremium) der Gesellschaft, nicht hingegen die Unterrichtung und Anhörung der Arbeitnehmer. Die SE-RL erfasst beide Bereiche.

– ist der Begriff der Mitbestimmung in Art. 16 IntVerschmRL gegenüber Art. 2 lit. k) SE-RL insoweit erweitert, als auch der Anteil der Arbeitnehmervertreter in Ausschüssen, in denen die Mitbestimmung der Arbeitnehmer erfolgt oder im Leitungsgremium, das für die Ergebniseinheiten der Gesellschaft zuständig ist, erfasst wird. Diese Ergänzungen beziehen sich auf die Mitbestimmungssysteme Finnlands und Sloweniens (→ Rn. 5).

– kommt die gesetzliche Auffangregelung nach Art. 16 Abs. 3 lit. e IntVerschmRL nur zum Einsatz, wenn mindestens ein Drittel der betroffenen Arbeitnehmer einer Form der Mitbestimmung unterliegt, während der entsprechende Schwellenwert nach Art. 7 Abs. 2 UAbs. 1 lit. b SE-RL nur ein Viertel beträgt. Nach beiden Beteiligungsregimen kann aber das bVG die Auffanglösung durch einen Beschluss herbeiführen.

– eröffnet Art. 16 Abs. 4 lit. a IntVerschmRL den an der Verschmelzung beteiligten Gesellschaften die Möglichkeit, ohne vorherige Verhandlungen die gesetzliche Auffanglösung zur Anwendung zu bringen. Nach Art. 7 Abs. 1 SE-RL ist hingegen stets ein mindestens sechs Monate dauerndes Verhandlungsverfahren durchzuführen.

– führt ein Beschluss des bVG, Verhandlungen nicht aufzunehmen oder abzubrechen, nach Art. 16 Abs. 4 lit. b IntVerschmRL dazu, dass das mitgliedstaatliche Mitbestimmungsrecht anzuwenden ist, während nach Art. 3 Abs. 6 iVm Art. 7 Abs. 1 lit. b, 2. Gedankenstrich SE-RL die Gesellschaft mitbestimmungsfrei bleibt.

– können die Mitgliedstaaten nach Art. 16 Abs. 4 lit. c IntVerschmRL den Anteil der Arbeitnehmervertreter auf ein Drittel begrenzen. Diese Ausnahme zielt insbesondere auf Mitgliedstaaten, deren Gesellschaften über monistische Leitungssysteme verfügen.

– enthält Art. 16 Abs. 7 IntVerschmRL eine Sonderregelung zum Schutz der Mitbestimmung bei innerstaatlichen Verschmelzungen, die einer grenzüberschreitenden Verschmelzung nachfolgen (→ Rn. 9).

– kennt die IntVerschmRL, anders als Art. 3 Abs. 6, Anhang Teil 1 lit. g SE-RL keine Pflicht zur Wiederaufnahme von Verhandlungen (→ Rn. 22).

– gibt es in der IntVerschmRL keine Grundlage für Neuverhandlungen bei „strukturellen Änderungen" kraft Gesetzes (anders Erwägungsgrund 18 SE-RL); diese können nur die Parteien der Mitbestimmungsvereinbarung regeln (→ Rn. 21).

– kennt die IntVerschmRL kein spezielles Verbot des Missbrauchs der grenzüberschreitenden Verschmelzung zwecks Umgehung von Mitbestimmungsrechten der Arbeitnehmer (→ Rn. 23 ff.).

V. Grenzüberschreitende Verschmelzung einer bestehenden SE

Besonderheiten ergeben sich bei der grenzüberschreitenden Verschmelzung, an **30** der eine SE beteiligt ist. Dabei sind zwei Fragen zu beantworten: Erstens, ob eine SE sich gesellschaftsrechtlich an einer grenzüberschreitenden Verschmelzung beteilgen kann und zweitens, welches Beteiligungsregime hierbei zur Anwendung kommt: Das MgVG bzw. die IntVerschmRL oder aber das SEBG bzw. die SE-RL. Die erste Frage ist dahingehend zu bejahen, dass eine **bereits gegründete SE** auch an einer grenzüberschreitenden Verschmelzung beteiligt sein kann (ausführlich → UmwG § 122b Rn. 7). Die **Neugründung einer SE** richtet sich demgegenüber nach den abschließenden Vorschriften der SE-VO.

31   Für die Arbeitnehmerbeteiligung folgt daraus, dass das **SEBG** anzuwenden ist, wenn am Ende des Verschmelzungsvorgangs eine SE neu entsteht. Anderenfalls könnten die zwingenden Vorschriften des SEBG bzw. der SE-RL, die bei der Neugründung einer SE einzuhalten sind, umgangen werden und es drohte auch ein Verstoß gegen das Missbrauchsverbot des § 43 SEBG bzw. des Art. 11 SE-RL (dazu auch *Papadopoulos* E. L. Rev. 2011, 36 (1), 71, 91 f.). Demgegenüber ist das **MgVG** anzuwenden, wenn eine schon gegründete SE sich an einer grenzüberschreitenden Verschmelzung beteiligt (GLF/*Gaul/Ludwig* § 5 Rn. 78; *Forst,* ZHR-Beiheft 10 Jahre SE, 2015, 50, 59 ff.; *Grambow/Stadler* BB 2010, 977 [979 f.]; *Grambow* Der Konzern 2009, 97 [101 ff.]). Das gilt auch dann, wenn die SE als aufnehmender Rechtsträger bestehen bleibt (anders § 258 Abs. 3 S. 1 ArbVG für eine aufnehmende SE mit Sitz in Österreich: SE-Regeln anzuwenden). Dafür spricht zunächst Art. 34 des Entwurfs einer SPE-Verordnung der EU-Kommission (KOM[2008]369), der den Vorrang der Arbeitnehmerbeteiligung nach der IntVerschmRL für die grenzüberschreitende Verschmelzung einer SPE ausdrücklich anordnet. Nach geltendem Recht ergibt sich dieser Vorrang der IntVerschmRL insbesondere aus den Art. 9 Abs. 1 lit. c ii, 10 SE-VO, wonach die SE denselben Normen unterliegt wie eine mitgliedstaatliche Aktiengesellschaft. Bei einer mitgliedstaatlichen Aktiengesellschaft, die grenzüberschreitend verschmilzt, richtet sich die Arbeitnehmerbeteiligung nach dem MgVG. Das bedeutet allerdings, dass über § 4 MgVG auf eine bereits gegründete SE, die ihren Sitz in Deutschland nimmt, ab der Eintragung der grenzüberschreitenden Verschmelzung (§ 122l UmwG) doch das SEBG anzuwenden ist, sofern nicht die Ausnahme des § 5 MgVG eingreift. Denn das nicht harmonisierte deutsche Mitbestimmungsrecht findet nach § 47 Abs. 1 Nr. 1 SEBG auf die SE keine Anwendung.

32   Die grenzüberschreitende Verschmelzung führt bei einer SE als aufnehmender Gesellschaft nicht zu einer **strukturellen Änderung** iSd § 18 Abs. 3 SEBG (aA AKRR/*Annuß* MgVG § 4 Rn. 2; für analoge Anwendung des § 18 Abs. 3 SEBG bei der Unterrichtung und Anhörung GLF/*Gaul/Ludwig* § 5 Rn. 80). Verschmelzungen sind nach überwiegender Ansicht zwar grundsätzlich als strukturelle Änderungen anzusehen (→ SEBG § 18 Rn. 10). Dem steht bei der grenzüberschreitenden Verschmelzung einer SE jedoch der zeitliche Ablauf entgegen (dies verkennen *Grambow/Stadler* BB 2010, 977 [979 f.]): Findet auf die grenzüberschreitende Verschmelzung das spezielle MgVG Anwendung (→ Rn. 5), ist § 18 Abs. 3 SEBG für den Zeitraum bis zur Eintragung (§ 122l UmwG) verdrängt. Dadurch entstehen den Arbeitnehmern keine Nachteile. § 18 Abs. 3 SEBG ordnet an, dass bei geplanten strukturellen Änderungen ein Verhandlungsverfahren einzuleiten ist. Dieselbe Rechtsfolge ergibt sich auch aus den §§ 13 ff. MgVG. Nach der Eintragung kann zwar über § 4 MgVG das SEBG (wieder) anzuwenden sein. In diesem Zeitpunkt ist die grenzüberschreitende Verschmelzung aber bereits abgeschlossen und hat für § 18 Abs. 3 SEBG daher keine Bedeutung mehr.

33   Fraglich ist nur, nach welchen Vorschriften sich bei einer grenzüberschreitenden Verschmelzung auf eine SE als aufnehmenden Rechtsträger die **Anhörung und Unterrichtung** der Arbeitnehmer in grenzüberschreitenden Sachverhalten richtet. Diese ist im MgVG nicht geregelt. Grundsätzlich unterliegt eine aus einer grenzüberschreitenden Verschmelzung hervorgehende Gesellschaft insoweit nur

dem EBRG (→ Einl. Rn. 5). Ist die aus der grenzüberschreitenden Verschmelzung hervorgehende Gesellschaft eine SE, kollidiert eine Anwendung des EBRG
aber mit dem Grundsatz, dass in *jeder* SE ein SE-Betriebsrat existieren muss (§ 23
Abs. 1 S. 1 SEBG bzw. Erwägungsgrund 6 SE-RL), der noch nicht einmal durch
eine Beteiligungsvereinbarung nach § 21 SEBG abbedungen werden kann (*Forst*
S. 216). Andererseits ist auch in einer SE „nur" das EBRG anzuwenden, wenn
das bVG einen Nichtverhandlungsbeschluss fasst (§ 47 Abs. 1 Nr. 2 SEBG bzw.
Art. 13 Abs. 1 SE-RL). Methodengerecht lässt sich diese Regelungen auf die
grenzüberschreitende Verschmelzung auf eine SE als aufnehmenden Rechtsträger
analog anwenden, da eine Regelungslücke in dieser Frage besteht (der deutsche
Gesetzgeber hat die Frage offenbar übersehen, BR-Drs. 540/06, 30: „Anders als
bei der [SE] … geht aus der Verschmelzung … keine europäische, sondern eine
nationale Rechtsform hervor.") und die Nichtaufnahme von Verhandlungen über
die Anhörung und Unterrichtung wegen des beschränkten Regelungsgegenstands des MgVG einem Nichtverhandlungsbeschluss des bVG vergleichbar ist.
Analog § 47 Abs. 1 Nr. 2 SEBG gilt für eine aufnehmende SE also hinsichtlich
der grenzüberschreitenden Anhörung und Unterrichtung das EBRG, nicht das
SEBG. Wer sich dieser Analogie nicht anzuschließen vermag, muss in Erwägung
ziehen, die gesetzliche Auffanglösung über die Unterrichtung und Anhörung
(§§ 22 ff. SEBG, Art. 7 Abs. 1 iVm Anhang Teil 2 SE-RL) zur Anwendung zu
bringen. Ausgeschlossen ist es jedenfalls, gar kein Verfahren zur Unterrichtung
und Anhörung eingreifen zu lassen (*Forst* ZHR-Beiheft 10 Jahre SE, 2015, 50,
61).

VI. Geschlechterquoten, Zielgrößen und die grenzüberschreitende Verschmelzung

Durch das Gesetz für die gleichberechtigte Teilhabe von Frauen und Männern **34**
an Führungspositionen in der Privatwirtschaft und im öffentlichen Dienst vom
24.4.2015 (BGBl. I S. 642) bestimmten Kapitalgesellschaften erstmals **Geschlechterquoten** gesetzlich vorgeschrieben (dazu etwa *Löwisch* BB 2015, 1909;
Teichmann BB 2015, 898 zur Entstehung *Seibert* NZG 2016, 16 ff.). Seit dem
1.5.2015 müssen nach § 96 Abs. 3 AktG bei börsennotierten AG, die aus einer
grenzüberschreitenden Verschmelzung hervorgegangen sind und bei denen nach
dem MgVG das Aufsichts- oder Verwaltungsorgan aus derselben Zahl von An-
teilseigner- und Arbeitnehmervertretern besteht, in dem Aufsichts- oder Verwaltungsorgan (sic) Frauen und Männer jeweils mit einem Anteil von mindestens
30 Prozent vertreten sein. Auf die mit der Norm verbundenen Rechtsfragen
(einschließlich ihrer Vereinbarkeit mit dem Unionsrecht und der Verfassung) ist
hier nicht einzugehen. Es genügt hier die Feststellung, dass dem MgVG unterliegende AG ausdrücklich genannt werden. Erfasst sind sowohl die Mitbestimmung
nach den §§ 23 ff. MgVG als auch die durch eine Mitbestimmungsvereinbarung
nach § 22 MgVG herbeigeführte (*Seibt* ZIP 2015, 1193 [1201]; aA Lutter/
K.Schmidt/*Drygala* AktG § 96 Rn. 59). Das gilt jedoch nur, wenn die nach dem
MgVG bestehende Mitbestimmung paritätisch ist, bei einer nicht paritätischen
Mitbestimmung gilt sie nicht (*Grobe* AG 2015, 289 [298]; *Seibt* ZIP 2015, 1193
[1201]; *Teichmann* BB 2015, 259 [266]). Soweit eine Geschlechterquote zu beachten ist, kann eine Mitbestimmungsvereinbarung nach § 22 MgVG davon nicht
wirksam abweichen (→ § 22 Rn. 34, s. auch GLF/*Kienast* § 5 Rn. 151).

Anders verhält es sich bezüglich der **Zielgrößen für den Frauenanteil** im **35**
Vorstand und im Aufsichtsrat (die nach § 111 Abs. 5 AktG der Aufsichtsrat
festlegt) sowie in den beiden Führungsebenen unterhalb des Vorstands (die nach
§ 76 Abs. 4 AktG der Vorstand einer AG festlegt), die börsennotiert ist oder die

der „Mitbestimmung" unterliegt (dazu *Thüsing/Fütterer* NZG 2015, 778). Ebenfalls auf die „Mitbestimmung" stellt § 36 GmbHG ab. Nach der Regierungsbegründung sind mit der Formulierung das MitbestG, das MontanMitbestG, das MitbestErgG oder das DrittelbG gemeint (BT-Drs. 18/3784, 124, 135). Das MgVG nennt die Regierungsbegründung nicht und aus seiner ausdrücklichen Nennung in § 96 Abs. 3 AktG lässt sich folgern, dass dies kein Redaktionsversehen war. Auch § 111 Abs. 5 AktG verweist nur auf § 96 Abs. 2 AktG nicht auf § 96 Abs. 3 AktG. Damit sind auf Gesellschaften, die aus einer grenzüberschreitenden Verschmelzung hervorgehen, die §§ 76 Abs. 4, § 111 Abs. 5 AktG zwingend nur anzuwenden, wenn auf sie das MitbestG, das MontanMitbestG, das MitbestErgG oder das DrittelbG anzuwenden ist.

36   Aus einer grenzüberschreitenden Verschmelzung hervorgehende Gesellschaften unterliegen jedoch in der Regel nicht gemäß § 4 MgVG den genannten deutschen Gesetzen, weil auf sie stattdessen über § 5 MgVG entweder eine Mitbestimmungsvereinbarung nach § 22 MgVG oder die gesetzliche Auffanglösung nach den §§ 23 ff. MgVG anzuwenden ist (*Müller-Bonanni/Forst* GmbHR 2015, 621 [622]). Da der EuGH entschieden hat, dass die Voraussetzungen des Art. 16 IntVerschmRL, den § 5 MgVG umsetzt, lediglich alternativ und nicht kumulativ anzuwenden sind (→ Rn. 14), liegen die Voraussetzungen des § 4 MgVG nur sehr selten vor. Folglich ist in einer aus einer grenzüberschreitenden Verschmelzung hervorgehenden Gesellschaft nicht zwingend eine Zielgröße festzulegen, weil sie regelmäßig nicht der „Mitbestimmung" iSd § 76 Abs. 4 § 111 Abs. 5 AktG, § 36 GmbHG unterliegt (aA K. Schmidt/Lutter/*Seibt* AktG § 76 Rn. 45; *Wasmann/Rothenburg* DB 2015, 291 [294]). Die Praxis verfährt freilich anders: so ist etwa die im DAX-30 notierte Münchener Rück AG aus einer grenzüberschreitenden Verschmelzung hervorgegangen. Gleichwohl legt sie Zielgrößen fest.

Teil 1. Allgemeine Vorschriften

Zielsetzung des Gesetzes

1 (1) [1]Das Gesetz regelt die Mitbestimmung der Arbeitnehmer (Arbeitnehmerinnen und Arbeitnehmer) in den Unternehmensorganen der aus einer grenzüberschreitenden Verschmelzung hervorgehenden Gesellschaft. [2]Ziel des Gesetzes ist, die in den an der Verschmelzung beteiligten Gesellschaften erworbenen Mitbestimmungsrechte der Arbeitnehmer zu sichern. [3]Diese Rechte sind maßgeblich für die Ausgestaltung der Mitbestimmung in der aus einer grenzüberschreitenden Verschmelzung hervorgehenden Gesellschaft.

(2) [1]Wenn das nationale Recht des Mitgliedstaats, in dem die aus einer grenzüberschreitenden Verschmelzung hervorgehende Gesellschaft ihren Sitz hat, keinen ausreichenden Schutz zur Sicherung der Mitbestimmung der Arbeitnehmer gewährt, wird eine Vereinbarung über die Mitbestimmung der Arbeitnehmer in der aus einer grenzüberschreitenden Verschmelzung hervorgehenden Gesellschaft getroffen. [2]Kommt es nicht zu einer Vereinbarung, wird die Mitbestimmung der Arbeitnehmer kraft Gesetzes sichergestellt.

(3) Die Vorschriften dieses Gesetzes sowie die nach Absatz 2 zu treffende Vereinbarung sind so auszulegen, dass das Ziel der Europäischen Gemeinschaft, die Mitbestimmung der Arbeitnehmer in der aus einer grenzüberschreitenden Verschmelzung hervorgehenden Gesellschaft sicherzustellen, gefördert wird.

I. Allgemeines

§ 1 MgVG hat kein Vorbild in der IntVerschmRL bzw. der SE-RL. Parallel- **1** vorschriften enthalten jedoch § 1 SEBG und § 1 SCEBG (MüKoAktG/*Jacobs* SEBG § 1 Rn. 7). Wie bei den Parallelnormen handelt es sich auch bei § 1 MgVG um eine **überflüssige Vorschrift** ohne klaren Tatbestand und ohne klare Rechtsfolgenanordnung. Ein Erkenntnisgewinn ist mit ihr nicht verbunden, sie beschwört aber die Gefahr interpretatorischer Irrungen durch eine Überbetonung des τέλος herauf. Zu Recht verzichten zB sowohl Frankreich als auch das Vereinigte Königreich auf vergleichbare Normen.

II. Zielsetzung

Abs. 1 S. 1 der Vorschrift ist redundant, er wiederholt die amtliche Bezeich- **2** nung des Gesetzes. Selbstverständlich ist, dass „Arbeitnehmer" solche beiderlei Geschlechts sind. Jedenfalls hätte diese Klarstellung systematisch korrekt in § 2 Abs. 1 MgVG verortet werden müssen. Abs. 1 S. 2 ist ein politischer Programmsatz, dessen Hauptzweck darin besteht, dem Rechtsanwender eine mitbestimmungsfreundliche Interpretation des Gesetzes nahezulegen. Da der deutsche Gesetzgeber von den Vorgaben der IntVerschmRL nicht abweichen darf (→ Einl. Rn. 4), kann er aber auch auf diesem Weg keinen gegenüber der IntVerschmRL weiter reichenden Schutz der (deutschen) Mitbestimmung herbeiführen. Darüber hinaus ist die Norm redundant, da Abs. 3 eine weitgehend identische Regelung enthält. Der einzige Nutzen von Abs. 1 S. 2 und 3 mag darin bestehen, dass das **Vorher-Nachher-Prinzip** (→ Einl. Rn. 15) ausdrücklich im MgVG verankert wird.

III. Verfahren der Mitbestimmung

3   Abs. 2 hat rein deskriptiven Charakter. Er beschreibt das Verfahren der Mitbestimmung nach der IntVerschmRL. Auch diese Norm ist redundant, da sich dieselbe Erkenntnis aus den Detailregelungen der §§ 4, 5 MgVG ergibt.

IV. Auslegungsregel

4   Die Auslegungsregel des Abs. 3 schließlich ist rechtlich bedenklich: Der deutsche Gesetzgeber will mit Abs. 3 den Willen des EU-Gesetzgebers in für den Rechtsanwender bindender Weise interpretieren. Es fehlt ihm hierzu allerdings die Befugnis (zu § 1 SEBG *Forst* S. 188 und ähnlich *Windbichler* FS Canaris, 2007, II/2, 1423 [1427]). Das deutsche Recht unterliegt dem Vorrang des Unionsrechts, so dass die Auslegung des MgVG oder einer Mitbestimmungsvereinbarung nicht zu einem Ergebnis führen darf, welches mit dem Unionsrecht kollidiert, insbesondere mit den konkreten Vorgaben der IntVerschmRL (zu § 1 SEBG ebenso LHT/*Oetker* SEBG § 1 Rn. 32 f.; *ders.* FS Konzen, 2006, 634 [645 f.]; *Windbichler* FS Canaris, 2007, II/2, 1423 [1427]). Deshalb kann eine Mitbestimmung kraft Gesetzes nicht über den in der IntVerschmRL vorgesehenen Umfang hinaus durch Auslegung herbeigeführt werden. Zu den Vorgaben des Unionsrechts zählt auch die Autonomie der Parteien (Art. 16 Abs. 3 lit. b IntVerschmRL iVm Art. 4 Abs. 2 SE-RL). Deshalb kann auch der erklärte Wille der Parteien nicht durch eine mitbestimmungsfreundliche Interpretation abgeändert werden (so zu § 1 SEBG auch *Forst* S. 188; zu weitgehend *Krause* BB 2005, 1221 [1223]). Durch § 1 MgVG werden die allgemeingültigen Grenzen der Auslegung nicht aufgehoben.

Begriffsbestimmungen

2   (1) ¹**Der Begriff des Arbeitnehmers richtet sich nach den Rechtsvorschriften und Gepflogenheiten der jeweiligen Mitgliedstaaten. ²Arbeitnehmer eines inländischen Unternehmens oder Betriebes sind Arbeiter und Angestellte einschließlich der zu ihrer Berufsausbildung Beschäftigten und der in § 5 Abs. 3 Satz 2 des Betriebsverfassungsgesetzes genannten leitenden Angestellten, unabhängig davon, ob sie im Betrieb, im Außendienst oder mit Telearbeit beschäftigt werden. ³Als Arbeitnehmer gelten auch die in Heimarbeit Beschäftigten, die in der Hauptsache für das Unternehmen oder den Betrieb arbeiten.**

(2) **Beteiligte Gesellschaften sind die Kapitalgesellschaften, die unmittelbar an der Verschmelzung beteiligt sind.**

(3) ¹**Tochtergesellschaften sind rechtlich selbstständige Unternehmen, auf die eine andere Gesellschaft einen beherrschenden Einfluss im Sinne von Artikel 3 Abs. 2 bis 7 der Richtlinie 94/45/EG des Rates vom 22. September 1994 über die Einsetzung eines Europäischen Betriebsrates oder die Schaffung eines Verfahrens zur Unterrichtung und Anhörung der Arbeitnehmer in gemeinschaftsweit operierenden Unternehmen und Unternehmensgruppen (ABl. EG Nr. L 254 S. 64) ausüben kann. ²§ 6 Abs. 2 bis 4 des Europäische Betriebsräte-Gesetzes vom 28. Oktober 1996 (BGBl. I S. 1548, 2022) ist anzuwenden.**

(4) **Betroffene Tochtergesellschaften oder betroffene Betriebe sind Tochtergesellschaften oder Betriebe einer beteiligten Gesellschaft, die zu Tochtergesellschaften oder Betrieben der aus einer grenzüberschreitenden Verschmelzung hervorgehenden Gesellschaft werden sollen.**

(5) **Leitung bezeichnet das Organ der unmittelbar an der Verschmelzung beteiligten Gesellschaften oder der aus einer grenzüberschreitenden Verschmelzung hervorgehenden Gesellschaft selbst, das die Geschäfte der Gesellschaft führt und zu ihrer Vertretung berechtigt ist.**

(6) **Arbeitnehmervertretung bezeichnet jede Vertretung der Arbeitnehmer nach dem Betriebsverfassungsgesetz (Betriebsrat, Gesamtbetriebsrat, Konzernbetriebsrat oder eine nach § 3 Abs. 1 Nr. 1 bis 3 des Betriebsverfassungsgesetzes gebildete Vertretung).**

(7) **Mitbestimmung bedeutet die Einflussnahme der Arbeitnehmer auf die Angelegenheiten einer Gesellschaft durch**

1. **die Wahrnehmung des Rechts, einen Teil der Mitglieder des Aufsichts- oder Verwaltungsorgans der Gesellschaft zu wählen oder zu bestellen, oder**
2. **die Wahrnehmung des Rechts, die Bestellung eines Teils oder aller Mitglieder des Aufsichts- oder Verwaltungsorgans der Gesellschaft zu empfehlen oder abzulehnen.**

I. Allgemeines

§ 2 MgVG findet in der IntVerschmRL kein unmittelbares Vorbild, da Art. 16 **1** IntVerschmRL nicht auf die Definitionen des Art. 2 SE-RL verweist. Allerdings ist Art. 2 SE-RL auf grenzüberschreitende Verschmelzungen **analog** anzuwenden (→ Einl. Rn. 12). Die Folge ist, dass die Definitionen des MgVG weitgehend identisch mit denen des SEBG sind (MüKoAktG/*Jacobs* SEBG § 2 Rn. 29). Soweit § 2 Abs. 3 MgVG zwecks Definition der Tochtergesellschaft auf die RL 94/45/EG verweist (dazu *Forst* ZESAR 2010, 154 ff.), ist dies jetzt als Verweis auf die RL 2009/38/EG zu verstehen (Art. 17 Abs. 2 RL 2009/38/EG). Auf die Kommentierung zu § 2 SEBG wird im Übrigen verwiesen.

II. Unterschiede zum SEBG

1. Keine Definitionen zur Anhörung und Unterrichtung. § 2 MgVG **2** enthält keine Begriffsbestimmungen, die die Anhörung und Unterrichtung der Arbeitnehmer betreffen, weil Regelungsgegenstand des MgVG wie auch der IntVerschmRL ausschließlich die Mitbestimmung in den Organen einer Gesellschaft ist (→ Einl. Rn. 5). Deshalb gibt es in § 2 MgVG keine Regelungen, die § 2 Abs. 7, 9–11 SEBG entsprechen. Da das MgVG somit auch keines Oberbegriffs für die Anhörung und Unterrichtung sowie die Mitbestimmung bedarf, entfällt auch eine dem § 2 Abs. 8 SEBG entsprechende Definition.

2. Keine Benennung der zuständigen Organe. § 2 Abs. 5 S. 2 SEBG **3** findet im MgVG keine Entsprechung. Ein zwingender Grund dafür ist nicht erkennbar. Allerdings ist § 2 Abs. 5 S. 2 SEBG redundant, weil sich sein Inhalt bereits aus § 2 Abs. 5 S. 1 SEBG ergibt. Deshalb war es richtig, ihn im MgVG zu streichen.

Geltungsbereich

3 (1) ¹Dieses Gesetz gilt für eine aus einer grenzüberschreitenden Verschmelzung hervorgehende Gesellschaft mit Sitz im Inland. ²Es gilt
unabhängig vom Sitz dieser Gesellschaft auch für Arbeitnehmer der aus
einer grenzüberschreitenden Verschmelzung hervorgehenden Gesellschaft, die im Inland beschäftigt sind, sowie für inländische beteiligte
Gesellschaften, betroffene Tochtergesellschaften und betroffene Betriebe.

(2) Mitgliedstaaten im Sinne dieses Gesetzes sind die Mitgliedstaaten
der Europäischen Union und die anderen Vertragsstaaten des Abkommens über den Europäischen Wirtschaftsraum.

Übersicht

		Rn.
I.	Allgemeines	1
II.	Regelungsgegenstand des Art. 6 SE-RL	3
III.	Folgerungen für § 3 MgVG	4
	1. Sachlicher Geltungsbereich	5
	2. Zeitlicher Geltungsbereich	7
	3. Räumlicher und persönlicher Geltungsbereich	9

I. Allgemeines

1 § 3 MgVG entspricht § 3 SEBG und dient dazu, Art. 16 Abs. 3 lit. d Int-
VerschmRL iVm Art. 6 SE-RL umzusetzen. § 3 Abs. 2 MgVG ist eine Begriffsbestimmung und hätte deshalb systematisch richtig in § 2 MgVG eingefügt
werden müssen.

2 **Umstritten** ist hingegen die Bedeutung des § 3 Abs. 1 MgVG, der § 3 Abs. 1
SEBG entspricht. Überwiegend wird die Auffassung vertreten, § 3 Abs. 1 SEBG
regele nur den räumlichen Geltungsbereich des SEBG (MüKoAktG/*Jacobs* SEBG
§ 3 Rn. 1; KK-AktG/*Feuerborn* SEBG § 3 Rn. 2; aA *Forst* S. 49 f.). Demnach
wäre die Norm nur eine Ausprägung des Territorialitätsprinzips (so für § 3
MgVG auch BR-Drs. 540/06, 41). Ferner ist ein Teil der Literatur der Ansicht,
§ 3 Abs. 1 SEBG habe kein unmittelbares Vorbild in der SE-RL (MüKoAktG/
Jacobs SEBG § 3 Rn. 1; KK-AktG/*Feuerborn* SEBG § 3 Rn. 2). Gleiches müsste
dann auch für § 3 Abs. 1 MgVG gelten (so bislang nur MüKoAktG/*Jacobs* SEBG
§ 3 Rn. 7).

II. Regelungsgegenstand des Art. 6 SE-RL

3 Dieser engen Auslegung durch die hL ist nicht zu folgen. Ausgangspunkt ist
dabei Art. 6 SE-RL, der richtigerweise das Vorbild für § 3 SEBG und über
Art. 16 Abs. 3 lit. d IntVerschmRL auch für § 3 MgVG bildet. Die hL ist mit
dem Wortlaut und dem Zweck des Art. 6 SE-RL unvereinbar und hätte zur
Folge, dass Art. 6 SE-RL in Deutschland nicht umgesetzt worden wäre. Entsprechendes würde dann auch für Art. 16 Abs. 3 lit. d IntVerschmRL gelten.
Nach Art. 6 SE-RL – der in allen Sprachfassungen gleichsinnig formuliert – ist
für das Verhandlungsverfahren gemäß den Art. 3–5 SE-RL das Recht des Mitgliedstaates maßgeblich, in dem die SE ihren Sitz haben wird, sofern in der SE-
RL nichts anderes vorgesehen ist. Art. 6 SE-RL umfasst schon seinem Wortlaut
nach neben dem räumlichen Geltungsbereich (Sitz der SE) auch den sachlichen
Geltungsbereich (das Verhandlungsverfahren) und den zeitlichen Geltungsbereich, weil Art. 6 SE-RL sowohl die Phase der Vorbereitung der Gründung

einer SE bzw. der grenzüberschreitenden Verschmelzung umfasst als auch die Phase deren Vollzugs (ausführlich *Forst* S. 49 f.). Zweck des Art. 6 SE-RL ist dabei, das gesamte Verfahren zur Beteiligung der Arbeitnehmer grundsätzlich einem **einheitlichen Statut** zu unterwerfen – dem Statut am künftigen Sitz der SE bzw. dem am Sitz der aus der grenzüberschreitenden Verschmelzung hervorgehenden Gesellschaft geltenden Recht. „Sitz" ist dabei der Satzungssitz (zu § 3 MgVG ebenso BR-Drs. 540/06, 41; GLF/*Kienast* § 5 Rn. 69), wie der Sprachenvergleich ergibt (englisch: *registered office;* französisch: *siège statutaire*). Eine **Ausnahme** von diesem Grundsatz sieht Art. 3 Abs. 2 lit. b SE-RL, der über Art. 16 Abs. 3 lit. a IntVerschmRL auch bei der grenzüberschreitenden Verschmelzung gilt, nur für die Wahl oder Bestellung der Mitglieder des bVG vor. Diese Ausnahme ist sinnvoll, weil diese Mitglieder von den jeweiligen Belegschaften in den verschiedenen Mitgliedstaaten gewählt bzw. bestellt werden, so dass sich dieses Verfahren nach dem jeweiligen mitgliedstaatlichen Recht richten sollte und nicht nach dem Recht des Staates des Satzungssitzes der entstehenden Gesellschaft.

III. Folgerungen für § 3 MgVG

Für § 3 Abs. 1 MgVG ergibt sich daraus Folgendes: **4**

1. Sachlicher Geltungsbereich. Der sachliche Geltungsbereich des MgVG   **5** erstreckt sich nach dessen § 3 Abs. 1 S. 1 zunächst auf das „Verhandlungsverfahren". Zum Verhandlungsverfahren zählen die Einleitung des Verfahrens (§ 6 MgVG), seine Durchführung (§§ 7–21 MgVG) und sein Abschluss (§§ 22, 23 ff. MgVG).

Seinem eindeutigen Wortlaut nach beschränkt § 3 Abs. 1 S. 1 MgVG sich   **6** jedoch nicht auf das Verhandlungsverfahren, sondern er erfasst über dieses hinaus sämtliche vom MgVG behandelten Regelungsgegenstände, zB auch Maßnahmen, die nach Abschluss der grenzüberschreitenden Verschmelzung im Rahmen der Auffanglösung nötig werden (zB Neuwahlen gemäß § 25 Abs. 3 MgVG) oder eine Mitbestimmungsbeibehaltung nach § 30 MgVG. Diese Ausweitung des sachlichen Geltungsbereichs über Art. 16 Abs. 3 lit. d IntVerschmRL iVm Art. 6 SE-RL hinaus verletzt nicht den Grundsatz der Vollharmonisierung (→ Einl. Rn. 4), weil die IntVerschmRL bzw. die SE-RL ihrerseits voraussetzen, dass zB bei einer Neuwahl im Rahmen der Auffanglösung das jeweilige mitgliedstaatliche Umsetzungsgesetz gilt, das am Satzungssitz der neu gegründeten Gesellschaft zur Anwendung gelangt.

2. Zeitlicher Geltungsbereich. Das MgVG gilt zeitlich für das gesamte Ver-   **7** handlungsverfahren und damit ab dem Zeitpunkt, ab dem die Leitungen über den Plan informieren müssen, eine grenzüberschreitende Verschmelzung durchzuführen (§ 6 Abs. 2 MgVG), bis zu dem Zeitpunkt, zu dem das Verhandlungsverfahren abgeschlossen ist. Das ist erst mit der Eintragung der Gesellschaft (§ 122l UmwG) der Fall, weil bei der Eintragung überprüft wird, ob das Verhandlungsverfahren durchgeführt wurde.

Darüber hinaus ordnet der deutsche Gesetzgeber mit § 3 Abs. 1 S. 1 MgVG   **8** die zeitliche Geltung an, soweit das MgVG nach der Eintragung noch eine Rolle spielt. Das ist wiederum zB für die Auffanglösung und für § 30 MgVG von Bedeutung und aus den in → Rn. 6 genannten Gründen mit dem Grundsatz der Vollharmonisierung (→ Einl. Rn. 4) vereinbar.

3. Räumlicher und persönlicher Geltungsbereich. Wohl von der Prämisse   **9** ausgehend, § 3 Abs. 1 S. 1 MgVG gebe nur das Territorialitätsprinzip wieder, vertritt der Gesetzgeber die Ansicht, der räumliche Geltungsbereich des MgVG

sei auf das Territorium der Bundesrepublik Deutschland begrenzt (BR-Drs. 540/
06, 41). Dies ist insofern richtig, als das MgVG nach dessen § 3 Abs. 1 S. 1
grundsätzlich nur zur Anwendung gelangt, wenn die aus der grenzüberschreitenden Verschmelzung hervorgehende Gesellschaft ihren Satzungssitz in Deutschland
nimmt (Hineinverschmelzung). Soweit dies der Fall ist, richtet sich das Verhandlungsverfahren aber für alle an der grenzüberschreitenden Verschmelzung beteiligten Gesellschaften grundsätzlich nach dem MgVG, also auch für die beteiligten
Gesellschaften, die ihren Sitz nicht in Deutschland haben (zutreffend *Müller-
Bonanni/Müntefering* NJW 2009, 2347 [2348]). Wenn die entstehende Gesellschaft
ihren Satzungssitz in Deutschland haben wird, kann zB eine UK-Gesellschaft
nicht verlangen, dass in einer Mitbestimmungsvereinbarung etwas geregelt wird,
was nach § 22 MgVG nicht geregelt werden darf, nur weil es nach der Paralle-
vorschrift in Section 29 *Companies (Cross-Border Mergers) Regulations 2007* geregelt
werden dürfte. Vielmehr ist dann auch die UK-Gesellschaft an die Vorgaben des
§ 22 MgVG gebunden (ein weiteres Beispiel benennt *Habersack* ZHR 171 [2007],
613 [638] mit § 30 MgVG). Das Territorialitätsprinzip wird so zwar nicht durchbrochen, aber doch faktisch bzw. mittelbar eingeschränkt. So sprechen manche
Autoren denn auch davon, dass zB der Tendenzschutz des § 29 MgVG in andere
Mitgliedstaaten „exportiert" werde (NFK/*Nagel* § 28; *Lunk/Hinrichs* NZA 2007,
773 [779]).

10   Eine Ausnahme von diesem Grundsatz gilt, soweit die IntVerschmRL bzw. SE-
RL Ausnahmen von Art. 6 SE-RL zulässt. Das ist nach Art. 16 Abs. 3 lit. a
IntVerschmRL iVm Art. 3 Abs. 2 lit. b SE-RL im Verhandlungsverfahrenbezüg-
lich der Wahl bzw. Bestellung der Mitglieder des bVG der Fall (→ Rn. 3). Des-
halb ordnet **§ 3 Abs. 1 S. 2 MgVG** an, dass sich die Bildung des bVG für
Arbeitnehmer, die im Inland beschäftigt sind, sowie für inländische beteiligte
Gesellschaften, betroffene Tochtergesellschaften und betroffene Betriebe nach
dem MgVG richtet, unabhängig vom Sitz der aus der grenzüberschreitenden
Verschmelzung hervorgehenden Gesellschaft. Insoweit bestimmt § 3 Abs. 1 S. 2
MgVG neben dem räumlichen auch den persönlichen Geltungsbereich.

11   Wie dargelegt (→ Rn. 6), erschöpft sich § 3 Abs. 1 S. 1 MgVG jedoch nicht in
der Umsetzung von Art. 16 Abs. 3 lit. d IntVerschmRL iVm Art. 6 SE-RL.
Vielmehr enthält er eine umfassende Regelung des Geltungsbereichs. Entsprechendes gilt auch für § 3 Abs. 1 S. 2 MgVG. § 3 Abs. 1 S. 2 MgVG läuft
insoweit allerdings Gefahr, gegen die Vorgaben der IntVerschmRL iVm der SE-
RL zu verstoßen. Er ordnet uneingeschränkt die Anwendung des MgVG auf
Arbeitnehmer, die im Inland beschäftigt werden sowie auf inländische beteiligte
Gesellschaften, betroffene Tochtergesellschaften und betroffene Betriebe an. Das
ist mit dem Unionsrecht unvereinbar, soweit dieses anordnet, dass für den jeweiligen Regelungsbereich das am Sitz der entstehenden Gesellschaft geltende Recht
anzuwenden ist. Insoweit ist § 3 Abs. 1 S. 2 MgVG **richtlinienkonform-ein-
schränkend auszulegen.**

12   Im Ergebnis gilt § 3 Abs. 1 S. 2 MgVG deshalb nur für die Bildung des bVG
(§§ 6–12 MgVG; → Rn. 10), die Wahl und Abberufung/Anfechtung der Wahl
der Arbeitnehmervertreter aus dem Inland (§§ 25 Abs. 3, 26 MgVG) sowie für
die §§ 31–35 MgVG (ähnlich *Simon/Hinrichs* NZA 2008, 391 [392]). Die in
diesen Vorschriften enthaltenen Regelungen können sich „kraft Natur der Sache"
nur nach dem Recht des Staates richten, in dem ein Arbeitnehmer beschäftigt ist
bzw. in dem die beteiligten Gesellschaften, die betroffenen Tochtergesellschaften
und die betroffenen Betriebe ihren Sitz haben, so dass die Anwendung deutschen
Rechts insoweit auch mit der IntVerschmRL und der SE-RL vereinbar ist.

13   Das hier gefundene Ergebnis wird durch den **Rechtsvergleich** bestätigt. So
ordnet auch *Section 22 Para. 2 Companies (Cross-Border Merger) Regulations 2007*
die Anwendung des Rechts des Vereinigten Königreichs unabhängig vom Sitz

der entstehenden Gesellschaft nur für die Bildung des bVG sowie für solche Regelungsbereiche an, die hierzulande in den §§ 31–35 MgVG geregelt sind. Für alle anderen Regelungsbereiche bleibt es bei der Anwendung des Rechts des Mitgliedstaates, in dem die entstehende Gesellschaft ihren Sitz haben wird – auch für Arbeitnehmer, die im UK beschäftigt werden und beteiligte Gesellschaften, betroffene Tochtergesellschaften und betroffene Betriebe mit Sitz im UK.

Anwendung des Rechts des Sitzstaats

4 **Vorbehaltlich des § 5 finden auf die aus einer grenzüberschreitenden Verschmelzung hervorgehende Gesellschaft die Regelungen über die Mitbestimmung der Arbeitnehmer in den Unternehmensorganen des Mitgliedstaats Anwendung, in dem diese Gesellschaft ihren Sitz hat.**

I. Allgemeines

§ 4 MgVG beschreibt das Arbeitnehmerbeteiligungsmodell der IntVerschmRL **1** (→ Einl. Rn. 6) und setzt zugleich Art. 16 Abs. 1 IntVerschmRL um. Zu den bei der grenzüberschreitenden Verschmelzung einer SE auftretenden Besonderheiten → Einl. Rn. 30 ff.

II. Einzelheiten

§ 4 MgVG regelt den Grundsatz, dass sich die Mitbestimmung der Arbeitneh- **2** mer nach dem Recht des Staates richtet, in dem die aus der grenzüberschreiten-den Verschmelzung hervorgehende Gesellschaft ihren Sitz hat. Dieser Grundsatz wird durch die Ausnahme des § 5 MgVG durchbrochen. Mit dem Sitz meint § 4 MgVG wie Art. 16 Abs. 1 IntVerschmRL (→ Einl. Rn. 13) den **Satzungssitz** (GLF/*Gaul/Ludwig* § 5 Rn. 72; UHH/*Habersack* MgVG § 4 Rn. 1), der sich nicht in Deutschland befinden muss, selbst wenn die Gesellschaft ihren Verwal-tungssitz in Deutschland hat (wohl aA AKRR/*Annuß* MgVG § 4 Rn. 1). Schei-tern die nach § 5 MgVG einzuleitenden Verhandlungen und kommt es auch nicht zur Anwendung der gesetzlichen Auffanglösung, bleibt es bei der Anwen-dung des mitgliedstaatlichen Mitbestimmungsrechts nach Maßgabe des § 4 MgVG (*Drinhausen/Keinath* RIW 2006, 81 [86]; *C.Schubert* RdA 2007, 9 [14]).

Für eine Gesellschaft, die ihren Sitz in Deutschland nimmt, sind als Regelun- **3** gen über die Mitbestimmung der Arbeitnehmer in den Unternehmensorganen derzeit das MitbestG, das MontanMitbestG und das DrittelbG, ferner das Mon-tanMitbestErgG sowie das MitbestBeiG zu beachten. Nimmt die Gesellschaft ihren Sitz in einem anderen Mitgliedstaat (§ 3 Abs. 2 MgVG), findet das Mit-bestimmungsrecht dieses Staates Anwendung. Das Mitbestimmungsrecht ist bis-lang nur bei den supranationalen Rechtsformen (SE, SCE) sowie nach Maßgabe der IntVerschmRL harmonisiert und dementsprechend in den verschiedenen Mitgliedstaaten sehr heterogen ausgestaltet (Überblick bei *Thüsing* Europäisches Arbeitsrecht, 2. Aufl. 2012, § 10).

III. Streitigkeiten

Zu Streitigkeiten → § 5 Rn. 21 f. **4**

Anwendung der Regelungen über die Mitbestimmung der Arbeitnehmer kraft Vereinbarung oder kraft Gesetzes

5 Die nachfolgenden Regelungen über die Mitbestimmung der Arbeitnehmer kraft Vereinbarung oder in den Fällen des § 23 die Regelungen über die Mitbestimmung kraft Gesetzes finden Anwendung, wenn

1. in den sechs Monaten vor der Veröffentlichung des Verschmelzungsplans mindestens eine der beteiligten Gesellschaften durchschnittlich mehr als 500 Arbeitnehmer beschäftigt und in dieser Gesellschaft ein System der Mitbestimmung im Sinne des § 2 Abs. 7 besteht;

2. das für die aus einer grenzüberschreitenden Verschmelzung hervorgehende Gesellschaft maßgebende innerstaatliche Recht nicht mindestens den gleichen Umfang an Mitbestimmung der Arbeitnehmer vorsieht, wie er in den jeweiligen an der Verschmelzung beteiligten Gesellschaften bestand; der Umfang an Mitbestimmung der Arbeitnehmer bemisst sich nach dem Anteil der Arbeitnehmervertreter
   a) im Verwaltungs- oder Aufsichtsorgan,
   b) in Ausschüssen, in denen die Mitbestimmung der Arbeitnehmer erfolgt oder
   c) im Leitungsgremium, das für die Ergebniseinheiten der Gesellschaften zuständig ist;

oder

3. das für die aus einer grenzüberschreitenden Verschmelzung hervorgehende Gesellschaft maßgebende innerstaatliche Recht für Arbeitnehmer in Betrieben dieser Gesellschaft, die sich in anderen Mitgliedstaaten befinden, nicht den gleichen Anspruch auf Ausübung von Mitbestimmung vorsieht, wie sie den Arbeitnehmern in demjenigen Mitgliedstaat gewährt werden, in dem die aus der grenzüberschreitenden Verschmelzung hervorgehende Gesellschaft ihren Sitz hat.

Übersicht

	Rn.
I. Allgemeines	1
II. Alternative Voraussetzungen	2–5
III. Einzelheiten	6
1. Schwellenwert und System der Mitbestimmung	6
a) Schwellenwert	7
b) System der Mitbestimmung	12
2. Minderung von Mitbestimmungsrechten	13
3. Diskriminierung nicht im Inland beschäftigter Arbeitnehmer	17
IV. Streitigkeiten	21

I. Allgemeines

1 § 5 MgVG setzt Art. 16 Abs. 2 IntVerschmRL um (BR–Drs. 540/06, 41). Die Vorschrift bildet theoretisch die Ausnahme zum Grundsatz des § 4 MgVG. In der Praxis bildet § 5 MgVG jedoch eher den Regelfall, vor allem bei einer „Herausverschmelzung" einer mitbestimmten deutschen Gesellschaft in einen anderen Mitgliedstaat. § 5 MgVG ist die Grundlage für die Anwendung des europäischen Verhandlungsmodells (→ Einl. Rn. 2). Nur wenn seine Voraussetzungen erfüllt sind, kann eine Mitbestimmungsvereinbarung nach § 22 MgVG getroffen oder die Auffanglösung nach den §§ 23 ff. MgVG zur Anwendung gebracht werden.

II. Alternative Voraussetzungen

Wie an anderer Stelle dargelegt (→ Einl. Rn. 14), war bis zu dem Urteil des   2–5
EuGH in der Rs. Kommission/Niederlande (EuGH Urt. v. 20.6.2013 – C-635/
11, AG 2013, 592) umstritten, ob die Voraussetzungen der Nr. 1–3 des § 5
MgVG lediglich alternativ vorzuliegen brauchen, um das europäische Verhandlungsmodell zur Anwendung zu bringen, oder ob neben Nr. 1 kumulativ immer
auch Nr. 2 oder Nr. 3 erfüllt sein muss. Der Gerichtshof hat sich in der genannten Entscheidung für die erste Auslegung entschieden. Damit ist die Frage für die
Praxis entschieden, die in der Vorauflage an dieser Stelle befürwortete kumulative
Auslegung konnte sich nicht durchsetzen. Es genügt für die Anwendung des
europäischen Verhandlungsmodells folglich, dass **alternativ** einer der Tatbestände
nach den Nr. 1–3 erfüllt ist.

III. Einzelheiten

1. Schwellenwert und System der Mitbestimmung. Das europäische Ver-   6
handlungsmodell greift zunächst ein, wenn der Tatbestand des § 5 Nr. 1 MgVG
erfüllt ist. Bei diesem Tatbestand stellen sich zwei Fragen: Erstens, wie der
Schwellenwert zu berechnen ist sowie zweitens, was ein „System der Mitbestimmung" ist.

a) Schwellenwert. § 5 Nr. 1 MgVG setzt zunächst voraus, dass in den **sechs**   7
Monaten vor der Veröffentlichung des Verschmelzungsplans eine der beteiligten
Gesellschaften **durchschnittlich mehr als 500 Arbeitnehmer** beschäftigt. Die
Veröffentlichung des Verschmelzungsplans regelt § 122d UmwG. Da es sich um
eine Rückwärtsfrist handelt, ist die Ereignisfrist des § 5 Nr. 1 MgVG analog
§ 187 Abs. 1 BGB zu berechnen (vgl. Palandt/*Ellenberger* BGB § 187 Rn. 4).

Der Begriff der **beteiligten Gesellschaft** ist in § 2 Abs. 2 MgVG definiert.   8
Nach § 5 Nr. 1 MgVG ist erforderlich, aber auch ausreichend, dass wenigstens
eine beteiligte Gesellschaft mitbestimmt ist. Für die grenzüberschreitende Verschmelzung **mitbestimmungsfreier Gesellschaften** bedeutet dies, dass das
europäische Verhandlungsmodell nicht nach Nr. 1 zu Anwendung gelangt (so
auch AKRR/*Annuß* MgVG § 5 Rn. 6; *Drinhausen/Keinath* AG 2010, 398 ff.;
Müller-Bonanni/Müntefering NJW 2009, 2347 [2349]; aA *Brandes* ZIP 2008, 2193
[2196]). Zu beachten ist allerdings, dass in diesem Fall die Grundregel des § 4
MgVG eingreifen kann. Das bedeutet, dass eine aus der grenzüberschreitenden
Verschmelzung hervorgehende Gesellschaft mit Sitz in Deutschland durch einen
Anstieg der Arbeitnehmerzahl über 500 in den Anwendungsbereich des Drit-
telbG gelangen kann (vgl. *Ege/Grzimek/Schwarzfischer* DB 2011, 1205 [1210]).

Probleme bereitet die Berechnung des **Schwellenwerts.** Sowohl nach Art. 16   9
Abs. 2 IntVerschmRL als auch nach § 5 Nr. 1 MgVG muss der Schwellenwert
von 500 Arbeitnehmern überschritten sein. Das bedeutet, dass das europäische
Verhandlungsmodell erst ab 500 + x Arbeitnehmern zur Anwendung kommen
kann. Ferner müssen diese Arbeitnehmer bei einer der beteiligten Gesellschaft
beschäftigt sein. Es genügt nicht, wenn die beteiligten Gesellschaften zusammen
mehr als 500 Arbeitnehmer beschäftigen. Für die Berechnung des Schwellenwerts
ist ferner der Durchschnitt während der letzten sechs Monate vor der Veröffentlichung des Verschmelzungsplans maßgeblich. Anders als in § 1 DrittelbG, § 1
MitbestG oder auch § 23 KSchG kommt es nicht darauf an, ob „in der Regel"
eine bestimmte Zahl von Arbeitnehmern beschäftigt wird. Dies hat seinen Grund
außer in der Vorgabe des Art. 16 Abs. 2 IntVerschmRL darin, dass bei § 5 Nr. 1
MgVG allein die Vergangenheit zu berücksichtigen und damit anders als bei den
genannten Vorschriften keine Zukunftsbetrachtung anzustellen ist. Der Schwel-

lenwert ist einer normativen Betrachtungsweise dadurch entzogen. Maßgeblich ist allein der mathematisch ermittelte Durchschnittswert.

10   Für den Begriff des **Arbeitnehmers** sind nach § 2 Abs. 1 S. 1 MgVG die mitgliedstaatlichen Gepflogenheiten maßgeblich. In Deutschland gilt: **Leitende Angestellte** und zu ihrer **Berufsausbildung Beschäftigte** (Lehrlinge, unter Umständen auch Volontäre und Praktikanten, sofern das Volontariat/Praktikum konkret einer Berufsausbildung dient, zB ein Pflichtpraktikum im Studium; nicht maßgeblich ist die Definition des § 22 Abs. 1 S. 3 MiLoG) sind nach § 2 Abs. 1 S. 2 MgVG ausdrücklich einbezogen. Arbeitnehmer, die in Erfüllung eines **Werkvertrages**, den ihr Arbeitgeber mit einem Dritten geschlossen hat, im Betrieb des Werkbestellers tätig sind, werden nur bei ihrem Arbeitgeber mitgezählt. **Leiharbeitnehmer,** die von einer inländischen beteiligten Gesellschaften entliehen werden, sind bei § 5 Nr. 1 MgVG nach § 14 AÜG nicht mitzuzählen, weil sie mitbestimmungsrechtlich dem Verleiher zuzuschlagen sind. Daran ändern auch § 13b AÜG, Art. 5, 6 RL 2008/104/EG nichts (zum MitbestG im Einzelnen wie hier OLG Hamburg AG 2014, 588; aA zum MgVG GLF/*Gaul/Ludwig* § 5 Rn. 86; GLF/*Roock* § 5 Rn. 53 iVm GLF/*Roock* § 2 Rn. 83; zum BetrVG BAGE 144, 74). **Teilzeitbeschäftigte Arbeitnehmer** (§ 2 TzBfG) sind mit dem Bruchteil zu berücksichtigen, zu dem sie angestellt sind (GLF/*Gaul/Ludwig* § 5 Rn. 86; zum BetrVG 1952 s. BAG AP BetrVG 1952 § 77 Nr. 1; aA AKRR/*Annuß* MgVG § 5 Rn. 5; *C.Schubert* RdA 2007, 9 [17] und zum SEBG MüKoAktG/*Jacobs* SEBG § 2 Rn. 4: Zählung nach Köpfen). **Geringfügig Beschäftigte** (§§ 8, 8a SGB IV) sind ebenfalls pro rata temporis mitzuzählen. Für die Zeit ihrer Anstellung sind **befristet beschäftigte Arbeitnehmer** (§ 3 TzBfG) „voll" zu zählen, sofern sie nicht in Teilzeit arbeiten. Eine (vorübergehende) Beurlaubung, Aussperrung oder sonstige faktische Einstellung des Arbeitsverhältnisses ist unbeachtlich, solange der Arbeitsvertrag als maßgebliches Kriterium nicht beendet und der Arbeitnehmer nicht dauerhaft aus dem Unternehmen ausgeschlossen wird. Da bei einer **Freistellung** nicht mit der Rückkehr des Arbeitnehmers zu rechnen ist, endet seine Eingliederung in das Unternehmen. Dies rechtfertigt es, ihn trotz des fortbestehenden Arbeitsvertrages nicht mitzuzählen (so zum BetrVG 1952 auch BAG NZA 2001, 461). Insoweit ist § 2 Abs. 1 S. 2 MgVG über die inländischen Arbeitnehmer teleologisch zu reduzieren. **Keine Arbeitnehmer** iSd MgVG sind ua ehrenamtlich Tätige, freie Mitarbeiter, selbständige Handelsvertreter, Organwalter (auch nicht GmbH-Geschäftsführer, da auch für diese im Geltungsbereich des MgVG der mitgliedstaatliche Arbeitnehmerbegriff gilt und EuGH C-229/14, EuZW 2014, 682 – Balkaya, dazu *Forst* EuZW 2015, 664, deshalb nicht zu beachten ist, solange dessen Arbeitnehmerbegriff nicht in Deutschland nachgezeichnet wird) und arbeitnehmerähnliche Personen.

11   Bei der Berechnung des Schwellenwerts findet keine Zurechnung von Arbeitnehmern statt, die bei einem von einer beteiligten Gesellschaft abhängigen Unternehmen beschäftigt werden (AKRR/*Annuß* MgVG § 5 Rn. 5; GLF/*Gaul/ Ludwig* § 5 Rn. 87; UHH/*Habersack* MgVG § 5 Rn. 2; *Brandes* ZIP 2008, 2193 [2195]). Gegen eine solche **Konzernzurechnung** spricht Art. 16 Abs. 2 IntVerschmRL: Dieser stellt allein auf die beteiligten Gesellschaften ab. Nach der analog anzuwendenden (→ Einl. Rn. 12) Begriffsbestimmung in Art. 2 lit. b SERL sind dies nur Gesellschaften, die unmittelbar an der grenzüberschreitenden Verschmelzung beteiligt sind. Tochtergesellschaften sind dies nicht, wie die spezielle Begriffsbestimmung in Art. 2 lit. c SE-RL zeigt. Dieses Ergebnis wird durch die Auslegung des § 5 Nr. 1 MgVG nach dem deutschen Auslegungskanon bestätigt: Für eine Konzernzurechnung spricht zwar die Begründung zum Regierungsentwurf, die der Ansicht ist dass § 5 Nr. 1 MgVG bei einer mitbestimmten deutschen Gesellschaft stets erfüllt sei (BR-Drs. 540/06, 42) und sich damit

auch auf § 5 Abs. 1 MitbestG und § 2 Abs. 2 DrittelbG bezieht. Der Wortlaut stützt jedoch die hier vertretene Ansicht: Auch § 5 Nr. 1 MgVG spricht von „beteiligten Gesellschaften". Dies sind nach § 2 Abs. 2 MgVG die Kapitalgesellschaften, die unmittelbar an der Verschmelzung beteiligt sind. In systematischer Hinsicht spricht ein Umkehrschluss zu den §§ 6 ff. MgVG und den §§ 23 ff. MgVG dafür, dass bei § 5 Nr. 1 MgVG die Arbeitnehmer von Tochtergesellschaften nicht mitzuzählen sind. Sie haben bei den Regelungen über die Bildung des bVG bzw. bei der gesetzlichen Auffanglösung eine ausdrückliche Erwähnung erfahren. Soweit unter Verweis auf den Zweck des MgVG vereinzelt für eine Einbeziehung der Arbeitnehmer von Tochtergesellschaften plädiert wird (*Müller-Bonanni/Müntefering* NJW 2009, 2347 [2350]), ist dem entgegenzuhalten, dass der Schwellenwert von 500 Arbeitnehmern in der IntVerschmRL bewusst als politischer Kompromiss gewählt und mit den „beteiligten Gesellschaften" verknüpft wurde. Darüber darf sich eine am Zweck orientierte Auslegung nicht hinwegsetzen (ähnlich *C.Schubert* RdA 2007, 9 [12]). Letztlich setzt sich auch hier die richtlinienkonforme Auslegung durch.

b) System der Mitbestimmung. Zweite Voraussetzung des § 5 Nr. 1 MgVG 12 ist, dass in der beteiligten Gesellschaft, deren Belegschaft den Schwellenwert überschreitet, ein System der Mitbestimmung besteht. § 5 Nr. 1 MgVG verweist zur Ausfüllung dieses Begriffs – in Übereinstimmung mit Art. 16 Abs. 2 IntVerschmRL – auf § 2 Abs. 7 MgVG (bzw. Art. 2 lit. k SE-RL). Erfasst sind nach Ansicht der EU-Kommission auch **freiwillige Systeme** der Mitbestimmung (KOM[2003]703, 7). Das ist mit dem Wortlaut des Art. 2 lit. k SE-RL vereinbar und entspricht dem Zweck der IntVerschmRL, bestehende Mitbestimmungsrechte zu erhalten. In Deutschland sind Mitbestimmungsvereinbarungen (außerhalb der SE) selten anzutreffen: Sie können Mitbestimmungsrechte nicht absenken, weil die Mitbestimmungsgesetze einseitig zwingend sind. In der AG können sie Mitbestimmungsrechte wegen der Satzungsstrenge (§ 23 Abs. 5 AktG) auch nicht erweitern (aA *Zachert* AuR 1985, 201 [208]). Am ehesten finden sich gesetzeskonkretisierende Mitbestimmungsvereinbarungen, die Verfahrensfragen regeln (zum Ganzen *Hommelhoff* ZHR 148 [1984], 118; *Ihrig/Schlitt* NZG 1999, 333; *Mertens* AG 1982, 141).

2. Minderung von Mitbestimmungsrechten. Nach § 5 Nr. 2 MgVG findet 13 das europäische Verhandlungsmodell ferner dann Anwendung, wenn das für die aus einer grenzüberschreitenden Verschmelzung hervorgehende Gesellschaft maßgebende innerstaatliche Recht nicht mindestens den gleichen Umfang an Mitbestimmung der Arbeitnehmer vorsieht, wie er in den jeweiligen an der Verschmelzung beteiligten Gesellschaften bestand. Der Begriff der Mitbestimmung ist in § 2 Abs. 7 MgVG definiert. § 5 Nr. 2 MgVG ist bereits dann erfüllt, wenn der Umfang an Mitbestimmung in der aus der grenzüberschreitenden Verschmelzung hervorgehenden Gesellschaft nicht den Umfang an Mitbestimmung aus nur einer der beteiligten Gesellschaften erreicht. Es ist also ein **Vergleich** mit jeder der beteiligten Gesellschaften durchzuführen.

Vergleichsgegenstand ist der Umfang an Mitbestimmung im Verwaltungs- 14 oder Aufsichtsorgan (lit. a), in Ausschüssen, in denen die Mitbestimmung der Arbeitnehmer erfolgt (lit. b) oder im Leitungsgremium, das für die Ergebniseinheiten der Gesellschaften zuständig ist (lit. c). Lit. b und lit. c berücksichtigen die Besonderheiten des finnischen bzw. slowenischen Mitbestimmungsrechts (WWK/K/*Kleinsorge* EU-Recht Rn. 95).

Vergleichsmaßstab ist der Anteil (nicht: die Anzahl) der Arbeitnehmerver- 15 treter in den genannten Gremien. Insoweit ist fraglich, ob ausschließlich ein quantitativer Vergleich oder zusätzlich ein qualitativer Vergleich erforderlich ist (→ Einl. Rn. 19). Richtigerweise ist nur ein **quantitativer Vergleich** vorzunehmen, weil sich qualitative Unterschiede nicht bewerten lassen. Auf qualitative Unterschiede abzustellen, würde allen Beteiligten jegliche Rechtssicherheit nehmen (ebenso AKRR/*Annuß* MgVG § 5 Rn. 9; GLF/*Kienast* § 5 Rn. 128; *Müller-Bonanni/Müntefering* NJW 2009, 2347 [2348]; *C.Schubert* RdA 2007, 9 [12]). Die Frage wird aber selten praktisch werden, da in den kritischen Fällen meistens auch § 5 Nr. 3 MgVG erfüllt sein wird. Nicht zu den Arbeitnehmervertretern zählt der deutsche **Arbeitsdirektor** (§ 33 MitbestG, § 13 MontanMitbestG). Erstens definiert § 2 Abs. 7 Nr. 1 MgVG den Begriff der Mitbestimmung für das dualistische System als das Recht, einen Teil der Mitglieder des Aufsichtsorgans zu wählen oder zu bestellen. Da der Arbeitsdirektor Mitglied des Vorstands (Leitungsorgans) ist, ist er von dieser Definition nicht erfasst (zu § 21 SEBG *Forst* S. 208). Zweitens ist er kein Arbeitnehmervertreter, da er gemäß § 33 Abs. 2 MitbestG, § 13 Abs. 2 MontanMitbestG den übrigen Mitgliedern des Vorstands gleichgestellt ist und wie sie die Sorgfalt eines ordentlichen und gewissenhaften Geschäftsleiters (§ 93 Abs. 1 AktG) anzuwenden hat, mithin neutraler Walter der Interessen der Gesellschaft ist (im Einzelnen wie hier GLF/*Gaul/Ludwig* § 5 Rn. 91; *C.Schubert* RdA 2007, 9 [11]; *Krause/Janko* BB 2007, 2194 [2196]). Auch das **weitere Mitglied** nach § 4 MontanMibestG, § 5 MontanMitbestErgG ist nicht zu berücksichtigen: Das weitere Mitglied ist zwar Mitglied des Aufsichtsorgans. Es ist aber kein Arbeitnehmervertreter, denn es ist nach § 4 Abs. 3 MontanMitbestG neutral und an Weisungen nicht gebunden. Auch wird es nach § 8 MontanMitbestG nicht von den Arbeitnehmern gewählt, sondern auf Vorschlag aller Mitglieder des Aufsichtsrats durch das nach § 5 MontanMitbestG von den Anteilseignern zu besetzende Wahlorgan (GLF/*Gaul/Ludwig* § 5 Rn. 91; zu § 21 SEBG *Forst* S. 209).

16   **Vergleichszeitpunkt** ist der Zeitpunkt der Entscheidung darüber, ob ein Verhandlungsverfahren zu eröffnen ist oder nicht bzw. ob die gesetzliche Auffanglösung unmittelbar zur Anwendung kommen soll (§ 23 Abs. 1 lit. c MgVG). Da zu diesem Zeitpunkt auch darüber zu entscheiden ist, ob ein bVG gebildet werden muss, ist der Vergleichszeitpunkt identisch mit dem in § 6 Abs. 2 S. 1 MgVG genannten Zeitpunkt (dazu → SEBG § 4 Rn. 5; wie hier AKRR/*Annuß* MgVG § 5 Rn. 10). Spätere Änderungen sind jedoch zu berücksichtigen, so dass während des Verschmelzungsvorgangs eine Änderung des Mitbestimmungsstatuts der beteiligten Gesellschaften vermieden werden sollte.

17   **3. Diskriminierung nicht im Inland beschäftigter Arbeitnehmer.** Das europäische Verhandlungsmodell findet schließlich Anwendung, wenn die Voraussetzungen des § 5 Nr. 3 MgVG erfüllt sind. Die Vorschrift dient dazu, eine Benachteiligung von Arbeitnehmern zu verhindern, die in betroffenen Betrieben in einem anderen Mitgliedstaat arbeiten als dem, in dem die aus der grenzüberschreitenden Verschmelzung hervorgehende Gesellschaft ihren Sitz hat. Vorausgesetzt wird nur eine Benachteiligung. Liegt diese vor, ist eine Rechtfertigung auch aus sachlichen Gründen nicht möglich. Es handelt sich um ein **absolutes Diskriminierungsverbot**. Da das deutsche Mitbestimmungsrecht andere als inländische EU-Bürger von der Mitbestimmung ausschließt und diese somit diskriminiert (ausführlich *Thüsing* ZIP 2004, 381 ff.), wird der Tatbestand bei einer Hineinverschmelzung nach Deutschland häufig erfüllt sein (BR-Drs. 540/06, 42). Deutschland ist nicht durch das Territorialitätsprinzip daran gehindert, diese Diskriminierung zu beenden, da Art. 16 Abs. 5 IntVerschmRL eine Erstreckung des mitgliedstaatlichen Mitbestimmungsrechts auf andere Mitgliedstaaten bei grenzüberschreitenden Verschmelzungen ausdrücklich erlaubt. Dies hat auch der EuGH in der Rs. *Kommission/Niederlande* ausdrücklich bestätigt (EuGH Urt. v. 20.6.2013 – C-635/11, AG 2013, 592 Rn. 43). Sollte die deutsche Rechtsprechung sich allerdings entschließen, die deutschen Mitbestimmungsgesetze

auch auf im Ausland beschäftigte Arbeitnehmer anzuwenden (nicht rechtskräftig: LG Frankfurt a. M. AG 2015, 371), würde die praktische Bedeutung des § 5 Nr. 3 MgVG erheblich eingeschränkt.

§ 5 Nr. 3 MgVG setzt voraus, dass das Recht, das nach § 4 MgVG grund- **18** sätzlich auf die aus der grenzüberschreitenden Verschmelzung anzuwenden wäre, den Arbeitnehmern in anderen Mitgliedstaaten nicht den gleichen Anspruch auf Ausübung von Mitbestimmung einräumt wie den Arbeitnehmern im Inland. Zum **Beurteilungszeitpunkt** gilt das in → Rn. 16 Gesagte entsprechend. Umstritten ist der **Vergleichsgegenstand**, ob nämlich die Mitbestimmungsrechte abstrakt oder konkret zu ermitteln sind. Eine Ansicht geht davon aus, dass ein **abstrakter Vergleich** genügt (AKRR/*Annuß* MgVG § 5 Rn. 12; *Brandes* ZIP 2008, 2193 [2196]; wohl auch *Habersack* ZHR 171 [2007], 613 [622]). Nach dieser Ansicht ist § 5 Nr. 3 MgVG bereits dann erfüllt, wenn Arbeitnehmer in anderen Mitgliedstaaten durch das nach § 4 MgVG anzuwendende Recht diskriminiert würden, unabhängig davon, ob die Arbeitnehmer im Inland nach diesem Recht tatsächlich Mitbestimmungsrechte ausüben dürften. Die Gegenansicht spricht sich für eine **konkrete Betrachtung** aus (GLF/*Gaul*/*Ludwig* § 5 Rn. 98; HWK/*Hohenstatt*/*Dzida* MgVG Rn. 8; MüKoAktG/*Jacobs* SEBG Vor § 1 Rn. 44; UHH/*Habersack* MgVG § 5 Rn. 6; *Cannistra,* Verhandlungsverfahren, 2014, S. 102 ff.; *Drinhausen*/*Keinath* AG 2010, 398 [399 f.]; *Müller-Bonanni*/ *Müntefering* NJW 2009, 2347 [2349]; *Morgenroth*/*Salzmann* NZA-RR 2013, 449; *Nikoleyczik*/*Führ* DStR 2010, 1743 [1744]). Danach ist § 5 Nr. 3 MgVG nur erfüllt, wenn das grundsätzlich anzuwendende Recht den Arbeitnehmern im Inland Mitbestimmungsrechte tatsächlich einräumen würde, dabei aber Arbeitnehmer in anderen Mitgliedstaaten diskriminieren würde. Beispiel: Aus der grenzüberschreitenden Verschmelzung geht die A GmbH mit Satzungssitz in Deutschland hervor. Die A GmbH und ihre Tochtergesellschaften (§ 5 MitbestG, § 2 Abs. 2 DrittelbG) beschäftigen weniger als 500 Arbeitnehmer. Nach der erstgenannten Ansicht ist der Tatbestand des § 5 Nr. 3 MgVG erfüllt, weil das deutsche Mitbestimmungsrecht andere EU-Bürger diskriminiert (→ Rn. 17). Nach der zweiten Ansicht ist § 5 Nr. 3 MgVG nicht erfüllt, weil die A GmbH nicht mitbestimmt ist, da sie den Schwellenwert des § 1 DrittelbG nicht erreicht und somit im konkreten Fall keine Diskriminierung vorliegt.

Der letztgenannten Ansicht ist zuzustimmen, maßgeblich ist die konkrete **19** Betrachtung. Für die erstgenannte Ansicht mag man zwar die **Historie** anführen, da die Begründung zum Regierungsentwurf davon ausgeht dass § 5 Nr. 3 MgVG bei Hineinverschmelzungen „regelmäßig" erfüllt ist und damit gerade nicht auf den Einzelfall abstellt (BR-Drs. 540/06, 42). Naheliegender dürfte aber sein, dass das Problem schlicht nicht erkannt wurde. Für die letztgenannte Ansicht spricht zunächst der **Wortlaut** des § 5 Nr. 3 MgVG (aA AKRR/*Annuß* MgVG § 5 Rn. 12): Dieser spricht von „Ansprüchen", die den Arbeitnehmern im Inland gewährt werden. Ein Anspruch ist das Recht, von einem anderen ein Tun oder Unterlassen zu verlangen (§ 195 BGB). Ansprüche entstehen erst, wenn der zugrundeliegende Tatbestand – hier das jeweilige Mitbestimmungsrecht – konkret erfüllt ist. Für die letztgenannte Ansicht spricht ferner das **systematische Argument**, weil anderenfalls § 5 Nr. 2 MgVG funktionslos wäre, was eine unzulässige Auslegung darstellt (BVerfGE 95, 335 [348]; ebenso für Österreich OGH 19.3.1985 – 4 Ob 27/85, abrufbar unter www.rist.bka.gv.at). Da das deutsche Mitbestimmungsrecht andere als inländische EU-Bürger diskriminiert, wäre § 5 Nr. 3 MgVG bei abstrakter Betrachtung im Fall einer Hineinverschmelzung nämlich stets erfüllt, vorausgesetzt, die deutsche Rechtsprechung erstreckt die deutschen Mitbestimmungsrecht nicht auf in anderen Mitgliedstaaten beschäftigte Arbeitnehmer (→ Rn. 17). Schließlich spricht für eine konkrete Betrachtung der **Zweck** des § 5 Nr. 3 MgVG, eine Diskriminierung nicht im Inland beschäftigter EU-Bürger zu verhindern. Wäre bereits die abstrakte Gesetzeslage maßgeblich, würde dieser Zweck verselbständigt, das Diskriminierungsverbot würde nur um seiner selbst willen existieren, weil bei abstrakter Betrachtung keine Betroffenen vorhanden sind. Einen derart weit reichenden Schutz vor Diskriminierungen kennt aber nicht einmal das AGG bzw. kennen ihn nicht die dem AGG zugrunde liegenden EU-Richtlinien (aA AKRR/*Annuß* MgVG § 5 Rn. 12). Bestätigt wird dieses Ergebnis durch die **richtlinienkonforme Auslegung** (→ Einl. Rn. 19 f.).

20   Die richtlinienkonforme Auslegung (→ Einl. Rn. 16 f.) beantwortet auch die Frage, ob es für die Beurteilung, ob Mitbestimmungsrechte gemindert werden, auf die **gelebte Mitbestimmung** oder auf die **rechtlich gebotene Mitbestimmung** ankommt: Letztere ist maßgeblich. Der Unterschied zu der in → Rn. 18 behandelten Konstellation besteht darin, dass es bei der in → Rn. 18 geschilderten Streitfrage darum geht, ob eine Gesellschaft die Tatbestandsvoraussetzungen eines Mitbestimmungsgesetzes erfüllen muss oder nicht, um von § 5 Nr. 3 MgVG erfasst zu sein. Hier geht es darum, dass eine Gesellschaft die Tatbestandsvoraussetzungen eines Mitbestimmungsgesetzes erfüllt, dessen Rechtsfolgen jedoch nicht zur Anwendung gelangen. Für die Maßgeblichkeit der rechtlich gebotenen Mitbestimmung sprechen im mitgliedstaatlichen Recht dieselben Argumente, die für das Unionsrecht herangezogen wurden (→ Einl. Rn. 16 f.). Soweit im deutschen Schrifttum gelegentlich argumentiert wird, auf die gelebte Mitbestimmung sei im Interesse der Rechtssicherheit abzustellen (*Hohenstatt/ Müller-Bonanni* SEBG § 34 Rn. 6; *Grambow* BB 2012, 902), verfängt dies nicht: Mit dem Statusverfahren steht zumindest im deutschen Recht ein Verfahren zur Verfügung, das es jederzeit erlaubt, vor der grenzüberschreitenden Verschmelzung für Rechtssicherheit zu sorgen. Nach Abschluss der grenzüberschreitenden Verschmelzung kann ein solches Statusverfahren nicht mehr dazu beitragen, die rechtlich gebotene Mitbestimmung und damit das Vorher-Nachher-Prinzip zu verwirklichen, weil es nur dazu dient, zu überprüfen, ob die gelebte Mitbestimmung mit der rechtlich gebotenen Mitbestimmung übereinstimmt (*Forst* ZHR-Beiheft 10 Jahre SE, 2015, 50, 63). Wird letztere durch die grenzüberschreitende Verschmelzung „eingefroren" (→ Einl. Rn. 29), wird genau diese Übereinstimmung hergestellt. Die bestehenden, aber nicht gelebten Mitbestimmungsrechte der Arbeitnehmer wären verloren. Das widerspricht dem Vorher-Nachher-Prinzip.

IV. Streitigkeiten

21   Streitigkeiten, die ihren Ursprung in den §§ 4, 5 MgVG haben, sind nach § 2a Nr. 3g ArbGG vor den **Arbeitsgerichten** auszutragen. Dieses entscheidet im Beschlussverfahren (§§ 80 ff. ArbGG). Die deutschen Gerichte können nach Art. 4 Abs. 1 Brüssel Ia-VO (früher Art. 2 Abs. 1 EuGVVO) **international** zuständig sein. Nach § 82 Abs. 5 ArbGG ist dann **örtlich** das Gericht zuständig, an dem die aus der grenzüberschreitenden Verschmelzung hervorgehende Gesellschaft ihren Sitz im Inland (GMPM/*Matthes/Spinner* § 82 Rn. 15, 19) haben soll.

22   Hinsichtlich der **Parteifähigkeit** enthält § 10 S. 1 ArbGG eine Sonderregelung, nach der im arbeitsgerichtlichen Verfahren unabhängig von ihrer Rechtsfähigkeit (vgl. § 50 Abs. 2 ZPO) auch nach dem MgVG „beteiligten Personen und Stellen" Beteiligte sind. Erfasst sind insbesondere die nach § 6 Abs. 2 MgVG zu informierenden Arbeitnehmervertretungen, die gerichtlich geltend machen können, dass das europäische Verhandlungsmodell zur Anwendung kommt.

Teil 2. Besonderes Verhandlungsgremium

Kapitel 1. Bildung und Zusammensetzung

Information der Leitungen

6 (1) [1]Das besondere Verhandlungsgremium ist auf Grund einer schriftlichen Aufforderung der Leitungen zu bilden. [2]Es hat die Aufgabe, mit den Leitungen eine schriftliche Vereinbarung über die Mitbestimmung der Arbeitnehmer in der aus einer grenzüberschreitenden Verschmelzung hervorgehenden Gesellschaft abzuschließen.

(2) [1]Wenn die Leitungen eine grenzüberschreitende Verschmelzung planen, informieren sie die Arbeitnehmervertretungen und Sprecherausschüsse in den beteiligten Gesellschaften, betroffenen Tochtergesellschaften und betroffenen Betrieben über das Verschmelzungsvorhaben. [2]Besteht keine Arbeitnehmervertretung, erfolgt die Information gegenüber den Arbeitnehmern. [3]Die Information erfolgt unaufgefordert und unverzüglich nach Offenlegung des Verschmelzungsplans.

(3) Die Information erstreckt sich insbesondere auf

1. die Identität und Struktur der beteiligten Gesellschaften, betroffenen Tochtergesellschaften und betroffenen Betriebe und deren Verteilung auf die Mitgliedstaaten,
2. die in diesen Gesellschaften und Betrieben bestehenden Arbeitnehmervertretungen,
3. die Zahl der in diesen Gesellschaften und Betrieben jeweils beschäftigten Arbeitnehmer sowie die daraus zu errechnende Gesamtzahl der in einem Mitgliedstaat beschäftigten Arbeitnehmer und
4. die Zahl der Arbeitnehmer, denen Mitbestimmungsrechte in den Organen dieser Gesellschaften zustehen.

(4) Maßgeblicher Zeitpunkt für die Ermittlung der Zahl der Arbeitnehmer ist der Zeitpunkt der Information nach Absatz 2.

Zusammensetzung des besonderen Verhandlungsgremiums

7 (1) [1]Für die in jedem Mitgliedstaat beschäftigten Arbeitnehmer der beteiligten Gesellschaften, betroffenen Tochtergesellschaften und betroffenen Betriebe werden Mitglieder für das besondere Verhandlungsgremium gewählt oder bestellt. [2]Für jeden Anteil der in einem Mitgliedstaat beschäftigten Arbeitnehmer, der 10 Prozent der Gesamtzahl der in allen Mitgliedstaaten beschäftigten Arbeitnehmer der beteiligten Gesellschaften und der betroffenen Tochtergesellschaften oder betroffenen Betriebe oder einen Bruchteil davon beträgt, ist ein Mitglied aus diesem Mitgliedstaat in das besondere Verhandlungsgremium zu wählen oder zu bestellen.

(2) [1]Es sind so viele zusätzliche Mitglieder in das besondere Verhandlungsgremium zu wählen oder zu bestellen, wie erforderlich sind, um zu gewährleisten, dass jede eingetragene beteiligte Gesellschaft durch mindestens ein Mitglied in dem besonderen Verhandlungsgremium vertreten ist. [2]Diese Gesellschaft muss Arbeitnehmer in dem betreffenden Mit-

gliedstaat beschäftigen und als Folge der geplanten grenzüberschreitenden Verschmelzung als eigene Rechtspersönlichkeit erlöschen. [3] Die Wahl
oder Bestellung darf nicht zu einer Doppelvertretung der betroffenen
Arbeitnehmer führen.

(3) [1] Die Zahl der zusätzlichen Mitglieder darf 20 Prozent der sich aus
Absatz 1 ergebenden Mitgliederzahl nicht überschreiten. [2] Kann danach
nicht jede nach Absatz 2 besonders zu berücksichtigende Gesellschaft
durch ein zusätzliches Mitglied im besonderen Verhandlungsgremium
vertreten werden, so werden diese Gesellschaften in absteigender Reihenfolge der Zahl der bei ihnen beschäftigten Arbeitnehmer berücksichtigt.
[3] Dabei ist zu gewährleisten, dass ein Mitgliedstaat nicht mehrere zusätzliche Sitze erhält, solange nicht alle anderen Mitgliedstaaten, aus denen
die nach Absatz 2 besonders zu berücksichtigenden Gesellschaften stammen, einen Sitz erhalten haben.

(4) [1] Treten während der Tätigkeitsdauer des besonderen Verhandlungsgremiums solche Änderungen in der Struktur oder Arbeitnehmerzahl der beteiligten Gesellschaften, der betroffenen Tochtergesellschaften
oder der betroffenen Betriebe ein, dass sich die konkrete Zusammensetzung des besonderen Verhandlungsgremiums ändern würde, so ist das
besondere Verhandlungsgremium entsprechend neu zusammenzusetzen.
[2] Über solche Änderungen haben die zuständigen Leitungen unverzüglich
das besondere Verhandlungsgremium zu informieren. [3] § 6 Abs. 2 bis 4
gilt entsprechend.

Persönliche Voraussetzungen der auf das Inland entfallenden Mit-
glieder des besonderen Verhandlungsgremiums

8 (1) Die persönlichen Voraussetzungen der Mitglieder des besonderen
Verhandlungsgremiums richten sich nach den jeweiligen Bestimmungen der Mitgliedstaaten, in denen sie gewählt oder bestellt werden.

(2) [1] Zu Mitgliedern des besonderen Verhandlungsgremiums wählbar
sind im Inland Arbeitnehmer der Gesellschaften und Betriebe sowie
Gewerkschaftsvertreter. [2] Frauen und Männer sollen entsprechend ihrem
zahlenmäßigen Verhältnis gewählt werden. [3] Für jedes Mitglied ist ein
Ersatzmitglied zu wählen.

(3) Gehören dem besonderen Verhandlungsgremium mehr als zwei
Mitglieder aus dem Inland an, ist jedes dritte Mitglied ein Vertreter einer
Gewerkschaft, die in einer an der Verschmelzung beteiligten Gesellschaft, betroffenen Tochtergesellschaft oder einem betroffenen Betrieb
vertreten ist.

(4) Gehören dem besonderen Verhandlungsgremium mehr als sechs
Mitglieder aus dem Inland an, ist mindestens jedes siebte Mitglied ein
leitender Angestellter.

Verteilung der auf das Inland entfallenden Sitze des besonderen Ver-
handlungsgremiums

9 (1) Die Wahl oder Bestellung der Mitglieder des besonderen Verhandlungsgremiums nach § 7 erfolgt nach den jeweiligen Bestimmungen
der Mitgliedstaaten.

(2) Bei der Wahl der auf das Inland entfallenden Mitglieder des besonderen Verhandlungsgremiums sollen alle an der Verschmelzung beteiligten Gesellschaften mit Sitz im Inland, die Arbeitnehmer im Inland beschäftigen, durch mindestens ein Mitglied im besonderen Verhandlungsgremium vertreten sein.

(3) Ist die Anzahl der auf das Inland entfallenden Mitglieder des besonderen Verhandlungsgremiums geringer als die Anzahl der an der Verschmelzung beteiligten Gesellschaften mit Sitz im Inland, die Arbeitnehmer im Inland beschäftigen, so erhalten die Gesellschaften in absteigender Reihenfolge der Zahl der Arbeitnehmer jeweils einen Sitz.

(4) Ist die Anzahl der auf das Inland entfallenden Mitglieder des besonderen Verhandlungsgremiums höher als die Anzahl der an der Verschmelzung beteiligten Gesellschaften mit Sitz im Inland, die Arbeitnehmer im Inland beschäftigen, so sind die nach erfolgter Verteilung nach Absatz 2 verbleibenden Sitze nach dem d'Hondtschen Höchstzahlverfahren auf die beteiligten Gesellschaften, die betroffenen Tochtergesellschaften oder die betroffenen Betriebe zu verteilen.

(5) Sind keine Gesellschaften mit Sitz im Inland an der Verschmelzung beteiligt, sondern von ihr nur Tochtergesellschaften oder Betriebe ausländischer Gesellschaften betroffen, gelten die Absätze 2 bis 4 entsprechend.

Kapitel 2. Wahlgremium

Zusammensetzung des Wahlgremiums; Urwahl

10 (1) [1]Die nach diesem Gesetz oder dem Gesetz eines anderen Mitgliedstaats auf die im Inland beschäftigten Arbeitnehmer der an der Verschmelzung beteiligten Gesellschaften, betroffenen Tochtergesellschaften und betroffenen Betriebe entfallenden Mitglieder des besonderen Verhandlungsgremiums werden von einem Wahlgremium in geheimer und unmittelbarer Wahl gewählt. [2]Im Fall des § 8 Abs. 3 ist jedes dritte Mitglied auf Vorschlag einer Gewerkschaft zu wählen, die in einer an der Verschmelzung beteiligten Gesellschaft, einer betroffenen Tochtergesellschaft oder einem betroffenen Betrieb vertreten ist. [3]Wird nur ein Wahlvorschlag gemacht, muss dieser mindestens doppelt so viele Bewerber enthalten wie Vertreter von Gewerkschaften zu wählen sind. [4]Jeder Wahlvorschlag einer Gewerkschaft muss von einem Vertreter der Gewerkschaft unterzeichnet sein. [5]Im Fall des § 8 Abs. 4 ist jedes siebte Mitglied auf Vorschlag der Sprecherausschüsse zu wählen; Satz 3 gilt entsprechend. [6]Besteht in einer beteiligten Gesellschaft oder in einer der beteiligten Tochtergesellschaften oder den betroffenen Betrieben kein Sprecherausschuss, können die leitenden Angestellten Wahlvorschläge machen; ein Wahlvorschlag muss von einem Zwanzigstel oder 50 der wahlberechtigten leitenden Angestellten unterzeichnet sein.

(2) [1]Ist aus dem Inland nur eine Unternehmensgruppe an der Verschmelzung beteiligt, besteht das Wahlgremium aus den Mitgliedern des Konzernbetriebsrates oder, sofern ein solcher nicht besteht, aus den Mitgliedern der Gesamtbetriebsräte oder, sofern ein solcher in einem Unternehmen nicht besteht, aus den Mitgliedern des Betriebsrates. [2]Betriebsratslose Betriebe und Unternehmen einer Unternehmensgruppe werden vom Konzernbetriebsrat, Gesamtbetriebsrat oder Betriebsrat mit vertreten.

(3) [1] Ist aus dem Inland nur ein Unternehmen an der Verschmelzung beteiligt, besteht das Wahlgremium aus den Mitgliedern des Gesamtbetriebsrates oder, sofern ein solcher nicht besteht, aus den Mitgliedern des Betriebsrates. [2] Betriebsratslose Betriebe eines Unternehmens werden vom Gesamtbetriebsrat oder Betriebsrat mit vertreten.

(4) Ist aus dem Inland nur ein Betrieb von der Verschmelzung betroffen, besteht das Wahlgremium aus den Mitgliedern des Betriebsrates.

(5) [1] Sind an der Verschmelzung eine oder mehrere Unternehmensgruppen oder nicht verbundene Unternehmen beteiligt oder sind von der Gründung unternehmensunabhängige Betriebe betroffen, setzt sich das Wahlgremium aus den jeweiligen Arbeitnehmervertretungen auf Konzernebene, Unternehmensebene oder Betriebsebene zusammen. [2] Die Absätze 2 bis 4 gelten entsprechend. [3] Ist in den Fällen des Satzes 1 eine entsprechende Arbeitnehmervertretung nicht vorhanden, werden diese Mitglieder des Wahlgremiums von den Arbeitnehmern in Urwahl gewählt. [4] Die Wahl wird von einem Wahlvorstand eingeleitet und durchgeführt, der in einer Versammlung der Arbeitnehmer gewählt wird, zu der die inländische Konzernleitung, Unternehmensleitung oder Betriebsleitung einlädt. [5] Es sind so viele Mitglieder des Wahlgremiums zu wählen, wie eine bestehende Arbeitnehmervertretung in den Fällen der Absätze 2 bis 4 an gesetzlichen Mitgliedern hätte; für das Wahlverfahren gilt Absatz 7 Satz 3 bis 5 entsprechend.

(6) [1] Das Wahlgremium besteht aus höchstens 40 Mitgliedern. [2] Würde diese Höchstzahl überschritten, ist die Anzahl der Mitglieder in dem Wahlgremium entsprechend ihrem zahlenmäßigen Verhältnis nach dem d'Hondtschen Höchstzahlverfahren zu verringern.

(7) [1] Besteht in den Fällen der Absätze 2 bis 5 keine Arbeitnehmervertretung, wählen die Arbeitnehmer die Mitglieder des besonderen Verhandlungsgremiums in geheimer und unmittelbarer Wahl. [2] Die Wahl wird von einem Wahlvorstand eingeleitet und durchgeführt, der in einer Versammlung der Arbeitnehmer gewählt wird, zu der die inländische Konzernleitung, Unternehmensleitung oder Betriebsleitung einlädt. [3] Die Wahl der Mitglieder des besonderen Verhandlungsgremiums erfolgt nach den Grundsätzen der Verhältniswahl. [4] Sie erfolgt nach den Grundsätzen der Mehrheitswahl, wenn nur ein Wahlvorschlag eingereicht wird. [5] Jeder Wahlvorschlag der Arbeitnehmer muss von mindestens einem Zwanzigstel der wahlberechtigten Arbeitnehmer, mindestens jedoch von drei Wahlberechtigten, höchstens aber von 50 Wahlberechtigten unterzeichnet sein; in Betrieben mit in der Regel bis zu 20 wahlberechtigten Arbeitnehmern genügt die Unterzeichnung durch zwei Wahlberechtigte. [6] Absatz 1 Satz 2 bis 6 gilt entsprechend.

Einberufung des Wahlgremiums

11 (1) Auf der Grundlage der von den Leitungen erhaltenen Informationen hat der Vorsitzende der Arbeitnehmervertretung auf Konzernebene oder, sofern eine solche nicht besteht, auf Unternehmensebene oder, sofern eine solche nicht besteht, auf Betriebsebene

1. Ort, Tag und Zeit der Versammlung des Wahlgremiums festzulegen;
2. die Anzahl der Mitglieder aus den jeweiligen Arbeitnehmervertretungen nach § 10 Abs. 6 festzulegen;
3. zur Versammlung des Wahlgremiums einzuladen.

(2) Bestehen auf einer Ebene mehrere Arbeitnehmervertretungen, treffen die Verpflichtungen nach Absatz 1 den Vorsitzenden der Arbeitnehmervertretung, die die meisten Arbeitnehmer vertritt.

Wahl der Mitglieder des besonderen Verhandlungsgremiums

12 (1) [1]Bei der Wahl müssen mindestens zwei Drittel der Mitglieder des Wahlgremiums, die mindestens zwei Drittel der Arbeitnehmer vertreten, anwesend sein. [2]Die Mitglieder des Wahlgremiums haben jeweils so viele Stimmen, wie sie Arbeitnehmer vertreten. [3]Die Wahl erfolgt mit einfacher Mehrheit der abgegebenen Stimmen.

(2) [1]Im Wahlgremium vertreten die Arbeitnehmervertretungen und die in Urwahl gewählten Mitglieder jeweils alle Arbeitnehmer der organisatorischen Einheit, für die sie nach § 10 Abs. 2 bis 5 zuständig sind. [2]Nicht nach Satz 1 vertretene Arbeitnehmer werden den Arbeitnehmervertretungen innerhalb der jeweiligen Unternehmensgruppe zu gleichen Teilen zugerechnet.

(3) [1]Sind für eine Arbeitnehmervertretung mehrere Mitglieder im Wahlgremium vertreten, werden die entsprechend der von ihnen vertretenen Arbeitnehmer bestehenden Stimmenanteile gleichmäßig aufgeteilt. [2]Dies gilt auch für die nach § 10 Abs. 5 Satz 3 gewählten Mitglieder des Wahlgremiums.

Kapitel 3. Verhandlungsverfahren

Information über die Mitglieder des besonderen Verhandlungsgremiums

13 (1) [1]Die Wahl oder Bestellung der Mitglieder des besonderen Verhandlungsgremiums soll innerhalb von zehn Wochen nach der in § 6 Abs. 2 und 3 vorgeschriebenen Information erfolgen. [2]Den Leitungen sind unverzüglich die Namen der Mitglieder des besonderen Verhandlungsgremiums, ihre Anschriften sowie die jeweilige Betriebszugehörigkeit mitzuteilen. [3]Die Leitungen haben die örtlichen Betriebs- und Unternehmensleitungen, die dort bestehenden Arbeitnehmervertretungen und Sprecherausschüsse sowie die in inländischen Betrieben vertretenen Gewerkschaften über diese Angaben zu informieren.

(2) [1]Das Verhandlungsverfahren nach den §§ 14 bis 19 findet auch dann statt, wenn die in Absatz 1 Satz 1 genannte Frist aus Gründen, die die Arbeitnehmer zu vertreten haben, überschritten wird. [2]Nach Ablauf der Frist gewählte oder bestellte Mitglieder können sich jederzeit an dem Verhandlungsverfahren beteiligen.

Sitzungen; Geschäftsordnung

14 (1) [1]Die Leitungen laden unverzüglich nach Benennung der Mitglieder oder im Fall des § 13 nach Ablauf der in § 13 Abs. 1 Satz 1 genannten Frist zur konstituierenden Sitzung des besonderen Verhandlungsgremiums ein und informieren die örtlichen Betriebs- und Unternehmensleitungen. [2]Das besondere Verhandlungsgremium wählt aus seiner Mitte einen Vorsitzenden und mindestens zwei Stellvertreter. ³Es kann sich eine schriftliche Geschäftsordnung geben.

(2) Der Vorsitzende kann weitere Sitzungen einberufen.

Zusammenarbeit zwischen besonderem Verhandlungsgremium und Leitungen

15 (1) ¹Das besondere Verhandlungsgremium schließt mit den Leitungen eine schriftliche Vereinbarung über die Mitbestimmung der Arbeitnehmer in der aus der grenzüberschreitenden Verschmelzung hervorgehenden Gesellschaft ab. ²Zur Erfüllung dieser Aufgabe arbeiten sie vertrauensvoll zusammen.

(2) ¹Die Leitungen haben dem besonderen Verhandlungsgremium rechtzeitig alle erforderlichen Auskünfte zu erteilen und die erforderlichen Unterlagen zur Verfügung zu stellen. ²Das besondere Verhandlungsgremium ist insbesondere über das Verschmelzungsvorhaben und den Verlauf des Verfahrens bis zur Eintragung der aus der grenzüberschreitenden Verschmelzung hervorgehenden Gesellschaft zu unterrichten. ³Zeitpunkt, Häufigkeit und Ort der Verhandlungen werden zwischen den Leitungen und dem besonderen Verhandlungsgremium einvernehmlich festgelegt.

Sachverständige und Vertreter von geeigneten außenstehenden Organisationen

16 (1) ¹Das besondere Verhandlungsgremium kann bei den Verhandlungen Sachverständige seiner Wahl, zu denen auch Vertreter von einschlägigen Gewerkschaftsorganisationen auf Gemeinschaftsebene zählen können, hinzuziehen, um sich von ihnen bei seiner Arbeit unterstützen zu lassen. ²Diese Sachverständigen können, wenn das besondere Verhandlungsgremium es wünscht, an den Verhandlungen in beratender Funktion teilnehmen.

(2) Das besondere Verhandlungsgremium kann beschließen, die Vertreter von geeigneten außenstehenden Organisationen vom Beginn der Verhandlungen zu unterrichten.

Beschlussfassung im besonderen Verhandlungsgremium

17 (1) ¹Die Mitglieder des besonderen Verhandlungsgremiums, die in einem Mitgliedstaat gewählt oder bestellt werden, vertreten alle in dem jeweiligen Mitgliedstaat beschäftigten Arbeitnehmer. ²Solange aus einem Mitgliedstaat keine Mitglieder in das besondere Verhandlungsgremium gewählt oder bestellt sind (§ 13 Abs. 2), gelten die betroffenen Arbeitnehmer als nicht vertreten.

(2) ¹Das besondere Verhandlungsgremium beschließt vorbehaltlich des Absatzes 3 und § 18 Abs. 1 mit der Mehrheit seiner Mitglieder, in der zugleich die Mehrheit der vertretenen Arbeitnehmer enthalten sein muss. ²Jedes auf das Inland entfallende Mitglied vertritt gleich viele Arbeitnehmer.

(3) ¹Hätten die Verhandlungen eine Minderung der Mitbestimmungsrechte zur Folge, so ist für einen Beschluss zur Billigung einer solchen

Vereinbarung eine Mehrheit von zwei Dritteln der Mitglieder des besonderen Verhandlungsgremiums erforderlich, die mindestens zwei Drittel
der Arbeitnehmer in mindestens zwei Mitgliedstaaten vertreten. [2]Dies
gilt, sofern sich die Mitbestimmung auf mindestens 25 Prozent der
Gesamtzahl der Arbeitnehmer der beteiligten Gesellschaften und der
betroffenen Tochtergesellschaften erstreckt.

(4) Minderung der Mitbestimmungsrechte bedeutet, dass

1. der Anteil der Arbeitnehmervertreter
   a) im Verwaltungs- oder Aufsichtsorgan,
   b) in Ausschüssen, in denen die Mitbestimmung der Arbeitnehmer
      erfolgt, oder
   c) im Leitungsgremium, das für die Ergebniseinheiten der Gesell-
      schaften zuständig ist,
   geringer ist als der höchste in den beteiligten Gesellschaften bestehende Anteil oder

2. das Recht, Mitglieder des Aufsichts- oder Verwaltungsorgans der Gesellschaft zu wählen, zu bestellen, zu empfehlen oder abzulehnen,
   beseitigt oder eingeschränkt wird.

Nichtaufnahme oder Abbruch der Verhandlungen

18 [1]Das besondere Verhandlungsgremium kann beschließen, keine
Verhandlungen aufzunehmen oder bereits aufgenommene Verhandlungen abzubrechen. [2]Für diesen Beschluss ist eine Mehrheit von
zwei Dritteln der Mitglieder erforderlich, die mindestens zwei Drittel
der Arbeitnehmer in mindestens zwei Mitgliedstaaten vertreten. [3]Die
Vorschriften über die Mitbestimmung der Arbeitnehmer, die in dem
Mitgliedstaat gelten, in dem die aus der grenzüberschreitenden Verschmelzung hervorgehende Gesellschaft ihren Sitz haben wird, finden
Anwendung.

Niederschrift

19 [1]In eine Niederschrift, die vom Vorsitzenden und einem weiteren
Mitglied des besonderen Verhandlungsgremiums zu unterzeichnen ist, sind aufzunehmen

1. ein Beschluss über den Abschluss einer Vereinbarung nach § 15
   Abs. 1,
2. ein Beschluss über die Nichtaufnahme oder den Abbruch der Verhandlungen nach § 18 und
3. die jeweiligen Mehrheiten, mit denen die Beschlüsse gefasst worden
   sind.

[2]Eine Abschrift der Niederschrift ist den Leitungen zu übermitteln.

Kosten des besonderen Verhandlungsgremiums

20 [1]Die durch die Bildung und Tätigkeit des besonderen Verhandlungsgremiums entstehenden erforderlichen Kosten tragen die beteiligten Gesellschaften und nach ihrer Verschmelzung die aus der grenzüberschreitenden Verschmelzung hervorgehende Gesellschaft als Gesamtschuldner. [2]Insbesondere sind für die Sitzungen in erforderlichem

Umfang Räume, sachliche Mittel, Dolmetscher und Büropersonal zur Verfügung zu stellen sowie die erforderlichen Reise- und Aufenthaltskosten der Mitglieder des besonderen Verhandlungsgremiums zu tragen.

Dauer der Verhandlungen

21 (1) ¹Die Verhandlungen beginnen mit der Einsetzung des besonderen Verhandlungsgremiums und können bis zu sechs Monate dauern. ²Einsetzung bezeichnet den Tag, zu dem die Leitungen zur konstituierenden Sitzung des besonderen Verhandlungsgremiums eingeladen haben.

(2) Die Parteien können einvernehmlich beschließen, die Verhandlungen über den in Absatz 1 genannten Zeitraum hinaus bis zu insgesamt einem Jahr ab der Einsetzung des besonderen Verhandlungsgremiums fortzusetzen.

Übersicht

	Rn.
I. Allgemeines	1
II. Unterschiede zum SEBG	2
1. Einbeziehung von Tochtergesellschaften und Betrieben	2
2. Beschlussfassung im besonderen Verhandlungsgremium	4
3. Nichtaufnahme oder Abbruch von Verhandlungen	8
4. Strukturelle Änderungen	11
III. Streitigkeiten	12

I. Allgemeines

1 Die §§ 6–21 MgVG setzen Art. 16 Abs. 3 lit. a und c IntVerschmRL iVm Art. 3, 5 SE-RL um. Das MgVG bildet die Vorbildfunktion der SE-RL dadurch ab, dass die §§ 6–21 MgVG ihrerseits mit den **§§ 4–20 SEBG weitgehend identisch** sind (ausführlich zum Ablauf des Verhandlungsverfahrens nach dem MgVG *Cannistra,* Verhandlungsverfahren, 2014, S. 115 ff.). Auf die Kommentierung dieser Vorschriften wird deshalb verwiesen. Im Folgenden ist nur auf die Unterschiede zwischen MgVG und SEBG einzugehen.

II. Unterschiede zum SEBG

2 **1. Einbeziehung von Tochtergesellschaften und Betrieben.** Der erste (formelle) Unterschied ergibt sich daraus, dass die §§ 8 Abs. 3, 10 Abs. 1 S. 2 MgVG (Gewerkschaftsvertreter) und § 9 Abs. 4 MgVG (Verteilung der Sitze im bVG) Tochtergesellschaften und Betriebe ausdrücklich nennen, anders als die §§ 6 Abs. 3, 8 Abs. 1 S. 2 SEBG und § 7 Abs. 4 SEBG. Materiell ergibt sich dadurch keine Abweichung, wenn die genannten Vorschriften des SEBG mit der überwiegenden Ansicht so ausgelegt werden, dass sie auch Tochtergesellschaften und Betriebe erfassen (MüKoAktG/*Jacobs* SEBG § 6 Rn. 5, SEBG § 7 Rn. 3, SEBG § 8 Rn. 4; KK-AktG/*Feuerborn* SEBG § 6 Rn. 7, SEBG § 8 Rn. 10 – aA SEBG § 7 Rn. 10; NFK/*Kleinsorge* SEBG § 6 Rn. 7 iVm SEBG § 8 Rn. 5, SEBG § 7 Rn. 6; HWK/*Hohenstatt/Dzida* SEBG Rn. 14; aA LHT/*Oetker* SEBG § 6 Rn. 16: nur Tochtergesellschaften, keine Betriebe). Die Einbeziehung von Tochtergesellschaften und Betrieben ist richtlinienkonform, da sie in Art. 3 Abs. 2 lit. b SE-RL vorgesehen ist, auf den Art. 16 Abs. 3 lit. a IntVerschmRL verweist.

Demgegenüber ist die zwingende Mitgliedschaft von Gewerkschaftsvertretern 3
im bVG nach §§ 6 Abs. 3, 8 Abs. 1 S. 2 SEBG **richtlinienwidrig** (UHH/
Henssler Einl. SEBG Rn. 175; *Kallmeyer* ZIP 2004, 1442 [1443]; *Kraushaar* BB
2003, 1614 [1617]; *Krause* BB 2005, 1221 [1225]; *Thüsing* ZIP 2006, 1469
[1473]; aA MüKoAktG/*Jacobs* SEBG § 6 Rn. 6, SEBG § 8 Rn. 4). Die den
Mitgliedstaaten durch Art. 3 Abs. 2 lit. b SE-RL eingeräumte Möglichkeit, Gewerkschaftsvertreter fakultativ zuzulassen, berechtigt Deutschland nicht, diese
zwingend vorzuschreiben. Dass auch der europäische Gesetzgeber so denkt, zeigt
sich daran, dass Art. 35a Abs. 2 lit. d des Schwedischen Entwurfs einer SPE-
Verordnung die Mitgliedschaft von Gewerkschaftsvertretern ausdrücklich regelt
(zur Berücksichtigung solcher Entwürfe EuGH Slg. 1997, I-7211 Rn. 25 –
Rabobank). Im Umkehrschluss war eine solche Regelung in der SE noch nicht
zulässig. Entsprechendes gilt somit wegen der Verweisung in Art. 16 Abs. 3
IntVerschmRL auch bei den §§ 8 Abs. 3, 10 Abs. 1 S. 2 MgVG (im Einzelnen
ebenso *Lunk/Hinrichs* NZA 2007, 773 [777]; *Thüsing* Ausschuss-Drs. 16(11)429
S. 27; aA NFK/*Nagel* §§ 8, 10 MgVG).

2. Beschlussfassung im besonderen Verhandlungsgremium. Der zweite 4
Unterschied besteht zwischen § 15 Abs. 3 S. 2, Abs. 4, Abs. 5 SEBG einerseits
und § 17 Abs. 3 S. 2, Abs. 4 MgVG andererseits. Dieser Unterschied betrifft die
Beschlussfassung im bVG in dem Fall, dass die Verhandlungen eine Minderung
von Mitbestimmungsrechten zur Folge hätten. Sowohl nach dem SEBG als auch
nach dem MgVG bedarf ein solcher Beschluss einer Mehrheit von zwei Dritteln
der Mitglieder des bVG, die mindestens zwei Drittel der Arbeitnehmer in
mindestens zwei Mitgliedstaaten vertreten. **Unterschiedlich** geregelt sind aber
die Schwellenwerte, ab denen eine solche Mehrheit erforderlich ist (Abs. 3
Satz 2, → Rn. 5), auch divergiert die Definition des Begriffs „Minderung von
Mitbestimmungsrechten" (Abs. 4 Nr. 1, dazu → Rn. 7). Ferner enthält § 17
MgVG keinen Abs. 5. Dies erklärt sich daraus, dass § 15 Abs. 5 SEBG die
Gründung einer SE durch Umwandlung (Art. 2 Abs. 4 SE-VO) regelt, für die es
kein Pendant in der IntVerschmRL bzw. in den §§ 122a ff. UmwG gibt.

Der Grund für die Abweichung in Abs. 3 S. 2 ist demgegenüber politischer 5
Natur. Nur wenn die in dem jeweiligen Abs. 3 S. 2 festgelegten **Schwellenwerte** erreicht werden, muss das bVG mit qualifizierter Mehrheit beschließen.
§ 15 Abs. 3 S. 2 SEBG legt verschiedene Quoren für die verschiedenen Varianten
der Gründung einer SE (Art. 2 SE-VO) fest. Die verschiedenen Schwellenwerte
dienen dazu, eine „Flucht aus der Mitbestimmung" durch Gründung einer SE zu
erschweren. Die Gefahr einer solchen Flucht sah der Gesetzgeber bei der Gründung einer SE durch Verschmelzung als größer an als bei der Gründung einer
Holding-SE, so dass das Quorum, ab dem eine qualifizierte Mehrheit erforderlich
sein sollte, auf 25 % abgesenkt wurde. Bei der Umwandlung sah der Gesetzgeber
die Gefahr einer Flucht als besonders groß an, so dass § 15 Abs. 5 SEBG einen
Beschluss, der eine Minderung von Mitbestimmungsrechten zur Folge hätte, im
Fall der Gründung einer SE durch Umwandlung ganz ausschließt.

§ 17 Abs. 3 S. 2 MgVG legt deshalb – grundsätzlich in Übereinstimmung mit 6
Art. 16 Abs. 3 lit. a IntVerschmRL, Art. 3 Abs. 4 UAbs. 1, 1. Gedankenstrich
SE-RL – fest, dass für die grenzüberschreitende Verschmelzung das Quorum von
25 % maßgeblich sein soll, das auch bei der Gründung einer SE durch Verschmel-
zung angewendet wird. **Richtlinienwidrig** ist allerdings die **Bezugsgröße** für
die Berechnung des Quorums (KK-AktG/*Feuerborn* SEBG § 15 Rn. 22; *Henssler*
ZHR 173 [2009], 222 [234 f.]; *Habersack* ZHR 107 [2007], 613 [640]; *Hellwig/*
Behme AG 2009, 261 [273 ff.]; *Kallmeyer* ZIP 2004, 1442 [1443]; *Rehberg* ZGR
2005, 859 [889]): Der deutsche Gesetzgeber bezieht in die Berechnung auch
Tochtergesellschaften mit ein. Art. 3 Abs. 4 UAbs. 1, 1. Gedankenstrich SE-RL

stellt hingegen allein auf die Arbeitnehmer der beteiligten Gesellschaften ab. Da die Quoren der SE-RL das Ergebnis eines mehr als vierzigjährigen Ringens sind, ist nicht davon auszugehen, dass der europäische Gesetzgeber die Tochtergesellschaften einfach vergessen hat. Auch kann man den in allen Sprachfassungen der SE-RL gleichermaßen klaren Wortlaut (s. nur englisch: *participating companies,* französisch: *sociétés participantes;* italienisch: *società partecipanti;* niederländisch: *deelnemende vennootschappen*) nicht einfach unter Verweis auf den Zweck der Richtlinie negieren, bestehende Mitbestimmungsrecht zu wahren (so aber BR-Drs. 438/04, 124 f. zum SEBG; zum MgVG MüKoAktG/*Jacobs* SEBG § 15 Rn. 10, 20; *C.Schubert* RdA 2007, 9 [13]). Dieses Argument übersieht zudem, dass die Einbeziehung von Tochtergesellschaften nicht stets zu einem stärkeren Schutz der (deutschen) Mitbestimmung führen muss, sondern bei der Einbeziehung ausländischer Tochtergesellschaften den Anteil der Arbeitnehmer, die der deutschen Mitbestimmung unterliegen, an der Gesamtbelegschaft sogar verringert (KK-AktG/*Feuerborn* SEBG § 15 Rn. 22).

7   § 17 Abs. 4 Nr. 1 MgVG definiert eine **„Minderung von Mitbestimmungsrechten"** (→ Einl. Rn. 18) abweichend von § 15 Abs. 4 Nr. 1 SEBG. Ergänzt wird die Regelung um die Arbeitnehmervertreter in Ausschüssen, in denen die Mitbestimmung der Arbeitnehmer erfolgt oder im Leitungsgremium, das für die Ergebniseinheiten der Gesellschaft zuständig ist. Der Gesetzgeber trägt damit der Rechtslage in Finnland und Slowenien Rechnung (WWK/K/*Kleinsorge* EU-Recht Rn. 95; MüKoAktG/*Jacobs* SEBG § 15 Rn. 20). Im Übrigen gilt das zum SEBG Gesagte entsprechend (→ SEBG § 15 Rn. 4 f.).

8   **3. Nichtaufnahme oder Abbruch von Verhandlungen.** Der dritte Unterschied betrifft den Beschluss des bVG, keine Verhandlungen aufzunehmen oder bereits begonnene Verhandlungen abzubrechen (§ 18 S. 1 MgVG). Sowohl nach § 16 Abs. 1 S. 2 SEBG als auch nach § 18 S. 2 MgVG kann das bVG einen solchen Beschluss mit einer Mehrheit vor zwei Dritteln seiner Mitglieder treffen, die mindestens zwei Drittel der Arbeitnehmer in mindestens zwei Mitgliedstaaten vertreten. § 16 Abs. 2 und Abs. 3 SEBG betreffen SE-spezifische Besonderheiten, so dass sie sich folgerichtig nicht in § 18 MgVG wiederfinden. Ein Beschluss nach § 18 S. 1 MgVG schließt einen Beschluss der Leitungen nach § 23 Abs. 1 S. 1 Nr. 3 MgVG aus (ausführlich → § 23 Rn. 15).

9   Lediglich die **Rechtsfolgenanordnung** des § 18 S. 3 MgVG divergiert von der des § 16 Abs. 1 S. 3 SEBG. Damit setzt der deutsche Gesetzgeber Art. 16 Abs. 4 lit. a und lit. b IntVerschmRL um. Nach § 18 S. 3 MgVG gelten die Vorschriften über die Mitbestimmung der Arbeitnehmer, die in dem Mitgliedstaat gelten, in dem die aus der grenzüberschreitenden Verschmelzung hervorgehende Gesellschaft ihren Sitz haben wird. „Sitz" ist dabei der **Satzungssitz,** wie sich aus einem Vergleich mit anderen Sprachfassungen des Art. 16 Abs. 4 lit. b IntVerschmRL ergibt (englisch: *registered office,* französisch: *siège statutaire*). Verschmilzt etwa eine britische Limited auf eine deutsche GmbH als aufnehmendem Rechtsträger und fasst das bVG einen Beschluss nach § 18 S. 1 oder S. 2 MgVG, unterliegt die GmbH nach § 18 S. 3 MgVG den Vorschriften des deutschen Mitbestimmungsrechts, namentlich dem DrittelbG und dem MitbestG. Anders als in § 16 Abs. 1 S. 3 SEBG wird in § 18 MgVG die **Anhörung und Unterrichtung** der Arbeitnehmer nicht geregelt. Das hat seinen Grund darin, dass die Anhörung und Unterrichtung der Arbeitnehmer nicht Gegenstand der IntVerschmRL ist (→ Einl. Rn. 5). Das bedeutet nicht, dass den Arbeitnehmern nach der Verschmelzung keine Anhörungs- oder Unterrichtungsrechte zustehen. Die aus der Verschmelzung hervorgehende Gesellschaft unterliegt vielmehr dem mitgliedstaatlichen Recht wie jede andere Gesellschaft auch, in Deutschland also insbesondere dem BetrVG, dem SprAuG und dem EBRG.

Anders als nach § 18 Abs. 1 SEBG ist unter dem MgVG **kein neues Ver-** 10
handlungsverfahren auf Antrag der Arbeitnehmer einzuleiten, wenn das bVG
einen Beschluss nach § 18 S. 1 oder S. 2 MgVG gefasst hat (MüKoAktG/*Jacobs*
SEBG Vor § 1 Rn. 46; *C.Schubert* Entwicklungen im Arbeits- und Wirtschaftsrecht, 2009, S. 103, 106 f.). Das ist folgerichtig, weil die aus der grenzüberschreitenden Verschmelzung hervorgehende Gesellschaft fortan dem mitgliedstaatlichen Mitbestimmungsrecht unterliegt und die Mitbestimmung damit allein
in die Zuständigkeit des jeweiligen Mitgliedstaates fällt (vorbehaltlich der Sonderregelung in § 30 MgVG). § 18 MgVG entspricht damit den Vorgaben des Art. 16
IntVerschmRL (→ Einl. Rn. 22).

4. Strukturelle Änderungen. Ebenso wenig sieht das MgVG Neuverhand- 11
lungen bei strukturellen Änderungen vor, wie dies nach § 18 Abs. 3 SEBG in der
SE der Fall ist. Der europäische Gesetzgeber hat mit Art. 16 Abs. 7 Int-
VerschmRL eine **abschließende Sonderregelung** für „strukturelle Änderungen" im Nachgang zu einer grenzüberschreitenden Verschmelzung getroffen, die
in § 30 MgVG umgesetzt wurde (ausführlich dort). Strukturelle Änderungen
können nur dann zu Neuverhandlungen führen, wenn dies gemäß § 22 Abs. 2
MgVG in einer Mitbestimmungsvereinbarung vereinbart wurde. Eine Pflicht
dazu besteht nicht und könnte durch den deutschen Gesetzgeber auch nicht
richtlinienkonform angeordnet werden (→ § 22 Rn. 25).

III. Streitigkeiten

Streitigkeiten, die ihren Ursprung in den §§ 6–20 MgVG haben, sind nach 12
§ 2a Nr. 3g ArbGG vor den **Arbeitsgerichten** auszutragen. Dieses entscheidet
im **Beschlussverfahren** (§§ 80 ff. ArbGG).

Die **internationale** Zuständigkeit der deutschen Gerichte ergibt sich – vor- 13
behaltlich einer Gerichtsstandsvereinbarung (Art. 25 Brüssel Ia-VO, früher
Art. 23 EuGVVO) – aus Art. 4 Abs. 1 Brüssel Ia-VO (früher Art. 2 Abs. 1
EuGVVO), wenn der Beklagte seinen Sitz in Deutschland hat, anderenfalls kann
sie sich nur aus Art. 7 Nr. 5 Brüssel Ia-VO (früher Art. 5 Nr. 5 EuGVVO)
ergeben.

Ergibt sich die internationale Zuständigkeit aus Art. 4 Abs. 1 Brüssel Ia-VO 14
(früher Art. 2 Abs. 1 EuGVVO), ist **örtlich** nach § 82 Abs. 5 ArbGG das Gericht zuständig, in dessen Bezirk die aus der grenzüberschreitenden Verschmelzung hervorgehende Gesellschaft ihren Sitz im Inland (GMPM/*Matthes/Spinner*
§ 82 Rn. 15, 19) haben soll. Ergibt sich die internationale Zuständigkeit aus
Art. 7 Nr. 5 Brüssel Ia-VO (früher Art. 5 Nr. 5 EuGVVO), regelt dieser zugleich
die örtliche Zuständigkeit (MüKoZPO/*Gottwald* EuGVVO Art. 2 Rn. 25,
EuGVVO Art. 5 Rn. 75). Zuständig ist danach das Gericht an dem Ort, an dem
sich die Zweigniederlassung, Agentur oder sonstige Niederlassung befindet, aus
deren Betrieb die Streitigkeit resultiert.

Hinsichtlich der **Parteifähigkeit** enthält § 10 S. 1 ArbGG eine Sonderrege- 15
lung, nach der im arbeitsgerichtlichen Verfahren unabhängig von ihrer Rechtsfähigkeit (vgl. § 50 Abs. 2 ZPO) auch nach dem MgVG „beteiligten Personen
und Stellen" Beteiligte sind. Erfasst sind insbesondere das bVG sowie das Wahlgremium. Diese sind zudem nach § 83 Abs. 3 ArbGG obligatorisch **anzuhören.**

Teil 3. Mitbestimmung der Arbeitnehmer

Kapitel 1. Mitbestimmung kraft Vereinbarung

Inhalt der Vereinbarung

22 (1) In der schriftlichen Vereinbarung zwischen den Leitungen und dem besonderen Verhandlungsgremium wird, unbeschadet der Autonomie der Parteien im Übrigen, festgelegt:

1. der Geltungsbereich der Vereinbarung, einschließlich der außerhalb des Hoheitsgebietes der Mitgliedstaaten liegenden Unternehmen und Betriebe, sofern diese in den Geltungsbereich einbezogen werden;
2. der Zeitpunkt des Inkrafttretens der Vereinbarung und ihre Laufzeit; ferner die Fälle, in denen die Vereinbarung neu ausgehandelt werden soll, und das dabei anzuwendende Verfahren;
3. die Zahl der Mitglieder des Aufsichts- oder Verwaltungsorgans der aus der grenzüberschreitenden Verschmelzung hervorgehenden Gesellschaft, welche die Arbeitnehmer wählen oder bestellen können oder deren Bestellung sie empfehlen oder ablehnen können;
4. das Verfahren, nach dem die Arbeitnehmer diese Mitglieder wählen oder bestellen oder deren Bestellung empfehlen oder ablehnen können, und
5. die Rechte dieser Mitglieder.

(2) ¹In der Vereinbarung soll festgelegt werden, dass auch vor strukturellen Änderungen der aus der grenzüberschreitenden Verschmelzung hervorgehenden Gesellschaft Verhandlungen über die Mitbestimmung der Arbeitnehmer aufgenommen werden. ²Die Parteien können das dabei anzuwendende Verfahren regeln.

(3) Die Vereinbarung kann bestimmen, dass die Regelungen der §§ 23 bis 27 über die Mitbestimmung kraft Gesetzes ganz oder in Teilen gelten.

(4) Steht die Satzung der aus einer grenzüberschreitenden Verschmelzung hervorgehenden Gesellschaft im Widerspruch zu den Regelungen über die Mitbestimmung kraft Vereinbarung, ist die Satzung anzupassen.

Übersicht

	Rn.
I. Allgemeines	1
1. Unterschiede zum SEBG	3
2. Autonomie der Parteien	4
3. Rechtsnatur der Mitbestimmungsvereinbarung	8
4. Auslegung der Mitbestimmungsvereinbarung	9
II. Abschluss der Mitbestimmungsvereinbarung	12
III. Inhalt der Mitbestimmungsvereinbarung	13
1. Benannte Regelungsgegenstände	14
a) Geltungsbereich	14
b) Inkrafttreten und Laufzeit	15
c) Zahl der Arbeitnehmervertreter	17

Rn.

    d) Verfahren zur Auswahl der Arbeitnehmervertreter 20
    e) Rechte (und Pflichten) der Arbeitnehmervertreter 22
    f) Neuverhandlungen 25
    g) Anwendung der Auffanglösung 27
  2. Unbenannte Regelungsgegenstände 29
    a) Regelungen zur Mitbestimmung 30
    b) Standardklauseln 35
  IV. Mängel der Mitbestimmungsvereinbarung und ihre Folgen ... 42
  V. Verhältnis zur Satzung 45
  VI. Streitigkeiten 49

I. Allgemeines

§ 22 MgVG setzt Art. 16 Abs. 3 lit. b IntVerschmRL iVm Art. 4 Abs. 1, **1**
Abs. 2 lit. a, g, h, Abs. 3 SE-RL um. Der Abschluss einer Mitbestimmungsvereinbarung ist der **gesetzliche Regelfall** der Beendigung des europäischen Verhandlungsmodells. In der Praxis optieren die Leitungen der beteiligten Gesellschaften hingegen in der Regel nach § 23 Abs. 1 S. 1 Nr. 3 MgVG für die Anwendung der gesetzlichen Auffanglösung, ohne zu verhandeln (→ § 23 Rn. 10). In § 22 MgVG nicht ausdrücklich angesprochene Voraussetzung dafür, dass die gesetzliche Auffangregelung eingreifen kann, ist allerdings, dass das europäische Verhandlungsmodell überhaupt zur Anwendung gelangt. Das ist nur dann der Fall, wenn die Mitbestimmung der Arbeitnehmer sich nach § 5 MgVG bemisst. Kommt nach § 4 MgVG das Mitbestimmungsrecht des Staates zur Anwendung, in dem die aus der grenzüberschreitenden Verschmelzung hervorgehende Gesellschaft ihren Satzungssitz hat, sind die §§ 6 ff., 22 MgVG nicht anzuwenden.

Angebracht ist ein Wort zur **Terminologie:** Die Vereinbarung nach § 21 **2**
SEBG wird vielfach als „Mitbestimmungsvereinbarung" bezeichnet. Diese Bezeichnung ist zumindest irreführend, weil die Vereinbarung nach § 21 SEBG auch Regelungen über die Unterrichtung und Anhörung der Arbeitnehmer trifft und deshalb in einem weiteren Sinn die Beteiligung der Arbeitnehmer regelt. Sie ist daher korrekt als „Beteiligungsvereinbarung" zu bezeichnen. Die Vereinbarung nach § 22 MgVG betrifft aufgrund des begrenzten Regelungsgegenstandes der IntVerschmRL (→ Einl. Rn. 5) ausschließlich die Beteiligung der Arbeitnehmer in den Organen, also die Mitbestimmung. Sie ist daher als **„Mitbestimmungsvereinbarung"** zu bezeichnen. Die sowohl bei § 21 SEBG als auch bei § 22 MgVG gebräuchliche Bezeichnung als „Parteivereinbarung" ist zwar nicht falsch, erlaubt aber keine Differenzierung und sollte daher allenfalls als Oberbegriff verwendet werden.

1. Unterschiede zum SEBG. Obwohl § 22 MgVG mit Art. 4 SE-RL den- **3**
selben Ahn hat wie § 21 SEBG, weisen § 22 MgVG und § 21 SEBG ganz **erhebliche Unterschiede** auf. Trotz des teilweise identischen Wortlauts beider deutschen Normen können die zum SEBG gefundenen Ergebnisse nur unter Vorbehalt auf das MgVG übertragen werden. Das hat zwei Gründe: Zum einen tritt die Vereinbarung nach § 22 MgVG nicht in Konkurrenz zu den Regelungen der SE-VO, sondern sie tritt in Konkurrenz zu den Regelungen des deutschen Gesellschaftsrechts. Das hat Auswirkungen auf die Reichweite der Autonomie der Parteien (→ Rn. 4 ff.). Zum anderen regelt die Vereinbarung nach § 22 MgVG die Mitbestimmung in den Organen einer nationalen Gesellschaftsform, die ihren Satzungssitz (noch) nicht ohne Rechtsformwechsel grenzüberschreitend verlegen kann (zur geplanten Sitzverlegungsrichtlinie → Einl. Rn. 3). Demgegenüber kann die supranationale Rechtsform SE ihren Satzungssitz nach Art. 8 SE-

VO ohne Rechtsformwechsel grenzüberschreitend verlegen. Das hat für die Vereinbarung nach § 21 SEBG zur Konsequenz, dass auch sie grenzüberschreitend zur Anwendung kommen können muss, wenn man nicht jede Sitzverlegung entgegen des Zwecks der SE-VO als „strukturelle Änderung" iSd § 18 Abs. 3 SEBG qualifizieren will (dazu *Forst* S. 176 f.).

4   2. Autonomie der Parteien. § 22 MgVG spricht in Übereinstimmung mit Art. 16 Abs. 3 lit. b IntVerschmRL iVm Art. 4 Abs. 2 SE-RL von der „Autonomie der Parteien". Wie bei § 21 SEBG (zum Meinungsstand dort MüKo-AktG/*Jacobs* SEBG § 21 Rn. 14; *Forst* S. 72 ff.) wird auch bei § 22 MgVG die Ansicht vertreten, dass es sich dabei um die aus dem bürgerlichen Recht bekannte Vertragsfreiheit (§§ 241, 311 BGB) handele (so die Begründung bei *Weng* S. 334). Das überzeugt nicht – wie auch bei § 21 SEBG (ausführlich *Forst* S. 62 ff.; *Thüsing* ZIP 2006, 1469 [1470]): Die Vertragsfreiheit findet ihre Grundlage in Deutschland in dem Grundrecht aus Art. 2 Abs. 1 GG. Partei der Mitbestimmungsvereinbarung ist aber unter anderem das bVG. Dieses ist ein Ad-hoc-Gremium, das nur für die Verhandlungen gebildet wird und anschließend wieder erlischt (→ § 25 Rn. 5). Es ist deshalb nicht rechtsfähig und mithin auch nicht grundrechtsfähig. Darüber hinaus würde den Parteien die Vertragsfreiheit des bürgerlichen Rechts zuzubilligen bedeuten, dass diese alles vereinbaren können, was ihnen nicht durch zwingende Gesetze als externer Schranke ausdrücklich verboten ist. Denn die Vertragsfreiheit kennt – anders als zB die Tarifautonomie oder die Autonomie nach § 77 BetrVG – keine immanenten Schranken: Vertraglich vereinbart werden kann alles, was nicht gesetzlich oder durch anderes höherrangiges Recht verboten ist. Würde es sich bei der Autonomie der Parteien um die Vertragsfreiheit handeln, könnten die Parteien zB auch das gesetzliche Kapital der Gesellschaft festsetzen oder deren Unternehmensgegenstand. Nach § 22 Abs. 4 MgVG wäre die Satzung an diese Regelungen anzupassen. Dass die Leitungen und die Arbeitnehmer Regelungen zu Themen treffen, die ureigenste Interessen der Anteilseigner betreffen, entspricht aber nicht dem begrenzten Zweck des MgVG, die Mitbestimmung zu sichern.

5   *Habersack* ist der Ansicht, dass die Parteiautonomie nie weiter reiche als die Satzungsautonomie, sondern im Gegensatz zu dieser zusätzlich „Mitbestimmungsrelevanz" haben müsse und dementsprechend eingeschränkt sei (ZHR 171 [2007], 613 [629 f.]; ebenso zu § 22 MgVG auch *Cannistra,* Verhandlungsverfahren, 2014, S. 156). *Teichmann* plädiert demgegenüber zwar nicht für die Vertragsfreiheit, wohl aber für eine weit reichende Parteiautonomie (Der Konzern 2007, 89 [95]). Die erstgenannte Ansicht kann sich nicht auf Art. 12 Abs. 4 SE-VO bzw. § 22 Abs. 4 MgVG stützen, denn diese Vorschriften sind bloße Konfliktlösungsmechanismen, die die Satzungs- und Parteiautonomie voraussetzen, sie aber nicht begründen oder einschränken (*Forst* S. 93 f.). Eine Satzung könnte aber zB nicht regeln, wie die Arbeitnehmervertreter gewählt oder bestellt werden (§ 22 Abs. 1 Nr. 4 MgVG), so dass die Parteiautonomie zumindest stellenweise weiter reicht als die Satzungsautonomie. Andererseits kann es auch nicht überzeugen, den Parteien einer Mitbestimmungsvereinbarung eine Regelungszuständigkeit und -befugnis für solche Bereiche zuzugestehen, die nichts mit der Mitbestimmung der Arbeitnehmer zu tun haben (zB Gesellschaftskapital, Unternehmensgegenstand). Das würde den Zweck des MgVG ignorieren und wäre sowohl verfassungsrechtlich (Art. 14 Abs. 1 GG) als auch mit Blick auf den zwischen Anteilseignern und Leitungen bestehenden Prinzipal-Agenten-Konflikt bedenklich.

6   Vielmehr ergibt sich aus den zwingenden Gesetzen (insbesondere des Gesellschaftsrechts) als **externer Schranke** sowie den internen Schranken der Autonomie der Parteien, wie weit diese reicht. Zu den externen Schranken zählt –

wie dargelegt (→ Rn. 5) – allerdings nicht die Satzungsstrenge nach § 23 Abs. 5 AktG (NFK/*Nagel* MgVG § 22 Rn. 1; aA *Lunk/Hinrichs* NZA 2007, 773 [778]). Das gilt erst Recht bei einer grenzüberschreitenden Verschmelzung, aus der eine GmbH hervorgeht, bei der nach § 45 GmbHG ja keine Satzungsstrenge eingreift. Die **internen Schranken** der Autonomie der Parteien sind zunächst aus dem MgVG abzuleiten. Es bietet sich folgende Vorgehensweise an (ähnlich GLF/*Kienast* § 5 Rn. 163): Zulässig sind jedenfalls die in dem (nicht abschließenden) § 22 MgVG ausdrücklich genannten Regelungen einschließlich der in den §§ 23 ff. MgVG geregelten Modalitäten der gesetzlichen Auffanglösung, weil diese gemäß § 22 Abs. 3 MgVG vereinbart werden kann. Zulässig sind ferner Regelungen, die zwar nicht ausdrücklich genannt werden, die aber vom Gesetzgeber stillschweigend vorausgesetzt werden oder den ausdrücklich genannten Regelungsgegenständen vergleichbar sind. Wenn die Parteien zB nach § 22 Abs. 1 Nr. 2 MgVG die Laufzeit der Mitbestimmungsvereinbarung regeln können, müssen sie auch die Kündigung regeln dürfen, auch wenn dies nicht ausdrücklich im Gesetz steht. Ebenso müssen Regelungen zur Abwahl oder Abberufung von Arbeitnehmervertretern als *actus contrarius* zur Wahl oder Bestellung möglich sein. Der Rechtsanwender muss für jeden Regelungsgegenstand anhand der Vorgaben des Gesetzes prüfen, ob dieser noch in den Bereich der Parteiautonomie fällt oder nicht. Dabei ist auch eine Abgrenzung zur Satzungsautonomie erforderlich. Parteiautonomie und Satzungsautonomie müssen in praktische Konkordanz zueinander gebracht werden, sie beeinflussen einander somit jeweils als immanente Schranke.

Praktisch wirkt sich der Streit bislang vor allem bei der Frage aus, ob die **7** Parteien einer Beteiligungsvereinbarung nach § 21 SEBG die Größe des mitbestimmten Organs festlegen dürfen oder nicht. Entsprechendes gilt auch bei § 22 MgVG (→ Rn. 17 f.)

3. Rechtsnatur der Mitbestimmungsvereinbarung. Die Mitbestimmungs- **8** vereinbarung nach § 22 MgVG ist wie die Beteiligungsvereinbarung nach § 21 SEBG nicht als schuldrechtlicher Vertrag, sondern als **Kollektivvertrag eigener Art** zu qualifizieren. Dieser Kollektivvertrag wirkt zugunsten und zu Lasten Dritter *(inter omnes)*. Das wird zwar im MgVG nicht ausdrücklich gesagt, anders als zB in § 4 Abs. 1 TVG für den Tarifvertrag oder in § 77 Abs. 4 S. 1 BetrVG für die Betriebsvereinbarung, ergibt sich aber daraus, dass die Mitbestimmungsvereinbarung andere Personen und Stellen berechtigt und verpflichtet als die, welche sie abschließen: Die Mitbestimmungsvereinbarung wird zwischen den Leitungen der beteiligten Gesellschaften und dem bVG geschlossen, berechtigt und verpflichtet aber die aus der grenzüberschreitenden Verschmelzung hervorgehende Gesellschaft, deren Anteilseigner und Leitung sowie die künftigen Arbeitnehmervertreter und zumindest mittelbar auch die Arbeitnehmer. Aus dieser Qualifikation ergibt sich unter anderem, dass die §§ 104 ff. BGB auf die Mitbestimmungsvereinbarung zumindest keine unmittelbare Anwendung finden können.

4. Auslegung der Mitbestimmungsvereinbarung. Nach § 1 Abs. 3 MgVG **9** soll die Mitbestimmungsvereinbarung so auszulegen sein, dass die Mitbestimmung der Arbeitnehmer in der aus einer grenzüberschreitenden Verschmelzung hervorgehenden Gesellschaft gefördert wird. Es wurde bereits dargelegt, dass der deutsche Gesetzgeber mit dieser **Auslegungsregel** seine Kompetenzen überschreitet und § 1 Abs. 3 MgVG den Rechtsanwender daher nicht berechtigt, die allgemeingültigen Regeln der Auslegung zu ignorieren (→ § 1 Rn. 4; zustimmend GLF/*Kienast* § 5 Rn. 150). Das wäre auch mit der Parteiautonomie nicht zu vereinbaren.

10   Schwieriger zu beurteilen ist die Frage, ob die Mitbestimmungsvereinbarung
wie ein Gesetz objektiv auszulegen ist oder wie ein Vertrag subjektiv. Da die
Mitbestimmungsvereinbarung als Kollektivvertrag mit Wirkung *inter omnes* qualifiziert wurde (→ Rn. 8), ist sie – insoweit parallel zur Auslegung der Beteiligungsvereinbarung nach § 21 SEBG – **objektiv auszulegen** (zu § 21 SEBG KK-
AktG/*Feuerborn* SEBG § 21 Rn. 17; LHT/*Oetker* SEBG § 1 Rn. 31, 35; jetzt
auch MüKoAktG/*Jacobs* SEBG § 21 Rn. 8; ausführlich *Forst* S. 188 f.).

11   Ist die Mitbestimmungsvereinbarung lückenhaft, muss ähnlich wie beim Lückenschluss von Gesetzen unterschieden werden zwischen der Feststellung der
Lücke und ihrer **Ausfüllung**. Eine ausfüllungsbedürftige Lücke weist die Mitbestimmungsvereinbarung nur dann auf, wenn die Parteien den regelungsbedürf-
tigen Punkt nicht bedacht haben. Haben sie von einer Regelung bewusst abgesehen, ist dies als absichtsvolles Schweigen Ausdruck der Parteiautonomie und
dementsprechend richterlicher Lückenfüllung entzogen. Richtigerweise ist bei
der Schließung der Lücke nicht auf die gesetzliche Auffanglösung zurückzugreifen, weil dies den Vorrang der Parteiautonomie ignoriert, sondern es muss wie
bei der Schließung von Gesetzeslücken der Wille der Parteien ermittelt werden
und durch Analogie und teleologische Reduktion in Recht übersetzt werden
(ausführlich *Forst* S. 190 f.; aA LHT/*Oetker* SEBG § 21 Rn. 27; differenzierend
MüKoAktG/*Jacobs* SEBG § 21 Rn. 8).

II. Abschluss der Mitbestimmungsvereinbarung

12   **Parteien** der ersten (zu Neuverhandlungen → Rn. 25) Mitbestimmungsvereinbarung sind das bVG und die Leitungen der beteiligten Gesellschaften. Die
Leitungen können zum Abschluss der Mitbestimmungsvereinbarung ihrerseits
nach den allgemeinen Vertretungsregeln ein Gremium bilden, das für sie handelt.
Für den Abschluss einer wirksamen Mitbestimmungsvereinbarung bedarf es eines
wirksamen Beschlusses des bVG (§ 17 MgVG), eines wirksamen Beschlusses der
jeweiligen Leitungen bzw. des gemeinsamen Vertreters dieser Leitungen sowie
eines **Konsenses** zwischen den Parteien. Die Mitbestimmungsvereinbarung bedarf nach § 22 Abs. 1 MgVG der **Schriftform**. Zur Beteiligungsvereinbarung
nach § 21 SEBG ist hM, dass es sich um die Schriftform des § 126 BGB handelt
(LHT/*Oetker* SEBG § 21 Rn. 19; KK-AktG/*Feuerborn* SEBG § 21 Rn. 9; Mü-
KoAktG/*Jacobs* SEBG § 21 Rn. 4). Das ist zweifelhaft, weil die Schriftform des
§ 21 SEBG – wie auch die des § 22 MgVG – auf Art. 4 Abs. 2 SE-RL zurückgeht. Das Sekundärrecht der EU ist jedoch autonom auszulegen, was dann auch
für die jeweiligen Umsetzungsakte gelten muss. Der EuGH hat bereits entschieden, dass die auch für Schriftformerfordernisse im Sekundärrecht gilt (Slg. 1982,
1363 Rn. 19 ff. – Butterreinfett). Richtig ist allerdings, dass die Schriftform nach
§ 126 BGB ausreichend auch iSd Art. 4 Abs. 2 SE-RL ist (zustimmend AKRR/
Rudolph MgVG § 22 Rn. 3). **Berechtigt** und **verpflichtet** werden nicht die
Parteien, sondern die aus der grenzüberschreitenden Verschmelzung hervorgehende Gesellschaft, deren Anteilseigner und Leitung sowie die künftigen Arbeitnehmervertreter und zumindest mittelbar auch die Arbeitnehmer.

III. Inhalt der Mitbestimmungsvereinbarung

13   In Bezug auf den Inhalt der Mitbestimmungsvereinbarung kann zwischen den
benannten Regelungsgegenständen und den **unbenannten** Regelungsgegenständen unterschieden werden. Die benannten Regelungsgegenstände sind ausdrücklich im Gesetz erwähnt und unterliegen damit auf jeden Fall der Autonomie
der Parteien. Bei den unbenannten Regelungsgegenständen bedarf es einer Abwägung im Einzelfall (→ Rn. 6). Entgegen des Wortlauts des § 22 MgVG sind

nicht alle darin genannten Regelungsgegenstände obligatorischer Bestandteil einer Mitbestimmungsvereinbarung (zu § 21 SEBG wie hier MüKoAktG/*Jacobs* SEBG § 21 Rn. 18; *Forst* S. 259 f., jeweils mwN; aA zu § 22 MgVG BR-Drs. 540/06, 57; AKRR/*Rudolph* MgVG § 22 Rn. 5; *Lunk/Hinrichs* NZA 2007, 773 [778]; *Nagel* NZG 2007, 57 [58]). So bedarf es zB keiner Regelungen über die Rechte der Arbeitnehmervertreter, wenn die Parteien insoweit nach § 22 Abs. 3 MgVG für die gesetzliche Auffangregelung optie
ren.

1. Benannte Regelungsgegenstände. a) Geltungsbereich. Zu den be-   **14**
nannten Regelungsgegenständen zählt nach § 22 Abs. 1 Nr. 1 MgVG der Geltungsbereich der Vereinbarung. Er hat jedenfalls eine persönliche, zeitliche und räumliche Komponente und zählt zu den Regelungsgegenständen, die **zwingender Bestandteil** einer wirksamen Vereinbarung sind. Nach dem Wortlaut des § 22 Abs. 1 Nr. 1 MgVG können die Parteien auch in **Drittstaaten** liegende Unternehmen und Betriebe einbeziehen. Das ist mit dem Territorialitätsprinzip unvereinbar (ohne Problembewusstsein BR-Drs. 540/06, 57), das die Mitgliedstaaten im Verhältnis zu Drittstaaten – anders als innerhalb der EU – nicht aufheben oder einschränken können. Möglich ist eine Regelung in Bezug auf Drittstaaten deshalb nur insoweit, als der Drittstaat eine solche Regelung seinerseits anerkennt (AKRR/*Rudolph* MgVG § 22 Rn. 6; GLF/*Kienast* § 5 Rn. 154; zu § 21 SEBG MüKoAktG/*Jacobs* SEBG § 21 Rn. 16; *Forst* S. 192 f.). Anders als Art. 6 Abs. 2 lit. b EBR-RL 2009 enthält Art. 4 Abs. 2 SE-RL keine Bestimmungen über die **Antidiskriminierung.** Die Antidiskriminierungs-RL 2000/78/EG, 2000/43/EG und 2002/73/EG sind auf die Mitbestimmungsvereinbarung nach § 22 MgVG nicht anzuwenden. Die Parteien sind nur an die Schranke der Willkür gebunden (ähnlich MüKoAktG/*Jacobs* SEBG § 21 Rn. 19a; *ders.* FS K. Schmidt, 2009, 795 [806]). Die Ausübung von Rechten aus der Mitbestimmungsvereinbarung unterliegt hingegen den genannten Antidiskriminierungs-RL (ausführlich zum Ganzen zu § 21 SEBG *Forst* S. 193 f., 274 f.).

b) Inkrafttreten und Laufzeit. Nach § 22 Abs. 1 Nr. 2 MgVG zulässig sind   **15**
auch Regelungen zum Inkrafttreten und zur Laufzeit der Mitbestimmungsvereinbarung. Sie sind sogar zwingend, weil das Registergericht anderenfalls nicht nach § 122l Abs. 2 MgVG überprüfen kann, ob überhaupt eine wirksame Mitbestimmungsvereinbarung existiert oder nicht. Das Inkrafttreten und die Laufzeit können durch **Bedingungen** und/oder **Befristungen** festgelegt werden. Auch ist es zulässig vorzusehen, dass sich die Mitbestimmungsvereinbarung von selbst um eine bestimmte Zeitspanne verlängert, wenn keine Kündigung (→ Rn. 35) oder keine Neuverhandlungen (→ Rn. 25) erfolgt sind. In diesem Fall sollte aber auf jeden Fall geregelt werden, dass Neuverhandlungen auch dann noch möglich sind, weil anderenfalls ein Lähmungszustand drohte.

Bei Fehlen einer ausdrücklichen Bestimmung können das Inkrafttreten und die   **16**
Laufzeit durch **Auslegung** ermittelt werden. Im Zweifel tritt die Vereinbarung mit ihrer Unterzeichnung in Kraft. Sind Regelungen über Neuverhandlungen getroffen worden und fehlt eine Regelung zur Laufzeit, bleibt die Vereinbarung im Zweifel bis zum Abschluss der Neuverhandlungen in Kraft (zu § 21 SEBG *Forst* S. 196; aA *Seibt* ZIP 2005, 413 [428]). Endet die vereinbarte Laufzeit und sind keine Regelungen über Neuverhandlungen getroffen worden, gibt es **keine Nachwirkung** der Mitbestimmungsvereinbarung (GLF/*Kienast* § 5 Rn. 167), sofern diese nicht vereinbart wurde (→ Rn. 36). Die Mitbestimmungsvereinbarung nach § 22 MgVG unterscheidet sich insoweit von der Beteiligungsvereinbarung nach § 21 SEBG (dazu *Forst* EuZW 2011, 333; weitergehend MüKoAktG/*Jacobs* SEBG § 21 Rn. 16a; LHT/*Oetker* SEBG § 21 Rn. 41, die stets von einer Nachwirkung ausgehen). Das ist dadurch gerechtfertigt, dass das Gesetz in

§ 30 MgVG den Bestandsschutz für die Mitbestimmung selber auf drei Jahre begrenzt. Diesem eingeschränkten Schutzkonzept entspricht es, keine Nachwirkung anzunehmen, sondern nach Ablauf der vereinbarten Laufzeit entsprechend § 4 MgVG wieder das mitgliedstaatliche Mitbestimmungsrecht anzuwenden.

17   **c) Zahl der Arbeitnehmervertreter.** Nach § 22 Abs. 1 Nr. 3 MgVG können die Parteien die Zahl der Arbeitnehmervertreter im Aufsichts- oder Verwaltungsorgan der aus der grenzüberschreitenden Verschmelzung hervorgehenden Gesellschaft bestimmen. Wie die SE (zum Meinungsstand dort MüKo-AktG/*Jacobs* SEBG § 21 Rn. 19; *Forst* S. 260 ff.) ist auch bei der grenzüberschreitenden Verschmelzung umstritten, ob die **Größe des mitbestimmten Organs** in der Mitbestimmungsvereinbarung geregelt werden kann (dafür HWK/*Hohenstatt/Dzida* MgVG Rn. 17; NFK/*Nagel* § 22 Rn. 1; *ders.* NZG 2007, 57 [58]; *Cannistra*, Verhandlungsverfahren, 2014, S. 163 ff., 167; *Teichmann* Der Konzern 2007, 89 [95 f.]; dagegen GLF/*Kienast* § 5 Rn. 157; *Habersack* ZHR 171 [2007], 613 [633 f.]; *Lunk/Hinrichs* NZA 2007, 773 [778]; *Thüsing* Ausschuss-Drs. 16(11)429, 27 und wohl auch AKRR/*Rudolph* MgVG § 22 Rn. 8; MüKoAktG/*Jacobs* SEBG § 21 Rn. 19 iVm Rn. 27). Diese Frage ist zu trennen von der Frage, ob das inzwischen aufgeweichte „Dreiteilbarkeitsgebot" (§ 195 Abs. 5.3 AktG aF, zur SE s. § 17 Abs. 1 S. 3 SEAG und *Bayer/Scholz* ZIP 2016, 193 [197 f.]) auch durch eine Mitbestimmungsvereinbarung zu beachten ist.

18   Für die SE hat das LG Nürnberg-Fürth diese Frage ohne Begründung bejaht (AG 2010, 384 mit abl. Anm. *Forst* AG 2010, 350; ebenfalls ablehnend MüKo-AktG/*Jacobs* SEBG § 21 Rn. 19). Nach richtiger Ansicht ist es den Parteien weder bei der SE noch unter dem MgVG möglich, die Größe des mitbestimmten Organs zu regeln. Der **Wortlaut** des § 22 Abs. 1 Nr. 3 MgVG spricht nur von der „Zahl" der Arbeitnehmervertreter, nicht von der „Größe" des Organs. Dass nach § 2 Abs. 7 MgVG „Mitbestimmung" das Recht ist, einen „Teil" der Mitglieder des mitbestimmten Organs zu wählen oder zu bestellen, führt nicht dazu, dass Zahl und Anteil und damit die Größe (Zahl/Anteil = Größe) festgelegt werden können, denn – wie an anderer Stelle dargelegt (*Forst* S. 263) – divergieren die Sprachfassungen des dem § 2 Abs. 7 MgVG zugrundeliegenden Art. 2 lit. k SE-RL, so dass der Wortlaut letztlich unergiebig ist. Auch die **Historie** in Form der Begründung zum Regierungsentwurf erweist sich als unergiebig, weil darin nur steht, dass die Mitbestimmungsvereinbarung die „Anzahl" der Arbeitnehmervertreter festlegt (BR-Drs. 540/06, 57), was über die Größe des Gesamtorgans nichts aussagt. Kein Argument ergibt die **Systematik** durch § 22 Abs. 4 MgVG. Dieser ist – wie Art. 12 Abs. 4 SE-VO – reiner Konfliktlösungsmechanismus (→ Rn. 45) und wirkt sich auf die Reichweite der Autonomie der Parteien oder der Satzungsautonomie nicht aus. Gegen eine Regelung der Größe des mitbestimmten Organs in der Mitbestimmungsvereinbarung spricht aus systematischer Sicht, dass insbesondere die Größe des Aufsichtsrats durch § 95 Abs. 1 S. 2 AktG ausdrücklich einer Regelung durch die Satzung zugewiesen wird. Der Satzungsgeber wird lediglich hinsichtlich der Zahl der Arbeitnehmervertreter durch die Mitbestimmungsvereinbarung gebunden und hat die Satzung insoweit nach § 22 Abs. 4 MgVG anzupassen. Das bedeutet praktisch, dass die Satzung stets einen so großen Aufsichtsrat vorsehen wird, dass keine Überparität der Arbeitnehmervertreter eintritt. Ganz entschieden gegen eine Festlegung der Größe des mitbestimmten Organs in der Mitbestimmungsvereinbarung spricht die **Zweckmäßigkeit:** Da andernfalls die Leitungen und das bVG aushandeln, wie groß und damit effizient das Organ ist, das künftig die Leitung der aus der grenzüberschreitenden Verschmelzung hervorgehenden Gesellschaft überwacht und da diese Leitung mit den Leitungen der beteiligten Gesellschaften regelmäßig zumindest teilweise personenidentisch ist, besteht hier offensichtlich ein Interessenkonflikt. Der ohnehin bestehende Prinzipal-Agenten-Konflikt zwischen Leitungen und Anteilseignern würde noch weiter verschärft (ausführlich *Forst* AG 2010, 350 [357 f.]).

Das bedeutet im Ergebnis nicht, dass die grenzüberschreitende Verschmelzung 19 nicht dazu genutzt werden könnte, den **Aufsichtsrat zu verkleinern.** Regelungsort dafür ist nur nicht die Mitbestimmungsvereinbarung, sondern die Satzung. Theoretisch möglich ist auch eine **Minderung von Mitbestimmungsrechten.** Diese wird in der Praxis aber nur selten zu erzielen sein, weil die Arbeitnehmerseite über die Auffanglösung immer den *status quo ante* beibehalten kann (kritisch daher *Fleischer* AcP 204 [2004], 502 [534]: „kardinaler Konstruktionsfehler").

d) Verfahren zur Auswahl der Arbeitnehmervertreter. Nach § 22 Abs. 1 20 Nr. 4 MgVG können die Parteien das Verfahren regeln, nach dem die Arbeitnehmer ihre Vertreter wählen oder bestellen oder deren Bestellung empfehlen oder ablehnen können. Die Parteien genießen hierbei eine weit reichende Autonomie (ausführlich zu § 21 SEBG MüKoAktG/*Jacobs* SEBG § 21 Rn. 19a; *Forst* S. 266 ff.). Es sollten zumindest Regelungen über den **Benennungsmodus** (Wahl mit anschließender Bestellung durch die Gesellschafter, Wahl mit gleichzeitiger Bestellung, Kooptation oder sonstige), das **aktive** und **passive Wahlrecht** (MüKoAktG/*Jacobs* SEBG § 21 Rn. 19a; *Forst* S. 270 f.) sowie die **Sitzverteilung** (zur Antidiskriminierung → Rn. 14) getroffen werden. Erforderlich ist dabei, dass die Arbeitnehmervertreter zumindest mittelbar durch die Arbeitnehmer legitimiert werden (*Thüsing* Ausschuss-Drs. 16/11429, 27; *Forst* S. 269). Das schließt eine Benennung *durch* Dritte nicht stets aus: So kann den ersten Arbeitnehmervertretern beispielsweise das Recht zur Kooptation eingeräumt werden. Bei einem Konzern- oder Gesamtbetriebsrat sind hingegen die Arbeitnehmer aus anderen Mitgliedstaaten weder aktiv noch passiv wahlberechtigt, diese Gremien können daher nicht die Arbeitnehmervertreter benennen. Mangels Legitimation kann auch der Leitung der aus der grenzüberschreitenden Verschmelzung hervorgehenden Gesellschaft nicht das Recht eingeräumt werden, die Arbeitnehmervertreter zu benennen. Eine Besetzung des Aufsichtsorgans *mit* Dritten ist grundsätzlich möglich. Praktisch wird dies bei **Gewerkschaftsvertretern.** Auch diese bedürfen aber der Legitimation durch die Arbeitnehmer. Einseitige Entsenderechte von Gewerkschaften sind damit unvereinbar. Sollen die ersten Arbeitnehmervertreter in der ersten Mitbestimmungsvereinbarung unmittelbar benannt werden, darf ihre Benennung nicht von der Zustimmung der Leitungen abhängig gemacht werden, sondern sie muss allein durch das bVG erfolgen, weil anderenfalls die „Gegnerunabhängigkeit" nicht gewahrt ist. Soweit gesetzliche **Geschlechterquoten** (oder sonstige zwingenden Quoten) eingreifen, enthalten diese für die Parteien der Mitbestimmungsvereinbarung eine zwingende Vorgabe (→ Einl. Rn. 34). Eine gesetzliche Geschlechterquote kann also nicht wirksam in einer Mitbestimmungsvereinbarung abbedungen werden (GLF/*Kienast* § 5 Rn. 151).

Aus § 100 Abs. 3 AktG ergibt sich, dass auch die Arbeitnehmervertreter die 21 **persönlichen Voraussetzungen** nach § 100 Abs. 1, Abs. 2 AktG erfüllen müssen. Davon können die Parteien nicht abweichen (zu § 21 SEBG MüKoAktG/ *Jacobs* SEBG § 21 Rn. 19a; *Forst* S. 271). Aufgrund des § 22 Abs. 1 Nr. 4 MgVG können die Parteien ferner die **Amtsdauer** der Arbeitnehmervertreter bestimmen (MüKoAktG/*Jacobs* SEBG § 21 Rn. 19j; *Forst* S. 267). Wenn nämlich festgelegt wird, nach welchem Verfahren die Arbeitnehmer ihre Vertreter wählen können, beinhaltet dies auch eine Aussage dazu, in welchem Zeitabstand ein Votum zu erfolgen hat. Um die Funktionsfähigkeit der Gesellschaft nicht zu gefährden, sollte die Amtszeit der Arbeitnehmervertreter mit der Amtszeit der Anteilseignervertreter (§ 102 Abs. 1 AktG) harmonisiert sein.

22   **e) Rechte (und Pflichten) der Arbeitnehmervertreter.** Nach § 22 Abs. 1 MgVG regeln die Parteien die **Rechte** der Arbeitnehmervertreter. Zu diesen Rechten zählen namentlich das Teilnahme-, Rede- und Stimmrecht. Regeln können die Parteien aber auch Fragen wie die Entgeltfortzahlung, Arbeitsfreistellung, Kostenübernahme oder Vergütung (ausführlich zu § 21 SEBG MüKo-AktG/*Jacobs* SEBG § 21 Rn. 19b; *Forst* S. 279 ff.).

23   Bei der Regelung all dieser Fragen müssen die Parteien jedoch den Grundsatz der **Gleichbehandlung** berücksichtigen, und zwar **in zweifacher Hinsicht:** Zum einen gilt der Grundsatz der Gleichbehandlung gegenüber den Anteilseignervertretern. Dieser ist zwar im Gesetz nicht ausdrücklich geregelt, durch den BGH zum MitbestG aber seit langem anerkannt (BGHZ 83, 106 [112 f.]). Dass er auch durch eine Mitbestimmungsvereinbarung nicht abbedungen werden kann, folgt daraus, dass anderenfalls die Funktion des mitbestimmten Organs beeinträchtigt würde. Außerdem würde eine Bevorzugung oder Benachteiligung der Arbeitnehmervertreter gegen die zwingenden Regelungen der §§ 33 Nr. 1, 34 Abs. 2 Nr. 2 MgVG verstoßen. Zum anderen gilt nach § 32 MgVG der Grundsatz der Gleichbehandlung gegenüber vergleichbaren Arbeitnehmervertretern in den Mitgliedstaaten, in denen die Arbeitnehmervertreter beschäftigt sind. Auch dabei sind die §§ 33 Nr. 1, 34 Abs. 2 Nr. 2 MgVG zu beachten. Das bedeutet insbesondere, dass den Arbeitnehmervertretern, die in Deutschland beschäftigt sind, **kein Sonderkündigungsschutz** eingeräumt werden kann (zu § 21 SEBG *Thüsing/Forst* FS Reuter, 2010, 851 [858 ff.]; aA GLF/*Kienast* § 5 Rn. 159; *Cannistra* Verhandlungsverfahren, 2014, S. 174; *Jacobs* FS K. Schmidt, 2009, 795 [808]). Denn die nach dem DrittelbG, MitbestG etc gewählten Arbeitnehmervertreter genießen ebenfalls keinen Sonderkündigungsschutz. § 15 KSchG ist auf sie nicht analog anzuwenden (BAGE 26, 116). Ihnen in einer Mitbestimmungsvereinbarungen einen Sonderkündigungsschutz zu gewähren, würde gegen die Gleichbehandlungspflicht verstoßen.

24   Obwohl im Gesetz nicht ausdrücklich angesprochen, können den Arbeitnehmervertretern grundsätzlich auch **Pflichten** auferlegt werden (MüKoAktG/*Jacobs* SEBG § 21 Rn. 19b; *Forst* S. 283 f.). Da diese Pflichten häufig Spiegelbild von Rechten der Arbeitnehmervertreter sind, setzt § 22 Abs. 1 Nr. 5 MgVG eine Regelung von Pflichten implizit voraus. Denkbar sind insbesondere Regelungen zur Geheimhaltung. Der Spielraum der Parteien ist hier freilich nicht groß, da die zwingenden Vorgaben des AktG sowie der §§ 31, 34 Abs. 2 Nr. 1 MgVG und die in → Rn. 23 genannten Gleichbehandlungspflichten zu berücksichtigen sind.

25   **f) Neuverhandlungen.** Nach § 22 Abs. 2 MgVG „sollen" die Parteien festlegen, dass auch vor **strukturellen Änderungen** der aus der grenzüberschreitenden Verschmelzung hervorgehenden Gesellschaft Verhandlungen über die Mitbestimmung der Arbeitnehmer aufgenommen werden (zu § 21 Abs. 4 SEBG ausführlich *Teichmann* FS Hellwig, 2010, 347 ff.). Im Umkehrschluss ergibt sich daraus, dass die nach § 22 Abs. 1 Nr. 2 MgVG zu regelnden Neuverhandlungen nur solche **ohne strukturelle Änderungen** sind. Keiner der beiden Regelungsgegenstände ist zwingend (aA BR-Drs. 540/06, 57). Das ergibt sich für § 22 Abs. 2 MgVG schon daraus, dass die IntVerschmRL keine Neuverhandlungen bei strukturellen Änderungen kennt und der deutsche Gesetzgeber diese den Parteien deshalb nicht vorschreiben darf (→ Einl. Rn. 4). Für § 22 Abs. 1 Nr. 2 MgVG ergibt sich dies daraus, dass das bVG auch ganz auf Verhandlungen verzichten kann (§ 18 MgVG), so dass die Parteien nicht verpflichtet sein können, nach der Aufnahme von Verhandlungen automatisch auch Neuverhandlungen vorzusehen (wie hier GLF/*Kienast* § 5 Rn. 155). Nach Ende der Laufzeit gilt bei Fehlen einer Regelung hierzu vielmehr entsprechend § 4 MgVG das mitgliedstaatliche Mitbestimmungsrecht (→ Rn. 16).

Die Parteien sind weitgehend frei, dass bei Neuverhandlungen einzuhaltende **26** **Verfahren** zu regeln. Eine Vereinfachung bedeutet es, von der Bildung eines bVG abzusehen. Indes kommen als Ersatzgremium weder ein bestehender EBR noch ein Konzern- oder Gesamtbetriebsrat in Betracht: Der EBR ist nach § 17 EBRG bzw. Art. 6 Abs. 1 EBR-RL 2009 nur befugt, über die Unterrichtung und Anhörung zu verhandeln, nicht über „echte" Mitbestimmungsrechte. Darin unterscheidet er sich vom SE-Betriebsrat (§ 2 Abs. 7 SEBG, Art. 2 lit. f SE-RL, vgl. *Forst* S. 228; *Thüsing* ZIP 2006, 1469 [1471 f.]; aA KK-AktG/*Feuerborn* SEBG § 21 Rn. 32; MüKoAktG/*Jacobs* SEBG § 21 Rn. 17). Diese gesetzliche Wertung kann eine Mitbestimmungsvereinbarung nach § 22 MgVG nicht umgehen. Ein Konzern- oder Gesamtbetriebsrat repräsentiert nicht die in anderen Mitgliedstaaten beschäftigten Arbeitnehmer und ist daher kein taugliches Gremium. Angeordnet werden kann aber, dass die Neuverhandlungen die Arbeitnehmervertreter im mitbestimmten Organ führen. Ob dies wegen deren Interesse an einer Besitzstandswahrung zweckmäßig ist, ist eine andere Frage.

g) Anwendung der Auffanglösung. Nach § 22 Abs. 3 MgVG können die **27** Parteien vereinbaren, dass die gesetzliche Auffangregelung „ganz oder in Teilen" gilt. Die Parteien können komplett auf die §§ 23 ff. MgVG verweisen, nur einzelne Paragraphen zur Anwendung berufen oder auch nur einzelne Regelungen aufgreifen, zB § 25 Abs. 3 S. 4 MgVG über die Bekanntmachung der gewählten Arbeitnehmervertreter in den Betrieben des Unternehmens. *A maiore ad minus* können die Parteien auch vereinbaren, dass die Auffanglösung **subsidiär** gilt, wenn die Beteiligungsvereinbarung ganz oder in Teilen unwirksam ist. Es handelt sich dann um eine besondere Form einer salvatorischen Klausel.

Allerdings besteht auch ein wichtiger Unterschied zwischen der vereinbarten **28** Geltung der Auffanglösung und dem Eingreifen der Auffanglösung kraft Gesetzes. Er liegt darin, dass sich Willensmängel der Parteien auf die Anwendung der Auffanglösung im Fall des § 22 Abs. 3 MgVG auswirken. Greift die Auffanglösung hingegen kraft Gesetzes, haben die Parteien hierauf keinen Einfluss, da es sich um eine zwingende Anordnung des Gesetzgebers handelt. Man kann die Auffanglösung im Fall des § 22 Abs. 3 MgVG am ehesten wie einen **vorformulierten Mustervertrag** begreifen, dessen Inhalt die Parteien übernehmen. Dass der Vertrag vorformuliert ist, macht die wirksame Einigung jedoch nicht entbehrlich. Treten hierbei Mängel auf, gelten dieselben Rechtsfolgen, als hätten die Parteien den Inhalt der Vereinbarung vollständig selbst gestaltet (*Forst* S. 201).

2. Unbenannte Regelungsgegenstände. Bei den unbenannten Regelungs- **29** gegenständen ist weiter zu unterscheiden zwischen inhaltlichen Regelungen über die Mitbestimmung und Standardklauseln („boilerplate"). Letztere sind in sehr weitem Umfang zulässig, bei Ersteren bedarf es einer genauen Prüfung im Einzelfall.

a) Regelungen zur Mitbestimmung. An unbenannten Regelungsgegen- **30** ständen, die die Mitbestimmung betreffen, sind vor allem solche zur **Anfechtung** der Wahl oder Bestellung bzw. **Abberufung** der Arbeitnehmervertreter sinnvoll (ausführlich zu § 21 SEBG *Forst* S. 286 ff.). Eine solche Regelung können die Parteien treffen, weil sie nach § 22 Abs. 3 MgVG auch den § 26 MgVG in die Mitbestimmungsvereinbarung inkorporieren könnten. Die Parteien genießen dabei eine weit reichende Gestaltungsfreiheit, sie sollten aber in jedem Fall Regelungen zu dem **Verfahren** der Anfechtung/Abberufung treffen und zu den hierzu **Berechtigten.** Da die Abberufung *actus contrarius* zur Wahl ist, kann die Abberufung eines Arbeitnehmervertreters durch den Wahlkörper nicht von einem besonderen **Abberufungsgrund** abhängig gemacht werden. Darüber hinaus kann nur der Wahlkörper die Abberufung vornehmen, der auch gewählt hat: Bei einer Urwahl ist eine Urabberufung erforderlich, wählt ein bVG, kann dieses auch über die Abberufung entscheiden. Soll hingegen einer anderen Stelle als dem Wahlkörper (zB einem Gericht) ein Abberufungsrecht eingeräumt werden, muss dieses Recht sogar an einen besonderen Grund gekoppelt werden, weil der besondere Grund dann gerade die Entscheidung des Wahlkörpers schützt. Dass eine solche Regelung grundsätzlich zulässig ist, ergibt sich aus § 103 Abs. 4 AktG, der für die Abberufung von nach dem MgVG bestellten Arbeitnehmervertretern auf § 103 Abs. 3 AktG (Abberufung aus wichtigem Grund) verweist und nicht zwischen Mitbestimmungsvereinbarung und Auffanglösung unterscheidet. Auch bei der Anfechtung ist es geboten, einen besonderen **Anfechtungsgrund** zu verlangen, denn die Anfechtung ist nie *actus contrarius* zur Wahl und das Votum des Wahlkörpers dementsprechend zu schützen. Die Anfechtung ist von der **Nichtigkeit** zu unterscheiden: Bei besonders schwerwiegenden Fehlern im Wahlverfahren kommt es bereits nicht zu einer wirksamen Wahl, so dass diese auch keiner Anfechtung mehr bedarf. Auch eine nichtige Wahl kann aber angefochten werden, weil dem Anfechtungsberechtigten nicht zuzumuten ist, vorab zu beurteilen, ob (schon) Nichtigkeit oder (noch) bloße Anfechtbarkeit vorliegt.

31   Die Struktur oder **Organisationsverfassung** der Gesellschaft ist einer Regelung durch die Mitbestimmungsvereinbarung wie bei der SE nicht zugänglich (zu § 21 SEBG KK-AktG/*Feuerborn* SEBG § 21 Rn. 65; LHT/*Oetker* SEBG § 21 Rn. 82; MüKoAktG/*Jacobs* SEBG § 21 Rn. 19h; *Forst* S. 285; *Habersack* AG 2006, 345 [351]; zu § 22 MgVG wohl auch *Teichmann* Der Konzern 2007, 89 [95], der eine Anpassung an die „Struktur" der Gesellschaft befürwortet und jene damit als gegeben voraussetzt). Erstens enthält § 22 MgVG keinen Tatbestand, der eine solche Regelungsbefugnis auch nur andeuten würde. Zweitens hätte eine solche Modifikation zur Folge, dass zB weite Teile des AktG auf die dann entstehende, „modifizierte" AG keine Anwendung mehr finden könnten. Drittens weist zB § 45 GmbHG die Regelungszuständigkeit und -befugnis für die Organisationsverfassung ausdrücklich den Gesellschaftern zu. Aus § 22 Abs. 4 MgVG folgt nichts Abweichendes (→ Rn. 45 ff.).

32   Die Parteien können die Mitbestimmung wie bei § 21 SEBG (LHT/*Oetker* SEBG § 21 Rn. 82; MüKoAktG/*Jacobs* SEBG § 21 Rn. 19h; *ders.* FS K. Schmidt, 2008, 795 [813]; *Forst* S. 294 f.; aA *Roth* ZfA 2004, 431 [456 f.]; *Teichmann* BB 2004, 53 [57]) auch nicht auf ein separates **Arbeitnehmervertretungsgremium** auslagern (*Cannistra*, Verhandlungsverfahren, 2014, S. 175 f.). Wenn ein solches Gremium nur Konsultationsrechte besitzt, handelt es sich nicht um Mitbestimmung iSd § 2 Abs. 7 MgVG, sondern um Unterrichtung und Anhörung, die von IntVerschmRL und dem MgVG nicht erfasst ist (→ Einl. Rn. 5). Soll das Gremium iSd § 2 Abs. 7 MgVG mitbestimmen, ist es als Organ der Gesellschaft anzusehen. Es würde deren Organisationsverfassung verändern, was der Satzung vorbehalten ist (→ Rn. 31). Außerdem ist es mit der Eigentumsgarantie sowohl des Art. 17 GRCh als auch des Art. 14 Abs. 1 GG unvereinbar, einem ausschließlich mit Arbeitnehmern besetzten Gremium echte Mitbestimmungsrechte einzuräumen.

33   Je nach Einzelfall zu beurteilen ist, ob eine Mitbestimmungsvereinbarung die **Binnenverfassung** des mitbestimmten Organs regeln kann (zu § 21 SEBG MüKoAktG/*Jacobs* SEBG § 21 Rn. 19g f.; *Forst* S. 296 ff.; generell ablehnend KK-AktG/*Feuerborn* SEBG § 21 Rn. 65; wohl auch *Cannistra*, Verhandlungsverfahren, 2014, S. 176 ff.). Hier gilt es nicht nur, die Parteiautonomie von der Satzungsautonomie abzugrenzen, sondern hinzu kommt das Selbstorganisationsrecht des Organs, das freilich nicht auf einer *a priori* existierenden „Organisations-

autonomie" beruht, sondern auf der gesetzlichen Ermächtigung zur Selbstorganisation in zwingenden gesellschaftsrechtlichen Regelungen, die als externe
Schranken der Parteiautonomie wirken (zu § 21 SEBG *Forst* S. 295). In der AG
nicht möglich sind Regelungen zum **Vorsitzenden** und dessen **Stellvertreter**,
da beide nach § 107 Abs. 1 AktG durch den Aufsichtsrat gewählt werden.
Gleiches gilt in der GmbH, weil § 52 Abs. 1 GmbHG diese Frage dem Satzungsgeber zur Regelung zuweist. **Beschlussfähigkeit** und **Beschlussfassung** werden einer Regelung durch die Parteien in der AG durch § 108 AktG entzogen,
der die entsprechenden Regelungen selber trifft oder sie dem Satzungsgeber
zuweist. Entsprechendes gilt in der GmbH wiederum wegen § 52 GmbHG.
Hinsichtlich der **Sitzungsfrequenz** und der **Einberufungsfrist** gelten zunächst
die zwingenden Vorgaben des § 110 AktG. Soweit dieser Raum für Modifikationen lässt (dazu Hüffer/*Koch* AktG § 110 Rn. 1, 3), sind diese nicht in der
Mitbestimmungsvereinbarung vorzunehmen, sondern in der Satzung bzw. der
Geschäftsordnung, weil diese Modifikationen die Anteilseignervertreter in gleicher Weise treffen. Da diese wegen Art. 14 Abs. 1 GG zumindest die Stimmenmehrheit verkörpern, müssen die Gesellschafter (Satzung) bzw. die Anteilseignervertreter (Geschäftsordnung) zu bestimmen haben. Zudem drohte anderenfalls
eine gezielte Schwächung des Aufsichtsorgans durch die Leitungen, die die Mitbestimmungsvereinbarung aushandeln und häufig personenidentisch mit der
künftigen Leitung sind. Für die GmbH ordnet § 52 GmbHG an, dass § 110 AktG
entsprechend gilt bzw. dass richtiger Regelungsort die Satzung ist. Auch **Ausschüsse** können die Parteien nicht regeln, weil § 107 Abs. 3 S. 1 AktG die
Bildung von Ausschüssen dem Aufsichtsrat zuweist. § 52 GmbHG ermächtigt die
Gesellschafter ausdrücklich zu einer Regelung in der Satzung. Entsprechendes
gilt für **Zustimmungsvorbehalte** nach § 111 Abs. 4 S. 2 AktG (iVm § 52
GmbHG): Diese unterstellt das Gesetz einer Regelung durch den Aufsichtsrat
oder die Satzung. Dazu, dass aus § 22 Abs. 4 MgVG nichts anderes folgt,
→ Rn. 45 ff.

Bei der Beteiligungsvereinbarung nach § 21 SEBG kommt es vor, dass die **34**
Parteien einen **Arbeitsdirektor** vorsehen, also ein für den Bereich Arbeit und
Soziales zuständiges Mitglied der Leitung (*Forst* S. 302). Eine solche Regelung
kann nach § 21 SEBG nur deklaratorisch, aber nie konstitutiv sein (MüKoAktG/
Jacobs SEBG § 21 Rn. 19i; KK-AktG/*Feuerborn* SEBG § 21 Rn. 65; *Forst*
S. 301 ff.; aA *Seibt* AG 2005, 427). Entsprechendes gilt jedenfalls im dualistischen
System auch nach § 22 MgVG. Denn „Mitbestimmung" ist nach § 2 Abs. 7
MgVG im dualistischen System nur das Recht, Einfluss auf die Besetzung des
Aufsichtsorgans zu nehmen, nicht aber auf die Besetzung der Leitung. § 77
Abs. 2 AktG weist eine Regelung über die Geschäftsführung ausdrücklich der
Satzung bzw. der Geschäftsordnung des Vorstands zu. Findet eine grenzüber-
schreitende Verschmelzung auf eine monistisch verfasste SE in Deutschland statt
(→ § 4 Rn. 4 ff.), gilt im Ergebnis nichts anderes: Nach Art. 40 Abs. 4 S. 1
SEAG, Art. 43 Abs. 4 SE-VO geben sich die geschäftsführenden Direktoren eine
Geschäftsordnung, um die Ressortverteilung zu regeln.

b) Standardklauseln. Da die Parteien die Laufzeit der Mitbestimmungsver- **35**
einbarung regeln können (§ 22 Abs. 1 Nr. 2 MgVG), ist es ihnen *a maiore ad
minus* auch gestattet, Regelungen über ihre Beendigung vorzusehen. Möglich
und zulässig ist es zum Beispiel, ein Recht zur **ordentlichen** und zur **außerordentlichen Kündigung** aufzunehmen. Die Frist für die ordentliche Kündigung sollte so bemessen sein, dass Neuverhandlungen − sofern gewünscht − vor
Beendigung der Mitbestimmungsvereinbarung abgeschlossen werden können.
Bei der SE beträgt die üblicherweise vereinbarte Kündigungsfrist ein Jahr (*Forst*
S. 210).

36 Zu den zulässigen Regelungen über die Beendigung gehört es auch, die **Nachwirkung** der Mitbestimmungsvereinbarung ausdrücklich anzuordnen (zu § 21 SEBG *Forst* S. 211). Geht man davon aus, dass die Nachwirkung stets kraft Gesetzes eintritt (so jedenfalls zu § 21 SEBG MüKoAktG/*Jacobs* SEBG § 21 Rn. 16; LHT/*Oetker* SEBG § 21 Rn. 41), hat eine solche Regelung nur deklaratorische Bedeutung. Geht man hingegen mit der hier vertretenen Ansicht (→ Rn. 16) davon aus, dass sich die Mitbestimmungsvereinbarung nach § 22 MgVG in diesem Punkt von der Beteiligungsvereinbarung nach § 21 SEBG unterscheidet, hat eine solche Anordnung hier stets konstitutive Bedeutung. Die Nachwirkung tritt dann auch nicht wie bei § 4 Abs. 5 TVG kraft Gesetzes ein, sondern kraft der Autonomie der Parteien. Willensmängel können sich also auswirken.

37 Auch hat es sich bei der SE eingebürgert, eine **Rechtswahlklausel** aufzunehmen. Die Zulässigkeit solcher Rechtswahlklauseln ist zweifelhaft, da § 3 MgVG, Art. 16 Abs. 3 lit. d IntVerschmRL iVm Art. 6 SE-RL ausdrücklich festlegen, dass sich das Verhandlungsverfahren – zu dem auch der Abschluss der Mitbestimmungsvereinbarung zählt (→ § 3 Rn. 5) – dem Recht des Staates unterliegt, in dem die aus der grenzüberschreitenden Verschmelzung hervorgehende Gesellschaft ihren Sitz haben wird. Da die Parteiautonomie nur innerhalb der Vorgaben des MgVG besteht, ist eine Rechtswahl ausgeschlossen (zu § 21 SEBG *Forst* S. 213; aA *Franzen* BB 2004, 938 [940]).

38 Zulässig, empfehlenswert und von der Praxis bei der SE meistens auch umgesetzt (*Forst* S. 209) ist es, eine **verbindliche Sprachfassung** festzulegen, die bei einem Rechtsstreit maßgeblich sein soll. Anderenfalls besteht die Gefahr, dass sich einer der Beteiligten im Streitfall auf eine Übersetzung der Mitbestimmungsvereinbarung beruft, die ihm günstiger erscheint.

39 Zulässig und bei der SE durchaus üblich (*Forst* S. 215) ist es ferner, die **Zahl der Arbeitnehmer** festzulegen, die bei der erstmaligen Berechnung der Verteilung der Sitze zugrunde gelegt wurden. Eine solche Vereinbarung ist sinnvoll, weil sie dazu beiträgt, späteren Streitigkeiten hierüber (zB bei einer Anfechtung der Wahl) die Grundlage zu entziehen.

40 Zulässig ist es ferner, Regelungen für den Fall von **Streitigkeiten** zu treffen. Das folgt daraus, dass die Parteien auch nach § 22 Abs. 1 Nr. 2 MgVG vereinbaren könnten, im Fall von Streitigkeiten neue Verhandlungen durchzuführen. Die Parteien genießen dabei weit reichende Freiheiten. So kann eine außergerichtliche Einigung durch eine Schlichtungs- oder Einigungsstelle ebenso angeordnet werden wie ein bindender Schiedsspruch durch einen nichtstaatlichen Dritten. Zu empfehlen ist eine Regelung, die mehrere Eskalationsstufen vorsieht, um einen Streit möglichst früh unter möglichst wenig Aufheben beenden zu können. Problematisch sind **Gerichtsstandsvereinbarungen**. Diese sind nach Art. 25 Abs. 1 Brüssel Ia-VO (früher Art. 23 Abs. 1 EuGVVO) möglich und können in den Text einer Mitbestimmungsvereinbarung integriert werden (zu § 21 SEBG *Forst* S. 214; aA *Maack* Teil 3 A I 2a aa: EuGVVO erfasse nicht Kollektivarbeitsrecht, s. dazu aber *Forst* S. 370). Eine solche Gerichtsstandvereinbarung betrifft allerdings nur die internationale Zuständigkeit, nicht die örtliche Zuständigkeit. Diese ergibt sich aus Art. 7 Nr. 5 Brüssel Ia-VO (früher Art. 5 Nr. 5 EuGVVO) oder aus § 82 Abs. 5 ArbGG. Da diese beiden Vorschriften jeweils zwingend sind, kommt eine Vereinbarung über die örtliche Zuständigkeit nicht in Betracht. Anderes gilt nur, wenn mehrere Gerichte örtlich zuständig sind – in diesem Fall kann die Mitbestimmungsvereinbarung eine (konstitutive) Wahl zwischen diesen Gerichtsständen treffen.

41 Dringend anzuraten ist angesichts der großen Rechtsunsicherheit bei grenzüberschreitenden Verschmelzungen schließlich eine **salvatorische Klausel,** die bei der SE allerdings noch vor einigen jahren keineswegs dem Marktstandard entsprach (*Forst* S. 215). Die Parteien können darin zB regeln, dass die Auffanglösung gelten soll, wenn die Mitbestimmungsvereinbarung ganz oder in Teilen unwirksam sein sollte (§ 22 Abs. 3 MgVG). Sie können wohl auch ein Gremium, das aus der Leitung der aus der grenzüberschreitenden Verschmelzung hervorgehenden Gesellschaft und Arbeitnehmervertretern besteht, ermächtigen, die unwirksamen Teile der Mitbestimmungsvereinbarung zu ergänzen. Dass solche Regelungen zulässig sind, folgt daraus, dass die Parteien nach § 22 Abs. 1 Nr. 2 MgVG auch Neuverhandlungen anordnen könnten, wenn die Vereinbarung unwirksam ist.

IV. Mängel der Mitbestimmungsvereinbarung und ihre Folgen

Weitgehend ungeklärt ist, an welchen **Mängeln** eine Mitbestimmungsverein- **42** barung nach § 22 MgVG leiden kann und welche Rechtsfolgen sich daraus ergeben. Die wenigen Stellungnahmen zu § 21 SEBG verweisen überwiegend auf die §§ 104 ff. BGB (*Oetker* FS Konzen, 2006, 635 [658 f.]; *Rieble* ZAAR-Schriftenreihe, Band 12, § 3 Rn. 78; für entsprechende Anwendung der zu § 17 EBRG entwickelten Grundsätze AKRR/*Rudolph* MgVG § 22 Rn. 14). Das überzeugt bei der SE nicht (zweifelnd auch *Rehberg* in ZAAR-Schriftenreihe, Band 12, § 2 Rn. 20), weil es sich bei der Beteiligungsvereinbarung nach § 21 SEBG um eine Regelung handelt, die die Mitbestimmung in einer supranationalen Rechtsform regelt, die ihren Sitz ohne Rechtsformwechsel grenzüberschreitend verlegen kann (→ Rn. 3). Die Beteiligungsvereinbarung nach § 21 SEBG bedarf daher einer autonom-europäischen Rechtsgeschäftslehre (ausführlich *Forst* S. 165 ff., 305 ff.; zumindest offen lassend jetzt auch MüKoAktG/*Jacobs* SEBG § 21 Rn. 8 a ff.).

Diese Erwägungen gelten für die Mitbestimmungsvereinbarung nach § 22 **43** MgVG derzeit nicht (→ Rn. 3), weil eine grenzüberschreitende Verlegung des Satzungssitzes den mitgliedstaatlichen Gesellschaften derzeit ohne Rechtsformwechsel nicht möglich ist. Deshalb kann bei § 22 MgVG zur Rechtsfortbildung vorsichtig auf die §§ 104 ff. BGB zurückgegriffen werden (ähnlich GLF/*Kienast* § 5 Rn. 160). Vorsichtig nur deshalb, weil die Mitbestimmungsvereinbarung kein schuldrechtlicher Vertrag ist (→ Rn. 8). Entsprechend anwendbar dürften insbesondere die §§ 119 ff., 134, 154, 155 BGB sein. **§ 139 BGB ist nicht anzuwenden.** Im Gegenteil ist im Zweifel nur eine einzelne Bestimmung nichtig, während der Rest der Vereinbarung wirksam bleibt (GLF/*Kienast* § 5 Rn. 164). Besonderheiten gelten auch bei der Anfechtung: Da die Mitbestimmungsvereinbarung die Grundlage für die Eintragung der aus der grenzüberschreitenden Verschmelzung hervorgehenden Gesellschaft sein kann (§ 122l Abs. 2 UmwG), kann ihre Anfechtung nur *ex nunc* wirken.

Auf der **Rechtsfolgenseite** ist zwischen den mitbestimmungsrechtlichen Fol- **44** gen und den gesellschaftsrechtlichen Folgen zu unterscheiden. Mit Vorsicht lässt sich als **Faustformel** anwenden, dass sowohl die gesellschaftsrechtlichen Vorgänge als auch die mitbestimmungsrechtlichen Vorgänge in Anlehnung an die „faktische Gesellschaft" und das „faktische Arbeitsverhältnis" in der Regel zumindest für die Vergangenheit gültig sind. Auf Einzelheiten kann hier nicht eingegangen werden (ausführlich zum Ganzen zu § 21 SEBG MüKoAktG/*Jacobs* SEBG § 21 Rn. 8 a ff.; KK-AktG/*Feuerborn* SEBG § 21 Rn. 79 ff.; *Forst* S. 323 ff.).

V. Verhältnis zur Satzung

Nach § 22 Abs. 4 MgVG hat die Mitbestimmungsvereinbarung Vorrang vor **45** der Satzung. Die Vorschrift setzt Art. 16 Abs. 3 IntVerschmRL iVm Art. 12

Abs. 4 SE-VO um. Wie Art. 12 Abs. 4 SE-VO, ist auch § 22 Abs. 4 MgVG ein bloßer **Konfliktlösungsmechanismus** (zu Art. 12 Abs. 4 SE-VO str., wie hier *Teichmann* Der Konzern 2007, 89 [94]; *Forst* S. 93 f. mwN; anders → UmwG § 122g Rn. 16 *[Kiem]*). Die Norm begründet weder die Parteiautonomie noch die Satzungsautonomie, noch schränkt sie eine von beiden ein. Vielmehr setzt die Vorschrift voraus, dass für einen Regelungspunkt sowohl Satzungsautonomie als auch Parteiautonomie bestehen. Nur in dieser Schnittmenge setzt sich die Parteiautonomie gemäß § 22 Abs. 4 MgVG bei einem Widerspruch durch. Der Anwendungsbereich der Norm ist daher klein. Der Zweck der Vorschrift besteht darin, die Mitbestimmung zu schützen. Dieser Zweck rechtfertigt es für den Gesetzgeber sogar, eine evidente **Gefahr für die Anteilseigner** zu schaffen: Die Mitbestimmungsvereinbarung wird von den Leitungen der beteiligten Gesellschaften bzw. bei Neuverhandlungen von der Leitung ausgehandelt. Diese bestimmt also darüber, wer über sie selbst zu wachen hat. Die Satzung kann wegen § 22 Abs. 4 MgVG gegen möglichen Missbrauch wenig unternehmen. Die Anteilseigner können lediglich ihre nach §§ 13, 122g UmwG erforderliche Zustimmung zu der grenzüberschreitenden Verschmelzung verweigern (→ UmwG § 122g Rn. 16). Darüber hinaus gibt es keine Veröffentlichungspflicht für Mitbestimmungsvereinbarungen. Zumindest bei börsennotierten Gesellschaften ist diese Intransparenz nicht akzeptabel.

46   Eine Satzungsbestimmung, die einer Beteiligungsvereinbarung nach § 21 SEBG widerspricht, ist **nicht nichtig** (zustimmend AKRR/*Rudolph* MgVG § 22 Rn. 16). Nach § 22 Abs. 4 MgVG ist eine widersprechende Satzungsregelung „anzupassen". Eine nichtige Regelung kann nicht angepasst, sondern allenfalls in geänderter Form neu erlassen werden. Insoweit unterscheidet sich das MgVG von der Rechtslage nach § 25 Abs. 2 MitbestG (BGHZ 83, 106: Nichtigkeit gemäß § 241 Abs. 1 Nr. 3 AktG). Vielmehr kann derjenige, dessen Rechte aus dem MgVG durch die Satzung beeinträchtigt werden, gerichtlich feststellen lassen, dass insoweit die Satzung insoweit keine Bindungswirkung entfaltet und ggf. Unterlassung verlangen. Die Satzung ist in diesem Umfang **nicht durchsetzbar**.

47   Diese Situation kann praktisch nur eintreten, wenn die Satzung einer aus einer grenzüberschreitenden Verschmelzung hervorgehenden Gesellschaft infolge einer Änderung der Mitbestimmungsvereinbarung dieser nachträglich widerspricht. Besteht der Widerspruch nämlich schon bei der Eintragung der Gesellschaft, stellt dies ein Eintragungshindernis dar (→ UmwG § 122l Rn. 14, wohl ebenso AKRR/*Rudolph* MgVG § 22 Rn. 16). Wird hingegen die Satzung nach der Eintragung geändert und würde diese durch die Änderung gegen die Mitbestimmungsvereinbarung verstoßen, ist der satzungsändernde Beschluss nach § 241 Abs. 1 Nr. 3 AktG iVm § 22 Abs. 4 MgVG nichtig (zu Art. 12 Abs. 4 SE-VO LHT/*Seibt* SE-VO Art. 12 Rn. 38; MüKoAktG/*Schäfer* SE-VO Art. 12 Rn. 9).

48   Die Satzungsänderung hat nach Maßgabe des Gesellschaftsrechts zu erfolgen, also in der Regel durch einen mit qualifizierter Mehrheit zu fassenden Gesellschafterbeschluss (§ 179 AktG, § 53 GmbHG). Die Leitung der aus der grenzüberschreitenden Verschmelzung hervorgehenden Gesellschaft ist aufgrund ihrer Legalitätspflicht (§ 93 Abs. 1 AktG, § 43 Abs. 1 GmbHG) angehalten, auf eine entsprechende Änderung der Satzung durch die Gesellschafter hinzuwirken. Kommen die Gesellschafter dem nicht nach, droht als ultimative **Sanktion** gemäß § 395 Abs. 1 FamFG die Löschung der Satzungsbestimmung von Amts wegen.

VI. Streitigkeiten

49   Streitigkeiten, die aus einer Mitbestimmungsvereinbarung resultieren, sind nach § 2a Abs. 1 Nr. 3g ArbGG vor den Arbeitsgerichten auszutragen, die im Beschlussverfahren (§§ 80 ff. ArbGG) entscheiden. Die **internationale** Zuständigkeit der deutschen Gerichte ergibt sich – vorbehaltlich einer Gerichtsstandvereinbarung nach Art. 25 Brüssel Ia-VO (früher Art. 23 EuGVVO; → Rn. 35) – aus Art. 4 Abs. 1 Brüssel Ia-VO (früher Art. 2 Abs. 1 EuGVVO) oder Art. 7 Nr. 5 Brüssel Ia-VO (früher Art. 5 Nr. 5 EuGVVO). Die **örtliche** Zuständigkeit (→ Rn. 35) folgt aus § 82 Abs. 5 ArbGG bzw. Art. 7 Nr. 5 Brüssel Ia-VO (früher Art. 5 Nr. 5 EuGVVO; vgl. MüKoZPO/*Gottwald* EuGVVO Art. 2 Rn. 25, EuGVVO Art. 5 Rn. 75).

Die Arbeitsgerichte entscheiden auch über die **Abberufung** von Arbeitneh- 50
mervertretern aus wichtigem Grund aufgrund einer Mitbestimmungsvereinbarung (→ Rn. 30), selbst wenn diese inhaltlich an § 103 Abs. 3 AktG angelehnt ist. Denn auch dann handelt es sich um eine Abberufung aufgrund der Mitbestimmungsvereinbarung und nicht aufgrund des § 103 Abs. 3 AktG. Sonstige Streitigkeiten aus der Mitbestimmungsvereinbarung sind ebenfalls vor den Arbeitsgerichten auszutragen. Das gilt insbesondere für Streitigkeiten über die Auslegung, Mängel und die Beendigung der Vereinbarung nach § 22 MgVG. Ist unstreitig, dass eine wirksame Mitbestimmungsvereinbarung geschlossen wurde, ist aber streitig, wie sich der Aufsichtsrat aufgrund dieser Vereinbarung zusammenzusetzen hat, ist dieser Streit im **Statusverfahren** nach den §§ 98, 99 AktG vor den ordentlichen Gerichten zu klären.

Kapitel 2. Mitbestimmung kraft Gesetzes

Voraussetzung

23 (1) [1]**Die Regelungen dieses Kapitels finden ab dem Zeitpunkt der Eintragung der aus der grenzüberschreitenden Verschmelzung hervorgehenden Gesellschaft Anwendung, wenn**

1. **die Parteien dies vereinbaren oder**
2. **bis zum Ende des in § 21 angegebenen Zeitraums keine Vereinbarung zustande gekommen ist und das besondere Verhandlungsgremium keinen Beschluss nach § 18 gefasst hat oder**
3. **die Leitungen der an der Verschmelzung beteiligten Gesellschaften entscheiden, diese Regelungen ohne vorhergehende Verhandlung unmittelbar ab dem Zeitpunkt der Eintragung anzuwenden.**

[2]**In den Fällen des Satzes 1 Nr. 2 und 3 muss vor der Eintragung der aus der grenzüberschreitenden Verschmelzung hervorgehenden Gesellschaft in einer oder mehreren der beteiligten Gesellschaften eine oder mehrere Formen der Mitbestimmung bestanden haben, die**

1. **sich auf mindestens ein Drittel der Gesamtzahl der Arbeitnehmer aller beteiligten Gesellschaften und betroffenen Tochtergesellschaften erstreckte oder**
2. **sich auf weniger als ein Drittel der Gesamtzahl der Arbeitnehmer aller beteiligten Gesellschaften und betroffenen Tochtergesellschaften erstreckte und das besondere Verhandlungsgremium einen entsprechenden Beschluss fasst.**

(2) [1]**Bestand in den Fällen von Absatz 1 mehr als eine Form der Mitbestimmung im Sinne des § 2 Abs. 7 in den verschiedenen beteiligten Gesellschaften, so entscheidet das besondere Verhandlungsgremium, welche von ihnen in der aus der grenzüberschreitenden Verschmelzung hervorgehenden Gesellschaft eingeführt wird.** [2]**Wenn das besondere Verhandlungsgremium keinen solchen Beschluss fasst und eine inländische**

Gesellschaft, deren Arbeitnehmern Mitbestimmungsrechte zustehen, an der Verschmelzung beteiligt ist, ist die Mitbestimmung nach § 2 Abs. 7 Nr. 1 maßgeblich. [3] Ist keine inländische Gesellschaft, deren Arbeitnehmern Mitbestimmungsrechte zustehen, beteiligt, findet die Form der Mitbestimmung nach § 2 Abs. 7 Anwendung, die sich auf die höchste Zahl der in den beteiligten Gesellschaften beschäftigten Arbeitnehmer erstreckt.

(3) Das besondere Verhandlungsgremium unterrichtet die Leitungen über die Beschlüsse, die es nach Absatz 1 Satz 2 Nr. 2 und Absatz 2 Satz 1 gefasst hat.

· Übersicht

	Rn.
I. Allgemeines	1
II. Voraussetzungen für das Eingreifen der gesetzlichen Auffanglösung	4
1. Vereinbarung durch die Parteien	5
2. Verhandlungen ohne Ergebnis	6
3. Beschluss der Leitungen	10
4. Zeitpunkt	17
III. Streitigkeiten	18

I. Allgemeines

1 § 23 MgVG setzt Art. 16 Abs. 3 lit. e IntVerschmRL iVm Art. 7 Abs. 1, Abs. 2 UAbs. 1 lit. b, Abs. 3 SE-RL sowie Art. 16 Abs. 4 IntVerschmRL um. Deutschland hat allerdings keinen Gebrauch von der Möglichkeit gemacht, den Anteil der Arbeitnehmervertreter im mitbestimmten Organ auf maximal ein Drittel zu begrenzen, wie dies Art. 16 Abs. 4 lit. c IntVerschmRL den Mitgliedstaaten erlaubt (→ Einl. Rn. 29). Das überrascht nicht, da Deutschland mit der quasiparitätischen Mitbestimmung nach dem MitbestG schon seit Jahrzehnten ein höheres Quorum kennt, wenn auch „nur" im Aufsichtsorgan. Größere Bedeutung hat Art. 16 Abs. 4 lit. c IntVerschmRL in Mitgliedstaaten mit monistischen Leitungssystemen. So überrascht es nicht, dass das Vereinigte Königreich von der Option des Art. 16 Abs. 4 lit. c IntVerschmRL in *Section 39 Companies (Cross-Border Mergers) Regulations 2007* Gebrauch gemacht hat.

2 § 23 MgVG regelt, wann die gesetzliche Auffangregelung über die Mitbestimmung in der Arbeitnehmer in der aus der grenzüberschreitenden Verschmelzung hervorgehenden Gesellschaft zur Anwendung gelangt. Die gesetzliche Auffangregelung hat in den §§ 24–28 MgVG eine nähere Ausgestaltung erfahren. In § 23 MgVG nicht ausdrücklich angesprochene Voraussetzung dafür, dass die gesetzliche Auffangregelung eingreifen kann, ist allerdings, dass das europäische Verhandlungsmodell zur Anwendung gelangt. Das ist nur dann der Fall, wenn die Mitbestimmung der Arbeitnehmer sich nach § 5 MgVG bemisst. Kommt nach § 4 MgVG das Mitbestimmungsrecht des Staates zur Anwendung, in dem die aus der grenzüberschreitenden Verschmelzung hervorgehende Gesellschaft ihren Satzungssitz hat, sind die §§ 23 ff. MgVG nicht anzuwenden.

3 § 23 MgVG beruht wie § 34 SEBG auf Art. 7 SE-RL, unterscheidet sich aber wegen der Modifikationen der SE-RL durch Art. 16 Abs. 3 lit. e, Abs. 4 IntVerschmRL im Detail erheblich von jener Norm. Das macht sich insbesondere bei § 23 Abs. 1 MgVG bemerkbar, der daher an dieser Stelle ausführlich zu kommentieren ist. § 23 Abs. 2 und 3 MgVG entsprechen hingegen weitgehend § 34 Abs. 2 und 3 SEBG, so dass auf die Kommentierung zu jener Vorschrift verwiesen wird.

II. Voraussetzungen für das Eingreifen der gesetzlichen Auffanglösung

§ 23 Abs. 1 S. 1 MgVG nennt drei Tatbestände, die zur Anwendung der **4** gesetzlichen Auffanglösung führen können. Diese Varianten stehen (unstreitig) in einem **Alternativverhältnis** zueinander. In den Fällen von § 23 Abs. 1 S. 1 Nr. 2 und 3 MgVG muss aber eine Alternative des § 23 Abs. 1 S. 2 MgVG **kumulativ** erfüllt sein (unstreitig).

1. Vereinbarung durch die Parteien. Die gesetzliche Auffanglösung findet **5** nach § 23 Abs. 1 S. 1 Nr. 1 MgVG Anwendung, wenn die Parteien einer Mitbestimmungsvereinbarung dies vereinbaren. Das folgt bereits aus § 22 Abs. 3 MgVG. § 23 Abs. 1 S. 1 Nr. 1 MgVG ist damit **redundant**. Vereinbaren die Parteien die Anwendung der Auffanglösung, handelt es sich gleichwohl um eine vereinbarte Mitbestimmung, so dass sich Willensmängel bemerkbar machen können (→ § 22 Rn. 28).

2. Verhandlungen ohne Ergebnis. Die gesetzliche Auffanglösung findet **6** nach § 23 Abs. 1 S. 1 Nr. 2 MgVG ferner Anwendung, wenn die Verhandlungen über den Abschluss einer Mitbestimmungsvereinbarung innerhalb des Verhandlungszeitraums von bis zu einem Jahr (§ 21 Abs. 2 MgVG) zu keinem Konsens geführt haben. Weitere Voraussetzung dieser Variante des § 23 Abs. 1 MgVG ist, dass das bVG keinen Beschluss nach § 18 S. 1 MgVG gefasst hat. Fasst das bVG einen Beschluss nach § 18 S. 1 MgVG, gilt nach § 18 S. 3 MgVG das Mitbestimmunsgrecht des Mitgliedstaates, in dem die aus der grenzüberschreitenden Verschmelzung hervorgehende Gesellschaft ihren Satzungssitz (→ §§ 6–21 Rn. 9) haben wird.

Kumulativ zu dieser Voraussetzung muss für die Anwendung der gesetzlichen **7** Auffanglösung eine der Alternativen des § 23 S. 2 MgVG erfüllt sein. **Gemeinsame Voraussetzung** beider Alternativen des § 23 Abs. 1 S. 2 MgVG ist zunächst, dass in mindestens einer der beteiligten Gesellschaften (§ 2 Abs. 2 MgVG) mindestens eine Form von Mitbestimmung (§ 2 Abs. 7 MgVG) bestand.

Nach § 23 Abs. 1 S. 2 Nr. 1 MgVG muss sich darüber hinaus diese Mit- **8** bestimmung auf mindestens ein Drittel aller Arbeitnehmer aller beteiligten Gesellschaften und betroffenen Tochtergesellschaften erstrecken. Es genügt es also nicht, dass sich die Mitbestimmung auf ein Drittel der Arbeitnehmer nur einer der beteiligten Gesellschaften erstreckte, sondern es müssen die Arbeitnehmer **aller** beteiligten Gesellschaften und betroffenen Tochtergesellschaften zusammengerechnet und dann der Quotient gebildet werden. Die Berücksichtigung von Tochtergesellschaftenund Betrieben ist hier – anders als bei § 9 Abs. 4 MgVG (→ §§ 6–21 Rn. 2) – problematisch, da Art. 7 Abs. 2 lit. b SE-RL, auf den Art. 16 Abs. 3 lit. e IntVerschmRL verweist, ausschließlich auf die „beteiligten Gesellschaften" abstellt. Ebenso wenig wie bei § 17 Abs. 3 S. 2 MgVG (→ §§ 6–21 Rn. 6) kann man diese Abweichung von den Vorgaben des Unionsrechts unter pauschalem Verweis auf den Zweck der IntVerschmRL rechtfertigen (so aber *Lunk/Hinrichs* NZA 2007, 773 [779]; *C. Schubert* RdA 2007, 9 [14]). § 23 Abs. 1 S. 2 Nr. 1 MgVG ist insoweit **richtlinienwidrig** (ebenso AKRR/ *Rudolph* MgVG § 23 Rn. 7; *Habersack* ZHR 171 [2007], 613 [640]). Die Schwelle von einem Drittel ist hingegen in Art. 16 Abs. 3 lit. e IntVerschmRL ausdrücklich vorgegeben. Bei der Berechnung ist zu berücksichtigen, dass für in anderen Mitgliedstaaten beschäftigte Arbeitnehmer nach § 2 Abs. 1 MgVG der **Arbeitnehmerbegriff** der jeweiligen Mitgliedstaaten maßgeblich ist.

Nach § 23 Abs. 1 S. 2 Nr. 2 MgVG kann das **bVG** die Anwendung der **9** gesetzlichen Auffanglösung aber auch dann durch einen Beschluss herbeiführen, wenn das Quorum von einem Drittel nicht erreicht wird. Diese Alternative ist durch Art. 16 Abs. 3 lit. e IntVerschmRL iVm Art. 7 Abs. 2 UAbs. 1 lit. b, zweiter Spiegelstrich SE-RL vorgegeben. Das bVG fasst seinen Beschluss nach der Grundregel des § 17 Abs. 2 MgVG mit der Mehrheit seiner Mitglieder, in der zugleich die Mehrheit der vertretenen Arbeitnehmer enthalten sein muss.

10 **3. Beschluss der Leitungen.** An keiner Stelle der IntVerschmRL und des MgVG zeigt sich die Evolution des europäischen Verhandlungsmodells deutlicher als bei § 23 Abs. 1 S. 1 Nr. 3 MgVG, der Art. 16 Abs. 4 lit. a IntVerschmRL umsetzt. Danach können die Leitungen der an der grenzüberschreitenden Verschmelzung beteiligten Gesellschaften ohne vorherige Verhandlungen beschließen, die gesetzliche Auffangregelung anzuwenden. In der SE-RL war diese Möglichkeit noch nicht vorgesehen, was von der Praxis wegen des mit dem Verhandlungsverfahren verbundenen Zeitverlusts als großer Nachteil empfunden und dementsprechend kritisiert wurde. Bei grenzüberschreitenden Verschmelzungen soll es inzwischen eher üblich sein, zwecks Zeitersparnis die gesetzliche Auffanglösung nach § 23 Abs. 1 S. 1 Nr. 3 MgVG herbeizuführen, als die Flexibilisierungsmöglichkeiten des § 22 MgVG zu nutzen (*Krauel/Mense/Wind* Der Konzern 2010, 541 [549]; *Krause/Janko* BB 2007, 2194 [2197]). Bedenkt man, dass die gesetzliche Auffanglösung später grundsätzlich nicht mehr abgelegt werden kann, während in einer Mitbestimmungsvereinbarung nach § 22 MgVG Neuverhandlungen zwecks Anpassung vorgesehen werden können (→ § 22 Rn. 25), ist die Zeitersparnis indes eher zu vernachlässigen.

11 § 23 Abs. 1 S. 1 Nr. 3 MgVG sagt nichts darüber aus, wie die Leitungen entscheiden. Der Formulierung „die Leitungen" lässt sich lediglich entnehmen, dass es sich um eine **einstimmige Entscheidung** handeln muss. Es genügt also nicht, dass nur eine oder die Mehrheit der Leitungen beschließt, die gesetzliche Auffanglösung anzuwenden. Im Übrigen kann die Entscheidung **formfrei** ergehen, auch wenn sich dies aus Beweisgründen nicht empfiehlt. Auch das Verfahren ist den Leitungen freigestellt, so dass zB eine Entscheidung im **Umlaufverfahren** möglich ist. Für die Entscheidung der einzelnen Leitungen gelten die Regeln des jeweils anzuwendenden Gesellschaftsrechts. Erforderlich ist, dass jede der Leitungen einen nach den jeweils anzuwendenden gesellschaftsrechtlichen Regeln wirksamen Beschluss fasst.

12 Wie bei § 23 Abs. 1 S. 1 Nr. 2 MgVG ist auch bei § 23 Abs. 1 S. 1 Nr. 3 MgVG nach dem Wortlaut des Gesetzes erforderlich, dass eine der Alternativen des § 23 Abs. 1 S. 2 MgVG kumulativ erfüllt ist. Das in → Rn. 7–9 Gesagte gilt dann entsprechend.

13 In der Literatur wird allerdings vorgeschlagen, § 23 Abs. 1 S. 2 Nr. 2 MgVG dahingehend **teleologisch zu reduzieren,** dass es bei § 23 Abs. 1 S. 1 Nr. 3 MgVG keines Beschlusses zu bVG nach § 23 Abs. 1 S. 2 Nr. 2 MgVG bedarf (*Brandes* ZIP 2008, 2193 [2197]; *Habersack* ZHR 171 [2007], 613 [624]; *Krause/Janko* BB 2007, 2194 [2197]; *Müller-Bonanni/Müntefering* NJW 2009, 2347 [2352]; *Teichmann* Der Konzern 2007, 89 [92]; aA AKRR/*Rudolph* MgVG § 23 Rn. 11; *C.Schubert* ZIP 2009, 791 [792]; *dies.* RdA 2007, 9 [14]). Voraussetzung einer teleologischen Reduktion ist, dass der Wortlaut des Gesetzes weiter reicht, als es dessen Zweck erfordert. Dient § 23 Abs. 1 S. 2 Nr. 2 MgVG – auf den allein es hier ankommt (nicht richtig daher *Müller-Bonanni/Müntefering* NJW 2009, 2347 [2352], die auf den Zweck des § 23 Abs. 1 S. 1 Nr. 3 MgVG abstellen) – dazu, die Mitbestimmung der Arbeitnehmer zu schützen, ist eine teleologische Reduktion angebracht. Denn wenn die Leitungen ohnehin für die gesetzliche Auffanglösung optieren, ist ein zusätzlicher Beschluss des bVG rein deklaratorisch. Dient § 23 Abs. 1 S. 2 Nr. 2 MgVG hingegen dazu, dem bVG ein Wahlrecht zu eröffnen, ob die gesetzliche Auffanglösung eingreifen soll oder ob nach § 4 MgVG das Recht des Staates zur Anwendung gelangen soll, in dem die aus der grenzüberschreitenden Verschmelzung hervorgehende Gesellschaft ihren Satzungssitz haben wird (→ § 4 Rn. 2; dies nicht bedenkend *Müller-Bonanni/Müntefering* NJW 2009, 2347 [2352]: Beschluss des bVG sei erforderlich, um Mitbestimmung (irgendeine?) herbeizuführen.), besitzt der Beschluss des bVG einen eigenständigen Regelungsgehalt und ist damit konstitutiv. In diesem Fall kommt eine teleologische Reduktion nicht in Betracht. Da die Gesetzesmaterialien sich zu dieser Frage nicht äußern, bleibt die Entscheidung dem Rechtsanwender überlassen. Die besseren Gründe sprechen für eine teleologische Reduktion, weil die IntVerschmRL und das MgVG als Umsetzung des Vorher-Nachher-Prinzips insgesamt nur der Mitbestimmungssicherung dienen und nicht dazu, dem bVG eine solche Rechtswahl zu ermöglichen. Das wird bestätigt durch den Umkehrschluss zu § 18 S. 3 MgVG und § 23 Abs. 2 MgVG, wo dem bVG ein solches Wahlrecht ausnahmsweise ausdrücklich eröffnet wird.

Diese Frage besitzt allerdings nur **geringe praktische Bedeutung,** da in **14** jedem Fall ein bVG gebildet werden muss, welches nach § 25 Abs. 1 MgVG über die Verteilung der Sitze auf die Mitgliedstaaten entscheidet und ggf. nach § 23 Abs. 2 MgVG bestimmt, welches von mehreren Mitbestimmungsmodellen zur Anwendung gelangt sowie nach § 25 Abs. 2 MgVG (subsidiär) bei der Wahl der Arbeitnehmervertreter aus anderen Mitgliedstaaten tätig wird. Abzulehnen ist ein Vorschlag der Literatur, wonach auf die Bildung eines bVG jedenfalls dann zu verzichten sei, wenn dessen einzige Aufgabe darin bestehe, nach § 25 Abs. 1 S. 3 MgVG den letzten Sitz zu verteilen (*Müller-Bonanni/Müntefering* NJW 2009, 2347 [2352]). Nach dieser Ansicht ist § 25 Abs. 1 S. 3 MgVG „selbst vollziehend". Das ist zunächst mit dem Wortlaut der Norm unvereinbar, der diese Aufgabe ausdrücklich dem bVG zuweist. Zum anderen ist § 25 Abs. 1 S. 3 MgVG auch nicht „selbst vollziehend", weil die Vorschrift als Ermessensvorschrift („soll") ausgestaltet ist und deshalb eine kollektive Willensbildung im Einzelfall erfordert – mag das eingeräumte Ermessen auch ein „intendiertes" sein (ablehnend auch *Krauel/Mense/Wind* Der Konzern 2010, 541 [551]).

Interessanter ist die Frage, welche **Rechtsfolgen** ein Beschluss nach § 23 **15** Abs. 1 S. 1 Nr. 3 MgVG zeitigt. Zum einen ist er Voraussetzung für die Anwendung der gesetzlichen Auffangregelung. Weiter stellt sich aber die Frage, ob neben einem Beschluss nach § 23 Abs. 1 S. 1 Nr. 3 MgVG das bVG noch einen Beschluss nach § 18 S. 1 MgVG fassen kann. Das ist nach richtiger Ansicht abzulehnen (GLF/*Forst* § 5 Rn. 195; *Cannistra*, Verhandlungsverfahren, 2014, S. 133; *Krauel/Mense/Wind* Der Konzern 2010, 541 [549]; *Müller-Bonanni/Müntefering* NJW 2009, 2347 [2351]): Die beiden Beschlüsse stehen in einem **Exklusivitätsverhältnis** zueinander. Das bedeutet, dass ein Beschluss der Leitungen nach § 23 Abs. 1 S. 3 MgVG einen Beschluss nach § 18 S. 1 MgVG ausschließt und umgekehrt. Das ergibt sich daraus, dass der Beschluss nach § 18 S. 1 MgVG bei § 23 Abs. 1 S. 1 Nr. 2 MgVG negatives Tatbestandsmerkmal ist und demnach offenbar in Konkurrenz zu dem Tatbestand des § 23 Abs. 1 S. 1 Nr. 2 MgVG treten kann. Bei § 23 Abs. 1 S. 1 Nr. 3 MgVG fehlt diese Einschränkung. Wollen die Leitungen verhindern, dass es zwischen ihnen und dem bVG zu einem *high noon* darum kommt, wer zuerst seinen Beschluss fasst, müssen sie noch vor der Bildung des bVG ihren Beschluss nach § 23 Abs. 1 S. 1 Nr. 3 MgVG fassen.

Das ist zulässig, hat allerdings zur weiteren Folge, dass ein **Verhandlungsver-** **16** **fahren** nicht mehr stattfinden kann (aA *Müller-Bonanni/Müntefering* NJW 2009, 2347 [2351]). Nicht nur, weil das bVG hierzu nicht mehr bereit sein wird, sondern vor allem deshalb, weil das Verhandlungsverfahren nach dem Wortlaut des § 23 Abs. 1 S. 1 Nr. 3 MgVG nur vor einem Beschluss der Leitungen nach dieser Vorschrift stattfinden kann. Auch § 23 Abs. 1 S. 1 Nr. 2 MgVG setzt voraus, dass Verhandlungen vor der Anwendung der gesetzlichen Auffangregelung erfolgt sind, freilich ohne zu einem Ergebnis geführt zu haben. Bestätigt wird dies dadurch, dass die gesetzliche Auffanglösung nach § 23 Abs. 1 S. 1 Nr. 3 MgVG „unmittelbar" ab dem Zeitpunkt der Eintragung gelten soll. Verhandlungen nach der Eintragung sind im Gesetz nicht vorgesehen, ebenso wenig eine Änderung des Mitbestimmungsstatuts durch den späteren Abschluss einer Mitbestimmungsvereinbarung.

17   **4. Zeitpunkt.** Anders als § 34 Abs. 1 SEBG stellt § 23 Abs. 1 S. 1 Hs. 1 MgVG ausdrücklich klar, dass die gesetzliche Auffanglösung ab dem Zeitpunkt der Eintragung der aus der grenzüberschreitenden Verschmelzung hervorgehenden Gesellschaft Anwendung findet. Das bedeutet, dass die Arbeitnehmervertreter erst ab diesem Zeitpunkt nach Maßgabe des § 25 MgVG ermittelt werden können. **Vorbereitungshandlungen** hierzu sind aber schon vor der Eintragung möglich. Beispielsweise können die maßgeblichen Arbeitnehmerzahlen für die Sitzverteilung nach § 25 Abs. 1 MgVG schon vorher ermittelt werden. Auch können die Arbeitnehmervertretungen aufgefordert werden, das Wahlgremium zu bilden, das nach § 25 Abs. 3 MgVG die auf das Inland entfallenden Arbeitnehmervertreter wählt, sobald feststeht, welche Arbeitnehmervertretungen es nach der Eintragung noch geben wird.

III. Streitigkeiten

18   Zu Streitigkeiten → § 5 Rn. 21 f.

Umfang der Mitbestimmung

24 (1) ¹Die Arbeitnehmer der aus der grenzüberschreitenden Verschmelzung hervorgehenden Gesellschaft, ihrer Tochtergesellschaften und Betriebe oder ihr Vertretungsorgan haben das Recht, einen Teil der Mitglieder des Aufsichts- oder Verwaltungsorgans der aus der grenzüberschreitenden Verschmelzung hervorgehenden Gesellschaft zu wählen oder zu bestellen oder deren Bestellung zu empfehlen oder abzulehnen. ²Die Zahl dieser Arbeitnehmervertreter im Aufsichts- oder Verwaltungsorgan der aus der grenzüberschreitenden Verschmelzung hervorgehenden Gesellschaft bemisst sich nach dem höchsten Anteil an Arbeitnehmervertretern, der in den Organen der beteiligten Gesellschaften vor der Eintragung der aus der grenzüberschreitenden Verschmelzung hervorgehenden Gesellschaft bestanden hat.

(2) ¹Handelt es sich bei der aus einer grenzüberschreitenden Verschmelzung hervorgehenden Gesellschaft nach Absatz 1 um eine Gesellschaft mit beschränkter Haftung, so ist in dieser Gesellschaft ein Aufsichtsrat zu bilden. ²§ 90 Abs. 3, 4, 5 Satz 1 und 2, §§ 95 bis 116, 118 Abs. 3, § 125 Abs. 3 und 4 und §§ 170, 171, 268 Abs. 2 des Aktiengesetzes sind entsprechend anzuwenden, soweit nicht in den Vorschriften dieses Gesetzes ein anderes bestimmt ist.

(3) Steht die Satzung der aus einer grenzüberschreitenden Verschmelzung hervorgehenden Gesellschaft im Widerspruch zu den Regelungen über die Mitbestimmung kraft Gesetzes, ist die Satzung anzupassen.

I. Allgemeines

1   § 24 MgVG setzt Art. 16 Abs. 3 lit. h IntVerschmRL iVm Anhang Teil 3 lit. b SE-RL um. Die Norm entspricht weitgehend § 35 SEBG, so dass auf die

Kommentierung zu jener Vorschrift verwiesen wird. An dieser Stelle ist nur auf die Unterschiede zum SEBG einzugehen.

II. Unterschiede zum SEBG

§ 24 MgVG enthält keine dem § 35 Abs. 1 SEBG entsprechende Vorschrift. **2** Das liegt daran, dass § 35 Abs. 1 SEBG die Auffangregelung für den Fall der Gründung einer SE durch **Umwandlung** (Art. 2 Abs. 4 SE-VO) normiert. Diese hat in der IntVerschmRL bzw. den §§ 122a ff. UmwG kein Pendant.

Demgegenüber fehlt eine dem § 24 Abs. 2 MgVG entsprechende Vorschrift in **3** § 35 SEBG. Auch dies überrascht nicht: § 24 Abs. 2 MgVG regelt die zwingende Errichtung eines **Aufsichtrats** bei einer aus der grenzüberschreitenden Verschmelzung hervorgehenden Gesellschaft, die die Rechtsform einer GmbH annimmt und mitbestimmt ist. Dieser Regelung bedarf es, da die GmbH nicht über einen obligatorischen Aufsichtsrat verfügt (§ 52 GmbHG) und deshalb nicht ohne Weiteres für die Ausübung von Mitbestimmungsrechten verfasst ist. § 24 Abs. 2 MgVG übernimmt damit eine vergleichbare Funktion wie § 1 Abs. 1 Nr. 3 DrittelbG und § 6 MitbestG. Im SEBG bedarf es einer solchen Vorschrift nicht, da die Organisationsverfassung der SE und die Mitbestimmung in der SE (weitgehend) aufeinander abgestimmt sind. Gleichzeitig vermeidet es der deutsche Gesetzgeber mit § 24 Abs. 2 MgVG, Gesellschaften zu zwingen, die Rechtsform einer AG anzunehmen, wie dies anderenfalls von Art. 16 Abs. 6 IntVerschmRL gefordert werden würde (→ Einl. Rn. 9).

§ 24 Abs. 3 MgVG bestimmt, dass die gesetzliche Auffangregelung **Vorrang 4 vor der Satzung** der aus der grenzüberschreitenden Verschmelzung hervorgehenden Gesellschaft hat. Der deutsche Gesetzgeber geht damit über die Vorgabe des Art. 16 Abs. 3 IntVerschmRL iVm Art. 12 Abs. 4 SE-VO hinaus, da nach der SE-VO nur eine Beteiligungsvereinbarung solchen Vorrang genießt, nicht aber die Auffangregelung. In § 24 Abs. 3 MgVG zeigt sich, dass es sich bei der gesetzlichen Auffangregelung um zwingendes Recht handelt. Obwohl die Vorschrift scheinbar dem § 22 Abs. 4 MgVG entspricht, ist sie weniger problematisch als jener (→ § 22 Rn. 45): Dass Mitbestimmungsgesetze zwingend sind und die Satzung nicht von zwingendem Recht abweichen kann, ist zB aus dem MitbestG seit langem bekannt. Da Gesetze der parlamentarischen Kontrolle unterliegen, öffentlich zugänglich sind und auch nicht sehr häufig geändert werden, ist bei ihnen die Transparenz für den Kapitalmarkt höher und spiegelbildlich die Gefahr für die Anleger geringer als bei einer zwischen Leitung und Arbeitnehmervertretern ausgehandelten, nicht zu veröffentlichenden Mitbestimmungsvereinbarung, bei der der Prinzipal-Agenten-Konflikt evident ist. Im Übrigen gilt das zu § 22 Abs. 4 MgVG Gesagte (→ § 22 Rn. 45 ff.) entsprechend.

III. Streitigkeiten

Für Streitigkeiten, die in § 24 MgVG ihren Ursprung haben, sind nach § 2a **5** Abs. 1 Nr. 3g ArbGG die Arbeitsgerichte ausdrücklich nicht zuständig. Vielmehr sind nach § 13 GVG grundsätzlich die **ordentlichen Gerichte** zuständig. Eine Ausnahme gilt nach § 2a Abs. 1 Nr. 3g ArbGG nur für Streitigkeiten über die Wahl oder Bestellung der Arbeitnehmervertreter, über die die **Arbeitsgerichte** im Beschlussverfahren (§§ 80 ff. ArbGG) entscheiden.

Die **internationale** Zuständigkeit der ordentlichen Gerichte kann sich – **6** vorbehaltlich einer Gerichtsstandsvereinbarung (Art. 25 Brüssel Ia-VO, früher Art. 23 EuGVVO) – nur aus Art. 4 Abs. 1 Brüssel Ia-VO (früher Art. 2 Abs. 1 EuGVVO) ergeben. Die internationale Zuständigkeit der Arbeitsgerichte kann sich darüber hinaus aus Art. 7 Nr. 5 Brüssel Ia-VO (früher Art. 5 Nr. 5

EuGVVO) ergeben. Die **örtliche** Zuständigkeit bestimmt sich nach den §§ 13 ff. ZPO. Entscheiden ausnahmsweise die Arbeitsgerichte, richtet sich die örtliche Zuständigkeit nach § 82 Abs. 5 ArbGG, wenn die internationale Zuständigkeit aus Art. 4 Abs. 1 Brüssel Ia-VO (früher Art. 2 Abs. 1 EuGVVO) folgt. Ergibt sich die internationale Zuständigkeit aus Art. 7 Nr. 5 Brüssel Ia-VO (früher Art. 5 Nr. 5 EuGVVO), regelt dieser zugleich die örtliche Zuständigkeit (MüKoZPO/*Gottwald* EuGVVO Art. 2 Rn. 25, EuGVVO Art. 5 Rn. 75). Zuständig ist danach das Gericht an dem Ort, an dem sich die Zweigniederlassung, Agentur oder sonstige Niederlassung befindet, aus deren Betrieb die Streitigkeit resultiert.

7   Ist streitig, wie der Aufsichtsrat der aus der grenzüberschreitenden Verschmelzung hervorgehenden Gesellschaft zusammenzusetzen ist, ist dieser Streit nach den §§ 98, 99 AktG iVm § 71 Abs. 2 Nr. 4 GVG im **Statusverfahren** vor den Landgerichten auszutragen. Eine Klärung im Statusverfahrne ist ersta ab dem Zeitpunkt der Eintragung der aus der grenzüberschreitenden Verschmelzung hervorgehenden Gesellschaft möglich, weil erst ab diesem Zeitpunkt die gesetzliche Auffanglösung eingreift.

Sitzverteilung

25 (1) ¹Das besondere Verhandlungsgremium verteilt die Zahl der Sitze im Aufsichts- oder Verwaltungsorgan auf die Mitgliedstaaten, in denen Mitglieder zu wählen oder zu bestellen sind. ²Die Verteilung richtet sich nach dem jeweiligen Anteil der in den einzelnen Mitgliedstaaten beschäftigten Arbeitnehmer der aus der grenzüberschreitenden Verschmelzung hervorgehenden Gesellschaft, ihrer Tochtergesellschaften und Betriebe. ³Können bei dieser anteiligen Verteilung die Arbeitnehmer aus einem oder mehreren Mitgliedstaaten keinen Sitz erhalten, so hat das besondere Verhandlungsgremium den letzten zu verteilenden Sitz einem bisher unberücksichtigten Mitgliedstaat zuzuweisen. ⁴Dieser Sitz soll, soweit angemessen, dem Mitgliedstaat zugewiesen werden, in dem die aus der grenzüberschreitenden Verschmelzung hervorgehende Gesellschaft ihren Sitz haben wird. ⁵Dieses Verteilungsverfahren gilt auch in dem Fall, in dem die Arbeitnehmer der aus der grenzüberschreitenden Verschmelzung hervorgehenden Gesellschaft Mitglieder dieser Organe empfehlen oder ablehnen können.

(2) Soweit die Mitgliedstaaten über die Besetzung der ihnen zugewiesenen Sitze keine eigenen Regelungen treffen, bestimmt das besondere Verhandlungsgremium die Arbeitnehmervertreter im Aufsichts- oder Verwaltungsorgan der aus der grenzüberschreitenden Verschmelzung hervorgehenden Gesellschaft.

(3) ¹Die Ermittlung der auf das Inland entfallenden Arbeitnehmervertreter des Aufsichts- oder Verwaltungsorgans der aus einer grenzüberschreitenden Verschmelzung hervorgehenden Gesellschaft erfolgt durch ein Wahlgremium, das sich aus den Arbeitnehmervertretungen der aus einer grenzüberschreitenden Verschmelzung hervorgehenden Gesellschaft, ihrer Tochtergesellschaften und Betriebe zusammensetzt. ²Für das Wahlverfahren gelten § 8 Abs. 2 bis 4, § 10 Abs. 1 Satz 2 bis 5, Abs. 2 bis 7 und die §§ 11 und 12 entsprechend mit der Maßgabe, dass an die Stelle der beteiligten Gesellschaften, betroffenen Tochtergesellschaften und betroffenen Betriebe die aus der grenzüberschreitenden Verschmelzung hervorgehende Gesellschaft, ihre Tochtergesellschaften und Betriebe treten. ³Das Wahlergebnis ist der Leitung der aus der grenzüber-

schreitenden Verschmelzung hervorgehenden Gesellschaft, den Arbeitnehmervertretungen, den Gewählten, den Sprecherausschüssen und Gewerkschaften mitzuteilen. ⁴Die Leitung hat die Namen der Gewählten in den Betrieben des Unternehmens bekannt zu machen.

Übersicht

	Rn.
I. Allgemeines	1
II. Unterschiede zum SEBG	3
1. Überblick	3
2. Verteilung der Sitze auf die Mitgliedstaaten	4
3. Wahl der inländischen Arbeitnehmervertreter	5
4. Wahl der Arbeitnehmervertreter für andere Mitgliedstaaten	8
5. Kann die Neubildung eines bVG/Wahlgremiums vermieden werden?	9
6. Bekanntgabe des Wahlergebnisses	11
III. Streitigkeiten	12

I. Allgemeines

§ 25 MgVG setzt Art. 16 Abs. 3 lit. h IntVerschmRL iVm Anhang Teil 3 lit. b **1** SE-RL um. Die Vorschrift entspricht in weiten Teilen dem § 36 SEBG, so dass auf die Kommentierung zu jener Vorschrift verwiesen wird.

Abweichungen ergeben sich vor allem daraus, dass bei der grenzüberschreiten **2** den Verschmelzung kein dem SE-Betriebsrat entsprechendes, mandatorisches Gremium existiert. Der EBR, der außerhalb der SE die Funktionen des SE-Betriebsrats übernimmt, ist ein fakultatives Gremium. Daraus ergeben sich die im Folgenden zu erörternden Konsequenzen.

II. Unterschiede zum SEBG

1. Überblick. Die Unterschiede zwischen MgVG und SEBG lassen sich kurz **3** wie folgt zusammenfassen: Anstelle des SE-Betriebsrats wird ein bVG tätig bei der Verteilung der Zahl der Sitze der Arbeitnehmer im mitbestimmten Organ auf die Mitgliedstaaten (Abs. 1) und bei der Wahl der Arbeitnehmervertreter aus Mitgliedstaaten, die keine eigene Regelung über die Wahl der auf sie entfallenden Arbeitnehmervertreter getroffen haben (Abs. 2). § 25 MgVG enthält keine dem § 36 Abs. 4 SEBG entsprechende Regelung über die Bestellung der Arbeitnehmervertreter. Demgegenüber enthält § 25 Abs. 3 S. 4 MgVG eine Pflicht zur Bekanntmachung der Namen der gewählten Arbeitnehmervertreter in den Betrieben des Unternehmens.

2. Verteilung der Sitze auf die Mitgliedstaaten. Die Sitze der Arbeitneh **4** mer im mitbestimmten Organ sind gemäß § 25 Abs. 1 MgVG durch ein bVG auf die Mitgliedstaaten zu verteilen. Eine Verteilung durch die **Leitung** ist schon nach dem Wortlaut nicht möglich (*C.Schubert* ZIP 2009, 791 [792]; aA *Brandes* ZIP 2008, 2193 [2198]). Sie wäre aber auch deshalb bedenklich, weil dadurch die quasidemokratische Rückkoppelung an die Belegschaft (zu § 21 SEBG *Forst* S. 272 f.; *Thüsing* ZIP 2006, 1469 [1473]) sowie die Gegnerunabhängigkeit der Arbeitnehmervertreter gefährdet würden (zum SE-Betriebsrat *Forst* S. 225 f.). Das bVG nach dem MgVG ist – wie das nach dem SEBG (ArbG Stuttgart BeckRS 2007, 48644; BR-Drs. 438/04, 126; *Thüsing/Forst* NZA 2009, 408 [409]) – ein **Ad-hoc-Gremium,** das nur für den konkreten Anlass einberufen wird und das nach der Erfüllung seiner Aufgabe wieder erlischt. Es ist für seine Aufgabe nach § 25 Abs. 1 MgVG nur einmal zu bilden, weil eine Neuverteilung von Sitzen – zB infolge einer Veränderung der Belegschaftsstärke in den verschiedenen Mitgliedstaaten – anders als zB bei § 25 SEBG nach dem MgVG nicht erfolgt (zweifelnd AKRR/*Rudolph* MgVG § 25 Rn. 3). Ein neues bVG kann aber nach § 25 Abs. 2 MgVG zu bilden sein (→ Rn. 8).

5 **3. Wahl der inländischen Arbeitnehmervertreter.** Nach § 25 Abs. 3 MgVG werden die auf das Inland entfallenden Arbeitnehmervertreter durch ein Wahlgremium gewählt, für das die §§ 8 Abs. 2–4, 10 Abs. 1 S. 2–5, Abs. 2–7, 11 und 12 MgVG entsprechend gelten (Einzelheiten bei *C.Schubert* ZIP 2009, 791 [795]). An die Stelle der beteiligten Gesellschaften, betroffenen Tochtergesellschaften und betroffenen Betriebe treten dabei die aus der grenzüberschreitenden Verschmelzung hervorgehende Gesellschaft, ihre Tochtergesellschaften und Betriebe. Daraus folgt, dass das Wahlgremium iSd § 25 Abs. 3 MgVG nicht identisch ist mit dem Wahlgremium, das nach den §§ 10 ff. MgVG zu bilden ist. Vielmehr ist das Wahlgremium wie das bVG (→ Rn. 4) ein **Ad-hoc-Gremium,** das nur für den konkreten Anlass einberufen wird und das nach der Erfüllung seiner Aufgabe wieder erlischt (*C.Schubert* ZIP 2009, 791 [792]). Es ist deshalb für jede Wahl ein neues Wahlgremium zu bilden. Das ist insoweit konsequent, als nachfolgende Veränderungen bei den Arbeitnehmervertretungen der aus einer grenzüberschreitenden Verschmelzung hervorgehenden Gesellschaft, ihrer Tochtergesellschaften und Betriebe berücksichtigt werden müssen.

6 Es stellt sich insoweit die Frage, ob bei der Zusammensetzung des Wahlgremiums nach § 25 Abs. 3 MgVG solche Arbeitnehmervertretungen zu berücksichtigen sind, die nach § 29 MgVG **fortbestehen.** Dafür spricht, dass nach § 25 Abs. 3 S. 2 MgVG an die Stelle der beteiligten Gesellschaften die aus der grenzüberschreitenden Verschmelzung hervorgehende Gesellschaft tritt. Da die in § 29 MgVG genannten Arbeitnehmervertretungen nur deshalb fortbestehen, weil die beteiligten Gesellschaften erloschen sind, wird man sie als von dieser Verweisung mit umfasst ansehen müssen. Auch entspricht dies am ehesten dem mutmaßlichen (→ § 29 Rn. 1) Zweck der Anordnung des Fortbestehens, der darin bestehen dürfte, den genannten Arbeitnehmervertretungen eine Art „Ewigkeitsgarantie" zu verschaffen, was sich wohl auch auf ihre Tätigkeit erstreckt. Da sie vor der grenzüberschreitenden Verschmelzung bei der Bildung des Wahlgremiums zu berücksichtigen gewesen wären, müssen sie diesem Ziel entsprechend auch nach der grenzüberschreitenden Verschmelzung berücksichtigt werden.

7 Mit der Wahl der Arbeitnehmervertreter sind diese zugleich auch **bestellt.** Eine zusätzliche bzw. die Wahl ausführende Bestellung durch das gesellschaftsrechtlich zuständige Organ ist – anders als nach § 35 Abs. 4 SEBG – nicht vorgesehen (NFK/*Nagel* § 26). Das Wahlgremium hat den in § 25 Abs. 3 S. 3 MgVG genannten Stellen die Namen der gewählten **mitzuteilen.** Eine bestimmte **Form** ist hierfür nicht vorgesehen. Auch eine **Frist** sieht das Gesetz nicht vor. Erst mit der ordnungsgemäßen Mitteilung beginnt allerdings die Anfechtungsfrist des § 26 Abs. 2 S. 3 Alt. 1 MgVG zu laufen (→ § 26 Rn. 4). Bei der Wahl der inländischen Arbeitnehmervertreter hat das Wahlgremium die Grenzen zwingenden Rechts zu beachten, also insbesondere die seit dem Jahr 2015 geltende **Geschlechterquote** (→ Einl. Rn. 34).

8 **4. Wahl der Arbeitnehmervertreter für andere Mitgliedstaaten.** Nach Anhang Teil 3 lit. b Abs. 2 S. 3 SE-RL hat jeder Mitgliedstaat das Recht, die Verteilung der ihm im Verwaltungs- oder im Aufsichtsorgan zugewiesenen Sitze festzulegen. § 25 Abs. 2 MgVG enthält eine Auffangregelung für den Fall, dass andere Mitgliedstaaten ihren Umsetzungsspielraum aus Art. 16 Abs. 3 lit. h Int-VerschmRL iVm Anhang Teil 3 lit. b Abs. 2 S. 3 SE-RL nicht nutzen und nicht selber regeln, wie die auf sie entfallenden Arbeitnehmervertreter gewählt oder bestellt werden. § 25 Abs. 2 MgVG ist **richtlinienkonform,** da der Vorrang der

Umsetzungsakte anderer Mitgliedstaaten nicht in Frage gestellt wird und eine solche Regelung erforderlich ist, um eine grenzüberschreitende Verschmelzung selbst dann zu ermöglichen, wenn andere Mitgliedstaaten keine ausreichenden Regelungen hierzu erlassen haben sollten. Dass der deutsche Gesetzgeber das bVG ermächtigt, die Wahl durchzuführen, ist zwar im Hinblick auf Anhang Teil 3 lit. b Abs. 2 SE-RL nicht unbedenklich, weil das dort genannte „Vertretungsorgan" eigentlich der SE-Betriebsrat ist. Indes fehlt ein solcher bei der grenzüberschreitenden Verschmelzung gerade und das bVG entspricht ihm aufgrund seiner internationalen Zusammensetzung noch am ehesten (*C. Schubert* ZIP 2009, 791 [794]). Gleichwohl ist § 25 Abs. 2 MgVG für die Praxis unbefriedigend. Das hat zwei Gründe: Erstens regelt § 25 Abs. 2 MgVG nicht das Verfahren, nach dem das bVG zu bilden ist und nach dem es abstimmt. Ein Verweis auf die §§ 7 ff. MgVG fehlt. Man wird aber die §§ 7 ff. MgVG insoweit analog anwenden können (im Einzelnen ebenso *C. Schubert* ZIP 2009, 791 [795]; wie hier auch AKRR/*Rudolph* MgVG § 25 Rn. 3). Vor allem bleibt es aber dabei, dass das bVG ein Ad-hoc-Gremium ist (→ Rn. 4). Das hat zur Folge, dass es für jede Wahl nach § 25 Abs. 2 MgVG neu zu bilden ist, was einen erheblichen Aufwand bedeutet.

5. Kann die Neubildung eines bVG/Wahlgremiums vermieden werden? Vor diesem Hintergrund stellt sich die Frage, ob die Aufgaben des bVG und auch des Wahlgremiums nach § 25 MgVG auf ein **dauerhaftes Gremium** übertragen werden kann, insbesondere einen bestehenden EBR oder einen Konzernbetriebsrat. Beides ist zu verneinen (im Einzelnen ebenso *C. Schubert* ZIP 2009, 791 [796 f.]): Das MgVG und die unionsrechtlichen Vorgaben sehen eine solche Delegation im Rahmen der Auffanglösung nicht vor. Allenfalls ist zu überlegen, dem EBR oder dem Konzernbetriebsrat durch eine Mitbestimmungsvereinbarung nach § 22 MgVG diese Rechte zu übertragen, die im Übrigen nach § 22 Abs. 3 MgVG die Auffangregelung zur Anwendung berufen könnte. Auch diese Lösung ist jedoch im Ergebnis nicht möglich, weil weder dem EBR noch dem Konzernbetriebsrat echte Mitbestimmungsrechte übertragen werden können. Dies folgt aus einem Umkehrschluss zu § 2 Abs. 7 SEBG, Art. 2 lit. f SE-RL, welche diese Möglichkeit den Parteien einer Beteiligungsvereinbarung nach § 21 SEBG nur für den SE-Betriebsrat einräumen, nicht aber zugunsten sonstiger Gremien (*Forst* S. 295). Da bei der grenzüberschreitenden Verschmelzung noch nicht einmal ein SE-Betriebsrat existiert, muss eine solche Übertragung hier erst Recht ausgeschlossen sein. Es ist auch nicht möglich, dem EBR oder einem Konzernbetriebsrat durch eine Beteiligungsvereinbarung nach § 17 EBRG oder eine Konzernbetriebsvereinbarung echte Mitbestimmungsrechte zu übertragen. Für die Beteiligungsvereinbarung nach § 17 EBRG folgt dies schon daraus, dass diese sich nach § 17 EBRG ausdrücklich nur auf die „Unterrichtung und Anhörung" erstreckt. Entsprechendes folgt für eine Konzernbetriebsvereinbarung daraus, dass sich eine Betriebsvereinbarung nur auf solche Gegenstände erstrecken kann, die in die Zuständigkeit eines Betriebsrats fallen (Richardi/*Richardi* BetrVG § 77 Rn. 66 f.). Da das deutsche Recht streng zwischen betrieblicher Mitbestimmung und Unternehmensmitbestimmung unterscheidet, ist dies bei echten Mitbestimmungsrechten im Sinne von Unternehmensmitbestimmung nicht der Fall.

Stattdessen hat das im Rahmen der grenzüberschreitenden Verschmelzung gebildete bVG aber die Möglichkeit, für die nach § 25 Abs. 2 MgVG anfallenden Aufgaben einen **abstrakten Verteilungsschlüssel** zu beschließen, der bei der zukünftigen Wahl von Arbeitnehmervertretern zur Anwendung kommt (*Müller-Bonanni*/*Müntefering* NJW 2009, 2347 [2352 f.]; zu § 36 SEBG UHH/*Henssler* SEBG § 36 Rn. 8). Ein solcher Beschluss steht freilich im Ermessen des bVG. Die erneute Bildung eines Wahlgremiums (§ 25 Abs. 3 MgVG) lässt sich auf diesem Weg hingegen nicht vermeiden, weil nach dem Wortlaut des § 25 Abs. 3 MgVG das Wahlgremium zu entscheiden hat. Würde das bVG einen abstrakten Verteilungsschlüssel auch für diese Fälle beschließen, würde aber seine Entscheidung an die Stelle der Entscheidung des Wahlgremiums treten.

11   **6. Bekanntgabe des Wahlergebnisses.** Nach § 25 Abs. 2 S. 4 MgVG hat die Leitung die Namen der Gewählten in allen inländischen (wie hier AKRR/ *Rudolph* MgVG § 25 Rn. 5) Betrieben des Unternehmens bekannt zu machen. Die Leitung ist verpflichtet, in jedem Betrieb für eine allgemeine Bekanntgabe zu sorgen, die jedem Arbeitnehmer zugänglich ist, damit den in § 26 Abs. 1 S. 2 Nr. 2 MgVG Genannten die Möglichkeit gegeben wird, die Wahl nach § 26 Abs. 2 MgVG anzufechten. Eine bestimmte **Form** der Bekanntgabe schreibt das Gesetz nicht vor. Ausreichend ist zB eine Bekanntgabe durch einen Aushang am schwarzen Brett, durch einen Mitarbeiterbrief oder eine Rundmail, eine Bekanntgabe im Intra- oder Internet, aber auch eine mündliche Bekanntgabe, zum Beispiel in einer Betriebsversammlung. Die Bekanntgabe in anderen Mitgliedstaaten als Deutschland erfolgt nach den dort in Umsetzung der IntVerschmRL erlassenen Gesetzen (→ § 3 Rn. 9, 12) und hat in der jeweiligen Landessprache oder einer Sprache zu erfolgen, die jeder Arbeitnehmer versteht. Selbst bei der englischen Sprache wird Letzteres nicht ausnahmslos der Fall sein. Deshalb genügt es nicht, wenn die deutsche Unternehmensleitung eine Information nur auf Deutsch und/oder Englisch in das Intranet einstellt und diese Informationsquelle der Information der Belegschaften in allen Mitgliedstaaten dienen soll. Nicht ausreichend ist es, nur die jeweiligen Arbeitnehmervertretungen zu informieren, weil diese ohnehin gemäß § 25 Abs. 3 S. 3 MgVG zu informieren sind. Die Sonderregelung in § 25 Abs. 3 S. 4 MgVG hätte sonst keine eigenständige Bedeutung. Auch eine **Frist** sieht das Gesetz nicht vor. Erst mit der ordnungsgemäßen Bekanntgabe beginnt allerdings die Anfechtungsfrist des § 26 Abs. 2 S. 3 Alt. 2 MgVG zu laufen (→ § 26 Rn. 4).

III. Streitigkeiten

12   Zu Streitigkeiten → §§ 6–21 Rn. 12 ff.

Abberufung und Anfechtung

26 (1) [1]Ein Mitglied oder ein Ersatzmitglied der Arbeitnehmer aus dem Inland im Aufsichts- oder Verwaltungsorgan kann vor Ablauf der Amtszeit abberufen werden. [2]Antragsberechtigt sind

1. die Arbeitnehmervertretungen, die das Wahlgremium gebildet haben;
2. in den Fällen der Urwahl mindestens drei wahlberechtigte Arbeitnehmer;
3. für ein Mitglied nach § 8 Abs. 3 nur die Gewerkschaft, die das Mitglied vorgeschlagen hat;
4. für ein Mitglied nach § 8 Abs. 4 nur der Sprecherausschuss, der das Mitglied vorgeschlagen hat.

[3]Für das Abberufungsverfahren gelten die §§ 10 bis 12 entsprechend mit der Maßgabe, dass an die Stelle der beteiligten Gesellschaften, betroffenen Tochtergesellschaften und betroffenen Betriebe die aus der grenzüberschreitenden Verschmelzung hervorgehende Gesellschaft, ihre Tochtergesellschaften und Betriebe treten; abweichend von § 10 Abs. 5 und § 12 Abs. 1 Satz 3 bedarf der Beschluss einer Mehrheit von drei Vierteln der abgegebenen Stimmen.

(2) [1] Die Wahl eines Mitglieds oder eines Ersatzmitglieds der Arbeitnehmer aus dem Inland im Aufsichts- oder Verwaltungsorgan kann
angefochten werden, wenn gegen wesentliche Vorschriften über das
Wahlrecht, die Wählbarkeit oder das Wahlverfahren verstoßen worden
und eine Berichtigung nicht erfolgt ist, es sei denn, dass durch den
Verstoß das Wahlergebnis nicht geändert oder beeinflusst werden konnte.
[2] Zur Anfechtung berechtigt sind die in Absatz 1 Satz 2 Genannten und
die Leitung der aus der grenzüberschreitenden Verschmelzung hervorgegangenen Gesellschaft. [3] Die Klage muss innerhalb eines Monats nach
der Bekanntgabe gemäß § 25 Abs. 3 Satz 2 oder 3 erhoben werden.

I. Allgemeines

§ 26 MgVG setzt Art. 16 Abs. 3 lit. h IntVerschmRL iVm Anhang Teil 3 lit. b **1**
SE-RL um. Die Vorschrift ist fast identisch mit § 37 SEBG, auf die Kommentierung zu jener Vorschrift wird verwiesen. An dieser Stelle ist nur auf die Unterschiede zum SEBG einzugehen.

II. Unterschiede zum SEBG

Der erste Unterschied besteht darin, dass eine dem § 37 Abs. 1 S. 4 SEBG **2**
entsprechende Regelung über die gesellschaftsrechtliche Zuständigkeit zur Abberufung der Arbeitnehmervertreter fehlt. Das erklärt sich daraus, dass es nach der
Vorstellung des deutschen Gesetzgebers keiner gesellschaftsrechtlichen Umsetzung der Abberufung bedarf, sondern dass diese – wie bei der Wahl (→ § 25
Rn. 7) – unmittelbar durch die Beschlussfassung des Wahlgremiums erfolgt
(AKRR/*Rudolph* MgVG § 26 Rn. 2; NFK/*Nagel* § 26).

Ein zweiter Unterschied findet sich in § 26 Abs. 2 S. 3 MgVG. Die darin **3**
enthaltene **Monatsfrist** ist anders zu berechnen als die Monatsfrist nach § 37
Abs. 2 S. 3 SEBG. Das hat seinen Grund darin, dass § 37 Abs. 2 S. 3 SEBG auf
die Bestellung der Arbeitnehmervertreter durch die Hauptversammlung der SE
abstellt. Da diese bei der grenzüberschreitenden Verschmelzung entfällt (→ § 25
Rn. 7), war es konsequent, an ein anderes Ereignis anzuknüpfen.

Nach § 26 Abs. 2 S. 3 MgVG beginnt die Monatsfrist mit der Bekanntgabe **4**
gemäß „§ 25 Abs. 3 Satz 2 oder 3". Dabei handelt es sich um ein **Redaktionsversehen,** denn § 25 Abs. 3 S. 2 MgVG regelt keine Bekanntgabe. Gemeint sind
wohl § 25 Abs. 3 S. 3 oder S. 4 MgVG. Da die beiden Zeitpunkte nicht identisch
sein müssen, ist das Verhältnis der beiden Zeitpunkte zueinander zu klären. Die
Begründung zum Regierungsentwurf schweigt (BR-Drs. 540/06, 62). § 25
Abs. 3 S. 3 MgVG regelt jedoch nur die Bekanntgabe der Namen der Gewählten
an die Leitung der aus der grenzüberschreitenden Verschmelzung hervorgehenden Gesellschaft, die Gewählten, die Arbeitnehmervertretungen und Sprecher-
ausschüsse sowie die Gewerkschaften. Das sind die in § 26 Abs. 1 S. 2 Nr. 1, 3
und 4 MgVG sowie § 26 Abs. 2 S. 2 MgVG (Leitung) Genannten. Für diese
Personen und Stellen beginnt die Monatsfrist mit der Bekanntgabe nach § 25
Abs. 3 S. 3 MgVG, weil sie ab diesem Zeitpunkt Kenntnis von der Person des
Gewählten haben. § 25 Abs. 3 S. 4 MgVG regelt hingegen die Bekanntgabe der
Namen der Gewählten in den Betrieben des Unternehmens, also gegenüber der
Belegschaft. Die Belegschaft ist – vertreten durch mindestens drei wahlberechtigte
Arbeitnehmer – nach § 26 Abs. 1 S. 2 Nr. 2 MgVG berechtigt, in den Fällen der
Urwahl die Abberufung eines Arbeitnehmervertreters zu beantragen bzw. nach
§ 26 Abs. 2 S. 2 MgVG die Wahl anzufechten. Für diese Personengruppe beginnt
die Monatsfrist mit der Bekanntgabe nach § 25 Abs. 3 S. 4 MgVG, denn sie hat

erst dann Kenntnis von der Person des Gewählten (AKRR/*Rudolph* MgVG § 26 Rn. 4).

III. Streitigkeiten

5 Streitigkeiten über die Abberufung von Arbeitnehmervertretern sind nach § 2a Abs. 1 Nr. 3g ArbGG grundsätzlich vor den **Arbeitsgerichten** auszutragen, die im Beschlussverfahren (§§ 80 ff. ArbGG) entscheiden. Eine Ausnahme von diesem Grundsatz gilt für die Abberufung aus wichtigem Grund nach § 103 Abs. 3 AktG. Über diese entscheiden nach § 13 GVG die **ordentlichen Gerichte**. Für die Anfechtung gilt das Gesagte entsprechend, auch wenn sie nicht ausdrücklich in § 2a Abs. 1 Nr. 3g ArbGG geregelt ist.

6 Die **internationale** Zuständigkeit der deutschen Gerichte ergibt sich – vorbehaltlich einer Gerichtsstandsvereinbarung (Art. 25 Brüssel Ia-VO, früher Art. 23 EuGVVO) – aus Art. 4 Abs. 1 Brüssel Ia-VO (früher Art. 2 Abs. 1 EuGVVO), wenn der Beklagte seinen Sitz in Deutschland hat, anderenfalls kann sie sich nur aus Art. 7 Nr. 5 Brüssel Ia-VO (früher Art. 5 Nr. 5 EuGVVO) ergeben.

7 Ergibt sich die internationale Zuständigkeit aus Art. 4 Abs. 1 Brüssel Ia-VO (früher Art. 2 Abs. 1 EuGVVO), ist **örtlich** nach § 82 Abs. 5 ArbGG das Gericht zuständig, in dessen Bezirk die aus der grenzüberschreitenden Verschmelzung hervorgehende Gesellschaft ihren Sitz im Inland (GMPM/*Matthes/Spinner* § 82 Rn. 15, 19) haben soll. Ergibt sich die internationale Zuständigkeit aus Art. 7 Nr. 5 Brüssel Ia-VO (früher Art. 5 Nr. 5 EuGVVO), regelt dieser zugleich die örtliche Zuständigkeit (MüKoZPO/*Gottwald* EuGVVO Art. 2 Rn. 25, EuGVVO Art. 5 Rn. 75). Zuständig ist danach das Gericht an dem Ort, an dem sich die Zweigniederlassung, Agentur oder sonstige Niederlassung befindet, aus deren Betrieb die Streitigkeit resultiert.

Rechtsstellung; Innere Ordnung

27 (1) **Die Arbeitnehmervertreter im Aufsichts- oder Verwaltungsorgan der aus der grenzüberschreitenden Verschmelzung hervorgehenden Gesellschaft haben die gleichen Rechte und Pflichten wie die Mitglieder, die die Anteilseigner vertreten.**

(2) [1]**Die Zahl der Mitglieder der Leitung beträgt mindestens zwei.** [2]**Einer von ihnen ist für den Bereich Arbeit und Soziales zuständig.** [3]**Dies gilt nicht für die Kommanditgesellschaft auf Aktien.**

(3) **Besteht in einer der beteiligten Gesellschaften das Aufsichtsorgan aus derselben Zahl von Anteilseigner- und Arbeitnehmervertretern sowie einem weiteren Mitglied, so ist auch im Aufsichts- oder Verwaltungsorgan der aus der grenzüberschreitenden Verschmelzung hervorgehenden Gesellschaft ein weiteres Mitglied auf gemeinsamen Vorschlag der Anteilseigner- und der Arbeitnehmervertreter zu wählen.**

I. Allgemeines

1 § 27 MgVG setzt Art. 16 Abs. 3 lit. h IntVerschmRL iVm Anhang Teil 3 lit. b letzter Absatz SE-RL um und gilt nur für aus der grenzüberschreitenden Verschmelzung hervorgehende Gesellschaften, die ihren Satzungssitz in Deutschland haben. Seine Rechtswirkungen binden aber mittelbar auch die Arbeitnehmer und beteiligten Gesellschaften aus anderen Mitgliedstaaten (→ § 3 Rn. 9). Die Norm entspricht weitgehend § 38 SEBG. Auf die Kommentierung zu jener

Vorschrift wird verwiesen. An dieser Stelle ist nur auf die Unterschiede zum SEBG einzugehen.

II. Unterschiede zum SEBG

Die einzige Besonderheit ist der Ausschluss der **KGaA** von dem Zwei-Köpfe- **2** Erfordernis in § 29 Abs. 2 S. 3 MgVG. Diese Ausnahme ist darauf zurückzuführen, dass die KGaA durch ihren Komplementär vertreten wird (§ 278 Abs. 2 AktG iVm §§ 161 Abs. 2, 125 Abs. 1 HGB), so dass dieser gemäß § 2 Abs. 5 MgVG die „Leitung" innehat. Eine KGaA soll nicht aus mitbestimmungsrechtlichen Gründen gezwungen werden, mehr als einen Komplementär haben zu müssen (AKRR/*Rudolph* MgVG § 26 Rn. 3; NFK/*Nagel* MgVG § 27 Rn. 1; UHH/*Habersack* MgVG § 27 Rn. 3).

Anders als Art. 50 Abs. 2 S. 2 SE-VO enthalten die IntVerschmRL und das **3** MgVG keine Regelung zum **Zweitstimmrecht** des Vorsitzenden eines paritätisch mitbestimmten Organs. Weil auch bei der Mitbestimmung nach der IntVerschmRL bzw. dem MgVG das Vorher-Nachher-Prinzip gilt, sollte die grenzüberschreitende Verschmelzung keine Ausweitung von Mitbestimmungsrechten mit sich bringen. Deshalb muss man es für zulässig erachten, dass die Satzung einer aus einer grenzüberschreitenden Verschmelzung hervorgehenden Gesellschaft dem Vorsitzenden des mitbestimmten Organs ein Zweitstimmrecht einräumt (AKRR/*Rudolph* MgVG § 27 Rn. 2; UHH/*Habersack* MgVG § 27 Rn. 2; Louven/Wenig BB 2008, 798 [799])

III. Streitigkeiten

Für Streitigkeiten zwischen der Leitung und den inländischen Arbeitnehmer- **4** vertretungen ist nach § 2a Abs. 1 Nr. 3g ArbGG der Weg zu den Arbeitsgerichten eröffnet. Das Arbeitsgericht entscheidet im Beschlussverfahren nach den §§ 80 ff. ArbGG. Die **internationale** Zuständigkeit der deutschen Gerichte folgt aus Art. 4 Abs. 1 Brüssel Ia-VO (früher Art. 2 Abs. 1 EuGVVO), wenn die aus der grenzüberschreitenden Verschmelzung hervorgehende Gesellschaft ihren Sitz in Deutschland hat. Anderenfalls kann sich – vorbehaltlich einer Gerichtsstandsvereinbarung (Art. 25 Brüssel Ia-VO, früher Art. 23 EuGVVO) – nur aus Art. 7 Nr. 5 Brüssel Ia-VO (früher Art. 5 Nr. 5 EuGVVO) ergeben.

Nach § 82 Abs. 5 ArbGG ist **örtlich** das Arbeitsgericht zuständig, an dem die **5** entstehende Gesellschaft ihren Sitz hat oder haben wird. § 82 Abs. 5 ArbGG ist nur auf Inlandssachverhalte anzuwenden (GMPM/*Matthes/Spinner* § 82 Rn. 15, 19), gilt also nur, wenn die aus der grenzüberschreitenden Verschmelzung hervorgehende Gesellschaft ihren Sitz in Deutschland hat oder haben wird. Der deutsche Gesetzgeber könnte auch nicht die örtliche Zuständigkeit der Gerichte anderer Mitgliedstaaten regeln. Befindet sich der Sitz der Gesellschaft in einem anderen Mitgliedstaat, kann sich schon die internationale Zuständigkeit deutscher Gerichte nur aus Art. 7 Nr. 5 Brüssel Ia-VO (früher Art. 5 Nr. 5 EuGVVO) ergeben. Dieser regelt zugleich auch die örtliche Zuständigkeit (MüKoZPO/*Gottwald* EuGVVO Art. 2 Rn. 25, EuGVVO Art. 5 Rn. 75). Zuständig ist danach das Gericht an dem Ort, an dem sich die Zweigniederlassung, Agentur oder sonstige Niederlassung befindet, aus deren Betrieb die Streitigkeit resultiert (aA NFK/*Kleinsorge* § 29 Rn. 4: Ort der zentralen Leitung).

Tendenzunternehmen

28 Auf eine aus einer grenzüberschreitenden Verschmelzung hervorgehende Gesellschaft, die unmittelbar und überwiegend

1. **politischen, koalitionspolitischen, konfessionellen, karitativen, erzieherischen, wissenschaftlichen oder künstlerischen Bestimmungen oder**
2. **Zwecken der Berichterstattung oder Meinungsäußerung, auf die Artikel 5 Abs. 1 Satz 2 des Grundgesetzes anzuwenden ist,**

dient, finden Kapitel 2 und § 30 keine Anwendung.

I. Allgemeines

1   § 28 MgVG setzt Art. 16 Abs. 3 lit. f IntVerschmRL iVm Art. 8 Abs. 3 SE-RL um (BR-Drs. 540/06, 63). Die Norm entspricht § 39 Abs. 1 SEBG und verzichtet – dem beschränkten Regelungsgegenstand des MgVG entsprechend (→ Einl. Rn. 5) – lediglich auf eine Regelung zur Anhörung und Unterrichtung. Die Norm ist **richtlinienkonform** (ausführlich MüKoAktG/*Jacobs* SEBG § 39 Rn. 2, 15; *Ludwig* ZAT 2015, 15; *Rieble* AG 2014, 224 ff.).

II. Erfasste Gesellschaften

2   Von § 28 MgVG erfasst sind nur Gesellschaften, die nach der grenzüberschreitenden Verschmelzung ihren Satzungssitz in Deutschland haben. Das ergibt sich aus dem Verweis auf die §§ 23 ff., 30 MgVG, die ihrerseits nur für Gesellschaften mit Satzungssitz in Deutschland gelten. Die Rechtswirkungen binden aber mittelbar auch die Arbeitnehmer und beteiligten Gesellschaft aus anderen Mitgliedstaaten (→ § 3 Rn. 9). Damit kommt es zu einem „Export" des weit reichenden deutschen Tendenzschutzes (*Lunk/Hinrichs* NZA 2007, 773 [779]).

III. Streitigkeiten

3   Für Streitigkeiten, die aus § 28 MgVG resultieren, sind gemäß § 2a Nr. 3g ArbGG die Arbeitsgerichte zuständig, die im Beschlussverfahren (§§ 80 ff. ArbGG) entscheiden.

4   Die **internationale** Zuständigkeit der deutschen Gerichte kann sich – vorbehaltlich einer Gerichtsstandsvereinbarung aus Art. 25 Brüssel Ia-VO (früher Art. 23 EuGVVO) – nur aus Art. 4 Abs. 1 Brüssel Ia-VO (früher Art. 2 Abs. 1 EuGVVO) ergeben. **Örtlich** ist nach § 82 Abs. 5 ArbGG das Gericht zuständig, an dem die aus der grenzüberschreitenden Verschmelzung hervorgehende Gesellschaft ihren Sitz hat.

Kapitel 3. Verhältnis zum nationalen Recht

Fortbestehen nationaler Arbeitnehmervertretungsstrukturen

29 [1]**Regelungen über die Arbeitnehmervertretungen und deren Strukturen in einer beteiligten Gesellschaft mit Sitz im Inland, die durch die Verschmelzung als eigenständige juristische Person erlischt, bestehen nach Eintragung der aus der grenzüberschreitenden Verschmelzung hervorgehenden Gesellschaft fort.** [2]**Die Leitung der aus der grenzüberschreitenden Verschmelzung hervorgegangenen Gesellschaft stellt sicher, dass diese Arbeitnehmervertretungen ihre Aufgaben weiterhin wahrnehmen können.**

I. Allgemeines

Mit § 29 MgVG macht der deutsche Gesetzgeber von der Option des Art. 16 **1** Abs. 3 lit. g IntVerschmRL iVm Art. 13 Abs. 4 SE-RL Gebrauch. § 29 MgVG ist damit **richtlinienkonform** (zu Unrecht zweifelnd *Lunk/Hinrichs* NZA 2007, 773 [780]; *Simon/Hinrichs* NZA 2008, 391 [394]). Allerdings ist die Vorschrift politisch abzulehnen, weil sie zum Fortbestehen von Arbeitnehmervertretungen bis in alle Ewigkeit führt, obwohl diese mit der Zeit jegliche „quasidemokratische" Legitimation verlieren und noch dazu in Konkurrenz zu den durch Wahlen legitimierten regulären Arbeitnehmervertretungen treten. Es spricht Bände, dass die Regierungsbegründung zum MgVG (wie auch schon die zum SEBG) mit keinem Wort auf diese Problematik eingeht. Der Zweck der Norm bleibt damit unklar, sie ist ersatzlos zu **streichen**.

II. Unterschiede zum SEBG

Die Norm entspricht weitgehend § 47 Abs. 2 SEBG. § 47 Abs. 1 Nr. 1 SEBG **2** hat im MgVG kein Pendant, da gemäß § 4 MgVG ohnehin das mitgliedstaatliche Mitbestimmungsrecht gilt, wenn nicht die Ausnahme des § 5 MgVG eingreift. § 47 Abs. 1 Nr. 2 SEBG betrifft die Anhörung und Unterrichtung und ist deshalb vom Regelungsbereich des MgVG nicht erfasst (→ Einl. Rn. 5). Auf die Kommentierung zu § 47 Abs. 2 SEBG wird im Übrigen verwiesen.

III. Streitigkeiten

Zu Streitigkeiten → § 27 Rn. 4 f. **3**

Nachfolgende innerstaatliche Verschmelzungen

30 [1] Bei innerstaatlichen Verschmelzungen, die einer grenzüberschreitenden Verschmelzung nachfolgen, richtet sich die Mitbestimmung der Arbeitnehmer entsprechend § 4 nach den nationalen Regelungen. [2] Sehen diese Regelungen nicht mindestens den in der aus der grenzüberschreitenden Verschmelzung hervorgegangenen Gesellschaft bestehenden Umfang an Mitbestimmung im Sinne des § 5 Nr. 2 vor, gelten die für diese Gesellschaft maßgeblichen Regelungen über die Mitbestimmung für die Dauer von drei Jahren ab deren Eintragung in der aus der innerstaatlichen Verschmelzung hervorgehenden Gesellschaft fort.

Übersicht

	Rn.
I. Allgemeines	1
II. Einzelheiten	2
III. Umsetzungsdefizite	6
IV. Verfassungswidrigkeit?	11
V. Streitigkeiten	12

I. Allgemeines

§ 30 MgVG setzt nach Ansicht der Bundesregierung Art. 16 Abs. 7 Int- **1** VerschmRL um (BR-Drs. 540/06, 63). Tatsächlich bestehen jedoch **Umsetzungsdefizite** (→ Rn. 6). Die Vorschrift dient der Mitbestimmungssicherung

(*C. Schubert* RdA 2009, 7 [15]). Durch § 30 MgVG will der Gesetzgeber verhindern, dass das infolge der grenzüberschreitenden Verschmelzung entstandene Mitbestimmungsniveau durch eine nachfolgende innerstaatliche Verschmelzung während eines Übergangszeitraums von drei Jahren abgesenkt wird.

II. Einzelheiten

2 § 30 S. 1 MgVG regelt den **Grundsatz,** dass entsprechend § 4 MgVG das mitgliedstaatliche Mitbestimmungsrecht (→ § 4 Rn. 3) auf eine Gesellschaft anzuwenden ist, die aus einer innerstaatlichen Verschmelzung hervorgeht, wenn an dieser innerstaatlichen Verschmelzung eine aus einer früheren grenzüberschreitenden Verschmelzung hervorgegangene Gesellschaft beteiligt ist. Beispiel: Die britische A Limited verschmilzt grenzüberschreitend auf die deutsche B GmbH. Anschließend verschmilzt die B GmbH auf die deutsche C GmbH. Gemäß §§ 30 S. 1, 4 MgVG unterliegt die C GmbH grundsätzlich den deutschen Mitbestimmungsgesetzen.

3 § 30 S. 1 MgVG erfasst nur die Fälle der **„Hereinverschmelzung"** mit anschließender innerstaatlicher Verschmelzung (ebenso AKRR/*Rudolph* MgVG § 30 Rn. 2; NFK/*Kleinsorge* MgVG § 30 Rn. 7; *Habersack* ZHR 171 [2007], 613 [638]). Er findet keine Anwendung bei der grenzüberschreitenden Verschmelzung einer deutschen Gesellschaft in das Ausland (Herausverschmelzung) mit anschließender innerstaatlicher Verschmelzung in dem Aufnahmestaat. Verschmilzt in dem Beispiel in → Rn. 2 die B GmbH auf die A Limited und verschmilzt diese anschließend innerstaatlich auf die C Limited, richtet sich die Mitbestimmung nach *Section* 40 *Companies (Cross-Border Mergers) Regulations 2007.*

4 § 30 S. 2 MgVG regelt eine **Ausnahme** von dem beschriebenen Grundsatz. Hätte die nachfolgende innerstaatliche Verschmelzung zur Folge, dass es zu einer Minderung von Mitbestimmungsrechten iSd § 5 Nr. 2 MgVG kommt (dazu → § 5 Rn. 13 ff.), gilt für einen Zeitraum von **drei Jahren** – gerechnet ab dem Tag der Eintragung (§ 122l UmwG) der grenzüberschreitenden Verschmelzung („deren", ebenso AKRR/*Rudolph* MgVG § 30 Rn. 7; *Habersack* ZHR 171 [2007], 613 [637]; aA *Müller-Bonanni/Müntefering* BB 2009, 1699 [1703]) – in der aus der innerstaatlichen Verschmelzung hervorgehenden Gesellschaft das Mitbestimmungsstatut, das zunächst infolge der grenzüberschreitenden Verschmelzung galt. Finden innerhalb des Dreijahreszeitraums mehrere innerstaatliche Verschmelzungen statt, ändert dies nichts an dieser Fortgeltung (BR-Drs. 540/06, 64). Nach Ablauf der drei Jahre ist wieder ausschließlich das mitgliedstaatliche Mitbestimmungsrecht anzuwenden. Auch § 30 S. 2 MgVG erfasst nur Gesellschaften mit Satzungssitz in Deutschland (→ Rn. 3).

5 Von § 30 S. 2 MgVG erfasst ist sowohl eine Mitbestimmungsvereinbarung gemäß § 22 MgVG als auch eine Mitbestimmung kraft Gesetzes nach den §§ 23 ff. MgVG (BR-Drs. 540/06, 64).

III. Umsetzungsdefizite

6 § 30 MgVG enthält mehrere **Umsetzungsdefizite.** Um diese zu erkennen, muss man zunächst die Vorgabe des Art. 16 Abs. 7 IntVerschmRL in den Blick nehmen. Gilt für die aus der grenzüberschreitenden Verschmelzung hervorgehende Gesellschaft ein System der Arbeitnehmermitbestimmung, so ist diese Gesellschaft nach Art. 16 Abs. 7 IntVerschmRL verpflichtet, Maßnahmen zu ergreifen, um sicherzustellen, dass die Mitbestimmungsrechte der Arbeitnehmer im Falle nachfolgender innerstaatlicher Verschmelzungen während drei Jahren nach Wirksamwerden der grenzüberschreitenden Verschmelzung durch entsprechende An-

wendung der Vorschriften des Art. 16 IntVerschmRL geschützt werden (auch → Einl. Rn. 9).

Das **erste Umsetzungsdefizit** ergibt sich daraus, dass der deutsche Gesetz- **7** geber in § 30 S. 2 MgVG das fortgeltende Mitbestimmungsstatut „starr" anordnet. Er will damit ausweislich der Regierungsbegründung „eine gesetzliche Verpflichtung der Gesellschaft [vermeiden], für die Sicherung der Mitbestimmungsrechte – ggf. über ein aufwändiges Verhandlungsverfahren – eigenständig zu sorgen". Das ist unvereinbar mit Art. 16 Abs. 7 letzter Hs. IntVerschmRL, weil dieser die „entsprechende Anwendung" von Art. 16 Abs. 1–6 IntVerschmRL anordnet. Danach kommt es aber gerade nicht zu einer Zementierung der Mitbestimmung. Vielmehr können die Leitungen der an der grenzüberschreitenden Verschmelzung beteiligten Gesellschaften gemäß Art. 16 Abs. 4 lit. a IntVerschmRL beschließen, die Auffanglösung anzuwenden. Sie können auch nach Art. 16 Abs. 3 IntVerschmRL die Arbeitnehmer zur Bildung eines bVG auffordern und – ggf. mehrmals – in (erneute) Verhandlungen eintreten.

Diese **Wahlfreiheit** nimmt der deutsche Gesetzgeber den Normunterworfe- **8** nen (ausführlich *C. Schubert* RdA 2007, 9 [16 f.]; *Habersack* ZHR 171 [2007], 613 [637]). Ein Teil der Literatur versucht allerdings, § 30 MgVG damit zu rechtfertigen, dass denkbar sei, dass innerhalb des Dreijahreszeitraums eine Vielzahl von Mitbestimmungsmodellen zur Anwendung komme, was weder im Interesse der Arbeitnehmer noch der Unternehmen liege (NFK/*Kleinsorge* § 30 Rn. 10). Derartigem Paternalismus steht entgegen, dass Arbeitnehmer und Unternehmen selber am besten wissen, was gut für sie ist und dass dies auch der europäische Gesetzgeber so sieht – anderenfalls hätte er das Verhandlungsmodell nie eingeführt. Will Deutschland eine solche Liberalisierung nicht, muss es sich eben frühzeitig in Brüssel durchsetzen. Daheim in Berlin gegen die Umsetzungspflicht aus Art. 288 Abs. 3 AEUV zu verstoßen, ist jedenfalls keine Option.

Das **zweite Umsetzungsdefizit** ergibt sich daraus, dass § 30 S. 2 MgVG nur **9** auf § 5 Nr. 2 MgVG verweist, nicht aber auf § 5 Nr. 3 MgVG (AKRR/*Rudolph* MgVG § 30 Rn. 9; MüKoAktG/*Jacobs* SEBG Vor § 1 Rn. 47; *C. Schubert* RdA 2007, 9 [16]; *Habersack* ZHR 171 [2007], 613 [637]). Da § 5 Nr. 3 MgVG auf Art. 16 Abs. 2 lit. b IntVerschmRL beruht und Art. 16 Abs. 7 letzter Hs. IntVerschmRL auch auf diesen Tatbestand verweist, ist die **diskriminierende Einschränkung** in § 30 S. 2 MgVG richtlinienwidrig. Das kann nicht damit gerechtfertigt werden, dass bei einer Inbezugnahme des § 5 Nr. 3 MgVG nie das deutsche Mitbestimmungsrecht zur Anwendung käme, weil dieses Arbeitnehmer in anderen Mitgliedstaaten nicht erfasse und eine innerstaatliche Verschmelzung in Deutschland deshalb stets eine Minderung von Mitbestimmungsrechten iSd § 5 Nr. 3 MgVG nach sich ziehen würde (so NFK/*Kleinsorge* § 30 Rn. 11). Wer Gesetze erlässt, die andere als inländische EU-Bürger diskriminieren (dazu *Thüsing* ZIP 2004, 381), kann weitere Diskriminierungen (§ 30 S. 2 MgVG) nicht auch noch unter Verweis auf diese erste Diskriminierung rechtfertigen (zustimmend AKRR/*Rudolph* MgVG § 30 Rn. 9). Deutschland ist zudem nicht durch das Territorialitätsprinzip daran gehindert, diese Diskriminierung zu beenden, da Art. 16 Abs. 5 IntVerschmRL eine Erstreckung des mitgliedstaatlichen Mitbestimmungsrechts auf andere Mitgliedstaaten bei grenzüberschreitenden Verschmelzungen ausdrücklich erlaubt (→ § 5 Rn. 17). Auch der Hinweis, andere Mitgliedstaaten hielten es genauso (NFK/*Kleinsorge* § 30 Rn. 11 Fn. 13), überzeugt nicht: *abusus non tollit usum.*

Es stellt sich die Frage, welche **Rechtsfolge** sich aus dem Richtlinienverstoß **10** ergibt. Der EuGH hält richtlinienwidriges Recht jedenfalls dann für unanwendbar, wenn es zugleich gegen Primärrecht verstößt (insbesondere EuGH Slg. 2010, I-365 – Kücükdeveci mAnm *Thüsing* ZIP 2010, 199). Da § 30 MgVG die Niederlassungsfreiheit (Art. 49, 54 AEUV) einschränkt, könnte ein solcher Verstoß gegeben sein. Will man diese schwerste Sanktion nicht befürworten, kommt zumindest ein Staatshaftungsanspruch der Betroffenen gegen den Bund nach den Grundsätzen der „Francovich"-Rechtsprechung (EuGH Slg. 1991, I-5357) in Betracht. Eine danach vorrangige, unmittelbare Anwendung der Richtlinie scheidet hier wohl schon mangels hinreichender Bestimmtheit der IntVerschmRL aus.

IV. Verfassungswidrigkeit?

11   Darüber hinaus macht *Habersack* (ZHR 171 [2007], 613 [638]) verfassungsrechtliche Bedenken gegen § 30 S. 2 MgVG geltend: Verschmilzt eine aus einer grenzüberschreitenden Verschmelzung hervorgehende, mitbestimmte Gesellschaft innerhalb des Dreijahreszeitraums innerstaatlich auf eine **Personenhandelsgesellschaft** (vgl. § 3 Abs. 1 Nr. 1 UmwG), hat § 30 S. 2 MgVG zur Folge, dass diese Personenhandelsgesellschaft einer Form von Mitbestimmung unterworfen wird. Das BVerfG hat in seinem **Mitbestimmungsurteil** die quasiparitätische Mitbestimmung nach dem MitbestG mit Blick auf Art. 14 Abs. 1 GG jedoch nur mit der Erwägung für noch verfassungskonform gehalten, dass den typischen Kapitalanleger keine persönliche Haftung treffe und dass er auch nicht persönlich an unternehmerischen Entscheidungen beteiligt sei (BVerfGE 50, 290 [348]). Beides trifft in der Personenhandelsgesellschaft gerade nicht zu: Neben die persönliche Haftung der OHG-Gesellschafter bzw. KG-Komplementäre (§§ 161 Abs. 2, 128 HGB) tritt der Grundsatz der Selbstorganschaft (§ 114 Abs. 1 HGB). Geht man deshalb von der Verfassungswidrigkeit des § 30 S. 2 MgVG aus (aA NFK/*Kleinsorge* § 30 Rn. 12 Fn. 14; wohl auch *C.Schubert* RdA 2007, 9 [15], beide ohne Begründung; offen lassend AKRR/*Rudolph* MgVG § 30 Rn. 11; GLF/*Fleischmann* § 5 Rn. 239), so ist die **Rechtsfolge** nicht ein bloßer Staatshaftungsanspruch, sondern die Nichtigkeit der Norm. Diese könnte allerdings nur das BVerfG feststellen (vgl. Art. 100 GG). Retten könnte man § 30 S. 2 MgVG allenfalls mit dem Argument, dass die Anteilseigner durch den Verschmelzungsbeschluss einer Einschränkung ihres Grundrechts aus Art. 14 Abs. 1 GG willentlich zustimmen, so dass die Rechtsfolge „Mitbestimmung" wegen des in dem Beschluss liegenden Grundrechtsverzichts gerechtfertigt wäre.

V. Streitigkeiten

12   Für Streitigkeiten, die aus § 30 MgVG resultieren, sind gemäß § 2a Nr. 3g ArbGG die Arbeitsgerichte zuständig, die im Beschlussverfahren (§§ 80 ff. ArbGG) entscheiden.

13   Die **internationale** Zuständigkeit der deutschen Gerichte kann sich – vorbehaltlich einer Gerichtsstandsvereinbarung nach Art. 25 Brüssel Ia-VO (früher Art. 23 EuGVVO) – nur aus Art. 4 Abs. 1 Brüssel Ia-VO (früher Art. 2 Abs. 1 EuGVVO) ergeben. **Örtlich** ist nach § 82 Abs. 5 ArbGG das Gericht zuständig, an dem die aus der grenzüberschreitenden Verschmelzung hervorgehende Gesellschaft ihren Sitz hat. Diese Zuständigkeit bleibt nach den §§ 2a Nr. 3g, 82 Abs. 5 ArbGG von der nachfolgenden innerstaatlichen Verschmelzung unberührt.

14   Praktisch denkbar sind nur Streitigkeiten darüber, ob eine Mitbestimmungsfortgeltung besteht. Diese Streitigkeit ist der im **Statusverfahren** (§§ 98, 99 AktG) zu klärenden Frage vorgelagert, wie der Aufsichtsrat konkret zusammenzusetzen ist. Wird im arbeitsgerichtlichen Beschlussverfahren festgestellt, dass eine Mitbestimmungsfortgeltung nach § 30 MgVG besteht, kann eine korrekte Zusammensetzung des Aufsichtsrats nach Maßgabe des dann geltenden Mitbestimmungsstatuts nur im Statusverfahren herbeigeführt werden.

Teil 4. Schutzbestimmungen

Geheimhaltung; Vertraulichkeit

31 (1) Informationspflichten der Leitungen und der Leitung der aus einer grenzüberschreitenden Verschmelzung hervorgehenden Gesellschaft nach diesem Gesetz bestehen nur, soweit bei Zugrundelegung objektiver Kriterien dadurch nicht Betriebs- oder Geschäftsgeheimnisse der an der Verschmelzung beteiligten Gesellschaften, der aus der grenzüberschreitenden Verschmelzung hervorgehenden Gesellschaft oder deren jeweiliger Tochtergesellschaften und Betriebe gefährdet werden.

(2) ¹Die Mitglieder und Ersatzmitglieder eines besonderen Verhandlungsgremiums sind unabhängig von ihrem Aufenthaltsort verpflichtet, Betriebs- oder Geschäftsgeheimnisse, die ihnen wegen ihrer Zugehörigkeit zum besonderen Verhandlungsgremium bekannt geworden und von der Leitung ausdrücklich als geheimhaltungsbedürftig bezeichnet worden sind, nicht zu offenbaren und nicht zu verwerten. ²Dies gilt auch nach dem Ausscheiden aus dem besonderen Verhandlungsgremium.

(3) Die Pflicht zur Vertraulichkeit der Mitglieder und Ersatzmitglieder eines besonderen Verhandlungsgremiums nach Absatz 2 gilt nicht gegenüber

1. den Mitgliedern und Ersatzmitgliedern des besonderen Verhandlungsgremiums,
2. den Arbeitnehmervertretern im Aufsichts- oder Verwaltungsorgan der aus der grenzüberschreitenden Verschmelzung hervorgehenden Gesellschaft sowie
3. den Dolmetschern und Sachverständigen, die zur Unterstützung herangezogen werden.

(4) Die Pflicht zur Vertraulichkeit nach Absatz 2 gilt entsprechend für die Sachverständigen und Dolmetscher.

Schutz der Arbeitnehmervertreter

32 ¹Bei der Wahrnehmung ihrer Aufgaben genießen

1. die Mitglieder des besonderen Verhandlungsgremiums und
2. die Arbeitnehmervertreter im Aufsichts- oder Verwaltungsorgan der aus der grenzüberschreitenden Verschmelzung hervorgehenden Gesellschaft,

die Beschäftigte der aus einer grenzüberschreitenden Verschmelzung hervorgehenden Gesellschaft, ihrer Tochtergesellschaften oder Betriebe oder einer der beteiligten Gesellschaften, betroffenen Tochtergesellschaften oder betroffenen Betriebe sind, den gleichen Schutz und die gleichen Sicherheiten wie die Arbeitnehmervertreter nach den Gesetzen und Gepflogenheiten des Mitgliedstaats, in dem sie beschäftigt sind. ²Dies gilt insbesondere für

1. den Kündigungsschutz,
2. die Teilnahme an den Sitzungen der jeweiligen in Satz 1 genannten Gremien und
3. die Entgeltfortzahlung.

Errichtungs- und Tätigkeitsschutz

33 Niemand darf

1. die Bildung des besonderen Verhandlungsgremiums oder die Wahl, Bestellung, Empfehlung oder Ablehnung der Arbeitnehmervertreter im Aufsichts- oder Verwaltungsorgan behindern oder durch Zufügung oder Androhung von Nachteilen oder durch Gewährung oder Versprechen von Vorteilen beeinflussen;
2. die Tätigkeit des besonderen Verhandlungsgremiums oder die Tätigkeit der Arbeitnehmervertreter im Aufsichts- oder Verwaltungsorgan behindern oder stören oder
3. ein Mitglied oder Ersatzmitglied des besonderen Verhandlungsgremiums oder einen Arbeitnehmervertreter im Aufsichts- oder Verwaltungsorgan wegen seiner Tätigkeit benachteiligen oder begünstigen.

I. Allgemeines

1   Die §§ 31–33 MgVG setzen Art. 16 Abs. 3 lit. f IntVerschmRL um, der auf die Art. 8, 10 und 12 SE-RL verweist. Findet nach der grenzüberschreitenden Verschmelzung das mitgliedstaatliche Mitbestimmungsrecht Anwendung, richten sich die Geheimhaltung und Vertraulichkeit, der Schutz der Arbeitnehmervertreter und der Errichtungs- und Tätigkeitsschutz nach jenen Vorschriften, nicht nach den §§ 31–33 MgVG. Wird eine Mitbestimmungsvereinbarung nach § 22 MgVG geschlossen, obliegt es deren Parteien, entsprechende Regelungen zu treffen (→ § 22 Rn. 22 ff.).

II. Unterschiede zum SEBG

2   Die §§ 31–33 MgVG **entsprechen weitgehend den §§ 41, 42 und 44 SEBG.** Auf die Kommentierung jener Vorschriften wird deshalb verwiesen. Unterschiede ergeben sich allerdings daraus, dass der SE-Betriebsrat bzw. das Ersatzverfahren entfällt und dass an die Stelle der SE die aus der grenzüberschreitenden Verschmelzung hervorgehende Gesellschaft tritt.

3   Eine dem § 40 SEBG entsprechende Vorschrift enthält das MgVG nicht, weil sich das **Gebot vertrauensvoller Zusammenarbeit** nur auf den SE-Betriebsrat bzw. das Ersatzverfahren erstreckt, das im MgVG und in der IntVerschmRL keine Entsprechung findet (→ Einl. Rn. 5).

4   Auch eine dem § 43 SEBG entsprechende Vorschrift enthält das MgVG nicht, weil Art. 16 Abs. 3 IntVerschmRL nicht auf Art. 11 SE-RL verweist, der das **Missbrauchsverbot** für die SE regelt (→ Einl. Rn. 23 ff.).

III. Streitigkeiten

5   Zu Streitigkeiten → §§ 6–21 Rn. 12 ff.

Teil 5. Straf- und Bußgeldvorschriften

Strafvorschriften

34 (1) Mit Freiheitsstrafe bis zu zwei Jahren oder mit Geldstrafe wird bestraft, wer entgegen § 31 Abs. 2, auch in Verbindung mit Abs. 4, ein Betriebs- oder Geschäftsgeheimnis verwertet.

(2) Mit Freiheitsstrafe bis zu einem Jahr oder mit Geldstrafe wird bestraft, wer

1. entgegen § 31 Abs. 2, auch in Verbindung mit Abs. 4, ein Betriebs- oder Geschäftsgeheimnis offenbart,
2. entgegen § 33 Nr. 1 oder 2 eine dort genannte Tätigkeit behindert, beeinflusst oder stört oder
3. entgegen § 33 Nr. 3 eine dort genannte Person benachteiligt oder begünstigt.

(3) Handelt der Täter in den Fällen des Absatzes 2 Nr. 1 gegen Entgelt oder in der Absicht, sich oder einen anderen zu bereichern oder einen anderen zu schädigen, so ist die Strafe Freiheitsstrafe bis zu zwei Jahren oder Geldstrafe.

(4) [1]Die Tat wird nur auf Antrag verfolgt. [2]In den Fällen des Absatzes 2 Nr. 2 und 3 sind das besondere Verhandlungsgremium, jedes Mitglied des Aufsichts- oder Verwaltungsorgans, eine im Unternehmen vertretene Gewerkschaft sowie die Leitungen antragsberechtigt.

Bußgeldvorschriften

35 (1) Ordnungswidrig handelt, wer entgegen § 6 Abs. 2 oder § 7 Abs. 4 Satz 2 eine Information nicht, nicht richtig, nicht vollständig oder nicht rechtzeitig gibt.

(2) Die Ordnungswidrigkeit kann mit einer Geldbuße bis zu zwanzigtausend Euro geahndet werden.

I. Allgemeines

Mit den Straf- und Bußgeldvorschriften der §§ 34, 35 MgVG setzt der deutsche Gesetzgeber seine Verpflichtung aus Art. 16 Abs. 3 lit. f IntVerschmRL iVm Art. 12 Abs. 2 SE-RL um, durch geeignete Maßnahmen für die Durchsetzung der aus der IntVerschmRL folgenden Verpflichtungen zu sorgen. **1**

Die Regelungen entsprechen in weiten Teilen den §§ 45, 46 SEBG. Auf die Kommentierung zu jenen Vorschriften wird verwiesen. An dieser Stelle ist nur auf die Unterschiede zum SEBG einzugehen. **2**

II. Unterschiede zum SEBG

Unterschiede ergeben sich nur im Detail: Die **Strafvorschrift** des § 45 Abs. 1 **3** Nr. 2 SEBG stellt einen Verstoß gegen das Missbrauchsverbot des § 43 SEBG unter Strafe. Da es im MgVG kein Missbrauchsverbot gibt (→ Einl. Rn. 23; → MgVG §§ 31–33 Rn. 4), entfällt dieser Tatbestand. Dementsprechend findet auch § 45 Abs. 4 S. 2 Alt. 1 SEBG keine Entsprechung im MgVG. Die nach § 34 Abs. 4 MgVG Antragsberechtigten unterscheiden sich insoweit, als das MgVG kein Verfahren zur Unterrichtung und Anhörung der Arbeitnehmer regelt (→ Einl. Rn. 5). Statt eines SE-Betriebsrates kann ein EBR zu bilden sein, der zwar nicht berechtigt ist, einen Strafantrag nach § 34 Abs. 4 S. 2 MgVG zu stellen, der aber ein Strafantragsrecht nach § 44 Abs. 4 S. 2 EBRG bezüglich der in § 44 EBRG geregelten Taten hat.

4   Die **Bußgeldvorschrift** des § 46 Abs. 1 Nr. 1 Hs. 2 SEBG findet keine Entsprechung in § 35 MgVG, weil das MgVG keine dem § 18 SEBG entsprechende Regelung enthält (→ Einl. Rn. 21 f.; → MgVG §§ 6–21 Rn. 8 ff.). Mangels SE-Betriebsrats enthält § 35 MgVG auch keinen dem § 46 Abs. 1 Nr. 2 SEBG entsprechenden Tatbestand.

5   Das MgVG enthält keine dem § 47 Abs. 1 SEBG **(Schlussbestimmungen)** entsprechende Vorschrift. Für die Mitbestimmung ergibt sich das Verhältnis des MgVG bzw. der IntVerschmRL zum deutschen Mitbestimmungsrecht bereits aus den §§ 4, 5 MgVG. Für die Anhörung und Unterrichtung enthalten weder das MgVG noch die IntVerschmRL eine Regelung (→ Einl. Rn. 5).

6   An die Stelle des § 47 Abs. 2 SEBG tritt § 29 MgVG (ausführlich dort), wodurch Deutschland von der Ermächtigung in Art. 16 Abs. 3 lit. g IntVerschmRL iVm Art. 13 Abs. 4 SE-RL Gebrauch macht.

III. Streitigkeiten

7   Für das Strafverfahren (§ 34 MgVG) bzw. das Ordnungswidrigkeitenverfahren (§ 35 MgVG) sind nach § 2a Nr. 3g ArbGG die Arbeitsgerichte nicht zuständig. Vielmehr sind nach § 13 GVG die **ordentlichen Gerichte** zuständig. Es gelten für die Zuständigkeit die allgemeinen Vorschriften der §§ 24, 25, 71 GVG (BR-Drs. 540/06, 67).

E. Steuerrecht der SE

Schrifttum: *Blanquet,* Das Statut der Europäischen Aktiengesellschaft (Societas Europaea „SE"), ZGR 2002, 20; *Diemer,* Regelungsbedarf einer Besteuerung der Europäischen Aktiengesellschaft (SE) – Sicht der Europäischen Kommission –, in Herzig (Hrsg.), Besteuerung der Europäischen Aktiengesellschaft, 2004, 36; *Dürrschmidt,* Grenzüberschreitende Unternehmensumstrukturierungen im nationalen und europäischen Steuerrecht, StuW 2010, 137; *Endres,* Europa-AG und Steuern: das Flaggschiff ist da, es fehlt nur das Segel, RIW 2004, 735; SteuerR; *Förster,* Besteuerung der Europäischen Aktiengesellschaft – Diskussionspunkte –, in Herzig (Hrsg.), Besteuerung der Europäischen Aktiengesellschaft, 2004, 31; *Förster/Lange,* Grenzüberschreitende Sitzverlegung der Europäischen Aktiengesellschaft aus ertragsteuerlicher Sicht, RIW 2002, 585; *Fuhrmann,* Pensionszusagen bei Unternehmensumstrukturierungen, DStZ 2015, 425; *Goebel/Boller/Ungemach,* Die Zuordnung von Beteiligungen zum Betriebsvermögen im nationalen und internationalen Kontext, IStR 2008, 643; *Gosch,* Über das Treaty Overriding – Bestandsaufnahme – Verfassungsrecht – Europarecht, IStR 2008, 413; *Grotherr,* International relevante Änderungen durch das Richtlinien-Umsetzungsgesetz, IWB 2005, 1157; *Grundmann,* Europäisches Gesellschaftsrecht, 2004; *Haase,* Neuere Überlegungen zur sog. Schlussbesteuerung im Rahmen grenzüberschreitender Sitzverlegungen, IStR 2004, 232; *Haritz/Menner,* UmwStG, 4. Aufl. 2015; *Haritz/Wisniewski,* Steuerneutrale Umwandlung über die Grenze, GmbHR 2004, 28; *Hernler,* ETAS – European Tax Allocation System, ein Lösungsvorschlag für eine einheitliche Ertragsbesteuerung Europäischer Unternehmen, DB 2003, 60; *Herzig,* Einheitliche Bemessungsgrundlage für die laufende Besteuerung der Europäischen Aktiengesellschaft, in Herzig (Hrsg.), Besteuerung der Europäischen Aktiengesellschaft, 2004, 87; *Herzig/Griemla,* Steuerliche Aspekte der Europäischen Aktiengesellschaft/Societas Europaea (SE), StuW 2002, 55; *Kenter/Brendt,* Die Besteuerung der Gründung einer Europäischen Aktiengesellschaft (SE), IWB 2004, 323; *Kessler,* Steuerliche Besonderheiten von SE-Holdinggesellschaften, in Herzig (Hrsg.), Besteuerung der Europäischen Aktiengesellschaft, 2004, 119; *Kessler/Achilles/Huck,* Die Europäische Aktiengesellschaft im Spannungsfeld zwischen nationalem Steuergesetzgeber und EuGH, IStR 2008, 715; *Kessler/Huck/Obser/Schmalz,* Wegzug von Kapitalgesellschaften – Teil I und II, DStZ 2004, 813 und 855; *Jochum,* Europarecht, 2. Aufl. 2012; *Kokott/Ost,* Europäische Grundfreiheiten und nationales Steuerrecht, EuZW 2011, 496; *Lüdicke/Sistermann,* Unternehmensteuerrecht, 2008; Mack, Verschmelzung einer deutschen Kapitalgesellschaft auf eine Europäische Aktiengesellschaft – aus Sicht einer ausländischen Holding –, in Herzig (Hrsg.), Besteuerung der Europäischen Aktiengesellschaft, 2004, 147; *Piltz,* Besteuerung der Europäischen Aktiengesellschaft – Diskussionspunkte –, in Herzig (Hrsg.), Besteuerung der Europäischen Aktiengesellschaft, 2004, 81; *Raber,* Europäische Aktiengesellschaft mit inländischer Mutter-SE – Sicht der Unternehmenspraxis –, in Herzig (Hrsg.), Besteuerung der Europäischen Aktiengesellschaft, 2004, 135; *Rödder,* Grundfragen der Besteuerung der Europäischen Aktiengesellschaft, in Herzig (Hrsg.), Besteuerung der Europäischen Aktiengesellschaft 2004, 1; *Rödder/Schumacher,* Das SEStEG – Überblick über die endgültige Fassung und die Änderungen gegenüber dem Regierungsentwurf, DStR 2007, 369; *Ropohl,* Übertragung einzelner Funktionsbereiche am Beispiel von Produktionsunternehmen, DB 2014, 2673; *Scheffler/Eickhorst,* Funktionsverlagerung in das Ausland: Einschränkung der steuerlichen Vorteile durch Auflösung von stillen Reserven?, BB 2004, 818; *Schindler,* Hughes de Lasteyrie du Saillant als Ende der (deutschen) Wegzugsbesteuerung?, IStR 2004, 300; *Schnitger,* Verstoß der Wegzugsbesteuerung (§ 6 AStG) und weiterer Entstrickungsnormen des deutschen Ertragsteuerrechts gegen die Grundfreiheiten des EG-Vertrags – Auswirkungen der Rs. Lasteyrie du Saillant auf den deutschen Rechtskreis, BB 2004, 804; *ders.* Die Entstrickung im Steuerrecht, 2013 Schön, Besteuerung im Binnenmarkt – Die Rechtsprechung des EuGH zu den direkten Steuern, IStR 2004, 289; *ders./Schindler,* Die SE im Steuerrecht – Sonderausgabe aus: Lutter/Hommelhoff, SE, 2008; *Sedemund,* Der BFH verabschiedet sich von der Sitztheorie im Steuerrecht, BB 2003, 1362; *Selling,* Möglichkeiten der Besteuerung der Europäischen Aktiengesellschaft – Sicht des Bundesministeriums für Finanzen –, in Herzig (Hrsg.), Besteuerung der Europäischen Aktiengesellschaft, 2004, 65; *Spengel,* Einheitliche Bemessungsgrundlage für die laufende Besteuerung der Europäischen Aktiengesellschaft, in Herzig (Hrsg.), Besteuerung der Europäischen Aktiengesellschaft, 2004, 101; *Stapperfend,* Der Ein-

fluss der Grundfreiheiten und der Diskriminierungsverbote des EG-Vertrags auf die inländische Besteuerung, FR 2003, 165; *Thiel,* Die grenzüberschreitende Umstrukturierung von
Kapitalgesellschaften im Ertragsteuerrecht, GmbHR 1994, 277; *ders.,* Der fortschreitende
Einfluss des EuGH auf die Ertragsbesteuerung der Unternehmen – Aktuelle Urteile und
anhängige Verfahren, DB 2004, 2603; *Thömmes,* Buchwertverknüpfung über die Grenze?,
IWB 1992, 1327; *ders.,* Gemeinschaftsrechtliche Aspekte der Errichtung und der Sitzverlegung der Europäischen Aktiengesellschaft (SE), in Herzig (Hrsg.), Besteuerung der Europäischen Aktiengesellschaft, 2004, 17; *Widmann/Mayer,* Umwandlungsrecht, Loseblatt.

Übersicht

A. Einführung	1
B. Rechtsentwicklung	2
C. Rechtsgrundlagen	5
I. Unionsrecht	5
1. Grundfreiheiten	6
2. Fusionsrichtlinie	10
3. Verhältnis Grundfreiheiten/Fusions-RL	34
II. Nationales Recht	38
D. Ausgewählte steuerliche Problemstellungen	89
I. Gründung der SE	90
1. Verschmelzung	95
a) Hinausverschmelzung	97
b) Hineinverschmelzung	108
c) Auslandsverschmelzung	113
2. Gründung einer Holding-SE	114
a) Steuerliche Folgen für die Gründungsgesellschaften	115
b) Steuerliche Folgen für die Holding-SE	117
c) Steuerliche Folgen für die Anteilseigner	119
3. Gründung einer Tochter-SE	120
a) Steuerliche Folgen für die SE	122
b) Steuerliche Folgen für die Gründungsgesellschaften	123
4. Gründung durch Formwechsel	126
II. Sitzverlagerung einer SE	127
1. Sitzverlegung aus Deutschland ins Ausland	128
a) Konsequenzen für die SE	129
b) Steuerliche Folgen für die Anteilseigner	133
2. Sitzverlegung aus dem Ausland ins Inland	135
III. Die laufende Besteuerung der SE	137

A. Einführung

1   Die europäische Aktiengesellschaft (SE) ist nur als grenzüberschreitende Gesellschaft denkbar. Eine rein nationale, dh beispielsweise nur auf die Bundesrepublik
Deutschland beschränkte, SE kann gar nicht gegründet werden. Die SE ist eine
auf europaweit tätige Unternehmen zugeschnittene Kapitalgesellschaftsform, die
das Ziel hat, Transaktions- und Organisationskosten einzusparen und insbesondere grenzüberschreitende Unternehmenszusammenschlüsse zu erleichtern (Erwägungsgründe 1, 4, 8 SE-VO). Diese Idee wirft grundsätzliche Konflikte mit dem
Steuerrecht auf. Denn die grenzüberschreitende Gesellschaftsform begegnet einem grundsätzlich national geregelten Steuerrecht, sowohl was die Besteuerung
der Kapitalgesellschaft selbst, als auch was die der Gesellschafter anbelangt. Anders
als die nur national tätigen Aktiengesellschaften ist demnach die SE nicht in ein
nationales Steuerrecht eingebettet. Damit wird aber das Steuerrecht für die
Akzeptanz der Gesellschaft relevant. Die SE als europäische Gesellschaftsform
wird sich nämlich nur dann durchsetzen können, wenn sie im Hinblick auf die

Besteuerung wenigstens keine nachteiligen Folgen zeitigt. Zentral ist in diesem Zusammenhang das Problem der sog. stillen Reserven, die in Wirtschaftsgütern „verborgen" sind. Sie entstehen dadurch, dass sich die Werte in der Bilanz (Buchwerte) durch Abschreibungen niedriger sind als die Werte, die durch Verkauf der Wirtschaftsgüter zu erzielen sind (Gemeine Werte). Dies Problem stellt sich in zwei Richtungen. Zum einen könnten durch die Aufdeckung der stillen Reserven in Folge der Gründung einer SE beträchtliche zusätzliche Steuerlasten entstehen. Auf der anderen Seite steht die Sorge, dass bei einer Sitzverlagerung ins Ausland die stillen Reserven ins europäische Ausland verlagert werden könnten, was zu einer Steuerflucht von Unternehmen in europäischen Ländern mit den günstigsten Steuersätzen führen könnte (vgl. MüKoAktG/*Fischer* SteuerR Rn. 2). Diese Grundproblematik bildet gewissermaßen den Hintergrund aller steuerrechtlichen Fragestellungen, die im Zusammenhang mit der SE spezifisch relevant sind.

B. Rechtsentwicklung

In der langen Geschichte der SE-VO hat die europäische Kommission stets **2** versucht, im Statut der SE auch steuerliche Regelungen zu treffen. So enthielt bereits der ursprüngliche Vorschlag einer Verordnung über das europäischen Aktiengesellschaften einen eigenen Titel „Steuerliche Vorschriften" (vgl. Vorschlag einer Verordnung (EWG) des Rates über das Statut für europäische Aktiengesellschaften, ABl. 1970 C 124 S. 1, 51). Der SE-VO-E sah unter anderem eine steuerneutrale Verlegung des Sitzes der SE in einem anderen Mitgliedstaat vor, wobei das Betriebsvermögen im Wegzugstaat in einer Betriebsstätte steuerverstrickt bleiben musste. Außerdem waren eine grenzüberschreitende Verrechnung der Verluste zwischen den Tochtergesellschaften sowie die Besteuerung von Gewinnen und Verlusten von Betriebsstätten vorgesehen. Zwar scheiterte dieser Vorschlag nicht an den steuerlichen Fragen, allerdings machten die Mitgliedstaaten klar, dass so weitreichende Regelungen steuerlicher Art für sie nicht akzeptabel waren. Daraufhin wurde in den nachfolgenden Vorschlägen nur noch eine Regelung für die Besteuerung von Betriebsstätten vorgesehen (vgl. Art. 133 des Vorschlags für eine Verordnung (EWG) des Rates über das Statut für eine europäische Aktiengesellschaft, ABl. 1989 C 263 S. 41). Da auch über diese, stark reduzierte, steuerliche Regelung keine Einigkeit in den Mitgliedstaaten erzielt werden konnte, wurde auf eine steuerliche Regelung in dem letztlich verabschiedeten Statut verzichtet. Somit enthalten somit weder die SE-Verordnung noch die begleitenden Rechtsakte explizite steuerliche Vorschriften (vgl. zum Ganzen ausführlich *Diemer* in Herzig S. 36 ff.). Für die steuerlichen Regelungen bleiben somit die Mitgliedstaaten zuständig. Dies wird von der SE-VO ausdrücklich bestätigt. In Erwägungsgrund 20 heißt es, dass andere Rechtsbereiche wie das Steuerrecht, das Wettbewerbsrecht, der gewerblicher Rechtsschutz und das Konkursrecht von der Verordnung nicht erfasst werden.

Somit war der nationale Gesetzgeber aufgerufen, sich über die steuerliche **3** Einordnung der SE Gedanken zu machen. In Deutschland kam eine spezifische Problematik hinzu. Neben dem Handlungsbedarf, der durch das Inkrafttreten der SE-VO selbst entstanden war, waren auch die Vorgaben der Fusions-RL vom 23.7.1990 (RL 90/434/EWG des Rates über das gemeinsame Steuersystem für Fusionen, Spaltungen, die Einbringung von Unternehmensteilen und den Austausch von Anteilen, die Gesellschaften verschiedener Mitgliedstaaten betreffen, ABl. L 285 S. 1, aufgehoben durch die kodifizierte Fassung der RL 2009/133/ EG, ABl. L 310 S. 34) noch nicht in deutsches Recht umgesetzt. Dies war insofern problematisch, als das deutsche Umwandlungssteuerrecht für die Konstellation der grenzüberschreitenden Verschmelzung zur Gründung einer SE gar keine Regelungen vorsah (vgl. MüKoAktG/*Fischer* SteuerR Rn. 2). Erst als die Fusions-RL im Zuge der Einführung der SE und SCE geändert wurde, entschloss sich der deutsche Gesetzgeber zu handeln. So trat das deutsche Begleitgesetz erst Ende 2006 in Kraft (Gesetz über steuerliche Begleitmaßnahmen zur Einführung der Europäischen Gesellschaft und zur Änderung steuerrechtlicher Vorschriften – SEStEG – vom 7.12.2006, BGBl. I S. 2782). Das Gesetz schuf dabei kein eigenes Unternehmenssteuerregime der SE, sondern passte die bestehenden Regelungen in Form eines Artikelgesetzes an.

4   Nach dem derzeitigen Stand der Rechtsetzung bleibt es dabei, dass auch für die transnationale Gesellschaftsform der SE nationale Steuerrechte entscheidend bleiben. Insofern ist auch für die SE als europaweit tätiges Unternehmen nach wie vor in jedem Mitgliedstaat mit Betriebsstätte eine Steuererklärung einzureichen. An diesem Zustand könnte nur eine Harmonisierung der der Körperschaftsteuerbemessungsgrundlage in Europa etwas ändern. Trotz des ökonomischen Nutzens einer solchen einheitlichen Bemessungsgrundlage und entsprechender Vorstöße der Kommission werden derartige Versuche wohl an die Mitgliedstaaten scheitern. Denn eine Angleichung der Vorschriften auf dem Gebiet der direkten Steuern erfordert nach der hierfür einschlägigen Ermächtigungsgrundlage des Art. 115 AEUV Einstimmigkeit unter allen 28 Mitgliedstaaten. Eine einheitliche Bemessungsgrundlage für die steuerliche Tätigkeit der SE erscheint vor diesem Hintergrund nicht realistisch (vgl. ausführlich MüKoAktG/*Fischer* SteuerR Rn. 1).

C. Rechtsgrundlagen

I. Unionsrecht

5   Im Recht der EU ist grundsätzlich zwischen den sog. Primärrecht (dh im Wesentlichen dem AEUV) und dem Sekundärrecht, dh den auf Grundlage des AEUV geschaffenen Richtlinien und Verordnungen zu unterscheiden. Für die Besteuerung der SE spielen aus dem Bereich des Primärrechts vor allem die Grundfreiheiten eine Rolle, da sie sich primär an die Mitgliedstaaten richten und vor allem die Aufgabe haben, das Funktionieren des Binnenmarktes in den Bereichen gewährleisten, in denen es bisher zu keiner Harmonisierung gekommen ist. Im Bereich des Sekundärrechts ist für die SE vor allem die RL 2009/ 133/EG des Rates vom 19.10.2009 über das gemeinsame Steuersystem für Fusionen, Spaltungen, Abspaltungen, die Einbringung von Unternehmensteilen und den Austausch von Anteilen, die Gesellschaften verschiedener Mitgliedstaaten betreffen, sowie für die Verlegung des Sitzes einer Europäischen Gesellschaft oder einer Europäischen Genossenschaft von einem Mitgliedstaat in einen anderen Mitgliedstaat, ABl. L 310 S. 34 (Fusions-RL) und mit Einschränkungen die Mutter-Tochter-Richtlinie (Richtlinie des Rates vom 30.11.2011 über das gemeinsame Steuersystem der Mutter- und Tochtergesellschaften verschiedener Mitgliedstaaten, ABl. L 345 S. 8, geändert durch die RL 2014/86/EU des Rates vom 8.7.2014, ABl. L 219 S. 40, geändert durch die RL 2015/121 des Rates vom 27.1.2015, ABl. L 21 S. 1) bedeutsam. Im Folgenden werden die Bedeutung der Grundfreiheiten erörtert und wichtigsten Vorschriften der Fusions-RL vorgestellt.

6   **1. Grundfreiheiten.** Obwohl das Steuerrecht überwiegend in nationaler Hoheit verblieben ist, sind die Mitgliedstaaten verpflichtet, bei der Ausübung ihrer Hoheitsrechte das Unionsrecht zu beachten (vgl. EuGH vom 14.2.1995 – C-279/93, Slg. 1995, I-225 Rn. 21 – Schumacker; EuGH vom 13.12.2005 – C-

446/03, Slg. 2005, I-10866 Rn. 29 – Marks & Spencer). Dieser Grundsatz gilt insbesondere für die Grundfreiheiten. Es handelt sich dabei um Grundrechtsähnliche Freiheiten, die eine diskriminierungsfreie grenzüberschreitende Wirtschaftstätigkeit jedem Staatsangehörigen der Mitgliedstaaten garantieren (vgl. nur *Jochum* Europarecht Rn. 645). Der Anwendungsbereich der Grundfreiheiten setzt einen grenzüberschreitenden Sachverhalt voraus. Generell verbieten die Grundfreiheiten solche Sachverhalte willkürlich, dh ohne sachliche Rechtfertigung, schlechter zu behandeln als inländische. Die Mitgliedstaaten sollen also auch nicht durch steuerrechtliche Regelungen grenzüberschreitende Investitionen oder andere wirtschaftliche Aktivitäten im Binnenmarkt erschweren (vgl. *Kokott/Ost* EuZW 2011, 496). Für die SE als europäische Gesellschaftsform gilt gemäß Art. 54 AEUV, dass sie sich als Gesellschaft auf die Niederlassungsfreiheit des Art. 49 AEUV berufen kann. Sie macht insofern keinen Unterschied zu den Gesellschaftsformen nach nationalem Recht. Die Grundfreiheiten fordern daher für Beschränkungen oder Ungleichbehandlungen rechtfertigende Gründe. Erforderlich ist, dass eine Ungleichbehandlung oder Beschränkung durch zwingende Gründe des Allgemeinwohls in verhältnismäßiger Weise gerechtfertigt sind.

Die Rechtsprechung des EuGH zu den Grundfreiheiten hat das Steuerrecht **7** erst relativ spät erreicht. Der Grundsatz, dass die Mitgliedstaaten die Grundfreiheiten auch bei der Anwendung ihrer steuerrechtlichen Vorschriften zu beachten haben, ist erstmals in der Schuhmarker-Entscheidung 1995 formuliert worden (EuGH vom 14.2.1995 – C-279/93, Slg. 1995, I-225 Rn. 21 – Schumacker). In der Folgezeit hat der EuGH diese Rechtsprechung ausgebaut (ausführlich *Cordewener*, Europäische Grundfreiheiten und nationale Steuerrecht, 2002). Aus dieser Rechtsprechung wurden teilweise sehr weit reichende Folgerungen hergeleitet. Insbesondere wurde den Grundfreiheiten die Verpflichtung der Mitgliedstaaten entnommen, Einbußen im nationalen Steueraufkommen zu dulden, wenn wirtschaftliche Aktivitäten, sei es von Gesellschaften oder Einzelpersonen, in andere Mitgliedstaaten verlagert würden. Damit wurde die Berechtigung der Wegzugsbesteuerung insbesondere im Hinblick auf die Aufdeckung stiller Reserven insgesamt infrage gestellt (vgl. *Birk* FS Offerhaus, 1999, 163 [174]; *Schön* IStR 2004, 289). In der Tat hat der EuGH festgestellt, dass die Verhinderung von Steuermindereinnahmen grundsätzlich kein zwingender Grund des Allgemeinwohls ist, der in der Lage wäre, für sich genommen eine Beschränkung der Grundfreiheiten zu rechtfertigen (vgl. EuGH vom 11.3.2004 – C-9/02, Slg. 2004, I-2409 Rn. 60 mwN – Lasteyrie du Saillant). Ein solches Ziel ist rein wirtschaftlicher Natur und kann deshalb nach ständiger Rechtsprechung des EuGH keinen zwingenden Grund des Allgemeinwohls darstellen (zB EuGH vom 6.6.2000 – C-35/98, Slg. 2000, I-4071 Rn. 48 – Verkooijen; EuGH vom 21.11.2002 – 436/00, Slg. 2002, I-10829 Rn. 50).

Allerdings ist mehr als fraglich, ob aus dieser Rechtsprechung der Schluss **8** gezogen werden kann, dass bei grenzüberschreitenden Sachverhalten eine Besteuerung der stillen Reserven grundsätzlich ausscheide. Denn auch in den genannten Entscheidungen betont der EuGH stets, dass fiskalische Interessen nur für sich genommen, das heißt als alleiniger Rechtfertigungsgrund, nicht infrage kommen. Es ist aber ein Missverständnis zu glauben, dass die Grundfreiheiten generell verbieten, bei grenzüberschreitenden Aktivitäten Maßnahmen zur Sicherung des Steueranspruchs des betroffenen Mitgliedstaates vorzusehen. In der Rechtssache Marks & Spencer hat der EuGH als Rechtfertigungsgrund für Beschränkungen der Niederlassungsfreiheit unter anderem die Wahrung der Aufteilung der Besteuerungsbefugnis zwischen den Mitgliedstaaten und die Abwehr der Steuerfluchtgefahr als zwingenden Grund des Allgemeinwohls anerkannt (EuGH vom 13.12.2005 – C-446/03, Slg. 2005, I-10866 Rn. 51 – Marks & Spencer). Diese Rechtsprechung hat der EuGH in der Rechtssache Oy AA fortgeführt. Die Mitgliedstaaten seien berechtigt, Verhaltensweisen zu verhindern, die geeignet seien, das Recht eines Mitgliedstaats auf Ausübung seiner Besteuerungszuständigkeit für die in seinem Hoheitsgebiet durchgeführten Tätigkeiten zu gefährden (vgl. EuGH vom 18.7.2007, C-231/05, Slg. 2007, I-6373 Rn. 54 – Oy AA).

9   Wie sich diese Rechtsprechung in die bestehende Rechtsprechung einordnet, wird aus den Ausführungen der Generalanwältin Kokott in dieser Sache deutlich. Die Steuerfluchtgefahr bilde demnach für sich keinen eigenen Rechtfertigungsgrund, da es das Recht der Marktteilnehmer sei, den Markt ihrer wirtschaftlichen Tätigkeiten in einen anderen Mitgliedstaat zu verlagern. Dass Unternehmen versuchten, von den Unterschieden zwischen den nationalen Steuersystemen zu profitieren, sei eine legitime Form wirtschaftlichen Handelns und in einem Binnenmarkt, in dem die Unternehmensbesteuerung nicht harmonisiert sei, unausweichlich. So dürfe ein Unternehmen etwa nicht ohne weiteres an der Verlegung seines Sitzes in einen anderen Mitgliedstaat gehindert werden, der günstigere steuerliche Rahmenbedingungen biete. Wenn aber eine derartige Steueroptimierung die Aufteilung der Besteuerungsbefugnisse zwischen den Mitgliedstaaten untergrabe, sei eine Einschränkung und Freiheiten gerechtfertigt. Die Anerkennung der Aufteilung der Besteuerungsbefugnis nach Maßgabe des Territorialitätsprinzips als Rechtfertigungsgrund stehe dabei nicht im Widerspruch zu dem Grundsatz, dass Beschränkungen der Grundfreiheiten nicht mit dem Ziel gerechtfertigt werden können, den Rückgang von Steuereinnahmen zu vermeiden. Dieser Grundsatz schließe es lediglich aus, Grundfreiheiten aus rein fiskalischen Erwägungen einzuschränken. Gehe es jedoch um das grundsätzliche Interesse, den Mitgliedstaaten überhaupt eine Besteuerungsmöglichkeit entsprechend dem Territorialitätsprinzip einzuräumen, seien Einschränkungen gerechtfertigt (Schlussanträge der Generalanwältin *Kokott* Slg. 2007, I-6373 Rn. 62 ff. – Oy AA). Für die Besteuerung der SE bedeutet dies, dass die Besteuerung stiller Reserven im Rahmen einer Verlegung einer SE oder einer Gründung ins europäische Ausland prinzipiell möglich ist, sofern damit in verhältnismäßiger Weise die Steuerflucht vermieden wird. Die jüngste Rechtsprechung des EuGH bestätigt dies und hat die Voraussetzungen präzisiert. So reicht der Umstand, dass durch den Umwandlungsvorgang Einkünfte der Ausübung der Steuerhoheit des Mitgliedstaats, in dessen Hoheitsgebiet sie entstanden sind, entzogen werden aus, eine Besteuerung der stillen Reserven festzusetzen. Dies muss in einer Weise geschehen, dass der betroffene Staat an der Ausübung seines Besteuerungsrechts tatsächlich gehindert ist (vgl. EuGH C-164/12, ECLI:EU:C:2014:20 Rn. 54 f. = NZG 2014, 236 – DMC/FA Hamburg-Mitte). Außerdem ist es erforderlich, dass dem Steuerpflichtigen die Wahl zwischen der sofortigen Zahlung dieser Steuer oder dem Aufschub ihrer Zahlung, gegebenenfalls zuzüglich Zinsen entsprechend der anwendbaren nationalen Regelung, zu lassen ist (EuGH C-657/13, EU:C:2015:230 Rn. 49 = DStR 2015, 1166 – Verder Lab Tec). Ansonsten ist die Regelung unverhältnismäßig. EuGH C-591/13, ECLI:EU:C:2015:230 Rn. 67 = DStR 2015, 870 – Kommission/Deutschland). Eine Wegzugsbesteuerung ist damit dann gerechtfertigt, wenn die stillen Reserven endgültig und ersatzlos der Besteuerungshoheit des jeweiligen Staates entzogen sind und die Ausgestaltung verhältnismäßig ist, dh insbesondere eine liquiditätsschonende Erhebung vorsieht.

10   **2. Fusions-RL.** Die Fusions-RL in der derzeit gültigen Fassung der RL 2009/133/EG regelt steuerrechtliche Fragen in Zusammenhang mit für Fusionen, Spaltungen, Abspaltungen, der Einbringung von Unternehmensteilen und den Austausch von Anteilen, die Gesellschaften verschiedener Mitgliedstaaten betreffen. Außerdem trifft sie steuerliche Regelungen für die Verlegung des Sitzes einer SE. Die Richtlinie will die Benachteiligung solcher grenzüberschreitender Vor-

gänge gegenüber rein innerstaatlichen Umstrukturierungen durch die Steuer-
rechtsordnungen der Mitgliedstaaten beseitigen (vgl. Erwägungsgrund 11 RL
2009/133/EG). Für die Sitzverlegung der SE will die Richtlinie Behinderungen
durch das Steuerrecht der Mitgliedstaaten vermeiden und hat das Ziel, dass eine
solche Sitzverlagerung für die Gesellschafter zu keiner Besteuerung führen soll
(vgl. Erwägungsgrund 11 RL 2009/133/EG). Die Fusions-RL hat insofern sowohl für die in Gründungsvorgang der SE als auch für die Sitzverlagerung und
wegen der Bedeutung. Die Richtlinie gliedert sich in sechs Kapitel. Im ersten
Kapitel werden der Anwendungsbereich (Art. 1) und die Begriffsbestimmungen
(Art. 2) geregelt.

Art. 1 Fusions-RL [Anwendungsbereich]

Jeder Mitgliedstaat wendet diese Richtlinie auf folgende Vorgänge an: 11

a) Fusionen, Spaltungen, Abspaltungen, die Einbringung von Unternehmensteilen und
   den Austausch von Anteilen, wenn daran Gesellschaften aus zwei oder mehr Mitgliedstaaten beteiligt sind;
b) Verlegungen des Sitzes einer Europäischen Gesellschaft (Societas Europaea – SE) im
   Sinne der Verordnung (EG) Nr. 2157/2001 des Rates vom 8. Oktober 2001 über das
   Statut der Europäischen Gesellschaft (SE) oder einer Europäischen Genossenschaft
   (SCE) im Sinne der Verordnung (EG) Nr. 1435/2003 des Rates vom 22. Juli 2003 über
   das Statut der Europäischen Genossenschaft (SCE) von einem Mitgliedstaat in einen
   anderen.

Aus Art. 1 Fusions-RL ergibt sich die grundlegende Bedeutung dieser Bestim-   12
mung für Gründungsvorgänge der SE. Denn europäische Gesellschaften werden
durch Fusion, Einbringung von Unternehmensteilen oder Austausch von Anteilen gegründet, die zwingend die Beteiligung von Gesellschaften aus zwei oder
mehr Mitgliedstaaten bedingen.

Art. 2 Fusions-RL [Begriffsbestimmungen]

Im Sinne dieser Richtlinie ist   13

a) „Fusion" der Vorgang, durch den
   i) eine oder mehrere Gesellschaften zum Zeitpunkt ihrer Auflösung ohne Abwicklung
      ihr gesamtes Aktiv- und Passivvermögen auf eine bereits bestehende Gesellschaft
      gegen Gewährung von Anteilen am Gesellschaftskapital der anderen Gesellschaft
      an ihre eigenen Gesellschafter und gegebenenfalls einer baren Zuzahlung über-
      tragen; letztere darf 10 % des Nennwerts oder – bei Fehlen eines solchen – des
      rechnerischen Werts dieser Anteile nicht überschreiten;
   ii) zwei oder mehrere Gesellschaften zum Zeitpunkt ihrer Auflösung ohne Abwicklung
      ihr gesamtes Aktiv- und Passivvermögen auf eine von ihnen gegründete Gesell-
      schaft gegen Gewährung von Anteilen am Gesellschaftskapital der neuen Gesell-
      schaft an ihre eigenen Gesellschafter und gegebenenfalls einer baren Zuzahlung
      übertragen; letztere darf 10 % des Nennwerts oder – bei Fehlen eines solchen – des
      rechnerischen Werts dieser Anteile nicht überschreiten;
   iii) eine Gesellschaft zum Zeitpunkt ihrer Auflösung ohne Abwicklung ihr gesamtes
      Aktiv- und Passivvermögen auf die Gesellschaft überträgt, die sämtliche Anteile an
      ihrem Gesellschaftskapital besitzt;
b) „Spaltung" der Vorgang, durch den eine Gesellschaft zum Zeitpunkt ihrer Auflösung
   ohne Abwicklung ihr gesamtes Aktiv- und Passivvermögen auf zwei oder mehr bereits
   bestehende oder neu gegründete Gesellschaften gegen Gewährung von Anteilen am
   Gesellschaftskapital der übernehmenden Gesellschaften an ihre eigenen Gesellschafter, und gegebenenfalls einer baren Zuzahlung, anteilig überträgt; letztere darf 10 %
   des Nennwerts oder – bei Fehlen eines solchen – des rechnerischen Werts dieser
   Anteile nicht überschreiten;
c) „Abspaltung" der Vorgang, durch den eine Gesellschaft, ohne sich aufzulösen, einen
   oder mehrere Teilbetriebe auf eine oder mehr bereits bestehende oder neu gegründete
   Gesellschaften gegen Gewährung von Anteilen am Gesellschaftskapital der übernehmenden Gesellschaften an ihre eigenen Gesellschafter, und gegebenenfalls einer

baren Zuzahlung, anteilig überträgt, wobei mindestens ein Teilbetrieb in der einbringenden Gesellschaft verbleiben muss; die Zuzahlung darf 10 % des Nennwerts oder – bei Fehlen eines solchen – des rechnerischen Werts dieser Anteile nicht überschreiten;

d) „Einbringung von Unternehmensteilen" der Vorgang, durch den eine Gesellschaft, ohne aufgelöst zu werden, ihren Betrieb insgesamt oder einen oder mehrere Teilbetriebe in eine andere Gesellschaft gegen Gewährung von Anteilen am Gesellschaftskapital der übernehmenden Gesellschaft einbringt;

e) „Austausch von Anteilen" der Vorgang, durch den eine Gesellschaft am Gesellschaftskapital einer anderen Gesellschaft eine Beteiligung, die ihr die Mehrheit der Stimmrechte verleiht, oder – sofern sie die Mehrheit der Stimmrechte bereits hält – eine weitere Beteiligung dadurch erwirbt, dass die Gesellschafter der anderen Gesellschaft im Austausch für ihre Anteile Anteile am Gesellschaftskapital der erwerbenden Gesellschaft und gegebenenfalls eine bare Zuzahlung erhalten; letztere darf 10 % des Nennwerts oder – bei Fehlen eines Nennwerts – des rechnerischen Werts der im Zuge des Austauschs ausgegebenen Anteile nicht überschreiten;

f) „einbringende Gesellschaft" die Gesellschaft, die ihr Aktiv- und Passivvermögen überträgt oder einen oder mehrere Teilbetriebe einbringt;

g) „übernehmende Gesellschaft" die Gesellschaft, die das Aktiv- und Passivvermögen oder einen oder mehrere Teilbetriebe von der einbringenden Gesellschaft übernimmt;

h) „erworbene Gesellschaft" die Gesellschaft, an der beim Austausch von Anteilen eine Beteilung erworben wurde;

i) „erwerbende Gesellschaft" die Gesellschaft, die beim Austausch von Anteilen eine Beteiligung erwirbt;

j) „Teilbetrieb" die Gesamtheit der in einem Unternehmensteil einer Gesellschaft vorhandenen aktiven und passiven Wirtschaftsgüter, die in organisatorischer Hinsicht einen selbständigen Betrieb, d. h. eine aus eigenen Mitteln funktionsfähige Einheit, darstellen;

k) „Sitzverlegung" der Vorgang, durch den eine SE oder eine SCE ihren Sitz von einem Mitgliedstaat in einen anderen Mitgliedstaat verlegt, ohne dass dies zu ihrer Auflösung oder zur Gründung einer neuen juristischen Person führt.

14   Art. 2 Fusions-RL enthält die relevanten Begriffsbestimmungen. Dies bedeutet, dass die in den Bestimmungen der Richtlinie genannten Begriffe durch Art. 2 Fusions-RL verbindlich definiert werden. Wenn also in Bestimmungen der Richtlinie wie beispielsweise Art. 4 Fusions-RL davon die Rede ist, dass eine Fusion keine Besteuerung des Veräußerungsgewinns auslösen darf, so bedeutet dies zB, dass ein Vorgang, durch den eine oder mehrere Gesellschaften zum Zeitpunkt ihrer Auflösung ohne Abwicklung ihr gesamtes Aktiv- und Passivvermögen auf eine bereits bestehende Gesellschaft gegen Gewährung von Anteilen am Gesellschaftskapital der anderen Gesellschaft an ihre eigenen Gesellschafter und gegebenenfalls einer baren Zuzahlung, die 10 % des Nennwerts oder rechnerischen Werts der Anteile übersteigen darf, übertragen, keine Besteuerung auslösen darf.

15   Für Gründungsvorgänge der SE ist vor allem das zweite Kapitel der Richtlinie bedeutsam. Es enthält die Regelungen für Fusionen, die Einbringung von Unternehmensteilen und den Austausch von Anteilen. Diese Bestimmungen erhalten eine besondere Relevanz für die Gründung der SE durch Verschmelzung. Die relevanten Bestimmungen sind:

Art. 4 Fusions-RL [Auslösen der Besteuerung des Veräußerungsgewinns]

16 (1) Die Fusion, Spaltung oder Abspaltung darf keine Besteuerung des Veräußerungsgewinns auslösen, der sich aus dem Unterschied zwischen dem tatsächlichen Wert des übertragenen Aktiv- und Passivvermögens und dessen steuerlichem Wert ergibt.

(2) Für die Zwecke dieses Artikels gilt als

a) „steuerlicher Wert" der Wert, auf dessen Grundlage ein etwaiger Gewinn oder Verlust für die Zwecke der Besteuerung des Veräußerungsgewinns der einbringenden Gesellschaft ermittelt worden wäre, wenn das Aktiv- und Passivvermögen gleichzeitig mit der Fusion, Spaltung oder Abspaltung, aber unabhängig davon, veräußert worden wäre;

b) „übertragenes Aktiv- und Passivvermögen" das Aktiv- und Passivvermögen der einbringenden Gesellschaft, das nach der Fusion, Spaltung oder Abspaltung tatsächlich einer Betriebsstätte der übernehmenden Gesellschaft im Mitgliedstaat der einbringenden Gesellschaft zugerechnet wird und zur Erzielung des steuerlich zu berücksichtigenden Ergebnisses dieser Betriebsstätte beiträgt.

(3) Findet Absatz 1 Anwendung und betrachtet ein Mitgliedstaat eine gebietsfremde einbringende Gesellschaft aufgrund seiner Beurteilung ihrer juristischen Merkmale, die sich aus dem Recht, nach dem sie gegründet wurde, ergeben, als steuerlich transparent und besteuert daher die Gesellschafter nach ihrem Anteil an den ihnen zuzurechnenden Gewinnen der einbringenden Gesellschaft im Zeitpunkt der Zurechnung, so besteuert dieser Mitgliedstaat Veräußerungsgewinne, die sich aus der Differenz zwischen dem tatsächlichen Wert des eingebrachten Aktiv- und Passivvermögens und dessen steuerlichem Wert ergeben, nicht.

(4) Die Absätze 1 und 3 finden nur dann Anwendung, wenn die übernehmende Gesellschaft neue Abschreibungen und spätere Wertsteigerungen oder Wertminderungen des übertragenen Aktiv- und Passivvermögens so berechnet, wie die einbringende Gesellschaft sie ohne die Fusion, Spaltung oder Abspaltung berechnet hätte.

(5) Darf die übernehmende Gesellschaft nach dem Recht des Mitgliedstaats der einbringenden Gesellschaft neue Abschreibungen und spätere Wertsteigerungen oder Wertminderungen des übertragenen Aktiv- und Passivvermögens abweichend von Absatz 4 berechnen, so findet Absatz 1 keine Anwendung auf das Vermögen, für das die übernehmende Gesellschaft von diesem Recht Gebrauch macht.

Die Bestimmung des Art. 4 Fusions-RL befasst sich mit den stillen Reserven. **17** Abs. 1 verbietet eine Besteuerung des Veräußerungsgewinns infolge einer Fusion, der sich aus dem Unterschied zwischen den tatsächlichen und dem steuerlichen Wert des übertragenen Vermögens ergibt. Art. 4 Abs. 1 S. 1 Fusions-RL enthält den Grundsatz, wonach der grenzüberschreitende Umstrukturierungsvorgang grundsätzlich steuerneutral zu sein hat. Wie die Mitgliedstaaten dieses Ziel erreichen, bleibt ihnen überlassen. Am Ende muss nur sichergestellt sein, dass die übernehmende Gesellschaft nach dem Umstrukturierungsvorgang steuerlich so gestellt, ist wie vorher die einbringende Gesellschaft. Da Deutschland zu den Mitgliedstaaten gehört, die den Gewinn anhand von Bilanzwerten ermitteln, ist die Steuerneutralität durch eine Buchwertfortführung zu erreichen, indem die übernehmende Gesellschaft hinsichtlich des übertragenen Aktiv- und Passivvermögens oder des erworbenen Teilbetriebs die Buchwerte der einbringenden Gesellschaft fortführt (vgl. *von der Groeben/Schwarze/Hatje/Bahns/Brinkmann/ Eilers/Sedlaczek,* Europäisches Unionsrecht, 7. Aufl. 2015, Vor Art. 110–113 Rn. 97).

Die Steuerneutralität der Umstrukturierung soll aber unter Bewahrung des **18** Besteuerungsrechts der Mitgliedstaaten erfolgen. Dies wird durch die Betriebsstättenbedingung gemäß Art. 4 Abs. 4 Fusions-RL sichergestellt. Die Richtlinie verlangt für die Steuerneutralität, dass übernehmende Gesellschaft neue Abschreibungen und spätere Wertminderungen oder Wertsteigerungen so berechnet, wie sie die einbringende Gesellschaft ohne den Übertragungsvorgang berechnet hätte. Die Wirtschaftsgüter der einbringenden Gesellschaft bleiben demnach in dem Mitgliedstaat, in dem diese Gesellschaft tätig war, steuerverstrickt. Damit schließt die Richtlinie eine steuerneutrale grenzüberschreitende Übertragung von Wirtschaftsgütern aus (*Herzig/Förster* DB 1992, 911 [913]).

Art. 5 Fusions-RL [Ausweisen der Rückstellungen]

Die Mitgliedstaaten treffen die notwendigen Regelungen, damit die von der einbringen- **19** den Gesellschaft unter völliger oder teilweiser Steuerbefreiung zulässigerweise gebildeten Rückstellungen oder Rücklagen – soweit sie nicht von Betriebsstätten im Ausland stammen – unter den gleichen Voraussetzungen von den im Mitgliedstaat der einbringenden Gesellschaft gelegenen Betriebsstätten der übernehmenden Gesellschaft ausgewiesen werden können, wobei die übernehmende Gesellschaft in die Rechte und Pflichten der einbringenden Gesellschaft eintritt.

20   Art. 5 Fusions-RL ergänzt den Grundsatz der Steuerneutralität in Art. 4 Fusions-RL um eine Regelung bezüglich der zu zulässigerweise gebildeten Rückstellungen und Rücklagen. Die von der einbringenden Gesellschaft teilweise oder gänzlich steuerbefreiten zulässig gebildeten Rückstellungen und Rücklagen sollen der in dem Mitgliedstaat der einbringenden Gesellschaft gelegenen Betriebsstätte zugeordnet werden und können von dieser ausgewiesen werden, wobei die übernehmende Gesellschaft in die Rechte und Pflichten der einbringenden Gesellschaft eintritt. Voraussetzung ist hier aber, dass die Rückstellungen und Rücklagen von Betriebsstätten im Mitgliedstaat der einbringenden Gesellschaft stammen und nicht aus dem Ausland.

Art. 6 Fusions-RL [Übernahme von Verlusten]

21   Wenden die Mitgliedstaaten für den Fall, dass die in Artikel 1 Buchstabe a genannten Vorgänge zwischen Gesellschaften des Mitgliedstaats der einbringenden Gesellschaft erfolgen, Vorschriften an, die die Übernahme der bei der einbringenden Gesellschaft steuerlich noch nicht berücksichtigten Verluste durch die übernehmende Gesellschaft gestatten, so dehnen sie diese Vorschriften auf die Übernahme der bei der einbringenden Gesellschaft steuerlich noch nicht berücksichtigten Verluste durch die in ihrem Hoheitsgebiet gelegenen Betriebsstätten der übernehmenden Gesellschaft aus.

22   Die Bestimmung des Art. 6 Fusions-RL trifft eine Bestimmung hinsichtlich noch nicht berücksichtigter Verluste. Für den Fall, dass ein Mitgliedstaat für innerstaatliche Fusionen, Verschmelzungen, Abspaltungen, die Einbringung von Unternehmensteilen oder den Austausch von Anteilen die Übernahme der bei der einbringenden Gesellschaft noch nicht berücksichtigten Verluste durch den Übernehmer gestattet, so sollen sie auch bei grenzüberschreitenden Vorgängen die Übernahme ermöglichen. Die Verluste sollen dann bei den in ihrem Hoheitsgebiet gelegenen Betriebsstätten verbleiben.

Art. 7 [Besteuerung der Wertsteigerungen]

23   (1) Wenn die übernehmende Gesellschaft am Kapital der einbringenden Gesellschaft eine Beteiligung besitzt, so unterliegen die bei der übernehmenden Gesellschaft möglicherweise entstehenden Wertsteigerungen beim Untergang ihrer Beteiligung am Kapital der einbringenden Gesellschaft keiner Besteuerung.

(2) Die Mitgliedstaaten können von Absatz 1 abweichen, wenn der Anteil der übernehmenden Gesellschaft am Kapital der einbringenden Gesellschaft weniger als 15 % beträgt.

Ab 1. Januar 2009 beträgt der Mindestanteil 10 %.

24   Art. 7 Fusions-RL ergänzt den in Art. 4 Fusions-RL formulierten Grundsatz der Steuerneutralität grenzüberschreitender Fusionen durch eine Regelung, die den Fall erfasst, in dem die übernehmende Gesellschaft am Kapital der einbringenden Gesellschaft bereits eine Beteiligung besitzt. Art. 7 Fusions-RL verbietet in diesen Fällen die Besteuerung des Übernahmegewinns, der durch die möglicherweise entstehenden Wertsteigerungen beim Untergang der Beteiligung am Kapital der einbringenden Gesellschaft entstehen kann. Dieses Verbot gilt ab 1.1.2009 für alle Beteiligungen, die mehr als 10 % betragen.

Art. 8 Fusions-RL [Besteuerung des einbringenden Gesellschafters]

25   (1) Die Zuteilung von Anteilen am Gesellschaftskapital der übernehmenden oder erwerbenden Gesellschaft an einen Gesellschafter der einbringenden oder erworbenen Gesell-

schaft gegen Anteile an deren Gesellschaftskapital aufgrund einer Fusion, einer Spaltung oder des Austauschs von Anteilen darf für sich allein keine Besteuerung des Veräußerungsgewinns dieses Gesellschafters auslösen.

(2) Die Zuteilung von Anteilen am Gesellschaftskapital der übernehmenden Gesellschaft an einen Gesellschafter der einbringenden Gesellschaft aufgrund einer Abspaltung darf für sich allein keine Besteuerung des Veräußerungsgewinns dieses Gesellschafters auslösen.

(3) Betrachtet ein Mitgliedstaat einen Gesellschafter aufgrund seiner Beurteilung von dessen juristischen Merkmalen, die sich aus dem Recht, nach dem dieser gegründet wurde, ergeben, als steuerlich transparent und besteuert daher die an diesem Gesellschafter beteiligten Personen nach ihrem Anteil an den ihnen zuzurechnenden Gewinnen des Gesellschafters im Zeitpunkt der Zurechnung, so besteuert dieser Mitgliedstaat den Veräußerungsgewinn dieser Personen aus der Zuteilung von Anteilen am Gesellschaftskapital der übernehmenden oder erwerbenden Gesellschaft an den Gesellschafter nicht.

(4) Die Absätze 1 und 3 finden nur dann Anwendung, wenn der Gesellschafter den erworbenen Anteilen keinen höheren steuerlichen Wert beimisst, als den in Tausch gegebenen Anteilen unmittelbar vor der Fusion, der Spaltung oder dem Austausch der Anteile beigemessen war.

(5) Die Absätze 2 und 3 finden nur dann Anwendung, wenn der Gesellschafter der Summe der erworbenen Anteile und seiner Anteile an der einbringenden Gesellschaft keinen höheren steuerlichen Wert beimisst, als den Anteilen an der einbringenden Gesellschaft unmittelbar vor der Abspaltung beigemessen war.

(6) Die Anwendung der Absätze 1, 2 und 3 hindert die Mitgliedstaaten nicht, den Gewinn aus einer späteren Veräußerung der erworbenen Anteile in gleicher Weise zu besteuern wie den Gewinn aus einer Veräußerung der vor dem Erwerb vorhandenen Anteile.

(7) Für die Zwecke dieses Artikels ist der „steuerliche Wert" der Wert, auf dessen Grundlage ein etwaiger Gewinn oder Verlust für die Zwecke der Besteuerung des Veräußerungsgewinns eines Gesellschafters ermittelt würde.

(8) Darf ein Gesellschafter nach dem Recht seines Wohnsitzstaats oder Sitzstaats eine von den Absätzen 4 und 5 abweichende steuerliche Behandlung wählen, so finden die Absätze 1, 2 und 3 keine Anwendung auf die Anteile, für die der Gesellschafter von diesem Recht Gebrauch macht.

(9) Die Absätze 1, 2 und 3 hindern die Mitgliedstaaten nicht, eine bare Zuzahlung aufgrund einer Fusion, einer Spaltung, einer Abspaltung oder eines Austausches von Anteilen an die Gesellschafter zu besteuern.

Die Bestimmung des Art. 8 Fusions-RL befasst sich mit den steuerlichen **26** Folgen grenzüberschreitender Fusionen, Spaltungen, Abspaltungen oder Anteilstausche für die Gesellschafter. Art. 8 Abs. 1 und Abs. 2 Fusions-RL bestimmen, dass die Zuteilung von Anteilen am Gesellschaftskapital der übernehmenden oder erwerbenden Gesellschaft an die Gesellschafter der übernommenen oder erworbenen Gesellschaft für sich allein genommen keine Besteuerung von Veräußerungsgewinnen auslösen darf. Art. 8 Abs. 3 Fusions-RL erweitert diesen Grundsatz auch auf Gesellschaften, die vom jeweiligen nationalen Steuerrecht als transparent betrachtet werden, dh bei der die Besteuerung ausschließlich auf Ebene der Gesellschafter stattfindet. Voraussetzung für diese steuerliche Privilegierung ist allerdings, dass den erworbenen Anteilen grundsätzlich kein anderer steuerlicher Wert beigemessen wird, als dem Wert der aufgegebenen Anteile (Art. 8 Abs. 4 und 5 Fusions-RL). Dabei stellt Abs. 7 klar, dass der steuerliche Wert grundsätzlich der Wert ist, auf dessen Grundlage der Veräußerungsgewinn des Gesellschafters ermittelt wird. Art. 8 Abs. 8 Fusions-RL bestimmt, dass das Besteuerungsprivileg nur dann gilt, wenn den erworbenen Anteilen kein anderer steuerlicher Wert beigemessen wird als dem Wert der aufgegebenen Anteile. Soweit bestimmte nationale Rechtsordnungen abweichende Möglichkeiten zulassen, führt die Ausübung einer solchen Möglichkeit zu einer Besteuerung.

Schließlich gilt das Besteuerungsprivileg nicht für Barzahlungen, die zusätzlich zu den Anteilen gewährt werden. Außerdem erlaubt die Richtlinie den Mitgliedstaaten den späteren Gewinn aus einer Veräußerung der erworbenen Anteile in gleicher Weise zu besteuern, wie den Gewinn aus der Veräußerung der vor dem Erwerb vorhandenen Anteile. Insgesamt ergibt sich damit aus Art. 8 Fusions-RL, dass eine grenzüberschreitende Fusion auch für den Gesellschafter steuerneutral bleibt, soweit es zu einem Anteilstausch kommt oder der Gesellschafter der untergehenden Gesellschaft Anteile der übernehmenden Gesellschaft übernimmt. Voraussetzung dafür ist, dass dieser Vorgang steuerlich wertneutral erfolgt, dh die Anteile an der übernehmenden Gesellschaft in gleicher Weise bewertet werden wie die an der untergehenden Gesellschaft. Das steuerliche Privileg verhindert auf diese Art und Weise, dass mit den Anteilen verbundene stille Reserven steuerfrei übertragen werden können. Werden die stillen Reserven durch einen Neubewertung der Anteile oder durch eine Barzahlung aufgedeckt, so führt dies zu einer Besteuerung des Gewinns. Der Mitgliedstaat, der bei Untergang der Gesellschaft auf die Besteuerung verzichtet hat, hat das Recht, bei einer späteren Veräußerung der Anteile den Gewinn zu besteuern. Offen bleibt dabei, ob die Besteuerung auch die Wertsteigerungen erfassen kann, die nach der Verschmelzung eingetreten sind (→ Rn. 58).

27   Die Fusions-RL enthält weiter eine Sonderregelung für Betriebsstätten, die weder in dem Mitgliedstaat der einbringenden Gesellschaft noch im Mitgliedstaat der übernehmenden Gesellschaft sich befinden. Entsprechend der Regelung des Art. 10 Abs. 1 Fusions-RL verzichtet der Mitgliedstaat der einbringenden Gesellschaft auf sein Besteuerungsrecht, wobei es keiner Erklärung bedarf. Der Staat ist jedoch berechtigt, frühere Verluste der Betriebsstätte, die er vom Gewinn der einbringenden Gesellschaft abgezogen hat, die noch nicht ausgeglichen sind, dem Gewinn der einbringenden Gesellschaft hinzuzurechnen. Aus der Perspektive der übernehmenden Gesellschaft wird die Betriebsstätte so behandelt, als sei sie auch im Staat der einbringenden Gesellschaft belegen. Dh ihre Aufnahme in die übernehmende Gesellschaft löst keine Besteuerung aus, soweit Buchwerte fortgeführt werden. Soweit der Mitgliedstaat der einbringenden Gesellschaft das System der Weltgewinnbesteuerung anwendet, kann er die entsprechenden Gewinne oder Veräußerungsgewinne der Betriebsstätte besteuern. Er muss dann aber die Steuer anrechnen, die in dem Betriebsstättenstaat ohne Anwendung der Richtlinie entstanden wäre (Art. 10 Abs. 2 Fusions-RL; vgl. Dauses/*Gröpl* EU-Wirtschaftsrecht, 37. EL 2015, Rn. 235 f.).

28   Das Kap. 5 Fusions-RL befasst sich mit der Sitzverlagerung der SE bzw. der SCE. Es umfasst die drei folgenden Vorschriften:

Art. 12 Fusions-RL [Besteuerung bei Sitzverlegung]

(1) Wenn

a) eine SE oder SCE ihren Sitz von einem Mitgliedstaat in einen anderen verlegt, oder
b) eine SE oder SCE, die in einem Mitgliedstaat ansässig ist, infolge der Verlegung ihres Sitzes von diesem Mitgliedstaat in einen anderen Mitgliedstaat ihren Steuersitz in diesem Mitgliedstaat aufgibt und in einem anderen Mitgliedstaat ansässig wird,

darf diese Verlegung des Sitzes oder die Aufgabe des Steuersitzes in dem Mitgliedstaat, aus dem der Sitz verlegt wurde, keine Besteuerung des nach Artikel 4 Absatz 1 berechneten Veräußerungsgewinns aus dem Aktiv- und Passivvermögen einer SE oder SCE auslösen, das in der Folge tatsächlich einer Betriebsstätte der SE bzw. der SCE in dem Mitgliedstaat, von dem der Sitz verlegt wurde, zugerechnet bleibt, und das zur Erzielung des steuerlich zu berücksichtigenden Ergebnisses beiträgt.

(2) Absatz 1 findet nur dann Anwendung, wenn die SE bzw. die SCE neue Abschreibungen und spätere Wertsteigerungen oder Wertminderungen des Aktiv- und Passivvermögens, das tatsächlich dieser Betriebsstätte zugerechnet bleibt, so berechnet, als habe

keine Sitzverlegung stattgefunden, oder als habe die SE oder SCE ihren steuerlichen Sitz nicht aufgegeben.

(3) Darf die SE bzw. die SCE nach dem Recht des Mitgliedstaats, aus dem der Sitz verlegt wurde, neue Abschreibungen oder spätere Wertsteigerungen oder Wertminderungen des in jenem Mitgliedstaat verbleibenden Aktiv- und Passivvermögens abweichend von Absatz 2 berechnen, so findet Absatz 1 keine Anwendung auf das Vermögen, für das die Gesellschaft von diesem Recht Gebrauch macht.

Art. 12 lit. b Fusions-RL stimmt, dass die Sitzverlegung einer SE grund- **29** sätzlich steuerneutral zu erfolgen hat. Diese Steuerneutralität steht unter der Bedingung, dass die stillen Reserven in der Betriebsstätte verbleiben, die in dem Staat belegen ist, der bisher der Sitz der Gesellschaft war. Spätere Wertsteigerungen und Minderungen des Aktiv- und Passivvermögens müssen Betriebstätte so berechnet werden, als habe die SE ihren Sitz nicht verlegt oder nicht aufgegeben. Abs. 3 stellt klar, dass nur unter diesen genannten Bedingungen eine steuerneutrale Sitzverlegung möglich ist. Damit trifft die Bestimmung die Kernaussage, dass stille Reserven in Wirtschaftsgütern, die im inländischen Betriebsstätten verbleiben, aus Anlass der Sitzverlegung nicht aufgedeckt und besteuert werden dürfen (vgl. *Schön/Schindler,* SE im Steuerrecht, Rn. 114).

Art. 13 Fusions-RL [Rückstellungen bei Sitzverlegung]

(1) Wenn   **30**

a) eine SE oder SCE ihren Sitz von einem Mitgliedstaat in einen anderen verlegt oder

b) eine SE oder SCE, die in einem Mitgliedstat ansässig ist, infolge der Verlegung ihres Sitzes von diesem Mitgliedstaat in einen anderen Mitgliedstaat ihren Steuersitz in diesem Mitgliedstaat aufgibt und in einem anderen Mitgliedstaat ansässig wird,

treffen die Mitgliedstaaten die erforderlichen Maßnahmen, um sicherzustellen, dass Rückstellungen und Rücklagen, die von der SE oder SCE vor der Verlegung des Sitzes ordnungsgemäß gebildet wurden und ganz oder teilweise steuerbefreit sind sowie nicht aus Betriebsstätten im Ausland stammen, von einer Betriebsstätte der SE oder SCE im Hoheitsgebiet des Mitgliedstaats, von dem der Sitz verlegt wurde, mit der gleichen Steuerbefreiung übernommen werden können.

(2) Insofern als eine Gesellschaft, die ihren Sitz innerhalb des Hoheitsgebietes eines Mitgliedstaats verlegt, das Recht hätte, steuerlich noch nicht berücksichtigte Verluste vor- oder rückzutragen, gestattet der betreffende Mitgliedstaat auch der in seinem Hoheitsgebiet gelegenen Betriebsstätte der SE oder SCE, die ihren Sitz verlegt, die Übernahme der steuerlich noch nicht berücksichtigten Verluste der SE bzw. der SCE, vorausgesetzt, die Vor- oder Rückübertragung der Verluste wäre für ein Unternehmen, das weiterhin seinen Sitz oder seinen steuerlichen Sitz in diesem Mitgliedstaat hat, zu vergleichbaren Bedingungen möglich gewesen.

Art. 13 Fusions-RL ergänzt die Regelung des Art. 12 Fusions-RL im Hinblick **31** auf steuerbefreite Rückstellungen und Rücklagen und steuerlich nicht berücksichtigten Verluste. Soweit eine Betriebsstätte fortgeführt wird, können auch steuerfreie Rückstellungen und Rücklagen steuerfrei fortgeführt werden. Verlustvorträge und Verlustvorträge sind in dem gleichen Maße möglich, wie es die Gesellschaft möglich wäre, die ihren Sitz nicht verlegt hätte. Auch hier gilt, dass diese Fortführung nur möglich ist, wenn Rücklagen und Verluste bei der jeweiligen Betriebsstätte verbleiben.

Art. 14 Fusions-RL [Gesellschafterbesteuerung bei Sitzverlegung]

(1) Die Verlegung des Sitzes einer SE bzw. einer SCE darf für sich allein keine Besteue- **32** rung des Veräußerungsgewinns der Gesellschafter auslösen.

(2) Die Anwendung des Absatzes 1 hindert die Mitgliedstaaten nicht, den Gewinn aus einer späteren Veräußerung der Anteile am Gesellschaftskapital der ihren Sitz verlegenden SE bzw. SCE zu besteuern.

33   Art. 14 Fusions-RL regelt die steuerlichen Folgen einer Sitzverlagerung für die Gesellschafter. Grundsätzlich darf die Verlegung eines Sitzes für sich allein keine Besteuerung des Veräußerungsgewinns der Gesellschafter auslösen. Eine spätere Besteuerung von Veräußerungsgewinnen bleibt unberührt.

34   **3. Verhältnis Grundfreiheiten/Fusions-RL.** Die Fusions-RL fällt in den Anwendungsbereich der Niederlassungsfreiheit (Art. 49 AEUV). Damit ist die Frage aufgeworfen, inwieweit die Richtlinie als Akt des Sekundärrechts die Grundfreiheiten des Art. 49 AEUV beschränken kann. Dazu werden verschiedene Auffassungen vertreten. Ein Teil der Literatur betrachtet Grundfreiheiten analog den Grundrechten als vorrangige Rechtsnorm, die durch Sekundärrecht nicht eingeschränkt werden könnte (*Meilicke/Rabback* GmbHR 2006, 123 [126]; im Ergebnis ebenso MüKoAktG/*Fischer* SteuerR Rn. 23). Die hM stimmt dem insofern zu, als Grundfreiheiten auch die EU selbst verpflichten. In der Tat ist die Bindung der Union an die Grundfreiheiten bei der Sekundärgesetzgebung in einigen Einzelermächtigungen des europäischen Gesetzgebers ausdrücklich vorgeschrieben, so zB in Art. 46, 50, 53, 114 und 115 AEUV (vgl. Grabitz/Hilf/Nettesheim/*Forsthoff* Das Recht der EU, 42. EL 2010, Art. 45 Rn. 131). Auch der Europäische Gerichtshof geht davon aus, dass der Gemeinschaftsgesetzgeber die Grundfreiheiten zu beachten hat (vgl. zB EuGH vom 1.10.2009 – C-247/08 – Gaz de France, Slg. 2009, I-9225 Rn. 53).

35   Es verbietet sich allerdings, die Maßnahmen der Gemeinschaft mit Maßnahmen der Mitgliedstaaten gleichzusetzen und zu fordern, dass die Harmonisierung stets eine vollständige Beseitigung aller Hemmnisse herbeizuführen habe (so zutreffend Grabitz/Hilf/Nettesheim/*Forsthoff* Das Recht der EU, 42. EL 2010, Art. 45 Rn. 133). Nach ständiger Rechtsprechung des EuGH steht es dem Gemeinschaftsgesetzgeber frei, eine Harmonisierung oder Angleichung nationaler Vorschriften nur schrittweise durchzuführen. Damit trägt der Gerichtshof den Schwierigkeiten einer solchen Harmonisierung Rechnung. Sie setzt voraus, dass der Gemeinschaftsgesetzgeber anhand von unterschiedlichen und komplexen nationalen Bestimmungen gemeinsame Vorschriften ausarbeitet, die den Vertragszielen entsprechen und die erforderliche Zustimmung in den rechtsetzenden Körperschaften, insbesondere im Rat finden (vgl. EuGH vom 29.2.1984 – 37/83, Slg. 1984, 1229 Rn. 20 – Rewe-Zentrale; EuGH vom 13.5.1997 – C-233/94, Slg. 1997, I-2405 Rn. 43 – Deutschland/Parlament und Rat; EuGH vom 17.6.1999 – C-166/98, Slg. 1999, I-3791 Rn. 26 – Socridis; EuGH vom 1.10.2009 – C-247/08, Slg. 2009, I-9225 Rn. 52 – Gaz de France). Die nationalen Regelungen, die Gegenstand der Harmonisierung sind, gehen in der Regel von unterschiedlichen Schutzniveaus der Allgemeininteressen aus, die durch die entsprechenden Regelungen geschützt werden sollen. Der Gemeinschaftsgesetzgeber ist daher nicht gehalten, immer das höchste Schutzniveau vorzusehen. Vielmehr verfügt der bei der Festlegung dieses Niveaus über ein weites Ermessen (vgl. EuGH vom 13.5.1997 – C-233/94, Slg. 1997, I-2405 Rn. 16 f. – Deutschland/Parlament und Rat; EuGH vom 7.11.2000 – C-168/98, Slg. 2000, I-9131 Rn. 32 – Luxemburg/Parlament/Rat). Insofern sind Beschränkungen der Grundfreiheiten durch Sekundärrecht zulässig, auch wenn sie möglicherweise in Hinblick auf vergleichbare nationale Regelungen unverhältnismäßig erscheinen.

36   Grundfreiheiten haben aber in den Bereichen uneingeschränkt Geltung, die von einer Richtlinie nicht erfasst sind (vgl. EuGH vom 1.10.2009 – C-247/08, Slg. 2009, I-9225 Rn. 60 mwN – Gaz de France). Außerdem sind die Mitgliedstaaten nicht berechtigt, im Rahmen von Harmonisierungsmaßnahmen Hindernisse für den grenzüberschreitenden Verkehr zu schaffen. Diese sind nur zu rechtfertigen, wenn sie zur Erreichung der Ziele erforderlich sind. Dabei ist allerdings auch der Stand der Harmonisierung zu berücksichtigen. Dies bedeutet, dass eine

Verhältnismäßigkeitskontrolle in diesen Fällen immer vom Stand der Harmonisierung ausgehen muss (vgl. EuGH vom 26.10.2010 – C-97/09, DStR 2010, 2186 Rn. 59–72 – Schmelz). Grundsätzlich unzulässig sind Regelungen, die die Unternehmen oder Personen aus bestimmten Mitgliedstaaten gegenüber Unternehmen oder Personen aus anderen Mitgliedstaaten besser behandeln (vgl. EuGH vom 4.10.2007 – C-457/05, Slg. 2007, I-8075 Rn. 32–39).

Auf Basis dieser Rechtsprechung ist für das Verhältnis der Fusions-RL zu den **37** Grundfreiheiten zunächst der Anwendungsbereich der Fusions-RL zu bestimmen. Dieser Anwendungsbereich bestimmt sich nach Art. 1 Fusions-RL. Demnach haben die Mitgliedstaaten die Richtlinie auf Fusionen, Spaltungen, Abspaltungen, die Einbringung von Unternehmensteilen und den Austausch von Anteilen anzuwenden, wenn an diesen Vorgängen Gesellschaften aus zwei oder mehr Mitgliedstaaten beteiligt sind. Außerdem müssen Sie die Richtlinie für Verlegungen des Sitzes einer SE von einem Mitgliedstaat in einen anderen anwenden. Des Weiteren ist festzustellen, dass die Richtlinie keine umfassende Regelung der steuerlichen Behandlung dieser Vorgänge trifft. Vielmehr erschöpft sich der Regelungsgehalt der Richtlinie darin, dass es den Mitgliedstaaten untersagt ist, Vorgänge, die nach Art. 1 Fusions-RL erfasst sind, in der Weise zu besteuern, dass in inländischen Betriebsstätten verbleibende Wirtschaftsgüter sofort besteuert werden. Die übrigen Wirtschaftsgüter oder solche Wirtschaftsgüter, die diese Bedingungen nicht erfüllen, unterliegen in vollem Umfang dem jeweiligen mitgliedstaatlichen Steuerrecht. Dh der Mitgliedstaat ist berechtigt, diese Güter unter Beachtung der Grundfreiheiten, auch einer Sofortbesteuerung zu unterwerfen, sofern die damit verbundene Beschränkung der Grundfreiheiten verhältnismäßig und gerechtfertigt ist (vgl. *Schön/Schindler* SE im Steuerrecht Rn. 33; *dies.* IStR 2004, 571 [574]; *Lüdicke/Hummel* IStR 2006, 694 ff.; *Kessler/Huck/Obser/Schmalz* DStZ 2004, 860 f.).

II. Nationales Recht

Es ist bereits darauf hingewiesen worden, dass der deutsche Gesetzgeber die **38** Verabschiedung der SE-VO zum Anlass genommen hat, generell Regelungen zur Umsetzung der Fusions-RL zu treffen. Insofern finden sich auch im nationalen Recht SE-spezifische Regelungen. Das SEStEG enthält zahlreiche Änderungen sowohl des Einkommensteuerrechts, wie des Körperschaftsteuerrechts oder des Gewerbesteuerrechts. Außerdem wurde das Umwandlungssteuerrecht komplett neu verkündet. Im Folgenden werden die Vorschriften wiedergegeben und kurz vorgestellt, die für die SE besondere Relevanz haben. Für die Gründung einer SE durch Verschmelzung sind aus steuerlicher Sicht insbesondere die Regelungen der §§ 11–13 UmwStG zu berücksichtigen:

§ 11 UmwStG Wertansätze in der steuerlichen Schlussbilanz der übertragenden Körperschaft

(1) [1] Bei einer Verschmelzung oder Vermögensübertragung (Vollübertragung) auf eine **39** andere Körperschaft sind die übergehenden Wirtschaftsgüter, einschließlich nicht entgeltlich erworbener oder selbst geschaffener immaterieller Wirtschaftsgüter, in der steuerlichen Schlussbilanz der übertragenden Körperschaft mit dem gemeinen Wert anzusetzen. [2] Für die Bewertung von Pensionsrückstellungen gilt § 6a des Einkommensteuergesetzes.

(2) [1] Auf Antrag können die übergehenden Wirtschaftsgüter abweichend von Absatz 1 einheitlich mit dem Buchwert oder einem höheren Wert, höchstens jedoch mit dem Wert nach Absatz 1, angesetzt werden, soweit

1. sichergestellt ist, dass sie später bei der übernehmenden Körperschaft der Besteuerung mit Körperschaftsteuer unterliegen und

2. das Recht der Bundesrepublik Deutschland hinsichtlich der Besteuerung des Gewinns aus der Veräußerung der übertragenen Wirtschaftsgüter bei der übernehmenden Körperschaft nicht ausgeschlossen oder beschränkt wird und

3. eine Gegenleistung nicht gewährt wird oder in Gesellschaftsrechten besteht.

[2] Anteile an der übernehmenden Körperschaft sind mindestens mit dem Buchwert, erhöht um Abschreibungen sowie um Abzüge nach § 6b des Einkommensteuergesetzes und ähnliche Abzüge, die in früheren Jahren steuerwirksam vorgenommen worden sind, höchstens mit dem gemeinen Wert, anzusetzen. [3] Auf einen sich daraus ergebenden Gewinn findet § 8b Abs. 2 Satz 4 und 5 des Körperschaftsteuergesetzes Anwendung.

(3) § 3 Abs. 2 Satz 2 und Abs. 3 gilt entsprechend.

40   § 11 UmwStG befindet sich im dritten Teil des Gesetzes, der die Verschmelzung regelt. § 11 Abs. 1 UmwStG bestimmt dabei entsprechend den allgemeinen Bewertungsvorschriften den Grundsatz, dass bei einer vollen Übertragung des Vermögens einer Körperschaft auf eine andere Körperschaft eine steuerliche Schlussbilanz zu erstellen ist, in der die übergehenden Wirtschaftsgüter, einschließlich unentgeltlich erworbener oder selbstgeschaffener immaterieller Wirtschaftsgüter mit dem gemeinen Wert anzusetzen sind. Es bedeutet eine grundsätzliche Aufdeckung der stillen Reserven. Vor diesem Wertansatz macht § 11 Abs. 1 S. 2 UmwStG insofern eine Ausnahme, als Pensionsrückstellungen nicht mit dem gemeinen Wert, sondern mit dem Wert nach § 6a EStG anzusetzen sind. Damit soll verhindert werden, dass die nach § 6a EStG–gedeckelten Pensionsrückstellungen bei einer Betriebsverlagerung ins Ausland steuerwirksam nachgeholt werden können (vgl. Haritz/Menner/*Bärwaldt* UmwStG § 11 Rn. 21).

41   § 11 Abs. 2 UmwStG räumt nun der übertragenden Körperschaft das Recht ein, die übergehenden Wirtschaftsgüter mit Buchwerten oder mit einem höheren Wert anzusetzen, der allerdings nicht höher als der gemeine Wert sein darf. Das Wahlrecht ist an einen Antrag und die Einhaltung der Voraussetzungen des § 11 Abs. 2 Nr. 1–3 UmwStG gebunden. Die Buchwertfortführung ermöglicht den durch die Fusions-RL vorgesehenen steuerfreien Übergang des Vermögens auf eine ausländische Kapitalgesellschaft. Durch einen Zwischenansatz können im durch die Mindestbesteuerung vorgesehenen Rahmen Verlustvorträge genutzt werden, die nicht auf den Übernehmer übergehen (vgl. Blümich/*Klingberg* 130. Aufl. UmwStG 2006 § 11 Rn. 31). Der Buchwertansatz kann allerdings nur gewählt werden, wenn das deutsche Besteuerungsrecht der stillen Reserven bei der übernehmenden Körperschaft sichergestellt und für die übergehenden Wirtschaftsgüter weiterhin nicht ausgeschlossen oder beschränkt ist. Das Besteuerungsrecht wird ausgeschlossen, wenn ein gegebenenfalls auch nur eingeschränktes deutsches Besteuerungsrecht hinsichtlich des Gewinns aus der Veräußerung des übertragenen Wirtschaftsguts bestanden hat und dieses im vollen Umfang entfällt. Eine Beschränkung des Deutschen Besteuerungsrechts ist gegeben, wenn vor der Umwandlung ein uneingeschränktes deutsches Besteuerungsrecht bestand, welches nach der Umwandlung der Höhe oder dem Umfang nach nur noch begrenzt fortbesteht (UmwStE 2011, Ziffer 03.19). Ein Fortbestehen des Deutschen Besteuerungsrechts ist regelmäßig dann gegeben, wenn eine inländische Betriebsstätte vorhanden ist, für die die Buchwerte fortgeführt werden und deren stille Reserven unbeschränkt weiterhin der deutschen Besteuerung zur Verfügung stehen. Wem das Recht auf die Besteuerung der Erträge aus diesen Wirtschaftsgütern zusteht, ist nicht entscheidend (MüKoAktG/*Fischer* SteuerR Rn. 2).

42   Schließlich ist die Buchwertfortführung nur zulässig, wenn für das übertragene Vermögen keine Gegenleistung gewährt wird oder diese Gegenleistung ausschließlich in Gesellschaftsrechten besteht. Die Bestimmung schließt zunächst jede Leistung einer baren Zuzahlung aus (UmwStE Ziffer 11.10 iVm Ziffer

03.21). Dies bedeutet, dass bereits die Zuzahlung von einem Euro in bar zum Verlust der Buchwertfortführung führt. Dies ist mit Art. 4 Fusions-RL insofern unvereinbar, als nach Art. 2 lit. a Fusions-RL eine Fusion ein Vorgang ist, der eine Zuzahlung in bar in der Höhe von maximal 10 % des Anteilswertes umfasst. Wenn Art. 4 Fusions-RL also bestimmt, dass Fusionen steuerneutral zu erfolgen haben, ist das absolute Zuzahlungsverbot, jedenfalls soweit der Anwendungsbereich der Richtlinie betroffen ist, unionsrechtswidrig. Dabei ergibt sich auch nichts anderes aus Art. 8 Fusions-RL. Denn diese Bestimmung regelt nur die Besteuerung der Zuzahlung beim Gesellschafter. Dadurch dass die Bestimmung diese Möglichkeit vorsieht, geht sie implizit davon aus, dass eine Zuzahlung von 10 % des Wertes zusätzlich möglich ist. Die Steuerpflichtigen können sich insoweit unmittelbar auf die Richtlinie berufen (MüKoAktG/*Fischer* SteuerR Rn. 39).

Mit Gesellschaftsrechten sind Gesellschaftsrechte und Mitgliedschaftsrechte gemeint. Bei den Gesellschaftsrechten kann es sich sowohl um neue Gesellschaftsanteile, die im Rahmen einer Kapitalerhöhung geschaffen wurden oder aber auch die Gewährung bestehender Gesellschaftsanteile handeln (vgl. Schmitt/Hörtnagel/Stratz/*Schmitt* UmwStG § 11 Rn. 132). Inwieweit Genussscheine zu den Gesellschaftsrechten gehören, ist streitig. Die Finanzverwaltung sieht als schädliche Gegenleistungen neben baren Zuzahlungen auch die Gewährung anderer Vermögenswerte an, zB Darlehensforderungen durch den übernehmenden Rechtsträger oder ihm nahestehenden Personen (UmwStE Rn. 11.10). Es kommt demnach darauf an, ob Genussscheine andere Vermögenswerte sind. Die herrschende Kommentarliteratur geht davon aus, dass Genussrechte Gesellschaftsrechte sind, weil sie entsprechend § 17 EStG, der den Begriff des Anteils an Kapitalgesellschaften steuerlich definiert, als Anteile an einer Kapitalgesellschaft aufgefasst werden (Schmitt/Hörtnagel/Stratz/*Schmitt* UmwStG § 11 Rn. 123; Haritz/Menner/*Bärwaldt* UmwStG § 11 Rn. 55). Die Gegenansicht betrachtet Genussrechte als Vermögensrechte, weil sie im Gegensatz zu Anteilen keine Verwaltungsrechte vermitteln (Blümich/*Klingberg* 114. Aufl. UmwStG 2006 § 11 Rn. 36). Letztere Ansicht vermag allerdings nicht zu überzeugen. Es kommt bei den Gesellschaftsrechten nicht darauf an, dass diese Mitgliedschaftsrechte verleihen. Nach dem Sinn und Zweck ist darauf abzustellen, ob die infolge der Buchwertfortführung ausgeschütteten Gewinne weiterhin einer Besteuerung unterliegen. Dies ist aber gemäß § 17 EStG sichergestellt. Somit sind auch Genussrechte als Gegenleistung in Gesellschaftsrechten anzusehen.

Die Regelungen des § 11 Abs. 2 S. 2 und 3 UmwStG befassen sich mit den sog. „Down-Stream-Merger", dh der Verschmelzung einer Muttergesellschaft auf ihre Tochtergesellschaft (vgl. Haritz/Menner/*Bärwaldt* UmwStG § 11 Rn. 65). Diese Vorschriften sind für die SE in der Regel nicht einschlägig. Denn üblicherweise ist die Verschmelzung im Rahmen der Gründung einer SE mit einer Neugründung verbunden. Denkbar sind allerdings Fälle, in denen eine inländische Mutter AG auf Ihre ausländische Tochtergesellschaft im Wege der Verschmelzung zur Aufnahme verschmolzen wird. Soweit nach § 11 Abs. 2 S. 2 und 3 UmwStG bei solchen „Down-Stream-Mergern" eine Aufdeckung stiller Reserven – zB bei Rücklagen nach § 6b EStG – möglich ist, wäre in solchen Fällen ein Verstoß gegen die Fusions-RL denkbar. Denn Art. 4 Abs. 1 Fusions-RL gebietet ausnahmslos die Aufdeckung und Besteuerung stiller Reserven, sofern eine inländische Betriebsstätte verbleibt. Der Steuerpflichtige müsste sich in diesem, zugegebenen sehr seltenen Fall, unmittelbar auf die Richtlinie berufen (MüKoAktG/*Fischer* SteuerR Rn. 20).

Durch die Verweisung in § 11 Abs. 3 UmwStG auf § 3 Abs. 2 S. 2 UmwStG wird der Antragszeitpunkt auf Buchwertfortführung bzw. zwischen Wertansatz nach § 11 Abs. 2 S. 1 UmwStG auf die erstmalige Abgabe der steuerlichen

Schlussbilanz gesetzt. Danach kann das Antragsrecht nicht mehr ausgeübt werden. Die weitere Verweisung des § 11 Abs. 3 UmwStG auf § 3 Abs. 3 UmwStG betrifft den Fall des Art. 10 Abs. 2 Fusions-RL. Es muss sich um eine ausländische Betriebstätte handeln, für die die Bundesrepublik Deutschland das Besteuerungsrecht hat, was regelmäßig nur dann der Fall ist, wenn entweder ein Doppelbesteuerungsabkommen nicht vorhanden ist oder das Doppelbesteuerungsabkommen hinsichtlich der Betriebsstätte nicht die Freistellungsmethode vorsieht. In diesen Fällen verliert die Bundesrepublik Deutschland ihr Besteuerungsrecht entsprechend den Bestimmungen der Fusions-RL. Daher ist das Betriebsstättenvermögen mit dem gemeinen Wert anzusetzen und entsprechend der Bestimmung des Art. 10 Abs. 2 Fusions-RL die darauf entstehende Körperschaftsteuer um eine fiktive ausländische Steuer zu ermäßigen (vgl. Haritz/Menner/*Bärwaldt* UmwStG § 11 Rn. 71).

§ 12 UmwStG Auswirkungen auf den Gewinn der übernehmenden Körperschaft

46 (1) ¹Die übernehmende Körperschaft hat die auf sie übergegangenen Wirtschaftsgüter mit dem in der steuerlichen Schlussbilanz der übertragenden Körperschaft enthaltenen Wert im Sinne des § 11 zu übernehmen. ²§ 4 Abs. 1 Satz 2 und 3 gilt entsprechend.

(2) ¹Bei der übernehmenden Körperschaft bleibt ein Gewinn oder ein Verlust in Höhe des Unterschieds zwischen dem Buchwert der Anteile an der übertragenden Körperschaft und dem Wert, mit dem die übergegangenen Wirtschaftsgüter zu übernehmen sind, abzüglich der Kosten für den Vermögensübergang, außer Ansatz. ²§ 8b des Körperschaftsteuergesetzes ist anzuwenden, soweit der Gewinn im Sinne des Satzes 1 abzüglich der anteilig darauf entfallenden Kosten für den Vermögensübergang, dem Anteil der übernehmenden Körperschaft an der übertragenden Körperschaft entspricht. ³§ 5 Abs. 1 gilt entsprechend.

(3) Die übernehmende Körperschaft tritt in die steuerliche Rechtsstellung der übertragenden Körperschaft ein; § 4 Abs. 2 und 3 gilt entsprechend.

(4) § 6 gilt sinngemäß für den Teil des Gewinns aus der Vereinigung von Forderungen und Verbindlichkeiten, der der Beteiligung der übernehmenden Körperschaft am Grund- oder Stammkapital der übertragenden Körperschaft entspricht.

(5) Im Falle des Vermögensübergangs in den nicht steuerpflichtigen oder steuerbefreiten Bereich der übernehmenden Körperschaft gilt das in der Steuerbilanz ausgewiesene Eigenkapital abzüglich des Bestands des steuerlichen Einlagekontos im Sinne des § 27 des Körperschaftsteuergesetzes, der sich nach Anwendung des § 29 Abs. 1 des Körperschaftsteuergesetzes ergibt, als Einnahme im Sinne des § 20 Abs. 1 Nr. 1 des Einkommensteuergesetzes.

47 § 12 UmwStG regelt die Auswirkungen einer Verschmelzung oder Vermögensübertragung für den Gewinn der übernehmenden Körperschaft. Gemäß § 12 Abs. 1 S. 1 UmwStG sind die Wirtschaftsgüter der übergegangenen Gesellschaft zwingend mit dem Wert zu übernehmen, der in der steuerlichen Schlussbilanz der übertragenden Gesellschaft entsprechend § 11 UmwStG gebildet wurde. § 12 Abs. 1 S. 2 UmwStG verweist hinsichtlich der Besteuerung des sog. Beteiligungskorrekturgewinns auf § 4 Abs. 1 S. 2 und 3 UmwStG. Soweit die übernehmende Gesellschaft bereits vorher an der übertragenden Körperschaft beteiligt war, muss die übernehmende Gesellschaft steuerlich wirksame Abschreibungen auf die von ihr gehaltenen Anteile oder Abzüge nach § 6b EStG oder andere Abzüge auf die Beteiligung steuerwirksam rückgängig machen. Die Bestimmung erfasst nicht nur Inlandsverschmelzungen, sondern auch grenzüberschreitende Hinaus- und Hineinverschmelzungen bzw. Auslandsverschmelzungen innerhalb der EU bzw. des EWR nicht jedoch in Drittstaaten. Soweit die Verschmelzung nach ausländischem Recht abgewickelt wird, muss der ausländische Verschmelzungsvorgang mit dem des deutschen Umwandlungsgesetzes vergleichbar sein (Schmitt/Hörtnagel/Stratz/*Schmitt* UmwStG § 12 Rn. 1).

§ 12 Abs. 2 UmwStG erfasst den Fall der Besteuerung eines Übernahme- **48**
gewinns oder Verlusts, der sich beim übernehmenden Rechtsträger aus der
Differenz zwischen den auszubuchenden Anteilen der übertragenden Körperschaft und dem Wert ergibt, mit dem die Wirtschaftsgüter nach Abs. 1 zu übernehmen sind. Dieser bleibt grundsätzlich außer Ansatz, dh er wird nicht besteuert. Soweit der Gewinn abzüglich der anteilig darauf entfallenden Kosten für den
Vermögensübergang dem Anteil der übernehmenden Körperschaft an der übertragenden Körperschaft entspricht, ist darüber hinaus § 8b KStG anzuwenden.
Der Verweis auf § 5 Abs. 1 UmwStG stellt sicher, dass sämtliche Übertragungs-
vorgänge auf den steuerlichen Übertragungsstichtag bezogen werden. Nach § 12
Abs. 3 UmwStG tritt die übernehmende Körperschaft in die steuerliche Rechtsstellung der übertragenden Körperschaft im Wege der Gesamtrechtsnachfolge ein.
Hinsichtlich der näheren Bedingungen wird auf § 4 Abs. 2 und 3 UmwStG
verwiesen. Aus der Verweisung folgt, dass verrechenbare Verluste, verbleibende
Verlustvorträge, vom übertragenen Rechtsträger nicht ausgeglichene negative
Einkünfte, ein Zinsvortrag nach § 4h Abs. 1 S. 1, Abs. 5 EStG nicht übergehen
(§ 4 Abs. 2 S. 2 UmwStG). Da diese Regelung sowohl für reine Inlands- wie
auch für Auslandsverschmelzungen gültig ist, verstößt dies nicht gegen Art. 6
Fusions-RL, weil diese Bestimmung nur eine Gleichbehandlung fordert. Für
Unterstützungskassen wird auf § 4 Abs. 2 S. 4 UmwStG verwiesen. § 12 Abs. 4
UmwStG verweist hinsichtlich des sog. Übernahmefolgegewinns, der aus der
Vereinigung von Forderungen und Verbindlichkeiten entstehen kann, auf die
Vorschriften des § 6 UmwStG. Dieser Umwandlungsfolgegewinn entsteht dadurch, dass infolge der Verschmelzung Forderungen und Verbindlichkeiten ver-
einigt werden, die allerdings bilanziell bei beiden Gesellschaften nicht gleich hoch
sind. Die sofortige Besteuerung derartiger Gewinne wird durch die Möglichkeit
verhindert, den Gewinn ganz oder teilweise in eine steuerfreie Rücklage ein-
zubuchen, die dann in den nächsten drei Jahren zu je mindestens einem Drittel
gewinnerhöhend aufzulösen ist.

§ 13 UmwStG Besteuerung der Anteilseigner der übertragenden Körperschaft

(1) Die Anteile an der übertragenden Körperschaft gelten als zum gemeinen Wert ver- **49**
äußert und die an ihre Stelle tretenden Anteile an der übernehmenden Körperschaft
gelten als mit diesem Wert angeschafft.

(2) [1] Abweichend von Absatz 1 sind auf Antrag die Anteile an der übernehmenden Körperschaft mit dem Buchwert der Anteile an der übertragenden Körperschaft anzusetzen,
wenn

1. das Recht der Bundesrepublik Deutschland hinsichtlich der Besteuerung des Gewinns
   aus der Veräußerung der Anteile an der übernehmenden Körperschaft nicht ausgeschlossen oder beschränkt wird oder
2. die Mitgliedstaaten der Europäischen Union bei einer Verschmelzung Artikel 8 der
   Richtlinie 2009/133/EG anzuwenden haben; in diesem Fall ist der Gewinn aus einer
   späteren Veräußerung der erworbenen Anteile ungeachtet der Bestimmungen eines
   Abkommens zur Vermeidung der Doppelbesteuerung in der gleichen Art und Weise zu
   besteuern, wie die Veräußerung der Anteile an der übertragenden Körperschaft zu
   besteuern wäre. [2] § 15 Abs. 1a Satz 2 des Einkommensteuergesetzes ist entsprechend anzuwenden.

[2] Die Anteile an der übernehmenden Körperschaft treten steuerlich an die Stelle der
Anteile an der übertragenden Körperschaft. [3] Gehören die Anteile an der übertragenden
Körperschaft nicht zu einem Betriebsvermögen, treten an die Stelle des Buchwerts die
Anschaffungskosten.

Die Vorschriften über die Verschmelzung und Vermögensübertragung im **50**
Ganzen werden durch § 13 UmwStG komplettiert, der sich mit der Besteuerung
der Gesellschafter der übertragenden Körperschaft befasst. Gemäß § 15 Abs. 1

UmwStG ist diese Regelung auch auf Auf- und Abspaltungen auf andere Körperschaften und nach § 12 Abs. 2 S. 2 KStG auch auf die im Umwandlungssteuergesetz nicht geregelte Drittstaatenverschmelzung anzuwenden (Blümich/*Klingberg*
130. Aufl. UmStG 2006 § 13 Rn. 1). Die Vorschrift ist grundsätzlich nur auf
Anteile im Betriebsvermögen, Anteile iSd § 7 EStG und einbringungsgeborene
Anteile iSd § 21 Abs. 1 UmwStG 1995 anzuwenden. Anteile die nicht in diese
Kategorie fallen, sind bei der Verschmelzung entsprechend § 20 Abs. 4a S. 1 und
2 EStG zu behandeln (UmStE 2011, Ziffer 13.01).

51   Gemäß § 13 Abs. 1 S. 1 gelten die Anteile der übertragenden Körperschaft als
zum gemeinen Wert veräußert und die an diese Stelle tretenden Anteile an der
übernehmenden Körperschaft als mit diesem Wert angeschafft. Damit tritt auf
Gesellschafterebene grundsätzlich eine Gewinnrealisierung durch Aufdeckung
stiller Reserven ein.

52   § 13 Abs. 2 UmwStG erlaubt nun auf Antrag die Anteile an der übernehmenden Körperschaft mit dem Buchwert der Anteile an der übertragenden Körperschaft anzusetzen, auch wenn sich dies aus dem Wortlaut der Vorschrift nicht
unmittelbar ergibt. Denn die Vorschrift trifft allein eine Aussage zu den Wertansätzen für die Beteiligung an der übernehmenden Gesellschaft ohne sich mit
den Auswirkungen der Buchwertverknüpfung für Anteile an der übertragenden
Körperschaft zu befassen. Dies hat bei einer wortgenauen Anwendung zur Vorschrift zur Folge, dass § 13 Abs. 1 UmwStG hinsichtlich der Anteile an der
übertragenden Gesellschaft anwendbar bleibt. Im Ergebnis führt dies dazu, dass
die Anteile an der übertragenden Körperschaft als zum gemeinen Wert verkauft
gelten und in Folge des Antrags nach § 13 Abs. 2 UmwStG die Anteile an der
übernehmenden Körperschaft zum Buchwert der Anteile an der übertragenden
Körperschaft angeschafft werden. Würde man diese Vorschrift wörtlich anwenden, würde sie vollständig leerlaufen (vgl. zu der Problematik Haritz/Menner/
Bärwaldt UmwStG § 13 Rn. 33). Da dies bei grenzüberschreitenden Verschmelzungen regelmäßig zu einer Besteuerung des Veräußerungsgewinns führen würde, ist die Vorschrift mindestens im Anwendungsbereich der Fusions-RL richtlinienkonform dahingehend auszulegen, dass sowohl die Anteile an der übertragenden wie an der übernehmenden Gesellschaft mit dem Buchwert angesetzt
werden. Die Finanzverwaltung hat dieses Verständnis der Norm auch im Umwandlungssteuererlass klargestellt (UmStE 2011, Ziffer 13.07).

53   Das Antragsrecht nach § 13 Abs. 2 UmwStG ist grundsätzlich unabhängig von
der Ausübung des Bewertungswahlrechts bei der übertragenen Körperschaft
gemäß § 11 UmwStG. Ebenfalls ist es unerheblich, ob die übertragende Körperschaft im Inland der Besteuerung unterlegen hat (UmStE 2011, Ziffer 13.08).
Teilweise wird vertreten, dass die Antragsbindung im Anwendungsbereich der
Richtlinie, das heißt bei Verschmelzungen unter Beteiligung von mindestens
einer Kapitalgesellschaft mit Sitz in einem anderen EU-Mitgliedstaat mit Art. 8
Fusions-RL nicht vereinbar sei. Denn Art. 8 Abs. 1 Fusions-RL verbiete, dass
die Zuteilung von Anteilen am Gesellschaftskapital der übernehmenden Gesellschaft an die Gesellschafter der übertragenden Gesellschaft aufgrund der Verschmelzung für sich allein eine Besteuerung auslöse. Ein Recht der Mitgliedstaaten, dies von einem Antrag abhängig zu machen, sehe die Richtlinie gerade
nicht vor (Haritz/Menner/*Bärwaldt* UmwStG § 13 Rn. 34). Ob hierin allerdings
bereits eine fehlerhafte Umsetzung der Richtlinie zu sehen ist, erscheint zweifelhaft. Denn die Finanzverwaltung stellt klar, dass der Antrag auf Fortführung des
Buchwerts oder der Anschaffungskosten keiner besonderen Form bedarf, bedingungsfeindlich und unwiderruflich ist (UmStE 2011, Ziffer 13.10). Es reicht
daher eine konkludente Antragstellung aus, die beispielsweise dadurch geschieht,
dass bei der Einreichung der Bilanz bzw. der Einkommensteuererklärung die
entsprechenden Wertansätze erklärt werden (Schmitt/Hörtnagel/Stratz/*Schmitt*

UmwStG § 11 Rn. 33). Im Hinblick auf die Aussage des Unionsrechts sollte der Antrag auch nicht befristet werden können. Hinzu kommt, dass für Anteile, die im Privatvermögen gehalten werden oder einbringungsgeborene Anteile gemäß § 20 Abs. 4a S. 1und 2 EStG zwingend vorgegeben sehen ist, dass die übernommenen Anteile steuerlich an die Stelle der bisherigen Anteile treten. Im Gegenzug ermöglicht das Antragsrecht einem Steuerpflichtigen auch für die Sofortbesteuerung zu optieren, denn es mag Konstellationen geben, indem eine Sofortbesteuerung der Beteiligten sinnvoller erscheint, als eine spätere Besteuerung. Ein solche Sofortbesteuerung kann zB dann sinnvoll sein, wenn man erreichen will, dass spätere Wertzuwächse nicht in der Bundesrepublik besteuert werden (zu der Problematik → Rn. 58). Die Einräumung einer solchen Möglichkeit verstößt aber nicht gegen die Richtlinie, solange sichergestellt ist, dass die Sofortbesteuerung nicht gegen den Willen der Beteiligten erfolgt.

Die Möglichkeit der Buchwertfortführung ist an zwei Bedingungen geknüpft, **54** die alternativ vorliegen müssen. Zunächst ist eine Buchwertfortführung möglich, wenn das Recht der Bundesrepublik Deutschland hinsichtlich der Besteuerung des Gewinns aus der Veräußerung der Anteile an der übernehmenden Körperschaft nicht ausgeschlossen oder beschränkt wird. Neben reinen Inlandssachverhalten ist auch im Fall der sog. Hinausverschmelzung auf eine ausländische Körperschaft das inländische Besteuerungsrecht für die Besteuerung des Anteilseigners regelmäßig nicht eingeschränkt, wenn für dessen Anteilsveräußerung ein DBA mit einer Art. 13 Abs. 5 OECD-MA entsprechenden Regelung Anwendung findet. Soweit der Anteilsigner Inländer war, bleibt das Besteuerungsrecht an den Anteile nach der Verschmelzung erhalten. Bei beschränkt Steuerpflichtigen bestand bereits vorher kein Besteuerungsrecht der Bundesrepublik (Blümich/ *Klingberg* 130. Aufl. UmStG 2006 § 13 Rn. 35).

Für die SE wesentlich bedeutsamer die zweite Alternative des § 13 Abs. 2 S. 1 **55** UmwStG. Entsprechend § 13 Abs. 2 S. 1 Nr. 2 UmwStG besteht die Möglichkeit der Buchwertfortführung auch für den Fall, dass bei einer Verschmelzung Art. 8 Fusions-RL anzuwenden ist. Für diesen Fall ordnet § 13 Abs. 1 S. 1 Nr. 2 UmwStG an, dass der Gewinn aus einer späteren Veräußerung der erworbenen Anteile ungeachtet der Bestimmungen eines Abkommens zur Vermeidung der Doppelbesteuerung in der gleichen Art und Weise zu besteuern ist, wie die Veräußerung der Anteile an der übertragenden Körperschaft zu besteuern wären. § 15 Abs. 1a S. 2 EStG ist entsprechend anzuwenden. Damit erfasst die Vorschrift nicht nur Veräußerungen, sondern auch die verdeckte Einlage der Anteile in eine Kapitalgesellschaft, die Auflösung der SE, eine Kapitalherabsetzung oder –zurückzahlung und die Ausschüttung oder Rückzahlung von Beträgen aus dem steuerlichen Einlagekonto gemäß § 27 KStG.

Diese Regelung soll unbeschadet von Doppelbesteuerungsabkommen beste- **56** hen. Dieser Doppelbesteuerungsvorbehalt wird immer dann wirksam, wenn das Besteuerungsrecht für die Anteile an der übernehmenden Gesellschaft anderweitig beschränkt oder ausgeschlossen ist. Dies ist aber eine vom OECD-Musterabkommen abweichende Regelung, die im Rahmen der EU nur in den Doppelbesteuerungsabkommen mit Tschechien, der Slowakei und Zypern zu finden sind. Grundsätzlich entspricht allerdings dieses Besteuerungsrecht Art. 8 Abs. 6 Fusions-RL (*Gosch* IStR 2008, 413 [417 f.]).

Der Ausschluss der Anwendung eines völkerrechtlichen Vertrages durch ein **57** nachfolgendes Gesetz wird allgemein als „treaty override" bezeichnet. Die rechtliche Zulässigkeit von gesetzlichen Regelungen, die die Anwendung eines zuvor geschlossenen völkerrechtlichen Vertrages einschränken, ist zweifelhaft. Das Bundesverfassungsgericht leitet aus dem Rechtsstaatsprinzip des Art. 20 Abs. 3 GG her, dass der Gesetzgeber von Verfassungswegen gehalten ist, Völkervertragsrecht zu beachten, wenn keine Ausnahmen vorliegen (BVerfGE 111, 307). Auch der

BFH hält dies für verfassungsrechtlich zweifelhaft, jedenfalls dann, wenn keine gewichtigen abkommens- oder verfassungsrechtlichen Gründe für eine solche Abweichung bestehen (BFH BStBl. II 2011 S. 156). Inwieweit allerdings § 13 Abs. 2 Nr. 2 S. 2 UmwStG als Fall eines solchen treaty override anzusehen ist, ist streitig (ein Treaty overide nehmen an Gosch IStR 2008, 413 [417 f.]; MüKo-AktG/*Fischer* SteuerR Rn. 33; dagegen Haritz/Menner/*Bärwaldt* UmwStG § 13 Rn. 47). Einigkeit besteht allerdings insoweit, als die Bestimmung mit Art. 8 Abs. 6 Fusions-RL vereinbar ist (so auch Gosch IStR 2008, 413 [418]; MüKo-AktG/*Fischer* SteuerR Rn. 33). Die Fusions-RL gilt aber für alle Mitgliedstaaten der EU. Das Besteuerungsrecht wird auch nur für den Fall der Anwendung des Art. 8 Fusions-RL angeordnet, wie sich aus der Formulierung „in diesem Fall" ergibt. Damit stellt sich aber die Frage, ob die Richtlinie nicht die Bestimmungen der bilateralen Doppelbesteuerungsabkommen innerhalb der EU verdrängt. Denn Mitgliedstaaten sind verpflichtet, die Richtlinie umzusetzen. Die Richtlinie soll gerade der Harmonisierung der mitgliedstaatlichen Rechtsordnungen dienen. Diesem Ziel würde es widersprechen, wenn bilaterale Doppelbesteuerungs- abkommen im Anwendungsbereich der Richtlinie nach wie vor wirksam wären. Vielmehr verdrängen die Bestimmungen der Richtlinie entsprechend dem Vor- rang des Unionsrechts die abkommensrechtlichen Bestimmungen. Die Umset- zung von Art. 8 Abs. 6 in § 13 Abs. 2 S. 1 Nr. 2 UmwStG stellt somit kein Treaty overide dar (Haritz/Menner/*Bärwaldt* UmwStG § 13 Rn. 47).

58   Weiterhin streitig ist der Umfang des deutschen Besteuerungsrechts. Der Um- wandlungssteuererlass äußert sich nicht zu der Frage, ob die Besteuerung auch spätere Wertveränderungen mit erfasst oder sich nur auf den Gewinn zum Zeit- punkt der Verschmelzung bezieht. Nach dem Wortlaut besteht das Besteuerungs- recht auch für spätere Wertsteigerungen. Dies wird als nicht systemgerecht kriti- siert, weil auch die in einem anderen Mitgliedstaat entstandenen stillen Reserven mitbesteuert würden. Vielmehr sei systemkonform auf die Erfassung der stillen Reserven im Zeitpunkt der Verschmelzung abzustellen (MüKoAktG/*Fischer* Steu- erR Rn. 33; Haritz/Menner/*Bärwaldt* UmwStG § 13 Rn. 48). Der Sache nach wäre die Vorschrift dann als Vorschrift zu verstehen, die Besteuerung unabhängig von der tatsächlichen Wertentwicklung auf einen späteren Zeitpunkt verschiebt. Dies kann für den Steuerpflichtigen durchaus extreme Nachteile haben. Denn bei dem übernehmenden Unternehmen sind nicht nur Wertzuwächse, sondern auch Verluste denkbar. Im extremsten Fall muss bei einer Auflösung des übernehmen- den Unternehmens im Falle der Vermögenslosigkeit der ursprüngliche Wert ver- steuert werden, obwohl von diesem Wert nichts mehr da ist. Dies würde dann im Ergebnis dazu führen, dass eine Besteuerung eintritt, die ihren Grund allein darin findet, dass eine Fusion stattgefunden hat. Denn hätte die Fusion nicht stattgefun- den und wäre die ursprüngliche Gesellschaft vermögenslos geworden, wäre auch kein Liquidationsgewinn angefallen. Nach Art. 8 Abs. 1 Fusions-RL darf aber Zuteilung von Anteilen am Gesellschaftskapital der übernehmenden oder erwer- benden Gesellschaft an einen Gesellschafter der einbringenden oder erworbenen Gesellschaft gegen Anteile an deren Gesellschaftskapital für sich allein keine Be- steuerung des Veräußerungsgewinns auslösen. Blendet man die späteren Wertent- wicklungen des Anteils aus, bleibt es der Sache nach bei einer Besteuerung des Veräußerungsgewinns, bloß zu einem späteren Zeitpunkt. Die Richtlinie sagt aber dass die Tatsache der Fusion für sich allein keine Besteuerung auslösen darf. Es besteht aber kein Unterschied, ob die Fusion eine Sofortbesteuerung oder eine spätere Besteuerung auslöst. Folglich ist die Richtlinienbestimmung und daher auch § 13 Abs. 2 S. 1 Nr. 2 UmwStG dahingehend zu verstehen, dass Besteue- rung des späteren Veräußerungsgewinns sich auf den dann vorhandenen Wert der Beteiligung bezieht. Das heißt, dass die spätere Wertentwicklung sowohl in positi- ver wie in negativer Hinsicht zu berücksichtigen ist.

Gemäß § 13 Abs. 2 S. 2 UmwStG treten die Anteile der übernehmenden **59** Körperschaft steuerlich an die Stelle der Anteile der übertragenen Körperschaft. Daraus ergibt sich, dass Wertaufholungsverpflichtungen nach § 6 Abs. 1 Nr. 2 S. 3 EStG für im Betriebsvermögen gehaltene Anteile übergehen. Das gleiche gilt für die Einschränkung nach § 8b Abs. 2 S. 4 KStG bzw. § 3 Nr. 40 S. 1 lit. a S. 2 und 3 sowie lit. b S. 3 EStG. Außerdem gelten die Anteile an der übernehmenden Körperschaft als Anteile iSd § 17 EStG, wenn auch die Anteile der übertragenen Körperschaft solche im Sinne dieser Vorschrift waren. Dies soll auch dann gelten, wenn die Beteiligungsgrenze nicht erreicht wird. Die Steuerverhaftung nach § 21 UmwStG 1995 und ein Sperrbetrag iSd § 50c EStG aF verlagert sich auf die Anteile an der übernehmenden Körperschaft. Das Gleiche gilt für die Eigenschaft als Verschmelzung geborene Anteile iSd § 13 Abs. 2 S. 2 UmwStG 1995. Ebenfalls ist die Besitzzeit an den Anteilen an der übertragenen Körperschaft bei den Anteilen der übernehmenden Körperschaft anzurechnen (UmsStE 2011, Ziffer 13.11). Gemäß § 13 Abs. 2 S. 3 UmwStG tritt bei Anteilen, die nicht zu einem Betriebsvermögen gehören, die Anschaffungskosten an die Stelle des Buchwerts.

Neben den §§ 11–13 UmwStG, die vor allem die Gründung einer SE im **60** Wege der Fusion eine Rolle spielen, ist auch der sechste Teil des Umwandlungssteuergesetzes für die SE relevant, der sich mit der Einbringung von Unternehmenteilen in eine Kapitalgesellschaft oder dem Anteilstausch befasst. Die Regelung der Einbringung von Unternehmensteilen in eine Kapitalgesellschaft ist insbesondere für die Gründung einer Tochter-SE relevant, während die Vorschriften über den Anteilstausch für die Gründung einer Holding-SE Bedeutung erlangen. Die insoweit relevanten Vorschriften sind die §§ 20–22 UmwStG.

§ 20 UmwStG Einbringung von Unternehmensteilen in eine Kapitalgesellschaft oder Genossenschaft

(1) Wird ein Betrieb oder Teilbetrieb oder ein Mitunternehmeranteil in eine Kapitalgesell- **61** schaft oder eine Genossenschaft (übernehmende Gesellschaft) eingebracht und erhält der Einbringende dafür neue Anteile an der Gesellschaft (Sacheinlage), gelten für die Bewertung des eingebrachten Betriebsvermögens und der neuen Gesellschaftsanteile die nachfolgenden Absätze.

(2) [1] Die übernehmende Gesellschaft hat das eingebrachte Betriebsvermögen mit dem gemeinen Wert anzusetzen; für die Bewertung von Pensionsrückstellungen gilt § 6a des Einkommensteuergesetzes. [2] Abweichend von Satz 1 kann das übernommene Betriebsvermögen auf Antrag einheitlich mit dem Buchwert oder einem höheren Wert, höchstens jedoch mit dem Wert im Sinne des Satzes 1, angesetzt werden, soweit

1. sichergestellt ist, dass es später bei der übernehmenden Körperschaft der Besteuerung mit Körperschaftsteuer unterliegt,
2. die Passivposten des eingebrachten Betriebsvermögens die Aktivposten nicht übersteigen; dabei ist das Eigenkapital nicht zu berücksichtigen,
3. das Recht der Bundesrepublik Deutschland hinsichtlich der Besteuerung des Gewinns aus der Veräußerung des eingebrachten Betriebsvermögens bei der übernehmenden Gesellschaft nicht ausgeschlossen oder beschränkt wird und
4. der gemeine Wert von sonstigen Gegenleistungen, die neben den neuen Gesellschaftsanteilen gewährt werden, nicht mehr beträgt als
   a) 25 Prozent des Buchwerts des eingebrachten Betriebsvermögens oder
   b) 500 000 Euro, höchstens jedoch den Buchwert des eingebrachten Betriebsvermögens.

[3] Der Antrag ist spätestens bis zur erstmaligen Abgabe der steuerlichen Schlussbilanz bei dem für die Besteuerung der übernehmenden Gesellschaft zuständigen Finanzamt zu stellen. [4] Erhält der Einbringende neben den neuen Gesellschaftsanteilen auch sonstige Gegenleistungen, ist das eingebrachte Betriebsvermögen abweichend von Satz 2 mindestens mit dem gemeinen Wert der sonstigen Gegenleistungen anzusetzen, wenn dieser den sich nach Satz 2 ergebenden Wert übersteigt.

(3) ¹Der Wert, mit dem die übernehmende Gesellschaft das eingebrachte Betriebsvermögen ansetzt, gilt für den Einbringenden als Veräußerungspreis und als Anschaffungskosten der Gesellschaftsanteile. ²Ist das Recht der Bundesrepublik Deutschland hinsichtlich der Besteuerung des Gewinns aus der Veräußerung des eingebrachten Betriebsvermögens im Zeitpunkt der Einbringung ausgeschlossen und wird dieses auch nicht durch die Einbringung begründet, gilt für den Einbringenden insoweit der gemeine Wert des Betriebsvermögens im Zeitpunkt der Einbringung als Anschaffungskosten der Anteile. ³Soweit neben den Gesellschaftsanteilen auch andere Wirtschaftsgüter gewährt werden, ist deren gemeiner Wert bei der Bemessung der Anschaffungskosten der Gesellschaftsanteile von dem sich nach den Sätzen 1 und 2 ergebenden Wert abzuziehen. ⁴Umfasst das eingebrachte Betriebsvermögen auch einbringungsgeborene Anteile im Sinne von § 21 Abs. 1 in der Fassung der Bekanntmachung vom 15. Oktober 2002 (BGBl. I S. 4133, 2003 I S. 738), geändert durch Artikel 3 des Gesetzes vom 16. Mai 2003 (BGBl. I S. 660), gelten die erhaltenen Anteile insoweit auch als einbringungsgeboren im Sinne von § 21 Abs. 1 in der Fassung der Bekanntmachung vom 15. Oktober 2002 (BGBl. I S. 4133, 2003 I S. 738), geändert durch Artikel 3 des Gesetzes vom 16. Mai 2003 (BGBl. I S. 660).

(4) ¹Auf einen bei der Sacheinlage entstehenden Veräußerungsgewinn ist § 16 Abs. 4 des Einkommensteuergesetzes nur anzuwenden, wenn der Einbringende eine natürliche Person ist, es sich nicht um die Einbringung von Teilen eines Mitunternehmeranteils handelt und die übernehmende Gesellschaft das eingebrachte Betriebsvermögen mit dem gemeinen Wert ansetzt. ²In diesen Fällen ist § 34 Abs. 1 und 3 des Einkommensteuergesetzes nur anzuwenden, soweit der Veräußerungsgewinn nicht nach § 3 Nr. 40 Satz 1 in Verbindung mit § 3c Abs. 2 des Einkommensteuergesetzes teilweise steuerfrei ist.

(5) ¹Das Einkommen und das Vermögen des Einbringenden und der übernehmenden Gesellschaft sind auf Antrag so zu ermitteln, als ob das eingebrachte Betriebsvermögen mit Ablauf des steuerlichen Übertragungsstichtags (Absatz 6) auf die Übernehmerin übergegangen wäre. ²Dies gilt hinsichtlich des Einkommens und des Gewerbeertrags nicht für Entnahmen und Einlagen, die nach dem steuerlichen Übertragungsstichtag erfolgen. ³Die Anschaffungskosten der Anteile (Absatz 3) sind um den Buchwert der Entnahmen zu vermindern und um den sich nach § 6 Abs. 1 Nr. 5 des Einkommensteuergesetzes ergebenden Wert der Einlagen zu erhöhen.

(6) ¹Als steuerlicher Übertragungsstichtag (Einbringungszeitpunkt) darf in den Fällen der Sacheinlage durch Verschmelzung im Sinne des § 2 des Umwandlungsgesetzes der Stichtag angesehen werden, für den die Schlussbilanz jedes der übertragenden Unternehmen im Sinne des § 17 Abs. 2 des Umwandlungsgesetzes aufgestellt ist; dieser Stichtag darf höchstens acht Monate vor der Anmeldung der Verschmelzung zur Eintragung in das Handelsregister liegen. ²Entsprechendes gilt, wenn Vermögen im Wege der Sacheinlage durch Aufspaltung, Abspaltung oder Ausgliederung nach § 123 des Umwandlungsgesetzes auf die übernehmende Gesellschaft übergeht. ³In anderen Fällen der Sacheinlage darf die Einbringung auf einen Tag zurückbezogen werden, der höchstens acht Monate vor dem Tag des Abschlusses des Einbringungsvertrags liegt und höchstens acht Monate vor dem Zeitpunkt liegt, an dem das eingebrachte Betriebsvermögen auf die übernehmende Gesellschaft übergeht. ⁴§ 2 Abs. 3 und 4 gilt entsprechend.

(7) § 3 Abs. 3 ist entsprechend anzuwenden.

(8) Ist eine gebietsfremde einbringende oder erworbene Gesellschaft im Sinne von Artikel 3 der Richtlinie 2009/133/EG als steuerlich transparent anzusehen, ist auf Grund Artikel 11 der Richtlinie 2009/133/EG die ausländische Steuer, die nach den Rechtsvorschriften des anderen Mitgliedstaats der Europäischen Union erhoben worden wäre, wenn die einer in einem anderen Mitgliedstaat belegenen Betriebsstätte zuzurechnenden eingebrachten Wirtschaftsgüter zum gemeinen Wert veräußert worden wären, auf die auf den Einbringungsgewinn entfallende Körperschaftsteuer oder Einkommensteuer unter entsprechender Anwendung von § 26 des Körperschaftsteuergesetzes und von den §§ 34c und 50 Absatz 3 des Einkommensteuergesetzes anzurechnen.

(9) Ein Zinsvortrag nach § 4h Abs. 1 Satz 5 des Einkommensteuergesetzes und ein EBITDA-Vortrag nach § 4h Absatz 1 Satz 3 des Einkommensteuergesetzes des eingebrachten Betriebs gehen nicht auf die übernehmende Gesellschaft über.

§ 20 UmwStG verfolgt eine § 11 UmwStG ähnliche Konzeption für die Fälle **62** der Einbringung von Sacheinlagen in eine Kapitalgesellschaft, also eine SE. § 20 Abs. 1 erfasst die Einbringung eines Betriebs, Teilbetriebs oder eines mit Unternehmensanteils im Tausch gegen Anteile an der SE, in die die Sacheinlagen eingebracht werden (Sachgründung oder Sachkapitalerhöhung; Blümich/*Nitschke* 130. Aufl. UmwStG 2006 § 20 Rn. 1). Bei diesen Gesellschaftsanteilen muss es sich um neue Anteile handeln. Eigene Anteile oder Anteile eines anderen Gesellschafters, die im Rahmen der Einbringung dem einbringenden Rechtsträger gewährt werden, erfüllen diese Voraussetzung nicht (Haritz/Menner/*Menner* UmwStG § 20 Rn. 191 mwN).

Der Konzeption des § 11 UmwStG folgend sind gemäß § 20 Abs. 2 S. 1 **63** UmwStG die eingebrachten Wirtschaftsgüter mit dem gemeinen Wert anzusetzen. Für Pensionsrückstellungen gilt abweichend § 6a EStG. Analog § 11 UmwStG kann auf Antrag nach § 20 Abs. 2 S. 2 UmwStG das eingebrachte Betriebsvermögen mit dem Buchwert oder einem höheren Wert, höchstens jedoch mit dem gemeinen Wert angesetzt werden. Das Antragsrecht ist zum einen davon abhängig, dass die übernehmende Gesellschaft der deutschen Besteuerung unterliegt und das deutsche Besteuerungsrecht an dem eingebrachten Vermögen nicht ausgeschlossen oder beschränkt ist. Dies entspricht den Regelungen des § 11 UmwStG. Auf die Anmerkungen dort sei verwiesen. Zum anderen ist durch das Steueränderungsgesetz 2015 (BGBl. I S. 1834) eine weitere Bedingung eingeführt worden, wonach die Wert der sonstigen Gegenleistung, die neben den Anteilen gewährt werden, nicht mehr als 25 % des Buchwerts des eingebrachten Betriebsvermögens oder 500.000 Euro, höchstens jedoch den Wert des eingebrachten Betriebsvermögens betragen darf. Die bisherige Regelung hatte aus Sicht des Gesetzgebers, die Möglichkeit zu unangemessenen steuerlichen Gestaltungen eröffnet, da anders als bei Vorgängen nach § 11 UmStG sonstige Gegenleistungen das Wahlrecht nicht ausgeschlossen haben und so steuerfrei Gewinne realisiert werden konnten. Der Gesetzgeber hat sich dabei für eine Freibetragslösung entschieden, um den praktischen Bedürfnissen bei Unternehmenszusammenschlüssen im mittelständischen Bereich und joint-ventures Rechnung zu tragen (vgl. Begr. RegE, BT-Drs. 18/4902, 48 f.). Aus dem Wort „soweit" in Abs. 2 Satz 2 ergibt sich, dass für den Fall, dass diese Grenzen überschritten sind, die Buchwertfortführung nicht gänzlich ausgeschlossen ist, sondern nur für den Anteil des Betriebsvermögens der auf den übersteigenden Betrag der Gegenleistung entfällt. Wird zum Beispiel Betriebsvermögen mit einem Buchwert von 5.000.000 Euro und einem gemeinen Wert von 10.000.000 Euro gegen Gesellschaftsanteile im Wert von 7.000.000 Euro und einer Barzahlung von 3.000.000 Euro (gemeiner Wert der sonstigen Gegenleistung) eingebracht, so übersteigt der gemeine Wert der Gegenleistung die Grenze von 25 % des Buchwertes um (3.000.000 − 1.250.000) = 1.750.000 Euro. Aus dem Verhältnis des Gesamtwertes des eingebrachten Vermögens abzüglich des überschießenden Betrages zum Gesamtwert ergibt sich der Anteil des Betriebsvermögens, welches zu Buchwerten eingebracht werden kann. Im Beispiel 10.000.000 − 1.750.000 = 8.250.000/ 10.000.000 = 82,5 %. Diese Regelung steht im Einklang mit Art. 8 Abs. 9 Fusions-RL.

Weiterhin kann das Wahlrecht nicht ausgeübt werden, soweit Passivposten des **64** eingebrachten Betriebsvermögens die Aktivposten übersteigen. Dabei ist das Eigenkapital nicht zu berücksichtigen. Diese Bestimmung ist kein Ausschluss des Wahlrechts bei einem negativen Betriebsvermögen, sondern eine Einschränkung. Sie bedeutet, dass die übernehmende Gesellschaft von dem Bewertungswahlrecht Gebrauch machen kann, soweit anteilig stille Reserven in den Aktivposten in einem Umfang aufgedeckt werden, dass Aktiv- und Passivposten sich ausgleichen. Daraus folgt, dass das begünstigte Betriebsvermögen zumindestens mit null Euro

anzusetzen ist (vgl. Haritz/Menner/*Menner* UmwStG § 20 Rn. 328 mwN).
Dabei sind grundsätzlich nur die Wirtschaftsgüter zu berücksichtigen, die auch
der deutschen Besteuerung unterliegen (Widmann/*Widmann* UmwR, 96. EL
2007, UmwStG § 20 Rn. 564). Soweit durch die Einbringung Besteuerungs-
hoheit der Bundesrepublik Deutschland begründet wird, ist das entsprechend § 4
Abs. 1 S. 8 Hs. 2 und § 6 Abs. 1 Nr. 5a EStG als Einlage aufzufassen, die mit
dem gemeinen Wert anzusetzen ist (Widmann/*Widmann* UmwR, 96. EL 2007,
UmwStG § 20 Rn. 486; Blümich/*Nitschke* 130. Aufl. UmwStG 2006 § 20
Rn. 82; Haritz/Menner/*Menner* UmwStG § 20 Rn. 328; Schmitt/Hörtnagel/
Stratz/*Schmitt* UmwStG § 20 Rn. 324 mwN). Dies gilt unabhängig von der
Ausübung des Wahlrechts. Die Gegenansicht, die das Wahlrecht auch auf die
Wirtschaftsgüter erstrecken will (Dötsch/Patt/Pung/Möhlenbrock/*Patt,* 7. Aufl.
2007, UmwStG § 20 Rn. 216; Blümich/*Nitschke* 130. Aufl. UmwStG 2006
§ 20 Rn. 82), die erstmals in Deutschland steuerlich verstrickt werden, verkennt,
dass für die Anwendung des Umwandlungssteuerrechts grundsätzlich zuvor eine
steuerliche Verstrickung bestanden haben muss. Insofern bleibt für die Anwendung des Umwandlungssteuergesetzes in den Fällen kein Raum, in denen erst
durch den Einbringungsvorgang die deutsche Steuerhoheit begründet wird. Daher bestimmt sich die steuerliche Behandlung dieser Gegenstände nach § 4 Abs. 1
S. 8 Hs. 2 und § 6 Abs. 1 Nr. 5a EStG.

65   Der Antrag ist gemäß § 20 Abs. 2 S. 3 UmwStG spätestens bis zur erstmaligen
Abgabe der steuerlichen Schlussbilanz bei dem für die Besteuerung der übernehmenden Gesellschaft zuständigen Finanzamt zu stellen. Der Antrag muss nicht
einer besonderen Form entsprechen. Er kann auch konkludent gestellt werden,
soweit sich ergibt, dass ein abweichender Wertansatz vom gemeinen Wert der
Schlussbilanz zu Grunde liegt (Schmitt/Hörtnagel/Stratz/*Schmitt* UmwStG § 20
Rn. 310). Wird der abweichender Wertansatz vom gemeinen Wert weder in
einem gesonderten Antrag, noch in der Steuererklärung noch in der Schlussbilanz
deutlich, gilt im Zweifel § 20 Abs. 2 S. 1 mit der Folge, dass die entsprechend
abweichenden Bilanzwerte zu berichtigen sind (Schmitt/Hörtnagel/Stratz/
Schmitt UmwStG § 20 Rn. 314).

66   Nach § 20 Abs. 2 S. 4 UmwStG stellte bisher eine Einschränkung des Wahlrechts für den Fall dar, dass der Einbringende neben den neuen Gesellschaftsanteilen andere Wirtschaftsgüter, wie zB eigene Anteile, Barabfindungen, Sachwerte oder Begründung von Darlehensforderungen erhält. Die übernehmende
Gesellschaft hat in diesen Fällen das Betriebsvermögen mindestens mit dem
gemeinen Wert dieser Wirtschaftsgüter anzusetzen (Blümich/*Nitschke* 130. Aufl.
UmStG 2006 § 20 Rn. 89). Durch das Steueränderungsgesetz 2015 hat diese
Vorschrift nun eine andere Funktion. Sie soll verhindern, dass es bei extrem
hohen sonstigen Gegenleistungen zu einer Besserstellung zur bisherigen Rechtslage kommt, weil negative Anschaffungskosten entstehen. Dies verhindert der
Gesetzgeber dadurch, dass die bisherige Rechtslage in diesen Fällen fortbesteht
(vgl. BT-Drs. 18/6094, 84 f.)

67   § 20 Abs. 3 UmwStG beinhaltet zunächst die Aussage, dass es sich bei dem
Vorgang steuerrechtlich um einen Veräußerungsvorgang auf Seite des Einbringenden einerseits und einen Anschaffungsvorgang auf Seiten der übernehmenden
Gesellschaft andererseits handelt (Blümich/*Nitschke* 130. Aufl. UmwStG 2006
§ 20 Rn. 3). Dies ergibt sich aus § 20 Abs. 3 S. 1 UmwStG, wonach der Wert,
mit dem die übernehmende Gesellschaft das eingebrachte Betriebsvermögen
ansetzt, für den Einbringenden als Veräußerungspreis und als Anschaffungskosten
der Gesellschaftsanteile gilt. § 20 Abs. 3 UmwStG ist ein Spezialgesetz zu § 6
Abs. 1 Nr. 5 EStG und gilt unabhängig von gegebenenfalls abweichenden zivilrechtlichen Vereinbarungen (Haritz/Menner/*Menner* UmwStG § 20 Rn. 480).
Problematisch ist in diesem Zusammenhang der Fall, dass auch bei einer Be-

wertung zum gemeinen Wert der Wert des eingebrachten Betriebsvermögens negativ ist. Da in diesem Fall das Betriebsvermögen bei der übernehmenden Gesellschaft mit Null anzusetzen ist, entsteht ein Übernahmegewinn, der allein in der Nichtübertragung der Verluste begründet ist (Dötsch/Patt/Pung/Möhlenbrock/*Patt*, 7. Aufl. 2012, UmwStG § 20 Rn. 162). Vermeidung derartiger Gewinne kann das negative Kapitalkonto durch Einlagen vor der Einbringung ausgeglichen werden (dazu und zu weiteren Möglichkeiten Widmann/*Widmann*, 96. EL 2007, UmwStG § 20 Rn. 552 ff.). Soweit das Recht der Bundesrepublik Deutschland hinsichtlich der Besteuerung des Gewinns aus der Veräußerung des eingebrachten Betriebsvermögens im Zeitpunkt der Einbringung ausgeschlossen ist und auch nicht durch die Einbringung begründet wird, gilt für den Einbringenden insoweit der gemeine Wert des Betriebsvermögens im Zeitpunkt der Einbringung als Anschaffungskosten der Anteile. § 20 Abs. 3 S. 2 bestimmt demnach den gemeinen Wert des Einlagegegenstands als Anschaffungskosten der Anteile. Dadurch wird die Besteuerung stiller Reserven in den eingebrachten Wirtschaftsgüter auch auf der Anteilseignerebene vermieden (Haritz/Menner/*Menner* UmwStG § 20 Rn. 428).

§ 20 Abs. 4 UmwStG beschränkt die Anwendung des Freibetrages des § 16 **68** Abs. 4 EStG (Freibetrag bei Betriebsveräußerung) auf Einbringende, die natürliche Personen sind. Des weiteren wird der Freibetrag nur gewährt, wenn es sich nicht um die Einbringung eines Teils eines Mitunternehmeranteils handelt und wenn die Sacheinlage mit dem gemeinen Wert angesetzt wurde (Blümich/*Nitschke* 130. Aufl. UmwStG 2006 § 20 Rn. 4). Da eine SE durch eine natürliche Person in der Regel nicht gegründet werden kann, ist die Bedeutung dieser Vorschrift für die SE sehr begrenzt. Sie beschränkt sich darauf, dass der Freibetrag nach § 16 Abs. 4 EStG bei der Gründung einer Tochter-SE durch eine Personengesellschaft nicht anzuwenden ist.

§ 20 Abs. 5 UmwStG ermöglicht abweichend von § 2 UmwStG die Rück- **69** beziehung der Einbringung auf den gemäß § 20 Abs. 6 UmwStG zu bestimmenden Übertragungsstichtag. § 20 Abs. 7 UmwStG ordnet die entsprechende Anwendung von § 3 Abs. 3 UmwStG an. Sie ist insoweit identisch mit § 11 Abs. 3 UmwStG. Die Regelung kommt zur Anwendung, wenn der einbringende Rechtsträger in Deutschland unbeschränkt steuerpflichtig ist, eine unbeschränkte Steuerpflicht für die übernehmende Gesellschaft besteht und eine ausländische Betriebstätte eingebracht wird, für die vorher – entgegen den üblichen abkommensrechtlichen Regelungen – an Besteuerungsrecht der Bundesrepublik bestanden hat (Haritz/Menner/*Menner* UmwStG § 20 Rn. 692). Es handelt sich um eine Umsetzung des Art. 10 Fusions-RL (zu den Folgen → Rn. 27). § 20 Abs. 8 UmwStG erweitert diese Regelung auch auf einbringende transparente Gesellschaften, dh nach deutschem Recht Personengesellschaften (Blümich/Nitschke 130. Aufl. UmStG 2006 § 20 Rn. 6). Diese Ergänzung spielt auch im Rahmen der SE eine Rolle, weil die Gründung einer Tochter-SE auch durch eine Personengesellschaft möglich ist. § 20 Abs. 9 UmwStG schließt die Übertragung eines Zinsvortrages (§ 4h Abs. 1 S. 5) oder eines EBITA-Vortrages (§ 4h Abs. 1 S. 3 EStG), der dem übertragenen Betriebsvermögen zuzuordnen ist, auf die übernehmende Gesellschaft aus.

§ 21 UmwStG Bewertung der Anteile beim Anteilstausch

(1) [1] Werden Anteile an einer Kapitalgesellschaft oder einer Genossenschaft (erworbene **70** Gesellschaft) in eine Kapitalgesellschaft oder Genossenschaft (übernehmende Gesellschaft) gegen Gewährung neuer Anteile an der übernehmenden Gesellschaft eingebracht (Anteilstausch), hat die übernehmende Gesellschaft die eingebrachten Anteile mit dem gemeinen Wert anzusetzen. [2] Abweichend von Satz 1 können die eingebrachten Anteile

auf Antrag mit dem Buchwert oder einem höheren Wert, höchstens jedoch mit dem gemeinen Wert, angesetzt werden, wenn

1. die übernehmende Gesellschaft nach der Einbringung auf Grund ihrer Beteiligung einschließlich der eingebrachten Anteile nachweisbar unmittelbar die Mehrheit der Stimmrechte an der erworbenen Gesellschaft hat (qualifizierter Anteilstausch) und soweit

2. der gemeine Wert von sonstigen Gegenleistungen, die neben den neuen Anteilen gewährt werden, nicht mehr beträgt als
   a) 25 Prozent des Buchwerts der eingebrachten Anteile oder
   b) 500 000 Euro, höchstens jedoch den Buchwert der eingebrachten Anteile.

[3] § 20 Abs. 2 Satz 3 gilt entsprechend. [4] Erhält der Einbringende neben den neuen Gesellschaftsanteilen auch sonstige Gegenleistungen, sind die eingebrachten Anteile abweichend von Satz 2 mindestens mit dem gemeinen Wert der sonstigen Gegenleistungen anzusetzen, wenn dieser den sich nach Satz 2 ergebenden Wert übersteigt.

(2) [1] Der Wert, mit dem die übernehmende Gesellschaft die eingebrachten Anteile ansetzt, gilt für den Einbringenden als Veräußerungspreis der eingebrachten Anteile und als Anschaffungskosten der erhaltenen Anteile. [2] Abweichend von Satz 1 gilt für den Einbringenden der gemeine Wert der eingebrachten Anteile als Veräußerungspreis und als Anschaffungskosten der erhaltenen Anteile, wenn für die eingebrachten Anteile nach der Einbringung das Recht der Bundesrepublik Deutschland hinsichtlich der Besteuerung des Gewinns aus der Veräußerung dieser Anteile ausgeschlossen oder beschränkt ist; dies gilt auch, wenn das Recht der Bundesrepublik Deutschland hinsichtlich der Besteuerung des Gewinns aus der Veräußerung der erhaltenen Anteile ausgeschlossen oder beschränkt ist. [3] Auf Antrag gilt in den Fällen des Satzes 2 unter den Voraussetzungen des Absatzes 1 Satz 2 der Buchwert oder ein höherer Wert, höchstens der gemeine Wert, als Veräußerungspreis der eingebrachten Anteile und als Anschaffungskosten der erhaltenen Anteile, wenn

1. das Recht der Bundesrepublik Deutschland hinsichtlich der Besteuerung des Gewinns aus der Veräußerung der erhaltenen Anteile nicht ausgeschlossen oder beschränkt ist oder

2. der Gewinn aus dem Anteilstausch auf Grund Artikel 8 der Richtlinie 2009/133/EG nicht besteuert werden darf; in diesem Fall ist der Gewinn aus einer späteren Veräußerung der erhaltenen Anteile ungeachtet der Bestimmungen eines Abkommens zur Vermeidung der Doppelbesteuerung in der gleichen Art und Weise zu besteuern, wie die Veräußerung der Anteile an der erworbenen Gesellschaft zu besteuern gewesen wäre; § 15 Abs. 1a Satz 2 des Einkommensteuergesetzes ist entsprechend anzuwenden.

[4] Der Antrag ist spätestens bis zur erstmaligen Abgabe der Steuererklärung bei dem für die Besteuerung des Einbringenden zuständigen Finanzamt zu stellen. [5] Haben die eingebrachten Anteile beim Einbringenden nicht zu einem Betriebsvermögen gehört, treten an die Stelle des Buchwerts die Anschaffungskosten. [6] § 20 Abs. 3 Satz 3 und 4 gilt entsprechend.

(3) [1] Auf den beim Anteilstausch entstehenden Veräußerungsgewinn ist § 17 Abs. 3 des Einkommensteuergesetzes nur anzuwenden, wenn der Einbringende eine natürliche Person ist und die übernehmende Gesellschaft die eingebrachten Anteile nach Absatz 1 Satz 1 oder in den Fällen des Absatzes 2 Satz 2 der Einbringende mit dem gemeinen Wert ansetzt; dies gilt für die Anwendung von § 16 Abs. 4 des Einkommensteuergesetzes unter der Voraussetzung, dass eine im Betriebsvermögen gehaltene Beteiligung an einer Kapitalgesellschaft eingebracht wird, die das gesamte Nennkapital der Kapitalgesellschaft umfasst. [2] § 34 Abs. 1 des Einkommensteuergesetzes findet keine Anwendung.

71   § 21 Abs. 1 S. 1 UmwStG enthält zunächst einige steuerrechtliche Legaldefinitionen. So ist gemäß § 21 Abs. 1 S. 1 UmwStG ein Anteilstausch die Einbringung der Anteile an einer Kapitalgesellschaft oder einer Genossenschaft in eine Kapitalgesellschaft oder Genossenschaft gegen Gewährung neuer Anteile. Die Gesellschaft, deren Anteile eingebracht werden gilt als erworbene Gesellschaft, während die Gesellschaft die die Anteile erhält übernehmende Gesellschaft genannt wird. § 21 Abs. 1 S. 1 UmwStG bestimmt im Grundsatz, dass bei einem solchen Anteilstausch die eingebrachten Anteile mit dem gemeinen Wert anzusetzen sind. § 21 Abs. 1 S. 2 UmwStG erlaubt für den Fall des sog. qualifizierten Anteilstausches die Bewertung der eingebrachten Anteile mit dem Buchwert oder einem Zwischenwert (Wert zwischen Buchwert und gemeinen Wert). Ein qualifizierter Anteilstausch liegt vor, wenn durch die Einbringung die übernehmende Gesellschaft aufgrund ihrer Beteiligung einschließlich der eingebrachten Anteile nachweisbar unmittelbar die Mehrheit der Stimmrechte an der erworbenen Gesellschaft hat. Voraussetzung für den abweichenden Wertansatz ist ein Antrag, der entsprechend § 20 Abs. 2 S. 3 UmwStG bis spätestens zur erstmaligen Abgabe der steuerlichen Schlussbilanz bei dem für die Besteuerung der übernehmenden Gesellschaft zuständigen Finanzamt zu stellen ist. Ein solcher qualifizierter Anteilstausch liegt regelmäßig bei der Gründung einer sog. Holding SE vor. Die Vorschrift ermöglicht dabei die steuerneutrale Gründung einer solchen Holding-SE (→ Rn. 114 ff.). Wenn zusätzlich weitere Gegenleistungen gewährt werden, besteht dieses Wahlrecht nur soweit der Wert dieser sonstigen Gegenleistungen nicht mehr als 25 % des Buchwerts der Anteile oder 500.000 Euro höchstens den Buchwert des eingebrachten Anteile beträgt. Gemäß § 21 Abs. 1 S. 3 UmwStG gilt für den Fall, dass der gemeine Wert der sonstigen Gegenleistung den Buchwert der eingebrachten Anteile übersteigt, dass diese Anteile mindestens mit dem gemeinen Wert der anderen Wirtschaftsgüter (sonstigen Gegenleistung) anzusetzen sind. Diese Regelung entspricht § 20 Abs. 2 UmwStG und ist durch das Steueränderungsgesetz 2015 zur Vermeidung von unangemessenen steuerlichen Gestaltungen eingefügt worden (→ Rn. 63, 65). Die Neuregelung gilt für Vorgänge ab 1.1.2015 (§ 27 Abs. 14 UwStG)

72 § 21 UmwStG ist entsprechend den Bestimmungen des § 1 UmwStG für übernehmende Gesellschaften anwendbar, die ihren Sitz in der EU oder im EWR haben. An den einbringenden werden keine besonderen Anforderungen gestellt (Haritz/Menner/*Behrens* UmwStG § 21 Rn. 2). Dies heißt, dass eine steuerneutrale Gründung einer Holding-SE auch möglich ist, wenn Unternehmen aus Dritt-Staaten beteiligt sind, soweit die gesellschaftsrechtlichen Mindestvoraussetzungen (zwei Gesellschaften mit Sitz in der EU/EWR) erfüllt sind.

73 Wenn es sich um Anteile an einer Kapitalgesellschaft oder Genossenschaft handelt, die zum Betriebsvermögen eines Betriebs, Teilbetriebs oder eines Mitunternehmeranteils gehören, stellt sich die Frage, inwieweit § 20 UmwStG neben oder anstatt von § 21 UmwStG anzuwenden ist. Die Finanzverwaltung hält § 20 UmwStG für den Fall für vorrangig, dass die Anteile mit den Wirtschaftsgütern des Unternehmensanteils in die Kapitalgesellschaft eingebracht werden (UmwStE 2011, Ziffer 21.01; ebenso Widmann/*Widmann* UmwR UmwStG § 21 Rn. 3). Soweit eine hundertprozentige Beteiligung eingebracht wird, geht § 21 stets vor (Schmitt/Hörtnagel/Stratz/*Schmitt* UmwStG § 21 Rn. 8). Die Abgrenzung ist im einzelnen umstritten, allerdings stellt sich diese Problematik für die SE nicht in diesem Umfang. Dies hat damit zu tun, dass es einen Nummerus Clausus der Gründungsformen der SE gibt. Da die Holding SE zwingend eine Beherrschung (Mindestbeteiligung 50 %) der erworbenen Gesellschaft für die SE als Folge der Gründung vorsieht, bleibt es für diese Fälle regelmäßig bei der Anwendung des § 21 UmwStG. Die Einbringung eines Teilbetriebs in eine SE ist grundsätzlich nur in der Variante der Gründung einer Tochter-SE möglich. Dies ist ein eindeutiger Fall des § 20 UmwStG. Die Variante, dass nur ein Teilbetrieb in eine Holding SE eingebracht wird, ist hingegen gesellschaftsrechtlich ausgeschlossen. Dieses Ziel kann nur dadurch erreicht werden, dass der Betriebsteil zuvor abgespalten und in eine eigene Kapitalgesellschaft überführt wird, die dann in die Holding-SE eingebracht wird. In diesem Fall wäre für den ersten Vorgang, die Abspaltung, § 15 UmwStG und für den zweiten Fall, die Einbringung in die SE § 21 UmwStG einschlägig.

74   Vergleichbar den Regelungen des §§ 11 UmwStG und 20 UmwStG sieht § 21 Abs. 1 UmwStG ein Antragswahlrecht hinsichtlich einer Bewertung mit dem Buchwert oder einem Wert zwischen Buchwert und gemeinen Wert vor. Voraussetzung für die Buchwertverknüpfung ist das ein qualifizierter Anteilstausch vorliegt. Nach dem Wortlaut ist ein solcher qualifizierter Anteilstausch dann gegeben, wenn die übernehmende Gesellschaft nach der Einbringung aufgrund ihrer Beteiligung einschließlich der eingebrachten Anteile nachweisbar und unmittelbar die Mehrheit der Stimmrechte an der erworbenen Gesellschaft hat. Nach dieser Definition kommt es zunächst ausschließlich auf die Stimmrechte an. Dies bedeutet, dass allein die Anteile gezählt werden, die aufgrund ihrer satzungsmäßigen Ausgestaltung mit Stimmrechten verbunden sind. Schuldrechtliche Vereinbarungen wie Stimmrechtsbindungsverträge oder Vetorechte werden nicht berücksichtigt (Blümich/*Nitschke* 130. Aufl. UmStG 2006 § 21 Rn. 36). Dabei ist es unerheblich, ob die Mehrheit allein durch die eingebrachten Anteile oder zusammen mit bereits vorhandenen Beteiligungen vermittelt wird (Haritz/Menner/*Behrens* UmwStG § 21 Rn. 155). Entscheidend ist allein, dass die 50%-Schwelle der Stimmrechte überschritten wird. Dies ergibt sich aus dem Wortlaut der Vorschrift, wonach nach der Einbringung aufgrund der Beteiligung einschließlich der eingebrachten Anteile die Mehrheit der Stimmrechte erworben sein muss. Dies steht im Einklang mit der Definition des Art. 2 lit. d Fusions-RL, die den Austausch von Anteilen als einen Vorgang beschreibt, durch den eine Gesellschaft am Gesellschaftskapital einer anderen Gesellschaft eine Beteiligung erwirbt, die ihr die Mehrheit der Stimmrechte verleiht.

75   Nicht klar geregelt ist die Frage, ob das Wahlrecht auch für den Ausbau einer Mehrheitsbeteiligung gilt. Die hM bejaht dies (*Schön/Schindler,* SE im Steuerrecht, Rn. 308 mwN; aA *Benecke/Schnitger* IStR 2005, 639). Nach dem Wortlaut des § 21 Abs. 1 S. 2 UmwStG kommt es nur darauf an, dass nach der Einbringung die übernehmende Gesellschaft die Mehrheit der Stimmrechte hat. Dies wäre aber auch der Fall, wenn bereits zuvor die Mehrheit der Stimmrechte bestand. Die richtlinienkonforme Auslegung des § 21 Abs. 1 S. 2 UmwStG schafft für die SE allerdings Klarheit. Nach der Definition des Art. 2 lit. d Fusions-RL ist ein Anteilstausch iSd Richtlinie auch dann gegeben, wenn die andere Gesellschaft bereits die Mehrheit der Stimmrechte hält und eine weitere Beteiligung durch Tausch erwirbt.

76   § 21 UmwStG trifft grundsätzlich keine Aussage darüber, wie lange die Stimmrechtsmehrheit erhalten bleiben muss. Daher ist davon auszugehen, dass anschließende Veräußerung unschädlich ist, zu mal diese dann zu einer Aufdeckung der stillen Reserven führen würde. Lediglich in Konstellationen, in denen der Mehrheitserwerb nur deswegen angestrebt wird, um die Steuervorteile des § 21 UmwStG zu nutzen, kommt § 42 AO in Frage (Haritz/Menner/*Behrens* UmwStG § 21 Rn. 162). Zu beachten ist auch die pauschalierte Missbrauchsregel des § 22 UmwStG, deren Anwendbarkeit für die SE allerdings vor dem Hintergrund der Fusions-RL fraglich ist (→ Rn. 88).

77   Die Stimmrechtsmehrheit muss unmittelbar erworben werden, was zur Folge hat, dass zivilrechtliche Vereinbarungen oder sonstige außerhalb des Gesellschaftsvertrages liegende Umstände für die Frage der Stimmrechtsmehrheit außer Betracht bleiben. Eine Stimmrechtsmehrheit kann auch nicht dadurch erworben werden, dass mittelbare Beteiligungen (Beteiligungen an anderen Gesellschaften die wiederum Anteile an der übernehmenden Gesellschaft haben) einbezogen werden (Schmitt/Hörtnagel/Stratz/*Schmitt* UmwStG § 21 Rn. 53). Wie sich aus der Formulierung „nachweisbar" ergibt, trägt der Steuerpflichtige die Darlegungs und Beweislast hinsichtlich des Stimmrechtserwerbs (Haritz/Menner/Behrens UmwStG § 21 Rn. 160). Hinsichtlich des Antrags gelten die gleichen Voraussetzungen wie § 20 UmwStG, so dass auf die Ausführungen dort verwiesen werden kann. § Soweit auch noch andere Wirtschaftsgüter gewährt werden, ist das Wahlrecht seit dem Steueränderungsgesetz 2015 beschränkt Die Bestimmung ist insoweit wortgleich mit § 20 Abs. 2 UmwStG. Daraus folgt, dass für die Anwendung des § 21 UmwStG notwendig neue Gesellschaftsanteile getauscht werden müssen. Die Gewährung eigener Anteile, Barabfindungen Sachwerte oder Darlehnsforderungen ist nur Rahmen der genannten Freigrenzen unschädlich. Soweit diese überschritten werden, werden die Anteile mit dem gemeinen Wert angesetzt und ein entstehender Gewinn ist zu versteuern. Übersteigt der Wert der sonstigen Gegenleistungen sogar den gemeinen Wert der Anteile führt dazu, dass die Anteile mindestens mit dem gemeinen Wert dieser Wirtschaftsgüter anzusetzen sind (→ Rn. 63, 65).

Während § 21 Abs. 1 UmwStG den Wertansatz der Anteile regelt, enthält § 21 **78** Abs. 2 UmwStG Regelungen zur Besteuerung des Einbringungsvorgangs beim einbringenden. Der Anteilstausch ist ein tauschähnliches Geschäft, das für den einbringenden einen Veräußerungsvorgang und für die übernehmende Gesellschaft eine Anschaffung darstellt (Haritz/Menner/Behrens UmwStG § 21 Rn. 3). Gemäß § 21 Abs. 2 S. 1 UmwStG gilt der Wert, mit dem die übernehmende Gesellschaft die eingebrachten Anteile ansetzt, für den einbringenden als Veräußerungspreis der eingebrachten Anteile und als Anschaffungskosten der erhaltenen Anteile. Wird also gemäß § 21 Abs. 1 S. 2 UmwStG ein Buchwertansatz gewählt, wird durch die Buchwertverknüpfung des § 21 Abs. 2 S. 1 UmwStG die Aufdeckung der stillen Reserven und damit eine Gewinnrealisierung bei in der Bundesrepublik Deutschland steuerverstrickten Anteilen verhindert (MüKoAktG/*Fischer* SteuerR Rn. 56).

§ 21 Abs. 2 S. 2 UmwStG bestimmt abweichend davon den gemeinen Wert **79** als Veräußerungs- und Anschaffungspreis, wenn für die eingebrachten oder übernommenen Anteile nach der Einbringung das Recht der Bundesrepublik Deutschland hinsichtlich der Besteuerung des Gewinns aus der Veräußerung dieser Anteile ausgeschlossen wird. Nach § 21 Abs. 2 S. 3 UmwStG können die Werte des § 21 Abs. 1 S. 2 UmwStG als Veräußerungspreis der eingebrachten Anteile und als Anschaffungskosten der erhaltenen Anteile angesetzt werden, wenn das Recht der Bundesrepublik Deutschland hinsichtlich der Besteuerung des Gewinns aus der Veräußerung der erhaltenen Anteile nicht ausgeschlossen oder beschränkt ist oder der Gewinn aus dem Anteilstausch aufgrund Art. 8 Fusions-RL nicht besteuert werden darf. In diesem Fall ist der Gewinn aus einer späteren Veräußerung der erhaltenen Anteile ungeachtet der Bestimmungen eines Abkommens zur Vermeidung der Doppelbesteuerung in der gleichen Art und Weise zu besteuern wie die Veräußerung der Anteile an der erworbenen Gesellschaft besteuern gewesen wäre. § 15 Abs. 1a S. 2 EStG ist entsprechend anzuwenden. Die Bestimmung des § 21 Abs. 2 S. 3 UmwStG entspricht den Regelungen des § 13 Abs. 2 S. 1 UmwStG.

Die Ausnahme von der Buchwertverknüpfung des § 21 Abs. 2 S. 1 UmwStG **80** setzt voraus, dass das Besteuerungsrecht der Bundesrepublik Deutschland entweder an den eingebrachten Anteilen oder den als Gegenleistung erhaltenen SE-Aktien ausgeschlossen oder beschränkt wird (Schön/Schindler, SE im Steuerrecht, Rn. 329). Das deutsche Besteuerungsrecht ist für die Weiterveräußerung der SE-Aktien grundsätzlich dann ausgeschlossen oder beschränkt, wenn es sich um eine ausländische Holding-SE handelt. Durch die Möglichkeit nach § 21 Abs. 2 S. 3 Nr. 1 UmwStG auf Antrag den Buchwert oder den Zwischenwert anzusetzen, wenn das deutsche Besteuerungsrecht nicht ausgeschlossen oder beschränkt ist, neutralisiert sich allerdings diese Bestimmung weit gehend, da fast alle von der Bundesrepublik Deutschland abgeschlossenen Doppelbesteuerungsabkommen entsprechend Art. 13 Abs. 5 OECD-MA das Besteuerungsrecht dem Ansässigkeitsstaat des Gesellschafters also Deutschland zuweisen. Dies gilt auch in der Regel für die zweite Variante des § 21 Abs. 2 S. 2 UmwStG, nämlich dem Ausschluss des Besteuerungsrechts der Bundesrepublik für die übernommenen Anteile. Auch hier sehen die meisten Doppelbesteuerungsabkommen für im Inland ansässige Gesellschafter ein Besteuerungsrecht der Bundesrepublik vor. Abweichungen gibt es nur in wenigen Fällen wie für die Slowakei, Tschechien und Zypern. In diesem Fall greift die Gegenausnahme des § 21 Abs. 2 S. 3 Nr. 2 UmwStG, der eine Buchwertverknüpfung ermöglicht, da Gewinne aus dem Anteilstausch gemäß Art. 8 Fusions-RL nicht besteuert werden dürfen. In diesem Fall gilt das Recht der deutschen Besteuerung unabhängig von einer abweichenden DBA Regelung (MüKoAktG/*Fischer* SteuerR Rn. 59). Zu der damit verbunden Problematik des „treaty override" sei auf die Ausführungen oben verwiesen (→ Rn. 57).

81   Der Antrag auf Buchwertverknüpfung ist formlos und bis zur erstmaligen Abgabe der Steuererklärung bei dem für die Besteuerung des einbringenden zuständigen Finanzamt zu stellen (§ 21 Abs. 2 S. 4 UmwStG). § 21 Abs. 3 S. 5 UmwStG bestimmt die Anschaffungskosten als maßgeblichen Wertansatz für den einbringenden, bei dem die eingebrachten Anteile nicht zum Betriebsvermögen gehört haben. Werden dem einbringenden neben neuen Gesellschaftsanteilen auch andere Wirtschaftsgüter gewährt oder werden Anteile eingebracht, die entsprechend der alten Fassung des UmStG einbringungsgeborene Anteile sind, gelten die entsprechenden Bestimmungen des § 20 Abs. 3 S. 3 und 4 UmwStG (Haritz/Menner/*Behrens* UmwStG § 21 Rn. 3).

82   § 21 Abs. 3 UmwStG bestimmt hinsichtlich der Anwendung der Freibeträge des § 17 Abs. 3 EStG oder § 16 Abs. 4 EStG, dass diese nur von natürlichen Personen in Anspruch genommen werden können. Die Bestimmung hat keine Relevanz für die SE, da eine SE im Wege des Anteilstausches nicht durch natürliche Personen gegründet werden kann. Außerdem sind Veräußerungsgewinne nicht gemäß § 34 EStG als außerordentlicher Einkünfte zu werten.

§ 22 UmwStG Besteuerung des Anteilseigners

83   (1) [1] Soweit in den Fällen einer Sacheinlage unter dem gemeinen Wert (§ 20 Abs. 2 Satz 2) der Einbringende die erhaltenen Anteile innerhalb eines Zeitraums von sieben Jahren nach dem Einbringungszeitpunkt veräußert, ist der Gewinn aus der Einbringung rückwirkend im Wirtschaftsjahr der Einbringung als Gewinn des Einbringenden im Sinne von § 16 des Einkommensteuergesetzes zu versteuern (Einbringungsgewinn I); § 16 Abs. 4 und § 34 des Einkommensteuergesetzes sind nicht anzuwenden. [2] Die Veräußerung der erhaltenen Anteile gilt insoweit als rückwirkendes Ereignis im Sinne von § 175 Abs. 1 Satz 1 Nr. 2 der Abgabenordnung. [3] Einbringungsgewinn I ist der Betrag, um den der gemeine Wert des eingebrachten Betriebsvermögens im Einbringungszeitpunkt nach Abzug der Kosten für den Vermögensübergang den Wert, mit dem die übernehmende Gesellschaft dieses eingebrachte Betriebsvermögen angesetzt hat, übersteigt, vermindert um jeweils ein Siebtel für jedes seit dem Einbringungszeitpunkt abgelaufene Zeitjahr. [4] Der Einbringungsgewinn I gilt als nachträgliche Anschaffungskosten der erhaltenen Anteile. [5] Umfasst das eingebrachte Betriebsvermögen auch Anteile an Kapitalgesellschaften oder Genossenschaften, ist insoweit § 22 Abs. 2 anzuwenden; ist in diesen Fällen das Recht der Bundesrepublik Deutschland hinsichtlich der Besteuerung des Gewinns aus der Veräußerung der erhaltenen Anteile ausgeschlossen oder beschränkt, sind daneben auch die Sätze 1 bis 4 anzuwenden. [6] Die Sätze 1 bis 5 gelten entsprechend, wenn

1. der Einbringende die erhaltenen Anteile unmittelbar oder mittelbar unentgeltlich auf eine Kapitalgesellschaft oder eine Genossenschaft überträgt,
2. der Einbringende die erhaltenen Anteile entgeltlich überträgt, es sei denn, er weist nach, dass die Übertragung durch einen Vorgang im Sinne des § 20 Absatz 1 oder § 21 Absatz 1 oder auf Grund vergleichbarer ausländischer Vorgänge zu Buchwerten erfolgte und keine sonstigen Gegenleistungen erbracht wurden, die die Grenze des § 20 Absatz 2 Satz 2 Nummer 4 oder die Grenze des § 21 Absatz 1 Satz 2 Nummer 2 übersteigen,

3. die Kapitalgesellschaft, an der die Anteile bestehen, aufgelöst und abgewickelt wird oder das Kapital dieser Gesellschaft herabgesetzt und an die Anteilseigner zurückgezahlt wird oder Beträge aus dem steuerlichen Einlagekonto im Sinne des § 27 des Körperschaftsteuergesetzes ausgeschüttet oder zurückgezahlt werden,

4. der Einbringende die erhaltenen Anteile durch einen Vorgang im Sinne des § 21 Absatz 1 oder einen Vorgang im Sinne des § 20 Absatz 1 oder auf Grund vergleichbarer ausländischer Vorgänge zum Buchwert in eine Kapitalgesellschaft oder eine Genossenschaft eingebracht hat und diese Anteile anschließend unmittelbar oder mittelbar veräußert oder durch einen Vorgang im Sinne der Nummern 1 oder 2 unmittelbar oder mittelbar übertragen werden, es sei denn, er weist nach, dass diese Anteile zu Buchwerten übertragen wurden und keine sonstigen Gegenleistungen erbracht wurden, die die Grenze des § 20 Absatz 2 Satz 2 Nummer 4 oder die Grenze des § 21 Absatz 1 Satz 2 Nummer 2 übersteigen (Ketteneinbringung),

5. der Einbringende die erhaltenen Anteile in eine Kapitalgesellschaft oder eine Genossenschaft durch einen Vorgang im Sinne des § 20 Absatz 1 oder einen Vorgang im Sinne des § 21 Absatz 1 oder auf Grund vergleichbarer ausländischer Vorgänge zu Buchwerten einbringt und die aus dieser Einbringung erhaltenen Anteile anschließend unmittelbar oder mittelbar veräußert oder durch einen Vorgang im Sinne der Nummern 1 oder 2 unmittelbar oder mittelbar übertragen werden, es sei denn, er weist nach, dass die Einbringung zu Buchwerten erfolgte und keine sonstigen Gegenleistungen erbracht wurden, die die Grenze des § 20 Absatz 2 Satz 2 Nummer 4 oder die Grenze des § 21 Absatz 1 Satz 2 Nummer 2 übersteigen, oder

6. für den Einbringenden oder die übernehmende Gesellschaft im Sinne der Nummer 4 die Voraussetzungen im Sinne von § 1 Abs. 4 nicht mehr erfüllt sind.

[7] Satz 4 gilt in den Fällen des Satzes 6 Nr. 4 und 5 auch hinsichtlich der Anschaffungskosten der auf einer Weitereinbringung dieser Anteile (§ 20 Abs. 1 und § 21 Abs. 1 Satz 2) zum Buchwert beruhenden Anteile.

(2) [1] Soweit im Rahmen einer Sacheinlage (§ 20 Abs. 1) oder eines Anteilstausches (§ 21 Abs. 1) unter dem gemeinen Wert eingebrachte Anteile innerhalb eines Zeitraums von sieben Jahren nach dem Einbringungszeitpunkt durch die übernehmende Gesellschaft unmittelbar oder mittelbar veräußert werden und soweit beim Einbringenden der Gewinn aus der Veräußerung dieser Anteile im Einbringungszeitpunkt nach § 8b Abs. 2 des Körperschaftsteuergesetzes steuerfrei gewesen wäre, ist der Gewinn aus der Einbringung im Wirtschaftsjahr der Einbringung rückwirkend als Gewinn des Einbringenden aus der Veräußerung von Anteilen zu versteuern (Einbringungsgewinn II); § 16 Abs. 4 und § 34 des Einkommensteuergesetzes sind nicht anzuwenden. [2] Absatz 1 Satz 2 gilt entsprechend. [3] Einbringungsgewinn II ist der Betrag, um den der gemeine Wert der eingebrachten Anteile im Einbringungszeitpunkt nach Abzug der Kosten für den Vermögensübergang den Wert, mit dem die Einbringende die erhaltenen Anteile angesetzt hat, übersteigt, vermindert um jeweils ein Siebtel für jedes seit dem Einbringungszeitpunkt abgelaufene Zeitjahr. [4] Der Einbringungsgewinn II gilt als nachträgliche Anschaffungskosten der erhaltenen Anteile. [5] Sätze 1 bis 4 sind nicht anzuwenden, soweit der Einbringende die erhaltenen Anteile veräußert hat; dies gilt auch in den Fällen von § 6 des Außensteuergesetzes vom 8. September 1972 (BGBl. I S. 1713), das zuletzt durch Artikel 7 des Gesetzes vom 7. Dezember 2006 (BGBl. I S. 2782) geändert worden ist, in der jeweils geltenden Fassung, wenn und soweit die Steuer nicht gestundet wird. [6] Sätze 1 bis 5 gelten entsprechend, wenn die übernehmende Gesellschaft die eingebrachten Anteile ihrerseits durch einen Vorgang nach Absatz 1 Satz 6 Nr. 1 bis 5 weiter überträgt oder für diese die Voraussetzungen nach § 1 Abs. 4 nicht mehr erfüllt sind. [7] Absatz 1 Satz 7 ist entsprechend anzuwenden.

(3) [1] Der Einbringende hat in den dem Einbringungszeitpunkt folgenden sieben Jahren jährlich spätestens bis zum 31. Mai den Nachweis darüber zu erbringen, wem mit Ablauf des Tages, der dem maßgebenden Einbringungszeitpunkt entspricht,

1. in den Fällen des Absatzes 1 die erhaltenen Anteile und die auf diesen Anteilen beruhenden Anteile und

2. in den Fällen des Absatzes 2 die eingebrachten Anteile und die auf diesen Anteilen beruhenden Anteile

zuzurechnen sind. [2] Erbringt er den Nachweis nicht, gelten die Anteile im Sinne des Absatzes 1 oder des Absatzes 2 an dem Tag, der dem Einbringungszeitpunkt folgt oder der in den Folgejahren diesem Kalendertag entspricht, als veräußert.

(4) Ist der Veräußerer von Anteilen nach Absatz 1

1. eine juristische Person des öffentlichen Rechts, gilt in den Fällen des Absatzes 1 der Gewinn aus der Veräußerung der erhaltenen Anteile als in einem Betrieb gewerblicher Art dieser Körperschaft entstanden,
2. von der Körperschaftsteuer befreit, gilt in den Fällen des Absatzes 1 der Gewinn aus der Veräußerung der erhaltenen Anteile als in einem wirtschaftlichen Geschäftsbetrieb dieser Körperschaft entstanden.

(5) Das für den Einbringenden zuständige Finanzamt bescheinigt der übernehmenden Gesellschaft auf deren Antrag die Höhe des zu versteuernden Einbringungsgewinns, die darauf entfallende festgesetzte Steuer und den darauf entrichteten Betrag; nachträgliche Minderungen des versteuerten Einbringungsgewinns sowie die darauf entfallende festgesetzte Steuer und der darauf entrichtete Betrag sind dem für die übernehmende Gesellschaft zuständigen Finanzamt von Amts wegen mitzuteilen.

(6) In den Fällen der unentgeltlichen Rechtsnachfolge gilt der Rechtsnachfolger des Einbringenden als Einbringender im Sinne der Absätze 1 bis 5 und der Rechtsnachfolger der übernehmenden Gesellschaft als übernehmende Gesellschaft im Sinne des Absatzes 2.

(7) Werden in den Fällen einer Sacheinlage (§ 20 Abs. 1) oder eines Anteilstauschs (§ 21 Abs. 1) unter dem gemeinen Wert stille Reserven auf Grund einer Gesellschaftsgründung oder Kapitalerhöhung von den erhaltenen oder eingebrachten Anteilen oder von auf diesen Anteilen beruhenden Anteilen auf andere Anteile verlagert, gelten diese Anteile insoweit auch als erhaltene oder eingebrachte Anteile oder als auf diesen Anteilen beruhende Anteile im Sinne des Absatzes 1 oder 2 (Mitverstrickung von Anteilen).

84   Entsprechend der Überschrift regelt § 22 UmwStG die Besteuerung des Anteilseigners in den Fällen des §§ 20 und 21 UmwStG. Der Zweck der Vorschrift besteht darin, zu verhindern, dass die Vorschriften der §§ 20 und 21, die bei Vorliegen bestimmter Voraussetzungen eine steuerneutrale Buchwertübertragung von Vermögen ermöglichen, zu Zwecken der Steuerumgehung eingesetzt werden. Innerhalb einer Frist von sieben Jahren nach der Einbringung werden anfallende Veräußerungsgewinne in eine nachträgliche Besteuerung der im Zeitpunkt der Einbringung übergegangenen stillen Reserven und einen verbleibenden Veräußerungsgewinn aufgeteilt, wobei sich der Betrag der nach zu versteuernden stillen Reserven jährlich um ein Siebtel vermindert. § 22 Abs. 1 erfasst dabei die Fälle der Einbringung von Sachkapital gegen Anteile Sinne des § 20, während § 22 Abs. 2 die Fälle des Anteilsaustausch erfasst (Haritz/Menner/*Bilitewski* UmwStG § 22 Rn. 1 ff.).

85   § 22 Abs. 1 UmwStG betrifft den Fall des § 20 Abs. 2 UmwStG, dh die Einbringung einer Sacheinlage unter dem gemeinen Wert. Werden die vom einbringenden erhaltenen Anteile innerhalb eines Zeitraums von sieben Jahren nach der Einbringung veräußert, ist der Gewinn aus der Einbringung rückwirkend im Wirtschaftsjahr der Einbringung als Gewinn des einbringenden iSv § 16 EStG zu versteuern (Einbringungsgewinn I). Die Freibeträge des § 16 Abs. 4 EStG sind nicht anzuwenden. Ebenfalls gilt der Gewinn nicht als außergewöhnliche Einkunft iSd § 34 EStG. Gemäß § 22 Abs. 1 S. 2 UmwStG gilt die Veräußerung der erhaltenen Anteile insoweit als rückwirkendes Ereignis iSv § 175 Abs. 1 S. 1 Nr. 2 AO. Der zu versteuernde Einbringungsgewinn ist nach § 22 Abs. 1 S. 3 UmwStG die Differenz zwischen dem gemeinen Wert des eingebrachten Betriebsvermögens im Einbringungszeitpunkt abzüglich der Kosten für den Vermögensübergang und des Wertes, mit dem die übernehmende Gesellschaft das eingebrachte Betriebsvermögen angesetzt hat. Dieser Betrag wird jeweils um ein Siebtel für jedes seit dem Einbringungszeitraum abgelaufene Zeitjahr vermindert. Soweit das eingebrachte Betriebsvermögen auch Anteile an Kapitalgesellschaften oder Genossenschaften umfasst, ist insoweit § 22 Abs. 2 UmwStG anzuwenden. Die in § 22 Abs. 1 S. 6 UmwStG genannten Vorgänge stehen einer Veräußerung gleich.

Die Regelung betrifft grundsätzlich den einbringenden, der entweder eine **86** natürliche Person sein kann, die in Deutschland unbeschränkt steuerpflichtig ist oder ihren Wohnsitz oder gewöhnlichen Aufenthaltsort in einem EU oder EWR Staat hat. Einbringender kann allerdings auch eine Gesellschaft im Sinne des Unionsrechts sein. Sie muss dementsprechend nach den Vorschriften eines Mitgliedstaats der EU oder des EWR gegründet worden sein und im Hoheitsgebiet eines dieser Staaten ihren Sitz und den Ort der Geschäftsleitung haben (Schmitt/ Hörtnagel/Stratz/*Schmitt* UmwStG § 21 Rn. 20). Diese Konstellation kommt namentlich bei Gründungen einer Tochter-SE zur Anwendung, weil hier regelmäßig eine Einbringung nach § 20 UmwStG stattfindet.

§ 22 Abs. 2 UmwStG erfasst die Fälle, in denen im Rahmen einer Sacheinlage **87** oder eines Anteilstausches unter dem gemeinen Wert eingebrachte Anteile innerhalb eines Zeitraums von sieben Jahren nach dem Einbringungszeitpunkt durch die übernehmende Gesellschaft veräußert werden und der einbringende keine durch § 8b Abs. 2 KStG begünstigte Person ist. Auf Veräußerungen durch den einbringenden findet die Vorschrift keine Anwendung. In diesem Fall ist der Gewinn aus der Einbringung im Wirtschaftsjahr der Einbringung rückwirkend als Gewinn des einbringenden aus der Veräußerung von Anteilen zu versteuern (Einbringungsgewinn II). Der Einbringungsgewinn II ist analog zum Einbringungsgewinn I die Differenz zwischen dem gemeinen Wert der eingebrachten Anteile im Einbringungszeitpunkt und den Kosten für den Vermögensübergang und des Wertes, mit dem der einbringende die erhaltenen Anteile angesetzt hat. Dieser Betrag wird für jedes seit dem Einbringungszeitraum abgelaufene Zeit Jahr um ein Siebtel vermindert. Die übrigen Regelungen des § 22 Abs. 2 UmwStG sind weit gehend parallel zu Abs. 1 gestaltet. Der Freibetrag nach § 16 Abs. 4 ein EStG findet keine Anwendung und die Einkünfte sind auch nicht als außerordentliche Einkünfte iSd § 34 EStG anzusehen. Ebenfalls gelten die Tatbestände des § 22 Abs. 1 S. 6 Nr. 1–5 UmwStG für die Veräußerung beim Anteilskauf. Nach § 22 Abs. 2 UmwStG hat der einbringende oder die übernehmende Gesellschaft jedes Jahr nachzuweisen, ob ihr die Anteile noch zurechnen sind. Erbringt er oder sie diesen Nachweis nicht, gelten die Anteile an dem Tag, der dem Einbringungszeitpunkt folgt oder, soweit er in den vergangenen Jahren den Nachweis geführt hat, an dem Tag, der den Folgejahren diesem Kalendertag entspricht, als veräußert. Abs. 4 trifft Sonderregeln für steuerbefreite Körperschaften oder Körperschaften des öffentlichen Rechts. Abs. 5 regelt ein ein Bescheinigungsverfahren im Fall eines bereits besteuerten Einbringungsgewinns beim einbringenden. Abs. 6 regelt den Fall der unentgeltlichen Rechtsnachfolge bestimmt, dass der jeweilige Rechtsnachfolger anstelle des einbringenden oder der übernehmenden Gesellschaft tritt. Durch § 22 Abs. 7 UmwStG die bisherige Rechtsprechung zu den sog. derivativen einbringungsgeborenen Anteilen ins Gesetz übertragen worden. Wenn stille Reserven einer Gesellschaftsgründung oder Kapitalerhöhung übergehen, gelten die erhaltenen Anteile soweit als durch eine Sacheinlage oder einen Anteilstausch entstanden. Diese Mitverstrickung bewirkt, dass bei deren Veräußerung die Rechtsfolgen nach § 22 Abs. 1 oder 2 eintreten können.

Die Anwendung von § 22 UmwStG auf die SE ist fraglich. Denn die SE **88** setzt zwingend einen grenzüberschreitenden Vorgang voraus, der sich im Anwendungsbereich der Fusions-RL befindet. Nach Art. 8 der Richtlinie darf allerdings der Vorgang einer grenzüberschreitenden Einbringung oder eines Anteilstausches als solcher nicht zu einer Besteuerung führen. Eine Ausnahme ist nach Art. 15 Abs. 1 lit. a Fusions-RL nur möglich, wenn die Einbringung oder der Anteilstausch „als hauptsächlichen Beweggrund oder als einen der hauptsächlichen Beweggründe die Steuerhinterziehung oder -umgehung hat; vom Vorliegen eines solchen Beweggrundes kann ausgegangen werden, wenn der Vorgang nicht auf vernünftigen wirtschaftlichen Gründen – insbesondere der Umstrukturierung oder der Rationalisierung der beteiligten Gesellschaften – beruht". Die Regelung des § 22 UmwStG geht aber pauschal davon aus, dass eine Veräußerung innerhalb von sieben Jahren, mit Zeitablauf abnehmend, einen Missbrauch darstellt (BT-Drs. 16/2710, 46). Ein Gegenbeweis ist nicht möglich. Der EuGH hat eine solche pauschale Betrachtung bereits für die Vorgängervorschrift den Art. 11 Abs. 1 lit. a zurückgewiesen. Nach der Rechtsprechung des EuGH können sich die zuständigen nationalen Behörden bei der Prüfung, ob die Fusion oder Einbringung das Ziel der Steuerumgehung hat, nicht darauf beschränken, vorgegebene allgemeine Kriterien anzuwenden. Sie müssen vielmehr eine globale Untersuchung jedes Einzelfalls vornehmen, die gerichtlich überprüfbar sein muss. Eine Fusion oder Umstrukturierung kann immer auf vernünftigen wirtschaftlichen Gründen beruhen. Desgleichen können solche Gründe die rechtliche Umstrukturierung von Gesellschaften erforderlich machen, die bereits in wirtschaftlicher und finanzieller Hinsicht eine Einheit bilden. Es ist – so der EuGH – auch nicht ausgeschlossen – auch wenn dies einen Anhaltspunkt für eine Steuerhinterziehung oder -umgehung darstellen kann –, dass mit einer Fusion durch Austausch von Anteilen, die auf die Schaffung einer bestimmten Struktur für begrenzte Zeit und nicht auf Dauer abzielt, vernünftige wirtschaftliche Gründe verfolgt werden (EuGH vom 17.7.1997 – C-28/95, Slg. 1997, I-4161 Rn. 41 f. – Leur-Bloem). § 22 UmwStG ermöglicht eine solche differenzierte Betrachtungsweise in keiner Weise. Es verwundert daher nicht, dass die einhellige Meinung der Literatur davon ausgeht, dass § 22 UmwStG im Anwendungsbereich der Fusions-RL, dh für grenzüberschreitende Einbringungen oder Anteilstausch unanwendbar ist (*Körner* IStR 2007, 109; *Hahn* IStR 2006, 797; *Gille* IStR 2007, 194; Blümich/ *Nitschke* 130. Aufl. UmwStG 2006 § 22 Rn. 15 mwN; Schmitt/Hörtnagel/ Stratz/*Schmitt* UmwStG § 22 Rn. 11 mwN). Damit ist § 22 UmwStG auch auf entsprechende Vorgänge bei einer SE nicht anwendbar, weil sich die entsprechenden Vorgänge bei einer SE grundsätzlich im Anwendungsbereich der Fusions-RL befinden. In einer richtlinienkonformen Auslegung kann man allerdings § 22 UmwStG insofern anwenden, als die Rechtsfolgen des § 22 Abs. 1 oder Abs. 2 UmwStG eintreten, wenn die Voraussetzungen des Art. 15 Abs. 1 lit. a Fusions-RL gegeben sind, insbesondere die Veräußerung nicht auf vernünftigen wirtschaftlichen Erwägungen beruht (in diesem Sinne auch *Schön/ Schindler*, SE im Steuerrecht, Rn. 397).

D. Ausgewählte steuerliche Problemstellungen

89   Die SE gilt in Deutschland gemäß § 1 KStG als Kapitalgesellschaft und ist daher grundsätzlich wie eine Aktiengesellschaft zu behandeln. Spezifische Probleme für die Besteuerung der SE ergeben sich im Hinblick auf die Grenzüberschreitende Struktur und Tätigkeit, die sich zwingend aus der Gesellschaftsform der SE ergibt. Es würde den Rahmen dieser Kommentierung sprengen, wenn eine umfassende Darstellung der Besteuerung der SE von ihrer Gründung bis zur Liquidation dargestellt würde. Es soll daher nur auf die Probleme eingegangen werden, die sich speziell für die SE ergeben. Diese Probleme können sich in grundsätzlich drei Bereichen stellen. Sie betreffen zunächst die Gründung der SE, da diese zwingend grenzüberschreitend erfolgen muss. Der zweite Problemkomplex ergibt sich aus der Fähigkeit der SE, als einziger Gesellschaftsform des deutschen Rechts, identitätswahrend ihren Sitz zu verlegen. Der dritte Problemkomplex betrifft die laufende Besteuerung.

I. Gründung der SE

Art. 2 SE-VO regelt die Gründung der SE. Demnach besteht ein numerus **90** clausus der Gründungsvarianten, wonach insbesondere Gründung einer SE durch natürliche Personen ausgeschlossen ist (vgl. MüKoAktG/*Fischer* SteuerR Rn. 10). Das Gesetz definiert folgende Begründungsmöglichkeiten:

(1) Aktiengesellschaften, die nach dem Recht eines Mitgliedstaats gegründet **91** worden sind und ihren Sitz sowie ihre Hauptverwaltung in der Gemeinschaft haben, können eine SE durch Verschmelzung gründen, sofern mindestens zwei von ihnen dem Recht verschiedener Mitgliedstaaten unterliegen (grenzüberschreitende Verschmelzung)

(2) Aktiengesellschaften und Gesellschaften mit beschränkter Haftung die nach **92** dem Recht eines Mitgliedstaats gegründet worden sind und ihren Sitz sowie ihre Hauptverwaltung in der Gemeinschaft haben, können die Gründung einer Holding-SE anstreben, sofern sie dem Recht verschiedener Mitgliedstaaten unterliegen oder mindestens seit zwei Jahren eine Tochtergesellschaft oder Zweigniederlassung haben, die dem Recht eines anderen Mitgliedstaats unterliegt (grenzüberschreitende Gründung einer Holding-SE).

(3) Gesellschaften sowie juristische Personen des öffentlichen oder privaten **93** Rechts, die nach dem Recht eines Mitgliedstaats gegründet worden sind und ihren Sitz sowie ihre Hauptverwaltung in der Gemeinschaft haben, können eine Tochter-SE durch Zeichnung ihrer Aktien gründen, sofern mindestens zwei von ihnen dem Recht verschiedener Mitgliedstaaten unterliegen oder mindestens seit zwei Jahren eine Tochtergesellschaft oder Zweigniederlassung haben, die dem Recht eines anderen Mitgliedstaats unterliegt (Grenzüberschreitende Gründung einer Tochter-SE).

(4) Eine Aktiengesellschaft, die nach dem Recht eines Mitgliedstaats gegründet **94** worden ist und ihren Sitz sowie ihre Hauptverwaltung in der Gemeinschaft hat, kann in eine SE umgewandelt werden, wenn sie seit mindestens zwei Jahren eine dem Recht eines anderen Mitgliedstaats unterliegende Tochtergesellschaft hat (Gründung durch Formwechsel).

1. Verschmelzung. Gesellschaftsrechtlich wird die Möglichkeit der Gründung **95** einer SE im Wege der Verschmelzung in Art. 17 SE-VO geregelt. Zwei Varianten stehen zur Verfügung: Entweder die Verschmelzung durch Aufnahme oder die Verschmelzung durch Neugründung. In beiden Fällen hat die Verschmelzung zur Folge, dass das Vermögen der einbringenden Gründungsgesellschaft oder Gründungsgesellschaften auf die (neugegründete oder aufnehmende SE) übergeht. Steuerrechtlich ist damit die Frage nach dem Schicksal der stillen Reserven in den Wirtschaftsgütern gestellt. Hier gibt es grundsätzlich zwei Möglichkeiten: Zum einen kann die Verschmelzung steuerneutral erfolgen, dh die stillen Reserven werden nicht aufgedeckt. Folgt man dem bereits dargelegten Grundkonzept der Fusions-RL setzt dies allerdings voraus, dass die stillen Reserven weiterhin der Besteuerung des Mitgliedstaates unterliegen, der sie auch bisher besteuern durfte. Damit bedeutet Steuerneutralität in diesem Sinne nur ein Aufschub der Besteuerung der stillen Reserven auf einen späteren Zeitpunkt. Die andere Möglichkeit ist die Aufdeckung der stillen Reserven mit der Folge einer sofortigen Besteuerung. Nach den Zielsetzungen der Fusions-RL soll eine solche sofortige Besteuerung infolge der Aufdeckung stiller Reserven bei grenzüberschreitenden Verschmelzungen nach Möglichkeit vermieden werden.

Mangels eines europäischen Körperschaftsteuerrechts werden diese Fragen aus **96** der Perspektive des jeweiligen nationalen, dh hier deutschen Steuerrechts entschieden. Daher ist aus steuerlicher Sicht zu unterscheiden, ob die Verschmelzung einer inländischen Aktiengesellschaft auf einem Rechtsträger im Ausland erfolgt (sog. Hinausverschmelzung) oder umgekehrt eine ausländische Aktiengesellschaft auf einen inländischen Rechtsträger verschmolzen wird (sog. Hineinverschmelzung). Schließlich besteht noch die Möglichkeit, dass zwei Aktiengesellschaften im Ausland verschmolzen werden, die aber über Betriebsvermögen im Inland verfügen (sog. Auslandsverschmelzung). Unterschiedliche steuerliche Folgen ergeben sich dabei sowohl für die übertragende Gesellschaft, die übernehmende Gesellschaft und die Anteilseigner der beteiligten Gesellschaften (vgl. *Schön/ Schindler,* SE im Steuerrecht, Rn. 192 f.).

97   **a) Hinausverschmelzung.** Der Fall der Hinausverschmelzung wird im Wesentlichen von § 11–13 UmwStG geregelt. Voraussetzung für die Anwendung der §§ 11–13 UmwStG ist gemäß § 1 Abs. 1 Nr. 1 iVm Abs. 2 S. 1 Nr. 1 UmwStG, dass das Sitz und Ort der Geschäftsleitung sich innerhalb des Hoheitsgebietes eines Mitgliedstaates der EU oder des EWR befinden. Gemäß Art. 7 SE-VO trifft dies für eine ordnungsgemäß begründete SE in jedem Fall zu. Denn gemäß Art. 7 S. 1 muss sich der Sitz der SE in einem Mitgliedstaat der EU befinden, und zwar in dem Mitgliedstaat, in dem sich auch die Hauptverwaltung befindet. Ein Auseinanderfallen von Satzungssitz und Hauptverwaltung ist demnach ausgeschlossen.

98   **aa) Folgen für die übertragende Gesellschaft.** Die Folgen für die übertragende Gesellschaft sind in § 11 UStG geregelt. § 11 Abs. 1 UmwStG ordnet dabei zunächst eine Aufdeckung der stillen Reserven an, indem sie eine Schlussbilanz fordert, in der die übergehenden Wirtschaftsgüter einschließlich nicht entgeltlich erworbener und selbstgeschaffene immaterielle Wirtschaftsgüter mit dem gemeinen Wert anzusetzen sind. Die Finanzverwaltung fordert, dass sämtliche übergehenden aktiven und passiven Wirtschaftsgüter angesetzt werden. Dazu soll der Firmenwert auch dann gehören, wenn der Betrieb der übertragenen Körperschaft nicht fortgeführt wird (vgl. UmwStE 2011, Ziffer 11.02). Nach der Finanzverwaltung ist für die Schlussbilanz folgendes zu beachten: Das gezeichnete Kapital ist um eingeforderte sowie um nicht eingeforderte ausstehende Einlagen zu kürzen, sofern diese nicht vom gezeichneten Kapital entsprechend § 272 Abs. 1 S. 3 HGB angesetzt wurden. Soweit die übertragende Gesellschaft eigene Anteile hält, sind diese in der steuerlichen Schlussbilanz nicht anzusetzen. Der Vorgang ist nach Finanzverwaltung gewinnneutral. Hingegen sind Forderungen und Verbindlichkeiten gegen den übernehmenden Rechtsträger in die Schlussbilanz auch dann aufzunehmen, wenn sie durch Verschmelzung erlöschen. Rückstellungen für infolge einer Verschmelzung anfallende Grunderwerbsteuer dürfen nicht gebildet werden (UmwStE 2011, Ziffer 03.05).

99   Grundsätzlich sind die übergehenden aktiven und passiven Wirtschaftsgüter mit dem gemeinen Wert anzusetzen. Dies gilt nicht für Pensionsrückstellungen, die mit dem Teilwert nach § 6a EStG anzusetzen sind. Dies bedeutet, dass der gemeine Wert der Pensionsrückstellungen grundsätzlich nicht berücksichtigt werden kann, was eine Erhöhung des Übertragungsgewinns zur Folge hat. Die Finanzverwaltung fordert dabei eine Bewertung nicht bezogen auf jedes einzelne übergehende Wirtschaftsgut, sondern bezogen auf die Gesamtheit der übergehenden aktiven und passiven Wirtschaftsgüter (Bewertung als Sachgesamtheit)

100   Die Finanzverwaltung ermittelt den gemeinen Wert der Sachgesamtheit in Anlehnung an die Vorschriften des Bewertungsgesetzes zunächst aus Verkäufen. Soweit dies nicht möglich ist, soll die Bewertung anhand eines ertragswert- oder zahlungsstromorientierten Verfahrens erfolgen, welches ein gedachter Erwerber des Betriebs der übertragenden Körperschaft bei der Bemessung des Kaufpreises zugrundelegen würde (UwStE 2011, Ziffer 03.07).

Von dem so gebildeten gemeinen Wert der übertragenen Wirtschaftsgüter **101** werden deren Buchwert und die Kosten der Verschmelzung abgezogen. Die Differenz bildet den Übertragungsgewinn. Dieser ist grundsätzlich steuerpflichtig, soweit nicht ein entsprechender Veräußerungsgewinn aufgrund einer Steuerbefreiungsvorschrift steuerfrei wäre. So bleibt im Ausland belegenes Betriebsvermögen, welches der DBA-Freistellungsmethode unterliegt, steuerfrei (vgl. MüKoAktG/*Fischer* SteuerR Rn. 19 mwN).

Um im Falle der Gründung einer SE im Wege der Hinausverschmelzung die **102** Aufdeckung stiller Reserven zu vermeiden, ist der Weg nach § 11 Abs. 2 S. 1 UmwStG zu gehen. Zu den Einzelheiten der gesetzgeberischen Konzeption → Rn. 40 ff. Für eine steuerneutrale Gründung einer SE im Wege der Hinausverschmelzung kommt es darauf an, die Wirtschaftsgüter, für die vor der Verschmelzung ein Besteuerungsrecht der Bundesrepublik Deutschland bestanden hat, nach der Verschmelzung noch einer deutschen Betriebstätte der ausländischen SE zugeordnet werden können (MüKoAktG/*Fischer* SteuerR Rn. 22). Problematisch sind insbesondere die Fälle der Übertragung einer inländischen Holding auf eine ausländische SE. In diesen Fällen verbleibt dem Staat der einbringenden Gesellschaft in der Regel keine Betriebstätte, so dass die Voraussetzungen der Fusions-RL für eine steuerneutrale Übertragung nicht gegeben sind (vgl. *Kessler* in Herzig S. 119, 121). Folglich kann es in diesem Fall zu einer Aufdeckung der stillen Reserven und zu einem Übertragungsgewinn kommen. Da dieser Übertragungsgewinn aber in der Regel aus der Bewertung der Kapitalbeteiligungen herrührt, ist dieser gemäß § 8b Abs. 2, 3 KStG zu 95 % steuerfrei (vgl. zu dieser Lösung *Rödder* in Herzig S. 1, 12). Inländisches Immobilienvermögen unterliegt im Falle der Verschmelzung stets gemäß § 49 Abs. 1 Nr. 2f EStG in Verbindung mit § 8 Abs. 1 KStG und den entsprechenden Bestimmungen der DBA der deutschen Besteuerung, ausländisches Immobilienvermögen dementsprechend nicht. Dies gilt unabhängig davon, dass das Halten von Immobilienvermögen durch eine ausländische Gesellschaft keine inländische Betriebstätte begründet (Schmitt/Hörtnagel/Stratz/*Schmitt* UmwStG § 11 Rn. 106). Demnach wird im Falle der Hinausverschmelzung einer deutschen Holdinggesellschaft, die Steuerfreiheit des Vorgangs überwiegend durch § 8b KStG erreicht.

In Höhe der sog. Mindestbesteuerung stellt sich die Frage, ob in richtlini- **103** enkonformer Anwendung mindestens entgegen § 10d Abs. 2 EStG noch bestehende Verluste auch über die entsprechenden Grenzen des § 10d Abs. 2 EStG genutzt werden dürfen. Denn diese Verlustvorträge können auch von der übernehmenden Gesellschaft nicht genutzt werden und gingen insoweit endgültig verloren. Gegen einen solchen endgültigen Verlust der Verlustvorträge bestehen nach der Rechtsprechung des Bundesfinanzhofs verfassungsrechtliche Bedenken. So kann die Grenze zum Kernbereich der Gewährleistung eines Verlustausgleichs überschritten sein, wenn auf der Grundlage eines inneren Sachzusammenhangs der Mindestbesteuerung konkret die Wirkung zukommt, den Verlustabzug gänzlich auszuschließen (BFH BStBl. II 2011 S. 826). Der BFH hat dementsprechend nun auch dem BVerfG § 10d Abs. 2 EStG vorgelegt, da die Vorschrift insoweit verfassungswidrig sei, als sie zu einer endgültigen Nichtberücksichtigung von Verlusten führt (vgl. BFHE 246, 27 = BStBl. II 2014 S. 1016, BVerfG Az. 2 BvL 19/14). Dabei ist es nicht entscheidend, dass die Verlustvorträge nicht auf die übernehmende Gesellschaft übertragen werden können. Denn anders als im Rahmen der Buchwertfortführung, kommt es im Falle der Hinausverschmelzung einer Holdinggesellschaft zu einer Aufdeckung der stillen Reserven und damit grundsätzlich zu einer Sofortversteuerung. Die Situation entspricht damit eine Liquidation der Gesellschaft. Gründe die für den Ausschluss der Übertragung der Verlustvorträge auf die übernehmende Gesellschaft gelten können, gelten in diesem Fall nicht. Insofern sollte es möglich sein, dem verbleibenden Gewinn mit

verbleibenden Verlusten zu verrechnen. Hinsichtlich des verbleibenden steuerlichen Gewinns, kann allerdings weder mithilfe der Fusions-RL noch durch
Anwendung der Grundfreiheiten eine Besteuerung vermieden werden (aA Mü-
KoAktG/*Fischer* SteuerR Rn. 23). Die Fusions-RL kommt mangels Betriebstät-
tenfortführung nicht in Betracht. Die Niederlassungsfreiheit ist von vornherein
nicht einschlägig, weil es an einer Diskriminierung fehlt. Inländische wie ausländische Steuerpflichtige werden gleichbehandelt.

104   **bb) Folgen für die übernehmende Gesellschaft.** Die übernehmende SE
unterliegt grundsätzlich der Rechtsordnung des Staates, in dem sie ihren Sitz hat.
Dies bedeutet, dass auch die steuerlichen Folgen der Gesamtrechtsnachfolge der
deutschen Körperschaft Gegenstand der dortigen Steuerrechtsordnung sind (Mü-
KoAktG/*Fischer* SteuerR Rn. 24). Besteht in Deutschland keine Betriebstätte
mehr, so zB bei der Verschmelzung einer Holdinggesellschaft, verbleibt es bei der
Besteuerung entsprechend § 11 UmwStG (→ Rn. 99). Wird jedoch von dem
Wahlrecht nach § 11 Abs. 2 Gebrauch gemacht und verbleibt demnach eine
Betriebstätte in der Bundesrepublik, so wird die übernehmende Körperschaft mit
den Einkünften aus dieser Betriebstätte beschränkt steuerpflichtig. Darüber hinaus
ist § 12 UmwStG anzuwenden, wonach die übernehmende Körperschaft die auf
sie übergehenden Wirtschaftsgüter, die einer in Deutschland befindlichen Betriebstätte zuzurechnen sind, mit dem Wertansätzen der Überträgerin übernommen werden (Widmann/Meyer/Schießl UmwR, Juli 2012, UmwStG § 11
Rn. 50.63). Mit diesem Prinzip der Wertverknüpfung wird gewährleistet, dass
die spätere Besteuerung der in den übergegangenen Wirtschaftsgütern enthaltenen stillen Reserven der übernehmenden Körperschaft sichergestellt ist (Schmitt/
Hörtnagel/Stratz/*Schmitt* UmwStG § 12 Rn. 11). Die übernehmende SE tritt in
die steuerliche Rechtsstellung der übertragenden deutschen Gesellschaft ein,
wobei gemäß § 12 Abs. 3, 4 Abs. 2 S. 2 UmwStG unter Umständen existierende
Verlustverträge der inländischen AG untergehen. Dies gilt allerdings grundsätzlich nur für das deutsche Recht, das heißt die Verlustvorträge können nicht der
Deutschen Betriebstätte zugeordnet werden. Ob das ausländische Recht die
Übernahme solcher Verluste anerkennt, ist nach dem jeweiligen nationalen Steuerrecht zu entscheiden. Die Fusions-RL schreibt die Fortführung von Verlust-
vorträgen gemäß Art. 6 nicht vor, sondern verlangt nur eine Gleichbehandlung
inländischer und ausländischer Vorgänge. Da Deutschland die Übernahme von
Verlustvorträgen generell ausschließt, besteht auch kein Ansatzpunkt für eine
Verletzung von Grundfreiheiten oder eine Diskriminierung (MüKoAktG/*Fischer*
SteuerR Rn. 27).

105   In der Regel wirft die Anwendung des § 12 UmwStG keine Probleme auf.
Problematisch kann aber in bestimmten Konstellationen eine Verschmelzung zur
Aufnahme sein, sofern die ausländische, in eine SE umzuwandelnden Gesellschaft
an der zu verschmelzenden deutschen Körperschaft beteiligt ist. Für diese Fälle
des up-stream-Merger sieht § 12 Abs. 1 S. 2 iVm § 4 Abs. 1 S. 2 und 3
UmwStG besondere Regelungen vor, die zu einem steuerpflichtigen Übernahmegewinn führen können (MüKoAktG/*Fischer* SteuerR Rn. 26). Denn entsprechend dieser Vorschrift wird die Verschmelzung zum Anlass genommen, die in
der Bilanz der übernehmenden Gesellschaft vorhandenen Buchwerte der Anteile
an der übertragenden Gesellschaft steuerwirksam um früher steuerwirksamer Teil-
wertabschreibungen und entsprechende Abzüge nach § 6 EStG oder ähnliche
Abzüge zu erhöhen. Aus der Differenz dieser Werte und dem Ansatz des übernommenen Betriebsvermögens der übertragenden Gesellschaft kann sich an
Übernahmegewinn ergeben, der zwar grundsätzlich nach § 12 Abs. 2 S. 1
UmwStG außer Ansatz bleibt, aber auf den § 8b KStG Anwendung findet. Dies
führt dazu, dass 5 % des Übernahmegewinns als nicht abzugsfällige Betriebsausga-

ben der übernehmenden Körperschaft gelten. Dies bedeutet, dass der Verschmelzungsvorgang bei der übernehmenden Gesellschaft zweifach steuerlich belastet wird: zum einen um die steuerwirksame Wertaufhohlung und zum anderen durch die Hinzurechnung von 5 % des Übernahmegewinns zu den steuerpflichtigen Einkünften (zum Ganzen *Schön/Schindler,* SE im Steuerrecht, Rn. 250 f.).

Derartige Konstellationen sind aber in der Regel deswegen nicht problematisch, da nach den meisten Doppelbesteuerungsabkommen entsprechend Art. 13 Abs. 5 OECD-MA ein Besteuerungsrecht der Bundesrepublik Deutschland an der Beteiligung der ausländischen Muttergesellschaft an der inländischen Tochtergesellschaft ausgeschlossen ist. Eine Anwendung von § 12 UmwStG auf diese Fälle kommt daher von vornherein nicht in Betracht. Lediglich in den Fällen, in denen entweder kein Doppelbesteuerungsabkommen vorliegt oder das Besteuerungsrecht durch das Abkommen dem Ansässigkeitsstaat der Tochtergesellschaft zugewiesen ist (DBA Slowakei, Tschechien Zypern) kommt die Sonderregelung des § 12 Abs. 1 S. 2 UmwStG zu tragen. Die Besteuerung der ausländischen Gesellschaft für den Übernahmegewinn verstößt gegen Art. 7 Abs. 1 Fusions-RL, sofern die aufnehmende ausländische Gesellschaft eine Beteiligung von mindestens 10 % besessen hat (so die hM, *Schön/Schindler,* SE im Steuerrecht, Rn. 251; MüKoAktG/*Fischer* SteuerR Rn. 26; *Körner* IStR 2004, 470; *Rödder/ Schumacher* DStR 2006, 1533;*Werra/Teiche* DB 2006, 1459 f.; *Herzig/Griemla* StuW 2002, 68; teilweise aA *Thiel* DB 2005, 2319). Entsprechend Art. 7 Abs. 1 Fusions-RL dürfen die bei der übernehmenden Gesellschaft möglicherweise entstehenden Wertsteigerungen beim Untergang ihrer Beteiligung am Kapital der einbringenden Gesellschaft keiner Besteuerung unterliegen. Zwar handelt es sich bei der Hinzurechnung von 5 % des Übernahmegewinns zu den steuerpflichtigen Einkünften technisch um die Nichtabzugsfähigkeit eines fiktiven Aufwands, dies vermag jedoch nicht die Anwendung des Art. 7 Fusions-RL einzuschränken. Nach Art. 288 Abs. 3 AEUV ist die Richtlinie für jeden Mitgliedstaat an den sie gerichtet wird, hinsichtlich des zu erreichenden Ziels verbindlich, überlässt jedoch den innerstaatlichen Stellen die Wahl der Form und der Mittel. Das Ziel von Art. 7 Fusions-RL ist die Steuerfreiheit des Übernahmegewinns. Solange die Bundesrepublik Deutschland weiterhin auf die stillen Reserven, die in der Beteiligung sind, zugreifen kann, besteht für eine Sofortbesteuerung des Übernahmegewinns in welcher Form auch immer kein Raum (*Schön/Schindler,* SE im Steuerrecht, Rn. 251 fl mwN). Zur Vermeidung der Besteuerung kann sich der Betroffene unmittelbar auf Art. 7 Fusions-RL berufen, sofern er zu mehr als 10 % (Art. 7 Abs. 2 Fusions-RL) an der übernommenen Gesellschaft beteiligt war (MüKoAktG/*Fischer* SteuerR Rn. 26).

cc) Folgen für die Anteilseigner. Die Folgen für die Anteilseigner der untergehenden deutschen Gesellschaft sind in § 13 UmwStG geregelt. Diese Regelung kommt aber grundsätzlich nur bei Anteilseignern zur Anwendung, die der deutschen Besteuerung unterliegen. Dies ist der Fall, wenn der Anteilseigner seinen Wohnsitz oder gewöhnlichen Aufenthalt oder bei einer Kapitalgesellschaft seine Geschäftsleitung im Inland hat. Soweit § 13 UmwStG eingreift regelt er die Folgen der Hinausverschmelzung im Einklang mit der Fusions-RL. Hinsichtlich der Probleme der Regelung sei auf die kommentierenden Ausführungen verwiesen (→ Rn. 50 ff.).

b) Hineinverschmelzung. Bei der Gründung einer SE im Wege der Hineinverschmelzung geht das Vermögen der ausländischen Gesellschaft auf die in Deutschland begründete SE im Wege der Gesamtrechtsnachfolge über. Die Verschmelzung erfolgt entweder durch Neugründung der deutschen SE unter Beteiligung der ausländischen Gesellschaft (Verschmelzung zur Neugründung) oder durch Verschmelzung zur Aufnahme, in dem eine ausländische Kapitalgesellschaft

106

107

108

in eine deutsche Aktiengesellschaft aufgenommen wird, die gleichzeitig in eine SE umgewandelt wird (Schön/Schindler, SE im Steuerrecht, Rn. 269). Bei der Verschmelzung zur Aufnahme auf die bereits bestehende Körperschaft stellt der Übernahme des Betriebsvermögens einen laufenden Geschäftsvorfall dar. Bei der Verschmelzung durch Neugründung ist auf den steuerlichen Übertragungsstichtag eine steuerliche Eröffnungsbilanz zu stellen (UmwStE 2011, Ziffer 12.02).

109 **aa) Steuerliche Folgen für die ausländische Gesellschaft.** Hinsichtlich der steuerrechtlichen Folgen ist zu unterscheiden, ob die Bundesrepublik Deutschland über ein Besteuerungsrecht an den Wirtschaftsgütern der ausländischen Gesellschaft verfügt oder nicht. Nach den gängigen abkommensrechtlichen Regelungen, die dem OECD-Musterabkommen folgen, besitzt die Bundesrepublik Deutschland grundsätzlich an der ausländischen Gesellschaft kein Besteuerungsrecht. Dies gilt auch für inländische Beteiligungen der ausländischen Gesellschaft, weil diese regelmäßig gemäß Art. 13 Abs. 5 OECD-MA freigestellt sind. Ein Besteuerungsrecht der Bundesrepublik Deutschland kommt vor allem in Betracht, wenn die ausländische Gesellschaft über eine inländische Betriebsstätte (§ 49 Abs. 1 Nr. 2 lit. a EStG bzw. Art. 7, 13 Abs. 2 OECD-MA) oder inländischen Immobilienbesitz (§ 49 Abs. 1 Nr. 2 lit. f EStG bzw. Art. 13 Abs. 2 OECD-MA) verfügt (MüKoAktG/*Fischer* SteuerR Rn. 35 f.).

110 Soweit die Bundesrepublik Deutschland an der ausländischen Gesellschaft und ihren Wirtschaftsgütern kein Besteuerungsrecht besessen hat, kommen die §§ 11 ff. UmwStG nicht zur Anwendung. Durch die Einbringung dieser Wirtschaftsgüter in die inländische SE wird insoweit erstmals ein deutsches Besteuerungsrecht begründet. Entsprechend § 8 Abs. 1 KStG iVm § 4 Abs. 1 S. 8 Hs. 2 EStG wird die Begründung des deutschen Besteuerungsrechts dem Gewinn aus der Veräußerung eines Wirtschaftsguts gleichgestellt und als Einlage behandelt. Eine solche fiktive Einlage erfasst nur die erstmalige Begründung eines Besteuerungsrechts der Bundesrepublik Deutschland und nicht den Wechsel von einer eingeschränkten zu einer uneingeschränkten Steuerpflicht (vgl. Blümich/*Wied* 130. Aufl. EStG § 4 Rn. 513). Bewertet werden diese Einlagen gemäß § 8 Abs. 1 KStG iVm § 6 Abs. 1 Nr. 5a EStG mit dem gemeinen Wert. Dies gilt unabhängig von der Bewertung dieser Wirtschaftsgüter im Ausland. Diese Regelung ist grundsätzlich dann unproblematisch, wenn im Ausland keine Anträge auf Fortführung der Buchwerte vergleichbar § 11 Abs. 2 UmwStG gestellt wurden. Wenn im Ausland ein solcher Antrag auf Steuerneutralität gestellt wird, stellt sich die Frage, wie die Bundesrepublik auf derartige Anträge zu reagieren hat. Nach dem Konzept der Fusionsbesteuerungsrichtlinie steht die Steuerneutralität allerdings unter der Bedingung des Fortbestehens der Besteuerungshoheit des ausländischen Staates an den stillen Reserven der untergehenden Gesellschaft, soweit diese einer ausländischen Betriebsstätte zugeordnet werden können. Das Besteuerungsrecht für den Übertragungsgewinn bleibt daher grundsätzlich den Staat zugewiesen, in dem die Gesellschaft ansässig war. Infolgedessen fehlt es an einem deutschen Besteuerungsrecht für den Übernahmegewinn, so dass gegen eine Bewertung der insoweit erstmalig unter das deutsche Besteuerungsrecht fallenden Wirtschaftsgüter mit dem gemeinen Wert keinerlei Bedenken bestehen (vgl. *Körner* IStR 2009, 741 [748 f.]).

111 Soweit die Bundesrepublik Deutschland an den Wirtschaftsgütern der ausländischen Gesellschaft vor der Verschmelzung ein Besteuerungsrecht besaß, sind diese Wirtschaftsgüter die §§ 11 ff. UmwStG anwendbar. Es besteht ein entsprechendes Wahlrecht hinsichtlich der Bewertung. Soweit den der deutschen Besteuerung unterliegenden Wirtschaftsgütern ein entsprechender Verlustvortrag zugeordnet werden kann, ist die Überlegung zu stellen, ob ein Antrag auf Buchwertfortführung gestellt werden sollte oder ob der Verlustvortrag mit den aufgedeckten stillen Reserven zu verrechnen ist. Hinsichtlich der Behandlung barer Zuwendungen ist zu beachten, dass Barzuwendungen in Höhe von 10 % entgegen dem Wortlaut § 11 Abs. 2 UmwStG nicht ausschließen (→ Rn. 42). Streitig ist auch, ob die nach § 11 vorzunehmende steuerliche Schlussbilanz auch solche Wirtschaftsgüter enthalten soll, die in deutschen Besteuerungsrecht nicht unterliegen. Dies wird teilweise abgelehnt, weil das Regime des §§ 11 ff. UmwStG eine deutsche Besteuerungshoheit voraussetze (MüKoAktG/*Fischer* SteuerR Rn. 40 mwN). Die Gegenansicht fordert eine Schlussbilanz mit allen Wirtschaftsgütern (Widmann/Mayer/*Schießl* UmStG § 11 Rn. 50.39). Letzterer Ansicht ist zu folgen. Denn die Frage, welche Wirtschaftsgüter in einer Schlussbilanz aufzuführen sind, ist unabhängig von der Frage, inwieweit diese Wirtschaftsgüter auch der deutschen Steuerhoheit unterliegen.

bb) Folgen für die inländische SE und die Anteilseigner. § 12 UmwStG **112** regelt dann die Folgen für die übernehmende inländische SE. Besonderheiten ergeben sich insoweit nicht. Hinsichtlich der Anteilseigner ist zu unterscheiden, wo sie ihren Wohnsitz oder gewöhnlichen Aufenthalt haben. Soweit die Anteilseigner weder im Inland einen Wohnsitz, einen gewöhnlichen Aufenthalt oder bei juristischen Personen einen Geschäftssitz im Inland haben, werden sie soweit ein Doppelbesteuerungsabkommen vorliegt in der Regel nicht steuerpflichtig. Denn entsprechend Art. 13 Abs. 5 OECD-MA wird das Besteuerungsrecht hinsichtlich dieser Anteile dem Ansässigkeitsstaat des Gesellschafters zugewiesen. Folglich werden diese Anteilseigner auch hinsichtlich der Anteile der neuen SE nicht in Deutschland steuerpflichtig. Soweit ein Doppelbesteuerungsabkommen nicht vorliegt, werden ausländische Anteilseigner gemäß § 49 Abs. 1 Nr. 2 lit. b EStG beschränkt steuerpflichtig. Das gleiche gilt für Anteilseigner aus Tschechien, der Slowakei und Zypern, weil in den Doppelbesteuerungsabkommen abweichend vom OECD-MA ein Besteuerungsrecht der Bundesrepublik vorgesehen ist. Soweit in Folge dieser Regelung es zu einer erstmaligen Steuerpflicht der ausländischen Anteilseigner kommt, ist den Anteilseigner zu empfehlen, von dem Wahlrecht nach § 13 Abs. 2 UmwStG keinen Gebrauch zu machen. Die Anteile an der übernehmenden Gesellschaft werden dann mit dem gemeinen Wert angesetzt, so dass der deutsche Fiskus keine Möglichkeit erhält, auf die im Ausland entstandenen stillen Reserven zuzugreifen (*Schön/Schindler*, SE im Steuerrecht, Rn. 281; MüKoAktG/*Fischer* SteuerR Rn. 41). Für die inländischen Anteilseigner kommt § 13 UmwStG zum Zug. Über einen Antrag nach Abs. 2 dieser Bestimmung kann eine Besteuerung der stillen Reserven verhindert werden.

c) Auslandsverschmelzung. Bei einer Auslandsverschmelzung mit Inlands- **113** bezug ist durch § 12 Abs. 2 KStG sichergestellt, dass § 11 UmwStG auf im Inland belegene Betriebstätten Anwendung findet. Insoweit verbleibt es bei dem Regime der §§ 11 und 12 UmwStG, wenn das deutsche Besteuerungsrecht an der Betriebstätte erhalten bleibt. Ansonsten kommt es gemäß § 12 Abs. 1 KStG zur Aufdeckung der stillen Reserven. Für die Anteilseigner kommt es zu keinem Veräußerungsgewinn, wenn das Besteuerungsrecht der Bundesrepublik erhalten bleibt. Dies ist gemäß Art. 13 Abs. 5 OECD-MA regelmäßig der Fall.

2. Gründung einer Holding-SE. Art. 32 SE-VO sieht die Möglichkeit vor, **114** dass zwei Gesellschaften, die in verschiedenen Mitgliedstaaten ansässig sind oder mindestens in verschiedenen Mitgliedstaaten eine Zweigniederlassung unterhalten, eine Holding SE gründen. Die Gründung vollzieht sich als Sachgründung durch einen Anteilstausch. Die an der Gründung beteiligten Gesellschaften (Gründungsgesellschaften) bleiben bestehen. Die Übertragung der Anteile auf die SE folgt im Wege der Einzelrechtsnachfolge. Im Gegenzug erhalten die Gesell-

schafter der Gründungsgesellschaften Aktien der SE (vgl. MüKoAktG/*Fischer*
SteuerR Rn. 44). Aus steuerlicher Sicht handelt es sich demnach um die Einbringung von Gesellschaftsanteilen in eine Kapitalgesellschaft gegen Gewährung
von neuen Gesellschaftsrechten. Dabei handelt es sich bei einer Holding SE
grundsätzlich um einen qualifizierten Anteilstausch nach § 21 Abs. 1 S. 2
UmwStG, weil die Gründungsgesellschaften ihrer Anteile mit mehr als 50 % der
Stimmrechte in die neue SE einbringen müssen.

115   **a) Steuerliche Folgen für die Gründungsgesellschaften.** Die Gründung
einer Holding-SE bleibt für eine inländische Gründungsgesellschaft ohne unmittelbare steuerrechtliche Folgen. Dies gilt unabhängig davon, ob es sich um
inländische oder ausländische einbringende oder eine in Deutschland oder im
EU-Ausland ansässige Holding-SE handelt. Da es zu keiner Vermögensumschich-
tung kommt, sondern das Vermögen der an der Gründung beteiligten Gesellschaften beim jeweiligen Rechtsträger verbleibt, wird kein steuerrechtlicher Tatbestand verwirklicht. Die Übertragung erfolgt steuerneutral (*Schön/Schindler,* SE
im Steuerrecht, Rn. 344).

116   Soweit allerdings die Gründungsgesellschaft über nicht genutzte Verluste iSd
§ 8c Abs. 1 KStG verfügt, können diese Verluste vollständig nicht mehr abgezogen werden. Denn die Holding-SE ist zwingend mit einem mehr als 50 %-igen
Gesellschafterwechsel bei der Gründungsgesellschaft verbunden (MüKoAktG/
Fischer SteuerR Rn. 46). Diese Regelung ist mit dem Unionsrecht grundsätzlich
vereinbar, weil sie unabhängig von einem Missbrauchsvorwurf und ohne zwischen inländischen oder ausländischen Sachverhalten zu differenzieren objektiv
bestimmt, dass jede qualifizierte Änderung der gesellschaftsrechtlichen Beherr-
schungsverhältnisse die Verlustnutzung zerstört (vgl. Gosch/*Roser*, 3. Aufl. 2015,
KStG § 8c Rn. 2). Folglich gelten diese Bestimmungen auch für die Holding SE.
Eine andere Frage ist, ob die endgültige Vernichtung von Verlustvorträgen mit
dem nationalen Verfassungsrecht vereinbar ist. Das FG Hamburg hat die Vorschrift deswegen dem Bundesverfassungsgericht zur Entscheidung über die Verfassungsmäßigkeit vorgelegt (FG Hamburg DStR 2011, 1172, BVerfG Az. 2 BvL
6/11).

117   **b) Steuerliche Folgen für die Holding-SE.** Die Errichtung der Holding-SE
erfolgt durch die Übertragung von Gesellschaftsanteilen im Wege einer Sachgründung. Für die so gegründete Gesellschaft ist der Vorgang einkommensneutral. Insofern ist hier auch nicht zwischen einer im Ausland oder im Inland
ansässigen Gesellschaft unterscheiden. Auch die Frage, zu welchen Werten die die
Einbringung erfolgt, ist für die SE nicht relevant. Damit wird lediglich die Höhe
der stillen Reserven festgelegt. Die Bundesrepublik hat zudem insofern einen
Standortvorteil, als die Bundesrepublik anders als andere Mitgliedstaaten keine
Gesellschaftsteuer auf die Aufbringung von Kapital einer Kapitalgesellschaft erhebt (*Schön/Schindler,* SE im Steuerrecht, Rn. 339 ff.). Ertragsteuerliche Belastungen kommen demnach nicht in Frage.

118   Für inländische Grundstücke iSd § 1 Abs. 1 GrEStG kann allerdings eine
Grunderwerbsteuerpflicht eintreten, wenn die Holding-SE durch die Einbringung der Anteile mindestens 95 % der Anteile der grundstücksbesitzenden Gesellschaft erwirbt (MüKoAktG/*Fischer* SteuerR Rn. 47). Dies stellt zwar eine Besteuerung aus Anlass der Gründung der SE dar, jedoch wird weder die Grunderwerbsteuer selbst noch der Vorgang von der Fusions-RL erfasst, so dass diese
steuerrechtlichen Folgen nicht unter Hinweis auf die Fusions-RL beseitigt werden können. Denkbar ist aber ein Verstoß gegen die RL 2008/7/EG des Rates
vom 12.2.2008 betreffend die indirekten Steuern auf die Ansammlung von
Kapital (ABl. L 46 S. 11), der die entsprechende Richtlinie aus dem Jahr 1969
(RL 69/335/EWG des Rates betreffend die indirekten Steuern auf die Ansamm-

lung von Kapital vom 17.7.1969, ABl. L 249 S. 25, zuletzt geändert durch die RL 2006/98/EG, ABl. L 363 S. 129) ersetzt hat. Eine solche fehlende Vereinbarkeit wird teilweise vertreten (*Sprengel/Dörrfuß* DStR 2003, 1059 ff.). Allerdings dürfte es sich bei der Grunderwerbsteuer um eine Besitzwechselsteuer iSd Art. 6 Abs. 1 lit. c RL 2008/7/EG handeln, die die Einbringung von Grundstücken besteuert und für die die Richtlinie keine Anwendung findet. Insofern dürfte auch hier das Unionsrecht nicht helfen.

c) Steuerliche Folgen für die Anteilseigner. Steuerliche Folgen im Zuge **119** einer Holding-SE können sich folglich allein auf Ebene der Anteilseigner ergeben. Die Einbringung von Anteilen an der Gründungsgesellschaft in die neue Holding-SE bedeutet einen Tausch der alten Gesellschaftsanteile gegen Anteile an der SE. Dies kann zu einer Realisierung der stillen Reserven kommen. In diesem Fall ist § 21 UmwStG anzuwenden, der grundsätzlich eine steuerneutrale Einbringung durch Buchwertverknüpfung ermöglicht. Soweit es sich um inländische Anteilseigner handelt, sind die Voraussetzungen des § 21 UmwStG regelmäßig erfüllt, unabhängig davon, ob es sich bei den eingebrachten Anteilen um in- oder ausländisches Vermögen handelt oder die SE im In- oder Ausland sitzt. Soweit es sich um einbringende handelt, die im Ausland ihren Wohnsitz oder ihren gewöhnlichen Aufenthalt haben, ermöglicht § 21 Abs. 2 Nr. 2 UmwStG eine steuerneutrale Einbringung, auch wenn die als Gegenleistung erhaltenen Aktien an der SE nicht mehr der Besteuerung der Bundesrepublik unterliegen. Auch für die Gesellschafter ist somit in jedem Fall eine steuerneutrale Gründung einer Holding-SE möglich (*Schön/Schindler,* SE im Steuerrecht, Rn. 347 ff.). Soweit die Einbringung durch natürliche Personen oder durch Gesellschaften erfolgt, die die Steuerbefreiung nach § 8b Abs. 2 KStG nicht in Anspruch nehmen können, führt § 22 Abs. 2 UmwStG zu einer nachträglichen auf den Zeitpunkt der Einbringung rückwirkend bezogenen zeitanteiligen Besteuerung, wenn eine deutsche Holding-SE die übernommenen Anteile innerhalb vom sieben Jahren veräußert (MüKoAktG/*Fischer* SteuerR Rn. 56). Derartige Konstellationen werden im Fall einer Holding-SE selten sein. Überdies ist die Anwendung von § 22 UmwStG für grenzüberschreitende Vorgänge, wie sie bei SE-Gründungen regelmäßig gegeben sind, unionsrechtswidrig (→ Rn. 84).

3. Gründung einer Tochter-SE. Die Gründung einer sog. Tochter-SE ge- **120** schieht rechtstechnisch durch Einlagen im Wege der Einzelrechtsnachfolge gegen Gewährung von Gesellschaftsrechten an der Tochter-SE. Die Gesellschafter der einbringenden Gesellschaft sind an den Gründungsvorgang nicht unmittelbar beteiligt. Steuerrechtlich unproblematisch ist dabei grundsätzlich der Fall, in dem die Tochter-SE gegen Bareinlagen gegründet wird. Hier könnte es allenfalls zu einer Gesellschaftsteuer oder einer vergleichbaren Steuer auf die Einzahlung von Kapital bei Kapitalgesellschaften kommen, soweit es sich um eine Gründung in einem Mitgliedstaat handelt, der derartige Steuern erhebt. Für inländische Tochter-SEs gilt dieses Problem nicht (MüKoAktG/*Fischer* SteuerR Rn. 63 f.).

Hinsichtlich einer Sachgründung kommt § 20 UmwStG zum Zuge. Soweit **121** die Tochter-SE durch Einbringung von Kapitalgesellschaftsanteilen gegründet wird, kommt § 21 UmwStG zum Zuge, was den steuerlichen Folgen der Gründung einer Holding-SE entspricht. Die folgende Betrachtung bezieht sich daher ausschließlich auf die Sachgründung. Steuerliche Folgen können in diesen Fällen sowohl auf der Ebene der SE als auch der Gründungsgesellschaften eintreten.

a) Steuerliche Folgen für die SE. Die Gründung einer SE durch Über- **122** tragung von Betrieben oder mit Unternehmensanteilen im Wege einer Sachgründung ist grundsätzlich einkommensneutral. Insofern ist auch die Wahl zwischen dem Ansatz des gemeinen Wertes oder des Buchwerts zunächst ohne

Bedeutung, weil sich der Gründungsvorgang allein auf der Vermögensebene auswirkt. Der Wertansatz hat allein Bedeutung für die spätere Aufdeckung stiller
Reserven und für die Nutzung des vorhandenen Abschreibungspotenzials. Da die
Bundesrepublik keine Gesellschaftsteuer kennt, bleibt die Gründung einer inländischen Tochter-SE soweit steuerfrei. Eine steuerliche Belastung kann allenfalls
durch Grunderwerbsteuer entstehen, wenn die Sachgründung durch die Einbringung von Grundstücken erfolgt. Vor einer solchen steuerlichen Belastung schützt
die Fusions-RL nicht (*Schön/Schindler,* SE im Steuerrecht, Rn. 405 ff.).

123   **b) Steuerliche Folgen für die Gründungsgesellschaften.** Hinsichtlich der
steuerlichen Folgen für die Gründungsgesellschaften ist zunächst dahingehend zu
differenzieren, ob der Anwendungsbereich des § 20 UmwStG eröffnet ist. Gemäß § 1 Abs. 4 S. 1 Nr. 2 lit. a aa UmwStG ist es erforderlich, dass es sich bei
den einbringenden Gründungsgesellschaften um nach den Rechtsvorschriften
eines Mitgliedstaates der EU bzw. des EWR gegründete Gesellschaften handelt,
deren Satzungssitz und Ort der Geschäftsleitung in einem Mitgliedstaat liegt.
Soweit eine Personengesellschaft beteiligt ist, kommt es auf die dahinterstehenden
Gesellschafter an. Handelt es sich um eine natürliche Person, muss diese gemäß
§ 1 Abs. 4 S. 1 Nr. 2 lit. a bb UmwStG in Verbindung mit § 1 Abs. 2 S. 1 Nr. 2
UmwStG ihren Wohnsitz oder gewöhnlichen Aufenthalt innerhalb der EU und
Weise des EWR haben. Soweit ein Mitgesellschafter außerhalb der EU bzw. des
EWIR ansässig ist, ist es gemäß § 1 Abs. 4 S. 1 Nr. 2 lit. b UmwStG erforderlich,
dass die erhaltenen Anteile an der Tochter-SE dem Besteuerungsrecht der Bundesrepublik unterliegen. Da Art. 13 Abs. 5 OECD-MA das Besteuerungsrecht in
diesen Fällen dem Wohnsitzstaat zuweist, wird diese Voraussetzung in der Regel
nicht erfüllt sein (MüKoAktG/*Fischer* SteuerR Rn. 66). Bei abweichenden Regelungen oder für den Fall, dass kein Doppelbesteuerungsabkommen besteht
bleibt § 20 UmwStG unanwendbar (UmwStE 2011, Ziffer 01.53 ff.).

124   Ist der Anwendungsbereich des § 20 UmwStG eröffnet, so ermöglicht § 20
UmwStG eine steuerneutrale Gründung der Tochter-SE. Werden inländische
Betriebe oder Teilbetriebe von einer inländischen Kapitalgesellschaft in eine
gemeinsame Tochtergesellschaft mit Sitz im Inland eingebracht, so sind diese
Vorgänge gemäß § 20 Abs. 2 S. 2 UmwStG steuerneutral durchführbar. Das
gleiche gilt für den Fall, dass ausländische Betriebe oder Teilbetriebe in eine
gemeinsame Tochtergesellschaft mit Sitz im Inland oder inländische Teilbetriebe
oder Mitunternehmeranteile in eine im EU Ausland ansässige SE eingebracht
werden (*Schön/Schindler,* SE im Steuerrecht, Rn. 411 ff.).

125   Außerhalb des Anwendungsbereichs von § 20 UmwStG verbleibt es bei den
allgemeinen Regeln. Das heißt, dass es zu einer Aufdeckung der stillen Reserven
kommt. § 20 UmwStG ist insbesondere dann nicht anwendbar, wenn zur Erbringung der Einlage einzelne Wirtschaftsgüter übertragen werden, die in ihrer
Gesamtheit sich nicht als Teilbetrieb qualifizieren lassen. In dem Fall werden die
stillen Reserven aufgedeckt und ein Einbringungsgewinn unterliegt der Besteuerung gemäß § 6 Abs. 6 EStG, § 8 Abs. 1 KStG. Diese Folge tritt allerdings nur
ein, wenn die einbringende Gesellschaft unbeschränkt steuerpflichtig ist oder die
einzelnen eingebrachten Wirtschaftsgüter einer inländischen Betriebsstätte zuzuordnen sind. Außerdem sind entsprechende Regelungen eines Doppelbesteuerungsabkommen zu beachten. Stammen die einzelnen Wirtschaftsgüter aus einer
ausländischen Betriebsstätte, deren Gewinne aufgrund eines DBA von der deutschen Besteuerung ausgenommen sind, kommt es auch nicht zu einer Aufdeckung der stillen Reserven (*Schön/Schindler,* SE im Steuerrecht, Rn. 410).

126   **4. Gründung durch Formwechsel.** Bei der Gründung durch einen Formwechsel wird eine AG in eine SE umgewandelt. Die Umwandlung erfordert
zumindest eine Tochtergesellschaft in einem anderen Mitgliedstaat (Art. 11

Abs. 4 SE-VO). Die Umwandlung einer deutschen AG in eine SE mit Sitz in Deutschland ist ertragsteuerlich vollständig neutral, weil das Ertragssteuersubjekt iSd § 1 Abs. 1 KStG fortbesteht (MüKoAktG/*Fischer* SteuerR Rn. 12). Auch bei einem Formwechsel einer ausländischen Mutter-AG in eine SE ändert sich nichts, weil die deutsche Tochter als Besteuerungsobjekt unverändert bestehen bleibt.

II. Sitzverlagerung einer SE

Aus dem Charakter der SE als grenzüberschreitende Gesellschaftsform ergibt **127** sich die Möglichkeit einer identitätswahrenden Sitzverlegung innerhalb der EU bzw. des EWR. Gemäß Art. 7 S. 1 SE-VO muss der effektive Verwaltungssitz einer SE mit dem satzungsmäßigen Sitz identisch sein. Fallen beide Sitze auseinander, kann dies zur Liquidation der SE führen (Art. 64 SE-VO). Für die steuerliche Betrachtung wird ein solches vorschriftswidriges Ausnahmefallen von Satzungssitz und Verwaltungssitz hier nicht behandelt, weil davon ausgegangen wird, dass eine solche SE vordringlich andere Probleme als solche des Steuerrechts hat (zu den steuerlichen Konsequenzen einer solchen Konstellation *Schön*/*Schindler*, SE im Steuerrecht, Rn. 53 ff.). Die steuerlichen Konsequenzen einer solchen Sitzverlagerung unterscheiden sich je nach dem, ob eine deutsche SE ihren Sitz ins Ausland oder umgekehrt eine ausländische SE ihren Sitz nach Deutschland verlegt.

1. Sitzverlegung aus Deutschland ins Ausland. Verlagert die deutsche SE **128** ihren Sitz ins Ausland, so ist sie gemäß § 1 Abs. 1 KStG nicht mehr unbeschränkt steuerpflichtig, da sie ihre Geschäftsleitung und ihren Sitz nicht mehr im Inland hat. Es findet ein Wechsel von der unbeschränkten in die beschränkte Steuerpflicht statt. Aus diesem Wechsel können sich sowohl auf der Ebene der SE als auch auf der Ebene der Aktionäre steuerliche Konsequenzen ergeben.

a) Konsequenzen für die SE. Aufgrund der identitätswahrenden Verlegung **129** kommt es bei einer Verlegung des Sitzes ins Ausland nicht zu einer Auflösung der SE. Folglich entsteht auch kein Liquidationsgewinn iSd § 11 Abs. 1 S. 1 KStG (MüKoAktG/*Fischer* SteuerR Rn. 89). Der Wegzug kann vielmehr unter den Bedingungen des § 12 KStG – jedenfalls teilweise – steuerneutral, dh ohne Aufdeckung stiller Reserven erfolgen. Gemäß § 12 KStG kommt es entscheidend darauf an, dass das Besteuerungsrecht der Bundesrepublik Deutschland hinsichtlich des Gewinns aus der Veräußerung oder der Nutzung eines Wirtschaftsguts nicht ausgeschlossen oder beschränkt wird. Ein Ausschluss des Deutschen Besteuerungsrechts liegt vor, wenn ein künftiger Gewinn aus der Veräußerung oder der Nutzung des Wirtschaftsgutes nicht mehr der deutschen Besteuerung unterliegt. Eine Beschränkung liegt vor, wenn das Besteuerungsrecht zwar weiterhin besteht, aber seinen Umfang nach verringert wird (Blümich/*Hofmeister* 130. Aufl. KStG § 12 Rn. 40).

Auf Basis von § 12 Abs. 1 KStG kommt es demnach darauf an, ob vor der **130** Sitzverlegung ins Ausland ein Besteuerungsrecht an Wirtschaftsgütern in Deutschland bestanden hat und nach der Sitzverlegung dieses Besteuerungsrecht unverändert besteht, weil die Wirtschaftsgüter einer deutschen Betriebstätte der ausländischen SE zugeordnet werden können (MüKoAktG/*Fischer* SteuerR Rn. 90). Problematisch sind in diesen Fällen zwei Konstellationen. Zum einen kommt zu einer Aufdeckung stiller Reserven hinsichtlich des ausländischen Vermögens, für das die Bundesrepublik ein beschränktes Steuerrecht besaß. Diese Konstellation dürfte selten sein, weil ausländische Betriebsstätten in der Regel nach Art. 13 Abs. 5 OECD-A durch entsprechende Doppelbesteuerungsabkommen freigestellt sind. Die Konstellation betrifft also nur die Fälle, in denen entweder

ein Doppelbesteuerungsabkommen nicht existiert oder das Doppelbesteuerungsabkommen ausnahmsweise die Anrechnungsmethode vorsieht. Dieser Fall entspricht Art. 10 Abs. 2 Fusions-RL, weil hier ein Besteuerungsrecht, welches
infolge des Welteinkommensprinzips bestand, durch die Sitzverlagerung entfällt.
Für Umwandlungsfälle sieht § 3 Abs. 3 UmwStG eine sog. fiktive Steueranrechnung vor, eine Möglichkeit, die allerdings gemäß § 12 Abs. 1 KStG nicht besteht.
Da es im Betriebsstättenstaat regelmäßig erst später oder gar nicht zu einer
entsprechenden Gewinnaufdeckung kommt, kann es hier zu einer Doppelbesteuerung kommen. Eine Lösung will die nachfolgende ausländische Besteue-
rung als rückwirkendes Ereignis iSd § 175 AO ansehen und den entsprechenden
Steuerbescheid rückwirkend nach § 175 Abs. 1 S. 1 Nr. 2 AO ändern (*Förster/
Lange* RIW 2002, 588 ff.). Ein anderer Vorschlag sieht eine Steueranrechnung
(*Blumenberg/Lechner* in ders./Schäfer, Das SEStEG, S. 83) vor. Teilweise will man
dieses Problem dadurch lösen, dass § 3 Abs. 3 UmwStG analog angewendet wird
(MüKoAktG/*Fischer* SteuerR Rn. 90). Fraglich ist allerdings, ob eine solche
Analogie zu § 3 UmwStG wirklich möglich ist. Letztlich wird man von einer
Analogie zu Art. 10 Abs. 2 Fusions-RL ausgehen müssen. Denn nach der grundsätzlichen Wertung der Fusions-RL soll die Sitzverlagerung einer SE steuerlich
nicht anders behandelt werden, als eine grenzüberschreitende Fusion. Dies ergibt
sich aus Art. 12 Fusions-RL. Diese Wertung gilt allerdings nur im Anwendungsbereich der Richtlinie, so dass eine entsprechende Anwendung der Richtlinie,
der entsprechenden Anwendung des UmwStG vorzuziehen ist (im Ergebnis
ebenso *Schön/Schindler,* SE im Steuerrecht, Rn. 145).

131   Auch sind die Fälle problematisch, in denen keine deutsche Betriebstätte mehr
verbleibt, beispielsweise weil eine Holding-SE ihren Sitz verlegt. Dies betrifft
insbesondere die immateriellen Wirtschaftsgüter des Anlagevermögens und den
Firmenwert. Der Besteuerungsaufschub § 4g EStG, scheitert an dem Erfordernis
einer fortbestehenden unbeschränkten Steuerpflicht. Dabei ist allerdings zu beachten, dass in Fällen der auf diese Weise entstehende Übertragungsgewinn
identisch mit der Bewertung der Kapitalbeteiligung ist, so dieser gemäß § 8b
Abs. 2, 3 KStG zu 95 % steuerfrei sein kann (vgl. zu dieser Lösung *Rödder* in
Herzig S. 1, 12).

132   Es kommt also hinsichtlich der Wirtschaftsgüter, die endgültig aus der deutschen Besteuerung ausscheiden zu einer Aufdeckung der stillen Reserven und zu
einer Besteuerung. Dies entspricht der Konzeption der Fusions-RL. Denn eine
steuerneutrale Sitzverlegung steht gemäß Art. 12 Fusions-RL unter der Bedingung, dass die stillen Reserven in der Betriebsstätte verbleiben, die in dem Staat
belegen ist, der bisher Sitz der Gesellschaft war. Da insoweit die deutsche Regelung der Fusions-RL entspricht, bleibt auch für eine Verletzung der Niederlassungsfreiheit kein Raum. Denn die Regelungen der Fusions-RL verstoßen
nicht gegen die Niederlassungsfreiheit (aA MüKoAktG/*Fischer* SteuerR Rn. 92).
Eine steuerneutrale Sitzverlegung einer SE ins Ausland ist damit entscheidend
davon abhängig, dass die Sitzverlegung nicht mit einer Verlegung der stillen
Reserven ins Ausland einhergeht.

133   **b) Steuerliche Folgen für die Anteilseigner.** Für die Anteilseigner ändert
sich nichts. Dies ergibt sich für inländische Anteilseigner in der Regel bereits aus
dem Doppelbesteuerungsabkommen. Denn nach Art. 13 Abs. 5 OECD MA,
dem die meisten Doppelbesteuerungsabkommen in der EU bzw. im EWR entsprechen, ist die Besteuerung eines Veräußerungsgewinns der Aktien der SE dem
Ansässigkeitsstaat des Gesellschafters zugewiesen, unabhängig davon, wo die SE
ihren Sitz hat. Lediglich in den Fällen, in denen ein Doppelbesteuerungsabkommen nicht existiert, oder solche Abkommen abweichende Regelungen treffen,
kann es zu einer Beendigung der deutschen Steuerhoheit kommen. Für diese

Fälle ordnet § 4 Abs. 1 S. 3 iVm § 6 Abs. Abs. 1 Nr. 4 S. 1 Hs. 2 EStG die Besteuerung als Entnahme zum gemeinen Wert an. Soweit es sich um Anteile im Privatvermögen handelt, findet sich eine entsprechende Regelung in § 17 Abs. 5 S. 1 EStG. Um den Vorschriften von Art. 14 Fusions-RL genüge zu tun, bestimmen aber § 4 Abs. 1 S. 5 Nr. 1 EStG und entsprechend § 17 Abs. 5 S. 2 EStG, dass die Besteuerung entfällt, wenn die steuerliche Entstrickung aus Anlass einer Sitzverlegung der SE erfolgt.

Vergleichbar der Regelung des § 13 Abs. 2 Nr. 2 UmwStG unterliegen in **134** diesem Fälle die Gewinne aus einer späteren Veräußerung der Anteile ungeachtet der Bestimmungen eines Abkommens zur Vermeidung der Doppelbesteuerung der deutschen Steuerhoheit. Dies wird teilweise als treaty override angesehen (MüKoAktG/*Fischer* SteuerR Rn. 94), wobei allerdings Einigkeit besteht, dass die Bestimmung mit Art. 14 Fusions-RL vereinbar ist Damit fehlt es aber auch einem treaty override. Die Fusions-RL gilt für alle Mitgliedstaaten der EU. Das Besteuerungsrecht wird nach Art. 14 Fusions-RL ausdrücklich auf den Gewinn einer späteren Veräußerung der Anteile bezogen. Nach der hier vertretenen Ansicht, gehen aber Richtlinienbestimmungen abkommensrechtlichen Bestimmungen innerhalb der EU vor (→ Rn. 57). Innerhalb des Anwendungsbereichs der Fusions-RL ist daher die Besteuerung des späteren Veräußerungsgewinns, auch des gesamten, nicht zu beanstanden. Auch soweit der Europäische Wirtschaftsraum betroffen ist, stellt sich das Problem des treaty override nicht. Denn mit Liechtenstein besteht kein Doppelbesteuerungsabkommen und die übrigen Abkommen ordnen der Bundesrepublik Deutschland ohnehin das Besteuerungsrecht an dem Veräußerungsgewinn zu.

2. Sitzverlegung aus dem Ausland ins Inland. Verlegt eine ausländische SE **135** die ihren Sitz und ihre Geschäftsführung nach Deutschland, so begründet dies eine unbeschränkte Körperschaftsteuerpflicht gemäß § 1 Abs. 1 KStG. War bereits vor dem Zuzug eine inländische Betriebsstätte vorhanden, die der beschränkten Steuerpflicht unterlag, wird diese ohne Aufdeckung der stillen Reserven in die unbeschränkte Körperschaftsteuerpflicht überführt. Die der Betriebsstätte zugeordneten Verlustvorträge bleiben erhalten (MüKoAktG/*Fischer* SteuerR Rn. 97 f.). Soweit Wirtschaftsgüter, die bisher nicht dem deutschen Besteuerungsrecht unterlegen haben, nun in die deutsche Besteuerungshoheit fallen, bestimmt § 4 Abs. 1 S. 8 Hs. 2 EStG iVm § 8 Abs. 1 KStG, dass hinsichtlich des Gewinns aus der Veräußerung eines Wirtschaftsgutes die Begründung des Besteuerungsrechts der Bundesrepublik Deutschland eine Einlage gleichsteht. Diese fiktive Einlage erfasst nur die erstmalige Begründung eines Besteuerungsrecht der Bundesrepublik Deutschland und nicht den Wechsel von einer eingeschränkten zu einer uneingeschränkten Steuerpflicht (vgl. Blümich/*Wied* 130. Aufl. EStG § 4 Rn. 513). Bewertet werden diese Einlagen gemäß § 8 Abs. 1 KStG iVm § 6 Abs. 1 Nr. 5a EStG mit dem gemeinen Wert. Dadurch dass sie mit dem gemeinen Wert bewertet werden, besteht entsprechend der Konzeption der Fusions-RL die Möglichkeit, für den sein Besteuerungsrecht verlierenden Staat, die bis dahin entstandenen stillen Reserven versteuern. Eine grenzüberschreitende Übertragung von Verlustvorträgen ist nicht vorgesehen. Unionsrechtliche Bedenken gegen diese Regelung bestehen aufgrund der Rechtsprechung des EuGH nach dem derzeitigen Stand des Unionsrechts nicht (vgl. Schön/Schindler, SE im Steuerrecht, Rn. 180 f. mwN).

Für den Anteilseigner ändert sich in der Regel nichts. Wenn die Anteilseigner **136** im Inland ansässig sind, ändert sich ohnehin nichts an ihrem steuerlichen Status. Soweit die Anteilseigner im Ausland ansässig sind, bleibt in der Regel gemäß Art. 13 Abs. 5 OECD-MA, dem die meisten Doppelbesteuerungsabkommen in Europa folgen, der ausländische Staat für die Besteuerung der Gewinne aus den

Anteilen der SE zuständig. Lediglich in Sonderfällen, in denen das Besteuerungsrecht dem Ansässigkeitsstaat der Gesellschaft zugewiesen wird, kann mit dem
Zuzug der SE im Inland eine beschränkte Steuerpflicht der SE-Aktien begründet
werden. Die hM will in diesen Fällen zur Vermeidung einer Doppelbesteuerung
die SE-Aktien mit der Begründung eines deutschen Besteuerungsrecht sowohl
Betriebsvermögen als auch gemäß § 17 EStG mit ihrem gemeinen Wert erfassen
(MüKoAktG/*Fischer* SteuerR Rn. 100).

III. Die laufende Besteuerung der SE

137 Wie bereits eingangs dargelegt, existieren für die Besteuerung der SE keine
besonderen Vorschriften. Die SE unterliegt gemäß § 1 Abs. 1 Nr. 1 KStG, sofern
sie im Inland ansässig ist, der unbeschränkten, sofern sie im Ausland ansässig ist,
nach § 1 Abs. 1 Nr. 4, 2 Nr. 1 KStG der beschränkten Steuerpflicht für die
inländische Betriebsstätte. Sofern eine SE ihren Sitz in der Bundesrepublik hat,
bestehen insofern keine Besonderheiten im Vergleich zu der Besteuerung einer
deutschen Aktiengesellschaft. Die Probleme, die sich die grenzüberschreitende
Tätigkeit der SE ergeben, stellen sich in gleicher Weise grenzüberschreitend
tätigen deutschen Aktiengesellschaften. Dies betrifft sowohl grenzüberschreitende
Verrechnung von Verlusten ausländischer Betriebsstätten als auch die Vereinbarkeit der deutschen Organschaftsregeln der §§ 14 ff. KStG mit den Grundfreiheiten des Unionsrechts (vgl. MüKoAktG/*Fischer* SteuerR Rn. 101 ff.). Da der vorliegende Beitrag sich auf die spezifischen Probleme der der SE beschränkt, wird
auf diese Fragestellungen nicht näher eingegangen.

Sachverzeichnis

Fettgedruckte Zahlen ohne Angabe eines Gesetzes bezeichnen die Artikel der SE-VO, Einl. die Einleitung zur SE-VO, 43 Anh. den Anhang zu Artikel 43 und StR die Kommentierung des Steuerrechts.
Fettgedruckte Zahlen mit der Angabe MgVG, SEAG, SEBG und UmwG bezeichnen die Vorschriften des jeweiligen Gesetzes und Vor die Vorbemerkung zum entsprechenden Paragraphen.

Abberufung Aufsichtsorgan
Aktionärsvertreter
– durch Entsendungsberechtigte **40** 57
– durch Gericht **40** 58
durch Hauptversammlung **40** 56
Arbeitnehmervertreter
– durch Gericht **40** 62
durch Hauptversammlung **40** 60 f.
vorzeitige **46** 18
Zulässigkeit **40** 55
Abberufung Leitungsorgan
aus wichtigem Grund **39** 25
durch Aufsichtsorgan **39** 23
durch Hauptversammlung **39** 24
vorzeitige **46** 18
Abberufung Verwaltungsorgan 43 36
Aktionärsvertreter **43 Anh. SEAG 29** 4
Anfechtung der Wahl **43 Anh. SEAG 32** 1 ff.
Arbeitnehmervertreter **43 Anh. SEAG 29** 1; **37 SEBG** 4 ff.
durch Entsendungsberechtigte **43 Anh. SEAG 29** 11 f., 16
durch Gericht **43 Anh. SEAG 29** 13
– Antrag **43 Anh. SEAG 29** 14 ff.
– wichtiger Grund **43 Anh. SEAG 29** 13
– Wirksamwerden **43 Anh. SEAG 29** 19
zuständiges Gericht **43 Anh. SEAG 29** 17
durch Hauptversammlung **43 Anh. SEAG 29** 4
– Ermessensentscheidung **43 Anh. SEAG 29** 9
– Stimmenmehrheit, qualifizierte **43 Anh. SEAG 29** 5
– Stimmenmehrheit, Abweichung durch Satzung **43 Anh. SEAG 29** 5 ff.
Wirksamwerden **43 Anh. SEAG 29** 10
Ersatzmitglied **43 Anh. SEAG 29** 20
gleichzeitiges Amt als geschäftsführender Direktor **43 Anh. SEAG 29** 2
vorzeitige **46** 18
Abfindung; s. *Barabfindung*
Abhängigkeitsverhältnis
Abhängigkeitsbericht **43 Anh. SEAG Vor 20** 3; **43 Anh. SEAG 47** 7; **43 Anh. SEAG 49** 11 ff.
geschäftsführende Direktoren **43 Anh. SEAG 49** 11 ff.

Tochtergründung **35** 13
Verschmelzungsgründung **SE 2** 6
Abschlussprüfer
Bestellung
– Hauptversammlungszuständigkeit **52** 25
– Tochtergründung **36** 25
Umwandlungsgründung **37** 66
Informationsrecht der Verwaltungsratsmitglieder **43 Anh. SEAG 47** 9 ff.
Prüfungsauftrag des Aufsichtsorgans **40** 16
Prüfungsauftrag des Verwaltungsrats **43 Anh. SEAG 22** 36
Prüfungsbericht **43 Anh. SEAG 47** 7; **61** 5
Teilnahme an ordentlicher Hauptversammlung **43 Anh. SEAG 48** 11
Teilnahme an Sitzung des Verwaltungsrats **43 Anh. SEAG 36** 3, 10; **43 Anh. SEAG 47** 12
Abschlussprüfung
Abschlussprüfer; s. *Abschlussprüfer*
Berichtspflicht **61** 3
Finanzinstitut **62** 2
Konzernabschluss **43 Anh. SEAG 47** 6; **61** 3 f.
Kreditinstitut **62** 2
Lagebericht **43 Anh. SEAG 47** 3, 12
Offenlegung der Berichte **61** 3
Plausibilitätsprüfung **61** 5
Prüfungspflicht **61** 3
Versicherungsunternehmen **62** 3
Abstellung eines Aufsichtsorganmitglieds in das Leitungsorgan 39 35 ff.
Folgen **39** 36
Voraussetzungen **39** 37
zeitliche Befristung **39** 38
Abwickler
Bestellung, gerichtliche **63** 51
dualistische SE **63** 42
geborene **63** 42, 52 ff.
geschäftsführende Direktoren **63** 46, 48, 55 ff.
Hauptversammlungsregelung **63** 48
juristische Person **63** 42
monistische SE **63** 46 ff.
Satzungsregelung **63** 47 ff.
fehlende **63** 52 ff.
Verwaltungsrat **63** 46
Weisungsbefugnis **63** 50, 56 f.

Sachverzeichnis

fette Zahlen = Artikel

Abwicklung; s. *Liquidation*
AEUV Einl. 4 f.; **StR** 5
AG
Gleichbehandlung mit SE **10** 1 ff.; s. auch *Gleichbehandlungsgebot*
Gründungsberechtigung **2** 1, 5
Rückumwandlung der SE; s. *Umwandlung einer SE*
Umwandlung; s. *Umwandlungsgründung*
Aktie; s. auch *Kapital*
Arten **1** 4; **5** 23
Einbringung **32** 8; **33** 12 ff.; s. auch *Holdinggründung, Einbringung*
Erwerb eigener Aktien **5** 6 f.; s. auch *Erwerb eigener Aktien*
Hinterlegung **55** 13
Optionsberechtigte bei monistischer SE **5** 8
Umtauschverhältnis; s. *Umtauschverhältnis*
Verweis auf nationales Recht **5** 23 ff.
Zerlegung **1** 4
Aktiengattung
Sitzverlegung **8** 95
Sonderbeschluss **8** 47; **23** 14; **37** 60; **60** 5 ff.; s. auch *Sonderbeschluss*
Aktienrechtsnovelle 2016 40 65; **43 Anh. SEAG 32** 10
Aktienübertragung
Holdinggründung **32** 8, 54; **33** 12 ff.; s. auch *Holdinggründung, Einbringung*
Verschmelzungsgründung SE **18** 7; **29** 5
Verschmelzungsplan **20** 17 ff.
Aktionär
Auskunftsrecht **53** 29 ff.
Bezugsrecht **5** 14; **59** 9
Durchsetzung von Haftungsansprüchen **51** 19
Einberufungsrecht **55** 5 ff.; s. *Einberufungsverlagen der Minderheitsaktionäre*
Entsendungsrechte **40** 37; **43** 26; **43 Anh. SEAG 28** 5 f.; **43 Anh. SEAG 29** 11 f., 16
Ergänzung der Tagesordnung **56** 5 ff.; s. auch *Tagesordnung, Ergänzungsantrag*
Gleichbehandlungsgrundsatz **53** 25
Haftung **1** 5 ff.
Minderheitenschutz; s. *Minderheitenschutz*
Minderheitsaktionärs, Begriff des **24** 15
Sonderbeschluss **60** 4 ff.; s. auch *Sonderbeschluss*
Teilnahmerecht **53** 13 ff., 29
Aktionärsvertreter
Abberufung
– durch Entsendungsberechtigte **40** 57
– durch Gericht **40** 58
durch Hauptversammlung **40** 56
Amtsdauer **46** 5 ff., 14
Bestellung **40** 36
– erstes Aufsichtsorgan **40** 47 ff.
gerichtliche **40** 42
Entlastung **40** 34
Ersatzmitglied **40** 41

Gleichberechtigung **43 Anh. SEAG Vor 20** 8
Letztentscheidungsrecht **45** 13; **50** 28; **43 Anh. SEAG Vor 20** 9 f.
persönliche Voraussetzungen **40** 45 ff.; **47** 11 ff.
kraft Satzung **47** 25 ff.
Amtsblatt 14 4 ff.
Holdinggründung **33** 59
Sitzverlegung **8** 107 ff.
Tochtergründung **36** 34
Umwandlung einer SE **66** 31
Umwandlungsgründung **37** 97
Verschmelzungsgründung SE **21** 6 f.
Amtsdauer
Amtsbeendigung durch Systemwechsel **38** 31
Differenzierung **46** 13 f.
Gestaltungsspielraum des Gesetzgebers **46** 6 ff.
Höchstdauer **46** 10 f.
Satzungsfestsetzung **46** 5
Satzungsregelung, zwingende **46** 9
Staffelung **46** 15
Verstoß **46** 16 f.
vorzeitige Abberufung **46** 18
Wiederbestellung **46** 19 f.
Zweck **46** 4
Analogie
Einzelanalogie **9** 20
Gesamtanalogie, prinzipienorientierter Lückenschluss **9** 22
Verbot **9** 19
Anfechtungsklage
grenzüberschreitende Verschmelzung nach UmwG **122h UmwG** 10; **122i UmwG** 10
Hauptversammlungsbeschluss **57** 36
Holdinggründung **37** 6, 69
Verschmelzungsgründung SE **24** 34 ff.
Verwaltungsratsbeschlüsse **43 Anh. SEAG 35** 18
Wahl des Aufsichts- oder Verwaltungsorganmitglieds **43 Anh. SEAG 32** 1 ff.; **37 SEBG** 10 ff.; **26 MgVG** 3 f.
Anhörung 28 SEBG 5
Auffangregelung **28 SEBG** 1 ff.
außergewöhnliche Umstände **29 SEBG** 5
– erneute Anhörung **29 SEBG** 7 f.
geschäftsführender Ausschuss **29 SEBG** 6
Begriff **2 SEBG** 39
betriebliche Ebene **Vor 1 bis 3 SEBG** 15
Definition nach SE-RL **Vor 1 bis 3 SEBG** 34
Einschränkung der Informationspflicht **41 SEBG** 2
Erfüllungsanspruch **28 SEBG** 8
Inhalt der Beteiligungsvereinbarung **21 SEBG** 12
Informationspflicht des SE-Betriebsrats **30 SEBG** 1

Sachverzeichnis

Tendenzschutz **39 SEBG** 2 ff.
Verhandlungslösung, Vorrang der **1 SEBG** 6
Zeitpunkt **28 SEBG** 6
Anstellungsvertrag
geschäftsführende Direktoren **43 Anh. SE-AG 40** 7, 27 ff., 60 f.
Leitungsorgan **39** 28 ff.
Verwaltungsorgan **43** 35; **43 Anh. SEAG 28** 3
Anteilstausch; s. *Holdinggründung, Einbringung*
anwendbares Recht; s. auch *SE-VO*
Generalverweisung auf nationales Recht **9** 1, 19, 23 ff.
Gründung der EWIV **15** 4
Gründung der SE; s. *Gründung, anwendbares Recht*
Rangverhältnis **9** 2, 10
Rechtsfortbildung **9** 17 ff.
Sachnormverweisung **9** 24, 34 ff.
Spezialverweisungen **9** 8
Arbeitnehmer
Begriff **2 SEBG** 4 ff.
Beteiligung; s. *Beteiligung; Mitbestimmung SE*
Arbeitnehmervertreter
Begriff **2 SEBG** 31
Errichtungs- und Tätigkeitsschutz **44 SEBG** 2; **45 SEBG** 7
Kündigungsschutz **42 SEBG** 3
Minderung der Mitbestimmungsrechte **15 SEBG** 4 ff.
Schutz **Vor 1 bis 3 SEBG** 48; **42 SEBG** 2 ff.; **44 SEBG** 1 ff.
Verschwiegenheits- und Geheimhaltungspflicht **Vor 1 bis 3 SEBG** 46; **41 SEBG** 3 ff.
vertrauensvolle Zusammenarbeit **40 SEBG** 1 ff.
Arbeitnehmervertreter im Aufsichtsorgan
Abberufung
– durch Gericht **40** 62
durch Hauptversammlung **40** 60 f.
Amtsdauer **46** 5 ff., 14
Bestellung **40** 38 ff.
– Auffangregelung **40** 39
– erstes Aufsichtsorgan **40** 47 ff.
– gerichtliche **40** 42
Mitbestimmungsvereinbarung **40** 38
Entlastung **40** 34
Ersatzmitglied **40** 41
persönliche Voraussetzungen **40** 45 ff.; **47** 11 ff.
kraft Satzung **47** 25 ff.
Arbeitnehmervertreter im Verwaltungsorgan
Abberufung **43** 36; **43 Anh. SEAG 29** 1; **37 SEBG** 4 ff.
gerichtliche **43 Anh. SEAG 29** 13
Anfechtung der Wahl **43 Anh. SEAG 32** 1 ff.; **37 SEBG** 10 ff.

Anzahl **43** 24
Bestellung; s. auch *Bestellung Verwaltungsorgan*
– Auffangregelung **43** 30, 33
– durch Gericht **43** 26
– durch Hauptversammlung **43** 25
– erstes Verwaltungsorgan **43** 31 ff.
Mitbestimmungsvereinbarung **43** 29, 32
Business Judgement Rule **43 Anh. SEAG 39** 7 ff.
Ersatzmitglied **43 Anh. SEAG 28** 9
Übergang des Letztentscheidungsrechts **43 Anh. SEAG 34** 11 f.
Wählbarkeit als stellvertretender Vorsitzender **43 Anh. SEAG 34** 5 f.
Arbeitnehmervertretung
Begriff **2 SEBG** 30 ff.
Fortbestand nationaler Regelungen und Strukturen **47 SEBG** 5 ff.
Kooptationsmodell **40** 39; **2 SEBG** 40
Optionslösung, Spanienklausel **12** 17; **Vor 1 bis 3 SEBG** 45
Organ; s. *besonderes Verhandlungsgremium; SE-Betriebsrat*
Repräsentationsmodell **40** 39; **2 SEBG** 40
Sprecherausschuss **2 SEBG** 32
Tarifvertrag **2 SEBG** 31
Arbeitsdirektor 38 19; **39** 21, 41; **33 SEBG** 5; **38 SEBG** 5 f.; **5 MgVG** 15; **22 MgVG** 34
Auffangregelung 43 30 ff.; **Vor 1 bis 3 SEBG** 9, 22, 61
Anhörung; s. *Anhörung*
Anwendungsvoraussetzungen **22 SEBG** 2 ff.; **34 SEBG** 2 ff.; **1 SEBG** 8
einvernehmlicher Abbruch der Verhandlungen **22 SEBG** 3
grenzüberschreitende Verschmelzung nach UmwG; s. *Auffangregelung MgVG*
Mitbestimmung; s. *Auffangregelung SEBG*
Satzung, Verhältnis zur **12** 38 f.
SE-Betriebsrat; s. *SE-Betriebsrat*
strukturelle Änderungen **22 SEBG** 4 f.
Unterrichtung; s. *Unterrichtung*
Vereinbarung **21 SEBG** 30
Schriftform **22 SEBG** 3
Vorteile **Vor 34 ff. SEBG** 2 ff.
Zeitpunkt der Anwendung **22 SEBG** 2, 4
Auffangregelung MgVG
Abberufung eines Arbeitnehmervertreters **26 MgVG** 2
abstrakter Verteilungsschlüssel **25 MgVG** 10
Anfechtung der Wahl **26 MgVG** 3 f.
Anwendungsvoraussetzungen **23 MgVG** 4 ff.
– Beschluss der Leitungen **23 MgVG** 10 ff.
– Vereinbarung **22 MgVG** 27 f.; **23 MgVG** 5
Verhandlung ohne Ergebnis **23 MgVG** 6 ff.
Bekanntgabe des Wahlergebnisses **25 MgVG** 11

Sachverzeichnis

Bestellung der Arbeitnehmervertreter **25 MgVG** 5 ff.
Delegation **25 MgVG** 9 f.
Errichtung eines Aufsichtsrats bei GmbH **24 MgVG** 3
Rechtstellung der Arbeitnehmervertreter **27 MgVG** 2
Sitzbesetzung **25 MgVG** 5 ff.
Sitzverteilung **25 MgVG** 3 f.
Tendenzschutz **28 MgVG** 2
Umfang der Mitbestimmung **24 MgVG** 2 ff.
Vorrang vor Satzung **24 MgVG** 4
Zeitpunkt der Anwendung **23 MgVG** 17
Auffangregelung SEBG
Abberufung der Arbeitnehmervertreter **40** 60 ff.; **37 SEBG** 4 ff.
– Antragsbefugnis **37 SEBG** 6
– Beschluss **37 SEBG** 4
– gerichtliche **37 SEBG** 9
– Wirkung **37 SEBG** 8
Zuständigkeit **37 SEBG** 7
Anfechtung der Wahl **37 SEBG** 10 ff.
– Antragsbefugnis **37 SEBG** 11
– Frist **37 SEBG** 16
materielle Voraussetzungen **37 SEBG** 12 ff.
Anwendungsvoraussetzungen **34 SEBG** 2 ff.
Bestellung der Arbeitnehmervertreter
– durch Gericht **36 SEBG** 14
– durch Hauptversammlung **36 SEBG** 13
Holdinggründung **34 SEBG** 10; **35 SEBG** 6 ff.
Mitbestimmungsform
– Bestehen einer **34 SEBG** 4 ff.
– Durchsetzung der inländischen **34 SEBG** 14
– Unterrichtung der Leitungen **34 SEBG** 16
Wahlrecht bei mehreren **34 SEBG** 11 ff.
Montanmitbestimmung **38 SEBG** 9 ff.
Ressortzuständigkeit der Arbeitnehmervertreter **38 SEBG** 4 ff.
Schwellenwerte **34 SEBG** 7 ff.
Sitzbesetzung **36 SEBG** 8 ff.
Sitzverteilung **36 SEBG** 2 ff.
Stellung der Arbeitnehmervertreter **38 SEBG** 2 f.
Systemwechsel **35 SEBG** 5, 9
Tendenzschutz **39 SEBG** 2 ff.
Tochtergründung **34 SEBG** 10; **35 SEBG** 6 ff.
Umfang **35 SEBG** 1 ff.
Umwandlungsgründung **34 SEBG** 7; **35 SEBG** 2
Verfassungskonformität des § 35 SEBG **35 SEBG** 11 f.
Veränderungsfestigkeit **35 SEBG** 10
Verschmelzungsgründung SE **34 SEBG** 8 f.; **35 SEBG** 6 ff.
Wahl der Arbeitnehmervertreter **36 SEBG** 9 ff.

Wahlvorschlagsrecht der Gewerkschaften **36 SEBG** 10
Auflösung
anwendbares Recht **63** 1 f., 9
Anwendbarkeit des Art. 59 **59** 7
Auflösungsgrund **63** 11 ff.
– Amtslöschung **63** 26
– aufgrund nationalen Rechts **63** 15 ff.
– aufgrund Satzung **63** 19
– Auseinanderfallen von Satzungs- und Verwaltungssitz **63** 11
– Eintragung, mangelhafte **27** 5
– Insolvenz **63** 22 ff.
– Mehrstaatlichkeit, Verlust der **63** 13
– Nichtigkeit der SE **63** 26 f.
– Rechtmäßigkeitskontrolle, fehlende **30** 4; **63** 14
– Satzungsmangel **63** 25
– Sitzverlegung **63** 12
Vermögenslosigkeit **63** 25
Begriff **63** 10
Beschluss **63** 21, 79 ff.
Stimmenmehrheit **57** 18; **63** 21
Fortsetzung der aufgelösten SE **63** 35 ff.
– Beschluss **63** 37
Handelsregistereintragung **63** 38
Liquidation **63** 32; s. auch *Liquidation*
Offenlegung; s. *Offenlegung der Auflösung iwS*
Parteifähigkeit der aufgelösten SE **63** 34, 43
Rechtsfolgen **63** 28 ff., 43
Sitzverlegung der aufgelösten SE **63** 28
Umwandlung der aufgelösten SE **63** 24
Zuständigkeit der Hauptversammlung **52** 12, 16, 30
Aufsichtsorgan
Abberufung; s. *Abberufung Aufsichtsorgan*
sonstige Beendigungsgründe **40** 59, 63
Abstellung; s. *Abstellung eines Aufsichtsorganmitglieds in das Leitungsorgan*
Amtszeit **40** 43
anwendbares Recht **40** 3 f.
Auskunftsrecht; s. *Berichtspflicht des Leitungsorgans*
Ausschlussgrund **47** 11 ff.
Ausschuss **40** 27
Beratung **40** 5
Berichtsverlangen gegenüber Leitungsorgan **41** 25 f.
Adressat der Berichterstattung **41** 26
Beschlussfähigkeit **40** 22
Beschlussfassung **40** 21
Beschlussmehrheit **40** 23
Beschlussvorschläge **40** 17
Bestellung; s. *Bestellung Aufsichtsorgan*
Bezeichnung **40** 5
Binnenorganisation **40** 21 ff.
Einberufung der Hauptversammlung **40** 17; **54** 13
Entlastung **40** 34
erstes **15** 17 ff.

Sachverzeichnis

– Amtsdauer **40** 51 ff.; **46** 14
– Bestellung **40** 47 ff.
– Mitbestimmungsregelung **40** 54
– Zeitpunkt **15** 23
Zusammensetzung **40** 51 ff.
Evaluation der Tätigkeit **40** 29
Fortbildungskosten **40** 32
Geschäftsführungsverbot **40** 10
Geschäftsordnung **40** 28
Geschlechterquote **40** 44a; **21 SEGB** 28
Größe **40** 65
– Auffangregelung **40** 68
– Gestaltungsermessen **40** 65
– Mitbestimmungsvereinbarung **40** 66
Statusverfahren **40** 74
Haftung **40** 31; **51** 6 ff.; s. auch *Organhaftung*
Höchstpersönlichkeit **40** 30
Informationsrecht **41** 40 f.
Jahresabschluss; s. *Jahresabschluss*
Personalkompetenz bzgl. Leitungsorganmit-
    glieder **39** 14, 23, 29, 32; **40** 13 f.
persönliche Voraussetzungen **40** 45 f.
Sitzung
– Frequenz **40** 25
– Niederschrift **40** 24
Teilnahmerecht **40** 25
Überprüfungsrecht **41** 34 ff.
Überwachung
– Geschäftstätigkeit des Leitungsorgans **40** 7
– Leitungsorganmitglieder **40** 8
– Pflicht/Recht **40** 6
– Plenarzuständigkeit **40** 11
Recht- und Zweckmäßigkeit **40** 9
Überwachungsinstrumente **40** 12
Vergütung **40** 32
– erfolgsbezogene **40** 32
gewinnbezogene **40** 32
Verschwiegenheitspflicht **49** 3 ff.
Verträge mit der Gesellschaft **40** 33
Vertretung der SE im Innenverhältnis **40** 14
Vorsitzender **40** 26; s. auch *Aufsichtsorganvor-
    sitzender*
Zusammensetzung **40** 70 ff.
– Auffangregelung **40** 72 f.
– Mitbestimmungsvereinbarung **40** 70 f.
Statusverfahren **40** 74
Zustimmungsbeschluss **48** 13 ff.; s. auch *Zu-
    stimmungspflichtige Geschäfte*
Zustimmungsvorbehalt **40** 15
Aufsichtsorganvorsitzender
Abwahl **42** 16 ff.
Amtsniederlegung **42** 19
Amtszeit **42** 13
Befugnisse **42** 20
gerichtliche Bestellung **42** 15
Letztentscheidungsrecht **40** 23; **50** 26
Mitbestimmungsvereinbarung **42** 7 f., 11
Stellvertreter
– Befugnisse **42** 22
Wahl **42** 21
Voraussetzungen für Wählbarkeit **42** 8

Wahl
– fehlerhafte **42** 12
– Wahl eines Aktionärsvertreters **42** 10
– Wahlrecht **42** 6
– Wahlverfahren **42** 9 ff.
Wahlzuständigkeit **42** 5
Wiederwahl **42** 14
**Auseinanderfallen von Satzungs- und
    Verwaltungssitz**
Amtsauflösung **64** 24 ff.
anfängliches **64** 10 f.
Auflösungsgrund **63** 11
außerhalb der EU
– Satzungssitz **64** 13 ff.
Verwaltungssitz **64** 12
Beschwerde **64** 17 f.
Doppelsitz **64** 17 f.
inländisches **64** 16
kurzzeitiges **64** 9
Mangelbehebung **64** 19 ff.
– Sitzverlegung gemäß Art. 8 **64** 21 f.
– Umwandlung **64** 23
Wiedererrichtung der Hauptverwaltung **64**
    19 f.
Meldepflicht der Behörde **64** 33 ff.
nachträgliches
– durch Verlegung des Satzungssitzes **64** 7
durch Verlegung des Verwaltungssitzes **64** 8
Schein-SE **64** 15
Ausgleichsleistung
Holdinggründung **32** 52
Verschmelzungsgründung SE **24** 25 ff.
– Anfechtungsklage **24** 34
– Anfechtungsausschluss **24** 35 f.
– Anspruchsvoraussetzungen **24** 26 ff.
– Kapitalerhaltungsgrundsatz **24** 29
– Spruchverfahren **24** 37 ff.
– Verschmelzungsplan **20** 16
Verzinsung **24** 32
Ausgliederung einer Tochter-SE 3 12
Auf- und Abspaltung **3** 12
Ausgründung einer Tochter-SE
anwendbares Recht **15** 10; **35** 8 f.
Ausgliederung **3** 12
Auf- und Abspaltung **3** 12
Bar- oder Sachgründung **3** 11
Einpersonengründung **3** 8
Hauptversammlungsbeschluss **3** 6, 11
Mehrstaatlichkeitserfordernis **3** 9
Privilegierung der SE **3** 7
Verfahrensarten **3** 10
Auskunftsrecht des Aufsichtsorgans; s.
    Berichtsverlangen des Aufsichtsorgans
Auslagenersatz
geschäftsführende Direktoren **43 Anh. SE-
    AG 45** 6
Verwaltungsratsmitglied **43 Anh. SEAG** 30
    15; **43 Anh. SEAG 38** 6
Auslegung
Aktienrecht **9** 43 ff.
Beteiligungsvereinbarung **1 SEBG** 11

Sachverzeichnis

Hauptverwaltungsbegriff **7** 14 ff.
MgVG **1 MgVG** 4
Satzung **6** 5, 28 f.; **9** 49
SEBG
– beteiligungsfreundliche Auslegung **1 SEBG** 9
– richtlinienkonforme Auslegung **Vor 1 bis 3 SEBG** 63
teleologische Auslegung **1 SEBG** 10
SE-VO
– Auslegungskriterien **9** 14 f.
– Auslegungsziel **9** 13
– autonome Auslegung **9** 11
– Effizienzgebot **9** 16
– Erwägungsgründe **9** 16
Vorabentscheidungsverfahren **9** 12
Ausschlaggebende Stimme; s. *Letztentscheidungsrecht*
Ausschuss
Aufsichtsorgan **40** 27
Verwaltungsratsausschuss; s. *Verwaltungsratsausschuss*
Ausschussvorsitzender
Letztentscheidungsrecht **50** 24

Barabfindung
grenzüberschreitende Verschmelzung nach UmwG **122c UmwG** 40; **122i UmwG** 4 ff.
Holdinggründung **32** 53, 61 ff., 74, 102 f.
Kapitalerhaltungsgrundsatz **24** 29
Sitzverlegung **8** 12, 25, 39 ff.
Umwandlungsgründung **37** 67
Verschmelzungsgründung SE
– Annahmefrist **24** 52
– Erwerb eigener Aktien **24** 49
– Klageausschluss **24** 55
– Prüfung **24** 54
– Spruchverfahren **24** 55
– Verschmelzungsplan **20** 9, 37; **24** 44
– Verschmelzungsbericht **20** 43
– Verzinsung **24** 51
Widerspruch gegen die Verschmelzung **24** 47
Bekanntmachung; s. auch *Offenlegung, Veröffentlichung*
Adressat der Bekanntmachungspflicht **21** 6 f.
Firma **21** 2
Publizitätspflichten
– kapitalmarktrechtliche **21** 10
weitergehende **21** 6
Rechte der Gläubiger **21** 4
Rechte der Minderheitsaktionäre **21** 5
Rechtsform der Gründungsgesellschaften **21** 2
Register **21** 3
Sitz **21** 2
Umfang **21** 12
Verfahren **21** 7
Verschmelzungsplans, Offenlegung des **21** 8 ff.

Rechtmäßigkeitsprüfung **25** 17
Zeitpunkt **21** 10 f.
Benachteiligungs- und Begünstigungsverbot 44 SEBG 4; **45 SEBG** 7
Berichtspflicht des Leitungsorgans
anwendbares Recht **41** 4 f.
Ad hoc-Bericht
– Aufsichtsorganvorsitzender **41** 16 f.
– Ereignisse mit spürbarer Auswirkung **41** 12 ff.
Rechtzeitigkeit **41** 15
Berichtsempfänger **41** 29
Berichtsverpflichteter **41** 29
Durchsetzung **41** 33
Form **41** 28
Haftung **41** 32
informationelle Gleichbehandlung **41** 40 f.
Informationsordnung **41** 30
Inhalt **41** 27
interner Informationsfluss **41** 40 f.
Regelbericht **41** 6 ff.
– Entwicklung der Gesellschaft **41** 8 f.
– Frequenz **41** 10 f.
Gang der Geschäfte **41** 7
Überprüfungsrecht des Aufsichtsorgans **41** 34 ff.
Delegation **41** 39
Verletzung der Berichtspflicht **41** 32 f.
Zweck **41** 1 f.
Berichtsverlangen des Aufsichtsorgans
Einzelorganmitglied **41** 25 f.
Adressat der Berichterstattung **41** 26
Gesamtorgan
– Ausschluss **41** 21
– Berichtsgegenstand **41** 18 ff.
– Berichtsverpflichteter **41** 23
Zuständigkeit **41** 22
Beschlussfähigkeit
Anwendung auf Organe der SE **50** 7 ff.
Anwendung nationalen Rechts bei mitbestimmter SE **50** 30 f.
Anwesenheit **50** 11
Arbeitnehmervertreter, Anwesenheit der **50** 14
nichtige Bestellung **50** 15
Regelungsoffenheit **50** 5
Satzungsautonomie **50** 4
Überbesetzung **39** 43; **43** 21; **43 Anh. SE-AG 23** 11
Unterbesetzung **39** 43; **43** 21; **50** 15; **43 Anh. SEAG 23** 11
Vertretung **50** 12 f.
Beschlussfassung
Anwendung nationalen Rechts bei mitbestimmter SE **50** 30 f.
Ausschuss **50** 23 f.
Beschlussmangel **50** 22
Hauptversammlung; s. *Hauptversammlungsbeschluss*
Enthaltung **50** 16
Mehrheit **50** 16

Sachverzeichnis

Mitbestimmungsverhältnis **50** 24
Regelungsoffenheit **50** 5
Satzungsautonomie **50** 4
Grenzen **50** 17 ff.
Stimmabgabe, Willensmangel bei **50** 22
Stimmengleichheit **50** 25 ff.
– ausschlaggebende Stimme **50** 26 f.
paritätisch mitbestimmte SE **50** 28 f.
Stimmrechtsausschluss **50** 21
ungültige Stimme **50** 16
Vetorecht zugunsten des Vorsitzenden **50** 20
Beschlussmängelklage 24 24; **32** 98 ff.;
37 69; **50** 22; **57** 31 ff.
Besonderes Verhandlungsgremium; s.
auch *Besonderes Verhandlungsgremium nach*
SE-RL; Besonderes Verhandlungsgremium
nach MgVG
Abbruch der Verhandlungen 16 **SEBG** 2 ff.
Aufforderung zur Bildung
– Adressat **4 SEBG** 6
– Form **4 SEBG** 5
Unterbleiben **4 SEBG** 7
Aufgabe **4 SEBG** 3
Benachteiligungs- und Begünstigungsverbot
44 SEBG 4; **45 SEBG** 7
Beschlussfassung **15 SEBG** 2 ff.
– doppeltes Mehrheitserfordernis **15 SEBG**
3
Minderung der Mitbestimmungsrechte **15**
SEBG 4 ff.
Dauer der Verhandlungen **20 SEBG** 2 ff.
Errichtungs- und Tätigkeitsschutz **44**
SEBG 2; **45 SEBG** 7
Frist zur Bildung **11 SEBG** 2 f.
Geschäftsordnung **12 SEBG** 4
Gewerkschaftsvertreter **Vor 1 bis 3 SEBG**
64 f.; **6 SEBG** 4
Informationsanspruch **13 SEBG** 4
Einschränkung **41 SEBG** 2
Information zur Bildung
– Adressat **4 SEBG** 10
– Form **4 SEBG** 9
– Inhalt **4 SEBG** 11 f.
Mängel **4 SEBG** 13; **46 SEBG** 2 ff.
Kosten **19 SEBG** 2 f.
leitende Angestellte **6 SEBG** 7
Nichtaufnahme der Verhandlungen **16**
SEBG 2 ff.
Niederschrift **17 SEBG** 1
Rechtsnatur **4 SEBG** 2
Sachverständige **14 SEBG** 2
Schutz **42 SEBG** 2 ff.; **44 SEBG** 1 ff.
Sitzung, konstituierende **12 SEBG** 2
Sitzung, weitere **12 SEBG** 5
stellvertretender Vorsitzender **12 SEBG** 3
Unterrichtung **14 SEBG** 3
Urwahl **8 SEBG** 6
Verschwiegenheitspflicht **41 SEBG** 3 ff.
Verteilung der Sitze **7 SEBG** 2 ff.
vertrauensvolle Zusammenarbeit **13 SEBG**
3, 5

Vorsitzender **12 SEBG** 3
Wählbarkeitsvoraussetzungen **6 SEBG** 3 ff.
Wahlgremium
– Anfechtung der Mitgliederwahl **10**
SEBG 5
– Beschlussfähigkeit **10 SEBG** 2
– Einberufung **9 SEBG** 1
– Informationspflicht **11 SEBG** 4
Zusammensetzung **8 SEBG** 2 ff.
Wiederaufnahme der Verhandlungen
– Beschluss nach § 16 Abs. 1 **18 SEBG** 2 f.
strukturelle Änderungen **18 SEBG** 8 ff.
Zusammensetzung **8 SEBG** 2 ff.
– erneute bei strukturellen Änderungen **5**
SEBG 5 ff.
– Information durch Leitung **5 SEBG** 6 f.
– Ordnungswidrige Information **46 SEBG**
2 ff.
Verschmelzungsgründung SE **5 SEBG** 4
Besonderes Verhandlungsgremium
nach MgVG
Abbruch der Verhandlungen **21 MgVG** 8 ff.
Berechnung des Quorums **21 MgVG** 6
Beschlussfassung **21 MgVG** 4 ff.
Betrieb **21 MgVG** 2
Gewerkschaftsvertreter **21 MgVG** 3
Minderung von Mitbestimmungsrechten **21**
MgVG 7
Nichtaufnahme von Verhandlungen **21**
MgVG 8 ff.
strukturelle Änderungen **21 MgVG** 11
Tochtergesellschaft **21 MgVG** 2
Besonderes Verhandlungsgremium
nach SE-RL
Abbruch der Verhandlungen **Vor 1 bis 3**
SEBG 33
Beschlussfassung **Vor 1 bis 3 SEBG** 32
Beteiligungsvereinbarung **Vor 1 bis 3**
SEBG 31
Dauer der Verhandlungen **Vor 1 bis 3**
SEBG 30
Initiativlast **Vor 1 bis 3 SEBG** 25
Kosten **Vor 1 bis 3 SEBG** 30
Mehrheit, absolute **Vor 1 bis 3 SEBG** 32
Mehrheit, qualifizierte **Vor 1 bis 3 SEBG**
32
Minderung der Mitbestimmungsrechte **Vor**
1 bis 3 SEBG 41
Nichtaufnahme der Verhandlungen **Vor 1**
bis 3 SEBG 32
Sachverständige **Vor 1 bis 3 SEBG** 30
Schutz der Mitlieder **Vor 1 bis 3 SEBG** 48
Überschreitung der Höchstmitgliederzahl
Vor 1 bis 3 SEBG 29
Verschmelzungsgründung **Vor 1 bis 3**
SEBG 28
Zusammensetzung **Vor 1 bis 3 SEBG** 27
Bestellung
Aufsichtsorgan; s. *Bestellung Aufsichtsorgan*
Dauer; s. *Amtsdauer*
Hindernis; s. *Bestellungshindernis*

Sachverzeichnis

Leitungsorgan; s. *Bestellung Leitungsorgan*
Verwaltungsorgan; s. *Bestellung Verwaltungs-organ*
Wiederbestellung **46** 19 f.
Bestellung Aufsichtsorgan
Aktionärsvertreter **40** 36 f.
Arbeitnehmervertreter **40** 38 ff.
– Auffangregelung **40** 39
– Mitbestimmungsvereinbarung **40** 38
statutarische Voraussetzungen **47** 26
Bindung an Wahlvorschläge **40** 38 ff.
durch Entsendungsberechtigte **40** 37 ff.
durch Gericht **40** 42
Ersatzmitglied **40** 41
erstes Aufsichtsorgan **15** 17 ff.; **40** 47 ff.
– Amtsdauer **40** 51 ff.; **46** 14
– Mitbestimmungsregelung **15** 19; **40** 54
– Zeitpunkt **15** 23
Zusammensetzung **15** 21; **40** 51 ff.
Hindernisse **40** 44 ff.
persönliche Voraussetzungen **40** 45 f.
Bestellung Leitungsorgan
durch Aufsichtsorgan **39** 14
durch Gericht **39** 17
durch Hauptversammlung **39** 16
erstes Leitungsorgan **39** 21 f.
fehlerhafte **39** 15
statutarische Voraussetzungen **47** 26
Bestellung Verwaltungsorgan
Anfechtungsgründe **43 Anh. SEAG 32** 2 f.
Anfechtungsklage **43 Anh. SEAG 32** 5 ff.
drittwirkendes Urteil **43 Anh. SEAG 33** 1
Annahme **43** 34; **43 Anh. SEAG 28** 2
Arbeitnehmervertreter **43** 29 ff.
– Auffangregelung **43** 30, 33
– Mitbestimmungsvereinbarung **43** 29, 32
statutarische Voraussetzungen **47** 26
durch Entsendungsberechtigte **43** 26; **43 Anh. SEAG 28** 5 f.
Stimmenmehrheit, einfache **43** 25
durch Gericht **43** 26; **43 Anh. SEAG 30** 1 ff.
– Amtsdauer **43 Anh. SEAG 30** 13 f.
– Auslagenersatz, Vergütung **43 Anh. SEAG 30** 15
– wegen Beschlussunfähigkeit **43 Anh. SEAG 30** 2 ff.
wegen Unvollständigkeit **43 Anh. SEAG 30** 8 ff.
durch Hauptversammlung **43** 25; **43 Anh. SEAG 28** 4
Ersatzmitglieder **43 Anh. SEAG 28** 8 ff.
– Amtsdauer **43 Anh. SEAG 28** 10
Arbeitnehmervertreter **43 Anh. SEAG 28** 9
erstes Verwaltungsorgan **43** 27 f.
– Amtsdauer **46** 14
Mitbestimmungsregelung **43** 31 ff.
fehlerhafte **43 Anh. SEAG 27** 20 ff.; **43 Anh. SEAG 28** 11 ff.
Nichtigkeitsgründe

– allgemeine **43 Anh. SEAG 31** 2
besondere **43 Anh. SEAG 31** 3 ff.
Nichtigkeitsklage **43 Anh. SEAG 31** 9 f.
drittwirkendes Urteil **43 Anh. SEAG 33** 1
Stellvertreter **43 Anh. SEAG 28** 7
Wirkung **43 Anh. SEAG 28** 3
Bestellungshindernis
persönliches **47** 11 ff.
– Gerichts- oder Verwaltungsentscheidung **47** 20 f.
– gesetzlicher Ausschlussgrund **47** 14 ff.
– gesetzlicher Ausschlussgrund, dualistische SE **47** 15 ff.
– gesetzlicher Ausschlussgrund, monistische SE **47** 18 f.
Rechtsfolge bei Verstoß **47** 22 ff.
statutarisches **47** 25 ff.
– Grenzen **47** 27
Rechtsfolge bei Verstoß **47** 29
Bestellungsrecht; s. *Entsenderecht*
Besteuerung
anwendbares Recht **StR** 4 ff.; s. auch *Steuerrecht*
Auslandsverschmelzung **StR** 113
Formwechsel **StR** 126
Holdinggründung; s. *Besteuerung bei Holdinggründung*
laufende Besteuerung **StR** 137
Sitzverlegung; s. *Besteuerung bei Sitzverlegung*
Territorialitätsprinzip **StR** 9
Tochtergründung; s. *Besteuerung bei Tochtergründung*
Verschmelzung; s. *Besteuerung bei Verschmelzung*
Besteuerung bei Holdinggründung StR 114 ff.
Ansatz des gemeinen Werts **StR** 71
Anteilstausch, qualifizierter **StR** 71, 74, 114, 119
Antragszeitpunkt **StR** 81
Begriffsbestimmungen **StR** 71
Buchwertansatz **StR** 71, 78
Doppelbesteuerung **StR** 79 f.
Drittstaatenbeteiligung **StR** 72
einbringungsgeborene Anteile **StR** 81
Einbringungsgewinn I **StR** 85 f.
Einbringungsgewinn II **StR** 87 f.
Folgen für Anteilseigner **StR** 84 ff., 119
Folgen für Gründungsgesellschaften **StR** 115 f.
Folgen für Holding-SE **StR** 117
Grunderwerbsteuerpflicht **StR** 118
Stimmrechtsmehrheit **StR** 74 ff.
Veräußerungs- und Anschaffungspreis **StR** 78 f.
Verhältnis § 20 UmwStG zu § 21 UmwStG **StR** 73
Verluste **StR** 116
Wahlrecht **StR** 74
Zwischenwertansatz **StR** 71

Sachverzeichnis

Besteuerung bei Sitzverlegung 8 13; **StR** 128 ff.
Wegzug **StR** 7, 128 ff.
– Folgen für Anteilseigner **StR** 133 f.
Folgen für SE **StR** 129 ff.
Zuzug
– Folgen für Anteilseigner **StR** 136
Folgen für SE **StR** 135
Besteuerung bei Tochtergründung StR 120 ff.
Ansatz des gemeinen Werts **StR** 63
Antragszeitpunkt **StR** 65
ausländische Betriebsstätte **StR** 69
Bargründung **StR** 120
Buchwertansatz **StR** 63
Einbringung von Sacheinlagen **StR** 62, 121
Einbringungsgewinn **StR** 66 f., 125
Einbringungsgewinn I **StR** 85 f.
Einbringungsgewinn II **StR** 87 f.
Einschränkung des Bewertungswahlrechts **StR** 64
Folgen für Anteilseigner **StR** 84 ff.
Folgen für Gründungsgesellschaften **StR** 123 ff.
Folgen für SE **StR** 122
Freibetrag bei Betriebsveräußerung **StR** 68
Grunderwerbsteuer **StR** 122
Pensionsrückstellungen **StR** 63
Rückbeziehung der Einbringung **StR** 69
Sachgründung **StR** 62, 121
Übernahmegewinn **StR** 67
Wahlrecht **StR** 63
Besteuerung bei Verschmelzung StR 15 ff., 95 ff.
Ansatz des gemeinen Werts **StR** 40
Anteile an der übernehmenden Gesellschaft **StR** 52, 59
Anteile an der übertragenden Gesellschaft **StR** 50 f., 59
Antragsbindung nach § 13 Abs. 2 UmwStG **StR** 53
Antragszeitpunkt **StR** 45
Aufdeckung stiller Reserven **StR** 40, 51, 95
Beteiligungskorrekturgewinn **StR** 47, 95 ff.
Betriebsstätte, ausländische **StR** 45
Buchwertansatz **StR** 41
Buchwertfortführung **StR** 41 f., 53 ff.
Doppelbesteuerung **StR** 55 ff.
downstream-merger **StR** 44
Drittstaatenverschmelzung **StR** 50
Einschränkung **StR** 41
Fortbestehen **StR** 41
Folgen für Anteilseigner der übertragenden Körperschaft **StR** 50
Gesellschaftsrechte **StR** 43
Gewinn der übernehmenden Gesellschaft **StR** 47
Hinausverschmelzung **StR** 54, 97 ff.
– Ansatz des gemeinen Werts **StR** 40, 98 ff.
– anwendbares Recht **StR** 97
– Aufdeckung stiller Reserven **StR** 98, 103

– Doppelbesteuerungsabkommen **StR** 106
– Folgen für Anteilseigner **StR** 50 ff., 107
– Folgen für übernehmende Gesellschaft **StR** 104 ff.
– Folgen für übertragende Gesellschaft **StR** 98 ff.
– Schlussbilanz **StR** 40, 98
– Übernahmegewinn **StR** 105 f.
– Übertragungsgewinn **StR** 101
– upstream-merger **StR** 105
Verlustvorträge **StR** 103 f.
Hineinverschmelzung **StR** 108 ff.
– Besteuerungsrecht der BRD an der ausländischen Gesellschaft **StR** 109 f.
– fiktive Einlage **StR** 110
– Folgen für Anteilseigner **StR** 112
– Folgen für übernehmende Gesellschaft **StR** 112
– Folgen für übertragende Gesellschaft **StR** 109 ff.
– Schlussbilanz **StR** 111
– Übernahmegewinn **StR** 110
Übertragungsgewinn **StR** 110
Pensionsrückstellungen **StR** 40
Schlussbilanz **StR** 40
spätere Besteuerung **StR** 58
Sofortbesteuerung **StR** 48, 53, 95
Steuerneutralität **StR** 95
treaty override **StR** 57
Übernahmefolgegewinn **StR** 48
Übernahmegewinn **StR** 48, 105, 110
Umfang des deutschen Besteuerungsrechts **StR** 58
Verlust **StR** 48, 103 f.
Wahlrecht **StR** 41 ff.
Wertaufholung **StR** 59
Zwischenwertansatz **StR** 41
Beteiligte Gesellschaften 2 SEBG 9
Beteiligung
Anhörung; s. *Anhörung*
Auffanglösung; s. *Auffangregelung*
Begriff **2 SEBG** 34
Beteiligungsrechte **2 SEBG** 35
dualistisches System **38** 19
erstes Aufsichtsorgan **15** 19 ff.
Mitbestimmung; s. *Mitbestimmung*
monistisches System **38** 25 f.; **43 Anh. SE-AG Vor 20** 9 ff.
nach nationalem Recht **Vor 1 bis 3 SEBG** 54 ff.
nach Unionsrecht **Vor 1 bis 3 SEBG** 13 ff.; s. auch *SE-VO; SE-RL*
Unterrichtung; s. *Unterrichtung*
Verhandlungslösung; s. *Beteiligungsvereinbarung SEBG; Mitbestimmungsvereinbarung*
Vorher-Nachher-Prinzip **43 Anh. SEAG Vor 20** 6; **Vor 1 bis 3 SEBG** 11, 39; **1 SEBG** 5
Beteiligungsvereinbarung SEBG; s. auch *Mitbestimmungsvereinbarung*
Anhörung **21 SEBG** 12 f.

Sachverzeichnis

Auslegung **1 SEBG** 11
Beendigung, Wirkung der **21 SEBG** 17 f.
Einigung **21 SEBG** 2
Eintragungsvoraussetzung **12** 16
Festlegung der Beteiligungsrechte **21 SEBG** 26
Festlegung des Wahl- oder Bestellungsverfahrens **21 SEBG** 24 f.
Form **21 SEBG** 2
Geltungsbereich **21 SEBG** 9
Größe des Aufsichts- bzw. Verwaltungsorgans **21 SEBG** 21 ff.
Inhalt **21 SEBG** 8 ff.
Inkrafttreten **21 SEBG** 16
Laufzeit **21 SEBG** 16
Mängel **21 SEBG** 5 ff.
Mitbestimmung **21 SEBG** 20 ff.
– fakultativer Inhalt **21 SEBG** 27
zwingender Inhalt **21 SEBG** 20 ff.
Mittel, finanzielle und materielle **21 SEBG** 15
Nachwirkung **21 SEBG** 17 f.
Parteiautonomie **1 SEBG** 7
Parteien **21 SEBG** 2
Prüfung durch Registergericht **12** 18 ff.; **21 SEBG** 36
Rechtsnatur **21 SEBG** 4
Satzung, Gleichlauf mit **12** 27 ff.
Schranken **21 SEBG** 7
SE-Betriebsrat, Verfahren mit **21 SEBG** 8 ff.
SE-Betriebsrat, Verfahren ohne **21 SEBG** 19
Sitzungen **21 SEBG** 14
strukturelle Änderungen **21 SEBG** 29
Umwandlungsgründung, Verschlechterungsverbot, Mitbestimmungsbeibehaltung bei **21 SEBG** 31 ff.
Unterrichtung **21 SEBG** 12 f.
Vereinbarung der Auffangregelung **21 SEBG** 30; s. auch *Auffangregelung*
vertrauensvolle Zusammenarbeit **13 SEBG** 3, 5; **40 SEBG** 1 ff.
Vorrang der Verhandlungslösung **Vor 1 bis 3 SEBG** 9, 11, 61; **1 SEBG** 6
Zweck **1 SEBG** 6
Betrieb 2 SEBG 23
Betriebsrat; s. *SE-Betriebsrat*
Betriebsübergang 29 11 f.; s. auch *Wirkungen der Verschmelzung*
Betriebs- und Geschäftsgeheimnis 41 SEBG 2 ff.; **45 SEBG** 2 ff.
Beurkundung
Auslandsbeurkundung **8** 52; **20** 7; **53** 11; **122c UmwG** 16
grenzüberschreitende Verschmelzung nach UmwG
Verschmelzungsplan **122c UmwG** 14 ff.
Holdinggründung
– Gründungsbericht **32** 39
– Gründungsplan **32** 38

Zustimmungsbeschluss **32** 95
Satzung **6** 22
Satzungsänderung **59** 25
Sitzverlegung
– Sitzverlegungsbeschluss **8** 52
Sitzverlegungsplan **8** 16
Umwandlung
– Umwandlungsbericht **37** 37
– Umwandlungsplan **37** 30
Zustimmungsbeschluss **37** 60
Umwandlung einer SE
Umwandlungsplan **66** 22
Verschmelzung
– Satzungsfeststellung **20** 27
Verschmelzungsplan **20** 5 ff.
Bezugsrecht 5 8, 14; **59** 9
Buchführung; s. *Jahresabschluss; Rechnungslegung*
Business Judgement Rule 43 Anh. SE-AG 39 7, 14; **51** 15

CEO 39 9; **43 Anh. SEAG 40** 12

D&O-Versicherung 38 26; **43 Anh. SE-AG 38** 6; **43 Anh. SEAG 39** 21; **43 Anh. SEAG 40** 77
DCGK 43 Anh. SEAG 22 56 ff.
Dienstvertrag 39 32; **43 Anh. SEAG 38** 17 ff.
Doppelbesteuerung
Holdinggründung **StR** 79 f.
Sitzverlegung ins Ausland **StR** 130 ff.
Verschmelzungsgründung **StR** 55 ff., 106, 112
Downstream-merger 29 5; **31** 2; **StR** 44
Dreiecksverschmelzung 69 12
Dualistisches System
anwendbares Recht **38** 17; **39** 3
Ausgestaltung **38** 5 ff.
Begriff **38** 1
Ergänzungsermächtigung **39** 44 f.
Geschäftsführer **39** 12; s. auch *Geschäftsführer*
Inkompatibilität **39** 33 ff.
Mitbestimmung **38** 19
Satzungsfreiheit **38** 2 ff.
Systemwechsel **38** 29 ff.
Trennung, funktionale und personale **38** 18; **39** 33
Unterschiede zur AG **38** 17
Wesensmerkmale **38** 18; **39** 1

EBR-G Vor 1 bis 3 SEBG 8
EBR-RL Einl. 25; **Vor 1 bis 3 SEBG** 8
Effizienzgebot
Auslegung der SE-VO **9** 16
Benennung der zuständigen Behörden **68** 2
Haftungsnormen, Ausgestaltung **51** 2
Mitteilungspflicht der Mitgliedstaaten **68** 2
Umsetzung der SE-VO **68** 1
Wegzugsbeschränkungen und Niederlassungsfreiheit **69** 7

Sachverzeichnis

Einberufung der Hauptversammlung
außerordentliche **54** 5
Berechtigte **54** 3, 13 ff.
– Behörde **54** 16
– Organe der SE **54** 13 ff.
Scheinorganmitglieder **54** 17
Beschluss **54** 26
Form **54** 25
Frist **54** 10 f.
– erste Hauptversammlung **54** 2, 12
Überschreitung **54** 11
Einberufungspflicht **54** 20 ff.
Einberufungsrecht, jederzeitiges **54** 19
Inhalt **54** 25
Jahresabschlussprüfungsbericht **54** 21 f.
Minderheitsaktionäre; s. *Einberufungsverlagen der Minderheitsaktionäre*
Mitteilungspflichten im Vorfeld **54** 30
ordentliche **54** 1, 5
Tagesordnung **54** 28; s. auch *Tagesordnung*
Turnus **54** 1 f., 8 f.
unzuständige Personen **54** 18
Verlustanzeige **54** 21 f.
Wohl der Gesellschaft **54** 19, 21 f.
Zeitpunkt der Hauptversammlung **54** 27
Einberufungsverlagen der Minderheitsaktionäre
Adressat **55** 14
Antragsberechtigte **55** 5
Begründetheit des Antrags **55** 19 ff.
Begründungserfordernis **55** 16
Beteiligungsquorum **55** 3, 6 f.
– fortgesetzte Beteiligung **55** 12 f.
– Nachweis **55** 10
– Satzungsregelung **55** 8
Vorbesitzzeit **55** 11
Einberufungsfrist **55** 23 f.
Form **55** 18
Inhalt **55** 15
Prüfung durch Leitungsorgan **55** 22
Rechtsmissbrauch **55** 9, 17, 21
Staatliches Einberufungsverfahren **55** 26 ff.
– Antragsberechtigte **55** 33 f.
– Antragserfordernis **55** 29
– Antragsfrist **55** 33
– Begründetheit des Antrags **55** 35 f.
– Beteiligungsquorum **55** 34
– Einberufungsanordnung **55** 38
– Einberufungsermächtigung **55** 41 ff.
– Ermessensentscheidung **55** 28, 37
– Frist für Umsetzung **55** 39, 43
– Kosten **55** 46 ff.
– Rechtsmittel gegen den Gerichtsbeschluss **55** 45
– Verfahrensgrundsätze **55** 31
– Voraussetzungen **55** 26
Zuständigkeit **55** 27, 30
Tagesordnung **55** 15, 25
Ergänzung; s. *Tagesordnung, Ergänzungsantrag*
Verfahren, zweistufiges **55** 2

Zuständigkeit der Hauptversammlung **55** 20
Zweck **55** 1
Einbringung; s. *Holdinggründung, Einbringung*
Einpersonengründung 3 8; 16 28
Einspruchsrecht der Behörde
Sitzverlegung **8** 55, 114
Verschmelzung **19** 1 ff.
Eintragung; s. *Handelsregistereintragung*
Enkelgesellschaft 2 SEBG 25
Entgeltfortzahlung 42 SEBG 3
Entlastung 39 20; 40 34; 43 Anh. SEAG 48 5; 52 26 ff.
Entschmelzung 30 1
Entsenderecht
Entsendeberechtigte 47 32
Leitungsorganmitglieder 47 34
nationales Recht des Sitzstaates 47 30
SE-spezifisches Recht 47 31
Teil des Organs 47 33
Entsprechenserklärung 39 3; 43 Anh. SEAG 22 56 ff.
Errichtungs- und Tätigkeitsschutz 44 SEBG 2; 45 SEBG 7
Erwerb eigener Aktien
Abfindungsansprüche 5 6 f.
Beschlusskompetenz 52 38
grenzüberschreitende Verschmelzung nach UmwG 122i UmwG 8
Holdinggründung 33 11
upstream-Darlehen bei Holdinggründung 32 14
Verschmelzungsgründung SE 24 49; 29 5; 31 7
Evaluierungsbericht Einl. 30; 69 4 ff.; Vor 1 bis 3 SEBG 70
Anwendung der SE-VO 69 4
Gerichtsstandsklausel des Art. 8 Abs. 16 69 13 ff.
Satzungsautonomie 69 16 f.
Sitzverlegung 69 5 ff.
Verschmelzung 69 10 ff.
EuGVVO 69 13 ff.
EuInsVO 63 65 ff.
Europäische Gesellschaft; s. *SE*
Exekutivausschuss 43 Anh. SEAG 34 33, 40

Finanzinstitut 62 2
Formwechsel einer SE; s. *Umwandlung einer SE*
Formwechsel in eine SE; s. *Umwandlungsgründung*
Frauenquote 39 5a ff.; 40 44 f ff.; s. auch *Geschlechterquote*
Fusions-RL StR 5, 10 ff.
Begriffsbestimmungen **StR** 14
Betriebsstätte außerhalb des Mitgliedstaats der einbringenden oder übernehmenden Gesellschaft **StR** 27
Folgen für Gesellschafter **StR** 26, 33

Rückstellungen und Rücklagen **StR** 20, 31
Sitzverlegung **StR** 10, 29 ff.
Steuerneutralität der Sitzverlegung **StR** 29
Steuerneutralität der Umstrukturierung
StR 17 f.
Übernahmegewinn **StR** 24
Umsetzung **StR** 38 ff.
Veräußerungsgewinn **StR** 17, 26, 33
Verhältnis zu Grundfreiheiten **StR** 34 ff.
Verluste, noch nicht berücksichtigte **StR** 22
Verlustvortrag **StR** 31
Verschmelzungsgründung **StR** 15 ff.

Gemeinschaftsunternehmen 2 SEBG 20
Genussrechte
Ausgabe **5** 27, 29
Beschlusskompetenz **52** 38
Gesellschaftsrechte **StR** 43
Gerichtsstand
Gerichtsstandklausel **8** 119 ff.; **69** 13 ff.
Gerichtsstandsvereinbarung **8** 126
Sitz der SE **7** 4
Gesamtnormverweisung 9 24, 34 ff.
Insolvenz **63** 66 ff.
Tochtergründung **36** 3
Verschmelzungsgründung SE **18** 5
Gesamtverantwortung
geschäftsführende Direktoren **43 Anh. SE-AG** 72
Leitungsorgan **39** 7; **41** 29
Verwaltungsratsmitglied **43 Anh. SEAG 39** 12
Gesamtvertretung
Geschäftsführende Direktoren **43 Anh. SE-AG 41** 12
Leitungsorgan **39** 10
Geschäftsbriefe 43 Anh. SEAG 43 2 ff.
Geschäftsführende Direktoren; s. auch *Geschäftsführer*
Abberufung **43 Anh. SEAG 40** 51
– aus wichtigem Grund **43 Anh. SEAG 40** 52, 54
– Doppelmandat **43 Anh. SEAG 40** 55
– durch Ausschuss **43 Anh. SEAG 40** 53
Wirksamwerden **43 Anh. SEAG 40** 55
Abhängigkeitsbericht **43 Anh. SEAG 49** 11 ff.
Abwickler **63** 46, 48, 55 ff.
Amtsniederlegung **43 Anh. SEAG 40** 58
Anstellungsvertrag **43 Anh. SEAG 40** 7, 27 ff.
Beendigung **43 Anh. SEAG 40** 60 f.
Anzahl **38** 24; **43 Anh. SEAG 40** 10
Arbeitnehmervertreter **43 Anh. SEAG 40** 14
Berichtspflicht
– allgemeine **43 Anh. SEAG 40** 40 ff.
Verlustanzeige **43 Anh. SEAG 40** 44 ff.
Bestellung **43 Anh. SEAG 40** 7
– Annahme **43 Anh. SEAG 40** 9
– durch Gericht **43 Anh. SEAG 45** 1 ff.

– durch Verwaltungsrat **43 Anh. SEAG 40** 8
– fehlerhafte **43 Anh. SEAG 40** 23 ff.
Handelsregisteranmeldung **43 Anh. SEAG 40** 9, 38
Bestellungsdauer **43 Anh. SEAG 40** 16
Bestellungshindernisse **43 Anh. SEAG 40** 15
CEO **43 Anh. SEAG 40** 12
Einzelgeschäftsführung **43 Anh. SEAG 40** 37
externer **43 Anh. SEAG 40** 11
faktischer **43 Anh. SEAG 40** 26
Gesamtgeschäftsführung **43 Anh. SEAG 40** 36
Gesamtverantwortung **43 Anh. SEAG 40** 72
Geschäftsbriefe **43 Anh. SEAG 43** 2 ff.
Geschäftsführungsbefugnis **43 Anh. SEAG 40** 31 ff.
Geschäftsordnung **43 Anh. SEAG 40** 47 ff.
Gewinnverwendungsvorschlag **43 Anh. SEAG 47** 5
Haftung **43 Anh. SEAG 40** 70 ff.; **51** 8 ff.
– Außenhaftung **43 Anh. SEAG 40** 71
– Beweislast **43 Anh. SEAG 40** 77
– Durchsetzung **43 Anh. SEAG 40** 81 f.
– Innenhaftung **43 Anh. SEAG 40** 70
– Selbstbehalt **43 Anh. SEAG 40** 77
– Sorgfaltspflicht **43 Anh. SEAG 40** 72 ff.
Treuepflicht **43 Anh. SEAG 40** 75
Handelsregisteranmeldung **43 Anh. SEAG 46** 10 ff.
interner **43 Anh. SEAG 40** 11
Jahresabschluss **43 Anh. SEAG 47** 3 ff.; s. auch *Rechnungslegung*
Konzernanstellungsvertrag **43 Anh. SEAG 40** 27
Kreditgewährung **43 Anh. SEAG 40** 69
laufende Geschäfte **43 Anh. SEAG 40** 33
Nachteilsausgleich **43 Anh. SEAG 49** 10, 16
Namensunterschrift **43 Anh. SEAG 42**
Notgeschäftsführungsrecht **43 Anh. SEAG 39** 25
Organeigenschaft **43 Anh. SEAG 40** 4 ff.; **49** 3; **51** 6
persönliche Voraussetzungen **43 Anh. SE-AG 40** 11 ff.
Rechnungslegung; s. *Rechnungslegung*
Satzungsautonomie **43 Anh. SEAG 40** 18 f.
Stellvertreter **43 Anh. SEAG 40** 83
Suspendierung **43 Anh. SEAG 40** 59
Überwachung durch Verwaltungsrat **43 Anh. SEAG 22** 13 ff.
Vergütung **43 Anh. SEAG 40** 63 ff.
Verschwiegenheitspflicht **43 Anh. SEAG 40** 75
Vertretung der SE **43 Anh. SEAG 41** 1 ff.
– Beschränkungen **43 Anh. SEAG 41** 9 ff.; **43 Anh. SEAG 44** 3 ff.

– Einzelermächtigung **43 Anh. SEAG 41** 14
– Einzelvertretung **43 Anh. SEAG 41** 12 f.
– Führungslosigkeit **43 Anh. SEAG 41** 4
– gegenüber geschäftsführenden Direktoren **43 Anh. SEAG 41** 15 ff.
– Geschäfte mit Verwaltungsratsmitgliedern **43 Anh. SEAG 41** 5
– gerichtliche **43 Anh. SEAG 41** 6 f.
– Gesamtvertretung **43 Anh. SEAG 41** 12
– organschaftliche Vertretungsmacht **43 Anh. SEAG 41** 2
Umfang **43 Anh. SEAG 41** 8 ff.
Vertretungsbefugnis des Verwaltungsrats **43 Anh. SEAG 22** 10
Verwaltungsratsvorsitzender **43 Anh. SEAG 40** 12
Vorsitzender **43 Anh. SEAG 40** 20 ff.
Weisungsgebundenheit **43 Anh. SEAG 40** 74, 79; **43 Anh. SEAG 44** 8 ff.
– Adressat **43 Anh. SEAG 44** 13
– Grenzen **43 Anh. SEAG 44** 14 ff.
– Prüfungs- und Folgepflicht **43 Anh. SEAG 44** 17 ff.
– Umfang **43 Anh. SEAG 44** 10 ff.
Weisungserteilung **43 Anh. SEAG 44** 20 f.
Wettbewerbsverbot **43 Anh. SEAG 40** 66, 75
Wiederbestellung **43 Anh. SEAG 40** 17
Zahlungsverbot bei Insolvenz **43 Anh. SEAG 22** 41; **43 Anh. SEAG 40** 78
Geschäftsführer 39 12 f.; **43** 7 ff.; s. auch *geschäftsführende Direktoren*
Berichtspflicht gegenüber Verwaltungsorgan **44** 4
Einzelgeschäftsführung **39** 12
Externe als Geschäftsführer **43** 9, 15
Entstehungsgeschichte **39** 12; **43** 8
Gleichlauf zwischen nationaler AG und SE **39** 13
Grenzen der Delegation **43** 12, 16
Haftung **51** 6 ff.
in eigener Verantwortung **39** 12; **43** 10
laufende Geschäfte **39** 12; **43** 11, 16
Mitgliedstaatenwahlrecht **39** 12 f.; **43** 7 ff.
Organeigenschaft **39** 12
Regelungsermächtigung **43** 14 ff.
Überwachung durch Aufsichtsorgan **39** 12; **40** 6 ff.
Überwachung durch Leitungsorgan **39** 12
Vertretung der SE **43** 17
Geschäftsführung
Abgrenzung zu Leitung **43 Anh. SEAG 22** 9
Aufgabenbereich **39** 4 f.
Begriff **39** 4
CEO **39** 9
Delegation **39** 12 f.; **43** 7 ff.
Einzelgeschäftsführung **39** 8; **43 Anh. SEAG 40** 37
Gesamtgeschäftsführung **39** 7
Mehrheitsprinzip **39** 7, 9; **50** 61 ff.
Geschäftsverteilung **39** 8 f.

in eigener Verantwortung **39** 6
interne **39** 4
Kollegialitätsprinzip **39** 7
Leitungsorgan **39** 4 ff.
Trennung, funktionale und personale **38** 18
Verwaltungsorgan **43** 2, 5 ff.; s. auch *Verwaltungsorgan, Geschäftsführung*
Geschäftsführungsbefugnis
Beschluss des Verwaltungsorgans **48** 16 f.
Beschränkung **39** 5; **43 Anh. SEAG 40** 32 ff.; **43 Anh. SEAG 44** 3 ff.
geschäftsführende Direktoren **43 Anh. SEAG 40** 31 ff.
laufende Geschäfte **43** 11, 16
Zustimmungsbeschluss des Aufsichtsorgans **48** 13 ff.
Geschäftsjahr
Sechsmonatsfrist für Hauptversammlungseinberufung **54** 10
Sperrfrist bei Umwandlung einer SE **66** 14 ff.
Geschäftsordnung
Aufsichtsorgan **40** 28
besonderes Verhandlungsgremium **12 SEBG** 2
geschäftsführende Direktoren **43 Anh. SEAG 40** 47 ff.
Leitungsorgan **39** 9
SE-Betriebsrat **24 SEBG** 2
Verwaltungsrat **43 Anh. SEAG 34** 14 ff.
Geschäftstätigkeit der SE 9 55
Geschlechterquote 24 44a ff.; **43** 35a; **43 Anh SEAG 21** 3; **43 Anh. SEAG 24** 3 ff.; **SEBG 21** 28 ff.; MgVG Einl. 34 ff.
Gesellschaftsstatut
Anknüpfung **2** 25; **7** 10; **8** 4; **Vor 122a ff. UmwG** 9
Verschmelzungsgründung SE **18** 5
Gewinnschuldverschreibungen 5 27
Gewinnverwendung
Hauptversammlungszuständigkeit **52** 23
Vorschlag **40** 16; **43 Anh. SEAG 47** 5
Gläubigerschutz bei grenzüberschreitender Verschmelzung nach UmwG 122j UmwG 1 ff.
Anwendungsbereich **122j UmwG** 5
Art und Höhe **122j UmwG** 13
Frist **122j UmwG** 6
Gefährdung der Forderungen **122j UmwG** 8 ff.
Verschmelzungsbescheinigung **122k UmwG** 9, 12
Gläubigerschutz bei Sitzverlegung 8 7 f., 12, 27, 60 ff.
Anspruchsberechtigung **8** 63
Anspruchsinhalt **8** 74
Form **8** 65
Frist **8** 66
Gefährdung der Forderungen **8** 69 ff.
Sicherungsinteresse **8** 67, 82

Sachverzeichnis

fette Zahlen = Artikel

Zahlung an öffentlich-rechtliche Körperschaften **8** 75
Gläubigerschutz bei Umwandlungsgründung 37 10, 96
Gläubigerschutz bei Umwandlung einer SE 66 32
Gläubigerschutz bei Verschmelzungsgründung SE 24 1 ff.
Anleihegläubiger **24** 11
anwendbares Recht **24** 2 ff.
Bekanntmachung **21** 4
Sicherheitsleistung
– Gefährdung der Forderungen **24** 5
– Rechtmäßigkeitsbescheinigung **25** 21
– Sitz der SE im Ausland **24** 6 ff.
Sitz der SE im Inland **24** 5
Sonderrechtsinhaber **24** 12 f.
Gleichbehandlungsgebot
Adressat **10** 2 f.
Anwendungsbereich des Art. 10 **10** 4 f.
Privilegierungsverbot **10** 7
Rechtsfolgen **10** 10
Ungleichbehandlung **10** 6 f.
– erlaubte **10** 8
Rechtfertigung **10** 9
Grenzüberschreitende Verschmelzung nach UmwG
Anspruch auf Sicherheitsleistung
– Art und Höhe **122j UmwG** 13
– Voraussetzungen **122j UmwG** 5 ff.
Definition **122a UmwG** 3
Drittstaatenbezug **122b UmwG** 12 f.
EU/EWR-Zugehörigkeit **122b UmwG** 11
Formwechsel **122a UmwG** 7
Generalverweis auf Inlandsverschmelzung **122a UmwG** 8 ff.
Genossenschaft **122b UmwG** 15
Grenzüberschreitung **122a UmwG** 4
Handelsregisteranmeldung
– durch übertragende Gesellschaft **122k UmwG** 4 ff.
durch übernehmende oder neue Gesellschaft **122l UmwG** 3 ff.
Handelsregistereintragung **122l UmwG** 16
Investmentgesellschaft **122b UmwG** 16 ff.
Kapitalgesellschaft **122b UmwG** 3, 5 ff.
Generalklausel **122b UmwG** 9 f.
Mitbestimmung; s. *Mitbestimmung bei grenzüberschreitender Verschmelzung nach MgVG*
Mutter-Tochter-Verschmelzung; s. *Mutter-Tochter-Verschmelzung nach UmwG*
New-Co **122a UmwG** 5 f.
Niederlassungsfreiheit **Vor 122a ff. UmwG** 5
Personengesellschaft **122b UmwG** 2
Registerkontrolle; s. *Rechtmäßigkeitsprüfung bei grenzüberschreitender Verschmelzung nach UmwG*
Schutz der Gläubiger **122j UmwG** 1 ff.
Schutz der Minderheiten **122i UmwG** 1 ff.
SE mit Sitz in Deutschland **122b UmwG** 7

Spruchverfahren **122h UmwG** 6 ff.
Verschmelzungsbericht; s. *Verschmelzungsbericht bei grenzüberschreitender Verschmelzung nach UmwG*
Verschmelzungsbescheinigung; s. *Verschmelzungsbescheinigung*
Verschmelzungsbeschluss **122g UmwG** 2, 9
Entbehrlichkeit **122g UmwG** 17 f.
Verschmelzungsfähigkeit, konkrete **122b UmwG** 14
Verschmelzungsplan; s. *Verschmelzungsplan bei grenzüberschreitender Verschmelzung nach UmwG*
Verschmelzungsprüfung; s. *Verschmelzungsprüfung bei grenzüberschreitender Verschmelzung nach UmwG*
Vorabinformation der Anteilsinhaber **122g UmwG** 5 ff.
Wirksamkeitsvermerk **122k UmwG** 16 ff.
Wirksamwerden **122l UmwG** 16 ff.
Gründung
anwendbares Recht **15** 3, 10 ff.
– Abgrenzung zu anderen Normen **15** 3 ff.; **18** 4
– Anwendungsbereich **15** 10
– Bestellung des ersten Aufsichtsrats **15** 17 ff.
– Gründungshaftung **15** 5
– Verweisungsart **15** 11 f.
– Verweisungsobjekt **15** 13 ff.
Vollzug der Gründung **15** 9
Arbeitnehmerbeteiligungsverfahren **15** 19
Besteuerung; s. *Besteuerung*
durch Errichtung einer Holding-SE; s. *Holdinggründung*
durch Errichtung einer Tochter-SE; s. *Tochtergründung*
durch Errichtung einer Vorrats-SE **2** 29 ff.; **16** 39 ff.
wirtschaftliche Neugründung **2** 30, 31; **16** 41
durch Umwandlung; s. *Umwandlungsgründung*
durch Verschmelzung; s. *Verschmelzungsgründung*
Einpersonengründung **16** 28
Eintragung; s. *Handelsregistereintragung*
erstes Aufsichtsorgan **15** 17 ff.; **40** 47 ff.
Gründungsberechtigung **2** 5 ff.; s. auch *Gründungsberechtigung*
Gründungsformen
– Numerus Clausus **2** 1 ff.
Umgehung **2** 4, 27 ff.
Gründungsverfahren
– Beschlussphase **15** 9
– Vollzugsphase **15** 9
Vorbereitungsphase **15** 9
Mehrstaatlichkeit; s. *Mehrstaatlichkeit*
primäre **3** 3 ff.
sekundäre **3** 7 ff.; s. auch *Ausgründung einer Tochter-SE*

Sachverzeichnis

Statusverfahren **15** 21 f.
Stimmenmehrheit, qualifizierte **57** 19
Gründungsberechtigung
Abhängigkeitsverhältnis **2** 6
AG **2** 1, 5
AG in Liquidation **2** 5
Ausländische Partner **2** 24 ff.
Gemeinschaftszugehörigkeit **2** 8
bei einer SE als Gründer **3** 4
GmbH **2** 5, 13
Gründersitz **2** 8, 13, 19, 22
Hauptverwaltung **2** 8, 24 ff.
KGaA **2** 5
Mehrstaatlichkeit **2** 1 ff., 9, 14, 20, 22
bei einer SE als Gründer **3** 4
natürliche Personen **2** 1, 7
SE **2** 5; **3** 1 ff.; s. auch *SE als Gründer*
Tochtergesellschaft **2** 14 f.
Vor-AG **2** 5
Vorrats-AG **2** 6, 29
Wegfall der Gründungsberechtigung **2** 10
Zeitpunkt **2** 10
Zweigniederlassung **2** 14, 16
Zweijahresfrist **2** 17
Gründungsgesellschaft
Haftung
– Gründerhaftung **16** 36 ff.; **33** 60
Handelndenhaftung **16** 7; s. auch *Handelndenhaftung*
Holdinggründung **2** 12 ff.; **32** 1 ff.
– anwendbares Recht **32** 10
Fortbestand **32** 7
Prüfung; s. *Rechtmäßigkeitsprüfung SE*
Tochtergründung **2** 18 ff.; **35** 3 ff.
– anwendbares Recht **36** 1 ff.
Fortbestand **35** 7
Umwandlungsgründung **2** 21 ff.; **37** 3
Verschmelzungsgründung SE **2** 5 ff.; **18** 4 f.
– anwendbares Recht **15** 6; **18** 4 ff.
– Betriebsübergang **29** 11
– Erlöschen **29** 7
– Formwechsel **29** 8
– Gesamtrechtsnachfolge **29** 3
Vorbereitung und Beschlussphase **17** 9 ff.
Gründungstheorie 2 25; **7** 10; **8** 4; **18** 5
Vor 122a ff. UmwG 9
Gründungsurkunde 6 1 f., 7

Haftung
Aktionärshaftung; s. *Aktionär, Haftung*
Differenzhaftung **33** 61
Gründerhaftung **16** 36 ff.; **33** 60
Handelndenhaftung; s. *Handelndenhaftung*
Holdinggründung **33** 60 f.
Organhaftung; s. *Organhaftung*
Prüferhaftung **22** 21
SE **16** 2, 17
Unterbilanzhaftung **16** 36 f.
Verlustdeckungshaftung **16** 36 f.
Vor-SE **16** 21 ff.

Handelndenhaftung
Haftungsausschluss
– gesetzlich **16** 17
rechtsgeschäftlich **16** 18
Handeln im Namen der SE **16** 12 f.
Handelnder **16** 14 ff.
– Aktionäre der Gründungsgesellschaft **16** 15
– Gründungsgesellschaft **16** 14
– Organ der Gründungsgesellschaft **16** 14
Organ der Vor-SE **16** 16
Rechtsfolgen **16** 19 f.
Rechtshandlung **16** 11
Verschmelzung zur Aufnahme **16** 8
Zeitraum **16** 2, 9 f., 17
Handelsgesellschaft 1 3
Handelsregisteranmeldung
Anmeldepflichtige **12** 6 f.; **43 Anh. SEAG 21** 4 ff.; **43 Anh. SEAG 46** 1
Beifügung von Urkunden **43 Anh. SEAG 46** 16
Durchsetzung der Publizitätspflichten **43 Anh. SEAG 46** 9, 17
Form und Inhalt **12** 8 ff.; **43 Anh. SEAG 21** 10 ff.; **43 Anh. SEAG 46** 4 f., 8, 12 ff.
geschäftsführende Direktoren **43 Anh. SEAG 46** 10 ff.
grenzüberschreitende Verschmelzung nach UmwG
– durch übertragende Gesellschaft **122k UmwG** 4 ff.
durch übernehmende oder neue Gesellschaft **122l UmwG** 3 ff.
Holdinggründung **37** 77 ff.
Kapitalmaßnahmen **5** 7
Leitungsorganmitglied **39** 27
Mantelgesellschaft **12** 12
Rechtsnatur **12** 4
Satzungsänderung **59** 27
Tochtergründung **36** 32
Umwandlungsgründung **37** 77 ff.
Verschmelzungsgründung SE **26** 6 ff.; **43 Anh. SEAG 21** 7 f.
Versicherung über Fehlen von Bestellungshindernissen **43 Anh. SEAG 46** 15
Vertretung **43 Anh. SEAG 46** 7 f.
Verwaltungsratsmitglied **43 Anh. SEAG 46** 4 ff.
Verwaltungsratsvorsitzender **43 Anh. SEAG 46** 8 f.
Vorrats-SE **12** 11
Zuständigkeit **12** 5
Handelsregistereintragung 12 2 ff.
Ablehnung **12** 15
Anmeldung; s. *Handelsregisteranmeldung*
Beteiligungsvereinbarung
– Prüfung **12** 18 ff.
– Vorrats-SE **12** 25 f.
Widerspruch zur Satzung **12** 27 ff.
Eintragungshindernis
– fehlende Genehmigung **24** 25

Sachverzeichnis

– fehlende Leitungsorganregelung **38** 2; **39** 39
– fehlende Prüfung **27** 5
– fehlender Nichtverhandlungsbeschluss **12** 16
– fehlendes Negativattest **32** 100
– fehlerhafter Prüfungsbericht **43 Anh. SEAG** 21 14
Widerspruch zwischen Satzung und Mitbestimmungsvereinbarung **12** 27 ff., 34 ff.; **122l UmwG** 14; **22 MgVG** 47
grenzüberschreitende Verschmelzung nach UmwG **122l UmwG** 16
Holdinggründung **33** 51 ff.
Inhalt **12** 15; **43 Anh. SEAG** 21 15
Löschung; s. *Löschung der SE*
Offenlegung der Eintragung **15** 24 ff.
Offenlegung von Urkunden und Angaben **13** 4
Prüfung **12** 13 f.; **43 Anh. SEAG** 21 14; s. auch *Rechtmäßigkeitsprüfung SE*
Rechtsformzusatz **11** 6
Reihenfolge **27** 3
Satzungsänderung **59** 26 ff.
Sitzverlegung
– Bescheinigung des Wegzugstaats **8** 76 ff.
– Eintragung im Zuzugstaat **8** 88 ff., 101 ff.
Tochtergründung **36** 33
Umwandlungsgründung **37** 76 ff.
Veröffentlichung im EWR **14** 2
Verschmelzungsgründung SE **27** 1 ff.
Voraussetzungen **12** 13 ff.
vorläufige **25** 26; **27** 3
Wirkung **1** 7 ff.; **16** 5 f.
– Holdinggründung **33** 58
– Umwandlungsgründung **37** 89 ff.
Verschmelzungsgründung SE **27** 1, 3 f.
Hauptversammlung
Ablauf **53** 7 ff.
anwendbares Recht **53** 1 ff.
Abstimmungsverfahren **53** 37
Antragsrecht **53** 32
Auskunftsrecht **53** 29 ff.
außerordentliche **54** 5 f.
Beginn **53** 18
Beschlusskontrolle **53** 38; **57** 33
Dauer **53** 18
Einberufung **53** 7; s. auch *Einberufung der Hauptversammlung*
Gegenantrag **53** 32; **54** 30; **56** 15; **60** 17
Geschäftsordnung **53** 36
Informationspflichten im Vorfeld **53** 12; **54** 30
Leitung **53** 20 ff.
– Grundsätze **53** 25
Versammlungsleiter **53** 21 ff.
mehrtägige **53** 19
Niederschrift **53** 33 f.
ordentliche **54** 1, 5; **43 Anh. SEAG** 48 1 ff.; s. auch *Rechnungslegung, ordentliche Hauptversammlung*

Organ der SE **38** 8 f.
Ort **53** 8 ff.
Record Date **53** 14
Rederecht **53** 29
Sprache **53** 26 ff.
Stellung in der SE **52** 7
Tagesordnung; s. *Tagesordnung*
Teilnahme Dritter **53** 17
Teilnahmepflicht **53** 16
Teilnahmerecht **53** 13 ff.
Vollversammlung **53** 35
Zeitpunkt **54** 27
Hauptversammlungsbeschluss; zu Beschlüssen anderer Organe s. *Beschlussfassung*
Abberufung Aufsichtsorgan **40** 56 ff.
Abberufung Verwaltungsrat **43 Anh. SEAG** 29 4 ff.
Arten **57** 2
Anfechtungsgrund **57** 32 ff.
Anfechtungsklage **57** 36
Auflösung der SE **63** 21, 79 ff.
Ausgründung einer Tochter-SE **3** 6, 11
Beschlussfähigkeit **57** 4 ff.
Beschlusskontrolle **57** 33; **59** 28
Bestellung Leitungsorgan **39** 16
Bestellung Verwaltungsorgan **43** 25
Bestellung Verwaltungsrat **43 Anh. SEAG** 28 4
– Anfechtung **43 Anh. SEAG** 32 2 ff.
– Nichtigkeit **43 Anh. SEAG** 31 2 ff.
Beteiligungsvereinbarung **23** 1, 18 ff.
fehlerhafter **57** 31
Freigabeverfahren **57** 37
Heilung bei Nichtigkeit **57** 34
Jahresabschluss; s. *Rechnungslegung, ordentliche Hauptversammlung*
Kapitalmaßnahmen **57** 17
Mehrheitserfordernis **57** 1, 15 ff.
Mehrheit, einfache **57** 15
Mehrheit, qualifizierte
– Kapitalmehrheit **57** 22 ff.
– nach Satzung **57** 29
– nach SE-VO **57** 17 ff.
nach nationalem Recht **57** 20 f.
nach Mitternacht gefasster Beschluss **53** 18
Nichtigkeitsgrund **57** 32 ff.
Satzungsänderung **57** 17; **59** 15 ff.
Sonderbeschluss **60** 1 ff.
Stimmabgabe **57** 9 f.; **58** 1 ff.
– Stimmenthaltung **58** 8
– Stimmzettel, leere oder ungültige **58** 9
– Teilnahmeerfordernis **58** 4 ff.
Vertretung **58** 5
Stimmenauszählung **57** 11
– Additionsverfahren **57** 12; **58** 7
Subtraktionsverfahren **57** 13; **58** 6 f.
Stimmrecht **57** 7 f.
Zustimmungserfordernisse **57** 30

Sachverzeichnis

Hauptversammlungszuständigkeit; s.
auch *Hauptversammlungszuständigkeit nach
nationalem Recht*
alleinige **52** 6
anwendbares Recht **52** 1, 9 ff., 20 ff.
aufgrund von Unionsrecht
– SE-RL **52** 13
– SE-VO **52** 12
ungeschriebene **52** 15 ff.
aufgrund von nationalem Recht; s. *Hauptversammlungszuständigkeit nach nationalem
Recht*
aufgrund von Satzung **52** 43
Auflösung der SE **52** 12, 16, 30
Bestellung Aufsichtsorgan **52** 12
Bestellung Leitungsorgan **52** 12
Bestellung Verwaltungsorgan **52** 12
Beteiligungsvereinbarung **52** 17
Delegation **52** 7
Doppelverweisung **52** 14
Einberufungsverlagen der Minderheits-
aktionäre **55** 20
grundlegende Entscheidungen **52** 8
nicht beschlussgebundene **52** 2
Rangverhältnis der Zuständigkeitsregeln **52**
9 f.
Rückumwandlung der SE **52** 12
Satzungsänderung **52** 12; **59** 10
Sitzverlegung, grenzüberschreitende **52** 12
Überschreitung, unzulässige **52** 10
ungeschriebene **52** 15 ff.
Vorrang des Unionsrechts **52** 9 f., 22
**Hauptversammlungszuständigkeit
nach nationalem Recht**
Abschlussprüferbestellung **52** 25
aufgrund SEAG **52** 21
Auflösung der Gesellschaft **52** 30
Begebung von Genussrechten **52** 38
Entlastung **52** 26 ff.
Ersetzung der Zustimmung **52** 31 f.
Erwerb eigener Aktien **52** 38
Geltendmachung von Ersatzansprüchen **52**
35 f.
Geschäftsführungsmaßnahmen **52** 33
Gewinnverwendung **52** 23
Holzmüller/Gelatine-Grundsätze **52** 20, 42
Jahresabschlussfeststellung **52** 24
Kapitalmaßnahmen **52** 37 f.
Nachgründungsvertrag **52** 40
Sonderprüferbestellung **52** 29
Umwandlung **52** 41
ungeschriebene **52** 20, 42
Unternehmensvertrag **52** 40
Vergütungsfestlegung **52** 34
Vertrauensentzug **52** 40
Hauptverwaltung
Begriff **7** 13 f.
Bestimmung **7** 15 ff.
Holdinggründung
acting in concert **32** 28
Anstreben **2** 12

Anteilstausch **32** 4, 7
anwendbares Recht **15** 14; **18** 2; **32** 9 f.
Ausgleichsleistung **32** 52
Barabfindungsangebot **32** 53, 61 ff., 74,
102 f.
Bestellung des ersten Aufsichtsorgans **40** 48,
51
Besteuerung **32** 32; **StR** 114 ff.; s. auch
Besteuerung bei Holdinggründung
Delisting **32** 17
Einbringung **33** 1 ff.
– Bedingungen, Erfüllung der **33** 23 ff.
– Bedingungen, Offenlegung der Erfüllung
33 30 ff.
– eigene Aktien **33** 11
– Form **33** 22
– Frist, Dreimonatsfrist **33** 19 ff.
– Frist, Nachfrist **33** 34 ff.
– Gegenstand **33** 10 f.
– Mitteilung, Rechtsnatur der **33** 14
– Rechtsnatur **33** 12, 24 f.
– Vereinbarung, Abschluss der **33** 14
– Vereinbarung, Ausgestaltung **33** 15 ff.
– Vereinbarung, Inhalt **33** 18
– Vereinbarung, Parteien **33** 13
– Verfahren **33** 2 ff.
Wahlrecht **33** 7 ff.
Eintragung
– Anmeldung **33** 52 ff.
– Bekanntmachung **33** 59
– Inhalt der Eintragung **33** 57
– Negativattest **33** 53, 56
– vor Ablauf der Dreimonatsfrist **33** 3
– vor Ablauf der einmonatigen Nachfrist **33**
4 ff.
– Voraussetzungen **33** 53 f.
Wirkung **33** 58
Freigabepflicht **32** 31
genuin europarechtliche Gründungsform
32 4
Gründer **33** 39
Gründersitz **2** 13
Grundkapital
– bedingtes, genehmigtes Kapital **68** ff.
– Höhe **32** 66 ff.
– Kapitalerhöhung **32** 69 f.
vorläufiges **32** 71 f.
Gründungsberechtigung **2** 13
– AG in Liquidation **2** 13
– GmbH **2** 13
– SE **2** 5; **3** 3
– Unternehmergesellschaft **2** 13
Vor-GmbH **2** 13
Gründungsbericht; s. *Holdinggründungsbericht*
Gründungsplan; s. *Holdinggründungsplan*
Gründungsprüfung gemäß § 33 AktG **33**
47 ff.; s. auch *Holdinggründungsplan, Prü-
fung*
– Bestellung **33** 48
– Entbehrlichkeit, keine **33** 40 f.
Prüfbericht **33** 47 ff.

Sachverzeichnis

Haftung
– Differenzhaftung **33** 61
Gründerhaftung, Organhaftung **33** 60
Insiderinformation **32** 16
Kapitalstruktur, Finanzierung **32** 3 ff.
Konzernbildung **32** 6, 12
anwendbares Recht **32** 12
Mehrstaatlichkeit **2** 14
Minderheitenschutz; s. *Minderheitenschutz bei Holdinggründung*
Mindestprozentsatz **32** 5, 57 ff.
Mitbestimmung
– Delegation der Entscheidung **32** 106
– Genehmigungsvorbehalt **32** 104 ff.
– vorgeschaltetes Mitbestimmungsverfahren **32** 109 f.
zweite Hauptversammlung **32** 104, 107 f.
Offenlegung der Erfüllung der Gründungsvoraussetzungen **33** 30 ff.
Pflichtangebot
– an die Aktionäre der Gründungsgesellschaften **32** 22 ff.
an die Aktionäre der SE **32** 29 f.
Prospektpflicht **32** 17 ff.
Prüfung durch das Handelsregister **33** 55 f.
Rechtsnatur **32** 4, 7 f.
Sachgründung **32** 8
Stufengründung **32** 1 ff., 72
Tochtergesellschaft **2** 15
Treuhänder **32** 54, 67; **33** 16
Übernahmeangebot **32** 22 ff.
Umtauschverhältnis **32** 53
Unterschied zur Verschmelzungsgründung **32** 7
Verfahren **2** 12; **32** 1, 5 f.
Vor-SE **32** 11
Zaunkönigregelung **33** 2
Zeitpunkt **2** 12
Zusammenschlussvereinbarung **32** 36 f.
Zustimmung der Hauptversammlungen
– Einberufung, Durchführung **32** 86 ff.
– Spruchverfahren **32** 102 f.; **34** 3
Zustimmungsbeschluss **32** 93 ff.; s. auch *Holdinggründungsplan, Zustimmungsbeschluss*
Zweigniederlassung **2** 16
Zweijahresfrist **2** 17
Holdinggründungsbericht
gemäß Art. 32
– Form **32** 39
– Inhalt **32** 47 ff.
– Offenlegung **32** 73
– Satzung der SE **32** 55
– Übertragung der SE-Aktien **32** 54
– Umtauschverhältnis **32** 47, 52 f.
– Verzicht **32** 45
Zweckmäßigkeit **32** 47
gemäß § 32 AktG
– Entbehrlichkeit **33** 40 f.
– Form **33** 42
Inhalt **33** 43 f.

Holdinggründungsplan
Form **32** 38
Gleichlaut **32** 40 f.
Inhalt
– fakultativer **32** 65
– zwingender, Angaben gemäß Art. 20 **32** 51 ff.
– zwingender, Barabfindungsangebot **32** 61 ff.
– zwingender, Gründungsbericht **32** 45 ff.; s. auch *Holdinggründungsbericht*
zwingender, Mindestprozentsatz **32** 57 ff.
Offenlegung **32** 73 ff.
– Bekanntmachung durch das Handelsregister **32** 74
Zuleitung an den Betriebsrat **32** 75
Prüfung **32** 76 ff.
– Bestellung **32** 80 f.
– Entbehrlichkeit **32** 84 f.
– Prüfungsbericht **32** 82 f.
– Prüfungsgegenstand **32** 77 f.
Rechtsnatur **32** 35
Verpflichtete **32** 42 f.
Zustimmungsbeschluss
– fehlerhafter **32** 98 ff.
– fehlerhafter, Freigabeverfahren **32** 101
– fehlerhafter, Negativattest **32** 100
– Form **32** 95
– Gegenstand **32** 93
– Mehrheitserfordernis **32** 94
Umsetzungspflicht des Vorstands **32** 96
Holzmüller-Grundsätze 9 22, 38; **52** 3, 19 f., 42
Ausgründung einer Tochter SE **3** 11
Tochtergründung **3** 6; **36** 7 ff.

IAS-VO 61 2, 4; **62** 2
IFRS 61 4
IFRS-Einzelabschluss 43 Anh. SEAG 47 6 ff.; **43 Anh. SEAG 48** 4 ff.
In eigener Verantwortung
Geschäftsführer **39** 12; **43** 10
Leitungsorgan **39** 6
Verwaltungsorgan **43** 6
Inkompatibilität 39 33 ff.; **47** 17
Ausnahme **39** 35
Inkrafttreten
normative Wirkung **70** 1
Übergangsfrist **70** 2
Insolvenz
anwendbares Recht **63** 3, 62 ff.
– EuInsVO **63** 65 ff.
– Gesamtnormverweisung, Art. 63 als **63** 66, 68
InsO **63** 63 f., 69
Auflösungsgrund **63** 22 ff.
Begriff **63** 7
Verfahren; s. *Insolvenzverfahren*
Insolvenzverfahren
Ablauf **63** 72
Antragsberechtigte **63** 72

Sachverzeichnis

Antragspflicht **63** 71 f.
aufgelöste SE **63** 71
Beschlussfassung **63** 79 ff.
Eröffnungsbeschluss **63** 74
Eröffnungsgrund **63** 73
Fortsetzung der insolventen SE **63** 35 ff., 75
Insolvenzverwalter **63** 74
monistische SE **63** 72, 74
Offenlegung; s. *Offenlegung der Auflösung iwS*
Zahlungsverbot **63** 72
Zuständigkeit **63** 70
IntVerschmRL
Harmonisierung **Vor 122a ff. UmwG** 1 ff.;
   Einl. MgVG 4
Mitbestimmung **Einl. MgVG** 5 ff.; s. auch
   *Mitbestimmungsvereinbarung bei grenzüber-
   schreitender Verschmelzung nach MgVG*
Niederlassungsfreiheit **Vor 122a ff. UmwG**
   4 ff.
Umsetzung **Vor 122a ff. UmwG** 11 ff.;
   Einl. MgVG 26 ff.
IPR 5 1; **9** 34 ff.; **63** 66 ff.
Jahresabschluss; s. auch *Rechnungslegung*
anwendbare nationale Vorschriften **61** 4
Aufstellung **61** 3, 5
Feststellung **40** 16; **61** 5
Hauptversammlungskompetenz **43 Anh.**
   SEAG 47 18; **52** 24
Maßgeblichkeit bei Hauptversammlungs-
   einberufung **43 Anh. SEAG 48** 1, 3; **54**
   10
Maßgeblichkeit bei Umwandlung einer SE
   66 14 ff.
monistische SE **43 Anh. SEAG 47** 3 ff.; **61**
   5
– Aufstellung **43 Anh. SEAG 47** 3 f.
– Billigung **43 Anh. SEAG 47** 14
– Feststellung **43 Anh. SEAG 47** 17 f.
Prüfung **43 Anh. SEAG 47** 12 f.
Prüfung **40** 16; **61** 3, 5

Juristische Person; s. auch *Organmitglied*
besonderer Vertreter **47** 9 f.
Organmitgliedschaft **47** 4 ff.
persönliche Voraussetzungen **47** 11 ff.
statutarische Voraussetzungen **47** 25 ff.

Kapital
Begriff **4** 11
Erwerb eigener Aktien **5** 6 f.
Grundkapital **1** 4, **4** 8 ff.
Kapital, gezeichnetes **4** 11
Kapitalaufbringung **4** 12
Kapitalerhaltung **4** 12; **5** 5 ff.
Barabfindung bei Verschmelzung **24** 29
Kapitalerhöhung; s. *Kapitalerhöhung*
Kapitalherabsetzung **5** 21
Kapitalrichtlinie **5** 14
Kapitalmaßnahmen, Stimmenmehrheit bei
   5 13

Mindestkapital **4** 11 ff.
– Gläubigerschutz **4** 1 ff.
– Höhe **4** 12 f., 17
– Satzungsfestsetzung **4** 15
– Solvency Test **4** 2 ff.
Unterschreitung **4** 16
Monistische SE
– Bezugsrecht **5** 8
Erwerb eigener Aktien **5** 7
Schuldverschreibungen **5** 26 ff.
Verlustanzeige **5** 11
Verweis auf nationales Recht **5** 1 ff., 13
Währung **4** 8, 14; **67** 2
Kapitalerhöhung
bedingte **5** 17
Beschlussfassung **5** 16
genehmigte **5** 18
Gesellschaftsmitteln, aus **5** 19
Mehrheitserfordernis **5** 14 f., 18
monistische SE **5** 20
Satzungsänderung **5** 15, 18
Kapitalmehrheit 57 22 ff.
Konzern
anwendbares Recht **43 Anh. SEAG 49** 4 ff.
– abhängige SE **43 Anh. SEAG 49** 4 ff.
– herrschende SE **43 Anh. SEAG 49** 7 f.
Eingliederungskonzern **32** 12
– SE als eingegliederte SE **43 Anh. SEAG**
   49 31 ff.
SE als Hauptgesellschaft **43 Anh. SEAG 49**
   35
faktischer Konzern
– abhängige SE **43 Anh. SEAG 49** 9 ff.
– Abhängigkeitsbericht **43 Anh. SEAG 49**
   11 ff.
– herrschende SE **43 Anh. SEAG 49** 15 f.
Nachteilsausgleich **43 Anh. SEAG 49** 10, 16
Gleichordnungskonzern **2 SEBG** 19
Vertragskonzern
– abhängige SE **43 Anh. SEAG 49** 17 ff.
– herrschende SE **43 Anh. SEAG 49** 28 ff.
– Unternehmensverträge **43 Anh. SEAG**
   49 19
– Verlustausgleich **43 Anh. SEAG 49** 24
Weisungen **43 Anh. SEAG 49** 25 ff., 29
Konzernabschluss 43 Anh. SEAG 47
   6 ff.; **43 Anh. SEAG 48** 4 ff.; **61** 3 f.
Konzernlagebericht 43 Anh. SEAG 47
   6; **43 Anh. SEAG 48** 4 ff.; **61** 3 f.
Konzernverschmelzung; s. *Mutter-Toch-
   ter-Verschmelzung SE; Mutter-Tochter-Ver-
   schmelzung nach UmwG*
Kooptationsmodell 40 39; **2 SEBG** 40
Kreditinstitut 62 2
Kündigungsschutz 42 SEBG 3

Lagebericht 43 Anh. SEAG 47 3 f., 12;
   43 Anh. SEAG 48 4 ff.; **61** 3 f.
Laufende Besteuerung StR 137
Laufende Geschäfte 39 12; **43** 11, 16; **43**
   Anh. SEAG 40 33

Sachverzeichnis fette Zahlen = Artikel

Leitung
Abgrenzung zu Geschäftsführung **43 Anh. SEAG 22** 9
Begriff **2 SEBG** 27 f.
geschäftsführende Direktoren; s. *geschäftsführende Direktoren*
Geschäftsführung; s. *Geschäftsführung*
Trennung, funktionale und personale **38** 18
System; s. *Leitungssystem*
Leitungsorgan
Abberufung; s. *Abberufung Leitungsorgan*
Abwickler **63** 42, 46
Amtszeit **39** 19
Anstellungsvertrag
– Beendigung **39** 31
– Inhalt **39** 30
– Rechtsnatur **39** 28
Zuständigkeit zum Abschluss **39** 29
Arbeitsdirektor **39** 41
Ausschlussgrund **47** 11 ff.
Beendigungstatbestände, sonstige **39** 26
Beratung durch Aufsichtsorgan **40** 7
Berichtspflicht **41** 6 ff.; s. auch *Berichtspflicht des Leitungsorgans*
Bestellung; s. *Bestellung Leitungsorgan*
Binnenorganisation **39** 9
erstes **39** 21 f.
Geschäftsordnung **39** 9
Geschäftsverteilung **39** 8 f.
Gestaltung **38** 6
Größe **39** 39 f.
Haftung **51** 6 ff.; s. auch *Organhaftung*
Handelsregisteranmeldung **39** 27
in eigener Verantwortung **39** 6
Inkompatibilität **39** 33 ff.
– Abstellung eines Aufsichtsratsmitglieds **39** 35 ff.; s. auch *Abstellung eines Aufsichtsratsmitglieds in das Leitungsorgan*
Rechtsfolge **39** 34
Personalkompetenz des Aufsichtsorgans **39** 14, 23, 29, 32; **40** 13 f.
persönliche Voraussetzungen **39** 18
Rechte und Pflichten **39** 20
Risikofrüherkennungs- und Überwachungssystems **39** 5
Sprecher **39** 9
stellvertretendes Leitungsorganmitglied **39** 11
Übersetzung **39** 43
Überwachung durch Aufsichtsorgan **40** 6 ff.; s. auch *Aufsichtsrat, Überwachung*
Überwachung der Geschäftsführer **39** 12
Unterbesetzung **39** 42 f.
Unternehmensplanung **39** 5
Verschwiegenheitspflicht **49** 3 ff.
vertrauensvolle Zusammenarbeit **40 SEBG** 1 ff.
Vertretung der SE **39** 10
Gesamtvertretung **39** 10
Verwaltungsrat **43 Anh. SEAG 22** 5 ff.

Vorsitzender
– Letztentscheidungsrecht **39** 9; **50** 26
Vetorecht **39** 9
Vorstand **39** 3 ff.
Weisungsfreiheit **39** 6
Willensbildung **39** 9
Leitungssystem
Änderung **38** 29 ff.
– Anmeldung **38** 31
– Bestellung **38** 31
– Entsenderechte **38** 32
Verhandlungsverfahren **38** 30
dualistisches System; s. *dualistisches System*
Gestaltung **38** 5 ff.
Mischform **38** 5
monistisches System; s. *monistisches System*
Satzungsfreiheit **38** 2 ff.
Wahl **38** 27 f.
Wahlrecht **38** 1 ff.
Letztentscheidungsrecht
abweichende Regelungen **50** 18, 24
Aktionärsvertreter **50** 28
Aufsichtsorganvorsitzender **40** 23; **50** 26
Ausschussvorsitzender **50** 24
Leitungsorganvorsitzender **39** 9; **50** 26
stellvertretender Organvorsitzender **50** 27
stellvertretender Verwaltungsratsvorsitzender **43 Anh. SEAG 34** 9 ff.
Stimmverbot eines Verwaltungsratsmitglieds **43 Anh. SEAG 35** 7
Verwaltungsorganvorsitzender **45** 13 f.; **50** 28 f.
Liquidation
Ablauf **63** 44 f.
Abwickler; s. *Abwickler*
anwendbares Recht **63** 1 f., 9
der werbenden SE **63** 43
Begriff **63** 10, 40
Beschlussfassung **63** 79 ff.
Erforderlichkeit **63** 40 f.
Eröffnungsbilanz **63** 44
Firmenzusatz **63** 43
Löschung der SE **63** 60
monistische SE **63** 46 ff.
Kompetenzverteilung **63** 56 ff.
Nachgesellschaft, teilrechtsfähige **63** 61
Nachtragsliquidation **63** 60
Offenlegung; s. *Offenlegung der Auflösung iwS*
Rechts- und Parteifähigkeit **63** 43
Sitzverlegung, Verbot der **8** 53, 57, 115 ff.
Vermögens, Versilberung des **63** 44
Vermögens, Verteilung des **63** 45
Löschung der SE
Auflösung **63** 60; **65** 16
Sitzverlegung **8** 104 ff.
Umwandlung einer SE **66** 31
Veröffentlichung im EWR **14** 2

Mehrfachstimmrechte 31 3, 18; **57** 23
Mehrheit; s. *Stimmenmehrheit*

Mehrstaatlichkeit; s. auch *Gründungs-
berechtigung, Mehrstaatlichkeit*
Ausgründung einer Tochter SE **3** 9
Entwicklungsgeschichte **2** 2
Erfordernis **2** 1
Gründung durch SE **3** 4
Prüfung **12** 13; **26** 19
Sinn und Zweck **2** 4
Umgehung **2** 4, 27 ff.
Verlust **63** 13
MgVG; s. auch *IntVerschmRL*
Anwendung nationalen Rechts **4 MgVG**
2 f.
Auslegung **1 MgVG** 4
Begriffsbestimmungen **2 MgVG** 1 ff.
Geltungsbereich **3 MgVG** 5 ff.
Regelungsgegenstand **Einl. MgVG** 5
Umsetzung der IntVerschmRL **Einl.
MgVG** 26 ff.
Vergleich zum SEBG **Einl. MgVG** 29
Verhältnis zu nationalen Regelungen **29
MgVG** 2
Zielsetzung **1 MgVG** 2
Minderheitenschutz
Einberufungsverlagen; s. *Einberufungsverlagen
der Minderheitsaktionäre*
Ergänzung der Tagesordnung; s. *Tagesord-
nung, Ergänzungsantrag*
Minderheitsaktionärs, Begriff des **24** 15
Umwandlung einer SE **66** 32
Sitzverlegung **8** 39
Sonderbeschluss; s. *Sonderbeschluss*
**Minderheitenschutz bei Holdinggrün-
dung**
Ablehnung der Holdinggründung **34** 6
Aktionärsschutz **34** 1
Antragsberechtigung **34** 6 f.
Austrittsrecht **34** 4
Rechtsfolge **34** 8
Spruchverfahren **32** 102 f.; **34** 3
Verbesserung des Umtauschverhältnisses **34** 5
Zaunkönigregelung **33** 2
**Minderheitenschutz bei Tochtergrün-
dung 36** 37
**Minderheitenschutz bei Umwand-
lungsgründung 37** 67 f.
**Minderheitenschutz bei Verschmel-
zungsgründung**
Ablehnung der Verschmelzung **24** 16 ff., 28,
47
Anfechtungsausschluss **24** 35 f., 55
Anfechtungsklage **24** 34
Angemessenheit **24** 22 f., 31
Barabfindung und Austrittsrecht **24** 43 ff.
– Angebot im Verschmelzungsplan **20** 9; **24**
44
– Annahmefrist **24** 52
– Erwerb eigener Aktien **24** 49
– Klageausschluss **24** 55
– Prüfung **24** 54
– Spruchverfahren **24** 55

– Verschmelzungsbericht **20** 43
– Verzinsung **24** 51
Widerspruch gegen die Verschmelzung **24**
47
Barausgleich **24** 25 ff.
– Anfechtungsausschluss **24** 35 f.
– Anfechtungsklage **24** 34
– Anspruchsvoraussetzungen **24** 26 ff.
– Kapitalerhaltungsgrundsatz **24** 29
– Spruchverfahren **24** 37 ff.
– Verschmelzungsplan **20** 16
Verzinsung **24** 32
Bekanntmachung **21** 5
Erwerb eigener Aktien **24** 49
Hauptversammlungsbeschluss bei Konzern-
verschmelzung **31** 13
Regelungskompetenz, Umfang der **24** 19 f.
Spruchverfahren **24** 37 ff., 55
übertragende und übernehmende Gesell-
schaft **24** 20, 48
Mindestkapital; s. *Kapital, Mindestkapital*
Missbrauchsverbot 18 SEBG 6; **43
SEBG** 2 ff.; **45 SEBG** 6; **33 MgVG** 4
Mitbestimmung; s. auch *Beteiligung*
anwendbares Recht **9** 29
Auffangregelung; s. *Auffangregelung SEBG*
Ausdehnung beim monistischen System **43
Anh. SEAG Vor 20** 7 ff.
Begriff **40** 39; **2 SEBG** 40
Beibehaltung bei Umwandlungsgründung
21 SEBG 32
erstes Aufsichtsorgan **15** 19 ff.
grenzüberschreitende Verschmelzung nach
UmwG; s. *Mitbestimmung bei grenzüber-
schreitender Verschmelzung nach MgVG*
Kooptationsmodell **40** 39; **2 SEBG** 40
Optionslösung, Spanienklausel **12** 17; **Vor 1
bis 3 SEBG** 45
Repräsentationsmodell **40** 39; **2 SEBG** 40
Umgehung **2** 30
Unternehmensebene **Vor 1 bis 3 SEBG** 15
Verhandlungslösung, Vorrang der **1 SEBG**
6
Vorher-Nachher-Prinzip **43 Anh. SEAG
Vor 20** 6; **Vor 1 bis 3 SEBG** 11, 39; **1
SEBG** 5
Vorrats-SE, Gründung einer **16** 39 ff.
Zuständigkeitsübertragung auf Ausschuss **38**
26
**Mitbestimmung bei grenzüberschrei-
tender Verschmelzung nach MgVG**
Anwendung nationalen Rechts **4 MgVG** 2 f.
Arbeitnehmerschutz **33 MgVG** 1 f.
Auffangregelung; s. *Auffangregelung MgVG*
besonderes Verhandlungsgremium; s. *Beson-
deres Verhandlungsgremium nach MgVG*
Beteiligung einer bestehenden SE **Einl.
MgVG** 30 f.
– Abgrenzung MgVG/SEBG **Einl. MgVG**
30 ff.
– strukturelle Änderung **Einl. MgVG** 32

Sachverzeichnis

Unterrichtung und Anhörung **Einl. MgVG** 29
Errichtungs- und Tätigkeitsschutz **33 MgVG** 1 f.
Geheimhaltung, Vertraulichkeit **33 MgVG** 1 f.
Missbrauchsverbot **33 MgVG** 4
Mitbestimmungsvereinbarung; s. *Mitbestimmungsvereinbarung bei grenzüberschreitender Verschmelzung nach MgVG*
nachfolgende innerstaatliche Verschmelzung **30 MgVG** 2 f.
Verhandlungsmodell
– Diskriminierungsverbot **5 MgVG** 17 ff.
– Minderung von Mitbestimmungsrechten **5 MgVG** 13 ff.
– Schwellenwert **5 MgVG** 7 ff.
– System der Mitbestimmung **5 MgVG** 12
Voraussetzungen, alternative **Einl. MgVG** 14 ff.; **5 MgVG** 2 ff.
vertrauensvolle Zusammenarbeit **33 MgVG** 3

Mitbestimmungsvereinbarung; s. auch *Beteiligungsvereinbarung SEBG*
Abberufung der Arbeitnehmervertreter **40** 61
Ausschussbesetzung **40** 27
Bestellung der Arbeitnehmervertreter **40** 38 f.
Eignungsvoraussetzungen für Arbeitnehmervertreter **40** 45
erstes Aufsichtsorgan **15** 19 ff.; **40** 54
erstes Verwaltungsorgan **43** 32
Festlegung des Aufsichtsratsvorsitzenden **42** 7 f., 11
Festlegung eines zusätzlichen Organs **38** 15 f.
Genehmigung, ausdrückliche **23** 22
Genehmigung durch Hauptversammlung **23** 1, 18 ff.
Genehmigungsvorbehalt bei Holdinggründung **12** 31; **32** 104 ff.
Genehmigungsvorbehalt bei Umwandlungsgründung **37** 61
Genehmigungsvorbehalt bei Verschmelzung **12** 31; **23** 19 f.
grenzüberschreitende Verschmelzung; s. *Mitbestimmungsvereinbarung bei grenzüberschreitender Verschmelzung nach MgVG*
Größe des Aufsichts- bzw. Verwaltungsorgans **40** 66 f.
Größe des Leitungsorgans **39** 40
Leitungssystems, Ausgestaltung des **38** 4, 7
fakultatives Organ **38** 15 f.
Mindestzahl von Verwaltungsorganmitgliedern **43** 22 f.
Mustervereinbarung **22** aE
Vorlage zur Prüfung **25** 13; **26** 12, 18
Vorrang **40** 38
Widerspruch zur Satzung **9** 50; **12** 27 ff.
Zustimmung der Hauptversammlung **12** 31; **52** 17 f.

Mitbestimmungsvereinbarung bei grenzüberschreitender Verschmelzung nach MgVG
Abberufung **22 MgVG** 30
Abschluss **22 MgVG** 12
Anfechtung der Wahl **22 MgVG** 30
Anteilsinhaber, Einbindung der **122g UmwG** 13 ff.
Anwendung der SE-RL **Einl. MgVG** 12
Anwendung nationalen Rechts **Einl. MgVG** 13
Arbeitsdirektor **22 MgVG** 34
Auslegung **22 MgVG** 9 ff.
Ausschüsse **22 MgVG** 33
Beendigung **22 MgVG** 35
Beschlussfähigkeit, Beschlussfassung **22 MgVG** 33
Bezeichnung **22 MgVG** 2
Binnenverfassung **22 MgVG** 33
Festlegung der Beteiligungsrechte **22 MgVG** 22 ff.
Festlegung des Wahl- oder Bestellungsverfahrens **22 MgVG** 20 f.
Festlegung der Arbeitnehmerzahl **22 MgVG** 39
Geltungsbereich **22 MgVG** 14
Genehmigung, ausdrückliche **122g UmwG** 11
Genehmigungsvorbehalte **122g UmwG** 10 ff.; **22 MgVG** 33
– zum Mitbestimmungsmodell **122g UmwG** 10 ff.
zur Mitbestimmungsvereinbarung **122g UmwG** 14
Gerichtsstandvereinbarung **22 MgVG** 40
Größe des Aufsichts- bzw. Verwaltungsorgans **22 MgVG** 17 ff.
Inhalt **22 MgVG** 13 ff.
– benannte Regelungsgegenstände **22 MgVG** 14 ff.
unbenannte Regelungsgegenstände **22 MgVG** 29 ff.
Inkrafttreten **22 MgVG** 15 f.
Laufzeit **22 MgVG** 15 f.
Letztentscheidungsrecht der Anteilsinhaber **122g UmwG** 16
Mängel **22 MgVG** 42 ff.
Minderung von Mitbestimmungsrechten **Einl. MgVG** 18 ff.
Missbrauchsverbot **Einl. MgVG** 23 ff.
Nachwirkung **22 MgVG** 36
Neuverhandlungen **22 MgVG** 25 f.
Organisationsverfassung **22 MgVG** 31 f.
Parteiautonomie **22 MgVG** 4 ff.
Prüfung durch Registergericht, **122l UmwG** 11 ff.
Rechtsnatur **22 MgVG** 8
Rechtswahl **22 MgVG** 37
salvatorische Klausel **22 MgVG** 41
Satzung, Verhältnis zur **22 MgVG** 45 ff.; **122g UmwG** 13 ff., 16 **122l UmwG,** 15

Schranken der Verhandlungsmacht **122g UmwG** 15
Sitzungen **22 MgVG** 33
Sprachfassung, verbindliche **22 MgVG** 38
strukturelle Änderungen **Einl. MgVG** 21
Statusverfahren, Unzulässigkeit eines, **122g UmwG** 17
Umsetzung der IntVerschmRL **Vor 122a ff. UmwG** 11 ff.; **Einl. MgVG** 26 ff.
Vereinbarung der Auffangregelung **22 MgVG** 27 f.; **23 MgVG** 5
Vergleich IntVerschmRL zur SE-RL **Einl. MgVG** 29
Verhandlungsmodell **Einl. MgVG** 8, 14 ff.
Vorher-Nachher-Prinzip **Einl. MgVG** 17
Vorsitzender **22 MgVG** 33
Widerspruch zur Satzung **22 MgVG** 47; **122l UmwG** 14
Wiederaufnahme von Verhandlungen **Einl. MgVG** 22
Mitgliedstaatenwahlrecht 39 12 f.; **43** 7 ff.
Monistisches System
anwendbares Recht **38** 20; **43 Anh. SEAG Vor 20** 1
Unanwendbarkeit der §§ 76 bis 116 AktG **43 Anh. SEAG 20** 1
Ausdehnung der Mitbestimmung **43 Anh. SEAG Vor 20** 7 ff.
Ausgestaltung **38** 5 ff.
Begriff **38** 1
Ergänzungsermächtigung **43** 37 f.
Geschäftsführer **43** 7 ff.; s. auch *geschäftsführende Direktoren*
Hauptversammlung **38** 9
Kompetenzverteilung **38** 22; **43** 5 ff.; **43 Anh. SEAG Vor 20** 2
Mitbestimmung **38** 25 f.; **43 Anh. SEAG Vor 20** 9 ff.
Organgröße **38** 24
Satzungsfreiheit **38** 2 ff.
Systemwechsel **38** 29 ff.
Verordnungskonformität der Aufgabenaufteilung **43 Anh. SEAG Vor 20** 4 f.
Vier-Augen-Prinzip **43 Anh. SEAG Vor 20** 3; **43 Anh. SEAG 40** 2
Wesensmerkmale **38** 21 ff.; **43** 1
Montanmitbestimmung 38 SEBG 9 ff.
Mutter-Tochter-Verschmelzung SE; s. auch *Mutter-Tochter-Verschmelzung nach UmwG*
100%ige Tochtergesellschaft **31** 3 ff.
90%ige Tochtergesellschaft **31** 14 ff.
Erleichterungen des Verschmelzungsverfahrens **31** 1, 14
mehrere Tochtergesellschaften **31** 5 f.
Mehrfachstimmrechte **31** 18
Rechtsfolgen **31** 7
Stimmrechtsquote **31** 3 ff., 18
Unterlagen, zur Kontrolle notwendige **31** 16

upstream-merger **31** 2, 14
Verschmelzungsbericht **31** 9, 12, 16
Verschmelzungsbeschluss **23** 3; **31** 13
Verschmelzungsplan **20** 13; **31** 8
Verschmelzungsprüfung **22** 22; **31** 9
Vorbehalt des nationalen Rechts **31** 17
Zeitpunkt der Beteiligungsquote der Mutter **31** 5
Zulässigkeit **17** 6
Mutter-Tochter-Verschmelzung nach UmwG
Verschmelzungsbericht **122e UmwG** 22 f.
Verschmelzungsplan **122c UmwG** 43
Verschmelzungsprüfung **122f UmwG** 7
Zustimmungsbeschluss **122g UmwG** 17

Nachgründung
Bericht **23** 8
Hauptversammlungszuständigkeit **52** 40
Prüfung **23** 8; **26** 21
Umwandlungsgründung **37** 100 f.
Verschmelzung durch Aufnahme **23** 7
Nichtigerklärung
Auflösungsgrund **63** 26
Verschmelzungsgründung **30** 3
Niederlassungsfreiheit
Anerkennung grenzüberschreitender Umwandlungsvorgänge **Vor 122a ff. UmwG** 10
Anwendungsbereich **Vor 122a ff. UmwG** 5
Auseinanderfallen von Satzungs- und Verwaltungssitz **64** 3
Beteiligung einer SE an anderer Zielrechtsform als SE **66** 36 ff.
Differenzierung nach Sitz bei Barabfindung **24** 53
Koppelung von Satzungs- und Verwaltungssitz **69** 7
Unterscheidung zwischen Wegzugs- und Zuzugssachverhalt **Vor 122a ff. UmwG** 6
Wegzug **7** 21 ff.; **19** 2; **69** 7; **Vor 122a ff. UmwG** 7
Zuzug **7** 21; **Vor 122a ff. UmwG** 6
notarielle Beurkundung; s. *Beurkundung*

Offenlegung
Auflösung, Liquidation, Insolvenz; s. *Offenlegung der Auflösung iwS*
Eintragung der SE **15** 24 ff.
– Abgrenzung zu Art. 14 und Art. 28 **15** 26; **28** 1
Offenlegungsverfahren **15** 25
Offenlegungsgegenstand **13** 2 f.
Offenlegungsverfahren
– Bekanntmachung, Einsichtnahme **13** 5
Handelsregistereintragung **13** 4
Rechnungslegung **61** 3 f.; **62** 1 ff.
Satzungsänderung **59** 30
Sitzverlegung **8** 107 ff.
Umwandlung einer SE **66** 24

Sachverzeichnis

Verschmelzungsgründung SE
– deklaratorischer Charakter **28** 2
– deutschem Recht unterliegenden Grün-
dungsgesellschaften **28** 5
– Offenlegungsverfahren **28** 3 ff.
– Rechtsfolgen **28** 6
Verpflichteter **28** 4
Offenlegung der Auflösung iwS
Offenlegungstatbestände nach Art. 65 **65**
4 ff.
– Auflösungsverfahren **65** 5
– Fortsetzung der SE **65** 9
– Insolvenzverfahren **65** 8
Liquidationsverfahren **65** 6 f.
Offenlegungstatbestände nach EuInsVO **65**
13
Offenlegungstatbestände nach nationalem
Recht **65** 10 ff.
Publizitätsmittel **65** 16 ff.
Zweck **65** 1
Optionslösung 12 17; **Vor 1 bis 3 SEBG**
45
Organ
fakultatives
– Einrichtung **38** 13
– Kompetenzen **38** 11 ff.
– Mitbestimmungsvereinbarung **38** 15 f.
Rechtsverhältnis zur SE **38** 14
notwendiges **38** 8 ff.
Organhaftung
anwendbares Recht **51** 1, 4
Aufsichtsorganmitglied **40** 31; **51** 7
Ausschluss bei Entlastungsbeschluss **52** 27
Außenhaftung **51** 1
bei der Ausübung des Amtes **51** 11
Business Judgement Rule **51** 15
D&O-Versicherung **38** 26
Durchsetzung des Haftungsanspruchs **51**
18 ff.
geschäftsführende Direktoren **51** 6, 8 f.; s.
auch *geschäftsführende Direktoren, Haftung*
haftungsausfüllende Kausalität **51** 17
Haftungsmaßstab im monistischen System
51 9 f.
Innenhaftung **51** 1
Leitungsorganmitglied **51** 7
Leitungssystem **51** 3
Organmitglied **51** 6
Pflichtverletzung **51** 11 ff.
– gesetzliche Pflichten **51** 12
– satzungsmäßige Pflichten **51** 13
sonstige Pflichten **51** 14
Schaden **51** 17
Verschulden **51** 16
Verwaltungsorganmitglied **51** 8 ff.
Verwaltungsratsmitglied; s. *Verwaltungsrat,
Haftung*
Organmitglied
Amtsdauer **46** 5 ff.; s. auch *Amtsdauer*
Bestellung; s. *Bestellung*
Bestellungshindernis; s. *Bestellungshindernis*

Gesellschaft, andere juristische Person **47**
4 ff.
– anwendbares Recht **47** 6 ff.
– Begriff **47** 5
besonderer Vertreter **47** 9 f.
Haftung **51** 6
persönliche Voraussetzungen **47** 11 ff.
statutarische Voraussetzungen **47** 25 ff.
Verschwiegenheitspflicht; s. *Verschwiegenheitspflicht*
Wiederbestellung **46** 19 f.
Organvorsitzender
Letztentscheidungsrecht **50** 26

Parteifähigkeit der aufgelösten SE 63
34, 43
Prokurist 43 Anh. SEAG 41 12, 14
Prüfungsausschuss 43 Anh. SEAG 34
38
Publizität; s. auch *Bekanntmachung, Offenlegung, Veröffentlichung*
kapitalmarktrechtliche **21** 10; **32** 16; **43
Anh. SEAG 22** 53

Rechnungslegung
Abhängigkeitsbericht **43 Anh. SEAG 47** 7
anwendbares Recht **61** 1 ff.
Aufgabenverteilung **43 Anh. SEAG 47** 1
Bestellung der Abschlussprüfer **43 Anh.
SEAG 22** 36
Billigung **43 Anh. SEAG 47** 14, 19 f.
Fristen **43 Anh. SEAG 47** 4, 6
Gewinnverwendungsvorschlag **43 Anh.
SEAG 47** 5
IFRS-Einzelabschluss **43 Anh. SEAG 47**
6 ff.; **43 Anh. SEAG 48** 4 ff.; **61** 4
Informationsrecht **43 Anh. SEAG 47** 9 ff.
Jahresabschluss; s. auch *Jahresabschluss*
– Aufstellung **43 Anh. SEAG 47** 3 f.
– Feststellung **43 Anh. SEAG 47** 17 f.
Konzernabschluss **43 Anh. SEAG 47** 6 ff.;
43 Anh. SEAG 48 4 ff.; **61** 3 f.
Lagebericht **43 Anh. SEAG 47** 3, 12; **43
Anh. SEAG 48** 4 ff.; **61** 3 f.
ordentliche Hauptversammlung
– Abschlussprüfer **43 Anh. SEAG 48** 11
– Bindungswirkung für Verwaltungsrat **43
Anh. SEAG 48** 8
– Einberufung **43 Anh. SEAG 48** 3
– Frist **43 Anh. SEAG 48** 1; **54** 10
– Tagesordnung **43 Anh. SEAG 48** 4 f.
– Unterlagen **43 Anh. SEAG 48** 6
Vorlage- und Erläuterungspflicht **43 Anh.
SEAG 48** 9 f.
Prüfung **43 Anh. SEAG 47** 12 ff.
– Abschlussprüfer **43 Anh. SEAG 47** 12
– Berichtspflicht **43 Anh. SEAG 47** 15 f.
– Beschlussfassung **43 Anh. SEAG 47** 14
– Prüfungspflicht **43 Anh. SEAG 47** 12
Umfang **43 Anh. SEAG 47** 13
Prüfungsausschuss **43 Anh. SEAG 34** 38

Sachverzeichnis

Verpflichteter **43 Anh. SEAG 22** 28 f.; **43 Anh. SEAG 47** 12
Vorlagepflicht **43 Anh. SEAG 47** 3
Währung **67** 4
Rechtmäßigkeitsbescheinigung 25 2, 24 ff.; bei grenzüberschreitender Verschmelzung nach UmwG s. *Verschmelzungsbescheinigung*
Antrag auf Erteilung **25** 8 ff.
Bescheinigungssperre **25** 14
Bindungswirkung **25** 24; **26** 10
Form **25** 25
Frist **25** 2
gesonderte **25** 27
Rechtsmittel gegen Nichterteilung **25** 4
Spruchverfahrens, Wirkung des **25** 32
Unterschied zur Verschmelzungsbescheinigung nach § 122k UmwG **25** 1, 26
Vorlage **26** 9
Rechtmäßigkeitsprüfung SE; s. auch *Rechtmäßigkeitsprüfung bei grenzüberschreitender Verschmelzung nach UmwG*
Anmeldung der Verschmelzungsgründung **26** 6 ff.
anwendbares Recht **25** 5, 11; **26** 4, 20
Einzureichende Unterlagen **25** 9 ff.; **26** 9 ff.
Vorlage weiterer Unterlagen **26** 14
fehlende **30** 2, 4 ff.; **63** 14
Holdinggründung **33** 55 f.
Identität der Kontrollstellen **25** 27
Mehrstaatlichkeit **26** 19
Mitbestimmungsvereinbarung **25** 13; **26** 12, 18
Negativerklärung **25** 14
Prüfungsgegenstand, kein **25** 23
– Reinvermögensdeckung **26** 22
Sachgründungsprüfung **26** 23 f.
Prüfungspunkte
– formell **25** 6; **26** 2
materiell **25** 7; **26** 3
Prüfungsumfang **25** 5 ff.; **26** 2 ff.
erweiterter bei Verschmelzung durch Aufnahme **26** 21
Schlussbilanz **25** 10 ff.
Sitzverlegung
– Wegzugstaat **8** 76 ff.
Zuzugstaat **8** 88 ff.
Sperrfrist bei Verschmelzung durch Neugründung **25** 20
Tochtergründung **36** 33
Voraussetzungen
– formell **25** 8 ff.; **26** 4 ff.
materiell **25** 16 ff.; **26** 16 ff.
Zuständigkeit **25** 4; **26** 1, 5
Zustimmung zu einem gleich lautenden Verschmelzungsplan **26** 17
Zweistufigkeit **25** 1
– Abgrenzung **26** 1
– erste Stufe **25** 2
zweite Stufe **26** 1

Zwischenverfügung des Registergerichts **25** 15
Rechtmäßigkeitsprüfung bei grenzüberschreitender Verschmelzung nach UmwG
der neuen Gesellschaft **122l UmwG** 8 ff., 15
der übernehmenden Gesellschaft **122l UmwG** 8 ff.
der übertragenden Gesellschaft **122k UmwG** 11 ff.
Zweistufigkeit **122k UmwG** 2 f.; **122l UmwG** 2
Rechtsfähigkeit 1 7 ff.; s. auch *SE, Rechtspersönlichkeit*
aufgelöste SE **63** 43
Rechtsformzusatz
Bestandsschutz **11** 4
Exklusivität **11** 3
Irreführungsverbot **11** 5
Positionierung **11** 2
Rechtsdurchsetzung **11** 6
Rückgriff auf nationales Recht **11** 5
Rechtsfortbildung; s. *SE-VO, Rechtsfortbildung*
Regelungslücke; s. *SE-VO, Rechtsfortbildung*
Registergericht, zuständiges 68 2
Repräsentationsmodell 40 39; **2 SEBG** 40

Sachnormverweisung 9 24, 34 ff.
Auflösung **63** 9
Gründung **15** 11 f.
Kapitalerhaltung, Kapitaländerung **5** 1 SE-VO **9** 34 f.
Sachverständige
Auskunftsrecht **22** 14
Beauftragung durch besonderes Verhandlungsgremium **14 SEBG** 2
Beauftragung durch SE-Betriebsrat **32 SEBG** 2 f.
Beauftragung durch Verwaltungsrat **43 Anh. SEAG 22** 35
Bestellung
– gemeinsame Prüfung **22** 6 f.
getrennte Prüfung **22** 10 f.
Haftung **22** 21
Teilnahme an Verwaltungsratssitzung **43 Anh. SEAG 36** 2
Umwandlungsgründung **37** 51
Unabhängigkeit **22** 4 f.
Voraussetzungen **22** 12 f.
Satzung
Amtsdauer **46** 5
Änderung; s. *Satzungsänderung*
Anpassung des Satzungsentwurfs **12** 30, 34 f.
Auffangregelung, Verhältnis zur **12** 36 f.
Auslegung **6** 5, 28 f.; **9** 49
Begriff **6** 1, 4 ff.

Sachverzeichnis

Einheitlichkeit **6** 29; **9** 48
Erlass **6** 3
Festsetzung
– Mindestkapital **4** 15
Mindestkapital, Holdinggründung **32** 66 ff.
Form **6** 22
geschäftsführende Direktoren **43** Anh. **SE-AG 40** 18
Grenzen **6** 21; **9** 50 ff.
Gründungsurkunde **6** 1, 6 f.
Holdinggründungsplan **32** 38, 55
Inhalt **6** 8 ff.; **20** 28 ff.
– fakultativ **6** 11 f.
– Gleichlauf von SE und AG **6** 14 ff.
– Holding-SE **6** 18
– nationalrechtliche Vorgaben **6** 13 ff.
– Umwandlungsgründung **6** 20
– Verschmelzungsgründung **6** 19
zwingend **6** 9 f.
Leitungssystem **38** 2
Mangel
– anfänglich **6** 23
– Heilung **6** 26
nachträglich **6** 24 ff.
Regelungsverpflichtung **9** 53
– Amtsdauer **46** 9
– Frequenz von Verwaltungsratssitzungen **44** 2
– Wahl eines Leitungssystems **38** 5
– Zahl der Aufsichtsorganmitglieder **40** 65 ff.
– Zahl der Leitungsorganmitglieder **39** 39
– Zahl der Verwaltungsorganmitglieder **43** 19
zustimmungspflichtige Geschäfte **48** 4
Satzungsautonomie **6** 3; **9** 47, 50
– Beschlussfassung **50** 4, 17 ff.
Leitungssystem **38** 2 ff.
Satzungsrecht **9** 47 ff.
Satzungsstrenge **6** 21; **9** 51 ff.
– mitgliedsstaatliche **9** 54 ff.
unionsrechtliche **9** 51 ff.
Sitzverlegung **8** 20
Prüfung der Satzung **8** 86, 94
Sprache **6** 22
Umwandlungsplan **37** 27
Verschmelzungsplan **20** 25 ff.
Vorrang **9** 47
Widerspruch zur Mitbestimmungsvereinbarung **9** 50; **12** 27 ff.
Satzungsänderung
Anwendungsbereich des Art. **59 59** 6 ff.
Begriff **59** 4 f.
Beschlusskontrolle **59** 28
Fassungsänderungen **59** 14
Handelsregistereintragung **59** 26
Anmeldung **59** 27
Kapitalerhöhung **5** 15, 18
Kapitalmehrheit **59** 16 ff.
notarielle Beurkundung **59** 25
Offenlegung **59** 30

Sitzverlegung **8** 20, 95; **59**
Sonderbeschluss **59** 11; **60** 19 ff.
Stimmenmehrheit, erhöhte **57** 16 ff.
Stimmenmehrheit, herabgesetzte **57** 19 ff.
Stimmenmehrheit, qualifizierte **57** 17; **59** 15
Widerspruch zwischen Satzung und Mitbestimmungsvereinbarung **12** 27 ff.; **59** 13, 29
Wirksamwerden **59** 26
Zuständigkeit der Hauptversammlung **52** 12; **59** 10
Zuständigkeitsübertragung an Leitungs- oder Verwaltungsorgan **12** 27
Satzungssitz; s. auch *Sitz*
Auseinanderfallen mit Hauptverwaltungssitz; s. *Auseinanderfallen von Satzungs- und Verwaltungssitz*
außerhalb der EU **64** 13 ff.
Begriff **7** 1
Einheitlichkeit mit Hauptverwaltungssitz **7** 9
Schlussbilanz
übertragende Gesellschaft **25** 10 ff.
Schuldverschreibungen 5 26 ff.
SE
anwendbares Recht **9** 10 ff.; s. auch *anwendbares Recht; SE-VO*
Beendigung; s. *Auflösung; Insolvenz*
Besteuerung; s. *Besteuerung*
Begriff **Einl.** 1 f.
Entstehungsgeschichte **Einl.** 12 ff.; **Vor 1 bis 3 SEBG** 1 ff.
– Davignon-Bericht **Einl.** 26 f.
– Gipfel von Nizza **Einl.** 28
– Mitbestimmungsregelung **Einl.** 23, 25
– Sanders-Vorentwurf **Einl.** 15
– SE-VO-E 1970 **Einl.** 16 ff.
– SE-VO-E 1975 **Einl.** 19
– SE-VO-E 1989 **Einl.** 21 ff.
– SE-VO-E 1991 **Einl.** 24
– Thibièrge-Vortrag **Einl.** 14
Geschäftstätigkeit **9** 55
Gleichbehandlung mit AG **10** 1 ff.; s. auch *Gleichbehandlungsgebot*
Grundkapital; s. *Kapital*
Gründung; s. *Gründung*
Missbrauchsverbot **18 SEBG** 6; **43 SEBG** 2 ff.; **45 SEBG** 6
Rechtsform **1** 2 ff.
Rechtsformzusatz; s. *Rechtsformzusatz*
Rechtspersönlichkeit **1** 7 ff.; **16** 5 f.
– Erwerb **1** 8, **16** 5
Verlust **1** 8; **63** 32 f.
Rechtsquellen, unionsrechtliche **Einl.** 4 ff.
Rückumwandlung in AG; s. *Umwandlung einer SE*
Satzung; s. *Satzung*
Sitz; s. *Sitz*
statistische Daten **Vor 1 bis 3 SEBG** 79 ff.
Supranationalität **1** 2

Sachverzeichnis

Trennungsprinzip **1** 5
Vorteile **Einl.** 31; **Vor 1 bis 3 SEBG** 81 ff.
Zweck **1** 3
SE als Gründer
andere Zielrechtsform als SE; s. *Umwandlung einer SE*
Ausgründung einer Tochter SE; s. *Ausgründung einer Tochter-SE*
Gemeinschaftszugehörigkeit **3** 4
Gleichbehandlung mit AG **3** 3
Gründungsformen **3** 3
Gründungsverfahren **3** 5 f.
Mehrstaatlichkeit **3** 4
Verschmelzungsarten **3** 5
SEAG
Ermächtigungsgrundlage **43 Anh. SEAG Vor 20** 1; **43** 3
Regelungskonzeption **43 Anh. SEAG Vor 20** 2
Unanwendbarkeit der §§ 76–116 AktG **43 Anh. SEAG 20** 1
SE-Betriebsrat
Abberufung der Mitglieder **23 SEBG** 8 f.
Amtszeit der Mitglieder **23 SEBG** 7
Begriff **2 SEBG** 33
Benachteiligungs- und Begünstigungsverbot **44 SEBG** 4; **45 SEBG** 7
Beschlussfassung **24 SEBG** 7
Beteiligungsvereinbarung **21 SEBG** 8 ff.
Errichtungs- und Tätigkeitsschutz **44 SEBG** 2; **45 SEBG** 7
Fortbildung der Mitglieder **31 SEBG** 2 ff.
Funktion **23 SEBG** 2
geschäftsführender Ausschuss **23 SEBG** 12 f.
Geschäftsordnung **24 SEBG** 2 f.
Größe **23 SEBG** 4
Informationspflicht **30 SEBG** 1 ff.
Konstituierung **23 SEBG** 10
Kosten **33 SEBG** 2 ff.
Neuverhandlungen **26 SEBG** 2 ff.
Sachverständige **32 SEBG** 2 ff.
Schutz **42 SEBG** 2 ff.; **44 SEBG** 1 ff.
Sitzverteilung **23 SEBG** 4
Sitzungen **24 SEBG** 4 ff.
Unterrichtung und Anhörung durch die Leitung **28 SEBG** 2 ff.; s. auch *Anhörung; Unterrichtung*
Verschwiegenheitspflicht **41 SEBG** 3 ff.
vertrauensvolle Zusammenarbeit **40 SEBG** 1 ff.
Vertretung des SE-Betriebsrates **23 SEBG** 11
Vorsitzender **23 SEBG** 10 f.
Wahl der Mitglieder **23 SEBG** 5 f.
Zusammensetzung **23 SEBG** 3
– Änderung **25 SEBG** 4
Prüfung **25 SEBG** 2 f.
Zuständigkeit **27 SEBG** 3 f.
SEBG
Auslegung
– beteiligungsfreundliche **1 SEBG** 9

– richtlinienkonforme **Vor 1 bis 3 SEBG** 63
teleologische **1 SEBG** 10
Geltungsbereich
– räumlich **3 SEBG** 4, 16
– sachlich **3 SEBG** 3
zeitlich **3 SEBG** 2
Missbrauchsverbot **18 SEBG** 6; **43 SEBG** 2 ff.; **45 SEBG** 6
Rechtsweg **Vor 1 bis 3 SEBG** 67 f.
Reformvorschläge **Vor 1 bis 3 SEBG** 74 ff.
Regelungsgegenstand **Vor 1 bis 3 SEBG** 61 f.; **1 SEBG** 2
strukturelle Änderungen **1 SEBG** 12; **18 SEBG** 8 ff.
Verhältnis zu nationalen Regelungen **47 SEBG** 2 ff.
Zielsetzung **1 SEBG** 3; **3 SEBG** 9
SEEG Vor 1 bis 3 SEBG 54 ff.
SEStEG 8 13; **StR** 38
SE-RL
Anhörung **Vor 1 bis 3 SEBG** 34 ff.
Auffangregelung **Vor 1 bis 3 SEBG** 22 f.
Besonderes Verhandlungsgremium; s. *Besonderes Verhandlungsgremium nach SE-RL*
Ebenen der Beteiligung **Vor 1 bis 3 SEBG** 15
Entstehungsgeschichte
– Davignon-Bericht **Vor 1 bis 3 SEBG** 8 ff.
– Gipfel von Nizza **Vor 1 bis 3 SEBG** 11 f.
– SE-VO-E 1970/1975 **Vor 1 bis 3 SEBG** 3 f.
SE-VO-E 1989/1991 **Vor 1 bis 3 SEBG** 5 ff.
Ermächtigungsgrundlage **Einl.** 8 ff.; **Vor 1 bis 3 SEBG** 17
Minderung der Mitbestimmungsrechte **Vor 1 bis 3 SEBG** 41
Missbrauchsverbot **Vor 1 bis 3 SEBG** 49
Mitbestimmung **Vor 1 bis 3 SEBG** 39 ff.
Nichteinhaltung **Vor 1 bis 3 SEBG** 50
Regelungsgegenstand **Einl.** 7; **Vor 1 bis 3 SEBG** 15 ff., 52
strukturelle Änderungen **Vor 1 bis 3 SEBG** 52 f.
Tendenzklausel **Vor 1 bis 3 SEBG** 46
Überprüfung **Vor 1 bis 3 SEBG** 69
Umsetzung **Vor 1 bis 3 SEBG** 54
Unterrichtung **Vor 1 bis 3 SEBG** 34 ff.
Vereinbarungslösung, Vorrang der **Vor 1 bis 3 SEBG** 18 ff.
Verhältnis zur EBR-RL **Vor 1 bis 3 SEBG** 20, 51
Verhältnis zu nationalen Vorschriften **Vor 1 bis 3 SEBG** 20 f., 51
Vertretungsorgan **Vor 1 bis 3 SEBG** 36, 38
Vorher-Nachher-Prinzip **Vor 1 bis 3 SEBG** 11, 39
Zweck **3 SEBG** 9

Sachverzeichnis

SE-VO
Auslegung
– Auslegungskriterien **9** 14 f.
– Auslegungsziel **9** 13
– autonome **9** 11
– Effizienzgebot **9** 16
– Erwägungsgründe **9** 16
Vorabentscheidungsverfahren **9** 12
Entstehungsgeschichte **9** 3 f.
Ermächtigungsgrundlage **Einl.** 8 ff.
Evaluierungsbericht **69** 1 ff.; s. auch *Evaluierungsbericht*
Mitgliedstaatenermächtigung **9** 9, 39 f.
Mitgliedstaatenverpflichtung **9** 9, 39 f.
Normenhierarchie **9** 2, 10, 32, 55
Rechtsfortbildung **9** 17 ff.
– Einzelanalogie **9** 20
– Gesamtanalogie, prinzipienorientierter Lückenschluss **9** 22
– teleologische Reduktion **9** 20
– Umgehungsverbots, Erforderlichkeit eines **9** 21
ungeschriebene Hauptversammlungskompetenzen **9** 22
Reformbedarf **69** 18; **Vor 1 bis 3 SEBG** 73
Regelungsbereich **Einl.** 6; **9** 24 ff.
– allgemeines Verkehrsrecht **9** 27 ff., 55
– Gesellschaftsrecht **9** 25
– Konzernrecht **9** 30 f.
Mitbestimmung **9** 29
Regelungsoffenheit **9** 32
Rückgriff auf nationales Recht **9** 23 ff.
– allgemeines Aktienrecht **9** 41 ff.
– Rechtsnatur der Verweisung **9** 34 ff.
– Reichweite **9** 24 ff.
– spezielles Umsetzungsrecht **9** 39 f.
Subsidiarität **9** 32 f.
Satzungsrecht **9** 47 ff.; s. auch *Satzung*
– Ermächtigungsnorm **9** 51
– Rangverhältnis **9** 47
– Satzungsstrenge **6** 21; **9** 51 ff.
– Satzungsstrenge, mitgliedsstaatliche **9** 54 ff.
Satzungsstrenge, unionsrechtliche **9** 51 ff.
Überprüfung **Einl.** 30; **69** 4 ff.; **Vor 1 bis 3 SEBG** 70
Umsetzung **9** 39 f.; **68** 1 f.
Sicherheitsleistung
grenzüberschreitende Verschmelzung nach UmwG **122j UmwG** 1 ff.; s. auch *Gläubigerschutz bei grenzüberschreitender Verschmelzung nach UmwG*
Sitzverlegung **8** 60 ff.; s. auch *Gläubigerschutz bei Sitzverlegung*
Verschmelzungsgründung SE **24** 5 ff.; s. auch *Gläubigerschutz bei Verschmelzungsgründung SE*
Sitz
Anknüpfung **2** 10; s. auch *Gründungstheorie; Sitztheorie*

Auseinanderfallen von Satzungs- und Hauptverwaltungssitz; s. *Auseinanderfallen von Satzungs- und Verwaltungssitz*
Bedeutung **7** 2 ff.
Begriff **7** 1
Doppelsitz **7** 5 f.
Einheitlichkeit von Satzungs- und Hauptverwaltungssitz **7** 9
Zweckmäßigkeit **7** 25 f.
Ermächtigung der Mitgliedstaaten **7** 27 f.
Hauptverwaltungssitz **7** 9 ff.
Niederlassungsfreiheit **7** 12, 21 ff.
Satzungssitz **7** 1
Sitz außerhalb der EU **64** 12 ff.
Sitz in der Gemeinschaft **7** 7, 8
Sitzfiktion **8** 119 ff.
Verlegung; s. *Sitzverlegung*
Sitztheorie 2 25; **7** 10; **8** 4; **Vor 122a ff. UmwG** 9
Sitzungsteilnahme, Schutz der 42 SEBG 3
Sitzungsniederschrift 42 20; **43 Anh. SEAG 34** 20 f.
Sitzverlegung
Austrittsrecht **8** 39
Barabfindung **8** 12, 39 ff.
– Aktienerwerb **8** 44
– Anspruchsvoraussetzungen **8** 41 f.
– Frist **8** 45
Höhe, Überprüfung der **8** 43
Bekanntmachung **8** 107 ff.; **14** 3
Bescheinigung, Ausstellung der **8** 76 ff.
– Prüfungsgegenstand **8** 81 ff.
Prüfungsumfang **8** 87
Bescheinigung, Vorlage der **8** 89
Besteuerung **8** 13; **StR** 10, 128 ff.
– Sitzverlegung ins Ausland **StR** 128 ff.
Sitzverlegung ins Inland **StR** 135 f.
Cartesio **7** 21 ff.
Einheitlichkeit von Sitz und Verwaltung **7** 11; **8** 2
Eintragung im Zuzugstaat **8** 101 ff.
Einspruchsrecht **8** 55, 114
EWIV **8** 3
Gläubigerschutz **8** 7 f., 12, 27, 60 ff.
grenzüberschreitende Umwandlung **8** 129
Identitätswahrung **8** 4, 69
in einen Nicht-EU-Staat **8** 128
innerhalb eines Mitgliedstaats **8** 128
Löschung der Eintragung im Wegzugstaat **8** 104 ff.
Niederlassungsfreiheit **7** 12, 21 ff.
Offenlegung **8** 107 ff.
Prüfung im Wegzugstaat **8** 76 ff.
Prüfung im Zuzugstaat **8** 88 ff.
SCE **8** 3
Sicherheitsleistung **8** 60 ff.
– Anspruchsberechtigung **8** 63
– Anspruchsinhalt **8** 74
– Form **8** 65
– Frist **8** 66

Sachverzeichnis

– Gefährdung der Forderungen **8** 69 ff.
– Sicherungsinteresse **8** 67, 82
Zahlung an öffentlich-rechtliche Körperschaften **8** 75
Sitzfiktion **8** 119 ff.
Stimmenmehrheit, qualifizierte **57** 17
Verbot bei SE in Auflösung **8** 53, 57, 115 ff.; **63** 28
Verbot bei SE in Liquidation **8** 53, 57, 115 ff.
Verbot bei Umwandlung **2** 21; **8** 54; **37** 5
Verbot bei Zahlungseinstellung **8** 53, 57, 115 ff.
Verbot bei Zahlungsunfähigkeit **8** 53, 57, 115 ff.
Verlegungsbericht; s. *Sitzverlegungsbericht*
Verlegungsbeschluss; s. *Sitzverlegungsbeschluss*
Verlegungsplan; s. *Sitzverlegungsplan*
Zuständigkeit der Hauptversammlung **52** 12
Sitzverlegungsbericht 8 31 ff.
Einsichtnahme
– durch Aktionäre und Gläubiger **8** 37
durch Dritte **8** 38
Erstellungszuständigkeit **8** 32
Fehlerhaftigkeit **8** 35 f.
Inhalt **8** 33
Sprache **8** 32
Verzicht **8** 32
Sitzverlegungsbeschluss 8 46 ff.
Anfechtbarkeit **8** 26, 29, 36, 43, 51
Form **8** 52
Frist **8** 49 ff.
Mängel **8** 56 ff.
Nichtigkeit **8** 57
Sonderbeschluss **8** 47
Stimmenmehrheit **8** 46
Sitzverlegungsplan 8 14 ff.
Einsichtnahme
– durch Aktionäre und Gläubiger **8** 37
durch Dritte **8** 38
Erstellungszuständigkeit **8** 15
Fehlerhaftigkeit **8** 28 f.
Heilung **8** 29
Firma **8** 20
Form **8** 16
Inhalt **8** 18 ff.
Mitbestimmung **8** 21 f.
Offenlegung **8** 30
Satzung **8** 20
Schutz der Aktionäre und der Gläubiger **8** 25, 27
Sprache **8** 17
Zeitplan **8** 24
Sonderbeschluss
Abstimmung
– gesonderte **60** 16
– Mehrheitserfordernis **60** 18 ff.
Verfahren **60** 17
Aktiengattungen, erstmalige **60** 12
Aktiengattungen, mehrere **60** 5 f.
Aktionäre, außenstehende **60** 11

anwendbares Recht **60** 3
Ausgabe neuer Vorzugsaktien **60** 13 ff.
Berührung gattungsspezifischer Rechte **60** 7
Satzungsänderung **60** 19 ff.
Sitzverlegung **8** 47
Wirkung auf Hauptversammlungsbeschluss **60** 2
Zustimmung zu Nebenverpflichtungen **60** 9
Zweck **60** 1
Sonderprüferbestellung 52 29
SPE Einl. MgVG 3
Spezialverweisung 9 8 f., 33
Sprecherausschuss
Arbeitnehmervertretung **2 SEBG** 34
Bildung eines besonderen Verhandlungsgremiums **4 SEBG** 10 ff.
Spruchverfahren
Barabfindung **24** 55; **25** 28 ff.
Barausgleich **24** 37 ff.; **25** 28 ff.
Rechtmäßigkeitsbescheinigung, Auswirkung auf **25** 32
Rechtskrafterstreckung **25** 33
Sitzverlegung, Barabfindungshöhe bei **8** 43
Zustimmungsbeschluss **25** 30
Statusverfahren
Änderung der Zusammensetzung **43 Anh. SEAG** 25 3
Antrag **43 Anh. SEAG 26** 2 f.
Antragsberechtigte **43 Anh. SEAG 26** 5
außergerichtliches **43 Anh. SEAG 25** 1 ff.
Bekanntmachung **43 Anh. SEAG 25** 6 ff.
– Form **43 Anh. SEAG 25** 7
– Frist **43 Anh. SEAG 25** 6
– Pflicht des Vorsitzenden **43 Anh. SEAG 25** 6
– Sperre **43 Anh. SEAG 25** 13 f.
– Umsetzung **43 Anh. SEAG 25** 10 f.
Wirkung **43 Anh. SEAG 25** 9, 12
erster Verwaltungsrat **43 Anh. SEAG 25** 4
gerichtliche Entscheidung **43 Anh. SEAG 26** 7 ff.
gerichtliches Verfahren **43 Anh. SEAG 26** 1 ff., 6
Satzungsänderung **43 Anh. SEAG 25** 5
zuständiges Gericht **43 Anh. SEAG 26** 4
Zweck **43 Anh. SEAG 25** 1
zweistufiges **43 Anh. SEAG 25** 2
Stellvertretender Organvorsitzender
Letztentscheidungsrecht **50** 27
Steuerrecht
Besteuerung der Gründung; s. *Besteuerung*
Entwicklung **StR** 1 ff.
Grundfreiheiten nach AEUV **StR** 6 ff.
nationales Recht **StR** 38 ff.
Richtlinien **StR** 5; s. auch *Steuerrichtlinien*
Verhältnis zwischen Fusions-RL und Grundfreiheiten **StR** 34 ff.
Steuerrichtlinien
Fusions-RL **StR** 5, 10 ff.
Mutter-Tochter-Richtlinie **StR** 5

Sachverzeichnis

Stille Reserven; s. auch *Besteuerung*
Auslandsverschmelzung **StR** 113
Begriff **StR** 1
Besteuerung, Aufschub der **StR** 95
Besteuerung, Berechtigung der **StR** 7 ff.
Besteuerung, sofortige **StR** 95
Hinausverschmelzung **StR** 97 ff.
Hineinverschmelzung **StR** 108 ff.
Sitzverlegung **8** 13; **StR** 127 ff.
Verbleib in inländischer Betriebsstätte **StR** 29
Stimmenmehrheit
Absenkung **57** 16, 20
Auflösung einer SE **57** 18; **63** 21
einfache **57** 15
Gründung einer SE **57** 19
Kapitalmaßnahmen **5** 13 ff.; **57** 17
Organe außer Hauptversammlung **50** 7, 16
qualifizierte
– Kapitalmehrheit **57** 22 ff.
– nach Satzung **57** 29
– nach SE-VO **57** 17 ff.
nach nationalem Recht **57** 20 f.
Satzungsänderung **57** 17; **59** 15 ff.
Sitzverlegung **57** 17; **59** 21
Stimmabgabe **57** 9 ff.; **58** 1 ff.
Umwandlung einer SE **57** 18
Stimmrecht 57 7 ff.
Ausschluss **43 Anh. SEAG 38** 29; **50** 21
Mehrfachstimmrecht **31** 3, 18; **57** 23
Stimmbote **43 Anh. SEAG 35** 3 f.; **50** 11 ff.
Stimmverbot
Fallgruppen **43 Anh. SEAG 35** 13 f.
geschäftsführende Verwaltungsratsmitglieder **43 Anh. SEAG 35** 9
Vorsitzender **43 Anh. SEAG 35** 16
Voraussetzungen **43 Anh. SEAG 35** 11
Weisungsbeschluss des Verwaltungsrats **43 Anh. SEAG 35** 12
Zweitstimmrecht **43 Anh. SEAG 35** 15
strukturelle Änderungen 1 SEBG 12
Auffangregelung **22 SEBG** 4 f.
Begriff **18 SEBG** 8 f.
Beispielsfälle **18 SEBG** 10 f.
Beteiligungsvereinbarung **21 SEBG** 29
Minderung der Mitbestimmungsrechte **18 SEBG** 13
Regelung durch SE-RL **Vor 1 bis 3 SEBG** 52 f.
Wiederaufnahme der Verhandlungen **18 SEBG** 4 ff.

Tagesordnung
Aufstellung **54** 28
Bekanntmachungsfehler **54** 29
Ergänzungsantrag
– Adressat **56** 14
– Antragsberechtigte **56** 5 ff.
– Begründetheit **56** 19
– Bekanntmachung der Tagesordnung **56** 22

– Beteiligungsquorum **56** 2, 6 ff.
– Beteiligungsquorum, Nachweis **56** 18
– Form **56** 16
– fortgesetzte Beteiligung **56** 12
– Frist **56** 17
– Inhalt **56** 15
– Prüfung durch Leitungsorgan **56** 20
– Rechtsmissbrauch **56** 19
– Satzungsvorrang **56** 3
– staatliches Verfahren **56** 4, 22
Vorbesitzzeit **56** 11
Inhalt **54** 28
Einberufungsantrag **55** 15, 25
Tätigkeitsschutz 44 SEBG 3; 45 SEBG 7
Tendenzschutz 39 SEBG 2 ff.
Tochtergesellschaft
Arbeitnehmerbeteiligung
– beherrschender Einfluss **2 SEBG** 12 ff.
Betroffenheit **2 SEBG** 23 ff.
Begriff **2** 15; **2 SEBG** 11
Entstehen bei Holdinggründung **2** 12
Gründung einer Tochter-SE; s. *Tochtergründung*
Mutter-Tochter-Richtlinie **StR** 5
Umwandlung **2** 23
Verschmelzung mit Muttergesellschaft; s. *Mutter-Tochter-Verschmelzung SE*
Tochtergründung
Abgrenzung zur Ausgründung einer Tochter-SE **2** 18; **35** 8 f.
Abhängigkeitsverhältnis **35** 13
anwendbares Recht **15** 14; **35** 13
– Analogie zu Vorschriften über Verschmelzungs- oder Holdinggründung **36** 37 f.
auf die Gründungsgesellschaften **36** 1 ff.
Bar- oder Sachgründung **35** 8
Bareinlage **35** 11
Bestellung
– Abschlussprüfer **36** 25
– Aufsichtsrat **36** 24
– erstes Aufsichtsorgan **40** 48, 53
Vorstand **36** 26
Besteuerung **35** 16; **StR** 120 ff.; s. auch *Besteuerung bei Tochtergründung*
Eintragung **36** 33
– Anmeldung **36** 32
Bekanntmachung **36** 34
fusionskontrollrechtliches Verfahren **35** 17; **36** 19
gemeinsame Tochter-SE **35** 12
Gesamtnormverweisung **36** 3
Gründer
– AG **36** 5 ff.
– BGB-Gesellschaft **36** 18
– GmbH **36** 13 ff.
– KG **36** 16 f.
– KGaA **36** 12
– OHG **36** 16 f.
SE **36** 11
Gründersitz **2** 19
Grundlagenvereinbarung **36** 6

Sachverzeichnis

Gründung mehrerer Tochter-SE **35** 5
Gründungsberechtigung **2** 19; **35** 3 f.
SE **2** 5; **3** 3
Gründungsbericht **36** 28
Gründungsprüfung **36** 29 ff.
Gründungsverfahren **36** 19 ff.
Haltefrist **35** 6
Holzmüller **36** 7 ff.
Kartellverbot **35** 17
Konzernöffnungsklausel **36** 5
Mehrstaatlichkeit **2** 20; **35** 3
Mindestanzahl der Gründer **2** 18; **35** 3
Mitbestimmung **35** 15
Verhandlungsverfahren **36** 21 f.
Mitteilungen über Beteiligungen **36** 36
Pflichtangebot **35** 11
primäre Gründung **35** 2
Rechtsnatur **35** 7
Sacheinlage **35** 11
Satzungsfeststellung **36** 23
Umgehungsschutz anderer Gründungsfor-
    men **36** 37 f.
wirtschaftliche Neugründung **35** 10
Zeitpunkt **2** 18
Zuständigkeit, interne **36** 4 ff.

Übernahmerecht
Regelung durch SE-VO, keine **9** 28
Stellungnahmepflicht **43 Anh. SEAG 22**
    55
Übernahme- oder Pflichtangebot
– Holdinggründung **32** 22 ff.
Tochtergründung **35** 11
Überschuldung 63 62 ff., 72; s. auch *Insol-*
    venz
Berichtspflicht **43 Anh. SEAG 40** 44
Insolvenzantragspflicht **43 Anh. SEAG 22**
    37
Umtauschverhältnis
Anfechtungsklage **24** 34 ff.
grenzüberschreitende Verschmelzung nach
    UmwG **122c UmwG** 23 ff.; **122h**
    UmwG 6 ff.
Holdinggründung **32** 47, 52 ff.; **34** 5 ff.
Minderheitenschutz **24** 16 ff.
Spruchverfahren **25** 28 ff.; **32** 102
Verschmelzungsgründung SE **20** 13 ff., 43;
    22 16
Umwandlung
Gründung einer SE durch Umwandlung; s.
    Umwandlungsgründung
Rückumwandlung einer SE in eine Gesell-
    schaft nationalen Rechts; s. *Umwandlung*
    einer SE
Umwandlung einer SE
anwendbares Recht **66** 8 ff.
Gründungsvorschriften **66** 30
Anwendung des Art. 59, keine **59** 7
Aufsichtsrats, Amtskontinuität des **66** 29
Ausschluss bei aufgelöster SE **63** 29
Bekanntmachung **66** 31

durch Formwechsel **66** 4 ff.
durch Verschmelzung oder Spaltung **66**
    34 ff.
– grenzüberschreitend **66** 38
– innerstaatlich **66** 39 ff.
– Niederlassungsfreiheit **66** 36 ff.
– Sperrfrist **66** 42
Verhandlungsverfahren **66** 43
Entbehrlichkeit von Gründungsbericht und
    Gründungsprüfung **66** 30
Formwechsel, grenzüberschreitender **66** 5
Formwechsel, identitätswahrender **66** 33
Formwechsel in andere Rechtsform **66** 6 f.,
    10 ff.
Jahresabschlüsse, Genehmigung der **66** 17 f.
in eine nationalem Recht unterliegende AG
    66 4
Regelungsnorm **3** 2; **66** 1
Schutz der Aktionäre und Gläubiger **66** 32
Sperrfrist **66** 14
Sperrwirkung des Art. 66 bei Verschmel-
    zung und Spaltung **66** 34 ff., 40
Stimmenmehrheit, qualifizierte **57** 18; **66**
    28
Umwandlungsbericht **66** 23
Umwandlungsplan **66** 19
– Form **66** 22
– Inhalt **66** 20 f.
– Offenlegung **66** 24
Zustimmung der Hauptversammlung **66** 28
Verbot der Sitzverlegung **66** 4 f.
Verfahren **66** 13 ff.
Werthaltigkeitsprüfung **66** 25 ff.
Wirksamwerden **66** 31
Zuständigkeit der Hauptversammlung **52**
    12, 41
Zweck **66** 3
Umwandlungsbericht 37 35 ff.
Bestandteil des Umwandlungsplans, kein **37**
    37
Inhalt **37** 38 f.
Offenlegung, keine **37** 43
Verzicht **37** 42
Zeitpunkt **37** 40
Zweck **37** 36
Zuleitung an Betriebsrat **37** 44
Zuständigkeit für die Erstellung **37** 41
Umwandlungsgründung
anwendbares Recht **15** 15 f.; **37** 4
Barabfindung **37** 67
Beschränkungen des Klagerechts **37** 69
Bestellung des Abschlussprüfers **37** 66
Bestellung des ersten Aufsichtsrats **37** 63 ff.;
    40 49, 52
Eintragung **37** 76 ff.
– Anmeldung **37** 77 ff.; **43 Anh. SEAG 21**
    9
– Bekanntmachung **37** 95, 97
– Negativattest **37** 81
– Prüfung durch Registergericht **37** 85 ff.
Wirkung **37** 89 ff.

Sachverzeichnis

Entbehrlichkeit der Gründungsprüfung **15** 16; **37** 47, 72 ff.
Entbehrlichkeit des Gründungsberichts **15** 16; **37** 71
Genehmigung der Satzung **37** 60, 62
Genehmigungsvorbehalt zur Mitbestimmungsvereinbarung **37** 61
Gläubigerschutz **37** 10, 96
Gründersitz **2** 22
Gründungsberechtigung **2** 22; **37** 1, 9 ff.
AG in Liquidation **37** 11
Hauptversammlung **37** 55 ff.
Kapital **37** 17 f.
Kettenumwandlung **37** 13
Klagefrist **37** 69
Kontinuitätsprinzip **37** 4, 36, 47, 68, 101
Mehrstaatlichkeit **2** 22
Mehrheitserfordernis **37** 60
Minderheitenschutz
– Barabfindung **37** 67
bare Zuzahlung **37** 68
Mitbestimmung **37** 45 f.
– Auffanglösung **37** 46
– besonderes Verhandlungsgremium **37** 45
– Eintragungsvoraussetzung **37** 88
– Flucht aus der Mitbestimmung **37** 2
Genehmigungsvorbehalt **37** 61
Motive für die Umwandlung **37** 6 f.
Nachgründung **37** 100 f.
Offenlegung **37** 32 f.
Rechtmäßigkeitskontrolle **37** 85 ff.
Rechtsnatur **37** 3
Satzung **37** 27, 62
Sitzverlegungsverbot **37** 5
Spaltungsverbot **37** 100 f.
Umwandlung der Tochtergesellschaft **2** 23
Umwandlungsbericht; s. *Umwandlungsbericht*
Umwandlungsplan; s. *Umwandlungsplan*
Umwandlungsprüfung; s. *Werthaltigkeitsprüfung*
Verfahren **2** 21; **37** 19 ff.
Verschmelzungsgründung, Verhältnis zur **2** 23
Zeitpunkt **2** 21
Zustimmung der Hauptversammlung **37** 54 ff.
Zustimmung des mitbestimmten Aufsichtsrats, qualifizierte **37** 98 f.
Zweijahresfrist **37** 14 ff.
Umwandlungsplan 37 22 ff.
Form **37** 30
Inhalt **37** 23 f.
– fakultativer **37** 26, 29
zwingender **37** 25 ff.
Mitbestimmung **37** 28
Satzung **37** 27
Umwandlungsstichtag **37** 26
Zuleitung an Betriebsrat **37** 34
Zuständigkeit für die Aufstellung **37** 31
Zustimmungsbeschluss **37** 60 ff.
fehlerhafter **37** 69

Umwandlungsprüfung; s. *Werthaltigkeitsprüfung*
UmwG Vor 122a UmwG 13 f.
UmwStG StR 38 ff.
Unterbilanzhaftung 16 36 f.
Unterrichtung
Auffangregelung **28 SEBG** 1 ff.
außergewöhnliche Umstände **29 SEBG** 2 ff.
geschäftsführender Ausschuss **29 SEBG** 6
Begriff **2 SEBG** 37 f.
betriebliche Ebene **Vor 1 bis 3 SEBG** 15
Definition nach SE-RL **Vor 1 bis 3 SEBG** 34
Einschränkung der Informationspflicht **41 SEBG** 2
Erfüllungsanspruch **28 SEBG** 8
Gegenstand **28 SEBG** 2
Informationspflicht des SE-Betriebsrats **30 SEBG** 1
Inhalt der Beteiligungsvereinbarung **21 SEBG** 12
Ordnungswidrige **46 SEBG** 2 ff.
Tendenzschutz **39 SEBG** 2 ff.
Verhandlungslösung, Vorrang der **1 SEBG** 6
Vorzulegende Unterlagen **28 SEBG** 3 f.
Zeitpunkt **28 SEBG** 6
Upstream–merger 31 2 ff.; s. auch *Mutter-Tochter-Verschmelzung SE*
Besteuerung **StR** 105
Erwerb eigener Aktien **29** 5

Vereinigungstheorie Vor 122a ff.
UmwG 10
Verhandlungsgremium; s. *Besonderes Verhandlungsgremium*
Verhandlungslösung Vor 1 bis 3 SEBG 11, 18 f., 61; **1 SEBG** 6
Verhandlungsverfahren; s. auch *Mitbestimmung bei grenzüberschreitender Verschmelzung nach MgVG*
EBR–RL **Einl.** 25; **Vor 1 bis 3 SEBG** 8
Eintragungsvoraussetzung **12** 16 ff.; **4 SEBG** 7
Erforderlichkeit
– Arbeitnehmer in einem Mitgliedstaat **3 SEBG** 14
– arbeitnehmerlose Vorrats- SE **12** 25 f.; **3 SEBG** 10 ff.
– Arbeitnehmerzahl, geringe **2** 29
– Sekundärgründung **3 SEBG** 8
Systemwechsel **38** 30
Nachholung bei Umstrukturierung einer Vorrats-SE **2** 30
Prüfung durch Registergericht **12** 18 ff.; **21 SEBG** 36
Vorrang der Verhandlungslösung **Vor 1 bis 3 SEBG** 9, 11, 61; **1 SEBG** 6
Zweck **Einl.** 25
Verlustdeckungshaftung 16 36 f.

Sachverzeichnis

Verlustanzeige
Berichtspflicht der geschäftsführenden Direktoren **43 Anh. SEAG 40** 44
Einberufung der Hauptversammlung **43 Anh. SEAG 22** 23 ff.; **54** 21 f.
Verlustvorträge
Hinausverschmelzung **StR** 103 f.
Hineinverschmelzung **StR** 111
Holdinggründung **StR** 116
Zuzug **StR** 135
Veröffentlichung; s. auch *Bekanntmachung, Offenlegung*
Amtsblatt der EU **14** 4
Eintragung und Löschung der SE **14** 2
EU-weite Veröffentlichung **14** 1; **15** 26
kapitalmarktrechtliche **21** 10; **32** 16; **43 Anh. SEAG 22** 53
Prüfung der Angaben **14** 4
Sitzverlegung **14** 3
Übermittlungsfrist **14** 5
Übermittlungspflicht **14** 5
Zweck **14** 1
Verschmelzung; s. auch *Verschmelzungsgründung SE*
Arten **17** 5 ff.
– durch Aufnahme; s. *Verschmelzung durch Aufnahme*
– durch Neugründung; s. *Verschmelzung durch Neugründung*
Unterscheidung **17** 5
Bekanntmachung der Gründungsgesellschaften; s. *Bekanntmachung*
Dreiecksverschmelzung **69** 12
grenzüberschreitende nach UmwG; s. *grenzüberschreitende Verschmelzung nach UmwG*
Verschmelzungsbericht; s. *Verschmelzungsbericht SE*
Verschmelzungsplan; s. *Verschmelzungsplan SE*
Verschmelzungsprüfung; s. *Verschmelzungsprüfung SE*
Wirkungen **27** 1; **29** 1 ff.; s. auch *Wirkungen der Verschmelzung SE*
Verschmelzung durch Aufnahme
Anteilsübertragung **17** 7
Begriff **17** 6
downstream-merger **29** 5; **31** 2; **StR** 44
Formwechsel **17** 3; **29** 8
grenzüberschreitende **17** 6
Rechtsfolgen **17** 6; **29** 2 ff., 8
SE als Gründer **3** 5
sidestream-merger **31** 2

upstream-merger **31** 2 ff.; s. auch *Mutter-Tochter-Verschmelzung SE*

Verschmelzung durch Neugründung
Begriff **17** 8
Rechtsfolgen **17** 8; **29** 2 ff.
SE als Gründer **3** 5

Sitzwahl **17** 8
Vor-SE **16** 31
Verschmelzungsbericht bei grenzüberschreitender Verschmelzung nach UmwG
Entbehrlichkeit **122e UmwG** 22 f.
Erstellung **122e UmwG** 4
Form **122e UmwG** 6
gemeinsamer **122e UmwG** 5
Inhalt **122e UmwG** 8 ff.
Sprache **122e UmwG** 7
Zugänglichmachung **122e UmwG** 20 f.
Zweck **122e UmwG** 2
Verschmelzungsbericht SE
Barabfindungsangebot **20** 43
Berichtspflicht **20** 39
Entbehrlichkeit **20** 47; **31** 9
Erläuterung der Verschmelzung **20** 44
Form **20** 42
gemeinsamer **20** 41
Grenzen **20** 46
Inhalt **20** 41
Umtauschverhältnis **20** 43
verbundenes Unternehmen **20** 45
Verzicht **20** 48
Vorlage zur Rechtmäßigkeitsprüfung **25** 18
Zweck **20** 40
Verschmelzungsbescheinigung
Ausstellung **122k UmwG** 14
Handelsregisteranmeldung **122l UmwG** 5 f.
Prüfung **122l UmwG** 8 f.
Unterschied zur Rechtmäßigkeitsbescheinigung nach Art. 25 **25** 1, 26
Vorlage **122k UmwG** 15
Verschmelzungsbeschluss bei grenzüberschreitender Verschmelzung nach UmwG 122g UmwG 2, 9
Entbehrlichkeit **122g UmwG** 17 f.
Verschmelzungsbeschluss SE
Anfechtbarkeit **23** 15
Beschlussfassung **23** 13 ff.
Erfordernis **23** 3
fehlerhafter **23** 26; **30** 1 ff.
Form **23** 13
Hauptversammlung **23** 4 ff.
– Durchführung **23** 9 ff.
– Einberufung **23** 5
Vorabinformation **23** 6
Kapitalerhöhung **23** 16
Mehrheit **23** 13 f.
Mitbestimmung
– Delegationsrecht **23** 24
– fehlende Genehmigung **23** 25
– Genehmigung der Mitbestimmungsvereinbarung **23** 22 f.
– Genehmigungsvorbehalt **23** 19 ff.
zweistufiges Verfahren **23** 18
Nachgründung **23** 7 f.
Sonderbeschluss **23** 14 f.
Sperre **23** 15

Sachverzeichnis

fette Zahlen = Artikel

Vorlage zur Rechtmäßigkeitsprüfung **25** 12, 19; **26** 11
Wirkung **23** 17
Zuständigkeit **23** 3
Zweck **23** 1 f.
Verschmelzungsgründung SE
Abhängigkeitsverhältnis **2** 6
anwendbares Recht **15** 14; **18** 1 ff.
Arten **2** 11; **17** 5 ff.; s. auch *Verschmelzung, Arten*
Bestellung des ersten Aufsichtsorgans **40** 48 ff.
Besteuerung **StR** 15 ff., 95 ff.; s. auch *Besteuerung bei Verschmelzung*
Eintragung
– Anmeldepflichtige **12** 7
– Anmeldepflichtige, monistische SE **43 Anh. SEAG 21** 7 f.
– Eintragungshindernis **27** 5
– Reihenfolge **27** 3
– Voraussetzungen **27** 5
Wirkung **27** 1, 3 f.
fehlerhafte **6** 25; **30** 1 ff.
Heilung **30** 3
Gläubigerschutz; s. *Gläubigerschutz bei Verschmelzungsgründung SE*
Gründersitz **2** 8
Gründungsberechtigung **2** 5 ff.; **17** 2
– AG in Liquidation **2** 5
– natürliche Personen **2** 7
– SE **2** 5; **3** 3
– Vor-AG **2** 5
– Vorrats-AG **2** 6
weitere Mitgründer **2** 7
Gründungsverfahren
– Beschlussphase **17** 9, 11; **18** 4
– Vollzugsphase **17** 9, 12; **18** 4
Vorbereitungsphase **17** 9 f.; **18** 4
Mehrstaatlichkeit **2** 9
Minderheitenschutz; s. *Minderheitenschutz bei Verschmelzungsgründung*
Offenlegung; s. *Offenlegung, Verschmelzungsgründung*
Rechtmäßigkeit; s. *Rechtmäßigkeitsbescheinigung; Rechtmäßigkeitsprüfung SE*
Rechtspersönlichkeit, Erwerb der **16** 5; **27** 1, 3 f.
Sitzwahl **17** 4
Wegfall der Gründungsberechtigung **2** 10
Wirksamwerden **27** 1, 3 f.
Zeitpunkt **2** 10
Verschmelzungsplan bei grenzüberschreitender Verschmelzung nach UmwG
Aufstellung **122c UmwG** 9 ff.
Barabfindungsangebot **122c UmwG** 40; **122i UmwG** 4 ff.
– Angemessenheit **122i UmwG** 7
– Annahme **122i UmwG** 9
– Bekanntmachung **122i UmwG** 6

– Schuldner **122i UmwG** 8
– Spruchverfahren **122i UmwG** 10 f.
Widerspruch gegen Verschmelzungsbeschluss **122i UmwG** 5
Barzahlungshöhe **122c UmwG** 25
Bekanntmachung
– Frist **122d UmwG** 6 f.
– Inhalt **122d UmwG** 9 ff.
– Mitteilungspflicht **122d UmwG** 20
Verzicht **122d UmwG** 8
Beschäftigungsauswirkungen **122c UmwG** 27 ff.
besondere Vorteile **122c UmwG** 35
Bewertung des Vermögens **122c UmwG** 38
Einreichung **122d UmwG** 4 ff.
Entwurf **122c UmwG** 13
Form **122c UmwG** 14 ff.
gemeinsamer **122c UmwG** 12
Inhalt
– fakultativer **122c UmwG** 41 f.
– Konzernverschmelzung **122c UmwG** 43
Mindestinhalt **122c UmwG** 21 ff.
Mitbestimmung **122c UmwG** 37
Rechtsnatur **122c UmwG** 4 ff.
Satzung **122c UmwG** 36
Sonderrechte **122c UmwG** 34
Sprache **122c UmwG** 18 f.
Stichtag der Verschmelzung **122c UmwG** 31
Stichtag der Bilanz **122c UmwG** 39
Umtauschverhältnis **122c UmwG** 23 ff.
Zeitpunkt der Gewinnberechtigung **122c UmwG** 30
Zuleitung an Betriebsrat **122c UmwG** 8
Verschmelzungsplan SE
Ausgleichsleistung **20** 16
Auslandsbeurkundung **20** 7
Barabfindungsangebot **20** 9, 37; **24** 44 ff.
Einheitlichkeit **20** 4
Firma **20** 11 f.
Form **20** 5
freiwillige schuldrechtliche Abreden **20** 3, 38
Inhalt
– fakultativer **20** 10, 38
zwingender **20** 9
Mitbestimmung **20** 34 ff.
Offenlegung **21** 2, 8 ff.
Rechtsnatur **20** 2
Satzung **20** 25 ff.
– Begriff **20** 25
– Inhalt **20** 28 ff.
Satzungsfeststellung **20** 26 f.
Sitz **20** 11 f.
Sonderrechte **20** 22 f.
Sprache **20** 8
Stichtag **20** 21
Übertragung der Aktien **20** 17 f.
Umtauschverhältnis **20** 13 ff.
upstream-merger **20** 13; **31** 8

Sachverzeichnis

Verschmelzungsbericht **20** 39 ff.
Verzicht auf Anteilsgewährung **20** 15
Vorlage zur Rechtmäßigkeitsprüfung **25** 17;
  26 11
Vorteile, besondere **20** 24
Zeitpunkt der Beurkundung **20** 6
Zeitpunkt der Gewinnberechtigung **20** 19 f.
Zuleitung an Betriebsrat **21** 10
Zustimmung der Gründungsgesellschaften
  23 1 ff.; s. auch *Verschmelzungsbeschluss*
Verschmelzungsprüfung bei grenz-
  überschreitender Verschmelzung
  nach UmwG
anwendbares Recht **122f UmwG** 4
Bestellung des Prüfers
– gemeinsame Prüfung **122f UmwG** 3
getrennte Prüfung **122f UmwG** 2
Entbehrlichkeit **122f UmwG** 7 f.
Gegenstand **122f UmwG** 5
Prüfungsbericht **122f UmwG** 6
Verschmelzungsprüfung SE
anwendbares Recht **22** 2
Auskunftsrecht **22** 14
Barabfindungshöhe **22** 16; **24** 54
gemeinsame **22** 3, 6 ff.
– anwendbares Recht **22** 8 f.
Bestellung der Prüfer **22** 6 f.
getrennte **22** 3, 10 ff.
– anwendbares Recht **22** 11
Bestellung der Prüfer **22** 10 f.
Entbehrlichkeit bei Konzernverschmelzung
  22 22; **31** 9
Haftung **22** 21
Prüfungsbericht
– Mindestinhalt **22** 18 f.
Sprache **22** 20
Prüfungsgegenstand **22** 16
Prüfungspflicht **22** 2
Schuldner der Informationspflicht **22** 15
Unabhängigkeit der Prüfer **22** 4 f.
Verschmelzungsbericht **22** 17
Verzicht **22** 23
Voraussetzungen für Prüfer **22** 12 f.
Vorlage zur Rechtmäßigkeitsprüfung **25** 17
Verschwiegenheitspflicht
Arbeitnehmervertreter **41 SEBG** 3 ff.
Ausschluss der Pflicht
– einzelstaatliches Recht **49** 13
öffentliches Interesse **49** 15 f.
Interesse der Gesellschaft **49** 6, 14
öffentliche Gerüchte **49** 8
Schaden der Gesellschaft **49** 6
Umfang **49** 7
Verpflichtete **49** 3, 5
Verstoß **49** 17
Weitergabe von Informationen **49** 9 ff.
zeitliche Grenze **49** 3
Zweck **49** 1
Versicherungsunternehmen 62 3
vertrauensvolle Zusammenarbeit 13
  SEBG 3, 5; **40 SEBG** 1 ff.

Vertretung der SE
gegenüber geschäftsführenden Direktoren
– Aktivvertretung **43 Anh. SEAG 41** 16 f.
Passivvertretung **43 Anh. SEAG 41** 18
gegenüber Leitungsorgan **40** 14
Geschäftsführende Direktoren **43** 17
– Beschränkungen **43 Anh. SEAG 41** 9 ff.;
  43 Anh. SEAG 44 3 ff.
– Einzelermächtigung **43 Anh. SEAG 41** 14
– Einzelvertretung **43 Anh. SEAG 41** 12 f.
– Führungslosigkeit **43 Anh. SEAG 41** 4
– gerichtliche Vertretung **43 Anh. SEAG**
  41 6 f.
– Gesamtvertretung **43 Anh. SEAG 41** 12
– Geschäfte mit Verwaltungsratsmitgliedern
  43 Anh. SEAG 41 5
Vertretungsmacht **43 Anh. SEAG 41** 2,
  8 ff.
Leitungsorgan **39** 10
Verwaltungsorgan; s. auch *Verwaltungsrat*
Abberufung **43** 36
vorzeitige **46** 18
Annahme der Bestellung **43** 34
Anstellungsvertrag **43** 35
Ausschlussgrund **47** 11 ff.
Beratung des Verwaltungsorgans **44** 4
Beschluss, ausdrücklicher **48** 16 f.
Bestellung; s. *Bestellung Verwaltungsorgan*
erstes
– Amtsdauer **46** 14
– Arbeitnehmervertreter **43** 31 ff.
– Bestellung durch Hauptversammlung **43**
  28
Bestellung durch Satzung **43** 27
Geschäftsführung
– Begriff **43** 5
– Externe als Geschäftsführer **43** 9, 15
– Folge der Delegation **43** 13
– Geschäftsführer **43** 7 ff.
– Grenzen **43** 12, 16
– in eigener Verantwortung **43** 10
– laufende Geschäfte **43** 11, 16
– nicht geschäftsführendes Verwaltungs-
  organmitglied **43** 13; **44** 9
Weisungsrecht der Hauptversammlung **43** 6
Größe **43** 18 ff.
– Mindestzahl bei mitbestimmter SE **43**
  22 f.
Mindestzahl bei nicht-mitbestimmter SE **43**
  19
Haftung **51** 8 ff.; s. auch *Organhaftung*
Informationsrecht **44** 7 ff.
– Durchsetzung **44** 11
– Gegenstand **44** 8 f.
Inhalt **44** 10
Sitzung
– außerordentliche **44** 3
– Form **44** 5
– Frequenz **44** 2
– Gegenstand **44** 4
– Satzungsregelung, zwingende **44** 2

Sachverzeichnis

Verstöße **44** 6
Überbesetzung **43** 21
Unterbesetzung **43** 21
Verschwiegenheitspflicht **49** 3 ff.
Vertretung der SE **43** 17
Vorsitzender; s. *Verwaltungsorganvorsitzender*
Zahl der Arbeitnehmervertreter **43** 24
Verwaltungsorganvorsitzender
Abberufung **45** 9
Amtsniederlegung **45** 10
Amtszeit **45** 8 f.
Aufgaben **45** 11
Befugnisse **45** 11
gerichtliche Bestellung **45** 5
Handelsregisteranmeldung **45** 12
Letztentscheidungsrecht des Aktionärsvertreters **45** 13 f.; **50** 28 f.
Wahl
– Annahme **45** 6
– fehlerhafte **45** 7
– Stimmengleichheit bei paritätisch mitbestimmter SE
– Stimmengleichheit, Anwendung des § 27 Abs. 2 MitbestG **45** 15
– Stimmengleichheit, Letztentscheidungsrecht des Aktionärsvertreters **45** 16; **50** 28 f.
– Wahlverfahren **45** 5
Wahlzuständigkeit **45** 3 f.
Verwaltungsrat; s. auch *Verwaltungsorgan*
Abberufung; s. *Abberufung Verwaltungsorgan*
Abgrenzung der Kompetenzen **43 Anh. SEAG 22** 9
ad-hoc-Mitteilung **43 Anh. SEAG 22** 54
Abschlussprüfer, Prüfungsauftrag an den **43 Anh. SEAG 22** 36
Aktionärsklage **43 Anh. SEAG 22** 27
Amtsniederlegung **43 Anh. SEAG 29** 23
Anstellungsvertrag **43 Anh. SEAG 28** 3
anwendbares Recht **43 Anh. SEAG 22** 1 f., 42 ff.
Anwendbarkeit des § 76 Abs. 3 AktG **43 Anh. SEAG 27** 3 ff.
Anwendbarkeit des § 105 Abs. 1 AktG **43 Anh. SEAG 27** 6
Aufgabenbereich **43 Anh. SEAG 22** 1, 52 ff.
Ausschuss; s. *Verwaltungsratsausschuss*
Berichtspflicht der geschäftsführenden Direktoren **43 Anh. SEAG 22** 15 f.; **43 Anh. SEAG 40** 40 ff.
Beschlussfassung
– fehlerhafte **43 Anh. SEAG 35** 18
– ohne Sitzung **43 Anh. SEAG 35** 5 f.
– schriftliche Stimmabgabe **43 Anh. SEAG 35** 3
– Stimmbote **43 Anh. SEAG 35** 3 f.
– Stimmverbot; s. *Stimmverbot*
Zweitstimmrecht **43 Anh. SEAG 35** 7 ff.
Bestellung; s. *Bestellung Verwaltungsorgan*
Delegationsverbot **43 Anh. SEAG 22** 7, 15

Dienst- und Werkvertrag **43 Anh. SEAG 38** 17 ff.
Einberufung der Sitzung durch Selbstvornahme **43 Anh. SEAG 37** 7
Einberufungsverlangen **43 Anh. SEAG 37** 4 ff.
Einsichtsrecht **43 Anh. SEAG 22** 30 ff.
Delegation **43 Anh. SEAG 22** 35
Entsprechenserklärung **43 Anh. SEAG 22** 56 ff.
Früherkennungssystem **43 Anh. SEAG 22** 28
Finanzverantwortung **43 Anh. SEAG 22** 7
Generalverweisung **43 Anh. SEAG 22** 1, 42 ff.
Gesamtorgan **43 Anh. SEAG 22** 8
Gesamtverantwortung **43 Anh. SEAG 39** 12
Geschäftsbriefe **43 Anh. SEAG 43** 2 ff.
Geschäftsführung **43 Anh. SEAG 22** 5, 9; s. auch *geschäftsführende Direktoren*
Geschäftsordnung
– Erlass **43 Anh. SEAG 34** 15
– Inhalt **43 Anh. SEAG 34** 18
– Mitbestimmung **43 Anh. SEAG 34** 17
– Satzungsvorrang **43 Anh. SEAG 34** 16
– Verstöße **43 Anh. SEAG 34** 19
Gesellschaftsinteresse **43 Anh. SEAG 22** 12
Größe **43 Anh. SEAG 23** 1 ff.
– Höchstzahl **43 Anh. SEAG 23** 5
– Mindestzahl **43 Anh. SEAG 23** 4
– Mitbestimmung **43 Anh. SEAG 23** 6 ff.
– Regelzahl **43 Anh. SEAG 23** 2
– Rechtsfolgen bei Verstoß **43 Anh. SEAG 23** 11
Satzungsfreiheit **43 Anh. SEAG 23** 3
Haftung **51** 8 ff.; s. auch *Organhaftung*
– anwendbares Recht **43 Anh. SEAG 39** 1
– Ausschluss **43 Anh. SEAG 39** 23
– Beweislast **43 Anh. SEAG 39** 20
– Business Judgement Rule **43 Anh. SEAG 39** 7, 14
– Durchsetzung **43 Anh. SEAG 39** 24 ff.
– Innenhaftung **43 Anh. SEAG 39** 2
– Selbstbehalt **43 Anh. SEAG 39** 21
– Schadensersatz **43 Anh. SEAG 39** 19 ff.
– Sorgfaltspflicht **43 Anh. SEAG 39** 6 ff.
Treuepflicht **43 Anh. SEAG 39** 16
Hauptversammlung, Einberufung der **43 Anh. SEAG 22** 19
– Beschluss **43 Anh. SEAG 22** 22
– Verlustanzeige **43 Anh. SEAG 22** 23 ff.
Wohl der Gesellschaft **43 Anh. SEAG 22** 20 f.
Hauptversammlungsbeschlüsse, Vorbereitung und Ausführung der **43 Anh. SEAG 22** 26 f.
Informationsverantwortung **43 Anh. SEAG 22** 7
Insolvenzantragspflicht **43 Anh. SEAG 22** 37 ff.

Sachverzeichnis

Jahresabschluss, Prüfung und Festlegung **43 Anh. SEAG 47** 12, 17
korporationsrechtliches Verhältnis zur SE **43 Anh. SEAG 28** 3
Kreditgewährung **43 Anh. SEAG 38** 25
Legalitätspflicht **43 Anh. SEAG 39** 5
Leitung **43 Anh. SEAG 22** 5 ff.
Mandat; s. *Verwaltungsratsmandat*
Nebenamtcharakter **43 Anh. SEAG 22** 3
Organisationsverantwortung **43 Anh. SE-AG 22** 7
persönliche Voraussetzungen; s. auch *Verwaltungsratsmandat*
– allgemeine **43 Anh. SEAG 27** 7 ff.
– besondere **43 Anh. SEAG 27** 17 ff.
– Fehlen bei Bestellung **43 Anh. SEAG 27** 20 ff.
Wegfall nach Amtsantritt **43 Anh. SEAG 27** 23
Planungs- und Steuerungsverantwortung **43 Anh. SEAG 22** 7
Prüfungsrecht **43 Anh. SEAG 22** 30 ff.
Delegation **43 Anh. SEAG 22** 35
Rechnungslegung **43 Anh. SEAG 22** 28 f.; **43 Anh. SEAG 47** 12, 17
Sachverstand **43 Anh. SEAG 27** 17
Sitzung; s. *Verwaltungsratssitzung*
Sitzung der Ausschüsse **43 Anh. SEAG 36** 6
Stellungnahme bei Übernahme **43 Anh. SEAG 22** 55
Überblick der Gestaltung **38** 6
Überwachung **43 Anh. SEAG 22** 13 ff.; **43 Anh. SEAG 39** 11 ff.
Umfang der Pflicht **43 Anh. SEAG 22** 16 f.; **43 Anh. SEAG 39** 12
Überwachungsinstrumente **43 Anh. SEAG 22** 14
Unabhängigkeit **43 Anh. SEAG 27** 18
Unternehmensverträge **43 Anh. SEAG 49** 19
Vergütung **43 Anh. SEAG 38** 4 ff.
Verschwiegenheitspflicht **43 Anh. SEAG 39** 16
Vertretung der SE im Innenverhältnis **43 Anh. SEAG 22** 10; **43 Anh. SEAG 41** 15 ff.
Weisungsrecht **43 Anh. SEAG 22** 9; **43 Anh. SEAG 40** 74, 79; **43 Anh. SEAG 44** 8 ff.
– Adressat **43 Anh. SEAG 44** 13
– Grenzen **43 Anh. SEAG 44** 14 ff.
– Prüfungs- und Folgepflicht **43 Anh. SE-AG 44** 17 ff.
– Umfang **43 Anh. SEAG 44** 10 ff.
Weisungserteilung **43 Anh. SEAG 44** 20 f.
Weisungsunabhängigkeit **43 Anh. SEAG 22** 11
Zahlungsverbot bei Insolvenz **43 Anh. SE-AG 22** 41
Zusammensetzung **43 Anh. SEAG 24** 1 f.
– Publizität **43 Anh. SEAG 46** 3 ff.

Statusverfahren, außergerichtliches **43 Anh. SEAG 25** 1 ff.; s. auch *Statusverfahren*
Zuständigkeitsübertragung auf Ausschuss **38** 26
Verwaltungsratsausschuss
Auswahl der Mitglieder **43 Anh. SEAG 34** 31 ff.
beschließender **43 Anh. SEAG 34** 22, 25
Besetzung bei Mitbestimmung **38** 26
Bildung, keine zwingende **43 Anh. SEAG 34** 23 f.
Delegationsverbote **43 Anh. SEAG 34** 25 ff.
Ermessensentscheidung des Verwaltungsrats **43 Anh. SEAG 34** 23, 37
Exekutivausschuss **43 Anh. SEAG 34** 33, 40
Informationspflicht **43 Anh. SEAG 34** 36
Innenorganisation **43 Anh. SEAG 34** 35
Letztentscheidungsrecht des Vorsitzenden **50** 24
Mitbestimmung **43 Anh. SEAG 34** 32 f.
Prüfungsausschuss **43 Anh. SEAG 34** 38
Sitzung **43 Anh. SEAG 36** 6
Einberufung **43 Anh. SEAG 37** 1
Überwachung durch Verwaltungsrat **43 Anh. SEAG 34** 36
vorbereitender und überwachender **43 Anh. SEAG 34** 22
Zahl der Mitglieder **43 Anh. SEAG 34** 30
Verwaltungsratsmandat
Arbeitnehmervertreter **43 Anh. SEAG 27** 19
cooling-off-Periode **43 Anh. SEAG 27** 14
gesetzlicher Vertreter eines abhängigen Unternehmens **43 Anh. SEAG 27** 12
Höchstzahl **43 Anh. SEAG 27** 8
– ausländische Gesellschaft **43 Anh. SEAG 27** 9
– Empfehlung des DCGK **43 Anh. SEAG 27** 11
– Konzernprivileg **43 Anh. SEAG 27** 10
Vorsitzmandat **43 Anh. SEAG 27** 10
natürliche Person **43 Anh. SEAG 27** 15 f.
Überkreuzverflechtung **43 Anh. SEAG 27** 13
Verwaltungsratssitzung; s. auch *Verwaltungsorgan, Sitzung*
Einberufung durch Selbstvornahme **43 Anh. SEAG 37** 7
Einberufung durch Vorsitzenden **43 Anh. SEAG 37** 2 f.
Einberufungsverlangen **43 Anh. SEAG 37** 4 ff.
Niederschrift **43 Anh. SEAG 34** 20 f.
Teilnahmepflicht **43 Anh. SEAG 36** 2
Teilnahmerecht **43 Anh. SEAG 36** 2 ff.
– Abschlussprüfer **43 Anh. SEAG 36** 10
– Aufsichtsbehördenvertreter **43 Anh. SE-AG 36** 10
– Auskunftspersonen **43 Anh. SEAG 36** 3

Sachverzeichnis fette Zahlen = Artikel

– geschäftsführende Direktoren **43 Anh. SEAG 36** 4
– organfremder Dritter **43 Anh. SEAG 36** 7 f.
– Sachverständige **43 Anh. SEAG 36** 3
Verwaltungsratsmitglieder **43 Anh. SEAG 36** 2
Verwaltungsratsvorsitzender 43 Anh. SEAG 34 3; s. auch *Verwaltungsorganvorsitzender*
Bekanntmachungspflicht bei Statusverfahren **43 Anh. SEAG 25** 6 ff.
Einberufung der Sitzung **43 Anh. SEAG 37** 2 f.
Geschäftsbriefe **43 Anh. SEAG 43** 2 ff.
Letztentscheidungsrecht **43 Anh. SEAG Vor 20** 9 f.
stellvertretender Vorsitzender
– Handelsregisteranmeldung **43 Anh. SEAG 34** 7
– Letztentscheidungsrecht **43 Anh. SEAG 34** 9 ff.
– Rechtsstellung **43 Anh. SEAG 34** 8
– Wahl **43 Anh. SEAG 34** 4
– Wählbarkeit **43 Anh. SEAG 34** 5 f.
Zweitstimmrecht **43 Anh. SEAG 34** 13; **43 Anh. SEAG 35** 16
Verhinderung **43 Anh. SEAG 34** 8
Zweitstimmrecht **43 Anh. SEAG 35** 7
Verwaltungssitz 7 9 ff.; s. auch *Sitz*
Auseinanderfallen mit Satzungssitz; s. *Auseinanderfallen von Satzungs- und Verwaltungssitz*
außerhalb der EU **64** 12
Begriff der Hauptverwaltung **7** 13 f.
Bestimmung der Hauptverwaltung **7** 15 ff.
Einheitlichkeit mit Satzungssitz **7** 9
Vorgesellschaft; s. *Vor-SE*
Vorher-Nachher-Prinzip 43 Anh. SEAG Vor 20 6; **Vor 1 bis 3 SEBG** 11, 39; **1 SEBG** 5
Vorrats-SE 2 29 ff.
Anmeldung **12** 11
arbeitnehmerlose **2** 25 f.; **3 SEBG** 10 f.
Zulässigkeit **16** 39 ff.
Vor-SE
anwendbares Recht **16** 34
Beendigung **16** 33
Einpersonengründung **16** 28
Entstehung
– Holdinggründung **16** 32
– Tochtergründung **16** 30
Verschmelzung durch Neugründung **16** 31
Europäische Vor-SE **16** 24
Existenz **16** 21 ff., 26
Haftung **16** 16, 21 ff.
Organisationsverfassung **16** 34
Rechtsfähigkeit **16** 4, 29
Rechtsnatur **16** 29
Umwandlungsgründung **16** 27, 37

Verschmelzung zur Aufnahme **16** 27, 37
Vertretungsmacht **16** 35
Vorzugsaktie 5 23
Sonderbeschluss **60** 5, 13 ff.

Währung
Euro **67** 1 f.
Landeswährung **67** 2
Rechnungslegung **67** 4
Umrechnungskurs **67** 3
Wandelschuldverschreibungen 5 27
Wegzug
Besteuerung **StR** 7, 128 ff.
Niederlassungsfreiheit **7** 21 ff.; **69** 7; **Vor 122a ff. UmwG** 7
Werkvertrag 39 32; **43 Anh. SEAG 38** 17 ff.
Wertpapiere
Verweis auf nationales Recht **5** 22 ff.
– Aktien **5** 23 ff.; s. auch *Aktie*
– Schuldverschreibungen **5** 26 ff.
sonstige **5** 29
Werthaltigkeitsprüfung; bei Umwandlung einer SE **66** 25 ff.
Bestellung des Prüfers **37** 51
Gegenstand **37** 49
Integrität der Kapitalausstattung **37** 52
Kapitaldeckungsbescheinigung **37** 53
Kapitaldeckungsprüfung **37** 48 ff.
Nettovermögenswert **37** 48, 50
nicht ausschüttungsfähige Rücklagen **37** 49
Verzicht, kein **37** 52
Zweck **37** 50, 52
Wirkungen der Verschmelzung SE
Aktienerwerb
– dingliche Surrogation **29** 6
– downstream-merger **29** 5
– eigene Aktien **29** 5
– gesetzlichen Aktientausch **29** 4
upstream-merger **29** 5
Betriebsübergang
– einzelstaatliche Gepflogenheiten **29** 12
– einzelstaatliche Rechtsvorschriften **29** 12
– individualarbeitsrechtliche Verpflichtungen **29** 11
kollektivrechtliche Verpflichtungen **29** 12
Erlöschen der übertragenden Gesellschaft **29** 7
Formwechsel der aufnehmenden Gesellschaft **29** 1, 7 f.
Gesamtrechtsnachfolge **29** 3
besondere Formalitäten **29** 9 f.
Zeitpunkt **29** 2
Wirtschafts- und Währungsunion 67 1
WpHG
Publizitätspflicht **21** 10; **32** 16; **43 Anh. SEAG 22** 53 f.
WpÜG
Stellungnahmepflicht **43 Anh. SEAG 22** 55
Übernahme- oder Pflichtangebot **32** 22 ff.; **35** 11

Sachverzeichnis

Zahlungseinstellung 63 62 ff.; s. auch *Insolvenz*
Sitzverlegung, Verbot der **8** 53, 57, 115 ff.
Zahlungsunfähigkeit 63 62 ff.; s. auch *Insolvenz*
Berichtspflicht **43 Anh. SEAG 40** 44
Insolvenzantragspflicht **43 Anh. SEAG 22** 37
Sitzverlegung, Verbot der **8** 53, 57, 115 ff.
Zielgrößen MgVG Einl. 34 ff.
Zustimmungspflichtige Geschäfte
Arten von Geschäften **48** 7
Ersetzung der Zustimmung **48** 19 f.
Festlegung weiterer Zustimmungsvorbehalte **48** 5 f.
Katalog, mitgliedsstaatlicher **48** 24 f.
Katalog, statutarischer **48** 8 ff.
– dualistische SE **48** 9 f.
monistische SE **48** 11 f.

Regelungsermächtigung an Mitgliedstaaten **48** 21 ff.
– bestimmte Arten von Geschäften **48** 23
Ergänzung der Satzungsregelung **48** 22
Satzungsregelung, zwingende **48** 4
Zustimmung, fehlende **48** 18
Zustimmung des Aufsichtsorgans
– Delegation an Ausschuss **48** 13
– Form **48** 14
– inhaltlicher Maßstab **48** 15
Verfahren **48** 13 f.
Zustimmung des Verwaltungsorgans **48** 16 f.
Zustimmungsvorbehalt durch Aufsichtsorgan **48** 21
Zustimmungsvorbehalt durch Satzung **48** 4 ff.
Zuzug
Besteuerung **StR** 135 f.
Niederlassungsfreiheit **7** 21; **Vor 122a ff. UmwG** 6
Zweigniederlassung
Begriff **2** 16